PRISMA'S ABRIDGED
English-Swedish
and
Swedish-English
Dictionary

PRISMA'S ABRIDGED

English-Swedish and Swedish-English

Dictionary

University of Minnesota Press
Minneapolis

Copyright 1993 Bokförlaget Prisma

First Published in 1993 by Bokförlaget Prisma

Published in the United States in 1995
by the University of Minnesota Press
111 Third Avenue South, Suite 290
Minneapolis, MN 55401-2540

Printed in Norway

Library of Congress Cataloging-in-Publication Data

Prisma's abridged English-Swedish and Swedish-English dictionary.
p. cm.
ISBN 0-8166-2734-7
1. Swedish language–Dictionaries–English. 2. English language–
Dictionaries–Swedish. I. Bokförlaget Prisma. II. Title: Abridged
English-Swedish and Swedish-English dictionary.
PD5640.P66 1995
439. 73'21–dc20   94-49413
                                                          CIP

Anvisningar

ALLMÄNT

Uppslagsorden återges i sträng bokstavsordning, alltså t.ex. **bildäck, bildöverföring, bilersättning, pig, pigeon, piggery.** Uppgifter om ordklass o.d. ges endast där tveksamhet kan råda. Facktermer markeras med *biol., med., sport., tekn.* etc. (se förkortningslista på s. 16).

Den grammatiska apparaten är den enklaste möjliga. Överallt där det har varit möjligt har självförklarande uttryck använts i stället för grammatisk terminologi.

Till tjänst för utländska användare ges för de svenska uppslagsorden uttals- och accentbeteckningar liksom uppgifter om substantivs, verbs och adjektivs böjningsformer.

ANVÄNDA TECKEN

Om ett ord har flera betydelser anges olika ordklasser med hjälp av romerska siffror. Klart åtskilda betydelser inom varje ordklass anges med arabiska siffror. Mindre betydelseskillnader åtskils med semikolon.

Ord med samma stavning men med olika ursprung och betydelse har numrerats med en siffra framför ordet, t.ex. **1 minute** ['minit] minut **2 minute** [mai'nju:t] ytterst liten, **1 bok** *s 2, bot.* beech **2 bok** ~*en böcker* book.

| | står efter den del av ett uppslagsord som återkommer i ett eller flera följande uppslagsord.

- betecknar det första helt utskrivna uppslagsordet i artikeln eller med | avskild del av ett ord, t.ex. **blame, -less** (= **blame, blameless**), **berör|a, -ing** (= **beröra, beröring**).

-- anger att den följande orddelen skall avskiljas med bindestreck. Observera alltså skillnaden mellan **blue|bell, -berry** (= **bluebell, blueberry**) och **brush|off, --up** (= **brushoff, brush-up**).

~ betecknar hela det närmast föregående uppslagsordet, t.ex. **bath** *have a* ~ (= *have a bath*).

() används dels för kompletterande förklaringar, t.ex. **hösäck** (*tom*) haysack; (*full*) sack of hay, dels för alternativa ord och fraser, t.ex. *wait up for s.b.* stanna (sitta) uppe och vänta på ngn.

[] används dels kring uttalsbeteckningarna, dels för att ange ord eller del av ord som kan utelämnas, t.ex. *go for a walk* ta [sig] en promenad, **fönsterlucka** [window]shutter.

Stavning

Vid i övrigt lika stavning har ord med stor begynnelsebokstav placerats före ord med liten begynnelsebokstav.

I normala fall är stavningen den brittiska engelskans. I de fall där amerikansk engelska avviker väsentligt från brittisk engelska ges den amerikanska stavningen med hänvisning till den brittiska. De viktigaste skillnaderna mellan brittisk och amerikansk praxis framgår av nedanstående uppställning:

Brittisk engelska	Amerikansk engelska	
travelling, worshipped	traveling, worshiped	I amerikansk engelska bibehålls enkelt l och p efter obetonad vokal.
colour, neighbour	color, neighbor	Ändelsen -our motsvaras i amerikansk engelska av -or.
metre, theatre	meter, theater	-re i ordslut motsvaras i amerikanska engelska oftast av -er.
cheque, plough, catalogue, programme	check, plow, catalog, program	Bokstavsföljder som betecknar ett enda ljud förenklas i amerikansk engelska.
defence	defense	-ce i ordslut motsvaras i amerikansk engelska ibland av -se.

Förkortningar *se* s. 16

Uttal

Uttal anges för samtliga icke sammansatta ord. För sammansatta ord anges uttalet för det första ordet i varje artikel. För övriga ord i den artikeln anges uttalet av det andra sammansättningsledet endast om detta i fråga om betoning avviker från det första ordet i artikeln.

9

DE ENGELSKA ORDENS UTTAL

Det engelska uttalet anges enligt Jones-Gimson EVERYMANS' ENGLISH PRONOUNCING DICTIONARY, 14:e upplagan, 1977. Följande ljudskrift har används:

ɑ:	i father ['fɑːðə]	ŋ	i song [sɔŋ]
æ	i man [mæn]	əʊ	i so [səʊ]
aɪ	i time [taɪm]	ɔ:	i sport [spɔːt]
aʊ	i house [haʊs]	ɒ	i not [nɒt]
		ɔɪ	i boy [bɔɪ]
ʌ	i cup [kʌp]	ʃ	i fish [fɪʃ]
e	i bed [bed]	θ	i thing [θɪŋ]
eə	i pear [peə]	ð	i the [ðə]
eɪ	i day [deɪ]	u:	i shoe [ʃuː]
ɜ:	i service ['sɜːvɪs]	ʊ	i good [gʊd]
ə	i flatter ['flætə]	ʊə	i poor [pʊə]
i:	i tree [θriː]	w	i way [weɪ]
		x	i Bach (tyskt ach-ljud)
ɪ	i it [ɪt]	z	i zero ['zɪərəʊ]
j	i you [juː]	ʒ	i measure ['meʒə]

~ över vokalen betyder nasalering, t.ex. aide-de camp [eɪddə'kãː(ŋ)].

, under l och n (ļ, ņ) anger att dessa är stavelsebildande.

: betecknar lång vokal.

' före stavelse anger huvudaccent, t.ex. father ['fɑːðə].

, före stavelse betecknar biaccent, t.ex. imagination [ɪ͵mædʒɪ'neɪʃn].

Parentes står kring ljud som kan utelämnas, t.ex. change [tʃeɪn(d)ʒ].

DE SVENSKA ORDENS UTTAL

Till tjänst för utländska läsare anges där så behövs de svenska ordens accent och uttal. Accenten anges med punkt under den betonande stavelsens vokal. *I ord vilkas uttal följer den grundregel som säger att två- och flerstaviga ord har betoningen på första stavelsen och grav accent ges dock ingen anvisning om accenten.* I övrigt används en förenklad ljudskrift som i huvudsak ansluter sig till det internationella fonetiska alfabetet. Den intresserade hänvisas till de engelskspråkiga anvisningarna (Notes on the use of the dictionary, s. 10).

SVENSKA ORDS BÖJNINGSFORMER

Substantivs, adjektivs och verbs böjning anges med hjälp av en kod som återfinns i de engelska anvisningarna (Notes on the use of the dictionary, s. 10).

Notes on the use of the dictionary

The Swedish headwords are arranged in strict alphabetical order, e.g. **bildäck, bildöverföring, bilersättning, pig, pigeon, piggery.** Field labels appear in italics before the English translation, e.g. *tekn., mil., sport.* (see list of abbrevations, p. 16).

SYMBOLS

If a headword has more than one meaning, each different part of speech is indicated by means of a roman numeral. Entirely different meanings within each part of speech are indicated by arabic numerals, smaller differences in meaning are separated by a semi-colon.

Words with the same spelling but derived from different sources etymologically are entered with separate numbers before the headwords. e.g. **1 minute** ['minit] minut **2 minute** [mai'nju:t] ytterst liten.

| stands after the part of a headword that reappears in one or more successive entries.

- indicates the part of the entry separated by |, or (in compounds and derivatives) the entire preceding entry, e.g. **blame, -less** (= **blame, blameless**) **beröra, -ing** (= **beröra, beröring**).

-- indicates that the following word element is preceded by a hyphen. Note the difference between **blue|bell, -berry** (= **bluebell, blueberry**) and **brush|off, --up** (= **brushoff, brush-up**).

~ within the article indicates the entire headword, e.g. **arm** *gå* ~ *i* ~, *med* ~*arna i kors.*

() is used for complementary explanations, e.g. **hösäck** (*tom*) haysack; (*full*) sack of hay, and for alternative words and phrases, e.g. *wait up for s.b.* stanna (sitta) uppe och vänta på ngn.

[] is used round the phonetic transcription and round a word or part of a word that can be omitted, e.g. **fönsterlucka** [window]shutter.

Spelling

With a very few exceptions British spelling has been used throughout the dictionary. The most important differences in spelling between British and

11

American English are listed below.

British usage	American usage	
British usage	*American usage*	
travelling, waggon	traveling, wagon	A double consonant is sometimes written as a single consonant.
colour, neighbour	color, neighbor	The ending -our is written as -or.
metre, theatre	meter, theater	-re at the end of a word is usually written as -er.
cheque, plough, cata-logue, programme	check, plow, catalog, program	Letter combinations de-noting a single sound are sometimes simplefied.
defence	defense	-ce at the end of a word is sometimes written as -se.

Abbreviations *see* p. 16.

Pronunciation of the Swedish words

TONE AND STRESS

There are two kinds of tone in Swedish: the acute accent, or singletone, and the grave accent, or dubblo tone. The acute accent is a falling tone, as in English beggar, calendar. It occurs in words of one syllable and in a few words of two or more syllables. In this dictionary the acute accent in words of two or more syllables with the stress on the first syllable is always indicated in the phonetic transcription. The grave accent, which is characteristic of the Swedish language, occurs in words of two or more syllables. It is also a falling tone, but the second syllable begins on a higher pitch than the first. The main stress usually lies on the first syllable and there is a strong second-ary stress on the second syllable.

Most Swedish words of two or more syllables have the stress on the first syllable and the grave accent.

Words with the following endings have the stress on the last syllable:

**-ang, -ant, -at, -ent, -eri, -ess, -ion, -ism,
-ist, -log, -nom, -tet, -tris, -ur, -ör, -ös**

Words with the following endings have the stress on the penultimate syllable:

-era, -inna, -issa

In words that are not pronounced in accordance with these rules, the stress is marked. When only the stress is indicated, this is done by means of a dot under the vowel of the stressed syllable in the headword. The stress may also be indicated in the phonetic transcription, where one is given (see below).

PRONUNCIATION

The first column contains the Swedish letters and the second column the phonetic symbols used in this dictionary.

Vowels

a [a:] as in father. E.g. *far* [fa:r].

   [a] similar to the first element in the English diphthong in time, the French a in la, the German a in kann. E.g *hatt* [hatt].

e [e:] has no exact English equivalent, is pronounced as in French les, German mehr. E.g. *leta* [ˣle:ta], *se* [se:].

   [e] as in let. E.g. *detta* [ˣdetta].

i [i:] as in three. E.g. *lida* [ˣli:da].

   [i] similar to the i in fit. E.g. *sitta* [ˣsitta].

o [ɔ:] similar to the vowel in too. E.g. *ropa* [ˣrɔ:pa].

   [ɔ] similar to the vowel in put. E.g. *hon* [hɔnn].

u [u:] has no English equivalent. Tongue position as for [e:] above, but lips rounded. E.g. *luta* [ˣlu:ta], *hus* [hu:s].

   [u] similar to English [ə] in letter, but lips rounded. E.g. *kulle* [ˣkulle].

y [y:] similar to French u in rue, the German ü in früh, but lips more protruded and rounded. E.g. *gryta* [ˣgry:ta], *sy* [sy:].

   [y] short [y:], compare French lune, German müssen. E.g. *syster* [ˣsyster], *hylla* [ˣhylla].

å [å:] similar to the vowel in saw, E.g. *båt* [bå:t].

   [å] as in long. E.g. *lång* [låŋ].

ä [ä:] before r similar to the first element in the diphthong in bear. E.g. *bära* [ˣbä:ra]. In other cases less open as in French chaise. E.g. *träd* [trä:d], *läsa* [ˣlä:sa], *säl* [sä:l].

   [ä] before r as in carry. E.g. *värre* [ˣvärre], *ärta* [ˣärta]. In other cases similar to e in set. E.g. *mätt* [mätt].

ö [ö:] before r similar to the vowel in bird. E.g. *höra* [ˣhö:ra]. In other cases the sound is similar to the vowel in French deux, German Öl.

   [ö] before r similar to the vowel in English cup, but lips rounded. E.g. *dörr* [dörr]. In other cases similar to the final vowel in English better. E.g. *höst* [höst].

Consonants

b [b] as English b.

c [s] as in sea. E.g. *cykel* ['sykkel].

ch [ʃ] as in shall. E.g. *choklad* [ʃɔk'la:d].

ck [k] as English k.

d [d] as English d, but pronounced with the tongue against the back of the upper teeth.

f [f] as English f.

g [g] as English g in great, good, before a,o,u,å or unstressed e. E.g. *god* [gɔ:d], *gul* [gu:l], *fågel* ['få:gel].

   [j] as English y in yes, before e, i, y, ä, ö and after l and r. E.g. *ge* [je:] , *gynna* [ˣjynna], *göra* [ˣjö:ra], *arg* [arj].

   [k] as English k, before t. E.g. *sagt* [sakt].

gj [j] as English y in yes. E.g. *gjort* [jɔ:rt].

gn [ŋn] E.g. *regn* [reŋn].

h [h] as English h.

j [j] as English y in yes. E.g. *ja* [ja:].

k [k] as English k, before a, o, u, å. E.g. *kall* [kall], *kål* [kå:l].

   [ç] similar to the initial sound in child, but without the beginning t-sound, compare German ich. Comes before e, i, y, ä, ö. E.g. *kela* [ˣçe:la], *kyla* [ˣçy:la], *kött* [çött].

l [l] as English *l*.

m [m] as English *m*.

n [n] as English *n*.

ng [ŋ] as in song. E.g. *mangel* ['maŋel]. Note no g-sound should be heard after the ŋ-sound as it is in English.

p [p] as English *p*.

q [k] as English *k*.

r [r] similar to English *r* but rolled.

rd [rd] similar to rd, rt in ford, cart in British pronunciation. In the pho-
rt [rt] netic transcription written rd, rt. E.g. *bord* [boːrd], *sort* [sårt].

rs [rs] pronounced as sh in shall. In the phonetic transcription written rs. E.g. *brorson* [ˣbroːrsån].

s [s] as English s in see (voiceless).

sch [ʃ] similar to sh in she. E.g. *marsch* [marʃ], *dimension* [dimenˈʃoːn],
si(on) *själv* [ʃällv], *skjuta* [ˣʃuːta], *stjärna* [ˣʃäːrna]. (Most Swedes use a
sj different sound, which is, however, difficult for foreigners to pro-
skj duce).
stj

t [t] as English t, but pronounced with the tongue against the back of the upper teeth.

ti(on) [ʃ] see sch etc. above.

tj [ç] similar to the initial sound in child, but without the initial t-sound, compare German ich. E.g. *tjänst* [çänst], *tjuv* [çuːv].

v, w [v] as English v.

x [ks] never pronounced gs, as in example.

z [s] pronounced as English s in see (voiceless).

OTHER PHONETIC SYMBOLS

In addition to the phonetic symbols given after the Swedish letters above, the following symbols are used:

  ' indicates acute accent. E.g. *allting* ['alltiŋ].

  ˣ indicates grave accent. E.g. *arton* [ˣaːrtån].

  : indicates long vowel. E.g. *adjö* [aˈjöː].

  - is used when only part of the word is transcribed. E.g. *alligator* [-ˣaːtår].

A consonant following a short, stressed vowel is written twice. E.g. *banjo* ['bann-].

It has not been considered necessary to give the pronunciation of ch, sch, stj where they are pronounced [ʃ], of -sion, -tion where they are pronounced [ʃoːn], of ng where it is pronounced [ŋ] or of c where it is pronounced [s].

No pronunciation is given for compounds. The reader is referred to the separate words which make up the compound. Within an article containing several head-words the first word normally gives the stress and pronunciation of the following words, but not the accent. For practical reasons only one pronunciation has often been given for words which have two or more possible pronunciations.

Inflection of nouns, adjectives, and verbs

The following codes are used:

NOUNS

The forms given are: sg indefinite − sg definite − pl indefinite.

s1   flicka − flickan − flickor
       toffel − toffeln − tofflor
       ros − rosen − rosor

s2   pojke − pojken − pojkar
       dag − dagen − dagar
       dager − dagern − dagrar
       dagg − daggen − no pl
       sky − skyn − skyar
       mun − munnen − munnar
       lämmel − lämmeln − lämlar
       kam − kammen − kammar

s3   rad − raden − rader
       doktor − doktorn − doktorer [-'tɔ:-]
       filosofi − filosofin − filosofier
       djungel − djungeln − djungler
       kollega − kollegan − kolleger
       pilgrim − pilgrimen − pilgrimer
       konsul − konsuln − konsuler [-'su:]
       parallellogram − parallellogrammen − parallellogrammer

s4   bryggeri − bryggeriet − bryggerier
       fängelse − fängelset − fängelser
       studium − studiet − studier
       drama − dramat − dramer

s5   sko − skon − skor
       hustru − hustrun − hustrur

s6   äpple − äpplet − äpplen
       schema − schemat − scheman

s7   träd − trädet − träd
       damm − dammet − no pl
       garage − garaget − garage
       fönster − fönstret − fönster
       kummel − kumlet − kummel
       kapitel − kapitlet − kapitel
       gram − grammet − gram

s8   faktum − faktum[et] − fakta or faktum
       centrum − centret or centrum[et] − centra or centrum
       natrium − natrium[et] or natriet − no pl

s9   studerande − studeranden − studerande
       hänsyn − hänsynen − hänsyn

The same codes are used for nouns which have no plural form. For nouns with the following common endings no code is given in the entry.

-ang	-en -er	-ion	-en -er
-ant	-en -er	-jsm	-en no pl
-are	-n =	-iss|a] [-ˣissa]	-an or
-at	-en -er	-jst	-en -er
-else	-n -r	-log [-'lå:g]	-en -er
-ent	-en -er	-ning	-en -ar
-er	-n =	-nom [-'nåm]	-en -er
-erj	-[e]t -er	-sk|a	-an -or
-ersk|a	-an -or	-tet	-en no pl
-ess	-en -er	-tris	-en -er
-het	-en -er	-ur	-en -er
-ing	-en -ar	-ör	-en -er
-inn|a [-ˣinna]	-an -or	-ös	-en or

Indeclinable nouns are marked n (neuter) or r (common gender). For irregular nouns which do not fit the above paradigms the inflected forms are given in full, together with the gender if this is not evident from the forms.

ADJECTIVES

The forms given are: positive − neuter positive − comparative − superlative.

a1   stark − starkt − starkare − starkast
stilig − stiligt − stiligare − stiligast
lätt − lätt − lättare − lättast
röd − rött − rödare − rödast
fri − fritt − friare − friast
vit − vitt − vitare − vitast
blond − blont − blondare − blondast
tunn − tunt − tunnare − tunnast
följsam − följsamt − följsammare − följsammast
allmän − allmänt − allmännare − allmännast

a2   ädel - ädelt − ädlare − ädlast
vacker − vackert − vackrare − vackrast

a3   rutten − ruttet − ruttnare − ruttnast
trogen − troget − trognare − trognast
försigkommen − försigkommet − försigkomnare − försigkomnast

a4   gängse − gängse − mera gängse − mest gängse
defekt − defekt − mera defekt − mest defekt

a5   begåvad − begåvat − mera begåvad − mest begåvad
komisk − komiskt − mera komisk − mest komisk
prydd − prytt − mera prydd − mest prydd
svulten − svultet − mera svulten − mest svulten

The comparison of adjectives which do not fit these paradigms is indicated in full in the entry.

VERBS

Conjugations (infinitive, present tense, past tense, supine, past participle):

v1 kalla – kallar – kallade – kallat – kallad
      dagas – dagas – dagades – dagats

v2 böja – böjer – böjt – böjd
      breda – breder – bredde – brett – bredd
      skilja – skiljer – skilde – skilt – skild
      blygas – blyg(e)s – blygdes – blygts
      brännas – bränn(e)s – brändes – bränts
      klämma – klämmer – klämde – klämt – klämd
      tända – tänder – tände – tänt – tänd

v3 köpa – köper – köpte – köpt – köpt
      mista – mister – miste – mist – mist
      lyfta – lyfter – lyfte – lyft – lyft
      skvätta – skvätter – skvätte – skvätt – skvätt
      begynna – begynner – begynte – begynt – begynt
      hjälpas – hjälp(e)s – hjälptes – hjälpts

v4 tro – tror – trodde – trott – trodd

As a rule verbs belonging to *v1* are not marked. The past tense and the supine of *irregular verbs* are written out.

Förkortningar Abbreviations

a adjektiv adjective
absol. absolut absolute[ly]
abstr. abstrakt abstract
adj. adjektiv[isk], adjective, adjectival
adv adverb adverb
AE. amerikansk engelska American English; [i] USA [in] USA
akad. akademi academy
allm. allmän[t] general[ly]
anat. anatomi anatomy
angl. anglikanska kyrkan Anglican Church
a p. a person någon
arkeol. arkeologi archaeology
arkit. arkitektur architecture
art. artikel article
astr. astronomi astronomy
attr. attribut attribute; attributiv[t] attributive[ly]
Austr. australiensisk Australian; [i] Australien [in] Australia

bank. bankväsen banking
BE. brittisk engelska British English; [i]

England [in] England
bergv. bergväsen mining
best. bestämd definitive
bet. betydelse sense
beton. betonad stressed
bibl. bibliskt biblical
bildl. bildlig[t] figurative[ly]
biol. biologi biology
bokb. bokbinderi bookbinding
bokför. bokföring bookkeeping
boktr. boktryckeri printing
bot. botanik botany
byggn. byggnadskonst building

ca cirka circa
Cambr. [i] Cambridge [in] Cambridge

data. databehandling data processing
demonstr. demonstrativ[t] demonstrative
dep deponens deponent
determ. determinativ[t] determinative
dial. dialektal[t] dialectal[ly]
dipl. diplomati diplomacy

e.d. eller dylik[t] or suchlike
eg. egentlig[en] literal[ly]
ekol. ekologi ecology
ekon. ekonomi economy
el. eller or
elektr. elektroteknik electricity
elektron. elektronik electronics
eng. engelsk[a, -t] English
etc. etcetera

fack. fackspråk technical term
farm. farmakologi pharmacology
fem. femininum feminine
film. filmkonst film, cinematography
filos. filosofi philosophy
fisk. fiskeriterm fishing
flyg. flygteknik aeronautics; flygväsen aviation
fonet. fonetik phonetics
foto. fotografering photography
fys. fysik physics
fysiol. fysiologi physiology
fäkt. fäktkonst fencing
fören. förenad (-t) attributive, adjectival form
förk. förkortning abbreviation
försäkr. försäkringsväsen insurance

gen. genitiv genitive
geogr. geografi geography
geol. geologi geology
geom. geometri geometry
gjut. gjuteriterm foundry term
golf. golfterm golf
graf. grafisk term printing
gruv. gruvdrift mining
gymn. gymnastik gymnastics

hand. handelsterm commerce
her. heraldik heraldry
hist. historia history; historisk[t] historical[ly]
hopskr. hopskrivs, hopskrivet written as one word
högt. högtidlig[t] formal[ly]

ibl. ibland sometimes
imperf. imperfektum past tense
indef. indefinit indefinite
inf. infinitiv infinitive
interj interjektion interjection
interr. interrogativ[t] interrogative
Irl. irländsk Irish; [i, på] Irland [in] Ireland
iron. ironisk[t] ironical[ly]
i sht i synnerhet especially

jakt. jaktterm hunting
jfr jämför compare
jordbr. jordbruk agriculture
jud. judisk[t] Jewish; judendom Judaism
jur. juridik law
järnv. järnvägsväsen railways

kat. katolsk Catholic
kem. kemi chemistry
kir. kirurgi surgery
kokk. kokkonst cookery
koll. kollektiv[t] collective[ly]
komp. komparativ comparative
konj konjunktion conjunction
konkr. konkret concrete
konst. konstterm art
konstr. konstruktion construction
kortsp. kortspel card game
kyrkl. kyrklig term ecclesiastical term

lantbr. lantbruk agriculture
lantm. lantmäteri land-surveying
lat. latin Latin
litt. litteratur literature; litterär[t] literary
log. logik logic

mat. matematik mathematics
med. medicin medicine
meteor. meteorologi meteorology
mil. militärväsen military term
miner. mineralogi mineralogy
mots. motsats opposite
motsv. motsvarande equivalent [to]
mus. musik music
myt. mytologi mythology
mål. målarterm painting

n neutrum neuter
naturv. naturvetenskap science
neds. nedsättande derogatory
ngn någon somebody
ngt något something

o. och and
obest. obestämd indefinite
obeton. obetonad unstressed
o.d. och dylik[t] and suchlike
opers. opersonlig impersonal
opt. optik optics
ordspr. ordspråk proverb
oreg. oregelbunden irregular
o.s. oneself sig [själv]
Oxf. [i] Oxford [in] Oxford

parl. parlamentarisk term parliamentary term
pass. passiv, passivum passive
perf. part. perfekt particip, past principle
pers. person person; personlig personal
pl pluralis plural
poet. poetisk[t] poetical[ly]
polit. politik politics
poss. possessiv[t] possessive
post. postväsen postal services
pred[ik]. predikat predicate; predikativ[t] predikative[ly]
prep preposition preposition
pres. presens present tense
pres. part. presens particip present parti-

18

ciple
pron pronomen pronoun
psykol. psykologi psychology

r realgenus common gender
radar. radarteknik radar
radio. radioteknik radio engineering
reg. regelbunden regular
rel. relativ[t] relative
relig. religion religion
rfl reflexiv[t] reflexive
ridk. ridkonst equestrian term
rom. romersk Roman
rumsbet. rumsbetydelse spatial sense
räkn räkneord numeral

s substantiv substantive
s.b. somebody någon
schack. schackterm chess
sg singularis singular
självst. självständig[t] pronoun
sjö. sjöterm nautical term
Sk. skotsk Scottish; [i] Skottland [in] Scotland
skeppsb. skeppsbyggeri shipbuilding
skol. skolväsen education, school jargong
skämts. skämtsam[t] jocular[ly]
sl. slang slang
slaktar. slaktarterm butchering term
sms. sammansättning[ar] compound[s]
snick. snickarterm joinery, carpentry
s.o. someone någon
sociol. sociologi sociology
spel[t]. spelterm games
sport. sportterm sport
spr. språk language
språkv. språkvetenskap linguistics
ss. såsom as
stat. statistik statistics
s.th. something något
subj. subjekt subject
subst. substantiverad used as a noun

sup. supinum supine
superl. superlativ superlative
Sydafr. sydafrikansk South African; [i] Sydafrika [in] South Africa
särsk. särskil|d, -t special[ly]
särskr. särskrivs, särskrivet written as two words
sömn. sömnad sewing

t. till to
tandläk. tandläkarterm dentistry
teat. teaterterm theatre
tekn. teknik, teknologi technology
tel. telefonväsen telephony
teol. teologi theology
text[il]. textilterm textiles
tidsbest. tidsbetydelse temporal sense
trädg. trädgårdsskötsel gardening
tullv. tullväsen customs
TV. TV-term television
ty. tysk German

ung. ungefär approximate[ly]
univ. universitetsväsen university
urspr. ursprunglig[en] original[ly]
uttr. uttryck expression; uttryckande expressing

v verb verb
vanl. vanlig[en] usual[ly]
vard. vardagligt colloquial[ly]
versl. verslära metrics
vetensk. vetenskaplig scientific
veter. veterinärmedicin veterinary science
vulg. vulgär stil vulgar style
väv. vävterm weaving

zool. zoologi zoology

åld. ålderdomlig[t], föräldra|d, -t archaic

äv. även also

Engelsk-Svenska delen

A

A, a [eɪ] (*bokstav, ton*) A, a; *A flat* (*mus.*) ass; *A sharp* (*mus.*) aiss; *A road* huvudled; *A 1 a*) vard. förstklassig, prima, *b*) första klass fartyg i Lloyd's register; *from A to Z* från a till ö, från början till slut, utan och innan

A 1 ~ *road* huvudväg **2** *BE.*, ~ *film* (*ung.*) barntillåten för barn i vuxens sällskap **3** *förk. för ampere; area; atomic*

a [eɪ, *obeton.* ə], (*framför vokalljud*) **an** [æn, *obeton.* ən, n] en, ett; *a man* en man; *an old woman* en gammal kvinna; *an gumma; a union* en förening; *twice a day* två gånger om dagen; *all of an age* alla i ungefär samma ålder

aback [ə'bæk] *adv, taken* ~ förvånad, förlägen

abaft [ə'bɑ:ft] *sjö.* **I** *adv* akter ut **II** *prep* akter om; ~ *the beam* akter om tvärs

aban|don [ə'bændən] **I** *v* **1** överge, lämna (*a ship* ett fartyg) **2** ge upp (*hope* hoppet); frångå (*a habit* en vana) **3** ~ *o.s.* ge sig hän, hänge sig (*to* åt) **II** *s* frigjordhet, lössläppthet, otvungenhet; *with* ~ lössläppt, ohämmat, uppsluppet **-doned** [-dənd] **1** utsvävande, lössläppt **2** övergiven **-donment** [-dənmənt] **1** övergivande **2** övergivenhet **3** frigjordhet, lössläppthet, otvungenhet **4** hängivelse

abase [ə'beɪs] förnedra, förödmjuka

abash [ə'bæʃ] förvirra, göra förlägen (generad)

abate [ə'beɪt] **1** minska, dämpa **2** *jur.* upphäva **3** sänka (*the price* priset) **4** minska[s], dämpas; avta; mojna

abbé ['æbeɪ] abbé **abbess** ['æbes] abbedissa **abbey** ['æbɪ] kloster; klosterkyrka **abbot** ['æbət] abbot

abbrevi|ate [ə'bri:vɪeɪt] förkorta **-ation** [ə,bri:vɪ'eɪʃn] förkortning; kortform

ABC 1 abc, alfabet; *the* ~ *of skiing* skidåkningens grunder **2** *förk. för American Broadcasting Company; Australian Broadcasting Commission; atomic, biological, and chemical;* (*data.*) *approach by concept*

abdicate ['æbdɪkeɪt] abdikera, avsäga sig tronen

abdomen ['æbdəmen, *med. vanl.* æb'dəʊmen] buk, mage, abdomen

abduct [æb'dʌkt] bortföra, enlevera **abductor** [æb'dʌktə] kidnappare; kvinnorövare

abeam [ə'bi:m] *sjö.* tvärs; ~ *to port* tvärs om babord

Aberdeen [,æbə'di:n] Aberdeen

abet [ə'bet] understödja, underblåsa (ngt brottsligt); *aid and* ~ vara medhjälpare **-ment** [-mənt] medhjälp (*t. brott*) **-tor** [-tə] medhjälpare (*t. brott*)

abhor [əb'hɔ:] avsky **-rent** [əb'hɒr(ə)nt] motbjudande, avskyvärd

abide [ə'baɪd] *abode, abode el. reg.* **1** tåla, stå ut med **2** foga sig i (efter) **3** ~ *by a*) stå fast vid, hålla sig till, *b*) foga sig i (efter) **4** dröja; förbli **5** *åld.* vistas; bida

---

ability [ə'bɪlətɪ] **1** förmåga, duglighet, skicklighet; ~ *to learn* läraktighet, inlärningsförmåga; *to the best of my* ~ efter bästa förmåga, så gott jag kan **2** begåvning; *abilities* (*pl*) talanger, anlag; *a woman of great* ~ en mycket begåvad kvinna; *musical* ~ musikalisk begåvning

abject ['æbdʒekt] **1** eländig, usel **2** undergiven, krypande

abjure [əb'dʒʊə] avsvärja [sig]

ablaze [ə'bleɪz] **1** i brand, i lågor **2** starkt upplyst, illuminerad **3** *bildl.* eld och lågor; glödande (*with* av)

able ['eɪbl] duglig, duktig, skicklig, kunnig; ~ *seaman* matros; *be* ~ *to do s.th.* kunna (vara i stånd att) göra ngt **ably** ['eɪblɪ] dugligt, duktigt, skickligt, kunnigt

abnegate ['æbnɪgeɪt] avsäga sig; avstå [från]

abnormal [æb'nɔ:ml] abnorm, onormal, avvikande

aboard [ə'bɔ:d] *adv., a, prep* **1** ombord [i, på]; *all* ~*!* alla passagerare ombord! **2** *sjö., close* ~ längs efter, längsides

abolish [ə'bɒlɪʃ] avskaffa, upphäva **abolition** [,æbəʊ'lɪʃn] avskaffande; slaveriets upphörande (avskaffande)

A-bomb ['eɪbɒm] atombomb

abomi|nable [ə'bɒmɪnəbl] avskyvärd; *vard.* förfärlig, gräslig; *the* ~ *snowman* snömannen (*i Himalaya*) **-nate** [-neɪt] avsky

aboriginal [,æbə'rɪdʒənl] **I** *a* ursprunglig, ur- **II** *s* urinvånare **-ne** [-nɪ] (*pl* ~*s* [-ni:z]) urinvånare, infödig

abor|tion [ə'bɔ:ʃn] **1** missfall; abort; *have an* ~ få (göra) abort **2** förkrympning **3** missbildad varelse **4** misslyckande; misslyckad raketstart (*e.d.*) **-tive** [ə'bɔ:tɪv] **1** förkrympt, ofullgången **2** misslyckad, felslagen

abound [ə'baʊnd] **1** finnas i överflöd **2** ~ *in* (*with*) överflöda av, vimla av, ha i överflöd

about [ə'baʊt] **I** *prep* **1** *rumsbet.* [runt] omkring; omkring i (på); i närheten av; på, med, hos, vid, över [sig]; *the fields* ~ *the lake* åkrarna kring sjön; *stand* ~ *the door* stå vid (i närheten av) dörren; *somewhere* ~ *here* här någonstans; *I have no money* ~ *me* jag har inga pengar på mig; *she looked* ~ *her* hon såg sig omkring; *be quick* ~ *it!* skynda på!; *there is something* ~ *her* det är någonting hos (med) henne **2** sysselsatt med; *while I'm* ~ *it* medan jag ändå håller på [med det]; *he's been a long time* ~ *it* han har hållit på länge [med det]; *what are you* ~*?* vad har du för dig? **3** om, angående, i fråga om; *how* ~...*? a*) hur skulle det vara att (med)...?, *b*) hur är (var) det med...?; *what* ~...*? a*) hur skulle det vara med...?, *b*) hur är det med...?; *be* ~ handla om, gälla; *tell me* ~ *it!* berätta!; *quarrel* ~ *money* gräla om pengar **4** *tidsbet., måttsbet.* omkring, inemot, ungefär; ~ *8 o'clock* omkring klockan 8; *that's* ~ *my size* det är ungefär min storlek; *it's* ~ *time you came!* det var på tiden att du kom! **II** *adv* **1** [runt] omkring, runt; i omkrets, här och där, hit och dit, i farten, i rörelse; *there was nobody* ~ det fanns ingen i närheten; *be* [*up and*] ~ *again* vara på benen (i farten) igen; *leave things* ~ låta saker och ting ligga framme; *move* ~ flytta hit och dit; ~ *turn!* helt om! **2** nästan; ungefär; ~ *finished* nästan klar;

I've had just ~ *enough of that!* jag har fått nog av det! **3** *be* ~ *to* (+ *inf.*) [just] skola, stå i begrepp att; *he was* ~ *to leave* han skulle just ge sig i väg **about|-face** [ə͵baʊtˈfeɪs] *AE.*, **--turn** [-ˈtɜ:n] *BE.* **I** *s* helomvändning (*äv. bildl.*) **II** *v* göra helt om, göra en helomvändning (*äv. bildl.*)

above [əˈbʌv] **I** *prep* över, ovanför; mer än; framför, före; ~ *all* framför allt; ~ *and beyond* förutom, jämte; ~ *board* öppen, ärlig; ~ *suspicion* höjd över alla misstankar; *it's* ~ *him* det övergår hans förstånd; *get* ~ *o.s.* bli uppblåst **II** *adv* **1** ovan, ovanför, där (här) ovan, upptill; *from* ~ ovan-, upp|ifrån **2** däröver, mer; *sums of £100 and* ~ summor på 100 pund och mer **III** *a* ovannämnda (*paragraph* paragraf) **IV** *s* ovanstående; *the* ~ [det] ovanstående, ovannämnda [person(er)] **--mentioned** ovannämnd

abrasive [əˈbreɪsɪv] **I** *s* slipmedel **II** *a* **1** slip-, slipande **2** *bildl.* skrovlig, sträv; irriterande

abreast [əˈbrest] i bredd, bredvid varandra, jämsides; ~ *of* (*with*) *a*) i jämnhöjd med, *b*) insatt i, förtrogen med; *keep* ~ *of events* hålla sig à jour med vad som händer; *keep* ~ *with s.b.* hålla jämna steg med ngn

abridge [əˈbrɪdʒ] förkorta, avkorta **abridg[e]- ment** [-mənt] **1** förkortning **2** sammandrag

abroad [əˈbrɔ:d] **1** utomlands, utrikes, i (till) utlandet; *from* ~ utifrån, från utlandet; *he was all* ~ han var alldeles villrådig **2** i omlopp, i svang; *there is a rumour* ~ det går ett rykte **3** ute, utomhus

abrupt [əˈbrʌpt] **1** tvär, plötslig, abrupt; brysk, korthuggen **2** (*om tal e.d.*) osammanhängande; ryckig **3** tvär, brant

abscess [ˈæbsɪs] böld, varhärd, abscess

abscond [əbˈskɒnd] avvika, rymma, smita

absence [ˈæbs(ə)ns] **1** frånvaro; ~ *without leave* olovlig frånvaro; ~ *of mind* tankspriddhet **2** brist (*of* på); avsaknad (*of* av) **absent I** *a* [ˈæbs(ə)nt] **1** frånvarande; ~ *voter* poströstare **2** obefintlig **3** ouppmärksam, tankspridd, disträ **II** *rfl* *v* [æbˈ- sent] avlägsna sig; hålla sig borta **absentee** [͵æbs(ə)nˈti:] *s* frånvarande [person] **absentee- ism** [͵æbs(ə)nˈti:ɪz(ə)m] frånvaro (*utan giltigt förfall*); skolk; frånvarofrekvens **absent- minded** [ˈæbs(ə)ntˈmaɪndɪd] tankspridd, disträ **absinth[e]** [ˈæbsɪnθ] **1** absint **2** *bot.* malört

abso|lute [ˈæbsəlu:t] absolut; fullständig; oinskränkt; ~ *alcohol* ren alkohol; *an* ~ *fool* en komplett (fullständig) idiot; ~ *majority* absolut majoritet; ~ *monarchy* absolut (oinskränkt) monarki; ~ *pitch* absolut gehör; ~ *ruler* envåldshärskare; ~ *temperature* absolut temperatur; ~ *zero* absoluta nollpunkten **-lutely** [-lu:tlɪ] *adv* absolut; fullständigt; oinskränkt; ~*!* ja absolut!, utan tvivel!, ja visst!

absolve [əbˈzɒlv] **1** frikänna; lösa, fritaga (*from* från) **2** ge absolution

absorb [əbˈsɔ:b] absorbera; suga upp; helt upptta- [ga]; införliva; ~*ed in thought* försjunken i tankar **-ent** [-ənt] **I** *a* absorberande, uppsugande; ~ *cotton* (*AE.*) bomull, vadd **II** *s* absorberande (uppsugande) material **-ing** [-ɪŋ] absorberande; *bildl.* allt uppslukande, fängslande **absorption** [əbˈsɔ:pʃn] absorption, uppsugning; *bildl.* försjunkenhet

abstain [əbˈsteɪn] avstå, avhålla sig (*from* från) **-er** [-ə] *s* **1** *total* ~ helnykterist **2** röstskolkare

abstemious [æbˈsti:mjəs] återhållsam, måttlig

abstention [əbˈstenʃn] **1** återhållsamhet, måttlighet **2** röstnedläggelse

abstinence [ˈæbstɪnəns] av-, åter|hållsamhet; nykterhet

abstract I *a* [ˈæbstrækt] abstrakt; teoretisk **II** *s* [ˈæbstrækt] **1** abstrakt begrepp; *in the* ~ i teorin, i princip **2** sammandrag, sammanfattning; utdrag **III** *v* [æbˈstrækt] **1** abstrahera; avskilja, ta bort **2** göra sammandrag av, sammanfatta; betrakta teoretiskt **3** stjäla, undanhålla

abstruse [æbˈstru:s] svårfattlig, dunkel, abstrus

absurd [əbˈsɜ:d] orimlig, absurd, befängd

abun|dance [əˈbʌndəns] överflöd; [stor] mängd; rikedom **-dant** [-dənt] överflödande, ymnig, riklig; rik (*in* på)

abuse I *s* [əˈbju:s] **1** missbruk; missförhållande **2** ovett, smädelser **II** *v* [əˈbju:z] **1** missbruka **2** skymfa, okväda **abusive** [əˈbju:sɪv] oförskämd, ovettig; skymflig

abut [əˈbʌt] *v*, ~ *on* gränsa (stöta) intill

abyss [əˈbɪs] avgrund

AC *förk. för* alternating current

aca|demic [͵ækəˈdemɪk] **I** *a* akademisk; teoretisk **II** *s* akademiker; teoretiker **-demician** [ə͵kædə'- mɪʃn] akademiledamot **-demy** [əˈkædəmɪ] **1** akademi, lärt samfund **2** akademi, skola; *military* ~ militärhögskola **3** [privat]skola

accede [ækˈsi:d] *v*, ~ *to a*) tillträda (*ämbete*), komma på (*the throne* tronen), *b*) ansluta sig till, *c*) instämma i, samtycka till

accelerate [əkˈseləreɪt] **1** accelerera, öka hastigheten (takten) **2** accelerera, påskynda **accel- eration** [ə͵keləˈreɪʃn] acceleration; påskyndande **acceleration lane** påfartssträcka **acceler- ator** [əkˈseləreɪtə] gaspedal; *fys., kem.* accelerator

accent I *s* [ˈæks(ə)nt] **1** accent; tryck; betoning; tonvikt **2** accenttecken **3** accent, brytning; *speak with a French* ~ (*äv.*) bryta på franska **II** *v* [æk- ˈsent] betona, accentuera **accentuate** [ækˈsent- jʊeɪt] accentuera, betona

accept [əkˈsept] **1** anta[ga], acceptera, ta emot; ~ *an invitation* tacka ja till en inbjudan **2** erkänna; lösa; godta[ga]; finna sig i; acceptera **3** *hand.* acceptera (*en växel*) **-able** [-əbl] acceptabel, antaglig, godtagbar (*to* för) **-ance** [-əns] **1** antagande, accepterande; gynnsamt mottagande **2** erkännande; godtagande; accepterande **3** *hand.* accept; växelacceptering

access [ˈækses] **1** tillträde (*to* till); tillgänglighet; ~ *to one's children* umgängesrätt med sina barn **2** anfall, utbrott; ~ *of rage* vredesutbrott **ac- cessible** [əkˈsesəbl] tillgänglig, åtkomlig, mottaglig (*to* för) **accession** [əkˈseʃn] **1** tillträde; inträdande (*to* i); ~ [*to the throne*] tronbestigning **2** tillskott; tillägg; nyanskaffning **3** godkännande (*to* av); instämmande (*to* i); anslutning (*to* till) **accesso|ry** [əkˈsesərɪ] **I** *s* **1** medhjälpare; medbrottsling **2** *-ries* (*pl*) accessoarer, tillbehör **II** *a* åtföljande; delaktig (*to a crime* i ett brott) **access road** tillfartsväg **access time** *data.* access-, åtkomst|tid

accident [ˈæksɪd(ə)nt] **1** tillfällighet, slump; *by*

~ av en händelse (slump) **2** olyckshändelse, olycka; *have an ~* råka ut för en olycka; *~s will happen* en olycka händer så lätt **accidental** [ˌæksi'dentl] I *a* **1** tillfällig; oavsiktlig; oväntad **2** oväsentlig II *s, mus.* tillfälligt förtecken **accidentally** [ˌæksi'dentəlɪ] *adv* av en händelse

acclaim [ə'kleɪm] I *v* hylla, tilljubla II *s* hyllning, bifall, lovord

accli|matization (*BE. äv. -matisation*) [əˌklaɪmətaɪ'zeɪʃn] acklimatisering; anpassning **-matize** (*BE. äv. -matise*) [ə'klaɪmətaɪz] acklimatisera [sig]; anpassa [sig]

accommo|date [ə'kɒmədeɪt] **1** anpassa, inställa (*to* efter); ackommodera; jämka **2** tillmötesgå, hjälpa **3** försona **4** härbärgera, inhysa, inkvartera; rymma **-dation** [əˌkɒmə'deɪʃn] **1** anpassning, inställning (*to* efter); kompromiss; ackommodation[sförmåga]; jämkning **2** bostad, logi, husrum; plats, utrymme **3** tillmötesgående **4** hjälpmedel; bekvämlighet **5** *hand.* lån **6** överenskommelse

accompaniment [ə'kʌmpənɪmənt] **1** *mus.* ackompanjemang **2** bihang, komplement, tillbehör **accompa|ny** [ə'kʌmp(ə)nɪ] **1** beledsaga; [åt]följa, följa med; *-nied by s.b.* åtföljd av (i sällskap med) ngn; *-nied with (bildl.)* åtföljd (beledsagad) av **2** *mus.* ackompanjera

accomplice [ə'kʌmplɪs] medbrottsling

accom|plish [ə'kʌmplɪʃ] **1** utföra; uträtta; åstadkomma **2** fullborda, slutföra **pliohed** [-plɪʃt] **1** fulländad; *an ~ fact* ett fullbordat faktum **2** skicklig, kunnig **-plishment** [-plɪʃmənt] **1** utförande; uträttande **2** fullbordande **3** presta tion **4** *~s* (*pl*) talanger; fint sätt

accord [ə'kɔːd] I *v* **1** bevilja; skänka **2** stämma överens; vara ense II *s* **1** överensstämmelse; samstämmighet; harmoni; *in ~ with* i överensstämmelse med; *with one ~* enhälligt **2** *of one's own ~* självmant **3** förlikning, kompromiss; överenskommelse **-ance** [-(ə)ns] **1** *in ~ with* i överensstämmelse (enlighet) med **2** beviljande **-ing** [-ɪŋ] **1** *~ to* enligt, [allt]efter **2** *~ as* i den mån som, alltefter som **-ingly** [-ɪŋlɪ] **1** i enlighet därmed **2** således, följaktligen

accordion [ə'kɔːdjən] dragspel

accost [ə'kɒst] [gå fram till och] tilltala; antasta

account [ə'kaʊnt] I *v* **1** betrakta som, anse [som] **2** uppskatta **3** *~ for a)* redovisa [för], *b)* förklara, vara en förklaring till; *that ~s for it* det förklarar saken II *s* **1** redogörelse, berättelse, rapport; redovisning; *by all ~s* efter allt vad man har hört; *call* (*bring*) *s.b. to ~ a)* ställa ngn till svars, göra ngn ansvarig, *b)* ge ngn en skrapa; *give an ~ of* redogöra för; *give a good ~ of o.s.* sköta (klara) sig bra; *render ~* lämna redovisning **2** konto, räkning; *~s* (*pl, äv.*) räkenskaper; *current ~* löpande räkning, kontokurant; *~s payable* (*AE.*) skulder; *~s receivable* (*AE.*) fordringar; *on ~ a)* på kredit, *b)* a conto, i avräkning, som avbetalning (*of* på); *do* (*keep*) *~s* föra räkenskaper; *open an ~ with* öppna konto hos; *pay* (*settle*) *an ~* betala en räkning; *put down to a p.'s ~* föra upp på ngns räkning (konto); *settle* (*square*) *~s with a)* utjämna sitt konto hos, *b) bildl.* göra upp räkningen med **3** [be]räkning; uppskattning, värdering; betydelse; fördel; *of little ~* av ringa (li-

ten) betydelse; *of no ~* utan betydelse; *take into ~, take ~ of* ta med i beräkningen, överväga; *turn to ~* dra nytta (fördel) av **4** orsak, grund; *on ~ of* på grund av, med anledning av; *on my ~* for min skull; *on no ~* på inga villkor; *on one's own ~* för egen räkning; *on this* (*that*) *~* för den [sakens] skull

account|able [ə'kaʊntəbl] **1** ansvarig (*for* för; *to* inför) **2** förklarlig **-ancy** [-ənsɪ] bokföring **-ant** [-ənt] räkenskaps-, bok|förare; kamrer; *chartered* (*AE. certified public*) ~ auktoriserad revisor

accredit [ə'kredɪt] **1** ackreditera (*at, to* hos, vid) **2** godkänna, auktorisera **3** tillskriva (*s.b. with s.th.* ngn ngt)

accumu|late [ə'kju:mjʊleɪt] **1** hopa, samla ihop; ackumulera **2** hopa sig, samlas; ackumuleras **-lation** [əˌkju:mjʊ'leɪʃn] **1** hopande, samlande **2** anhopning, ackumulation **3** kapitalisering

accu|racy ['ækjʊrəsɪ] exakthet, precision; noggrannhet **-rate** [-rɪt] exakt, precis, riktig; noggrann

accu|sal [ə'kju:zl], **-sation** [ˌækju:'zeɪʃn] anklagelse, beskyllning

accusative [ə'kju:zətɪv] *språkv.* ackusativ; *the ~* [*case*] ackusativ

accuse [ə'kju:z] anklaga, beskylla (*of* för); *the ~d* den anklagade

accus|tom [ə'kʌstəm] vänja (*to* vid) **-tomed** [d] **1** van (*to* vid); *get ~ to* bli van vid **2** vanlig, bruklig

ace [eɪs] **1** äss, ess; etta (*på tärning*); (*i tennis*) serveäss **2** överdängare, stjärna **3** *within an ~ of* en hårsmån från

acetate ['æsɪteɪt] acetat **acetic** [ə'si:tɪk] *~ acid* ättiksyra **acetone** ['æsɪtəʊn] aceton **acetylene** [ə'setɪli:n] acetylen[gas]

ache [eɪk] I *s* värk; *~s and pains* krämpor II *v* **1** värka **2** *~ for* längta efter

achieve [ə'tʃi:v] **1** utföra; åstadkomma **2** [upp]nå **-ment** [-mənt] **1** utförande **2** prestation, bedrift; insats

Achilles [ə'kɪli:z] Akilles; *~' heel* akilleshäl

acid ['æsɪd] I *a* sur, bitter (*äv. bildl.*); *~ drops* syrliga karameller II *s* **1** syra **2** *sl.* LSD **acid-ification** [əˌsɪdɪfɪ'keɪʃn] försurning **acidity** [ə'sɪdətɪ] **1** aciditet, surhetsgrad **2** syrlighet

acknowledge [ək'nɒlɪdʒ] **1** erkänna, tillstå **2** *~ [receipt of]* bekräfta (erkänna) mottagandet av **3** uttrycka sin erkänsla för, tacka för **acknowledg[e]ment** [-mənt] **1** erkännande **2** kvitto **3** *in ~ of* som erkänsla (tack) för

acne ['æknɪ] acne, ungdomsfinnar

acorn ['eɪkɔːn] ekollon

acoustic[al] [ə'ku:stɪk(l)] akustisk, ljud- **acoustics** [-s] **1** (*behandlas som sg*) akustik, läran om ljuden **2** (*behandlas som pl*) akustik, ljudförhållanden

acquaint [ə'kweɪnt] **1** *~ o.s. with* bekanta sig med, göra sig bekant med, sätta sig in i; *be ~ed with* vara bekant med, känna (till), vara insatt i; *we're not ~ed* vi är inte bekanta (känner inte varandra) **2** *~ s.b. with* underrätta ngn om **-ance** [-(ə)ns] **1** bekantskap (*with* med); kännedom (*with* om); *make the ~ of* göra bekantskap med **2** bekant; bekantskapskrets

acquiesce [ˌækwɪ'es] samtycka (*in* till); foga sig
acquire [ə'kwaɪə] förvärva, skaffa [sig]; lägga sig
till med; ~ *a taste for* få smak för
acquisition [ˌækwɪ'zɪʃn] **1** förvärvande **2** förvärv
acquit [ə'kwɪt] **1** fritaga, frikänna (*of* från) **2** återbetala **3** ~ *o.s.* sköta sig (*well* bra) **-tal** [-tl]
1 frikännande **2** fullgörande **3** betalning
acre ['eɪkə] **1** (*ytmått = 4047 m²*) acre, *ung.* tunnland **2** *vard.*, ~*s* (*pl*) massor (*of* med) **-age**
[-rɪdʒ] (*antal*) acres; areal
acrid ['ækrɪd] **1** skarp, bitande, frän (*äv. bildl.*)
acrimonious [ˌækrɪ'məʊnjəs] *bildl.* bitter, skarp
acro|bat ['ækrəbæt] akrobat **-batic** [ˌækrə(ʊ)'-bætɪk] akrobatisk **-batics** [ˌækrə(ʊ)'bætɪks] *pl*
akrobatik
acrophobia [ˌækrə(ʊ)'fəʊbjə] akrofobi, höjdskräck
across [ə'krɒs] **I** *adv* **1** på tvären; tvärs [över]; på
bredden; över; (*i korsord*) vågrätt **2** över, på
(till) andra sidan **3** i kors; *with arms* ~ med armarna i kors **II** *prep* **1** tvärs över, över, på, genom; *run* (*come*) ~ stöta (råka) på (*s.b.* ngn;
s.th. ngt), komma över (*s.th.* ngt) **2** över, på (till)
andra sidan [av]
acrylic [ə'krɪlɪk] akryl-; ~ *fibre* akryl[fiber]
act [ækt] **I** *s* **1** handling, gärning; *the A~s* [*of the
Apostles*] Apostlagärningarna; ~ *of faith* troshandling; ~ *of God* (*jur.*) force majeure; *catch
s.b. in the* ~ ta ngn på bar gärning **2** *parl.* beslut;
lag; aktstycke, urkund **3** *teat.* akt; nummer; *a one*
~ *play* en enaktare; *put on an* ~ spela teater, låtsas **II** *v* **1** handla; agera; uppträda; ~ *for* (*on behalf of*) *s.b.* företräda (representera) ngn; ~
[*up*]*on* handla på grundval av; ~ *up* (*vard.*)
krångla, strula **2** fungera, tjäna, verka (*as* som)
3 göra (ha) verkan, [in]verka ([*up*]*on* på) **4** *teat.*
spela [teater] (*äv. bildl.*), uppföra på scenen **5**
spela (*a part* en roll); uppföra (*a play* en pjäs)
-ing ['æktɪŋ] **I** *a* tillförordnad, ställföreträdande
II *s*, *teat.* spel[sätt]
action ['ækʃn] **1** handling; aktion; uppträdande;
agerande; *a man of* ~ en handlingsmänniska, en
handlingens man; *take* ~ vidtaga åtgärder, ingripa **2** [in]verkan **3** strid; *readiness for* ~ stridsberedskap; *go into* ~ inlåta sig i strid **4** funktion,
gång; *out of* ~ sönder, ur funktion, (*mil.*) ur
stridbart skick; *put into* ~ sätta i gång **5** process;
laga åtgärder; *bring an* ~ *against* väcka åtal mot
6 mekanism **7** handling (*i film o.d.*)
activate ['æktɪveɪt] göra aktiv, aktivera; göra radioaktiv; ~*d carbon* aktivt kol **active** ['æktɪv] **1**
aktiv, verksam **2** *språkv.* aktiv (*voice* form) **activity** [æk'tɪvətɪ] **1** aktivitet, verksamhet **2**
energi
ac|tor ['æktə] skådespelare, aktör **-tress** [-trɪs]
skådespelerska, aktris
actual ['æktʃʊəl] **1** faktisk, verklig; *in* ~ *fact* i
själva verket; *what were her* ~ *words?* hur föll
hennes ord egentligen? **2** aktuell, nuvarande,
pågående **-ly** [-ɪ] **1** faktiskt, verkligen; i själva
verket, egentligen **2** för närvarande
acuity [ə'kju:ətɪ] skärpa; skarp|sinne, -sinnighet
acumen [ə'kju:men] skarp|sinne, -sinnighet;
political ~ utpräglat sinne för politik
acupuncture ['ækjʊpʌŋktʃə] akupunktur

acute [ə'kju:t] **1** skarp, spetsig **2** *mat.* spetsig (*angle* vinkel) **3** skarpsinnig **4** akut (*disease* sjukdom); häftig, intensiv (*pain* smärta) **5** *språkv.*
akut (*accent* accent)
ad [æd] *förk. för advertisement*
A.D. *förk. för Anno Domini* (*lat.*) A.D., e.Kr.
adagio [ə'dɑ:dʒɪəʊ] *mus.* adagio
adapt [ə'dæpt] **1** av-, an|passa (*to* efter, till);
adaptera; ~*ed* (*äv.*) lämpad, lämplig (*to* för) **2**
bearbeta, omarbeta **-ability** [əˌdæptə'bɪlətɪ] anpassningsförmåga; användbarhet **-able** [-əbl]
anpassningsbar; användbar, lämplig **-er, -or**
[ə'dæptə] **1** bearbetare **2** *tekn.* adapter; passbit;
mellankoppling
add [æd] **1** tillägga; tillsätta; ~*ed to* tillika med,
vid sidan av; ~*ed to which* vartill kommer att **2**
addera, summera; ~ *up* addera, summera, lägga
ihop; ~ *4 and* (*to*) *3* lägga ihop 4 och 3 **3** ~ *to*
öka, bidraga till, utöka **4** ~ *up* (*om siffror o.
bildl.*) stämma; ~ *up to* tillsammans utgöra, belöpa sig till, betyda; *it doesn't* ~ *up to much* det
är inte särskilt lysande
adder ['ædə] huggorm
addict I *v* [ə'dɪkt] ~ *o.s.* ägna (hänge) sig åt; *be*
~*ed to* vara hemfallen åt, missbruka (*narkotika
e.d.*) **II** *s* ['ædɪkt] slav (*under narkotika o.d.*);
drug ~ narkoman; *jazz* ~ jazzfantast **addiction** [ə'dɪkʃn] begivenhet (*to* på), böjelse (*to*
för); missbruk (*av narkotika o.d.*)
addition [ə'dɪʃn] **1** tillägg, tillskott; tillökning (*to
the family* i familjen); *in* ~ dessutom; *in* ~ *to* förutom, jämte **2** addition **additional** [ə'dɪʃənl]
extra, ytterligare; tilläggs-
additive ['ædɪtɪv] tillsats
address [ə'dres] **I** *v* **1** adressera, skriva adress på
2 tilltala, vända sig till; hålla tal till; titulera; ~
o.s. to a) vända sig till, *b*) ägna sig åt **3** rikta,
[fram]ställa; ~ *a request to* framföra en begäran
till **4** vända sig mot **II** *s* **1** adress **2** anförande, [offentligt] tal; *debate on the A~* (*BE. parl., ung.*)
remissdebatt **3** skicklighet; takt **4** *pay one's* ~*es
to a woman* göra en kvinna sin kur **addressee**
[ˌædre'si:] adressat
adenoids ['ædɪnɔɪdz] *pl, med.* adenoida vegetationer, polyper bakom näsan
adept ['ædept] **I** *a* erfaren, skicklig (*at, in* i) **II** *s*
expert (*at, in* på), kännare
ade|quacy ['ædɪkwəsɪ] tillräcklighet; lämplighet
-quate [-kwət] tillräcklig, nöjaktig; tillräckligt
med; lämplig; adekvat
adhere [əd'hɪə] *v*, ~ *to a*) klibba (sitta) fast vid, *b*)
hålla fast vid, vara trogen **adherence** [-r(ə)ns] *s*
1 vidhängande, fastsittande (*to* vid) **2** fasthållande; tillgivenhet, trohet **adherent** [-r(ə)nt] **I** *s* anhängare (*of* av) **II** *a* fastsittande (*to* vid), förbunden (*to* med)
adhe|sion [əd'hi:ʒn] **1** fastsittande **2** fasthållande (*to* vid) **3** vidhäftning[sförmåga], adhesion
-sive [-sɪv] **I** *a* vidhängande; vidhäftande; klibbig; självhäftande, häft-; ~ *plaster* häftplåster; ~
tape klisterremsa, tejp **II** *s* klister, lim, bindemedel
adjacent [ə'dʒeɪs(ə)nt] angränsande, intilliggande; ~ *to* [som ligger] intill (bredvid)
adjec|tival [ˌædʒek'taɪvl] adjektivisk **-tive**
['ædʒɪktɪv] adjektiv

adjoin [ə'dʒɔɪn] **1** gränsa till, stöta intill **2** gränsa till (stöta intill) varandra; ~*ing countries* angränsande länder

adjourn [ə'dʒɜ:n] **1** ajournera; uppskjuta **2** ajournera sig

adjust [ə'dʒʌst] **1** ordna, rätta till; justera; ställa in; reglera **2** an-, av|passa (*to* efter) **-able** [-əbl] justerbar, reglerbar, inställbar; ~ *spanner* skiftnyckel **-ment** [-mənt] **1** ordnande; justering; inställning; reglering **2** an-, av|passning (*to* efter, till)

adminis|ter [əd'mɪnɪstə] **1** administrera, förvalta **2** skipa (*justice* rättvisa) **3** ge; tilldela; utdela (*sacraments* sakrament); ~ *medicine to s.b.* ge ngn medicin **4** förestava (*an oath to s.b.* ngn en ed) **-tration** [əd‚mɪnɪ'streɪʃn] **1** handhavande, administrering, förvaltning **2** administration, förvaltning (*av land*); regering, ministär **3** skipande (*of justice* av rättvisa) **4** utdelning (*av medicin, sakrament*) **5** förestavande (*av ed*) **-trator** [əd'mɪnɪstreɪtə] **1** förvaltare, föreståndare **2** administratör

admirable ['ædm(ə)rəbl] beundransvärd

admiral ['ædm(ə)r(ə)l] amiral **-ty** [-tɪ] **1** amiralsvärdighet **2** *BE.*, *the A*~ *Board* amiralitetet; *First Lord of the A*~ marinminister

admiration [‚ædmə'reɪʃn] beundran **admire** [əd'maɪə] beundra **admirer** [əd'maɪrə] beundrare

admission [əd'mɪʃn] **1** tillträde; inträde; intagning ([*in*]*to* i, på) **2** erkännande, medgivande **admission fee** inträdesavgift

admit [əd'mɪt] **1** släppa in ([*in*]*to* i); antaga **2** rymma, ha plats för **3** erkänna, medge **4** ~ *of* tillåta, lämna rum för, ge plats för; ~ *to* a) ge tillträde (gälla) till, b) erkänna **-tance** [-(ə)ns] tillträde, inträde; *no* ~ tillträde förbjudet

admonish [əd'mɒnɪʃ] **1** förmana, tillrättavisa **2** varna

ado [ə'du:] besvär; väsen, bråk; *much* ~ *about nothing* mycket väsen för ingenting; *without more* (*further*) ~ utan vidare [spisning]

adoles|cence [‚ædə(ʊ)'lesns] ungdom[sår, -stid], uppväxttid (*mellan pubertetens början o. vuxen ålder*) **-cent** [-nt] **I** *a* ungdoms-, tonårs-; *vard.* omogen, pueril **II** *s* ung människa, tonåring

adopt [ə'dɒpt] **1** adoptera **2** anta[ga], uppta[ga]; införa (*a new technique* en ny teknik); lägga sig till med; godkänna **adoption** [ə'dɒpʃn] **1** adoptering, adoption **2** antagande; upptagande; införande; godkännande

adorable [ə'dɔ:rəbl] förtjusande, bedårande

adoration [‚ædə'reɪʃn] dyrkan, tillbedjan, stor kärlek **adore** [ə'dɔ:] dyrka, tillbedja, avguda; *vard.* älska, vara mycket förtjust i

adorn [ə'dɔ:n] pryda, smycka

A.D.P. *förk. för automatic data processing*

Adriatic [‚eɪdrɪ'ætɪk] *a o. s, the A*~ [*Sea*] Adriatiska havet

adrift [ə'drɪft] på drift, vind för våg; *bildl.* mål-, plan|lös; *go* ~ (*vard.*) gå snett, slå fel

adroit [ə'drɔɪt] skicklig, händig; snabb

adult ['ædʌlt] **I** *a* [full]vuxen; ~ *education* vuxenundervisning **II** *s* vuxen [person] **adultery** [ə'dʌltərɪ] äktenskapsbrott

advance [əd'vɑ:ns] **I** *v* **1** föra (flytta, sträcka)

fram[åt] **2** lägga (föra) fram, framkasta **3** främja, befordra; upphöja **4** förskottera **5** höja (*pris*) **6** avancera, gå framåt, göra framsteg; bli befordrad **7** stiga (*i pris*) **II** *s* **1** frammarsch, framryckning; framflyttning; ~*s* (*pl*) försök till närmande **2** framsteg **3** förskott **4** ökning, höjning (*av pris e.d.*) **5** *in* ~ på förhand, i förväg, i förskott **advance booking** förhandsbeställning **advanced** [-t] [långt] framskriden; långtgående, avancerad; ~ *in years* ålderstigen, gammal; ~ *level, se A level;* ~ *position* (*i sht mil.*) framskjuten ställning; ~ *studies* avancerade studier **advancement** [-mənt] **1** befordran, avancemang **2** framåtskridande **3** förskott **advance payment** förskottsbetalning

advan|tage [əd'vɑ:ntɪdʒ] företräde; övertag, överlägsenhet (*of, over* över); fördel (*äv. sport.*), förmån; *to* ~ till sin fördel, fördelaktigt; *have the* ~ *of* ha övertaget över; *have the* ~ *of numbers* vara numerärt överlägsen; *you have the* ~ *of me* [ni känner mig men] jag har inte äran att känna er; *take* ~ *of, turn to* ~ utnyttja **-tageous** [‚ædvən'teɪdʒəs] fördelaktig, förmånlig

advent ['ædvənt] **1** *A*~ advent **2** ankomst

adventure [əd'ventʃə] **I** *s* äventyr; vågspel **II** *v* äventyra; riskera **adventure playground** bygglekplats

adventur|er [əd'ventʃ(ə)rə] **1** äventyrare **2** spekulant **-ous** [-əs] äventyrslysten; äventyrlig

adverb ['ædvɜ:b] adverb

adversary ['ædvəs(ə)rɪ] motståndare **adverse** ['ædvɜ:s] fientlig; mot-; ogynnsam, ofördelaktig; skadlig; ~ *wind* motvind **adversity** [əd'vɜ:səti] motgång

1 advert [əd'vɜ:t] *v*, ~ *to* ägna uppmärksamhet åt, göra en antydan om

2 advert ['ædvɜ:t] *BE. vard. förk. för advertisement*

advertise ['ædvətaɪz] **1** annonsera [ut]; göra reklam för **2** annonsera (*for* efter) **advertisement** [əd'vɜ:tɪsmənt] annons; reklam; annonsering; *put an* ~ *in a paper* sätta in en annons i en tidning **advertiser** ['ædvətaɪzə] annonsör **advertising** ['ædvətaɪzɪŋ] **1** annonsering, reklam; publicitet **2** reklambranschen

advice [əd'vaɪs] **1** (*ingen pl*) råd; *a piece of* ~ ett råd; *take medical* ~ konsultera en läkare **2** *hand.* meddelande, avi

advisable [əd'vaɪzəbl] [till]rådlig; klok, förståndig **advise** [əd'vaɪz] **1** [till]råda; ~ *against* avråda från **2** underrätta (*of* om); *hand.* meddela, avisera **3** *AE.* rådgöra (*with* med) **advisedly** [-ɪdlɪ] överlagt **advis|er, -or** [-ə] rådgivare **advisory** [-(ə)rɪ] rådgivande

advocate I *s* [-kət] **1** förkämpe (*of* för), förespråkare (*of* av) **2** *Sk.* advokat **II** *v* [-keɪt] förespråka, förorda

aerate ['e(ɪ)əreɪt] **1** lufta **2** tillsätta kolsyra till; ~*d water* kolsyrat vatten

aerial ['eərɪəl] **I** *a* luft-; flyg; eterisk, himmelsk; ~ *combat* luftstrid; ~ *cableway* (*railway*) linbana **II** *s, tekn.* antenn

aero|dynamic [‚eərə(ʊ)daɪ'næmɪk] aerodynamisk **-plane** ['eərəpleɪn] flygplan **-sol** ['eərə(ʊ)sɒl] **1** aerosol **2** aerosolflaska

aes|thete ['i:sθi:t] estet **-thetic[al]** [i:s'θetɪk(l)] estetisk **-thetics** [i:s'θetiks] (*behandlas som sg*) estetik

afar [ə'fɑ:] *adv o. s* fjärran; *from* ~ ur fjärran, fjärran ifrån

affable ['æfəbl] vänlig, älskvärd, förbindlig

affair [ə'feə] **1** affär; angelägenhet, sak; *current* ~*s* aktuella frågor; *foreign* ~*s* utrikesärenden; *in the present state of* ~*s* på sakernas nuvarande ståndpunkt, i nuvarande läge; *the Watergate* ~ Watergateaffären; *mind your own* ~*s* sköt dina egna angelägenheter **2** [kärleks]förhållande, -affär, historia; *have an* ~ *with s.b.* ha ett förhållande med ngn **3** *vard.* sak, grej, historia

1 affect [ə'fekt] **I** *v* **1** inverka på, påverka, beröra; (*om sjukdom e.d.*) drabba, angripa **2** göra intryck på, röra **II** *s, psykol.* känsloläge

2 affect [ə'fekt] **1** låtsa[s] **2** låtsas vara (ha), simulera **3** ha förkärlek för

affectation [,æfek'teɪʃn] **1** tillgjordhet, affekterat sätt **2** simulering; ~ *of friendship* låtsad vänskap

1 affected [ə'fektɪd] **1** påverkad; rörd, gripen **2** angripen

2 affected [ə'fektɪd] **1** tillgjord, konstlad, affekterad **2** låtsad, simulerad

affection [ə'fekʃn] **1** tillgivenhet, ömhet; *ofta pl* känslor **2** sjukdom **-ate** [-ət] tillgiven, ömhet **-ately** [-ətlɪ] *adv* tillgivet; *Yours* ~ Din (Er) tillgivne

affidavit [,æfɪ'deɪvɪt] affidavit, edlig förklaring

affinity [ə'fɪnətɪ] **1** släktskap; frändskap; likhet; släktdrag **2** samhörighet[skänsla]; sympati **3** *kem.* affinitet

affirm [ə'fɜ:m] **1** försäkra, bedyra, hävda **2** bekräfta, intyga **affirmation** [,æfə'meɪʃn] **1** försäkran; påstående **2** bekräftelse **affirmative** [ə'fɜ:mətɪv] *a o. s* bekräftande; bejakande; *answer in the* ~ svara jakande

affix I *v* [ə'fɪks] **1** fästa (*to, on* på) **2** tillägga, foga (*to* till, vid); ~ *one's signature to* sätta sin signatur (sitt namn) på **II** *s* ['æfɪks] *språkv.* affix

afflict [ə'flɪkt] plåga, ansätta, hemsöka **afflicted** [-ɪd] **1** bedrövad, olycklig (*at* över) **2** plågad, ansatt, hemsökt **affliction** [ə'flɪkʃn] **1** bedrövelse; lidande **2** hemsökelse; olycka

afflu|ence ['æfluəns] överflöd; rikedom, välstånd **-ent** [-ənt] **I** *a* överflödande, rik, förmögen; ~ *society* överflödssamhälle **II** *s* biflod, tillflöde

afford [ə'fɔ:d] **1** ha råd med; *I can't* ~ *it* jag har inte råd med det, jag kan inte kosta på mig det; *I can't* ~ *the time* jag har inte tid **2** erbjuda; skänka, bereda (*pleasure* nöje)

affront [ə'frʌnt] **I** *v* förolämpa, skymfa **II** *s* förolämpning, skymf

Afghan ['æfgæn] **I** *s* **1** afghan **2** afghanska (*språk*) **3** afghanhund **II** *a* afghansk **Afghanistan** [æf'gænɪstæn]

afire [ə'faɪə] i brand; *bildl.* upptänd, eld och lågor

aflame [ə'fleɪm] i lågor; *bildl.* eld och lågor

afloat [ə'fləʊt] **1** flytande; flott **2** på sjön; till sjöss **3** översvämmad, under vatten **4** *bildl.* på drift; flytande, utan ekonomiska bekymmer **5** i [full] gång; *a rumour is* ~ det går ett rykte

afoot [ə'fʊt] **1** i görningen, på gång; i rörelse **2** till fots

afore|mentioned [ə,fɔ:'menʃ(ə)nd], **-said** *isht jur.* förutnämnd, ovannämnd

afraid [ə'freɪd] rädd (*of* för; *to, that* att); *I'm* ~ *not* tyvärr inte; *I'm* ~ *I can't* tyvärr kan jag inte

afresh [ə'freʃ] ånyo, på nytt

Africa ['æfrɪkə] Afrika **African** [-n] **I** *s* afrikan **II** *a* afrikansk

after ['ɑ:ftə] **I** *prep* **1** efter, bakom; ~ *all* när allt kommer omkring, ändå; *what is he* ~? vad är det han vill?; *the police are* ~ *her* polisen är efter henne; ~ *you with the mustard* kan jag få senapen efter dig? **2** enligt; i jämförelse med, efter; ~ *what he has said* med tanke på vad han har sagt; ~ *what has happened* efter allt som har hänt; *a sculpture* ~ *Rodin* en skulptur i Rodins stil **II** *adv* **1** efter, bakom **2** efter[åt], senare **III** *a* **1** efter-, senare **2** aktre, aktra, akter- **IV** *konj* sedan, efter det att

after|burner [-,bɜ:nə] efterbrännkammare **-math** [-mæθ] **1** följder, efterverkningar **2** andra skörd **-noon** [,ɑ:ftə'nu:n] eftermiddag; ~*s* (*pl, vard.*) på eftermiddagarna

afters [ɑ:ftəz] (*behandlas som sg el. pl*) *BE.*, *vard.* efterrätt

after|shave lotion ['ɑ:ftəʃeɪv,ləʊʃn] rakvatten, aftershave **-thought** [-θɔ:t] **1** idé (förklaring) i efterhand; efterklokhet **2** tillägg (*t. ngt färdigt*) **-ward[s]** [-wəd(z)] efteråt, sedermera, sedan

again [ə'gen] **1** igen, åter; *as much* ~ lika mycket till; *every now and* ~ då och då; *never* ~ aldrig mer[a]; *over* ~ om igen, en gång till; *time and* ~ gång på gång; *I won't do it* ~ (*äv.*) jag ska inte göra om det **2** vidare, å andra sidan **against** [-st] **1** [e]mot; vid **2** *as* ~ i jämförelse med, mot

age [eɪdʒ] **I** *s* **1** ålder; *old* ~ ålderdom[en]; *over* ~ överårig; *under* ~ omyndig, minderårig; *be* (*come*) *of* ~ vara (bli) myndig; *I'm your* ~ jag är i din ålder; *they are the same* ~ de är lika gamla (jämnåriga) **2** tid, tidevarv, era; *the computer* ~ dataåldern; *the A*~ *of Enlightenment* upplysningstiden; *the Middle A*~*s* medeltiden; *the Stone A*~ stenåldern; *for* ~*s* (*vard.*) i (på) evigheter **II** *v* **1** åldras **2** komma att åldras **aged 1** [eɪdʒd] i en ålder av; *a boy* ~ *five* en femårig pojke **2** ['eɪdʒɪd] åldrig; *the* ~ de gamla, åldringarna **ageing** ['eɪdʒɪŋ] åldrande **ageless** ['eɪdʒlɪs] tidlös

agency ['eɪdʒ(ə)nsɪ] **1** agentur; byrå **2** förmedling, medverkan **3** inverkan; makt **4** *AE.* [regerings]organ

agenda [ə'dʒendə] dagordning, föredragningslista

agent ['eɪdʒ(ə)nt] **1** agent, ombud **2** [*secret*] [hemlig] agent **3** medel; *chemical* ~ kemiskt medel

agglomerate [ə'glɒməreɪt] **I** *v* **1** gyttra ihop, agglomerera **2** gyttra ihop (hopa) sig **II** *a* hopgyttrad, agglomererad

aggrandizement (*BE. äv. -disement*) [-dɪzmənt] förstoring; upphöjning; utvidgning; överdrift

aggravate ['ægrəveɪt] **1** försvåra, förvärra **2** *vard.* reta, förarga

aggregate I *v* ['ægrɪgeɪt] **1** hopa, sammangyttra **2** hopas, hopa sig **II** *s* ['ægrɪgɪt] **1** summa; *in the* ~ totalt **2** samling, hop **III** *a* ['ægrɪgɪt] sammanlagd;

kollektiv
aggression [ə'greʃn] **1** angrepp, anfall **2** *psykol.*
aggression **aggressive** [ə'gresɪv] aggressiv;
stridslysten **aggressor** [ə'gresə] angripare
aggrieve [ə'griːv] *v* plåga, smärta; såra, kränka;
jur. förfördela
aghast [ə'gɑːst] förskräckt, bestört, häpen (*at*
över)
agile ['ædʒaɪl] vig, rörlig **agility** [ə'dʒɪlətɪ] vig-
het, rörlighet
agi|tate ['ædʒɪteɪt] **1** uppröra **2** agitera **-tation**
[,ædʒɪ'teɪʃn] **1** rörelse; oro **2** agitation **-tator**
['ædʒɪteɪtə] agitator, uppviglare
ago [ə'gəʊ] för...sedan; *ten years* ~ för tio år se-
dan; *as long* ~ *as 1931* redan 1931; *it was long* ~
det var länge sedan
ago|nize (*BE. äv. -nise*) ['ægənaɪz] **1** pina, plåga
2 lida kval **-nizing** (*BE. äv. -nising*) [-naɪzɪŋ]
plågsam, upprivande
agony ['ægənɪ] **1** själskval, vånda; plåga; ~ *col-
umn* "Personligt" (*annonsavdelning i tidning*) **2**
dödskamp
agoraphobia [,ægərə'fəʊbjə] agorafobi, torg-
skräck
agree [ə'griː] **1** samtycka (*to* till [att]); *I'll* ~ *to
that* (*äv.*) jag kan hålla med om (gå med på) det **2**
komma (vara) överens, bli (vara) ense, enas (*on,
about* om; *that* om att); ~*d!* överenskommet!,
avgjort! **3** *this food doesn't* ~ *with me* jag tål inte
den här maten **-able** [ə'grɪəbl] **1** angenäm, be-
haglig, trevlig (*to för*) **2** villig [att samtycka]; för-
enlig (*with* med); *are you* ~ *to that?* går du med
på det? **-ment** [ə'griːmənt] **1** överenskommelse;
avtal, kontrakt; *make* (*reach, come to*) *an* ~ *with*
komma överens (träffa avtal) med **2** överens-
stämmelse; enighet
agricul|tural [,ægrɪ'kʌltʃ(ə)r(ə)l] jordbrukande,
jordbruks- **-ture** ['ægrɪkʌltʃə] jordbruk
aground [ə'graʊnd] på grund
ah [ɑː] *interj* ah!, o!, ack! **aha** [ɑː'hɑː] *interj* aha!,
ha!
ahead [ə'hed] före; i förväg; framåt; framför; *sjö.*
för ut (över); *full speed* ~ (*sjö.*) full fart framåt;
in the years ~ under kommande år; *straight* ~
rakt fram; ~ *of* framför, före; *be* ~ (*vard.*) ligga
före, vinna; *get* ~ avancera, ha framgång; *go* ~*!*
a) sätt igång!, *b*) fortsätt!; *the mountains lay* ~
bergen låg framför oss (dem *etc.*); *look* ~ se
framåt; *plan* ~ planera för framtiden
aid [eɪd] **I** *v* hjälpa, bistå **II** *s* **1** hjälp, bistånd; *in* ~
of (*BE. vard.*) till stöd (förmån) för; *what's all
this in* ~ *of?* (*BE. vard.*) vad ska allt det här vara
bra för? **2** medhjälpare **3** hjälpmedel
aileron ['eɪlərɒn] *flyg.* skev[nings]roder
ail|ing ['eɪlɪŋ] sjuklig **-ment** [-mənt] sjukdom,
krämpa
aim [eɪm] **I** *v* **1** sikta med, måtta (*at* på), rikta (*at*
mot) **2** sträva (*at, for* efter); sikta, syfta (*high*
högt); *be* ~*ed at* syfta till **3** ämna, ha för avsikt
II *s* **1** sikte; *take* ~ ta sikte, sikta (*at* på) **2** mål;
målsättning; syfte, avsikt; *achieve one's* ~ nå sitt
mål (sina syften); *miss one's* ~ förfela sitt syfte
-less ['eɪmlɪs] utan mål
ain't [eɪnt] *ovårdat för* am (are, is) *not*; *have* (has)
not
air [eə] **I** *s* **1** luft; *change of* ~ luftombyte; *the open*

~ fria luften; *by* ~ med flyg; *go by* ~ flyga; *be in
the* ~ *a*) ligga i luften, *b*) gälla, *c*) inte vara be-
stämd; *disappear into thin* ~ gå upp i rök, för-
svinna i tomma intet; *on the* ~ i radio, i TV, i
sändning; *go on* (*off*) *the* ~ (*radio., TV.*) börja
(sluta) sända; *walk on* ~ sväva som på små moln;
up in the ~ *a*) oviss, *b*) vard. rasande; *clear the* ~
rensa luften; *get some fresh* ~, *take the* ~ hämta
frisk luft; *give* ~ *to one's complaint* vädra sitt
missnöje; *give s.b. the* ~ (*sl.*) avspisa (snoppa av)
ngn, ge ngn sparken **2** fläkt, bris, [luft]drag **3** air;
min, uppsyn; prägel; *a military* ~ en militärisk
prägel; *there was an* ~ *of mystery about her* det
låg en air av mystik över henne **4** ~*s* (*pl*) förnäm
(viktig) min; *put on* (*give o.s.*) ~*s* spela förnäm
5 *mus.* melodi; air **II** *v* **1** vädra, lufta; [luft]torka;
put clothes out to ~ hänga ut kläder på vädring **2**
lysa (briljera) med
air bag ['eəbæg] krockkudde **air bed** luftma-
drass **airborne** flyg-,luft|buren; ~ *troops* (*AE.*)
fallskärmstrupper **air-conditioned** [-kən-
dɪʃnd] luftkonditionerad **air conditioning**
[-kən,dɪʃənɪŋ] luftkonditionering **air-cool**
[-kuːl] luftkyla (*motor*) **aircraft** [-krɑːft] flyg-
mask[er] **aircraft carrier** hangarfartyg **air
cushion** [-,kuʃn] **1** uppblåsbar kudde **2** *tekn.*
luftkudde **airdrome** [-drəʊm] *AE.* flyg|fält,
-plats **airdry** [-draɪ] lufttorka **airfield** ['eəfiːld]
flygfält **air force 1** flygvapen **2** *AE.* flygstyrka
air gun luftgevär **air hostess** [-,həʊstɪs] flyg-
värdinna
airing ['eərɪŋ] **1** vädring, luftning; [luft]torkning
2 utflykt
airlift [-lɪft] luftbro **airline** [-laɪn] **1** flyglinje **2**
flygbolag **airliner** [-,laɪnə] trafik[flyg]plan **air
mail** [-meɪl] flyg-, luft|post **airplane** [-pleɪn]
AE. flygplan **air pocket** [-,pɒkɪt] luftgrop **air-
port** flyg|plats, -fält **air pressure** [-,preʃə] luft-
tryck **air raid** [-reɪd] flyg|räd, -anfall **air-raid
shelter** skyddsrum **air-raid warning** flyglarm
air rifle [-,raɪfl] luftgevär **airship** luftskepp **air-
sick** flygsjuk **airstream** luftström **airstrip**
start- och landningsbana **airtight** lufttät; *an* ~
argument ett vattentätt argument
airy ['eərɪ] **1** luftig; luft-; rymlig **2** *vard.* noncha-
lant, ogenerad, ledig **3** vag, obestämd **4** ytlig
aisle [aɪl] **1** sidoskepp (*i kyrka*) **2** mittgång
ajar [ə'dʒɑː] på glänt
akimbo [ə'kɪmbəʊ] med händerna i sidan
akin [ə'kɪn] besläktad, släkt (*to* med); ~ *to* (*äv.*)
liknande
alacrity [ə'lækrətɪ] beredvillighet, iver; livlighet
alarm [ə'lɑːm] **I** *s* **1** alarm; larm[signal]; *state of*
~ larmberedskap; *raise* (*give*) *the* ~ slå larm **2**
bestörtning; oro; *in at state of* ~ alarmerad,
oroad **3** väckarklocka **II** *v* **1** alarmera; larma **2**
oroa; skrämma **alarm clock** väckarklocka
alas [ə'læs] *interj* ack!, tyvärr!
Alba|nia [æl'beɪnjə] Albanien **-nian** [-njən] **I** *s* **1**
alban **2** albanska [språket] **II** *a* albansk
album ['ælbəm] **1** album **2** LP-skiva, [skiv]album
albu|men, -min ['ælbjʊmɪn] **1** äggvita **2** äggvi-
teämne
alcohol ['ælkəhɒl] alkohol, sprit **-ic** [,ælkə'hɒlɪk]
I *a* alkohol-; alkoholhaltig **II** *s* alkoholist **-ism**
['ælkəhɒlɪz(ə)m] alkoholism

Alcoran [ˌælkɒˈrɑːn] Koranen

alcove [ˈælkəʊv] **1** alkov **2** lövsal, berså

alder [ˈɔːldə] *bot.* al

ale [eɪl] öl; *pale* ~ ljust öl

alert [əˈlɜːt] **I** *a* **1** vaken, på alerten **2** pigg, livlig **II** *s* **1** [flyg]larm **2** *on the* ~ på vakt, vaksam, på utkik **III** *v* larma, försätta i beredskap; varna

alga [ˈælgə] (*pl algae* [ˈældʒiː]) alg; tång

algebra [ˈældʒɪbrə] algebra **-ic[al]** [ˌældʒɪˈbreɪɪk(l)] algebraisk

Algeria [ælˈdʒɪərɪə] Algeriet **Algerian** [ælˈdʒɪərɪən] **I** *s* algerier **II** *a* algerisk **Algers** [ælˈdʒɪəz] Alger

alias [ˈeɪlɪæs] **I** *adv* alias, även kallad **II** *s* alias, antaget namn

alibi [ˈælɪbaɪ] alibi; *vard.* ursäkt, bortförklaring

alien [ˈeɪljən] **I** *a* utländsk; främmande (*to* för) **2** oförenlig (*to* med) **II** *s* **1** främling **2** främmande väsen **-ate** [-eɪt] göra främmande; fjärma, alienera

1 alight [əˈlaɪt] stiga av (ner, ur); landa; slå sig ner

2 alight [əˈlaɪt] **1** brinnande, i lågor; *be* ~ brinna, stå i lågor **2** upplyst

align [əˈlaɪn] **1** ställa upp på rät linje; räta upp, rikta [in]; ~ *o.s. with s.b.* ställa sig på ngns sida **2** ställa upp sig på rät linje

alike [əˈlaɪk] *a o. adv* lik[a]; på samma sätt; *they are* (*look*) *very much* ~ de är mycket lika varandra, de liknar varandra mycket

alimony [ˈælɪmənɪ] *jur.* underhåll (*i samband m. skilsmässa*)

alive [əˈlaɪv] **1** vid liv, i livet; levande; *no man* ~ ingen i hela världen **2** *be* ~ *with* myllra av; *look* ~*! a*) skynda på!, *b*) se upp!; ~ *and kicking* pigg och kry **3** *be* ~ *to* vara medveten om **4** strömförande; påkopplad

all [ɔːl] **I** *s* allt, allting; alla; det hela, helhet **II** *a o. pron* **1** all, allt; alla; hela, hel och hållet; ~ *day* hela dagen; ~ *of us* vi alla; *biggest of* ~ störst av alla; *you of* ~ *people* du av alla människor; *of* ~ *things* framför allt; ~ *but a*) alla (allt) utom, *b*) nästan; *not* ~ *that pretty, not as pretty as* ~ *that* inte 'så [väldigt] söt; *clothes and* ~ *that* (*vard.*) kläder och sånt; ~ *över* huvud taget, alls; *not at* ~ inte alls; *not at* ~*!* ingen orsak!, för all del!; *for* ~ *a*) såvitt, *b*) trots; *for* ~ *that* trots allt; *in* ~ inalles, allt som allt; ~ *in* ~ på det hela taget; *when* ~ *is said and done* när allt kommer omkring; *that's* ~ *there is to it* (*vard.*) så enkelt är det **2** hel-; ~ *silk* helsiden **III** *adv* **1** alldeles, helt och hållet; ~ *but crazy* nästa tokig; ~ *the more* så mycket mera; ~ *the same* ändå, i alla fall; *it's* ~ *the same to me* det gör mig detsamma; ~ *about* runtomkring; ~ *along a*) längs (utmed) hela, *b*) hela tiden; *be* ~ *for* vara helt för; ~ *in* (*sl.*) dödstrött, slut; ~ *out* (*vard.*) [för] fullt, i full fart; ~ *over a*) över hela, *b*) slut; *that's him* ~ *over* det är typiskt (likt) honom; ~ *right!* gärna det!, kör för det!, ja då!; *are you* ~ *right?* mår du bra?, är du oskadd?; *it's* ~ *right a*) det är helt i sin ordning, *b*) för all del, det gör ingenting; *it's* ~ *right with me* gärna för mig; ~ *there* vaken, på alerten **2** *sport.* lika

all clear [ˈɔːlklɪə] *s* faran över; *bildl.* klarsignal; *sound the* ~ signalera faran över

allegation [ˌælɪˈgeɪʃn] anklagelse; påstående **al-**

lege [əˈledʒ] **1** påstå; *the* ~*d murderer* den utpekade (föregivna) mördaren **2** andraga, anföra

allegiance [əˈliːdʒ(ə)ns] trohet; tro och lydnad; *hist.* länsplikt

alleluja [ˌælɪˈluːjə] halleluja

aller|gic [əˌlɜːdʒɪk] allergisk (*to* mot) **-gy** [ˈælədʒɪ] allergi

alleviate [əˈliːvɪeɪt] lätta, lindra

alley [ˈælɪ] **1** gränd; *blind* ~ återvändsgata **2** allé **3** kägel-, bowling|bana **4** *i sht AE.* (*i tennis*) korridor **5** *vard., it's up my* ~ det passar mig precis

All Fools' Day [ˌɔːlˈfuːlzdeɪ] 1 april

alliance [əˈlaɪəns] **1** förbund, allians **2** förbindelse; släktskap **allied** [əˈlaɪd, *attr.* ˈælaɪd] **1** allierad, förbunden **2** besläktad (*to, with* med)

all-in [ˌɔːlˈɪn] **1** inklusive-, hel-, total-; ~ *price* allt-i-ett-pris **2** ~ *wrestling* fribrottning

allocate [ˈæləʊ(ʊ)keɪt] tilldela; anslå; fördela

allot [əˈlɒt] tilldela; anslå, anvisa

all-out [ˌɔːlˈaʊt] *a, vard.* fullständig, total

allow [əˈlaʊ] **1** tillåta, låta; *be* ~*ed to do s.th.* (*äv.*) få göra ngt; *no dogs* ~*ed* hundar får inte medtagas; ~ *o.s. s.th.* tillåta (unna) sig ngt; ~ *me!* tillåt mig [att hjälpa er]! **2** godkänna; erkänna **3** ge, bevilja; anslå, beräkna **4** *AE.* anse, mena **5** ~ *for* räkna med, ta hänsyn till **6** ~ *of* medge, tillåta **-ance** [-əns] **1** underhåll; anslag, bidrag, understöd; *daily* ~ dagtraktamente **2** ranson, tilldelning **3** rabatt; ersättning; avdrag (*äv. skatte-*) **4** *make* ~[*s*] *for* ta hänsyn till, överse med

alloy [*s* ˈælɔɪ, *bildl.* əˈlɔɪ] **1** legering **2** tillsats; *without* ~ (*bildl.*) oblandad, äkta **II** *v* [əˈlɔɪ] legera

allspice [ˈɔːlspaɪs] kryddpeppar

all-time [ˈɔːlˈtaɪm] *a, vard., an* ~ *record* ett alla tiders rekord; *an* ~ *high* en toppennotering

allude [əˈluːd] *v,* ~ *to* hänsyfta (anspela, alludera) på

allure [əˈljʊə] **I** *v* locka; tjusa **II** *s* lockelse; tjusning **alluring** [-rɪŋ] lockande, förförisk

allusion [əˈluːʒn] anspelning, hänsyftning

ally [*v* əˈlaɪ] förena, alliera (*to, with* med) **II** *s* [ˈælaɪ] bundsförvant, allierad; *the Allies* de allierade

almanac [ˈɔːlmənæk] almanack, kalender

almighty [ɔːlˈmaɪtɪ] **1** allsmäktig **2** *vard.* fantastisk[t], väldig[t]

almond [ˈɑːmənd] mandel

almost [ˈɔːlməʊst] nästan; *I* ~ *fell* jag var nära att ramla

alms [ɑːmz] *pl* allmos|a, -or

alone [əˈləʊn] **I** *a* ensam, för sig själv; på egen hand; *leave* (*let*) *them* ~ lämna dem (låt dem vara) ifred; *let* ~ *the cost* för att inte tala om kostnaderna **II** *adv* endast

along [əˈlɒŋ] **I** *prep* längs [efter], utmed, framåt, nedåt; *walk* ~ *the street* gå gatan fram **II** *adv* **1** framåt, iväg **2** *come* ~*!* kom nu!, skyna då! **3** ~ *with* tillsammans med **4** *all* ~ hela tiden **-side** [əˌlɒŋˈsaɪd] **I** *adv* långsides; vid sidan; ~ *of* långsides (längs) med **II** *prep* vid sidan av

aloof [əˈluːf] på avstånd, borta; *bildl.* reserverad

aloud [əˈlaʊd] med hög röst, högt

alp [ælp] alp, fjäll; *the Alps* Alperna

alpha [ˈælfə] **1** (*bokstav*) alfa; ~ *and omega* a och

o **2** *BE.* högsta betyg
alphabet['ælfəbɪt] alfabet **-ic[al]** [,ælfə'betɪk(əl)] alfabetisk
alpha[nu]meric [,ælfə(nju:)'merɪk] alfanumerisk
alpine ['ælpaɪn] alpin, alp-, fjäll-
already [ɔːl'redɪ] redan
Alsace [æl'sæs] Alsace, Elsass **Alsace-Lorraine** [-lɒ'reɪn] Alsace-Lorraine, Elsass-Lothringen
also ['ɔːlsəʊ] också, likaså
altar ['ɔːltə] altare **-piece** altartavla
alter ['ɔːltə] förändra[s], ändra[s] **-ation** [,ɔːltə'reɪʃn] [för]ändring
alter|nate I *v* ['ɔːltəneɪt] **1** alternera, växla [om], tura[s] om; *-nating current* växelström **2** låta växla om, växla om med, alternera mellan **II** *a* [ɔːl-'tɜːnɪt] **1** omväxlande, alternerande; *work on ~ days* arbeta [alternerande] varannan dag **2** alternativ **-nately** [ɔːl'tɜːnətlɪ] *adv* omväxlande, växelvis **-native** [ɔːl'tɜːnətɪv] **I** *s* alternativ **II** *a* alternativ, annan
although [ɔːl'ðəʊ] även om, fastän
alti|meter ['æltɪmiːtə] *flyg.* höjdmätare **-tude** [-tjuːd] höjd (*över havet*); *at this ~* på den här höjden
alto ['æltəʊ] *mus.* **I** *s* alt[stämma] **II** *a* alt-
altogether [,ɔːltə'geðə] **I** *adv* **1** helt och hållet, alldeles **2** allt som allt, sammanlagt; på det hela taget **II** *s, vard., in the* - i bara mässingen
alum ['æləm] alun
alumin|ium [,ælju'mɪnjəm] aluminium **-um** [ə'luːmɪnəm] *AE.* aluminium
always ['ɔːlweɪz] alltid, jämt, ständigt
am [*beton.* æm, *obeton.* əm, m] (*jag*) är **A.M., a.m.** *förk. för* (*lat.*) *ante meridiem* f.m., på förmiddagen
amalgam [ə'mælgəm] **1** *kem.* amalgam **2** blandning **-ate** [-eɪt] **1** *kem.* amalgamera **2** förena, slå samman, fusionera (*företag e.d.*) **3** (*om företag e.d.*) slås (gå) samman, fusionera
amass [ə,mæs] hopa, lägga på hög, samla
amateur ['æmətə] **I** *s* **1** amatör **2** älskare (*av ngt*) **II** *a* amatör- **-ish** [,æmə'tɜːrɪʃ] amatörmässig
amaze [ə'meɪz] göra häpen, förvåna, förbluffa **amazement** [-mənt] häpnad, förvåning **amazing** [-ɪŋ] häpnadsväckande, förvånande, förbluffande
amazon ['æməz(ə)n] **1** amason, manhaftig kvinna **2** *the A~* Amazonfloden
ambassador [æm'bæsədə] amabassadör
amber ['æmbə] **I** *s* **1** bärnsten **2** (*i trafiksignal*) gult ljus **II** *a* **1** av bärnsten, bärnstensfärgad **2** (*om trafiksignal*) gul
ambience [,æmbɪəns] atmosfär
ambiguity [,æmbɪ'gju:ɪtɪ] tvetydighet **ambiguous** [æm'bɪgjʊəs] **1** tvetydig **2** svårförståelig, dunkel
ambi|tion [æm'bɪʃən] **1** ambition[er]; strävan; mål (*för strävan*) **2** ärelystnad **-tious** [-ʃəs] **1** ambitiös, målmedveten, framåt **2** ärelysten
amble ['æmbl] **I** *s* **1** passgång **2** lunk **II** *v* **1** gå i passgång **2** spatsera, lunka
ambulance ['æmbjʊləns] ambulans
ambush ['æmbʊʃ] **I** *s* bakhåll; *fall into an ~* råka i ett bakhåll; *lie* (*wait*) *in ~* ligga i bakhåll **II** *v* lig-

ga i bakhåll [för], överfalla i bakhåll
amelio|rate [ə'miːljəreɪt] **1** förbättra **2** bli bättre **-ration** [ə,miːljə'reɪʃn] förbättring
amen [,ɑː'men, ,eɪ'men] amen; *say ~ to* säga ja och amen (samtycka) till
amenable [ə'miːnəbl] **1** tillgänglig, mottaglig (*to* för) **2** ansvarig
amend [ə'mend] **I** *v* **1** rätta, korrigera; ändra; göra tillägg i (till) **2** förbättra **II** *s, (pl)* gottgörelse; *make ~s to s.b. for s.th.* gottgöra ngn (ge ngn upprättelse) för ngt **-ment** [ə'mendmənt] **1** rättelse, korrigering; ändring[ar], tillägg **2** förbättring
amen|ity [ə'miːnətɪ] **1** behaglighet, behag **2** *-ities* (*pl*) bekvämlighet[er]; faciliteter; service **3** *-ities* (*pl*) artigheter, älskvärdheter
Ameri|ca [ə'merɪkə] Amerika **-can** [-kən] **I** *s* **1** amerikan; amerikanska **2** amerikansk-engelska, amerikanska **II** *a* amerikansk; *~ cloth* vaxduk; *~ Indian* indian; *~ plan* (*AE.*) helpension
amethyst ['æmɪθɪst] ametist
amiable ['eɪmjəbl] vänlig, älskvärd
amid [ə'mɪd] *prep* mitt i, mitt ibland; [mitt] under **-ships** [-ʃɪps] mid-, mitt|skepps
amino acid [ə'maɪnəʊ,æsɪd] aminosyra
amiss [ə'mɪs] *adv o. a* på tok, fel; *take ~* ta illa upp
amity ['æmətɪ] vänskapligt förhållande, vänskap
ammeter ['æmɪtə] amperemeter
ammonia [ə'məʊnjə] ammoniak
ammunition [,æmjʊ'nɪʃn] ammunition
amnesia [æm'niːzjə] minnesförlust, amnesi
amnesty ['æmnəstɪ] **I** *s* amnesti, benådning **II** *v* bevilja amnesti
amoeb|a [ə'miːb|ə] (*pl -ae* [-iː], *-as* [-əz]) amöba
amok [ə'mɒk] *se amuck*
among[st] [ə'mʌn(st)] [i]bland; mellan; *~ other things* bland annat; *~ themselves* sinsemellan
amorous ['æmərəs] amorös, kärleks-, kärleksfull; älskande; förälskad
amortize (*BE. äv. -tise*) [ə'mɔːtaɪz] amortera
amount [ə'maʊnt] **I** *s* belopp, summa; massa, mängd; *quite an* (*any*) *~ of money* ganska mycket pengar, en ansenlig summa [pengar] **II** *v, ~ to a*) uppgå (belöpa sig till, *b*) innebära, betyda, vara detsamma som; *it ~s to the same thing* det går på ett ut
amphibian [æm'fɪbɪən] **I** *a* amfibisk **II** *s* **1** *zool.* amfibie **2** amfibiefordon
ample ['æmpl] **1** rymlig; vidsträckt, utbredd, omfattande **2** riklig; ymnig; utförlig, fyllig; stor
ampli|fier ['æmplɪfaɪə] *elektr.* förstärkare **-fy** ['æmplɪfaɪ] **1** utvidga; närmare utveckla; utföra i detalj **2** *elektr.* förstärka
amplitude ['æmplɪtjuːd] **1** vidd, bredd, omfattning; riklighet; utförlighet; omfång **2** *fys.* amplitud
amply ['æmplɪ] rikligt, mer än tillräckligt
ampoule ['æmpuːl] ampull
amputate ['æmpjʊteɪt] amputera
amuck [ə'mʌk] *adv, run ~* löpa amok
amulet ['æmjʊlɪt] amulett
amuse [ə'mjuːz] underhålla, roa; *~ o.s.* [*by*] *doing s.th.* roa sig med att göra ngt **amusement** [-mənt] nöje, förlustelse, tidsfördriv, förströelse **amusement park** nöjesfält, tivoli

A

an [beton. æn, obeton. ən, n] (framför vokalljud, jfr a) en, ett

anaemia [ə'ni:mjə] anemi, blodrist

anaes|thetic [-'θetɪk] I s bedövningsmedel; narkos; local ~ lokalbedövning; be under ~ vara bedövad (sövd) II a bedövande; bedövnings-; narkos- **-thetize** (BE. äv. -thetise) [æ'ni:sθətaɪz] bedöva

analogous [ə'næləgəs] analog, likartad, jämförlig (to med) **analogy** [ə'nælədʒɪ] analogi, motsvarighet, parallell; on the ~ of i analogi med; draw an ~ dra en parallell, göra en jämförelse

analyse ['ænəlaɪz] analysera; undersöka **analys|is** [ə'næləs|ɪs] (pl -es [i:z]) analys; undersökning; in the last (final, ultimate) ~ när allt kommer omkring **analyst** [ˌænəlɪst] 1 analytiker 2 kemist **analytic[al]** [ˌænə'lɪtɪk(l)] analytisk

anar|chist ['ænəkɪst] anarkist **-chy** ['ænəkɪ] anarki

anatomy [ə'nætəmɪ] 1 anatomi 2 dissekering 3 vard. kropp

ances|tor ['ænsestə] 1 förfader, stamfader 2 upphovsman **-try** ['ænsestrɪ] 1 börd, anor 2 förfäder

anchor ['æŋkə] I s ankare (äv. sport.); cast (drop, come to) ~ kasta ankar, ankra; drag ~ dragga; be (lie, ride) at ~ ligga för ankar; weigh ~ lätta ankar II v 1 ankra, kasta ankar 2 stadigt fästa (to vid); förankra **-age** [-rɪdʒ] 1 ankring 2 ankarplats 3 ankringsavgift 4 fäste

anchor man 1 sport. ankare 2 radio., TV. programledare

anchovy ['æntʃəvɪ] sardell; ansjovis

ancient ['eɪnʃ(ə)nt] I a forn, forntida; [ur]gammal; ~ history forntidens historia II s, the ~s antikens folk

and [beton. ænd, obeton. ənd, ən, nd, n] och; ~ others med flera; ~ so on (forth) och så vidare; try ~ come (vard.) försöka och (att) komma

Andes ['ændi:z] pl, the ~ Anderna

anecdote ['ænɪkdəʊt] anekdot

anemia [ə'ni:mjə] AE., se anaemia

anemometer [ˌænɪ'mɒmɪtə] vindmätare

anemone [ə'nemənɪ] bot. anemon; wood ~ vitsippa; sea ~ (zool.) havsanemon

anesthesiologist ['ænɪsˌθi:sɪ'ɒlədʒɪst] AE. narkosläkare

anew [ə'nju:] ånyo, på nytt; om igen

angel ['eɪndʒ(ə)l] ängel **-ic** [æn'dʒelɪk] änglalik; ängla-

anger ['æŋgə] I s vrede, ilska II v reta, förarga

1 angle ['æŋgl] I s vinkel; hörn; bildl. synvinkel, aspekt; at an ~ på sned; at right ~s to i rät vinkel mot; ~ of elevation elevations-, höjd|vinkel; ~ of incidence infallsvinkel II v snedställa; vinkla (äv. bildl.)

2 angle ['æŋgl] meta; ~ for (bildl.) fi[s]ka efter

angler ['æŋglə] metare, [sport]fiskare

Anglican ['æŋglɪkən] I a anglikansk II s medlem i anglikanska kyrkan

angling ['æŋglɪŋ] mete, metning

angora [æn'gɔ:rə] angora[ull, -tyg]

angry ['æŋgrɪ] 1 ond, arg (at, about s.th. på, över ngt; with s.b. på ngn) 2 (om moln, himmel) hotfull, dyster; (om sår) elak, inflammerad

anguish ['æŋgwɪʃ] smärta, vånda, kval, ångest

angular ['æŋgjʊlə] vinkel-; kantig

animal ['ænɪml] I s djur II a 1 djur-, animal[isk]; the ~ kingdom djurriket; ~ spirits livs|andar, -lust, vitalitet 2 djurisk

ani|mate I v ['ænɪmeɪt] 1 ge liv åt 2 liva [upp]; animera; ~d cartoon animerad film; ~d discussion animerad (livlig) diskusion 3 inspirera, uppmuntra II a ['ænəmət] 1 levande 2 livlig **-mation** [ˌænɪ'meɪʃn] 1 liv[lighet] 2 upplivande 3 film. animation, animering

animosity [ˌænɪ'mɒsətɪ] animositet, hätskhet, ovilja

ankle ['æŋkl] fotled, ankel, vrist

anneal [ə'ni:l] härda (äv. bildl.); mjukglödga (metall); bränna (keramik e.d.)

annexation [ˌænek'seɪʃn] 1 tillägg; förening (to med) 2 annektering; införlivning (to med)

annihilate [ə'naɪəleɪt] tillintetgöra, förinta

anniversary [ˌænɪ'vɜ:s(ə)rɪ] årsdag; wedding ~ bröllopsdag (årsdag)

annotation [ˌænə(ʊ)'teɪʃn] anteckning; not; kommentar

announce [ə'naʊns] 1 tillkännage, kungöra; meddela 2 anmäla, annonsera **announcement** [-mənt] 1 tillkännagivande, kungörelse; meddelande 2 anmälan; annons (om födelse e.d.) **announcer** [-ə] radio. o. TV. programannonsör, hallåman, hallåa

annoy [ə'nɔɪ] förarga; besvära, oroa **-ance** [-əns] förargelse, besvär, obehag, irritation **-ing** [-ɪŋ] förarglig, besvärlig, irriterande, retsam

annual ['ænjʊəl] I a 1 årlig, års- 2 ettårig II s 1 årsbok 2 ettårig växt **-ly** [-lɪ] adv årligen; årsvis

annuity [ə'nju:ɪtɪ] livränta

annul [ə'nʌl] annullera, upphäva, förklara ogiltig; avskaffa

Annunciation Day Marie Bebådelsedag (25 mars)

anode ['ænəʊd] fys. anod

anomalous [ə'nɒmələs] oregelbunden, abnorm, anomal

anonymity [ˌænə'nɪmətɪ] anonymitet **anonymous** [ə'nɒnɪməs] anonym

another [ə'nʌðə] 1 en annan; that's quite ~ matter det är en helt annan sak; she showed me one thing and ~ hon visade mig ett och annat 2 ~ [one] en till, ännu en; and ~ thing och en sak till 3 one ~ varandra

answer ['ɑ:nsə] I v 1 besvara, svara på; svara; ~ the door gå och öppna [dörren]; ~ the telephone svara i telefonen; ~ me! svara mig! 2 motsvara, svara mot (the description beskrivningen); uppfylla; ~ the needs fylla behovet 3 [till fullo] betala, täcka (a debt en skuld) 4 försvara (rättfärdiga) sig 5 reagera på, lyda (the helm roder) 6 svara (to på); ~ back svara (käbbla) emot 7 ~ to a) reagera på, lyda (the helm roder), b) motsvara (the description beskrivningen); ~ to the name of Bob lystra till namnet Bob 8 ~ for [an]svara för (s.th. to ngt inför); stå till svars för II s 1 svar (to på); for an ~ som (till) svar; in ~ to som svar på; get no ~ inte få ngt svar 2 lösning, svar 3 jur. svarsskrift **-able** ['ɑ:ns(ə)rəbl] ansvarig (for s.th. to för ngt inför)

ant [ænt] myra; white ~ termit; have ~s in one's pants (sl.) ha myror i byxorna, vara nervös

antagonist [-nist] motståndare, antagonist
antarctic [ænt'ɑ:ktɪk] **I** *a* antarktisk, sydpols-;
the A~ Circle södra polcirkeln; *the A~ Ocean*
Södra ishavet **II** *s, the A~* Antarktis
antecedent [ˌænti'si:d(ə)nt] **I** *a* föregående; tidi-
gare (*to* än) **II 1** föregångare (*of* till) **2** ~*s* (*pl*)
anteceden|tia, -tier **3** ~*s* (*pl*) förfäder **4** språkv.
korrelat
antelope ['æntɪləʊp] antilop
anten|na [æn'tenǀə] **1** (*pl -nae* [-i:]) *zool.* [kän-
sel]spröt, antenn **2** (*pl -nas*) *tekn.* antenn
anterior [æn'tɪərɪə] **1** föregående, tidigare; ~ *to*
äldre (tidigare) än **2** främre
anthem ['ænθəm] hymn; *national* ~ nationalsång
ant hill ['ænthɪl] myrstack
anthology [æn'θɒlədʒɪ] antologi
anthro|pologist [-'pɒlədʒɪst] antropolog **-pol-
ogy** [-'pɒlədʒɪ] antropologi
anti|-aircraft [ˌæntɪ'eəkrɑft] luftvärns-; ~ *gun*
luftvärnskanon **-ballistic** [-bə'lɪstɪk] *a,* ~ *mis-
sile* antirobot[robot] **-biotic** [-baɪ'ɒtɪk] **I** *s* anti-
biotikum **I** *a* antibiotisk
antici|pate [æn'tɪsɪpeɪt] antecipera; förutse; vän-
ta sig; förekomma, föregripa; föregå; använda
(ta ut) på förhand; betala i förskott **-pation** [æn-
ˌtɪsɪ'peɪʃn] antecipering; förväntan; förekom-
mande, föregripande; förskott; *in* ~ på förhand,
i förväg
anticlockwise [ˌæntɪ'klɒkwaɪz] motǀurs, -sols
anti|dote ['æntɪdəʊt] motgift, antidot **-freeze**
[-fri:z] kylarvätska
antipathy [æn'tɪpəθɪ] motvilja, avsky, antipati
(*to, against* mot)
antiquarian [ˌæntɪ'kweərɪən] **I** *a* antikvarisk;
forntids- **II** *s, se antiquary* **antiquated**
['æntɪkweɪtɪd] antikverad, föråldrad **antique**
[æn'ti:k] **I** *a* **1** antik, forntida **2** *vard.* antik, gam-
malmodig **II** *s* antikvitet **antiqui|ty** [æn'tɪkwətɪ]
1 ålderdomlighet **2** forntid **3** *-ties* (*pl*) fornläm-
ningar
anti-Sem|ite [ˌæntɪ'sɪ:maɪt] antisemit **-itic** [ˌæn-
tɪsɪ'mɪtɪk] antisemitisk **-itism** [ˌæntɪ'sem-
ɪtɪz(ə)m] antisemitism
anti|septic [ˌæntɪ'septɪk] **I** *a* antiseptisk **II** *s* anti-
septiskt medel **-static** antistatisk **-toxin** [-'tɒks-
ɪn] antitoxin, motgift
antler [ˌæntlə] horn (*på hjortdjur*); tagg (*på hjort-
horn*)
Antwerp ['æntwɜ:p] Antwerpen
anus ['eɪnəs] anus, analöppning
anvil ['ænvɪl] städ
anxiety [æŋ'zaɪətɪ] **1** ängslan, oro, bekymmer **2**
önskan, iver **3** *psykol.* ångest **anxious**
['æŋkʃəs] **1** ängslig, orolig, bekymrad (*about* för)
2 angelägen (*for* om; *to* om att [få]), ivrig (*to* att
[få])
any ['enɪ] **I** *pron* **1** någon, något, några; *not* ~
(*äv.*) ingen, inget, inga; *do you have* ~ *stamps?*
har ni några frimärken?; *it won't do* ~ *good* det
tjänar ingenting till; *he wasn't having* ~ *of it*
(*vard.*) han ville inte veta av det; *our enemies, if*
~ våra eventuella fiender; *for* ~ *length of time*
för någon längre tid **2** vilken (vilket, vilka) som
helst, varje; all, alla; *at* ~ *rate, in* ~ *case* i alla
händelser, i varje fall; ~ *one of us* vem som helst
av oss; ~ *time* när som helst; ~ *I have* alla jag

har; *take* ~ *two books* ta vilka två böcker som
helst **II** *adv* **1** något; *are you feeling* ~ *better?* mår
du [litet] bättre?; *not* ~ *colder* inte kallare; *she
wasn't* ~ *too pleased* hon var inte särskild förtjust
2 *i sht AE.* över huvud taget; *it didn't help me*
~ det hjälpte mig inte ett dugg **-body** [-ˌbɒdɪ] **1**
någon [alls] **2** vem som helst; ~ *who* (*äv.*) var och
en som, den som **-how 1** på något sätt; på vilket
sätt som helst **2** hur som helst; i varje fall **3** slar-
vigt, lite hur som helst **-one** *se anybody* **-thing**
1 något [alls], någonting **2** vad som helst; allt; ~
but allt annat än; *not for* ~ inte för allt i världen;
as easy as ~ hur lätt som helst **-way** *se anyhow*
-where 1 var[t] som helst, överallt **2** någon-
stans; ~ *else* någon annanstans; *get* ~ komma nå-
gonvart; *she could be* ~ *from 20 to 40* hon kan
vara vad som helst mellan 20 och 40
apart [ə'pɑ:t] **1** åt sidan; *joking* ~ skämt åsido;
set (*put*) ~ lägga åt sidan (undan); *take* ~ göra
ner, kritisera, straffa **2** för sig [själv]; ~ *from*
bortsett från, frånsett; *know* ~ veta skillnaden
mellan **3** isär; *live* ~ leva åtskilda; *take s.th.* ~ ta
isär ngt; *I can't tell them* ~ jag kan inte skilja på
dem
apartheid [ə'pɑ:theɪt] apartheid
apartment [ə'pɑ:tmənt] **1** rum; ~*s* (*pl*) möblera-
de rum **2** *AE.* våning, lägenhet **apartment
house** hyreshus
apa|thetic [ˌæpə'θetɪk] apatisk, likgiltig **-thy**
['æpəθɪ] apati, likgiltighet, slöhet
ape [eɪp] **I** *s* **1** [svanslös] apa **2** imitatör **3** *AE.*
vard. drummel **II** *v* apa efter, härma
aperture ['æpəˌtjʊə] öppning; *foto.* bländare
apex ['eɪpeks] (*pl ~es el. apices* ['eɪpɪsi:z]) spets,
topp
apiary ['eɪpjərɪ] bikupa **apiculture** ['eɪpɪkʌltʃə]
biodling
apiece [ə'pi:s] per styck; per person, var
apolo|getic [əˌpɒlə'dʒetɪk] ursäktande **-gize**
(*BE. äv. -gise*) [ə'pɒlədʒaɪz] be om ursäkt, ur-
säkta sig; ~ *to s.b.* be for ngn om ursäkt för **-gy**
[ə'pɒlədʒɪ] ursäkt; *make an* ~ be om ursäkt; *an*
~ *for a dinner* en usel middag
apostle [ə'pɒsl] apostel; *the Apostles' Creed* den
apostoliska trosbekännelsen
apostrophe [ə'pɒstrəfɪ] apostrof
appal *BE.,* **appall** *AE.* [ə'pɔ:l] förskräcka,
skrämma **appalling** [-lɪŋ] skrämmande, för-
skräcklig
apparatus [ˌæpə'reɪtəs] apparat; apparatur; an-
ordning
apparel [ə'pær(ə)l] dräkt, kläder
apparent [ə'pær(ə)nt] synbar, uppenbar, tydlig;
skenbar **-ly** [-lɪ] *adv* synbarligen, uppenbarligen,
till synes; skenbart
apparition [ˌæpə'rɪʃn] **1** uppträdande, syn, up-
penbarelse **2** spöke
appeal [ə'pi:l] **I** *v* **1** vädja (*to s.b. for s.th.* vädja
till ngn om ngt) **2** *jur.* vädja; ~ *against* överklaga;
~ *to the country* utlysa nyval **3** ~ *to a*) tilltala,
falla i smaken, locka, *b*) åberopa, vädja till **II** *s* **1**
vädjan, appell; *make an* ~ *to s.b. for* vädja till
ngt om **2** *jur.* appell, vad, överklagande; *Court of
A~* appellationsdomstol; *right of* ~ besvärsrätt;
lodge an ~ anföra besvär, överklaga **3** lockelse,
attraktion; *this music has a wide* ~ den här musi-

ken tilltalar många **-ing** [-ɪŋ] *a* **1** vädjande, bönfallande **2** lockande, attraktiv, tilltalande

appear [ə'pɪə] **1** visa sig, vara (bli) synlig, komma fram; uppträda; framträda; ~ *in court* inställa sig inför domstol **2** vara tydlig; framgå (*from* av) **3** synas, tyckas, verka, förefalla; *it* ~*s to me that* det tycks mig att; *how does it* ~ *to you?* vad anser du om det? **4** (*om bok o.d.*) komma ut, publiceras **-ance** [-r(ə)ns] **1** framträdande, uppträdande; inställelse; *at first* ~ vid första anblicken; *make one's* ~ visa sig, uppträda; *put in* (*make*) *an* ~ visa sig [en stund] **2** (*ofta pl*) utseende; sken; sätt att te sig; *in* ~ till utseendet; *to all* ~*s* så vitt man kan se, av allt att döma; ~*s are deceptive* skenet bedrar; ~ *were against her* hon hade skenet emot sig; *keep up* ~*s* hålla skenet uppe **3** publicering, utgivning

appease [ə'piːz] lugna, stilla, blidka

append [ə'pend] fästa (*to* vid); bifoga (*to* till)

appen|dicitis [ə,pendɪ'saɪtɪs] *med.* appendicit, blindtarmsinflammation **-dix** [ə'pendɪks] (*pl -dixes el. -dices* [-dɪsiːz]) **1** appendix, bihang, bilaga **2** *anat., the vermiform* ~ maskformiga bihanget, appendix, blindtarmen

appe|tite ['æpɪtaɪt] matlust, aptit; begär (*for* efter), lust **-tizer** (*BE. äv. -tiser*) [-taɪzə] aptitretare **-tizing** (*BE. äv. -tising*) [-taɪzɪŋ] aptitretande; aptitlig

applaud [ə'plɔːd] applådera **applause** [ə'plɔːz] applåd[er]

apple ['æpl] äpple; ~ *of discord* stridsäpple; *she is the* ~ *of his eye* hon är hans ögonsten **--pie** [,æpl'paɪ] äppelpaj; *make an* ~ *bed* bädda säck; ~ *order* (*vard.*) perfekt ordning

apple sauce [,æpl'sɔːs] **1** äppelmos **2** *AE.* struntprat; idioti

appliance [ə'plaɪəns] anordning, hjälpmedel, apparat, redskap

applicable ['æplikəbl] användbar; tillämplig **applicant** ['æplikənt] sökande (*for* till) **application** [,æplɪ'keɪʃn] **1** anbringande, applicering; användning; *for external* ~ *only* endast för utvärtes bruk **2** tillämpning, tillämplighet (*to* på) **3** ansökan (*for a job* om arbete); anhållan (*for* om); hänvändelse; *make an* ~ *to s.b. for* anhålla hos ngn om; *available on* ~ fås på begäran **4** flit, iver **5** salva

apply [ə'plaɪ] **1** använda (*to* till, på); tillämpa, applicera (*to* på); ägna; ~ *the brakes* använda (trampa på) bromsen; ~ *the rules* tillämpa reglerna; ~ *o.s.* göra sitt bästa, anstränga sig; ~ *o.s. to one's studies* ägna sig åt sina studier; ~ *one's attention to s.th.* ägna ngn sin uppmärksamhet **2** anbringa, applicera (*to* på); lägga på (*paint* målarfärg) **3** tillskriva (*an utterance to s.b.* ngn ett yttrande) **4** tillämpas; vara tillämplig (*to* på) **5** ansöka, anhålla (*for* om; *to* hos); [hin]vända sig; ~ *for a job* söka ett arbete

appoint [ə'pɔɪnt] **1** bestämma, fastställa **2** utnämna (*s.b. s.th.* ngn till ngt), förordna; tillsätta **-ment** [-mənt] **1** [avtalat] möte; *have an* ~ *with* ha stämt möte med; *make* (*fix*) *an* ~ with stämma (avtala) möte med, beställa tid hos **2** utnämning; *by* ~ *to His Majesty the King* (*Her Majesty the Queen*) kunglig hovleverantör **3** anställning, befattning, tjänst

appraise [ə'preɪz] värdera; uppskatta

appreci|ate [ə'priːʃɪeɪt] **1** uppskatta, sätta värde på, värdera; *I would* ~ *if* jag skulle vara tacksam om **2** inse, vara medveten om (*the problems* problemen) **3** höja [i värde] **4** stiga [i värde] **-ation** [ə,priːʃɪ'eɪʃn] **1** uppskattning; erkänsla; uppskattande recension; *in* ~ *of* som tack för **2** förståelse; uppfattning; värdering **3** värdestegring **-ative** [ə'priːʃjətɪv] uppskattande

appre|hend [,æprɪ'hend] **1** begripa **2** befara, frukta **3** gripa, anhålla **-hension** [-'henʃn] **1** ond aning, farhåga **2** fattningsförmåga **3** gripande, anhållande **-hensive** [-'hensɪv] ängslig, orolig

apprentice [ə'prentɪs] **I** *s* lärling; lärjunge, elev **II** *v* sätta i lära (*to* hos)

approach [ə'prəʊtʃ] **I** *v* närma sig; nalkas; ~*ing* (*äv.*) annalkande, förestående **II** *s* **1** närmande, annalkande; *make* ~*es to s.b.* närma sig ngn, göra ngn närmanden **2** infart, tillfart[svig] **3** ~ *to* grepp på, metod att angripa (*a problem* ett problem), syn på **4** inflygning **-able** [-əbl] tillgänglig; vänlig, lättillgänglig

approbation [,æprə(ʊ)'beɪʃn] gillande, godkännande; samtycke, bifall

appropriate **I** *v* [ə'prəʊprɪeɪt] **1** tillägna sig **2** anslå, bevilja **II** *a* [ə'prəʊprɪət] ändamålsenlig, lämplig, passande, riktig

approval [ə'pruːvl] gillande, godkännande, bifall; *on* ~ till påseende **approve** [ə'pruːv] **1** ~ *of* godkänna, gilla, samtycka till **2** godkänna, bifalla, acceptera; justera (*the minutes* protokollet)

approxi|mate **I** *a* [ə'prɒksɪmət] **1** ungefärlig, approximativ; *one hour is the* ~ *time needed* det behövs ungefär en timme **2** liknande, likartad **II** *v* [ə'prɒksɪmeɪt] ~ [*to*] komma nära, närma sig, ungefär uppgå till **-mately** [ə'prɒksɪmətlɪ] cirka, ungefär, på ett ungefär, approximativt **-mation** [ə,prɒksɪ'meɪʃn] approximation; uppskattning; närmande

apricot ['eɪprɪkɒt] aprikos

April ['eɪpr(ə)l] april; ~ *fool!* april!, april!; ~ *Fool's Day* första april (*m. aprilskämt*)

apron ['eɪprə)n] **1** förkläde **2** *teat.* avantscen **3** skyddskåpa; vindskydd **4** (*på flygplats*) platta

apropos ['æprəpəʊ] **I** *a* passande, lämplig **II** *adv* **1** passande, lämpligt **2** på tal om det **III** *prep,* ~ *of* på tal om, apropå

apt [æpt] **1** lämplig, passande **2** benägen, böjd (*to* [för] att); *be* ~ *to do s.th.* ha en benägenhet att; ~ *to forget* glömsk **3** som har lätt för att fatta; *an* ~ *pupil* en begåvad (intelligent) elev **-itude** ['æptɪtjuːd] anlag, fallenhet; begåvning, intelligens; skicklighet

aqua|lung ['ækwəlʌŋ] dyk-, syrgas|apparat (*för sportdykare*) **-planing** [-,pleɪnɪŋ] **1** surfande (*efter motorbåt*) **2** vattenplaning

aquarelle [,ækwə'rel] akvarell

aqua|rium [ə'kweərɪəm] (*pl -riums el. -ria* [-rɪə]) akvarium

Aquarius [ə'kweərɪəs] Vattumannen (*i Djurkretsen*)

Arab ['ærəb] **I** *s* **1** arab **2** (*häst*) arab **II** *a* arabisk

Arabia [ə'reɪbjə] Arabien **Arabian** [ə'reɪbjən] **I** *s* arab **II** *a* arabisk; *the* ~ *Nights* [*Entertainment*] Tusen och en natt **Arabic** ['ærəbɪk] **I** *a* arabisk;

~ *gum* gummi arabicum; ~ *numerals* arabiska siffror **ll** *s* arabiska [språket]
arbi|trary ['ɑːbɪtrərɪ] **1** godtycklig **2** egenmäktig **-tration** [‚ɑːbi'treɪʃn] skiljedom[sförfarande]; medling
arc [ɑːk] [cirkel]båge
arcade [ɑːˈkeɪd] arkad, pelargång
arch [ɑːtʃ] **l** *s* valv[båge]; valv|port, -gång; båge; ~ [*of the foot*] fotvalv **ll** *v* **1** välva sig, beskriva en båge **2** kröka; välva; välva sig över; täcka med valv
archaeology [‚ɑːkɪˈɒlədʒɪ] arkeologi
archbishop [‚ɑːtʃˈbɪʃəp] ärkebiskop
archer ['ɑːtʃə] bågskytt **archery** ['ɑːtʃərɪ] bågskytte
archipelago [‚ɑːkɪˈpelɪɡəʊ] arkipelag, skärgård, örikt hav
archi|tect ['ɑːkɪtekt] arkitekt **-tecture** ['ɑːkɪtektʃə] arkitektur; byggnad, struktur
archives ['ɑːkaɪvz] *pl* arkiv
arctic ['ɑːktɪk] **l** *a* arktisk, nordpols-, nordlig; *the A~ Circle* norra polcirkeln; *the A~ Ocean* Norra ishavet **ll** *s, the A~* Arktis
ardent ['ɑːd(ə)nt] brinnande; het, häftig; ivrig, nitisk; ~ *spirits* spirituosa **ardour** ['ɑːdə] hetta, glöd; iver, nit
arduous ['ɑːdjʊəs] **1** mödosam, svår **2** brant
are [*beton.* ɑː, *obeton.* ə] (*du, vi, ni, de*) är
area ['eərɪə] **1** yta, areal; ytinnehåll; area **2** trakt; område (*äv. bildl.*); kvarter; distrikt; plats; *mountainous* ~ bergstrakter; *wooded* ~ skogsområde; ~ *of interest* intresseområde **area code** *AE.* riktnummer
arena [əˈriːnə] arena
aren't [ɑːnt] = *are not*; ~ *I?* (*BE. vard.*) = *am I not?*
Argen|tina [‚ɑːdʒ(ə)nˈtiːnə] Argentina **-tine** ['ɑːdʒ(ə)ntaɪn] **l** *s* **1** the ~ Argentina **2** argentinare **ll** *a* argentinsk **-tinean** [‚ɑːdʒ(ə)nˈtɪnjən] **l** *s* argentinare **ll** *a* argentinsk
argue ['ɑːgjuː] **1** gräla, tvista, strida **2** diskutera, resonera; argumentera, anföra skäl (*against* mot; *for* för); *there's no* ~*ing with her* det går inte att diskutera med henne **3** påstå, hävda **4** diskutera [igenom] **5** visa, vittna om **6** övertala (*s.b. into doing s.th.* ngn att göra ngt)
argu|ment ['ɑːgjʊmənt] **1** gräl, dispyt **2** bevis[föring]; resonemang **3** argument **4** huvudinnehåll (*i bok e.d.*) **-mentation** [‚ɑːgjʊmenˈteɪʃn] argumenterande, argumentation; bevisföring
aria ['ɑːrɪə] *mus.* aria
arid ['ærɪd] **1** torr, ofruktbar **2** *bildl.* torr, nykter
Aries ['eəriːz] Väduren (*i Djurkretsen*)
arise [əˈraɪz] (*arose, arisen*) **1** uppstå, uppkomma **2** härröra (*from* från) **3** *åld.* resa sig upp **arisen** [əˈrɪzn] *perf part av arise*
aristocracy [‚ærɪˈstɒkrəsɪ] aristokrati **aristocrat** ['ærɪstəkræt] aristokrat **aristocratic** [‚ærɪstəˈkrætɪk] aristokratisk
arithmetic [əˈrɪθmətɪk] **l** *s* aritmetik, räkning **ll** *a* aritmetisk; räkne-; ~ *mean* aritmetiskt medium; ~ *progression* aritmetisk serie
ark [ɑːk] ark; *Noah's* ~ Noaks ark; *the A~ of the Covenant* förbundsarken
1 arm [ɑːm] **1** arm (*äv. bildl.*); *the long* ~ *of the law* lagens långa arm; *at* ~*'s length* på armslängds

avstånd, *bildl.* på avstånd; ~ *in* ~ arm i arm; *with open* ~*s* med öppna armar; *within* ~*'s reach* inom räckhåll; *put one's* ~ *around s.b.* slå armarna om (omfamna) ngn **2** ärm **3** karm, armstöd **4** gren, avdelning; truppslag; *the air* ~ flygvapnet
2 arm [ɑːm] **l** *s, vanl.* ~*s* (*pl*) vapen; *small* ~*s* handeldvapen; *coat of* ~*s* vapen[sköld]; *in* (*under*) ~*s* under vapen, beväpnad; *be up in* ~*s about* (*bildl.*) vara upprörd över; *lay down one's* ~ lägga ner vapnen, kapitulera; *present* ~*s* skyldra gevär; *take* [*up*] ~*s* gripa till vapen; *take up* ~*s against* (*bildl.*) gå till angrepp mot **ll** *v* **1** [be]väpna, förse med vapen, [ut]rusta **2** rusta (*for war* för krig)
armament ['ɑːməmənt] **1** krigsmakt **2** [upp]-rustning; bestyckning
armature ['ɑːməˌtjʊə] **1** *tekn.* ankare, rotor **2** *biol.* [skydds]hölje
armband ['ɑːmbænd] armbindel
armchair [‚ɑːmˈtʃeə, *iv.* '--] **l** *s* fåtölj, länstol **ll** *a*, ~ *strategist* skrivbordsstrateg
Arme|nia [ɑːˈmiːnjə] Armenien **-nian** [-n] **l** *a* armenisk **ll** *s* **1** armenier **2** armeniska [språket]
armistice ['ɑːmɪstɪs] [vapen]stillestånd, vapenvila; *A~ Day* Vapenstilleståndsdagen (*11 nov.*)
armour ['ɑːmə] **l** *s* **1** rustning; (*djurs*) pansar **2** pansar; armering **3** pansarfordon **ll** *v* bepansra, armera; ~*ed car* pansarbil; ~*ed division* pansardivision
arm|pit ['ɑːmpɪt] armhåla **-rest** armstöd
arm-twisting ['ɑːmtwɪstɪŋ] påtryckningar, [hårdhänt] övertalning
army ['ɑːmɪ] **1** armé, här **2** stor hop, härskara
aroma [əˈrəʊmə] arom, doft **-tic** [‚ærə(ʊ)ˈmætɪk] aromatisk, väldoftande
arose [əˈrəʊz] *imperf av arise*
around [əˈraʊnd] **l** *prep* runt [om], [runt] omkring; ~ *the clock* dygnet runt **ll** *adv* **1** [*ull*] ~ runt [om], [runt] omkring; i närheten; *if you need me, I'll be* ~ om du behöver mig finns jag här **2** här och där
arouse [əˈraʊz] väcka (*äv. bildl.*); hetsa upp
arrange [əˈreɪndʒ] **1** ordna; arrangera, anordna; planera **2** bilägga, komma överens om, avgöra **3** bearbeta för radio; *mus.* arrangera, bearbeta **4** ~ *for* ombesörja, ordna, arrangera; ~ *for s.b. to come* ordna så (ombesörja) att ngn kommer **5** göra upp (*with s.b.* med ngn) **-ment** [-mənt] **1** ordnande; arrangemang; [an]ordning; uppställning; planering **2** biläggande; uppgörelse **3** bearbetning för radio; *mus.* arrangemang, bearbetning **4** (*ofta pl*) åtgärd, förberedelse; *make* ~*s for* vidtaga förberedelser för; *make* ~*s for s.th. to be done* se till att ngt blir gjort
array [əˈreɪ] **l** *v* **1** ställa upp, ordna (*trupper t. slag*) **2** smycka, pryda **ll** *s* **1** imponerande samling, uppbåd **2** slagordning, uppställning **3** poet. ståt, prakt, skrud
arrears [əˈrɪəz] *pl* resterande (obetalda) skulder, restantier; *be in* ~[*s*] *with* vara efter (på efterkälken) med
arrest [əˈrest] **l** *v* **1** hejda, stoppa **2** arrestera, anhålla **3** *bildl.* fånga (*a p.'s attention* ngns uppmärksamhet) **ll** *s* **1** arrestering, anhållande; *be under* ~ vara arresterad, sitta i arrest; *put under* ~ sätta i arrest **2** hejdande, stoppande; stopp;

cardiac ~ hjärtstillestånd
arrival [ə'raɪvl] ankomst (*at, in* till); *on* ~ vid ankomsten (framkomsten); ~*s* (*pl*) ankommande (*fartyg, flyg, tåg e.d.*); *time of* ~ ankomsttid **arrive** [ə'raɪv] anlända, [an]komma, komma fram (*at, in* till)
arro|gance ['ærəgəns] arrogans, övermod, inbilskhet **-gant** [-gənt] arrogant, övermodig, inbilsk
arrow ['ærəʊ] pil **-head** pilspets
arse [ɑːs] *i sht BE., vulg.* arsle, röv
arsenal ['ɑːsənl] arsenal (*äv. bildl.*)
arsenic ['ɑːsnɪk] arsenik
arson ['ɑːsn] mordbrand
art [ɑːt] **1** konst; *the fine* ~*s* de sköna konsterna **2** *the* ~*s* humaniora, de humanistiska vetenskaperna; *Faculty of A*~*s* filosofisk (humanistisk) fakultet **3** knep, list **4** färdighet, skicklighet; konst
artery ['ɑːtərɪ] artär, pulsåder (*äv. bildl.*)
artful ['ɑːtf(ʊ)l] slug, listig
art gallery ['ɑːt‚gælərɪ] konstgalleri
artichoke ['ɑːtɪʃəʊk] kronärtskocka; *Jerusalem* ~ jordärtskocka
article ['ɑːtɪkl] **I** *s* **1** artikel, vara; persedel; sak **2** avsnitt, paragraf (*i kontrakt e.d.*); del (*av ämne*); artikel, uppsats; ~*s of association* bolagsordning; ~ *of faith* trosartikel; *the Thirty-nine* ~*s* de trettionio artiklarna (*anglikanska trosbekännelsen*) **3** språkv. artikel; *definite* (*indefinite*) ~ bestämd (obestämd) artikel **II** *v* sätta i lära (*to* hos)
articu|late I *v* [ɑː'tɪkjʊleɪt] **1** artikulera, uttala tydligt **2** leda; ~*d lorry* långtradare med släp **II** *a* [ɑː'tɪkjʊlət] tydlig, artikulerad **-lation** [‚ɑːtɪkjʊ'-leɪʃn] **1** artikulation; tal **2** led, ledgång
arti|fice ['ɑːtɪfɪs] **1** påhitt, konstgrepp **2** skicklighet **-ficial** [‚ɑːtɪ'fɪʃl] konstgjord, konst-; konstlad, artificiell; ~ *insemination* konstgjord befruktning; ~ *respiration* konstgjord andning; ~ *silk* konstsiden
artillery [ɑː'tɪlərɪ] artilleri
artisan [‚ɑːtɪ'zæn] hantverkare
artist ['ɑːtɪst] artist, konstnär **artiste** [ɑː'tiːst] artist (*scenkonstnär*) **artistic** [ɑː'tɪstɪk] konstnärlig, artistisk **artistry** ['ɑːtɪstrɪ] konstnärskap, artisteri
artless ['ɑːtlɪs] **1** okonstlad; naturlig, enkel **2** oskicklig, utan finess **3** okultiverad; ouppfostrad
as [*beton.* æz, *obeton.* əz, z] **I** *konj* **1** [*just*] ~ [just] som (när); medan; allteftersom; *he caught me* [*just*] ~ *I was leaving* han fångade mig just som jag skulle gå **2** som; såsom; liksom; på samma sätt som; i egenskap av; *do* ~ *you like* gör som du vill; *I did it* ~ *she did* jag gjorde det på samma sätt som hon; *she was playing* ~ *only she can* hon spelade som bara hon kan; *work* ~ *a teacher* arbeta som lärare; ~ *his friend* i egenskap av hans vän **3** eftersom, då; ~ *I'm in charge here* eftersom jag har ansvaret här **4** hur...än, fastän; *much* ~ *I admire you* hur mycket jag än beundrar dig; *be that* ~ *it may* hur det än är med det; *try* ~ *she might* fastän hon försökte **5** såsom, till exempel; *capital cities,* ~ *Paris* huvudstäder, såsom Paris **II** *rel. pron* som; såsom; *such* ~ sådan (sådana, de) som; *I arrived on the same days* ~ *he left* jag kom samma dag som han reste **III** *adv* lika, så; ~ *big*

~ lika (så) stor som; ~ *much* ~ lika mycket som; ~ *soon* ~ så snart som; *twice* ~ *big* ~ dubbelt så stor som; ~ *usual* som vanligt; ~ *big* ~ *could be* så stor som möjligt **IV** ~ *against* mot; ~ *for* (*to*) vad beträffar; ~ *from* (*AE.* of) från [och med]; ~ *if* (*though*) som om; ~ *per* enligt; ~ *regards* vad beträffar; ~ *it is* som det [nu] är, redan nu; ~ *was* tidigare; ~ *it were* liksom, så att säga; ~ *yet* hittills, ännu [so länge]
asbestos [æz'bestɒs] asbest
ascend [ə'send] **1** bestiga; gå (klättra, stiga, fara) uppför (upp i, upp på) **2** höja sig; stiga **3** gå tillbaka (*i tid*) **-ant** [-ənt] **I** *a* **1** uppstigande **2** dominerande **II** *s, be in the* ~ vara på uppåtgående
ascension [ə'senʃn] uppstigande; *the A*~ Kristi himmelsfärd **ascent** [ə'sent] **1** bestigning; uppstigning **2** stigning, backe
ascertain [‚æsə'teɪn] förvissa sig om; ta reda på; fastställa
ascetic [ə'setɪk] **I** *a* asketisk **II** *s* asket
ascorbic [ə'skɔːbɪk] *a*, ~ *acid* askorbinsyra
ascribe [ə'skraɪb] tillskriva (*s.th. to s.o.* ngn ngt)
asdic ['æzdɪk] ekolod
1 ash [æʃ] *bot.* ask; *mountain* ~ rönn
2 ash [æʃ] *vanl. pl* ~*es* aska; stoft; *reduce to* ~*es* lägga i aska
ashamed [ə'ʃeɪmd] skamsen; *be* ~ skämmas, blygas (*of* över, för; *for* å ngns vägnar)
ash bin (**can**) *AE.* soptunna
ashen ['æʃn] askliknande, askgrå **2** ask-
ashore [ə'ʃɔː] i land, på land; *run* ~ stranda
ashtray ['æʃtreɪ] ask|fat, -kopp
Asia ['eɪʃə] Asien; ~ *Minor* Mindre Asien **Asian** ['eɪʃn], **Asiatic** [‚eɪʃɪ'ætɪk] **I** *s* asiat **II** *a* asiatisk
aside [ə'saɪd] **I** *adv* avsides, åt sidan, åsido; ~ *from* (*AE.*) *a*) förutom, *b*) med undantag av; *put* ~ *money* lägga undan pengar **II** *s, teat.* avsidesreplik
ask [ɑːsk] **1** fråga (*s.b. about* ngn om); fråga efter; ~ *a question* ställa en fråga; ~ *the way* fråga efter vägen; ~ *one's way* fråga sig fram; *be* ~*ed* vara tillfrågad; ~ *me another* (*vard.*) om jag det visste, det har jag ingen aning om; *I* ~ *you!* (*vard.*) nej, vet du sn!; *if you* ~ *me* om jag får säga min mening **2** be (*s.b. for* ngn om); begära, kräva; ~ *too much of* begära (kräva) för mycket av **3** [in]bjuda; ~ *s.b. in* be ngn komma in; ~ *s.b. to lunch* bjuda ngn på lunch **4** fråga, ställa frågor (*about* om); ~ *for* fråga efter; *there's no harm in* ~*ing* frågan är fri **5** be (*for* om); ~ *for trouble* (*vard.*) ställa till det för sig, mucka gräl; *you* ~*ed for it!* (*vard.*) du bad om det!, du kan skylla dig själv!
askance [ə'skæns], **askant** [ə'skænt] *adv, look* ~ *at* snegla misstänksamt på
askew [ə'skjuː] **I** *a* skev, sned **II** *adv* skevt, snett, på sned
asleep [ə'sliːp] sovande; *be* ~ sova; *my leg is* ~ mitt ben har domnat; *fall* ~ somna
asparagus [ə'spærəgəs] sparris
aspect ['æspekt] **1** utseende; uppsyn, min **2** utsikt; läge; sida **3** aspekt; syn|punkt, -vinkel
aspen ['æspən] **I** *s* asp **II** *a* av asp, asp-
asperity [æ'sperətɪ] strävhet; kärvhet; skärpa; stränghet; hemsökelse
asphalt ['æsfælt] **I** *s* asfalt **II** *v* asfaltera

aspic ['æspɪk] aladåb; gelé

aspiration [ˌæspə'reɪʃn] **1** strävan, längtan **2** andning; *fonet.* aspirering **aspire** [ə'spaɪə] sträva, längta (*to* efter), aspirera (*to* på)

aspirin ['æsp(ə)rɪn] aspirin

1 ass [æs, *som skällsord* ɑ:s] åsna

2 ass [æs] *AE. vulg.* arsle; *piece of* ~ ligg (*äv. om kvinna*), knull

assail [ə'seɪl] angripa, överfalla; *bildl.* bestorma, överösa **-ant** [-ənt] angripare

assassin [ə'sæsɪn] mördare (*i sht av känd politiker*) **-ate** [-eɪt] mörda (*i sht känd politiker*) **-ation** [əˌsæsɪ'neɪʃn] mord (*i sht på känd politiker*)

assault [ə'sɔ:lt] **I** *v* anfalla, angripa; överfalla **II** *s* **1** [fientligt] anfall, angrepp **2** stormning **3** överfall; ~ *and battery* (*jur.*) övervåld och misshandel

assemble [ə'sembl] **1** [för]samla, sammankalla **2** sätta ihop, montera **3** samlas **assembly** [ə sembli] i försämlïng; sällskap; sammankomst **2** hopsättning, montering **assembly hall 1** samlingssal, aula **2** monteringshall **assembly line** löpande band, monteringsband **assembly rooms** *pl* festvåning

assent [ə'sent] **I** *v* samtycka (*to* till); instämma (*to* i) **II** *s* samtycke, bifall; instämmande (*to* i); gillande (*to* av)

assert [ə'sɜ:t] hävda, förfäkta; påstå; ~ *o.s.* hävda sig, göra sig gällande **assertion** [ə'sɜ:ʃn] hävdande, förfäktande; påstående

assess [ə'ses] **1** fastställa (*belopp o.d.*) **2** taxera; beskatta **3** uppskatta, värdera **assessment** [-mənt] **1** taxering; beskattning **2** uttaxerat belopp, skatt **3** uppskattning, värdering **assessor** [-ə] **1** taxeringsman **2** värderingsman **3** bisittare

asset ['æset] **1** tillgång, fördel **2** *jur., hand.,* ~*s* (*pl*) tillgångar; ~*s and liabilities* tillgångar och skulder

assidu|ity [ˌæsɪ'dju:ətɪ] flit, trägenhet, ihärdighet; *-ities* (*pl*) uppmärksamhet, efterhängsenhet **-ous** [ə'sɪdjuəs] flitig, trägen, ihärdig

assign [ə'saɪn] **1** tilldela, anvisa (*s.th. to. s.b.* ngn ngt); överlåta (*to* på) **2** tillsätta (*an expert to a job* en expert på ett arbete) **3** avsätta, anslå, bestämma (*time for s.th.* tid för ngt) **4** ~ *to* tillskriva, hänföra till **assignation** [ˌæsɪg'neɪʃn] **1** tilldelning, anvisning **2** uppdrag, uppgift **3** hemligt möte, rendezvous **assignment** [ə'saɪnmənt] **1** tilldelning, anvisning **2** uppdrag, uppgift **3** *jur.* överlåtelse **4** utnämning

assimilate [ə'sɪmɪleɪt] **1** assimilera[s] (*äv. fonet.*); uppta[s] **2** ~ *to* (*with*) göra (bli) lik

assist [ə'sɪst] **I** *v* **1** assistera, hjälpa, bistå **2** hjälpa till **II** *s* **1** *AE.* assistans, hjälp, bistånd **2** *sport.* målgivande passning **-ance** [-(ə)ns] assistans, hjälp, bistånd **-ant** [-(ə)nt] **I** *a* assisterande, biträdande; hjälp-; ~ *professor* (*AE. ung.*) universitetslektor **II** *s* medhjälpare, assistent; expedit, biträde

associate **I** *v* [ə'səʊʃɪeɪt] **1** förbinda, förknippa, associera (*with* med); ~ *o.s. with* ansluta sig till, associera sig med **2** *be* ~*d with* vara ansluten (knuten) till **3** umgås (*with* med) **4** ansluta sig (*with* till), associera sig (*with* med) **II** *a* [ə'səʊʃɪɪt] förbunden, associerad; ~ *professor* (*AE. ung.*) docent **III** *s* [ə'səʊʃɪɪt] **1** delägare; kollega **2**

bundsförvant **association** [ə'səʊsɪ'eɪʃn] *s* **1** förenande, -ing; sammanslutning **2** association; ~ *of ideas* idéassociation **3** förening, förbund, samfund, sällskap **4** förbindelse; umgänge **association football** (*förk. soccer*) fotboll

assort [ə'sɔ:t] **1** ordna, sortera **2** överensstämma **-ment** [-mənt] **1** sort **2** sortering **3** sortiment, urval; blandning

assume [ə'sju:m] **1** anta[ga]; anlägga (*min etc.*); ~*d name* fingerat (antaget) namn **2** förmoda, anta[ga], förutsätta; ta för givet; *assuming this to be true* förutsatt att detta är sant **3** låtsa[s] **4** åtaga sig; tillträda (*an office* ett ämbete); lägga sig till med, överta[ga] **assumption** [ə'sʌm(p)ʃn] **1** antagande, förutsättning **2** övertagande; bemäktigande **3** förmätenhet **4** *the A*~ Marie himmelsfärd

assurance [ə'ʃʊər(ə)ns] **1** försäkring, försäkran **2** säkerhet ? självförtroende; dålkerhet 4 i *sht BE.* livförsäkring **assure** [ə'ʃʊə] **1** försäkra, förvissa (*of* om) **2** trygga **3** *i sht BE.* livförsäkra **assured** [ə'ʃʊəd] **1** säker, viss, garanterad **2** självsäker **3** säker, förvissad (*of* om) **4** *i sht BE.* livförsäkrad **assuredly** [ə'ʃʊərɪdlɪ] säkert, bestämt

Assyrian [ə'sɪrɪən] **I** *s* **1** assyrier **2** assyriska [språket] **II** *a* assyrisk

astern [ə'stɜ:n] akter ut (över); *go* ~ backa

asthma ['æsmə] astma

astir [ə'stɜ:] i rörelse; på benen

astonish [ə'stɒnɪʃ] förvåna, överraska; ~*ed at* förvånad över **-ment** [-mənt] förvåning; *she looked at him in* ~ hon såg förvånad på honom

astound [ə'staʊnd] slå med häpnad, högeligen förvåna

astray [ə'streɪ] vilse; på avvägar

astride [ə'straɪd] **I** *adv* grensle; bredbent **II** *prep* grensle över

astro|loger [ə'strɒlədʒə] astrolog **-logy** [ə'strɒlədʒɪ] astrologi

astronaut ['æstrənɔ:t] astronaut

astronomer [ə'strɒnəmə] astronom **astronomic[al]** [ˌæstrə'nɒmɪk(l)] astronomisk (*äv. bildl.*) **astronomy** [ə'strɒnəmɪ] astronomi

astute [ə'stju:t] slug; skarpsinnig

asunder [ə'sʌndə] isär, sönder

asylum [ə'saɪləm] **1** asyl, fristad **2** asyl, vårdanstalt; *lunatic* ~ (*förr*) hospital, mentalsjukhus

asymmetric[al] [ˌæsɪ'metrɪk(l)] asymmetrisk

at [beton. æt, obeton. ət] **1** (*befintlighet*) vid; på; i; till; hos; genom; ~ *the table* vid bordet; ~ *an hotel* på ett hotell; ~ *Cambridge* i Cambridge; *arrive* ~ *the station* anlända till stationen; ~ *my sister's* [hemma] hos min syster; ~ *the Gregg's* [hemma] hos Greggs (familjen Gregg); *he came in* ~ *the window* han kom in genom fönstret **2** (*riktning*) mot; åt; på; *aim* ~ sikta mot (på); *swear* ~ svära åt **3** (*tid*) på; vid; i; ~ *night* på kvällen; ~ *Easter* på (under) påsken, i påsk; ~ *the end of* vid slutet av; ~ *your age* vid din ålder; ~ *three o'clock* klockan tre **4** ~ *rest* i vila; ~ *one's own risk* på egen risk; ~ *full speed* i (för, med) full fart; *sell* ~ *five pounds* sälja för (till ett pris av) fem pund; ~ *war* i krig; ~ *work* i arbete; ~ *that* dessutom, till på köpet; *angry* ~ ond på; *good* ~ bra på; *be* ~ *s.b.* vara på (ligga efter) ngn; *the brakes are ~ it again* nu är det fel på bromsarna igen; *while we are ~ it* när vi nu håller på med det; *what is she ~?* vad håller hon på med?; *leave it ~ that* låt det vara bra med det; *shout ~* skrika åt

ate [et] *imperf av eat*

athe|ism ['eιθιιz(ə)m] ateism **-ist** [-ιst] ateist

Athenian [ə'θi:njən] **I** *s* atenare **II** *a* atensk **Athens** ['æθɪnz] Aten

ath|lete ['æθli:t] [fri]idrottsman; *~'s foot* fotsvamp **-letic** [æθ'letιk] **1** idrotts-; idrottslig **2** atletisk, muskulös **-letics** [æθ'letιks] **1** (*behandlas som pl*) allmän idrott, friidrott; idrottsövningar **2** (*behandlas som sg*) idrott[ande]

atishoo [ə'tιʃu:] *interj* attji!, attjo!

Atlantic [ət'læntιk] **I** *a* atlant-; *the ~ Ocean* Atlanten, Atlantiska oceanen **II** *s, the ~* Atlanten

atlas ['ætləs] **1** atlas, kartbok **2** *anat.* atlas[kota]

atmos|phere ['ætməˌsfιə] atmosfär; stämning **-pherics** [ˌætmə'sferιks] *pl* atmosfäriska störningar

atom ['ætəm] **1** atom; *smash to ~s* slå i spillror (i tusen bitar) **2** smula, dugg **atom bomb** atombomb **atomic** [ə'tɒmιk] atom-, atomisk; *~ bomb* atombomb; *~ pile* (*reactor*) atomreaktor; *~ power* atomkraft; *~ weight* atomvikt

atom|ize (*BE. äv. -ise*) ['ætə(ʊ)maιz] **1** förvandla till atomer **2** smula sönder, finfördela **-izer** (*BE. äv. -iser*) [-aιzə] spray[flaska]; rafräschissör

atone [ə'təʊn] **1** sona **2** *~ for* gottgöra, sona

atop [ə'tɒp] **I** *adv* överst, i toppen **II** *prep* på toppen av

atrocious [ə'trəʊʃəs] grym, ohygglig; fasansfull, hemsk; *vard.* gräslig, ryslig **atrocity** [ə'trɒsətι] grymhet, ohygglighet; ogärning, illdåd

attach [ə'tætʃ] **1** fästa, sätta fast (*to* på, vid); binda, knyta (*to* till, vid); *be ~ed to a*) vara fäst[ad] vid, *b*) vara knuten till, *c*) vara hopbyggd med; *~ importance to s.th.* tillmäta ngt betydelse; *~ed please find...* (*i brev*) bifogat finner Ni... **2** ~ *o.s. to* ansluta sig till **3** ~ *to* vara förknippad (följa) med; *no blame ~es to her* ingen skuld faller på henne

attaché [ə'tæʃeι] attaché **attaché case** [ə'tæʃι-keιs] dokumentportfölj, attachéväska

attachment [ə'tætʃmənt] **1** fastsättning, fästande, vidfästning **2** tillgivenhet **3** tillsats, tillbehör **4** *jur.* konfiskation; beslagtagande

attack [ə'tæk] **I** *v* **1** attackera, anfalla, angripa **2** gå till attack, anfalla **II** *s* attack, anfall, angrepp (*on* mot, på)

attain [ə'teιn] *v*, ~ [*to*] [upp]nå **-ment** [-mənt] **1** uppnående **2** *vanl. pl ~s* färdigheter, insikter, talanger; *standard of ~s* kunskapsnivå

attempt [ə'tem(p)t] **I** *v* försöka; försöka sig på; *~ed murder* mordförsök **II** *s* **1** försök; *an ~ on Mount Everest* ett försök att betvinga Mount Everest **2** attentat; *~ on a p.'s life* attentat mot ngn

attend [ə'tend] **1** bevista, besöka, vara närvarande vid, delta i **2** åtfölja; uppvakta; betjäna; (*om läkare*) behandla; *a method ~ed by great risks* en metod förenad med stora risker **3** vara närvarande (*at* vid) **4** vara uppmärksam **5** ~ *to* sköta, vårda, se till, vara uppmärksam på, betjäna, lyssna på (till); *are you being ~ed to?* (*i butik*) är det

tillsagt?; *that's being ~ed to* det är redan ordnat **6** ~ [*up*]*on a*) passa upp på, betjäna, passa på, *åld.* uppvakta, *b*) vara en följd av, åtfölja **-ance** [-əns] **1** närvaro, deltagande (*at, on* vid, på, i) **2** uppvaktning; betjäning; behandling; vård, tillsyn **3** antal deltagande **-ant** [-ənt] **I** *a* närvarande; beledsagande, åtföljande; uppvaktande (*on* hos) **II** *s* **1** tjänare, följeslagare (*on* hos, till) **2** vaktmästare; tillsyningsman, vakt; skötare **3** besökare, deltagare

atten|tion [ə'tenʃn] **I** *s* **1** uppmärksamhet; kännedom; vård, tillsyn, passning; omsorg; *call a p.'s ~ to* fästa (rikta) ngns uppmärksamhet på; *pay ~ to* ägna uppmärksamhet åt, beakta, vara uppmärksam på, lägga märke till **2** ~*s* (*pl*) uppvaktning **3** *stand to* (*at*) ~ stå i givakt **II** *interj*, ~! giv akt!; ~, *please!* hallå, hallå!, får jag be om er uppmärksamhet! **-tive** [-tιv] uppmärksam (*to* på)

attenuate [ə'tenjʊeιt] göra smal; förtunna; försvaga **II** *a* [ə'tenjʊιt] förtunnad; avsmalnad

attest [ə'test] **1** intyga, bevittna; attestera; vittna om **2** gå ed på **3** ~ *to* bevisa, bekräfta, vittna om

attic ['ætιk] vind; vinds|rum, -våning

attire [ə'taιə] **I** *v* klä, styra ut **II** *s* klädsel, dräkt, skrud

attitude ['ætιtju:d] **1** attityd, hållning, inställning (*to*[*wards*] gentemot, till) **2** hållning, ställning; (*i balett*) attityd; *strike an ~* inta en pose

attorney [ə'tɜ:nι] **1** befullmäktigat ombud **2** *AE.* advokat; *district ~* allmän åklagare **3** *power of ~* fullmakt **Attorney General** (*pl attorneys general el. attorney generals*) **1** kronjurist, *ung.* justitiekansler **2** *AE.* justitieminister, (*i delstat ung.*) statsåklagare

attract [ə'trækt] dra till sig, attrahera; ~ *attention* tilldra sig (väcka) uppmärksamhet; *feel ~ed to* känna sig dragen till **attraction** [ə'trækʃn] attraktion, dragningskraft, lockelse; charm **attractive** [ə'træktιv] attraktiv, tilldragande, lockande

attribute I *v* [ə'trιbju:t] tillskriva (*s.th. to s.b.* ngn ngt) **II** *s* ['ætrιbju:t] attribut (*äv. språkv.*); egenskap, kännetecken

attrition [ə'trιʃn] **1** nötning, skavning; *war of ~* utmattningskrig **2** *teol.* syndaånger

attune [ə'tju:n] **1** *mus.* stämma **2** anpassa (*to* till, efter); ställa in (*to* efter)

auburn ['ɔ:bən] röd-, kastanje|brun

auction ['ɔ:kʃn] **I** *s* auktion **II** *v*, ~ [*off*] auktionera bort **-eer** [ˌɔ:kʃə'nιə] auktionsförrättare

audacious [ɔ:'deιʃəs] **1** djärv, [dum]dristig **2** fräck **audacity** [ɔ:'dæsətι] **1** djärvhet, [dum]dristighet **2** fräckhet

audible ['ɔ:dəbl] hörbar

audience ['ɔ:djəns] **1** åhörare, auditorium, publik; [radio]lyssnare; [TV-]tittare; läsekrets **2** audiens

audit ['ɔ:dιt] **I** *v* granska, revidera (*räkenskaper*) **II** *s* granskning, revision **audition** [ɔ:'dιʃn] **1** hörande **2** prov (*för artister*), prov|sjungning, -spelning **auditor** [ɔ:'dιtə] revisor **2** revisor **auditori|um** [ˌɔ:dι'tɔ:rιəm] (*pl -ums el. [-ə]*) hörsal; [teater]salong; *AE.* möteslokal **auditory** ['ɔ:dιt(ə)rι] hörsel-; ~ *nerve* hörselnerv

augment [ɔ:g'ment] öka[s]; förstärka[s]; förstora[s]

August ['ɔ:gəst] augusti

aunt [ɑ:nt] moster, faster; tant **-ie, -y** [-ɪ] *vard. för aunt*

au pair [,əʊ'peə] **I** *s* au pair-flicka **II** *a o. adv* au pair

aureole ['ɔ:rɪəʊl] gloria, strålkrans; *astr.* korona

aurora [ɔ:'rɔ:rə] **1** *poet.* morgonrodnad **2** ~ *australis* [-ɔ:'streɪlɪs] sydsken; ~ *borealis* [-,bɔ:rɪ'eɪlɪs] norrsken

auspices ['ɔ:spɪsɪz] *pl* **1** hägn, beskydd; *under the* ~ *of* under beskydd av **2** förebud, [gott] omen

Aussie ['ɒzɪ] *vard.* australi|er, -ensare

aus|tere [ɒ'stɪə] **1** allvarlig; hård, sträng **2** torftig, spartansk; karg; stram **-terity** [ɒ'sterətɪ] **1** allvar; hårdhet, stränghet **2** torftighet; stramhet; åtstramning

Austral|ia [ɒ'streɪljə] Australien **-ian** [-jən] **I** *s* australi|er, -ensare **II** *a* australi|sk, -ensisk

Austri|a ['ɔ:strɪə] Österrike **-an** [-ɪən] **I** *s* österrikare **II** *a* österrikisk

authon|tic [ɔ.'θentɪk] autentisk, äkta; pålitlig **-ticity** [,ɔ:θen'tɪsətɪ] autenticitet, äkthet

author ['ɔ:θə] **1** författare, författarinna (*of* till) **2** upphovsman

author|itarian [ɔ:,θɒrɪ'teərɪən] auktoritär; diktatorisk, despotisk; ~ *state* diktatur **-itative** [ɔ:'θɒrɪtətɪv] **1** auktoritativ **2** befallande, myndig **3** officiell

authority [ɔ:'θɒrətɪ] **1** myndighet, [laglig] makt; [makt]befogenhet; *in* ~ makthavande, bestämmande; *be in* ~ ha makten (ansvaret, ledningen); *on one's own* ~ på eget ansvar (bevåg) **2** myndighet, organ, nämnd; *the authorities* (*pl*) myndigheterna, de styrande; *the local* ~ (*authorities*) de kommunala myndigheterna **3** bemyndigande; tillåtelse; rätt; *have the* ~ *to do s.th.* ha bemyndigande (rätt) att göra ngt **4** auktoritet, anseende **5** auktoritet, fackman, expert (*on* i, på); källa; utsago; *have s.th. on good* ~ ha ngt från säker källa

author|ization (*BE. äv. -isation*) [,ɔ:θ(ə)raɪ'-zeɪʃn] auktorisation; bemyndigande; tillstånd **-ize** (*BE. äv. -ise*) ['ɔ:θəraɪz] auktorisera, bemyndiga, befullmäktiga; godkänna

authorship ['ɔ:θəʃɪp] författarskap

auto|biographical ['ɔ:tə(ʊ),baɪə(ʊ)'græfɪkl] självbiografisk **-biography** [,ɔ:tə(ʊ)baɪ'ɒgrəfɪ] självbiografi

autocracy [ɔ:'tɒkrəsɪ] envälde, autokrati

autograph ['ɔ:təgrɑ:f] **I** *s* **1** autograf, namnteckning **2** (*författares*) originalmanuskript **II** *v* skriva sin autograf (namnteckning) på (i), signera

auto|mat ['ɔ:tə(ʊ)mæt] **1** [varu]automat **2** *AE.* automat[restaurang] **-matic** [,ɔ:tə'mætɪk] **I** *a* automatisk (*äv. bildl.*); automat-; ~ *data processing* automatisk databehandling; ~ *machine* automat; *an* ~ *smile* ett mekaniskt leende **II** *s* automatvapen **-mation** [,ɔ:tə'meɪʃn] automation, automatisering; automatik

automa|tize (*BE. äv. -tise*) [ɔ:'tɒmətaɪz] automatisera[s] **-ton** [ɔ:'tɒmət(ə)n] (*pl -ta* [-ətə] *el. -tons*) robot

automobile ['ɔ:təmə(ʊ)bi:l] [automo]bil

autonomy [-əmɪ] autonomi, självständighet,

självbestämmande; självstyre[lse]

autopsy ['ɔ:təpsɪ] obduktion, autopsi

autumn ['ɔ:təm] höst; *last* ~ i höstas, förra hösten; *this* ~ [nu] i höst, den här hösten; *in* [*the*] ~ på (om) hösten (höstarna); *in* [*the*] *late* ~ sent på hösten, på senhösten; *in the* ~ *of 1939* på hösten 1939 **autumnal** [ɔ:'tʌmnəl] höst-, höstlig; höstlik

auxiliary [ɔ:g'zɪljərɪ] **I** *s* **1** hjälpare, assistent **2** hjälpverb **3** *auxiliaries* (*pl*) hjälptrupper **II** *a* hjälp-, reserv-; ~ *machinery* hjälpmaskiner; ~ *verb* hjälpverb

avail [ə'veɪl] **I** *v* **1** tjäna till; gagna **2** ~ *o.s. of* utnyttja, begagna sig av **II** *s* nytta, gagn; *of* (*to*) *no* ~ till ingen nytta **-able** [-əbl] **1** tillgänglig; användbar; anträffbar **2** (*om biljett*) giltig

avalanche ['ævəlɑ:nʃ] lavin, snöskred

avar|ice ['ævərɪs] girighet, snikenhet **-icious** [,ævə'rɪʃəs] girig, sniken

avenge [ə'ven(d)ʒ] hämnas, ta hämnd för; ~ *o.s. on* hämnas (ta hämnd) på

avenue ['ævənju:] **1** allé **2** bred gata, aveny, boulevard **3** *bildl.* väg

average ['ævə(ə)rɪdʒ] **I** *v* **1** beräkna medeltalet (genomsnittet) av **2** i medeltal (genomsnitt) uppgå till (göra) **3** dela proportionellt **II** *s* **1** medeltal, genomsnitt; *on* [*an, the*] ~ i genomsnitt, i medeltal **2** *sjö.* haveri; *general* ~ gemensamt haveri **III** *a* genom|snittlig, -snitts-; ordinär, typisk

averse [ə'vɜ:s] *a* *I* *be* ~ *to* (*from*) vara avog mot, ogilla, tycka illa om **2** (*om löv*) motsatt **aversion** [ə'vɜ:ʃn] motvilja, avsmak, aversion (*to, for* mot); *it is my pet* ~ det är min fasa (det värsta jag vet)

avert [ə'vɜ:t] **1** vända bort; avleda **2** förhindra, avvärja, avstyra

aviary ['eɪvjərɪ] voljär, stor fågelbur

aviation [,eɪvɪ'eɪʃn] flygning, flygteknik

avid ['ævɪd] **1** ivrig, entusiastisk **2** girig (*for* efter, på)

avoid [ə'vɔɪd] **1** undvika; undgå; förhindra **2** *jur.* göra ogiltig **-able** som kan undvikas **-ance** [-(ə)ns] *s* undvikande; förhindrande

await [ə'weɪt] invänta, vänta på; emotse, se fram emot

awake [ə'weɪk] **I** *v* (*awoke, awoke el. awaked, awaked*) **1** vakna (*äv. bildl.*) **2** ~ *to* bli (göra) medveten om **3** väcka (*äv. bildl.*) **II** *a* vaken (*to* för) **awaken** [ə'weɪk(ə)n] *i sht bildl.* **1** väcka **2** vakna **awakening** [ə'weɪknɪŋ] **I** *s* [upp]vaknande (*äv. bildl.*) **II** *a* väckande (*äv. bildl.*); vaknande

award [ə'wɔ:d] **I** *v* tillerkänna, tilldela; tilldöma **II** *s* **1** pris, belöning; stipendium **2** *jur.* [skilje]dom; utslag

aware [ə'weə] medveten (*of* om); uppmärksam (*of* på); *politically* ~ politiskt medveten; *not that I am* ~ [*of*] inte såvitt jag vet

away [ə'weɪ] **I** *adv* **1** bort, i väg; undan; ~ *with him!* bort (i väg) med honom!; *give* ~ ge bort; *go* ~ gå bort (sin väg); *look* ~ titta bort; *put* ~ lägga undan (åt sidan) **2** bort[a]; *keep* ~ *from* hålla sig borta från; *far* (*out*) *and* ~ ojämförligt, utan jämförelse **3** vidare, på; *talk* ~ prata på; *work* ~ arbeta på (vidare) **4** *right* (*straight*) ~ genast **II** *a* borta; borta-; ~ *match* bortamatch **III** *s* borta-

match
awe [ɔ:] **I** *s* respekt, vördnad; fruktan **II** *v* inge respekt (vördnad); inge fruktan **--inspiring** ['ɔ:ɪnˌspaɪrɪŋ], respektingivande, skräckinjagande
awful ['ɔ:fʊl] **1** ohygglig, fruktansvärd **2** *vard.* förfärlig, väldig, hemsk
awhile [ə'waɪl] en stund
awkward ['ɔ:kwəd] **1** tafatt, klumpig **2** förarglig, pinsam; besvärlig, krånglig **3** förlägen, besvärad, bortkommen
awl [ɔ:l] syl, pryl
awning ['ɔ:nɪŋ] soltält, markis
awoke [ə'wəʊk] *imperf o. perf part av* awake
awry [ə'raɪ] **I** *a* sned, på sned **II** *adv* **1** snett, på snedden **2** på tok
ax *AE.,* **axe** *BE.* [æks] **I** *s* **1** yxa; *he has an ~ to grind a*) han gör det i eget intresse, *b*) han har ett favoritämne, *c*) han har klagomål **2** *vard.* nedskärningar; *get the ~* få sparken **II** *v* **1** hugga ner med yxa; yxa till **2** *vard.* skära ner; lägga ner; avskeda
axis ['æksɪs] (*pl* axes ['æksi:z]) *mat., fys., polit.* axel; *the A~* axelmakterna
axle ['æksl] [hjul]axel
ay[e] [aɪ] ja[röst]; *the ~s have it* frågan är med ja besvarad, jarösterna är i majoritet; *~ ~, Sir* (*sjö.*) ska ske, kapten
Aztec ['æztek] **I** *s* aztek **II** *a* aztekisk
azure ['æʒə] azur-, himmels|blå

B

B, b [bi:] (*bokstav*) B, b; (*ton*) h; *B flat* (*mus.*) b; *B sharp* (*mus.*) hiss
B.A. *förk. för Bachelor of Arts; British Academy*
baa [bɑ:] **I** *s* bräkande **II** *v* bräka
babble ['bæbl] **I** *v* **1** babbla, pladdra; jollra **2** sorla **3** pladdra 'om **II** *s* **1** babbel, pladder; joller **2** sorl
babe [beɪb] **1** *poet.* spenabarn; barnunge **2** *sl.* sötnos; tjej, brud; person; grej
baboon [bə'bu:n] babian
baby ['beɪbɪ] **I** *s* **1** [späd]barn, baby; unge; *be left holding the ~* stå där med allt ansvar; *throw the ~ out with the bath water* kasta ut barnet med badvattnet **2** barnslig person, barnunge **3** *sl.* sötnos; tjej, brud; person; grej **II** *a* mini-; *~ byggy a*) lätt sittvagn, *b*) *AE. vard.* barnvagn; *~ car* min-, små|bil; *~ carriage* (*AE.*) barnvagn; *~ grand* mignonflygel; *~ talk* joller, småbarnsspråk **III** *v* behandla ömt (*som en baby*) **-hood** [-hʊd] späd-barns-, baby|tid
Babylonian [ˌbæbɪ'ləʊnjən] **I** *a* babylonisk **II** *s* babylonier

baby|-minder ['beɪbɪˌmaɪndə] dagmamma **--sit** [-sɪt] sitta barnvakt **--sitter** [-ˌsɪtə] barnvakt
bachelor ['bætʃələ] **1** ungkarl **2** *univ.* kandidat; *B~ of Arts* (*Science*) (*ung.*) filosofie kandidat; *B~ of Divinity* teologie kandidat; *B~ of Law* juris kandidat; *B~ of Medicine* medicine kandidat
bacil|lus [bə'sɪl|əs] (*pl -li* [-aɪ]) bacill
back [bæk] **I** *s* **1** rygg; *break one's ~* ta knäcken på sig; *get off someone's ~* (*vard.*) sluta besvära ngn; *have s.th. on one's ~* vara tyngd av ngt; *put one's ~ into s.th.* hugga i med ngt; *put* (*get*) *someone's ~ up* reta upp ngn; *see the ~ of* bli kvitt, bli av med; *turn one's ~ on s.b.* vända ngn ryggen; *with one's ~ up to the wall* hårt trängd **2** baksida; bakre del; ryggstöd; *~ of the head* nacke, bakhuvud; *~ to front* bak och fram; *at the ~ of* bakom; *at the very ~ of* längst bak i; *at the ~ of beyond* bortom all ära och redlighet; *in the ~ of the car* bak i bilen **3** *sport.* back **II** *a* bak-, bakre; bakåt-; *AE.* avlägsen; *~ issue of a newspaper* ett gammalt nummer av en tidning; *~ rent* obetald hyra **III** *adv* bakåt; tillbaka; *as far ~ as 1850* (*äv.*) redan 1850; *~ and forth* fram och tillbaka; *pay ~* betala tillbaka (igen) **IV** *prep, AE., ~ of* bakom **V** *v* **1** [under]stödja, backa upp; vara bakgrund till **2** flytta (dra) tillbaka; backa **3** *hand.* endossera, skriva på på baksidan **4** hålla (satsa) på **5** röra sig bakåt, backa **6** *~ down* (*bildl.*) falla till föga, ge med sig; *~ on|[to]* ha baksidan mot; *~ out* backa ut, *bildl. backa ur* **-ache** ['bækeɪk] rygg-smärtor, ont i ryggen **-bencher** [ˌbæk'bentʃə] *BE., Austr.* parlamentsledamot (*som inte är minister el. tillhör oppositionen*) **-bite** ['bækbaɪt] baktala, tala illa om **-biting** ['bækˌbaɪtɪŋ] förtal **-bone** ['bækbəʊn] **1** ryggrad (*äv. bildl.*) **2** mod, beslutsamhet **-breaking** ['bækbreɪkɪŋ] mycket slitsam

back door [ˌbæk'dɔ:] **1** bakdörr **2** bak-, smyg|-väg
back|fire [ˌbæk'faɪə] **I** *s* baktändning **II** *v* **1** baktända; *bildl.* slå tillbaka **2** (*vid skogsbrand e.d.*) anlägga moteld **-gammon** [bæk'gæmən] brädspel **-ground** ['bækgraʊnd] bakgrund (*äv. bildl.*) **-hand** ['bækhænd] **I** *a* bakåtlutad (*om skrift*) **II** *s, sport.* backhand
backing ['bækɪŋ] stöd, hjälp, uppbackning; *mus.* ackompanjemang (*t. popsångare*)
backlash ['bæklæʃ] motreaktion **back number** [-ˌnʌmbə] **1** gammalt nummer (*av tidskrift e.d.*) **2** *vard.* gammalmodig person (grej) **back pack** [-pæk] *i sht AE.* ryggsäck
back|-seat [ˌbæk'si:t] baksätes-; *~ driver* (*vard.*) baksätesförare (*passagerare i baksätet som ger föraren goda råd*) **-side** baksida; *vard.* bak[del] **--slapping** ['bækˌslæpɪŋ] *a, bildl.* ryggdunkande, hjärtlig **-stage** [ˌbæk'steɪdʒ] *adv o. a* bakom kulisserna **-stairs** [ˌbæk'steəz] *pl* baktrappa **-stroke** ['bækstrəʊk] ryggsim
back|-up ['bækʌp] *i sht AE.* **1** reserv; stöd **2** [bakgrunds]ackompanjemang **II** *a, ~ light* back-ljus **-ward** [-wəd] **I** *a* **1** bakåtriktad, bakåtvänd **2** bakåtsträvande **3** försagd **4** efterbliven **II** *adv, se backwards* **-wards** [-wədz] *adv* bakåt, baklänges, tillbaka; *backwards and ~* fram och tillbaka; *bend* (*lean, fall*) *over ~* (*vard.*) ta knäcken (kål) på sig; *know s.th. ~* (*BE. vard.*) kunna ngt

utan och innan **-woods** [-wʊdz] *pl, AE.* avlägsna skogstrakter; obygd[er]
back yard [ˌbæk'jɑ:d] bakgård; *in one's own ~* nära till hands
bacon ['beɪk(ə)n] bacon; *bring home the ~* (*vard.*) *a)* tjäna ihop till brödfödan, *b)* vara framgångsrik; *save one's ~* (*BE. vard.*) rädda sitt skinn
bacteri|a [bæk'tɪərɪə] *pl av bacterium* **-ology** [bækˌtɪərɪ'ɒlədʒɪ] bakteriologi **-um** [bæk'tɪəriəm] (*pl -a* [-ə]) bakterie
bad [bæd] **I** *a* (*worse, worst*) **1** dålig; svår; *not* [*half*] *~, not so ~* inte illa, ganska bra; *~ cold* svår förkylning; *he is a ~ egg* (*lot*) han är oduglig; *~ luck* otur; *he is in a ~ way* det står dåligt till med honom; [*that's*] *too ~!* (*vard.*) så tråkigt (synd)!; *go ~* bli dålig (skämd), ruttna; *things are going from ~ to worse* det blir bara värre och värre **2** ond, elak; *~ language* svordomar, grovt språk; *he's been a ~ boy* han har varit elak **3** ogiltig; falsk; *~ cheque* ogiltig check; *~ debt* oindrivbar fordran **4** dålig, krasslig; *feel ~* känna sig dålig **5** skadlig (*for* för) **II** *s, go to the ~* förfalla, spåra ur; *he is £10 to the ~* han har en brist på 10 pund
bade [bæd] *imperf. av bid*
badge [bædʒ] **1** märke, emblem; [polis]bricka **2** känne|tecken, -märke
badger ['bædʒə] **I** *s* grävling **II** *v* ansätta; tjata på
badly ['bædlɪ] *adv* (*worse, worst*) **1** dåligt; illa; svårt; *be ~ off* ha det dåligt ställd **2** *want* (*need*) *~, be ~ in need of* vara i stort behov av
bad-tempered [ˌbæd'tempəd] retlig, på dåligt humör
baffle ['bæfl] **1** förvirra, förbrylla; *it ~s me* det är mig en gåta **2** trotsa
bag [bæg] **I** *s* **1** väska; säck, påse, kasse, bag; *~ and baggage* (*vard.*) pick och pack; *~ of bones* benget, magert skrälle; *the whole ~ of tricks* (*vard.*) alla upptänkliga knep, alltihopa; *in the ~* (*vard.*) som i en liten ask; *let the cat out of the ~* [oavsiktligt] avslöja en hemlighet; *a mixed ~* en brokig samling; *old ~* kärring; *~s* (*pl*) *a)* (*vard.*) massor, *b) sl.* brallor **2** fångst **3** *sl.* specialintresse; specialitet **II** *v* **1** lägga i en väska *etc.* **2** fånga **3** *vard.* lägga beslag på, knycka **4** svälla, pösa **5** *~s I...!* pass för...!
baggage ['bægɪdʒ] **1** bagage **2** *mil.* tross
bag|gy ['bægɪ] säckig, påsig **-pipes** *pl* säckpipa
1 bail [beɪl] **I** *s* borgen; *go* (*stand*) *~ for* gå i borgen för; *let out on ~* släppa mot borgen **II** *v* **1** *~* [*out*] släppa (få ut) mot borgen **2** *se bale II*
2 bail [beɪl] **~** [*out*] ösa, länsa
bailer ['beɪlə] öskar
bailiff ['beɪlɪf] **1** *hist.* fogde **2** (*sheriffs*) exekutionsbetjänt, utmätningsman **3** förvaltare
bait [beɪt] **I** *s* agn, bete; *rise to* (*swallow, take*) *the ~* nappa på kroken (*äv. bildl.*) **II** *v* **1** agna, sätta bete på; locka **2** hetsa (*med hundar*) **3** reta
bake [beɪk] **1** ugns|baka[s], -steka[s]; baka[s], grädda[s]; *~d beans* vita bönor i tomatsås; *I'm baking* jag håller på att smälta **2** (*om solen*) bränna; *it's baking hot* det är stekande varmt
bak|er ['beɪkə] bagare; *~'s dozen* tretton **-ery** [-ərɪ] bageri
baking powder ['beɪkɪŋˌpaʊdə] bakpulver

baksheesh ['bækʃi:ʃ] dricks, allmosa
balance ['bæləns] **I** *s* **1** [balans]våg; vågskål; *hold the ~* ha avgörandet i sin hand; *his life hung in the ~* hans liv hängde på en tråd **2** balans, jämvikt (*äv. bildl.*); motvikt; *~ of power* maktbalans; *loose one's ~* tappa (förlora) balansen **3** *hand.* balans; saldo; behållning; återstod, rest; *~ in hand* kassabehållning; *~ of payments* betalningsbalans; *~ of trade* handelsbalans; *~ brought forward* ingående saldo; *~ carried forward* utgående saldo; *~ due* debetsaldo; *on ~* allt som allt, när allt kommer omkring; *strike a ~* kompromissa **II** *v* **1** [av]väga **2** bringa i jämvikt; balansera; *a well ~d person* en sansad (välbalanserad) person **3** utjämna; uppväga **4** *hand.* balansera; *~ the books* göra bokslut **5** vara i jämvikt; jämna ut sig **balance sheet** balansräkning
balcony ['bælkənɪ] balkong; *teat., the ~* andra raden, *AE.* första raden
bald [bɔ:ld] **1** skallig; *~ eagle* vithövdad havsörn **2** enkel **3** rakt på sak, ohöljd **-headed** [ˌbɔ:ld'-hedɪd] skallig; *go ~ at* (*into, for*) *it* (*vard.*) rusa i väg utan att tänka sig för
bale [beɪl] **I** *s* bal; packe **II** *v, ~ out a)* hoppa i fallskärm, *b) vard.* rädda (klara sig) ur knipan
balk [bɔ:k] **I** *s* **1** balk, bjälke **2** oplöjd jordremsa **3** hinder **II** *v* **1** hindra; gäcka **2** (*om häst*) vägra; *bildl.* rygga (*at* för)
Balkans [-ɪ-] *pl, the ~* Balkan
1 ball [bɔ:l] **I** *s* boll, klot, kula; nystan; *~s* (*pl, vulg.*) *a)* testiklar, ballar, *b)* skitsnack; *the ~ of the foot* (*hand*) trampdynan (tumvalken); *on the ~* (*vard.*) på alerten, informerad; *have the ~ at one's feet* ha chansen; *keep the ~ rolling* hålla i gång samtalet (verksamheten); *start* (*set*) *the ~ rolling* sätta i gång det hela; *the ~ is in your court* (*bildl.*) bollen ligger hos dig; *~ and socket joint* kulled; *play ~* (*vard. äv.*) samarbeta, spela med i spelet **II** *v, AE., ~ up, se balls up* **2 ball** [bɔ:l] bal, dans; *have a ~* (*AE., vard.*) ha jätteroligt
ballad ['bæləd] visa; ballad
ballast ['bæləst] **I** *s* barlast **II** *v* barlasta
ball bearing [ˌbɔ:l'beərɪŋ] kullager
ballet ['bæleɪ] balett **ballet dancer** ['bælɪˌdɑ:nsə] balett|dansör, -dansös
ball game ['bɔ:lgeɪm] **1** bollspel **2** *AE.* baseballmatch; *a different ~* (*vard.*) en helt annan historia
balloon [bə'lu:n] **I** *s* **1** ballong; *when the ~ goes up* (*vard.*) när det brakar löst **2** pratbubbla **3** *kem.* glaskolv **4** konjakskupa **II** *v* **1** stiga upp i ballong **2** blåsa upp, komma att svälla **3** *BE., ~ a ball* sparka en boll högt upp i luften
ballot ['bælət] **I** *s* **1** val-, röst|sedel **2** sluten omröstning **3** *parl.* lottdragning **II** *v* **1** rösta [slutet] **2** dra lott **ballot box** valurna **ballot paper** val-, röst|sedel
ball pen, ballpoint [pen] ['bɔ:l|pen, -pɔɪnt (pen)] kul[spets]penna
ballroom ['bɔ:lrʊm] balsal; dansställe
ballyhoo [ˌbælɪ'hu:] *vard.* **1** reklamjippo **2** väsen, ståhej
balm [bɑ:m] balsam; lindring **balmy** ['bɑ:mɪ] **1** balsamisk; lindrande **2** *AE.* knasig, knäpp

baloney [bə'ləʊnɪ] *vard.* strunt[prat]
Baltic ['bɔ:ltɪk] **I** *a* östersjö-; baltisk; *the ~ Sea* Östersjön; *the ~ States* de baltiska staterna, Baltikum **II** *s, the ~* Östersjön
bamboo [bæm'bu:] bambu; bamburör
ban [bæn] **I** *s* bann[lysning]; förbud; *put a ~ on* bannlysa, förbjuda **II** *v* bannlysa; förbjuda
banal [bə'nɑ:l] banal
banana [bə'nɑ:nə] banan; *hand of ~s* bananklase
1 band [bænd] **I** *s* **1** band; snodd; bindel **2** *tekn.* band; [driv]rem; *radio.* band **II** *v* fästa (märka) med band
2 band [bænd] **I** *s* **1** skara, följe; band **2** musik|-kår, -kapell, band **II** *v, ~* [*together*] förena sig, samlas
bandage ['bændɪdʒ] **I** *s* bandage, förband; bindel **II** *v* förbinda
bandan[n]aa [bæn'dænə] snusnäsduk
bandbox ['bændbɒks] hattask
banderol[e] ['bændərəʊl] banderoll
bandit ['bændɪt] bandit
band|stand ['bændstænd] musikestrad **-wagon** [-,wægən] orkestervagn; *climb* (*get, jump*) *on the ~* (*vard.*) ansluta sig till den vinnande sidan
bandy--legged [-legd] hjulbent
1 bang [bæŋ] **I** *v* **1** banka, slå, smälla; knalla; dunka; *~ one's head against a brick wall* (*bildl.*) köra huvudet i väggen; *~ up* (*AE.*) [total]förstöra **2** *sl.* injicera (*narkotika*) **3** *sl.* knulla **II** *s* slag, smäll; knall; duns; *with a ~ a*) vard. plötsligt, *b*) framgångsrikt **2** *sl.* sil (*narkotikainjektion*) **3** *sl.* knull **III** *adv* pang; precis, just; rakt, rätt; *go ~* smälla, explodera; *~ on* (*BE. vard.*) mitt i prick **IV** *a, BE. vard., ~ on* jätte|fin, -bra
2 bang [bæŋ] [pann]lugg
banger ['bæŋə] *sl.* **1** korv **2** smällare **3** *vard.* rishög (*bil*)
bangle ['bæŋgl] armring; fotledsring
banish ['bænɪʃ] **1** [lands]förvisa **2** *bildl.* bannlysa, slå ur tankarna
banisters ['bænɪstəz] *pl* trappräcke
1 bank [bæŋk] **I** *s* **1** strand[sluttning] **2** vall, [di-kes]ren; driva; sandbank; molnbank **3** *flyg.* bankning **II** *v* **1** *~* [*up*] *a*) dämma för, *b*) torna upp **2** *flyg.* banka
2 bank [bæŋk] **I** *s* **1** bank[inrättning] **2** sparbössa **3** [spel]bank **II** *v* **1** sätta in [på banken] **2** *spelt.* hålla bank **3** *vard., ~ on* lita på
bank account ['bæŋkə,kaʊnt] bankkonto **bankbook** [-bʊk] bankbok **banker** [-ə] **1** bankir, bankdirektör **2** säker match (*på tips*) **bank holiday** [,bæŋk'hɒlədɪ] bankfridag **banking** ['bæŋkɪŋ] bankväsen **bank note** ['bæŋknəʊt] sedel **bankroll** ['bæŋkrəʊl] *AE.* **1** sedelrulle **2** [ekonomiska] tillgångar
bank|rupt ['bæŋkrʌpt] **I** *a* bankrutt, i konkurs, konkursmässig **II** *s* bankruttör, konkursmässig (bankrutt) person **-ruptcy** [-rʌp(t)sɪ] bankrutt, konkurs
banner ['bænə] baner, fana, banderoll
bannisters ['bænɪstəz] *se banisters*
banns [bænz] *pl* lysning (*t. äktenskap*); *ask the ~* ta ut lysning; *publish* (*put up*) *the ~* lysa till äktenskap
banquet ['bæŋkwɪt] bankett; festmåltid
banter ['bæntə] **I** *s* skämt, drift **II** *v* skämta, retas

[med]
baptism ['bæptɪz(ə)m] dop; *~ of fire* elddop (*äv. bildl.*) **Baptist** ['bæptɪst] **1** baptist **2** *John the ~* Johannes Döparen **bap|tize** (*BE. äv. -tise*) [bæp'taɪz] döpa
bar [bɑ:] **I** *s* **1** stång; spak; bom; barr, tacka; *a ~ of soap* en tvål; *a ~ of chocolate* en chokladkaka: *a ~ of gold* en guldtacka; *behind ~s* bakom galler (lås och bom) **2** *mus.* takt[streck] **3** sand|-bank, -rev **4** hinder (*to* för) **5** skrank; domstol; *the B~* advokaterna, *AE. äv.* juristyrket; *be called* (*go*) *to the B~* bli utnämnd till advokat; *the prisoner at the ~* den anklagade **6** bar; [bar]disk; krog[lokal] **II** *v* **1** bomma för (igen, till); stänga in[ne] (ute); spärra [av] **2** förbjuda; hindra; *~ s.b. from doing s.th.* hindra ngn från att göra ngt **III** *prep* utom; *~ none* utan undantag
barb [bɑ:b] **I** *s* hulling **II** *v* förse med hullingar; *~ed wire* taggtråd
barbarian [bɑ:'beərɪən] **I** *s* barbar **II** *a* barbarisk, barbar- **barbaric** [bɑ:'bærɪk] barbarisk **barbarism** ['bɑ:bəriz(ə)m] barbari; barbarisk handling **barbarous** ['bɑ:b(ə)rəs] barbarisk
barbecue ['bɑ:bɪkju:] **I** *s* **1** utomhusgrill; stekspett **2** grillat kött **3** barbecue, grillfest utomhus **III** *v* tillaga på utomhusgrill
barber ['bɑ:bə] barberare, [herr]frisör **-shop** [-ʃɒp] *AE.* frisersalong
bare [beə] **I** *a* **1** bar, naken; kal; tom; *with a ~ sword* med blottat (naket) svärd **2** *bildl.* osminkad, enkel; blott[a], ren; knapp (*majority* majoritet); *the ~ facts* nakna fakta; *the ~ idea* blotta tanken **II** *v* blotta; göra bar; frilägga; *~ one's teeth* visa tänderna
bare|back ['beəbæk] **I** *adv* barbacka **II** *a* barbacka- **-foot** [-fʊt] *a o. adv* barfota **-headed** [,beə'hedɪd] *a o. adv* barhuvad **-legged** [,beə'-legd] *a* barbent
barely ['beəlɪ] *adv* **1** nätt och jämnt **2** sparsamt, torftigt
bargain ['bɑ:gɪn] **I** *s* **1** köp, handel, affär; uppgörelse, överenskommelse (*om köp*); *into* (*AE. äv. in*) *the ~ a*) på köpet, *b*) till på köpet; *make* (*strike*) *a ~ about* träffa avtal (göra upp) om; *make the best of a bad ~* göra det bästa av situationen; *that's a ~!* avgjort!, överenskommet! **2** fynd, kap, bra köp; *what a ~!* vilket fynd! **II** *v* **1** göra upp, förhandla (*for* om) **2** köpslå, ackordera, pruta **3** *~ away* förhandla bort, byta bort; *~ for* vänta sig, räkna med; *~ on* lita på **bargain price** fynd-, special|pris
barge [bɑ:dʒ] **I** *s* **1** [kanal]pråm **2** slup **3** *vard.* skorv **II** *v* **1** *vard.* stöta, törna (*into* mot, på); rusa (*into* in i); *~ in[to]* avbryta, tränga sig få, störa **2** knuffa, tränga (*one's way* sig fram) **3** forsla på pråm[ar]
baritone ['bærɪtə(ʊ)n] *mus.* **I** *s* baryton **II** *a* baryton-
1 bark [bɑ:k] **I** *s* bark **II** *v* **1** barka **2** garva **3** skrapa [skinn av]
2 bark [bɑ:k] **I** *s* skall; skällande; *his ~ is worse than his bite* han är inte så ilsken som han låter **II** *v* skälla (*at* på); *~ up the wrong tree* (*vard.*) vara inne på fel spår
barley ['bɑ:lɪ] korn (*sädesslag*); *pearl ~* pärlgryn
bar|maid ['bɑ:meɪd] [kvinnlig] bartender **-man**

[-mən] bartender
barmy ['bɑ:mɪ] *sl.* knasig, knäpp, tokig
barn [bɑ:n] lada; loge; *AE.* ladugård, stall
barometer [bə'rɒmɪtə] barometer
baron ['bær(ə)n] **1** baron **2** magnat **3** ~ *of beef* ländstycke av oxe **-ess** ['bærənɪs] baronessa
baroque [bə'rɒk] **I** *s* barock **II** *a* barock[-]
barracks ['bærəks] (*behandlas som sg*) kasern; barack; *neds.* hyreskasern
barrage ['bærɑ:ʒ] **1** fördämning, damm **2** *mil.* spärreld **3** *bildl.* stört|sjö, -skur
barrel ['bær(ə)l] **1** fat, tunna; *a* ~ *of* (*vard.*) en massa; *scrape the* ~ (*vard.*) bottenskrapa sina resurser **2** cylinder, trumma **3** gevärspipa, lopp **4** bläckpatron **barrel organ** positiv
barren ['bær(ə)n] **1** ofruktsam, steril; ofruktbar, karg **2** andefattig, torftig; ~ *of* i total avsaknad av
barricade [,bærɪ'keɪd] **I** *s* barrikad **II** *v* barrikadera
barrier ['bærɪə] barriär (*äv. bildl.*); bom; skrank; *bildl.* hinder
barrister[-at-law] [,bærɪstə(r)ət'lɔ:] (*i England*) advokat (*berättigad att uppträda vid högre rätt*)
barrow ['bærrəʊ] *i sht BE.* hand-, drag|kärra
bartender ['bɑ:tendə] bartender; uppassare
barter ['bɑ:tə] **I** *v* **1** idka byteshandel **2** byta [ut, bort] (*for* mot) **II** *s* byteshandel
1 base [beɪs] **I** *s* **1** bas (*äv. kem., mat., mil.*); grundval; sockel; stödjepunkt **2** *sport.* start-, mål|linje; (*i baseball*) bas **3** *språkv.* stam, rot **II** *v* basera, grunda, stödja
2 base [beɪs] låg, simpel; usel; ~ *metals* oädla metaller
base|ball ['beɪsbɔ:l] baseball **-ment** [-mənt] källarvåning
bash [bæʃ] *vard.* **I** *v* **1** klå upp, slå [våldsamt], drämma till; ~ *in* (*down*) slå in (*dörr etc.*) **2** ~ *into* kollidera med **II** *s* **1** våldsamt slag **2** *have a* ~ *at* försöka sig på **3** party
bashful ['bæʃf(ʊ)l] blyg; försagd
basic ['beɪsɪk] **1** grund-; bas-, grundläggande; elementär, enkel; ~ *facts* elementära fakta **2** *kem., miner.* basisk **basically** [-(ə)lɪ] *adv* i grund och botten, i stort sett, praktiskt taget
basil ['bæzl] *bot.* basilika
basilica [bə'zɪlɪkə] basilika (*kyrka*)
basin ['beɪsn] **1** skål; [hand]fat **2** *geol.* bäcken, sänka **3** [hamn]bassäng **4** flodområde
ba|sis ['beɪsɪs] (*pl -ses* [-si:z]) bas[is], grund[val]; förutsättning
bask [bɑ:sk] sola sig (*äv. bildl.*), värma sig
basket ['bɑ:skɪt] korg **-ball** basket[boll]
bass [beɪs] *mus.* **I** *s* bas **II** *a* bas- **bassist** ['beɪsɪst] basist
bassoon [bə'su:n] fagott
bast [bæst] bast
bastard ['bɑ:stəd] **I** *s* **1** bastard; utomäktenskapligt barn **2** *vard.* jäkel; knöl **II** *a* oäkta
1 bat [bæt] fladdermus; *as blind as a* ~ stenblind; *have* ~*s in the belfry* (*vard.*) vara knasig (knäpp)
2 bat [bæt] **I** *s* **1** slagträ; [bordtennis]racket; *off one's own* ~ på egen hand, utan hjälp; *right off the* ~ (*AE. vard.*) genast, utan tvekan **2** *AE. sl.* spritfest, supkalas **II** *v* slå med slagträ; (*i kricket o.d.*) vara inne

3 bat [bæt] blinka; *not* ~ *an eye*[*lid*] (*vard.*) inte röra en min
batch [bætʃ] **1** hop, omgång, parti **2** bak, sats
bath [bɑ:θ] **I** *s* (*pl* baths [bɑ:ðz]) **1** bad; *have* (*take*) *a* ~ bada, ta sig ett bad (*inomhus*) **2** badkar; badrum; ~*s* (*pl*) bad, bad|hus, -inrättning, kur|anstalt, -ort **3** bad (*vätska*) **II** *v* bada
bathe [beɪð] **I** *v* **1** bada **2** badda **II** *s* bad (*utomhus*) **bather** ['beɪðə] badande [person]; badgäst
bathing ['beɪðɪŋ] badande, bad **bathing costume** ['beɪðɪŋ,kɒstjʊm] baddräkt **bathing trunks** *pl* badbyxor
bathrobe ['bɑ:θrəʊb] **1** bad|kappa, -rock **2** *AE.* morgonrock **bathroom** badrum **bath salts** ['bɑ:θsɔ:lts] *pl* badsalt **bathtowel** badhandduk **bathtub** badkar; badbalja
baton ['bæt(ə)n] **1** [kommando]stav **2** batong **3** taktpinne **4** stafett[pinne]
battalion [bə'tæljən] bataljon
1 batter ['bætə] **1** slå (*med upprepade slag*); slå in (ut) (*dörr e.d.*); ~*ed baby* misshandlat barn **2** illa tilltyga; nöta ut; kritisera, attackera **3** bulta, hamra
2 batter ['bætə] smet
battery ['bætərɪ] **1** *mil. o. fys.* batteri **2** batteri, uppsättning **3** *jur.* misshandel **4** *mus.* slagverk, batteri
battle ['bætl] **I** *s* strid, drabbning, slag; *do* (*give, join*) ~ leverera batalj, inlåta sig i strid; ~ *royal* a) häftig dispyt (strid), b) kalabalik **II** *v* kämpa
battle-axe 1 stridsyxa **2** *vard.* ragata **battle|field, -ground** [-fi:ld, -graʊnd] slagfält **battleship** [-ʃɪp] slagskepp
batty ['bætɪ] *sl.* tokig, knäpp, knasig
Bavaria [bə'veərɪə] Bayern
bawdy ['bɔ:dɪ] **I** *a* oanständig, fräck **II** *s* oanständigheter
bawl [bɔ:l] **I** *v* vråla, skråla, hojta; ~ *out* (*vard.*) skälla ut **II** *s* vrål
1 bay [beɪ] vik, bukt
2 bay [beɪ] **1** nisch **2** avbalkning, bås; utrymme; lastplats, parkeringsplats **3** burspråk **4** *sjö.* sjukavdelning
3 bay [beɪ] **I** *s* **1** ståndskall **2** *at* ~ hårt ansatt, i knipa; *bring to* ~ ställa mot väggen; *keep* (*hold*) *at* ~ hålla stånd mot, hålla i schack (på avstånd) **II** *v* skälla
4 bay [beɪ] *bot.* lager[träd]
bayleaf lager[bärs]blad
bayonet ['be(ɪ)ənɪt] bajonett
bay window [,beɪ'wɪndəʊ] burspråk, utbyggt fönster
bazaar [bə'zɑ:] basar
B.B.C. *förk. för* British Broadcasting Corporation
B.C. *förk. för* before Christ; British Columbia
be [bi:, *obeton.* bɪ] (*imperf. was, 2 pers. sg samt pl* were, *imperf.* konjunktiv were, *perf. part.* been, *pres. sg am, are, is, pl are*) **I** huvudv vara; bli; finnas till, existera; äga rum; må; kosta; gå; ligga, sitta; ~ *sensible!* var förnuftig!; *there is, there are* det är, det finns; *that is* (*äv.*) det vill säga; *here you are!* var så god!, här har du!; *four times two is eight* fyra gånger två är åtta; *if I were you* om jag vore du, i ditt ställe; ~ *that as it may* därmed må det vara hur som helst; *when is the wedding?* när äger bröllopet rum?; *he wants to* ~ *a musi-*

cian han vill bli musiker; *the bride to* ~ den blivande bruden; *she'll* ~ *five* hon blir fem [år]; *how are you?* hur mår du?; *how much is that?* vad kostar det?; *we were at school together* vi gick i skolan tillsammans; *the book is on the shelf* boken ligger på hyllan; ~ *in jail* sitta i fängelse; *the powers that are* de styrande makterna; *as it were* så att säga; *how is it that...?* hur kommer det sig att...?; *it was a long time before* det dröjde länge innan; *don't* ~ *long!* var (stanna) inte borta länge!; *she is clever, isn't she?* hon är begåvad, eller hur? **II** *hjälpv* **1** (*med. pres. part.*) *she is always complaining* hon klagar alltid; *the room is beeing redecorated* rummet håller på att tapetseras om; *I've been waiting for an hour* jag har väntat en timme; *what are you doing?* var gör du?, vad håller du på med?; *we are coming tomorrow* vi kommer i morgon; *will we* ~ *seeing each other again?* kommer vi att ses igen? **2** (*med perf. part.*) bli; vara; *the box has been opened* lådan har öppnats; *the dog was run over* hunden blev överkörd; *I was born in 1950* jag är född 1950; *I would* ~ *surprised if* jag skulle bli förvånad om **3** (*med inf.*) skall; *they are to* ~ *married* de skall gifta sig; *it is to* ~ *sold* den skall säljas; *she was never to return* hon skulle aldrig återvända; *he was not to* ~ *persuaded* han kunde inte övertalas

beach [bi:tʃ] **I** *s* strand **II** *v* sätta på land; dra upp (*båt*)

beacon ['bi:k(ə)n] **I** *s* **1** fyr, [fyr]båk, fyrtorn **2** *se Belisha beacon* **II** *v* **1** leda **2** lysa

bead [bi:d] **I** *s* **1** pärla; [*string of*] ~*s* pärlhalsband **2** droppe, pärla (*av svett e.d.*); bubbla **3** radbandskula; ~*s* radband; *tell one's* ~*s* läsa sina böner **4** korn (*på skjutvapen*) **II** *v* dekorera med pärlor

beak [bi:k] **1** näbb; *sl.* kran (*näsa*) **2** pip **3** *sl.* [po-lis]domare **4** *sl.* magister **5** *sjö.* ramm

beaker ['bi:kə] bägare, mugg; laboratoriebägare

beam [bi:m] **I** *s* **1** bjälke; balk **2** [däcks]balk; fartygs största bredd; *abaft* (*before*) *the* ~ akter (för) om tvärs **3** [ljus]stråle, ljuskägla; radiosignal; *off* [*the*] ~ på fel spår **4** brett (strålande) leende **II** *v* **1** stråla, skina **2** utstråla, sända [ut]

bean [bi:n] **1** böna; *full of* ~*s* (*vard.*) *a*) full av energi, i högform, *b*) *AE.* felaktig; *spill the* ~*s* (*vard.*) avslöja sig (hemligheten) **2** *sl.* korvöre **3** *AE. sl.* skalle, rot, kola

1 bear [beə] **I** *s* **1** björn; *the Great* (*Little*) *B*~ (*astr.*) Stora (Lilla) Björn[en] **2** *ekon.* baissespekulant **II** *v* spekulera i baisse (kursfall)

2 bear [beə] (*bore, borne, äv. born, se detta ord*) **1** bära [upp]; stödja; hålla; ~ *one's head high* hålla huvudet högt; ~ *arms* bära vapen **2** ~ *o.s.* [upp]föra sig, uppträda **3** föda; frambringa, bära; ~ *children* föda barn; ~ *fruit* bära frukt **4** fördra, uthärda, tåla, stå ut med; *I can't* ~ *him* jag tål honom inte **5** hysa, bära [på]: äga, ha; ~ *gossip* springa med skvaller; ~ *in mind* hålla i minnet, komma ihåg; ~ *relation to* ha samband med; ~ *a title* inneha en titel; ~ *witness* (*bildl.*) vittna **6** bära, föra; *this way* ~*s east* den här vägen bär österut **7** ~ *a hand* ge ett handtag, hjälpa till; *bring to* ~ göra gällande, sätta i gång; *he brought his influence to* ~ han använde sitt inflytande **8** ~ *down a*) tynga (pressa) ner, *b*) krysta;

~ *down* [*up*]*on* [hotfullt] närma sig, styra ner mot; ~ *off* (*sjö.*) väja; ~ *on a*) vila på, *b*) hänföra sig till, ha betydelse för; ~ *out* [under]stödja, bekräfta; ~ *up* hålla modet uppe; ~ *with* ha tålamod (fördrag) med **-able** ['beərəbl] uthärdlig, dräglig

beard [biəd] **I** *s* skägg **II** *v* trotsa **-ed** ['biədid] skäggig, med skägg

bearer ['beərə] **1** bärare **2** bud, överbringare **3** innehavare

bearing ['beəriŋ] **1** hållning, uppträdande, uppförande **2** betydelse ([*up*]*on* för); samband **3** *tekn.* lager **4** läge; riktning, orientering; *sjö.* bäring, pejling; *find one's* ~*s* orientera sig; *have lost one's* ~*s* inte veta var man är; *take one's* ~*s* ta ut bäringen, *bildl.* orientera sig

beast [bi:st] **1** djur; best **2** nöt[kreatur] **3** *bildl.* odjur, kräk, usling **-ly** ['bi:s(t)li] *a* djurisk; *vard.* otäck, gräslig, avskyvärd; ~ *weather* hundväder

beat [bi:t] **I** *v* (*beat, beaten*) **1** slå; aga; slå med; ~ *the bounds* sätta gränser; ~ *one's brains* rådbråka sin hjärna; ~ *the drums* slå på trumma; ~ *a retreat* slå till reträtt; ~ *one's way out of a crowd* bana sig väg genom en folkmassa; ~ *its wings* slå med vingarna; ~ *about the bush* (*vard.*) gå som katten kring het gröt; ~ *out* hamra ut; ~ *up* (*vard.*) *a*) klå upp, *b*) trumma ihop, driva upp; *can you* ~ *it!* (*sl.*) det var som fan! **2** vispa; ~ [*up*] *eggs* vispa ägg **3** slå, besegra; motverka; ~ *a record* slå rekord; ~ *s.o. to it* (*vard.*) slå (komma före) ngn; *it* ~*s me how* (*vard.*) jag fattar inte hur **4** ~ *it* (*sl.*) gå sin väg, sticka **5** *sl.* lusa, bedra **6** ~ *down a*) *vard.* pruta ner, *b*) gassa, **7** slå, piska (*against, on* mot, på); klappa, bulta; *the heart* ~*s* hjärtat slår **II** *s* **1** slag; trummande, bultande **2** *mus.* takt; taktslag **3** pass; rond; område **III** *a* slagen; utmattad; *the* ~ *generation* the beat generation (*bohemisk, nihilistisk efterkrigsungdom i USA*); *dead* ~ dödstrött **beaten** ['bi:tn] **1** slagen **2** besegrad; utmattad **3** upp[trampad, -körd; *the* ~ *track* de gamla hjulspåren **beating** ['bi:tiŋ] **1** slående *etc., jfr beat I* **2** stryk, smörj; *take some* ~ vara svåröverträffad, sakna sin like

beautician [bju:'tiʃn] skönhetsexpert, kosmetolog

beautiful ['bju:təf(u)l] vacker, skön **beautify** [-tifai] försköna[s], göra (bli) vacker

beauty ['bju:ti] skönhet

beaver ['bi:və] **I** *s* bäver; bäverskinn **II** *v, BE., vard.* ~ [*away*] arbeta hårt, slita

became [bi'keim] *imperf. av become*

because [bi'kɒz] **I** *konj* därför att, emedan **II** *adv*, ~ *of* på grund av, för...skull

beckon ['bek(ə)n] **1** göra tecken, vinka (*to* åt) **2** göra tecken (vinka) åt

become [bi'kʌm] (*became become*) **1** bli; *what became of her?* vad blev det av henne?; ~ *accustomed to* bli van vid **2** passa, klä **becoming** [-iŋ] passande; klädsam

bed [bed] **I** *s* **1** säng, bädd; ~ *and board* kost och logi; ~ *and breakfast* rum med frukost; *twin* ~*s* två likadana sängar; *separation from* ~ *and board* skilsmässa till säng och säte; *be in* ~ *with a cold* ligga sjuk i förkylning; *get out of the* ~ *on the wrong side* (*vard.*) vakna på fel sida; *go to* ~ *a*) gå till sängs, gå och lägga sig, *b*) gå i press; *go* to ~ with s.b. (vard.) ligga med ngn; make the ~[s] bädda; put to ~ lägga; take to one's ~ lägga sig sjuk **2** [trädgårds]säng, rabatt **3** flodbädd; sjöbotten **4** underlag, fundament **II** v **1** ~ down bädda ner [sig] **2** ~ [out] plantera ut

bed|bug ['bedbʌg] vägglus **-clothes** pl sängkläder

bedding ['bedɪŋ] **1** sängkläder **2** strö; underlag

bed|pan ['bedpæn] [stick]bäcken **-post** sängstolpe; between you and me and the ~ (vard.) oss emellan

bed|ridden ['bed,rɪdn] sängliggande **-rock** [,bed'rɒk] berggrund; get down to ~ (bildl.) gå till grunden **-room** sovrum, sängkammare **-side** [-saɪd] **I** s, at the ~ vid sängkanten **II** a, ~ lamp sänglampa; ~ manner (läkares) lugnande sätt mot patienter; ~ table nattduksbord, sängbord **-sit, -sitter, -sitting room** [,bed'sɪt, -'sɪtə, -'sɪtɪŋrʊm] kombinerat sov- och vardagsrum; enrummare; hyresrum **-sore** ['bedsɔ:] liggsår **-spread** ['bedspred] sängöverkast **-stead** ['bedsted] säng[botten och gavlar] **-time** ['bedtaɪm] lägg-, säng[dags **-time story** godnattsaga **-warmer** ['bed,wɔ:mə] sängvärmare **-wetting** ['bed,wetɪŋ] sängvätning

bee [bi:] s **1** bi; have a ~ in one's bonnet ha en fix idé **2** AE. junta; tävling

beech [bi:tʃ] bot. bok **-mast, -nut** bokollon

beef [bi:f] **I** s **1** nöt-, ox|kött **2** (pl beeves [bi:vz]) oxe **3** vard. muskelkraft **4** sl. klagomål **II** v, sl. klaga (about över) **-steak** [,bi:t'steɪk] biff[stek]

beef tea ['bi:fti:] buljong

bee|hive ['bi:haɪv] bikupa **-keeper** biodlare

been [bi:n] perf. part. av be

beep [bi:p] **I** s tut, pip **II** v tuta, pipa

beer [bɪə] **1** öl; small ~ a) svagdricka, b) sl. betydelselös, c) sl. underhuggare

beeswax ['bi:zwæks] hivax; bonvax

beet [bi:t] bot. beta

beetle ['bi:tl] **I** s skalbagge; black ~ kackerlacka **II** v, vard. rusa, kila

beetroot ['bi:tru:t] rödbeta **beet sugar** betsocker

before [bɪ'fɔ:] **I** prep framför, inför; före; ~ the beam (sjö.) för om tvärs; ~ long inom kort **II** adv framför, före; förut, förr **III** konj innan, förrän **-hand** på förhand, i förväg; för tidigt

beg [beg] **1** tigga; ~ money tigga pengar **2** tigga (be) om; ~ to be att få,få be att; I ~ your pardon a) förlåt, b) hur sa?; I ~ to inform you jag får härmed meddela **3** ~ the question a) svara undvikande, b) antaga vad som skall bevisas **4** tigga (for om); go ~-ging a) gå och tigga, b) finnas, vara ledig, c) inte vara efterfrågad

began [bɪ'gæn] imperf av begin

beggar ['begə] **I** s **1** tiggare **2** skämts. kanalje, rackare; you lucky ~! din lyckans ost! **II** v, his ignorance ~s description hans okunnighet trotsar all beskrivning

begin [bɪ'gɪn] (began, begun) börja [med]; to ~ with a) till att börja med, först [och främst], b) för det första **-ner** [-ə] nybörjare **-ning** [-ɪŋ] **1** början; ursprung; at the ~ i början **2** ~s (pl) begynnelsestadium

begrudge [bɪ'grʌdʒ] missunna; avundas

beguile [bɪ'gaɪl] **1** tjusa, fascinera **2** lura, bedra;

~ s.b. [out] of s.th. lura av ngn ngt **3** ~ the time fördriva tiden

begun [bɪ'gʌn] perf. part. av begin

behalf [bɪ'hɑ:f] s, on (AE. in) a p.'s ~ i ngns ställe, på ngns vägnar; act on ~ of vara ombud för

behave [bɪ'heɪv] **1** uppföra sig; bete sig; he ~d (äv.) han uppförde sig väl **2** ~ o.s. uppföra sig väl (ordentligt) **behaviour** [bɪ'heɪvjə] **1** uppförande; beteende; be on one's best ~ visa sig från sin allra bästa sida, uppföra sig mycket bra **2** förhållande; sätt att arbeta

behead [bɪ'hed] halshugga

behind [bɪ'haɪnd] **I** prep bakom; efter; ~ schedule (time) försenad; be ~ the times vara efter sin tid **II** adv bakom; bakpå, baktill; bakåt; kvar; fall (lag) ~ bli efter; stay ~ stanna kvar **III** s, vard. bak[del]

beige [beɪʒ] s o. a beige

being ['bi:ɪŋ] **I** s **1** tillvaro, existens; come into ~ uppstå, bli till **2** väsen; varelse **II** a, for the time ~ för närvarande, tills vidare

belch [beltʃ] **I** v **1** rapa **2** välla fram **3** spy ut **II** s rap[ning]

belfry ['belfrɪ] klock|torn, -stapel

Bel|gian ['beldʒ(ə)n] **I** s belgier **II** a belgisk **-gium** [- dʒəm] Belgien

belief [bɪ'li:f] tro (in på); övertygelse; tilltro (in till); beyond ~ otrolig[t]

believe [bɪ'li:v] **1** tro (in på) **2** tro; tro på; make ~ låtsas **believer** [ə] troende [människa]

Belisha beacon [bɪ'li:ʃə 'bi:k(ə)n] trafikljus (vid övergångsställe)

belittle [bɪ'lɪtl] **1** förringa, nedsätta **2** få att verka liten

bell [bel] **I** s [ring]klocka; bjällra; sjö. glas (tid); answer the ~ gå och öppna dörren; does that ring a ~? (vard.) låter det bekant?, säger det dig något?; sound as a ~ kärnfrisk **II** v sätta klocka (bjällra) på

belle [bel] skönhet, vacker kvinna; the ~ of the ball balens drottning

bellhop ['belhɒp] AE. hotellpojke

belligerent [bɪ'lɪdʒər(ə)nt] **I** a krigförande; aggressiv **II** s krigförande [makt]

bellow ['beləʊ] **I** s böl; vrål **II** v böla; vråla; ryta

bellows ['beləʊz] (behandlas som sg el. pl) [blås]-bälg; a pair of ~ en [blås]bälg

belly ['belɪ] **I** s buk, mage **II** v bukta sig, svälla **belly ache** **I** s mag|ont, -knip **II** v, sl. klaga **belly dance** magdans

belong [bɪ'lɒŋ] **1** ~ to tillhöra; ~ together höra ihop **2** höra hemma (to i), ha sin plats (in i); where does this ~? var ska den här vara?, vart hör den här? **3** vard. passa in, accepteras; he does not quite ~ han hör inte riktigt hit **-ings** [-ɪŋz] pl tillhörigheter

Belorussia [,beləʊ'rʌʃə] Vitryssland

beloved [bɪ'lʌvd, attr. o. som s äv. -ɪd] **I** a älskad **II** s (ngns) älskade, älskling

below [bɪ'ləʊ] prep o. adv nedanför, under; go ~ gå under däck; ~ me under min värdighet; from ~ ned-, under|ifrån

belt [belt] **I** s **1** bälte; skärp, livrem; område, zon; hit below the ~ vara (ge) ett slag under bältet; tighten one's ~ dra åt svångremmen **2** drivrem; fan ~ fläktrem **3** vard. kraftigt slag, smäll **II** v **1**

omgjorda, förse med bälte *etc.* **2** prygla **3** *vard.*, ~ *out* vråla ut (fram) **4** *sl.*, ~ *[away]* sticka iväg, rusa **5** ~ *up! (vard.) a)* håll käften!, *b)* sätt på säkerhetsbältet!

bench [ben(t)ʃ] **1** bänk; säte **2** *the* ~ *a)* rätten, *b)* domarkåren; *the B~ and the Bar* domare och advokater; *be raised to the B~* bli utnämnd till domare; *the Queen's (King's) B~* överrätten **3** hyvel-, arbets|bänk

bend [bend] **I** *s* **1** böjning; bukt; kurva; krök; *go round the* ~ *(vard.)* bli tokig **2** *sjö.* knop, stek **II** *v (bent, bent, jfr dock exemplet under 1)* **1** böja, kröka; ~ *the rules (vard.)* tänja på reglerna; *on* ~*ed knees* på sina bara knän **2** vända, styra; *he is bent [up]on mastering Spanish* han har föresatt sig att lära sig spanska **3** böja (kröka, luta) sig; böja av, kröka; ~ *over backwards (vard.)* ta knäcken (kål) på sig **4** böja sig, ge vika (*to, before* för)

beneath [bɪˈniːθ] *adv o.* *prep* nedanför, under; nedan; ~ *contempt* under all kritik

benediction [ˌbenɪˈdɪkʃn] välsignelse; tacksägelse|bön]

benefactor [-tə] **1** välgörare **2** donator **beneficent** [bɪˈnefɪsnt] välgörande **beneficial** [ˌbenɪ'-fɪʃl] välgörande, hälsosam (*to* för)

benefit [ˈbenɪfɪt] **I** *s* **1** fördel, förmån; bidrag; *give s.o. the* ~ *of the doubt* i tveksamt fall hellre fria än fälla ngn **2** *[performance]* recettföreställning **II** *v* **1** ha (dra) nytta (*from, by* av) **2** gagna, göra nytta (gott)

benevo|lence [bɪˈnevələns] välvilja, godhet **-lent** [-lənt] **1** välvillig **2** välgörenhets-

benign [bɪˈnaɪn] **1** välvillig **2** gynnsam **3** *med.* godartad, benign

bent [bent] **I** *imperf. av* bend **II** *perf. part. o. a av* bend **1** böjd, krökt *etc.*, *jfr* bend *II* **2** besluten (*on* att); *be* ~ *on* ha föresatt sig att **3** *sl.* ohederlig; stulen; knäpp; homosexuell **III** *s* **1** böjelse; anlag, inriktning **2** *to the top of one's* ~ så mycket man förmår (kan)

benumb [bɪˈnʌm] göra stel (känslolös); *bildl.* isa, förlama

benzine [ˈbenzi:n] [ren] bensin

bequeath [bɪˈkwi:ð] testamentera; efterläma **bequest** [bɪˈkwest] testamentering; testamentarisk gåva, legat

bereave [bɪˈriːv] (*bereft, bereft el.* ~*d, ~d*) ~ *[of]* beröva, fråntaga **-ment** [-mənt] smärtsam förlust; dödsfall

bereft [bɪˈreft] *imperf. o. perf. part. av* bereave

beret [ˈbereɪ] basker|mössa]

berry [ˈberɪ] **I** *s* **1** bär; *[coffee]* ~ kaffeböna **2** rom[korn] *(av hummer o.d.)* **II** *v* **1** *(om buske)* få bär **2** plocka bär

berserk [bəˈsɜːk] **I** *s* bärsärk **II** *a, go* ~ gå bärsärkagång

berth [bɜːθ] **I** *s* **1** sovplats, koj[plats]; hytt **2** ankarplats **3** svängrum *(för båt)*; *give a wide* ~ *to* hålla sig på avstånd från, undvika **4** *vard.* anställning *(ombord)* **II** *v* **1** förtöja; docka **2** skaffa sovplats (-vagn, -hytt)

beseech [bɪˈsiːtʃ] *(besought, besought)* bönfalla, besvärja

beside [bɪˈsaɪd] bredvid; vid sidan av; intill; ~ *o.s.* utom sig; *this is* ~ *the point* det hör inte hit

besides [-z] **I** *adv* dessutom; för resten **II** *prep* utom, jämte

besiege [bɪˈsiːdʒ] belägra; *bildl.* bestorma

besom [ˈbiːz(ə)m] viska, kvast

best [best] **I** *a o. adv (superl. av good)* bäst; ~ *man* best man, brudgums marskalk; *the* ~ *part of* största delen av; *as* ~ *one can (may)* så gott man kan; *you had* ~ *go now* det är bäst att du går nu; *put one's* ~ *foot forward* göra sitt allra bästa **II** *s* **1** *the* ~ den (det, de) bästa; *all the* ~*!* lycka till!, ha det så bra!; *get (have) the* ~ *of it* få (ha) övertaget; *look one's* ~ vara till sin fördel; *make the* ~ *of* göra bästa möjliga av, utnyttja på bästa möjliga sätt; *make the* ~ *of it* göra så gott man kan; *at* ~ i bästa fall; *be at one's* ~ vara i högform, vara som bäst; *do s.th. for the* ~ göra ngt i bästa välmening; *it is all for the* ~ det är bäst som sker; *to the* ~ *of my ability* så gott jag kan; *he can shoot with the* ~ han är en skicklig jägare **2** finkläder, bästa kläder; *Sunday* ~ söndagskostym **3** *vard., six of the* ~ sex slag *(stryk)* **II** *v* besegra

bestial [ˈbestjəl] bestialisk

bestow [bɪˈstəʊ] *v*, ~ *s.th. [up]on s.b.* skänka (tilldela) ngn ngt

bet [bet] **I** *s* vad; vadhållning; *make a* ~ slå vad; *it's a good* ~ *that* det är helt klart (säkert) att **II** *v (bet, bet el.* ~*ted,* ~*ted)* hålla (slå) vad [om]; ~ *on* hålla (satsa) på; *you* ~*! (vard.)* var lugn för det!, det kan du skriva upp!

betray [bɪˈtreɪ] **1** förråda **2** avslöja, röja **3** svika **4** förleda **betrayal** [bɪˈtre(ɪ)əl] **1** förräderi **2** svek **3** avslöjande

better [ˈbetə] **I** *a o. adv (komp. av good)* bättre; ~ *half* äkta hälft; *the* ~ *part* större delen; *all the* ~ så mycket bättre; *the sooner the* ~ ju förr desto bättre; *no* ~ *than* inget annat än; *be* ~ *off* ha det bättre ställt, klara sig bättre; *go one* ~ bjuda över; *he had* ~ *leave* det är bäst att han ger sig av; *think* ~ *of it* tänka närmare på saken **II** *s* **1** *one's* ~*s* folk som är förmer (högre uppsatta) än man själv **2** *the* ~ den (det, de) bättre; *all (so much) the* ~ så mycket bättre; *get the* ~ *of* få övertaget över, besegra; *a change for the* ~ en ändring till det bättre; *for* ~ *for worse* i nöd och lust **III** *v* **1** förbättra; överträffa **2** bli bättre

betting [ˈbetɪŋ] vadhållning

between [bɪˈtwiːn] **I** *prep* mellan; ~ *ourselves (you and me)* oss emellan (sagt); *few and far* ~ tunnsådd; ~ *whiles* emellanåt; ~ *us (you, them) (äv.)* gemensamt, tillsammans **II** *adv* [där]emellan; *in* ~ där-, dess|emellan

beverage [ˈbevərɪdʒ] dryck

beware [bɪˈweə] akta sig *(of* för); ~ *of pickpockets* varning för ficktjuvar

bewilder [bɪˈwɪldə] förbrylla, -brylla

bewitch [bɪˈwɪtʃ] förhäxa; förtrolla

beyond [bɪˈjɒnd] **I** *prep* **1** bortom, på andra sidan om; [ut]över, längre än till **2** *(om tid)* efter, senare än **3** utöver, mer än, utom; ~ *belief* otroligt; *it is* ~ *me* a) det övergår mitt förstånd, b) det är mer än jag orkar; ~ *that* a) för övrigt, b) därutöver **II** *adv* **1** bortom, på andra sidan; längre **2** därut-över **II** *s, the* ~ det okända, livet efter detta; *[at] the back of* ~ bortom all ära och redlighet

bias [ˈbaɪəs] **I** *s* **1** sned sida (riktning, bana), av-vikning; helsnedd, diagonal *(av tyg)*; *cut on the* ~

(*om tyg*) skuren på snedden **2** partiskhet, fördom; förutfattad mening; snedvridning **II** *v* göra partisk; inge förkärlek; påverka **bias[s]ed** [-t] partisk; fördomsfull

bib [bɪb] *s* haklapp; bröstlapp (*på förkläde e.d.*); ~ *and brace* snickarbyxor; *best* ~ *and tucker* (*vard.*) finkläder

Bible ['baɪbl] bibel **biblical** ['bɪblɪkl] biblisk; bibel-

bibli|ographer [ˌbɪblɪ'ɒɡrəfə] bibliograf **-ography** [-ɡrəfɪ] bibliografi; litteraturförteckning; källförteckning

bibliophile ['bɪblɪə(ʊ)faɪl] bibliofil, bok|älskare, -samlare

bicarbonate [baɪ'kɑːbənɪt] *s*, ~ [*of soda*] bikarbonat

bicker ['bɪkə] **1** gnabbas, munhuggas **2** *poet.* brusa, strömma **3** glimma **-ing** [-rɪŋ] gnabb

bicycle ['baɪsɪkl] **I** *s* cykel **II** *v* cykla

bid [bɪd] **I** *v* (*bid, bid, i bet.* 2, 3, 4 *imperf. bade el. bid, perf.part. bidden el. bid*) **1** (*på auktion, i kortspel e.d.*) bjuda (*5 pounds* fem pund) **2** säga; ~ *farewell* säga farväl; ~ *welcome* hälsa välkommen **3** bjuda; befalla; *she bade him sit down* hon bjöd honom att sitta ner; *do as you are bid* gör som du är tillsagd **4** ~ *defiance* to utmana, trotsa **5** (*på auktion*) bjuda (*for* på); ~ *against s.b.* bjuda över ngn; ~ *for* (*äv.*) vara ute efter **6** *it* ~*s fair to* det verkar [troligt] att; **II** *s* **1** (*på auktion, i kortspel e.d.*) bud; anbud; *no* ~ (*kortspel e.d.*) pass; *make a* ~ *for* vara ute efter **2** *AE.* försök **-den** ['bɪdn] *perf. part. av* bid **-der** ['bɪdə] (*på auktion, i kortspel*) person som bjuder; anbudsgivare; *the highest* ~ den högstbjudande **-ding** ['bɪdɪŋ] *s* **1** befallning, order; *do a p.'s* ~ lyda ngn **2** (*på auktion, i kortspel e.d.*) bud; anbud; budgivning

bide [baɪd] *v*, ~*one's time* bida sin tid

biennial [baɪ'enɪəl] **I** *a* **1** tvåårig, tvåårs- **2** intraffande vartannat år **II** *s* tvåårig växt

bier [bɪə] [lik]bår

big [bɪɡ] **I** *a* **1** stor; storväxt; kraftig; vuxen; viktig; ~ *brother* storebror; ~ *business* storfinansen; ~ *deal!* (*sl. iron.*) toppen!, tjusigt!; ~ *end* (*tekn.*) vevlager; ~ *game* storvilt; ~ *league* (*sport. o. bildl.*) elitserien; ~ *noise* (*shot, cheese, gun*) storpamp, höjdare; *the* ~ *stick* (*bildl.*) storsläggan; *the* ~ *time* (*sl.*) toppskiktet, topparna; ~ *toe* stortå; ~ *top* cirkus[tält]; *grow too* ~ *for one's breeches* bli högfärdig; *what's the* ~ *idea?* vad är meningen med det?; *look* ~ se viktig ut **2** generös, storsint **3** ~ *with child* gravid; ~ *with sadness* vemodsfull **II** *adv*, *talk* ~ skryta, vara stor i orden

bigamy ['bɪɡəmɪ] bigami, tvegifte

biggish ['bɪɡɪʃ] ganska stor

bighead ['bɪɡhed] **1** *vard.* viktigpetter **2** *AE. vard.* inbilskhet

bigot ['bɪɡət] intolerant (trångsynt) person; bigott person **-ry** [-rɪ] intolerans, trångsynthet; bigotteri

bigwig ['bɪɡwɪɡ] *sl.* höjdare, högdjur, pamp

bike [baɪk] *vard.* **I** *s* cykel; motorcykel **II** *v* cykla, åka cykel (motorcykel)

bilberry ['bɪlb(ə)rɪ] blåbär

bile [baɪl] galla **-stone** gallsten

bilge pump länspump

bilingual [baɪ'lɪŋɡw(ə)l] tvåspråkig

1 bill [bɪl] **I** *s* näbb **II** *v*, ~ *and coo a*) (*om duvor*) näbbas, *b*) kyssas och smekas

2 bill [bɪl] **I** *s* **1** räkning, faktura (*for* på); *BE.* nota (*for* på); ~ *of fare* matsedel **2** lista, förteckning; teat. program; ~ *of lading* konossement; ~ *of sale* köpebrev, pantförskrivning; *get a clean* ~ *of health* (*vard.*) *a*) bli friskförklarad, *b*) förklaras [ekonomiskt] oförvitlig; *fill the* ~ (*vard.*) vara helt tillfredsställande **3** lagförslag; proposition; motion **4** anslag, affisch; *post* (*stick*) *no* ~*s!* affischering förbjuden **5** *AE.* sedel **6** ~ [*of exchange*] växel **II** *v* **1** skicka räkning (faktura) till **2** affischera, sätta upp plakat

billboard ['bɪlbɔːd] *AE.* affisch-, annons|tavla **-fold** [-fəʊld] *AE.* plånbok

billiards [-z] (*behandlas som sg*) biljard[spel]

billion ['bɪljən] **1** biljon **2** *AE.* miljard

bill|poster ['bɪlˌpəʊstə], **-sticker** affischör

billy goat getabock

bimonthly [ˌbaɪ'mʌnθlɪ] **1** som utkommer (inträffar) varannan månad **2** som utkommer (inträffar) var fjortonde dag

bin [bɪn] **1** lår, låda; brödskrin **2** *BE.* vinställ **3** sop|hink, -tunna

binary ['baɪnərɪ] dubbel-; binär

bind [baɪnd] **I** *v* (*bound, bound*; *jfr äv. bound III 2*) **1** binda (*fast, ihop, in*], fästa (*to* vid); binda upp **2** förplikta, ålägga; ~ *over to appear* (*jur.*) ålägga att inställa sig **3** stadfästa, binda med kontrakt **4** [*up*] binda om, förbinda **5** kanta, sko **6** anställa som lärling **7** fastna **8** sitta ihop **9** *sl.* knorra, grumsa **III** *s* **1** ngt som binder; bindning **2** *vard.* knipa **-ing** ['baɪndɪŋ] **I** *s* **1** förband, binda **2** bindning; [bok]band **II** *a* bindande

binoculars [bɪ'nɒkjʊləz] *pl* fält-, teater|kikare; *a pair of* ~ en kikare

bio|cide ['baɪə(ʊ)saɪd] biocid **-degradable** [ˌbaɪə(ʊ)dɪ'ɡreɪdəbl] biologiskt nedbrytbar **-graphy** [baɪ'ɒɡrəfɪ] biografi, levnadsteckning

bio|logic[al] [ˌbaɪə(ʊ)'lɒdʒɪk(l)] biologisk **-logist** [baɪ'ɒlədʒɪst] biolog **-logy** [baɪ'ɒlədʒɪ] biologi **-technology** [ˌbaɪəʊtek'nɒlədʒɪ] *AE.* ergonomi

birch [bɜːtʃ] **I** *s* **1** björk **2** [björk]ris **II** *v* ge ris, piska

bird [bɜːd] **1** fågel; ~ *of paradise* paradisfågel; ~ *of passage* flyttfågel; ~ *of prey* rovfågel; *they are* ~*s of a feather* de är av samma skrot och korn; ~*s of a feather flock together* lika barn leka bäst; *a* ~ *in the hand is worth two in the bush* en fågel i handen är bättre än tio i skogen; *the early* ~ *catches the worm* morgonstund har guld i mund; *kill two* ~*s with one stone* slå två flugor i en smäll; *get the* ~ (*vard.*) få sparken **2** *vard.* kurre, typ; karl; *BE. sl.* tjej, flickvän; *a queer* ~ en lustig kurre

birdcage fågelbur

bird's|-eye ['bɜːdzaɪ] **I** *s, bot.* teärenpris **II** *a*, ~ *view of London* London i fågelperspektiv **--nest** fågelbo

bird-watcher [-ˌwɒtʃə] fågelskådare

birth [bɜːθ] **1** födelse; uppkomst; *at* ~ vid födelsen; *give* ~ *to a*) föda, *b*) ge upphov till **2** börd, härkomst; ursprung; *by* ~ till börden **birth certificate** ['bɜːθəˌtɪfɪkeɪt] dopattest; personbevis **birth control** födelsekontroll **birthday**

['bɜθdeɪ] födelsedag; ~ *honours* (*BE.*) utnämningar (*t. knight, peer etc. på drottningens födelsedag*); *happy ~! har den ära [att gratulera] på födelsedagen!* **birthmark** födelsemärke **birthplace** födelseort **birth rate** födelsetal **biscuit** ['bɪskɪt] **I** *s, BE.* kex, skorpa; *AE.* slät bulle; *take the ~ ta priset* **II** *a* ljusbrun **bisexual** [ˌbaɪˈseksjʊəl] bisexuell; tvåkönad **bishop** ['bɪʃəp] **1** biskop **2** *schack.* löpare **bison** ['baɪsn] bisonoxe; visent **1 bit** [bɪt] **I** *s* **1** hyveljärn; [borr]järn **2** bett (*på betsel*); *take the ~ between one's teeth a*) lägga manken till, *b*) bli istadig (*äv. bildl.*) **II** *v* **1** betsla **2** kuva

2 bit [bɪt] **1** bit; stycke; *a ~* (*vard.*) en smula, litet, något; *not a ~* (*vard.*) inte ett dugg (det minsta); *not a ~ of it* (*vard.*) inte ett dugg, visst inte; *every ~ vartenda dugg; for a ~* ett [litet] tag; *quite a ~* en hel del; *~ by ~ a*) bit för bit, *b*) undan för undan; *do one's ~* dra sitt strå till stacken; *wait a ~* vänta litet (ett slag, ett tag); *~s and pieces* småsaker **2** litet mynt; *AE.* 12,5 cent **3 bit** [bɪt] *imperf. av bite* **4 bit** [bɪt] *data.* bit, binär siffra **bitch** [bɪtʃ] **I** *s* **1** hynda, tik; räv-, varg|hona **2** *sl.* slinka; satkärring **3** *sl.* klagomål **4** *sl.* knipa; svår nöt att knäcka **II** *v, sl.* krångla, klaga **bite** [baɪt] **I** *v* (*bit, bitten, åld. bit*) **1** bita [i, på], bita sig i; bita; *~ at* bita efter; *~ one's lip* bita sig i läppen; *~ off more than one can chew* (*vard.*) ta sig vatten över huvudet; *~ a p.'s head off* (*vard.*) bita (snäsa) av ngn; *~ the dust* (*vard.*) bita i gräset; *once bitten, twice shy* (*vard.*) bränt barn skyr elden; *bitten with* biten (besatt) av **2** nappa (*at på*) **3** (*om verktyg*) gripa, ta **4** svida (sticka, bita) på (i); stickas **5** fräta [på] **6** *sl.* irritera; lura **II** *s* **1** bett; stick **2** napp **3** grepp, tag **4** munsbit, tugga **5** *bildl.* sting, snärt **6** *tandläk.* bett **7** frätning **bitten** ['bɪtn] *perf. part. av bite* **bitter** ['bɪtə] **I** *a* **1** bitter, besk, skarp **2** bitande [kall] **II** *adv* bitande (*cold* kall) **III** *s* (*beskt*) öl; *~s* (*pl*) bitter (*besk aperitif*) **IV** *v* **1** förbittra **2** bli bitter **bivouac** ['bɪvʊæk] **I** *s* bivack **II** *v* bivackera **blab** [blæb] pladdra; skvallra [om] **black** [blæk] **I** *a* **1** svart; mörk; ~ *area* krisdrabbat (olycksdrabbat) område; ~ *art* svartkonst; ~ *bread* grovt rågbröd; ~ *coffee* kaffe utan grädde; ~ *eye* blått öga; *the B~ Forest* Schwarzwald; *B~ Friar* svartbroder, dominikan; *B~ Maria* (*vard.*) Svarta Maja (*polispiket*); *the ~ market* svarta börsen; ~ *tie a*) svart fluga (rosett), *b*) smoking; ~ *in the face* blå i ansiktet; *beat ~ and blue* slå gul och blå **2** dyster, sorglig **3** ond **II** *s* **1** svart [färg]; sot; svärta **2** svarta kläder **3** svart, neger **III** *v* svärta; blanka; ~ *out a*) mörklägga, *b*) utplåna **black beetle** [ˌblækˈbiːtl] kackerlacka **blackberry** ['blækb(ə)rɪ] björnbär **blackbird** ['blækbɜːd] koltrast **blackboard** ['blækbɔːd] svart tavla **blackcurrant** [ˌblækˈkʌr(ə)nt] svart vinbär **blacken** ['blæk(ə)n] svärta; *bildl.* svärta ner **blackguard** ['blæɡɑːd] skurk, skojare **blackhead** ['blækhed] pormask **blackleg** ['blækleɡ] **1** strejkbrytare, svartfot **2** falskspelare **blackmail** ['blækmeɪl] **I** *s* utpressning **II** *v*

pressa pengar av, öva utpressning mot **blackout** ['blækaʊt] **1** mörkläggning; strömavbrott **2** *med.* blackout **black pudding** [ˌblækˈpʊdɪŋ] blodkorv **blacksmith** ['blæksmɪθ] smed **bladder** ['blædə] **1** blåsa; *anat.* urinblåsa **2** skrävlare **blade** [bleɪd] **1** *bot.* blad, grässtrå **2** blad (*på kniv, åra, propeller e.d.*); skena (*på skridsko*) **3** skulderblad **blame** [bleɪm] **I** *s* **1** klander **2** skuld; *put* (*lay*) *lay the ~ on* lägga skulden på **II** *v* klandra, förebrå; ~ *s.b. for s.th.* klandra (lägga skulden på) ngn för ngt; *you are to ~* det är ditt fel **-less** ['bleɪmlɪs] oklanderlig; oskyldig **bland** [blænd] **1** mild; smaklös **2** blid, förbindlig; oberörd **blank** [blæŋk] **I** *a* **1** ren, blank, tom; ~ *cartridge* lös patron; ~ *window* blindfönster; ~ *rejection* blankt avslag **2** händelse-, innehålls-, uttrycks|lös; *look ~* se oförstående ut **3** ~ *blank verse* blankvers **II** *s* **1** nit[lott]; *draw a ~* dra en nit **2** tomrum, lucka; *my mind went a complete ~* jag var alldeles tom i huvudet, det stod helt stilla för mig **3** streck (*för utelämnat ord*) **4** blankett **5** löst skott **III** *v,* ~ *out* stryka ut **blanket** ['blæŋkɪt] **I** *s* filt; *bildl.* täcke; ~ *of snow* snötäcke; *wet ~ a*) kalldusch, *b*) glädjedödare, trist person **II** *v* **1** täcka [med filt] **2** ~ *out* tysta ner, förmörka **III** *a* allmän, övergripande; ~ *insurance* (*ung.*) heltäckande försäkring **blare** [bleə] **I** *v* smattra [som en trumpet]; *bildl.* basunera ut **II** *s* [trumpet]smatter **blaspheme** [blæsˈfiːm] häda; smäda **blasphemous** ['blæsfəməs] hädisk, blasfemisk **blasphemy** ['blæsfəmɪ] hädelse, blasfemi **blast** [blɑːst] **I** *s* **1** stark vindstöt (vindpust) **2** explosion; sprängladdning **3** [trumpet]stöt; signal (*från bilhorn e.d.*) **4** bläster **5** [*at*] *full ~* i full gång, för fullt **II** *v* **1** förinta, förstöra **2** spränga; ~ *off* skjuta upp (*raket*) **3** blästra **III** *interj, sl.* tusan (*jäklar*) [också]! **blasted** ['blɑːstɪd] *sl.* sabla, jäkla **blasting** [-ɪŋ] sprängning; ~ *in progress* sprängning pågår **blatant** ['bleɪt(ə)nt] **1** skränig, skrikig **2** flagrant, påtaglig **blaze** [bleɪz] **I** *s* **1** stark eld (låga); *what the ~s!* (*vard.*) vad tusan!; *like ~s* (*vard.*) som tusan **2** starkt [ljus]sken **3** våldsamt utbrott **II** *v* **1** flamma, låga, brinna; ~ *up a*) flamma upp, *b*) brusa upp **2** vara upplyst; lysa, skina klart **blazer** ['bleɪzə] [klubb]jacka; sportblazer **bleach** [bliːtʃ] bleka; blekas; blekna **bleachers** [-əz] *pl* åskådarplats utan tak **bleak** [bliːk] **1** kal **2** kulen, kylig **3** dyster **bleat** [bliːt] **I** *v* bräka **II** *s* bräkande **bled** [bled] *imperf. o. perf. part. av bleed* **bleed** [bliːd] *(bled, bled)* **1** blöda; ~ *at the nose* blöda näsblod; ~ *to death* förblöda **2** åderlåta **3** *vard.* pungslå; ~ *white* skinna inpå bara kroppen **4** *tekn.* lufta (*ledning e.d.*) **5** (*om tyg*) fälla **bleep** [bliːp] **I** *s* pip (*signal*) **II** *v* pipa **blemish** ['blemɪʃ] **I** *v* vanställa; fläcka **II** *s* fläck, fel, brist **blend** [blend] **I** *v* **1** blanda **2** blandas, blanda sig; passa ihop **II** *s* **1** blandning **2** *språkv.* teleskopord **bless** [bles] välsigna; ~ *o.s. a*) göra korstecken,

47 blessed — blue

b) prisa sig lycklig; ~ *me (my soul)!* bevare mig
väl!, du store tid!; ~ *you!* *a)* Gud välsigne dig!,
b) prosit!; ~*ed with* begåvad med **blessed I** *a*
['blesɪd] **1** välsignad; lycklig; helig **2** *vard.* för-
baskad; *every* ~ *day* varenda eviga dag **II** [blest]
perf. part. av **bless blessing** ['blesɪŋ] välsignel-
se; nåd; *ask a* ~ be bordsbön; *a* ~ *in disguise* tur
i oturen; *count one's* ~*s* tacka sin lyckliga stjärna
blew [blu:] *imperf. av blow*
blimey ['blaɪmɪ] *interj* kors!, jösses!
blind [blaɪnd] **I** *a* **1** blind; ~ *alley* återvändsgata;
~ *date* träff med okänd person; *letter* blrev med
otydlig (ofullständig)adress; ~ *of an eye* blind på
ett öga; ~ *to a p.'s faults* blind för ngns fel **2** dold,
hemlig **II** *adv*, ~ *drunk* stupfull **III** *s* **1** rullgardin;
Venetian ~ persienn **2** skygglapp **3** svepskäl **IV**
v **1** göra blind; blända **2** förblinda **blinders**
['blaɪndəz] *pl*, *AE.* skygglappar **blindfold**
['blaɪn(d)fəʊld] **I** *v* binda för ögonen på **II** *a* **1**
med förbundna ögon **2** förhastad **blind man's
buff** [ˌblaɪn(d)mænz'bʌf] blindbock **blind-
worm** ['blaɪndwɜːm] ormslå, kopparorm
blink [blɪŋk] **I** *v* **1** blinka [med]; kisa (*at* mot); ~
at the facts blunda för fakta **2** glimta, skimra **II** *s*
1 blink **2** glimt **3** *vard.*, *on the* ~ sönder **blinker**
['blɪŋkəz] **1** blinker (*på bil*) **2** ~*s* (*pl*) skygglap-
par
bliss [blɪs] lycksalighet, sällhet
blister ['blɪstə] **I** *s* blåsa, blemma **II** *v* få blåsor
-ing [-rɪŋ] *a*, ~ *criticism* svidande kritik
blithe [blaɪð] **1** munter **2** tanklös
blitz [blɪts] blixtanfall; *the B*~ (*BE.*) blitzen (*un-
der andra världskriget*)
blizzard ['blɪzəd] häftig snöstorm
bloated ['bləʊtɪd] uppsvälld, pussig
blob [blɒb] droppe, klick
bloc [blɒk] *polit.* block[bildning]
block [blɒk] **I** *s* **1** stock; kloss; byggkloss; [klipp]-
block **2** stort hus, byggnadskomplex **3** *AE.*
[hus]kvarter **4** stupstock **5** hinder, stockning **6**
[hiss]block; ~ *and tackle* talja **7** kliché **8** peruk-
stock **9** *psykol. o. sport.* blockering **10** rit-,
skriv|block **11** [aktie]post **12** *bildl.* träbock **13**
vard., *knock a p.'s* ~ *off* klå upp ngn **II** *v* **1** spärra
[av]; blockera (*äv. sport.*); hindra; ~ *a ball* stop-
pa en boll; ~ *a blow* avvärja ett slag; ~ *up* blocke-
era, stänga av **2** ~ *out* skissera, göra utkast till
blockade [blɒ'keɪd] **I** *s* blockad **II** *v* blockera;
stänga för
blockbuster ['blɒkbʌstə] *vard.* **1** kvartersbomb
2 jättesuccé **blockhead** *neds.* träskalle **block
letter** stor bokstav
bloke [bləʊk] *BE.*, *vard.* kille, karl
blond [blɒnd] **I** *a* blond **II** *s* blond person **blonde**
[blɒnd] **I** *a* (*om flicka*) blond **II** *s* blondin
blood [blʌd] **I** *s* **1** blod; *a prince of the* ~ en prince
av blodet; *bad* ~ hat, illvilja; *in cold* ~ med be-
rått mod, kallblodigt; *run in the* ~ ligga i släkten;
his ~ *is up* det kokar i honom; *it's more than flesh
and* ~ *can stand* det är mer än en människa kan
stå ut med **2** *åld.* sprätt, snobb **II** *v* **1** *jakt.* ge
(*hundar*) smak på blod **2** åderlåta
bloodcurdling [-ˌkɜː:dlɪŋ] fasaväckande **blood
donor** [-ˌdəʊnə] blodgivare **blood poisoning**
[-ˌpɔɪzn̩ɪŋ] blodförgiftning **blood pressure**
[-ˌpreʃə] blodtryck **blood-shed** ['blʌdʃed]

blodsutgjutelse **bloodshot** blodsprängd
bloodsucker [-ˌsʌkə] blodigel; blodsugare (*äv.
bildl.*) **bloodthirsty** [-ˌθɜː:stɪ] blodtörstig
blood vessel [-ˌvesl] blodkärl
bloody ['blʌdɪ] **I** *a* **1** blodig **2** bloddrypande; mor-
disk, grym **3** *BE. sl.* förbannad, jävla **II** *v* bloda
ner
bloom [blu:m] **I** *s* **1** blomma; blom[mor]; blomst-
ring **2** fägring, ungdomlig friskhet **3** tunn hinna
(*på frukt, blad o.d.*) **II** *v* blomma, blomstra
bloomers ['blu:məz] *pl* [vida] underbyxor, ma-
melucker
blooming ['blu:mɪŋ] *a o. adv, BE. vard.* sabla,
jäkla
blossom ['blɒs(ə)m] **I** *s* blomma; blom[mor];
blomning **II** *v* blomma, slå ut i blom; ~ *into* ut-
veckla sig till
blot [blɒt] **I** *s* plump; fläck **II** *v* **1** bläcka ner; fläcka
2 torka med läskpapper, läska **3** ~ [*out*] *a)* stryka
(sudda) ut, *b)* skymma, fördunkla, *c)* utplåna,
förinta
blotch [blɒtʃ] **I** *s* fläck, pladaska **II** *v* fläcka (klad-
da) ner
blotting pad ['blɒtɪŋpæd] läskblock; skrivun-
derlägg **blotting paper** ['blɒtɪŋpeɪpə] läskpap-
per
blouse [blaʊz] **1** blus **2** uniformsjacka
1 blow [bləʊ] **I** *v* (*blew, blown, i bet. 6 perf. part.
blowed*) **1** blåsa; blåsa i; ~ *the bellows a*) dra bäl-
gen, *b*) trampa orgeln, *· a horse* spränga en häst;
~ *a kiss* kasta en slängkyss; ~ *one's nose* snyta
sig; ~ *one's own trumpet* slå på trumman för sig
själv; ~ *abroad* basunera ut; *· in* (*vard.*) komma
inrusande, titta in; ~ *off* släppa ut (*gas*), *BE. sl.*
prutta; ~ *out* blåsa ut, släcka, slockna, (*om
storm*) bedarra; ~ *over* (om oväder) dra förbi,
lägga sig; ~ *up* blåsa upp, förstora (*äv. foto.*) **2**
spränga i luften, komma att explodera; ~ *one's
top* (*AE.* lid, stack) explodera av ilska; *the fuse
blew* [*out*] säkringen gick; ~ *out one's brains*
skjuta sig för pannan; ~ *up a*) spränga i luften,
explodera, *b*) stormskälla, tappa humöret **3**
skvallra på, förråda **4** flåsa (*om val*) spruta, blå-
sa; ~*n* andfådd **5** *sl.* sticka iväg; strunta i; göra
av med (*pengar*); sumpa (*tillfälle*), inhalera (*nar-
kotika*); *AE.* bjuda **6** *vard.*, *I'll be* ~*ed if* förbas-
ke mig om **II** *s* blåsande, blåsning
2 blow [bləʊ] **1** slag, stöt; *at a* ~ i ett slag, på en
gång; *come to* ~*s* råka i slagsmål; *without a* ~
utan strid **2** slag, olycka
blowball ['bləʊbɔ:l] maskrosboll (*maskrosfrö*)
blowfly sorgfluga **blowlamp** blåslampa
blown [bləʊn] *perf. part. av 1 blow I o. 3 blow I*
blowout ['bləʊaʊt] **1** [däcks]explosion; (*säk-
rings*) smältning **2** *sl.* kalas, skrovmål **blowpipe**
blåsrör **blowtorch** blåslampa
blow-up **1** explosion **2** *vard. foto.* förstoring **3**
vard. [vredes]utbrott
blubber ['blʌbə] **I** *v* snyfta fram; lipa **II** *s* **1** gråt **2**
valspäck, tran **III** *a* (*om läpp*) tjock, utstående
bludgeon ['blʌdʒ(ə)n] **I** *s* [knöl]påk **II** *v* slå ner,
klubba till; ~ *into* tvinga till
blue [blu:] **I** *a* **1** blå; ~ *cheese* ädelost; ~ *chip* sä-
kert [värde]papper; ~ *funk* byxängest; ~ *jay*
(*zool.*) blåskrika; ~ *peter* (*sjö.*) avgångsflagg; *the
~ ribbon a*) *AE.* blå bandet (*nykterhetsmärke*),

b) Strumpebandsorden[s band]; *once in a ~ moon* mycket sällan **2** dyster, deppig **3** pornografisk **4** konservativ **II** *s* **1** blått, blå färg; *men in ~ a)* poliser, *b)* sjömän; *the B~s* Royal Horseguards **2** blåelse **3** [blå] luft; [blått] hav; *like a bolt from the ~* som en blixt från klar himmel **4** *dark* (*light*) *~s* (*vid idrottstävlingar*) representanter för Oxford (Cambridge) **5** konservativ, blå **III** *v* **1** göra blå **2** blåna **3** slösa bort (*pengar*)

blue|bell ['bluːbel] *Sk.* blåklocka **-berry** [-ˌb(ə)rɪ] *AE.* blåbär **-bird** [-bɜːd] *zool.* blåsångare **-bottle** [-ˌbɒtl] **1** spyfluga **2** blåklint **--eyed** blåögd; *~ boy* (*BE. vard.*) gullgosse, favorit

blues [bluːz] (*behandlas som sg el. pl*) **1** the *~* melankoli, nedstämdhet **2** *mus.* blues

bluff [blʌf] *s* bluff; *call a p.'s ~* avslöja ngns bluff, syna ngn **II** *v* bluffa **bluffer** ['blʌfə] bluff[makare]

bluish [-ɪʃ] blåaktig

blunder ['blʌndə] *s* blunder, tabbe **II** *v* **1** dabba sig, göra en tabbe **2** drulla, drumla; *~ upon* (*into*) av ren tur stöta (ramla) på

blunt [blʌnt] *a* **1** slö, trubbig **2** burdus, rättfram **II** *s* **1** kort synål **2** *sl.* kontanter **III** *v* göra slö, avtrubba (*äv. bildl.*)

blur [blɜː] *s* **1** fläck, plump; skamfläck **2** suddighet, otydliga konturer **II** *v* **1** bläcka (smeta) ner; sudda ut; befläcka **2** göra suddig

blurt [blɜːt] *v*, *~ out* låta undfalla sig, vräka ur sig

blush [blʌʃ] *I v* rodna; blygas **II** *s* **1** rodnad **2** rosenskimmer **3** *at* [*the*] *first ~* vid första påseendet

bluster ['blʌstə] *I v* **1** brusa, storma **2** gorma och svära; skrävla **II** *s* **1** skrän, larm; skrävel; raseri **2** storm, hård vind

bo [bəʊ] *interj* bu!

boa ['bəʊə] **1** boa[orm] **2** (*dams*) boa

boar [bɔː] [far]galt; *wild ~* vildsvin

board [bɔːd] *I s* **1** bräda; *the ~s* tiljan, teatern **2** [anslags]tavla **3** kost; *~ and lodging* kost och logi, mat och husrum; *full ~* helinackordering **4** styrelse; råd; direktion; nämnd; departement; *~ of directors* styrelse, direktion; *~ of education* (*ung.*) skol[över]styrelse; *~ of trade a)* handelsdepartement, *b)* *AE.* handelskammare **5** [fartygs]bord; *on ~* ombord; *go by the ~* gå över bord, *bildl.* gå över styr **6** kartong, papp; *in ~s* kartonnerad **7** spånplatta **8** *above ~* öppet och ärligt **II** *v* **1** brädfodra **2** hålla mat åt, ha inackorderad **3** vara inackorderad **4** gå ombord i (på) **5** lägga till långsides; äntra **-er** ['bɔːdə] **1** inackordering[sgäst], pensionatsgäst **2** internatskoleelev

boarding ['bɔːdɪŋ] **1** bräder; brädfodring **2** påstigning, embarkering **3** inackordering **boarding card** embarkeringskort **boarding house** pensionat **boarding school** internatskola

board room ['bɔːdrʊm] styrelserum

boast [bəʊst] *I s* **1** skryt **2** stolthet **II** *v* **1** skryta **2** kunna ståta med (uppvisa)

boat [bəʊt] *I s* **1** båt; *be in the same ~* vara i samma båt (belägenhet); *take to the ~s* gå i livbåtarna **2** såssnipa **II** *v* åka båt **boathook** båtshake **boating** [-ɪŋ] **1** båt-, rodd-, segel]tur **boat race** roddtävling **boat train** ['bəʊttreɪn] tåg med ansutning till båt

1 bob [bɒb] *I s* **1** knyck; knix **2** tyngd **3** bobbat hår **4** bobb **II** *v* **1** hoppa, guppa; dingla; knycka;

knixa **2** *~ up* dyka upp **3** bobba (*hår*) **4** knycka på

2 bob [bɒb] (*pl lika*) *vard.* (*förr*) shilling; (*nu*) pence

bobbin ['bɒbɪn] **1** spole; rulle **2** [knyppel]pinne

bobby ['bɒbɪ] *BE. vard.* poliskonstapel

bob|cat ['bɒbkæt] *AE.* vildkatt **-sled** *AE.*, **-sleigh** *BE.* bobb, bobsleigh **-tail** stubbsvans

bodice ['bɒdɪs] klänningsliv; blusliv

bodily [-lɪ] *I a* kroppslig, fysisk; *in ~ fear* livrädd **II** *adv* **1** kroppsligen **2** med hull och hår

body ['bɒdɪ] *I s* **1** kropp; *keep ~ and soul together* uppehålla livet **2** bål **3** [*dead*] *~* lik **4** huvuddel, viktigaste del; stomme, kaross[eri]; majoritet **5** samfund, kår; organ; *~ politic* stat[skropp] **6** skara, grupp, styrka, avdelning; *in a ~* alla tillsammans **7** kropp; ämne; *foreign ~* (*med.*) främmande kropp **8** styrka; fyllighet; fasthet **9** [klännings]liv **10** *vard.* person **II** *v*, *~ forth* utforma, förkroppsliga, symbolisera **bodyguard** [-gɑːd] livvakt

bog [bɒg] *I s* **1** mosse, myr **2** *BE. o. Austr. sl.* dass **II** *v*, *vard.*, *be ~ged down* ha kört fast

bogus ['bəʊgəs] fingerad, falsk, sken-

Bohe|mia [bə(ʊ)'hiːmjə] Böhmen **-mian** [-mjən] *I s* **1** böhmare **2** bohem **II** *a* **1** böhmisk **2** bohemisk, bohem-

1 boil [bɔɪl] *I s* kokning; kokpunkt; *on the ~* i kokning; *bring s.th. to the ~* koka upp ngt **II** *v* koka, sjuda (*äv. bildl.*); *~ away* koka bort; *~ down a)* koka ihop, *b)* *bildl.* reduceras; *~ down to a)* gå ut på, *b)* inskränka sig till

2 boil [bɔɪl] [var]böld

boiler ['bɔɪlə] **1** varmvattenstank **2** [ång]panna **3** [byk]gryta **boiler suit** *BE.* [arbets]overall **boiling** [-ɪŋ] *I s* kokning, sjudning **II** *adv*, *~ hot* kokhet

boisterous ['bɔɪst(ə)rəs] **1** stormig **2** bullersam, bullrande

bold [bəʊld] **1** djärv, dristig; *make so ~ as to* ta sig friheten att **2** framfusig, fräck **3** markerad, starkt framträdande

boloney [bə'ləʊnɪ] **1** (*slags*) korv **2** *AE. sl.* skitsnack; bluff

bolster ['bəʊlstə] *I s* **1** lång [under]kudde, pöl; dyna **2** underlag **II** *v* **1** *~* [*up*] [under]stödja **2** stoppa, vadera

bolt [bəʊlt] *I s* **1** bult; nagel; stor skruv **2** regel, låskolv; (*på skjutvapen*) slutstycke **3** kort trubbig pil **4** åskvigg, blixt; *like a ~ from the blue* som en blixt från klar himmel **5** rusning; rymning; *make a ~ for it* sjappa, sticka **6** rulle (*tyg, tapet*) **7** *shoot one's ~* uttömma sina krafter **II** *v* **1** regla, låsa **2** kasta i väg, sluka (*one's food* maten) **3** fästa med bult[ar] **4** rusa i väg, skena; smita **5** reglas, låsas **III** *adv*, *~ upright* kapprak

bomb [bɒm] *I s* **1** bomb **2** *BE. sl.* stor summa pengar **3** *AE. sl.* fiasko, misslyckande **II** *v* **1** bomba **2** *AE. sl.* misslyckas, göra fiasko **-ardment** [bɒm'bɑːdmənt] bombard|ering, -emang

bombastic [bɒm'bæstɪk] bombastisk, svulstig

bomber ['bɒmə] **1** bombplan, bombare **2** bombfällare **bombproof** bombsäker; *~ shelter* skyddsrum **bombshell** **1** granat; *fell like a ~* slog ner som en bomb **2** *a blonde ~* ett blont bombnedslag

B

bond [bɒnd] **I** *s* **1** skuldsedel, revers (*for* på) **2** obligation **3** förbindelse; överenskommelse **4** band, boja (*äv. bildl.*) **5** *in* ~ i tullnederlag **II** *v* **1** binda ihop **2** hålla ihop **-age** ['bɒndɪdʒ] slaveri, träldom

bone [bəʊn] **I** *s* ben, knota; ~*s* (*pl*) *a*) vard. skelett, *b*) vard. tärningar, *c*) huvuddrag, *d*) vard. läkare; ~ *of contention* tvistefrö; *a bag of* ~*s* skinn och ben; *as dry as a* ~ torr som fnöske; *be frozen* (*chilled*) *to the* ~ vara frusen ända in i märgen; *make no* ~*s about a*) inte sticka under stol med, inte dra sig för*b*) inte ha några invändningar mot; *have a* ~ *to pick with s.b.* ha en gås oplockad med ngn **II** *v* **1** bena [ur] **2** *BE. sl.* knycka **3** *AE. sl.* stormplugga

bone-dry [-draɪ] *vard.* snustorr

bonfire ['bɒnfaɪə] brasa, bål

bonnet ['bɒnɪt] **1** hätta, kapotthatt, bahytt; skotsk mössa **2** motorhuv; skyddshuv

bonny ['bɒnɪ] **1** *dial.* söt, fager **2** glad, god, bra **3** knubbig

bonus ['bəʊnəs] bonus; premie; återbäring (*på försäkring*); gratifikation

bony ['bəʊnɪ] benig; knotig

boo [bu:] **I** *v* bua [ut] **II** *s* bu[rop] **III** *interj* bu!, fy!, pytt!; *he would not say* ~ *to a goose* han gör inte en fluga för när

boob [bu:b] *sl.* **I** *s* **1** idiot; drummel **2** [kvinno]bröst **3** *BE.* tabbe, blunder **II** *v* dabba (klanta) sig

booby ['bu:bɪ] **1** idiot, drummel **2** *BE., the* ~ jumbo **3** *zool.* sula **booby prize** jumbo-, tröst|pris **booby trap** elakt skämt, fälla **2** [min]försåt

book [bʊk] **I** *s* **1** bok; häfte; *the B*~ Böckernas Bok, Bibeln; *a closed* ~ ngt helt obegripligt; *close the* ~*s* göra bokslut; *it suits my* ~*s* det passar mina planer; *by* (*according to*) *the* ~ enligt reglerna; *he is in the* ~ kan står i telefonkatalogen; *be in someone's good* (*bad*) ~*s* ligga bra (dåligt) till hos ngn; *on the* ~*s* inskriven som medlem; *bring to* ~ ställa till svars; *without* ~ *a*) utantill, *b*) utan auktoritet **2** libretto, text **3** *kortsp.* bok **II** *v* **1** notera, anteckna; boka, bokföra; *be* ~*ed for ignoring a traffic signal* bli uppskriven för att ha kört mot rött ljus **2** boka, förhandsbeställa, reservera; köpa i förväg; engagera; ~*ed up* upptagen

bookbindery ['bʊk,baɪndərɪ] bokbinderi **book case** [-keɪs] bokhylla **book end** [-end] bokstöd **bookie** [-ɪ] *se bookmaker* **booking** [-ɪŋ] bokning, [förhands]beställning; förköp **booking office** biljett|kontor, -lucka **book-keeper** [-,ki:pə] bok|förare, -hållare **book-keeping** [-,ki:pɪŋ] bokföring **booklet** [-lɪt] häfte, broschyr **bookmaker** [-,meɪkə] bokmaker, vadhållningsagent **bookplate** [-pleɪt] exlibris **book-seller** [-,selə] bokhandlare **book-shop** [-ʃɒp] bokhandel **bookstall** [-stɔ:l] bokstånd; tidningskiosk **bookstore** [-stɔ:] *AE.* bokhandel **bookworm** [-wɜ:m] bokmal

boom [bu:m] **I** *s* **1** dån, dunder **2** boom, högkonjunktur **II** *v* **1** dåna, dundra **2** häftigt stiga (*om pris*); blomstra

boomerang ['bu:məræŋ] **I** *s* bumerang **II** *v* verka som en bumerang

boon [bu:n] *s* **1** välsignelse **2** *åld.* förmån

boor [bʊə] luns, tölp **-ish** ['bʊərɪʃ] bondsk, tölpaktig

boost [bu:st] **I** *v* **1** hjälpa upp **2** höja, öka; ~ *morale* stärka moralen **II** *s* **1** höjning, ökning **2** puff **-er** ['bu:stə] **1** hjälpare, gynnare; reklamman **2** startraket **3** *tekn.* booster, signalförstärkare

1 boot [bu:t] **I** *s* **1** känga; pjäxa; stövel; *get the* ~ (*vard.*) få sparken; *the* ~ *is on the other leg* (*foot*) det är alldeles tvärtom; *too big for one's* ~*s* stöddig, självgod; *bet one's* ~*s* (*sl.*) slå sig i backen på att **2** bagage|rum, -lucka **II** *v* sparka; ~ [*out*] (*vard.*) kasta ut, ge sparken

2 boot [bu:t] *s, to* ~ [till] på köpet

booth [bu:ð] **1** tält, stånd, bod **2** [telefon]hytt; bås

boot|jack ['bu:tdʒæk] stövelknekt **-leg I** *s* **1** smuggelsprit, illegalt tillverkad sprit **2** piratinspelning **II** γ **1** smuggla (langa) [sprit] **2** göra piratinspelning **III** *a* **1** smuggel-, langar- **2** pirat-, illegal **-legger** [-,legə] **1** sprit|smugglare, -langare **2** illegal tillverkare (försäljare)

boot tree skoblock

booty ['bu:tɪ] byte, rov

booze [bu:z] **I** *s* **1** sprit **2** fylla; supkalas **II** *v* supa

bo-peep [,bəʊ'pi:p] *s* tittut

border ['bɔ:də] **I** *s* **1** kant, rand; bård **2** gräns, gräns|land, -område; *the B*~ gränsområdet mellan England och Skottland **II** *v* **1** kanta; infatta **2** ~ [*on*] gränsa till (*äv. bildl.*)

1 bore [bɔ:] **I** *v* **1** borra [igenom, upp] **2** borra (*for* efter) **II** *s* **1** borrhål **2** kaliber; lopp; cylinderdiameter

2 bore [bɔ:] **I** *v* tråka ut **II** *s* **1** tråkmåns **2** *it's a* ~ det är långtråkigt (utråkigt)

3 bore [bɔ:] *imperf. av 2 bear*

bored [bɔ:d] uttråkad **boredom** ['bɔ:dəm] leda; långtråkighet **boring** ['bɔ:rɪŋ] långtråkig

born [bɔ:n] *a o. perf. part. av 2 bear* född; boren; -född; *lowly* ~ av låg börd; *well* ~ av hög börd; *she is a* ~ *physician* hon är som skapad till läkare; ~ *of rich parents* född av rika föräldrar; *never in all my* ~ *days* (*vard.*) aldrig i livet; *Swedish-*~ svenskfödd **borne** [bɔ:n] *perf. part. av 2 bear* **1** buren, burit *etc., se 2 bear* **2** född; fött **3** *it was* ~ *in* [*up*]*on us* vi insåg klart

borough ['bʌrə] **1** stad; [administrativt] distrikt (*i Storlondon o. New York city*) **2** hist. befäst stad (by); *rotten* ~ rutten stad, korrumperad valkrets **3** stadsvalkrets

borrow ['bɒrəʊ] låna (*from, of* av) **borrower** [-ə] låntagare

borstal ['bɔ:stl] *s, BE.,* ~ [*institution*] ungdoms|vårdsskola, -fängelse

Bosnia ['bɒznɪə] Bosnien

bosom ['bʊz(ə)m] **1** bröst, barm; famn; *bildl.* sköte **bosom friend** hjärtevän

boss [bɒs] **I** *s* **1** bas, förman, boss, chef **2** *AE.* ledare (*för valrörelse*), partichef, boss **II** *v* leda; kommendera

bossy ['bɒsɪ] *vard.* dominerande, diktatorisk

botanic[al] [bə'tænɪk(l)] botanisk **botanist** ['bɒtənɪst] botaniker, botanist **bota|nize** (*BE. äv. -nise*) ['bɒtənaɪz] botanisera **botany** ['bɒtənɪ] botanik

botch [bɒtʃ] **I** *s* fuskverk **II** *v* **1** fuska [bort], förfuska **2** laga illa, lappa

both [bəʊθ] **I** *pron* båda [två], bägge [två]; ~ *of them* de[m] båda, båda två **II** *adv*, ~...*and* både..och, såväl...som

bother ['bɒðə] **I** *v* **1** plåga, besvära, störa; ~*!* tusan också! **2** *I can't be ~ed* jag har ingen lust (orkar inte) **3** göra sig besvär (*about* med); oroa sig (*about* för); *don't ~ to come* bry dig inte om att komma **II** *s* plåga, besvär, bråk **-some** [-səm] besvärlig

Bothnia ['bɒθnɪə] *s, the Gulf of B*~ Bottniska viken

bottle ['bɒtl] **I** *s* **1** flaska, butelj; *go on the* ~ [börja] supa **2** [gas]tub **II** *v* buteljera; konservera; ~ *up one's anger* undertrycka sin vrede **-neck** [-nek] *i sht bildl.* flaskhals **--opener** [-,əʊpnə] flasköppnare

bottom ['bɒtəm] **I** *s* **1** botten (*äv. av hav. dal o.d. samt bildl.*); nedre (undre) del; ; *the ~ of a hill* foten av en kulle; *at* ~ i grund ochbotten; *at the ~ of the page* längst ner på sidan; *be at the ~ of s.th.* stå (ligga) bakom ngt; *from the ~ of my heart* ur djupet av mitt hjärta; *get to the ~ of s.th.* gå till botten med ngt; *touch* ~ *a*) bottna, nå botten, *b*) gå på grund, *c*) *bildl.* nå botten; ~ *up* upp och ner; ~*s up!* botten upp! **2** *vard.* ända, stjärt **3** [stol]sits; nedre ända; *the ~ of the table* bordets nedre ända **4** [fartygs]botten; fartyg; skrov **II** *a* **1** lägsta; sista; nedersta, understa; *his* ~ *dollar* (*AE. sl.*) hans sista öre **2** grund- **III** *v* **1** sätta botten i **2** stödja **3** bottna, nå botten **4** gå till botten med; nå botten på **bottom drawer** [-,drɔ:] brudkista **bottomless** [-lɪs] **1** bottenlös **2** outgrundlig **3** outtömlig

bough [baʊ] [stor] trädgren

bought [bɔ:t] *imperf. o. perf. part. av buy*

boulder ['bəʊldə] [sten]block

boulevard ['bu:lvɑ:] boulevard

bounce ['baʊns] **I** *v* **1** studsa, hoppa **2** rusa, störta (*out of* ut ur, upp ur; *into* in i) i) *sl.* (*om check*) nobbas **4** *sl.* ge kicken, slänga ut **II** *s* **1** duns, stöt **2** studs[ning], hopp **-er** [-ə] *sl.* utkastare

1 bound [baʊnd] **I** *s* skutt, språng; studsning, hopp **II** *v* studsa, skutta, hoppa; sätta av

2 bound [baʊnd] **I** *v* **1** *imperf. av bind* **2** *perf. part. av bind o. a* **II** **1** bunden *etc., jfr bind*; [in]bunden **2** ~ *on winning* besluten att vinna; *be* ~ *to* vara tvungen (skyldig) att; *you are* ~ *to be tired* du måste vara trött; *you are* ~ *to win* du vinner säkert; ~ *up with* nära förbunden (sammanhängande) med

3 bound [baʊnd] *a* destinerad, på väg (*for* till); *homeward* ~ på hemgående

4 bound [baʊnd] **I** *v* **1** begränsa **2** ~ [*on*] utgöra gräns för **II** *s, vanl.* ~*s* (*pl*) gräns[er]; *out of* ~*s* [på] förbjuden mark

boundary ['baʊnd(ə)rɪ] gräns[linje] **boundless** ['baʊndlɪs] obegränsad, gränslös

boun|teous ['baʊntɪəs], **-tiful** [-ɪf(ʊ)l] **1** frikostig **2** riklig, ymnig; *Lady Bountiful* välgörarinna

bouquet [bʊ'keɪ] **1** bukett **2** bouquet (*på vin*)

bourbon ['bɜ:bən] bourbon (*amer. whisky*)

bourgeois ['bʊəʒwɑ:] **I** *a* [små]borgerlig, medelklass- **II** *s* [små]borgare, medlem av medelklassen

---

bout [baʊt] **1** [sup]period **2** dust, kamp **3** anfall, släng (*av sjukdom*)

1 bow [bəʊ] **I** *s* **1** rundning; båge **2** [pil]båge **3** stråke; *draw the long* ~ överdriva **4** sadelbom **5** rosett; knut **II** *v* spela med stråke på

2 bow [baʊ] **I** *v* **1** böja; kröka **2** nicka **3** bocka (buga) sig (*to* för); ~ *in* (*out*) under bugningar visa in (följa ut) **II** *s* bugning; *make one's* ~ göra sin entré, dra sig tillbaka; *take a* ~ ta emot applåder

3 bow [baʊ] **1** *sjö., vanl. pl* ~*s* bog, för; *down at the* ~*s* med fören djupt i vattnet **2** (*i roddsport*) bogman, etta

bowel ['baʊəl] **1** tarm **2** ~*s* (*pl*) a) inälvor, *b*) innandöme, inre

1 bowl [bəʊl] **1** skål **2** [pip]huvud; [sked]blad **3** [skålformat] stadion

2 bowl [bəʊl] **I** *s* **1** boll, klot **2** ~*s* (*behandlas som sg*) bowls (*boccialiknande spel*); bowling **II** *v* **1** rulla (*längs marken*) **2** (*i kricket*) kasta; *the news* ~*ed him over* nyheten gjorde honom konfys (mållös) **3** spela bowls (bowling)

bow-legged ['bəʊlegd] hjulbent

1 bowler ['bəʊlə] **1** bowls-, bowling|spelare **2** (*i kricket*) kastare

2 bowler ['bəʊlə] kubb, plommonstop

bowling ['bəʊlɪŋ] **1** bowling; bowls **2** (*i kricket*) kast **bowling alley** **1** bowling-, kägel|bana **2** bowlinghall

bowsprit ['bəʊsprɪt] bogspröt

bow tie [,bəʊ'taɪ] fluga, rosett **bow window** [,bəʊ'wɪndəʊ] utbyggt fönster, burspråk

bow-wow **I** *interj* [,baʊ'waʊ] vov[vov]! **II** *s* ['baʊwaʊ] vovve

1 box [bɒks] **I** *s* **1** låda, skrin, dosa, ask, box; *the* ~ (*vard.*) TV **2** loge; avbalkning; [vittnes]bås; spilta; [post]box; [telefon]hytt; [vakt]kur **3** kuskbock **4** *BE.* [jakt]stuga **5** *fotb.* straffområde **6** *sport.* plint **II** *v* stoppa i låda; ~ *up* packa in

2 box [bɒks] **I** *s*, ~ *on the ear* örfil **II** *v* boxa[s]

3 box [bɒks] *bot.* buxbom

boxcar ['bɒkskɑ:] *AE.* godsvagn

boxer ['bɒksə] **1** boxare **2** boxer **boxing** [-ɪŋ] boxning

Boxing Day ['bɒksɪŋdeɪ] annandag jul

boxing glove ['bɒksɪŋglʌv] boxhandske

box office [-,ɒfɪs] *teat.* biljettkontor **boxroom** [-rʊm] skrubb

boy [bɔɪ] **1** pojke; ~*s will be* ~*s* pojkar är pojkar **2** (*infödd*) tjänare, boy

boycott ['bɔɪkɒt] **I** *v* bojkotta **II** *s* bojkott

boyfriend ['bɔɪfrend] pojkvän **boyhood** pojkår **boyish** [-ɪʃ] pojkaktig

bra [brɑ:] (*kortform av brassière*) behå, bh

brace [breɪs] **I** *s* **1** spänne; band; krampa **2** stag, sträva; stöd **3** *sjö.* brass **4** (*pl lika*) par; *a* ~ *of partridges* ett par rapphönor **5** tandställning **6** klammer[tecken] **7** borrsväng; ~ *and bit* borrsväng med borr **8** ~*s* (*pl*) hängslen **II** *v* **1** binda om; spänna, stärka **2** stödja **3** *sjö.* brassa **4** *rfl.*, *o.s.* [*up*] samla sig, bereda sig på

bracelet ['breɪslɪt] arm|band, -ring

bracing ['breɪsɪŋ] *a*, ~ *air* stärkande luft

bracket ['brækɪt] **I** *s* **1** vinkeljärn; stöd; konsol, konsolhylla **2** parentes, klammer; *in* ~*s* inom parentes (klammer) **3** kategori, klass (*i sht av in-*

komsttagare) **II** *v* **1** sätta inom parentes (klammer) **2** jämställa, sammanföra **3** stötta med vinkeljärn (konsol *e.d.*)

brag [bræg] **I** *s* skryt, skrävel **II** *v* skryta, skrävla **braggart** ['brægət] **I** *s* skrävlare **II** *a* skrytsam, skrävlande

braid [breɪd] **I** *s* **1** [hår]fläta **2** kant-, garnerings|band, snodd; träns **II** *v* **1** fläta **2** kanta

brain [breɪn] **I** *s* hjärna; ~*s* (*pl*) hjärna, begåvning, gott förstånd; *beat one's* ~ bry sin hjärna; *she has got* ~*s* hon är intelligent; *have s.th. on the* ~ vurma för ngt, ha fått ngt på hjärnan; *turn someone's* ~ förvrida huvudet på ngn **II** *v* slå in skallen på **brain drain** begåvningsflykt **brain fever** [-ˌfiːvə] hjärnhinneinflammation **brainstorming** [-ˌstɔːmɪŋ] brainstorming, idé[kläcknings]möte **brainwash** [-wɒʃ] hjärntvätta **brainwashing** [-ˌwɒʃɪŋ] hjärntvätt **brain wave** [-weɪv] *vard.* snilleblixt **brainy** [-ɪ] *vard.* begåvad, intelligent

brake [breɪk] **I** *s* broms; *put the* ~*s on* (*bildl.*) bromsa, hejda **II** *v* **1** bromsa **2** bråka (*lin*) **brake shoe** bromsback

bramble ['bræmbl] taggig buske; björnbärsbuske

bran [bræn] kli

branch [brɑːntʃ] **I** *s* **1** gren, kvist **2** förgrening; gren; arm **3** filial **II** *v* **1** sända ut (ha) grenar **2** ~ [*off*] [för]grena sig

brand [brænd] **I** *s* **1** [varu]sort, -märke **2** [bränn]-märke; stämpel **3** brännjärn **4** *poet.* fackla; svärd **II** *v* **1** bränna in; brännmärka kut utämpla, ~*ed upon one's memory* outplånligt inristat i ens minne **2** ~*ed goods* märkesvaror

brandish ['brændɪʃ] svinga, svänga (*vapen*)

brand-new [ˌbrænd(d)'njuː] splitter ny

brandy ['brændɪ] **1** konjak **2** fruktbrännvin

brass [brɑːs] **1** mässing; mässingsföremål; *the* ~ mässings-, bleckblås|instrumenten, bleckblåsarna; *the top* ~ (*vard.*) höjdarna, de höga militärerna **2** *dial.* pengar **3** *vard.* träckhet **4** (*i kyrka, på grav*) minnestavla

brassiere ['bræsɪə; *AE.* brə'zɪə] bysthållare

brass tacks ['brɑːstæks] *pl, vard., get down to* ~ komma till saken

brat [bræt] [barn]unge

brave [breɪv] **I** *a* modig, tapper **II** *s* indiankrigare **III** *v* trotsa, tappert möta **bravery** ['breɪv(ə)rɪ] mod, tapperhet

bravo [ˌbrɑː'vəʊ] **I** *interj* bravo! **II** *s* **1** bravorop **2** lejd våldsman (*mördare*)

brawl [brɔːl] **I** *s* bråk; gräl **II** *v* bråka; gräla

brawny ['brɔːnɪ] muskulös

bray [breɪ] **I** *v* **1** (*om åsna*) skria **2** (*om trumpet*) smattra **II** *s* **1** skri[ande] **2** skräll, smatter

brazen ['breɪzn] **I** *a* **1** av mässing (malm, koppar) **2** skrällig, metallisk **3** fräck, skamlös **II** *v*, ~ *out* komma med fräcka undanflykter från

Brazil [brə'zɪl] Brasilien **Brazilian** [-jən] **I** *s* brasilian[are] **II** *a* brasiliansk **brazil nut** paranöt

B.R.C.S. *förk. för British Red Cross Society*

breach [briːtʃ] **I** *s* **1** brytande, brytning; brott; ~ *of faith* löftesbrott; ~ *of promise* brutet äktenskapslöfte **2** brott[sjö] **3** rämna; bräsch **II** *v* slå en bräsch i

bread [bred] **1** bröd; ~ *and butter* (*äv.*) smörgås[ar]; ~ *and milk* brödbitar i varm mjölk; ~

and water vatten och bröd; ~ *and wine* nattvard; *know on which side one's* ~ *is buttered* vara om sig; *his* ~ *is buttered on both sides* han har det väl förspänt **2** föda, uppehälle; *make* (*earn*) *one's* ~ tjäna sitt uppehälle

bread|basket ['bredˌbɑːskɪt] **1** brödkorg **2** *sl.* kista (*mage*) **-line** [-laɪn] **1** kö för gratis mat **2** *vard., on the* ~ på svältgränsen

breadth [bredθ] **1** bredd, vidd **2** vidsynthet, liberalitet

breadwinner ['bredˌwɪnə] familjeförsörjare

break [breɪk] **I** *v* (*broke, broken*) **1** bryta [av, loss, sönder]; bräcka, knäcka, slå (ha) sönder; spränga; krossa, ruinera; ~ *a leg* bryta ett ben; ~ *open* bryta upp **2** brytas (gå, slås) sönder; brista, spricka; bräckas, knäckas; spricka ut; (*om röst*) brytas; *the glass broke* glaset gick sönder; *his voice began to* ~ han kom i målbrottet **3** bryta (*avtal o.d.*); bryta mot; ~ *the law* bryta mot lagen; ~ *with s.b.* bryta med ngn **4** avbryta[s], bryta; ~ *the silence* bryta tystnaden; ~ *a strike* avbryta en strejk **5** göra avbrott, bryta; ~ *for lunch* göra avbrott för lunch **6** dressera, tämja; ~ *a horse* rida in en häst **7** vekna, överväldigas **8** bryta fram; ~ [*out*] bryta (brista) ut (*into* i) **9** (*om våg*) bryta, slå **10** ~ [*new*] *ground* bryta ny mark; ~ *the back of a task* göra undan det värsta av en uppgift; ~ *the bank* (*i spel*) spränga banken; ~ *even* uppnå balans, varken vinna eller förlora; ~ *the ice* (*bildl.*) bryta isen; [*out of*] *jail* bryta sig ut ur fängelset; ~ *the news to s.b.* meddela ngn nyheten; ~ *surface* flyta upp; ~ *s.b. of s.th.* få ngn att sluta med ngt, vänja ngn av med ngt; *the weather broke* vädret slog om; *dawn is* ~*ing* det gryr **11** ~ *away a*) slita sig lös, *b*) utträda, *c*) göra en utbrytning; ~ *down a*) bryta ihop (samman) (*äv. bildl.*), få ett sammanbrott, *b*) krossa, nedbryta; ~ *free* losgöra sig; ~ *in a*) bryta sig in, *b*) vänja, tämja, rida in, *c*) gå in (*skor*); ~ *in* [*on*] plötsligt avbryta; ~ *into a*) bryta sig in i, *b*) ta av reservlinjen av; ~ *into a gallop* falla i galopp; ~ *off a*) bryta[s] av, *b*) avbryta[s], *c*) avbryta sig; ~ *out a*) bryta ut, utbryta, *b*) bryta sig ut; *he broke out with pimples* han fick finnar; ~ *through a*) bryta igenom, *b*) få ett genombrott; ~ *up a*) bryta upp, bryta[s] sönder, *b*) upplösa, bryta (*för-bindelse o.d.*), *c*) upplösa[s], skingra[s], *d*) *sl.* [få att] bryta ihop **II** *s* **1** brytning, brytande; brott; *she has made a* ~ *from her husband* hon har brutit med sin man **2** paus; avbrott; rast; spricka; *without a* ~ utan avbrott, oavbrutet **3** *vard.* chans; *he never got a* ~ han fick aldrig en chans **4** utbrytning **5** (*i biljard*) serie; (*i kricket*) riktningsändring **6** *at* ~ *of day* i gryningen, vid dagens inbrott

break|able ['breɪkəbl] **I** *a* bräcklig, ömtålig **II** *s*, ~*s* (*pl*) bräckligt gods **-away** brytning (*from* med); utträdande (*from* ur); *sport.* utbrytning, kontring **-down** **1** sammanbrott; misslyckande; *nervous* ~ nervöst sammanbrott **2** motorstopp; maskinskada **3** analys **-down truck (van)** bärgningsbil

breaker ['breɪkə] **1** brottsjö, bränning **2** brytar-spets

breakfast ['brekfəst] **I** *s* frukost **II** *v* äta frukost

break|-in ['breɪkɪn] inbrott **-neck** *a* halsbrytande

--out utbrytning **-through** inbrytning; genombrott **--up** upplösning; förfall; splittring **-water** [-,wɔ:tə] vågbrytare
bream [bri:m] *zool.* braxen
breast [brest] **I** *s* bröst (*äv. bildl.*); barm; *make a clean ~ of it* lätta sitt samvete **II** *v* **1** nå toppen av **2** trotsa, bjuda spetsen **--feed** amma **-stroke** bröstsim **-work** bröstvärn
breath [breθ] **1** andedräkt; anda; andning; *below one's ~* viskande; *out of ~* andfådd; *hold* (*catch*) *one's ~* hålla (hämta) andan; *keep your ~ to cool your porridge* prata inte strunt; *save one's ~* låt bli att säga något; *take a p.'s ~ away* göra ngn mållös **2** andetag; vindpust; andhämtningspaus; *a ~ of air* en nypa luft
breathe [bri:ð] **1** andas; leva; hämta andan; *~ again* (*freely, easily*) andas (pusta) ut; *~ down a p.'s neck* vara hack i häl på ngn, kontrollera ngn (*över axeln*); *~ one's last* utandas sin sista suck **2** susa, fläkta **3** viska; *don't ~ a word of it* knysta inte om det **4** inge, ingjuta; *~ confidence into s.b.* inge ngn tillförsikt
breathing space ['bri:ðɪŋspeɪs] andrum
breath|less ['breθlɪs] **1** andfådd **2** livlös **3** utan en fläkt **-taking** andlöst spännande; hisnande, fantastisk
bred [bred] *imperf. o. perf. part. av* breed
breeches ['brɪtʃɪs] *pl* knäbyxor; *riding ~* ridbyxor
breed [bri:d] **I** *v* (*bred, bred*) **1** [fram]föda **2** föda upp; odla **3** skapa, frambringa, alstra, föda; *~ bad blood* väcka ont blod **4** [upp]fostra **5** få ungar; föröka sig **6** uppstå **II** *s* **1** ras, släkte, stam **2** slag, sort **breeder** ['bri:də] **1** uppfödare **2** avelsdjur **breeding** ['bri:dɪŋ] **1** uppfödande; uppfödning, avel; förädling **2** fostran **3** fortplantning; häckning **4** god uppfostran **5** härstamning
1 breeze [bri:z] **1** bris, lätt vind **2** *AE. vard.* lätt match **3** *BE. vard.* gräl
2 breeze [bri:z] kolstybb
breezy ['bri:zɪ] **1** blåsig; frisk **2** sorglös; munter
brethren ['breðrən] *pl av* brother, *åld. el. bibl.* bröder
brevity ['brevətɪ] korthet
brew [bru:] **I** *v* **1** brygga; tillaga; *~* [*up*] *tea* göra (koka) te **2** bryggas; *the tea is ~ing* teet står och drar **3** nalkas; *a storm is ~ing* det drar ihop sig till storm **II** *s* brygd **brewer** ['bru:ə] bryggare **brewery** ['bru:ərɪ] bryggeri
bribe [braɪb] **I** *s* mut|a, -or; *take a ~* ta emot mutor **II** *v* muta **bribery** ['braɪbərɪ] bestickning; tagande av muta
brick [brɪk] **I** *s* **1** tegel[sten]; *drop a ~* (*BE. vard.*) trampa i klaveret; *like a ton of ~s* (*vard.*) med förödande kraft **2** stycke, bit **3** byggkloss **4** *vard.* hedersprick **II** *v,* *~ up* (*in*) mura igen **brick-layer** ['brɪk,le(ɪ)ə] murare
brick|works [-wɜ:ks] (*behandlas som sg*), **-yard** [-ja:d] tegelbruk
bridal ['braɪdl] brud-; bröllops- **bride** [braɪd] brud **bridegroom** ['braɪdgrʊm] brudgum **bridesmaid** ['braɪdzmeɪd] [brud]tärna
1 bridge [brɪdʒ] **I** *s* **1** bro; brygga (*äv. tandläk.*); *cross a ~ when one comes to it* inte oroa sig i förväg **2** kommandobrygga **3** näsrygg **4** fiolstall **II** *v* slå en bro över; *bildl.* överbrygga

2 bridge [brɪdʒ] *kortsp.* bridge
bridle ['braɪdl] **I** *s* betsel; tygel (*äv. bildl.*) **II** *v* **1** betsla; tygla (*äv. bildl.*) **2** *~ at* fnysa (knycka på nacken) åt **bridle path (road)** ridväg
brief [bri:f] **I** *s* **1** påvlig skrivelse **2** dossier; sammandrag, resumé (*äv. jur.*); *take a ~* (*jur.*) åtaga sig ett mål **II** *a* kort[fattad], kortvarig; *in ~* kort sagt, i korthet, i sammandrag; *be ~* fatta sig kort **III** *v* ge en resumé av (*äv. jur.*), göra ett sammandrag av; *jur.* informera **-case** ['bri:fkeɪs] portfölj
briefs [bri:fs] *pl* trosor, [små] kalsonger
brier ['braɪə] törnbuske; nyponbuske
brig [brɪg] brigg
brigade [brɪ'geɪd] brigad; kår
brigand ['brɪgənd] stråtrövare
bright [braɪt] **1** klar, ljus; blank **2** glad, lycklig **3** *vard.* skärpt, begåvad **brighten** ['braɪtn] **1** göra ljus[are] (klar[are]); polera **2** muntra upp **3** bli ljus[are] (klar[are]) **4** bli gladare, lysa upp
bril|liance, -liancy ['brɪljəns(ɪ)] **1** glans **2** briljans, talang[fullhet] **-liant** [-jənt] **I** *a* strålande; briljant, lysande **II** *s* briljant
brim [brɪm] **I** *s* **1** brädd, kant, rand **2** brätte **II** *v* vara bräddad; *~ over* flöda över
brine [braɪn] saltlake, saltvatten
bring [brɪŋ] (*brought, brought*) **1** bära (föra, ha) med sig, komma med; *~ me that book* hämta den där boken åt mig; *~ your brother* ta med dig din bror **2** medföra; fram[bringa, -kalla; förmå, få, bringa (*to* [till] *att*); *the blow brought him to his knees* slaget fick honom på knä; *I can't ~ myself to do it* jag kan inte förmå mig till att göra det; *~ to mind a*) påminna, *b*) dra sig till minnes; *~ influence to bear* utöva inflytande; *that ~s the bill to 10 pounds* det gör att räkningen uppgår till 10 pund **3** inbringa; *the painting brought 100 pounds* tavlan inbringade 100 pund **4** *jur.* lägga fram; vidta **5** *~ about a*) åstadkomma, framkalla, förorsaka, *b*) vända, svänga med; *~ along* ta (ha) med [sig]; *~ back a*) ta (ha) med sig tillbaka, återföra, *b*) *bildl.* väcka; *~ s.b. back to life* återuppliva ngn; *~ down a*) skjuta ner, *b*) sänka (*pris o.d.*); *~ down the house* väcka stormande applåder; *~ down upon* dra [ner] över; *~ forth a*) frambringa, *b*) lägga fram; *~ forth young* få ungar; *~ forward a*) föra (lägga) fram, *b*) bokför. transportera; *~ in a*) föra (bära) in, *b*) inbringa, *c*) inkalla; *~ in a verdict of guilty* fälla utslaget skyldig;; *~ off* [lyckas] klara av; *~ on* förorsaka, framkalla, medföra; *~ out a*) publicera, ge ut, *b*) få fram, *c* framhäva, *d*) föra ut i sällskapslivet; *~ s.o. out of himself* få ngn att öppna sig; *~ over* omvända, få att gå över; *~* [*a*]*round a*) få att kvickna till, *b*) få att ändra åsikt; *~ to* väcka till medvetande; *~ up a*) uppfostra, föda upp, *b*) kräkas upp, *c*) dra upp, föra på tal, *d*) föra (hämta) upp; *~ s.th. up against s.b.* anföra ngt mot ngn
brink [brɪŋk] rand, kant, brädd; *be on the ~ of* stå på randen av
briny ['braɪnɪ] **I** *a* salt **II** *s, vard., the ~* havet
brisk [brɪsk] **1** livlig, rask **2** uppiggande, frisk
brisket ['brɪskɪt] bringa (*på djur*)
bristle ['brɪsl] **I** *s* [svin]borst; *set up one's ~s* resa borst **II** *v* **1** ~ [*up*] stå på ända **2** *bildl.* resa borst, bli ilsken **3** ~ *with* vara tätt besatt (full) med

Britain ['brɪtn] [*Great*] ~ Storbritannien **British** ['brɪtɪʃ] **I** *a* brittisk; engelsk **II** *s*, *the* ~ britterna, engelsmännen
Brittany ['brɪtənɪ] Bretagne
brittle ['brɪtl] spröd, bräcklig
broach [brəʊtʃ] **I** *s* **1** stekspett **2** tornspira **3** skärborr, brotsch; syl **II** *v* **1** slå upp (*tunna*) **2** framkasta, föra på tal
broad [brɔːd] **I** *a* **1** bred, vid[sträckt]; ~ *bean* bondböna; ~ *jump* (*AE*.) längdhopp; *it's as* ~ *as it is long* (*vard.*) det går på ett ut; *in* ~ *daylight* mitt på ljusa dagen **2** klar, tydlig; ~ *hint* tydlig vink **3** allmän, generell; stor, grov; *in* ~ *outline*, *in a* ~ *sense* i stora drag **4** liberal, tolerant, frisinnad; *B*~ *Church* (*angl.*) bredkyrklig (liberal) riktning **5** rättfram; grov[kornig]; ~ *jest* grovkornigt skämt **6** bred; dialektal **II** *s*, *AE. sl.* brud, tjej **III** *adv*, ~ *awake* klarvaken
broadcast ['brɔːdkaːst] **I** *v* (*broadcast, broadcast el.* ~*ed*, ~*ed*) **1** [ut]sända [i radio, TV] **2** så för hand, bredså **3** *bildl.* sprida [ut] **4** uppträda i radio (TV) **II** *s* [radio]utsändning, [TV-]sändning **III** *a* radio-, TV- **-ing** [-ɪŋ] radio[utsändning], TV[-sändning]; *the British B~ Corporation* BBC (*brittiska radio- och TV-bolaget*)
broaden [-n] göra (bli) bred[are]; bredda, vidga **broad-minded** [ˌbrɔːd'maɪndɪd] vidsynt, tolerant
brochure ['brəʊʃə] broschyr
brogue [brəʊg] bred dialekt (*i sht irl.*)
broil [brɔɪl] **I** *s* halstrat kött **II** *v* halstra[s], steka[s]; ~*ing day* stekhet dag **-er** ['brɔɪlə] **1** halster, grill **2** broiler
broke [brəʊk] **I** *a, vard.* pank **II** *v, imperf. av break* **broken** ['brəʊk(ə)n] **I** *perf. part av break o. a* **1** bruten, sönder[slagen], trasig, spräckt; ~ *English* bruten engelska; ~ *heart* brustet hjärta; ~ *line* streckad linje; ~ *meat* köttrester; ~ *money* småpengar **2** avbruten **3** ~ [*in*] tamjd, inriden **brokenhearted** [ˌbrəʊk(ə)n'huːtɪd] nedbruten av sorg, med brustet hjärta
broker ['brəʊkə] **1** mäklare **2** utmätningsman **-age** [-rɪdʒ] **1** mäkleri **2** mäklararvode
bron|chial [-kjəl] bronkial, luftrörs- **-chitis** [brɒŋ'kaɪtɪs] bronkit, luftrörskatarr
bronco ['brɒŋkəʊ] *AE.* [halv]vild häst
bronze [brɒnz] **I** *s* **1** brons **2** bronsfärg **3** bronsföremål **II** *v* **1** bronsera **2** göra (bli) brun **III** *a* brons-; bronsfärgad; *the* ~ *age* bronsåldern
brooch [brəʊtʃ] brosch
brood [bruːd] **I** *s* **1** kull **2** avkomma **II** *v* **1** ligga på ägg, ruva **2** grubbla, ruva (*on, over* på)
brook [brʊk] bäck
broom [bruːm] **I** *s* **1** *bot.* ginst **2** [sop]kvast; *a new* ~ *sweeps clean* nya kvastar sopar bäst **II** *v* sopa
broth [brɒθ] [kött]spad, buljong; köttsoppa
brothel ['brɒθl] bordell
brother ['brʌðə] **I** *s* **1** bror, broder **2** *vard.* kompis, polare **II** *interj, sl.* jösses! **-hood** [-hʊd] broderskap; samfund **--in-law** ['brʌð(ə)rɪnlɔː] (*pl brothers-in-law*) svåger
brought [brɔːt] *imperf. o. perf. part. av bring*
brow [braʊ] **1** ögonbryn; *knit one's* ~*s* rynka pannan **2** panna; min, uppsyn **3** utsprång, krön **-beat** skrämma, spela översittare mot
brown [braʊn] **I** *a* brun; ~ *bread* mörkt bröd; ~

paper omslagspapper; ~ *study* grubbel; ~ *sugar* farin; *do* ~ lura **II** *s* **1** brun färg; brunt **2** brun fjäril **III** *v* bryna[s]
brownie ['braʊnɪ] **1** tomte **2** *B*~ [*Guide*] miniorscout **3** (*ett slags*) nötkaka
browse [braʊz] **I** *s* skummande, bläddrande (*i bok e.d.*) **II** *v* **1** [av]beta **2** skumma, bläddra (*i bok e.d.*)
Bruges [bruːʒ] Brügge
bruise [bruːz] **I** *s* blåmärke **II** *v* **1** slå gul o. blå **2** mala sönder, krossa **3** stöta, skada (*frukt*)
Brum [brʌm] *vard.* Birmingham
brunch [brʌntʃ] frukost-lunch
brush [brʌʃ] **I** *s* **1** borste; kvast; pensel **2** [av]borstning; *give me a* ~ borsta [av] mig **3** rävsvans **4** nappatag **5** snår[skog] **II** *v* **1** borsta [av]; sopa; rengöra; ~ *aside* slå bort, avvisa; ~ *away a tear* stryka bort en tår; ~ *off a*) borsta av (bort), *b*) *sl.* nobba, spisa av; ~ *up* friska upp **2** ~ *against* (*by, past*) snudda vid
brush|off ['brʌʃɒf] *sl.* avspisning **--up** *BE.* uppsnyggning, uppfräschning; *have a wash and* ~ snygga upp sig **-wood** småskog; ris, grenar
brusque [brʊsk] brysk, tvär
Brussels ['brʌslz] Bryssel **Brussels sprouts** brysselkål
brutal ['bruːtl] brutal; grov, rå
brute [bruːt] **I** *a* **1** (*om djur*) oskälig **2** djurisk, låg, rå; ~ *force* rå styrka **II** *s* **1** oskäligt djur **2** brutal (rå) människa
B.Sc. *förk. för* Bachelor of Science
bubble ['bʌbl] **I** *s* **1** bubbla **2** bubblande **3** humbug, svindel **II** *v* bubbla
buck [bʌk] **I** *s* **1** bock; hanne (*av dovhjort, antilop, hare, kanin*); *old* ~! gamle gosse! **2** *vard.* kraftig grabb **3** *AE.* dollar **4** *gymn.* bock **5** *vard.*, *pass the* ~ *to* flytta över ansvaret på **II** *v* **1** (*om häst*) hoppa med stela ben och krökt rygg **2** *AE. vard.*, ~ [*against*] spjärna (kämpa) emot **3** ~ *up* (*vard.*) *a*) raska på, *b*) pigga (gaska) upp [sig]
bucket ['bʌkɪt] *s* **1** pyts, hink, spann; *kick the* ~ (*vard.*) dö, kola av **2** mudderskopa **3** pumpkolv
buckle ['bʌkl] **I** *s* spänne **II** *v* **1** spänna, knäppa (*up* ihop) **2** böja, buckla till **3** *vard.*, ~ *down to a job* hugga i med ett arbete
buck|skin ['bʌkˌskɪn] hjortläder; ~*s* (*AE.*) hjortskinnsbyxor **-wheat** bovete
bud [bʌd] **I** *s* knopp; *nip in the* ~ kväva i sin linda **II** *v* knoppas, slå ut; börja växa
Buddh|ism ['bʊdɪz(ə)m] buddhism **-ist** [-ɪst] buddhist
budding ['bʌdɪŋ] knoppande; *bildl.* gryende, spirande
buddy ['bʌdɪ] *AE. vard.* kompis, polare
budge [bʌdʒ] röra sig ur fläcken
budgerigar ['bʌdʒərɪgaː] undulat
budget ['bʌdʒɪt] *s* budget; riksstat **II** *v* göra upp en budget
buff [bʌf] **I** *s* **1** mattgul färg **2** buffelläder; sämskskinn **3** *vard.* entusiast **4** *vard., in the* ~ spritt naken **II** *a* matt-, brun|gul **III** *v* putsa med sämskskinn
buffalo ['bʌfələʊ] (*pl* ~*es el. lika*) buffel; bisonoxe
buffer ['bʌfə] buffert
buffet ['bʊfeɪ] **1** byffé (*mål, bord*); serverings-

disk **2** [äv. 'bʌfɪt] skänk, sideboard
buffoon [bə'fu:n] **I** s gycklare, pajas **II** v spela pajas
bug [bʌg] **I** s **1** vägglus **2** *AE.* insekt; skalbagge **3** *vard.* bakterie **4** *vanl. pl* defekt, fabrikationsfel **5** *vard.* fix idé, fluga **6** *vard.* dold mikrofon **7** *sl.*, *big* ~ pamp **II** v, *vard.* **1** placera ut dold mikrofon **2** irritera, plåga **-bear** buse, spöke
bugger ['bʌgə] **I** s **1** sodomit **2** *vulg.* jävel **3** *sl.* karl; unge **4** *sl.*, ~ *all* ingenting **II** v **1** bedriva sodomi **2** *BE. sl.* förstöra, klanta till **3** *sl.* trötta ut; ~ *about (around)* (*BE. sl.*) *a)* driva omkring, *b)* trassla till det för; ~ *off* (*BE. vulg.*) sticka, dra åt helvete **III** *interj, vulg.* jävlar!, fan! **buggery** [-rɪ] analt samlag; sodomi
bugle ['bju:gl] **I** s signalhorn; jakthorn **II** v blåsa (*i horn*) **bugler** [-ə] hornblåsare
build [bɪld] **I** v (*built, built*) bygga; uppföra; anlägga (*väg*); skapa, bygga upp; *built on facts* byggd på fakta; ~ *up a)* bygga upp, *b)* öka, stegras **II** s [kropps]byggnad; struktur **builder** ['bɪldə] byggmästare; byggare **building** ['bɪldɪŋ] byggande; byggnad **build-up** ['bɪldʌp] **1** upp-, ut|byggnad **2** överdriven reklam; överdrivet beröm **3** *mil.* uppladdning
built [bɪlt] *imperf. o. perf. part. av build* **--in** inbyggd **--up 1** tätbebyggd **2** uppbyggd
bulb [bʌlb] **1** [blom]lök **2** kula, boll; [*electric*] ~ glödlampa
Bul|garia [bʌl'geərɪə] Bulgarien **-garian** [-'geərɪən] **I** s bulgar **II** a bulgarisk
bulge [bʌldʒ] **I** s **1** utbuktning, rundning **2** uppgång, ökning **II** v bukta ut, puta ut
bulk [bʌlk] **I** s **1** volym, omfång, storlek, massa; *the* ~ det mesta, största delen; *in* ~ i stora mängder **2** skeppslast; bulklast; *in* ~ i lös last **II** v, ~ *large* vara (te sig) stor (betydelsefull) **bulky** ['bʌlkɪ] skrymmande
1 bull [bʊl] **I** s **1** tjur; *like a* ~ *in a china shop* som en elefant i en porslinsaffär, klumplig[t], taktlös[t] **2** hanne (*av elefant, val e.d.*) **3** börs. haussespekulant **4** [*Irish*] ~ orimlighet **5** *sl.* trams, skitprat **II** v, börs. spekulera i hausse
2 bull [bʊl] [påvlig] bulla
bullet ['bʊlɪt] [gevärs-, revolver]kula
bulletin ['bʊlɪtɪn] bulletin
bulletproof ['bʊlɪtpru:f] skottsäker
bull|fighter ['bʊl͵faɪtə] tjurfäktare **-finch** [-fɪntʃ] *zool.* domherre
bullion ['bʊljən] omyntat guld (silver); guld-, silver|tacka
bullock ['bʊlək] stut, oxe
bull's-eye ['bʊlzaɪ] **1** (*skottavlas*) prick; fullträff (*äv. bildl.*) **2** *sjö.* [fönster]ventil **3** runt fönster; oxöga **bullshit** *vulg.* skitsnack, dumheter
bully ['bʊlɪ] **I** s **1** översittare **2** *åld.* lejd bandit **II** v tyrannisera; spela översittare mot; mobba **III** a fin, bra **IV** *interj* fint, bra
bulrush ['bʊlrʌʃ] *bot.* **1** säv **2** kaveldun
bum [bʌm] **I** s **1** *BE. sl.* rumpa **2** *AE.* luffare **II** a, *AE.* usel **III** v, *AE.* **1** luffa omkring **2** parasitera **3** tigga [sig till], bomma
bumblebee ['bʌmblbi:] humla
bump [bʌmp] **I** v **1** stöta, knuffa; dunsa; ~ *into* *s.b.* stöta på (ihop med) ngn **2** skumpa fram **3** *sl.*, ~ *off* mörda **4** *i sht AE.*, ~ *and grind* jucka

och rotera med höfterna (*vid dans*) **II** s **1** törn, stöt, duns **2** bula, knöl **3** luftgrop; gupp
bumper ['bʌmpə] **1** stötfångare (*på bil*) **2** breddad bägare **bumper car** radiobil (*på tivoli*)
bumpkin ['bʌmpkɪn] bondlurk
bun [bʌn] **1** bulle **2** hårknut
bunch [bʌntʃ] **I** s **1** klase; bukett, knippa; bunt **2** *vard.* hop, samling, hög **II** v, ~ [*up*] bunta ihop
bundle ['bʌndl] **I** s bunt, knyte, bylte, knippe; *a* ~ (*sl.*) massor av stålar; *a* ~ *of nerves* ett nervknippe; *go a* ~ *on* (*sl.*) gilla skarpt **II** v **1** ~ [*up*] bunta ihop **2** köra, skicka (*off* iväg, *out* ut); ~ *s.th. into* stuva ner ngt i **3** ~ *off* (*out*) packa sig iväg, sticka **4** ~ *up a)* bunta ihop, *b)* bylta på [sig]
bungalow ['bʌŋgələʊ] **1** bungalow **2** enplansvilla
bungle ['bʌŋgl] **I** v förfuska, fuska bort **II** s fuskverk, klåperi
bunk [bʌŋk] **I** s koj, brits **II** v, ~ [*down*] gå till kojs **bunk bed** våningssäng
bunker ['bʌŋkə] **I** s **1** kolbox; oljetank **2** *golf. o. mil.* bunker **II** v bunkra, ta in kol (olja)
bunny ['bʌnɪ] *barnspr.* kanin
buoy [bɔɪ] **I** s boj; prick **II** v **1** *sjö.* pricka ut (*med bojar*) **2** ~ *up a)* hålla flott (uppe), *b)* inge mod, uppmuntra **-ant** ['bɔɪənt] **1** flytande **2** bärande **3** spänstig; livlig
bur [bɜ:] kardborre (*äv. bildl.*)
burbot ['bɜ:bət] *zool.* lake
burden ['bɜ:dn] **I** s **1** börda (*to* för), last; *beast of* ~ lastdjur **2** pålaga **3** *sjö.* dräktighet **4** omkväde **5** huvudtema **II** v belasta, betunga
burdock ['bɜ:dɒk] *bot.* kardborre
bureau ['bjʊərəʊ] (*pl* ~*s el* ~*x* [-z]) **1** sekretär, skrivpulpet **2** ämbetsverk; byrå **4** *AE.* byrå (*möbel*) **-cracy** [bjʊ(ə)'rɒkrəsɪ] byråkrati **-crat** ['bjʊərə(ʊ)kræt] byråkrat **-cratic** [͵bjʊərə(ʊ)-'krætɪk] byråkratisk
burglar ['bɜ:glə] inbrottstjuv **burglary** [-rɪ] inbrott **burgle** ['bɜ:gl] göra inbrott [i]
Burgundy ['bɜ:g(ə)ndɪ] Bourgogne; *hist.* Burgund **burgundy** **1** bourgogne[vin] **2** rödvin
burial ['berɪəl] begravning **burial service** jordfästning, begravningsgudstjänst
burly ['bɜ:lɪ] stor och kraftig, bastant
burn [bɜ:n] **I** v (*burnt, burnt, äv.* ~*ed*, ~*ed*) **1** [för]bränna; bränna ner (upp); bränna vid; ~ *one's boats* (*bridges*) bränna sina skepp; ~ *the candle at both ends* (*bildl.*) bränna sitt ljus i båda ändar; *have money to* ~ ha pengar som gräs **2** brinna; brinna upp (ner); lysa, glöda (*äv. bildl.*); ~ *down* brinna ner; ~ *off* bränna av, svedja; ~ *out a)* brinna ut (slut), *b)* *bildl.* bli (göra) slut (utmattad); ~ *up a)* brinna upp, *b)* flamma upp; *she was* ~*ing to tell us* hon brann av iver att få berätta för oss **3** brännas; brännas vid; *my ears* ~ det hettar i mina öron **4** brännmärka **II** s bränn|ska-da, -sår **-ing** [-ɪŋ] **I** a brännande; brinnande; glödande; *it's a* ~ *shame* det är en evig skam **II** s bränning
burnsides ['bɜ:nsaɪdz] *pl, AE.* polisonger
burnt [bɜ:nt] **I** v, *imperf. o. perf. part. av burn* **II** a bränd; ~ *offering* brännoffer
burp [bɜ:p] *vard.* **I** v rapa **II** s rapning
burrow ['bʌrəʊ] **I** s håla, lya **II** v gräva en håla; ~ *through* gräva sig fram genom

B

burst [bɜːst] **I** v (burst, burst) **1** brista, spricka; slå ut; ~ into song brista ut i sång; ~ open (om dörr e.d.) flyga upp; be ~ing with envy hålla på att spricka av avund **2** spränga, spräcka; ~ open spränga; ~ one's sides with laughter hålla på att spricka av skratt **3** störta, komma störtande; ~ in a) komma inströtande, störta in, b) avbryta; he ~ in on us han dök upp hos oss; they ~ into the room de störtade in i rummet; ~ out a) bryta fram, b) störta ut, c) brista ut **II** s **1** bristning **2** explosion, krevad; salva **3** [plötsligt] utbrott, anfall; a ~ of applause en storm av applåder; a ~ of flames ett plötsligt uppflammande; a ~ of laughter en skrattsalva; a ~ of speed en spurt

bury ['berɪ] **1** begrava **2** gräva ner; gömma

bus [bʌs] **I** s **1** buss; miss the ~ a) missa bussen, b) missa chansen **2** sl. kärra (bil, flygplan) **II** v **1** åka buss **2** transportera med buss; AE. skicka (skolbarn) med buss, bussa **bus boy** smörgåsnisse, diskplockare

busby ['bʌzbɪ] björnskinnsmössa

bush [bʊʃ] **1** buske; busksnår; good wine needs no ~ en god sak talar för sig själv; beat about the ~ gå som katten kring het gröt **2** kalufs **3** the ~ a) buschen, b) vard. landet, vischan **4** rävsvans

business ['bɪznɪs] **1** affär[er]; affärsverksamhet; affärslivet; on ~ i affärer; do ~ with göra affärer med; get down to ~ komma till saken; go into ~ bli affärsman; mean ~ mena allvar; know one's ~ kunna sina saker; how's ~? hur går affärerna? **2** affär[sföretag], företag, firma **3** brànsch, yrke **4** angelägenhet, sak, uppgift, syssla, ärende; mind one's own ~ sköta sitt; it's none of your ~, it's no ~ of yours det angår dig inte; you have no ~ to ask him du har ingen rätt att fråga honom; send s.b. about his ~ avfärda ngn; fast cars and all that ~ (vard.) snabba bilar och allt sånt; sick of the whole ~ trött på alltihopa **business hours** pl kontors-, affärs-, öppet|tid[er] **businesslike** affärsmässig **businessman** affärsman **businesswoman** affärskvinna

bus-lane ['bʌsleɪn] bussfil **bussing** [-ɪŋ] busstransport; AE. bussning (av skolbarn) **bus stop** busshållplats

1 bust [bʌst] **1** byst **2** bröst, barm

2 bust [bʌst] **I** s **1** [polis]razzia **2** AE. slag, smäll **3** AE. [ekonomiskt] misslyckande, bankrutt **4** dryckeslag **II** v **1** brista, gå sönder **2** göra bankrutt **3** göra razzia; get ~ed arresteras **4** AE. mil. degradera **5** AE. tämja (häst) **6** AE. slå till **III** a, go ~ a) gå sönder, b) göra bankrutt

bustle ['bʌsl] **I** v **1** ~ [about] gno, flänga **2** jaga, jäkta **II** s brådska, fläng

busy ['bɪzɪ] **I** a **1** sysselsatt, upptagen; flitig; he is ~ writing han håller på att skriva; be ~ (äv.) ha bråttom; get ~ sätta i gång, börja arbeta; ~ as a bee flitig som en myra **2** ivrig, beskäftig, rastlös **3** bråd; livlig[t trafikerad] **4** AE. (om telelinje e.d.) upptagen **5** detaljrik, överlastad **II** v sysselsätta (o.s. sig) **-body** [-ˌbɒdɪ] beskäftig människa

but [bʌt, obeton. bət] **I** konj **1** men, utan; it never rains ~ it pours en olycka kommer sällan ensam; not only...~ inte bara...utan också **2** (äv. prep) utom; mer än, annat än; all ~ me alla utom jag; anything ~ simple allt annat än enkelt; I can't ~ admire jag kan inte annat än beundra henne;

the first ~ one den andra; the last ~ one den näst sista; the next street ~ one andra gatan härifrån; ~ for bortsett från, med undantag av; ~ for you om inte du vore (hade varit) **3** bara; I can ~ try jag kan bara försöka **4** än; who else ~ she vem annat än hon **5** vard., my ~ you are nice! vad snäll du är!; ~ of course! ja naturligtvis! **II** adv bara; she is ~ a child hon är bara ett barn; all ~ nästan **III** s men; invändning; ifs and ~s om och men

butcher ['bʊtʃə] **I** s slaktare; the ~'s köttaffären, slakteriet **II** v **1** slakta **2** förstöra; misshandla **butchery** [-rɪ] blodbad, slaktande

butler ['bʌtlə] förste betjänt, hovmästare

1 butt [bʌt] tunna, fat

2 butt [bʌt] **1** tjockända; handtag; [gevärs]kolv **2** fimp; AE. cigarett **3** AE. vard. ända, skinkor

3 butt [bʌt] stöta; stånga[s]; ~ in[to] blanda (lägga) sig i

butter ['bʌtə] **I** s **1** smör; she looks as if ~ would not melt in her mouth hon ser mjäkig ut; lay on the ~ smickra, bre på tjockt **2** äckligt smicker **II** v bre[da] smör på; ~ up smickra **buttercup** smörblomma **butterfingers** [-ˌfɪŋɡəz] (behandlas som sg) vard. släpphänt person **butterfly** fjäril **buttermilk** kärnmjölk

buttock ['bʌtək] anat. skinka; ~s (pl, äv.) bakdel, ända

button ['bʌtn] **I** s **1** knapp **2** knopp **II** v knäppa ihop (till, igen), gå att (kunna) knäppas **-hole** **I** s **1** knapphål **2** blomma i knapphålet **II** v **1** förse med knapphål **2** uppehålla med prat

buxom ['bʌksəm] mullig, trind; frodig

buy [baɪ] **I** v (bought, bought) **1** köpa; ~ off a) friköpa, b) köpa sig fri från; ~ out köpa (lösa) ut; ~ over muta **2** AE. sl. "köpa", ta, acceptera **3** sl., ~ it dödas, stupa **II** s, vard. köp **buyer** ['baɪə] köpare; inköpare; ~'s market köparens marknad

buzz [bʌz] **I** v **1** surra [med] **2** sorla, mumla **3** ~ about flyga omkring **4** vard. ringa [upp] **5** BE. vard., ~ off sticka, dunsta **II** s **1** surr **2** sorl; prat, rykte **3** vard. påringning, signal

buzzard ['bʌzəd] zool. vråk

by [baɪ, obeton. bɪ, bə] **I** prep **1** vid, bredvid, nära, hos; ~ oneself ensam, [för sig] själv, på egen hand; ~ the river vid floden; come and sit ~ me kom och sätt dig hos mig **2** av; a prelude ~ Chopin ett preludium av Chopin **3** genom, via; per, med; enter ~ the back door komma in genom bakdörren; ~ air med flyg; ~ post per post; ~ hiding behind the door genom att gömma sig bakom dörren **4** förbi, längs med, utefter; he drove ~ the old house han körde förbi det gamla huset **5** senast, inte senare än; I must be home ~ five jag måste vara hemma senast klockan fem **6** dividerat med; multiplicerat med; four ~ two equals eight fyra gånger två är åtta **7** ~ birth till börden; ~ day om dagen; not ~ far inte på långa vägar; ~ heart utantill; ~ the hour i timmen, per timme; ~ name till namnet; go ~ the name of gå under namnet; ~ night om natten, nattetid; ~ now vid det här laget; one ~ one en och en; ~ my watch enligt min klocka; it is colder ~ four degrees det är fyra grader kallare; I knew him ~ his voice jag kände igen honom på rösten; I swear ~ all gods jag svär vid alla gudar; *she is younger ~ a year* hon är ett år yngre **ll** *adv* **1** intill, bredvid, i närheten **2** undan, i reserv; *put money ~* lägga undan pengar **3** förbi; *he drove ~* han körde förbi; *the years went ~* åren gick **4** ~ *and* ~ så småningom, senare, en annan gång; ~ *and large* i stort sett **lll** *s*, ~ *the* ~, ~ *the way* i förbigående [sagt], förresten, inom parentes [sagt]

bye [baɪ] **1** bisak **2** *sport.* extra|match, -nummer **3** (*i kricket*) poäng **4** *vard.*, *se bye-bye* **5** *by the* ~, *se by III* **--bye** [ˌbaɪˈbaɪ] *interj*, *BE. vard.* hej då!, hej hej!

by|-election [ˈbaɪɪˌlekʃn] fyllnadsval **-gone** [-gɒn] **l** *s* förgången **ll** *s*, *let* ~*s be* ~*s* låt det skedda vara glömt **-law** [-lɔː] [lokal] förordning; stadga **--line** [-laɪn] (*i tidning*) signatur **-pass** [-pɑːs] **l** *s* förbifartsled, sidoväg **ll** *v* gå (leda) förbi; kringgå **-road** [ˈbaɪrəʊd] biväg **-stander** [-ˌstændə] åskådare **-street** [-striːt] bakgata

byte [baɪt] *data.* grupp av bits, byte

by|way [ˈbaɪweɪ] **1** biväg; avväg **2** *bildl.* outforskat område **-word 1** ord|språk, -stäv **2** *their name is a ~ for quality* deras namn är en garanti för kvalitet; *his name is a ~ for laziness* han är ökänd för sin lättja

C, c [siː] (*bokstav, ton*) C, c; *C flat* (*mus.*) cess; *C sharp* (*mus.*) ciss

C *förk. för capacitance; Celsius; centigrade; century; cold* (*water*)

c. *förk. för carat; cent; century; chapter; circa; copyright; coulomb*

cab [kæb] **1** taxi; (*förr*) droska **2** förarhytt

cabaret [ˈkæbəreɪ] kabaré

cabbage [ˈkæbɪdʒ] **1** kål; kålhuvud **2** *vard.* hösäck, träskalle

cab driver [-ˌdraɪvə] taxichaufför; (*förr*) droskkusk

cabin [ˈkæbɪn] **1** hytt; kajuta **2** *flyg.* kabin **3** stuga, koja

cabinet [ˈkæbɪnɪt] **1** skåp; hölje (*på TV el. radio*) **2** kabinett, ministär **cabinet council** [-ˌkaʊnsl] kabinettssammanträde, konselj **cabinet--maker** [-ˌmeɪkə] möbel-, fin|snickare

cable [ˈkeɪbl] **l** *s* **1** kabel; wire **2** ankarkätting **3** kabellängd **4** telegram **ll** *v* telegrafera **cable car** linbanevagn **cable railway, cableway** linbana

caboodle [kəˈbuːdl] *s*, *vard.*, *the whole ~* hela klabbet

cab-rank [ˈkæbræŋk] *BE.*, **cab stand** *AE.* taxihållplats; rad av taxibilar

ca'canny [kɔːˈkænɪ] maskning, obstruktion

cache [kæʃ] **l** *s* gömställe; gömd proviant **ll** *v* gömma, gräva ner

cachinnate [ˈkækɪneɪt] gapskratta

cackle [ˈkækl] **l** *v* kackla; pladdra **ll** *s* kackel, kacklande; pladder

cac|tus [ˈkæktǀəs] (*pl -ti* [-aɪ] *el. -tuses* [-əsɪz]) kaktus

cadaver [keˈdeɪvə] kadaver, lik

caddy [ˈkædɪ] teburk

cadet [kəˈdet] **1** yngre son **2** kadett, aspirant

Caesar|ean, -ian [ˌsiːˈzeəˈrɪən] kejserlig; ~ *birth* (*operation, section*) kejsarsnitt

café [ˈkæfeɪ] kafé; liten restaurang

cafeteria [ˌkæfɪˈtɪərɪə] cafeteria, självservering

cage [keɪdʒ] **l** *s* **1** bur **2** *gruv.* uppfordringskorg, hiss **3** *vard.* [basket]korg; [mål]bur **ll** *v* sätta i bur; spärra in

cahoot [[kəˈhuːt] *s*, *be in* ~[*s*] *with* vara i maskopi med

cajole [kəˈdʒəʊl] lirka med; förmå; locka

cake [keɪk] **l** *s* **1** tårta, [mjuk] kaka; ~*s and ale* sötebrödsdagar; *you cannot eat your ~ and have it* man kan inte både äta upp kakan och ha den kvar; *it's a piece of ~* (*vard.*) det är en lätt match; *take the ~* (*vard.*) ta priset; *sell* (*go*) *like hot* ~*s* (*vard.*) gå åt som smör **2** kakformig sak, bit **3** *Sk.* havrebröd **ll** *v* baka ihop [sig]; täcka med hård skorpa

calam|itous [kəˈlæmɪtəs] katastrofal; olycks--**ity** [-ətɪ] katastrof, olycka

calcu|late [ˈkælkjʊleɪt] **1** beräkna, kalkylera, räkna ut **2** räkna; ~ [*up*]*on* räkna med **3** *AE.* förmoda; ämna **-lation** [ˌkælkjʊˈleɪʃn] beräkning, uträkning, kalkyl; ~ *of ranges* avståndsberäkning **-lator** [ˈkælkjʊleɪtə] **1** [be]räknare **2** räknetabell **3** räknemaskin, kalkylator

calendar [ˈkælɪndə] **l** *s* **1** kalender; almanacka **2** register, förteckning **ll** *v* [in]registrera; ordna och katalogisera

1 calf [kɑːf] (*pl calves* [kɑːvz]) **1** kalv **2** unge (*av elefant, val m.fl.*) **3** kalv|läder, -skinn

2 calf [kɑːf] (*pl calves* [kɑːvz]) *anat.* vad

calibre [ˈkælɪbə] kaliber

California [ˌkælɪˈfɔːnjə] Kalifornien

caliph [ˈkælɪf] kalif

call [kɔːl] **l** *v* **1** kalla [för], benämna; *be* ~*ed* kallas, heta; ~ *s.b. names* skälla ut ngn **2** ropa på; kalla på, tillkalla, kalla (ropa) in; sammankalla; ~ *attention to* dra uppmärksamheten till; ~ *into being* skapa; ~ *into play* sätta igång (i rörelse); ~ *into question* sätta i fråga, bestrida; ~ *to account* ställa till ansvar; ~ *to the bar* utnämna till advokat; ~ *to mind* erinra om; ~ *to witness* ta till vittne; ~ *it a day* sluta, lägga av **3** komma på besök, göra visit; ~ *at a*) besöka, titta in hos, *b*) (*om tåg e.d.*) stanna i; ~ *on* hälsa på, besöka **4** ~ [*up*] telefonera [till], ringa [till] **5** ropa; utropa, proklamera; ~ *a halt* kommendera halt; ~ *a strike* utlysa strejk **6** väcka **7** ~ [*out*] ropa (*to* åt); ~ *for a*) kräva, påkalla, erfordra, *b*) komma (gå) och hämta, *c*) efterfråga; ~ [*up*]*on* uppmana, anmoda **8** *kortsp., bildl.* syna; bjuda **9** säga upp (*lån e.d.*) **10** ~ *back a*) ropa tillbaka, *b*) återkalla, *b*) ringa upp igen (senare); ~ *down a*) nedkalla, *b*) *AE.* skälla ut; ~ *forth a*) framkalla, locka fram, *b*) uppbjuda; ~ *in a*) kalla in, *b*) dra in, återkalla, återkräva, c) inkalla, tillkalla, d) titta in (*on* hos), besöka, c) [av]bryta, stoppa; ~ *off a*) ställa in, avlysa, b) ropa tillbaka, c) [av]bryta, stoppa; ~ *out a*) ropa (kalla) ut (upp), ropa (kalla) fram, b) inkalla, uppbåda, c) beordra att strejka, ta ut i strejk, d) utropa, skrika till; ~ *up a*) kalla fram (upp), b) framkalla, återkalla [i minnet], c) *mil.* inkalla, d) ringa upp **II** *s* **1** rop **2** lockrop, lockton **3** kallelse; maning, uppfodran; bud; *bildl.* röst; inropning (*av sångare e.d.*); *on* ~ *a*) i beredskap, b) på kallelse; *within* ~ inom hörhåll (räckhåll) **4** upprop **5** signal; anrop; påringning; telefonsamtal; *take the* ~ svara i telefon **6** besök, visit **7** *hand.* efterfrågan **8** anledning, orsak; *you had no* ~ *to interfere* du hade ingen anledning att lägga dig i det **9** krav [på återbetalning, på inbetalning]; fordran, anspråk; *on (at)* ~ vid anfordran **10** *kortsp.* bud; syn

call box ['kɔ:lbɒks] telefonhytt **caller** [-ə] **1** besökande, besökare **2** försångare (*i square dance*)

calling ['kɔ:lɪŋ] yrke; kall **calling card** *AE.* visitkort

callous ['kæləs] **1** valkig **2** förhärdad, okänslig

call-up ['kɔ:lʌp] *mil.* inkallelse

calm [kɑ:m] **I** *a* lugn, stilla **II** *s* lugn, stilla; vindstilla **III** *v* lugna, stilla; ~ *down a*) lugna [ner] sig, b) stillna, c) lugna

calorie ['kælərɪ] kalori

calotte [kə'lɒt] kalott

calum|niation [kə'lʌmnɪeɪ[n], -**ny** ['kæləmnɪ] förtal

Calvary ['kælvərɪ] Golgata

calve [kɑ:v] kalva -**s** [-z] *pl av 1 o. 2 calf*

camber ['kæmbə] **I** *s* välvning, buktning (*av väg*); camber (*på bil*) **II** *v* göra krum; [lätt] svänga [uppåt]

came [keim] *imperf. av come*

camel ['kæml] kamel; *Arabian* ~ dromedar

camera ['kæm(ə)rə] **1** kamera **2** domares rum; *in* ~ bakom lyckta dörrar

camomile ['kæmə(ʊ)maɪl] *bot.* kamomill

camouflage ['kæmʊflɑ:ʒ] **I** *s* kamouflage **II** *v* kamouflera, dölja genom kamouflage

camp [kæmp] **I** *s* läger (*äv. bildl.*) **2** lägerliv; militärliv **II** *v* **1** slå läger; ligga i läger; ~ *[out]* campa, tälta **2** kampera

campaign [kæm'peɪn] **I** *s* fälttåg; kampanj **II** *v* delta i en kampanj

camp-bed [ˌkæmp'bed] tält-, turist|säng **camp-chair** fällstol **camper** ['kæmpə] **1** campare **2** camping|bil, -buss

camping ['kæmpɪŋ] camping, lägerliv **camping ground (site)** campingplats

campus ['kæmpəs] **1** universitet, college **2** *AE.* skol-, college|område; plan, gård

1 can [kæn] **I** *s* **1** kanna; burk; dunk **2** *sl.* kåk (*fängelse*) **3** *AE. sl.* mugg (*toalett*); rumpa **II** *v* **1** konservera **2** *AE. sl.* avskeda **3** *AE. vard., ~ it!* lägg av!

2 can [kæn] *hjälpv (nekande: cannot, can't)* **1** kan; *you cannot but know it* det måste du väl veta **2** kan [få], får

Cana|da ['kænədə] Canada -**dian** [kə'neɪdjən] **I** *s* kanadensare **II** *a* kanadensisk

canal [kə'næl] **I** *s* kanal **II** *v* gräva en kanal igenom -**ize** (*BE. äv. -ise*) ['kænəlaɪz] kanalisera

canary [kə'neərɪ] **I** *s* **1** kanariefågel **2** *the Canaries* Kanarieöarna **II** *a* ljusgul

cancel ['kænsl] **1** stryka över, överkorsa **2** annullera, förklara ogiltig; upphäva; återkalla; inställa; avbeställa; lämna återbud till; makulera; stämpla (*frimärke e.d.*); döda (*bankbok*) **3** *mat.* eliminera **4** ~ *[out]* upphäva (ta ut) varandra, motverka -**lation** [ˌkænsə'leɪʃn] **1** över|strykning, -korsande **2** annullering *etc., se cancel 2*

cancer ['kænsə] **1** cancer **2** *bildl.* kräftsvulst **3** *C~* Kräftan (*i Djurkretsen*); *the Tropic of C~* Kräftans vändkrets

candelabra [ˌkændɪ'lɑ:brə], **candela|brum** [-brəm] (*pl -bra el. -brums*) kandelaber

candid ['kændɪd] öppen, frispråkig; ~ *camera* dold kamera

candidate ['kændɪdət] kandidat, sökande

candle ['kændl] [stearin]ljus; levande ljus; *burn the* ~ *at both ends* (*vard.*) bränna sitt ljus i bägge ändar; *not hold a* ~ *to* (*vard.*) inte kunna mäta sig med; *not worth the* ~ (*vard.*) inte värd krutet (mödan) -**-end** [-end] ljusstump **-light 1** levande ljus; eldsljus **2** skymning **-stick** [-stɪk] ljusstake

candour ['kændə] **1** uppriktighet, öppenhet **2** opartiskhet

candy ['kændɪ] **I** *s* **1** kandisocker **2** *AE.* karamel|l[er], godis **II** *v* **1** kandera **2** kristallisera[s] **-floss** sockervadd

cane [keɪn] **I** *s* **1** rör, suckerrör **2** [spatser]käpp **3** spö; rotting **II** *v* prygla, klå upp

canine [-, 'keɪnaɪn] hund- **2** ['kænaɪn] ~ *[tooth]* hörn-, ögon|tand

canned [kænd] **1** konserverad; ~ *food* burkmat; ~ *goods* konserver; ~ *music* (*vard.*) grammofonmusik, 'burkmusik' **2** *sl.* packad (*berusad*)

cannery ['kænərɪ] konservfabrik

cannibal ['kænɪbl] kannibal

cannon ['kænən] (*pl ~s el. lika*) **1** kanon; automatkanon (*i flygplan*) **2** (*i biljard*) karambol

cannot ['kænɒt] kan (får) inte

canny ['kænɪ] slug; försiktig i affärer

canoe [kə'nu:] **I** *s* kanot **II** *v* paddla [i kanot]

canonicals [kə'nɒnɪklz] *pl* prästdräkt; *in full* ~ i full ornat

can-opener ['kænˌəʊp(ə)nə] konservöppnare

canopy ['kænəpɪ] **I** *s* **1** baldakin; tron-, säng|himmel **2** tak, himlavalv **II** *v* förse med baldakin *etc.*

cant [kænt] **I** *s* **1** skenheligt tal, hyckleri **2** floskler **3** [yrkes]jargong; tjuvspråk **II** *v* använda skenheligt tal *etc.*

can't [kɑ:nt] = *cannot*

cantankerous [kæn'tæŋk(ə)rəs] grälsjuk

cantata [kæn'tɑ:tə] *mus.* kantat

canteen [kæn'ti:n] **1** marketenteri; kantin; lunchrum **2** fältkök; fältflaska; kantin; (*soldats*) matkärl **3** schatull (*för bordssilver*)

cantilever ['kæntɪli:və] utskjutande stöd, konsol

cantor ['kæntɔ:] kantor

canvas ['kænvəs] **1** segelduk, tältduk; kanfas; *under* ~ i tält, under segel **2** duk; tavla **3** *koll.* segel **4** *boxn.* ringgolv

canvass ['kænvəs] **I** *v* **1** grundligt dryfta **2** bearbeta (*för att få röster, bidrag e.d.*) **3** agitera; värva röster; ~ *for subscribers* skaffa prenumeranter **II** *s* röstvärvning, agitation

cap [kæp] **I** s **1** mössa; *sport.* lagmössa; ~ *in hand* med mössan i hand, *bildl. äv.* underdånigt; ~ *and bells* narrmössa; ~ *and gown* akademisk dräkt; *the ~ fits* anmärkningen är träffande; *set one's ~ for (at) (om kvinna)* lägga sina krokar för **2** hatt (*på svamp*) **3** tänd-, knall|hatt **4** kapsyl, lock, hylsa, hatt, huv **5** krön **II** v **1** sätta mössa (kapsyl *etc.*) på; *Sk.* förläna akademisk grad; *be ~ped by England* bli uttagen till engelska landslaget **2** täcka, kröna, ligga ovanpå **3** *vard.* över|glänsa, -träffa, slå; *to ~ it all* som kronan på verket, till råga på allt

capa|bility [ˌkeɪpə'bɪlətɪ] **1** förmåga, duglighet, skicklighet **2** (*i sht pl*) [utvecklings]möjligheter, anlag **-ble** ['keɪpəbl] **1** ~ *of* i stånd till, kapabel till **2** duglig, skicklig; begåvad

capacious [kə'peɪʃəs] rymlig

capacity [kə'pæsətɪ] **1** plats, utrymme; volym, mängd; *filled to* ~ fylld till bredden (sista plats); *be at* ~ vara fullt utnyttjad **2** anlag, fallenhet; [fattnings]förmåga **3** egenskap, ställning; *in the* ~ *of* i egenskap av **4** *fys.* kapacitet **5** *jur.* befogenhet, kompetens

1 cape [keɪp] kap, udde; *the C~ a)* Godahoppsudden, *b)* Kapprovinsen; *the C~ of Good Hope* Godahoppsudden; *C~ Coloured (Sydafr.)* färgad

2 cape [keɪp] cape, krage

1 caper ['keɪpə] kaprisbuske; ~*s (pl)* kapris (*krydda*)

2 caper ['keɪpə] **I** s **1** glädjesprång; skoj, upptåg; *cut* ~*s (a ~)* göra glädjesprång **2** *AE. sl.* organiserat rån **II** v göra glädjesprång

caper|callie [ˌkeɪpə'keɪlɪ], **-calzie** [-'keɪlzɪ] tjäder

capital ['kæpɪtl] **I** a **1** huvudsaklig, förnämst; ~ *city* huvudstad; ~ *ship* slag|skepp, -kryssare **2** *BE.* utmärkt, ypperlig; ~ *idea* utmärkt (jättebra) idé **3** *jur.* belagd med dödsstraff; döds-; ~ *offence (crime)* brott som medför dödsstraff; ~ *punishment* dödsstraff; ~ *sin* dödssynd **4** ödesdiger; ~ *error* ödesdigert misstag **5** stor; ~ *letter* stor bokstav, versal **6** kapital-; ~ *gains* realisationsvinst; ~ *goods* kapitalvaror; ~ *stock* aktiekapital; ~ *transfer tax* gåvoskatt **II** s **1** kapital; *make* ~ [*out*] *of* slå mynt av, utnyttja **2** huvudstad **3** stor bokstav, versal; *small* ~ (*boktr.*) kapitäl **4** *byggn.* kapitäl **-ism** ['kæpɪtəlɪz(ə)m] kapitalism **-ist** ['kæpɪtəlɪst] kapitalist **-istic** [ˌkæpɪtə'lɪstɪk] kapitalistisk **-ize** (*BE. äv. -ise*) ['kæpɪtəlaɪz] **1** skriva (trycka) med stor bokstav **2** kapitalisera; förse med kapital **3** dra fördel av, utnyttja **4** skriva med stor [begynnelse]bokstav

capitu|late [kə'pɪtjuleɪt] kapitulera **-lation** [kəˌpɪtju'leɪʃn] kapitulation

capricious [kə'prɪʃəs] nyckfull, ombytlig

Capricorn ['kæprɪkɔ:n] Stenbocken (*i Djurkretsen*); *the Tropic of* ~ Stenbockens vändkrets

capsize [kæp'saɪz] kapsejsa, kantra

capsule ['kæpsju:l] **1** kapsyl, hylsa **2** kapsel, hölje

captain ['kæptɪn] **I** s **1** anförare, ledare **2** (*i armén, AE.* äv inom *flyget*) kapten; (*i flottan*) kommendör; [sjö]kapten, fartygschef, befälhavare **3** *AE.* hovmästare **4** *AE.* poliskommissarie **II** v anföra, leda

caption ['kæpʃn] **I** s överskrift, rubrik; bild-, film|text **II** v rubricera, förse med rubrik (bildtext *etc.*)

cap|tivate ['kæptɪveɪt] fängsla, förtrolla, tjusa **-tive** [-tɪv] **I** a fången, fängslad **II** s fånge **-tivity** [kæp'tɪvətɪ] fångenskap **-ture** ['kæptʃə] **I** v **1** ta till fånga; gripa; erövra, inta; kapa; *bildl.* fånga **2** *schack.* slå **II** s **1** tillfångatagande; gripande; erövring; uppbringande; kapande **2** fånge; [krigs]byte

car [ka:] **1** bil **2** spårvagn; järnvägsvagn (*för passagerare*); *AE. äv.* godsfinka **3** gondol, [ballong]korg **4** *poet.* vagn

carafe [kə'ræf] karaff

caramel ['kærəmel] **1** bränt socker **2** kola **3** ljusbrun färg

carapace ['kærəpeɪs] sköldpaddsskal; ryggsköld

carat ['kærət] karat

caravan ['kærəvæn] **I** s **1** karavan **2** husvagn **II** v bo (åka) i husvagn

caraway ['kærəweɪ] kummin

carbine ['ka:baɪn] karbin

carbon ['ka:bən] **1** kol **2** *elektr.* kolspets **3** karbonpapper; genomslagskopia **carbon copy** ['ka:bənˌkɒpɪ] genomslagskopia **carbon dating** kol-14-metoden **carbon dioxide** koldioxid

carbonic [ka:'bɒnɪk] *a*, ~ *acid* kolsyra

carbon monoxide ['ka:bənmɒˌnɒksaɪd] koloxid

carburett|er, -or [ˌka:bju'retə] förgasare, karburator

carc|ase, -ass ['ka:kəs] **1** kadaver, as, åtel **2** slaktat djurs kropp **3** *vard.* kroppshydda; *save one's* ~ rädda livhanken **4** tomt skal, stomme; spillra

card [ka:d] **I** s **1** kort; ~*s (äv.)* kortspel; *punch (punched)* ~ hålkort; *get one's* ~*s* få sparken; *have a* ~ *up one's sleeve* ha ngt i bakfickan; *it's on* (*AE. in*) *the* ~*s* det är troligt; *speak by the* ~ väga varje ord **2** program; lista **3** *vard.* rolig karl; original, [konstig] typ; *a knowing* ~ en spjuver **cardam|om, -um** ['ka:dəməm] kardemumma

cardan joint kardanknut

cardboard ['ka:dbɔ:d] papp, kartong

cardinal ['ka:dɪnl] **I** a **1** huvud-, huvudsaklig, främst; avgörande; ~ *number (numeral)* grundtal; *the* ~ *points* de fyra väderstrecken **2** högröd, purpurröd **II** s **1** kardinal **2** purpurrött **3** kardinalfågel

card index ['ka:dˌɪndeks] kortregister, kartotek

care [keə] **I** s **1** bekymmer **2** omsorg, omtanke (*for* om); *nog grannhet*; [*handle*] *with* ~ aktas för stötar; [*hanteras*] *varsamt*; *take* ~ *to* vara noga med att; *take* ~ *not to* akta sig för att **3** omvårdnad, vård; *take* ~ *of* sörja för, ta hand (vård) om, sköta (om), vara rädd om, akta; *take* ~*! a)* akta dig!, se upp!, sköt om dig!, ha det så bra! **4** ~ *of (c/o)* adress **II** v **1** bry sig om [det]; ~ *about* bekymra (bry) sig om; ~ *for a)* tycka om, *b)* ta hand om, sörja för, *c)* bry sig om; *would you* ~ *for* skulle du vilja ha; *who* ~*s?* vad rör det mig!; *I don't* ~ det gör mig detsamma; *I couldn't* ~ *less* (*vard.*) det struntar jag i; *I don't* ~ *if I do* gärna för mig **2** ~ *to* ha lust (tycka om) att, [gärna] vilja

career [kə'rɪə] **I** s **1** levnadslopp, bana; karriär **2** [full] fart **II** v ila, rusa

care|free ['keəfri:] sorglös, bekymmerslös **-ful** [-f(ʊ)l] **1** omsorgsfull; noggrann **2** försiktig; aktsam (*of* om, med); *be ~ with* vara rädd om, akta **-less** [-lɪs] **1** sorglös **2** slarvig, vårdslös; oförsiktig **3** likgiltig (*of* för), obekymrad (*of* om)

caress [kə'res] **I** *v* smeka **II** *s* smekning

caretaker ['keə,teɪkə] portvakt, fastighetsskötare; uppsyningsman, vaktmästare

cargo ['kɑːgəʊ] skepps-, flyg|last, last

caricature ['kærɪkətjʊə] **I** *s* karikatyr **II** *v* karikera

caries ['keəriːz] karies; tandröta; benröta

carillon ['kærɪljən] klockspel

carnation [kɑː'neɪʃn] **I** *s* **1** nejlika **2** ljusröd (skär) färg; hudfärg **II** *a* ljusröd, skär; hudfärgad

carnival ['kɑːnɪvl] **1** karneval **2** kringresande tivoli **3** bullrande och uppsluppet festande

carnivorous [kɑː'nɪv(ə)rəs] köttätande

carol ['kær(ə)l] **I** *s* [lov]sång; jul|psalm, -sång **II** *v* [lov]sjunga; drilla

carouse [kə'raʊz] rumla, festa

carousel [,kæruː'zel] *AE.* karusell

1 carp [kɑːp] (*pl ~s el. lika*) *zool.* karp

2 carp [kɑːp] gnata; klanka (*at* på)

car park ['kɑːpɑːk] parkeringsplats

carpen|ter ['kɑːpəntə] **I** *s* timmerman, byggnadssnickare; *the ~'s son* Jesus **II** *v* timra, snickra **-try** [-trɪ] **1** snickeri[arbete] **2** timmermans-, snickar|yrke

carpet ['kɑːpɪt] **I** *s* matta; *be on the ~* (*vard.*) *a*) vara under övervägande, *b*) bli åthutad **II** *v* **1** mattbelägga **2** *vard.* ge en skrapa

carport ['kɑːpɔːt] carport, övertäckt bilplats

carriage ['kærɪdʒ] **1** vagn, ekipage; *~ and four* fyrspann; *~ and pair* tvåspännare **2** *tekn.* vagn; *järnv.* personvagn **3** lavett **4** transport, frakt **5** fraktkostnad; *~ forward* frakten betalas av mottagaren; *~ free* (*paid*) fraktfritt **6** hållning, sätt att föra sig **-way** kör|väg, -bana; *dual ~* väg med skilda körbanor

carrier ['kærɪə] **1** bärare, bud; åkare; transportföretag **2** paket-, bagage|hållare; *AE.* tackräcke **3** *med.* smittbärare **4** hangarfartyg **5** brevduva **6** *radio.* bärvåg **carrier bag** bärkasse **carrier pigeon** [-,pɪdʒɪn] brevduva **carrier wave** *radio.* bärvåg

carrion ['kærɪən] kadaver

carrot ['kærət] morot; *~s* (*behandlas som sg, vard.*) rödhårig person

carrousel [,kæruː'zel] *AE.* karusell

carry ['kærɪ] **I** *v* **1** bära; bära på; medföra (*äv. bildl.*), ha med (på) sig; *bildl.* bära upp; forsla, frakta; *~ all before one* slå ner allt motstånd, genomdriva allt; *~ authority* vara inflytelserik; *~ the can* (*vard.*) få ta ansvaret; *~ into effect* utföra; *~ interest* löpa med ränta; *~ it* (*one's point*) få sin vilja igenom; *~ a tune* hålla ton[en]; *~ two* (*mat.*) två i minnet; *~ weight a*) ha inflytande, *b*) väga tungt **2** bära, föra, leda (*äv. bildl.*); *~ the joke too far* driva skämtet för långt **3** innehålla; ha plats för, rymma, ta; (*om tidning äv.*) ha, publicera; *~ing capacity* last|förmåga, -kapacitet **4** bära, hålla, föra; *~ one's head high* bära huvudet högt; *~ o.s.* uppträda, [upp]föra sig **5** intaga, erövra; vinna (*val, pris e.d.*); *~ the day* ta hem (avgå med) segern **6** driva (få) igenom, genom-

driva (*lag e.d.*); *the motion was carried* motionen antogs (gick igenom) **7** *bokför.,* ~ [*forward*] överföra, transportera **8** (*om projektil e.d.*) gå, nå; (*om ljud*) [kunna] höras **9** *AE.* får majoritet **10** *vard.* palla för, tåla (*sprit*) **11** ~ *away a*) bära (föra *etc.*) bort, *b*) hänföra, rycka med sig; *be carried away by* ryckas med av, bli upptänd av; *~ back* föra tillbaka (*äv. i tiden*); *~ forward* (*bokför.*) överföra, transportera; *~ off a*) bära (föra *etc.*) bort, *b*) (*om döden*) rycka bort, *c*) hemföra, vinna, *d*) lyckas med, klara av; *~ on a*) fortsätta, gå (föra) vidare, *b*) föra (*samtal e.d.*), utöva, bedriva, *c*) *vard.* bråka, ställa till bråk; *~ on with* (*vard.*) ha en affär med; *~ out a*) utföra, genomföra, *b*) avsluta, slutföra; *~ over a*) bära (föra *etc.*) över, *b*) uppskjuta, *c*) *bokför.* transportera, överföra, *~ through a*) genomföra, fullfölja, driva igenom, *b*) hjälpa (klara) igenom **II** *s* **1** bärande, förande *etc.* **2** skottvidd, räckvidd

cart [kɑːt] **I** *s* (*tvåhjulig*) kärra; *be in the ~* vara i knipa; *leave a p. in the ~* lämna ngn i sticket **II** *v* **1** köra, forsla (*m. kärra*) **2** släpa [på]

cartel [kɑː'tel] kartell

carter ['kɑːtə] åkare, körare

cartilage ['kɑːtɪlɪdʒ] brosk

cartload ['kɑːtləʊd] vagnslass; *bildl.* helt lass

carton ['kɑːtn] kartong, pappask

cartoon [kɑː'tuːn] **1** skämtteckning; [politisk] karikatyr **2** [tecknad] serie; [*animated*] ~ tecknad (*animerad*) film **3** *konst.* kartong

cartridge ['kɑːtrɪdʒ] **1** patron **2** kassett **3** pickup

cart|wheel ['kɑːtwiːl] kärr-, vagns|hjul; *turn ~s* hjula **-wright** vagnmakare

carve [kɑːv] **1** skära för (upp) (*stek e.d.*) **2** skära, snida; skära ut (in); gravera; skulptera **3** ~ *out a*) skära (snida *etc.*) ut, *b*) *vard.* skapa sig; ~ *up a*) skara i bitar, *b*) uppdela **carver** ['kɑːvə] **1** träsnidare; skulptör; gravör **2** förskärar|e, -kniv

cascade [kæ'skeɪd] **I** *s* kaskad **II** *v* falla som en kaskad, falla i kaskader

1 case [keɪs] **I** *s* **1** fall; händelse; ärende, sak, fråga; situation, läge; *in ~* om, ifall; *bring it just in ~* ta med den för alla eventualiteter; *in ~ of* i händelse av, vid; *in the ~ of* i fråga om, när det gäller, för; *in any ~* i vilket fall som helst, i varje fall, i alla händelse; *in no ~* under inga omständigheter; *in that ~* i så fall; *in this ~* i det här fallet; *as the ~ may be* allt efter omständigheterna; *be in good ~* vara i goda omständigheter **2** [rätts]fall; process, mål; sak; bevis[material]; skäl; *the ~ for the defendant* (*the prosecution*) försvarets (åklagarsidans) sakframställning; *there is a good ~ for* det finns starka skäl för, mycket talar för; *there is a lady in the ~* det är en kvinna med i spelet; *have a strong ~* en stark ställning, ha goda skäl; *make out one's ~* bevisa [riktigheten i] sina påståenden **3** [sjukdoms]fall; patient; klient **4** *språkv.* kasus **5** *vard.* original, egendomlig typ

2 case [keɪs] **I** *s* **1** låda, ask; skrin; etui; lår **2** hölje, fodral; huv; överdrag, kuddvar; boett; [bok]-pärm; [glas]monter; fack **3** *boktr.* kast; *lower ~ types* gemena; *upper ~ types* versaler **II** *v* **1** lägga in [i en låda *etc.*] **2** *AE. sl.* spana in (*i sht plats som skall rånas*)

C

case knife ['keɪsnaɪf] slidkniv
case study ['keɪsstʌdɪ] case study, fallstudie
cash [kæʃ] **I** *s* kontanter, reda pengar; kassa; *hard*
~ reda pengar; ~ *on delivery* [mot] postförskott
(efterkrav); ~ *down* mot kontant betalning; *in* ~
vid kassa; *out of* ~ utan kontanter, pank; *pay* [*in*]
~ betala kontant; *be short of* ~ ha ont om kon-
tanter **II** *v* lösa in (ut), kvittera ut; förvandla till
kontanter; få pengar på; diskontera; ~ *in a*) lösa
in, *b*) *AE. sl.* lämna in (*dö*); ~ *in on* (*sl.*) dra för-
del av, utnyttja; ~ *up* (*BE.*) räkna [dags]kassan
--box ['kæʃbɒks] kassa|skrin, -låda
cash desk kassa (*i varuhus e.d.*)
cashier [kæˈʃɪə] kassör, kassörska
cash-price ['kæʃpraɪs] kontantpris **cash regis-
ter** [-,redʒɪstə] kassaapparat
casing ['keɪsɪŋ] hölje, omslag, fodral
casino [kəˈsiːnəʊ] kasino
cask [kɑːsk] fat, tunna
casket ['kɑːskɪt] **1** skrin, schatull **2** urna **3** *AE.*
[lik]kista
casserole ['kæsərəʊl] gryta (*form o. maträtt*)
cassette [kəˈset] kassett
cast [kɑːst] **I** *v* (*cast, cast*) **1** kasta (*äv. bildl.*);
bildl. förkasta, förvisa; ~ *anchor* kasta ankare;
~ *a glance* kasta en blick; ~ *lots* dra lott; ~ *into
prison* kasta i fängelse; ~ *a shadow* kasta en
skugga; ~ *a shoe* (*om häst*) tappa en sko; ~ *a
spell on* förhäxa; ~ *teeth* tappa tänder; ~ *a vote*
avge en röst **2** gjuta; stöpa; [ut]forma, utarbeta
3 kasta av; fälla (*löv, skinn e.d.*) **4** *teat.* tilldela
(*roll*) **5** ~ [*up*] addera; räkna [ut] **6** förutsäga;
ställa (*horoskop*); ~ *a person's fortune* spå ngn **7**
~ *about* se sig om (*for* efter); ~ *away a*) kasta
bort, *b*) förspilla; *be* ~ *away* lida skeppsbrott; ~
back (*bildl.*) återvända; ~ *down* slå ner (*blick-
en*); *be* ~ *down* vara nedslagen; ~ *in one's lot
with* göra gemensam sak med; ~ *off a*) kasta av,
lägga av, förkasta, *b*) kasta loss; ~ *up a*) kasta
upp, kräkas, *b*) räkna ihop **II** *s* **1** kast[ande] **2**
kast (*vid fiske*) **3** [fällt] skinn **4** gjutform; avgjut-
ning **5** roll|fördelning, -besättning; *the* ~ perso-
nerna, de medverkande **6** räkning, addering **7**
utseende; läggning; typ **8** *have a* ~ *in one's eye*
skela
castanets [,kæstəˈnets] *pl* kastanjetter
castaway ['kɑːstəweɪ] **1** utstött (förtappad)
[människa] **2** skeppsbruten [människa] **3** bort-
kastad sak
caste [kɑːst] **1** kast; *lose* ~ sjunka på samhälls-
skalan **2** kastväsen
castigation [,kæstɪˈgeɪʃn] tuktan; skarp kritik
casting ['kɑːstɪŋ] gjutning; gjutet arbete **cast-
ing vote** [,kɑːstɪŋˈvəʊt] utslagsröst
cast iron [,kɑːstˈaɪən] **I** *s* gjutjärn **II** *a* **1** gjutjärns-
2 järnhård; oböjlig, orubblig
castle ['kɑːsl] **I** *s* **1** slott; ~ *in the air* (*in Spain*)
luftslott, dagdröm **2** *schack.* torn **II** *v, schack.*
rockera
cast-off [,kɑːstˈɒf] kasserad (avlagd) sak; ratad
peson
castor ['kɑːstə] **1** hjul, trissa (*på möbel*) **2** ströa-
re (*för socker e.d.*); *a set of* ~*s* ett bordsställ
castor oil [,kɑːstərˈɔɪl] ricinolja
castrate [kæˈstreɪt] kastrera
casual ['kæʒjʊəl] **I** *a* **1** tillfällig; flyktig; planlös;

~ *labourer* tillfällighetsarbetare; ~ *sportsman*
söndagsjägare; ~ *poor* tillfälligt behövande [per-
son] **2** nonchalant; ledig; ~ *clothes* (*dress*) fri-
tids-, vardags|kläder **II** *s* **1** ~*s* (*pl*) fritids|kläder,
-skor **2** tillfällighetsarbetare
casualty ['kæʒjʊəltɪ] **1** olycksfall **2** *casualties*
(*pl*) olycksoffer, förluster i döda, tillfångatagna
och sårade **casualty list** förlustlista **casualty
ward** olycksfallsavdelning
cat [kæt] **I** *s* **1** katt; katta (*äv. bildl.*); kattdjur; *be
like a* ~ *on a hot tin roof* (*on hot bricks*) vara oro-
lig, sitta som på nålar; *let the* ~ *out of the bag* av-
slöja en hemlighet, skvallra; *look like s.th. the* ~
brought in se ovårdad (smutsig, vissen) ut; *put
(set) the* ~ *among the pigeons* skapa oro i lägret;
it is raining ~*s and dogs* det står som spön i back-
en; *not have room to swing a* ~ ha det mycket
trångt; *wait for the* ~ *to jump, see which way the*
~ *jumps* [vänta och] se vart vinden blåser (vad
andra tycker) **2** *sl.* kille, typ **3** (*kortform för cat-
erpillar*) bandtraktor **II** *v, sl.* spy
catalog *AE.,* **catalogue** *BE.* ['kætəlɒg] **I** *s* kata-
log **II** *v* katalogisera
catalyst ['kætəlɪst] katalysator
catapult ['kætəpʌlt] **I** *s* **1** katapult **2** slangbåge **II**
v **1** skjuta ut med katapult **2** skjuta med slangbå-
ge **3** *bildl.* slungas ut
cataract ['kætərækt] **1** katarakt **2** *med.* grå starr
catarrh [kəˈtɑː] katarr
catastrophe [kəˈtæstrəfɪ] katastrof **cata-
strophic** [,kætəˈstrɒfɪk] katastrofal
cat burglar ['kæt,bɜːglə] fasadklättrare
catcall ['kætkɔːl] **I** *s* **1** visselpipa **2** protestvissling
II *v* vissla [åt]
catch [kætʃ] **I** *v* (*caught, caught*) **1** fånga (*äv.
bildl.*); ta fast; få (fatta) tag i, gripa, ta; fängsla
(*äv. bildl.*); ~ *a person's attention* (*eye*) fånga
ngns uppmärksamhet (blick); ~ *one's breath* kip-
pa efter andan; ~ *hold of a*) ta tag i, *b*) ta [tag]; ~
sight of få syn på **2** ertappa, komma på; *I caught
him sleeping* jag kom på honom med att sova; ~
it (*vard.*) bli utskälld **3** träffa, slå; *the stone
caught me on the nose* stenen träffade mig på nä-
san **4** hinna (komma) med, hinna [i tid] till; ~ *the
bus* hinna med bussen **5** få, smittas av; ~ *cold* bli
förkyld **6** förstå, uppfatta, fatta; *I didn't* ~ *his
meaning* jag förstod inte vad han menade **7** fast-
na med; haka i; *get caught* fastna **8** fastna; haka
(hänga) upp sig **9** (*om eld*) ta sig **10** smitta, vara
smittsam **11** ~ [*at*] gripa efter, försöka få tag i
12 ~ *on* (*vard.*) *a*) bli populär (inne), *b*) fatta
[galoppen]; ~ *s.b. out* (*BE. vard.*) ertappa (kom-
ma på) ngn; ~ *up a*) ta igen vad man försummat,
b) hinna ifatt; *I was caught up in my reading* jag
var helt uppslukad av läsningen; ~ *up on* ta igen;
~ *up with a*) hinna ifatt, *b*) komma ikapp med **II**
s **1** fångande **2** fångst; kap, fynd **3** lyra; *play* ~
kasta boll **4** knep, fälla; *there is a* ~ *in it* det är
ngt skumt med det **5** stockning (*i rösten*) **6**
[spärr]hake; knäppe, låsanordning **7** *mus.*
(*slags*) kanon **-ing** ['kætʃɪŋ] smittsam, smittande
--phrase [-freɪz] modeord, inneuttryck **-word**
[-wɜːd] **1** rubrikord **2** *teat.* (*repliks*) slutord **3**
slagord
catchy ['kætʃɪ] **1** slående **2** knepig, svår
categorical [,kætɪˈgɒrɪkl] kategorisk, bestämd

category ['kætɪgərɪ] kategori
cater ['keɪtə] leverera mat; ~ *for a*) leverera mat till, *b*) sörja för, *c*) tillgodose, *d*) servera **-ing** [-rɪŋ] catering, tillhandahållande (servering) av mat
caterpillar ['kætəpɪlə] **1** [fjärils]larv; kålmask **2** bandtraktor; tank
cathedral [kə'θiːdr(ə)l katedral, domkyrka
catheter ['kæθɪtə] *med.* kateter
cathode ['kæθəʊd] *elektr.* katod **cathode screen** *TV.* bildskärm
catholic ['kæθəlɪk] **I** *a* **1** universell **2** liberal, vidsynt **3** *C~* katolsk; *the Roman C~ Church* romersk-katolska kyrkan **II** *s*, *C~* katolik; *Roman C~* romersk katolik **Catholicism** [kə'θɒlɪsɪz(ə)m] katolicism[en]
cat|kin ['kætkɪn] *bot.* hänge **-nap** tupplur
cat's|-eye ['kætsaɪ] kattöga **--foot** ['kætsfʊt] *bot.* kattfot
cattle ['kætl] *pl* nötkreatur, boskap
caught [kɔːt] *imperf. o. perf. part. av catch*
cauldron ['kɔːldr(ə)n] kittel
cauliflower ['kɒlɪflaʊə] blomkål
cause [kɔːz] **I** *s* **1** orsak, grund, anledning (*of* till) **2** sak (*äv. jur.*); *make common ~ with* göra gemensam sak med; *show ~* ange sina [rätts]grunder **II** *v* [för]orsaka, åstadkomma; förmå; låta
causeway ['kɔːzweɪ] **1** broväg **2** upphöjd gångbana
caustic ['kɔːstɪk] **I** *a* **1** brännande, frätande; ~ *soda* kaustik soda **2** bitande, sarkastisk **II** *s* frätmedel
caution ['kɔːʃn] **I** *s* **1** försiktighet **2** varning; tillrättavisning **3** *vard.* festlig typ **II** *v* varna (*against* för); tillhålla, förmana **cautious** [-ʃəs] försiktig
cavalcade [ˌkævl'keɪd] process1on
cavalier [ˌkævə'lɪə] **I** *s* **1** kavaljer **2** *hist.* ryttare; riddare **II** *a* **1** kavaljers- **2** nonchalant **3** stolt, övermodig
cavalry ['kævlrɪ] kavalleri
cave [keɪv] **I** *s* **1** håla; grotta; källare **2** *polit.* utbrytning ur parti **II** *v* **1** urholka **2** ~ *in a*) falla ihop, störta in, *b*) ge efter, *c*) *vard.* säcka ihop **cave-in** ['keɪvɪn] ras, instörtande
cavern ['kæv(ə)n] håla, grotta
caviar[e] ['kævɪɑː] kaviar
cavity ['kævətɪ] hålighet, håla; *med.* kavitet; *oral* ~ munhåla
caw [kɔː] **I** *s* kraxande **II** *v* kraxa
CD ['siː'diː] *förk. för compact disc;* CD[-skiva]
cease [siːz] **I** *v* upphöra [med]; sluta [upp]; ~ *fire!* eld upphör **II** *s, without* ~ oupphörligt **--fire** [ˌsiːs'faɪə] vapenvila
cedar ['siːdə] ceder[trä]
ceiling ['siːlɪŋ] **1** innertak **2** (*för flygplan*) maximihöjd **3** pris-, låne|tak
cele|brate ['selɪbreɪt] **1** fira, celebrera **2** prisa, lovsjunga **-brated** [-breɪtɪd] berömd, ryktbar; celeber **-bration** [ˌselɪ'breɪʃn] **1** firande, celebrerande **2** fest **3** förhärligande **4** nattvardsfirande **-brity** [sɪ'lebrətɪ] berömdhet, celebritet
celeriac [sɪ'lerɪæk] *bot.* rotselleri
celerity [sɪ'lerətɪ] snabbhet; hastighet
celery ['selərɪ] *bot.* [blek]selleri
celestial [sɪ'lestjəl] **I** *a* **1** himmelsk; gudomlig; *the C~ Empire* det Himmelska Riket, Kina **2**

himla-; ~ *body* himlakropp; ; ~ *navigation* astronomisk navigation **II** *s* **1** himlainvånare **2** *C~* (*skämts.*) kines
celi|bacy ['selɪbəsɪ] ogift stånd, celibat **-bate** [-bət] **I** *a* ogift **II** *s, be a* ~ leva i celibat
cell [sel] cell; *elektr. äv.* element
cellar ['selə] **I** *s* källare; vinkällare **II** *v* förvara i [vin]källare
cellist ['tʃelɪst] *mus.* cellist **cello** [-əʊ] *mus.* cello
cellular ['seljʊlə] cell-; cellformig; cellulär; ~ *shirt* brynja; ~ *tissue* cellvävnad
cellulose ['seljʊləʊs] cellulosa
Celt [kelt] kelt **-ic** ['keltɪk] **I** *a* keltisk **II** *s* keltiska [språket]
cement [sɪ'ment] **I** *s* **1** cement; kitt; bindemedel **2** *bildl.* [förenings]band **II** *v* **1** cementera; kitta **2** fast förena **3** hänga samman
cemetery ['semɪtrɪ] begravningsplats, kyrkogård (*ej vid kyrka*)
censor ['sensə] **I** *s* censor **II** *v* censurera **censorship** ['sensəʃɪp] **1** censur **2** censorskap
censure ['senʃə] **I** *s* klander, hård kritik **II** *v* klandra, kritisera, fördöma
census ['sensəs] folkräkning
cent [sent] **1** cent **2** *per* ~ procent; ~ *per* ~ hundraprocentig
centenary [sen'tiːnərɪ] **I** *a* hundraårig, hundraårs- **II** *s* **1** hundraårs|dag, -jubileum **2** hundraårsperiod
centennial [sen'tenjəl] **I** *a* hundraårig **II** *s* hundraårs|dag, -jubileum
center ['sentə] *AE., se* centre
centi|grade ['sentɪgreɪd] hundragradig; celsius- **-gram[me]** centigram **-litre** [-ˌliːtə] centiliter **-metre** [-ˌmiːtə] centimeter **-pede** [-piːd] tusenfoting
central ['sentr(ə)l] **I** *a* central; center-; mitt-, mellerst; huvud-; ~ *heating* centralvärme; ~ *reserve* mittremsa (*på väg*) **II** *s* **1** central **2** *AE.* telefonstation **-ize** (*BE. äv. -ise*) ['sentrəlaɪz] centralisera
centre ['sentə] **I** *s* centrum, center; mitt, medelpunkt; central; ~ *of gravity* tyngdpunkt **II** *v* **1** centrera **2** koncentrera **3** koncentreras (*on* på, till) **4** *fotb.* göra inlägg mot mitten **centre-board** *sjö.* centerbord **centrefold** mittuppslag **centrepiece** bordsuppsats **centre spread** mittuppslag
centrifuge ['sentrɪfjuːdʒ] centrifug
century ['sentʃʊrɪ] **1** sekel, århundrade; *the nineteenth* ~ artonhundratalet **2** (*i kricket*) 100 poäng **3** *hist.* centuria
cep [sep] stensopp, karljohanssvamp
ceramic [sɪ'ræmɪk] **I** *a* keramisk **II** *s* **1** keramiskt material **2** keramikföremål **ceramics** [-s] (*behandlas som sg*) keramik (*krukmakeri*)
cereal ['sɪərɪəl] **I** *a* säd[es]- **II** *s* sädesslag; ~*s* (*pl äv.*) *a*) spannmål, *b*) flingor, rostat ris (*e.d., som morgonmål*)
ceremony ['serɪmənɪ] **1** ceremoni; högtidlighet; *Master of Ceremonies a*) ceremonimästare, *b*) konferencier **2** (*utan pl*) ceremonier, formalitet[er]; *stand on* ~ hålla på etiketten, vara formell
certain ['sɜːtn] **1** säker, viss; *for* ~ säkert; *he is* ~ *to come* han kommer säkert **2** viss, ej närmare bestämd; *a* ~ *number* ett visst antal; *to a* ~ *de-*

gree i viss mån (grad) **certainly** [-lı] utan tvivel; säkerligen; [*yes*,] ~*!* ja visst!; ~ *not!* absolut inte!

certainty [-tı] säkerhet, visshet; *for a* ~ med säkerhet

certificate I *s* [sə'tıfıkət] **1** intyg, attest, bevis; certifikat **2** betyg, diplom **II** *v* [sə'tıfıkeıt] förse med intyg (attest *etc.*), utfärda intyg (attest *etc.*) åt; ~*d* [ut]examinerad, behörig

certi|fy ['sɜ:tıfaı] **1** attestera; intyga, betyga; auktorisera; *-fied cheque* bekräftad check; *-fied mail* (*AE. ung.*) rekommenderad försändelse; *this is to* ~ *that* härmed intygas att **2** förklara sinnessjuk

certitude ['sɜ:tıtju:d] säkerhet, visshet

cessation [se'seıʃn] upphörande; avbrott **cession** ['seʃn] avträdande, överlåtande

cess|pit ['sespıt], **-pool** kloak-, avlopps|brunn; *bildl.* dypöl

cf. *förk. för confer* jfr, jämför

chafe [tʃeıf] **I** *v* **1** gnida (gnugga) [varm] **2** skava **3** irritera **4** gnida sig **5** bli irriterad **II** *s* skavsår

chaff [tʃɑ:f] **1** agnar **2** hackelse

chaffinch ['tʃæfın(t)ʃ] bofink

chagrin ['ʃægrın] **I** *s* förtret; besvikelse **II** *v* förtreta

chain [tʃeın] **I** *s* kedja (*äv. bildl.*); kätting; ~*s* (*pl*) bojor **II** *v*, ~ [*up*] fastkedja (*to* vid) **chain saw** ['tʃeınsɔ:] motorsåg **chain-smoke** ['tʃeınsməʊk] kedjeröka **chain store** ['tʃeınstɔ:] kedjebutik, filial|affär

chair [tʃeə] **I** *s* **1** stol; *the* ~ (*AE.*) elektriska stolen; *take a* ~ sätta sig **2** ordförandeskap; *be in the* ~ sitta som ordförande; *take the* ~ inta ordförandeplatsen; ~*! ~!* till ordningen! **3** lärostol; professur **II** *v* **1** bära i gullstol **2** vara ordförande i; sitta som ordförande vid **-man** [-mən] ordförande **-person** [-,pɜ:sn] ordförande **-woman** [-,wʊmən] [kvinnlig] ordförande

chalk [tʃɔ:k] **I** *s* **1** krita; *as alike* (*different*) *as* ~ *and cheese* (*vard.*) olika som natt och dag; *not by a long* ~ (*vard.*) inte på långa vägar **2** kritstreck **II** *v* **1** rita (skriva) med krita; ~ *up* (*vard.*) *a*) skriva upp (*köpa på kredit*), *b*) notera, få (*poäng*) **2** krita ner **-pit** ['tʃɔ:kpıt] kalkbrott

challenge ['tʃælın(d)ʒ] **I** *v* **1** (*om vaktpost e.d.*) anropa **2** utmana; trotsa **3** bestrida **4** göra anspråk på, tilldra sig **5** *jur.* anföra jäv mot, jäva **II** *s* **1** anrop (*av vaktpost e.d.*) **2** utmaning **3** bestridande **challenge-cup** vandringspokal

chamber ['tʃeımbə] *åld. el. poet.* kammare; ~ *of horrors* skräckkabinett **2** ~*s* (*pl*) *a*) juristkontor, *b*) domares ämbetsrum **3** *parl.* kammare **4** *C* ~ *of Commerce* handelskammare **chamber-maid** [hotell]städerska **chamber music** [-,mju:zık] kammarmusik

chameleon [kə'mi:ljən] *zool.* kameleont

chamfer ['tʃæmfə] **I** *s* **1** avfasning **2** räffla, fåra **II** *v* **1** avfasa **2** räffla, fåra

chamois leather ['ʃæmıleðə] sämskskinn

champagne [,ʃæm'peın] champagne

champion ['tʃæmpjən] **I** *s* **1** champion, mästare **2** förkämpe (*of* för) **II** *v* kämpa för, förfäkta **III** *a* förnämst; mästar-; rekord- **-ship** [-ʃıp] **1** mästerskap (*i idrott e.d.*) **2** försvar (*of* för)

chance [tʃɑ:ns] **I** *s* **1** tillfällighet, slump; *by* ~ händelsevis **2** chans; tillfälle; *have an eye for the*

main ~ se på förtjänsten, vara om sig; *the* ~*s are against it* det är föga troligt; *stand a fair* ~ ha goda utsikter; *take one's* ~ våga försöket **II** *a* tillfällig **III** *v* **1** hända sig; råka; ~ [*up*]*on* råka på, råka finna **2** riskera; ~ *one's arm* göra ett försök

chancellor [-lə] **1** kansler; *Lord* [*High*] *C*~ lordkansler (*justitieminister o. talman i överhuset*); *C*~ *of the Exchequer* (*i England*) finansminister **2** *AE.* [universitets]kansler

chandelier [,ʃændə'lıə] ljuskrona

change [tʃeın(d)ʒ] **I** *v* **1** [för]ändra (*into* till), ändra sig; ~ *front* (*bildl.*) ändra ståndpunkt, göra en helomvändning; ~ *one's mind* ändra sig, ändra åsikt; ~ *one's tune* ändra inställning **2** byta ([*in*]*to* till; *out of* från); byta ut (*for* mot); skifta; ~*one's clothes* byta kläder, byta [om]; ~ *colour* skifta färg; ~ *one's condition* gifta sig; ~ *feet* (*vard.*) byta på fötterna; ~ *gear* växla (*bil e.d.*); ~ *hands* byta ägare; ~ *places* byta plats; ~ *sides* byta sida (*äv. bildl.*) **3** växla (*pengar*) **4** byta [blöjor] på **5** [för]ändras, ändra sig; (*om vind e.d.*) växla, kasta om **6** byta (*tåg e.d.*); byta [om], byta kläder **7** ~ *down* (*up*) växla ner (upp) **II** *s* **1** [för]ändring; växling; skifte; ~ *of address* adress[för]ändring; ~*of heart* sinnes[för]ändring; ~ *of life* klimakterium, övergångsålder; *a* ~ *for the better* en förändring till det bättre **2** [om]byte, utbyte; omväxling; ~ *of air* luftombyte; *a* ~ *of clothes* ett ombyte med kläder; *for a* ~ som omväxling, för omväxlings skull, (*iron.*) för en gångs skull **3** *small* [~] växel[pengar]; *can you give me* ~ *for a pound?* kan ni växla ett pund åt mig?; *keep the* ~*!* det är jämnt!; *get no* ~ *out of s.o.* (*sl.*) inte komma någon vart med ngn **4** ~*s* (*pl*) växlingar (*vid klockringning*) **5** *åld.*, *C*~ börsen **-able** ['tʃeın(d)ʒəbl] **1** ombytlig, föränderlig **2** som kan bytas (ändras) **-over** ['tʃeın(d)ʒ,əʊvə] **1** omkoppling **2** omslag; *bildl.* övergång; *sport.* växling, byte

changing-room ['tʃeın(d)ʒıŋrʊm] omklädningsrum

channel ['tʃænl] **I** *s* **1** kanal, sund; *the C*~ Engelska kanalen **2** flodbädd **3** strömfåra; segelränna **4** *bildl.* medium, [informations]väg, kanal **5** *radio.*, *TV* kanal **II** *v* **1** göra kanal[er] i **2** kanalisera; leda

chant [tʃɑ:nt] **I** *s* **1** *poet.* sång, melodi **2** *kyrkl.* liturgiskt recitativ **3** taktfast ropande **II** *v* **1** *poet.* [be]sjunga **2** sjunga liturgiskt, mässa **3** ropa taktfast

chanterelle [,tʃæntə'rel] kantarell

cha|os ['keı(ı)ɒs] kaos **-otic** [keı(ı)'ɒtık] kaotisk

1 chap [tʃæp] **I** *s* [hud]spricka **II** *v* (*om hud*) bli (göra) narig (sprucken)

2 chap [tʃæp] *vard.* karl; *old* ~ gamle gosse

chapel ['tʃæpl] **1** kapell; kyrka; (*frikyrklig*) gudstjänstlokal, bönhus; ~ *of ease* annexkyrka; *be* ~ vara frikyrklig **2** gudstjänst

chaperon ['ʃæpərəʊn] **I** *s*, *bildl.* förkläde **II** *v* vara förkläde åt

chaplain ['tʃæplın] kaplan; (*regements-, sjömans-, fängelse- etc.*) pastor, präst

chapter ['tʃæptə] **1** kapitel; *to the end of the* ~ för alltid; *a* ~ *of accidents* en rad olyckor; ~ *and verse* (*bildl.*) säker källa **2** avdelning (*av studentförening e.d.*) **3** domkapitel; ordenskapitel

character ['kærəktə] **1** karaktär; egenart; *a man of* ~ en man med god (fast) karaktär **2** person-[lighet]; *vard.* original, individ; *public* ~ offentlig person; *he is quite a* ~ han är ett riktigt original **3** person (*i bok e.d.*); figur, roll; *in* ~ rollenligt, i stil **4** [skrift]tecken; bokstav; siffra **5** vitsord, betyg **-istic** [‚kærəktə'rıstık] **I** *a* karakteristisk (*of* för) **II** *s* känne|märke, -tecken, utmärkande drag **-ize** (*BE. av. -ise*) ['kærəktəraız] karakterisera, beteckna; känneteckna

charcoal ['tʃɑ:kəʊl] träkol

charge [tʃɑ:dʒ] **I** *v* **1** ta [betalt]; belasta (*konto*), debitera (*with* med, för); ~ *up* debitera; ~ *s.th. to a p.'s account* debitera ngns konto med ngt; *I won't* ~ *you for that* jag kommer inte att ta betalt av dig för det **2** anklaga; ~ *s.b. with s.th* anklaga ngt för ngt **3** ~ *s.b. to do s.th.* ge ngn i uppdrag att göra ngt; ~ *s.b. with s.th.* förelägga (anförtro) ngn ngt **4** anfalla; rusa på **5** ladda; fylla [i, på]; ~ *up* ladda (*batteri o.d.*) **6** storma (rusa) fram (*at* mot); rusa [in]; *he* ~*d into the room* han rusade in i rummet **II** *s* **1** pris, avgift; taxa; [fast] utgift; ~*s* (*pl*) omkostnader; *free of* (*no*) ~ gratis; *at my uncle's* ~ på min farbrors bekostnad; **2** anklagelse, beskyllning (*of* för); *bring a* ~ *against s.b.* rikta en anklagelse mot ngn, väcka åtal mot ngn; *convicted on all five* ~*s* förklarad skyldig på alla fem anklagelsepunkterna; *be on a murder* ~ vara anklagad för mord; *on a* ~ *of* anklagad för; *lay s.th. to a p.'s* ~ lägga ngn ngt till last **3** befallning, åläggande; uppdrag **4** anfall, angrepp, stormning; *sound the* ~ blåsa till anfall **5** laddning **6** [fängsligt] förvar; *give in* ~ låta arrestera; *take in* ~ arrestera **7** skyddsling; anförtrodd sak **8** ansvar; uppsikt; vård; *be in* ~ ha ansvaret, vara ansvarig; *be in* ~ *of* ha ansvaret för, ha hand om, leda, ha vården om; *be in the* ~ *of* handhas av; *take* ~ ta ledningen (kommandot); *take* ~ *of* ha hand om **charger** ['tʃɑ:dʒə] **1** stridshäst, officershäst **2** laddningsaggregat

charitable ['tʃærətəbl] **1** barmhärtig; välgörenhets- **2** mild, överseende **charity** ['tʃærətı] **1** barmhärtighet; välgörenhet; allmosor **2** mildhet, överseende **3** människokärlek, kärlek till nästan **4** välgörenhetsinrättning

charlatan ['ʃɑ:lət(ə)n] charlatan, kvacksalvare **Charlemagne** ['ʃɑ:ləmeın] Karl den store **charm** [tʃɑ:m] **I** *s* **1** tjusning, behag, charm; ~*s* (*pl*) skönhet, behag **2** förtrollning; trollformel **3** amulett; berlock **II** *v* **1** tjusa, förtrolla, charmera **2** [för]trolla; ~ *away* trolla bort; ~ *s.th. out of a p.* avlocka ngn ngt; *bear a* ~*ed life* vara osårbar **charmer** ['tʃɑ:mə] tjusare, charmör **charming** [-ıŋ] förtjusande, bedårande, charmig, charmfull

chart [tʃɑ:t] **I** *s* **1** sjökort **2** diagram; tabell; karta; *weather* ~ väderkarta **3** *vard., the* ~*s* topplista **II** *v* kartlägga

charter ['tʃɑ:tə] **I** *s* **1** kungabrev; frihetsbrev; privilegiebrev; *the Great C~ Magna Charta* **2** oktroj, koncession **3** urkund; kontrakt **4** privilegium, tillerkänd rätt[ighet] **5** charter **6** *the C~ of the United Nations* Förenta Nationernas stadga **7** *sjö.* certeparti **II** *v* **1** bevilja rättigheter (oktroj, koncession, privilegium) **2** chartra, befrakta **3** ~*ed accountant* auktoriserad revisor

charwoman ['tʃɑ:wʊmən] städerska, städhjälp **chase** [tʃeıs] **I** *s* **1** jakt; förföljande; *in* ~ *of* på jakt efter; *give* ~ *to* sätta efter, jaga **2** jaktpark **3** jagat villebråd **II** *v* **1** jaga; förfölja **2** *vard.* rusa

chasm ['kæz(ə)m] svalg, klyfta

chassis ['ʃæsıs] chassi, underrede

chaste [tʃeıst] kysk, ren

chastise [tʃæ'staız] aga, tukta

chastity ['tʃæstətı] kyskhet, renhet

chat [tʃæt] **I** *v* **1** prata **2** ~ *up* (*sl.*) snacka in sig hos, flörta med **II** *s* **1** [små]prat; pratstund **2** *zool.* stenskvätta **chat show** intervjuprogram (*i radio el. TV*)

chatter ['tʃætə] **I** *v* **1** sladdra, pladdra **2** smattra, skaka **II** *s* **1** sladder, pladder, prat **2** skrammel, skakning **chatterbox** prat|makare, -kvarn **chatty** [-ı] pratsam; pratig

chauffeur ['ʃəʊfə] chaufför

chauvin|ism ['ʃəʊvınız(ə)m] chauvinism; *male* ~ manschauvinism **-ist** [-ıst] chauvinist; *male* ~ manschauvinist; *male* ~ *pig* (*vard.*) [mullig] mansgris

cheap [tʃi:p] **I** *a* **1** billig; ~ *and nasty* billig och dålig; *C~ Jack* försäljare, knalle; ~ *money policy* lågräntepolitik **2** tarvlig, billig, futtig; *feel* ~ känna sig billig (enkel); *hold* ~ ringakta **II** *adv* billigt; *sell* ~ sälja billigt **III** *s, vard., I got it on the* ~ jag fick den billigt **cheapen** ['tʃi:p(ə)n] **1** göra billig[are], förbilliga **2** bli billig[are]

cheat [tʃi:t] **I** *s* **1** bedragare, skojare, falskspelare **2** bedrägeri; fusk **II** *v* **1** bedra, lura; fuska; spela falskt; ~ *s.b.* [*out*] *of s.th.* lura av ngn ngt; ~ *at cards* fuska i kort; ~ *on* (*vard.*) vara otrogen mot, bedra **2** ~ *the time* fördriva tiden

check [tʃek] **I** *s* **1** hejdande, stopp, avbrott; hinder; dämpare; *act as a* ~ *on* verka återhållande på **2** band, tvång, tygel; kontroll; *AE.* avbockning, förprickning; *in* ~ under kontroll, *keep* (*put*) *a* ~ *on, keep in* (~ *a*) hålla i schack, *b*) kontrollera, ha koll på **3** kontramärke, bricka; *AE.* polletteringsmärke **4** *AE.* check; [restaurang]nota **5** rutmönster; rutigt tyg; ruta (*i mönster*) **6** schack (*ställning*) **7** spelmark **II** *interj* schack! **III** *v* **1** hejda, stoppa, avbryta; bromsa, försinka **2** hålla tillbaka, tygla, mejsla **3** tillrättavisa **4** kontrollera, checka; *AE.* bocka (pricka) av (för) **5** *AE.* stämma överens **6** *AE.* inlämna till förvaring (*i garderob e.d.*) **7** schacka **8** rutmönstra, göra rutig **9** ~ *in a*) checka (boka) in, boka in sig, *b*) anmäla sig; ~ *out a*) checka ut (*från hotell*), *b*) stämpla ut (*från arbete*), *c*) kontrollera; ~ *up* checka upp, kontrollera

checked [-t] rutig **checker** [-ə] **1** *AE.* = *chequer* **2** *put a* ~ *on* lägga band på **3** ~*s* (*pl, behandlas som sg*) dam[spel]

check|mate [tʃekmeıt] **I** *s* schack och matt, schackmatt **II** *v* göra schackmatt **-point** vägspärr; kontrollstation **--up 1** noggrann undersökning **2** hälsokontroll

cheek [tʃi:k] **I** *s* **1** kind; ~ *by jowl* tätt ihop, förtroligt **2** *vard.* fräckhet; *I like your* ~*!* du var mig en fräck en! **3** dörrpost **4** *sl.,* ~*s* (*pl*) skinkor **II** *v, vard.* vara fräck mot **cheeky** ['tʃi:kı] fräck

cheer [tʃıə] **I** *s* **1** hurra-, bravo|rop **2** munterhet, glädje **3** *vard., what* ~? hur mås det? **4** *åld., make good* ~ äta och må gott, kalasa **5** ~*s!* skål!

II v **1** hurra [för], ropa bravo [åt] **2** ~ *up a*) pigga (muntra) upp, *b*) bli gladare, gaska upp sig **3** ~ [*on*] heja på **-ful** ['tʃɪəf(ʊ)l] **1** glad[lynt], munter **2** glädjande; trevlig; *a* ~ *room* ett ljust och glatt rum **-ing** ['tʃɪərɪŋ] **I** *s* hurrarop; hejarop **II** *a* uppmuntrande, glädjande

cheerio ['tʃɪərɪəʊ] *BE.*, *vard.* **1** hej [då]! **2** skål!

cheer|leader ['tʃɪəˌliːdə] hejarklacksanförare **-less** [-lɪs] dyster, glädjelös

cheery ['tʃɪərɪ] glad, munter, livlig

cheese [tʃiːz] *s* ost; *big* ~ (*sl.*) [stor]pamp, höjdare; *hard* ~ otur; *that's the* ~ så skall det vara **-board** ['tʃiːzbɔːd] ostbricka **--spread** ['tʃiːz-spred] mjukost

chef [ʃef] [mäster]kock; köksmästare

chemical ['kemɪkl] **I** *a* kemisk **II** *s*, ~*s* (*pl*) kemikalier **chemist** ['kemɪst] **1** kemist **2** apotekare; ~*'s* (*ung.*) apotek, färghandel **chemistry** [-rɪ] kemi

cheque [tʃek] check; *a* ~ *for £100* en check på 100 pund **chequebook** checkhäfte

chequered [-d] **1** rutig **2** brokig, skiftesrik, växlande

cherish ['tʃerɪʃ] **1** hysa, nära (*känslor*) **2** vårda, omhulda

cherry ['tʃerɪ] **I** *s* **1** körsbär; körsbärsträd **2** *sl.* mödomshinna; oskuld **II** *a* körsbärs-; körsbärsröd **cherry brandy** [ˌtʃerɪˈbrændɪ] körsbärslikör

cherub ['tʃerəb] (*pl* ~*s el.* ~*im* [-ɪm]) kerub

chervil ['tʃɜːvɪl] *bot.* körvel; *wild* ~ hundloka

chess [tʃes] schack[spel] **-board** ['tʃesbɔːd] schackbräde **-man** ['tʃesmæn] schackpjäs

chest [tʃest] **1** kista, låda; ~ *of drawers* byrå **2** bröstkorg; *get s.th. off one's* ~ (*vard.*) lätta sitt hjärta genom att tala om ngt

chestnut ['tʃesnʌt] **I** *s* **1** kastanje; kastanjeträd **2** fux **3** kastanjebrunt **4** *vard.* gammalt skämt **II** *a* kastanjebrun

chew [tʃuː] **I** *v* **1** tugga; ~ *the cud a*) idissla, *b*) fundera; ~ *the fat* (*rag*) (*sl.*) *a*) snacka [länge], *b*) skvallra; ~ *one's nails* bita på naglarna **2** *bildl.* grubbla [på] **II** *s* **1** tuggning **2** tugga; *a* ~ *of tobacco* en tuggbuss **chewing gum** ['tʃuːɪŋgʌm] tuggummi

chic [ʃiːk] **I** *s* stil, elegans **II** *a* chic, elegant

chick [tʃɪk] **1** liten kyckling; fågelunge; *the* ~*s* (*vard.*) ungarna, barnen **2** *sl.* tjej, brud

chicken ['tʃɪkɪn] **I** *s* **1** kyckling; höna, höns; *she is no* ~ hon är ingen duvunge; *count one's* ~*s before they're hatched* sälja skinnet innan björnen är skjuten **2** *sl.* fegis **II** *a*, *sl.* feg **chicken feed** *sl.* struntsumma **chicken|-hearted** [-ˌhɑːtɪd], **-livered** [-ˌlɪvəd] feg; lättskrämd **chickenpox** [-pɒks] vattkoppor **chicken wire** [-ˌwaɪə] hönsnät

chickpea ['tʃɪkpiː] *bot.* kikärt

chicory ['tʃɪkərɪ] *bot.* **1** cikoria **2** endive

chief [tʃiːf] **I** *a* huvud-, förnämst, viktigast, över-, ledande, förste; C~ *Constable* polismästare; ~ *mate* förste styrman **II** *s* **1** ledare, chef; hövding, huvudman; befälhavare **2** *in* ~ framför allt, först och främst, i synnerhet **chiefly** ['tʃiːflɪ] *adv* huvudsakligen, först och främst, framför allt **II** *a* ledar-, chef- *etc.*, *se chief II* **chieftain** ['tʃiːftən] **1** hövding, huvudman **2** ledare

child [tʃaɪld] (*pl* children ['tʃɪldr(ə)n]) barn (*äv. bildl.*); *from a* ~ från barndomen (barnsben); *with* ~ gravid, med barn; *it's* ~*'s play* (*vard.*) det är en barnlek

child benefit [-ˌbenɪfɪt] barnbidrag **childbirth** [-bɜːθ] barnsbörd, förlossning **childe care** [-keə] barnavård **childhood** ['tʃaɪldhʊd] barndom **childish** [-ɪʃ] barnslig **child minder** [-ˌmaɪndə] dagbarnvårdare, dagmamma **childproof** [-pruːf] barnsäker **children** ['tʃɪldr(ə)n] *pl av child*

Chile ['tʃɪlɪ] Chile **Chilean** [-ən] **I** *s* chilen[are] **II** *a* chilensk

chill [tʃɪl] **I** *s* kyla (*äv bildl.*), köld; frossbrytning; *cast a* ~ *over* nedstämma, lägga sordin på; *catch a* ~ förkyla sig; *take the* ~ *off* ljumma **II** *a* kylig, kall (*äv. bildl.*) **III** *v* kyla [av]; bli kall; *bildl.* kyla av; *be* ~*ed to the bone* vara genomfrusen **chilly** [-ɪ] **1** kylig (*äv. bildl.*) **2** frusen, känslig för kyla

chime [tʃaɪm] **I** *s* **1** klockspel; [klockspels]ringning **2** harmoni, samklang **II** *v* **1** ringa; klinga **2** harmoniera, stå i samklang **3** *vard.*, ~ *in a*) inflicka, infalla, *b*) instämma

chimney ['tʃɪmnɪ] **1** skorsten **2** lampglas **3** vulkanöppning **chimneypiece** [-piːs] spisel|-krans, -hylla **chimney swallow** [-ˌswɒləʊ] ladusvala **chimney sweep[er]** [-swiːp, -ˌswiːpə] sotare

chimpanzee [ˌtʃɪmpənˈziː] schimpans

chin [tʃɪn] haka; *keep one's* ~ *up* (*vard.*) hålla humöret uppe; *take it on the* ~ (*vard.*) ta det med jämnmod

China ['tʃaɪnə] Kina

china ['tʃaɪnə] porslin **china clay** [ˌtʃaɪnəˈkleɪ] porslinslera, kaolin

Chinese [ˌtʃaɪˈniːz] **I** *s* (*pl lika*) kines **II** *a* kinesisk; ~ *chequers* kinaschack; ~ *lantern* kulört lykta; ~ *white* zinkvitt

1 chink [tʃɪŋk] spricka, rämna; *a* ~ *in one's armour* (*bildl.*) en svag punkt

2 chink [tʃɪŋk] **I** *v* klirra, klinga **II** *s* klirrande, klingande

chip [tʃɪp] **I** *s* **1** spån, skärva, flisa; bit, stycke; *dry as a* ~ snustorr; *he is a* ~ *off the old block* (*vard.*) han är sin far upp i dagen; *have a* ~ *on one's shoulder* (*vard.*) vara lättstött **2** hack (*i porslin e.d.*) **3** tunn skiva (*potatis e.d.*); ~*s* (*pl*) *a*) pommes frites, *b*) *AE.* [potatis]chips **4** *data.* chips **5** spelmark; *have had one's* ~*s* (*BE. vard.*) ha kolat av; *when the* ~*s are down* (*vard.*) när det kommer till kritan **II** *v* **1** tälja; slå en flisa ur, hugga i småbitar; ~*ped potatoes* pommes frites **2** gå [sönder] i småbitar (flisor); bli kantstött **3** *vard.*, ~ *in a*) göra ett inpass (*i samtal*), *b*) lämna ett [penning]bidrag

chipmunk ['tʃɪpmʌŋk] *AE.* jordekorre

chiropractor ['kaɪrəʊˌpræktə] kiropraktor

chirp [tʃɜːp] **I** *v* kvittra, pipa; (*om syrsa*) gnissla **II** *s* kvitter, pip; (*syrsas*) gnisslande

chisel [tʃɪzl] **I** *s* mejsel; stämjärn **II** *v* **1** mejsla, hugga ut **2** *sl.* lura; lura åt sig

chival|ric ['ʃɪvlrɪk], **-rous** [-rəs] **1** ridderlig **2** chevaleresk, artig

chivalry [-rɪ] **1** riddarskap **2** riddarväsen[de] **3** ridderlighet

chive [tʃaɪv] gräslök

chlo|rinate ['klɔːrɪneɪt] klorera (*vatten*) **-ro-form** ['klɔrəfɔːm] kloroform **-rophyll** ['klɔrəfɪl] klorofyll

chock [tʃɒk] **I** *s* kil, kloss **II** *v* **1** kila fast, stötta **2** ~ [*up*] proppa full **III** *adv* tätt [ihop]

chocolate ['tʃɒk(ə)lət] **I** *s* choklad **II** *a* choklad|-färgad, -brun

choice [tʃɔɪs] **I** *s* **1** val; alternativ; *make* (*take*) *one's* ~ göra sitt val; *by* ~ *helst* **2** urval; *the* ~ eliten **II** *a* utsökt, utvald

choir ['kwaɪə] **I** *s* **1** kör **2** kor **II** *v* sjunga i kör

choke [tʃəʊk] **I** *v* **1** strypa; kväva **2** täppa till **3** ~ [*down*] undertrycka, hämma **4** ~ *off* (*vard.*) *a*) avskräcka, täppa till munnen på, *b*) döda genom kvävning; ~ *up* täppa till **5** *tekn.* choka **6** [hålla på att] kvävas; storkna; *sl.* dö **II** *s* **1** kvävning[s-anfall] **2** *tekn.* choke

cholera [-rə] kolera **choleric** [-rɪk] kolerisk

cholesterol [kə'lestərɒl] kolesterol

choose [tʃuːz] (*chose, chosen*) **1** välja (*from* [*among*] bland); utvälja; *we chose him as* (*to be*) *our leader* vi valde honom till [vår] ledare **2** välja; ~ *well* göra ett bra val; *I cannot* ~ *but* jag kan inte [göra] annat än; *there is nothing* (*little*) *to* ~ *between them* det är inte stor skillnad mellan dem **3** behaga, vilja; ~ *to* finna för gott att **choos[e]y** ['tʃuːzɪ] kinkig, kräsen

chop [tʃɒp] **I** *v* **1** hugga; hacka; ~ *down* (*off*) hugga ner (av); ~ *wood* hugga ved; ~ *up* hugga upp (i småbitar), hacka sönder; ~ *a ball* (*sport.*) skära en boll **2** klippa av (*ord*); *BE. vard.* stoppa (*plan e.d.*) **II** *s* **1** hugg; *sport.* skärande slag; *get the* ~ (*sl.*) *a*) få sparken, *b*) dödas **2** avhugget stycke **3** kotlett **chopper** ['tʃɒpə] **1** liten yxa; köttyxa **2** *vard.* helikopter **3** *AE. sl.* maskinge-vär **4** chopper (*mc m. högt styre*) **chopping-block** [-ɪŋbɒk] huggkubbe

choppy ['tʃɒpɪ] (*om sjö*) krabb; (*om vind*) ombytlig, växlande

chopsticks ['tʃɒpstɪks] *pl* (*kinesiska*) mat-, ät|-pinnar

choral ['kɔːr(ə)l] kör-; med kör **choral[e]** [kɒ'rɑːl] koral, psalm

chord [kɔːd] *mus.* ackord; *common* ~ treklang

chore [tʃɔː] **1** rutinsyssla **2** obehagligt jobb

choreo|grapher [,kɒrɪ'ɒɡrəfə] koreograf **-graphy** [-ɡrəfɪ] koreografi

chortle ['tʃɔːtl] **I** *v* skrocka, skratta **II** *s* skrockan-de (kluckande) skratt

chorus ['kɔːrəs] **I** *s* **1** kör **2** balett; sångare **3** re-fräng; korus; *in* ~ i korus, unisont **II** *v* sjunga (ropa) i korus (kör) **chorus girl** balettflicka **chorus master** körledare

chose [tʃəʊz] *imperf. av* choose **chosen** [-n] *perf. part. av* choose

Christ [kraɪst] Kristus; ~! (*sl.*) jösses!, herre gud!

christen ['krɪsn] **1** döpa **2** döpa till **Christen-dom** [-dəm] kristenhet[en] **christening** ['krɪsnɪŋ] dop **Christian** ['krɪstjən] **I** *a* kristen, kristlig; ~ *name* förnamn, dopnamn **II** *s* kristen **Christianity** [,krɪstɪ'ænətɪ] kristendom[en]

Christmas ['krɪsməs] jul[en]; juldagen; *Father* ~ jultomten **Christmas card** julkort **Christ-mas carol** [-,kær(ə)l] julsång **Christmas Day** [-deɪ] juldag[en] **Christmas Eve** [-,iːv] julaf-ton[en] **Christmas present** [-,preznt] julklapp

Christmas pudding [-,pʊdɪŋ] plumpudding **Christmastide** [-taɪd] julen, juldagarna **Christmas tree** [-triː] julgran

chromatic [krə(ʊ)'mætɪk] **1** färg- **2** *mus.* kroma-tisk

chrome [krəʊm] krom; kromgult

chromosome ['krəʊməsəʊm] kromosom

chronic ['krɒnɪk] **1** kronisk **2** *vard.* förskräcklig; mycket allvarlig **chronicle** [-l] **I** *s* krönika; *C~s* (*pl, bibl.*) Krönikeböckerna **II** *v* uppteckna, skri-va en krönika över

chrono|logic[al] [,krɒnə'lɒdʒɪk(l)] kronologisk **-logy** [krə'nɒlədʒɪ] kronologi **-meter** [krə'nɒ-mɪtə] kronometer

chrysal|is ['krɪsəlɪs] (*pl -ises* [-ɪsɪz] *el. -ides* [krɪ'-sælɪdiːz] puppa

chubby ['tʃʌbɪ] knubbig; rund

chuck [tʃʌk] **I** *v* **1** klappa (*under hakan*) **2** *vard.* slänga, kasta; ~ [*in, up*] ge upp, skippa, spola; ~ *out* kasta ut, avvisa; ~ *up* (*AE.*) kasta upp, krä-kas; ~ *it!* lägg av!, sluta! **II** *s* **1** klapp (*under hak-an*) **2** *vard.* kast; *get the* ~ få sparken, bli spolad

chuckle ['tʃʌkl] **I** *v* **1** småskratta för sig själv **2** (*om höna*) skrocka **II** *s* **1** dämpat skratt **2** skrock-ande

chum [tʃʌm] **I** *v*, ~ *up with* bli god vän med **II** *s, vard.* god vän, kompis, kamrat

chump [tʃʌmp] **1** träkloss **2** *BE. sl., off one's* ~ helt knäpp **3** *vard.* träskalle

chunk [tʃʌŋk] tjockt stycke, stor bit; stor mängd

church [tʃɜːtʃ] **I** *s* kyrka; *the C~ of England, the English* (*Anglican*) *C~* engelska statskyrkan, anglikanska kyrkan; *go to* ~ gå till kyrkan; *go into* (*enter*) *the C~* bli präst **II** *v* kyrktaga **church|goer** ['tʃɜːtʃ,ɡəʊə] kyrksam person, kyr-kobesökare **-warden** [,tʃɜːtʃ'wɔːdn] **1** kyrk-värd; kyrkofullmäktig **2** lång kritpipa **-yard** [,tʃɜːtʃ'jɑːd] kyrkogård (*vid kyrka*)

churl [tʃɜːl] tölp, drummel

churn [tʃɜːn] **I** *v* **1** kärna (*smör*) **2** ~ [*up*] röra (piska) upp **3** ~ *out* (*bildl.*) spotta fram **II** *s* **1** smörkärna **2** (*stor*) mjölkkanna

chute [ʃuːt] **1** [fall]ränna (*för timmer e.d.*) **2** rutschbana; källbacke **3** vattenfall **4** *vard.* fall-skärm

C.I.A. *förk. för Central Intelligence Agency*

cicatrize (*BE. äv. -trise*) ['sɪkətraɪz] läka[s]; ärra sig

C.I.D. *förk. för Criminal Investigation Depart-ment* (*Scotland Yard*)

cider ['saɪdə] cider, äppelvin

cigar [sɪ'ɡɑː] cigarr

cigarette [,sɪɡə'ret] cigarett **cigarette end** ci-garettstump, fimp **cigarette lighter** [-,laɪtə] ci-garettändare

cinder ['sɪndə] **1** slagg; *the ~s* kolstybben **2** *~s* (*pl*) aska **Cinderella** [,sɪndə'relə] Askungen

cine camera ['sɪnɪ,kæm(ə)rə] *BE.* film-, smal-films|kamera

cinema ['sɪnəmə] bio[graf]; *go to the* ~ gå på bio **-goer** ['sɪnəmə,ɡəʊə] biobesökare

cinnamon ['sɪnəmən] kanel

cipher ['saɪfə] **I** *s* **1** siffra; *bildl.* nolla; *he is a mere* ~ han är en riktig nolla **2** chiffer[skrift]; chiffer-nyckel **3** monogram **II** *v* chiffrera

circle ['sɜːkl] **I** *s* **1** cirkel; ring, krets; *come full* ~

C

sluta där man börjat; *square the* ~ *a*) finna cirkelns kvardratur, *b*) försöka det omöjliga **2** kretsgång **3** omgång; period **4** *teat.* rad; *the dress* ~ första raden; *the upper* ~ andra raden **5** *bildl.* krets; *in the family* ~ i familjekretsen; *in business* ~s i affärskretsar **II** *v* **1** ringa in, göra en ring runt; omge **2** gå (fara *etc.*) omkring (runt); kretsa runt

circuit ['sɜːkɪt] **1** omkrets **2** omlopp, varv; rond; tur, runda, [rund]resa; rutt **3** domstolsdistrikt; (*domares*) tingsresa **4** [ström]krets; *short* ~ kortslutning **5** kedja (*av biografer e.d.*) **6** *BE.* racerbana **7** *sport.* rad tävlingar, turnering **circuit breaker** [-ˌbreɪkə] relä; strömbrytare

circular ['sɜːkjʊlə] **I** *a* cirkelrund; cirkel-; rund-; cirkulär; rörande sig i cirkel; ~ *letter* cirkulär; ~ *road* kringfartsled; ~ *saw* cirkelsåg; ~ *ticket* rundresebiljett; ~ *tour* rundresa **II** *s* cirkulär

circul|ate ['sɜːkjʊleɪt] **1** [låta] cirkulera, sätta i omlopp **2** cirkulera, vara i omlopp **-ation** [ˌsɜːkjʊ'leɪʃn] **1** cirkulation, omlopp **2** avsättning; spridning (*av tidning*); upplaga (*av tidning*) **-atory** [ˌsɜːkjʊ'leɪt(ə)rɪ] cirkulations-; *the* ~ *system* blodomloppet

circum|cision [ˌsɜːkəm'sɪʒn] omskärelse **-ference** [səˈkʌmf(ə)r(ə)ns] omkrets, periferi **-scribe** ['sɜːkəmskraɪb] **1** begränsa; kringgärda **2** dra en linje kring; *geom.* omskriva **-stance** ['sɜːkəmstəns] **1** omständighet; förhållande; *under the* ~s under sådana omständigheter; *under* (*in*) *no* ~s under inga förhållanden **2** ~s (*pl*) [ekonomiska] förhållanden **3** krus, omständigheter; stått **4** detaljer (*i berättelse*) **-vent** [ˌsɜː-kəm'vent] **1** överlista **2** kringgå **3** omringa

circus ['sɜːkəs] **1** cirkus **2** runt torg, rund öppen plats

cistern ['sɪstən] cistern

cite [saɪt] **1** *jur.* instämma, kalla **2** åberopa; citera

citizen ['sɪtɪzn] **1** medborgare; ~ *of the world* världsmedborgare **2** borgare; stadsbo; invånare **3** *AE.* civilperson **-ship 1** medborgarskap **2** medborgaranda

citr[o]us ['sɪtrəs] citrus-; ~ *fruit* citrusfrukt

city ['sɪtɪ] [stor] stad; *the* C~ *a*) City (*stadsdel i London*), *b*) affärsvärlden **city hall** stadshus, rådhus **cityscape** [-skeɪp] stadsbild

civic ['sɪvɪk] **1** stads- **2** medborgerlig, medborgar-; kommunal; ~ *centre* (*ung.*) kommunalhus, centrum för kommunadministration **civics** [-s] (*behandlas som sg*) samhällskunskap; medborgarkunskap

civil ['sɪvl] **1** medborgerlig, medborgar-; ~ *rights* medborgerliga rättigheter; ~ *war* inbördeskrig; *the* C~ *War* amerikanska inbördeskriget **2** civil; ~ *engineer* (*ung.*) väg- och vattenbyggnadsingenjör; ~ *law* civilrätt; ~ *list* (*parl.*) civillista, hovstat; ~ *marriage* borgerlig vigsel; ~ *servant* statstjänsteman; *the* ~ *service* statsförvaltningen (*utom den lagstiftande, judiciella o. militära*); ~ *state* civilstånd **3** hövlig (*to* mot) **-ian** [sɪ'vɪljən] **I** *s* civilperson **II** *a* civil; *in* ~ *life* i det civila **-ization** (*BE. äv. -isation*) [ˌsɪvɪlaɪ'zeɪʃn] **1** civilisation, kultur **2** civiliser|ing, -ande **-ize** (*BE. äv. -ise*) ['sɪvɪlaɪz] civilisera; göra kultiverad

clad [klæd] (*imperf. o. perf. part. av clothe*) klädd

claim [kleɪm] **I** *v* **1** göra anspråk på; ~ *to be the*

owner påstå sig vara ägaren **2** fordra, kräva; påkalla (*uppmärksamhet e.d.*) **3** göra gällande; hävda **II** *s* **1** anspråk (*to, on, for* på); krav, fordran; rätt; *have a* ~ *on* ha en fordran på; *lay* (*stake a*) ~ *to* göra anspråk på; *put in* (*make*) *a* ~ *for* resa krav på **2** rätt (*to s.th.* till ngt) **3** jordlott; inmutning, gruvlott **-ant** ['kleɪmənt], **-er** ['kleɪmə] [rätts]sökande; fordringsägare; pretendent

clairvoyant [kleə'vɔɪənt] **1** klärvoajant **2** klarsynt

clam [klæm] **I** *s* mussla (*äv. bildl.*) **II** *v* **1** *AE.* samla musslor **2** ~ *up* (*vard.*) tiga som muren

clammy ['klæmɪ] fuktig, klibbig och kall

clamorous ['klæmərəs] larmande, högljudd, bullersam **clamour** ['klæmə] **I** *s* larm, rop, skrik; högljudda krav på **II** *v* larma, ropa, skrika; [högljutt] kräva

clamp [klæmp] **I** *s* skruvtving; krampa; klämma **II** *v* **1** spänna fast; klämma ihop **2** ~ *down on* klämma åt, slå ner på

clan [klæn] klan (*äv. bildl.*); stam

clandestine [klæn'destin] hemlig[hållen], lönnlig

clang [klæŋ] **I** *v* klinga (ringa, skrälla) [med] **II** *s* klang, skrällande

clap [klæp] **I** *s* **1** knall, skräll, smäll **2** klapp, dunk; handklappning **II** *v* **1** knalla, skrälla, smälla **2** klappa, dunka; klappa [i händerna], applådera **3** ~ *eyes on* (*vard.*) få syn på; ~ *hold of* (*vard.*) plötsligt gripa tag i; ~ *spurs to* sätta sporrarna i; ~ *in prison* sätta i finkan; ~ *on all sail* sätta till alla segel; ~ *on one's coat* kasta på sig kappan; ~ *up* (*together*) smälla upp, smäcka ihop **-ping** ['klæpɪŋ] [hand]klappning[ar], applåder **-trap** *s, vard.* tomma fraser; publikfriande klyschor

claque [klæk] klack, trogna anhängare

claret ['klærət] rött bordeauxvin; rödvin

clarify ['klærɪfaɪ] **1** klar|göra, -lägga **2** göra klar, skira **3** bli klar, klarna

clarinet ['klærɪ'net] *mus.* klarinett

clarity ['klærətɪ] klarhet

clash [klæʃ] **I** *v* **1** slå ihop med en skräll, skrälla, skramla **2** drabba samman, braka ihop **3** *bildl.* kollidera, stöta ihop; inte stämma; *the colours* ~ färgerna skär sig mot varandra **II** *s* **1** skräll, skrammel **2** *bildl.* konflikt, sammanstötning

clasp [klɑːsp] **I** *s* **1** spänne, knäppe **2** fast grepp; omfamning; handslag **II** *v* **1** omfamna; hålla i ett fast grepp, sluta, krama; ~ *hands* skaka hand; ~ *one's hands* knäppa händerna **2** spänna, knäppa, häkta **clasp knife** ['klɑːspnaɪf] fällkniv

class [klɑːs] **I** *s* **1** klass, grupp, kategori; *in a* ~ *by o.s.* (*of it's own*) i en klass för sig, enastående **2** [samhälls]klass **3** [skol]klass; lektion; kurs; *evening* ~*es* kvällskurs[er]; *in* ~ på lektionen (lektionerna); *she takes* ~*es in cookery* hon går på matlagningskurs **4** kvalitet, klass; *no* ~ underhaltig, usel **II** *v* klassa; klassificera

classic ['klæsɪk] **I** *a* klassisk; tidlös, ren **II** *s* klassiker; *the* ~*s* klassiska språk, klassisk (*grekisk o. romersk*) litteratur **-al** [-l] klassisk; ~ *music* klassisk musik

class|ified ['klæsɪfaɪd] **1** klassificerad, kategoriserad; systematiserad; ~ *advertisement* rubrikannons **2** hemligstämplad **-ify** ['klæsɪfaɪ] **1** klassificera, indela i klasser, kategorisera **2** hemligstämpla

classmate ['klɑ:smeɪt] klasskamrat **classroom** klassrum **classy** [-ɪ] *sl.* stilig, flott

clatter ['klætə] **I** *v* **1** slamra (skramla, klappra) [med] **2** prata **II** *s* **1** slammer, skrammel **2** högljutt prat, oväsen

clause [klɔ:z] **1** *språkv.* sats; *main* ~ huvudsats; *subordinate* ~ bisats **2** klausul, paragraf, moment, avsnitt

claw [klɔ:] **I** *s* klo **II** *v* **1** klösa, riva **2** gripa [tag i], riva till sig

clay [kleɪ] **1** lera **2** stoft; *moisten one's* ~ fukta sin aska, dricka

clean [kli:n] **I** *a* **1** ren; renlig; rumsren; (*om barn*) torr; *come* ~ erkänna **2** ren, fläckfri; anständig; *a* ~ *record* ett fläckfritt förflutet **3** slät, jämn; välformad, fin; väl utförd **4** fullständig; ~ *sweep* total seger (framgång) **II** *adv* helt och hållet, alldeles, rakt; *I* ~ *forgot about it* jag glömde alldeles bort det **III** *v* **1** rengöra, göra ren; putsa, borsta; städa; tvätta; rensa; ~ *down* borsta (tvätta) av; ~ *out a*) rensa [upp], städa [i], *b*) *sl.* pungslå, göra pank; ~ *up* rensa upp [i], städa undan [i], snygga till [sig] **2** rengöras, bli ren

clean|er ['kli:nə] städerska, städare, rengörare, tvättare; rengöringsmedel; *send clothes to the* ~'s skicka kläder på kemtvätt **-ing** ['kli:nɪŋ] rengöring; *dry* ~ kemisk tvätt

clean|liness ['klenlɪnɪs] renhet, renlighet **-ly I** *adv* ['kli:nlɪ] rent *etc.*, *jfr clean* **II** *a* ['klenlɪ] renlig, ren [av sig]

cleanse [klenz] **1** rengöra; rensa **2** rentvå **cleanser** ['klenzə] rengöringsmedel

clean|-shaven [ˌkli:n'ʃeɪvn] slätrakad **--up 1** [grundlig] rengöring; upprensning **2** *AE.* jättevinst

clear [klɪə] **I** *a* **1** klar, ljus; ren; ~ *complexion* klar hy; ~ *conscience* rent samvete; *on a* ~ *day* vid klart väder **2** klar, tydlig, uppenbar; *a* ~ *advantage* en klar fördel; *a* ~ *case of murder* ett uppenbart mordfall; *a* ~ *majority* en klar majoritet; *as* ~ *as day* solklar; *let's get this* ~*, I am the boss!* en sak skall vi vara på det klara med, det är jag som är chefen!; *make o.s.* ~ uttrycka sig klart; *make it* ~ *to s.b. that* göra klart för ngn att **3** klar, säker; *be* ~ *on s.th.* vara klar över ngt; *I am quite* ~ *that* jag är helt säker på att **4** fri; tom; klar, öppen; *all* ~*!* faran över!; ~ *for traffic* öppen för trafik; *be* ~ *of* vara fri (befriad) från **5** *hand.* ren, netto; ~ *profit* ren förtjänst, nettoförtjänst **6** hel; *three* ~ *days* tre hela dagar **II** *adv* **1** klart, ljust; rent **2** alldeles, fullständigt, totalt **3** *get* ~ *of* komma fri (loss) från, *sjö.* gå fri för; *keep* ~ *of* undvika, hålla sig undan från; *stand* ~ *of* gå ur vägen för, inte stå i vägen för **III** *s, in* ~ i klartext; *in the* ~ *a*) rentvådd, frikänd, *b*) utom fara, klar, *c*) skuldfri **IV** *v* **1** klara, göra klar; ~ *the air* rensa luften; ~ *one's throat* klara strupen, harkla sig **2** rentvå, förklara oskyldig, befria från skuld; ~ *s.b. of suspicion* befria ngn från misstankar **3** rensa, röja, tömma; befria från hinder; ~ *one's conscience* lätta sitt samvete; ~ *the decks* [*for action*] *a*) göra klart skepp (till drabbning), *b*) *bildl.* göra allt klart; ~ *a room of people* utrymma ett

rum; ~ *the table* duka av; ~ *the way for* bana väg för **4** klara, gå fri från; *the horse* ~*ed the hurdle* hästen klarade hindret **5** *hand.* klara, täcka (*utgifter*); betala, återbetala (*skuld*); sälja ut; cleara; klarera; förtulla **6** klarna, ljusna; bli klar; (*om dimma*) lätta **7** ~ *away a*) röja undan, duka av (ut), *b*) (*om dimma*) lätta; ~ *off a*) göra sig av med, klara av, göra sig kvitt, *b*) *vard.* sticka, ge sig av; ~ *out a*) rensa [ut, bort], tömma, utförsälja, *b*) *vard.* sticka, ge sig av; ~ *up a*) klara upp, lösa (*mysterium o.d.*), *b*) ordna, bringa ordning i, *c*) (*om väder*) klarna [upp]

clearance ['klɪər(ə)ns] **1** rensning, sanering; [upp]röjning; tömning; utförsäljning **2** starttillstånd **3** *tekn.* spel, frigående

clear-cut [ˌklɪə'kʌt] **1** skarpt skuren, markerad **2** klar, bestämd

clearing ['klɪərɪŋ] **1** klarnande; klargörande; fritagande **2** uthuggning, röjt område (*i skog*) **3** *hand.* clearing, avräkning; klarering

clearway ['klɪəweɪ] *BE., ung.* motortrafikled; *urban* ~ genomfartsled

cleavage ['kli:vɪdʒ] **1** spricka, rämna **2** klyvning; splittring **3** *vard.* springa mellan kvinnas bröst

clef [klef] *mus.* klav; *C* ~ C-klav

cleft [kleft] **I** *s* klyfta **II** *v, imperf. o. perf. part. av cleave*

clemency ['klemənsɪ] mildhet; förbarmande

clench [klen(t)ʃ] **I** *v* **1** klinka, nita (*spik*) **2** gripa hårt om, omsluta; pressa (*hita*) samman; *one's fist* knyta näven **3** (*i boxning*) gå i narkamp **II** *s* **1** nitning, klinkning; krampa **2** tag, hårt grepp

clergy ['klɜ:dʒɪ] (*behandlas som pl*) prästerskap, präster **-man** [-mən] präst (*i statskyrkan*)

clerical ['klerɪkl] **1** klerikal; prästerlig; ~ *collar* prästkrage **2** kontors-, kontorist-; ~ *error* skrivfel

clerk [klɑ:k, *AE.* klɜ:k] **1** kontorist, tjänsteman; bokhållare; kanslist; ~ *of the works* byggnadskontrollant **2** ~ [*to the justices*] sekreterare, notarie; *town* ~ (*ung.*) stadsjurist **3** klockare; ~ *in holy orders* präst **4** *AE.* butiksbiträde, expedit; portier

clever ['klevə] **1** begåvad, intelligent **2** skicklig, duktig; fiffig, sinnrik **3** *BE. vard.* listig, slug

cliché ['kli:ʃeɪ] **1** *typ.* kliché **2** klyscha, kliché

click [klɪk] **I** *v* **1** klicka (till), knäppa (till); ticka **2** *sl.* tända på varandra, passa ihop **3** *sl.* vara en succé; lyckas, ha tur **4** ~ *one's heels* slå ihop klackarna **II** *s* **1** klickande, knäppande **2** smackande; *fonet.* klickljud **3** spärrhake; dörrklinka

client ['klaɪənt] klient; kund **-ele** [ˌkli:ã(n)'tel] klientel; kundkrets

cliff [klɪf] brant klippa, stup (*i sht vid havet*) **-hanger** ['klɪfˌhæŋə] *vard.* spännande historia, rysare

climacteric [klaɪ'mæktərɪk] **I** *a* **1** kritisk **2** övergångs-, klimakterisk **II** *s* **1** kritisk period **2** övergångsålder, klimakterium

climate ['klaɪmɪt] klimat (*äv. bildl.*)

climax ['klaɪmæks] klimax, höjdpunkt

climb [klaɪm] **I** *v* **1** klättra; klänga; kliva; ~ *down a*) klättra ned från (nedför), *b*) kliva ned; ~ *up a*) klättra uppför (upp på, upp i), *b*) klättra upp **2** stiga, höja sig **3** klättra (gå, kliva) uppför, bestiga **II** *s* klättring; stigning **--down** ['klaɪmdaʊn]

bildl. reträtt **-er** ['klaɪmə] **1** bergsbestigare, klättrare **2** klängväxt **3** *BE.*, [*social*] ~ streber
clinch [klɪn(t)ʃ] (*se äv. clench*) **I** *v* **1** nita, klinka **2** fastslå; avgöra; ~ *the matter* göra slag i saken **3** (*i boxning*) gå i clinch **II** *s* (*i boxning*) clinch; *go into a* ~ (*sl.*) omfamna varandra
cling [klɪŋ] (*clung, clung*) hålla (klänga, klamra) sig fast ([*on*] *to* vid); fastna, sitta fast; *he* ~*s to his faith* han håller fast vid sin lära; ~ *together* hålla ihop
clinic ['klɪnɪk] klinik **-al** [-l] klinisk; ~ *thermometer* febertermometer
1 clink [klɪŋk] **I** *v* klirra (klinga) [med] **II** *s* klirr, klingande
2 clink [klɪŋk] *sl.* kåk, fängelse
1 clip [klɪp] **I** *v* **1** klippa; klippa hål i; ~ *s.o's wings* (*bildl.*) vingklippa ngn **2** klippa av, stympa (*ord*) **3** *vard.* klippa till **4** hålla ihop med klämma **5** *sl.* lura **II** *s* **1** klippning **2** avklippt bit **3** *vard.* snyting, slag **4** *vard.* fart, hastighet
2 clip [klɪp] **I** *v* klämma (fästa, hålla) ihop **II** *s* **1** [pappers]klämma, gem; clips; spänne
clippers [-əz] *pl* **1** nagelklippare; hårklippningsmaskin **2** trädgårdssax **clipping** [-ɪŋ] **I** *s* **1** klippning **2** [tidnings]urklipp **II** *a, vard.* snabb
clique [kli:k] klick, kotteri
cloak [kləʊk] **I** *s* **1** mantel, slängkappa **2** *bildl.* täckmantel **II** *v* **1** svepa in [i mantel] **2** *bildl.* dölja **-room** ['kləʊkrʊm] **1** resgodsinlämning **2** garderob, kapprum **3** toalett
clock [klɒk] **I** *s* **1** klocka, ur; *six o'clock* klockan 6; [*a*]*round the* ~ dygnet runt, 12 (24) timmar i sträck **2** *vard.* hastighets-, väg|mätare; taxameter; stoppur **3** *sl.* nia, fejs **II** *v* **1** ~ *in* (*on*) stämpla in (*på stämpelur*); ~ *out* (*off*) stämpla ut **2** klocka, ta tid (*m. stoppur*) **3** ~ *up* klockas för, registrera
clock|-face ['klɒkfeɪs] urtavla **--radio** [-,reɪdɪəʊ] klockradio **--tower** [-,taʊə] klocktorn **-wise** [-waɪz] medurs, medsols **-work** [-wɜ:k] urverk; ~ *toys* mekaniska leksaker
clod [klɒd] **I** *s* **1** jord-, ler|koka, -klump **2** drummel, tölp **3** stoft, materia **II** *v* **1** kasta jordkokor på **2** klimpa sig
clog [klɒg] **I** *s* **1** trä|sko, -toffel **2** black om foten, hämsko **II** *v* **1** sätta black om foten på; hindra, hämma **2** täppa till **3** stocka sig, gå trögt
clonk [klɒŋk] **I** *v* **1** dunsa, dunka **2** *vard.* drämma till **II** *s* duns, dunk
close I *a* [kləʊs] **1** nära; förtrolig, intim; *a* ~ *haircut* kort[klippt] frisyr; ~ *relative* nära släkting; *at* ~ *quarters a*) på nära håll, *b*) i närstrid; *it was a* ~ *call* (*shave*) det var nära ögat **2** tät; hopträngd; tättsittande **3** mycket jämn; *a* ~ *contest* en mycket jämn tävling **4** nära; ingående, grundlig, noggrann; ~ *attention* spänd (stor) uppmärksamhet; ~ *reasoning* strängt logiskt resonemang; ~ *resemblance* nära (stor) likhet **5** sluten, inte öppen för alla; ~ *corporation* slutet sällskap **6** strängt bevakad (bevarad); *a* ~ *prisoner* strängt bevakad fånge; ~ *secret* strängt bevarad hemlighet **7** kvav, kvalmig, tryckande **8** snål, knusslig **9** dold, gömd; hemlig; hemlighetsfull; *keep* ~ hålla sig gömd **10** *fonet.* (*om vokal*) sluten **11** ~ *season* olaga jakttid (fisketid) **II** *adv* [kləʊs] nära, tätt (*by, to*) intill; *upon* efter, inpå); ~ [*together*] tätt

ihop (tillsammans); ~ *by* i närheten; *stand* ~ *to the fire* stå nära brasan; ~ *on 50* inemot (uppemot) 50 **III** *v* [kləʊz] **1** stänga, [till]sluta; stänga av; slå igen (*bok*); lägga ner (*företag*); ~*d circuit* sluten [ström]krets; ~*d shop* företag öppet endast för fackföreningsanslutna; ~ *one's eyes* (*äv.*) dö; ~ *one's eyes to* (*bildl.*) blunda för; ~ *the ranks* sluta leden; *sorry, we're* ~*d* vi har tyvärr stängt **2** [av]sluta **3** *sjö.* passera tätt intill **4** stängas, [till]slutas (*on* om, efter); sluta sig; *this window doesn't* ~ *properly* det här fönstret går inte att stänga ordentligt **5** avslutas; sluta; (*om pjäs*) läggas ned; *the matter is* ~*d* affären är avslutad **6** närma sig **7** drabba samman **8** ~ *down a*) (*om företag*) stänga[s], lägga[s] ned, slå[s] igen, *b*) (*om radio o.d.*) sluta sändningarna för dagen; ~ *in a*) komma närmare, *b*) (*om dagar*) bli kortare; ~ *in* [*up*]*on* sluta sig omkring, omringa; ~ *up a*) tillsluta, bomma igen, *b*) (*om sår*) dra ihop sig, *c*) *film.* ta närbild[er]; *the ranks* ~*d up* leden slöts **IV** *s* [kləʊz] (*se äv. V*) **1** stängande; slut; avslutning **2** mötesplats **3** *mus.* kadens **V** *s* [kləʊs] (*se äv. IV*) **1** *BE.* inhägnad[plats]; domkyrkoplats; skolgård; lekplats **2** [återvänds]gata
closed-circuit ['kləʊzd,sɜ:kɪt] *a,* ~ *television* intern-TV, kabel-TV **close-down** [-daʊn] **1** nedläggning, stängning (*av fabrik*) **2** *BE. radio., TV* slut på sändningen **close-fisted** [,kləʊs'fɪstɪd] snål **closely** ['kləʊslɪ] **1** nära; ~ *related* nära besläktad **2** tätt **3** ingående, grundligt
closet ['klɒzɪt] **I** *s* **1** *åld.* [litet] rum, kabinett **2** skåp **3** toalett **II** *v* ta i enrum; *be* ~*ed together* överlägga i enrum **III** *a* privat, i enrum
close-up ['kləʊsʌp] *film.* närbild
closing ['kləʊzɪŋ] **I** *s* stängning; nedläggning **II** *a* **1** ~ *time* stängnings|tid, -dags **2** avslutnings-, slut-, sista
closure ['kləʊʒə] **I** *s* **1** stängning; nedläggelse **2** slut, avslutning; tvångsavslutning (*av debatt*) **II** *v* tillämpa tvångsavslutning på (mot)
clot [klɒt] **I** *s* **1** klimp, klump; ~ *of blood* klump av levrat blod, blodpropp **2** *sl.* klantskalle **II** *v* (*se äv. clotted*) **1** bilda klimpar (klimpar) **2** [låta] koagulera
cloth [klɒθ] **I** *s* **1** tyg; kläde; *the* ~ prästerskapet; *American* ~ vaxduk **2** duk; *lay the* ~ duka **3** trasa (*för disk, putsning etc.*) **4** klot (*i bokband*)
clothe [kləʊð] (*clothed, clothed el. clad, clad*) **1** [be]kläda, hålla med kläder **2** täcka, hölja **3** *tekn.* isolera
clothes [kləʊð(ð)z] *pl* **1** kläder **2** *BE.* sängkläder **clotheshorse** [-hɔːs] torkställning **clothesline** [-laɪn] tvättlina, klädstreck **clothes peg** (*AE.* **pin**) [-peg, -pɪn] klädnypa
clothing [-ɪŋ] beklädnad, kläder; *men's* ~ herrkonfektion
clotted ['klɒtɪd] full med klumpar; levrad; ~ *cream* (*BE.*) tjock grädde (*erhållen genom uppvärmning av mjölk*); ~ *nonsense* rent nonsens
cloud [klaʊd] **I** *s* **1** moln, sky; *in the* ~*s* (*bildl.*) i det blå; *on* ~ *nine* (*vard.*) i sjunde himmeln; *under a* ~ *a*) i onåd, *b*) dyster, på dåligt humör; *every* ~ *has a silver lining* ingenting ont som inte har något gott med sig **2** svärm, skara **3** skugga (*av dysterhet etc.*) **II** *v* **1** täcka med moln **2** *bildl.* för-

dystra, fördunkla, förmörka; göra oklar **3** ~ [*up*] täckas med moln, mulna **4** ådra, marmorera
cloudberry ['klaʊd,berɪ] hjortron
cloudy ['klaʊdɪ] **1** molnig, molntäckt; mulen **2** oklar, dunkel **3** dyster
clout [klaʊt] **I** *s* **1** trasa, lapp **2** slag **II** *v* **1** lappa **2** slå till, klå upp
1 clove [kləʊv] kryddnejlika
2 clove [kləʊv] lökklyfta
3 clove [kləʊv] *imperf. av 1* cleave
cloven ['kləʊvn] (*perf. part. av 1* cleave) kluven; *show the* ~ *foot* visa bockfoten; ~ *leaf* klöverblad[skorsning]
clover ['kləʊvə] klöver; *be in* ~ (*vard.*) må som en prins, vara på grön kvist
clown [klaʊn] **I** *s* **1** clown, pajas **2** drummel **II** *v* spela pajas
club [klʌb] **I** *s* **1** klubba, påk **2** [golf]klubba **3** klubb **4** *kortsp.* klöverkort; ~*s* (*pl*) klöver **II** *v* **1** klubba [till, ned] **2** använda som klubba **3** slå sig tillsammans [om]
cluck [klʌk] **I** *v* skrocka **II** *s* skrockande
clue [klu:] ledtråd, spår; *he hasn't a* ~ *a*) han har inte en aning, *b*) han är helt bakom
clump [klʌmp] **I** *s* **1** klunga (*av träd*); buskage **2** klump **3** klamp, tramp **4** ~ [*sole*] dubbel sula **5** *sl.* smocka **II** *v* **1** klampa, trampa **2** klumpa ihop; plantera ihop **3** dubbelbottna (*skor*) **4** *sl.* smocka till
clum|siness ['klʌmzɪnɪs] klumpighet; tafatthet **-sy** [~ɪ] klumpig, tafatt
clung [klʌŋ] *imperf. o. perf. part. av* cling
cluster ['klʌstə] **I** *s* klunga, klase; svärm **II** *v* **1** samla i klunga **2** växa i klunga **3** skocka sig, samlas i klunga
clutch [klʌtʃ] **I** *v* **1** gripa [tag i]; fasthålla **2** gripa (*at* efter) **II** *s* **1** grepp, tag **2** klo; *get into a p.'s* ~*es* hamna i ngns klor **3** *tekn.* koppling[spedal]; *double* ~ dubbeltrampning, mellangas (*vid växling av bil*)
clutter ['klʌtə] **I** *s* **1** virrvarr, bråte **2** oväsen **II** *v* **1** ~ [*up*] skräpa ner **2** väsnas **3** pladdra
Co., co. *förk. för* Company
Co. *förk. för* County
c/o *förk. för care of; carried over* transport
coach [kəʊtʃ] **I** *s* **1** [gala]vagn, kaross; diligens; ~ *and four* fyrspann **2** järnvägsvagn **3** [turist]buss **4** *sjö.* akterkajuta **5** tränare, instruktör; privatlärare **II** *v* **1** ~ [*it*] resa med diligens **2** ge (*ngn*) [privat]lektioner; träna (*ngn*) **coach box** ['kəʊtʃbɒks] kuskbock **coachman** ['kəʊtʃmən] kusk, förare
coagulate [kəʊ'ægjʊleɪt] [bringa att] kolagulera; ysta sig
coal [kəʊl] **I** *s* kol, stenkol; *heap* ~*s of fire on s.b.* samla glödande kol på ngns huvud; *carry* ~*s to* Newcastle bjuda bagarbarn på bröd **II** *v* **1** kola, förse med kol **2** bunkra **coal gas** stadsgas
coalition [,kəʊə'lɪʃn] **1** koalition **2** sammansmältning
coalmine ['kəʊlmaɪn] kolgruva **coalmining** [-maɪnɪŋ] kolbrytning **coal tar** [,kəʊl'tɑ:] stenkolstjära
coarse [kɔ:s] grov; *bildl. äv.* rå **coarsen** ['kɔ:sn] förgrova[s], förråa[s]
coast [kəʊst] **I** *s* **1** kust; *the* ~ *is clear* (*bildl.*) kus-

ten är klar **2** *AE.* kälkbacke; kälkbacksåkning **II** *v* **1** segla längs (*kust*) **2** glida (rulla, åka) utför
coastal ['kəʊstl] kust- **coaster** [-ə] **1** *BE.* kustfartyg **2** *AE.* [glas]underlägg **3** cykel med frihjul **4** *AE.* (*slags*) kälke **coastguard 1** kustbevakning, sjöräddning **2** kustbevakare
coat [kəʊt] **I** *s* **1** rock; kappa; jacka, kavaj; ~ *of arms* vapensköld; ~ *of mail* ringbrynja; *cut one's* ~ *according to one's cloth* rätta mun[nen] efter matsäcken; *wear the King's* ~ bära kronans kläder **2** päls-, hår-, fjäder|beklädnad **3** lager, skikt, hinna, beläggning; skal, hölje **II** *v* [be]kläda; bestryka; täcka
coat hanger [-,hæŋə] klädhängare, galge **coating** [-ɪŋ] **1** beläggning, hinna, lager; överdrag **2** rocktyg
coax [kəʊks] lirka [med], använda lämpor [med]; ~ *s.b. into s.th.* med lämpor förmå ngn till ngt
cob [kɒb] **I** *v* **1** svanhanne **2** [kraftig] häst, klippare **3** klump, bit (*av kol*) **4** brödkakas **5** majskolv **II** *v*, *BE. vard.* ge smisk
cobble ['kɒbl] **I** *s* **1** kullersten **2** ~*s* (*pl*) små rundade kol **II** *v* **1** belägga med kullersten **cobblestone** ['kɒblstəʊn] kullersten
cobra ['kəʊbrə] kobra, glasögonorm
cobweb ['kɒbweb] spindel|väv, -nät
cocain[e] [kə(ʊ)'keɪn] kokain
cock [kɒk] **I** *s* **1** tupp; [fågel]han[n]e; ~ *of the walk* högsta hönset, den främste i gruppen; *that* ~ *won't fight* den går inte **2** kran, tapp **3** hane (*på gevär*) **4** *BE. sl.* skitsnack **5** *vulg.* kuk **6** *BE. vard.* kompis, polare **II** *v* **1** sätta (ställa, sticka) rätt upp, resa; ~ *one's ears* spetsa öronen; ~ *an eye* blinka med ena ögat, plira; ~ *one's hat* sätta hatten på sned, vika upp brättet; ~ *one's nose* sätta näsan i vädret **2** spänna hanen på, osäkra **3** ~ [*up*] (*sl.*) röra (trassla) till
cock-a-doodle-doo [,kɒkədu:dl'du:] kuckeliku
cock-and-bull-story [,kɒkən(d)'bʊlstɔ:rɪ] *vard.* rövarhistoria
cock|eyed ['kɒkaɪd] *vard.* **1** skelögd; vindögd **2** sned; tokig **3** ~ *s* **1** på sniskan **-fight[ing]** tuppfäktning
cockle ['kɒkl] **I** *s* **1** *zool.* hjärtmussla **2** musselskal **3** lien spis **4** skrynkla, veck (*i glas, papper e.d.*); *warm the* ~*s of one's heart* värma en in i själen (hjärterötterna) **II** *v* skrynkla [till, ihop]
cockney ['kɒknɪ] **I** *s* **1** cockney (*londonbo som talar londondialekt*) **2** cockney (*londondialekt*) **II** *a* cockney-
cock|pit ['kɒkpɪt] **1** cockpit, förarkabin (*i flygplan*) **2** slagfält **3** tuppfäktningsarena **-roach** [-rəʊtʃ] kackerlacka **-sure** [,kɒk'ʃʊə] tvärsäker **-tail** ['kɒkteɪl] cocktail
cocktail cabinet ['kɒkteɪl,kæbɪnɪt] barskåp
cocky [-ɪ] mallig, nosig
cocoa ['kəʊkəʊ] kakao; [drick]choklad **coco[a]-nut** kokosnöt
cocoon [kə'ku:n] kokong
cod [kɒd] torsk
C.O.D. *förk. för cash* (*AE. collect*) *on delivery*
coddle ['kɒdl] **1** sjuda **2** klema bort, pjoska med
code [kəʊd] **I** *s* **1** kod, [telegram]nyckel; chiffer; chiffrerat meddelande **2** kodex; lag[samling]; regler **II** *v* **1** koda, chiffrera **2** kodifiera
codfish ['kɒdfɪʃ] torsk

codify ['kəʊdɪfaɪ] kodifiera

cod-liver oil [,kɒdlɪvər'ɔɪl] fiskleverolja

coeducation [,kəʊedju:'keɪʃn] samundervisning

coefficient [,kəʊɪ'fɪʃnt] *mat. o. fys.* koefficient

coerce [kəʊ'ɜ:s] tvinga till lydnad (underkastelse) **coercion** [kəʊ'ɜ:ʃn] tvång, betvingande

coexist [,kəʊɪg'zɪst] existera samtidigt (*with* som); leva sida vid sida **-ence** [-(ə)ns] *s* samtidig förekomst; samlevnad; *peaceful* ~ fredlig samexistens

coffee ['kɒfɪ] kaffe; *instant* ~ snabbkaffe **coffee-grounds** *pl* [kaffe]sump **coffee house** kaffeservering; *hist.* kaffehus **coffee-room** frukostrum, matsal (*på hotell*) **coffee table** soffbord

coffin ['kɒfɪn] **I** *s* likkista **II** *v* lägga i kista

cog [kɒg] kugge

cogitate ['kɒdʒɪteɪt] **1** tänka, fundera **2** tänka (fundera) ut

cognate ['kɒgneɪt] besläktad

cognizance ['kɒgnɪz(ə)ns] **1** kännedom, vetskap **2** *jur.* handläggning; behörighet **3** *AE.* bekännelse **4** *her.* sköldmärke

cog-wheel ['kɒgwi:l] kugghjul

cohabit [kəʊ'hæbɪt] bo (leva) tillsammans, sammanbo

coherence [-r(ə)ns] **1** sammanhang **2** sammanhållning **coherent** [-r(ə)nt] sammanhängande; följdriktig **cohesion** [kə(ʊ)'hi:ʒn] kohesion; sammanhang **cohesive** [kə(ʊ)'hi:sɪv] kohesions-; sammanhängande

coil [kɔɪl] **I** *v* **1** lägga i ringlar, ringla (rulla) ihop; ~ *up* rulla ihop **2** ringla sig; ~ *up* ringla (rulla) ihop sig **II** *s* **1** rulle **2** slinga; [hår]lock **3** rörspiral; induktionsrulle, trådspiral, spole **4** spiral (*livmoderinlägg*)

coin [kɔɪn] **I** *s* mynt, slant; *koll.* pengar; *pay s.b. back in his own* ~ ge ngn igen med samma mynt; *the other side of the* ~ medaljens baksida **II** *v* mynta, prägla; ~ *it* in snabbt tjäna pengar; ~ *words* skapa nya ord

coin|cide [,kəʊɪn'saɪd] **1** sammanfalla **2** stämma överens **-cidence** [kəʊ'ɪnsɪd(ə)ns] **1** sammanträffande, slump, tillfällighet **2** överensstämmelse **-cidental** [kəʊ,ɪnsɪ'dentl] **1** tillfällig **2** samtidig

1 coke [kəʊk] **I** *s* koks **II** *v* göra till koks

2 coke [kəʊk] *sl.* kokain

3 coke [kəʊk] *vard.* coca cola

colander ['kʌləndə] durkslag

cold [kəʊld] **I** *a* kall; kallsinnig, känslolös; *in* ~ *blood* med berått mod; ~ *comfort* [en] klen tröst; ~ *cream* cold-cream (*slags hudkräm*); ~ *cuts* kallskuret; ~ *pig* (*vard.*) skopa kallvatten; ~ *snap* köldknäpp; ~ *steel* kallt stål; ~ *storage* förvaring i kylrum; *put s.th. into a cold storage* (*bildl.*) lägga ngt på is; ~ *store* kylrum; ~ *turkey* (*AE. sl.*) *se turkey*; ~ *war* kallt krig; *I am* ~ jag fryser; *have* (*get*) ~ *feet a*) frysa om fötterna, *b*) vara rädd; *give s.b. the* ~ *shoulder* behandla ngn kyligt; *leave s.b.* ~ (*vard.*) lämna ngn oberörd; *throw* ~ *water on* (*vard.*) behandla kallsinnigt; *knocked* ~ slagen medvetslös **II** *s* **1** köld, kyla; *leave out in the* ~ försumma, överge, lämna utanför **2** förkylning; *catch* [*a*] ~ bli förkyld

cole [kəʊl] kål **-slaw** ['kəʊlslɔ:] sallad av slakad

kål *m.m.*

colic ['kɒlɪk] kolik

collabo|rate [kə'læbəreɪt] samarbeta; *polit. äv.* kollaborera **-ration** [kə,læbə'reɪʃn] samarbete; *polit. äv.* kollaboration **-rator** [kə'læbəreɪtə] medarbetare

collapse [kə'læps] **I** *v* **1** falla ihop, störta samman (*äv. bildl.*) **2** *med.* kollapsa, bryta samman **3** vara hopfällbar, kunna fällas ihop **II** *s* **1** hopfallande, sammanstörtande; *bildl.* sammanbrott **2** *med.* kollaps, sammanbrott **collapsible** [-əbl] hopfällbar

collar ['kɒlə] **I** *s* **1** krage **2** halsband (*för djur*) **3** *tekn.* hylsa, ring, krage **II** *v* **1** förse med krage **2** ta i kragen; *vard.* gripa, arrestera **3** *vard.* knycka **-bone** nyckelben

collate [kɒ'leɪt] **1** kollationera, jämföra **2** kalla (*t. prästtjänst*)

collateral [kɒ'læt(ə)r(ə)l] **I** *a* **1** belägen sida vid sida, parallell; kollateral **2** indirekt, bidragande, sido- **II** *s* **1** släkting på sidolinjen **2** säkerhet (*för lån*)

colleague ['kɒli:g] kollega

collect I *s* ['kɒlekt] *kyrkl.* kollektbön **II** *v* [kə'-lekt] **1** samla [in, ihop, upp] **2** [av]hämta; ~ *on delivery* (*AE.*) [mot] postförskott (efterkrav) **3** inkassera; indriva; ta upp **4** ~ *o.s.* (*one's wits*) ta sig samman, samla sig **5** samlas, samla (hopa) sig **III** *a*, ~ *call* ba-samtal, samtal som betalas av adressaten **IV** *adv, AE.* mot postförskott (efterkrav) **collection** [kə'lekʃn] **1** samlande; [hop]-samling **2** insamling; tömning (*av brevlåda*) **3** indrivning, inkassering, uppbörd **4** *kyrkl.* kollekt **5** samling, kollektion; anhopning **collective** [kə'lektɪv] **I** *a* **1** samlad, sammanlagd **2** kollektiv (*äv. språkv.*); gemensam; ~ *bargaining* kollektivförhandlingar; ~ *farm* kollektivjordbruk **II** *s* **1** kollektivjordbruk; kollektiv **2** *språkv.* kollektiv[t substantiv] **collector** [kə'lektə] **1** samlare **2** biljettupptagare **3** uppbördsman, inkasserare **4** *elektr.* kollektor

college ['kɒlɪdʒ] **1** kollegium; sällskap **2** college; internatskola; collegebyggnad; [fack]högskola; institut, skola; ~ *of education* (*BE.*) lärarhögskola; ~ *of music* musikskola; ~ *of advanced technology* (*BE., ung.*) teknisk högskola **3** *AE.* mindre universitet

collide [kə'laɪd] kollidera, krocka, stöta ihop

collier ['kɒlɪə] **1** kolgruvearbetare **2** kolfartyg **colliery** [-rɪ] kolgruva

collision [kə'lɪʒn] kollision, krock, sammanstötning

collocate ['kɒlə(ʊ)keɪt] ställa samman, ordna

collo|quial [kə'ləʊkwɪəl] samtals-, talspråklig, vardaglig **-quialism** [-ɪz(ə)m] vardagligt uttryck

Cologne [kə'ləʊn] Köln

cologne [kə'ləʊn] eau-de-cologne

colon ['kəʊlən] kolon (*skiljetecken*)

colonel ['kɜ:nl] överste

colonial [kə'ləʊnjəl] **I** *a* kolonial[-] **II** *s* koloniinvånare **-ism** [-jəlɪz(ə)m] kolonialism

colo|nist ['kɒlənɪst] nybyggare, kolonist **-nize** (*BE. äv. -nise*) ['kɒlənaɪz] kolonisera; slå sig ned i

colonnade [,kɒlə'neɪd] kolonnad

colony ['kɒlənɪ] **1** koloni; nybyggarsamhälle **2**

zool. koloni, samhälle

color ['kʌlə] *AE.*, *se colour* **coloration** [ˌkʌlə'-reɪʃn] färgsättning; färg[lägg]ning; färgteckning

colossal [kə'lɒsl] kolossal; *vard. äv.* väldig, fantastisk

colour ['kʌlə] **I** *s* **1** färg, kulör; *man of* ~ färgad [man] **2** [ansikts]färg; *get a* ~ få färg, bli solbränd; *lose* ~ bli blek; *off* ~ *a*) illamående, dålig, *b*) smaklös, omdömeslös **3** *mus.* klangfärg, timbre **4** ~*s* (*pl*) *a*) flagga, fana, *b*) *BE. sport.* [lag]färger; *under false* ~*s* under falsk flagg; *with flying* ~*s* med flaggan i topp, framgångsrikt; *join the* ~*s* bli soldat, ta värvning; *nail one's* ~*s to the mast* vägra att erkänna sig besegrad, framhärda; *show one's* ~*s* bekänna (visa) färg; *stick to one's* ~*s* hålla fast vid sin ståndpunkt **5** utseende; sken, förevändning; *under* ~ *of* under sken (förevändning) av **6** ton, karaktär, prägel **II** *v* **1** färga (*äv. bildl.*); färglägga **2** få färg; ~ [*up*] rodna

colour bar ['kʌləbɑ:] rasdiskriminering; rasbarriär **colour-blind** färgblind **coloured** [-d] färgad (*äv. bildl.*); kulört; ~ *people* färgade **colourfast** färgäkta **colourful** [-f(ʊ)l] färg|stark, -rik **colouring** [-rɪŋ] **1** färg[lägg]ning **2** färg; färger (*på fåglar, i ansikte e.d.*) **3** falskt sken **4** färgbehandling, kolorit

coltsfoot (*pl* ~*s*) *bot.* tussilago, hästhovsört

columbine ['kɒləmbaɪn] **I** *s, bot.* akleja **II** *a* duvlik

column ['kɒləm] **1** kolonn (*hyggn. o. mil.*), pelare; *spinal* ~ ryggrad **2** kolumn, spalt **3** rattstång **-ist** [-nɪst] kolumnist, kåsör, krönikör

colza ['kɒlzə] *bot.* raps

coma ['kəʊmə] *med.* koma

comb [kəʊm] **I** *s* **1** kam (*äv. på fåglar*); *cut a p.'s* ~ förödmjuka ngn **2** karda **3** honungskaka **II** *v* kamma; rykta; karda; ~ [*out*] (*bildl.*) finkamma

combat ['kɒmbæt] **I** *s* kamp, strid; *single* ~ envig, tvekamp **II** *v* **1** bekämpa, strida mot **2** kämpa **combatant** ['kɒmbət(ə)nt] **I** *a* stridande **II** *s* kombattant, stridande

combination [ˌkɒmbɪ'neɪʃn] **1** kombination; serie **2** förening (*äv. kem.*) **3** [*motorcycle*] ~ motorcykel med sidvagn **4** ~*s* (*pl*) combination (*underplagg*) **combine I** *v* [kəm'baɪn] **1** förena; kombinera; ställa samman **2** samverka; förena sig **3** ingå kemisk förening **II** *s* ['kɒmbaɪn] **1** (*ekonomisk, politisk*) sammanslutning, syndikat **2** ~ [*harvester*] skördetröska

combustible [kəm'bʌstəbl] **I** *a* brännbar, lättantändlig **II** *s* brännbart ämne, bränsle **combustion** [-'bʌstʃ(ə)n] förbränning; *spontaneous* ~ självantändning **combustion engine** förbränningsmotor

come [kʌm] (*came, come*) **1** komma; komma hit (dit); ~ *now!*, ~ ~! *a*) så ja!, se så!, *b*) nej, vet du väl!, sakta i backarna!, *c*) skynda på!; *coming!* jag kommer!; *the truth came to me* sanningen stod klar för mig; ~ *Easter* till påsk, nästa påsk; *not know whether one is coming or going* inte veta varken ut eller in; *to* ~ (*äv.*) kommande, framtida, blivande; *in days to* ~ under kommande dagar, i framtiden **2** ske, hända; ~ *what may* hända vad som hända vill **3** ~ *to* + *inf. a*) komma att (*realize* inse), *b*) komma för att (*see s.b.* hälsa

på ngn); [*when you*] ~ *to think of it* när man tänker rätt på saken, egentligen; ~ *to pass* äga rum **4** kunna fås, finnas att få; *this skirt only* ~*s* in *blue* den här kjolen finns bara i blått **5** sträcka sig, gå **6** *sl.* komma (*få orgasm*) **7** *BE. vard.* spela, låtsas vara; komma med; *don't* ~ *the innocent with me* spela inte oskyldig för mig; *don't* ~ *that nonsense again* kom inte med de där dumheterna igen **8** *how* ~? (*vard.*) hur kommer det sig?; ~ *clean* (*vard.*) bekänna, avslöja; ~ *loose* lossna; ~ *short* komma till korta, inte räcka till; ~ *true* slå in, besannas **9** ~ *about* ske, hända [sig], inträffa **10** ~ *across* komma över, få tag i, träffa (råka) på **11** ~ *again?* (*vard.*) vad var det du sa?, vadå? **12** ~ *along a*) komma (följa, gå) med, *b*) arta sig, ta sig, bli bättre; ~ *along!* kom nu!, skynda på! **13** ~ *apart* gå sönder (i bitar), kunna tas isär **14** ~ *at a*) komma åt, *b*) gå lös på, angripa **15** ~ *away a*) lossna, *b*) gå sin väg **16** ~ *back a*) komma tillbaka, *b*) *AE.* ge svar på tal **17** ~ *by a*) komma förbi, *b*) komma över **18** ~ *down a*) komma (gå) ned, *b*) landa, *c*) störta samman, (*om hus*) rivas, *d*) *BE.* sluta vid universitet; *they have* ~ *down in the world* det har gått utför med dem; ~ *down handsomely* vara frikostig; ~ *down on* slå ned på, straffa; ~ *down to* kunna reduceras till; ~ *down with the measles* bli sjuk i mässlingen **19** ~ *forth* träda fram **20** ~ *forward* träda (stiga, komma) fram, anmäla sig **21** ~ *from a*) komma in, komma i mål, *b*) komma i bruk, komma på modet, *c*) komma till makten; ~ *in useful* (*handy*) komma väl till pass, *where does he* ~ *in?* var kommer han in i bilden?; ~ *in for* få [sin del] av **23** ~ *into a*) komma in i, *b*) få ärva (*a fortune* en förmögenhet); ~ *into being* (*existence*) komma till; ~ *into blossom* gå i blom; ~ *into effect* träda i kraft; ~ *into one's own* förverkliga sig själv **24** ~ *of a*) komma (härstamma) från, *b*) komma sig av, *c*) komma ut av; *nothing came of it* det kom ingenting ut av det; *that's what* ~*s of disobeying* så går det när man inte lyder; ~ *of age* bli myndig **25** ~ *off a*) ramla av (ner) [från], *b*) gå ur (av), lossna, gå att ta loss, *c*) avgå från (*pris e.d.*), *d*) *vard.* äga rum, bli av, *e*) *vard.* lyckas, gå i lås, *f*) *sl.* få orgasm; ~ *off the winner* utgå som segrare; ~ *off it!* (*vard.*) lägg av!, försök inte! **26** ~ *on a*) komma [efter], fortsätta, närma sig; avancera, *b*) börja; utbryta, *c*) ta sig, utvecklas sig, göra framsteg, växa, *d*) göra entré (*på scen*), *e*) komma upp [till behandling]; ~ *on!* *a*) skynda på!, kom nu!, *b*) försök!, ryck upp dig! **27** ~ *out a*) komma ut (*äv. publiceras*), *b*) debutera, *c*) (*om fläck o.d.*) gå ur, *d*) bli; komma fram, visa sig, bli synlig, *e*) stämma, gå jämnt ut; *this* ~*s out at £10* detta uppgår till (blir) 10 pund; ~ *out in spots* få utslag; ~ *out like* spela, låtsas vara; ~ *out* [*on strike*] gå i strejk; ~ *out on top* hävda sig väl, vinna; ~ *out with* komma (klämma) fram med **28** ~ *over a*) komma (gå) över, *b*) (*om budskap o.d.*) gå fram, *c*) *vard.* känna sig **29** ~ *round a*) komma över, titta in, *b*) hämta sig, kvickna till, *c*) ändra åsikt, komma på andra tankar **30** ~ *through a*) klara sig igenom, *b*) (*om meddelande o.d.*) komma in **31** ~ *to a*) komma till, nå; gå in på (*ämne o.d.*), *b*) ~ *to* [*o.s.*] kvickna till, hämta sig, *c*) uppgå (belöpa sig) till, *d*) gälla, vara fråga[n] om, *e*) drabba, *f*) leda till, *g*) *sjö*. stanna (*fartyg*); ~ *to that* förresten, för den delen; ~ *to a fortune* få ärva en förmögenhet; ~ *to light* komma i dagen; *I had it coming to me* (*vard.*) jag hade mig själv att skylla; *it* ~*s to the same thing* det går (kommer) på ett ut; *when it* ~*s to chosing* när det gäller att välja; *that won't* ~ *to much* det blir inte mycket av det; *what is the world coming to?* vart är världen på väg?; *if it* ~*s to that* om det går därhän, vad det beträffar **32** ~ *up a*) komma upp; komma fram; (*om solen*) gå upp, *b*) BE., börja (*vid univ.*); *one pizza coming up!* en pizza klar (kommer)!; ~ *up in the world* komma sig upp i världen; ~ *up against* råka ut för, kollidera med; ~ *up to* nå upp till, uppgå till; ~ *up with* komma [fram] med

comeback ['kʌmbæk] *vard.* **1** comeback, återkomst **2** svar [på tal]

comedian [kəˈmiːdjən] **1** komiker; komediskådespelare **2** komediförfattare

come-down ['kʌmdaʊn] **1** steg tillbaka (*i status o.d.*) **2** *vard.* besvikelse

comedy ['kɒmɪdɪ] komedi, lustspel

comestibles [kəˈmestɪblz] *pl* matvaror

comet ['kɒmɪt] komet

comfort ['kʌmfət] **I** *s* tröst, lättnad; *take* ~ *a*) låta trösta sig, *b*) fatta mod **2** välbefinnande, komfort; ~*s* (*pl*) bekvämligheter **II** *v* **1** trösta; *be* ~*ed* låta trösta sig **2** vederkvicka, uppliva **comfortable** [ˈkʌmf(ə)təbl] **1** bekväm, komfortabel; *be* ~ ha det skönt (bra), trivas; *make o.s* ~ göra det bekvämt för sig **2** väl till mods, obesvärad **3** som har det bra; välbärgad **4** avkopplande; lugn, trygg **comforter** [ˈkʌmfətə] **1** tröstare **2** yllehalsduk **3** [tröst]napp **comfort station** [ˈkʌmfətˌsteɪʃn] *AE.* bekvämlighetsinrättning, offentlig toalett

comic ['kɒmɪk] komisk; komedi-; ~ *opera* operett; ~ [*paper*] skämttidning; ~ *strip* skämtserie, tecknad serie

coming [ˈkʌmɪŋ] **I** *a* **1** kommande **2** lovande; ~ *man* framtidsman, påläggskalv **II** *s* **1** ankomst; annalkande **2** ~*s and goings* (*pl*) folk som kommer och går, spring ut och in

comma ['kɒmə] komma[tecken]; *inverted* ~*s* citations-, anförings|tecken

command [kəˈmaːnd] **I** *v* **1** befalla; kommendera, föra befäl[et över] **2** förfoga över, disponera [över]; *Yours to* ~ Er ödmjuke tjänare **3** tillvinna sig, inge **4** inbringa; betinga [sig] (*pris*) **5** *this place* ~*s a splendid view of* denna plats erbjuder en strålande utsikt över **II** *s* **1** befallning; order, kommando **2** herravälde, makt; befäl; kontroll; *be in* ~ föra befäl[et] (*of* över, på, i); *take* ~ *of* ta befälet över; *great* ~ *of language* stor språkfärdighet **3** förfogande, disposition; *at* ~ till förfogande

commander [kəˈmaːndə] **1** befälhavare, chef **2** (*i flottan*) kommendörkapten **3** (*i orden*) kommendör **commander in chief** [kəˈmaːnd(ə)rinˈtʃiːf] överbefälhavare

commanding [kəˈmaːndɪŋ] **1** befälhavande, kommenderande; ~ *officer* (*mil.*) befälhavare, chef **2** myndig, befallande **3** ~ *position* dominerande läge; *a* ~ *view of* fri utsikt över

commandment [kəˈmaːn(d)mənt] bud[ord]; *the ten* ~*s* tio Guds bud

commemo|rate [kəˈmeməreɪt] fira minnet av, högtidlighålla **-ration** [kə‚meməˈreɪʃn] firande, åminnelse; minnes|fest, -högtid, -gudstjänst

commence [kəˈmens] **1** börja, inledas **2** [på]-börja, inleda

commend [kəˈmend] **1** prisa **2** anbefalla, rekommendera **3** anförtro **4** ~ *me to your wife* hälsa din fru från mig **-able** [-əbl] berömlig, lovvärd

comment ['kɒment] **I** *s* kommentar[er] (*on, about* om, till); förklaring; kritik **II** *v*, ~ *on* kommentera, uttala sig om, kritisera **commentary** [-(ə)rɪ] **1** kommentar (*on* till), uttalande (*on* om) **2** [radio]reportage, -referat **commentate** [-eɪt] **1** vara kommentator **2** kommentera; referera **commentator** [-eɪtə] kommentator, [radio]reporter

commerce ['kɒmɜːs] handel, varuutbyte **commercial** [kəˈmɜːʃl] **I** *a* kommersiell, handels-; ~ *artist* reklamtecknare; ~ *bank* affärsbank; ~ *traveller* handelsresande; ~ *vehicle* fordon i yrkesmässig trafik **II** *s*, *radio. o. TV* reklaminslag, reklamfinansierat program **commercialize** (*BE. äv. -ise*) [kəˈmɜːʃəlaɪz] kommersialisera

commission [kəˈmɪʃn] **I** *s* **1** order, uppdrag; ärende; bemyndigande, förordnande; *in* (*out of*) ~ *a*) (*om fartyg*) i (ur) aktiv tjänst, *b*) *vard.* i (ur) funktion **2** *mil.* [officers]fullmakt; *resign one's* ~ ta avsked [som officer] **3** kommission, kommitté **4** *hand.* provision; kommission; *on* ~ i kommission **5** begående (*av brott e.d.*) **II** *v* **1** bemyndiga; ge officersfullmakt; ~*ed officer* officer **2** ge beställning på, uppdraga åt; *be* ~*ed to* få i uppdrag att **3** utrusta (*fartyg*), försätta (*fartyg*) i beredskap **commissionaire** [kə‚mɪʃəˈneə] [dörr]-vaktmästare **commissioner** [kəˈmɪʃnə] **1** kommitterad, delegerad **2** medlem av kommission (styrelse, nämnd) **3** chef för förvaltningsgren; kommissarie; *police* ~ polismästare **4** guvernör; *High C~* (*ung.*) överkommissarie (*representant for Brittiska samväldet*)

commit [kəˈmɪt] **1** anförtro, överlämna (*to* åt); ~ *to the fire* bränna [upp], kasta på elden; ~ *to memory* lära sig utantill; ~ *to writing* anteckna, skriva ned **2** skicka (*i fängelse*); häkta; ~ *for trial* hänskjuta till högre rätt **3** remittera till utskott (*kommitté*) **4** begå; föröva **5** ~ *o.s. a*) blottställa sig, försäga sig, *b*) engagera sig, ta ställning, förbinda sig **-ment** [-mənt] **1** anförtroende, överlämnande **2** åtagande, förbindelse, förpliktelse **-ted** [-ɪd] engagerad; som har tagit ställning **committee 1** [kəˈmɪtɪ] kommitté; utskott **2** [‚kɒmɪ'ti:] (*förr*) förmyndare för sinnessjuk **commodity** [kəˈmɒdətɪ] [handels]vara, artikel **commodore** ['kɒmədɔː] **1** *BE.* kommendör av 1. graden; eskaderchef **2** kommendör (*titel for ordförande i seglingssällskap*)

common ['kɒmən] **I** *a* **1** gemensam; *the C~ Market* gemensamma marknaden, EG; ~ *noun* (språkv.) appellativ; *make* ~ *cause* göra gemensam sak; ~ *room* samlingsrum, uppehållsrum, lärarrum **2** allmän, offentlig; *it is* ~ *knowledge* det är allmänt känt att; ~ *law* (*ung.*) allmän civilrätt (*grundad på sedvanerätt*); *Book of C~ Prayer* anglikanska kyrkans bön- och ritualbok **3**

vanlig, allmän; enkel, ordinär; menig; ~ *sense* sunt förnuft; ~ *shares* stamaktier; ~ *or garden* (*vard.*) vanlig enkel, helt vanlig **4** vulgär, tarvlig **5** *mus.*, ~ *time* 4/4-takt **II** *s* **1** allmänning; *right of* ~ nyttjanderätt; ~ *of pasture* betesrätt; ~ *of piscary* fiskerätt **2** *out of the* ~ utöver det vanliga **3** *in* ~ gemensamt

commoner ['kɒmənə] **1** ofrälse (ej adlig) person **2** medlem av underhuset **3** *BE.* icke-stipendiat

common-law ['kɒmənlɔ:] *a*, ~ *marriage* samvetsäktenskap; ~ *husband* (*wife*) sammanboende (*jämställd m. gift*) **commonly** [-lɪ] **1** vanligtvis, vanligen **2** *neds.* enkelt, tarvligt **commonplace** *I a* alldaglig, banal, vardaglig **II** *s* **1** plattityd, banalitet, truism **2** vardaglighet, vardaglig företeelse

commons ['kɒmənz] *pl* **1** ofrälse; folk i allmänhet **2** *be on short* ~ få för små matportioner **3** *the* [*House of*] ~ underhuset

common sense [,kɒmən'sens] sunt förnuft

commonwealth ['kɒmənwelθ] **1** samhälle **2** republik **3** *the C*~ [*of Nations*] Brittiska samväldet; *the C*~ *of Australia* australiska statsförbundet

commotion [kə'məuʃn] **1** oordning, tumult; oväsen **2** orolighet[er], uppror

communal ['kɒmjunl] **1** gemensam, kollektiv **2** kommunal, kommun- **commune** *I s* ['kɒmju:n] **1** kollektiv, storfamilj **2** kommun; *the C*~ Pariskommunen **II** *v* [kə'mju:n] **1** samtala förtroligt **2** *AE.* gå till nattvarden

communicable [kə'mju:nɪkəbl] **1** som kan meddelas **2** smittsam **-cant 1** nattvardsgäst **2** sagesman **-cate** [-keɪt] **1** meddela, vidarebefordra; överföra **2** ~ *with* sätta sig (stå) i förbindelse med, kommunicera med; *communicating rooms* rum med dörr emellan **3** utdela (ta) nattvarden

communication [kə,mju:nɪ'keɪʃn] **1** meddelande; överförande **2** förbindelse[r]; kommunikation[er]; *means of* ~ kommunikationsmedel **communication cord** *BE.* nödbroms **communications satellite** kommunikations-, tele|satellit

communi|cative [kə'mju:nɪkətɪv] **1** meddelsam **2** kommunikations-, kommunikativ **-cator** [-keɪtə] meddelare

communion [kə'mju:njən] **1** gemenskap; samhörighetskänsla **2** kyrkosamfund **3** [*Holy*] *C*~ nattvardsgång **--cup** nattvardskalk **--rail** altarring

communiqué [kə'mju:nɪkeɪ] kommuniké

commun|ism ['kɒmjunɪz(ə)m] **1** kommunism (*som allmänt ideal*) **2** *C*~ kommunism (*som politisk rörelse baserad på Marx*) **-ist** [-ɪst] *I s* **1** kommunist (*anhängare av kommunismens idé*) **2** *C*~ kommunist (*medlem av kommunistparti*) **II** *a* kommunistisk, kommunist-; *C*~ *Party* kommunistparti

community [kə'mju:nətɪ] **1** gemenskap **2** samhälle; samfund; koloni; *the* ~ samhället, det allmänna **3** befolkningsgrupp **community centre** kultur- och fritidscentrum **community chest** *AE.* välgörenhetskassa **community home** *BE.* ungdomsvårdsskola **community singing** allsång

commutable [kə'mju:təbl] utbytbar **commutation** [,kɒmju:'teɪʃn] pendling (*t. arbetet*)

commutation ticket *AE.* säsongbiljett; månadskort **commute** [kə'mju:t] **1** förvandla, utbyta **2** pendla (*t. arbetet*) **commuter** [kə'mju:-tə] pendlare (*t. arbetet*)

compact *I s* ['kɒmpækt] **1** pakt, fördrag **2** puderdosa **3** *AE.* kompaktbil **II** *a* [kəm'pækt] **1** kompakt, tätt packad **2** koncis **III** *v* [kəm'pækt] **1** sammanpressa **2** sammansätta

companion [kəm'pænjən] **I** *s* **1** följeslagare, kamrat **2** sällskapsdam **3** riddare (*i orden*) **4** pendang, motstycke **5** handbok **II** *v* **1** beledsaga **2** vara pendang till **3** umgås **-ship** [-ʃɪp] kamratskap

company ['kʌmp(ə)nɪ] **1** sällskap; *bad* ~ *a*) tråkigt sällskap, *b*) dåligt sällskap; *good* ~ trevligt (gott) sällskap; *low* ~ dåligt sällskap; *for* ~ för sällskaps skull; *keep s.b.* ~ hålla (göra) ngn sällskap; *keep* ~ *with* sällskapa (vara tillsammans) med; *part* ~ *with* skiljas från **2** umgänge; gäster; besök; *see little* ~ ha litet umgänge **3** [teater]sällskap, -grupp **4** bolag, firma, företag **5** kompani **6** *ship's* ~ befäl och besättning

comparable ['kɒmp(ə)rəbl] jämförlig, jämförbar (*with, to* med) **comparative** [kəm'pærətɪv] *I a* **1** komparativ (*äv. språkv.*); jämförande **2** relativ **II** *s*, *språkv.* komparativ **comparatively** [kəm'pærətɪvlɪ] jämförelsevis, förhållandevis, relativt

compare [kəm'peə] *I v* **1** jämföra; ~ *to* jämföra med, likna vid; ~ *notes* utbyta erfarenheter (tankar) **2** [kunna] jämföras (jämställas) (*with* med) **3** *språkv.* komparera **II** *s*, *beyond* (*past*) ~ utan jämförelse, makalöst, oförlikneligt **comparison** [-'pærɪsn] **1** jämförelse; *bear* (*stand*) ~ *with* tåla jämförelse med **2** *språkv.* komparation

compartment [kəm'pɑ:tmənt] **1** avdelning, fack; *glove* ~ handskfack **2** kupé

compass ['kʌmpəs] *I s* **1** kompass **2** omkrets; område; *mus.* omfång **3** ~*es* (*pl*) passare; *a pair of* ~*es* en passare **II** *v* **1** omge, innesluta **2** fatta, förstå **3** vinna, uppnå

compassion [kəm'pæʃn] medkänsla, medlidande, förbarmande **-ate** [kəm'pæʃənət] medlidsam, deltagande

compatible [kəm'pætəbl] förenlig; kompatibel

compatriot [kəm'pætrɪət] landsman

compel [kəm'pel] **1** tvinga **2** framtvinga

compen|sate ['kɒmpenseɪt] **1** kompensera, ersätta, gottgöra (*s.b. for s.th.* ngn för ngt) **2** utjämna **3** ~ *for* kompensera, uppväga **-sation** [,kɒmpen'seɪʃn] **1** kompensation, ersättning, gottgörelse; skadestånd; lön **2** utjämning

compere ['kɒmpeə] *I s* konferencier **II** *v* vara konferencier vid

compete [kəm'pi:t] tävla; konkurrera

compe|tence, -tency ['kɒmpɪt(ə)ns, -ɪ] **1** kompetens; behörighet **2** [tillräcklig] inkomst; välstånd **-tent** [-t(ə)nt] **1** kompetent; behörig **2** passande, lämplig

competi|tion [,kɒmpɪ'tɪʃn] **1** tävlan, konkurrens **2** tävling **-tive** [kəm'petɪtɪv] **1** konkurrens-kraftig **2** konkurrensbetonad; tävlingsinriktad **-tor** [kəm'petɪtə] **1** medtävlare, konkurrent **2** tävlande, tävlingsdeltagare

compile [kəm'paɪl] kompilera; ställa samman **compiler** [kəm'paɪlə] kompilator

C

complacent [kəm'pleɪsnt] självbelåten
complain [kəm'pleɪn] klaga, beklaga sig (*of, about* över; *to* för, hos) **complaint** [-t] **1** klagan, klagomål; *hand.* reklamation **2** ont, åkomma
complaisance [kəm'pleɪz(ə)ns] tillmötesgående, förbindlighet
complement I *s* ['kɒmplɪmənt] **1** komplement **2** fullt (behövligt) antal **3** *språkv.* predikativ, predikatsfyllnad **II** *v* ['kɒmplɪment] komplettera -**ary** [ˌkɒmplɪ'ment(ə)rɪ] komplement-, kompletterande
complete [kəm'pli:t] **I** *a* komplett, fullständig, fullkomlig; färdig **II** *v* **1** avsluta, fullborda **2** komplettera, fulständiga **completion** [kəm'pli:ʃn] **1** avslutning, fullbordande **2** komplettering, fullständigande
complex ['kɒmpleks] **I** *s* komplex **II** *a* **1** sammansatt **2** komplicerad, invecklad **3** ~ *fraction* dubbelbråk
complexion [kəm'plekʃn] **1** hy **2** karaktär, prägel; *bildl.* utseende; *put a new* ~ *on* ställa i en helt ny dager
complexity [kəm'pleksətɪ] **1** komplexitet, sammansatthet, mångfald **2** komplikation
compli|ance, -ancy [kəm'plaɪəns, -ɪ] **1** tillmötesgående; samtycke; *in* ~ *with* i enlighet med **2** eftergivenhet
compli|cate I *a* ['kɒmplɪkət] *se complicated* **II** *v* ['kɒmplɪkeɪt] komplicera, trassla till, inveckla -**cated** ['kɒmplɪkeɪtɪd] komplicerad, invecklad -**cation** [ˌkɒmplɪ'keɪʃn] **1** komplikation **2** krånglighet
complicity [kəm'plɪsətɪ] delaktighet, medbrottslighet
compli|ment I *s* ['kɒmplɪmənt] **1** komplimang, artighet **2** ~*s* (*pl*) hälsning[ar]; ~*s of the season* jul- och nyårsönskningar **II** *v* ['kɒmplɪment] **1** komplimentera (*on* för); gratulera, lyckönska (*on* till) **2** ~ *s.b. with s.b.* förära ngn ngt -**mentary** [ˌkɒmplɪ'ment(ə)rɪ] **1** artighets- **2** fri-, gratis-; ~ *copy* friexemplar; ~ *ticket* fribiljett
comply [kəm'plaɪ] *v,* ~ *with* rätta sig efter, [åt]lyda, efterkomma, iakttaga
component [kəm'pəʊnənt] **I** *a* beståndings- **II** *s* komponent, [beståndis]del
compose [kəm'pəʊz] **1** komponera; författa; utarbeta; ställa samman **2** utgöra, bilda; ~*d of* bestående av **3** *boktr.* sätta **4** ordna; bilägga, stilla, lugna; ~ *one's thoughts* samla tankarna; ~ *o.s.* lugna (samla) sig **composed** [-d] lugn, samlad **composer** [-ə] kompositör
composite ['kɒmpəzɪt] **I** *a* sammansatt, blandad **II** *s* sammansättning, blandning
composition [ˌkɒmpə'zɪʃn] **1** komposition; litterärt verk (alster); konstverk **2** komponerande; författande; utarbetande; sammanställande **3** sammansättning, bildning **4** uppsatsskrivning **5** *boktr.* sättning **6** läggning, natur **7** förlikning **8** *hand.* ackord
compost ['kɒmpɒst] kompost
composure [kəm'pəʊʒə] fattning, sans, lugn
1 compound I *v* [kəm'paʊnd] **1** blanda [ihop, till], sätta ihop (samman) **2** förvärra; öka **3** göra upp; bilägga (*tvist e.d.*) **4** göra sig kvitt genom ackord **5** kompromissa, förlikas **6** *jur.* efterskänka;

avstå från att utkräva **7** lämna (ta emot) skadeersättning **II** *a* ['kɒmpaʊnd] sammansatt; ~ *fraction* dubbelbråk; ~ *interest* ränta på ränta; ~ *fracture* komplicerad fraktur **III** *s* ['kɒmpaʊnd] **1** sammansättning, blandning, förening **2** *språkv.* sammansatt ord, sammansättning
2 compound ['kɒmpaʊnd] **1** (*i Afrika*) läger, inhägnad; infödingskvarter **2** krigsfångeläger
compre|hend [ˌkɒmprɪ'hend] **1** begripa, fatta **2** inbegripa, omfatta, innefatta -**hensible** [ˌkɒmprɪ'hensəbl] begriplig, förståelig -**hension** [ˌkɒmprɪ'henʃn] **1** förstånd, fattningsförmåga; uppfattning **2** sammanfattning, inbegripande **3** omfattning -**hensive** [ˌkɒmprɪ'hensɪv] **1** omfattande, innehållsrik; mångsidig; enhets-; ~ *school* (*ung.*) högstadium och gymnasieskola **2** ~ *faculty* fattningsförmåga
compress I *v* [kəm'pres] **1** pressa ihop (samman); komprimera; ~*ed air* tryckluft, komprimerad luft **2** *bildl.* sammantränga **II** *s* ['kɒmpres] kompress; vått omslag **compression** [kəm'preʃn] sammanitryckning, -trängning; tryck; *tekn.* kompression; koncentration (*i uttryck o.d.*)
compressor [kəm'presə] *tekn.* kompressor
comprise [kəm'praɪz] omfatta, innefatta; inbegripa, inkludera
compro|mise ['kɒmprəmaɪz] **I** *s* kompromiss; eftergift **II** *v* kompromissa; göra ackord **2** kompromettera **3** äventyra -**mising** [-maɪzɪŋ] kompromenterande
compul|sion [kəm'pʌlʃn] tvång -**sive** [-sɪv] tvingande; tvångs-, tvångsmässig -**sory** [-s(ə)rɪ] obligatorisk; tvingande, tvångs-: ~ *purchase* expropriation
compute [kəm'pju:t] beräkna, uträkna **computer** [kəm'pju:tə] dator; ~ *language* dataspråk **computer|ize** (*BE. äv. -ise*) [kəm'pju:təraɪz] **1** databehandla **2** datorisera
comrade ['kɒmreɪd] kamrat
con [kɒn] *sl.* **I** *v* lura, dupera **II** *s,* ~ *man,* ~ *trick, se confidence* **3**
concave [kɒn'keɪv] **I** *a* konkav **II** *v* göra konkav
conceal [kən'si:l] dölja, hemlighålla
concede [kən'si:d] **1** medge; bevilja; erkänna [riktigheten av] **2** ge upp; ~ *an election* erkänna sig besegrad i ett val; ~ *a game* förlora ett game
conceit [kən'si:t] **1** inbilskhet, egenkärlek, fåfänga **2** *åld.* (*sökt*) kvickhet; tankelek; idé -**ed** [-ɪd] inbilsk, egenkär
conceivable [kən'si:vəbl] tänkbar; möjlig; fattbar **conceive** [kən'si:v] **1** inbilla, hitta på **2** föreställa sig, fatta **3** ~ *a passion for* gripas av lidelse för **4** bli havande [med]; avla
concentrate ['kɒns(ə)ntreɪt] **I** *v* **1** koncentrera; dra samman (*trupper*) **2** koncentreras, koncentrera sig **II** *s* koncentrat **concentration** [ˌkɒns(ə)n'treɪʃn] koncentr|ering, -ation
concept ['kɒnsept] begrepp **conception** [kən'sepʃn] **1** konception, befruktning **2** föreställning, uppfattning; begrepp **3** tanke, idé
concern [kən'sɜ:n] **I** *v* **1** angå, röra; *to whom it may* ~ till den det vederbör **2** oroa, bekymra; ~ *o.s. with (about)* bekymra (bry) sig om, befatta sig med **II** *s* **1** angelägenhet, sak; *it is no* ~ *of yours* det angår inte dig **2** andel; delaktighet **3** företag, firma, affär, rörelse **4** oro, bekymmer;

omsorg; *have no ~ for* inte bekymra (bry) sig om **5** befattning; förbindelse, samband; *have no ~ with* inte ha ngt att göra med **concerned** [-d] **1** berörd; inblandad, invecklad; *be ~ with* ha att göra med; *as far as I am ~* vad mig beträffar, för min del, gärna för mig **2** orolig, bekymrad (*about, at* över) **concerning** [-ɪŋ] angående, beträffande

concert I *s* ['kɒnsət] **1** konsert **2** samstämmighet; *in ~* i samförstånd, tillsammans **II** *v* [kən'sɜːt] avtala, göra upp, planera, enas om

concession [kən'seʃn] **1** medgivande; beviljande **2** tillmötesgående **3** koncession

conciliate [kən'sɪlɪeɪt] **1** försona, blidka **2** vinna **3** förlika **conciliation** [kənˌsɪlɪ'eɪʃn] **1** försoning; förlikning, medling **2** försonlighet

concise [kən'saɪs] koncis, kortfattad

con|clude [kən'kluːd] **1** [av]sluta, slutföra **2** sluta, ingå (*fördrag e.d.*) **3** dra slutsatsen, konkludera **-clusion** [-'kluːʒn] **1** slut, avslutning; *in ~* till sist, slutligen **2** slutande ingående (av *fördrag e.d.*) **3** slutledning; slutsats; *jump to ~s* dra förhastade slutsatser **4** *try ~s with* mäta sig med **-clusive** [-'kluːsɪv] **1** slutlig, slutgiltig **2** avgörande, bindande

concoct [kən'kɒkt] **1** laga till **2** koka ihop, hitta på, uppdikta **concoction** [kən'kɒkʃn] **1** tillagning; hopkok **2** uppdiktande; påhitt

concord ['kɒŋkɔːd] **1** endräkt **2** avtal, överenskommelse **3** *språkv.* kongruens **4** harmoni

concourse ['kɒnkɔːs] **1** tillströmning, tillopp **2** folkmassa **3** öppen samlingsplats; centralhall; *AE.* idrottsplan

concrete ['kɒnkriːt] **I** *a* **1** konkret **2** fast, hård, kompakt **3** betong-, av betong **II** *s* **1** konkret sak (*ord*) **2** betong **III** *v* **1** bygga i (täcka med) betong **2** [kən'kriːt] ge fast form åt; antaga fast form; konkretisera[s] **concre'tize** (*BE. äv. -tise*) ['kɒnkri:taɪz] konkretisera

concurrence [kən'kʌr(ə)ns] **1** sammanträffande **2** samverkan, medverkan **3** instämmande; samstämmighet

concussion [kən'kʌʃn] häftig skakning, stöt; *~ [of the brain]* hjärnskakning

condemn [kən'dem] **1** döma; fördöma; *the ~ed cell* dödscellen **2** utdöma **3** förklara förbruten, konfiskera **condemnation** [ˌkɒndem'neɪʃn] **1** [fällande] dom; fördömelse **2** konfiskering; expropriation

condensation [ˌkɒnden'seɪʃn] **1** kondensering; förtätning **2** kondens[ation], imma **3** avkortning, nedskärning (*av text e.d.*) **condense** [kən'dens] **1** kondensera[s]; *~d milk* kondenserad mjölk **2** koncentrera **3** avkorta, skära ner (*text e.d.*) **condenser** [kən'densə] kondensator

conde|scend [ˌkɒndɪ'send] nedlåta sig, värdigas **-scending** [-'sendɪŋ] nedlåtande

condiment ['kɒndɪmənt] krydda

condition [kən'dɪʃn] **I** *s* **1** villkor; *~s (pl, äv.)* omständigheter, förhållanden; *[up]on ~ that* under förutsättning att, på villkor att; *on no ~* på inga villkor **2** stånd, [samhälls]ställning **3** tillstånd, skick; kondition, form; *a heart ~* en hjärtåkomma; *in (out) of ~* i gott (dåligt) skick, i (ur) form **II** *v* **1** betinga (*äv. psykol.*); bestämma; vänja, anpassa; *~ed reflex* betingad reflex; *be ~ed*

by vara betingad av **2** försätta i god kondition **3** ställa som villkor, betinga sig **4** göra beroende (*[up]on* av) **conditional** [kən'dɪʃ(ə)nl] **I** *s, språkv.* konditionalis; villkorsbisats **II** *a* **1** villkorlig; beroende **2** *språkv.* villkors-, konditional

condole [kən'dəʊl] *v, ~ with* kondolera, uttrycka sitt deltagande med **condolence** [-əns], **condolement** [-mənt] beklagande, deltagande, kondoleans

condom ['kɒndəm] kondom

condominium [ˌkɒndə'mɪnɪəm] **1** kondominium, gemensam överhöghet **2** *AE.* andels|fastighet, -lägenhet

condone [kən'dəʊn] förlåta, överse med

conduct I ['kɒndʌkt] **1** ledning; *safe ~* fri lejd **2** uppförande **3** skötsel **II** *v* [kən'dʌkt] **1** leda, [an]föra; handha, sköta; *mus. äv.* dirigera; *~ed tour* sällskapsresa **2** ~ *o.s.* uppföra sig **conductor** [kən'dʌktə] **1** ledare *z mus.* dirigent **0** buss-, spårvagn[s]konduktör; *AE. äv.* järnvägskonduktör **4** *fys.* ledare, konduktor **5** *AE.* stuprör

conduit ['kɒndɪt] ledning, rör; kanal

cone [kəʊn] **1** kon, kägla **2** strut **3** kotte

confection|er [kən'fekʃnə] konditor; godsakstillverkare; *~'s a)* godisbutik, *b)* konditori; *~'s sugar (AE.)* florsocker **-ery** [kən'fekʃnərɪ] **1** sötsaker; konditorivaror **2** konditori; godisbutik **3** godsakstillverkning

confeder|acy [kən'fed(ə)rəsɪ] **1** allians; förbund, konfederation; *the C~ södstaterna (under amer. inbördeskriget)* **2** sammansvärjning **-ate I** *a* [-ət] förbunden, förbunds-, konfedererad **II** *s* [-ət] **1** förbundsmedlem, konfedererad **2** medbrottsling **III** *v* [kən'fedəreɪt] förena; ingå förbund

confer [kən'fɜː] **1** förläna, tilldela, skänka (*s.th. on s.b.* ngn ngt) **2** rådslå, överlägga, konferera **3** *åld. för compare, se cf.* **-ence** ['kɒnf(ə)r(ə)ns] konferens, överläggning

confess [kən'fes] **1** erkänna, bekänna **2** bikta [sig] **3** ~ *to* erkänna **confession** [kən'feʃn] **1** bekännelse, erkännande **2** synda-, tros|bekännelse; bikt

confessor [kən'fesə] **1** bekännare **2** biktfader

confidant, *fem.* **-e** [ˌkɒnfɪ'dænt] förtrogen [person]

confide [kən'faɪd] **1** ~ *in* lita (tro) på; *~ in s.b. (äv.)* anförtro sig åt ngn **2** anförtro (*to åt*)

confidence ['kɒnfɪd(ə)ns] **1** förtroende (*in* till); *take a p. into one's ~* göra ngn till sin förtrogne **2** tillförsikt; självförtroende **3** förtroligt meddelande **confidence man** bondfångare **confident** [-(ə)nt] **1** självsäker; trygg **2** tillitsfull, säker (*of* om, på) **confidential** [ˌkɒnfɪ'denʃl] förtrolig; konfidentiell; hemlig

configuration [kənˌfɪgjʊ'reɪʃn] gestalt, gestaltning, kontur[er], form

confine I *v* [kən'faɪn] **1** begränsa, inskränka **2** hålla fängslad, stänga in; *~d i barnsäng; be ~d to bed* vara sängliggande **II** *s* ['kɒnfaɪn] *~s (pl)* gräns[er]; gränstrakter **-ment** [-mənt] **1** fångenskap **2** barnsäng, förlossning **3** inskränkning, begränsning

confirm [kən'fɜːm] **1** befästa; stärka **2** bekräfta, [be]styrka **3** *kyrkl.* konfirmera **confirmation** [ˌkɒnfə'meɪʃn] **1** befästande; stärkande **2** be-

kräftelse, [be]styrkande **2** *kyrkl.* konfirmation
confirmed [kən'fɜ:md] **1** bekräftad *etc.*, *se*
confirm **2** inbiten, inrotad; oförbätterlig
confiscate ['kɒnfiskeɪt] konfiskera, beslagta
conflict I *s* ['kɒnflɪkt] konflikt, strid, samman-
stötning; motsats, motsättning **II** *v* [kən'flɪkt] **1**
drabba samman, strida **2** komma i konflikt; vara
oförenlig, gå isär **-ing** [kən'flɪktɪŋ] stridande;
motsägande, motstridig
conform [kən'fɔ:m] **1** anpassa (*to* till); foga, läm-
pa (*to* efter) **2** rätta (foga, lämpa) sig (*to* efter);
anpassa sig (*to* till) **3** överensstämma (*with* med)
conformity [kən'fɔ:mətɪ] överensstämmelse,
likhet; konformitet; anpassning; *in* ~ *with* i en-
lighet (överensstämmelse) med, enligt
confound [kən'faʊnd] **1** förbrylla, förvirra; för-
våna **2** förväxla, blanda ihop; bringa i oordning
3 ~ *it!* sjutton också!; ~ *you!* dra åt skogen!
confront [kən'frʌnt] **1** konfrontera; ställa ansik-
te mot ansikte; *be* ~*ed with* ställas inför **2** stå an-
sikte mot ansikte med, möta **confrontation**
[ˌkɒnfrʌn'teɪʃn] konfront|ering, -ation
con|fuse [kən'fju:z] **1** förvirra, förvilla **2** röra
ihop; bringa i oordning **3** förväxla **-fusion**
[-'fju:ʒn] **1** förvirring, oordning **2** samman-
blandning, förväxling; oklarhet; ~ *of tongues*
språkförbistring **3** förlägenhet, blygsel
congenial [kən'dʒi:njəl] **1** sympatisk, behaglig
2 besläktad; kongenial; samstämd
congested [kən'dʒestɪd] **1** *med.* blodöverfylld **2**
till trängsel fylld; överbefolkad **congestion**
[kən'dʒestʃ(ə)n] **1** *med.* blodstockning **2** stock-
ning (*i trafik e.d.*); överbefolkning
conglomerate I *a* [kən'glɒmərət] hopgyttrad **II** *s*
[kən'glɒmərət] hopgyttring, gytter; konglomerat
III *v* [kən'glɒmərət] gyttra ihop [sig]; samlas
Congo ['kɒŋgəʊ] *s*, *the* ~ Kongo
congratu|late [kən'grætjʊleɪt] gratulera, lyck-
önska (*on* till); ~ *o.s.* (*äv.*) skatta sig lycklig (*on*
över) **-lation** [kənˌgrætjʊ'leɪʃn] gratulation,
lyckönsk|an, -ning; ~*s!* (*pl*) [jag, vi] gratulerar!,
grattis!
congre|gate ['kɒngrɪgeɪt] **1** hopsamla; församla
2 samlas, församla sig **-gation** [ˌkɒngrɪ'geɪʃn] **1**
samling **2** *kyrkl.* kongregation **3** församling, me-
nighet
congress ['kɒngres] **1** kongress **2** *C*~ kongres-
sen (*USA:s lagstiftande församling*) **Congress|-
man, -woman** ['kɒngres|mən, -wʊmən] kon-
gressledamot (*i sht av kongressens representant-
hus*)
congruence ['kɒngruəns] **1** *geom. o. språkv.*
kongruens **2** överensstämmelse
conic[al] ['kɒnɪk(l)] konisk, kägelformad
conifer ['kəʊnɪfə] barrträd
conjecture [kən'dʒektʃə] **I** *v* gissa; förmoda **II** *s*
gissning[ar]; förmodan
conjugal ['kɒn(d)ʒʊgl] äktenskaplig
conjunct [kən'dʒʌŋ(k)t] förenad; med- **con-
junction** [kən'dʒʌŋ(k)ʃn] **1** förening, förbin-
delse; *in* ~ *with* i anslutning till, i samverkan med
2 *språkv., astr.* konjunktion; coordinating (*sub-
ordinating*) ~ samordnande (underordnande)
konjunktion
conjure 1 [kən'dʒʊə] besvärja, bönfalla **2**
['kʌn(d)ʒə] ~ *up a*) trolla fram, *b*) frambesvärja

(*andar*) **3** ['kʌn(d)ʒə] trolla **conjur|er, -or**
['kʌn(d)ʒ(ə)rə] trollkarl **conjuring** ['kʌn(d)ʒər-
ɪŋ] trolldom, trolleri
connect [kə'nekt] **1** förena, ansluta, förbinda;
förknippa, associera; koppla samman; koppla
[till, ihop]; *be* ~*ed with* ha förbindelse (stå i sam-
band) med, vara knuten till (anställd vid); *I'll* ~
you! påringt! **2** hänga ihop, ha anslutning, stå i
förbindelse **-ed** [-ɪd] **1** besläktad; förbunden **2**
sammanhängande; *be well* ~ ha inflytelserika
släktingar (vänner)
connection [kə'nekʃn] **1** förening, anslutning,
förbindelse; anknytning, samband, samman-
hang; *in this* ~ i samband härmed, i anslutning
till detta **2** *tekn.* koppling; ledning; kontakt **3**
(*personlig*) förbindelse; ~*s* (*pl äv.*) kundkrets,
klientel **5** (*religiöst*) samfund **6** *sl.* knarklangare
connive [kə'naɪv] **1** ~ *at* se genom fingrarna med
2 konspirera (*with* med)
connoisseur [ˌkɒnə'sɜ:] kännare, konnässör
conquer ['kɒŋkə] **1** erövra, besegra, övervinna **2**
segra **-or** ['kɒŋk(ə)rə] erövrare; besegrare,
segrare; *the C*~ Vilhelm Erövraren
conquest ['kɒŋkwest] erövring; *the* [*Norman*]
C~ normandernas erövring av England (1066)
conscience ['kɒnʃ(ə)ns] samvete; *in all* ~ *a*)
sannerligen, *b*) med gott samvete, på heder och
samvete **conscientious** [ˌkɒnʃi'enʃəs] sam-
vetsgrann; ~ *objector* samvetsöm, vapenvägrare
conscious ['kɒnʃəs] **1** medveten (*of* om) **2** vid
medvetande **-ness** [-nɪs] medvetenhet; medve-
tande
conscript I *s* ['kɒnskrɪpt] värnpliktig [soldat], re-
kryt **II** *v* [kən'skrɪpt] inkalla; uttaga till militär-
tjänst **conscription** [kən'skrɪpʃn] uttagning till
militärtjänst; värnplikt; inkallelse
consecrate ['kɒnsɪkreɪt] **1** inviga; helga **2** ägna
consecutive [kən'sekjʊtɪv] **1** på varandra föl-
jande, i följd **2** följdriktig
consent [kən'sent] **I** *v* samtycka, ge sitt sam-
tycke; ~ *to* (*äv.*) gå med på **II** *s* samtycke, medgi-
vande; age of ~ lägsta tillåtna ålder för samlag
(*för flickor*); *by common* (*with one*) ~ enhälligt
conse|quence ['kɒnsɪkwəns] **1** konsekvens,
följd; slutsats; *in* ~ följaktligen; *in* ~ *of* till följd
av **2** betydelse, vikt; *of no* ~ utan betydelse; *a
person of* ~ en inflytelserik person **-quent**
[-kwənt] **I** *a* **1** åtföljande, som följer **2** följdriktig
II *s* följd; efterled **-quently** ['kɒnsɪkwəntlɪ] följ-
aktligen; därför
conserva|tion [ˌkɒnsə'veɪʃn] bibehållande, be-
varande; konservering; miljö-, natur|vård **-tism**
[kən'sɜ:vətɪz(ə)m] konservatism; *C*~ (*polit.*)
konservatism **-tive** [kən'sɜ:vətɪv] **I** *a* **1** konserva-
tiv; *C*~ (*polit.*) konservativ **2** försiktig **II** *s* kon-
servativ person; *C*~ (*polit.*) konservativ **-tory**
[kən'sɜ:vətrɪ] **1** vinterträdgård; drivhus, orangeri
2 [musik]konservatorium
conserve [kən'sɜ:v] **I** *v* **1** bevara; vidmakthålla **2**
förvara **3** koka in (*frukt o.d.*) **II** *s* (*äv.* ~*s*) inlagd
frukt, fruktkonserv
consid|er [kən'sɪdə] **1** överväga, tänka (fundera)
på, ta i betraktande; betänka **2** ta hänsyn till,
tänka på **3** anse, anse (betrakta) som; tro **4**
tänka [efter] **-erable** [kən'sɪd(ə)rəbl] betydlig,
avsevärd, ansenlig; betydande **-erate** [kən'sɪ-

d(ə)rιt] omtänksam, hänsynsfull **-eration** [kən-sιdə'reιʃn] **1** övervägande, betraktande; beaktande, hänsynstagande; *in ~ of a*) i betraktande av, med hänsyn till, *b*) [i gengäld] mot; *take into ~* ta under övervägande, ta hänsyn till **2** hänsyn, skäl; *on no ~* på inga villkor **3** ersättning, belöning; *for a ~* mot ersättning **4** hänsyn, omtanke, omtänksamhet **5** aktning; uppskattning **-ering** [kən'sιd(ə)rιŋ] **I** *prep* **1** i betraktande av, med hänsyn till **II** *adv, vard.* när allt kommer omkring, efter omständigheterna **III** *konj* i betraktande av att, med hänsyn till att

consign [kən'saιn] **1** överlämna; anförtro **2** [av]sända, översända; konsignera **3** deponera consignation [ˌkɒnsaι'neιʃn] **1** avsändande, konsignering **2** utbetalning; deposition **3** *to the ~ of* adresserad till **consignment** [kən'saιnmənt] **1** ut-, över|lämnande **2** [av]sändning; konsignation; varusändning **consignment-note** fraktsedel **consignor** [kən'saιnə] avsändare [av varor]

consist [kən'sιst] **1** bestå (*of av; in* i) **2** stämma överens (*with* med) **-ency** [-(ə)nsι] **1** konsistens **2** fasthet **3** konsekvens, följdriktighet -ent [-(ə)nt] **1** överensstämmande; förenlig **2** konsekvent, följdriktig **3** fast; jämn

consolation [ˌkɒnsə'leιʃn] tröst **1 console** [kən'səʊl] trösta **2 console** ['kɒnsəʊl] **1** konsol, stöd **2** stor fristående radioapparat (TV) **3** manöver-, kontroll|panel

∎∎∎∎∎∎∎ [kən'sɒlιdeιt] **1** konsolidera, stärka befästa; *C~d Fund* (*BE.*) statsfond **2** göra tät (fast) **3** sammanslå, sammanföra

consonant ['kɒnsənənt] **I** *a* överensstämmande; harmonisk **II** *s* konsonant

consortium [ken'sɔ:tjəm] konsortium

conspicuous [kən'spιkjʊəs] **1** iögonenfallande; *be ~ by one's absence* lysa med sin frånvaro **2** framstående

conspiracy [kən'spιrəsι] konspiration, sammansvärjning, komplott **conspire** [kən'spaιə] **1** konspirera, sammansvärja sig **2** samverka

constable ['kʌnstəbl] **1** polis[man], [polis]konstapel **2** kommendant, ståthållare (*vid kungligt slott*) **constabulary** [kən'stæbjʊlərι] **I** *a* polis- **II** *s* poliskår; gendarmeri

Constance ['kɒnst(ə)ns] Konstanz (*stad*); *Lake ~* Bodensjön

constant ['kɒnst(ə)nt] **I** *a* **1** [be]ständig, konstant **2** ståndaktig; trofast **II** *s* konstant **-ly** [-lι] *adv* [jämt och] ständigt, konstant

constellation [ˌkɒnstə'leιʃn] konstellation (*äv. bildl.*), stjärnbild

consternation [ˌkɒnstə'neιʃn] bestörtning

constipation [ˌkɒnstι'peιʃn] förstoppning

constitu|ency [kən'stιtjʊənsι] valkrets; valmanskår **-ent** [-ənt] **I** *a* **1** bestånds-**2** väljande, val-, valmans- **3** konstituerande **II** *s* **1** beståndsdel **2** uppdragsgivare **3** valman, väljare

consti|tute ['kɒnstιtju:t] **1** utnämna (utse, förordna) till **2** konstituera; inrätta; upprätta **3** utgöra, bilda **-tution** [ˌkɒnstι'tju:ʃn] **1** utnämnande, utseende, förordnande **2** konstituerande; inrättande; upprättande **3** författning, konstitution; grundlag **4** [kropps]konstitution; tempera-

ment, natur **5** struktur, beskaffenhet; sammansättning **-tutional** [ˌkɒnstι'tju:ʃənl] **I** *a* **1** konstitutionell; medfödd; naturlig **2** konstitutionell; grundlags-, författnings|enlig **II** *s* [motions]promenad

constrain [kən'streιn] **1** tvinga **2** lägga band på, hindra; begränsa **constraint** [-t] **1** tvång; tvångsmedel **2** band, tvungenhet, förlägenhet **3** restriktion

constriction [kən'strιkʃn] sammandragning

construct [kən'strʌkt] **I** *v* konstruera; uppföra, bygga **II** *s* **1** [tanke]konstruktion **2** *språkv.* konstruktion **construction** [kən'strʌkʃn] **1** konstruktion; uppförande, byggande, byggnad **2** konstruktion, byggnad **3** *mat. o språkv.* konstruktion **4** tolkning

construc|tive [kən'strʌktιv] konstruktiv, uppbyggande **-tor** [-tə] konstruktör

consul ['kɒns(ə)l] konsul **consulate** ['kɒnsjʊlət] konsulat

consult [kən'sʌlt] **1** rådfråga, konsultera; *~ s.b.* (*äv.*) rådgöra med; *~ one's pillow* sova på saken **2** ta hänsyn till, tänka på **3** rådslå, överlägga **consultant** [-ənt] **1** rådsökande **2** konsulterande läkare **3** konsult, konsulent **consultation** [ˌkɒns(ə)l'teιʃn] **1** rådfrågning, konsultation **2** rådplägning, överläggning; samråd **consulting room** [kən'sʌltιŋru:m] mottagningsrum

consume [kən'sju:m] **1** konsumera; förbruka; förtära; förinta förtöra, *∎ ∎∎∎* upptänd (förtärd) av; *the time ~d in planning* det tid som gått åt för att planera **2** förtäras; tyna bort **consumer** [-ə] konsument; förbrukare **consumer goods** konsumtionsvaror

consummate I *a* [kən'sʌmιt] fulländad, perfekt **II** *v* ['kɒnsəmeιt] **1** fullkomna, fullända **2** fullborda

consumption [kən'sʌm(p)ʃn] **1** konsumtion; förbrukning; förtäring **2** lungsot

contact ['kɒntækt] **I** *s* **1** kontakt, beröring, förbindelse; *come into ~ with* komma i kontakt med; *make ~ with* vara i (få) kontakt med **2** eventuell smittbärare **II** *v* kontakta, komma (stå) i kontakt med **contact breaker-points** *pl* brytarspetsar (*i bil*) **contact lens** kontaktlins

contagious [kən'teιdʒəs] smitt[o]sam; smitt[o]förande; *bildl.* smittande

contain [kən'teιn] **1** innehålla; rymma; *18 ~s 6 18 är jämnt delbart med 6* **2** *bildl.* behärska, tygla; *~ o.s.* behärska sig **3** *mil.* hålla, hindra, binda **container** [kən'teιnə] behållare; container

contami|nate [kən'tæmιneιt] [för]orena, smutsa ner; smitta ner; kontaminera; *bildl.* besmitta, fördärva **-nation** [kən,tæmι'neιʃn] **1** förorening, nedsmutsning; nedsmittning; kontamination; besmittelse **2** förvanskning **3** *språkv.* kontamination

contem|plate ['kɒntempleιt] **1** betrakta **2** begrunda, fundera på (över) **3** planera, överväga **4** fundera **-plation** [ˌkɒntem'pleιʃn] **1** betraktande **2** begrundande; kontemplation

contemporary [kən'temp(ə)rərι] **I** *a* samtidig; samtida, nutida **II** *s* samtida (*of* till)

contempt [kən'tem(p)t] förakt; *hold in ~* hysa förakt för, förakta; *~ of court* ohörsamhet inför rätta, lagtrots **contemptible** [-əbl] föraktlig

contemptuous [-jʊəs] föraktfull (*of* mot)

contend [kən'tend] **1** strida, kämpa **2** tävla (*for* om) **3** tvista, strida **4** påstå, hävda

1 content ['kɒntent] **1** innehåll, volym **2** innehåll, innebörd; *jfr contents*

2 content [kən'tent] **I** *a* nöjd, belåten **II** *v* tillfredsställa; ~ *o.s.* with nöja sig med **III** *s* belåtenhet; *to one's heart's* ~ av hjärtans lust

contented [-ɪd] nöjd; förnöjsam

contention [kən'tenʃn] **1** strid[ighet]; tvist; *bone of* ~ tvistefrö **2** tävlan **3** påstående; argument

contentment [kən'tentmənt] belåtenhet; förnöjsamhet

contents ['kɒntents] *pl* innehåll; *table of* ~ innehållsförteckning

con|test I *s* ['kɒntest] **1** kamp, strid **2** tävlan, tävling, match **3** ordstrid **II** *v* [kən'test] **1** bekämpa; bestrida **2** kämpa om; tävla om; ~ *a seat* kandidera i en valkrets **3** kämpa, strida, tävla (*for* om) **-testant** [kən'testənt] **1** stridande **2** tävlande, tävlingsdeltagare; medtävlare **-tested** [-ɪd] omtvistad

context ['kɒntekst] **1** sammanhang; kontext **2** omgivning[ar]

contiguity [ˌkɒntɪ'gjuːətɪ] beröring, omedelbar närhet; nära grannskap

1 continent ['kɒntɪnənt] återhållsam; avhållsam, kysk

2 continent ['kɒntɪnənt] kontinent; världsdel; *the C~* kontinenten (*Europas fastland*)

continental [ˌkɒntɪ'nentl] **I** *a* kontinental; fastlands-; ~ *breakfast* kontinental (lätt) frukost; *C~ Divide* floddelaren i västra Nordamerika; ~ *drift* kontinentalförskjutning; ~ *shelf* kontinentalsockel **II** *s* fastlandseuropé

contingen|cy [kən'tɪn(d)ʒ(ə)nsɪ] **1** eventualitet, tänkbar möjlighet; *-cies* (*pl*) oförutsedda utgifter **2** tillfällighet; ovisshet

continu|al [kən'tɪnjʊəl] ständig[t återkommande]; ihållande **-ation** [ˌkən,tɪnjʊ'eɪʃn] fortsätt|ning, -ande; återupptagande; förlängning

continue [kən'tɪnjuː] **1** fortsätta (*to read, reading* att läsa); fortfara med; ~*d a*) fortsatt, *b*) oavbruten; [*to be*] ~*d* fortsättning [följer] **2** [bi]behålla **3** stanna [kvar], kvarstå **continuity** [ˌkəntɪ'njuːətɪ] **1** kontinuitet; oavbrutet sammanhang **2** programmanuskript (*för TV o. radio*); *film.* scenario, scenföljd **continuous** [kən'tɪnjʊəs] kontinuerlig; oavbruten; sammanhängande, ständig, ihållande

contort [kən'tɔːt] förvrida

contour ['kɒntʊə] **I** *s* kontur **II** *v* dra upp konturerna av

contraband ['kɒntrəbænd] kontraband; smuggelgods

contracep|tion [ˌkɒntrə'sepʃn] födelsekontroll **-tive** [-tɪv] **I** *a* preventiv- **II** *s* preventivmedel

con|tract I *s* ['kɒntrækt] **1** kontrakt, avtal, överenskommelse **2** entreprenad; ackord; *by* ~ på ackord; *by private* ~ under hand; *place a* ~ *for* lämna på entreprenad **II** *v* [kən'trækt] **1** dra[s] samman, minska[s]; dra ihop sig **2** avtala, avsluta (*genom kontrakt*); förbinda sig **3** göra upp, avsluta ett kontrakt (*for* om); ~ *out of* (*BE.*) anmäla sitt utträde ur **4** få, ådraga sig; skaffa sig **-trac-**

tion [kən'trækʃn] **1** samman-, hop|dragning; kontraktion; förkortning, minskning **2** *bildl.* inskränkning **3** ådragande **-tractor** [kən'træktə] entreprenör; leverantör

contra|dict [ˌkɒntrə'dɪkt] bestrida; motsäga; säga emot **-diction** [-'dɪkʃn] motsägelse; inkonsekvens; ~ *in terms* självmotsägelse; *be in* ~ *with* stå i strid med **-dictory** [-'dɪkt(ə)rɪ] **1** motsägande, oförenlig **2** motsägelselysten

contralto [kən'træltəʊ] *mus.* alt[stämma]

contraption [kən'træpʃn] *vard.* apparat, manick, grej

contrary ['kɒntrərɪ] **I** *a* **1** motsatt, stridande (*to* mot); ~ *to* (*äv.*) tvärt emot **2** ogynnsam, motig; ~ *winds* motvind **3** [äv. kən'treərɪ] enveten, motsträvig, obstinat **II** *adv*, ~ *to* tvärt emot, i strid med **III** *s* motsats (*of* till); *on the* ~ *a*) tvärtom, *b*) däremot; *I know nothing to the* ~ jag vet ingenting som motsäger detta

contrast I *s* ['kɒntrɑːst] kontrast, motsats, motsättning; *by* (*in*) ~ däremot, å andra sidan; *in* ~ *to* (*with*) i motsats till (mot) **II** *v* [kən'trɑːst] **1** kontrastera, bilda motsats (*with* mot, till) **2** jämföra (*with* med), ställa upp som motsats (*with* mot, till)

contravention [ˌkɒntrə'venʃn] överträdelse, kränkning; *in* ~ *of* i strid med

con|tribute [kən'trɪbjuːt] **1** bidraga, medverka **2** bidraga med; lämna som bidrag **3** medverka (*to a paper* i en tidning) **-tribution** [ˌkɒntrɪ'bjuːʃn] bidrag; tillskott; inlägg (*i diskussion e.d.*) **-tributor** [kən'trɪbjʊtə] bidragsgivare; medarbetare (*to a paper* i en tining)

contrivance [kən'traɪvns] **1** uppfinningsförmåga; planläggning **2** knep, påhitt **3** uppfinning; anordning, apparat

control [kən'trəʊl] **I** *s* **1** kontroll; herravälde, myndighet, makt; reglering; hållhake; *lose* ~ *of* förlora kontrollen över; *the situation was beyond their* ~ de hade inte längre situationen under kontroll; *be in* ~ *of* ha kontrollen (ledningen) över; *be out of* ~ *a*) inte gå att hålla ordning på, *b*) inte gå att manövrera **2** (*ofta pl*) kontroll-, styr|anordning[ar]; manöver-, styr|organ, spak, spakar, roder; kontrollinstrument **3** kontrollgrupp **4** kontrollmärke **II** *v* kontrollera, övervaka; behärska; sköta, styra; hålla ordning på; ~ *o.s.* behärska sig **controller** [[-ə] kontrollant, kontrollör, övervakare; styresman

contro|versial [ˌkɒntrə'vɜːʃl] **1** kontroversiell, strids- **2** stridslysten **-versy** ['kɒntrəvɜːsɪ] kontrovers, tvist, strid, polemik; *beyond* ~ obestridlig[en]

contusion [kən'tjuːʒn] kontusion, blåmärke

conva|lesce [ˌkɒnvə'les] tillfriskna **-lescence** [-'lesns] konvalescens, tillfrisknande **-lescent** [-'lesnt] **I** *a* tillfrisknande; konvalescent- **II** *s* konvalescent

con|vene [kən'viːn] **1** komma samman **2** sammankalla **3** inkalla, instämma **-vener** sammankallande [person]

conveni|ence [kən'viːnjəns] **1** lämplighet; bekvämlighet; *flag of* ~ bekvämlighetsflagg; *marriage of* ~ konvenansparti; [*public*] ~ bekvämlighetsinrättning, offentlig toalett; *at your* ~ när det passar dig; *at your earliest* ~ så snart det är möjligt för er **2** förmån **3** *make a ~ of* utnyttja, dra fördel av **-ent** [-ənt] lämplig; bekväm; passande

convent ['kɒnv(ə)nt] [nunne]kloster

convention [kən'venʃn] **1** sammankomst; konvent **2** avtal, överenskommelse; konvention **3** konvenans, etikett; vedertaget bruk **-al** [-'venʃənl] **1** överenskommen, fördragsenlig **2** konventionell; vedertagen; sedvanlig

converge [kən'vɜːdʒ] konvergera, sammanstråla, [låta] sammanlöpa

conversant [-(ə)nt] *~ with* förtrogen med, hemmastadd i **conversation** [ˌkɒnvə'seɪʃn] konversation; samtal; *make ~* kallprata

1 converse [kən'vɜːs] konversera, samtala

2 converse ['kɒnvɜːs] **I** *a* motsatt; omvänd **II** *s* motsats; omvänt förhållande

conversion [kən'vɜːʃn] **1** om-, för|vandling; omläggning, omställning; ombyggnad; aptering **2** ~~~~~ **8** ~~~~ ~~~~~~~~~~, ~~~~. konvertering

convert I *v* [kən'vɜːt] **1** om-, för|vandla; lägga (ställa) om; bygga om; aptera; omforma **2** omvända **3** *mat.* omräkna; *ekon.* konvertera **4** [kunna] förvandlas **5** omvändas, konvertera **II** *s* ['kɒnvɜːt] omvänd, konvertit **-ible** [kən'vɜːtəbl] **I** *a* **1** som kan omvandlas (förvandlas *etc., se convert*) **2** med nedfällbart tak **3** konvertibel, utbytbar **II** *s* cabriolet

convex ['kɒnveks] konvex

convey [kən'veɪ] **1** föra, forsla, befordra; överbringa **2** överföra; befordra; leda **3** meddela; bibringa; uttrycka **4** *jur.* överlåta **conveyance** [kən've(ɪ)əns] **1** befordran, transport **2** överförande; förmedling ledning **3** fortskaffningsmedel **4** *jur.* överlåtelse[handling] **convey|er, -or** [-ə] transportband **conveyor belt** löpande band

convict I *s* ['kɒnvɪkt] straffånge; brottsling **II** *v* [kən'vɪkt] förklara skyldig (*of* till), fälla (*of* för); överbevisa (*of* om) **conviction** [kən'vɪkʃn] **1** fällande; överbevisande; *have two previous ~s* vara straffad två gånger tidigare; *get a ~* få fällande dom **2** övertygelse; *carry ~* vara övertygande; *a person of strong ~s* en person med mycket bestämda åsikter

convince [kən'vɪns] övertyga, överbevisa (*of* om)

convocation [ˌkɒnvə(ʊ)'keɪʃn] **1** sammankallande, kallelse **2** församling, möte **3** *BE.* universitetssenat

convoy ['kɒnvɔɪ] **I** *s* konvoj; eskort **II** *v* konvojera; eskortera

convulsion [kən'vʌlʃn] **1** konvulsion[er], krampryckning[ar], krampanfall **2** omvälvning; häftig skakning

coo [kuː] **I** *v* kuttra **II** *s* kutter **III** *interj, BE., sl.* oj!, åh!, oh!

cook [kʊk] **I** *s* kock; kokerska; köksa; *be a good ~* (*äv.*) laga god mat **II** *v* **1** tillaga[s], laga (*mat*); koka[s], steka[s]; laga mat **2** *sl.* förfalska, fiffla med **3** *sl.* sabba; *~ed* slut[körd]; *~ s.b.'s goose* sabba ngns chanser **4** *~ up a*) *vard.* koka ihop, hitta på, *b*) laga till, svänga ihop **5** *sl.* hända; *what's ~ing?* vad händer?, är det ngt på gång? **-book** ['kʊkbʊk] *AE.* kokbok

cooker ['kʊkə] **1** spis **2** *BE.* matäpple **cookery**

[-ərɪ] kokkonst, matlagning **cookery book** kokbok

cookie ['kʊkɪ] **1** *Sk.* slät bulle **2** *AE.* småkaka; (*vard.*) *that's why the ~ crumbles* det är nu en gång så **3** *sl.* sötnos; tjej; kille, grabb

cooking ['kʊkɪŋ] matlagning; tillagning; kokning, stekning; *do the ~* laga maten **cooking apple** matäpple **cooking chocolate** blockchoklad **cooking fat** matfett **cooking oil** matolja

cool [kuːl] **I** *a* **1** kylig, sval; *bildl. äv.* kallsinnig **2** lugn, fattad, kallblodig **3** ogenerad, fräck; *a ~ customer* en fräck typ **4** *vard., a ~ ten thousand* hela (modiga) tiotusen **5** *AE. vard.* toppen, häftig, jättebra **II** *s* **1** svalka **2** *sl.* lugn, fattning; *keep one's ~* behålla fattningen, hålla huvudet kallt **III** *v* **1** avkyla, svalka, göra sval[are]; *bildl. äv.* lugna ner; *~ down* lugna ner [sig]; *~ one's heels* vänta länge **2** ~ [down, off] ~~~~~, ~~~~ ~~ **8** *sl., ~ it!* ta det lugnt! **cool bag (box)** kylväska **coolheaded** [ˌkuːl'hedɪd] lugn, kallblodig

coop [kuːp] **I** *s* **1** bur (*för höns e.d.*) **2** *vard.* finka, kurra **II** *v, ~* [*in, up*] sätta i bur, stänga in

coop, co-op ['kəʊɒp] *vard.* (*kortform för co*[-]*operative* [*society, shop, store*] konsum

cooper|ate, co-oper|ate [kəʊ'ɒpəreɪt] samarbeta; samverka **-ation** [kəʊˌɒpə'reɪʃn] **1** samarbete; samverkan **2** kooperation **-ative** [kəʊ'ɒp(ə)rətɪv] **I** *a* **1** samarbetsvillig; samverkande **2** kooperativ; konsumtions-; *~ shop* (*store*) konsumbutik; *the C~ Union and Wholesale Society* Kooperativa Förbundet **II** *s* kooperativ förening, kooperativt företag

coopery ['kuːpərɪ] tunnbinderi

co-opt [kəʊ'ɒpt] invälja (*on to* i)

co-ordi|nate I *a* [kəʊ'ɔːdɪnət] samordnad, koordinerad; likställd; *mat.* koordinat- **II** *s* [kəʊ'ɔːdɪnət] *mat.* koordinat[a] **III** *v* [kəʊ'ɔːdɪneɪt] samordna, koordinera **-nation** [kəʊˌɔːdɪ'neɪʃn] samordning, koordin|ation, -ering; likställdhet

cop [kɒp] *sl.* **I** *s* **1** snut, polis **2** *BE.* arrestering; *it's a fair ~* (*vard.*) yag får dit; *not much ~* (*BE.*) inte mycket att ha **II** *v* **1** haffa, hugga; *~ it* få på pälsen **2** *AE. sl., ~ out* hoppa av, ge upp, smita **3** stjäla **4** köpa (*knark*)

cope [kəʊp] klara det, kämpa; *~ with a*) *vard.* klara [av], palla för, *b*) *åld.* mäta sig med

Copenhagen [ˌkəʊpn'heɪg(ə)n] Köpenhamn

copier ['kɒpɪə] **1** kopieringsmaskin **2** efterapare

copious ['kəʊpjəs] **1** ymnig, riklig, kopiös **2** ordrik; idérik

1 copper ['kɒpə] **I** *s* **1** koppar **2** kopparmynt **3** kopparkittel **II** *a* koppar-, av koppar; kopparröd **III** *v* förkoppra, kopparförhyda

2 copper ['kɒpə] *sl.* polis, snut

copper|plate ['kɒpəpleɪt] kopparplåt; kopparstick; *~* [*writing*] skönskrift **-smith** [-smɪθ] kopparslagare

coppice ['kɒpɪs] skogsdunge

copulate ['kɒpjʊleɪt] kopulera, ha samlag

copy ['kɒpɪ] **I** *s* **1** exemplar, nummer (*av tidning, bok*) **2** kopia; avbild; avskrift; *fair* (*clean*) *~* renskrift; *rough ~* kladd, utkast **3** manuskript (*t. sättning*); reklam-, annons|text; material, "story"; *it will make good ~* det blir en bra artikel **II** *v* kopiera; ta en kopia av; imitera, ta (apa) efter

copybook I *s* välskrivningsbok II *a* **1** banal **2** mönstergill **copy-editor** manusgranskare
copyright I *s* copyright, upphovs[manna]rätt II *a* copyrightskyddad III *v* förvärva (få) copyright på
coral ['kɒr(ə)l] I *s* **1** korall **2** bitring II *a* korallröd
cord [kɔːd] I *s* **1** rep, snöre, lina, snodd, sträng; kord (*i bildäck*) **2** *spinal* ~ ryggmärg; *vocal* ~ stämband **3** *AE.* [elcktrisk] sladd **4** manchestertyg; korderoj; ~*s* (*pl*) manchesterbyxor **5** cord (*i bildäck*) **6** famn (*vedmått*) II *v* binda med rep (snöre *etc.*) **-age** ['kɔːdidʒ] tågvirke
cordial ['kɔːdjəl] I *a* **1** hjärtlig **2** hjärtstärkande II *s* **1** hjärtstärkande medel **2** fruktdryck; likör
cordon ['kɔːdn] I *s* **1** kordong, [avspärrnings]kedja (*av poliser e.d.*) **2** ordensband; kordong, snöre, snodd **3** *byggn.* murkrans **4** kordong (*slags spaljétråd*) II *v*, ~ [*off*] spärra av (*m. poliskedja*)
corduroy ['kɔːdərɔɪ] manchester[sammet], korderoj; ~*s* (*pl*) manchesterbyxor
core [kɔː] I *s* **1** kärnhus **2** *bildl.* det innersta, kärna; hjärta; *to the* ~ alltigenom, genom- **3** *fys.* [reaktor]härd II *v* kärna ur
cork [kɔːk] I *s* **1** kork **2** flöte II *v* **1** ~ [*up*] korka igen, *bildl.* hålla tillbaka **2** svärta (*m. bränd kork*) **corkscrew** ['kɔːkskruː] I *s* korkskruv II *v* röra [sig] i spiral, slingra sig
1 corn [kɔːn] I *s* **1** korn (*av vete, havre, peppar etc.*) **2** säd, spannmål **3** vete **4** *Sk.* havre **5** *AE.* majs **6** sentimental (banal) smörja II *v* konservera; salta in
2 corn [kɔːn] liktorn
corncob majskolv
corner ['kɔːnə] I *s* **1** hörn, hörna; gathörn; *a tight* ~ trängt läge, knipa; *cut* ~*s* ta genvägar (*äv. bildl.*); *at (on) the* ~ i [gat]hörnet; *in a* ~ *a*) i ett hörn, *b*) i hemlighet; *just round the* ~ *a*) alldeles om hörnet, *b*) *bildl.* helt nära, omedelbart förestående; *turn the* ~ *a*) svänga om hörnet, *b*) (*bildl.*) komma över det värsta **2** vinkel; *the* ~ *of the mouth* mungipan **3** *sport.* hörna; *take a* ~ slå ga en hörna **4** *börs.* corner; *make a* ~ *in* köpa upp (*i spekulationssyfte*) II *v* **1** förse med hörn **2** tränga in i ett hörn; *bildl.* sätta på det hala, göra ställd **3** placera i ett hörn **4** *hand.* behärska (*genom monopol*) **5** ta kurvor[na] **corner-kick** *sport.* hörnspark, hörna **corner-stone** hörnsten; *bildl. äv.* grundval
cornet ['kɔːnɪt] **1** *mus.* kornett **2** strut; *BE.* glasstrut
corn|field ['jɔːnfiːld] sädesfält; *AE.* majsfält **-flower** [-ˌflaʊə] blåklint
Cornish ['kɔːnɪʃ] kornisk; från (i) Cornwall
corny ['kɔːnɪ] **1** sädesrik **2** *sl.* banal; sentimental; larvig, fånig
coronation [ˌkɒrəˈneɪʃn] kröning
coroner ['kɒrənə] coroner, undersökningsdomare (*fastställer dödsorsaken då brott misstänks*); ~*'s inquest* förhör om dödsorsaken (*inför jury*)
1 corporal ['kɔːp(ə)r(ə)l] kroppslig, kropps-; lekamlig; ~ *punishment* [kropps]aga
2 corporal ['kɔːp(ə)r(ə)l] furir (*vid armén o. flyget*); *AE.* korpral (*vid armén*)
corpo|rate ['kɔːp(ə)rət] **1** samfälld; kollektiv; kår- **2** korporativ; ~ *body* korporation; ~ *town*

stadskommun **3** *AE.* företags-, bolags- **-ration** [ˌkɔːpəˈreɪʃn] **1** korporation, kår; samfund **2** juridisk person **3** *åld.* skrå **4** [statligt] bolag; *AE.* [aktie]bolag **5** styrelse; *municipal* ~ kommunstyrelse **6** *BE. vard.* kalaskula
corps [kɔː] (*pl corps* [kɔːz]) kår
corpse [kɔːps] lik
correct [kəˈrekt] I *a* korrekt; riktig II *v* **1** rätta; rätta till, korrigera, ändra **2** tillrättavisa; bestraffa **correction** [kəˈrekʃn] **1** rättning, rättelse, korrigering, ändring; *I speak under* ~ rätta mig om jag har fel **2** tillrättavisning; bestraffning
correlation [ˌkɒrɪˈleɪʃn] växelförhållande, korrelation
correspond [ˌkɒrɪˈspɒnd] **1** överensstämma; motsvara varandra; ~ *to* (*with*) motsvara **2** korrespondera, brevväxla **correspondence** [-əns] **1** motsvarighet (*to* till); överensstämmelse (*with* med) **2** korrespondens, brevväxling **correspondent** [-ənt] **1** brevskrivare **2** korrespondent (*vid tidning*); insändarförfattare **3** affärsförbindelse **corresponding** [-ɪŋ] motsvarande
corridor ['kɒrɪdɔː] korridor
corrobo|rate [kəˈrɒbəreɪt] bekräfta, bestyrka **-ration** [kəˌrɒbəˈreɪʃn] bekräftelse, bekräftande, bestyrkande
cor|rode [kəˈrəʊd] fräta[s] bort (sönder), korrodera; fräta på **-rosion** [-ˈrəʊʒn] frätning, korrosion
corrugate ['kɒrʊgeɪt] vecka, korrugera; ~*d iron* korrugerad plåt; ~*d paper* wellpapp
corrupt [kəˈrʌpt] I *a* **1** fördärvad, skämd **2** fördärvad, depraverad **3** korrumperad, korrupt **4** förvanskad II *v* **1** skämma[s], ruttna **2** fördärva, göra depraverad **3** korrumpera, muta **4** förvanska **corruption** [kəˈrʌpʃn] **1** förskämning, förruttnelse **2** sedefördärv **3** korruption, mutning **4** förvanskning
corset ['kɔːsɪt] korsett
cortège [kɔːˈteɪʒ] kortege; [begravnings]följe
cor|tex ['kɔːtˌeks] (*pl -tices* [-tɪsiːz]) *bot. o. anat.* bark
cortisone ['kɔːtɪzəʊn] kortison
cosmetic [kɒzˈmetɪk] I *a* kosmetisk; förskönande II *s* skönhetsmedel; ~*s* (*pl, äv.*) kosmetika
cosmic ['kɒzmɪk] kosmisk
cosmonaut ['kɒzmənɔːt] kosmonaut **cosmopolitan** [ˌkɒzməˈpɒlɪt(ə)n] I *a* kosmopolitisk II *s* kosmopolit, världsborgare
cosmos ['kɒzmɒs] kosmos, världsallt[et]
Cossack ['kɒsæk] kosack
cost [kɒst] I *s* **1** kostnad[er], pris (*of* för); bekostnad; ~ *and freight* (*hand.*) fraktfritt; ~, *insurance, and freight* (*hand.*) frakt- och assuransfritt; ~ *of living* levnadskostnader; *at* ~ till inköpspris; *at the* ~ *of* på bekostnad av, till priset av; *at all* ~*s*, *at any* ~ till varje pris; *I know to my* ~ *that* jag vet av bitter erfarenhet att **2** *jur.*, ~*s* (*pl*) rättegångskostnader II *v* **1** (*cost, cost*) kosta; *it* ~ *him dear[ly]* det stod honom dyrt **2** (~*ed*, ~*ed*) kostnadsberäkna, göra kostnadsberäkningar [för] **cost accounting** ['kɒstəˌkaʊntɪŋ] kostnadsberäkning
costermonger ['kɒstəˌmʌŋgə] frukt- och grönsakshandlare (*på gatan*)
costing ['kɒstɪŋ] kostnadsberäkning, kalkylering

costly ['kɒstliː] dyrbar; kostsam **cost-of-living** [ˌkɒstəv'livɪŋ] a, ~ **bonus** dyrtidstillägg; ~ **index** levnadskostnadsindex **cost price** ['kɒstpraɪs] inköpspris

costume ['kɒstjuːm] I s 1 klädedräkt; national-, folk|dräkt; [promenad]dräkt 2 teat. kostym II v kostymera

cosy ['kəʊzɪ] I s tehuv; äggvärmare II a varm och skön; mysig; trivsam, [hem]trevlig

cottage ['kɒtɪdʒ] 1 [litet] hus; stuga, torp[stuga] 2 sl. offentlig toalett **cottage cheese** ung. keso, kvarg

cotter ['kɒtə] sprint, kil

cotton ['kɒtn] I s bomull; bomulls|tråd, -tyg II v 1 vard., ~ on [to] a) fatta [galoppen], b) använda, utnyttja 2 AE. vard., ~ to a) bli god vän med, b) gilla **cotton candy** AE. spunnet socker **cotton-mill** bomullsspinneri **cotton wool** [ˌkɒtn-'wʊl] råbomull; bomull[svadd]

couch [kaʊtʃ] I s 1 soffa; schäslong; dagbädd; bänk 2 grundlager (av färg) II v 1 avfatta, uttrycka 2 ligga, lägga sig (för att sova)

cough [kɒf] I s hosta; hostning II v, ~ up a) hosta upp, b) sl. hosta upp, klämma fram med, punga ut med **cough mixture** ['kɒfˌmɪkstʃə] hostmedicin

could [kʊd, obeton. kəd] (imperf. av 2 can) kunde; skulle kunna; kunde (skulle kunna) få; ~ be! kanske det!; he ~ well be a spy han skulle mycket väl kunna vara spion; ~ you tell me... kan du säga mig **couldn't** ['kʊdnt] = could not

coulisse [kuːˈliːs] kuliss

council ['kaʊnsl] 1 råd; rådsförsamling; city (town) ~ kommun-, stads|fullmäktige, county ~ (ung.) landsting 2 koncilium, kyrkomöte **councillor** ['kaʊnsɪlə] rådsmedlem; city (town) ~ kommun-, stads|fullmäktig

1 count [kaʊnt] (icke-brittisk) greve

2 count [kaʊnt] I v 1 räkna; räkna till; räkna ihop (in); räkna upp; ~ eight räkna till åtta; ~ out a) räkna upp (pengar), b) (i boxning) räkna ut, c) vard. räkna bort, lämna ur räkningen; ~ up räkna (summera) ihop 2 ~ [in] räkna med, inberäkna; not ~ing utom, exklusive; ~ me in räkna med mig också 3 räkna (anse) som (för); ~ o.s. lucky anse sig [vara] (skatta sig) lycklig 4 räkna (in tens i tiotal); ~ down räkna ner (raket inför start e.d.); ~ up to 60 räkna [ända] till 60 5 ~ [up]on räkna med, lita på 6 räknas; räknas med; the picture ~s as a rarity tavlan räknas som en raritet; this will ~ against you detta kommer att ligga dig i fatet (vara en nackdel för dig) 7 ~ [for] vara värd, gälla II s 1 [samman]räkning; keep ~ of hålla räkning på; lose ~ tappa räkningen; take ~ of bry sig om, ta hänsyn till 2 slutsumma 3 jur. anklagelsepunkt 4 (i boxning) räkning; out for the ~ nere för räkning; take the ~ gå ner för räkning **-able** ['kaʊntəbl] som går att räkna **-down** ['kaʊntdaʊn] nedräkning (vid raketstart e.d.)

countenance ['kaʊntənəns] I s 1 ansiktsuttryck; ansikte 2 lugn, fattning; keep (lose) one's ~ behålla (tappa) fattningen; put s.b. out of ~ bringa ngn ur fattningen 3 uppmuntran, stöd II v 1 uppmuntra, stödja; sanktionera 2 tolerera; tåla

1 counter ['kaʊntə] 1 (i butik e.d.) disk; over the ~ (på apotek) utan recept 2 spelmark, jetong,

bricka 3 räknare; räkneapparat

2 counter ['kaʊntə] I a mot-; motsatt II adv i motsatt riktning; ~ to tvärt emot; run ~ to (bildl.) strida mot, gå rakt emot III s 1 motsats 2 (hästs) bringa 3 bakkappa (på sko) 4 kontraslag, kontring IV v 1 motsätta sig 2 möta 3 kontra **counter|act** [ˌkaʊntə'rækt] motarbeta, motverka; neutralisera **-attack** ['kaʊnt(ə)rəˌtæk] I s motanfall II v göra motanfall [mot] **-balance** I s ['kaʊntəˌbæləns] motvikt II v [ˌkaʊntə'bæləns] mot-, upp|väga **-clockwise** [ˌkaʊntə'klɒkwaɪz] mot|urs, -sols **-espionage** [ˌkaʊntər'espjənɑːʒ] kontraspionage **-feit** ['kaʊntəfɪt] I s förfalskning II a förfalskad, oäkta III v 1 förfalska 2 låtsa, hyckla **-offensive** ['kaʊntərəˌfensɪv] motoffensiv **-pane** ['kaʊntəpeɪn] sängöverkast **-part** ['kaʊntəpɑːt] 1 motstycke, motsvarighet 2 motpart 3 dublett, kopia **-weight** ['kaʊntəweɪt] motvikt

countess ['kaʊntɪs] grevinna

countless ['kaʊntlɪs] otalig, oräknelig

country ['kʌntrɪ] 1 land, rike; appeal to the ~ (BE.) utlysa [ny]val 2 land, lands|bygd, -ort; trakt; in the ~ på landet; up ~ a) inåt landet, b) ute i landet **country club** sport- och sällskapsklubb **country dance** folkdans **country gentleman** [-ˌdʒentlmən] godsägare **country house** [ˌkʌntrɪ'haʊs] 1 herrgård, gods 2 landställe **countryman** [-mən] 1 landsman 2 lantman **countryside** [ˈkʌntrɪsaɪd] landsbygd; trakt; landskap; natur

county ['kaʊntɪ] 1 BE. grevskap; the Home Counties grevskapen närmast London 2 AE., ung. [stor]kommun **county council** [-ˌkaʊnsl] grevskapsråd (ung. landsting) **county seat** [-siːt] AE., **county town** [-taʊn] BE. centralort

coup [kuː] kupp **coup d'état** [ˌkuːdeɪ'tɑː] statskupp

couple ['kʌpl] I s par II v 1 [hop]koppla 2 förena 3 para [sig] 4 gifta sig **coupling** ['kʌplɪŋ] 1 [hop]koppling 2 tekn. koppling[sanordning]

coupon ['kuːpɒn] kupong

courage ['kʌrɪdʒ] mod, tapperhet; have the ~ of one's convictions stå för sin övertygelse **courageous** [kə'reɪdʒəs] modig, tapper

courier ['kʊrɪə] kurir 2 reseledare

course [kɔːs] I s 1 lopp; bana; the ~ of the river flodens lopp 2 kurs, riktning; change one's ~ ändra kurs (riktning) 3 förlopp, gång; the ~ of nature naturens gång; in due ~ i sinom tid, i vederbörlig ordning; in the ~ of under (inom) loppet av; be in ~ of construction vara under byggnad; let things run (take) their ~ låta sakerna ha sin gång 4 of ~ naturligtvis; as a matter of ~ som en naturlig följd (sak) 5 sport. bana, fält; golf ~ golfbana 6 [läro]kurs 7 med. kur; ~ of treatment behandlingskur 8 rätt (i måltid); first ~ för-, entré|rätt; main ~ huvudrätt 9 [förfarings]sätt, väg; ~ of action tillvägagångssätt; the best ~ [of action] would be det bästa vore 10 serie, rad, följd; ~ of lectures föreläsningsserie 11 byggn. lager, skikt 12 varv (i stickning) II v 1 jaga, sätta efter 2 rinna; springa

court [kɔːt] I s 1 (kringbyggd) gård, gårdsplan; borggård; the ball is in your ~ (bildl.) bollen ligger hos dig **2** *BE.* bostadskvarter; liten [återvänds]gata; gods, slott **3** hov; hovstat; mottagning vid hovet; *at* ~ vid hovet; *the C~ of St. James's* brittiska hovet **4** *pay ~ to s.b.* göra ngn sin kur, uppvakta ngn **5** domstol; rättssal; session, rättegångsförhandlingar; ~ *of appeal* appellationsdomstol; ~ *of justice* (*law*) domstol; *before the* ~ inför rätta; *in* ~ i rätten, inför rätta; *in the* ~ i rättssalen; *settle s.th. out of* ~ avgöra ngt genom förlikning; *laugh s.b. out of* ~ (*BE.*) skratta ut ngn totalt; *go to* ~ dra saken inför rätta, gå till domstol **6** bana, plan (*för tennis e.d.*); *service* ~ serveruta **7** församling, styrelse; *BE.* universitetsstyrelse **II** *v* **1** uppvakta, göra sin kur **2** fjäska för **3** sträva efter **4** utmana (*disaster ödet*)

courteous ['kɜ:tjəs] artig; hövisk **courtesy** ['kɜ:tsɪ] artighet; tillmötesgående; *by* ~ *of* med benäget tillstånd av **courtesy call** artighetsvisit **courtesy light** innerbelysning (*i bil*)

courthouse ['kɔ:thaʊs] domstolsbyggnad

courtier [-jə] hovman

courting [-ɪŋ] **I** *s* uppvaktning **II** *a* uppvaktande; ~ *couple* älskande par

courtjester hovnarr **court martial** [ˌkɔ:t'mɑ:ʃl] **I** *s* (*pl court martials el. courts martial*) krigsrätt **II** *v* ställa inför krigsrätt **courtroom** ['kɔ:tru:m] rätts-, dom|sal **courtship** ['kɔ:tʃɪp] **1** uppvaktning **2** parningslek **3** *bildl.* frieri **courtyard** ['kɔ:tjɑ:d] gård, gårdsplan

cousin ['kʌzn] *s*, [*first, full*] ~ kusin; *first* ~ *once removed* kusinbarn; *second* ~ syssling; *third* ~ brylling; *call* ~*s with* räkna släkt med

cove [kəʊv] **1** liten vik **2** skyddad plats; håla

cover ['kʌvə] **I** *v* **1** täcka (*äv. bildl.*), täcka över, hölja; översålla; klä [över]; ~ *in a*) bygga tak över, *b*) gräva igen; ~ *up* täcka (hölja) över, skyla över, tysta ner; ~ *up for s.b.* skydda ngn; ; ~*ed wagon* prärievagn **2** dölja; skydda **3** utgöra skydd (betäckning) för **4** täcka (*m. skjutvapen*) **5** sträcka sig över, omfatta; innefatta **6** tillryggalägga, avverka **7** (*i tidning, radio o.d.*) täcka, bevaka; referera **8** (*om hingst e.d.*) betäcka **II** *s* **1** täcke, överdrag, skynke; hölje; omslag; fodral; huv **2** lock **3** pärm[ar], omslag; *from* ~ *to* ~ från pärm till pärm **4** kuvert; *under plain* ~ med diskret avsändare **5** skydd; betäckning; täckmantel; *under* ~ *of night* i skydd av natten; *under* [*the*] ~ *of religion* under religionens täckmantel **6** snår; ide, lya **7** [bords]kuvert **8** *hand.* täckning, säkerhet

coverage ['kʌvərɪdʒ] **1** täckning (*äv. hand.*) **2** (*i tidning, radio o.d.*) täckning, bevakning; rapportering **covering** [-ɪŋ] **I** *s* **1** täcke *etc.*, *se cover II* **2** [be]täck|ning, -ande **II** *a* täckande; ~ *fire* eldunderstöd; ~ *letter* följebrev, medföljande skrivelse

covet ['kʌvɪt] eftertrakta, åtrå **-ous** [-əs] lysten, girig

cow [kaʊ] *s* **1** ko; *neds.* kossa **2** hona (*av elefant, val etc.*)

coward ['kaʊəd] feg stackare, ynkrygg **-ice** [-ɪs] feghet **-ly** [-lɪ] *a* feg, rädd

cow|bell ['kaʊbel] koskälla **-boy** cowboy

cower ['kaʊə] krypa ihop, huka sig

cow|shed ['kaʊʃed] ladugård **-slip** gullviva

cox [kɒks] **I** *s, se coxswain* **II** *v* styra, vara cox **coxswain** ['kɒksweɪn, 'kɒksn] cox, styrman (*i kapproddbåt*)

coy [kɔɪ] [tillgjort] blyg; pryd; skälmsk

cozy ['kəʊzɪ] *AE.*, *se cosy*

crab [kræb] **I** *s* **1** krabba; kräftdjur; *catch a* ~ (*vid rodd*) doppa åran fel; *the C~* Kräftan (*i Djurkretsen*) **2** kran, spel, vinsch **3** flatlus **II** *v* fånga krabbor

crack [kræk] **I** *s* **1** spricka, rämna; *the* ~ *of dawn* (*vard.*) gryningen; *the* ~ *of doom* domedagen **2** brak, knall, knakande, smäll **3** *vard.* hårt slag, rapp **4** fel, skavank **5** *vard.*, *have a* ~ *at* försöka [sig på] **6** *sl.*, *se wisecrack* **7** *sl.* baddare, toppkille **II** *a* förstklassig, mäster-, topp-; ~ *shot* mästerskytt **III** *v* **1** spräcka (*äv. röst*); knäcka (*äv. kod*), bräcka; ~ *a bottle* (*vard.*) knäcka en flaska; ~ *a problem* lösa ett problem **2** brista, spricka **3** knaka, braka; smälla [med], klatscha [med] **4** *vard.* misslyckas **5** knäckas, kollapsa **6** slå till **7** spränga (*a safe* ett kassaskåp) **8** *kem.* kracka **9** hitta, fånga **10** (*om röst*) brytas **11** ~ *a joke* berätta en vits, vitsa; ~ *a smile* (*vard.*) brista ut i ett leende; ~ *down on* slå ner på; ~ *up a*) störta samman, krossas, *b*) *vard.* bryta samman, kollapsa, *c*) berömma, prisa

cracked [krækt] **1** spräckt; sprucken (*äv. om röst*), knäckt **2** *sl.* tokig, vrickad **cracker** ['krækə] **1** en som knäcker *etc.*, *se crack III* **2** smällare, smällkaramell **3** cracker, tunt smörgåskex; *Swedish* ~ knäckebröd **4** *BE. sl.* fantastisk person (*ting*) **5** ~*s* (*pl*) nötknäppare **crackers** ['krækəz] *BE. sl.* knäpp, tokig

crackle ['krækl] **I** *v* spraka, knastra **II** *s* **1** sprakande, knastrande **2** krackelering

crackpot ['krækpɒt] tokstolle

cradle ['kreɪdl] **I** *s* **1** vagga (*äv. bildl.*) **2** ställning, [rörlig] plattform; stapelsläde **II** *v* lägga i vagga; vagga

craft [krɑ:ft] **1** [hantverks]skicklighet **2** hantverk; yrke; konst; slöjd **3** skrå **4** listighet, slughet **5** (*pl lika*) fartyg; farkost **craftsman** ['krɑ:ftsmən] yrkesman; hantverkare; konstnär **craftsmanship** ['krɑ:ftsmənʃɪp] hantverk; hantverks-, yrkes-, konst|skicklighet

crafty ['krɑ:ftɪ] listig, slug

crag|ged ['krægɪd] *AE.*, **-gy** [-gɪ] *BE.* brant och skrovlig; klippig

cram [kræm] **I** *v* proppa (packa, stoppa) full **2** *vard.* plugga [med]; drilla **3** proppa i [sig] mat **-ming** ['kræmɪŋ] examensplugg[ande]

cramp [kræmp] **I** *s* **1** kramp; *writer's* ~ skrivkramp **2** krampa **II** *v* **1** förorsaka kramp **2** hålla ihop med krampa **3** inskränka; hämma, hindra **cramped** [-t] **1** trång, inskränkt, begränsad **2** (*om handstil*) hoptr'ängd, gnetig

cranberry ['krænb(ə)rɪ] *bot.* tranbär

crane [kreɪn] **I** *s* **1** trana **2** [lyft]kran; *overhead* [*travelling*] ~ travers **II** *v* **1** lyfta (flytta) med kran **2** sträcka på (*halsen*)

crank [kræŋk] **I** *s* **1** vev; krökt stång (axel *etc.*); startvev (*t. bil*) **2** *vard.* original, excentrisk person; *AE.* surpuppa **II** *v* **1** böja (bryta) rätvinkligt **2** veva; veva igång (*motor*) **crankshaft** ['kræŋkʃɑ:ft] vevaxel

crap [kræp] *sl.* **1** *sl.* smörja, dumheter, skitprat

2 *vulg.* skit **II** *v, vulg.* skita

crape [kreɪp] kräpp, sorgflor

crash [kræʃ] **I** *v* **1** braka, skrälla **2** slå (gå) sönder (i kras), krossa[s] **3** gå omkull, göra (gå) bankrutt **4** krocka (krascha) [med], kvadda; *flyg.* störta [med], krasch[land]a [med] **5** braka igenom (iväg, fram) **6** *BE. vard.* tränga sig in (*objuden*); planka **II** *s* **1** brak, skräll **2** katastrof, olycka; krock, kollision; *flyg. äv.* störtning, kraschlandning **3** bankrutt, krasch **III** *a* **1** katastrof-; snabb- **2** plötslig; kraftig **crash helmet** störthjälm **crash-land** kraschlanda [med]

crate [kreɪt] **1** spjällåda; packkorg; [öl]back **2** *sl.* (*om bil e.d.*) gammal kärra **crater** ['kreɪtə] krater

crave [kreɪv] **1** be om **2** ~ [*for, after*] längta efter, åtrå **3** kräva, ha behov av

crawl [krɔ:l] **I** *v* **1** krypa, kravla, kräla; smyga **2** krypa (släpa sig) fram **3** fjäska, krypa (*to* för) **4** vimla, myllra **5** crawla **II** *s* **1** krypande, kräl[an]de; krälande; smygande **2** crawl **crawler tractor** ['krɔ:lə͵træktə] bandtraktor

crayfish ['kreɪfɪʃ] *zool.* kräfta

crayon ['kreɪ(ɪ)ən] **I** *s* **1** [färg]krita; kolstift **2** kritteckning; pastellmålning **II** *v* teckna med färgkrita (kolstift)

craze [kreɪz] **I** *v* göra förryckt (sinnesrubbad) **II** *s* mani, dille (*for* på); fluga **crazy** ['kreɪzɪ] **1** tokig, galen, rubbad **2** *vard.* tokig (*about, over* i) **3** *sl.* toppen, jättebra **4** ~ *pavement* beläggning med oregelbundet lagda stenplattor

creak [kri:k] **I** *v* knarra, gnissla **II** *s* knarr, gnissel

cream [kri:m] **I** *s* **1** grädde; *double* ~ tjock grädde, vispgrädde; *single* ~ tunn grädde, kaffegrädde **2** kräm **3** redd soppa; chokladpralin **4** grädda, elit **5** kräm[färg] **II** *v* **1** skumma [grädden av] **2** bilda grädde **3** tillsätta grädde till; tillaga med grädde **4** smörja in [med kräm] **cream tea** eftermiddagste med sylt, vispgrädde och scones **creamy** [-ɪ] **1** gräddlik, gräddig, grädd-; krämig **2** gräddfärgad

crease [kri:s] **I** *s* **1** [press]veck; rynka; skrynkla **2** (*i kricket*) gränslinje; (*i ishockey*) målområde **II** *v* **1** vecka, rynka; skrynkla **2** vecka (rynka, skrynkla) sig, bli skrynklig **3** (*om gevärskula e.d.*) snudda vid **creaseproof** ['kri:spru:f] skrynkelfri

create [kri:'eɪt] **1** skapa; åstadkomma, inrätta; ställa till med **2** utnämna **3** *BE. sl.* ställa till bråk **creation** [-'eɪʃn] **1** skapande *etc.*, *se create*; skapelse **2** utnämning **3** produkt; skapelse; kreation **creative** [-'eɪtɪv] *a* skapande, kreativ; skapar-, konstruktiv **creativity** [͵kri:eɪ'tɪvətɪ] skapande förmåga, kreativitet **creator** [kri:'eɪtə] skapare; upphovsman

creature ['kri:tʃə] **1** varelse; människa; *poor* ~ stackars krake **2** skapelse **3** *AE.* nötkreatur **4** *bildl.* marionett, verktyg

crèche [kreɪʃ] **1** [barn]daghem; barnkrubba **2** [jul]krubba

credibility [͵kredɪ'bɪlətɪ] trovärdighet **credible** ['kredəbl] trovärdig; trolig

credit ['kredɪt] **I** *s* **1** ära, förtjänst; heder, beröm, lovord; ~ *where* ~ *is due* äras den som äras bör; *be a*~ *to* vara en heder för; *do s.b.* ~ göra ngn heder, hedra ngn; *give s.b.* ~ *for a*) tro ngn om,

b) hålla ngn räkning för; *take the* ~ *for* ta åt sig äran för **2** tilltro, tro; *give* ~ *to* sätta tro till; *gain* ~ vinna tilltro **3** anseende, gott rykte; *a man of good* ~ en man med gott anseende för; **3** *hand.* kredit (*for an amount* på ett belopp; *with* hos); tillgodohavande; kredit[sida]; *letter of* ~ kreditiv; *on* ~ på kredit; *on the* ~ *side* på plussidan; *his* ~ *is good* han är kreditvärdig; *the* ~*s and debits* debet och kredit **4** ~*s* (*pl*), ~ *title* lista över medverkande (*i film*) **5** *AE.* intyg om genomgången kurs; kurspoäng **II** *v* **1** tro [på]; tilltro; ~ *s.b. with s.th. a*) tro ngn om ngt, *b*) tillskriva ngn ngt, ge ngn äran av ngt **2** *hand.* kreditera, gottskriva **creditable** [-əbl] aktnings-, heder|värd **credit account** [-ə͵kaʊnt] [kund]konto (*i butik*) **credit card** [-kɑ:d] kredit-, köp|kort **creditor** [-ə] kreditor, borgenär, fordringsägare

credulous ['kredjʊləs] lättrogen, godtrogen **creed** [kri:d] troslära, trosbekännelse **creek** [kri:k] **1** liten vik (bukt) **2** *AE.* bäck; biflod **3** *sl., up the* ~ *a*) illa ute, *b*) galen

creep [kri:p] **I** *v* (*crept, crept*) krypa (*äv. bildl.*); kräla; smyga [sig] **II** *s* **1** krypande **2** *sl.* äckel[potta] **3** *it gives me the* ~*s* det kryper i mig **creeper** ['kri:pə] **1** krypare; kryp **2** kryp-, klätter|växt **3** dragg **4** *vard.* gummisko

cremate [krɪ'meɪt] kremera, bränna **crematori|um** [͵kremə'tɔ:rɪ|əm] (*pl -a* [-ə] *el. -ums*), **crematory** ['kremət(ə)rɪ] krematorium

crepe [kreɪp] **1** crêpe, krupplätyg **2** crêpe (*tunn pannkaka*)

crept [krept] *imperf. o. perf. part av creep*

crescent ['kresnt] **I** *s* **1** månskära; halvmåne **2** svängd husrad (gata) **II** *a* **1** halvmånformig **2** *åld. el. poet.* växande

cress [kres] *bot.* krasse

crest [krest] **I** *s* **1** [tupp]kam; tofs (*på djurhuvud*) **2** hjälmbuske **3** *her.* hjälmprydnad, vapen **4** våg-kam; bergskam; topp, krön **II** *v* **1** kröna, toppa **2** nå toppen av **3** (*om våg*) häva sig **crest-fallen** ['krest͵fɔ:l(ə)n] nedslagen, modfälld

Crete [kri:t] Kreta

crevice ['krevɪs] *s* springa, spricka, skreva

1 crew [kru:] *imperf. av 2 crow II*

2 crew [kru:] **I** *s* (*behandlas ibl. som pl*) **1** besättning **2** *vard.* gäng **II** *v* **1** bemanna **crew cut** snagg[ning]; *have a* ~ vara snaggad

crib [krɪb] **I** *s* **1** barn-, spjäl|säng **2** bås, kätte, fålla; krubba; sädesbinge **3** koja, hydda **4** *vard.* plagiat; ordagrann översättning, lathund **5** *vard.* bordell **II** *v* **1** stänga in (*i bås etc.*) **2** knycka; planka, skriva av; fuska

1 cricket ['krɪkɪt] *zool.* syrsa

2 cricket ['krɪkɪt] **I** *s* kricket[spel]; *it's not* ~ (*vard.*) det är inte rent spel **II** *v* spela kricket **cricket-ground** ['krɪkɪtgraʊnd] kricketplan **crime** [kraɪm] brott; förbrytelse; brottslighet, kriminalitet

Crimea [kraɪ'mɪə] *s, the* ~ Krim

crime sheet ['kraɪmʃi:t] *mil.* straffregister

criminal ['krɪmɪnl] **I** *a* **1** brottslig, kriminell; straffbar; förbrytar- **2** brott[s]-; kriminal-; ~ *case* brottmål; ~ *connexion* (*conversation*) äktenskapsbrott; ~ *court* brottmålsdomstol; ~ *law* strafflag; ~ *offender* brottsling; ~ *record* straffregister; C~ *Investigation Department* kriminalpolis **II** s brottsling, förbrytare

crimson ['krɪmzn] **I** s karmosin[rött] **II** a karmosinröd **III** v **1** färga (bli) högröd **2** rodna

cringe [krɪn(d)ʒ] **I** v krypa ihop; krypa, svansa (to för) **II** s kryperi, inställsamhet

crinkle ['krɪŋkl] **I** v **1** vecka, rynka, krusa **2** vecka (rynka, skrynkla) sig **II** s veck, skrynkla; våg (i hår)

cripple ['krɪpl] **I** s krympling **II** v göra till krympling, lemlästa; bildl. lamslå, förlama

cri|sis ['kraɪs|ɪs] (pl -ses [-si:z]) kris

crisp [krɪsp] **I** a **1** frasig, knaprig, mör, spröd **2** (om luft e.d.) frisk och sval **3** bildl. kort och koncis, rapp **4** krusig, krullig **5** (om sedel) ovikt, ny **II** v krusa (krulla) [sig] **III** s, ~s (pl) chips **crispbread** ['krɪspbred] knäckebröd **crispy** ['krɪspɪ] **1** frasig, knaprig **2** krusig, vågig

criss-cross ['krɪskrɒs] **I** s **1** korsmönster, nätverk **2** AE. luffarschack **II** a **1** löpande i kors **III** adv kors och tvärs **IV** v **1** [genom]korsa **2** korsa, ruta

crit|ic ['krɪtɪk] kritiker, recensent **-ical** [-kl] **1** kritisk (of mot) **2** riskfylld

criti|cism [-cɪz(ə)m] kritik (of av, över) **-cize** (BE. äv. -cise) [-saɪz] kritisera; klandra

croak [krəʊk] **I** v **1** (om korp) kraxa; (om groda) kväka **2** bildl. kraxa, spå olycka **3** sl. kola [av] (dö); ta kål på (döda) **II** s kraxande; kväkande

Croatia [krəʊ'eɪʃjə] Kroatien

crochet ['krəʊʃeɪ] **I** s virkning **II** v virka **crochet hook** ['krəʊʃɪhʊk] virknål

crockery ['krɒkərɪ] porslin[skärl]; lerkärl

crocodile ['krɒkədaɪl] **1** krokodil **2** krokodilskinn **3** vard. rad av skolbarn på dubbla led

crocus ['krəʊkəs] bot. krokus

crofter ['krɒftə] BE. torpare

crony ['krəʊnɪ] gammal god vän

crook [krʊk] **I** s **1** herdestav; kräkla **2** krök, böjning; krok, hake **3** vard. ohederlig person, skojare, bedragare, tjuv **4** sl., on the ~ ohederligt, oärligt **II** v **1** kröka, böja **2** kröka (böja) sig **III** a, Austr. sl. urdålig; kass **-ed** ['krʊkɪd] **1** krokig, krökt, böjd; sned **2** ohederlig, oärlig

croon [kru:n] gnola, nynna, sjunga

crop [krɒp] **I** s **1** skörd; gröda; bad ~s dålig skörd; out of ~ i träda **2** massa, grupp **3** zool. kräva **4** kortklippt hår; wear one's hair in a ~ ha håret kortklippt **5** piskskaft; kort ridpiska **II** v **1** (om djur) beta av **2** kortklippa; skära av; beskära (äv. foto.) **3** bära [skörd], avkasta **4** vard., ~ up dyka upp, yppa sig **cropper** ['krɒpə] **1** odlare; skördare **2** a good ~ växt som ger god avkastning **3** vard., come a ~ a) stå på näsan, störta omkull, b) misslyckas totalt

croquet ['krəʊkeɪ] krocket[spel]

cross [krɒs] **I** s **1** kors (äv. bildl.); kryss; korstecken; bomärke; on the ~ a) diagonalt, b) sl. ojust **2** korsning, mellanting, blandning **3** fotb. crossboll **II** v **1** korsa, lägga i kors; ~ one's fingers, keep one's fingers ~ed hålla tummen (tummarna); ~ one's legs lägga benen i kors **2** korsa, gå [tvärs] över (a street en gata); fara (åka) över (genom); it ~ed my mind det föll mig in (kom för mig) **3** gå om (korsa) [varandra]; passera (möta) [varandra]; the two trains ~ed de båda tågen möttes **4** stryka (off a list från en lista); ~ [out, through] korsa över, stryka över (ut) **5** markera

med kryss, korsa för **6** göra korstecken över (på); ~ o.s. göra korstecknet, korsa sig; ~ my heart! på hedersord! **7** biol. korsa **8** bildl. korsa, hindra, gäcka **III** a **1** kors-, tvär-; korslagd, korsande **2** mot-; i strid [mot] **3** arg, ond, sur (with på); as ~ as two sticks sur som ättika

cross|bones ['krɒsbəʊnz] pl, [skull and] ~ dödskalle med korslagda benknotor **-breed** korsning[sprodukt], hybrid, blandras **--country** [,krɒs'kʌntrɪ] **I** a **1** terräng-; terränggående; ~ lorry (mil.) terränglastbil; ~ truck (mil.) terrängdragbil **2** [som går] över hela landet **II** adv genom terrängen **III** s terränglöpning **--examination** ['krɒs,ɪgzæmɪ'neɪʃn] korsförhör **--examine** [,krɒsɪg'zæmɪn] [kors]förhöra **--eyed** ['krɒsaɪd] vindögd **-fire** ['krɒs,faɪə] korseld (äv. bildl.) **-ing** [-ɪŋ] **1** över|korsning, -strykning **2** över|resa, -fart **3** korsning; gatu-, väg|korsning; järnvägskorsning; [zebra, pedestrian] ~ fotgängarövergång, övergångsställe; level ~ plankorsning, järnvägskorsning [i plan] **--legged** [-legd] med benen i kors **-road** ['krɒsrəʊd] korsväg; biväg **-roads** [-z] (behandlas som sg) vägkorsning, korsväg, vägskäl

crossword puzzle ['krɒswɜ:d,pʌzl] korsord[s-gåta]

crotch [krɒtʃ] **1** klyka **2** skrev; gren

crouch [kraʊtʃ] huka sig ner; ligga (sitta, gå) hopkrupen

1 crow [krəʊ] kråka; as the ~ flies fågelvägen; eat ~ (AE.) bita i det sura äpplet

2 crow [krəʊ] **I** v (imperf. äv. crew) **1** (om tupp) gala **2** (om småbarn) utstöta glädjerop **3** stoltsera, briljera **II** s **1** galande **2** (småbarns) glädjerop

crowbar ['krəʊbɑː] kofot, bräckjärn

crowd [kraʊd] **I** s **1** folk|massa, -samling, -trängsel; the ~ den stora massan; that would pass in a ~ det skulle ingen lägga märke till **2** mängd **3** gäng, sällskap **II** v **1** samlas i stor mängd, hopa sig, trängas **2** pressa in, packa ihop **3** proppa (packa) full, överlasta, fylla till trängsel **4** sl. sätta åt, pressa **5** ~ on sail sätta alla segel **-ed** [-ɪd] alldeles full, full|proppad, -packad, -satt; full [av folk]; livligt trafikerad

crown [kraʊn] **I** s **1** krona; the C~ kronan, staten **2** krans **3** krona; silvermynt (= 25 p, tidigare 5 sh.) **4** krön, hjässa, topp; [tand]krona; [träd]krona; bildl. höjdpunkt **5** [hatt]kulle **II** v kröna; full-ända; to ~ [it] all till råga på allt

cru|cial ['kru:ʃl] avgörande, central; kritisk; vard. mycket viktig; a ~ moment ett kritiskt ögonblick **-cifix** [-sɪfɪks] krucifix **-cify** [-sɪfaɪ] korsfästa; bildl. pina, plåga; sl. göra ner

crude [kru:d] **1** rå, obearbetad **2** grov, ohyfsad; ~ facts nakna fakta **crudeness** ['kru:dnɪs], **crudity** ['kru:dɪtɪ] råhet; omogenhet; bildl. grovhet, plumphet

cruel [krʊəl] grym **-ty** ['krʊəltɪ] grymhet

cruise [kru:z] **I** v **1** kryssa, vara på kryssning **2** köra med lagom hastighet; vard. långsamt glida fram (i bil e.d.); ~ at 60 ha en marschfart av 60 **II** s kryssning, sjöresa **cruiser** ['kru:zə] **1** kryssare **2** AE. polisbil

crumb [krʌm] **I** s **1** [bröd]smula; inkråm (i bröd); bildl. gnutta **II** v **1** smula sönder **2** panera

crumble ['krʌmbl] smula[s] sönder; smula vig

crumple ['krʌmpl] **1** ~ [*up*] krossa[s], skrynkla[s] ihop, knyckla[s] till **2** *bildl.* falla ihop, duka under, svikta

crunch [krʌntʃ] **I** *v* **1** tugga (krasa) sönder, knapra på **2** knastra; knarra **II** *s* **1** knaprande; knastrande **2** avgörande moment, kritisk punkt; *when it comes to the* ~ när det kommer till kritan

crunchy ['krʌntʃɪ] knaprig; knastrande

crusade [kru:'seɪd] **I** *s* korståg (*äv. bildl.*) **II** *v* **1** starta en kampanj **2** dra ut på korståg **crusader** [-ə] **1** kors|farare, -riddare **2** förkämpe

crush [krʌʃ] **I** *v* **1** krossa[s]; mala[s] (stampa[s], klämma[s]) sönder **2** pressa, trycka **3** skrynkla till; skrynkla sig **4** kuva, tillintetgöra, förtrycka **5** tränga sig fram **II** *s* **1** krossande **2** pressning **3** trängsel, folkmassa **4** stor bjudning **5** fruktdryck **6** *have a* ~ *on s.b.* vara förälskad i ngn

crushing [-ɪŋ] förkrossande; dräpande

crust [krʌst] **I** *s* **1** skorpa (*på bröd, sår, is etc.*); kant *(på bröd)* **2** [jord]nhvrpa **3** ukuic **II** *v* täcka med skorpa (skare); täckas av skorpa (skare)

crutch [krʌtʃ] krycka; stöd

crux [krʌks] krux, stötesten; *the* ~ *of the matter* kruxet, den springande punkten

cry [kraɪ] **I** *s* rop, skrik; (*djurs*) skri, skall; *a far* ~ lång väg; *in full* ~ i full fart; *within* ~ inom hörhåll **2** gråtattack; *have a good* ~ (*vard.*) gråta ut **3** anskri; opinion[sstorm] **4** stridsrop; slagord; *follow the* ~ följa med strömmen **5** koppel (*hundar*) **II** *v* **1** ropa, skrika; utropa; (*om djur*) skri[-k]a, gc skall **2** gråta **3** ~ *down a*) nedsätta, förringa, *b*) överrösta; ~ *for a*) ropa på (efter), begära, kräva, *b*) gråta efter, gråta av; ~ *for the moon* begära det omöjliga; ~ *off* lämna återbud, dra sig ur; ~ *out a*) skrika till, ropa högt, *b*) skrika, [ut]ropa; *for* ~*ing out* ~ *loud!* (*vard.*) föi sjutton!, för Guds skull!; ~ *out for* (*vard.*) ropa på, kräva **-baby** ['kraɪ,beɪbɪ] lipsill

crypt [krɪpt] krypta **-ic** ['krɪptɪk] kryptisk

crystal ['krɪstl] **I** *s* **1** kristall **2** klock-, ur|glas **II** *a* kristall-; kristallklar **crystal[l]ization** (*BE. äv. -isation*) [,krɪstəlaɪ'zeɪʃn] kristallisering; *bildl.* utkristallisering **crystal[l]ize** (*BE. äv. -ise*) ['krɪstəlaɪz] **1** kristallisera[s]; *bildl.* utkristallisera sig **2** ~*d fruit* kanderad frukt

cub [kʌb] **I** *s* **1** unge (*av bl.a. björn, lejon, räv, tiger*) **2** pojkvasker, gröngöling **II** *v* föda ungar

Cuba ['kju:bə] Cuba

cubage ['kju:bɪdʒ] kubikinnehåll

Cuban ['kju:bən] **I** *s* kuban **II** *a* kubansk

cube [kju:b] **I** *s* kub; tärning **II** *v* **1** upphöja i kub (till tre) **2** mäta kubikinnehållet i **3** skära i tärningar **cubic** ['kju:bɪk] kubisk; kubik-; ~ *capacity* volym; cylinder-, slag|volym; ~ *content* kubikinnehåll; ~ *equation* tredjegradsekvation; ~ *measure* rymd-, kubik|mått; ~ *metre* kubikmeter **cubicle** ['kju:bɪkl] [sov]hytt, litet rum, bås **cubism** ['kju:bɪz(ə)m] kubism

cuckoo ['kuku:] **I** *s* (*pl* ~*s*) **1** gök **2** *vard.* idiot **II** *a, vard.* tokig **III** *v* **1** gala, ropa [kuku] **2** upprepa om och om igen **IV** *interj* kuku! **cuckoo clock** gökur

cucumber ['kju:kʌmbə] gurka; *as cool as a* ~ (*vard.*) lugn som en filbunke

cud [kʌd] *s, chew the* ~ *a*) idissla, *b*) fundera, grubbla

cuddle ['kʌdl] **I** *v* **1** omfamna [varandra], krama[s], kela [med] **2** ~ *up* krypa ihop, kura ihop sig **II** *s* omfamning, kramning **cuddlesome** [-səm], **cuddly** [-lɪ] kramgod, smeksam

cudgel ['kʌdʒ(ə)l] **I** *s* [knöl]påk; *take up the* ~*s for* ta parti för, försvara **II** *v* **1** klå, prygla **2** ~ *one's brains* bry sin hjärna

1 cue [kju:] **I** *s* **1** *teat.* stickreplik, slutord (*i replik*); *on* ~ i rätt ögonblick **2** vink, antydan, påminnelse **3** (*på bandspelare*) framspolning[sknapp] **II** *v* ge stickreplik (vink)

2 cue [kju:] [biljard]kö

cuff [kʌf] **I** *s* manschett; ärmuppslag; *AE. äv.* byxuppslag; *off the* ~ (*vard.*) improviserat, oförberett; *on the* ~ på kredit **cuff link** ['kʌflɪŋk] manschettknapp

cuisine [kwi:'zi:n] kök, kokkonst

cul-de-sac [,kuldə'sæk] återvändsgata

culinary ['kʌlɪnərɪ] matlagnings-, köks-, kulinarisk

culmi|nate ['kʌlmɪneɪt] kulminera, nå höjdpunkten **-nation** [,kʌlmɪ'neɪʃn] **1** kulmen, höjdpunkt **2** kulminering

culprit ['kʌlprɪt] brottsling; anklagad; missdådare; *the* ~ (*äv.*) den skyldige

cult [kʌlt] **1** kult, dyrkan **2** sekt

culti|vate ['kʌltɪveɪt] **1** bruka, bearbeta (*jord*); odla (*äv. bildl.*); ~ *a p.'s acquaintance* odla ngns bekantskap; ~ *one's mind* odla sin själ, bilda sig **2** kultivera, civilisera **-vation** [,kʌltɪ'veɪʃn] **1** brukning, bearbetning (*av jord*); odling; kultur **2** odling, utveckling **3** bildning, kultur

cultural ['kʌltʃ(ə)r(ə)l] kulturell, bildnings-; kultur- **culture** ['kʌltʃə] **I** *s*, *biol. o. bildl.* kultur, odling; *bildl. äv.* bildning, förfining **II** *v*, *biol. o. bildl.* odla; *bildl. äv.* bilda, förfina

culvert ['kʌlvət] kulvert

cumbersome [-səm], **cumbrous** ['kʌmbrəs] hindersam, besvärlig, ohanterlig

cumin ['kʌmɪn] *bot.* kummin

cumulate **I** *a* ['kju:mjulət] hopad **II** *v* ['kju:mjuleɪt] hopa [sig], samla[s]

cunning ['kʌnɪŋ] **I** *a* **1** slug, listig **2** skicklig **3** *AE.* näpen, lustig **II** *s* **1** slughet, list **2** skicklighet

cunt [kʌnt] *vulg.* fitta (*äv. neds. om kvinna*)

cup [kʌp] **I** *s* **1** kopp; bägare (*äv. bildl.*); kalk (*äv. bildl.*); *he ist not my* ~ *of tea* han är inte min favorit (typ); *in one's* ~*s* berusad **2** cup, [pris]pokal **3** [behå]kupa **4** bål (*dryck*) **II** *v* **1** kupa (*one's hand*); ~ *one's ear* kupa handen bakom örat **2** *med.* koppa

cupboard ['kʌbəd] skåp; skänk

cupidity [kju:'pɪdətɪ] snikenhet, vinningslystnad

cupola ['kju:pələ] kupol

cup tie ['kʌptaɪ] *sport.* cupmatch

curate ['kjuərət] kyrko-, pastors|adjunkt

curb [kɜ:b] **I** *s* **1** kindkedja (*på betsel*) **2** *bildl.* band, tygel, hinder **3** *AE.* trottoarkant **II** *v* lägga band på, tygla, hindra **curbstone** *AE.* trottoarkant

curdle ['kɜ:dl] ysta [sig]; stelna; *terror* ~*d his blood* skräcken kom blodet att isas i hans ådror

cure [kjuə] **I** *s* **1** botande, kurering; kur, bot **2** botemedel (*äv. bildl.*) **3** prästbefattning; ~ [*of souls*] själavård **4** konservering, insaltning, rökning **II** *v* **1** bota, kurera **2** konservera, lägga in,

salta in, röka
curfew ['kɜ:fju:] **1** aftonringning **2** [signal för] utegångsförbud
curiosity [ˌkjʊərɪ'ɒsətɪ] **1** vetgirighet; nyfikenhet **2** kuriositet, raritet **curiosity shop** antikvitetsaffär **curious** ['kjʊərɪəs] **1** vetgirig; nyfiken **2** egendomlig, besynnerlig, underlig **3** *åld.* (*lätt*) pornografisk
curl [kɜ:l] **I** *v* **1** krusa, locka, lägga i lockar; kröka; ~ *one's lip* dra upp läppen (*i förakt*) **2** locka (krusa, ringla) sig **3** ~ *up a*) rulla ihop [sig], kröka sig, *b*) krypa ihop, kura ihop sig, *c*) *vard.* ge upp, vara slagen, *d*) *BE. vard.* känna (väcka) avsky **4** spela curling **II** *s* **1** lock **2** krusning, krökning **3** våglinje, [års]ring **curler** ['kɜ:lə] **1** papiljott, spole, rulle **2** curlingspelare **curly** ['kɜ:lɪ] lockig, krullig
currant ['kʌr(ə)nt] **1** vinbär **2** korint
currency ['kʌr(ə)nsɪ] **1** valuta; myntslag, sedlar **2** utbredning, spridning **3** livstid, gångbarhet; omlopp[stid], cirkulation **current** ['kʌr(ə)nt] **I** *a* **1** allmänt utbredd, gängse; gällande; accepterad; aktuell; ~ *affairs* aktuella frågor **2** innevarande, löpande; *the* ~ *issue of a magazine* senaste numret av en tidskrift **3** (*om mynt o.d.*) gångbar, cirkulerande, som är i omlopp; (*om vara*) kurant **II** *s* **1** ström; ström-, vatten|drag **2** [elektrisk] ström; strömstyrka **3** *bildl.* strömning, strömdrag **currently** ['kʌr(ə)ntlɪ] för närvarande
curricu|lum [kə'rɪkjʊl|əm] (*pl -la* [-lə] *el. -lums*) lärokurs; undervisningsplan **curriculum vitae** [-'vi:taɪ] levnadsbeskrivning, meritförteckning
curry ['kʌrɪ] **I** *s* curry; curry|rätt, -stuvning **II** *v* krydda med curry **currycomb** ryktskrapa
curse [kɜ:s] **I** *s* **1** förbannelse; svordom; *the* ~ (*vard.*) mens **2** plåga, gissel, förbannelse **3** bann **II** *v* **1** förbanna **2** svära (*at* över) **3** plåga
cursory ['kɜ:sər(ə)rɪ] flyktig, hastig
curt [kɜ:t] **1** kort och koncis **2** snäv, tvär barsk
curtain ['kɜ:tn] **I** *s* **1** gardin; draperi, förhänge; *draw the* ~ dra för (undan) gardinen **2** ridå; *drop the* ~ låta ridån falla **3** *vard.*, ~*s* (*pl*) döden, slutet **II** *v* sätta upp gardiner i, förse med gardin[er] **curtain-pole** [-pəʊl] gardinstång (*av trä*) **curtain-rod** [-rod] gardinstång
curts[e]y ['kɜ:tsɪ] **I** *s* nigning; *drop a* ~ niga **II** *v* niga
curve [kɜ:v] **I** *s* kurva (*äv. mat.*), krök[ning], böjning, båge, båglinje böjd linje **II** *v* **1** böja, kröka **2** böja (kröka) sig, svänga
cushion ['kʊʃn] **I** *s* **1** kudde, dyna; luftkudde **2** (*i biljard*) vall **II** *v* **1** förse med kudde (dynor), stoppa, madrassera **2** mildra, dämpa
cushy ['kʊʃɪ] *sl.* bekväm, behaglig
custard ['kʌstəd] vanilj|kräm, -sås
custo|dian [kʌ'stəʊdjən] väktare, vårdare; förmyndare; intendent **-dy** ['kʌstədɪ] **1** förmynderskap, vård[nad], uppsikt **2** [fängsligt] förvar; häkte
custom ['kʌstəm] **I** *s* **1** sed[vänja], bruk, vana; praxis, kutym **2** kunder, kundkrets; *withdraw one's* ~ *from a shop* sluta handla i en affär **3** ~*s* (*behandlas som sg el. pl*) *a*) tull[ar], tullavgifter, *b*) tull[verk], tullväsende, *c*) tullbehandling **II** *a*, *AE.* beställnings-
customary ['kʌstəm(ə)rɪ] [sed]vanlig, bruklig

customer [-ə] **1** kund **2** *vard.* typ, individ, figur; *a queer* ~ en konstig prick; *an ugly* ~ en ful fisk **custom-made** *AE.* måttillverkad; skräddarsydd; special|beställd, -tillverkad **customs house** tull|hus, -kammare
cut [kʌt] **I** *v* (*cut, cut*) **1** skära (hugga, klippa) [av, sönder, igenom]; kastrera; ~ *one's hair* klippa håret (sig); ~ *a ball* (*sport.*) skära en boll; *it* ~*s both ways a*) det är på gott och ont, *b*) det verkar i båda riktningarna **2** skära [i] (*äv. bildl.*) **3** skära (minska) ner; sänka; korta av, förkorta **4** *vard.* ge upp; bryta med; snäsa av; sticka (smita) från; ~ *and run* sticka **5** *kortsp.* kupera; dra (*ett kort*) **6** späda (*whisky with water* whisky med vatten); lösa upp **7** klippa av, bryta (*filmning o.d.*); stryka; stänga av, stoppa (*motor e.d.*); sluta med **8** få (*tänder*); (*om tänder*) komma fram **9** skära (hugga, klippa) [till, ut, in, bort]; smida; gräva (hugga) [ut]; ~ *a coat* skära till en kappa; ~ *a tunnel* gräva en tunnel **9** ~ *corners* ta genvägar (*äv. bildl.*); ~ *a dash* väcka uppseende; ~ *dead* (*vard.*) fullständigt ignorera; ~ *a poor figure* göra en slät figur; ~ *it fine* (*vard.*) klara ngt nätt och jämnt; ~ *no ice* inte ha ngn framgång; ~ *loose a*) befria, *b*) slå sig lös, *c*) *sjö.* kapa förtöjningarna; ~ *a record* sätta rekord; ~ *teeth* få tänder; ~ *short* avbryta, göra kortare, stoppa **11** ~ *across a*) *bildl.* skära [tvärs]igenom, *b*) ta en genväg genom (över); ~ *away* skära (hugga) bort (av); ~ *back a*) skära ner, beskära, *b*) göra inskränkningar (*on i*): ~ *down a*) hugga ner, fälla, *b*) *bildl.* skära ner (på), *c*) döda; ~ *s.b. down to size* ta ner ngn på jorden; ~ *in a*) skära (hugga) in, *b*) blanda sig i, avbryta (*samtal*), *c*) avbryta (*dans*) och ta ngns partner, *d*) tränga sig in i bilkön; ~ *s.b. in on the profit* (*vard.*) låta ngn få del i vinsten; ~ *into a*) skära in i, *b*) blanda sig i, avbryta (*samtal*); ~ *off a*) skära (hugga, kapa) av (bort), *b*) [av]bryta (*telefonsamtal*), *c*) stänga (slå) av, *d*) göra slut på, dra in, *e*) avspisa, *f*) göra arvlös, *g*) *bildl.* skilja, utstänga, isolera; ~ *out a*) skära (klippa, hugga) ut, *b*) stryka, utelämna, hoppa över, *c*) skära (klippa) till, *d*) (*om motor e.d.*) plötsligt stanna, kopplas ur, slå ifrån, *e*) *vard.* slå ur brädet, tränga undan, *f*) *vard.* sluta med, lägga av med; ~ *it out!* (*vard.*) lägg av!; *be* ~ *out for* vara som klippt och skuren för; ~ *through* ta en genväg [genom, över]; ~ *up a*) skära (klippa, hugga, såga) sönder (i bitar), *b*) *bildl.* kränka, såra, *c*) *vard.* göra ner, kritisera hårt, *d*) uppröra; ~ *up rough* (*BE. vard.*) ilskna till; ~ *up well* (*vard.*) lämna mycket pengar efter sig **II** *a*, ~ *flowers* snittblommor, lösa blommor; ~ *glass* slipat glas; ~ *and dried* (*vard.*) fix och färdig, stereotyp; uppgjord på förhand; *half* ~ (*BE. sl.*) på örat **III** *s* **1** skärning, klippning, huggning; slipning; genomskärning **2** hugg, stick, snitt; slag **3** skåra, rispa, skråma; *a* ~ *above* (*vard.*) ett strå vassare än, ett pinnhål högre än **4** [avskuren] skiva; bit, stycke; *a* ~ *of meat* en skiva kött; *cold* ~*s* kallskuret **5** nedskärning; nedsättning, minskning; [*power*] ~ strömavbrott **6** snitt (*av klädesplagg*) **7** reduk. [an]del **8** [*short*] ~ genväg **9** rakande anmärkning, gliring **10** *kortsp.* kupering **11** *AE. vard.* skolk **12** *vard.*, *give s.b. the* ~ ~*s* upp bekantskapen med ngn

cute [kju:t] **1** söt, rar **2** skarpsinnig, klipsk
cuticle ['kju:tɪkl] **1** ytterhud **2** nagelband
cutlery [-rɪ] **1** knivsmide **2** knivar, eggverktyg **3** *koll.* [mat]bestick
cutlet ['kʌtlɪt] kotlett, köttskiva; hackad biff
cut|-price ['kʌtpraɪs] *BE.*, **--rate** *AE.*, *a ~ shop* en lågprisaffär
cutter ['kʌtə] **1** skärare, huggare, snidare; tillskärare **2** skärmaskin; fräs **3** *sjö.* kutter **cutthroat I** *s* mördare **II** *a* mordisk; *bildl.* mördande; *~ competition* mördande konkurrens **cutting** [-ɪŋ] **I** *a* **1** skärande, vass **2** *bildl.* sårande, skarp, bitande **3** (*om vind o.d.*) bitande **II** *s* **1** skärande, klippande *etc.*, *se cut I* **2** avskuret stycke; bit; urklipp; spån, avfall **3** stickling, skott **4** klippning (*av film*)
cycle ['saɪkl] **I** *s* **1** cykel, kretslopp; omloppstid **2** [dikt]cykel **3** cykel; *sl.* motorcykel **II** *v* **1** cykla **2** cirkla, kretsa **cyclist** ['saɪklɪst] cyklist
cyclone ['saɪkləʊn] cyklon
cylinder ['sɪlɪndə] **1** cylinder (*äv. tekn.*), vals **2** lopp (*i eldvapen*) **cylinder head** *tekn.* topp-, cylinder|lock **cylindrical** [si'lɪndrɪkl] cylindrisk
cynic ['sɪnɪk] cyniker **cynical** [-l] cynisk **cynicism** ['sɪnɪsɪz(ə)m] cynism
cypress ['saɪprəs] *bot.* cypress
Cyprus ['saɪprəs] Cypern
cyst [sɪst] *med.* cysta
czar [zɑ:] tsar
Czech [tʃek] **I** *s* tjeck **II** *a* tjeckisk **-oslovakia** [ˌtʃekə(ʊ)slə(ʊ)vækɪə] Tjeckoslovakien

D

D, d [di:] (*bokstav, ton*) D, d; *D flat* (*mus.*) dess; *D sharp* (*mus.*) diss
'd = *had, would*
dab [dæb] **I** *v* lätt beröra (trycka på), klappa, badda **II** *s* lätt slag (tryckning), klapp **-ble** ['dæbl] **1** plaska [med]; väta; stänka ner **2** fuska (*in, at, with* med, i)
dachshund ['dækshʊnd] tax
dad[dy] ['dæd(ɪ)] *vard.* pappa
daffodil ['dæfədɪl] påsklilja, gul narciss
daft [dɑ:ft] *BE. vard.* tokig, dum
dagger ['dægə] **1** dolk; *at ~s drawn* på fientlig fot; *look ~s* se mordisk ut; *look ~s at* kasta mördande blickar på **2** *boktr.* kors
dahlia ['deɪljə] *bot.* dahlia
daily ['deɪlɪ] **I** *a* daglig, om dagen **II** *adv* dagligen, om dagen **III** *s* **1** dagstidning **2** daglig städhjälp
dainty ['deɪntɪ] **I** *s* läckerhet, godbit **II** *a* **1** läcker **2** utsökt, förtjusande; nätt, fin **3** kräsen
dairy ['deərɪ] **1** mejeri **2** mjölkaffär **3** mjölkkammare **--cattle** [-ˌkætl] *pl* mjölkkor

daisy ['deɪzɪ] **1** *bot.* tusensköna, bellis; *ox-eye ~* prästkrage **2** *sl.* toppengrej, praktexemplar **3** *sl.*, *be pushing up the daisies* vara död och begraven
dally ['dælɪ] **1** söla **2** ~ *with* leka med
dam [dæm] **I** *s* **1** damm, fördämning **2** vattenreservoar **II** *v*, ~ [*up*] dämma upp (för)
damage ['dæmɪdʒ] **I** *s* **1** skada, skadegörelse (*to* på) **2** ~*s* (*pl, jur.*) skadestånd **3** *vard.*, *what's the ~?* vad kostar kalaset? **II** *v* skada[s]; *a damaging admission* ett farligt medgivande
dame [deɪm] **1** *D~ Nature* moder Natur; *D~ Fortune* fru Fortuna **2** Dame (*titel för adlad kvinna*) **3** *AE. sl.* tjej, brud
damn [dæm] **I** *v* fördöma; förbanna; döma; *it was ~ed from the start* det var dömt från början; *well, I'll be ~ed!* (*vard.*) det var som tusan!; *I'll be ~ed if I'll go there* så tusan att jag går dit **II** *s*, *I don't care* (*give*) *a* ~ det ger jag tusan i **III** *a, sl.* förbaskad, jäkla; ~ *all* inte ett dugg **IV** *interj, sl.*, ~! tusan (jäklar) också! **damnation** [dæm'neɪʃn] **I** *s* fördömelse **II** *interj* tusan (jäklar) också!
damned [dæmd] **1** fördömd **2** *sl.* förbaskad
damp [dæmp] **I** *s* **1** fukt **2** gruvgas **3** nedslagenhet **II** *a* fuktig **III** *v* **1** fukta **2** kväva, dämpa (*äv. bildl.*) **-er** ['dæmpə] **1** glädjedödare; sordin; *put a ~ on* lägga sordin på **2** [stöt]dämpare; *mus.* dämmare **3** spjäll
dance [dɑ:ns] **I** *v* **1** dansa **2** ~ *attendance on* fjäska för **II** *s* **1** dans;; *lead s.b. a* [*pretty*] ~ ställa till besvär för ngn **2** dans[tillställning], bal **dancer** ['dɑ:nsə] dansare, dansör, dansös; *the ~s* (*äv.*) de dansande **dancing** [-ɪŋ] dans
dandelion ['dændɪlaɪən] maskros
dandruff ['dændrʌf] mjäll
dandy ['dændɪ] **I** *s* dandy, snobb **II** *a, vard.* förstklassig, finfin
Dane [deɪn] *s* **1** dansk **2** *Great ~* grand danois
danger ['deɪn(d)ʒə] fara, risk (*of* för); *out of ~* utom fara **-ous** ['deɪn(d)ʒrəs] farlig (*for, to* för)
dangle ['dæŋgl] dingla [med]; ~ *after* (*about, round*) hänga efter (*ngn*); ~ *s.th. before s.b.* fresta ngn med ngt
Danish ['deɪnɪʃ] **I** *a* dansk; ~ *pastry* wienerbröd **II** *s* danska [språket]
Danube ['dænju:b] *s, the ~* Donau
dare [deə] **1** våga; riskera; *she ~s* [*to*] *dress differently* hon vågar klä sig annorlunda **2** *I ~ say he'll be there* det är troligt att han kommer dit, han kommer nog dit; *I ~ say* (*äv.*) kanske det **3** utmana; *I ~ you to jump* hoppa om du törs **-devil** ['deəˌdevl] **I** *s* våghals **II** *a* våghalsig
daren't [deənt] = *dare not*
daring ['deərɪŋ] **I** *a* **1** djärv, oförskräckt **2** vågad **II** *s* djärvhet, oförskräckthet
dark [dɑ:k] **I** *a* **1** mörk **2** *bildl.* mörk, dyster; elak, ond; *the D~ Ages* medeltidens mörkaste århundraden; ~ *horse* dark horse, okänd storhet, oskrivet blad; ~ *lantern* blindlykta; *a ~ purpose* ont syfte; ~ *scowl* mörk (butter) uppsyn **II** *s* mörker; *after* ~ efter mörkrets inbrott; *be in the ~ about* vara okunnig om **darken** ['dɑ:k(ə)n] **1** bli mörk[are], mörkna **2** förmörka, skymma; *never ~ my door again!* sätt aldrig din fot här igen! **3** *bildl.* fördystra[s], fördunkla[s] **darkness** [-nɪs] **1** mörker; dunkel **2** okunnighet **3** hemlighet
darling ['dɑ:lɪŋ] **I** *s* älskling **II** *a* **1** *vard.* söt, gullig

D

2 älsklings-
darn [dɑːn] **I** v stoppa (strumpor e.d.) **II** s stopp, stoppning **darned** [-d] sl. **I** a förbaskad **II** adv förbaskat

darning needle stoppnål

dart [dɑːt] **I** s pil; kastspjut; ~s (behandlas som sg) pilkastning, dart; play ~s kasta pil, spela dart **2** språng, snabb rörelse **II** v **1** kasta, slunga **2** rusa, störta **-board** ['dɑːtbɔːd] pil-, dart|tavla

dash [dæʃ] **I** v **1** slå, kasta, slänga; ~ one's head against s.th. stöta (köra) huvudet mot ngn; ~ s.th. to pieces slå ngt i bitar (i kras) **2** bestänka; ~ed with brandy med en droppe konjak **3** bildl. krossa, gäcka (a p.'s hopes ngns förhoppningar); nedslå, göra modfälld **4** störta, rusa **5** ~ down (off) kasta (rafsa) ner **6** sl., ~ed!, ~ it! tusan (förbaskat) också **II** s **1** rusning, anlopp, framstöt **2** tillsats, stänk, skvätt **3** häftigt slag, häftig stöt **4** stil; bravur; cut a ~ slå på stort, briljera **5** [tank]streck **6** sl. muta **-board** [dæʃbɔːd] instrumentbräda (i bil, båt, flygplan)

dashing ['dæʃɪŋ] **1** käck, livlig **2** elegant, flott, stilig

data ['deɪtə] **1** pl av datum **2** data. data, information **3** data, fakta och siffror; information **data bank (base)** data|bank, -bas **data processing** [-ˌprəʊsesɪŋ] databehandling

1 date [deɪt] dadel|palm]

2 date [deɪt] **I** s **1** datum; tidpunkt; out of ~ föråldrad, gammalmodig, omodern; to ~ hittills, till dags dato; up to ~ modern, med sin tid, aktuell, à jour **2** avtalat möte, träff **II** v **1** datera; tidsbestämma **2** ~ from (back to) härröra från, datera sig från (till) **3** avslöja åldern på; bli omodern **4** AE. vard. vara pojkvän (flickvän) till; sällskapa med

dated ['deɪtɪd] omodern, gammalmodig

daub [dɔːb] **I** v **1** bestryka; smeta **2** smeta (söla) ner **3** kludda [ihop] **II** s **1** smet; färgklick; lera **2** kludd[ande]

daughter ['dɔːtə] dotter **daughter-in-law** ['dɔːt(ə)rɪnlɔː] (pl daughters-in-law) svärdotter, sonhustru

daunt [dɔːnt] skrämma **-less** ['dɔːntlɪs] oförfärad

dawdle ['dɔːdl] ~ [away] slå dank, slöa, förspilla tiden **dawdler** [-ə] latmask, dagdrivare, sölkorv

dawn [dɔːn] **I** v dagas, gry; it ~ed upon me (bildl.) det gick upp för mig **II** s gryning; at ~ i gryningen

day [deɪ] **1** dag; the ~ after tomorrow i övermorgon; the ~ before yesterday i förrgår; all [the] ~ hela dagen; any ~ när som helst, vilken dag som helst; by ~ på (om) dagen; ~ by ~ dag för dag, dagligen; ~ in ~ out dag ut och dag in; go to London for the ~ resa till London över en dag; the other ~ häromdagen; some ~ en [vacker] dag; one of these ~s endera dagen, en vacker dag; this ~ week (fortnight) i dag om en vecka (fjorton dagar); those ~s nuförtiden; at the end of the ~ (bildl.) när allt kommer omkring, slutligen; it's one of those ~s det är en sådan där dag (när allt går galet); that will be the ~ det skulle jag allt vilja se; it's all in a ~'s work (vard.) det är man så van vid; it's early ~s det är det för tidigt att säga ngt om; that will be the ~ a) det ser jag fram emot, b) det kommer nog inte att hända; she's forty if she's a ~ hon är inte en dag yngre än fyr-

tio; call it a ~ (vard.) a) låta det vara nog för i dag, b) lägga av, ge upp; take a ~ off ta en dag ledigt **2** ~ [and night] dygn **3** (ofta pl) tid; [tids]period; glanstid; in his ~s på sin (hans) tid; in this ~ and age nuförtiden; in the good old ~s på den gamla goda tiden; those were the ~s! det var tider det! **4** batalj, slag; carry (win) the ~ segra, vinna; lose the ~ förlora

day|break ['deɪbreɪk] gryning **-dream I** s dagdröm **II** v dagdrömma

daylight ['deɪlaɪt] **1** dagsljus; in broad ~ mitt på ljusa dagen; I'm beginning to see ~ a) det börjar klarna för mig, b) jag kan se en ljusning (slutet) **2** gryning **daylight-saving time** sommartid

day-nursery ['deɪˌnɜːs(ə)rɪ] daghem **daytime** dag (i motsats t. natt); dagtid; in the ~ på (om) dagen (dagarna), på dagtid **day-to-day** ['deɪtəˌdeɪ] daglig; ~ chores dagliga sysslor

daze [deɪz] **I** v **1** bedöva **2** förvirra; blända **II** s, in a ~ förvirrad, omtumlad

dazzle ['dæzl] **I** v blända[s]; förblinda, överväldiga **II** s bländande sken; bildl. skimmer

DC förk. för direct current; District of Columbia

deacon ['diːk(ə)n] diakon; syssloman **-ess** ['diːkənɪs] diakonissa

dead [ded] **I** a **1** död (äv. bildl.); livlös; dödslik-nande; ~ and gone (vard.) död och begraven; ~ centre (tekn.) dödpunkt (jfr 5); ~ end a) återvändsgata, b) slutpunkt; ~ heat dött lopp; ~ language dött språk; ~ man's handle död mans grepp; ~ march sorgmarsch; ~ men (marines) sl. lik (tomflaskor); the D~ Sea Döda havet; ~ stock dött kapital, osäljbart lager; ~ stop tvärstopp; ~ time dödtid; ~ weight a) tung börda, belastning, b) sjö. dödvikt; ~ window blindfönster **2** matt, glanslös (colour färg); stillastående (air luft) **3** okänslig, oemottaglig (to för); utan känsel, stel **4** dov **5** exakt, precis; absolut, fullständig; hit the ~ centre träffa mitt i prick (jfr 1); be in ~ earnest mena allvar; ~ level alldeles jämnt plan; ~ loss ren förlust; ~ shot mästerskytt; come to a ~ stop tvärstanna **II** s **1** the ~ de döda **2** in the ~ of night mitt i natten **III** adv **1** död-, döds **2** alldeles, fullständigt; ~ against rakt emot; ~ slow ytterst långsam[t]

deaden ['dedn] **1** bedöva; döva, dämpa **2** förslöa, göra (bli) okänslig **dead-end** [ˌded'end] a **1** ~ street återvändsgata **2** ~ job arbete som saknar befordringsmöjligheter **deadline** ['dedlaɪn] deadline, tidsgräns, sista dag (tidpunkt) **dead-lock** ['dedlɒk] dödläge, baklås **deadly** ['dedlɪ] **I** a **1** dödlig; dödsbringande **2** döds-; ~ sins dödssynder **II** adv dödligt; döds- **deadpan** [ˌded'pæn] uttryckslös

deaf [def] döv (to för); ~ in one ear döv på ena örat; turn a ~ ear slå dövörat till **deaf-aid** ['defeɪd] hörapparat **deaf-and-dumb** [ˌdefən(d)'dʌm] dövstum **deafen** ['defn] göra döv; bedöva **deafening** ['defnɪŋ] öronbedövande **deaf-mute** [ˌdef'mjuːt] **I** s dövstum [person] **II** a dövstum

deal [diːl] **I** s **1** kortsp. giv **2** vard. affärstransaktion, överenskommelse; square (fair) ~ rättvis behandling; it's a ~! överenskommet!, kör till!; big ~! (AE., ofta iron.) fantastiskt! **3** a [great] ~ en hel mängd; a good ~ ganska mycket, en del **ll** *v* (*dealt, dealt*) **1** handla (*in* med), göra affärer (*in* i) **2** ~ *with a*) ta itu med, gripa sig an, *b*) behandla, handla om, *c*) uppträda mot, *d*) ha att göra med; ~ *in* handla om, behandla **3** ~ [*out*] dela ut, (*i kortspel*) ge; ~ *a blow at* rikta ett slag mot **4** *sl.* dila (*sälja knark*)

dealer ['di:lə] **1** handlande (*in* i, med), -handlare **2** kortsp. givare **3** *sl.* dilare (*knarklangare*)

dealings ['di:lıŋz] *pl* **1** förbindelse[r]; affärer **2** uppträdande, handlingssätt **dealt** [delt] *imperf. o. perf. part. av deal*

dean [di:n] **1** *univ.* dekan[us] **2** doyen **3** domprost; *rural* ~ kontraktsprost

dear [dıə] **l** *a* **1** dyr, kostsam **2** dyr, kär; *run for* ~ *life* springa för brinnande livet **ll** *s* käraste; raring; *my* ~ kära du; ..., *there's a* ~ (*vard.*) ...så är du snäll; *she's a* ~ hon är rar (en raring) **lll** *adv* dyrt **lV** *interj.* ~ *me!*, ~, ~*!*, *oh* ~*!* kors!, nej men!, kära nån!, oj då! **dearly** ['dıəlı] **1** innerligt, högt **2** dyrt

death [deθ] död; bortgång; dödsfall; *bleed to* ~ förblöda; *be at* ~*'s door* ligga för döden; *do* (*put*) *to* ~ döda; *be in at the* ~ (*bildl.*) vara med i slutskedet; *catch one's* ~ [*of cold*] (*vard.*) få en jätteförkylning **deathbed** ['deθbed] dödsbädd **death certificate** [-sə,tıfıkeıt] dödsattest **death duty** ['deθdju:tı] arvsskatt **deathly** [-lı] **l** *a* dödlig; dödslik, döds- **ll** *adv* dödligt; dödsryckningar (*äv. bildl.*)

debar [dı'ba:] **1** utestänga, avstänga, utesluta **2** förhindra

debase [dı'beıs] **1** försämra **2** förnedra **3** förfalska

debatable [di'beıtəbl] omstridd, omtvistlig **debate** [dı'beıt] **l** *v* **1** debattera, dryfta, diskutera **2** fundera [på], överväga **ll** *s* diskussion, debatt

debauch [dı'bɔ:tʃ] **l** *v* (*moraliskt*) fördärva **ll** *s* utsvävning; orgie **debauchery** [dı'bɔ:tʃ(ə)rı] utsvävning[ar], omåttlighet, sedeslöshet

debit ['debıt] **l** *s* debet **ll** *v* debitera

debris ['deıbri:] spillror; skräp

debt [det] skuld; *bad* ~ osäkra fordringar; *National D*~ statsskuld; *be in a p.'s* ~ stå i skuld hos ngn; *run into* ~ sätta sig i skuld; *out of* ~ skuldfri; *pay the* ~ *of nature* skatta åt förgängelsen, dö **debt collector** ['detkə,lektə] inkasserare **debtor** ['detə] gäldenär

debug [,di:'bʌg] *vard.* **1** rätta till **2** avlägsna dolda mikrofoner från

decade ['dekeıd] decennium, årtionde; dekad, tiotal

decadent ['dekəd(ə)nt] dekadent, förfallen

decamp [dı'kæmp] **1** bryta upp (*ur läger*), avtåga **2** avvika i hemlighet, rymma [fältet]

decanter [dı'kæntə] [vin]karaff

decapitate [dı'kæpıteıt] halshugga

decathlon [dı'kæθlɒn] *sport.* tiokamp

decay [dı'keı] **l** *v* **1** förfalla; förstöras; tyna av **2** vissna; multna, murkna, ruttna **ll** *s* **1** förfall; avtynande **2** bortvissnande; förmultning, förruttnelse

decease [dı'si:s] **l** *v* avlida, dö **ll** *s* frånfälle, död **deceased** [-t] **l** *a* avliden **ll** *s, the* ~ den avlidne, de avlidna

deceit [dı'si:t] **1** bedrägeri, svek **2** bedräglighet

-ful [-f(ʊ)l] bedräglig, svekfull; vilseledande

deceive [dı'si:v] bedra[ga], vilseleda; lura

December [dı'sembə] december

decency ['di:snsı] **1** anständighet; tillbörlighet; ärbarhet **2** hygglighet

decen|nium [dı'senjəm] (*pl -niums el. -nia* [-jə]) decennium, årtionde

decent ['di:snt] **1** anständig; tillbörlig, passande; ärbar **2** *vard.* hygglig, snäll, bussig; skaplig **3** *vard.* anständigt klädd

decentral|ization (*BE. äv. -isation*) [di:,sentrəlaı'zeıʃn] decentralisering **-ize** (*BE. äv. -ise*) [,di:'sentrəlaız] decentralisera

decep|tion [dı'sepʃn] **1** bedrägeri, svek **2** villfarelse, illusion **-tive** [-tıv] bedräglig, svekfull; vilseledande

decide [dı'saıd] **1** besluta (bestämma) [sig för]; avgöra; *the weather* ~*d me against going* vädret gjorde att jag bestämde mig för att inte gå **2** döma **decided** [-ıd] **1** bestämd; utpräglad **2** bestämd, resolut

decilitre ['desı,li:tə] deciliter

decimal ['desıml] **l** *a* decimal-; ~ *fraction* decimalbråk; ~ *point* decimalkomma; ~ *system* decimalsystem; *go* ~ införa decimalsystemet **ll** *s* decimal; decimalbråk

decimate ['desımeıt] decimera

decimetre ['desı,mi:tə] decimeter

decipher [dı'saıfə] dechiffrera; uttyda

deci|sion [dı'sıʒn] avgörande, beslut; utslag **2** beslutsamhet **-sive** [dı'saısıv] **1** avgörande **2** beslutsam

deck [dek] **l** *s* **1** *sjö.* däck (*äv. i buss e.d.*); *clear the* ~*s* (*vard.*) göra sig klar [till strid]; *hit the* ~ (*vard.*) *a*) falla till marken, *b*) göra sig redo, *c*) stiga ur sängen **2** kortlek **ll** *v* **1** ~ [*out*] utsmycka, pryda **2** *sjö.* däcka

declaration [,deklə'reıʃn] **1** förklaring; *the D*~ *of Independence* (*AE.*) oavhängighetsförklaringen (*av 4 juli 1776*); *the D*~ *of Rights* (*BE.*) rättighetsförklaringen (*av 1689*) **2** deklaration, anmälan, uppgift; *customs* ~ tulldeklaration

declare [dı'kleə] **1** förklara, tillkännage, deklarera, förkunna **2** deklarera, uppge; *have you anything to* ~*?* har ni ngt att förtulla **3** ~ [*o.s.*] uttala sig (*for* för; *against* mot) **4** ~ *off a*) inställa, *b*) dra sig ur, *c*) ta tillbaka; *well, I* ~*!* har man hört på maken!, det må jag då säga!

declassify [di:'klæsıfaı] släppa fri (*dokument o.d.*), ta bort hemligstämpeln från

decline [dı'klaın] **l** *v* **1** avböja, undanbe sig, tacka nej; vägra **2** slutta nedåt; böja nedåt **3** (*om sol e.d.*) sjunka, dala **4** *bildl.* gå utför, avtaga, minska; förfalla; *declining years* ålderdom **5** *språkv.* böja, deklinera **ll** *s* **1** avtagande, minskning, tillbakagång, nedgång; *on the* ~ på nedåtgående **2** sluttning

declivity [dı'klıvətı] sluttning, lutning

declutch [,dı'klʌtʃ] *tekn.* koppla (trampa) ur

decoder [-ə] avkodare

decolorant [di:'kʌlərənt] blekningsmedel

decom|pose [,di:kəm'pəʊz] **1** upplösa, sönderdela, bryta ned **2** upplösas, sönderfalla, vittra, ruttna **-position** [,di'kɒmpə'zıʃn] upplösning, sönderfall; förruttnelse

deco|rate ['dekəreıt] **1** dekorera, pryda,

smycka; klä **2** måla och tapetsera **3** dekorera, tilldela utmärkelse **-ration** [ˌdekəˈreɪʃn] **1** dekorering; prydande, [ut]smyckning; *interior* ~ heminredning **2** dekoration, prydnad[er] **3** medalj, orden **-rative** [ˈdek(ə)rətɪv] dekorativ, prydande; dekorations-, prydnads-   **-rator** [ˈdekəreɪtə] **1** dekoratör **2** *BE.* målare *(hantverkare)*; *interior* ~ inredningsarkitekt

decorous [ˈdekərəs] anständig, korrekt

decoy I *s* [ˈdiːkɔɪ] lockfågel *(äv. bildl.)*; bulvan; lockbete **II** *v* [dɪˈkɔɪ] locka[s] med lockfågel, lura

decrease I *v* [diːˈkriːs] avta, minska[s] **II** *s* [ˈdiːkriːs] minskning, avtagande; *be on the* ~ vara i avtagande **decreasingly** [dɪˈkriːsɪŋlɪ] allt mindre, mindre och mindre

decree [dɪˈkriː] **I** *s* **1** dekret, påbud; förordning **2** *jur.* dom; ~ *absolute* slutgiltig skilsmässa; ~ *nisi* [dɪˌkriːˈnaɪsaɪ] *(ung.)* hemskillnad, **II** *v* påbjuda, bestämma, förordna

decrepit [dɪˈkrepɪt] orkeslös, skröplig; fallfärdig

decry [dɪˈkraɪ] nedvärdera, fördöma

dedi|cate [ˈdedɪkeɪt] **1** ägna *(to åt)* **2** dedicera *(s.th. to s.b.* ngt till ngn), tillägna *(s.th to s.b.* ngn ngt) **3** inviga, helga **-cated** [-ɪd] hängiven, engagerad **-cation** [ˌdedɪˈkeɪʃn] **1** hängivenhet *(to* för); engagemang **2** dedikation, tillägnan **3** invigning

deduce [dɪˈdjuːs] härleda, sluta sig till

deduct [dɪˈdʌkt] dra (räkna, ta) av (ifrån); *be* ~*ed from* avgå (dras av) från **deductible** [-əbl] avdragsgill **deduction** [dɪˈdʌkʃn] **1** avdrag **2** här-, slut|ledning

deed [diːd] **I** *s* **1** handling, gärning **2** bragd, bedrift, stordåd **3** *jur.* överlåtelsehandling; kontrakt, dokument, handling **II** *v, AE.* kontraktsenligt överlåta

deep [diːp] **I** *a* **1** djup; *a* ~ *breath* ett djupt andetag; ~ *insight* djup insikt; ~ *kiss* kyss med öppen mun; ~ *sea* djuphav; ~ *space* yttre rymden; ~ *in thought* djupt försjunken i tankar; ~ *in debt* djupt skuldsatt; *go off the* ~ *end (vard.)* a) bli ursinnig, b) bli hysterisk, c) *AE.* förhasta sig **2** djup, dunkel, svårfattlig **3** djupsinnig **4** listig; *he's a* ~ *one* a) han är listig och utstuderad, b) han är svår att komma underfund med **II** *adv* djupt *(äv. bildl.)*; ~ *in the past* för mycket länge sedan; ~ *into the night* långt in på natten; ~ *down (vard.)* innerst inne, i själva verket; *sink* ~ sjunka djupt **III** *s* djup; havsdjup; *the* ~ *(poet.)* havet, djupet

deepen [ˈdiːpn] fördjupa[s]; göra (bli) djupare

deep|freeze [ˌdiːpˈfriːz] **I** *v* djupfrysa **II** *s* frys, frysbox **--fry** flottyrkoka, fritera

deer [dɪə] *(pl lika el.* ~*s)* hjort; rådjur; *fallow* ~ dovhjort, hjort; *red* ~ kronhjort

deface [dɪˈfeɪs] **1** van|ställa, -pryda **2** utplåna

default [dɪˈfɔːlt] **I** *s* **1** försummelse; uteblivande; uraktlåtenhet att betala; *make* ~ vara försumlig, brista *(i ngt)*, utebli; *judgment by* ~ tredskodom **2** *in* ~ *of* i brist på, i frånvaro av **3** *lose (win) a game by* ~ förlora (vinna) en match på walkover **II** *v* inte fullgöra sina skyldigheter, brista i betalning; *jur.* utebli, inte inställa sig inför rätta

defeat [dɪˈfiːt] **I** *v* **1** besegra, slå **2** omintetgöra, kullkasta **3** *jur.* annullera, upphäva **II** *s* **1** besegrande; nederlag; tillbakaslående **2** omintetgö-

rande, kullkastande **3** *jur.* annullering, upphävande

defect I *s* [ˈdiːfekt] brist *(of* på); defekt, fel, ofullkomlighet, lyte **II** *v* [dɪˈfekt] *polit.* hoppa av **defective** [dɪˈfektɪv] **1** bristfällig, defekt, felaktig, ofullständig, **2** efterbliven **defector** [dɪˈfektə] *polit.* avhoppare

defence [dɪˈfens] **1** försvar; skydd, värn; *in* ~ *of* till försvar för **2** ~*s (pl)* försvarsverk **3** *jur.* försvarstalan, svaromål; svarandesida **-less** [-lɪs] försvars-, värnlös

defend [dɪˈfend] försvara; skydda, värna *(from* för); ~ *o.s. (jur.)* föra sin egen talan **defendant** [-ənt] *jur.* svarande **defender** [-ə] försvarare; *sport.* försvarsspelare **defense** [dɪˈfens] *AE., se* **defence devensive** [dɪˈfensɪv] **I** *a* defensiv; försvars- **II** *s* försvarsställning; *on the* ~ på defensiven

defer [dɪˈfɜː] uppskjuta **-ential** [ˌdefəˈrenʃl] hänsyns-, aktnings|full

defi|ance [dɪˈfaɪəns] trots; utmaning; *bid* ~ *to* trotsa, utmana; *in* ~ *of* trots, i trots av **-ant** [-ənt] trotsig; utmanande

defi|ciency [dɪˈfɪʃnsɪ] brist; bristfällighet, otillräcklighet; *mental* ~ efterblivenhet **-cient** [-ʃnt] bristande, otillräcklig; *mentally* ~ efterbliven; *be* ~ *in* sakna

defile [dɪˈfaɪl] befläcka, besudla; [för]orena

define [dɪˈfaɪn] **1** definiera **2** bestämma [gränserna för], begränsa, avgränsa; fastställa; specificera **definite** [ˈdefɪnɪt] klart avgränsad; fastställd; avgjord; bestämd, definitiv, exakt; ~ *article (språkv.)* bestämd artikel **definitely** [ˈdefɪnɪtlɪ] definitivt, absolut, avgjort **definition** [ˌdefɪˈnɪʃn] **1** definition,, definiering **2** *(på foto e.d.)* skärpa, tydlighet

deflate [dɪˈfleɪt] **1** släppa luften ur, tömma[s] på luft; *bildl.* ta luften ur *(ngn)* **2** *ekon.* åstadkomma deflation av; sänka

deflect [dɪˈflekt] böja [sig] åt sidan, avleda[s], avvika

defoliation [ˌdiːfəʊlɪˈeɪʃn] avlövning; lövfällning

deforest [ˌdiːˈfɒrɪst] kalhugga

deform [diːˈfɔːm] deformera, vanställa **deformation** [ˌdiːfɔːˈmeɪʃn] deformering, vanställande; deformation; missbildning **deformity** [-ətɪ] **1** vanskaplighet **2** deformitet, missbildning, lyte

defraud [dɪˈfrɔːd] bedra[ga], svindla *(of* på)

defrost [ˌdiːˈfrɒst] tina upp; avfrosta

deft [deft] flink, händig, skicklig

defy [dɪˈfaɪ] **1** utmana **2** trotsa

degener|ate I *a* [dɪˈdʒen(ə)rət] degenererad, urartad **II** *v* [dɪˈdʒenəreɪt] degenera[s], urarta **-ation** [dɪˌdʒenəˈreɪʃn] degener|ering, -ation, urartning

degrade [dɪˈgreɪd] **1** degradera **2** vanära, förnedra **3** urarta, förfalla

degree [dɪˈgriː] **1** grad *(äv. mat., fys. m.m.)*; *difference of* ~ gradskillnad; *the third* ~ *(jur.)* tredje graden; *by* ~*s* gradvis, stegvis; *to a* ~ något, ganska; *to a high* ~ i hög grad; *to some (a certain)* ~ i någon (viss) mån **2** rang, ställning **3** *univ.* grad, examen; *take one's* ~ avlägga examen

deign [deɪn] ~ *to* värdigas, nedlåta sig att

deity [ˈdiːɪtɪ] gudom, gudomlighet; *the D*~ Gud

deject [dɪ'dʒekt] nedslå, göra nedslagen (ned-stämd, modfälld) **dejection** [dɪ'dʒekʃn] nedslagenhet, modfälldhet; förstämning

delay [dɪ'leɪ] **I** v **1** fördröja, försena; ~ing tactics förhalningstaktik **2** dröja med, uppskjuta (doing s.th. att göra ngt) **3** dröja (on vid) **II** s försening, dröjsmål; fördröjning

delectation [ˌdiːlek'teɪʃn] förnöjelse, förtjusning, nöje

dele|gate ['delɪgəsɪ] [-gət] **1** delegat, ombud, befullmäktigad, delegerad **2** AE. territorialrepresentant **II** v [-geɪt] delegera; ge i uppdrag, bemyndiga; anförtro **-gation** [ˌdelɪ'geɪʃn] **1** delegering; befullmäktigande; överlåtande **2** delegation, deputation

delete [dɪ'liːt] stryka, utplåna

deliber|ate I a [dɪ'lɪb(ə)rət] **1** försiktig; behärskad **2** noga övervägd, överlagd, avsiktlig **II** v [dɪ'-lɪbəreɪt] **1** överväga; tänka över; betänka sig **2** rådslå, överlägga (on om) **-ately** [dɪ'lɪb(ə)rətlɪ] **1** avsiktligt, med flit, medvetet **2** betänksamt **-ation** [dɪˌlɪbə'reɪʃn] **1** övervägande, betänkande **2** överläggning

deli|cacy ['delɪkəsɪ] **1** ömtålighet, spädhet, klenhet **2** finhet (i utförande e.d.), utsökthet **3** känslighet **4** finess, förfining **5** finkänslighet, takt **6** delikatess, läckerhet **-cate** [-kət] **1** ömtålig, späd, klen, spröd, skör **2** fin, utsökt, mild **3** delikat, grannlaga, ömtålig **4** känslig, fin **5** finkänslig, taktfull **6** delikat, läcker **-catessen** [ˌdelɪkə-'tesn] **1** tardiglagad mat; delikatesser **2** affär för färdiglagad mat; delikatessaffär

delicious [dɪ'lɪʃəs] **1** delikat, läcker, utsökt **2** härlig

delight [dɪ'laɪt] **I** s glädje, nöje, välbehag; förtjusning **II** v **1** glädja, fröjda **2** finna nöje (in i), njuta (in av) **-ed** [-ɪd] förtjust, glad; I shall be ~ed to det skall bli mig ett nöje att **-ful** [-f(ʊ)l] förtjusande [trevlig], härlig, underbar

delineate [dɪ'lɪnɪeɪt] **1** teckna [konturerna av]; skissera **2** beskriva

delinquent [dɪ'lɪŋkwənt] **I** s delinkvent, brottsling **II** a **1** brottslig **2** försumlig

delirious [dɪ'lɪrɪəs] **1** gripen av yrsel, yrande **2** vild, yr (with joy av glädje)

deliver [dɪ'lɪvə] **1** lämna av (fram, ut, över); leverera, dela (bära) ut; ~ the goods a) leverera varorna, b) vard. göra det man har lovat **2** befria; ~ us from evil fräls oss från ondo **3** förlösa; be ~ed of a child nedkomma med ett barn **4** framföra, hålla (a speech ett tal); ~ a cry utstöta ett skrik **5** ~ [up, over] lämna ifrån sig, överlämna, ge upp **6** rikta, utdela (a blow ett slag); avlossa (a shot ett skott) **deliverance** [dɪ'lɪv(ə)r(ə)ns] **1** befrielse, räddning **2** yttrande, uttalande **delivery** [dɪ'lɪv(ə)rɪ] **1** av-, fram-, ut-, över|lämnande; leverans; utdelning, utbärning, tur; ~ delivery (AE.) poste restante; special ~ express[utdelning]; cash (AE. collect) on ~ [mot] postförskott (efterkrav) **2** förlossning, nedkomst **3** framställningssätt; framförande **4** överlämnande, uppgivande; utlämnande **5** kast (av boll) **delivery note** följesedel **delivery van** skåpbil

delta ['deltə] delta

delude [dɪ'luːd] lura, vilseleda, förleda (into till); ~ o.s. (äv.) inbilla sig

deluge ['deljuːdʒ] **I** s syndaflod, översvämning; skyfall; bildl. störtflod **II** v översvämma

delu|sion [dɪ'luːʒn] självbedrägeri, illusion, villfarelse, inbillning; ~s of grandeur storhetsvansinne; be under the ~ that leva i den villfarelsen att **-sive** [-sɪv], **-sory** [-sərɪ] bedräglig, vilseledande, illusorisk

de luxe [də'lʊks] lyx-, luxuös

demagnet|ize (BE. äv. -ise) [ˌdiː'mægnɪtaɪz] avmagnetisera

demagogue ['deməgɒg] demagog, agitator

demand [dɪ'mɑːnd] **I** v begära, fordra, kräva (of, from av); he ~ed my name han krävde att få veta mitt namn **II** s **1** begäran (for om), fordran, krav (for på); on ~ vid anfordran; make ~s on s.b. ställa krav på ngn **2** efterfrågan (for på); supply and ~ tillgång och efterfrågan; in great (much in) ~ mycket efterfrågad **demanding** [-ɪŋ] fordrande, krävande

demeanour [dɪ'miːnə] hållning, uppträdande, sätt

demented [dɪ'mentɪd] sinnesrubbad, tokig

demerit [diː'merɪt] **1** fel, brist **2** klandervärt beteende; AE. skol. anmärkning

demilitar|ize (BE. äv. -ise) [ˌdiː'mɪlɪtəraɪz] demilitarisera

demo ['deməʊ] vard. [protest]demonstration

demob [ˌdiː'mɒb] BE. vard. **I** v, be ~bed mucka **II** s **1** muck **2** muckande soldat

demobi|lize (BE. äv. -lise) [diː'məʊbɪlaɪz] demobilisera; hemförlova

democracy [dɪ'mɒkrəsɪ] demokrati **democrat** ['deməkræt] demokrat **democratic** [ˌdemə'-krætɪk] demokratisk **democra|tize** (BE.äv. -tise) [dɪ'mɒkrətaɪz] demokratisera

demolish [dɪ'mɒlɪʃ] **1** demolera, rasera **2** bildl. förstöra, göra slut på **demolition** [ˌdemə'lɪʃn] **1** demolering, [ned]rivning, rasering **2** bildl. förstörelse

demon ['diːmən] **1** demon, ond ande **2** överdängare, fenomen **demonic** [diː'mɒnɪk] demonisk, djävulsk

demon|strate ['demənstreɪt] **1** bevisa, påvisa **2** demonstrera **-stration** [ˌdemən'streɪʃn] **1** bevis; bevisande; uppvisande **2** demonstration **-strative** [dɪ'mɒnstrətɪv] **I** a **1** demonstrativ (äv. språkv.); öppen[hjärtig] **2** bevisande, övertygande **II** s, språkv. demonstrativt pronomen **-strator** ['demənstreɪtə] **1** demonstratör **2** demonstrant

demoral|ize (BE. äv. -ise) [dɪ'mɒrəlaɪz] demoralisera

demote [ˌdiː'məʊt] degradera **demotion** [ˌdiː'-məʊʃn] degradering

den [den] **1** (djurs) kula, håla, lya **2** litet rum, krypin **3** näste, tillhåll, håla

denational|ize (BE. äv. -ise) [ˌdiː'næʃnəlaɪz] denationalisera; överföra i privat ägo; beröva nationaliteten

denial [dɪ'naɪ(ə)l] **1** förnekande **2** avslag, vägran **3** dementi **4** självförnekelse

denigrate ['denɪgreɪt] svärta ner, tala illa om

denim ['denɪm] denim (grovt bomullstyg); ~s (pl) blå|jeans, -byxor

Denmark ['denmɑːk] Danmark

denomi|nate [dɪ'nɒmɪneɪt] benämna, beteckna

D

-nation [dɪˌnɒmɪ'neɪʃn] **1** benämning, beteckning **2** mått-, mynt|enhet, valör **3** kyrkosamfund, religiös sekt **-nator** *mat.* nämnare; *least (lowest) common* ~ minsta gemensamma nämnare

denotation [ˌdiːnɔ(ʌ)'teɪʃn] betydelse, beteckning

denote [dɪ'nəʊt] beteckna, utmärka; ange; tyda på

denounce [dɪ'naʊns] **1** utpeka, stämpla; fördöma, kritisera **2** uppsäga, förklara ogiltig **3** ange, anmäla

dense [dens] **1** tät, kompakt **2** dum **density** ['densɪtɪ] **1** täthet, kompakthet; *fys.* densitet **2** dumhet

dent [dent] **I** *s* märke, buckla **II** *v* **1** göra märke[n] i, buckla till **2** få märken, bli bucklig

den|tal ['dentl] **I** *a* **1** tand-; tandläkar-; ~ *floss* tandtråd; ~ *hygienist* tandhygienist; ~ *plaque (tandläk.)* plack; ~ *plate* tandprotes; ~ *surgeon* tandläkare **2** språkv. dental **II** *s,* språkv. dental **-tist** [-tɪst] tandläkare **-ture** [-(t)ʃə] löständer; tandprotes

deny [dɪ'naɪ] **1** förneka, neka till, bestrida; inte vilja kännas vid **2** vägra, neka; tillbakavisa **3** ~ *o.s.* neka sig, försaka

deodorant [diː'əʊdər(ə)nt] deodorant

depart [dɪ'pɑːt] **1** avlägsna sig; avresa; *(om tåg o.d.)* avgå **2** ~ *from* avvika, skilja sig från, frångå; ~ *from one's word* svika sitt ord **3** ~ *this life* skiljas från detta livet, gå bort **-ed** [-ɪd] **I** *a* **1** gången, svunnen **2** bort-, hädan|gången **II** *s, the* ~ den bortgångne (bortgångna), de bortgångna

department [dɪ'pɑːtmənt] **1** avdelning; *univ.* institution; *bildl.* område, gren, fack **2** departement *(äv. franskt län); the State D~, the D~ of State (i USA)* utrikesdepartementet **department store** varuhus

departure [dɪ'pɑːtʃə] **1** avresa, avfärd; avgång; ~*s* avgående [tåg, flyg *etc.*]; *point of* ~ utgångspunkt; *a new* ~ ett nytt försök, en ny sak **2** avvikelse, avsteg **3** bortgång, död

depend [dɪ'pend] bero, komma an ([up]on på); vara beroende ([up]on av); *that* ~*s* det beror på **2** lita ([up]on på); *you can* ~ [up]*on it!* du kan du lita på! **-able** [-əbl] pålitlig **-ant** [-ənt] underlydande; beroende person **-ence** [-əns] **1** tillit, förtröstan ([up]on till) **2** beroende, avhängighet ([up]on av) **-ent** [-ənt] **I** *a* beroende ([up]on av); hänvisad ([up]on till); underordnad; ~ *clause* bisats **II** *s, se dependant*

depict [dɪ'pɪkt] avbilda, måla (teckna) av; skildra, beskriva **depiction** [dɪ'pɪkʃn] bild; skildring

deplorable [dɪ'plɔːrəbl] **1** beklagansvärd, beklaglig **2** bedrövlig **deplore** [dɪ'plɔː] djupt beklaga

deploy [dɪ'plɔɪ] *mil.* **I** *v* utveckla [sig] på bred front; gruppera [sig] **II** *s, se deployment*

deplume [dɪ'pluːm] plocka *(fågel)*

depopulate [ˌdiː'pɒpjʊleɪt] avfolka

deport [dɪ'pɔːt] **1** deportera, bortföra **2** *rfl* uppföra sig **deportation** [ˌdiːpɔː'teɪʃn] deport|ering, -ation

depose [dɪ'pəʊz] **1** avsätta *(från ämbete)* **2** *jur.* vittna [om] *(under ed)*

deposit [dɪ'pɒzɪt] **I** *s* **1** insättning, deposition; in-

satta pengar **2** handpenning; förskott; insats; pant **3** fällning, avlagring; fyndighet; lager **II** *v* **1** sätta (lägga) ner, placera **2** deponera, anförtro; sätta in **3** deponera; lämna i handpenning **4** avlagra; utfälla **deposition** [ˌdepə'zɪʃn] **1** *jur.* [skriftligt] vittnesmål, [skriftlig] edlig försäkran **2** deponerande; insättning; inlämning i förvar **3** avsättning *(från ämbete)* **4** [ut]fällning, avlagring **5** nedläggande **6** *the D~* nedtagningen från korset **depositor** [dɪ'pɒzɪtə] insättare

depot ['depəʊ] **1** *mil.* depå; utbildningsplats för rekryter **2** depå, nederlag, förråd **3** *BE.* bussgarage; spårvagnshall **4** ['diːpəʊ] *AE.* järnvägsstation; busstation

deprave [dɪ'preɪv] fördärva *(moraliskt)*, demoralisera; ~*d* depraverad

depreci|ate [dɪ'priːʃɪeɪt] **1** sänka priset på; nedskriva **2** minska i värde **3** *bildl.* nedsätta, förringa **-ation** [dɪˌpriːʃɪ'eɪʃn] **1** värdeminskning; depreciering; nedskrivning *(av valuta); hand.* avskrivning **2** nedvärdering, förringande

depressed [-t] **1** nedsatt, nere; deprimerad **2** nedsänkt; tillplattad **3** matt; minskad; nedsatt; ~ *area* krisdrabbat område *(med stor arbetslöshet)* **depressing** [-ɪŋ] nedslående, deprimerande **depression** [dɪ'preʃn] **1** nedtryckning, sänkning **2** depression, nedslagenhet, nedstämdhet **3** depression, lågkonjunktur **4** *meteor.* lågtryck; lågtryckscentrum] **5** sänka, fördjupning **depressive** [dɪ'presɪv] **1** *psykol.* depressiv deprimerande, nedslående

deprivation [ˌdeprɪ'veɪʃn] förlust; berövande; försakelse **deprive** [dɪ'praɪv] beröva *(s.b. of s.th.* ngn ngt); undanhålla *(s.b. of s.th.* ngn ngt)

depth [depθ] djup *(äv. bildl.)*; djuphet; djupsinne; *the* ~[*s*] *of despair* förtvivlans djup; *of field (foto.)* skärpedjup; *in* ~ ingående; *in the* ~*s of despair* i djupaste förtvivlan; *in the* ~*s of the forest* i djupaste skogen; *in the* ~*s of winter* mitt i [kallaste] vintern; *I was out of (beyond) my* ~ *a)* jag kom ut på djupt vatten, *b)* det övergick min horisont

deputation [ˌdepjʊ'teɪʃn] **1** befullmäktigande; deputation **deputy** ['depjʊtɪ] **1** fullmäktig, deputerad **2** ställföreträdare, vikarie; *attr.* vice, ställföreträdande, andre

derail [dɪ'reɪl] [få att] spåra ur; *the train was* ~*ed* tåget spårade ur

derange [dɪ'reɪn(d)z] **1** bringa i oordning, rubba; störa **2** göra sinnesrubbad

derelict ['derɪlɪkt] **I** *a* **1** övergiven, herrelös **2** förfallen **3** pliktförgäten **II** *s* **1** herrelöst gods; övergivet skepp **2** socialt utslagen person **3** pliktförgäten person

deride [dɪ'raɪd] håna, förlöjliga **derision** [dɪ'rɪʒn] åtlöje, hån, förlöjligande

derive [dɪ'raɪv] **1** av-, här|leda; derivera **2** få, hämta, erhålla, inhösta **3** härstamma, härleda sig

derogation [ˌderə(ʊ)'geɪʃn] **1** inskränkning; intrång **2** förringande **3** försämring **derogatory** [dɪ'rɒgət(ə)rɪ] **1** inkräktande, inskränkande **2** skadlig *(to* för) **3** nedsättande, förringande, förklenande

descend [dɪ'send] **1** gå (komma, fara, flytta *etc.*) ner (nerför); sjunka, sänka sig ([up]on över) **2** slutta [nedåt] **3** sänka (förnedra, nedlåta) sig *(to* till) **4** härstamma; gå i arv **5** ~ [*up*]*on* överrumpla, överraska, komma på överraskande besök till **-ant** [-ənt] avkomling, ättling (*of* till) **-ent** [-ənt] *a* härstammande

descent [dɪ'sent] **1** nedstigande, nedgång; nedfärd **2** sluttning, nedförsbacke **3** [plötsligt] överfall, invasion **4** *bildl.* sjunkande, fall **5** härstamning **6** övergång genom arv

describe [dɪ'skraɪb] beskriva, framställa, skildra; dra[ga] (rita) upp **description** [dɪ'skrɪpt ʃn] **1** beskrivning, skildring **2** slag, sort **descriptive** [dɪ'skrɪptɪv] beskrivande, skildrande; deskriptiv

1 desert ['dezət] **I** *s* öken (*äv. bildl.*); ödemark **II** *a* öken-; öde, ödslig, obebodd

2 desert [dɪ'zɜ:t] **1** överge, svika **2** desertera [från]; rymma; hoppa av

deserter [dɪ'zɜ:tə] desertör **desertion** [dɪ'zɜ:ʃn] **1** övergivande **2** desertering; rymning **3** övergivenhet

deserve [dɪ'zɜ:v] förtjäna, vara förtjänt av, vara värd

design [dɪ'zaɪn] **I** *s* **1** plan; avsikt, syfte; *by* ~ avsiktligt; ~*s against* komplott (anslag) mot; *he has* ~*s on her* han lägger an på henne **2** design, formgivning; planläggning, planering; utkast, plan, ritning **3** mönster; modell; konstruktion **II** *v* **1** ämna, avse **2** planlägga, planera **3** formge; teckna, rita, göra ritning till; konstruera

desig|nate ['dezɪgneɪt] **I** *v* **1** ange, beteckna, utmärka **2** designera, bestämma, avse **II** *a* designerad, utnämnd **-nation** [,dezɪg'neɪʃn] **1** angivande **2** utnämning **3** beteckning, benämning

designer [dɪ'zaɪnə] **1** designer, formgivare; [mönster]ritare; tecknare; dekoratör **2** ränksmidare, intrigmakare **designing** [dɪ'zaɪnɪŋ] **I** *a* beräknande, slug **II** *s* formgivning, design

desirable [dɪ'zaɪrəbl] **1** önskvärd **2** åtråvärd **desire** [dɪ'zaɪə] **I** *s* **1** önskan, längtan (*for* om, efter); åtrå **2** begäran **3** önskemål, önskning **II** *v* **1** önska [sig], åstunda; *leave much to be* ~*d* lämna mycket övrigt att önska **2** begära, be

desk [desk] **1** skrivbord; skolbänk; pulpet **2** [butiks]kassa; [hotell]reception **3** redaktion (*på tidning*)

deso|late **I** *a* ['desələt] **1** ödslig; obebodd, övergiven **2** ensam, övergiven; tröstlös **II** *v* ['desəleɪt] **1** avfolka, ödelägga **2** göra bedrövad **-lation** [,desə'leɪʃn] **1** ödeläggelse; förödelse **2** ödslighet **3** övergivenhet; tröstlöshet

despair [dɪ'speə] **I** *s* förtvivlan (*at, about* över); *in* ~ förtvivlad **II** *v* förtvivla, misströsta (*of* om) **-ing** [-rɪŋ] förtvivlad

desper|ate ['desp(ə)rət] **1** desperat; hänsynslös; förtvivlad; *be* ~ *for* vara i trängande behov av; *be* ~ *to get* absolut vilja ha **2** huvudlös, riskabel **3** hopplös **4** *vard.* förskräcklig, fenomenal **-ation** [,despə'reɪʃn] desperation, förtvivlan

despicable ['despɪkəbl] föraktlig, ömklig

despise [dɪ'spaɪz] förakta

despite [dɪ'spaɪt] *prep* trots

despond [dɪ'spɒnd] misströsta

despot ['despɒt] despot **-ic** [de'spɒtɪk] despotisk

dessert [dɪ'zɜ:t] dessert, efterrätt; *BE.* frukt, dadlar, nötter (*som dessert*)

destination [,destɪ'neɪʃn] **1** bestämmelse, ändamål **2** bestämmelseort, destination

destined [-d] förutbestämd, ämnad, destinerad (*for* till) **destiny** ['destɪnɪ] **1** öde, bestämmelse **2** *the Destinies* ödesgudinnorna, parcerna

destitute ['destɪtju:t] [ut]blottad (*of* på); utfattig; *be* ~ *of* (*äv.*) vara helt utan, sakna

destroy [dɪ'strɔɪ] förstöra; tillintetgöra, förinta; rasera, riva ner; nedkämpa; göra slut på **destroyer** [-ə] **1** förstörare **2** *sjö.* jagare

destruction [dɪ'strʌkʃn] **1** förstörelse; tillintetgörelse; förintelse; rasering; destruktion **2** fördärv, undergång **destructive** [dɪ'strʌktɪv] destruktiv, förstörelse-; nedgörande, negativ

detach [dɪ'tætʃ] **1** lösgöra, ta loss, avskilja **2** *mil.* detachera **detached** [-t] **1** fristående, avskild **2** opartisk, objektiv; oengagerad **detachment** [-mənt] **1** lösgörande, avskiljande **2** avskildhet; objektivitet; likgiltighet; opartiskhet **3** *mil.* detachering; detachement

detail ['di:teɪl] **I** *s* detalj[er]; enskildhet; *matter of* ~ bisak, oviktig sak; *go into* ~ gå in på detaljer[na]; *but that's a* ~*!* det är verkligen inget viktigt!; *send further* ~*s* sänd närmare upplysningar **2** *mil.* litet detachement; utkommendering **II** *v* **1** i detalj redogöra för; specificera **2** *mil.* uttaga, kommendera, detachera, avdela **detailed** [-d] detaljerad, utförlig, detaljrik

detain [dɪ'teɪn] **1** uppehålla, hindra **2** kvarhålla i häkte; internera **3** *skol.* låta sitta kvar (*efter skoldagens slut*)

detect [dɪ'tekt] upptäcka; ertappa, komma på **detection** [dɪ'tekʃn] upptäckt; ertappande **detective** [dɪ'tektɪv] **I** *a* detektiv-, kriminal-; ~ *story* detektivhistoria, deckare **II** *s* detektiv; kriminalpolis; *private* ~ privatdetektiv **detector** [dɪ'tektə] detektor

detention [dɪ'tenʃn] **1** uppehållande, försening **2** kvarhållande [i häkte]; internering **3** *skol.* kvarsittning (*efter skoldagens slut*) **4** undanhållande

deter [dɪ'tɜ:] avskräcka

detergent [dɪ'tɜ:dʒ(ə)nt] **I** *s* (*syntetiskt*) tvättmedel, rengöringsmedel **II** *a* renande

deterio|rate [dɪ'tɪərɪəreɪt] försämra[s]; urarta; sjunka i värde **-ration** [dɪ,tɪərɪə'reɪʃn] försämring; urartande, förfall

deter|mination [dɪ,tɜ:mɪ'neɪʃn] **1** bestämdhet, beslutsamhet **2** bestämning, bestämmande; fastställande **3** fast föresats, beslut; *jur.* utslag **-mine** [dɪ'tɜ:mɪn] **1** bestämma; fastställa; avgöra **2** besluta (bestämma) [sig för]; få (komma) (*ngn*) att bestämma sig **3** ~ *on s.th.* (*on doing s.th.*) besluta (bestämma) sig för ngt (att göra ngt) **-mined** [dɪ'tɜ:mɪnd] bestämd; beslutsam

deterrent [dɪ'ter(ə)nt] **I** *a* avskräckande **II** *s* avskräckande medel; avskräckningsvapen

detest [dɪ'test] *v* avsky **detestable** [-əbl] avskyvärd

deto|nate ['detəneɪt] [bringa att] detonera (explodera); spränga **-nation** [,detə'neɪʃn] detonation, explosion; knall

detour ['di:ˌtʊə] **I** *s* omväg; avstickare; förbifartsled **II** *v* ta en omväg; göra en avstickare

detri|ment ['detrɪmənt] skada, förfång, men, förlust; *without* ~ *to* utan förfång (men) för **-mental** [-l] skadlig, till förfång, menlig (*to* för)

deuce [dju:s] *spelt.* tvåa; (*i tennis*) 40 lika

devaluation [ˌdiːvæljʊˈeɪʃn] devalvering, nedskrivning (*av valuta*) **devalue** [diːˈvæljuː] devalvera, skriva ner (*valuta*)

devas|tate [ˈdevəsteɪt] ödelägga **-tation** [ˌdevəˈsteɪʃn] ödeläggelse

develop [dɪˈveləp] **1** utveckla; utarbeta; *she ~ed a cold* hon fick en förkylning **2** arbeta upp; exploatera, bygga ut **3** *foto.* framkalla **4** utvecklas, utveckla sig **-ment** [-mənt] **1** utveckling; utarbetning; [till]växt **2** exploatering, utbyggnad **3** *foto.* framkallning **4** bostadsområde; industriområde

devi|ate [ˈdiːvɪeɪt] avvika **-ation** [ˌdiːvɪˈeɪʃn] **1** avvikelse **2** *sjö.* deviation, missvisning

device [dɪˈvaɪs] **1** plan; påhitt; knep **2** anordning, apparat, manick, uppfinning **3** mönster; märke, emblem **4** devis, motto **5** *leave s.b. to his own ~s* låta ngn sköta (klara) sig själv

devil [ˈdevl] **l** *s* **1** djävul, satan, fan; *the ~!* fan (tusan) också!; *how (what, who) the ~* hur (vad, vem) fan (tusan); *why the ~* varför i helsike; *a (the) ~ of a…* en jäkla…, en tusan till…; *poor ~* stackars sate; *~'s advocate* advocatus diaboli; *~'s bones* tärningar, tärningsspel; *~'s books* kortlek; *between the ~ and the deep blue sea* mellan två eldar; *there will be the ~ to pay* det blir ett jäkla liv; *give the ~ his due,…* man måste i alla fall erkänna att…; *go to the ~* gå (dra) åt skogen; *play the ~ with* (*vard.*) gå hårt åt, ta kål på, förvärra; *raise the ~* ställa till bråk, röra upp himmel och jord; *run like the ~* springa som (av bara) tusan; *the ~ take the hindmost* rädda sig den som kan; *talk of the ~* [*and he will appear*] när man talar om trollen [står de i farstun] **2** jäkel; *vard.* jäkla [svår] sak **3** springpojke, hjälpreda (*åt advokat*); *printer's ~* boktryckarlärling **ll** *v* **1** *vard.* plåga, reta **2** krydda [starkt] **-ish** [-ɪʃ] **l** *a* **1** djävulsk, satanisk **2** *vard.* jäkla, förbaskad **ll** *adv* jäkla, jäkligt

devious [ˈdiːvjəs] **1** slingrande, irrande; *~ ways (paths)* om-, smyg|vägar **2** oärlig, falsk

devise [dɪˈvaɪz] **l** *v* **1** hitta på, uttänka; uppfinna **2** *jur.* borttestamentera **ll** *s, jur.* borttestamentering; testamente

devoid [dɪˈvɔɪd] *a, ~ of* blottad (tom) på, utan

devote [dɪˈvəʊt] ägna **devoted** [-ɪd] **1** helgad, ägnad, bestämd **2** hängiven; tillgiven; trogen **3** dömd, prisgiven **devotion** [dɪˈvəʊʃn] **1** hängivenhet; tillgivenhet (*to* för) **2** fromhet **3** *~s* (*pl*) andaktsövning

devour [dɪˈvaʊə] sluka (*äv. bildl.*); förtära; uppsluka

devout [dɪˈvaʊt] **1** from; andäktig **2** innerlig

dew [djuː] **l** *s* dagg **ll** *v, poet.* daggbestänka

dexter|ity [dekˈsterətɪ] [finger]färdighet, händighet; skicklighet **-ous** [ˈdekst(ə)rəs] fingerfärdig, händig; skicklig

dia|betes [ˌdaɪəˈbiːtiːz] *med.* diabetes, sockersjuka **-betic** [-ˈbetɪk] **l** *s* diabetiker, sockersjuk person **ll** *a* diabetisk, sockersjuk

diabolic[al] [ˌdaɪəˈbɒlɪk(l)] diabolisk, djävulsk

diadem [ˈdaɪədem] diadem; krona

diag|nose [ˈdaɪəgnəʊz] diagnostisera **-nosis** [ˌdaɪəgˈnəʊsɪs] (*pl -noses* [-ˈnəʊsiːz]) diagnos

diagonal [daɪˈægənl] *a o. s, mat.* diagonal

diagram [ˈdaɪəgræm] diagram

dial [ˈdaɪ(ə)l] **l** *s* **1** urtavla; visartavla **2** solur **3** *tel.* finger-, nummer|skiva **4** *radio.* stationsskala; *TV.* kanalväljare **5** *sl.* nylle, nia, fejs **ll** *v* ringa [upp]; slå [ett telefonnummer]

dialect [ˈdaɪəlekt] dialekt

dialling [ˈdaɪəlɪŋ] telefonering, ringande; *~ area* riktnummerområde; *~ code* riktnummer; *~ tone* kopplingston

dialog *AE.*, **dialogue** *BE.* [ˈdaɪəlɒg] dialog, samtal

diameter [daɪˈæmɪtə] diameter

diamond [ˈdaɪəmənd] **l** *s* **1** diamant; *black ~* stenkol; *rough ~ a)* oslipad (rå) diamant, *b)* fin men ohyfsad människa; *~ cut ~* möte mellan likar **2** *kortsp.* ruterkort; *~s* (*pl*) ruter; *ace of ~s* ruteress **3** *geom.* romb **4** (*i baseboll*) innerplan **ll** *a* **1** diamant- **2** rombisk

diaper [ˈdeɪəpə] **l** *s* **1** *AE.* blöja **2** rombiskt mönster **ll** *v* dekorera i rombiskt mönster

diaphragm [ˈdaɪəfræm] **1** diafragma, mellangärde **2** membran; mellanvägg **3** *foto.* bländare **4** pessar

diapositiv [ˌdaɪəˈpɒzɪtɪv] diapositiv, diabild

diarrhoea [ˌdaɪəˈrɪə] diarré

diary [ˈdaɪərɪ] dagbok; almanacka, kalender

dice [daɪs] *s pl* (*av 1 die 1*) tärningar; *play ~* spela tärning; *no ~* (*AE. sl.*) aldrig i livet, den gubben går (gick) inte **ll** *v* **1** spela tärning **2** skära i tärningar

dick [dɪk] **1** *AE. sl.* detektiv **2** *BE. sl., clever ~* stöddig typ **3** *vulg.* kuk

dick[e]y-bird [ˈdɪkɪbɜːd] *barnspr.* pippi[fågel]

dic|tate l *v* [dɪkˈteɪt] diktera; föreskriva **ll** *s* [ˈdɪkteɪt] diktat, befallning, föreskrift; rättesnöre; maning **-tation** [dɪkˈteɪʃn] **1** diktamen **2** föreskrift, order

dictator [dɪkˈteɪtə] diktator **-ship** [-ʃɪp] diktatur

dictionary [ˈdɪkʃ(ə)nrɪ] lexikon, ordbok

dic|tum [ˈdɪktəm] (*pl -tums el. -ta* [-tə]) **1** uttalande, utlåtande **2** maxim

did [dɪd] *imperf. av I do* **didn't** [ˈdɪdnt] = *did not*

1 die [daɪ] **1** (*pl dice*) tärning; *the ~ is cast* tärningen är kastad **2** (*pl ~s*) gjutform; stans, matris; mynt-, pappers|stämpel

2 die [daɪ] (*pres. part. dying*) **1** dö; omkomma, avlida; falla, stupa; [ut]slockna; *~ away* (*down*) dö bort, slockna; *~ out* (*off*) dö ut (bort); *never say ~!* ge aldrig tappt! **2** längta (*for* efter); *I'm dying to see you* [åh] vad jag längtar efter att få träffa dig

die-cast [ˈdaɪkɑːst] *a* formgjuten; formpressad

diesel engine (motor) [-ˌendʒɪn, ˌməʊtə] dieselmotor

diet [ˈdaɪət] **l** *s* diet; kost[håll]; *be on a ~* hålla diet, *b)* banta **ll** *v* **1** sätta på diet **2** hålla diet; banta **dietary** [-(ə)rɪ] **l** *a* dietisk, diet- **ll** *s* matordning, diet **dietetic** [ˌdaɪəˈtetɪk] **l** *a* diet[et]isk **ll** *s, ~s* (*behandlas som sg*) dietlära **dieti|cian, -tian** [ˌdaɪəˈtɪʃn] dietist, dietexpert

differ [ˈdɪfə] **1** vara olik[a]; skilja sig åt; skilja sig, avvika (*from* från); *tastes ~* smaken är olika **2** vara av olika mening, ha olika uppfattning; *~ from (with) s.b.* ha en annan uppfattning än ngn

differ|ence [ˈdɪfr(ə)ns] **1** olikhet; [åt]skillnad; mellanskillnad, differens; *all the ~ in the world* en oerhörd (avgörande) skillnad; *that makes all* *the (a big)* ~ det gör en väldig (är stor) skillnad; *make a* ~ *between* göra skillnad mellan, behandla olika; *it makes no* ~ *to me* det gör mig detsamma; *split the* ~ *a)* kompromissa, *b)* dela resten lika; *a car with a* ~ en bil som är ngt helt annat (speciellt) **2** meningsskiljaktighet; tvist **-ent** ['dɪfr(ə)nt] olik[a], [åt]skild; annorlunda [beskaffad], helt annan (*to, from* än)

differen|tiate [,dɪfə'renʃɪeɪt] **1** skilja [sig]; differentiera[s] **2** [sär]skilja, skilja mellan; ~ *between* göra åtskillnad mellan **-tiation** [,dɪfərenʃɪ'eɪʃnl] differentiering

differently ['dɪfr(ə)ntlɪ] *adv* annorlunda, olika

difficult ['dɪfɪk(ə)lt] svår; besvärlig; omedgörlig **difficult|y** [-ɪ] **1** svårighet[er] **2** *ofta pl -ies a)* betänkligheter, invändningar, *b)* [penning]knipa

diffidence ['dɪfɪd(ə)nt] utan självförtroende; blyg

diffuse I *v* [dɪ'fju:z] [ut-, kring]sprida[s]; sprida sig **II** *a* [dɪ'fju:s] **1** diffus; [ut]spridd **2** omständlig; svamlig

dig [dɪg] **I** *v* (*dug, dug*) **1** gräva; ~ *potatoes* ta upp potatis; ~ *one's way through the crowd* tränga sig fram genom mängden; ~ *out* gräva fram (upp), *bildl.* gräva (leta) fram (upp); ~ *up* gräva upp (fram) (*äv. bildl.*) **2** köra, stöta, sticka **3** *vard.*, ~ *in* hugga in; ~ *into the cake* hugga in på kakan **4** *vard.* digga, gilla, kolla in **5** *AE. sl.* jobba hårt, slita **6** *BE. sl.* bo **II** *s* **1** hugg, stöt, stick; knuff; *bildl.* pik **2** grävning: *vard.* arkeologisk utgrävning

digest I *s* ['daɪdʒest] sammandrag **II** *v* [dɪ'dʒest] **1** smälta (*mat, intryck o.d.*); smälta maten **2** göra ett sammandrag av **3** klassificera, systematisera **digestion** [dɪ'dʒestʃn] [mat]smältning; digestion **digestive** [dɪ'dʒestɪv] matsmältnings-; ~ *biscuit* digestive-kex

digging ['dɪgɪŋ] grävning

digit ['dɪdʒɪt] **1** finger, tå **2** ensiffrigt tal, siffra **digital** [-l] **1** finger- **2** digital, siffer; ~ *computer* digitalmaskin

digni|fied ['dɪgnɪfaɪd] värdig, vördnadsbjudande **-fy** [-faɪ] **1** hedra **2** göra värdig; ge värdighet åt; upphöja **-ty** ['dɪgnətɪ] **1** värdighet; *stand on one's* ~ hålla på sin värdighet **2** [hög] rang; dignitet

digress [daɪ'gres] avvika; komma från ämnet **digression** [daɪ'greʃn] avvikelse, utvikning [från ämnet]

digs [dɪgz] *BE. vard., pl* lya, hyresrum

dilapidated [dɪ'læpɪdeɪtɪd] förfallen, fallfärdig, vanvårdad

dilate [daɪ'leɪt] **1** [ut]vidga[s]; (*om ögon*) spärra[s] upp **2** *bildl.* breda ut sig ([*up*]*on* över) **dilation** [daɪ'leɪʃn] utvidgning

dilemma [dɪ'lemə] dilemma; *on the horns of a* ~ i valet och kvalet, i ett dilemma

dili|gence ['dɪlɪdʒ(ə)ns] flit, arbetsamhet **-gent** [-dʒ(ə)nt] flitig, arbetsam, ivrig

dill [dɪl] *bot.* dill

dilute [daɪ'lju:t] **I** *v* **1** blanda [ut], späda [ut], förtunna **2** *bildl.* försvaga, urvattna **II** *a* utspädd, vattnig **dilution** [daɪ'lu:ʃn] [ut]spädning, förtunning; urvattning (*äv. bildl.*); *bildl.* försvagning

dim [dɪm] **I** *a* **1** dunkel; matt; skum; *bildl.* oklar,

vag; omtöcknad **2** *vard.* korkad **II** *v* **1** fördunkla[s], skymma[s]; dämpa[s] **2** *AE.*, ~ *the [head]-lights* blända av

dime [daɪm] *AE.* tiocentare

dimension [dɪ'menʃn] **I** *s* dimension; ~*s* (*pl, äv.*) storlek, omfång, mått **II** *v, AE.* dimensionera

diminish [dɪ'mɪnɪʃ] [för]minska[s]; försvaga[s]; avta; ~*ed seventh* (*mus.*) förminskad septima

dimmer ['dɪmə] **1** avbländningsanordning, reostat **2** *AE.*, ~*s* (*pl*) *a)* halvljus, *b)* parkeringsljus

dimple ['dɪmpl] **I** *s* [smil]grop **II** *v* bilda gropar [i]; krusas

din [dɪn] **I** *s* dån, larm, buller **II** *v* **1** dåna, bullra, larma **2** ~ *s.th. into s.b.* hamra in ngt in ngn

dine [daɪn] **1** äta middag; ~ *on* (*off*) *chicken* ha (få) kyckling till middag; ~ *out* äta middag ute (borta) **2** bjuda på middag **diner** ['daɪnə] **1** middagsgäst **2** restaurangvagn **3** *AE.* bar[servering], matställe

dinghy ['dɪŋgɪ] jolle; gummibåt

dinginess ['dɪn(d)ʒɪnɪs] smutsighet **dingy** ['dɪn(d)ʒɪ] **1** smutsig; grådaskig **2** mörk

dining car ['daɪnɪŋkɑ:] restaurangvagn **dining room** matsal

dinner ['dɪnə] middag[smål]; bankett; *be at* ~ [sitta och] äta middag; *go out to* ~ gå ut och äta middag; *have fish for* ~ ha fisk till middag; *have people to* ~ ha gäster till middagen **dinner jacket** [-,dʒækɪt] smoking **dinner table** [,teɪbl] mat , middags|bord

dinosaur ['daɪnə(ʊ)sɔ:] dinosaurie

dip [dɪp] **I** *v* **1** doppa, nedsänka; ~ *candles* stöpa ljus; ~ *a garment* färga [om] ett plagg; ~ *sheep* tvätta får **2** *sjö.*, ~ *the flag* hälsa med flaggan **3** ~ *the [head]lights* blända av (ner) **4** dyka [ner], doppa sig; ~ *into a book* bläddra i (skumma) en bok; ~ *into one's pocket a)* gräva i fickan, *b)* spendera ur egen ficka **5** (*om solen*) sjunka, dala **6** luta, slutta [nedåt] **II** *s* **1** doppning, nedsänkning **2** kort bad, dopp **3** vätska (*i vilket ngt doppas*); dip[sås] **4** stöpt ljus **5** titt (*i bok e.d.*) **6** lutning, sluttning

diphtheria [dɪf'θɪərɪə] difteri

diphthong ['dɪfθɒŋ] diftong

diploma [dɪ'pləʊmə] **1** diplom **2** akademisk examen; akademiskt avgångsbetyg

diplo|macy [dɪ'pləʊməsɪ] diplomati **-mat** ['dɪpləmæt] diplomat

diplomatic [,dɪplə'mætɪk] diplomatisk; ~ *bag* [säck för] diplomatpost; *the* ~ *corps* diplomatiska kåren; ~ *service* utrikestjänst (*för diplomat*)

dipper ['dɪpə] **1** *zool.* strömstare **2** öskar; skopa **3** *åld.* baptist **4** *AE., the [Big] D*~ Karlavagnen **5** (*på bil*) avbländare

dipstick ['dɪpstɪk] olje[mät]sticka **dip switch** *BE.* (*på bil*) avbländare

direct [dɪ'rekt] **I** *v* **1** rikta; vända (*blick*); styra (*steg*) **2** leda, styra; vara direktör (ledare) för; [väg]leda; dirigera; regissera **3** visa vägen; ~ *a p. to the station* visa ngn vägen till stationen **4** adressera **5** befalla, beordra, bestämma, föreskriva **II** *a* **1** direkt; rak; omedelbar; ~ *action* utomparlamentarisk aktion (*strejk e.d.*); ~ *current* likström; ~ *hit* fullträff; ~ *speech* direkt anföring **2** rättfram; tydlig **III** *adv* direkt; rakt

direction [dɪ'rekʃn] **1** riktning; håll; *in the* ~ *of* [i riktning] mot, åt...till; *in the wrong* ~ åt fel håll; *sense of* ~ lokalsinne **2** ledning; överinseende; styrelse, direktion **3** ~s *(pl)* anvisning[ar], föreskrift[er]; direktiv; regi; ~s *for use* bruksanvisning **4** *(på brev o.d.)* adress **direction indicator** [-ˌɪndɪkeɪtə] körriktningsvisare **directionpost** [-pəʊst] vägvisare

directly [dɪ'rektlɪ] **I** *adv* **1** direkt; rakt; omedelbart **2** rakt på sak **3** *[vard. äv.* 'dreklɪ] genast, strax **II** *konj [vard. äv.* 'dreklɪ] så snart som

director [dɪ'rektə] **1** direktör, chef; ledare; styresman **2** styrelsemedlem; *board of* ~s [bolags]-styrelse **3** [film]regissör; dirigent **4** handledare **director-general** [dɪˌrektə'dʒen(ə)r(ə)l] *(pl directors-general)* generaldirektör **directorial** [dɪˌrek'tɔːrɪəl] ledande, styrande; styrelse-, direktions- **directory** [dɪ'rekt(ə)rɪ] **I** *a* [väg]ledande; anvisande **II** *s* adresskalender; *telephone* ~ telefonkatalog

dirt [dɜːt] **1** smuts, lort, smörja; lera; träck; *vard.* skit; *do s.b.* ~ *(sl.)* vara taskig mot ngn; *eat* ~ *(sl.)* svälja förödmjukelsen; *treat s.b. like* ~ inte ha ngn respekt för ngn **2** [lös] jord; *yellow* ~ guld **3** oanständigt tal **dirt-cheap** [ˌdɜː't'tʃiːp] *vard.* jätte-, skit|billig

dirty ['dɜːtɪ] **I** *a* **1** smutsig, oren; ~ *clothes* smuts|-kläder, -tvätt; ~ *linen a)* smutskläder, *b) (vard.)* intima hemligheter **2** *bildl.* snuskig; lumpen, ojust, gemen; ~ *dog* fähund; ~ *look* låten blick; ~ *money a)* svarta pengar, *b)* smutstillägg; ~ *trick* fult spratt (knep); *do the* ~ *on (BE. vard.)* bära sig lumpet åt mot **3** *(om väder)* ruskig **II** *v* **1** smutsa ner **2** bli smutsig

dis|ability [ˌdɪsə'bɪlətɪ] **1** oduglighet, oförmåga **2** invaliditet, handikapp **3** inkompetens **4** laga hinder **-abled** [dɪs'eɪbld] **1** obrukbar, odug|lig **2** handikappad, invalidiserad; ~ *soldier* krigsinvalid **3** *(om fartyg)* redlös

disadvant|age [ˌdɪsəd'vɑːntɪdʒ] **1** nackdel; ogynnsam omständighet; *at a* ~ i ett ogynnamt (ofördelaktigt) läge; *it would be to my* ~ det skulle vara till min nackdel **2** förlust, skada; *sell to* ~ sälja med förlust **-aged** [-ɪdʒd] socialt (ekonomiskt) missgynnad **-ageous** [ˌdɪsædvɑːn'teɪdʒ-əs] ofördelaktig, ogynnsam *(to* för)

disagree [ˌdɪsə'griː] **1** inte stämma överens, vara olika **2** vara oense, inte komma överens *(about, on* om) **3** inte samtycka *(to* till); *I* ~ det håller jag inte med om **4** *chocolate* ~s *with me* jag tål inte choklad **-able** [-əbl] obehaglig; otrevlig; vresig **-ment** [-mənt] **1** bristande överensstämmelse, motsättning **2** oenighet **3** meningsskiljaktighet

disappear [ˌdɪsə'pɪə] försvinna **-ance** [-r(ə)ns] försvinnande

disappoint [ˌdɪsə'pɔɪnt] **1** göra besviken; *be* ~*ed* vara (bli) besviken *(in, with s.b.* på ngn; *with s.th.* på ngt) **2** svika, gäcka; *be* ~*ed of* gå miste om, bli lurad på **-ing** [-ɪŋ] *how* ~*!* vilken besvikelse!; *it was* ~ det var en besvikelse **-ment** [-mənt] besvikelse, missräkning

disap|proval [ˌdɪsə'pruːvl] ogillande **-prove** [-'pruːv] ~ *[of]* ogilla, förkasta

disarm [dɪs'ɑːm] **1** avväpna *(äv. bildl.)*; av-, ned|-rusta **2** lägga ner vapnen **-ament** [-əmənt] avväpning; av-, ned|rustning

disarray [ˌdɪsə'reɪ] **I** *s* oordning, oreda **II** *v* bringa i oordning

disassemble [ˌdɪsə'sembl] ta isär

disas|ter [dɪ'zɑːstə] olycka, katastrof **-trous** [-trəs] olycksbringande, katastrofal

disbe|lief [ˌdɪsbɪ'liːf] tvivel; misstro **-lieve** [-'liːv] **1** inte tro på, betvivla **2** ~ *in God* inte tro på Gud

disc [dɪsk] **1** skiva, lamell, platta, bricka; disk; *slipped* ~ diskbråck **2** grammofonskiva

discard I *v* [dɪ'skɑːd] **1** kasta [bort]; förkasta; kassera; överge **2** avskeda **3** *kortsp.* saka, kasta **II** *s* ['dɪskɑːd] **1** kasserad sak; utslagen person **2** sakat kort

disc brake ['dɪskbreɪk] skivbroms

discern [dɪ'sɜːn] **1** urskilja; skönja; inse **2** särskilja; ~ *right from wrong* skilja mellan ont och gott **-ing** [-ɪŋ] omdömesgill; skarpsinnig

discharge [dɪs'tʃɑːdʒ] **I** *v* **1** lasta[s] av, lossa[s] **2** tömma [ut]; *med.* av-, ut|söndra, vara sig **3** avlossa[s], avfyra[s] **4** avskeda **5** släppa ut, låta gå, frige; skriva ut *(från sjukhus)*; befria, fritaga *(från plikt e.d.)* **6** betala, avbörda sig; uppfylla; fullgöra **7** *fys.* ladda ur [sig]; ta ström från **9** utmynna *(into* i) **10** avfärga, bleka; färga av sig **II** *s* **1** avlastning, lossning **2** uttömning, utflöde; *med.* av-, ut|söndring **3** avlossande; skott; salva **4** avsked[ande] **5** frigivning; frikännande; ansvarsfrihet; utskrivning *(från sjukhus)* **6** betalning; uppfyllande; fullgörande **7** *fys.* urladdning

disciple [dɪ'saɪpl] lärjunge, anhängare, discipel

disci|plinary ['dɪsɪplɪn(ə)rɪ] **1** disciplinär **2** pedagogisk, bildnings- **-pline** ['dɪsɪplɪn] **I** *s* **1** disciplin, [god] ordning **2** tuktan, bestraffning **3** disciplin, vetenskapsgren **II** *v* **1** disciplinera; fostra **2** tukta, bestraffa

disclose [dɪs'kləʊz] avslöja, uppenbara; blotta **disclosure** [dɪs'kləʊʒə] avslöjande, uppenbarande; upptäckt

disco ['dɪskəʊ] *vard.* disko[tek]

discolour [dɪs'kʌlə] **1** avfärga, bleka; missfärga; fläcka **2** bli missfärgad (urblekt)

discomfort [dɪs'kʌmfət] **I** *s* obehag, otrevnad, besvärlighet **II** *v* förorsaka obehag (otrevnad); oroa

disconcerted [ˌdɪskən'sɜːtɪd] förlägen, förvirrad, bragt ur fattningen

disconnect [ˌdɪskə'nekt] skilja; ta loss; koppla av (ur, ifrån), stänga av

disconsolate [dɪs'kɒns(ə)lət] **1** otröstlig **2** tröstlös, dyster

discontent [ˌdɪskən'tent] **I** *s* missnöje **II** *v* göra missnöjd **III** *a* missnöjd **-ed** [-ɪd] missnöjd

discontinue [ˌdɪskən'tɪnjuː] **1** avbryta, sluta (upphöra) med; dra in; lägga ner **2** sluta, upphöra

discord I *s* ['dɪskɔːd] **1** oenighet **2** oförenlighet **3** *mus.* dissonans; disharmoni *(äv. bildl.)* **II** *v* [dɪ's-kɔːd] **1** vara oense, tvista **2** vara oförenlig

discotheque ['dɪskə(ʊ)tek] diskotek

discount ['dɪskaʊnt] **I** *s* **1** diskonto; rabatt, avdrag; *[cash]* ~ kassarabatt; *[trade]* ~ varurabatt; *at a* ~ *a)* under pari, *b)* impopulär, tillbakasatt **2** diskontering **II** *v* **1** diskontera **2** reducera; dra av, rabattera, minska **3** antecipera, föregripa

discount house (shop) ['dɪskaʊnthaʊs (ʃɒp)]

AE. lågpris|varuhus, -affär

discour|age [dɪ'skʌrɪdʒ] **1** nedslå, göra modfälld **2** söka hindra, avskräcka; motverka **-agement** [-ɪdʒmənt] *s* **1** modfälldhet **2** hindrande, avskräckande; motverkan **3** svårighet

discour|teous [dɪs'kɜ:tjəs] ohövlig **-tesy** [-tɪsɪ] ohövlighet

discov|er [dɪ'skʌvə] **1** upptäcka; hitta **2** avslöja **-erer** [-(ə)rə] upptäckare **-ery** [-(ə)rɪ] upptäckt

discredit [dɪs'kredɪt] **I** *s* **1** vanrykte, dåligt anseende; vanheder, skam **2** misstro **II** *v* **1** bringa i vanrykte; misskreditera **2** misstro, betvivla **-able** [-əbl] vanhedrande, misskrediterande

discreet [dɪ'skri:t] diskret, taktfull

discrepancy [dɪ'skrep(ə)nsɪ] skiljaktighet, avvikelse; diskrepans, motsägelse

discrete [dɪ'skri:t] **1** åtskild; separat **2** *mat.*, *språkv. m.m.* diskret

discretion [dɪ'skreʃn] **1** diskretion, takt, [gott] omdöme, urskillning[sförmåga] **2** handlingsfrihet, bestämmanderätt; gottfinnande, godtycke; *at ~* efter behag; *at one's own ~* efter eget gottfinnande, efter behag; *use your own ~* gör som du själv tycker är bäst **3** *age (years) of ~* mogen (vuxen) ålder

discrimi|nate [dɪ'skrɪmɪneɪt] göra skillnad (*between* på, mellan); göra skillnad mellan, skilja på; *~ [against]* diskriminera; *~ [between] right and wrong* skilja på rätt och orätt **-nating** [-neɪtɪŋ] **1** ꜰꜱꜰꜱꜰꜱꜰꜱꜰꜱ; ꜰꜱꜰꜱꜰꜱꜰꜱꜰꜱ; skarpsinnig; kräsen **3** (*om tull e.d.*) differentierad **-nation** [dɪˌskrɪmɪ'neɪʃn] **1** skiljande; diskriminering **2** urskillning, omdöme; skarpsinne

discus ['dɪskəs] diskus

discuss [dɪ'skʌs] diskutera, debattera **discussion** [dɪ'skʌʃn] diskussion, debatt

disdain [dɪs'deɪn] **I** *v* förakta, ringakta **II** *s* förakt, ringaktning

disease [dɪ'zi:z] sjukdom[ar]; *bildl.* ont

disembark [ˌdɪsɪm'ba:k] **1** landsätta **2** debarkera, landstiga **-ation** [ˌdɪsembɑ:'keɪʃn] **1** debarkering, landstigning **2** landsättning

disembarrass [ˌdɪsɪm'bærəs] frigöra, befria **-ment** [-mənt] frigörelse

disen|gage [ˌdɪsɪn'geɪdʒ] **1** fri-, lös|göra[s], befria[s], lossa[s]; koppla[s] loss (ifrån) **2** *mil.* dra ur striden **-gaged** [-'geɪdʒd] ledig, ej upptagen; obunden

disfavour [ˌdɪs'feɪvə] **I** *s* **1** ogillande; onåd **2** ovänlig handling **II** *v* ogilla; klandra; missgynna

disfig|ure [dɪs'fɪgə] vanställa, vanpryda **-urement** [dɪs'fɪgəmənt] **1** vanställande **2** vanställdhet, vanprydnad

disgrace [dɪs'greɪs] **I** *s* **1** vanära; skam, skamfläck **2** onåd **II** *v* **1** vanhedra; skämma ut **2** störta i onåd **-ful** [-f(ʊ)l] vanhedrande; skamlig; skandalös

disgruntled [dɪs'grʌntld] missnöjd, sur

disguise [dɪs'gaɪz] **I** *v* **1** klä ut, förkläda (*as* till); maskera; kamouflera **2** förställa, förvända; dölja, skyla över; *~d voice* förställd röst **II** *s* **1** förklädnad; mask; kamouflage; *in ~* förklädd; *in the ~ of* förklädd till **2** förställning; maskering; sken

disgust [dɪs'gʌst] **I** *v* äckla, inge avsmak, väcka avsky hos **II** *s* äckel (*for* inför, över); avsmak, av-

sky (*at, with* för) **-ing** [-ɪŋ] äcklig; vidrig; motbjudande

dish [dɪʃ] **I** *s* **1** fat, skål, karott; assiett; *dirty ~es* (*odiskad*) disk; *do* (*wash up*) *the ~es* diska **2** [mat]rätt **3** *sl.* pangbrud **4** *vard.* parabolantennn **5** *vard.* favoritgrej **II** *v* **1** ~ [*up*] lägga upp (*på fat*), servera, sätta fram; ~ *out* (*vard.*) dela ut; ~ *up* (*bildl.*) duka upp **2** urholka **3** *BE. sl.* sabba **4** *vard.* knäcka, ta kål på

disharmo|nious [ˌdɪshɑ:'məʊnjəs] disharmonisk **-ny** [ˌdɪs'hɑ:m(ə)nɪ] disharmoni

dishcloth ['dɪʃklɒθ] disktrasa; kökshandduk

dishearten [dɪs'hɑ:tn] göra modfälld (nedslagen) **-ing** [-ɪŋ] nedslående

dishevelled [dɪ'ʃevld] ovårdad; rufsig

dishonest [dɪs'ɒnɪst] oärlig, ohederlig **dishonesty** [-ɪ] oärlighet, oederlighet

dishonour [dɪs'ɒnə] **I** *s* vanära, skam **II** *v* **1** vanära, vanhedra **2** vägra (underlåta) att betala (*växel o.d.*) **-able** [dɪs'ɒn(ə)rəbl] **1** vanhedrande, skamlig **2** ohederlig

dish|washer ['dɪʃˌwɒʃə] **1** diskare **2** diskmaskin **-water** [-ˌwɔ:tə] **1** diskvatten **2** te-, kaffe|blask

disillusion [ˌdɪsɪ'lu:ʒn] **I** *v* desillusionera **II** *s* desillusion[ering]

disin|fect [ˌdɪsɪn'fekt] desinficera **-fectant** [-'fektənt] **I** *a* desinficerande **II** *s* desinfektionsmedel **-fection** [-'fekʃn] desinfektion, desinficering

disinherit [ˌdɪsɪn'herɪt] göra arvlös

disinte|grate [dɪs'ɪntɪgreɪt] desintegrera[s], sönderdela[s]; vittra sönder **-gration** [dɪsˌɪnɪ'greɪʃn] desintegrering, sönderdelning; förvittring

disinterested [dɪs'ɪntrəstɪd] **1** osjälvisk; opartisk, objektiv **2** *vard.* ointresserad

disjoin [dɪs'dʒɔɪn] skilja **disjointed** [-tɪd] **1** isärtagen; sönderdelad **2** *med.* ur led **3** osammanhängande

disk [dɪsk] *i sht AE., se disc*

dislike [dɪs'laɪk] **I** *v* tycka illa om, ogilla **II** *s* **1** motvilja (*of* mot); *take a ~ to* fatta motvilja mot **2** *likes and ~s* ['dɪslaɪks] sympatier och antipatier

dislo|cate ['dɪslə(ʊ)keɪt] **1** förskjuta, rubba; *bildl. äv.* förrycka **2** *med.* vricka, stuka, vrida ur led **-cation** [ˌdɪslə(ʊk)'keɪʃn] **1** förskjutning, rubbning; förvirring, oreda **2** *med.* vrickning, stukning

dislodge [dɪs'lɒdʒ] förflytta, rubba; driva bort, fördriva

disloyal [ˌdɪs'lɔɪ(ə)l] illojal; otrogen **-ty** [-tɪ] illojalitet; otrohet

dismal ['dɪzm(ə)l] **I** *a* dyster, sorglig; hemsk **II** *s pl*, *the ~s* melankoli

dismantle [dɪs'mæntl] **1** ta isär, montera ner, demontera; skrota (*fartyg*) **2** klä av; *~ s.b. of s.th.* beröva (klä av) ngn ngt

dismay [dɪs'meɪ] **I** *s* förskräckelse, förfäran **II** *v* göra förskräckt (bestört)

dismember [dɪs'membə] stycka; slita sönder; sönderdela

dismiss [dɪs'mɪs] **1** skicka bort (i väg); låta gå; entlediga, hemförlova; upplösa (*möte e.d.*) **2** avskeda **3** avfärda, förskjuta, slå bort (ur hågen); avslå; *~ a subject* lämna ett ämne **4** *jur.* avvisa, förklara ogiltig, ogilla; *~ a case* avskriva ett mål **5** *~!* höger och vänster om marsch! **dismissal**

dismount — dissent

[-l] **1** bortskickande; entledigande, hemförlovning; frigivning; upplösning **2** avsked[ande] **3** avvisande, ogillande; avslag

dismount [ˌdɪsˈmaʊnt] **1** stiga av (ner, ur); sitta av **2** kasta av (ur sadeln) **3** demontera

disobedience [ˌdɪsəˈbiːdjəns] olydnad (*to* mot)

disobedient [ˌdɪsəˈbiːdjənt] olydig (*to* mot)

disobey [ˌdɪsəˈbeɪ] vara olydig [mot], inte lyda; överträda (*lag*)

disorder [dɪsˈɔːdə] **I** *s* **1** oordning **2** tumult, orolighet **3** opasslighet; krämpa **4** avvikelse **II** *v* bringa i oordning; rubba; göra förvirrad **disorderly** [-lɪ] *a* **1** oordentlig; oordnad **2** bråkig, oregerlig; ~ *conduct* förargelseväckande beteende; ~ *house* a) spelhåla, b) bordell; *charged with being drunk and* ~ anklagad för fylleri och förargelseväckande beteende

disorgan|ization (*BE. äv. -isation*) [dɪsˌɔːgənaɪˈzeɪʃn] desorganisation, upplösning[stillstånd]; oreda **-ize** (*BE. äv. -ise*) [dɪsˈɔːgənaɪz] desorganisera, upplösa; ställa till oreda i; ~*d* (*äv.*) oordnad, kaotisk, i en enda röra

disorient[ate] [dɪsˈɔːrɪent(eɪt)] desorientera; förvirra, förbrylla

disown [dɪsˈəʊn] inte [vilja] kännas vid; förneka, förskjuta, desavouera

disparage [dɪˈspærɪdʒ] tala nedsättande om, nedvärdera; ringakta **-ment** [-mənt] nedvärdering, nedsättande; ringaktning

disparity [dɪˈspærɪtɪ] olikhet, skillnad; skiljaktighet

dispassionate [dɪˈspæʃnət] lidelsefri; objektiv, opartisk

dispatch [dɪˈspætʃ] **I** *v* **1** [av]sända, skicka, expediera **2** göra undan, klara av, expediera; avsluta **3** mörda, döda, expediera **4** *vard.* kasta i sig **II** *s* **1** avsändande, skickande, expediering; spedition **2** undanstökande, avklarande, expediering **3** hast, skyndsamhet; *with* ~ snabbt, i ilfart **4** (*journalists*) rapport **5** depesch **6** mördande, dödande, expediering **dispatch goods** *pl* ilgods

dispel [dɪˈspel] förjaga; skingra

dispensable [dɪˈspensəbl] umbärlig **dispense** [dɪˈspens] **1** utdela; fördela **2** göra i ordning och lämna ut (*medicin*); *dispensing chemist's* apotek **3** skipa (*rättvisa*) **4** befria (*from* från); ge dispens **5** ~ *with* a) kunna vara utan, klara sig utan, avvara, b) göra onödig (överflödig)

dis|perse [dɪˈspɜːs] skingra[s], sprida[s] **-persion** [dɪˈspɜːʃn] **1** [kring]spridande; [kring]-spriddhet; spridning **2** *fys. o. stat.* dispersion; spridning

displace [dɪsˈpleɪs] **1** [för]flytta, flytta på, rubba **2** avskeda, avsätta **3** ersätta; tränga undan (ut) **4** *polit.*, ~*d person* tvångsförflyttad **-ment** [-mənt] **1** för-, om[flyttning; rubbning **2** ersättande; undanträngande **3** *sjö.* deplacement **4** *tekn.* cylinder-, slag|volym

display [dɪˈspleɪ] **I** *v* **1** visa [fram], förevisa; skylta med **2** visa [prov på]; röja, ådagalägga **3** breda (veckla) ut **4** demonstrera, visa upp (*military might* militär styrka); ståta med **II** *s* **1** [fram]visande; uppvisning; utställning; skyltning **2** prov (*of* på); uttryck (*of* för) **3** demonstration; ståtande (*of* med); *make a* ~ *of* ståta med, tydligt visa **4** *elektron.* radarskärm; [data]skärm; display,

teckenruta **display window** [-ˌwɪndəʊ] skyltfönster

displease [dɪsˈpliːz] misshaga; förarga; ~*d* missnöjd, missbelåten

disposable [dɪˈspəʊzəbl] **1** disponibel, tillgänglig **2** engångs-, som kan slängas **disposal** [dɪˈspəʊzl] **1** bortskaffande, undanröjande, expediering **2** disposition, [fritt] förfogande, användning; *be at a p.'s* ~ stå till ngns förfogande **3** avyttrande, försäljning; placering **4** anordning, disposition **dispose** [dɪˈspəʊz] **1** ~ *of a*) göra sig av med, avyttra, *b*) bringa ur världen, klara av, avgöra, avfärda, *d*) slänga [bort], göra sig (bli) av med, *d*) [fritt] förfoga över, disponera [över], *e*) sätta i sig; ~*of by will* testamentera bort **2** *man proposes, God* ~*s* människan spår, Gud rår **3** göra benägen (böjd), stämma **4** ordna **5** vänja (*to* vid) **disposed** [-d] **1** böjd, benägen, disponerad (*to, for* för; *to do s.th.* att göra ngt) **2** ~ *of a*) såld, *b*) slut, inte längre tillgänglig **disposition** [ˌdɪspəˈzɪʃn] **1** anordning, arrangemang; uppställning **2** förberedelse, disposition; ordnande **3** överlåtelse, avyttrande **4** förfogande, förfoganderätt, disposition; *at your* ~ till ert förfogande **5** sinnelag, temperament; läggning, disposition **6** benägenhet, tendens

dispossess [ˌdɪspəˈzes] **1** fördriva; vräka **2** ~ *s.b. of s.th* beröva ngn ngt

disproportion [ˌdɪsprəˈpɔːʃn] disproportion, brist på proportion **-ate** [-ət] oproportionerlig

disprove [dɪsˈpruːv] vederlägga

dispute [dɪˈspjuːt] **I** *v* **1** disputera, diskutera, tvista (*about, on* om); tvista om **2** bestrida, ifrågasätta **3** kämpa om **4** motsätta sig, motstå **II** *s* [*äv.* ˈdɪspjuːt] dispyt; tvist; konflikt; *matter in* ~ tvistefråga, omtvistad sak; *without* ~ obestridlig[en] **disputed** [dɪˈspjuːtɪd] omstridd

disqual|ification [dɪsˌkwɒlɪfɪˈkeɪʃn] diskvalifikation; hinder; inkompetens **-ify** [dɪsˈkwɒlɪfaɪ] diskvalificera; förklara oförmögen (inkompetent, obehörig)

disregard [ˌdɪsrɪˈgɑːd] **I** *v* inte fästa avseende vid, ignorera, åsidosätta **II** *s* ignorerande, åsidosättande; likgiltighet, förakt

disrepair [ˌdɪsrɪˈpeə] dåligt skick, förfall

disreputable [dɪsˈrepjʊtəbl] **1** illa beryktad, ökänd **2** vanhedrande **3** oordnad; sliten **disrepute** [ˌdɪsrɪˈpjuːt] vanrykte, dåligt rykte

disrespect [ˌdɪsrɪˈspekt] respektlöshet, ringaktning, ohövlighet, vanvördnad

disrupt [dɪsˈrʌpt] **1** avbryta, störa; bringa i oordning; *the snow* ~*ed the traffic* snön orsakade kaos i trafiken **2** riva (slita) upp, splittra **disruption** [dɪsˈrʌpʃn] **1** avbrott, störning; rubbning **2** upplösning, sönderfall, splittring

dissatis|faction [ˌdɪs(s)ˌsætɪsˈfækʃn] missnöje, missbelåtenhet, otillfredsställdhet **-factory** [-ˈfækt(ə)rɪ] otillfredsställande **-fy** [ˌdɪ(s)ˈsætɪsfaɪ] göra missnöjd (missbelåten, otillfredsställd)

dissect [dɪˈsekt] **1** *anat. o. bildl.* dissekera; *bildl. äv.* noga studera, analysera **2** skära sönder **dissection** [dɪˈsekʃn] *anat.* dissektion, dissekering; *bildl.* dissekering, ingående granskning, analys

dissemi|nate [dɪˈsemɪneɪt] sprida [ut] **-nation** [dɪˌsemɪˈneɪʃn] [ut-, kring]spridning

dissent [dɪˈsent] **I** *v* **1** skilja sig i åsikter; ha annan mening (*from* än) **2** avvika från (gå ur) statskyrkan; ~*ing minister* frikyrkopräst **II** *s* meningsskiljaktighet, skillnad i åsikter **dissenter** [dɪ'-sentə] **1** oliktänkande [person] **2** *D~* (*BE.*) dissenter, frikyrklig

dissertation [ˌdɪsə'teɪʃn] [doktors]avhandling (*on* om)

disservice [dɪ(s)'sɜ:vɪs] otjänst, björntjänst

dissident [-dənt] **I** *a* oenig, oliktänkande **II** *s* oliktänkande [person]

dissimilar [ˌdɪ'sɪmɪlə] olik[a]; ~ *to s.th.* olik ngt

dissipate ['dɪsɪpeɪt] **1** skingra, förjaga **2** förslösa **3** leva lättsinnigt (utsvävande, slösaktigt)

dissociate [dɪ'səʊʃɪeɪt] [åt]skilja, hålla isär; upplösa; ~ *o.s. from* ta avstånd från

dissolute ['dɪsəluːt] **1** tygellös, utsvävande **2** utlevad

dissolve [dɪ'zɒlv] upplösa[s]; lösa [sig]; smälta[s]; sönderdela[s]; skingra[s]; ~*d in tears* upplöst i tårar

dissonance ['dɪsənəns] dissonans, disharmoni; *bildl. äv.* oenighet

dissuade [dɪ'sweɪd] avråda **dissuasion** [dɪ'sweɪʃn] avrådan; avstyrkande

dis|tance ['dɪst(ə)ns] **I** *s* distans; avstånd; sträcka; *at a* ~ på avstånd; *at this* ~ *of time* så [här] långt efteråt; *in the* ~i fjärran, på [långt] avstånd; *within* ~ inom räckhåll (synhåll, hörhåll); *go the* ~ *a*) (*i boxning*) gå alla ronder, *b*) hålla ut; *keep one's* ~ vara reserverad, hålla distans **II** *v* **1** hålla på avstånd **2** distansera, lämna bakom sig **-lant** [-t(ə)nt] **1** avlägsen; fjärran; ~ *look* frånvarande blick; ~ *relative* avlägsen släkting **2** reserverad, avmätt

distaste [ˌdɪs'teɪst] avsmak (*for* för); motvilja (*for* mot)

distend [dɪ'stend] **1** utvidga; blåsa upp **2** utvidgas, svälla **distension** [dɪ'stenʃn] **1** utvidgning, svällande **2** vidd, omfång

distil [dɪ'stɪl] **1** destillera[s]; bränna[s] **2** [låta] droppa, drypa **-lation** [ˌdɪstɪ'leɪʃn] **1** destillering **2** destillat

distillery [dɪ'stɪlərɪ] bränneri, spritfabrik

distinct [dɪ'stɪŋ(k)t] **1** distinkt, klar, tydlig; uttrycklig **2** olik; [åt]skild; *as* ~ *from* till skillnad från; *keep* ~ hålla isär **distinction** [dɪ'stɪŋ(k)ʃn] **1** [åt]skillnad; distinktion; särskiljande; *without* ~ *of person* utan hänsyn till person **2** kännemärke, särmärke **3** betydelse, anseende; *a man of* ~ en framstående man **4** utmärkelse **distinctive** [dɪ'stɪŋ(k)tɪv] åt-, sär|skiljande, utmärkande, typisk, distinktiv; utpräglad

distinguish [dɪ'stɪŋgwɪʃ] **1** urskilja, se klart **2** särskilja, skilja [åt] **3** känneteckna, utmärka; *be ~ed for* utmärka sig för; ~ *o.s.* utmärka sig, göra sig bemärkt **4** göra skillnad, skilja (*between, among* mellan, på) **distinguished** [-t] **1** förnämlig, framstående, celeber **2** distingerad

distort [dɪ'stɔːt] förvrida; förvränga (*äv. bildl.*); förvanska **distortion** [dɪ'stɔːʃn] **1** förvridning; förvrängning; förvanskning; vrångbild **2** *tekn.* distorsion **distortionist** [dɪ'stɔːʃnɪst] ormmänniska

distract [dɪ'strækt] **1** avvända, avleda; distrahera **2** förvirra; göra galen **3** förströ, roa **distracted** [-ɪd] **1** förvirrad **2** förryckt, galen **distraction**

[dɪ'strækʃn] **1** distraktion, förströddhet; *in a state of* ~ disträ, förströdd **2** avkoppling, distraktion, förströelse **3** förvirring, oreda; störning, distraherande faktor **4** förrycksthet, galenskap; *to* ~ till vanvett

distress [dɪ'stres] **I** *s* **1** nöd[läge], betryck, trångmål; *in* ~ i [sjö]nöd **2** smärta, sorg **3** *jur.* utmätning **II** *v* plåga, göra olycklig; oroa

distribute [dɪ'strɪbjuːt] **1** ut-, för|dela, distribuera **2** sprida; utbreda **3** dela in (*into* i), klassificera

distribution [ˌdɪstrɪ'bjuːʃn] **1** utdelning; fördelning (*äv. stat.*); distribution **2** spridning; utbredning **3** indelning, klassificering **distrib|-uter, -utor** [dɪ'strɪbjʊtə] utdelare; fördelare (*äv. tekn.*); distributör

district ['dɪstrɪkt] **1** distrikt; stadsdel; del av grevskap; *D~ of Columbia* Columbia (*USA:s förbundsdistrikt med huvudstaden Washington*) **2** trakt, område, bygd, distrikt **district attorney** [-əˌtɜːnɪ] *AE.* allmän åklagare **district heating** [-ˌhiːtäŋ] fjärrvärme

distrust [dɪ'strʌst] **I** *s* misstro[ende] **II** *v* misstro, inte lita på **-ful** [-f(ʊ)l] miss-, klen|trogen; misstänksam (*of* mot)

disturb [dɪ'stɜːb] **1** störa, avbryta **2** oroa **3** ställa till oreda i **4** besvära **-ance** [(ə)ns] **1** störande, avbrytande **2** oro; störning, rubbning **3** oreda, oordning; tumult, bråk, orolighet

disuse [ˌdɪs'juːs] *s, fall into* ~ komma ur bruk **disused** [ˌdɪs'juːzd] avlagd, kasserad; nedlagd

ditch [dɪtʃ] **I** *s* dike, grav; litet vattendrag; *the D~* (*vard.*) Engelska kanalen; *the last* ~ sista utvägen (försvarsställningen) **II** *v* **1** dika [ut]; omge med dike **2** *sl.* köra i diket med (*för att undvika krock e.d.*); spola (*överge, göra sig av med*); nödlanda på vatten; *AE.* skaka av sig

dither ['dɪðə] **I** *v* **1** *BE.* tveka **2** *AE.* vara upprörd **3** darra **II** *s* **1** *BE.* tvekan **2** *AE.* upprördhet

ditto ['dɪtəʊ] dito; detsamma; ~ *marks* citations-, upprepnings|tecken; ~ *suit, suit of* ~s hel kostym

dive [daɪv] **I** *v* (*AE. imperf. äv. dove*) **1** dyka **2** sticka ner handen, rota (*into* i) **II** *s* **1** dykning; [sim]hopp; *make a* ~ *for a*) dyka ner efter, *b*) kasta sig över; ~ *into* dyka in i **2** *vard.* krog, syltan; spelhåla; tillhåll **diver** ['daɪvə] dykare

diverge [daɪ'vɜːdʒ] divergera, gå isär, skilja sig åt; avvika **divergent** [-(ə)nt] divergerande; skiljaktig, avvikande, delad

diverse [daɪ'vɜːs] olik[a]; skild; mångfaldig

diversi|fication [daɪˌvɜːsɪfɪ'keɪʃn] **1** *hand.* diversifiering **2** differentiering **3** omväxling; olikhet **-fy** [daɪ'vɜːsɪfaɪ] **1** *hand.* diversifiera **2** göra omväxlande; göra olik

diversion [daɪ'vɜːʃn] **1** avledande; omläggning (*av trafik*), förbifart; avstickare **2** *mil.* skenmanöver **3** förströelse, avkoppling

diversity [daɪ'vɜːsətɪ] **1** mångfald **2** tvistefråga; ~ *of opinion* meningsskiljaktighet

divert [daɪ'vɜːt] **1** avleda; avvända; lägga om (*trafik e.d.*) **2** roa, underhålla

divest [daɪ'vest] **1** klä av **2** beröva, fråntaga (*s.b. of s.th.* ngn ngt); ~ *o.s. of* avstå från, avhända sig

divide [dɪ'vaɪd] **I** *v* **1** dela [upp] (*into* i); avstava, avdela **2** ~ [*up*] fördela, dela (portionera) ut **3** *mat.* dividera, dela; ~ *9 by 3*, ~ *3 into 9* dividera 9 med 3 **4** dela [av], [åt]skilja **5** dela in, kategorisera, klassificera **6** *parl.* låta rösta; ~ *the House* anordna votering i parlamentet **7** dela, splittra, göra oense; *opinions are ~d on* meningarna är delade om **8** dela [upp] sig (*into* i) **II** *s* **1** *AE.* vattendelare **2** skiljelinje **dividend** ['dıvıdend] **1** *ekon. o. bildl.* utdelning; återbäring; bonus **2** *mat.* dividend

divine [dı'vaın] **I** *a* **1** gudomlig; guds-; ~ *service* gudstjänst **2** *vard.* gudomlig, underbar, fantastisk **II** *s* teolog, präst **III** *v* **1** spå, förutsäga **2** ana [sig till] **3** gå med slagruta

diving ['daıvıŋ] dykning (*äv. flyg.*); simhopp, simhoppning **diving board** trampolin

divinity [dı'vınıtı] **1** gudom[lighet]; gud[inna]; *the D~* Gud **2** teologi; *skol.* religion, kristendom; *Bachelor (Doctor) of* ~ teologie kandidat (doktor)

division [dı'vıȝn] **1** [upp-, in-, för]delning (*into* i); ~ *of labour* arbetsfördelning; ~ *of words* avstavning **2** *mat.* division, delning **3** område, distrikt, [val]krets **4** *mil., sport.* division **5** skilje|-linje, -vägg; gräns **6** skiljaktighet, splittring; oenighet **7** *parl.* votering, [om]röstning

divorce [dı'vɔ:s] **I** *s* skilsmässa (*äv. bildl.*), äktenskapsskillnad; *get a* ~ få skilsmässa **II** *v* **1** [låta] skilja sig från; skilja **2** skilja sig, skiljas **3** skilja [åt] **divorcée** [dı,vɔ:'si:] frånskild kvinna

divulge [daı'vʌldȝ] avslöja, röja, yppa

dizziness ['dızınıs] yrsel, svindel **dizzy** ['dızı] **I** *a* **1** yr **2** svindlande **3** virrig, förvirrad **II** *v* **1** göra yr i huvudet **2** förvirra

do [du:; *obeton.* dʊ, də, d] **I** *v* (*did, done; 3 pers. sg pres. does*); *se äv. done* **1** göra; tillverka, framställa; utföra; ~ *as you please* gör som du vill; *please, ~!* var så god!, ja gärna!; *it does her credit* det länder henne till heder; ~ *s.b. a favour* göra ngn en tjänst; ~ *s.b. justice* göra ngn rättvisa; *he does nothing but complain* han gör inte annat än klagar; *he did right to leave her* han gjorde rätt i att lämna henne; *and so we did* och det 'gjorde vi också; *and so did we* och det gjorde 'vi också; *that does it!* nu får det vara nog!; *that did it a*) det tog skruv, *b*) det avgjorde saken; *what can I ~ for you?* vad kan jag göra för dig?, (*i butik*) vad får det lov att vara?; *what ~ you ~ for a living?* vad har du för yrke?, vad sysslar du med?; ~ *this letter and two copies* skriv ut det här brevet med två kopior; ~ *a book into a play* omarbeta (göra om) en bok till pjäs; *you ~ s.th. to me* du har förtrollat mig; *they ~ you very well at that hotel* man bor och äter mycket bra på det hotellet; ~ *o.s. well* ha det bra, smörja kråset; *nothing doing!* det går inte!, inte en chans! **2** göra i ordning, ordna; arrangera; ~ *the dishes* diska; ~ *one's hair* göra sig snygg i håret; *this room needs doing* det här rummet behöver städas (snyggas upp, målas *e.d.*); ~ *the flowers* arrangera blommorna **3** sköta, ha hand om, stå för; utföra; *I'll* ~ *the talking* låt mig sköta konversationen; ~ *sums* räkna **4** studera, läsa; ~ *medicine* läsa medicin; ~ *a degree* avlägga examen **5** räcka [för], vara lagom [för]; duga till (som); passa; gå an; *that'll* ~ det räcker (duger, är bra); *it will* ~ *for us* det räcker [till] för oss; *that will* ~ *me nicely* det passar mig utmärkt **6** må; klara (sköta) sig; *how* ~ *you* ~? (*vid första mötet m. ngn*) goddag; *how are you doing now-*

adays? hur går det för dig nuförtiden? **7** spela, uppföra (*roll, pjäs*) **8** göra; avverka; besöka; *this car will* ~ *100 mph* den här bilen gör 100 miles i timmen; *we did 8 kilometres on our walk* vi avverkade 8 km på vår promenad; ~ *a museum* besöka ett museum **9** lösa (*problem, korsord*); ~ *a jig-saw puzzle* lägga pussel **10** tillhandahålla, stå till tjänst med; föra; *we don't* ~ *lunches* vi serverar inte lunch; *we don't* ~ *that make* vi för inte det märket **11** tillaga, anrätta; ~ *the cooking* laga maten; *well done* genomstekt **12** lura; *you've been done for £10* du har blivit lurad på 10 pund **13** göra inbrott i **14** avtjäna, sitta inne; ~ *one year* avtjäna (sitta inne på) ett år **15** *vulg.* sätta på, dra över (*kvinna*) **16** (*i frågesats; i nekande sats; beton. i jakande sats*) ~ *you understand?* förstår du?; *when did he leave?* när for han?; *he doesn't* (*does not*) *like her* han tycker inte om henne; *don't go!* gå inte!; *didn't you* (*did you not*) *know?* visste du inte det?; *not until then did he realize* inte förrän då insåg han; *little did he realize that* föga insåg han att; ~ *hurry!* skynda på, för guds skull!; *but I did call* men jag ringde verkligen; ~ *I remember him!* om jag kommer ihåg honom! **17** (*som ersättning för annat verb*) *you like it, don't you?* du tycker om den, eller hur?; *you speak better than I* ~ du talar bättre än jag; *he likes her, and so* ~ *I* han tycker om henne, och det gör jag med; *may I come in?* -- ~! får jag komma in? -- ja visst! **18** ~ *away with a*) göra av med, ta livet av, *b*) avskaffa, slopa; ~ *well* (*badly*) *by s.b.* behandla ngn väl (illa); ~ *down a*) göra ner, förödmjuka, *b*) lura; ~ *for* (*vard.*) *a*) överbevisa, *b*) ta kål på, *c*) hushålla för, *d*) duga som (till); ~ *well for o.s.* (*vard.*) lyckas, ha framgång; ~ *in* (*sl.*) fixa (*mörda*); *be done in* (*sl. äv.*) vara slut (färdig); ~ *out* (*vard.*) städa (snygga) upp, tapetsera om; ~ *s.b. out of s.th.* (*vard.*) lura av ngn ngt; ~ *over a*) *vard.* snygga upp, tapetsera om, *b*) *BE. sl.* slå ner, golva; ~ *up a*) slå (packa) in, *b*) ruinera, *c*) snygga (piffa, rusta) upp, *d*) knäppa[s]; ~ *with* göra med; *have to* ~ *with* ha att göra med, hänga ihop med; *what has that got to* ~ *with it?* vad har det med saken att göra?; *what have you done with your hair?* vad har du gjort med håret?; *she didn't know what to* ~ *with herself* hon visste inte vad hon skulle ta sig till (sysselsätta sig med); *I can* ~ *with £1* jag behöver ett pund, jag klarar mig med ett pund; *you could* ~ *with a shave* du behöver raka dig; *I could do with an ice cream* det skulle smaka bra med en glass; *be done with* vara över (slut, avklarad); *let's have done with it* låt oss få det överstökat (fä slut på det); ~ *without* klara sig utan, undvara **II** *s* (*pl* ~*s el.* ~*'s*) **1** *sl.* svindel, bedrägeri **2** *vard.* fest, party **3** *vard.,* ~*'s and don'ts* (*vard.*) regler och förbud, vad man får och inte får

doc [dɒk] *vard.* doktor

docile ['dəʊsaıl] foglig **docility** [də(ʊ)'sılətı] foglighet

1 dock [dɒk] **I** *s* **1** (*fartygs*)docka; hamnbassäng; *dry* (*graving*) ~ torrdocka; *floating* ~ flytdocka; *in* ~ (*BE. vard.*) *a*) på sjukhus, *b*) på verkstad **2** ~*s* (*pl*) hamn[anläggning]; kaj; varv; *naval* ~*s* örlogsvarv **3** *AE.* lastkaj **II** *v* docka

2 dock [dɒk] *jur.* förhörsbås

docker ['dɒkə] hamn-, dock|arbetare
dock|land ['dɒklænd] hamnkvarter **-yard**
skeppsvarv
doctor ['dɒktə] **I** *s* **1** doktor; läkare; *D~ of Philo-sophy* filosofie doktor; *call a ~* tillkalla läkare; *it's just what the ~ ordered* det är precis det rätta **2** *sl.* skepps-, fält|kock **II** *v* **1** behandla, sköta; ordinera; *vard.* praktisera (*som läkare*) **2** *vard.* kastrera **3** lappa ihop **4** förfalska, fiffla med
doctrine ['dɒktrɪn] doktrin, lära, lärosats, dogm
document **I** *s* ['dɒkjʊmənt] dokument, handling **II** *v* ['dɒkjʊment] dokumentera **-ary** [,dɒkjʊ'-ment(ə)rɪ] **I** *a* dokumentär **II** *s* dokumentärfilm **-ation** [,dɒkjʊmen'teɪʃn] dokument|ation, -ering
dodge [dɒdʒ] **I** *v* **1** hoppa (vika) undan [för] **2** göra undanflykter; slingra (krångla) sig ifrån; kringgå **II** *s* **1** hopp åt sidan, sidosprång **2** knep, fint
dodgem ['dɒdʒəm] radiobil (*på nöjesfält*)
dodger ['dɒdʒə] **1** skojare, filur; smitare **2** (*slags*) majsbröd **3** *sl.* sandwich, macka; käk
dodo ['dəʊdəʊ] (*pl ~[e]s*) **1** *zool.* dront; *as dead as a ~* stendöd, helt borta **2** *vard.* träskalle; trögmåns
doe [dəʊ] **1** hind **2** har-, kanin|hona; *Austr.* känguruhona
does [dʌz, *obeton.* d(ə)z] *3 pers. sg pres. av do*
doesn't [dʌznt] = *does not*
dog [dɒg] **I** *s* **1** hund; *the ~s* (*vard.*) hundlöpningar; *not a ~'s chance* inte skuggan av en chans; *~ in the manger* missunnsam person (*som inte unnar andra det han inte själv har glädje av*); *every ~ has his day* alla får chansen någon gång; *done up like a ~'s dinner* (*vard.*) uppsnofsad, tjusigt klädd; *give a ~ a bad name and hang him* (*ung.*) det är svårt att bli rentvådd när man fått en fläck på sig; *go to the ~s* (*vard.*) gå åt pipan, förfalla; *lead a ~'s life* leva ett hundliv, *let sleeping ~s lie* inte väcka den björn som sover; *put on the ~* (*AE. vard.*) göra sig viktig; *you can't teach an old ~ new tricks* man kan inte lära gamla hundar sitta; *throw to the ~s* kasta bort **2** *vard.* kille, karl; knöl, usling; *dirty ~* fähund; *lazy ~* latmask; *lucky ~* lyckans ost **II** *v* följa i hälarna, jaga
dog days [-deɪz] *pl* rötmånad
dogged ['dɒgɪd] envis, seg, ihärdig
doghouse **1** *AE.* hundkoja **2** *vard., in the ~* i onåd
dogma ['dɒgmə] (*pl -s el. -ta*) dogm; trossats **-tic** [dɒg'mætɪk] dogmatisk
dog paddle ['dɒg,pædl] hundsim **dog rose** [-rəʊz] nypon-, vild|ros **dog-tired** [,dɒg'taɪəd] dödstrött **dogtrot** ['dɒgtrɒt] jämn lunk
dole [dəʊl] **I** *s* **1** allmosa; allmoseutdelning **2** *BE. vard.* arbetslöshetsunderstöd; *be on the ~* vara arbetslös, gå och stämpla **II** *v, ~ out* dela ut (*i småportioner*) **-ful** [-f(ʊ)l] sorgsen; dyster; sorglig
doll [dɒl] **I** *s* docka; *sl.* brud, tjusig tjej **II** *v, sl. ~ up* klä (fiffa) upp [sig], styra ut [sig]
dollar ['dɒlə] dollar
doll's-house ['dɒlzhaʊs] dockskåp
dolphin ['dɒlfɪn] **1** *zool.* delfin **2** *sjö.* pollare
domain [də(ʊ)'meɪn] domän; [jord]egendom;

bildl. domän, område, gebit
dome [dəʊm] **1** dom, kupol **2** *sl.* skalle
domestic [də(ʊ)'mestɪk] **I** *a* **1** hus-, hem-, familje-; hemkär; *~ animal* husdjur; *~ art* (*industry*) hemslöjd; *~ market* hemma marknad; *~ science* hemkunskap, hushållslära **2** inhemsk, inrikes; *~ policy* inrikespolitik **II** *s* tjänare; hemhjälp
domicile ['dɒmɪsaɪl] **I** *s* hemvist, hemort; vistelseort **II** *v* bosätta sig; vara bosatt (bofast)
domi|nance ['dɒmɪnəns] dominans; herravälde; inflytande **-nant** [-nənt] **I** *a* dominerande; [för]-härskande; ledande, inflyelserik **II** *s, mus.* dominant **-nate** [-neɪt] **1** dominera, behärska; härska över **2** dominera, härska; vara förhärskande **-nation** [,dɒmɪ'neɪʃn] **1** dominering **2** herravälde; styre, kontroll **-neer** [dɒmɪ'nɪə] dominera, härska; *~ [over]* (*äv.*) tyrannisera
Dominican [də'mɪnɪkən] **I** *s* dominikan[ermunk] **II** *a* **1** dominikan[er]- **2** *the ~ Republic* Dominikanska republiken
domino ['dɒmɪnəʊ] **1** dominobricka; *~es* (*behandlas som sg*) dominospel **2** (*pl ~[e]s*) domino (*maskeraddräkt*)
1 don [dɒn] **1** don (*spansk titel*) **2** lärare (*vid univ. o. college*)
2 don [dɒn] ikläda sig, ta på sig
Donald Duck ['dɒnəld 'dʌk] Kalle Anka
donate [də(ʊ)'neɪt] donera; skänka **donation** [də(ʊ)'neɪʃn] donation, gåva; [bort]givande
done [dʌn] *perf. part. av do o. a* **1** gjort, gjord etc., se **1** do; *~!* kör till!, okej!; *well ~!* bravo!, det gjorde du bra!; *it can't be ~* det går inte; *have you ~?* är du färdig?, har du slutat?; *that's ~ it!* *a*) det fattades bara det!, *b*) det var det!; *be (have) ~ with* bryta med; *let's have ~ with it* låt oss få saken ur världen; *~ for* (*vard.*) *a*) nästan död, *b*) i knipa; *~ in (up)* (*vard.*) utmattad, slut **2** *that isn't ~* det är inte passande, det går inte an **3** [fardig]kokt, -stekt; *well ~* genomstekt **4** *vard.* lurad
donkey ['dɒŋkɪ] åsna (*äv. bildl.*); [*for*] *~'s years* (*vard.*) [i, på] många herrans år
donor ['dəʊnə] givare; donator
don't [dəʊnt] = *do not*; *~!* låt bli!; *then ~!* slipp då!
donut ['dəʊnʌt] *se* doughnut
doodle ['du:dl] **I** *v* **1** klottra **2** *AE., ~ away* söla **II** *s* klotter
doomsday ['du:mzdeɪ] domedag
door [dɔ:] dörr; port; ingång; *the ~ to success* vägen (nyckeln) till framgång; *out of ~s* utomhus; *within ~s* inomhus; *be at death's ~* ligga för döden; *he's got a foot in the ~* han har fått in en fot; *lay s.th. at a p.'s ~* ge ngn skulden för ngt; *it lies at his own ~* det är hans eget fel, han har sig själv att skylla; *show s.b. the ~* visa ngn på dörren **-keeper** [-,ki:pə] dörr-, port|vakt **-man** dörr-, port|vakt **-nail** *s, [as] dead as a ~* stendöd **-step 1** yttertrappa; *on one's (the) ~* inpå knutarna **2** *sl.* tjock brödskiva
dope [dəʊp] **I** *s* **1** *sl.* narkotika, knark; dopingmedel **2** *sl.* [hemliga] upplysningar, [förhands]tips **3** (*slags*) fernissa, [impregnerings]lack; tillsatsmedel; smörj|medel **4** *sl.* dumskalle **5** *AE. vard.* framkallningsvätska **II** *v* **1** *sl.* ge knark; dopa; knarka **2** lura, dupera **3** fernissa, impregnera;

smörja **dope|-peddler,** **--pusher** [-,pedlə, -,puʃə] knarklangare

dormitory ['dɔ:mɪtrɪ] **1** sovsal **2** AE. studenthem **dormitory suburb** [-,sʌbɜ:b] sovstad

dosage ['dəʊsɪdʒ] med. dosering; dos; strålningsdos **dose** [dəʊs] **I** s **1** dos[is]; strålningsdos; like a ~ of salts jättesnabbt **2** vard. släng (av sjukdom e.d.) **3** sl. könssjukdom **II** v **1** ge medicin; dosera **2** uppblanda, tillsätta

dossier ['dɒsɪeɪ] dossié

dot [dɒt] **I** s **1** punkt, prick; on the ~ punktligt, prick, på slaget; the year ~ (vard.) för evigheter sedan **2** smula; stänk **II** v **1** pricka; punktera; ~ one's i's and cross one's t's (vard.) vara ytterst noggrann **2** översålla, vara utspridd över (på); she has friends ~ted about all over the country hon har vänner spridda över (här och där i) hela landet **3** ~ and carry one ett upp och ett i minnet **4** sl., ~ s.b. one klippa till ngn

dote [dəʊt] **1** vara senil (barn på nytt) **2** ~ [up]on avguda, dyrka

dotted ['dɒtɪd] prickig; prickad; ~ line prickad (streckad) linje; ~ note (mus.) punkterad not

double ['dʌbl] **I** a dubbel, dubbel-; tvåfaldig; ~ the number dubbla antalet; ~ pneumonia dubbelsidig lunginflammation; an egg with a ~ yolk ett ägg med två gulor **II** adv dubbelt; två och två; ride ~ rida två på samma häst; see ~ se dubbelt **III** s **1** the ~ det dubbla, dubbelt så mycket (många); ~ or quits kvitt eller dubbelt **2** dubbelgångare; exakt kopia; teat., film. a) stand-in, ersättare, b) aktör som spelar två roller (i samma pjäs); she is the ~ of her sister hon är sin syster upp i dagen **3** (i tennis e.d.) ~s (behandlas som sg) dubbel[spel, -match]; men's ~ herrdubbel **4** tvärvändning; bildl. slingerbult **5** mil. språngmarsch; at (on) the ~ a) med språng, b) fortare än kvickt **IV** v **1** fördubbla[s], dubblera[s] **2** vika (lägga) dubbel; ~ [up] one's fist knyta näven; ~ back on one's tracks hastigt vända och springa tillbaka; ~ up a) vika[s] dubbel, vika sig dubbel, b) dela rum (säng e.d. m. ngn) **3** göra en exakt kopia av **4** teat. spela två roller i samma pjäs; ~ for ersätta, vara stand-in för **5** göra en tvärvändning **6** sjö. dubblera, runda **7** kortsp. dubbla **8** förflytta sig med dubbla hastigheten

double bass [,dʌbl'beɪs] mus. kontrabas **double-breasted** [-'brestɪd] (om plagg) dubbelknäppt, tvåradig **double-cross** vard. **I** v spela dubbelspel med, lura **II** s dubbelspel, bedrägeri **double-dealing** dubbelspel, falskhet **double-decker** dubbeldäckare; tvåvåningsbuss; tredubbel sandwich **double Dutch** BE. vard. rotvälska **double-edged 1** tveeggad (äv. bildl.) **2** tvetydig, dubbelbottnad **double glazing** [,dʌbl'gleɪzɪŋ] dubbel-, tvåglas|fönster **double-quick** [,dʌbl'kwɪk] **I** a hastig, snabb **II** adv hastigt, snabbt

doubt [daʊt] **I** s tvivel; ovisshet; tvekan; no ~ utan tvivel, med all sannolikhet, [helt] säkert, nog; beyond ~ utom tvivel; without [a] ~ utan tvivel; I have no ~ that jag tvivlar inte på att; I have my ~s jag har mina misstankar; I have my ~s whether they will come jag tvivlar på att de kommer; give s.b. the benefit of the ~ i tveksamma fall hellre fria än fälla ngn **II** v **1** tvivla (of på);

vara oviss; tveka **2** betvivla, tvivla på (whether, that att) **-ful** ['daʊtf(ʊ)l] **1** tveksam, osäker **2** tvivelaktig, osäker, oviss **-less** ['daʊtlɪs] utan tvivel, otvivelaktigt; förmodligen

dough [dəʊ] **1** deg **2** sl. stålar **-nut** ['dəʊnʌt] (flottyrkokt) munk

dour [dʊə] bister; sträng; envis

1 dove [dʌv] duva (äv. bildl.)

2 dove [dəʊv] AE. imperf. av dive

dove|cot, -cote ['dʌv|kɒt, -kəʊt] duvslag

dowager ['daʊədʒə] änkenåd; välbärgad äldre dam

dowdy ['daʊdɪ] sjaskig; gammalmodig

1 down [daʊn] dun; fjun; ludd

2 down [daʊn] **I** adv o. pred. a **1** ner, ned; nedför, nedåt, utför; ~! (t. hund) ligg!; ~ with school! ner med skolan!; fall ~ falla ner; go ~ south resa söderut; grind ~ mala ner; write ~ skriva ner; ~ through the ages sedan urminnes tider; from the biggest ~ to the smallest från den största [ner] till den minsta **2** nere; ~ there där nere; ~ under i Australien; feel ~ känna sig nere; live ~ south bo söderut **3** be ~ vara nere; the sun is ~ solen har gått ner; I'll be ~ in a minute jag kommer ner om ett ögonblick; be three goals ~ ligga under med tre mål; be £5 ~ ha 5 pund mindre än man räknat med; meat is ~ köttet har gått ner (är nedsatt); the shoes were ~ skorna var nergångna; the tyres were ~ däcken var platta; be ~ for ha [an]tecknat sig för; be ~ for the count (i boxning) ha gått ner för räkning; the meeting is ~ for tomorrow mötet är planerat till i morgon; be ~ on s.b. vilja komma åt ngn, trakassera ngn; be ~ with [the] flu ligga i influensa **4** kontant; pay £1 ~ betala 1 pund i handpenning (kontant) **II** attr. a **1** nedåtgående; the ~ traffic trafiken från stan **2** kontant; ~ payment a) kontant betalning, b) handpenning **III** prep nedför, nedåt, utför; utefter; nere i; ~ the centuries genom århundradena; come ~ the hill komma nedför backen; she lives ~ the street hon bor nedåt (längre ner på) gatan; walk ~ the street (äv.) gå gatan fram[åt]; he works ~ the garage han arbetar på verkstaden **IV** vs **1** nedgång; ups and ~s med- och motgång **2** vard., have a ~ on ha ett horn i sidan till **V** v **1** slå (dra) ner (omkull) **2** gå (komma) ner **3** vard. svepa (drink e.d.) **4** vard., ~ tools lägga ner arbetet

down|-and-out [,daʊnən'aʊt] utslagen **-cast** ['daʊnkɑ:st] nedslagen **-fall** ['daʊn,fɔ:l] **1** fall, undergång **2** skyfall **-grade** [,daʊn-] **I** v degradera; nedvärdera **II** s, AE. **1** (vägs o.d.) lutning **2** on the ~ på nedgång, på tillbakagång **-hearted** [,daʊn-hɑ:tɪd] nedstämd **-hill** [,daʊn'hɪl] **I** s sluttning, utförsbacke **II** a sluttande; ~ race störtlopp; ~ run utförsåkning **III** adv utför; go ~ (vard.) förfalla, vara på tillbakagång **-pour** ['daʊnpɔ:] störtregn **-right** ['daʊnraɪt] **I** a **1** rättfram, uppriktig **2** ren, fullständig, fullkomlig **II** adv riktigt; fullkomligt, fullständigt **-stairs** [,daʊn'steəz] nedför trappan, ner; [där] nere, i nedre våningen **--to-earth** [,daʊntʊ'ɜ:θ] jordnära, realistisk **-town** [,daʊn'taʊn] AE. **I** s [affärs]centrum **II** a city-, central **III** adv i (ner mot, in till) centrum **-ward** ['daʊnwəd] **I** a nedåtgående, sjunkande; ~ slope nedförsbacke **II** adv, se **downwards** **-wards** ['daʊnwədz] ned[åt], utför; from the Tu-

dors ~ från Tudorerna och framåt
dowry ['daʊərɪ] **1** hemgift **2** begåvning, gåva
doze [dəʊz] dåsa, slumra; ~ *off* slumra till
dozen ['dʌzn] (*pl lika efter ord som betecknar antal*) dussin; *two* ~ *oranges* två dussin apelsiner; ~*s of times* hundratals (massor av) gånger; *by the* ~ dussinvis; *daily* ~ (*BE.*) daglig motion; *talk nineteen to the* ~ prata som en kvarn
dozy ['dəʊzɪ] dåsig, sömnig
drab [dræb] **1** gulbrun, smutsgul, grågul **2** enformig, tråkig
drabble ['dræbl] söla ner [sig]
draft [drɑːft] **I** *s* **1** *mil.* detach|ement, -ering, kommendering; *AE.* uttagning (*t. militärtjänst*) **2** *hand.* tratta; växel **3** plan, utkast, koncept; skiss **4** *AE., se draught* **II** *v* **1** *mil.* detachera, kommendera; *AE.* ta ut, inkalla (*t. militärtjänst*) **2** göra utkast till, sätta upp, avfatta; skissera
drag [dræg] **I** *v* **1** släpa, dra; ~ *anchor* (*sjö.*) dragga; ~ *one's feet* (*heels*) (*vard.*) dra benen efter sig, söla; ~ *s.o.'s name in the mud* släpa ngns namn i smutsen; ~ *o.s. away from* slita sig från; ~ *up* uppfostra slarvigt och hårdhänt **2** ~ *on* (*out*) dra ut [på tiden], dra ut på, framsläpa **3** dragga [i] (*for* efter) **4** släpa sig [fram], gå långsamt; sacka efter **5** *sl.* dra ett bloss **6** *AE. sl.* tråka ut **II** *s* **1** släpande, dragande **2** släpighet, tröghet; släpande rörelse **3** hämsko, broms (*äv. bildl.*); hinder **4** tung harv **5** *jakt.* släp **6** dragnät, släpnot **7** *sl.* tråkmåns, torris; dötrist grej **8** *sl.* transvestitkläder **9** *vard.* bloss (*på cigarrett*) **10** *AE. sl.* gata **11** *sl.* kärra (*bil*); drag race (*accelerationstävling för bilar*)
draggle ['drægl] **I** släpa i smutsen, smutsa ner **II** bli efter, söla
dragon ['dræg(ə)n] drake **-fly** *zool.* trollslända
drain [dreɪn] **I** *v* **1** ~ [*off*] låta rinna av, avleda **2** ~ [*away*] rinna av (bort), filtreras (silas) bort **3** dricka ur, tömma [i botten] **4** *bildl.* [ut]tömma, åderlåta (*of* på); dö bort **5** dränera, torrlägga; avvattna[s] **II** *s* **1** dränerings-, avlopps|rör, kloak[ledning], avlopp; *throw one's money down the* ~ (*vard.*) kasta pengarna i sjön; *all our efforts have gone down the* ~ (*vard.*) alla våra ansträngningar har varit förgäves **2** *bildl.* tömning, åderlåtning **3** *med.* dränage **drainage** ['dreɪnɪdʒ] **1** dränering, avvattning, torrläggning; avrinning **2** avloppsledningar, kloaksystem **3** avsloppsvatten
drainpipe **I** *s* avloppsrör, stuprör **II** *a* stuprörs-
drama ['drɑːmə] drama, skådespel **dramatic** [drə'mætɪk] dramatisk; ~ *critic* teaterkritiker
dramatist ['dræmətɪst] dramatiker **dramatization** (*BE. äv. -tisation*) [ˌdræmətaɪ'zeɪʃn] dramatisering **drama|tize** (*BE. äv. -tise*) ['dræmətaɪz] dramatisera
drank [dræŋk] *imperf. av* drink
drape [dreɪp] **I** *s* **1** *AE.* draperi, förhänge, gardin **2** drapering, fall **II** *v* **1** drapera, kläda; pryda **2** falla (*i veck*) **3** *vard.* placera, hänga, vräka; *she ~d her arm over the back of the sofa* hon la sin arm över ryggstödet på soffan
draper ['dreɪpə] klädes-, manufaktur|handlare **drapery** ['-rɪ] **1** klädes-, manufaktur|varor; tyger **2** klädes-, manufaktur|handel **3** draperi; gardin
drastic ['dræstɪk] drastisk

draught [drɑːft] **1** [luft]drag; *there is a* ~ *here* det drar [här]; *feel the* ~ ha ont om pengar **2** dragande; *beast of* ~ dragdjur **3** drag; notvarp **4** dos; klunk; [ande]drag; bloss **5** *on* ~ på fat; *beer on* ~ fatöl **6** damspelsbricka; ~*s* (*behandlas som sg*) dam[spel] **7** (*fartygs*) djupgående **draught beer** ['drɑːftbɪə] fatöl
draw [drɔː] **I** *v* (*drew, drawn*) **1** dra[ga]; dra med (på, till, åt) sig; ~ *s.b. away from* dra bort ngn från; ~ *s.th. to a close* avsluta ngn **2** dra för (ned, till, undan, ut, åt); ~ *the curtains* dra för (ifrån) gardinerna; ~ *a tooth* dra ut en tand; ~ *trumps* (*kortsp.*) dra ut trumfen **3** ~ [*off*] pumpa (dra, hämta, tappa) upp; ~ *a bath* tappa upp badvatten; ~ *wine from a cask* tappa upp vin ur en tunna; ~ *it mild* (*vard.*) ta det försiktigt **4** dra till sig, attrahera; ~ *s.b.'s attention to* fästa ngns uppmärksamhet på; ~ *a crowd* dra till sig en folkmassa; *feel* ~*n to s.b.* känna sig dragen till (attraherad av) ngn **5** tappa [av], tömma [ut]; ~ *blood* tappa på blod, åderlåta, förorsaka blodvite **6** rita, teckna; ~ *the line* a) dra linjen, b) *vard. bildl.* sätta en gräns, c) *vard.* vägra **7** göra, dra (ställa) [upp]; hämta; ~ *comparisons* göra (anställa) jämförelser; ~ *conclusions* dra slutsatser; ~ *inspiration from* hämta inspiration från **8** ställa (skriva) ut (*check e.d.*); sätta upp, upprätta (*dokument*); ~ *a cheque on s.b.* ställa ut en check på ngn **9** ~ [*in*] dra in, insupa, andas in; ~ *a deep breath* ta [dra] en djupt andetag **10** förtjäna, ha, uppbära; ta ut, lyfta; ~ *interest* löpa med ränta; ~ *money from a bank* ta ut pengar på en bank; ~ *a big salary* ha en stor lön **11** dra; förrätta dragning i; ~ [*a*] *blank* dra en nit (*äv. bildl.*); ~ *lots* dra lott; ~ *the winner* a) få en vinst, b) vinna (*på hästkapplöpning*) **12** spänna (*a bow* en båge) **13** ta ur, rensa; ~ *a chicken* ta ur en kyckling **14** locka fram, framkalla; ~ *applause* framkalla applåder; *I could* ~ *no reply from her* jag kunde inte locka ur henne ngt svar; ~ *a smile* locka fram ett leende; *he refuses to be* ~*n* a) han vägrar att yttra sig, b) han låter sig inte provoceras **15** ~ *a match* spela oavgjort **16** dra (flytta, röra) sig; ~ *to a close* närma sig sitt slut; ~ *nearer* dra sig närmare, närma sig; ~ *towards the door* dra sig mot dörren **17** dra; (*om te o.d.*) [stå och] dra; *the chimney* ~*s well* det är bra drag i skorstenen **18** spela oavgjort; *schack.* spela remi **19** ~ *away* a) dra iväg, avlägsna sig, b) dra ifrån (*i lopp e.d.*), c) dra sig undan, d) dra undan (bort); ~ *back* a) dra sig tillbaka, b) dra sig undan; ~ *forth* a) dra fram, b) framlocka, framkalla; ~ *in* a) (*om dagar*) bli kortare, b) (*om tåg*) anlända; ~ *off* a) tappa av (upp), b) dra tillbaka (*trupper*); ~ *on* a) använda, utnyttja, b) närma sig, dra närmare, c) ta ut, lyfta (*pengar*), d) dra på sig (*kläder*), e) driva på, uppmuntra; ~ *out* a) dra ut på, förlänga, b) få att tala (yttra sig), c) ta ut, lyfta (*pengar*), d) (*om dagar*) bli längre, e) (*om tåg*) avgå; ~ *s.th out of s.b.* locka ur ngn ngt; ~ *up* a) [få att] stanna, b) avfatta, sätta upp, upprätta (*dokument o.d.*), c) mil. ställa upp; ~ *o.s. up* sträcka (räta) på sig **II** *s* **1** drag[ning]; *be quick on the* ~ vara snabb att dra (*pistol e.d.*) **2** *vard.* dragplåster, attraktion **3** lotteri; lott; [lott]dragning **4** oavgjord match (*tävling*); *schack.* remi

drawback ['drɔ:bæk] **1** nackdel, olägenhet **2** [tull]restitution

drawer ['drɔ:ə] **1** person som drar *etc.*, *jfr draw* **2** ritare, tecknare **3** författare (*t. dokument e.d.*) **4** *hand.* trassent, utställare **5** [drɔ:] [byrå-, bords]låda; *chest of* ~*s* byrå **drawers** [drɔ:z] *pl* [under]byxor, kalsonger

drawing ['drɔ:ɪŋ] **I** *s* **1** dragande, dragning *etc.*, *jfr draw* **2** ritning, teckning **II** *a* drag-, dragande **drawing pin** *BE.* häftstift **drawing room** sällskaps-, vardags|rum, salong

drawl [drɔ:l] **I** *v* tala släpigt, släpa på orden **II** *s* släpigt tal

drawn [drɔ:n] **I** *v*, *perf. part av draw* **II** *a* **1** oavgjord **2** härjad, fårad, tärd

dread [dred] **I** *v* frukta **II** *s* fruktan, skräck (*of* för) **III** *a*, *litt.* fruktad **-ful** ['dredf(ʊ)l] förskräcklig, hemsk, ryslig

dream [dri:m] **I** *s* dröm; *go like a* ~ gå som smort **II** *v* (*dreamt, dreamt el. dreamed, dreamed*) drömma; ~ *up* (*vard.*) fantisera ihop, hitta på **dreamer** ['dri:mə] drömmare; svärmare **dreamt** [dremt] *imperf. o. perf. part. av dream* **dreamy** ['dri:mɪ] drömmande, frånvarande, obestämd

dreary ['drɪərɪ] dyster, trist

dredge [dredʒ] **I** *s* **1** släpnät **2** mudderverk **II** *v* **1** dragga efter **2** muddra [upp]

dregs [dregz] *pl* drägg, bottensats; *bildl.* drägg, avskum

drench [dren(t)ʃ] göra genomvåt, genomdränka

dress [dres] **I** *v* **1** klä[da]; klä [på] sig; klä om [sig]; ~ *o.s.* klä sig, klä om [sig]; *get* ~*ed* klä sig; ~ *up a*) klä ut [sig], *b*) klä upp [sig], klä [sig] fin **2** kamma (snygga) till (*hår*); rykta; beskära (*träd e.d.*) **3** bearbeta, bereda; tillreda, tillaga, anrätta; rensa; ordna (*varor i skyltfönster e.d.*) **4** förbinda, lägga (sköta) om (*sår*) **5** *mil.*, ~ *ranks* rätta leden **6** ~ *down* (*vard.*) skälla ut, klå upp **II** *s* dräkt; klädsel, kläder; klänning; *full* ~ högtidsdräkt, galatoalett **dress circle** [ˌdres'sɜ:kl] *teat.* första raden

dressing ['dresɪŋ][ˌdres'sɜ:kl] **1** påklädning; omklädning **2** bearbetning, beredning; tillredning **3** dressing, salladssås; *AE.* fyllning **4** omslag, förband **5** gödning **dressing-down** [ˌdresɪŋ'daʊn] *vard.* utskällning; kok stryk **dressing gown** ['dresɪŋgaʊn] morgonrock **dressing room** ['dresɪŋrʊm] omklädningsrum, toalettrum; klädloge **dressing table** ['dresɪŋteɪbl] toalettbord

dressmaker ['dresmeɪkə] sömmerska, damskräddare **dress rehearsal** [ˌdresrɪ'hɜ:sl] generalrepetition **dress suit** [ˌdres'su:t] frack **dressy** ['dresɪ] *vard.* **1** stiligt klädd **2** (*om kläder*) elegant, stilig

drew [dru:] *imperf. av draw*

dribble ['drɪbl] **I** *v* **1** droppa, drypa **2** dregla **3** *sport.* dribbla **II** *s* **1** droppande **2** droppdroppar **3** *sport.* dribbling

drift [drɪft] **I** *s* **1** drivande, drift; strömning; avdrift **2** driva (*of snow* av snö) **3** tendens, trend; mening **4** drivkraft, impuls **5** avvaktande, overksamhet **II** *v* driva [fram]; glida; hopas i drivor

drill [drɪl] **I** *s* **1** [drill]borr; borrmaskin **2** exercis, drill; träning; *vard.* rutin **II** *v* **1** drilla; [genom]-borra, borra sig (*into* in i) **2** exercera, drilla;

träna

drink [drɪŋk] **I** *v* (*drank, drunk*) dricka; supa; *bildl. äv.* tömma; ~ *away one's fortune* supa upp sin förmögenhet; ~ *in* (*bildl.*) insupa; ~ *off* dricka ur, tömma; ~ *a p.'s health* dricka ngns skål; ~ *to s.b.* dricka ngns skål, skåla med ngn **II** *s* **1** dryck; *food and* ~ mat och dryck; *the* ~ (*vard.*) drickat, spat, sjön **2** dryckesvaror; spritdryck[er], alkohol; *he has a* ~ *problem* han har alkoholproblem **3** dryckenskap **4** drink, glas, sup; klunk; *a* ~ *of water* lite (ett glas) vatten **drinker** ['drɪŋkə] person som dricker; drinkare

drinking ['drɪŋkɪŋ] **I** *s* **1** drickande, supande **II** *a* dryckes-, dricks- **drinking bout 1** supkalas **2** [sup]period

drip [drɪp] **I** *v* droppa; drypa **II** *s* **1** drypande; [tak]dropp **2** *vard.* tråkmåns **dripping** ['drɪpɪŋ] **I** *s* **1** dropp[ande] **2** stekflott, flottyr; fett (*som droppar från stek*) **II** *a* droppande, drypande; ~ *wet* dyblöt

drive [draɪv] **I** *v* (*drove, driven*) **1** driva; driva på (fram); ~ *cattle* driva (fösa) boskap; ~ *s.b. into a corner* tränga in ngn i ett hörn; ~ *a ship out of course* driva ett fartyg ur kursen **2** köra (*bil, häst e.d.*); skjutsa; driva (*motor o.d.*); ~ *on the left* ha vänstertrafik; *driven by electricity* eldriven **3** slå, driva; ~ *home a*) slå i (*spik e.d.*) ordentligt, *b*) *bildl.* inpränta, hamra in; *the blow drove a hole in the wall* slaget gjorde ett hål i väggen; ~ *a nail into a wall* slå i en spik i väggen; ~ *a tunnel* gräva en tunnel **4** *sport.* slå (*boll*) **5** driva; tvinga; driva på, pressa; ~ *s.b. to despair* driva ngn till förtvivlan; ~ *s.b. mad* (*crazy*) göra ngn galen; *you're driving him too hard* du pressar honom för hårt; ~ *a hard bargain* ställa hårda krav **6** driva[s] [fram]; drivas (pressas) på (fram) **7** köra, åka, fara; ~ *up outside the house* köra upp framför huset **8** slå, driva, piska; *the waves drove against the rocks* vågorna slog mot klipporna; ~ *ashore* driva i land **9** ~ *at* mena; *what are you driving at?* (*äv.*) vart vill du komma? **II** *s* **1** åktur, färd; körning **2** körväg, uppfartsväg **3** *sport.* drive **4** energi, kraft, kläm, fart **5** kampanj, 'drive' **6** *tekn.* drift; styrning; *four-wheel* ~ fyrhjulsdrift; *left-hand* ~ vänsterstyrning **7** tendens, riktning **8** *psykol.* drift

drivel ['drɪvl] **I** *v* **1** prata smörja, dilla **2** dregla **3** ~ *away* plottra bort **II** *s* **1** dravel, smörja, tjafs **2** dregel

driven ['drɪvn] *perf. part. av drive*

driver ['draɪvə] **1** chaufför; förare **2** djurfösare **3** *tekn.* drivhjul **4** *golf.* driver **driveway** privat väg; garageinfart

driving ['draɪvɪŋ] **I** *a* drivande *etc.*, *jfr drive*; driv-; ~ *rain* slagregn **II** *s* drivande; körning, åkning *etc.*, *jfr drive* **driving belt** drivrem **driving licence** [-ˌlaɪsns] körkort **driving school** [-sku:l] kör-, trafik|skola

drizzle ['drɪzl] **I** *v* dugga, duggregna **II** *s* duggregn

drone [drəʊn] **I** *v* surra, brumma **II** *s* **1** drönare; hanbi **2** *BE.* drönare, slöfock, lätting **3** surr, brummande **4** radiostyrt flygplan

drool [dru:l] **I** *se drivel I* **2** ~ *over* dregla av lystnad inför

droop [dru:p] **I** *v* **1** hänga ner, sloka; sänka sig; sjunka **2** bli kraftlös; bli modlös **II** *s* **1** slokande;

sänkning **2** kraftlöshet; modlöshet, nedstämdhet
drop [drɒp] **I** s **1** droppe; a ~ in the bucket (ocean)
(vard.) en droppe i havet; he's had a ~ too much
han har tittat för djupt i glaset; acid ~s syrliga
karameller **2** prisma (i ljuskrona); örhänge **3** fall[ande], nedgång, sjunkande; at the ~ of a hat
som på en given signal **4** fallucka **5** luftlandsättning **6** AE. brevlådeöppning **II** v **1** droppa [ner],
drypa **2** falla, sjunka; falla (sjunka) ner; stupa;
~ dead! (sl.) dra (far) åt helvete!; ~ with fatigue
stupa av trötthet **3** låta falla [bort], släppa, tappa
[bort]; utelämna; fälla; släppa ner, luftlandsätta;
bildl. fälla, låta undfalla sig; ~ anchor kasta ankar; ~ bombs fälla bomber; ~ a hem lägga ner
en fåll; ~ s.b. a hint ge ngn en vink; ~ a remark
about fälla en anmärkning om **4** (om vind) lägga
sig, mojna **5** sätta (släppa, lämna) av (passagerare, varor) **6** (om djur) [fram]föda **7** vard. lämna,
överge, upphöra med; bryta (säga upp bekantskapen) med; ~ it! sluta!, låt bli!; let's ~ the subject låt oss lämna det ämnet; ~ a bad habit sluta
med en ovana **8** vard. skicka, sända; ~ me a line!
skicka en rad [till mig]! **9** burst. peta, utesluta;
AE. sl. sparka (avskeda) **10** ~ away droppa
(troppa) av, falla ifrån; ~ back falla tillbaka; ~
behind sacka (halka) efter; ~ by titta in, komma
förbi; ~ down a) falla ner, b) släppa; ~ in titta in
(on s.b. till, hos ngn; at the pub på puben); ~ off
a) avta, minska, falla bort, b) släppa (sätta) av,
c) slumra (nicka) till, somna; ~ out a) falla ut (of
ur), b) dra sig ur, gå ur, hoppa av, sluta (of s.th.
ngt); ~ over titta över, hälsa 'på; ~ through rinna
ut i sanden, förfalla
dropout [-aʊt] **1** person som hoppat av studier **2**
(socialt) utslagen **drop shot** [-ʃɒt] sport. stoppboll
drought [draʊt] torka, regnbrist
drove [drəʊv] **I** v, imperf. av drive **II** s **1** kreaturshjord **2** [folk]massa
drown [draʊn] **1** dränka (äv. bildl.); be ~ed
drunkna **2** drunkna **3** översvämma; ~ out överrösta
drowse [draʊz] **I** v **1** dåsa **2** göra dåsig **II** s dåsighet, dåsande **drowsy** ['draʊzɪ] **1** dåsig, sömnig
2 sövande, sömngivande
drudge [drʌdʒ] **I** s arbetsträl **II** v arbeta som en
slav, slita **drudgery** ['drʌdʒ(ə)rɪ] slavgöra, hårt
rutinarbete
drug [drʌg] **I** s drog; läkemedel, medikament;
sömn-, bedövnings|medel; ~s (pl, äv.) narkotika; ~ on the market svårsåld (osäljbar) vara **II** v
1 blanda sömnmedel (gift) i **2** droga; bedöva;
förgifta **3** ge läkemedel **drug addict**
['drʌɡ,ædɪkt] narkotikamissbrukare, narkoman
drugstore ['drʌɡstɔ:] AE. drugstore (apotek o.
kemikalieaffär med kiosk o. bar)
drum [drʌm] **I** s **1** trumma; beat the ~ slå på trumma; beat the ~ for (vard.) slå på trumman för **2**
trummande **3** trumma, cylinder, vals; fat, dunk
4 trumhinna **5** åld. trumslagare **II** v **1** spela på
trumma; trumma; ~ one's fingers trumma med
fingrarna **2** ~ up trumma ihop, samla; ~ s.th.
into a p.'s head trumfa in ngt i skallen på ngn
drummer ['drʌmə] **1** trumslagare **2** AE. handelsresande **drum roll** ['drʌmrəʊl] trumvirvel
drunk [drʌŋk] **I** v, perf. part. av drink **II** a druck-

en, berusad (äv. bildl.), full **III** s fyllo, fyllerist;
vard. supkalas **-en** ['drʌŋk(ə)n] **1** drucken, berusad **2** försupen **-enness** ['drʌŋk(ə)nnɪs] **1** fylla
2 dryckenskap, fylleri
dry [draɪ] **I** a (adv dryly el. drily) **1** torr (äv. bildl.);
uttorkad; ~ goods a) spannmål, b) AE. manufakturvaror; ~ measure mått för torra varor; ~
nurse barnsköterska; ~ point torrnål[sgravyr]; ~
rot a) torröta, b) vard. bildl. röta; ~ run (vard.)
repetition **2** torr i halsen, törstig; som ger törst **3**
(om bröd) utan smör (marmelad) **4** sin-, i sin **5**
vard. torrlagd, utan spritförsäljning **II** v torka;
torka ut; förtorka, bli torr; ~ out a) torka ut, b)
vard. sitta (sätta) på torken; ~ up a) torka ut,
sina, b) torka (disk), c) vard. tystna; ~ up!
(vard.) håll mun!
dry-clean ['draɪ'kli:n] kemtvätta **dry-cleaners**
[-əz] (behandlas som sg) kemtvätt[inrättning]
dry-cleaning [-ɪŋ] kemtvätt
dual ['dju:əl] tvåfaldig, dubbel; ~ carriageway
(BE.) väg med skilda körbanor
dub [dʌb] film. dubba
dubious ['dju:bjəs] **1** tvivelaktig **2** tveksam
duchess ['dʌtʃɪs] hertiginna **duchy** ['dʌtʃɪ] hertigdöme
1 duck [dʌk] **I** s **1** anka; and; wild ~ vildand; like
water off a ~'s back (vard.) som vatten på en gås;
she takes to it like a ~ to water (vard.) i det fallet
är han som fisken i vattnet; play ~s and drakes
kasta smörgås; play ~s and drakes with (vard.)
slösa med, handskas vårdslöst med **2** BE. vard.
raring, älskling **3** (i kricket) noll
2 duck [dʌk] **I** v **1** doppa sig, dyka ner (o. hastigt
komma upp igen) **2** böja sig ner (undan); ducka;
bocka sig, nicka **3** vard., ~ [out] smita ifrån (undan) **II** s **1** (hastig) dykning, dopp **2** duckning;
bock, nick
duckling [-ɪŋ] ankunge
dud [dʌd] **I** s **1** blindgångare **2** oduglig sak; oduglig; fiasko **3** falskt mynt, falsk sedel **4** ~s (pl)
kläder, tillhörigheter **II** a oduglig; falsk
dude [dju:d] AE. vard. **1** [kläd]snobb **2** person **3**
ung. gröna-vågare
due [dju:] **I** a **1** som skall betalas; förfallen till betalning; the sum which is ~ to him den summa
som tillkommer honom; be (become, fall) ~ förfalla [till betalning] **2** passande, lämplig, behörig, vederbörlig, tillbörlig; with all ~ respect med
all respekt; in ~ course [of time] i vederbörlig
ordning, i sinom tid **3** väntad; I am ~ in Paris tomorrow jag skall vara i Paris i morgon; when is
the train ~? när beräknas tåget komma in? **4** ~
to beroende på, på grund av; be ~ to bero på **II**
adv rakt; ~ north rätt norrut **III** s **1** a p.'s ~ vad
som tillkommer ngn, ngns rätt; give a p. his ~ ge
ngn vad som tillkommer honom **2** skuld **3** ~s
(pl) a) tull, b) [medlems]avgift[er]
duel ['dju:əl] **I** s duell **II** s duellera
duet[te] ['dju:'et] duett; duo
duffel coat duffel (rock)
1 dug [dʌg] juver, spene
2 dug [dʌg] imperf. o. pef. part. av dig
duke [dju:k] **1** hertig **2** sl., ~s (pl) näver
dull [dʌl] **I** a **1** trög[tänkt]; långsam, slö, håglös;
okänslig **2** trist, tråkig, ointressant **3** matt, glanslös **4** trubbig, slö **5** dov, dämpad; molande; ~ of

hearing lomhörd **II** *v* göra (bli) trög *etc., jfr I*; matta; dämpa; förslöas **-ness** ['dʌlnɪs] tröghet, slöhet; tråkighet; matthet; trubbighet

duly ['dju:lɪ] vederbörligen, som sig bör, i vederbörlig ordning; i rätt tid, punktligt

dumb [dʌm] **1** stum, mållös; ~ *animals* oskäliga djur; ~ *show* pantomim; *strike* ~ göra mållös (stum) **2** *AE. vard.* dum **-bell** ['dʌmbel] **1** hantel **2** *AE. sl.* idiot **-found** [dʌm'faʊnd] göra mållös, förstumma

dummy ['dʌmɪ] **1** attrapp; skyltdocka; (*buktalares*) docka; [mål]gubbe (*på skjutbana*); dummy; modell, imitation **2** (*i bridge*) träkarl **3** *vard. bildl.* nolla **4** bulvan **5** *sl.* dumskalle, idiot; stum person **6** *BE.* tröstnapp **7** *sport.* fint; *sell a* ~ finta

dump [dʌmp] **I** *s* **1** [sop]tipp, avstjälpningsplats; avskrädeshög **2** tippning (*av sopor*) **3** *mil.* förrådsplats, depå **4** *vard.* kyffe, håla **5** *data.* innehåll i minne **II** *v* **1** stjälpa av, tippa; släppa (tappa) med en duns; *vard.* göra sig av med, dumpa **2** *hand.* dumpa **3** falla med en duns, dunsa ner **dumping-ground** ['dʌmpɪŋɡraʊnd] avstjälpningsplats

dumpling ['dʌmplɪŋ] *kokk.* **1** klimp **2** äppelknyte

dumps [dʌmps] *pl, vard., down in the* ~ nere, deppig

dumpy ['dʌmpɪ] kort och tjock

dune [dju:n] dyn

dung [dʌŋ] **I** *s* dynga, gödsel **II** *v* gödsla

dungeon ['dʌn(d)ʒ(ə)n] fängelsehåla

dunghill ['dʌŋhɪl] gödselstack

duo ['dju:əʊ] duo; duett

dupe [dju:p] **I** *s* lättlurad (lättledd) person **II** *v* dupera, lura

dupli|cate I *a* ['dju:plɪkət] dubbel, tvåfaldig; dubblett-; identisk **II** *s* ['dju:plɪkət] dubblett, duplikat; kopia; *in* ~ i två [likalydande] exemplar **III** *v* ['dju:plɪkeɪt] **1** ta kopia av; duplicera **2** fördubbla **-cation** [ˌdju:plɪ'keɪʃn] **1** duplicering **2** fördubbling

durable ['djʊərəbl] varaktig, hållbar, slitstark; ~ *goods, ~s (pl)* varaktiga konsumtionsvaror

duration [djʊ(ə)'reɪʃn] varaktighet; *for the* ~ till slutet, så länge det varar

during ['djʊərɪŋ] *prep* under [loppet av]

dusk [dʌsk] skymning, dunkel **dusky** ['dʌskɪ] **1** skum, dunkel **2** mörk[färgad], svartaktig

dust [dʌst] **I** *s* **1** damm; stoft; puder, [fint] pulver; *a* ~ ett dammoln; ~ *and ashes* stor besvikelse; *bite the* ~ (*vard.*) bita i gräset; *give s.th. a* ~ damma av ngt; *kick up (raise) a* ~ (*vard.*) ställa till bråk; *lick the* ~ (*vard.*) kräla i stoftet; *shake the* ~ *off one's feet* skudda stoftet av fötterna; *throw* ~ *into a p.'s eyes* slå blå dunster i ögonen på ngn **2** [hushålls]sopor **3** [liten] smula, 'doft' **4** *bildl.* stoft, aska, jord **5** *teol.* (*människans*) kropp; jordiska kvarlevor, stoft **II** *v* **1** ~ [*off*] damma [av], dammtorka; ~ *a p.'s jacket for him* (*vard.*) damma på ngn, ge ngn på pälsen; ~ *down a*) borsta dammet av, *b*) skälla ut **2** damma [ner]; göra dammig **3** [be]strö, strö över, [be]pudra

dustbin ['dʌs(t)bɪn] soptunna **dustcloth** *AE.* dammtrasa **duster** [-ə] **1** *BE.* dammtrasa **2** *AE.* städrock **dusting** [-ɪŋ] **1** damning **2** [be]pudring

3 utskällning **dustman** [-mən] *BE.* renhållningsarbetare, sophämtare **dustpan** [-pæn] sopskyffel **dusty** ['dʌstɪ] **1** dammig; *not so* ~ (*vard.*) inte så illa (tokig) **2** (*om färg*) matt, gråaktig **3** tråkig; otillfredsställande

Dutch [dʌtʃ] **I** *a* holländsk, nederländsk; ~ *cap a*) holländsk spetsmössa, *b*) pessar; ~ *comfort* klen tröst; ~ *courage* falskt mod (*genom alkohol*), brännvinskurage; ~ *metal* oäkta bladguld; ~ *treat* knytkalas; ~ *uncle* (*vard.*) person som håller förmaningstal; *go* ~ dela på kostnaderna **II** *s* **1** holländska [språket]; *Cape* ~ afrikaans, kapholländska; *High* ~ högtyska; *Low* ~ lågtyska **2** *the* ~ holländarna **3** *sl., in* ~ i knipa

dutiful ['dju:tɪf(ʊ)l] **1** plikttrogen, lydig **2** pliktskyldig

duty ['dju:tɪ] **1** plikt, skyldighet; *in* ~ *bound* förpliktad **2** åliggande, uppgift; uppdrag; tjänst, tjänstgöring; *off* ~ inte i tjänst, ledig; *on* ~ i tjänst, tjänstgörande, jour-, vakt|havande; *do* ~ *for* tjäna som, fungera som **3** skatt, pålaga, avgift, accis; tull **duty-bound** förpliktad **duty-free** [ˌdju:tɪ'fri:] tullfri

dwarf [dwɔ:f] **I** *s* (*pl ~s el. dwarves*) dvärg **II** *a* dvärg-, dvärglik; ~ *tree* dvärgträd **III** *v* **1** förkrympa, hämma i växten **2** få att se mindre ut; *be ~ed by* se liten ut bredvid

dwell [dwel] (*dwelt, dwelt*) **1** *litt.* bo, vistas; dväljas **2** ~ [*up*]*on* dröja vid, uppehålla sig vid **dwelling** ['dwelɪŋ] *litt.* bostad

dwelt [dwelt] *imperf. o. perf. part. av dwell*

dwindle ['dwɪndl] **1** krympa ihop; förminskas **2** få (komma) att krympa ihop

dye [daɪ] **I** *v* färga; gå att färga **II** *s* **1** färg; färgämne **2** *bildl.* slag, sort **dyeing** ['daɪɪŋ] färgning

dying ['daɪɪŋ] **I** *a* döende; döds-; ~ *wish* (*words*) sista önskan (ord) **II** *s* döende[t], död

dynamic [daɪ'næmɪk] dynamisk

dynamite ['daɪnəmaɪt] **I** *s* dynamit **II** *v* spränga med dynamit

dynamo ['daɪnəməʊ] [likströms]generator

dynasty [-ɪ] dynasti

dysentery ['dɪsntrɪ] dysenteri, rödsot

dyslexia [dɪs'leksɪə] dyslexi, ordblindhet

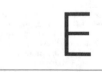

E, e [i:] (*bokstav, ton*) E, e; *E flat* (*mus.*) ess; *E sharp* (*mus.*) eiss

each [i:tʃ] var, varje; var och en; *one apple* ~ ett äpple var[dera], var sitt äpple; *they cost 1 pound* ~ de kostar 1 pund [per] styck; ~ *other* varandra; ~ *and every girl* varenda flicka

eager ['i:ɡə] ivrig, angelägen; ~ *beaver* (*vard.*) överambitiös person, arbetsmyra **-ness** [-nɪs]

iver, begär (*for* efter); otålighet
eagle ['i:gl] **1** örn **2** (*förr*) 10-dollarmynt (*i guld*)
3 *golf.* eagle (*2 slag under par*) **eagle-eyed**
skarpögd, med örnblick **eagle owl** *zool.* uv
ear [ɪə] öra; *mus. äv.* gehör; *a thick* ~ (*vard.*) en
örfil; *wet behind the* ~*s* (*vard.*) inte torr bakom
öronen; *in one* ~ *and out the other* (*vard.*) in ge-
nom det ena örat och ut genom det andra; *head
over* ~*s* upp över öronen; *up to the* ~*s* (*vard.*)
upp över öronen; *be all* ~*s* (*vard.*) vara idel öra;
be out on one's ~ (*vard.*) få sparken; *my* ~*s are
burning a*) det hettar i öronen på mig, *b*) *bildl.*
man talar [illa] om mig; *give* (*lend an*) ~ *to* lyssna
[välvilligt] till; *have an* ~ *for music* ha musiköra;
have the ~ *of s.b.* (*bildl.*) ha ngns öra; *keep
(have) one's* ~ *to the ground* (*vard.*) [försöka]
hålla sig informerad om vad som är på gång;
make a pig's ~ *of* (*vard.*) totalt förstöra; *play by*
~ *a*) spela efter gehör, *b*) *vard.* handla på känn,
improvisera; *set by the* ~*s* tussa ihop, orsaka stri-
digheter mellan; *turn a deaf* ~ (*vard.*) slå dövörat
till
ear|ache ['ɪəreɪk] örsprång, ont i öronen **-drop**
(*hängande*) örhänge **-drum** trumhinna
earl [ɜ:l] (*brittisk*) greve
early ['ɜ:lɪ] **I** *a* tidig; för tidig; *the E~ Church* den
äldsta kyrkan, fornkyrkan; ~ *closing* eftermid-
dagsstängt (*en dag i veckan*); ~ *warning* förvar-
ning; ~ *warning system* (*mil.*) fjärrvarningssy-
stem; *at an* ~ *date* inom kort; *next week at the
earliest* tidigast nästa vecka; *in the* ~ *days of the
year* under årets första dagar; *in* ~ *summer* i bör-
jan av sommaren, på försommaren; *he was two
hours* ~ han kom två timmar för tidigt; *be an* ~
bird (*riser*) stiga upp tidigt om morgnarna, vara
morgonpigg; *the* ~ *bird catches the worm* mor-
gonstund har guld i mun; *keep* ~ *hours* vara ti-
digt uppe och tidigt i säng **II** *adv* tidigt; ~ *in the
morning* tidigt på morgonen, *I cannot come ear-
lier than Friday* jag kan komma tidigast på fre-
dag; *as* ~ *as possible* så tidigt som möjligt
earmark ['ɪəmɑ:k] **I** *s* ägarmärke (*i örat på djur*);
bildl. kännetecken **II** *v* **1** märka (*djur i örat*) **2**
bildl. öronmärka, reservera (*för visst ändamål*)
earn [ɜ:n] [för]tjäna; förvärva; få
earnest ['ɜ:nɪst] **I** *a* allvarlig; allvarsam; upprik-
tig; ivrig; flitig, målmedveten **II** *s* allvar; *in* [*dead*]
~ på [fullt] allvar; *be in* ~ mena allvar
earnings ['ɜ:nɪŋz] *pl* förtjänst, inkomst[er], in-
täkt[er]
ear|phone ['ɪəfəʊn] hörlur, hörtelefon; öron-
mussla **-piece** *tel.* hörlur **-plug** [-plʌg] öron-
propp **-ring** [-rɪŋ] örhänge **-splitting** [-,splɪtɪŋ]
öronbedövande
earth [ɜ:θ] **I** *s* **1** jord[klot]; mark; jord, mull, myl-
la; *the* ~ jorden; ~ *to* ~, [*ashes to ashes,*] *dust to
dust* (*kyrkl.*) av jord är du kommen, jord skall du
åter varda; *how* (*what, why*) *on* ~ hur (vad, var-
för) i all (hela) världen; *come back* (*down*) *to* ~
(*bildl.*) komma ner på jorden igen; *cost the* ~
(*vard.*) kosta skjortan (en förmögenhet) **2** lya,
gryt; *run to* ~ *a*) trycka (*räv*) att gå ner i lya, *b*)
(*om räv*) gå ner i lya, *b*) spåra upp **3** *elektr.* jord-
[ledning] **II** *v, elektr.* jorda
earthen ['ɜ:θn] ler-; jord- **-ware** [-weə] lergods
earthly [-lɪ] **1** jordisk, världslig **2** *vard.* tänkbar,

möjlig; *not an* ~ [*chance*] inte den minsta chans
earthquake jord|bävning, -skalv **earthworm**
[-wɜ:m] daggmask
ease [i:z] **I** *s* **1** välbefinnande, välbehag; lugn; be-
kvämlighet; sorglöshet; otvungenhet, ledighet; *a
life of* ~ ett bekymmerslöst liv; *at* [*one's*] ~ *a*) le-
dig, avslappad, obesvärad, ogenerad, *b*) i lugn
och ro, bekvämt; [*stand*] *at* ~*! (mil.*) manöver!;
ill at ~ illa till mods **2** lätthet **3** lättnad, lindring **II**
v **1** lindra (*pain* smärta) **2** lätta [på]; underlätta;
minska; lossa på; ~ *a dress* släppa ut en klänning;
~ *the helm* lätta på rodret; ~ *her!* (*sjö.*) sakta
[fart]!; ~ [*down*] *the speed* minska farten; ~ *o.s.*
(*nature*) uträtta naturbehov **3** lirka; ~ *out a
screw* lirka ut en skruv **4** lätta, släppa, minska,
avta **5** ~ *off* (*up*) *a*) lätta, minska, *b*) lätta på, *c*)
sakta ner (farten), ta det lugnare, lugna ner sig
easel ['i:zl] staffli
easi|ly ['i:zɪlɪ] **1** lugnt, behagligt **2** lätt, med lätt-
het; ledigt; mycket väl; ~ *the best* den absolut
bästa; *she may* ~ *come first* hon kan mycket väl
komma etta **-ness** [-nɪs] **1** lätthet **2** lugn; ledig-
het, otvungenhet
east [i:st] **I** *a* östlig, ostlig, östra, öst-; *E~ Berlin*
Östberlin; *E~ Germany* Östtyskland; *the E~ In-
dies* (*pl*) Ostindien; *E~ Indiaman* ostindiefarare;
~ *wind* ostlig vind **II** *adv* mot (åt) öster, öster;
~ *of* öster om; ~ *by south* ost till syd **III** *s* **1** öster,
öst, ost; *from the* ~ österifrån; *the wind is in the*
~ vinden är ostlig; *to* [*wards*] *the* ~ mot (åt) öster,
österut; *to the* ~ *of* öster om **2** *the E~ a*) Östern,
b) östra USA, öststaterna, *c*) öst[blocket, -sta-
terna]; *the Far E~* Fjärran Östern; *the Middle
E~* Mellanöstern, Mellersta Östern; *the Near
E~ a*) Främre Orienten, *b*) Mellanöstern
Easter ['i:stə] påsk[en]; ~ [*Day, Sunday*] påskda-
g[en]; ~ *Eve* påskafton[en]; ~ *Monday* annan-
dag påsk
easterly ['i:stəlɪ] **I** *a* östlig, ostlig; från (i, mot) ös-
ter **II** *adv* östligt, ostligt; från (i, mot) öster, öster-
ut **III** *s* östlig vind **eastern** [-n] **1** östlig, ostlig,
östra, öst-, ost-; *E~ Roman Empire* Östromers-
ka riket **2** österländsk **eastward** [-wəd] **I** *a* öst-
lig, ostlig, östra **II** *adv* mot (åt) öster, österut; *sjö.*
ostvart **eastwards** [-wədz] *se eastward II*
easy ['i:zɪ] **I** *a* **1** lätt, enkel; ~ *money* lättförtjänta
pengar; *it is as* ~ *as anything* det är en barnlek
(jätteenkelt); *it's* ~ *for you to say* det är lätt för
dig att säga; *come in* (*be*) *an* ~ *first* komma in i
som god etta; ~ *to get on with* lätt att komma
överens med **2** bekväm, ledig, behaglig; ~ *man-
ners* ledigt (otvunget) sätt; *at an* ~ *pace* i sakta
mak; ~ *on the eye* (*vard.*) snygg att se på, attrak-
tiv **3** bekymmerslös, obekymrad, sorglös; lugn;
feel ~ *about* känna sig lugn inför; *lead an* ~ *life*
leva ett bekymmerslöst liv; *be in* ~ *Street*
(*vard.*) ha det bra ekonomiskt; *a woman of* ~ *vir-
tue* en kvinna som är lätt på foten, en prostitue-
rad **4** mild, lätt; ~ *laws* milda lagar; *on* ~ *terms*
på gynnsamma villkor **5** *vard.* medgörlig; lättlu-
rad; ~ *game* (*mark*) lättlurad person **II** *adv* **1**
vard. lätt, enkelt; ~ *come* ~ *go* lätt fånget, lätt
förgånget **2** *vard.,* ~ *now!,* ~ *does it!,* [*go*] ~*!* ta
det lugnt!, sakta i backarna!, ta det försiktigt!;
take it ~*!* ta det lugnt!; *go* ~ *on* (*with*) spara på,
vara rädd om; *go* ~ *on s.b.* inte vara för hård

(sträng) mot ngn **3** *mil., stand ~! lediga!*
easy chair [,i:zɪ'tʃeə] fåtölj, länstol **easy-going**
['i:zɪ,gəʊɪŋ] **1** sorglös; hygglig **2** bekväm, maklig
eat [i:t] (*ate, eaten*) **1** äta; förtära (*äv. bildl.*); *I'll
~ my hat if* (*vard.*) jag ska äta upp min gamla
hatt om; *~ one's words* (*vard.*) få äta upp sina
egna ord; *~ away* fräta (nöta) bort; *what's ~ing
you?* (*vard.*) vad är det med dig?, vad är du sur
för?; *~ into* fräta (tära) på; *~ out* äta ute (*på re-
staurang*); *~ one's heart out* (*vard.*) grubbla, grä-
ma sig, tråna; *~ out of s.b.'s hand* äta ur handen
på ngn (*äv. bildl.*); *~ s.b. out of house and home*
(*vard.*) äta ngn ur huset; *rats had ~en through the
floor* råttor hade gnagt sig igenom golvet; *~ up
a*) äta upp, *b*) *vard. bildl.* sluka, suga i sig, förtära
2 *vulg.* ha oralt samlag med
eatable ['i:təbl] **I** *a* ätbar **II** *s, ~s* (*pl*) matvaror,
livsmedel **eaten** [-n] *perf. part. av eat*
eavesdrop ['i:vzdrɒp] tjuvlyssna [på]
ebb [eb] **I** *s* ebb; *bildl.* nedgång, förfall; *~ and
flow* ebb och flod; *be at a low ~* (*bildl.*) vara ner-
gången (nere) **II** *v* **1** ebba, dra sig tillbaka **2** *bildl.*
ebba ut, sina, avta
ebony ['ebənɪ] ebenholts
EC [i:'si:] *the ~* (*förk. för the European Commun-
ity*) EG
eccen|tric [ɪk'sentrɪk] **I** *a* excentrisk; *bildl. äv.*
originell **II** *s* **1** original, underlig person **2** excen-
terskiva **-tricity** [,eksen'trɪsətɪ] excentricitet;
bildl. äv. originalitet
echo ['ekəʊ] **I** *s* (*pl ~es*) eko, genljud **II** *v* **1** eka,
genljuda, återkastas, ge eko **2** återkasta; uppre-
pa **echo sounder** [-,saʊndə] ekolod
eclipse [ɪ'klɪps] **I** *s* **1** eklips, förmörkelse; *lunar ~*
månförmörkelse; *solar ~* solförmörkelse **2** för-
dunklande, tillbakagång **II** *v* förmörka; fördunk-
la; överskugga
ecological [,i:kə'lɒdʒɪkl] ekologisk **ecology**
[i:'kɒlədʒɪ] ekologi
econonomic [,i:kə'nɒmɪk] **I** *a* **1** ekonomisk; na-
tionalekonomisk **2** *BE.* lönande **3** *vard.* billig
economical [-l] **1** ekonomisk, sparsam **2** *se
economic 1,* **2 economics** [-s] **1** (*behandlas
som sg*) ekonomi; nationalekonomi **2** *pl* ekono-
mi, ekonomiska aspekter **economist** [-ɪst] **1**
ekonom; nationalekonom **2** hushållare
econo|mize (*BE. äv. -mise*) [ɪ'kɒnəmaɪz] *~
[on]* hushålla [med], spara [på] **economy** [ɪ'kɒ-
nəmɪ] **1** ekonomi, sparsamhet; hushållande; be-
sparing[såtgärd]; återhållsamhet **2** ekonomi,
ekonomisk förvaltning; ekonomiskt system **3**
ordning, organisation, struktur; *the ~ of nature*
naturens ordning (hushållning)
ecstacy ['ekstəsɪ] extas, hänryckning **ecstatic**
[ɪk'stætɪk] extatisk, hänryckt
exzema ['eksɪmə] eksem
eddy ['edɪ] **I** *s* [ström]virvel **II** *v* virvla
edge [edʒ] **I** *s* **1** egg; skarp (vass) kant; *bildl.*
skärpa; *the ~ of a knife* eggen på en kniv; *give an
~ to, put an ~ on* skärpa, slipa egg på; *take the
~ off a*) göra slö, *b*) *bildl.* ta udden av, *c*) döva;
be on ~ vara nervös (på helspänn); *my nerves are
all on ~* jag är förskräckligt nervös; *set s.b.'s
teeth on ~* irritera ngn, få ngn att rysa **2** kant;
rand, brädd, brant, bryn; *the ~ of the forest*
skogsbrynet; *do the outside ~* (*sport.*) åka ytter-

skär; *be on the ~ of a*) vara på randen av, *b*) vara
på vippen att, just stå i begrepp att **3** övertag;
fördel; *have the ~ on* (*over*) ha övertaget över,
vara ett strå vassare än **4** *dial.* krön, ås **II** *v* **1** kan-
ta, infatta; putsa kanten av (*m. kniv*); *~ a table-
cloth with lace* kanta en duk med spets **2** skärpa,
slipa, vässa **3** maka [sig], flytta [sig], tränga [sig];
lirka; *~ one's way towards* sakta (försiktigt)
maka (flytta) sig mot; *~ one's way through a
crowd* bana sig väg genom en folkmassa; *~ away*
smyga sig bort; *~ out of a room* smyga sig ut ur
ett rum; *~ up to s.b.* sakta närma sig ngn **4** slipa,
skärpa, vässa **5** kantställa (*skidor*)
edge tool ['edʒtu:l] egg-, skär|verktyg
edible ['edɪbl] ätlig **edibles** [-z] *pl* matvaror
edi|fice ['edɪfɪs] [stor] byggnad **-fy** [-faɪ] uppbyg-
ga
edit ['edɪt] redigera; vara redaktör för, ge ut; klip-
pa (*film*); *~ out* redigera bort **edition** [ɪ'dɪʃn]
upplaga, utgåva, edition **editor** ['edɪtə] redak-
tör; utgivare; [film]klippare; [*general*] ~ förlags-
redaktör; *managing ~* redaktionschef; *principal*
(*supervising*) ~ huvudredaktör **editorial** [,edɪ'-
tɔ:rɪəl] **I** *a* redaktörs-, redaktions-, redaktionell;
utgivar- **II** *s* [tidnings]ledare **editor in chief**
[,edɪtərɪn'tʃi:f] chef-, huvud|redaktör
edu|cate ['edju:keɪt] **1** undervisa, utbilda; [upp]-
fostra **2** lära, träna **-cation** [,edju:'keɪʃn] under-
visning, utbildning; [upp]fostran; bildning **-ca-
tional** [,edju:'keɪʃənl] undervisnings-, utbild-
nings-; uppfostrings-; bildande; *~ books* läro-
böcker; *~ experience* lärorik erfarenhet; *~ toys*
pedagogiska leksaker **-cator** ['edju:keɪtə] upp-
fostrare; pedagog, lärare
eel [i:l] ål
eerie ['ɪərɪ] kuslig, hemsk; spöklik
efface [ɪ'feɪs] **1** utplåna; sudda ut (bort) **2** ställa
i skuggan; *~ o.s.* träda i bakgrunden
effect [ɪ'fekt] **I** *s* **1** effekt (*äv. fys.*), verkan; resul-
tat, verkning, inverkan, påverkan; *in ~ a*) i själ-
va verket, verkningslös; *to such good ~* that så
verkningsfull att; *be in ~* vara i kraft (gällande);
bring into ~ sätta i verket; *come into ~* träda i
kraft; *have an ~ on* ha effekt på; *put one's
knowledge into ~* göra bruka av sina kunskaper;
take ~ a) göra verkan, ge resultat, *b*) träda i kraft
2 innebörd, innehåll; *my letter was to the ~ that*
mitt brev gick ut på att; *or words to that ~* eller
liknande ord, eller ngt i den vägen **3** effekt, in-
tryck; *for ~* för effektens skull; *create an ~* göra
intryck **4** *~s* (*pl*) effekter, tillhörigheter **II** *v*
åstadkomma; genomföra; effektuera, verkställa
effective [ɪ'fektɪv] **1** effektiv; verksam; verk-
ningsfull **2** effektfull **3** verklig, faktisk **4** i kraft,
gällande
effeminate [ɪ'femɪnət] feminin, omanlig; för-
veklignad
efficacy ['efɪkəsɪ] effektivitet; verkan
efficiency [ɪ'fɪʃ(ə)nsɪ] **1** effektivitet; kompe-
tens, duglighet, prestationsförmåga **2** effektivi-
tet, verkningsgrad **efficient** [-t] **1** effektiv;
verksam **2** effektiv, duglig, kompetent
effort ['efət] **1** [kraft]ansträngning; *make an ~ to*
anstränga (bemöda) sig för att, göra ett försök
att; *make every* (*a great*) ~ göra allt man kan

kraftprov; prestation **-less** [-lɪs] lätt och ledig, obesvärad; ~ *smile* otvunget leende

effrontery [ɪ'frʌntərɪ] oförskämdhet

effuse [ɪ'fju:z] **1** utgjuta **2** utstråla; sprida **3** tala vitt och brett, utgjuta sig **effusion** [ɪ'fju:ʒn] **1** utgjut|ande, -ning **2** öppenhjärtighet, hjärtlighet **3** utgjutelse (*i tal el. skrift*) **effusive** [ɪ'fju:sɪv] *a* översvallande

EFTA *förk.* för *European Free Trade Association*

e.g. *förk.* för *exempli gratia* (*lat.*) *for example*

egalitarian [ɪ,gælɪ'teərɪən] **I** *a* jämlikhets- **II** *s* jämlikhetsförkämpe

1 egg [eg] ägg; *bad* ~ (*bildl.*) rötägg; *in the* ~ i sin linda; *as sure as* ~ *is* ~*s* (*vard.*) så säkert som amen i kyrkan; *have* ~ *all over one's face* (*vard.*) få stå där med skammen; *lay an egg* (*AE. sl.*) göra fiasko; *put* (*have*) *all one's* ~*s in one basket* sätta allt på ett kort; *don't teach your grandmother to suck* ~*s* du ska inte lära mor din göra barn

2 egg [eg] ~ [*on*] driva på, egga [upp]

egg beater ['eg,bi:tə] ägg-, grädd|visp **eggnog** [-nɒg] äggtoddy

ego ['egəʊ] **1** *filos.* ego, jag **2** *vard.* fåfänga, inbilskhet; egenkärlek **-centric** [,egə(ʊ)'sentrɪk] **I** *a* egocentrisk **II** *s* egocentriker **-ism** ['egəʊɪz(ə)m] **1** egoism **2** självupptagenhet **-ist** ['egəʊɪst] egoist **-istic[al]** [,egəʊ'ɪstɪk(l)] egoistisk, självisk

Egypt ['i:dʒɪpt] Egypten **Egyptian** [ɪ'dʒɪpʃn] **I** *a* egyptisk **II** *s* **1** egyptier **2** egyptiska [språket]

eh [eɪ] *interj* **1** *val 2* eller hur?

eider ['aɪdə] ejder **-down 1** ejderdun **2** duntäcke

eight [eɪt] **I** *räkn* åtta; *a girl of* ~ en flicka på åtta år **II** *s* åtta; åttatal; [*figure of*] ~ åtta (*skridskofigur*); *the* ~ *of spades* spader åtta, spaderåttan; *by* (*in*) ~*s* åtta och åtta, åtta åt gången; *have had one over the* ~ (*sl.*) ha tagit sig ett järn för mycket, vara packad **eighteen** [,eɪ'ti:n] **I** *räkn* arton **II** *s* arton; artontal **eighteenth** [,eɪ'ti:nθ] **I** *räkn* artonde; *the* ~ *century* sjuttonhundratalet **II** *s* arton[de]del **eighth** [eɪtθ] **I** *räkn* åttonde; *the* ~ *century* sjuhundratalet, åttonde århundradet; ~ *note* (*AE.*) åttondelsnot; ~ *part* åttondel **II** *adv*, *the* ~ *largest city* den åttonde staden i storlek **III** *s* **1** åttondel **2** [*on*] *the* ~ *of May* den åttonde maj **3** *mus.* oktav **eighty** ['eɪtɪ] **I** *räkn* åttio **II** *s* åttio; åtti[o]tal; *in the eighties* på åttiotalet; *be in one's eighties* vara mellan 80 och 90 år gammal

either ['aɪðə, *i sht AE.* 'i:ðə] **I** *pron* **1** endera; vilken[dera]; någon[dera]; *take* ~ tag vilken som helst (endera) **2** vardera; båda, bägge **II** *konj*, ~...*or a*) antingen...eller, *b*) vare sig...eller; *he ist* ~ *lazy or stupid* han är antingen lat eller dum **III** *adv* heller; *he sings badly and he can't dance* ~ han sjunger dåligt, och inte kan han dansa heller

ejaculate [ɪ'dʒækjʊleɪt] **1** utropa, utstöta **2** ejakulera, uttömma [sädesvätska] **-lation** [ɪ,dʒækjʊ'leɪʃn] **1** utrop **2** ejakulation, sädesuttömning **eject** [ɪ'dʒekt] kasta (stöta, driva) ut; förvisa; avsätta; vräka **ejection** [ɪ'dʒektʃn] utkastande, utstötande, utdrivande; förvisning; avsättning; vräkning **ejection (ejector) seat** katapultstol **el** [el] *vard.* (*av elevated railway*) högbana

elaborate **I** *a* [ɪ'læb(ə)rət] omsorgsfullt utarbetad, detaljerad; omsorgsfull; utstuderad; kom-

plicerad **II** *v* [ɪ'læbəreɪt] **1** genomarbeta, i detalj utarbeta, utveckla **2** komplicera; göra detaljerad **3** ~ [*up*]*on* breda ut sig över, utveckla, gå in på detaljer om **-ration** [ɪ,læbə'reɪʃn] omsorgsfullt utarbetande

elapse [ɪ'læps] förflyta, förgå

elastic [ɪ'læstɪk] **I** *a* **1** elastisk; spänstig; tänjbar **2** resår-, gummi- **II** *s* resår, gummi|snodd, -band **elasticity** [,elæ'stɪsətɪ] elasticitet; spänst[ighet]; tänjbarhet

elate [ɪ'leɪt] göra upprymd (förtjust); fylla med stolthet (optimism)

elbow ['elbəʊ] **I** *s* **1** armbåge; *at one's* ~ strax bredvid sig; *out at* ~[*s*] trasig på armbågen (armbågarna), luggsliten; *up to the* ~*s with* (*in*) upp över öronen i **2** krök; knä (*på rör e.d.*) **II** *v* **1** knuffa med armbågen **2** ~ *one's way* armbåga sig fram

1 elder ['eldə] **I** *a* (*komp. av old*) äldre (*om två best. pers. el. saker*); *he is* **1** *my* ~*s* de som är äldre än jag **2** [församlings]äldste

2 elder ['eldə] *bot.* fläder

elderly ['eldəlɪ] äldre, ganska gammal **eldest** ['eldɪst] (*superl. av old*) äldst (*om två best. pers. el. syskon*)

elect [ɪ'lekt] **I** *a* [ny]vald (*men inte installerad*); utsedd, korad; *the president* ~ den tillträdande presidenten **II** *s*, *the* ~ (*i sht relig.*) de utvalda **III** *v* **1** välja, utse till (*Mayor borgmästare*) **2** välja, ... förr]ra (*to do ... ngt göra ngt*) **election** [ɪ'lekʃn] val (*i sht genom röstning*); *a general* ~ allmänna val **electioneer** [ɪ,lekʃə'nɪə] **I** *v* agitera, delta i valkampanj **II** *s* agitator, deltagare i valkampanj **electorate** [ɪ'lekt(ə)rət] **1** valmanskår **2** *hist.* kurfurstendöme

electric [ɪ'lektrɪk] elektrisk, el-; ~ *blue* stålblå; *the* ~ *chair* elektriska stolen; ~ *charge* elektrisk laddning; ~ *eel* (*zool.*) darrål; ~ *eye* fotocell; ~ *field* elektriskt fält; ~ *guitar* elgitarr; ~ *ray* (*zool.*) darrocka; ~ *shock* [elektrisk] stöt; ~ *torch* ficklampa **electrical** [-l] elektrisk, elektricitets-, el-; ~ *engineer* elektroingenjör **electrician** [,ɪlek'trɪʃn] elektriker; elektrotekniker **electricity** [,ɪlek'trɪsətɪ] **1** elektricitet, el, ström **2** el[ektricitets]lära **electrify** [ɪ'lektrɪfaɪ] **1** elektrifiera **2** elektrisera; *bildl. äv.* elda, liva

electrode [ɪ'lektrəʊd] elektrod

electron [ɪ'lektrɒn] elektron **electronic** [,ɪlek-'trɒnɪk] elektronisk; ~ *data processing* elektronisk databehandling; ~ *flash* (*foto.*) elektronblixt; ~ *music* elektronisk musik **electronics** [,ɪlek'trɒnɪks] **1** (*behandlas som sg*) elektronik **2** (*behandlas som pl*) elektroniska komponenter, elektronik

ele|gance ['elɪgəns] elegans; smak-, stil|fullhet; förfining **-gant** [-gənt] elegant; smakfull, stilfull; förfinad

element ['elɪmənt] **1** *elektr., mat., språkv.* element; *kem.* grundämne **2** element; *be in one's* ~ vara i sitt rätta element (sitt esse) **3** beståndsdel, ingrediens; element; inslag; moment; *an* ~ *of truth* ett spår av sanning **4** ~*s* (*pl*) första grunderna, elementa **5** *the* ~*s* elementen, elementarna, väder och vind **elementary** [,elɪ'ment(ə)rɪ] **1** *kem.* grund-, enkel; *fys.* elementar; ~ *particle* elementarpartikel **2** elementär, enkel; grund-; ~

school a) *BE.* (*förr*) låg- och mellanstadium, *b*) *AE. ung.* grundskola (*6 el. 8 första klasserna*) **elephant** ['elıfənt] elefant; *white ~ a*) värdelös sak, krimskrams, *b*) felinvestering

ele|vate ['elıveıt] **1** höja [upp], lyfta upp **2** *bildl.* upphöja, befordra; höja nivån på, lyfta; göra upprymd **-vated** [-veıtıd] **1** upphöjd, upplyft; *~ railway* högbana **2** *bildl.* hög; högstämd; *have an ~ opinion of o.s.* ha höga tankar om sig själv; *~ style* högre stil **3** livad, upprymd; *vard.* lätt berusad **-vation** [,elı'veıʃn] **1** [upp]höjande, lyftande; [för]höjning **2** upphöjelse (*to archbishop till ärkebiskop*) **3** höjd (*över havet, marken*) **4** upphöjning, höjd, kulle **5** *mil.* elevation[svinkel] **6** högstämdhet; höghet, ädelhet **7** upprymdhet **8** *byggn.* fasadritning **-vator** ['elıveıtə] **1** elevator; paternosterverk; *AE.* hiss **2** *i sht AE.* spannmålsmagasin, silo **3** *flyg.* höjdroder

eleven [ı'levn] (*jfr eighteen o. sms.*) **I** *räkn.* elva **II** *s* elva (*äv. sport.*) **eleventh** [-θ] (*jfr eighteenth o. sms.*) **I** *räkn* elfte; *at the ~ hour* i elfte timmen, i sista minuten **II** *s* elftedel

elf [elf] (*pl elves* [elvz]) alf, älva, hustomte

eligible ['elıdʒəbl] **1** valbar (*for* till) **2** berättigad (*for* till) **3** lämplig, passande, önskvärd

elimi|nate [ı'lımıneıt] **1** eliminera; utesluta, avlägsna **2** *sport.*, *~d* utslagen **3** *fysiol.* avsöndra **4** *sl.* kallblodigt mörda **-nation** [ı,lımı'neıʃn] **1** eliminering; uteslutande, avlägsnande **2** *sport.* utslagning **3** *fysiol.* avsöndring **4** *sl.* mord

élite [eı'li:t] elit

elixir [ı'lıksə] elixir

elk [elk] älg; *American ~* kanadahjort, vapiti

ellipse [ı'lıps] *geom.* ellips **elliptic[al]** [-tık(l)] *geom.* elliptisk

elm [elm] alm

elocution [,elə'kju:ʃn] talarkonst; talteknik

elon|gate ['i:lɔŋgeıt] förlänga[s], utdraga[s] **-gation** [,i:lɔŋ'geıʃn] **1** förlängning, utsträckning **2** *astr.* elongation

elope [ı'ləup] rymma (*för att gifta sig*)

elo|quence ['eləkw(ə)ns] vältalighet **-quent** [-kw(ə)nt] vältalig; *bildl. äv.* uttrycksfull, talande

else [els] **1** annars; *or ~* eller också, för annars; *do it, or ~!* gör det, annars så! **2** annan; mer; *anybody ~ would have done it* vem som helst annan (alla andra) skulle ha gjort det; *somebody* (*something*) *~* någon annan (något annat); *nowhere* (*somewhere*) *~* någon (någonstans); *who ~?* vem annars (mer)?, vilka andra (fler)?; *where ~?* var annars?; *this is somebody ~'s coat* det här är någon annans rock; *do you want anything ~?* vill du ha något mer (annat)? **-where** [,els'weə] någon annanstans, på annat (andra) håll

elude [ı'lu:d] undkomma, undgå, kringgå, slingra sig undan (ifrån); trotsa, gäcka; *the name ~s me* jag kommer inte på namnet **elusive** [ı'lu:sıv] undanglidande, gäckande, svårfångad; undvikande; svår att komma ihåg; flyktig

emanate ['eməneıt] **1** emanera, härröra, utgå (*from* från) **2** emanera, sända ut

emancipation [ı,mænsı'peıʃn] frigivning; emancipation, frigörelse

embalm [ım'bɑ:m] **1** balsamera **2** bevara, hedra (*minnet av*) **3** *poet.* fylla med vällukt

embankment [ım'bæŋkmənt] [väg-, järnvägs]-bank; fördämning, jordvall; strandgata (*längs flod*)

embargo [em'bɑ:gəu] **I** *s* (*pl ~es*) embargo; kvarstad, beslag; handelsförbud; hinder, förbud **II** *v* lägga embargo på; kvarstadbelägga; lägga beslag på; konfiskera

embark [ım'bɑ:k] **1** inskeppa, ta ombord **2** embarkera, gå ombord **3** *~ [up]on* inlåta sig i (på), ge sig in på **embarkation** [,embɑ:'keıʃn] inskeppning; embarkering

embarrass [ım'bærəs] **1** göra förlägen; förvirra **2** besvära, hindra **embarrassed** [-t] förlägen, generad (*about* över); besvärad; *~ by lack of money* i penningknipa **-ing** [-ıŋ] pinsam, genant; besvärande **embarrassment** [-mənt] **1** förlägenhet; förvirring; penningknipa **2** besvär, hinder

embassy ['embəsı] ambassad, beskickning

embellish [ım'belıʃ] **1** försköna, utsmycka **2** *bildl.* brodera ut **-ment** [-mənt] **1** förskönande, utsmyckande **2** utsmyckning; utbroderande

ember ['embə] glödande kol; *~s* (*pl, äv.*) glöd; *E~ days* allmänna böne- och fastedagar

embezzle [ım'bezl] försnilla, förskingra **-ment** [-mənt] försnillning, förskingring

embitter [ım'bıtə] **1** göra bitter, förbittra **2** förvärra, förbittra

emblem ['emblem] emblem, symbol, tecken

embodiment [ım'bɔdımənt] **1** förkroppsligande; inkarnation; konkret form **2** införlivande; inneslutning **embody** [ım'bɔdı] **1** förkroppsliga; inkarnera; ge konkret form åt; vara ett uttryck för **2** införliva, inbegripa, innesluta

embrace [ım'breıs] **I** *v* **1** omfamna [varandra]; krama[s] **2** anta; ta, gripa (*an opportunity* ett tillfälle); gå över till (*Judaism* judendomen) **3** innefatta, omfatta, inbegripa; spänna över; *physics ~s optics* fysik innefattar optik **4** omge, omsluta; *a castle ~d by water* ett slott omgivet av vatten **II** *s* omfamning, kram, famntag

embroider [ım'brɔıdə] **1** brodera **2** *bildl.* brodera ut **embroidery** [-rı] **1** brodering; broderi **2** *bildl.* utbrodering

embryo ['embrıəu] embryo; *bildl. äv.* frö; *in ~* outvecklad, rudimentär, i sin linda

emerald ['emər(ə)ld] smaragd; *an ~ dress* en smaragdgrön klänning; *the E~ Isle* den gröna ön (*Irland*)

emerge [ı'mɜ:dʒ] **1** dyka (stiga) upp, höja sig (*from* ur); *~ from an ordeal* klara sig igenom ett eldprov; *~ the winner* utgå som segrare **2** *bildl.* uppstå, dyka upp **3** framgå; *it ~d that* det framgick att

emergency [ı'mɜ:dʒ(ə)nsı] **1** nödläge, kritisk situation, oförutsedd händelse; *in an ~, in case of ~* i en nödsituation, i ett nödläge; *declare a state of ~* utlysa undantagstillstånd **2** akutfall **emergency door (exit)** reserv-, nödutgång **emergency ward** [-wɔ:d] olycksfallsavdelning

emi|grant ['emıgr(ə)nt] **I** *s* utvandrare, emigrant **II** *a* utvandrar-, emigrant- **-grate** [-greıt] utvandra, emigrera **-gration** [,emı'greıʃn] utvandring, emigration

eminent ['emınənt] **1** eminent, framstående **2** utmärkt, utomordentlig, enastående

emission [ɪ'mɪʃn] **1** utsändande, utstrålning, utströmmande; emission **2** *ekon.* emission

emit [ɪ'mɪt] **1** utsända, utstråla, avge, sprida **2** utstöta, ge ifrån sig (*a scream* ett skrik) **3** *ekon.* emittera

emotion [ɪ'məʊʃn] [sinnes]rörelse, upprördhet; [stark] känsla **-al** [-l] lättrörd, känslosam; känslo-, känslomässig, emotionell

emotive [ɪ'məʊtɪv] känslomässig, känslo-

emperor ['emp(ə)rə] kejsare

empha|sis ['emfəsɪs] (*pl -ses* [-si:z]) emfas, eftertryck; tonvikt, betoning; *lay (put)* ~ *on, give* ~ *to* lägga tonvikten på, betona, ge eftertryck åt **-size** (*BE. äv. -sise*) [-saɪz] [starkt] betona, poängtera, lägga tonvikten på, ge eftertryck åt

emphatic [ɪm'fætɪk] **1** eftertrycklig, emfatisk; beslutsam, bestämd; *be ~ about* insistera på, betona **2** kraftfull, stark (*personality* personlighet) **3** [kontur]skarp, tydlig **4** starkt betonad

empire ['empaɪə] **1** kejsardöme; [kejsar]rike; imperium, [stormakts]välde; *the [British] E~* Brittiska imperiet; *the Roman E~* Romarriket, Romerska riket **2** *E~ empir[e]*

employ [ɪm'plɔɪ] **I** *v* **1** sysselsätta, ge arbete åt; anställa; ha i sin tjänst; *be ~ed by* (*with*) vara anställd hos; *reading ~s a lot of my time* läsning upptar en stor del av min tid **2** använda **II** *s, in a p.'s* ~ i ngns tjänst, anställd hos ngn **employee** [ˌemplɔɪ'i:] anställd, arbetstagare **employer** [ɪm'plɔɪə] arbetsgivare **employment** [ɪm'plɔɪmənt] **1** sysselsättning, arbete; anställning, plats, tjänst **2** användning **employment agency** *BE.* (*privat*) arbetsförmedling

empress ['emprɪs] kejsarinna

emptiness ['em(p)tɪnɪs] tomhet

empty ['em(p)tɪ] **I** *a* tom (*äv. bildl.*), *vard.* hungrig; *on an ~ stomach* på fastande mage; *~ vessels make most noice* tomma tunnor skramlar mest; *~ of* tom på, utan **II** *s* tom|flaska, fat, -glas, -låda **III** *v* **1** tömma; lasta av; utrymma; hälla (slå, tömma) ut **2** tömmas, bli tom **3** (*om flod*) falla ut, mynna (*into* i)

emulate ['emjʊleɪt] söka efterlikna (överträffa); tävla med

enable [ɪ'neɪbl] ~ *s.b. to* göra det möjligt för ngn att, sätta ngn i stånd att

enamel [ɪ'næml] **I** *s* **1** emalj **2** emalj|arbete, -föremål] **3** nagellack **II** *v* emaljera

enamoured [ɪ'næməd] förälskad, betagen (*of* i)

enchant [ɪn'tʃɑ:nt] **1** förhäxa, förtrolla **2** tjusa **-er** [-ə] **1** trollkarl **2** tjusare, charmör **-ing** [-ɪŋ] förtjusande, bedårande **-ment** [-mənt] **1** trolldom, förtrollning **2** troll-, tjus|kraft **3** förtjusning

encircle [ɪn'sɜ:kl] omringa; omge, innesluta

enclose [ɪn'kləʊz] **1** omge, omsluta, innesluta **2** inhägna; omgärda **3** bifoga, närsluta (*i brev*); ~*d please find* härmed bifogas **enclosure** [ɪn'kləʊʒə] **1** inhägnad, inhägnat område; gård **2** inhägnad, stängsel **3** bilaga (*t. brev*)

encore [ɒŋ'kɔ:] **I** *interj* dakapo! **II** *s* **1** extranummer **2** dakapo[rop] **III** *v* begära dakapo av; ropa dakapo åt

encounter [ɪn'kaʊntə] **I** *v* möta, träffa [på], stöta på **II** *s* **1** möte, sammanträffande **2** samman|stötning, -drabbning

encour|age [ɪn'kʌrɪdʒ] uppmuntra, inge mod;

understöjda, befrämja **-agement** [-mənt] uppmuntran; understöd, främjande

encroach [ɪn'krəʊtʃ] inkräkta, göra intrång **-ment** [-mənt] intrång, inkräktande, ingrepp, övergrepp

encum|ber [ɪn'kʌmbə] **1** tynga, betunga, belasta; hindra, besvära **2** belamra **3** ~*ed with debts* belastad med skulder, skuldsatt **-brance** [-br(ə)ns] **1** hinder, besvär, belastning, black om foten **2** hypotek, inteckning

encyclop[a]edia [enˌsaɪklə(ʊ)'pi:djə] encyklopedi, uppslagsbok

end [end] **I** *s* **1** slut; ände, ända; avslutning; *the ~* (*sl.*) *a*) botten, *b*) *AE.* toppen; *the ~ of the road* (*bildl.*) slutet på allt; *that's not the ~ of the world* det är inte hela världen; *that's the ~ of her* (*vard.*) det är slut med henne, hennes saga är all; *that's the ~d of that* och därmed basta; *a sticky ~* (*vard.*) en hemsk död; *go off the deep ~* (*vard.*) tappa humöret; *keep one's ~ up* stå på sig (*jfr 4*); *make both ~s meet* få det att gå ihop [ekonomiskt]; *put an ~ to* få slut på, sätta stopp för; *~ on a*) med spetsen (fören, kortändan) före, *b*) ände mot ände, för mot för; *all ~s up* totalt, fullständigt; *at the ~ a*) i (på, vid) slutet, *b*) slutligen, till slut; *at the ~ of the day* vid dagens slut; *be at an ~ a*) vara slut (uträttad), *b*) vara förbi (ute); *I'm at the ~ of my patience* det är slut med mitt tålamod; *in the ~ a*) till slut (sist), *b*) när allt kommer omkring; *no ~ of ...* (*vard.*) en massa..., massor av...; *he's no ~ of a nice fellow* (*vard.*) han är väldigt trevlig; *think no ~ of s.h* ha höga tankar om ngn; *on ~* (*vard.*) *a*) i sträck, i ett kör, *b*) på högkant (ända); *he talked for hours on ~* han talade timmar i sträck; *bring to an ~* [av]sluta, få (göra) slut på; *come to an ~* ta slut, sluta; *come to a bad ~* sluta illa **2** [sista] bit, ända, stump; *just a few odd ~s left* bara några rester kvar **3** mål, ändamål; avsikt, syfte; *an ~ in itself* ett självändamål; *at a loose ~* (*BE.*), *at loose ~s* (*AE.*) utan mål, utan sysselsättning; *to what ~?* i vilket syfte?; *the ~ justifies the means* ändamålet helgar medlen **4** [an]del; *my ~ of the bargain* min andel i affären; *keep one's ~ up* (*vard.*) göra sitt (*jfr 1*) **5** *sport.* sida; *change ~s* byta sida **II** *v* **1** [av]sluta, göra slut på; ~ *it all* (*vard.*) ta livet av sig; *a novel to ~ all novels* en roman som överträffar alla andra **2** sluta, ta slut, upphöra; avlöpa; *all's well that ~s well* slutet gott, allting gott; ~ *in a point* sluta i en spets; *the word ~s in a vowel* ordet slutar på vokal; ~ *up a thief* sluta som tjuv; ~ *up in prison* sluta (hamna) i fängelse; ~ *up doing s.th.* slutligen göra ngt

endanger [ɪn'deɪn(d)ʒə] utsätta för fara, äventyra; riskera

endear [ɪn'dɪə] göra omtyckt (avhållen) **-ing** [-rɪŋ] vinnande, älskvärd, sympatisk **-ment** [-mənt] älskvärdhet; ömhetsbetygelse; *term of ~* smeknamn, smeksamt ord

endeavour [ɪn'devə] **I** *v* bemöda sig [*to* [om] att), sträva (*to* efter att), anstränga sig, försöka **II** *s* bemödande, strävan, ansträngning, försök

ending ['endɪŋ] **1** slut, avslutning **2** *språkv.* ändelse

endless ['endlɪs] ändlös, oändlig, utan slut

endorse [ɪn'dɔ:s] **1** endossera, skriva sitt namn

på baksidan av (*check*); göra en anteckning på baksidan av; ~ *a* [*driver's*] *licence* (*i sht BE.*) anteckna förseelse på baksidan av ett körkort **2** *bildl.* godkänna, bifalla, stödja, skriva under på **endorsement** [-mənt] **1** endossering; påskrift; anteckning (*på körkort om förseelse*) **2** *bildl.* godkännande, bifall, stöd, bekräftelse

endow [ɪn'daʊ] **1** donera (testamentera) pengar till **2** *bildl.*, ~ *with* begåva med, ge

endurance [ɪn'djʊər(ə)ns] **1** uthärdande, fördragande; uthållighet **2** vedermöda, prövning, lidande **endure** [ɪn'djʊə] **1** uthärda, [få] utstå, stå ut med; tåla **2** räcka, vara, bestå **enduring** [ɪn'-djʊərɪŋ] **1** varaktig, bestående **2** tålig, tålmodig

enemy ['enəmɪ] **I** *s* fiende; *make an* ~ *of s.b.* få ngn till fiende, bli ovän med ngn **II** *a* fiende-, fiendens, fientlig; ~ *aircraft* fientligt flygplan

energetic [,enə'dʒetɪk] energisk, kraftfull **energy** ['enədʒɪ] energi, kraft; *with* ~ med energi, energiskt, med eftertryck **energy-efficient** ['enədʒɪ̩ˌfɪʃ(ə)nt] energisnål

enervate ['enə:veɪt] göra kraftlös, försvaga

enforce [ɪn'fɔ:s] **1** övervaka efterlevnad av; upprätthålla respekten för; genomdriva **2** framtvinga, tilltvinga sig; tvinga; ~ *s.th. upon s.b.* påtvinga ngn ngt **3** ge eftertryck åt, hävda **-ment** [-mənt] **1** upprätthållande; genomdrivande, tilllämpning **2** framtvingande

engage [ɪn'geɪdʒ] **1** anställa, engagera **2** reservera, beställa (*tickets* biljetter) **3** engagera; sysselsätta; ta i anspråk, lägga beslag på; fånga (*intresse e.d.*); verka tilldragande på; ~ *s.b. in conversation* inleda samtal med ngn **4** förplikta sig, åtaga sig (*to do s.th.* att göra ngt) **5** ~ *in* engagera sig i, ägna sig åt, deltaga i, inlåta sig på; ~ *in conversation* inleda samtal **6** *mil.* sätta in [i strid]; anfalla; inlåta sig i strid **7** *tekn.* koppla in (ihop); (*om kugghjul*) gripa in i varandra; ~ the clutch släppa upp kopplingen; ~ *a gear* lägga i en växel **engaged** [-d] **1** ~ [*to be married*] förlovad (*to* med); *the* ~ *couple* de förlovade; *be* ~ *a*) vara förlovad, *b*) förlova sig; *become* ~ förlova sig (*to* med) **2** upptagen; engagerad; sysselsatt; anställd; *be* ~ *in* deltaga i; *be* ~ *in* (*on, with*) vara sysselsatt (hålla på) med; ~ *tone* (*signal*) (*BE. tel.*) upptagetton **engagement** [-mənt] **1** förbindelse, förpliktelse; åtagande; [avtalat] möte **2** förlovning **3** anställning, engagemang **4** *mil.* strid, sammandrabbning

engine ['en(d)ʒɪn] **1** maskin; motor; *steam* ~ ångmaskin; *petrol* ~ bensinmotor; *twin-~d* tvåmotorig **2** lok[omotiv] **3** instrument, verktyg; ~*s of torture* tortyrinstrument **engine driver** [-ˌdraɪvə] *i sht BE.* lokförare **engineer** [ˌen-(d)ʒɪ'nɪə] **I** *s* **1** ingenjör; mekaniker; tekniker; *sjö.* maskinist **2** *AE.* lokförare **3** *mil. vard.* ingenjörssoldat **4** upphovsman **II** *v* **1** anstifta, förorsaka, vara orsak (upphov) till **2** som ingenjör konstruera (bygga, planera) **engineering** [ˌen-(d)ʒɪ'nɪərɪŋ] **1** ingenjörs|vetenskap, -konst; [maskin]teknik **2** *vard.* manövrerande, knep

England ['ɪŋglənd] England

English ['ɪŋglɪʃ] **I** *a* engelsk; ~ *horn* (*mus.*) engelskt horn **II** *s* **1** engelska [språket]; *the King's* (*Queen's*) ~ riksengelska, korrekt engelska; *Old* ~ fornengelska; *Middle* ~ medelengelska; *in*

plain ~ rent ut sagt **2** *the* ~ engelsmännen **III** *v, åld.* översätta till engelska **-man** [-mən] engelsman **-woman** [-ˌwʊmən] engelska

engrave [ɪn'greɪv] gravera (rista) in; *bildl.* inprägla, inrista **engraver** [-ə] gravör **engraving** [-ɪŋ] **1** [in]gravering **2** gravyr; träsnideri

engross [ɪn'grəʊs] **1** skriva ren, texta **2** ta i anspråk, upptaga, fängsla; ~*ed in* fördjupad i, helt absorberad av **3** *jur.* avfatta, sätta upp (*skrivelse*)

enhance [ɪn'hɑ:ns] intensifiera, öka, höja, stegra

enigma [ɪ'nɪgmə] gåta; mysterium **-matic[al]** [ˌenɪg'mætɪk(l)] gåtfull

enjoin [ɪn'dʒɔɪn] ålägga, föreskriva, påbjuda; *jur. äv.* förbjuda

enjoy [ɪn'dʒɔɪ] **1** njuta av; tycka om; ~ *a party* ha roligt på en fest **2** åtnjuta, ha **3** ~ *o.s.* roa sig, ha roligt; ~ *yourself!* mycket nöje!, ha det så trevligt! **-able** [-əbl] njutbar, angenäm, trevlig **-ment** [-mənt] **1** njutning; nöje **2** åtnjutande

enlarge [ɪn'lɑ:dʒ] **1** förstora[s], förstora[s] upp (*äv. foto.*); utvidga[s]; utöka[s] **2** ~ [*up*]*on* breda ut sig över, tala vitt och brett om **-ment** [-mənt] **1** förstoring (*äv. foto.*); utvidgning; ökning

enlighten [ɪn'laɪtn] upplysa, lämna upplysningar (information) (*on* om) **-ment** [-mənt] upplysning; *the* [*Age of*] *E~* upplysningen, upplysningstiden

enlist [ɪn'lɪst] **1** värva; enrollera; ~*ed man* (*AE.*) menig **2** ta värvning, enrollera sig **3** vinna, ta i anspråk, försäkra sig om (*hjälp e.d.*) **-ment** [-mənt] värvning; inskrivning

enliven [ɪn'laɪvn] liva [upp], ge liv åt; pigga upp

enmity ['enmətɪ] fiendskap, antagonism

enormous [ɪ'nɔ:məs] enorm, kolossal, väldig, oerhörd

enough [ɪ'nʌf] *a o. adv* **1** nog; tillräcklig[t]; ~ *money* nog [med] pengar, tillräckligt med (mycket) pengar; *just* ~ alldeles lagom [med]; *that's* ~*!*, ~ *of that!* nu får det vara nog!, nu räcker det!; *trouble* ~ and *to spare* mer än nog med besvär; *it's not good* ~ det duger inte (är inte tillräckligt bra); ~ *is as good as a feast* lagom är bäst; *it's* ~ *to drive one mad* det är så man kan bli galen; *he was kind* ~ *to* han var vänlig nog att **2** ganska, rätt (nog) [så]; *oddly* ~ egendomligt nog; *pleased* ~ ganska glad; *sure* ~ mycket riktigt!, minsann!; *well* ~ ganska bra

enquire, enquiry [ɪn'kwaɪə, -rɪ] *se* inquire, inquiry

enrage [ɪn'reɪdʒ] göra rasande, reta upp; ~*d* rasande, ursinnig, uppretad

enrich [ɪn'rɪtʃ] **1** göra rik; berika **2** pryda, dekorera **3** anrika (*nuclear fuel* kärnbränsle)

enrol *BE.*, **enroll** *AE.* [ɪn'rəʊl] skriva in [sig]; inregistrera [sig]; upptaga[s]; intaga[s]; *mil.* värva; ta värvning, enrollera [sig]; *sjö.* mönstra på **enrolment**, *BE.* **enrollment** *AE.* [-mənt] **1** inskrivning; inregistrering; *mil.* värvning, enrollering; *sjö.* påmönstring **2** register, lista

ensemble [ã:(n)'sã:(m)bl] **1** (*mus. o. plagg*) ensemble; -ensemblespel **2** helhet; helhetsintryck

ensign **1** ['ensaɪn; *sjö.* 'ensn] [national]flagga, fana; baner, standar; vimpel; *bildl.* symbol, tecken **2** ['ensaɪn] *AE.* fänrik (*i flottan*) **3** ['ensaɪn] fanbärare

enslave [ɪn'sleɪv] förslava, göra till slav[ar] (*äv.*

bildl.)

ensue [ɪn'sju:] följa; bli följden, vara en följd (*from, on* av)

ensure [ɪn'ʃʊə] **1** tillförsäkra; garantera; säkerställa **2** försäkra, skydda

entail [ɪn'teɪl] **I** v **1** medföra, föra med sig, vara förenad med **2** göra till fideikommiss **II** s [upprättande av] fideikommiss

entangle [ɪn'tæŋgl] **1** trassla (snärja) in; inveckla; *become ~d in* bli inveckladi **2** trassla (krångla) till **-ment** [-mənt] **1** intrasslande; invecklande **2** trassel; komplikation, förveckling **3** hinder

enter ['entə] **1** gå (komma, stiga, träda) in i (på) (*a room* ett rum); fara (köra, resa, åka) in i (på) (*a country* ett land); stiga på (upp i, upp på) (*a bus* en buss); tränga igenom (in i); skjuta (sticka) in i; *mil.* rycka (tåga) in i; *the bullet ~ed his arm* kulan trängde in i hans arm; *~ harbour* löpa in i hamn; *it never ~ed my head* (*mind*) det föll mig aldrig in **2** gå med i, bli medlem av (*a party* ett parti); deltaga i; gå in (börja) vid; *~ the Church* bli präst; *~ a race* deltaga i ett lopp; *~ the university* börja läsa vid universitet **3** anteckna, skriva upp (*på lista e.d.*); bokföra; anmäla (*t. skola, tävling e.d.*) **4** framlägga (*a proposal* ett förslag); inge (*t. domstol*); *~ an action against* (*jur.*) inleda en process mot **5** gå (komma, stiga, träda) in (*into* i, på); fara (köra, resa, åka, tränga) in (*into* i, på); *~ into a new career* slå in på en ny bana; *~ into correspondence with* börja korrespondera med, *~ into détails* (*an agreement*) gå in på detaljer (en överenskommelse); *~ into a discussion* ge sig in i (inlåta sig i, inleda, [på]börja) en diskussion; *~ into negotiations* ta upp (inleda) förhandlingar; *~ into relations with* träda i förbindelse med; *~ upon a*) slå in på (*a new career* en ny bana), [på]börja, tillträda, *b*) inlåta sig i (på) (*a discussion* en diskussion), gå (komma) in på (*a subject* ett ämne), *c*) inträda i (*a new era* en ny era) **6** *teat.* göra entré; *~ Juliet* (*scenanvisning*) Julia kommer in **7** anmäla sig (*for* till); deltaga

enter|prise ['entəpraɪz] **1** företagsamhet, driftighet **2** företag, vågstycke **-prising** [-praɪzɪŋ] företagsam, initiativrik

entertain [,entə'teɪn] **1** bjuda (*s.b. to lunch* ngn på luch) **2** ha gäster, ha bjudning[ar] **2** underhålla, roa **3** överväga **4** hysa, nära (*a hope* ett hopp) **-er** [-ə] entertainer, underhållare **-ment** [-mənt] **1** underhållning; nöje; *musical ~* musikunderhållning **2** representation

enthral *BE.*, **enthrall** *AE.* [ɪn'θrɔ:l] trollbinda, fängsla

enthusiasm [-ɪæz(ə)m] entusiasm, hänförelse **enthusiast** [-ɪæst] entusiast, eldsjäl **enthusiastic** [ɪn,θju:zɪ'æstɪk] entusiastisk, hänförd

entice [ɪn'taɪs] locka, förleda **-ment** [-mənt] lockelse; lockmedel

entire [ɪn'taɪə] **1** hel, fullständig; total, odelad; intakt **2** ej kastrerad **-ly** [-lɪ] **1** helt [och hållet], fullständigt; totalt **2** enbart; endast **-ty** [-tɪ] helhet; *the ~* (*äv.*) det hela

entitle [ɪn'taɪtl] **1** berättiga; *be ~d to* vara berättigad till [att] **2** betitla, benämna, kalla; *~d* (*äv.*) med titeln

entity ['entətɪ] **1** självständigt helt, enhet **2** väsen **3** verklighet

entrails ['entraɪlz] *pl* **1** inälvor **2** inre, innandöme

entrance ['entr(ə)ns] **1** ingång, entré; infart; uppgång; *the ~ to* (*of*) *a harbour* inloppet till en hamn; *private ~* egen ingång **2** entré, inträde, inträdande; intåg **3** tillträde, inträde **entrance fee** [-fi:] inträdesavgift

entreat [ɪn'tri:t] bönfalla, enträget be

entrée ['ɒntreɪ] **1** tillträde **2** entrérätt; *AE.* huvudrätt

entrench [ɪn'tren(t)ʃ] **1** gräva skyttegrav (skyttevärn) kring **2** befästa; förskansa **3** *~ upon* inkräkta på, överträda

entrust [ɪn'trʌst] *v, ~ s.b. with s.th, ~ s.th. to s.b.* anförtro ngn ngt (ngt åt ngn)

entry ['entrɪ] **1** inträde; entré; intåg; inresa; tillträde **2** entré, ingång, dörr **3** införande, notering; post; uppslagsord, artikel (*i lexikon e.d.*) **4** deltagarantal, deltagare, tävlande **5** *jur.* besittningstagande; intrång **entry permit** inresetillstånd

enumer|ate [ɪ'nju:məreɪt] **1** räkna upp **2** räkna **-ation** [ɪ,nju:mə'reɪʃn] uppräkning

envelop [ɪn'veləp] **1** svepa (hölja) in **2** *mil.* innesluta, omringa **envelope** ['envələup] **1** kuvert; omslag **2** hölje; *bot.* hylle

envi|able ['envɪəbl] avundsvärd **-ous** [-əs] avundsjuk

environment [-mənt] **1** omgivning[ar]; omvärld, förhållanden; miljö **2** omgivande **environmental** [ɪn,vaɪər(ə)n'mentl] miljö-; *~ control* (*protection*) miljö|vård, -skydd **environmentalist** [ɪn,vaɪər(ə)n'mentəlɪst] miljövårdare

envisage [ɪn'vɪzɪdʒ] **1** föreställa sig; betrakta **2** förutse **3** *åld.* [modigt] möta

envy ['envɪ] **I** s avund[sjuka] **II** v avundas, missunna

enzyme ['enzaɪm] enzym

epic ['epɪk] **I** a **1** episk **2** grandios, storslagen **II** s epos, episk dikt

epidemic [,epɪ'demɪk] **I** s epidemi **II** a epidemisk

epilep|sy ['epɪlepsɪ] epilepsi **-tic** [,epɪ'leptɪk] **I** a epileptisk **II** s epileptiker

epilogue ['epɪlɒg] epilog

Epiphany [ɪ'pɪfənɪ] **1** trettondagen (*6 jan.*) **2** *e~* uppenbarelse

episcopal [ɪ'pɪskəpl] biskops-, biskoplig; episkopal

episode ['epɪsəʊd] episod; avsnitt, del

epistle [ɪ'pɪsl] epistel; brev; *the E~s of Paul* Pauli brev

epithet ['epɪθet] epitet

epoch ['i:pɒk] epok; *mark an ~* bilda epok

equal ['i:kw(ə)l] **I** a **1** lika; samma; jämställd, jämlik; *~ pay for ~ work* lika lön för lika arbete; *~ sign* likhetstecken; *of ~ length* av samma längd, lika långa; *all men are ~ before the law* alla människor är lika inför lagen; *be on ~ terms* (*on an ~ footing*) with stå på jämlik fot med; *now we're ~* nu är vi kvitt **2** *be ~ to* vara lika med; *be ~ to the situation* vara situationen vuxen; *be ~ to one's work* klara av sitt jobb **II** s lika; jämlike; *she has no ~* det finns inte hennes like (make) **III** v vara lik; motsvara; vara jämställd (jämlik) med; *three times two ~s six* tre gånger två är lika med sex; *not to be ~led* oförliknelig, makalös **-ity**

[i:'kwɒlətı] **1** likhet **2** jämlikhet, jämställdhet; likställdhet, likställighet; *on an* ~ på jämställd fot **-ization** (*BE. äv. -isation*) [‚i:kwəlaı'zeıʃn] **1** likställande, utjämning; likställdhet **2** *sport.* utjämning, kvittering **-ize** (*BE. äv. -ise*) ['i:kwəlaız] **1** göra lika; likställa **2** *sport.* utjämna, kvittera **-izer** (*BE. äv. -iser*) ['i:kwəlaızə] **1** utjämnare **2** *sport.* utjämnings-, kvitterings|mål **3** *AE. sl.* puffra (*pistol*)

equally ['i:kwəlı] *adv* lika; jämnt **equals sign** ['i:kwəlzsaın] likhetstecken

equanimity [‚ekwə'nımətı] jämnmod, fattning

equate [ı'kweıt] **1** likställa, jämställa; sätta likhetstecken mellan **2** *mat.* uppställa som ekvation **equation** [ı'kweıʃn] **1** ekvation **2** utjämning, jämkning; jämvikt **3** jämställande

equator [ı'kweıtə] ekvator **-ial** [‚ekwə'tɔ:rıəl] ekvatorial-

equestrian [ı'kwestrıən] **I** *a* rid-; ryttar- **II** *s* ryttare

equilibri|um [‚i:kwı'lıbrı|əm] (*pl -ums el. -a* [-ə]) **1** jämvikt, jämviktsläge **2** avvägande, balanserande

equinox ['i:kwınɒks] dagjämning; *autumnal* ~ höstdagjämning; *vernal* ~ vårdagjämning

equip [ı'kwıp] **1** utrusta; rusta; *you are better ~ped than I for the task* du är bättre rustad än jag för uppgiften **2** ekipera **-ment** [-mənt] **1** utrustning (*äv. bildl.*); *kitchen* ~ köksutrustning **2** utrustande **3** ekipering

equiva|lence [ı'kwıvələns] likvärdighet, jämngodhet; *kem.* ekvivalens **-lent** [-lənt] **I** *a* likvärdig, överensstämmande (*to* med); fullt motsvarande (*to s.th.* ngt); *kem.* ekvivalent **II** *s* **1** motsvarighet (*of* till); *kem.* ekvivalent **2** motsvarande värde

equivocal [ı'kwıvəkl] **1** tvetydig, dubbeltydig **2** tvivelaktig

era ['ıərə] **1** era, tidevarv **2** tideräkning

eradi|cate [ı'rædıkeıt] rycka upp med roten, utrota **-cation** [ı'rædı'keıʃn] utrotning

erase [ı'reız] radera [ut]; sudda ut (bort); utplåna **eraser** [-ə] rader|gummi, -kniv, kautschuk **erasure** [ı'reıʒə] **1** [ut]radering, utstrykning **2** radering, raderat ställe

erect [ı'rekt] **I** *a* upprätt[stående]; rak; *fysiol.* erigerad, styv **II** *v* **1** [upp]resa, ställa upprätt **2** bygga, uppföra **3** bilda, upprätta **4** *bildl.* upphöja, förhärliga **5** *fysiol.* erigera, styvna **erection** [ı'rekʃn] **1** [upp]resande **2** byggande, uppförande **3** bildande, inrättande **4** *konkr.* byggnad, konstruktion **5** *fysiol.* erektion

ergonomics [‚ɜ:gə(ʊ)'nɒmıks] (*behandlas som sg*) ergonomi

ermine ['ɜ:mın] **1** hermelin[skinn] **2** domarvärdighet

erne [ɜ:n] *zool.* havsörn

erode [ı'rəʊd] erodera[s], fräta[s] bort; *bildl.* undergräva[s] **erosion** [ı'rəʊʒn] erosion; erodering

erotic [ı'rɒtık] erotisk

err [ɜ:] **1** fela **2** ta fel, missta sig *it is better to* ~ *on the side of caution* hellre fria än att fälla (*i tveksamma fall*)

errand ['er(ə)nd] ärende, uppdrag; *go on (run)* ~*s for s.b.* gå (springa) ärenden åt ngn **errand**

boy [-bɔı] springpojke

erratic [ı'rætık] **I** *a* **1** underlig, excentrisk, oberäknelig **2** oregelbunden, planlös; irrande, kringflackande **3** *geol.*, ~ *block* flyttblock **II** *s, geol.* flyttblock

erroneous [ı'rəʊnjəs] felaktig, oriktig

error ['erə] **1** fel, felaktighet, misstag; *be in* ~ ha fel, missta sig **2** *mat.* avvikelse **3** förseelse, synd

erupt [ı'rʌpt] **1** få (ha) ett utbrott **2** (*om uslag*) slå ut; (*om tand*) spricka fram **eruption** [ı'rʌpʃn] **1** utbrott; eruption **2** [hud]utslag; framsprickande

escalate ['eskəleıt] eskalera, trappa[s] upp; öka kraftigt **escalation** [‚eskə'leıʃn] eskalering, upptrappning; kraftig ökning **escalator** ['eskəleıtə] rulltrappa

escapade [‚eskə'peıd] eskapad; upptåg

escape [ı'skeıp] **I** *v* **1** fly, rymma; undkomma, klara sig undan **2** (*om vätska, gas*) läcka (rinna, strömma) ut **3** undgå; undslippa; *you can't* ~ *the fact that* du kan inte förneka det faktum att; *the word* ~*s me* jag kommer inte på ordet **II** *s* **1** flykt, rymning; *have a miraculous* ~ undkomma som genom ett under; *have a narrow* ~ med knapp nöd undkomma; *there is no* ~ det går inte att undkomma, det finns ingen utväg **2** läcka, utströmning (*av vätska, gas*)

escort I *s* ['eskɔ:t] eskort, följe, skydds-, heders|-vakt; kavaljer, ledsagare **II** *v* [ı'skɔ:t] eskortera, ledsaga

Eskimo ['eskıməʊ] eskimå

espalier [ı'spæljə] **1** spaljé **2** spaljéträd

especial [ı'speʃl] speciell, särskild **-ly** [-ı] speciellt, särskilt, i synnerhet

espionage [‚espıə'nɑ:ʒ] spionage, spioneri

esquire [ı'skwaıə] **1** *BE.* herr (*se Esq.*) **2** *åld.* väpnare **3** *åld., se squire*

essay I *s* ['eseı] **1** essä, uppsats (*on* om, över) **2** försök **II** *v* [e'seı] pröva, försöka sig på

essence ['esns] **1** [innersta] väsen (natur); *in* ~ i allt väsentligt, i grund och botten; *the* ~ *of a problem* det väsentliga i ett problem; *she was the* ~ *of kindness* hon var vänligheten själv **2** essens, extrakt

essential [ı'senʃl] **I** *a* **1** väsentlig, absolut nödvändig, oundgänglig; grund-, grundläggande, bas- **2** absolut, fulländad, perfekt **3** essens-; ~ *oil* eterisk olja **II** *s* väsentlighet; grund|förutsättning, -villkor, nödvändighet; grund-, huvud|drag **-ly** [ı'senʃ(ə)lı] väsentligen; i huvudsak; i själva verket, i grund och botten

establish [ı'stæblıʃ] **1** grunda, grundlägga, upprätta, bilda **2** skapa; stifta; stadfästa; införa; upprätta, knyta (*relations* kontakter) **3** engagera, skaffa anställning åt; etablera, installera, inrätta; vinna bifall för; ~ *o.s. a)* etablera sig, *b)* skapa sig en ställning **4** fastslå, fastställa; bevisa, påvisa **-ed** [-t] **1** etablerad, säker, grundmurad, stadig **2** accepterad, erkänd, fastställd, fastslagen, bevisad; verdertagen, hävdvunnen; etablerad, bestående; *an* ~ *fact* ett känt faktum **3** *the E~ Church* [*of England*] engelska statskyrkan **-ment** [-mənt] **1** grundande, grundläggande, upprättande, bildande **2** skapande; stiftande; stadfästande; införande; upprättande **3** engagerande; etablerande, installerande; inrättande **4**

fastslående, fastställande; bevisning, påvisande **5** institution, anstalt, inrättning; etablissemang, företag **6** hus, hushåll; *keep up a large* ~ föra stort hus **7** *mil., sjö.* styrka, besättning; *peace* ~ fredsstyrka **8** *BE., the E*~ *a)* etablissemanget, det etablerade samhället, *b)* statskyrkan
estate [ɪ'steɪt] **1** [jorda]gods, [lant]egendom; plantage **2** *jur.* egendom, ägodelar; *real* ~ fast egendom **3** kvarlåtenskap; [döds]bo; konkursbo **4** stånd; *the three* ~*s [of the realm]* de tre stånden *(the lords spiritual, the lords temporal, the commons)* **5** *BE.* [industri-, bostads]område **estate agent** [-ˌeɪdʒ(ə)nt] **1** *BE.* fastighetsmäklare **2** godsförvaltare **estate car** [-kɑ:] *BE.* stations-, herrgårds\vagn, kombibil **estate duty** [-ˌdju:tɪ] arvsskatt
esteem [ɪ'sti:m] **I** *v* **1** [upp]skatta, [hög]akta **2** *högt.* anse som **II** *s* [hög]aktning; *hold s.b. in high* ~ högakta ngn
esti|mate I ['estɪmeɪt] **1** uppskatta, värdera, beräkna *(at* till); lämna kostnadsförslag *(for* på) **2** bedöma **II** *s* ['estɪmət] **1** uppskattning, värdering, beräkning; kostnadsförslag; budgetförslag; *the E*~*s* statsbudgeten; *at a rough* ~ ungefärligt beräknat, på en höft **2** bedömande **-mation** [ˌestɪ'meɪʃn] **1** uppskattning, värdering, beräkning; aktning **2** uppfattning, bedömning, mening
Esto|nia [e'stəʊnjə] Estland **-nian** [-njən] **I** *a* estnisk, estländsk **II** *s* est, estländare
estuary ['estjʊərɪ] flodmynning
etch [etʃ] etsa **-ing** [-ɪŋ] etsning
eter|nal [i:'tɜ:nl] evig; evinnerlig, ständig **-nity** [-nətɪ] **1** evighet **2** odödlighet
ether ['i:θə] eter
ethic ['eθɪk] **I** *a* etik-, moral- **2** etisk, moralisk **II** *s* etik, moral **ethical** [-l] **I** *a*, *se ethic I* **II** *s* receptbelagt läkemedel **ethics** [-s] **1** *(behandlas som sg)* etik, morallära **2** *(behandlas som pl)* etik, moral
ethnic ['eθnɪk] etnisk, ras-, folk- **-al** [-l] etnisk, ras-, folk- **2** etnologisk **ethnography** [eθ'nɒgrəfɪ] etnografi **ethnology** [eθ'nɒlədʒɪ] etnologi
etiquette ['etɪket] **1** etikett, umgängesregler **2** oskriven lag, hederskodex
etymology [ˌetɪ'mɒlədʒɪ] etymologi
Europe ['jʊərəp] Europa **European** [ˌjʊərə'pi:ən] **I** *a* europeisk **II** *s* europé
evacu|ate [ɪ'vækjʊeɪt] **1** evakuera, utrymma **2** tömma **3** ha avföring **-ation** [ɪˌvækjʊ'eɪʃn] **1** evakuering, utrymning **2** [ut]tömning, avföring **-ee** [ɪˌvækju:'i:] evakuerad [person]
evade [ɪ'veɪd] **1** undvika, ungdgå; slingra sig undan (ifrån); kringgå **2** trotsa; undandra sig *(bedömande e.d.)*
evalu|ate [ɪ'væljʊeɪt] värdera, uppskatta; väga mot varandra **-ation** [ɪˌvælju'eɪʃn] värdering, uppskattning
evangelic[al] [ˌi:væn'dʒelɪk(l)] evangelisk
evapo|rate [ɪ'væpəreɪt] **1** dunsta [bort, av]; *bildl.* gå upp i rök **2** torka *(genom avdunstning)*; ~*d milk* kondenserad mjölk **3** komma (få) att dunsta bort **-ration** [ɪˌvæpə'reɪʃn] avdunstning; torkning
eva|sion [ɪ'veɪʒn] undvikande; försök att slingra sig undan; svepskäl, undanflykt[er] **-sive** [ɪ'veɪsɪv] *a* undvikande; kringgående; svårfångad, undanglidande

eve [i:v] **1** [helgdags]afton; *New Year's E*~ nyårsafton **2** *on the* ~ *of* kvällen (tiden) före **3** *åld., poet.* afton, kväll
even ['i:vn] **I** *a* **1** jämn; plan, slät; ~ *division* rättvis delning; ~ *game* jämn match; *on an* ~ *keel* på rätt köl; ~ *money a)* jämna pengar, *b)* dubbla summan mot insatsen *(vid vadhållning)*; ~ *numbers* jämna tal; ~ *surface* jämn (slät, plan) yta; ~ *temper* jämnt humör; ~ *with* i jämnhöjd med; *of* ~ *date (jur. el. åld.)* av samma (dagens) datum **2** kvitt; *get* ~ *with s.b. a)* bli kvitt med ngn, *b)* vard. ta revansch på ngn, ge ngn igen *(for s.th.* för ngt) **II** *adv* **1** till och med, även; redan; *not* ~ inte ens; ~ *as a)* medan, samtidigt som, *b)* just så som; ~ *as a girl* redan som flicka; ~ *if (though)* såsom om, om också; ~ *now a)* redan nu, *b)* ändå, likafullt, *c)* fortfarande; ~ *so* icke desto mindre, ändå, trots det; ~ *then a)* redan då, *b)* ändå, likafullt **2** ännu *(worse* värre) **3** *åld.* just, precis; ända *(unto death* in i döden) **III** *v*, ~ *out* jämna[s] ut; ~ *up a)* utjämna, *b)* göra upp *(affärer)*
even-handed ["i:vn,hændɪd] opartisk, rättvis
evening ['i:vnɪŋ] afton, kväll; *the* ~ *of life* livets höst; *this* ~ i kväll; *in the* ~ på kvällen (kvällarna); *of an* ~ på kvällarna; *on the* ~ *of the twenty-sixth* på kvällen den 26 **evening dress** aftonklänning; frack; högtidsdräkt
event [ɪ'vent] **1** händelse, tilldragelse; *at all* ~*s, in any* ~ i varje fall, i alla händelser; *in the* ~ *of (that)* i händelse av (att); *in the normal course of* ~*s* i normala fall; *be wise after the* ~ vara efterklok **2** *sport.* gren, tävling; nummer **-ful** [-fʊl] händelserik
eventu|al [ɪ'ventʃʊəl] **1** slutlig *(s.th.* åld. möjlig, eventuell **-ality** [ɪˌventʃʊ'ælətɪ] möjlighet, eventualitet **-ally** [ɪ'ventʃʊəlɪ] slutligen, till slut; så småningom
ever ['evə] **1** någonsin; *the first* ~ den alla första; *the best book* ~ den bästa bok som någonsin funnits; *come as fast as* ~ *you can* kom så fort du någonsin kan; *hardly* ~ knappast någonsin, nästan aldrig; *seldom, if* ~ sällan eller aldrig; *don't* ~ *do that again!* gör aldrig så igen! **2** alltid; *as* ~ som alltid (vanligt); *for* ~ *a)* för alltid (evigt), *b)* jämt och ständigt; *Yours* ~ Er (Din) tillgivne; ~ *and again (anon)* (åld.) tid efter annan; *they lived happily* ~ *after* de levde lyckliga i alla sina dagar; ~ *since a)* alltsedan [dess], ända sedan, *b)* så länge *(I have known her jag har känt henne)* **3** *vard.,* ~ *so much (good) (BE.)* väldigt (hemskt) mycket (bra); *you may be* ~ *so rich* du må vara aldrig så rik; *what (where, who, why)* ~ vad (var, vem, varför) i all världen **-green** [-gri:n] **I** *a* vintergrön **II** *s* **1** vintergrön växt **2** evergreen *(schlager)* **-lasting** [ˌevə'lɑ:stɪŋ] **I** *a* ständig; evinnerlig **II** *s* **1** evighet **2** eternell, evighetsblomster **-more** [ˌevə'mɔ:] evigt, beständigt; *for* ~ för evigt
every ['evrɪ] varje, var, varenda; all; ~ *other (second) day,* ~ *two days* varannan dag; ~ *third day,* ~ *three days* var tredje dag; ~ *now and then (again),* ~ *so often* då och då; ~ *time a)* varje gång, jämt, *b) vard.* alla gånger, absolut, visst; *in* ~ *way a)* i alla avseenden, *b)* med alla medel; ~ *which way (AE.)* åt alla håll; ~ *bit as much* precis lika mycket; *his* ~ *word* varje ord han sa; *I have*

~ *reason to believe that* jag har alla skäl att tro att; ~ *man for himself* var och en är sig själv närmast **-body** [-ˌbɒdɪ] var och en, alla; ~ *else* alla andra; *goodbye ~!* hej allesammans! **-day** [-deɪ] daglig; vardags-; vardaglig, alldaglig **-one** [-wʌn] *se everybody* **-thing** [-θɪŋ] allt[sammans] **-where** [-weə] överallt

evict [ɪˈvɪkt] **1** vräka, avhysa **2** åter|få, -ta **eviction** [ɪˈvɪkʃn] vräkning, avhysning

evi|dence [ˈevɪd(ə)ns] **I** *s* **1** bevis, belägg (*of* på); vittnes|mål, -börd; indicier; tecken; spår; *call s.b. in ~* inkalla ngn som vittne; *give ~* vittna, avlägga vittnesmål; *turn queen's* (*king's, state's*) *~* uppträda som kronvittne; *bear ~ of* visa tecken på, vittna om **2** *be in ~* vara synlig (framträdande, tydlig) **II** *v* bevisa, bestyrka; visa **-dent** [-d(ə)nt] tydlig, uppenbar **-dently** [ˈevɪd(ə)ntlɪ] tydligen, uppenbarligen

evil [ˈiːvl] **I** *a* **1** ond, elak; *the E~ One* den onde; ~ *days* svåra tider; *an ~ fate* ett ont (olyckligt) öde; ~ *reputation* dåligt rykte; ~ *smell* dålig lukt **2** skadlig, fördärvlig **II** *s* **1** ont, det onda; ondska **2** *speak ~ of* tala illa om

evoke [ɪˈvəʊk] framkalla, väcka; frammana

evolution [ˌiːvəˈluːʃn] **1** *biol.* evolution, utveckling; *theory of ~* utvecklingslära **2** förlopp, [händelse]utveckling **3** *fys.* utveckling (*of heat av* värme) **4** *mat.* rotutdragning **5** (*i dans o. skridsko*) tur, piruett, figur **6** *mil.* manöver

evolve [ɪˈvɒlv] **1** utveckla, framlägga **2** *fys.* utveckla (*heat* värme) **3** utvecklas, utveckla sig

ewe [juː] tacka, fårhona; ~ *lamb* tacklamm, *bildl.* ögonsten

exact [ɪgˈzækt] **I** *a* exakt, precis, noggrann; noga **II** *v* fordra, kräva **exacting** [-ɪŋ] fordrande, krävande **exactly** [ɪgˈzæktlɪ] **I** *adv* noga; exakt, just, precis; noggrant; *what ~ is it you want?* vad är det egentligen du vill? **II** *interj* ja, just det!, precis!

exagger|ate [ɪgˈzædʒəreɪt] överdriva; framhäva, förstärka **-ation** [ɪgˌzædʒəˈreɪʃn] överdrift; framhävande, förstärkning

exalted [ɪgˈzɔːltɪd] **1** hög; högt uppsatt; upphöjd; ~ *ideals* höga ideal **2** *vard.* överdrivet hög (*opinion of o.s.* uppfattning om sig själv) **3** exalterad, överspänd, hänförd

exam [ɪgˈzæm] *vard.* examen; tenta **examination** [ɪgˌzæmɪˈneɪʃn] **1** undersökning, prövning; granskning; *on closer ~* vid närmare granskning **2** examen; tentamen; examination; förhör **examination paper** examensskrivning **examine** [ɪgˈzæmɪn] **1** undersöka, pröva; granska **2** examinera; tentera; förhöra

example [ɪgˈzɑːmpl] **1** exempel; förebild; avskräckande exempel; *for ~* till exempel; *make an ~ of s.b.* statuera exempel på ngn **2** prov[bit]; exemplar

exasper|ate [ɪgˈzæsp(ə)reɪt] reta [upp], göra rasande, förarga **-ating** [-eɪtɪŋ] förarglig, otrevlig, retfull, som kan göra en rasande **-ation** [ɪgˌzæspəˈreɪʃn] förbittring, ursinne

exca|vate [ˈekskəveɪt] gräva; gräva ut; gräva upp **-vation** [ˌekskəˈveɪʃn] grävning; utgrävning; uppgrävning **-vator** [ˈekskəveɪtə] **1** grävare; utgrävare **2** grävmaskin

exceed [ɪkˈsiːd] **1** över|stiga, -gå, -skrida **2** över-

träffa **-ingly** [-ɪŋlɪ] ytterst, i högsta grad

excel [ɪkˈsel] **1** vara främst (bäst), excellera (*at, in* i) **2** överträffa **-lence** [ˈeks(ə)ləns] **1** förträfflighet, ypperlighet **2** framstående egenskap, överlägsenhet **-lent** [ˈeks(ə)lənt] utomordentlig, ypperlig

except [ɪkˈsept] **I** *v* göra undantag för, undanta **II** *prep* utom; ~ *for* bortsett från; ~ *that* utom att, bortsett från att **III** *konj, vard., I would have come earlier,* ~ *I lost my way* jag skulle ha kommit tidigare om det inte hade varit för det att jag gick vilse **exception** [ɪkˈsepʃn] **1** undantag; undantagande; *with the ~ of* med undantag av **2** invändning; *take ~ to* göra invändning mot, starkt klandra; *take ~ at a*) ta illa upp av, *b*) klandra **exceptional** [ɪkˈsepʃənl] ovanlig, exceptionell; undantags-

excess [ɪkˈses] **1** överskridande **2** omåttlighet; övermått; överdrift; överskott; ~*es* (*pl, äv.*) excesser, utsvävningar, övergrepp; *in ~* i övermått, omåttligt; *in ~ of* mera än, över[stigande]; *carry* (*do*) *s.th. to ~* överdriva ngt **3** övervikt **excess baggage** (**luggage**) [-ˌbægɪdʒ, -ˌlʌgɪdʒ] övervikt[sbagage] **excess fare** [-feə] tilläggsavgift (*på biljett*) **excessive** [-ɪv] överdriven; omåttlig; häftig, svår **excess weight** [-weɪt] övervikt **exchange** [ɪksˈtʃeɪn(d)ʒ] **I** *v* [ut]byta, växla (*for* mot); skifta; utväxla **II** *s* **1** [ut]byte, [ut]växling; ordväxling; *lose by the ~* förlora på bytet; *lose* (*win*) *the ~* (*schack.*) förlora (vinna) kvalitet; *in ~* i stället, i utbyte; *in ~ for* i utbyte mot **2** börs; växling (*av pengar*); växel-, valuta|kurs; [*bill of*] ~ växel; *corn ~* spannmålsbörs; *foreign ~ a*) utländsk valuta, *b*) valutahandel; *rate of ~* växelkurs **3** telefon|växel, -station **exchangeable** [ɪksˈtʃeɪn(d)ʒəbl] som kan utväxlas, utbytbar **exchange rate** växelkurs **exchange student** [-ˌstjuːdnt] utbytesstudent

exchequer [ɪksˈtʃekə] **1** *the E~* (*i England ung.*) riksrevisionsverket; *Chancellor of the E~* (*i England*) finansminister **2** *vard.* finanser, kassa

excise [ˈeksaɪz] accis

excitable [ɪkˈsaɪtəbl] lättretlig, hetsig **excite** [ɪkˈsaɪt] **1** [upp]väcka; framkalla **2** upptända, [upp]egga, elda; uppröra **3** *fysiol.* reta, stimulera **excited** [-ɪd] upprörd, upphetsad, uppeggad; begeistrad (*about* över); spänd (*about* på); *don't get ~!* ta det lugnt! **excitement** [-mənt] **1** retning **2** spänning, uppståndelse, iver; upphetsning, upprördhet; begeistring **3** spännande tilldragelse **exciting** [-ɪŋ] spännande; upphetsande

exclaim [ɪkˈskleɪm] utropa; skrika till; ~ *against* fara ut mot **exclamation** [ˌekskləˈmeɪʃn] utrop **exclamation mark** (*AE.* **point**) utropstecken

exclude [ɪkˈskluːd] utesluta; undanta **excluding** [-ɪŋ] utom, exklusive

exclusion [ɪkˈskluːʒn] uteslutande, uteslutning; *to the ~ of* med uteslutande av

exclusive [ɪkˈskluːsɪv] **I** *a* **1** exklusiv, förnäm **2** uteslutande, enda; ensam-; särskild, speciell; exklusiv; ~ *of* exklusive, med undantag av **II** *s* artikel med ensamrätt **-ly** [-lɪ] enbart, endast, uteslutande

excruciating [ɪkˈskruːʃɪeɪtɪŋ] **1** olidlig, mycket

plågsam, kvalfull **2** mycket stor **3** *vard.* irriterande, påfrestande

excursion [ɪk'skɜ:ʃn] utflykt, utfärd, exkursion

excuse I *v* [ɪk'skju:z] **1** ursäkta, förlåta; urskulda; ~ *me* förlåt, ursäkta; ~ *me for laughing* förlåt att (om) jag skrattar; *you are ~d* du får (kan) gå, du behöver inte vara här **2** befria från, låta slippa; *you are ~d making dinner* du slipper laga middag **II** *s* [ɪk'skju:s] **1** ursäkt; undanflykt; förevändning; *a poor ~ for a dinner* (*vard.*) en jämmerlig middag; *make ~s* komma med undanflykter **2** befrielse

execrate ['eksɪkreɪt] förbanna; avsky

execute ['eksɪkju:t] **1** utföra, verkställa, sätta i verket; expediera; fullgöra; uträtta **2** *jur.* verkställa; utställa, upprätta (*a will* ett testamente); ~ *an estate* överlåta en egendom **3** avrätta **execution** [ˌeksɪ'kju:ʃn] **1** utförande, verkställande; fullgörande; uträttande; *put* (*carry*) *into* ~ verkställa **2** *mus.* föredrag, teknik **3** avrättning *jur.* Verkställande; utställande, upprättande; överlåtelse **executioner** [ˌeksɪ'kju:ʃnə] bödel, skarprättare **executive** [ɪg'zekjʊtɪv] **I** *a* utövande, verkställande; administrativ **II** *s* **1** verkställande myndighet **2** företagsledare, chef **3** administration; styrelse

exem|plary [ɪg'zemplə] [-plərɪ] **1** exemplarisk, förebildlig **2** avskräckande **-plification** [ɪg,-zemplɪfɪ'keɪʃn] exemplifiering **-plify** [ɪg'zemplɪfaɪ] **1** exemplifiera; vara ett exempel på **2** *jur.* göra bestyrkt avskrift av

exempt [ɪg'zem(p)t] **I** *a* fritagen, undantagen, befriad **II** *v* frita, undanta, befria **exemption** [ɪg'zem(p)ʃn] befrielse, frikallande, dispens

exercise ['eksəsaɪz] **I** *v* **1** använda, begagna, visa; [ut]öva (*influence* inflytande); ~ *tact* visa takt **2** öva [upp], träna [upp]; motionera (*a dog* en hund); *mil.* drilla, exercera **3** öva sig, träna; motionera **4** *be ~d about a decision* vara orolig för (irriterad över) ett beslut **II** *s* **1** utövande (*of one's rights* av sina rättigheter); utövning **2** övning, träning; motion, kroppsövning; ~*s* (*pl, mil.*) exercis, drill **3** övningsuppgift, skrivning; *mus.* övningsstycke **4** *AE., vanl.* ~*s* (*pl*) ceremonier, festligheter; *graduation* ~*s* skolavslutning

exert [ɪg'zɜ:t] **1** utöva, använda, bruka **2** ~ *o.s.* bemöda (anstränga) sig **exertion** [ɪg'zɜ:ʃn] **1** utövande, användning; brukande **2** ansträngning; *by one's own* ~*s* genom egna ansträngningar

exhale [eks'heɪl] **1** andas ut **2** släppa ut (*luft e.d.*)

exhaust [ɪg'zɔ:st] **I** *v* **1** [ut]tömma, förbruka; ~ *a topic of conversation* uttömma ett samtalsämne **2** pumpa ut, evakuera (*ånga e.d.*) **3** utmatta, trötta ut; ~ *o.s.* bli utmattad **4** strömma ut (*om gas e.d.*) **II** *s* **1** avgas[er] **2** utströmning, utsläpp (*av gas e.d.*) **3** avgasrör **exhausted** [-ɪd] **1** utmattad, slut **2** uttömd, förbrukad **exhausting** [-ɪŋ] tröttande, ansträngande **exhaustion** [ɪg'zɔstʃn] **1** utmattning **2** uttömning, förbrukning **exhaustive** [ɪg'zɔstɪv] **1** uttömmande, grundlig, fullständig **2** tröttande **exhaust-pipe** avgasrör **exhaust-valve** utlopps-, avgas-, utblåsnings|ventil

exhibit [ɪg'zɪbɪt] **I** *s* **1** utställning; utställningsföremål **2** *jur.* [bevis]föremål (*som företes vid rättegång*) **II** *v* **1** ställa ut, skylta [med]; förevisa **2**

[upp]visa, ådagalägga; förete **3** ställa ut, ha utställning **exhibition** [ˌeksɪ'bɪʃn] **1** utställning; utställande; visning; *make an* ~ *of o.s.* skämma ut sig, göra sig till ett åtlöje **2** *BE.* stipendium

exhibitor [ɪg'zɪbɪtə] utställare, förevisare

exhil|arate [ɪg'zɪləreɪt] pigga (muntra) upp; göra upprymd **-aration** [ɪg,zɪlə'reɪʃn] **1** uppiggande, upplivande **2** munterhet, upprymdhet

exhort [ɪg'zɔ:t] [upp]mana; förmana **exhortation** [ˌegzɔ:'teɪʃn] [upp]maning; förmaning

exile [eksaɪl] **I** *s* **1** landsflykt, exil **2** lands|flyktig, -förvisad **II** *v* landsförvisa

exist [ɪg'zɪst] existera, finnas [till]; förekomma

existence [-(ə)ns] **1** tillvaro, existens; förekomst; liv, bestånd; *in* ~ existerande; *come into a*) uppstå, uppkomma, *b*) komma till världen **2** varelse **existent** [-(ə)nt] **1** existerande, befintlig; förefintlig **2** nuvarande **existing** [ɪg'zɪstɪŋ] **1** existerande **2** nuvarande, dåvarande

exit I [eksɪt] **I** *s* **1** utgång; avfart **2** *teat. o. bildl.* sorti **3** utgående, utgång, utträde; utresa **4** död **II** *v* gå ut; gå bort; ~ *Julia* Julia går ut **exit permit** [-,pɜ:mɪt] utresetillstånd

exoner|ate [ɪg'zɒnəreɪt] **1** frikänna, frita **2** avbörda, befria **-ation** [ɪg,zɒnə'reɪʃn] **1** frikännande, fritagande **2** avbördande, befriande

exorbitant [ɪg'zɔ:bɪt(ə)nt] omåttlig, orimlig, oerhörd, skandalös

exor|cise ['eksɔ:saɪz] besvärja, driva ut (*onda andar*) **-cism** [-saɪz(ɔ)m] exorcism, djävulsutdrivning, andebesvärjelse

exotic [ɪg'zɒtɪk] exotisk; ~ *dancer* stripteasedansös

expand [ɪk'spænd] [ut]vidga[s], vidga sig, expandera; utbreda [sig], utveckla[s]; bli meddelsam; ~ *on a subject* breda ut sig över (närmare utveckla) ett ämne **expanse** [ɪk'spæns] **1** vidd, vid yta **2** utbredning, omfång **expansion** [ɪk'spænʃn] **1** utbredande, öppnande **2** utbredning, utvidgning; expansion; ökning **3** *se expanse 1* **expansive** [ɪk'spænsɪv] **1** expansiv, utvidgbar **2** expansions-, utvidgnings- **3** vidsträckt, utbredd **4** *bildl.* öppen[hjärtig], oreserverad; expansiv, extravagant

expatriate I *v* [eks'pætrɪeɪt] landsförvisa; ~ *o.s.* gå i exil **II** *s* [eks'pætrɪət] **1** landsförvisad, landsflykti[n]g **2** person som är bosatt utomlands **III** *a* [eks'pætrɪət] **1** landsförvisad; landsflyktig **2** bosatt utomlands, utlands-

expect [ɪk'spekt] **1** vänta [sig]; *what do you* ~ *me to do?* vad väntar du dig att jag ska göra?; *be* ~*ing* vänta barn **2** anta, förmoda **expectant** [-ənt] **I** *a* **1** väntande; förväntansfull **2** gravid; ~ *mothers* blivande mödrar **II** *s* väntande [person] **expectation** [ˌekspek'teɪʃn] **1** väntan; förväntan, förhoppning; ~*s* (*pl, äv.*) förväntningar, utsikter; *in* ~ *of* i väntan (avvaktan) på; *contrary to* (*beyond*) *all* ~[*s*] mot (över) all förväntan **2** *stat.* sannolikhet; ~ *of life* sannolik livslängd

expedient [ɪk'spi:djənt] **I** *a* ändamålsenlig, lämplig; fördelaktig, opportun **II** *s* utväg, [hjälp]medel

expedition [ˌekspɪ'dɪʃn] **1** expedition (*äv. mil.*); forskningsresa; utflykt **2** skyndsamhet

expel [ɪk'spel] driva (kasta, köra, stöta) ut, fördriva; förvisa; utestänga; relegera

E

expend [ɪk'spend] förbruka, använda, lägga (ge) ut **-able** [-əbl] förbruknings-, som kan förbrukas (offras); överflödig **-iture** [-ɪtʃə] **1** förbruk|ning, -ande; utgivande; slöseri; ~ *of time* tidsåtgång **2** utgifter

expense [ɪk'spens] utgift; utlägg; kostnad; *at the* ~ *of* på bekostnad av **expensive** [-ɪv] dyr[bar], kostsam

experience [ɪk'spɪərɪəns] **l** *s* **1** erfarenhet; vana; *know by* (*from*) ~ veta av erfarenhet **2** upplevelse, händelse, erfarenhet **ll** *v* erfara, uppleva; röna; få pröva på **experienced** [-t] erfaren, skolad

experi|ment l *s* [ɪk'sperɪmənt] experiment, försök **ll** *v* [ɪk'sperɪment] experimentera, göra experiment (försök) **-mental** [eks.sperɪ'mentl] **1** experiment-, försöks-, experiment|ell, -al; provisorisk **2** erfarenhets-, empirisk **3** experimenterande

expert ['ekspɜ:t] **l** *a* **1** kunnig, skicklig, tränad (*at, in* i, på) **2** sakkunnig, expert-, fackmanna- **ll** *s* expert, specialist, sakkunnig **expertise** [.ekspɜ:'ti:z] **1** expertutlåtande **2** skicklighet, expertis

expiate ['ekspɪeɪt] sona, få plikta för

expiration [.ekspɪ'reɪʃn] **1** utandning **2** utlöpande, utgång; upphörande **expire** [ɪk'spaɪə] **1** gå till ända, gå ut; upphöra **2** andas ut **3** ge upp andan, dö **expiry** [ɪk'spaɪərɪ] **1** utgång, upphörande, slut **2** död

explain [ɪk'spleɪn] förklara (*to s.b.* för ngn); ~ *away* bortförklara **explanation** [.eksplə'neɪʃn] förklaring **explanatory** [ɪk'splænət(ə)rɪ] förklarande, upplysande

explicit [ɪk'splɪsɪt] **1** klar, tydlig **2** rättfram, oförbehållsam

explode [ɪk'spləud] **1** låta (få att) explodera, spränga [i luften]; ~ *d view* sprängskiss **2** kullkasta, vederlägga; ~ *d theories* vederlagda (förlegade) teorier **2** explodera (*äv. bildl.*), springa i luften

exploit l *s* ['eksplɔɪt] bedrift, bragd, prestation **ll** *v* [ɪk'splɔɪt] exploatera; utnyttja; bearbeta **exploitation** [.eksplɔɪ'teɪʃn] exploatering; utnyttjande; bearbetning

exploration [.eksplə'reɪʃn] **1** utforsk|ning, -ande **2** expedition, forskningsresa **explore** [ɪk'splɔ:] utforska; undersöka **explorer** [ɪk'splɔ:rə] forsknings-, upptäckts|resande; utforskare

explo|sion [ɪk'spləuʒn] explosion (*äv. bildl.*); [vuldsamt] utbrott **-sive** [-sɪv] *l a* explosiv (*äv. bildl.*), explosions-; *bildl.* häftig, våldsam; ~ *charge* sprängladdning **ll** *s* **1** sprängämne **2** *språkv.* explosiva

exponent [ek'spəunənt] **1** *mat.* exponent **2** förespråkare, talesman (*of* för); tolk, uttolkare, framställare (*of* av)

export l *s* ['ekspɔ:] **1** ~[*s*] export **2** export|vara, -artikel **ll** *v* [ek'spɔ:t] exportera **exportation** [.ekspɔ:'teɪʃn] **1** export, utförsel **2** *AE.* export|-vara, -artikel

expose [ɪk'spəuz] **1** utsätta, exponera (*to* för); blottställa; ~ *a child* sätta ut ett barn (*att förgås*) **2** avslöja; röja, yppa; demaskera **3** framvisa, visa, ställa ut; ~ *o.s.* (*om blottare*) blotta sig **4** *foto.* exponera **exposed** [ɪk'spəuzd] **1** utsatt; blottställd; oskyddad, utsatt för väder och vind;

sårbar **2** synlig, utställd **exposition** [.ekspə(ʊ)'zɪʃn] **1** utställande; utställning, exposition **2** framställning; redogörelse (*of* för) **3** utläggning, förklaring; *mus. o. litt.* exposition

exposure [ɪk'spəuʒə] **1** utsättande (*to danger* för fara) **2** utsatthet; utsatt läge; *die of* ~ frysa ihjäl **3** (*byggnads e.d.*) läge; *with a southern* ~ med söderläge, i söder **4** *foto.* exponering; exponeringstid **5** utställande; utställning, exponerande (*in shop-windows* i skyltfönster); framträdande, framförande (*inför publik*); *indecent* ~ (*blottares*) blottande **6** frilagd yta (*of granite* av granit) **expos-ure meter** *foto.* exponeringsmätare

express [ɪk'spres] *l v* **1** uttrycka; uttala **2** pressa ut (fram) (*from* ur) **3** sända express (med expressbud) **ll** *a* **1** tydlig, uttrycklig, bestämd, uttalad (*wish* önskan) **2** särskild, speciell; *an* ~ *purpose* ett speciellt ändamål **3** express-, il-, snabb- **lll** *adv* express, med ilbud; *send s.th.* ~ sända ngt express **lV** *s* **1** expressbefordran; expressgods; ilbud **2** express-, snabb-, snäll|tåg **3** *AE.* expressbyrå, budcentral **expression** [ɪk'spreʃn] **1** uttryck (*äv. mat.*); uttrycksfullhet; uttrycksätt; *a joyful* ~ ett glatt [ansikts]uttryck; *a dialect* ~ ett dialektalt uttryck **2** yttrande, uttalande **3** [ut]-pressande **expressionism** [ɪk'spreʃeɪz(ə)m] expressionism **expressive** [ɪk'spresɪv] **1** expressiv, uttrycksfull **2** ~ *of* uttryckande **expressly** [ɪk'spreslɪ] **1** uttryckligen, otvetydigt **2** särskilt, speciellt **expressway** [ɪk'spresweɪ] *AE.* motorväg

expropri|ate [eks'prəuprɪeɪt] expropriera **-ation** [eks.prəuprɪ'eɪʃn] expropri|ation, -ering

expulsion [ɪk'spʌlʃn] utdriv|ande, -ning; uteslutning; relegering

expunge [ek'spʌn(d)ʒ] utstryka; utplåna

exquisite ['ekskwɪzɪt] **1** utsökt, utsökt vacker (fin *etc.*) **2** enastående, utomordentlig; intensiv, häftig **3** fin, känslig

extend [ɪk'stend] **1** sträcka (räcka) ut (fram) **2** bygga ut (till) **3** förlänga; utsträcka; utvidga; vidga, öka; ~*ed* family storfamilj; *in an* ~*ed sense of the word* i ordet vidaste bemärkelse; ~*ed play record* EP-skiva, 45-varvsskiva **4** *bildl.* ge, erbjuda (*help* hjälp); framföra (*greetings* hälsningar) **5** *bokför.* transportera **6** *jur.* värdera mark **7** strängas, pressa **8** sticka ut (fram) **9** sträckas (dras) ut; utsträckas **10** sträcka sig; räcka, vara (*for many years* i många år) **11** breda ut sig; vara utbredd

extensible [ɪk'stensəbl] [ut]tänjbar, som kan [ut]sträckas

extension [ɪk'stenʃn] **1** utsträckande; utvidg|ande, -ning; förlängning **2** sträckare; *med.* sträck **3** till-, ut|byggnad **4** utbredning, utsträckning; omfång **5** *tel.* anslutning[sapparat] **6** *university* ~ *course* extramural universitetskurs **extension cord** skarv-, förlängnings|sladd

extensive [ɪk'stensɪv] omfattande, vidsträckt, utbredd; utförlig; *lantbr.* extensiv; *make* ~ *use of s.th.* flitigt använda ngt

extent [ɪk'stent] **1** utsträckning, omfattning; *to a certain* ~ i viss utsträckning, till en viss grad **2** yta, område, omfång; mängd, volym

extenu|ate [ek'stenjʊeɪt] förringa, minska, överskyla; *-ating circumstances* förmildrande omstän-

digheter
exterior [ek'stɪərɪə] **I** *a* yttre, utvändig, ytter-; utvändig; utvärtes **II** *s* **1** yttre, exteriör, utsida **2** *film.* utomhusscen
extermi|nate [ɪk'stɜ:mɪneɪt] utrota, tillintetgöra **-nation** [ɪk͵stɜ:mɪ'neɪʃn] utrot|ande, -ning, för-int|ande, -else
external [ek'stɜ:nl] **I** *a* yttre, ytter-; extern; utvändig; utvärtes; utrikes- **II** *s, ~s* (*pl*) yttre företeelser, oviktig detalj
extinct [ɪk'stɪŋ(k)t] **1** [ut]slocknad (*volcano* vulkan) **2** utdöd **3** avskaffad **extinction** [ɪk's-tɪŋ(k)ʃn] **1** [ut]släckande; tillintetgörande, förintelse **2** utdöende
extinguish [ɪk'stɪŋgwɪʃ] **1** utsläcka, [för]kväva **2** tillintetgöra, förinta (*äv. bildl.*) **-er** [-ə] eldsläckare
extort [ɪk'stɔ:t] pressa [ut] (*money from s.b.* pengar av ngn), avtvinga (*s.th. from s.b.* ngn npt) framtvinga **extortion** [ɪk'stɔ:ʃn] utpressning; av-, fram|tvingande **extortioner** [ɪk'stɔ:ʃ-nə] utpressare; ockrare
extra ['ekstrə] **I** *a* extra, ytterligare; *~ time* (*sport.*) förlängning **II** *adv* extra **III** *s* **1** extra person (sak) **2** tillbehör **2** extra|avgift, -kostnad **3** extranummer (*av tidning*) **4** *film.* statist
extract I *v* [ɪk'strækt] **1** dra ut (*from* ur); *~ the square root from* (*mat.*) dra roten ur **2** avlocka, framtvinga; locka fram **3** finna, hämta (*inspiration from* inspiration i, ur) **4** extrahera, utvinna; pressa [ut] **5** excerpera, göra utdrag ur (*skrift*) **II** *s* ['ekstrækt] **1** extrakt **2** excerpt, utdrag (*ur skrift*) **extraction** [ɪk'strækʃn] **1** utdragning; extraherande, extraktion **2** utdrag **3** härkomst, extraktion
extra|dite ['ekstrədaɪt] utlämna (*brottsling t. annan stat*); få utlämnad **-dition** [͵ekstrə'dɪʃn] utlämning (*av brottsling t. annan stat*) **-marital** [͵ekstrə'mærɪtl] *a, ~ relations* utomäktenskapliga förbindelser **-mundane** [͵ekstrə'mʌndeɪn] utomvärldslig **-ordinary** [ɪk'strɔ:dnrɪ] **1** utomordentlig, extraordinär, märkvärdig; ovanlig[t stor] **2** extraordinarie, extra, tillfällig, särskild **-terrestrial** [͵ekstrətɪ'restrɪəl] utomjordisk
extrava|gance [ɪk'strævəgəns] **1** extravagans, överdåd, slöseri **2** omåttlighet, överdrift **-gant** [-gənt] **1** extravagant, överdådig, slösaktig **2** överdriven; omåttlig, orimlig
extreme [ɪk'stri:m] **I** *a* **1** extrem, ytterlighets-; *an ~ case* ett extremfall; *the ~ right* (*polit.*) yttersta högern **2** ytterst; borterst, längst bort; *to the ~ left* längst [ut] till vänster; *the ~ opposite* raka motsatsen; *the ~ unction* sista smörjelsen **3** ytterst stor (sträng), extrem, ytterlig; *~ old age* utomordentligt hög ålder **II** *s* **1** ytterlighet; *in the ~* i högsta grad, ytterst; *go to ~s* gå till ytterligheter; *drive s.b to ~s* driva ngn till det yttersta **2** *mat.* ytterled **extremely** [-lɪ] ytterst, utomordentligt, högst **extremist** [-ɪst] extremist **extremity** [ɪk'stremətɪ] **1** yttersta punkt (del, gräns) **2** *anat.* extremitet **3** högsta grad **4** extremt tillstånd (läge); nödläge **4** ytterlighet, ytterlighetsåtgärd; *resort to extremities* gå till ytterligheter, ta till ytterlighetsåtgärder
extri|cate ['ekstrɪkeɪt] lösgöra, befria **-cation** [͵ekstrɪ'keɪʃn] *s* lös-, fri|görande, befriande

exuber|ance [ɪg'zju:b(ə)r(ə)ns] **1** överflöd, frodighet, ymnighet **2** översvallande; övermått; sprudlande glädje (vitalitet) **-ant** [-(ə)nt] **1** överflödande, frodig, ymnig **2** översvallande; sprudlande, vital
exultant [-(ə)nt] jublande, triumferande **exultation** [͵egzʌl'teɪʃn] jubel, triumf
eye [aɪ] **I** *s* **1** öga; blick; *~[s]* syn[förmåga]; *an ~ for an ~* öga för öga; *~ to ~* (*vard.*) öga mot öga; *all ~s* (*vard.*) vaksam, uppmärksam; [*all*] *my ~s!* (*vard.*) struntprat!, dumheter!; *before* (*under*) *the very ~ of s.b. a*) inför ögonen på ngn, *b*) mitt för näsan på ngn; *in the ~s of the law* i lagens mening; *one in the ~* (*vard.*) en smocka [i ögat], en besvikelse; *in one's mind's ~* för sin inre syn; *to the naked ~* för blotta ögat; *under the ~ of s.b.* under uppsikt (övervakning) av ngn; *with a jealous ~* avundsjukt; *with* (*having*) *an ~ to a*) angående, med avseende på, *b*) i avsikt att; *with one's ~s open* med öppna ögon; *with one's ~s shut a*) med lätthet, med förbundna ögon, *b*) utan att märka (se) npt; *be all ~s* göra stora ögon; *be in the public ~* vara föremål för allmänhetens intresse; *be up to one's ~s in work* ha arbete upp över öronen; *catch a p.'s ~* fånga ngns blick; *do s.b. in the ~* (*vard.*) grundlura ngn, dra ngn vid näsan; *give s.b. the* [*glad*] *~* [ögon]flörta med ngn; *have one's ~s about one* ha ögonen med sig; *have an ~ for antiques* ha blick (sinne) för antikviteter; *have ~s for vara intresserad av*; *have one's ~s on s.th.* (*vard.*) *a*) ha ngt i kikaren, *b*) ha ett gott öga till ngt; *have an ~ to the main chance* vara om sig; *keep an ~ on* hålla ett öga på; *keep an ~ open* (*out*) *for* hålla utkik efter; *keep one's ~s open* (*vard. peeled, skinned*) ha ögonen med sig; *lay* (*clap, set*) *~s on* få syn på; *look s.b. in the ~* se stint på ngn; *make ~s at* [ögon]flörta med; *make sheep's ~s at* (*åld.*) kasta kärleksfulla blickar på; *run one's ~[s] over* ögna (titta) igenom; *see ~ to ~ with* gå med på, samtycka till, se på saken på samma sätt som; *set one's ~s in* (*sport.*) träna upp öget; *set one's ~s on* kasta sina blickar på; *shut* (*close*) *one's ~s to*, *turn a blind ~ to* blunda för, se genom fingrarna med; *strike s p.'s ~* falla ngn i ögonen **2** [nåls]-öga; *bot.* öga (*på potatis e.d.*); *the ~ of the wind* (*sjö.*) vindöget **II** *v* betrakta, mönstra, granska
eye|ball ['aɪbɔ:l] ögonglob **-brow** ögonbryn **--catching** [-͵kætʃɪŋ] som fångar blicken, slående **-glass** [-glɑ:s] **1** monokel **2** *AE., ~es* (*pl*) glasögon **-lash** [-læʃ] ögonhår; ögonfrans **-let** [-lɪt] **1** litet hål, snörhål; öljett **2** litet öga **-level** [-͵levl] ögonhöjd **-lid** [-lɪd] ögonlock **--opener** [-͵əʊpnə] *vard.* tankeställare **-shadow** [- ͵ʃædəʊ] ögonskugga **-sight** [-saɪt] syn[förmåga] **-sore** [-sɔ:] ful (anskrämlig) syn **-witness** [͵aɪ'-wɪtnɪs] ögonvittne
eyrie ['aɪərɪ] **1** [rovfågels]näste **2** [rovfågels]kull

F, f [ef] (*bokstav, ton*) F, f; *F flat* (*mus.*) fess; *F sharp* (*mus.*) fiss

fable ['feɪbl] **1** fabel; legend; myt, saga; fablernas (sagans) värld **2** lögn

fabric ['fæbrɪk] **1** tyg, väv, vävnad; (*tygs*) struktur **2** uppbyggnad; stomme struktur, konstruktion

fabri|cate ['fæbrɪkeɪt] **1** fabricera, tillverka; montera; konstruera **2** dikta ihop, hitta på; förfalska **-cation** [ˌfæbrɪ'keɪʃn] **1** fabrikation, tillverkning; montering; konstruktion **2** hopdiktande, påhitt; förfalskning

fabulous ['fæbjʊləs] **1** fabel-, sago-; diktad **2** sagolik, fabulös; *vard.* jättefin, fantastisk

face [feɪs] **I** s **1** ansikte; min, uppsyn; *vard.* fräckhet; *a sad* ~ en sorgsen min; *in* [*the*] ~ *of a*) trots, *b*) ställd inför; *fly in the* ~ *of a*) öppet trotsa, *b*) rusa rakt på; *laugh in a p.'s* ~ skratta ngn rätt upp i ansiktet; *look s.b. in the* ~ se ngn rakt i ansiktet; *shut the door in a p.'s* ~ stänga dörren mitt framför näsan på ngn; *fall on one's* ~ falla framstupa; ~ *to* ~ ansikte mot ansikte, inför; *I told him so to his* ~ jag sa honom det rakt upp i ansiktet; *she praised him to his* ~ hon berömde honom i hans närvaro; *have the* ~ *to* (*vard.*) ha fräckheten (mage) att; *lose* (*save*) ~ förlora (rädda) ansiktet (anseendet); *make* (*pull*) *a* ~ göra en grimas; *pull a long* ~ bli lång i ansiktet (synen); *put one's* ~ *on* (*vard.*) göra make-up; *put a bold* (*good*) ~ *on* hålla god min i elakt spel; *put a brave* ~ *on it* bita i det sura äpplet; *set one's* ~ *against* bestämt motsätta sig; *show one's* ~ visa sig, framträda **2** yta; framsida; fasad; rätsida; ur-, visar|tavla; *the* ~ *of the town has changed* stadens utseende har förändrats; *vanish off the* ~ *of the earth* försvinna från jordens yta; *on the* ~ *of it* som det ter sig utåt, av allt att döma, ytligt sett; *a cliff* ~ en klippvägg **3** *boktr.* (*typs*) tryckyta; typsnitt **II** v **1** vara vänd mot, se mot; ligga (vetta) mot; ligga (stå) mitt emot; stå ansikte mot ansikte med; ~ *the music* (*vard.*) ta konsekvenserna, stå sitt kast; *facing page* motstående sida; *a room facing the south* ett rum som vetter åt söder; *sit facing the engine* åka framlänges (på tåg e.d.) **2** [oförskräckt] möta (*enemy* fiende; *problems* problem), stå inför; räkna med, vara beredd på; ~ *out* stå ut med, uthärda; *be* ~*d with* (*ställas*) inför, konfronteras med; *let's* ~ *it, she is...* man måste erkänna att hon är...; ~ *the facts* inte blunda för fakta **3** lägga med framsidan (rätsidan) uppåt **4** beklä[da], klä; infodra **5** *mil.* låta göra vändning; *about* ~*!* helt om! *right* ~*!* höger om! **6** vara vänd, vända sig (*to*[*wards*] mot); vetta, ligga (*to*[*wards*] mot); *the room* ~*s to the south* rummet vetter mot söder **7** ~ *up to a.*) [modigt] möta, *b*) finna sig i, böja sig för, *c*) ta på sig (*responsibility* ansvar)

face-lift ansiktslyftning (*äv. bildl.*) **face pack** ansiktsmask

facet ['fæsɪt] **I** s **1** fasett **2** *bildl.* sida, aspekt **II** v slipa i fasett

facetious [fe'siːʃəs] skämtsam; *be* ~ göra sig lustig

face value ['feɪsvæljuː] nominellt värde; *take s.th. at* [*its*] ~ ta ngt för gott

facial ['feɪʃl] **I** a ansikts- **II** s ansiktsbehandling

facile ['fæsaɪl] **1** lätt[vindig], enkel **2** flink, flyhänt **3** ledig, avspänd **facilitate** [fə'sɪlɪteɪt] underlätta; främja **facilit|y** [fə'sɪlətɪ] **1** lätthet **2** flinkhet, flyhänthet **3** -*ies* (*pl*) anordningar, hjälpmedel, faciliteter; tillfällen; möjligheter; *modern -ies* moderna bekvämligheter (hjälpmedel) **4** -*ies* (*pl*) toalett

fact [fækt] **1** faktum, realitet; ~ *and fiction* fantasi och verklighet; ~ *of life* ofrånkomligt (obehagligt) faktum; *teach s.b. the* ~*s of life* ge ngn sexualupplysning; *a matter of* ~ ett faktum; *as a matter of* ~, *in* [*point of*] ~ faktiskt, i verkligheten, i själva verket; *the* ~ [*of the matter*] *is that* saken är den att, faktum är att **2** *jur.* sakförhållande, faktum i målet; *after the* ~ efter brottet[s begående]

faction ['fækʃn] **1** partigrupp, fraktion **2** parti|-käbbel, -strider

factor ['fæktə] **1** faktor (*äv. mat.*); ~ *of production* produktionsfaktor **2** agent, kommissionär **3** *Sk.* förvaltare **factory** ['fækt(ə)rɪ] fabrik; bruk **Factory Act** arbetarskyddslag **factory farm** industriellt jordbruk, storjordbruk

factual ['fæktʃʊəl] **1** faktisk, verklig **2** saklig

faculty ['fækltɪ] **1** förmåga; anlag, fallenhet; skicklighet, duglighet **2** *univ.* fakultet; fakultetsmedlemmar; *AE.* lärarkår

fad [fæd] *vard.* modenyck, fluga, mani, nyck

fade [feɪd] **1** vissna; förtvina **2** blekna, mattas; förbleknas; tona bort; tyna av, vissna bort **3** bleka, komma att blekas **4** *film o.d.*, ~ *away* (*out*) sakta försvinna, dö (tona) bort; ~ *in* tona in (upp); ~ *into* långsamt övergå till

Faeroes ['feərəʊz] *the* ~, *the Faeroe Islands* Färöarna **Faeroese** [ˌfeərəʊ'iːz] **I** s färöing **II** a färöisk

1 fag [fæg] **I** v **1** *vard.* slita, knoga **2** *BE. skol.*, ~ [*for*] vara passopp åt (*äldre elev*) **3** tröttköra, låta slita **II** s **1** *vard.* slit, knog **2** *BE. skol.* pojke som passar upp på äldre elev

2 fag [fæg] *BE. sl.* cigg, tagg (*cigarett*)

3 fag [fæg] *AE. sl.* bög, homofil

faience [faɪˈɑː(n)s] fajans

fail [feɪl] **I** v misslyckas; stranda; göra fiasko; slå fel; vara förgäves; bli underkänd (kuggad); ~ *in doing s.th.* misslyckas med att göra ngt; *the crops* ~*ed* skörden slog fel **2** klicka, strejka, inte fungera, svika; *his heart* ~*ed* hans hjärta stannade; *the motor* ~*ed* motorn strejkade **3** brista; svika; ~ *in one's duty* svika (inte fullgöra) sin plikt; ~ *in its effect* förfela sin verkan **4** vara otillräcklig, ta slut, inte räcka till **5** försvagas, avta; bli sämre (svagare); tona (dö) bort **6** göra bankrutt, gå omkull **7** svika, lämna i sticket; *words* ~ *me* jag saknar ord **8** ~ *to do s.th.* underlåta (försumma) att göra ngt, inte [lyckas] göra ngt; *I couldn't* ~ *to notice* jag kunde inte undgå att lägga märke till;

~ *to see why* jag kan inte inse varför **9** underkänna, kugga (*a candidate* en kanditat); ~ *an exam* bli underkänd i en examen **II** *s, without* ~ säkert, bestämt

fail|ing ['feɪlɪŋ] **I** *s* brist, fel **II** *prep* i brist på; ~ *this* (*that*) i annat fall **-ure** [-jə] **1** misslyckande; strandning; fiasko; misslyckad person (sak) **2** underlåtenhet (*to attend* att närvara); uteblivande; brist **3** strejkande, svikande; fel; *crop* ~ missväxt; *heart* ~ hjärtförlamning; *motor* ~ motorstopp; *power* ~ strömavbrott **4** försvagning; försämring **5** bankrutt, konkurs

faint [feɪnt] **I** *a* svag; matt; otydlig; *a* ~ *noise* ett svagt ljud; *I haven't the* ~*est* [*idea*] jag har inte den blekaste aning **II** *v* svimma; ~ *away* svimma av **III** *s* svimning

1 fair [feə] **1** marknad; [välgörenhets]basar; *vanity* ~ fåfängans marknad **2** *hand.* mässa

2 fair [feə] **I** *a* **1** rättvis, just (*to, on* mot); opartisk; ärlig (*fight* strid), hederlig; rimlig, skälig; *vard.* fullkomlig, verklig (*battle* strid); ~ *game* lovligt villebråd; ~ *play* fair play, rent spel; ~ *enough!* kör till!, okej!, bra!; ~ *and square* öppen och ärlig; ~ *is* ~ rätt ska vara rätt; *it's only* ~ det är inte mer än rätt; *all's* ~ *in love and war* i krig och kärlek är allting tillåtet; *have a* ~ *chance of winning* he stora chanser att vinna; *that's a* ~ *comment* det stämmer (är riktigt); *by* ~ *means or foul* med rätt eller orätt, med ärliga medel eller oärliga; *get a* ~ *trial a*) få en rättvis rättegång, *b*) få en ärlig chans **2** ganska bra (stor); *a* ~ *amount* (*äv.*) ganska mycket; *in a* ~ *way to success* på god väg att lyckas; ~ *wind* förlig vind; ~ *to middling* (*vard.*) någorlunda, skaplig **3** blond, ljus[lagd] **4** vacker (*äv. om väder*); fager; behaglig; *the* ~ *sex* det täcka könet; ~ *words* vackra ord, fagert tal; *the barometer is set* ~ barometern står på vackert [väder] **5** *bildl.* flackfri (*name* namn); otadlig **6** tydlig, läslig (*handwriting* handstil); ~ *copy* renskrift, renskrivet exemplar **7** fri, öppen (*passage* passage) **II** *adv* **1** rättvist, just; ärligt, hederligt; rimligt; *play* ~ spela rent spel, vara hederlig **2** rakt, rätt; *fall* ~ falla pladask; ~ *and square* öppet och ärligt; *it hit him* ~ *and square in the face* den träffade honom rakt i ansiktet **3** *copy s.th. out* ~ skriva rent ngt

fairground ['feəɡraʊnd] marknadsplats; mässområde

fairly ['feəlɪ] **1** rättvist; ärligt, hederligt **2** ganska, tämligen, rätt **3** alldeles; fullständigt **4** lämpligen

fairness ['feənɪs] **1** rättvisa, opartiskhet; ärlighet, hederlighet; rimlighet; *in all* ~ i rättvisans namn, rimligtvis **2** blondhet; skönhet

fairy ['feərɪ] **I** *a* **1** fe, älva **2** *sl.* bög, homofil **II** *a* felik, älvlik; fe-, älv-; sago- **fairyland 1** älvornas rike **2** fantasivärld **fairy story** ['feərɪˌstɔːrɪ], **fairy tale** ['feərɪteɪl] [fe]saga; osann (påhittad) historia

faith [feɪθ] **1** tro (*in* på); förtroende (*in* för), tillit (*in* till); *the* ~ den sanna tron; *have* ~ *in* tro (lita) på, ha förtroende för **2** tro, troslära, religion; *the Christian* ~ den kristna tron **3** trohet, hederlighet; hedersord; *in* ~ minsann; *in bad* ~ trolöst; *in good* ~ i god tro **-ful** ['feɪθfʊl] **1** trogen (*to* mot); *the* ~ de rättrogna **2** trovärdig, verklig-

hetstrogen **3** trogen, exakt **-fully** ['feɪθfʊli] troget *etc., jfr faithful; Yours* ~ Högaktningsfullt (*i brev*) **-less 1** trolös, opålitlig (*to* mot) **2** utan tro, klentrogen

fake [feɪk] **I** *v* **1** förfalska; försköna, bättra på; koka ihop, hitta på; ~ *up a*) hitta på, *b*) förfalska **2** simulera, låtsas ha (*a headache* huvudvärk) **3** improvisera **II** *a* falsk, förfalskad; uppdiktad **III** *s* förfalskning; uppdiktad historia; bluffmakare

falcon ['fɔːlkən] falk **falconry** [-rɪ] **1** falkdressyr **2** falkjakt

fall [fɔːl] **I** *v* (*fell, fallen*) **1** falla; falla omkull, ramla; falla ner; sjunka; stupa; infalla; *he fell and hurt his knee* han ramlade och gjorde sig illa i knät; *prices* ~ priserna sjunker; ~ *in battle* falla (stupa) i strid; *night fell* natten föll på; *Easter* ~*s early this year* påsken infaller tidigt i år; ~ *apart* (*to pieces*) falla isär (i bitar); *her face fell* hon blev lång i ansiktet; *the fortress fell* fortet föll; *her gaze fell* hon sänkte (vände bort) blicken; *the government fell* regeringen föll; *her hair fell to her waist* hennes hår föll (hängde, räckte) ner till midjan; ~ *a victim to* falla offer för; *his voice fell to a whisper* hans röst sänktes (sjönk) till en viskning **2** förfalla [till betalning] **3** slutta **4** *the wind* ~*s* vinden avtar, det mojnar **5** ~ *asleep* somna, falla i sömn; ~ *ill* bli sjuk, insjukna; ~ *in love* bli kär; ~ *flat* (*bildl.*) falla platt till marken, misslyckas; ~ *foul of a*) *sjö.* kollidera med, *b*) råka i konflikt med; ~ *short* visa sig otillräcklig, ~ *short of* inte motsvara, inte gå upp mot **6** (*om djurungar*) födas **7** ~ *about laughing* skratta sig fördärvad; ~ *among* råka in bland (i); ~ *away a*) slutta [ner], *b*) bortfalla, lossna, *c*) (*om oro o.d.*) vika [undan], avta; ~ *back* dra sig tillbaka; ~ *back* [*up*]*on* (*bildl.*) falla tillbaka på; ~ *behind a*) bli (sacka) efter, *b*) ligga efter (*m. arbete e.d.*); ~ *down* falla (ramla) ner (omkull), falla ihop; ~ *down on* (*vard.*) misslyckas med; ~ *for a*) falla för (*ngn*), *b*) gå på, luras av; ~ *from a*) falla [ner] från, *b*) störtas från; *not a word fell from his lips* inte ett ord kom över hans läppar; ~ *in a*) falla (störta) in, falla ihop, *b*) *mil.* falla in i ledet; ~ *in!* (*mil.*) uppställning!; ~ *in* [*up*]*on* överraska, dimpa ner hos; ~ *in with a*) ansluta sig till, råka in i, *b*) gå med på, stödja; ~ *into a*) falla [ner] i, *b*) förfalla till (*bad habits* dåliga vanor), *c*) kunna indelas i; ~ *into disrepair* förfalla, bli förfallen; ~ *into a rage* bli rasande; ~ *off a*) falla (ramla) av (ner från), *b*) minska, avta, gå ner, försämras, *c*) *sjö.* falla av; ~ *on* (*upon*) *a*) anfalla, kasta sig över, *b*) snubbla på (*a stone* en sten), *c*) till|falla, -komma, *d*) komma (råka) på, hitta; ~ *flat on one's face* falla pladask, *bildl.* misslyckas kapitalt; ~ *on one's feet* (*bildl.*) komma ner på fötterna, klara sig bra; *suspicions* ~ *on him* misstankarna faller på honom; ~ *out a*) falla (ramla) ut (*of* ur, genom), *b*) utfalla, avlöpa, *c*) *vard.* råka i gräl, bli osams, *d*) *mil.* lämna ledet; ~ *out of* lägga bort, upphöra med; ~ *over* falla (ramla) omkull, ta överbalansen; ~ *over o.s. to do s.th.* anstränga sig till det yttersta att göra ngt; ~ *through* slå fel, misslyckas, falla igenom; ~ *to a*) börja, sätta igång, *b*) tillkomma, falla på, *c*) till|falla; ~ *under* falla (höra, sortera) under; ~ *upon, se fall on*; ~ *within* falla inom (under) **II** *s*

1 fall (*äv. i brottning*); fallande, minskning, nedgång, avtagande; *the F~* syndafallet; *the ~ of night* nattens inbrott; *~ in morals* moraliskt förfall; *~ of snow* snöfall; *~ in temperature* temperaturfall; *have a ~* falla **2** *AE*. höst **3** *~*[s] [vatten]fall; *the Niagara F~s* Niagarafallen **4** sluttning **5** *sjö*. fall **6** (*djurs*) födelse; [djur]kull

falla|cious [fə'leɪʃəs] bedräglig, vilseledande; felaktig **-cy** ['fæləsɪ] **1** bedräglighet; *the ~ of det* bedrägliga i **2** felslut **3** misstag

fallen ['fɔ:l(ə)n] *perf. part. av fall o.* a fallen (*äv. bildl.*); nerfallen; stupad; störtad (*government* regering); *~ arch* nedsjunket fotvalv, plattfot

falli|bility [ˌfælə'bɪlətɪ] felbarhet **-ble** ['fæləbl] felbar

falling ['fɔ:lɪŋ] fallande; *~ sickness* (*evil*) fallandesjuka; *~ star* stjärnfall

fallout ['fɔ:laʊt] radioaktivt nedfall

fallow deer ['fælə(ʊ)ˌdɪə] dovhjort

false [fɔ:ls] **I** *a* falsk; osann; bedräglig; otrogen; oäkta; *~ alarm* falskt alarm; *~ bottom* dubbel botten; *~ colours* falsk flagg; *~ note* falsk ton; *~ pearls* oäkta pärlor; *~ scent* villospår; *~ start* tjuvstart; *~ step a*) oklok handling, *b*) felsteg (*äv. bildl.*); *~ teeth* löständer **II** *adv, play s.b. ~* bedra ngn **-hood** ['fɔ:lshʊd] lögn, osanning; bedrägeri, ljugande; falskhet

falsi|fication [ˌfɔ:lsɪfɪ'keɪʃn] förfalskning **-fy** ['fɔ:lsɪfaɪ] **1** förfalska **2** svika **3** vederlägga

falter ['fɔ:ltə] **1** stappla, ragla **2** stamma **3** vackla, tveka, vara osäker

fame [feɪm] berömmelse, ryktbarhet **famed** [-d] berömd, ryktbar

familiar [fə'mɪljə] **I** *a* **1** bekant; [väl]känd **2** vanlig **3** *~ with* förtrogen med **4** informell, familjär, förtrolig; närgången **II** *s* **1** förtrogen vän **2** tjänande ande **-ity** [fəˌmɪlɪ'ærətɪ] **1** förtrogenhet, nära bekantskap **2** förtrolighet **3** närgångenhet **-ize** (*BE. äv. -ise*) [fə'mɪljəraɪz] **1** göra bekant (förtrogen) (*with* med); *~ o.s. with* bli bekant (förtrogen) med, sätta sig in i **2** göra allmänt känd (accepterad)

family ['fæm(ə)lɪ] **1** familj; hushåll, hus; *he has a ~ of two* han har två barn; *in the ~ way* (*vard.*) med barn **2** släkt, ätt; *it runs in the ~* det ligger i släkten **3** stam; ras **family man** familjefar; hemkär man **family name** familje-, efter|namn **family tree** stamträd

famine ['fæmɪn] **1** hungersnöd **2** svält, hunger **3** svår brist (*in* på) **famish** ['fæmɪʃ] *v, vard., I'm ~ing* (*~ed*) jag håller på att svälta ihjäl

famous ['feɪməs] **1** berömd, ryktbar **2** *vard.* utmärkt, jättebra

1 fan [fæn] **I** *s* **1** fläkt; *lantbr.* sädesvanna **2** solfjäder **II** *v* **1** fläkta [på]; *lantbr.* fläkta, vanna (*säd*); *bildl.* underblåsa **2** *~ [out]* breda ut [sig] som en solfjäder

2 fan [fæn] beundrare, entusiast, fantast, fan

fanat|ic [fə'nætɪk] **I** *s* fanatiker **II** *a* fanatisk **-ical** [-ɪkl] fanatisk **-icism** [-ɪsɪz(ə)m] fanatism

fan belt ['fænbelt] fläktrem

fanciful [-f(ʊ)l] **1** fantasi|full, -rik **2** fantastisk **3** inbillad, fantasi-

fancy ['fænsɪ] **I** *s* **1** fantasi, inbillningsförmåga; fantasibild; inbillning; *that was just his ~* det hade han bara inbillat sig **2** infall, nyck; *she had*

a sudden ~ to go to Paris jag fick ett plötsligt infall att resa till Paris; *I have a ~ that* jag har en känsla av att **3** förkärlek, tycke; smak, böjelse, lust; *have a ~ for s.th.* ha lust på (förkärlek för) ngt; *take a ~ to a*) bli förtjust i, *b*) få lust att **II** *v* **1** föreställa sig, tänka sig; *just ~!, ~ that!* [kan man] tänka sig!; *~ doing that! a*) tänk att få göra det!, *b*) hur kan (kunde) man göra det! **2** förmoda; inbilla sig, tycka; *he fancied he heard footsteps* han tyckte sig höra fotsteg; *I rather ~ he has gone* jag tror faktiskt att han har gått **3** *~ o.s.* ha höga tankar om sig själv; *he fancies himself as an expert* han tror att han är (sig vara) expert **4** tycka om, vara förtjust i; gärna vilja ha; vara pigg på; *I don't ~ a house in Leeds* jag skulle inte vilja ha ett hus i Leeds **5** föda upp (*djur*) **III** *a* **1** fantasi-, fantasifull; konstfärdig; ovanlig; extra fin, särskilt utvald; invecklad, komplicerad (*dancing steps* danssteg) **2** (*ofta iron.*) fantastisk, fantasi-; nyckfull; överdriven; *~ prices* fantasipriser

fancy dress [ˌfænsɪ'dres] maskeraddräkt **fancy-dress ball** ['fænsɪdresˌbɔ:l] maskerad, maskeradbal

fanfare ['fænfeə] fanfar

fang [fæŋ] **1** huggtand, bete; gifttand; *~s* (*pl, BE. vard.*) gaddar (*tänder*) **2** tandrot

fantastic[al] [fæn'tæstɪk(l)] **1** fantastisk; absurd, befängd, orimlig; fantasi- **2** nyckfull **fantasy** ['fæntəsɪ] **1** fantasi (*äv. mus.*); fantasifoster, illusion **2** fantastiskt infall, [vilt] påhitt

far [fɑ:] (*farther, farthest el. further, furthest*) **1** fjärran, avlägsen; bortre; *the F~ East* Fjärran Östern; *in the ~ distance* i ett avlägset fjärran; *the ~ end of the room* bortre (andra) änden av rummet; *it's a ~ cry from det* är ngt helt annat än **2** lång (*way* väg); *I'm ~ from happy* jag är långt ifrån lycklig **II** *adv* **1** långt (*from here* härifrån); långt bort[a]; *~ and away* med god marginal; *~ and near* när och fjärran; *~ and wide* vida omkring, vitt och brett; *~ different* helt olika; *~ from it* långt därifrån; *~ be it from me to* jag vill absolut inte, det vare mig fjärran att; *~ gone a*) långt framskriden (gången), *b*) vard. stupfull; *~ in the future* långt in i framtiden; *~ off* (*away*) långt bort[a]; *as* (*so*) *~ as a*) ända (så långt som) till, *b*) såvitt; *as ~ back as 1850* redan 1850; *as ~ back as I can remember* så långt tillbaka som jag kan minnas; *so ~ a*) så till vida, *b*) hittills; *so ~, so good* så långt är allt gott och väl; *in so ~* [as] i den mån [som]; *have you come ~?* har du kommit långt bortifrån?; *go ~* gå långt (*äv. bildl.*), räcka långt (länge); *how ~?* hur långt (länge)?, i vilken utsträckning? **2** mycket, vida, långt (*better* bättre); *by ~* vida, ojämförligt, betydligt, avsevärt, allra; *~ too heavy* alldeles för tung

faraway ['fɑ:rəweɪ] **1** avlägsen **2** *bildl.* frånvarande, drömmande

farce [fɑ:s] fars **farcical** ['fɑ:sɪkl] farsartad

fare [feə] **I** *s* **1** [passagerar]avgift, biljettpris, taxa **2** [taxi]passagerare **3** mat, kost, kosthåll; *bill of ~* matsedel **II** *v* **1** klara sig (*well* bra); *~ thee well!* (*åld.*) farväl!, lev väl! **2** *opers., it ~d badly with her* det gick illa för henne **3** *åld.* äta **4** *åld., ~ forth* färdas **fare meter** ['feəmi:tə] taxameter **farewell** [ˌfeə'wel] **I** *interj* farväl! **II** *s* avsked, farväl **III** *a* avskeds-

far-fetched [ˌfɑːˈfetʃt] [lång]sökt; otrolig

farm [fɑːm] **I** s **1** bondgård, jord-, lant|bruk; (*i USA e.d.*) farm **2** farm, odling; *fox ~* rävfarm; *fish ~* fiskodling **2** arrende[gård]; arrende[avgift] **II** v **1** bruka, odla (*land* jorden); föda upp (*cattle* boskap) **2** driva jordbruk **3** ha fosterbarn **4** *~ out a*) lägga (lämna) ut (*arbete*), *b*) bortackordera (*fosterbarn*), *c*) arrendera ut **farmer** [ˈfɑːmə] **1** bonde, jord-, lant|brukare; (*i USA e.d.*) farmare **2** uppfödare, farmare, odlare **3** arrendator **4** fosterförälder **farm hand** [ˈfɑːmhænd] lant-, jordbruks|arbetare **farmhouse** [ˈfɑːmhaʊs] bondgård, mangårdsbyggnad **farming** [ˈfɑːmɪŋ] **I** s **1** jord-, lant|bruk **2** uppfödning, odling **II** a jord-, lant|bruks-

far|**-seeing** [ˌfɑːˈsiːɪŋ] framsynt **--sighted** [-ˈsaɪtɪd] **1** långsynt **2** framsynt, förutseende

fasci|**nate** [ˈfæsɪneɪt] fascinera; fängsla, hänföra; förtrolla **-nation** [ˌfæsɪˈneɪʃn] tjusning, förtrollning, lockelse

fascism [ˈfæʃɪz(ə)m] fascism **fascist** [-ɪst] **I** s fascist **II** a fascistisk, fascist-

fashion [ˈfæʃn] **I** s **1** mod[e]; *come into* (*go out of*) *~* bli modern (omodern); *it's all the ~* det är högsta mode; *set the ~* diktera modet; *a man of ~* en man av värld **2** sätt, vis; slag, sort; *after* (*in*) *a ~* någotsånär, någorlunda, i viss mån; *after the ~ of* lik[nande], i stil med **3** [yttre] form, fason **4** bruk, sed; vana **II** v forma, gestalta; formge **fashionable** [-əbl] **I** a **1** modern, mode- **2** fashionabel; förnäm, elegant; *the ~ world* den fina världen **II** s mode|ljon **fashion show** modevisning, mannekänguppvisning

1 fast [fɑːst] **I** v fasta **II** s fasta; fastetid

2 fast [fɑːst] **I** a **1** snabb; hastig; *~ food* snabbmat; *~ lane* omkörnings-, ytter|fil; *~ train* snabb-, snäll|tåg; *the clock is ~* klockan går för fort; *a ~ talker* (*vard.*) en väloljad talare; *he is a ~ worker* han arbetar snabbt, han förspiller ingen tid; *pull a ~ one on s.b.* lura ngn **2** fast[sittande, -satt]; stadig; färgäkta; ljus-, tvätt|äkta (*dye* färg); trofast (*friend* vän); *make ~* göra (sätta, binda) fast **3** utsvävande (*life* liv); vidlyftig, nöjeslysten; *a ~ woman* en lättsinnig kvinna **4** *åld.* djup (*sleep* sömn) **II** *adv* **1** snabbt; hastigt, fort; i snabb följd; *live ~* leva hektiskt, slita på sig (*jfr 4*); *run ~* springa fort; *my watch is running ~* min klocka går för fort **2** *be ~ asleep* sova djupt (tungt) **3** fast; stadigt; stramt, hårt, tätt; *follow ~ on* (*åld.*) följa tätt på; *hold ~ to a*) hålla fast i, *b*) *bildl.* hålla fast vid; *play ~ and loose with s.b.* (*vard.*) vara falsk mot (lura) ngn **4** utsvävande; vidlyftigt; lättsinnigt; *live ~* leva flott, föra ett utsvävande liv (*jfr 1*)

fasten [ˈfɑːsn] **I** v **1** sätta fast, fästa (*to* i, på, vid); binda [fast], göra fast; knäppa; knyta; *~ down* göra (sätta) fast; *~ up* knäppa igen (ihop, till), fästa (knyta) ihop (till); *~ seat belts!* spänn fast säkerhetsbältena! **2** stänga, regla; *~ in* (*up*) *a*) inringa, *b*) sätta i fängelse **3** *bildl.* fästa ([*up*]*on* på); *he ~ed his gaze on her* han fäste blicken på henne; *~ the blame on* lägga skulden på **4** fastna; gå att fästa, fästas; gå att stänga, stängas; *the dress ~s at the back* klänningen knäpps bak; *the door won't ~* dörren går inte att stänga; *~ onto s.b.* (*bildl.*) hänga sig på ngn **5** *~* [*up*]*on a*) på-

börda, tillvita, *b*) ta fasta på, *c*) bemäktiga sig **-er** [-ə] *se* fastening **2 -ing** [-ɪŋ] **1** fastsättande, fästande; knytande; knäppande **2** fästanordning; spänne, hake, knäppe, lås; regel

fastidious [fəˈstɪdɪəs] nogräknad, noga, kinkig, kräsen (*about* med) **-ness** [-nɪs] noggrannhet; kinkighet

fasting [ˈfɑːstɪŋ] fastande, fasta

fat [fæt] **I** a **1** fet, tjock (*äv. bildl.*); *~ cat* (*AE. sl.*) rik knös, inflytelserik person; *a ~ wallet* (*cheque*) en fet plånbok (check) **2** fet, flottig, oljig; *~ pork* fett fläsk **3** fruktbar (*ground* mark) **4** inkomstbringande, givande; *a ~ part* (*teat.*) en stor (tacksam) roll **5** *sl.* mycket liten, minimal (*chance* chans); *a ~ lot of good you are!* du är då inte till särskilt stor hjälp!; *a ~ lot he knows!* han vet då inte särskilt mycket! **II** s **1** fett; fettämne; fettvävnad; *fetaste bit* (*av ngt*); *deep ~* flottyr; *now the ~ is in the fire* (*ungef.*) nu är det klippt (färdigt), nu är det kokta fläsket stekt; *live off the ~ of the land* ha sina bästa dagar, må som on prins **2** *teat.* glansroll **III** v **1** göda **2** bli fet

fatal [ˈfeɪtl] **1** dödlig, dödande, döds-; *be* (*prove*) *~* få dödlig utgång; *~ accident* dödsolycka **2** ödesdiger (*to* för), olycksbringande; fatal; *be* (*prove*) *~ to* visa sig ödesdiger för, omintetgöra **3** ödes-; oundviklig; *~ sister* ödesgudinna **-ism** [-ɪz(ə)m] fatalism **-ist** [-ɪst] fatalist

fate [feɪt] **1** ödet; *as sure as ~* (*vard.*) så säkert som aldrig det **2** öde; undergång, fördärv, död; *meet one's ~* gå sitt öde till mötes **3** *the F~s* (*pl*) ödesgudinnorna **-ful** [ˈfeɪtf(ʊ)l] **1** ödesdiger, avgörande **2** ödesbestämd

father [ˈfɑːðə] **I** s **1** fader, far; *F~ Christmas* Jultomten; *the Holy F~* den Helige Fadern (*påven*); [*Old*] *F~ Time* Tiden; *Our F~*, *which art in heaven* Vår fader, du som är i himlen; *the F~s of the Church* Kyrkofäderna; *like ~ like son* äpplet faller inte långt från päronträdet **2** *~s* (*pl*) [för]fäder **3** äldste, nestor; *city ~s* stadens äldste; *the F~ of the House* underhusets ålderspresident **II** v **1** vara far till; ge upphov till, vara upphovsman till **2** erkänna faderskapet till **3** *~ s.th. on s.b.* lägga ansvaret för ngt på ngn **fatherhood** faderskap **father-in-law** [ˈfɑːð(ə)rɪnlɔː] (*pl fathers-in-law*) svärfar **fatherland** fädernesland **fatherly** [-lɪ] faderlig

fathom [ˈfæðəm] **I** s famn (*mått = 6 feet = 1,83 m*) **II** v **1** mäta djupet av, loda **2** tränga in i, utforska; komma underfund med, begripa

fatigue [fəˈtiːg] **I** s **1** trötthet; utmattning (*äv. tekn.*) **2** strapats, ansträngning **3** *mil.* handräckning[stjänst]; handräckningsmanskap; *~s* (*pl*) arbetskläder **II** v trötta ut

fatness [-nɪs] fetma **fatten** [ˈfætn] **1** göda **2** bli fet **fattening** [-ɪŋ] fettbildande **fatuous** [ˈfætjʊəs] dum, enfaldig **faucet** [ˈfɔːsɪt] *AE.* tapp; [tapp]kran

fault [fɔːlt] **I** s **1** fel, skavank; brist; *to a ~* överdrivet; *with all ~s* i befintligt skick; *find ~ with* hitta fel på (hos), anmärka på **2** fel, skuld; *be at ~ a*) ha fel, bära skulden, *b*) vara förbryllad; *my memory was at ~* jag mindes fel, mitt minne svek mig; *you were at ~ in not telling me* du gjorde fel i att inte tala om det för mig **4** *geol.* förkastning **5** *sport.* fel[serve]; *double ~* dubbelfel **II** v finna fel på (hos), kritisera, klandra **faultless** ['fɔ:ltlɪs] felfri; oklanderlig **faulty** ['fɔ:ltɪ] bristfällig, oriktig, felaktig

favour ['feɪvə] **I** s **1** gillande; gunst, ynnest; *be in ~ with* ligga väl till hos, vara populär hos; *be (fall) out of ~ a)* vara (falla) i onåd, *b)* inte längre vara populär; *find ~ with* gillas av, vinna gillande av, vara populär hos **2** förmån, favör; ynnestbevis; tjänst; *in ~ of a)* till förmån för, *b)* gillande, som gillar, *c) (om check)* utställd på; *all those in ~ raise their hands* alla som röstar för [förslaget] räcker upp handen; *in their ~* till deras förmån, dem till godo; *ask a ~ of s.b.* be ngn om en tjänst; *do me the ~ of closing the door* gör mig den tjänsten att stänga dörren **3** *treat with ~* favorisera **4** band|rosett; kotiljongsmärke, kokard **II** v **1** gilla, vara välvilligt inställd till **2** favorisera, gynna **3** gynna, hjälpa, understödja, uppmuntra, underlätta, förespråka **4** skona *(an injured knee* ett skadat knä) **5** *vard.* likna *(one's father* sin far) **6** *~ s.b. with* förära ngn, hedra ngn med **-able** [-rəbl] **1** gynnsam, fördelaktig **2** vänlig *(to* mot) **-ite** ['feɪv(ə)rɪt] **I** s favorit; gunstling; *this tune is my ~* det här är min älsklingsmelodi **II** a favorit-, älsklings-

1 fawn [fɔ:n] **I** s **1** dovhjortskalv **2** ljust gråbrun färg **II** a ljust gråbrun **III** v *(om dovhjort)* kalva

2 fawn [fɔ:n] vifta på svansen; *bildl.* svansa, krypa (*[up]on* för)

fear [fɪə] **I** s **1** fruktan, rädsla, ängslan *(of* för; *that,* lest [för] att); farhåga; *for ~ of* av fruktan för; *for ~* that så att inte; *be (go) in ~ of* vara rädd för, frukta för; *put the ~ of God into* skrämma livet ur ngn **2** risk; *no ~!* ingen risk!, aldrig i livet!, sällan! **II** v **1** frukta *(God* Gud); vara rädd för; *I ~ the worst* jag fruktar det värsta **2** frukta, vara rädd *(for* för); *never ~!* var inte rädd! **-ful** ['fɪəf(ʊ)l] **1** rädd *(of* för; *that,* lest [för] att); rädd av sig, ängslig **2** fruktansvärd, skrämmande; *vard.* förskräcklig *(cold* förkylning) **-less** ['fɪəlɪs] oförskräckt

feasible ['fi:zəbl] **1** genomförbar, möjlig **2** sannolik, trolig

feast [fi:st] **I** s **1** kyrklig högtid, helg[dag]; *movable (immovable) ~* a rörliga (fasta) helgdagar **2** festmåltid; *bildl.* fest, njutning *(for the eyes* för ögat) **II** v **1** kalasa, festa (*[up]on* på) **2** bjuda på festmåltid, förpläga, traktera; *~ one's eyes on* njuta av anblicken av

feat [fi:t] bragd, bedrift; prestation; *~ of strength* kraftprestation

feather ['feðə] **I** s **1** fjäder; *~s (pl, äv.)* fjäderdräkt; *show the white ~* visa feghet; *they are birds of a ~* de är av samma skrot och korn; *birds of a ~ flock together* lika barn leka bäst; *a ~ in one's cap* (*bildl.*) en fjäder i hatten; *in fine ~ a)* på gott humör, *b)* i fin form; *in full ~* på gott humör; *you could have knocked me down with a ~* jag var helt förbluffad; *I don't care a ~* det bryr jag mig inte ett dugg om; *in one's best ~s (vard.)* i sina bästa kläder, i full stass **2** *fack.* spont **3** *(vid rodd)* skevning **II** v **1** klä (förse) med fjädrar; *~ one's nest* se om sitt hus, sko sig **2** *(vid rodd)* skeva [med] **3** *fack.* hopfoga med spont **4** *(om fågel)* få fjädrar **feathering** [-rɪŋ] fjäderdräkt

feature ['fi:tʃə] **I** s **1** ansikts|parti, -del; *~s (pl* ansiktsdrag **2** särdrag; kännemärke **3** huvud-, lång|film **4** [återkommande] spalt *(i tidning); ~ [story] (i tidning)* specialartikel; featureprogram *(i radio, TV);* huvud|nummer, -attraktion; lockvara **II** v **1** prägla, känneteckna; kännetecknas av **2** framhäva, göra till huvudnummer; presentera *(i framträdande roll)* **3** skissera (teckna) huvuddragen av **4** *AE. vard.* föreställa (tänka) sig **5** *vard.* likna *(t. utseendet)* **6** *sl.* ligga med

February ['februərɪ] februari

fed [fed] *imperf. o. perf. part.* av *feed; fed up, se feed I 2*

feder|al ['fed(ə)r(ə)l] förbunds-, federal; *the F~ Bureau of Investigation (i USA)* säkerhetspolisen; *the F~ Republic of Germany* Förbundsrepubliken Tyskland **-ate I** v ['fedəreɪt] förena sig till (bilda) förbund[sstat] **II** a ['fedərət] förbunds-, federerad; förenad, förbunden **III** s ['fedərət] förbundsmedlem **-ation** [ˌfedə'reɪʃn] **1** statsförbund, federation **2** förbund, sammanslutning, allians, federation

fee [fi:] **1** avgift **2** honorar, arvode **3** *jur.* ärvd jordegendom; *land held in ~ simple* land som innehas som oinskränkt besittning **4** *hist.* förläning, län **II** v, *Sk.* anställa mot arvode, leja

feeble ['fi:bl] svag, kraftlös; matt

feed [fi:d] **I** v *(fed, fed)* **1** mata; föda; utfodra, ge mat åt; *~ the birds on hempseed* mata fåglarna med hampfrö; *~ o.s.* ta mat själv, *(om barn)* äta själv; *~ o.s. well* äta gott; *these supplies will ~ 50 men* de här förråden kan föda 50 man; *~ up* göda **2** ge *(mat); ~ meat to the dog* ge hunden kött [att äta] **3** förse, mata *(maskin e.d.);* underhålla *(eld. e.d.); bildl.* ge näring åt, underhålla, tillfredsställa; *~ information into the computer* mata in information i datorn; *~ s.b. with information, ~ information to s.b.* förse ngn med information; *~ one's eyes on* njuta av anblicken av **4** *vard.,* fed *up* utled [på allting], uttråkad; *I'm fed up with* it jag har fått nog av det, jag är utled på det **5** *sport.* passa till **6** *~ back (tekn. o. bildl.)* återkoppla, leda tillbaka **7** äta; beta; *he ~ on bread* han lever *(livnär sig)* på bröd; *the sheep are ~ing in the meadow* fåren betar på ängen **II** s **1** matande; utfodring; matning **2** mat *(t. djur o. spädbarn),* foder **3** *tekn.* matning, tillförsel; sats, omgång, påfyllning, laddning **4** *tekn.* matare **5** *vard.* mål [mat]; *have a good ~* få sig ett skrovmål; *be off one's ~* inte ha ngn matlust

feeder [-ə] **1** matare; utfodrare; ätare **2** *tekn.* matare, matar|apparat, -ledning **3** underblåsare **4** tillflöde; tillfartsväg **5** nappflaska; haklapp **6** *AE.* uppfödare av gödboskap **feeder bus** matarbuss

feeding ['fi:dɪŋ] **1** matning; utfodring **2** mat, foder **3** *tekn.* matning

feel [fi:l] **I** v *(felt, felt)* **1** känna; känna på (av); *~ joy* känna glädje; *I don't ~ the cold as much as you do* jag känner inte av kylan lika mycket som du; *I felt it move* jag kände hur det rörde sig på; *~ in one's bones that* känna sig (ha på känn) att **2** känna sig; känna; *~ convinced that* känna sig övertygad om att; *~ tired* känna sig trött; *how do you ~?* hur känner du dig?; *~ for* känna (ömma) för; *~ like a king* känna sig som en kung; *if you ~ like it* om du har lust; *~ like doing s.th.*

ha lust att göra ngt; *I* ~ *like an ice cream* jag är sugen på (det skulle smaka med) en glass; *I felt like screaming* jag kunde ha skrikit, jag hade lust att skrika; ~ *up to a*) känna för, *b*) känna sig kapabel (att man klarar av) att; *I don't* ~ *up to going out* jag känner inte för att gå ut **3** känna [efter]; *I felt in my pocket* jag kände efter i fickan; ~ *for* treva (söka) efter **4** sondera, utforska; ~ *one's way* treva sig fram; ~ *one's way around* känna sig för, sondera terrängen **5** anse, tycka, känna; *what* (*how*) *do you* ~ *about it?* vad anser du om det?; *I* ~ *it my duty to* jag anser det vara min plikt att; *it was felt that* man ansåg att; *that's just how I* ~ det är precis vad jag tycker **6** kännas; *it* ~*s warm* den känns varm; *what does it* ~ *like?, how does it* ~*?* hur känns den? **7** ~ [*quite*] *o.s.* känna sig i form, vara sig själv **II** *s* **1** känsel; *it is rough to the* ~ den känns sträv att ta på; *let me have a* ~ *of it* låt mig få känna på den **2** känsla; *have a* ~ *for s.th.* ha en känsla för ngt

feel|er ['fiːlə] **1** känselspröt, antenn **2** försöksballong, trevare **-ing** [-ɪŋ] *I a* känslig, lättrörd; djupt känd, sympatisk **II** *s* **1** känsel; *I've lost all* ~ *in my left arm* jag har förlorat all känsel i min vänstra arm **2** känsla; medkänsla; *a* ~ *of pain* en smärtförnimmelse; *have a* ~ *for* ha känsla för; *I've a* ~ *she won't come* jag har en känsla av att hon inte kommer; *hurt a p.'s* ~*s* såra ngn; *no hard* ~*s?* du tar väl inte illa upp?; *no hard* ~*s?* jag tar inte illa upp!; *ill* (*bad*) ~ irritation **3** mening, inställning, uppfattning; *there was a general* ~ *that* den allmänna uppfattningen var att

feet [fiːt] *pl av* foot

feign [feɪn] hitta på, låtsa, simulera; hyckla; *a* ~*ed name* falskt (fingerat) namn; *a* ~*ed voice* förställd röst

feint [feɪnt] **I** *s* sken|anfall, -manöver; *sport.* fint; *make a* ~ *at* använda list mot **II** *v* företa skenanfall; *sport.* finta

1 fell [fel] *imperf. av* fall

2 fell [fel] **I** *v* **1** fälla (till marken); avverka, hugga ner **2** ~ *a seam* sy en fållsöm **II** *s* **1** *AE.* avverkning **2** fållsöm

3 fell [fel] fäll, skinn, hud

fellow ['feləʊ] **1** [*äv.* 'felə] *vard.* karl, man; grabb, kille; typ, prick; pojkvän; *a* ~ (*äv.*) en annan, man; *a nice* ~ en trevlig karl (prick); *poor little* ~ stackars liten krake; *my dear* ~*!* käre vän!, min gode man! **2** kollega; ~*s* (*äv.*) kamrater **3** medlem, ledamot (*av samfund*) **4** *univ.* styrelseledamot; lärare; *ung.* forskardocent **5** make (*av ett par*) **fellow citizen** [ˌfeləʊ'sɪtɪzn], **fellow countryman** [ˌfeləʊ'kʌntrɪmən] landsman **fellowship** ['feləʊʃɪp] **1** kamratskap; gemenskap; samhörighet **2** sammanslutning, brödraskap

1 felt [felt] *imperf. o. perf. part. av* feel

2 felt [felt] **I** *s* filt (*tyg*) **II** *v* **1** klä med filt **2** filta sig

female ['fiːmeɪl] **I** *a* kvinnlig, kvinno-; honlig, hon-; ~ *bear* björnhona; ~ *dog* tik **II** *s* **1** hona; honblomma **2** *ngt neds.* kvinna, fruntimmer

femi|nine ['femɪnɪn] **I** *a* kvinnlig, kvinno-; feminin (*äv. språkv.*) **II** *s, språkv.* femininum; *in the* ~ i femininum **-ninity** [ˌfemɪ'nɪnətɪ] kvinnlighet **-nism** ['femɪnɪz(ə)m] feminism; kvinnosaken **-nist** ['femɪnɪst] feminist; kvinnosakskvinna; *the*

~ *movement* kvinnorörelsen

fence [fens] **I** *s* **1** stängsel, staket, inhägnad; *sit on the* ~ inte ta ställning (parti) **2** hälare **3** hinder (*vid hästkapplöpning*) **II** *v* **1** ~ [*in, off*] inhägna, omgärda, sätta upp stängsel (staket) kring **2** fäkta **3** *bildl.* slingra sig, komma med undanflykter; ripostera **4** *sl.* vara hälare **fencer** ['fensə] fäktare **fencing** ['fensɪŋ] **1** fäktkonst, fäktning **2** stängselmaterial; *koll.* stängsel **3** skicklig (kvick) debatt **4** *sl.* häleri

fend [fend] **1** ~ [*off*] avvärja, parera **2** ~ [*for o.s.*] klara sig själv

fender ['fendə] **1** eldgaller **2** buffert (*på lok*); *AE.* stänkskärm, flygel **3** *sjö.* fender

fennel ['fenl] *bot.* fänkål

ferment **I** *s* ['fɜːment] **1** jäs[nings]ämne **2** jäsning (*äv. bildl.*) **II** *v* [fɜː'ment] **1** jäsa **2** få att jäsa **3** hetsa [upp] **fermentation** [ˌfɜːmen'teɪʃn] jäsning

fern [fɜːn] ormbunke

ferocious [fə'rəʊʃəs] rovlysten, grym, vild; våldsam, häftig **ferocity** [fə'rɒsətɪ] rovlystnad; grymhet, vildhet; våldsamhet, häftighet

ferret ['ferɪt] **I** *s, zool.* frett **II** *v* **1** jaga med frett **2** snoka **3** ~ *out* snoka upp (reda på), spåra upp **ferrety** [-ɪ] vesslelik, vessle-

ferry ['ferɪ] **I** *s* **1** färja **2** färj|trafik, -förbindelse **II** *v* **1** färja; transportera **2** åka färja **-boat** färja

fertile ['fɜːtaɪl] **1** fruktsam, fertil (*age* ålder) **2** fruktbar, bördig; rik **3** *bildl.* fruktbar, givande; rik (*in, of* på); produktiv **fertility** [fə'tɪlətɪ] **1** fruktsamhet, fertilitet **2** fruktbarhet, bördighet **fertilization** (*BE. av. -lisation*) **1** befruktning **2** gödning, gödsling **fertilize** (*BE. äv. -lise*) **1** befrukta **2** göda, gödsla **3** göra fruktbar **fertili|izer** (*BE. äv. -liser*) gödnings|ämne, -medel

fer|vent ['fɜːv(ə)nt] *bildl.* brinnande, glödande, het, ivrig **-vour** [-və] *bildl.* värme, glöd, hetta, iver

fester ['festə] **I** *v* **1** vara [sig] **2** ruttna **3** bli bitter (irriterad) **4** förbittra, irritera **5** *BE. vard.* slöa, slappa **II** *s* varigt sår, varbildning

festival ['festəvl] **1** [kyrklig] högtid, helg, fest **2** [års]fest, högtidlighet **3** festspel, festival **festive** [-ɪv] festlig, fest-; i feststämning, upprymd **festivit|y** [e'stɪvətɪ] **1** feststämning, festivitas **2** fest; firande **3** ~*-ies* (*pl*) festligheter, festiviteter, högtidligheter

fetal ['fiːtl] foster-

fetch [fetʃ] **I** *v* **1** hämta, gå efter; (*om hund*) apportera; *would you* ~ *a towel for me* (*me a towel*)? kan du hämta en handduk åt mig? **2** framkalla, locka fram (*a laugh* ett skratt) **3** inbringa (*5 pounds* 5 pund), betinga (*a certain price* ett visst pris) **4** ~ *a groan* ge ett stön, stöna till; ~ *a sigh* dra en suck, sucka **5** *vard.* utdela, ge (*a blow* ett slag) **6** *sjö.* nå, sätta kurs mot (*the harbour* hamnen) **7** *vard.* fånga, attrahera; göra intryck på, imponera på; göra häpen; *be* ~*ed by an idea* fångas av en idé **8** ~ *and carry* springa ärenden, vara passopp (*for* åt) **9** ~ *up a*) *sl.* kräkas upp, *b*) *vard.* hamna, landa (*at a pub* på en pub), *c*) *sjö.* tvärstoppa **II** *s* **1** avstånd; räckvidd **2** knep, trick

fête, fete [feɪt] **I** *s* **1** [välgörenhets]fest, basar (*i det fria*) **2** [kyrklig] högtidsdag **II** *v* fira [med en fest], ge en fest för

fetish ['fi:tɪʃ] fetisch; *make a* ~ *of cleanliness* vara överdrivet renlig **-ism** [-ɪz(ə)m] fetischism

fetter ['fetə] **l** *s* [fot]boja; ~*s* (*pl, äv.*) fjättrar **ll** *v* **1** fjättra **2** *bildl.* hämma, lägga band på

fettle ['fetl] kondition, skick, form; *in fine* ~ *a*) i fin (god) form, *b*) på gott humör

fetus ['fi:təs] foster

feud [fju:d] **1** [släkt]fejd, vendetta **2** tvist, strid

feudal ['fju:dl] läns-; feodal[-]; ~ *system* feodalsystem **-ism** ['fju:dəlɪz(ə)m] feodalväsen, feodalism

fever ['fi:və] **l** *s* **1** feber; febersjukdom **2** upphetsning **ll** *v* ge feber **-ish** ['fi:v(ə)rɪʃ], **-ous** ['fi:v(ə)rəs] **1** feber-, febrig; feberframkallande; feberliknande **2** *bildl.* feberaktig, febril, upphetsad

few [fju:] *a o. s* få; *a* ~ några [få], några stycken, litet; *not a* ~, *quite a* ~ (*vard.*) ganska många; *a good* ~ (*vard.*) rätt många, inte så få (litet); *the* ~ fåtalet, minoriteten; *some* ~, *only a* ~ bara några få (litet), inte [så] många; ~ *and far between* sällsynta; *the hotels are few and far between* det är långt mellan hotellen; *the first* ~ *hours* de allra första timmarna; *every* ~ *days* med några dagars mellanrum **-er** ['fju:ə] (*komp. av few*) färre, mindre; *no* ~*er than* inte mindre än **-est** ['fju:ɪst] (*superl. av few*) fåtaligast, minst

fiancé [fɪ'ä:(ŋ)seɪ] fästman **-e** [-seɪ] fästmö

fiasco [fɪ'æskəʊ] fiasko, misslyckande

fib [fɪb] **l** *s* **1** liten lögn (osanning); *tell* ~*s* småljuga, narras **ll** *v* småljuga, narras

fibre ['faɪbə] **1** fiber, tråd, tåga **2** fibermassa **3** rottråd **4** textur; struktur **5** väsen, karaktär; *moral* ~ moralisk styrka **-board** [trä]fiberplatta **-glass** glasfiber

fickle ['fɪkl] ombytlig, nyckfull

fiction ['fɪkʃn] **1** skönlitteratur **2** påhitt, dikt[ande]; *jur.* fiktion; *fact and* ~ fantasi och verklighet

fictitious [fɪk'tɪʃəs] oäkta, fingerad, föregiven, uppdiktad, fiktiv, ej autentisk

fiddle ['fɪdl] **l** *s* **1** fiol, fela; *[as] fit as a* ~ (*vard.*) pigg som en mört, frisk som en nötkärna; *have a face as long as a* ~ vara lång i synen; *play second* ~ (*vard. bildl.*) spela andra fiolen **2** struntsak, bagatell **3** *sjö.* slingerbord **4** *BE. vard.* fuffens, fiffel **ll** *v* **1** spela fiol; spela (*ngt*) på fiol **2** mixtra, knåpa, pilla (*with* med, på) **3** *vard.*, ~ *about* (*around*) fjanta omkring, förspilla (*tid*) **4** *vard.* fiffla **5** *vard.* förfalska; svindla **fiddle-faddle** [-,fædl] *interj* strunt[prat]! **fiddler** [-ə] **1** fiolspelare **2** klåpare **3** *vard.* fifflare **fiddlestick 1** fiolstråke **2** ~*s!* (*pl*) dumheter!, prat!

fidelity [fɪ'delətɪ] trohet (*to* mot); trofasthet; plikttro[gen]het; noggrannhet, exakthet (*vid återgivning av ngt*); naturtrogen [ljud]återgivning

fidget ['fɪdʒɪt] **l** *v* skruva nervöst på sig, flytta sig hit och dit, inte kunna sitta stilla; ~ *with* nervöst fingra på; *don't* ~*!* sitt stilla! **ll** *s* **1** ~[*s*] nervositet, rastlös oro; *he's got the* ~*s* han kan inte sitta stilla, det kryper i honom **2** nervös (rastlös) person **fidgety** [-ɪ] nervös, rastlös, som inte kan sitta stilla

field [fi:ld] **l** *s* **1** fält; åker; hage; äng; mark; *a* ~ *of rye* ett rågfält; *play the* ~ dela sina intressen

(på gracerna) **2** *mil.* fält, slagfält; *hold* (*keep*) *the* ~ hålla stånd; *take the* ~ dra i fält; *win the* ~ vinna [fält]slaget **3** *sport.* plan, plats; (*i hästsport e.d.*) [start]fält; (*i kricket*) utelag, fältparti; *bet against the* ~ hålla på en outsider; *leave the* ~ (*vard.*) backa ur; *take the* ~ springa in på plan, komma på plats **4** flygfält **5** *fys.* fält; *magnetic* ~ magnetfält; ~ [*of force*] kraftfält; ~ *of view* synfält **6** *bildl.* fält, område, fack, ämne **7** *her. o.d.* fält, botten **ll** *v* **1** *sport.* höra till utelaget, vara uteman **2** *sport.* ställa upp (*lag*) **3** *sport.* fånga och returnera (*boll*) **4** *vard. bildl.* avvärja, tillbakavisa (*a question* en fråga)

field event friidrottstävling (*kast, hopp e.d., dock ej löpning*) **field glasses** *pl* fältkikare; *a pair of* ~ en fältkikare **field hospital** fältsjukhus **field marshal** [,fi:l(d)'mɑ:ʃl] fältmarskalk **fieldmouse** ['fi:ldmaʊs] *zool.* sork **field mustard** ['fi:ldmʌstəd] *bot.* åkersenap

fiend [fi:nd] **1** ond ande; djävul **2** *vard.* fantast, entusiast, fanatiker; missbrukare; *drug* ~ narkoman, knarkare **-ish** [-ɪʃ] djävulsk, ondskefull

fierce [fɪəs] **1** vild[sint], ilsken **2** våldsam, häftig (*storm* storm); ~ *competition* hård konkurrens **3** *vard.* otrevlig, obehaglig

fiery ['faɪərɪ] **1** brännande, glödande; brännhet; flammande (*cheeks* kinder) **2** eldig (*horse* häst); hetsig

fifteen [,fɪf'ti:n] (*jfr eight o. sms.*) **l** *räkn* femton **ll** *s* **1** femton; femtontal **2** femtonmannalag **-th** [-θ] *räkn o. s* femton[de]del

fifth [fɪfθ] (*jfr eighth*) **l** *räkn* femte; ~ *column* femte kolonn; ~ *columnist* femtekolonnare, förrädare **ll** *s* **1** femte; femtedel; *the* ~ *of May* femte maj **2** *mus.* kvint **3** *vard.* [flaska innehållande] 1/5 gallon sprit

fiftieth ['fɪftɪθ] *räkn o. s* femtionde; femtion[de]del **fifty** ['fɪftɪ] (*jfr eighty o. sms.*) **l** *räkn* femti[o] **ll** *s* femti[o]; femti[o]tal **fifty-fifty** [,fɪf-tɪ'fɪftɪ] *vard.* fifty-fifty, jämn[t], lika; *go* ~ dela lika

fig [fɪg] fikonträd; fikon; *I don't care a* ~ det struntar jag blankt i; *not worth a* ~ inte värd ett ruttet lingon

fight [faɪt] **l** *s* kamp, strid; slagsmål; boxningsmatch; stridsvilja, kamplust; *show* ~ visa kamplust **ll** *v* (*fought, fought*) **1** kämpa, strida, slåss; boxas; ~ *for freedom* kämpa för friheten; ~ *shy of* undvika, dra sig undan **2** bekämpa, kämpa (strida) mot; slåss med (mot); ~ *poverty* bekämpa fattigdomen; ~ *off* kämpa ner, slå tillbaka **3** ~ *a battle* utkämpa en strid; ~ *a case at law* kämpa för (genomdriva) en sak i domstol; ~ *a duel* duellera; ~ *one's way* kämpa (slå) sig fram; ~ *it out* kämpa striden till slut, slåss om det **fighter** ['faɪtə] **1** slagskämpe; boxare; fighter, kämpe **2** jakt[flyg]plan **fighting** [-ɪŋ] stridande; strids-; stridsberedd; ~ *cock* stridstupp; ~ *spirit* kamp|-anda, -lust; *he has a* ~ *chance* han har en chans om han anstränger sig

figment ['fɪgmənt] påhitt, påfund; *a* ~ *of the imagination* ett fantasifoster

figuratively ['fɪgjʊrətɪvlɪ] **1** bildligt, i bildlig betydelse **2** figurativt

figure ['fɪgə, *AE.* 'fɪgjə] **l** *s* **1** tal; siffra; summa; belopp, pris; *be good at* ~*s* vara bra i räkning; *get* *into double* ~*s* uppgå till ett tvåsiffrigt tal; *sell for a high* ~ sälja för ett högt belopp **2** figur; person, gestalt, skepnad; *a slender* ~ en slank figur; *a shady* ~ en skum figur; *a public* ~ offentlig person; *a* ~ *of fun* en löjlig figur; *the great* ~*s of history* de stora gestalterna i historien; *she's a fine* ~ *of a woman* hon är en ståtlig (stilig) kvinna; *cut a fine* ~ ta sig bra (elegant) ut; *cut a poor* ~ göra en slät figur **3** figur; bild; staty; emblem **4** (*i geom., dans, retorik*) figur; *cut* ~*s* åka figurer (*i konståkning*); ~ *of eight* åtta (*i konståkning*); ~ *of speech* bildligt uttryck **II** *v* **1** beräkna, kalkylera; ~ *out a*) förstå, begripa, *b*) räkna ut, fundera ut; *I can't* ~ *him out* jag blir inte klok på honom; ~ *up* räkna (summera) ihop **2** *AE. vard.* anta, förmoda, tro **3** *AE. vard.,* ~ [*up*]*on* räkna med, lita på, ta hänsyn till **4** *AE. vard.* fungera, stämma; *that* ~*s* det stämmer **5** figurera, förekomma, framträda (*in i*) **6** illustrera; avbilda; mönstra, dekorera **7** föreställa sig, tänka sig

figurehead ['fɪɡəhɪəd] galjonsfigur (*äv. bildl.*), -bild **figure skating** [-ˌskeɪtɪŋ] konståkning

filament ['fɪləmənt] **1** glödtråd (*i lampa*) **2** fiber, tråd **3** *bot.* ståndarsträng

filch [fɪltʃ] knycka, snatta

1 file [faɪl] **I** *s* fil (*verktyg*) **II** *v* fila; ~ *away* fila bort

2 file [faɪl] **I** *s* **1** (*samlings*)pärm, mapp, brevpärm, kartotek, arkiv **2** dokument[samling], journal; lägg, årgång (*av tidningar*); *on* ~ arkiverad, bland akterna; *on our* ~*s* i vårt register **3** *data.* fil **4** rad, linje, led; *in single* (*Indian*) ~ i gåsmarsch, i en rad, på ett led **5** *schack.* vertikal rutrad **II** *v* **1** arkivera; inregistrera; sätta in [i pärm] **2** jur. inge, lämna in (*skrivelse*) **3** gå i rad (gåsmarsch); ~ *in* (*out*) tåga (marschera) in (ut)

filial ['fɪljəl] sonlig, dotterlig

filibuster [fɪlɪˈbʌstə] **I** *s* **1** fribytare **2** *AE.* filibuster (*tal o. person*) **II** *v* **1** uppträda som fribytare **2** *AE.* filibustra, långprata

filigree [ˈfɪlɪɡriː] filigran[arbete]

filing [ˈfaɪlɪŋ] insättning [i pärm]

filings [ˈfaɪlɪŋz] *pl* filspån

fill [fɪl] **I** *v* **1** fylla; (*tand äv.*) plombera; stoppa (*pipa*); ~ *the bill* (*vard.*) *a*) hålla måttet, *b*) räcka, vara tillräckligt **2** fylla, tillfredsställa (*a need* ett behov) **3** inneha, bekläda (*tjänst e.d.*); tillsätta, besätta (*tjänst e.d.*) **4** fyllas **5** ~ *in a*) fylla ut, fylla igen, *b*) fylla i (*blankett e.d.*), *c*) hoppa (rycka) in (*for* för), *d*) *BE. sl.* slå sönder och samman; ~ *s.b. in on s.th.* (*vard.*) sätta ngn in i ngt; ~ *out a*) göra (bli) fylligare, *b*) *AE.* fylla i (*blankett e.d.*); ~ *up a*) fylla [upp], fyllas [upp], fylla[s] helt; fylla[s] i (igen, på), komplettera[s], *b*) fylla i (*blankett e.d.*), *c*) tanka [fullt] **II** *s* **1** fyllning; fyllnadsmaterial; [pip]stopp **2** lystmäte; *eat one's* ~ äta sig mätt **filler cap** tanklock

fillet ['fɪlɪt] **I** *s* **1** hårband, pannband; bindel **2** remsa; list **3** *kokk.* filé **II** *v* **1** binda (*m. band*); binda upp **2** filea

filling ['fɪlɪŋ] **I** *s* **1** fyllnad[smaterial], fyllning; plomb **2** *väv.* inslag **II** *a* **1** fyllande; mättande **2** fyllnads-, fyllnings- **filling station** bensinstation

fillip ['fɪlɪp] **I** *s* **1** knäpp [med fingrarna] **2** stimulans; uppmuntran, sporre **II** *v* **1** knäppa [med

fingrarna]; knäppa bort **2** stimulera; uppmuntra, sporra

filly ['fɪlɪ] stoföl, ungt sto

film [fɪlm] **I** *s* **1** tunn hinna, film; tunt överdrag; tunn väv, gasväv **2** film; filmrulle **3** dis **II** *v* **1** täcka med hinna *etc.*, *jfr I* **2** filma; filmatisera **film director** ['fɪlmdɪˌrektə] filmregissör **film producer** filmproducent **film strip** [-strɪp] bildband

filter ['fɪltə] **I** *s* filter **II** *v* **1** filtrera; sila **2** filtreras; silas; sippra; ~ *out* (*through*) (*bildl.*) läcka ut **filter tip** [-tɪp] **1** filter[munstycke] **2** filtercigarett

filth [fɪlθ] **1** orenhet, smuts, lort **2** oanständigheter **filthy** ['fɪlθɪ] **1** oren, smutsig, lortig; ~ *lucre* snöd vinning **2** oanständig **3** vidrig, gemen **4** *BE. vard.* urusel

filtrate ['fɪltreɪt] **I** *v* filtrera **II** *s* filtrat

fin [fɪn] fena; simfot; *flyg.* sidoroder; *sjö.* bärplan

final [ˈfaɪnl] **I** *a* **1** slut-, slutlig, sista, avgörande, definitiv, *sport.* final- **2** *språkv.* final, avsikts- (*clause* sats) **II** *s* **1** *sport.,* ~[*s pl*] final **2** ~[*s pl*] slutexamen **3** *vard.* sista upplaga (*av tidning*) **finale** [fɪˈnɑːlɪ] *mus. o. bildl.* final **finalist** [ˈfaɪnlɪst] finalist **finalize** (*BE. äv. -ise*) [ˈfaɪnlaɪz] **1** avsluta, fullborda, slutligen fastställa **2** avsluta förberedelserna (förhandlingarna); träffa en överenskommelse **finally** [ˈfaɪnlɪ] till sist, slutligen, äntligen; definitivt

finance [faɪˈnæns] **I** *s* **1** finans; finansväsen; finansvetenskap; *high* ~ storfinansen **2** ~*s* (*pl*) finanser, ekonomisk ställning; *his* ~*s aren't sound* (*äv.*) hans ekonomi är inte bra **II** *v* finansiera **financial** [faɪˈnænʃl] finansiell, finans-, ekonomisk; ~ *year* räkenskapsår, budgetår

finch [fɪn(t)ʃ] *zool.* fink

find [faɪnd] **I** *v* (*found, found*) **1** finna; hitta, påträffa, få tag i; upptäcka; *be found* finnas, hittas, påträffas, förekomma; ~ *one's feet a*) (*om barn*) börja kunna stå, *b*) finna sig till rätta, börja få fotfäste; ~ *one's tongue* återfå talförmågan; *the bullet found its mark* kulan träffade målet; *where am I going to* ~ *the money?* var ska jag få (ta) pengarna ifrån?; *I can't* ~ *time to go* jag hinner inte gå; *go and* ~ *me a newspaper* gå och skaffa mig en tidning; *you must take us as you* ~ *us* du får ta oss som vi är; ~ *one's way a*) hitta (*vägen*], *b*) hitta en utväg; ~ *out a*) leta reda på, ta reda på, hitta (komma) på, finna (tänka) ut, komma underfund med, *b*) ta reda på det; ~ *s.b. out a*) inte finna ngn hemma, *b*) avslöja (komma på) ngn **2** *jur., the court has found that* domstolen har funnit att; ~ *s.b. guilty* [be]finna (förklara) ngn skyldig; ~ *s.b. not guilty* (*äv.*) frikänna ngn **3** anse (tycka, finna) (*ngn, ngt*) vara; inse; *I* ~ *Paris too big* jag tycker att Paris är för stort; *I found myself forced to* jag fann mig [vara] tvingad att **4** *rfl* befinna sig; känna sig; sörja för sig själv; finna sig själv; ~ *o.s. in difficulties* befinna sig i svårigheter **5** *jur.* döma (*for* till förmån för); ~ *for s.b.* (*äv.*) förklara ngn oskyldig **II** *s* fynd, upptäckt

finder [ˈfaɪndə] **1** upphittare, upptäckare; ~*s keepers* (*vard.*) den som hittar (*ngt*) får behålla (*det*) **2** foto. sökare **finding** [ˈfaɪndɪŋ] **1** finnande, upphittande **2** fynd, upptäckt **3** *jur.* dom, utslag **4** ~*s* (*pl*) hantverkares verktyg

1 fine [faɪn] **l** s **1** böter, vite, bötessumma; a park-ing ~ parkeringsböter **2** in ~ a) kort sagt, b) till sist, slutligen **ll** v bötfälla, döma att böta; I was ~d £ 50 jag fick böta 50 pund

2 fine [faɪn] **l** a **1** fin; bra; härlig; vacker, stilig, elegant; utsökt; förfinad; skicklig; tunn; iron. skön (mess röra), snygg (excuse ursäkt); [that's] ~! bra!, utmärkt!; the ~ arts de sköna konsterna; one ~ day en vacker dag, en gång; ~ feelings fin-känslighet; ~ nuances fina nyanser; ~ sand fin sand; a ~ taste utsökt smak; ~ thread fin (tunn) tråd; a ~ time en härlig tid; I feel ~ (vard.) jag mår (känner mig) bra; that's all very ~, but det är nog gott och väl, men **2** (om metall o.d.) ren; ~ silver rent silver; gold 18 carats ~ 18 karats guld **ll** adv fint etc., jfr I; that suits me ~ (vard.) det passar mig bra; cut it ~ vara ute i sista sekun-den, nätt och jämnt klara det **lll** v **1** rena, förfina; raffinera **2** ~ down (away) minska[s], bli (göra) mindre

finery [-ərɪ] prålig elegans, stass

finesse [fɪ'nes] **l** s **1** finess; elegans; takt **2** trick, knep, list **3** kortsp. mask **ll** v **1** gå listigt till väga **2** kortsp. maska

finger ['fɪŋgə] **l** s finger; first ~ pekfinger; middle (second) ~ långfinger; ring ~ ringfinger; little ~ lillfinger; burn one's ~s (bildl.) bränna fing-rarna, bli bränd; get (pull) one's ~ out (BE. vard.) lägga på ett kol, få ändan ur vagnen; have a (one's) ~ in the pie a) ha ett finger med i spelet, b) lägga sig i; not lay a ~ on inte skada (röra); lay (put) one's ~ on (bildl.) sätta fingret på; not lift (raise) a ~ inte lyfta ett finger; point one's ~ at peka på; point the ~ at (bildl.) peka finger åt; put the ~ on (AE. vard.) utpeka, ange (för polisen); let s.th. slip through one's ~s låta ngt gå sig ur händerna; twist (wrap) s.b. around one's ~ kun-na linda ngn runt sitt lillfinger **ll** v **1** fingra på, känna på **2** AE. vard. ange, utpeka (för polisen) **3** spela på (instrument) **4** mus. förse med finger-sättning **fingerprint** fingeravtryck **fingertip 1** finger|topp, -spets; have s.th. at one's ~s kunna (ha) ngt på sina fem fingrar **2** fingertuta

finick|ing ['fɪnɪkɪŋ], **-y** [-ɪ] pedantisk; petig

finish ['fɪnɪʃ] **l** v **1** sluta, avsluta, slutföra; göra (få) färdig, bli färdig med; äta upp, dricka ur (upp); ~ [off, up] a) göra slut på, tillintetgöra, b) vard. ta död (kål) på; have ~ed vara färdig med (ha gjort färdigt) ngt; let me ~ my coffee låt mig dricka ur mitt kaffe; let him ~ reading låt honom läsa färdigt; it nearly ~ed me (vard.) det tog näs-tan kål på mig **2** tillverka, ge en finish; bear-beta **3** ~ [off, up] sluta, upphöra, vara (bli) fär-dig; ~ with s.b. säga upp bekantskapen med ngn, vara färdig (göra slut) med ngn; I haven't ~ed with you yet! jag är inte färdig med dig ännu! **4** sport. fullfölja tävlingen, komma i mål; ~ second sluta (komma in) som tvåa **ll** s **1** slut, avslutning; slutstrid; be in at the ~ vara med i slutstriden **2** sl. nattlokal **finishing** [-ɪŋ] a fulländande, slut-; ~ coat översta skikt (vid lackering e.d.); ~ line mållinje; ~ school flickpension; ~ tape målsnö-re; give s.th. the ~ touch lägga sista handen vid ngt, ge ngt en sista avslipning

Finland ['fɪnlənd] Finland **-er** [-ə] finländare

Finn [fɪn] finne, finländare **Finnish** ['fɪnɪʃ] **l** a

finsk, finländsk **ll** s finska [språket]

fir [fɜː] **1** gran; tall, fura **2** (virke) gran, furu

fire [faɪə] **l** s **1** eld; ~! elden är lös!; be on ~ a) brinna, stå i brand, b) vara i elden; catch ~ ta (fatta) eld; go through ~ and water for gå genom eld och vatten för; play with ~ leka med elden; set ~ to, set on ~ sätta eld på, sticka i brand; set the world (the Thames) on ~ (vard.) göra under-verk (storverk) **2** brasa, bål; låga; kamin; electric ~ elektrisk kamin; we have an open ~ vi har öp-pen spis **3** brand, eldsvåda **4** mil. eld, skottloss-ning; ~! eld!, ge fyr!; open ~ öppna eld; between two ~s mellan två eldar; a ~ of questions en skur av frågor; be in the line of ~ a) vara under be-skjutning, b) vara i elden (skottgluggen); be under ~ vara under beskjutning **5** bildl. hetta, glöd, lidelse, eld **ll** v **1** avskjuta, avlossa (a gun ett gevär); avfyra (äv. bildl.); ~ questions at s.b. bombardera ngn med frågor; ~ a salute ge salut **2** vard. sparka, ge sparken (avskeda) **3** [an]tän-da, sätta (tända) eld på, sätta i brand **4** bränna (porslin e.d.) **5** elda, förse med bränsle; oil ~s the heating system värmesystemet eldas med olja **6** bildl. elda [upp], egga **7** skjuta, ge eld (at mot, på); ~ away a) börja skjuta, b) vard. sätta igång **8** antändas, fatta eld; (om motor) tända

fire alarm ['faɪərə‚lɑːm] brandalarm **firearm** [-ɑːm] eld-, skjut|vapen **fire brigade** [-brɪ‚geɪd] BE. brandkår **fire department** [-dɪ‚pɑːtmənt] AE. brandkår **fire engine** [-‚en(d)ʒɪn] brandbil **fire escape** [-ɪ‚skeɪp] brandstege; reservutgång **fire-extinguisher** [-ɪk‚stɪŋgwɪʃə] (bärbar) brandsläckare **fireman** [-mən] **1** brand|man, -soldat **2** eldare **fireplace** [-pleɪs] eldstad, öp-pen spis **fireproof** [-pruːf] **l** a brandsäker; eld-fast **ll** v göra brandsäker **fireside** [-saɪd] s, the ~ härden, [öppna] spisen; by the ~ (bildl.) vid hemmets härd, i hemmets lugna vrå **fire sta-tion** [-‚steɪʃn] brandstation **firewood** [-wʊd] ved **firework** [-wɜːk] fyrverkeripjäs; ~s (pl) a) fyrverkeri (äv. bildl.), fyrverkeripjäser, b) vard. bildl. utbrott

firing ['faɪərɪŋ] **1** bränning (i ugn); eldning **2** bränsle **3** avskjutande **firing party (squad)** ['faɪərɪŋ‚pɑːtɪ, -skwɒd] exekutionspluton

1 firm [fɜːm] **l** a fast, hård; säker, stadig **ll** adv fast; stand ~ over stå fast vid **lll** v, ~ [up] göra (bli) fast, stabiliseras

2 firm [fɜːm] firma

first [fɜːst] **l** a o. räkn första; förnämsta; ~ aid första hjälpen; ~ cause källa, orsak; F~ Cause (filos.) Skaparen, Gud; ~ class första klass; at ~ hand direkt, från källan; the ~ lady rikets (lan-dets) första dam; ~ mate (officer) (sjö.) förste styrman; ~ name förnamn; ~ night premi-är[kväll]; ~ offender förstagångsförbrytare; in the ~ place först och främst, för det första; ~ principles grundprinciper; ~ thing in the morning genast i morgon bitti; ~ things ~ man måste ta sakerna i tur och ordning; he doesn't know the ~ thing about her han vet inte ett dugg om henne; the ~ three de tre första; ~ violins första fiolerna **ll** adv först; ~ and last på det hela taget, först och främst; ~ or last förr eller senare; ~ of all a) allra först, b) först och främst; ~ come, ~ served den som kommer först till kvarnen får först mala; I've *loved you since I ~ saw you* jag har älskat dig från första gången jag såg dig **III** *s* **1** första; *she was the ~ to leave* hon var den första som gick; *come in ~* komma in som etta, vinna kapplöpningen **2** början; *at ~* först, i början; *from the ~* från första början, ända från början; *from ~ to last* från början till slut **3** *tekn.* ettan[s växel]; *in ~ på* ettan **4** *BE. univ.* högsta betyg **5** *~s (pl)* varor av prima (högsta) kvalitet

first-aid [ˈfɜːsteɪd] *a, ~ box* förbandslåda **first-class** [ˌfɜːstˈklɑːs] **I** *a* första klassens, förstaklass-; förstklassig; *~ letter a)* (*i England*) förstaklassbrev (*snabbefordrat brev*), *b)* (*i USA, Canada*) brevpost **II** *adv* [i, med] första klass **first-hand** [ˌfɜːstˈhænd] **I** *a* förstahands-, i första hand, direkt **II** *adv* i första hand, direkt **firstly** [ˈfɜːstlɪ] *adv* först; för det första **first-rate** [ˌfɜːstˈreɪt] förstklassens, förstklassig, prima

firth [fɜːθ] havsarm, fjord

fish [fɪʃ] **I** *s (pl ~ el. ~es)* **1** fisk; *~ and chips* filé(-) ~ud fisk med pommes frites; *like a ~ out of water* inte i sitt rätta element; *neither ~, flesh, nor fowl* varken fågel eller fisk; *a fine kettle of ~* en skön röra, en snygg historia; *drink like a ~* dricka som en svamp; *I've other ~ to fry* jag har annat att göra **2** *vard., a poor ~* en stackars sate; *a queer ~* en underlig kurre **II** *v* **1** fiska; *~ for a)* fiska (*salmon* lax), *b) bildl.* söka efter, försöka få tag i, fika efter; *~ for compliments* gå med håvon **2** fiska, fånga (*salmon* lax); *~ out* fiska upp (*äv. bildl.*); *~ up* fiska upp, *bildl.* fiska fram **3** fiska i (*a lake* en sjö)

fishbowl [ˈfɪʃˌbəʊl] guldfiskskål **fisherman** [ˈfɪʃəmən] **1** fiskare **2** fiskebåt **fish finger** fiskpinne **fishing** [ˈfɪʃɪŋ] **1** fiske, fiskande **2** fiskevatten **fishing line** metrev **fishing net** fisknät **fishing rod** metspö **fishmonger** [-ˌmʌŋɡə] *BE.* fisk|handlare, -månglare **fishnet** *AE.* fisknät **fish stick** *AE.* fiskpinne **fishy** [ˈfɪʃɪ] **1** fisk-, fisk|lik, -aktig, *~ eyes* fiskögon, uttryckslösa ögon **2** *vard.* skum, misstänkt; otrolig **3** slö, livlös

fission [ˈfɪʃn] klyvning (*äv. fys.*); *biol.* delning; *nuclear ~ (fys.)* kärnklyvning, fission

fist [fɪst] **I** *s* **1** knytnäve **2** *vard.* handstil **II** *v* slå med knytnäven

1 fit [fɪt] *med. o. bildl.* anfall, attack; utbrott; *~ of anger* vredesutbrott; *~ of cough* hostattack; *~ of laughter* skrattanfall; *by ~s [and starts]* ryckvis; *it gave me a ~ (vard.)* jag höll på att få slag; *have (throw) a ~ (vard.)* få ett utbrott

2 fit [fɪt] **I** *a* **1** lämplig; passande; *be ~ for a job* vara lämplig (passa) för ett arbete; *~ for habitation* beboelig; *a book ~ to be read* en bok som förtjänar att läsas; *think (see) ~ to* anse det lämpligt att, finna för gott att **2** färdig, redo; *vard.* färdig, nära (*to scream* att skrika); *~ for fight* klar för strid (*äv. bildl.*), beredd **3** kry; spänstig **II** *v* **1** passa; vara lagom [stor]; passa i (till); passa in på, svara mot; *~ s.b.'s plans* passa ngns planer; *this skirt ~s you better* den här kjolen passar dig bättre (sitter bättre på dig); *the key doesn't ~ the lock* nyckeln passar inte i nyckelhålet; *that part won't ~ the machine* den delen passar inte till maskinen; *the description ~s me* beskrivningen passar in på mig; *the doctor will try and ~ you in*

tomorrow doktorn ska försöka hitta en tid åt er (klämma in er) i morgon **2** anpassa, avpassa (*to* efter) **3** förse, utrusta (*with warm clothes* med varma kläder); *~ out* utrusta, ekipera; *~ up with* utrusta (förse) med **4** prova [in] (*kläder*); *~ a dress on s.b.* prova en klänning på ngn **5** göra lämplig (passande); kvalificera (*for a job* för ett arbete) **6** anbringa, passa (sätta) in; sätta på; montera; utrusta; *~ a handle on a door* sätta handtag på en dörr **7** passa; stämma överens; *it all ~s* allt stämmer [överens]; *~ in with* passa in i, passa ihop (stämma) med; *things don't ~ together* saker och ting stämmer inte **III** *s* passform; *be a good ~* sitta bra; *be a tight ~* sitta åt

fitful [ˈfɪtf(ʊ)l] ryckig; ojämn, oregelbunden; *~ weather* ostadigt väder

fitness [ˈfɪtnɪs] **1** lämplighet **2** kryhet; kondition

fitted [ˈfɪtɪd] **1** anpassad; inpassad; *~ carpet* heltäckningsmatta; *~ kitchen* kök med fast inredning; *~ suit* skräddarsydd kostym; *~ cupboard* inbyggt skåp **2** lämpad, lämplig (*for* för); anpassad, avpassad (*to* efter)

fitting [ˈfɪtɪŋ] **I** *a* passande, lämplig **II** *s* **1** [in]montering, installation **2** provning (*hos skräddare*) **3** *~s (pl)* inredning; tillbehör; armatur; *electrical ~s* elektriska installationer **4** *BE.* (*om kläder, skor*) storlek, passform **--room** provrum

five [faɪv] (*jfr eight o. sms*) **I** *räkn* fem **II** *s* femma; femtal **fiver** [ˈfaɪvə] *vard.* fempund-, fem|dollar-, sedel **five-speed** [ˈfaɪvspiːd] femväxlad (*car* bil)

fix [fɪks] **I** *v* **1** fästa, sätta fast, anbringa; installera, montera; *~ bayonets* sätta på bajonetter; *~ the mirror to the wall* sätta fast spegeln på väggen **2** *~ [up]* fastställa, bestämma (*pris, datum e.d.*) **3** fästa, rikta; *~ the gaze on* rikta blicken mot; *~ a p.'s attention on* rikta ngns uppmärksamhet på **4** fixera (*äv. foto.*); ge stadga (fasthet) åt; *~ a custom* befästa en sedvänja; *~ an idea* förankra en idé **5** placera, sätta [in], ställa, lägga; *~ the blame on* lägga skulden på; *~ s.b. up with s.th.* ordna (skaffa) ngt åt ngn; *I can't ~ you up* jag kan inte ordna rum åt dig **6** laga, reparera; snygga upp (till) **7** *vard., i sht AE.* fixa (ordna, ordna [till] (*tickets* biljetter); *a meal* en måltid; ordna (klara) upp **8** *vard.* fixa, göra upp [på förhand] (*match e.d.*); fiffla med; muta **9** *sl.* göra upp med, hämnas på; fixa (*i sht döda*) **10** *vard., ~ s.b.* ge ngn vad han förtjänar **11** *AE. dial. el. vard.* planera; *I'm ~ing to go out* jag tänker gå ut **12** fastna **13** *~ [up]on* fastna (bestämma sig) för **14** *sl.* ta en sil (*narkotika*) **II** *s* **1** *vard.* knipa, dilemma; *be in a bit of a ~* vara i knipa **2** *sl.* sil (*narkotika*) **3** *vard.* muta **3** *sjö.* positionsbestämning

fixed [fɪkst] **1** fästad; fast; fixerad; *~ star* fixstjärna **2** stel, orörlig **3** fast[ställd], bestämd; *~ price* fast pris; *~ costs* fasta kostnader **4** fix (*idea* idé); inrotad

fixture [ˈfɪkstʃə] **1** fast tillbehör (inventarium); *bildl.* [gammalt] inventarium **2** *BE.* [fastställd dag för] tävling (*match e.d.*)

fizz [fɪz] **I** *v* fräsa, väsa; (*om kolsyrad dryck*) pärla, moussera **II** *s* **1** fräsande, väsande; pärlande, mousserande **2** *vard.* brusande dryck; skumpa, champis; fizz (*drink*) **fizzle** [ˈfɪzl] **I** *v* **1** fräsa, väsa **2** *~ [out] a)* fräsa till och slockna, *b) vard.* misslyckas, sluta snöpligt **II** *s* **1** fräsande, väsande

2 *vard.* fiasko **fizzy** ['fızı] fräsande, väsande; pärlande, mousserande

flabbergast ['flæbəgɑ:st] *vard.* göra paff, slå med häpnad

flabby ['flæbı] slapp; [fet och] sladdrig, slak

flaccid ['flæksıd] slapp, sladdrig, slak

1 flag [flæg] **I** *s* flagga; fana; ~ *of convenience* bekvämlighetsflagg; ~ *of truce* parlamentärflagg; *keep the* ~ *flying* hålla fanan högt; *show the* ~ (*vard.*) markera sin närvaro, visa sig; *strike* (*lower*) *the* ~ stryka flagg **II** *v* **1** pryda (markera) med flaggor (flagga); ~ [*down*] stoppa (*fordon*) genom att vinka med flagga, hejda **2** signalera med flaggor [till]

2 flag [flæg] **1** hänga ner, sloka **2** slakna, slappna, mattas

flagpole ['flægpəʊl] flaggstång

flagrant ['fleıgr(ə)nt] flagrant, uppenbar

flag|staff ['flægstɑ:f] flaggstång **-stone** stenplatta; trottoarsten

flair [fleə] **1** väderkorn; näsa, sinne, känsla **2** *vard.* stil, elegans

flak [flæk] **1** luftvärn; luftvärnseld **2** *AE. sl.* hård kritik

flake [fleık] **I** *s* flaga; flinga; tunt lager **II** *v* **1** flagna, falla av i flagor **2** flaga, flisa, skära av i flagor

flamboyant [flæm'bɔıənt] **1** praktfull, [färg]grann, flammande **2** extravagant, överdriven, prålig **3** *arkit.* flamboyant

flame [fleım] **I** *s* **1** flamma, låga; *bildl. äv.* eld, glöd; *be in* ~*s* stå i lågor **2** *vard.* flamma, älskling **II** *v* flamma, låga **III** *a* brandgul

flammable ['flæməbl] lättantändlig, brännbar

flank [flæŋk] **I** *s* sida; flank (*äv. mil.*) **II** *v* **1** flankera; begränsa **2** *mil.* anfalla i flanken **4** kringgå, undvika

flannel ['flænl] **I** *s* **1** [ylle]flanell; ~*s* (*pl*) flanell|byxor, -kläder **2** tvättlapp **3** *BE. vard. a*) svammel, *b*) smicker, fjäsk **II** *a* flanell- **III** *v* **1** putsa med flanell; laga med flanell; klä i flanell **2** *BE. vard.* smickra, fjäska för

flap [flæp] **I** *v* **1** slå, smälla, daska, klappa **2** fladdra (flaxa, slå) med; vifta med **3** fladdra; flaxa; (*om segel*) slå **4** *vard.* råka i panik, bli upprörd **II** *s* **1** smäll, dask, klatsch **2** fladdrande; flaxande, [ving]slag **3** flik; lock (*på ficka*); *flyg.* [ving]klaff **4** *vard.* panik, upprördhet; *get into a* ~ få stora skälvan

flare [fleə] **I** *v* **1** blossa, fladdra; ~ *up* flamma upp, *bildl. vard. äv.* brusa upp **2** puta ut; vidga sig **II** *s* **1** fladdrande låga; bloss, lysraket, signalljus **2** utbuktning, utvidgning **3** plötsligt utbrott

flash [flæʃ] **I** *v* **1** flamma, blixtra [till]; blinka; blänka [till], lysa fram; ~ *back* (*i film e.d.*) ge en tillbakablick; ~ [*out, up*] blossa upp **2** fara (rusa) som en blixt; *she* ~*ed by* (*past*) *on her bike* hon susade förbi på sin cykel **3** *BE. sl.* blotta sig **4** *vard.* snabbt visa; ~ *a look at s.b.* ge ngn en strålande blick; ~ *a message* snabbt skicka ett meddelande **5** *vard.* lysa (briljera) med; ~ *money around* vifta med pengar **6** *vard.* snabbt visa **II** *s* **1** plötsligt sken (ljus); blixt (*äv. foto.*), glimt, stråle; ~ *of lightning* blixt; ~ *of sunshine* plötsligt solglimt; *in a* ~ blixtsnabbt, på ett ögonblick; ~ *in the pan* [person som gör en] kortlivad succé **2** briljeran-

de, prål **3** *TV., radio.* kort nyhetsinslag, nyhetstelegram **4** *mil.* förbandstecken **III** *a* **1** *vard.* prålig; vräkig, vulgär **2** falsk, oäkta **3** *vard.* förbrytar-, kriminell

flashback ['flæʃbæk] (*film e.d.*) tillbaka-, åter|blick **flashbulb** *foto.* fotoblixt, blixtljuslampa

flashcube *foto.* blixtkub **flashlight 1** ficklampa **2** *foto.* blixtljus **3** *i sht AE.* blinkljus; blinkfyr **flashy** [-ı] **1** vräkig, prålig, billig **2** ytlig

flask [flɑ:sk] **1** plunta, fickflaska; bastflaska **2** kolv, retort **3** *åld.* kruthorn

1 flat [flæt] **I** *a* **1** plan, horisontell, platt, flat; slät; *as* ~ *as a pancake* platt som en pannkaka; ~ *plate* flat tallrik; ~ *race* (*i sht BE.*) slätlopp; ~ *roof* platt tak; ~ *shoes* lågklackade skor; ~ *surface* plan yta; ~ *tyre* punktering; *fall* ~ *a*) falla raklång, *b*) *bildl.* misslyckas, falla platt mot marken; *lay* ~ *a*) slå omkull, *b*) jämna med marken; *stand* ~ *against the wall* stå tryckt mot väggen **2** platt, banal; *a* ~ *joke* ett platt skämt **3** monoton, utan nyanser (kontraster, variationer); matt (*paint* målarfärg) **4** smaklös, fadd; avslagen; *feel* ~ inte ha lust med någonting **5** *hand.* trög, matt (*market* marknad) **6** fast, enhetlig, enhets-; ~ *rate* enhetstaxa; ~ *rate of pay* enhetlig lönesättning **7** *mus.* sänkt en halv ton; (*om röst, instrument*) en halv ton för låg; *B* ~ b; *the piano is* ~ pianot är för lågt stämt **8** direkt; exakt; ~ *denial* blankt förnekande; *a* ~ *five minutes* exakt fem minuter; *and that's* ~! och därmed basta! **II** *adv* **1** plant, platt *etc., jfr I; lie* ~ *out* ligga utsträckt **2** fullständigt; exakt; rakt; rent ut; ~ *broke* (*BE. vard.*) helt pank; *in five seconds* ~ på fem sekunder blankt; *she told me* ~ *that* hon sade mig rent ut att; ~ *out* (*vard.*) *a*) för fullt, maximalt, *b*) helt slut, alldeles utmattad; *go* (*work*) ~ *out* (*vard.*) arbeta för fullt (för högtryck) **3** *mus.* för lågt, falskt **III** *s* **1** platt föremål; plan yta; platta; flata, flatsida **2** låg slätt, flackt land **3** *mus.* b[-förtecken]; sänkt ton **4** *teat.* kuliss **5** punktering **6** *BE.* slätlopp **7** *sjö.* pråm, läktare **IV** *v* **1** platta ut (till), göra plan (platt, flat) **2** *AE. mus.* sänka [ett halvt tonsteg]

2 flat [flæt] våning, lägenhet

flatfooted [,flæt'fʊtıd] plattfotad **2** *BE. vard.* klumpig, tafatt; bestämd, obeveklig **3** *vard., catch s.b.* ~ ta ngn på sängen **flatly** ['flætlı] *adv* **1** plant *etc., jfr I flat I* **2** bestämt, absolut; ~ *deny* (*äv.*) förneka blankt **flatten** ['flætn] **1** ~ [*out*] göra platt (plan), platta ut (till) **2** *vard.* slå ner; *bildl.* krossa, ta luften ur **3** *mus.* sänka [ett halvt tonsteg] **4** ~ *out* (*flyg.*) ta upp planet (*i sht efter dykning*) **5** ~ [*out*] bli platt (plan), plattas ut (till)

flatter ['flætə] **1** smickra **2** vara smickrande för **flattery** [-rı] smicker

flatulent ['flætjʊlənt] **1** väderspänd **2** gasbildande **3** *bildl.* uppblåst

flaunt [flɔ:nt] **I** *v* **1** briljera (glänsa) [med] **2** vaja **II** *s* briljerande, glänsande

flavour ['fleıvə] **I** *s* smak; arom; bismak; krydda; *a film with a* ~ *of Paris* en film med en doft av Paris (med en parisisk atmosfär) **II** *v* sätta smak på, smaksätta, krydda **flavouring** ['fleıv(ə)rıŋ] **1** krydda, smaktillsats **2** smaksättning, kryddning

flaw [flɔ:] **I** *s* **1** skavank, fel, brist **2** spricka **II** *v* **1** spräcka, fördärva **2** spricka **-less** ['flɔ:lɪs] felfri; utan sprickor; *bildl.* fläckfri

flax [flæks] lin **flaxseed** ['flækssi:d] linfrö

flay [fleɪ] **1** flå; skala **2** *bildl.* skinna, lura **3** nedgöra (*m. kritik*)

flea [fli:] loppa; *send s.b. off with a* ~ *in his ear* (*vard.*) snoppa av (stuka till) ngn **flea market** loppmarknad

fleck [flek] **I** *s* **1** fläck; prick **2** korn, partikel; ~ *of dust* dammkorn **II** *v* göra fläckig

fled *imperf. o. perf. part. av flee*

flee [fli:] (*fled, fled*) **1** fly, ta till flykten **2** fly från; undfly; undvika

fleece [fli:s] **I** *s* **1** (*fårs*) ull, päls, fäll **2** får|fäll, -skinn; *the Golden F*~ Gyllene Skinnet **II** *v* **1** klippa (*får*) **2** *bildl.* klå, skinna (*of* på)

fleer [flɪə] **I** *s* hånleende, flin **II** *v* hånle (flina) [åt]

fleet [fli:t] **1** flotta; eskader; *Admiral of the F*~ storamiral **2** flotta, rugnpark

Flemish [-ɪʃ] **I** *a* flamländsk **II** *s* flamländska [språket]

flesh [fleʃ] **I** *s* kött (*äv. bildl.*); [frukt]kött; *vard.* hull, fetma; ~ *and fell* med hull och hår; *all* ~ människosläktet; *go the way of all* ~ gå all världens väg, förgås; *my own* ~ *and blood* mitt eget kött och blodd; *in the* ~ *a*) i egen hög person, *b*) livslevande; *lose* ~ magra; *it made my* ~ *creep* det fick mig att rysa (*av fasa*); *put on* ~ lägga på hullet, bli fet **II** *v* **1** *jakt* med rått kött stimulera jaktinstinkten hos **2** såra, rispa (*m. vapen*) **3** *åld. el. poet.* vänja vid strid **4** ~ [*out*] fylla ut, sätta kött på benen **flesh wound** [-wu:nd] köttsår

flew [flu:] *imperf. av fly*

flex [fleks] **I** *v* **1** böja **2** spänna (*muskel*) **3** (*om muskel*) spännas **II** *s* [elektrisk] sladd **-ibility** [ˌfleksə'bɪlətɪ] **1** böjlighet, smidighet **2** *bildl.* flexibilitet; medgörlighet; foglighet **-ible** ['fleksəbl] **1** böjlig, smidig **2** *bildl.* flexibel; medgörlig, foglig; ~ *working hours* flextid

flexitime ['fleksɪtaɪm] flextid

flick [flɪk] **I** *s* **1** lätt slag, snärt; knäpp (*m. fingrarna*) **2** knäpp (*ljud*) **3** fläck; strimma; korn **II** *v* **1** snärta till, ge ett lätt slag **2** knäppa iväg (*a piece of paper* en papperstuss) **3** slänga (snärta) med (*the tail* svansen); rycka på **4** ~ *through* bläddra igenom

flicker ['flɪkə] **I** *v* fladdra, flämta; flimra; darra **II** *s* fladdrande, flämtande; flimmer; darrning

flick knife ['flɪknaɪf] stilettkniv

flier ['flaɪə] *se flyer*

1 flight [flaɪt] **I** *s* **1** flykt (*äv. bildl.*); flygning, flygtur; *the* ~ *of birds* fåglarnas flykt; *the* ~ *of the arrow* pilens bana (väg); *the* ~ *of time* tidens flykt; ~*s of fancy* fantasier, fantastiska påhitt; *take* ~ (*om fågel*) flyga upp **2** flock, svärm (*of starlings* starar), (*fågel*)sträck; *a* ~ *of insects* en insektssvärm; *a* ~ *of arrows* en skur av pilar **3** *mil.* [flyg]grupp **4** [ving-, stjärt]penna; styrfjäder (*på pil*) **5** ~ [*of stairs*] trappa, rad av trappsteg; *six* ~*s up* sex trappor upp; ~ *of hurdles* (*sport.*) häck-, hinder|rad **II** *v* **1** flyga i flock **2** skjuta (*fågel*) i flykten **3** sätta styrfjäder på

2 flight [flaɪt] flykt, flyende; *put s.b. to* ~ slå ngn på flykten; *take* [*to*] ~ ta till flykten, fly

flight recorder färdskrivare (*i flygplan*), 'svart

låda'

flighty ['flaɪtɪ] **1** flörtig, kokett **2** flyktig; nyckfull **3** oberäknelig, överspänd

flimsy ['flɪmzɪ] **I** *a* **1** svag, bräcklig; tunn **2** *bildl.* svag, ohållbar **II** *s* **1** tunt [kopie]papper **2** kopia

flinch [flɪn(t)ʃ] **1** rygga tillbaka (*from* [in]för), vika **2** rycka till (*av smärta*); *without* ~*ing* utan att blinka

fling [flɪŋ] **I** *v* (*flung, flung*) kasta (*äv. i brottning*), slunga, slänga; ~ *an excuse* slänga ur sig en ursäkt; ~ *one's arms about s.b.* slå armarna om ngn; ~ *o.s. into a chair* kasta sig i en fåtölj; ~ *o.s. into s.th.* (*bildl*) kasta sig in i (över) ngt; ~ *away* slänga (kasta) bort; ~ *one's scruples* kasta sina betänkligheter; ~ *back* kasta tillbaka (bakåt); ~ *off a*) kasta av sig (*rock e.d.*), *b*) *bildl.* skaka av sig, *c*) skaka fram (*dikt e.d.*); ~ *on* slänga på sig; *the door was flung open* dörren flög (slogs, rycktes) upp; ~ *up a*) kasta upp, *b*) ge upp **II** *s* **1** kast **2** släng, häftig rörelse **3** *have a* ~ festa om, slå runt **4** försök; *have a* ~ *at* försöka sig på **5** (*slags*) skotsk dans, reel

flint [flɪnt] **1** flinta **2** stift (*i tändare*)

flip [flɪp] **I** *v* **1** kasta (slänga, knäppa) [iväg]; *he* ~*ped me a napkin* han slängde till mig en servett; ~ *a coin* singla slant **2** ~ *through* bläddra igenom **3** knäppa med fingrarna **4** skutta, hoppa **5** *sl., i sht AE.* tappa behärskningen, bli urförbannad; *flipp[r]a ut, bli alldeles salig: ~ one's lid* (*lock*) bli *utom sig*, förlora tattningen **I** *s* **1** knäpp, snärt, smäll; ryck **2** kullerbytta, volt **2** *vard.* flygtur, rundflygning **4** flip (*drink m. uppvispat ägg*) **III** *a, AE. vard.* vanvördig

flip|pancy ['flɪpənsɪ] **1** lättvindighet, nonchalans **2** näsvishet **-pant** [-pənt] **1** lättvindig, nonchalant **2** näsvis

flirt [flɜ:t] **I** *v* flörta; ~ *with* (*äv.*) leka med, inte ta på allvar **II** *s* flört[ig person] **flirtation** [flɜ:'teɪʃn] flört, kurtis **flirtatious** [flɜ:'teɪʃəs] flörtig, koketterande

flit [flɪt] **I** *v* **1** fladdra, flyga, sväva; rusa, ila **2** *BE. vard.* smita (*från hyra*); rymma **II** *s* **1** fladdrande, flygande, svävande; rusande, ilande **2** *BE. vard., do a* [*moonlight*] ~ avdunsta (flytta) [under natten] (*för att smita från hyra*)

float [fləʊt] **I** *v* **1** flyta; driva (*på vattnet*); *oil* ~*s on water* olja flyter på vatten **2** sväva; *fog* ~*ed on the meadow* dimma svävade över ängen **3** starta, sätta i gång, grunda **4** *ekon.* bjuda (släppa) ut på aktiemarknaden; låta (*valuta*) flyta **5** hålla flytande; låta flyta; flotta **6** översvämma, sätta under vatten, bevattna **II** *s* **1** flytande föremål; flotte; flottör; ponton; flöte; simdyna; [liv-, flyt]boj; *zool.* simblåsa **2** *teat.,* ~*s* (*pl*) ramp **3** hjulskovel **4** liten flakvagn; kortegevagn **5** växel-, hand|kassa **floating** ['fləʊtɪŋ] **1** flytande, drivande; svävande; lös; ~ *anchor* drivankare; ~ *dock* flytdocka; ~ *kidney* vandrande njure; ~ *light* fyrskepp, lysboj **2** rörlig; ~ *voter* marginalväljare **3** *ekon.* flytande, rörlig; ~ *assets* likvida medel; ~ *capital* rörligt kapital; ~ *currencies* flytande valutor

flock [flɒk] **I** *s* flock, skara, skock; hjord **II** *v* flockas, skocka sig

floe [fləʊ] isflak

flog [flɒg] **1** piska, prygla, klå; ~ *a dead horse*

spilla krut på döda hökar; *he was ~ged to death* han var uttjatad **2** *sl.* klå (*besegra*) **3** *BE. sl.* sälja, kursa **-ging** ['flɒgɪŋ] prygel, stryk; *jur.* spöstraff

flood [flʌd] **I** *s* **1** flod, högvatten **2** flöde; översvämning; ström, [stört]flod (*äv. bildl.*); *the F~* syndafloden **II** *v* **1** översvämma (*äv. bildl.*); bevattna; flöda (*the carburettor* förgasaren); *bildl.* strömma; *be ~ed* översvämmas, vara översvämmad (*äv. bildl.*); *the room was ~ed with flowers* rummet var översvämmat av blommor; *~ed with light* badande i ljus **2** svämma över, flöda över sina bräddar

floodlight ['flʌdlaɪt] **I** *s* **1** strålkastare **2** strålkastar|belysning, -ljus; fasadbelysning **II** *v* belysa med strålkastare; fasadbelysa

floor [flɔː] **I** *s* **1** golv; botten; *sjö.* durk; *take the ~* börja dansen **2** våning[splan]; *the first ~* [våningen] en trappa upp, *AE.* bottenvåningen; *on the second ~* på andra våningen, *AE.* på första våningen **3** mark **4** undre gräns, minimigräns; *wage ~* minimilön **5** sammanträdessal; *the ~ [of the House]* sessionssalen; *cross the ~* gå över till ett annat parti; *get the ~* få ordet; *be given (have) the ~* ha ordet **II** *v* **1** förse med golv, lägga golv i **2** slå till marken, golva; *be ~ed by a problem* (*vard.*) gå bet på ett problem **flooring** [-rɪŋ] golvmaterial; golvbeläggning; golv **floor show** krogshow

flop [flɒp] **I** *v* **1** dunsa, dimpa, plumsa, plaska; sprattla; *the book ~ped onto the floor* boken dunsade i golvet **2** *vard.* misslyckas, göra fiasko, bli en flop **3** *sl., ~ [out]* koja, gå och lägga sig **II** *adv* plums, med en duns, pladask **III** *s* **1** duns, plums, plask **2** *vard.* misslyckande, fiasko, flop **3** *AE. sl.* slaf, säng **floppy** ['flɒpɪ] slak, nedhängande; *~ disc* (*data.*) flexskiva

florid ['flɒrɪd] **1** rödlätt, rödblommig (*complexion* hy) **2** överlastad, svulstig (*style* stil)

florist ['flɒrɪst] blomster|odlare, -handlare; *~'s shop* blomster|handel, -affär

flotsam ['flɒtsəm] vrakgods, strandfynd; *~ and jetsam* diverse bråte (*småsaker*), *bildl.* spillror, olycksbarn

1 flounce [flaʊns] **I** *v* svassa (*about* runt), rusa **II** *s* svassande; knyck

2 flounce [flaʊns] **I** *s* volang, rysch **II** *v* förse med volang[er] (rysch)

1 flounder ['flaʊndə] *zool.* flundra

2 flounder ['flaʊndə] **I** *v* **1** plumsa, klafsa (*i dy e.d.*) **2** bära sig klumpigt åt, göra misstag **II** *s* plumsande *etc.*, *jfr I*

flour ['flaʊə] **I** *s* [vete]mjöl **II** *s* **1** mjöla, beströ med mjöl **2** mala till mjöl

flourish ['flʌrɪʃ] **I** *v* **1** blomstra; florera; trivas, frodas **2** stoltsera [med], lysa [med] **3** *spela* (*fanfar e.d.*) **4** pryda med snirklar; utsmycka **5** svänga, svinga **II** *s* **1** svängande, svingande **2** elegant sväng (*gest*) **3** snirkel, sling (*på bokstav*); floskler, stilblommor **4** fanfar **5** prål, ståtande

flout [flaʊt] trotsa; strunta i; håna

flow [fləʊ] **I** *v* **1** flyta, rinna, strömma; flöda; cirkulera; *the river ~s into the sea* floden rinner ut i havet; *money ~ed into the country* pengar strömmade in i landet **2** (*om hår*) svalla, bölja, falla **3** (*om tidvatten*) stiga **4** *vard.* ha mens **5** översväm-

ma **II** *s* **1** flöde, flod, ström; rinnande; utströmning, utflöde; *~ of blood* blodflöde; *~ of information* informationsflöde; *~ of lava* lavaström **2** (*hårs*) svall **3** (*tidvattnets*) stigande, flod; *the tide is on the ~* det är flod **4** *vard.* mens **5** *Sk.* träsk; havsvik

flower ['flaʊə] **I** *s* **1** blomma **2** blom[ning]; *be in ~* stå i blom, blomma **3** *bildl.* blomma, blomning; *in the ~ of her youth* i hennes ungdoms vår; *~ of rhetoric* stilblomma; *the ~ of young men* blomman av unga män **4** *~s of sulphur* (*kem.*) svavelblomma **II** *v* **1** blomma, stå i blom; *bildl.* blomstra **2** pryda med blommor **flowerbed** blomsterrabatt **flowering** [-rɪŋ] **I** *a* blommande **II** *s* blomning[stid] **flowerpot** blomkruka **flowery** [-ɪ] **1** blomrik **2** blomsterprydd; blommig **3** blomliknande **4** *bildl.* blomsterrik

flown [fləʊn] *perf. part. av fly*

flu [fluː] *vard.* influensa, flunsa

fluctu|ate ['flʌktjʊeɪt] **1** fluktuera, variera, växla **2** vara vankelmodig, vackla **-ation** [ˌflʌktjʊ'eɪʃn] **1** fluktuation, variation, växling **2** vankelmod, vacklan

flue [fluː] rök|kanal, -gång

flu|ency ['fluːənsɪ] ledighet; flytande (*ledig*) framställning **-ent** [-ənt] ledig; flytande; *speak ~ Italian* tala flytande italienska

fluff [flʌf] **I** *s* **1** ludd, dun **2** småsak, bagatell **3** *vard.* miss, felläsning, felspelning **4** *vard., a bit of ~* en ung tjej **II** *v* **1** göra luddig, ludda (fluffa) upp **2** *vard.* staka sig; klanta sig

fluid ['fluːɪd] **I** *a* **1** flytande, i flytande form; vätske-; *~ coupling* (*clutch, drive*) vätskekoppling; *~ ounce* (*vätskemått = 28,4 cm^3, i USA = 29,6cm^3*) **2** (*om stil*) flytande, ledig **3** osäker, obestämd (*situation* situation); instabil, växlande; rörlig **II** *s* vätska

fluke [fluːk] **I** *s* tur, flax; lyckträff **II** *v* ha tur

flung [flʌŋ] *imperf. o. perf. part. av fling*

flunk [flʌŋk] *vard., i sht AE.* **1** köra, bli kuggad (underkänd) **2** kugga, köra, underkänna **3** *~ out* bli fockad (*från skola*)

fluo|rescence [ˌflʊə'resns] fluorescens **-rescent** [-'resnt] fluorescerande; *~ lamp* lysrör

fluor|idate ['flʊərɪdeɪt] fluoridera **-in[e]** ['flʊə'riːn] fluor

flurry ['flʌrɪ] **I** *s* **1** [kast]by; regnby **2** förvirring, nervös oro, uppståndelse **II** *v* **1** förvirra, uppröra **2** bli förvirrad (upprörd)

1 flush [flʌʃ] **I** *v* **1** rodna, blossa upp, glöda **2** flöda, forsa [fram] **3** få att rodna, göra röd (blossande, glödande) **4** komma att flöda; spola [ren] (*the toilet* toaletten) **5** *be ~ed with* vara upphetsad (upplivad, rusig) av **II** *s* **1** rodnad **2** ström, fors; [ren]spolning **3** upphetsning, upprymdhet, rus, yra; *in the ~ of victory* i segeryran **4** flor; friskhet; *in the first ~ of youth* i ungdomens vår

2 flush skrämma (jaga) upp (*vilt*)

fluster ['flʌstə] **I** *v* **1** göra nervös, förvirra **2** bli nervös (förvirrad) **II** *s* förvirring; nervositet

flute [fluːt] **I** *s* flöjt **II** *v* spela (blåsa) flöjt **flutist** ['fluːtɪst] flöjtist, flöjtspelare

flutter ['flʌtə] **I** *v* **1** fladdra (flaxa) med **2** fladdra (flaxa) omkring **3** vara (göra) nervös (orolig) **4** *BE. vard.* slå vad, spela **II** *s* **1** fladdrande, flaxande; fladder **2** nervositet, oro; *in a ~* nervös, oro-

lig **3** *BE. vard.* vadslagning, spel
1 fly [flaɪ] **I** *v* (*flew, flewn*) **1** flyga; *the swallows*
~ *high* svalorna flyger högt; ~ *high* (*vard.*) *a*) ha
högtflygande planer, *b*) blomstra, ha framgång;
~ *in* anlända med flyg; ~ *out* avresa med flyg (*of
från*) **2** flyga, ila, rusa; *he came ~ing towards me*
han kom rusande mot mig; *the door flew open*
dörren flög upp; *my money flies* mina pengar för-
svinner snabbt; *time flies* tiden ilar (rusar iväg);
let ~ *a*) kasta (slänga) iväg (ur sig), *b*) fyra av,
skjuta iväg; ~ *at* (*upon*) *s.b.* flyga (rusa) på ngn;
let ~ *at* (*vard.*) tappa tålamodet med; ~ *into a
rage* bli rasande, få ett raseriutbrott; ~ *off the
handle* (*vard.*) tappa humöret **3** fladdra, vaja; *the
flag is ~ing in the wind* flaggan fladdrar för vin-
den **4** fly (*before the enemy* för fienden) **5** flyga
[med], köra, föra (*an aircraft* ett flygplan); ~ *the
Atlantic* flyga över Atlanten **6** hissa, föra (*flagg*);
they flew the ~ (*äv.*) de flaggade **7** fly från (ur);
he flew the country han flydde ur landet; ~ *the
coop* (*AE. vard.*) sticka [sin väg] **II** *s* **1** gylf **2** tält-
dörr; yttertält **3** *teat.* scenvind
2 fly [flaɪ] fluga; *he wouldn't hurt a* ~ han kan inte
göra en fluga förnär; *a* ~ *in the ointment* (*vard.*)
smolk i glädjebägaren; *there are no flies on her*
(*vard.*) hon är inte dum
flycatcher ['flaɪˌkætʃə] **1** *zool.* flugsnappare **2**
flugfångare
flying ['flaɪɪŋ] **I** *s* flygning **II** *a* **1** flyg-; flygande; ~
fish flygfisk; ~ *fox* flygande hund; ~ *lizard* fl.,
ödla; ~ *machine* flygmaskin; ~ *officer* löjtnant
(*vid flyget*); ~ *range* (*flygplans*) aktionsradie; ~
saucer flygande tefat **2** flygande, snabb; ~
squad rörlig beredskapsstyrka (*av polis el. mili-
tär*); ~ *start* (*sport.*) flygande start **3** ~ *buttress*
(*arkit.*) strävbåge **flywheel** ['flaɪˌwiːl] svänghjul
foal [fəʊl] **I** *s* föl **II** *v* föla
foam [fəʊm] **I** *s* skum, fradga, lödder **II** *v* skum-
ma, fradga; ~ *at the mouth* ha fradga kring mun-
nen
fob [fɒb] *v*, ~ *s.b. off* avspisa ngn; ~ *off s.th. on
s.b.* pracka på ngn ngt
fo|cus ['fəʊkəs] (*pl -cuses el. -ci* [-saɪ]) **I** *s* **1** fokus,
brännpunkt (*äv. bildl.*); brännvidd; *the picture is
in* (*out of*) ~ bilden är skarp (oskarp); *bring into*
~ *a*) ställa in skärpan på, *b*) *bildl.* ställa i fokus **2**
centrum (*för jordbävning o. bildl.*); *med.* [sjuk-
doms]härd **II** *v* **1** samla[s] i en brännpunkt, foku-
sera[s]; *bildl.* koncentrera[s] (*on* på); *all eyes
were ~ed on her* allas blickar var riktade på hen-
ne **2** ställa in (*kamera*)
fodder ['fɒdə] **I** *s* foder; *bildl.* näring (*for the ima-
gination* för fantasin) **II** *v* [ut]fodra
foe [fəʊ] *poet.* fiende
foe|tal [ˈfiːtl] foster- **-tus** [-təs] foster
fog [fɒg] **I** *s* dimma, tjocka; töcken (*äv. bildl.*); *be
in a* ~ *a*) vara omtöcknad, *b*) vara osäker (*about
om*) **II** *v* **1** hölja[s] i dimma; bli (göra) immig; ~
the issue dölja (skymma) problemet **2** *foto.* göra
suddig **foggy** ['fɒgɪ] dimmig; *bildl. äv.* suddig;
vag; *I haven't the foggiest* [*idea*] jag har inte den
blekaste aning **foghorn** mistlur
foible ['fɔɪbl] svaghet, svag sida
1 foil [fɔɪl] kullkasta, gäcka, omintetgöra
2 foil [fɔɪl] **I** *s* **1** folie; foliepapper **2** *bildl.* kon-
trast; *be a* ~ *to* tjäna som kontrast till, framhäva

II *v* täcka med folie
3 foil [fɔɪl] florett
foist [fɔɪst] **1** smuggla (*in* in) **2** ~ *s.th.* [*off*] *on
s.b.* pracka (lura) på ngn ngt
fold [fəʊld] **I** *v* vika [ihop] (*a sheet of paper* ett
papper); vecka; ~ *up* vika (lägga) ihop (*a news-
paper* en tidning) **2** fälla ihop; *the bird ~ed its
wings* fågeln fällde ihop vingarna; ~ *one's arms*
(*legs*) lägga armarna (benen) i kors; ~ *one's arms
round* (*about*) slå (lägga) armarna om; ~ *one's
hands* knäppa händerna **3** ~ [*up*] slå (svepa) in;
~ *s.b. in one's arms* sluta ngn i sina armar; ~ *s.th.
in paper* slå in ngt i papper **4** vikas (fällas) [ihop];
kunna vikas; vecka sig, bilda veck (*äv. geol.*); *this
chair ~s up* den här stolen är hopfällbar; *how
does this map ~?* hur viker man ihop den här kar-
tan? **5** ~ [*up*] (*vard.*) *a*) gå omkull, slå igen, slu-
ta, *b*) vika sig dubbel (*av skratt el. smärta*) **II** *s* **1**
veck (*äv. geol.*) **2** *hopvikt förluft, u* ~ *of cloth*
ett hopvikt tygstycke **3** bukt, slinga (*of a rope* på
ett rep) **4** *tekn.* fals **5** vikning; veckning **6** sänka,
bäcken
folder [-ə] **1** folder, [vikt] trycksak **2** mapp, sam-
lingspärm **3** *bokb.* falsmaskin **folding** ['fəʊldɪŋ]
[hop]vikbar, [hop]fällbar **folding chair** fällstol
foliage ['fəʊlɪdʒ] löv-, blad|verk, löv
folk [fəʊk] (*pl ~*[*s*]; *behandlas som pl*) **1** folk,
människor; *country* ~ lantbor; *little* ~[*s*] smått-
ingar, småbarn; *old* ~[*s*] gamla människor; *hello
~s!* hej alla människor (gott folk)! **2** *vard.* famil-
jemedlemmar; *my* ~[*s*] min familj, mina anhöri-
ga; *my old* ~[*s*] mina föräldrar **folk dance** folk-
dans **folk music** folkmusik
follow ['fɒləʊ] **1** följa [efter, på]; följa med, åt-
följa; efterträda; *the road ~s the valley* vägen föl-
jer dalen; *we're being ~ed* vi är förföljda; *she
~ed me about* hon följde mig överallt; *the earth-
quake was ~ed by an epidemic* jordbävningen
[åt]följdes av en epidemi; ~ *out* genomföra
(*ideas* idéer); ~ *through* tänka igenom, genom-
föra; ~ *up a*) följa upp, fullfölja, vidareutveckla,
b) undersöka, utforska **2** följa, lyda (*the fashion
modet*); ~ *instructions* följa instruktioner; ~ *suit
a*) *kortsp.* bekänna färg, *b*) göra likadant, följa
exemplet **3** följa (hänga) med, förstå; *do you* ~
me? förstår du vad jag menar? **4** utöva, ägna sig
åt (*a profession* ett yrke); ~ *the law* bli jurist; ~
the plough (*litt.*) bli bonde; ~ *the sea* (*litt.*) gå till
sjöss, bli sjöman **5** följa [med], regelbundet läsa;
vara intresserad av (*athletics* friidrott); *what team
do you* ~? vilket lag håller du på? **6** följa; kom-
ma efter; ~ *in a p.'s footsteps* följa i ngns fotspår;
as ~*s* som följer, följande, på följande sätt; *what
is there to* ~? vad blir det efter (ovanpå detta, se-
dan)?; *with dancing to* ~ med efterföljande dans;
~ *on* följa (komma) efter, ta vid; ~ *through*
(*sport.*) ta ut slaget (rörelsen) helt **7** vara en följd
(*from* av); *it ~s from this that* härav följer (fram-
går) att; *this doesn't* ~ inte nödvändigtvis **8** för-
stå; *I don't* ~ jag förstår inte det (hänger inte
med)
follower ['fɒləʊə] **1** anhängare, efterföljare **2**
följeslagare **following** [-ɪŋ] **I** *a* följande; *the* ~
day följande dag; ~ *wind* vind i ryggen (akter-
ifrån) **II** *s* **1** anhängare, supporterskara **2** följan-
de person[er]; [det] följande; *will the* ~ *raise their*

hands? vill följande personer räcka upp handen?; *he said the* ~ han sade följande **follow-up** [ˌfɒləʊˈʌp] uppföljning; efterbehandling **folly** [ˈfɒlɪ] **1** dårskap, dåraktighet **2** *byggn.* fåfänga **3** *follies* revy

fond [fɒnd] **1** *be* ~ *of* tycka om, vara förtjust i **2** öm, kärleksfull, innerlig (*embrace* omfamning) **3** eftergiven, släpphänt (*mother* mor) **fondle** [ˈfɒndl] smeka, kela med **fondness** [ˈfɒndnɪs] tillgivenhet, ömhet; förkärlek

food [fuːd] föda, mat; näring; livsmedel, födoämne; ~ *and drink* mat och dryck; ~ *for thought* tankeställare **foodstuff** [ˈfuːdstʌf] matvara, födoämne, livsmedel **food value** [ˈfuːdˌvæljuː] näringsvärde

fool [fuːl] **I** *s* **1** dåre, dumbom; *åld.* idiot; *village* ~ (*åld.*) bydåre; *don't be a* ~*!* var inte dum [nu]!; *he's nobody's* ~ han är ingen dumbom; *go on a* ~*'s errand* göra sig besvär (anstränga sig) förgäves; *live in a* ~*'s paradise* leva i lycklig okunnighet **2** narr; (*förr*) hovnarr; ~*'s cap* narr|mössa, -huva; *All F—'s Day* första april; *act* (*play*) *the* ~ bära sig dumt åt, spela pajas; *make a* ~ *of s.b.* göra narr av ngn, få ngn att verka löjlig, dra ngn vid näsan; *make a* ~ *of o.s.* göra bort sig, bära sig dumt åt **II** *a, vard.* dum, fånig **III** *v* **1** driva med; lura; *you won't* ~ *me so easily!* så lätt lurar du mig inte!; *they* ~*ed him into believing that* de lurade i honom att **2** ~ *away* slarva (slösa) bort **3** larva sig, skämta; ~ [*around, about*] *with* (*vard.*) leka med, slösa bort sin tid med (på), fåna sig med **4** ~ *along* (*AE.*) släntra fram

foolhardy [-ˌhɑːdɪ] dumdristig **foolish** [-ɪʃ] dåraktig, dum; löjlig **foolproof** [-pruːf] absolut säker (ofarlig), idiotsäker

foot [fʊt] **I** *s* (*pl feet* [fiːt]) **1** fot; *by* ~ till fots; *on* ~ *a*) till fots, *b*) i (på) gång; *under* ~ på marken, under fötterna; *my* ~*!* (*vard.*) sällan!, struntprat!; *be on one's feet* a) stå [upp], *b*) vara på benen, *c*) vara på fötter, klara sig; *be carried off one's feet* överväldigas; *find one's feet, se find I 1*; *get* (*have*) *a* ~ *in the door* (*bildl.*) få in en fot; *get off on the wrong* (*right*) ~ (*vard.*) börja illa (bra); *have one* ~ *in the grave* (*vard.*) stå med ena foten i graven; *have one's* ~ *on the ground* stå med båda fötterna på jorden, vara praktisk; *jump to one's feet* rusa (hoppa) upp; *knock s.b. off his feet* *a*) slå omkull ngn, *b*) *bildl.* fullständigt överrumpla ngn; *put s.b.* [*back*] *on his feet* hjälpa ngn på benen (att resa sig); *put one's* ~ *down* (*vard.*) *a*) säga ifrån bestämt, slå näven i bordet, *b*) trampa på gasen; *put one's best* ~ *forward* (*vard.*) *a*) lägga manken till, *b*) sätta det långa benet före, skynda sig; *put one's* ~ *in it* (*vard.*) göra bort sig, trampa i klaveret; *put one's feet up* lägga upp benen, vila, göra det bekvämt för sig; *put a* ~ *wrong* göra ett misstag; *rise to one's feet* resa sig, ställa sig upp; *I'll never set* ~ *here again!* jag sätter aldrig min fot här mer!; *set s.b.* (*s.th.*) *on* ~ hjälpa ngn (sätta ngt) på fötter; *tread under* ~ trycka ner **2** fot (*of a hill* av en kulle); fotända (*of the bed* av sängen); nederdel, nedre (undre) del (*of a page* av en sida) **3** (*mått*) fot (= *12 inches* = *30,48 cm*) **4** gång; *heavy* ~ tung gång, tunga steg **5** (*behandlas som pl*) BE. infanteri; *the 4th* ~ fjärde infanteriregementet; *five thousand* ~ fem

tusen fotsoldater **6** ~*s* (*behandlas som sg el. pl*) bottensats, drägg **II** *v* **1** ~ *it a*) dansa, *b*) gå [till fots], traska **2** ~ *the bill* betala räkningen

foot-and-mouth disease [ˌfutənˈmauθdɪˌziːz] mul- och klövsjuka **football** [ˈfʊtbɔːl] **I** *s* **1** fotboll; *Rugby* ~ rugby **2** problem som skickas vidare **II** *v* spela fotboll **footbridge** gångbro **footed** [-ɪd] med (på) fot; *four-*~ fyrfotad; *heavy-*~ tungfotad **footgear** fotbeklädnad, skodon **foothold** fotfäste (*äv. bildl.*); *get a* ~ få fotfäste **footing** [-ɪŋ] **1** grund, basis; *the business was on a secure* ~ företaget var solitt **2** förhållande, fot; läge; *on a friendly* (*an equal*) ~ *with* på vänskaplig (jämställd) fot med; *on a war* ~ på krigsfot **3** fotfäste; *get a* ~ få fotfäste; *loose one's* ~ tappa fotfäste *i sht AE.* **footlights** *pl* ramp|ljus]; *the* ~ (*vard.*) *a*) skådespelaryrket, *b*) scenen **footman** [-mən] **1** betjänt, lakej **2** (*förr*) infanterist **footmark** fotspår **footnote** fotnot **footpath** gångstig; gångbana **footprint** fotspår, fotavtryck **footsie** [-sɪ] *vard.* fotflört **footsore** ömfotad **footstep** **1** [ljudet av] steg, fotsteg **2** fotspår; *follow in a p.'s* ~*s* gå i ngns fotspår, följa ngn i spåren **footway** gångbana, trottoar **footwear** fotbeklädnad, skodon

for [fɔː, *obeton.* fə] **I** *prep* **1** för; *agent* ~ *FIAT* agent för FIAT; *struggle* ~ *life* kampen för tillvaron; *word* ~ *word* ord för ord; *those* ~ *the proposal* de som är för förslaget; *I bought it* ~ *two pounds* jag köpte den för två pund; *I only did it* ~ *you* jag gjorde det bara för dig; *do it* ~ *money* (*pleasure*) göra det för pengar (nöjes skull); *what did you do that* ~*?* vad gjorde du det för?; *that's good* ~ *her* det är bra för henne; *what's this good* ~*?* (*vard.*) *a*) vad är det här till?, *b*) vad är det här bra för? **2** till, åt; *a letter* ~ *you* ett brev till dig; *hold it* ~ *me* håll den åt mig **3** [i riktning] mot, till; *the train* ~ *Leeds* tåget till Leeds; *heading* ~ *the border* med kurs mot gränsen **4** efter; om; på; till; för att få; *send* ~ *a doctor* skicka efter en läkare; *ask* ~ *s.th.* be om ngt; *a cheque* ~ *5 pounds* en check på 5 pund; *go* ~ *a walk* gå på en promenad; *vote* ~ *her* rösta på henne; *the meeting is set* ~ *tomorrow* mötet är utsatt till i morgon; *turn to s.b.* ~ *help* vända sig till ngn för att få hjälp **5** på grund av, till följd av, med anledning av, av, för; *weep* ~ *joy* gråta av glädje; ~ *that reason* av den anledningen; *if it weren't* ~ *her* om det inte vore för henne; *go to prison* ~ *theft* åka i fängelse för stöld **6** [så]som, för; till; *we took her* ~ *the owner* vi tog henne för ägaren; *I know that* ~ *a fact* det vet jag bestämt; ~ *example* (*instance*) till exempel; *I* ~ *one* jag till exempel **7** för [att vara]; *it's cool* ~ *this time of the year* det är svalt för den här tiden på året **8** vad beträffar, i fråga om, för, angående; ~ *my part, as* ~ *me* vad mig beträffar, för min del; *as* ~ *that* vad det beträffar, angående **9** trots; ~ *all our wealth* trots all vår rikedom; *he's a good friend* ~ *all that* han är en god vän trots allt **10** (*om tid o. avstånd*) i, på, sedan, under; *work* ~ *8 hours* arbeta [i] 8 timmar; ~ *several months* på (sedan) flera månader; *I haven't seen you* ~ *a long time* jag har inte sett dig på länge; ~ *kilometres* på (under) flera kilometer; *she ran* ~ *two miles* hon sprang [i] fem miles **11** *D* ~ *David* D som i David; ~ *all I know* såvitt (vad) jag vet; *so much* ~ *that!* detta om detta!, nog om detta!; *nothing* ~ *it* det kan inte hjälpas; *now* ~ *it!* till verket!; *you're* ~ *it!* (*vard.*) nu är det din tur!; *you'll be* ~ *it if he catches you!* (*BE. vard.*) du kommer att få om han får tag i dig!; *do s.th.* ~ *o.s.* göra ngt ensam; *not be long* ~ *this world* inte ha långt kvar (*att leva*); *that's* ~ *her to say* det är hennes sak (tillkommer henne) att säga; *oh* ~ *a cup of coffee!* åh, vad det vore gott med en kopp kaffe! **II** *konj för, ty; s.b. was there,* ~ *I heard a noice* ngn var där, för jag hörde ett ljud

forage ['fɒrɪdʒ] **I** *s* **1** [kreaturs]foder **2** foderanskaffning **3** *mil.* räd **II** *v* **1** söka efter föda **2** leta, rota (*för efter*) **3** *mil.* göra en räd

forbad[e] [fə'bæd] *imperf. av* forbid

forbear|ance [fɔ:'beər(ə)ns] överseende, fördrag, tålamod **-ing** [-ɪŋ] överseende, fördragsam, tålmodig

forbid [fə'bɪd] (*forbad[e], forbidden*) **1** förbjuda; *God* ~*!* [vilket] Gud förbjude! **2** omöjliggöra, hindra **3** utestänga från **-den** [-n] *perf. part. av* forbid **-ding** [-ɪŋ] avskräckande; frånstötande

force [fɔ:s] **I** *s* **1** kraft, styrka (*äv. bildl.*); makt; [laga] kraft, giltighet; *the* ~ *of a blow* (*of her arguments*) styrkan i ett slag (i hennes argument); *the* ~*s of evil* ondskans makter; *the* ~ *of habit* vanans makt; *from* ~ *of habit av* gammal vana; *he is a force the company* han är en mäktfaktor (inflytelserik person) i firman; *by* ~ *of* i kraft av; *by* ~ *of arms* med vapenmakt; *in* ~ i stort antal; *be in* (*come into*) ~ vara i (träda i) kraft **2** *fys.* kraft, *electromotive* ~ elektromotorisk kraft **3** våld; *by* ~ med våld; *resort to* ~ använda våld **4** styrka, trupp, kår; *the* F~ (*vard.*) polisen; ~*s* (*äv.*) stridskrafter; *armed* ~*s* väpnade styrkor, krigsmakt; *naval* ~*s* sjöstridskrafter; *work* ~ arbetsstyrka; *join* (*combine*) ~*s* förena (alliera) sig **II** *v* **1** tvinga, nödga; *he was* ~*d to resign* han var tvungen att avgå **2** pressa (tvinga) fram, tilltvinga sig (*from, out of* av, från, ur; *she* ~*d a confession out of* (*from*) *him* hon tvingade fram en bekännelse av honom **3** ~ *s.th.* [*up*]*on s.b.* påtvinga (truga på) ngn ngt; *I don't want to* ~ *myself on you* jag vill inte tvinga mig på er **4** forcera, bryta upp (*a lock* ett lås), spränga (*a safe* ett kassaskåp); ~ *an entry* [med våld] skaffa sig tillträde (tränga sig in) **5** tvinga, pressa, trycka, jaga; ~ *the clothes into a bag* pressa ner kläderna i en väska; ~ *a nail into a board* tvinga ner en spik i brädan; ~ *one's way* (*a passage*) *through* [med våld] bana sig väg genom; *if it won't go in, don't* ~ *it* om den inte går in så tvinga den inte **6** driva [fram] (*plants* växter) **7** pressa [upp, fram], forcera; ~ *the pace* driva upp farten (tempot); ~ *a smile* pressa fram ett leende; ~ *one's voice* anstränga (pressa) sin röst **8** våldta **9** ~ *back* tränga (hålla) tillbaka; ~ *down an aircraft* tvinga ner ett flygplan; ~ *down food* tvinga ner (i sig) mat; ~ *out a splinter* trycka (klämma) ut en sticka; ~ *through* tvinga (driva) igenom; ~ *up the prices* driva upp priserna **forced** [-t] **1** tvingad *etc.*, *jfr force II*; tvungen; tvångs-; påtvingad; ~ *landing* nödlandning **2** frampressad, forcerad; ~ *march* (*mil.*) forcerad marsch (ilmarsch) **3** tillkämpad;

ansträngd, konstlad; *a* ~ *smile* ett ansträngt leende **forceful** [-f(ʊ)l] kraftfull **force-land** [-lænd] nödlanda

forcemeat ['fɔ:smi:t] *kokk.* fyllning, [kött]färs

for|ceps ['fɔ:seps] (*pl lika el. -cipes* [-sɪpi:z]; *behandlas som sg el. pl*) *kir.* [förlossnings]tång

forcible ['fɔ:səbl] **1** kraftig, stark; eftertrycklig; övertygande, effektiv **2** tvångs-; ~ *feeding* tvångsmatning

ford [fɔ:d] **I** *s* vad[ställe] **II** *v* vada över

fore [fɔ:] **I** *a* fram-, främre **II** *s* främre del; *sjö.* för; *to the* ~ *a*) framträdande, fullt synlig, *b*) aktuell; *come to the* ~ hamna i blickpunkten, bli aktuell, träda i förgrunden **III** *adv, sjö.* föröver; ~ *and aft* i för och akter, från för till akter, långskepps **IV** *prep, åld.* inför, vid; ~ *God* inför Gud

fore|arm ['fɔ:rɑ:m] underarm **-boding** [fɔ:'bəʊdɪŋ] **1** förebud, varsel **2** föraning, ond aning **-cast** ['fɔ:kɑ:st] **I** *s* prognos, förutsägelse, [förhands]beräkning; *weather* ~ väder|prognos, -rapport **II** *v* förutse; förutsäga **-court** ['fɔ:kɔ:t] **1** [för]gård, gårdsplan **2** (*del av*) tennisplan (*mellan servlinje o. nät*) **-father** ['fɔ:fɑ:ðə] förfader **-finger** ['fɔ:,fɪŋgə] pekfinger **-going** [fɔ:'gəʊŋ] föregående, ovannämnd **-gone** [fɔ:'gɒn] [för]gången, förliden; *a* ~ *conclusion a*) en given sak, *b*) en förutfattad mening; *it was a* ~ *conclusion* (*äv.*) det var givet på förhand **-ground** ['fɔ:graʊnd] förgrund **-hand** ['fɔ:hænd] **I** *s, sport.* forehand **II** *a, sport.* forehand- **-head** ['fɒrɪd] panna

foreign ['fɒrɪn] **1** utländsk; utrikes[-]; främmande; ~ *aid* utlandsbistånd; ~ *correspondent* utrikeskorrespondent; ~ *exchange a*) utrikeshandel, *b*) utländsk valuta; ~ *language* frammande språk; *the* F~ *Legion* Främlingslegionen; ~ *minister* (*secretary*) utrikesminister; ~ *office* utrikesdepartement; ~ *trade* utrikeshandel, handel med utlandet **2** främmande (*to* för) **foreigner** [-ə] utlänning

fore|man ['fɔ:mən] **1** förman, arbetsledare **2** *jur.* ordförande (*i jury*) **-most** ['fɔ:məʊst] *a o. adv* främst, förnämst, förnämst; *first and* ~ först och främst **-run** [fɔ:'rʌn] (*foreran, forerun*) föregå **-see** [fɔ:'si:] (*foresaw, foreseen*) förutse; veta på förhand **-seeable** [fɔ:'si:əbl] förutsebar; *in the* ~ *future* inom överskådlig framtid **-shadow** [fɔ:'ʃædəʊ] antyda, ställa i utsikt; förebåda **-sight** ['fɔ:saɪt] **1** förutseende, framsynthet **2** korn (*på eldvapen*)

forest ['fɒrɪst] **I** *s* skog (*äv. bildl.*) **II** *v* plantera skog

forestall [fɔ:'stɔ:l] förekomma, föregripa

forest|er ['fɒrɪstə] skogvaktare; jägmästare; skogs|djur, -fågel **-ry** [-rɪ] skogsvård; skogsvetenskap

fore|taste ['fɔ:teɪst] försmak **II** *v* [fɔ:'teɪst] få en försmak av **-tell** [fɔ:'tel] (*foretold, foretold*) förutsäga; förebåda **-thought** ['fɔ:θɔ:t] **1** förutseende; omtänksamhet **2** beräkning **-token** [*s*] ['fɔ:təʊk(ə)n] förebud, varsel **II** *v* [fɔ:'təʊk(ə)n] förebåda, varsla om

forever [fə'revə] **1** för alltid, evigt; jämt **2** *vard.* i evighet[er]

fore|warn [fɔ:'wɔ:n] förvarna, varsko; ~*ed is forearmed* varnad är väpnad **-word** ['fɔ:wɜ:d] förord, företal

forfeit ['fɔːfɪt] **I** s **1** förverkande, förlust **2** böter, bötessumma; pant **3** ~s (*behandlas som sg*) pantlek; *play at* ~s leka en pantlek **II** *a* förverkad **III** *v* **1** *jur.* förverka, gå förlustig **2** mista, förlora; få plikta med (*one's life* sitt liv)

forge [fɔːdʒ] **I** s **1** smedja; smidesverkstad **2** ässja, smidesugn **3** järnverk **II** *v* **1** smida **2** utforma **3** förfalska; efterapa **forger** ['fɔːdʒə] förfalskare **forgery** ['fɔːdʒ(ə)rɪ] förfalskning; efterapning; *jur.* urkundsförfalsning

forget [fə'get] (*forgot, forgotten*) **1** glömma [bort]; inte komma ihåg; *I* ~ (*äv.*) jag har glömt; *never to be forgotten* oförglömlig; ~ *it!* glöm det!, det gör inget! **2** ~ *about* glömma bort **-ful** [-f(ʊ)l] glömsk **--me-not** [-mɪnɒt] *bot.* förgätmigej

for|givable [fə'gɪvəbl] förlåtlig **-give** [-'gɪv] (*forgave, forgiven*) **1** förlåta (*s.b.* [*for*] *s.th.* ngn ngt) **2** efterskänka (*a debt* en skuld) **-giveness** [-'gɪvnɪs] förlåtelse; överseende

forgo [fɔː'gəʊ] (*forwent, forgone*) avstå från, försaka

forgot [fə'gɒt] *imperf. av forget* **-ten** [-n] *perf. part. av forget*

fork [fɔːk] **I** s **1** gaffel (*äv. schack.*); grep; tjuga **2** förgrening; gren; vägskäl; korsväg **II** *v* **1** lyfta med gaffel (grep) **2** *sl.,* ~ *out* (*over, up*) punga ut [med] **3** förgrena sig; ~ [*to the*] *right* svänga (vika) av åt höger **fork-lift truck** ['fɔːklɪft,trʌk] gaffeltruck

forlorn [fə'lɔːn] **1** övergiven **2** bedrövlig, eländig **3** hopplös; desperat, förtvivlad; ~ *attempt* förtvivlat försök **4** ~ *of hope* berövad allt hopp

form [fɔːm] **I** s **1** form; gestalt; utformning; ~ *and content* form och innehåll; ~ *of address* tilltal[sform]; *plural* ~ pluralform, pluralis; *take* ~ ta form (gestalt); *a* ~ *approached* en gestalt närmade sig; *in* ~ formenlig, till formen; *in the* ~ *of* i form av; *be in* (*off*) ~ vara i (ur) form, vara i god (dålig) kondition; *be in great* ~ vara i högform **2** form, etikett[sak], formalitet; *it's bad* ~ det passar sig inte; *it's good* ~ det hör till god ton **3** formulär, blankett; *application* ~ ansöknings|for-mulär, -blankett **4** *i sht BE.* [skol]klass **5** lång bänk (*utan ryggstöd*) **6** (*hares*) läger **7** gjutform **8** *have* ~ vara straffad tidigare, stå i straffregistret **9** *AE.* [tryck]form **II** *v* **1** bilda; forma, gestalta; grunda, inrätta; ~ *a club* bilda en klubb **2** utveckla, skaffa sig; ingå; utforma; bilda sig; ~ *a friendship with* bli god vän med; ~ *a habit* skaffa sig en vana; ~ *an opinion* bilda sig en uppfattning; ~ *a plan* göra upp en plan **3** utbilda, fostra (*a child* ett barn); forma (*s.b.'s character* ngns karaktär) **4** utgöra (*a part of* en del av); tjäna som; *the plank will* ~ *a bridge* plankan får tjäna som bro **5** formas, ta gestalt (form); bildas, bilda sig; *the idea* ~*ed in my mind* idén tog form i mitt huvud; *scum* ~*ed on the water* det bildades skum på vattnet **6** *mil.,* ~ [*up*] formera sig

formal ['fɔːml] **I** *a* **1** formell, formenlig (*document* dokument) **2** formell, högtidlig; konventionell; ~ *call* artighetsvisit; ~ *dress* högtidsdräkt **3** formell, stel; akademisk (*education* utbildning); regelbunden, symmetrisk (*garden* trädgård) **II** *s, AE.* högtidsdräkt **-ity** [fɔː'mælətɪ] **1** formalitet;

formsak **2** formalism, konventionalism **3** formalism, formenlighet, formbundenhet

format ['fɔːmæt] **I** s **1** (*boks*) utseende, utstyrsel, format **2** *data.* format **II** *v, data.* formatera

formation [fɔː'meɪʃn] **1** bildande; formande, gestaltning; grundande, inrättande; utformning; danande **2** formering; gruppering **3** bergsformation

former ['fɔːmə] **I** *a* **1** förre, förra **2** föregående, tidigare; f*orn* **II** s den förre (förra) **-ly** ['fɔːməlɪ] förut; fordom, förr [i världen]

formidable ['fɔːmɪdəbl] **1** fruktansvärd, skräckinjagande; avskräckande **2** väldig, formidabel

formu|la ['fɔːmjʊlə] (*pl -las el. -lae* [-liː]) **1** formel (*äv. mat., kem. o. motorsport.*); formulering **2** formulär **3** *AE.* recept **-late** [-leɪt] formulera **-lation** [,fɔːmjʊ'leɪʃn] formulering

fonication [,fɔːnɪ'keɪʃn] otukt, hor

forsake [fə'seɪk] (*forsook, forsaken*) **1** lämna i sticket, överge **2** ge upp

fort [fɔːt] fäste, fort; *hold the* ~ (*vard.*) hålla ställningarna

forte ['fɔːteɪ] stark sida; *cooking is not his* ~ matlagning är inte hans starka sida

forth [fɔːθ] **1** fram[åt], vidare; *and so* ~ och så vidare; *back and* ~ fram och tillbaka; *from this time* ~ från och med nu, hädanefter **2** bort; ut, fram **-coming** [,fɔːθ'kʌmɪŋ] **1** förestående, stundande; kommande (*books* böcker) **2** tillgänglig, disponibel **3** tillmötesgående; meddelsam **-right** ['fɔːθraɪt] *I a* rättfram **II** *adv* **1** rättframt **2** genast **-with** [,fɔːθ'wɪθ] genast, omedelbart

fortieth ['fɔːtɪɪθ] *räkn o. s* **1** fyrtionde **2** fyrtion[de]del

forti|fication [,fɔːtɪfɪ'keɪʃn] **1** befästande, förstärkande **2** befästning; ~s (*mil.*) befästningsverk **-fy** ['fɔːtɪfaɪ] **1** befästa **2** stärka; förstärka; *bildl.* [be]styrka **3** berika (*födoämne*); förskära (*vin*)

fortitude ['fɔːtɪdjuːd] mod, [själs]styrka

fortnight ['fɔːtnaɪt] fjorton dagar, två veckor; *today* ~ i dag om fjorton dagar

fortress ['fɔːtrɪs] fort, fästning, befäst ort

fortuitous [fɔː'tjuːɪtəs] tillfällig, slumpartad, oplanerad

fortunate ['fɔːtʃnət] lycklig; lyckosam, tursam; *be* ~ ha tur **-ly** ['fɔːtʃnətlɪ] lyckligtvis

fortune ['fɔːtʃuːn] **1** förmögenhet; *a small* ~ en smärre (hel) förmögenhet; *come into a* ~ ärva en förmögenhet; *make a* ~ tjäna en förmögenhet; *marry a* ~ gifta sig rikt **2** lycka, öde; tur; ~s (*pl*) [levnads]öde, lott; *F*~ lyckan[s gudinna]; *Dame F*~ fru Fortuna; *by good* ~ lyckligtvis; *by sheer good* ~ tillfälligtvis, av en händelse; *have a piece of good* ~ ha tur, ha lyckan med sig; ~ *favours the bold* (*brave*) lyckan står den djärve bi; *seek* (*make*) *one's* ~ söka (göra) sin lycka; *tell* ~s spå (*by cards* i kort)

fortune-teller ['fɔːtʃ(ə)n,telə] spå|kvinna, -man

forty ['fɔːtɪ] (*jfr eight o. sms.*) **I** *räkn* fyrti[o]; *make* ~ *winks* (*vard.*) ta sig en liten tupplur **II** *s* fyrti[o]; fyrti[o]tal

fo|rum ['fɔːrəm] (*pl -rums el. -ra* [-rə]) forum; domstol

forward ['fɔːwəd] **I** *a* **1** främre, framtill belägen (*seats* sittplatser); *sjö.* för- **2** fram-; framåt-, framåt|riktad, -gående; ~ *gears* växlar framåt; ~ *pass* (*sport.*) passning framåt **3** framfusig, näsvis (*remark* anmärkning) **4** avancerad, radikal (*view* åsikt); progressiv **5** försigkommen **6** framtida (*delivery* leverans) **II** *adv* fram, framåt; framlänges; *sjö.* föröver, förut; *backward and* ~ fram och tillbaka, hit och dit; *from this time* ~ *a*) sedan dess, alltifrån den tiden, *b*) från och med nu; *bring* ~ bringa i dagen, föra på tal; *come* ~ anmäla sig; *date* ~ postdatera; *go straight* ~ gå rakt fram; *look* ~ *to* se fram emot; *rush* ~ rusa fram; *step* ~ stiga (träda) fram; *take two steps* ~ ta två steg framåt **III** *s, sport.* forward, anfallsspelare **IV** *v* **1** skicka vidare, vidarebefordra, eftersända; *to be* ~*ed* (*på post*) eftersändes **2** [be]främja, hjälpa, befordra **forwarding agent** [-ɪŋ'eɪdʒ(ə)nt] speditör **forwardness** [-nɪs] **1** framskridet stadium **2** tidighet, brådmogenhet **3** framfusighet; näsvishet **4** beredvillighet, iver **forwards** [-z] framåt, framlänges

fossil ['fɒsl] **I** *s* **1** fossil **2** *vard. neds.* gammal stofil **II** *a* fossil (*insect* insekt)

foster ['fɒstə] **1** [upp]fostra (*a child* ett barn); *i sht BE.* placera i fosterhem **2** utveckla; stödja, främja, befordra; uppamma; hysa (*hope* hopp) **foster child** fosterbarn

fought [fɔːt] *imperf. o. perf. part. av* fight

foul [faʊl] **I** *a* **1** vidrig, motbjudande (*smell* lukt), äcklig (*taste* smak), illaluktande, stinkande **2** (*om mat e.d.*) skämd, rutten **3** smutsig; oren, förorenad (*air* luft); ~ *linen* smutskläder **4** skamlig, gemen; oanständig, snuskig, vulgär; ~ *deed* skamligt dåd; ~ *language* oanständigt språk **5** ojust, regelvidrig, otillåten, förbjuden, ogiltig; *resort to* ~ *means* ta till ojusta medel; ~ *play* ojust (falskt, ohederligt) spel; *the police suspected* ~ *play* polisen misstänkte våldsam (onaturlig) död **6** ful, dålig, ruskig, regnig (*weather* väder); *have a* ~ *temper* ha ett dåligt (hemskt) humör; ~ *wind* motvind **7** [till]täppt, igentäppt (*drain* avlopp); (*om fartygsbotten*) beväxt **8** tilltrasslad; *fall* (*run*) ~ *of a*) komma (råka) i konflikt med (*the law* rättvisan), *b*) kollidera med **9** *vard.* dålig, ointressant (*book* bok) **II** *s* **1** ojust spel, fel, regelbrott, ruff; (*i boxning*) foul **2** trassel (*av metrev e.d.*); påsegling, kollision **3** *through fair and* ~ i vått och torrt **III** *v* **1** smutsa[s] ner, bli smutsig, förorena[s] **2** trassla[s] till, trassla sig; fastna i **3** vanhedra, fläcka **4** täppa[s] till (igen); (*om sjögräs o.d.*) växa fast (*på fartygsbotten*) **5** *sport.* spela ojust, ruffa; överträda (*regler*) **6** segla på, kollidera med **7** *vard.*, ~ *up a*) sabba, förstöra, *b*) smutsa (skita) ner, *c*) täppa[s] till (igen), trassla[s] till **-ness** [-nɪs] **1** orenhet, förorening **2** smuts; stank **3** gemenhet, vidrighet; råhet, oanständighet

1 found [faʊnd] **1** *imperf. o. perf. part. av* find **2** utrustad, inredd; *well* ~ välutrustad; *all* ~ (*BE.*) inklusive allt

2 found [faʊnd] **1** grunda, grundlägga, stifta (*a society* en förening) **2** *bildl.* grunda, basera ([*up*]*on* på); *well* ~*ed complaints* välgrundade klagomål

3 found [faʊnd] gjuta, stöpa

foundation [faʊn'deɪʃn] **1** grund, grundval; bas,

underlag; fundament; *the* ~*s of a house* grunden till ett hus **2** grundande, grundläggning, stiftande **3** stiftelse; donation; *be on the* ~ vara stipendiat **4** (*inom kosmetiken*) underlag[skräm] **foundation stone** grundsten

1 founder ['faʊndə] *s* grundare, grundläggare; stiftare

2 founder ['faʊndə] gjutare

foundry ['faʊndrɪ] **1** gjuteri **2** gjutning **3** gjutgods

fountain ['faʊntɪn] **1** fontän, vattenkonst **2** källa (*äv. bildl.*) **3** ström, kaskad (*of sparks* av gnistor) **4** behållare, reservoar **fountain pen** ['faʊntɪnpen] reservoarpenna

four [fɔː] (*jfr eight o. sms.*) **I** *räkn* fyra; *the F*~ *Hundred* (*AE.*) societeten; *within the* ~ *seas* i Storbritannien **II** *s* **1** fyra; fyrtal; *on all* ~*s* på alla fyra; *be on all* ~*s with* vara helt jämställd med **2** (*om fartyg*) fyra (*oar* 4 *roddare*) **four-tooted** [ˌfɔː'fʊtɪd] fyrfotad, fyrfota- **four-handed** ['fɔːˌhændɪd] **1** för fyra personer **2** *mus.* fyrhändigt **four-legged** ['fɔːlegd] fyrbent **four-letter** ['fɔːˌletə] *a,* ~ *words* runda ord

fourteen [ˌfɔː'tiːn] (*jfr eighteen o. sms.*) räkn o. s fjorton **fourteenth** [ˌfɔː'tiːnθ] *räkn o. s* fjortonde; fjorton[de]del

fourth [fɔːθ] (*jfr eighth*) **I** *räkn* fjärde; *the F*~ *of July* fjärde juli (*USA:s nationaldag*) **II** *s* **1** fjärdedel **2** *tekn.* fyran[s växel] **3** *mus.* kvart **4** *kortsp.* fjärde man **four-wheeler** [ˌfɔː'wiːlə] fyrhjuling

fowl [faʊl] **I** *s* (*höns*)fågel **II** *v* jaga (snara) fågel

fox [fɒks] **I** *s* **1** räv (*äv. bildl.*) **2** *sl.* toppentjej **II** *v* **1** *vard.* förbrylla **2** lura, bedra; gå listigt tillväga **3** få (*mögel*)fläckar **foxhunt[ing]** rävjakt

foyer ['fɔɪeɪ] foajé

fraction ['frækʃn] **1** del; bråkdel, fragment **2** *mat.* bråk; *vulgar* ~ allmänt bråk **3** *kem. o. polit.* fraktion **4** *relig.* brytande av brödet (*vid nattvarden*)

fracture ['fræktʃə] **I** *s* **1** brytning **2** fraktur, [ben]brott **II** *v* bryta[s]

fragile ['frædʒaɪl] **1** skör, ömtålig, bräcklig, spröd, fragil; skröplig **2** svag, tunn; lätt, öm

fragment I *s* ['frægmənt] fragment, brottstycke; bit, stycke, skärva **II** *v* [fræg'ment] gå (bryta) sönder, splittra[s]

fra|grance, -grancy ['freɪgr(ə)ns, -gr(ə)nsɪ] vällukt, doft **-grant** [-gr(ə)nt] välluktande, doftande

frail [freɪl] **1** skör, bräcklig, spröd, klen **2** svag, lättledd **-ty** ['freɪltɪ] **1** svaghet, bräcklighet; *frailties* (*pl*) [moraliska] fel (brister)

frame [freɪm] **I** *s* **1** stomme; underrede, chassi, [cykel]ram; stativ; spant **2** ram, infattning; [glasögon]bågar; *bildl.* ram, struktur, organisation; *the* ~ *of a picture* ramen till en tavla; ~ *of government* regim, författning; ~ *of mind* sinnesstämning ~ *of reference* referensram **3** kropp; kroppsbyggnad **4** *film. o.d.* bild[ruta]; TV-bild **5** [*cold*] ~ drivbänk **II** *v* **1** foga ihop, sätta samman; konstruera **2** rama in, infatta [i ram] **3** utforma, utarbeta, göra upp (*plans* planer); tänka ut, hitta på (*a reply* ett svar); forma, bilda (*words* ord) **4** *sl.* sätta dit (fast); falskeligen beskylla; fixa (*match e.d.*); koka ihop **5** arta sig (*well* bra), utveckla sig, gå framåt **framework** [-wɜːk] **1**

[grund]stomme; konstruktion **2** *bildl.* struktur, ram[ar]; stomme; *within the ~ of* inom ramen för
framing [-ɪŋ] ram[ar]; inramning
France [frɑ:ns] Frankrike
frank [fræŋk] **I** *a* öppen[hjärtig], uppriktig (*with* mot); *to be* [*perfectly*] ~ för att vara helt uppriktig, uppriktigt sagt **II** *v, i sht BE.* frankera
frantic ['fræntɪk] **1** utom sig, upphetsad (*av glädje el. vrede*); rasande, hektisk **2** *vard.* hemsk, väldig, förfärlig
frater|nal [frə'tɜ:nl] **1** broderlig, broder[s]-; **2** ~ *twin* tvåäggstvilling **-nity** [-nətɪ] **1** broderskap, broderlighet **2** broderskap, samfund; *AE.* (*manlig*) studentförening **-nize** (*BE. äv. -nise*) förbrödra sig, fraternisera
fraud [frɔ:d] **1** bedrägeri, bluff, skoj, lurendrejeri **2** *vard.* bedragare, bluff, lurendrejare **-ulence** ['frɔ:djʊləns] bedräglighet, svek **-ulent** ['frɔ:djʊlənt] bedräglig, svekfull
fray [freɪ] **I** *v* **1** nöta (slita) ut **2** bli nött (sliten) **3** *bildl.* slita på; irritera **4** *bildl.* bli sliten; bli irriterad **5** skrubba, gnida **II** *s* nött (slitet) ställe
freak [fri:k] **I** *s* **1** nyck, hugskott, infall **2** ~ [*of nature*] egendomlighet, underligt djur, monster, missfoster **3** *sl.* original, originell människa **4** *sl.* knarkare **5** *sl.* -entusiast, -fantast, -fanatiker; *jazz* ~ jazzfantast **II** *a* onormal; abnorm **III** *v, vard.,* ~ [*out*] *a*) tända på, vara påtänd (*av narkotika*), *b*) bli alldeles konfys, *c*) hoppa av från (ställa sig utanför) knegarsamhället
freck|le ['frekl] **I** *s* fräkne; fläck **II** *v* göra (bli) fräknig (fläckig) **-led** [-ld], **-ly** [-lɪ] fräknig; fläckig
free [fri:] **I** *a* **1** fri, obunden; *jur.* skuldfri, ointecknad (*property* egendom); ~ *agent* självständig människa; *a ~ country* ett fritt land; ~ *house* (*BE.*) självständig pub; ~ *kick* frispark; ~ *labour* oorganiserad arbetskraft; ~ *speech* det fria ordet; ~ *throw* frikast; ~ *trade* frihandel; ~ *translation* fri översättning; ~ *verse* fri (obunden) vers; ~ *will* fri vilja; *she is* ~ *to go* det står henne fritt att gå; *you're* ~ *to go now!* du kan gå nu! (*om du vill*); *feel* ~*!* (*vard.*) ja, var så god!, ja, gärna!; *go* ~ gå lös, röra sig fritt; *set* ~ frige, försätta på fri fot, släppa lös **2** fri, ledig, inte upptagen; öppen [för alla]; ~ *seat* ledig plats; ~ *passage* fri passage **3** [kostnads]fri, gratis; *admission* ~, ~ *entrance* fritt inträde; ~ *of charge* kostnadsfri; ~ *delivery* fri leverans; ~ *pass* frikort; ~ *port* frihamn; ~ *sample* gratisprov; *for* ~ (*vard.*) gratis; ~ *alongside ship* (*hand.*) fritt vid fartygs sida; ~ *on board* (*hand.*) fritt ombord; ~ *on rail* (*hand.*) fritt järnväg **4** fri[tagen], befriad (*from, of* från); ~ *from* (*äv.*) utan; ~ *from debt* skuldfri; ~ *from pain* smärtfri; *a place* ~ *of tourists* en plats fri från turister; *in one hour we were* ~ *of the city* på en timme var vi utanför staden **5** frispråkig; frigjord; otvungen, ledig; ~ *and easy* ogenerad, otvungen, lätt och ledig **6** frikostig, generös (*with, of* med); ~ *with advice* generös med goda råd **II** *adv* **1** fritt **2** *make* ~ *with* ta sig friheter med **III** *v* frige, befria, släppa fri, fri-, lös-|göra (*of, from* från)
free|bie ['fri:bɪ] *AE. sl.* gratispryl **-booter** [-ˌbu:tə] fribytare
freedom ['fri:dəm] **1** frihet, obundenhet; obe-

roende, självständighet, självbestämmande; ~ *of action* handlingsfrihet; ~ *of the press* tryckfrihet; ~ *of worship* religionsfrihet **2** befrielse (*from taxation* från skatt) **3** frispråkighet; frigjordhet; otvungenhet, ledighet; öppenhet, öppenhjärtighet **4** priviliegium; ~ *of the city* hedersborgarskap; *I have the* ~ *of his kitchen* jag får använda hans kök så mycket jag vill, jag har fritt tillträde till hans kök
free|-for-all ['fri:fər.ɔ:l] *vard.* allmänt slagsmål (gräl) **-holder** ['fri:ˌhəʊldə] mark-, tomt|ägare; självägande bonde **-lance** ['fri:lɑ:ns] **I** *s* **1** frilans[are] **2** *hist.* legoknekt **II** *v* frilansa, arbeta som frilans[are] **-ly** ['fri:lɪ] **1** fritt, obundet; frivilligt, gärna **2** frikostigt; rikligt **3** öppet; ogenerat; ledigt, otvunget **-mason** ['fri:ˌmeɪsn] frimurare **--spoken** [ˌfri:'spəʊk(ə)n] öppenhjärtig, frispråkig **-style** ['fri:staɪl] *a,* ~ *swimming* fritt simsätt; ~ *wrestling* fribrottning **-way** ['fri:weɪ] *AE.* motorväg
freeze [fri:z] **I** *v* (*froze, frozen*) **1** förvandlas till is; frysa [till]; frysa fast (*to i, vid*); ~ *over* (*up*) frysa till **2** *bildl.* isas, bli till is, stelna **3** frysa, vara iskall; ~ [*to death*] frysa ihjäl **4** frysa, förvandla till is, isbelägga; [djup]frysa, frysa in (ner) **5** *bildl.* frysa (*löner, TV-bild e.d.*), få att stelna; spärra (*konto*); ~*!* stå still! **6** *vard.* [lokal]bedöva **7** *vard., i sht AE.,* ~ *onto* klamra sig fast vid; ~ *out* frysa ut, bojkotta **II** *s* **1** frost **2** *bildl.* frysning; *wage[s]* ~ lönestopp **freezer** ['fri:zə] [djup]frys, frys|box, -skåp **freezing** ['fri:zɪŋ] **I** *a* iskall (*äv. bildl.*) **II** *adv,* ~ *cold* iskall, bitande kall **III** *s* infrysning
freight [freɪt] **I** *s* **1** frakt[avgift] **2** frakt[gods]; *i sht BE.* [skepps]last **II** *v* **1** lasta **2** frakta **freight train** ['freɪttreɪn] *AE.* godståg
French [fren(t)ʃ] **I** *a* fransk; ~ *bean* brytböna, haricot vert; ~ *bread* baguette; ~ *chalk* skräddarkrita; ~ *doors* (*AE.*) se French windows; ~ *dressing* vinägrettsås; ~ *fried potatoes* (*BE.*), ~ *fries* (*AE.*) pommes frites; ~ *horn* valthorn; *take* ~ *leave* (*vard.*) smita, sticka; ~ *letter* (*BE. sl.*) gummi (*kondom*); ~ *polish* shellack; ~ *stick* pain riche; ~ *windows* (*BE.*) franska fönster (*glasdörrar*) **II** *s* **1** franska [språket]; *excuse my* ~*!* (*skämts.*) ursäkta svordomen (mitt grova språk)! **2** *the* ~ fransmännen **Frenchman** ['fren(t)ʃmən] fransman **Frenchwoman** ['fren(t)ʃˌwʊmən] fransyska
fren|zied ['frenzɪd] vanvettig, vild **-zy** [-zɪ] **I** *s* vanvett; ursinne, raseri; vansinne **II** *v* göra vanvettig *etc., jfr I*
frequency ['fri:kwənsɪ] frekvens (*äv. fys.*); talrikhet, förekomst, antal **frequent I** *a* ['fri:kwənt] vanlig, ofta förekommande, frekvent, upprepad **II** *v* [frɪ'kwent] frekventera, ofta besöka **frequently** ['fri:kwəntlɪ] ofta
fresh [freʃ] **I** *a* **1** ny; nygjord; nyutkommen (*magazine* tidning); *a* ~ *arrival* en nykomling; *a* ~ *coat of paint* ett nytt lager färg; *make a* ~ *start* börja om på nytt; ~ *supplies* nya förråd; *be* ~ *out of* (*vard., i sht AE.*) just ha slut på **2** färsk (*fruit* frukt); frisk (*water* vatten); friskt (*flower* blomma); grön, oerfaren; *in the* ~ *air* i friska luften; ~ *colours* fräscha (friska, klara) färger; ~ *paint!* nymålat!; *it's* ~ *in my memory* jag har det i färskt

minne **3** ~ *water* färskvatten, sötvatten **4** frisk, sval (*morning* morgon); ~ *breeze* styv bris; ~ *gale* hård kuling **5** fräsch; frisk [och kry], pigg; *as* ~ *as a daisy* fräsch som en nyponblomma, pigg som en mört **6** *vard.* fräck, uppstudig; påflugen; *don't get* ~ *with me!* var inte fräck mot mig! **ll** *adv* ny- **lll** *s, in the* ~ *of the morning* i den tidiga morgonstunden **-en** ['freʃn] **1** friska upp; fräscha upp; färska upp (*bread* bröd); göra friskare; ~ [*up*] fräscha upp [sig] **2** bli friskare; bli fräschare **3** (*om vind*) friska i, öka **-man** ['freʃmən] *univ.* recentior; *AE.* förstaårselev (*vid high school*)

fret [fret] **l** *v* **1** vara retlig (irriterad); reta (oroa) sig; *don't* ~*!* lugna [ner] dig!; *the boy is* ~*ting for his mother* pojken gnäller (längtar) efter sin mamma **2** nöta, fräta, tära; gnaga **3** (*om vatten*) skvalpa **4** plåga, reta, irritera; oroa **5** nöta (gnida, skava) bort; erodera; gnaga på; tära på **ll** *s* irritation, retlighet; *he in a* ~ vara på dåligt humör **fretful** ['fretful] retlig, grinig, upprörd

fret saw ['fretsɔ:] lövsåg

friable ['fraɪəbl] spröd, skör; smulig

friar ['fraɪə] [tiggar]munk; *Black F*~ dominikanermunk; *Grey F*~ Franciskanermunk; *White F*~ karmelitermunk; *Austin F*~ augustinermunk; ~*'s lantern* irrbloss

friction ['frɪkʃn] friktion; gnidning; *bildl.* friktion, slitningar, oenighet

Friday ['fraɪdɪ] fredag; *Good* ~ långfredag[en]; *last* ~ i fredags, förra fredagen, *next* ~ nästa fredag; *this* ~ [nu] på fredag; *on* ~ på fredag; *on* ~*s* på (om) fredagarna; *on* ~ *nights* på fredagkvällarna

fridge [frɪdʒ] *vard.* kyl[skåp]

friend [frend] **1** vän, väninna; kamrat; bekant; *be (make)* ~*s with* vara (bli) [god] vän med; *a* ~ *in need is a* ~ *indeed* i nöden prövas vännen; *my honourable* ~ (*sagt av parlamentsledamot*) den ärade talaren; *my learned* ~ (*sagt av jurist i domstol*) min ärade kollega; *a* ~ *at court* en inflytelserik vän (bekant) **2** kväkare; *the Society of F*~*s* Vännernas samfund (*kväkarna*)

friend|liness ['frendlɪnɪs] vänlighet, vänskaplighet **-ly** [-lɪ] **l** *a* vänlig (*to, with* mot), vänskaplig; gynnsam, välvillig; ~ *match* vänskapsmatch; ~ *society* (*BE.*) [privat] försäkringskassa **ll** *s* vänskapsmatch **-ship** [-ʃɪp] vänskap

fright [fraɪt] **l** *s* **1** skräck, förskräckelse; fruktan; *get (have) a* ~, *take* ~ bli skrämd; *give s.b. a* ~ skrämma ngn **2** *vard.* spöke, fasa; *he looks a* ~ *in that coat* han ser förskräcklig ut i den där rocken **ll** *v, poet., se* **frighten**

fright|en ['fraɪtn] skrämma, göra skrämd; ~ *away (off)* skrämma bort, jaga iväg; ~*ed at* förskräckt över; ~*ed of* rädd för; ~ *s.b. out of his wits* skrämma ngn från vettet; ~ *s.b. to death* skrämma livet ur ngn; *don't be* ~*ed!* var inte rädd! **-ful** ['fraɪtful] förskräcklig, hemsk, förfärlig

frigid ['frɪdʒɪd] **1** *bildl.* kylig, kall[sinnig]; frigid **2** [is]kall, arktisk

frill [frɪl] **l** *s* **1** veckad (rynkad) remsa, rysch **2** ~*s* (*pl, vard.*) *a*) krusiduller, choser, *b*) krimskrams; *with all the* ~*s* med allt som hör till **ll** *v* förse med rysch, rynka, vecka

fringe [frɪn(d)ʒ] **l** *s* **1** frans[ar]; bård **2** marginal,

ytterkant, periferi; *the lunatic* ~ (*polit.*) tok|vänstern, -högern **3** *i sht BE.* lugg **ll** *v* förse med fransar; kanta **fringe benefits** ['frɪn(d)ʒ,benɪfɪts] *pl* extraförmåner (*utöver lön*)

frisk [frɪsk] **1** hoppa (skutta) omkring **2** *vard.* muddra

1 fritter ['frɪtə] **1** ~ [*away*] slösa bort **2** splittra, bryta i småbitar, strimla

2 fritter ['frɪtə] *kokk., apple* ~*s* friterade äpplen

frivolity [frɪ'vɒlətɪ] slarvig, lättsinne; tramsighet

frivolous ['frɪvələs] **1** slarvig, lättsinnig; tramsig, fånig **2** obetydlig, futtig

frizz [frɪz] **l** *v* **1** krusa, krulla (*hair* hår) **2** krusa (krulla) sig **ll** *s* krulligt hår

1 frizzle ['frɪzl] **l** *v* **1** krusa, krulla **ll** *s* krulligt hår

2 frizzle ['frɪzl] *vard.* stek, fräsa

frock [frɒk] **l** *s* **1** klänning; arbetsblus **2** munkkåpa **ll** *v* beklä med prästvärdighet

frog [frɒg] **1** groda, *have a* ~ *in* one*'s throat* vara hes **2** *F*~ (*BE. sl.*) fransman **frogman** [-mən] grodman

frolic ['frɒlɪk] **l** *v* springa och leka, skutta; ha upptåg för sig **ll** *s* skoj, upptåg **frolicky** [-ɪ], **frolicsome** [-səm], munter, lekfull, sprallig

from [frɒm] **1** från; från och med; *the train* ~ *London* tåget från London; ~ *now on* från och med nu, hädanefter; ~ *a child* ända från barndomen; ~ *time to time* då och då; *nothing prevents her* ~ *coming* ingenting hindrar henne från att komma; ~ *the age of 12* från och med 12 års ålder; ~ *1932 to* (*until*) *1986* från 1932 till 1986; *where does she come* ~*?* varifrån kommer hon? **2** efter; *painted* ~ *nature* målad efter naturen; ~ *a painting by Rubens* efter en målning av Rubens **3** [på grund] av; att döma av; *exhausted* ~ *the swim* utmattad av simturen; *act* ~ *conviction* handla av övertygelse; ~ *experience* av erfarenhet; ~ *what I heard* [att döma] av vad jag har hört **4** undan, för; ur; *he fled* ~ *the enemy* han flydde undan fienden; *escape* ~ *prison* fly ur fängelset **5** *different* ~ olik; *safe* ~ *säker för **6** ~ *above* ovanifrån; ~ *across the sea* från andra sidan havet; ~ *among* från, [fram] ur; ~ *behind* bakifrån; ~ *below* (*beneath*) nedifrån; ~ *inside* inifrån; ~ *outside* utifrån; ~ *underneath* underifrån

front [frʌnt] **l** *s* **1** framsida, främre del; fasad, front; *the* ~ *of the book* bokens början (framsida); *in* ~ framtill, före; *in* ~ *of* framför, utanför, inför; *at* (*in*) *the* ~ *of* på framsidan av, framför, i spetsen för; *come to the* ~ framträda, komma (träda) i förgrunden **2** *meteor., mil. o. bildl.* front; *warm* ~ varmfront; *at the* ~ vid fronten; *on a broad* ~ på bred front; *on the wages* ~ på lönefronten **3** strand[promenad] **4** hållning, uppträdande; fräckhet; *put on a bold* ~ hålla god min; *have the* ~ *to do s.th.* ha fräckheten att göra ngt **5** *vard.* täckmantel; fasad **6** *i sht AE.* galjonsfigur **7** skjortbröst **ll** *a* främre, främsta; framtill belägen; första; ~ *bench* (*BE. parl.*) främsta bänkraden (*för ministrar och oppositionsledare*) ~ *door* ytterdörr; ~ *garden* trädgård åt gatan; ~ *man* (*vard.*) galjonsfigur, bulvan; ~ *matter* titelsidor (*i bok*); ~ *page* förstasida (*av tidning*), titelsida (*i bok*); ~ *row* (*teat.*) första bänk; ~ *seat* framsäte, plats längst fram (framtill); ~ *vowel* främre vokal; ~ *wheel* framhjul **lll** *v* **1** ~ [*on,* onto] vetta (ligga) åt (mot); stå mitt emot; *the door is ~ing the street* porten vetter mot gatan; *the house ~s* [*onto*] *the street* huset ligger med framsidan (fasaden) ut mot gatan **2** utgöra framsidan av **3** bjuda stången, möta **4** ~ *about* göra helt om

frontier ['frʌn͵tɪə] **I** *s* **1** (*stats*) gräns; gränsområde; *~s* (*bildl.*) gränser **2** *AE.* gräns för nybyggarområde **II** *a, AE.* nybyggar-

front-wheel drive ['frɒntwiːl͵draɪv] framhjulsdrift

frost [frɒst] **I** *s* **1** frost; isblomma; *degrees of ~* köldgrader, grader under noll, grader kallt **2** rimfrost **3** *vard. bildl.* kyla **4** *vard.* misslyckande, fiasko **II** *v* **1** frostskada; täcka med rimfrost **2** *i sht AE.* glasera (*bakverk*) **3** mattslipa (*glas e.d.*) **-bitten** ['frɒs(t)͵bɪtn] frost|skadad, -biten

frosting ['frɒstɪŋ] **1** glasyr, kristyr (*på bakverk*) **2** matt yta (*på glas e.d.*) **frosty** [-ɪ] frost-, frostig; [is]kall (*äv. bildl.*)

froth [frɒθ] **I** *s* **1** skum, fradga **2** svammel **II** *v* skumma, fradga [sig]

frown [fraʊn] **I** *v* **1** rynka pannan (ögnbrynen), ha en bister uppsyn **2** ~ [*up*]*on* (*at*) se ogillande på, rynka på näsan åt, ogilla **3** ~ *down* skrämma till tystnad **II** *s* rynkad panna, ogillande [blick], bister uppsyn

froze [frəʊz] *imperf. av freeze* **frozen** [-n] **1** *perf. part. av freeze* **2** [fast]frusen; köldskadad; ihjälfrusen **3** kall, isig; ~ *zones* polartrakter **4** djupfryst **5** *bildl.* [fast]frusen, bunden; fastlåst

frugal ['fruːɡl] **1** frugal, enkel **2** sparsam **-ity** [fruː'ɡælətɪ] **1** frugalitet, enkelhet **2** sparsamhet

fruit [fruːt] **I** *s* frukt (*äv. koll. o. bildl.*); *first ~s* (*pl*) första frukter (vinst), förstlingar **II** *v* [få att] bära frukt **-ful** [-f(ʊ)l] fruktbar, produktiv (*äv. bildl.*) **-less** [-lɪs] **1** fruktlös, fåfäng **2** ofruktsam

fruit machine ['fruːt məˌʃiːn] *BE.* enarmad bandit **fruit tree** frukträd

frump|ish, -y ['frʌmp|ɪʃ, -ɪ] tantig, trist

frus|trate [frʌ'streɪt] **1** frustrera **2** omintetgöra, gäcka **-tration** [frʌ'streɪʃn] **1** frustrering **2** omintetgörande, gäckande

1 fry [fraɪ] **I** *v* **1** steka, bryna, fräsa (*i panna*); *deep ~* fritera; ~ *up* steka (värma) upp **2** stekas; *we're ~ing in this heat* (*vard.*) vi smälter i den här värmen **3** *sl., i sht AE.* avrättas i elektriska stolen **II** *s* **1** stekt maträtt **2** *AE.* stekparty

2 fry [fraɪ] *pl* yngel; småfisk; *small ~ a*) små|ungar, -glin, *b*) obetydliga människor

fryer ['fraɪə] stekkyckling **frying pan** *BE.* stekpanna; *out of the ~ into the fire* ur askan i elden **ft.** *förk. för foot, feet; fort; fortification*

fuck [fʌk] *vulg.* **I** *v* **1** knulla [med] **2** ~ *about* (*around*) *a*) driva omkring, slappa, *b*) mixtra, *c*) jävlas med; ~ *off!* dra åt helvete!; ~ *up a*) sabba (förstöra), *b*) göra konfys, förvirra **II** *s* **1** knull; ligg **2** *I don't care a ~* det skiter jag i; *who the ~ is that?* vem fan är det? **III** *interj, ~ you* (*it*)! fan också!, jävlar!

1 fudge [fʌdʒ] fudge (*slags kola*)

2 fudge [fʌdʒ] **I** *s* [plats för] presstoppnyhet (*i tidning*) **II** *v* **1** lappa ihop, fuska till **2** förfalska, förvränga **3** undvika

fuel [fjʊəl] **I** *s* bränsle, drivmedel; *bildl.* näring, stoff; *add ~ to the fire* (*flames*) gjuta olja på el-

den **II** *v* tanka, fylla på [bränsle] **fuel injection** ['fjʊəlɪn͵dʒekʃn] direktinsprutning **fuel oil** ['fjʊəlɔɪl] brännolja

fugitive ['fjuːdʒɪtɪv] **I** *a* **1** flyende; förrymd **2** flyktig, obeständig **II** *s* flykting; rymling

fulfil *BE.,* **fulfill** *AE.* [fʊl'fɪl] uppfylla (*a desire* en önskan), infria (*a promise* ett löfte); fullgöra, utföra (*orders* order); fullborda; ~ *o.s.* förverkliga sig själv **-ment** [-mənt] uppfyllelse, infriande *etc., jfr fulfil*

full [fʊl] **I** *a* **1** full, fylld (*of* av, med); ~ *house a*) *teat.* utsålt [hus], fullt hus, *b*) (*i poker*) fullt hus, kåk; *play to ~ houses* (*teat.*) spela för fulla hus; ~ *sails* [för] fulla segel; ~ *up* fullsatt, fylld till sista plats, proppfull, *vard.* [propp]mätt; *we are ~ up* (*om hotell e.d.*) vi är fullbelagda, vi har fullt **2** hel, full[ständig]; fulltalig; fullvärdig (*member* medlem); riklig; ~ *blood* fullblod; ~ *board* hel|-pension, -inackordering; *a ~ day's work* en hel dags arbete; *a ~ dozen* ett helt dussin; ~ *dress* högtidsdräkt, gala, stor toalett; ~ *moon* fullmåne; ~ *employment* full sysselsättning; ~ *name* fullständigt namn; ~ *particulars* alla detaljer; ~ *sister* helsyster; *at ~ speed* i full fart; *in ~ swing* i full gång (fart); ~ *stop* (*point*) punkt (*i skrift*); ~ *time* (*sport.*) full tid **3** *be ~ of* vara upptagen (helt uppfylld) av, vara fullt sysselsatt med **4** (*om figur e.d.*) fyllig, rund; (*om färg*) djup, mättad; *mus.* fyllig, mäktig, djup (*voice* röst) **5** (*om plagg*) vid, rymlig; ~ *skirt* helveckad kjol **II** *adv* **1** fullt, helt, fullständigt; *I know ~ well* jag vet mycket väl **2** drygt, gott och väl; *it is a ~ eight miles from here* det är drygt åtta miles härifrån **3** rakt, rätt, direkt; *hit s.b. ~ in the stomach* träffa ngn rakt i magen **4** *work* ~ *out* arbeta på högvarv **III** *s, in ~* till fullo, fullständigt, i sin helhet, helt och fullt; *to the ~* till fullo, fullständigt, i högsta grad

full|-dress [͵fʊl'dres] gala-, parad-; viktig; ~ *rehearsal* generalrepetition **--fledged** ['fledʒt] **1** fullfjädrad, flygfärdig **2** *bildl.* färdig, utbildad, fullfjädrad, mogen (*pianist* pianist) **--length** [-'leŋ(k)θ] oavkortad; i full längd; ~ *film* långfilm; ~ *mirror* helfigursspegel; ~ *portrait* porträtt i helfigur **-ness** ['fʊlnɪs] **1** fullständighet **2** (*om ton, färg e.d.*) fyllighet, djup, mättnad **3** fullhet; *out of the ~ of my heart* av hela mitt hjärta **--scale** [-'skeɪl] **1** i naturlig skala (storlek) **2** fullständig, total **--time** [-'taɪm] heltids- (*job* arbete)

fully ['fʊlɪ] **1** fullt, helt, fullständigt, totalt; ~ *fashioned* (*om strumpor e.d.*) formstickad; ~ *fledged, se full-fledged* **2** drygt, minst (*an hour* en timme) **3** rikligt, tillräckligt

fulmi|nate ['fʌlmɪneɪt] **1** dundra, rasa (*against* mot) **2** explodera **-nation** [͵fʌlmɪ'neɪʃn] **1** dundrande, fördömande, utfall **2** explosion

fumble ['fʌmbl] **I** *v* **1** famla, treva, söka (*for* efter); ~ *in one's pockets* gräva i fickorna; ~ *for words* söka efter ord **2** fumla, fingra (*at, with* på) **3** fumla med, missa (*a ball* en boll) **II** *s* **1** fumlande, trevande, sökande **2** miss

fume [fjuːm] **I** *s* **1** ~ *s* (*pl*) rök, avgaser, ånga, dunster; *petrol* ~ *s* bensinångor **2** lukt, stank **3** raseri, ilska **II** *v* **1** röka (*trä e.d.*) **2** koka av ilska, vara rasande (*at* över) **3** ryka; ånga

fumigate ['fjuː mɪgeɪt] röka [ut] (*för att desinfi-*

cera)

fun [fʌn] **I** *s* nöje; skämt, skoj; upptåg; ~ *and games* (*äv. iron.*) jätteroligt, lyckat; *for* (*in*) ~ på skämt, på skoj; *for the* ~ *of it* för skojs (nöjes) skull; *like* ~! (*AE. vard.*) ingalunda!, det skulle aldrig falla mig in!; *what* ~! så (vad) roligt!; *have great* ~ ha mycket roligt; *make* ~ *of*, *poke* ~ *at* driva med, göra narr av **II** *a* skojig, rolig, trevlig **III** *v*, *vard.* skämta

function [ˈfʌŋ(k)ʃn] **I** *s* **1** funktion (*äv. mat.*), uppgift; verksamhet, syssla; *the* ~ *of a tool* ett verktygs uppgift; *his* ~ *as a judge* hans uppgift som domare **2** festlighet, högtidlighet, ceremoni; [officiell] tillställning **II** *v* fungera; tjänstgöra **-alism** [ˈfʌŋ(k)ʃnəlɪz(ə)m] funktionalism

fund [fʌnd] **I** *s* **1** fond; *start a* ~ inrätta en fond **2** *bildl.* fond, förråd (*of knowledge* av kunskaper), stor tillgång **3** ~*s* (*pl*) *a*) tillgångar, medel, pengar *b*) *BF.* stotsobligtioner, åv. ~ 5 ruru stadd vid kassa; *be short of* ~*s* ha dåligt med pengar **II** *v* **1** fondera **2** placera i statsobligationer

fundamental [ˌfʌndəˈmentl] **I** *a* fundamental, grund-, grundläggande, elementär; ~ *particle* elementarpartikel; *be* ~ *to s.th.* vara grundläggande för ngt **II** *s* **1** grund[princip]; *let's get down to* ~*s* låt oss komma till saken **2** *mus. o. fys.* grundton

funeral [ˈfjuːn(ə)r(ə)l] **I** *s* **1** begravning; *that's your* ~ (*vard.*) det är din huvudvärk (sak) **2** begravnings-; ~ *march* begravnings-; ~ *director* begravningsentreprenör; ~ *parlor* (*AE. house*) bårhus, gravkapell; begravningsbyrå; ~ *pile* (*pyre*) likbål; ~ *procession* begravnings|tåg, -procession; ~ *service* jordfästning

funfair [ˈfʌnfeə] *BE.* nöjesfält, tivoli

fun|gus [ˈfʌŋgəs] (*pl -gi* [-gaɪ] *el. -guses*) svamp, svampbildning

funk [fʌŋk] *vard.*, *i sht BE.* **I** *s* **1** rädsla; *be in a* [*blue*] ~ vara skraj (byxis, rädd) **2** fegis **II** *v* [fegt, av rädsla] smita från

funnel [ˈfʌnl] **I** *s* **1** tratt **2** lufttrumma **3** skorsten (*på fartyg, lok e.d.*) **II** *v* **1** hälla[s] genom en tratt **2** koncentrera[s], fokusera[s]

funny [ˈfʌni] **I** *a* **1** rolig, skojig, lustig, komisk; ~ *bone* änkestöt, tjuvsena (*i armbågen*) **2** rolig, underlig, konstig; ~ *farm* (*sl.*) dårhus **3** tvivelaktig, skum; ~ *business* skumma affärer (saker) **4** *vard.* dålig, konstig; *I feel* ~ jag känner mig dålig **II** *s*, *vard.* skämt, vits; *se äv. funnies*

fur [fɜː] **I** *s* **1** päls (*på vissa djur; plagg*); skinn (*av vissa djur*); *make the* ~ *fly* ställa till bråk (en scen) **2** *BE.* pannsten **2** *vard.* beläggning (*på tunga*) **II** *v* **1** pälsfodra, klä med päls **2** ~ *up a*) kalka[s] igen, *b*) (*om tunga*) bli belagd **fur coat** [ˈfɜːkəʊt] päls[kappa]

furbish [ˈfɜːbɪʃ] **1** polera, putsa **2** ~ *up* piffa (putsa) upp, renovera

furious [ˈfjʊərɪəs] rasande, ursinnig; häftig, våldsam; *fast and* ~ vild, uppsluppen

furl [fɜːl] **1** rulla ihop (*flagga e.d.*), fälla ihop (*paraply e.d.*); beslå (*segel*) **2** rullas ihop, fällas ihop

furnace [ˈfɜːnɪs] [smält-, mas]ugn; *this room is like a* ~ (*bildl.*) det här rummet är hett som en bakugn

furnish [ˈfɜːnɪʃ] **1** utrusta, förse (*with* med) **2** ge, lämna (*information* upplysningar) **3** möblera, in-

reda **-er** [-ə] **1** leverantör **2** möbelhandlare **-ing** [-ɪŋ] **1** utrustande, utrustning **2** ~*s* (*pl*) möbler, inredning, inventarier **3** *AE.*, ~*s* (*pl*) ekipering, accessoarer

furniture [ˈfɜːnɪtʃə] (*endast sg*) **1** möbler, bohag, möblemang; *a piece of* ~ en (*enstaka*) möbel; *a suite of* ~ ett möblemang, en möbel; *the* ~ *was sold by auction* möblerna såldes på auktion **2** (*fabriks-, fartygs*) utrustning **3** *åld.* seldon **furniture remover** flyttkarl **furniture van** flyttbuss

furor [ˈfjʊərɔː] *AE.*, **furore** [fjʊ(ə)ˈrɔːrɪ] *BE.* furor, vild hänförelse, sensation

furrier [ˈfʌrɪə] körsnär

furrow [ˈfʌrəʊ] **I** *s* [plog]fåra; *bildl.* fåra, rynka (*i panna e.d.*) **II** *v* plöja, *bildl.* fåra, göra rynkor i

further [ˈfɜːðə] **I** *adv* (*komp. av far*) **1** längre; längre bort; ~ *back a*) längre bak, *b*) längre till-baka, tidigare; ~ *on* längre fram; *nothing is* ~ *from my thoughts* inget är mig mera fjärran; *I can go no* ~ (*bildl.*) jag kan inte sträcka mig längre **2** vidare, ytterligare; dessutom; *and* ~ och vidare (dessutom); ~ *to your letter* beträffande ett brev **II** *a* (*komp. av far*) **1** ytterligare, vidare; *on* ~ *consideration* vid närmare eftertanke; ~ *education* vidareutbildning, fortbildning; *until* ~ *notice* tills vidare; ~ *particulars* närmare upplysningar; *will there be anything* ~? var det ngt mer? **2** avlägsnare, bortre; *the* ~ *end of the corridor* bortre ändan av korridoren **III** *v* [be]främja, gynna; befordra **furtherer** [ˈfɜːðərə] främjare, gynnare **furthermore** [ˈfɜːðəˈmɔː] dessutom, vidare **furthermost** [ˈfɜːðəməʊst] *a* borterst, avlägsnast **furthest** (*superl. av far*) **I** *adv* längst; längst bort, ytterst **II** *a* borterst, avlägsnast, ytterst

furtive [ˈfɜːtɪv] hemlig, förstulen; i smyg

fury [ˈfjʊəri] **1** raseri, ursinne; raseriutbrott; *in a* ~ rasande, i ursinne; *like* ~ (*vard.*) som galen, i rasande fart **2** (*rasande pers.*) furie **3** *myt.*, F~ furie

1 fuse [fjuːz] **I** *s* tändrör; stubin[tråd]; lunta; *have a short* ~ (*vard.*) ha kort stubin, vara lättretlig **II** *v* förse med stubintråd (lunta)

2 fuse [fjuːz] **I** *s* **1** säkring; propp; *a* ~ *has blown* det har gått en säkring **II** *v* **1** sammansmälta (*äv. bildl.*); *bildl. äv.* fusionera, slå[s] samman **2** smälta **3** förse med säkring **4** *BE.*, *the lights* ~*d* det gick en säkring

fuse box säkringsskåp

fuselage [ˈfjuːzɪlɑːʒ] [flygplans]kropp

fusion [ˈfjuːʒn] sammansmältning; fusion (*äv. kärnfys.*), sammanslagning (*av företag*)

fuss [fʌs] **I** *s* **1** väsen, bråk, ståhej, uppståndelse; *a lot of* ~ *about nothing* mycket väsen för ingenting; *make* ~ (*vard.*) väsen, ställa till bråk; *make a* ~ *of* (*over, about*) göra väsen av, göra sig till för **II** *v* **1** göra stort väsen; oroa sig i onödan; ~ *over* pyssla om, pjoska med **2** ~ *about* (*around*) fjanta omkring (runt) **3** irritera, störa **fuss-budget** [ˈfʌsˌbʌdʒɪt] *AE. vard.*, **fusspot** [ˈfʌspɒt] *BE. vard.* omständlig person; gnatmåns

fussy [ˈfʌsi] **1** beskäftig, fjäskig; tjafsig; petig, kinkig, orolig **2** utstyrd, prålig

fusty [ˈfʌsti] **1** unken, mögelluktande, instängd **2** gammalmodig, förlegad

futile ['fju:taɪl] **1** fåfäng, meningslös, misslyckad **2** futil, futtig, obetydlig **3** fånig, idiotisk **futility** [fju:'tɪlətɪ] **1** fåfänglighet, meningslöshet **2** futilitet, obetydlighet

future ['fju:tʃə] **I** *a* framtida, framtids-; kommande, blivande **II** *s* **1** framtid; *in* ~ hädanefter, i fortsättningen; *in the* ~ i framtiden **2** *språkv.*, *the* ~ futurum **3** ~*s* (*pl*) terminsaffärer

fuze [fju:z] *AE.*, *se 1 fuse*

1 fuzz [fʌz] fjun, ludd; [hår]burr

2 fuzz [fʌz] *sl.* snut (*polis*)

fuzzy ['fʌzɪ] **1** fjunig; luddig; (*om hår*) burrig **2** oklar, suddig (*äv. bildl.*)

G

G, g [dʒi:] (*bokstav, ton*) G, g; *G flat* (*mus.*) gess; *G sharp* (*mus.*) giss; *G clef* (*mus.*) g-klav, diskantklav

gab [gæb] *vard.* **I** *v* prata, pladdra, gaffla **II** *s* prat, pladder, gafflande; *have the gift of the* ~ ha en välsmord tunga **gabble** ['gæbl] **I** *v* **1** pladdra, babbla; (*om gäss*) snattra **2** rabbla **II** *s* pladder, babbel; snatter **gabby** ['gæbɪ] *vard.* pratsjuk

gable ['geɪbl] gavel

gadfly ['gædflaɪ] *zool.* broms

gadget ['gædʒɪt] **1** tillbehör, finess; anordning **2** grej, manick

Gael [geɪl] gael **-ic** ['geɪlɪk] **I** *a* gaelisk **II** *s* (*språk*) gaeliska

gaff [gæf] *sl.* **1** nonsens, dumt prat **2** *BE.*, *blow the* ~ skvallra **3** *i sht AE, stand the* ~ bli hånad, ha problem

gaffe [gæf] blunder, tabbe

gaffsail ['gæfseɪl] *sjö.* gaffelsegel

1 gag [gæg] **I** *s* munkavle (*äv. bildl. vard.*) **II** *v* **1** sätta munkavle på (*äv. bildl. vard.*) **2** *sl.* hålla på att kvävas; [få att] spy

2 gag [gæg] *sl.* **I** *s* **1** vits, gagg, komiskt inlägg (*i pjäs e.d.*) **2** [handgripligt] skämt, practical joke **II** *v* **1** komma med gaggs **2** *teat.*, ~ [*up*] improvisera (*utanför texten*)

gai|ety ['ge(ɪ)ətɪ] **1** glädje, munterhet **2** festlighet, förlustelse **3** festligt utseende **-ly** ['geɪlɪ] *adv* glatt, muntert

gain [geɪn] **I** *v* **1** vinna (*confidence* förtroende), skaffa sig (*knowledge* kunskaper), erhålla, få; ~ *ground* vinna terräng, breda ut sig, göra framsteg; ~ *speed* öka (få upp) farten; ~ *time* vinna tid; ~ *weight* öka (gå upp) i vikt; *what do you hope to* ~ *by that?* vad hoppas du vinna med det?; *my watch* ~*s two minutes* min klocka fortar sig två minuter **2** [för]tjäna (*one's living* sitt uppehälle) **3** nå (*port* hamn[en]); [upp]nå (*one's aims* sina syften) **4** öka, gå upp; vinna; tilltaga;

~ *in value* öka i värde; *my watch* ~*s* min klocka fortar sig **5** ~ [*up*]*on a*) vinna på, ta in på (*one's competitors* sina medtävlare), *b*) dra ifrån (*one's pursuers* sina förföljare) **II** *s* **1** vinst; förvärv; förtjänst; fördel; ~*s* (*äv.*) affärsvinster, intäkter; *ill-gotten* ~*s* orättmätig vinst, syndapengar **2** ökning, uppgång (*in value* i värde) **3** *elektron.* förstärkning **-ful** ['geɪnfʊl] vinstgivande, lönande, lukrativ; *be in* ~ *employment* ha förvärvsarbete **-ings** ['geɪnɪŋz] *pl* vinster, intäkter, förtjänst

gait [geɪt] gång, sätt att gå

gaiter ['geɪtə] damask

gal [gæl] *vard.* tjej

gala ['gɑ:lə] gala, stor fest

galaxy ['gæləksɪ] **1** galax, stjärnsystem; *the G*~ Vintergatan **2** lysande samling (*av människor*)

gale [geɪl] **1** storm **2** ~*s of laughter* (*vard.*) skrattsalvor

1 gall [gɔ:l] **1** *bildl.* galla, bitterhet **2** *vard.* fräckhet **3** *åld.* galla; gallblåsa

2 gall [gɔ:l] **I** *s* **1** skrubbsår, skavsår **2** *bildl.* irritation **II** *v* **1** skava [sönder], skrubba **2** irritera, reta, plåga

gallant ['gælənt] **I** *a* **1** tapper, modig **2** galant, chevaleresk **3** ståtlig, imponerande **II** *s* **1** friare, [uppvaktande] kavaljer **2** sprätt **3** tapper man **II** *v* **1** uppvakta, kurtisera **2** eskortera (*dam*) **-ry** [-rɪ] **1** tapperhet, [hjälte]mod **2** artighet [mot damer]

gall bladder ['gɔ:l,blædə] gallblåsa

gallery ['gælərɪ] **1** galleri (*äv. sjö.*); läktare; *teat.* tredje (översta) rad **2** åskådare, [läktar]publik; *play to the* ~ spela för galleriet, fria till publiken **3** *i sht AE.* auktionslokal **4** [gruv]gång **5** *shooting* ~ skjutbana inomhus

galley ['gælɪ] **1** *hist.* galär **2** slup **3** *boktr.* sättskepp **4** skeppskök, byssa; pentry

gallivant [,gælɪ'vænt] gå (driva) omkring

gallon ['gælən] (*i England*) [*imperial*] ~ gallon (= 4,55 *l*); (*i USA*) gallon (= 3, 79 *l*)

gallop ['gæləp] **I** *s* galopp; *at a* ~ i galopp; *at full* ~ i full galopp; *go for a* ~ ta en ridtur i galopp **II** *v* **1** [låta] galoppera **2** *vard.* rusa, rasa, jaga

gallows ['gæləʊz] (*pl* ~[*es*]; *behandlas vanl. som sg*) galge; *send s.b. to the* ~ döma ngn till galgen **gallow[s] tree** galge

gallstone ['gɔ:lstəʊn] *med.* gallsten

galore [gə'lɔ:] *vard.* i massor, massor av

galvanic [gæl'vænɪk] **1** galvanisk **2** *vard.* krampartad, konvulsivisk **galva|nize** (*BE. äv. -nise*) ['gælvənaɪz] **1** galvanisera **2** *bildl.* stimulera, egga, sporra

gam|ble ['gæmbl] **I** *v* **1** spela [hasard] (*on horses* på hästar); ~ *on* (*vard.*) tippa, vara säker på (*its being a fine day* att det blir en fin **2** satsa, sätta på spel; ~ *away* spela bort **II** *s* [hasard]spel; *bildl.* lotteri, chansning, vågspel **-bler** [-blə] [hasard]spelare **-bling** [-blɪŋ] hasardspel

game [geɪm] **I** *s* **1** lek (*äv. bildl.*); spel (*äv. bildl.*); ~*s* (*äv.*) idrott, sport; *athletic* ~*s* idrotter, idrottstävlingar; *the Olympic G*~*s* [de] olympiska spelen; *the* ~ *of politics* det politiska spelet; *beat s.b. at his own* ~ slå ngn med hans egna vapen; *make* [*a*] ~ *of* driva med, förlöjliga; *play* ~*s* leka lekar, spela spel; *play* ~*s with s.b.* (*äv.*) leka med ngn; *play s.b.'s* ~ spela ngn i händerna; *play the* ~

(*vard.*) hålla sig till spelreglerna, spela (uppträda) just; *two can play at that* ~ en ann är så god som en ann, det där kan jag med; *be on (off) one's* ~ spela bra (dåligt), vara i (ur) form; *the* ~ *is up* spelet är förlorat; *give the* ~ *away* avslöja sina planer **2** match; [spel]omgång, -period; parti (*of chess* schack); vunnet spel; game (*i tennis*); set (*i bordtennis o. badminton*); vinnande poäng; *the* ~ *is five two* ställningen är fem två **3** spelstil; [sport]utrustning **4** *vard.* bransch, yrke, game; *the publishing* ~ förlagsbranschen; *be on the* ~ (*sl., i sht BE.*) gå på sporten (*vara prostituerad*) **5** *vard.* knep, trick; *none of your little* ~*s!* försök inte med mig! **6** vilt, villebråd; *big* ~ storvilt; *fair* ~ lovligt villebråd **II** *a* **1** modig **2** *vard.* redo, färdig; *be* ~ hänga med, ställa upp; *be* ~ *for anything* gå (vara) med på allting **3** jakt-, vilt- **III** *v* spela [hasard]

gamekeeper [-ˌkiːpə] skogvaktare; jaktvårdare

gamely [-lɪ] modigt; sportsligt **game warden** [-ˌwɔːdn] viltvårdare; skogvaktare **gaming house** spelhall

gammon [ˈgæmən] rimmad (rökt) skinka

gamut [ˈgæmət] [ton]skala, tonomfång; *bildl.* räckvidd, skala

gamy [ˈgeɪmɪ] **1** med viltsmak **2** *vard.* modig, djärv, käck

gang [gæŋ] **I** *s* **1** [arbets]lag, -grupp **2** gäng, band, liga **3** [verktygs]uppsättning **II** *v* bilda gäng; ~ *up* (*vard.*) gadda ihop sig (*on, against* mot) **gangland** [ˈgæŋlænd] *vard.* gangstervärlden **gangster** [ˈgæŋstə] gangster

gangway [ˈgæŋweɪ] **I** *s* **1** sjö. landgång **2** *BE.* gång, passage **3** spång **II** *interj* ur vägen!

gap [gæp] **1** öppning, hål, gap; bräsch **2** *bildl.* gap, tomrum, lucka; klyfta; stor skillnad; *generation* ~ generationsklyfta **3** *i sht AE.* ravin, trångt pass

gape [geɪp] **I** *v* **1** gapa, stå öppen **2** [stå och] gapa, glo (*at* på) **II** *s* **1** gapande **2** gapande, gloende **3** gap; ~*s* (*pl, vard.*) gäspningsanfall **gaping** [ˈgeɪpɪŋ] *a* gapande

garage [ˈgæraːdʒ] **I** *s* garage; bilverkstad; servicestation **II** *v* ställa in (ha) i garage

garb [gaːb] **I** *s* **1** [kläde]dräkt, skrud, kostym **2** klädstil **3** *bildl.* yttre sken **II** *v* klä, skruda

garbage [ˈgaːbɪdʒ] **1** skräp, strunt, smörja **2** *i sht AE.* avskräde, avfall, sopor **garbage can** *AE.* soptunna **garbage collector (man)** *AE.* sophämtare **garbage truck** *AE.* sopbil

garble [ˈgaːbl] förvanska, förvränga, stympa

garden [ˈgaːdn] **I** *s, BE.* trädgård; ~*s* (*pl, äv.*) [offentlig] park; *the G*~ *of Eden* Edens lustgård; *back (front)* ~ trädgård bakom (framför) huset; *zoological* ~[*s*] zoo[logisk trädgård], djurpark **II** *v* ägna sig åt trädgårdsskötsel **III** *a* trädgårds-; *common or* ~, *se common I 3* **gardener** [-ə] trädgårdsmästare **gardening** [ˈgaːdnɪŋ] trädgårds|arbete, -skötsel **garden path** [-paːθ] trädgårdsgång; *lead s.b. up the* ~ (*vard.*) vilseleda (bedra) ngn

gargle [ˈgaːgl] **I** *v* gurgla [sig] **II** *s* **1** gurgelvatten **2** gurgling

garish [ˈgeərɪʃ] prålig; skrikig; gräll

garland [ˈgaːlənd] **I** *s* **1** [blomster]krans, -girland **2** samling, antologi **II** *v* pryda med krans[ar], bekransa

garlic [ˈgaːlɪk] vitlök

garment [ˈgaːmənt] [klädes]plagg; ytterplagg; klädnad, dräkt

gar|nish [ˈgaːnɪʃ] **I** *v* **1** pryda, smycka, dekorera **2** *jur.* stämma **3** *sl.* pressa på pengar **II** *s* garnering **-niture** [-nɪtʃə] garnering, dekorering

garret [ˈgærət] vinds|rum, -våning

garrison [ˈgærɪsn] **I** *s* garnison **II** *v* förlägga garnison i; förlägga i garnison

garrulous [ˈgærələs] pratsjuk

garter [ˈgaːtə] **I** *s* strumpeband (*runt ben*); ärmhållare; *AE.* strumpeband; *the Order of the G*~ Strumpebandsorden **II** *v* fästa med strumpeband

gas [gæs] **I** *s* **1** gas; *step on the* ~ (*vard.*) *a*) trampa på gasen, accelerera, *b*) skynda på (sig) **2** *AE.* bensin **2** *sl.* struntprat, snack; *i sht AE.* toppen|grej, -kille, -tjej **II** *v* **1** gasförgifta; gasa [ihjäl]; sprida gas [över] **2** *sl., i sht AE.* göra jätteglad **3** *vard.* snacka (*to* med); skrävla (*to* för) **gas cooker** [ˈgæsˌkukə] gasspis

gash [gæʃ] **I** *s* jack, djup skåra **II** *v* göra en djup skåra (ett djupt sår) i

gasket [ˈgæskɪt] **1** *tekn.* packning; *blow a* ~ (*sl.*) få ett utbrott

gas lighter [-ˌlaɪtə] gaständare (*för gas*); cigarrettändare (*med gasfyllning*) **gas main** [-meɪn] [huvud]gasledning

gaso|lene, -line [ˈgæsə(ɪ)liːn] *AE.* bensin

gasp [gaːsp] **I** *v* **1** dra efter andan, flämta, flåsa; kippa efter andan (luft) **2** längta (*for* efter) **3** ~ [*out*] flåsa (flämta) fram **II** *s* flämtning, häftigt andetag; *at the last* ~ *a*) döende, *b*) i sista ögonblicket

gas range gasspis **gas station** [-ˌsteɪʃn] *i sht AE.* bensinstation

gastronome [ˈgæstrənəʊm] gastronom

gasworks [ˈgæswɜːks] (*behandlas som sg*) gasverk

gate [geɪt] **I** *s* **1** port; grind; bom, spärr; lucka; in-, ut|gång; (*på flygplats äv.*) gate; *bildl.* [inkörs]port **2** bergspass (*i sht t. annat land*) **3** (*vid sport*|*evenemang*) publiksiffra; biljettintäkter **II** *v*, *univ.* ge husarrest

gâteau [ˈgætəʊ] (*pl* ~*x* [-z]) tårta

gate-crash [ˈgeɪtkræʃ] *vard.* **1** komma objuden till (på), planka in på; tränga sig in på **2** planka [in]

gatehouse [ˈgeɪthaʊs] portvaktsbostad; grindstuga **gateway** port[gång]; [inkörs]port (*äv. bildl.*)

gather [ˈgæðə] **I** *v* **1** samla (*one's friends* sina vänner); *be* ~*ed to one's fathers* samlas till sina fäder (*dö*) **2** samla [ihop, in] (*wood* ved); plocka (*flowers* blommor); ~ *information* inhämta (skaffa sig) upplysningar; ~ *a shawl about one's shoulders* svepa en sjal om axlarna; ~ *speed* skjuta (få) fart; ~ *one's wits* samla sig (sina tankar); ~ *s.b.* [*in*]*to one's arms* sluta ngn i sina armar; ~ *together* samla ihop; ~ *up* samla ihop (upp) **3** förstå, dra den slutsatsen (*from* av) **4** rynka, dra ihop (~ *a skirt* en kjol; ~ *one's brows* ögonbrynen) **5** samlas **6** samla (dra ihop) sig **7** (*om böld e.d.*) mogna **8** rynkas **II** *s* rynka **-ing** [ˈgæð(ə)rɪŋ] **I** *s* **1** [för]samling; sammankomst, möte **2** [in-, hop]samling, -samlande; plockning **3** *sömn.*

rynkning **4** *vard.* varsamling **II** *a* annalkande (*storm* oväder)

gaudy ['gɔ:dɪ] prålig, grann, skrikig

gauge [geɪdʒ] **I** *s* **1** [standard]mått; dimension, vidd; tjocklek; kapacitet; kaliber; (*tråds*) grovlek **2** spårvidd; *narrow* (*standard*) ~ smal (normal) spårvidd **3** mätare; *bildl. äv.* måttstock, kriterium; *petrol* ~ bensinmätare; *pressure* ~ tryckmätare; *take the* ~ *of* beräkna storleken av **4** *sjö.* (*fartygs*) läge **II** *v* **1** mäta (*tjocklek e.d.*); justera (*mått o.d.*) **2** beräkna, bedöma, uppskatta

Gaul [gɔ:l] **1** Gallien **2** gallier

gaunt [gɔ:nt] **1** mager, utmärglad **2** (*om plats*) dyster

gauntlet ['gɔ:ntlɪt] **1** järnhandske; *take up the* ~ ta upp den kastade handsken; *throw down the* ~ kasta [strids]handsken **2** krag-, sport|handske

gauze [gɔ:z] gas, flor **gauze bandage** ['gɔ:z͵bændɪdʒ] gasbinda

gave [geɪv] *imperf. av* give

gawky ['gɔ:kɪ] tafatt, klumpig

gay [geɪ] **I** *a* **1** glad, munter; *a* ~ *life* ett glatt liv **2** färgglad, lysande, bjärt **3** lättsinnig, utsvävande; *a* ~ *dog* en glad lax **4** *vard.* homosexuell **II** *s, vard.* homosexuell [person]

gaze [geɪz] **I** *v* stirra, titta (*at,* [*up*]*on* på) **II** *s* stirrande; [spänd] blick

gazelle [gə'zel] *zool.* gasell

gazette [gə'zet] officiell tidning

G.B. *förk. för* Great Britain

gear [gɪə] **I** *s* **1** kugghjul, drev; mekanism; utväxling[smekanism]; växel; *a bicycle with fivespeed* ~ en femväxlad cykel; *in* ~ inkopplad, med en växel i; *out of* ~ *a*) urkopplad, utan växel i, *b*) i olag; *bottom* (*low*) ~ lägsta växel; *top* (*high*) ~ högsta växel; *change* ~ växla; *change into the fourth* ~ lägga i fyran[s växel]; *put a car into* ~ lägga i en växel; *throw a car out of* ~ växla ur **2** redskap, grejor, utrustning **3** landningsställ **4** *sl.* mode|kläder, -prylar; stöldgods **II** *v* **1** rätta, anpassa (*to* efter, till) **2** koppla in (på), förse med utväxling; ~ *down* växla ner; ~ *up a*) växla upp, *b*) förbereda, göra redo **-box** ['gɪəbɒks] växellåda

gear lever ['gɪə͵li:və] *BE.,* **gearshift** ['gɪəʃɪft] *AE.* växelspak **gearwheel** ['gɪəwi:l] kugghjul, drev

1 gee [dʒi:] **I** *s, sl.* kuse (*häst*) **II** *interj,* ~ [*up*] hoppla! **III** *v,* ~ [*up*] smacka åt (*häst*)

2 gee [dʒi:] *interj, AE. vard.,* ~ [*whiz*]! nej men!, jösses!, himmel!, åh!

geese [gi:s] *pl av* goose

gee-up ['dʒi:͵ʌp] *interj* hoppla!

gelatine [͵dʒelə'ti:n] gelatin

geld [geld] kastrera, snöpa

gem [dʒem] **I** *s* **1** ädelsten, juvel **2** *bildl.* pärla, klenod **II** *v* smycka med ädelsten[ar]

Gemini ['dʒemɪnaɪ] Tvillingarna (*i djurkretsen*)

gender ['dʒendə] **1** språkv. kön, genus **2** *vard.* kön

gene [dʒi:n] *biol.* gen

gene|alogical [͵dʒi:njə'lɒdʒɪkl] genealogisk; ~ *tree* släktträd **-alogy** [͵dʒi:nɪ'ælədʒɪ] **1** genealogi, släktforskning **2** stamtavla

general ['dʒen(ə)r(ə)l] **I** *a* **1** allmän, [allmänt] spridd (utbredd); vanlig; generell; *be* ~ vara all-

mänt hållen, vara vag (obestämd); ~ [*degree*] lägre akademisk examen; ~ *description* allmän (generell) beskrivning; ~ *editor* allmänredaktör; *a* ~ *election* allmänna val; *get a* ~ *idea of* få en ungefärlig uppfattning om; ~ *knowledge* allmänbildning; ~ *meeting* [bolags]stämma; ~ *office work* allmänna kontorsgöromål; *it is* ~ *practice that* det är brukligt (vanligt) att; ~ *practitioner* allmänpraktiserande läkare; *the* ~ *public* [den stora] allmänheten; *the* ~ *reader* den vanlige läsaren; *as a* ~ *rule* i allmänhet, på det hela taget; ~ *shop* (*store*) diversehandel; *in* ~ *terms* i allmänna ordalag; *in the* ~ *way of things* i allmänhet **2** general-; *the G*~ *Assembly* Generalförsamlingen (*i FN*); *consul* ~ generalkonsul; ~ *headquarters* högkvarter; *G*~ *Post Office* (*förr*) *a*) postverk, *b*) huvudpostkontor; ~ *staff* generalstab; ~ *strike* storstrejk **II** *s* **1** general **2** *in* ~ i allmänhet, på det hela taget, vanligtvis **-ization** (*BE. äv. -isation*) [͵dʒen(ə)rəlaɪ'zeɪʃn] **1** allmän princip (teori) **2** generalisering **-ize** (*BE äv. -ise*) ['dʒen(ə)rəlaɪz] **1** generalisera **2** popularisera **-ly** ['dʒen(ə)rəlɪ] **1** i allmänhet, för det mesta, i regel **2** allmänt, vanligt **3** i allmänhet; ~ *speaking* i stort sett

gener|ate ['dʒenəreɪt] alstra, frambringa, framkalla, generera; *generating station* kraftstation **-ation** [͵dʒenə'reɪʃn] **1** alstring, frambringande, framkallande, genererande **2** generation; släktled; mansålder **3** fortplantning **-ator** ['dʒenəreɪtə] generator; dynamo; alstrare

genero|sity [͵dʒenə'rɒsətɪ] **1** storsinthet **2** generositet, frikostighet, givmildhet **-us** ['dʒen(ə)rəs] **1** storsint, ädelmodig **2** generös, frikostig, givmild **3** riklig

genetic [dʒɪ'netɪk] genetisk; ärftlighets- **genetics** [dʒɪ'netɪks] (*behandlas som sg*) genetik, ärftlighetslära

Geneva [dʒɪ'ni:və] Genève

geneva [dʒɪ'ni:və] genever

genial ['dʒi:njəl] **1** gynnsam, mild, behaglig, skön **2** vänlig, trevlig, gemytlig

genital ['dʒenɪtl] genital, köns- **genitals** [-z] *pl* könsorgan, genitalier

genitive ['dʒenɪtɪv] **I** *a* genitiv- **II** *s, the* ~ genitiv[en]

ge|nius ['dʒi:|njəs] (*pl -niuses, i bet. 4 -nii* [-nɪaɪ]) **1** geni, snille; *a man of* ~ ett geni (snille); *have a* ~ *for s.th.* ha en utpräglad begåvning för ngt **2** [tids]anda, skaplynne, natur **3** genius; *his evil* ~ hans onda genius **4** *myt.* ande, genie

genocide ['dʒenə(ʊ)saɪd] folkmord

gent [dʒent] *vard.* för gentleman; ~*s* (*behandlas som sg*) herrtoalett

genteel [dʒen'ti:l] **1** fin, förnäm, respektabel **2** tillgjord, affekterad

Gentile I *s* **1** icke-jude; kristen **2** hedning **II** *a* **1** icke-judisk; kristen **2** hednisk

gentility [dʒen'tɪlətɪ] **1** finhet, förnämitet, respektabilitet **2** tillgjordhet **3** [folk av] förnäm härkomst, överklass

gentle ['dʒentl] **I** *a* **1** (*om pers. e.d.*) blid, mild, vänlig, snäll; *a* ~ *horse* en snäll (lugn) häst; *as* ~ *as a lamb* from som ett lamm; *the* ~ *sex* det täcka könet; *be* ~ *with* vara snäll mot (försiktig med) **2** mjuk, mild (*voice* röst); lätt, öm (*kiss* kyss); dis-

kret; lagom, måttlig; svag (*slope* sluttning) **3** *åld.*
ädel, förnäm; chevaleresk, artig **II** *s* [met]mask
-folk[s] *pl* fint folk, herrskapsfolk
gentleman ['dʒentlmən] **1** gentleman; *gentle-men's agreement* överenskommelse gentlemän emellan; *a ~'s* ~ en gentlemans betjänt **2** herre, man; *there is a* ~ *asking for you* det är en herre som frågar efter er; *gentlemen!* mina herrar!; *gentlemen of the jury!* herrar jurymedlemmar! **3** *BE. hist.* herreman, ståndsperson **4** *(förr)* smugglare **-ly** [-lɪ] gentlemann|mässig, -lik
gentleness ['dʒentlnɪs] blidhet, mildhet, vänlighet *etc.*, *jfr gentle*
gentry ['dʒentrɪ] *(behandlas som pl)* **1** aristokrati; societet **2** *BE.* lågadel, övre medelklass **3** *neds.* folk, människor
genuine ['dʒenjuɪn] äkta, oförfalskad, original-, autentisk, genuin; uppriktig; sann
genus ['dʒi:nəs] *(pl genera* ['dʒenərə]*)* **1** *biol.* släkte **2** grupp, slag, klass
geographer [dʒɪ'ɒgrəfə] geograf **geographic[al]** [dʒɪə'græfɪk(l)] geografisk **geography** [dʒɪ'ɒgrəfɪ] geografi
geologic[al] [,dʒɪə(ʊ)'lɒdʒɪk(l)] geologisk **geologist** [dʒɪ'ɒlədʒɪst] geolog **geology** [dʒɪ'ɒlədʒɪ] geologi
geometric[al] [,dʒɪə(ʊ)'metrɪk(l)] geometrisk **geometry** [dʒɪ'ɒmətrɪ] geometri
George [dʒɔ:dʒ] Georg; *by* ~*!* *(vard.)* ta mig sjutton!, för tusan!; *St.* ~ Sankt Georg *(Englands skyddshelgon)*, Sankt Göran; *St.* ~*'s Day* Georgsdagen *(Englands nationaldag, 23 april)*
Georgian ['dʒɔ:dʒjən] **I** *a* **1** georgiansk *(arkitectur* arkitektur*)* **2** georgisk **II** *s* georgier
geranium [dʒɪ'reɪnjəm] *bot.* pelargon[ia]; gera-nium
germ [dʒɜ:m] **1** bakterie **2** *(ofta pl)* frö, upphov, upprinnelse; *the* ~*s of the conflict* fröet (upprinnelsen) till konflikten **3** embryo; grodd
German ['dʒɜ:mən] **I** *a* tysk; ~ *Democratic Republic* DDR, Östtyskland; ~ *measles* röda hund; ~ *sausage* medvurst; ~ *shepherd* *(AE.)* schäfer; ~ *silver* nysilver **II** *s* **1** tysk **2** tyska [språket]
Germanic [dʒɜ:'mænɪk] **I** *a* **1** germansk **2** urgermansk **II** *s* urgermanska [språket]
Germany ['dʒɜ:m(ə)nɪ] Tyskland
germicide ['dʒɜ:mɪsaɪd] **I** *a* bakteriedödande **II** *s* bakteriedödande ämne (medel)
germi|nate ['dʒɜ:mɪneɪt] **1** gro, växa; *bildl.* spira **2** få att gro (växa); *bildl.* ge upphov till **-nation** [,dʒɜ:mɪ'neɪʃn] groning, uppspirande
gesticu|late [dʒe'stɪkjʊleɪt] gestikulera **-lation** [dʒe,stɪkjʊ'leɪʃn] **1** gestikulerande **2** gest
gesture ['dʒestʃə] **I** *s* gest, åtbörd *(äv. bildl.)* **II** *v* gestikulera
get [get] *(got, got; AE. perf. part. gotten)* **1** få; lyckas få; skaffa [sig]; ~ *a job* få (skaffa sig) ett arbete; ~ *lunch* få (äta) lunch; ~ *a present* få en present; ~ *tickets for s.b.* skaffa (hämta) biljetter åt ngn; *can I* ~ *you a drink?* kan jag hämta ngt att dricka åt dig?; *we'll never* ~ *the piano upstairs* vi får aldrig upp pianot för trapporna; *what do you* ~ *from that?* vad får du ut av det?; *where did you* ~ *that from?* var har du [fått] det ifrån? **2** få, råka ut för, ådraga sig *(a cold* en förkylning*)*; ~ *a shock* få en chock; ~ *it [in the neck]* *(vard.)* få

en tillrättavisning; *he's got it bad* *(vard.)* han har åkt dit; *you'll* ~ *it!* du ska få [så du tiger]! **3** få; få tag i, fånga; nå; ~ *s.b. by the arm* gripa ngn i armen; got you! nu fick jag allt tag i dig!; *I got her on the phone* jag fick tag i henne på telefon; *the painter got her character* konstnären fångade hennes karaktär **4** få; [få att] bli; ~ *one's hair cut* [låta] klippa sig; ~ *the car to start* få bilen att starta; ~ *o.s. ready* göra sig i ordning; ~ *a window open* få upp en fönster; ~ *s.b. to do s.th.* få (förmå) ngn att göra ngt; ~ *s.th. done* få ngt gjort, se till att ngt blir gjort; ~ *s.b. (s.th.) going (to go)* få (sätta) i gång ngn (ngt) **5** komma (hinna) med *(the train* tåget*)*; föra, leda; ~ *s.b. to hospital* föra ngn till sjukhus; *where does that* ~ *us?* *(vard.)* vart kommer vi med det? **6** göra i ordning, laga *(dinner* middag*)* **7** *radio., TV.* få (ta) in *(Radio Luxemburg* Radio Luxemburg*)* **8** höra, [upp]fatta, förstå; *I don't* ~ *your meaning* jag förstod inte vad du menade; ~ *it?* förstår du?; *it* ~*s me how* jag fattar inte hur; ~ *by heart* *(AE.)* lära sig utantill **9** *vard.* få fast; sätta fast (dit); träffa; knäppa *(skjuta)*; *the blow got him on the chin* slaget träffade honom på hakan; *you've got me there!* nu är jag ställd!; *your habits will* ~ *you in the end* dina vanor kommer att knäcka dig till slut **10** *vard.* påverka, gripa tag i; reta, irritera; *that music really* ~*s me* den musiken griper mig verkligen; *his shrill voice* ~*s me* hans gälla röst irriterar mig **11** bli *(wet* våt); ~ *dressed* klä på sig; ~ *even with* *(vard.)* bli kvitt med; ~ *married* gifta sig; *I'm* ~*ting tired* jag börjar bli trött **12** komma *(home* hem); ~*!* *(vard.)* stick!; ~ *lost!* försvinn!; ~ *there a)* komma (ta sig) dit, *b)* *vard.* klara av det; *we're not* ~*ting anywhere* vi kommer ingen vart; ~ *with it (sl.)* hänga med **13** ~ *going* komma (sätta) i gång; ~ *moving* [börja] röra på sig; ~ *working* börja arbete; ~ *to work* gå till verket **14** ~ *to* *(+ inf.)* komma att; *how did you* ~ *to be a doctor?* hur kom det sig att du blev läkare?; *we got to be friends* vi kom att bli vänner; *you'll soon* ~ *to like it* du kommer snart att [lära dig att] tycka om det; ~ *to know a)* lära känna, *b)* få veta (reda på); *I'm* ~*ting to understand* jag börjar [att] förstå **15** *have got* ha; *have got to* vara (bli) tvungen att; *what have you got to say?* vad har du att säga?; *you've got to* go du måste gå; *he has only got to ask* han behöver bara be **16** ~ *about (around) a)* fara omkring, komma ut [bland folk], *b)* vara uppe *(efter sjukdom)*, *c)* *(om rykte)* spridas, komma ut; ~ *across a)* komma (hjälpa) över *(gata e.d.)*, *b)* göra sig (bli) förstådd, *c)* *(om idé e.d.)* gå hem, *c)* *vard.* irritera; ~ *ahead* lyckas, ha framgång; ~ *ahead of* överträffa, gå om; ~ *along a)* klara (reda) sig, *b)* gå framåt, göra framsteg, *c)* komma överens; ~ *along! a)* gå din väg!, *b)* *BE. vard.* du pratar!; ~ *at a)* komma åt, nå, *b)* komma på, komma underfund med, *c)* mena, syfta på, *d)* vilja åt, trakassera, kritisera, *e)* påverka *(genom mutor e.d.)*; *what are you* ~*ting at?* var vill du komma?, vad syftar du på?; ~ *away a)* ge sig av (iväg), komma bort (iväg), rymma, *b)* starta; ~ *away!* det menar du inte!; *you can't* ~ *away from the fact that* du kan inte komma ifrån att; ~ *away with* komma undan (smita) med; *he* got away with that han klarade sig helskinnad undan; ~ back a) få tillbaka (igen), b) återvända, gå (komma) tillbaka; ~ back at ta hämnd (hämnas) på; get one's own back (vard.) ta revansch; ~ behind bli (komma) efter; ~ by a) komma förbi, passera, b) vard. klara sig (with little money på litet pengar), c) duga, d) accepteras av; ~ down a) gå (stiga) ner (av), b) bära ner (nedför), c) skriva ner, anteckna, d) göra nedstämd, trycka ner, e) få ner, få i sig; ~ down to business (brass tacks) ta itu med uppgiften, komma till saken; ~ in a) stiga in (upp, ner) (into i, på), b) komma in, komma hem, c) hämta (ta, få) in, d) skicka efter, tillkalla, e) bli invald, f) hinna med, få färdig; ~ in with s.b. bli god vän med ngn; ~ into a) gå (stiga, komma) in i (upp på, ner i), b) anlända till, c) få på sig, komma i (one's clothes kläderna), d) råka (komma, försätta sig) i (difficulties svårigheter), e) komma (välja) in i (parliament parlamentet), f) vard. bli van vid, komma (sätta sig) in i; ~ s.b. into a school få in ngn i en skola; what's got into him? vad har det flugit i honom?; ~ off a) klara sig (slippa) undan, b) få (bli) frikänd, c) få (skicka) iväg (the children to school barnen till skolan), d) stiga (gå) av (buss e.d.), e) gå (komma) bort från, lämna, f) ta (få) av (lock, kläder e.d.), g) ge sig (komma) iväg; ~ off! släpp [mig]!; ~ off to bed gå och lägga sig; ~ off to sleep somna [in]; tell s.b. where to ~ off (vard.) be ngn dra åt skogen; ~ off with s.b. (BE. vard.) inleda ett förhållande med; ~ on a) gå (stiga) på, b) sätta på (lock e.d.), c) få (sätta, ta) på sig (kläder e.d.), c) [börja] bli gammal, d) göra framsteg, klara sig, lyckas, ha framgång, e) komma överens, dra jämt, trivas, f) fortsätta, gå vidare, g) sl. börja knarka; ~ on! mig lurar du inte!; how are you ~ting on? hur har du det?, hur går det för dig?, hur mår du?; it's ~ting on det börjar bli sent, tiden går; he's ~ting on my nerves han går mig på nerverna; he's ~ting on for sixty han närmar sig de sextio; ~ on to a) komma (stiga) upp på (the roof taket), b) komma i kontakt med, få tag i (på telefon), c) komma på, upptäcka, d) framföra önskemål (krav) till; ~ out a) komma (gå, stiga, fara, slippa) ut (of ur), komma (gå, stiga) upp (of ur); gå (stiga) av (ur) (tåg e.d.), lämna, bildl. hoppa av, b) få (ta) ut (ur) (sticka, fläck e.d.), c) få ge ut, komma ut med (a book en bok), d) (med svårighet) få (pressa) fram (of ur), få ut (ur) (of ur), e) ta (hämta) fram (a glass of wine ett glas vin), ta upp (a coin of one's pocket ett mynt ur fickan), ta ut (money of the bank pengar från banken); ~ out! ut!; ~ out of a) undvika, smita från, undgå, b) bli ovan vid, glömma bort; ~ over a) få över (s.th. over a fence ngt över ett staket), b) komma (ta sig) över, bildl. hämta sig från, komma över (a shock en chock), övervinna (shyness blyghet), c) få fram, förmedla (a message ett budskap); ~ s.th over [with] få ngt undanstökat (undangjort); ~ round a) kringgå (a problem ett problem), komma ifrån, b) vard. lirka med, lyckas övertala; ~ round to få tid med, komma till; ~ through a) gå igenom, klara sig i (examen e.d.), b) komma (klara sig) igenom, c) komma fram (äv. i telefon), d) göra slut på (pengar e.d.), e) få (driva) igenom (lagförslag e.d.), f)

AE. sl. skaffa knark; ~ to a) komma (anlända) till, b) vard. reta upp, irritera; I got to wondering jag började undra; ~ together a) samla [ihop], få (plocka) ihop, b) samlas, träffas (för att umgås); ~ it together (vard.) samla sig, klara av det; ~ up a) stiga (gå) upp (late sent), resa sig [upp], ställa sig upp, b) få, skaffa sig (an appetite aptit), c) komma uppför, d) få upp, få att resa sig (stiga upp), e) klä (styra) ut, f) vard. [an]ordna, g) vard. bättra på, plugga in; ~ up steam få upp ångan; ~ up to (vard.) ställa till med, vara invecklad i

get|-at-able [get'ætəbl] vard. tillgänglig, åtkomlig **-away** ['getəweɪ] **1** rymning **2** start **--together** [,getə'geðə] vard. sammankomst, träff **--up** ['getʌp] vard. utstyrsel

gewgaw ['gju:gɔ:] **I** s bjäfs, grannlåt **II** a grann, prålig

geyser 1 ['gaɪzə] gejser **2** ['gi:zə] varmvattenberedare

ghastly ['gɑ:stlɪ] **1** hemsk, kuslig **2** likblek, spöklik **3** vard. förfärlig, gräslig

gherkin ['gɜ:kɪn] liten gurka

ghetto ['getəʊ] getto

ghost [gəʊst] **I** s **1** spöke, vålnad, ande **2** the Holy G~ den Helige Ande **3** give up the ~ ge upp anden (dö) **4** skugga; aning, tillstymmelse; be a ~ of one's former self vara en skugga av sitt forna jag; the ~ of a smile tillstymmelsen av ett leende **4** skugga, spökbild (på TV- el. radarskärm) **II** v vara spökskrivare [åt] **ghostly** [-lɪ] a spöklik

giant ['dʒaɪənt] **I** s jätte, gigant **II** a jättelik, gigantisk

gibber ['dʒɪbə] **I** v babbla; sluddra **II** s babbel; sludder **-ish** [-rɪʃ] **1** tjatter **2** rappakalja, struntprat

gibbet ['dʒɪbɪt] **I** s [enarmad] galge **II** v avrätta genom hängning, hänga

gibe [dʒaɪb] **I** v håna, pika **II** s hån, gliring

Gibraltar [dʒɪ'brɔːltə] Gibraltar; the Strait of ~ Gibraltar sund

giddiness ['gɪdɪnɪs] yrsel, svindel **-dy** [-dɪ] **1** yr **2** svindlande **3** tanklös; lättsinnig

gift [gɪft] **I** s **1** gåva, skänk, present; make s.b. a ~ ge ngn en gåva **2** gåva, talang, begåvning; have a ~ for languages vara språkbegåvad **II** v skänka, ge som present **gifted** ['gɪftɪd] begåvad, talangfull **gift token (voucher)** presentkort

gig [gɪg] vard. [enstaka] spelning (engagemang)

gigantic [dʒaɪ'gæntɪk] gigantisk, jättelik, väldig

giggle ['gɪgl] **I** v fnittra, fnissa **II** s fnitter, fniss

gigot ['dʒɪgət] får|stek, -lår

gild [gɪld] (~ed, ~ed el. gilt) förgylla (äv. bildl.); ~ the lily a) försöka bättra på det redan vackra, b) överdriva

gill [gɪl] s **1** gäl; green about the ~s (vard.) grön i ansiktet; white about the ~s (vard.) blek om nosen **2** bot. skiva, lamell (på svamp)

gilt [gɪlt] **I** a förgylld **II** s förgyllning

gimmick ['gɪmɪk] vard. gimmick, [lustig] grej; jippo; trick, knep

gin [dʒɪn] gin

ginger ['dʒɪn(d)ʒə] **I** s **1** ingefära **2** rödbrun (gulbrun) färg **3** vard. fart, kläm, ruter **II** v **1** krydda med ingefära **2** ~ up liva (elda) upp **ginger ale (beer)** [,dʒɪn(d)zər|'eɪl, -'bɪə] (slags) ingefärsdricka **ginger bread** [ˈdʒɪn(d)ʒəbred] **1** pepparkaka **2** snirklar, krusiduller **gingerly** [ˈdʒɪn(d)ʒəlɪ] **I** *adv* försiktigt, ängsligt; motvilligt **II** *a* försiktig, ängslig; motvillig **ginger nut (snap)** tunn pepparkaka, pepparnöt

gipsy [ˈdʒɪpsɪ] **I** *s* zigenare, zigenerska **II** *a* zigenar-

giraffe [dʒɪˈrɑːf] giraff

gird [gɜːd] **I** *v* (*reg el. girt, girt*) **1** ~ [*on*] omgjorda sig med; ~ [*up*] *one's loins* (*bibl. o. bildl.*) omgjorda sina länder **2** innesluta, omringa **3** förläna (*knighthood* riddarvärdighet)

girder [ˈgɜːdə] [tvär]balk

girdle [ˈgɜːdl] **I** *s* gördel; höfthållare; bälte (*äv. bildl.*) **II** *v* omgjorda; omge (*äv. bildl.*)

girl [gɜːl] **1** flicka **2** tjänsteflicka **girlfriend** [ˈgɜːlfrend] flickvän; väninna, flickbekant **Girl Guide** *BE.* flickscout **girlhood** flick|ålder, -tid **girlish** [-ɪʃ] flickaktig **Girl Scout** *AE.* flick- ꞏꞏꞏꞏꞏ

giro [ˈdʒaɪrəʊ] [post-, bank]giro; *pay by* ~ betala på postgiro (bankgiro)

gist [dʒɪst] kärna, huvud-, kärn|punkt

give [gɪv] **I** *v* (*gave, given*) **1** ge; skänka; lämna; framkalla, väcka (*offence* anstöt); vålla, förorsaka (*trouble* besvär); *be* ~*n* få; ~ *me the book* ge mig boken; ~ *it to me* ge mig den (den till mig); ~ *me some advice* ge mig ett råd; ~ *a lecture* hålla en föreläsning; ~ *my love to* hälsa så mycket till; ~ *place* lämna (ge) plats; ~ *a play* (*Hamlet*) ꞏꞏ (framtora) en pjäs (Hamlet); *it* ~*s me great pleasure* det ger mig mycket nöje; ~ *one's vote* avge sin röst; *I don't* ~ *anything for his promises* jag ger inte ett dugg för hans löften; ~ *one's life for one's country* ge sitt liv för sitt land; ~ *two pounds for a book* ge två pund för en bok **2** ge till, utstöta; ~ *a cry* ge till ett skrik, skrika till; ~ *a jolt* skaka till **3** ägna; ~ *o.s. to music* ägna sig åt musik; ~ *one's life to* ägna sitt liv åt **4** skåla för; *I* ~ *you the Queen* jag föreslår drottningens skål; ~ *a toast for* utbringa en skål för **5** ~ *and take* ge och ta, kompromissa; *six o'clock,* ~ *or take a few minutes* ungefär klockan; ~ *as good as one gets* ge igen, ge svar på tal; ~ *me...* (*vard.*) tacka vet jag..., jag gillar...; ~ *battle* inlåta sig i strid; ~ *s.b. to believe that* få ngn att (låta ngn) tro att; ~ *birth to a*) föda, *b*) ge upphov till; ~ *ground a*) retirera, *b*) dra tillbaka; ~ *rise to* ge upphov till; ~ *way a*) ge efter, ge vika, ge sig (*to* för), *b*) ge (lämna) företräde, ge plats (*to åt*), *c*) vika [undan], väja (*to* för); *my legs were giving way under me* benen vek sig under mig; ~ *s.b. what for* (*vard.*) skälla ut ngn efter noter **6** ge efter, ge vika; *the table will* ~ *if you sit on it* bordet kommer att ge vika om du sitter på det; *his courage will never* ~ hans mod kommer aldrig att svikta **7** *vard.* hända, ske; *what* ~*s?* vad står på?, vad är det som händer? **8** vetta (*onto* mot) **9** ~ *away a*) ge (skänka) bort, *b*) överlämna, dela ut (*pris*), *c*) missa (*tillfälle*); ~ *away the bride* överlämna bruden åt brudgummen; ~ *away the game* (*show*) avslöja (förråda) allt; ~ *back* ge (lämna) tillbaka, återlämna; ~ *forth a*) utsända, *b*) ge ifrån sig; ~ *in a*) ge sig, ge upp, ge vika, ge efter (*to* för), *b*) lämna in (*one's composition* sin uppsats); ~ *in one's name* anmäla sig; ~ *off* avge, ut-

dunsta, utsända; ~ *out a*) avge, utsända (*värme, gas e.d.*), *b*) tillkännage, meddela, *c*) dela ut (*free samples* gratisprov), *d*) ta slut, tryta, *e*) inte fungera, strejka; ~ *over a*) överlämna, *b*) ägna (*to* åt), *c*) *vard.* sluta (*fighting* slåss); ~ *up a*) ge upp, ge upp hoppet om, *b*) upphöra [med], sluta (*smoking* röka), *c*) avstå från, avträda, lämna (*one's seat* sin plats), *d*) avslöja, förråda, *e*) överlämna, avlämna (*tickets* biljetter); ~ *o.s. up* anmäla sig [för polisen], överlämna sig; ~ *o.s. up to* hänge sig åt, ägna sig helt åt **II** *s, vard.* elasticitet, spänst; *bildl.* flexibilitet

giveaway [ˈgɪvəweɪ] **1** (*oavsiktligt*) avslöjande **2** *i sht AE.* reklampresent; *radio., TV.* tävlingsprogram (*m. priser*) **given** [ˈgɪvn] **1** *perf. part. av give* **2** bekant, given; ~ *name* (*i sht AE.*) förnamn **3** ~ *to* begiven på, slav under, hemfallen åt **4** given, bestämd **5** förutsatt **6** (*på officiella dokument*) given, daterad **giver** [ˈgɪvə] givare

glacial [ˈgleɪsjəl] glaciär-, glacial-; is-, istids-; *bildl.* kylig, iskall; ~ *period* (*epoch*) istid **glaciated** [ˈglæsɪeɪtɪd] istäckt **glacier** [ˈglæsjə] glaciär, jökel **glaciologist** [ˌglæsɪˈɒlədʒɪst] glaciolog

glad [glæd] **1** glad (*about, at* åt, över); *we would be* ~ *of your help* vi vore glada att få er hjälp; *I'm* ~ *to see you* det var roligt att träffa dig; *she was* ~ *to help* hon var glad att kunna (få) hjälpa till; *I shall be* ~ *to come* jag kommer gärna; *I'd be* ~ *ꞏꞏ/ Ju gurna.* **2** glad, glädjande (*news* nyheter); *give s.b. the* ~ *eye* [ögon]flörta med ngn; *give s.b. the* ~ *hand* hälsa översvallande på ngn, välkomna ngn med öppna armar **-den** [ˈglædn] glädja[s] **glade** [gleɪd] glänta **glad-hand** [ˈglædhænd] hälsa välkommen, väl komna **gladiator** [ˈglædɪeɪtə] gladiator **glad|ly** [ˈglædlɪ] med glädje, gladeligen, gärna **-ness** [-nɪs] glädje **-rags** *pl, sl.* stass, högtidsblåsa

glamorous [-əs] glamorös, förtrollande, tjusig **glamour** [ˈglæmə] glamour, tjuskraft, förtrollning; lockande skönhet

glance [glɑːns] **I** *v* **1** titta (*flyktigt, hastigt*), kasta en blick (*at* på); ögna (*at* i; *over, through* igenom) **2** blänka (glänsa) [till]; *the moon* ~*d on the water* månen blänkte i vattnet **3** ~ *off* studsa (rikoschettera) mot, reflekteras mot, slinta mot **4** snudda vid **II** *s* **1** [flyktig, hastig] blick, titt (*at* på); *at a* ~ med en enda blick, omedelbart; *at the first* ~ vid första ögonkastet **2** blänk[ande], glimt, skimmer **3** studsande, rikoschetterande **4** anspelning, antydan

gland [glænd] körtel **glandu|lar, -lous** [ˈglændjʊ|lə -ləs] körtel-; *-lar fever* körtelfeber **glare** [gleə] **I** *s* **1** skarpt (bländande) sken (ljus); glans **2** iskален blick **3** prål, skrikighet **II** *v* **1** lysa skarpt; glänsa **2** glo, stirra vilt, blänga ilsket **glaring** [ˈgleərɪŋ] **1** skarp, bländande; glänsande **2** vilt stirrande, ilsket blängande **3** gräll, skrikig; uppenbar, iögonenfallande; grov, [himmels]skriande; bjärt

glass [glɑːs] **I** *s* **1** glas (*ämne*); *a pane of* ~ en glasruta **2** [dricks]glas; spegel; barometer; teleskop, kikare; ~ *and china* glas och porslin; *a* ~ *of wine* ett glas vin **3** ~*es* (*pl*) glasögon **II** *v* glasa, sätta glas i, förse (täcka) med glas **glass-blower** ['glɑːs,bləʊə] glasblåsare **glass eye** [-aɪ] emaljöga **glasshouse 1** *BE.* växt-, driv|hus **2** *AE.* glasbruk **3** *vard., i sht BE.* militärt fångläger **glass ware** glas[varor] **glassworks** (*behandlas som sg*) glasbruk **glassy** [-ɪ] **1** glas-, glasaktig **2** *bildl.* tom, livlös, glasartad (*look* blick)

glaze [gleɪz] **I** *v* **1** glasa, sätta glas i **2** polera, glätta **3** glasera **4** (*om blick*) bli glasartad, stelna **II** *s* **1** glasyr **2** glans, glansig yta **glazier** ['gleɪzjə] glasmästare **glazing** ['gleɪzɪŋ] **1** glasning, insättande av glas[rutor] **2** glasering **3** glasyr **4** *koll.* glas-, fönster|rutor

gleam [gliːm] **I** *s* glimt; skimmer; stråle (*äv. bildl.*); ljussken; *a ~ of hope* en strimma hopp **II** *v* glimma, skimra; stråla; glänsa

glean [gliːn] **1** samla [ihop], plocka ihop (*information* upplysningar) **2** plocka [upp] (*ax*) efteråt **3** göra en efterskörd

glee [gliː] **1** glädje, munterhet **2** glee (*slags flerstämmig sång*)

glen [glen] trång dal[gång] (*i sht i Skottland o. på Irland*)

glib [glɪb] talför, munvig; lättvindig; ledig

glide [glaɪd] **I** *v* **1** glida [fram]; sväva; *~ past* glida förbi **2** glidflyga **3** låta glida **II** *s* **1** glidande, glidning **2** glidflykt **glider** ['glaɪdə] glid-, segel|flygplan

glimmer ['glɪmə] **I** *v* lysa svagt, glimma **II** *s* **1** svagt sken, glimrande **2** glimt, skymt; *~ of hope* svagt hopp

glimpse [glɪm(p)s] **I** *s* glimt, skymt; *bildl.* kort inblick (*of* i); *catch a ~ of* [få] se en skymt av **II** *v* [få] se en skymt av, skymta

glint [glɪnt] **I** *v* glittra, blänka **II** *s* glimt; glitter, blänk

glisten ['glɪsn] glittra, glimma, glänsa

glitter ['glɪtə] **I** *v* glittra, gnistra, glimma, blänka, tindra; *bildl.* lysa, glänsa (*with* av); *all that ~s is not gold* det är inte guld allt som glimmar **II** *s* glitter, glittrande, glimmer; glans, prakt

gloat [gləʊt] **I** *v* , *~ [over]* självbelåtet (skadeglatt) betrakta, gotta sig åt, frossa i **II** *s* triumferande blick, skadeglädje

global ['gləʊbl] **1** global **2** vittomfattande, mångsidig; total

globe [gləʊb] **1** jordglob; *the ~* jordklotet, jorden **2** *astr.* planet, himlakropp **3** klot, kula; glob; glasskål (*för guldfiskar*); *i sht Austr.* glödlampa **4** riksäpple **globose** ['gləʊbəʊs], **globous** ['gləʊbəs] klotformig **globular** ['glɒbjʊlə] **1** klotformig, sfärisk **2** klot-

gloom [gluːm] **I** *s* **1** mörker, dunkel **2** dysterhet; tryckt (dyster) stämning **II** *v* **1** se dyster ut **2** bli mörk (dyster) **3** förmörka; fördystra **-iness** ['gluːmɪnɪs] **1** mörker, dunkel **2** dysterhet, melankoli **-y** ['gluːmɪ] **1** mörk, dunkel **2** dyster, melankolisk

glorify ['glɔːrɪfaɪ] **1** förhärliga, glorifiera; lovprisa **2** pryda, försköna **3** dyrka, avguda **glorious** ['glɔːrɪəs] **1** ärofull, ärorik, lysande; *the G~ Revolution* den ärorika revolutionen **2** strålande, fantastisk, underbar **3** *vard.* härlig; förskräcklig; rejäl, ordentlig; *a ~ mess* en salig röra **glory** ['glɔːrɪ] **I** *s* **1** ära **2** *the crowning ~* kronan på verket, höjdpunkten **3** ära, lov och pris; *~ be to*

God ära vare (pris ske) Gud; *~ [be]!* (*vard.*) himmel! **4** glans, prakt, ståt; strålande skönhet; glanstid; esse; *in all its ~* i all sin prakt (glans); *the ~ of the sunset* den praktfulla solnedgången; *Rome at the height of its ~* Rom på höjden av sin makt **5** [himmelsk] salighet; *go to ~* (*litt.*) gå till sin Gud (*dö*) **II** *v*, *~ in* glädja sig åt, jubla över

gloss [glɒs] **I** *s* glans, glänsande yta; *bildl.* sken **II** *v* **1** göra (bli) glansig (glänsande) **2** *~ [over]* tysta ner, bagatellisera, släta över

glossary ['glɒsərɪ] ordförteckning, ordlista, glossarium

glossy ['glɒsɪ] glänsande, glansig; *~ magazine* elegant tidskrift (*på glättat papper o. med färgbilder*); *~ print* (*foto.*) blank kopia **II** *s*, *se ~ magazine o. ~ print*

glove [glʌv] **I** *s* handske; [sport-, box]handske; *fit like a ~* passa som hand i handske (precis); *be hand in ~ with* (*vard.*) vara mycket god vän med; *handle with kid ~s* (*vard.*) behandla med silkesvantar (mycket försiktigt) **II** *v* behandska **glove compartment** ['glʌvkəm,pɑːtmənt] handskfack (*i bil*)

glow [gləʊ] **I** *s* glöd (*äv. bildl.*); sken; *the ~ of health* hälsans friska rodnad **II** *v* glöda (*äv. bildl.*); lysa, skina; *she ~ed with health* hon strålade av hälsa

glower ['glaʊə] blänga (stirra) ilsket (*at* på)

glowing ['gləʊɪŋ] glödande (*äv. bildl.*), lysande; blossande (*cheeks* kinder); entusiastisk (*account* skildring), exalterad **--worm** lysmask

glucose ['gluːkəʊs] glukos

glue [gluː] **I** *s* lim **II** *v* limma, klistra; *~ down* (*on*) klistra (limma) fast; *~ s.th. together* limma (klistra) ihop ngt; *he's ~d to the TV* han sitter klistrad vid TV:n **gluey** ['gluːɪ] limmig, klibbig

glum [glʌm] dyster; trumpen

glut [glʌt] **I** *v* **1** mätta, proppa full, överlasta; frossa på; *bildl.* mätta, tillfredsställa **2** översvämma (*the market* marknaden) **3** proppa igen (till) **II** *s* [över]mättnad, överflöd; *there is a ~ in the market* marknaden är övermättad

gluten ['gluːtən] gluten

glutton ['glʌtn] frossare, matvrak; *~ for work* arbets|myra, -narkoman **-y** ['glʌtŋɪ] frosseri

glycol ['glaɪkɒl] *kem.* glykol

G-man ['dʒiːmæn] *AE. sl.* FBI-agent

GMT *förk. för Greenwich Mean Time*

gnarled [nɑːld], **gnarly** ['nɑːlɪ] **1** knotig, knölig **2** tvär, butter

gnash [næʃ] **I** *v*, *~ one's teeth* skära tänder, gnissla med tänderna **II** *s* tandagnisslan

gnat [næt] [vanlig stick]mygga

gnaw [nɔː] **1** gnaga (tugga, bita) på; *~ one's fingernails* bita på naglarna; *anxiety was ~ing her* oron tärde på (plågade) henne; *~ a hole* gnaga ett hål; *~ off* gnaga av **2** fräta på **3** gnaga (*at, upon* på); *~ at s.b.* (*bildl.*) tära (gnaga, fräta) på ngn

gnome [nəʊm] **1** gnom, jordande, dvärg **2** *neds.* gnom, internationell finansman

G.N.P. *förk. för gross national product* BNP, bruttonationalproduct

go [gəʊ] **I** *v* (*went, gone; 3 pers. sg pres. goes; se äv. going, gone*) **1** resa, åka, fara, köra; ge sig av (i väg); gå; *~ in rags* gå [klädd] i trasor; *~ on* holiday åka på semester; *this bus ~es to Leeds* den här bussen går till Leeds; *here ~es!* (*vard.*) nu börjas det!; *here we ~ again!* (*vard.*) nu är det färdigt igen!; *there he ~es!* där är han ju!; *who ~es there?* vem där?; *we must ~* (*be ~ing*) vi måste gå (ge oss i väg); *~ and get* gå och hämta; *~ shut the door!* (*AE.*) gå och stäng dörren!; *he's ~ne and lost his new watch* (*vard.*) han har gått och tappat sin nya klocka; *don't ~ doing* (*and do*) *that!* (*vard.*) gå inte och gör det!; *~ shopping* gå [ut] och handla **2** gå, leda; sträcka sig, nå, räcka; *this road ~es to York* den här vägen går till York; *the garden ~es to the lake* trädgården sträcker sig till sjön **3** gå, fungera; vara (gå, sätta) i gång, starta; *the radio won't ~* radion går (fungerar) inte; *ready, steady, ~!* klara, färdiga, gå! **4** gå till väga, göra; gå, skrida (*into action* till handling); *~ carefully about* gå försiktigt till väga med; *when you serve you ~ like this* när man servui göi man så här **5** gå, säljas (*cheap* billigt); *the bracelet went for two hundred pounds* armbandet gick för tvåhundra pund **6** gå, passa; *the scarf does not ~ with the hat* scarfen går (passar) inte till hatten **7** gå, utfalla, förlöpa; *how is it ~ing?, how ~es it?* (*vard.*) hur står det till?, hur har du det (går det för dig)?; *everything ~es well* allt går bra; *as things ~* som förhållandena nu är **8** gå för sig, tolereras; gälla; *anything ~es here* allting går för sig här; *what the boss says ~es* vad chefen säger gäller; *that ~es for me too* det gäller mig också, det tycker jag med **9** gå [bort], försvinna; gå över, upphöra; gå åt, ta slut; gå sönder; [av]gå, avskedas; (*om tid*) gå; *it is (has) ~ne den är försvunnen (borta, slut)*, den har försvunnit (tagit slut); *my eyesight is ~ing* min syn håller på att försvinna; *there ~es another one!* där går (försvinner) en till!; *the ladder went at the crucial moment* stegen gick sönder i det kritiska ögonblicket; *I don't know where my money ~es* jag vet inte vart mina pengar tar vägen; *two hours to ~ till* två timmar kvar tills; *the minister will have to ~* ministern måste avgå **10** gå, ljuda, låta; säga; (*om ord e.d.*) lyda; *the alarm ~es* larmet går (ljuder); *the gun went bang* geväret sa pang; *as the phrase (saying) ~es* som det heter (man brukar säga); *how does that tune ~?* hur går den där melodin?; *this text ~es to the melody of...* den här texten går (sjungs) till melodin... **11** ha sin plats, skola vara (stå, ligga, hänga); få plats (rum); *where do the forks ~?* var ska gafflarna ligga (vara); *3 into 9 ~es 3* 3 går i 9 tre gånger; *it won't ~ in the box* den får inte plats i lådan **12** bli; *~ bad* bli dålig (skämd); *~ mad* bli tokig; *his face went red* han blev röd i ansiktet **13** *this pie is good as my pies ~* den här pajen är god i jämförelse med mina **14** *AE., food to ~* mat för avhämtning **15** *vard., i sht AE.* väga; *I went fifty kilos yesterday* jag vägde femtio kilo i går **16** *vard.* uppträda, spela; *that group can really ~* den gruppen kan verkligen spela **17** *spelt.* bjuda (*five spades* fem spader); *~ one better* bjuda över **18** *vard., ~ it* kéra hårt, gå på, ha ett högt tempo; *~ it!* gå på!, ge inte upp!, sätt i gång!; *~ it alone* agera på egen hand **19** *~ to* (*+ inf.*) *a*) tjäna till att, vara till för att, bidra till att, *b*) gå och (*get* hämta); *this letter ~es to prove that...* det här

brevet är till för att bevisa att **20** *~ about a*) resa (åka *etc.*) omkring, *b*) ta itu med, ägna sig åt, *c*) gå, vara i omlopp, *d*) *sjö.* gå över stag, vända; *~ against a*) strida (gå) emot, *b*) gå olyckligt för, gå emot, *c*) motsätta sig; *~ ahead a*) börja, sätta i gång, fortsätta, *b*) gå (resa *etc.*) före (i förväg), *c*) ta ledningen; *~ ahead with s.th.* genomföra ngt; *~ along a*) gå [vägen fram], *b*) instämma, samtycka; *as one ~es along a*) under vägen, *b*) efter hand, undan för undan; *~ along with a*) resa (åka *etc.*) tillsammans med, följa med, *b*) hålla med, instämma med, *c*) höra ihop med, höra till; *~ with you!* (*vard.*) sluta!, ge dig iväg!; *~ [a]round a*) resa (åka *etc.*) omkring, *b*) sällskapa (*with* med), *c*) gå runt, cirkulera, *d*) ägna sig åt, *e*) räcka (gå) runt; *~ at a*) ta itu med, *b*) ge sig på, gå lös på; *~ away a*) resa, ge sig i väg, *b*) försvinna; *~ back a*) resa (åka *etc.*) tillbaka, återvända, *b*) gå tillbaka (*to* till), datera sig (*to* från), *c*) (*om klocka*) ställas tillbaka; *~ back on one's words* ta tillbaka det man har sagt; *~ back on one's promise* svika (bryta) sitt löfte; *~ back on s.b.* lämna ngn i sticket; *~ before a*) resa (åka *etc.*) före, gå före, *b*) träda (komma) inför (*the court* rätta; *~ below (sjö.)* gå ner under däck; *~ beyond* gå utöver, överskrida; *~ by a*) passera [förbi], resa (åka *etc.*) förbi (via, över), *b*) resa (åka *etc.*) med (*boat* båt), *c*) (*om tid*) gå, förflyta, *d*) drivas av, gå på (*petrol* bensin), *e*) ledas (guidas) av, *f*) döma (gå, rätta sig) efter; *~ by air* flyga; *~ by car* bila, åka bil; *~ by the name of* gå under namnet; *~ down a*) gå ner (*äv. om mat e.d.*), sjunka, gå under, *b*) minska, sjunka, avta, *c*) misslyckas (*i examen e.d.*) besegras, förlora, (*om boxare*) gå ner för räkning, *d*) slå an, gå hem (*with* på, hos), *e*) *BE.* bli sjuk, insjukna (*with* i), *f*) *BE., univ.* sluta vid, lämna, *g*) *BE. sl.* åka in (*i fängelse*); *~ down in history* gå till historien (eftervärlden); *he has ~ne down in the world* det har gått utför med honom; *~ down on one's knees* falla på knä; *~ for a*) gå (åka) efter (och hämta), hämta, *b*) försöka få (*a job* ett arbete), *c*) gälla [för], *d*) *vard.* gilla, tycka om, *e*) anfalla, attackera, ge sig på; *~ for a swim* gå och bada; *~ for a walk* ta en promenad; *~ in a*) gå in, gå i, passa i, *c*) (*om solen, månen*) gå i moln, *d*) gå in [i huvudet], fastna; *~ in for a*) delta i, vara (gå) med i (*tävling e.d.*), *b*) gå in för, satsa på, ägna sig åt, verka (vara) för, *c*) gå upp i (*examen*); *~ into a*) gå in i (på, vid), *b*) få plats (rymmas) i, *c*) slå sig på (*publishing* bokutgivning), *d*) gå in på, undersöka, ge sig in på, *e*) klä sig i (*mourning* sorgkläder), *f*) köra in i, krocka med, *g*) lägga in sig (bli inlagd) på (*sjukhus*), *h*) råka in, gripas av (*panics* panik); *~ into hysterics* bli hysterisk; *~ off a*) ge sig av (i väg), fara i väg, *b*) lämna (*stage* scenen), *c*) (*om ljus, vatten e.d.*) slockna, stängas av, inte fungera, *d*) explodera, (*om vapen*) gå av, (*om larm e.d.*) börja ringa, *e*) gå, förlöpa, *f*) mattas, avta, bli sämre, *g*) somna, falla i sömn, *h*) gripas av, brista ut i, *i*) *BE. vard.* bli skämd (dålig), *j*) *BE. vard.* sluta tycka om; *she went off* (*vulg.*) det gick för henne; *~ off one's rocker* (*head*) bli tokig; *~ on a*) fortsätta, resa (åka *etc.*) vidare, *b*) försiggå, pågå, stå på, hända, *c*) fortgå, pågå, hålla på, *d*) (*om ljus, vatten e.d.*) tändas, sättas (komma) på, *e*) åka (ge sig av) på (*an excursion* en utflykt), *f*) göra entré, komma in (*på scenen*), *g*) pladdra, prata på, tjata (*about* om), *h*) gå efter, hålla sig till, *i*) (*om kläder*) gå på, *j*) gå på, börja skift; ~ *on* [*with you*]! (*vard.*) nej, vet du vad!; ~ *on, tell me!* seså, berätta nu!; ~ *on a diet* hålla diet; ~ *on at s.b.* bråka med (tjata på) ngn; ~ *on for sixty* (*BE.*) närma sig de sextio; *not* ~ *much on* (*BE.*) inte tycka om, ogilla; ~ *out a*) gå (resa *etc.* ut), *spelt.* gå ut, *b*) slockna, sluta att fungera, *c*) bli omodern, *d*) somna, svimma, slockna, *e*) *radio.* gå ut, sändas, *f*) gå i strejk; ~ *all out* göra sitt yttersta, satsa allt; *out you* ~*!* ut med dig!; ~ *out to* (*bildl.*) gå till; ~ *out with* gå ut (sällskapa) med; ~ *over a*) gå (resa *etc.*) över, *b*) gå över, övergå (*t. annat parti e.d.*), *c*) gå igenom, granska, kontrollera, se över, läsa igenom, repetera, *d*) mottagas (*well* väl), *e*) välta, stjälpa, *f*) *sl.* puckla på; ~ *over s.th. in one's mind* tänka igenom ngt; ~ *round a*) resa (åka *etc.*) runt (omkring), *b*) gå runt, *c*) räcka [till]; ~ *round to* gå och hälsa på, gå över till; *my head is* ~*ing round* jag är yr i huvudet; ~ *through a*) gå igenom, söka (leta) igenom, granska, repetera, *b*) genomgå, genomlida, *c*) slita (nöta) ut, göra slut på; ~ *through with* genomföra, fullfölja; ~ *to a*) gå till (*bed* sängs), *b*) gå på (*the movies* bio), *c*) gå i (*school* skolan), *d*) (*om pengar*) gå till, *e*) uppgå till, *f*) *bildl.* ta på sig (*a lot of trouble* en massa besvär); ~ *to sleep* somna; ~ *to the country* (*BE. parl.*) utlysa nyval; ~ *to blazes* (*hell*) dra åt helvete; ~ *to it* stå i, sätta fart; ~ *through a*) resa (åka *etc.*) tillsammans, *b*) *vard.* gå (vara) tillsammans, *c*) passa (gå) ihop; ~ *under a*) gå under, sjunka, *b*) gå under (omkull), *c*) duka under (*to* för); ~ *under the name of* gå (vara känd) under namnet; ~ *up a*) gå (resa *etc.*) upp, resa in (*to London* till London), *b*) gå (resa, klättra *etc.*) uppför, klättra upp i (*a tree* ett träd), *c*) gå upp, stiga, *d*) sprängas, *e*) *BE.* börja (*vid univ. e.d.*), *f*) växa upp; ~ *up in flames* brinna ner; ~ *with a*) gå (resa, följa *etc.*) med, *b*) sällskapa (vara ihop) med, *c*) passa, gå till, *d*) höra till, följa med, höra ihop med, *e*) hålla med; ~ *without* [få] vara utan; *that* ~*es without saying* det säger sig självt **II** *s* (*pl* ~*es*) **1** gång, gående; *from the word* ~ (*vard.*) från allra första början; *no* ~ (*vard.*) omöjlig, värdelös, misslyckad; *on the* ~ (*vard.*) i farten, på bettet **2** försök; tur; *at* (*in*) *one* ~ på en gång, i ett drag; *have a* ~ försöka, göra ett försök; *have a* ~ *at* försöka sig (pröva) på; *it's her* ~ det är hennes tur **3** *vard.* go, ruter, fart, framåtanda **4** *vard.* succé; *make a* ~ *of* lyckas (ha framgång) med **5** *vard.* överenskommelse **6** *vard.* hårt arbete

goad [gəʊd] **I** *s* pikstav; *bildl.* sporre **II** *v* driva på med pikstav; *bildl.* sporra, driva

go-ahead [ˈgəʊəhed] **I** *a* framåt|strävande], företagsam **II** *s*, *vard.* klar|signal, -tecken

goal [gəʊl] mål (*äv. sport.*); *keep* (*play in*) ~ stå [i mål]; *score a* ~ göra mål **goalie** [-ɪ] *vard.*, **goal keeper** [-ˌkiːpə] *sport.* målvakt **goal kick** [-kɪk] (*i fotboll*) inspark **goalmouth** [-maʊθ] *sport.* målområde **goal post** [-pəʊst] *sport.* målstolpe **goal tender** [-ˌtendə] *AE., sport.* målvakt

goat [gəʊt] **1** get; *act the giddy* ~ (*vard.*) fåna sig;

get a p.'s ~ (*sl.*) reta upp ngn, gå ngn på nerverna **2** *vard.* bock, vällusting mig **-ee** [-ˈtiː] pipskägg

gob [gɒb] *vard.* **I** *s* **1** spottloska **2** ~*s* (*pl*) massor **II** *v* spotta

gobble [ˈgɒbl] **1** ~ [*up, down*] sluka, glufsa i sig **2** smacka, smaska

gobble|degook, -dygook [ˈgɒbldɪˌguːk] *vard.* högtravande språk, fikonspråk

go-between [ˈgəʊbɪˌtwiːn] mellanhand, medlare

goblet [ˈgɒblɪt] glas på fot, bägare

goblin [ˈgɒblɪn] elakt troll, svartalf

god [gɒd] **1** gud; *G~* Gud; *G~ knows!* det vete gudarna!; *for G~'s sake* för guds skull; *thank G~!* gudskelov! **2** *the* ~*s* (*pl*) [publiken på] tredje raden (*på teater*)

god|child [ˈgɒdtʃaɪld] gud-, fadder|barn **-dam[n], -damned** [ˈgɒdæm(d)] *vard., i sht AE.* **I** *a* förbannad, jäkla **II** *interj* tusan också! **-dess** [-ɪs] gudinna **-forsaken** [-fəˌseɪk(ə)n] gudsförgäten **-ly** [-lɪ] gudfruktig, from **-parent** [-ˌpeər(ə)nt] gudfar, gudmor, fadder **-send** [-send] gudagåva, skänk från ovan

go-getter [ˈgəʊˌgetə] *vard.* handlingsmänniska; gåpåare

goggle [ˈgɒgl] **I** *v* **1** glo, stirra **2** rulla (*med ögonen*) **II** *s* **1** stirrande **2** ~*s* (*pl*) skyddsglasögon

going [ˈgəʊɪŋ] **I** *s* **1** gång, gående; avgång **2** väglag, före; underlag; *muddy* ~ (*äv.*) lerig väg; *it's heavy* ~ *talking to him* det går trögt att tala med honom; *while the* ~ *is good* så länge det går; *go while the* ~ *is good* gå medan tid är **3** *vard.* fart; *good* (*fast*) ~ bra fart (tempo); ~ *going!* inte illa! **II** *a* **1** framgångsrik, väl inarbetad (*concern* rörelse); *get* ~ komma (sätta) i gång; *get s.th.* ~ sätta i gång (fart på) ngt; *keep* ~ fortsätta, hålla i gång **2** tillgänglig, som finns [att få], som går att få; *the best fellow* ~ den bästa karl som går på två ben **3** [nu] gällande (*rate* taxa), marknads-, dags- (*value* värde) **4** ~, ~, *gone!* (*vid auktion*) första, andra, tredje! **5** *be* ~ *to* (+ *inf.*) skola, ämna, tänka, ha för avsikt, stå i begrepp att, [just] skola; *it's* ~ *to rain* det kommer att bli regn; *I wasn't* ~ *to do it* jag skulle (tänkte) inte göra det **goings-on** [ˈgəʊɪŋzˈɒn] *pl, vard.* förehavanden; händelser; *there are some strange* ~ det händer underliga saker

goitre [ˈgɔɪtə] *med.* struma

gold [gəʊld] **I** *s* guld **II** *a* guld-, gyllene **gold brick** [ˈgəʊldbrɪk] **1** falsk guldtacka; värdelöst föremål **2** *AE. sl.* maskare, skolkare **gold-digger** [-ˌdɪgə] **1** guldgrävare **2** *vard.* lycksökerska **golden** [ˈgəʊld(ə)n] guld-, av guld; guldgul, gyllene (*hair* hår); ~ *age* guldålder; ~ *disc* (*mus.*) guldskiva; ~ *handshake* (*vard.*) gratifikation, avgångsvederlag; *the* ~ *mean a*) den gyllene medelvägen, *b*) *konst.* gyllene snittet; ~ *rule* gyllene regel; *the* ~ *section* (*konst.*) gyllene snittet; ~ *syrup* (*BE.*) ljus sirap; ~ *wedding* guldbröllop

gold-plate [-pleɪt] förgylla **goldsmith** [-smɪθ] guldsmed **gold standard** [-ˌstændəd] guldmyntfot

golf [gɒlf] **I** *s* golf **II** *v* spela golf **golf club 1** golfklubba **2** golfklubb **golf course** golfbana **golfer** [-ə] golfspelare **golf links** *pl* golfbana

golliwog[g] [ˈgɒlɪwɒg] trasdocka med svart ansikte

golly ['gɒlɪ] *interj, vard.* kors [i alla mina dar]!, kära nån!

gondo|la ['gɒndələ] gondol **-lier** [,gɒndə'lɪə] gondoljär

gone [gɒn] **I** *perf. part. av go* **II a 1** borta, försvunnen; slut; *the key is* ~ nyckeln är borta; *my money is* ~ mina pengar är slut (borta); *be* ~*!* ge dig i väg! **2** *vard.* svag, utmattad, slut **3** [för]gången; förbi, över; *she is four months* ~ (*vard.*) hon är i femte månaden **4** *sl., be* ~ *on s.b.* vara tänd på (förtjust i) ngn **goner** ['gɒnə] *sl., he is* ~ han är dödens, det är ute med honom

gong [gɒŋ] **1** gonggong **2** *BE. mil. sl.* medalj

gonna ['gɒnə] *sl.* = going to

good [gʊd] **I** *a* (*better, best*) **1** god, bra; [*that's*] ~*!* [det är] bra!; *very* ~[, *sir*]! javisst[, herrn]!; ~ *enough!* det är bra!, det duger!; ~ *afternoon* god middag, god dag, adjö; ~ *day* god dag, adjö; ~ *evening* god afton, god dag, adjö; ~ *fortune* tur, lycka!; ~ *land* fruktbar mark; *have a* ~ *mind to* ha god lust att; ~ *morning* god morgon, god dag, adjö; ~ *music* god (bra, seriös) musik; ~ *nature* godmodighet; ~ *news* goda nyheter; ~ *night* god natt, god afton, adjö; *have the* ~ *sense to* ha den goda smaken att; *a* ~ *temper* ett gott humör; *the* ~ *things in life* det goda i livet; *and a* ~ *thing too* (*vard.*) och tur var [väl] det; *be* ~ *for s.b.* vara bra (hälsosam, nyttig) för ngn; *too* ~ *to be true* för bra för att vara sann; *that's a* ~ *one!* den var bra! **2** färsk (*inte skämd*), frisk, fräsch, fin **3** vänlig, snäll, god (*to* mot); lydig (*dog* hund); ~ *boy* (*girl*)! bra!, duktig pojke (flicka)!; *the G*~ *Shepherd* den gode herden; *be a* ~ *boy* vara en snäll pojke; *my* ~ *man* (*åld.*) min gode man; *that's very* ~ *of you* det var (är) mycket snällt av er; *would you be* ~ *enough to tell me* vill du vara snäll och säga mig **4** lämplig, passande (*for a job* för ett arbete); *a* ~ *time for* lämplig tidpunkt för **5** duktig, skicklig, bra (*at* i, på); ~ *at languages* duktig i språk **6** pålitlig, tillförlitlig, bra; aktad (*family* familj); säker, solid, fullgod; *a* ~ *make* ett pålitligt märke; *a* ~ *investment* en säker (bra) investering; ~ *securities* fullgoda säkerheter; *be* ~ *for £10,000* vara god för 10 000 pund **7** stilig, snygg (*figure* figur); fin (*complexion* hy); ~ *looks* fördelaktigt utseende **8** rolig, trevlig, bra; *have a* ~ *time* ha roligt, roa sig; *have a* ~ *time!* mycket nöje! **9** ordentlig, riktig, rejäl (*scolding* utskällning); ganska [stor, lång] (*way* väg); dryg (*hour* timme); *a* ~ *deal of* en hel del; *a* ~ *few people* inte så få (ganska många) människor; *a* ~ *while* en god stund; *a* ~ *5 km* dryga (drygt) 5 km; *have a* ~ *cry* gråta ut [ordentligt]; *take a* ~ *look at* titta noga på **II** *adv* **1** *as* ~ *as* så gott som (*finished* slut) **2** *vard.,* ~ *and proper* ordentligt, rejält; ~ *and strong* mycket stark **3** *feel* ~ må bra, trivas; *come* ~ (*Austr. vard.*) lyckas, komma igen **II** *s* **1** gott (*and evil* och ont); det goda (*in the world* i världen); nytta, gagn; fördel; *do* ~ göra gott; *for the* ~ *of the workers* för arbetarnas bästa; *he is no* ~ han är ingen bra människa, han duger ingenting till; *I'm no* ~ *at that* jag är inte bra på det; *it is no* ~ *complaining* det är inte lönt (är ingen idé, tjänar ingenting till) att klaga; *what is the* ~ *of that?* vad tjänar det till?, vad ska det vara bra för?; *it would be some* ~ det skulle vara (komma)

till nytta; *be up to no* ~ ha ont i sinnet, ha ngt rackartyg i görningen; *we were £10 to the* ~ vi hade 10 pund för mycket; *make* ~ *a*) gottgöra, ersätta, *b*) lyckas, ha framgång, *c*) fullfölja, hålla (*one's promise* sitt löfte), *d*) bevisa riktigheten av, *e*) försäkra sig om, hålla (*a position* en position) **2** goda (*människor*) **3** *for* ~ [*and all*] för gott (alltid)

good|bye **I** *s* [,gʊd'baɪ] adjö, farväl; avsked; *say* ~ säga adjö **II** *interj* [gʊ(d)'baɪ] adjö!, farväl! **--for-nothing** ['gʊdfə,nʌθɪŋ] **I** *a* oduglig, värdelös **II** *s* oduglig, värdelös person **--humoured** [,gʊd'hju:məd] älskvärd, godmodig, gladlynt **--looking** [,gʊd'lʊkɪŋ] snygg, som ser bra ut **-ly** [-lɪ] *a* **1** ganska stor, ansenlig **2** vacker; fin **--natured** [,gʊd'neɪtʃəd] godmodig, vänlig **-ness** [-nɪs] **1** godhet, dygd **2** godhet, vänlighet **3** ~ *gracious* (*me*)!, [*my*] ~*!* du milde!, kors!, him-mel!; ~ *knows! det vore underbart, for ' sake* för guds skull; *thank* ~*!* gudskelov!, tack och lov!; *I wish to* ~ [*that*] jag önskar bara att

goods [gʊdz] *pl* **1** gods, varor, artiklar; *BE.* fraktgods (*på järnväg*), frakt; *stolen* ~ stöldgods **2** lös egendom, lösöre, [personliga] tillhörigheter **3** *sl., the* ~ äkta vara, den rätta grejen; *a piece of* ~ en brud, en tjej; *deliver the* ~ (*vard.*) klara av det, göra sitt; *have the* ~ *on s.b.* (*AE.*) ha bindande bevis mot ngn **goods train** ['gʊdztreɪn] godståg

good-tempered [,gʊd'tempəd] godmodig **good will** ['gʊd'wɪl] **1** *hand.* goodwill, gott anseende; kundkrets **2** välvilja, god vilja

goody ['gʊdɪ] **I** *s* **1** *vanl. pl* goodies godsaker; *bildl.* godbitar **2** *vard.* hjälte (*i film e.d.*) **II** *interj* mums!, smaskens!

goof [gu:f] *vard.* **I** *s* **1** tabbe, groda **2** dumbom, klantskalle **II** *v* **1** fuska bort, klanta till **2** ~ *about* (*around*) traska (larva) omkring **goofy** ['gu:fɪ] **I** *a, vard.* dum **II** *s, G~* Jan Långben

goon [gu:n] **1** dumbom **2** *AE. vard.* bandit, hejduk

goose [gu:s] **1** (*pl geese* [gi:s]) gås; *vard.* gås, dumbom; *cook one's* ~ (*vard.*) försätta sin chans, förstöra för sig **2** (*pl* ~s) pressjärn **gooseberry** ['gʊzb(ə)rɪ] **1** krusbär **2** *BE. vard., play* ~ vara femte hjulet under vagnen **goose flesh** gåshud

1 gore [gɔ:] *s* **1** levrat blod **2** *vard.* slagsmål **2 gore** [gɔ:] stånga [ihjäl] **3 gore** [gɔ:] **I** *s* våd; kil **II** *v* sätta kil i **gorge** [gɔ:dʒ] **I** *s* **1** hålväg, ravin **2** maginnehåll **3** *my* ~ *rises at it* (*bildl.*) det äcklar mig **4** hinder **5** *åld.* strupe, hals **II** *v* proppa full; ~ *o.s. on* (*with*) frossa på, proppa i sig (sig full med) **gorgeous** ['gɔ:dʒəs] **1** praktfull, magnifik **2** *vard.* fantastisk, strålande, underbar, härlig **gorilla** [gə'rɪlə] gorilla **gormand|ize** (*BE. äv -ise*) ['gɔ:məndaɪz] frossa **gory** ['gɔ:rɪ] **1** blodig **2** blodtörstig **gosh** [gɒʃ] *interj* kors!, jösses! **go-slow** [,gəʊ'sləʊ] *BE.* maskning[saktion] **gospel** ['gɒspl] **1** evangelium; *St. John's G~* Johannesevangeliet; *take s.th. as* (*for*) ~ tro blint på ngt **2** *mus.* gospel **gospel truth** dagens sanning, rena rama sanningen **gossip** ['gɒsɪp] **I** *s* **1** skvaller; [små]prat, tomt

G

prat; *have a ~ with* ha en pratstund med **2** skvaller|bytta, -kärring **II** *v* skvallra, sladdra; [små]-prata **gossip-monger** [-,mʌŋgə] skvaller|bytta, -kärring

got [gɒt] **1** *imperf. o. perf. part. av get* **2** *have ~* ha [fått]; *have ~ to* vara tvungen att; *I've ~ to go* jag måste gå **3** *vard., have ~ it badly* vara blint förälskad

Gothenburg ['gɒθ0(ə)nbɜːg] Göteborg

Gothic ['gɒθɪk] **I** *a* **1** gotisk *(äv. arkit., konst.)* **2** *åld.* rå, barbarisk **3** *~ novel* gotisk roman, skräckroman **II** *s* **1** gotiska [språket] **2** gotik **3** *boktr. (gammal engelsk)* fraktur; *AE.* grotesk

gotta ['gɒtə] *sl. = got to*

gotten ['gɒtn] *AE., perf. part. av get*

gourd [gʊəd] kalebass, flaskkurbits

gour|mand ['gʊəmənd] gourmand **-met** [-meɪ] gourmé, finsmakare

govern ['gʌvn] **1** regera [över], styra, härska [över] **2** styra, leda, bestämma; reglera **3** *språkv.* styra **-ess** [-ɪs] guvernant **-ing** [-ɪŋ] *a* regerande, styrande, härskande; ledande *(principle* princip) *; ~ body* styrelse, direktion; *~ party* regeringsparti **-ment** [-mənt] **1** styrande, styrelse, ledning **2** regering, ministär; *the ~ (äv.)* staten, statsmakterna; *the British G~* brittiska regeringen; *form a ~* bilda regering **3** styrelsesätt, statsskick, regeringsform **4** *~ issue (i sht AE.)* av staten tillhandahållen, statlig; *~ securities (stocks)* statsobligationer

governor ['gʌvənə] **1** styresman, ledare, härskare **2** guvernör *(äv. i USA),* ståthållare **3** *BE.* chef, direktör *(för fängelse, bank);* styrelsemedlem; *the [board] of ~s* styrelsen, direktionen **4** *BE. vard., the ~ a)* farsgubben, *b)* chefen **5** *tekn.* regulator

gown [gaʊn] **1** [elegant] klänning, dräkt; morgonrock **2** talar, ämbets-, domar|dräkt; student-kappa; *cap and ~* akademisk dräkt

goy [gɔɪ] *(pl ~im el. ~s) sl.* icke-jude

G.P. *förk. för general practitioner*

grab [græb] **I** *v* **1** gripa, [tag i]; rycka till sig, roffa åt sig; rycka undan **2** fånga uppmärksamheten hos **3** *~ at* gripa [efter] *(the chance* chansen) **4** *(om broms)* hugga **II** *s* **1** grepp, hugg; *make a ~ at (for)* gripa efter **2** grip|skopa, -klo **-ble** ['græbl] **1** treva *(for* efter) **2** krypa runt, kravla

grace [greɪs] **I** *s* **1** grace, behag[fullhet], charm, älskvärdhet, elegans; *airs and ~s* tillgjordhet; *social ~s* umgängesformer, sällskapliga former; *he had the ~ to* han hade vänligheten att **2** ynnest, välvilja, gunst, nåd; *be in a p.'s good ~s* vara väl anskriven (ligga väl till) hos ngn **3** anständighet[skänsla], takt; *with [a] bad ~* motvilligt; *with [a] good ~* [glatt och] villigt, gärna **4** *teol.* nåd; *God's ~* Guds nåd; *by the ~ of God* med Guds nåde; *in the year of ~ 1985* i nådens år 1985 **5** frist, anstånd; *a day's ~* en dags frist **6** bordsbön; *say ~* be bordsbön **7** *mus., ~s (pl)* prydnadsnoter, ornament **8** *His (Her, Your) G~* Hans (Hennes, Ers) nåd **9** *the G~s (myt.)* gracerna **II** *v* **1** smycka, pryda **2** hedra *(with one's presence* med sin närvaro) **graceful** ['greɪsf(ʊ)l] graciös, behagfull, charmerande, älskvärd, elegant

gracious ['greɪʃəs] **I** *a* **1** vänlig, älskvärd, före-

kommande; välvillig **2** behaglig, bekväm; *~ living* behagligt liv **3** barmhärtig, nådig **II** *interj, good ~!, ~ me!* du milde!, himmel!, gode Gud!

gra|date [grə'deɪt] gradera **-dation** [-'deɪʃn] **1** gradering; skala **2** *~s (pl)* grader, nyanser, [mellan]stadier, omärkliga övergångar **3** *språkv.* avljud

grade [greɪd] **I** *s* **1** grad; nivå; stadium; rang; lönegrad; *at ~* i (på samma) nivå; *make the ~* lyckas, slå igenom **2** sort, kvalitet, klass, storlek **3** betyg **4** *AE.* [skol]klass **5** *i sht AE. (vägs)* lutning, stigning **6** korsad [kreaturs]ras **II** *v* **1** gradera; sortera; klassificera **2** betygsätta, sätta betyg på **3** plana, planera *(mark)* **grade school** [-skuːl] *AE.* grund-, folk|skola

gradual ['grædʒʊəl] **I** *a* gradvis, stegvis; långsam, svag *(slope* sluttning) **II** *s* gradualpsalm **-ly** [-ɪ] gradvis, stegvis, successivt; långsamt; så småningom

gradu|ate I *v* ['grædjʊeɪt] **1** avlägga (ta) akademisk examen *(from* vid); *AE. äv.* ta examen, gå ur skolan **2** *AE.* ge akademisk examen **3** gradera; indela i grader **4** sortera **5** så småningom övergå *(to* till) **II** *s* ['grædʒʊət] akademiker, person med akademisk examen; *AE. äv.* elev som gått ut skolan **III** *a* ['grædʒʊət] akademisk, med akademisk examen; *~ profession* yrke som kräver akademisk examen; *~ student* forskarstudent; *~ unemployment* arbetslöshet bland akademiker **-ation** [,grædjʊ'eɪʃn] **1** avläggande av akademisk examen; promovering, promotion; *AE. äv.* avgång *(från skola),* skolavslutning **2** gradering; gradindelning

graffi|to [grə'fiːtəʊ] *(pl -ti* [-tɪ]) **1** *konst.* graffito, vägginskrift **2** *-ti (pl)* graffiti, [vägg]klotter

1 graft [grɑːft] **I** *s* **1** ymp[kvist] **2** *med.* transplantationsvävnad, transplantat **3** ympning **4** *med.* transplantation **II** *v* **1** [in]ympa **2** *med.* transplantera

2 graft [grɑːft] **I** *s* **1** *vard., hard ~* knog, kneg **2** *i sht AE.* mygel; mutor, mutpengar **II** *v* **1** *vard.* knega **2** *i sht AE.* mygla

grain [greɪn] **I** *s* **1** [sädes]korn, frö; *a ~ of wheat* ett vetekorn **2** säd, spannmål **3** korn; *bildl.* uns, gnutta, korn, spår; *a ~ of sand* ett sandkorn; *a ~ of truth* ett uns (en gnutta) sanning; *sand of fine ~* fin[kornig] sand; *that's a ~ of comfort* det är åtminstone en smula tröst; *with a ~ of salt (bildl.)* med en nypa salt **4** fiber; *(i trä, marmor)* ådring, ådrighet, mönstring; *(läders)* narv[sida]; *(tygs)* trådriktning; *foto., miner.* kornighet; *against the ~* mot fibrernas längdriktning; *it goes against the ~ with me* det strider mot min natur **5** *(vikt)* gran *(= 0,068 g)* **II** *v* **1** göra kornig, granulera, kristallisera **2** marmorera, ådra

gram [græm] gram

grammar ['græmə] grammatik, språklära *(äv. bok);* språkriktighet; *it is bad ~* det är grammatikaliskt fel (ogrammatikaliskt) **grammar school** ['græməskuːl] *BE.* sekundärskola med teoretiska linjer; *AE.* grundskola *(klass 1-6 el. 1-8)* **grammatical** [grə'mætɪkl] grammatisk; grammatikalisk

gramme [græm] gram

gramophone ['græməfəʊn] grammofon

grand [grænd] **1** stor; stor|slagen, -artad, pampig, ståtlig, imponerande; fin, förnäm, distingerad (*old lady* gammal dam); ~ *ideas* storslagna idéer; ~ *old man* grand old man, nestor; ~ *opera* opera (*utan talpartier*); *the G~ Old Party* (*AE.*) republikanska partiet; ~ *piano* flygel; *live in* ~ *style* leva storstilat (flott) **2** *vard.* utmärkt, fantastisk, härlig **3** fullständig, omfattande, total; ~ *result* slutresultat; ~ *total* totalsumma **4** stor, störst, huvud-; stor-; *the* ~ *arena* huvudarenan; ~ *duchess* stor|hertiginna, -furstinna; ~ *duchy* storhertigdöme; ~ *duke* stor|hertig, -furste; *G~ Master* stormästare (*i orden*); *the G~ National* Grand National (*årlig steeplechase i Liverpool*); ~ *staircase* huvudtrappa; ~ *tour* a) (*förr*) rundresa (*som avslutning på eng. adelsmans uppfostran*), b) *vard.* rundtur **II** *s* **1** flygel **2** (*pl* ~) *AE. sl.* tusen pund (dollar)

grand|child ['grænt∫aɪld] barnbarn **-dad[dy]** ['grændæd(ɪ)] *vard.* far- mor|far **-daughter** ['græn,dɔ:tə] son-, dotter|dotter

grandeur ['græn(d)ʒə] **1** storhet, värdighet, förnämhet **2** prakt, ståt **3** bombasm, svulstighet

grand|father ['græn(d),fɑ:ðə] far-, mor|far **-ma** ['grænmɑ:], **-mam[m]a** ['grænmə,mɑ:] *vard.* far-, mor|mor **-mother** ['græn,mʌðə] far-, mor|mor **-pa** ['grænpɑ:], **-papa** ['grænpə,pɑ:] *vard.* far-, morfar **-parent** ['græn,peər(ə)nt] far-, mor|far, far-, mor|mor; ~*s* (*pl*) far-, mor|föräldrar **-son** ['grænsʌn] son-, dotter|son **-stand** ['græn(d)stænd] **I** *s* **1** huvud , åskådar|läktare (*vid fotbollsmatch e.d.*) **2** publik på huvudläktare (åskådarläktare) **II** *a*, ~ *finish* spurt på upploppet; ~ *tickets* biljetter till huvudläktaren; *have a* ~ *view of* ha en utmärkt utsikt över

granite ['grænɪt] granit

granny ['grænɪ] *vard.* far-, mor|mor

grant [grɑ:nt] **I** *v* **1** bevilja, tillmötesgå, uppfylla (*a wish* en önskan) **2** bevilja, ge (*an interview* en intervju); anslå (*means towards* medel till); skänka; *jur.* överlåta; *God* ~ *that* Gud give att **3** medge; ~*ed* (~*ing*) *that* förutsatt att, låt oss anta att; *it must be* ~*ed that* man måste medge att; *take s.th. for* ~*ed* ta ngt förgivet, förutsätta ngt **II** *s* **1** anslag, beviljande (*towards* till); stipendium; *jur.* överlåtelse **2** beviljande, anslående

granulate ['grænjʊleɪt] göra kornig, korna, granulera; ~*d sugar* strösocker

grape [greɪp] [vin]druva; vin[ranka]; *the* ~ (*sl.*) vin; *bunch of* ~*s* druvklase; *sour* ~*s* (*ung.*) surt, sa räven [om rönnbären] **grapefruit** ['greɪpfru:t] grapefrukt **grape sugar** [-,∫ʊgə] druvsocker **grapevine** [-vaɪn] **1** vinranka **2** *vard., the* ~ djungeltelegrafen

graph|ic ['græfɪk] **1** åskådlig, levande, målande (*account* redogörelse) **2** grafisk, skriv-, skrift- (*symbols* symboler); ~ *arts* grafik, grafisk konst **3** grafisk, i diagram[form], diagram- (*representation* framställning) **-ics** [-s] **1** (*behandlas som sg*) grafisk framställning, teckning **2** *pl* grafik, grafisk konst

graphite ['græfaɪt] grafit; blyerts

graphology [græ'fɒlədʒɪ] grafologi

graph paper ['grɑ:f,peɪpə] millimeterpapper

grapple ['græpl] **I** *s* **1** hake, krok **2** livtag; brottning **II** *v* **1** brottas; råka i handgemäng **2** ~ *with* (*bildl.*) brottas med, gripa sig an (ge sig i kast, ta

itu) med **3** haka sig fast

grasp [grɑ:sp] **I** *v* **1** gripa, fatta tag i; ~ *the nettle* ta tjuren vid hornen **2** fatta, begripa **3** ~ *at* gripa efter **II** *s* **1** grepp, [fast] tag; räckhåll; *within her* ~ inom räckhåll för henne **2** (*ngns*) våld, klor; [herra]välde **3** förståelse; *it's beyond his* ~ det övergår hans fattningsförmåga; *have a good* ~ *of s.th.* behärska (ha grepp om) ngt **-ing** ['grɑ:spɪŋ] **1** gripande, grip- **2** girig, sniken

grass [grɑ:s] **I** *s* **1** gräs; *let the* ~ *grow under one's feet* låta gräset gro under sina fötter **2** gräsmatta; bete[smark]; *keep off the* ~! beträd ej gräsmattan!; *put out to* ~ a) släppa ut på [grön]bete, b) låta (*kapplöpningshäst*) sluta tävla, c) *vard.* pensionera **3** *sl.* gräs, marijuana **4** *BE. sl.* tjallare **II** *v* **1** täcka[s] med gräs **2** utfodra med gräs **3** beta **4** hala i land (*fisk*) **5** *sport., i sht AE.* slå omkull **6** *sl.*, ~ [*on*] tjalla på **grasshopper** [-,hɒpə] gräshoppa **grass roots** [,grɑ:s'ru:ts] *pl* **1** *the* (*bildl.*) gräsrötterna, vanligt folk **2** *the* ~ grunden, basen **grass snake** ['grɑ:ssneɪk] *zool.* snok **grass widow** [,grɑ:s'wɪdəʊ] **1** gräsänka **2** frånskild kvinna **grass widower** [,grɑ:s'wɪdəʊə] **1** gräsänkling **2** frånskild man

1 grate [greɪt] **I** *v* **1** riva (*carrots* morötter) **2** raspa (skrapa) mot; gnissla med **3** raspa, skrapa, gnissla, skorra **4** ~ [*up*]*on* irritera, reta **II** *s* gnissel, skrapande

2 grate [greɪt] **I** *s* spisgaller, rost; galler **II** *v* förse med galler, sätta galler i

grateful ['greɪtf(ʊ)l] **1** tacksam (*to s.b. for s.th.* mot ngn för ngt) **2** angenäm, välgörande (*rest* vila)

grater ['greɪtə] rivjärn

grati|fication [,grætɪfɪ'keɪ∫n] **1** tillfredsställande **2** tillfredsställelse **-fy** ['grætɪfaɪ] tillfredsställa (*a whim* en nyck)

grating ['greɪtɪŋ] galler[verk]

gratitude ['grætɪtju:d] tacksamhet (*to s.b. for s.th.* mot ngn för ngt)

gratuity [grə'tju:ətɪ] **1** dricks[pengar] **2** gåva **3** gratifikation

1 grave [greɪv] grav; *have one foot in the* ~ stå med ett ben i graven; *make s.b. turn* [*over*] *in his grave* få ngn att rotera i hans grav

2 grave I *a* [greɪv] **1** allvarsam; allvarlig; viktig **2** (*om färg*) mörk, dyster **3** [grɑ:v] *språkv.* grav (*accent* accent) **II** [grɑ:v] *s, språkv.* grav accent

gravel ['grævl] **I** *s* **1** grus, grov sand **2** *med.* grus **II** *v* **1** grusa, sanda **2** förvirra **3** *AE. vard.* irritera, störa

graveyard ['greɪvjɑ:d] kyrkogård; begravningsplats

gravi|tation [,grævɪ'teɪ∫n] **1** *fys.* gravitation, tyngdkraft **2** *bildl.* dragning (*to[wards]* mot, till) **-ty** ['grævətɪ] **1** tyngdkraft, gravitation; *the law of* ~ gravitations-, tyngd|lagen **2** tyngd; *centre of* ~ tyngdpunkt; *force of* ~ tyngdkraft; *specific* ~ densitet **3** allvar[lighet]; värdighet; högtidlighet **4** allvar, betydelse, vikt

gravy ['greɪvɪ] **1** köttsaft, sky; [kött]sås **2** *sl., i sht AE.* lättförtjänta pengar **gravy boat** sås|skål, -snipa

1 graze [greɪz] **1** beta, gå på bete **2** driva på bete, låta beta, valla

2 graze [greɪz] **I** *v* **1** ~ [*against*] a) snudda vid, b)

G

skrapa mot **2** skrubba, skrapa (*one's elbow* armbågen) **II** *s* **1** snuddande, skrapande **2** skrubbsår
grease I *s* [gri:s] **1** [djur]fett, ister, talg **2** smörj|-fett, -medel **II** *v* [gri:z] smörja [med fett]; rundsmörja; ~ *a p.'s palm* (*hand*) (*sl.*) smörja (muta) ngn; *like ~d lightning* som en oljad blixt **greasy** [-ɪ] **1** fet; oljig; hal **2** flottig; smutsig **3** *bildl.* salvelsefull, oljig
great [greɪt] **1** stor; *G~ Britain* Storbritannien; *the G~ Lakes* Stora sjöarna; *G~er London* Storlondon; *a ~ assembly* en stor församling; *a ~ big house* (*vard.*) ett jättehus, ett stort fint hus **2** stor; framstående, betydande (*writer* författare); mäktig, imponerande, betydelsefull; skicklig (*carpenter* snickare); *Alexander the G~* Alexander den store; *live to a ~ age* nå en hög ålder; *a ~ decision* ett viktigt beslut; *a ~ deed* en ädel (storsint) handling; *the ~ majority* det stora flertalet; *a ~ many, a ~ number* [*of*] ett stort antal, [väldigt] många; *~ minds* stora andar; *the G~ Powers* stormakterna; *the ~ thing is* det viktigaste är; *the G~ War* första världskriget; *~ worry* stor oro **3** stor; ivrig, flitig (*collector of stamps* frimärkssamlare); *~ friends* mycket goda vänner; *be a ~ walker* promenera mycket **4** (*om tid*) lång (*while* stund) **5** *vard.* underbar, fantastisk, utmärkt, storartad, härlig; [*that's*] *~!* fint!, jättebra!; *G~ Scot!* du store tid!; *a dirty ~ smack on the face* (*BE.*) ett jättehårt slag i ansiktet; *it would be ~ if* det vore väldigt bra om; *be ~ at singing* (*football*) vara en fantastisk sångare (fotbollsspelare); *be ~ on a*) vara hemma på, *b*) intressera sig för; *he's a ~ one for criticizing* han är bra på att kritisera **6** *åld.*, *~ with child* gravid; *~ with hope* hoppfull **II** *adv*, *AE. vard.* mycket bra, utmärkt **III** *s, the ~* de stora, de mäktiga, stjärnorna
great-grand|child [ˌgreɪtˈɡræntʃaɪld] barnbarnsbarn **-daughter** [-ˌdɔːtə] son (dotters) sondotter (dotterdotter) **-father** [-(d)ˌfɑːðə] farfars (morfars, farmors, mormors) far, gammel|-farfar, -morfar **-mother** [-ˌmʌðə] farfars (morfars, farmors, mormors) mor, gammel|farmor, -mormor **-son** [-sʌn] sons (dotters) sonson (dotterson)
great|ly [ˈgreɪtlɪ] mycket, i hög grad **-ness** [ˈgreɪtnɪs] **1** storlek **2** storhet, höghet
Greece [gri:s] Grekland
greed [gri:d] begär, lystnad (*for* efter); glupskhet **greedy** [ˈgri:dɪ] **1** lysten; girig **2** glupsk
Greek [gri:k] **I** *s* **1** grek; grekiska, grekinna **2** grekiska [språket]; *it's* [*all*] ~ *to me* (*vard.*) det är rena grekiskan för mig **II** *a* grekisk
green [gri:n] **I** *a* **1** grön; grönskande; ~ *belt* grönområden (*kring stad*); *have ~ fingers* (*AE. a ~ thumb*) ha gröna fingrar, ha hand[lag] med växter; ~ *light* grönt [trafik]ljus; *give s.b. the ~ light* ge ngn klarsignal; ~ *pepper* grönpeppar; ~ *pound* "grönt pund" (*beräkningsenhet för Storbritanniens betalningstransaktioner med EG:s jordbruksfond*); *turn ~ a*) litt. bli grön, *b*) bli grön [i ansiktet], bli illamående, *c*) bli grön av avund **2** grön, omogen (*äv. bildl.*); *bildl.* äv. oerfaren; färsk (*ej rimmad el. rökt*); (*om timmer*) nyavverkad **3** färsk (*memory* minne); spänstig, ungdomlig; *a ~ old age* en annan ungdom **II** *s* **1**

grönt; grön färg **2** grön äng, gräs|plan, -matta, -bana; *golf.* green; *village ~* byallmänning **3** ~*s* (*pl*) grönsaker, grönt **4** *sl.* stålar **5** *sl.* gräs, marijuana **6** *sl.* ligg, knull **7** *do you see any ~ in my eye?* tror du verkligen att jag är så enfaldig? **III** *v* göra (bli) grön
green|back [ˈgri:nbæk] *AE. sl.* dollarsedel **-ery** [-ərɪ] grönska; grönt (*t. dekoration*) **-fly** *zool.* bladlus **-grocer** [-ˌgrəʊsə] *i sht BE.* frukt- och grönsakshandlare **-house** [ˈgri:nhaʊs] växthus
Greenland [ˈgri:nlənd] Grönland
greenness [ˈgri:nnɪs] **1** grön färg **2** grönska **3** oerfarenhet; omogenhet
greet [gri:t] **1** hälsa; *be ~ed with cheers* hälsas med hurrarop **2** välkomna, hälsa välkommen **3** möta; *a lovely smell ~ed us* en härlig doft mötte oss; *be ~ed by silence* mötas (hälsas) av tystnad
greeting [ˈgri:tɪŋ] **1** hälsning; *birthday ~s* födelsedagshälsningar **2** välkomnande
grenade [grɪˈneɪd] [hand]granat
grew [gru:] *imperf. av grow*
grey [greɪ] **I** *a* grå; (*om tyg äv.*) naturfärgad, oblekt; ~ *area a*) grå zon, *b*) område med ganska hög arbetslöshet; ~ *eminence* grå eminens; *G~ Friar* gråbrödra-, franciskaner|munk; ~ *matter a*) grå hjärnsubstans, *b*) vard. förstånd, intelligens **II** *s* **1** grått; grå färg; grå nyans **2** grålle, grå häst **III** *v* göra (bli) grå, gråna **-hound** vinthund; *G~ Greyhoundbuss* (*långfärdsbuss i USA*); ~ *racing* hundkapplöpning
grid [grɪd] **1** *se gridiron* **2** rut|nät, -system (*på karta e.d.*); nät **3** *the ~* ledningsnätet (*för el, gas, vatten e.d.*) **4** [*control*] ~ (*elektron.*) galler, gitter **5** [*starting*] ~ (*i motorsport*) startplats **gridiron** [ˈgrɪdˌaɪən] **1** grill; rost; halster **2** *teat.* kulissmekanism (*ovanför scen*) **3** fotbollsplan (*i amer. fotboll*)
grief [gri:f] sorg; bedrövelse; *bring to ~* leda i olycka; *come to ~* (*vard.*) *a*) misslyckas, *b*) sluta illa, *c*) råka ut för en olycka; *good ~!* (*vard.*) kära nån!, du store tid!
grievance [ˈgri:vns] anledning till missnöje; klagomål; *have a ~ against s.b.* ha anledning att klaga på ngn **grieve** [gri:v] **1** sörja, känna sorg (*at, about, for, over* över) **2** bedröva; vålla sorg; *it ~s me to see that* det gör mig ont (smärtar mig) att se att **grievous** [-əs] svår, allvarlig (*injury* skada); skadlig; smärtsam, plågsam; smärtfylld
griffin [ˈgrɪfɪn] *myt.*, *her.* grip
grill [grɪl] **I** *s* **1** halster, grill, grill **2** grillad mat (rätt) **3** grill|rum, -restaurang **II** *v* **1** halstra, grilla; *be ~ed by the sun* bli stekt av solen **2** vard. ansätta (*i förhör*), halstra, grilla **grill[e]** [grɪl] **1** galler; gallergrind; skyddsgaller **2** [kylar]grill
grim [grɪm] **1** sträng, hård, beslutsam **2** grym, ohygglig (*accident* olycka); *hold on like ~ death* hålla ut in i det sista, inte vika en tum **3** *åld. el. poet.* vildsint (*warrior* krigare) **4** vard. otrevlig, obehaglig, hemsk
grimace [grɪˈmeɪs] **I** *s* grimas **II** *v* grimasera
grime [graɪm] **I** *s* sot, [ingrodd] smuts, lort **II** *v* sota (smutsa, lorta) ner **grimy** [ˈgraɪmɪ] sotig, smutsig, lortig
grin [grɪn] **I** *v* grina, flina; visa tänderna; ~ *and bear it* (*vard.*) hålla god min i elakt spel **II** *s* grin, flin, hånleende

grind [graɪnd] **I** v (ground, ground) **1** mala; ~ corn into flour mala säd till mjöl; ~ pepper (äv.) krossa (stöta) peppar (i mortel); ~ one's heel into the ground borra ner klacken i marken; ~ s.th. into s.b. inpränta ngt i ngn; ~ s.th. to a powder finmala ngt **2** slipa (a knife en kniv; a gem en ädelsten); vässa; ground glass mattslipat glas **3** skrapa (gnissla, knarra) [med]; ~ one's teeth gnissla tänder; ~ out väsa fram **4** ~ [down] trycka ner, förtrycka, tyrannisera; ~ the faces of the poor utarma de fattiga **5** veva [pʊ] (a barrel organ ett positiv); ~ on fortskrida; ~ out a) veva fram (old tunes gamla melodier), b) klämma fram (an article en artikel) **6** vard. plugga (English engelska); träla med **7** mala; gå att mala; slipas; ~ away mala 'på, mala i ett; will not ~ går ej att mala **8** skrapa, skava, gnissla (against, on mot); the boat was grinding on the rocks båten låg och skavde mot klipporna **9** vard., ~ away at Latin plugga latin **10** [ ] [ ] [ ] [ ] med höfterna (vid dans) **II** s **1** malning; coarse ~ grovmalning **2** skrap[ande] **3** vard. slit[göra], släp, knog; plugg; the daily ~ det dagliga slitet **4** sl. plugghäst **5** BE. sl. knull, ligg **6** i sht AE. roterande med höfterna (vid dans)

grindstone ['graɪn(d)stəʊn] slipsten; keep (have) one's nose to the ~ ligga i, jobba hårt

grip [grɪp] **I** s **1** grepp, tag, fattning (of om); handtryckning; come (get) to ~s with a) ta itu med, ge sig i kast med, b) ge sig på, gå till angrepp mot; get (have) a ~ on tå (ha) grepp om (på); get a ~ on o.s. (vard.) ta sig samman, skärpa sig; have s.b. in one's ~ ha ngn i sitt grepp (sin hand); lose one's ~ förlora greppet **2** handtag, grepp **3** resbag **4** hårklämma **5** knip, stick (av smärta) **II** v **1** gripa [om], fatta tag i **2** bildl. fånga, fängsla **3** gripa (at efter) **4** gripa, få grepp

gripe [graɪp] **I** v **1** få (orsaka) knip **2** vard. gnata, gnälla **II** s **1** ~s (pl) magknip, kolik **2** vard. gnat, gnäll

grisly ['grɪzlɪ] gräslig, hemsk

grist [grɪst] mäld; mald säd; it's all ~ to (for) the (one's) mill allt går att (kan man) använda

gristle ['grɪsl] brosk (i sht i kött)

grit [grɪt] **I** s **1** sandkorn; sand, grus; slipkorn **2** grovkornig sandsten **3** ~s (pl) gryn; AE. majsgryn **4** okuvligt mod, kurage, gott gry **II** v **1** gnissla med; ~ one's teeth skära (gnissla) tänder **2** grusa, sanda -ty ['grɪtɪ] **1** grynig; grusig, sandig **2** modig, djärv, resolut

griz|zled ['grɪzld] grå[hårig], grånad -zly [-zlɪ] **I** a grå[aktig]; gråhårig; ~ bear grissly-, grå|björn **II** s grissly-, grå|björn

groan [grəʊn] **I** v stöna, jämra sig (with pain av smärta); vard. klaga, knota, knorra; the table ~ed under (beneath) the weight bordet knakade (dignade) under tyngden; they ~ed at his puns de stönade över hans skämt **II** s **1** stönande, jämmer; knakande **2** (ständig) klagan, knot

grocer ['grəʊsə] livsmedels- matvaru-, speceri|handlare; at the ~'s i livsmedelsbutiken **grocer|y** ['grəʊs(ə)rɪ] **1** livsmedels-, matvaru-, speceri|butik **2** -ies (pl) livsmedel, matvaror, specerier

grog [grɒg] [rom]toddy

groggy ['grɒgɪ] vard. **1** ostadig på benen, vacklande **2** svag, yr, omtöcknad

groin [grɔɪn] **1** ljumske; vard. skrev, testiklar **2** arkit. kryssvalv

groom [gru:m] **I** s **1** stalldräng, hästskötare **2** brudgum **II** v **1** sköta, vårda; rykta; göra fin (snygg); badly ~ed ovårdad, vanskött **2** förbereda, träna, trimma (s.b. for a job ngn till ett jobb)

groove [gru:v] **I** s **1** skåra, räffla, ränna; fåra; spår (i grammofonskiva e.d.); in the ~ a) mus. så det svänger, b) AE. inne, toppmodern **2** slentrian, gamla hjulspår **II** v **1** räffla, göra fåror (skåror) i **2** sl. vara i toppform **3** mus. spela så det svänger **groovy** ['gru:vɪ] sl. toppen, mysig, helskön

grope [grəʊp] treva, famla, leta, söka (for, after efter)

G

gross [grəʊs] **I** a **1** [över]fet, mycket tjock **2** brutto-, total-; ~ national product bruttonationalprodukt; ~ profit bruttovinst, ion brutto|register|ton; ~ weight brutto-, total|vikt **3** vulgär, tarvlig **4** grov, uppenbar (inefficiency ineffektivitet); skriande, flagrant; omdömeslös, urskillningslös **5** tät, frodig (vegetation vegetation) **II** s (pl lika) gross (144 st.) **III** v tjäna brutto **-ly** ['grəʊslɪ] adv **1** vulgärt, tarvligt, grovt; eat ~ äta som en gris **2** enormt, oerhört, förskräckligt

grotesque [grə(ʊ)'tesk] **I** a grotesk (äv. konst.), förvriden; befängd **II** s, konst. o. boktr. grotesk

grotto ['grɒtəʊ] grotta

grouch [graʊtʃ] vard. **I** v vara sur, sura, gnälla **II** s **1** dåligt humör, surhet; have a ~ against s.b. vara sur på ngn **2** surpuppa

1 ground [graʊnd] imperf. o. perf. part. av grind

2 ground [graʊnd] **I** s **1** mark, jord; above ~ a) ovan jord, b) i livet; below ~ a) under jord, b) död [och begraven]; be on firm (sure) ~ ha fast mark under fötterna; break new (fresh) ~ bryta ny mark (äv. bildl.); burn to the ~ brinna ner till marken; cut the ~ from under a p.'s feet slå undan marken under ngns fötter; fall (be dashed) to the ~ falla till marken, gå om intet, grusas; get off the ~ a) (om flygplan) lyfta, b) (om projekt e.d.) realiseras, komma i gång ordentligt; it suits med down to the ~ det passar mig precis; touch ~ få fast mark under fötterna **2** ~s (pl) tomt, område (mark) kring byggnad **3** (ibl. pl) område, terräng, mark (äv. bildl.); plats, plan; [flod-, sjö]botten; burial ~s begravningsplats; fishing ~s fiskevatten; football ~ fotbollsplan; high ~ höglänt terräng; hunting ~s jaktmarker; cover a lot of ~ a) avverka en lång sträcka, b) bildl. täcka (spänna över) ett stort område; gain (lose) ~ vinna (förlora) terräng **4** ståndpunkt; hold (stand) one's ~ hävda sin ställning, stå på sig; shift one's ~ byta ståndpunkt, ändra mening **5** (ofta pl) anledning, orsak, grund, skäl; ~s for complaint anledning till klagomål; on health ~s av hälsoskäl; on the ~[s] of (that) på grund av (av att), med anledning av (av att); give ~[s] for ge anledning till; have good ~[s] for suspecting ha goda skäl (all anledning) att misstänka **6** grundfärg; konst. grundning, bakgrund, botten, underlag; on a blue ~ mot blå blakgrund **7** ~s (pl) [kaffe]sump, bottensats **8** AE., elektr. jord[ledning] **II** v **1** placera på marken **2** lära (ngn) grunderna **3** grunda, bygga, basera (on på) **4** flyg. tvinga att landa, ta

ner; förbjuda att flyga (starta); ge (*pilot*) marktjänst, beröva (*ngn hans*) flygcertifikat **5** *AE.*
elektr. jorda **6** grundstöta (gå på grund) med **7** grunda, grundmåla **8** träffa (nå) marken
ground floor ['graʊnd flɔ:] botten|våning, -plan, första våning; *get in on* (*start from*) *the* ~ (*vard.*) *a*) börja och arbeta från grunden (*i företag*), *b*) vara med från första början (*i företag e.d.*)
grounding [-ɪŋ] **1** grund|ande, -ning **2** grundkunskaper; grundläggande undervisning **3** flygförbud **4** *AE. elektr.* jordning, jordledning
ground staff *flyg.* markpersonal
group [gru:p] **I** *s* **1** grupp **2** koncern **3** *mil.* [flyg]-eskader **II** *v* gruppera [sig] **group captain** ['gru:p‚kæptɪn] överste (*vid flygvapnet*)
1 grouse [graʊs] (*pl lika el.* ~*es*) *zool.* skogshönsfågel; *black* ~ orre; *red* (*willow*) ~ dalripa
2 grouse [graʊs] **I** *s* klagan, knot, knorrande **II** *v* klaga, knota, knorra
grove [grəʊv] skogsdunge, lund
grovel ['grɒvl] krypa, kräla i stoftet (*to, before* för), ödmjuka sig
grow [grəʊ] (*grew, grown*) **1** växa; växa upp; växa till; öka[s], stiga, tillta[ga]; ~ *in popularity* öka i popularitet; ~ *in wisdom* växa till i visdom; *it will* ~ *on you* du kommer att tycka om det så småningom; *the habit grew on her* det blev en vana hos henne; ~ *with weeds* växa igen av ogräs; ~ *away from s.b.* växa ifrån ngn, bli främmande för ngn; ~ *apart* växa isär (ifrån varandra); ~ *downwards a*) växa nedåt, *b*) minska, avta[ga]; ~ *in a*) växa fram (igen),*b*) (*om nagel*) växa in; ~ *into a*) växa i (*kläder*), *b*) bli, växa upp till (*a man* man), *c*) utveckla sig till (*a scandal* en skandal); ~ *out of,* ~ *from a*) växa fram (utvecklas) ur, *b*) växa ur (*kläder*), *c*) växa ifrån, *d*) upphöra med, lägga av; ~ *together* växa ihop (samman); ~ *up a*) växa upp, bli fullvuxen; *b*) *bildl.* växa fram, uppstå **2** bli; (*cold* kall); *be* ~*ing cold* börja bli kall; ~ *used to* börja bli van vid **3** ~ *to* (+ *inf.*) så småningom (mer och mer) börja [att], komma att; *I grew to like him* jag kom att tycka om honom, jag började tycka om honom mer och mer **4** odla (*tomatoes* tomater); låta växa; ~ *one's hair* låta håret växa; ~ *a beard* lägga sig till med (anlägga) skägg
grower ['grəʊə] **1** odlare **2** *that plant is a fast* ~ den plantan växer snabbt
growl [graʊl] **I** *v* **1** morra, brumma (*at* åt, mot); *the thunder* ~*ed* åskan mullrade **2** brumma (morra) fram (*an apology* en ursäkt) **II** *s* morrande, brummande
grown [grəʊn] **I** *perf. part. av grow* **II** *a* [full]-vuxen; utvuxen; *fully* ~ fullvuxen, fullt utvuxen
--up ['grəʊnʌp] **I** *a* vuxen **II** *s* vuxen [person]; *many* ~*s* många vuxna
growth [grəʊθ] **1** växt; tillväxt; ökning, tilltagande, utvidgning; utveckling; *reach full* ~ bli fullt utvecklad, nå sin fulla storlek **2** växt, växtlighet, vegetation; *thick* ~ *of beard* tät skäggväxt **3** *med.* [ut]växt **4** odling
grub [grʌb] **I** *v* **1** gräva, böka, rota (*for* efter) **2** ~ [*up*] gräva upp, rensa (*ogräs*), röja (*mark*); ~ [*up, out*] gräva upp (fram), dra upp **3** träla, knoga **4** *sl.* käka; mata **5** *sl., i sht AE.* bomma, tigga (*a cigarette* en cigarrett) **II** *s* **1** *zool.* larv **2** *sl.* käk

3 arbetsträl **4** *BE. vard.* smutsgris, smutsig unge
-by ['grʌbɪ] smutsig, snuskig; sjaskig, eländig
grudge [grʌdʒ] **I** *s* agg; harm; *bear s.b. a* ~, *have a* ~ *against s.b.* hysa agg mot ngn **II** *v* **1** knorra över; ~ *doing s.th.* motvilligt göra ngt; *not* ~ *the money* inte dra sig för kostnaderna **2** missunna, avundas (*s.b. s.th.* ngn ngt) **grudging** ['grʌdʒɪŋ] ovillig, motsträvig, motvillig; missunnsam
gruel [grʊəl] [havre]välling
gruelling ['grʊəlɪŋ] **I** *a* hård, ansträngande; sträng **II** *s, vard.* ansträngning, svår pärs; straff
gruesome ['gru:səm] kuslig, hemsk
gruff [grʌf] butter, barsk, vresig; (*om röst*) sträv, hård
grumble ['grʌmbl] **I** *v* knota, knorra, klaga (*about, at, over* över); mullra **II** *s* knot, knorrande; muller, mullrande
grumpy ['grʌmpɪ] knarrig, butter, vresig; tjurig, grinig
grunt [grʌnt] **I** *v* **1** grymta **2** grymta fram **II** *s* grymtning, grymtande
guarantee [‚gær(ə)n'ti:] **I** *s* **1** borgen, garanti, säkerhet **2** borgensman, garant **II** *v* garantera; gå i god för **-or** [-'tɔ:] borgensman
guard [gɑ:d] **I** *v* **1** skydda, bevara, vakta (*against* mot; *from* för, från); gardera (*äv. schack. o. kort-sp.*); ~ *a secret* bevara en hemlighet **2** vakta [över], bevaka, hålla vakt vid; ~ *the entrance* hålla vakt vid (bevaka) ingången; ~ *prisoners* vakta fångar; ~ *one's reputation* slå vakt om sitt rykte; ~ *one's tongue* vakta sin tunga **3** sätta skydd på (*maskin e.d.*) **4** hålla vakt; vara på sin vakt, akta sig (*against* mot, för); gardera (skydda) sig (*against* mot); *you must* ~ *against catching cold* du måste akta dig så du inte blir förkyld **II** *s* **1** vakt, vaktman, väktare; fångvaktare **2** vakt[hull-ning], bevakning; *be off one's* ~ inte vara på sin vakt, vara oförberedd; *be on* (*stand*) ~ hålla (ha) vakt, stå (gå) på vakt; *be on one's* ~ vara på sin vakt (*against* mot), akta sig (*against* för); *be under* ~ stå under (på) bevakning; *keep* ~ hålla vakt, stå (gå) på vakt; *put a* ~ *on s.b.* sätta ngn under bevakning **3** *mil.* vakt, vakt|styrka, -man-skap, -post; bevakning; *G*~*s* (*pl*) garde[sregemente]; *Life G*~*s* livgarde; ~ *of honour* hedersvakt; *the changing of the* ~*s* vakt|ombytet, -av-lösningen; *mount* ~ börja (gå på) vakten; *relieve* ~ avlösa vakten **4** *BE.* [tåg]konduktör; ~*'s van* konduktörskupé **5** skydd, värn **6** skydd; skydds|-anordning, -plåt, -galler, -räcke *etc.*; parerplåt; säkerhetskedja (*på halsband e.d.*) **7** (*i fäktning, boxning e.d.*) gard, försvarsställning; *on* ~! en garde!; *drop* (*lower*) *one's* ~ sänka garden (*äv. bildl.*)
guarded ['gɑ:dɪd] **1** vaktad, bevakad, skyddad, garderad **2** försiktig, återhållsam, reserverad; *in* ~ *terms* i försiktiga ordalag **guardian** [-jən] **I** *s* **1** beskyddare; bevakare; väktare; försvarare **2** *jur.* förmyndare; målsman, vårdnadshavare **II** *a* skydds-, beskyddande; ~ *angel* skyddsängel
guer[r]illa [gə'rɪlə] **I** *s* gerillasoldat **II** *a* guerilla-; ~ *warfare* gerillakrig[föring]
guess [ges] **I** *v* **1** gissa; gissa sig till; uppskatta (*the weight at two pounds* vikten till två pund); *I* ~*ed as much* det var det jag trodde **2** *vard., i sht AE.*

tro, anta; *I* ~ *not* antagligen inte; *I* ~ *so* jag tror (antar) det; *I* ~ *I'll go now* jag tror jag går nu, jag tänker gå nu **3** gissa (*at, about* [pʊ] ngt); *keep s.b.* ~*ing* hålla ngn i ovisshet **II** *s* gissning; *at a* ~ gissningsvis; *it's anyone's* ~ det är omöjligt att säga; *your* ~ *is as good as mine* jag vet inte mer än du om det; *have (make) a* ~ *at* gissa på **guesswork** [ˈgeswɜːk] gissningar, spekulationer

guest [gest] gäst; främmande; ~ *of honour* hedersgäst; *paying* ~ inackordering; *be my* ~*!* (*vard.*) gör som du vill!, fortsätt bara! **guest appearance** [ˈgestəˌpɪər(ə)ns] gästuppträdande **guesthouse** [-haʊs] finare pensionat, gästhem **guffaw** [gʌˈfɔː] **I** *v* gapskratta **II** *s* gapskratt **guidance** [ˈgaɪdns] ledning; vägledning, rådgivning, orientering; *for your* ~ för er ledning (orientering) **guide** [gaɪd] **I** *v* **1** [väg]leda, visa vägen, guida; *guiding principle* ledande princip; *guiding star* ledstjärna **2** styra, leda (*a horse en häst; a country* ett land); vägleda, *~a missile* fjärrstyrd projektil, robot **II** *s* **1** vägvisare, guide, rese-, färd|ledare, ciceron; [vɪg]ledare **2** guide, guidebok, resehandbok (*to London* över London); handbok (*to gardening* i trädgårdsskötsel); katalog (*to an exhibition* över en utställning); ledning; ledtråd **3** *tekn.* styr-, led|skena, ledare **4** [*Girl*] ~ flickscout **guide dog** ledarhund **guideline** riktlinje **guidepost 1** väg|visare, -skylt, -stolpe **2** riktlinje; princip **guild** [gɪld] gille, skrå **guildhall** [ˌgɪldˈhɔːl] **1** *BE.* gillessal **2** stadshus **guile** [gaɪl] lömskhet, bakslughet, falskhet; [argan] list **guillotine** [ˌgɪləˈtiːn] **I** *s* **1** giljotin; skärmaskin (*för papper, metall*) **2** *parl.* tidsbegränsning, diskussionsspärr (*för debatt*) **II** *v* **1** giljotinera **2** *parl.* tillämpa tidsbegränsning (diskussionsspärr) **quilt** [gɪlt] **1** skuld; skuldkänsla, skuldmedvetenhet **2** *åld.* brottslighet **guilty** [ˈgɪltɪ] **1** skyldig (*of* till); *find s.b.* ~ (*not* ~) förklara ngn skyldig (icke skyldig); *plead* ~ erkänna sig skyldig; *plead not* ~ neka **2** skuldmedveten; *look* ~ se skuldmedveten ut; ~ *conscience* dåligt samvete **guinea** [ˈgɪnɪ] **1** guinea (= £1.05 £, *anv. i vissa prisuppgifter; förr = 21 shilling*) **2** *AE. sl.* gips-, spaghetti|gubbe (*italienare*) **guinea fowl (hen)** [ˈgɪnɪfaʊl (hen)] *zool.* pärl|höns, -höna **guinea pig 1** *zool.* marsvin **2** *vard.* försökskanin **guise** [gaɪz] **1** sken, mask; *under the* ~ *of* under sken (en mask) av **2** utseende, yttre, gestalt; *in the* ~ *of* [för]klädd som, utklädd till; *in human* ~ i mänsklig gestalt **guitar** [gɪˈtɑː] gitarr **-ist** [-rɪst] gitarrist **gulf** [gʌlf] **I** *s* **1** golf, [havs]bukt, [havs]vik; *the G~ Stream* Golfströmmen; *the G~ of Mexico* Mexikanska golfen; *the [Persian] G~* Persiska viken **2** djup klyfta, avgrund (*äv. bildl.*) **3** malström, virvel **II** *v* uppsluka **gull** [gʌl] *zool., [common]* ~ fiskmås **gullet** [ˈgʌlɪt] matstrupe; strupe **gullible** [ˈgʌləbl] lättrogen, lättlurad **gully** [ˈgʌlɪ] **I** *s* **1** ravin, klyfta **2** rännsten, dike, kanal **II** *v* dika, gräva ut **gulp** [gʌlp] **I** *v* **1** ~ [*down*] sluka, slänga (kasta,

stjälpa) i sig (*food* mat) **2** ~ [*back*] hålla tillbaka, kväva (*sobs* snyftningar) **3** svälja, nästan storkna **4** klucka **II** *s* sväljning; klunk; *at a (one)* ~ i ett tag (drag) **1 gum** [gʌm] **I** *s* **1** gummi; kåda; ~ *arabic* gummi arabicum **2** klister; gummilösning **3** tuggummi **4** *i sht BE.* (*slags*) gelékaramell **II** *v* **1** gummera[s]; klibba fast **2** klistra ihop (fast) **3** avsöndra gummi (kåda) **4** ~ *up a)* täcka med gummi, *b)* vard. trassla till; ~ *up the works* förstöra (trassla till) allt **2 gum** [gʌm] tandkött **gumption** [ˈgʌm(p)ʃn] *vard.* **1** sunt förnuft, fyndighet, rådighet **2** mod; framåtanda; *he hasn' the* ~ *to try* han vågar inte försöka **gumshoe** [ˈgʌmʃuː] **I** *s* **1** galosch; gummisko **2** *sl.* deckare, snut **II** *v, AE. sl.* smyga, handla i smyg **gun** [gʌn] **I** *s* **1** kanon; gevär, bössa; pistol, revolver; *fire a 21-~ salut* skjuta salut med 21 skott; *carry a* ~ bära vapen, vara beväpnad; *draw a* ~ *on s.b.* rikta en pistol mot ngn **2** skytt, jägare; *AE. sl.* revolverman, gangster, bandit **3** [tryck]-spruta, pistol; *grease* ~ fett-, smörj|spruta **4** *big* ~ (*sl.*) stor kanon, [stor]pamp, högdjur (*äv. om militär*); *give it the* ~ (*sl.*) stå på, ge järnet; *go great* ~*s* (*sl.*) vara i högform, jobba för högtryck; *jump* (*beat*) *the* ~ tjuvstarta; *spike a p.'s* ~*s* (*vard.*) hindra (stoppa) ngn; *stick to one's* ~*s* (*vard.*) stå på sig, stå fast, inte ändra sig **II** *v* **1** skjuta [ner]; ~ [*down*] *(ngn)* **2** ~ *the engine* rusa motorn **3** jaga (*m. skjutvapen*), skjuta med gevär; ~ *for a)* jaga, förfölja, *b)* kämpa för, sträva efter, vara ute efter **gun barrel** [ˈgʌnˌbær(ə)l] gevärs|pipa, -lopp, eldrör **gunfight** [-faɪt] *AE.* revolverstrid **gun fire** [-ˌfaɪə] kanonsalut, artillerield **gunman** [-mən] gangster, revolverman, bandit **gunner** [ˈgʌnə] **1** *mil.* artillerist (*äv. sjö.*); kanonjär; *sjö.* artillerikonstapel **2** skytt, jägare **gunpowder** [-ˌpaʊdə] krut; *the G~ Plot* krutkonspirationen (*5 nov. 1605*) **gunrunner** [-ˌrʌnə] vapensmugglare **gunrunning** [-ˌrʌnɪŋ] vapensmuggling **gunshot** [-ʃɒt] skott|vidd, -håll; *within (out of)* ~ inom (utom) skotthåll **gunslinger** [-ˌslɪŋə] *AE. sl.* revolverman, bandit **gunsmith** [-smɪθ] gevärssmed **gunwale** [-l] *sjö.* reling **gurgle** [ˈgɜːgl] **I** *v* **1** porla; klucka **2** gurgla, skrocka **II** *s* **1** porlande; kluckande **2** gurglande [ljud] **gush** [gʌʃ] **I** *s* **1** ström, stråle; framströmmande **2** [känslo]utbrott; ordsvall **II** *v* **1** välla [fram], strömma [ut] **2** vara översvallande (överdriven), utgjuta sig **3** låta strömma fram **gust** [gʌst] **1** vindstöt, kastvind, [storm]by **2** rökmoln, rökutsläpp **3** [känslo]utbrott **gusto** [ˈgʌstəʊ] smak; förkärlek; njutning; förtjusning, begeistring **gusty** [ˈgʌstɪ] **1** stormig, byig **2** häftig, temperamentsfull **gut** [gʌt] **I** *s* **1** tarm[kanal]; matsmältningskanal **2** ~*s* (*pl, i sht djurs*) inälvor, innanmäte; *hate a p.'s* ~*s* (*vard.*) hata ngn som pesten; *sweat* (*work*) *one's* ~*s out* (*vard.*) arbeta livet ur sig **3** tarmsträng, katgut, tarmsträng **4** *gut* (*till metrev e.d.*) **5** smal kanal (passage) **6** ~*s* (*pl, vard.*) mod, kurage; 'mage'; kraft, energi; *she has no* ~*s* hon är feg, *b)* det är ingen ruter i henne **7** ~*s* (*pl, vard.*) kärna, kärnpunkt (*of a problem* i ett problem) **ll** *v* **1** rensa (*t.ex. fisk*), ta ur inälvorna (innanmätet) ur **2** plundra, rensa **3** ta ut det viktigaste ur **lll** *a, vard.* väsentlig; naturlig

gutter ['gʌtə] **l** *s* **1** tak-, häng|ränna **2** rännsten (*äv. bildl.*); *take s.b. out of the* ~ plocka upp ngn från gatan **ll** *v* flyta, strömma **gutter press** skandalpress **guttersnipe** gatunge

guv [gʌv], **guv'nor** ['gʌvnə] *BE. vard.* farsa, farsgubbe; chef, boss

guy [gaɪ] **l** *s* **1** *vard.* karl, kille, grabb **2** Guy Fawkes-docka (*bärs omkring på gatorna o. bränns 5 nov. till minne av krutkonspirationen*) **3** *BE.* löjlig figur; fågelskrämma **ll** *v* driva med, förlöjliga

guzzle ['gʌzl] vräka i sig; supa, pimpla

gym [dʒɪm] *kortform för gymnasium, gymnastic*[*s*]

gymnasi|um [dʒɪm'neɪzj|əm] (*pl -ums el. -a* [-ə]) **1** gymnastiksal **2** (*utanför England*) gymnasium

gymnastic [dʒɪm'næstɪk] gymnastisk **gymnastics** [dʒɪm'næstɪks] (*behandlas som sg*) gymnastik; (*behandlas som pl*) gymnastiska övningar; *mental* ~ tanke|gymnastik, -övningar **gym slip** ['dʒɪmslɪp] ärmlös skolklänning (*ingår i skoluniformen*)

gynae|cologist [ˌgaɪnɪ'kɒlədʒɪst] gynekolog **-cology** [-'kɒlədʒɪ] gynekologi

gyrate [ˌdʒaɪ(ə)'reɪt] rotera; virvla; kretsa **gyration** [-'reɪʃn] rotation, roterande; virvlande; kretsande

H, h [eɪtʃ] (*bokstav, ton*) H, h; *jfr aitch*

haberdashery ['hæbədæʃərɪ] **1** sybehör **2** sybehörsaffär **3** *AE.* herrekipering[saffär]

habit ['hæbɪt] **l** *s* **1** vana; bruk, sed; beroende (*av medicin e.d.*); *a bad* ~ en ovana, en dålig (ful) vana; ~ *of mind* sinnelag, karaktär; *out of* (*by*) [*sheer*] ~, *from* [*force of*] ~ av [gammal] vana; *be in the* ~ *of* ha för vana att; *make a* ~ *of doing s.th.* ha för vana att göra ngt **2** dräkt; munkkåpa; nunnedräkt; [*riding*] ~ (*dams*) riddräkt **ll** *v* klä

habitable ['hæbɪtəbl] beboelig **habitation** [ˌhæbɪ'teɪʃn] boning, bostad; bebyggelse; *show signs of* ~ se bebodd ut

habit-forming ['hæbɪtˌfɔːmɪŋ] vanebildande **habitual** [hə'bɪtjʊəl] **1** [sed]vanlig; inrotad, invand **2** vane-; vanemässig; ~ *smoker* vanerökare **habitually** [hə'bɪtjʊəlɪ] ständigt, jämt

1 hack [hæk] **l** *v* **1** hacka [i, på]; hacka sönder; röja (*a path* en stig); ~ *to bits* (*bildl.*) smula sönder, allvarligt skada **2** (*i rugby*) sparka en smal-

benet; (*i basket*) slå på armen **3** *vard.* hacka, hosta **4** stympa, skära ner (*tidningsartikel e.d.*) **5** *AE.* tolerera, stå ut med **6** hacka (*at* i, på) **ll** *s* **1** hack, hugg, skåra **2** hacka, korp **3** *vard.* hackhosta **4** (*i rugby*) [sår efter] spark på smalbenet

2 hack [hæk] **l** *s* **1** ridhäst; uthyrningshäst **2** hästkrake **3** *BE.* ridtur **4** medelmåttig författare (journalist) **5** *AE.* [hyr]droska **6** *AE. vard.* taxiförare; taxi **ll** *v* **1** ta en ridtur; hyra ut (*häst*) **2** författa medelmåttiga artiklar **3** *AE. vard.* köra taxi **ll** *a* banal, medelmåttig

hackney ['hæknɪ] **l** *s* **1** rid-, vagns-, åkar|häst **2** hästdroska; hyrvagn **ll** *a,* ~ *carriage* hästdroska; hyrvagn **lll** *v* banalisera; göra [ut]sliten **-ed** [-d] banal; [ut]sliten

hacksaw ['hæksɔ:] bågfil (*metallsåg*)

had [hæd] *imperf. o. perf. part. av have*

haddock ['hædək] kolja

hadn't ['hædnt] = *had not*

haemoglobin [ˌhiːmə(ʊ)'gləʊbɪn] *kem.* hemoglobin **haemorrhage** ['hemərɪdʒ] **l** *s, med.* blödning **ll** *v, med.* blöda **haemorroids** ['hemərɔɪdz] *pl* hemorrojder

hag [hæg] häxa; gammal ragata, hagga

haggard ['hægəd] **1** härjad, utmärglad, [ut]sliten **2** vild, oregerlig

haggle ['hægl] pruta, köpslå (*over* på, om)

Hague [heɪg] *The* ~ Haag

1 hail [heɪl] **l** *s* hagel; hagelskur; *bildl.* skur (*of abuse* av ovett; *of bullets* av kulor) **ll** *v* **1** hagla **2** låta hagla; ~ *criticism on s.b.* låta kritiken hagla över ngn

2 hail [heɪl] **l** *v* **1** hälsa, hylla **2** kalla (ropa) på (till sig); anropa, preja **3** ~ *from* vara (komma) från, vara född i **ll** *s* **1** hälsning, hyllning **2** anrop, prejning; *within* ~ inom hörhåll **lll** *interj, poet.* hell!, var hälsad!

hail|stone ['heɪlstəʊn] hagel|korn] **-storm** hagel|by, -skur

hair [heə] hår; hårstrå; *a fine head of* ~ [ett] vackert hår; *a* ~ *of the dog [that bit you]* en återställare; *to a* ~ på pricken; *do one's* ~ kamma sig; *get in a p.'s* ~ (*vard.*) gå ngn på nerverna; *keep your* ~ *on!* (*BE. vard.*) ta det lugnt!; *let one's* ~ *down a*) släppa ner håret, *b*) slå sig lös, släppa alla hämningar; *split* ~*s* ägna sig åt hårklyverier, hänga upp sig på småsaker; *that made my* ~ *stand on end* det fick håret att resa sig på mitt huvud; *not turn a* ~ inte röra en min, vara fullkomligt oberörd; *win by a* ~ vinna mycket knappt

hair|cut ['heəkʌt] **1** [hår]klippning; *have* (*get*) *a* ~ klippa sig **2** klippning, frisyr **-curler** [-ˌkɜːlə] hårspole; papiljott **-do** [-duː] (*pl* ~*s*) *vard.* frisyr **-dresser** [-ˌdresə] [hår]frisör, hårfrisörska; damfrisering, frisersalong **-drier, -dryer** [-ˌdraɪə] hårtork[ningsapparat] **-dye** [-daɪ] hårfärgningsmedel **-line 1** hårfäste **2** mycket tunn linje; *boktr.* hårstreck, tunt streck **-piece** postisch; tupé **-pin 1** *s* hårnål **ll** *a,* ~ *bend* hårhålskurva **-raising** [-ˌreɪzɪŋ] hårresande; hemsk, rafflande

hair's-breadth ['geəzbredθ] **l** *s* hårs|bredd, -mån; *be within a* ~ *of ruin* stå på ruinens brant; *escape by a* ~ undkomma med knapp nöd **ll** *a* hårfin, [mycket] knapp (*difference* skillnad); *it was a* ~ *escape* det var nära ögat (på håret)

hair slide ['heəslaɪd] hårspänne **hairsplitting** [-ˌsplɪtɪŋ] **I** s hårklyveri[er], spetsfundigheter **II** a hårklyveri- **hairstyle** [-staɪl] frisyr **hairy** [-rɪ] **1** hårig, luden **2** sl. knepig, knivig; farlig

hale [heɪl] **1** frisk; kraftig; ~ and hearty frisk och kry **2** dial. hel

half [hɑːf] **I** s (pl halves) **1** halva, hälft; ~ the kingdom halva kungariket; ~ an hour en halvtimme, en halv timme; an hour and a ~ en och en halv timme; better ~ (vard.) bättre hälft; she is too audacious by ~ (vard.) hon är lite för fräck; I do nothing by halves jag gör ingenting till hälften; cut in halves skära mitt itu, dela i två halvor; go halves with s.b. dela lika med ngn; go halves on an apple with s.b. dela ett äpple med ngn **2** sport. planhalva; halvlek; halvback **3** halv biljett **4** halvtimme **5** litet glas (öl) **II** a halv; a ~ cup en halv kopp **III** adv **1** halvt, till hälften, halv-; ~ cooked halvkokt; that's ~ right det är till hälften riktigt; ~ [past] five halv sex; give me ~ as much again ge mig en halv gång till så mycket; I ~ wish jag önskar nästan **2** not ~ (vard.) a) inte ett dugg, inte alls, ingalunda, b) BE. verkligen, riktigt; not ~! om!, jättemycket!; not ~ bad riktigt bra, inte så illa

half|-and-half [ˌhɑːf(ə)n(d)'hɑːf] **I** s lika blandning; hälften av var; en del av varje **II** a som består av lika delar (hälften var) **III** adv halvt om halvt, hälften var **-back** sport. halvback **--baked** **1** halvstekt **2** vard. dum, knasig **3** vard. illa planerad, ogenomtänkt **--crown** [ˌhɑːf-ˈkraʊn] (före 1970) 2 1/2 shilling (nu motsv. 12 1/2 pence) **--hearted** [ˌhɑːfˈhɑːtɪd] halvhjärtad, likgiltig

half|-hour [ˌhɑːfˈaʊə] halvtimme; it strikes on the ~ den slår varje halvtimme **--mast** **I** s, at ~ på halv stång **II** v hissa på halv stång **-penny** ['heɪpnɪ] **1** (pl -pennies) halvpenny[mynt] **2** (pl -pences p(ə)ns|) (värdet av) en halv penny; three halfpence 1 1/2 penny **--size** [ˌhɑːfˈsaɪz] halv|-nummer, -storlek

half term ['hɑːfˌtɜːm] BE. mittermINSLOV **half|-timber[ed]** [ˌhɑːfˈtɪmbə(d)] korsvirkes- **--way** [hɑːfˈweɪ] **I** a som ligger halvvägs (på halva vägen); ~ house a) värdshus på halva vägen, b) mellan|ting, -stadium; at a ~ stage på ett mellanstadium **II** adv halvvägs; meet ~ möta[s] på halva vägen **--wit** ['hɑːfwɪt] **1** sinnessvag person **2** idiot, dumhuvud

halibut ['hælɪbət] zool. hälleflundra

hall [hɔːl] **1** [för]hall, vestibul, tambur, farstu, entré **2** [stort] hus; samlingslokal; concert ~ konserthus; city (town) ~ stads-, råd|hus; village ~ (ung.) hembygds-, församlings|gård **3** sal; univ. matsal; AE. korridor; [assembly] ~ samlingssal, aula **4** herrgård[sbyggnad], herresäte **5** ~s (pl, vard.) varieté[teater]

hallelu|iah, -jah [ˌhælɪˈluːjə] s o. interj halleluja **hallmark** ['hɔːlmɑːk] **I** s **1** kontrollstämpel; guld-, silver|stämpel **2** bildl. hallstämpel, känne-|märke, -tecken **II** v kontrollstämpla

hallo [həˈləʊ] interj, se hello

Hallowe|'en, -een [ˌhæləʊˈiːn] Allhelgonaafton (31 okt.)

hall stand ['hɔːlstænd] BE., **hall tree** (fristående) kläd-, rock|hängare

hallucination [həˌluːsɪˈneɪʃn] hallucination, synvilla

hallway ['hɔːlweɪ] AE. hall, tambur; korridor

halo ['heɪləʊ] **I** s (pl ~[e]s) **1** [helgon]gloria (äv. bildl.); nimbus **2** halo, ring, mån-, sol|gård **II** s omge med gloria etc.

1 halt [hɔːlt] **I** s **1** halt; uppehåll, paus, rast; call a ~ a) mil. kommendera halt, b) säga stopp, c) sätta stopp (to för); come to a ~ göra halt (uppehåll) **2** i sht BE. anhalt, hållplats **II** v [låta] göra halt (stanna)

2 halt [hɔːlt] **I** v **1** (om vers e.d.) halta; ~ing French bruten franska **2** tveka, vackla **II** a, åld. halt

halter ['hɔːltə] **I** s **1** grimma **2** [rep med] snara **3** nackband (på klänning) **II** v **1** sätta grimma på **2** hänga

halve [hɑːv] **1** halvera; dela mitt itu **2** dela lika **halves** [-z] pl av half

1 ham [hæm] **1** skinka; lår (på djur); salted ~ rimmad skinka **2** vard. baksida av lår (knä)

2 ham [hæm] **I** s, vard. **1** överdrivet spel (agerande); ~ [actor] överdriven skådespelare **2** radioamatör **II** v, vard. spela över

hamburger ['hæmbɜːgə] hamburgare

ham|-fisted [ˌhæmˈfɪstɪd], **--handed** ['hæmˌhændɪd] **1** vard. fumlig, tafatt **2** med stora händer

hamlet ['hæmlɪt] liten by (i England utan kyrka)

hammer ['hæmə] **I** s **1** hammare (äv. i piano o. anat.); slägga; the ~ and sickle hammaren och skäran; drop ~ fallhammare, hejare; go at it ~ and tongs (vard.) slåss (ta i) för fullt (av alla krafter, så att stickor och strån yr) **2** sport. slägga; [throwing] the ~ släggkastning **3** [auktions]klubba; go (come) under the ~ gå under klubban, säljas på auktion **4** hane (på gevär) **II** v **1** hamra på (a board en planka); hamra (slå) i[n] (a nail into the wall en spik i väggen); ~ [down] hamra (spika) fast; ~ home hamra (slå) i[n] ordentligt (äv. bildl.); ~ in a) slå (hamra) i[n] (a nail en spik), b) slå in (a door en dörr), c) bildl. hamra (banka) in; ~ s.th. into shape hamra till ngt; ~ out a) hamra (slå) ut, hamra till, b) bildl. utarbeta **2** vard. slå, klå, besegra **3** ekon. stryka (ur börsen); pressa ner (i pris) **4** hamra, slå, bulta (at på); my heart was ~ing mitt hjärta bultade; ~ away at a hamra (slå) på, b) arbeta hårt med

hammock ['hæmək] hängmatta

1 hamper ['hæmpə] hindra, vara i vägen för; belamra

2 hamper ['hæmpə] stor korg (vanl. m. lock); AE. tvättkorg

hamstring ['hæmstrɪŋ] **I** s knäsena; hassena (på häst) **II** v **1** skära av hassenan på **2** hindra, stoppa; lamslå

hand [hænd] **I** s **1** hand; framtass; bildl. hand, hjälp; a high ~ ett dominerande (diktatoriskt) sätt; my right ~ min högra hand (äv. bildl.); ~ and foot till händer och fötter, fullständigt; ~s down (bildl.) med lätthet, utan besvär; ~s off! (vard.) bort med tassarna!; ~ over fist a) lätt[vindigt, b) i stora mängder, c) mycket snabbt; ~s up! a) upp med händerna!, b) räck upp händerna (en hand)!; ask for a girl's ~ anhålla om en flickas hand; be ~ in glove with vara mycket god vän med, stå på förtrolig fot med; *change* ~s övergå i andra händer, byta ägare; *not do a* ~'s *turn* inte göra ett handtag; *force a p.'s* ~ utöva påtryckningar på ngn, tvinga ngn att bekänna färg; *get the upper* ~ *of* få överhanden (övertaget) över; *give me a* ~ ge mig ett handtag; *he gave me his* ~ *on it* han gav mig sin hand på det; *have one's* ~s *full* ha händerna fulla, ha fullt upp att göra; *have a* ~ *in s.th.* ha ett finger med (vara inblandad) i ngt; *hold (stay) one's* ~ hejda sig, avvakta, vänta och se; *hold a p.'s* ~ (*bildl.*) stödja (hjälpa) ngn; *keep one's* ~ *in* fortsätta med, utöva; *keep your* ~s *off the chocolate* håll fingrarna borta från chokladen; *lay* ~s *on a*) bära hand på, *b*) lägga beslag på, få tag i, hitta; *set one's* ~ *to a*) sätta sitt namn under, *b*) sätta i gång [med]; *take a* ~ *in s.th.* ta del (deltaga) i ngt; *throw one's* ~ *in* ge upp; *near (close) at* ~ nära [till hands], nära förestående; *the information at (on)* ~ den information som finns (är tillgänglig); *keep s.th. at* ~ ha ngt nära till hands (inom räckhåll); *learn s.th. at first* ~ få veta ngt i första hand; *by* ~ *a*) för hand, *b*) med bud; *brought up by* ~ uppfödd på flaska; *take s.b. by the* ~ ta ngn i hand[en]; *from* ~ *to* ~ ur hand i hand, från man till man; *from* ~ *to mouth a*) ur hand i mun, *b*) oförberett, oplanerat; *in* ~ *a*) i sin hand (ägo), under kontroll, *b*) i reserv, på lager, till förfogande, *c*) kvar[varande], resterande, *d*) för händer, på gång; ~ *in* ~ tillsammans, hand i hand (*äv. bildl.*); *the matter in* ~ saken i fråga; *be in good* ~s vara i goda händer; *put s.th. in* ~ se till att ngt blir gjort; *take in* ~ *a*) ta hand om, *b*) fostra, *c*) kontrollera; *fall into a p.'s* ~s falla (råka) i händerna på ngn; *get s.th. off one's* ~s bli av med (kvitt) ngt; *take s.th. off a p.'s* ~s befria ngn från ngt; *on* ~ *a*) till hands, *b*) på lager, i sin ägo; *on* ~s *and knees* på alla fyra; *the subject on* ~ det aktuella ämnet; *out of* ~ *a*) ur kontroll, okontrollerad, oregerlig, *b*) utan vidare, genast; *get s.th. out of* ~ tappa kontrollen över ngt; *it got out of* [*my*] ~ det slapp mig ur händerna, jag tappade kontrollen över det; *the party got out of* ~ festen urartade (spårade ur); *to* ~ *a*) till hands, tillgänglig, *b*) *hand.* till handa; *your letter has come to* ~ ert brev har kommit mig (oss) till handa; ~ *to* ~ man mot man; *under his* ~ med hans egenhändiga namnteckning; *with a firm* ~ med fast hand **2** *kortsp.* [kort på] hand; parti, spel, omgång; [kort]spelare; *a* ~ *of bridge* ett parti bridge; *have a* ~ *in s.th.* ha del (ett finger med) i ngt; *show one's* ~ visa sina kort (*äv. bildl.*) **3** hand, sida, håll; *at a p.'s* ~[s] från ngns håll (sida), från ngn; *on every* ~ (*all* ~s) från (på) alla håll, på alla sidor; *on the right* ~ på höger hand (sida), till höger; *on the one* ~, *on the other* ~ å ena sidan, å andra sidan **4** handstil; *write a good* ~ ha en snygg handstil **5** arbetare; man; besättningsman, sjöman; expert; *all* ~s *on deck* alle man på däck; *lost with all* ~s borta med man och allt; *be a good* ~ *at s.th.* vara expert på (duktig i, bra på) ngt; *she is an old* ~ *at that* hon är gammal och van vid det; *we've taken on a new* ~ vi har anställt en ny arbetare **6** handlag, skicklighet, duglighet; *have a good* ~ *for* ha ett gott handlag (bra hand) med; *try one's* ~ *at* försöka sig på **7** visare (*på klocka*); *minute* ~ mi-

nutvisare **8** applåd[er]; *give s.b. a big* ~ ge ngn en stor applåd **9** [banan]klase **II** *v* **1** räcka, ge, lämna (*s.th. to s.b.* ngt till ngn); ~ *down a*) lämna (låta gå) i arv, efterlämna, *b*) *AE. jur* tillkännage, fälla (*dom e.d.*); *be* ~*ed down to* gå i arv till; ~ *in* lämna in, inge; ~ *on* skicka (låta gå) vidare; ~ *out* dela ut; ~ *over* över|lämna, -låta (*to* till); ~ *round* skicka runt, dela ut **2** leda; hjälpa (*s.b. into a car* ngn in i en bil) **3** ~ *it to s.b.* ge ngn sitt erkännande

hand|bag ['hæn(d)bæg] handväska **-cuff** [-kʌf] *I* *v* sätta handbojor på **II** *s,* ~s (*pl*) handbojor **-ful** [-fʊl] **1** handfull **2** *vard.* besvärlig person, besvärligt barn; besvärlig sak

hand glass 1 förstoringsglas **2** nackspegel

handgun [-gʌn] *AE.* handeldvapen (*i sht pistol*)

handi|cap ['hændikæp] *I* *s* **1** handikapp; rörelsehinder; svår belastning **2** *sport.* handikapp; handikapptävling **II** *v* **1** handikappa; belasta; ~*ped* handikappad, rörelsehindrad **2** *sport.* ge handikapp; belasta med handikapp **-craft 1** hantverksskicklighet **2** hantverk; hemslöjd; handarbete **-work** hantverk, händers verk; handarbete

handkerchief ['hæŋkətʃif] näsduk

handle ['hændl] *I* *s* **1** handtag, skaft; öra; dörr|-handtag, -vred; grepp; vev; *fly off the* ~ (*vard.*) bli rasande, flyga i flinta **2** anledning, förevändning, tillfälle **3** *sl.* titel (*före namn*) **II** *v* **1** ta i, beröra, vidröra **2** hantera, handha, handskas med; manövrera; behandla **3** ha (ta) hand om, sköta **4** avhandla, diskutera (*a subject* ett ämne) **5** handla (driva hande) med **6** gå att styra; *this car* ~s *well on bends* den här bilen ligger (går) bra i kurvor

handlebar ['hændlbɑ:] *I* *s* (*vanl. pl* ~s) styrstång, [cykel]styre **II** *a,* ~ *moustache* knävelborrar

handling ['hændlɪŋ] beröring, vidrörande, hantering, handhavande *etc., jfr handle II; her* ~ *of the matter* hennes sätt att behandla saken

hand|-out ['hændaʊt] **1** gåva, allmosa **2** broschyr, reklamlapp; gratisprov **3** pressmeddelande, kommuniké **-rail** ['hændreɪl] ledstång, räcke **-saw** ['hændsɔ:] handsåg; fogsvans **-shake** hand|slag, -skakning, -tryckning

handsome ['hænsəm] **1** vacker, stilig, ståtlig, snygg (*man* man) **2** ansenlig, ganska stor, nätt (*sum of money* summa pengar) **3** fin, generös, storslagen (*reward* belöning) **4** *AE.* skicklig, flott (*manœvre* manöver)

hand|stand ['hændstænd] *s, do a* ~ stå på händerna **-writing** ['hænd,raɪtɪŋ] handstil

handy ['hændɪ] **1** till hands, lättillgänglig; *come in* ~ komma väl till pass; *have s.th.* ~ ha ngt till hands **2** händig, skicklig (*at doing s.th.* att göra ngt) **3** praktisk, lätthanterlig, behändig; *a* ~ *tool* ett praktiskt verktyg

hang [hæŋ] *I* *v* (*hung, hung, i bet. 2 o. 5 vanl.* ~*ed,* ~*ed*) **1** hänga, vara upphängd (*by* i, vid, med; *from* ned från; *on* i, på); (*om tyg e.d.*) falla; *it* ~s *in the air* (*bildl.*) det ligger i luften; ~ *in the balance* (*bildl.*) stå och väga, vara oviss; *the curtain* ~s *well* gardinen har ett vacker fall **2** hängas, bli hängd; *it can go* ~*!* (*sl.*) jag ger tusan i det! **3** gå sakta; *time* ~s *heavily* (*heavy*) tiden sniglar sig fram **4** hänga [upp] (*laundry* tvätt); ~ *s.th. from s.th.* hänga [upp] ngt i ngt; ~ *wallpaper* tapetsera, sätta upp tapeter **5** hänga, avrätta genom hängning; ~ *it* [*all*]! (*sl.*) jäklar också!; *I'll be* ~*ed if* (*before*)...(*sl.*) så ta mig tusan om jag...; *I'm* ~*ed if I know!* (*sl.*) jag vet ta mig tusan inte!; ~ *him!* (*sl.*) åt fanders med honom!; ~ *it!* (*sl.*) tusan också! **6** hänga med (*one's head* huvudet) **7** behänga (*a wall with tapestries* en vägg med gobelänger) **8** ~ *fire a*) (*om vapen*) sluta skjuta, *b*) *bildl.* dröja, dra ut på tiden **9** ~ *about* (*around*) stå och hänga, driva omkring; ~ *about with* sällskapa med; ~ *back from* tveka inför, dra sig för; ~ *behind* dröja sig (stanna) kvar; ~ *in* (*AE. sl.*) hålla ut; ~ *on a*) hänga fast, hålla (klamra) sig fast (*to* vid), *b*) hänga (bero) på, *c*) *vard.* vänta, dröja ([*for*] *a minute* ett ögonblick); *he hung on*[*to*] (*upon*) *her every word* han lyssnade uppmärksamt på vartenda ord hon sade; ~ *out a*) hänga ut (fram, upp), *b*) *vard.* hålla till (hus), *c*) *AE. vard.* tala fritt ur hjärtat; *let it all* ~ *out* (*sl.*) slappna (koppla) av; ~ *together* hänga (hålla) ihop; ~ *up a*) hänga upp, *b*) lägga på luren, ringa av; ~ *up on s.b.* ringa av i örat på ngn; *be hung up on s.b.* (*vard.*) vara fixerad vid **II** *s* **1** sätt på vilket ngt hänger; (*tygs*) fall **2** *I don't care a* ~ *for what he says* (*sl.*) jag bryr mig inte ett dugg om vad han säger **3** *get the* ~ *of* (*vard.*) komma underfund med, få grepp om, fatta

hangar ['hæŋə] hangar

hang|er ['hæŋə] hängare; klädhängare, galge **-ing** [-ɪŋ] **I** *s* **1** [upp]hängning **2** [avrättning genom] hängning **3** *vanl. pl* ~*s* tapeter, gobelänger, draperier, förhängen **II** *a* **1** hangande; sluttande, lutande; ~ *gardens* hängande trädgårdar **2** oviss, inte beslutad **3** hängnings-, galg-; ~ *matter* brott belagt med dödsstraff (hängningsstraff) **-man** [-mən] bödel **-nail** [-neɪl] nagelrot **-over** [-ˌouvə] **1** baksmälla **2** kvarleva **--up** [-ʌp] *vard.* fixering, fix idé; ständigt problem

hank [hæŋk] **1** ögla, bukt, slinga; rulle **2** härva (*garn*)

hanker ['hæŋkə] ~ *for* (*after*) tråna (längta) efter, åtrå

hank|ie, -y ['hæŋkɪ] *vard.* näsduk

hanky-panky [ˌhæŋkɪ'pæŋkɪ] *vard.* smussel; dumheter; hemligt förhållande

ha'penny ["heɪpnɪ] = *halfpenny*

haphazard [ˌhæp'hæzəd] **I** *a* slumpmässig, planlös; tillfällig; *in a* ~ *way* slumpmässigt, planlöst, godtyckligt **II** *adv* på en höft, på måfå, slumpmässigt

hapless ['hæplɪs] olycklig

happen ['hæp(ə)n] **1** hända (*to s.b.* ngn), ske, inträffa, äga rum; *it* ~*ed like this* det gick till så här; *the meeting never* ~*ed* mötet ägde aldrig rum; *it all* ~*ed so quickly* allt gick (skedde) så snabbt; *these things* ~ sådant händer, så kan det gå **2** råka; falla sig; komma sig; *I* ~*ed to meet him* jag råkade möta honom; *you don't* ~ *to have a toothpick on you?* du har händelsevis (råkar) inte ha en tandpetare på dig?; *it so* ~*ed that* det föll sig så att; *as it* ~*s* (~*ed*) händelsevis; *as it* ~*s, I am* jag råkar faktiskt vara **-ing** ['hæpnɪŋ] **1** händelse, tilldragelse **2** *teat. o.d.* happening

happi|ly ['hæpɪlɪ] **1** lyckligt **2** lyckligtvis **-ness** [-nɪs] lycka

happy ['hæpɪ] **1** lycklig, glad (*about*, *at* över); till-

freds, nöjd (*with* med); *H~ Birthday!* har den äran [på födelsedagen]!; *a* ~ *event* en lycklig tilldragelse; *I shall be* ~ *to come* det skall bli mig ett nöje att komma, jag kommer mycket gärna **2** gynnsam, lycklig; ~ *medium* gyllene medelväg; *be in the* ~ *position of not having to...* vara i den lyckliga situationen att inte behöva... **3** lyckad, träffande (*turn of phrase* formulering) **4** *vard.* lätt berusad, glad **--go-lucky** [ˌhæpɪgə(u)'lʌkɪ] obekymrad, sorglös, bekymmerslös

harangue [hə'ræŋ] **I** *s* harang, tirad, [straff]predikan **II** *v* hålla straffpredikan (predika) för

harass ['hærəs] ansätta, plåga, trakassera, oroa; hetsa, jäkta

harbour ['hɑːbə] **I** *s* hamn (*äv. bildl.*); tillflykt[sort], skydd **II** *v* **1** ge skydd åt, härbärgera, hysa; gömma **2** *bildl.* hysa (*a grudge* agg) **3** gå i hamn

hard [hɑːd] **I** *a* **1** hård; fast; ~ *cash* (*money*) klingande mynt, kontanter, klingande mynt; ~ *cheese* (*BE. sl.*) otur; *cool* antracit; ~ *core a*) *bildl.* innersta kärna, kärntrupp, *b*) vägunderlag (*av krossad sten e.d.*); ~ *currency* hårdvaluta; ~ *hat a*) skyddshjälm, *b*) *vard., i sht AE.* byggnadsarbetare, *c*) *sl.* flaggviftare, ärkepatriot, *c*) *AE. vard.* ultrareaktionär [person]; ~ *landing* kraschlandning; ~ *light* hårt ljus; ~ *water* hårt (kalkhaltigt) vatten; ~ *wheat* durumvete; ~ *vowel* (*språkv.*) hård (tonlös) vokal **2** svår (*task* uppgift; *question* fråga); svåruthärdlig; ~ *case* (*BE. vard.*) svårt fall, oförbätterlig människa, stackare; ~ *of hearing* hörselskadad, lomhörd; *a* ~ *nut to crack a*) en svår nöt att knäcka, *b*) en svårövertalad person; *it's* ~ *for* (*on*) *you* det är svårt (hårt) för dig; *Chinese is* ~ *going* det är mycket svårt att lära sig kinesiska; *she had a* ~ *time of it* hon hade det svårt, det var en hård match för henne; *learn s.th. the* ~ *way* få slita hårt för att lära sig ngt **3** hård, ansträngande; häftig; sträng; krävande, fordrande; grym, tung, svår; kraftig; ihärdig; ~ *and fast a*) fast, *b*) (*om regel e.d.*) bindande, orubblig; *drive a* ~ *bargain* pressa priset till det yttersta; ~ *drinker* storsupare; ~ *drugs* tung narkotika; ~ *facts* kalla (nakna) fakta; ~ *fate* hårt (grymt) öde; ~ *frost* sträng kyla; ~ *knock* hård (kraftig) knackning; ~ *labour* straffarbete; ~ *liquor* (*stuff*) starksprit; ~ *luck* (*lines*)! vilken otur!; ~ *vowel* hård vokal; ~ *work* hårt arbete; ~ *worker* hårt arbetande människa, arbetsmänniska; *don't be* ~ *on him* var inte för hård (sträng) mot honom **4** *mil.* starkt befäst; (*om kärnvapen*) under[jordisk, -jords- **5** *Austr. sl., put the* ~ *word on s.b.* klämma åt ngn **III** *adv* **1** hårt, fast; kraftigt; häftigt; starkt; fort; ~ *a port* (*sjö.*) hårt babord; *be* ~ *at it* (*vard.*) ligga i, slita, knoga; *he's* ~ *done by having to* det är hårt för honom att han måste; *be* ~ *put* [*to it*] knappast klara av det, ha det svårt; *breathe* ~ andas tungt; *freeze* ~ vara sträng kyla; *hit* ~ slå (träffa) hårt; *listen* ~ lyssna noga; *look* ~ *at* se noga på, titta skarpt på; *rain* ~ regna häftigt (kraftigt); *think* ~ tänka skarpt, tänka efter noga; *try* ~ försöka ordentligt, anstränga sig hårt; *turn* ~ *right* svänga hårt till höger; *work* ~ arbeta hårt (*at* med [att]) **2** med svårighet; svårt; illa; *die* ~ (*bildl.*) vara seglivad; *take it* ~ ta det hårt **3** ~ *by* nära tätt intill; *be* ~ *up* (*vard.*) vara i knipa (pank), ha ont om pengar; *be* ~ *up for*

H

vara i stort behov av, sakna; *it'll go* ~ *with him* han kommer att få svårigheter, det kommer att stå honom dyrt

hard|back ['hɑ:dbæk] [in]bunden bok **--boiled** [ˌhɑ:d'bɔɪld] **1** hårdkokt (*egg* ägg) **2** *vard.* hårdkokt, kallhamrad **--core** ['hɑ:dkɔ:] **1** ~ *pornography* hårdporr **2** orubblig, övertygad (*Communist* kommunist) **--earned** [ˌhɑ:d'ɜ:nd] surt förvärvad

harden ['hɑ:dn] **1** göra hård[are]; [för]stärka; härda (*steel* stål; *the body* kroppen); vänja; förhärda; ~*ed* [för]härdad, garvad, inkrökt; ~ *o.s. to a*) härda sig mot, vänja sig vid, *b*) förhärda sig mot; *this* ~*ed her attitude* detta skärpte hennes hållning; ~ *off a plant* härda en växt **2** bli hård[are], hårdna; stelna; härdas; förhärdas; ~ *off (om växt)* härdas **3** (*om pris*) *a*) bli fast[are], stabiliseras, *b*) stiga **-ing** ['hɑ:dnɪŋ] härdning; hårdhet, skärpning; förhärdning; ~ *of the arteries* åderförkalkning

hardly ['hɑ:dlɪ] **1** knappast, knappt; nätt och jämnt; ~ *anybody* knappast någon, nästan ingen; ~ *ever* nästan aldrig; *we* ~ *knew them* vi kände dem knappast **2** med möda (svårighet)

hardness ['hɑ:dnɪs] hårdhet; stränghet; svårighet

hard|ship ['hɑ:dʃɪp] umbäranden, vedermöda, prövning, strapats; *the* ~*s of war* krigets vedermödor; *suffer great* ~ lida stor nöd, slita mycket ont **-ware** **1** järn-, metall|varor **2** *data.* hård-, maskin|vara **3** *mil.* tung utrustning **4** *vard.* vapen (*sg el. pl*) **--wearing** [ˌhɑ:d'weərɪŋ] slitstark; motståndskraftig **--wood** ['hɑ:dwʊd] hårt träslag (*t.ex.* ek, lönn) **--working** [ˌhɑ:d'wɜ:kɪŋ] arbetsam, hårt arbetande

hardy ['hɑ:dɪ] **1** härdig, härdad, motståndskraftig **2** djärv, dristig

hare [heə] *I s* hare; ~ *and hounds* snitseljakt (*lek*); *run with the* ~ *and hunt with the hounds* hålla sig väl med båda sidor (alla); *start a* ~ ta upp ett ämne till diskussion **II** *v, BE. vard.* rusa; springa (*off* i väg; *about* omkring)

hark [hɑ:k] **1** lyssna (*to* till, på), hör (*to* på) **2** ~ *back* gå tillbaka (*to* till)

harlot ['hɑ:lət] sköka, hora, prostituerad

harm [hɑ:m] *I s* skada, ont; *out of* ~*'s way* i säkerhet, utom fara; *keep* (*stay*) *out of* ~*'s way* undvika faran, hålla sig undan; *there is no* ~ *in asking* det skadar inte att fråga; *there is no* ~ *done* det är ingen skada skedd; *you will come to no* ~ det kommer inte att hända dig ngt; *do* ~ *to s.b.* tillfoga (vålla) ngn skada, göra ngn illa; *it will do more* ~ *than good* det kommer att göra mer skada än nytta; *she meant no* ~ hon menade inget illa, det var inte illa ment **II** *v* skada, göra illa (ont) **-ful** [-f(ʊ)l] skadlig, farlig **-less** [-lɪs] oskadlig, ofarlig; oskyldig (*question* fråga); *make* (*render*) ~ oskadliggöra

har|monica [hɑ:'mɒnɪkə] munspel **-monious** [-'məʊnjəs] **1** *mus.* harmonisk, välljudande, samstämmande **2** *bildl.* harmonisk, samstämmig **-monize** (*BE. äv. -monise*) ['hɑ:mənaɪz] **1** harmoniera, stämma överens **2** sjunga flerstämmigt **3** *mus.* harmonisera, sätta harmonier till; *bildl.* göra harmonisk, bringa i samklang **-mony** ['hɑ:mənɪ] **1** *bildl.* harmoni, samstämmighet;

samförstånd **2** *mus.* harmoni, samklang; välljud; harmonilära

harness ['hɑ:nɪs] *I s* **1** sele; seldon; *in* ~ i arbete[t] **2** *väv.* harnesk **II** *v* **1** sela [på]; spänna för; ~ *a horse to a carriage* spänna en häst för en vagn **2** tämja (*the atom* atomen); exploatera, bygga ut, utnyttja (*vattenfall e.d.*)

harp [hɑ:p] *I s* harpa; *vard.* munspel **II** *v* **1** spela [på] harpa **2** ~ [*up*]*on* mala (jämt tjata) om; ~ *on the same string* mala (jämt tjata) om samma sak

harpoon [hɑ:'pu:n] *I s* harpun **II** *v* harpunera

harpsichord ['hɑ:psɪkɔ:d] *mus.* cembalo

harrow ['hærəʊ] *I s* harv; *be under the* ~ vara i trångmål **II** *v* **1** harva **2** *bildl.* plåga, pina; oroa, irritera **-ing** [-ɪŋ] hemsk

harry ['hærɪ] **1** plåga, oroa **2** plundra, härja

harsh [hɑ:ʃ] **1** hård, sträv **2** sträng, hård **3** hård; skärande; skorrande

harvest ['hɑ:vɪst] *I s* **1** skörd; skördetid **2** skörd (*äv. bildl.*), gröda; *the* ~ *of our efforts* frukterna av våra ansträngningar **II** *v* skörda (*äv. bildl.*) **-harvester** [-ə] **1** skördare, skörde|man, -arbetare, slåtterkarl **2** skördemaskin; självbindare

has [hæz, *obeton.* həz, əz] *3 pers. sg pres. av* have **--been** ['hæzbɪn] *vard.* fördetting

1 hash [hæʃ] *I v* **1** finhacka, hacka sönder **2** fördärva, förstöra **II** *s* **1** *kokk.* hachis, ragu **2** röra, virrvarr; *make a* ~ *of* (*vard.*) röra till, göra pannkaka av; *settle* (*fix*) *a p.'s* ~ (*AE. vard.*) *a*) kuva (tysta) ngn, *b*) bli kvitt med ngn **3** återanvändning

2 hash [hæʃ] *sl.* hasch

hasn't ['hæznt] = *has not*

hasp [hɑ:sp] *I s* hasp, klinka **II** *v* stänga med hasp (klinka)

hassle ['hæsl] *vard.* *I s* kiv, gräl; krångel, trubbel **II** *v* gräla (kivas) med

haste [heɪst] *I s* hast, skyndsamhet; brådska; *make* ~ skynda sig, raska på, rusa; *more* ~, *less speed* skynda långsamt **II** *v, poet.* skynda [sig]

hasten ['heɪsn] **1** skynda [sig] **2** skynda (driva, jäkta) på **hasty** ['heɪstɪ] **1** hastig, snabb, skyndsam; brådskande **2** förhastad, överilad; ~ *words* förhastade ord **3** hetsig, häftig

hat [hæt] hatt; *bad* ~ (*vard., i sht BE.*) rötägg, slyngel, ful fisk; *my* ~*!* (*BE. vard.*) himmel!, du store tid!, försök inte!; *old* ~ ngt omodernt (förlegat); *red* ~ kardinalshatt; *out of a* ~ *a*) som genom trolleri, *b*) på måfå, på en höft; ~ *in hand* ödmjukt, underdånigt; *at the drop of a* ~ genast; *I'll eat my* ~ *if* (*sl.*) jag ska äta upp min gamla hatt om; *keep s.th. under one's* ~ hålla tyst om ngt, inte föra ngt vidare; *pass* (*send*) *the* ~ *round* göra en insamling, skicka runt hatten; *take off one's* ~ *to* (*bildl.*) ta av sig hatten för, beundra, gratulera; *talk through one's* ~ (*vard.*) *a*) prata i nattmössan, prata strunt, *b*) bluffa

1 hatch [hætʃ] *I s* **1** kläckning **2** kull **II** *v* kläcka[s] (*äv. bildl.*)

2 hatch [hætʃ] **1** [last]lucka; lucköppning; serveringslucka; dammlucka; underdörr; *under* ~*es a*) under däck, *b*) utom synhåll, *c*) förödmjukad, *d*) död **2** *sl., down the* ~*!* botten upp!

hatchback ['hætʃbæk] kombi[bil]

hatchet ['hætʃɪt] [hand]yxa; tomahawk; *bury the*

~ gräva ner stridsyxan, sluta fred **hatchet man**
vard. **1** hejduk, hantlangare **2** *AE.* lejd mördare
3 *AE.* elak kritiker
hate [heɪt] **I** *v* hata, avsky, tycka illa om **II** *s* hat,
avsky **-ful** ['heɪtf(ʊ)l] förhatlig, avskyvärd
hatrack ['hætræk] hatthylla
hatred ['heɪtrɪd] hat *(for* mot), avsky *(of* för)
hatter [-ə] hattmakare; ~'s hatt|affär, -makeri; *as
mad as a ~* spritt språngande galen
haughty ['hɔ:tɪ] högdragen, högmodig, högfär-
dig, överlägsen, arrogant
haul [hɔ:l] **I** *v* **1** hala, dra, släpa; bogsera; ~ *s.b.
up (vard.) a)* ställa ngn till svars, *b)* ge ngn en
uppsträckning; ~ *s.b. up before the magistrate
(vard.)* dra ngn inför rätta, ställa ngn till svars **2**
frakta, transportera **3** *sjö.,* ~ *[up] a)* dra (hala)
upp *(fartyg på land), b)* hala ombord **4** *sjö.,* ~
[off] a vessel gira med ett fartyg **5** sjö. *(om vind)*
dra sig föröver; ~ *[round]* gira, ändra kurs **5** änd-
ra sig **II** *s* **1** halning, drag; bogsering **2** notvarp,
fångst *(av fisk);* byte, kap **3** sträcka *(som ngt
dras)* transportsträcka; *in (over) the long ~ a)* i
framtiden, *b)* [över] en längre tid **haulage**
['hɔ:lɪdʒ] **1** halande, dragande *etc., jfr* haul *I* **2**
transport[kostnader], speditionsavgift **haul[i]er**
['hɔ:l(j)ə] åkeriägare, åkare, speditör
haunch [hɔ:n(t)ʃ] **1** höft; länd *(på häst e.d.); go
down on one's ~es a)* sätta sig på huk, *b) (om
hund)* sätta sig på bakbenen **2** *kokk.* lår[stycke]
haunt [hɔ:nt] **I** *v* **1** spöka hos (i, på); *bildl. äv.*
hemsöka, plåga, förfölja; *she was ~ed by fear*
hon hemsöktes (plågades) av fruktan; *the idea ~s
me* tanken förföljer mig **2** ofta besöka, hålla till
hos (i, på) **II** *s* tillhåll; vistelseort **-ed** ['hɔ:ntɪd] **1**
spök-; ~ *house* spökhus; *this place is ~* det spö-
kar här **2** plågad, hemsökt; orolig, rastlös; besatt
-ing ['hɔ:ntɪŋ] efterhängsen *(tune* melodi), gri-
pande, oförglömlig *(memory* minne)
have [hæv] **I** *v (had, had; 3 pers. sg pres. has)* **A**
hjälpv ha; ~ *been* ha varit; ~ *had* ha haft; *I ~
found it* jag har hittat den; ~ *you got a pencil?*
(BE.) har du en penna?; *I ~ lived (I've lived, I ~
been living) here for five years* jag har bott här i
fem år; *he should ~ gone* han skulle (borde) ha
gått; *I ~ not (I've not, I ~n't) seen him* jag har
inte sett honom; *you ~ (you've) seen him, ~n't
you?* du har sett honom, eller hur? **B** huvudv **1**
ha; äga; hysa; *I ~ no car* jag har ingen bil; *they ~
two children* de har två barn; ~ *a cold (äv.)* vara
förkyld; ~ *a conversation* ha (föra) en konversa-
tion; ~ *fear* vara rädd, känna (hysa) fruktan; ~
guests ha gäster; ~ *mercy on* vara barmhärtig
mot; ~ *an operation* genomgå en operation, ope-
reras; ~ *a party* ha en fest; *do you ~ a pencil?* har
du en penna?; *she has red hair* hon har rött hår;
I ~ it! (vard.) jag har det!, jag vet!; *what time do
you ~? (AE.)* hur mycket är klockan? **2** få *(a gift*
en present); äta *(breakfast* frukost), dricka *(tea*
te), ha, ta; ~ *another one* ta en till; *she is having
a baby* hon väntar barn; ~ *an idea* få en idé; ~
a good meal äta en god måltid; ~ *news from
s.b.* få höra från ngn; ~ *a shock* få en chock; *I
must ~ more time* jag måste få mera tid [på mig];
we had many visitors vi fick (hade) många besök;
let me ~ it låt mig få den; *what will you ~?* vad
vill du ha (äta)?; *there are no cigarettes to be had*

det går inte att få [tag i] några cigaretter **3** kunna,
förstå; *he has no French* han kan ingen (inte ett
ord) franska **4** ha *(ngn)* fast; *vard.* lura; *she had
him by the hair* hon höll fast honom i håret; *I'll ~
you!* jag ska nog få fast dig!; *I ~ him where I want
him* jag har fått honom dit jag vill; *you ~ me
there!* nu blev jag ställd!, det vet jag inte!; *he was
had by the salesman* han blev lurad av försälja-
ren; *ever been had?* nu blev du allt lurad! **5** till-
låta, finna sig i, vilja; *I won't ~ it!* jag tänker inte
finna mig (finner inte) i det!; *I'm not having
any of that!* jag vill inte veta av (går inte med på)
det! **6** ~ *to (+ inf.)* vara (bli) tvungen att, få lov
att, behöva; *I had to run to catch the train* jag
måste springa för att hinna med tåget; *that will
~ to do* det får duga; *she doesn't ~ to work* hon
behöver inte (är inte tvungen att) arbeta; *we shall
~ to leave tomorrow* vi måste resa i morgon; ~ *to
do with* ha att göra med; *it has nothing to do with
me det har ingenting* med mig att göra **7** ~ *s.th.
done* få ngt gjort, låta göra ngt, se till att ngt blir
gjort; ~ *one's hair cut* [låta] klippa sig (håret); ~
one's shoes repaired få sina skor lagade; ~ *s.b.
do s.th.* låta ngn (få ngn att) göra ngt; *he had his
leg broken* han har (hade) brutit benet; *she had
her car stolen* hon fick sin bil stulen; *she was hav-
ing her room redecorated* hon höll på och tapetse-
ra om sitt rum; *I won't ~ you jumping on the sofa*
jag vill inte att ni hoppar i soffan; *what would you
~ me say?* vad vill du jag ska säga om det? **8** ~
it u) påstå, hävda, *b)* vinna [en seger]; ~ *had it
(vard.) a)* vara slut (ur leken, död), *b)* bli omo-
dern, *c)* ha missat chansen, ligga illa till; *you've
had it!* nu ligger du illa till!, nu är det klippt!; *ru-
mour has it that* ryktet säger (går) att; ~ *it your
own way!* [gör] som du vill!, för *them* ~ *it! (sl.)* ge
dem bara!, ge dem vad de tål!; *she will ~ it that*
hon vill ha det till att; *I won't ~ it that* jag vill inte
veta av (höra talas om) att; *as fate would* ~ *it*
ödet ville att; *as Shakespeare has it* som Shake-
speare säger, som det står hos Shakespeare; ~ *it
away (off) (BE. vulg.)* knulla; ~ *it coming
(vard.)* vänta sig en utskällning; *I didn't know she
had it in her* det hade jag inte trott att hon skulle
klara av; ~ *it in for (vard.)* vilja komma åt, ha ett
horn i sidan till; ~ *it out with s.b.* tala ut (göra
upp) med ngn **9** ta [sig], få sig, göra; ~ *a look* se,
titta, ta sig en titt; ~ *a smoke* röka; ~ *a try* försö-
ka **10** *you had better (best)* go det är bäst att du
går; *I had rather (sooner) you left now* jag skulle
föredra att du går nu **11** ~ *at (åld.)* gå lös på; ~
in a) inbjuda, *b)* ta hem *(a plumber* en rörmoka-
re), *c)* sätta in *(a new engine* en ny motor); ~ *on
a)* ha på sig *(kläder), b)* ha för sig, ha planerat,
c) lura, driva med; *the police has nothing on me*
polisen kan inte anklaga mig för någonting; ~ *a
tooth out* [låta] dra ut en tand; *be had up* bli
stämd [inför rätta], åka fast **II** *s, the ~s and the
~-nots* [de] rika och [de] fattiga
haven ['heɪvn] hamn; tillflyktsort
haven't ['hævnt] = have not
haversack ['hævəsæk] ränsel, tornister; rygg-
säck
havoc ['hævək] förstörelse, ödeläggelse; *vard.*
kaos; *cry ~ (åld.)* ge signal till plundring (förstö-
relse); *play ~ with* gå illa (hårt) åt; *wreak ~ on*

anställa förödelse (skada) på
1 hawk [hɔ:k] **I** *s* hök (*äv. polit.*); *AE.* falk; *bildl.*
hänsynslös person **II** *v* **1** jaga med falk **2** (*om hök, falk*) jaga; ~ *at* anfalla, slå ner på
2 hawk [hɔ:k] **1** sälja (ropa ut) på gatan **2** ~ [*about*] sprida (*skvaller e.d.*)
hawthorn ['hɔ:θɔ:n] *bot.* hagtorn
hay [heɪ] **I** *s* hö; *hit the* ~ (*sl.*) gå och kvarta (knyta sig), krypa till kojs; *make* ~ bärga hö; *make* ~ *of* röra till, vända upp och ner på; *make* ~ *while the sun shines* (*vard.*) smida medan järnet är varmt **II** *v* **1** ge (utfodra med) hö **2** göra hö av, torka **haycock** [-kɔk] hövolm **hay fever** [-ˌfi:və] hösnuva **haymaker** [-ˌmeɪkə] **1** slåtterkarl **2** *sl.* sving, hårt slag (*i boxning*) **haystack** [-stæk] höstack **haywire** [-ˌwaɪə] *vard.* **1** *go* ~ paja, gå sönder **2** oberäknelig, knasig
hazard ['hæzəd] **I** *s* **1** fara, risk; riskfylldhet; *at* ~ på spel, i fara; *at all* ~*s* till varje pris; *the* ~*s of war* krigets faror **2** *golf.* hinder **3** slump, lyckträff; *by* ~ av en slump (händelse) **4** (*slags*) tärningsspel **II** *v* **1** riskera, sätta på spel **2** våga [sig på] (*a guess* en gissning) **hazardous** [-əs] riskfylld, farlig; vågad; osäker
haze [heɪz] **I** *s* dis[ighet]; töcken (*äv. bildl.*) **II** *v*, ~ [*over*] göra (bli) disig
hazel ['heɪzl] **I** *s* **1** *bot.* hassel; hasselnöt **2** nötbrun (ljusbrun) färg **II** *a* nöt-, ljus\brun
hazy ['heɪzɪ] disig, dimmig; *bildl.* dimmig, suddig, oklar
he [hi:, *obeton.* hɪ, ɪ] **I** *pron* **1** *pers.* han; (*om djur äv.*) den, det; *Harry Gregg, who's* ~? Harry Gregg, vem är det?; *if I were* ~ om jag vore han; ~*'s a fine stallion* det är en fin hingst **2** *determ.* den; ~ *who lives will see* den som lever får se; *everybod can do as* ~ *likes* var och en kan göra som den vill **II** *s* **1** han; han[n]e **2** (*i sms.*) han-; *it's a* ~-*dog* det är en hanhund
head [hed] **I** *s* **1** huvud; *vard.* huvudvärk; ~ *of hair* hår\[växt]; ~ *of lettuce* salladshuvud; ~ *of a nail* spikhuvud; *be* ~ *and shoulders above* vara mer än huvudet högre än, *bildl. äv.* vara vida över lägsen, stå skyhögt över; *count* ~*s* räkna antalet närvarande (*röstande etc.*); *give a horse* (*s.b.*) *his* ~ ge en häst (ngn) fria tyglar; *keep one's* ~ hålla huvudet kallt, behålla fattningen; *lose one's* ~ (*bildl.*) tappa huvudet, förlora fattningen; *it turned his* ~ det steg honom åt huvudet; *keep one's* ~ *above water* (*bildl.*) hålla sig flytande (huvudet ovanför vattenytan); ~ *first* (*foremost*) huvudstupa; *have a good* ~ *for figures* vara duktig i (ha sinne för) siffror; *have a good* ~ *for heights* inte få svindel; ~ *on* med huvudet först; *have a good* ~ *on one's shoulders* ha huvudet på skaft, vara ett ljushuvud; ~ *over heels* huvudstupa, handlöst; ~ *over heals in love* (*debt*) upp över öronen förälskad (skuldsatt); *turn* (*go*) ~ *over heals* göra (slå) en kullerbytta; *beat a p.'s* ~ *off* fullkomligt besegra ngn; *cry one's* ~ *off* (*sl.*) gallskrika, skrika som en galning; *talk a p.'s* ~ *off* prata ihjäl ngn; *we put our* ~*s together* (*vard.*) vi slog våra kloka huvuden ihop; *above* (*over*) *a p.'s* ~ över huvudet på ngn; *taller than s.b. by a* ~ huvudet högre än ngn; *from* ~ *to foot* från topp till tå; *off* (*out of*) *one's* ~ (*sl.*) knasig, galen; *off the top of one's* ~ obetänksamt, för-

berett; *on one's* [*own*] ~ på egen risk, på eget ansvar; *over a p.'s* ~ över ngns huvud, över ngns horisont; *over* ~ *and ears* upp över öronen; *be promoted over the* ~ *of s.b.* gå förbi ngn vid befordran; *get s.th. into one's* ~ få in ngt i sin skalle; *get s.th. out of one's* ~ få ngt ur sitt huvud (sina tankar); *go to a p.'s* ~ stiga ngn åt huvudet (*äv. bildl.*); *hold up one's* ~ (*bildl.*) hålla huvudet högt; *put s.th. into a p.'s* ~ inbilla (intala) ngn ngt; *what put that into his* ~? hur kom han på den tanken (idén)?; *take it into one's* ~ *to do s.th.* få för sig (i sitt huvud) att man ska göra ngt; *win by a* ~ *a*) (*om häst*) vinna med en huvudlängd, *b*) vinna ytterst knappt **2** chef, direktör; föreståndare; ledare; överhuvud, huvudman; *vard.* rektor; ~ *of department a*) avdelningschef, *b*) *univ.* institutionschef; ~ *of state* stats\chef, -överhuvud; *the* ~ *of the family* familjens överhuvud **3** ledning; spets; tät; ledarställning; *be at the* ~ *of* stå i spetsen för (vara i ledningen) för; *make* ~ göra framsteg; *make* ~ *against s.b.* bjuda ngn spetsen **4** topp; översta del, övre ände; spets; huvudända (*of a bed* på en säng); knopp (*of a cane* på en käpp); *arkit.* kapitäl, [kolonn]huvud; (*mynts*) framsida; (*flods*) källa, tillflöde, övre lopp; (*vägs*) änd-, slut\punkt; [hög] udde; *at the* ~ *of the page* överst på sidan; ~*s or tails?* krona eller klave?; *I cannot make* ~ *nor tail of it* (*vard.*) jag blir inte klok på det **5** skum, fradga (*på öl*) **6** (*pl lika*) person, individ; antal, stycke; *five pound a* (*per*) ~ fem pund per person (per man, vardera); *five hundred* ~ *of cattle* fem hundra nötkreatur; *large* ~ *of game* stort viltbestånd **7** huvudpunkt; moment; kapitel; kategori; huvudord; [huvud]rubrik, överskrift; *under the* ~ *of...* under rubriken...; *the* ~ *and front of* huvudpunkten (själva kärnan) i **8** höjdpunkt; kritisk punkt, kris; *bring matters to a* ~ driva saken till sin spets **9** *sjö.* förstäv, bog; ~*s* (*pl, sl.*) mugg (*toalett*) **10** *tekn.* [vatten]tryck; ångtryck; [ton]huvud **11** *sl.* knarkare **II** *v* **1** ligga vid övre änden av; stå överst på (*a list* en lista); ~ [*up*] anföra, leda, stå (gå) i spetsen för **2** styra, köra (*towards, for* [i riktning] mot) **3** förse med överskrift (rubrik, titel); ~*ed writing paper* skrivpapper med brevhuvud **4** (*i fotboll*) nicka **5** ~ *off a*) hejda, stoppa, *b*) avvärja (*a quarrel* ett gräl), avböja (*questions* frågor) **6** ~ [*for*] gå, vara på väg; *where are you* ~*ing* (~*ed*) [*for*]? vart är du på väg (ska du ta vägen)?; *are you* ~*ing my way?* ska du samma väg som jag?; ~ *back* gå (vara på väg) tillbaka; *be* ~*ing back* vara på tillbakaväg; ~ *for* gå (vara på väg, styra sina steg) [i riktning] mot, styra (sätta kurs) mot; *you are* ~*ing for trouble* du kommer att få obehag **7** (*om flod e.d.*) rinna upp; *bildl.* ha sin upprinnelse (sitt ursprung) i
head\ache ['hedeɪk] huvudvärk; *that's your* ~ (*vard.*) det är din huvudvärk (ditt problem)
-band pannband
head\er ['hedə] **1** *vard.* dykning, huvudhopp **2** (*i fotboll*) nick[ning] **-gear** huvudbonad **--hunter** [-ˌhʌntə] **1** huvudjägare **2** head-hunter (*pers. som letar upp kandidater t. chefsposter*) **-ing** [-ɪŋ] **1** överskrift, rubrik, titel **2** avsnitt, avdelning, stycke **3** (*i fotboll*) nick[ning] **4** *gruv.* ort; tunnel **5** riktning, kurs **-land** [-lənd] udde **-light** [-laɪt]

strålkastare (*på bil*) **-line** [-laɪn] rubrik; *hit the* ~*s* bli förstasidesstoff **-long** med huvudet före, huvudstupa; hals över huvud **-man 1** [ˌhed'mæn] förman **2** ['hedmæn] hövding **-master** [ˌhed'-mɑ:stə] rektor **-mistress** [ˌhed'mɪstrɪs] [kvinnlig] rektor **--on** [ˌhed'ɒn] *a o. adv* **1** med huvudet före; ~ *collision* frontalkrock **2** rakt på sak, rättfram[t] **-phones** ['hedfəʊnz] *pl* hörlurar **-quarters** [ˌhed'kwɔ:təz] *pl* högkvarter; högsta militärledning; stab, stabsplats; huvudkontor **head|rest** ['hedrest] huvud-, nack|stöd **-room** fri höjd (*under viadukt e.d.*) **-scarf** sjalett **-set** huvudmikrofon

headsman ['hedzmən] bödel, skarprättare **head|stone** ['hedstəʊn] gravsten (*vid huvudändan*) **-strong** halsstarrig, egensinnig **head waiter** ['hedˌweɪtə] hovmästare **headway** [-weɪ] **1** fart [framåt]; framsteg; *make* ~ komma vidare, göra framsteg **2** fri höjd (*under viadukt e.d.*) **3** turtäthet **headword** [-wɜ:d] uppslagsord, stickord **heady** [-ɪ] **1** [be]rusande, [alkohol]stark **2** häftig, upprörande **3** förhastad; otålig

heal [hi:l] **1** bota; läka; *bibl.* hela; *time* ~*s all wounds* tiden läker alla sår **2** återställa; bilägga, överbrygga (*differences* meningsskiljaktigheter) **3** läka[s]; ~ [*over, up*] läka[s] igen (ihop) **-er** ['hi:lə] person som botar; botemedel

health [helθ] **1** hälsa, sundhet; hälsotillstånd; *bad (ill)* ~ svag hälsa, sjuklighet; *in poor* ~ sjuk[lig], inte frisk **2** skål; *your (good)* ~*!* skål!; *drink* [*to*] *a p.'s* ~ dricka ngns skål, skåla med ngn **health centre** ['helθˌsentə] läkarcentral **health certificate** friskintyg **health food** [-fu:d] hälsokost **health insurance** [-ɪnˌʃʊər(ə)ns] sjukförsäkring **healthy** [-ɪ] **1** frisk; sund (*äv. bildl.*) **2** hälsosam

heap [hi:p] **I** *s* hop, hög; *be struck all of a* ~ (*vard.*) stå som fallen från skyarna, bli alldeles paff **2** *vard.*, *a* ~ *of* en massa; ~*s of* massor (massvis) med, en massa **3** *vard.* [skrot]hög; *the car was a* ~ bilen var en skrothög **II** *v* **1** ~ [*up, together*] hopa, lägga i en hög, stapla, trava; lägga på hög; ~ *insults on s.b.* överösa ngn med förolämpningar **2** fylla (*with* med); råga; *a* ~*ed spoonful* en rågad sked **heaps** *adv* [väldigt] mycket; *she was feeling* ~ *better* hon kände sig mycket bättre

hear [hɪə] (*heard, heard*) **1** höra, lyssna på (till); åhöra; ~ *s.b. out* höra ngn tala till slut; *you're not going, do you* ~ *me!* du går inte, hör du det! **2** få höra (veta) **3** *jur.* behandla (*a case* ett fall); [för]höra **4** höra; ~, ~*!* bravo!, instämmer!; *he doesn't* ~ *very well* han hör inte så bra **5** få höra; ~ *from s.b.* höra av (ifrån) ngn; *you'll be* ~*ing from me!* jag kommer att ställa dig till svars för det här!; ~ *of* (*about*) höra talas om; *she wouldn't* ~ *of it* hon ville inte höra talas om (veta av) det; ~ *tell of* (*dial.*) höra talas om **heard** [hɜ:d] *imperf. o. perf. part. av* hear **hearing** ['hɪərɪŋ] **1** hörsel; *good* ~ god hörsel; *be hard of* ~ vara lomhörd **2** hörhåll; *out of* (*within*) ~ utom (inom) hörhåll; *he said it in my* ~ han sade det i min närvaro (när jag hörde på) **3** lyssnande, åhörande; hearing, utfrågning; *jur.* förhör, hörande, behandling; *preliminary* ~ förundersök-

ning; *gain a* ~ skaffa sig (vinna) gehör; *get a fair* ~ a) få en chans att försvara sig, b) *jur.* få en opartisk rättegång; *give s.b. a* ~ lyssna på (till) ngn **hearing aid** ['hɪərɪŋeɪd] hörapparat **hearsay** ['hɪəseɪ] hörsägen, rykte; *have s.th. by* ~ (*from, on*) ~ veta ngt genom hörsägen, ha hört talas om ngt

hearse [hɜ:s] lik|vagn, -bil

heart [hɑ:t] **1** *anat.* hjärta **2** *bildl.* hjärta; sinne[lag]; mod; själ; *my dearest* ~*!* du mitt hjärta!; *happy* ~ glad sinnesstämning; ~ *and soul* absolut, helt och fullt, med liv och lust; *change of* ~ sinnes[för]ändring; *break a p.'s* ~ krossa ngns hjärta; *I thought my* ~ *would break* jag trodde mitt hjärta skulle brista; *it breaks my* ~ *to see* det skär mig i hjärtat att se; *break one's* ~ *over s.th.* gräma hjä sig över ngt; *cross my* ~ [*and hope to die*]! jag lovar!; *cry one's* ~ *out* gråta förtvivlat; *eat one's* ~ *out* sörja hjärtat ur; *one's* ~ *to* say ha hjärta (kunna förmå sig) att; *have a* ~*!* var lite hygglig nu!; *she has no* ~ hon har inget hjärta [i kroppen]; *not have one's* ~ *in it* inte lägga ner sin själ i det; *have one's* ~ *in one's boots* vara nere i skorna (missmodig); *have one's* ~ *in one's mouth* (*throat*) ha hjärtat i halsgropen; *have one's* ~ *in the right place* ha hjärtat på rätta stället; *I didn't have the* ~ *to tell him* jag hade inte hjärta att säga honom; *lose* ~ tappa modet; *I lost my* ~ *to London* jag har förlorat mitt hjärta till London; *put one's* ~ *into one's work* lägga ner hela sin själ i arbetet; *my* ~ *sank* mitt mod sjönk; *set one's* ~ *on s.th.* fästa sig vid (eftertrakta, gärna vilja ha) ngt, *lukе* ~ fatta mod; *wear one's* ~ *on one's sleeve* öppet visa sina känslor; *a novel after my own* ~ en roman efter mitt sinne, *at* ~ [i] själ och hjärta, i grund och botten; *light at* ~ lätt om hjärtat (till sinnes); *we have it at* ~ det ligger oss varmt om hjärtat; *by* ~ utantill, ur minnet, *from* [*the bottom of*] *my* ~ av allt mitt hjärta; *in my* ~ *of* ~*s* i djupet av mitt hjärta, innerst inne; ~ *to* ~ öppenhjärtigt, förtroligt; *to one's* ~*'s content* av hjärtans lust, så mycket man vill; *it is near* (*close*) *to my* ~ det ligger mig varmt om hjärtat, det är en hjärtesak för mig; *hold s.b. to one's* ~ trycka ngn till sitt hjärta (bröst); *take s.th. to* ~ ta illa vid sig av ngt, ta ngt hårt; *with all my* (*my whole*) ~ av mitt hjärta **3** hjärta, inre, kärna, centrum, medelpunkt; *the* ~ *of the city* stadens kärna (centrum); *the* ~ *of the matter* kärnpunkten (det väsentliga) [i saken]; ~ *of oak* karlakarl, kärnkarl **4** *kortsp.* hjärterkort; ~*s* (*pl*) hjärter; *queen of* ~*s* hjärterdam

heartache ['hɑ:teɪk] [hjärte]sorg **heartbeat** [-bi:t] hjärt-, puls|slag **heartbreaking** [-ˌbreɪkɪŋ] hjärt|slitande, -skärande, sorglig **heartbroken** [-ˌbrəʊk(ə)n] med brustet hjärta, otröstlig, förtvivlad **heartburn** [-bɜ:n] halsbränna **hearten** [-n] **1** uppmuntra **2** repa mod **heart failure** [-ˌfeɪljə] hjärtkollaps **heartfelt** [-felt] innerlig, djupt känd, hjärtlig

hearth [hɑ:θ] härd (*äv. tekn.*); hemmets härd; ~ *and home* hus och hem **hearth rug** spismatta **heartily** ['hɑ:tɪlɪ] **1** ordentligt, duktigt, tappert; *eat* ~ äta duktigt **2** hjärtligt, innerligt, varmt **heart-rending** [-ˌrendɪŋ] hjärtslitande, sorglig **heart-to-heart** [ˌhɑ:ttə'hɑ:t] **I** *a* öppen[hjärtig], förtrolig **II** *s* öppenhjärtigt (förtroligt) samtal **hearty** ['hɑːtɪ] **I** *a* **1** hjärtlig; varm; uppriktig; ~ *manners* hjärtligt sätt; ~ *dislike* uppriktig motvilja **2** kraftig, rejäl; robust, spänstig **3** närande, bastant (*meal* måltid) **II** *s, vard.* kompis

heat [hiːt] **I** *s* **1** hetta, värme; *the* ~ *of summer* sommarens hetta; *by low* ~ på svag värme **2** *bildl.* hetta; iver; *the* ~ *of the battle* stridens hetta; *in the* ~ *of the moment* i ögonblickets upphetsning **3** (*hondjurs*) parnings-, löp|tid; *be in* ~ (*om tik*) löpa **4** *sport.* heat, [uttagnings]lopp; *final* ~ finalomgång; *preliminary* ~ försöksheat **5** *vard.* tryck, påtryckning; *sl.* polispådrag; *the* ~ *is off* faran är över; *the* ~ *is on* det är polispådrag; *put the* ~ *on s.b.* sätta åt ngn; *turn on the* ~ öka trycket, dra åt tumskruvarna **II** *v* **1** ~ [*up*] värma [upp], upphetta **2** ~ [*up*] bli het (varm), *bild.* bli upphetsad **-er** ['hiːtə] **1** värmare; värme|apparat, -element; kamin **2** *AE. sl.* puffra

heath [hiːθ] *BE.* hed

heathen ['hiːðn] **I** *s* **1** hedning; *the* ~ (*koll., behandlas som pl*) hedningarna **2** barbar, ociviliserad människa **II** *a* hednisk, hedna-

heather ['heðə] *bot.* ljung

heating ['hiːtɪŋ] uppvärmning, uppvärmning, eldning **heatstroke** [-strəʊk] värmeslag **heat wave** [-weɪv] **1** värmebölja **2** värmevåg

heave [hiːv] **I** *v* (~*d,* ~*d el. sjö. hove, hove*) **1** ~ [*up*] häva, lyfta, hiva **2** kasta, slunga; ~ *up* (*vard.*) kräkas upp **3** utstöta, upphäva, dra (*a sigh* en suck) **4** *sjö.* hiva, hyva, vinda upp; ~ *anchor* lätta ankar; ~ *to* stoppa (*fartyg*) **5** hävas, höjas och sänkas; svalla, bölja **6** *sjö.* röra sig, komma; stampa; rulla; ~ *in sight* komma i sikte; ~ *to* lägga bi **7** försöka (vilja) kräkas; ~ *up* (*vard.*) kräkas **II** *s* **1** hävning, lyftning **2** kast, slungande **3** höjning; svallning; sjöhävning **4** *sjö.* hivande **5** *sl., the* ~s kväljningar

heaven ['hevn] *relig. o. vard.* himmel[en], himmelrike[t]; ~*s* (*pl*) himmel, himlavalv; *she is in her seventh* ~ hon är i sjunde himlen; *it was* ~ det var himmelskt; *move* ~ *and earth* röra upp himmel och jord; *go to* ~ komma till himlen; *for* ~*'s sake* för guds skull; ~*s above!* du store tid!; *good H*~*s!* du milde!, himmel!, kors i all sin dar!; [*good*] ~*s no!* nej för Guds skull!; ~ *forbid!* Gud förbjude!; ~ *knows* det vete gudarna; *thank H*~*!* Gud vare tack och lov! **-ly** [-lɪ] **1** himmels-, himla-; ~ *body* himlakropp **2** *vard.* himmelsk, gudomlig, ljuvlig **3** gudomlig, himmelsk

heavily ['hevɪlɪ] *adv* tungt (*loaded* lastad); hårt (*committed* engagerad; *taxed* beskattad); högt (*insured* försäkrad); kraftigt (*built* byggd); ~ *populated* tättbefolkad; *breathe* ~ andas tungt; *move* ~ röra sig långsamt (trögt); *rain* ~ regna häftigt; *time hangs* ~ *on my hands* tiden sniglar sig fram [för mig] **heaviness** [-nɪs] tyngd, grovhet *etc., jfr heavy* **heavy** ['hevɪ] **I** *a* **1** tung (*stone* sten); ~ *hydrogen* tungt väte; ~ *industry* tung industri; ~ *skies* regntunga skyar; ~ *soil* tung (lerig) jord; ~ *traffic* tung trafik (*jfr 2*) **2** grov (*sea* sjö[gång]); stor; svår (*cold* kyla); häftig, våldsam; stark; ~ *blow* hårt (svårt) slag; ~ *demand* stor (livlig) efterfrågan; ~ *eater* storätare; ~ *emphasis* stort eftertryck; ~ *going* tungt (besvärligt) väglag; *the conversation was* ~ *going* konversa-

tionen gick trögt; ~ *rain* häftigt regn; ~ *silence* tryckande tystnad; ~ *smell* genomträngande lukt; ~ *thud* dov duns; ~ *taxes* höga (dryga) skatter; ~ *traffic* tät (livlig, stark) trafik (*jfr 1*); ~ *work* hårt (ansträngande) arbete; *be* ~ *on petrol* dra mycket (sluka) bensin **3** dyster, nedstämd, betryckt; ~ *at heart* dyster till sinnes; *with a* ~ *heart* med tungt hjärta **4** grov, kraftig (*line* linje); ~ *features* grova drag; ~ *meal* tung (bastant) måltid **5** *mil.* tung[t beväpnad]; ~ *artillery* tungt artilleri **6** tung, tråkig (*style* stil); dramatisk, storslagen (*music* musik) **7** *sl.* urtråkig; urdålig; toppen **8** tyngd, [be]lastad; ~ *with child* [hög]gravid; ~ *with incense* tung (fylld) av rökelse; ~ *with pollen* pollenbemängd; ~ *with sleep* mycket sömnig, sömntung **II** *adv* tungt; *the guilt lies* ~ *on me* skulden vilar tungt på mig; *time hangs* ~ *on my hands* tiden sniglar sig fram [för mig] **III** *s* **1** *teat.* skurk[roll] **2** *mil.* tung artilleripjäs; hangarfartyg; slagskepp **3** *vard.* tungviktsboxare **4** *Sk.* starköl

heavy|**-duty** [ˌhevɪ'djuːtɪ] **1** [slit]stark, tålig **2** med höga tullar **--handed** [-'hændɪd] **1** klumpig, tafatt **2** hårdhänt, sträng **--hearted** [-'hɑːtɪd] tungsint, melankolisk, svårmodig **-weight** ['hevɪweɪt] **I** *s* tungvikt; tungviktare; *vard.* storhet, höjdare **II** *a* tungvikts- (*champion* mästare)

Hebrew ['hiːbruː] **I** *s* **1** hebré, jude **2** hebreiska [språket] **II** *a* hebreisk

Hebrides ['hebrɪdiːz] *pl, the* ~ Hebriderna

heck [hek] *interj, what the* ~*!* vad i helsike!, vad tusan!

heckle ['hekl] **1** häckla, avbryta [med irriterande frågor] **2** häckla (*lin*)

hectic ['hektɪk] hektisk

he'd [hiːd] = *he had; he would*

hedge [hedʒ] **I** *s* **1** häck **2** *bildl.* skydd, hinder, spärr **3** försiktigt (undangliddande) yttrande **II** *v* **1** inhägna (avgränsa) [med häck] **2** hindra, inskränka, begränsa **3** (*vid vadslagning*) helgardera **4** slingra sig, komma med undanflykter **hedgehog** ['hedʒ(h)ɒg] igelkott **hedgerow** busk-, träd|häck

heed [hiːd] **I** *v* bry sig om, beakta **II** *s* beaktande; *give* (*pay*) ~ *to* bry sig om, beakta, ta hänsyn till; *take* ~ ta sig i akt, akta sig **-ful** ['hiːdf(ʊ)l] uppmärksam **-less** ['hiːdlɪs] **1** ~ *of* obekymrad om **2** tanklös, sorglös

heel [hiːl] **I** *s* **1** häl; klack; **2** ände, slut; klack; *cool* (*kick*) *one's* ~*s* [få] stå och vänta; *show s.b. a clean pair of* ~*s* springa ifrån ngn; *turn on one's* ~ vända på klacken; *be at* (*on*) *a p.'s* ~*s* vara hack i häl (ligga i hälarna på ngn; *down at* ~ *a*) sjabbig, sliten, *b*) slarvig, hafsig, *c*) ner|kippad, -gången; *rock back on one's* ~*s* (*vard.*) slå (bli slagen) med häpnad; *take to one's* ~*s* lägga benen på ryggen; *bring to* ~ få att (låta) gå fot, *bildl.* hålla i strama tyglar **3** kant (*of a loaf* på en limpa), sista bit **4** *sjö.* [mast]fot; [köl]häl **5** *sl.* kräk, knöl **II** *v* **1** klacka **2** följa i hälarna på

hefty ['heftɪ] *vard.* stor och stark, kraftig; skrymmande; tung; ~ *blow* kraftigt slag

he-goat ['hiːgəʊt] [geta]bock

heifer ['hefə] kviga

height [haɪt] **1** höjd (*äv. astr.*); (*persons*) längd

~ *above sea-level* höjd över havet; *what ~ are you?* hur lång är du? **2** höjd; topp; *mountain ~s* bergstoppar; *fear of ~s* höjdskräck **3** höjdpunkt; *the ~ of fashion* högsta mode[t]; *the ~ of rudeness* höjden av ohövlighet; *at the ~ of one's power* på höjden av sin makt; *at the ~ of the storm* när stormen rasade som värst; *at the ~ of summer* på högsommaren; *be at its ~* ha nått sin höjdpunkt, vara på toppen **-en** ['haɪtn] **1** göra (bli) hög[re] **2** öka[s]; förstärka[s]

heinous ['heɪnəs] avskyvärd

heir [eə] arvinge, arvtagare; ~ *apparent* (*pl ~s apparent*) bröstarvinge, laglig arvinge; ~ *to the throne* tronarvinge **-ess** ['eərɪs] arvtagerska **-loom** ['eərlu:m] släktklenod; arvegods

held [held] *imperf. o. perf. part. av* hold

helicopter ['helɪkɒptə] helikopter

helium ['hi:ljəm] helium

hell [hel] **1** helvete[t]; ~*'s bells* (*teeth*)! milda makter!, tusan också!; ~ *for leather* allt vad tyg gen håller som en galning, u~ ög a lot (*vard.*) en jäkla massa; *a ~ of a noise* (*vard.*) ett jäkla oväsen; *tired as* ~ förbi av trötthet; *for the ~ of it* (*vard.*) för skojs skull; *like* ~*!* (*vard.*) *a*) jäklar!, tusan också!, *b*) så tusan heller!; *work like* ~ arbeta som bara den; *to* ~ *with it!* åt helvete med den!, förbannat också!; *go to* ~*!* dra åt helvete!; *what the* ~... vad tusan...; *who the* ~... vem tusan...; *come* ~ *or high water* (*vard.*) vad som än må hända; *give s.b.* ~ (*vard.*) skälla ut ngn, sätta åt ngn, låta ngn få veta att han lever; *play* ~ *with a*) vända upp och ner på, *b*) jäklas med; *raise* ~ (*vard.*) röra upp himmel och jord, föra ett helvetes liv **2** (*skräddares*) lapplåda

he'll [hi:l] = *he will*; *he shall*

Hellenism ['helɪnɪz(ə)m] hellenism

hello [hə'ləʊ] *s o. interj* hallå; hej; vad nu, !, jasså!

helm [helm] **I** *s* roder (*äv. bildl.*); *at the* ~ vid rodret **II** *v* styra (*äv. bildl.*)

helmet ['helmɪt] hjälm

helmsman ['helmzmən] rorsman, rorgängare

help [help] **I** *v* **1** hjälpa, bistå; ~ *s.b.* [*to*] *do s.th.* hjälpa ngn att göra ngt; *so* ~ *me a*) på min ära, *b*) vad som än händer; *so* ~ *me God!* så sant mig Gud hjälpe!; ~ *s.b. off with his coat* hjälpa ngn av med rocken; ~ *s.b. out a*) hjälpa ngn ut, *b*) hjälpa ngn [ur knipan]; *will £10* ~ *you out?* är du hjälpt med 10 pund? **2** hjälpa, låta bli; *I can't* ~ *it* jag kan inte hjälpa det (inte låta bli); *I can't* ~ *it if it rains* jag kan inte hjälpa att det regna; *it can't be* ~*ed* det kan inte hjälpas; *I couldn't* ~ *laughing* jag kunde inte låta bli att skratta; *I couldn't* ~ *seeing it* jag kunde inte undgå att se det; *if I can* ~ *a*) om jag slipper (kan slippa), *b*) om jag får råda, om det går som jag vill; *don't be longer than you can* ~ stanna inte längre än du behöver **3** ~ *s.b. to s.th* servera ngn ngt; ~ *o.s. to s.th. a*) ta för sig av ngt, *b*) lägga sig till med ngt; ~ *yourself!* varsågod [och ta]!; *she's been* ~*ing herself to money from my purse* hon har försett sig med pengar ur min portmonnä **4** hjälpa [till]; *crying won't* ~ det hjälper inte att gråta; ~ *out* hjälpa till **II** *s* hjälp; *be of* ~ *to s.b.* vara ngn till hjälp; *can I be of any* ~ *to you?* kan jag hjälpa dig med något?; *she's a great* ~ hon är till stor

hjälp; *there's no* ~ *for it* det är ingenting att göra åt, det kan inte hjälpas **help|er** ['helpə] [med]hjälpare **-ful** [-f(ʊ)l] hjälpsam, tjänstvillig; nyttig **-ing** [-ɪŋ] **I** *s* portion (*mat*) **II** *a* hjälpande (*hand* hand) **-less** [-lɪs] hjälplös **-mate** [med]hjälpare; hjälp (*i sht om maka*)

Helsinki ['helsɪŋkɪ] Helsingfors

helter-skelter [,heltə'skeltə] **I** *a* brådstörtad; slumpmässig, virrig **II** *adv* brådstörtat, hals över huvud; huller om buller

helve [helv] skaft, handtag (*på yxa*)

hem [hem] **I** *s* fåll; nederkant (*på kjol*) **II** *v* **1** fålla; lägga upp (*kjol*) **2** ~ *in* (*around, about*) om-, in|-ringa, stänga inne

hemisphere ['hemɪˌsfɪə] **1** halvklot, hemisfär; *in the northern* ~ på norra halvklotet **2** *anat.* hjärnhalva

hemline ['hemlaɪn] [kjol]fåll; *the* ~ *are lower this year* kjolarna är längre i år

hemp [hemp] *bot.* hampa

hemstitch ['hemstɪtʃ] **I** *s* hålsöm **II** *v* sy hålsöm på

hen [hen] **1** höna; *mother* ~ ligg-, kyckling|höna **2** [fågel]hona, höna **3** hona (*av hummer*)

hence [hens] **1** därför, följaktligen **2** härefter; *a year* ~ (*äv.*) om ett år **3** *åld.* bort, härifrån; [*get thee*] ~*!* vik hädan! **-forth, -forward** [,hens|'-fɔːθ, -'fɔːwəd] hädanefter, framdeles

henchman ['hen(t)ʃmən] kumpan, medhjälpare

hencoop ['henkuːp] hönsbur **hen party** ['hen,pɑːtɪ] *vard.* fruntimmersbjudning, tjejmöte **henpecked** [-pekt] *vard.* hunsad; *be* ~ stå under toffeln; ~ *husband* toffelhjälte

hepatica [hɪ'pætɪkə] *bot.* blåsippa

her [hɜː] **1** *pers. pron* (*objektsform av* she) **I** hen-ne, (*om fartyg, nation m.m. äv.*) den, det; *I know* ~ jag känner henne **2** hon; *it's* ~ det är hon **3** sig; *she had no money about* ~ hon hade inga pengar på sig **II** *poss. pron* hennes; dess; sin; ~ *car* hennes bil; *she lost* ~ *glove* hon tappade sin handske

herb [hɜːb] ört, växt; kryddväxt **herbal** ['hɜːbl] **I** *a* ört- **II** *s* örtbok **herbicide** ['hɜːbɪsaɪd] ogräsmedel

herd [hɜːd] **I** *s* **1** hjord, flock **2** *neds.* hop, skock, massa; *the* ~ den stora (gråa) massan **3** *åld. el. dial.* herde **II** *v* **1** driva[s] samman i en hjord **2** vakta, valla (*boskap*)

here [hɪə] här; hit; ~ *I am* här är jag; ~ *and now* här och nu, genast; ~ *and there a*) här och där, *b*) hit och dit; ~, *there, and everywhere a*) överallt, *b*) åt alla håll och kanter; *that's neither* ~ *nor there* det har inte med saken att göra, det spelar ingen roll; ~*'s to you!* skål!; ~ *you are a*) var så god!, *b*) där är du ju!; ~ *we are!* nu är vi framme!; ~ *comes trouble!* nu är det färdigt!, nu blir det elände!; ~ *goes!* nu sätter vi i gång!, nu börjas det!; ~ *we go again! a*) nu är det så dags igen!, *b*) nu (då) sätter vi i gång; ~, *let me try!* seså, låt mig få försöka! **-after** [,hɪər'ɑːftə] **I** *adv* **1** högt. o. *jur.* [här] nedan **2** i framtiden **3** i ett annat liv, i livet efter detta **II** *s, the* ~ *a*) livet efter detta, *b*) framtiden **-by** [,hɪə'baɪ] *högt.* härmed; härigenom

hered|itary [hɪ'redɪt(ə)rɪ] ärftlig (*disease* sjuk-

dom), ärftlighets-; arv- (*enemy* fiende), arvs-
-ity [-ətɪ] ärftlighet; arv
heresy ['herəsɪ] kätteri; irrlära **heretic** [-tɪk]
kättare
heritage ['herɪtɪdʒ] arv; arvedel; arvegods
hermit ['hɜ:mɪt] eremit; enstöring
herni|a ['hɜ:njə] (*pl -as el. -ae* ['hɜ:nii:]) *med.*
bråck
hero ['hɪərəʊ] (*pl -es*) **1** hjälte (*äv. i bok e.d.*); *the*
~ *of the day* dagens hjälte **2** *myt.* hero, halvgud
heroic [hɪ'rəʊɪk] **I** *a* heroisk; hjälte-; hjältemo-
dig; ~ *couplet* parrimmad femfotad jambisk
vers; ~ *tenor* hjältetenor **II** *s,* ~*s* (*pl*) högtravan-
de språk, överdrivet patos, hjältelater
heroin ['herəʊɪn] heroin
hero|ine ['herəʊɪn] hjältinna **-ism** [-ɪz(ə)m] he-
roism, hjältemod
heron ['her(ə)n] *zool.* häger
herring ['herɪŋ] sill
hers [hɜ:z] *självst. poss. pron* hennes; sin; *that car
is* ~ den bilen är hennes; *she has got* ~ hon har
fått sin; *jfr I mine*
herself [hɜ:'self] *rfl o. pers. pron* sig [själv]; [hon]
själv; *she washed* ~ hon tvättade sig; *she talked
to* ~ hon talade för sig själv; *all but* ~ alla utom
hon själv; *the queen* ~ drottningen själv
he's [hi:z] = *he is; he has*
hesi|tant ['hezɪt(ə)nt] tvekande, tveksam **-tate**
[-eɪt] **1** tveka, vara tveksam (*about* om; *at, over*
inför), vara villrådig; *he who* ~*s is lost* (*ung.*)
friskt vågat hälften vunnet; *she* ~*s at nothing* hon
drar sig inte för någonting; ~ *to do s.th.* tveka
(dra sig för) att göra ngt **2** hacka, stamma
-tation [,hezɪ'teɪʃn] tvekan, tveksamhet, villrå-
dighet; *without the slightest* ~ utan minsta tve-
kan; *I have no* ~ *in saying* jag tvekar inte att säga
heterosexual [,hetərə(ʊ)'seksjʊəl] hetero-
sexuell
hew [hju:] (~*ed,* ~*ed el.* ~*n*) **1** hugga; ~ *down*
hugga ner, fälla; ~ *off* hugga av; ~ *out a*) hugga
(skära) ut, *b*) *bildl.* utforma, yxa till; ~ *up* hugga
upp (i bitar) **2** *AE.,* ~ *to* hålla sig till **hewn**
[hju:n] *perf. part. av hew*
hey [heɪ] *interj* åh!, nej men!, vad!; (*för att påkalla
uppmärksamhet*) hallå [där]!; ~ *presto!* hokuspo-
kus!, vips!; ~ *you!* hallå där! **-day** ['heɪdeɪ] höjd-
punkt; glans|tid, -dagar; *in his* ~ i sin glans dagar
hiber|nate ['haɪbə:neɪt] övervintra; ligga i ide
(*äv. bildl.*) **-nation** [,haɪbə'neɪʃn] övervintring;
vinter|dvala, -sömn
hic|cough, -cup ['hɪkʌp] **I** *s* **1** hicka; hickning;
have the ~*s* ha hicka **2** *vard.* litet problem **II** *v*
hicka
hid [hɪd] *imperf. av 1 hide* **-den** ['hɪdn] **I** *perf.
part. av 1 hide* **II** *a* [för]dold, hemlig; undangömd
1 hide [haɪd] **I** *v* (*hid, hidden el. hid*) **1** gömma,
dölja (*from* för); hålla gömd; hemlighålla; *I have
nothing to* ~ jag har inget att dölja **2** gömma sig
II *s, BE.* gömställe (*för naturfilmare e.d.*)
2 hide [haɪd] **1** [djur]hud; skinn **2** *vard.* skinn;
save one's own ~ rädda sitt eget skinn; *I haven't
seen* ~ *nor hair of them* jag har inte sett röken av
dem
hide|-and-seek [,haɪdən(d)'si:k] kurragömma
-away ['haɪdə,weɪ] gömställe; tillflyktsort
hideous ['hɪdɪəs] ohygglig, otäck, motbjudande,

förskräcklig, avskyvärd; fasaväckande
hide-out ['haɪdaʊt] gömställe
1 hiding ['haɪdɪŋ] *s, be in* ~ hålla sig gömd; *come
out of* ~ komma fram ur sitt gömställe; *go into* ~
gömma sig
2 hiding ['haɪdɪŋ] *vard.* kok stryk, smörj; *give
s.b. a good* ~ ge ngn ett rejält kok stryk
hiding place ['haɪdɪŋpleɪs] gömställe
hierarchy ['haɪərɑ:kɪ] hierarki
hieroglyph ['haɪərə(ʊ)glɪf] hieroglyf; hemligt
tecken
hi-fi [,haɪ'faɪ] *vard.* **I** *s* **1** hi-fi **2** hi-fi-anläggning **II**
a hi-fi- (*equipment* anläggning)
high [haɪ] **I** *a* **1** hög (*building* byggnad); högt belä-
gen; ~ *collar* hög krage; ~ *dive* dykning från hög
höjd; *H~ German* högtyska; ~ *hat* hög hatt; ~
jump a) höjdhopp, *b*) *BE.* vard. tillrättavisning; ~
places (*äv.*) högre ort; ~ *plateau* högplatå; ~
relief haut-, hög|relief; ~ *tide a*) högvatten, flod,
b) höjdpunkt; ~ *and dry a*) strandad, på torra
land, *b*) hjälplös, *c*) barskrapad; *leave s.b.* ~ *and
dry* lämna ngn i sticket; *knee-*~ knähög; *a nine-
foot-*~ *wall* en nio fot hög mur **2** hög, betydande,
stor; *a person of* ~ *character* en karaktärsfast
person; *H~ Church* högkyrka[n]; ~ *days and
holidays* högtider och helgdagar; ~ *fashion*
haute couture; ~ *fever* hög feber; ~ *fidelity* (*fys.*)
high fidelity, trogen ljudåtergivning; ~ *finance*
storfinans[en]; *H~ Mass* högmässa; ~ *opinion*
hög uppfattning; ~ *point* höjdpunkt; ~ *prices*
höga priser; *H~ Renaissance* högrenässans; *the*
~ *seas* öppna havet (*utanför territorialgränser-
na*); ~ *sound* högt ljud; ~ *speed* hög fart; ~ *tea*
kvällsmåltid med te (*vanl. vid 18-tiden*); ~ *ten-
sion* (*elektr.*) högspänning; ~ *wind* hård (stark)
vind **3** hög; förnäm, fin; över-; överste-; ~ *altar*
högaltare; *be on one's* ~ *horse* sätta sig på sina
höga hästar; ~ *office* högt ämbete; ~ *priest*
överstepräst; ~ *street* huvud-, stor|gata; *the H~
Street (BE.)* Storgatan; ~ *table* hedersbord (*i
skola, college e.d.*) **4** högtravande (*drama* dra-
ma); högdragen; förakfull, nedsättande; upp-
rymd, glad; *vard.* berusad, på snusen; *sl.* hög, på-
tänd (*av narkotika*); ~ *and mighty* (*vard.*) över-
lägsen, högdragen; *it was* ~ *drama* det var hög-
dramatiskt; *in* ~ *spirits* på gott humör, uppslup-
pen; *have a* ~ *old time* (*vard.*) roa sig ordentligt;
~ *words* förakfulla ord **5** lyxig, flott; ~ *life a*)
high life, livet i den förnäma världen, *b*) festligt,
roligt **6** (*om tid o.d.*) hög; *at* ~ *noon* klockan 12
på dagen, när solen står (stod) som högst; ~ *sea-
son* högsäsong; ~ *summer* högsommar; *it's* ~
time you went home det är hög tid (på tiden) att
du går hem **7** (*om kött*) ankommen, skämd; (*om
vilt*) välhängd **8** *tekn.* med hög utväxling **9** ~
school a) *BE.,* se *grammar school, b*) *AE.* high
school (*årskurserna 7-12*); *junior* ~ *school (AE.
ung.*) grundskolans högstadium; *senior* ~ *school
(AE. ung.*) gymnasieskola **II** *adv* högt; ~ *up* högt
upp; *as* ~ *as* så högt som; *one floor* ~*er* en trappa
högre (upp); *jump* ~ hoppa högt; *the sea is run-
ning* ~ sjön går hög; *feelings are running* ~ käns-
lorna svallar; *search* ~ *and low* leta överallt **III** *s*
1 höjd; högt belägen plats; *bildl.* höjdpunkt,
topp, rekord[siffra]; *reach a new* ~ nå [upp till]
nya rekordsiffror (höjder) **2** *vard., have got one's*

~ vara hög **3** high school; *the* H~ (*i Oxford*) High Street **4** *on* ~ i höjden (himmelen); *from on* ~ från ovan, ovanifrån

high|ball ['haɪbɔ:l] *AE.* grogg **-brow** [-braʊ] (*ofta neds.*) **I** *s* intellektuell; intelligenssnobb **II** *a* intellektuell, kulturell; snobbig

High-Church [,haɪ'tʃɜ:tʃ] *a* högkyrklig

high|-class [,haɪ'klɑ:s] **1** högklassig, av hög klass; kvalitets- **2** överklass-, förnäm **-falutin, -faluting** [-fə'lu:tɪn, -ŋ] *vard.* pompös, högtravande, svulstig; uppblåst **--fidelity** *a* high-fidelity-, hi-fi- (*amplifier* förstärkare) **--flying** [,haɪ-'flaɪɪŋ] högtflygande; högtsträvande **--grade** ['haɪgreɪd] förstklassig, av hög kvalitet **--handed** [,haɪ'hændɪd] egenmäktig; överlägsen, nedlåtande **--heeled** ['haɪhi:ld] högklackad **-land** ['haɪlənd] **I** *s* högland; *the* H~*s* Skotska högländerna **II** *a* höglands- **-light** ['haɪlaɪt] **I** *s* **1** *konst.* glansdager **2** glansnummer, huvudattraktion; höjdpunkt **3** ~*s* (*pl*) [hår]slinga **II** *v* [klart] belysa, framhäva (*av. bildl.*)

highly ['haɪlɪ] *adv* **1** högt (*placed* placerad); ~ *paid* högt betald **2** högeligen, mycket, högst, i hög grad; ~ *disappointed* mycket besviken; ~ *spiced* starkt kryddad; ~ *strung* [över]spänd, nervös **3** uppskattande, berömmande; *speak* ~ *of* tala berömmande (väl) om; *think* ~ *of* ha höga tankar om

high-minded [,haɪ'maɪndɪd] **1** storsint, ädel[modig] **2** *åld.* högdragen **highness** ['haɪnɪs] **1** höjd, upphöjdhet; storlek *of ideals* höga ideal **2** H~ (*Her, Your*) H~ Hans (Hennes, Ers) Höghet

high|-pitched [,haɪ'pɪtʃt] **1** hög (*i volym el. tonläge*); gäll **2** *bildl.* upphöjd; intensiv, livlig (*argument* dispyt) **3** (*om tak*) brant [sluttande] **--rise** ['haɪraɪz] höghus , flervånings , block häg , flervånings|hus **-road** ['haɪrəʊd] allmän landsväg; *the* ~ *to fame* (*bildl.*) vägen till berömmelse **--speed** ['haɪspi:d] snabb-; ~ *film* snabb film; ~ *steel* snabbstål **-spirited** [,haɪ'spɪrɪtɪd] modig, djärv; livlig **--strung** [,haɪ'strʌŋ] *AE.* [över]spänd, nervös **--tension** [,haɪ'tenʃn] högspännings- (*wire* ledning)

high-water [,haɪ'wɔ:tə] högvattens-; ~ *mark a*) högvattenmärke, *b*) *bildl.* höjdpunkt, kulmen **-way** ['haɪweɪ] **1** *i sht AE. el. jur.* allmän landsväg; H~ *Code* (*BE.*) vägtrafikförordning; ~*s and byways* vägar och stigar; ~ *robbery* (*bildl.*) röveri **2** [transport]led, -väg, huvudstråk; *the* ~ *to success* (*bildl.*) vägen till framgång **-wayman** ['haɪweɪmən] stråtrövare

hijack ['haɪdʒæk] **I** *v* kapa (*flygplan e.d.*); råna, överfalla (*under transport*) **II** *s* kapning (*av flygplan e.d.*); rån, överfall **-er** [-ə] [flygplans]kapare; rånare

hike [haɪk] **I** *s* **1** [fot]vandring **2** *AE.* höjning, ökning (*av priser, skatter e.d.*) **II** *v* **1** [fot]vandra, promenera **2** ~ *up* dra[s] (hissa[s]) upp, åka upp **hiker** ['haɪkə] [fot]vandrare

hilari|ous [hɪ'leərɪəs] **1** rolig, [ur]komisk, festlig **2** munter, glad, uppsluppen **-ty** [-'lærətɪ] munterhet, uppsluppenhet

hill [hɪl] **1** kulle, höjd, berg; backe, sluttning; *up ~ and down dale* backe upp och backe ner; *as old as the* ~ urgammal, gammal som gatan; *be over*

---

the ~ (*sl.*) *a*) ha sett sina bästa år, *b*) *mil.* ha rymt (deserterat) **2** hög (*av jord e.d.*); stack **hillbilly** ['hɪl,bɪlɪ] **1** *AE.*, *neds.* lantis, bergsbo (*i sydöstra USA*) **2** *mus.* hillbilly-musik, country and western **hillock** ['hɪlɒk] liten kulle; hög **hillside** ['hɪlsaɪd] backe, [bergs]sluttning **hilly** ['hɪlɪ] berggig, kullig, backig, kuperad

hilt [hɪlt] fäste, handtag (*på svärd, dolk e.d.*); *up to the* ~ helt och hållet

him [hɪm] *pers. pron* (*objektsform av he*) **1** honom; *I baked* ~ *a cake* jag bakade en kaka åt honom (honom en kaka) **2** han; *it's* ~ det är han **3** sig; *he had no money about* ~ han hade inga pengar på sig **himself** [-'self] *rfl o. pers. pron* sig [själv]; [han] själv; *he washed* ~ han tvättade sig; *he talked to* ~ han talade för sig själv; *all but* ~ alla utom han själv; *the king* ~ kungen själv

1 hind [haɪnd] bakre, bak-; ~ *leg* bakben; *get up on one's* ~ *legs* (*vard.*) resa sig [och tala]; *he could talk the* ~ *legs off a donkey* (*vard.*) han pratar som en kvarn

2 hind [haɪnd] *zool.* hind

hinder ['hɪndə] hindra (*s.b. from doing s.th.* ngn från att göra ngt); förhindra

hindquarter [,haɪnd'kwɔ:tə] *s*, ~*s* (*pl*) bakdel, länder (*av djur*)

hindrance ['hɪndr(ə)ns] **1** hinder (*to* för); *it is more of a* ~ *than a help* den är mera till besvär än till nytta (hjälp) **2** [för]hindrande

hindsight ['haɪndsaɪt] efterklokhet

Hindu [,hɪn'du:] **I** *s* hindu **II** *a* hinduisk **-ism** ['hɪnduːɪz(ə)m] hinduism

hinge [hɪn(d)ʒ] **I** *s* **1** gångjärn **2** *bildl.* kärnpunkt, springande punkt **3** [*stamp*] ~ [frimärks]fastsättare **II** *v* **1** förse (fästa) med gångjärn **2** gå (röra sig) på gångjärn **3** ~ (*up*)*on* hänga (bero) på

hinny ['hɪnɪ] *zool.* mulåsna

hint [hɪnt] **I** *s* **1** vink, antydan; anspelning; ~*s* (*pl, äv.*) råd, tips; *give* (*drop*) *s.b. a* ~ ge ngn en vink (antydan); *take a* ~ förstå vinken **2** gnutta, aning, spår; *a* ~ *of garlic* (*irony*) en gnutta vitlök (ironi) **II** *v* **1** antyda (*to* för); *what are you* ~*ing?* vad menar du (vill du antyda) med det? **2** ~ *at* anspela (syfta) på, antyda

1 hip [hɪp] höft; bäcken; höftled

2 hip [hɪp] nypon

hip flask ['hɪpflɑ:sk] fickplunta **hip pocket** ['hɪp,pɒkɪt] bakficka (*på byxor*)

hippopota|mus [,hɪpə'pɒtəməs] (*pl -muses* el. *-mi* [-maɪ]) *zool.* flodhäst

hire ['haɪə] **I** *s* **1** hyrande, förhyrning; hyra, hyresavgift; *for* (*on*) ~ att hyra, till uthyrning, (*på taxi*) ledig; *let s.th. out on* ~ hyra ut ngt **2** lön; (*sjömans*) hyra **II** *a* hyr-, hyres-; ~ *car* hyrbil; ~ *charge* hyresavgift **III** *v* **1** [för]hyra; leja; ~*d bus* abonnerad (hyrd) buss; ~*d car* hyrbil; ~*d murderer* lejd mördare **2** ~ *out* hyra (leja) ut **3** *AE.* anställa **4** *AE.*, ~ *out* ta anställning **-ling** ['haɪəlɪŋ] person som bara arbetar för pengarnas skull

hire-purchase [,haɪə'pɜ:tʃəs] *BE.* **I** *s* avbetalningsköp; *on* ~ på avbetalning **II** *a* avbetalnings-; ~ *agreement* avbetalningskontrakt

his [hɪz, obeton. ɪz] *poss. pron* hans; sin; ~ *own fault* hans eget fel; *he lost* ~ *wallet* han tappade sin plånbok; *that car is* ~ den bilen är hans

hiss [hɪs] **I** v **1** väsa, fräsa, vissla (*at* åt) **2** vissla åt, vissla ut **II** s **1** väsning, fräsande, vissling **2** [ut]-vissling

historian [hɪˈstɔːrɪən] historiker **historic** [-ˈstɒrɪk] historisk, märklig; ~ *moment* historiskt ögonblick **historical** [hɪˈstɒrɪkl] historisk (*som avser historien*); historie-; ~ *methods* historiska metoder; ~ *novel* historisk roman; ~ *writing* historieskrivning **history** [ˈhɪst(ə)rɪ] **1** historia; historien; *make* ~ göra historia **2** historia, berättelse; historiskt drama

hit [hɪt] **I** v (*hit, hit*) **1** slå [till]; träffa; ~ *a ball* slå till (träffa) en boll; ~ *s.b. a blow over the head* slå [till] ngn i huvudet; ~ *a child* slå ett barn; ~ *the mark* träffa prick, slå huvudet på spiken, lyckas; ~ *one's way out of s.th.* slå sig fri från ngt; *it* ~*s you* [*in the eye*] det faller i ögonen, det är påfallande; ~ *off* träffa exakt (väl) **2** köra emot (på); stöta emot, träffa, ta i; *the car* ~ *a tree* bilen körde på (emot) ett träd; *the ball* ~ *the post* bollen tog i stolpen **3** slå, stöta (*against, on* mot, i, på); *I* ~ *my head against the shelf* jag slog huvudet i hyllan **4** drabba, träffa; *be hard* ~ *by* drabbas hårt av; *the tax will* ~ *everybody* skatten träffar (drabbar) alla **5** [upp]nå, komma upp till; träffa, komma på, hitta; ~ *the answer* komma på lösningen; ~ *the bottle* (*vard., i sht AE.*) supa till, ta till flaskan; *it* ~'*s my fancy* det tilltalar min fantasi; ~ *a new high* nå nya rekordsiffror; ~ *the papers* komma i tidningen; ~ *a problem* få problem; ~ *the road* (*vard.*) *a*) ge sig iväg, *b*) ge sig ut på luffen (och lifta); ~ *the sack* (*hay*) (*sl.*) krypa till kojs; *she will* ~ *the town tomorrow* (*vard.*) hon kommer att drabba stan i morgon; ~ *it* (*mus. sl.*) börja lira, köra igång; *he* ~ *me for a dollar* (*vard., i sht AE.*) han klämde mig på en dollar **6** *vard.*, ~ *it off with s.b.* komma bra överens med ngn **7** *AE. sl.* mörda (*på uppdrag*) **8** slå; ~ *back* slå tillbaka (*at* mot); *he* ~ *back at his critics* han gav sina kritiker svar på tal; ~ *hard* slå hårt; ~ *out* slå omkring sig; ~ *out at* (*against*) *s.b.* slå efter ngn, *bildl.* gå till attack mot (angripa) ngn **9** slå, stöta (*against* emot); *he* ~*s hard* han slår hårt; ~ *and run* smita från olycksplatsen (*efter kollision*); ~ *or miss, se* ~*-or-miss*; ~ [*up*]*on* komma på, träffa på, råka, hitta **III** s **1** slag, stöt; träff; *direct* (*bildl. real*) ~ *fullträff* **2** dräpande svar, kvick anmärkning, pik **3** *vard.* succé, framgång; schlager, hit; *be* (*make*) *a* ~ göra succé **4** *vard.* lyckokast, lyckträff **5** *AE. sl.* mord (*på uppdrag*)

hit-and|-miss [ˌhɪtən(d)ˈmɪs] slumpartad **--run** *a* **1** ~ *accident* smitningsolycka; ~ *case* [fall av] smitning (*vid trafikolycka*); ~ *driver* bilförare som smiter (smitit) **2** *mil.*, ~ *raid* blixtanfall; ~ *tactics* överraskningstaktik

hitch [hɪtʃ] **I** v **1** fästa, göra (binda, haka) fast, koppla (*s.th. to s.th.* ngt vid (till) ngt); ~ [*up*] spänna för, sela på **2** ~ [*up*] dra (hala) upp (*one's trousers* byxorna) **3** *vard.*, *get* ~*ed* gifta (gänga) sig **4** *vard.*, ~ *a lift* lifta (*from* med) **5** fastna, haka [sig] fast; fästas, bindas fast **6** *i sht AE.* vackla, linka, halta (*along* fram) **7** *vard.* lifta **II** s **1** hake, hinder, mankemang; avbrott; *without a* ~ (*äv.*) utan problem; *technical* ~ tekniskt missöde; *there is a* ~ *in the proceedings* förhandling

arna har hakat upp sig **2** ryck, knyck; *give* [*s.th.*] *a* ~ rycka till [i ngt] **3** stek (*slags knut*) **4** *i sht AE.* linkande, haltning; *walk with a* ~ linka, halta **5** hake, krok **6** *vard.* lift

hitch|-hike [ˈhɪtʃhaɪk] lifta **--hiker** [-ə] liftare **hit man** [ˈhɪtmæn] *i sht AE.* lejd mördare **hit parade** [ˈhɪtpəˌreɪd] schlagerparad **hit song** [ˈhɪtsɒŋ] schlager

hive [haɪv] **I** s **1** bikupa (*äv. bildl.*); bisvärm; *be a* ~ *of activity* sjuda av aktivitet **2** myller, svärm **II** v **1** fånga, stocka (*bin*) **2** (*om bin*) samla (*i kupan*) **3** ~ [*away, up*] spara, lägga undan härbärgera **4** ~ *off a*) överflytta[s], *b*) överföra i privat ägo **5** (*om bin*) samlas, flyga in (*i kupan*)

H.M. *förk. för Her* (*His*) *Majesty*; *headmaster, headmistress*

H.M.S. *förk. för Her* (*His*) *Majesty's Service* (*Ship*)

hoard [hɔːd] **I** s **1** förråd, lager **2** gömställe (*för skatter e.d.*) **II** v, ~ [*up*] samla, lägga på hög, samla på kistbotten; hamstra; ~ *up in one's heart* gömma i sitt hjärta **-er** [ˈhɔːdə] samlare; hamstrare

hoarding [ˈhɔːdɪŋ] **1** plank **2** annonstavla **hoarfrost** [ˌhɔːˈfrɒst] rimfrost **hoarse** [hɔːs] hes **-n** [ˈhɔːsn] göra (bli) hes **hoary** [ˈhɔːrɪ] **1** grå[nad], vit[hårig] **2** gråvit **3** urgammal; ärevördig

hoax [həʊks] **I** s spratt, upptåg; knep **II** v lura, narra (*into paying* att betala); spela (*ngn*) ett spratt

hobble [ˈhɒbl] **I** v linka, halta; stappla fram; hanka sig fram **II** s **1** linkande, haltande; stapplande **2** *dial.* knipa

hobby [ˈhɒbɪ] hobby **hobbyhorse** [ˈhɒbɪhɔːs] käpphäst (*äv. bildl.*); gunghäst; *be on one's* ~ (*bildl.*) vara inne på sitt älsklingsämne

hobgoblin [ˈhɒbgɒblɪn] [elak] tomte, [elakt] troll, svartalf; spöke

hobnail [ˈhɒbneɪl] **I** s spik, stift (*under sko*) **II** *a*, ~[*ed*] *boots* spikbeslagna skor

hobnob [ˈhɒbnɒb] umgås förtroligt (*with* med)

hobo [ˈhəʊbəʊ] (*pl -[e]s*) *i sht AE.* **1** luffare **2** kringvandrande arbetare

1 hock [hɒk] rhenvin; torrt vitvin

2 hock [hɒk] *vard., i sht AE.* **I** v pantsätta **II** s, *in* ~ *a*) pantsatt, på stampen, *b*) i fängelse, *c*) i skuld

hockey [ˈhɒkɪ] [land]hockey **hockey stick** hockeyklubba

hoe [həʊ] **I** s hacka **II** v hacka

hog [hɒg] **I** s **1** [göd]svin, -galt **2** *se hogg* **3** *vard.* svin, kräk; matvrak **4** *sl., go the whole* ~ löpa linan ut, ta steget fullt ut **II** v **1** skjuta rygg **2** kortklippa (*hästman*) **3** *sl.* hugga för sig, roffa åt sig

hoist [hɔɪst] **I** v hissa (*en flagga*); hissa (lyfta) upp; *be* ~ *with one's own petard* gå i sin egen fälla **II** s **1** hissning; lyft **2** hiss; lyftanordning

hold [həʊld] **I** v (*held, held*) **1** hålla i (fast, kvar); hålla (bära) upp; ~ *s.th. firm* hålla fast ngt; ~ *hands* hålla varandra i handen (händerna); ~ *one's head high* hålla huvudet högt; ~ *the ladder for s.b.* hålla i stegen åt ngn; *they held the man* de höll fast mannen; ~ *s.th. in place* hålla ngt på plats; ~ *one's sides with laughter* hålla sig för magen av skratt; ~ *s.b. tight* hålla ngn hårt;

the shelf is held by two angle irons hyllan bärs upp av två vinkeljärn **2** behålla, hålla kvar; hålla, lägga undan; *bildl.* fängsla, hålla fången; *her singing held the audience* hennes sång fängslade åhörarna; ~ *one's course* hålla kursen; ~ *a fort* hålla ett fort; ~ *it!* stopp ett tag!, vänta!, håll stilla!; ~ *a note* hålla ut en ton; ~ *one's own* (*ground*) hålla stånd, stå på sig, [kunna] hävda sig; ~ *s.th.* ready hålla ngt redo (i beredskap); *the car* ~*s the road well* bilen ligger bra på vägen; *they will* ~ *our tickets until tomorrow* de håller våra biljetter till i morgon; *it* ~*s its value* den behåller sitt värde; ~ *s.b. to* (*by*) *his promise* få ngn att stå (hålla fast) vid sitt löfte **3** [av]hålla, anordna (*a meeting* ett möte); ~ *a conversation* konversera **4** [inne]-ha; äga, sköta, upprätthålla; ~ *a law degree* ha en juridisk examen; ~ *an office* inneha (sköta) ett ämbete; ~ *the third place* ligga på tredje plats; ~ *a record* [inne]ha ett rekord; ~ *shares* ha aktier **5** innehålla; rymma, ha plats för; *this case* ~*s old photographs* den här lådan innehåller gamla fotografier; *the box will hold three books* kassetten rymmer tre böcker; *what does the future* ~? vad bär framtiden i sitt sköte? **6** tåla, hålla för; ~ *water* vara vattentät, *bildl. äv.* vara hållbar, hålla; *he can't* ~ *his liquor* han tål inte sprit (ingenting) **7** anse, hävda, vidhålla; hysa, ha (*affection for* tillgivenhet för); hålla (*s.b. dear* ngn kär); ~ *a theory* ha (omfatta) en teori; *she* ~*s that it is correct* hon anser att det är riktigt; ~ *s.th. to be true* anse ngt vara (att ngt är) sant **8** hejda, hålla; ~ *one's breath* hålla andan; ~ *one's nerve* (*tongue*) hålla tyst; *there's no ~ing her* det går inte att hejda henne **9** hålla, inte brista; ~ *firm* hålla, inte gå sönder; *that cable won't* ~ den vajern kommer inte att hålla **10** hålla (stå) sig, hålla i sig; *will the weather* ~ *fine?* kommer det vackra vädret att hålla i sig? **11** ~ [*good*] stå sig, hålla streck, gälla, vara giltig, stå fast; *the old theories don't* ~ *today* de gamla teorierna håller inte streck i dag; *this rule* ~*s* [*good*] *for everybody* den här regeln gäller [för] alla **12** ~ *to* (*by*) hålla (stå) fast vid (*one's views* sina åsikter) **13** ~ *s.th. against s.b.* lägga ngn ngt till last; ~ *back a*) hålla tillbaka, hejda, hålla inne [med], *b*) tveka, dra sig undan, dröja, lägga band på sig; ~ *s.th. back from s.b.* undanhålla ngn ngt, dölja ngt för ngn; ~ *down a*) hålla ner (nere, fast), *b*) undertrycka, trycka ner, *c*) *vard.* behålla, ha kvar (*a job* ett jobb); ~ *forth a*) orera, breda ut sig (*on* om, över), *b*) erbjuda, utlova; ~ *in a*) hålla in (*one's stomach* magen), *b*) tygla, hålla i styr, behärska, lägga band på (*o.s. in a*) hålla in magen, *b*) behärska (lägga band på) sig; ~ *off* hålla [sig] på avstånd (borta); ~ *off* [*from*] vänta med, skjuta upp; *I hope the rain* ~*s off* jag hoppas att det blir uppehållsväder (inte blir regn); ~ *on* (*vard.*) *a*) hålla [sig] fast (*to* i, vid), *b*) hålla ut; ~ *on!* stopp (vänta) ett tag!, (*i telefon*) ett ögonblick!; ~ *on one's way* fortsätta; ~ *out a*) sträcka (räcka) fram (ut), *b*) erbjuda (*opportunities* tillfällen), *c*) *AE.* hålla inne, *d*) hålla ut, hålla stånd; ~ *out hope* inge hopp; ~ *out for* (*vard.*) avvakta, stå fast vid sitt krav på; ~ *out on s.b.* (*vard.*) undanhålla ngn något, hemlighålla något för ngn; ~ *over* uppskjuta; ~ *s.th. over s.b.* låta ngt hänga över ngn som ett hot; ~ *to hål-*

la fast vid; ~ *together* hålla ihop (samman); ~ *up a*) hålla uppe, stödja, *b*) hålla (räcka, sträcka) upp, *c*) hålla (visa) fram, *d*) stoppa, hejda, hindra, försena, uppehålla, *e*) råna, överfalla, *f*) hålla sig uppe, *g*) hålla (stå) sig; ~ *up one's head* hålla huvudet högt; ~ *up to ridicule* förlöjliga; ~ *with* hålla med om, gilla **II** *s* **1** tag, grepp, fattning; fäste; *bildl.* grepp (*on, over* om), hållhake (*on, over* på), inflytande, herravälde (*over* över); *catch* (*grab, seize, take*) ~ *of* gripa (ta, fatta) tag i, få grepp om; *get* ~ *of* få tag (fatt) i; *get* [*a*] ~ *of yourself!* ta dig samman!, ryck upp dig!; *keep* ~ *of* hålla fast i; *lose one's* ~ tappa taget (fästet); *have a* ~ *on s.b.* ha en hållhake på ngn **2** (*i brottning*) grepp; *no* ~*s barred* alla grepp är tillåtna **3** handtag **4** kort uppehåll **5** fängelse; cell **6** behållare **7** *mus.* fermat

hold|all ['həʊldɔːl] *BE.* stor bag (korg) **-er** [-əl] **1** hållare **2** innehavare; ägare

holding ['həʊldɪŋ] **1** arrende[gård]; lantegendom **2** innehav[ande]; arrendering **3** ~*s* (*pl*) innehav, andelar **4** (*i boxning*) fasthållande

hold-up ['həʊldʌp] **1** rån[kupp], -överfall **2** stopp, stockning; försening; avbrott, uppehåll

hole [həʊl] **I** *s* **1** hål; grop; *bildl.* lucka (*in a p.'s arguments* i ngns argument); *a* ~ *in the wall* ett litet sjabbigt ställe; *make* ~ *in one* (*golf.*) göra hole in one (gå i hål med ett slag); *make a* ~ *in one's savings* göra ett djupt hål i sina besparingar **2** (*djurs*) håla **3** *vard.* håla, lunka, kurra **4** *sl.* knipa, bli i hål ~ i [penning]knipa **II** *v* **1** göra hål i **2** *golf.* slå (*bollen*) i hål; ~ *out* göra hole in one (gå i hål med ett slag) **3** (*om strumpor*) få hål, gå sönder **4** ~ *up* (*i sht AE.*) *a*) (*om djur*) gå ner i sin håla, *b*) gömma [sig], *c*) *golf.* göra hole in one

holiday ['hɒlədɪ] **1** ledig dag, fridag, lovdag; helgdag **2** *i sht BE.*, *ofta pl* ledighet, semester; ferier, lov; *Christmas* ~*s* jullov; *on* ~ på semester[n]; *go on* ~ åka på semester; *take* ~ ta semester, ta sig ledigt **-maker** [-ˌmeɪkə] semesterfirare

holiness ['həʊlɪnɪs] helighet; *His H*~ hans helighet (påven)

Holland ['hɒlənd] Holland

holler ['hɒlə] *vard.* **I** *v* skrika, ropa **II** *s* skrik, rop

hollow ['hɒləʊ] **I** *a* **1** ihålig (*äv. bildl.*); ~ *sound* ihåligt ljud; *have a* ~ *leg* kunna äta hur mycket som helst utan att bli fet **2** innehållslös, tom; värdelös; intetsägande; falsk, opålitlig **3** hungrig, tom i magen **II** *adv*, *BE. vard.*, *beat a p.* ~ besegra ngn fullständigt **III** *s* **1** [i]hålighet **2** sänka, dal **III** *v*, ~ [*out*] urholka, göra ihålig

holly ['hɒlɪ] *bot.* järnek **-hock** [-hɒk] *bot.* stockros

holocaust ['hɒləkɔːst] stor förödelse (*genom brand*); förödande brand; förintelse; *H*~ holokaust, förintelse (*av judar under andra världskriget*)

hologram ['hɒləʊɡræm] hologram

holster ['həʊlstə] pistolhölster

holy [həʊl] helig; from, gudlig; *the* ~ *of holies* det allra heligaste; *the H*~ *Bible* Bibeln; *the H*~ *Communion* [den heliga] nattvarden; ~ *day* helgdag; *the H*~ *Father* den Helige Fadern (påven); *the H*~ *Ghost* (*Spirit*) den Helige Ande; *H*~ *Innocents' Day* Menlösa barns dag; ~ *Joe* (*vard.*) *a*) präst, *b*) gudaktig (gudsnådelig) person; *the H~ Land* det Heliga Landet; *the H~ Office* inkvisitionen; ~ *orders a*) prästvigning, *b*) det andliga ståndet; *the H~ Roman Empire* det heliga romerska riket; *H~ Saturday* påskafton[en]; *the H~ Scripture* (*Writ*) den Heliga Skrift, Bibeln; *the H~ See* påvestolen; ~ *smoke* (*cow, Moses*)! (*vard.*) milda makter!, jösses!; *he is a ~ terror* han är en skräck (plåga); *H~ Thursday* skärtorsdag[en]; ~ *water* vigvatten; *the H~ Week* stilla veckan, påskveckan

homage ['hɒmɪdʒ] *s, pay* (*do*) ~ *to* betyga sin vördnad, bringa sin hyllning

home [həʊm] **I** *s* **1** hem; bostad, hus; hem|bygd, -land, -ort; hemvist; *it's a ~ from ~* det är som hemma (som ett andra hem); *away from ~* borta hemifrån; ~ *sweet ~* hem, ljuva hem; *there is no place like ~* borta bra men hemma bäst; *be ~ and dry* (*BE. sl.*) vara på den säkra sidan, ha sitt på det torra; *at ~* hemma, i hemmet; *be at ~ in* (*on, with*) vara hemma[stadd] i (på, med), vara förtrogen med; *be at ~ to s.b.* ta emot (ha mottagning för) ngn; *feel at ~* känna sig som hemma, finna sig till rätta; *make yourself at ~* känn dig som hemma **2** hem, institution, anstalt **3** *sport.* hemma[plan]; mål; *at ~* hemma, på hemmaplan **II** *a* **1** hem-, hemma-; hemgjord, hemlagad; huslig, hushålls-; inhemsk; ~ *address* hemadress; ~ *cooking* husmanskost; *H~ Counties* Home Counties (*grevskapen runt London*); ~ *country* hem-, fädernes|land; ~ *economics* (*ung.*) hemkunskap, huslig ekonomi; *H~ Guard* hemvärn; *the H~ Office* (*BE., ung.*) inrikesdepartementet; ~ *market* hemmamarknad; ~ *rule* själv|styre, -bestämmande[rätt]; *H~ Rule* (*BE*) home rule (*irländsk självstyrelse*); *the H~ Secretary, the Secretary of State for the H~ Department* (*BE.*) inrikesministern **2** effektiv; dödlig; ~ *thrust* välriktad stöt, träff **3** ~ *truth* obehaglig (besk) sanning **4** *sport.* hemma-; ~ *ground* hemmaplan; ~ *plate* (*i baseboll*) innemål, slagbas; ~ *run* (*i baseboll*) topp (*runt hela planen*); ~ *stretch* (*vid hästkapplöpning o. bildl.*) upplopp **5** *AE.* central-, huvud-; ~ *office* huvudkontor **III** *adv* **1** hem, hemåt; hemma; *on the way* ~ på vägen hem, på hemvägen; *go* (*come*) ~ gå (komma) hem; *the book was nothing to write* ~ *about* boken var inte särskilt märkvärdig **2** eftertryckligt, grundligt; i (in) ordentligt, i botten; *hammer a nail* ~ slå i en spik ordentligt; *bring s.th.* ~ *to s.b. a*) klargöra ngt för ngn, *b*) lägga skulden för ngt på ngn; *it came* ~ *to me* jag fick det klart för mig, jag började inse det; *go* (*strike*) ~ träffa [mitt i] prick; *the thrust went* ~ stöten visste var den tog **3** *sjö.* i läge; *come* ~ (*om ankare*) inte ta, släppa **IV** *v* **1** (*om fågel e.d.*) återvända hem; ~ *on*[*to*] anflyga mot **2** ~ *in* [*on*] riktas mot **3** härbärgera, ge ett hem; ha ett hem **4** skicka (gå) hem

home|-brew ['həʊmbruː] hembryggt öl **-coming** [-ˌkʌmɪŋ] hemkomst **--grown** [ˌhəʊm-ˈɡrəʊn] av egen (inhemsk) skörd, hemodlad **-less** ['həʊmlɪs] hemlös; husvill **-ly** ['həʊmlɪ] **1** enkel; anspråkslös; vardaglig **2** *BE.* huslig, hemtrevlig, hemlik **3** *AE.* alldaglig, intetsägande; ganska ful **--made** [ˌhəʊmˈmeɪd] hemgjord; hem|bakad, -lagad

homeopath ['həʊmjə(ʊ)pæθ] homeopat

home|sick ['həʊmsɪk] hemsjuk, som har hemlängtan; *be ~* ha hemlängtan, längta hem **-sickness** hemlängtan **-spun I** *a* **1** enkel, naturlig **2** hemvävd; hemspunnen **II** *s* hemvävt tyg; homespun (*tygsort*) **-stead** [bond]gård; *AE.* [nybyggar]hemman **-ward** [-wəd] **I** *a* hem-; hemåtgående; ~ *journey* hemresa **II** *adv* hemåt; ~ *bound* på väg hem **-wards** [-wədz] *se homeward II* **-work** [hem]läxor, hemuppgifter; förberedande studier *what have we got for ~?* vad har vi i läxa; *she hadn't done her ~* (*vard.*) hon hade inte satt sig in i saken (läst på)

homicide ['hɒmɪsaɪd] **1** dråp, mord; *culpable ~* överlagt mord; ~ [*squad*] mordkommission **2** dråpare, mördare

homily ['hɒmɪlɪ] [moral]predikan

homing ['həʊmɪŋ] **1** hemvändande; ~ *pigeon* brevduva **2** målsökande; ~ *guidance* styrorgan (i raket)

homo|geneous [ˌhɒmə(ʊ)ˈdʒiːnjəs] homogen **-genize** [hɒˈmɒdʒənaɪz] homogenisera **-sexual** [ˌhəʊmə(ʊ)ˈseksjʊəl] **I** *s* homosexuell [person] **II** *a* homosexuell **-sexuality** [ˌhəʊmə(ʊ)seksjʊˈælətɪ] homosexualitet

homy ['həʊmɪ] hemlik, hemtrevlig

honest ['ɒnɪst] **1** ärlig, hederlig, rättskaffens; uppriktig; ~ *broker* medlare, förlikningsman (*i internationella tvister*); ~ *wages* skäliga löner; ~ *to God* (*goodness*) *a*) autentisk, äkta, *b*) *interj* det är helt säkert!, är det verkligen sant? **2** äkta, genuin **3** *åld.* ärbar; *make an ~ woman of* gifta sig med (*i sht gravid kvinna*) **honestly** [-lɪ] **I** *adv* ärligt, hederligt, rättskaffens; uppriktigt sagt, ärligt talat; ~ *speaking* ärligt talat **II** *interj* nej, vet du vad!, fy! **honesty** [-ɪ] **1** ärlighet, hederlighet, rättskaffenhet; uppriktighet; ~ *is the best policy* ärlighet varar längst **2** *bot.* judaspenningar

honey ['hʌnɪ] **1** honung **2** sötma **3** *i sht AE.* raring, älskling, sötnos; *vard.* urtjusig sak **honey-comb** [-kəʊm] **I** *s* vaxkaka; vaxkakemönster **II** *v* göra cellformig (hålig), genomborra; *bildl.* underminera, infiltrera, genomsyra **honeymoon** [-muːn] **I** *s* smekmånad (*AE. äv. bildl.*), bröllopsresa **II** *v* fira smekmånad, vara på bröllopsresa **honeysuckle** [-ˌsʌkl] *bot.* kaprifol[ium]

honk [hɒŋk] **I** *s* snatter, skrik (*av gäss*); (*bils*) tutande **II** *v* **1** (*om gäss*) snattra, skrika; (*om bil*) tuta **2** *BE. sl.* spy

honour ['ɒnə] **I** *s* **1** ära, heder; *guard of ~* hedersvakt; *it's an ~ to me* det är en ära för mig; ~ *where ~ is due* ära[s] det som äras bör; *may I have the ~* [*of the next dance*]? får jag lov?; *do ~ to a*) betyga sin vördnad, *b*) vara en heder för; *in a p.'s ~* till ngns ära; *in ~ of* bl.a. till ära hedra [minnet av]; *in ~ of the occasion* dagen till ära **2** ~*s* (*pl*) hedersbetygelser, utmärkelser; *with military ~s* under militära hedersbetygelser; *do the ~s* vara värd (värdinna), utöva värdskapet **3** heder; hederskänsla; *man of ~* hedersman; *make it a point of ~* göra det till en hederssak; *sense of ~* hederskänsla; *word of ~* hedersord; ~ *bright!* (*BE. skolsl.*) på hedersord!, absolut!; *in ~ bound* moraliskt förpliktad; [*up*]*on my ~* på hedersord, på min ära; *he put me on my ~ not to tell* jag gav honom mitt hedersord på att jag inte skulle säga ngt **4** *kortsp.*, ~*s* (*pl*) honnörer **5** ~*s* (*pl*) högsta betyg; ~*s* [*degree*] (*univ.*) 'honours' (*betyg i akademisk specialkurs*); *first-class* ~*s* [*degree*] högsta betyg (*i akademisk specialkurs*) **6** *Your H*~ (*t. vissa domare*) Ers Höghet (Nåd) **II** *v* **1** hedra, ära; ge utmärkelse **2** honorera, inlösa (*check, växel e.d.*)

honourable ['ɒn(ə)rəbl] **1** heder-, aktnings|-värd, värd att hedras (äras) **2** ärofull; hedrande; hedersam; ~ *mention* hedersomnämnande **3** rättskaffens **4** *parl.*, *the H*~ ärade; *the H*~ *member is wrong* den ärade ledamoten (*min ärade kollega*) har fel **5** *the H*~ (*i titel till barn till viscount och baron och yngre söner till earl*) välborn|e, -a; *the Right H*~ (*i titel till earl, viscount, baron*) högvälborne

hood [hʊd] **I** *s* **1** huva, hätta; kapuschong **2** huv, skydd; rökhuv; kåpa; sufflett; *AE.* motorhuv **II** *v* sätta huva (huv *etc.*) på; övertäcka; ~*ed crow* grå kråka

h·· ·ll···· ['hu.ʊlɪɪɪ] *I ˈʃht AE.* ligist, gatpojke

hoodwink ['hʊdwɪŋk] dupera, lura, vilseleda

hoof [huːf] **I** *s* (*pl* ~*s el.* hooves) **1** hov; klöv; *on the* ~ (*om boskap*) levande **2** *neds.* (*människas*) fot, klöv; *shake a* ~ svänga sina lurviga ben **II** *v* **1** sparka (*med hovarna*) **2** *sl.*, ~ *it a*) gå till fots, *b*) dansa

hook [hʊk] **I** *s* **1** krok; hake; hängare; [met]krok; släng (*på bokstav*); flagga (*på not*); ~ *and eye* hyska och hake; ~, *line and sinker* (*vard.*) helt och hållet, fullständigt, med hull och hår, *by* ~ *or by crook* på ett eller annat sätt; *off the* ~ (*vard.*) *a*) ur knipan, *b*) (*om telefonlur*) av, inte pålagd; *on the* ~ (*vard.*) *a*) på kroken, *b*) i knipa; *on one's own* ~ (*vard., i sht AE.*) få eget initiativ, på egen hand; *get the* ~ (*AE. sl.*) få sparken; *sling one's* ~ (*BE. sl.*) sticka, dra **2** snara **3** [flod]krök; udde **4** (*i boxning*) hook, krok **5** skära **II** *v* **1** ~ [*up*] haka (häkta, koppla) fast (ihop, igen), kroka fast; ~ *me up, please* var snäll och häkta ihop (knäpp) klänningen (*e.d.*) åt mig; ~ *up with* (*sl.*) gänga sig med **2** fånga med krok **3** ~ *on* haka (kroka) fast (*to* vid, i) **4** kröka [på] (*one's arm* armen) **5** knyta (*ryamatta e.d.*) **6** ~ [*down*] slå, meja [ner] (*med skära*) **7** (*i boxning*) ge ett krokslag; (*i ishockey*) haka [upp] **8** *vard.* lura; *sl.* sno, knycka **9** *sl.*, ~ *it* sticka, smita **10** hakas (häktas, kopplas) ihop (igen) **11** kröka [sig] **12** ~ *on* haka sig (hakas) fast (*to* vid, i)

hooked [hʊkt] **1** krökt, böjd, krokig **2** krokförsedd **3** fångad, snarad **4** *sl.* gängad (*gift*) **5** *sl., be* ~ vara knarkare; *be* (*get*) ~ *on s.th.* gilla (digga) ngt, vara slav under (tokig i) ngt **hooker** ['hʊkə] **1** *AE. sl.* klunk (*sprit*) **2** *AE. sl.* fnask **hooky** ['hʊkɪ] *vard., i sht AE.* skolk; *play* ~ skolka

hooligan ['huːlɪgən] *sl.* ligist, bråkmakare, buse **-ism** [-ɪz(ə)m] *sl.* ligistfasoner, busliv

hoop [huːp] **I** *s* **1** tunnband; (*leksak äv.*) rullband; band, ring; sybåge; *go through the* ~[*s*] (*bildl.*) gå igenom en svår prövning **2** krocketbåge **3** krinolinband **II** *v* förse med tunnband *etc.*

hoorah, hooray ['huˈreɪ] *interj* hurra!

hoot [huːt] **I** *v* **1** bua; skräna (*at* åt) **2** tuta; (*om tågvissla e.d.*) tjuta; *BE.* blåsa i horn; ~ *with laughter* tjuta av skratt **3** (*om uggla*) hoa, ropa **4** bua åt; bua ut **II** *s* **1** (*ugglas*) skrän, rop **2** tut;

(*ångvisslas*) tjut; ~*s of laughter* tjut av skratt **3** buande, skrän **4** *I don't give a* ~ det gör mig alldeles detsamma, det bryr jag mig inte ett dugg om **-er** ['huːtə] *i sht BE.* **1** tuta, signalhorn; vissla **2** *sl.* kran (*näsa*)

Hoover ['huːvə] (*varumärke*) dammsugare **hoover** dammsuga

hooves [huːvz] *pl av* hoof

1 hop [hɒp] **I** *v* **1** hoppa, skutta; hoppa på ett ben; ~ *on a bus* (*into a taxi*) (*vard.*) hoppa på en buss (in i en taxi); ~ *off* (*vard.*) hoppa av **2** *AE. vard.* sätta igång **3** *BE. sl.*, ~ *it* (*off*) sticka, försvinna, smita **4** hoppa över (*a hedge* en häck); *vard.* flyga (ta skuttet) över **5** *AE. vard.* åka med (*a train* ett tåg) **6** *AE.* låta studsa; ~ *a flat stone* kasta smörgås **II** *s* **1** hopp, skutt; hoppande (*på ett ben*); *vard.* skutt, flygtur; *on the* ~ (*vard.*) *a*) på alerten, *b*) *BE.* då sängen, oförberedd; ~, *step, and jump* (*åld.*) tresteg; *q* ~, *sten* (*sl·ip*), *a·d jump*

ʃlˈ·ʋɪɪ the ·hürch ett stenkast från kyrkan **2** *vard.* skutt (*danstillställning*) **3** *AE.* studs[ning]

2 hop [hɒp] **1** humle[planta]; ~*s* (*pl*) humle[kottar] **2** *sl.* opium; knark

hope [həʊp] **I** *s* (*ibl. pl*) hopp, förhoppning (*of, for* om); *not a* ~!, *some* ~[*s*]! och det trodde du! *beyond* ~ utan hopp, hopplös; *live in* ~[*s*] of hoppas på [att], ha hopp om [att]; *place one's* ~ *in* sätta sitt hopp till **II** *v* **1** hoppas [på]; *I* ~ [*that*] *you can come* jag hoppas att du kan komma; *we* ~ *to go to England* vi hoppas kunna resa till England; ~ *against hope that* trots allt hoppas [på] att **2** hoppas (*for* på); ~ *for the best* hoppas på det bästa **hopeful** ['həʊpf(ʊ)l] **I** *a* hoppfull; förhoppningsfull, lovande **II** *s*, *young* ~ ung och lovande person **hopefully** ['həʊpfʊlɪ] **1** hoppfullt, förhoppningsfullt **2** *vard.* förhoppningsvis **hopeless** ['həʊplɪs] hopplös; omöjlig; *vard. äv.* oförbätterlig

hopscotch hoppa hage (*lek*)

horde [hɔːd] hord, flock; svärm

horizon [həˈraɪzn] horisont **-tal** [ˌhɒrɪˈzɒntl] **I** *a* horisontal, horisontell, vågrät; ~ *bar* (*gymn.*) räck **II** *s* horisontal|linje, -läge, -plan

hormone ['hɔːməʊn] hormon

horn [hɔːn] **I** *s* **1** horn (*äv. mus. o. ämne*); signalhorn; mistlur; *jazzsl.* blåsinstrument; *the H*~ Kap Horn; *French* ~ (*mus.*) valthorn; ~ *of plenty* ymnighetshorn; *on the* ~*s of a dilemma* mellan två hötappar; *blow one's* ~ (*AE.*) göra reklam (slå på trumman) för sig själv; *draw* (*pull*) *in one's* ~*s a*) lägga band på sig, *b*) dra åt svångremmen, spara, *c*) ta tillbaka, backa **2** spets (*på månskära*) **3** *vulg.* ståkuk **II** *v* **1** förse med horn **2** stånga **3** ~ *in on* avbryta, tränga sig in i (på)

hornet ['hɔːnɪt] *zool.* bålgeting; *stir up a* ~*'s nest* (*bildl.*) sticka handen i ett getingbo

horn-rimmed ['hɔːnrɪmd] hornbågad

horny ['hɔːnɪ] **1** horn|artad, -aktig, hornlik **2** behornad **3** *sl.* kåt

horoscope ['hɒrəskəʊp] horoskop

hor|rible ['hɒrəbl] **1** fasansfull, ohygglig; *vard.* hemsk, gräslig, förskräcklig, förfärlig, ryslig **-rid** [-rɪd] otäck, avskyvärd, vidrig; *vard.* hemsk, gräslig **-rific** [həˈrɪfɪk] fasaväckande, hårresande, ryslig, hemsk **-rify** ['hɒrɪfaɪ] fylla med fasa (skräck), skrämma, göra skräckslagen; göra förfärad

horror ['hɒrə] **1** fas, skräck (*of* för); avsky (*of* för) **2** (*ofta pl*) fasa, ohygglighet, grymhet; *the* ~*s of war* krigets fasor **3** ~*s* (*pl*) *a*) *sl.* deppighet, *b*) *vard.* dille, delirium; *it gives me the* ~*s* det ger mig stora skälvan

hors d'oeuvre [ɔː'dɜːvr(ə)] (*pl lika el.* ~*s*) hors d'oeuvre, smårätter (*före huvudrätten*) smörgåsbord

horse [hɔːs] **l** *s* **1** häst (*äv. gymn.*); hingst; hästdjur; *a* ~ *of another* (*a different*) *colour* en helt annan sak; *back the wrong* ~ hålla (satsa) på fel häst; *wild* ~*s would not drag me there* vilda hästar kunde inte få mig dit; *flog* (*beat*) *a dead* ~ spilla krut på döda hökar; *have s.th.* [*straight*] *from the* ~*'s mouth* ha ngt från säker källa; *hold one's* ~*s* ge sig till tåls, inte vara så het på gröten; *work like a* ~ arbeta (slita) som ett djur **2** (*behandlas som pl*) kavalleri, rytteri; kavallerister **3** sågbock; [trä]bock; [tork]ställning **4** *sl.* horse (*heroin*) **5** *vard.* häst[kraft] **ll** *v* **1** förse med häst[ar] **2** bära (låta rida) på ryggen **3** *vard.*, ~ *around* (*about*) spexa, skoja, busa

horseback ['hɔːsbæk] *s, on* ~ till häst, ridande; *set off on* ~ rida iväg **horsefly** *zool.* hästfluga, broms **horseman** [-mən] ryttare **horsemanship** [-mənʃɪp] ridkonst; ridskicklighet **horseplay** [-pleɪ] våldsam lek, spex **horsepower** [-ˌpaʊə] (*pl lika*) hästkraft **horserace** [-reɪs] [häst]kapplöpning **horseracing** [-ˌreɪsɪŋ] kapplöpningssport; hästkapplöpningar **horseradish** [-ˌrædɪʃ] *bot.* pepparrot **horse trading** [-ˌtreɪdɪŋ] *bildl.* kohandel **horsewoman** [-ˌwʊmən] ryttarinna

horticulture ['hɔːtɪkʌltʃə] trädgårds|skötsel, -konst, hortikultur

hose [həʊz] **l** *s* slang **ll** *v* vattna (*med slang*), spruta [på]

hosiery ['həʊzɪərɪ] *koll.* strumpor, trikåvaror

hospice ['hɒspɪs] härbärge

hospitable ['hɒspɪtəbl] **1** gäst|fri, -vänlig **2** mottaglig (*to new ideas* för nya idéer)

hospital ['hɒspɪtl] sjukhus **hospitality** [ˌhɒspɪ'tælətɪ] gästfrihet

1 host [həʊst] **l** *s* **1** värd **2** *biol.* värdväxt; värddjur **3** värdshusvärd **ll** *v* **1** vara värd för **2** *AE. vard.* smita från [restaurang]notan

2 host [həʊst] stor mängd, massa

hostage ['hɒstɪdʒ] gisslan; pant

hostel ['hɒstl] härbärge; gästhem; *youth* ~ vandrarhem

hostess ['həʊstɪs] värdinna

hos|tile ['hɒstaɪl, *AE.* 'hɒstl] fientlig[t inställd] (*to* mot); fiende- **-tility** [hɒ'stɪlətɪ] fientlighet, fientlig inställning; fiendskap

hot [hɒt] **l** *a* **1** het, varm; ~ *air* (*vard.*) tomt skryt; ~ *dog* varm korv [med bröd]; *the* ~ *line* heta linjen; *a* ~ *meal* varm (lagad) mat; ~ *pants* hot pants (mycket korta åtsittande shorts); ~ *pepper* chillipeppar; ~ *potato* (*vard. bildl.*) het potatis; ~ *rod* hot rod (*äldre bil m. upptrimmad motor*); ~ *seat* (*vard.*) knipa, besvärligt läge; *be* ~ *and bothered, be* ~ *under the collar* (*vard.*) vara upphetsad; *get into* ~ *water* (*vard.*) få besvär, få det hett om öronen (*i sht med makthavare*); *you're getting* ~*!* (*i lek*) det bränns!; *it's getting too* ~ *for*

me here (*vard.*) marken börjar brännas under mina fötter; *give it s.b.* ~ (*vard.*) ge ngn på pälsen; *I went* ~ *and cold all over* (*vard.*) jag blev ömsom varm och ömsom kall; *make it* ~ *for s.b.* (*vard.*) göra livet surt för ngn **2** (*om krydda, smak*) stark, skarp; (*om färg*) skarp, intensiv; ~ *mustard* stark senap; ~ *red* intensiv röd färg **3** häftig, hetsig, het; ~ *argument* häftig dispyt; ~ *temper* hetsigt (häftigt) humör **4** färsk, aktuell, het; jättepopulär; ~ *favourite* storfavorit; ~ *news* senaste nytt, rykande aktuella nyheter; ~ *tip* hett tips; ~ *from the press* direkt från pressarna, nyutkommen **5** *sl.* het, farlig; stulen; efterspanad (*av polisen*); ~ *goods* stöldgods **6** nära; ~ *on the scent* hack i häl **7** *vard.* [mycket] radioaktiv; spänningsförande **8** *sl.* skarp, toppen; sexig; ~ *stuff a*) skarp brud (sak), *b*) porr|bok, -film *etc.* **ll** *adv* hett *etc., jfr I a* **lll** *v, vard.* bli livligare (hetsigare), skärpas; *the pace is* ~*ting up* tempot blir snabbare

hotbed ['hɒtbed] **1** drivbänk **2** *bildl.* grogrund; härd

hotchpotch ['hɒtʃpɒtʃ] **1** röra, salig blandning **2** (*slags*) kött- och grönsakssoppa

hotel [hə(ʊ)'tel, əʊ'tel] **1** hotell **2** *Austr.* pub, ölkrog

hot-headed [ˌhɒt'hedɪd] hetsig, häftig, hetlevrad **hot|-house** ['hɒthaʊs] driv-, växt|hus **-plate** [elektrisk] kokplatta; värmeplatta **--tempered** [-ˌtempəd] hetlevrad **--water bottle** [ˌhɒt'wɔː-tə.bɒtl] varmvattenflaska, sängvärmare

hound [haʊnd] **l** *s* **1** [jakt]hund; *ride to* (*follow the*) ~*s* delta i rävjakt (*med hundar*) **2** usling **3** *sl., i sht AE.* fantast; *autograph* ~ autografjägare **ll** *v* förfölja, jaga, hetsa; driva på; ~ *down* nedlägga, fälla (*byte*)

hour ['aʊə] timme; tid[punkt]; stund; ~*s* (*pl, äv.*) arbets-, kontors-, butiks|tid; *half an* (*a half*) ~ en halvtimme; *a quarter of an* ~ en kvart[s timme]; *the woman of the* ~ dagens kvinna; *lunch* ~ lunch[timme, -tid]; *the small* ~*s* småtimmarna; *30 miles an* ~ 30 miles i timmen; *the problems of the* ~ de aktuella problemen; *after* ~*s* efter arbetstid (stängningsdags) *at all* ~*s* [*of the day and night*] vid alla tider på dygnet; *at an early* ~ tidigt; *at a late* ~ sent; *at this* ~ så här dags; *by the* ~ *a*) per timme, *b*) timvis, i timmar; *for* ~*s* [*and* ~*s*] i timmar, timtals, timme efter timme; *on the* ~ *a*) varje hel timme, *b*) på slaget; *his* ~ *has come* hans stund är inne; *keep early* ~*s* lägga sig tidigt, ha tidiga vanor

hour hand timvisare **hourly** [-lɪ] **l** *a* **1** tim-; som inträffar (går) varje timme; ~ *wages* timlön **2** ständig **ll** *adv* **1** varje timme, i timmen **2** vilken timme som helst; ständigt

house l *s* [haʊs, *pl* ~*s* 'haʊzɪz] **1** hus; hem; ~ *and home* hus och hem; *open* ~ öppet hus; *as safe as* ~*s* (*BE.*) säkert som aldrig det, bombsäkert; *like a* ~ *on fire* (*vard.*) i (med) rasande fart, blixtsnabbt; *at my* ~ i mitt hus (hem), hemma hos mig; *to my* ~ hem till mig; *invite s.b. to one's* ~ bjuda hem ngn; *put one's* ~ *in order* beställa om sitt hus, ordna upp sina affärer **2** släkt, ätt, hus; *an ancient* ~ en gammal släkt; *the H*~ *of Bourbon* huset (ätten) Bourbon **3** hushåll; *set up* ~ sätta bo, flytta till egen bostad **4** firma, [handels]hus; restaurang, pub *e.d.*; *publishing* ~ bok-förlag; *drinks are on the* ~ det är huset (barägaren *etc.*) som bjuder på drinkarna **5** elevhem, hus (*på internatskola*) **6** *parl.* hus; *the H~ a*) underhuset, *b*) BE. *vard.* börsen; *the H~s of Parliament a*) parlamentshuset (*i London*), *b*) parlamentet; *the H~ of Commons* (*BE.*) underhuset; *the H~ of Lords* (*BE.*) överhuset; *the H~ of Representatives a*) AE. representanthuset (*i kongressen*), *b*) *Austr.* underhuset; *the Lower H~ a*) underhuset, *b*) andra kammaren; *the Upper H~ a*) överhuset, *b*) första kammaren **7** publik, salong (*på teater, bio*); *full* ~ fullt hus, fullsatt, utsålt; *bring down the* ~ riva ner stormande applåder **8** *vard.* bordell **9** *kortsp.* hand; *full* ~ full hand **II** *v* [havz] **1** skaffa bostad åt; härbärgera, hysa [in] *på* sjö. surra [fast]; stuva; hala (ta, hämta) in **3** bo, vistas; uppehålla sig

house agent ['havs,eɪdʒ(ə)nt] *BE.* fastighets-, hus|mäklare

house|breaker ['haus ͵brekːə] inbrottstjuv **-breaking** [͵breɪkɪŋ] inbrott **-coat** [-kəut] morgonrock (*för damer*) **-hold** [-(h)əʊld] **I** *s* hushåll, hus **II** *a* hushålls-, hus-, hem-; ~ *duties* hushållsgöromål, husliga plikter; ~ *gods* husgudar (*äv. bildl.*); ~ *name* kändis, [väl]känd person; ~ *troops* livgarden; ~ *word* allmänt bekant ord, gängse uttryck **-holder** [-(h)əʊldə] husägare, lägenhetsinnehavare, person med egen bostad **-keeper** [-͵kiːpə] hus|hållerska, -föreståndarinna **-keeping** [-͵kiːpɪŋ] **1** hushållning, skötsel av hushåll **2** hushållspengar **·maid** [-meɪd] husa, husjungfru; ~'s *knee* skur[gums]knä

house|room ['hausruːm] husrum, plats; *I wouldn't give that bowl* ~ den där skålen vill jag inte ha i mitt hus **-to-house** [͵haustə'haus] *a*, ~ *selling* direkt-, hem|försäljning, dörrknackning **-train** göra (*hund e.d.*) rumsren; ~*ed* rumsren **-warming** [-͵wɔːmɪŋ] **I** *s* inflyttningsfest **II** *a*, ~ *party* inflyttningsfest **-wife 1** ['hauswaif] hemmafru **2** ['hʌzɪf] *i sht* BE. syetui **-work** [-wɜːk] hushålls|arbete, -göromål

housing ['hauzɪŋ] **I** *s* bostäder; hus, byggnader **2** härbärgering, [in]hysande **3** bostadsbyggande **4** täckning, skydd; *tekn.* hus, kåpa, skydd; *wheel* ~ hjulhus **II** *a bostads-;* ~ *estate* bostadsområde (*med centrumbebyggelse*); ~ *problem* bostadsproblem; ~ *scheme* bostadsbyggnads|plan, -projekt; ~ *shortage* bostadsbrist

hove [həʊv] *imperf. o. perf. part. av* heave

hovel ['hɒvl] **1** ruckel, kyffe **2** [öppet] skjul

hover ['hɒvə] **1** sväva; kretsa, cirkla **2** stryka omkring **3** *bildl.* vackla, sväva, pendla, tveka **-craft** (*pl lika*) svävare, svävarkost

how [hau] **1** hur; ~ *are you?* hur mår du?, hur står det till [med dig]?; ~ *do you do?* (*vid presentation*) god dag!; ~ *about…?* vad sägs om…?, hur skulle det vara med…?; ~ *about asking them?* (*äv.*) ska vi fråga dem?; ~'s *that?* vad tycker du om det?; ~'s *that for size?* hur är den i storlek?; ~'s *that for endurance?* vilken uthållighet!; *that's* ~ *it is* så är det, så ligger det till; *that's* ~ *she did it* det var så hon gjorde det; ~ *come?* (*vard.*) hur kommer det sig?; ~ *ever?* hur i all världen?; *and* ~! det kan du lita på!, ja visst! **3** så, vad; ~ *awful!* så förskräckligt! **3** att; *she told*

me ~ *she had met them there* hon berättade att hon hade träffat dem där

howdy ['haudɪ] *interj, i sth* AE. *vard.* mors!, hej!

however [hau'evə] **I** *konj* emellertid, likväl, dock **II** *adv* **1** hur…än; ~ *long it takes* hur lång tid det än tar, det må ta aldrig så lång tid **2** hur i all världen

howl [haul] **I** *v* **1** tjuta; vråla; vina; yla; *vard.* skrika, vråla (*with laughter* av skratt) **2** ~ *down* tysta ner, överrösta (*talare e.d.*) **II** *s* **1** tjut; vrål; vinande; ylande; vrålskratt **2** *sl.* urrolig person (grej)

H.P. *förk. för* (*BE.*) *Houses of Parliament*

H.Q. *förk. för* *headquarters*

H.R.H. *förk. för* *Her* (*His*) *Royal Highness*

hub [hʌb] **1** nav **2** centrum, medelpunkt

hubbub ['hʌbʌb] oväsen, bråk; tumult

hubby ['hʌbɪ] *vard.* äkta man, gubbe

hubcap ['hʌbkæp] navkapsel

huckster ['hʌkstə] **1** *i* **1** på tillgående försäljare **2** *åld.* gat|försäljare, månglare **3** AE. reklamskrivare (*för radio o. TV*) **II** *v* **1** gå omkring och sälja **2** sälja (annonsera) med påträngande (skumma) metoder **3** pruta, köpslå

huddle ['hʌdl] **I** *v* **1** ~ [*together*] skocka sig, tränga ihop sig; ~ [*up*] krypa ihop, kura ihop sig; *be* ~*d* [*up*] sitta (ligga) hopkrupen **2** *vard.* träffas privat **3** ~ [*together*] samla (gyttra) ihop **4** *i sht* BE. göra slarvigt, slarva med **II** *s* **1** massa, hög; hop, skock, samling **2** *vard.* privat (improviserat) möte; *go into a* ~ slå sina kloka huvuden ihop, ha en hemlig överläggning

hue [hjuː] **1** färgton, nyans, schattering **2** prägel, karaktär; aspekt

hue and cry [͵hjuːən'kraɪ] **1** (*förr*) skallgång, klappjakt **2** *raise* (*set up*) *a* ~ *and cry* upphäva ett ramaskri, skrika som om det gällde livet

huff [hʌf] **I** *v* **1** förarga, förnärma **2** bli förargad (förnärmad) **3** pusta, flåsa; ~ *and puff* flåsa och stöna **4** (*i damspel*) blåsa **II** *s* vredcsutbrott, uppbrusande; *in a* ~ stött, förnärmad **huffy** ['hʌfɪ] förolämpad, stött; snarstucken

hug [hʌg] **I** *v* **1** krama, omfamna **2** hålla sig tätt intill (nära) **3** *bildl.* hålla fast vid (*belief* övertygelse), hysa **4** *rfl* lyckönska (gratulera) sig (*on, for* till) **II** *s* omfamning, kram, famntag

huge [hjuːdʒ] väldig, jätte|lik, -stor, enorm **-ness** ['hjuːdʒnɪs] jättelformat, ofantlighet, enorm storlek

hulk|ing, -y ['hʌlk(ɪ)ŋ] stor och klumpig, åbäkig

hull [hʌl] **I** *s* **1** [fartygs-, flygbåts-, stridsvagns]-skrov; [raket]hylsa **2** snopp, bärstjälk; balja, skida **II** *v* **1** snoppa, rensa (*jordgubbar etc.*); sprita (*ärter*) **2** skjuta igenom skrovet på

hullabal[l]oo [͵hʌləbə'luː] bråk, oväsen, rabalder, spektakel

hum [hʌm] **I** *v* **1** brumma; surra; (*om trafik*) brusa **2** humma, säga hm, mumla **3** *sl.* stinka **4** *sl.* vara i farten; *make things* ~ sätta fart på saker och ting **5** gnola [på], nynna [på] **II** *s* brum[mande]; surr[ande]; sorl, brus **III** *interj* hm!

human ['hjuːmən] **I** *a* mänsklig; människo-; *a* ~ *being* en mänsklig varelse, en människa; *the* ~ *nature* den mänskliga naturen; *the* ~ *race* människosläktet; ~ *rights* mänskliga rättigheter; *he's only* ~ han är inte mer än människa **II** *s* människa

humane [hjuː'meɪn] human, mänsklig, människovänlig **humanism** ['hju:mənɪz(ə)m] **1** humanism; *H~* humanismen (*kulturströmning under renässansen*) **2** humanitet, mänsklighet **humanist** ['hju:mənɪst] humanist **humanitarian** [hju:ˌmænɪˈteərɪən] **I** *s* människovän, filantrop **II** *a* människovänlig, filantropisk, humanitär, humanitets- **humanity** [hju:ˈmænətɪ] **1** mänskligheten, människosläktet **2** människonatur[en], den mänskliga naturen **3** humanitet, människokärlek; *treat s.b. with ~* behandla ngn humant **4** *the humanities* (*pl*) humaniora, klassisk filologi

humble ['hʌmbl] **I** *a* **1** ödmjuk; underdånig; *your ~ servant* Er ödmjuke tjänare, (*i brevunderskrift*) Vördsammast; *eat ~ pie* [få] svälja förödmjukelsen **2** anspråkslös, enkel, blygsam, ringa, låg; *of ~ birth* av låg börd; *a ~ cottage* en anspråkslös stuga; *in my ~ opinion* enligt min enkla åsikt **3** hänsynsfull; servil **II** *v* **1** förödmjuka; *~ o.s.* [för]ödmjuka sig **2** bli förödmjukad

humblebee ['hʌmblbiː] humla

humbug ['hʌmbʌg] **I** *s* **1** humbug, bedrägeri, svindel **2** humbug, bluff[makare], skojare **3** struntprat, nonsens **4** *BE.* (*slags*) pepparmyntskaramell **II** *v* lura, bedra; bluffa

humdrum ['hʌmdrʌm] **I** *a* alldaglig; tråkig, enformig **II** *s* **1** långtråkighet; långtråkig uppgift **2** tråkmåns

humid ['hju:mɪd] fuktig

humid|ifier [hju:ˈmɪdɪfaɪə] luftfuktare **-ity** [-ətɪ] fukt[ighet], fuktighetsgrad; luftfuktighet

humil|iate [hju:ˈmɪlɪeɪt] förödmjuka, förnedra **-iation** [hju:ˌmɪlɪˈeɪʃn] förödmjuk|else, -ande, förnedring **-ity** [hju:ˈmɪlətɪ] ödmjukhet

hummingbird ['hʌmɪŋbɜːd] *zool.* kolibri

humorist ['hju:mərɪst] humorist **humorous** ['hju:m(ə)rəs] humoristisk; lustig, skämtsam **humour** ['hju:mə] **I** *s* **1** humor; skämtsamhet; *sense of ~* [sinne för] humor; *I don't see the ~ in that* jag kan inte se det roliga i det **2** humör, lynne, sinnesstämning; temperament, sinnelag; *in a good* (*bad*) *~* på gott (dåligt) humör; *out of ~* på dåligt humör **3** nyck, infall **4** [kropps]vätska **II** *v* ge efter för; anpassa sig efter; *~ s.b.* (*äv.*) låta ngn få sin vilja fram

hump [hʌmp] **I** *s* puckel, knöl; kulle; *it gives me the ~* (*BE. vard.*) det går mig på nerverna; *she's got the ~* (*BE. vard.*) hon deppar; *be over the ~* vara över det värsta **II** *v* **1** kuta med (*one's back* ryggen) **2** *BE. sl.* bära, lyfta **3** *vulg.* knulla [med] **humpty dumpty** [ˌhʌm(p)tɪˈdʌm(p)tɪ] *i sht BE.* liten tjockis, rulta; *H~ D~* Klumpe Dumpe

humus ['hju:məs] humus, mylla, matjord

Hun [hʌn] **1** *hist.* hunn[er] **2** *vard. neds.* tysk **3** *vard.* vandal

hunch [hʌn(t)ʃ] **I** *s* **1** föraning; *have a ~ that* ha på känn att **2** puckel, knöl **3** stort stycke, klump **II** *v*, *~* [*up*] kröka (*one's back* ryggen), skjuta (dra) upp (*one's shoulders* axlarna); *~ up* (*äv.*) sitta hopkrupen

hunch|back ['hʌn(t)ʃbæk] puckelrygg (*rygg o. pers.*) **-backed** [-bækt] puckelryggig

hundred ['hʌndrəd] *räkn o. s* hundra; hundratals, hundrade; *a* (*one*) *~* [ett] hundra; *a* (*one*) *~ and one a* [ett] hundra ett, *b*) hundratals, femtielva; *a* (*one*) *~ percent* hundraprocentig[t], full-

ständig[t]; *never in a ~ years!* aldrig i livet!; *one in a ~* en på hundra; *ninety out of a ~* nittio av hundra; *two ~* två hundra år; *the ~s a*) mellan 100 och 110, *b*) mellan 100 och 200, *c*) mellan 100 och 1 000; *in the nineteen ~s* på artonhundratalet; *they came in ~s* (*by the ~*) de kom i hundratal; *H~ Years' War* hundraårskriget; *~s and thousands* (*pl*) strössel **hundredpercenter** [-pəˌsentə] *AE.* flåspatriot, flaggviftare **hundredth** [-θ] *räkn* hundrade; *~ part* hundra[de]del **II** *s* hundra[de]del; *a ~ of a degree* en hundradels grad **hundredweight** [-weɪt] centner; [*long*] *~* (*BE.*) centner (= *112 pounds* = *50,802 kg*); [*short*] *~* (*AE.*) centner (= *100 pounds* = *45,359 kg*); [*metric*] *~* centner (= *50 kg*)

hung [hʌŋ] *imperf. o. perf. part. av* hang

Hun|garian [hʌŋˈgeərɪən] **I** *s* **1** ungrare **2** ungerska [språket] **II** *a* ungersk **-gary** ['hʌŋgərɪ] Ungern

hunger ['hʌŋgə] **I** *s* hunger; *bildl.* hunger, längtan, törst (*for* efter) **II** *v* vara hungrig; hungra, svälta; *bildl.* hungra, längta, törsta (*after, for* efter) **hungry** ['hʌŋgrɪ] **1** hungrig; *bildl.* hungrande, längtande, törstande (*for* efter); *go ~* hungra **2** mager, karg (*soil* jord)

hung-up [hʌŋˈʌp] *vard., be ~ a*) vara ur gängorna, *b*) ha en skruv lös, *c*) ha komplex (*about* för); *be ~ on* (*sl.*) *a*) digga, gilla, *b*) vara fast i (*drugs* knarket)

hunk [hʌŋk] **1** stort stycke **2** *sl., i sht AE.* sexig kille

hunky-dory [ˌhʌŋkɪˈdɔːrɪ] *vard., i sht AE.* toppen, prima, bra

hunt [hʌnt] **I** *v* **1** jaga (*wild animals* vilda djur) **2** jaga (leta) efter, vara på jakt efter (*en book* en bok); *~ the slipper* (*thimble*) (*ung.*) gömma nyckel (ringen) (*lek*); *~ down* övermanna, gripa, infånga; *~ out* spåra upp; *~ up* spåra upp, leta fram **3** jaga med (*hounds* hundar) **4** jaga; *go ~ing* gå på jakt **5** jaga, leta, vara på jakt (*for a book* efter en bok); *~ about* (*around*) *for* jaga runt efter **II** *s* **1** jakt; hets-, räv|jakt; *bildl.* jakt, letande; *be on the ~ for a*) jaga (*tigers* tigrar), *b*) vara på jakt (leta) efter **2** jaktmark **3** jaktsällskap, jaktklubb **-er** [-ə] **1** jägare (*äv. bildl.*) **2** hunter (*jakthäst, jakthund*) **3** jaktur (*med lock el. boett av metall*)

hunting ['hʌntɪŋ] jakt **hunting ground** jaktmark; *the happy ~s* de sälla jaktmarkerna; *happy ~* (*bildl.*) fyndgruva

huntsman ['hʌntsmən] jägare

hurdle ['hɜːdl] **I** *s* **1** *sport.* hinder (*äv. bildl.*), häck; *~s* (*behandlas som sg*) häck[löpning] **2** (*tillfällig*) grindstängsel **II** *v* **1** *sport.* hoppa över, ta (*hinder, häck*) **2** omge med grindstängsel **3** övervinna (*hinder e.d.*)

hurdy-gurdy ['hɜːdɪˌgɜːdɪ] *mus.* positiv

hurl [hɜːl] **I** *v* kasta, slunga; *~ insults at s.b.* utslunga förolämpningar mot ngn **II** *s* kast, slungning

hurly-burly ['hɜːlɪˌbɜːlɪ] **I** *s* oväsen, larm, tumult **II** *a* våldsam

hur|rah ['hʊˈrɑː], **-ray** [-ˈreɪ] **I** *interj* hurra! **II** *s* hurra **III** *v* hurra, ropa hurra

hurricane ['hʌrɪkən] orkan

hurried ['hʌrɪd] skyndsam, brådskande, snabb,

hastig
hurry ['hʌrɪ] **I** s brådska, jäkt, hast, skyndsamhet; *in a* ~ (*vard.*) i första taget, lätt, gärna; *be in a* ~ ha bråttom (*to* [med] att); *what's the* ~? varför har du (han *etc.*) så bråttom?; *there's no* ~ det är ingen brådska **II** v **1** ~ [*up*] skynda [sig], skynda på, jäkta, rusa, ila, brådska; ~ *along* skynda iväg, skynda sig; ~ *on*! skynda på (dig, er)! **2** påskynda; skynda på, jäkta [på]; snabbt föra (transportera); *troops were hurried to the front* trupper transporterades snabbt till fronten; ~ s.b. *along* (*on, up*) skynda på ngn, jäkta [på] ngn; ~ s.b. *away* (*off*) snabbt föra bort ngn
hurt [hɜ:t] **I** v (*hurt, hurt*) **1** skada, göra illa; skada sig i, göra sig illa i (*one's finger* fingret); ~ *o.s.* göra sig illa, slå sig; *my finger* ~s *me* jag har ont i fingret, det gör ont i mitt finger **2** *bildl.* skada; såra, stöta; *it won't* ~ *her to wait* det skadar henne inte (hon tar ingen skada av) att vänta; *feel* ~ känna sig sårad (stött) **3** göra ont, värka; *it* ~ det gör ont **4** *bildl.* skada; *it won't* ~ det skadar inte (gör ingenting) **II** s **1** skada, sår **2** *bildl.* skada, men, oförrätt **-ful** ['hɜ:tf(ʊ)l] sårande
hurtle ['hɜ:tl] **1** slunga, kasta, stöta, slå (*against* mot) **2** störta, rusa
husband ['hʌzbənd] **I** s [äkta] man, make **II** v hushålla (vara sparsam) med
hush **I** v [hʌʃ] **1** tysta [ner]; hyssja åt; ~ *up* tysta ner, hemlighålla **2** lugna, tysta; ~ *a baby* vyssja en baby **3** tystna **II** s [hʌʃ] tystnad, stillhet **III** *interj* [ʃ:] tyst!, sch!, hyssj! **hush-hush** [ˌhʌʃˈhʌʃ] *vard.* [topp]hemlig, konfidentiell **hush money** [ˌhʌʃˌmʌnɪ] *sl.* mutor (pengar) för att hålla tyst
husk [hʌsk] **I** s skal (*äv. bildl.*), skida, hylsa, agn **II** v skala
husky ['hʌskɪ] **1** hes, skrovlig **2** skalliknande **3** *vard.* stor och stark, välbyggd
hussar [hʊ'zɑ:] husar
hussy ['hʌsɪ] **1** slyna, slampa **2** jäntunge **3** *dial.* syskrin
hustle ['hʌsl] **I** v **1** knuffa [till], stöta [till]; tränga [ihop]; fösa (*s.b. into a room* in ngn i ett rum); ~ *one's way through a crowd* tränga sig fram genom en folkmassa **2** påskynda, forcera; pressa, tvinga (*s.b. into a decision* ngn till ett avgörande); ~ *up* (*vard., i sht AE.*) svänga ihop, snabbt göra i ordning **3** skynda sig, ila; tränga sig fram (*through a crowd* genom en folkmassa); trängas **4** *AE. vard.* sno på, lägga manken till **5** *AE.* sno (*stjäla*) **6** *AE. sl.* (*om prostituerad*) gå på gatan, ragga kunder **II** s **1** knuffande, skuffande; trängande; jäkt, hets; *the* ~ *and bustle of the city* stadens liv och rörelse **2** fiffel, båg **hustler** ['hʌslə] **1** *sl.* fnask **2** *AE. vard.* arbetsträl
hut [hʌt] **I** s hydda, koja; *mil.* barack **II** v förlägga i barack
hutch [hʌtʃ] **1** bur (*för kanin e.d.*) **2** *vard. neds.* litet hus **3** baktråg
hyacinth ['haɪəs(ɪ)nθ] *bot. o. miner.* hyacint
hybrid ['haɪbrɪd] **I** s hybrid, korsning; *bildl.* blandform **II** a hybrid; bland-
hydrangea [haɪ'dreɪn(d)ʒə] *bot.* hortensia
hy|drant ['haɪdr(ə)nt] vatten-, brand|post **-draulic** [haɪ'drɔ:lɪk] hydraulisk (*brake* broms)
hydro|carbon [ˌhaɪdrə(ʊ)'kɑ:bən] *kem.* kolväte **-electric** hydroelektrisk, vattenkraft[s]-; ~

plant vattenkraftstation; ~ *power* vattenkraft **-foil** ['haɪdrə(ʊ)fɔɪl] **1** bärplan **2** bärplans-, hydrofoil|båt **-gen** ['haɪdrədʒ(ə)n] *kem.* väte; ~ *bomb* vätebomb; ~ *peroxide* väte|peroxid, -superoxid **-phobia** [ˌhaɪdrə(ʊ)'fəʊbjə] hydrofobi, vattuskräck, rabies **-plane** ['haɪdrə(ʊ)pleɪn] **1** planande racerbåt **2** *AE.* sjöflygplan, hydroplan **3** *sjö.* horisontalroder (*på ubåt*)
hyena [ha(ɪ)'i:nə] hyena
hygiene ['haɪdʒi:n] hygien, hälsovård, hälsovårdslära; renlighet **hygienic** [-ɪk] hygienisk, hälsovårds-; hälsosam
hymn [hɪm] **I** s hymn, lovsång; psalm **II** v lovsjunga **hymn book** ['hɪmbʊk] psalmbok
hyped up [haɪpt'ʌp] *sl.* hög, påtänd (*av narkotika*)
hyper|market ['haɪpəˌmɑ:kɪt] stormarknad **-sensitive** [ˌhaɪpə'sensətɪv] överkänslig
hyphen ['haɪfn] **I** s bindestreck **II** v, se *hyphenate* **hyphenate** ['haɪfəneɪt] (*pl -ses* [-si:z]) hypnos
hypnotic [-'nɒtɪk] **I** a **1** hypnotisk **2** mottaglig för hypnos **3** sömngivande **II** s sömnmedel **hypnotist** ['hɪpnətɪst] hypnositör **hypno|tize** (*BE. äv. -tise*) ['hɪpnətaɪz] hypnotisera
hypo|chondria [ˌhaɪpə(ʊ)'kɒndrɪə] hypokondri, inbillningssjuka **-chondriac** [-'kɒndrɪæk] **I** s hypokonder, svårmodig (inbillningssjuk) människa **II** a hypokondrisk, svårmodig, inbillningssjuk
hypocrisy [hɪ'pɒkrəsɪ] hyckleri, förställning, skenhelighet **hypocrite** ['hɪpəkrɪt] hycklare, skenhelig person, hypokrit **hypocritical** [ˌhɪpə(ʊ)'krɪtɪkl] hycklande, skenhelig, hypokritisk
hypodermic [ˌhaɪpə(ʊ)'dɜ:mɪk] **I** a införd (liggande) under huden; subkutan; ~ *syringe* (*needle*) injektions|spruta, -nål **II** s injektions|spruta, -nål; injektion (*under huden*)
hypoth|esis [haɪ'pɒθɪsɪs] (*pl -eses* [-ɪsi:z]) hypotes, antagande; *working* ~ arbetshypotes **-etical** [ˌhaɪpə(ʊ)'θetɪkl] hypotetisk
hysteria [hɪ'stɪərɪə] hysteri **hysteric** [hɪ'sterɪk] **I** s hysterisk person, hysteriker **II** a, se *hysterical* **hysterical** [hɪ'sterɪkl] **1** hysterisk **2** *vard.* vansinnigt rolig, urkomisk **hysterics** [hɪ'sterɪks] *pl* **1** hysteri; hysteriskt anfall; *go into* ~ bli hysterisk, få ett hysteriskt anfall **2** *vard.* hysteriskt skratt; *just looking at him could give you* ~ bara man tittade på honom kunde man skratta sig fördärvad

I, i [aɪ] (*bokstav*) I, i
I [aɪ] *pers. pron* jag
ice [aɪs] **I** s **1** is; *as cold as* ~ iskall; *break the* ~

(*bildl.*) bryta isen; *cut no ~ with* (*vard.*) inte imponera (göra något intryck) på; *put s.th. on ~* (*bildl.*) lägga ngt på is; *be* (*be treading, be skating*) *on thin ~* vara ute på hal is **2** ishockeyplan **3** glass **4** *AE. sl.* glitter, diamanter **ll** *v* **1** ~ [*up, over*] frysa, isbelägga, täcka med is **2** lägga is i, iskyla, isa (*drink e.d.*); lägga på is; *~d water* isvatten **3** glasera (*tårta e.d.*) **4** ~ [*up, over*] *a*) frysa till, *b*) bli nedisad, nedisas

ice age ['aɪseɪdʒ] istid **ice bag** isblåsa **iceberg 1** isberg; *the tip of the ~* (*bildl.*) toppen av isberget **2** *AE., vard.* iskall typ, isbit **icebound** (*om fartyg*) in-, fast|frusen; (*om hamn*) tillfrusen **icebox** frysfack (*i kylskåp*); isskåp; *AE. äv.* kylskåp **icebreaker** [-ˌbreɪkə] isbrytare **ice cream** [ˌaɪs'kriːm] glass **ice floe** isflak

Iceland ['aɪslənd] Island **-er** [-ə] islänning **-ic** [aɪs'lændɪk] **l** *a* isländsk **ll** *s* isländska [språket] **ice lolly** ['aɪsˌlɒlɪ] *BE. vard.* isglass[pinne] **ice pack** ['aɪspæk] **1** packis **2** isblåsa **ice rink** skridskobana, isrink **ice skate** skridsko **iceskate** *a* skridskor **ice-skating** [-ˌskeɪtɪŋ] skridskoåkning

icicle ['aɪsɪkl] istapp **icily** [-ɪlɪ] iskallt (*äv. bildl.*), isande **iciness** [-ɪnɪs] iskyla, isande kyla (*äv. bildl.*) **icing** [-ɪŋ] **1** glasyr (*på tårta e.d.*) **2** nedisning (*av fartyg e.d.*), isbildning **3** (*i ishockey*) icing **icing sugar** flor-, puder|socker **icon** ['aɪkɒn] ikon, helgonbild **icy** ['aɪsɪ] **1** is-; isig, istäckt **2** iskall (*äv. bildl.*), bitande kall

I'd [aɪd] = *I had; I would, I should*

idea [aɪ'dɪə] idé, infall; föreställning, begrepp; åsikt, mening, uppfattning; plan, förslag; avsikt, syfte; aning; *history of ~s* idéhistoria; *the very ~ of* blotta tanken på; *the very ~!* det är ju befängt!, är det möjligt?; *that's the ~!* just det!, precis!; *that's not my ~ of* det är inte vad jag menar med; *what's the ~ of that?* vad är meningen med det?; *what's the big ~?* (*vard.*) vad ska det tjäna till (vara bra för)? *don't get ~s!* inbilla dig ingenting!; *you're getting the ~* du börjar fatta [vad det handlar om]; *he has no ~ of right and wrong* han har inget begrepp om vad som är rätt och orätt; *you've no ~ how worried I was* du har ingen aning om hur orolig jag var; *I haven't in the slightest* (*faintest*) ~ jag har inte den ringaste aning; *put ~s into a p.'s head* sätta griller i huvudet på ngn

ideal [aɪ'dɪəl] **l** *a* **1** idealisk, fulländad; ideal- **2** inbillad, tänkt; utopisk **ll** *s* ideal **-ism** [-ɪz(ə)m] idealism **-ist** [-ɪst] idealist **-istic** [aɪˌdɪə'lɪstɪk] idealistisk; ideell **-ize** (*BE. äv. -ise*) [aɪ'dɪəlaɪz] idealisera; framställa som idealisk

identical [aɪ'dentɪk(l)] identisk; en och samma; likalydande; *two ~ copies* två likalydande exemplar; *is this the ~ man you saw?* är det samma man som du såg?; *~ twins* enäggstvillingar; *we have ~ views* vi har precis samma åsikt

identification [aɪˌdentɪfɪ'keɪʃn] identi|fiering, -fikation; legitimation; igenkänningstecken **identify** [aɪ'dentɪfaɪ] **1** identifiera; fastställa identiteten av; känna igen; artbestämma (*växt, djur*); *~ o.s.* legitimera sig; *~ o.s. with* identifiera sig med, helt gå upp i, leva sig in i **2** identifiera sig (*with* med) **identity** [aɪ'dentətɪ] identitet; likhet, överensstämmelse **identity card** identi-

tets-, legitimations|kort **identity papers** identitets-, legitimations|papper

ideological [ˌaɪdɪə'lɒdʒɪkl] ideologisk **ideology** [ˌaɪdɪ'ɒlədʒɪ] ideologi

idiom ['ɪdɪəm] **1** idiomatiskt uttryck; språkegenhet **2** idiom, språk, dialekt **idiomatic[al]** [ˌɪdɪə'mætɪk(l)] idiomatisk

idiot ['ɪdɪət] idiot; dumbom **-ic** [ˌɪdɪ'ɒtɪk] idiotisk; dum, dåraktig

idle ['aɪdl] **l** *a* **1** sysslolös, overksam, inaktiv; arbetslös; oanvänd; *~ pleasures* tidsfördriv; *money lying ~* dött kapital; *they were made ~ through the strike* de blev arbetslösa genom strejken **2** (*om maskin e.d.*) stilla[stående], inte i gång, ur drift; på tomgång; *the machine stood ~* maskinen stod stilla onyttig; tom **3** lat, lättjefull; trög; *life* lättjefullt liv **4** grundlös, utan grund; gagnlös, fåfäng; *~ talk* tomt prat; *~ threat* tomt hot; *~ wish* önskedröm; *it would be ~ to go on* det vore lönlöst att fortsätta **ll** *v* **1** ~ [*away*] slösa bort (*one's time* sin tid) **2** [gå omkring och] lata sig, slöa **3** (*om motor*) gå på tomgång **idleness** [-nɪs] sysslolöshet, overksamhet *etc.*, *jfr idle I*

idol ['aɪdl] **1** avgudabild; avgud **2** *bildl.* idol, avgud[ad människa] **-atry** [aɪ'dɒlətrɪ] **1** avgudadyrkan **2** *bildl.* dyrkan, omåttlig beundran **-ization** (*BE. äv. -isation*) [ˌaɪdələɪ'zeɪʃn] avgudadyrkan; dyrkan **-ize** (*BE. äv. -ise*) ['aɪdəlaɪz] avguda, dyrka (*äv. bildl.*)

idyll ['ɪdɪl] idyll **idyllic** [aɪ'dɪlɪk] idyllisk

i.e. *förk. för id ist* (lat.) = *that is* dvs.

if [ɪf] **l** *konj* **1** om, ifall [att]; även om, om också, om...så; *as ~* som om; *as ~ to* [lik]som för att; *~ anything* snarare, om något; *~ not* om inte, annars; *come home at once, ~ not I'll...* kom genast hem, annars ska jag...; *~ only* om bara; *I'll do it, ~ only to please you* jag ska göra det, om inte annat så för att göra dig glad; *~ so* i så fall; *~ I know John* om jag känner John rätt; *~ it hadn't been for you* om inte du hade varit; *it's a good film ~ rather long* det är en bra film även om den är ganska lång; *it will be done ~ I'll do it myself* det ska bli gjort, om jag så ska göra det själv; *it weighs one pound ~ that* den väger ett pund om ens det; *well, ~ it isn't Peter!* nej men är det inte Peter! **2** om, huruvida, ifall; *I don't know ~ she'll come* jag vet inte om hon kommer **ll** *s* om; *it's a big ~* det är den stora frågan, det är osäkert; *~s and buts* om och men

igloo, iglu ['ɪgluː] (*pl ~s*) iglo[o] (*snöhydda*)

ignite [ɪg'naɪt] **1** sätta eld på, [an]tända **2** fatta eld, antändas **ignition** [ɪg'nɪʃn] antändning, tändning; *the ~* tändningen (*i bil*) **ignition key** tändnings-, start|nyckel

ignoble [ɪg'nəʊbl] gemen, skamlig, tarvlig, föraktlig; dålig, usel

ignominious [ˌɪgnə(ʊ)'mɪnɪəs] vanhedrande, skamlig **ignominy** ['ɪgnəmɪnɪ] vanära, skam; skamlig handling

ignorance ['ɪgn(ə)r(ə)ns] okunnighet, ovetenhet (*of* om); brist på bildning **ignorant** ['ɪgn(ə)r(ə)nt] okunnig, ovetande (*of* om); obildad **ignore** [ɪg'nɔː] ignorera, inte bry sig om, inte ta hänsyn till (notis om)

ilex ['aɪleks] *bot.* järnek, kristtorn

ill [ɪl] **l** *a* (*worse, worse*) **1** (*vanl. pred.*) sjuk, dålig;

krasslig; *be* ~ vara sjuk; *fall* (*be taken*) ~ bli sjuk, insjukna (*with* i); ~ *with anxiety* sjuk av oro **2** dålig; elak, illvillig, ond; ~ *deeds* illgärningar; ~ *effects* olyckliga verkningar; ~ *fortune* (*luck*) otur, olycka; ~ *humour* dåligt humör, vresighet; ~ *omen* dåligt omen; ~ *repute* dåligt rykte, vanrykte; ~ *will* illvilja, agg; ~ *at ease* illa till mods; *it is an* ~ *wind that blows nobody any good* inget ont som inte har något gott med sig **II** *adv* (*worse, worst*) **1** illa; *speak* (*think*) ~ *of* tala (tänka) illa om; *take s.th.* ~ ta illa upp för ngt **2** knappast, med svårighet; *she can* ~ *afford it* hon har knappast råd med det **III** *s* **1** skada; ont; *wish s.b.* ~ önska ngn illa **2** krämpa **3** ~*s* (*pl*) missöden, motgångar; missförhållanden

I'll [aɪl] = *I will, I shall*

ill|**-advised** [ˌɪləd'vaɪzd] oklok, oförnuftig; illa genomtänkt **--bred** illa uppfostrad, ouppfostrad

illegal [ɪ'liːgl] olaglig, lagstridig, illegal **-ity** [ˌɪliː'gælətɪ] olaglighet, lagstridighet, illegalitet

illegible [ɪ'ledʒəbl] oläslig, -bar

illegitimate [ˌɪlɪ'dʒɪtɪmət] **I** *a* **1** utomäktenskaplig **2** illegitim, olaglig; orättmätig **3** ologisk, inkonsekvent **II** *s* utomäktenskapligt barn

ill-fated [ˌɪl'feɪtɪd] olycklig, olycksalig; olycksförföljd

illicit [ɪ'lɪsɪt] olaglig, illegal; otillåten, smyg-, lönn-; ~ *spirits* hembränt; ~ *trade* svartabörshandel

illimitable [ɪ'lɪmɪtəbl] gränslös, obegränsad; oändlig

illiter|**acy** [ɪ'lɪt(ə)rəsɪ] **1** oförmåga att läsa och skriva, analfabetism **2** språkfel **3** obildning **-ate** [ɪ'lɪt(ə)rət] **I** *a* **1** inte läs- och skrivkunnig **2** inte språkriktig **3** illitterat, obildad, olärd **II** *s* **1** analfabet **2** illitterat (obildad) person

ill|**-mannered** [ˌɪl'mænəd] ohyfsad; oartig **--matched** som inte passar ihop, omaka **--natured** ondskefull, elak, hätsk

illness ['ɪlnɪs] sjukdom

illogical [ɪ'lɒdʒɪkl] ologisk

ill-tempered [ˌɪl'tempəd] på dåligt humör, irriterad, retlig

illumi|**nate** [ɪ'ljuːmɪneɪt] **1** upplysa, belysa; illuminera; ~*d sign* ljusreklamskylt **2** *bildl.* belysa, förklara, klargöra **3** illuminera (*handskrift*) **-nation** [ɪˌljuː'mɪ'neɪʃn] **1** upplysning, belysning; ~*s* (*pl, i sht BE.*) illuminering[ar], illumination[er] **2** ljuskälla **3** *bildl.* upplysning **4** illuminering (*av handskrift*)

illusion [ɪ'luːʒn] **1** illusion; villfarelse, falsk föreställning, dröm; *it gives an* ~ *of space* den ger en illusion av rymd; *be under the* ~ *that* inbilla sig att **2** tunn tyll (gasväv) **-ist** [ɪ'luːʒənɪst] **1** visionär; drömmare **2** illusionist, trollkonstnär **3** trollkarl

illu|**sive** [ɪ'luːsɪv], **-sory** [-s(ə)rɪ] illusorisk, bedräglig, overklig

illus|**trate** ['ɪləstreɪt] illustrera; belysa, förtydliga (*med exempel*); ~*d* [*magazine*] vecko-, bild|tidning **-tration** [ˌɪlə'streɪʃn] illustration; belysning, förtydligande (*genom exempel*) **-trator** ['ɪləstreɪtə] illustratör

I'm [aɪm] = *I am*

image ['ɪmɪdʒ] **1** bildstod, figur **2** *opt.* [spegel]-bild **3** avbild; personifikation; *God created man in his own* ~ Gud skapade människan till sin av-

bild; *she is the* ~ *of health* hon är hälsan personifierad; *he is the living* (*spitting*) ~ *of his father* han är sin far upp i dagen **4** bild, föreställning; (*språklig*) bild, liknelse, metafor **5** image, profil **-ry** [-(ə)rɪ] **1** bildspråk **2** *koll.* bilder

imaginable [ɪ'mædʒ(ɪ)nəbl] tänkbar, som tänkas kan **imaginary** [ɪ'mædʒɪn(ə)rɪ] inbillad, inbillnings-; imaginär (*äv. mat.*); *an* ~ *case* ett tänkt (konstruerat) fall; ~ *number* imaginärt tal

imagination [ɪˌmædʒɪ'neɪʃn] **1** fantasi; uppfinningsförmåga **2** inbillning, föreställning; *it's only* [*your*] ~*!* det är bara inbillning (som du inbillar dig)! **imaginative** [ɪ'mædʒ(ɪ)nətɪv] fantasi|rik, -full; fantasi- **imagine** [ɪ'mædʒɪn] **1** föreställa sig, tänka sig; ~ *yourself rich* tänk dig om du vore rik; *you can't* ~ *how...* du kan inte föreställa dig hur... **2** tro, gissa, misstänka; *I would never have* ~*d that* det skulle jag aldrig ha trott **3** inbilla sig; *you're just imagining things* du bara inbillar [saker och ting]

imbe|**cile** ['ɪmbɪsiːl] **I** *a* imbecill; *vard.* idiotisk, dum **II** *s* imbecill [person]; *vard.* idiot, dumskalle **-cility** [ˌɪmbɪ'sɪlətɪ] imbecillitet; *vard.* idioti, dumhet

imbibe [ɪm'baɪb] **1** dricka (*i sht alkohol*) **2** *litt.* insupa, tillägna sig (*kunskaper, idéer etc.*) **3** suga in, inandas (*fresh air* frisk luft); suga upp, suga åt sig, absorbera (*moisture* fuktighet)

imi|**tate** ['ɪmɪteɪt] imitera, efter|likna, -apa, härma **-tation** [ˌɪmɪ'teɪʃn] *I s* imitation (*äv. konkr.*), efter|bildning, -apning; härmning **II** *a* imiterad, konstgjord, oäkta, falsk; ~ *jewellery* äkta smycken; ~ *leather* läderimitation; ~ *pearls* imiterade pärlor **-tator** ['ɪmɪteɪtə] imitatör, efter|bildare, -apare, härmare

immaculate [ɪ'mækjʊlət] **1** obefläckad, ren, fläckfri; felfri, oklanderlig; ~ *clothes* oklanderlig klädsel; *the I*~ *Conception* den obefläckade avlelsen **2** *biol.* inte fläckig

immaterial [ˌɪmə'tɪərɪəl] **1** oväsentlig, oviktig; *it is quite* ~ *to me* det är helt oviktigt för mig **2** immateriell, okroppslig

imma|**ture** [ˌɪmə'tjʊə] omogen (*äv. bildl.*); barnslig **-turity** [-'tjʊərətɪ] omogenhet

immeasurable [ɪ'meʒ(ə)rəbl] omätlig; oändlig, gränslös

immedi|**ate** [ɪ'miːdjət] **1** omedelbar, omgående; direkt (*influence* inflytande); *for* ~ *delivery* för omgående leverans **2** närmaste; *the* ~ *future* den närmaste framtiden; *our* ~ *neighbour* vår närmaste granne **-ately** [-ətlɪ] **I** *adv* **1** omedelbart, omgående, genast **2** närmast; direkt; *she is somewhere* ~ *in the area* hon är någonstans i den närmaste omgivningen; *it* ~ *concerns me* det angår mig direkt **II** *konj, i sht BE.* så snart [som]; på samma gång som

immemorial [ˌɪmɪ'mɔːrɪəl] urgammal; *from time* ~ från urminnes tid

immense [ɪ'mens] **1** enorm, kolossal, ofantlig, väldig **2** *vard.* utmärkt, jättebra **immensity** [-ətɪ] **1** enorm (ofantlig) storlek, stor omfattning, stort omfång, väldighet; oändlighet; *the* ~ *of space* rymdens oändlighet **2** *vard.* enorm (väldig) mängd

immerse [ɪ'mɜːs] **1** sänka ner, doppa, döpa (*genom nedsänkning i vatten*); *be* ~*d in water* stå under vatten **2** *bildl.* fördjupa; ~ *o.s.* fördjupa sig i; *be* ~ *in* vara fördjupad (försjunken) i **immersion** [ɪ'mɜ:ʃn] **1** nedsänkning, neddoppning; dop (*genom nedsänkning i vatten*) **2** *bildl.* fördjupande, försjunkenhet

immi|grant ['ɪmɪgr(ə)nt] **I** *s* immigrant, invandrare **II** *a* invandrar-; ~ *worker* utländsk arbetare, gästarbetare **-grate** ['ɪmɪgreɪt] immigrera, invandra (*to* till) **-gration** [,ɪmɪ'greɪʃn] immigration, invandring

imminent ['ɪmɪnəns] [-nənt] överhängande, nära förestående, hotande

immo|bile [ɪ'məʊbaɪl] orörlig **-bility** [,ɪmə(ʊ)'bɪlɪtɪ] orörlighet **-bilize** (*BE. äv. -bilise*) [ɪ'məʊbɪlaɪz] **1** göra orörlig; lamslå; immobilisera (*trupper*) **2** binda, låsa (*kapital*)

immoral [ɪ'mɒr(ə)l] **1** omoralisk **2** osedlig, sedeslös, promiskuös **-ity** [,ɪmə'rælətɪ] **1** omoral **2** osedlighet, sedeslöshet, promiskuitet

immortal [ɪ'mɔ:tl] **I** *a* odödlig, som har evigt liv **II** *s* odödlig [person *e.d.*] **-ity** [,ɪmɔ:'tælətɪ] odödlighet

immune [ɪ'mju:n] **1** immun (*from, against, to* mot); oemottaglig, okänslig (*to* för); skyddad (*against, from* mot) **2** befriad (*från straff e.d.*) **immunity** [-ətɪ] **1** immunitet (*from, against, to* mot); oemottaglighet, okänslighet (*to* för) **2** befrielse **immuni|zation** (*BE. äv. -sation*) [,ɪmju:naɪ'zeɪʃn] immunisering **immu|nize** (*BE. äv. -nise*) ['ɪmju:naɪz] immunisera, göra immun

imp [ɪmp] **1** smådjävul **2** rackarunge, busfrö

impact **I** *s* ['ɪmpækt] **1** stöt; sammanstötning, kollision; nedslag (*av projektil e.d.*); kraft, styrka; *the* ~ *of the blow* kraften i slaget **2** inflytande, in-, på|verkan; effekt; intryck; *the* ~ *of the Renaissance on* renässansens inflytande på; *his speech had a great* ~ *on us* hans tal gjorde stort intryck på oss **II** *v* [ɪm'pækt] **1** stöta **2** stöta samman, kollidera

impair [ɪm'peə] skada, försämra, försvaga; *her hearing was ~ed by the accident* hennes hörsel blev försämrad av olyckan

impart [ɪm'pɑ:t] **1** meddela, vidarebefordra **2** förläna, skänka (*wisdom* visdom)

impartial [ɪm'pɑ:ʃl] opartisk

impasse [æm'pɑ:s] *bildl.* återvändsgränd, fastlåst position, dödläge

impa|tience [ɪm'peɪʃns] otålighet **-tient** [-nt] otålig (*at* över); ofördragsam (*of* mot); ~ *for* otålig efter; *be* ~ *to do s.th.* vara ivrig att få göra ngt

impeach [ɪm'pi:tʃ] **1** *jur.* anklaga; åtala; *BE. äv.* anklaga för brott mot staten; *i sht AE.* åtala för tjänstefel, väcka riksrättsåtal mot; ~ *s.b. for* (*with*) anklaga ngn för **2** ifrågasätta (*a p.'s honesty* ngns heder)

impeccable [ɪm'pekəbl] oklanderlig, fläckfri

impede [ɪm'pi:d] hindra, hejda, hämma, försena **impediment** [ɪm'pedɪmənt] **1** hinder; ~ *in one's speech* talfel **2** (*pl, ~s el. ~a* [ɪm,pedɪ'mentə]) *jur.* [äktenskaps]hinder

impel [ɪm'pel] **1** driva, egga, sporra, förmå, tvinga **2** [fram]driva

impend [ɪm'pend] vara nära förestående, hota **-ing** [-ɪŋ] överhängande, nära förestående, hotande

impenetrable [ɪm'penɪtrəbl] **1** ogenomtränglig (*forest* skog) **2** *bildl.* ogenomtränglig; outgrundlig; obegriplig

imperative [ɪm'perətɪv] **I** *a* **1** tvingande, absolut nödvändig (erforderlig) **2** befallande, myndig (*tone of voice* röst) **3** imperativ[isk]; *the* ~ *mood* (*språkv.*) imperativ[en] **II** *s* **1** tvingande nödvändighet **2** befallning, order **3** *språkv.* imperativ; *in the* ~ i imperativ

imperceptible [,ɪmpə'septəbl] omärklig, ej förnimbar, ej iakttagbar, ohörbar, osynlig

imperfect [ɪm'pɜ:fɪkt] **I** *a* **1** ofullkomlig, bristfällig **2** ofullständig **3** *språkv., the* ~ *tense* progressiv form (*i sht i imperfektum*) **II** *s, språkv.* progressiv form (*i sht i imperfektum*)

imperial [ɪm'pɪərɪəl] **I** *a* **1** kejserlig; kejsar-; inom (som gäller) [brittiska] imperiet, imperie-; ~ *Rome* kejsartidens Rom; *His I~ Highness* Hans Kejserliga Majestät; ~ *trade* handel[n] inom [brittiska] imperiet **2** *bildl.* majestätisk, myndig, befallande **3** (*om varor o.d.*) utmärkt, av bästa kvalitet **4** (*om vikt o. mått*) brittisk standard-; ~ *gallon, se gallon* **II** *s* **1** pipskägg **2** imperialformat **3** *AE.* bagagetak (*på diligens*); kappsäck (*för diligenstak*) **-ism** [-ɪz(ə)m] imperialism

imperious [ɪm'pɪərɪəs] befallande, myndig; arrogant, högdragen, övermodig

impermeable [ɪm'pɜ:mjəbl] ogenom|tränglig, -släpplig; ~ *to air* lufttät; ~ *to water* vattentät

impersonal [ɪm'pɜ:snl] opersonlig (*äv. språkv.*); (*om pron äv.*) obestämd

imperson|ate [ɪm'pɜ:səneɪt] **1** personifiera; utge sig för att vara (*annan pers.*) **2** imitera, efterapa **-ation** [ɪm,pɜ:sə'neɪʃn] **1** personifiering **2** imitation **-ator** [ɪm'pɜ:səneɪtə] imitatör

imperti|nence [ɪm'pɜ:tɪnəns], **-nency** [-nənsɪ] näsvishet; oförskämdhet **-nent** [-nənt] **1** näsvis; påträngande **2** irrelevant, ovidkommande

imperturbable [,ɪmpə'tɜ:bəbl] orubblig; oberörd, [orubbligt] lugn

impetuous [ɪm'petjʊəs] häftig; impulsiv

impetus ['ɪmpɪtəs] **1** impuls; *give an* ~ *to* ge en impuls till **2** *fys.* rörelseenergi, fart; [levande] kraft

impious ['ɪmpɪəs] gudlös, ogudaktig; pietets-, respekt|lös

implacable [ɪm'plækəbl] oförsonlig, obeveklig

implant [ɪm'plɑ:nt] **1** inplant[er]a; inpränta, prägla, inskärpa **2** *med.* implantera

implement **I** *s* ['ɪmplɪmənt] tillbehör; verktyg, redskap (*äv. bildl.*); *gardening ~s* trädgårdsredskap **II** *v* ['ɪmplɪment] utföra; genomföra, realisera, förverkliga, fullfölja

impli|cate ['ɪmplɪkeɪt] **1** blanda (dra) in, (*s.b. in s.th.* ngn i ngt), implicera **2** innebära, medföra **-cation** [,ɪmplɪ'keɪʃn] **1** inblandning (*in a crime* i ett brott) **2** innebörd, slutsats; följd; *by* ~ underförstått, implicit

implicit [ɪm'plɪsɪt] **1** underförstådd, implicit, indirekt **2** obetingad, absolut; ~ *faith* blind tro

implore [ɪm'plɔ:] bönfalla, enträget be (*s.b. to do s.th.* ngt att göra ngt); enträget be om (*forgiveness* förlåtelse); ~ *a p.'s mercy* bönfalla ngn om nåd

imply [ɪm'plaɪ] **1** antyda; *are you ~ing that* vill du antyda (ha sagt) att **2** innebära, medföra, betyda

impolite [ˌɪmpəˈlaɪt] oartig, ohövlig

import I *s* [ˈɪmpɔ:t] **1** import, införsel; ~*s* (*pl*) import|varor, -artiklar; *visible* ~*s* importvaror; *invisible* ~*s* importerade tjänster **2** innebörd, mening, betydelse **3** vikt, betydelse; *a man of great* ~ en man av stor betydelse **II** *v* [ɪmˈpɔ:t] **1** importera, föra in **2** innebära, betyda

importance [ɪmˈpɔ:tns] vikt, betydelse; *a man of* ~ (*äv.*) en betydande man; *attach the greatest* ~ *to* lägga (lägga) den största vikt vid **important** [-t] viktig, betydelsefull, betydande; *that's not* ~ det är inte viktigt; *it's not* ~ det gör ingenting (spelar ingen roll)

importation [ˌɪmpɔ:ˈteɪʃn] import[erande], införsel; import|vara, -artikel

impose [ɪmˈpəʊz] **1** lägga på, påbörda; påtvinga; ~ *a tax on s.th.* lägga skatt på (beskatta) ngt **2** tvinga; ~ *o.s.* (*one's presence*) *on s.b.* tvinga sig på ngn **3** lura, pracka (*s.th. on s.b.* på ngn ngt) **4** *boktr.* skjuta ut **5** ~ [*up*]*on* utnyttja, dra fördel av, missbruka (*a p.'s kindness* ngns vänlighet); *I don't wish to* ~ jag vill inte tränga mig på (vara till besvär) **imposing** [-ɪŋ] imponerande **imposition** [ˌɪmpəˈzɪʃn] **1** påläggande (*of taxes* av skatter); påbud **2** pålaga, skatt **3** belastning, börda; *BE.* straffläxa; *I'd love to stay if it isn't too much of an* ~ jag skulle gärna vilja stanna om det inte är för mycket besvär **4** *boktr.* utskjutning

impossi|bility [ɪmˌpɒsəˈbɪləti] omöjlighet **-ble** [ɪmˈpɒsəbl] **I** *a* omöjlig; *vard. äv.* outhärdlig, odräglig **II** *s*, *ask for the* ~ begära det omöjliga

imposter, impostor [ɪmˈpɒstə] bedragare, skojare

impo|tence [ˈɪmpət(ə)ns], **-tency** [-sɪ] **1** makt-, kraft|löshet; vanmakt; oförmåga **2** *fysiol.* impotens **-tent** [-t] **1** makt-, kraft|lös; vanmäktig; oförmögen **2** *fysiol.* impotent

impound [ɪmˈpaʊnd] **1** instänga (*i inhägnad e.d.*) **2** konfiskera, beslagta; lägga beslag på

impracticable [ɪmˈpræktɪkəbl] **1** outförbar, ogörlig, ogenomförbar; praktiskt omöjlig **2** oframkomlig (*road* väg)

impractical [ɪmˈpræktɪkl] opraktisk

impregnable [ɪmˈpregnəbl] **1** ointaglig **2** övervinnelig, orubblig; obestridlig

impreg|nate I *v* [ˈɪmpregneɪt] **1** genomdränka, mätta; impregnera **2** befrukta; göra fruktbar **II** *a* [ɪmˈpregnɪt] befruktad; gravid **-nation** [ˌɪmpregˈneɪʃn] **1** genomdränkning; impregnering **2** befruktning

impress I *v* [ɪmˈpres] **1** göra intryck på, imponera på; *I'm* ~*ed by* jag är imponerad av **2** trycka in (på); prägla, stämpla; ~ *a pattern onto* (*into*) *s.th.* trycka (prägla) ett mönster på ngt; ~ *a seal in wax* (*wax with a seal*) göra ett sigillavtryck i vax **3** *bildl.* inskärpa; inpränta, inprägla; ~ *a thought on s.b.* inskärpa en tanke hos ngn **II** *s* [ˈɪmpres] **1** prägling, stämpling **2** stämpel, prägel (*äv. bildl.*); avtryck

impression [ɪmˈpreʃn] **1** intryck; verkan; känsla; *make an* ~ *on s.b.* göra intryck på ngn; *I had* (*was under*) *the* ~ *that* jag hade ett intryck av att; *first* ~*s are usually right* det första intrycket är oftast det riktiga **2** avtryck, spår, märke (*of a foot* av en fot) **3** *boktr.* tryckning; omtryckning; tryckt upplaga; *a first* ~ *of 2.000 copies* en första

upplaga av 2 000 exemplar **4** imitation; *make a funny* ~ *of s.b.* göra en rolig imitation av ngn

impression|ism [ɪmˈpreʃriz(ə)m] impressionism **-ist** [-ɪst] impressionist

impressive [ɪmˈpresɪv] imponerande

imprint I *v* [ɪmˈprɪnt] **1** trycka på, trycka in, prägla; stämpla, märka **2** *bildl.* inprägla, inpränta (*on the memory* i minnet; *on s.b.* hos ngn) **II** *s* [ˈɪmprɪnt] **1** avtryck, märke, intryck (*of a finger* av ett finger); prägel **2** *boktr.*, [*printer's, publisher's*] ~ tryckeriets (förläggarens) namn, tryckort och tryckår

imprison [ɪmˈprɪzn] sätta i fängelse, fängsla **-ment** [-mənt] fängslande; fångenskap; fängelse[straff]; *sentence s.b. to life* ~ döma ngn till livstids fängelse

improbable [ɪmˈprɒbəbl] osannolik, otrolig

impromptu [ɪmˈprɒm(p)tju:] **I** *a* oförberedd; improviserad **II** *adv* oförberett; improviserat; *speak* ~ tala oförberett **III** *s* improvisation; *mus.* impromptu

improper [ɪmˈprɒpə] **1** oriktig, felaktig; oegentlig; ~ *use of a tool* felaktig användning av ett verktyg; ~ *fraction* (*mat.*) oegentligt bråk **2** oanständig; opassande, olämplig; *it's* ~ *to do that* det passar sig inte att göra det

impropriety [ˌɪmprəˈpraɪəti] **1** oanständighet; olämplighet **2** oriktighet, felaktighet; oegentlighet

improve [ɪmˈpru:v] **1** förbättra, göra bättre; bättra på, höja; ~ *one's mind* vidareutbilda sig; *that doesn't* ~ *matters* det gör inte saken bättre **2** förbattras, gå framåt; bli bättre; *she has* ~*d in maths* hon har blivit bättre i matte; *the invalid is improving* sjuklingen mår bättre (repar sig) **3** ~ [*up*]*on* förbättra, bättra på, överträffa (*last year's results* förra årets resultat) **-ment** [-mənt] förbättring *etc.*, jfr *improve*; ~ *in pay* löneförbättring; ~ *of one's mind* vidareutbildning; *an* ~ *on the previous year* en förbättring i jämförelse med föregående år

improving [ɪmˈpru:vɪŋ] informativ, lärorik; uppbygglig

improvisation [ˌɪmprəvaɪˈzeɪʃn] improvisation **improvise** [ˈɪmprəvaɪz] improvisera **improviser** [ˈɪmprəvaɪz] improvisatör

impru|dence [ɪmˈpru:d(ə)ns] oklokhet **-dent** [-d(ə)nt] oklok

impu|dence [ˈɪmpjʊd(ə)ns] fräckhet, oförskämdhet; näsvishet **-dent** [-d(ə)nt] fräck, oförskämd, näsvis

impulse [ˈɪmpʌls] **1** impuls, stöt **2** *bildl.* impuls, ingivelse, lust; *on* ~ av en ingivelse, impulsivt **3** tendens, strömning, trend **impulsive** [ɪmˈpʌlsɪv] **1** impulsiv **2** fram-, på|drivande

impunity [ɪmˈpju:nəti] straffrihet; *with* ~ ostraffat

impure [ɪmˈpjʊə] oren **impurity** [ɪmˈpjʊərəti] orenhet, förorening

in [ɪn] **I** *prep* **1** *rumsbet.* i; på; ~ *the car* i bilen; ~ *here* här inne, hit in; ~ [*the*] *church* i kyrkan; ~ *the street* på gatan; *fall* ~ *the water* falla i vattnet; *I have it* ~ *me* jag har det i mig, det ligger i min natur **2** *tidsbet.* i, inom, om, under, på; ~ *May* i maj; ~ *the beginning* i början; ~ *my presence* i min närvaro; *I'll be back* ~ *a week* jag är tillbaka

[in]om en vecka; ~ *a moment* om ett ögonblick; ~ *1990* [år] 1990; ~ *my absence* under (i) min frånvaro; ~ *the reign of Elizabeth I* under Elisabet I:s regering; ~ *the morning* på morgonen, om morgnarna; ~ *the nineties* på åttiotalet; ~ *those days* på den tiden; *I did it* ~ *one hour* jag gjorde det på en timme **3** (*annan bet.*) ~ *my opinion* enligt min åsikt; *you find it* ~ *Byron* det står hos Byron; *rare* ~ *a child of that age* sällsynt hos ett barn i den åldern; ~ *the army* i armén; *dressed* ~ *blue* klädd i blått; *pay* ~ *cash* betala kontant; *they died* ~ *hundreds* de dog i hundratal; ~ *journalism* i (inom) journalistiken; *paint* ~ *oils* måla i olja; ~ *marble* i marmor; ~ *small quantities* i små mängder; ~ *the shade* i skuggan; *there's no harm* ~ *that* det är inget ont i det; *tear s.th.* ~ *two* riva itu ngt; ~ *a loud voice* med hög röst; ~ *a word* med ett ord [sagt]; ~ *the bank* på banken; *deaf* ~ *one ear* döv på ena örat; ~ *English* på engelska; *twelve inches* ~ *a foot* tolv tum på en fot; ~ *quest of* på jakt efter; *one person* ~ *ten* en person på (av) tio; ~ *this way* på det här sättet; ~ *reply to* som svar på; ~ *the honour of s.b.* till ngns ära; *ten* ~ *number* tio till antalet; ~ *silence* under tystnad; ~ *good health* vid god hälsa, frisk; *there's nothing* ~ *it* det är sak sammma (hugget som stucket); ~ *that* (*so far as*) eftersom, så tillvida som **4** (*före ing-form*) ~ *crossing the street, he was run over* när han gick över gatan blev han överkörd; ~ *doing so, she could* i och med att hon gjorde så kunde hon; ~ *trying to escape* (äv.) vid flyktförsöket **II** *adv* **1** inne, hemma; framme, anländ; *come* ~ kom in; *bring him* ~ för in honom; *she wasn't* ~ *when I came* hon var inte inne (hemma) när jag kom; *the train is* ~ tåget är inne; *our team is* ~ vårt lag är inne; *we were asked* ~ vi blev ombedda att komma in **2** vid makten; *the Conservatives got* ~ de konservativa kom till makten **3** *BE.* (*om eld*) tänd **4** ~ *between* dess-, där|emellan; *be* ~ *for a*) kunna (få) räkna med (*trouble* svårigheter), kunna vänta sig (*rain* regn), *b*) delta i, ha anmält sig till (*a race* ett lopp), *c*) söka (*the post of manager* chefsposten); *you're* ~ *for it* du är illa ute; *have [got] it* ~ *for s.b.* vilja komma åt ngn, ha ett horn i sidan till ngn; *be* ~ *on a*) vara med om (i), ha del i, *b*) känna till, ha reda på, *c*) lägga (blanda) sig i; *be* ~ *with s.b.* komma [bra] överens (ha tumme) med ngn **III** *a* inne, modern; *the* ~ *thing* innegrejen; *be* ~ vara inne (modern); *miniskirts are* ~ det är inne med kortkort **IV** *s* **1** *know the* ~*s and outs of* känna till alla detaljer om, känna ngt utan och innan **2** *AE.* mäktig (inflytelserik) person; *vard.* makt, inflytande
inability [ˌɪnəˈbɪlətɪ] oförmåga; oduglighet
inaccessible [ˌɪnækˈsesəbl] otillgänglig, oåtkomlig
inaccu|racy [ɪnˈækjʊrəsɪ] bristande noggrannhet, inexakthet; fel[aktighet], oriktighet **-rate** [-rət] inte noggrann, inexakt; felaktig, oriktig
inac|tive [ɪnˈæktɪv] overksam, inaktiv **-tivity** [ˌɪnækˈtɪvətɪ] overksamhet, inaktivitet
inad|equacy [ɪnˈædɪkwəsɪ] otillräcklighet, bristfällighet; olämplighet **-equate** [-ɪkwət] otillräcklig, bristfällig; inadekvat; inte avpassad; olämplig

inadvisable [ˌɪnədˈvaɪzəbl] inte tillrådlig, oklok
inalienable [ɪnˈeɪljənəbl] omistlig, oförytterlig
inane [ɪˈneɪn] **I** *a* tom, meningslös, innehållslös, dum, idiotisk **II** *s, åld.*, ~ tomma rymden
inanimate [ɪnˈænɪmət] **1** livlös, inte levande; ~ *objects* livlösa föremål **2** utan vitalitet, trög
inapprehensive [ɪnˌæprɪˈhensɪv] likgiltig (*of danger* för faran), omedveten (*of* för)
inappropriate [ˌɪnəˈprəʊprɪət] olämplig, opassande
inasmuch [ˌɪnəzˈmʌtʃ] *adv*, ~ *as a*) eftersom, emedan *b*) såtillvida som
inaudible [ɪnˈɔːdəbl] ohörbar
inaugu|ral [ɪˈnɔːɡjʊrəl] **I** *a* **1** invignings-, öppnings- **2** installations- **II** *s, AE.* installationsanförande (*i sht av president*) vigningstal **1** inviga, öppna (*a new factory* en ny fabrik) **2** installera (*i ämbete*) **3** inleda, initiera, sätta i gång **-ration** [ɪˌnɔːɡjʊˈreɪʃn] **1** invigning, öppnande **2** installation (*i ämbete*); *I~ Day* (*AE.*) installationsdagen (*för nyvald president, 20 jan.*)
inboard [ˈɪnbɔːd] *sjö.* **I** *a* inombords- **II** *adv* inombords
inborn [ˌɪnˈbɔːn] medfödd; inneboende, naturlig
inbred [ˌɪnˈbred] **1** som uppkommit genom inavel, inavlad **2** medfödd; inrotad
Inc. *förk. för* Incorporated
incalculable [ɪnˈkælkjʊləbl] **1** oräknelig, otalig, oändlig **2** oberäknelig, oförutsebar
incandescent [ˌɪnkænˈdesnt] glödande; ~ *lamp* glödlampa
incapa|bility [ɪnˌkeɪpəˈbɪlətɪ] oförmåga **-ble** [ɪnˈkeɪpəbl] **1** oduglig, inkompetent; ~ *of* oförmögen (ur stånd) till; *a problem* ~ *of solution* ett problem som inte går att lösa **2** hjälplös, maktlös; *drunk and* ~ redlöst berusad
incapacity [ˌɪnkəˈpæsətɪ] **1** oförmåga, inkompetens **2** *jur.* obehörighet
incar|nate **I** *a* [ɪnˈkɑːneɪt] **1** förkroppsligad, personifierad; *a devil* ~ en djävul i människohamn; *stupidity* ~ dumheten personifierad **2** *bot.* rosa, skär **II** *v* [ˈɪnkɑːneɪt] förkroppsliga; levandegöra **-nation** [ˌɪnkɑːˈneɪʃn] inkarnation, förkroppsligande
incautious [ɪnˈkɔːʃəs] oförsiktig, ovarsam
incendiary [ɪnˈsendjərɪ] [-ərɪ] **I** *a* **1** mordbrands-; brand- **2** uppviglande, upphetsande **3** lättantändlig, brännbar **II** *s* **1** pyroman, mordbrännare **2** (*förr*) uppviglare, agitator **3** brandbomb **4** brännbart ämne
incense [ˈɪnsens] **I** *s* rökelse; doft **II** *v* tända rökelse för; fylla med väldoft
incentive [ɪnˈsentɪv] **I** *s* drivfjäder, sporre, incitament, uppmuntran; stimulansåtgärd **II** *a* sporrande, eggande, stimulerande; ~ *pay* prestationslön
incertitude [ɪnˈsɜːtɪtjuːd] osäkerhet, ovisshet
incessant [ɪnˈsesnt] oavbruten, oupphörlig, ständig, ihållande
incest [ˈɪnsest] incest, blodskam
inch [ɪn(t)ʃ] **I** *s* tum (*2,54 cm*); ~ *by* ~ så småningom, gradvis, sakta men säkert; *by* ~*es* på ett hår när; *within an* ~ *of* mycket nära, nästan; *she came within an* ~ *of winning* hon var mycket nära att vinna; *she is every* ~ *a lady* hon är en lady i varje tum (ut i fingerspetsarna); *gain a few* ~*es* växa ett par centimeter; *give him an* ~ *and he'll*

take a mile om man räcker honom ett finger tar han hela handen **II** *v* röra sig (flytta) mycket långsamt (*forward* framåt)

inci|dent ['ɪnsɪd(ə)nt] **I** *s* händelse, tilldragelse; incident, episod, intermezzo; bråk (*in a pub* på en pub) **II** *a* **1** ~ *to* relaterad till, förbunden med, beroende av **2** *fys.* infallande **-dental** [ˌɪnsɪ'dentl] **1** sido-, bi-, oväsentlig, tillfällig **2** ~ *to* förbunden med, som brukar följa med; ~ *upon* orsakad av **-dentally** [ˌɪnsɪ'dentlɪ] **1** tillfälligtvis, i förbigående **2** apropå det, förresten

inciner|ate [ɪn'sɪnəreɪt] **1** [för]bränna, bränna till aska **2** brinna upp **-ator** [-ə] förbränningsugn

incise [ɪn'saɪz] skära (rista, gravera) in **incision** [ɪn'sɪʒn] inskärning, skåra, snitt; *med.* insnitt

incite [ɪn'saɪt] sporra, egga **-ment** [-mənt] **1** upphetsning, uppvigling **2** incitament, eggelse, retmedel, drivfjäder

inclination [ˌɪnklɪ'neɪʃn] **1** böjelse, benägenhet, lust, håg (*for* [to]wards för, io i inj). [för] ätt); tendens; *an* ~ *to stoutness* anlag för fetma *fys. o. astr.* inklination, lutningsvinkel **3** lutning (*of a slope* av en sluttning); böjning (*of the head* på huvudet); lutande, böjande **incline** [ɪn'klaɪn] **I** *v* **1** luta; böja; ~ *one's head* böja på huvudet, buga sig; *if you would* ~ *your ear* om ni ville låna mig ert öra **2** göra böjd (benägen) (*to* för) **3** luta, slutta (*to*[*wards*] mot, åt) **4** vara böjd (benägen) (*to* för), luta (*to* åt) **II** *s* lutning, sluttning **inclined** [ɪn'klaɪnd] **1** benägen, höjd (*to* för); *feel* ~ *to do s.th.* (*äv.*) ha lust att göra ngt; *they are* ~ *to be late* de har en benägenhet att komma för sent **2** lutande, sluttande (*plane* plan)

include [ɪn'kluːd] omfatta, innefatta, inbegripa, inkludera; innehålla, bestå av; *all* ~*d* [-ɪd] inklusive allt, allt inberäknat; *service not* ~*d* exklusive dricks; *does that* ~ *me?* gäller det mig också?; *your name is not* ~*d on the list* ditt namn är inte upptaget (står inte) på listan **including** [-ɪŋ] omfattande; inklusive; *up to and* ~ *May 11* till och med 11 maj **inclusion** [ɪn'kluːʒn] inbegripande; medräknande; *with the* ~ *of Peter* inklusive (med) Peter **inclusive** [ɪn'kluːsɪv] **1** ~ *of* inklusive, inberäknat, med, medräknat; *capital* ~ *of profit* kapital inklusive avkastning; *be* ~ *of* inkludera **2** inberäknad, till och med; *Friday to Monday* ~ fredag t.o.m. måndag **3** med allt inberäknat (inkluderat); ~ *sum* klumpsumma; ~ *terms* pris som inkluderar allt, allt-i-ett-pris **4** [vitt]omfattande, innehållsrik

incoher|ence [ˌɪnkə(ʊ)'hɪər(ə)ns], **-ency** [-(ə)nsɪ] brist på sammanhang **-ent** [-(ə)nt] **1** osammanhängande; oordnad **2** oklar, som har svårt att uttrycka sig tydligt

income ['ɪŋkʌm] inkomst[er]; avkastning; intäkter; *have a large* ~ ha en hög inkomst, ha höga inkomster; *live beyond one's* ~ leva över sina tillgångar **income tax return** självdeklaration

incoming ['ɪnˌkʌmɪŋ] **I** *a* **1** inkommande; inträdande; ankommande (*train* tåg) **2** tillträdande (*president* president) **II** *s* **1** inträde; ankomst **2** *vanl. pl,* ~*s* inkomster

incomparable [ɪn'kɒmp(ə)rəbl] ojämförlig; makalös, enastående

incompat|ibility [ˌɪnkəmˌpætə'bɪlətɪ] oförenlighet; inkompatibilitet **-ible** [ˌɪnkəm'pætəbl] oför-

enlig; inkompatibel

incompe|tence [ɪn'kɒmpɪt(ə)ns], **-tency** [-t(ə)nsɪ] **1** inkompetens, oförmåga **2** *jur.* obehörighet, jävighet **-tent** [-t(ə)nt] **1** inkompetent, oduglig **2** *jur.* obehörig, jävig

incomplete [ˌɪnkəm'pliːt] ofullständig; inte avslutad, ofullbordad

incomprehen|sibility [ɪnˌkɒmprɪhensə'bɪlətɪ] obegriplighet **-sible** [-'hensəbl] obegriplig

inconceivable [ˌɪnkən'siːvəbl] ofattbar, obegriplig

incon|gruity [ˌɪnkɒŋ'gruːətɪ] **1** bristande överensstämmelse, inkongruens; oförenlighet; olämplighet **2** orimlighet, absurditet, motsägelse **-gruous** [ɪn'kɒŋgruəs] **1** oförenlig, inkongruent (*with, to* med); som inte går i stil, omaka; olämplig **2** orimlig, absurd, motsägelsefull

inconse|quence [ɪn'kɒnsɪkwəns] inkonsekvens, bristande följdriktighet, logiskhet, brist på sammanhang **-quent** [-ənt], **-quential** [ˌɪnkɒnsɪ'kwenʃl] **1** inkonsekvent, inte följdriktig; ologisk; osammanhängande **2** betydelselös, oviktig, obetydlig

inconsiderate [ˌɪnkən'sɪd(ə)rət] hänsynslös; tanklös

inconsist|ency [ˌɪnkən'sɪst(ə)nsɪ] **1** oförenlighet, bristande överensstämmelse **2** inkonsekvens; motsägelse **3** ombytlighet **-ent** [-(ə)nt] **1** oförenlig, motstridig **2** inkonsekvent; ologisk; motsägande **3** ombytlig

inconstant [ɪn'kɒnst(ə)nt] inte konstant, föränderlig; ombytlig

incontinence [ɪn'kɒntɪnəns] **1** liderlighet **2** hämningslöshet, brist på kontroll **3** *med.* inkontinens

inconven|ience [ˌɪnkən'viːnjəns] **I** *s* olägenhet; obekvämlighet; besvär, obehag **II** *v* förorsaka besvär, besvära; *don't* ~ *yourself!* gör dig inget besvär! **-ient** [-jənt] olämplig, oläglig; obekväm, opraktisk, besvärlig

incorpo|rate I *v* [ɪn'kɔːpəreɪt] **1** införliva[s], inkorporera[s], inlemma[s], integrera[s] (*in*[*to*] i, med; *with* med) **2** slå[s] (smälta) ihop (samman) **3** göra till en korporation; ~ *a company* bilda ett bolag; ~*d company* (i skr. AE.) aktiebolag **II** *a* [ɪn'kɔːp(ə)rət] **1** införlivad, inkorporerad, inlemmad, integrerad **2** som bildar en korporation **-ration** [ɪnˌkɔːpə'reɪʃn] **1** införlivande, inkorporering, inlemmande, integrering **2** erkännande som korporation **3** korporation, kår

incorrect [ˌɪnkə'rekt] felaktig, oriktig, inkorrekt; olämplig

incorrigible [ɪn'kɒrɪdʒəbl] oförbätterlig

increase I *v* [ɪn'kriːs] **1** öka, tillta[ga], stiga, växa, höjas, bli starkare (större); ~ *in weight* öka (gå upp) i vikt **2** öka, höja; förstärka, utvidga; ~ *one's efforts* öka sina ansträngningar **II** *s* ['ɪnkriːs] ökning, tilltagande, tillväxt, [för]höjning; *be on the* ~ vara i tilltagande **increasing** [ɪn'kriːsɪŋ] ökande, tilltagande; *an* ~ *number of people* ett allt större antal (fler och fler) människor **increasingly** [ɪn'kriːsɪŋlɪ] *adv* alltmer, mer och mer; *he became* ~ *angry* han blev argare och argare

incredible [ɪn'kredəbl] otrolig; *vard. äv.* fantastisk

incredu|lity [ˌɪnkrɪ'djuːlətɪ] klentrogenhet, skepsis **-lous** [ɪn'kredjʊləs] klentrogen, skeptisk
incrimi|nate [ɪn'krɪmɪneɪt] rikta misstankar mot; anklaga (*för brott*) **-nation** [ɪnˌkrɪmɪ'neɪʃn] anklagelse
incubation period *med.* inkubationstid **incub- ator** ['ɪnkjuː:beɪtə] kuvös; kläckningsmaskin; apparat för odling av bakterier
incur [ɪn'kɜː:] ådraga sig, utsätta sig för, åsamka sig
incurable [ɪn'kjʊərəbl] obotlig
indebted [ɪn'detɪd] skuldsatt; *be ~ to s.b. a*) vara skyldig ngn pengar, *b*) vara ngn tack skyldig; *be ~ to s.b. for s.th.* stå i tacksamhetsskuld till ngn för ngt
inde|cency [ɪn'diːsnsɪ] oanständighet **-cent** [-snt] **1** oanständig; *~ assault* våldtäktsförsök; *~ exposure* blottande, exhibitionism **2** opassande (*haste* brådska)
indeci|sion [ˌɪndɪ'sɪʒn] obeslutsamhet **-sive** [-'saɪsɪv] **1** obeslutsam **2** inte avgörande (bindande); obestämd
indeed [ɪn'diːd] **I** *adv* **1** verkligen, minsann, faktiskt; rent av; [*yes*], *~!* ja (jo) visst!, ja verkligen!; *~ I am tired* jag är verkligen trött; *it was nice, ~ delicious* den var god, ja rent av delikat; *thank you very much ~* tack så väldigt mycket **2** visserligen **II** *interj* verkligen!
indefatigable [ˌɪndɪ'fætɪɡəbl] outtröttlig, oförtröttlig
indefensible [ˌɪndɪ'fensəbl] omöjlig att försvara, ohållbar; oförsvarlig
indefinable [ɪndɪ'faɪnəbl] odefinierbar, obestämbar
indefinite [ɪn'defɪnət] obestämd; vag, oklar; obegränsad, inte närmare bestämd; *språkv.* indefinit, obestämd (*pronoun* pronomen); *~ article* obestämd artikel **-ly** [-lɪ] *adv* obestämt; vagt, oklart; obegränsat; oändligt [länge]; *postpone s.th. ~* uppskjuta ngt på obestämd tid; *we can't go on like this ~* vi kan inte fortsätta så här i all oändlighet
indelible [ɪn'deləbl] outplånlig; *~ pencil* anilinpenna
indeli|cacy [ɪn'delɪkəsɪ] taktlöshet, ogrannlagenhet; plumphet, smaklöshet **-cate** [-kət] taktlös, ogrannlaga; plump, smaklös
indemnity [ɪn'demnətɪ] **1** gottgörelse, ersättning, skadestånd **2** skydd, försäkring[sskydd] **3** skadeslöshet; strafflöshet
indent I *v* [ɪn'dent] *v* **1** dra in, göra indrag i (*text vid nytt stycke e.d.*) **2** tanda (*kant av ngt*); göra snitt (hack, jack) i; göra märken i, buckla till **3** upprätta två likalydande exemplar av (*kontrakt e.d.*) **4** *i sht BE.* beställa, rekvirera **5** anställa (*med lärlingskontrakt*) **6** *i sht BE.* beställa, rekvirera ([*up*]*on s.b. for s.th.* ngt från ngn) **II** *s* ['ɪndent] **1** *i sht BE.* [statlig] rekvisition (beställning); exportorder **2** *se indenture* **3** indrag (*i text*) **4** märke, buckla **indentation** [ˌɪnden'teɪʃn] **1** tandning; inskärning; hack, jack, fördjupning **2** märke, buckla, intryck; inbuktning **3** indrag (*i text*)
independ|ence [ˌɪndɪ'pendəns] oberoende, självständighet, oavhängighet; *I~ Day* (*A.E.*) självständighetsdagen (*4 juli*) **-ent** [-ənt] **I** *a* **1** oberoende, självständig, oavhängig; independent; *~ church* frikyrka; *~ clause* (*språkv.*) överordnad sats, huvudsats; *a very ~ girl* en mycket självständig flicka; *~ suspension* separat hjulupphängning; *two ~ systems* två av varandra oberoende system **2** [ekonomiskt] oberoende; självförsörjande; *~ income* egen inkomst; *~ means* egen förmögenhet, egna pengar **II** *s* independent; partilös [person]
indescribable [ˌɪndɪ'skraɪbəbl] obeskrivlig **-ible** [ˌɪndɪ'strʌktəbl] oförstörbar
indetermination ['ɪndɪˌtɜː:mɪ'neɪʃn] **1** obestämdhet; obestämbarhet **2** villrådighet
in|dex ['ɪn|deks] **I** *s* (*pl -dexes el. -dices* [-dɪsiːz]) **1** register, index (*i bok*); [biblioteks]katalog; kartotek; *åld.* innehållsförteckning; *the I~* index (*förteckning över av påven förbjudna böcker*) **2** indicium, bevis, tecken **3** visare, pil (*på instrument e.d.*) **4** *mat. o.d.* index; exponent **5** [pris]index **II** *v* **1** förse med register; införa i register **2** utpeka, peka på **index finger** pekfinger
India ['ɪndjə] Indien **India ink** *A.E.* tusch
Indian [-n] **I** *a* indisk; indiansk; *~ club* (*kägelliknande*) klubba (*använd av jonglörer e.d.*); *~ corn* majs; *in ~ file* i gåsmarsch; *~ ink* tusch; *~ meal* majsmjöl; *the ~ Ocean* Indiska oceanen; *~ summer* brittsommar; *~ wrestling* armbrytning **II** *s* **1** indier **2** [*Red, American*] *~* indian **3** indianskt språk
indi|cate ['ɪndɪkeɪt] ange, indikera, antyda, visa; visa (peka) på; tyda på; *be ~d* rekommenderas, vara tillrådlig; *~ a place on the map* peka på en ort på kartan **-cation** [ˌɪndɪ'keɪʃn] **1** tecken, antydan, anvisning; indikation; symtom; markering, utmärkning; *there is no ~ that* ingenting tyder (pekar) på att; *could you give me a rough ~ of* kan du ge mig en ungefärlig idé om; *the ~ of rivers on the map* markeringen av floder på kartan **2** utslag (*på instrument*) **3** angivande, antydande, anvisande **-cative** [ɪn'dɪkətɪv] **I** *a* **1** *~ of* angivande, antydande, utvisande; *be ~ of* tyda på **2** *språkv.*, *~ mood* indikativ **II** *s*, *språkv.* indikativ; indikativform; *in the ~* i indikativ **-cator** ['ɪndɪkeɪtə] **1** *tekn. o. kem.* indikator; *bildl. äv.* tecken (*of* på) **2** blinker, körriktningsvisare; nål, visare (*på instrument*)
indict [ɪn'daɪt] väcka åtal mot, åtala **-ment** [-mənt] åtal; *bring an ~ against* väcka åtal mot
indiffer|ence [ɪn'dɪfr(ə)ns] **1** likgiltighet (*to* [in]för) **2** betydelselöshet **3** medelmåttighet **-ent** [-(ə(nt] **1** likgiltig, okänslig, kallsinnig (*to* [in]för) **2** oväsentlig, oviktig, utan betydelse **3** medelmåttig; dålig
indigenous [ɪn'dɪdʒɪnəs] **1** inhemsk (*to* i); infödd **2** naturlig (*to* för), medfödd
indi|gestible [ˌɪndɪ'dʒestəbl] osmältbar; svårsmält (*äv. bildl.*) **-gestion** [-'dʒestʃ(ə)n] dålig matsmältning, matsmältningsbesvär
indig|nant [ɪn'dɪɡnənt] indignerad, harmsen, uppbragt **-nation** [ˌɪndɪɡ'neɪʃn] indignation, harm, förtrytelse **-nity** [ɪn'dɪɡnətɪ] förödmjukelse, skymf
indirect [ˌɪndɪ'rekt] indirekt (*lighting* belysning); förtäckt (*threat* hot); *by ~ means* på omvägar; *~ object* indirekt objekt, dativobjekt; *~ route* omväg; *~ speech* (*A.E.* discourse) indirekt tal (anfö-

ring); ~ *taxes* indirekta skatter
indiscreet [,ɪndɪ'skriːt] **1** indiskret, taktlös **2** obetänksam, oförsiktig, tanklös **indiscretion** [-'skreʃn] **1** indiskretion, taktlöshet **2** obetänksamhet, oförsiktighet, tanklöshet; *youthful* ~ ungdomligt övermod
indiscrimi|nate [,ɪndɪ'skrɪmɪnət] **1** okritisk; godtycklig, slumpartad, urskillningslös; inte utpräglad **2** rörig, virrig **-nating** [-neɪtɪŋ] okritisk, kritiklös
indispensable [,ɪndɪ'spensəbl] oumbärlig, oundgänglig, absolut nödvändig
indis|posed [,ɪndɪ'spəʊst] indisponerad; opasslig, inte riktigt bra (frisk); ohågad; *be ~ to do s.th.* inte vara upplagd för att göra ngt **-position** [,ɪndɪspə'zɪʃn] indisposition, opasslighet; obenägenhet
indisputable [,ɪndɪ'spjuːtəbl] obestridlig, oomtvistlig, odiskutabel
indistinguishable [ɪndɪ'stɪŋɡwɪʃəbl] **1** omöjlig att [sär]skilja; *the twins are ~ from one another* man kan inte se skillnad på tvillingarna **2** som inte kan urskiljas, omärklig
individual [,ɪndɪ'vɪdjʊəl] **I** *a* individuell; säregen, personlig, särskild, speciell; individual- (*psychology* psykologi); personlig; egenartad; ~ *portions* portioner för en person **II** *s* individ **-ist** individualist **-ity** ['ɪndɪ,vɪdjʊ'ælətɪ] individualitet, egenart, särprägel **-ly** [,ɪndɪ'vɪdjʊəlɪ] *adv* individuellt, var och en särskilt; personligt, särpräglat
indivisible [,ɪndɪ'vɪzəbl] odelbar
indoctri|nate [ɪn'dɒktrɪneɪt] indoktrinera **-nation** [ɪn,dɒktrɪ'neɪʃn] indoktrinering
indol|ence ['ɪndələns] indolens, slöhet, lojhet **-ent** [-ənt] indolent, slö, loj
indomitable [ɪn'dɒmɪtəbl] obetvinglig, oövervinnelig, okuvlig
Indonesi|a [,ɪndə(ʊ)'niːzjə] Indonesien **-an** [-ən] **I** *a* indonesisk **II** *s* **1** indones **2** indonesiska [språket]
indoor ['ɪndɔː] inomhus-; ~ *games* inomhusidrott
indoors [,ɪn'dɔːz] *adv* inomhus
indubitable [ɪn'djuːbɪtəbl] otvivelaktig
induce [ɪn'djuːs] **1** förmå, föranleda **2** [för]orsaka, framkalla, få till stånd, medföra **3** *elektr., filos.* inducera **-ment** [-mənt] bevekelsegrund; lockbete, drivfjäder, sporre
indulge [ɪn'dʌldʒ] **1** ge efter för, tillfredsställa (*a whim* en nyck); skämma bort (*a child*); ~ *o.s.* in *a*) hänge sig åt, *b*) unna sig, frossa i **2** *hand.* ge [betalnings]anstånd (uppskov) **3** ~ *in a*) ge efter för, tillfredsställa (*a desire* en önskan), *b*) hänge sig åt, unna sig, festa på **4** *vard.* ta sig ett glas [för mycket] **indulgence** [-(ə)ns] **1** eftergivenhet, släpphänthet; tillfredsställande (*of* av); överdrift (*in* i); nöje[n]; njutning[ar], lyx **2** överseende **3** privilegium, ynnest; *kyrkl.* avlat **4** *hand.* anstånd, uppskov (*med betalning*) **indulgent** [-(ə)nt] **1** eftergiven, släpphänt **2** överseende
industrial [ɪn'dʌstrɪəl] **I** *a* industriell, industri-; ~ *action* (*BE.*) strejkaktion, stridsåtgärder; ~ *alcohol* denaturerad sprit; ~ *design* industriell formgivning; ~ *dispute* arbetskonflikt; ~ *relations* förhållandena mellan arbetare och arbetsgivare i ett industriföretag; *the I~ Revolution* den industriella revolutionen; ~ *talks* överläggningar mel-

lan arbetsmarknadens parter **II** *s*, ~*s* (*pl*) industri|aktier, -papper **-ism** [-ɪz(ə)m] industrialism **-ist** [-ɪst] industri|man, -idkare **-ization** (*BE.* äv. *-isation*) [ɪn,dʌstrɪəlaɪ'zeɪʃn] industrialisering **-ize** (*BE.* äv. *-ise*) [ɪn'dʌstrɪəlaɪz] industrialisera
indus|trious [ɪn'dʌstrɪəs] flitig, arbetsam, trägen **-try** ['ɪndəstrɪ] **1** industri; närings-, industri|gren, näring **2** flit, arbetsamhet
inebriated [ɪ'niːbrɪeɪtɪd] berusad
inedible [ɪn'edɪbl] oätlig, oätbar
ineffec|tive [,ɪnɪ'fektɪv] **1** ineffektiv; resultatlös, verkningslös **2** oduglig, inkompetent **-tual** [-tʃʊəl] **1** verkningslös, utan verkan (effekt), resultatlös **2** (*om pers.*) kraftlös, maktlös
inefficacy [ɪn'efɪkəsɪ] ineffektivitet; fruktlöshet, resultatlöshet
ineffi|ciency [,ɪnɪ'fɪʃnsɪ] ineffektivitet; inkompetens, oduglighet **-cient** [-ʃnt] ineffektiv; inkompetent, oduglig
inept [ɪ'nept] **1** olämplig, opassande, malplacerad **2** klumpig, tafatt; inkompetent
inequality [,ɪnɪ'kwɒlətɪ] olikhet, skillnad; bristande social (ekonomisk) jämlikhet
inert [ɪ'nɜːt] **1** trög; slö, långsam; **2** *kem.* inert; ~ *gas* inert gas, ädelgas **inertia** [ɪ'nɜːʃjə] tröghet[skraft]; slöhet, långsamhet; inaktivitet **inertia-reel seat-belt** rullbälte (*i bil*)
inestimable [ɪn'estɪməbl] ovärderlig, oskattbar
inevitable [ɪn'evɪtəbl] **I** *a* oundviklig, oifrånkomlig; *a tourist with his camera* en turist med den obligatoriska (eviga) kameran **II** *s, the* ~ det oundvikliga (ofrånkomliga)
inexcusable [,ɪnɪk'skjuːzəbl] oförlåtlig, oursäktlig
inexhaustible [,ɪnɪɡ'zɔːstəbl] **1** outtömlig; oändlig (*patience* tålamod) **2** outtröttlig
inexorable [ɪn'eks(ə)rəbl] obeveklig, orubblig, obönhörlig
inexpensive [,ɪnɪk'spensɪv] billig, inte dyr
inexperi|ence [,ɪnɪk'spɪərɪəns] oerfarenhet, brist på (bristande) erfarenhet **-enced** [-ənst] oerfaren
inexplicable [,ɪnɪk'splɪkəbl] oförklarlig
infallible [ɪn'fæləbl] ofelbar; osviklig
infamous [-əs] **1** ökänd, illa beryktad, notorisk **2** gemen, skändlig, skamlig; chockerande **infamy** [-ɪ] **1** vanära, skam **2** skändlighet; nidingsdåd
infancy ['ɪnfənsɪ] **1** spädbarnsålder; tidig barndom; *bildl.* barndom **2** *jur.* minderårighet **infant** [-t] **I** *s* **1** spädbarn, baby; *BE.* skolbarn (*under 7 år*); *bildl.* barn, nybörjare **2** minderårig **II** *a* **1** spädbarns-, småbarns-, barn[a]-; ~ *mortality* barna-, spädbarns|dödlighet; ~ *prodigy* underbarn; ~ *school* (*BE. ung.*) förskola (5–7 *år*) **2** ny[etablerad] **3** *jur.* minderårig **infantile** ['ɪnfəntaɪl] **1** infantil, barnslig **2** spädbarns-; barn[a]-; ~ *paralysis* (*åld.*) barnförlamning **3** i vardande, under utveckling
infantry ['ɪnf(ə)ntrɪ] infanteri **-man** [-mən] infanterist
infarct [ɪn'fɑːkt] *med.* infarkt; ~ *of the heart* hjärtinfarkt **infarction** [ɪn'fɑːkʃn] *med.* infarkt; *heart* ~ hjärtinfarkt
infatuated [ɪn'fætjʊeɪtɪd] förtrollad, bedårad, förblindad, blint förälskad (*with* av, i); *become* ~

with s.b. förälska sig blint i ngn; be ~ with one's own importance vara uppfylld av sin egen betydelse **infatuation** [ɪnˌfætjʊˈeɪʃn] förblindelse; blind förälskelse, passion

infect [ɪnˈfekt] infektera, smitta **infection** [-kʃn] infektion, smitta; infektionssjukdom, smittsam sjukdom; smittämne **infectious** [-kʃəs] smitt[o]sam; med. äv. infektiös; bildl. äv. smittande (mirth muntcrhet)

infer [ɪnˈfɜ:] **1** sluta sig till; nothing can be ~red from this av detta kan man inte dra några slutsatser **2** beteckna, innebära **3** antyda

inferior [ɪnˈfɪərɪə] **I** a lägre (to än); underlägsen, underordnad (to s.b. ngn; to s.th. ngt); medelmåttig, sämre, dålig (quality kvalitet) **II** s underordnad; his ~s hans underordnade **inferiority** [ɪnˌfɪərɪˈɒrətɪ] underlägsenhet; mindervärdighet **inferiority complex** mindervärdeskomplex

infertility [ˌɪnfɜːˈtɪlətɪ] ofruktbarhet; ofruktsamhet; sterilitet; infertilitet

infest [ɪnˈfest] hemsöka, översvämma; ~ed by rats hemsökt (översvämmad, angripen) av råttor

infidelity [ˌɪnfɪˈdelətɪ] **1** otrohet; trolöshet **2** relig. otro

infil|trate [ˈɪnfɪltreɪt] **1** infiltrera; nästla sig in i; tränga in i; genomdränka **2** nästla sig in; tränga in **-tration** [ˌɪnfɪlˈtreɪʃn] infiltr|ation, -ering; innästling; inträngande **-trator** [ˈɪnfɪltreɪtə] infiltratör

infinite [ˈɪnfɪnət] **I** a oändlig, ändlös, gränslös; språkv. infinit **II** s, the ~ oändligheten; the I~ den Oändlige (Gud)

infinitive [ɪnˈfɪnətɪv] språkv. infinitiv; in the ~ i infinitiv

infinity [ɪnˈfɪnətɪ] **1** oändlighet; ändlöshet; gränslöshet; to ~ i det oändliga, i oändlighet **2** oändligheten **3** oändlig mängd (massa)

inflame [ɪnˈfleɪm] **1** [upp]tända, hetsa upp; uppröra (feelings känslor); ~d with rage upptänd av raseri **2** förvärra, öka, intensifiera **3** inflammera; ~d eyes inflammerade ögon **4** antända, sätta eld på **5** bli upptänd (upphetsad) **6** antändas, fatta eld

inflam|mable [ɪnˈflæməbl] **I** a lättantändlig (äv. bildl.), eldfarlig; highly ~ mycket eldfarlig **II** s lättantändligt (eldfarligt) ämne **-mation** [ˌɪnfləˈmeɪʃn] **1** inflammation **2** upphetsning, glöd **3** antändning

inflatable [ɪnˈfleɪtəbl] uppblåsbar **inflate** [ɪnˈfleɪt] **1** blåsa (pumpa) upp; bildl. blåsa upp, öka; ~d with pride svällande av stolthet **2** driva upp, höja (priser); verka inflationsdrivande på **3** liva, göra upprymd **4** blåsa (pumpas) upp **inflated** [-ɪd] **1** uppblåst (äv. bildl.), uppumpad; have an ~d opinion of o.s. ha en överdriven uppfattning om sig själv **2** svulstig (style stil) **3** inflations-, inflatorisk; inflationistisk **inflation** [ɪnˈfleɪʃn] **1** uppblåsning, uppumpning; bildl. uppblåsthet **2** inflation; vard. prisökning **3** svulstighet **inflationary** [ɪnˈfleɪʃnərɪ] inflationsdrivande; inflationistisk; inflatorisk; ~ wage claims inflationsdrivande lönekrav

inflection [-kʃn] **1** mus. modul|ation, -ering (av

rösten) **2** språkv. böjning; böjningsform; böjningsändelse **3** böjning, krök

inflexible [ɪnˈfleksəbl] oböjlig; obeveklig, orubblig, envis; oföränderlig

inflict [ɪnˈflɪkt] **1** ålägga, pålägga (a penalty [up]on s.b. ngn ett straff); vålla, tillfoga (suffering [up]on s.b. ngn lidande); ~ o.s. (one's company) [up]on s.b. tvinga sig på ngn **2** tilldela (a blow [up]on s.b. ngn ett slag)

influ|ence [ˈɪnflʊəns] **I** s inflytande ([up]on, over på, över; with hos); in-, på|verkan; a man of ~ en inflytelserik person (man); be under the ~ of stå under inflytande av, vara påverkad av; under the ~ (vard.) [sprit]påverkad **II** v inverka på, påverka, influera; ha inflytande på **-ent** [-ənt] **I** a inströmmande **II** s biflod **-ential** [ˌɪnflʊˈenʃl] inflytelserik

influenza [ˌɪnflʊˈenzə] influensa

inform [[ɪnˈfɔ:m] **1** meddela, underrätta, informera, upplysa (s.b. of el. about ngn om); ~ the police underrätta polisen; ~ o.s. of ta reda på, göra sig underrättad om; keep o.s. ~ed of hålla sig underrättad om **2** besjäla, liva upp, inspirera **3** informera, ge information (of, about om) **4** ~ against (on) s.b. ange ngn, göra anmälan mot ngn **informal** [ɪnˈfɔ:ml] informell; inofficiell; otvungen; ~ dress (på bjudningskort) kavaj

information [ˌɪnfəˈmeɪʃn] **1** information[er], upplysning[ar], uppgift[er], meddelande[n], underrättelse[r] (about, on om); an important piece of ~ en viktig upplysning; for your ~ för kännedom, för din (er) information **2** information[sställe] **3** jur. angivelse **informed** [ɪnˈfɔ:md] **1** [väl]informerad, [väl]underrättad **2** kultiverad; bildad, skolad **informer** [ɪnˈfɔ:mə] angivare

infra|red [ˌɪnfrəˈred] **I** s infrarött **II** a infraröd (radiation strålning) **-structure** [ˈɪnfrəˌstrʌktʃə] infrastruktur

infrequent [ɪnˈfri:kwənt] ovanlig, sällsynt; his mistakes are so ~ (äv.) han gör så sällan fel

infringe [ɪnˈfrɪn(d)ʒ] **1** överträda, kränka (a law en lag) **2** ~ [up]on inkräkta på, göra intrång i (på) **-ment** [-mənt] överträdelse, kränkning; intrång

infuri|ate [ɪnˈfjʊərɪeɪt] göra rasande; be (get) ~d bli rasande **-ating** [-eɪtɪŋ] som kan göra ens rasande, ytterst irriterande

infuse [ɪnˈfju:z] **1** inge, ingjuta; ~ courage into s.b. ingjuta mod i ngn; they were ~d with new hope de var fyllda av (hade fattat) nytt mod **2** låta [stå och] dra; ~ the tea låta teet stå och dra **3** (om te o.d.) [stå och] dra

ingenious [ɪnˈdʒi:njəs] fyndig, påhittig; sinnrik, fiffig; genialisk; skicklig **ingenuity** [ˌɪndʒɪˈnju:ətɪ] fyndighet, påhittighet; sinnrikhet, fiffighet; genialitet; skicklighet

igenuous [ɪnˈdʒenjʊəs] **1** naiv, okonstlad **2** frimodig, öppen[hjärtig]; uppriktig

ingrained [ˌɪnˈɡreɪnd] **1** genomfärgad **2** ingrodd (dirt smuts); inrotad (habit vana); orubblig (belief tro); an ~ fool en komplett idiot

ingrati|ate [ɪnˈɡreɪʃɪeɪt] v, ~ o.s. with s.b. ställa sig in hos ngn **-ating** [-eɪtɪŋ] inställsam, insmickrande; an ~ smile ett inställsamt leende

ingratitude [ɪnˈɡrætɪtju:d] otacksamhet

ingredient [ɪnˈdri:djənt] ingrediens, beståndsdel

inhabit [ɪn'hæbɪt] bebo, leva i **-able** [-əbl] beboelig **-ant** [-(ə)nt] invånare

inhalation [ˌɪn(h)ə'leɪʃn] inandning, inhalation **inhalator** ['ɪn(h)əleɪtə] inhalator **inhale** [ɪn'heɪl] **1** inandas, andas in (*smoke* rök); inhalera **2** andas in; (*vid rökning*) dra halsbloss

inherent [-r(ə)nt] inneboende; medfödd

inherit [ɪn'herɪt] ärva (*äv. bildl.*) **inheritance** [-(ə)ns] arv **inheritor** [-ə] arvtagare, arvinge

inhibit [ɪn'hɪbɪt] **1** undertrycka (*an impulse* en impuls), hämma; hindra (*s.b. from doing s.th.* ngn från att göra ngt), hejda; *be ~ed* vara hämmad, ha hämningar **2** förbjuda **inhibition** [ˌɪn(h)ɪ'bɪʃn] undertryckande, hämmande; *psykol.* hämning; *she has no ~s* hon har inga hämningar

inhuman [ɪn'hju:mən] **1** inhuman, omänsklig **2** inte mänsklig

inimitable [ɪ'nɪmɪtəbl] oefterhärmlig

initial [ɪ'nɪʃl] **I** *a* begynnelse- (*stage* stadium) första (*reaction* reaktion), inledande, initial-; *~ letter* initial, begynnelsebokstav; *~ velocity* utgångshastighet **II** *s* initial (*äv. boktr.*); begynnelsebokstav **III** *v* underteckna med sina initialer **-ly** [ɪ'nɪʃəlɪ] *adv* i början; *språkv.* initialt

initiate I *v* [ɪ'nɪʃɪeɪt] **1** [på]börja, inleda; initiera, sätta i gång [med] **2** uppta [som medlem] (*into* a *society* i en förening) **3** inviga (*s.b. into s.th.* ngn i ngt), lära (*ngn*) grunderna (*into* i) **II** *s* [ɪ'nɪʃɪət] **1** [nyligen] invigd person **2** nybörjare, novis **III** *a* [ɪ'nɪʃɪət] invigd **initiative** [ɪ'nɪʃɪəʊv] **I** *s* initiativ; initiativkraft; *on one's own ~* på eget initiativ; *take the ~* ta initiativet **II** *a* begynnelse-, inledande, första **initiator** [ɪ'nɪʃɪeɪtə] initiativtagare

inject [ɪn'dʒekt] **1** spruta in, injicera (*into* i) **2** *bildl.* införa, lägga in (*humour into a scene* humor i en scen); ingjuta (*new life into* nytt liv i) **injection** [-kʃn] injektion, insprutning; spruta

injure ['ɪn(d)ʒə] **1** skada (*av. bildl.*), såra; kränka; *~ one's leg* skada sig i benet; *~ a p.'s reputation* skada ngns rykte; *~d pride* skadad (kränkt) stolthet **2** göra (*ngn*) orätt, förorätta; *~d party* (*jur.*) målsägare **injurious** [ɪn'dʒʊərɪəs] **1** skadlig (*to the health* för hälsan) **2** ovettig, ärekränkande, smädlig **injury** ['ɪn(d)ʒ(ə)rɪ] **1** skada, men (*äv. bildl.*); kränkning; *leg ~* benskada; *do s.b. an ~* skada ngn, tillfoga ngn skada **2** *jur.* oförrätt

injustice [ɪn'dʒʌstɪs] orättvisa, orättfärdighet (*to* mot)

ink [ɪŋk] **I** *s* **1** bläck; tusch; *sketch in ~* tuschteckning **2** tryck|svärta, -färg **II** *v* **1** bläcka ner; *~ in* (*over*) rita i (fylla i, märka) med bläck **2** färga in med trycksvärta

inkling ['ɪŋklɪŋ] aning, hum (*of* om); antydan (*of* om)

inkpad ['ɪŋkpæd] stämpeldyna

inland I *a* [ɪnlənd] **1** inlands-, belägen inne i landet; *~ sea* innanhav **2** *i sht BE.* inrikes, inländsk; *~ postage* inrikesporto; *the I~ Revenue* skatteverket **II** *s* ['ɪnlənd] inland[et] **III** *adv* [ɪn'lænd] inne i landet; inåt (in i) landet

in-law [ɪn'lɔ:] ingift (släkting)

inlet ['ɪnlet] **1** [smal] vik, havsarm **2** ingång, öppning; inlopp; intag, insläpp

inmate ['ɪnmeɪt] intern; intagen (*på institution*)

inmost ['ɪnməʊst] innerst

inn [ɪn] **1** värdshus; gästgivargård **2** *the I~s of Court* (*de fyra*) juristkollegierna (*i London*)

innate [ˌɪ'neɪt] medfödd, naturlig

inner ['ɪnə] **I** *a* inre, inner-; invändig; *~ ear* inneröra; *the ~ man* (*woman*) *a*) själen, *b*) skämts. magen, aptiten; *~ tube* innerslang **II** *s* (*vid bågskytte*) inre ring; skott inom detta område **-most** [-məʊst] innerst

innkeeper ['ɪnˌki:pə] värdshusvärd; gästgivare

inno|cence ['ɪnəs(ə)ns] **1** oskuld, oskuldsfullhet; *in all ~* i all oskuld (oskyldighet) **2** oskadlighet **3** naivitet, lättrogenhet, enfald **-cent** [-snt] **I** *a* **1** oskyldig (*of* till); oskuldsfull **2** *~ of* i avsaknad av (*knowledge* kunskaper) **3** oskadlig, harmlös, oskyldig; *an ~ game* en oskyldig lek **4** naiv, lättrogen; enfaldig **II** *s* **1** oskyldig (oskuldsfull) person, oskyldigt barn; [*Holy*] *I~s' Day* Menlösa barns dag (*28 dec.*) **2** enfaldig person, dumbom

innocuous [ɪ'nɒkjʊəs] oskadlig, ofarlig, harmlös

inno|vation [ˌɪnə(ʊ)'veɪʃn] **1** innovation, nyhet **2** innovering, införande av nyhet, förnyelse **-vator** ['ɪnə(ʊ)veɪtə] innovatör, nyskapare, förnyare

innuendo [ˌɪnju:'endəʊ] (*pl ~[e]s*) antydan, insinuation; pik, gliring

innumerable [ɪ'nju:m(ə)rəbl] otalig, oräknelig

inoculation [ɪˌnɒkjʊ'leɪʃn] inympning, inokulation, vaccination

inoffensive [ˌɪnə'fensɪv] oförarglig, harmlös

input ['ɪnpʊt] **1** insats, inmatning **2** input, insats (*av arbete, varor, kapital*) **3** *data.* indata; inmatning; *elektr.* ineffekt, tillförd energi

inquest ['ɪnkwest] **1** [rättslig] undersökning; förhör (*om dödsorsak*) **2** *vard.* efterforskning, undersökning

inquire [ɪn'kwaɪə] **1** fråga, göra sig underrättad, höra sig för (*about, after* om); hänvända sig (*at* till); *~ about* (*after*) *s.th. of s.b.* fråga om ngt hos ngn (ngn om ngt); *~ after s.b.* höra sig för hur det står till med ngn **2** *~ into* undersöka, efterforska **3** fråga om, fråga efter (*the way* vägen); *~ s.th. of s.b.* fråga efter ngt hos ngn, höra sig för (höra efter) hos ngn om ngt **inquiry** [-rɪ] **1** förfrågan, förfrågning (*about, after, for* om); *make inquiries a*) inhämta upplysningar (informationer), göra förfrågningar, *b*) (*om polisen*) göra efterforskningar **2** undersökning, efterforskning (*into* om); utredning; förhör; *court of ~* undersökningsdomstol; *hold an ~ into* göra undersökningar (hålla förhör) om

inquisitive [ɪn'kwɪzətɪv] nyfiken, frågvis

insane [ɪn'seɪn] sinnes-, mental|sjuk; vansinnig; vanvettig, tokig, idiotisk (*idea* idé); *~ asylum* (*AE.*) mentalsjukhus

insanitary [ɪn'sænɪt(ə)rɪ] ohälsosam; ohygienisk

insanity [ɪn'sænətɪ] sinnes-, mental|sjukdom; vansinne; vanvett, galenskap

insa|tiable [ɪn'seɪʃjəbl], **-tiate** [-'seɪʃɪət] omättlig

inscribe [ɪn'skraɪb] **1** [in]rista, [in]gravera, skriva [in] **2** skriva upp (in); *~ one's name on a list* skriva (sätta) upp sitt namn på en lista **3** dedicera (*bok*) **4** *geom.* inskriva **inscription** [ɪn'skrɪpʃn] **1** inskrift, inskription, påskrift **2** dedikation **3** *geom.* inskrivande

inscrutable [ɪn'skru:təbl] outgrundlig; hemlighetsfull, mystisk

insect ['ɪnsekt] insekt; *bildl.* kryp **insecticide** [ɪn'sektɪsaɪd] insekticid, insektsmedel

inse|cure [ˌɪnsɪ'kjʊə] osäker, otrygg **-curity** [-'kjʊərətɪ] osäkerhet, otrygghet

insen|sibilty [ɪnˌsensə'bɪlətɪ] **1** okänslighet, likgiltighet (*to* för); omedvetenhet (*of* om) **2** medvetslöshet **3** tanklöshet, obetänksamhet **-sible** [ɪn'sensəbl] **1** medvetslös; utan känsel **2** okänslig, likgiltig (*to* för); omedveten (*of* om) **3** tanklös, obetänksam **-sitive** [ɪn'sensətɪv] okänslig (*to* för)

inseparable [ɪn'sep(ə)rəbl] oskiljaktig; oskiljbar

insert I *v* [ɪn'sɜ:t] sätta (föra, skjuta, sticka, stoppa) in, infoga, införa **II** *s* ['ɪnsɜ:t] **1** inlägg, tillägg **2** (*i bok*) inlaga, insticks|blad, -ark; (*i tidning*) [annons]bilaga **insertion** [ɪn'sɜ:ʃn] **1** insättande, införande *etc.*, *jfr insert I* **2** inlägg, insats; tilllägg (*i text*) **3** isättning (*i plagg*) **4** *anat.* [muskel]fäste; *bot.* fäste

inside [ˌɪn'saɪd] **I** *s* **1** insida; innersida, inre [del]; ~ *out a*) med avigsidan (insidan) ut, *b*) ut och in; *know s.th.* ~ *out* kunna (känna till) ngt utan och innan; *turn s.th.* ~ *out* vända ut och in på ngt; *keep on the* ~ *of the road* hålla sig vid vägkanten; *locked from* (*on*) *the* ~ låst från insidan **2** *vard.*, ~[*s*] mage, tarmar **3** inre krets; *s.b. on the* ~ ngn i den inre kretsen **II** *a* inre, inner-, invändig; intern; invärtes; ~ *information* intern information, upplysning i förtroende; ~ *job* (*vard.*) internt jobb (*brott som begås m. hjälp av ngn inifrån*); ~ *lane a*) innerbana, *b*) innerfil; ~ *left* (*right*) vänsterinner (högerinner); ~ *pocket* innerficka; ~ *seat* plats vid fönstret (väggen) **III** *adv* **1** inuti, invändigt; inåt; in; ~ *of a week* inom (på) mindre än en vecka; *come ~!* kom in!; ~, *she's a nice girl* innerst inne är hon en trevlig flicka **2** *sl.* inne, in (*i fängelse*) **IV** *prep* inne i, inuti, inom, innanför; in i

insidious [ɪn'sɪdɪəs] förrädisk, lömsk, smygande

insight ['ɪnsaɪt] **1** skarpsinne **2** insikt, inblick (*into* i); insyn; *gain an* ~ *into s.th.* få en inblick i ngt

insignifi|cance [ˌɪnsɪg'nɪfɪkəns], **-cancy** [-ɪ] obetydlighet; betydelselöshet; meningslöshet **-cant** [-kənt] obetydlig, oansenlig; betydelselös; meningslös

insinu|ate [ɪn'sɪnjʊeɪt] **1** insinuera, antyda, låta påskina **2** omärkligt föra (smyga) in; ~ *o.s.* smyga sig (tränga) in (*into* i), nästla (ställa) sig in (*with s.b.* hos ngn) **-ation** [ɪnˌsɪnjʊ'eɪʃn] **1** insinuation, antydan **2** insmygande, inträngande

insipid [ɪn'sɪpɪd] **1** smaklös, fadd **2** tråkig, ointressant, intetsägande

insist [ɪn'sɪst] insistera; ~ [*up*]*on a*) insistera på, [envist] yrka på, *b*) hävda [bestämt], vidhålla, stå fast vid; *I* ~ *that you come* (*on your coming*) jag insisterar på att du kommer; *he* ~*s on his innocence* (*that he is innocent*) han vidhåller (hävdar bestämt) att han är oskyldig; *she* ~*s on punctuality* hon håller på punktlighet **-ent** [-(ə)nt] enträgen, envis; påträngande; ihållande

insofar [ˌɪnsə(ʊ)'fɑ:] *AE.*, ~ *as* (*that*) i den mån (utsträckning) som

insolation [ˌɪnsə(ʊ)'leɪʃn] **1** solbestrålning **2** solsting

insole ['ɪnsəʊl] innersula; iläggssula

inso|lence ['ɪnsələns] oförskämdhet, fräckhet **-lent** [-ənt] oförskämd, fräck

insoluble [ɪn'sɒljʊbl] olöslig (*äv. bildl.*)

insomnia [ɪn'sɒmnɪə] sömnlöshet

inspect [ɪn'spekt] syna, granska, undersöka; inspektera, besiktiga **inspection** [-kʃn] synande, granskning, undersökning; inspektion, besiktning, [av]syn[ing]; *for your* ~ till påseende; *on closer* ~ vid närmare granskning **inspector** [-ktə] **1** inspektör; inspektor; granskare; uppsyningsman; ~ *general* (*pl* ~*s general*) (*ung.*) överinspektör **2** förste polisassistent

inspiration [ˌɪnspə'reɪʃn] **1** inspiration, ingivelse **2** inandning **inspire** [ɪn'spaɪə] **1** inspirera; inge (*respect* respekt); [upp]väcka (*a p.'s love* ngns kärlek); fylla (*s.b. with hope* ngn med hopp) **2** andas in

instability [ˌɪnstə'bɪlətɪ] instabilitet; ostadighet; obeständighet

instal[l] [ɪn'stɔ:l] **1** installera (*pers., utrustning etc.*); dra (lägga) in, montera [in], sätta upp **2** ~ *o.s. in an armchair* slå sig ner (installera sig) i en fåtölj **installation** [ˌɪnstə'leɪʃn] **1** installation, installering (*av pers., utrustning etc.*); insättning (*i ämbete*); uppsättning, [in]montering **2** *military* ~ militär anläggning

installment [ɪn'stɔ:lmənt] *AE.*, *se instalment* **installment plan** *AE.* avbetalningsplan; *buy on the* ~ köpa på avbetalning **instalment** [ɪn'stɔ:lmənt] *BE.* **1** avbetalning, amortering; *pay by* (*in*) ~*s* betala av, göra avbetalningar **2** del, avsnitt (*av TV-serie e.d.*)

instance ['ɪnstəns] **I** *s* **1** exempel (*of* på); fall; *for* ~ till exempel; *in many* ~*s* i många fall; *in the first* ~ först och främst **2** *at the* ~ *of s.b.* på ngns anmodan (begäran) **3** *jur.* instans; *in the first* ~ i första instans **II** *v* ge (anföra) som exempel

instant ['ɪnstənt] **I** *s* ögonblick; *at the same* ~ i samma ögonblick; *on the* ~ ögonblickligen; *this* [*very*] ~ nu genast **II** *a* **1** omedelbar, ögonblicklig **2** trängande (*need of assistance* behov av hjälp) **3** ~ *coffee* snabb-, pulver|kaffe **instantaneous** [ˌɪnst(ə)n'teɪnjəs] ögonblicklig; momentan **instantly** ['ɪnstəntlɪ] omedelbart, ögonblickligen

instead [ɪn'sted] i stället; ~ *of* i stället för

instep ['ɪnstep] [fot]vrist

insti|gate ['ɪnstɪgeɪt] **1** anstifta (*rebellion* uppror) **2** egga, driva på; uppvigla till **-gation** [ˌɪnstɪ'geɪʃn] anstiftan; tillskyndan; *at the* ~ *of* på tillskyndan (anstiftan) av **-gator** ['ɪnstɪgeɪtə] anstiftare; upphovsman

instil[l] [ɪn'stɪl] [gradvis] införa (introducera); ingjuta (*s.th. into s.b.* ngt hos ngn), inge, bibringa (*s.th. into s.b.* ngn ngt)

instinct I *s* ['ɪnstɪŋ(k)t] instinkt; instinktiv känsla, intuitiv förmåga; *by* (*from*) ~ instinktivt **II** *a* [ɪn'stɪŋ(k)t] ~ *with* [upp]fylld av **instinctive** [ɪn'stɪŋ(k)tɪv] instinktiv; instinktmässig (*behaviour* beteende)

insti|tute ['ɪnstɪtju:t] **I** *s* **1** institut; institution; stiftelse; inrättning **2** *AE.* intensivkurs, seminarium **3** grund|sats, -regel **II** *v* **1** inrätta, upprätta; instifta; arrangera **2** installera, insätta (*in*[*to*] *an office* i ett ämbete) **3** inleda, initiera, ta initiativ till; *jur.* anhängiggöra **-tution** [ˌɪnstɪ'tju:ʃn] inrättande *etc.*, *jfr institute II* **2** institution; institut; stiftelse; inrättning **3** bruk, sed, inrättning **4** *vard.* institution (*äv. om pers.*), vana, vanlig företeelse

instruct [ɪn'strʌkt] **1** beordra, befalla, ge instruktioner **2** instruera, undervisa, ge anvisning[ar], visa **3** informera, underrätta **instruction** [-kʃn] **1** *vanl. pl* ∼s instruktioner, anvisning[ar], föreskrift[er]; ∼*s for use* bruksanvisning **2** undervisning, instruktion **instructive** [-ktɪv] instruktiv, lärorik, upplysande **instruc|tor**, *fem.* **-tress** [-ktə, -ktrɪs] instruktör, lärare; *AE.* universitetslärare (*under lektor*)

instrument ['ɪnstrʊmənt] **I** *s* **1** instrument (*äv. mus.*); verktyg, redskap (*äv. bildl.*) **2** [bidragande] orsak; *my evidence was an ∼ in his arrest* mitt vittnesmål var en bidragande orsak till hans anhållande **3** *jur.* [rättsligt] dokument **II** *v* **1** *mus.* instrumentera, orkestrera **2** förse med instrument *etc.*

insubordi|nate [ˌɪnsə'bɔːdnət] olydig (*mot överordnad*), upprorisk, uppstudsig **-nation** ['ɪnsəˌbɔːdɪ'neɪʃn] insubordination, olydnad (*mot överordnad*), upprorskhet

insufferable [ɪn'sʌf(ə)rəbl] outhärdlig, olidlig, odräglig

insuffi|ciency [ˌɪnsə'fɪʃnsɪ] otillräcklighet, bristfällighet; *med.* insufficiens **-cient** [-ʃnt] otillräcklig, bristfällig; *med.* insufficient

insular ['ɪnsjʊlə] **1** ö-; insulär **2** reserverad, otillgänglig; inskränkt, trångsynt **3** isolerad, avskild **insu|late** ['ɪnsjʊleɪt] *fys., tekn., bildl.* isolera; *-lating tape* isoler[ings]band **-lation** [ˌɪnsjʊ'leɪʃn] *fys., tekn., bildl.* isolering, isolation

insult I *s* ['ɪnsʌlt] **1** förolämpning, skymf (*to mot*); *add ∼ to injury* göra ont värre **2** *med.* skada; chock **II** *v* [ɪn'sʌlt] förolämpa, skymfa

insurance [-(ə)ns] försäkring, assurans; försäkringssumma; försäkringspremie **insurance policy** försäkrings|brev, -premie **insure** [ɪn'ʃʊə] försäkra, assurera (*against mot*); försäkra sig

insurgent [ɪn'sɜːdʒ(ə)nt] **I** *a* upprorisk, upprors- **II** *s* upprorsman; insurgent

insurmountable [ˌɪnsə'maʊntəbl] oöverstiglig, oövervinn[e]lig

insurrection [ˌɪnsə'rekʃn] resning, uppror

insusceptible [ˌɪnsə'septəbl] okänslig, oemottaglig (*to* för)

intact [ɪn'tækt] orörd, oskadad, hel, obruten, intakt

intake ['ɪnteɪk] **1** intagning (*of students* av studerande) **2** intag, inlopp (*för vätska, luft*); insugning, inmatning; *air ∼* luft|intag, -tillförsel **3** intagning (*in a garment* i ett plagg)

intangible [ɪn'tæn(d)ʒəbl] som man inte kan ta på; ogripbar; ofattbar; obestämd, vag; ∼ *assets* immateriella tillgångar

integer ['ɪntɪdʒə] **1** *mat.* heltal, helt tal **2** enhet, helhet

nte|grate I *v* ['ɪntɪgreɪt] **1** integrera (*äv. mat., elektr.*); ∼ *s.th. into s.th.* integrera ngt i ngt; ∼*d circuit* (*elektr.*) integrerad krets **2** *AE.* (*om skola*) bli integrerad **3** integreras (*into* i) **II** *a* ['ɪntɪgrət] integrerad **-gration** [ˌɪntɪ'greɪʃn] integration (*äv. mat.*), integrering; sammansmält-

ning till en helhet

integrity [ɪn'tegrətɪ] **1** hederlighet, redbarhet **2** integritet, okränkbarhet **3** helhet, fullständighet, obrutenhet

intellect ['ɪntəlekt] **1** intellekt, förstånd; *her powers of* ∼ hennes intellektuella förmåga **2** *vard.* begåvad person, begåvning **3** intelligens, intelligent[s]ia **intellectual** [ˌɪntə'lektjʊəl] **I** *a* intellektuell, förståndsmässig, andlig **II** *s* intellektuell [person]

intelligence [ɪn'telɪdʒ(ə)ns] **1** intelligens, förstånd **2** (*militär[a]*) underrättelse[r], upplysning[ar] **3** (*ngt åld.*) nyheter, upplysningar, information[er] **4** underrättelse|tjänst, -väsen **5** förnuftigt väsen, ande **intelligence service** underrättelsetjänst **intelligence test** intelligenstest **intelligent** [-(ə)nt] intelligent

intelligible [ɪn'telɪdʒəbl] begriplig, förståelig

intend [ɪn'tend] **1** ämna, avse, tänka, planera; mena, vilja; *what do you* ∼ *to do?* vad tänker (ämnar) du göra?; *she* ∼*s well* hon menar väl **2** ∼ *for* avse för; *this park is* ∼*ed for the general public* den här parken är avsedd för allmänheten; *this picture is* ∼*ed for my son* det är meningen att min son skall ha den här tavlan **3** innebära, ge uttryck åt; *what do his words* ∼? vad innebär hans ord?

intense [ɪn'tens] intensiv; stark, kraftig, häftig, våldsam; livlig **intensification** [ɪnˌtensɪfɪ'keɪʃn] intensifiering **intensify** [ɪn'tensɪfaɪ] intensifiera[s], göra (bli) intensivare, förstärka[s], öka[s], stegra[s] **intensity** [ɪn'tensɪtɪ] **1** intensitet, styrka, kraft, häftighet, våldsamhet; livlighet **2** *fys.* styrka; *current* ∼ strömstyrka **3** *foto.* svärta **intensive** [ɪn'tensɪv] **I** *a* intensiv, koncentrerad; ∼ *care* intensivvård; ∼ *care unit* intensivvårdsavdelning; ∼ *study* koncentrerade studier; *capital-*∼ kapitalintensiv **II** *s*, *språkv.* förstärkande ord (*partikel, pronomen*)

intent [ɪn'tent] **I** *s* avsikt, syfte; *jur. äv.* uppsåt; *with* ∼ *to* (*i sht jur.*) i avsikt att; *to all* ∼*s and purposes* praktiskt taget, i själva verket **II** *a* spänt uppmärksam, koncentrerad; *an* ∼ *look* (*äv.*) en forskande blick; ∼ [*up*]*on* helt inriktad på, koncentrerad på **intention** [-nʃn] **1** avsikt, syfte, uppsåt; mening; intention; *with the* ∼ *of doing s.th.* i avsikt att göra ngt; *with the best of* ∼*s* i bästa avsikt (välmening); *with good* ∼*s* med goda föresatser; *I have no* ∼ *of doing it* jag har inte för avsikt att göra det; *honourable* ∼*s* hederliga avsikter (*att gifta sig med ngn*) **2** *med.* läkning[sprocess] **intentional** [-nʃənl] avsiktlig

inter|act [ˌɪntər'ækt] påverka varandra **-action** [ˌɪntər'ækʃn] växelverkan, interaktion

intercept ['ɪntəsept] **1** snappa upp; fånga upp **2** genskjuta, hejda, stoppa; skära av [vägen för]; avleda **3** *mat.* skära av **interception** [ˌɪntə'sepʃn] **1** uppsnappande; uppfångande **2** genskjutande, hejdande, stoppande; avskärande; avledning **3** *mat.* skärning; *point of* ∼ skärningspunkt

interchange [ˌɪntə'tʃeɪn(d)ʒ] **I** *v* **1** [ut]växla; utbyta (*thoughts* tankar); byta ut [mot varandra]; byta plats, alternera **2** låta omväxla **II** *s* **1** utväxling; utbyte (*of thoughts* av tankar); alternering **2** [motorvägs]korsning, trafikplats (*i flera plan*)

-able [-əbl] utbytbar, som kan bytas ut mot (*with* mot)

intercom ['ıntəkɒm] *vard.* lokal-, snabb|telefon

intercourse [-kɔ:s] **1** umgänge; förbindelse **2** [*sexual*] ~ samlag, sexuellt umgänge

interest ['ıntrıst] **I** *s* **1** intresse (*in* för); *questions of public* ~ frågor av allmänt intresse; *it has no* ~ *for me* det har inget intresse för mig; *take (have) an* ~ *in* intressera sig (ha intresse) för **2** intresse, [egen] fördel, [eget] bästa; *the public* ~ allmänhetens bästa, det allmänna bästa; *be in one's own* ~ ligga i eget intresse **3** (*ofta pl*) intresse; anspråk, rätt; andel; *French* ~*s in Africa* franska intressen i Afrika; *controlling* ~ aktiemajoritet; *trading* ~*s* handelsintressen; *have an* ~ *in a firm* ha andel i en firma **4** (*ofta pl*) intressenter, intressen, intressegrupper; *the landed* ~[*s*] godsägarna; *the moneyed* ~ kapitalintresset; *the shipping* ~[*s*] rederierna, redarkretsarna **5** ränta (*on* på); *rate of* ~ räntesats; *compound* ~ ränta på ränta; *ten percent* ~ tio procents ränta; *bear* ~ ge ränta, löpa med ränta, förränta sig; *lend at* (*on*) ~ låna ut mot ränta **II** *v* intressera, göra intresserad; ~ *s.b. in doing s.th.* intressera ngn för att göra ngt; ~ *o.s. in* intressera sig för

interested [-ıd] **1** intresserad; *be* ~*ed in* vara intresserad av, intressera sig för **2** partisk; inblandad, involverad; *the* ~ *parties* berörda parter, vederbörande; *he is an* ~ *party* han är partisk

interesting [-ıŋ] intressant (*to s.b.* för ngn)

interface ['ıntəfeıs] **1** gräns|yta, -skikt; gemensam gräns **2** samverkan, samspel **3** *elektr.* interface, kabel (*t.ex. mellan dator o. skrivare*)

inter|fere [ˌıntə'fıə] **1** ingripa (*in* i; *with* mot); lägga sig i; komma [hindrande] emellan; ~ *with a*) lägga sig i, *b*) hindra, störa, *c*) mixtra med, fingra på; ~ *with a p.'s plans* korsa ngns planer; *don't* ~*!* lägg dig inte i det där (här)!; *don't* ~ *with the machine!* mixtra inte med maskinen! **2** *fys.* interferera **-ference** [-'fıər(ə)ns] **1** ingripande (*from* av); inblandning (*in, with* i); hinder, störning **2** *fys.* interferens; störning (*i radio, TV*) **-fering** [-'fıərıŋ] som lägger (blandar) sig i; störande; *I don't like his* ~ *ways* jag tycker inte om att han alltid lägger sig i [allting]

interior [ın'tıərıə] **I** *a* **1** inre; invändig; ~ *angle* inre vinkel; ~ *decoration* heminredning; ~ *decorator* [hem]inredningsarkitekt; ~ *monologue* inre monolog **2** inrikes, inhemsk **II** *s* **1** inre; insida; interiör **2** interiör-, inomhus|bild; film tagen inomhus; inomhusscen (*av film*) **3** *AE.*, *Department of the I*~ inrikesdepartementet

interlace [ıntə'leıs] **1** fläta samma; fläta (blanda) in; ~ *a speech with puns* krydda ett tal med ordlekar **2** vara sammanflätad

interlock [ˌıntə'lɒk] **1** gripa (haka) in i varandra; hänga ihop; vara sammankopplad **2** fästa (haka) ihop; koppla samman

interlude ['ıntəlu:d] **1** mellanspel; paus; period **2** *mus.* interludium, mellanspel

inter|marriage [ˌıntə'mærıdʒ] giftermål (*mellan pers. av olika familj, ras e.d.*), blandäktenskap **-marry** [-'mærı] gifta sig (*med pers. av annan familj, ras e.d.*); gifta sig med varandra; ingå blandäktenskap

intermedi|ary [ˌıntə'mi:djərı] **I** *a* **1** förmedlande, som uppträder som mellanhand **2** mellanliggande **II** *s* **1** förmedlare; mellanhand **2** mellanled; mellanstadium **-ate** [-ət] **I** *a* mellanliggande; mellan-; ~ *range ballistic missile* medeldistansrobot; ~ *stage* mellanstadium, övergångsstadium **II** *s* mellanliggande led, mellanform

intermez|zo [ˌıntə'metsəʊ] (*pl -zos el. -zi* [-si:]) *mus. o. bildl.* intermezzo, mellanspel

interminable [ın'tɜ:m(ı)nəbl] oändlig, ändlös

intermission [ˌıntə'mıʃn] uppehåll, paus, avbrott

intern I *v* [ın'tɜ:n] internera **II** *s* ['ıntɜ:n] *AE.* assistentläkare (*på sjukhus*) **internal** [ın'tɜ:nl] **I** *a* inre, inner-, invändig; invärtes, för invärtes bruk; inhemsk, inrikes-; intern; ~ *combustion engine* förbränningsmotor; ~ *ear* inneröra; ~ *medicine* invärtes medicin; ~ *rhyme* (*versl.*) inrim; ~ *secretion* inre sekretion; ~ *telephone* lokal-, snabb|telefon **II** *s* gynekologisk undersökning

international [ˌıntə'næʃənl] **I** *a* internationell, världsomfattande; ~ *law* folkrätt, internationell rätt **II** *s, sport.* **1** landskamp **2** landslagsspelare **3** *the* [*First etc.*] *I*~ [första *etc.*] Internationalen **international|ization** (*BE. äv. -isation*) ['ıntəˌnæʃnəlaı'zeıʃn] internationalisering

intern|ee [ˌıntɜ:'ni:] internerad [person] **-ment** [ın'tɜ:nmənt] internering

interpel|late [ın'tɜ:pelet] *parl.* interpellera **-lation** [ınˌtɜ:pe'leıʃn] *parl.* interpellation

interphone ['ıntəfəʊn] lokal-, snabb|telefon

interplay [ˌıntə'pleı] samspel, växelverkan

interpose [ˌıntə'pəʊz] **1** placera (sätta) emellan (bland); ~ *s.th. between two things* placera ngt mellan två saker **2** inskjuta, inflicka (*a remark* ett yttrande); komma med (*an objection* en invändning) **3** ingripa; gå (träda) emellan

inter|pret [ın'tɜ:prıt] **1** förklara; tolka, [ut]tyda **2** vara tolk, tolka (*for* åt) **-pretation** [ınˌtɜ:prı'teıʃn] förklaring; uttolkning, [ut]tydning **-preter** [ın'tɜ:prıtə] tolk; uttolkare

inter|rogate [ın'terə(ʊ)geıt] fråga ut, förhöra **-rogation** [ınˌterə(ʊ)'geıʃn] **1** utfrågning, förhör **2** fråga **-rogator** [ın'terə(ʊ)geıtə] utfrågare, förhörsledare **-rogatory** [ˌıntə'rɒgət(ə)rı] **I** *a* frågande **II** *s* fråga; *-rogatories* (*pl, jur.*) skriftliga frågor (*som besvaras skriftligt under ed*)

inter|rupt [ˌıntə'rʌpt] avbryta; störa **-ruption** [-'rʌpʃn] avbrott; avbrytande

inter|sect [ˌıntə'sekt] **1** skära igenom; *geom.* skära **2** (*i sht om vägar*) skära (korsa) varandra, korsas; *geom.* skära varandra **-section** [-'sekʃn] **1** skärningspunkt (*äv. geom.*); väg-, gatu|korsning **2** skärning; genomskärning

intersperse [ˌıntə'spɜ:s] blanda (strö) in; *a speech* ~*d with quotations* ett tal späckat med citat

interval ['ıntəvl] intervall (*äv. mus.*); avstånd, mellanrum; paus, uppehåll; *at* ~*s a*) emellanåt, då och då, *b*) med mellanrum

inter|vene [ˌıntə'vi:n] **1** komma (ligga) emellan; inträffa (infalla) emellan; *if nothing* ~*s* om inget kommer emellan; *six years* ~ *between these events* sex år har gått mellan dessa händelser **2** ingripa, intervenera **-vention** [-'venʃn] intervention; ingripande; mellankomst

interview ['ɪntəvjuː] **I** s intervju; samtal **II** v intervjua **-ee** [ˌɪntəvjuːˈiː] s, the ~ den intervjuade, intervjuobjektet **-er** ['ɪntəvjuːə] intervjuare
intestine [ɪnˈtestɪn] vanl. pl ~s tarmar, inälvor; large ~ tjocktarm; small ~ tunntarm
inti|macy ['ɪntɪməsɪ] **1** förtrolighet, intimitet; förtroligt förhållande; förtrolig atmosfär **2** intimt förhållande, kärleksförhållande **-mate I** a [-mət] **1** förtrolig, intim, nära (friend vän); an ~ restaurant en intim restaurang; be on ~ terms with stå på förtrolig fot med **2** ingående, djup; ~ knowledge ingående kunskaper **3** innersta (thoughts tankar) **II** s [-mət] förtrogen [vän] **III** v [-meɪt] antyda, låta förstå
intimi|date [ɪnˈtɪmɪdeɪt] skrämma (s.b. into doing s.th. ngn [till] att göra ngt); avskräcka; terrorisera **-dation** [ɪnˌtɪmɪˈdeɪʃn] skrämsel
into ['ɪntʊ, framför konsonant 'ɪntə] **1** in i; ut i; in på; i; go ~ a room gå in i ett rum; drive ~ a wall köra in i en mur, he went ~ the garden han gick ut i trädgården; work far ~ the night arbeta till långt in på natten; I'm not ~ the job yet (vard.) jag har inte kommit in i jobbet ännu; jump ~ the water hoppa i vattnet; 4 ~ 8 is 2 4 går i 8 två gånger; divide s.th. ~ two parts dela ngt i två delar; get ~ trouble råka i svårigheter; take ~ account ta med i beräkningen **2** till; change ~ a ghost förvandlas till ett spöke; develop ~ utveckla sig till; translate ~ Swedish översätta till svenska **3** vard. intresserad av, för; she's ~ jazz hon är intresserad av jazz
intoler|able [ɪnˈtɒl(ə)rəbl] outhärdlig, odräglig **-ance** [-lər(ə)ns] intolerans **-ant** [-lər(ə)nt] intolerant
intoxi|cate [ɪnˈtɒksɪkeɪt] berusa (äv. bildl.) **-cation** [ɪnˌtɒksɪˈkeɪʃn] **1** berusning (äv. bildl.); rus **2** med. förgiftning, intoxikation
intransigent [ɪnˈtrænsɪdʒ(ə)nt] **I** a oförsonlig, omedgörlig **II** s ytterlighetsman
intravenous [ˌɪntrəˈviːnəs] med. intravenös
intrepid [ɪnˈtrepɪd] oförskräckt, djärv **-ity** [ˌɪntrɪˈpɪdətɪ] oförskräckthet, djärvhet
intricate ['ɪntrɪkət] krånglig, invecklad; till-, hop|trasslad
intrigue [ɪnˈtriːg] **I** v **1** väcka intresse hos, göra nyfiken; förbrylla; fängsla; I would be ~d to know why det skulle intressera mig att veta varför **2** intrigera, smida ränker **3** ha ett hemligt förhållande (with med) **II** s **1** intrig[erande], ränksmideri, anslag **2** hemligt förhållande, kärleksaffär **intriguing** [-ɪŋ] **1** intressant; förbryllande; fängslande **2** intrigant
intrinsic [ɪnˈtrɪnsɪk] inre, inneboende; egentlig, verklig; väsentlig
intro|duce [ˌɪntrəˈdjuːs] **1** presentera, föreställa (s.b. to ngn för); göra bekant, låta göra bekantskap (to med), låta pröva (to på); ~ o.s. presentera sig; he was ~d to drink at an early age han fick stifta bekantskap med sprit i unga år **2** framlägga, väcka; ~ a bill framlägga en proposition, väcka en motion **3** introducera, införa (decimal system into a country decimalsystem i ett land) **4** anmäla, presentera (TV-program e.d.); inleda, börja (one's speech with sitt tal med) **5** föra (sticka) in (s.th. into ngt i) **-duction** [-ˈdʌkʃn] **1** presentation, introduktion (to för); letter of ~ in-

troduktionsbrev **2** introduktion (äv. mus.), inledning (to till); handledning **3** framläggande, väckande (av lagförslag e.d.) **4** introduktion, införande (of a new fashion av ett nytt mode) **4** anmälan, presentation (av TV-program e.d.); inledning (av tal, till bok e.d.) **5** införande, instickande (into i) **-ductory** [-ˈdʌkt(ə)rɪ] inledande, inlednings-, introduktions-
intrude [ɪnˈtruːd] tränga sig på, inkräkta, komma olägligt; am I intruding? kommer jag olägligt?, stör jag?; ~ on a p.'s affairs blanda sig i ngns angelägenheter **intruder** [-ə] inkräktare, objuden gäst **intrusion** [-ˈtruːʒn] intrång, inkräktande ([up]on, into i, på); inträngande (into i); inblandning (into i); forgive the ~, I just wanted to förlåt att jag tränger mig på, jag ville bara **intrusive** [-ˈtruːsɪv] inkräktande; påträngande
intuition [ˌɪntjuˈɪʃn] intuition; ingivelse **intuitive** [ɪnˈtjuːɪtɪv] intuitiv
inun|date ['ɪnʌndeɪt] översvämma (äv. bildl.) bildl. äv. överhopa **-dation** [ˌɪnʌnˈdeɪʃn] översvämning; bildl. äv. ström, störtflod
invade [ɪnˈveɪd] invadera, marschera (tränga) in i, ockupera; inkräkta på, göra intrång i; bildl. invadera, översvämma (om sjukdom) angripa **invader** [-ə] invaderande fiende, angripare, inkräktare
1 invalid I s ['ɪnvəlɪd] [kroniskt] sjuk, sjukling; invalid **II** a ['ɪnvəlɪd] sjuk-, sjuklig; invalid-; ~ chair rullstol **III** v ['ɪnvəliːd] göra (bli) sjuk; invalidisera[s]; ~ out (BE.) skicka hem som sårad (sjuk, invalid)
2 invalid [ɪnˈvælɪd] ogiltig; utan laga kraft; som saknar grund (inte duger)
1 invalidity [ˌɪnvəˈlɪdətɪ] sjuklighet; invaliditet
2 invalidity [ˌɪnvəˈlɪdətɪ] ogiltighet
invaluable [ɪnˈvæljʊəbl] ovärderlig
invariable [ɪnˈveərɪəbl] **I** a **1** oföränderlig; ständig **2** mat. konstant **II** s, mat. konstant
invasion [ɪnˈveɪʒn] invasion (äv. bildl.), inmarsch, intrång
invent [ɪnˈvent] uppfinna; hitta på **invention** [-nʃn] **1** uppfinnande; uppfinning; uppfinningsförmåga; the ~ of the radio uppfinnandet av radion; necessity is the mother of ~ nöden är uppfinningarnas moder **2** påhitt, lögn **3** mus. invention **inventive** [-ɪv] uppfinnar-; uppfinningsrik, påhittig **inventivness** [-ɪvnɪs] uppfinningsförmåga, påhittighet **inventor** [-ə] uppfinnare
inventory ['ɪnvɪntrɪ] **I** s **1** inventarium, inventarielista, lagerförteckning **2** i sht AE. ofta pl inventarier; lager, förråd **II** v göra en förteckning över; inventera
inverse [ˌɪnˈvɜːs] omvänd, omkastad; be in ~ ratio (proportion) to a) stå i omvänt förhållande till, b) mat. vara omvänt proportionell mot **invert I** v [ɪnˈvɜːt] vända upp och ner (ut och in) [på]; kasta (flytta) om; invertera; ~ed commas citationstecken **II** s [ˈɪnvɜːt] homosexuell [person]
invest [ɪnˈvest] **1** investera, placera (money in pengar i) **2** installera (s.b. in an office ngn i ett ämbete) **3** förse, utrusta (s.b. with s.th. ngn med ngt); ~ new rights in the monarchy tilldela monarkin nya rättigheter; she was ~ed with an air of mystery det låg en air av mystik omkring henne

4 investera (*in shares* i aktier); ~ *in a new tooth-brush* (*vard.*) köpa en ny tandborste

investi|gate [ɪn'vestɪgeɪt] utforska, undersöka; utreda (*a case* ett fall) **-gation** [ɪnˌvestɪ'geɪʃn] undersökning; [ut]forskning; utredning **-gative** [ɪn'vestɪgeɪtɪv] [ut]forskande, undersökande (*journalism* journalistik), undersöknings-; utrednings- **-gator** [ɪn'vestɪgeɪtə] undersökare; utredare; forskare

investment [ɪn'ves(t)mənt] investering; kapitalplacering **investor** [ɪn'vestə] investerare, kapitalplacerare; aktieägare

invigor|ate [ɪn'vɪgəreɪt] stärka, styrka, liva [upp]; stimulera **-ating** [-ɪŋ] uppfriskande (*shower* dusch); stärkande (*climate* klimat)

invincible [ɪn'vɪnsəbl] oövervinn[e]lig

inviolable [ɪn'vaɪələbl] okränkbar, oantastlig; helig (*oath* ed)

invisible [ɪn'vɪzəbl] osynlig (*to* för); ~ *mending* konststoppning

invitation [ˌɪnvɪ'teɪʃn] **1** inbjudan, invitation **2** lockelse, invit **3** anmodan, uppfordran **invite** [ɪn'vaɪt] **I** *v* **1** [in]bjuda, invitera (*s.b. to dinner* ngn på (till) middag); ~ *s.b. in for coffee* bjuda in ngn på kaffe; ~ *s.b. out for dinner* bjuda ut ngn på middag **2** anmoda, uppmana, uppfordra, inbjuda; be om (*applications* ansökningar); dra till sig, framkalla, ådraga sig; ~ *criticism* inbjuda till (ådraga sig) kritik **II** *s, vard.* inbjudan **invit-ing** [ɪn'vaɪtɪŋ] inbjudande; lockande, frestande, attraktiv

invoice ['ɪnvɔɪs] **I** *s* faktura (*for an amount* på ett belopp; *of goods* på varor); *as per* ~ enligt faktura **II** *v* fakturera; *as* ~*d* enligt faktura

involuntary [ɪn'vɒlənt(ə)rɪ] ofrivillig; oavsiktlig

involve [ɪn'vɒlv] **1** medföra, innefatta, involvera; *the job* ~*s many problems* arbetet medför många problem **2** blanda in, dra in, inveckla; engagera; *many people were* ~*d in the crime* många personer var inblandade i brottet; *people* ~*d* inblandade (berörda) personer; *be* ~*d with a*) ha att göra med, *b*) vara i maskopi (lag) med, *c*) ha ett förhållande med; *the book doesn't* ~ *the reader* boken fängslar inte läsaren **-ment** [-mənt] inveckling, inblandning; engagemang

invulnerable [ɪn'vʌln(ə)rəbl] osårbar; oangripbar; ointaglig (*fortress* fästning)

inward ['ɪnwəd] **I** *a* **1** inåt|gående, -riktad; inkommande (*mail* post) **2** inre; invändig; inifrån **II** *s* **1** inre; insida **2** ~*s* (*pl*) inälvor **III** *adv* inåt

inwardly [-lɪ] invärtes; i sitt inre; [tyst] för sig själv **inwards** [-z] *adv* inåt

iodine ['aɪə(ʊ)diːn] jod

ion ['aɪən] jon

ion|ization (*BE. äv. -isation*) [ˌaɪənaɪ'zeɪʃn] jonisering **-ize** (*BE. äv. -ise*) ['aɪənaɪz] jonisera

IOU [ˌaɪəʊ'juː] (= *I owe you*) skuldförbindelse, revers

I.R.A. *förk. för Irish Republican Army* IRA

Iran [ɪ'rɑːn] Iran **Iranian** [ɪ'reɪnjən] **I** *a* iransk **II** *s* iranier

Iraq [ɪ'rɑːk] Irak **Iraqi** [-ɪ] *a* irakisk **II** *s* irakier

Ireland ['aɪələnd] Irland

iris ['aɪərɪs] (*pl* ~*es el. irides* ['aɪərɪdiːz]) **1** *anat.* iris, regnbågshinna **2** *bot.* iris, svärdslilja

Irish ['aɪ(ə)rɪʃ] **I** *a* irländsk, irisk; ~ *bull* (*bildl.*)

groda, paradox; ~ *coffee* Irish coffee (*kaffe med whisky o. vispgrädde*); *the* ~ *Free State* (*förr*) Irländska fristaten; *the* ~ *Sea* Irländska sjön; *the* ~ *Republican Army* Irländska republikanska armén; ~ *stew* irländsk fårstuvning (gryta) **II** *s* **1** irländska [språket] **2** *the* ~ irländarna **-man** [-mən] irländare **-woman** [-ˌwʊmən] irländska

irk [ɜːk] irritera, reta, förarga **-some** ['ɜːksəm] irriterande, störande; tråkig; tröttsam

iron ['aɪən] **I** *s* **1** järn (*äv. bildl.*); *med.* järn[preparat]; *a will of* ~ en järnvilja; *have many* ~*s in the fire* ha många järn i elden; *rule with a rod of* ~ styra med järnhand; *strike while the* ~ *is hot* smida medan järnet är varmt **2** stryk-, press|järn **3** ~*s* (*pl*) järn, bojor; *put s.b. in* ~*s* slå ngn i järn (bojor) **4** *golf.* iron, järnklubba **5** *vard.* harpun **6** *AE. sl.* [skjut]järn revolver **II** *a* järn-, av järn; järnhård; *the I~ Age* järnåldern; ~ *constitution* järn|fysik, -hälsa; *the I~ Curtain* järnridån; ~ *gray* järn-, stål|grå; ~ *grip* järngrepp; *rule with an* ~ *hand* styra med järnhand; ~ *lung* järnlunga; ~ *mine* järngruva; ~ *ore* järnmalm; ~ *rations* (*pl, mil.*) reservproviant **III** *v* **1** stryka, pressa; ~ *out a*) stryka (pressa) ut (*veck e.d.*), *b*) *bildl.* utjämna, undanröja (*problems* problem) **2** förse (klä) med järn

ironic[al] [aɪ'rɒnɪk(l)] ironisk

ironing ['aɪənɪŋ] **1** strykning, pressning; *do the* ~ stryka **2** stryktvätt **ironing board** strykbräde

iro|nize (*BE. äv. -nise*) ['aɪərənaɪz] ironisera [över]

iron|monger ['aɪənˌmʌŋgə] järnhandlare; ~*'s* [*shop*] järn|affär, -handel **-work** järn|smide, -gods, -arbete **-works** (*behandlas som sg el. pl*) järn|verk, -bruk

irony ['aɪərənɪ] ironi

irrational [ɪ'ræʃənl] **1** irrationell (*äv. mat.*), oberäknelig; orimlig **2** oskälig; ~ *animals* oskäliga djur

irreconcilable [ɪ'rekənsaɪləbl] **I** *a* **1** oförsonlig (*enemy* fiende) **2** oförenlig (*to, with* med); ~ *opinions* oförenliga åsikter **II** *s* oförsonlig motståndare (inställning)

irrefutable [ɪ'refjʊtəbl] obestridlig, ovedersäglig

irregular [ɪ'regjʊlə] **I** *a* **1** oregelbunden (*pulse* puls); ojämn (*surface* yta); inte enhetlig; (*om blomblad e.d.*) osymmetrisk; ~ *teeth* (*verbs*) oregelbundna tänder (verb) **2** (*om trupper*) irreguljär **3** inkorrekt, mot alla regler, avvikande, okonventionell; ~ *behaviour* otillbörligt uppträdande **4** *AE.* (*om varor*) defekt, felaktig **II** *s*, ~*s* (*pl*) irreguljära trupper **-ity** [ˌɪregjʊ'lærətɪ] **1** oregelbundenhet, ojämnhet **2** oriktighet, avvikelse **3** oegentlighet

irrele|vance [ɪ'reləvəns] irrelevans, betydelselöshet, brist på samband, ovidkommande yttrande (faktum *e.d.*) **-vant** [-vənt] irrelevant, som inte hör till saken, betydelselös, ovidkommande

irreplaceable [ˌɪrɪ'pleɪsəbl] oersättlig

irreproachable [ˌɪrɪ'prəʊtʃəbl] oförvitlig, oklanderlig

irresistible [ˌɪrɪ'zɪstəbl] oemotståndlig

irreso|lute [ɪ'rezəluːt] obeslutsam, villrådig **-lution** ['ɪˌrezə'luːʃn] obeslutsamhet, villrådighet

irrespective [ˌɪrɪ'spektɪv] *a*, ~ *of* oavsett, utan hänsyn till

irrespon|sibility [ˌɪrɪˌspɒnsəˈbɪlətɪ] oansvarighet; ansvarslöshet **-ible** [ˌɪrɪˈspɒnsəbl] oansvarig; ansvarslös
irretrievable [ˌɪrɪˈtriːvəbl] oersättlig; ohjälplig
irrever|ence [ɪˈrev(ə)r(ə)ns] vanvördnad **-ent** [-(ə)nt] vanvördig
irrevocable [ɪˈrevəkəbl] oåterkallelig
irri|gate [ˈɪrɪgeɪt] **1** [konst]bevattna **2** med. spola, skölja **-gation** [ˌɪrɪˈgeɪʃn] **1** [konst]bevattning **2** med. spolning, sköljning, irrigation
irri|tability [ˌɪrɪtəˈbɪlətɪ] [lätt]retlighet, irritabilitet **-table** [ˈɪrɪtəbl] [lätt]retlig, irritabel **-tate** [ˈɪrɪteɪt] bildl. irritera, reta (äv. fysiol.), förarga, oroa **-tating** [-teɪtɪŋ] bildl. irriterande, retande (äv. fysiol.); retsam; förarglig; ~ cough rethosta **-tation** [ˌɪrɪˈteɪʃn] bildl. irritation, retning (äv. fysiol.)
is [iz, obeton. z, s] 3 pers. sg pres. av be
Islam [ˈɪzlɑːm] islam **-ic** [ɪzˈlæmɪk] islam[it]isk
island [ˈaɪlənd] **1** ö (äv. bildl.) **2** [traffic] ~ refuge **-er** [-ə] öbo
isle [aɪl] poet. o. i ortnamn ö; the I~ of Man ön Man **islet** [ˈaɪlɪt] holme, liten ö
isn't [ˈɪznt] = is not
isolate [ˈaɪsəleɪt] isolera **isolated** [-ɪd] isolerad; enstaka **isolation** [ˌaɪsəˈleɪʃn] isolering
Israel [ˈɪzreɪ(ə)l] Israel **Israeli** [ɪzˈreɪlɪ] **I** s (pl ~[s]) israel **II** a israelisk **Israelite** [ˈɪzˌrɪəlaɪt] **I** s israelit **II** a israelitisk
issue [ˈɪʃuː] **I** s **1** utsändande, utdelning; utgiv|ande, -ning (of new stamps av nya frimärken); utsläppande; utfärdande; avgivande; emission; date of ~ utgivnings|dag, datum; the · - of shares utgivningen av aktier, aktieemissionen **2** utströmmande, utflöde; utsläpp; (flods) utlopp **3** upplaga, utgåva (of a book av en bok); publikation; nummer (of a magazine av en tidskrift) **4** resultat, utgång, följd; utfall; the ~ of the fight resultatet (utgången) av striden; that decided the ~ det avgjorde saken; force the ~ tvinga fram ett avgörande **5** avkastning (av jordegendom e.d.) **6** avkomma, ättlingar, barn **7** mil. tilldelning, ranson; utrustning; a gun of the latest ~ en kanon av senaste modell **8** [viktig] fråga, [viktigt] ämne, problem; jur. tvistemål, sak; be at ~ a) vara under debatt (omstridd), b) vara oense (with s.b. on s.th. med ngn om ngt); point at ~ tvistefråga; evade the ~ kringgå frågan; join (take) ~ with s.b. over (on) s.th. vara oense (inlåta sig i diskussion) med ngn om ngt **II** v **1** komma [ut], strömma (välla, rinna) ut; utgå; sändas (släppas) ut **2** [här]stamma, härröra (from från) **3** ~ in resultera (sluta) i **4** sända ut; utfärda (a driving licence ett körkort; orders order), utställa; sälja (tickets biljetter); the issuing authorities utfärdande myndighet; ~ s.b. with a visa (a visa to s.b.) utfärda visum åt ngn **5** (om bibliotek) låna ut **6** publicera (books); ge (släppa) ut (new stamps nya frimärken); emittera (shares aktier) **7** dela ut (trustning o.d.); förse, utrusta (with med); ~ s.b. with s.th. (s.t. to s.b.) utrusta (förse) ngn med ngt
isthmus [ˈɪsməs] näs
it [ɪt] **I** pers. pron **1** den, det; sig; who is ~? vem är det?: ~'s me (I)! det är jag!; ~ is raining det regnar; that's ~! a) det är riktigt (rätt, sant)!, så där det!, b) det fattades bara det!; that's ~ then! så

där, ja!, det var det!; that's not ~ det är inte det som är problemet (saken gäller); this is ~! nu börjar det!; ~ is generally believed that man tror allmänt att **2** vard., when the brakes didn't work I thought that was ~ när bromsarna inte tog trodde jag det var ute med mig; bus ~ åka buss, ta bussen; that steak was really ~ den biffen var verkligen fantastisk (toppen); have a hard time of ~ ha det svårt (en svår tid) **II** s **1** (i lekar) you're ~! du har den! **2** vard. 'det', sex appeal; samlag
Italian [ɪˈtæljən] **I** a italiensk; ~ handwriting lutande handstil **II** s **1** italienare; italienska **2** italienska [språket]
italic [ɪˈtælɪk] **I** a lutande (handwriting handstil); kursiv (type stil) **II** s, ~s (pl) kursivering, kursiv [stil], kursiverad stil; in ~s med (i) kursiv; print in ~s kursivera; the ~s are mine kursiverat av mig
Italy [ˈɪtəlɪ] Italien
itch [ɪtʃ] **I** s **1** klåda **2** starkt begär, lystnad (for efter) **II** v **1** klia; ha klåda; my back ~es det kliar på ryggen på mig **2** känna begär (lystnad, lust, längtan) (to do s.th. [efter] att göra ngt; for s.th. efter ngt); my fingers ~ to... det kliar i fingrarna på mig att... **itching** [ˈɪtʃɪŋ] **I** s klåda **II** a **1** kliande; ~ powder klipulver **2** lysten, hungrig, nyfiken; have an ~ palm vara girig
item [ˈaɪtəm] **I** s **1** punkt, nummer (on the programme på programmet; on the agenda på dagordningen) **2** [bokförings]post **3** artikel, sak (in a catalogue i en katalog) **4** [news] ~ notis, nyhet (i tidning, TV e.d.) **II** adv likaledes, vidare
itiner|ant [ɪˈtɪn(ə)r(ə)nt] [kring]resande, kringvandrande; ~ theatre group resande teatersällskap **-ary** [aɪˈtɪn(ə)rərɪ] **I** s **1** resväg, rutt; resplan **2** resebeskrivning; resehandbok **II** a rese-
its [ɪts] poss. pron dess; sin
it's [ɪts] = it is; it has
itself [ɪtˈself] rfl o. pers. pron sig, sig själv, själv; the child dressed ~ barnet klädde sig [självt]; and now I get to the problem ~ och nu kommer jag till själva problemet; the frame ~ is worth £1,000 bara ramen är värd 1 000 pund; by ~ för (av) sig själv, själv; in ~ i sig själv; of ~ av sig själv
I've [aɪv] = I have
ivo|ry [ˈaɪv(ə)rɪ] **I** s **1** elfenben **2** elfenbensbete **3** elfenbens|färg, -vitt **4** -ries (pl, sl.) a) [piano]tangenter, elfenben, b) gaddar (tänder), c) tärningar, biljardbollar **II** a elfenbens-; the I~ Coast Elfenbenskusten; ~ tower (bildl.) elfenbenstorn, avskildhet, isolering
ivy [ˈaɪvɪ] bot. murgröna

I

J

J, j [dʒeɪ] (*bokstav*) J, j
jab [dʒæb] **I** *v* **1** sticka; stöta; *~bing pain* stickande smärta; *he ~bed his elbow into my side* han stötte armbågen i sidan på mig **2** stöta (slå) till (*at s.b. with s.th.* ngn med ngt); (*i boxning*) jabba (*at* mot) **II** *s* **1** stöt, stick; slag **2** *vard.* stick, spruta
jabber ['dʒæbə] **I** *v* pladdra, babbla, snattra **II** *s* pladder, babblande, snatter
Jack [dʒæk] *vard. för John;* ~ *Frost* Kung Bore; ~ *Ketch* (*BE.* åld.) bödeln; ~ *the Ripper* (*hist.*) Jack uppskäraren; *before you could say* ~ *Robinson* innan man visste ordet av, i en handvändning; ~ *Tar* (*litt.*) beckbyxa, sjöbuss
jack [dʒæk] **I** *s* **1** karl; *every man* ~ [*of them*] (*vard.*) varenda kotte (en); ~ *of all trades* mångsysslare, tusenkonstnär **2** sjöman, matros **3** *kortsp.* knekt **4** domkraft; vinsch **5** [åsne]hane **6** boll (*siktmärke i bowls*) **7** *elektr.* grenuttag; *tel.* jack **8** *AE. sl.* pengar **9** stövelknekt **10** *sjö.* gös (*liten flagga*) **II** *v* **1** ~ [*up*] lyfta (hissa) [upp] (*med domkraft, vinsch e.d.*) **2** *AE.* jaga (fiska) med lampor **3** *vard.,* ~ *up* höja (*prices* priserna) **4** ~ *in* lämna, överge
jackal ['dʒækɔːl] **1** sjakal **2** underhuggare **3** skurk, svindlare
jack|ass 1 ['dʒækæs] *zool.* åsnehingst; skrattfågel **2** ['dʒækɑːs] *bildl.* åsna, dumskalle **-daw** [-dɔː] *zool.* kaja
jacket ['dʒækɪt] **1** jacka; kavaj, blazer; *dust a p.'s* ~ (*vard.*) ge ngn på pälsen **2** *tekn.* mantel, kåpa, hölje, beklädnad **3** [skydds]omslag (*på bok*); *AE.* [skiv]omslag; *i sht AE.* mapp **4** skal (*på potatis o.d.*); *potatoes baked in their ~s* ugnsbakad potatis
jack|-in-the-box ['dʒækɪndəbɒks] (*pl jacks-in-the-box el. jack-in-the-boxes*) gubben i lådan **-knife** [-naɪf] stor fällkniv **--o'-lantern** [-ə(ʊ)‚-læntən] **1** irrbloss **2** lyktgubbe (*ansikte utskuret ur pumpa*) **-pot** [-pɒt] *spelt.* pott; jackpott; *hit the* ~ (*sl.*) *a*) få jackpott, vinna högsta vinsten, *b*) ha en fantastisk tur
jade [dʒeɪd] *miner.* jade
jaded ['dʒeɪdɪd] **1** utsliten, tröttkörd; matt **2** nedsatt (*appetite* aptit)
jagged ['dʒægɪd] tandad, naggad, ojämn
jaguar ['dʒægjʊə] *zool.* jaguar
jail [dʒeɪl] **I** *s* fängelse **II** *v* sätta i fängelse **jailbird** ['dʒeɪlbɜːd] fängelsekund; fånge **jailbreak** rymning [från fängelse] **jailer** [-ə] fångvaktare **jailhouse** *AE.* fängelse **jailor** [-ə] fångvaktare
jalop[p]y [dʒə'lɒpɪ] *vard.* bilskrälle, rishög
1 jam [dʒæm] **I** *s* **1** trängsel; anhopning, stockning; blockering; stopp; *traffic* ~ trafikstockning; *there's a* ~ *in the pipe* det är stopp i röret **2** *vard.* knipa, klämma; *get into a* ~ råka i knipa **3** *se jam session* **II** *v* **1** stoppa, pressa, klämma (*into* in (ner) i); *be ~med together* vara hopträngda

(hopklämda); ~ *all facts into one page* klämma in alla fakta på en sida **2** fylla, trängas på; *the street was ~med with cars* gatan var fylld av bilar **3** stoppa, sätta ur funktion, blockera; ~ *up* stoppa (bromsa) upp; *don't* ~ *the lock* ha inte sönder låset **3** klämma, krama, pressa, trycka hårt [på]; ~ *on the brakes* ställa sig på bromsen, tvärbromsa **4** *radio.* störa **5** fastna, sitta fast, blockeras, låsa sig; *the window has ~med* fönstret har fastnat **6** *jazzsl.* jamma
2 jam [dʒæm] sylt; marmelad
Jamaica [dʒə'meɪkə] Jamaica
jamboree [‚dʒæmbə'riː] **1** jamboree, internationellt scoutläger **2** skiva, hippa
jam-packed ['dʒæmpækt] proppfull
jangle ['dʒæŋgl] **1** skrälla, låta illa; skramla, klirra, rassla, gnissla **2** skramla (klirra, rassla) med; *it ~d my nerves* det gick mig på nerverna
jani|tor, -tress *fem.* ['dʒænɪ‚tə, -trɪs] **1** *Sk.* [skol]vaktmästare **2** *i sht AE.* fastighetsskötare, portvakt
January ['dʒænjʊərɪ] januari
Japan [dʒə'pæn] Japan **Japanese** [‚dʒæpə'niːz] **I** *a* japansk **II** *s* **1** (*pl lika*) japan **2** japanska [språket]
1 jar [dʒɑː] **1** burk, kruka **2** *BE. vard.* glas; *have a* ~ *with s.b.* ta ett glas med ngn
2 jar [dʒɑː] **I** *s* **1** skakning; stöt; skallrande; skrammel **2** gnissel, skorrande (skärande) ljud; disharmoni **3** *bildl.* chock **4** *bildl.* konflikt, oenighet **II** *v* **1** skaka, vibrera, skallra **2** gnissla, skorra, skära (*against, on* mot); *it* ~ *låta illa* (falskt), inte harmoniera; *his voice ~s on my ears* hans röst skär i mina öron **3** *bildl.,* ~ *on* irritera, plåga; *it ~s on my nerves* det går mig på nerverna **4** strida, skära sig (*with* mot), inte gå ihop (*with* med)
jargon ['dʒɑːgən] **I** *s* **1** jargong, fackspråk; fikonspråk **2** struntprat, dravel; rotvälska **II** *v* använda jargong *etc.*
jasmine ['dʒæsmɪn] *bot.* jasmin
jaun|dice ['dʒɔːndɪs] **1** gulsot **2** *bildl.* avundsjuka, missunnsamhet, bitterhet **-diced** [-dɪst] avundsjuk, missunnsam, bitter; *take a* ~ *view of s.th.* betrakta ngt med avund (bitterhet)
jaunt [dʒɔːnt] **I** *v* göra en utflykt **II** *s* utflykt, tur, färd
jaunty ['dʒɔːntɪ] **1** lätt och ledig, obesvärad; pigg, rask **2** piffig, käck (*hat* hatt)
javelin ['dʒævlɪn] [kast]spjut; *the* ~, *throwing the* ~, ~ *throwing* spjutkastning
jaw [dʒɔː] **I** *s* **1** käke; haka; *lower* ~ underkäke; *upper* ~ överkäke **2** käft[ar] (*på verktyg o.d.*) **3** ~*s* (*pl, bildl.*) käftar, gap; *the ~s of death* dödens käftar **4** ~*s* (*pl*) trång mynning, trångt pass **5** *sl.* käftande; snack; moralpredikan **II** *v, sl.* snacka, babbla; hålla moralpredikan **-bone** ['dʒɔː‚bəʊn] käkben; underkäke
jay [dʒeɪ] **1** *zool.* nötskrika **2** dumskalle; lättlurad person
jazz [dʒæz] **I** *s* **1** jazz **2** *vard.* fart, kläm **3** *sl.* svammel, snack; grejer; *and all that* ~ och allt det där **II** *v* **1** spela (dansa) jazz **2** *vard.,* ~ *up a*) jazza upp, *b*) pigga upp, sätta fart (sprutt) på **jazzy** ['dʒæzɪ] *vard.* **1** jazzig **2** gräll, skrikig; häftig
J.C.D. *förk. för Doctor of Canon Law* (*lat. Juris*

Canonici Doctor); *Doctor of Civil Law* (*lat. Juris Civilis Doctor*) **J.C.R.** *förk. för junior common room* (rum för yngre studenter i Cambridge)

jct[n]. *förk. för junction*

jealous ['dʒeləs] **1** svartsjuk; avundsjuk (*of* på); missunnsam (*of* mot) **2** mån, rädd (*of* om); ängsligt vaksam (*of* på); *keep a ~ eye on* (*watch over*) misstroget bevaka **3** *bibl.* nitälskande (*God* Gud) **jealousy** [-ɪ] **1** svartsjuka; avundsjuka; misstänksamhet **2** ängslig vaksamhet **3** nitälskan

jeans [dʒi:nz] *pl* jeans[byxor]

jeep [dʒi:p] jeep

jeer [dʒɪə] **I** *v* hånskratta (*at* åt); driva, skoja (*at* med) **II** *s* glåpord, gliring

jelly ['dʒelɪ] **I** *s* **1** gelé **2** aladåb; *beat s.b. to a ~* (*vard.*) göra slarvsylta (mos) av ngn **II** *v* göra gelé av; koka in i gelé; *jellied eel* ål i gelé **jelly babies** *BE.* sega gubbar (*godis i form av en baby*) **jellybean** gelékaramell **jellyfish** *zool.* manet **jemmy** ['dʒemɪ] **I** *s* **1** kofot (*inbrott*) **II** *v* bryta upp med kofot

jeopardize (*BE. äv. -ardise*) ['dʒepədaɪz] riskera, äventyra, sätta på spel **-ardy** [-ədɪ] fara; *in ~* i fara; *be in ~ of one's life* sväva i livsfara

jerk [dʒɜ:k] **I** *s* **1** ryck, knyck; kast, släng; stöt; [kramp]ryckning; *physical ~s* (*BE. vard.*) gymnastik; *give a ~* rycka till **2** *AE. sl.* fåntratt, stolle **II** *v* **1** rycka, knycka; kasta (slänga) [i väg]; stöta till; vrida till; *~ out* kasta ur sig, spotta fram (*words* ord) **2** rycka till **3** *AE. vulg.* runka (*onanera*)

jerkin ['dʒɜ:kɪn] väst; *hist.* ärmlös läderjacka

jerky ['dʒɜ:kɪ] ryckig, knyckig; stötig; krampaktig

jerry-build ['dʒerɪbɪld] bygga dåliga hus, göra ett fuskbygge **jerry can** ['dʒerɪkæn] bensin-, jeep|dunk

jersey ['dʒɜ:zɪ] **1** tröja, pullover **2** jerscy (*tyg*)

Jerusalem [dʒə'ru:s(ə)ləm] Jerusalem; *~ artichoke* jordärtskocka

jessamine ['dʒesəmɪn] *bot.* jasmin

jest [dʒest] **I** *s* skämt, skoj; gyckel, drift; *in ~* på skämt (skoj) **II** *v* skämta, skoja (*about* om); gyckla, driva **-er** ['dʒestə] **1** *hist.* narr, gycklare **2** skämtare

Jesuit ['dʒezjʊɪt] jesuit

Jesus ['dʒi:zəs] Jesus; *~ Christ* Jesus Kristus; *the Society of ~* jesuitorden, Jesu sällskap

1 jet [dʒet] **I** *s* **1** stråle; ström; *thin ~ of water* fin vattenstråle; *~ of gas* utströmmande gas **2** *tekn.* munstycke **3** jet[flyg]plan **II** *v* **1** spruta (strömma) ut **2** spruta på **3** flyga med jet[flyg]plan

2 jet [dʒet] *miner.* jet, gagat

jetblack [,dʒet'blæk] kolsvart

jet lag ['dʒetlæg] rubbad dygnsrytm (*efter längre resa med jetplan*) **jet set** ['dʒetset] jet set (*överklass som rör sig mellan världens nöjescentra*)

jettison ['dʒetɪsn] **I** *v* **1** kasta bort, göra sig av med (*old clothes* gamla kläder); överge, förkasta (*plan* plan) **2** kasta över bord **II** *s* gods som kastats över bord

jetty ['dʒetɪ] vågbrytare, pir; [utskjutande] brygga

Jew [dʒu:] **I** *s* jude **II** *a, neds.* judisk

jewel ['dʒu:əl] **I** *s* **1** juvel, ädelsten; smycke; *bildl.* klenod, pärla, skatt **2** sten (*i ur*) **II** *v* **1** pry-

da med juveler **2** förse (*ur*) med stenar **jeweler** *AE.*, **jeweller** *BE.* [-ə] juvelerare, guldsmed; *at the ~'s* i guldsmedsaffären, hos guldsmeden **jewellery** *BE.*, **jewelry** *AE.* [-rɪ] **1** juveler; smycken; *a piece of ~* ett smycke **2** juvelerar-, guldsmeds|yrket

Jewess ['dʒu:ɪs] judinna **Jewish** [-ɪʃ] judisk

1 jib [dʒɪb] *i sht BE.* **1** rygga, dra sig (*at* för); *~ at* (*äv.*) streta emot, skygga för **2** (*om häst*) vägra, skygga (*at* inför)

2 jib [dʒɪb] kranarm

jiff[y] ['dʒɪf(ɪ)] *vard.* ögonblick; *in a ~* på ögonblicket, genast

jig [dʒɪg] **I** *s* **1** jigg (*slags dans*); jiggmelodi **2** *tekn.* jigg **3** (*vid fiske*) pilk, pimpel **II** *v* **1** dansa jigg, jigga **2** skutta (hoppa) [upp och ner] **3** pilka, pimpla **4** låta hoppa (gunga) upp och ner

jiggle ['dʒɪgl] vicka; ruska på; rycka i (*the door handle* dörrhandtaget)

jigsaw ['dʒɪgsɔ:] löv-, kontur|såg; *~ [puzzle]* pussel

jilt [dʒɪlt] överge, ge på båten

jingle ['dʒɪŋgl] **I** *v* **1** (*om klockor*) klinga, pingla; (*om mynt, nycklar*) skramla, klirra **2** klinga (pingla) med; skramla (klirra) med **II** *s* **1** (*klockors*) klingande, pinglande; (*mynts, nycklars*) skramlande, klirr[ande] **2** rytmisk (slående) vers, ramsa; *advertising ~* reklamsnutt

jingo ['dʒɪŋgəʊ] **I** *s* **1** (*pl ~es*) chauvinist, 'jingo' **2** *hy ~!* för tusan! **II** *a* chauvinistisk

jinx [dʒɪŋks] olycksbringare (*pers. o. sak*); *be* (*put*) *a ~ on* dra olycka över

jitter ['dʒɪtə] *vard.* **I** *v* vara nervös (orolig) **II** *s, get the ~s* få stora darren, bli skakis **jitterbug I** *s* **1** jitterbug **2** jitterbuggare; *bildl.* nervknippe, nervös person **II** *v* dansa jitterbug **jittery** [-rɪ] *vard.* skakis, nervis

Jnr. *förk. för junior*

Joan [dʒəʊn] Joan; [*Saint*] *~ of Arc* Jeanne d'Arc

job [dʒɒb] **I** *s* **1** arbete; [arbets]uppgift; *vard.* jobb (*anställning*); *it's your ~ to make coffee* det är din uppgift (ditt jobb) att göra kaffe; *be on the ~* a) vara mitt uppe i sitt arbete, b) *BE. vulg.* knulla; *bring new ~s to a region* skaffa nya arbetstillfällen till en region; *I have a ~ to do* jag har ett arbete att utföra; *know one's ~* kunna sitt arbete; *make a good* (*bad*) *~ of s.th.* göra ngt bra (dåligt) **2** arbete, produkt; *the cabinet is a lovely ~* skåpet är ett underbart arbete **3** *vard.* jobb, hårt arbete, slit, knog, svår uppgift; *I had a ~ doing it* (*to do it*) det var jobbigt (ett slit) att göra det; *it's quite a ~* det är en svår uppgift **4** *vard.* sak, grej; affär; fall; *just the ~!* just precis (vad som behövdes)!, vilken bra grej (idé)!; *it's a good ~!* vilken tur!; *and a good ~ too!* och gudskelov för det!; *that's not my ~* det är inte min sak; *that should do the ~* det borde göra susen; *give s.b.* (*s.th.*) *up as a bad ~* anse ngn (ngt) vara ett hopplöst fall **5** *vard.* stöt, inbrott **6** *barnspr., do a big* (*little*) *~* bajsa (kissa) **7** jobberi **II** *v* **1** arbeta på ackord; ha tillfälliga arbeten **2** jobba, spekulera (*in* i, med); mygla, fiffla **3** (*som mellanhand*) göra affärer (*in* i); *BE.* arbeta som börsmäklare **4** *~* [*out*] lägga ut (*work among contractors* arbete på entreprenörer)

jobber ['dʒɒbə] **1** ackordsarbetare; tillfällighets-

jockey — J.P. 196

arbetare **2** mellanhand, grossist; *BE.* börsmäklare **3** jobbare, svartabörshaj
jockey ['dʒɒkɪ] **I** *s* **1** jockej, jockey **2** *AE. sl.* förare **II** *v* **1** rida på (*a horse in a race* en häst i en kapplöpning) **2** lura (*s.b. into doing s.th.* ngn att göra ngt); manövrera (*s.b. out of a job* bort (ut) ngn från ett arbete) **3** ~ *for position* (i *kapplöpning o. bildl.*) manövrera sig till en bra position
jocular ['dʒɒkjʊlə] skämtsam, lustig, humoristisk **-ity** [,dʒɒkjʊ'lærətɪ] skämtsamhet, lustighet, humor
jog [dʒɒg] **I** *v* **1** jogga; ~ *on* (*along*) lunka (skumpa, trava) [fram]; *we must be* ~*ging* vi måste knalla **2** knuffa (stöta, puffa) till; låta gunga (guppa), komma att skumpa **3** ~ *a p.'s memory* friska upp ngns minne, ge ngn en påstötning **II** *s* **1** knuff, stöt **2** [sakta] lunk **jogger** ['dʒɒgə] joggare
joggle ['dʒɒgl] **I** *v* **1** skaka (ruska) [på] **2** hopfoga med tapp **II** *s* **1** skakande, skumpande; skakning **2** tappfog; klack
jog trot ['dʒɒgtrɒt] *s* jämn (sakta) lunk; *bildl. äv.* slentrian, rutin
John [dʒɒn] John; (*som kunganamn*) Johan; *bibl.* Johannes; ~ *the Baptist* Johannes Döparen; ~ *Bull* John Bull (*personifikation av England o. eng. folket*), typisk engelsman; ~ *Doe* (*jur., förr*) N.N. (*fingerad kärande i vräkningsmål*); ~ *Hancock* (*AE. vard.*) namnteckning, signatur **john** *AE. sl., the* ~ muggen (*toan*)
join [dʒɔɪn] **I** *v* **1** förena, förbinda (*to* med); foga (knyta, slå) samman; ~ *battle* drabba samman, kämpa; ~ *hands a*) knäppa händerna, *b*) räcka varandra händerna, *c*) förena sina krafter, samverka; ~ *two things together* förena (förbinda) två saker [med varandra]; ~*ed in marriage* förenade i äktenskap, [samman]vigda **2** gå in i (vid); bli medlem av (i); ansluta sig till; förena sig (slå sig samman) med; ~ *a university* börja [läsa] vid universitet; *will you* ~ *us?* vill du göra oss sällskap (följa med oss)?, kommer du med [oss]?; *the river* ~*s the sea* ar floden mynnar i havet vid **3** *vard.* gränsa till **4** ~ [*together*] förenas, vara förenad, förena sig (*in* i; *with* med); (*om floder*) flyta samman (ihop); (*om vägar*) mötas; ~ *together in doing s.th.* göra ngt gemensamt (tillsammans); ~ *in a*) delta[ga] i (*a demonstration* en demonstration), blanda (lägga) sig i (*the conversation* samtalet), stämma in i (*the chorus* refrängen), *b*) bli medlem i; *won't you* ~ *in?* vill du inte komma (vara) med?; ~ *up a*) bli soldat, ta värvning, *b*) (*om vägar e.d.*) mötas, *c*) förena sina krafter **5** gränsa till varandra **II** *s* skarv, fog
join|er ['dʒɔɪnə] *i sht BE.* [möbel]snickare **-ery** [-rɪ] snickeri[arbete]
joint [dʒɔɪnt] **I** *s* **1** sammanfogning; fog, skarv; skarvställe; skarvstycke **2** *anat., biol., bildl.* led; *out of* ~ ur led, ur gängorna, i olag **3** *slakt.* [styckad] bit; stek; ~ *of veal* kalvstek **4** *sl.* sylta, dåligt ställe, sämre bar (nattklubb); håla, kvart **5** *sl.* joint (*marijuanacigarett*) **II** *a* förenad, förbunden; gemensam, samfälld (*estate* egendom), delad; med; ~ *account* gemensamt [bank]konto, gemensam räkning; ~ *heir* medarvinge; ~ *ownership* gemensam äganderätt; ~ *resolution* (*AE.*) gemensamt beslut (*av båda lagstiftande*

församlingarna); ~ *stock* aktiekapital **III** *v* **1** hop-, samman[foga, förbinda **2** *slaktar.* stycka
jointly [-lɪ] *adv* gemensamt, samfällt
joist [dʒɔɪst] [bärande] bjälke (balk)
joke [dʒəʊk] **I** *s* **1** skämt; kvickhet, vits, rolig historia; spratt, upptåg; *for a* ~ på skoj (skämt); *crack* (*make*) ~*s* vitsa, skämta; *make a* ~ *of s.b.* skämta (driva) med ngn; *it's no* ~ det är inget skämt (att skämta om); *the* ~ *was on me* det var mig skämtet gick ut över; *it's getting beyond* ~ det börjar gå för långt, det är inte roligt längre; *play a* ~ *on s.b.* spela ngn ett spratt; *I don't see the* ~ jag kan inte se det roliga i det; *take a* ~ tåla skämt **2** föremål för skämt, person man driver med **II** *v* **1** skämta, skoja (*about* om); göra sig lustig (*on över*) **2** driva med, göra narr av
joker ['dʒəʊkə] **1** skämtare **2** *sl.* kille, grabb **3** *kortsp.* joker **joking** [-ɪŋ] **I** *a* skämtsam; *I'm not in a* ~ *mood* jag är inte på skämthumör **II** *s* skämt, skoj; ~ *apart* skämt åsido
jolly ['dʒɒlɪ] **I** *a* glad, munter, uppsluppen; gemytlig, trevlig; *vard.* glad, på snusen; *J*~ *Roger* sjörövarflagga[n] (*med dödskalle o. korsade benknotor*) **II** *adv*, *BE. vard.* mycket, väldigt (*nice* trevlig); ~ *good* fantastisk, jättefin, riktigt bra; *a* ~ *good fellow* en väldigt bra karl, en hedersknyffel **III** *v*, *vard.*, ~ *s.b.* [*up, along*] muntra (pigga) upp ngn
jolt [dʒəʊlt] **I** *v* **1** stöta till **2** *bildl.* skaka om, rycka upp, chocka **3** skaka, skumpa **II** *s* **1** skakning, stöt **2** chock
Jordan ['dʒɔ:dn] **1** *the* ~ Jordan[floden] **2** Jordanien
jostle ['dʒɒsl] **I** *v* **1** knuffa [till], stöta till; knuffa undan **2** trängas, knuffas; tränga sig fram **II** *s* knuff, stöt; knuffande, trängsel; kollision
jot [dʒɒt] **I** *s* jota, dugg; *I don't care* (*give*) *a* ~ jag bryr mig inte ett dugg om det **II** *v* ~ [*down*] kasta (krafsa) ner, anteckna **-ting** ['dʒɒtɪŋ] anteckning
journal ['dʒɜ:nl] **1** tidning; tidskrift, journal **2** journal; dagbok (*äv. bokför.*); liggare; skeppsdagbok, loggbok; domstolsprotokoll; *keep a* ~ föra dagbok **3** *tekn.* axeltapp **-ism** ['dʒɜ:nəlɪz(ə)m] journalistik **-ist** ['dʒɜ:nəlɪst] journalist, tidningsman **-istic** [,dʒɜ:nə'lɪstɪk] journalistisk
journey ['dʒɜ:nɪ] **I** *s* resa; *make a* ~ göra en resa; *go* (*set out*) *on a* ~ resa, ge sig på resa, resa bort; *reach one's* ~*'s end* (*litt.*) nå sitt mål, nå slutet **II** *v* resa
joust [dʒaʊst] **I** *s* tornering **II** *v* tornera
Jove [dʒəʊv] Jupiter; *by* ~*!* ta mig tusan!, för tusan!
jovial ['dʒəʊvjəl] jovial[isk], fryntlig, gladlynt
jowl [dʒaʊl] **1** [under]käke, haka **2** *vanl. pl* kind-[ben]
joy [dʒɔɪ] **I** *s* **1** glädje, fröjd, nöje; källa till glädje; *wish s.b.* ~ lyckönska ngn **2** *BE. vard.* framgång; *I didn't get much* ~ jag hade inte ngn vidare framgång **II** *v* glädjas, fröjdas **joyful** ['dʒɔɪf(ʊ)l] glad, upprymd; glädjande **joyous** [-əs] glad; glädjande **joy ride** *vard.* nöjestripp (*i sht i stulen bil*) **joy stick** *vard.* styrspak (*i flygplan o. dataspel*)
J.P. *förk.* för *Justice of the Peace*

Jr., jr. *förk. för junior*

jubi|lant ['dʒu:bilənt] jublande, överlycklig **-late** [-leɪt] **1** jubla **2** jubilera **-lation** [,dʒu:bɪ'leɪʃn] **1** jubel **2** jubileumsfest **-lee** ['dʒu:bɪli:] **1** *bildl.* fröjdetid **2** jubileum (*i sht 25- el. 50-årsjubileum*) **3** *rom.-kat.* jubelår

judder ['dʒʌdə] *vard., i sht BE.* **I** *v* skaka, vibrera **II** *s* skakning, vibration; ryck

judge [dʒʌdʒ] **I** *s* domare; kännare bedömare; [*the Book of*] *J~s* (*bibl.*) Domareboken; *J~ Advocate General* (*pl J~ Advocates General el. J~ Advocate Generals*) chefsjurist (*vid krigsrätt*); *be a good ~ of antiquities* vara antikvitetskännare, förstå sig på antikviteter; *be no ~ of s.th.* inte kunna bedöma ngt; *I'll be the ~ of that* det måste jag få avgöra själv **II** *v* **1** döma, fälla dom över **2** [be]döma; bestämma, avgöra; *you can ~ for yourself which is best* du kan bedöma (bestämma, avgöra) själv vilket som är bäst; *as far as I can ~* såvitt jag kan bedöma; *you shouldn't ~ people by appearance* man skall inte döma människor efter utseendet **3** anse [för]; *that was ~d to be the best* det ansågs vara det bästa **4** sitta (tjänstgöra) som domare **5** fälla omdöme, döma (*of* om, över); *judging from* (*by*) att döma av

judg[e]ment ['dʒʌdʒmənt] **1** dom, domslut, utslag; *give* (*deliver, pass, pronounce*) ~ fälla (avkunna) dom, fälla utslag (*on* över); *sit in ~ on a* sitta som domare i (*a case* ett mål), *b*) sitta (sätta sig) till doms över **2** [straff]dom, straff **3** dom, kritik **4** bedöm|ning, -ande; omdöme[sförmåga]; *error of ~* felbedömning; *good ~ of distance* god förmåga att bedöma avstånd; *in my ~* enligt mitt bedömande (min mening); *against one's better ~* mot bättre vetande; *give one's ~ on* ge sitt omdöme om; *show ~* visa omdöme[sförmåga]

judgment ['dʒʌdʒmənt] *s, the Last* (*General*) *~* yttersta domen; *~ Day, the Day of ~* domedagen, yttersta dagen

judi|cial [dʒu:'dɪʃl] **1** rättslig, juridisk, rätts-; domstols-, judiciell; dömande, domar-; *~ murder* justitiemord; *take* (*bring*) *~ proceedings against* vidtaga laga (rättsliga) åtgärder mot **-cious** [-ʃəs] omdömesgill, förståndig, klok

jug [dʒʌg] **I** *s* **1** tillbringare, kanna **2** *BE. vard.* glas [öl] **3** *sl.* kåk (*fängelse*) **II** *v* **1** steka (*i gryta*) **2** *sl.* bura in, sätta på kåken

juggernaut ['dʒʌgənɔ:t] **1** nedbrytande (våldsam) kraft; övervälldigande makt; vidunder **2** *BE.* långtradare **3** *J~* Jaggernaut, Jagannath (*hinduisk gud*)

jug|gle ['dʒʌgl] **I** *v* **1** jonglera **2** manipulera med (*siffror e.d.*); ha (*flera saker*) på gång samtidigt **II** *s* jonglerande **-gler** [-ə] **1** jonglör **2** skojare, bedragare

Jugoslavia [,ju:gə(ʊ)'slɑ:vjə] *se Yugoslavia*

juice [dʒu:s] **I** *s* **1** saft; juice; *digestive ~[s]* matsmältningsvätska; *gastic ~[s]* magsaft **2** *vard.* soppa (*bensin*); kräm (*ström*); drink **3** energi, vitalitet **II** *v, ~ up* (*AE. sl.*) *a*) sätta sprätt på (*a party* en fest); *get ~d up* bli packad (*berusad*)

juicy [-ɪ] **1** saftig **2** pikant, saftig (*gossip* skvaller) **3** *sl.* läcker, sexig **4** *i sht AE.* lönsam, fördelaktig

July [dʒu:'laɪ] juli

jumble ['dʒʌmbl] **I** *v* blanda ihop, röra till (*äv.*

bildl.) **II** *s* virrvarr, röra; sammelsurium **jumble sale** loppmarknad (*på välgörenhetsbasar*)

jumbo ['dʒʌmbəʊ] **I** *s* (*pl ~s*) **1** *vard.* koloss, jätte **2** jumbojet[plan] **II** *a, vard.* kolossal, jätte-

jump [dʒʌmp] **I** *s* **1** hopp; skutt, språng; *high ~* höjdhopp; *long* (*AE. broad*) ~ längdhopp; *one ~ ahead* ett steg (steget) före; *on the ~* (*vard., i sht AE.*) *a*) på språng, *b*) på alerten **2** stegring, plötslig uppgång (*i priser e.d.*) **3** ryckning, sprittning; *give s.b. a ~* få (komma) ngn att rycka till, skrämma ngn; *he gave a ~* han ryckte till; *it gave me the ~s* (*sl.*) det gav mig stora skälvan **4** *BE. sl.* ligg, knull **II** *v* **1** hoppa; skutta; *~ at* hoppa mot, bildl. hoppa (nappa) på (*an offer* ett erbjudande), välkomna, gripa (*the chance*); *~ down a p.'s throat* (*vard.*) skälla ut (vara ovettig mot) ngn; *~ for joy* hoppa högt av glädje; *~ into a taxi* hoppa in i en taxi; *~ on s.b.* (*bildl. vard.*) slå ner på ngn; *~ to conclusions* dra förhastade slutsatser; *~ to one's feet* hoppa (rusa) upp; *~ to it* (*vard.*) sätta i gång, sätta fart **2** hoppa (rycka) till, hoppa högt, hoppa upp; *you made me ~* du fick mig att hoppa högt, du skrämde mig ordentligt **3** (*om priser e.d.*) stiga snabbt (plötsligt), rusa i höjden **4** hoppa över (*äv. bildl.*); *~ a fence* (*a few pages*) hoppa över ett staket (några sidor); *~ the rails* spåra ur **5** *vard., ~ bail* (*jur.*) inte infinna sig i rätten, avvika (*under frigivning mot borgen*); *~ the lights* köra mot rött; *~ the queue* gå (smita) före [i kön]; *s.b. hoppa på (överfalla) ngn; *~ ship* (*om sjöman*) avvika från fartyg; *~ a train* tjuvåka med ett tåg **6** få att (låta) hoppa över; *~ a horse over a hurdle* få en häst att hoppa över ett hinder **7** få att hoppa (rusa) upp **8** *~ a car* starta en bil med startkablar **9** *BE. sl.* (*om man*) sätta på, knulla

jumped-up ['dʒʌmptʌp] *vard., ~ people* uppkomlingar **jumper** [-ə] **1** hoppare; (*om häst*) långdhoppare **2** *i sht BE.* jumper; *AE.* förklädesklänning **3** stenborr **jumper cables** [-əkeɪblz] *pl, AE.* startkablar **jumping jack** [-ɪŋ,dʒæk] sprattelgubbe **jump leads** [-li:dz] *pl* startkablar **jumpsuit** overall **jumpy** [-ɪ] **1** nervös, darrig **2** hoppig, ryckig

junction ['dʒʌŋ(k)ʃn] **1** knut[punkt]; [väg]korsning; *railway ~* järnvägsknut **2** förenande; förening[spunkt]; förbindelse **3** *elektron.* koppling; kontaktställe **juncture** [-tʃə] *s, at this ~* vid denna [avgörande] tidpunkt, i detta [kritiska] ögonblick

June [dʒu:n] juni

jungle ['dʒʌŋgl] djungel (*äv. bildl.*); *the law of the ~* djungelns lag

junior ['dʒu:njə] **I** *a* **1** yngre (*to* än); junior, den yngre; junior-; *Parker, J~* Parker junior (den yngre); *the ~ miss* unga fröken (damen); *~ school* (*BE. ung.*) lågstadium (*7–11 år*); *~ high school*, se *high I 9*; *~ team* juniorlag **2** lägre (*i rang*), underordnad **II** *s* **1** yngre person; yngre medlem (medarbetare); *she is my ~ by five years* (*five years my ~*) hon är fem år yngre än jag; *I'll give it to ~* jag ska ge den åt hans junior **2** underordnad [medarbetare] **3** *BE.* lågstadieelev; *AE.* tredjeårs-, junior|student (*vid college*) **4** *sport.* junior

juniper ['dʒu:nɪpə] **1** *bot.* en[buske] **2** ene[trä]

1 junk [dʒʌŋk] **I** *s* **1** skräp, lump, skrot, smörja **2** *bildl.* *vard.* smörja, skräp **3** *sl.* knark (*i sht heroin*) **II** *v,* *vard. i sht AE.* kassera, skrota
2 junk [dʒʌŋk] djonk (*båt*)
junk food ['dʒʌŋkfu:d] *vard.* skräpmat (*chips e.d.*) **junkie** [-ɪ] *vard.* knarkare **junk shop** skrot-, lump|affär **junkyard** skrotupplag
juridical [ˌdʒʊəˈrɪdɪkl] juridisk, rättslig
jurisdiction [ˌdʒʊərɪsˈdɪkʃn] jurisdiktion; domsrätt; rätt[s]skipning; domvärjo; domsrätt
jurist ['dʒʊərɪst] **1** jurist, rättslärd **2** juridisk författare **3** juris studerande, jurist
juristic[al] [dʒʊəˈrɪstɪk(l)] juridisk, rättslig
juror ['dʒʊərə] jurymedlem; [pris]domare
jury ['dʒʊərɪ] **1** jury; *grand* ~ (*i sth AE.*) åtalsjury (*12–23 ledamöter*); *sit (serve) on the* ~ sitta i juryn **2** [tävlings]jury
just [dʒʌst] **I** *a* **1** rättvis, opartisk; hederlig, rättskaffens **2** riktig, korrekt (*account* redogörelse); just; skälig; *as [it] is only* ~ vilket är inte är mer än rätt **3** välförtjänt (*reward* belöning); rättmätig, berättigad, befogad (*criticism* kritik) **4** lagenlig, laglig **II** *adv* **1** just, nyss, nyligen; *they have* ~ *come* de har just (nyss) kommit; *she left* ~ *before I came* hon for just innan jag kom **2** just, strax; alldeles; ~ *after lunch* strax efter lunch; *he's* ~ *leaving* han ska just gå; *I'm* ~ *going to...* jag ska just...; ~ *round the corner* just (alldeles) runt hörnet; *it's* ~ *on five o'clock* klockan är strax fem **3** just, precis, exakt; nätt och jämnt; ~ *now a*) just nu, *b*) alldeles nyss; ~ *so!* just [precis]!, alldeles riktigt!; *not* ~ *yet* inte riktigt ännu; *it's* ~ *as well!* det är (var) lika bra!; *it's* ~ *five o'clock* klockan är exakt fem; *it's* ~ *possible* det är ju (nog) möjligt; *that's* ~ *like you!* det är just likt dig!; *that's* ~ *what I mean* det är just det jag menar; *he was* ~ *in time* han hann precis; *he* ~ *escaped being run over* han undgick med knapp nöd att bli överkörd; *I only* ~ *caught the train* jag han nätt och jämnt med tåget; ~ *what does it mean?* vad exakt betyder det?; *I'm* ~ *about to leave* jag ska just gå **4** bara, endast, blott; ~ *you and me* bara du och jag; ~ *a minute* (*moment, second*)! ett ögonblick [bara]!; ~ *call me Eva!* säg Eva!; *this is* ~ *to confirm* härmed bekräftas; ~ *you dare!* du skulle bara våga!; ~ *imagine!* tänk bara!; ~ *listen!* hör på! **5** verkligen, alldeles, helt enkelt; *it's* ~ *wonderful* det är verkligen underbart; *that's* ~ *about the limit!* det är verkligen höjden!
justice ['dʒʌstɪs] **1** rättvisa, rätt; rättskaffenhet; *court of* ~ domstol; *High Court of J*~ (*ung.*) hovrätt; *law and* ~ lag och rätt; *administer* ~ skipa rättvisa (rätt, lag); *bring to* ~ dra inför rätta; *do* ~ *to a*) göra rättvisa åt, *b*) göra heder åt, *c*) behandla (bedöma) rättvist; *do o.s.* ~ göra sig själv rättvisa **2** riktighet, rätt; berättigande; *the* ~ *of* riktigheten (det berättigade) i; *with* ~ med rätta **3** domare (*i Supreme Court of Judicature*); ~ [*of the peace*] fredsdomare; *Lord J*~ domare (*i appellationsdomstol*); *Lord Chief J*~ president i högsta domstolen
justifiable ['dʒʌstɪfaɪəbl] rättmätig, försvarlig, befogad, berättigad **justification** [ˌdʒʌstɪfɪ'-keɪʃn] berättigande; rättfärdigande, försvar **justify** ['dʒʌstɪfaɪ] rättfärdiga; försvara; ursäkta,

urskulda; *the end justifies the means* ändamålet helgar medlen; *he was justified in taking the money* han var berättigad (gjorde rätt i) att ta pengarna **2** [be]styrka, bevisa **justly** ['dʒʌstlɪ] *adv* rättvist; riktigt; med rätta
jut [dʒʌt] **I** *s* utskjutande del **II** *v,* ~ [*out, forth*] sticka (skjuta) ut (fram)
jute [dʒu:t] *bot. o. textil.* jute
Jutland ['dʒʌtlənd] Jylland
juvenile ['dʒu:vənaɪl] **I** *a* **1** ungdomlig, barnslig, omogen, juvenil; ung **2** ungdoms-; ~ *court* ungdomsdomstol; ~ *delinquency* ungdomsbrottslighet; ~ *delinquent* ungdomsbrottsling **II** *s* **1** ungdom, ung person; minderårig; ungt djur; ung växt **2** ungdomsbok

K, k [keɪ] (*bokstav*) K, k
kail, kale [keɪl] **1** grön-, krus|kål **2** *Sk.* kål **3** *AE. sl.* stålar
kaleidoscope [kəˈlaɪdəskəʊp] kalejdoskop
kangaroo [ˌkæŋgəˈru:] *zool.* känguru
karate chop karateslag
kayak ['kaɪæk] kajak
keel [ki:l] **I** *s* köl; *poet.* skepp; *on an even* ~ *a*) på rät köl, *b*) *bildl.* på rätt köl, i balans **II** *v,* ~ [*over*] *a*) kantra, kapsejsa, *b*) *vard.* klappa ihop **-son** ['kelsn] kölsvin
keen [ki:n] **1** ivrig, angelägen; entusiastisk; ~ *on* förtjust i, entusiastisk för, pigg på; *she's* ~ *on getting the job finished* hon är ivrig (angelägen om) att bli färdig med arbetet **2** vass, skarp (*knife* kniv) **3** skarp, genomträngande, bitande (*wind* vind); ~ *satire* bitande satir **4** intensiv, djup, stark, häftig (*desire* önskan; *pain* smärta); skarp, fin (*hearing* hörsel); frisk, stor (*appetite* aptit); hård, skarp (*competition* konkurrens) **5** *i sht BE.* (*om pris*) konkurrenskraftig **6** *sl., i sht AE.* toppen **-ness** ['ki:nnɪs] iver; skärpa (*äv. bildl.*); intensitet *etc., jfr I keen*
keep [ki:p] **I** *v* (*kept, kept*) **1** hålla; behålla, hålla (ha) kvar; förvara; uppehålla; ~ *a place for s.b.* hålla en plats åt ngn; ~ *one's bed* (*i sht AE.*) stanna i sängen; ~ *one's ground* hålla stånd; ~ *your seats!* behåll era platser!, sitt kvar!; ~ *it as a souvenir!* behåll den som ett minne!; ~ *in mind* hålla i minnet, komma ihåg, tänka på; ~ *s.b. in prison* hålla ngn fängslad; *where do they* ~ *their money?* var förvarar de sina pengar?; *you mustn't* ~ *her* du får inte uppehålla henne; *what kept you?* varför kommer du så sent?; *what's* ~*ing them?* var håller de hus?, varför dröjer de? **2** hålla; ha; ~ *the beat* hålla takten; ~ *bad company* vara i dåligt sällskap; ~ *one's course* (*AE.*) hålla kursen; *well*

kept garden välskött trädgård; ~ *the path (AE.)* följa stigen; ~ *one's hands in one's pockets* ha händerna i fickorna; ~ *late hours* lägga sig sent; ~ *a note of* anteckna, skriva upp; ~ *the dog quiet* hålla tyst på hunden; ~ *s.b. at work* hålla ngn i arbete; ~ *s.b. waiting* låta ngn vänta **3** hålla (*one's promise* sitt löfte); följa, iaktta[ga], rätta sig efter (*rules* regler); uppfylla (*one's obligations* sina förpliktelser; bevara (*a secret* en hemlighet) **4** ha (*a shop* en affär); hålla sig med; ha hand om; ~ *bees* ha bin; ~ *a car* hålla sig med bil; *who ~s your cat while you are away?* vem ser efter (tar hand om) din katt när du är bortrest; ~ *house for s.b.* hushålla för ngn **5** underhålla, försörja; ~ *a large family to* ~ ha en stor familj att försörja; ~ *a mistress* ha en älskarinna; *kept woman* älskarinna **6** [be]hålla, hålla inne med, inte avslöja; ~ *this to yourself* behåll det för dig själv; *can you* ~ *this from your brother?* kan du hemlighålla det för din bror? **7** vakta, sköta; rkydda, göra sta i ll
tal; ~ *sheep* vakta får; *God* ~ *you!* (*åld.*) Gud vare med dig! **8** föra (*accounts* räkenskaper; *a diary* dagbok) **9** *i sht BE.* föra, ha [till försäljning]; *we don't* ~ *handbags* vi för inte handväskor **10** fira (*Christmas* jul) **11** hålla, köra, gå ([*to the*] *right* till höger); fortsätta (*straight on* rakt fram) **12** fortsätta (*doing s.th.* att göra ngt); *she* ~*s changing her plans* hon ändrar hela tiden sina planer; ~ *going* fortsätta, hålla på, hålla sig i gång; ~ *moving!* rör på er!; ~ *smiling!* se glad ut!, upp med humöret!; *I* ~ *thinking...* jag tror fortfarande...; ~ *walking* gå vidare **13** förbli; hålla sig; ~ *calm* hålla sig lugn; ~ *fit* hålla sig i form; *-- quiet!* håll (var) tyst!, *how are you* ~*ing?* hur står det till [med dig]? **14** (*om mat o.d.*) hålla (stå) sig; *these apples will* ~ *all winter* de här äpplena håller sig hela vintern; *the meat won't* ~ köttet håller sig inte **15** vänta; *that business can* ~ den saken kan vänta; *will it* ~? kan det vänta? **16** ~ *at a*) framharda i, fortsätta med, *b*) driva på, hålla i strama tyglar; ~ *away* hålla [sig] borta (på avstånd); ~ *back a*) hålla inne med, *b*) hejda, hindra; ~ *down a*) undertrycka, hålla tillbaka, hålla nere, *b*) ligga lågt; ~ *from* skydda (bevara) från; ~ *s.b. from doing s.th.* hindra (avhålla) ngn från att göra ngt; ~ *in a*) hålla inne, *b*) hålla in (*one's stomach* magen), *c*) hålla inne med, lägga band på, tygla, *d*) låta (*elev*) sitta kvar, *e*) hålla liv i (*eld*); ~ *s.b. in clothes* hålla ngn med kläder; ~ *in with* hålla sig väl med; ~ *off a*) hålla på avstånd (borta), *b*) hålla sig ifrån, undvika (*mat el. dryck*); ~ *off the grass!* beträd ej gräsmattan!; *if the rain ~s off* om det inte blir regn; ~ *on a*) fortsätta [med] (*doing s.th.* att göra ngt), *b*) behålla på, inte ta av sig (*one's coat* kappan), *c*) behålla (*personal*); ~ *on about* tjata om; ~ *on at* tjata på; ~ *out a*) hålla (stänga) ute, *b*) hålla sig ute; ~ *out of* hålla sig borta från, hålla sig ifrån; ~ *out of a p.'s way* hålla sig (gå) ur vägen för ngn; ~ *to* hålla sig till (*the subject* ämnet), hålla fast vid (*one's plans* sina planer), stå fast vid (*one's promise* sitt löfte); ~ [*o.s.*] *to o.s.* hålla sig för sig själv; ~ *s.th. to o.s.* [be]hålla ngt för sig själv, tiga om ngt; ~ *to the right* hålla (gå, köra) till höger; ~ *together* hålla ihop (tillsammans); ~ *under a*) hålla nere, *b*) undertrycka, tygla, kuva; ~ *the fire*

under hålla elden under kontroll; ~ *up a*) hålla uppe, uppehålla (*äv. bildl.*), *b*) hålla i stånd, vidmakthålla, upprätthålla (*traditions* traditioner), bibehålla, *c*) hålla sig uppe (*äv. bildl.*), *d*) hålla i sig; *the child kept me up all night* barnet höll mig uppe hela natten; ~ *one's chin up* hålla modet uppe; ~ *it up!* fortsätt med det!, ge inte upp!; ~ *up with a*) hålla jämna steg med, hinna med, *b*) hålla sig à jour med (informerad om), *c*) hålla brevkontakt (korrespondera) med, *d*) *vard.* kunna tävla med, inte vara sämre än; ~ *up with the times* följa med sin tid **II** *s* **1** uppehälle, levebröd **2** huvudtorn (*i medeltidsfästning*) **3** *vard., for ~s* för alltid, för gott

keep|**er** ['ki:pə] **1** [djur]skötare **2** [musei]intendent **3** vakt[are], vårdare, skötare **4** hållare **5** [magnet]ankare **-ing** [-ɪŋ] **1** förvar, vård **2** *be in* ~ *with* överensstämma (harmoniera) med; *be out of* ~ *with inte gå (passa)* ihop med, svara mot **-sake** minne, minnes|sak, -gåva, souvenir

keg [keg] kagge; ölfat; öl (*från fat*)

kelson ['kelsn] *sjö.* kölsvin

kennel ['kenl] **I** *s* **1** hundkoja; *vanl. pl* ~*s* kennel, hundgård **2** lya, kula, håla **3** kyffe **4** koppel [hundar] **II** *v* bo (stänga in) i hundkoja (kennel)

kept [kept] *imperf. o. perf. part. av keep*

kerb [kɜ:b] trottoarkant **-stone** ['kɜ:bstəʊn] kantsten (*på trottoar*)

kernel ['kɜ:nl] **1** kärna (*äv. bildl.*) **2** [säds]|korn, vetekorn

kerosene ['kerəsi:n] fotogen

kettle ['ketl] [te-, kaffe]panna; kittel; *the -- is boiling* tevattnet (kaffevattnet) kokar; *a pretty (fine)* ~ *of fish* en salig röra **-drum** puka **--holder** [-ˌhəʊldə] grytlapp

key [ki:] **I** *s* **1** nyckel (*äv. bildl.*); lösning **2** tangent (*på piano, skrivmaskin m.m.*); klaff (*på klarinett e.d.*) **3** facit, nyckel; teckenförklaring (*på karta e.d.*) **4** *mus.* tonart; *bildl.* ton[läge], röst[läge]; *in the* ~ *of G* i G; *sing off* ~ sjunga falskt; *speak in a low* ~ tala med låg röst; *a poem in a melancholy* ~ en dikt med melankolisk stämning **5** färgton, nyans **6** *bot.* vingfrukt **7** *the House of K*~*s* folkrepresentationen (*på ön Man*) **II** *a* viktig, nyckel- **III** *v* **1** anpassa (*to* efter) **2** *mus.* stämma **3** *bildl.*, ~ *up* skruva (jaga) upp, stimulera

keyboard ['ki:bɔ:d] klaviatur; manual (*på orgel*); tangentbord **keyboard instrument** klaverinstrument **keyhole** nyckelhål **keynote** *mus. o. bildl.* grundton; *bildl. äv.* grund|tanke, -princip **key signature** *mus.* [fasta] förtecken, tonartsbeteckning

kick [kɪk] **I** *s* **1** spark; ~ *in the pants* (*sl., bildl.*) spark i ändan, bakslag, motgång; ~ *in the teeth* (*sl.*) avspisning, avslag **2** rekyl (*från skjutvapen*) **3** *vard.* spänning; stimulans; kick (*av knark, alkohol*); *for* ~*s* för nöjes skull; *get a* ~ *out of s.th.* tycka jättemycket om ngt, tycka ngt är helkul **4** *vard.* krut, sting (*i drink*) **5** *vard.* styrka, kraft **II** *v* **1** sparka [till]; ~ *the bucket* (*sl.*) kola [av] (*dö*); ~ *one's heels* stå och vänta, vara sysslolös **2** sparka[s]; ~ *against the pricks a*) handla mot sitt samvete, *b*) spjärna mot udden **3** (*om skjutvapen*) rekylera **4** *vard.* protestera (*against* mot); klaga; göra motstånd (*against* mot) **5** *vard.* växla (*i sht i sportbil*) **6** *vard.* lägga av med (*heroin* heroin);

lägga av (*a habit* en vana) **7** ~ *about* (around) *vard. a)* köra med (*ngn*), *b)* diskutera fram och tillbaka, *c)* vandra (driva) omkring (runt), *d)* ligga och skräpa; ~ *off a*) *sport.* göra avspark, *b) vard.* sparka i gång, börja, *c)* sparka av sig (*skor*); ~ *out* sparka (kasta) ut; ~ *over the traces* hoppa över skaklarna; ~ *up* riva (virvla) upp (*dust* damm); ~ *up a row* (*din, shindy*) ställa till bråk; ~ *up one's heels* (*vard.*) slå klackarna i taket; *he was ~ed upstairs* (*vard.*) han blev sparkad snett uppåt

kickback ['kıkbæk] **1** häftig reaktion; återverkan **2** *AE.* provision på inkomst (*betalas olagligen t. ngn med inflytande över inkomstens storlek*) **kickoff** [ˌkık'ɒf] *sport. o. bildl.* avspark; *bildl. äv.* igångsättande; *for a* ~ till att börja med

1 kid [kıd] **I** *s* **1** killing, kid **2** chevreau, get-, killing|skinn **3** *vard.* barn, unge; *listen, ~!* hör på, grabben!; *it's ~'s stuff a*) det är för barn, *b)* det är en barnlek **II** *v* få killingar

2 kid [kıd] *vard.* **1** lura, narra; retas med **2** skämta, skoja; retas; *you're ~ding!* du skämtar!; *no ~ding!* helt säkert!, bergis!

kid|die, -dy [-ı] *vard.* litet barn, pyre

kidnap ['kıdnæp] kidnappa, röva bort **-per** [-ə] kidnappare **-ping** [-ıŋ] kidnapp[n]ing, bortrövande; barnarov

kidney ['kıdnı] **1** njure **2** slag, sort; *of the same* ~ av samma slag (sort)

kill [kıl] **I** *v* **1** döda, slå ihjäl (*äv. bildl.*), mörda; slakta; utrota; *be ~ed* (*äv.*) omkomma, dö; *be ~ed in action* stupa (falla) i strid; ~ *o.s.* ta livet av sig, begå självmord; ~ *two birds with one stone* slå två flugor i en smäll; ~ *time* fördriva (slå ihjäl) tiden; *this colour ~s the other ones* den här färgen slår ihjäl de andra; ~ *off* döda, slå ihjäl, slakta, utrota **2** *vard.* ta död (kål, knäcken) på, ta livet av; *the effort ~ed her* ansträngningen tog nästan död på henne; *my feet are ~ing me* jag ha så ont i fötterna att jag kan dö; *don't ~ yourself!* förta (överansträng) dig inte!; *he was ~ing himself* [*laughing*] han höll på att skratta ihjäl sig **3** *sport.* döda, dämpa, stoppa (*boll*) **4** *vard.* stänga av (*motor*); bryta (*ström*) **5** *vard.* stryka (*three lines* tre rader); förkasta (*a bill* ett lagförslag) **6** *sl.* knäcka, tömma (*a bottle of whisky* en flaska whisky) **7** döda; *cigarettes can* ~ cigaretter kan döda; *dressed* (*got up*) *to* ~ uppklädd till tusen **II** *s* **1** dödande (*vid jakt, tjurfäktning*); *be in at the* ~ (*bildl.*) vara närvarande vid slutet **2** [jakt]byte

kill|er ['kılə] **1** mördare, dråpare; slaktare **2** ngt dödande; utrotningsmedel; *this disease is a* ~ den här sjukdomen är dödlig **-ing** [-ıŋ] **I** *a* **1** dödande, dödlig **2** *bildl. vard.* mördande (*pace* tempo) **3** vansinnigt rolig, festlig, urkomisk **II** *s* **1** dödande *etc., jfr kill I*; mord **2** klipp, kap; *make a* ~ göra ett klipp **--joy** glädjedödare **--time** tidsfördriv

kiln [kıln] **I** *s* brännugn (*för porslin, tegel e.d.*); torkugn **II** *v* bränna (torka) i brännugn (torkugn)

kilo ['ki:ləʊ] *förk. för kilogram; kilometre*

kilo|gram[me] ['ki:ləʊgræm] kilogram **-meter** [-ˌmi:tə] kilometer

kilt [kılt] kilt

kin [kın] **I** *s* släkt[ingar]; familj; släktskap; *of* ~ släkt, besläktad; *next of* ~ närmaste släkting[ar]

II *a* släkt, besläktad (*to* med)

1 kind [kaınd] **1** sort, slag, art, natur; *a* ~ *of* ett (något) slags, en sorts; *I know your* ~ jag känner din typ; *he's my* ~ *of man* han är min typ; *a different* ~ *of* ett annat slags; *several* ~*s of tea* flera sorters te; *these* ~ *of people, people of this* ~ den sortens människor; *these* ~ *of trees* den här sortens träd; *these* ~*s of trees* dessa slags träd; *what* ~ *of* [*a*] *teacher is she?* var för slags (hurdan) lärare är hon?; *they differ in* ~ de är av olika slag; *they are all of a* ~ de är av [ett och] samma slag; *heating of a* ~ uppvärmning av ngt slag; *nothing of the* ~ *a)* inget i den stilen, *b)* inte alls, visst inte; *something of the* ~ ngt i den stilen **2** *vard.*, ~ *of* ganska, på sätt och vis, nästan; *I* ~ *of thought that...* jag trodde nästan (nog, halvt om halvt) att... **3** *in* ~ i natura; *return in* ~ betala igen med samma mynt

2 kind [kaınd] *a* vänlig, god, snäll, älskvärd (*to* mot); (*om klimat*) behaglig, mild; ~ *deeds* goda gärningar; ~ *regards* hjärtliga (vänliga) hälsningar; *would you be* ~ *enough* (*so* ~ *as*) *to* vill du vara snäll (vänlig) och

kindergarten ['kındəˌgɑ:tn] lekskola, kindergarten

kindle ['kındl] **1** antända, tända; lysa upp; *bildl.* [upp]tända, väcka **2** antändas, fatta eld; lysa[s] upp; *bildl.* flamma upp, väckas **kindling** ['kındlıŋ] tänd-, torr|ved, tändmaterial

kind|ly ['kaındlı] **I** *a* vänlig, välvillig, god[hjärtad]; (*om klimat*) mild, behaglig **II** *adv* vänligt, snällt, älskvärt; ~ *shut the door* var snäll och stäng dörren; *take* ~ *to* gilla, finna sig i **-ness** [-nıs] vänlighet, godhet, snällhet, älskvärdhet, välvilja (*to* mot)

kindred ['kındrıd] **I** *s* **1** släktskap (*genom blodsband*); *bildl.* likhet **2** *koll.* släkt[ingar] **II** *a* besläktad; liknande; ~ *spirit* själsfrände

king [kıŋ] **I** *s* **1** kung, konung (*äv. bildl.*); *K~s* (*bibl.*) Konungaböckerna; *oil* ~ oljemagnat; ~ *of the castle a)* (*lek*) herre på täppan, *b) bildl.* högsta hönset; *the K~ in Council* kungen och hans rådsherrar; *K~'s speech* trontal **2** *kortsp., schack.* kung; (*i damspel*) dam; ~ *of diamonds* ruter kung **II** *v* **1** göra till kung **2** ~ *it* spela kung, vara överlägsen

kingdom [-dəm] **1** kunga|rike, -döme; *the* ~ *of Sweden* kungariket Sverige **2** *naturv. o. bildl.* rike; *the animal* (*plant, mineral*) ~ djurriket (växtriket, mineralriket); *the* ~ *of heaven* himmelriket; *thy* ~ *come* (*bibl.*) tillkomme ditt rike; *till* ~ *come* (*vard.*) i all evighet; *send s.b. to* ~ *come* (*vard.*) förpassa ngn till sällare jaktmarker

kingpin [-pın] **1** *tekn.* spindelbult **2** (*i bowling*) mittenkägla; (*i kägelspel*) kung **3** *vard.* ledare, stöttepelare; viktig punkt, huvudpunkt **king-size[d]** [-saız(d)] extra stor, jättestor, kingsize, extra lång, jättelång

kink [kıŋk] *s* **1** kink, ögla, knut (*på tågvirke e.d.*) **2** sendrag **3** aber, hake; egenhet, fix idé **4** *BE. vard.* sexuell avvikelse **5** *AE.* ljus idé **kinky** ['kıŋkı] **1** *sl.* knäpp; sexuellt avvikande, pervers **2** full med knutar **3** krullig

kinship ['kınʃıp] släktskap (*äv. bildl.*); blodsband; *bildl.* likhet, frändskap **kinsman** ['kınzmən] [manlig] släkting, anförvant **kins-**

woman ['kinz,wumən] [kvinnlig] släkting, anförvant
kiosk ['ki:ɒsk] kiosk
kip [kɪp] *BE. sl.* **I** *s* **1** sömn **2** *sl.* slaf (*säng*) **II** *v, sl.* slafa, kvarta; ~ *down* gå och kvarta
kipper ['kɪpə] **I** *s* **1** 'kipper' (*slags rökt och saltad sill*) **2** laxhanne (*under parningstiden*) **II** *v* röka och salta sill
kiss [kɪs] **I** *s* **1** kyss; puss; ~ *of death* (*bildl.*) dödsstöt; *give s.b. the* ~ *of life* (*vard.*) behandla ngn med mun mot mun-metoden; *blow a* ~ kasta en slängkyss **2** lätt beröring **II** *v* **1** kyssa; pussa; ~ *the dust* bita i gräset; ~ *the ground* krypa i stoftet **2** lätt beröra [varandra] **3** kyssas; pussas; ~*ing cousin* kär släkting, förtrolig vän; ~ *off* (*AE. vard.*) göra sig av med, avfärda; ~ *and make up* försonas med en kyss
kit [kɪt] **I** *s* **1** utrustning; grejor; ställ, uppsättning; kläder, mundering; *first-aid* ~ förbandslåda; *gym* ~ gymnastikkläder; *repair* ~ reparationsverktyg, -grejor; *safari* ~ safariutrustning **2** *vard. the whole* ~ [*and caboodle*] hela bunten (rasket) **II** *v, ~ out* (*up*) (*i sth BE.*) utrusta, förse
kitchen ['kɪtʃɪn] kök
kitchenet[te] [,kɪtʃɪ'net] kokvrå; kokskåp
kitchen sink [-sɪŋk] diskbänk; diskho; *everything except the* ~ allt upptänkligt, precis allt **kitchenware** [-,weə] köksutrustning, -redskap
kite [kaɪt] **I** *s* **1** [leksaks]drake; *BE. sl.* kärra (*flygplan*); *fly a* ~ *a*) flyga med en drake, *b*) *bildl.* skicka ut en trevare, *c*) skaffa pengar på en växel; *K*~ *mark* (*BE.*) triangelmärke (*officiellt kvalitetsmärke*) **2** *zool.* glada **3** *sjö.* lätt [topp]segel **II** *v* flyga med drake; sväva **--flying** [-,flaɪŋ] drakflygning; *bildl.* opinionspejling
kith [kɪθ] *s, ~ and kin* släkt[ingar] och vänner
kitten ['kɪtn] **I** *s* kattunge; *have* ~*s* (*BE. vard.*) få spader, få fjärilar i magen **II** *v* få [katt]ungar **1 kitty** ['kɪtɪ] kissemiss, kattunge
2 kitty ['kɪtɪ] *spel.* pott, insats **2** gemensam kassa
kiwi ['ki:wi:] **1** kivi[fågel]; kiwi[frukt] **2** *sl., K*~ nyzeeländare
kleptoma|nia [,kleptə(ʊ)'meɪnjə] kleptomani **-niac** [-nɪæk] kleptoman
knack [næk] knep, trick; talang, skicklighet; *there's a* ~ *to* (*in*) *it* det finns ett knep med det; *get the* ~ *of s.th.* få kläm på ngt; *he's got a* ~ *of saying the wrong thing* han har en förmåga att säga fel saker
knapsack ['næpsæk] ryggsäck, ränsel
knave [neɪv] **1** *åld.* skojare, kanalje **2** *kortsp.* knekt
knead [ni:d] **1** knåda **2** massera
knee [ni:] **I** *s* knä (*äv. tekn.*); *be on one's* ~*s* ligga på knä; *bend* (*bow*) *the* ~ böja knä, knäböja (*to* för); *bring s.b. to his* ~*s* tvinga ngn på knä; *go* [*down*] (*fall down*) *on one's* ~*s* falla på knä (*to* för); *on one's bended* ~*s* på sina bara knän **II** *v* stöta till med knät
kneecap [-kæp] **1** *anat.* knäskål **2** knäskydd **knee-deep** [,ni:'di:p] [som går] ända [upp] till knäna, [nedsjunken] till knäna; *bildl.* upp över öronen
kneel [ni:l] **I** *v* (*knelt, knelt el.* ~*ed,* ~*ed*) knäböja, falla (ligga) på knä (*to, before* [in]för); ~ *down*

falla på knä **II** *s* knäböj|ning, -ande
kneepan ['ni:pæn] *anat.* knäskål
knell [nel] **I** *s* **1** själaringning **2** varsel, förebud (*om olycka*) **II** *v* ringa själaringning
knelt [nelt] *imperf. o. perf. part. av kneel*
knew [nju:] *imperf. av know*
knickerbockers ['nɪkəbɒkəz] *pl* knickerbockers, knäbyxor, (*slags*) golfbyxor **knickers** [-z] *pl* **1** [dam]underbyxor **2** *se knickerbockers*
knife [naɪf] **I** *s* (*pl knives*) kniv; *have one's* ~ *into s.b.* ha ett horn i sidan till ngn; *be under the* ~ opereras **II** *v* knivhugga, sticka ner (*m. kniv*); sticka knivvin i
knight [naɪt] **I** *s* **1** *hist. o. bildl.* riddare; [ordens]-riddare; ~ *of the road* (*BE. vard. el. neds.*) landsvägsriddare **2** knight (*lägre, ej ärftlig adelstitel*) **3** *schack.* springare, häst **II** *v* dubba till riddare; adla **knighthood** ['naɪthʊd] **1** riddarvärdighet; knightvärdighet; *receive a ~* bli dubbad till riddare, få riddarvärdighet, få en knighttitel **2** ridderlighet **3** *koll.* ridderskap
knit [nɪt] (~*ted,* ~*ted el. knit, knit*) **1** sticka (*socks* strumpor); *a* ~*ted cardigan* en stickad kofta **2** ~ [*together, up*] fast förena, binda (knyta, foga) samman **3** rynka, dra ihop (*one's eyebrows* pannan, ögonbrynen) **4** ~ [*up*] förenas, sammanfogas, (*om ben*) växa ihop **5** rynkas, dra ihop; *her eyebrows* ~ hennes panna (ögonbryn) rynka[de]s
knitting ['nɪtɪŋ] stickning, stickat plagg **knitting needle** [-,ni:dl] sticka **knitwear** [-weə] stickade plagg, stickat
knives [naɪvz] *pl av knife*
knob [nɒb] **I** *s* **1** knopp, knapp; ratt (*på radio e.d.*); (*runt*) dörr|handtag, -vred; *and the same to you with* [*brass*] ~*s on* (*BE. vard.*) likaledes och med råge **2** utväxt; knöl (*på trädstam*) **3** [rund] kulle **II** *v* **1** förse med knopp *etc.* **2** bukta ut **-by** ['nɒbɪ] knölig; knölig
knock [nɒk] **I** *s* **1** slag; stöt; knackning; *he gave the box a* ~ han slog i mot till lådan; *her knee got a* ~ hon slog i knät; *there was a* ~ *at the door* det knackade på dörren **2** knackning (*i motor*) **3** *sl.* kritik; smäll; *take the* (*a*) ~ (*sl.*) bli knäckt (ruinerad) **II** *v* **1** slå [till]; stöta [till]; bulta, knacka; ~ *one's elbow* stöta till (i) armbågen; ~ *a hole in the wall* slå upp (göra) ett hål i väggen; ~ *holes in an argument* slå hål på ett argument; ~ *s.b. unconscious* slå ngn medvetslös **2** *vard.* racka ner på, sabla ner, kritisera **3** *BE. sl.* knulla [med] **4** knacka, bulta (*at the door* på dörren) **5** kollidera (*against, into* med) **6** (*om motor*) knacka **7** ~ *about* (*around*) *a*) misshandla, *b*) diskutera, prata igenom, *c*) vandra (driva, fara) omkring [i], *d*) hålla ihop (*with a gang* med ett gäng); ~ *back* (*vard.*) svepa, hälla (stjälpa) i sig; *how much did it* ~ *you back?* hur mycket gick du back på den?; ~ *down a*) slå ner (till marken), *b*) slå bort, klubba (*på auktion*), *c*) riva, demolera, montera ner, demontera, *d*) *vard.* pressa [ner], slå av på (*pris*); ~ *in* slå in (i); ~ *s.b. into the middle of next week* ge ngn en rejäl snyting; ~ *off a*) *vard.* sluta [jobbet], lägga av (*one hour early* en timme tidigare), *b*) *vard.* svänga (smälla) ihop (*an article* en artikel), *c*) pruta (slå av) (*pris*), *d*) *sl.* knäppa (*döda*), *e*) *sl.* råna, sno, *f*) *sl.* lägga av med, *g*) *sl.*

sätta på (*kvinna*); ~ *it off!* (*sl.*) lägg av!; ~ *on* slå på (mot, i); ~ *s.b. on the head* slå ngn i huvudet; *that ~ed her plans on the head* det saboterade (kullkastade) alla hennes planer; ~ *out a*) slå ut (*a tooth* en tand), slå (knacka) ur (*one's pipe* pipan), *b*) slå knockout på, knocka, slå ut, slå medvetslös, *c*) slå, besegra, *d*) vard. överväldiga, chocka; ~ *the bottom out of* (*vard.*) *a*) slå botten ur, *b*) bildl. slå hål på, kullkasta; ~ *over* stjälpa, slå (stöta) omkull; ~ *together* (*vard.*) smälla (svänga) ihop, snabbt sätta ihop; ~ *up a*) smälla upp (*a shed* ett skjul), snabbt sätta upp, *b*) svänga ihop (*a meal* en måltid), *c*) BE. vard. väcka [upp], *d*) sl. göra på smällen, *e*) BE. vard. ta knäcken på, trötta ut, *f*) (*i kricket*) göra (*poäng*), *g*) (*i tennis o.d.*) slå några bollar (*för att värma upp*); ~ *up against* (*vard.*) stöta ihop med **knockdown** [‚nɒk'daʊn] I *a* **1** knockout-, överväldigande; ~ *blow* dråpslag **2** *i sht* BE., ~ *price* minimi-, vrak-, fynd|pris **3** isärtagbar, monteringsbar II *s*, AE. o. Austr. vard. presentation, introduktion **knocker** ['nɒkə] **1** portklapp **2** *sl. pl* ~*s* pattar (*bröst*) **3** *Austr. vard., on the* ~ på stubben, genast **knock-kneed** [‚nɒk'ni:d] kobent **knockout** ['nɒkaʊt] I *s* **1** knockout[slag] **2** utslagstävling **3** vard. toppen|kille, -tjej, pangbrud; pang|grunka, -grej II *a* **1** knockout-; ~ *blow* knockoutslag, dråpslag; ~ *drops* knockoutdroppar **2** ~ *contest* utslagstävling **knock-up** [nɒk'ʌp] träning, bollning, inslagning (*före tennismatch e.d.*)

knoll [nəʊl] liten rund kulle

knot [nɒt] I *s* **1** knut; knop; *bildl.* band, bojor; *the marriage* ~ äktenskapets band **2** rosett **3** *bildl.* knut, svårighet, svårt problem; *tie o.s. in* ~*s* trassla in sig, bli helt förvirrad **4** klunga, grupp **5** knota, knöl (*på träd*) **6** *anat.* utväxt, knöl; [muskel]knuta **7** *sjö.* knop (*hastighet*); *at a rate of* ~*s* mycket snabbt II *v* **1** knyta, fästa (*m. knut*) **2** trassla ihop (till) **3** knuta sig **-ty** ['nɒtɪ] **1** knutig; knotig, knölig **2** *bildl.* kvistig, knepig

know [nəʊ] I *v* (*knew, known*) **1** veta; känna till, veta av; *for all* (*as far as*) *I* ~ såvitt (vad) jag vet; *I* ~ *what* jag har en idé (vet vad vi kan göra); *you never* ~ man vet aldrig (kan aldrig veta); *he's so curious, you* ~ (*vard.*) han är så nyfiken, vet (förstår) du; *she is* ~*n to have been here* man vet att hon har varit här; *I wouldn't* ~ (*vard.*) det jag har ingen aning om; *she* ~*s a thing or two* (*what's what*) (*vard.*) hon har väl reda på sig; *let me* ~ *when you've finished* säg till [mig] (låt mig veta) när du är färdig; *I* ~ *better than to go* jag är inte så dum att jag går; ~ *one's own mind* veta vad man vill; *before you* ~ *where you are* innan man vet ordet av; ~ *about* veta besked om, veta om, känna till; *what do you* ~, *I've just met him!* kan du tänka dig, jag har just träffat honom!; *I didn't* ~ [*about*] *that* det visste jag inte (kände jag inte till); ~ *how to a*) veta att, *b*) kunna, förstå sig på att; ~ *how to sing* kunna sjunga; ~ *of* veta, känna till; *not that I* ~ *of* inte såvitt (vad) jag vet; **2** känna, vara bekant med; *I don't* ~ *you* jag känner inte dig; *get to* ~ lära känna, bli bekant med; *if I* ~ *you* om jag känner dig rätt **3** kunna, ha lärt sig (*French* franska); *I* ~ *nothing about poetry* jag förstår mig inte på poesi; *he* ~*s all about cooking*

han kan allt om matlagning **4** känna igen; [kunna] skilja; ~ *s.b. by his voice* känna igen ngn på rösten; *I* ~ *a fraud when I see one* jag kan känner igen en bedragare när jag ser en; ~ *the difference between right and wrong,* ~ *right from wrong* kunna skilja mellan rätt och orätt; *you wouldn't* ~ *him from his brother* man kan inte se skillnad på honom och hans bror; *she wouldn't* ~ *the difference* hon ser ingen skillnad **5** [få] uppleva, vara med om; ~ *poverty* uppleva fattigdom; *I've never* ~*n her to smile* jag har aldrig sett henne le; *you have never* ~*n me to tell a lie* du har aldrig hört mig ljuga (varit med om att jag ljugit); *they have* ~*n better days* de har sett bättre dagar II *s*, vard., *in the* ~ informerad, underrättad, initierad **know-all** ['nəʊɔ:l] vard. besserwisser, allvetare **--how** vard. know-how, kunnande, sakkunskap **-ing** [-ɪŋ] *a* **1** kunnig, skicklig, insiktsfull **2** slug, slipad; menande **3** avsiktlig, medveten II *s, there is no* ~*ing* man kan aldrig [så noga] veta **-ingly** [-ɪŋlɪ] *adv* **1** kunnigt, med sakkunskap **2** medvetet, med avsikt **3** menande

knowledge ['nɒlɪdʒ] (*endast sg*) **1** kunskap[er], insikt[er] (*of i, om*); kännedom, vetskap (*of* om); vetande, lärdom; *his* ~ *of French is poor* hans kunskaper i franska är dåliga; *to* [*the best of*] *my* ~ såvitt jag vet (kan förstå); *it has come to my* ~ det har kommit till min kännedom **2** *jur., carnal* ~ könsumgänge **knowledg[e]able** [-əbl] kunnig, insiktsfull

known [nəʊn] I *a o. perf. part. av know* känd, bekant (*to s.b.* för ngn); *it is a* ~ *fact that* det är ett känt faktum att; ~ *quantity* (*mat.*) bekant storhet; *make* ~ tillkännage, offentliggöra, göra bekant, meddela; *make o.s.* ~ *a*) göra sig känd, *b*) ge sig tillkänna (*to s.b.* för ngn) II *s* känt faktum **knuckle** ['nʌkl] I *s* **1** knoge; led; *rap s.b. over the* ~*s* slå ngn på fingrarna **2** *kokk.* lägg **3** *vard., near the* ~ på gränsen till det oanständiga II *v*, *vard.,* ~ *down* (*under*) foga (böja) sig; ~ *down to* ta itu med **knuckle-duster** [-‚dʌstə] knogjärn **knuckle-head** [-hed] vard. dumskalle **koala [bear]** [kəʊ'ɑ:lə (beə)] zool. koala, pungbjörn

kol|khos, -khoz [kɒl'hɔ:z] kolchos

Koran [kɒ'rɑ:n] *the* ~ Koranen

kosher ['kəʊʃə] **1** jud. (*om mat o.d.*) koscher, ritualenlig **2** vard. genuin, äkta; riktig

kowtow [‚kaʊ'taʊ] I *v* **1** buga sig (*m. pannan mot marken*) **2** krypa (*to* för) II *s* djup bugning (*förr kinesisk vördnadsbetygelse*)

k.p.h. *förk. för* kilometres per hour

Kremlin ['kremlɪn] *the* ~ Kreml

L

L, l [el] (*bokstav*) L, l
L (*på motorfordon*) förk. för *learner driver* övnings|bil, -körning
L.A. *förk. för Legislative Assembly; Los Angeles*
label ['leɪbl] **I** s **1** etikett; adresslapp; märke; påskrift **2** *bildl.* etikett, stämpel; *apply a ~ to* sätta etikett (en stämpel) på **3** skivmärke, grammofonbolag **II** v **1** etikettera, förse med etikett (adresslapp); märka **2** *bildl.* stämpla (beteckna) som (*a liar* lögnare)
labor ['leɪbə] *AE., se labour*
laboratory [lə'bɒrət(ə)rı, *AE.* 'læbrə,tɔ:rı] laboratorium
Labor Day ['leɪbədeɪ] *AE.* ung. arbetarnas dag (*första måndagen i September*)
laborious [lə'bɔ:rɪəs] **1** mödosam; (*om stil e.d.*) tung **2** arbetsam
labor union [-,ju:njən] *AE.* fackförening
labour ['leɪbə] **I** s **1** arbete, [veder]möda, ansträngning; *hard ~* straffarbete; *~ of love* kärt besvär; *the ~ of Hercules* Herkules storverk **2** *ekon.* arbete (*i sht i motsats t. kapital*); arbetskraft, arbetare; *organized ~* organiserad arbetskraft **3** *polit., L~* labour[partiet] (*BE.*), arbetarpartiet **4** förlossningsarbete; värkar; *be in* (*go into*) *~* ha (börja få) värkar **II** v **1** arbeta [hårt], slita **2** sträva (*for* efter; *to* efter att), anstränga (*bemöda*) sig **3** *~ under a*) lida av, tyngas av, *b*) ha att kämpa (dras) med; *~ under a delusion* göra sig falska förhoppningar **4** arbeta (kämpa) sig [fram], bana sig väg; *the engine is ~ing* motorn går tungt (låter ansträngd) **5** ha [födslo]värkar **6** (*om fartyg*) slingra, rulla, stampa **7** *bildl.* breda ut sig över, behandla [alltför] ingående; utarbeta i detalj
laboured ['leɪbəd] **1** (*om andning*) mödosam, tung **2** överarbetad, ansträngd **labourer** [-rə] [grov]arbetare; *farm ~* lant-, jordbruks|arbetare
Labour Government [-,gʌvnmənt] arbetarregering; *BE.* labourregering
laburnum [lə'bɜ:nəm] *bot.* gullregn
labyrinth ['læbərɪnθ] labyrint (*äv. bildl.*)
lace [leɪs] **I** s **1** spets[ar] **2** snodd, snöre; galon[er] **3** spets (*sprittillsats i dryck*) **II** v **1** ~ [*up*] snöra (*one's shoes* skorna); trä (*a cord through* ett snöre genom); *~ together* (*up*) snöra till (ihop, åt); *~ one's fingers* fläta samman fingrarna **2** *bildl., be ~d with red* vara rödstrimmig **3** spetsa (*dryck m. sprit*) **4** *vard., ~* [*into*] *s.b.* angripa ngn (*m. ord el. fysiskt*), klå upp ngn **5** ~ [*up*] snöras; *shoes that ~* snörskor **6** snöra sig (*i snörliv*)
lace-up ['leɪsʌp] **I** a, ~ *boot, se II* **II** s snör|sko, -känga
lack [læk] **I** s brist (*of* på); avsaknad (*of* av); *for* (*through*) *~ of* i (av) brist på **II** v **1** sakna (*confidence* självförtroende) **2** *be ~ing* saknas, fattas **3** *be ~ing in* sakna (*confidence* självförtroende), lida brist på **4** *~ for* sakna; *she ~ed for nothing*

hon saknade ingenting
lackey ['lækɪ] lakej (*äv. bildl.*)
lacklustre ['læk,lʌstə] glanslös, matt
laconic[al] [lə'kɒnɪk(l)] lakonisk, kortfattad
lacquer ['lækə] **I** s **1** lack **2** hårspray **3** lackarbete **II** v lackera
lad [læd] **I** s **1** pojke, gosse, grabb **2** *vard.* karl, man, 'gosse'; *my ~!* min vän!, snälla du!; *he's a bit of a ~* han är en glad fyr; *he's a bit of a ~ with the girls* han är en riktig fruntimmerskarl **3** *BE.* stallpojke; hästkarl
ladder ['lædə] **I** s **1** stege; *sjö.* lejdare; *the social ~* den sociala rangskalan **2** *i sht BE.* [löp]maska (*på strumpa e.d.*) **II** v, *i sht BE.* riva upp en maska på (*strumpa*)
lade [leɪd] (*laded, laden el. laded*) **1** lasta (*gods på fartyg*); ta ombord (*gods*) **2** ösa, sleva **laden** ['leɪdn] *a o. perf. part. av lade* **1** lastad **2** nedtyngd, dignande (*with av*) **3** *bildl.* betungad, tyngd
la-di-da[h] [,lɑ:dɪ'dɑ:] **I** *a, vard.* tillgjord, affekterad **II** s tillgjord (affekterad) person
lading ['leɪdɪŋ] **1** lastning, lastande **2** [skepps]-last; *bill of ~* konossement
ladle ['leɪdl] **I** s slev **II** v ösa (*m. slev*), sleva; *~ out a*) ösa upp, servera, *b*) *vard.* ösa ut (*money* pengar)
lady ['leɪdɪ] **1** dam, kvinna; *ladies* (*behandlas som sg*), *ladies' room* (*vard.*) dam|toalett, -rum; *la dies and gentlemen* mina damer och herrar; *~'s bedstraw* (*bot.*) gulmåra, jungfru Marie sänghalm; *ladies' fingers* (*bot.*) gråväppling; *ladies' hairdresser* hår-, dam|frisör[ska], *ladies' invitation* (*excuse me*) [*dance*] damernas [dans]; *~'s maid* kammarjungfru; *~'s* (*ladies'*) *man* kvinnokarl; *~'s mantle* (*bot.*) daggkåpa; *the ~ of the house* husets härskarinna, frun i huset, värdinnan; *~ bountiful* (*ung.*) god fé; *L~ Luck* Fru Fortuna; *your good ~* (*vard.*) din kära hustru; *the old ~* (*vard.*) morsan; *my dear young ~* min bästa fröken; *his young ~* hans flicka (flickvän) **2** *L~ Lady* (*adelstitel*); *My L~* [mɪ'leɪdɪ] (*i titel*) Ers (Hennes) nåd, grevinnan *etc.* **3** *Our L~* Vår Fru, Jungfru Maria
lady|bird [-bɜ:d] *BE.*, **-bug** [-bʌg] *AE., zool.* [Maria] nyckelpiga **lady Day** [-deɪ] Marie bebådelsedag **lady-killer** ['leɪdɪ,kɪlə] *vard.* kvinnotjusare **ladylike** [-laɪk] **1** ladylike, som anstår en dam, elegant, förnäm **2** *neds.* (*om man*) feminin **ladyship** [-ʃɪp] s, *Your* (*Her*) *~* Ers (Hennes) nåd
lag [læg] **I** v **1** ~ [*behind*] bli (gå, komma, släpa) efter, sacka, komma på efterkälken **II** s **1** eftersläpning; förhalning, fördröjning; retardation **2** tids|intervall, -skillnad
lager ['lɑ:gə] [ljust] öl, pilsner
la|goon, -gune [lə'gu:n] lagun
laid [leɪd] *imperf. o. perf. part. av 4 lay; ~ paper* papper med vattenstämpel
lain [leɪn] *perf. part. av 2 lie*
lair [leə] **1** (*djurs*) lya, kula, håla, läger **2** *vard.* lya, tillhåll
laity ['le(ɪ)ətɪ] s, *the ~* lekmännen
lake [leɪk] [in]sjö; *the Great L~s* Stora sjöarna (*mellan Canada o. USA*) **Lake District** ['leɪk,dɪstrɪkt] *the ~!* Sjödistriktet (*i nordvästra*

England)
lamb [læm] **I** s **1** lamm (äv. bildl.); like a ~ a) from som ett lamm, b) oskyldig som ett lamm **2** lamm[kött] **II** v lamma **lambswool** ['læmzwʊl] lammull

lame [leɪm] **I** a **1** halt, lytt, ofärdig; be ~ in one leg halta på ena benet **2** ond, värkande (back rygg); svag **3** bildl. lam, tam, svag; a ~ excuse en lam ursäkt; a ~ try ett tamt försök; ~ duck (vard.) a) ineffektiv person, odugling, nolla, b) ekon. insolvent börsspekulant, c) polit. 'lam anka' (politiker som inte valts om men som sitter kvar tills efterträdaren tillträder) **II** v göra halt (ofärdig) **-ness** [-nɪs] **1** hälta, ofärdighet **2** bildl. lamhet

lament [lə'ment] **I** s **1** klagan **2** klago|sång, -visa **II** v **1** klaga, jämra sig, gråta (for, over över) **2** beklaga; begråta, sörja [över]; ~ed sörjd, saknad; our late ~ed mother vår bortgångna (hädangångna) mor **lamentable** ['læməntəbl] **1** bedrövlig, jämmerlig, eländig **2** åld. sorglig, beklaglig **lamentation** [,læmen'teɪʃn] [ve]klagan, jämmer; klago|sång, -visa; L~s (bibl.) Klagovisorna

lami|nate ['læmɪneɪt] **1** klyva i tunna skivor **2** utvalsa (uthamra) till tunna skivor **3** laminera; ~d glass laminerat glas, lamellglas **-nation** [,læmɪ'neɪʃn] **1** laminering **2** lamell; [tunt] skikt **lamp** [læmp] lampa; lykta

lampoon [læm'pu:n] **I** s pamflett, nid-, smäde|-skrift **II** v skriva pamflett mot, smäda (i pamflett) **lamp|post** ['læmppəʊst] lyktstolpe **-shade** [-ʃeɪd] lampskärm

lance [lɑ:ns] **I** s **1** lans; break a ~ with bryta en lans (ta en dust) med **2** spjut (för jakt, fiske e.d.) **3** kir. lansett **II** v, kir. öppna med lansett, skära upp

land [lænd] **I** s **1** land (i motsats till hav); by ~ and by sea till lands och till sjöss; on ~ på torra land; the lay (lie) of the ~ a) terrängens beskaffenhet, b) bildl. läget; see how the ~ lies se hur läget är, sondera terrängen **2** [jordbruks]mark, jord; the drift from the ~ flykten från landsbygden; return to the ~ återvända till torvan (jorden) **3** (egendom) mark, jord; ~s (pl) ägor, marker, jordegendomar **4** litt. o. bildl. land, rike; the Holy L~ det heliga landet; the ~ of dreams drömmarnas land (rike); the L~ of the Midnight Sun Midnattssolens land; a ~ of milk and honey ett land som flyter av mjölk och honung **5** oräfflad del (av gevärspipa e.d.) **II** v **1** föra i land, lossa (a cargo en last), sätta i land (passengers passagerare), landsätta (troops trupper); dra upp (a boat en båt) **2** landa, hala in (fisk); vard. bildl. få tag i (a job ett arbete); fånga (a husband en man); ro i land, kamma hem (a contract ett kontrakt) **3** landa (gå ned) med (flygplan e.d) **4** vard. ge (slag); he ~ed him one (a punch) on the jaw han gav honom ett slag på hakan **5** vard., that will ~ you in trouble det kommer att ge dig bekymmer; I've ~ed myself in a mess jag har råkat i knipa; ~ s.b. with extra work lassa på ngn extra arbete; be (get) ~ed with s.b. få ngn på halsen **6** gå (stiga) i land, landstiga; landa, lägga till **7** (om flygplan e.d.) landa, gå ned **8** landa, slå ned, hamna; the bomb ~ed on the roof bomben slog ned på taket;

~ on one's feet landa (komma ner) på fötterna (äv. bildl.); ~ up slutligen hamna; she ~ed up being fired till slut blev hon avskedad; you will ~ up in trouble du kommer att råka i svårigheter; ~ up with (vard.) sitta där med (a bore en tråkmåns)

landed ['lændɪd] **1** jordägande; ~ gentry godsägararistokrati, lantadel **2** jord-; ~ estate (property) jordegendom; ~ proprietor godsägare

landing ['lændɪŋ] **1** landning; landstigning; landsättning; forced ~ nödlandning **2** landningsplats **3** trappavsats **landing craft** mil. landstigningsbåt **landing field** landnings-, flyg|fält **landing stage** [landnings]-, båt|brygga **landing strip** start- och landningsbana

landlady ['læn,leɪdɪ] **1** hyresvärd[inna], värdinna; [kvinnlig] husägare **2** värdshusvärdinna **3** BE. åld. godsägarinna **-lord** ['lænlɔ:d] **1** [hyres]-värd; husägare **2** värdshusvärd **3** BE. åld. jord-, gods|ägare **-lubber** ['lænd,lʌbə] sjö. landkrabba **-mark** ['læn(d)mɑ:k] **1** landmärke **2** bildl. milstolpe; hållpunkt **3** gräns-, rå|märke, röse **-owner** ['lænd,əʊnə] jordägare **-scape** ['lænskeɪp] **I** s **1** landskap, natur; ~ gardening (architecture) trädgårds|konst, -arkitektur; ~ gardener trädgårdsarkitekt **2** konst. landskap; landskapsmåleri **II** v **1** förbättra genom trädgårdsanläggningar; anlägga **2** arbeta som trädgårdsarkitekt **-slide** ['læn(d)slaɪd] **1** jordskred, ras **2** polit. jordskred; jordskredsseger

lane [leɪn] **1** smal väg (mellan byggnader, häckar e.d.), stig; trång gata, gränd; it is a long ~ that has no turning allting har en ända **2** [kör]fil, -fält **3** farled, rutt, segelled; flyg. luft|led, -korridor **4** sport. bana

language ['læŋgwɪdʒ] språk; tungomål; bad ~ ohyfsat (rått) språk; strong ~ a) kraftuttryck, b) starka ord; putting it into plain ~ a) enkelt uttryckt, b) för att gå rakt på sak; speak the same ~ tala samma språk, vara på samma våglängd

languid ['læŋgwɪd] **1** slapp, slö, matt, trött; ligiltig **2** trög, långsam

languish ['læŋgwɪʃ] **1** tyna av, [av]mattas **2** tyna bort, försmäkta (in prison i fängelse) **3** längta, trängta, tråna (for efter; to efter att) **4** se trånande ut

languor ['læŋgə] **1** tröghet, slöhet; matthet, slapphet **2** vemod **3** tryckande tystnad; tryckande luft

lank [læŋk] **1** lång och gänglig, mager, utmärglad **2** (om hår) rak och stripig **lanky** ['læŋkɪ] lång och gänglig

lantern ['læntən] **1** lykta; lanterna **2** [magic] ~ laterna magica, skioptikon **3** byggn. lanternin

1 lap [læp] **1** sköte (äv. bildl.), knä; it's in the ~ of the gods det ligger i gudarnas knän; live in the ~ of luxury föra en skyddad lyxtillvaro; drop a problem in a p.'s ~ vältra över ett problem på ngn

2 lap [læp] **I** s **1** etapp, sträcka; sport. varv; ~ of honour ärevarv **2** överlappning; överlappande del **3** poler-, slip|skiva **4** rörelse. fals, fog **5** lager, skikt (av bomull e.d.) **II** v **1** linda, svepa (a bandage round ett bandage om); linda (svepa) in (s.th. in ngt i); linda (svepa) om (s.th. in ngt med); bildl. bädda (svepa) in; ~ped in luxury insvept (omgiven) av lyx **2** överlappa **3** *sport. varva* **4** slipa, polera **5** gå (nå, skjuta) ut (*over* över) **6** avverka (göra) ett varv (*in 12 minutes* på 12 minuter)

3 lap [læp] **II** *v* **1** ~ [*up*] lapa, slicka i sig (upp); ~ *up* (*vard.*) slicka (smeta, hälla) i sig **2** (*om vågor*) klucka (plaska, skvalpa) mot **3** (*om vågor*) klucka, plaska, skvalpa (*against* mot) **II** *s* **1** kluckande, plaskande, vågskvalp **2** lapande, slick[ande]

lap dog ['læpdɒg] knähund

lapel [lə'pel] slag (*på kavaj e.d.*)

Lapp [læp] **I** *s* same, lapp **II** *a* samisk, lapsk

lapse [læps] **I** *s* **1** lapsus, förbiseende, misstag; fel[steg], försyndelse; förseelse; ~ *of justice* felaktigt domslut; ~ *of memory* minnesfel; *suffer from* ~*s of memory* ha minnesluckor **2** fall, nedgång, minskning; ~ *in confidence* minskat förtroende; ~ *in standards* standardsänkning **3** avbrott, upphörande; *there was a* ~ *in the conversation* det blev en paus i samtalet **4** jur. upphörande, utgång, förfallande (*av rättighet*) **5** förlopp; tid[rymd]; *after a* ~ *of 6 weeks* efter [en tid av] 6 veckor **I** *v* **1** förfalla, sjunka ner, minska **2** återgå, förfalla, försjunka (*into* till, i); ~ *into silence* försjunka i tystnad; ~ *into one's old ways* återgå till sina gamla vanor **3** komma ur bruk, upphöra **4** avfalla, göra avsteg (*from* från); ~ *from duty* försumma sin plikt **5** *jur.* förfalla, gå (löpa) ut **6** (*om tid*) förflyta, gå **lapsed** [-t] **1** avfällig (*från tro*); *a* ~ *Catholic* en katolik som avfallit från sin tro **2** *jur.* förfallen, utgången

larceny ['lɑ:sənı] *jur.* stöld; *petty* ~ snatteri; *grand* ~ (*AE. o. åld. BE.*) grov stöld

larch [lɑ:tʃ] **1** *bot.* lärkträd **2** lärkträ

lard [lɑ:d] **I** *s* ister[flott]; *vard.* fetma **II** *v* späcka (*äv. bildl.*)

larder ['lɑ:də] skafferi

large [lɑ:dʒ] **1** stor; vid[sträckt], omfattande, omfångsrik; *a* ~ *heart* ett stort och varmt hjärta, ~ *effect* stor (omfattande) verkan; *as* ~ *as life a*) i naturlig storlek, *b*) i levande livet; ~ *of limb* grovlemmad **2** *sjö.* förlig (*wind* vind) **3** frikostig, generös; tolerant, vidsynt **II** *adv* **1** *sjö.* för förlig vind **2** *by and* ~ i regel, vanligtvis **3** *loom* ~ vara betydande, spela en stor roll **III** *s, at* ~ *a*) på fri fot, fri, *b*) utförligt, i detalj, *c*) i stort, i allmänhet; *the public at* ~ den stora allmänheten; *be at* ~ ströva fritt omkring; *in* [*the*] ~ i stor skala, som helhet

large|ly ['lɑ:dʒlı] **1** till stor del; i hög grad **2** i stor skala **-ness** ['lɑ:dʒnıs] **1** storlek, omfattning **2** betydelse **3** storsinthet; frikostighet **--scale** ['lɑ:dʒskeıl] i stor skala, storskalig; stor, omfattande **--sized** ['lɑ:dʒsaızd] stor; i stort nummer, i stor storlek

1 lark [lɑ:k] *zool.* lärka; *up with the* ~ uppe med tuppen; *as happy as a* ~ glad som en lärka

2 lark [lɑ:k] **I** *s* skoj, upptåg; skämt; *what a* ~! så skojigt!, va kul!; *have a* ~ *with s.b.* ha roligt med ngn **II** *v* **1** ~ [*about*] ha skoj, ha upptåg för sig **2** skoja, leka (*with* med)

lar|va ['lɑ:|və] (*pl -vae* [-vi:]) *zool.* larv **lar|ynx** ['lær|ıŋks] (*pl -ynxes el. -ynges* [lə'rındʒi:z]) larynx, struphuvud

lascivious [lə'sıvıəs] lättfärdig, slipprig, liderlig, lasciv

laser ['leızə] *fys.* laser

lash [læʃ] **I** *v* **1** piska (*äv. bildl.*), prygla; (*om regn, vågor e.d.*) piska mot; ~ *o.s. into a fury* arbeta upp sig till raseri; *he* ~*ed the crowd into a fury* han jagade (hetsade) upp folkmassan till raseri **2** *bildl.* gissla, kritisera **3** piska (snärta) med; *the lion* ~*ed its tail* lejonet piskade med svansen **4** ~ *against* piska mot; *the rain was* ~*ing down* regnet öste ner; ~ *out a*) slå vilt omkring sig, *b*) (*om häst*) slå bakut, *c*) *vard.* slå på stort; ~ *out against* (*at*) fara ut mot, skälla ut **II** *s* **1** [pisk]rapp, snärt (*äv. bildl.*); *a* ~ *of wind* en häftig vindstöt, en piskande vind **2** snärt (*på piska*) **3** ögon|frans, -hår

lass [læs] flicka, tös **lassie** ['læsı] *vard.* liten flicka (tös, stumpa)

lasso [læ'su:] **I** *s* (*pl -[e]s*) lasso **II** *v* fånga med lasso

1 last [lɑ:st] **I** *a* **1** sist; yttersta, sluthg; *the L~ Judgment* yttersta domen; ~ *name* (*AE.*) efternamn; ~ *but not least* sist men inte minst; *the* ~ *house but one, the second* ~ *house* näst sista huset; *the third* ~ *door* tredje dörren från slutet; *the* ~ *thing* in det allra senaste inom; *that was the* ~ *thing I expected* var det sista jag hade väntat mig **2** senast, sist, förra; ~ *night* i går kväll; ~ *Saturday* förra lördagen, i lördags; ~ *year* förra året, i fjol; *the* ~ *few days* de senaste dagarna **3** ytterst, högst, störst; *to the* ~ *degree* i högsta grad; *of the* ~ *importance* av allra största vikt **II** *adv* **1** sist; *he came* ~ han kom sist **2** senast, sist, sista (senaste) gången; *when I* ~ *saw him* när jag såg honom sist (senast) **3** till sist, slutligen **III** *s* **1** sista; *the* ~ *a*) den (det) sista, *b*) den (det) sistnämnda; *that was the* ~ *I heard from her* det var sista gången jag hörde av henne; *that's the* ~ *I want to hear about it* jag vill inte höra ett ord till om det; *you will never see the* ~ *of her* henne blir du aldrig av med; *my* ~ mitt senaste brev **2** *breathe one's* ~ dra sitt sista andetag, utandas sin sista suck **3** *at* ~ till slut, slutligen, äntligen; *at long* ~ äntligen; *to the* ~ [ända] till slutet

2 last [lɑ:st] **1** vara, räcka, hålla på (*for many years* i många år) **2** hålla (stå) sig, hålla; *these flowers won't* ~ *another day* de här blommorna håller sig inte en dag till; *their marriage will* ~ deras äktenskap kommer att hålla **3** ~ [*out*] hålla (stå) ut, klara sig **4** ~ *out* räcka [till], vara tillräcklig; *will our supplies* ~ *one week?* kommer våra förråd att räcka en vecka? **5** räcka [till] för; *it will* ~ *you a lifetime* den kommer att räcka hela livet för dig

lasting ['lɑ:stıŋ] *a* bestående, varaktig, ihållande **lastly** [-lı] slutligen, till slut

latch [lætʃ] **I** *s* **1** regel, [dörr]klinka; *drop the* ~ regla dörren; *leave the door on the* ~ ställa upp dörren på låset **2** säkerhetslås **II** *v* **1** regla, stänga med dörrklinka **2** gå i lås **3** ~ *on to a*) ansluta sig till, omfatta (*new ideas* nya idéer), *b*) fatta, förstå, *c*) *AE.* få tag i (på) **-key** [-ki:] portnyckel

late [leıt] **I** *a* (*komp. later el. latter, superl. latest el. last*) **1** sen; för sen, försenad; ~ *arrival* för sen ankomst; *in the* ~ *autumn* på senhösten, sent på hösten; *in the* ~ *evening* sent på kvällen; *in the* ~ *twenties* i slutet av tjugotalet; *she's in her* ~ *twenties* hon är närmare trettio; *keep* ~ *hours* ha sena vanor; *be* ~ vara sen (försenad), komma för sent; *be* ~ *for work* komma för sent till arbetet; *don't be* ~*!* kom inte för sent!, kom inte hem [för] sent!; *make s.b.* ~ uppehålla (försena) ngn **2** förra, förutvarande, tidigare, före detta, f.d.; avliden, framliden; *the* ~ *prime minister* förre (förutvarande, den [nyligen] avlidne) premär-ministern; *my* ~ *husband* min avlidne (salig) man **3** nyligen gjord (inträffad); senaste; *in the* ~ *war* under det senaste kriget; *of* ~ *a*) nyligen, *b*) på senare tid, på sista tiden; *of* ~ *years* på (under) senare år **II** *adv* (*komp. later, superl. latest el. last*) för sent; sent; *arrive* ~ komma för sent; *marry*~ gifta sig sent; *better* ~ *than never* bättre sent än aldrig; *sit* (*stay*) *up* ~ sitta (stanna, vara) uppe sent [på kvällarna]; ~ *at night* sent på kvällen (natten); ~ *in the day a*) sent (långt fram) på dagen, *b*) i senaste laget; ~ *into the night* till långt in på natten; *as* ~ *as last week* ännu (så sent som) i förra veckan; *it was as* ~ *as 1865 before slavery was abolished* det var så sent som 1865 som slaveriet avskaffades

latecomer ['leɪt,kʌmə] person som kommer [för] sent, eftersläntrare **lately** [-lɪ] på senare tid, på sista tiden

latent ['leɪt(ə)nt] latent, dold; ~ *period* latenstid

later ['leɪtə] **I** *a* senare; *in his* ~ *years* under hans senare år **II** *adv* senare; efteråt, sedan; *sooner or* ~ förr eller senare, så småningom; ~ *on* längre fram, senare; *not* ~ *than 1990* senast (inte senare än) 1990; *see you* ~*!* (*vard.*) hej så länge!, vi ses!

lateral ['læt(ə)r(ə)l] **I** *a* **1** sido-; sidoställd **2** språkv. lateral **II** *s, språkv.* lateral **-ly** [-lɪ] i sidled

latest ['leɪtɪst] **I** *a* sist, senast; *the* ~ *news* de senaste nyheterna **II** *s* **1** *at the* ~ senast; *tomorrow at the* ~ senast i morgon **2** *vard., the* ~ det senaste; *have you heard the* ~? har du hört det senaste?

lath [lɑ:θ] **I** *s* ribba, spjäla, list, läkt; läkt **II** *v* sätta ribbor (*etc.*) på

lathe [leɪð] **I** *s* svarv **II** *v* svarva

lather ['lɑ:ðə] **I** *s* **1** lödder **2** *vard.* upphetsad sinnesstämning; *get into a* ~ *about* hetsa upp sig (bli uppretad) över **II** *v* **1** tvåla in; täcka med lödder **2** tvåla in sig; löddra sig **3** *vard.* klå upp, spöa

Latin ['lætɪn] **I** *a* latinsk; romersk; *the* ~ *Church* romersk-katolska kyrkan; *the* ~ *peoples* de romanska folken; *the* ~ *Quarter* Quartier Latin (*i Paris*) **II** *s* **1** latin **2** latiner (*invånare i Latium*)

latitude ['lætɪtju:d] **1** latitud; breddgrad **2** handlings-, rörelse|frihet, spelrum

latrine [lə'tri:n] avträde, latrin

latter ['lætə] **1** *the* ~ *a*) den senare (sistnämnde), *b*) denne; *the former...the* ~ den förre...den senare **2** senare, sista; *the* ~ *part* den senare (sista) delen **-ly** [-lɪ] nyligen; på sista tiden, på senare tid

lattice ['lætɪs] **I** *s* spjälverk; galler[verk] **II** *v* förse med spjälverk (galler[verk]) **latticework** spjälverk; galler[verk]

Latvi|a ['lætvɪə] Lettland **-an** [-ən] **I** *a* lettisk **II** *s* **1** lett **2** lettiska [språket]

laugh [lɑ:f] **I** *v* **1** skratta (*at* åt); *he who* ~*s last* ~*s best* skrattar bäst som skrattar sist; ~ *like a drain* skratta bullrande; *be* ~*ing* (*vard.*) ha det bra [förspänt]; *don't make me* ~*!* (*vard.*) det är ju skrattretande!, det kan jag aldrig tro!; ~ *at s.b*

skratta åt (göra narr av) ngn; ~ *over s.th.* skratta åt (göra sig löjlig över) ngt; ~ *in a p.'s face* skratta ngn rätt upp i ansiktet; ~ *on the other side of one's face* skratta så lagom; ~ *up one's sleeve* skratta (le) i mjugg **2** skratta; ~ *o.s. sick* skratta sig fördärvad; ~ *s.th. away* (*off*) slå bort ngt med ett skratt; ~ *s.b. down* (*out of court*) skratta ut ngn **II** *s* skratt; *the* ~ *was on me* det var mig de skrattade åt; *have the last* ~ vara den som skrattar sist

laughable ['lɑ:fəbl] skrattretande, löjlig **laughing** [-ɪŋ] **I** *a* skrattande; *no* ~ *matter* ingenting att skratta åt **II** *s* skratt; skrattande **laughing gas** lustgas **laughing stock** person man skrattar åt, åtlöje, driftkucku **laughter** [-tə] skratt; skrattsalva

1 launch [lɔ:n(t)ʃ] **I** *v* **1** sätta i sjön; sjösätta **2** kasta, slunga (*a spear* ett spjut); skjuta i väg, avfyra (*a torpedo* en torped), utslunga; skjuta (sända) upp (*a rocket* en raket); ~ *o.s. into work* kasta sig in i sitt arbete **3** starta, sätta i gång (*a company* en firma); lansera (*a new product* en ny produkt), föra fram; ~ *s.b. on his way* ge ngn en bra start, hjälpa fram ngn **4** ~ *into* kasta sig in i (på); ~ *into expense* dra på sig utgifter; ~ *out a*) ge sig ut, ge sig in (*into* i, på), *b*) sätta i gång (*into, on* med), *c*) vard. slösa, ge ut mycket pengar, *d*) ta till orda, *e*) diversifiera; ~ *out* (*forth*) *into a new carrier* ge sig in på en ny bana **II** *s, se launching*

2 launch [lɔ:n(t)ʃ] **1** motorbåt (*i sht för transporter*) **2** barkass, storbåt

launching ['lɔ:n(t)ʃɪŋ] **1** stapelavlöpning; sjösättning; isättning (*av båt*); avfyrning (*av torped e.d.*); uppskjutning (*av raket e.d.*) **2** start, igångsättning (*av firma e.d.*); lansering (*av produkt e.d.*) **launch[ing] pad** avfyrningsramp, startplatta

launder ['lɔ:ndə] tvätta [och stryka]; *bildl.* tvätta (*svarta pengar*) **launderette** [,lɔ:ndə'ret] självtvätt, tvättomat **laundress** ['lɔ:ndrɪs] tvätterska **laundry** ['lɔ:ndrɪ] **1** tvättinrättning; tvättstuga **2** tvätt[kläder] **3** tvätt [och strykning]

laurel ['lɒr(ə)l] **1** *bot.* lager[träd] **2** ~*s* (*pl*) *a*) lagerkrans, *b*) *bildl.* lagrar; *look to one's* ~*s* [vara tvungen att] göra sig gällande (hävda sig); *rest on one's* ~*s* vila på sina lagrar; *win* ~*s* skörda lagrar

lav [læv] *BE. vard.* (*kortform av lavatory*) toa

lava ['lɑ:və] lava

lavatory ['lævət(ə)rɪ] toalett[rum], WC

lavender ['lævəndə] **I** *s* **1** lavendel **2** lavendelblått **II** *a* lavendelblå

lavish ['lævɪʃ] **I** *a* **1** ymnig, riklig, överflödande **2** generös, frikostig **3** slösaktig, överdådig, extravagant **II** *v* slösa [med], vara frikostig med

law [lɔ:] **1** lag; regel; ~ *of etiquette* etikettsregel; ~*s of football* fotbollsregler; ~*s of harmony* harmonilära; ~ *of nature* naturlag; ~ *and order* lag och ordning; *by* ~ *a*) enligt lag[en], *b*) i lag; *in* ~ inför lagen; *be a* ~ *unto o.s.* skriva sina egna lagar, göra man som man själv vill; *be above* (*outside*) *the* ~ stå över (utanför) lagen; *become* ~ *a*) vinna laga kraft, *b*) bli lag; *keep within the* ~ hålla sig inom lagens råmärken; *lay down the* ~ uttala sig auktoritativt (dogmatiskt); *take the* ~ *into one's own hands* ta lagen i egna händer; *take s.b.o* *to* ~, *go to* ~ *with* (*against*) *s.b.* dra ngn inför rätta, börja processa med ngn **2** *jur.* rätt, lag; *commercial* ~ handelsrätt; *Roman* ~ romersk rätt; *international* ~, ~ *of nations* internationell rätt **3** juridik; rättsvetenskap; lagfarenhet; *court of* ~ domstol, rätt; *faculty of* ~ juridisk fakultet; *Doctor of L~*[*s*] juris doktor; *read* ~ läsa juridik **4** *the* ~ *a*) jurist|yrket, -banan, *b*) polisen **lawabiding** ['lɔːəˌbaɪdɪŋ] laglydig **law-court** [-kɔːt] domstol, rätt **lawful** [-f(ʊ)l] **1** laglig, lagenlig, laga **2** laglig, rättmätig (*heir* arvinge); ~ [*wedded*] *wife* lagvigd hustru

lawn [lɔːn] gräs|matta, -plan **lawn mower** ['lɔːnˌmɔːə] gräsklippare; *power lawn mower* motorgräsklippare **lawn tennis** [lawn]tennis (*på gräsplan*)

lawsuit [-suːt] rättegång, process; mål **lawyer** [-jə] jurist; advokat

lax [læks] slapp; lös[lig]

laxative ['læksətɪv] **I** *s* laxativ, laxermede| **II** *a* lax-er-, lösande, avförande

lax|**ity** [ˌlæksətɪ], **-ness** [-nɪs] slapphet; löshet; löslighet

1 lay [leɪ] **1** lekmanna-; ~ *brother* lekmannabroder, tjänande broder; ~ *preacher* (*reader*) lekmannapredikant

2 lay [leɪ] *s* ballad, visa; sång, melodi

3 lay [leɪ] *imperf. av* lie

4 lay [leɪ] **I** *v* (*laid, laid*) **1** lägga; ~ *the blame on* lägga skulden på; ~ *bricks* mura; ~ *a cloth on the table* lägga en duk på bordet; ~ *eggs* lägga ägg, värpa; ~ *hold of* gripa, ta (fatta) tag i **2** anlägga (*a road* en väg); lägga [ner] (*a cable* en kabel; *pipes* rör); dra (*mains* ledningar) **3** göra i ordning; ~ *the table* duka [bordet]; ~ *a fire* lägga in (göra i ordning) en brasa; ~ *a trap for s.b.* gillra en fälla åt ngn **4** lägga på (*a carpet* en matta); ~ *a coat of paint* lägga på ett lager färg; ~ *a floor with carpets* täcka ett golv med mattor **5** få att lägga sig; *bildl. äv.* dämpa, tysta ner; ~ *the dust* få dammet att lägga sig **6** ålägga; lägga [på]; ~ *the blame on s.b. for s.th.* lägga skulden på ngn för ngt; ~ *a burden on s.b.* lägga en börda på ngn; *the crime was laid to their charge* de anklagades för brottet; ~ *an embargo on* lägga embargo på; ~ *a fine on s.b.* bötfälla ngn **7** förlägga (*the scene to* scenen till) **8** lägga fram (*one's problems before* sina problem för) **9** slå (*a rope* ett rep) **10** sätta, hålla (*five to one* fem mot ett); ~ *a bet* slå (hålla) vad **11** *vulg.*, ~ *a woman* sätta på en kvinna **12** ~ *bare* blottlägga, avslöja; ~ *open* blottställa, blotta (*to* för), öppna **13** *dial. el. ovårdat* ligga **14** värpa, lägga ägg **15** *sjö.* gå upp, lägga sig (*close to the wind* högt i vind) **16** ~ *about* (*åld.*) slå vilt omkring sig; ~ *aside a*) lägga ifrån sig (bort, åt sidan), *b*) spara, lägga undan; ~ *by a*) spara, lägga undan, *b*) *sjö.* lägga bi; ~ *down a*) lägga ner (*the hammer* hammaren; *one's arms* vapnen), nedlägga (*one's office* sitt ämbete, *b*) offra (*one's life* sitt liv), ge upp, *c*) uppställa (*conditions* villkor), fast|slå, -ställa (*rules* regler), *d*) [börja] bygga, konstruera, anlägga (*a railway* en järnväg), *e*) ned-, upp|teckna (*plans* planer), *f*) deponera, *g*) lagra (*wine* vin), *h*) förvandla till betesmark, *i*) *vard.* slå vad om, satsa; ~ *down the law* (*vard.*) lägga ut texten, ge förhållningsorder;

~ *o.s. down to sleep* lägga sig och sova; ~ *in* lägga upp [ett lager av]; ~ *into s.b.* gå lös på (angripa) ngn; ~ *off a*) friställa, permittera, *b*) märka ut, *c*) *vard.* låta vara i fred, låta bli, lägga av [med]; ~ *on a*) arrangera, ordna, *b*) lägga på (*a coat of paint* ett lager färg; *taxes* skatter), *c*) *BE.* lägga (dra, leda) in (*electricity* elektricitet); ~ *it on* (*sl.*) *a*) bre på tjockt, överdriva grovt, *b*) ta hutlöst betalt, *c*) slå hårt; ~ *out a*) lägga ut (fram), breda ut, *b*) göra layout[en] till, *c*) svepa (*lik*), *d*) planera, anlägga (*a garden* en trädgård), tänka ut, göra upp (*plans* planer), *e*) *vard.* slösa (göra av) med, lägga ut (*money* pengar), *f*) *vard.* slå ner (ut, sanslös); ~ *o.s. out* (*vard.*) bemöda sig, göra sitt yttersta (*to* [för] att), staka ut, *f*) försätta ur stridbart skick; ~ *over* (*AE.*) *a*) uppskjuta, *b*) göra uppehåll (*i resa*); ~ *to* (*sjö.*) *a*) lägga till, *b*) lägga bi; ~ *up a*) lägga upp, lagra (*provi* b) *sjö.* lägga upp (*f ∩ra*), bl. lula *up with* (*vard.*) lägga till sängs (sjuk) i **ll** *s* läge; tillstånd; *know the* ~ *of the land* veta hur landet ligger **2** *vulg.* ligg (*samlag; samlagspartner*)

layabout ['leɪ(ɪ)əˌbaʊt] latmask; dagdrivare **lay-by** [-baɪ] **1** *BE.* rast-, parkerings|plats (*vid väg*) **2** sidospår

layer ['leɪ(ɪ)ə] **I** *s* **1** lager, skikt **2** *bot.* avläggare **3** värphöna **II** *v* föröka [sig] genom avläggare

layette [leɪ'et] babyutstyrsel

layman ['leɪmən] lekman

lay|**-off** ['leɪ nf] **1** frist|ällande **2** arbetslöshetsperiod **-out** **1** utläggning **2** planering; arrangemang **3** layout, skiss; plan **4** *vard., i sht AE.* anläggning, institution

laze [leɪz] **I** *v* lata sig, slöa; ~ *about* (*around*) slå dank, slöa **2** ~ *away one's time* slöa bort tiden, förslösa sin tid **II** *s* latstund, slötid; *have a* ~ *in bed* ligga och dra sig i sängen **laziness** ['leɪzɪnɪs] lättja, slöhet **lazy** ['leɪzɪ] lat, lättjefull, slö **lazybones** ['leɪzɪˌbəʊnz] (*behandlas som sg*) *vard.* lätting, latmask, slöfock

lb.[**.**] [paʊnd] *förk. för libra* (*lat.*) *pound* (vikt)

1 lead [led] **I** *s* bly; *red* ~ blymönja; *white* ~ blyvitt **2** bly|kula, -hagel **3** *sjö.* [sänk]lod **4** grafit, blyerts; blyertsstift **5** blystråg (*t. blyinfattning*); blyplatta (*t. blytak*) **II** *a* bly-, av bly

2 lead [liːd] **I** *v* (*led, led*) **1** leda, föra (*s.b. to* ngn till); anföra, leda, stå i spetsen för, vara ledare för; ~ *one's class in history* vara bäst i klassen i historia; ~ *a discussion* leda en diskussion; ~ *water into* dra in vatten i; ~ *the way* gå före [och visa vägen], vara ledande (föregångare); ~ *a wire* dra en ledning; ~ *a witness* ställa ledande frågor till ett vittne; *be easily led* vara lättledd; ~ *s.b. by the nose* (*vard.*) få ngn dit man vill; ~ *s.b. up the garden path* dra ngn vid näsan, lura ngn **2** få, komma, föranleda (*to* att); *that led me to change my mind* det fick mig att ändra mig **3** föra, leva (*a quiet life* ett stillsamt liv); ~ *s.b. a dog's* (*wretched*) *life* göra livet surt för ngn **4** *kortsp.* spela ut, öppna med (*a king* en kung) **5** (*om väg e.d.; bildl.*) leda, föra, gå; *this road* ~*s to* Leeds den här vägen går till Leeds; *this will* ~ *to trouble* det här kommer att leda till bråk **6** leda; gå i spetsen; vara före (först); ligga i täten, ha ledningen; (*i dans*) föra; *BE. mus.* spela första fiolen; *she led them by 10 seconds* hon ledde med 10 sekunder före dem; *The Times led with the accident* The Times hade olyckan på ledande plats **7** *kortsp.* spela ut, öppna, ha förhand **8** ~ *astray* vilse-, miss|leda; ~ *away a*) föra (leda) bort (*the prisoner* fången), *b*) leda bort (*from the subject* från ämnet); ~ *off a*) föra bort (*s.b.* ngn), *b*) börja, inleda; ~ *on* locka, förleda, föra bakom ljuset; ~ *up to a*) leda (föra) [fram, upp] till, *b*) [sakta, försiktigt] närma sig **II** *s* **1** ledande plats (ställning); ledning; försprång; *follow a p.'s* ~ följa ngns exempel; *have a* ~ *of 10 seconds* leda med 10 sekunder; *take the* ~ *a*) ta (gå upp i) ledningen, *b*) föregå med gott exempel **2** ledning, ledtråd **3** ledande roll, huvudroll; huvudrollsinnehavare; *mus.* ledstämma, ledinstrument **4** ledande nät (*i tidning e.d.*); inledande avsnitt **5** *elektr.* ledning, kabel **6** [hund]koppel, rem; *on a* ~ i koppel **7** *kortsp.* utspel; förhand; *it's your* ~ det är du som börjar

leaded ['ledɪd] blyinfattad **leaden** ['ledn] **1** bly-, av bly **2** blygrå **3** tung [som bly]

leader ['liːdə] **1** ledare; chef; anförare **2** *mus.* ledare; konsertmästare; *AE.* dirigent **3** *i sht BE.* ledare, ledarartikel **4** *i sht AE.* lockvara **leadership 1** ledarskap, ledning; *under the* ~ *of s.b.* under ngns ledning **2** ledarförmåga **lead-in** [ˌliːd'ɪn] **1** introduktion **2** antennledning **leading** ['liːdɪŋ] ledande, ledar-; huvud-, viktigast, förnämst, främst; ~ *aircraftman* (*BE. ung.*) vicekorpral (*i flyget*); ~ *article* (*AE.*) ledare, ledarartikel; ~ *lady* huvudrollsinnehavare, primadonna; ~ *light* (*vard., bildl.*) betydande (framstående) person, ledande kraft; ~ *man* huvudrollsinnehavare; ~ *part* huvudroll; ~ *question* ledande fråga; ~ *reins* (*AE.* strings) *pl* gåsele (*för barn*); *bildl.* ledband; ~ *tone* (*mus.*) septima

leaf [liːf] **I** *s* (*pl leaves* [liːvz]) **1** löv, blad; *be in* ~ (*om träd o.d.*) vara fullt utslagen; *come into* ~ lövas, spricka ut **2** blad (*i bok e.d.*); *take a* ~ *out of a p.'s book* ta exempel av ngn; *turn over a new* ~ börja på nytt, ändra sitt uppträdande **3** folie; *gold* ~ bladguld **4** utdrags-, iläggs|skiva, klaff (*t. bord*) **5** *sl.* marijuana **II** *v,* ~ [*through*] bläddra igenom **leaflet** [-lɪt] **1** folder, broschyr, prospekt; flygblad, reklamlapp **2** litet löv **leafy** ['liːfɪ] lövad, lummig; lövklädd, grön

league [liːg] **1** förbund; *the L~ of Nations* Nationernas förbund; *be in* ~ *with a*) vara i förbund med, *b*) göra gemensam sak med **2** *sport.* serie; liga **3** klass, kategori; *not in the same* ~ inte i (av) samma klass

leak [liːk] **I** *s* läcka (*äv. bildl.*); otäthet; läckage; ~ *of information* informationsläcka; *have a* ~ *a*) läcka, vara otät, *b*) *sl.* pissa; *spring a* ~ springa läck **II** *v* **1** läcka, vara läck (otät); ~ [*out*] läcka (sippra) ut (*äv. bildl.*); *the bucket* ~*s* hinken läcker; *water is* ~*ing through the wall* vatten läcker in (ut) genom väggen **2** *sl.* pissa **3** låta läcka ut; släppa igenom; *bildl.* läcka (*information to s.b.* information till ngn) **leakage** ['liːkɪdʒ] läckande; läcka (*äv. bildl.*); läckage **leaky** ['liːkɪ] läckande, otät, läck

1 lean [liːn] **I** *a* mager; tunn **II** *s* magert kött **2 lean** [liːn] **I** *v* (*leaned, leaned* [lent, lent] *el. leant, leant* [lent, lent]) **1** luta sig (*back* bakåt, *tillbaka; forward* framåt; *against* mot, på); stödja

sig (*against*, [*up*]*on* mot, på); ~ *on s.b.* förlita (stödja) sig på ngn; ~ *over backwards* (*vard.*) göra mer än ngn kan begära; ~ *to*[*wards*] luta (tendera) åt, vara böjd att **2** luta, stå snett; *the L~ing Tower of Pisa* lutande tornet i Pisa **3** luta, stödja; ~ *one's head on a p.'s shoulder* luta huvudet mot ngns axel **II** *s* lutning; *be on the* ~ luta **leaning** ['liːnɪŋ] böjelse, dragning, sympati (*towards* för), fallenhet; *have artistic* ~*s* ha konstnärliga intressen **leant** [lent] *imperf. o. perf. part. av 2 lean*

lean-to ['liːntuː] skjul, utbyggnad (*intill vägg o. med sluttande tak*)

leap [liːp] **I** *v* (*leapt, leapt* [lept, lept] *el.* ~*ed,* ~*ed* [lept, lept]) **1** hoppa; ~ *at an offer* hoppa på (kasta sig över) ett erbjudande; *the idea leapt into my mind* idén dök plötsligt upp i mitt huvud **2** hoppa över (*a ditch* ett dike); *she leapt the horse over the fence* hon lät hästen hoppa över hindret **II** *s* hopp, språng; *a* ~ *in the dark* ett språng ut i det okända; *by* ~*s and bounds* som en oljad blixt, med stormsteg **leapfrog** ['liːpfrɒg] **I** *s* bockhoppning; *play* ~ hoppa bock **II** *v* **1** hoppa bock; hoppa (skutta) framåt **2** hoppa bock över **leapt** [lept] *imperf. o. perf. part. av leap* **leap year** ['liːpjɜː] skottår

learn [lɜːn] (*learnt, learnt* [lɜːnt, lɜːnt] *el. learned, learned* [lɜːnt, lɜːnt]) **1** lära sig (*English* engelska; [*how*] *to cook* laga mat); lära (läsa) in **2** erfara, få veta, [få] höra (*from av*) **3** (*i ovårdat tal*) undervisa, lära **4** [få] höra (*of, about* om) **5** lära [sig] (*from experience* av erfarenheten); *they will never* ~ de lär sig aldrig **learned I** [lɜːnt] *imperf. o. perf. part av learn* **II** ['lɜːnɪd] *a* lärd; vetenskaplig; *my* ~ *friend* (*om advokat*) min ärade kollega; *a* ~ *man* en lärd man **learner** ['lɜːnə] elev, lärjunge; nybörjare; trafikskoleelev **learning** ['lɜːnɪŋ] **1** lärdom, vetande, bildning; *man of* ~ lärd man; *seat of* ~ lärdomssäte **2** inlärning, studium **learnt** [lɜːnt] *imperf. o. perf. part. av learn*

lease [liːs] **I** *s* arrende, uthyrning; arrende-, hyres|kontrakt; arrende-, hyres|tid; *have* (*take*) *on* ~ arrendera; *let out on* ~ arrendera ut; *get* (*take*) *a new* ~ *of life* få nytt liv, leva upp igen **II** *v* **1** arrendera, hyra **2** ~ [*out*] arrendera (hyra) ut; leasa **-hold** ['liːs(h)əʊld] **I** *s* arrende **II** *a* arrende-; arrenderad **-holder** ['liːs(h)əʊldə] arrendator

leash [liːʃ] **I** *s* [hund]koppel, rem; *on a* (*the*) ~ i koppel; *give full* ~ *to* (*bildl.*) ge fria tyglar åt; *keep a tight* ~ *on* (*bildl.*) hålla i strama tyglar; *be straining at the* ~ *a*) dra i kopplet, *b*) vänta otåligt på att få sätta igång **II** *v* ha i koppel (kopplad)

least [liːst] **I** *a o. adv* (*superl. av little*) minst; ~ *common denominator* (*multiple*) minsta gemensamma nämnare (dividend); *I have the* ~ *money of all* jag har minst pengar av alla; *the* ~ *important question* den minst viktiga frågan **II** *s, the* ~ det minsta; ~ *said, soonest mended* ju mindre man säger, desto bättre är det; *to say the* ~ [*of it*] minst sagt; *at* ~ åtminstone; *at the* ~ allra minst; *not in the* ~ inte det minsta, inte alls

leather ['leðə] **I** *s* **1** läder, skinn **2** läder|rem, -jacka, -stövel; läder|kula] (*fotboll*) **II** *a* läder-, skinn

1 leave [liːv] **I** *s* **1** tillåtelse, lov, tillstånd; *by* (*with*) *your* ~ med din tillåtelse; *ask a p.'s* ~ *to*

do s.th. be ngn om lov (tillstånd) att få göra ngt **2** permission, ledighet, lov; ~ *of absence* permission, tjänstledighet; *be on* ~ vara på (ha) permission, vara [tjänst]ledig; *absent without* ~ frånvarande utan giltigt förfall **3** avsked; *take* ~ säga adjö (farväl) *(of* till); *take* ~ *of one's senses* bli tokig (galen); *take one's* ~ ta avsked, säga adjö (farväl)

2 leave [li:v] *(left, left)* **1** lämna; lämna kvar; glömma [kvar]; efterlämna, lämna efter sig; testamentera; ~ *alone* låta bli, låta vara [i fred]; ~ *well alone* hålla fingrarna borta från; ~ *be* (*vard.*) låta bli (vara); ~ *one page blank* lämna en sida blank (tom); ~ *go* (*hold*) *of* (*vard.*) släppa [taget om]; ~ *s.b. penniless* göra ngn utfattig; ~ *s.b. speechless* göra ngn mållös; ~ *s.th. undone* låta ngt vara ogjort, låta bli att göra ngt; *be left* återstå, vara (bli, finnas, lämnas) kvar; *nothing was left for them but to* det återstod inget annat för dem än att; *that's all we have left* det är allt vi har kvar; ~ *it at that* (*vard.*) låta det vara [bra så], låta det bero [vid det]; ~ *s.b. to himself* låta ngn sköta sig själv (vara i fred); ~ *the key with them* lämna nyckeln hos dem; *this* ~*s me with a problem* detta ställer mig inför ett problem; *it* ~*s much to be desired* det lämnar mycket övrigt att önska; *15 from 20* ~*s 5* 15 från 20 blir (är) 5; *she left a husband and three children* hon efterlämnade make och tre barn; *my uncle left me a necklace* min farbror testamenterade ett halsband till mig **2** lämna, [av]resa från, [av]gå från; ~ *home* resa (flytta) hemifrån, ~ *school* sluta skolan; ~ *the table* resa sig från bordet; *we left New York yesterday* vi lämnade (reste från) New York i går **2** över|lämna, -låta, lämna *(to* åt); låta; ~ *it to me* låt mig ta hand om (sköta) det,, ~ *it to me to* överlåt åt mig att; *I* ~ *it to you to decide* jag överlåter åt dig att avgöra det; ~ *s.th. to chance* lämna ngt åt slumpen **4** [av]gå, [av]resa; ge sig av (i väg); sluta *(anställning)*; *I* ~ *for Rome today* jag reser till Rom i dag **5** *he* ~*s his clothes about* han låter sina kläder ligga kringströdda (framme); ~ *aside* åsidosätta, inte bry sig om, lämna åsido; ~ *behind* glömma [kvar], lämna [kvar], efterlämna, lämna bakom sig; ~ *off a)* upphöra (sluta upp) med, sluta [med], avbryta *(work* arbetet), *b)* lägga av *(one's winter coat* vinterkappan), *c)* sluta *(at page 26* på sidan 26); ~ *off!* (*vard.*) lägg av!, sluta!; ~ *off smoking* sluta röka; ~ *out a)* lämna ute (framme), *b)* ute|lämna, -sluta, förbigå, lämna utanför

leaves [li:vz] *pl av leaf*

leaving ['li:viŋ] **1** avsked; avresa **2** ~*s (pl)* [mat]rester, lämningar; avfall

Lebanese [,lebə'ni:z] **I** *s (pl lika)* libanes **II** *a* libanesisk **Lebanon** ['lebənən] Libanon

lecherous ['letʃ(ə)rəs] liderlig, vällustig

lecture ['lektʃə] **I** *s* **1** föreläsning, föredrag *(on* om); *give a* ~ hålla föredrag (en föreläsning) **2** skrapa, tillrättavisning **II** *v* **1** föreläsa, hålla föreläsning *(on* om) **2** ge en skrapa, tillrättavisa **lecturer** ['lektʃ(ə)rə] föreläsare, föredragshållare; *ung.* docent, universitetslektor

led [led] *imperf. o. perf. part. av lead*

ledge [ledʒ] **1** list, kant; hylla; [fönster]bräde; gesims **2** klippavsats **3** malmförande lager;

malmåder **4** undervattensrev

ledger ['ledʒə] *bokför.* huvudbok, liggare

lee [li:] **I** *s* lä[sida]; *under the* ~ *of a)* i lä om, på läsidan av, *b)* *bildl.* i skydd av **II** *a* läsidan av, *b) bildl.* i skydd av **II** *a* lä-

leech [li:tʃ] *zool.* blodigel; *bildl. a)* blodsugare, *b)* igel; *cling like a* ~ vara som en blodigel

leek [li:k] *bot.* purjolök

leer [liə] **I** *s* sneglande (hånfull, menande, tvetydig) blick **II** *v* snegla, kasta hånfulla (menande) blickar *(at* på) **leery** ['liəri] **1** *dial.* slug, förslagen **2** *sl.* misstänksam *(of* mot)

leeward ['li:wəd; *sjö.* 'lu:əd] **I** *a* lä-, i lä **II** *adv* lävart; i lä **III** *s* lä[sida]; *to* ~ åt läsidan **1 left** [left] *imperf. o. perf. part. av leave* **2 left** [left] **I** *a* vänster *(hand* hand), vänster-; ~ *turn* vänstersväng **II** *adv* till vänster *(of* om), åt vänster; *keep* ~ hålla till vänster; *turn* ~ svänga till (ta av åt) vänster; ~ *turn!* (*mil.*) vänster om! **III** *s* vänster hand (sida); (i boxning) vänster; *the* ~ (*polit.*) vänstern; *on my* ~ på min vänstra sida, till vänster om mig

left-hand ['lefthænd] *a* vänster, vänster-; ~ *drive* vänsterstyrning; ~ *side* vänster sida **--handed** [,left'hændid] **1** vänsterhänt **2** vänsterhands-, med (för) vänster hand **3** klumpig, tafatt; tvetydig, tvivelaktig *(compliment* komplimang) **4** *jur.* morganatisk **-ist** ['leftist] **I** *s* vänsteranhängare **II** *a* vänster|orienterad, -vriden, vänster-

left-luggage office [,left'lʌgidʒ,ɔfis] *BE.* resgodsinlämning, effektförvaring **--over** ['left,əuvə] **I** *a* överbliven, kvarvarande **II** *s,* ~*s* (*pl*) [mat]rester

left-wing *a, polit.* vänster|orienterad, -vriden, vänster-, radikal **left wing** *s* **1** *polit.* vänsterfalang **2** *sport.* vänsterkant; vänsterytter **3** *mil.* vänsterflygel **lefty** [-i] *vard.* **1** vänstervriden person **2** *i sht AE.* vänsterhänt person

leg [leg] **I** *s* **1** ben (*av. byx-, möbel- etc.*); skaft *(på stövel e.d.);* fot *(på möbel); be on one's last* ~*s a)* vara alldeles slut (utmattad), *b)* sjunga på sista versen; *break one's* ~ bryta benet; *give s.b. a* ~ *up* hjälpa ngn upp (uppför); *not have a* ~ *to stand on* (*vard.*) inte ha ngt stöd för sina åsikter (påståenden), inte ha ngn ursäkt; *pull a p.'s* ~ (*vard.*) skoja (driva) med ngn; *shake a* ~ *(sl.)* sno på, sätta fart; *show a* ~ (*vard.*) stiga upp (*ur sängen*); *stretch one's* ~*s* sträcka på benen, röra på sig; *walk a p.'s* ~*s off a)* gå för fort för ngn, gå ifrån ngn, *b)* skrämma bort ngn **2** *kokk.* lägg, lår[stycke], kyl; ~ *of lamb* lamm|stek, -lår, -kyl **3** etapp *(av resa, stafett e.d.)* **4** sida, katet (*i rätvinklig triangel*) **5** *sport.* omgång *(av tävling, matcher e.d.);* (*i kricket*) 'leg'-sida *(plandel t. vänster o. bakom slagmannen); be out* ~ *before wicket* utvisad på grund av ben framför grind **6** *sjö.* slag **II** *v, vard.,* ~ *it* gå, springa, skynda sig

legacy ['legəsi] legat, testamentsgåva; *bildl.* arv

legal ['li:gl] lag-, laglig, laga, lagenlig; rätts-, rättslig, juridisk; *take* ~ *action against* vidtaga rättsliga åtgärder mot; *take* ~ *advice* rådfråga en advokat; ~ *adviser* advokat, juridisk rådgivare; ~ *aid* rättshjälp; ~ *holiday* *(AE.)* bankfridag; ~ *medecine* rättsmedicin; ~ *offence* straffbar handling, lagbrott; *the* ~ *profession* a) advokatkåren, juristerna, *b)* juristyrket; ~ *separation* (*i sht*

AE.) hemskillnad; ~ *status* rättslig ställning; ~ *tender* lagligt betalningsmedel **-ity** [li:'gælətɪ] laglighet, legalitet, lagenlighet; rättmätighet **-ization** (*BE. äv. -isation*) [‚li:gəlaɪ'zeɪʃn] legalisering **-ize** (*BE. äv. -ise*) ['li:gəlaɪz] legalisera, göra laglig

legation [lɪ'geɪʃn] legation, beskickning

legend ['ledʒ(ə)nd] **1** legend (*äv. bildl.*); sägen, saga **2** inskrift, inskription (*på mynt, vapensköld e.d.*) **3** [tecken]förklaring, text (*t. karta, tabell e.d.*) **-ary** [-(ə)rɪ] legend-; sagoomspunnen; legendarisk **-legged** [legd] -bent, med...ben; *four-~* fyrbent, med fyra ben; *long-~* långbent **leggy** ['legɪ] långbent; *vard.* med långa, snygga ben

Leghorn [‚leg'hɔ:n] Livorno

legibility [‚ledʒɪ'bɪlətɪ] läslighet, läsbarhet; tydlighet **-ible** ['ledʒəbl] läs|lig, -bar; tydlig

legion ['li:dʒ(ə)n] legion; *the Foreign L~* Främlingslegionen; *the L~ of Honour* Hederslegionen; *~s of people* massor med (horder av) människor; *they are ~* de är oräkneliga (legio)

legislate ['ledʒɪsleɪt] lagstifta **-lation** [‚ledʒɪs'leɪʃn] lagstiftning **-lative** ['ledʒɪslətɪv] legislativ, lagstiftande, lagstiftnings-; ~ *assembly* lagstiftande församling **-lator** ['ledʒɪsleɪtə] lagstiftare **-lature** ['ledʒɪsleɪtʃə] legislatur, lagstiftande församling

legitimate I *a* [lɪ'dʒɪtɪmət] **1** *a* legitim; laglig, rättmätig; född inom äktenskapet; ~ *child* barn [fött] inom äktenskapet; ~ *heir* legitim (rättmätig, laglig) arvinge **2** standard-, normal, reguljär **3** legitim, berättigad (*question* fråga); befogad, välgrundad **4** ~ *theatre* seriös (allvarligt syftande) teater (*i motsats t. varieté o.d.*) II *v* [lɪ'dʒɪtɪmeɪt] **1** legitimera; göra laglig; legalisera; ge äktenskapligt barns börd **2** berättiga; rättfärdiga **-matize** (*BE. äv. -matise*) [-mətaɪz], **-mize** (*BE. äv. -mise*) [-maɪz] legitimera

leisure ['leʒə; *AE. vanl.* 'li:ʒə] fritid, ledighet; *at ~ a*) fri, ledig, inte upptagen, *b*) i lugn och ro, utan brådska; *at your ~* du får tid, när det passar dig **leisured** [-d] **1** ledig, med mycket fritid; *the ~ classes* de rika, överklassen **leisurely** [-lɪ] I *a* maklig, avspänd, lugn II *adv* makligt, avspänt, lugnt, utan brådska **leisure wear** fritidskläder

lemon ['lemən] I *s* **1** citron; citronträd; citron|-gult, -färg **2** *sl.* nolla; dumhuvud; omöjlig grej II *a* citron-; citron|gul, -färgad **lemonade** [‚lemə-'neɪd] lemonad, läskedryck

lemon cheese (curd) ['lemən|tʃi:z, -kɜ:d] citronkräm **lemon squeezer** ['lemən‚skwi:zə] citronpress

lend [lend] (*lent, lent*) **1** låna [ut]; ~ *money at interest* låna ut pengar mot ränta **2** ge, skänka, förläna (*lustre to* glans åt); ~ *s.b. an ear* lyssna (höra) på ngn, låna ngn sitt öra; ~ *s.b. a hand* ge ngn ett handtag; ~ *one's name to s.th.* låna sitt namn till ngt **3** ~ *o.s.* (*itself*) *to* lämpa sig (vara lämplig för) **lender** ['lendə] långivare **lending library** ['lendɪŋ‚laɪbrərɪ] lånebibliotek

length [leŋθ] **1** längd; varaktighet, långvarighet; utsträckning; sträcka; *a certain ~ of time* en viss tid; *a ~ of tubing* ett rörstycke; *a ~ of wallpaper* en tapetvåd; *at arm's ~ a*) på armlängds avstånd,

b) *bildl.* på avstånd; [*at*] *full ~* raklång; *win by 2 ~s* (*sport.*) vinna med 2 längder; *2 miles in ~* 2 miles lång; *the book was 400 pages in ~* boken var 400 sidor tjock; *an illness of some ~* en längre tids (ganska lång) sjukdom; *go any ~*[*s*] *to* inte sky några medel (gå hur långt som helst) för att; *go to great ~s* (*bildl.*) gå mycket långt **2** *at ~ a*) slutligen, till slut, *b*) ingående, utförligt, på djupet, i detalj

lengthen ['leŋθ(ə)n] **1** förlänga, göra längre; ~ *a dress* lägga ner en klänning; *a ~ed stay* en längre (förlängd) vistelse **2** förlängas, bli längre **lengthy** [-ɪ] långvarig, tämligen lång; långdragen; långrandig, [mycket] utförlig

lenience ['li:njəns], **-ency** [-ənsɪ] eftergivenhet, mildhet, fördragsamhet, överseende **-ent** [-ənt] eftergiven, mild, fördragsam, överseende (*to*[*wards*] mot)

lens [lenz] *anat.*, *fys.* lins; *foto. äv.* objektiv

Lent [lent] fasta[n], fastlag[en] (*från askonsdagen till påskaftonen*); *the ~s* (*i Cambridge*) roddtävlingarna på vårterminen

lent [lent] *imperf. o. perf. part. av* lend

lentil ['lentɪl] *bot.* [åker]lins

Leo ['li:əʊ] Lejonet (*stjärnbild*)

leopard ['lepəd] leopard, panter

leotard[s] ['li:ə(ʊ)tɑ:d(z)] (*åtsittande*) gymnastikdräkt, trikåer

leper ['lepə] leprasjuk (spetälsk) [person]

leprosy ['leprəsɪ] lepra, spetälska

lept *imperf. o. perf. part. av* leap

lesbian ['lezbɪən] I *s* lesbisk kvinna II *a* lesbisk

less [les] I *a o. adv* (*komp. av little*) mindre; *of ~ importance* av mindre betydelse; ~ *quickly* mindre snabbt; ~ *and ~* mindre och mindre, allt mindre; ~ *of that!* bär dig inte åt på det där viset!; *the ~ you think about it the better* ju mindre du tänker på det desto bättre [är det]; *I see ~ of them nowadays* jag ser allt mindre av dem nuförtiden; *think ~ of* inte ha några höga tankar om; *I hope you won't think* [*any the*] ~ *of me* jag hoppas att du inte tänker illa om mig; *much* (*still, even*) ~ än[nu] mindre; *I don't want it, still ~ need it* jag vill inte ha det, ännu mindre behöver jag det; *no ~ a person than the queen* ingen mindre än drottningen; *he says he's won the first prize, no ~* (*vard.*) kan du tänka dig, han påstår att han har vunnit högsta vinsten; *I expected no ~* det var precis vad jag väntade mig; *none the ~* icke desto mindre; *it's nothing* (*no*) ~ *than a catastrophe* det är ingenting mindre än en katastrof II *prep* minus; *a month ~ three days* en månad så när som på tre dagar; *6 ~ 2* 6 minus 2

lessee [le'si:] arrendator; hyresgäst

lessen ['lesn] **1** [för]minska, göra mindre **2** förringa, nedvärdera **3** minska[s], bli mindre, avta **-er** [-ə] mindre; *to a ~ extent* i mindre utsträckning

lesson ['lesn] **1** lektion; lektionstimme; *French ~, ~ in French* lektion i franska, fransk lektion; *give ~s in English* ge lektioner (undervisa) i engelska **2** läxa; *bildl. äv.* lärdom, tillrättavisning, uppstrukning; *do one's ~s* läsa sina läxor; *he has learnt his ~* (*bildl.*) han har fått [sig] en läxa; *teach s.b. a ~* (*bildl.*) ge ngn en läxa **3** bibeltext

lest [lest] *åld.* **1** för att inte, av fruktan att, ifall;

they tiptoed ~ the guard should discover them de gick på tå för att inte vakten skulle upptäcka dem **2** (*efter ord för fruktan e.d.*) [för] att; *he was frightened ~ he should fall* han var rädd att han skulle falla

1 let [let] **I** *v* (*let, let*) **1** låta (*s.b. do s.th.* ngn göra ngt), tillåta (*s.b. do s.th.* att ngn gör ngt); *I want to go, but dad won't ~ me* jag vill åka, men jag får inte för pappa (pappa tillåter det inte); *~ x equal y* antag att x är lika med y; *~'s go swimming!* ska vi [inte] gå och bada?; *~ me help you!* kan jag hjälpa dig?; *~ me know when you're ready* säg till (tala om för mig) när du är färdig; *~ it be known, that...* låt alla få veta (må det bli känt) att...; *~ them pass* låt dem passera, släpp förbi dem **2** hyra[s] ut; arrendera[s] ut; *to ~* att hyra **3** *~ alone a*) låta bli, lämna (låta vara) i fred, inte bry sig om, *b*) än[nu] mindre, för att inte tala om; *we'd better ~ well alone* det är bäst att vi låter det vara som det är; *~ be* låta bli, lämna (låta vara) i fred; *~ down a*) släppa (dra, fira, hala, hissa, sänka) ner, *b*) sömn. lägga (släppa) ner, *c*) göra besviken, svika, lämna i sticket; *~ o.s. down* blamera sig; *~ one's hair down, se hair; ~ down a tyre* släppa ut luften ur ett däck; *~ fall a*) låta falla, släppa, tappa, *b*) låta undfalla sig; *~ go* släppa, låta falla, låta gå (fara), släppa ifrån sig, släppa lös; *~ o.s. go a*) släppa (slå) sig lös, släppa alla hämningar, låta sig ryckas med, *b*) slarva med sitt yttre; *~ go of* släppa [taget om]; *~ it go at that!* låt det stanna (bero) vid det; *~ in a*) släppa in (*the cat* katten), *b*) sömn. fälla in; *~ o.s. in* öppna (låsa upp) och gå in; *~ in water* släppa igenom vatten, läcka, vara otät; *~ o.s. in for* ge sig in på, inveckla sig i; *~ o.s. in for a lot of extra work* få en massa extraarbete på halsen; *~ s.b. in for s.th.* blanda (dra) in ngn i ngt, förorsaka ngn ngt; *~ s.b. in on s.th.* inviga ngn i ngt; *~ into a*) släppa in i, *b*) inviga i (*a secret* en hemlighet); *~ a pipe into the wall* lägga (sätta) in ett rör i väggen; *~ loose* släppa, släppa fri (lös); *~ off a*) avskjuta, fyra av, skjuta i väg, *b*) släppa av, *c*) ge ledigt, *d*) låta slippa undan, låta komma lindrigt undan, *e*) släppa ut (*air* luft), *f*) hyra ut, *g*) släppa sig; *~ s.b. off at the station* släppa av ngn vid stationen; *~ off steam* (*vard.*) lätta på trycket, avreagera sig; *~ s.b. off with a warning* låta ngn slippa undan med en varning; *~ on a*) avslöja, tillstå, låta komma ut, *b*) låtsas, låtsas om, *c*) skvallra (*that* om att); *~ out a*) släppa ut, släppa lös, *b*) utstöta (*a howl* ett tjut), *c*) avslöja (*a secret* en hemlighet), *d*) hyra ut, arrendera ut, *e*) sömn. lägga (släppa) ut; *I ~ myself out* jag hittar ut själv; *~ slip a*) försitta (*a chance* en chans), *b*) låta undfalla sig; *~ through* släppa fram (igenom); *~ up* minska, försvagas, avta, sluta; *~ up on* (*vard.*) vara mildare (mindre hård) mot
2 let [let] **1** *jur., without ~ or hindrance* utan minsta hinder **2** (*i tennis e.d.*) nätboll
letdown ['letdaʊn] **1** besvikelse **2** minskning, nedgång **3** inflygning
lethal ['li:θl] dödlig, dödande
lethargy ['leθədʒɪ] letargi, slöhet, håglöshet, försoffning
Lett [let] **1** lett **2** lettiska [språket]
letter ['letə] **I** *s* **1** bokstav; *the ~ of the law* lagens

bokstav; *small* (*capital*) *~* liten (stor) bokstav; *to the ~ a*) bokstavligt, *b*) till punkt och pricka **2** brev; skrivelse; *by ~* skriftligen, brevledes, per brev; *~ of advice* avi; *~ of attorney* (*authority*) fullmakt; *~[s] of credence* (*dipl.*) kreditiv[brev]; *~ of credit* (*bank.*) kreditiv; *~ to the editor* insändare; *~s patent a*) patent[brev], *b*) privilegiebrev **3** *~s* (*pl*) litterär bildning; vitterhet; litteratur; *man of ~s a*) lärd (boksynt) man, *b*) skönlitterär författare, skriftställare **II** *v* förse med bokstäver; märka, klassificera **letter box** brev-, post|låda
lettering [-rɪŋ] **1** textning **2** inskrift, text
Lettish ['letɪʃ] **I** *a* lettisk, lettländsk **II** *s* lettiska [språket]
lettuce ['letɪs] sallad, sallat; salladshuvud
let-up ['letʌp] *vard.* minskning, avtagande; paus, avbrott
level ['levl] **I** *s* **1** plan, nivå (*äv. bildl.*); *it is above my ~* det går över min horisont, det ligger över min nivå; *above the ~ of the sea* över havet[s yta]; *at eye ~* i ögonhöjd; *at the highest ~* högsta nivå; *on a ~ with* i nivå (höjd) med, på samma nivå som; *on the ~* (*vard.*) *a*) ärligt, uppriktigt [talat], *b*) just, renhårig; *find one's ~* finna sin plats [här i livet] **2** vattenpass **II** *a* **1** horisontell, vågrät **2** jämn, plan; jämnhög, i jämnhöjd; jämställd, likställd; likformig; jämngod; *~ crossing* (*BE.*) plankorsning, järnvägskorsning; *~ spoonful* struken sked; *~ with the ground a*) i jämnhöjd med marken, i marknivå, *b*) parallell med marken; *the runners are ~* löparna ligger lika; *do one's ~ best* göra sitt allra bästa; *draw ~* komma i jämnhöjd med varandra; *draw ~ with* hinna upp (i kapp); *he played ~ with her* han spelade mot henne utan handikapp **3** *have a ~ head* ha ett klart intellekt; *keep a ~ head* hålla huvudet kallt **III** *v* **1** *~ [off]* jämna [till], planera **2** göra jämn, jämna ut; nivellera; göra vågrät (*med hjälp av vattenpass*); göra lika, göra likställd; bringa i jämnhöjd; *~ [with the ground]* jämna med marken; *~ down* sänka [till en lägre nivå], utjämna; *~ up* höja [till en högre nivå], utjämna, räta upp; *~ with s.b.* (*vard.*) vara uppriktig mot ngn **3** rikta; *~ a blow* (*weapon, charge*) *at* (*against*) rikta ett slag (ett vapen, en anklagelse) mot **4** slå ned, fälla **5** *~ off* (*out a*) (*om mark, flygplan*) plana ut, *b*) bildl. jämna ut sig **--headed** [ˌlevl'hedɪd] [väl]balanserad, stadig, sansad
lever ['li:və] **I** *s* **1** hävstång; spak **2** bildl. hävstång; [påtrycknings]medel **II** *v* lyfta med hävstång, bända, baxa
levy ['levɪ] **I** *s* **1** uttaxering; uppbörd **2** mil. utskrivning, uppbåd; *~ en masse* [ã(ŋ)'mæs] massuppbåd **II** *v* **1** uttaxera; ta upp, lägga på (*skatt, avgift*); *~ a fine on s.b.* påföra ngn böter; *~ a tax on beer* lägga skatt på öl **2** ta ut till militärtjänst, kalla in **3** beslagta, utmäta **4** *~ war* föra krig
lewd [lu:d] liderlig; obscen, oanständig
lia|bility [ˌlaɪə'bɪlətɪ] **1** ansvar; skyldighet, plikt; *limited ~ company* [aktie]bolag med begränsad ansvarighet; *tax ~* skatteplikt; *~ for jury service* skyldighet att sitta i jury; *~ to pay damages* skadeståndsskyldighet **2** mottaglighet, utsatthet; benägenhet **3** -*bilities* (*pl, hand.*) skulder; förpliktelser **4** börda; belastning **-ble** [ˈlaɪəbl] **1** ansvarig (*for* för); (*juridiskt*) skyldig, förpliktad (*to*

att); ~ *to* underkastad; ~ *to duty* tullpliktig; ~ *to penalty* straffbar; ~ *for tax* skattepliktig **2** mottaglig, utsatt, disponerad (*to pneumonia* för lunginflammation) **3** trolig, möjlig; benägen (*to do s.th.* [för] att göra ngt); *be ~ to* (*äv.*) riskera att; *she is ~ to tell the police* det är troligt att hon underrättar polisen; *an accident is ~ to happen soon* det kommer snart att hända en olycka; *she's ~ to loose her temper* hon kommer säkert att bli rasande; *this paint is ~ to come off* den här färgen flagar lätt

liaison [-ɔ̃:(ŋ); *mil.* -(ə)n] **l** *s* **1** förbindelse; *mil. äv.* samband **2** förhållande, [kärleks]förbindelse **3** *fonet.* bindning **4** *kokk.* [av]redning (*äggula, grädde*)

liana [lɪ'ɑ:nə], **liane** [lɪ'ɑ:n] *bot.* lian

liar ['laɪə] lögnare, lögnhals

libel ['laɪbl] **l** *s* **1** *jur.* ärekränkning; förtal; smädeskrift **2** skymf, förolämpning **ll** *v* **1** *jur.* ärekränka; förtala; smäda **2** skymfa, förolämpa **-lous** ['laɪbjəs] ärekränkande; smädlig

liberal ['lɪb(ə)r(ə)l **l** *a* **1** liberal; frisinnad **2** *L~* (*polit.*) liberal **3** frikostig, generös; fördragsam, överseende; riklig (*helping of food* matportion); fri (*translation* översättning); *the ~ arts* humaniora, humanistiska ämnen **ll** *s*, *L~* (*polit.*) liberal **-ism** ['lɪb(ə)rəlɪz(ə)m] liberalism

liberate ['lɪbəreɪt] **1** befria; frige **2** *kem. o. bildl.* frigöra **-ation** [ˌlɪbə'reɪʃn] **1** befrielse; frigivning **2** *kem. o. bildl.* frigörande

liberty ['lɪbətɪ] frihet; ~ *of the press* tryckfrihet; *basic -ties* grundrättigheter; *what a ~!* vilken fräckhet!; *be at ~ a*) vara på fri fot (i frihet, fri), *b*) ha tid, vara ledig, inte vara upptagen, *c*) vara fri (oförhindrad); *be at ~ to do s.th.* ha lov att (ha tillåtelse att, få) göra ngt; *you are at ~ to* (*äv.*) det står dig fritt att; *restore s.b. to ~* återge ngn friheten; *take the freedom of doing* (*to do*) *s.th.* ta sig friheten att göra ngt; *take -ties with a*) vara närgången mot

Libra ['laɪbrə] Vågen (*stjärnbild*)

librarian [laɪ'breərɪən] bibliotekarie **library** ['laɪbrərɪ] bibliotek; boksamling; [skiv]samling; [film]arkiv; *public ~* [offentligt] bibliotek

libretto [lɪ'bretəʊ] libretto

Libya ['lɪbɪə] Libyen

lice [laɪs] *pl av louse I*

licence ['laɪs(ə)ns] **1** licens; [formellt] tillstånd; certifikat; utskänkningstillstånd, [sprit]rättigheter; *dog ~* hundskatt[emärke]; *driving ~* körkort; *hunting ~* jaktlicens; *marriage ~* vigselbevis; *radio ~* radiolicens **2** [handlings]frihet; *poetic ~* poetisk frihet, licentia poetica **3** tygellöshet; lättsinne

license ['laɪs(ə)ns] **l** *v* bevilja (ge) licens (tillstånd, utskänkningstillstånd, [sprit]rättigheter); tilldela certifikat; *be ~d to do s.th.* ha tillstånd att göra ngt; *~d house* (*premises*) krog (ställe) med [sprit]rättigheter; *fully ~d* med fullständiga [sprit]rättigheter **ll** *s, AE.*, *se licence*

licentious [laɪ'senʃəs] utsvävande, lastbar

lichen ['laɪkən] *bot.* lav

lick [lɪk] **l** *v* **1** slicka (*äv. om flammor o. vågor*); slicka på (*a lollipop* en klubba); ~ *a p.'s boots* krypa för (krusa för, smickra) ngn; ~ *one's lips* slicka sig om munnen; ~ *one's wounds* slicka sina

sår; ~ *into shape* få ordning (stil, fason) på **2** *vard.* klå, slå; besegra; övertrumfa; *this ~s everything* det här slår allt (är ändå höjden) **ll** *s* **1** slick-[ning]; *give s.th. a ~* slicka på ngt **2** slick, slurk, liten klick; *give o.s. a ~ and a promise* tvätta sig nödtorftigt, ta en snabbvask **3** sleke, slicksten (*för husdjur*) **4** *vard.* slag, smäll **5** *vard.* fart, speed, fräs; *at a ~* i full fräs **licking** ['lɪkɪŋ] **1** slickande **2** *vard.* stryk, smörj; nederlag

licorice ['lɪkərɪs] *AE.* lakrits

lid [lɪd] **1** lock; *saucepan ~* kastrullock; *flip one's ~* (*sl.*) *a*) explodera [av ilska], *b*) bli tokig; *put the ~ on* (*vard.*) *a*) göra slut på, sätta stopp för, *b*) hålla i styr, hindra; *take the ~ off* (*vard.*) avslöja **2** ögonlock **3** *sl.* kanna (*hatt*)

lido ['li:dəʊ] *BE.* frilufsbad

1 lie [laɪ] **l** *s* lögn, osanning; *give the ~ to* motbevisa, vederlägga; *give the ~ to s.b.* beskylla ngn för att ljuga; *tell ~s* (*a ~*) tala osanning, ljuga **ll** *v* ljuga, tala osanning (to för)

2 lie [laɪ] **l** *v* (*lay, lain*) **1** ligga; ~ *asleep* (*resting*) ligga och sova (vila); ~ *awake* ligga vaken; ~ *low a*) hålla sig undan (gömd), *b*) ligga lågt (*äv. bildl.*), bida sin tid; *where does the problem ~?* var ligger problemet?; *how do things ~?* hur ligger det till med saker och ting?; *know how the land ~s* (*bildl.*) veta hur landet ligger (läget är, situationen är) **2** ligga begraven, vila **3** ligga, vara belägen, utbreda sig; *the lake lay before us* sjön utbredde sig (låg) framför oss **4** ~ *about* (*around*) ligga framme [och skräpa], ligga kringspridda; ~ *back* luta sig tillbaka; ~ *down* lägga sig [ner], lägga sig och vila; ~ *down!* (*t. hund*) ligg!; ~ *down under s.th.*, *take s.th. lying down* finna sig i ngt; ~ *in a*) ligga kvar i sängen, *b*) ligga (bestå) i, *c*) ligga i barnsäng; ~ *on a*) ligga (vila) på, *b*) åligga, ankomma på; *it ~s heavy* [*up*]*on my conscience* det tynger (vilar tungt på) mitt samvete; ~ *to* (*sjö.*) *a*) ligga för ankar, *b*) dreja bi; ~ *under a*) ligga under, *b*) tyngas av; ~ *up a*) [gå och] lägga sig, ligga till sängs, *b*) vara ur funktion, inte användas, (*om bil*) vara uppallad, (*om fartyg*) vara upplagd; ~ *with* ligga på (hos); *the decision ~s with her* avgörandet ligger hos henne; *it ~s with me to decide* det är min sak att avgöra **ll** *s* **1** läge, position; *the ~ of the land* landets topografi; *know the ~ of the land* (*bildl.*) veta hur landet ligger (läget är, situationen är) **2** (*djurs*) läger, lya, håla

lie-down ['laɪdaʊn] vila **lie-in** ['laɪɪn] *s, have a ~* ligga kvar (och dra sig) i sängen

lieu [lju:] *s, in ~* i stället [*of* för]

lieutenant [lef'tenənt; *AE.* lu:'tenənt] **1** (*BE. i armén*) löjtnant; (*BE. i flottan*) kapten; *first ~* (*AE., i armén*) löjtnant; *second ~* fänrik; ~ *junior grade* (*AE. i flottan*) löjtnant **2** *AE.* biträdande poliskommissarie; vice brandchef **3** ställföreträdare, närmaste man

life [laɪf] (*pl lives*) **1** liv; levnad; livs|tid, -längd; *country ~* livet på landet, lantlivet; *plant ~* växtlivet; *the good ~* det ljuva livet; *a ~ for a ~* öga för öga, tand för tand; *the ~ of a bulb* en glödlampas livslängd; *as large as ~ a*) i naturlig storlek, *b*) *vard.* livs levande, i egen hög person; *larger than ~ a*) i övernaturlig storlek, *b*) överdriven; *true to ~* verklighetstrogen; *at his time of ~* i hans ålder; *for* ~ på livstid, för [hela] livet; *for dear* ~ (*vard.*) för brinnande livet, allt vad tygen håller; *not for the* ~ *of me* inte med bästa vilja i världen, aldrig i livet; *from (after)* ~ efter levande modell, efter naturen; *in early (early in)* ~ tidigt i livet, i ungdomen; *never in my* ~*!* aldrig i livet!; *not on your* ~*! (vard.)* aldrig i livet!; *be the* ~ *and soul of a party* vara medelpunkten på en fest; *it is a matter of* ~ *and death* det gäller livet, det är en fråga om liv eller död; *bring to* ~ göra levande; *bring s.b. back to* ~ återkalla ngn till livet, återuppliva ngn; *come to* ~ *a*) få liv, bli levande, *b*) leva upp, kvickna till [igen]; *frighten the* ~ *out of s.b.* skrämma livet ur ngn; *get a* ~ *sentence* bli dömd till livstids fängelse; *have the time of one's* ~ roa sig kungligt, ha jätteroligt; *lead a quiet* ~ föra (leva) ett lugnt liv; *lead the* ~ *of Riley* (*vard.*) må som en prins; *lose one's* ~ omkomma, mista livet, [få] sätta livet till; *how many lives were lost?* hur många människor omkom?; *resemble s.th. to the* ~ vara en exakt kopia (avbild) av ngt; *save a p.'s* ~ rädda livet på ngn; *I can't sing to save my* ~ jag kan inte sjunga för allt i världen; *take a p.'s* ~ ta livet av ngn; *take one's [own]* ~ ta livet av sig, ta sitt liv; *take one's* ~ *in one's hands* våga (riskera) livet **2** levnadsteckning, biografi

life guard [-gɑ:d] livräddare, strandvakt **Life Guards** [-gɑ:dz] livgarde **life jacket** [-ˌdʒækɪt] flytväst **lifeless** [-lɪs] **1** livlös, utan liv **2** trög, utan vitalitet **lifelike** [-laɪk] verklighets-, naturtrogen, levande **lifeline** [-laɪn] **1** livlina **2** livsviktig förbindelse; andningshål; räddningsplanka **lifelong** [-lɔŋ] livslång **life-size[d]** [ˌlaɪf'saɪz(d)] i naturlig storlek, i kroppsstorlek **life span** [ˈlaɪfspæn] livslängd **lifetime** [ˈlaɪftaɪm] livstid; liv; *it's the chance of a* ~ det är mitt (ditt *etc.*) livs chans; *once in a* ~ en gång i livet; *during (in) her* ~ under hennes liv (levnad), på hennes tid

lift [lɪft] **I** *v* **1** lyfta; lyfta upp; lyfta åt; höja; ~ *down (up)* lyfta ner (upp); ~ *off* lyfta av (bort); ~ *one's eyes* höja blicken; *have one's face* ~*ed* göra en ansiktslyftning, lyfta sig; *not* ~ *a finger* inte lyfta (röra) ett finger; ~ *one's hand to s.b.* (*bildl.*) lyfta sin hand mot ngn; ~ *[up] one's head* lyfta på huvudet; ~ *up a window* skjuta upp ett fönster; ~ *one's voice in song* brista ut i sång **2** avskaffa, [upp]häva (*restrictions* restriktioner) **3** ta upp (*potatis, morötter e.d.*) **4** skjutsa, ge lift, transportera **5** *vard.* snatta, sno, knycka; plagiera **6** *AE.* betala av **7** (*om flygplan e.d.*) lyfta, gå upp; ~ *off (om rymdfarkost)* lyfta, starta **8** lätta, lyfta; *the fog* ~*ed* dimman lättade **II** *s* **1** lyft; lyftning, höjande (*of the eyebrows* på ögonbrynen); *bildl.* upplyftning; *give s.b. a* ~ uppmuntra (pigga upp) ngn; *give me a* ~ *with this bag* hjälp mig med den här väskan **2** *fys.* lyftkraft; upptryck **3** *BE.* hiss; lift **4** skjuts, lift; *give s.b. a* ~ ge ngn skjuts (lift) **-off** [ˈlɪftɒf] (*rymdfarkosts*) start; startögonblick

ligament [ˈlɪgəmənt] *anat.* ligament, ledband **1 light** [laɪt] **I** *s* **1** ljus; sken; dager; dagsljus, gryning; *konst.* ljust parti; *ultraviolet* ~ ultraviolett ljus (strålning); ~ *and shade* skuggor och dagrar; *in [the]* ~ *of* i ljuset av, i betraktande av, med hänsyn till; *bring (come) to* ~ bringa (komma) i

dagen; *see the* ~ *[of day] a*) se dagens ljus, komma till världen, *b*) offentliggöras, *c*) komma till insikt; *finally I saw the* ~ äntligen gick det upp ett ljus för mig; *see s.th. in a new* ~ betrakta ngn med nya ögon; *shed (throw, cast)* ~ *on* sprida (kasta) ljus över, bringa klarhet i; *this showed him in a bad* ~ detta fick honom att framstå i en dålig dager; *stand in a p.'s* ~ *a*) skymma (stå i ljuset för) ngn, *b*) *bildl.* stå i vägen för ngn, ställa ngn i skuggan **2** ljus; lyse, belysning; lampa; lanterna; fyr; trafikljus; *go out like a* ~ slockna direkt (*somna, bli medvetslös*); *have the* ~*s on* ha ljuset på (*i bil e.d.*); *hide one's* ~ *under a bushel* (*bibl.*) sätta sitt ljus under en skäppa; *leave a* ~ *burning in the hall* låta en lampa brinna i hallen; *put on (out) the* ~*[s]* tända (släcka) [lyset] **3** [jus]-intag, -öppning, [tak]fönster; *leaded* ~*s* blyinfattade rutor **4** eld; *do you have a* ~*?* har du lite eld (en tändsticka)?; *set (put a)* ~ *to* sätta eld på **5** ~ *[up]* lysa upp (*äv. bildl.*), belysa; *a smile lit [up] his face* hans ansikte lystes upp av ett leende; *be lit up (vard.)* vara på sniskan **3** lysa (*[the way for] s.b.* ngn [på väg]); ~ *the way for s.th.* vara vägledande för ngt **4** tändas; ta eld **5** *bildl.* lysa upp; *her face lit with delight* hennes ansikte lyste upp av förtjusning **6** ~ *up a*) tända cigarretten (pipan *etc.*), *b*) lysa upp (*äv. bildl.*) **2 light** [laɪt] **I** *a* **1** lätt, inte tung; obetydlig, oviktig, lindrig; ~ *burden* lätt börda; ~ *comedy* lustspel, fars; *be a* ~ *eater* vara liten i maten; *with a* ~ *hand* med lätt hand; *with a* ~ *heart* med lätt hjärta; ~ *horse* lätt kavalleri; - *infantry* lätt infanteri; ~ *lorry* lätt lastbil; *no* ~ *matter* ingen bagatell (oviktig sak); ~ *meal* lätt måltid; ~ *metal* lättmetall; ~ *opera* operett; ~ *punishment* lätt (lindring, mild) bestraffning; ~ *rain* lätt regn; ~ *reading* lättare lektyr, underhållningslektyr; ~ *soil* lätt (porös) jord; ~ *vowel (fonet.)* kort (obetonad) vokal; ~ *wine* lättvin; ~ *work* lätt arbete; *make* ~ *work of* lätta klara av; *make* ~ *of a*) ta lätt på, bagatellisera, *b*) ringaka, förringa **2** tanklös, lättsinnig; lättfärdig **3** yr, vimmelkantig; ~ *in the head a*) inte riktigt klok, *b*) yr i huvudet, *c*) upprymd (*av starka drycker*) **II** *adv* lätt; *sleep* ~ sova lätt; *travel* ~ resa med lätt packning **III** *v* (*lighted, lighted el. lit, lit*) **1** (*om fågel*) slå sig, slå ner **2** stiga av (ur) **3** ~ *[up]on* stöta (råka) på **4** ~ *on (bildl.*) falla på, drabba; ~ *into (vard.*) angripa, attackera **5** ~ *out (vard.*) sticka, smita

light bulb [ˈlaɪtbʌlb] glödlampa

1 lighten [ˈlaɪtn] **1** belysa, lysa upp; göra ljus[are] **2** ljusna **3** lysa, skina; blixtra

2 lighten [ˈlaɪtn] **1** göra lättare; lätta (*fartyg på last*); *bildl. äv.* lindra, mildra **2** pigga (muntra) upp **3** lätta **4** bli piggare (gladare)

lighter [ˈlaɪtə] tändare

light-fingered [ˈlaɪtˌfɪŋgəd] **1** lång|fingrad, -fingrig, tjuvaktig **2** fingerfärdig **--footed** lättfotad, lätt på foten **--headed** [ˌlaɪt'hedɪd] **1** lättsinnig, tanklös **2** yr, vimmelkantig **--hearted** [ˌlaɪt'hɑːtɪd] lätt om hjärtat, obekymrad, sorglös

lighthouse ['laɪthaʊs] fyr[torn]

lighting ['laɪtɪŋ] belysning; beplysning, lyse

lightly ['laɪtlɪ] adv lätt; ~ clad lätt-, tunn|klädd; ~ taxed lågt beskattad (taxerad); ~ wounded lätt (lindrigt) sårad; get off ~ komma lindrigt undan; sleep ~ sova lätt; speak ~ of tala nedsättande om, förringa, bagatellisera; take s.th. ~ ta lätt på ngt; touch ~ on (bildl.) lätt (flyktigt) beröra; treat s.th. ~ behandla ngt lättvindigt **lightness** ['laɪtnɪs] **1** lätthet etc., jfr 2 light I I; the ~ of the breeze den lätta brisen; a feeling of ~ en känsla av lätthad **2** ljushet, lättsinne

lightning ['laɪtnɪŋ] **I** s blixt; blixtrande, blixtar; a flash of ~ en blixt, ett blixtnedslag; like (as quick as) ~ blixtsnabbt, som en blixt; like greased ~ som en oljad blixt; struck by ~ träffad av blixten **II** a blixt-; blixtsnabb; a ~ raid en blixt|räd, -anfall; at ~ speed med blixtens hastighet **lightning conductor (rod)** [-kən,dʌktə, -rɒd] åskledare

lightweight ['laɪtweɪt] **I** a lättvikts- **II** s **1** lättvikt **2** lättviktare

light year ['laɪtjə] astr. ljusår

likable ['laɪkəbl] sympatisk, tilltalande, behaglig

1 like [laɪk] **I** a **1** lik; be ~ vara lik, likna; what's she ~? a) hur[dan] är hon?, b) hur ser hon ut?; they are ~ one another de liknar varandra; they are as ~ as two peas de är lika som bär; do you have a plate ~ this? har ni en likadan tallrik?; you don't know what poverty is ~ du vet inte vad fattigdom vill säga **2** liknande; samma; on this and ~ occasions vid detta och liknande tillfällen; in ~ manner på samma sätt **II** prep **1** som, såsom, liksom, likt; ~ anything (vard.) som bara den, som en galning, så gärna som aldrig det; ~ father, ~ son äpplet faller inte långt från trädet; ~ master, ~ man sådan herre sådan dräng; run ~ a fool springa som en dåre; work ~ hell arbeta som bara tusan; ~ hell you will! i helvete heller [ska du]!; do something, ~ taking a walk göra ngt, som t.ex. att ta en promenad; a man ~ that en sådan [där] man; just ~ that så där utan vidare; they are ~ that de är sådana; don't talk ~ that säg inte så; ~ this så här; if the weather is anything ~ fine tomorrow om det blir någorlunda vackert väder i morgon; she's not anything ~ her mother hon är inte ett dugg lik sin mamma; there's nothing ~ skating ingenting går upp mot skridskoåkning; that dress is nothing ~ as nice as the red one den klänningen är inte alls (inte på långa vägar) så snygg som den röda; something ~ this (that) ngt i den stilen (vägen), ngt sådant (liknande); something ~ £10 ungefär (omkring) 10 pund; that's something ~ a party det kan man kalla en fest **2** likt, typiskt [för]; that's just ~ her det är typiskt (just likt) henne; it's not ~ you to det är inte likt dig att **III** adv **1** vard. liksom, så att säga; it's my money, ~ det är mina pengar, liksom; ~ let's get going nu går vi **2** as ~ as not, ~ enough troligtvis, högst sannolikt **IV** konj **1** såsom, [på samma sätt] som; he doesn't play it ~ you do han spelar den inte på samma sätt som du **2** vard. som om; it looks ~ we'll be in time det ser ut som om vi skulle hinna **V** s, the ~ ngt liknande (sådant); and the ~, and such ~ och liknande (dylikt), med flera; I've never seen the ~ (vard.) jag har aldrig sett på maken; the ~[s] of sådana som,

maken till

2 like [laɪk] **I** v tycka om, gilla; vilja ha, föredra; [gärna] vilja; I ~ her (music) jag tycker om henne (musik); do what you ~ gör vad du vill; I should ~ to know why jag skulle gärna vilja veta varför; I would ~ her to come jag skulle vilja att hon kom; how do you ~ your tea? a) hur vill du ha ditt te?, b) vad tycker du om teet?; I ~ that! (iron.) det må jag då säga!, det var inte dåligt!; what would you ~? a) vad vill du ha?, b) (i affär) vad får det lov att vara?; if you ~ om du vill **II** s, ~s and dislikes sympatier och antipatier

likeable ['laɪəbl] se likable

likeli|hood ['laɪklɪhʊd], **-ness** [-nɪs] sannolikhet; in all ~ med all sannolikhet; there is no ~ of that det är inte sannolikt

likely [-lɪ] **I** a **1** trolig, sannolik; not ~! (vard.) knappast!; a ~ story (iron.) och det vill du jag ska tro!, visst, visst!; it is ~ to rain det blir troligen regn; he is ~ to be late han kommer nog för sent; she is not ~ to come det är inte troligt att hon kommer **2** lämplig, passande; tänkbar; a ~ place for a swim en lämplig plats för ett bad; he called at every ~ place han besökte varje tänkbar plats **II** adv, as ~ as not, very ~ högst sannolikt, med all sannolikhet, troligtvis

like-minded [,laɪk'maɪndɪd] likasinnad **liken** ['laɪk(ə)n] likna (to vid) **likeness** ['laɪknɪs] **1** likhet (to med) **2** skepnad, gestalt, form; appear in the ~ of uppträda i skepnad av **3** porträtt; avbild **likewise** ['laɪkwaɪz] **1** på samma sätt, likaledes **2** dessutom, också

liking ['laɪkɪŋ] förkärlek, böjelse, tycke, sympati; be to a p.'s ~ vara i ngns smak; have a ~ for s.b. ha förkärlek (vara svag) för ngn; take a ~ to fatta tycke för, börja tycka om

lilac ['laɪlək] **I** s **1** syren **2** lila [färg], gredelint **II** a lila, gredelin

lilt [lɪlt] **I** s **1** glad röst, vackert tonfall **2** lätt gång; lätta rörelser **3** glad (munter) visa **II** v **1** (om visa) ha en glad (munter) melodi **2** tala (sjunga, spela) glatt (melodiskt) **3** röra sig lätt

lily ['lɪlɪ] lilja **lily of the valley** [,lɪlɪəvðə'vælɪ] lil|jekonvalj

limb [lɪm] **1** lem; life and ~ liv och lem; lower ~s ben, nedre extremiteter; tear s.b. ~ from ~ slita ngn i stycken **2** [träd]gren; be out on a ~ vara illa ute, vara ute på hal is

limber ['lɪmbə] **I** a smidig, böjlig; [lätt]rörlig **II** v, ~ up mjuka upp [sig]

limbo ['lɪmbəʊ] **1** teol. limbo **2** övergångs-, mellan|stadium **3** fängelse

1 lime [laɪm] bot. lemon

2 lime [laɪm] bot. lind

3 lime [laɪm] **I** s **1** kalk; slaked ~ släckt kalk **2** fågellim **II** v **1** kalka **2** bestryka med fågellim **3** fånga med fågellim

limelight ['laɪmlaɪt] bildl. rampljus; be in the ~ stå i rampljuset

limestone ['laɪmstəʊn] kalksten

limit ['lɪmɪt] **I** s **1** gräns; the city ~s stadens gränser; within ~s inom vissa gränser; that's the [very] ~! det är [ändå] höjden!; there's a ~! det finns gränser!; go the ~ gå till ytterligheter; go to the ~s to help göra sitt yttersta för att hjälpa; put a ~ on, set a ~ to (on) (bildl.) sätta en gräns för,

begränsa **2** *mat.* limes, gränsvärde **II** *v* begränsa; inskränka **limitation** [‚lɪmɪ'teɪʃn] **1** begränsning; inskränkning **2** *jur.* preskription[stid] **limited** ['lɪmɪtɪd] begränsad; inskränkt; ~ *[liability] company* (*BE.*) aktiebolag [med begränsad ansvarighet]; ~ *monarchy* konstitutionell monarki
1 limp [lɪmp] **I** *v* halta, linka; mödosamt ta sig fram **II** *s* haltande (linkande) [gång]; *walk with a* ~ halta, linka
2 limp [lɪmp] **1** böjlig, mjuk; sladdrig **2** kraftlös, slapp
limpid ['lɪmpɪd] klar (*äv. bildl.*), genomskinlig
linden ['lɪndən] *bot.* lind
1 line [laɪn] **I** *s* **1** linje; streck; rynka, fåra; kontur-[linje]; gräns[linje]; *konst.* linjer, stil; *dividing* ~ skiljelinje; ~ *of life* livslinje (*i handflata*); *state* ~ stats-, riks|gräns; *as straight as a* ~ snörrät; *the* ~ *between right and wrong* gränsen mellan rätt och orätt; *the beautiful* ~*s of the ship* fartygets vackra linjer; *cross the* ~ (*äv.*) passera ekvatorn; *draw a* ~ dra ett streck; *draw the* ~ sätta en gräns, säga stopp, dra gränsen (*at* vid); *toe the* ~ lyda order, hålla sig på mattan **2** lina, streck; *elektr., tel.* linje, ledning, kabel; *fishing* ~ metrev; *washing* ~ tvätt|lina, -streck; *be on the* ~ vara i telefon (på tråden); *be on the* ~ *to s.b.* ha ngn på tråden; *hold the* ~, *please!* (*i telefon*) var god och dröj! **3** (*skriven*) rad; vers[rad]; [kort] upplysning, vink; ~*s* (*pl*) *a*) *teat.* replik, roll, *b*) *skol.* rader (*att skriva som bestraffning*); *the bottom (top)* ~ *of a page* nedersta (översta) raden på en sida; *marriage* ~*s* (*vard., i sht BE.*) vigselattest; *musical* ~ melodislinga; *drop s.b. a* ~ skriva en rad till ngn; *give s.b. a* ~ *on* ge ngn en upplysning (vink) om; *read between the* ~*s* läsa mellan raderna; *shoot a* ~ skryta **4** släkt[gren], gren, led, linje; *in a direct* ~ i direkt nedstigande led; *in the male* ~ på mans|sidan, -linjen; *the last of one's* ~ den sista av sin ätt **5** [varu]slag, sortiment, uppsättning; kollektion; ~ *of goods* varuslag; *a new* ~ *of shirts* en ny kollektion (uppsättning) skjortor; *the best in its* ~ den bästa i sitt slag **6** rad, räcka, led; fil; *i sht AE.* kö; *mil.* linje; *in* [*a*] ~ i rad; ~ *of attack* anfallslinje; ~ *of battle* slaglinje; *front* ~ frontlinje; *single* ~ *of traffic* enkelt körfält; *all along the* ~ *a*) över hela linjen, *b*) till alla delar; *be in* ~ *for* stå i tur för; *be in* ~ *with* vara i linje (överensstämmelse) med; *bring s.th. into* ~ *with* (*bildl.*) bringa ngt i överensstämmelse med; *fall (get) into* ~ falla in i ledet, ställa upp sig på rad; *fall into* ~ *with* inordna sig i, acceptera; *hold the* ~ hålla stånd; *keep a party in* ~ hålla ihop ett parti; *stand in* ~ (*AE.*) stå i kö, köa; *step out of* ~ gå sin egen väg, göra ngt olämpligt **7** rutt, linje, [kommunikations]led; [trafik]företag, -bolag; (*projektils*) bana; *järnv., i sht BE.* linje, bana, spår, sträcka; *bus* ~ busslinje; *the end of the* ~ (*bildl.*) slutet; *the train stopped on the* ~ tåget stannade ute på linjen; *the missile follows a curved* ~ projektilen går i en krökt bana **8** bransch, fack, område, gebit; ~ *of business* bransch, affärsgren; *what* ~ *is she in?* vilken bransch är hon i?; *that's not in my* ~ *a*) det är inte mitt gebit (område), *b*) det ligger inte för mig; *something in that* ~ ngt i den vägen (stilen) **9** riktning, kurs; linje, inriktning; ~ *of action* handlingslinje; ~ *of argument* argumenta-

tion; ~ *of conduct* förfaringssätt; ~ *of thought* tanke|bana, -gång; *the* ~ *of least resistance* minsta motståndet väg; *take a firm* (*strong*) ~ *with* inta en fast hållning (uppträda bestämt) mot; *try another* ~ *of approach to a problem* pröva att angripa problemet från ett annat håll **10** *lay* (*put*) *on the* ~ *a*) betala kontant, *b*) lägga korten på bordet, ge klara besked, *c*) sätta på spel **II** *v* **1** linjera, dra en linje (linjer) på **2** kanta **3** ~ *[up]* rada upp, ordna i rad (linje) **4** rynka, fåra **5** bilda (ställa sig i) linje; ~ *[up]* ställa upp sig, ställa sig i kö, ställa sig
2 line [laɪn] **1** fodra, klä [invändigt] **2** fylla, proppa full, späcka; ~ *one's pockets* sko sig
lineage ['lɪnɪdʒ] **1** härstamning, härkomst **2** ättlingar **linear** [-ə] **1** linje-, linjär **2** längd-; ~ *measure* längdmått **3** endimensionell; ~ *equation* förstagradsekvation, linjär ekvation **4** *bot.* långsmal
1 lined [laɪnd] **1** randig; ~ *paper* linjerat papper **2** rynkig, fårad
2 lined [laɪnd] **1** fodrad, klädd [invändigt] **2** fylld, späckad
linen ['lɪnɪn] **I** *s* **1** linne[vävnad] **2** *koll.* linne[förråd]; underkläder; *dirty* ~ [smuts]tvätt, -kläder **II** *a* linne-
liner ['laɪnə] linje-, passagerar|fartyg; trafikflygplan
linesman ['laɪnzmən] **1** *sport.* linje|domare, -man **2** linjearbetare, kabelläggare
line-up ['laɪnʌp] **1** uppställning (*äv sport.*) **2** gruppering **3** uppradade personer (*för identifiering av misstänkt*); konfrontering **4** *AE.* kö
linger ['lɪŋgə] **1** dröja [sig] kvar, stanna [kvar]; ~ *on* (*over*) (*bildl.*) dröja (uppehålla sig) vid **2** släntra [iväg] **3** *bildl.*, ~ [*on*] leva kvar (vidare), fortleva **4** dröja, söla
lingerie ['læ:(n)ʒərɪ] dam|underkläder
lingering ['lɪŋ(ə)rɪŋ] långvarig (*illness*); långsam (*death* död); dröjande (*look* blick); kvardröjande (*doubt* tvivel)
lingo ['lɪŋgəʊ] (*pl* ~*es*) *vard.* [konstigt] språk, rotvälska; jargong
linguist ['lɪŋgwɪst] **1** språkkunnig person; *she is a good* ~ hon är mycket språkbegåvad **2** lingvist, språkforskare **linguistics** [lɪŋ'gwɪstɪks] (*behandlas som sg*) lingvistik, språkvetenskap
liniment ['lɪnɪmənt] liniment
lining ['laɪnɪŋ] foder (*äv. tekn.*), [invändig] beklädnad; *brake* ~ bromsbelägg; *every cloud has a silver* ~ inget ont som inte har något gott med sig
link [lɪŋk] **I** *s* **1** länk (*i kedja*); radiolänk; förbindelse; *bildl.* förbindelse[länk], band, led; *the missing* ~ den felande länken; *a new rail* ~ en ny järnvägsförbindelse; *break all* ~*s with* bryta alla förbindelser med **2** manschettknapp **3** *längdmått* = *7,92 tum* = *20,12 cm* **II** (*i eg. bet. äv.* ~ *up*) *v* **1** länka ihop, koppla ihop (samman), förena (*to, with* med); ~ *arms a*) gå arm i arm, *b*) bilda kedja **2** ~ [*together*] länkas ihop, kopplas ihop (samman), förena sig
linseed ['lɪnsi:d] linfrö
lion ['laɪən] **1** lejon; *the* ~*'s share* lejonparten **2** modig man, lejon; berömdhet, celebritet; *social* ~ societetslejon; *the* ~*'s share* lejonparten;

L

beard the ~ *in its den* (*bildl.*) uppsöka lejonet i dess kula

lip [lıp] **1** läpp; ~*s* (*äv.*) mun; *lower* ~ underläpp; *upper* ~ överläpp; *bite one's* ~ *a*) bita sig i läppen, *b*) vara irriterad; *button one's* ~ (*sl., i sht AE.*) knipa (hålla) käft; *keep a stiff upper* ~ bita ihop tänderna, bevara fattningen; *smack one's* ~*s* gotta sig, slicka sig om munnen **2** rand, kant, brädd; *pip* **3** *sl.* fräckheter, oförskämdheter; *none of your* ~*!* var inte så fräck (uppkäftig)! **lip- read** ['lıpri:d] läsa på läpparna **lip service** ['lıp͵sə:vıs] tomma ord, läpparnas bekännelse, munväder **lipstick** ['lıpstık] läppstift

liquefy ['lıkwıfaı] smälta; kondensera; *-fied petroleum gas* gasol

liqueur [lı'kjʊə] likör

liquid ['lıkwıd] **I** *a* **1** flytande, i vätskeform; ~ *air* flytande luft; ~ *crystals* flytande kristaller; ~ *food* flytande föda; ~ *glass* vattenglas; ~ *measure* mått för våta varor **2** klar, genomskinlig; *bildl.* flytande, jämn; ~ *eyes* blanka (glänsande) ögon; ~ *notes* pärlande toner **3** *ekon.* disponibel, likvid; ~ *assets* likvida tillgångar **II** *s* **1** vätska **2** *fonet.* likvida

liquidate ['lıkwıdeıt] **1** likvidera, erlägga likvid för, betala **2** likvidera, avveckla (*företag e.d.*) **3** likvidera, röja ur vägen, avrätta **liquidation** [͵lıkwı'deıʃn] **1** likvidering, betalning **2** likvidation, avveckling (*av affärsrörelse*); *go into* ~ träda i likvidation **3** likvidering, avrättning **liquid|-ize** (*BE. äv. -ise*) [-aız] **1** göra flytande; mosa, pressa **2** bli flytande **liquid|izer** (*BE. äv. -iser*) ['lıkwıdaızə] mixer

liquor ['lıkə] **1** spritdryck[er], stark[a] (alkoholhaltig[a]) dryck[er], sprit, alkohol; *hard* ~ starksprit; *in* ~ berusad **2** vätska, spad, vatten, sky; lösning, emulsion; *potato* ~ potatisvatten

liquorice ['lıkərıs] lakrits

Lisbon ['lızbən] Lissabon

lisp [lısp] **I** *v* läspa **II** *s* läspning; *have* (*speak with*) *a* ~ läspa

lissom[e] ['lıs(ə)m] smidig, böjlig; vig

1 list [lıst] **I** *s* lista, förteckning (*of* över); (*bokförlags*) utgivnings|program, -lista; *shopping* ~ inköps-, handlings|lista; ~ *of names* namnlista, (*i bok*) namnregister **II** *v* **1** göra upp en lista (förteckning) över, lista, föra (ta) upp **2** föra (skriva, ta) upp på listan (en lista); ~*ed building* kulturminnesmärke

2 list [lıst] **1** kant[remsa, -band], bård (*på tyg*) **2** träspån

3 list [lıst] *sjö.* **I** *s* slagsida; ~ *to port* babords slagsida **II** *v* få (ha) slagsida

listen ['lısn] lyssna (*to* på); höra 'på; ~ *for* lyssna efter; ~ *in on* (*to*) tjuvlyssna på, avlyssna (*a telephone conversation* ett telefonsamtal); ~ *in to* lyssna (höra) på (*i radio*); *I've told him, but he won't* ~ jag har sagt åt honom, men han hör inte på; ~, *let's do s.th. else!* hör på, ska vi inte göra ngt annat!; ~ *to me!* lyssna (hör på) mig!; ~ *to the radio* lyssna på radio **listener** ['lısnə] lyssnare; åhörare **listening** ['lısnıŋ] *s* lyssnande

listless ['lıstlıs] håglös, apatisk

lit [lıt] **I** *imperf. o. perf. part. av* light **II** *a, sl.,* ~ [*up*] berusad

litany ['lıtənı] *kyrkl. o. bildl.* litania

literacy ['lıt(ə)rəsı] läs- o. skrivkunnighet

literal ['lıt(ə)r(ə)l] **I** *a* **1** bokstavlig, egentlig; bokstavs-; ~ *error* bokstavs-, tryck|fel **2** ordagrann (*translation* översättning) **3** nykter, saklig; faktisk, verklig **II** *s* bokstavs-, tryck|fel

literary ['lıt(ə)rərı] litterär; litteratur-; ~ *agent* litterär agent **literate** ['lıtərət] **1** läs- och skrivkunnig **2** litterat, bildad **literature** ['lıt(ə)rətʃə] litteratur

lithe ['laıð] smidig, böjlig, vig

lithograph ['lıθə(ʊ)grɑ:f] *s* litografi, litografiskt blad **II** *v* litografera

Lithua|nia [͵lıθju:'eınjə] Litauen **-nian I** *a* litauisk **II** *s* **1** litauer **2** litauiska språket

liti|gate ['lıtıgeıt] processa (tvista) [om] **-gation** [͵lıtı'geıʃn] process, rättstvist; processande

litmus ['lıtməs] lackmus **litmus paper** lackmuspapper

litre ['li:tə] liter

litter ['lıtə] **I** *s* **1** skräp, avfall; *everything was in a* ~ allt låg huller om buller **2** [djur]kull **3** strö, halm **4** [sjuk]bår; bärstol **5** förna **II** *v* **1** skräpa ner i (på); stöka till i (på) **2** få, föda ([*en kull*] *ungar*) **3** lägga strö (halm) under; täcka med strö (halm) **4** skräpa ner **5** få (föda) en kull ungar

little ['lıtl] **I** *a* (*less el. lesser, least*) liten; föga, ringa, obetydlig; *a* ~ *girl* en liten flicka; ~ *brother* lillebror; ~ *sister* lillasyster; ~ *finger* lillfinger; ~ *toe* lilltå; *the* ~ *one* lillen, lillan; *the* ~ *ones* de små, småbarnen, småttingarna; *the L*~ *Bear* (*AE. Dipper*) (*astr.*) Lilla Björn[en]; *a* ~ *butter* [ngt] litet smör; *not a* ~ *butter* inte så litet (ganska mycket) smör; *with a* ~ *effort* med litet (en smula) ansträngning; *there is* ~ *hope* det finns föga (litet) hopp; *of* ~ *importance* av ringa betydelse; *the* ~ *man* (*äv.*) den vanliga människan; *have a* ~ *mind* vara småsint; *the* ~ *people* (*folk*) småfolket, pysslingarna, tomtarna; *a nice* ~ *profit* en liten nätt vinst; *you* ~ *rascal!* din lilla rackare!; *a* ~ *reflection* en smula (litet) eftertanke; ~ *things* småsaker; ~ *things please* ~ *minds* (*ung.*) litet roar småbarn; *it takes no* ~ *time* det tar inte [så] litet tid; *in a* ~ *while* om en liten (kort) stund **II** *adv* (*less el. lesser, least*) litet; föga; *a* ~ *better* något (litet) bättre; ~ *better than* föga bättre än; *there is* ~ *else but rubbish left* det är nästan bara (inte mycket annat än) skräp kvar; *earn* ~ *enough money* tjäna ganska (nog så) litet pengar; ~ *short of* nästan, närapå, inte långt från; *a* ~ *strange* litet (något, en aning) underlig; *not a* ~ *worried* inte så litet (ganska) orolig; *as* ~ *as possible* så litet som möjligt; ~ *did he know that* föga anade han att **III** *s* litet; *a* ~ litet, en smula; *after a* ~ efter en liten stund; *sit down for a* ~ sitta ner ett litet tag; *not a* ~ inte så litet, ganska mycket; *only a* ~ bara [helt] litet; *quite a* ~ en hel del, ganska mycket; *give me a* ~ ge mig litet; *a* ~ *after five* litet över fem; *the* ~ *of this book I have read* det lilla jag har läst av den här boken; ~ *by* ~ litet i taget, bit för bit, så småningom; ~ *or nothing* knappast någonting, föga eller intet; *every* ~ *helps* alla bidrag mottages med tacksamhet, många bäckar små gör en stor å; *make* ~ *of* bagatellisera, förringa; *think* ~ *of* inte ha höga tankar om; *I see* ~ *of her nowadays* jag ser inte mycket av henne nuförtiden; *he did* *what* ~ *he could* han gjorde det lilla han kunde **1 live** [laɪv] **I** *a* **1** levande; livs levande; *a* ~ *seal* en levande säl; *a real* ~ *count* en livs levande (tvätt-äkta) greve **2** aktuell (*question* fråga) **3** glödande (*coal* kol; *colour* färg); verksam, aktiv (*volcano* vulkan); inte avbränd, oanvänd (*match* tänd-sticka); inte detonerad (*bomb* bomb); [skarp]-laddad (*cartridge* patron), skarp (*ammunition* ammunition); *sport.* (*om boll*) i spel; strömföran-de (*wire* ledning); *she's a real* ~ *wire* (*vard.*) hon är ett riktigt energiknippe **4** *TV, radio.* direkt-sänd, direkt-, live **II** *adv* direkt, live **2 live** [lɪv] **1** leva; leva kvar, fortleva; ~ *and let* ~ leva och låta [andra] leva; *long* ~ *the Queen!* leve drottningen!; ~ *from hand to mouth* leva ur hand i mun; ~ *frugally* leva enkelt; ~ *well a*) leva gott, *b*) föra ett hederligt liv; *no man living* ingen enda; *we* ~ *and learn* man lär så länge man lever; *will she* ~? kommer hon att överleva?; *her name will* ~ *hennes* namn kommer att leva [kvar]; *he'll* ~ *to regret that* det kommer han att få ångra en dag; *if I* ~ *to see the day* om jag får uppleva den dagen; *not many* ~ *to be a hundred* inte många lever tills de blir hundra år; ~ *by* (*off*) leva av, leva på; ~ *on a*) leva vidare (kvar), *b*) leva på (av); ~ *through* genomleva, uppleva (*a long war* ett långt krig); *he was not expected to* ~ *through the night* man trodde inte att han skulle överleva natten; ~ *up to a*) leva upp till, motsvara (*expec-tations* förväntningar), *b*) leva i enlighet med (*principles* principer), *c*) kunna mäta sig med, *d*) uppfylla (*obligations* förpliktelser); ~ *with* leva med **2** bo; ~ *in London* (*High Street*) bo i Lon-don (på High Street); ~ *at 14 Park Lane* bo på Park Lane 14; ~ *with one's parents* bo hos sina föräldrar; ~ *in* bo på skolan (sin arbetsplats *e.d.*); *a house not fit to* ~ *in* ett obeboeligt hus; ~*d in* bebodd; ~ *out* inte bo på skolan (sin ar-betsplats *e.d.*), ha egen bostad; ~ *together* bo (leva) ihop, sammanbo **3** leva (*one's own life* sitt eget liv); ~ *a lie* leva på en lögn; ~ *a part* leva sig in i en roll; ~ *religion* leva i enlighet med sin religion; ~ *down* få folk att glömma (*a scandal* en skandal); *he won't* ~ *it down* man kommer aldrig att förlåta honom för vad han gjort; ~ *out one's life in a foreign country* sluta sina dagar i främmande land

liveli|hood ['laɪvlɪhʊd] uppehälle, levebröd; *earn* (*make*) *a* ~ förtjäna sitt uppehälle **-ness** [-nɪs] livlighet *etc., jfr lively*

lively ['laɪvlɪ] **1** livlig, livfull, vital; pigg, vaken; *things are getting* ~ det börjar gå livligt till; *he's having a* ~ *time* han har händerna fulla [med ar-bete] **2** frisk, uppfriskande (*breeze* bris) **3** (*om båt*) lättmanövrerad

liven ['laɪvn] **1** ~ [*up*] pigga (liva) upp **2** ~ [*up*] piggas (livas) upp

liver ['lɪvə] *anat. o. kokk.* lever

livery ['lɪvərɪ] **1** livré; *bildl.* dräkt, skrud **2** hyr-[kusk]verk; *keep horses at* ~ hyra ut hästar

livery stable [-ˌsteɪbl] hyr[kusk]verk

lives [laɪvz] *pl av life*

livestock ['laɪvstɒk] (*behandlas som sg el. pl*) bo-skap, husdjur; kreatursbesättning

livid ['lɪvɪd] **1** blygrå, blåsvart; blek; likblek, ask-grå **2** *vard.* rasande, ilsken

living ['lɪvɪŋ] **I** *a* levande (*creature* varelse); ~ *death* eländigt tillstånd; *she is the* ~ *image of her mother* hon är en levande avbild av sin mor, hon är sin mor upp i dagen; ~ *language* levande språk; [*with*]*in* ~ *memory* i mannaminne; *not a* ~ *soul* inte en levande själ **II** *s* **1** *the* ~ (*pl*) de levande **2** liv; *cost of* ~ levnadskostnader; *stand-ard of* ~ levnadsstandard; *good* ~ god mat och dryck; ~ *in Paris is expensive* det är dyrt att leva (bo) i Paris **3** uppehälle, levebröd; *earn* (*make*) *a* ~ förtjäna sitt uppehälle, försörja sig; *what does he do for a* ~? vad försörjer han sig på? **4** *BE. kyrkl.* pastorat **living room** [-rʊm] vardagsrum

living wage [-weɪdʒ] lön som man kan leva på

lizard ['lɪzəd] *zool.* ödla

load [ləʊd] **I** *s* last; lass; börda (*äv. bildl.*); belast-ning (*äv. bildl.*); *a* ~ *of firewood* ett lass (fång) ved; *the ship was carrying a* ~ *of* fartyget hade en last av; *that was a* ~ *off my mind* en sten föll från mitt bröst; *put a* ~ *on* belasta; *have a* ~ *on* (*AE. sl.*) vara på trycket (berusad) **2** laddning (*i skjut-vapen*) **3** *elektr.* effekt; spänning **4** *vard.,* ~*s a*) massor, *b*) mycket; ~*s* (*a* ~) *of* en massa, massor med **5** *vard., get a* ~ *of this!* lyssna (titta) på det här! **II** *v* **1** lasta (*a ship* ett fartyg); lassa; belasta, tynga [ner]; *bildl.* överhopa; ~ *deals onto a lorry* lasta plank på en lastbil; ~ *down a*) lasta ner (för tungt), *b*) överlasta; ~ *up a*) lasta (lassa) på, *b*) lasta full, fylla; ~ *the washing machine* lägga in tvätt i (fylla) tvättmaskinen; *be* ~*ed with debts* vara överhopad av skulder **2** ladda (*vapen, ka-mera etc.*) **3** *data.* lagra [ner] **4** förfalska, prepa-rera (*tärningar etc.*); ~ *the dice against s.b.* över-lista (lura) ngn; ~ *a question* formulera en försåt-lig fråga **5** *försäkr.* höja premie **6** lasta, ta om-bord **7** ladda

loaded ['ləʊdɪd] **1** lastad *etc., jfr load* **II 2** förfals-kad; ~ *dice* falska tärningar; ~ *question* försåtlig fråga **3** *sl., i sht AE.* packad, på trycket (*beru-sad*); påtänd (*av narkotika*) **4** *sl.* tät (*rik*)

1 loaf [ləʊf] (*pl loaves*) **1** limpa, bröd (*äv.* ~ *of bread*); *meat* ~ köttfärslimpa; ~ *of sugar* socker-topp; *sugar* ~ toppsocker; *loaves and fishes* brödfödan; *half a* ~ *is better than no bread* små smulor är också bröd **2** *sl.* skalle, rot

2 loaf [ləʊf] ~ [*about, around*] slå dank, gå och dra, stå och hänga; ~ *away* slösa bort, fördriva; ~ *away one's time* förslösa sin tid

loafer [-ə] **1** dagdrivare **2** *i sht AE.* loafer (*sko utan snörning*)

loan [ləʊn] **I** *s* lån; utlåning; lånord; *on* ~ utlånad, till låns **II** *v* låna [ut]

loath [ləʊθ] ovillig, obenägen

loathe [ləʊð] *v* avsky (*doing s.th.* att göra ngt)

loathing ['ləʊðɪŋ] avsky; vämjelse **loathsome** ['ləʊðsəm] avskyvärd, vämjelig, frånstötande, vidrig

loaves [ləʊvz] *pl av loaf*

lob [lɒb] **I** *v* **1** *sport.* lobba **2** *vard.* kasta **II** *s, sport.* lobb

lobby ['lɒbɪ] **I** *s* **1** lobby, [hotell]vestibul, hall; [teater]foajé; korridor **2** *i sht BE.* lobby, förhall, korridor (*i parlamentet*); *division* ~ omröstnings-korridor **3** påtryckningsgrupp, lobby **II** *v* **1** öva påtryckningar på (*lagstiftare*); ~ *a bill through parliament* genom påtryckningar driva igenom

ett lagförslag i parlamentet **2** bedriva korridorpolitik **-ist** [-ɪst] *i sht AE.* lobbyist, korridorpolitiker
lobe [ləʊb] *anat., bot.* lob; flik; ~ *of the ear* örsnibb
lobster ['lɒbstə] hummer
local ['ləʊkl] **I** *a* lokal, lokal- (*äv. med.*), orts-; ~ *anaesthetic* lokalbedövning; ~ *authorities* (*BE.*) lokala (kommunala) myndigheter; ~ *call* lokalsamtal; ~ *colour* lokalfärg; ~ *government a*) *BE.* kommunal självstyrelse, *b*) *AE.* lokala (kommunala) myndigheter; *a* ~ *man* en man från orten; ~ *option* (*AE., Sk.*) lokalt veto; ~ *paper* ortstidning; ~ *time* lokal tid; ~ *train* lokaltåg **II** *s* **1** ortsbo **2** lokaltåg **3** *BE. vard.* kvarterspub **4** lokalbedövning **5** *AE.* lokal nyhet; lokalkontor
local|ity [lə(ʊ)'kælətɪ] **1** lokalitet, plats, ställe **2** scen, plats; *the* ~ *of the crime* brottsplatsen **3** belägenhet, läge **-ize** (*BE. äv. -ise*) ['ləʊkəlaɪz] **1** ge lokal karaktär **2** begränsa, lokalisera **3** anta lokal karaktär
locate [lə(ʊ)'keɪt] **1** lokalisera, ange platsen för; spåra (*the source of error* felkällan) **2** förlägga; stationera; ~*d* (*äv.*) belägen **location** [-'keɪʃn] **1** läge, plats, position **2** lokalisering, spårande; upptäckt **3** *film.* inspelningsplats (*utanför studio*); *shot on* ~ filmad på platsen **4** anläggande (*av väg e.d.*) **5** (*i Sydafrika*) svart stadsdel, lokation
loch [lɒk] *Sk.* sjö; havsvik
1 lock [lɒk] **I** *s* **1** lås; låsanordning, spärr; *steering* ~ rattlås; *under* ~ *and key* inom lås och bom; *put s.th. under* ~ *and key* låsa in ngt, låsa om ngt **2** (*på eldvapen*) säkring; (*förr*) lås; ~, *stock and barrel* rubb och stubb **3** sluss; *air* ~ luftsluss **4** (*bils*) framhjulsutslag; vändradie **5** (*i brottning*) lås **II** *v* **1** låsa [igen, till]; stänga [igen, till], spärra; ~ *the stable door after the horse has bolted* (*been stolen*) (*ung.*) vara för sent ute, vara efterklok; ~ *away* låsa undan; ~ *in* låsa in; ~ *out a*) låsa (stänga) ute, *b*) lockouta; ~ *up a*) låsa (stänga) igen (till), *b*) låsa in (undan), spärra in, fängsla, *c*) låsa, binda (*kapital*) **2** innesluta; inveckla (*in combat* i strid); ~ *horns* drabba samman; *the lovers were* ~*ed in an embrace* de älskande var tätt omslingrade **3** förse med sluss[ar]; slussa (*a vessel* ett fartyg) **4** (*om hjul e.d.*) låsa sig **5** tålas, gå att låsa; gå i lås **6** tålssa
2 lock [lɒk] **1** (*hår*)lock, hår|test, -tofs **2** ulltott; bomullstuss
lock|er ['lɒkə] förvarings|fack, -box, [låsbart] skåp (fack), [låsbar] låda **-et** [-ɪt] medaljong
lock|out ['lɒkaʊt] lockout **-smith** låssmed **-up I** *s* **1** stängning[stid] **2** *BE.* garage, förråd (*ej i direkt anslutning t. bostaden*) **3** arrest, finka **II** *a* låsbar, som går att låsa
locomotive ['ləʊkə,məʊtɪv] **I** *s* lok[omotiv] **II** *a* rörlig; rörelse-; ~ *engine* lok[omotiv]
locust ['ləʊkəst] **1** *zool.* gräshoppa **2** *bot.,* ~ [*tree*] falsk akacia
lodestar [ləʊdstɑː] polstjärna; *bildl.* ledstjärna
lodge [lɒdʒ] **I** *s* **1** grindstuga; trädgårdsmästarbostad **2** stuga, hydda (*för jakt, i fjällen e.d.*); wigwam, [indian]tält; *L~* (*i namn*) Residens, Hotell **3** [ordens]loge **4** (*på univ., college*) portvaktsrum; (*i Cambridge*) [college]rektorsbostad

5 [bäver]hydda **II** *v* **1** härbärgera, inkvartera, logera **2** deponera, lämna i förvar **3** an-, fram|föra (*complaints* klagomål); ~ *a charge against* väcka åtal mot; ~ *a protest* inlägga protest **4** placera, lägga (*the power with s.b.* makten hos ngn) **5** sticka (stöta) in (*dolk e.d.*); ~ *a bullet was* ~*d in the wall* en kula hade fastnat i väggen **6** hyra, bo (*with hos*) **7** fastna, bli sittande
lodger ['lɒdʒə] hyresgäst, inneboende **lodging** [-ɪŋ] **1** logi, husrum, tak över huvudet **2** ~*s* (*pl*) hyresrum, möblerat (möblerade) rum **3** ~[*s*] [hyres]lägenhet **lodging house** pension[a]t, inackorderingsställe
loft [lɒft] **I** *s* **1** loft, vind; höskulle; *in the* ~ på loftet (vinden) **2** duvslag **3** [kör-, orgel]läktare **II** *v* **1** *sport.,* ~ *a ball* slå en hög boll, lyfta en boll **2** förvara på loft (vind) **lofty** ['lɒftɪ] **1** hög, imponerande **2** *bildl.* ädel, upphöjd, hög **3** högdragen, överlägsen
log [lɒg] **I** *s* **1** [timmer]stock, [träd]stam; kloss, kubb; vedträ; *sleep like a* ~ sova som en stock *sjö.* logg; loggbok; *make* (*keep*) *a* ~ föra loggbok (*of* över) **II** *v* **1** avverka; kapa i stockar **2** föra in i loggboken; logga **logbook** ['lɒgbʊk] loggbok; journal, dagbok
loggerheads *pl, be at* ~ ligga i luven på varandra
logic ['lɒdʒɪk] logik **logical** [-l] logisk; följdriktig (*conclusion* slutsats)
logo ['ləʊgəʊ] *förk. för* logotype **-type** ['ləʊgə(ʊ)taɪp] logotyp, logo
loin [lɔɪn] **1** *kokk.* fransyska, ländstycke, njurstek **2** ~*s* (*pl*) länder
loiter ['lɔɪtə] **1** söla; slöa; driva omkring, stå och hänga; ~ *about* (*around*) slå dank, driva (stryka) omkring **2** ~ *away the time* slösa bort tiden **loiterer** [-rə] dagdrivare; person som driver omkring (står och hänger)
loll [lɒl] **1** vräka sig, ligga utsträckt, sitta (stå) och hänga, luta sig lättjefullt **2** hänga och slänga; ~ *out* hänga ut [ur munnen]
lollipop ['lɒlɪpɒp] klubba, slickepinne
Londoner [-ə] londonbo
lone [ləʊn] ensam; enslig; *play a* ~ *hand* agera på egen hand; *a* ~ *wolf* (*bildl.*) en ensamvarg **loneliness** ['ləʊnlɪnɪs] ensamhet; enslighet **lonely** ['ləʊnlɪ] ensam [och övergiven]; enslig; ödslig; ~ *heart* ensamstående person; *feel* ~ känna sig ensam [och övergiven] **loner** ['ləʊnə] enstöring **lonesome** ['ləʊns(ə)m] **I** *a, i sht AE., se* lonely **II** *s, AE. vard., by one's* ~ på egen hand, för sig själv
1 long [lɒŋ] **I** *a* lång; långsträckt; långvarig; längd-; *the* ~ *arm of the law* lagens långa arm; *make a* ~ *arm for* sträcka sig efter; ~ *chance* mycket liten (minimal) chans; ~ *drink* [lång] drink, grogg; *pull a* ~ *face* bli lång i ansiktet; ~ *glass* högt (stort) glas; ~ *green* (*sl.*) sedlar, papperspengar; *be* ~ *on good ideas* (*vard.*) ha massor med bra idéer; ~ *johns* (*vard.*) långkalsingar; ~ *jump* längdhopp; *take a* ~ *look at* ta en ordentlig titt på; ~ *measure* längdmått; *a* ~ *memory* [ett] bra minne; ~ *odds* höga odds; ~ *purse* (*vard.*) rikedomar; *in the* ~ *run* i långa loppet; [*for*] *a* ~ *time* länge, på länge; *it's a* ~ *time since I saw you* det var länge sedan jag såg dig; ~ *time no see!* (*vard.*) det var länge sedan!; *be* ~ *in the*

tooth (*vard.*) inte höra till de yngre, vara litet för gammal; ~ *wave* (*fys.*) långvåg; *it's a* ~ *way* det är lång väg (långt); *be* ~ *about s.th.* dröja (ta lång tid på sig) med; *be* ~ *in doing s.th.* dröja (ta lång tid på sig) med att göra ngt; *don't be* ~*!* skynda dig!; *I shan't be* ~ jag är snart färdig (tillbaka) **II** *adv* **1** länge; långt; ~ *ago* för länge sedan; *not* ~ *ago* [för] inte [så] länge sedan; ~ *before* långt innan (före); *not* ~ *before* kort (strax) innan (före); ~ *into next month* långt in i nästa månad; ~ *since* för länge sedan; *as* (*so*) ~ *as a*) så länge [som], *b*) förutsatt att, om…bara, *c*) eftersom; *as* ~ *as five years ago* redan för fem år sedan; *at the* ~*est* högst, på sin höjd, längst; *no* (*not any*) ~*er* inte längre (mer); *so* ~*!* (*vard.*) hej då (så länge)! **2** hel; *all day* ~ hela [långa] dagen; *a week* ~ en vecka lång, en hel vecka **II** *s* **1** lång tid; *before* ~ inom kort, snart; *for* ~ länge, på länge; *I shan't stay for* ~ jag skall inte stanna länge; *take* ~ ta lång tid; *it takes twice as* ~ det tar dubbelt så lång tid; *the* ~ *and the short of it* kontentan [av det hela], kort sagt **2** lång [signal *e.d.*]; *fonet.* lång vokal (stavelse) **3** *ekon.* haussespekulant ~*s* (*pl*) långbyxor

2 long [loŋ] längta (*for* efter)

longdistance [ˌloŋˈdɪst(ə)ns] långdistans-; fjärr-; ~ *call* rikssamtal; ~ *driver* långtradarchaufför; ~ *lorry* långtradare; ~ *runner* långdistanslöpare; ~ *train* fjärrtåg

longevity [lonˈdʒɛvəti] **1** långt liv **2** längd

longhand ['loŋhænd] vanlig skrift (*i motsats t. stenografi*)

longing ['loŋɪŋ] **I** *s* längtan **II** *a* längtande, längtansfull

longish ['loŋɪʃ] ganska (tämligen) lång, längre

longitude ['lon(d)ʒɪtju:d] longitud, längd[grad]

long-playing ['loŋˌpleɪŋ] *a*, ~ *record* LP-skiva, långspelande [grammofon]skiva **--range** [ˌloŋˈreɪn(d)ʒ] **1** långskjutande (*gun* kanon); långdistans-; ~ *ballistic missile* långdistansrobot **2** långtids-; långsiktig (*plan* plan); ~ *weather forecast* långtidsprognos **--ship** ['loŋʃɪp] vikingaskepp **-sighted** [ˌloŋˈsaɪtd] **1** långsynt; översynt **2** framsynt, förutseende **--standing** [ˌloŋˈstændɪŋ] långvarig; gammal **--suffering** [ˌloŋˈsʌf(ə)rɪŋ] **I** *a* tålmodig, tålig **II** *s* tålmodighet, tålamod **--term** ['loŋtɜ:m] [lång]fristig; på lång sikt, långsiktig **-winded** [ˌloŋˈwɪndɪd] **1** lång|randig, -tråkig **2** uthållig, med bra kondition

loo [lu:] *BE. vard.* toa; *in the* ~ på toa

look [lʊk] **I** *v* **1** titta, se; ~ *and see* titta (se) efter; *just* ~*!* [nej, men] titta!; ~, *I know you're busy, but…* jag vet ju att du har mycket att göra, men…; ~ *before you leap* tänk först, handla sedan; ~ [*here*]*! a*) se här!, titta hit!, *b*) hör du (nu)!, hör på!, vet du!, stopp ett tag! **2** leta, söka, titta **3** se ut, förefalla, tyckas [vara], verka [vara]; ~ *alive* (*lively, sharp, smart*) skynda (raska) på!, rör på benen!; *it* ~*s all right to me* jag tycker att det verkar [vara] riktigt (i sin ordning); *how does it* ~ *to you?* hur tycker du det verkar [vara]?: *it* ~*s well on him* den ser snygg ut på honom; *the house* ~*s about 30 years old* huset ser ut att (verkar) vara omkring 30 år gammalt; ~ *like* se ut som, likna; *what does she* ~ *like?* hur ser hon ut?; *it* ~*s like* (*as if it will*) *rain* det ser ut att (verkar)

bli regn **4** ligga, vetta (*to, towards* mot); *the window* ~*s west* fönstret vetter mot (åt) väster **5** *she* ~*s herself* (*her old self*) *again* hon är sig lik igen; *he* ~*s his age* han ser så gammal ut som han är, det syns hur gammal han är; ~ *one's best* vara till sin fördel, ta sig bra ut, klä (*in blue* i blått); *he* ~*s it* han ser sådan ut **6** ~ *about* se sig om[kring] (*for* efter); ~ *after a*) se till (efter), passa, sköta [om], ha hand om, *b*) följa med blicken, se efter, *c*) tillvarata (*one's interests* sina intressen); ~ *after o.s.* sköta (klara) sig själv; ~ *after yourself!* sköt om dig!; ~ *ahead* se framåt; ~ *around* se sig om (omkring); ~ *at* titta (se) på, betrakta, överväga; *to* ~ *at him you wouldn't think so* av hans utseende att döma (när man ser honom) skulle man inte tro det; *it is not much to* ~ *at* det ser inte mycket ut för världen; ~ *away* titta (se) bort; ~ *back a*) se sig om, *b*) se tillbaka ([up]on på); *never* ~ *back* (*äv.*) gå stadigt framåt; ~ *down* titta (se) ner (*the hole* i hålet); ~ *down* [up]on se ner på (*äv. bildl.*), ha utsikt över; ~ *for a*) leta (söka, titta) efter, *b*) hoppas på, vänta sig; ~ *forward* titta (se) framåt; ~ *forward to* se fram emot, längta efter; ~ *in* titta in (*on s.b.* till ngn), hälsa på (*on s.b.* hos); ~ *into a matter* undersöka en sak; ~ *on a*) vara åskådare, titta (se) på, *b*) *se* ~ *upon*; ~ *out a*) titta (se) ut (*of the window* genom fönstret), *b*) se sig för, se upp, akta sig, *c*) vetta (*on, over* mot, åt), *d*) se (söka, leta) ut; ~ *out for a*) hålla utkik (titta) efter, se upp tor, *b*) ge akt på; ~ *over a*) se över, *b*) se (gå) igenom (över), undersöka; ~ *round* se sig om[kring] (*for* efter); ~ *through* titta (se) igenom; ~ *through the binoculars* titta i kikaren; ~ *straight through s.b.* rätt igenom (inte låtsas se) ngn; ~ *to a*) vända blickarna mot (*the future* framtiden), *b*) sörja för, sköta om, *c*) vänta [sig] att, hoppas [på] att (*hear from s.b.* få höra ifrån ngn), *d*) förlita sig på; ~ *to it that…* se till att…; ~ *to s.b. for help* vända sig hjälp av ngn; ~ *up a*) titta (se) upp, *b*) bli bättre, *c*) (*om priser*) stiga, *d*) slå upp (*i lexikon e.d.*), *e*) söka upp, hälsa på, ta kontakt med; *things are* ~*ing up* det ljusnar (blir bättre och bättre); ~ *up to s.b.* se upp till (respektera) ngn; ~ *s.b. up and down* mönstra ngn uppifrån och ner (från topp till tå); ~ *upon* titta (se) på, betrakta; ~ *upon as* betrakta (anse) som **II** *s* **1** blick; titt; *a kind* ~ en vänlig blick; *have* (*take*) *a* ~ *at* ta [sig] en titt på, titta på; *can I have a* ~*?* får jag (kan jag få) se (titta)?; *take a good* ~ titta noga **2** (*ofta pl*) utseende; uttryck, min; *a* ~ *of disdain* ett föraktfullt uttryck; *good* ~*s* fördelaktigt utseende; *I don't like the* ~ *of this* jag tycker det här är oroväckande, jag tycker inte om det här; *by the* ~ *of it* av utseendet att döma

looker-on [ˌlʊkərˈɒn] (*pl* lookers-on [ˌlʊkəzˈɒn]) åskådare **look-in** ['lʊkɪn] *vard.* **1** påhälsning; *give s.b. a* ~ titta in (hälsa på hos) ngn **2** chans **looking glass** ['lʊkɪŋglɑ:s] spegel **lookout** ['lʊkaʊt] **1** utkik; utkikspost; utkiks|plats, -torn; *be on the* ~ *for* hålla utkik efter **2** *i sht BE.* utsikt[er], chans **3** *vard.* problem; *that's my* ~ det är mitt problem (min huvudvärk)

1 loom [lu:m] **1** vävstol **2** [år]lom

2 loom [lu:m] **1** dyka upp (fram); skymta; torna upp sig, vara hotande nära **2** resa sig [högt] (*over* över)

loon[e]y ['lu:nɪ] *sl.* **I** *a* galen, tokig **II** *s* galning, dåre, tokstolle

loop [lu:p] **I** *s* **1** ögla; slinga; snara; stropp; krök, krökning **2** *med.* spiral (*livmoderinlägg*) **3** *flyg.* loping **4** *data.* slinga **II** *v* **1** göra en ögla på **2** fästa med ögla; slå en ögla runt **3** *flyg.*, ~ *the* ~ göra en loping **4** bilda en ögla; gå i bukter (krökar), slingra sig **loophole** ['lu:phǝʊl] **1** skottglugg, titthål **2** *bildl.* kryphål; *a* ~ *in the law* en lucka i lagen

loose [lu:s] **I** *a o.* *adv* **1** lös; ~ *button* lös knapp; ~ *change* små-, växel|pengar; ~ *clothing* löst sittande kläder; ~ *connection a*) lös förbindelse, *b*) *elektr.* glappkontakt; ~ *cover* löst [möbel]överdrag; ~ *dye* färg som fäller; ~ *ends* (*bildl.*) oupp-klarade saker, olösta frågor; ~ *limbs* ledlösa (rörliga) lemmar; ~ *rope* slak lina; ~ *tooth* lös tand; *be at a* ~ *end* (*vard.*) inte veta vad man skall ta sig till (hur man skall bära sig åt); *come* ~ lossna; *get* ~ *a*) komma lös, slita sig, *b*) lossna; *have* ~ *bowels* vara lös i magen; *let* (*set, turn*) ~ släppa lös (loss); *run* ~ springa lös **2** fri (*translation* översättning) lös, inexakt, vag; ~ *talk* löst prat **3** omoralisk, ansvarslös; lösaktig, lättfärdig (*woman* kvinna); *lead a* ~ *life* föra ett utsvävande liv **4** *vard.*, *i sht AE.* avspänd, avslappad **II** *s, be on the* ~ *a*) vara på fri fot, *b*) vara lös och ledig, *c*) *vard.* vara ute och festa **III** *v* **1** lösa, lossa; släppa lös (loss) **2** skjuta iväg (*pil e.d.*) **3** ~ *off* öppna eld (*at* mot)

loose-fitting ['lu:s,fɪtɪŋ] löst sittande, vid

loosen [-n] **1** lösa upp; lossa [på]; knyta upp **2** ~ [*up*] *a*) luckra upp, *b*) mjuka upp, *c*) *bildl.* lätta upp (på), mildra **3** släppa lös (loss) **4** lossna; (*om knut*) gå upp **5** bli lösare; lösas upp; mildras **6** *vard.*, ~ *up* tina upp, bli mera pratsam

loot [lu:t] **I** *s* **1** rov, byte **2** plundring **3** *sl.* stålar (*pengar*) **II** *v* plundra; röva

lop [lɒp] **I** *s* avhuggna (kapade) grenar **II** *v* hugga av, kapa

lope [lǝʊp] **I** *v* gå (springa) med långa kliv; (*om fyrbenta djur*) skutta **II** *s* långt kliv (språng, skutt)

lop|-eared ['lɒp,ɪǝd] med hängande öron **-sided** [,lɒp'saɪdɪd] som lutar åt ena sidan; skev, sned; *bildl.* ensidig

loquacious [lǝ(ʊ)'kweɪʃǝs] pratsam, pratig, talträngd

lord [lɔ:d] **I** *s* **1** härskare, herre (*of* över); magnat; *the* ~ *of the manor* gods|ägaren, -herren **2** *poet.*, *åld.* gemål; *my* ~ *and master* (*skämts.*) min herre och man **3** *i sht BE.* lord; *the* [*House of*] *L*~s överhuset; *L*~ *Lieutenant a*) *BE.* lordlöjtnant, *ung.* landshövding, *b*) *hist.* vicekonung (*i Irland*); *L*~ *Mayor* Lord Mayor (*borgmästare i bl.a. London*); *L*~*s Spiritual* (*Temporal*) andliga (världsliga) lorder (*i överhuset*); *my* ~ [mɪ'lɔ:d, *t. domare äv.* [mɪ'lʌd] (*i tilltal a*) (*t. domare*) herr domare, Ers nåd, *b*) (*t. biskop*) biskopen, Ers nåd, *c*) (*t. adelsman*) greven, baron, Ers nåd; *as drunk as a* ~ full som en silka, kanonfull; *live like a* ~ leva furstligt; *swear like a* ~ svära som en borstbindare **4** *teol.*, *the L*~ Herren, Gud; *Our L*~ Vår Herre och Frälsare, Kristus; *the L*~*'s Day* söndagen; *the L*~*'s Prayer* Herrens bön, Fader Vår; *the L*~*'s Supper* Herrens heliga natt-

vard; [*good* (*oh*)] *L*~! herregud!, jösses!, milda makter!; *L*~ *help you!* Gud nåde dig!; *L*~ *knows* (*vard.*) Gud (vem) vet **II** *v*, ~ *it over* spela herra över **-ly** ['lɔ:dlɪ] **1** högdragen, arrogant **2** som en lord; ståtlig, förnäm **-ship** ['lɔ:dʃɪp] **1** herravälde, makt (*of, over* över) **2** (*i tilltal*) *Your L*~ Ers nåd

lore [lɔ:] kunskap, vetande; *plant* ~ läran om växterna

lorry ['lɒrɪ] **1** *BE.* lastbil **2** öppen godsvagn; flakvagn

lose [lu:z] (*lost, lost; se äv. lost*) **1** förlora; mista; tappa [bort]; ~ *one's cold* bli av med den förkylning; ~ *one's English* glömma bort sin engelska; ~ *ground* förlora mark; ~ *one's head* tappa huvudet (fattningen); ~ *heart* tappa modet; ~ *interest* tappa intresset; ~ *one's labour* anstränga sig förgäves; ~ *one's life* mista (förlora) livet; ~ *one's purse* tappa portmonnän; ~ *a pursuer* skaka av sig en förföljare; ~ *one's temper* tappa humöret; ~ *way* (*om fartyg*) sakta farten; ~ *one's way* gå (köra *etc.*) vilse; ~ *weight* gå ner i vikt; ~ *o.s. a*) gå vilse, förirra sig, tappa bort sig, *b*) *bildl.* förlora sig, försjunka (*in memories* i minnen); *she* ~*s herself in her work* hon går helt upp i sitt arbete **2** förlora (*a match* en match) **3** försitta (*an opportunity* ett tillfälle), förspilla (*time* tiden); missa, komma för sent till (*the plane* planet); ~ *the point of a story* missa poängen i en historia **4** (*om klocka*) sakta sig, gå efter (*two minutes a day* två minuter per dag) **5** förlora; misslyckas; *you can't* ~ du kan inte misslyckas; ~ *by the change* förlora på bytet; *this poem will* ~ *in translation* den här dikten kommer att förlora vid en översättning **6** (*om klocka*) sakta sig, dra sig efter **7** *vard.*, ~ *out* klara sig dåligt, dra det kortaste strået

loser ['lu:zǝ] förlorare; *be a good* (*bad*) ~ vara en god (dålig) förlorare

loss [lɒs] **1** förlust; skada; mistande; ~ *of appetite* aptitlöshet; ~ *of memory* minnesförlust; ~ *of time* tids|förlust, -spillan; *it's a great* ~ *to me* det är en stor förlust för mig; *be a dead* ~ (*sl.*) vara ett hopplöst fall (helt värdelös); *he's no* ~ ingen kommer att sakna honom; *sell at a* ~ sälja med förlust; *sustain heavy* ~*es* lida svåra förluster **2** *be at a* ~ vara villrådig, inte veta varken ut eller in; *be at a* ~ *for words* ha svårt att finna ord; *he's never at a* ~ *for an excuse* han har alltid en ursäkt till hands

lost [lɒst] **I** *imperf. av* lose **II** *a o. perf. part. av* lose **1** förlorad; borttappad; försvunnen; *a* ~ *art* en bortglömd konst; *a* ~ *cause* ett hopplöst fall; ~ *property office* hittegodsmagasin, expedition för tillvaratagna effekter; ~ *in the crowd* försvunnen i folkmängden; ~ *in thought* försjunken i tankar; ~ *to the world* förlorad för världen; *be* ~ *a*) vara försvunnen (borta), ha försvunnit, *b*) *bildl.* vara (gå) förlorad, *c*) *bildl.* ha tappat tråden, *d*) *se lost II 2*; *the ship was* ~ *with all hands* fartyget gick under med man och allt; *the motion was* ~ motionen förkastades; *be* ~ *to shame* inte ha ngn skam i kroppen; *get* ~ försvinna, komma bort; *get* ~*!* stick!, försvinn! **2** vilse|gången, -kommen; *bildl.* bortkommen, vilsen; *be* ~ ha gått vilse; *I'm* ~ jag har gått (kommit) vilse; *without my glasses*

I'm ~ utan mina glasögon är jag förlorad **3** *bildl.* bortkastad, förspilld (*on* på); *poetry is* ~ *on him* poesi är bortkastad på honom **4** förtappad, fördömd (*soul* själ); fallen (*woman* kvinna)

lot [lɒt] **I** *s* **1** lott; öde; [an]del; *it falls to my* ~ *to* det faller på min lott att **2** lott[sedel]; *by* ~ genom lottning (lottdragning); *cast* (*draw*) ~*s* dra lott (*for s.th.* om ngt); *cast* (*throw*) *in one's* ~ *with* slå sig ihop med, göra gemensam sak med; *we drew* ~*s to see who would start* vi drog lott om vem som skulle börja **3** [varu]parti, post; nummer (*på auktion*) **4** *i sht AE.* tomt, plats, område; *building* ~ byggnadsplats; *parking* ~ parkeringsplats **5** *AE.* filmstudio **6** samling (*personer el. saker*); sällskap; uppsättning; *vard.* gäng, anhang, typer; *a nice* ~ *of people* en samling trevliga människor; *he's a bad* ~ han är en odåga; *they are a bad* ~ de är ett riktigt pack **7** *the* ~ allt, alltihop; *that's the* ~ det är allt; *the whole* ~ *of them* allihopa, hela bunten **8** massa, mängd; *a* ~ mycket (*better* bättre) ; *a* ~ *of* mycket, en massa (*trouble* besvär); *quite a* ~ en hel del, ganska mycket; ~*s* [*of*] (*vard.*) massor; ~*s of friends* (*vard.*) massor av vänner; *I have* ~*s* (*a* ~) *to do* jag har massor att göra; *a* ~ *of people were there* en massa människor var där; *he made* ~*s and* ~*s of mistakes* han gjorde massvis med fel; *we see a* ~ *of her nowadays* vi ser en hel del av henne nuförtiden; *a* ~ *you care!* det bryr väl inte du dig om! **II** *v* **1** stycka (*mark*) i lotter **2** dra lott om **3** tilldela; fördela

loth [ləʊθ] *se loath*

lotion ['ləʊʃn] lotion, vätska, lösning; *hair* ~ hårvatten; *skin* ~ ansiktsvatten, lotion; *suntan* ~ sololja

lottery ['lɒtərɪ] lotteri (*äv. bildl.*) **lottery ticket** lottsedel

loud [laʊd] **I** *a* **1** hög, stark (*voice* röst); högljudd; ~ *and clear* hög och tydlig **2** skrikig, gräll, bjärt (*colour* färg); *vard.* stökig, vulgär **II** *adv* högt; *speak* ~ tala högt; *say it out* ~ (*vard.*) säg det högt **loudness** [-nɪs] **1** högljuddhet, styrka; *the* ~ *of his voice* styrkan i hans röst, hans högljudda röst **2** skrikighet *etc.*, *jfr loud I 2* **loudspeaker** [ˌlaʊd'spiːkə] högtalare

lough [lɒk] *Irl.* sjö; havsvik

lounge [laʊn(d)ʒ] **I** *v* **1** ~ [*about, around*] ströva omkring, flanera, ligga och dra sig, stå (sitta) och hänga **2** ~ *away one's time* slösa bort sin tid, slöa **II** *s* **1** vestibul, foajé; sällskapsrum, salong; (*på flygplats*) väntrum; *BE.* vardagsrum; ~ [*bar*] (*BE.*) 'finare avdelning' (*i pub*); [*cocktail*] ~ cocktailbar **2** divan **3** flanerande; hängande, slöande **lounge suit** [-suːt] [kavaj]kostym

louse **I** *s* [laʊs] **1** (*pl lice* [laɪs]) lus **2** (*pl* ~*s*) *sl.* äckel, skurk **II** *v* [laʊz] **1** avlusa **2** *sl.*, ~ *s.th. up* sabba ngt **lousy** ['laʊzɪ] **1** lusig, nedlusad, full med löss; ~ *with money* (*sl.*) nedlusad med pengar **2** *vard.* urusel, urdålig (*film* film) ; nedrig, jäkla; *that was a* ~ *thing to do* det var nedrigt att göra så; *a* ~ *5 dollars* futtiga 5 dollar

lout [laʊt] drummel, knöl, lymmel

lovable ['lʌvəbl] sympatisk, älsklig, intagande

love [lʌv] **I** *s* **1** kärlek (*for el. of s.b.* till ngn; *of s.th.* till ngt); förälskelse (*for* i); lust (*of* för); förtjusning (*of* i); *there's no* ~ *lost between them* de

tål inte varandra; *make* ~ älska, ligga med varandra; *make* ~ *to* ligga (älska) med; *for* ~ *a*) av kärlek, för kärleks skull, *b*) gratis; *for the* ~ *of God* för Guds skull; *I wouldn't do it for* ~ *or money* jag skulle inte göra det för allt i världen; *study mathematics for the* ~ *of it* läsa matematik för ro skull; *in* ~ kär, förälskad (*with* i); *fall in* ~ bli kär (förälskad), förälska sig (*with* i) **2** älskling, raring, lilla vän; *yes,* [*my*] ~*!* javisst, [min] älskling!; *here you are*[, ~]*!* var så god[, raring, lilla du (vän)]! **3** hälsning[ar]; ~ (*i brevslut*) hjärtliga hälsningar; *give my* ~ *to your mother* hälsa din mamma så hjärtligt [från mig]; *send s.b. one's* ~ skicka hälsningar (hälsa) till ngn **4** (*i tennis e.d.*) noll; *30* ~ *30* noll; ~ *all* noll noll **II** *v* älska; tycka [mycket] om, vara förtjust i; *she* ~*s reading* (*to read*) hon älskar att läsa; *yes, I should* ~ *to* ja, mycket gärna; *I'd* ~ *a cup of coffee* jag skulle gärna vilja ha en kopp kaffe; *I* ~ *that! fan* tastiskt!, jättebra!

loveable ['lʌvəbl] *se lovable* **love affair** [-ə,feə] kärlekshistoria, förhållande **lovebird** [-bɜːd] **1** *zool.* dvärgpapegoja **2** *vard.*, ~*s* (*pl*) turturduvor **loveliness** [-lɪnɪs] ljuvlighet, skönhet, älsklighet **lovely** [-lɪ] **I** *a* **1** förtjusande, ljuvlig, älsklig, vacker, söt **2** underbar, fantastisk, härlig **II** *s, vard.* skönhet, vacker flicka **lovemaking** [-ˌmeɪkɪŋ] **1** kel, smek, erotiska lekar; samlag **2** *åld.* uppvaktning

lover ['lʌvə] **1** älskare, *the* ~*s* de älskande; *the two* ~*s* det förälskade paret; *they are* ~*s* de har ett förhållande **2** älskare, beundrare, vän; ~ *of music, music* ~ musik[älskare, -vän; *be a* ~ *of good food* vara en vän av (älska) god mat **-boy** *vard.* **1** pojkvän **2** vän; *listen,* ~*!* hör på, min vän!

loving ['lʌvɪŋ] älskande, kärleksfull, öm; tillgiven; *the* ~ *couple* det älskande paret; *your* ~ *son* din tillgivne son

low [ləʊ] **I** *a* (*jfr äv. I lower I o. lowest*) **1** låg; djup (*bow* bugning); urringad (*dress* klänning); *L*~ *Church* (*BE.*) lågkyrkan; ~ *cost* låg kostnad; *the L*~ *Countries* Belgien, Nederländerna, Luxemburg; ~ *frequency* låga frekvenser; ~ *gear* låg växel; *L*~ *German* lågtyska, plattyska; *L*~ *Latin* vulgär-, medeltids|latin; ~ *light* dämpat (svagt) ljus; ~ *notes* låga toner; ~ *point* botten, lägsta punkt; ~ *relief* basrelief, låg relief; *the river is* ~ det är lågt vattenstånd i floden; *L*~ *Sunday* första söndagen efter påsk; ~ *tension* lågspänning; ~ *tide a*) ebb, *b*) lägsta punkt; *in a* ~ *voice* med låg röst; ~ *water* lågvatten, lågt vattenstånd; ~ *whisper* låg viskning **2** låg, obetydlig, ringa; knapp; ~ *birth* låg börd; ~ *forms of life* lägre (lågt stående) former av liv; ~ *life* de lägre samhällsskikten[s liv]; *L*~ *Mass* stilla mässa; ~ *supplies* knappa förråd; *be* ~ *in funds* ha ebb i kassan **3** låg, vulgär, simpel; gemen, usel; ~ *comedy* fars, slapstick; ~ *cunning* durkdrivenhet; ~ *joke* rått skämt; ~ *trick* gement spratt **4** svag, klen; nedstämd, deprimerad, nere; *be* ~ *in spirits* nedstämd **II** *adv* (*jfr äv. 1 lower II o. lowest*) lågt; djupt; svagt; knappt; *bow* ~ buga sig djupt; *bring* ~ *a*) ruinera, *b*) förödmjuka, *c*) försvaga; *buy* ~ *and* sell billigt och sälja dyrt; *fall* ~ falla (sjunka) djupt (*mo-*

raliskt); *fly* ~ flyga lågt; *get* (*run*) ~ *on s.th.* börja få slut på ngt; *lay* ~ *a*) fälla till marken, *b*) (*om sjukdom*) drabba, angripa; *play* ~ (*kortsp.*) spela med låg insats; *speak* ~ tala tyst; *turn the lights down* ~ dämpa belysningen **III** *s* **1** låg nivå, botten|nivå, -läge **2** *meteor.* lågtrycksområde; lågtryck

low|cut ['ləʊkʌt] urringad **-down** ['ləʊdaʊn] *s*, *vard.* information, upplysning; *get* (*give s.b.*) *the* ~ *on* få (ge ngn) upplysningar om, bli tipsad (tipsa ngn) om

1 lower ['ləʊə] **I** *a* lägre *etc*, *jfr 1 low I*; undre, under-; nedre; ~ *arm* underarm; *L*~ *Austria* Niederösterreich; *the* ~ *class* underklassen, de lägre klasserna; ~ *deck* (*sjö.*) *a*) trossdäck, *b*) vard. underofficerare och manskap; ~ *house* underhus; *the* ~ *regions* helvetet, de undre regionerna; *L*~ *Saxony* Niedersachsen; *the* ~ *world a*) jorden, världen, *b*) helvetet, underjorden **II** *adv* lägre *etc.*, *jfr 1 low II*; ~ *down the list* längre ner på listan **III** *v* **1** sänka; släppa (fira, flytta, dra) ner, hala; sätta ner (*äv. bildl.*); minska (*the pressure trycket*); ~ *the radio* skruva ner (sänka) radion; ~ *the resistance* försvaga (sätta ner) motståndskraften; ~ *o.s. a*) sjunka ner (*into* i), *b*) sänka sig ner, *c*) nedlåta sig (*to* till att); *that* ~*ed him in my opinion* det fick honom att sjunka i min aktning **2** sjunka; bli lägre; minska[s], avta

2 lower ['laʊə] **1** (*om himlen*) mulna, mörkna **2** se bister ut; blänga (*at* på)

lowercase ['ləʊəkeɪs] *a*, ~ *letter* gemen, liten bokstav

low-key[ed] 1 dämpad, återhållen **lowland** [-lənd] **I** *s* lågland; *the L*~*s* Skotska lågländerna **II** *a* låglands- **lowly** [-lɪ] **I** *a* blygsam, anspråkslös; obetydlig, alldaglig **II** *adv* anspråkslöst **low-minded** [ˌləʊˈmaɪndɪd] gemen, lågsinnad; vulgär **low-necked** [ˌləʊˈnekt] urringad **lowness** ['ləʊnɪs] låghet; ringhet; gemenhet *etc.*, *jfr low I o. II* **low-pitched** [ˌləʊˈpɪtʃt] låg, i lågt tonläge, med låg tonhöjd **low-pressure** [ˌləʊˈpreʃə] **1** lågtrycks- **2** avspänd, lugn **low-rise** [ˈləʊraɪz] **1** *a* låghus- **II** *s* låghus

loyal ['lɔɪ(ə)l] lojal, plikttrogen, trofast (*to* mot) **loyalty** ['lɔɪ(ə)ltɪ] lojalitet, plikttro[gen]het, trofasthet

lozenge ['lɒzɪn(d)ʒ] **1** *geom.* romb; *her.* ruta **2** *med.* tablett, pastill

LP *förk. för long player el. long-playing record* LP[-skiva]

Ltd., ltd. *förk. för limited*

lubber ['lʌbə] **1** landkrabba **2** luns; drummel **lubricant** ['lu:brɪkənt] **I** *s* smörjmedel **II** *a* smörjande **lubricate** [-keɪt] **1** smörja, olja (*äv. bildl.*); smörja (olja, fetta) in **lubricating** [-keɪtɪŋ] smörjande, smörj-; ~ *oil* smörjolja **lubrication** [ˌlu:brɪˈkeɪʃn] smörjning, oljning, infettning

lucid ['lu:sɪd] **1** klar, ljus, lysande **2** redig, klar; överskådlig; ~ *intervals* ljusa (klara) stunder **-ity** [lu:ˈsɪdətɪ] redighet, klarhet; överskådlighet

luck [lʌk] **1** *s* tur; framgång; *bad* ~ otur, olycka; *bad* ~*!* vilken otur!, det var synd!; *better* ~ *next time!* bättre lycka nästa gång!; *good* ~ tur, lycka; *good* ~ [*to you*]*!*, *the best of* ~*!* lycka till!; *hard* ~ (*vard.*) otur (*on s.b.* för ngn); *worse* ~

tyvärr, vad värre var; *just my* ~*!* [det är] min vanliga otur!; *by* ~ *av en slump; no such* ~ tyvärr inte; *be down on one's* ~ vara förföljd av otur (i knipa); *be in* (*out of*) ~ ha tur (otur); *it's the* ~ *of the draw* man får ta det som det kommer; *they do it for* ~ de gör det för att få tur; *as* ~ *would have it, I was...* det slumpade sig så att jag var...; *try one's* ~ pröva lyckan **II** *v, AE. vard.*, ~ *out* lyckas (*in finding s.th.* hitta ngt)

luckily ['lʌkɪlɪ] lyckligtvis, som tur var **luckless** [-lɪs] otursförföljd, olycklig; oturlig **lucky** [-ɪ] tursam, tur-, med tur, som har tur, lycklig, lyckosam, lyck[o]-; ~ *charm* lyckobringare, amulett; ~ *day* lyckodag; *yoy* ~ *dog* (*devil, thing*)*!* din lyckans ost!; ~ *guess* bra gissning; ~ *man* man med tur; ~ *number* lyckotal; ~ *shot* lyckträff; *be* ~ ha tur (*at cards* i kortspel); *it's* ~ *for you* det är tur för dig; *a four-leaf clover is* ~ en fyrklöver bringar lycka (har tur med sig, betyder tur); *I was* ~ *enough to* jag hade turen att; *third time* ~*!* tredje gången gillt!

lucrative ['lu:krətɪv] lukrativ, lönande, inbringande

ludicrous ['lu:dɪkrəs] löjlig, skrattretande, orimlig

lug [lʌg] **I** *v* släpa [på], kånka [på]; dra, rycka; ~ *s.th. about with one* släpa med sig ngt **II** *s* **1** släpande, kånkande; dragande, ryck **2** *BE. vard., Sk.* öra **3** grepe, öra, handtag; kant, fläns **4** *sl.* dumskalle; klump[eduns] **5** *sl., put the* ~ *on s.b.* pressa ngn på pengar

luggage ['lʌgɪdʒ] bagage

lugubrious [lu:'gu:brɪəs] dyster, sorglig

lukewarm ['lu:kwɔ:m] ljum[men]; *bildl. äv.* sval

lull [lʌl] **I** *v* **1** vyssja, lulla (*to sleep* till sömns); *bildl.* stilla, lugna (*a p's fears* ngns oro), undanröja (*suspicions* misstankar) **2** lugna sig, stillna **II** *s* avbrott, paus, lugn period; *bildl. äv.* stiltje **lullaby** ['lʌləbaɪ] **I** *s* vagg|visa, -sång **II** *v* sjunga till sömns

lumbago [lʌm'beɪgəʊ] *med.* ryggskott

1 lumber ['lʌmbə] **I** *s* **1** skräp, bråte **2** *i sht AE.* timmer, virke **II** *v* **1** ~ [*up*] fylla med skräp (bråte), belamra **2** *BE. vard.*, ~ *s.b. with s.th.* lassa på ngn ngt, belasta ngn med ngt **3** *i sht AE.* fälla, göra timmer av

2 lumber ['lʌmbə] lufsa, klampa

lumber|er ['lʌmbərə] *i sht AE.* timmer-, skogs|-huggare; skogsarbetare **-jack** [-] se *lumberer 2* *AE.* lumberjacka **-jacket** [-ˌdʒækɪt] lumberjacka **-yard** [-jɑ:d] *AE.* brädgård

lumi|nosity [ˌlu:mɪˈnɒsətɪ] lys|förmåga, -kraft; *astr.* luminositet, ljusstyrka **-nous** ['lu:mɪnəs] **1** lysande, strålande; självlysande (*paint* färg); ljus[-] **2** *bildl.* klar, tydlig; upplysande

lump [lʌmp] **I** *s* **1** klump, klimp; stycke, bit; *a* ~ *of sugar* en sockerbit; *the* ~ (*BE.*) de oorganiserade byggnadsarbetarna; *in the* ~ i klump, som en helhet; *a* ~ *in one's throat* en klump i halsen **2** *med.* knöl, knuta, bula **3** samling, massa **4** *vard.* klump-eduns; dumskalle **II** *v* **1** ~ [*together*] klumpa (bunta, slå) ihop, *b*) *bildl.* skära över en kam, behandla i klump **2** klumpa (klimpa) sig **3** ~ *along* släntra i väg **lumpish** ['lʌmpɪʃ] **1** klumpig, tung **2** dum, trög; klumpig **lump sugar** [-ˌʃʊgə] bitsocker **lumpy** [-ɪ] **1** full av klumpar, klimpig **2**

(*om sjö*) gropig **3** (*om pers.*) tung och klumpig

lunacy ['lu:nəsɪ] van|sinne, -vett

lunar ['lu:nə] **1** mån-; ~ *module* månlandare; ~ *month* synodisk månad, månmånad, månvarv; ~ *probe* månsond; ~ *year* månår **2** silver-

lunatic ['lu:nətɪk] **I** *a, åld. el. vard.* van|sinnig, -vettig; dåraktig; ~ *asylum* (*vanl. neds.*) sinnessjukhus; ~ *fringe, se fringe* **II** *s åld.* sinnessjuk person; *vard.* dåre, galning dåre

lunch [lʌn(t)ʃ] **I** *s* lunch; *have* (*take*) ~ äta lunch; *how long do you get for* ~*?* hur lång lunch[paus] har du?; *out to* ~ (*AE. vard.*) orealistisk, tokig **II** *v* **1** luncha, äta lunch; *I* ~*ed on a salad* jag åt en sallad till lunch **2** bjuda på lunch **luncheon** ['lʌn(t)ʃ(ə)n] lunch (*i sht formell*)

lung [lʌŋ] lunga; *at the top of one's* ~*s* av sina lungors fulla kraft

lunge [lʌndʒ] **I** *s* **1** (*i fäktning o. bildl.*) utfall **2** häftig rörelse **II** *v* **1** (*i fäktning o. bildl.*) göra [ett] utfall (*at* mot) **2** störta [sig], rusa, göra en häftig rörelse

1 lurch [lɜ:tʃ] **I** *s* **1** krängning, plötslig överhalning **2** raglande, vinglande **II** *v* **1** göra en överhalning, kränga **2** ragla, vingla

2 lurch [lɜ:tʃ] *s, leave in the* ~ lämna i sticket

lure [ljuə] **I** *s* **1** [lock]bete; (*vid falkjakt*) lockfågel, vette; (*slags*) [fiske]drag; *bildl.* lockelse, frestelse **II** *v* locka, lura (*into* in i)

lurid ['ljuərɪd] **1** hemsk kuslig makaber blod-drypande, rafflande kuslig; ~ *tale* skräckhistoria **2** gräll, skrikig; glödande, eldröd **3** likblek, glåmig

lurk [lɜ:k] dölja sig, smyga, stå på lur (och lura); ~*ing doubts* smygande (gnagande) tvivel

luscious ['lʌʃəs] härlig, ljuvlig; läcker

lush [lʌʃ] *a* **1** (*om växtlighet*) frodig, yppig; (*om frukt*) saftig **2** luxuös, extravagant, överdådig

lust [lʌst] **I** *s* lusta; åtrå, begär (*for* efter); ~ *for power* maktlystnad **II** *v,* ~ *after* (*for*) åtrå, begära, trängta efter **lustful** ['lʌstf(ʊ)l] vällustig

lustre ['lʌstə] **I** *s* **1** glans (*äv. bildl.*), lyster, skimmer **2** [bords]lyster **3** polish **II** *v* **1** glänsa, skimra **2** göra glänsande **lustrous** [-rəs] glänsande, skimrande

lusty ['lʌstɪ] **1** livskraftig, kraftfull **2** kraftig, stark; ~ *appetite* enorm aptit; ~ *laugh* bullrande (hjärtligt) skratt

lute [lu:t] *mus.* luta **lutenist** ['lu:tənɪst] lutspelare

luxuriant [-ənt] frodig, yppig; riklig, överflödande; överlastad (*style* stil); produktiv **luxuriate** [-eɪt] **1** frossa; leva gott **2** frodas **luxurious** [-əs] lyx-, luxuös, lyxig, överdådig; lyxälskande **luxury** ['lʌkʃ(ə)rɪ] **I** *s* **1** lyx, överflöd **2** lyx|artikel, -vara; njutning[smedel]

lye [laɪ] lut

1 lying ['laɪɪŋ] **I** *pres. part. av 1 lie II* **II** *a* lögnaktig **III** *s* lögnaktighet; *that would be* ~ det vore att ljuga

2 lying ['laɪɪŋ] *pres. part. av 2 lie I*

lymph [lɪmf] *fysiol.* lymfa

lynch [lɪn(t)ʃ] lyncha **lynching** ['lɪn(t)ʃɪŋ] lynchning

lynx [lɪŋks] (*pl* ~[*es*]) *zool.* lo[djur]

lyre ['laɪə] *mus.* lyra **lyric** ['lɪrɪk] **I** *a* lyrisk; ~ *poet* lyriker **II** *s* lyrisk dikt; lyriker; ~*s* (*pl*) *a*) text, ord

(*t. sång*), *b*) lyrik, dikter **lyrical** ['lɪrɪkl] lyrisk; *wax* ~ *about* bli lyrisk över

M

M, m [em] (*bokstav*) M, m

m *förk. för metre*[*s*]; *mile*[*s*]; *milli-; minute*[*s*]

'm = *am* (*I'm*)

ma [mɑ:] *vard.* mamma

M.A. *förk. för Master of Arts*; *Military Academy*

ma'am (*i tilltal*) **1** [mæm] frun **2** [mɑ:m] *M*~ Ers kunglig höghet

mac [mæk] *vard. för mackintosh*

macabre [mə'kɑ:br(ə)] makaber, ohygglig, kuslig

macaroni [ˌmækə'rəʊnɪ] **1** *pl* makaroner **2** (*pl* ~[*e*]*s*) *hist.* snobb, sprätt

macerate ['mæsəreɪt] **1** läk|a[s] ur; blöt|a[s] upp **2** utmärgla[s], späka[s]

machi|nate ['mækɪneɪt] intrigera, smida ränker **-nation** [ˌmækɪ'neɪʃn] **1** ränksmideri, stämplig **2** intriger, ränker

machine [mə'ʃi:n] **I** *s* **1** maskin; apparat; automat; bil; flygplan; (*om pers.*) maskin, robot; *vending* ~ varuautomat **2** [parti]apparat; [regerings]maskineri; *the war* ~ krigsmaskineriet **II** *v* framställa maskinellt, maskintillverka; sy på maskin **machine gun** kulspruta; *light* ~ kulsprutegevär **machinery** [mə'ʃi:nərɪ] **1** maskiner, maskinell utrustning, maskinpark; maskindelar **2** maskineri, apparat (*äv. bildl.*); mekanism **3** litterära knep

machismo [mə'tʃɪzməʊ] manschauvinism, machismo, manlighet

macho ['mɑ:tʃəʊ] **I** *a* manschauvinistisk, manlig **II** *s* **1** manschauvinist **2** manschauvinism

mack [mæk] *BE. vard., se mackintosh*

mackerel ['mækr(ə)l] (*pl* ~[*s*]) *zool.* makrill

mackintosh ['mækɪntɒʃ] regn|kappa, -rock

mad [mæd] **I** *a* **1** vansinnig; tokig, galen; ~ *about* (*on*) galen (tokig) i; ~ *with joy* utom sig av glädje; *a* ~ *idea* en vansinnig (tokig) idé; *a* ~ *rush* en vansinnig brådska; *as* ~ *as a hatter* (*March hare*) spritt språngande galen, helgalen; *like* ~ (*vard.*) som en galning, som besatt; *you must be* ~! du är inte riktigt klok!; *drive s.b. mad* göra ngn vansinnig (galen); *it's enough to drive you* ~ det är så man kan bli galen; *go* ~ bli vansinnig (*etc.*); *have a* ~ *on* (*AE. sl.*) vara sur **2** *vard.* arg, ond, ilsken, rasande; *be* ~ *about* (*at*) vara rasande (sur) på; *don't get* ~ *with him* bli inte ond på honom **3** (*om djur*) [folk]ilsken, galen **II** *v, AE. el. åld.* göra (bli) galen

madam ['mædəm] **1** (*i artigt tilltal*) min fru, frun, fröken, damen; *yes,* ~ javisst; *Dear M*~, (*i brev*)

Bästa Fru X! **2** frun [i huset]; ~ *is not at home* frun är inte hemma **3** bordellmamma **4** *BE. vard.* lillgammal flicka

madcap ['mædkæp] **I** *s* galenpanna, vildhjärna, yrhätta **II** *a* vild, galen, tokig

madden ['mædn] göra (bli) galen (vansinnig) **-ing** ['mædṇɪŋ] som kan göra en galen; *vard.* outhärdlig, irriterande, retfull

made [meɪd] **I** *imperf. av make* **II** *a o. perf. part. av make* **1** gjord, tillverkad (*in Sweden* i Sverige); ~ *of money* gjord av pengar, mycket rik; *they are* ~ *for each other* de är som skapta för varandra; *show what you're* ~ *of* visa vad du duger till (går för) **2** konstgjord; konstruerad, påhittad **3** sammansatt (*dish* rätt) **4** välbärgad, förmögen; framgångsrik; *you're* ~ *for life* din lycka är gjord; *you've got (had) it* ~ (*vard.*) du har ditt på det torra, din lycka är gjord

made-to-measure [ˌmeɪdtə'meʒə] måttbeställd **-to-order** *A E.* special|beställd, -tillverkad; måttbeställd **-up** ['meɪdˌʌp] **1** påhittad, uppdiktad (*story* historia), konstruerad **2** sminkad, målad **3** samman-, hop|satt **4** asfalterad, med betongbeläggning

mad|house ['mædhaʊs] *vard.* dårhus (*äv. bildl.*) **-ly** [-lɪ] vansinnigt *etc.*, *jfr mad I*; som en galning; *be* ~ *in love with* (*vard.*) vara vansinnigt (upp över öronen) förälskad i **-man** [-mən] sinnessjuk man, dåre, galning **-ness** [-nɪs] **1** vansinne, galenskap; *that's sheer* ~ det är rena vansinnet **2** ursinne, raseri

Madonna [mə'dɒnə] madonna; madonna|bild, -figur

magazine [ˌmægə'ziːn] **1** tidskrift, veckotidning, magasin **2** [patron]magasin **3** ammunitionsförråd, kruthus; proviantförråd

maggot ['mægət] [flug]larv; mask (*i mat*)

magic ['mædʒɪk] **I** *s* magi[k]; trolldom; trolleri, trollkonster; förtrollning; *black* ~ svart magi, svartkonst; *I can't work* ~ jag kan inte trolla; *like (as if by)* ~ som genom ett trollslag **II** *a* magisk, trolldoms-, troll-; förtrollad; förtrollande (*beauty* skönhet); *the* ~ *carpet* den flygande mattan; ~ *eye* fotocell; *the M~ Flute* Trollflöjten; ~ *lantern* laterna magica; ~ *wand* troll|spö, -stav; **ma-gical** [-l] *se magic II* **magician** [mə'dʒɪʃn] trollkarl; magiker; illusionist

magistrate ['mædʒɪstreɪt] fredsdomare; polisdomare; skiljeman; ~*s' court* (*ung.*) freds-, skil-je|domstol

magnanimity [ˌmægnə'nɪmətɪ] storsinthet, ädelmod, generositet **magnanimous** [mæg'nænɪməs] storsint, ädel[modig], generös

magnate ['mægneɪt] magnat

magnet ['mægnɪt] magnet (*äv. bildl.*) **-ic** [mæg'-netɪk] **1** magnetisk, magnet-; ~ *field* magnetfält; ~ *mine* magnetmina; ~ *needle* magnetnål; ~ *pole* magnetpol; ~ *tape* magnetband **2** *bildl.* magnetisk; tilldragande, oemotståndlig **-ism** ['mægnɪtɪz(ə)m] **1** magnetism **2** *bildl.* dragningskraft

magni|fication [ˌmægnɪfɪ'keɪʃn] förstoring **-fic-ence** [mæg'nɪfɪsns] prakt, storslagenhet **-ficent** [mæg'nɪfɪsnt] praktfull, storslagen, magnifik; *vard.* fantastisk, underbar **-fier** ['mægnɪfaɪə] förstorings|apparat, -glas **-fy** ['mægnɪfaɪ] **1** förstora

2 *bildl.* förstora upp, överdriva (*problems* problem) **-fying glass** ['mægnɪfaɪɪŋˌglɑːs] förstoringsglas

magnitude ['mægnɪtjuːd] **1** storlek, storleksklass, omfattning, betydelse **2** *astr.* magnitud, storleksklass; *mat.* storhet

magpie ['mægpaɪ] **1** skata **2** pratkvarn **3** näst yttersta ring (*på måltavla*)

mahogany [mə'hɒgənɪ] **1** mahogny[trä] **2** mahognyträd **3** mahogny[färg]

maid [meɪd] **1** tjänsteflicka, hembiträde **2** *åld. el. litt.* mö, jungfru; *the M~ of Orléans* Jungfrun av Orléans (*Jeanne d'Arc*) **3** ungmö; *old* ~ gammal ungmö (nucka) **4** ~ *of honour a*) hovfröken, *b*) *A E.* brudtärna

maiden ['meɪdn] **I** *s* **1** *åld. el. litt.* mö, jungfru **2** häst som aldrig har vunnit i kapplöpning **II** *a* **1** *åld. el. litt.* ungmö-, jungfru- **2** ogift; jungfrulig (*äv. bildl.*); ~ *aunt* ogift tant; ~ *name* flicknamn (*namn som ogift*) **3** jungfru-, allra första; ~ *speech* jungfrutal; ~ *voyage* jungfruresa **-head** **1** jungfrudom, mödom **2** mödomshinna **-like** flickaktig

maidservant ['meɪdˌsɜːv(ə)nt] tjänsteflicka, hembiträde

mail [meɪl] **I** *s* **1** *i sht A E.* post; postförsändelse; *send by* ~ skicka med post (på posten); *is there any* ~ *for me?* är det ngn post till mig? **2** post, postverk **3** post|båt, -flyg, -tåg **II** *v, i sht A E.* skicka (sända) med post (på posten); posta **mailbag** ['meɪlbæg] post|säck, -väska **mailbox** *i sht A E.* brevlåda **mailing list** adressregister **mailman** *i sht A E.* brevbärare **mail order** [-ˌɔːdə] postorder

maim [meɪm] lemlästa, stympa

main [meɪn] **I** *a* **1** huvud-; huvudsaklig; *have an eye to the* ~ *chance* se till sina egna intressen; ~ *clause* (språkv.) huvudsats; ~ *course* huvudrätt; ~ *deck* (sjö.) huvuddäck; ~ *entrance* huvud|ingång, -entré; *the* ~ *idea of the book* huvudtanken i boken; ~ *line* a) järnv. stambana, huvudlinje, b) *A E.* huvudväg, c) *sl.* lättåtkomlig ven (*för narkotikainjektion*); ~ *road* huvudväg, stor landsväg; ~ *store* (*data.*) minne; ~ *street* huvudgata **2** *by* ~ *force a*) handgripligen, b) av alla krafter **II** *s* **1** huvudledning (*för el, gas, vatten*); ~*s* (*pl*) el-, gas-, vattenlednings|nät **2** *in* (*for*) *the* ~*s* på det hela taget, i stort sett **3** *litt.*, *the* ~ öppna havet

mainland ['meɪnlənd] fastland **mainly** [-lɪ] huvudsakligen, i högsta grad, till största delen, framför allt **mainspring** *bildl.* drivfjäder **mainstay 1** *sjö.* storstag **2** *bildl.* stöttepelare, stöd **mainstream 1** huvud|fåra, -ström **2** *bildl.* huvudströmning

main|tain [meɪn'teɪn] **1** upprätthålla, uppehålla; vidmakthålla, bibehålla, bevara (*law and order* lag och ordning) **2** underhålla (*a road* en väg); försörja, livnära (*one's children* sina barn) **3** vidhålla, stå fast vid; påstå, hävda **4** försvara, företräda (*a p.'s interests* ngns intressen) **-tenance** ['meɪntənəns] **1** upprätthållande, uppehållande; vidmakthållande, bibehållande, bevarande **2** underhållande, underhåll, skötsel, översyn; underhållskostnader; försörjning **3** vidhållande; hävdande **4** försvar[ande], företrädande

maize [meɪz] majs

majestic [mə'dʒestɪk] majestätisk **majesty** ['mædʒəstɪ] majestät; *bildl. äv.* storslagenhet; *Her (His, Your) M~* Hennes (Hans, Ers) Majestät; *the ~ of the sea* havets mäktighet

major ['meɪdʒə] **I** *a* **1** större, mycket stor; huvud-, [mera] betydande, viktigare; allvarlig (*illness* sjukdom); *a ~ author* en betydande författare; *~ axis* huvudaxel (*i ellips*); *of ~ importance* av mycket stor (största) betydelse; *the ~ part* större delen, huvuddelen, majoriteten; *~ road ahead* korsande huvudled; *a ~ scientific discovery* en viktig vetenskaplig upptäckt **2** *mus.* dur-; *C ~* C-dur; *~ key* durtonart; *~ third* stor ters **3** *jur.* myndig **4** *BE. skol., Smith M~* den äldre [av bröderna] Smith **5** *i sht AE. univ.*, *~ field of study* huvudämne **II** *s* **1** *mil.* major **2** *mus.* [the] *~ dur; in [the] ~* i dur **3** *jur.* myndig person; *become a ~* bli myndig **4** *AE. univ.* huvudämne **III** *v, AE. univ.*, *~ in philosophy* ha (välja) filosofi som huvudämne

Majorca [mə'dʒɔːkə] Mallorca

major general *mil.* generalmajor

majority [mə'dʒɒrɪtɪ] **I** *s* **1** majoritet; flertal; *the ~ of* majoriteten (största delen) av, flertalet; *by a small ~* med knapp majoritet; *in the ~* i majoritet; *have a ~* ha majoritet; *join (pass over to)* the *~* ingå i evigheten, dö **2** myndighet[sålder], myndig ålder; *attain one's ~* bli myndig, uppnå myndig ålder **3** *mil.* majors rang (grad) **II** *a* majoritets-; *~ decision* majoritetsbeslut

make [meɪk] **I** *v (made, made)* **1** göra; tillverka, framställa; åstadkomma (*a change* en förändring); ingå, sluta (*an agreement* ett avtal); stifta (*laws* lagar); *~ the bed* bädda [sängen]; *~ book* ordna vadhållning; *~ bread* baka [bröd];1 *~ breakfast* laga (göra i ordning) frukost; *~ the cards* blanda korten; *~ cars* tillverka bilar; *~ a circuit (elektron.)* sluta en krets; *~ coffee (tea)* koka (göra) kaffe (te); *~ conditions* ställa villkor; *~ a day of it* ta hela dagen på sig [till det]; *we'll ~ a night of it* vi skall festa hela natten; *~ a dress* sy en klänning; *that material will ~ a dress* det tyget passar till en klänning; *~ a guess* gissa; *~ a gesture* göra en gest; *~ a house* bygga ett hus; *~ a journey* göra en resa; *~ s.b. a present of s.th.* (*högt.*) förära ngn ngt, ge ngn ngt som gåva; *~ a promise* avge ett löfte, lova; *~ a speech* hålla tal; *one swallow doesn't ~ a summer* en svala gör ingen sommar; *~ a trick (kortsp.)* ta [hem] ett stick; *~ war* börja (föra) krig, kriga; *~ love not war!* älska, kriga inte!; *~ water a)* kasta vatten, kissa, *b) sjö.* ta in vatten, vara läck; *~ s.b. sad* göra ngn ledsen; *we could not ~ ourselves understood* vi kunde inte göra oss förstådda; *she is as clever as they could ~ them (vard.)* hon är så duktig som någon kan vara; *~ do with* få klara sig med; *~ into* göra till, göra om (förvandla) till; *~ it a) vard.*) lyckas, klara det, *b) sl.* sila, ta en sil; *~ it with (vulg.)* knulla med; *~ it five! a)* tag fem!, *b)* vi säger väl fem! **2** göra till; utse (utnämna) till; *~ s.b. a chairman* utse ngn till ordförande; *he made her his wife* han gjorde henne till sin hustru; *they made it a rule to* de gjorde det till en regel att **3** få (komma) att; förmå, låta; tvinga [att]; *~ s.b. do s.th.* förmå (få) ngn att göra ngt; *she made me cry* hon fick mig att gråta; *I'll ~ him pay*

in time jag ska få honom att betala i tid; *what ~s you say that?* varför säger du det?; *~ one's voice heard* göra sin röst hörd; *what made the engine stop?* vad var det som gjorde att motorn stannade?; *she ~s her hero die* hon låter sin hjälte dö; *that ~s the room look larger* det får rummet att se större ut; *you can't ~ me* du kan inte tvinga mig; *~ believe* låtsas **4** göra, bli, vara; utgöra; uppgå till; *5 times 4 ~[s] 20* 5 gånger 4 är (blir, gör) 20; *60 seconds ~ a minute* det går 60 sekunder på en timme; *this ~s the third time* det här blir tredje gången; *how much does it ~ altogether?* hur mycket blir det allt som allt?; *she will make an excellent doctor* hon kommer att bli en utmärkt läkare; *he ~s one of the party* han tillhör sällskapet **5** [för]tjäna (*money* pengar); få (skaffa) [sig]; skapa [sig], göra [sig]; *~ a fortune* skaffa [sig] en förmögenhet; *~ friends* skaffa sig (få) vänner; *they made friends* de blev vänner; *~ a name* skapa sig ett namn; *~ high points* få höga poäng **6** avverka, tillryggalägga (*8 kilometres in one hour* 8 kilometer på en timme); *~ good time* göra bra fart, komma fort fram; *the water was making a foot an hour* vattnet steg en fot i timmen **7** fastställa (bestämma) till; uppskatta till; *~ the price 92 pounds* fastställa priset till 92 pund; *let's ~ it next week!* ska vi säga (bestämma) nästa vecka?; *what time do you ~ it?, what do you ~ the time?* hur mycket är din klocka?; *I ~ it 12.30* min klocka är 12.30; *what do you ~ of that?* vad tror (anser) du om det?; *I ~ it 3 miles* jag uppskattar det till 3 miles **8** hinna med, hinna i tid (fram) till; nå (*land* land; *the summit* toppen); *she didn't ~ the plane* hon hann inte med planet; *~ port* komma i hamn; *they just made it* de hann precis **9** *vard.*, komma med (in på); hamna i (på); *she made the front page* hon hamnade på förstasidan; *~ the team* komma med i laget; *~ university* komma in på universitet **10** göra berömd; *that film made her* den filmen gjorde henne berömd; *that ~s my day! a)* dagen är räddad!, *b) iron.* det fattades bara det!; *they can ~ or break him* de har hans öde i sin hand **11** *~ as if (as though)* låtsas som om (*one doesn't hear* man inte hör), göra min av (*to leave* att vilja gå); *~ to go* stiga emot att, visa tecken till att; *~ like (AE. sl.) a)* imitera, *b)* låtsas som om **12** *~ after* rusa efter; *~ away* ge sig iväg; *~ away with a)* röja ur vägen, göra sig av med, *b)* försnilla, förskingra; *~ away with o.s.* begå självmord; *~ for a)* rusa (skynda) mot (till), hålla [kurs] på, styra (fara) mot, *b)* främja, verka för, ge anledning till, bidra till; *where are you making for?* vart är du på väg?; *~ of* anse om; *what do you ~ of that?* vad anser du om det?; *~ much of* ha höga tankar om; *~ off* ge sig iväg, smita; *~ out a)* skriva (ställa) ut (*a cheque* en check), göra upp (*a list* en lista), fylla i (*a form* en blankett), *b)* urskilja, skönja, *c)* förstå, lista ut, *d)* bevisa, förbreda, argumentera (tala) för, *e)* påstå, låtsas, *f)* klara sig, komma till rätta (*with* med), *g) sl., i sht AE.* hångla; *~ over a)* överlåta, skriva över, *b)* ändra, göra om; *~ up a)* utgöra, bilda, *b)* göra upp, sammanställa (*a list* en förteckning), *c)* göra upp, bilägga (*a quarrel* en tvist), *d)* hitta på, dikta ihop, konstruera, *e)* komplettera, göra komplett, fylla

M

ut, *f)* ordna [till], göra (ställa) i ordning, packa (slå) in, *g)* sminka [sig], göra make-up, *h)* belägga *(m. asfalt, betong);* ~ *up [for]* kompensera, gottgöra, ta igen, hämta in; ~ *up for lost time* ta igen förlorad tid; ~ *it up to s.b. for s.th.* kompensera (gottgöra) ngn för ngt; ~ *up to (vard.)* flörta med, stöta på; *be made up of* bestå (utgöras) av; ~ *up one's mind* bestämma sig *(to* för att); ~ *it up* bli sams, enas **II** *s* **1** fabrikat; märke; tillverkning, produktion **2** utförande, utseende; skärning **3** *vard., on the* ~ *a)* vinningslysten, karriärhungrig, på hugget, *b)* på jakt *(efter sexpartner)*

make-believe ['meɪkbɪˌliːv] **I** *s* fantasi, [falskt] sken, overklighet; låtsaslek **II** *a* låtsad, låtsas-, sken- **maker** [-ə] **1** tillverkare, fabrikant **2** skapare; *the M*~ Skaparen *(Gud)* **makeshift** [-ʃɪft] **I** *s* provisorium, surrogat **II** *a* provisorisk, nöd-, tillfällig **make-up** [-ʌp] **1** sammansättning; karaktär, natur, beskaffenhet **2** make-up; sminkning; smink, kosmetika **3** *boktr.* ombrytning

making ['meɪkɪŋ] **1** framställning, tillverkning; tillredning, tillagning; *in the* ~ i vardande, blivande; *be the* ~ *of* skapa framgång för **2** ~*s (pl)* *a)* inkomster, förtjänst[er], *b)* goda förutsättningar, anlag *(of* för), *c) AE. sl.* tobak och papper *(för cigarrettrullning); he has the* ~*s of a lawyer* han är ett bra advokatämne, han har goda förutsättningar att bli advokat

maladjusted [ˌmælə'dʒʌstɪd] **1** missanpassad **2** dåligt justerad

malaria [mə'leərɪə] *med.* malaria

male [meɪl] **I** *a* manlig, mans-, av manligt kön, maskulin; han-, av hankön; ~ *chauvinist pig (vard.)* manschauvinist, mullig mansgris; ~ *child* gossebarn; ~ *choir* manskör; ~ *plug* stickkontakt; ~ *screw* skruv; ~ *tiger* tigerhane **II** *s* man, manlig individ; han[n]e

malediction [ˌmælɪ'dɪkʃn] **1** förbannelse **2** elakt förtal

malefactor ['mælɪfæktə] missdådare, ogärningsman; brottsling

malevo|lence [mə'levələns] elakhet, illvilja **-lent** [-lənt] elak, illvillig

mal|formation [ˌmælfɔː'meɪʃn] missbildning **-formed** [mæl'fɔːmd] missbildad, vanskapt **-function** [ˌmæl'fʌŋ(k)ʃn] **I** *s* bristande funktionsförmåga; funktionsstörning **II** *v* fungera dåligt, krångla

malice ['mælɪs] **1** illvilja, ondska, elakhet; skadeglädje; ond avsikt; *bear s.b.* ~ hysa agg mot ngn **2** *jur.* brottslig avsikt; *with* ~ *aforethought* med berått mod, i ont uppsåt, överlagt **malicious** [mə'lɪʃəs] **1** illvillig, ondskefull, elak; skadeglad, maliciös **2** *jur.* uppsåtlig

malignancy [mə'lɪgnənsɪ] **1** elakhet, ondskefullhet, ondska **2** *med.* malign beskaffenhet **malignant** [mə'lɪgnənt] **1** elak, ondskefull **2** *med.* malign, elakartad

malinger [mə'lɪŋgə] simulera *(låtsas vara sjuk)*

mall [mɔːl] esplanad; *AE., Austr. äv.* gågata, köpcenter

malle|ability [ˌmælɪə'bɪlətɪ] **1** smidbarhet **2** *bildl.* smidighet, formbarhet; foglighet **-able** ['mælɪəbl] **1** smidbar **2** *bildl.* smidig, formbar; foglig

mallet ['mælɪt] **1** [trä]klubba **2** klubba *(för krocket el. polo)*

malnutrition [ˌmælnjuː'trɪʃn] undernäring

malpractice [ˌmæl'præktɪs] **1** försummelse, förseelse *(av ämbetsman)*, tjänstefel; felbehandling *(av patient)* **2** försyndelse

malt [mɔːlt] **I** *s* malt **II** *v* **1** mälta **2** tillsätta malt till

maltreat [ˌmæl'triːt] misshandla; behandla illa **-ment** [-mənt] misshandel; dålig behandling

mama 1 [mə'mɑː] *åld. vard.* mamma **2** ['mɑːmə] *AE.* mamma; *sl. a)* brud, tjej, *b)* tant *(fru)* **mamma 1** *i sht AE.* **1** [mə'mɑː] mamma **2** ['mɑːmə] *se mamma 2* **mammal** ['mæml] däggdjur

mammoth ['mæməθ] **I** *s, zool.* mammut **II** *a* mammut-, jättelik

man [mæn] **I** *s (pl men* [men]) **1** man; mannen; herre; ~ *and boy* ända från barndomen (pojktiden); ~ *and wife* man och hustru; *a* ~ *about town* en [storstads]elegant, ett citylejon; *a* ~ *of property* en förmögen man; *a* ~ *of the world* en man av värld, en världsman; *the M*~ *a) negersl.)* den vite mannen, *b) sl.* snuten; *the* ~ *in the moon* gubben i månen; mångubben; *the* ~ *in (AE. on) the street* mannen på gatan, gemene man; *that* ~ *Smith* den där Smith; *men's clothes* herrkläder; *best* ~ best man *(brudgums marskalk); medical* ~ medicinare; *old* ~ gammal man, [gammal] gubbe; *the old* ~ *(vard.) a)* farsgubben, *b)* chefen; *my old* ~ *(vard.) a)* min gubbe *(make), b)* min farsa; *hello, old* ~*! (vard.)* tjänare, gamle gosse!; *the right* ~ rätt[e] man[nen]; *as one* ~ som en man, enhälligt, enade; ~ *to* ~ *a)* man mot man, *b)* man och man emellan, helt öppet; *to a* ~ *a)* enhälligt, *b)* till siste man, mangrant; *be a* ~*!* var som en man!; *be one's own* ~ vara sin egen [herre]; *he's a Cambridge* ~ han har studerat i Cambridge; *he's not a* ~ *to* han är inte den (en sådan) som; *he's your* ~ han är rätte mannen *(för uppgiften e.d.); I'm your* ~*! (vard.)* okay!, det går jag med på!; *that's just like a* ~*!* det är typiskt karlar!; *make a* ~ *[out] of s.b.* göra karl av ngn; *what can a* ~ ~ *do (vard.)* vad kan man göra; *sort out (separate) the men from the boys* skilja de erfarna från de oerfarna **2** människa; person; *(ibl. M*~*)* människan, människosläktet; ~ *of God* gudsman, präst; *the evolution of* ~ människans utveckling; *M*~ *proposes, God disposes* människan spår och Gud rår; *any* ~ var och en, vem som helst; *no* ~ ingen [människa] **3** *vanl. pl men a)* arbetare *(i motsats t. företagsledning), b) mil.* meniga, soldater, *c) sjö.* manskap; *officers and men* officerare och meniga; *50 men* och *man* **4** tjänare, anställd; betjänt; dräng **5** pjäs *(i schack),* bricka *(i brädspel e.d.)* **6** *hist.* vasall **II** *interj, vard.* himmel!, kors!; *(i tilltal)* hörru!, du grabben! **III** *v* bemanna *(a ship* ett fartyg); besätta *(a fortress* ett fort)

manacle ['mænəkl] **I** *s, vanl.* ~*s (pl)* handbojor **II** *v* sätta handbojor på

manage ['mænɪdʒ] **1** hantera *(a weapon* ett vapen), handskas med; sköta *(one's affairs* sina affärer), handha, ha hand om; leda *(a company* ett företag); ~ *the election* vara valförrättare **2** klara av, få bukt med; *I can* ~ *him* jag kan klara av honom **3** klara, orka med; ha tid med; lyckas [med]; *can you ~ the bags?* klarar du väskorna själv?; *can you ~ lunch tomorrow?* har du tid att (kan du) äta lunch med mig i morgon?; *I can ~ 10 pounds* jag kan betala (har råd med) 10 pund; *~ to do s.th.* lyckas göra ngt; *I hope she'll ~ to come* jag hoppas att hon kan komma; *how did you ~ to miss that?* hur kunde du missa det? **4** klara (reda) sig; *~ without* klara sig utan, kunna undvara; *I can ~ by myself* jag klarar mig själv; *can you ~?* klarar du dig? **manageable** [-əbl] [lätt]hanterlig; lättskött; medgörlig, foglig **management** [-mənt] **1** skötsel, ledning, förvaltning **2** [företags]ledning, styrelse, direktion; administration; *under new ~* ny regim, ny ägare **3** handhavande, hantering; behandling **manager** [-ə] **1** direktör, [företags]ledare, chef; föreståndare **2** manager, impressario **3** *sport.* lagledare, förbundskapten **4** *jur. ung.* konkursförvaltare **manageress** [ˌmænɪdʒəˈres] direktris; föreståndarinna **managerial** [ˌmænəˈdʒɪərɪəl] direktörs-; styrelse-, lednings- **managing** [ˈmænɪdʒɪŋ] ledande, styrande, administrativ; *~ director* verkställande direktör

man|date [ˈmændeɪt] **I** *s* **1** mandat, uppdrag; bemyndigande **2** *polit.* mandat; förvaltaruppdrag; mandatområde **II** *v*, *~ a territory to s.b.* ställa ett område under ngns mandat; *~d territory* mandat[område], **-datory** [-dət(ə)rɪ] **I** *a* **1** mandat-, mandat- mandatär- **2** obligatorisk; tvångs- **II** *s* **1** mandatärmakt **2** befullmäktigat ombud **mandible** [ˈmændɪbl] underkäke; *(hos insekt)* mandibel; *(hos fågel)* näbbhalva **mando|lin** [ˈmændəlɪn], **-line** [ˌmændəˈliːn] mandolin **mane** [meɪn] man *(på häst, lejon; äv. om tjockt hår)* **manœuvre** [məˈnuːvə] *AE., se* manœuvre **manful** [ˈmænf(ʊ)l] manlig **manganese** [ˈmæŋɡəniːz] mangan **mangelwurzel** [ˈmæŋɡl͵wɜːzl] *bot.* foderbeta **manger** [ˈmeɪn(d)ʒə] krubba **1 mangle** [ˈmæŋɡl] **I** *s* **1** mangel *i sht BE.* vridmaskin **II** *v* **1** mangla **2** vrida **2 mangle** [ˈmæŋɡl] **1** hacka (skära, slita) sönder, illa tilltyga **2** förstöra, fördärva **mangy** [ˈmeɪn(d)ʒɪ] **1** skabbig **2** sjabbig, sjaskig **manhandle** [ˈmænˌhændl] **1** flytta [med handkraft] **2** behandla omilt (hårdhänt), skuffa **man|hood** [ˈmænhʊd] **1** manlighet **2** mannaålder; manbarhet; *boys grow to ~* pojkar växer upp [till män] **3** [alla] män **-hunt** förbrytarjakt; jakt på rymling **mania** [ˈmeɪnjə] mani; vurm **maniac** [-nɪæk] **I** *s* **1** *vard.* galning, dåre; fantast; *sports ~* sport[då]re, -fantast **2** *psykol. åld.* maniker **II** *a, se* maniacal **maniacal** [məˈnaɪəkl] **1** manisk **2** vansinnig **manicure** [ˈmænɪˌkjʊə] **I** *s* **1** manikyr **2** manikyrist **II** *v* manikyrera **mani|fest** [ˈmænɪfest] **I** *a* påtaglig, uppenbar, tydlig, klart framträdande, manifest; entydig **II** *v* **1** manifestera; ge uttryck åt, visa, ådagalägga **2** bevisa **3** yttra (visa) sig; *(om ande)* uppenbara (visa) sig **-festation** [ˌmænɪfeˈsteɪʃn] **1** manifestation, uppenbarande, ådäggande; tecken **2** ma-

nifestation, demonstration **-festo** [ˌmænɪˈfestəʊ] *(pl ~[e]s)* manifest **manifold** [ˈmænɪfəʊld] **I** *a* mångfaldig, mångahanda **II** *v* mångfaldiga, duplicera **III** *s* **1** duplikat, kopia **2** *tekn.* gren-, förgrenings|rör **manipu|late** [məˈnɪpjʊleɪt] **1** hantera, manövrera, sköta **2** manipulera (fiffla) med *(accounts* räkenskaper*)*, frisera *(figures* siffror*)* **3** manipulera, påverka, styra **-lation** [məˌnɪpjʊˈleɪʃn] **1** hanterande, manövrering, skötsel; handgrepp **2** manipulation, fiffel, frisering **3** manipulation, påverkan, styrning **mankind 1** [mænˈkaɪnd] människosläktet, människorna **2** [ˈmænkaɪnd] det manliga släktet (könet), män[nen] **-ly** [ˈmænlɪ] *a* manlig, karlaktig, maskulin **--made** [ˈmænmeɪd] gjord (tillverkad) av människohänder; konstgjord, syntetisk **manned** [mænd] bemannad **manner** [ˈmænə] **1** sätt, vis; *in like (this) ~* på samma (detta) sätt; *in a ~ of speaking* så att säga, på sätt och vis; *it was just a ~ of speaking* det är bara som man säger; *she is to the ~ born* det faller sig helt naturligt för henne, det är medfött hos henne **2** sätt [att vara], uppträdande; *a kind ~* ett vänligt sätt **3** *~s (pl)* belevat sätt, maner; *~s!* uppför dig ordentligt!; *good ~s* fint sätt, god ton; *road ~s* vägvett; *she has no ~s* hon kan inte uppföra sig; *that's bad ~s* det passar sig inte (är opassande); *teach s.b. ~s* lära ngn hur man uppför sig **4** *~s (pl)* seder [och bruk]; *a novel of ~s* en sederoman **5** maner, stil; *in the ~ of Renoir* i Renoirs stil **6** slag, sort; *all ~ of animals* alla slags djur; *what ~ of man is he?* vad för slags karl är han?; *by all ~ of means* visst, naturligtvis; *by no ~ of means* på intet vis, under inga förhållanden **mannerism** [-riz(ə)m] [typiskt] maner; förkonstling; *konst.* manicrism **mannerly** [-lɪ] *a* väluppfostad, artig, belevad **mannish** [ˈmænɪʃ] **1** manhaftig *(woman* kvinna*)* **2** manlig **manœu|vrability** [məˌnuːvrəˈbɪlətɪ] manöverduglighet, manövreringsförmåga **-vre** [məˈnuː-və] **I** *s* manöver *(äv. bildl.)*; *~s (pl, mil.)* manöver, stridsövningar **II** *v* **1** manövrera; styra, hantera; *bildl. äv.* manipulera; *~ for leadership* manövrera sig till ledarskapet **2** hålla (vara på) manöver **man-of-war** [ˌmænə(v)ˈwɔː] *(pl men-of-war)* **1** krigs-, örlogs|fartyg **2** *zool., [Portuguese] ~* portugisisk örlogsman **manor** [ˈmænə] **1** gods, lantegendom, herrgård; *lord (lady) of the ~* godsägare (godsägarinna) **2** *BE. vard.* polisdistrikt **manor house (seat)** herrgård[sbyggnad], slott **manpower** [ˈmænˌpaʊə] **1** mannakraft; arbetskraft **2** *mil.* styrka **manservant** [ˈmænˌsɜːv(ə)nt] *(pl menservants)* betjänt, [manlig] tjänare **mansion** [ˈmænʃn] **1** stor och ståtlig byggnad, palats **2** *~s (pl)* hyreshus **man|-sized** [ˈmænsaɪzd] i mansstorlek; *vard.* stor, jättelika **-slaughter** [-ˌslɔːtə] *jur.* dråp **mantel|piece** [ˈmæntl(piːs)] spisel|krans, -hylla **mantilla** [mænˈtɪlə] mantilj **mantle** [ˈmæntl] **I** *s* **1** *bildl.* täcke *(of snow* av snö*)*, hölje **2** glödstrumpa **3** *geol., zool.* mantel

4 *åld.* mantel, cape **II** *v* täcka, hölja, svepa in
manual ['mænjʊəl] **I** *a* manuell, hand-; ~ *con-trols* handreglage; ~ *gear-change* (*i bil*) manuell växel; ~ *labour* fysiskt arbete, kroppsarbete **II** *s* **1** handbok, instruktionsbok **2** *mus.* manual
manufac|ture [,mænjʊ'fæktʃə] **I** *s* **1** tillverkning, framställning, fabrikation, produktion **2** produkt, alster, [fabriks]vara **3** fabrikat, tillverkning **II** *v* **1** tillverka, framställa, fabricera, producera **2** *bildl.* hitta på (*excuses* undanflykter) **-turer** [-tʃ(ə)rə] fabrikant, tillverkare, producent **-turing** [-tʃ(ə)rɪŋ] **I** *a* fabriks-, produktions-, tillverknings- **II** *s* tillverkning, framställning, fabricering, fabrikation, produktion
manure [mə'njʊə] **I** *s* gödsel; *artificial* ~ konstgödning **II** *v* gödsla, göda
manuscript ['mænjʊskrɪpt] **I** *s* **1** handskrift **2** manuskript, manus (*of* till) **II** *a* **1** handskriven **2** i manuskript
many ['menɪ] **I** *a* många; ~ *a man* mången [man]; ~ *people* mycket folk, många människor; ~ *thanks* tack så mycket, stort tack; ~ *thousand people* många (flera) tusen människor; ~ *a time* [*and oft*], ~ *and* ~ *a time* mången gång, många gånger; *as* ~ *again* lika många till; *as* ~ *as five* så många som fem, hela fem; *I haven't seen him for* ~ *a day* jag har inte sett honom på mången god dag; *there is one chair too* ~ det är en stol för mycket; *she's one too* ~ *for us* hon är för klipsk för oss, henne rår vi inte på; *she said it in so* ~ *words* hon sa det rent ut; ~*'s the time I've done so* det är många gånger som jag har gjort det **II** *s, the* ~ den stora massan, de många; *a great* (*good*) ~ en hel del, ganska många (mycket)
map [mæp] **I** *s* **1** karta (*of* över); sjökort (*of* över); *put a town on the* ~ göra en stad berömd; *wipe a town off the* ~ utradera en stad, få en stad att falla i glömska; *it's off the* ~ *a*) det är inte aktuellt, *b*) den ligger avsides **2** *sl.* fejs, nia (ansikte) **II** *v* kartlägga; ~ *out a*) staka ut (*a road* en väg), planera, *b*) kartlägga
maple ['meɪpl] *bot.* lönn
mapping ['mæpɪŋ] kartläggning
mar [mɑ:] fördärva; störa; grumla; *make or* ~ hjälpa eller stjälpa
marathon ['mærəθn] **I** *s* maraton[lopp] **II** *a* maraton-
maraud [mə'rɔ:d] marodera, plundra, röva **-er** [-ə] marodör
marble ['mɑ:bl] **I** *s* **1** marmor **2** marmorblock; marmor|staty, -skulptur **3** kula (*t. spel*) **4** *vard., lose one's* ~*s* bli tokig **II** *a* marmor-; marmorvit **III** *v* marmorera
March [mɑ:tʃ] mars
march [mɑ:tʃ] **I** *s* **1** marsch; [fot]vandring; *the* ~ *of time* tidens gång; *be on the* ~ vara på [fram]-marsch **2** *mus.* marsch; *funeral* ~ sorg-, begravnings|marsch; *wedding* ~ bröllopsmarsch **3** dags-|marsch; *steal a* ~ *on* skaffa sig försprång framför **II** *v* **1** marschera, tåga (*on, against* mot); [fot]vandra; *forward* ~*!* framåt marsch!; ~ *off* marschera (tåga) iväg; *time* ~*es on* tiden går; ~ *past* marschera förbi, defilera [förbi]; ~ *up* marschera (rycka) fram **2** låta marschera; ~ *s.b. off* föra bort ngn **marching** [-ɪŋ] marscherande
marchioness ['mɑ:ʃ(ə)nɪs] markisinna

Mardi gras [,mɑ:dɪ'grɑ:] *AE.* fettisdagen
mare [meə] sto, märr
margarine [,mɑ:dʒə'ri:n] margarin
margin ['mɑ:dʒɪn] **I** *s* **1** rand, kant; gräns; *the* ~ *of the lake* sjöstranden **2** marginal; *a note in the* ~ en marginalanteckning **3** *hand.* marginal, överskott; *ekon.* täckning; *bildl.* marginal, spelrum; *profit* ~, ~ *of profit* vinstmarginal; *safety* ~ säkerhetsmarginal; ~ *of error* felmarginal; *by a large* (*narrow*) ~ med bred (knapp) marginal **II** *v* **1** förse med kant (marginal) **2** anteckna i marginalen **marginal** [-l] **1** rand-, kant-; gräns-; ~ *to Norway* gränsande till Norge **2** marginal-; ~ *note* marginalanteckning, randanmärkning **3** marginal-, marginell, underordnad; ~ *cost* marginalkostnad; *that is a* ~ *constituency for Labour* Labour har endast en knapp marjoritet i den valkretsen
marguerite [,mɑ:gə'ri:t] *bot.* prästkrage
marigold ['mærɪgəʊld] *bot.* [*pot*] ~ ringblomma; *African* (*French*) ~ tagetes; *marsh* ~ kabbleka
mari|nade [,mærɪ'neɪd] **I** *s* **1** marinad **2** marinerad fisk, marinerat kött **II** *v* marinera **-nate** ['-neɪt] marinera
marine [mə'ri:n] **I** *a* marin[-], havs-, sjö-; sjöfarts-; flott-; ~ *biology* marinbiologi; ~ *corps* marinsoldatkår; ~ *insurance* sjö|försäkring, -assurans; ~ *motor* marin-, båt|motor **II** *s* **1** sjöväsen **2** marin, flotta; *merchant* ~ handelsflotta **3** marinsoldat; *The Royal M*~*s* brittiska marinsoldatkåren; *tell it to the* ~*s* (*vard.*) det kan du inbilla andra **4** marinmålning **mariner** ['mærɪnə] *litt.* sjöman, sjöfarare
marionette [,mærɪə'net] marionett
marital ['mærɪtl] äktenskaplig, äktenskaps-; ~ *status* civilstånd
maritime ['mærɪtaɪm] maritim, sjö-, havs-; sjöfarts-; ~ *climate* kustklimat; ~ *law* sjölag, sjörätt; ~ *region* kustregion
marjoram ['mɑ:dʒ(ə)rəm] *bot.* mejram
1 mark [mɑ:k] mark (*mynt*)
2 mark [mɑ:k] **I** *s* **1** märke; fläck; repa; spår; *dirty* ~*s* smutsfläckar, smutsiga märken; *leave one's* ~ lämna (sätta) sina spår; *make one's* ~ göra sig ett namn, lyckas **2** märke, tecken; symbol, bomärke; känne|märke, -tecken (*of* på); uttryck (*of* för); *punctuation* ~ skilje-, interpunktions|tecken; *question* ~ frågetecken; *bear the* ~ *of genius* bära geniets kännetecken, ha geniala drag **3** markör; visare; *sjö.* märke (*på lodlina*) **4** betyg, betygspoäng; *high* (*good*) ~*s* höga (bra) betyg **5** mål|[tavla], märke, prick; *sport.* markering, startlinje; *beside the* ~ (*bildl.*) irrelevant, ovidkommande; *on your* ~[*s*], *get set, go!* på era platser, färdiga, gå!; *hit the* ~ träffa [mitt i] prick, *bildl. äv.* träffa rätt, slå (träffa) huvudet på spiken; *miss the* ~ missa (målet), bomma; *be quick* (*slow*) *off the* ~ (*sport. o. bildl.*) vara snabb (långsam, trög) i starten **6** nivå, höjd; vikt, betydelse; *of* ~ av vikt (betydelse); *of little* ~ av ringa betydelse; *a man of* ~ en betydande man; *be above the* ~ hålla måttet, räcka mer än väl; *the temperature has reached the* ~ *of 20 degrees* temperaturen har nått upp till 20 gradersstrecket; *be up to the* ~ vara tillfredsställande, hålla måttet; *not feel quite up to the* ~ inte känna sig riktigt kry

7 typ, modell; *this car is a SAAB* ~ *(M~) GLE* det här är en SAAB GLE **8** *the* ~ *(i boxning)* maggropen **9** *sl.* lätt (lämpligt) offer **II** *v* **1** göra märken på, sätta fläckar på, fläcka ner; skada; repa; *the American boxer was not* ~*ed at all* den amerikanske boxaren fick inte en skråma **2** märka, sätta märke på, markera; sätta prislapp på, prismärka; *bildl.* utmärka, känneteckna, beteckna, märka; ~ *books* prismärka böcker; ~ *time a)* göra på stället marsch, *b)* stå och stampa på samma ställe, *c)* försöka klara sig, vänta; *an animal* ~*ed with black* ett djur med svarta fläckar; *the sofa is* ~*ed at £100* soffan är en prislapp med 100 pund; *her face was* ~*ed by sorrow* hennes ansikte var märkt av sorg; *the experience* ~*ed them* upplevelsen satte sina spår hos dem; ~ *s.b. as a criminal* beteckna ngn som brottsling; *that event* ~*ed the end of an era* den händelsen markerade slutet på en epok; ~ *s.th. with an asterisk* markera ngt med en asterisk; *it's not* ~*ed on the map* det är inte utsatt på kartan; ~ *down a)* anteckna, skriva ner, *b)* sätta ner [priset på]; ~ *up a)* notera, skriva upp, *b)* höja [priset på] **3** märka (pricka) ut; ~ *off a)* markera, avgränsa, avspärra, *b)* skilja; ~ *out a)* staka ut, *b)* utse, bestämma *(for* till) **4** märka, lägga märke till; ~ *my words* sanna mina ord; ~ *you, I didn't promise anything* kom bara ihåg att jag inte har lovat något **5** bedöma; betygsätta; rätta *(a paper en skrivning)* **6** sport., spelt markera **7** få märken, bli repig (smutsig), skadas

markdown ['mɑ:kdaʊn]   [pris]nedsättning

marked [-t] **I** märkt *etc.*, *jfr 2 mark II* **2** markerad, tydlig, uppenbar, påfallande, markant, märkbar **3** *a* ~ *man* en märkt (på förhand dömd) man **marker** [-ə] **1** märkare; betyg[s]sättare; [skrivnings]rättare **2** bokmärke **3** markör **4** [spel]mark

market ['mɑ:kɪt] **I** *s* **1** [salu]torg; marknad[splats]; *go to* ~ gå till torget, åka på marknad **2** *hand.* marknad; *buyer's* ~ köparens marknad; *the black* ~ svarta börsen; *the foreign* ~ utlands-, export|marknaden; *the home* ~ hemmamarknaden, den inhemska marknaden; *the world* ~ världsmarknaden; *at* ~ till dagspris (gällande pris); *in (on) the* ~ i handeln, på marknaden, till salu; *be in the* ~ *for* vara intresserad av (att köpa], önska köpa; *there is no* ~ *for* det är ingen efterfrågan på; *come in (on[to]) the* ~ komma ut på maknaden; *find (meet with) a ready* ~ *for* finna god avsättning för; *play the* ~ spekulera på börsen; *put on the* ~ släppa ut på marknaden **II** *v* **1** sälja (köpa) på torget (marknaden) **2** utbjuda [till försäljning], saluföra, avyttra; marknadsföra **marketable** [-əbl] **1** säljbar; avyttringsbar; gångbar **2** marknads-, handels-; ~ *value* marknadsvärde **marketing** [-ɪŋ] marknadsföring, marketing **marketplace** [-pleɪs] **1** [salu]torg; marknadsplats **2** affärsvärld; *bildl.* marknad

marking ['mɑ:kɪŋ] **1** markering *(äv. sport);* märkning, stämpling **2** teckning *(på djur)* **marksman** ['mɑ:ksmən] skicklig skytt, skarpskytt **mark-up** ['mɑ:kʌp] **1** *hand.* pålägg, påslag; vinstmarginal **2** prishöjning **marmalade** ['mɑ:məleɪd] [apelsin-, citrus]marmelad

1 maroon [mə'ru:n] **I** *a* kastanje-, röd|brun **II** *s* **1** kastanjebrun (rödbrun) färg **2** signalljus, lysprojektil
2 maroon [mə'ru:n] *v* **1** landsätta och överge *(på obebodd kust)* **2** *bildl.* isolera; strandsätta **marquee** [mɑ:'ki:] **1** stort [fest]tält **2** *AE.* markis, baldakin *(över entré)* **marquess** ['mɑ:kwɪs] *i sht BE.* markis *(adelsman)* **mar|quis** ['mɑ:kwɪs] *(pl* ~[*es*]) markis *(adelsman)* **-quise** [mɑ:'ki:z] *(ej brittisk)* markisinna **marriage** ['mærɪdʒ] **1** giftermål, äktenskap; *bildl.* nära släktskap *(samband); civil* ~ borgerligt äktenskap; *offer of* ~ giftermålsanbud; ~ *of convenience* konvenans-, resonemangs|parti; *by* ~ genom gifte[rmål]; *give s.b. in* ~ *to s.b.* gifta bort ngn med ngn **2** vigsel, bröllop; *civil* ~ borgerlig vigsel; *religious* ~ kyrklig vigsel **marriageable** [-əbl] giftasvuxen **marriage certificate** [-sə‚tɪfɪkət] vigselattest **marriage licence** [‚laɪs(ə)ns] äktenskapslicens **married** ['mærɪd] **I** *a gift (to* med); äktenskaplig; ~ *couple* gift par, äkta makar; ~ *life* äktenskap[ligt samliv]; *he is a* ~ *man* han är [en] gift [man]; *be* ~ *a)* vara gift, *b)* gifta sig, *c)* bli gift; *get* ~ gifta sig **II** *s, young* ~*s* unga gifta människor **marrow** ['mærəʊ] **1** märg; *bildl.* kärna; *spinal* ~ ryggmärg; *be chilled to the* ~ frysa ända in i märgen, vara genomfrusen; *it pierced the very* ~ *of my bones* det gick (skar) genom märg och ben på mig **2** *bot. [vegetable]* ~ pumpa, kurbits **marry** ['mærɪ] **1** gifta sig med; ~ *money* gifta sig rikt (till pengar) **2** ~ *[off]* gifta bort **3** viga **4** gifta sig; *bildl.* förenas; ~ *into money* gifta sig rikt (till pengar); *she is not the* ~*ing kind* hon är inte den typen som gifter sig **Mars** [mɑ:z] *astr., myt.* Mars **marsh** [mɑ:ʃ] moras, sumpmark, träskområde, kärr **marshal** ['mɑ:ʃl] **I** *s* **1** *mil.* marskalk **2** marskalk, ceremonimästare **3** *(domares)* sekreterare **4** *AE. ung.* sheriff, polismästare; branddchef **5** ordningsvakt *(vid idrottsplats)* **II** *v* **1** ordna *(facts* fakta); rangordna **2** ställa upp *(troops* trupper); anföra, leda **marshy** ['mɑ:ʃɪ] sumpig, träskartad **marsupial** [mɑ:'sju:pjəl] **I** *a* pung[djurs]- **II** *s* pungdjur **marten** ['mɑ:tɪn] *zool.* mård **martial** ['mɑ:ʃl] krigs-, krigisk, militär-; ~ *law* krigslagar **Martian** ['mɑ:ʃjən] **I** *a* mars-, från Mars **II** *s* marsian, marsinvånare **martin** ['mɑ:tɪn] *zool.* svala; *house* ~ hussvala; *sand* ~ backsvala **martyr** ['mɑ:tə] **I** *s* martyr *(äv. bildl.); be a* ~ *to illness* plågas av sjukdom **II** *v* låta lida martyrdöden; göra till martyr **marvel** ['mɑ:vl] **I** *s* under[verk] **II** *v* förundra sig *(at, about* över; *that* över att) **-lous** *BE.,* **-ous** *AE.* ['mɑ:v(ə)ləs] underbar, fantastisk; otrolig **Marxism** ['mɑ:ksɪz(ə)m] marxism[en] **marzipan** [‚mɑ:zɪ'pæn] marsipan **mascara** [mæ'skɑ:rə] mascara **mascot** ['mæskət] maskot **masculine** ['mæskjʊlɪn] **I** *a* **1** maskulin, manlig;

manhaftig (*woman* kvinna); ~ *appearance* maskulint utseende; ~ *rhyme* (*versl.*) manligt rim **2** *språkv.* maskulin; *the* ~ *gender* maskulinum, maskulint genus **II** *s, the* ~ maskulinum

mash [mæʃ] **I** *s* **1** mäsk **2** gröt, sörja **3** (*slags*) djurfoder **4** *BE.* potatismos **II** *v* **1** göra gröt av, mosa; blanda (röra) ihop; ~*ed potatoes* potatismos **2** mäska, bereda till mäsk

mask [mɑːsk] **I** *s* **1** (*ansikts-, gas-*) mask (*äv. biol., foto., teat.*); *bildl. äv.* förställning, täckmantel; munskydd; *death* ~ dödsmask **2** maskerad **II** *v* maskera; *bildl. äv.* dölja, camouflera; ~*ed ball* maskeradbal

mason ['meɪsn] **1** stenhuggare; [sten]murare **2** frimurare **-ry** ['meɪsnrɪ] **1** murning **2** murverk **3** frimureri

masquerade [ˌmæskə'reɪd] **I** *s* **1** maskerad **2** maskeraddräkt **3** *bildl.* teater; förklädnad **II** *v* **1** delta i maskerad **2** vara maskerad, (utklädd); ~ *as* (*äv.*) utge sig för att vara

1 mass [mæs] *kyrkl., mus.* (*ofta M~*) mässa; *High M~* högmässa; *Low M~* stilla mässa; *go to* ~ gå i mässan; *say* ~ läsa mässan

2 mass [mæs] **I** *s* massa (*äv. fys.*); mängd, [stor] hop; *a* ~ *of snow* en massa snö; *the* ~*es* massorna, de breda lagren; *the* [*great*] ~ *of* majoriteten (större delen, det stora flertalet) av; ~*es of* (*vard., i sht BE.*) massor med (*books* böcker); *in the* ~ *a*) i huvudsak, *b*) som helhet; *people, in the* ~, *prefer* folk i allmänhet föredrar **II** *v* **1** samla i mängd, hopa; *mil.* dra samman, koncentrera (*troops* trupper) **2** samlas i mängd, hopas; *mil.* dras samman, koncentreras

massacre ['mæsəkə] **I** *s* massaker; blodbad, massmord (*of* på); *vard.* jätteförlust, nederlag **II** *v* massakrera, anställa blodbad på; *vard.* göra ner, orsaka jätteförlust

mas|sage ['mæsɑːʒ] **I** *s* massage **II** *v* massera **-seur** [mæ'sɜː] massör **-seuse** [mæ'sɜːz] massös

massive ['mæsɪv] massiv; tung, stadig; kraftig (*forehead* panna); omfattande, stor; ~ *support* massivt stöd; *on a* ~ *scale* i stor skala

mass media ['mæsˌmiːdjə] *pl* massmedia

mast [mɑːst] **I** *s* mast; *at half* ~ på halv stång; *before the* ~ (*sjö.*) för om masten (*som manskap*) **II** *v* förse med mast[er]; *three-~ed* tremastad

master ['mɑːstə] **I** *s* **1** herre, härskare (*of* över); husbonde; husse; arbetsgivare, chef; *the* ~ *of the house* husets herre, herrn i huset, husbonden, husfadern; *be one's own* ~ vara sin egen; *be* ~ *of* vara herre över, behärska; *be* ~ *of one's own fate* ha sitt öde i sina egna händer; *be* ~ *of the situation* vara situationens herre **2** mästare; mäster; *the M~* Mästaren (*Kristus*); ~ *of chess* schackmästare; ~ *of the piano* mästare på piano; *the old* ~*s* de gamla mästarna; ~ *of ceremonies a*) ceremonimästare, *b*) konferencier, *c*) (*i radio, TV*) programvärd; ~ *of foxhounds* master vid rävjakt; *M~ of the Horse* överhovstallmästare; *M~ of the Queen's* (*King's*) *Music* förste hovkapellmästare; *M~ of the Rolls* domare i appellationsdomstol och riksarkivarie **3** läro|mästare, -fader; (*vid vissa college*) rektor; *univ.* magister; *i sht BE.* lärare; *M~ of Arts* filosofie magister (*i humanistiska ämnen*); ~ *of Science* filosofie magister (*i naturvetenskapliga ämnen*); *he is a French*

~ han är fransklärare (lärare i franska) **4** kapten, befälhavare (*på handelsfartyg*); ~*'s certificate* sjökaptensbrev **5** *M~ Peter* (*i tilltal*) unge herr Peter **6** original (*t. kopia*); matris **7** *Sk.* bröstarvinge (*t. viscount el. baron*) **II** *a* **1** huvud-, över-; förnämst, främst; ~ *copy* original, huvudexemplar, matris; ~ *key* huvudnyckel; ~ *race* herrefolk; ~ *sergeant* (*AE.*) fanjunkare; ~ *switch* huvudströmbrytare **2** mäster-, mästar-; ~ *carpenter* snickarmästare; ~ *cook* mästerkock **III** *v* **1** behärska (*French* franska); bemästra (*the situation* situationen); övervinna (*one's shyness* sin blyghet); ~ *one's temper* behärska sig **2** härska över, göra sig till herre över

master|ful ['mɑːstəf(ʊ)l] **1** översittaraktig, befallande, dominerande **2** mästerlig **-ly** ['mɑːstəlɪ] *a* mästerlig, mycket skicklig **-mind** ['mɑːstəmaɪnd] **I** *v* planlägga, vara hjärnan bakom **II** *v* (*om pers.*) ledande hjärna (förmåga) **-piece** ['mɑːstəpiːs] mästerverk **-stroke** ['mɑːstəstrəʊk] genidrag, mästerstycke, mästerligt drag

mastery ['mɑːst(ə)rɪ] **1** herravälde, kontroll (*of, over* över), överlägsenhet; *gain the* ~ *of the seas* få herraväldet till sjöss **2** stor skicklighet, mästerskap; behärskande, kunnande, sakkunskap

masticate ['mæstɪkeɪt] tugga; mala sönder, krossa

mastur|bate ['mæstəbeɪt] onanera **-bation** [ˌmæstə'beɪʃn] onani

mat [mæt] **1** dörrmatta; matta (*för gymnastik e.d.; bildl.*); *a* ~ *of weed* en matta av ogräs **2** underlägg, tablett

1 match [mætʃ] tändsticka; *strike a* ~ tända en tändsticka

2 match [mætʃ] **I** *s* **1** like, jämlike; *be a* ~ *for* kunna mäta sig med; *meet one's* ~ finna (möta) sin överman **2** make, pendang, motstycke; *be a good* ~ passa bra ihop (*for* med); *this vase is a* ~ *for that one* den här vasen är en pendang till den där **3** match, [idrotts]tävling; *football* ~ fotbollsmatch; *I'll give him a* ~ (*bildl.*) jag skall ge honom en match **4** giftermål, äktenskap; parti; *make a good* ~ göra ett bra parti; *he's a good* ~ han är ett bra parti **II** *v* **1** para ihop; passa ihop, foga samman; avpassa (*to* efter); finna en pendang (ett motstycke, maken) till, matcha; ~ *the tongue and groove of boards* sammanfoga spåntade bräder; *they are well* ~*ed a*) de passar bra ihop, *b*) de är jämställda; ~ *s.th. with* passa ihop (matcha) ngt med **2** matcha, gå bra ihop med, passa till; anpassa (*to* efter) **3** finna en jämbördig motståndare till; *sport.* matcha, lansera; ~ *a boxer with* (*against*) låta en boxare gå en match mot **4** kunna mäta sig (tävla) med; motsvara; *be* ~*ed against s.b.* ställa upp mot ngn; ~ *one's powers against s.b.* mäta sina krafter med ngn; *it didn't* ~ *our hopes* det motsvarade inte våra förväntningar **5** gifta bort **6** passa (gå bra) ihop; passa (*with* till); matcha [varandra]; *they don't* ~ de passar inte ihop; *that colour is hard to* ~ det är svårt att hitta ngt som passar till den färgen **7** ~ *up to the situation* vara situationen vuxen

matchbox ['mætʃbɒks] tändsticksask

matchless ['mætʃlɪs] makalös

matchmaker ['mætʃˌmeɪkə] **1** äktenskapsmäk-

lare **2** promotor; arrangör (*av match, tävling*)
match point ['mætʃpɔɪnt] match|boll, -poäng
1 mate [meɪt] **I** *s* **1** make (*äv. om sak*), maka;
where is the ~ to this glove? var är maken till den
här handsken? **2** *vard.* [arbets]kamrat, kompis;
listen, ~! hörru du! **3** hantlangare, lärling **4** *sjö.*
styrman; *first ~* förstestyrman **II** *v* **1** para (*djur*)
2 (*om djur*) para sig
2 mate [meɪt] *se checkmate*
material [mə'tɪərɪəl] **I** *a* **1** materiell; kroppslig,
lekamlig; konkret (*proof* bevis); *~ damage* materiella skador **2** väsentlig, viktig (*to* för) **II** *s* material, stoff; ämne (*äv. om pers.*); tyg; *~s* (*pl, äv.*)
materiel; *raw ~* råämne, råvara, råmaterial;
writing ~ skrivmateri|al, -el; *she is good editorial
~* hon är ett bra redaktörsämne **-ism** [-ɪz(ə)m]
materialism **-ist** [-ɪst] materialist **-ize** (*BE. äv.
-ise*) [mə'tɪərɪəlaɪz] **1** förverkligas, ta fast form;
tä form; komma till stånd **2** (*om ande, spoke*) upppenbara (visa) sig, dyka upp **3** materialisera, förkroppsliga
maternal [mə'tɜːnl] **1** moderlig; moders-; *~ affection* moderskärlek **2** på mödernet; *~ uncle*
morbror
maternity [mə'tɜːnətɪ] **1** moderskap **2** moderlighet **maternity dress** mammaklänning **maternity home** (hospital) BB, förlossningsanstalt
math [mæθ] *AE. vard. för mathematics* matte
mathematic[al] [ˌmæθ(ə)'mætɪk(l)] matematisk, matematik- **mathematician** [ˌmæθ(ə)mə
'tɪʃn] matematiker **mathematics** [ˌmæθ(ə)'
mætɪks] **1** (*behandlas som sg*) matematik **2** (*behandlas som pl el. sg*) [kunskaper i] matematik;
matematiska beräkningar; *the ~ of this are* (*is*)
complicated det här är svåra matematiska beräkningar; *her ~ are better now* hon är bättre i matematik nu **maths** [mæθs] *BE. vard. för mathematics* matte
matinée ['mætɪneɪ] matiné, eftermiddagsföreställning
mating ['meɪtɪŋ] parning
matricu|late [mə'trɪkjʊleɪt] skriva in [sig] (*vid
univ. el. college*) **-lation** [mə,trɪkjʊ'leɪʃn] **1** inskrivning (*vid univ. el. college*) **2** (*förr*) inträdesexamen (*vid univ. el. college*)
matri|monial [ˌmætrɪ'məʊnjəl] äktenskaps-, äktenskaplig; *~ problems* äktenskapliga problem
-mony ['mætrɪm(ə)nɪ] **1** äktenskap; *enter into
holy ~* inträda i det akta ståndet **2** giftermål,
bröllop **3** mariage (*kortspel*)
ma|trix ['meɪ|trɪks] (*pl -trices* [-trɪsiːz] *el. -trixes*
[-trɪksɪz]) **1** livmoder; *bildl.* ursprung, vagga **2**
anat. nagelbädd **3** matris; gjutform
matron ['meɪtr(ə)n] **1** äldre gift kvinna, matrona
2 föreståndarinna, husmor (*vid institution, skola
e.d.*); *AE.* kvinnlig fångvaktare
matter ['mætə] **I** *s* **1** materia; substans, stoff, material; ämne; *mind and ~* ande och materia; *advertising ~* reklam; *colouring ~* färgämne; *inorganic ~* oorganiskt ämne; *postal ~* postförsändelse[r]; *printed ~* trycksak[er]; *solid and liquid
~s* fasta och flytande ämnen **2** *abstr.* ämne; innehåll; *the ~ of the lecture* ämnet för föreläsningen
3 sak, angelägenhet, ärende, fråga; *~s* (*pl*) förhållanden[a]; *business ~s* affärsangelägenheter;
money ~s penning|frågor, -affärer; *it's no great*

*~ det är inte så viktigt, det gör ingenting; *that's
not the ~ in hand* det är inte det det är frågan om;
a ~ of course en självklarhet, en självklar sak; *as
a ~ of course* [som ngt] självklart; *a ~ of fact* ett
faktum; *as a ~ of fact* i själva verket, faktiskt; *a
~ of habit* en vanesak; *it's a ~ of life and death*
det gäller livet, det är en fråga om liv eller död;
a ~ of time en tidsfråga; *for that ~* vad det beträffar, för den delen; *in a ~ of minutes* inom [få]
några [få] minuter; *in the ~ of* vad beträffar, i fråga om; *it is a ~ of* det handlar (rör sig, är en fråga) om, det gäller; *it's a ~ of £20* det rör sig om
[ungefär] 20 pund; *as ~s stand* som saken nu är (ligger
till) **4** anledning, orsak; föremål (*of interest* för
intresse); *a ~ of (for) complaint* en anledning till
klagomål **5** *no ~* det gör ingenting (detsamma),
det spelar ingen roll; *no ~ how you do it* hur du
än gör det; *no ~ how hot it was* till och med i den
värsta hettan; *no ~ who it is* vem det an må vara
6 *what's the ~?* vad står på?, vad är det?, vad är
det för fel?, vad har hänt?; *what's the ~ with
smoking?* vad är det för fel med att röka?; *what's
the ~ with you?* vad är det med dig?; *something's
the ~ with the car* det är ngt fel på bilen **7** *med.*
var, sekret **8** *boktr.* manuskript; text; sats **II** *v*
vara av betydelse, betyda; *it doesn't ~* det gör
ingenting (detsamma), det spelar ingen roll;
what does it ~? vad gör det?, vad spelar det för
roll?; *why should it ~ to me?* vad angår det mig?
matter-of--course [ˌmæt(ə)rə(v)'kɔːs] självklar,
naturlig **--fact** prosaisk, nykter, saklig
mattress ['mætrɪs] madrass
mature [mə'tjʊə] **I** *a* **1** mogen (*äv. bildl.*); vuxen;
fullt utvecklad (*cell* cell); *~ fruit* (*cheese*) mogen
frukt (ost); *after ~ consideration* efter moget
övervägande; *of ~ years* i mogen (vuxen) ålder **2**
förfallen [till betalning] **II** *v* **1** mogna; utvecklas
2 förfalla [till betalning] **3** komma (få) att mogna
maturity [mə'tjʊərətɪ] **1** mognad, mogenhet;
mogen ålder; *reach ~* nå mogen ålder, bli myndig, (*om djur*) bli fullvuxen **2** förfallodag; *at ~* på
förfallodagen
maudlin ['mɔːdlɪn] gråtmild, sentimental
maul [mɔːl] **I** *s* tvåhandshammare, slägga **II** *v*
mörbulta, illa tilltyga; *bildl.* göra ner, starkt kritisera
maunder ['mɔːndə] **1** släntra [omkring] **2** dilla
maundy ['mɔːndɪ] fottvagning; *M~ money* allmosor (*som delas ut på skärtorsdagen*); *M~
Thursday* skärtorsdagen
mausoleum [ˌmɔːsə'lɪəm] mausoleum
mauve [məʊv] **I** *s* malvafärg, [ljus]lila **II** *a* malvafärgad, [ljus]lila
maverick ['mæv(ə)rɪk] **1** *AE.* omärkt kalv **2** frifräsare; ensamvarg; *polit.* vilde
maxim ['mæksɪm] maxim, grundsats **maximal**
[-l] maximal **maxim|ize** (*BE. äv. -ise*) [-aɪz]
maximera; *mat.* finna maximum för **maxi|mum**
[-məm] **I** *s* (*pl -ma* (*-ma*) *el. -mums*]) maximum,
höjdpunkt, största omfattning; *be at its ~* vara
som högst (störst), vara på höjdpunkten **II** *a*
maximi-; högst, störts; maximal; *score ~ points*
få maximipoäng; *a ~ speed of* en högsta hastighet
av
May [meɪ] maj
may [meɪ] (*imperf. might, se detta ord*) hjälpv,

M

pres. **1** kan [kanske, eventuellt]; *it ~ be that* det kan hända att; *who ~ you be?* och vem är du?, vem är du egentligen?; *she ~ not be hungry* hon är kanske inte hungrig; *she ~ come tomorrow* hon kanske kommer (kan komma) i morgon; *I ~ have said* jag har kanske (det är möjligt att jag har) sagt så; *yes, I ~!* ja, det kanske (kan hända) att jag kan **2** kan [få], får [lov att]; *she ~ come tomorrow* hon får (kan få) komma i morgon; *~ I go now?* kan jag [få] gå nu?; *yes, you ~* ja, det får du (kan du få) **3** må, måtte; *however it ~ end* hur det än må (kommer att) sluta; *~ you never regret it!* måtte du aldrig [få] ångra det!; *I hope he ~ succeed* jag hoppas att han [skall] lyckas; *be that as it ~* därmed må det vara hur som helst; *that's as ~ be, but* det må så vara, men; *come what ~ hända* vad som hända vill
maybe ['meɪbi:] kanske, kanhända
mayday [-deɪ] mayday (*nödsignal*)
May Day första maj
mayflower ['meɪˌflaʊə] vårblomma; *BE.* gullviva, hagtorn, kabbleka
mayhem ['meɪhem] **1** *jur.* (*förr*) lemlästning, stympning **2** förödelse, förstörelse
mayonnaise [ˌmeɪə'neɪz] majonnäs
mayor [meə] borgmästare, mayor
maypole ['meɪpəʊl] majstång
maze [meɪz] **1** labyrint; virrvarr (*of streets* av gator) **2** förvirring
M.D. *förk. för Medicinae Doctor* (*lat.*) *Doctor of Medicine*; *Medical Department*; *mentally deficient*; *Managing Director*
me [mi:, *obeton.* mɪ] **I** *pers. pron* **1** mig; *give it to ~* ge mig den, ge den till mig **2** *vard.* jag; *it's ~* det är jag **3** jag, mig; *dear ~!* kära nån!; *poor ~!* stackars mig!; *she's older than ~* hon är äldre än jag; *who, ~!* vem, jag? **4** *vard.* (*framför -ing-form*) *she disapproved of ~ coming* hon ogillade att jag kom **5** *i sht AE. dial. för myself*; *I got ~ a new hat* jag skaffade mig en ny hatt **II** *poss. pron* (*vard., dial. för my*) *that's ~ sister* det där är min syster **III** *s, vard.* jag; *the real ~* mitt verkliga (rätta) jag
mead [mi:d] mjöd
meadow ['medəʊ] äng
meagre ['mi:gə] mager (*äv. bildl.*); knapp, torftig
1 meal [mi:l] måltid; mål [mat]; mat; *a hot ~* varm mat; *make a ~ of* (*vard.*) överdriva; *she really made a ~ of it* (*vard.*) hon gick inte att hejda
2 meal [mi:l] grovt mjöl, gröpe; *Sk.* havremjöl; *AE.* majsmjöl
meal time [-taɪm] matdags
mealy-mouthed [-maʊðd] försiktig [i sitt tal], inte rättfram, undanglidande
1 mean [mi:n] (*meant, meant*) **1** betyda, innebära; mena, avse, syfta på; *the name ~s nothing to me* namnet säger mig [absolut] ingenting; *I know what it ~s to be poor* jag vet vad det innebär (vill säga) att vara fattig; *ten pounds ~ a lot to her* tio pund är mycket pengar för henne; *you don't ~ it!* det menar du inte!; *what do you ~ by that?* vad menar du med det **2** ha för avsikt, tänka, ämna, vilja; mena; [till]ämna, avse; *be meant for s.b.* vara ämnad åt (avsedd för) ngn; *this book was meant for you* (*äv.*) det var meningen att du skul-

le få (ha) den här boken; *he ~s no harm* han menar ingenting illa; *he ~s you no harm* han vill dig inget illa; *he ~s no offence* han vill inte såra ngn; *I didn't ~ you to* det var inte min mening att du skulle; *what's that meant to be?* vad ska det där föreställa?; *it did break, but I meant it to* den gick sönder, men det var meningen; *what do you ~ to do?* vad skall (tänker) du göra?; *~ s.b. to do s.th.* vilja att ngn gör ngt; *I ~ to have it* jag är fast besluten att få den; *I only meant to help you* jag ville ju bara hjälpa dig; *it is meant to be used* den är till för att användas; **3** mena (*well* väl)
2 mean [mi:n] **I** *s* **1** medelväg; *the golden* (*happy*) *~* den gyllene medelvägen **2** *mat.* medel|tal, -värde; genomsnitt; *geometric ~* geometriskt medium (medelvärde) **II** *a* medel-; genomsnitts-; *~ proportional* medelproportional; *~ temperature* medeltemperatur
3 mean [mi:n] **I** *s ht BE.* snål, gnidig, närig **2** gemen, tarvlig, nedrig, hemsk; *~ motives* låga motiv; *that's a ~ thing to do* det var nedrigt (tarvligt) gjort **3** obetydligt, oansenlig; *no ~ performance* ingen dålig prestation **4** usel, torftig, eländig (*shack* koja) **5** *vard., i sht AE.* elak; sur **6** *vard.* skamsen; krasslig; *feel ~* skämmas **7** *sl.* schysst, bra; fantastisk
meander [mɪ'ændə] **I** *s* **1** meander|slinga, -ornament **2** *vanl. pl ~s* (*flods*) slingrande lopp, meandrar; *bildl.* krokvägar, avvikelser **II** *v* **1** slingra sig [fram] **2** ströva omkring, irra runt
meaning ['mi:nɪŋ] **I** *s* betydelse, mening; innebörd; *explain the ~ of* förklara innebörden av; *what's the ~ of...?* vad betyder (är meningen med)...?; *do you get my ~?* förstår du vad jag menar? **II** *a* talande, menande (*look* blick) **-ful** [-fʊl] menings|full, -fylld, betydelsefull **-less** [-lɪs] meningslös; betydelselös
means [mi:nz] **1** (*behandlas som sg el. pl*) medel, hjälpmedel, sätt, möjlighet[er], utväg[ar]; *by ~ of s.th.* med [hjälp av] ngt, genom ngt; *by all ~!* för all del!, självklart!, naturligtvis!; *by no ~!*, *not by any ~!* inte alls!, absolut inte!, ingalunda!; *by some ~ or other* på ett eller annat sätt, på något sätt; *by this ~* på detta sätt; *there is no ~ of doing it* det är omöjligt att göra det **2** *pl* medel, resurser, tillgångar, inkomster; *~ of production* produktionsmedel; *man of ~* förmögen man; *that is beyond my ~* det har jag inte råd med; *live beyond one's ~* leva över sina tillgångar **means test** ['mi:nztest] inkomst-, behovs|prövning
meant [ment] *imperf. o. perf. part. av 1 mean*
mean|time [ˌmi:n'taɪm], **-while** **I** *s* mellantid; *in the ~* under [mellan]tiden, så länge **II** *adv* under [mellan]tiden, så länge
mea|sles ['mi:zlz] (*behandlas som sg*) mässling **-sly** [-zlɪ] *vard.* ynklig, futtig
measure ['meʃə] **I** *s* **1** mått (*äv. bildl.*); mått|enhet, -system, -redskap; måttstock (*äv. bildl.*); dimension[er]; gräns[er]; *~ of length* längdmått; *full* (*short*) *~* fullt (knappt) mått; *give full* (*short*) *~* mäta väl (knappt); *greatest common ~* (*mat.*) största gemensamma divisor; *beyond ~* omåttlig[t], övermåttan; *his joy was beyond ~* hans glädje kände inga gränser; *for good ~ a*) som påbröd, *b*) för säkerhets skull; *within ~* inom rimliga gränser, med måtta; *get the ~ of s.b.* bedöma

ngn [rätt]; *it gave me some ~ of the difficulty* det gav mig en uppfattning om svårigheten; *made to ~* måttbeställd; *take a p.'s ~* ta mått på ngn (*for a garment* till ett plagg) **2** grad, mån; *in* (*to a*) *large ~* i hög grad; *in some* (*a*) ~ på sätt och vis, i viss mån **3** åtgärd, steg; *take ~s* vidta åtgärder (mått och steg) **4** lagförslag; *bring in a ~* framlägga ett lagförslag **5** versmått, meter **6** *mus.* takt, rytm; *poet.* visa, melodi; *åld.* dans **II** *v* **1** mäta (*äv. bildl.*); ta mått på (*s.b. for a garment* ngn till ett plagg); *bildl. äv.* bedöma; *~ one's length* fia raklång (framstupa); *~ one's strength against* mäta sina krafter med; *~ off* (*out*) mäta upp; *~ out punishments* utmäta straff; *~ up a*) mäta [upp], ta mått på, *b*) bedöma **2** an-, av|passa, lämpa (*by, to* efter) **3** mäta; ta mått; gå att mäta, kunna mätas; *it ~s ten feet* den mäter tio fot (är tio fot lång); *she didn't ~ up* hon höll inte måttet (var en besvikelse); *~ up to s.th.* kunna mäta sig med ngt, motsvara ngt **measured** [-d] **1** uppmätt; avpassad **2** välöverlagd, genomtänkt **3** avmätt, avpassad, regelbunden, jämn; *with ~ steps* med avmätta steg **measurement** [-mənt] **1** mätning **2** mått; dimension; *the metric system of ~* metersystemet; *take a p.'s ~s* ta mått på ngn **measuring tape** ['meʒ(ə)rɪŋteɪp] måttband **meat** [mi:t] **1** kött (*av däggdjur*); köttig del, ätligt innanmäte; *crab ~* krabba, krabbkött **2** mat; *~ and drink* mat och dryck; *one man's ~ is another man's poison* smaken är olika **3** *bildl.* väsentligt innehåll, kärna **meatball** ['mi:tbɔ:l] **1** köttbulle **2** *AE. sl.* dumskalle **meaty** ['mi:ti] **1** köttig; kött- **2** kraftig, muskulös **3** givande, intressant **mechanic** [mɪ'kænɪk] mekaniker; verkstadsarbetare **mechanical** [-l] mekanisk (*äv. bildl.*); maskinell; *bildl. äv.* automatisk, vanemässig; *~ device* mekanism; *~ engineer* maskiningenjör **mechanics** [-s] **1** (*behandlas som sg*) mekanik; maskinlära **2** *pl, bildl.* mekanism; teknik; *the ~ of piano-playing* tekniken i pianospelning **mechanism** ['mekənɪz(ə)m] **1** mekanism (*äv. bildl.*); *defence ~* (*psykol.*) försvarsmekanism **2** *bildl.* mekanik; teknik; *the ~ of learning* inlärningsteknik **mecha|nization** (*BE. äv. -nisation*) [,mekənaɪ'zeɪʃn] mekanisering; motorisering **mecha|nize** (*BE. äv. -nise*) ['mekənaɪz] mekanisera; motorisera; *~d forces* (*mil.*) motoriserade förband **medal** ['medl] medalj **medallion** [mɪ'dæljən] medaljong **medallist** ['medlɪst] **1** medaljör, medaljgjutare, medaljgravör **2** *i sht sport.* medaljör, medaljvinnare; *gold ~* guldmedaljör **meddle** ['medl] lägga (blanda) sig i (*in s.th.* ngt); *~ in a p.'s affair* lägga sig i ngns angelägenheter; *~ with a*) befatta sig med, *b*) blanda (lägga) sig i; *she's always meddling* hon lägger sig alltid i allting **meddler** [-ə] person som lägger sig i allting **meddlesome** [-səm], **meddling** [-ɪŋ] påträngande, beskäftig **media** ['mi:djə] *pl av medium* **mediaeval** [,medɪ'i:vl] *se medieval* **medi|ate I** *v* ['mi:dɪeɪt] **1** medla (*between* mellan; *in* i) **2** medla, mäkla (*peace* fred); åstadkomma (*a settlement* en uppgörelse) **II** *a* ['mi:dɪət] indirekt **-ation** [,mi:dɪ'eɪʃn] medlande; medling; förlikning **-ator** ['mi:dɪeɪtə] medlare; medlan-

hand, förmedlare; förlikningsman **medic** ['medɪk] *vard.* läkare; sjukvårdare; medicinare (*studerande*) **Medicaid, medicaid** [-eɪd] *AE., statlig sjukförsäkring för låginkomsttagare* **medical** [-l] **I** *a* medicinsk, medicin-; läkar-; *~ care* (*attendance*) läkarvård; *~ certificate* läkar-, frisk|intyg; *~ examination* läkarundersökning; *~ examiner a*) *i sht AE.* rättsläkare, *b*) läkare som utfärdar [frisk]intyg; *~ jurisprudence* rättsmedicin; *~ man* läkare; *~ orderly* (*mil.*) sjukvårdare; *~ school* medicinsk fakultet (högskola); *~ student* medicinare, medicine studerande **II** *s*, vard. läkarundersökning **medicament** [me'dɪkəmənt] medikament, läkemedel **medicate** ['medɪkeɪt] **1** läkarbehandla; behandla (*sår*) **2** tillsätta läkemedel till; *~d shampoo* medicinskt schampo **medication** [,medɪ'keɪʃn] **1** medicinsk behandling **2** medikament, läkemedel **medicinal** [me'dɪsɪn] **1** medicinsk, medicinal; *~ herb* medicinalväxt; *for ~ purposes* för medicinska ändamål **2** läkande, botande **medicine** ['meds(ɪ)n] **1** medicin (*äv. i motsats t. kirurgi*), läkekonst, läkarvetenskap; *practise ~* utöva läkaryrket **2** medicin, läke-, bote|medel; *give s.b. a taste* (*dose*) *of his own ~* låta ngn få smaka sin egen medicin; *take one's ~* (*bildl.*) ta konsekvenserna, bita i det sura äpplet **medieval** [,medɪ'i:vl] medeltids-, medeltida; *vard.* urgammal, primitiv **medi|ocre** [,mi:dɪ'əʊkə] medelmåttig **-ocrity** [-'ɒkrəti] **1** medelmåttighet **2** (*person*) medelmåtta **medi|tate** ['medɪteɪt] **1** grubbla på (över) **2** mediera, fundera, tänka (*[up]on* över, på) **-tation** [,medɪ'teɪʃn] meditation, begrundan[de], funderande (*on* över, på); (*religiös*) betraktelse **Mediterranean** [,medɪtə'reɪnjən] **I** *s, the ~* Medelhavet **II** *a* medelhavs-, mediterran; *the ~ Sea* Medelhavet **medi|um** ['mi:dj|əm] **I** *s* (*pl -a* [-ə], *-ums* [-əmz]) **1** medelväg; medelvärde; *the happy ~* den gyllene medelvägen **2** medium; hjälpmedel; förmedlande länk; uttrycksmedel; *the media* (*vard.*) massmedia; *~ of exchange* betalningsmedel; *through the ~ of* genom förmedling av **3** (*spiritistiskt*) medium **II** *a* medel|stor, -god; medel-, mellan-; *~ rare* lättstekt; *of ~ size* mellanstor, i mellanstorlek; *~ wave* (*radio.*) mellanvåg **medley** ['medlɪ] **I** *s* **1** blandning **2** *mus.* potpurri **3** (*i simning*) medley; *~ relay* medley i lag **II** *a* blandad, brokig **medulla** [me'dʌlə] *anat. o. bot.* märg **meek** [mi:k] **1** tålig, tålmodig, undergiven; ödmjuk **2** mesig **meet** [mi:t] **I** *v* (*met, met*) **1** möta; träffa; lära känna, göra bekantskap med; (*om vattendrag*) förena sig (flyta samman) med; *~ one's death* finna sin död, dö, omkomma; *~ Mr. A.!* får jag presentera (föreställa) herr A?; *pleased to ~ you! a*) roligt att träffas!, *b*) goddag!; *arrange to ~ s.b.* stämma möte med ngn; *I could not ~ her eye* jag kunde inte möta hennes blick; *there's more to it than ~s the eye* det ligger ngt bakom, där ligger en hund begraven; *I'll ~ your train* jag möter dig vid tåget (stationen) **2** [be]möta; bekämpa; besvara **3** tillfredsställa, tillmötesgå (*demands*

M

krav); motsvara, uppfylla (*expectations* förväntningar); betala, bestrida (*debts* skulder); täcka (*a deficit* ett underskott); ~ *a p.'s wishes* efterkomma ngns önskningar **4** mötas; träffas; ses; sammanträda; (*om vattendrag*) förena sig, gå (flyta) ihop; ~ *halfway* mötas på halva vägen, kompromissa; *the skirt wouldn't* ~ kjolen gick inte igen **5** ~ *up with* träffa, stöta på; ~ *with a*) råka ut för, stöta (träffa) på, uppleva, *b*) möta, *c*) hitta, komma över; ~ *with an accident* råka ut för en olycka; ~ *with difficulties* stöta på svårigheter; ~ *with praise* få beröm; ~ *with a warm welcome* få (röna) ett hjärtligt mottagande **II** *s* **1** jakt. möte[splats]; jaktsällskap **2** *sport.* tävling, möte

meeting ['mi:tɪŋ] möte; samman|träffande, -komst, -träde; (*vattendrags*) sammanflöde; *sport.* tävling, möte

megaloma|nia [ˌmegələ(ʊ)'meɪnjə] storhetsvansinne, megalomani

mega|phone ['megəfəʊn] megafon, ropare

melan|cholic [ˌmelən'kɒlɪk] melankolisk **-choly** ['melənkəlɪ] *I s* melankoli, svårmod, tungsinne **II** *a* melankolisk, tungsint, dyster, deprimerad

meliorate ['mi:ljəreɪt] förbättra

mellow ['meləʊ] **I** *a* **1** mogen, söt (*fruit* frukt); mogen (*cheese* ost); (*om vin*) fyllig **2** (*om färg, klang*) fyllig, mättad, rik **3** (*om person*) mogen, varmhjärtad; jovialisk; lätt berusad **4** lucker (*soil* jord) **II** *v* **1** göra mogen *etc., jfr I*, komma att mogna; mildra, dämpa **2** luckra **3** mogna; bli fyllig; mildras, dämpas **4** bli berusad **5** bli lucker

melodic [mɪ'lɒdɪk] melodisk, melodi- **melodious** [-'ləʊdjəs] melodisk, melodiös

melodramatic [ˌmelə(ʊ)drə'mætɪk] melodramatisk; teatralisk

melody ['melədɪ] meloди; *bildl.* melodi, välljud (*of poetry* i poesi)

melon ['melən] **1** melon **2** *AE. sl.* extra utdelning (*t.* aktieägare)

melt [melt] **I** *v* **1** smälta (*äv. bildl.*); lösa upp; ~ *down* smälta ner **2** smälta (*äv. bildl.*); lösas upp; ~ *into tears* röras (bevekas) till tårar, smälta i tårar; *it* ~*s in the mouth* den smälter i munnen **II** *s* **1** smältande **2** *tekn.* smälta **melt-down** ['meltdaʊn] härdsmälta (*i kärnreaktor*) **melting point** ['meltɪŋpɔɪnt] smältpunkt **melting pot** ['meltɪŋpɒt] smältdegel (*äv. bildl.*); *be in the* ~ (*äv.*) vara oviss

member ['membə] **1** medlem, ledamot; ~ *for a constituency* representant för en valkrets; *a* ~ *of the family* en familjemedlem; *M*~ *of Parliament* parlamentsledamot, riksdagsman; ~*s* endast för medlemmar **2** (*djur*)lem; (*växt*)del **3** penis **4** *mat., språkv.* del; led **-ship 1** medlemskap, ledamotskap **2** medlemsantal

membrane ['membreɪn] membran, tunn hinna (skiljevägg)

memento [mɪ'mentəʊ] (*pl* ~[*e*]*s*) minne, minnessak

memo ['meməʊ] *förk. för memorandum* PM

memoir ['memwɑ:] biografi; monografi; ~*s* (*pl*) memoarer, självbiografi, *b*) (*lärt sällskaps*) handlingar

memorable ['mem(ə)rəbl] minnesvärd

memoran|dum [ˌmemə'ræn|dəm] (*pl* -da [-də] *el.* -dums [-dəmz]) **1** [minnes]anteckning, note-

ring; promemoria **2** (*kort skriftligt*) meddelande **3** *dipl.* memorandum **4** *jur.* resumé

memorial [mɪ'mɔ:rɪəl] **I** *s* **1** minne; minnesmärke (*to* över) **2** betänkande, inlaga, memorial **3** krönika **II** *a* minnes-; *M*~ *Day* (*AE.*) minnesdagen (*vanl. 30 maj*)

memo|rize (*BE. äv. -rise*) ['meməraɪz] memorera, lära sig utantill **memory** [-ɪ] **1** minne (*äv. data.*), minnesförmåga; *short* ~ kort (dåligt) minne; *from* ~ ur minnet; *commit s.th. to* ~ lägga ngt på minnet; *have a good* ~ *for names* ha bra minne för namn; *if my* ~ *serves me right* om jag minns rätt **2** minne, hågkomst; åminnelse; *in (to the)* ~ *of* till minne av; *honour the* ~ *of* hedra minnet av; *walk (take a trip) down* ~ *lane* hänge sig åt gamla minnen

men [men] *pl av* man

menace ['menəs] **I** *s* **1** *litt.* hot (*to* mot); hotande **2** [hotande] fara **3** *vard.* plåga, pest; *she's a* ~ hon är en plåga **II** *v* hota; hota med

menagerie [mɪ'nædʒərɪ] menageri

mend [mend] **I** *v* **1** reparera, laga; lappa; stoppa (*socks* strumpor) **2** förbättra; ~ *one's ways* (*manners*) bättra sig; ~ *matters* klara upp en sak; *that won't* ~ *matters* det gör inte saken bättre **3** tillfriskna, återhämta sig; bli bättre, förbättras **II** *s* **1** lagat ställe, lagning, lapp, stopp **2** *be on the* ~ vara på bättringsvägen

mendacity ['dæsətɪ] **1** lögnaktighet **2** osanning

menfolk ['menfəʊk] (*behandlas som pl*) manfolk, karlar

menial ['mi:njəl] **I** *a* **1** enkel, låg, simpel; tjänar- **2** servil **II** *s* **1** tjänare **2** servil person

meningitis [ˌmenɪn'dʒaɪtɪs] *med.* meningit, hjärnhinneinflammation

menopause ['menə(ʊ)pɔ:z] *med.* menopaus; klimakterium

menstruation [ˌmenstrʊ'eɪʃn] menstruation

menswear ['menzweə] herrkläder

mental ['mentl] **1** själslig, psykisk; intellektuell; ~ *age* intelligensålder; ~ *arithmetic* (*calculations*) huvudräkning; ~ *cruelty* själslig grymhet; ~ *deficiency* förståndshandikapp; ~ *faculties* själsförmögenheter; ~ *health* mental (psykisk, själslig) hälsa; ~ *hospital* (*institution*) mentalsjukhus; ~ *patient* mentalsjuk patient; ~ *reservation* tyst förbehåll; ~ *work* intellektuellt arbete; *make a* ~ *note of s.th.* lägga ngt på minnet **2** *vard.* knäpp, knasig, stollig **mentality** [men'tælətɪ] **1** mentalitet, sinnesförfattning, läggning **2** intelligens, förstånd **mentally** ['mentlɪ] *adv* **1** mentalt, själsligt, psykiskt; ~ *deficient* förståndshandikappad; ~ *ill* mentalsjuk, psykiskt sjuk **2** i tankarna; i huvudet

menthol ['menθɒl] mentol

mention ['menʃn] **I** *v* nämna, tala om (*to* för); omnämna; *she was* ~*ed in the book* hon omnämndes i boken; *don't* ~ *it!* för all del!, ingen orsak!; *not to* ~ *the art* inte tala om; *it hardly needs* ~*ing that* det behöver knappast sägas att **II** *s* omnämnande; *honourable* ~ hedersomnämnande; *get (receive) a* ~ (*äv.*) bli omnämnd, nämnas

menu ['menju:] meny, matsedel

mercantile ['mɜ:k(ə)ntaɪl] handels-, köpmans-, merkantil; ~ *marine* handelsflotta; ~ *agency* kreditupplysningsbyrå; *the ~ system* merkantilismen

mercenary ['mɜːsɪn(ə)rɪ] **I** *a* **1** vinningslysten, sniken; egennyttig **2** lego-, lejd; *~ troops* legotrupper **II** *s* legosoldat; *mercenaries* (äv.) legotrupper

merchandise ['mɜːtʃ(ə)ndaɪz] [handels]varor

merchant ['mɜːtʃ(ə)nt] **I** *s* **1** köpman, [gross]handlare, affärsman; *i sht AE.* detaljhandlare **2** *neds.* typ, dåre; *gossip ~* skvallrig typ; *speed ~* fartdåre **II** *a* handels-; *~ bank* affärsbank (*i sht för utlandsaffärer*); *~ navy* (*marine*) handelsflotta; *~ prince* affärsmagnat; *~ sailor* matros i handelsflottan; *~ ship* handelsfartyg

merci|ful ['mɜːsɪf(ʊ)l] barmhärtig **-less** [-lɪs] obarmhärtig

mercurial [mɜːˈkjʊərɪəl] **1** kvicksilver- **2** livlig; ombytlig **mercury** ['mɜːkjʊrɪ] kvicksilver

mercy ['mɜːsɪ] **1** nåd, barmhärtighet; *ask* (*beg*) *for ~* be (tigga) om nåd; *be at the ~ of* vara utlämnad på nåd och onåd åt; *have ~* [*up*]*on s.b.* förbarma sig över (ha förbarmande med) ngn, vara ngn nådig **2** lycka; välsignelse, välgärning; *it's a ~ nobody was hurt* det var tur att ingen blev skadad; *her death was a ~ after all her suffering* hennes död var en välsignelse efter allt hennes lidande

mere [mɪə] *a* blott, ren; *by a ~ chance* av en ren händelse; *the ~ thought of it* blotta tanken på det; *he's a ~ child* han är bara ett barn **merely** ['mɪəlɪ] endast, bara, blott

merge [mɜːdʒ] **1** gå ihop (samman) (*into* i); smälta ihop (samman); flyta ihop; (*om företag*) fusionera, gå ihop **2** slå ihop (samman) (*into* till); fusionera; *be ~d with* (*in*) slås ihop (införlivas) med, gå upp i **merger** ['mɜːdʒə] samgående; sammansmältning; *hand.* sammanslagning, fusion

meridian [məˈrɪdɪən] **I** *s* **1** meridian **2** *bildl.* topp, höjdpunkt **II** *a* **1** meridian-, middags- **2** topp-, höjd-

meringue [məˈræŋ] maräng

merit ['merɪt] **I** *s* förtjänst, merit; fördel, värde; *women of ~* förtjänta kvinnor; *the ~s and demerits of* fördelarna och nackdelarna (felen och förtjänsterna) med; *a book of great literary ~s* en bok med stora litterära förtjänster; *judge s.b. on his ~s* bedöma ngn utifrån hans egna förutsättningar (rent objektivt) **II** *v* vara värd (förtjänt av), förtjäna

mermaid ['mɜːmeɪd] sjöjungfru

merriment ['merɪmənt] munterhet, glädje, uppsluppenhet

merry ['merɪ] **1** munter, glad, uppsluppen; [*A*] *M~ Christmas!* God Jul!; *the M~ Widow* Glada änkan; *make ~* roa sig, vara glad och uppsluppen; *make ~ over* göra sig lustig över; *play ~ hell with s.b.* (*vard.*) bråka med ngn **2** angenäm, skön, härlig **3** *BE. vard.* lätt berusad **--go-round** ['merɪgə(ʊ)ˌraʊnd] karusell (*äv. bildl.*) **-makers** ['merɪmeɪkəz] glada (upprymda) människor, festprissar **-making** ['merɪˌmeɪkɪŋ] festande, förlustelser, muntration

mesh [meʃ] **I** *s* **1** nät[verk] **2** maska; maskstorlek; *~es* (*pl*) nät[verk], *bildl. äv.* garn, snaror; *fine ~ stockings* finmaskiga strumpor **3** *tekn.* ingrepp;

be in ~ (*om kuggar*) gripa in i varandra **II** *v* **1** fånga i nät (garn), snara **2** *tekn.* koppla in (*kugghjul*) **3** samordna **4** fastna i nät (garn), snärja in sig **5** (*om kuggar*) gripa in i varandra **6** *bildl.* sam|verka, -arbeta

mesmerize (*BE. äv. -ise*) ['mezməraɪz] hypnotisera; *bildl.* trollbinda, fascinera

mess [mes] **I** *s* **1** oreda, röra, oordning, villervalla; klämma, knipa, problem; skräp, smörja; smuts; *her marriage was a ~* hennes äktenskap var trassligt (en enda röra); *get into a ~* komma i knipa, få problem, råka illa ut; *look a ~* se hemsk (slarvig, smutsig) ut, vara stökig (en salig röra); *make a ~* skräpa (smutsa) ner, stöka till; *the cat has made a ~ on the carpet* katten har bajsat på mattan; *make a ~ of* skräpa (smutsa) ner, stöka (röra, ställa, trassla) till, fördärva, förstöra; *she's in a fine ~* nu har hon ställt till det för sig **2** *vard.* smutsig (ovårdad) typ, lortgris **3** *mil., sjö.* mäss; mat|lag, -sällskap **4** *åld.* [mat]rätt; portion; *~ of pottage* materiell fördel (*för vilken högre värden offras*), *bibl.* grynvälling **II** *v* **1** ~ [*up*] skräpa (smutsa) ner, stöka till, röra ihop, trassla till, fördärva, förstöra **2** *mil.* utspisa **3** ~ *about a*) greja, pilla, knåpa, syssla, hålla på, *b*) larva omkring, larva sig; *~ about* (*around*) *with s.b. a*) ge sig i lag med ngn, befatta (beblanda) sig med ngn, *b*) ha ihop det med ngn; *~ about* (*around*) *with s.th.* blanda (lägga) sig i ngt **4** *mil.* äta (*i mässen*)

message ['mesɪdʒ] **I** *s* **1** meddelande, underrättelse; budskap; *get the ~* (*vard.*) förstå [vad som menas], fatta, begripa; *can I take a ~?* (*i telefon*) kan jag lämna ngt meddelande (framföra ngt)? **2** *Sk.* ärende, inköp

messenger ['mesɪndʒə] **1** bud; budbärare, sändebud **2** springpojke, [express]bud **3** kurir **4** *sjö.* kabellarium

Messiah [mɪˈsaɪə] Messias

Messrs. ['mesəz] (*eg. förk. för messieurs*, *används som pl av Mr. i sht i firmanamn*) Herrar, Firma

mess-up ['mesʌp] oreda, trassel, virrvarr **messy** [-ɪ] rörig, virrig, oordnad; smutsig, snuskig

met [met] *imperf. o. perf. part. av meet*

metal ['metl] **I** *s* **1** metall; legering **2** glasmassa **3** makadam **4** *~s* (*pl*) räls, spår, skenor; *leave* (*run off*) *the ~s* spåra ur **5** (*persons*) innersta väsen **II** *a* metall-**III** *v* **1** täcka (belägga) med metall **2** belägga med makadam, makadamisera **-lic** [mɪˈtælɪk] metallisk; metall-

metamorphosis [ˌmetəˈmɔːˌfəsɪs] (*pl -phoses* [-fəsiːz]) metamorfos, förvandling

metaphor ['metəfə] metafor, bild, bildligt uttryck

meteor ['miːtjə] meteor **-ite** ['miːtjəraɪt] meteorit

meteor|ologic[al] [ˌmiːtjərəˈlɒdʒɪk(l)] meteorologisk; *~ office* meteorologiskt institut, väder[leks]tjänst **-ologist** [ˌmiːtjəˈrɒlədʒɪst] meteorolog **-ology** [ˌmiːtjəˈrɒlədʒɪ] meteorologi

1 meter ['miːtə] *AE.*, *se metre*

2 meter ['miːtə] mätare; parkeringsmätare

meter maid *BE. vard.* lapplisa

methane ['miːθeɪn] *kem.* metan, sump-, gruv|gas

methanol ['meθənɒl] *kem.* metanol

M

method — mildness 236

method ['meθəd] metod; system, ordning; *there is ~ in his (her etc.)* madness det är metod i galenskapen **-ic[al]** [mɪ'θɒdɪk(l)] metodisk, systematisk
Method|ism ['meθədɪz(ə)m] *kyrkl.* metodism **-ist** [-ɪst] *kyrkl.* metodist
methylate ['meθɪleɪt] blanda med metanol (metylalkohol); *~d spirits* denaturerad sprit
meticulous [mɪ'tɪkjʊləs] ytterst noggrann, petig, pedantisk
metre ['mi:tə] **1** meter **2** *versl.* meter; versmått
metric ['metrɪk] meter-; *~ system* metersystem; *~ ton* ton (*1 000 kg*); *go ~* gå över till metersystemet
metronome ['metrənəʊm] metronom
metropolis [mɪ'trɒpəlɪs] **1** metropol, huvudstad, storstad; *bildl.* centrum, högborg **2** ärkebiskops-, metropolit|säte **metropolitan** [ˌmetrə'pɒlɪt(ə)n] *I a* **1** huvudstads- storstads-, metropolitan- **2** ärkebiskops-, metropolitansk *II s* **1** storstads-, huvudstads|bo **2** ärkebiskop, metropolit
mettle ['metl] **1** mod, kurage; eld[ighet]; *be on one's ~* vara på alerten, göra sitt yttersta; *put s.b. on his ~* sätta ngn på prov, se vad ngn duger till; *show one's ~* visa vad man kan (duger till) **2** natur, väsen, temperament
mew [mju:] *I v* jama *II s* jamande
mews [mju:z] (*behandlas som sg el. pl*) *i sht* BE. huslänga, fashionabla bostäder (*urspr. stallängor som byggts om*)
Mexican ['meksɪk(ə)n] *I a* mexikansk *II s* mexikan[are] **Mexico** [-əʊ] Mexico
mezzanine ['metsəni:n] **1** mezzanin, halv-, mellan|våning **2** AE. *teat.* första raden
miaou, miaow [mi:'aʊ] *I s* jamande; mjau *II v* jama
mice [maɪs] *pl av* mouse
mickey ['mɪkɪ] *s, vard., take the ~ out of* driva (retas) med, behandla respektlöst **Mickey Mouse** Musse Pigg
microbe ['maɪkrəʊb] mikrob
micro|cosm ['maɪkrə(ʊ)kɒz(ə)m] mikrokosmos **-film** ['maɪkrə(ʊ)fɪlm] *I s* mikrofilm *II v* mikrofilma **-groove** ['maɪkrə(ʊ)gru:v] mikrospår (*på grammofonskiva*) **-meter** [maɪ'krɒmɪtə] mikrometer **-organism** [ˌmaɪkrəʊ'ɔ:gənɪz(ə)m] mikroorganism **-phone** ['maɪkrəfəʊn] mikrofon **-scope** ['maɪkrəskəʊp] mikroskop **-scopic** [ˌmaɪkrə'skɒpɪk] mikroskopisk **-wave oven** mikrovågsugn
mid [mɪd] *I a* **1** språkv. mellanhög (*vowel* vokal) **2** mitt-, mellan; *in ~ May* i mitten av maj *II s, åld., se* middle
mid|air [ˌmɪd'eə] *I s, in ~* i luften; *float in ~* sväva fritt (mellan himmel och jord) *II a* i luften; *a ~ collision* en kollision i luften **-day** ['mɪddeɪ] *I s* middag[stid] *II a* middags-; mitt på dagen; *~ meal* middag[smål]
middle ['mɪdl] *I a* mellersta, mellan-, medel-; genomsnittlig; *a woman of ~ age* en medelålders kvinna; *the M~ Ages* medeltiden; *M~ America* Mellanamerika; *~ C (mus.)* ettstrukna C; *the ~ class* medelklassen; *~ distance (konst.)* mellanplan; *the ~ ear* mellanörat; *the M~ East* Mellersta Östern; *M~ English* medelengelska; *~ finger* långfinger; *~ game (schack.)* mittspel; *M~ High*

German medelhögtyska; *M~ Kingdom (hist.) a)* Mellersta riket (*i Egypten*), *b)* Mittens rike (*Kina*); *~ term (i logiken)* medelterm; *~ watch (sjö.)* hundvakt (*kl. 24-04*); *the M~ West* Mellanvästern (*i USA*) *II s* **1** mitt; *in the ~ of* mitt i (på, under), [i] mitten av (på); *in the ~ of May* i mitten av maj; *in the ~ of nowhere (vard.)* vid världens ände **2** midja *III v* **1** placera i mitten **2** (*i fotboll*) passa mot mittfältet **-aged** [ˌmɪdl'eɪdʒd] medelålders **-class** [ˌmɪdl'klɑ:s] medelklass-, borgerlig **-man** ['mɪdlmæn] mellanhand
middling ['mɪdlɪŋ] *I a* medelmåttig; medelgod; medelstor *II adv* någorlunda, ganska (*well* bra)
midge [mɪdʒ] *zool., bildl.* mygga **midget** ['mɪdʒɪt] *I s* dvärg; lilleputt *II a* mini-, miniatyr-, lilleputt-
mid|land ['mɪdlənd] *I s* inland, inre (*av ett land*); *the M~s* Midlands (*grevskapen i mellersta England*) *II a* inlands- **-night** [-naɪt] *I s* midnatt; *at ~* vid midnatt *II a* midnatts-; *~ blue* midnattsblå[tt]; *the ~ sun* midnattssolen; *burn the ~ oil* arbeta (läsa) till långt in på natten **-riff** mellangärde, diafragma; mage **-shipman** *sjö.* kadett **-ships** *adv* midskepps
midst [mɪdst] *I s, in the ~ of* mitt i (ibland, under); *in our ~* [mitt] ibland oss *II prep, poet., ~* amid
mid|summer ['mɪdˌsʌmə] midsommar; *M~['s]* day midsommardagen; *M~ Eve* midsommarafton **-way** [ˌmɪd'weɪ] halvvägs
Midwest ['mɪd'west] *s, the M~* Mellanvästern (*i USA*)
midwife ['mɪdwaɪf] barnmorska
1 might [maɪt] (*imperf. av may*) **1** kunde [kanske, eventuellt], skulle kunna; *they ~ [well] come* de kunde kanske komma; *they ~ be* sisters de skulle kunna vara systrar; *you ~ show some gratitude* du kunde ju visa lite tacksamhet **2** kunde [få], fick [lov att]; *~ I express my opinion?* kunde jag få säga min mening?; *I asked if I ~ go* jag frågade om jag fick (kunde få) gå **3** måtte, skulle [komma att]; *I hoped they ~ succeed* jag hoppades att de skulle lyckas
2 might [maɪt] makt; styrka, kraft; *with ~ and main* med all makt, av alla krafter
mighty [-ɪ] *I a* **1** mäktig, väldig; stark; *the ~* de mäktiga, de som har makten **2** mycket stor, vidsträckt **3** *vard.* kolossal, väldig *II adv, vard., i sht* AE. väldigt, kolossal, mycket; *~ easy* väldigt enkelt
migraine ['mi:greɪn] migrän
mi|grant ['maɪgr(ə)nt] *I a* flyttande, flytt-; vandrande, vandrar-; *~ bird* flyttfågel *II s* **1** flyttfågel; vandringsdjur **2** säsongarbetare (*inom lantbruket*) **-grate** [-greɪt] flytta; vandra; utvandra **-gration** [maɪ'greɪʃn] **1** flyttning; vandring; utvandring; folkvandring; migration **2** [fågel]sträck; svärm; stim **-gratory** ['maɪgrət(ə)rɪ] flyttande, flytt-; vandrande; utvandrande; migratorisk
mike [maɪk] *vard.* mick (*mikrofon*)
mild [maɪld] mild (*taste* smak); svag (*medicine* medicin); lätt, lindrig (*rebuke* tillrättavisning)
mildew ['mɪldju:] mjöldagg, rost; mögel
mild|ly ['maɪldlɪ] *adv* milt; svagt; lindrigt; *to put it ~* milt uttryckt **-ness** ['maɪldnɪs] lätt-

het, lindrighet

mile [maɪl] **1** [*statute*] ~ mile, engelsk mil (= *1 760 yards* = *1 609 m*); *nautical* ~ nautisk mil, distansminut (= *1 852 m*); *Swedish* ~ [svensk] mil (*10 km*); ~*s and* ~*s* miltals; *for* ~*s* milsvitt, på många mil; *for* ~*s and* ~*s* mil efter mil; *they live* ~*s away* de bor miltals härifrån (därifrån); *she's* ~*s better at tennis than I am* (*vard.*) hon är hundra gånger (ofantligt mycket) bättre i tennis än jag **2** millopp (*på 1 eng. mil*) **-age** ['maɪlɪdʒ] **1** antal miles (mil); *what's the* ~ *from* hur många mil är det från **2** antal tillryggalagda miles (mil) **3** ersättning per mile, milersättning **4** antal körda miles per gallon (mil per liter) **5** *vard., i sht AE.* nytta, användbarhet **-ometer** [maɪˈlɒmɪtə] vägmätare **-stone** ['maɪlstəʊn] milstolpe (*äv. bildl.*), milsten

milieu ['miːljɜː] miljö, omgivning

militant ['mɪlɪt(ə)nt] **I** *a* **1** militant, stridbar **2** kämpande, stridande **II** *s* militant (stridbar) person

militarism ['mɪlɪtərɪz(ə)m] militarism

military ['mɪlɪt(ə)rɪ] **I** *a* militär-, krigs-, militärisk; ~ *academy* militär-, krigs|högskola; ~ *band* militär|orkester, -musikkår; ~ *honours* militära hedersbetygelser; ~ *police* militärpolis; ~ *service* militärtjänst **II** *s, the* ~ militären

militia [mɪˈlɪʃə] milis, lantvärn, reservtrupper

milk [mɪlk] **I** *s* mjölk; *hot.* mjölksaft: suspension, mjölk; *a land of* (*flowing with*) ~ *and honey* ett land som flyter av mjölk och honung; ~ *of human kindness* vänlighet, medmänsklighet; *it's no use crying over spilt* ~ det är inte värt att gråta över spilld mjölk **II** *v* **1** mjölka (*äv. bildl.*); *bildl. av.* åderlåta **2** mjölka, ge mjölk **milk bar** ['mɪlkbɑː] *ung.* glassbar (*där äv. bl.a. mjölkdrinkar serveras*) **milk float** [-fləʊt] BE. [liten] mjölkbil (*för leverans t. hushållen*) **milking** [-ɪŋ] mjölkning **milkman** mjölk|bud, -utkörare **milksop** [-sɒp] mes, mähä **milky** [-ɪ] **1** mjölkaktig, mjölkig; mjölk-; *the M~ Way* Vintergatan **2** mesig, kraftlös

mill [mɪl] **I** *s* **1** kvarn; *go through the* ~ slita ont, gå igenom ekluten; *put s.b. through the* ~ sätta ngn på hårt prov **2** fabrik; spinneri, väveri; verk **II** *v* **1** mala, krossa **2** valsa (*järn e.d.*); fräsa **3** räffla (*mynt*) **4** ~ *about* (*around*) springa omkring, gå runt

millen|nium [mɪˈlenɪəm] (*pl -niums el. -nia* [-ɪə]) **1** årtusende **2** tusenårsjubileum **3** *relig., the* ~ det tusenåriga riket

milleped[e] ['mɪlɪpiːd] *se milliped[e]*

miller ['mɪlə] mjölnare

milliard ['mɪljɑːd] miljard

milli|gram[me] ['mɪlɪgræm] milligram **-litre** [-ˌliːtə] milliliter **-metre** [-ˌmiːtə] millimeter

milliner ['mɪlɪnə] modist; *at the* ~*'s* hos modisten, i hattaffären

million ['mɪljən] miljon; ~*s of times* miljoner (miljontals) gånger; *feel like a* ~ *dollars* (*vard.*) må som en prins **millionaire** [ˌmɪljəˈneə] miljonär **millionairess** [ˌmɪljəˈneərɪs] miljonärska **millionth** ['mɪljənθ] **I** *s* miljondel **II** *räkn* miljonte; ~ *part* miljondel

milliped[e] ['mɪlɪpiːd] *zool.* tusenfoting

millstone ['mɪlstəʊn] kvarnsten (*äv. bildl.*); *it's a*

~ *round her neck* det är som en kvarnsten om hennes hals

mime [maɪm] **I** *s* **1** mim; pantomim **2** mim[are], mimartist; pantomimiker **II** *v* mima; spela pantomim **mimic** ['mɪmɪk] **I** *a* **1** härmande, mimisk **2** låtsad, imiterad **II** *s* imitatör; härmare **III** *v* imitera; härma; efterlikna

minaret ['mɪnəret] minaret

mince [mɪns] **I** *v* **1** finhacka, hacka sönder, mala, finfördela; ~*d meat* köttfärs **2** mildra; ~ *your words!* välj dina ord!; *not* ~ *matters* (*one's words*) inte skräda orden **3** tala (gå) tillgjort **II** *s, i sht BE.* köttfärs **mincemeat** ['mɪnsmiːt] **1** pajfyllning (*av mandel, russin, äpplen m.m.*) **2** köttfärs; *make* ~ *of* (*bildl.*) göra slarvsylta av **mince pie** [ˌmɪnsˈpaɪ] (*slags*) paj (*fylld med mincemeat*) **mincer** ['mɪnsə] köttkvarn **mincing** ['mɪnsɪŋ] tillgjord, affekterad

mind [maɪnd] **I** *s* **1** sinne; själ; ande; förstånd, intellekt; tankar; tankesätt, inställning; sinnelag, mentalitet; medvetande; lust, böjelse; *frame of* ~ sinnesstämning; *presence of* ~ sinnesnärvaro; *state of* ~ sinnestillstånd; *follow one's own* ~ följa sitt eget huvud; *have a dirty* ~ ha snuskig fantasi; *have a good* ~ ha gott huvud, vara intelligent; *have a great* ~ *to* ha god lust att; *have a literary* ~ ha en litterär läggning, vara en litterär begåvning; *have a* ~ *of one's own* ha egna idéer, veta vad man vill; *we have no* ~ *to go* vi har ingen lust att gå; *he can't keep his* ~ *off chess* han har bara schack i huvudet, han tänker bara på schack; *keep one's* ~ *on s.th.* koncentrera sig på ngt; *lose one's* ~ tappa förståndet, bli galen; *make up one's* ~ *to* bestämma (besluta) sig för att; *put* (*give*) *one's* ~ *to s.th. a*) gå in för ngt, *b*) koncentrera sig på ngt; *take a p.'s* ~ *off things* få ngn på andra tankar (att glömma); *his* ~ *is wandering* han har en skruv lös; *in one's* ~*'s eye* för sitt inre öga, i fantasin; *in one's right* ~ vid sina sinnens fulla bruk; *it's all in the* ~ det är bara inbillning; *be clear in one's* ~ *about s.th.* vara på det klara med ngt; *have s.b.* (*s.th.*) *in* ~ tänka på ngn (ngt); *have in* ~ ha för avsikt att göra ngt; *get s.th. off one's* ~ få ngt ur tankarna; *be of* ~ *to do s.th.* vara hågad (benägen) att göra ngt; *have s.th. on one's* ~ gå och tänka på ngt, ha ngt på hjärtat; *be out of one's* ~ vara galen, inte vara riktigt klok; *you can put that idea out of your* ~! det kan du slå ur hågen (glömma)! **2** minne; *bear* (*have, keep*) *s.th. in* ~ ha (hålla) ngt i minnet, lägga ngt på minnet, komma ihåg ngt; *bring* (*call*) *s.th. to* ~ påminna om ngt, återkalla ngt i minnet; *it puts me in* ~ *of* det påminner mig om **3** uppfattning, åsikt, mening, tanke; *to my* ~ enligt min mening (uppfattning), i mitt tycke; *be in two* ~*s about s.th.* inte vara på det klara med ngt, vara villrådig i fråga om ngt; *be of one* (*the same*) ~ ha samma uppfattning (åsikt), vara överens (ense); *change one's* ~ ändra åsikt (uppfattning), ändra sig, komma på andra tankar; *I have given him a piece of my* ~ jag har sagt honom mitt hjärtas mening; *read a p.'s* ~ läsa ngns tankar **4** ande, personlighet; *great* ~*s* stora andar; *small* ~*s* små själar **II** *v* **1** ge akt på, lägga märke till; tänka på, komma ihåg; se till; ägna sig åt; akta; akta sig (se upp) för; ~ *your own business!* sköt

M

dina egna affärer (dig själv)!, lägg dig inte i det
här!; ~ *the dog!* varning för hunden!; ~ *your eye!*
akta dig!, se upp!; ~ *the step!* se upp för trappste-
get!; ~ *you do it!* se till att du gör det!; ~ *what
you are doing!* tänk på vad du gör!; ~ *what I say!*
a) kom ihåg det!, *b*) gör som jag säger! 2 sköta,
passa, se efter (*children* barn) 3 bry sig om,
tänka på; ha något emot; *never* ~ *her!* bry dig
inte om henne!; *never* ~ *the expense!* det gör det-
samma (spelar ingen roll) vad det kostar!; *do you*
~ *my smoking?* har du ngt emot att jag röker?;
don't ~ *me!* bry dig inte om mig!; *I don't* ~ *what
she does* (*äv.*) det kvittar mig vad hon gör; *he
doesn't* ~ *it* han bryr sig inte om det, han har ing-
et emot det; *would you* ~ *opening the door?* vill
du vara snäll och öppna dörren?; *I wouldn't* ~ *a
cup of tea* jag skulle gärna vilja ha en kopp te 4
~*!* se upp!, akta dig! 5 ~ *[you]!* förstår du!, märk
väl!, kom ihåg!; ~ *you, he did try* han försökte i
alla fall; *she's guite good,* ~ *you* egentligen är
hon ganska bra 6 ~ *about* bry sig om; *do you* ~
if I open the window? har du ngt emot att jag
öppnar fönstret?; *I don't* ~*!* gärna för mig!, det
har jag ingenting emot!; *I don't* ~ *if I do* inte mig
emot, gärna det; *never* ~*! a*) det gör ingenting!,
det spelar ingen roll!, strunt i det!, *b*) bry dig inte
om det!; *never you* ~*!* bry dig inte om det!, det
har du inte med att göra!

minded ['maɪndɪd] 1 sinnad, lagd, hågad;
politically ~ politiskt sinnad; *romantically* ~ ro-
mantiskt lagd 2 -minded, -sinnad, intresserad av;
opera-~ opera-minded, intresserad av opera
minder [-ə] vakt, skötare **mindful**
['maɪn(d)f(ʊ)l] uppmärksam (*of* på), medveten
(*of* om); *be* ~ *of* (*äv.*) tänka på **mindless** [-lɪs]
1 huvudlös, tanklös 2 själlös; meningslös **mind-
reader** [-ˌriːdə] tankeläsare

1 mine [maɪn] *pron* **1** självst. min; *a friend of* ~ en
vän till mig, en av mina vänner; *her friends and* ~
hennes och mina vänner; *that car is* ~ den där bi-
len är min; ~ *is best* min är bäst; *it's a habit of* ~
det är en vana som jag har **2** *fören., åld.* min; ~
eyes mina ögon
2 mine [maɪn] **I** *s* **1** gruva; [malm]fyndighet; *bildl.*
guldgruva, källa; *a* ~ *of information* en outtöm-
lig informationskälla **2** *mil.* mina **II** *v* **1** bryta, ut-
vinna (*ore* malm); gräva i **2** gräva (*a tunnel* en
tunnel) **3** *mil.* minera, lägga ut minor i; min-
spränga **4** gräva (*for copper* efter koppar) **5** un-
derminera (*äv. bildl.*) **6** arbeta i gruva
miner [-ə] gruvarbetare; ~*'s lamp* gruvlampa
mineral ['mɪn(ə)r(ə)l] **I** *s* **1** mineral **2** ~*s* (*pl, i sht
BE.*) mineralvatten; läskedrycker **II** *a* mineral-;
mineralisk; mineralhaltig; *the* ~ *kingdom* mine-
ralriket; ~ *oil a*) *BE.* petroleum, mineralolja, *b*)
AE. paraffinolja; ~ *pitch* asfalt; ~ *water* mine-
ralvatten; ~ *wool* mineralull
mingle ['mɪŋgl] **1** blanda **2** blandas, blanda sig;
beblanda sig; förena sig
mingy ['mɪndʒɪ] *vard.* snål, knusslig
miniature ['mɪnət∫ə] **I** *s* miniatyr; *in* ~ i miniatyr,
i liten skala **II** *a* miniatyr-, i miniatyr, i liten skala;
~ *camera* småbildskamera; ~ *golf* mini-, minia-
tyr|golf
minim ['mɪnɪm] **1** *mus.* halvnot **2** liten sak (per-
son) **3** *ung.* droppe (*apoteksvikt för våtvaror =*

0,0616 ml)
mini|mal ['mɪnɪml] minimal **-mize** (*BE. äv.
-mise*) [-maɪz] **1** minska till ett minimum, mini-
mera **2** förringa, bagatellisera **-mum** [-məm] **I** *s*
(*pl* -mums el. -ma [-mə]) minimum; *with a* ~ *of*
med ett minimum av, med minsta möjliga **II** *a* mi-
nimi-; minimal; minsta möjliga, ytterst liten; ~
wage minimilön
mining ['maɪnɪŋ] **1** gruvdrift; [malm]brytning;
gruvarbete **2** *mil.* minering
minion ['mɪnjən] **I** *s* **1** gunstling, favorit **2** hant-
langare, hejduk **II** *a* liten och söt
minister ['mɪnɪstə] **I** *s* **1** minister; statsråd; ~ *of
state a*) minister, *b*) *BE.* ställföreträdande depar-
tementschef **2** [protestantisk] präst; frikyrkopas-
tor **3** förespråkare **II** *v* **1** hjälpa; ~ *to* sörja för,
sköta, ta hand om; ~*ing angel* skyddsängel, hjäl-
pande ängel **2** *kyrkl.* officiera till **ministry**
['mɪnɪstrɪ] **1** ministerium, departement; ~ *of de-
fence* försvarsdepartement **2** ministär, regering **3**
ministertid; (*ministers*) ämbetstid **4** regerings-
byggnader **5** prästämbete **6** (*prästerlig*) tjänstgö-
ring; (*prästs*) ämbetstid **7** prästerskap
mink [mɪŋk] **1** *zool.* mink, amerikansk flodiller **2**
(*skinn*) mink, nerts; minkpäls
minor ['maɪnə] **I** *a* **1** mindre, smärre, obetydlig,
oviktig, små-; lindrig[are]; ~ *amendments* smär-
re ändringar; ~ *illness* lindrig[are] sjukdom; *of* ~
importance av mindre betydelse; *the* ~ *planets*
småplaneterna; ~ *poet* obetydlig diktare; *a* ~
role en mindre (underordnad) roll, en biroll;
Asia M~ Mindre Asien **2** *jur.* minderårig, omyn-
dig **3** *mus.* moll-; *D* ~ d-moll; ~ *third* liten ters;
~ *key* molltonart **4** *BE. skol., Smith* ~ den yngre
[av bröderna] Smith **II** *s* **1** *jur.* minderårig (omyn-
dig) person; obetydlig (oviktig) person **II** *a* sak) **2**
mus. moll[tonart, -ackord, -skala] **3** *AE. skol.*
biämne **4** (*i logiken*) undersats
minority [maɪ'nɒrətɪ] **1** minoritet; *be in a* ~ vara
i minoritet **2** *jur.* minderårighet, omyndig ålder
minstrel ['mɪnstr(ə)l] **1** *hist.* ménestrel, kring-
vandrande spelman **2** (*negersminkad*) sångare,
artist
1 mint [mɪnt] **1** *bot.* mynta **2** mint|karamell,
-konfekt
2 mint [mɪnt] **I** *s* mynt[verk]; *a* ~ *[of money]* en
massa pengar **II** *a* obegagnad, ny, perfekt; *in* ~
condition i oklanderligt (perfekt) skick **III** *v* myn-
ta, prägla (*äv. bildl.*)
minuet [ˌmɪnjʊ'et] menuett
minus ['maɪnəs] **I** *prep* **1** minus **2** *vard.* utan **II** *a*
minus- (*äv. bildl.*); negativ; ~ *number* negativt
tal; ~ *sign* minustecken; ~ *value* minusvärde **III**
s **1** minus (*äv. bildl.*), minustecken **2** negativ
mängd (storhet)
minuscule ['mɪnəskjuːl] **I** *a* mycket liten, dimi-
nutiv **II** *s* liten bokstav, gemen, minuskel
1 minute ['mɪnɪt] **I** *s* **1** minut (*äv. del av grad*);
[liten] stund, ögonblick; *en* ~*s past* (*to*) two tio
minuter över (i) två; *just a* ~*!* ett ögonblick
[bara]!; *in a* ~ ~ *a*) strax, genast, med detsamma,
b) på en minut (ett ögonblick); *I shan't be a* ~ jag
kommer strax, det dröjer inte länge; *have you got
a* ~*?* har du tid en liten stund?; *wait a* ~*! a*) vänta
ett ögonblick!, *b*) låt mig se!; *at the last* ~ i sista
ögonblicket; *at 8 o'clock to the* ~ på slaget (precis

klockan) 8; *up to the* ~ toppmodern, helt aktuell; *any* ~ när (vilket ögonblick) som helst; *this* ~ genast, på ögonblicket; *at this very* ~ i detta ögonblick, just nu **2** memorandum; utkast; anteckning; ~s (*pl*) protokoll (*of* över, från); *take the* ~s för protokoll **II** *v* **1** protokollföra, ta till protokollet; föra protokoll över; anteckna, notera **2** ta tid på

2 minute [maɪˈnjuːt] **1** ytterst liten, minimal, obetydlig **2** mycket noggrann, minutiös

miracle [ˈmɪrəkl] **1** mirakel, under[verk]; *by a* ~ som genom ett under; *work* (*do, perform*) ~s göra (uträtta) underverk **2** ~ [*play*] mirakelspel **miraculous** [mɪˈrækjʊləs] mirakulös, under-, mirakel-; underbar; undergörande

mirage [ˈmɪrɑːʒ] hägring; *bildl. äv.* villa, illusion

mire [ˈmaɪə] **I** *s* träsk (*äv. bildl.*); myr; dy (*äv. bildl.*); *drag s.b. through the* ~ (*bildl.*) smutskasta ngn **II** *v* **1** smutsa ner **2** *bildl.* sätta i klistret, förorsaka svårigheter för

mirror [ˈmɪrə] **I** *s* spegel (*äv. bildl.*) **II** *v* [av]spegla

mirth [mɜːθ] munterhet, uppsluppenhet

misadventure [ˌmɪsədˈventʃə] missöde, olyckshändelse; *kill s.b. by* ~ (*jur.*) döda ngn av våda

misanthrope [ˈmɪz(ə)nθrəʊp] misantrop, människohatare

misappre|hend [ˌmɪsˌæprɪˈhend] miss|förstå, -uppfatta **-hension** [-ˈhenʃn] miss|förstånd, uppfattning; *be under a* ~ misstaga sig

misappro|priate [ˌmɪsəˈprəʊprɪeɪt] förskingra, försnilla; tillkansa sig **-propriation** [ˈmɪsəˌprəʊprɪˈeɪʃn] förskingring, försnillande

misbehave [ˌmɪsbɪˈheɪv] uppföra sig illa, bära sig illa åt

miscalcu|late [ˌmɪsˈkælkjʊleɪt] **1** räkna fel på, felberäkna; misstaga sig på **2** räkna fel; misstaga sig **-lation** [ˈmɪsˌkælkjʊˈleɪʃn] felräkning; felberäkning

mis|carriage [ˌmɪsˈkærɪdʒ] **1** missfall **2** misslyckande; misskötsel; ~ *of justice* justitiemord **3** *BE.* felexpediering (*av försändelse*) **-carry** [-ˈkærɪ] **1** misslyckas; slå fel **2** få missfall **3** *BE.* förkomma (*om försändelse*)

miscel|laneous [ˌmɪsəˈleɪnjəs] **1** blandad, varierad, brokig **2** varjehanda **3** mångsidig **-lany** [mɪˈselənɪ] **1** [brokig] blandning, mångfald **2** blandade skrifter; antologi

mischief [ˈmɪstʃɪf] **1** rackartyg, bus; ofog; skälmskhet; *full of* ~ full av rackartyg; *out of* ~ på okynne; *be up to* ~ ha ngt rackartyg för sig; *his eyes are full of* ~ hans ögon lyser av okynne (skälmskhet); *do* ~ göra rackartyg; *get into* ~ hitta på rackartyg; *keep out of* ~ *a*) låta bli att göra rackartyg, *b*) hålla (*ngn*) borta från rackartyg **2** skada, åverkan; förtret; *do* ~ *to s.b.* tillfoga ngn skada, göra ngn förtret **3** rackarunge **mis-chievous** [ˈmɪstʃɪvəs] **1** okynnig, busig, rackar- **2** spjuveraktig, skälmsk **3** skadlig

misconception [ˌmɪskənˈsepʃn] miss|förstånd, -uppfattning

misconduct I *s* [ˌmɪsˈkɒndʌkt] **1** dåligt uppförande **2** ämbetsbrott **3** äktenskapsbrott **4** missskötsel, vanskötsel **II** *v* [ˌmɪskənˈdʌkt] **1** ~ *o.s.* uppföra sig illa, missköta sig **2** ~ *o.s.* begå äktenskapsbrott **3** missköta, vansköta

miser [ˈmaɪzə] **1** girigbuk **2** egoist

miserable [ˈmɪz(ə)r(ə)bl] **1** olycklig, eländig, miserabel, bedrövlig; trist; usel

miserly [ˈmaɪzəlɪ] *a* girig, gnidig

misery [ˈmɪzərɪ] **1** olycka, elände, förtvivlan; *put an animal out of its* ~ göra slut på ett djurs lidande; *put s.b. out of his* ~ (*bildl.*) inte längre hålla ngn på sträckbänken **2** misär, nöd, elände **3** *BE. vard.* gnällmåns, kverulant

misfire [ˌmɪsˈfaɪə] **1** (*om skjutvapen*) klicka; (*om motor*) misstända **2** *bildl.* slå slint, klicka, misslyckas

misfit I *s* [ˈmɪsfɪt] **1** ngt som inte passar **2** missanpassad [person], misslyckad individ **II** *v* [mɪsˈfɪt] inte passa

misfortune [mɪsˈfɔːtʃuːn] olycka, otur; motgång

misgiving [mɪsˈgɪvɪŋ] farhåga, ond [för]aning; betänklighet

mis|guide [ˌmɪsˈgaɪd] vilse-, miss|leda **-guided** [-ˈgaɪdɪd] vilseledd; missriktad; omdömeslös; olämplig

mishap [ˈmɪshæp] missöde, olyckshändelse

misinterpret [ˌmɪsɪnˈtɜːprɪt] miss-, fel|tolka; miss|tyda, -uppfatta

misjudge [ˌmɪsˈdʒʌdʒ] felbedöma, misstaga sig på; underskatta **-ment** [-mənt] felbedömning; underskattning

mislay [ˌmɪsˈleɪ] förlägga, slarva bort

mislead [ˌmɪsˈliːd] föra (leda) vilse; *bildl.* vilseleda

misplace [ˌmɪsˈpleɪs] felplacera; förlägga ~*d* (*äv.*) malplacerad, illa anbragt

misprint I *s* [ˈmɪsprɪnt] tryckfel **II** *v* [ˌmɪsˈprɪnt] trycka fel

misread [ˌmɪsˈriːd] läsa fel på; miss|tolka, -uppfatta

misrepresentation [ˈmɪsˌreprɪzenˈteɪʃn] felaktig framställning; förvrängning

1 miss [mɪs] **I** *s* bom, miss; *give s.th. a* ~ (*vard.*) strunta i (hoppa över, låta bli, undvika) ngt; *a* ~ *is as good as a mile* nära skjuter ingen hare **II** *v* **1** missa; bomma, inte träffa; komma för sent till; inte få tag i; ~ *the boat* (*bus*) *a*) missa (inte hinna med, komma för sent till) båten (bussen), *b*) *bildl.* missa chansen; *they* ~*ed each other in the crowd* de tappade bort (hittade inte) varandra i folkmassan (trängseln); *you can't* ~ *it!* du kan inte (gå) fel!, du kan inte undgå den! **2** gå miste om; missa; inte uppfatta; förbise; försumma; undgå; *you haven't* ~*ed much* du har inte gått miste om mycket; *we narrowly* ~*ed having an accident* vi undgick precis en olycka, det var ytterst nära att vi hade råkat ut för en olycka **3** ~ [*out*] utelämna, hoppa över, glömma, missa **4** sakna, längta (känna saknad) efter **5** missa, bomma; misslyckas; (*om motor*) klicka, missa; *you can't* ~! (*äv.*) det går nog bra! **6** ~ *out on a*) avstå från, *b*) utebli från, *c*) gå miste om, missa

2 miss [mɪs] **1** *M*~ *a*) fröken (*Smith* Smith), *b*) miss (*Sweden* Sverige) **2** *vard. el. hand.* [skol]-flicka, ung flicka, tonåring

missile [ˈmɪsaɪl, *AE.* ˈmɪsəl] **I** *s* **1** kastvapen; projektil **2** raket, robot[vapen], missil; *ballistic* ~ [ballistisk] robot; *guided* ~ fjärrstyrd robot; *medium range ballistic* ~ [ballistisk] medeldistansrobot **II** *a* **1** kast- **2** raket-, robot-

missing [ˈmɪsɪŋ] felande; saknad, försvunnen; *be*

M

~ saknas, fattas, vara borta (försvunnen); *the ~*
link felande länken

mission ['mɪʃn] **1** mission; uppdrag (*äv. mil.*);
uppgift; kall[else]; ~ *in life* livsuppgift, kall **2** de-
legation **3** *dipl.* beskickning; *A E.* legation **4** *re-*
lig. mission; missionsstation **-ary** [-ərɪ] **I** *s* missio-
när **II** *a* missionärs-; missions-

missis ['mɪsɪz] frun (*använt av tjänstefolk*); *the ~*
(*vard.*) frugan

misspell [,mɪs'spel] stava fel [på]

misspend [,mɪs'spend] förslösa, slösa bort

missus ['mɪsɪz] *se missis*

missy ['mɪsɪ] *vard.* liten fröken

mist [mɪst] **I** *s* dis, dimma, mist; imma; *through a*
~ of tears genom ett töcken av tårar **II** *v* **1** hölja
i dimma, imma ner **2** bli dimmig, bli immig

mis|take [mɪ'steɪk] **I** *s* misstag; fel; miss|uppfatt-
ning, -förstånd; *by ~* av misstag; *my ~* det är
(var) mitt fel; *make a ~ a)* misstaga sig, göra ett
misstag, *b)* (*vid räkning e.d.*) göra (räkna, skri-
va) fel; *there's no ~ about it* det råder inget tvivel
om det; *make no ~, and no ~* det är inte tu tal
om den saken, det kan du skriva upp **II** *v* **1** miss|-
förstå, -tolka, -uppfatta (*the situation* situatio-
nen) **2** ta fel (miste) på, misstaga sig på; *there's*
no mistaking... det går inte att ta miste på... **3** ~
s.b. (*s.th.*) *for* förväxla ngn (ngt) med; *I mistook*
you for John jag tog dig för (trodde) att du var
John **-taken** [-(ə)n] **I** *perf. part. av mistake; be* ~
ta (ha) fel, misstaga sig (*about* [i fråga] om, på); *if*
I'm not ~ om jag inte misstar mig (tar fel); *he*
cannot be ~ for anybody else han kan inte förväx-
las med ngn annan **II** *a* felaktig (*idea* uppfatt-
ning), falsk; missriktad (*love* kärlek); *a case of ~*
indentity en förväxling

mister ['mɪstə] **I** *s* herr[n]; ~ *chairman* herr ord-
förande **II** *v, vard.* tilltala med *mister*

mistletoe ['mɪsltəu] *bot.* mistel

mistranslation [,mɪstræns'leɪʃn] felöversättning

mistreat [,mɪs'tri:t] behandla illa; misshandla

mistress ['mɪstrɪs] **1** älskarinna **2** hus|mor, -fru;
matmor; föreståndarinna; (*hunds*) matte; *the ~*
of the house frun i huset **3** *i sht BE.* lärarinna,
lärare **4** härskarinna, härskare (*of* över); ägarin-
na, ägare (*of* till); *M~ of the Robes* (*BE.*) över-
hovmästarinna

mistrust [,mɪs'trʌst] **I** *s* misstro (*of* mot, till) **II** *v*
misstro

misty ['mɪstɪ] dimmig, disig (*äv. bildl.*), immig;
oklar, suddig (*äv. bildl.*)

misunderstand [,mɪsʌndə'stænd] miss|förstå,
-uppfatta **-ing** [-ɪŋ] miss|förstånd, -uppfattning;
misshällighet, meningsskiljaktighet

misuse **I** *s* [,mɪs'ju:s] missbruk; felaktig använd-
ning **II** *v* [,mɪs'ju:z] **1** missbruka; använda felak-
tigt **2** misshandla

1 mite [maɪt] **I** *s* **1** *bibl., bildl.* skärv; *the widow's*
~ änkans skärv **2** parvel, pyre; *poor little ~!*
stackars liten! **II** *adv, vard., a* ~ en smula, en
aning; *not a* ~ inte ett dugg

2 mite [maɪt] *zool.* kvalster

mitigate ['mɪtɪgeɪt] lindra, mildra; *mitigating cir-*
cumstances förmildrande omständigheter

mitt [mɪt] **1** halv|vante, -handske; [tum]vante **2**
[baseboll]handske **3** *sl.* labb, karda, näve **4** *sl.*
boxhandske **mitten** ['mɪtn] **1** [tum]vante **2** *sl.*

boxhandske

mix [mɪks] **I** *v* **1** blanda; mixa (*äv. film., tekn.*);
röra ihop; ~ *s.th. in[to] s.th.* blanda i (röra ner)
ngt i ngt; ~ *study and pleasure* förena studier
med nöjen; *he tried to ~ it for Jane* (*vard.*) han
försökte ställa till det för Jane; ~ *up a*) blanda
[ihop] (*ingredients* ingredienser), *b*) förväxla
(*get*) ~*ed up in* vara (bli) inblandad i; *she got* ~*ed*
up with bad company hon råkade i dåligt säll-
skap; ~ *it up* (*A E. sl.*) råka i slagsmål, fajtas **2**
korsa (*djur, växter*) **3** blanda sig, blandas **4** passa
(gå) ihop; *study and pleasure don't* ~ studier och
nöjen går inte ihop **5** umgås; blanda sig; ~ *well*
vara sällskaplig av sig; *she has started to ~ in high*
society hon har börjat umgås i societeten **II** *s* **1**
mix, [färdig] blandning **2** *vard.* förvirring **mixed**
[-t] blandad; sammansatt; bland-; ~ *bag* (*vard.*)
skön blandning, blandad kompott; ~ *bathing* ge-
mensamhetsbad; *it's a ~ blessing* det är på gott
och ont; ~ *doubles* (*sport.*) mixed double; ~
farming jordbruk och boskapsskötsel; ~ *feelings*
blandade känslor; ~ *grill* (*kokk.*) mixed grill; ~
language blandspråk; ~ *marriage* blandäkten-
skap; ~ *school* samskola **mixed-up** [mɪkst'ʌp]
förvirrad **mixer** ['mɪksə] **1** blandare; mixer;
matberednings-, hushålls|maskin **2** ljudtekniker;
mixerbord **3** *vard., he is a good* ~ han har lätt för
att umgås med folk, han har många kontakter **4**
groggvirke; läsk, juice (*e.d. som används t.*
drinkar) **mixture** ['mɪkstʃə] **1** blandning; ~ *of*
teas teblandning **2** *farm., mus.* mixtur **mix-up**
['mɪksʌp] **1** röra; förvirring, oklarhet **2** *vard.*
slagsmål

moan [məun] **I** *v* **1** jämra sig, stöna **2** *vard.,*
and groan gnöla och gnälla, knota **3** jämra sig
över **II** *s* **1** jämmer, stönande **2** *vard.* knot, gnöl,
gnäll **-ing** ['məunɪŋ] jämmer, stönande; klagan

moat [məut] **I** *s* vallgrav **II** *v* omge med vallgrav

mob [mɒb] **I** *s* **1** [larmande] folkhop, folkmassa;
mobb, pöbel; *the ~* (*neds.*) massorna **2** *neds.*
grupp, gäng **3** *sl.* [förbrytar]gäng, liga **II** *v* **1** at-
tackera, anfalla **2** skocka sig (samlas) omkring

mobile ['məubaɪl] *a* rörlig, mobil; ~ *home* hus-
vagn (*som används som permanentbostad*); ~
library bokbuss; *are you ~ tonight?* (*vard.*) har
du [tillgång till] bil i kväll? **II** *s* mobil **mobility**
[mə(u)'bɪlətɪ] rörlighet

mobi|lization (*BE. äv. -lisation*) [,məubɪlaɪ'-
zeɪʃn] mobilisering **-lize** (*BE. äv. -lise*) [-laɪz]
mobilisera (*äv. bildl.*); uppbåda; göra rörlig

mob rule [-ru:l] pöbelvälde

mobster ['mɒbstə] *AE. sl.* gangster, ligamedlem

mock [mɒk] **I** *v* **1** för|håna, -löjliga, göra sig lustig
över, driva med **2** imitera, härma **3** gäcka; trot-
sa; omintetgöra (*a p.'s plans* ngns planer) **4** ~ *at*
göra sig lustig över, driva med **II** *s* **1** *make a ~ of*
s.b. göra narr av ngn, driva ngn till åtlöje **2** imita-
tion, efterapning **III** *a* oäkta, falsk, imiterad; låt-
sad, spelad; sken-, fingerad; ~ *combat* sken-,
spegel|fäktning; ~ *orange* (*bot.*) [lukt]schers-
min; ~ *sun* bi-, väder|sol; ~ *turtle soup* falsk
sköldpaddssoppa **mockery** ['mɒkərɪ] **1** hån;
förlöjligande, drift, gyckel (*of* av, med); [föremål
för] åtlöje; parodi; *a ~ of a trial* en farsartad (en
parodi på en) rättegång; *that is a ~ of justice* det
är ett hån mot all rättvisa; *make a ~ of s.b.* göra

ngn till åtlöje; *make a* ~ *of s.th.* förhåna ngt **2** imitation, efterapning **mock-up** ['mɒkʌp] modell (*i full skala*)

mode [məʊd] **1** sätt; form; ~ *of expression* uttrycks|sätt, -form; ~ *of life* levnadssätt **2** mode; *be the* ~ vara på modet **3** *mus.* tonart; *major* ~ durtonart **4** *filos.* modus; (*i logiken*) modalitet

model ['mɒdl] **I** *s* **1** modell; *bildl. äv.* mönster, förebild; *on the* ~ *of* efter [mönstret av]; *it is made on the* ~ *of* (*äv.*) det är en efterbildning av **2** [foto]modell; mannekäng; prov-, skylt|docka **II** *a* **1** modell-; ~ *railway* modelljärnväg **2** mönster-, exemplarisk, mönstergill; *a* ~ *husband* en exemplarisk (idealisk) äkta man **III** *v* **1** [ut]forma; rita, göra [modellen till]; ~ *A* [*up*]*on* (*after*) *B* göra ([ut]forma, bilda) A med B som förebild; ~ *o.s. on s.b.* ta efter ngn, ta ngn som förebild **2** modellera; [ut]forma; *her delicately* ~*led features* hennes fint tecknade (utmejslade) [ansikts]drag **3** (*som mannekäng*) visa (*kläder*) **4** modellera **5** arbeta som (vara) [foto]modell (mannekäng); ~ *for s.b. a*) stå modell för ngn, *b*) vara mannekäng hos ngn **modelling** [-ɪŋ] **1** modellering, utformning, formande **2** arbete som [foto]modell (mannekäng); *do some* ~ arbeta som fotomodell (mannekäng)

modem ['məʊdem] *data.* modem

moderate I *a* ['mɒd(ə)rət] moderat (*äv. polit.*), måttfull, måttlig; rimlig, sansad; ~ *breeze* måttlig vind, god bris, [4] *demunds* måttliga (rimliga) krav; ~ *gale* hård vind, styv kuling **II** *s* ['mɒd(ə)rət] moderat [politiker] **III** *v* ['mɒdəreɪt] **1** moderera; mildra **2** lugna sig; mildras, avta, minska **3** presidera, sitta som ordförande (*over a meeting* vid ett möte) **moderately** [-lɪ] *adv* **1** någorlunda **2** måttligt, lagom **moderation** [ˌmɒdə'reɪʃn] **1** moderation, måtta, måttfullhet, måttlighet; *in* ~ med måtta, måttligt, lagom **2** moderering **moderator** ['mɒdəreɪtə] **1** ordförande; förhandlingsledare; programledare **2** medlare **3** *kärnfys.* moderator **4** *Cambr., Oxf.* examinator

modern ['mɒd(ə)n] **I** *a* modern; nymodig; nutida; ~ *conveniences* moderna bekvämligheter; *M*~ *English* nyengelska (*från ca 1450*); ~ *languages* moderna språk; ~ *times a*) nutiden, *b*) moderna tider **II** *s* modern människa, nutidsmänniska **modernist** ['mɒdənɪst] **I** *s* modernist **II** *a* modernistisk **moderni|zation** [ˌmɒdənaɪ'zeɪʃn] (*BE. äv. -sation*) modernisering **modern-|ize** (*BE. äv. -ise*) ['mɒdənaɪz] **1** modernisera **2** vara (bli) modern

modest ['mɒdɪst] **1** blygsam, anspråkslös, försynt, modest; måttlig, ringa **2** anständig, ärbar **modesty** [-ɪ] **1** blygsamhet; anspråkslöshet **2** anständighet, ärbarhet

modi|fication [ˌmɒdɪfɪ'keɪʃn] ändring, jämkning; modifikation, modifiering **-fy** ['mɒdɪfaɪ] **1** [för]ändra, jämka på; modifiera **2** *språkv.* bestämma

module ['mɒdjuːl] modul; enhetsmått; *lunar* ~ mån|modul, -landare

Mohammedan [mə(ʊ)'hæmɪd(ə)n] **I** *s* muhammedan **II** *a* muhammedansk

moist [mɔɪst] fuktig **moisten** ['mɔɪsn] **1** fukta **2** bli fuktig **moisture** ['mɔɪstʃə] fukt, fuktighet

moistur|izer (*BE. äv. -iser*) ['mɔɪstʃəraɪzə] fuktighetsbevarande crème

molar ['məʊlə] **I** *a* molar-, kind-; ~ *tooth, se molar II* **II** *s* molar, kind-, oxel|tand

molasses [mə(ʊ)'læsɪz] (*behandlas som sg*) melass; *AE.* sirap

1 mole [məʊl] födelsemärke, leverfläck

2 mole [məʊl] *zool.* mullvad

molecule ['mɒlɪkjuːl] *fys., kem.* molekyl

molest [mə(ʊ)'lest] störa, ofreda, genera; antasta

mollify ['mɒlɪfaɪ] **1** lugna **2** mildra, dämpa, lindra

mollusc *BE.*, **mollusk** *AE.* ['mɒləsk] *zool.* mollusk, blötdjur

mollycoddle ['mɒlɪˌkɒdl] **I** *s* vekling, bortklemad person **II** *v* klema bort, klema med

molten ['məʊlt(ə)n] **I** *a* smält; flytande **II** *åld., perf. part. av melt*

mom [mɒm] *vard., i sht AE.* mamma

moment ['məʊmənt] **1** ögonblick, [liten] stund; tidpunkt; *the* ~ *of truth* sanningens ögonblick; *the* ~ *it happened* [i] samma ögonblick som det hände, med detsamma det hände; *the man of the* ~ mannen för dagen; *I shan't be a* ~! jag är strax tillbaka (färdig)!; *one* ~!, *half* (*just, wait*) *a* ~! ett ögonblick!, vänta lite (ett slag)!; *this* ~ *a*) genast, med detsamma, *b*) alldeles nyss; *any* ~ [*now*], *at any* ~ när (vilket ögonblick) som helst, varje ögonblick; *at a* ~*'s notice* med detsamma, när som helst; *at the* ~ just nu (då), för ögonblicket, för tillfället; *at the last* ~ i sista stund (ögonblicket); *not for a* ~ aldrig, inte for en sekund; *I didn't hesitate for a* ~ jag tvekade inte en sekund; *in a* ~ *a*) genast, strax, om ett ögonblick, *b*) på ett ögonblick; *in a* ~ *of madness* i ett anfall av galenskap **2** betydelse, vikt; *of little* ~ oviktig, betydelselös **3** *fys.* moment

momen|tary ['məʊmənt(ə)rɪ] ögonblicklig, tillfällig, momentan **-tous** [mə(ʊ)'mentəs] betydelsefull, viktig **-tum** [mə(ʊ)'mentəm] **1** *fys.* rörelsemängd; impuls **2** drivkraft; styrka; fart; *gain* (*gather*) ~ få (ta) fart, *bildl.* bli slagkraftig, vinna mark

monarch ['mɒnək] monark, kung; härskare **monarchist** ['mɒnəkɪst] **I** *s* monarkist **II** *a* monarkistisk **monarchy** ['mɒnəkɪ] monarki

monastery ['mɒnəst(ə)rɪ] [munk]kloster

Monday ['mʌndɪ] (*jfr Friday*) måndag

monetary ['mʌnɪt(ə)rɪ] penning-, mynt-, monetär; valuta-; ~ *unit* valuta-, mynt|enhet; *the International M*~ *Fund* Internationella valutafonden

money ['mʌnɪ] *s* (*saknar pl*) pengar; *hard-earned* ~ surt förvärvade slantar; *your* ~ *or your life!* pengar eller livet!; *cheap at the* ~ billig för det priset; *be in the* ~ (*vard.*) ha (tjäna) pengar som gräs; *be out of* ~ vara pank; *there is* ~ *in it* där finns pengar att tjäna; *for my* ~ (*äv.*) enligt min åsikt; *that's the one for my* ~! jag satsar på honom (henne, den)!; *get one's* ~*'s worth* få valuta för pengarna (sina pengar); *keep s.b. in* ~ stödja ngn ekonomiskt; *make* ~ *a*) tjäna [mycket] pengar, *b*) vara i lönen; *put* ~ *into* investera pengar i; *put* ~ *on* satsa pengar på; *that's throwing good* ~ *after bad* (*vard.*) det är att kasta goda pengar efter dåliga; ~ *talks* (*vard.*) allt går att få för pengar

2 (*pl* ~ el. *monies*) mynt|slag, -sort
moneymaker ['mʌnɪˌmeɪkə] person som tjänar mycket pengar; lönande företag, guldgruva
money order [-ˌɔːdə] *i sth AE*. postanvisning
mongrel ['mɒŋgr(ə)l] **I** s **1** korsning, bland|ras, -art, bastard; halvblod **2** bondhund, byracka **II** a bastard-, korsnings-, av blandras
monition [mə(ʊ)'nɪʃn] varning; tillrättavisning, förmaning
monitor ['mɒnɪtə] **I** s **1** kontroll|apparat, -anordning; övervakare, kontrollör **2** *skol.* ordningsman **3** *tekn.* strålningsmätare; *TV. e.d.* monitor, kontrollmottagare **4** *zool.* varan **II** v kontrollera, övervaka; lyssna på, avlyssna
monk [mʌŋk] munk
monkey ['mʌŋkɪ] **I** s **1** *zool.* apa; *make a* ~ *of s.b.* (*vard.*) göra narr av (driva med) ngn; *get the* ~ *off* [*one's back*] (*AE. sl.*) lägga av med knark **2** rackarunge, rackare **3** *sl.* (*i vadhållning*) £500; *AE.* $500 **II** v, *vard.*, ~ *about* pillra, mixtra; ~ *with* pillra (mixtra) med **monkey business** [-ˌbɪznɪs] *sl.* rackartyg; skumma affärer **monkey nut** [-nʌt] *BE.* jordnöt **monkey wrench** [-ren(t)ʃ] skiftnyckel
monocle ['mɒnəkl] monokel
monogamous [mɒ'nɒgəməs] monogam
monogram ['mɒnəgræm] monogram, namnchiffer
monologue ['mɒnəlɒg] monolog
monopo|lize (*BE. äv. -lise*) [mə'nɒpəlaɪz] monopolisera, lägga under monopol; ha monopol på; *bildl. äv.* lägga beslag på **-ly** [-ɪ] monopol (*of, on* på)
mono|tonous [mə'nɒtnəs] monoton; entonig; enformig **-tony** [mə'nɒtnɪ] monotoni; entonighet; enformighet
monsoon [mɒn'suːn] monsun
monster ['mɒnstə] **I** s monster, vidunder, odjur; missfoster **II** a ofantlig, kolossal, enorm
mon|strosity [mɒn'strɒsətɪ] **1** monster, vidunder, odjur; missfoster **2** monstrositet, abnormitet **-strous** ['mɒnstrəs] **1** monstruös, vidunderlig, oformlig; monströs, missbildad **2** ofantlig, kolossal, enorm **3** avskyvärd, ohygglig, chockerande
month [mʌnθ] månad; *the* ~ *of April* april månad, månaden april; *six* ~s (*äv.*) ett halvår; *this* ~ den här månaden, i denna månad; *for* ~s i (på) månader; *a* ~ *of Sundays* (*vard.*) oändligt länge, en evighet; *never in a* ~ *of Sundays* (*vard.*) aldrig i livet **-ly** ['mʌnθlɪ] **I** a månads-, månatlig **II** adv månatligen, varje månad; *twice* ~ två gånger i månaden **III** s **1** månads|tidskrift, -tidning, månatligen utkommande skrift **2** *vard.*, *-lies* (*pl*) mens
monu|ment ['mɒnjʊmənt] monument, minnesmärke (*äv. bildl.*); grav[vård] **-mental** [ˌmɒnjʊ'mentl] **1** monumental, storslagen, imponerande **2** monument-, minnes- **3** *vard.* kolossal, enorm, monumental (*ignorance* okunnighet)
moo [muː] **I** v säga mu, råma, böla **II** s råmande, bölande **III** *interj* mu!
mooch [muːtʃ] *sl.* **1** ~ [*about, around*] slå dank, gå och drälla **2** smyga sig **3** *i sht AE.* snylta, tigga; sno, knycka
1 mood [muːd] **1** humör, sinnesstämning; *in the*

~ *på* humör; *be in the* ~ *for s.th.* ha lust med ngt, vara pigg på ngt; *be in no* ~ inte ha lust **2** nedstämdhet; *I'm in a* ~ jag känner mig nedstämd (dyster)
2 mood [muːd] *språkv.* modus; *the indicative* ~ indikativ; *the subjunctive* ~ konjunktiv
moody ['muːdɪ] lynnig; på dåligt humör, sur
moon [muːn] **I** s måne; månsken; *full* ~ fullmåne; *new* ~ nymåne; *the man in the* ~ gubben i månen; *once in a blue* ~ mycket sällan; *there is a* ~ det är månsken; *be over the* ~ vara i sjunde himlen; *cry for the* ~ begära det orimliga; *promise s.b. the* ~ lova ngn guld och gröna skogar; *reach for the* ~ försöka ta ner månen **II** v **1** ~ *away* drömma bort (*one's time* sin tid) **2** ~ [*around*] gå omkring och drömma, dagdrömma
moon|beam ['muːnbiːm] månstråle **-light I** s mån|ljus, -sken **II** a månskens-; ~ *walk* månskenspromenad **III** v, *vard.* extraknäcka, jobba extra (*i sht på kvällen*) **-shine 1** månsken **2** nonsens **3** *AE.* hembränd whisky, smuggelsprit
1 moor [mʊə] hed
2 moor [mʊə] *sjö.* förtöja
mooring ['mʊərɪŋ] *sjö.* **1** förtöjningsplats **2** förtöjningsboj **3** ~s (*pl*) a) förtöjningar, b) *bildl.* fast punkt, stöd
moose [muːs] (*pl lika*) [nordamerikansk] älg
mop [mɒp] **I** s **1** mopp, svabb **2** kalufs **II** v moppa av, svabba; ~ *up* a) torka upp, b) *vard.* klara av, slutföra, c) *mil.* rensa [från fiender]
mope [məʊp] **I** v vara nerstämd (nere); tjura **II** s **1** dyster (tjurig) person **2** *the* ~s (*pl*) nedstämdhet
moped ['məʊped] moped
moral ['mɒr(ə)l] **I** a moralisk, moral-; sedlig, sedlighets-; andlig; ~ *courage* moraliskt mod; ~ *law* sedelag; ~ *lecture* moralpredikan; ~ *sense* a) moralbegrepp, anständighetskänsla, b) andemening; ~ *support* moraliskt stöd; ~ *victory* moralisk seger; *it is a* ~ *certainty* that man kan med säkerhet säga att **II** s **1** [moralisk] lärdom, sensmoral; *draw a* ~ *from* dra lärdom av **2** ~s (*pl*) moral (*i sht sexualmoral*), seder, moraliska principer **morale** [mɒ'rɑːl] [strids]moral, kampanda
moral|ize (*BE. äv. -ise*) ['mɒrəlaɪz] **1** moralisera (*about, [up]on* över), predika moral **2** dra moralen ur **3** förbättra moralen hos
morbid ['mɔːbɪd] sjuklig, morbid; sjukligt dyster; onaturlig; makaber, ohygglig; ~ *anatomy* patologisk anatomi
more [mɔː] (*komp. much o. many*) mer, mera; fler, flera; ytterligare, till; vidare; ~ *beautiful* vackrare; ~ *than happy* överlycklig; ~ *lazy than stupid* snarare lat än dum; ~ *thrilling* mera spännande; ~ *friends* fler[a] vänner; ~ *and* ~ mer och mer, alltmer[a]; ~ *or less* a) mer eller mindre, b) cirka, ungefär; *neither* ~ *nor less* varken mer eller mindre; *the* ~ *the merrier* ju fler[a] desto trevligare; *the* ~ *is the pity* desto mera synd, så mycket värre; *he is the* ~ *intelligent of the two* han är den intelligentare (intelligentaste) av de två; *the* ~ *you give them, the* ~ *they want* ju mer du ger dem, desto mer vill de ha; *the* ~ *fool you for giving them the money* hur kunde du vara så dum och ge dem pengarna; *once* ~ en gång till, om igen; *three* ~ tre till, ytterligare tre; *all the* ~ så mycket (desto) mer[a]; *all the* ~ *so because* så

mycket mer[a] som; *there's ~ to it* [*than that*] det är inte så enkelt, det ligger ngt bakom; *and what's ~* till råga på allt, och inte nog med det; *that's ~ like it!* (*vard.*) nu börjar det likna ngt!, det var annat det!; *are there any ~ of them?* finns det fler[a]?; *is there any ~ wine in the bottle?* finns det [ngt] vin kvar i flaskan?; *never ~* aldrig mer; *not any ~ a*) inte mer[a], inte fler[a], *b*) aldrig mer[a], *c*) inte längre; *no ~ a*) inte mer[a], inte (inga) fler[a], *b*) aldrig (inte) mer, *c*) inte längre, *d*) inte heller, *e*) lika litet; *no ~ than a*) bara, inte mer än, *b*) lika litet som; *no ~ of that!* nu får det vara nog!; *no ~ singing!* sluta sjunga!, nu får det vara slut med sjungandet!; *be no ~* inte längre leva (existera); *she is no ~ an expert than I am* hon är inte mer expert än vad jag är; *that's no ~ than I expected* det var just det jag hade väntat mig; *no ~ do I* [det gör] inte jag heller; *I saw no ~ of him* jag såg aldrig mer till honom; *some ~* litet mer (till); *some ~, please!* kan jag få litet till?; *do you want some ~ tea?* vill du ha litet te till (mera te)?

moreover [mɔː'rəuvə] dessutom

morgue [mɔːg] **1** bårhus **2** *vard.* (*tidings*) klipparkiv

moribund ['mɒrɪbʌnd] döende; utdöende (*species* art); *bildl.* dödsdömd, dödfödd (*plan* plan)

morning ['mɔːnɪŋ] **I** *s* morgon; förmiddag; *bildl.* gryning, morgon, början; *the ~ of life* livets morgon; *good ~!* godmorgon!, goddag!, adjö!, *tomorrow ~* i morgon bitti; *the ~ dawned* det (morgonen) grydde; *in the ~* på morgonen (förmiddagen), på (om) morgnarna (förmiddagarna); *early in the ~* tidigt på morgonen; *~s* (*pl, vard.*) på mornarna; *on the ~ of April 29* på morgonen den 29 april; *have got the ~ after* [*the night before*] ha baksmälla **II** *a* morgon-, förmiddags-; *~ coat* jackett; *~ sickness* (*vard.*) illamående på mornarna (*vid graviditet*); *~ star* morgonstjärna (*t.ex. Venus*)

Moroc|can [mə'rɒkən] **I** *s* marockan **II** *a* marockansk **-co** [-əʊ] **1** Marocko **2** *m~* marokäng

moron ['mɔːrɒn] **1** idiot, fårskalle **2** *med.* debil [person]

morose [mə'rəʊs] på dåligt humör, sur; dyster

Morse code ['mɔːskəʊd] *s*, [*the*] ~ morsealfabetet

morsel ['mɔːsl] munsbit, smula, liten bit

mortal ['mɔːtl] **I** *a* **1** dödlig; jordisk; döds-; dödande, dödsbringande; ~ *agony* dödsångest; ~ *blow* dödande slag; ~ *enemy* dödsfiende; ~ *illness* dödlig sjukdom; *our ~ life* vårt jordiska liv; ~ *sin* dödssynd; ~ *weapon* dödsbringande vapen **2** fruktansvärd, förskräcklig; intensiv **3** möjlig, upptänklig; *no ~ use* ingen upptänklig (som helst) nytta; *not a ~ thing* inte ett enda dugg **4** *sl.* dödtrist **II** *s* **1** dödlig [människa] **2** *vard.* människa, typ, själ **-ity** [mɔː'tælətɪ] **1** dödlighet **2** dödlighet; dödssiffra **3** människosläktet

mortar ['mɔːtə] **I** *s* **1** mortel **2** granatkastare; mörsare **3** murbruk **II** *v* **1** mura **2** skjuta med granatkastare (mörsare)

mortgage ['mɔːgɪdʒ] **I** *s* hypotek, inteckning; hypoteks-, intecknings|handling **II** *v* **1** inteckna, belåna **2** *vard.* sätta i pant

mortician [mɔː'tɪʃn] *AE.* begravningsentrepre-

nör

morti|fication [ˌmɔːtɪfɪ'keɪʃn] **1** förödmjukelse; grämelse, harm **2** späkning **3** *med.* kallbrand **-fy** ['mɔːtɪfaɪ] **1** förödmjuka; gräma, förarga **2** späka **3** *med.* få kallbrand **4** *med.* förorsaka kallbrand

mortuary ['mɔːtjʊərɪ] **I** *s* bårhus **II** *a* döds-; begravnings-

mosaic [mə'ʊ'zeɪk] **I** *s* mosaik; mosaik|läggning, -arbete **II** *a* mosaik-; ~ *gold* musivguld

Moscow ['mɒskəʊ] Moskva

Moslem ['mɒzlem] *se Muslim*

mosque [mɒsk] moské

mosquito [mə'skiːtəʊ] (*pl ~[e]s*) stickmygga, moskit

moss [mɒs] *s* **1** mossa **2** *i sht Sk.* [torv]mosse

most [məʊst] (*superl. av much o. many*) **I** *a o. s* mest, den (det) mesta; flest, de flesta; ~ *men* (*people*) de flesta [människor]; *at* [*the*] ~ högst, på sin höjd, i bästa fall; *for the ~ part* till största delen, i stort sett, mest[adels], för det mesta; *make the ~ of s.th.* göra det bästa (mesta möjliga) av ngt, utnyttja ngt till fullo, ta vara på ngt, verkligen njuta av ngt; *it's the ~!* (*sl.*) det är toppen! **II** *adv* **1** mest; *the ~ difficult* det svåraste; ~ *easily* lättast; ~ *famous* mest berömd; ~ *of all* allra mest, mest av allt; ~ *of all because* framför allt eftersom (därför att) **2** högst, mycket, ytterst, synnerligen; ~ *certainly* absolut, helt säkert; ~ *likely* högst sannolikt, med all sannolikhet **3** *dial. el. AE. vard.* nästan **-ly** ['məʊs(t)lɪ] **1** huvudsakligen, mest[adels] **2** för det mesta, vanligen

motel [məʊ'tel] motell

moth [mɒθ] *zool.* **1** nattfjäril **2** mal

mother ['mʌðə] **I** *s* **1** moder (*äv. bildl.*); mor, mamma; ~ *earth* moder jord, *vard.* marken; *M~ Goose* Gåsmor; *Mother's Day* Mors dag (*2:a söndagen i maj*); *the ~ of two sons* mor till två söner; *the M~ of Parliaments* parlamentens moder (*brittiska parlamentet*); *queen ~* änkedrottning, kungamoder; *be ~* (*vard.*) servera te; *be* [*like*] *a ~ to s.b.* vara som en mor för ngn; *become a ~* bli mor; *I had the ~ and father of a headache* (*vard.*) jag hade världens huvudvärk **2** moder, abedissa; föreståndarinna, husmor; ~ *superior* abedissa **3** *AE. sl., se motherfucker* **II** *v* **1** sätta till världen, föda; *bildl.* frambringa, vara upphov till **2** [upp]fostra **3** vara som en mor för; sköta om **motherfucker** [-ˌfʌkə] *vulg., i sht AE.* jävla idiot, skitstövel **motherhood** [-hʊd] moderskap **mother-in-law** ['mʌð(ə)rɪnlɔː] (*pl mothers-in-law*) svärmor **mother-of-pearl** [ˌmʌð(ə)rəv'pɜːl] pärlemo[r] **mother tongue** ['mʌðətʌŋ] modersmål

motif [məʊ'tiːf] motiv; tema

motion ['məʊʃn] **I** *s* **1** rörelse; gest, tecken; sätt att röra sig, rörelsemönster; impuls; *slow ~* (*film.*) slow motion; *be in ~* vara i rörelse (i gång), röra sig; *put* (*set*) *in ~* sätta i rörelse (i gång); *go through the ~s* göra ngt för formens skull, låtsas att man gör ngt, göra ngt helt mekaniskt; *make a ~ to s.b. to come* göra tecken åt ngn att komma **2** förslag, motion, yrkande **3** ~[*s*] avföring **4** mekanism; rörlig maskindel **II** *v* **1** vinka, göra tecken **2** vinka, göra tecken åt (till); ~ *s.b. to a chair* anvisa ngn en stol, göra tecken åt ngn att sätta sig **motionless** [-lɪs] orörlig, helt stilla **motion picture** [-ˌpɪktʃə] *AE.* film

motivate [ˈməʊtɪveɪt] motivera **motivation** [ˌməʊtɪˈveɪʃn] motivering; motivation (*äv. psykol.*) **motive** [ˈməʊtɪv] **I** *s* motiv, bevekelsegrund **II** *a* **1** rörelse-; ~ *power* drivkraft (*äv. bildl.*) **2** motivations- **III** *v* motivera

motley [ˈmɒtlɪ] **I** *a* brokig (*äv. bildl.*), blandad **II** *s* **1** brokig skara, brokig blandning **2** narrdräkt

motor [ˈməʊtə] **I** *s* motor; *i sht BE.* bil, motorfordon **II** *a* motor-; *fysiol.* motorisk **III** *v* **1** bila, åka bil **2** *BE.* köra (transportera) i bil **-bike** *vard.* motorcykel **-boat** [-bəʊt] motorbåt **-cade** [-keɪd] bilkortege **-car** [-kɑ:] bil **-cycle** [-ˌsaɪkl] **I** *s* motorcykel; ~ *combination* motorcykel med sidvagn **II** *v* köra (åka) motorcykel **-ing** [-rɪŋ] **I** *s* **1** bil|körning, -åkning, bilande; *school of* ~ trafik-, bil|skola **2** motorsport **II** *a* bil-; motor-; trafik-; ~ *accident* bil-, trafik|olycka; ~ *skills* (*pl*) körskicklighet **-ism** [-rɪz(ə)m] bilism, motorism **-ist** [-rɪst] bilist, bilförare **-ize** (*BE. äv. -ise*) [ˈməʊtəraɪz] motorisera

motor vehicle [-ˌviːɪkl] motorfordon **motorway** [-weɪ] motorväg

mottle [ˈmɒtl] **I** *v* göra fläckig, marmorera; ~*d* fläckig, spräcklig, marmorerad **II** *s* fläck; spräcklighet, marmorering

motto [ˈmɒtəʊ] motto, devis, valspråk

1 mould [məʊld] **I** *s* mögel; mögelsvamp **II** *v* mögla

2 mould [məʊld] mylla, matjord; *poet.* mull, jord **3 mould** [məʊld] **I** *s* **1** [gjut]form; schablon, mall; *boktr.* matris; *kokk.*, *bildl.* form; *the* ~ *of his face* formen på hans ansikte; *be cast in the same* ~ vara stöpt i samma form; *be cast in heroic* ~ vara hjältemodig **2** *bildl.* typ, karaktär; *people of a different* ~ folk av en annan typ **3** *kokk.* pudding **II** *v* gjuta; stöpa; forma (*out of av; into* till; *on* efter); *bildl.* forma, gestalta, bilda

moulder [ˈməʊldə] *v*, ~ [*away*] vittra, falla sönder, multna

moult [məʊlt] **I** *v* rugga, fälla hår; ömsa skinn (skal) **II** *s* ruggning, hårfällning; skalömsning

mound [maʊnd] **I** *s* hög; kulle; [försvars]mur, vall, bank **II** *v* **1** ~ [*up*] kasta upp i en hög **2** omge med vall

1 mount [maʊnt] **I** *s* **1** [rid]häst; riddjur **2** montering; infattning; ram; inramning; passepartout **3** frimärksfastsättare **4** (*i mikroskop*) objektglas **5** underlag; ställning; stativ **II** *v* **1** gå (springa) uppför; gå (klättra) upp på (i); bestiga; ~ *a horse* sitta upp [på en häst] **2** placera; montera; spänna (sätta) upp; infatta; rama in; förse med passepartout; klistra upp (in); preparera; ~ *specimens* göra i ordning preparat (*för mikroskopering*) **3** förbereda, organisera; sätta upp, iscensätta; sätta i gång; ~ *guard a*) gå 'på vakten, ställa sig på vakt, *b*) stå på (hålla, gå på) vakt; ~ *a guard* sätta ut vakt **4** hjälpa upp i sadeln; förse med häst[ar] **5** (*om djur*) bestiga, betäcka **6** sitta upp, stiga till häst **7** stiga; stiga (gå, klättra) upp; gå uppför **8** stiga, öka, växa

2 mount [maʊnt] (*litt. o. i namn*) berg; *M*~ *Etna* Etna; *M*~ *Everest* Mount Everest

mountain [ˈmaʊntɪn] berg (*äv. bildl.*), fjäll; *a* ~ *of washing* ett berg av tvätt **mountain ash** [ˌmaʊntɪnˈæʃ] *bot.* rönn **mountaineer** [ˌmaʊntɪˈnɪə] **I** *s* **1** bergsbo **2** berg[s]bestigare **II** *v* klättra i berg, göra berg[s]bestigningar **mountaineering** [ˌmaʊntɪˈnɪərɪŋ] berg[s]bestigning, bergsklättring, alpinism **mountainous** [ˈmaʊntɪnəs] bergs-; bergig; *bildl.* enorm, skyhög **mountain range** [ˌmaʊntɪnˈreɪn(d)ʒ] bergskedja

mounted [ˈmaʊntɪd] **1** beriden, ridande (*police* polis); motoriserad, fordonsburen **2** monterad; uppklistrad; infattad; inramad; iordningställd; med beslag

mounting [ˈmaʊntɪŋ] montering, montage; uppklistring; infattning; inramning; beslag (*t.ex. på byrå*); lavett

mourn [mɔ:n] **1** sörja, begråta; sörja över **2** sörja (*for, over* över); ~ *for s.b.* sörja ngn **3** vara sörjklädd **-ful** [ˈmɔ:nf(ʊ)l] **1** sorglig, dyster **2** sorgsen, sörjande; klagande **-ing** [ˈmɔ:nɪŋ] **I** *a* sörjande; sorg[e]-; ~ *band* sorgband; ~ *paper* brevpapper med sorgkant **II** *s* sorg; sorgdräkt; sorgetid; *be in* ~ *a*) ha sorg, *b*) vara sorgklädd

mouse I *s* [maʊs] (*pl mice* [maɪs]) **1** mus (*äv. bildl.*) **2** *sl.* blåtira **II** *v* [maʊz] **1** fånga möss **2** snoka omkring **mouse-trap** [ˈmaʊstræp] råttfälla

mousse [mu:s] *kokk.* mousse

moustache [məˈstɑ:ʃ] mustasch[er]

mousy [ˈmaʊsɪ] **1** musgrå **2** blyg, som en mus **3** full av möss

mouth I *s* [maʊθ, *pl* ~*s* [maʊðz] **1** mun; (*djurs*) käft; *by word of* ~ muntligen; *be down in the* ~ (*vard.*) vara deppig (nere); *give* ~ skälla, ge hals; *give* ~ *to* ge uttryck åt; *have five* ~*s to feed* ha fem munnar att mätta; *have a big* ~ (*vard.*) prata för mycket (högt), prata utan att tänka sig för; *have a foul* ~ vara ful i mun[nen]; *have a hard* ~ (*om häst*) vara hårdmynt; *keep one's* [*big*] ~ *shut* (*vard.*) hålla klaffen (käften); *put words into a p.'s* ~ *a*) tala om för ngn vad han skall säga, lägga orden i ngns mun, *b*) tillskriva ngn ett yttrande; *shut you* ~*!* håll klaffen (käften)!; *take the words out of a p.'s* ~ ta ordet ur mun[nen] på ngn **2** grimas; *make* ~ *at* göra grimaser åt **3** öppning; hål; in-, ut|gång; in-, ut|lopp; mynning **II** *v* [maʊð] **1** uttala övertydligt (tillgjort) **2** forma med läpparna (*utan att ngt ljud hörs*) **3** vänja vid betsel **4** ta (stoppa) i munnen, tugga på **5** grimasera

mouthful [ˈmaʊθfʊl] **1** munfull; munsbit; smula **2** tungvrickare **3** *vard.*, *i sht AE.*, *say a* ~ komma med en bra anmärkning **mouth organ** [-ˌɔ:gən] munspel **mouthpiece** [-pi:s] **1** munstycke **2** mikrofon (*på telefon*) **3** *bildl.* språkrör; talesman **mouth-to-mouth** [ˌmaʊθtəˈmaʊθ] *a, the* ~ *method* munmotmunmetoden **mouthwash** [ˈmaʊθwɒʃ] munvatten **mouthwatering** [ˈmaʊθˌwɔ:tərɪŋ] som får det att vattnas i munnen, aptitretande

movable [ˈmu:vəbl] **I** *a* **1** rörlig, flyttbar; *Easter is a* ~ *feast* påsk är en rörlig helg **2** *jur.* lös (*property* egendom) **II** *s, ofta* ~*s* (*pl*) lös|egendom, -öre, möbler

move [mu:v] **I** *s* (*i spel el. bildl.*) drag; åtgärd, steg; rörelse; flyttning; *it's my* ~ det är mitt drag (min tur); *be on the* ~ ⓐ vara i rörelse, röra sig (*äv. bildl.*), *b*) vara under utveckling, förändras, gå framåt, *c*) vara i farten; *he's up to every* ~ [*in the game*] honom kan man inte lura, han kan knepen; *get a* ~ *on!* skynda på!, kom igen!; *make a* ~ *a*) göra ett drag (*äv. bildl.*), göra något, vidtaga åtgärder, *b*) röra på sig; *it's time we made a* ~ det är dags (på tiden) att vi går (bryter upp, rör på oss); *make a* ~ *to do s.th.* göra en ansats att göra ngt; *watch a p.'s every* ~ ständigt ha ögonen på (kolla) ngn **II** *v* **1** röra [på]; sätta i rörelse (i gång); driva; hålla i gång **2** flytta [på], flytta om; transportera, förflytta; rulla; ta bort, avlägsna; ~ *the bowels* tömma tarmen; ~ *house* flytta **3** påverka, förmå, få, driva; beveka, göra intryck på; röra, göra rörd, gripa; *be* ~*d* bli rörd, röras (*to tears* till tårar), bli skakad; ~ *s.b. from an opinion* få ngn att ändra uppfattning **4** föreslå, framlägga förslag om, yrka [på]; ansöka om; hemställa hos (*for* om) **5** avyttra, sälja; ~ *stock* tömma (sälja ut) lagret **6** röra [på] sig; göra en rörelse; sätta sig (vara) i rörelse; sätta[s] i gång; flytta [på] sig, maka [på] sig; förflytta sig, tåga; flytta[s]; bryta upp, gå; utveckla (förändra) sig; ~! *a*) fortsätt!, cirkulera!, *b*) försvinn!; *white* ~*s* (*to* ~) (*schack.*) vit är vid draget; ~ *in high society* röra sig (umgås) i societeten; ~ *to Stockholm* flytta till Stockholm; ~ *with the times* följa med sin tid; *that's moving!* (*vard.*) vilken fart!; *which way are events moving?* i vilken riktning utvecklar sig saker och ting?; *things are beginning to* ~ det börjar hända saker och ting; *it's time we were moving* det är dags (på tiden) att vi ger oss i väg (rör på oss); ~ *away* gå undan (bort), flytta [på] sig, avlägsna sig, avtåga; ~ *down the bus, please!* fortsätt framåt (bakåt) i bussen!; ~ *off* ge sig av, avlägsna sig, gå; ~ *on* gå (fara) vidare, fortsätta, cirkulera; ~ *out* *a*) flytta [ut], *b*) ge sig av, avtåga; ~ *up a*) gå (stiga) fram, *b*) stiga, öka, *c*) flyttas upp, avancera **7** företaga sig (göra) ngt, vidtaga åtgärder **8** väcka förslag, hemställa (*for* om), yrka (*for* om) **9** *hand.* få avsättning, sälja (gå) [bra]

move|able ['mu:vəbl] *se* **moveable -ment** [-mənt] **1** rörelse; *mil. äv.* förflyttning; *a sudden* ~ en plötslig rörelse; *political* ~ politisk rörelse; *there was a* ~ *towards the door* man (folk) drog sig mot utgången **2** tendens, utveckling; *hand.* pris-, kurs|utveckling **3** [ur]verk, mekanism **4** *mus.* sats; tempo; *litt.* rytm; *konst.* rörelse, flykt; *the third* ~ *of a symphony* tredje satsen i en symfoni **5** avföring **6** *ofta* ~*s* (*pl*) förehavanden

movie ['mu:vɪ] *AE. vard.* film; bio[graf]; *the* ~*s* (*pl*) *a*) filmindustrin, *b*) filmförevisning; *go to the* ~*s* gå på bio **moviemaker** [-ˌmeɪkə] *AE.* filmskapare **movie theater** [-'θiːətə] *AE.* biograf

moving ['mu:vɪŋ] **1** rörande, gripande **2** rörlig; rörelse-; drivande; ~ *force* drivkraft; ~ *picture* (*AE.*) film; ~ *van* (*AE.*) flyttbil

mow [məʊ] (~*ed*, ~*ed el.* ~*n*) meja, slå; klippa (*the lawn* gräsmattan); ~ *down* (*bildl.*) meja ner **mower** ['məʊə] slåttermaskin; gräsklippare; slåtterkarl **mown** [məʊn] *perf. part. av* 2 *mow*

M.P. *förk. för* (*BE.*) *Member of Parliament*; (*BE.*) *Metropolitan Police; Military Police; Mounted Police* **m.p.g.** *förk. för miles per gallon* **m.p.h.** *förk. för miles per hour* **M.Ph[il].** *förk. för Master of Philosophy* **Mr.** ['mɪstə] (*pl Messrs.*

['mesəz]) *förk.* *för mister* hr, herr **Mrs.** ['mɪsɪz] (*pl Mrs.* ['mɪsɪz] *el. Mesdames* ['meɪdæm]) *förk.* *för missis* fru **Ms.** [mɪz, məz] *förk.* *använd när man inte vill ange Miss el. Mrs.* **mt.**, **mt.** *förk. för mount, mountain*

much [mʌtʃ] **I** *a* (*more, most*) *o. s* mycket, mycken; *as* ~ *again* lika mycket till; *as* ~ *as* lika (så) mycket som; *four times as* ~ fyra gånger så mycket; *I thought as* ~ det var just det jag trodde; *how* ~? hur mycket?; *how* ~ *is it?* hur mycket (vad) kostar den?; *not* ~! (*vard.*) sällan!, visst inte!; *nothing* ~ (*vard.*) inget vidare, nästan ingenting; *so* ~ så mycket; *so* ~ *the better* så mycket (desto) bättre; *so* ~ *for that* så var det med den saken (det); *this* (*that*) ~ så mycket; *too* ~ *a*) för mycket, *b*) för dyr, *c*) *vard.* löjlig, komisk, *d*) *sl.* otrolig, fantastisk, toppen; *too* ~ *advice* för många råd; *without* ~ *difficulty* utan större svårighet; *he is not* ~ *of a cook* han är inte mycket till (ingen vidare) kock; *it is as* ~ *as to say that* det är detsamma som att säga att; *he is not up to* ~ (*vard.*) han är inte mycket att hurra för, det är inte mycket bevänt med honom; *make* ~ *of* göra stor affär av; *I couldn't make* ~ *of that book* jag fick inte ut mycket av den boken; *we don't see* ~ *of each other* vi träffas inte så ofta; *I don't think* ~ *of* jag har inga höga tankar om, jag ger inte mycket för **II** *adv* (*more, most*) **1** mycket; [*very*] ~ *afraid* mycket rädd; ~ *better* mycket bättre; ~ *too high* alldeles för (alltför) hög; *you are very* ~ *mistaken* du misstar dig grundligt; ~ *more pleasant* mycket trevligare; *very* ~ *older* betydligt äldre; ~ *as I like her* hur mycket jag än tycker om henne; ~ *as I should like to* hur gärna jag än skulle vilja; ~ *to my astonishment* till min stora förvåning; *it hurt me* [*very*] ~ det sårade mig mycket; *I like it very* ~ jag tycker mycket om den; *I don't like him too* ~ jag tycker inte särskilt mycket om honom; *thank you very* ~! tack så mycket!; *however* ~ *he tries* hur mycket han än försöker **2** absolut, mycket, vida, långt; ~ *the biggest* absolut (utan tvekan) den största; *I would* ~ *prefer to stay* jag skulle absolut föredra att (mycket hellre vilja, helst av allt vilja) stanna **3** nästan, ungefär; *they're* ~ *the same size* de är ungefär lika stora

muck [mʌk] **I** *s* **1** dynga, gödsel **2** lort, smuts; *sl., i sht BE.* smörja; *make a* ~ *of* (*sl., i sht BE.*) sabba, göra pannkaka av **II** *v* **1** gödsla **2** ~ [*out*] mocka [i] (*the cowshed* ladugården) **3** smutsa (lorta) ner **4** *BE. sl.,* ~ *about a*) drälla (larva) omkring, *b*) tjafsa [med]; ~ *in* slå sig ihop; ~ [*up*] *a*) sabba, göra pannkaka av, *b*) svina ner **muck-raker** ['mʌkˌreɪkə] sensationsmakare; skandalreporter **muckraking** ['mʌkˌreɪkɪŋ] sensationsskriverier; undersökande journalistik **mucky** ['mʌkɪ] lortig, smutsig, skitig

mucus ['mju:kəs] slem

mud [mʌd] **I** *s* dy, gyttja, lera; smuts; *it's as clear as* ~ det är inte alls klart; *here's* ~ *in your eye!* (*vard.*) skål!; *his name is* ~ (*vard.*) man vill inte ha med honom att göra; *drag s p.'s name in the* ~ släpa ngns namn i smutsen; *sling* (*throw*) ~ *at* (*bildl.*) smutskasta **II** *v* smutsa ner

muddle ['mʌdl] **I** *s* oreda, röra, virrvarr, villervalla; *make a* ~ *of* trassla till, blanda (röra) ihop; *everything was in a* ~ allt var i en enda röra (låg huller om buller) **II** v **1** ~ [up] blanda (röra) ihop, förväxla **2** förvirra, göra konfys **3** grumla **4** AE. blanda, mixa (drinkar) **5** ~ along trassla sig fram; ~ through (i sht BE.) trassla sig igenom, klara sig **muddleheaded** [-ˌhedɪd] virrig, förvirrad

muddy ['mʌdɪ] **I** a **1** gyttjig, lerig, dyig; smutsig **2** oren (complexion hy); grumlig (liquid vätska); murrig (colour färg) **3** rörig, virrig (style stil) **II** v **1** smutsa (stänka) ner **2** bli smutsig (nerstänkt) **3** röra (virra) till

mudguard stänkskärm

1 muff [mʌf] muff

2 muff [mʌf] **I** s **1** miss; tabbe; make a ~ of trassla till, röra ihop, missa **2** klåpare, fuskare **II** v **1** missa **2** förstöra, förstöra; fuska bort

muffin ['mʌfɪn] **1** BE., ung. tekaka **2** AE. (slags skålformad sötad) plätt

muffle ['mʌfl] I s, tekn. muffel **II** v **1** ~ [up] linda (svepa) in, linda om, pälsa på **2** linda om (för att dämpa), dämpa; madrassera; ~d dämpad, kvävd, dov; ~d drums förstämda trummor **muffler** [-ə] **1** tjock (varm) halsduk **2** AE. ljuddämpare

1 mug [mʌg] mugg, sejdel

2 mug [mʌg] **I** s **1** sl. fejs, tryne; trut **2** sl. grimas **3** sl. lättlurad typ **4** that's a ~'s game det är helt meningslöst (idiotiskt) **5** AE. skurk, gangster **6** AE. fotografi (för polisens register) **II** v **1** vard. överfalla, råna **2** AE. fotografera (för polisens register)

mugger ['mʌgə] vard. rånare, ligist

muggy ['mʌgɪ] tryckande, kvav

mulberry ['mʌlb(ə)rɪ] bot. mullbär[sträd]

mule [mju:l] **1** mulåsna; mula **2** AE. vard. tjurskalle, envis person

mull [mʌl] fundera, grubbla (over på, över)

multinational [ˌmʌltɪ'næʃənl] multinationell

multiple ['mʌltɪpl] **I** a mång-, fler|faldig, mångahanda, mång-, fler|dubbel; multipel; ~ sclerosis multipel skleros; ~ store (shop) (i sht BE.) kedjebutik, filialaffär **II** s, mat. multipel, mångfald; lowest (least) common ~ minsta gemensamma dividend

multiplication [ˌmʌltɪplɪ'keɪʃn] **1** mat. multiplikation **2** mångfaldigande **3** fortplantning, förökning **multiply** ['mʌltɪplaɪ] **1** mat. multiplicera (by med) **2** mångfaldiga, öka **3** mångfaldigas, flerdubblas, öka[s] **4** föröka sig

multi|storey BE., **-story** AE. [ˌmʌltɪ'stɔ:rɪ] **I** a flervånings-; ~ car park parkeringshus **II** s parkeringshus

multitude ['mʌltɪtju:d] **1** mängd, massa, stort antal **2** folkmassa; the ~ den stora massan **3** mångfald, talrikhet

1 mum [mʌm] vard., i sht BE. mamma

2 mum [mʌm] **I** a tyst **II** s, ~'s the word! var alldeles tyst!, säg inte ett knyst om det!

mumble ['mʌmbl] **I** v mumla, muttra; ~ into one's beard mumla i skägget **II** s mummel, muttrande

mumbo jumbo [ˌmʌmbəʊ'dʒʌmbəʊ] (pl mumbo jumbos) **1** fetisch, magiskt föremål **2** meningslös ritual, tom ceremoni **3** rappakalja, struntprat; fikonspråk

mummer ['mʌmə] **1** mimartist **2** neds., skämts.

skådis

1 mummy ['mʌmɪ] mumie

2 mummy ['mʌmɪ] i sht BE., barnspr. mamma

mumps [mʌmps] (behandlas som sg) påssjuka

munch [mʌn(t)ʃ] **1** mumsa **2** mumsa (snaska) på

mundane [ˌmʌn'deɪn] **1** världslig **2** banal, alldaglig, vardaglig

Munich ['mju:nɪk] München

municipal [mju:'nɪsɪpl] kommunal, municipal; kommun-, stads-; ~ council kommunfullmäktige; ~ elections kommunalval; ~ library stads-, kommun|bibliotek **-ity** [mju:ˌnɪsɪ'pælətɪ] **1** kommun **2** kommunstyrelse

munition [mju:'nɪʃn] **I** v, mil. utrusta, förse med krigsmateriel **II** s, ~s (pl) krigs|materiel, -förnödenheter, ammunition

mural ['mjʊər(ə)l] **I** a mur-, vägg- **II** s mural-, vägg|målning

murder ['mɜ:də] **I** s mord (of på); attempted ~ mordförsök; ~ will out ett brott kommer alltid fram; cry blue ~ (vard.) skrika som om kniven satt i en; get away with ~ (vard.) ostraffat göra som man vill, tillåta sig vad som helst; it's ~ (vard.) det är livsfarligt (rena självmordet); it was ~ (vard.) det var mördande tråkigt (ursvårt, jätteobekvämt etc.) **II** v **1** mörda **2** fördärva, slabba; rådbråka; totalt utklassa **murderer** [-rə] mördare **murderess** [-rɪs] mörderska **murderous** ['mɜ:d(ə)rəs] **1** mordisk, mordlysten, blodtörstig; mord-; mördande (äv. bildl.) **2** vard. livsfarlig; mördande tråkig; väldigt obehaglig; ursvår

murky ['mɜ:kɪ] **1** mörk, dunkel **2** mulen; tät (fog dimma)

murmur ['mɜ:mɜ:] **I** v **1** sorla, porla; susa, brusa; surra **2** mumla, muttra; knota, knorra **II** s **1** sorl, porlande; sus, brus; surr; ~ of traffic trafikbrus **2** mummel, muttrande; knot[ande], knorrande; a ~ of disagreement ett ogillande mummel

muscle ['mʌsl] **I** s muskel; muskelvävnad; [muskel]styrka; she didn't move a ~ hon rörde inte en fena; you need ~ for this det krävs muskelstyrka för det här; pull (stretch) a ~ få en muskelsträckning, sträcka en muskel **II** v, vard., ~ in tränga sig in (on hos, i, på) **muscular** ['mʌskjʊlə] **1** muskel- **2** muskulös

1 muse [mju:z] musa, sång|mö, -gudinna; the [nine] M~s (mytol.) [de nio] muserna

2 muse [mju:z] grubbla, fundera (on, about på, över); titta tankfullt, sitta och drömma

museum [mju:'zɪəm] museum **museum piece** museiföremål

mush [mʌʃ] **1** mos, gröt, sörja; AE. majsgröt **2** vard. överdriven sentimentalitet **3** AE. sl. paraply

mushroom ['mʌʃrʊm] **I** s svamp; champinjon; grow like ~s växa upp som svampar [ur marken] **II** a **1** svamp-; champinjon; ~ cloud svamp[moln] (vid atomexplosion); ~ soup svamp-, champinjon|soppa **2** plötslig; hastigt uppvuxen, snabbt framväxande **III** v **1** växa [fram] (utveckla sig) snabbt, växa upp som svampar ur marken **2** plocka svamp; go ~ing gå ut och plocka svamp

music ['mju:zɪk] **1** musik; ~ of the spheres sfärernas musik; that's ~ to my ears det är som musik för mina öron; put (set) s.th. to ~ tonsätta ngt **2**

noter, nothäften; *turn the* ~ vända notblad **3** *vard.*, *face the* ~ ta konsekvenserna **musical** [-l] **I** *a* **1** musik-; ~ *box* speldosa; ~ *chairs* (*lek*) hela havet stormar; ~ *comedy* musikal; ~ *evening* musikalisk soaré; ~ *instrument* musikinstrument **2** musikalisk; melodisk; ~ *laughter* melodiskt skratt; *have a* ~ *ear* ha musiköra **II** *s* musikal **musical|ity** [,mju:zɪ'kælətɪ], **-ness** ['mju:zɪklnɪs] musikalitet **music book** ['mju:zɪkbʊk] not|-bok, -häfte **music box** ['mju:zɪkbɒks] speldosa **music hall** ['mju:zɪkhɔ:l] **1** *i sht BE.* varieté, varietéteater **2** *AE.* konsertsal **musician** [mju:-'zɪʃn] musiker; musikant; tonsättare **music stand** ['mju:zɪkstænd] notställ

musk [mʌsk] **I** *s* mysk **II** *a* mysk-; ~ *deer* (*zool.*) myskhjort

musketeer [,mʌskɪ'tɪə] *hist.* musketerare; musketör

Muslim ['mʊslɪm] **I** *s* muslim, muselman **II** *a* muslimsk, muselmansk

mussel ['mʌsl] *zool.* mussla; *sea* ~ blåmussla

1 must [mʌst] **I** *hjälpv* **1** måste, är (var) tvungen att, får (fick) [lov att]; *you* ~ *go at once* du måste gå genast; *she said that she* ~ *go* hon sade att hon måste (var tvungen att) gå; *you* ~ *not* (~*n't*) du får (skall, fick, skulle) inte; *I* ~*n't forget that* jag får inte glömma det **2** måste, måtte; *you* ~ *have lost it* du måste (måtte) ha tappat den, du har nog (säkert) tappat den **3** *he* ~ *come just now!* det är typiskt att han skulle (han ska förstås) komma just nu! **II** *s, a* ~ ett måste; *this play is a* ~ den här pjäsen måste man se (ha sett)

2 must [mʌst] [druv]must

3 must [mʌst] unkenhet; mögel

mustache ['mʌstæʃ] *AE.*, *se moustache*

mustard ['mʌstəd] **1** senap (*äv. bot.*); *be as keen as* ~ (*vard.*) vara eld och lågor **2** senapsgult

muster ['mʌstə] **I** *s* **1** mönstring, inspektion (*i sht mil.*); *pass* ~ (*bild.*) hålla måttet, bli godkänd, duga **2** uppbåd; samling; samlande; sammandrivning (*of cattle* av boskap) **II** *v* **1** samla [ihop], uppbåda, sammankalla; *mil.* ställa upp **2** *bildl.*, ~ [*up*] samla (*courage* mod); uppbåda (*strength* styrka) **3** *AE. mil.*, ~ *in* inkalla, värva; ~ *out* avföra ur rullorna **4** samlas; ställa upp sig

mustn't ['mʌsnt] = *must not*

musty ['mʌstɪ] möglig; unken; gammal

mutation [mju:'teɪʃn] **1** förändring; ändring **2** *biol.* mutation **3** *språkv.* omljud

mute [mju:t] **I** *a* mållös, tyst; stum; ~ *dislike* outtalad motvilja; ~ *swan* knölsvan **II** *s* **1** stum person **2** statist **3** *mus.* sordin; dämmare **4** *språkv.* klusil, explosiva **III** *v* dämpa; *mus. äv.* dämma, sätta sordin på

muti|late ['mju:tɪleɪt] stympa (*äv. bild..*), lemlästa; *bildl.* förvanska, vanställa **-lation** [,mju:tɪ'leɪʃn] stympning, lemlästning; *bildl.* förvanskning, vanställande

mutineer [,mju:tɪ'nɪə] **I** *s* myterist **II** *v* göra myteri

mutiny ['mju:tɪnɪ] **I** *s, sjö., bildl.* myteri; uppror **II** *v* göra myteri (uppror)

mutt [mʌt] *sl.* **1** klantskalle, idiot **2** hundracka

mutter ['mʌtə] **I** *v* **1** muttra, mumla; knota, knorra (*at, about* över) **2** muttra (mumla) [fram] **II** *s* muttrande, mummel; knot, knorrande

mutton ['mʌtn] får[kött]; ~ *dressed as lamb* äld-

re person som försöker verka ung, äldre sak som verkar ny

mutual ['mju:tʃʊəl] **1** ömsesidig (*respect* respekt), inbördes; ~ *admiration society* sällskap för inbördes beundran; ~ *insurance company* ömsesidigt försäkringsbolag **2** gemensam (*friend* vän)

muzzle ['mʌzl] **I** *s* **1** nos; mule; tryne **2** mynning (*på skjutvapen*) **3** munkorg; nosgrimma **II** *v* **1** sätta munkorg på **2** tysta [ner] **3** bärga (*segel*)

muzzy ['mʌzɪ] **1** otydlig, oklar, suddig **2** virrig, förvirrad, omtöcknad

my [maɪ; *obeton.* mɪ] **I** *poss. pron* min; ~ *wallet* min plånbok; ~ *own brother* min egen bror; ~ *dear Jane* kära Jane; ~ *goodness!* du milde!, kors i all sin dar!; *never in* ~ *life* aldrig i livet; *I hurt* ~ *head* jag slog mig i huvudet; *please forgive* ~ *butting in* förlåt att jag lägger mig i; *if you don't mind* ~ *saying so* om du inte tar illa upp **II** *interj* o!, åh!; *oh,* ~*!* oj då!, oj oj!, nej men!

myopia [maɪ'ɒpjə] *med.* myopi, närsynthet

myriad ['mɪrɪəd] **I** *s* myriad, otalig mängd, oräknelig skara **II** *a* otalig, oräknelig

myrrh [mɜ:] **1** myrra **2** *bot.* körvel

myrtle ['mɜ:tl] *bot.* myrten; *bog* ~ pors

myself [maɪ'self] *rfl o. pron.* mig [själv]; [jag] själv, jag; *I have washed* ~ jag har tvättat mig; *I never talk to* ~ jag pratar aldrig för mig själv; *all but* ~ alla utom jag själv; [*all*] *by* ~ [all deles] ensam (själv), *my husband and* ~ min man och jag

mysterious [mɪ'stɪərɪəs] mystisk, gåtfull, hemlighetsfull, hemynnelig **-ness** [-nɪs] mystik, gåtfullhet, hemlighetsfullhet, besynnerlighet

mystery ['mɪst(ə)rɪ] **1** mysterium, gåta; gåtfullhet, hemlighetsfullhet, mystik; *it's a* ~ *to me* det är mig en gåta; *there's no* ~ *about that* det är inget mystiskt med det; *make a* ~ *of* göra en hemlighet av **2** detektiv|roman, -film, -pjäs **3** *teol. mysterium* **4** (*medeltida*) mysteriespel

mystic ['mɪstɪk] **I** *a* mystisk **II** *s* mystiker **mysticism** ['mɪstɪsɪz(ə)m] mysticism; mystik

mystify ['mɪstɪfaɪ] **1** mystifiera, förbrylla **2** omge med mystik

myth [mɪθ] myt; saga, sägen **mythology** [mɪ'θɒlədʒɪ] mytologi

N

N, n [en] (*bokstaven*) N, n

nab [næb] *vard.* haffa; hugga tag i, gripa, rycka till sig; sno åt sig

1 nag [næg] **1** hästkrake **2** liten ridhäst

2 nag [næg] **I** *v* **1** tjata (gnata) på **2** tjata, gnata (*at* på); ~ *at* (*äv.*) plåga, tära på **II** *s* tjatig (gnatig)

person
nagging ['nægɪŋ] I *a* tjatig, gnatig; ~ *pain* molande (gnagande) smärta II *s* gnat, tjat
nail [neɪl] I *s* 1 nagel; klo 2 spik; stift; nagel; *as hard as* ~*s a*) i utmärkt form, *b*) *bildl.* stenhård, obeveklig; *hit the* ~ *on the head* (*bildl.*) slå (träffa) huvudet på spiken; *pay on the* ~ (*vard.*) betala genast (på stubben) II *v* 1 spika [fast]; ~ *down* spika igen (till), spika fast (*a lid* ett lock); ~ *up* spika igen (till), spika upp; *be* ~*ed to the spot* (*bildl.*) stå som fastnaglad; *I* ~*ed her down to coming in time* jag tvingade henne att komma i tid 2 *vard.* haffa, sätta fast; *get* ~*ed* bli haffad, åka fast 3 *vard.* avslöja (*a lie* en lögn; *a liar* en lögnare) **-file** [-faɪl] nagelfil **nail polish** [-ˌpɒlɪʃ] nagellack
naïve, naive [nɑː'iːv] naiv
naked ['neɪkɪd] 1 naken; bar; blottad; kal (*branch* gren); öppen (*flame* låga); *the* ~ *eye* blotta ögat; ~ *facts* nakna fakta; ~ *sword* naket (blottat) svärd; *the* ~ *truth* nakna (oförfalskade) sanningen; ~ *of* blottad på, utan 3 oskyddad, värnlös **-ness** [-nɪs] nakenhet
name [neɪm] I *s* 1 namn, benämning (*of* på); *a man, Hobson by* ~ en man vid namn (som heter) Hobson; *in* ~ *only* endast till namnet; *in the* ~ *of justice* (*the law*) i rättvisans (lagens) namn; *what's your* ~? vad heter du?; *my* ~ *is Josef* jag heter (mitt namn är) Josef; *that's the* ~ *of the game* (i *sht AE.*) det är det det handlar om (går ut på); *what's in a* ~? vad betyder väl ett namn?; *go by* (*under*) *the* ~ *of* gå (vara känd) under namnet; *not have a penny to one's* ~ vara helt pank, inte ha ett [rött] öre; *I know her only by* ~ jag känner henne bara till namnet; *he knows all his pupils by* ~ han vet (kan) namnet på all sina elever; *put one's* ~ *down a*) skriva sitt namn, anteckna sig (*on a list* på en lista), *b*) anmäla sig (*for* till, för); *put one's* ~ *to* sätta sitt namn under; *what* ~ *shall I say?* (i *telefon*) hur var namnet?, vem får jag hälsa ifrån? 2 skällsord; *call s.b.* ~*s* skälla ut ngn 3 rykte, namn; *have a good* (*bad*) ~ ha [ett] gott (dåligt) rykte (namn om sig); *have a* ~ *for s.th.* vara känd för ngt; *make one's* ~ (*o.s. a* ~) göra (skapa) sig ett namn, bli berömd II *v* 1 kalla [för]; ge namn [åt]; döpa [till]; [be]nämna; uppkalla (*after, AE. for* efter); namnge, nämna vid namn; säga namnet på; *a woman* ~*d Sheila* en kvinna som heter (vid namn) Sheila; *the child is* ~*d Victor* barnet heter (kallas [för]) Victor; *you* ~ *it* (*vard.*) vad som helst, allt man kan tänka sig 2 utnämna, utse; bestämma, ange, säga, nämna; ~ *s.b. as* (*for, to*) *leader* utnämna (utse) ngn till ledare; ~ *the day* (*vard.*) bestämma bröllopsdag[en] 3 namna, sätta namn på
nameless [-lɪs] 1 namnlös, anonym 2 obeskrivlig; outsäglig
namely ['neɪmlɪ] nämligen
nameplate namn|skylt, -plåt
nanny ['nænɪ] 1 barn|sköterska, -flicka 2 *barnspr.* farmor, mormor
nap [næp] I *s* tupplur; *have* (*take*) *a* ~ ta sig en [tupp]lur II *v* ta sig en tupplur; *catch s.b.* ~*ping* (*bildl.*) överrumpla ngn, ta ngn på sängen
naphtha|lene, -line ['næfθəliːn] *kem.* naftalen, naftalin

napkin ['næpkɪn] 1 [*table*] ~ servett 2 liten handduk 3 blöja 4 *AE.*, [*sanitary*] ~ dambinda
Naples ['neɪplz] Neapel
narcissus [-əs] *bot.* narciss, pingstlilja; påsklilja
narcosis [nɑː'kəʊsɪs] narkos **narcotic** [-'kɒtɪk] I *a* 1 narkotisk; narkotika-; narkoman- 2 narkos-; bedövande II *s* narkotiskt medel, narkotikum; ~*s* (*pl*) narkotika
narrate [nə'reɪt] berätta, skildra
narrow ['nærəʊ] I *a* 1 trång, smal; ~ *gauge* smalspår; ~ *passage* trång passage 2 knapp (*victory* seger), snäv; inskränkt (*sense* betydelse); begränsad; *within* ~ *bounds* inom snäva gränser; ~ *circumstances* knappa (små) omständigheter; *have a* ~ *escape* komma undan med knapp nöd; *that was a* ~ *escape* (*squeak*) det var nära ögat; *have a* ~ *mind* vara inskränkt (trångsynt) 3 noggrann (*scrutiny* undersökning) 4 *fonet.* sluten (*vowel* vokal) II *s*, ~*s* (*behandlas som sg el. pl*) trång passage, trångt sund III *v* 1 smalna, bli trång; minskas, begränsas 2 göra trängre (smalare); ~ [*down*] inskränka, begränsa **-ly** [-lɪ] *adv* 1 trångt, smalt 2 knappt *etc.*, *jfr narrow I 2*; *he* ~ *escaped being run over* han undgick med knapp nöd att bli överkörd 3 noggrant, noga; *he looks too* ~ *into things* han är alltför noga (petig) med saker och ting
NASA *förk.* för *National Aeronautics and Space Administration* amerikanska rymdflygstyrelsen
nasty ['nɑːstɪ] 1 snuskig, [från]stötande, oanständig; *have a* ~ *mind* ha snuskig fantasi 2 obehaglig, otrevlig, otäck, hemsk, vidrig, äcklig; elak, stygg, nedrig (*to* mot); *you* ~ *little boy!* din elaka (stygga, otäcka) lilla unge!; *a* ~ *smell* en otäck (vidrig, elak) lukt; *that was a* ~ *thing to say* det var elakt sagt
nation ['neɪʃn] nation; folk[slag]
national ['næʃənl] I *a* nationell; national-; folk-; stats-; inhemsk; landsomfattande, riks-; ~ *anthem* nationalsång; *the N*~ *Assembly* [franska] nationalförsamlingen; ~ *bank a*) riks-, central|bank, *b*) *AE.* nationalbank; *N*~ *Convention* nationalkonvent; ~ *debt* statsskuld; ~ *dress* nationaldräkt; *the N*~ *Health Service* (*BE.*) hälso- och sjukvården; ~ *income* nationalinkomst; ~ *insurance* socialförsäkring; ~ *park* nationalpark; ~ *service* (i *sht BE.*) allmän värnplikt; *N*~ *Socialism* nationalsocialism, nazism II *s* medborgare, undersåte **-ism** ['næʃnəliz(ə)m] nationalism **-ist** ['næʃnəlɪst] I *s* nationalist II *a* nationalistisk; *N*~ *China* Nationalistkina, Taiwan **-istic** [ˌnæʃnə'lɪstɪk] nationalistisk **-ity** [ˌnæʃ(ə)'nælətɪ] 1 nationalitet 2 national|karaktär, -egenskap **-ize** (*BE. äv. -ise*) ['næʃnəlaɪz] nationalisera, förstatliga
nationwide ['neɪʃnwaɪd] landsomfattande
native ['neɪtɪv] I *a* 1 födelse-; ~ *country* fädernes-, foster|land; ~ *language* modersmål; ~ *town* hem-, födelse|stad 2 infödd (*Irishman* irländare); inhemsk (*plant* växt); *an animal* ~ *to Canada* ett djur hemmahörande (som är inhemskt) i Canada 3 infödings-; ~ *quarters* infödingskvarter; *go* ~ börja leva som infödingarna 4 medfödd (*talent* begåvning) 5 (*om metall*) gedigen, ren II *s* 1 inföding; infödd 2 inhemsk växt; inhemskt djur
natural ['nætʃr(ə)l] I *a* 1 natur-; naturlig; okonst-

lad; vildväxande (*flowers* blommor); ~ *child-birth* naturlig förlossning (*utan bedövningsmedel*); ~ *gas* naturgas; ~ *history* naturhistoria, biologi; ~ *manner* naturligt (okonstlat) sätt; ~ *resources* naturtillgångar; ~ *science* naturvetenskap; ~ *selection* naturligt urval; *in its* ~ *state* i naturtillståndet **2** naturlig, medfödd (*ability* förmåga); *she is a* ~ *artist* hon är född till (en boren) konstnär; *it comes* ~ *to me* det faller sig naturligt för mig **3** naturlig, självklar (*leader* ledare) **4** utomäktenskaplig; köttslig, biologisk; ~ *child* utomäktenskapligt barn; ~ *brother* köttslig bror; ~ *parents* biologiska föräldrar **5** mus. utan förtecken; utan ventiler (klaffar); ~ *scale* diatonisk skala **II** *s* **1** mus. återställningstecken **2** vard. naturbegåvning **3** åld. idiot

natural|ist ['nætʃrəlɪst] **1** naturforskare; biolog **2** naturalist **-ize** (*BE. äv. -ise*) ['nætʃrəlaɪz] **1** naturalisera; ge medborgarskap [åt]; inplantera (*djur, växt*); införliva (*ord, seder etc.*) **2** göra mu turlig **3** (*om ord, djur, vuxt*) naturaliseras; (*om ord, seder etc.*) införlivas **-ly** ['nætʃrəlɪ] *adv* **1** naturligtvis **2** naturligt; okonstlat; otvunget; *behave* ~ uppträda naturligt **3** av naturen; av sig själv; *she is* ~ *lazy* hon är lat av naturen; *it comes* ~ *to me* det faller sig naturligt för mig; *my hair curls* ~ jag är självlockig

nature ['neɪtʃə] natur[en]; väsen, läggning, sort, slag; beskaffenhet; *human* ~ människonaturen; *call of* ~ (*vard.*) trängande [natur]behov; *child of* ~ naturbarn; *laws of* ~ naturlagar; *against* ~ mot naturen, *by* ~ till sin natur, av naturen; *draw from* ~ teckna efter naturen; *s.th. in* (*of*) *the* ~ *of* ngt i stil med, ngt slags; *it's in the* ~ *of things* det ligger i sakens natur; *in a state of* ~ i naturligt tillstånd; *things of that* ~ sådant, dylikt

naught [nɔːt] **I** *s* **1** åld. el. litt. intet, inget; misslyckande **2** *set at* ~ ringakta, förakta **3** *i sht AE., se nought I* **II** *a*, åld. värdelös **III** *adv*, åld. el. litt. inte alls

naughty [-ɪ] **1** stygg, elak; olydig **2** lättsinnig, oanständig

nau|sea ['nɔːsjə] **1** kväljningar; illamående **2** äckel, avsmak **-seate** [-seɪt] **1** kvälja, göra illamående **2** äckla **3** ha kväljningar, må illa **-seating** [-seɪtɪŋ], **-seous** [-sjəs] **1** kväljande **2** äcklig, vämjelig

nautical ['nɔːtɪkl] nautisk, sjö-; navigations-; ~ *chart* sjökort; ~ *mile* nautisk mil, sjömil, distansminut

naval ['neɪvl] flott-, örlogs-, marin-; sjömilitär; sjö-; ~ *academy* sjökrigshögskola; ~ *architecture* skeppsbyggnadskonst; ~ *base* flott-, örlogs|bas; ~ *cadet* sjökadett; ~ *college* sjökrigsskola; ~ *dockyard* örlogsvarv; ~ *forces* (*pl*) sjöstridskrafter; ~ *officer* sjöofficer; ~ *power* sjömakt

1 nave [neɪv] mittskepp (*i kyrka*)

2 nave [neɪv] [hjul]nav

navel ['neɪvl] **1** navel **2** centrum, mittpunkt **3** ~ [*orange*] navelapelsin

navi|gable ['nævɪgəbl] **1** segelbar **2** manöverduglig; styrbar **-gation** [ˌnævɪˈgeɪʃn] **1** sjö|fart, -trafik, seglation **2** navigation, navigering **-gator** ['nævɪgeɪtə] **1** navigatör **2** sjöfarare **3** flyg. navigator, navigationsinstrument

navvy ['nævɪ] *BE. vard.* byggnads-, väg-, järnvägs|arbetare

navy ['neɪvɪ] **I** *s* **1** [örlogs]flotta, marin; *the Royal N*~ engelska (brittiska) flottan **2** marinblått **II** *a* flott-, marin; ~ *blue* marinblå; ~ *cut* finskuren tobak; ~ *yard* (*AE.*) örlogsvarv

Na|zi ['nɑːtsɪ] **I** *s* nazist **II** *a* nazistisk **-zism** [-tsɪz(ə)m] nazism

N.B., n.b. *förk. för nota bene* **NBC** *förk. för National Broadcasting Company*

near [nɪə] **I** *a o. adv* nära; när|belägen, -liggande; nära förestående; närstående; nära nog, nästan; *the N*~ *East* Mellanöstern; *in the* ~ *future* inom en nära (snar) framtid; *be* ~ *at hand a*) vara nära till hands (i närheten), *b*) vara nära förestående; *it was a* ~ *accident* det var nära att en olycka hade skett; *that was a* ~ *guess* det var nästan rätt gissat; *it was a* ~ *miss* det träffade alldeles nära målet; *that was a* ~ *thing!* (*vard.*) det var nära ögat!; ~ *translation* noggrann (ordagrann) översättning; ~ *by* i närheten; *those* ~*est and dearest to me* mina närmaste; *not anywhere* (*nowhere*) ~ inte på långa vägar; *not* ~ *so bad* in alls (på långa vägar) lika dåligt; *I was* ~ *doing it* det var nära att jag gjorde det; *come* (*draw, get*) ~ närma sig; *come* ~*er!* kom närmare!; *live* ~ leva sparsamt; *she lives quite* ~ hon bor alldeles i närheten; *as* ~ *as makes no difference* så gott som **II** *a* imiterad, konst-; ~ *beer* (*AE. ung.*) svagdricka; ~ *leather* konstläder, läderimitation; ~ *silk* konstsiden **III** *prep* nära; i närheten av **IV** *v* närma sig

nearby **I** *a* ['nɪəˌbaɪ] närbelägen **II** *adv* [ˌnɪəˈbaɪ] i närheten, alldeles bredvid (intill) **nearly** ['nɪəlɪ] *adv* **1** nästan, närapå; *not* ~ inte på långa vägar, långt ifrån **2** nära; *it concerns us* ~ det angår (berör) oss nära **nearness** ['nɪənɪs] närhet **near-side** ['nɪəsaɪd] *i sht BE.* **I** *s* sida närmast vägbanan (trottoarkanten) **II** *a* närmast vägkanten (trottoarkanten) **near-sighted** [ˌnɪəˈsaɪtɪd] närsynt

neat [niːt] **1** ordentlig, noggrann, noga; prydlig, välvårdad, oklanderlig **2** skicklig[t gjord]; elegant (*solution* lösning) **3** snygg, nätt (*figure* figur) **4** (*om dryck*) outspädd, ren **5** *sl.*, *i sht AE.* toppen, jättebra **6** *AE.* netto-; ~ *profit* nettovinst

nebulous ['nebjʊləs] **1** *bildl.* oklar, dunkel **2** nebulosa-, nebular

neces|sarily ['nesəs(ə)rəlɪ] nödvändigtvis; ovillkorligen **-sary** [-s(ə)rɪ] **I** *a* nödvändig; erforderlig; oundviklig; *a* ~ *evil* ett nödvändigt ont; *if* ~ om så erfordras (behövs, är nödvändigt) **II** *s*, vanl. pl, *the -saries a*) det nödvändiga, *b*) jur. livet nödtorft

neces|sitate [nɪˈsesɪteɪt] göra nödvändig; *we were* ~*d to stay at home* vi tvingades att stanna hemma **-sity** [-sətɪ] **1** nödvändighet (*for, of* av); [nöd]tvång; *from* (*out of*) ~ av nödtvång; *of* ~ nödvändigtvis, oundvikligen; *in case of* ~ i nödfall, vid behov; ~ *is the mother of invention* nöden är uppfinningarnas moder; *it is a matter of absolute* ~ det är absolut nödvändigt; *there is no* ~ *for him to come* det är inte nödvändigt att han kommer; ~ *knows no law* nöden har ingen lag **2** nöd, fattigdom, armod; *in time of* ~ i svåra tider, i nödtider; *live in* ~ leva i fattigdom (nöd) **3** nödvändig sak; *the -sities of life* livets nödtorft

N

neck [nek] **I** *s* **1** hals (*äv. bildl.*); *back of the ~* nacke; *the ~ of a bottle* halsen på en flaska; *it's ~ or nothing* kosta vad det kosta vill, det må bära eller brista; *be up to one's ~ in work* ha arbete upp över öronen; *break one's ~ a*) bryta nacken (halsen) av sig, *b*) *vard.* göra allt (sitt yttersta) (*to* för att); *get it in the ~* (*vard.*) få obehag, få stryk; *have a stiff ~* vara stel i nacken; *have s.b. round one's ~* (*vard.*) ha fått ngn på halsen; *keep ~ and ~ with* hålla jämna steg med; *risk one's ~* våga halsen (sin hals); *save one's ~* rädda sitt eget skinn, klara sig ur knipan; *stick one's ~ out* (*vard. bildl.*) sticka ut huvudet; *take s.b. by the ~* ta ngn i kragen; *win by a ~* vinna med en halslängd (noslängd) **2** [hals]ringning **3** näs; sund; *~ of land* landtunga **4** *vard., in this ~ of the woods* i de här trakterna **II** *v* **1** *vard.* [grov]hångla **2** *AE.* nacka (*a fowl* en höna)

necking ['nekɪŋ] *vard.* [grov]hångel

neck\lace ['neklɪs] hals\band, -kedja **-line** [hals]ringning **-tie** *AE.* slips, kravatt, halsduk

nectar ['nektə] nektar

need [ni:d] **I** *s* **1** behov (*of, for* av); *if ~ be* om så (det) behövs; *be in ~ of* behöva, vara i behov av; *there is a ~ for a*) det behövs, det finns behov av, *b*) det krävs; *there is no ~ for him to do it* han behöver inte göra det; *there is no ~ for hurry* det brådskar inte; *have ~ of* behöva, ha behov av; *you have no ~ to do it* du behöver inte göra det; *my ~s are few* jag har små behov (behöver inte mycket) **2** nöd; *in time of ~* i nödens stund; *be in ~* vara i (lida) nöd; *a friend in ~ is a friend in deed* i nöden prövas vännen **II** *v* **1** behöva[s], fordra[s], kräva[s]; *be ~ed* behövas, fordras, krävas; *just what she ~s* precis vad hon behöver; *it ~s doing (to be done)* det behöver göras; *it ~s a lot of work* det kräver (krävs) mycket arbete **2** behöva, vara tvungen att; *~ she (does she ~ to) hurry?* behöver hon skynda sig?; *she ~s to hurry* hon måste skynda sig

needle ['ni:dl] **I** *s* **1** [sy]nål; visare (*på instrument*); [grammofon]stift; virknål; [knitting] *~* [strump]sticka; *an eye of a ~* ett nålsöga; *magnetic ~* magnetnål; *look for a ~ in a haystack* leta efter en nål i en höstack **2** *med.* sprutspets, injektionsnål; *vard.* spruta **3** barr (*på barrträd*) **4** *BE. sl., have (get) the ~* bli sur (irriterad, nervös), reta sig **II** *v* **1** *vard.* pika, reta **2** sy, brodera **3** *AE.* spetsa (*drink*)

needlepoint ['ni:dlpɔɪnt] stramaljbroderi

needless ['ni:dlɪs] onödig; överflödig; *~ to say, he forgot it* naturligtvis (självfallet) glömde han det

needlework ['ni:dlwɜ:k] handarbete; sömnad; broderi

needn't ['ni:dnt] = *need not* **needy** ['ni:dɪ] [hjälp]behövande, nödlidande

nefarious [nɪ'feərɪəs] skändlig, nedrig

negate [nɪ'geɪt] **1** förneka; motsäga **2** ogiltigförklara; upphäva **negation** [nɪ'geɪʃn] **1** förnekande, förkastande (*of av*) **2** *språkv.* negation

negative ['negətɪv] **I** *a* negativ; nekande; *~ answer* nekande (negativt) svar; *~ sign* minustecken, negativt förtecken **II** *s* **1** nekande; nekande svar; *answer in the ~* svara nekande **2** *mat.* negativ storhet; *elektr.* negativ pol **3** *foto.* negativ **4**

språkv. negation; nekande ord (uttryck) **III** *v* **1** förneka **2** avslå, förkasta

neglect [nɪ'glekt] **I** *v* försumma, strunta i, missköta, inte ta hänsyn till, negligera **II** *s* försummelse, misskötsel, vanskötsel, underlåtenhet; *~ of duties* pliktförgätenhet; *be in a state of ~* vara vanvårdad (vanskött)

negli\gence ['neglɪdʒ(ə)ns] försumlighet, oaktsamhet, vårdslöshet **-gent** [-dʒ(ə)nt] försumlig, oaktsam, vårdslös (*of* med, i); nonchalant, likgiltig; *be ~ of* (*äv.*) försumma **-gible** [-dʒəbl] försumbar, obetydlig, betydelselös, negligeabel, negligerbar

nego\tiable [nɪ'gəʊʃjəbl] **1** *hand.* överlåtbar, säljbar **2** (*om väg*) framkomlig, farbar **3** förhandlingsbar **-tiate** [nɪ'gəʊʃɪeɪt] **1** underhandla om, förhandla om **2** *ekon.* negociera, avyttra; förmedla (*a loan* ett lån) **3** komma över (igenom, förbi), passera; klara [av] **-tiation** [nɪˌgəʊʃɪ'eɪʃn] **1** underhandling, förhandling **2** *ekon.* negociering, avyttring; förmedling (*of a loan* av ett lån) **3** passage, passerande; övervinnande **-tiator** [nɪ'gəʊʃɪeɪtə] **1** underhandlare, förhandlare **2** förmedlare (*of a loan* av ett lån)

Negress, negress ['ni:grɪs] negerkvinna, negress **negro, negro** ['ni:grəʊ] **I** *s* neger **II** *a* neger-

neigh [neɪ] **I** *v* gnägga **II** *s* gnäggning

neighbor ['neɪbə] *AE., se* neighbour

neighbour *BE.* ['neɪbə] **I** *s* **1** granne **2** *bibl.* nästa **II** *a* grann-; *~ country* grannland **III** *v, ~ [on]* gränsa till **-hood** [-hʊd] **1** grannskap, närhet; omgivning[ar]; trakt, område; kvarter; *in the ~ of* i närheten (trakten) av (*äv. bildl.*) **2** *koll.* grannar **3** grannsämja **-ing** ['neɪb(ə)rɪŋ] grann-; angränsande; närbelägen **-ly** ['neɪbəlɪ] *a* som anstår en god granne (goda grannar)

neither ['naɪðə; *AE.* 'ni:ðə] **I** *pron* [ingen]dera (*av två*); *in ~ case* i ingetdera fallet; *~ of them was there* ingen av dem var där **II** *konj o. adv* **1** *~...nor* varken...eller; *~ she nor he was there* varken hon eller han var där **2** inte heller; *if I don't go, ~ does he* om inte jag går gör inte han det heller

neon ['ni:ən] *kem.* neon

nephew ['nevju:] brorson, systerson

nerve [nɜ:v] **I** *s* **1** *anat.* nerv; *bot.* [blad]nerv; *be all (a bundle of) ~s* vara ett nervknippe; *get on a p.'s ~s* gå ngn på nerverna; *have a fit of ~s* råka i panik, få ett nervöst sammanbrott; *have ~s of steel* ha nerver av stål; *strain every ~* anstränga sig till det yttersta, uppbjuda all sin kraft **2** mod, tapperhet; orubblighet; *lose one's ~* bli rädd, tappa nerverna **3** *vard.* fräckhet; *you've got a ~!* du är inte lite fräck! **II** *v* ge styrka åt, inge mod; *~ o.s.* stålsätta sig **nerve-racking, --wracking** [-ˌrækɪŋ] nervpåfrestande, enerverande

nervous ['nɜ:vəs] **1** nerv-; *~ breakdown* nervsammanbrott; *~ system* nervsystem **2** orolig, ängslig, nervös (*about, of* för) **-ness** [-nɪs] oro, ängslan, nervositet

nest [nest] **I** *s* **1** bo, rede, näste; *leave the ~* lämna boet **2** näste, tillhåll **3** sats, uppsättning; *~ of tables* satsbord **II** *v* **1** bygga bo **2** leta efter (plundra) fågelbon **nest egg** ['nesteg] **1** boägg **2** sparslant

nest|le ['nesl] **1** ~ [*up, down*] krypa tätt ihop (tillsammans), kura ihop sig **2** ligga inbäddad **3** skydda, ordna skydd åt **-ling** [-lɪŋ] **1** (*ej flygfärdig*) fågelunge **2** barn; unge

1 net [net] **I** *s* **1** nät, garn (*äv. bildl.*); håv; snara (*äv. bildl.*) **2** tyll **3** *sport.* nätboll; kasse, mål (*i fotboll e.d.*) **II** *v* **1** fånga med (i) nät; snara **2** omge med nät **3** *sport.* slå bollen i nät **4** knyta nät

2 net [net] **I** *a* **1** netto[-]; ~ *price* nettopris; ~ *profit* netto|förtjänst, -vinst; ~ *ton* nettoregisterton; ~ *weight* nettovikt **2** *bildl.* slutlig, slut-; *the* ~ *result* slutresultatet **II** *s* netto|inkomst, -vikt *etc.* **III** *v* **1** förtjäna [i] netto **2** inbringa [i] netto

netball ['netbɔ:l] (*slags*) korgboll

Netherlands ['neðələndz] **I** *s*, *the* ~ (*pl*) Nederländerna **II** *a* nederländsk

netting ['netɪŋ] nät[verk]

nettle ['netl] **I** *s*, *bot.* nässla; *stinging* ~ brännässla; *grasp the* ~ ta tjuren vid hornen **II** *v* **1** irritera, reta, förarga **2** brännäs (*som en nässla*)

network ['netwɜ:k] **1** nät (*äv. bildl.*), nätverk **2** *radio., TV.* sändarnät; radio-, TV-|bolag

neuro|sis [ˌnjʊəˈrəʊ|sɪs] (*pl -ses* [-si:z]) neuros **neurotic** [-ˈrɒtɪk] **I** *a* neurotisk **II** *s* neurotiker

neuter ['nju:tə] **I** *s* **1** *språkv.* neutrum **2** *biol.* könlös individ; kastrerat djur **II** *a* **1** neutral; *in the* ~ *gender* i neutrum; ~ *word* neutralt ord, neutrum **2** *biol.* könlös **III** *v* kastrera (*djur*)

neutral ['nju:tr(ə)l] **I** *a* neutral; opartisk; obestämd; ~ *colour* neutral färg; ~ *country* neutralt land; ~ *gear* (*i motor*) fri-, neutral|läge; ~ *solution* (*kem.*) neutral lösning **II** *s* **1** neutral stat (*person etc.*) **2** (*i motor*) fri-, neutral|läge **-ity** [nju.ˈtræləti] neutralitet; opartiskhet **-ize** (*BE. äv. -ise*) ['nju:trəlaɪz] **1** neutralisera; uppväga; förklara neutral **2** *mil.* oskadliggöra

neutron ['nju:trɒn] *fys.* neutron

never ['nevə] aldrig; inte alls; ~ *again* aldrig mer; ~ *before* aldrig tidigare; ~ *ever a*) absolut inte, *b*) aldrig någonsin; ~ *yet* ännu inte; ~ *in all my life* aldrig i hela mitt liv, aldrig någonsin; *well, I* ~*!* jag har då aldrig hört (sett) på maken!; *that will* ~ *do!* det duger absolut inte! **--ending** [-ˌrendɪŋ] evig, oupphörlig, ständig **--failing** [-ˌfeɪlɪŋ] osviklig; outsinlig **--never** [ˌnevəˈnevə] *vard.* **I** *s* avbetalning; *on the* ~ på avbetalning **II** *a* fantasi-, idyllisk; ~ *land* drömland, utopi **-theless** [ˌnevəðəˈles] icke desto mindre, ändå, i alla fall

new [nju:] **1** ny[-]; nymodig, modern; *the* ~ *bride* den nyblivna bruden; ~ *ideas* nya idéer; *the N~ Look* new look, nya looken; ~ *maths* den nya matematiken; ~ *moon* nymåne; *the N~ Style* den nya stilen (tideräkningen); *the N~ Testament* Nya testamentet; *the* ~ *woman* den moderna kvinnan; *the N~ World* Nya världen (*Amerika*); *this is* ~ *to me* det är (var) nytt för mig; *I'm* ~ *to this job* jag är ny på den här platsen; *turn over a* ~ *leaf* börja om på nytt **2** färsk (*potatoes* potatis); ~ *bread* färskt (nybakat) bröd

newcomer ['nju:ˌkʌmə] nykomling

newlaid ['nju:leɪd] nyvärpt, färsk; ~ *eggs* nyvärpta (färska) ägg

newly ['nju:lɪ] **1** nyligen; ny-; *a* ~ *built house* ett nybyggt hus **2** på ett nytt sätt; ~ *arranged* arran-

gerad på ett nytt sätt **-weds** [-wedz] *pl, the* ~ de nygifta

news [nju:z] (*behandlas som sg*) nyhet[er], underrättelse[r] (*about* om, angående); *an important piece of* ~ en viktig nyhet; *no* ~ *is good* ~ inga nyheter är goda nyheter; *this is* ~ *to me* det är en nyhet (nytt) för mig; *that's good* ~ det var roligt att höra (goda nyheter); *I have no* ~ *of them* jag har inte hört av dem; *I have* ~ *for you* (*iron.*) jag har en överraskning åt dig; *listen to the* ~ lyssna på [radio]nyheterna **news agency** ['nju:zˌeɪdʒ(ə)nsɪ] nyhets-, telegram|byrå **news|agent** ['nju:zˌeɪdʒ(ə)nt] *BE.* tobakshandlare, innehavare av tidningskiosk **-caster** [-ˌkæstə] *i sht AE.* nyhetsuppläsare (*i radio, TV*) **-flash** [-flæʃ] nyhetstelegram (*i radio, TV*) **-letter** [-ˌletə] nyhets-, informations|blad, cirkulär **-paper** [-ˌpeɪpə] tidning **-print** [-prɪnt] tidnings-papper **-reel** [-ri:l] journalfilm **--room** [-rʊm] nyhetsredaktion **-stand** tidningskiosk

New Year [ˌnju:ˈjɪə] nyår; ~*'s Day* nyårsdagen; ~*'s Eve* nyårsafton; *Happy* ~*!* Gott Nytt År!; ~ *resolution* nyårslöfte

next [nekst] **I** *a o. s* nästa, [närmast] följande; närmast; ~ *Monday* nästa måndag, [nu] på måndag; *the* ~ *three days* de tre närmaste dagarna; *they live* ~ *door to us* de bor i huset (våningen *etc.*) intill, de bor grannar med oss; ~ *door to* (*bildl.*) nästan, så gott som; *the* ~ *man I see* första bästa jag möter; *the* ~ *in size* närmaste storlek; *the week after* ~ nästnästa vecka; ~ *please!* [varså-god,] nästa!; *who's* ~*?* vems tur är det nu?; *you are* ~ du är [närmast] i tur **II** *adv* [nu] närmast, härnäst, sedan, därefter; näst; *when shall we meet* ~*?* när ska vi träffas nästa gång (härnäst)?; ~ *after* seeing *her* direkt efter det jag hade träffat henne; ~ *oldest* näst äldst; *the* ~ *best thing* det näst bästa; ~ *to a*) [alldeles] bredvid (intill), närmast (direkt) efter, *b*) näst [efter], *c*) nästan, så gott som, i det närmaste; ~ *to impossible* i det närmaste omöjligt; *the* ~ *to last row* näst sista raden; *it is* ~ *to murder* det är nära nog mord; ~ *to nothing* nästan ingenting **III** *prep, åld.* bredvid; närmast; näst

next-door [ˌneks(t)ˈdɔ:] *a* närmast, grann-; *we are* ~ *neighbours* vi är närmaste grannar; *the* ~ *house* grannhuset **next of kin** [ˌnekstəvˈkɪn] närmaste anhörig[a]

N.H.S. *förk. för National Health Service*

nibble ['nɪbl] **I** *v* **1** knapra på; nafsa efter **2** knapra (*at* på); nafsa (*at* på) **3** *bildl.*, ~ *at* nosa på, pröva på, testa **II** *s* **1** knaprande, nafsande **2** [liten] munsbit; *have a* ~ (*bildl.*) få napp

nice [naɪs] **1** trevlig; rar, hygglig, snäll, sympatisk; fin, snygg, skön (*äv. iron.*); söt, vacker; ~ *and clean* ren och fin; *take it* ~ *and easy* ta det lugnt (vackert); ~ *and warm* varm och skön; *that's a* ~ *mess!* det var en skön röra!; *that's a* ~ *one!* (*vard.*) det är toppen! **2** god, läcker, bra **3** noggrann; anspråksfull, nogräknad, kritisk, kräsen **4** ömtålig, känslig, kinkig, knepig **5** subtil, [hår]fin (*distinction* skillnad)

nice-looking ['naɪsˌlʊkɪŋ] med trevligt (*etc., jfr nice*) utseende, som ser trevlig ut **nicety** [-(ə)tɪ] **1** skärpa; precision, noggrannhet; *to a* ~ ytterst noga, med precision, precis lagom **2** finess; nice-

ties (*pl, äv.*) spetsfundigheter, hårklyveri[er] **3** *the niceties of* det behagliga (angenäma) i (med)

niche [nɪtʃ] nisch (*äv. bildl.*)

nick [nɪk] **I** *s* **1** hack, jack; skåra, inskärning **2** *BE. sl.* kåk (*fängelse*); finka **3** *in the ~ of time* i grevens tid **4** *BE. vard., in good ~* i fin form, i bra skick **II** *v* **1** göra ett hack (ett jack, en skåra) i **2** *sl., i sht BE.* sno, knycka; sy in, haffa **3** gissa (träffa) rätt

nickname ['nɪkneɪm] **I** *s* öknamn; smeknamn **II** *v* ge (*ngn*) öknamnet (smeknamnet)

nicotine ['nɪkəti:n] nikotin

niece [ni:s] brors-, syster|dotter

niggardly ['nɪgədlɪ] **I** *a* **1** knusslig, gnidig, småsnål **2** knapp **II** *adv* knussligt, gnidigt, småsnålt

nigger ['nɪgə] *neds.* nigger; svarting; *there is a ~ in the woodpile* det är en hake med det

niggle ['nɪgl] **1** klanka, gnata **2** vara petig **3** irritera; oroa

night [naɪt] natt (*äv. bildl.*); kväll, afton; mörker; *~s* (*pl, vard.*) på nätterna (natten); *work ~s* (*vard.*) arbeta [på] natt|en], ha nattskift; *first ~* (*teat.*) premiär[kväll]; *good ~!* godnatt!; *last ~ a*) i går kväll, *b*) i natt; *this ~* i kväll, i natt; *at ~* på kvällen (natten), på (om) kvällarna (nätterna), nattetid; *by ~* på (om) natten (nätterna), nattetid; *on the ~ of April 29* på kvällen den 29 april; [*on*] *the ~ before yesterday* i förrgår kväll, natten till i går; *get* (*have*) *a late ~* komma sent i säng; *have a good* (*bad*) *~* sova bra (dåligt); *have a ~ out a*) ha ledig kväll, *b*) vara ute och roa sig på kvällen; *make a ~ of it* (*vard.*) festa hela kvällen (natten) igenom, göra sig en helkväll; *stay the ~* övernatta, stanna över natten (*at* hos, i, på)

night|cap ['naɪtkæp] **1** nattmössa **2** sängfösare **-club** [-klʌb] nattklubb **-fall** [-fɔ:l] nattens (mörkrets) inbrott; *at~* vid mörkrets inbrott, i kvällningen **-gown** [-gaʊn] nattlinne; nattskjorta

nightie ['naɪtɪ] *vard.* nattlinne; nattskjorta

nightingale ['naɪtɪŋgeɪl] *zool.* näktergal

night|ly ['naɪtlɪ] **I** *a* nattlig, natt-, kvälls- **II** *adv* varje (om) natten (kvällen), varje natt (kväll) **-mare** [-meə] mardröm (*äv. bildl.*)

night school ['naɪtsku:l] aftonskola **night-services** ['naɪt,sɜ:vɪsɪz] *pl* nattrafik **night stick** [-stɪk] *AE.* batong **night watchman** ['wɒtʃmən] nattvakt (*pers.*) **nighty** ['naɪtɪ] *vard., se* nightie

nil [nɪl] ingenting, noll; *the score is five ~* det står fem noll

Nile [naɪl] *the ~* Nilen

nimble ['nɪmbl] **1** snabb, flink, kvick **2** *bildl.* rörlig, vaken, livlig; *a ~ intellect* ett rörligt intellekt

nim|bus ['nɪmbəs] (pl -bi [-baɪ] *el.* -buses [-bəsɪz]) **1** nimbus, gloria; *bildl. äv.* skimmer **2** *meteor.* nimbus, låga regnmoln

nine [naɪn] (*jfr eight o. sms.*) **I** *räkn* nio; *a ~ day's wonder* (*bildl.*) dagslända, kortvarig företeelse **II** *s* nia; *the N~ a*) de nio muserna, *b*) de nio [medlemsstaterna i EG]; *dressed up to the ~s* (*vard.*) elegant (flott) klädd **-pin** ['naɪnpɪn] kägla; *~s* (*behandlas som sg*) kägelspel, käglor; *go down like ~s* (*bildl.*) falla som käglor **-teen** [,naɪn'ti:n] (*jfr eighteen o. sms.*) **I** *räkn* nitton **II** *s* nitton; nittiotal; *talk ~ to the dozen* tala oavbrutet **-teenth**

[,naɪn'ti:nθ] *räkn o. s* nittonde; nitton[de]del; *the ~ hole* (*golfsl.*) baren (*i klubblokalen*) **-tieth** [-tɪɪθ] *räkn o. s* nittionde; nittion[de]del **-ty** [-tɪ] (*jfr eighty o. sms.*) **I** *räkn* nitti[o] **II** *s* nitti[o]; nitti[o]tal; *the -ties* nittiotalet

ninny ['nɪnɪ] dumbom, trögtänkt person

ninth [naɪnθ] *räkn o. s* nionde; nion[de]del

1 nip [nɪp] **I** *v* **1** nypa, knipa, klämma; *~ o.s.* klämma sig; *~ off* nypa (knipsa, klippa) av **2** (*om kyla, frost*) bita i; *the cold ~ped our cheeks* kylan bet i våra kinder; *the frost ~ped the plants* frosten tog växterna; *~ in the bud* (*bildl.*) kväva i sin linda **3** *sl.* sno, knycka **4** *~ at* nafsa efter **5** *BE. vard.* kila, slinka (*along, off* i väg; *in* in) **II** *s* **1** nyp[ning], knipning, klämning **2** kyla; frost[angrepp]; *there's a ~ in the air* det är skärpa i luften **3** nypa (*of fresh air* frisk luft)

2 nip [nɪp] droppe, tår; hutt

nipper ['nɪpə] **1** knipsare; *~s* (*pl*) avbitartång, avbitare, kniptång **2** gripklo (*på krabba e.d.*) **3** *vard., i sht BE.* knatte; stumpa

nipple ['nɪpl] **1** bröstvårta, spene **2** *AE.* napp **3** *tekn., [grease]* nippel, smörjkopp

nippy ['nɪpɪ] **1** bitande, kylig, skarp **2** *BE. vard.* snabb, flink, rask

nit [nɪt] *vard., i sht BE., se* nitwit

niter ['naɪtə] *AE., se* nitre

nit-picking ['nɪt,pɪkɪŋ] *vard.* **I** *a* petig **II** *s* petighet

nitrate ['naɪtreɪt] *kem.* nitrat **nitre** [-tə] *kem.* salpeter **nitric** [-trɪk] *kem.* salpeter-; *~ acid* salpetersyra **nitrogen** [-trədʒən] *kem.* kväve **nitro-glycerine** [,naɪtrə(ʊ)'glɪsəri:n] nitroglycerin **nitty-gritty** [,nɪtɪ'grɪtɪ] *sl.* kärnpunkt, springande punkt; *get down to the ~* komma till sakens kärna **nitwit** ['nɪtwɪt] dumhuvud, fårskalle

1 no [nəʊ] *a* ingen, inte någon; *~ one* ingen, inte någon; *~ one man can lift that* ingen människa kan lyfta det ensam; *on ~ condition* på inga villkor; *there's ~ denying that...* det kan inte förnekas att...; *he's ~ genius* han är inte något snille precis; *it's of ~ importance* det är utan betydelse (betydelselöst); *there was ~ mistaking* det gick inte att ta miste (fel) på; *~ parking* parkering förbjuden; *there's ~ saying what* man kan inte (aldrig) veta vad; *in ~ time* på nolltid; *~ two paintings are identical* det finns inte två tavlor som är lika

2 no [nəʊ] **I** *adv* **1** nej; *~?* jaså inte [det]?; *oh ~!* å nej!, nej då!; *answer ~* svara nej **2** inte; *do you know wheather she comes or ~* vet du om hon kommer eller inte; *it's ~ better than before* det är inget (ingalunda) bättre än förut; *it's ~ different from* det skiljer sig inte från; *~ later than Tuesday* senast på tisdag; *~ less a person than the president* ingen mindre än presidenten; *I'm ~ less tired than you are* jag är inte mindre trött än du; *I could do ~ less* det var det minsta jag kunde göra; *I can stay ~ longer* jag kan inte stanna längre; *~ sooner...than* knappt...förrän **II** *s* (*pl ~es*) nej; nejröst; *I won't take ~ for an answer* jag accepterar inte ett nej som svar; *the ~es have it* nejrösterna är i majoritet

no. *förk. för* number

Noah ['nəʊə] Noa[k]

nob [nɒb] *sl., i sht BE.* pamp, höjdare

nobble ['nɒbl] *BE. sl.* **1** fixa, dopa (*häst för att hindra den att vinna*) **2** besegra (*med ojusta medel*) **3** knycka, sno **4** få tag i; kidnappa

Nobel prize ['nəʊbelpraɪz] Nobelpris

nobility [nə(ʊ)'bɪlətɪ] **1** [hög]adel; adelsstånd, adligt stånd **2** adelskap; adlig börd **3** *bildl.* ädelhet; ~ *of mind* ädelt (upphöjt) sinne

noble ['nəʊbl] **I** *a* **1** [hög]adlig **2** ädel, högsint; nobel, förnäm, fin; *the* ~ *art of self-defence* boxningssporten **3** ståtlig, pampig **4** ~ *gas* ädelgas; ~ *metal* ädelmetall **II** *s* adelsman, ädling **nobleman** [-mən] adelsman

nobody ['nəʊb(ə)dɪ] **I** *pron* ingen, inte någon; ~ *else could have done it* ingen annan kunde ha gjort det **II** *s* nolla, obetydlig (oduglig) person

nocturnal [nɒk'tɜ:nl] nattlig; natt-; ~ *animal* nattdjur

nod [nɒd] **I** *v* **1** nicka (*to* åt, till); ~ *in agreement* nicka instämmande; *have a ~ding acquaintance with s.b.* känna ngn helt flyktigt **2** nicka (slumra) till; *bildl.* slumra; ~ *off* (*vard.*) nicka (slumra) till; ~ *over a book* nicka till över en bok; *even Homer* ~*s* även Homeros slumrar ibland **3** nicka med (*one's head* huvudet) **4** nicka (*approval* bifall); *he* ~*ded me to go* han nickade åt mig att gå **II** *s* **1** nick[ning]; *a* ~ *of the head* en nick med (på) huvudet **2** kort slummer; *the land of N*~ Jon Blunds (sömnens) rike

node [nəʊd] **1** knut[a], knöl; [finger]led; *lymph* ~ lymfknut **2** *astr., fys.* nod **nodule** ['nɒdju:l] liten knut[a] (knöl)

Noel, Noël [nəʊ'əl] jul[en]

noise [nɔɪz] **I** *s* buller, [störande] ljud, oväsen; bråk, stoj; (*i radio e.d.*) störning[ar], brus; *the* ~ *of the traffic* trafikbullret; *make a* ~ föra oväsen, bråka; *make a lot of* ~ *about* göra stort väsen av; *big* ~ (*BE. sl.*) storpamp, höjdare **II** *v*, ~ [*abroad, about*] basunera ut, förkunna vitt och brett, sprida ut **noiseless** ['nɔɪzlɪs] ljudlös, tyst **noisiness** ['nɔɪzɪnɪs] stoj, oväsen, högljuddhet; bullrigt sätt **noisy** ['nɔɪzɪ] bullrig, bullrande, bullersam, högljudd

nomad ['nəʊmæd] nomad

no-man's-land ['nəʊmænzlænd] öde (herrelöst, omtvistat) område; ingenmansland

nominal ['nɒmɪnl] **1** nominell; [endast] till namnet; ~ *value* nominellt värde **2** obetydlig, symbolisk (*fee* avgift) **3** nominal-, namn-; *språkv.* substantivisk

nominate ['nɒmɪneɪt] **1** utnämna, utse **2** nominera, föreslå [som kandidat] (*for* till) **-nation** [,nɒmɪ'neɪʃn] **1** utnämning **2** nominering

nominee [,nɒmɪ'ni:] kandidat

non- [nɒn] icke-; non-; o-

nonalcoholic [,nɒnælkə'hɒlɪk] alkoholfri **-aligned** [-ə'laɪnd] alliansfri

nonchalance ['nɒnʃ(ə)ləns] nonchalans; vårdslöshet; likgiltighet **-lant** [-lənt] nonchalant; vårdslös; likgiltig

noncommissioned [,nɒnkə'mɪʃnd] *a*, ~ *officer* under|officer, -befäl **-committal** [-kə'mɪtl] till intet förpliktande (*answer* svar), oförbindlig; avvaktande, reserverad **-descript** ['nɒndɪskrɪpt] **I** *a* obestämbar, svårbestämbar **II** *s* obestämbar (svårbestämbar) person (sak)

none [nʌn] **I** *pron* ingen, inget, inga, inte någon

(något, några), ingenting; ~ *but he* ingen (inga) utom han, bara han; ~ *other than* ingen mindre än; ~ *of the boys has* (*have*) *come* ingen av pojkarna har kommit; *that's* ~ *of your business!* det angår dig inte!; *he would have* ~ *of it* han ville inte veta av det; ~ *of that!* nu räcker det!, sluta upp med det där! **II** *adv* inte, ingalunda; ~ *the less* icke desto mindre; ~ *the soon* inte ett ögonblick för tidigt, i sista stund; *we were* ~ *the wiser for that* vi blev inte klokare av det; *he'll be* ~ *the worse for it* han kommer inte att må (fara) illa av det; ~ *too easy* inte särskilt (långt ifrån) lätt

nonentity [nɒ'nentətɪ] nolla, obetydlig person; struntsak

nonexistent [,nɒnɪg'zɪst(ə)nt] icke existerande; obefintlig **-fiction** [-'fɪkʃn] facklitteratur

noniron [,nɒn'aɪən] strykfri **-leaded** [-'ledɪd] blyfri (*petrol* bensin) **-plus** [-'plʌs] **I** *s* rådlöshet; svarslöshet **II** ; göra svarslös (förbluffad); ~*sed* svarslös, förbluffad **-proliferation treaty** icke-spridningsavtal **-recurrent** [-rɪ'kʌr(ə)nt] *a*, ~ *charge* engångsavgift **-resident** [-'rezɪd(ə)nt] **I** *a* utsocknes, som inte bor på orten; som inte bor på hotellet **II** *s* person som inte bor på orten (hotellet)

nonsense ['nɒns(ə)ns] nonsens, strunt[prat], dumheter; *a woman with no* ~ *about her* en rejäl (rättfram) kvinna; *no more of your* ~*!* nu får det vara nog med dumheter! **nonsensical** [nɒn-'sɛnsɪkl] dum, meningslös

nonskid [,nɒn'skɪd], **-slip** [-'slɪp] halksäker; ~ *tyres* (*ung.*) vinterdäck **-smoker** [-'sməʊkə] **1** icke rökare **2** kupé för icke rökare **-starter** [-'stɑ:tə] **1** häst som inte ställer upp (startar) **2** *bildl.* nolla, oduglig **-stop** [-'stɒp] *a o. adv* nonstop, utan uppehåll (mellanlandning), utan att stanna; ~ *flight* nonstop-flygning; *fly* ~ flyga nonstop **-violence** [-'vaɪələns] icke-våld

1 noodle ['nu:dl] nudel

2 noodle ['nu:dl] **1** dumhuvud **2** *AE. sl.* skalle

nook [nʊk] vinkel, hörn, vrå; *in every* ~ *and cranny* i alla vinklar och vrår

noon [nu:n] **1** middag[stid], klockan tolv på dagen; *at* ~ vid middagstid, klockan tolv [på dagen] **2** *poet.* höjdpunkt, kulmen

noose [nu:s] **I** *s* snara, löpknut, ögla; *bildl.* snara, band **II** *v* **1** fånga med en snara **2** göra en snara (ögla) på

nor [nɔ:] och inte [heller]; *he doesn't like dogs,* ~ *do I* han tycker inte om hundar och det gör inte jag heller; *neither...*~ varken...eller; *neither he* ~ *she* varken han eller hon; ~ *must we forget to* inte heller får vi glömma bort att

Nordic ['nɔ:dɪk] nordisk; nordeuropeisk; *the* ~ *Council* Nordiska rådet

norm [nɔ:m] **1** norm, rättesnöre **2** normalt bruk (beteende)

normal ['nɔ:ml] **I** *a* **1** normal; ~ *curve* (*stat.*) normalfördelningskurva; ~ *school* (*AE.*) [lärar]seminarium; *it's quite a* ~ *thing* det är helt normalt **2** *geom.* vinkelrät **II** *s* **1** det normala **2** *geom.* normal **-ity** [nɔ:'mælətɪ] normaltillstånd; *return to* ~ återgå till det normala, normaliseras **-ization** (*BE. äv. -isation*) [,nɔ:məlaɪ'zeɪʃn] normalisering **-ize** (*BE. äv. -ise*) ['nɔ:məlaɪz] normalisera

Norman ['nɔ:mən] **I** *s* normand **II** *a* normandisk;

N

~ *arch* normandisk rundbåge
north [nɔ:θ] **I** *a* nordlig, nord-, norra; *N~ Africa* Nordafrika; *N~ America* Nordamerika; *the N~ Atlantic Drift* (*Current*) Golfströmmen; *the N~ Atlantic Treaty Organization* Atlantpakten; *the N~ Pole* nordpolen; *the N~ Sea* Nordsjön; *the N~ Star* Polstjärnan; ~ *wind* nordlig vind, nordanvind **II** *adv* mot (åt, från) norr, norrut; ~ *of* norr om; ~ *by west* nord till väst **III** *s* norr, nord; *the ~* (*N~*) norra delen, nordliga länder (områden); *the N~ a*) norra England, *b*) nordstaterna (*i USA*), *c*) *poet.* nordan[vinden]; *from the ~* norrifrån; *the wind is in the ~* vinden är nordlig; *to*[*wards*] *the ~* mot (åt) norr, norrut; *to the ~ of* norr om

northeast [ˌnɔ:θ'i:st, *sjö.* nɔ:r'i:st] **I** *a* nord|östlig, -ostlig, -östra **II** *adv* i (mot) nordöst (nordost); ~ *of* nordöst (nordost) om **III** *s* nord|öst, -ost

northerly ['nɔ:ðəlɪ] *a o. adv* nordlig; från (i, mot) norr **II** *s* nordlig vind

northern ['nɔ:ðən] **1** nordlig, nord-, norr-, norra; ~ *lights* (*pl*) norrsken **2** nordisk **-er** ['nɔ:ð(ə)nə] nordbo; invånare i (person från) norra delen av ett land

north|ward ['nɔ:θwəd] **I** *a* nordlig, norra **II** *adv* mot (åt) norr, norrut; *sjö.* nordvart **-wards** [-wədz] *adv, se* northward II

northwest [ˌnɔ:θ'west] **I** *a* nord|västlig, -västra **II** *adv* i (mot) nordväst; ~ *of* nordväst om **III** *s* nordväst

Nor|way ['nɔ:weɪ] Norge **-wegian** [nɔ:'wi:dʒ(ə)n] **I** *a* norsk **II** *s* **1** norrman **2** norska [språket]

nose [nəʊz] **I** *s* **1** näsa (*äv. bildl.*); luktsinne; *as plain as the ~ in* (on) *your face* (*vard.*) klart som korvspad, solklart; *on the ~* (*sl.*) *a*) hästsport. [på, som] vinnare, *b*) *i sht AE.* precis, på pricken; *under my ~ a*) mitt framför näsan på mig, *b*) mig ovetande; *with one's ~ in the air* med näsan i vädret, högdraget; *bite* (snap) *a p.'s ~ off* snäsa av ngn; *bleed at the ~* blöda näsblod; *blow one's ~* snyta sig; *follow your ~!* gå dit näsan pekar!, fortsätt rakt fram!; *have a ~ for s.th.* ha näsa för ngt; *keep one's ~ clean* (*vard.*) inte lägga näsan i blöt, uppföra sig ordentligt; *lead s.b. by the ~* dominera (behärska) ngn; *look down one's ~ at* (*vard.*) se ner på; *pay through the ~* (*vard.*) betala överpris; *poke* (stick) *one's ~ into s.th.* blanda (lägga) sig i ngt; *see no further than* [*the end of*] *one's ~* (*vard.*) *a*) vara närsynt, *b*) inte se längre än näsan räcker; *speak through one's ~* tala i näsan; *turn up one's ~ at* (*vard.*) vara överlägsen mot; *win by a ~* vinna med knapp marginal **2** nos; bog, för; spets, pip **II** *v* **1** nosa; ~ [*about, around*] snoka [runt] (*after, for* efter); ~ *into a p.'s affairs* lägga sig i ngns angelägenheter; ~ [*out*] *a*) nosa sig till, nosa (spåra) upp, *b*) utspionera, *c*) *vard.* bli utslagen med knapp marginal **2** ~ *one's way* treva (leta, sakta röra) sig fram

nosebleed näsblödning **nose dive** *flyg., bildl.* störtdykning **nosegay** [liten] blomsterbukett **nosey** [-ɪ] *se* nosy

nostalgia [nɒ'stældʒɪə] nostalgi; hemlängtan **nostril** ['nɒstr(ə)l] näsborre

nosy ['nəʊzɪ] *vard.* nyfiken, snokande

not [nɒt] inte, icke, ej; *do ~* (*don't*) *go* gå inte; *I cannot* (*can't*) jag kan inte; .., *doesn't* (*hasn't,*

isn't) *it* (*he, she*)? .., eller hur?; *is he coming? ~ I hope ~* kommer han? − det hoppas jag att han inte gör; ~ *at all a*) inte alls, *b*) för all del!, ingen orsak!; ~ *until then* först (inte förrän) då; ~ *that I care* inte för att jag bryr mig om det; ~ *that I know of* inte såvitt jag vet; ~ *a few* inte så få; ~ *a thing* ingenting alls; ~ *only ... but* inte bara... utan

nota|bility [ˌnəʊtə'bɪlətɪ] **1** märkvärdighet, betydelse **2** notabilitet, framstående person **-ble** ['nəʊtəbl] **I** *a* **1** märklig, anmärkningsvärd **2** framstående **II** *s* notabilitet, framstående person **-bly** ['nəʊtəblɪ] *adv* **1** märkligt; påfallande **2** i synnerhet, särskilt

notch [nɒtʃ] **I** *s* **1** jack, hack, skåra; *a ~ above* (*vard.*) ett pinnhål högre **2** *AE.* trångt bergspass **II** *v* **1** göra ett jack (ett hack, en skåra) i **2** sätta ett märke vid **3** *vard.*, ~ [*up*] notera (*a high score* höga poäng)

note [nəʊt] **I** *s* **1** anteckning, notering; not (*äv. dipl.*), anmärkning; kort brev; ~*s* (*pl, äv.*) *a*) manuskript koncept, *b*) referat, *c*) kommentar-[er]; *exchange of ~s* (*dipl.*) notväxling; *compare ~s* jämföra sina erfarenheter, utbyta åsikter; *make* (take) ~*s* göra anteckningar; *make* (take) *a ~ of* anteckna, göra en notering om; *send s.b. a ~* skriva några rader (skicka ett litet brev) till ngn; *speak without ~s* tala utan manuskript **2** *worthy of ~* beaktansvärt; *take ~ of* lägga märke till, ta notis om; *take no ~ of what she says!* bry dig inte om vad hon säger! **3** sedel; ~ [*of hand*], *promissory ~* skuldsedel, revers (*for* på) **4** [skilje]tecken; ~ *of exclamation* utropstecken; ~ *of interrogation* frågetecken **5** vikt, betydelse; *a man of ~* en betydande (framstående) man; *nothing of ~* ingenting av vikt (betydelse) **6** [fågel]sång; *mus., i sht BE. a*) ton, not, *b*) tangent; *bildl.* [under]ton, stämning; *a false ~* en falsk ton; *a ~ of desperation* en ton (stämning) av desperation; *sound* (strike) *a ~ of warning* höja en varnande röst; *strike a false* (wrong) ~ (*bildl.*) klinga falskt; *strike the right ~* (*bildl.*) anslå den rätta tonen **II** *v* **1** lägga märke till, märka, observera, uppmärksamma, beakta **2** ~ [*down*] anteckna, notera, skriva upp **3** nämna, påpeka

notebook ['nəʊtbʊk] anteckningsbok **noted** [-ɪd] **1** berömd, känd (*for* för) **2** märkbar, betydande (*increase* ökning) **notepaper** [-ˌpeɪpə] brev-, skriv|papper

nothing ['nʌθɪŋ] **I** *pron* ingenting, inget, inte något (någonting); ~ *but*, ~ *else than* (but) inget annat än, bara, endast; ~ *doing!* det går inte!, aldrig i livet!; *there was ~ doing at the party* (*vard.*) i det var inget drag på festen; ~ *much* inte särskilt mycket; *for ~ a*) gratis, *b*) utan orsak, *c*) förgäves; *not for ~* inte för inte; *with ~ on* utan någonting på sig; *£100 ~!* (*vard.*) 100 pund, menar du allvar?; *six miles ~* jämnt sex miles; *it's ~!* det var ingenting [att tala om]!; *there's ~ for it but to go* det är inget annat att göra än att gå; *he is ~ if not courageous* om det är något han är så är det modig; *there was ~ in it for me* jag fick inte ut ngt av det, jag tjänade ingenting på det; *there is ~ in the rumour* det ligger ingen sanning i ryktet; *there's ~ like dancing* ingenting går upp mot att dansa; *there's ~ to it!* (*vard.*) det är hur lätt som helst!; *that's* ~ *to me a*) det rör (angår) mig inte, det har jag inte med att göra, *b*) det är ingen match (en bagatell) för mig; *that is* ~ *to what we have seen* det är ingenting mot vad vi har sett; *feel like* ~ *on earth* känna sig vissen (eländig); *have* ~ *to do with* inte ha något att göra med; *it has* ~ *to do with her* det har ingenting med henne att göra; *make* ~ *of a*) ta lätt på, *b*) inte få ut ngt av; *she thinks* ~ *of doing that* hon tycker inte att det är så märkvärdigt att göra det **II** *adv* inte alls, ingalunda; ~ *like* inte på långt när (på långa vägar) **III** *s* **1** intighet **2** bagatell; *no* ~ inte ett dugg, ingenting alls; *wisper soft* ~*s to s.b.* viska små ljuva ord till ngn **3** noll; nolla

notice ['nəʊtɪs] **I** *s* **1** meddelande, notis; tillkännagivande, kungörelse; varsel, meddelande i förväg; uppsägning; anslag; affisch, plakat; annons; anmälan, recension, kritik; *birth* ~ födelseannons; ~ [*to quit*] uppsägning; *a month's* ~ en månads uppsägning; *at short* ~ med kort varsel; *until further* ~ tills vidare; *without* ~ utan förvarning; *be under* (*have got one's*) ~ vara (ha blivit) uppsagd; *give* ~ [*to quit*] säga upp sig; *give s.b.* ~ säga upp ngn; *give* ~ *of* underrätta (varsko, varsla) om; *give* ~ *of appeal* (*jur.*) överklaga, anmäla vad; *give* ~ *of a strike* varsla om strejk; ~ *is hereby given that* härmed tillkännages att; *post* (*put up*) *a* ~ sätta upp ett anslag (meddelande) **2** beaktande, uppmärksamhet; kännedom; *attract* ~ väcka (tilldra sig) uppmärksamhet; *bring s.th. to a p.'s* ~ fästa ngns uppmärksamhet (visa ngn) på ngt; *it came to her* ~ *that* det kom till hennes kännedom att; *that has escaped her* ~ det har undgått henne, det har hon inte lagt märke till; *take* ~ *of* ta notis om, lägga märke till, bry sig om **II** *v* märka, lägga märke till, konstatera, uppmärksamma

noticeable ['nəʊtɪsəbl] **1** påfallande **2** märkbar, synlig, synbar **notice board** *BE.* anslagstavla

noti|fication [,nəʊtɪfɪ'keɪʃn] **1** kungörelse, tillkännagivande **2** underrättelse, meddelande, anmälan **-fy** ['nəʊtɪfaɪ] **1** kungöra, tillkännage **2** underrätta; meddela, anmäla (*change of address* adressförändring); ~ *s.b. of s.th.* underrätta ngn om ngt, meddela ngn ngt

notion ['nəʊʃn] **1** begrepp, föreställning; intryck **2** idé; åsikt; infall, nyck; *not the slightest* ~ *of* inte den ringaste aning om **3** *AE.*, ~*s* (*pl*) sybehör, småsaker

notorious [nə(ʊ)'tɔ:rɪəs] ökänd, beryktad

notwithstanding [,nɒtwɪθ'stændɪŋ] **I** *prep* trots, oaktat **II** *adv* inte desto mindre, trots de[ta] **III** *konj* trots att

nougat ['nu:gɑ:] fransk nougat

nought [nɔ:t] **I** *s* noll; nolla; ~*s and crosses* luffarschack **II** *a o. adv, se* naught

noun [naʊn] *språkv.* substantiv

nourish ['nʌrɪʃ] **1** nära, ge näring åt, uppföda **2** *bildl.* hysa, nära (*hope* hopp) **-ing** [-ɪŋ] *a* närande **-ment** [-mənt] näring; föda

1 novel ['nɒvl] roman

2 novel ['nɒvl] ny, nymodig; ovanlig

novelist ['nɒvəlɪst] romanförfattare

novelty ['nɒvltɪ] **I** *s* **1** nyhet, nymodighet; ovanlighet **2** *novelties* (*pl*) skämtartiklar, billiga småsaker, krimskrams **II** *a* nyhets-

November [nə(ʊ)'vembə] november

novice ['nɒvɪs] novis (*äv. kyrkl.*), nybörjare (*at* i)

now [naʊ] **I** *adv* **1** nu; ~…~ än…än; [*every*] ~ *and then* (*again*) då och då, ibland; *before* ~ förut, tidigare; *by* ~ nu, vid det här laget; *for* ~ för tillfället, tills vidare; *from* ~ *on* från och med nu, hädanefter; *up to* ~, *till* (*until*) ~ tills nu (då) **2** ~, ~! *a*) (*lugnande*) seså!, såja!, *b*) aj, aj!; ~ *really!* nu får det verkligen vara nog!; ~ *then a*) nå?, så nå!, såja!, *c*) aj, aj!; *come* ~! såja!, lugna dig!, nej, hör du!; *how* ~? nå?, vad nu?, vad är det fråga[n] om?; ~, *why didn't I think of that?* men varför har jag inte tänkt på det?; ~, *I don't know* nej, jag vet inte **II** *konj*, ~ [*that*] nu då **III** *s* nu[et]

nowadays ['naʊədeɪz] nu för tiden

noway[s] ['nəʊweɪ(z)] *i sht AE.* ingalunda, på inget vis

nowhere ['nəʊweə] ingenstans; ingenvart; ~ *else* ingen annanstans; ~ *near* långt ifrån, inte på långt när; ~ *special* ingen särskild stans; *the middle of* ~ världens ände; *appear from* (*out of*) ~ dyka upp från ingenstans; *be* (*come in*) ~ (*sport.*) bli klart distanserad, hamna utanför prislistan, *bildl.* inte komma med i räkningen; *we're getting* ~ (*vard.*) vi kommer ingenvart; *violence will get you* ~ du kommer ingenvart med våld

noxious ['nɒkʃəs] skadlig, ohälsosam (*to* för); [moraliskt] fördärvlig

nozzle ['nɒzl] pip, munstycke; *tekn. äv.* dys[a]

nr[.] *förk. för* near

nuance [nju:'ã:(n)s] nyans

nub [nʌb] **1** bit, stycke; klump **2** noppa, knut **3** kärnpunkt, poäng (*of a story* i en historia)

nubile ['nju:baɪl] **1** giftasvuxen **2** sexuellt tilldragande

nuclear ['nju:klɪə] kärn-, atom-, nukleär; kärnvapen-, atomvapen-; ~ *attack* kärnvapenanfall; ~ *bomb* atombomb; ~ *energy* atomenergi; ~ *family* kärnfamilj; ~ *fission* fission, kärnklyvning; ~ *fuel* kärnbränsle; ~ *fusion* fusion; ~ *physics* kärnfysik; ~ *power* kärnkraft; ~ *power station* kärnkraftverk; ~ *reactor* kärnreaktor; ~ *test* kärnvapenprov; ~ *weapon* kärnvapen **nuc-lei** ['nju:klɪaɪ] *pl av* nucleus **nucle|us** [-klɪəs] (*pl* -*i* [-aɪ] *el.* -*uses*) *astron., biol., fys., bildl.* kärna

nude [nju:d] **I** *a* **1** naken; bar **2** (*om kontrakt e.d.*) ogiltig **II** *s* naken figur; *konst.* akt, nakenstudie; *in the* ~ naken

nudge [nʌdʒ] **I** *v* puffa (knuffa) till [med armbågen]; snudda vid **II** *s* puff, lätt knuff

nudism ['nju:dɪz(ə)m] nudism **nudist** [-ɪst] nudist **nudity** [-ətɪ] nakenhet

nugget ['nʌgɪt] [guld]klimp

nuisance ['nju:sns] obehag, besvär; plåga, otyg; olägenhet; *what a* ~! så förargligt (tråkigt)!; *he is a* ~ han är en plåga; *it's a* ~ det är förargligt (besvärligt); *make a* ~ *of o.s.* vara besvärlig (störande, kinkig); *public* ~ olägenhet för allmänheten, förargelseväckande uppträdande

nuke [nu:k] *AE. sl.* **1** kärnvapen **2** kärnkraftverk

null [nʌl] ogiltig; värdelös; ~ *and void* av noll och intet värde, ogiltig

nulli|fication [,nʌlɪfɪ'keɪʃn] annullering, upphävande, ogiltigförklaring **-fy** ['nʌlɪfaɪ] annullera,

N

upphäva, förklara ogiltig

numb [nʌm] **I** *a* stel, känslolös, domnad; paralyserad, förlamad; ~ *with cold* stel av köld, stelfrusen **II** *v* göra stel; förlama; döva

number ['nʌmbə] **I** *s* **1** antal, mängd; *a* ~ *of* ett antal, många, mycket; ~*s of people* ett stort antal (massor av) människor; *five in* ~ fem till antalet; *many (few) in* ~[s] många (få) till antalet; *superior in* ~[s] numerärt överlägsen; *one of our* ~*s* en av oss (de våra); *on a* ~ *of occasions* vid ett flertal tillfällen, flera gånger; *times without (beyond)* ~ oräkneliga (otaliga) gånger; *win by force of* ~*s* vinna på grund av numerär överlägsenhet **2** nummer, tal; ~*s* (*pl*) *a*) räkning, aritmetik, *b*) versmått, verser; *cardinal* ~ grundtal; *ordinal* ~ ordningstal; *imaginary* ~ imaginärt tal; ~ *one* (*vard.*) man själv, en annan; *look after (take care of)* ~ *one* (*vard.*) vara om sig och kring sig; *N~ Ten* 10 Downing Street (*eng. premiärministerns bostad*); *dial a wrong* ~ slå fel [telefonnummer]; *do* ~ *a one* (*barnspr.*) kissa (bajsa); *do a* ~ *two* (*barnspr.*) bajsa; *do a* ~ *on* (*AE. sl.*) *a*) utnyttja, *b*) driva med; *his* ~ *is up* (*vard.*) det är ute med honom; *he is my* ~ *two* (*vard.*) han är min ställföreträdare; *get a p.'s* ~ (*AE. vard.*) veta vad ngn går för, genomskåda ngn **3** nummer (*av tidskrift e.d.*) **4** nummer (*programpunkt*); (*jazz-, pop-*) låt **5** *sl.*, *a nice little* ~ en pangbrud **6** [*the Book of*] *Numbers* Fjärde moseboken **7** *språkv.* numerus **II** *v* **1** numrera **2** räkna; omfatta, uppgå till; *his days are* ~*ed* hans dagar är räknade; *be* ~*ed among (with)* räknas till (bland); *the group* ~*ed 10* gruppen bestod av 10 personer **3** räknas

numeral ['nju:mər(ə)l] **I** *s* siffra; tal; räkneord; *Arabic (Roman)* ~*s* arabiska (romerska) siffror **II** *a* siffer-; tal-

numerator ['nju:məreɪtə] *mat.* täljare

numeric[al] [nju:'merɪk(l)] **1** siffer-, tal-, numerisk; ~ *value* numeriskt värde, siffervärde **2** nummer-; ~ *order* nummerordning

numerous ['nju:m(ə)rəs] talrik; omfattande

numskull ['nʌmskʌl] dumhuvud, träskalle

nun [nʌn] nunna **nunnery** ['nʌnərɪ] nunnekloster

nuptial ['nʌpʃl] **I** *a* bröllops-, vigsel-; äktenskaplig **II** *s*, *vanl* ~*s* (*pl*) bröllop, vigsel

nurse [nɜ:s] **I** *s* **1** [sjuk]sköterska, -syster; barnsköterska; *male* ~ manlig sjuksköterska, sjukskötare **2** [*wet*] ~ amma **II** *v* **1** sköta, vårda (*sjuka; barn*); ~ *a baby in one's arms* vagga (hålla) en baby i sina armar **2** amma **3** sköta om; ~ *a cold* sköta om (kurera) sin förkylning; ~ *the fire* se till brasan **4** *bildl.* hysa, nära (*a hope* ett hopp); ~ *a grudge against* hysa agg mot **5** (*om baby*) dia **-maid** ['nɜ:smeɪd] barnflicka

nursery ['nɜ:s(ə)rɪ] **1** barnkammare **2** plantskola (*äv. bildl.*) **nursery school** lekskola; förskola

nursing ['nɜ:sɪŋ] **1** vård, skötsel **2** amning **nursing home** [-həʊm] **1** privat|klinik, -sjukhus **2** *BE.* (*privat*) mödrahem **nursing mother** [-,mʌðə] **1** fostermor **2** ammande mamma

nurture ['nɜ:tʃə] **I** *s* **1** [upp]fostran **2** näring, föda **II** *v* **1** [upp]fostra **2** nära, föda upp

nut [nʌt] **I** *s* **1** nöt, [nöt]kärna; *it's a hard (tough)* ~ *to crack* det är en hård nöt att knäcka; *he's a tough* ~ (*vard.*) han är en hårding **2** mutter; *the*

~*s and bolts of s.th.* (*vard.*) det grundläggande (det elementära, de praktiska detaljerna) i ngt **3** *mus.* sadel; frosch **4** *BE.*, ~*s* (*pl*) småkol **5** *sl.* knasboll; rot, kola (*huvud*); *AE.* fantast, entusiast; *off one's* ~ knasig, knäpp; *do one's* ~ vara (bli) fly förbannad **6** *vulg.*, ~*s* (*pl*) ballar (*testiklar*) **II** *v* plocka nötter **-cracker** ['nʌt,krækə] *vanl. pl* ~*s* nötknäppare **-meg** *bot.* muskotträd; muskot[nöt]

nutri|tion [nju:'trɪʃn] **1** närings|process, -upptagning **2** näringstillförsel **3** näringslära **-tious** [nju:'trɪʃəs] närande, näringsrik

nuts [nʌts] **I** *s, pl, sl.* knasig, knäpp; ~ *about* tokig i, heltänd på **III** *interj, sl.* skitsnack!

nut|shell ['nʌt-ʃel] nötskal; *in a* ~ (*bildl.*) i ett nötskal, i korthet, kort sagt **-ty** [-ɪ] **1** nötrik **2** nöt-, med nötsmak; nötliknande **3** *sl.* knasig, knäpp; ~ *about (over)* tokig i, heltänd på

nuzzle ['nʌzl] **1** gnida nosen (mulen, trynet) mot **2** böka fram (upp) **3** ~ [*up*] *against* trycka sig intill

nylon ['naɪlɒn] **I** *s* nylon; ~*s* (*pl*) nylonstrumpor **II** *a* nylon-; ~ *shirt* nylonskjorta

nymph [nɪmf] **1** *myt., biol.* nymf **2** *poet.* fager mö, skön flicka

O, o [əʊ] **I** *s* **1** (*bokstav*) O, o **2** (*i telefonnummer e.d.*) noll[a]

o' [ə] *förk. för o* (*t.ex. i o'clock*)

oaf [əʊf] drummel, slyngel; dummer[jöns]

oak [əʊk] **I** *s* **1** *bot.* ek **2** ek[trä, -virke] **3** eklövskrans **4** *univ., sport one's* ~ stänga sig inne **II** *a* ek-, av ek

oar [ɔ:] **I** *s* **1** åra; *put one's* ~ *in* lägga (blanda) sig i, avbryta; *rest on one's* ~*s a*) vila på årorna, *b*) *bildl.* vila på lagrarna **2** roddare **II** *v* ro **oarlock** ['ɔ:lɒk] *AE.* årtull

oa|sis [əʊ'eɪ|sɪs] (*pl* -*ses* [-si:z]) oas

oat [əʊt] **1** havre (*växt*); ~*s* (*pl*) havre (*föda, foder*); *rolled* ~*s* havregryn; *feel one's* ~*s* (*AE. vard.*) känna sig märkvärdig (övermodig); *sow one's* [*wild*] ~*s* (*bildl.*) så sin vildhavre

oath [əʊθ, *pl* ~*s* əʊðz] **1** ed; *take* (*make, swear*) *an* ~ gå (avlägga) ed; [*up*]*on* (*under*) ~ *a*) under ed, *b*) edsvuren **2** svordom

oatmeal ['əʊtmi:l] havremjöl; ~ *porridge* havregrynsgröt

obdurate ['ɒbdjʊrət] förhärdad, förstockad; obeveklig, hård[hjärtad]

obedi|ence [ə'bi:djəns] lydnad (*to* mot); åtlydnad; *in* ~ *to your wishes* enligt era önskemål **-ent** [-ənt] lydig (*to* mot)

obelisk ['ɒbəlɪsk] obelisk

obese [ə(ʊ)'bi:s] överfet, mycket fet

obey [ə'beɪ] lyda

obituary [ə'bɪtjʊərɪ] dödsruna, nekrolog

object I s ['ɒbdʒɪkt] **1** föremål, sak, objekt **2** språkv. objekt; *direct* ~ direkt objekt, ackusativobjekt; *indirect* ~ indirekt objekt, dativobjekt **3** avsikt, syfte, [ända]mål; *with this* ~ *in view* med det målet för ögonen **4** *vard.* ömklig syn (figur) **5** hinder; *money is no* ~ *(äv.)* det får kosta vad det vill **II** v [əb'dʒekt] **1** invända *(that* att) **2** göra invändningar, protestera *(to* mot); ~ *to (äv.)* ogilla; *if you don't* ~ om du inte har ngt emot det

objection [əb'dʒekʃn] invändning *(to* mot); motvilja; *are there any* ~*s?* några invändningar?; *I have no* ~ *[to that]* det har jag ingenting emot; *he has a strong* ~ *to cats* han har stark motvilja mot katter; *make* *(raise)* ~*s* göra invändningar **-able** [-əbl] obehaglig, motbjudande; stötande, anstötlig

objec|tive [əb'dʒektɪv] **I** a **1** objektiv, reell **2** mål, **II** n **1** *spr.* objektiv **2** språkv. objektskasus **3** bildl. mål; *mil.* [anfalls]mål **-tivity** [ˌɒbdʒek'- tɪvətɪ] objektivitet; saklighet

obli|gation [ˌɒblɪ'geɪʃn] **1** förpliktelse, plikt; skyldighet, åliggande; *without (with no)* ~ *to buy* utan köptvång; *be under an* ~ *to do s.th.* vara förpliktad att göra ngt **2** tacksamhetsskuld; *be under an* ~ *to s.b.* stå i tacksamhetsskuld till ngn **-gatory** [ə'blɪgət(ə)rɪ] obligatorisk

oblige [ə'blaɪdʒ] **1** förplikta, tvinga; *be (feel)* ~ *to* vara (känna sig) förpliktad *(tvungen)* att; *we are ~d to go (äv.)* vi måste gå **2** tillmötesgå; göra *(ngn)* en tjänst; *much ~d!* tack så mycket!; *I am much ~d to you* jag är mycket tacksam mot dig; *a prompt answer would* ~ vi vore tacksamma för ett omgående svar; *could you* ~ *me with a light?* kan jag få [låna] en tändsticka?; *would you* ~ *us with a song?* skulle du vilja sjunga ngt för oss? **obliging** [-ɪŋ] tillmötesgående, förekommande, tjänstvillig

oblique [ə'bli:k] **I** a **1** sned, skev; ~ *angle* sned vinkel **2** språkv. indirekt; ~ *case* oblikt kasus; ~ *narration (speech)* indirekt tal **3** bildl. indirekt, förtäckt, undvikande; ~ *threat* förtäckt hot **II** s snedstreck

oblit|erate [ə'blɪtəreɪt] utplåna, stryka ut **-eration** [əˌblɪtə'reɪʃn] s utplånande

oblivi|on [ə'blɪvɪən] glömska; *fall (sink) into* ~ falla i glömska **-ous** [-əs] glömsk *(of* av); *be* ~ *of* vara [helt] glömsk av (omedveten om)

oblong ['ɒblɒŋ] **I** a avlång; rektangulär **II** s avlång figur; rektangel

obnoxious [əb'nɒkʃəs] avskyvärd, vidrig, vedervärdig, outhärdlig

oboe ['əʊbəʊ] *mus.* oboe

obscene [əb'si:n] **1** obscen, oanständig, slipprig **2** vidrig, avskyvärd

obscure [əb'skjʊə] **I** a **1** mörk, dunkel, obskyr **2** otydlig, oklar; dunkel, vag, obestämd **3** obemärkt, obekant; oansenlig; *of* ~ *birth* av ringa börd **II** v förmörka, fördunkla *(äv. bildl.)*; skymma **obscurity** [əb'skjʊərətɪ] **1** dunkel, mörker **2** otydlighet, oklarhet; vaghet, obestämdhet **3** obemärkthet; oansenlighet

obsequious [əb'si:kwɪəs] krypande, inställsam

observance [-vns] **1** iakttagande, efterlevnad *(av regler e.d.)* **2** sedvänja, bruk; ceremoni **3** observation; uppmärksamhet **observant** [-vnt] **1** iakttagande, uppmärksam, observant **2** *be* ~ *of* [strängt] efterleva, noga iaktta **observation** [ˌɒbzə'veɪʃn] **1** observation; iakttag|else, -ande; *powers of* ~ iakttagelseförmåga; *keep s.b. under* ~ ha ngn under observation **2** yttrande, anmärkning **3** efterlevnad *(av bestämmelse)* **observatory** [əb'zɜ:vətrɪ] observatorium **observe** [əb'- zɜ:v] **1** observera; iaktta; märka, lägga märke till **2** iakttaga *(silence* tystnad); efterleva, följa *(rules* regler); fira *(the anniversary of* årsdagen av) **3** yttra, anmärka **4** yttra sig **observer** [əb'- zɜ:və] iakttagare; observatör

obsess [əb'ses] hemsöka, anfäkta; *be* ~*ed by (with)* vara [som] besatt av **obsession** [əb'seʃn] anfäktelse, besatthet, fix idé, monomani; tvångs- |föreställning, -tanke **obsessive** [əb'sesɪv] tvångs-, tvångsmässig; *med.* o.d. psyk. tvångsneuros; *become* ~ bli till ett tvång, bli en mani (fix idé)

obsolete ['ɒbsəli:t] **1** föråldrad, ej längre bruklig, gammalmodig, obsolet **2** *biol.* rudimentär

obstacle ['ɒbstəkl] hinder *(to* för)

obsti|nacy ['ɒbstɪnəsɪ] envishet **-nate** ['ɒbstənət] envis

obstruct [əb'strʌkt] **1** blockera, spärra av *(a road* en väg) **2** hindra, vara i vägen för *(the traffic* trafiken); hämma **3** skymma *(the view* [ut]sikten) **obstruction** [-kʃən] **1** blockering, avspärrning **2** hinder **3** *polit.,* *sport.* obstruktion

obtain [əb'teɪn] **1** [lyckas] få, erhålla; få tag i; [upp]nå *(result* resultat); vinna, förvärva *(knowledge* kunskap); *where can that be* ~*ed?* var kan man få tag i (på) det? **2** gälla, råda, vara i bruk **-able** [-əbl] *a, be* ~ finnas att få, gå att få tag i, kunna köpas

obtrusive [-'tru:sɪv] **1** påflugen, påträngande **2** iögonenfallande *(building* byggnad)

obtuse [əb'tju:s] **1** slö, trög[tänkt] **2** *mat.* trubbig *(angle* vinkel) **3** trubbig, slö **4** vag, dov *(pain* smärta)

obvious ['ɒbvɪəs] **1** tydlig, uppenbar, iögonenfallande **2** naiv, enkel

occasion [ə'keɪʒn] **I** s **1** tillfälle *(tidpunkt)*; högtidligt tillfälle, speciell händelse (tilldragelse); *on* ~ då och då, allt som oftast; *on festive* ~*s* vid festliga (högtidliga) tillfällen; *on several* ~*s* vid flera tillfällen; *on that* ~ vid det tillfället; *on the* ~ *of* med anledning av; *rise to the* ~ vara situationen vuxen; *take* ~ *to* begagna tillfället att **2** anledning, orsak; *no* ~ *to* ingen anledning att; *give* ~ *to* ge anledning (upphov) till **II** v föranleda, ge anledning till, förorsaka **-al** [-ʒənl] tillfällig; enstaka; ~ *cause* sekundär orsak; ~ *poem* tillfällighetsdikt; ~ *table* litet extrabord; *she likes an* ~ *glass of wine* hon tycker om ett glas vin någon [enstaka] gång **-ally** [-ʒnəlɪ] då och då, emellanåt; *very* ~ mycket sällan, någon [enstaka] gång

Occidental, occidental [ˌɒksɪ'dentl] **I** a västerländsk **II** s västerlänning

occult [ɒ'kʌlt] **I** a ockult, övernaturlig; hemlig; dold **II** v dölja; förmörka; ~*ing light* intermittent sken *(från fyr)* **III** s, *the* ~ ockulta ting, det ockulta

occupant [-pənt] innehavare; invånare *(of a house* i ett hus); *the* ~*s of the car* de som befinner (befann) sig i bilen **occupation** [͵ɒkjʊ'peɪʃn] **1** *mil.* ockupation **2** besittningstagande; inflyttning; *ready for* ~ inflyttningsklar **3** yrke; verksamhet, sysselsättning; *favourite* ~ favoritsysselsättning; *she is a teacher by* ~ hon är lärare till yrket **occupational** [͵ɒkju:'peɪʃənl] yrkes-; sysselsättnings-; ~ *disease* yrkessjukdom; ~ *hazard* (*risk*) risker i arbetet; ~ *therapy* sysselsättnings-, arbets|terapi **occupier** ['ɒkjʊpaɪə] **1** innehavare; *the* ~*s of the flat* innehavarna av (de som bor i) lägenheten **2** *mil.* ockupant **occupy** ['ɒkjʊpaɪ] **1** ockupera (*a country* ett land; *a house* ett hus), inta, ta i besittning **2** bebo, bo i (*a house* ett hus) **3** inneha, inta (*a position* en position) **4** uppta (*a p.'s time* ngns tid); ta i anspråk; *is this seat occupied?* är den här platsen upptagen? **5** sysselsätta, uppta; *be occupied with* vara sysselsatt (upptagen) med; *keep s.b. occupied* hålla ngn sysselsatt

occur [ə'kɜ:] **1** hända, ske, inträffa **2** förekomma, finnas **3** ~ *to s.b.* falla ngn in; *it never* ~*red to me* det föll mig aldrig in **occurrence** [ə'kʌr(ə)ns] händelse, tilldragelse; förekomst; *be an everyday* ~ förekomma dagligen

ocean ['əʊʃn] **1** ocean, [världs]hav; *the O*~ *of Storms* Stormarnas ocean (på månen) **2** *bildl.* hav; *an* ~ *of flowers* ett hav av blommor; ~*s of* massor av

ocelot ['əʊsɪlɒt] *zool.* ozelot, panterkatt

o'clock [ə'klɒk] *adv, at five* ~ klockan fem; *it's five* ~ klockan är fem

octave ['ɒktɪv] **1** *mus.* oktav **2** *versl.* åttaradig strof, *vanl.* ottave rime

octet[te] [ɒk'tet] *mus.* oktett

October [ɒk'təʊbə] oktober

octopus ['ɒktəpəs] *zool.* [åttaarmad] bläckfisk

odd [ɒd] **1** konstig, underlig, egen[domlig], besynnerlig; ~ *fish* (*BE. vard.*) konstig prick; *an* ~ *person* (*äv.*) en udda person, en särling; *the* ~ *thing about* det underliga med **2** udda; ojämn; omaka; enstaka; extra; övertalig; överskjutande; *an* ~ *glove* en omaka (udda) handske; ~ *lot* udda [varu]parti; ~ *pair* udda par, restpar; ~ *volumes* enstaka (udda) volymer; ~ *and even* udda och jämnt; *30 pounds* ~ 30 pund och litet till, drygt 30 pund; *he is* [*the*] ~ *man out a*) han är den som blir över, *b*) han är femte hjulet under vagnen **3** tillfällig, sporadisk, extra; ~ *job* tillfälligt arbete, ströjobb; *at* ~ *moments* (*times*) då och då, vid enstaka tillfällen

oddity [-ɪtɪ] **1** egendomlighet, underlighet **2** egendomlig person, original **oddment** ['ɒdmənt] *vanl.* ~*s* (*pl*) småsaker; restposter

odds [ɒdz] *pl* **1** odds (*äv. spelt.*); chanser, utsikter; *long* (*short*) ~ höga (låga) odds; *it's long* ~ (*vard.*) vi har små chanser; *by all* ~ (*AE.*) otvivelaktigt, ojämförligt; *over the* ~ (*BE.*) mer än väntat (nödvändigt); *the* ~ *are 4 to 1* oddsen är 4 mot 1; *the* ~ *are 3 to 1 against* oddsen är 3 mot 1 mot, chansen är 1 på 4 för; *the* ~ *are against us* vi har oddsen (alla odds) emot oss; *the* ~ *are in his favour* han har goda chanser; *the* ~ *are that* he sannolikt kommer han att; *give* (*lay*) ~ *of 4 to 1* sätta (hålla) 4 mot 1 **2** *BE.* skillnad; *it makes no* ~ det spelar ingen roll (gör ingen skillnad); *what's the* ~? (*vard.*) vad spelar det för roll? **3** *be*

at ~ vara oense (på kant med varandra) **4** ~ *and ends* småsaker, grejer, pick och pack; ~ *and sods* (*BE.*) diverse saker (människor)

ode [əʊd] ode (*on* över)

odious ['əʊdjəs] avskyvärd, motbjudande; förhatlig

odour ['əʊdə] **1** lukt; odör; doft **2** anstrykning, drag; *with an* ~ *of dishonesty* med en anstrykning av ohederlighet; *an* ~ *of sanctity* ett drag av skenhelighet **3** *in bad* (*good*) ~ illa (väl) anskriven (*with* hos)

of [betonat ɒv, obetonat əv] **1** (*i uttr. för ägande, tillhörighet, härkomst, plats, läge e.d.*) av; efter; från; i; om; på; till; vid; över; *the Battle* ~ *Waterloo* slaget vid Waterloo; *a map* ~ *York* en karta över York; *north* ~ *Paris* norr om Paris; *possession* ~ innehav av; *professor* ~ *German* professor i tyska; *professor G.* ~ *Oxford* professor G. från Oxford; *the Queen* ~ *Denmark* drottningen av Danmark; *son* ~ son till; *the university* ~ *Stockholm* Stockholms universitet; *wide* ~ *the truth* långt ifrån sanningen; *widow* ~ *a teacher* änka efter en lärare; *the works* ~ *Byron* Byrons verk **2** (*i uttr. m. subjektiv gen.*) från; *the love* ~ *God* Guds kärlek **3** (*i uttr. m. objektiv gen.*) av; för; i; om; på; till; *audience* ~ *the king* audiens hos kungen; *fear* ~ rädsla (fruktan) för; *fear* ~ *God* gudsfruktan; *knowledge* ~ kunskap om; *his love* ~ *his mother* hans kärlek till sin mor; *his murder* ~ *Lincoln* mordet på Lincoln **4** (*i uttr. m. partitiv gen.*) av; bland; till; *many* ~ *them* många av (bland) dem; *the whole* ~ *the house* hela huset; *he is the best* ~ *players* han är den [allra] bäste spelaren (den bäste spelaren av alla); *there were five* ~ *us* vi var fem [stycken, till antalet]; *he asked the five* ~ *us to lunch* han bjöd oss alla fem på lunch; *a friend* ~ *Mary's* en vän till Mary, en av Marys vänner; *a fugue* ~ *Bach's* en fuga av Bach **5** (*i uttr. m. egenskapsgen.*) av; i; med; på; till; ~ *no importance* oviktig, inte av ngn betydelse; *a girl* ~ *six* en flicka på sex år; *a man* ~ *great courage* en man med stort mod, en mycket modig man; *that idiot* ~ *a doctor* den där idioten till läkare **6** (*uttr. material, upphovsman e.d.*) av; i; på; *beloved* ~ *all* älskad av alla; *how very kind* ~ *you!* så vänligt av dig!; *made* ~ *steel* gjord av stål; *a dress* [*made*] ~ *wool* en ylleklänning **7** (*uttr. anledning, orsak e.d.*) av; för; i; på; över; *be ashamed* ~ skämmas för (över); *die* ~ *cancer* dö i cancer; *die* ~ *starvation* dö av svält; *smell* ~ *garlic* lukta vitlök **8** (*uttr. avlägsnande, frånskiljande e.d.*) från; för; på; *cheat s.b. out* ~ *s.th.* lura av ngn ngt; *cure* ~ bota från (för); *rid* ~ rensa från; *rob* ~ bestjäla på **9** (*i uttr. betecknande* [*samtals*]*ämne, innehåll e.d.*) från; för; om; på; *hear* ~ *s.b.* höra från ngn; *have a sense* ~ *humour* ha sinne för humor; *speak* ~ *s.th.* tala om ngt; *think* ~ *s.th.* tänka på (komma på) ngt; *warn* ~ *s.th.* varna för ngt; *nimble* ~ *foot* lätt på foten **10** (*utan motsvarighet i svenskan*) *two meters* ~ *snow* två meter snö; *on the first* ~ *April* den första april; *a glass* ~ *wine* ett glas vin; *the month* ~ *April* månaden april; *by the name* ~ *Jonas* vid namn (som heter) Jonas; *a number* ~ *people* ett antal människor; *a piece* ~ *paper* ett papper; *the town* ~ *A.* staden A. **11** (*uttr. tid*) av; i; om; på;

a quarter ~ six (A.E.) [en] kvart i sex; your letter ~ April 3 Ert brev av den 3 april; ~ late years på senare år; ~ mornings (åld.) om (på) morgonen (mornarna)

off [ɒf] **I** prep **1** från; bort[a] från; ner från; ur; av; she fell ~ the roof hon föll ner från taket; keep your fingers ~ the pie håll fingrarna borta från pajen; the shirt has three buttons ~ it det saknas tre knappar i skjortan **2** nära, vid; ~ the coast utanför kusten; a road ~ Piccadilly en tvärgata till Piccadilly; just ~ alldeles intill (i närheten av) **3** på; dine ~ chicken äta kyckling till middag; 5 % discount ~ the price 5 % rabatt på priset; she got £5 ~ the table hon fick bordet 5 pund billigare **4** vard., be ~ s.th. inte [längre] vara intresserad av (sugen på) ngt **II** adv o. pred. a **1** be ~ a) vara dålig (förstörd, sur, skämd e.d.), b) vara ledig, ha ledigt, c) vara av[stängd], vara avtagen, d) vara ur, ha lossnat, ha gått av, e) vara avbruten, f) vara inställd (avblåst), g) vara slut, h) ge (ha gett) sig i väg, i) ha fel; he is ~ to X. han har gått (givit sig i väg) till X.; [be] ~ with you! i väg med dig!, försvinn!; be well ~ ha det bra [ställt]; their engagement is ~ deras förlovning är uppslagen; you're ~ there där misstar du dig (har du fel) **2** av; bort[a]; från; i väg; ur; 3 % ~ for cash 3 % rabatt vid kontant betalning; April isn't very far ~ det är inte långt kvar till april; drink ~ dricka ur; ~ we go! nu går vi!; take one's coat ~ ta av sig rocken **3** ledigt; time ~ ledighet; take a day ~ ta sig ledigt en dag **III** attr. a **1** dålig; liten, svag, ~ chance liten chans!; ~ day dålig dag; ~ season lågsäsong **2** ledig; ~ day ledig dag **3** bortre **4** ~ position avstånд läge

offal [ˈɒfl] **1** (djurs) inälvor **2** avfall; avskräde; bildl. drägg **3** ruttnande ämne; as

offbeat [ˈɒfbiːt] **I** s, mus. oaccentuerad taktdel **II** a, vard. ovanlig, okonventionell **off chance** liten möjlighet; on the ~ i förhoppning (of meeting om att få träffa)

offence [əˈfens] **1** [lag]överträdelse, förseelse, [mindre] brott; bildl. försyndelse; an ~ against ett brott (en förseelse) mot; it is an ~ to det är straffbart att; commit an ~ överträda lagen **2** förolämpning, kränkning, skymf; anstöt; give ~ to väcka anstöt hos; take ~ ta illa upp; take ~ at ta anstöt av; no ~ [meant]! det var inte illa menat!, ta inte illa upp! **3** anfall, angrepp

offend [əˈfend] **1** förolämpa, förnärma, såra; stöta, väcka anstöt hos; be ~ed by bli förnärmad (stött) av (över); don't be ~ed! ta inte illa upp!; the smell ~ed her hon tyckte lukten var obehaglig **2** ~ against bryta mot, överträda (a law en lag) **-er** [-ə] lag|brytare, -överträdare; juvenile ~ ungdomsbrottsling

offense [əˈfens] AE. = offence **offensive** [-ɪv] **I** a **1** offensiv, anfalls-, anfallande **2** anstötlig, stötande **3** förolämpande, kränkande **4** obehaglig, motbjudande, vidrig (smell lukt) **II** s offensiv, anfall; on the ~ på offensiven; take the ~ ta till offensiven

offer [ˈɒfə] **I** s anbud, bud; erbjudande (of om); hand. offert (of, för på); ~ of marriage giftermålsanbud, frieri; on ~ till specialpris; make an ~ lämna [ett] anbud ([en] offert) **II** v **1** bjuda; erbjuda; hand. offerera, bjuda ut; ~ for sale bjuda

ut till försäljning; ~ to do s.th. erbjuda sig att göra ngt; ~ s.b. a cigarette bjuda ngn på en cigarrett; ~ one's services erbjuda sina tjänster **2** utlova, utfästa (a reward en belöning) **3** framföra, framlägga, anföra, komma med, yttra; ~ an excuse ursäkta sig; ~ an explanation komma med en förklaring; ~ an opinion lägga fram en åsikt; ~ [up] prayers to God uppsända böner till Gud **4** ~ [up] offra (to åt) **5** erbjuda, förete; the mountain ~ed a fine view det var en fin utsikt från berget **6** ~ resistance göra (bjuda) motstånd **7** erbjuda sig; if an opportunity ~s om tillfälle yppar (erbjuder) sig **offering** [ˈɒf(ə)rɪŋ] **1** offer[gåva] **2** erbjudande, anbud

offhand [ˌɒfˈhænd] **I** adv **1** på rak arm, utan vidare **2** nonchalant, slarvigt **II** a **1** oförberedd **2** nonchalant, slarvig

office [ˈɒfɪs] **1** kontor; byrå, kansli; expedition; tjänsterum, mottagning[srum]; ~s (pl) kontor; at the ~ på kontoret etc. **2** [ämbets]verk, departement; the Home O~ inrikesdepartementet **3** ämbete, tjänst, befattning; the Government in ~ den sittande regeringen; be in (hold) ~ a) inneha sitt ämbete (sin tjänst), b) sitta (vara) vid makten; take ~ a) tillträda sitt ämbete (sin tjänst), b) komma till makten **4** uppgift, plikt **5** tjänst; förmedling; good ~s bona officia, förmedling; through the ~s of genom förmedling av; do s.b. a good ~ göra ngn en stor tjänst **6** gudstjänst **7** ~s (pl) ekonomi[byggnader], -utrymmen **8** vard. tips, vink **9** vard. toa **office hours** [-ˌaʊəz] pl affärs-, expeditions-, kontors|tid

officer [ˈɒfɪsə] **1** officer, ~ of the day dagofficer **2** [police] ~ polis[man] **3** tjänste-, -ämbets|man; funktionär, styrelseledamot

official [əˈfɪʃl] **I** a officiell; tjänste-, ämbets[manna]-; ~ duties ämbetsplikter; ~ statement officiellt uttalande **II** s **1** ämbets-, tjänste|man **2** sport funktionär **-ly** [əˈfɪʃəlɪ] på ämbetets (tjänstens) vägnar; officiellt

officiate [əˈfɪʃɪeɪt] **1** officiera, förrätta gudstjänst **2** fungera, tjänstgöra (as som)

officious [əˈfɪʃəs] **1** beskäftig; nitisk **2** officiös, halvofficiell

offing [ˈɒfɪŋ] **I** s **1** öppen sjö **2** bildl., in the ~ nära förestående, under uppsegling

off-licence [ˈɒfˌlaɪsns] BE. **1** vin- och spriträttigheter **2** spritbutik **--peak** [-piːk] låg-; ~ electricity nattström; at ~ hours vid lågtrafik, vid låg belastning **--season** [-ˌsiːzn] lågsäsong- **-set** [-set] **I** s **1** bot., geol. utlöpare **2** motvikt, kompensation **3** offset[tryck] **II** v uppväga, kompensera, neutralisera **-shoot** [-ˈʃuːt] **1** bot. sidoskott; sidogren **2** bildl. sidogren; utlöpare **-shore** [ˌɒfˈʃɔː] a o. adv utanför kusten; kust-; havs-; havstekniskt; ~ wind frånlandsvind **-side** [ˌɒfˈsaɪd] **I** a o. adv., sport. offside **II** s **1** sport. offside **2** i sht BE. (på bil) sida närmast vägens mitt **-spring** [ˈɒfsprɪŋ] **1** avkomma, ättling **2** bildl. resultat **--the-cuff** [ˌɒfðəˈkʌf] oförberedd, spontan **--the-record** [ˌɒfðəˈrekɔːd] inofficiell, utom protokollet **--white** [ˈɒfwaɪt] off-white, naturvit, benfärgad

often [ˈɒfn] ofta; as ~ as så ofta som; as ~ as not ganska ofta, inte så sällan; every so ~ allt som oftast, med jämna mellanrum; more ~ than not of-

O

tast, vanligen
ogre ['əʊgə] [människoätande] jätte, troll; *bildl.*
monster, odjur **ogress** ['əʊgrɪs] jättinna, troll-
gumma
oh [əʊ] *interj* o!, å[h]!, oj!, aj!, jaså!, verkligen!;
~ *no!* nej då, visst inte!, ånej!; ~ *yes!* jo[då]!, ja
(jo) visst!, jadå!; ~ *well!* nåja!
oil [ɔɪl] **I** *s* **1** olja; *burn the midnight* ~ arbeta sent
på natten; *pour* ~ *on troubled waters* (*bildl.*) gju-
ta olja på vågorna; *strike* ~ *a*) träffa på olja, *b*)
vard. bli rik, ha framgång **2** ~*s* (*pl*) *a*) oljefärger,
b) oljemålningar; *paint in* ~*s* måla i olja **II** *v* olja
[in], smörja; ~ *a p.'s palm* (*bildl.*) smörja (muta)
ngn; ~ *one's tongue* (*vard.*) använda smicker; ~
the wheels (*bildl.*) olja maskineriet, få det hela att
löpa; *well* ~*ed* (*vard.*) berusad **oil rig** ['ɔɪlrɪg] ol-
jerigg, oljeborrplattform **oil slick** ['ɔɪlslɪk] ol-
jefläck (*på vatten*) **oil well** ['ɔɪlwel] oljekälla
oily ['ɔɪlɪ] **1** oljig, full av olja; fet; oljeliknande
2 *bildl.* oljig, lismande, inställsam
ointment ['ɔɪntmənt] salva; smörjelse
O.K. [,əʊ'keɪ] *vard.* **I** *a o. adv* OK, o.k., okay, bra,
rätt, i sin ordning; *it's* ~ *with* (*by*) *me* det är okay
för min del **II** *v* godkänna **III** *s* okay, gillande
okay [,əʊ'keɪ] *vard.*, **okey|-doke, --dokey**
['əʊkɪ'əʊk, -'əʊkɪ] *AE. sl., se O.K.*
old [əʊld] **I** *a* (*older, oldest; ibl. elder, eldest*) **1**
gammal; *the* ~ de gamla, gamlingarna; ~ *age* ål-
derdom[en]; ~ *age pension* ålderspension; ~
bird (*skämts.*) gammal räv; ~ *boy a*) gammal (ti-
digare, f.d.) elev; *b*) gammal farbror, *c*) *sport.*
oldboy; ~ *boy* (*chap, fellow, man, thing*)! (*vard.*)
gamle gosse (vän)!; *the good* ~ *days* den gamla
goda tiden; ~ *girl a*) gammal (tidigare, f.d.) elev,
b) gammal tant; ~ *girl!* (*vard.*) lilla gumman!;
he's an ~ *hand* han är gammal och erfaren; *any*
~ *how* (*vard.*) *a*) hur som helst, *b*) på måfå; *my*
~ *lady* (*vard.*) *a*) frugan, *b*) min mamma; *the* ~
one (*gentleman*) (*vard.*) hin håle; *the O~ Testa-*
ment Gamla testamentet; *any* ~ *thing* (*vard.*) vad
det jätteroligt; *the O~ World* Gamla världen; *as*
~ *as the hills* urgammal; *good* ~ *Annie* (*vard.*)
gamla bussiga (kära gamla) Annie; *grow* ~ bli
gammal, åldras **2** forn-; *O~ English* fornengel-
ska; *O~ High German* fornhögtyska **II** *s, of* ~ se-
dan gammalt; *a friend of* ~ en urgammal vän; *in*
days (*times*) *of* ~ i gamla tider, förr i världen
old|-fashioned [,əʊld'fæʃnd] gammalmodig,
omodern; gammaldags **--timer** ['əʊld,taɪmə] **1**
veteran, person som är gammal i gården **2** *AE.*
vard. gamling, gammal man
O level ['əʊ,levl] *BE.* (*förk. för Ordinary level*)
[betyg i] avgångsexamen (*från grundskola*)
olive ['ɒlɪv] **I** *s* **1** oliv (*träd, frukt*); *the Mount of*
O~s Oljeberget **2** olivgrönt **II** *a* olivgrön
Olympic [ə(ʊ)'lɪmpɪk] *hist., sport.* olympisk; *the*
~ *Games, the* ~*s* (*behandlas som sg el. pl*) olym-
piska spelen
ombudsman ['ɒmbʊdzmən] **1** justitieombuds-
man **2** ombudsman
omelet[te] ['ɒmlɪt]omelett
omen ['əʊmən] **I** *s* omen, varsel, förebud **II** *v* före-
båda, varsla [om]
ominous ['ɒmɪnəs] olycksbådande, ödesdiger,
ominös

omission [ə'mɪʃn] **1** utelämnande **2** underlåten-
het, försummelse; *sin of* ~ underlåtenhetssynd
omit [ə'mɪt] **1** utelämna **2** underlåta, försumma
omni|potent [ɒm'nɪpət(ə)nt] allsmäktig
-vorous [-v(ə)rəs] allätande; *an* ~ *reader* allätа-
re i fråga om lektyr
on [ɒn] **I** *prep* **A** *rumsbet.* **1** i; på; vid; ~ *board*
ombord; *she is* ~ *the board* hon sitter i styrelsen;
a house ~ *the coast* ett hus på (vid) kusten; *he is*
~ *drugs* han går på (använder) narkotika; ~ *duty*
i tjänst; *sit* ~ *the grass* sitta i gräset; *he is* ~ *the*
staff han tillhör personalen; ~ *the table* på bor-
det; ~ *TV* på (i) TV; *I have no money* ~ *me* jag
har inga pengar på mig; *she is* ~ *"The Observer"*
hon är (arbetar) på (vid) "The Observer" **2** mot;
make an attack ~ göra en attack mot; *fair* ~ rätt-
vis mot; *march* ~ *Paris* marschera mot Paris; *war*
~ *world hunger* krig mot världssvälten **3** till; ~
land and sea till lands och till sjöss; ~ *the left* till
vänster **B** *tidsbet.* **1** på, om; ~ *Sunday* på (om)
söndag; ~ *the minute* på minuten; ~ *the evening*
of April 2 på kvällen den andra april; ~ *Novem-*
ber the first den första november **2** vid, [genast]
efter; ~ *my arrival in London* vid (efter) min an-
komst till London; ~ *being asked he admitted*
that när han blev tillfrågad erkände han att; ~
[*receiving*] *my letter* efter att ha fått mitt brev **C**
(*annan bet.*) **1** om, över, i; på, med; *away* ~ *an*
errand ute i ett ärende; *expert* ~ expert på; *a lec-*
ture ~ en föreläsning om (över); *speak* ~ tala
om; *work* ~ *a new project* arbeta (hålla på) med
ett nytt projekt **2** av, på, med; *live* ~ *potatoes*
leva på potatis; *it works* ~ *oil* den går på (drivs
med) olja **3** till; med; ~ *foot* till fots; *I went* ~
the train jag tog (åkte med) tåget **4** i jämförelse
(jämfört) med; *wages are up* ~ *last year*['*s*] löner-
na har gått upp jämfört med i fjol **5** enligt, efter;
~ *his theory* enligt hans teori **6** med anledning
av, på grund av; ~ *his authority* på grund av hans
auktoritet **7** mot; ~ *payment of* mot betalning av
8 på, efter; *she made mistake* ~ *mistake* hon
gjorde misstag på misstag **9** *this round is* ~ *me*
den här omgången bjuder jag på (gången bjuder
jag); *it's* ~ *the house* det är värden på stället (re-
staurangen *etc.*) som bjuder **II** *adv o. pred. a* **1** *be*
~ *a*) vara på, *b*) vara i gång, pågå, *c*) spelas, vi-
sas, uppföras, ges, gå, *d*) uppträda, *e*) vara (föl-
ja) med, *f*) gälla; *you're* ~*!* överenskommet!, kör
till!; *are you* ~*?* är (hänger) du med?; *what's he*
~ *about?* vad är det han pratar (bråkar) om?;
she's always ~ *at me* hon är jämt på (efter) mig;
there's never anything ~ *in this town* det händer
aldrig ngt (inte mycket) i den här staden **2** på; på
sig; *put the kettle* ~ sätta på tevatten; *what did*
she have ~*?* vad hade hon på sig? **3** fram[åt]; vi-
dare; på; kvar; *and so* ~ och så vidare; *from that*
day ~ från och med den dagen; *sit* ~ sitta kvar;
well ~ *in the night* långt fram på natten; *work* ~
arbeta på, fortsätta att arbeta **4** ~ *and* ~ i ett,
hela tiden, utan uppehåll; ~ *and off a*) då och då,
b) från och till **III** *attr. a, the* ~ *switch* påsättnings-
knappen; *it wasn't one of his* ~ *days* (*vard.*) det
var inte ngn av hans bättre dagar
once [wʌns] **I** *adv* **1** en gång; ~ *a day* en gång om
dagen; ~ *again* (*more*) en gång till, ännu en
gång; ~ *and again* gång på gång; ~ *and away a*)

en gång för alla, b) då och då; ~ *and for all* en gång för alla; ~ *in a while* då och då, ibland; ~ *or twice* ett par gånger; *never* ~ inte en enda gång, aldrig någonsin **2** en gång [i tiden], förr [i tiden], tidigare; ~ *upon a time there was* det var en gång; *I* ~ *lived in Denmark* förut (förr) bodde jag i Danmark **II** *s, at* ~ *a*) genast, meddetsamma, b) på en (samma) gång, samtidigt; *all at* ~ *a*) plötsligt, b) på en (samma) gång, samtidigt; *for* [*this*] ~ [bara] för den här gången, för en gångs skull **III** *konj* när...väl; ~ *she understands* när hon så småningom förstår

oncoming ['ɒn,kʌmɪŋ] **I** *a* annalkande, hotande (*danger* fara); mötande (*traffic* trafik) **II** *s* annalkande, ankomst; *the* ~ *of summer* sommarens ankomst, den annalkande sommaren

one [wʌn] **I** *räkn o. a* **1** en, ett; [den, det] ena; ~ *and a half hours* en och en halv timme; ~ *and all* varenda en; ~ *at a time* en i taget, en och en; ~ *by* ~ en och en, en i taget, den ena efter den andra; ~ *day* en [vacker] dag; ~ *half of* hälften av, ena halvan av; ~ *hundred* [ett] hundra; ~ *Mr. Ross* en viss [Mr.] Ross; ~ *of these days* endera dagen; ~ *or other* den ena eller den andra; ~ *or two* ett par, några; [*the*] ~...*the other* den ena...den andra; *the last but* ~ den näst sista; *I for* ~ jag för min del; *for* ~ *thing*,... för another för det första,...för det andra; *this book for* ~ *thing* den här boken till exempel; *all in* ~ allt i ett; *not* ~ inte en enda [en]; *it's all* det går på ett ut, det gör detsamma; *are they* ~ *with us?* är de överens med oss? **2** andra; *my* ~ [*and only*] *hope* mitt enda hopp; *the* ~ *man* den ende [man nen]; *the* ~ *way to do it* den enda möjligheten att göra det; *the* ~ *and only Miles Davis* den makalöse (oförliknelige) Miles Davis **II** *pron* **1** (*ersättningsord, ofta oöversatt*) en; någon; något; *the Evil O~* den onde, hin håle; *my* ~ (*vard.*) min, mitt; *my dear ~s* mina kära; *the little ~s* de små, småttingarna, ungarna; *the young* ~*s* ungarna; ~ *for the road* (*vard.*) en färdknäpp; *a red pencil and a blue* ~ en röd penna och en blå; *which pencil is yours?* − *the blue* ~ vilken penna är din? − den blå; *is there a cinema here?* − *no, there isn't* ~ finns det någon biograf här? − nej, det finns det inte (finns inte någon); *he is a teacher, and his brother wants to be* ~ *too* han är lärare och hans bror vill också bli det; *I'm not* ~ *to...* jag är inte den som... **2** *the* ~ *who* den (det, han, hon) som; *I was the* ~ *who* det var jag som; *this* (*that*) ~ den här (där); *which* ~ vilken **3** man, en; sig; ~*'s* ens, sin, sitt, sina; ~ *must not forget that* man får inte glömma att; *break* ~*'s leg* bryta benet [av sig] **4** ~ *another* varandra **III** *s* **1** etta; *they came by* ~*s and twos* de kom en och en och två och två; *be* ~ *up* (*sport.*) leda med ett mål **2** *be a* ~ *for s.th.* (*vard.*) vara förtjust (tokig) i ngt

one-off ['wʌnɒf] *BE.* enstaka

oner ['wʌnə] *BE. vard.* **1** överdängare, proffs **2** hårt slag

onerous ['ɒnərəs] **1** betungande, tung **2** *jur.* tyngd av pålagor

one|self [wʌn'self] *rfl o. poss. pron* sig [själv]; *wash* ~ tvätta sig; *talk to* ~ tala för sig själv; *by* ~ ensam, själv **--track** ['wʌntræk] **1** enkelspårig **2** *vard. bildl.* enkelspårig; *have a* ~ *mind* vara

enkelspårig (enkelriktad) **--up** ['wʌnʌp] *vard.* **I** *a, be* ~ leda, vara värst **II** *v, AE.* ha övertaget (leda) över **--way** ['wʌnweɪ] **1** enkelriktad (*traffic* trafik) **2** *AE.*, ~ *ticket* enkel biljett **3** ensidig (*agreement* överenskommelse)

ongoing ['ɒn,gəʊɪŋ] pågående (*project* projekt); löpande

onion ['ʌnjən] [röd]lök; *know one's* ~*s* (*BE. vard.*) kunna sin sak

only ['əʊnlɪ] **I** *a* enda; *the* ~ *one* (*person*) den enda; *the* ~ *thing* det enda; *the* ~ *thing is* [*that*] *it's too late* det är bara det att det är för sent; *I am an* ~ *child* jag är enda barnet; ~ *begotten* (*åld.*) enfödd **II** *adv* bara, endast, blott; ~ *just* just nu, alldeles nyss; *we* ~ *just caught the bus* vi han precis med bussen; ~ *now* först (inte förrän) nu; ~ *too a*) bara alltför, b) väldigt; ~ *yesterday a*) senast (så sent som) i går, b) först (inte förrän) i går; *if* ~ *to* om så bara för att; *if* ~ *I knew* om jag bara visste; *not* ~...*but* [*also*] inte bara...utan även **III** *konj* men, det är bara det att; ~ *that* utom [det] att; *he always says he will do it,* ~ *he never does it* han säger alltid att han skall göra det men det är bara det att han aldrig gör det

onrush ['ɒnrʌʃ] anstormning; fram|rusande, -vällande **onset** **1** angrepp, anfall **2** ansats, början, inbrott **onshore** *o. adv* **1** pålands-; mot land; ~ *wind* pålandsvind **2** i land **onslaught** ['ɒnslɔːt] häftigt anfall, våldsamt attack **onto** ['ɒntʊ] = *on to* upp (ut) på **onward** ['ɒnwəd] *a* framåtriktad; *the* ~ *march of time* tidens gång **onwards** *adv* framåt, vidare; *from today* ~ från och med i dag

oops [ʊps] *interj* hoppsan!, oj då!

ooze [uːz] **I** *s* **1** stilla flöde, [fram]sipprande **2** slam, dy, gyttja **II** *v* **1** sippra fram (ut); droppa; vätska sig; ~ *out* sippra fram (ut) **2** ~ [*away*] dunsta bort, sakta försvinna **3** ut-, av|söndra **4** *bildl.* flöda (svalla) över av (*gratitude* tacksamhet)

opacity [ə(ʊ)'pæsətɪ] ogenomskinlighet, opacitet **opalescent** [,əʊpə'lesnt] opaliserande, opalskimrande **opaque** [ə(ʊ)'peɪk] **1** ogenomskinlig, opak **2** oklar, dunkel **3** dum, obegåvad

open ['əʊp(ə)n] **I** *a* **1** öppen (*äv. bildl.*); öppenhjärtig, uppriktig; fri, obegränsad; tillgänglig; offentlig; oviss, oavgjord; ~ *championship* (*sport.*) öppet mästerskap; ~ *day* (*AE. house*) (*institutions, skolas etc.*) öppet hus; ~ *harbour* öppen (isfri) hamn; *keep* ~ *house* hålla öppet hus; ~ *letter* öppet brev; *the* ~ *market* den öppna (fria) marknaden; ~ *sandwich* smörgås med pålägg; ~ *scholarship* stipendium som kan sökas av alla; ~ *season* lovlig tid (*för fiske o. jakt*); ~ *secret* offentlig hemlighet; ~ *shop* företag med såväl organiserade som oorganiserade anställda; *the O~ University* (*BE.*) det öppna universitetet (*med distansundervisning, föreläsningar i radio, TV etc.*); ~ *water* öppet vatten; ~ *wound* öppet sår; *wide* ~ vidöppen; *in the* ~ *air* i det fria, i fria luften; *with* ~ *arms* med öppna armar; *with an* ~ *hand* generöst, frikostigt; *the shop is* ~ affären är öppen (har öppet); *be* ~ *for traffic* vara öppen för trafik; *be* ~ *to a*) vara öppen (tillgänglig, tillåten) för, b) vara öppen (mottaglig) för; *two*

O

possibilities were ~ *to her* två möjligheter stod öppna för henne; *my house is always* ~ *to you* mitt hus står alltid öppet för dig; *be* ~ *to persuasion* gärna låta sig övertalas; *be* ~ *to the public* vara öppen för allmänheten; *be* ~ *to question* vara diskutabel, kunna ifrågasättas; *be* ~ *with s.b.* vara öppen[hjärtig] (uppriktig) mot ngn; *fling* (*throw*) ~ slänga (kasta) upp dörren **2** ledig (*evening* kväll; *post* plats) **3** *fonet.* öppen (*vowel* vokal) **II** *s* **1** *in the* ~ *a*) i det fria, *b*) *bildl.* öppet, offentligt; *it's all out in the* ~ (*bildl.*) allt har kommit (varit på tal); *come out into the* ~ *a*) komma ut (fram), *b*) (*om pers.*) förklara sig, tala öppet (ut) **2** *sport.* open (*tävling för amatörer o. proffs*) **III** *v* **1** öppna; börja, sätta i gång; inleda; inviga; göra tillgänglig; yppa, avslöja; ~ [*up*] *a*) öppna, *b*) bryta, röja, exploatera, *c*) göra [större], utvidga; ~ *out a*) ta fram, veckla upp, öppna, *b*) göra större, utvidga, *c*) utveckla, *d*) yppa; ~ *an account* öppna [ett] konto (*with* hos); ~ *a book* öppna (slå upp) en bok; ~ *fire* öppna eld (*on* mot); ~ *one's heart to* öppna sitt hjärta för; ~ *the mind* vidga horisonten (sina vyer) **2** öppna[s]; öppna sig; börja; breda ut (vidga) sig; uttala sig; vetta; leda; *it won't* ~ den går inte upp (att öppna); *I couldn't get the bottle to* ~ jag fick inte upp flaskan; *the play* ~*s next week* pjäsen har premiär nästa vecka; ~ *on* [*to*] (*into*) vetta mot (åt), leda in (ut) till, öppnas mot; ~ [*out*] *a*) öppna sig, [ut]vidga sig, *b*) bli meddelsam, öppna sig; ~ *up a*) öppna, *b*) öppna (yppa) sig, *c*) öppna sig, tala öppet, *d*) öppna eld, *e*) *vard.* dra på, trampa gasen i botten; ~ *up!* öppna [dörren]!

open-air [ˌəʊpn̩ˈeə] frilufts-; ~ *theatre* friluftsteater

opener [ˈəʊpn̩ə] **1** öppnare; *bottle* ~ flasköppnare **2** inledare **3** *AE.* öppningsnummer (*på varieté*)

open|-handed [ˌəʊpn̩ˈhændɪd] generös, frikostig **--hearted** [ˌəʊp(ə)n̩ˈhɑːtɪd] **1** öppenhjärtig, uppriktig **2** varmhjärtad

opening [ˈəʊpnɪŋ] **I** *a* inledande, inlednings-, öppnings-; ~ *night* premiär; ~ *speech* inledningsanförande; ~ *time* (*BE., för pub*) öppnings|tid, -dags **II** *s* **1** öppning; hål, glugg, lucka, springa **2** öppnande; början, inledning; *the* ~ *of Parliament* parlamentets öppnande; *the* ~ *of the debate* början (inledningen) av debatten **3** chans, tillfälle **4** *i sht AE.* glänta

open-minded [ˌəʊpˈmaɪndɪd] öppen för nya idéer, fördomsfri

opera [ˈɒp(ə)rə] opera; *go to the* ~ gå på operan

operate [ˈɒpəreɪt] **1** fungera, vara i funktion (gång, drift) **2** göra verkan, verka ([*up*]*on* på); ~ [*up*]*on* (*äv.*) inverka på, påverka **3** *mil.* operera **4** *med.* operera (*on s.b. for s.th.* ngn för ngt); *be* ~*d on* bli opererad **5** spekulera, operera (*på börs*) **6** få att fungera, sätta i gång; sköta, manövrera; leda, driva (*an enterprise* ett företag) **operating** [ˈɒpəreɪtɪŋ] **1** *hand., tekn.* drift[s]-, arbets-; ~ *costs* driftskostnader **2** *med.* operations-; ~ *table* operationsbord; ~ *theatre* operationssal

opera|tion [ˌɒpəˈreɪʃn̩] **1** funktion, gång, drift; verksamhet; verkan; inverkan; användning; bruk; *be in* ~ vara i gång (funktion, drift); *come*

into ~ *a*) komma i gång, träda i funktion, *b*) träda i kraft, *c*) komma till utförande, utföras **2** drift, skötsel, hantering **3** operation (*äv. mat., med., mil.*); företag; arbete; arbets-, förfarings|-sätt; moment; process; *building* ~*s* byggnadsarbete[n]; *business* ~*s* affärer; ~*s room* (*mil.*) ledningscentral; ~ *for appendicitis* blindtarmsoperation; *have an* ~ *for* bli opererad för **-tive** [ˈɒp(ə)rətɪv] **I** *a* **1** i gång (funktion, drift); effektiv, verksam; *become* ~ träda i kraft, börja gälla **2** *med.* operations- **3** viktig, betydelsefull, avgörande; *the* ~ *word* det avgörande ordet **II** *s* **1** [industri]arbetare **2** *AE.* hemlig agent; privatdetektiv **-tor** [ˈɒpəreɪtə] **1** maskinskötare; [data]operatör; [växel]telefonist; *radio* ~ radiotelegrafist **2** företagsledare; driftschef **3** [börs]spekulant **4** *vard.* skojare, fifflare

operetta [ˌɒpəˈretə] operett

opinion [əˈpɪnjən] **1** mening, åsikt, uppfattning (*about, of, on* om); *public* ~ allmänna opinionen, den allmänna meningen; *a matter of* ~ en fråga om tycke och smak; *in my* ~ enligt min mening (åsikt); *be of the* ~ *that* vara av den åsikten att; *express* (*put forward*) *one's* ~ säga sin mening, yttra sig; *have an* ~ *about* (*on*) *a matter* ha en åsikt i en fråga; *have a high* ~ *of s.b.* ha höga tankar om ngn **2** utlåtande, yttrande (*on* om, i, över); *medical* ~ medicinskt utlåtande **opinionated** [-eɪtɪd] egensinnig; dogmatisk

opium [ˈəʊpjəm] opium

opossum [əˈpɒsəm] *zool.* opossum

opponent [əˈpəʊnənt] **I** *a* motsatt **II** *s* motståndare (*of* till); opponent

oppor|tune [ˈɒpətjuːn] lämplig, passande; opportun, läglig **-tunism** [-tjuːnɪz(ə)m] opportunism **-tunist** [-tjuːnɪst] **I** *s* opportunist **II** *a* opportunistisk **-tunity** [ˌɒpəˈtjuːnətɪ] tillfälle, möjlighet, chans (*to do s.th., of* (*for*) *doing s.th.* att göra ngt); opportunities for promotion avancemangsmöjligheter; *at the first* (*earliest*) ~ vid första bästa tillfälle; *take* (*seize*) *the* ~ *to do* (*of doing*) *s.th.* ta tillfället i akt (gripa tillfället) att göra ngt; ~ *makes the thief* tillfället gör tjuven

oppose [əˈpəʊz] **1** opponera sig mot, sätta sig emot, vara motståndare till (mot); motarbeta, bekämpa **2** ställa som motsats **opposed** [-d] **1** motsatt; *as* ~ *to* i motsats till; *be* ~ *to a*) motsätta sig, vara emot, *b*) stå i motsats till; ~ *to all reason* mot allt förnuft **2** motsatt, motstående

opposite [ˈɒpəzɪt] **I** *a* **1** [belägen] mitt emot, motsatt; ~ *leaves* (*bot.*) motsatta blad; *on the* ~ *page* på motstående (motsatt) sida; ~ *side of a triangle* motsatt sida i en triangel; *on* ~ *sides of the street* på motsatta sidor av gatan; ~ *to* mitt emot **2** *bildl.* motsatt (*from, to* mot); ~ *number* motsvarighet, kollega; *the* ~ *sex* det motsatta könet **II** *prep* **1** mitt emot; *she lives* ~ *me* hon bor mitt emot mig **2** mot; *play* ~ *s.b.* spela mot ngn, vara ngns motspelare **III** *adv* mitt emot; *they live* ~ de bor mitt emot [mig, varandra *etc.*] **IV** *s* motsats; *quite the* ~*!* tvärtom!; *she's quite the* ~ *of him* hon är raka motsatsen till honom

opposition [ˌɒpəˈzɪʃn̩] motsättning, motsats, kontrast; opposition (*äv. astr., polit.*), motstånd; *Her Majesty's Loyal O~* (*BE. parl.*) oppositionen; *leader of the O~* oppositionsledare; *act in* ~

to handla i strid mot; *be in ~ (polit.)* vara i opposition[sställning]; *be in ~ to* stå i motsats till

oppress [ə'pres] **I** förtrycka, underkuva **2** tynga, tynga (trycka) ner; göra beklämd; *~ed by the heat* besvärad (plågad) av hettan **oppression** ['ə'preʃn] **1** förtryck, underkuvande **2** betrycket, beklämdhet **3** tryck, tyngd; press **oppressive** [ə'presɪv] **1** förtryckande, tyrannisk **2** tyngande, betungande, besvärande; tryckande, tung, pressande; *~ heat* tryckande värme **oppressor** [ə'presə] förtryckare, tyrann

opt [ɒpt] välja; *~ for* välja, uttala sig för; *~ out* hoppa av *(of s.th.* ngt), inte vilja vara med

optic ['ɒptɪk] **I** *a* optisk, syn-; *~ nerve* synnerv **II** *s, vard.* öga **optical** [-l] optisk; *~ illusion* optisk villa, synvilla; *~ character reader (recognition) (data.)* optisk läsare (läsning) **optician** [ɒp'tɪʃn] optiker **optics** ['ɒptɪks] *(behandlas som sg)* optik

optimal ['ɒptɪml] optimal

opti|mism ['ɒptɪmɪz(ə)m] optimism **-mist** [-mɪst] optimist **-mistic[al]** [,ɒptɪ'mɪstɪk(l)] optimistisk

opti|mum ['ɒptɪməm] **I** *s* *(pl -ma* [-mə] *el. -mums)* optimum **II** *a* optimal

option ['ɒpʃn] **1** val; valfrihet; alternativ; valmöjlighet; *I have no ~ but to go* jag har inget annat val än att gå; *keep (leave) one's ~s open* inte binda sig (ta ställning) **2** *hand.* option; *have an ~ on* ha option på **optional** ['ɒpʃənl] valfri, frivillig; *~ subject* valfritt ämne, tillvalsämne

opu|lence ['ɒpjʊləns] rikedom, välstånd; överflöd **-lent** [-lənt] rik, välmående; överflödande

opus ['əʊpəs] *(pl ~es el. opera* ['ɒp(ə)rə]) opus; *(musikaliskt)* verk

or [ɔː, *obeton.* ə] eller; *~ [else] [else]* eller också, annars; *two ~ three minutes* ett par minuter; *you'd better go ~ [else] you'll miss the bus* det är bäst att du går, annars missar du bussen

oracle ['ɒrəkl] **1** orakel; *the Delphic ~* oraklet i Delfi **2** orakelsvar

oral ['ɔːr(ə)l] **I** *a* **1** muntlig *(agreement* överenskommelse; *examination* tentamen) **2** mun-; oral; *~ cavity* munhåla; *~ contraceptive* preventivmedel som tas genom munnen **3** *fonet., psykol.* oral **II** *s* muntlig tentamen

orange ['ɒrɪn(d)ʒ] **I** *s* **1** apelsin; apelsinträd **2** orange [färg] **II** *a* orange[färgad], brandgul

orang|-utan, --outang [ɔː,ræŋuː|'tæn, -'tæŋ] *zool.* orangutang

oratorio [,ɒrə'tɔːrɪəʊ] *mus.* oratorium

orbit ['ɔːbɪt] **I** *s* **1** *astron.* omloppsbana; kretslopp; *be in (go into) ~* vara i (komma in i) sin [omlopps]bana; *send into ~* skicka upp i en bana **2** intressesfär, krets **3** ögonhåla **II** *v* **1** skicka upp i en bana **2** kretsa (röra sig i en [omlopps]bana) [om]kring **3** kretsa, röra sig i en [omlopps]bana

orchard ['ɔːtʃəd] fruktträdgård

orchestra ['ɔːkɪstrə] **1** orkester **2** orkesterdike **3** *AE., teat.* främre parkett **orchestra pit** ['ɔːkɪstrəpɪt] orkesterdike **orchestrate** ['ɔːkɪstreɪt] orkestrera, instrumentera **orchestration** [,ɔːke'streɪʃn] orkestrering, instrumentering

orchid ['ɔːkɪd] orkidé

ordain [ɔː'deɪn] **1** prästviga **2** föreskriva, påbjuda

ordeal [ɔː'diːl] svår prövning; *hist., bildl.* eldprov

order ['ɔːdə] **I** *s* **1** ordning; ordningsföljd; system; ordentlighet, reda; disciplin; skick; *~ of precedence* rangordning; *word ~* ordföljd; *keep ~* hålla ordning, upprätthålla ordningen; *in ~ a)* i ordning, *b)* på sin plats, *c)* i gott skick, *d)* i sin ordning; *in alphabetical ~* i alfabetisk ordning, i bokstavsordning; *be in good ~ a)* vara i ordning, *b)* fungera bra, *c)* vara i gott skick; *be in the right ~* vara (ligga, stå) i rätt ordning (ordningsföljd); *keep s.b. in ~* hålla ordning på ngn; *put in ~* ställa i ordning, ordna [upp]; *out of ~ a)* i oordning, *b)* i dåligt skick, i olag, trasig, ur funktion; *get out of ~* komma (råka) i oordning, hamna fel **2** [arbets]ordning, reglemente, ordningsstadga, regel, föreskrift[er], stadga[r]; *~ of the day* dagordning; *it's the ~ of the day (vard.)* det hör till ordningen för dagen; *point of ~* procedurfråga; *in ~ a)* reglementsenlig, i enlighet med reglerna (stadgarna), *b)* i sin ordning, okej; *out of ~ a)* mot reglementet (reglerna, stadgarna), *b)* opassande; *call s.b. to ~* kalla ngn till ordningen **3** order, befallning, tillsägelse; beslut, utslag; åläggande; *~ of the Court* domstolsutslag; *~ of the day (mil.)* dagorder; *doctor's ~s* läkares ordination (föreskrifter); *~s are ~s* [en] order är [en] order; *by ~* enligt order (uppdrag), på befallning; *be under ~s to do s.th.* ha order att göra ngt **4** *hand.* order, beställning, rekvisition *(for* på); *uppdrag; be on ~* vara beställd; *made to ~* tillverkad på beställning; *place an ~ for s.th. with s.b.* placera (lägga) en order på ngt hos ngn **5** *ekon.* [betalnings]uppdrag, [utbetalnings]order, anvisning **6** stånd, klass; *the higher (lower) ~s* de högre (lägre) stånden (klasserna) **7** orden; ordenssällskap; *the Benedictine O~* benediktinerorden; *the Masonic O~* Frimurareorden; *the O~ of the Garter* Strumpebandsorden; *~ of knighthood* riddarorden **8** *[holy] ~s a)* det andliga ståndet, *b)* prästvigning; *be in [holy] ~s* tillhöra det andliga ståndet, vara prästvigd; *take [holy] ~s* låta prästviga sig **9** *arkit., biol.* ordning **10** *mil.* ordning, formering, uppställning **11** *mat.* ordning, grad; *equation of the first ~* förstagradsekvation **12** storleksordning; slag, sort; *s.th. in the ~ of* någonting i storleksordningen (*of quite another ~* av ett helt annat slag **13** *in ~ to (+ inf.)* för att, i syfte (avsikt) att; *in ~ that* för (så) att **II** *v* **1** beordra, befalla, ge order om; *(om läkare)* ordinera, föreskriva; *jur.* ålägga; *~ s.b. about (around)* kommendera (köra med) ngn; *he was ~ed home* han blev hemsänd; *he was ~ed to be quiet* han blev tillsagd att vara tyst **2** ordna [upp] **3** beställa, rekvirera

orderly ['ɔːdəlɪ] **I** *a* **1** [väl]ordnad; metodisk; ordentlig, ordningsam **2** lugn, fredlig *(demonstration* demonstration) **3** *mil.* order-; *~ book* orderbok **II** *adv* systematiskt; regelmässigt **III** *s* **1** *mil.* ordonnans; *medical ~* sjukvårdare **2** [manligt] sjukvårdsbiträde

ordinal ['ɔːdɪnl] **I** *a* ordnings-; *~ number (språkv.)* ordningstal **II** *s, språkv.* ordningstal

ordinarily ['ɔːdnrəlɪ] *adv* **1** vanligen, vanligtvis **2** vanligt; ordinärt; *more than ~ stupid* mer än vanligt dum

ordinary ['ɔːdnrɪ] **I** *a* vanlig, bruklig; alldaglig, vardaglig, ordinär; ordinarie; *my ~ doctor* min vanliga (ordinarie) läkare; *O~ level, se O level*; *in the ~ life* i det dagliga livet, i vardagslivet; *~ seaman* jungman, lättmatros; *~ share* stamaktie; *in the ~ way I would* i normala (vanliga) fall skulle jag; *~ use* normal användning **II** *s 1 the ~* det vanliga; *nothing out of the ~* ingenting speciellt (utöver det vanliga) **2** *physician in ~ to the queen* drottningens livmedikus **3** *kyrkl., O~ a*) ordinarius (*biskop m. viss jurisdiktion*), *b*) *rom.-kat.* gudstjänstordning, *c*) *rom.-kat.* mässhandbok

ordnance ['ɔ:dnəns] **1** artilleri **2** krigsmateriel; *the ~* intendenturkåren

ore [ɔ:] malm; mineral

oregano [ˌɒrɪ'gɑ:nəʊ] *bot.* oregano, kungsmynta

organ ['ɔ:gən] **1** orgel; *electric ~* elorgel **2** *biol.* organ; manslem **3** *bildl.* organ (*verktyg, röst, tidskrift etc.*) **organ-grinder** ['ɔ:gənˌgraɪndə] positiv\spelare, -halare

organic [ɔ:'gænɪk] **1** organisk (*chemistry* kemi; *disease* sjukdom) **2** fundamental; strukturell **3** organiserad **4** biodynamisk

organ\ism ['ɔ:gənɪz(ə)m] organism **-ist** [-ɪst] organist

organ\ization (*BE. äv. -isation*) [ˌɔ:gənaɪ'zeɪʃn] organisation; organisering **-ize** (*BE. äv. -ise*) ['ɔ:gənaɪz] **1** organisera; [an]ordna, arrangera; *~d crime* organiserad brottslighet; *~d labour* organiserad arbetskraft **2** organisera sig, gå in i en fackförening **3** *vard.* rycka upp sig, skärpa sig **-izer** (*BE. äv. -iser*) ['ɔ:gənaɪzə] organisatör; arrangör

orgasm ['ɔ:gæz(ə)m] orgasm, sexuell utlösning

orgy ['ɔ:dʒɪ] orgie; *an ~ of colours* en orgie i färger

oriel ['ɔ:rɪəl] burspråk

orient ['ɔ:rɪənt] **I** *s 1 poet.* öster; *the O~ a*) Orienten, Östern, Österlandet, *b*) östra halvklotet **2** pärlas lyster **II** *a, poet.* östlig **III** *v, se orientate* **Oriental** [ˌɔ:rɪ'entl] **I** *a* **1** orientalisk, österländsk **2** *o~* östlig **II** *s* oriental, österlänning **orien\tate** ['ɔ:rɪenteɪt] **1** anpassa, avpassa (*to* efter); orientera **2** orientera sig, anpassa sig (*to* efter) **-tation** [ˌɔ:rɪen'teɪʃn] orientering; anpassning; inriktning **-teering** [ˌɔ:rɪən'tɪərɪŋ] *sport.* orientering

origin ['ɒrɪdʒɪn] ursprung, uppkomst, tillkomst, [första] början, upprinnelse, källa; härkomst; *the ~ of species* arternas uppkomst; *country of ~* ursprungsland; *have its ~ in a*) ha sitt ursprung i, härstamma från, *b*) (*om flod*) ha sin källa i, rinna upp i

original [ə'rɪdʒənl] **I** *a 1* ursprunglig, original-, första; *~ edition* originalutgåva; *~ sin* (*teol.*) arvsynd **2** originell, nyskapande **II** *s* **1** original; förebild; förlaga **2** nyskapare, föregångsman **3** (*om pers.*) original, särling **-ity** [əˌrɪdʒə'næləti] originalitet **-ly** [ə'rɪdʒənəlɪ] *adv* **1** ursprungligen **2** originellt

origi\nate [ə'rɪdʒəneɪt] **1** härröra, stamma från **2** ge (vara) upphov till, frambringa, få till stånd **3** uppstå, uppkomma; härstamma, härröra (*from, in* från) **4** *AE.* (*om buss e.d.*) starta, utgå (*in* från) **-nator** [-neɪtə] upphovsman, skapare; initiativtagare

orna\ment I *s* ['ɔ:nəmənt] **1** ornament (*äv.*

mus.); prydnad, utsmyckning, utsirning, dekoration; prydnadsföremål **2** *koll.* utsmyckning, ornament; *the castle was rich in ~* slottet var rikt utsmyckat (rikt på ornament) **II** *v* ['ɔ:nəment] ornamentera; dekorera, pryda, [ut]smycka **-men\tal** [ˌɔ:nə'mentl] ornamental; dekorativ; *~ painter* dekorationsmålare; *~ plants* prydnadsväxter **-mentation** [ˌɔ:nəmen'teɪʃn] **1** ornamentering; dekorering, utsmyckning **2** ornament; dekor, utsmyckning

ornate [ɔ:'neɪt] **1** dekorerad, utsmyckad, utsirad **2** överdekorerad, överlastad

ornith\ologist [ˌɔ:nɪ'θɒlədʒɪst] ornitolog, fågelkännare **-ogy** [-ədʒɪ] ornitologi, läran om fåglarna

orphan ['ɔ:fn] **I** *s* föräldralöst barn, föräldralös **II** *a* föräldralös **III** *v* göra föräldralös **-age** ['ɔ:fənɪdʒ] hem för föräldralösa barn

ortho\dox ['ɔ:θədɒks] **1** ortodox, renlärig **2** (*rörande ortodoxa kyrkan*) *O~* ortodox; *the O~ Church* grekisk-ortodoxa (grekisk-katolska) kyrkan **-graphy** [ɔ:'θɒɡrəfɪ] ortografi, rätt\skrivning, -stavning **-p[a]edic** [ˌɔ:θə(ʊ)'pi:dɪk] *med.* ortopedisk **-pa[e]dics** [ˌɔ:θə(ʊ)'pi:dɪks] (*behandlas som sg*) *med.* ortopedi

oscil\late ['ɒsɪleɪt] **1** oscillera, pendla, svänga **2** *bildl.* pendla, svänga; vackla **-lation** [ˌɒsɪ'leɪʃn] **1** oscillation, pendling, svängning; pendelrörelse **2** *bildl.* pendling, svängning, vacklande

osier ['əʊʒə] *bot.* [korg]vide

osmosis [ɒz'məʊsɪs] osmos

osprey ['ɒsprɪ] **1** *zool.* fiskgjuse **2** espri, ägrett

osten\tation [ˌɒsten'teɪʃn] skryt\samt uppträdande], vräkighet, ostentation **-tatious** [-'teɪʃəs] skrytsam, utmanande, uppseendeväckande, ostentativ

ostrich ['ɒstrɪtʃ] struts

other ['ʌðə] **I** *pron* (*självst.: pl ~s*) annan, annat, andra; ytterligare; *the ~ two, the two ~s* de båda (två) andra; *some...~s* en del...andra; *the ~ day* häromdagen; *every ~ day* varannan dag; *every ~ man was tired* alla andra var trötta; *among ~s* bland andra; *among ~ things* bland annat; *~ things being equal* under i övrigt lika förhållanden; *I have ~ things to do* jag har annat att göra; *one ~ person* ytterligare en [person], en [person] till; *do you have any ~ questions?* har du några fler (andra) frågor?; *no person ~ than yourself* ingen utom du själv; *no*[*ne*] *~ than the president* ingen mindre än presidenten; *some day or ~* någon dag [förr eller senare]; *somehow or ~* på något (ett eller annat) sätt; *someone or ~* någon **II** *adv, ~ than* annorlunda (annat) än

otherwise ['ʌðəwaɪz] **1** annorlunda, på annat sätt, annat; *he knew ~* han visste bättre; *you seem to think ~* du tycks vara av en annan mening; *except where ~ stated* utom där annat anges **2** i annat fall, annars, under andra förhållanden; *go, ~ you'll be late* gå nu, annars kommer du för sent **3** i andra avseenden, för (i) övrigt **4** även kallad

otter ['ɒtə] *zool.* utter

ouch [aʊtʃ] *interj* aj!, oj!

ought [ɔ:t] *hjälpv* **1** bör, borde, skall, skulle; *I ~ to do it* jag bör (borde) göra det; *I ~ to know* jag måtte väl jag veta; *you ~ to see that film* du borde (skulle) se den filmen **2** (*uttr. sannolikhet*) bör, torde; *she ~ to win the race* hon bör (torde) vinna loppet

ounce [aʊns] **1** uns (*1/16 pound = 28,35 gram*) **2** gnutta, uns

our [ˈaʊə] *poss. pron, fören.* vår; *O~ Father* Fader vår; *O~ Lady* Vår fru (*Jungfru Maria*) **ours** [-z] *poss. pron, självst.* vår; *these books are ~* de här böckerna är våra **ourselves** [ˌaʊəˈselvz] oss [själva]; [vi] själva; *we amused ~* vi roade oss; *we have made it ~* vi har gjort den själva

oust [aʊst] fördriva, köra bort, kasta ut, avlägsna **out** [aʊt] **I** *adv o. pred. a* **1** ut, bort; fram; *~ with him!, ~ he goes!* ut med honom!; *~ with it!* fram med det!, ut med språket!; *go ~* gå ut; *take ~* ta fram **2** ute, utanför; borta, inte hemma; framme; *~ here* härute; *~ there* därute; *the best car ~* den bästa bilen som finns [ute på marknaden]; *my arm is ~* min arm är ur led; *the book is ~ a*) boken har kommit ut, *b*) boken är utlånad; *the chickens are ~* kycklingarna har kommit ut (kläckts); *the flowers are ~* blommorna har slagit ut; *the results are ~* resultaten har kommit; *the Socialists are ~* socialisterna sitter inte längre vid makten (i regeringen); *the sun is ~* solen är framme; *the tide is ~* det är ebb; *be ~ and about a*) vara uppe (på benen), *b*) vara ute; *be ~ shopping* vara ute och handla; *be ~ for a walk* vara ute och gå (på promenad); *when I was ~ in India* när jag var [borta] i Indien; *be ~ on business* vara bortrest (ute) i affärer **3** omodern, ute **4** av[stängd], släckt, *the fire is ~* brasan har slocknat **5** slut; *the potatoes are ~* potatisen är slut; *school is ~* skolan är slut; *before the day is ~* innan dagen är slut; *hear me ~* låt mig få tala färdigt (till punkt) **6** ledig; *a day ~* en ledig dag **7** i strejk; *the workers are ~* arbetarna strejkar **8** *sport.* ute **9** *bildl.* borta; medvetslös; berusad; *be ~* (*äv.*) ha somnat **10** fel; *not far ~* nastan [riktigt], inte långt därifrån; *you're far ~!* [du har] helt fel!; *my clock is 10 minutes ~* min klocka går 10 minuter fel; *I was £10 ~* jag hade räknat fel på 10 pund; *he was ~ in his calculations* han hade räknat fel **11** högre, högt; *please speak ~!* var snäll och tala högre! **12** *~ and away* utan jämförelse, framför alla andra **13** *be ~ after* vara ute efter; *be ~ for s.th.* vara ute efter (vilja ha) ngt; *be ~ with s.b.* vara osams med ngn **14** *~ of a*) ut från (genom, ur), [borta] från, upp (ute) ur, ur, utanför, utom, *b*) utan, *c*) [ut]av; *~ of curiosity* av nyfikenhet; *~ of doors* utanför dörren, utomhus; *~ of sight* utom synhåll; *in nine cases ~ of ten* i nio fall av tio; *you're well ~ of it* det är bättre för dig, ur tio; *~ of money* vara utan (sakna) pengar; *be ~ of training* vara otränad; *drink ~ of a cup* dricka ur en kopp; *feel ~ of it* (*vard.*) känna sig utanför; *get ~ of here!* ut [härifrån]!; *look ~ of the window* titta ut genom fönstret; *made ~ of gold* gjord av guld **II** *attr. a* yttre; ytter-; ute-; utgående; avsides [belägen]; *an ~ match* en match på bortaplan; *~ size* extra stor [storlek] **III** *prep* ut ur (genom) **IV** *s* **1** *se in II 1* **2** *sport.* boll som är ute **3** *boktr.* lik **4** *AE. vard.* utväg **5** *polit.*, *the ~s* oppositionen **V** *v* **1** *vard.* kasta ut **2** *sl.* knocka **3** komma fram (ut)

out\-and-out [ˌaʊtndˈaʊt] fullständig; tvättäkta,

komplett, riktig; total, grundlig **-bid** [ˌaʊtˈbɪd] bjuda över; *bildl.* överbjuda, -träffa **-board** [ˈaʊtbɔːd] **I** *a* utombords-; *~ motor* utombordsmotor **II** *adv* utombords **III** *s* **1** utombordsmotor **2** utombordare (*båt*) **-bound** [ˈaʊtbaʊnd] utgående; på väg ut, på utresa **-break** [ˈaʊtbreɪk] utbrott; *~ of fire* eldsvåda; *an ~ of influenza* en influensaepidemi; *there has been an ~ of strike* strejk har brutit ut **-burst** [ˈaʊtbɜːst] utbrott; anfall **-cast** [ˈaʊtkɑːst] **I** *s* utstött varelse; utslagen [människa] **II** *a* utstött; utslagen **-come** [ˈaʊtkʌm] resultat **-cry** [ˈaʊtkraɪ] skri[k], rop; oväsen; häftig protest; *raise an ~ against* häftigt protestera mot

out|dated [ˌaʊtˈdeɪtɪd] omodern, föråldrad, gammalmodig **-distance** distansera, lämna bakom sig **-do** över|träffa, -glänsa **-door** [ˈaʊtdɔː] *a* utomhus-; ytter-; *~ activities* utomhusaktiviteter; *~ clothes* ytterkläder; *~ life* friluftsliv **-doors** [ˌaʊtˈdɔːz] *adv* utomhus, ute, i det fria, i fria luften

outer [ˈaʊtə] yttre, utvändig, ytter-; *~ garments* ytterkläder; *O~ Mongolia* Yttre Mongoliet; *~ space* yttre rymden

out|fit [ˈaʊtfɪt] **I** *s* **1** utrustning; styrslar, kläder **2** *vard.* företag; [arbets]lag; militär enhet (avdelning, styrka) **II** *v* utrusta **-flow** [ˈaʊtfləʊ] utflöde; utströmning **-going** [ˈaʊtˌgəʊɪŋ] **I** *a* **1** utgående (*mail post*); avgående (*train* tåg) **2** avgående (*chairman* ordförande), avflyttande (*tenant* hyresgäst) **3** sällskaplig, social **II** *s* **1** avgång; utflöde **2** *~s* (*pl*) utgifter, kostnader **-grow** [ˌaʊtˈgrəʊ] växa om; växa ur; växa ifrån **-house** [ˈaʊthaʊs] **1** uthus **2** *AE.* utedass

outing [ˈaʊtɪŋ] utflykt, tur, tripp

out|landish [aʊtˈlændɪʃ] **1** *åld.* utländsk **2** egendomlig, bisarr **-last** [ˌaʊtˈlɑːst] överleva; räcka (vara) längre än **-law** [ˈaʊtlɔː] **I** *s* fredlös (fågelfri) [person]; person som står utanför lagen **II** *v* **1** förklara fredlös (fågelfri); ställa utanför lagen **2** kriminalisera **3** bannlysa **-lay I** *s* [aʊtˈleɪ] utlägg, utgifter **II** *v* [aʊtˈleɪ] lägga ut **-let** [ˈaʊtlet] **1** utlopp (*äv. bildl.*); flodmynning; avlopp **2** marknad, avsättning **3** *elektr.* uttag **-line** [ˈaʊtlaɪn] **I** *s* **1** kontur; kontur-, ytter|linje; konturteckning; *draw in ~* teckna (dra upp) konturerna av **2** utkast, skiss (*for* till); översikt (*of* över); *in broad ~* i grova (stora) drag **3** *~s* (*pl*) huvud-, grund|drag **II** *a* kontur-; *~ map* konturkarta **III** *v* **1** teckna (dra upp) konturerna av, skissera **2** ange huvuddragen av, skissera **-live** [ˌaʊtˈlɪv] överleva **-look** [ˈaʊtlʊk] **1** utsikt ; utblick **2** [framtids]utsikter; *weather ~* väderleksutsikter **3** inställning ([*up*]*on* till), syn ([*up*]*on* på); *narrow ~* inskränkthet; *~ on life* livs|inställning, -åskådning **4** utkik **-moded** [ˌaʊtˈməʊdɪd] omodern, föråldrad **-most** [ˈaʊtməʊst] ytterst **-number** [ˌaʊtˈnʌmbə] vara fler än, överträffa i antal

out-of-date [ˌaʊtəvˈdeɪt] föråldrad, gammalmodig, omodern **--the-way** [ˌaʊtəˈweɪ] **1** avlägsen, avsides belägen **2** ovanlig

out|patient [ˈaʊtˌpeɪʃnt] poliklinikpatient; *~s' clinic* poliklinik **-post** [ˈaʊtpəʊst] utpost **-pouring** [ˈaʊtˌpɔːrɪŋ] *s* **1** utströmmande **2** *~s* (*pl*) utgjutelser **-put** [ˈaʊtpʊt] **1** produktion, tillverkning **2** utgående effekt, uteffekt **3** *data.* output,

O

utmatning **-rage** ['aʊtreɪdʒ] **I** s **1** kränkning, skymf, hån **2** våldshandling, nidings-, ill|dåd; skandal **II** v **1** kränka, skymfa; våldföra sig på **2** uppröra, stöta, chockera **-rageous** [aʊt'reɪdʒəs] **1** kränkande, skymflig; skandalös, upprörande **2** omåttlig, överdriven

out|right I a ['aʊtraɪt] **1** fullständig, total; obegränsad; obetingad; ren (lie lögn); ~ sale försäljning i fast räkning **2** rättfram; öppenhjärtig; direkt **II** adv [aʊt'raɪt] **1** rent ut, utan vidare **2** på en gång, på fläcken, ögonblickligen; helt och hållet **-run** [-'rʌn] **1** springa om (förbi); springa fortare än **2** und|fly, -gå, -komma **3** överskrida, övergå **-set** ['aʊtset] början; at (from) the ~ i (från) början **-shine** [,aʊt'ʃaɪn] överglänsa, ställa i skuggan

out|side [,aʊt'saɪd] **I** s **1** ut-, ytter|sida; yttre; yta; from the ~ utifrån, från utsidan **2** at the [very] ~ på sin höjd, högst **II** a **1** yttre, utvändig; ytter-, ute-; utomhus-; ~ aerial utomhusantenn; ~ broadcast (radio., TV.) OB-sändning; ~ help hjälp utifrån; ~ lane ytter-, omkörnings|fil; ~ left (sport.) vänsterytter; ~ right (sport.) högerytter; the ~ world yttervärlden **2** ytterst, högst; at an ~ estimate maximalt, högt räknat, i extrema fall **3** an ~ chance en minimal (ytterst liten) chans **III** adv ut; ute; utanför; utanpå; utvändigt; go ~ gå ut; ~ of a) utanför, b) [för]utom **IV** prep utanför; utanpå; utom **-sider** [-'saɪdə] **1** utomstående, outsider; främling **2** sport. outsider, okänd (oprövad) tävlingsdeltagare

out|size ['aʊtsaɪz] **I** a extra stor **II** s extra stor storlek; extra stort plagg **-skirts** pl utkant[er], ytterområde[n] **-smart** [,aʊt'smɑ:t] vard. överlista **-spoken** [,aʊt'spəʊk(ə)n] öppenhjärtig, rättfram; frispråkig **-standing 1** [,aʊt'stændɪŋ] enastående, utomordentlig; framstående, framträdande **2** [,aʊt'stændɪŋ] obetald (debt skuld), utestående (claims fordringar); olöst (problem problem); ~ work ogjort arbete **3** ['aʊt,stændɪŋ] utstående, utskjutande **-stay** [,aʊt'steɪ] stanna längre än; stanna för länge; ~ one's welcome stanna kvar för länge **-vote** [,aʊt'vəʊt] rösta omkull (ner), besegra i omröstning

out|ward ['aʊtwəd] **I** a **1** utåtriktad; utgående; the ~ flow of traffic trafikströmmen ut från staden **2** yttre, utvändig; utvärtes; the ~ man a) teol. kroppen (i motsats t. själen), b) skämts. klädseln **II** adv ut[åt]; ~ bound (om fartyg) på utgående, på väg ut, på utresa **-wards** [-wədz] ut[åt]

out|weigh [,aʊt'weɪ] **1** uppväga; få övertag över; vara mer betydelsefull än **2** väga mer än **-wit** överlista

oval ['əʊvl] s o. a oval

ovary ['əʊvərɪ] **1** anat. äggstock **2** bot. fruktämne

ovation [ə(ʊ)'veɪʃn] ovation, bifallsstorm, jubel; get a standing ~ bli föremål för stående ovationer

oven ['ʌvn] ugn **-ware** [-weə] [ugns]eldfasta formar

over ['əʊvə] **I** prep **1** över; på, ovanpå, utanpå; ovanför; i; vid; all ~ the world över (i) hela världen; hit s.b. ~ the head slå ngn i huvudet; he spilled wine ~ it han spillde vin på den; they discussed it ~ a beer de diskuterade det över en öl; she went asleep ~ her work hon somnade över sitt

arbete **2** över [till andra sidan av]; på andra sidan av; tvärs över; from ~ the wall från andra sidan muren; the house ~ the way huset tvärs över vägen (mitt emot); it's ~ the page det är (står) på nästa sida **3** över, mer än; ~ and above the expenses förutom (utöver) utgifterna **4** i, på; ~ the radio i (på) radio[n] **5** över, om, angående; to grund av; worry ~ vara orolig över (för) **6** runt; I'll show you ~ the house jag skall visa dig runt i huset **7** igenom; he went ~ his notes han gick igenom sina anteckningar **8** under, i, genom, över; ~ the years under årens lopp, genom (med) åren; can't you stay ~ the weekend? kan du inte stanna över weekenden? **9** what is 11 ~ 4? hur mycket blir 11 delat med 4? **II** adv **1** över [på (till) andra sidan]; ~ there där borta, dit bort; ~ to America [över] till Amerika; ~ to you! nu är det din tur!; boil ~ koka över; come ~ tonight! kom över till (titta in hos) mig (oss) i kväll! **2** över; all ~ överallt, helt och hållet, över (i) hela kroppen; he is wet all ~ han är genomblöt; that's G. all ~ det är typiskt [för] G.; famous the world ~ berömd över (i) hela världen; run ~ köra över **3** över, slut, förbi; it's all ~ with him det är ute med honom; get it ~ [with] få det gjort (undanstökat) **4** om, en gång till; ~ and ~ [again] om och om igen, gång på gång; ~ again en gång till, om igen, från början; five times ~ fem gånger om (efter varandra) **5** alltför, särskilt, över-; he is not ~ particular han är inte överdrivet noga **6** över, kvar; mer, till; children of 9 and ~ barn över 9 år; 5 metres and a little ~ fem meter och litet till; 6 into 19 goes 3 and 1 ~ 6 i 19 går 3 gånger och 1 över (i rest) **7** igenom, över; read s.th. ~ läsa igenom ngt; search the house ~ leta igenom [hela] huset; think ~ tänka igenom (över), överväga **8** (vid telekommunikation) ~! kom!; ~ and out! klart slut! **III** s (i kricket) over (serie om 6 kast)

over|act [,əʊvər'ækt] spela över; överdriva **-all** **I** s ['əʊvərɔ:l] **1** BE. (skydds)rock **2** ~s (pl) överdrags-, skydds|kläder, overall, snickarbyxor, blåställ; a pair of ~s en overall, ett blåställ **II** a ['əʊvərɔ:l] **1** total; samlad, helhets- **2** allmän, generell **III** adv [,əʊvər'ɔ:l] **1** överallt **2** på det hela taget **-awe** [,əʊvər'ɔ:] imponera på; skrämma **-balance** [,əʊvə'bæləns] **I** s över|vikt, -skott **II** v **1** tappa balansen, förlora jämvikten **2** väga för tungt, välta **-bearing** [,əʊvə'beərɪŋ] myndig, högdragen, arrogant; dominerande **-bid I** v [,əʊvə'bɪd] bjuda över **II** s ['əʊvəbɪd] överbud **-board** ['əʊvəbɔ:d] adv överbord; fall ~ falla överbord; go ~ (vard.) vara mycket entusiastisk (about över), skjuta över målet; throw ~ förkasta, överge

over|cast I a [,əʊvəkɑ:st] molntäckt, mulen (sky himmel) **II** v [,əʊvə'kɑ:st] **1** mulna, mörkna **2** förmörka, täcka med moln **-charge** [,əʊvə-'tʃɑ:dʒ] **I** v **1** över[be]lasta **2** ta för högt pris (överpris) [av], debitera för mycket; be ~d få betala för mycket **II** s **1** överbelastning **2** för högt pris, överpris **-coat** ['əʊvəkəʊt] över-, ytter|rock **-come** [,əʊvə'kʌm] **1** övervinna, besegra; övermanna; betvinga; be ~ (äv.) överväldigas **2** segra, vinna **-crowd** [-'kraʊd] överbefolka[s], fylla[s] med för mycket folk; ~ed a) överbefolkad, b) överfull

over|do [ˌəʊvəˈduː] **1** överdriva; driva för långt, göra för mycket av **2** koka (steka) för länge **3** ~ *it* (*things*) överdriva, överanstränga (förta) sig **-done 1** kokt (stekt) för länge **2** överdriven **-dose I** *s* [ˈəʊvədəʊs] överdos, för stor dos **II** *v* [ˌəʊvəˈdəʊs] överdosera **-draft** [ˈəʊvədrɑːft] *bank*. [konto]överdrag; över|dragning, -trassering **-draw** [ˌəʊvəˈdrɔː] **1** *bank*. överskrida, dra över på (*konto*) **2** spänna (*båge e.d.*) för hårt **3** överdriva **-due** [ˌəʊvəˈdjuː] **1** försenad; *the train is long* ~ tåget är mycket försenat; *this reform is* ~ *den här* reformen skulle ha införts för länge sedan **2** *hand*. förfallen [till betalning]

over|estimate I *s* [ˌəʊvərˈestɪmət] över|skattning, -värdering **II** *v* [ˌəʊvərˈestɪmeɪt] beräkna för högt; över|skatta, -värdera **-exposure** [ˌəʊv(ə)rɪksˈpəʊʒə] *foto*. överexponering **-flow I** *v* [ˌəʊvəˈfləʊ] **1** flöda (rinna, svämma) över (*its brims* sina bräddar); översvämma **2** flöda (rinna, strömma) [ut] ur [sina braddar], *bildl*. flöda (svalla) över (*with love* av kärlek) **II** *s* [ˈəʊvəfləʊ] **1** översvämning **2** [brädd]avlopp; över|lopp, -flöde **3** överskott (*of people* av folk); ~ *of population* befolkningsöverskott **-grown** [ˌəʊvəˈgrəʊn] **1** över-, igen|vuxen **2** förvuxen, för stor

over|hang [ˌəʊvəˈhæŋ] **1** hänga [ut] över, skjuta (sticka) fram (ut) över; *bildl*. hänga (sväva) över, hota **2** skjuta (sticka) fram (ut) **-haul I** *v* [ˌəʊvəˈhɔːl] **1** undersöka, gå igenom, se över; reparera, justera; *sjö*. överhala **2** hinna upp; köra om (*förbi*) **II** *s* [ˈəʊvəhɔːl] undersökning, översyn; reparation; *sjö*. överhalning **-head I** *a* [ˈəʊvəhed] **1** [som befinner sig] över huvudet (uppe i luften, ovanpå); ~ *cable* luftledning; ~ *camshaft* överliggande kamaxel; ~ *projector* arbets-, overhead|projektor; ~ *valve* toppventil **2** *hand*. total-, inklusive-; ~ *costs* (*charges, expenses*), se *overheads*; ~ *price* inklusivepris **II** *adv* [ˌəʊvəˈhed] över huvudet, uppe i luften **-heads** [ˈəʊvəhedz] *pl, hand*. overhead-, sam|kostnader, allmänna omkostnader **-hear** [ˌəʊvəˈhɪə] [råka] få höra (lyssna till) **-indulgent** [ˌəʊv(ə)rɪnˈdʌldʒ(ə)nt] alltför eftergiven (släpphänt)

over|land *a* [ˈəʊvəlænd] *o. adv* [ˌəʊvəˈlænd] på land; till lands, landvägen **-lap I** *v* [ˌəʊvəˈlæp] delvis sammanfalla [med], delvis täcka (varandra], överlappa [varandra]; skjuta ut över [varandra] **II** *s* [ˈəʊvəlæp] överlappning **-leaf** [ˌəʊvəˈliːf] *adv* på nästa sida **-load I** *v* [ˌəʊvəˈləʊd] över[be]lasta **II** *s* [ˈəʊvələʊd] överbelastning, för stor belastning **-look** [ˌəʊvəˈlʊk] **I** *v* **1** se (titta) över; se (titta) ut över; *a room* ~*ing the town* ett rum med utsikt över staden; *the castle* ~*s the river* från slottet har man utsikt över floden; *our garden is* ~*ed by the station* från stationen har man insyn i vår trädgård **2** förbise, inte märka (se) **3** se genom fingrarna med, överse med **4** se efter (till) **5** granska **6** förhäxa **II** *s, AE*. utsiktsplats

overnight [ˌəʊvəˈnaɪt] **I** *adv* **1** under natten; *we drove* ~ vi körde under natten **2** över natten; *stop* ~ stanna över natten, övernatta **3** över en natt, plötsligt; *the situation changed* ~ situationen ändrades över en natt (plötsligt) **II** *a* **1** som varar en natt, natt-; övernattnings-; ~ *bag* weekendväska; ~ *guests* nattgäster; ~ *stop* uppehåll på en natt, övernattning **2** som sker över en natt,

plötslig; ~ *change* plötslig förändring

over|pass [ˈəʊvəpɑːs] viadukt, vägbro **-pay** [ˌəʊvəˈpeɪ] betala för mycket; överbetala **-power** [ˌəʊvəˈpaʊə] övermanna; överväldiga **-powering** [ˌəʊvəˈpaʊərɪŋ] överväldigande; oemotståndlig, oövervinnlig, obetvinglig; genomträngande (*smell* lukt) **-protect** [ˌəʊvəˈprəˈtekt] överbeskydda

over|rate [ˌəʊvəˈreɪt] över|skatta, -värdera **-reach 1** sträcka sig [ut] över **2** skjuta över målet **3** lura **4** ~ *o.s.* förta sig, åta[ga] sig för mycket **-react** överreagera, reagera för kraftigt **-ride 1** åsidosätta, sätta sig över; överskrida (*one's powers* sina befogenheter) **2** upphäva **3** dominera; överskugga **4** överlappa **5** rida över **-ripe** övermogen **-rule 1** av-, tillbaka|visa (*a claim* ett krav); förkasta; upphäva, gå emot (*a decision* ett beslut); *objection* ~*d!* (*jur*.) protesten ogillas! **2** behärska, dominera; **run 1** invadera; översvämma; sprida sig över; växa över, täcka **2** överskrida (*limits* gränser); *the programme overran its time* programmet drog över tiden **3** köra över (förbi) **4** dra över [på tiden]; *the programme overran by 10 minutes* programmet drog över 10 minuter

over|seas [ˌəʊvəˈsiːz] **I** *adv* på (från, till) andra sidan havet; utomlands **II** *a* belägen på (som kommer från) andra sidan havet; transocean; utländsk, utlands-, utrikes-; ~ *telegramme* [kabel]-telegram, se övervakt.ha uppsikt över **-seer** [ˈəʊvəˌsɪə] förman, arbetsledare; verkmästare; upp-, till|syningsman **-sell** [ˌəʊvəˈsel] **1** sälja mer än vad man kan leverera **2** hårdsälja **-shadow** [ˌəʊvəˈʃædəʊ] överskugga (*äv. bildl*.); *bildl. äv*. ställa i skuggan **-shoot** [ˌəʊvəˈʃuːt] **1** skjuta över, missa (*the target* målet); ~ *the mark* skjuta över målet, *bildl. äv*. gå för långt **2** *flyg*. taxa (köra) för långt på, flyga för långt för att kunna landa på (*the runway* landningsbanan) **-sight** [ˈəʊvəsaɪt] **1** förbiseende, misstag; by (*through an*) ~ av misstag, genom ett förbiseende **2** tillsyn, uppsikt **-size[d]** [ˌəʊvəˈsaɪz(d)] alltför stor, överdimensionerad **-sleep** [ˌəʊvəˈsliːp] försova sig **-staff** [ˌəʊvəˈstɑːf] anställa för mycket personal, överbemanna **-statement** [ˌəʊvəˈsteɪtmənt] överdrift **-stay** [ˌəʊvəˈsteɪ] stanna längre än; ~ *one's welcome* stanna för länge **-step** [ˌəʊvəˈstep] överskrida; ~ *the mark* gå för långt **-strain** [ˌəʊvəˈstreɪn] överanstränga

overt [ˈəʊvɜːt] offentlig; öppen, uppenbar

over|take [ˌəʊvəˈteɪk] **1** *i sht BE*. köra (gå, åka) om (förbi) **2** hinna upp (ifatt) **3** över|raska, -rumpla **4** köra om, göra en omkörning **-tax 1** beskatta (taxera) för högt **2** överbelasta; kräva för mycket av; ~ *one's strength* förta sig, överanstränga sig **-throw I** *v* [ˌəʊvəˈθrəʊ] **1** störta (*a dictator* en diktator), fälla (*a government* en regering); omstörta **2** kasta omkull, välta; *bildl*. kullkasta (*plans* planer) **II** *s* [ˈəʊvəθrəʊ] **1** störtande, fällande; omstörtning **2** kullkastande **3** nederlag, fall **-time** [ˈəʊvətaɪm] **I** *s* övertidsarbete; övertidsersättning; övertid; *do* (*be on*) ~ arbeta [på] övertid, arbeta **2** å övertids-; ~ *ban* övertidsblockad; ~ *pay* övertidsersättning; ~ *work* övertidsarbete **III** *adv* på övertid; *work* ~ arbeta [på] övertid, arbeta över **-tone**

O

['əuvətəun] *mus., bildl.* överton
overture ['əuvə‚tjuə] **1** *mus.* uvertyr **2** *ofta pl,* ~s närmanden, trevare, första förslag; *peace* ~ s fredstrevare; *make* ~s *to s.b.* söka närma sig ngn, göra närmanden till ngn
overturn I *v* [‚əuvə'tɜːn] **1** välta [omkull], stjälpa; *the boat was* ~ed båten slog runt; *bildl.* störta (*a regime* en regim) **2** välta, stjälpa; kantra **II** *s* ['əuvətɜːn] **1** stjälpning; kantring **2** omstörtning
over|weight I *s* ['əuvəweit] övervikt **II** *a* [‚əuvə'-weit] överviktig; övervikts- **III** *v* [‚əuvə'weit] **1** över[be]lasta **2** överbetona **-whelm** [‚əuvə'-welm] **1** överväldiga; tynga [ner] **2** övermanna; besegra **3** begrava, täcka; översvämma; *bildl.* överösa (*with praise* med beröm); överhopa **-work I** *s* **1** ['əuvəwɜːk] för mycket (hårt) arbete; överansträngning **II** *v* [‚əuvə'wɜːk] **1** överanstränga **2** överanstränga sig, arbeta för mycket (hårt)
oviduct ['əuvidʌkt] *biol.* äggledare
ovulation [‚ɒvju'leiʃn] *biol.* ägglossning, ovulation
owe [əu] vara skyldig (*s.b. money* ngn pengar); ha att tacka för; *we* ~ *them a great deal a*) vi är skyldiga dem mycket, *b*) vi har dem att tacka för mycket; *I still* ~ *for the house* jag är fortfarande skyldig på huset; *we* ~ *it to them that* vi har dem att tacka för att; *you* ~ *it to yourself to* du är skyldig dig själv att; ~ *s.b. a grudge* hysa agg mot ngn
owing ['əuiŋ] **I** *a* som skall betalas; *the amount* ~ *on the house* skuldbeloppet på huset **II** *prep*, ~ *to* på grund av, till följd av, med anledning av, tack vare; *be* ~ *to* bero på
owl [aul] *zool., bildl.* uggla
own [əun] **I** *a* egen; *a house of one's* ~ ett eget hus; *my (John's)* ~ *car* min (Johns) egen bil; *with my* ~ *eyes* med [mina] egna ögon; *on one's* ~ *a*) själv, på egen hand, *b*) på eget initiativ, *c*) på eget ansvar, *d*) ensam, för sig själv, *e*) i särklass; *my* ~ *is bigger* min är större; *my time is my* ~ jag disponerar [över] min tid; *those are my* ~ de är mina, de tillhör mig; *be one's* ~ *man* vara sin egen herre, vara oberoende; *do one's* ~ *cooking* laga sin mat själv; *can I have it for my* ~? får jag ha den alldeles för mig själv?; *it has a value all (of) its* ~ den har ett eget värde (ett värde i sig) **II** *v* **1** äga **2** erkänna, tillstå; ~ *o.s. defeated* erkänna sig besegrad **3** ~ [*up*] *to s.th.* erkänna ngt
owner ['əunə] ägare **-ship** [-ʃip] äganderätt; *under new* ~ under ny ledning, i ny regim; *pass into private* ~ övergå i privat ägo
ox [ɒks] (*pl* ~*en* [-(ə)n]) oxe **oxen** ['ɒks(ə)n] *pl av ox* **oxeye daisy** *bot.* prästkrage
oxide ['ɒksaid] *kem.* oxid **oxi|dization** (*BE. äv. -disation*) [‚ɒksidai'zeiʃn] oxidering **oxi|dize** (*BE. äv. -dise*) oxidera ['ɒksidaiz] oxidera
Oxonian [ɒk'səunjən] **I** *a* från [universitetet i] Oxford **II** *s* **1** Oxfordstudent **2** Oxfordbo
oxygen ['ɒksidʒ(ə)n] syre, oxygen **oxygen|ate** [ɒk'sidʒəneit], **-ize** (*BE. äv. -ise*) [ɒk'sidʒənaiz] syrsätta[s]; tillföra syre till
oyster ['ɔistə] ostron
oz[.] *förk. för ounce*
ozone ['əuzəun] **1** *kem.* ozon **2** *vard.* frisk luft **ozone layer** [-‚le(i)ə], **ozonosphere** [əu'zəunə‚sfiə] ozonskikt

P

P, p [piː] (*bokstav*) P, p; *mind one's* ~'s *and q's* tänka på vad man säger
p *förk. för penny, pence;* (*mus.*) *piano*
pa [pɑː] *vard.* pappa
Pa. *förk. för Pennsylvania*
pace [peis] **I** *s* **1** steg; gång; (*hästs*) gångart; passgång; *put a horse through its* ~s låta en häst gå i alla gångarter; *put s.th. through its* ~s (*bildl.*) ingående testa ngt, se vad ngt duger till (går för) **2** hastighet, tempo, fart, takt; *change of* ~ tempoväxling; *at a slow* ~ [i] långsamt [tempo]; *keep* ~ *with* hålla jämna steg (takten) med, hänga med; *make* (*set*) *the* ~ bestämma farten (takten), dra; *I can't stand the* ~ *any more* (*vard.*) jag hänger inte med längre **II** *v* **1** ~ [*off, out*] stega (mäta) upp **2** gå fram och tillbaka (av och an) i (på) **3** bestämma farten (vara farthållare) åt **4** [låta] gå i passgång **5** skrida passgång **pacemaker** ['peis‚meikə] **1** *sport., bildl.* pacemaker, farthållare **2** *med., [artificial]* ~ pacemaker
pacific [pə'sifik] **I** *a* **1** fredlig; fridfull **2** stillahavs-; *the P*~ *Ocean* Stilla havet **II** *s, the P*~ Stilla havet
pacification [‚pæsifi'keiʃn] pacificering, återställande av fredliga förhållanden **pacifier** ['pæsifaiə] **1** fredsstiftare **2** *AE.* tröstnapp **paci-fism** ['pæsifiz(ə)m] pacifism **pacifist** ['pæsifist] pacifist, fredsvän **pacify** ['pæsifai] **1** pacificera, återställa fredliga förhållanden i (på), göra fredlig **2** lugna [ner] (*an angry man* en ilsken man), stilla
pack [pæk] **I** *s* **1** packe; bylte, knyte; bal; last, packning; *Austr.* ryggsäck **2** förpackning; paket, ask; *a* ~ *of cigarettes* ett paket cigarretter; *a* ~ *of matches* en ask tändstickor **3** koppel; flock, skock, svärm; grupp, samling; band, gäng, hop; *a* ~ *of dogs* ett koppel hundar; *a* ~ *of wolves* en flock vargar; *a* ~ *of thieves* en tjuvliga; *a* ~ *of lies* en massa lögner **4** [*kort*]lek; *a* ~ *of cards* en kortlek **5** packis **6** *med.* inpackning; tampong **7** [*face*] ~ ansiktsmask **8** (*i rugby*) [forwards]kedja **II** *v* **1** packa; packa in, emballera, förpacka; packa ner; fylla, packa full; packa (tränga) ihop; klämma (pressa) in; ~ *away* packa (plocka, flytta) undan; *he can really* ~ *it away* (*vard.*) han kan sätta i sig en hel del; ~ *in a*) packa in (ner), *b*) klämma (stuva) in, *c*) *vard.* lägga av [med]; *it's time to* ~ *it in* (*vard.*) det är dags att lägga av (packa ihop); ~ *off* skicka (köra) i väg; *be* ~*ed out* vara proppfull; ~ *up a*) packa ihop (in, ner), *b*) *vard.* lägga av [med]; *be* ~*ed with* vara fullpackad med **2** täta, fylla igen **3** ~ *a* [*heavy*] *punch* (*vard.*) slå jättehårt **4** *AE. vard.* bära, ha (*pistol e.d.*) **5** utse eget folk till (*a jury* en jury), sammansätta partiskt **6** pressa ihop **7** packa; kunna packas; packa (tränga) ihop sig; samla (skocka) sig, packa (ge) sig i väg; *I must start* ~*ing* jag måste börja packa; *send s.b.* ~*ing*

(*vard.*) köra i väg (kasta ut) ngn; *that won't all ~ into the car* allt det går inte in i bilen; *~ in a*) pressa in sig, *b*) *vard.* gå sönder, paja, *c*) *vard.* lägga av, sluta; *~ up a*) packa ihop sina saker, *b*) *vard.* gå sönder, paja, *c*) *vard.* lägga av, sluta

package ['pækɪdʒ] **I** *s* **1** [större] paket (*äv. bildl.*), kolli; packe, bunt, knippe **2** emballage, förpackning **3** förpackande, emballerande, [in]-packande **4** *AE.* [mindre] paket; *a ~ of biscuits* ett kexpaket **II** *v* förpacka, emballera, packa [in] **package deal** paketavtal **package holiday (tour)** paketresa **package store** *AE.* spritbutik **packaging** [-ɪŋ] förpackning, emballage

packet ['pækɪt] **I** *s* **1** paket, ask; *a ~ of biscuits* ett kexpaket **2** paketbåt **3** *sl.* massa stålar; *cost a ~* vara svindyr **4** *BE. sl., catch (get) a ~* gå på en bakstöt **II** *v* packa in, slå in i paket

packing ['pækɪŋ] **1** pack|ning, -ande; förpack|-ning, -ande **2** emballage, förpackning **3** *tekn.* packning, tätning

packsäck ['pæksæk] *AE.* ryggsäck

pact [pækt] pakt, fördrag, avtal

1 pad [pæd] **I** *s* **1** dyna, kudde; stoppning, vaddering, inlägg; *sport.* [ben]skydd; *stamp ~* stämpeldyna **2** [skriv]block; skrivunderlägg **3** *zool.* trampdyna; tass **4** startplatta, avskjutningsramp (*för raket*) **5** *sl.* kvart (*bostad*) **6** *AE. sl.* slaf, kvart **7** *Austr.* stig **II** *v* **1** stoppa, vaddera, madrassera **2** *~ out* fylla ut, blåsa upp (*a story* en historia)

2 pad [pæd] *v. ~ along* traska (lunka) fram

padding ['pædɪŋ] **1** stoppning, vaddering, madrassering **2** *bildl.* utfyllnad, fyllnadsgods

1 paddle ['pædl] **I** *s* **1** paddel, skovel (*på turbin e.d.*) **2** paddeltur, paddling **3** bordtennisracket **II** *v* **1** paddla; *~ one's own canoe a*) reda sig själv, *b*) sköta sitt (*sina egna affärer*) **2** simma hundsim

2 paddle ['pædl] plaska; vada [omkring]

paddle steamer ['pædl͵stiːmə] hjulångare

padlock ['pædlɒk] **I** *s* hänglås **II** *v* sätta hänglås för (på)

pagan ['peɪgən] **I** *s* hedning **II** *a* hednisk **-ism** [-ɪz(ə)m] hedendom

1 page [peɪdʒ] **I** *s* sida; *bildl. äv.* blad, period, episod **II** *v* paginera, numrera sidorna (*i bok*)

2 page [peɪdʒ] **I** *s* **1** *hist.* page, hovsven **3** pickolo, hotellpojke **II** *v* **1** kalla på, söka (*i högtalare*) **2** vara page (hovsven) hos

pageant ['pædʒ(ə)nt] praktfullt skådespel, historiespel; festtåg, parad **-ry** [-rɪ] pomp[a], prakt, [tom] ståt

pageboy ['peɪdʒbɔɪ] pagefrisyr

pagoda [pə'gəʊdə] pagod

paid [peɪd] *imperf. o. perf. part. av* pay

pail [peɪl] hink, ämbar, spann

pain [peɪn] **I** *s* **1** smärta, värk; pina, plåga; *a look of ~* en plågad blick; *be a ~ in the neck* (*vard.*) vara en plåga; *be in ~* ha värk (ont, smärtor); *it gives me ~* det gör mig ont; *have a ~ in* ha ont i; *put s.b. out of his ~* befria ngn från hans plågor; *scream in ~* skrika av smärta **2** *~s* (*pl*) möda, besvär; *take* (*be at*) *~s to* (*about, over*) göra sig besvär (möda) med att (med) **3** *on* (*under*) *~ of a fine* vid vite **II** *v* smärta, plåga; *vard.* irritera; *look ~ed* se plågad ut **-ful** ['peɪnf(ʊ)l] plågsam, smärtsam; smärtande, värkande, ond (*arm* arm);

vard. pinsam **-killer** ['peɪn͵kɪlə] smärtstillande medel **-less** ['peɪnlɪs] smärtfri

painstaking ['peɪnz͵teɪkɪŋ] noggrann, omsorgsfull

paint [peɪnt] **I** *s* **1** [målar]färg; *wet ~!* nymålat! **2** smink **II** *v* **1** måla; bestryka; *~ the town red* (*vard.*) vara ute och slå runt (svira); *~ out* måla över **2** sminka **painter** ['peɪntə] målare

painting ['peɪntɪŋ] **1** målning, tavla **2** måleri, målning; målarkonst **-work** *s, the ~ a*) målningen, strykningen, det målade, *b*) (*på bil*) lackeringen

pair [peə] **I** *s* par; *a ~ of horses* ett par hästar, ett hästspann; *a carriage and ~* en tvåspännare; *a ~ of scissors* (*tongs*) en sax (tång); *a ~ of socks* ett par strumpor; *a ~ of trousers* ett par byxor; *these gloves are not a ~* de här handskarna är omaka; *in ~s* parvis, par om par **II** *v* **1** para ihop (samman) **2** *~ [off]* ordna parvis **?** gifta sig, para sig, *~ [off]* ordna sig parvis

pajamas [pə'dʒɑːməz] *pl, AE.* pyjamas

Paki|stan [͵pɑːkɪ'stɑːn] Pakistan **-stani** [-ɪ] **I** *a* pakistansk **II** *s* pakistanare

pal [pæl] *vard.* **I** *s* kompis, kamrat, god vän **II** *v, ~ up with* bli god vän (kompis) med

palace ['pælɪs] palats; *royal ~* kungligt slott

palatable ['pælətəbl] smaklig, välsmakande; *bildl.* angenäm, tilltalande

palate ['pælət] gom; *the hard* (*soft*) *~* hårda (mjuka) gommen; *have no ~ for* (*bildl.*) inte ha ngt sinne för

pale [peɪl] **I** *a* blek (*äv. bildl.*); *~ complexion* blek hy; *~ stars* bleka stjärnor, *a ~ imitation of* en blek efterapning av **II** *v* blekna, bli blek; *bildl.* [för]blekna; *~ into insignificance* fullständigt förblekna

Pales|tine ['pæləstaɪn] Palestina **-tinian** [͵pælə'stɪnɪən] **I** *a* palestinsk **II** *s* palestinier

palet[te] ['pælət] palett

paling ['peɪlɪŋ] spjälstaket; staket|stolpe, -spjäla

palisade [͵pælɪ'seɪd] **I** *s* **1** palissad, pålverk **2** *AE., ~s* (*pl*) [rad av] höga klippor **II** *v* förse med palissad (pålverk)

pallet ['pælɪt] [last]pall

pallid ['pælɪd] blek **pallor** ['pælə] blekhet

1 palm [pɑːm] **I** *s* handflata; *have s.th. in the ~ of one's hand* ha ngt i sin hand; *grease a p.'s ~* (*vard.*) smörja (muta) ngn **II** *v* **1** dölja i handen **2** stryka (beröra) med handflatan **3** *~ off s.th. on s.b.* pracka (lura) på ngn ngt **4** *~ off* prångla ut

2 palm [pɑːm] palm; palm|kvist, -blad; *bear (carry off) the ~* hemföra segern

palp [pælp] känselspröt, antenn **palpable** ['pælpəbl] **1** som man kan känna [på] **2** uppenbar (*lie* lögn), påtaglig

palpi|tate ['pælpɪteɪt] **1** (*om hjärtat*) klappa, slå häftigt **2** darra, skälva **-tation** [͵pælpɪ'teɪʃn] **1** hjärtklappning **2** darrning, skälvning

palsy ['pɔːlzɪ] **I** *s* förlamning **II** *v* förlama

paltry ['pɔːltrɪ] usel, futtig; ynklig, torftig

pamper ['pæmpə] klema (skämma) bort

pamphlet ['pæmflɪt] broschyr; flygblad; stridsskrift

pan [pæn] **I** *s* **1** panna; [kok]kärl **2** (*guldletares*) vaskpanna **3** vågskål **4** *BE.* toalettskål **5** grop,

bäcken (*i mark*) **6** *sl.* fejs (*ansikte*); *dead* ~ po-
kerfejs **II** *v* **1** ~ [*off, out*] vaska (*gold* guld) **2**
vard. göra (sabla) ner **3** ~ *out* ge guld **4** *vard.*, ~
out utfalla, avlöpa, utveckla sig
panacea [,pænə'sɪə] universalmedel
pancake ['pænkeɪk] **I** *s* **1** pannkaka **2** bukland-
ning **II** *v, flyg.* buklanda **Pancake Day** fettisda-
g[en]
panda ['pændə] *zool.* **1** [*lesser, red*] ~ panda, röd
kattbjörn **2** [*giant*] ~ jättepanda, bambubjörn
panda car *BE.* (*blå o. vit*) polisbil
pandemonium [,pændɪ'məʊnjəm] pandemo-
nium; fullständig förvirring, tumult; helvetes-
larm
pander ['pændə] **I** *v* **1** ~ *to* tillfredsställa, under-
blåsa, ge efter för **2** vara kopplare (*for* åt) **II** *s*
kopplare
pane [peɪn] [glas]ruta; fält, spegel (*i dörr e.d.*)
panel ['pænl] **I** *s* **1** fält, spegel (*i dörr e.d.*); panel
2 *konst.* pannå **3** karosseridel; *sömn.* infällning,
isättning **4** [instrument]panel, -bräda; kontroll-
bord **5** [diskussions]panel, expertgrupp; panel-
diskussion **6** jury|lista, -förteckning; jury **7** *BE.*
(*förr*) förteckning över patienter (läkare) tillhö-
rande försäkringskassan; *be on the* ~ (*vard.*) få
betalt från försäkringskassan **II** *v* indela i fält; pa-
nela **panelling** [-ɪŋ] *koll.* panel
pang [pæŋ] häftig smärta, styng, sting; *feel a* ~ *of
conscience* ha samvetskval; ~*s of hunger* hung-
erns kval
pan|ic ['pænɪk] **I** *a* panisk **II** *s* panik **III** *v* gripas av
panik; *don't* ~*!* ingen panik!, ta det lugnt! **-icky**
[-ɪkɪ] *vard.* panikslagen
panic-stricken ['pænɪk,strɪk(ə)n], **-struck** pa-
nikslagen
pannier ['pænɪə] **1** [klövje]korg **2** cykel-, pack|-
väska
panorama [,pænə'rɑːmə] panorama (*äv. bildl.*),
vidsträckt utsikt
panpipes ['pænpaɪps] *pl* panflöjt
pansy ['pænzɪ] **1** *zool.* pensé; *wild* ~ styvmors-
viol **2** *sl.* bög, homofil
pant [pænt] **I** *v* **1** flämta, flåsa; ~ *for breath* kippa
efter andan, snappa efter luft **2** längta (*for* efter)
3 flämta fram **II** *s* flämtande, flåsande
pantheism ['pænθɪːɪz(ə)m] panteism
panther ['pænθə] *zool.* panter; *American* ~
puma
panties ['pæntɪz] *pl* trosor; barnbyxor
pantomime ['pæntəmaɪm] **1** pantomim **2** (*slags*)
jul|spel, -underhållning
pantry ['pæntrɪ] **1** skafferi **2** serveringsrum
pants [pænts] *vard.* **1** underbyxor, trosor, kal-
songer **2** *AE.* [lång]byxor **3** *vard., caught with
one's* ~ *down* överraskad i en pinsam situation,
överrumplad; *scare the* ~ *off s.b.* skrämma livet
ur ngn, göra ngn byxis; *wear the* ~ vara den som
bestämmer i huset
pap [pæp] [skorp]välling; *bildl.* dravel, smörja
papa [pə'pɑː, *AE.* 'pɑːpə] *åld. vard.* pappa
papacy ['peɪpəsɪ] påvedöme; påvevärdighet
papal ['peɪpl] påvlig; *the P~ States* Kyrkostaten
paper ['peɪpə] **I** *s* **1** papper; *a sheet of* ~ ett pap-
persark; *can I get it down on* ~*?* kan jag få skrift-
ligt på det?; *it looks good on* ~ det ser bra ut på
papperet; *commit s.th. to* ~, *get* (*put*) *s.th. down*

on ~ fästa ngt på papper **2** tidning **3** värdepap-
per; sedlar **4** [examens]skrivning **5** dokument,
handling, papper; ~*s* (*äv.*) [identitets]papper **6**
föredrag; avhandling; uppsats **7** tapet[er] **8** *teat.*
sl. fribiljett **II** *a* pappers-; papperstunn; på pap-
peret; skriftlig **III** *v* **1** tapetsera; ~ *over* tapetsera
över, *bildl.* skyla över **2** *teat. sl.* fylla en teater ge-
nom utdelning av fribiljetter **-back** häftad bok,
paperback, pocketbok **-boy** tidningspojke
paper|clip ['peɪpəklɪp] gem, papper sklämma
-hanging [-,hæŋɪŋ] tapetsering **--mill** [-mɪl]
pappersbruk **-weight** [-weɪt] brevpress **-work**
[-wɜːk] pappers-, skrivbords|arbete
papoose [pe'puːs] indian|baby, -barn
paprika ['pæprɪkə] paprika; paprikapulver
papy|rus [pə'paɪərəs] (*pl -ri* [-raɪ]) **1** *bot.* **2** papy-
rus[rulle]
par [pɑː] **1** medeltal; nivå; *hand.* pari; *nominal* ~
nominellt värde; *above* (*below*) ~ *a*) över (un-
der) pari, *b*) över (under) det normala (vanliga);
at ~ till pari; *I'm not feeling quite up to* ~ jag kän-
ner mig inte riktigt i form; *it's not up to* ~ det är
inte fyllest **2** *on a* ~ *a*) i genomsnitt, *b*) likställd
(*with* med) **3** *golf.* par
parable ['pærəbl] parabel, liknelse
parabola [pə'ræbələ] *mat.* parabel **parabolic**
[,pærə'bɒlɪk] parabolisk, parabol-; ~ *aerial* para-
bolantenn
para|chute ['pærəʃuːt] **I** *s* fallskärm **II** *a* fall-
skärms-; ~ *flare* fallskärmsljus; ~ *troops* fall-
skärmstrupper **III** *v* **1** kasta ner (landsätta) med
fallskärm **2** hoppa i fallskärm **-chutist** [-ʃuːtɪst]
fallskärmshoppare; fallskärmssoldat
parade [pə'reɪd] **I** *s* **1** parad; uppställning; upp-,
före|visning; *be on* ~ visas upp, visa upp sig **2**
mil. paradplats; uppställningsplats **3** promen-
ad[plats], strög **II** *v* **1** paradera; tåga **2** flanera,
promenera fram och tillbaka **3** låta paradera
(marschera förbi) **4** tåga fram och tillbaka *på* **5**
tåga igenom **6** briljera (stoltsera) med
para|dise ['pærədaɪs] paradis **-disiac** [,pærə'dɪ-
sɪæk], **-disiacal** [,pærədɪ'saɪəkl] paradisisk, pa-
radis-
paradox ['pærədɒks] paradox **-ical** [,pærə'dɒks-
ɪkl] paradoxal
paradrop ['pærədrɒp] luftlandsättning
paraffin ['pærəfɪn] **1** ~ [*oil*] fotogen **2** ~ [*wax*]
paraffin; *liquid* ~ paraffinolja
paragon ['pærəgən] mönster, förebild; ~ *of vir-
tue* dygdemönster
paragraph ['pærəgrɑːf] **1** [text]avsnitt, -stycke,
nytt stycke **2** [tidnings]notis
parallel ['pærələl] **I** *a* parallell (*to* med); *bildl. äv.*
motsvarande; ~ *bars* (*gymn.*) barr **II** *s* **1** paral-
lell; *bildl. äv.* motsvarighet, motstycke; *without*
[*a*] ~ utan motstycke **2** ~ [*of latitude*] latitud[s-
parallell], breddgrad **3** *elektr., connected in* ~ pa-
rallellkopplad **III** *v* **1** jämställa **2** vara en motsva-
righet till **3** vara (löpa) parallell(t) med
paralyse ['pærəlaɪz] paralysera; förlama; lamslå
paraly|sis [pə'rælɪsɪs] (*pl -ses* [-siːz]) förlamning
(*äv. bildl.*); *infantile* ~ barnförlamning **para-
lytic** [,pærə'lɪtɪk] **I** *a* **1** paralytisk; förlamad **2**
BE. vard. berusad **II** *s* paralytiker **paralyze**
['pærəlaɪz] *AE., se paralyse*
paramount ['pærəmaʊnt] högst, störst; viktigast

av allt; *of* ~ *importance* av yttersta vikt; *a* ~ *concern* ett allt överskuggande intresse

paranoid ['pærənɔɪd] paranoid

parapet ['pærəpɪt] **1** bröst-, skytte|värn **2** parapet, räcke, balustrad

paraphernalia [,pærəfə'neɪljə] *pl* (*behandlas ibl. som sg*) **1** grejor, attiraljer, pinaler; tillbehör **2** [omständlig] procedur

parasite ['pærəsaɪt] **1** parasit **2** snyltgäst

parasol ['pærəsɔl] parasoll

para|trooper ['pærətru:pə] fallskärmsjägare; ~*s* (*pl, äv*) fallskärmstrupper **-troops** *pl* fallskärmstrupper

parboil ['pɑ:bɔɪl] **1** förvälla **2** överhetta

parcel ['pɑ:sl] **I** *s* **1** paket; kolli; packe, bunt **2** [varu]parti **3** ~ [*of land*] jord|område, -lott **4** *part and* ~ väsentlig del **II** *v* **1** ~ [*out*] dela ut **2** ~ [*up*] paketera

parch [pɑ:tʃ] **1** rosta [lätt] **2** torka upp (ut), förtorka; *I'm* ~*ed* jag är alldeles torr i halsen (håller på att törsta ihjäl)

parchment ['pɑ:tʃmənt] **1** pergament **2** pergamentmanuskript

pardon ['pɑ:dn] **I** *s* **1** förlåtelse; *I beg your* ~*!*, (*vard.*) ~*! a*) förlåt!, ursäkta!, *b*) hur sa? **2** *jur.* benådning; *general* ~ amnesti **3** *kyrkl.* avlat **II** *v* **1** förlåta, ursäkta; ~ *me! a*) förlåt (ursäkta) [mig]!, *b*) hur sa?; ~ *my mentioning it, but* förlåt att jag säger det, men **2** benåda **-able** [-əbl] förlåtlig, ursäktlig

pare [peə] beskära; klippa, trimma; skala (*frukt*), *bild.* skära ne~ [på]

parent ['peər(ə)nt] förälder; målsman; *bild.* rot, upphov (*of* till) **parentage** [-ɪdʒ] **1** här|komst, -stamning **2** förfäder **parental** [pə'rentl] föräldra-; faderlig, moderlig

parenthe|sis [pə'renθɪsɪs] (*pl -ses* [-si:z]) parentes (*äv. bildl.*); parentestecken; inskjuten sats; *in* ~ inom parentes

parenthood ['peər(ə)nθʊd], **parenting** [-ɪŋ] föräldraskap **parents-in-law** *pl* svärföräldrar

pariah ['pærɪə] paria (*äv. bildl.*), utstött

parish ['pærɪʃ] församling, socken **parishioner** [pə'rɪʃənə] församlingsbo

parity ['pærətɪ] paritet; likhet, jämgodhet

park [pɑ:k] **I** *s* **1** park; [*national*] ~ nationalpark, naturskyddsområde **2** *AE.* idrotts|plats, -anläggning **II** *v* parkera; *vard. äv.* placera, sätta; ~ *yourself on the sofa* (*vard.*) slå dig ner i soffan

parka ['pɑ:kə] parkas

parking ['pɑ:kɪŋ] parkering; *no* ~ parkering förbjuden **parking lot** *AE.* parkeringsplats, bilparkering **parking meter** parkeringsautomat **parking ticket** [fel]parkeringslapp

parlia|ment ['pɑ:ləmənt] parlament; riksdag; *the Houses of P~* parlamentshuset (*i London*) **-mentary** [,pɑ:lə'ment(ə)rɪ] parlaments-; ~ *private secretary* parlamentsledamot (riksdagsman) som biträder en minister

parlor ['pɑ:lə] *AE.* **1** vardagsrum **2** (*på värdshus e.d.*) [litet] sällskapsrum **3** salong; *beauty* ~ skönhetssalong

parlour ['pɑ:lə] **1** *åld.* vardagsrum **2** (*på värdshus e.d.*) [litet] sällskapsrum **3** (*i kloster e.d.*) samtalsrum **parlour game** sällskapsspel **parlour maid** husa

parochial [pə'rəʊkjəl] **1** församlings-, socken- **2** inskränkt, trångsynt

parody ['pærədɪ] **I** *s* parodi **II** *v* parodiera

parole [pə'rəʊl] **I** *s* **1** villkorlig frigivning; *be on* ~ vara villkorligt frigiven **2** *AE. mil.* lösen[ord] **3** *AE.* hedersord **II** *v* villkorligt frige

paroxysm ['pærəksɪz(ə)m] paroxysm, häftigt anfall

parquet ['pɑ:keɪ] **I** *s* **1** parkett; ~ [*floor*] parkettgolv **2** *AE. teat.* parkett **II** *v* parkettera, lägga in parkettgolv i

parrot ['pærət] **I** *s* papegoja (*äv. bildl.*) **II** *v* upprepa mekaniskt

parry ['pærɪ] **I** *v* parera, avvärja **II** *s* parering, avvärjning, parad

parsimonious [,pɑ:sɪ'məʊnjəs] gnidig, knusslig, njugg

parsley ['pɑ:slɪ] persilja

parsnip ['pɑ:snɪp] palsternacka

parson ['pɑ:sn] kyrkoherde; *vard.* präst; ~*'s nose* (*kokk.*) fågelgump **-age** [-ɪdʒ] prästgård

part [pɑ:t] **I** *s* **1** del; stycke; avdelning, avsnitt; bråkdel; beståndsdel; ~ *of speech* (*språkv.*) ordklass; *principal* ~*s of a verb* (*språkv.*) temaformer av ett verb; *spare* ~*s* reservdelar; *it's three* ~*s gone* tre fjärdedelar är redan borta; *the most* ~ största delen, det mesta, de flesta, majoriteten; *for the most* ~ till största delen, för det mesta; *in* ~ delvis; *be published in* ~*s* utkomma häftesvis, utgen i delar; *take* ~ *in bad* (*good*) ~ ta illa (väl) upp **2** kroppsdel, parti; ~*s* (*pl*) begåvning, talang; *private* ~*s* könsdelar **3** [an]del, lott; uppgift, skyldighet, sak; *do one's* ~ göra sitt (sin skyldighet); *have a* ~ *in s.th.* ha del i ngt; *have neither* ~ *nor lot in s.th.* inte ha det minsta att göra med ngt; *take* ~ *in* delta[ga] (medverka) i **4** del; sida, parti, part; håll; kant; *for my* ~ för min del; *on her* ~ från hennes sida; *take a p.'s* ~ ta ngns parti **5** ~*s* (*pl*) trakt[er], del[ar]; *from all* ~*s* från alla håll; *he is not from these* ~ han är inte härifrån (trakten) **6** *teat., bildl.* roll; *mus.* stämma; *play a* ~ *a*) *teat.* spela en roll, *b*) *bildl.* spela teater **7** *AE.* bena **II** *adv* dels, delvis, till en del **III** *v* **1** dela; skilja [åt]; bena (*håret*); ~ *company* skiljas; ~ *the curtains* dra ifrån gardinerna; *till death do us* ~ till döden skiljer oss åt **2** dela (öppna) sig **3** skiljas (*from s.b.* från ngn; *with s.th.* från ngt); skiljas åt, gå åt olika håll; *we* ~*ed friends* vi skildes som vänner; ~ *with s.th.* skiljas (avstå) från ngt, göra sig av med ngt; ~ *with money a*) göra av med pengar, *b*) släppa till (punga ut med) pengar **4** brista, gå av (itu)

partial ['pɑ:ʃl] **1** partisk **2** partiell, del-, ofullständig **3** *be* ~ *to* vara svag för, ha en viss förkärlek för **-ity** [,pɑ:ʃɪ'ælətɪ] **1** partiskhet **2** svaghet, förkärlek **-ly** ['pɑ:ʃəlɪ] delvis, partiellt

partici|pant [pɑ:'tɪsɪpənt] **I** *s* deltagare **II** *a* deltagande **-pate** [-peɪt] delta[ga], ha del i **-pation** [pɑ:,tɪsɪ'peɪʃn] **1** deltagande, delaktighet **2** medbestämmanderätt; ~ *in the profits* vinstdelning

participle ['pɑ:tɪsɪpl] *språkv.* particip; *the past* ~ *a*) perfekt particip, *b*) supinum; *the present* ~ presens particip

particle ['pɑ:tɪkl] partikel (*äv. språkv.*); ~ *of sand* sandkorn

particular [pə'tɪkjʊlə] **I** *a* **1** särskild, speciell; *for* *no* ~ *reason* utan ngn särskild (speciell) anledning **2** utförlig, detaljerad; noggrann; omständlig **3** kräsen, nogräknad, noggrann; noga, kinkig (*about* i fråga om, med) **II** *s* **1** detalj; ~*s* (*pl*) *a*) närmare detaljer (omständigheter, upplysningar, uppgifter), *b*) detaljerad beskrivning, *c*) personalier; *go into* ~*s* gå in på detaljer **2** *in* ~ speciellt, särskilt, i synnerhet, framförallt; *nothing in* ~ ingenting särskilt **-ity** [pǝˌtɪkjʊ'lærǝtɪ] **1** egenhet, speciell omständighet **2** noggrannhet **3** kinkighet, kräsenhet **-ize** (*BE. äv. -ise*) [pǝ'tɪkjʊlǝraɪz] **1** specificera **2** i detalj ange, beskriva i detalj **-ly** [pǝ'tɪkjʊlǝlɪ] i synnerhet, speciellt, särskilt

parting ['pɑ:tɪŋ] **1** avsked, skilsmässa **2** delning; ~ *of the ways* vägskäl, skiljeväg **3** *BE.* bena **II** *a* **1** avskeds-; ~ *present* avskedsgåva; ~ *shot* avskeds-, slut|replik **2** skilje-

partisan [ˌpɑ:ti'zæn] **I** *s* **1** partianhängare **2** partisan **II** *a* **1** parti-; ensidig; ~ *politics* partipolitik **2** partisan-

partition [pɑ:'tɪʃn] **I** *s* **1** delning; uppdelning **2** del, avdelning **3** skiljevägg, skiljemur **II** *v* dela; ~ *off* avbalka, avdela, avskilja; ~ *a room off with a screen* avdela ett rum med en skärm

partly ['pɑ:tlɪ] delvis, till en del; dels

partner ['pɑ:tnǝ] **I** *s* **1** partner; kompanjon, delägare; medbrottsling; *sleeping* ~ passiv delägare **2** partner; medspelare; kavaljer, dam; make, maka **II** *v* vara (bli) partner (kompanjon *etc.*) till **-ship 1** kompanjonskap; *enter into a* ~ *with* ingå kompanjonskap med; *take s.b. into* ~ göra ngn till kompanjon **2** enkelt bolag

partridge ['pɑ:trɪdʒ] *zool.* rapphöna

part|-time ['pɑ:ttaɪm] **I** *a* deltids-, halvtids-; *a* ~ *worker* en deltidsanställd **II** *adv* på deltid, på halvtid; *work* ~ arbeta deltid **--timer** [-ˌtaɪmǝ] deltids|anställd, -arbetande

party ['pɑ:tɪ] **1** (*politiskt*) parti; *political* ~ politiskt parti **2** part; kontrahent; delägare; deltagare; inblandad; *be a* ~ *to an agreement* vara med om en överenskommelse; *be a* ~ *to a crime* vara delaktig (inblandad) i ett brott; *I will not be a* ~ *to that* jag vill inte vara med om (ha att göra med) det **3** *vard.* typ, person **4** grupp, lag, sällskap; *mil.* patrull; *a* ~ *of tourists* en turistgrupp; *make one of the* ~ komma (hänga) med **5** fest, skiva, kalas, party, bjudning; *at the* ~ på festen; *give (have, throw) a* ~ ha (ordna) en fest

pass [pɑ:s] **I** *s* **1** passer|kort, -sedel, legitimation; *mil. a*) permissionssedel, *b*) permission; [*free*] ~ fribiljett **2** *BE.* (*i examen*) godkännande; *get a* ~ få godkänt, bli godkänd; *I need a* ~ *in Latin* jag måste bli godkänd (ta examen) i latin **3** (*trollkarls etc.*) [hand]rörelse, gest; [be]strykning (*m. färg e.d.*) **4** *sport.* passning; (*i fäktning*) utfall, stöt **5** *vard.* närmande; *make a* ~ *at* vara närgången mot **6** [kritisk] situation, [kritiskt] läge; *a pretty* ~ en snygg historia; *things have come to a pretty* ~ *when* det har gått så långt att **7** [bergs]pass; [trång] passage, väg, led, genom|fart, -gång; *hold the* ~ (*bildl.*) hålla ställningarna **8** passerande *etc., jfr pass II;* överflygning **9** *kort-sp.* pass[ande] **II** *v* (*jfr äv. III*) **1** passera [förbi, genom], gå (fara, komma, köra, resa, åka) förbi (genom, över); köra om; gå om (*äv. bildl.*); *I*

~*ed him in the street* jag gick förbi honom på gatan; *we* ~*ed the border* vi passerade gränsen; ~ *a p.'s lips* komma över ngns läppar **2** gå igenom, passera; godkännas (bli antagen) av; bli godkänd; klara, ta, avlägga (*one's examination* sin examen) **3** godkänna; anta; släppa igenom, låta gå (komma) igenom, låta passera; *the bill was* ~*ed* lagförslaget antogs; *the censors* ~*ed the film* censorerna godkände (släppte igenom) filmen **4** låta defilera (passera, dra) förbi **5** *kokk.* passera; sila **6** föra, dra, låta gå; ~ *one's hand over s.th.* föra (stryka med) handen över ngt **7** hoppa över; ignorera; nonchalera **8** över|stiga, -träffa, -gå, gå utöver; *it* ~*es belief* det är obegripligt (alldeles otroligt) **9** fördriva (*the time* tiden); tillbringa (*a week in London* en vecka i London) **10** räcka, skicka; skicka (föra) vidare); *sport.* passa; ~ *me the bread, please!* vill du vara snäll och skicka (räcka) mig brödet! **11** släppa (prångla) ut (*forged bank notes* falska sedlar) **12** ~ *water* kasta vatten **13** yttra, uttala; avge, fälla; rikta (*criticism upon* kritik mot); *jur.* avkunna, fälla (*sentence upon s.b.* [en] dom över ngn); ~ *a remark* fälla ett yttrande; ~ *the* ~ the time of day with byta några ord med **14** passera [förbi], gå (fara, komma, köra, resa, åka) förbi (igenom, vidare); köra om; *they* ~*ed in the corridor* de gick förbi varandra (möttes) i korridoren; *the street is too narrow for cars to* ~ gatan är för trång för att bilar skall kunna mötas **15** gå igenom, passera; godkännas, bli antagen; [kunna] antas (godtas); bli godkänd, klara sig, klara examen; [få] passera; gälla; gå; *let it* ~*!* (*äv.*) glöm det!; *the bill* ~*ed* lagförslaget gick igenom; ~ *for* anses som, tas för; *he could easily* ~ *for 30* man skulle kunna tro att han [bara] var trettio; ~ *into* komma in på (i) **16** gå över (bort), försvinna, upphöra; (*om tid*) gå, förflyta, lida; *it'll* ~*!* det går över! **17** cirkulera; skickas [vidare, runt]; *sport., kortsp.* passa **18** övergå, gå över; *the colours* ~ *from blue to green* färgerna övergår från blått till grönt **19** yttras; utbytas, utväxlas; *jur. a*) avkunnas, *b*) döma, fälla dom **20** hända, tilldra sig; *bring to* ~ (*åld.*) förorsaka, åstadkomma; *come to* ~ (*åld.*) hända, inträffa **III** (*med adv o. prep*) ~ *along a*) gå (tåga) fram, *b*) skicka vidare; ~ *along!* fortsätt!, passera!; ~ *away a*) fördriva, tillbringa (*the time* tiden), *b*) gå bort, försvinna, *b*) gå bort, dö, *c*) förflyta, försvinna, gå över, ta slut; ~ *by a*) hoppa över, förbi|gå, -se, ignorera, *b*) passera [förbi], gå (fara *e.d.*) förbi, köra om, *c*) förflyta, gå [förbi]; ~ *down a*) föra vidare, tradera, *b*) sprida; ~ *off a*) gå [över], försvinna, *b*) äga rum, *c*) avlöpa, förlöpa; ~ *s.b. off as s.th.* [falskeligen] utge ngn för [att vara] ngt; *he could easily* ~ *off as a German* han skulle lätt kunna tas för en tysk; ~ *on a*) vidarebefordra, föra (låta gå) vidare, sprida, *b*) gå bort, dö, *c*) övergå, byta ägare, *d*) gå över (vidare), fortsätta; ~ *out a*) dela ut, *b*) vard. svimma, tuppa av, *c*) *mil.* gå ut, gå igenom en kurs; ~ *out of sight* försvinna ur sikte; ~ *over a*) hoppa över, förbigå (*in silence* med tystnad), *b*) överse med, ignorera, *b*) skicka (låta gå) vidare, räcka, *c*) gå (fara *e.d.*) över [till andra sidan], *d*) gå över, *e*) gå bort (*dö*), *f*) övergå (*into the hands of s.b.* i ngns ägo, i ngns händer; *to* till); ~ *round* skicka runt (omkring); ~ *through* gå (passera) igenom, *bildl.* genomgå, passera; ~ *up a*) vard. tacka nej till, avstå från, *b*) ignorera, inte bry sig om

passable ['pɑːsəbl] **1** skaplig, hjälplig, passabel **2** framkomlig, farbar **3** (*om mynt*) gångbar

passage ['pæsɪdʒ] **1** passage; passerande; färd, resa, över|fart, -resa (*med båt*); genomresa; *bird of* ~ flyttfågel **2** passage; kanal, öppning; genomgång; gång **3** passage (*äv. mus.*); [text]avsnitt, ställe **4** antagande, behandling (*av lagförslag e.d.*) **5** gång; *the* ~ *of time* tidens gång; *in* (with) *the* ~ *of time* med tiden **6** ~ *at arms* vapenskifte **passenger** ['pæsɪn(d)ʒə] **1** passagerare, resenär, resande **2** *i sht BE.* trög lagmedlem, börda **passenger train** persontåg

passer-by [,pɑːsə'baɪ] (*pl passers-by*) förbipasserande

passing ['pɑːsɪŋ] I *a* **1** förbipasserande, som går förbi; *the* ~ *years* åren som går, de förbiilande åren; *a* ~ *remark* ett yttrande i förbigående **2** övergående; tillfällig; flyktig II *s* **1** förbipasserande; förbifart; omkörning; *the* ~ *of time* tidens gång; *mention in* ~ nämna i förbigående **2** antagande, godkännande (*av lag e.d.*) **3** bortgång, död

passion ['pæʃn] I *s* **1** passion, lidelse; begär, åtrå; häftig kärlek; *have a* ~ *for s.th.* vara lidelsefullt intresserad av **2** häftig vrede; häftigt utbrott; *burst into a* ~ *of sobs* börja snyfta våldsamt; *fly into a* ~ bli rasande, få ett vredesutbrott **3** *the P~* passionshistorien; *the St Matthew P~* Matteuspassionen

passionate ['pæʃənət] **1** passionerad, lidelsefull **2** häftig, hetlevrad **3** driftig

passive ['pæsɪv] I *a* pasiv (*äv. språkv.*); overksam, oföretagsam; ~ *obedience* blind lydnad; ~ *resistance* passivt motstånd; *the* ~ *voice* passiv form, passiv|um] II *s*, språkv., *the* ~ passiv[um] **passivity** [pæ'sɪvətɪ] passivitet, overksamhet **passkey** ['pɑːskiː] **1** portnyckel **2** huvudnyckel; dyrk

pass|port ['pɑːspɔːt] **1** [res]pass **2** *bildl.* inkörsport, nyckel **-word** lösen[ord]

past [pɑːst] I *a* **1** förfluten, [för]gången; förbi, över; ~ *president* f.d. (tidigare) president; *the* ~ *two weeks* de två senaste veckorna; *for some time* ~ sedan ngn tid tillbaka **2** språkv., *the* ~ *participle a*) perfekt particip, *b*) supinum; *the* ~ *perfect* pluskvamperfekt[um]; *the* ~ *tense* imperfekt[um] II *adv* förbi; *walk* ~ gå förbi III *s* **1** språkv., *the* ~ imperfekt[um] **2** *the* ~ det förflutna (förgångna); *in the* ~ (*äv.*) tidigare; *a woman with a* ~ en kvinna med ett förflutet; *be a thing of the* ~ tillhöra det förflutna IV *prep* **1** förbi; bortom; utanför, utom; ~ *belief* otrolig[t]; ~ *cure* obotlig; *be* ~ *s.th.* vara för gammal för ngt; *I'm* ~ *caring* det bryr jag mig inte om längre; *he is* ~ *saving* det går inte att rädda honom; *my radio is getting* ~ *it* (vard.) min radio håller på att paja; *I would not put it* ~ *him* (vard.) det kan jag gott tro om honom **2** över, efter; *half* ~ *three* halv fyra; *a quarter* ~ *three* en kvart över tre; *it's* ~ *three* klockan är över tre

pasta ['pæstə] pasta (*spaghetti, nudlar etc.*)

paste [peɪst] I *s* **1** [kak]deg; massa; *almond* ~

mandelmassa **2** pasta; kräm **3** (*smörgåspålägg e.d.*) pastej **4** [foto]klister **5** strass II *v* klistra (*s.th. on*[*to*] ngt på); ~ *up* klistra upp **pasteboard** ['peɪstbɔːd] papp, kartong **pastel** [pæ'stel] **1** pastell|färg, -krita; pastellfärg (*färgton*) **2** pastell[målning] **pastil[le]** ['pæst(ə)l] pastill, tablett **pastime** ['pɑːstaɪm] tidsfördriv **pasting** ['peɪstɪŋ] *vard.* stryk; *give s.b. a* ~ ge ngn stryk, klå upp ngn **past master** [,pɑːst'mɑːstə] *bildl.* mästare (*at, of* i) **pastoral** ['pɑːst(ə)r(ə)l] I *a* **1** pastoral, idyllisk, lantlig; ~ *poem* herdedikt **2** präst-, prästerlig II *s* **1** pastoral; herdedikt **2** herdabrev **pastry** ['peɪstrɪ] **1** smördeg **2** bakverk; bakelse[r] **pastrycook** konditor **pasture** ['pɑːstʃə] I *s* **1** bete **2** betesmark II *v* **1** släppa på bete; låta beta **2** beta **1 pasty** ['pæstɪ] kött[pirog] **2 pasty** ['peɪstɪ] **1** degig, degliknande **2** glåmig, blek (*complexion* hy) **1 pat** [pæt] I *s* **1** klapp, lätt slag; *a* ~ *on the back* (vard.) en [uppmuntrande] klapp på axeln **2** klick; *a* ~ *of butter* en smörklick **3** tassande, trippande, ljud av lätta fotsteg II *v* **1** klappa; ge ett lätt slag, slå till lätt (*i sht med handflatan*); ~ *s.b. on the back* (vard.) ge ngn en [uppmuntrande] klapp på axeln; *he is always ~ting himself on the back how är alltid nöjd med sig själv* **2** tassa, trippa **2 pat** [pæt] *a o. adv* **1** [*off*] ~ som ett rinnande vatten, som smort, utan och innan **2** fix och färdig; redo, parat; passande; *have s.th. down* ~ kunna ngt som ett rinnande vatten; *he had his answer* ~ han hade genast ett svar till hands; *stand* ~ (*i sht AE.*) stå fast, vara orubblig **patch** [pætʃ] I *s* **1** lapp; svart lapp (*för öga*); musch, skönhetsmärke; plåster **2** jord|lapp, -bit, täppa, [trädgårds]land; *cabbage* ~ kålland **3** litet ställe, fläck, stycke, bit; *a* ~ *of cloud* en moln-tapp; *a* ~ *of blue sky* en bit blå himmel; *in* ~*es* fläckvis **4** *he is not a* ~ *on you* han går inte upp emot dig; *hit* (*strike*) *a bad* ~ en nedgångsperiod, ha en besvärlig tid II *v* lappa, sätta en lapp (lappar) på; foga samman; ~ *up a*) lappa ihop (*äv. bildl.*), laga provisoriskt, fuska ihop, *b*) bilägga, ordna upp (*a quarrel* en tvist) **patchwork** ['pætʃwɜːk] **1** lapptäcksteknik **2** *bildl.* lappverk, fuskverk **patchwork quilt** lapptäcke

paté [,pæteɪ] paté, pastej

patent ['peɪt(ə)nt] I *a* **1** patent-, patenterad; privilegierad; ~ *leather* blank-, lack|skinn; ~ *medicine* patentmedicin; *P~ Office* patentverk; ~ *right* patenträtt[igheter] **2** öppen; *bot.* utbredd **3** uppenbar, klar, tydlig II *s* patent (*äv. bildl.*); patentbrev; patenträtt; ~[*s*] *pending* patentsökt; *take out a* ~ ta patent (*on* på) III *v* patentera, ta (få) patent på

paternal [pə'tɜːnl] **1** faderlig, faders- **2** på fädernet; ~ *aunt* faster; ~ *grandmother* farmor **paternity** [pə'tɜːnətɪ] faderskap; *bildl.* ursprung

path [pɑːθ, *pl* pɑːðz] **1** [gång]stig; *garden* ~ trädgårdsgång **2** *bildl.* bana; väg; *the* ~ *of virtue* dygdens väg

P

pathetic [pə'θetık] **1** patetisk; högtravande; gripande; löjeväckande; *the ~ fallacy* (*litt.*) förmänskligandet av naturen **2** *BE. sl.* värdelös, oduglig

pathologist [pə'θɒlədʒıst] patolog

pathos ['peıθɒs] **1** patos **2** medlidande

patience ['peıʃns] **1** tålamod; fördragsamhet; uthållighet; *have ~ with* ha tålamod med; *loose* [*one's*] *~ with* förlora (tappa) tålamodet med **2** *BE.* patiens (*kortspel*) **patient** [-t] **I** *a* tålmodig, tålig; fördragsam; uthållig; *be ~ with s.b.* ha tålamod med ngn **II** *s* patient, sjukling

patriarch ['peıtrıɑ:k] patriark

patrimony ['pætrımənı] **1** fädernearv, arvegods **2** kyrkogods

patriot ['pætrıət] patriot **-ic** [ˌpætrı'ɒtık] patriotisk **-ism** ['pætrıətız(ə)m] patriotism

patrol [pə'trəʊl] **I** *s* **1** patrull **2** patrullering; *be on ~* patrullera **II** *v* patrullera **patrol car** polis-, radio|bil

patron ['peıtr(ə)n] **1** beskyddare, gynnare; skyddshelgon **2** stamkund; stamgäst **patronage** ['pætrənıdʒ] **1** beskydd; stöd; beskyddarskap **2** nedlåtande sätt, nedlåtenhet **3** (*kunders*) förtroende, välvilja; kundkrets, kunder; klientel; *we enjoy the ~ of...* bland våra kunder har vi...

patron|ize (*BE- äv. -ise*) ['pætrənaız] **1** beskydda, gynna; stödja **2** behandla nedlåtande **3** vara kund (stamgäst) hos, gynna; *a well ~d shop* en mycket omtyckt affär **-izing** (*BE. äv. -ising*) [-aızıŋ] *a* nedlåtande (*to*[*wards*] mot)

patron saint ['peıtr(ə)nseınt] skyddshelgon

1 patter ['pætə] **I** *v* **1** tassa, trippa **2** (*om regn e.d.*) smattra, trumma **II** *s* **1** trippande [ljud] **2** smatter, smattrande (trummande) [ljud]

2 patter ['pætə] **I** *v* **1** pladdra, snacka, snattra **2** rabbla (*bön e.d.*) **II** *s* **1** pladder; prat, snack **2** jargong

pattern ['pætən] **I** *s* **1** mönster; modell; mall; schablon; *paper ~* pappers-, sy|mönster; *~ for a skirt* mönster till en kjol; *various ~s of cups* olika modeller av koppar; *make a ~* bilda ett mönster **2** *bildl.* mönster, förebild, exempel; typexempel (*of* på); mall; schema; struktur; *on the ~ of* efter förebild av (från); *set a ~ for* vara förebild för **3** *mil.* träffbild **II** *v* **1** forma, efterbilda (*after, on* efter) **2** mönstra, göra mönster på

patty ['pætı] **1** liten pastej; krustad **2** färsbiff

paunch [pɔ:n(t)ʃ] buk; [stor] mage; *zool.* våm

pauper ['pɔ:pə] fattighjon

pause [pɔ:z] **I** *s* **1** paus; uppehåll, avbrott **2** *give ~* ge anledning till eftertanke **3** *mus.* fermat **II** *v* göra en paus; stanna upp, tveka

pave [peıv] stenlägga, belägga [med sten]; *~ the way for* (*bildl.*) bana väg för **-ment** [-mənt] **1** [väg-, gatu]beläggning **2** trottoar, gångbana

pavilion [pə'vıljən] **1** (*spetsigt*) [prakt]tält **2** paviljong **3** *BE. sport.* omklädningslokaler; klubbhus

paving ['peıvıŋ] [väg-, gatu-]beläggning **paving stone** gatsten

paw [pɔ:] **I** *s* tass; *vard.* tass, labb (*hand*); *~s off!* (*vard.*) bort med tassarna! **II** *v* **1** beröra med tassen; skrapa med hoven på (i) **2** *vard.* tafsa (kladda, fingra) på **3** röra med tassen (*at* på); skrapa med hoven (*at* på, i) **4** *vard.* tafsa, kladda, fingra

1 pawn [pɔ:n] **1** *schack.* bonde **2** *bildl.* redskap, verktyg; bricka, schackpjäs

2 pawn [pɔ:n] **I** *s* **1** pant; *be in ~* vara pantsatt; *put in ~* pantsätta **2** pantsättning **II** *v* pantsätta; *bildl.* sätta i pant

pawnbroker ['pɔ:nˌbrəʊkə] pantlånare **pawnshop** ['pɔ:nʃɒp] pant|lånekontor, -bank

pay [peı] **I** *s* betalning; lön, avlöning; *mil.* sold; *sjö.* hyra; *be in a ngns* tjänst (sold), arbeta åt ngn **II** *v* (*paid, paid*) **1** betala [ut]; erlägga; svara (stå) för; [be]löna, återgälda; vedergälla; löna sig för; *when do we get paid?* när får vi betalt?; *it ~s you to be honest* det lönar sig att vara ärlig; *the shares ~ 10%* aktierna ger 10 procent i utdelning; *~ one's way a*) vara lönande (självbärande), löna sig, *b*) betala för sig [själv]; *~ back a*) betala tillbaka (igen), *b*) *bildl.* ge igen; *~ down a*) betala kontant, *b*) betala i handpenning; *~ for a*) betala för, *b*) ge igen för; *~ in* betala (sätta) in; *~ off a*) betala, avlöna, *b*) avskeda, mönstra av, *c*) betala av (färdigt), *d*) *bildl.* ge igen; *~ out a*) betala ut, *b*) ge ut, *c*) *bildl.* ge igen; *~ over* betala ut, överlämna; *~ up* betala [med detsamma, till fullo], slutamortera **2** visa, ägna, betyga, göra; *~ attention to* ägna uppmärksamhet åt, lägga märke till; *~ s.b. a compliment* ge ngn en komplimang; *~ one's respects to s.b.* betyga ngn sin aktning; *~ a visit to* göra ett besök hos **3** betala; *~ on account* betala a conto; *how much did you ~ for that?* vad betalade du för det? **4** *~* [*off*] löna sig, vara lönande, bära sig; *crime doesn't ~* brott lönar sig inte **5** *~ for s.th a*) betala [för] ngt, bekosta ngt, *b*) *bildl.* [få] betala (sota) för ngt; *I'll make you ~ for this!* det här ska du få igen (betala)! **6** *~ up* betala

payable ['pe(ı)əbl] betalbar (*to bearer* till innehavaren); förfallen till betalning **pay-as-you-earn** [ˌpeıəzju:'ɜ:n] *s o. a, ~* [*tax*] källskatt; *~* [*tax*] system beskattning vid källan **payee** [pe(ı)'i:] betalningsmottagare **paying** ['peıŋ] lönande, lönsam; betalande; *~ guest* betalande gäst **payment** ['peımənt] betalning; likvid; in-, ut|betalning; *as (in) ~ of our invoice (for goods)* som betalning för vår faktura (för varor); *make a ~* betala; *stop ~s* inställa betalningarna **payroll** ['peırəʊl] avlöningslista **pay station** ['peıˌsteıʃn] *AE.* telefonautomat

pea [pi:] ärt[a]; *they are as like as two ~s* de är lika som två bär

peace [pi:s] fred; frid, ro, lugn; *~ and quiet* lugn och ro; *~ of mind* sinnes|ro, -frid; *the Queen's (King's) ~* den allmänna ordningen; *breach of the ~* störande av (brott mot) allmänna ordningen; *a man of ~* en fridens man; *be at ~* leva i fred (frid); *get some ~* få litet lugn och ro; *hold one's ~* hålla tyst; *leave in ~* lämna (låta vara) i fred; *make ~ between* stifta fred mellan; *make* [*one's*] *~ with a*) sluta fred med, *b*) försona sig med **peaceful** [-f(ʊ)l] fridfull, stilla; fredlig **peacemaker** [-ˌmeıkə] fredsstiftare

peach [pi:tʃ] **1** persika **2** persikoträd **3** *vard.* jättefin sak, toppengrej; *a ~ of a girl* en jättesöt tjej

peacock ['pi:kɒk] påfågel, påfågelstupp

peak [pi:k] **I** *s* **1** topp, spets; bergs|topp, -spets; *bildl.* topp, höjd|punkt] **2** skärm, mösskärm **3**

sjö. pik **II** v nå en topp (höjdpunkt)
peal [pi:l] **I** s **1** skräll[ande], dån; ~ *of bells* klock-
|klang, -ringning; ~ *of laughter* rungande skratt,
skrattsalva; ~ *of thunder* åsk|dunder, -knall **2**
klockringning; klockspel; uppsättning klockor **II**
v **1** skrälla, dåna; brusa **2** ringa
peanut ['pi:nʌt] **1** jordnöt **2** ~s (*pl, sl.*) småpota-
tis, struntsumma
pear [peə] **1** päron **2** päronträd
pearl [pɜ:l] **I** s **1** pärla; *bildl. äv.* juvel; *cast* ~s be-
fore swine kasta pärlor för svin **2** pärlemor **II** a **1**
pärl-; ~ *necklace* pärlhalsband **2** pärlemo[r]-; ~
button pärlemo[r]knapp **III** v **1** pryda med pärlor
2 fiska pärlor
peasant ['peznt] **I** s **1** [små]bonde; småbrukare **2**
vard. lantis; bondtölp **II** a bond-; ~ *woman* bond-
kvinna
peat [pi:t] torv **peat bog (moss)** torvmosse
pebble ['pebl] **1** kiselsten, småsten; *she is not the
only* ~ *on the beach* (*vard.*) hon är inte den enda
människan i världen **2** bergkristall
peccable ['pekəbl] syndfull
peck [pek] **I** s **1** pickande, hackande (*med näbb*)
2 hack, märke **3** *vard.* flyktig kyss **II** v **1** picka,
hacka; ~ *at* a) picka (hacka) i (på), b) peta i
(*one's food* i maten), c) hacka (tjata) **2** (picka
(hacka) i (på) **3** picka upp, hacka fram; ~ *out* a
hole hacka ett hål **4** *vard.* kyssa flyktigt **peckish**
['pekɪʃ] *i sht BE. vard.* hungrig, sugen
peculiar [pɪ'kju:ljə] **1** egendomlig, underlig, be-
synnerlig, ovanlig **2** speciell, särskild **3** karakte-
ristisk, typisk (*to* för) **-ity** [pɪˌkju:lɪ'ærətɪ] egen-
het; egendomlighet; säregenhet
peda|gogic[al] [ˌpedə'gɒdʒɪk(l)] pedagogisk
-gogics (*behandlas som sg*) pedagogik **-gogue**
['pedəgɒg] pedagog; skolmästare, pedant **-gogy**
['pedəgɒdʒɪ] pedagogik
pedal ['pedl] **I** s pedal; trampa; *loud* ~ (*på piano*)
[höger]pedal; *soft* ~ (*på piano*) dämmare, väns-
terpedal **II** a pedal-; tramp-; ·· *cycle* trampcykel
III v trampa; använda pedal (pedaler)
pedant ['ped(ə)nt] pedant **pedantic** [pɪ'dæntɪk]
pedantisk **pedantry** ['ped(ə)ntrɪ] pedanteri
peddle ['pedl] **1** gå omkring och sälja; idka gård-
farihandel **2** ~ *narcotics* sälja (langa) narkotika
3 ivrigt förespråka **peddler** [-ə] **1** [knark]lang-
are **2** *AE., se pedlar*
pedestal ['pedɪstl] piedestal; sockel
pedestrian [pɪ'destrɪən] **I** a **1** som går till fots;
fotgängar-; ~ *crossing* övergångsställe, fotgäng-
arövergång; ~ *precinct* gågata, område med gå-
gator **2** prosaisk, vardaglig, trivial **II** s fotgängare
pedigree ['pedɪgri:] släkttavla, stamtavla; här-
komst **pedigree cattle** stambokförd boskap
pedigree dog rashund
pedlar ['pedlə] gatuförsäljare; dörrknackare;
gårdfarihandlare
pee [pi:] *sl.* **I** s kiss; *have a* ~ kissa **II** v kissa
peek [pi:k] **I** v titta, kika (*at* på) **II** s titt, kik (*at* på)
-aboo [ˌpi:kə'bu:] **I** s tittut (*lek*) **II** *interj* tittut!
peel [pi:l] **I** s [frukt]skal **II** v **1** skala (*frukt, ägg*);
barka (*träd*); ~ *off* a) skala av, b) *sl.* ta av sig
(*kläder*) **2** flagna [av]; fjälla; släppa skalet; släp-
pa färgen **3** *sl.,* ~ *off* ta av sig kläderna **-ings**
['pi:lɪŋz] *pl* (*avskalade*) skal
1 peep [pi:p] **I** v pipa **II** s pip

2 peep [pi:p] **I** v **1** kika, titta (*at* på); P~*ing Tom*
tittare, voyeur **2** kika (titta, skymta) fram **II** s **1**
titt, förstulen blick **2** första skymt; *at the* ~ *of day*
i den första gryningen
peeper ['pi:pə] **1** tittare **2** *sl., ofta pl,* ~s korp-
gluggar
1 peer [pɪə] **1** [jäm]like **2** pär; adelsman; ~ *of the
realm* ärftlig pär (*adelsman med säte i överhuset*);
life ~ pär på livstid (*ej ärftlig titel*)
2 peer [pɪə] **1** kika, kisa **2** kika fram, visa sig
peerage ['pɪərɪdʒ] **1** *the* ~ pärerna, aristokratin
2 pärsvärdighet, adelskap **3** pärsförteckning,
adelskalender
peer group ['pɪəgruːp] kamratgrupp, ålders-
grupp **peerless** [-lɪs] makalös, oförliknelig
peeve [pi:v] *vard.* **I** v irritera, förarga; ~*d at* irri-
terad (förargad) på (över) **II** s irritationskälla
peevish ['pi:vɪʃ] retlig, vresig
peewit ['pi:wɪt] *zool.* [tofs]vipa
peg [peg] **I** s **1** pinne; bult, stift, sprint; plugg,
tapp; tältpinne; *mus.* [stäm]skruv; *be a square* ~
in a round hole inte passa in, vara malplacerad;
come down a ~ [*or two*] (*bildl.*) stämma ner to-
nen; *take* (*bring*) *s.b. down a* ~ [*or two*] (*bildl.*) dämpa
ner ngn **2** klädnypa; [kläd]hängare; *bildl.* ut-
gångspunkt, ämne, uppslag; *off the* ~ (*i sht BE.*)
konfektion[ssydd], färdigsydd **3** *BE.* liten grogg,
[grogg]pinne **4** *vard.,* ~ [*leg*] träben **II** v **1** fästa
[med pinnar *e.d.*]; märka ut [med pinnar], staka
ut; ~ *down* (*bildl.*) binda; ~ *out* a) hänga upp
[med klädnypor], b) märka ut [med pinnar], sta-
ka ut; ~ *out one's claim* (*bildl.*) hävda sina an
språk; ~ *up* hänga upp [med klädnypor] **2** fast-
ställa, fixera, låsa **3** *vard.* kasta, slänga **4** ~ *away*
(*along*) (*vard.*) jobba på (*at* med) **5** ~ *out* (*sl.*)
kola [av] (*dö*) **peg hole** ['peghəʊl] pinnhål
pelican ['pelɪkən] *zool.* pelikan
pellet ['pelɪt] **I** s **1** liten kula; piller; [bly]hagel **2**
spyboll **II** v **1** skjuta med hagel **2** pelletera
pell-mell [ˌpel'mel] **I** adv **1** huller om buller **2** hu-
vudstupa, brådstörtat **II** a oordnad, tumultartad
III s tumult
pelt [pelt] **I** s **1** slag **2** *at full* ~ i full fart **II** v **1** kasta
(*s.th. at s.b.* ngt på ngn); bombardera (*s.b. with*
ngn med); utslunga (*threats at* hotelser mot) **2** ~
[*down*] (*om regn*) piska, ösa ner **3** ~ [*along*] kuta
(rusa) iväg
pel|vis ['pelvɪs] (*pl -vises el. -ves* [-vi:z]) *anat.*
bäcken
1 pen [pen] **I** s penna; pennspets, udd; *the* ~ (*äv.*)
författaryrket, skrivandet **II** v skriva; författa
2 pen [pen] **I** s **1** kätte, fålla, box; [höns]bur **2**
ubåtsbunker **II** v stänga in
penal ['pi:nl] straff-; ~ *code* strafflag; ~ *colony*
straffångekoloni; ~ *servitude* straffarbete **-ize**
(*BE. äv. -ise*) ['pi:nəlaɪz] **1** belägga med straff;
straffa **2** *sport.* straffa, belasta med handikapp
penalty ['penltɪ] **1** straff; bötesstraff, vite; böter;
on ~ *of death* vid dödsstraff; *on* ~ *of £10* vid vite
av 10 pund **2** *sport.* straff[spark]; handicap; *kort-
sp.* straff
penance ['penəns] botgöring, penitens; *do* ~
göra bot
pence [pens] *pl av penny*
pencil ['pensl] **I** s **1** [blyerts]penna; stift **2** ~ *of
rays* strålknippe **II** v rita (skriva) [med blyerts];

P

~-led *eyebrows* målade ögonbryn

pen|dant ['pendənt] **I** s **1** hängsmycke; örhänge; kläpp, prisma (*i kristallkrona*) **2** pendang **II** *a se pendent I* **-dent** [-ənt] **I** *a* hängande, dinglande **II** *s se pendant I*

pending ['pendɪŋ] **I** *a* **1** oavgjord; *leave a number of matters* ~ lämna efter sig en hel del ouppklarade affärer **2** [nära] förestående, överhängande **II** *prep* under [loppet av]; i avvaktan på (*her arrival* hennes ankomst); ~ *the investigation* (*äv.*) medan utredningen pågår

pendulum ['pendjʊləm] pendel; *bildl.* svängningar; *the* ~ *of public opinion* svängningar i allmänna opinionen

pene|trate ['penɪtreɪt] **1** tränga igenom (in i); *mil.* bryta igenom **2** penetrera, tränga in i, sätta sig in i **3** tränga igenom, tränga fram (*to* till); slå igenom, vinna gehör **-trating** [-treɪtŋ] **1** genomträngande, vass, skarp **2** inträngande, skarpsinnig **-tration** [,penɪ'treɪʃn] **1** genomträngande, inträngande; penetration; infiltration **2** insikt; skarpsinne **3** *mil.* genombrott

pen friend ['penfrend] brevvän

penguin ['peŋgwɪn] *zool.* pingvin

penicillin [,penɪ'sɪlɪn] penicillin

peninsula [pə'nɪnsjʊlə] halvö; *the* P~ Pyreneiska halvön

pe|nis ['pi:nɪs] (*pl -nes* [-ni:z] *el. -nises*) penis

penknife ['pennaɪf] pennkniv **pen name** ['penneɪm] pseudonym, antaget författarnamn

pennant ['penənt] **1** *sjö.* standert, vimpel **2** *AE. o. Austr. sport.* vimpel (*som mästerskapstecken*)

penniless ['penɪlɪs] utfattig, utan ett öre

penny ['penɪ] (*pl pence* [pens] *för värdet, pennies* ['penɪz] *för myntet*) penny (*1/100 pund, före 1971 1/12 shilling*); *AE. vard.* encentsslant; *bildl.* öre; *bildl.* summa, pengar; *a bad* ~ (*vard. i sht BE.*) en obehaglig person (grej); *new* ~ (*efter 1971*) [ny] penny; *a pretty* ~ (*vard.*) en vacker slant, en nätt summa; *not worth a* ~ inte värd ett öre; *in for a* ~, *in for a pound* har man sagt A får man säga B; *a* ~ *for your thoughts!* vad är det du tänker på?; *I'm not a* ~ *the wiser* jag är inte ett dugg klokare för det; *the* ~ *dropped* nu gick det upp ett ljus, nu föll slanten ner; *spend a* ~ (*BE. vard.*) gå någonstans, gå på toa

pen pal ['penpæl] brevvän **penpusher** [-,pʊʃə] *ung.* kontorsslav

pension I s **1** ['penʃn] pension; *old age* ~ ålderspension **2** ['pã:(ŋ)sɪɔ̃:(ŋ)] pensionat; helinackordering **II** *v* ['penʃn] pensionera; ~ *off* pensionera (*äv. bildl.*), ge pension **-er** ['penʃənə] pensionär

pensive ['pensɪv] grubblande, tankfull

pentagon ['pentəgən] *geom.* femhörning, pentagon; *the* P~ Pentagon (*amer. försvarshögkvarterets byggnad i Washington*)

pentathlon [pen'tæθlən] *sport.* femkamp

Pentecost ['pentɪkɒst] **1** pingst **2** *jud.* vecko|högtiden, -festen

penthouse ['penthaʊs] **1** skjul med snedtak; takskjul **2** lyxig takvåning

pent-up ['pentʌp] innesluten, undertryckt, återhållen

penury ['penjʊrɪ] **1** armod, fattigdom **2** torftighet, knapphet

peony ['pɪənɪ] *bot.* pion

people ['pi:pl] **I** s **1** *pl* människor[na], personer;

folk; menighet; *the* ~ (*äv.*) den stora massan, de breda lagren; ~'s *democracy* folkdemokrati; *the* P~'s *Republic of China* Folkrepubliken Kina; *country* ~ lantbor[na], folk från landet; *English* ~ engelsmän[nen]; *there were few* ~ *here* det var litet folk här; *a great many* ~ många människor, mycket folk; *he of all* ~ han av alla människor, just han; ~ *who* folk (alla, den, var och en) som; *Tokyo has 8 million* ~ Tokyo har 8 miljoner människor; *what do you* ~ *think?* vad tycker ni [gott folk]?; *the* P~ *versus Jones* (*AE. jur.*) staten mot Jones **2** folk[slag]; nation; *the Swedish* ~ svenska folket; *the Germanic* ~s de germanska folken **3** *pl,* vard. närmaste, anhöriga, familj, släkt, släktingar **4** *pl* man, folk; ~ *say* man (folk) säger, det sägs **II** *v* befolka, bebo

pep [pep] **I** s fart, kläm, schwung **II** *v,* ~ [*up*] pigga (muntra) upp, peppa upp

pepper ['pepə] **I** s **1** peppar **2** paprika **II** *v* **1** peppra; *bildl. äv.* översålla **2** peppra på, bombardera

peppermint ['pepəmɪnt] **1** *bot.* pepparmynta **2** peppar|mint, -mynt; pepparmyntskaramell

per [pɜ:, *obeton.* pə] **1** per (*person* person); *60 miles* ~ *hour* 60 miles i timmen **2** *as* ~ enligt; *as* ~ *usual* (*vard.*) som vanligt

perambu|late [pə'ræmbjʊleɪt] vandra omkring [i] **-lator** [pə'ræmbjʊleɪtə] barnvagn

perceive [pə'si:v] **1** uppfatta, förnimma, märka **2** inse, fatta, förstå

per cent, percent [pə'sent] procent; *a 5* ~ *discount* 5 procents rabatt **percentage** [-ɪdʒ] procent; procenttal; procentsats

per|ceptible [pə'septəbl] förnimbar, märkbar **-ception** [-'sepʃn] **1** förnimmelse **2** iakttagelseförmåga, uppfattning **3** perception, varseblivning **-ceptive** [-'septɪv] insiktsfull, skarpsinnig; observant, uppmärksam; iakttagelse-

1 perch [pɜ:tʃ] (*pl lika el.* ~*es*) abborre

2 perch [pɜ:tʃ] **I** s **1** [sitt]pinne (*för höns e.d.*); *bildl.* upphöjd plats **2** perch (*längdmått = 5,5 yards = 5,029 m; ytmått = 30,25 squareyards = 25,29 m²*) **II** *v* **1** flyga upp och sätta sig, slå sig ner, sätta sig (*on* på) **2** sätta, placera (*på pinne e.d.*); *the bird was* ~*ed on a branch* fågeln satt uppflugen på en gren; *the town was* ~*ed on a hill* staden låg högt uppe på ett berg

perco|late [pɜ:kəleɪt] **1** filtrera, sila; brygga (*coffee* kaffe) **2** tränga igenom, sippra genom **3** filtreras, silas; bryggas **4** *AE. vard.* upplivas, bli pigg **-lator** [pɜ:kəleɪtə] kaffebryggare

per|cussion [pə'kʌʃn] **1** slag, stöt **2** *mus.* slaginstrument; *the* ~ slag|instrumenten, -verket, batteriet **3** *med.* perkussion **-cussion cap** tändhatt, knallhatt **-cussion instrument** slaginstrument

peremptory [pə'rem(p)t(ə)rɪ] **1** bestämd; myndig; diktatorisk; dogmatisk **2** *jur.* avgörande, slutlig

perennial [pə'renjəl] **I** *a* **1** ständig, evig **2** *bot.* perenn, flerårig **II** s perenn, flerårig växt

per|fect I *a* ['pɜ:fɪkt] **1** perfekt, fullkomlig, fulländad, utmärkt **2** absolut, total, ren; fullständig, fullkomlig; ~ *stranger* fullkomlig främling, vilt främmande människa; *he's a* ~ *bore* han är en äkta tråkmåns; *it's a* ~ *disgrace* det är stor skam **3** *språkv.,* ~ *participle a*) perfekt particip, *b*) su-

pinum; *the* ~ *tense* perfekt[um] **II** *s* ['pɜ:fɪkt]
språkv. perfekt[um]; *the past* ~ pluskvamperfek-
t[um] **III** *v* [pə'fekt] fullända, fullkomna; göra
perfekt **-fection** [pə'fekʃn] perfektion, fulländ-
ning, fullkomlighet; *do s.th. to* ~ göra ngt helt
perfekt
perfidious [pə'fɪdɪəs] trolös, svekfull, förrädisk
per|forate ['pɜ:fəreɪt] perforera; genomborra;
tanda **-foration** [,pɜ:fə'reɪʃn] perforering; (*på
frimärke*) tandning; *med.* perforation
perform [pə'fɔ:m] **1** utföra, uträtta; fullgöra; för-
rätta (*ceremoni e.d.*) **2** framföra, spela, ge (*a
play* en pjäs) **3** uppträda; ~ *as Hamlet* spela
(uppträda som) Hamlet; ~ *in the role of Hamlet*
uppträda i rollen som Hamlet **4** prestera; funge-
ra **performance** [-əns] **1** utförande; fullgöran-
de **2** uppförande (*av pjäs e.d.*); uppträdande;
föreställning **3** prestanda; prestation **4** *vard.*
uppträde, scen **performer** [-ə] skådespelare,
aktör, artist, uppträdande; spelande **perform-
ing** [-ɪŋ] (*om cirkusdjur e.d.*) dresserad, uppträ-
dande; ~ *arts* bild- och teaterkonst (*balett,
skådespeleri etc.*); ~ *rights* uppföranderätt
per|fume I *s* ['pɜ:fju:m] **1** doft, vällukt **2** parfym
II *v* [pə'fju:m] parfymera **-fumery** [pə'fju:m(ə)-
rɪ] **1** parfymeri **2** parfymtillverkning **3** parfymer
perfunctory [pə'fʌŋ(k)t(ə)rɪ] **1** rutin-, slentrian-
|mässig, vårdslös **2** slö, likgiltig
perfuse [pə'fju:z] övergjuta, begjuta
pergola ['pɜ:gələ] pergola
perhaps [pə'hæps, præps] kanske; *so* känske
det
peril ['per(ə)l] fara; risk; *at one's own* ~ på egen
risk, på eget ansvar; *be in* ~ *of one's life* sväva i
livsfara **perilous** ['perələs] farlig; riskabel
period ['pɪərɪəd] **1** period; tid[speriod], epok, ti-
devarv, tidsskede **2** mens[truation] **3** *astr.* peri-
od, omloppstid **4** [fullständig] mening; *i sht AE.*
punkt **5** *AE.* slut; paus **6** lektion[stimme];
double ~ dubbeltimme; *free* ~ håltimme **period
costume** kostym (dräkt) från tiden **period
furniture** stilmöbel, antik möbel **periodic**
[,pɪərɪ'ɒdɪk] periodisk; *the* ~ *system* periodiska
systemet **periodical** [,pɪərɪ'ɒdɪkl] **I** *a* periodisk
II *s* tidskrift, periodisk skrift
periph|eral [pə'rɪfər(ə)l] perifer[isk], yttre **-ery**
[-ərɪ] periferi, omkrets; utkant, ytterområde[n]
periscope ['perɪskəʊp] periskop
perish ['perɪʃ] **1** omkomma, förgås; *they* ~*ed
with cold* de omkom av köld **2** fördärvas, förstö-
ras **perishable** [-əbl] **I** *a* förgänglig **II** ~*s* (*pl*)
ömtåliga varor (*i sht mat*) **perishing** [-ɪŋ] **1**
vard. iskall **2** *sl.* förbaskad, jäkla
periwig ['perɪwɪg] peruk
periwinkle ['perɪˌwɪŋkl] **1** *bot.* vintergröna **2**
zool. (*slags ätbar*) strandsnäcka
perjury ['pɜ:dʒ(ə)rɪ] mened; *commit* ~ begå
mened
1 perk [pɜ:k] **1** ~ *up* piggna till **2** ~ *up a*) pigga
upp, *b*) piffa upp **3** ~ *up* höja, lyfta; *the dog* ~*ed
up it's ears* hunden spetsade öronen
2 perk [pɜ:k] pigg, rask; livlig
perky ['pɜ:kɪ] **1** pigg, rask **2** säker, kavat
perm [pɜ:m] *vard.* **I** *v* permanenta; ~ *one's hair*
permanenta sig (håret) **II** *s* (*förk. av permanent
wave*) permanent[ning]

perma|nence ['pɜ:m(ə)nəns] permanens, be-
ständighet **-nency** [-nənsɪ] **1** permanent till-
stånd; varaktigt tillstånd **2** *se permanence* **-nent**
permanent, beständig, varaktigt, stadigvarande;
~ *wave* permanent[ning]
perme|able ['pɜ:mjəbl] genomtränglig, permea-
bel **-ate** ['pɜ:mɪeɪt] **1** tränga igenom (in i, ner i)
2 tränga igenom (in)
per mil[l] [pɜ:'mɪl] promille
per|missible [pə'mɪsəbl] tillåtlig, tillåten **-mis-
sion** [-'mɪʃn] lov, tillstånd, tillåtelse; *by* ~ *of*
med tillstånd av; *with your* ~ med er tillåtelse,
om ni tillåter **-missive** [-'mɪsɪv] tolerant, efter-
given; frigjord; *the* ~ *society* det normlösa sam-
hället, "låt gå-samhället"
permit I *v* [pə'mɪt] **1** tillåta, medge; ge tillåtelse
(tillstånd) (*to* att); *weather* ~*ting* om vädret tillå-
ter; *be* ~*ted to* ha [fått] tillåtelse att **2** ~ *of* tillåta,
medge **II** *s* ['pɜ:mɪt] tillstånd, tillåtelse; skriftligt
tillstånd; tillstånd[sbevis]; licence
pernicious [pə'nɪʃəs] **1** illvillig, elak, skadlig **2**
med. perniciös, elakartad
pernickety [pə'nɪkətɪ] *vard.* petnoga; petig
perpendicular [,pɜ:pən'dɪkjʊlə] **I** *a* **1** lodrät,
vertikal; vinkelrät (*to* mot) **2** *arkit.*, ~ *style* eng-
elsk sengotik, perpendikularstil **II** *s* **1** *geom.* nor-
mal, perpendikel **2** sänklod **3** lodrätt plan; *be out
of the* ~ inte vara lodrät
perpe|trate ['pɜ:pɪtreɪt] föröva, begå **-trator**
['pɜ:pɪtreɪtə] förövare; missdådare
perpetu|al [pə'petʃʊəl] evig, ständig, oavbruten;
~ *motion* perpetuum mobile; ~ *motion machine*
evighetsmaskin **-ate** [-eɪt] föreviga; bevara för
all framtid
per|plex [pə'pleks] **1** förvirra, förbrylla **2** trassla
till, komplicera **-plexed** [-'plekst] perplex, hä-
pen **-plexity** [-'pleksətɪ] **1** förvirring **2** trasslig-
het
perquisite ['pɜ:kwɪzɪt] extra förmån; biinkoms-
ter
per se [,pɜ:'seɪ] per se, i och för sig
persecute ['pɜ:sɪkju:t] **1** förfölja **2** ansätta, plå-
ga **persecution** [,pɜ:sɪ'kju:ʃn] förföljelse **per-
secution complex** förföljelsemani **perse-
cutor** ['pɜ:sɪkju:tə] förföljare
per|severance [,pɜ:sɪ'vɪər(ə)ns] uthållighet,
ihärdighet, ståndaktighet **-severe** [-sɪ'vɪə] fram-
härda, hålla ut (*in* i, med), hålla fast (*in* vid)
-severing [-sɪ'vɪərɪŋ] uthållig, ihärdig, ståndak-
tig
Per|sia ['pɜ:ʃə] Persien, Iran **-sian** [-ʃən] **I** *a* per-
sisk; ~ *blinds* (*utvändiga*) persienner; ~ *cat* per-
serkatt; ~ *lamb* persian[skinn] **II** *s* **1** perser **2**
persiska [språket]
per|sist [pə'sɪst] **1** framhärda (*in* i), envisas (*in*
med); ~ *in* (*äv.*) hålla fast vid **2** fortsätta, hålla
'på **-sistence** [-'sɪst(ə)ns], **-sistency** [-'sɪs-
t(ə)nsɪ] **1** framhärdande, envishet **2** fort|varo,
-bestånd; *the* ~ *of the high fever* den ihållande
höga febern **-sistent** [-'sɪst(ə)nt] envis, ihärdig;
ihållande, konstant, ständig
person ['pɜ:sn] person; människa; *a young* ~ en
ung människa (ung dam); *in* ~ personligen; *with-
out respect of* ~ utan anseende till person; *have
a gun on one's* ~ ha en pistol på sig **-age** [-ɪdʒ]
[framstående] personlighet; person

P

personal ['pɜ:snl] **I** *a* personlig; privat; ~ *call* personligt besök (samtal); ~ *column* (*i tidning*) personligt; ~ *matter* privatsak, personlig angelägenhet; ~ *name* personnamn; ~ *pronoun* personligt pronomen; ~ *property* (*jur.*) personlig lösegendom; *don't be* ~*!* gå inte in på personligheter! **II** *s, jur.* personlig lösegendom

personal|ity [,pɜ:sə'nælətɪ] **1** personlighet **2** (*ofta pl*) personlig anmärkning; *descend to -ities* gå in på personligheter **personality disorder** personlighetsstörning **personally** ['pɜ:snəlɪ] *adv* **1** personligen; personligt **2** som person (människa)

personi|fication [pɜ:,sɒnɪfɪ'keɪʃn] personifikation; förkroppsligande **-fy** [pə:'sɒnɪfaɪ] personifiera; förkroppsliga; *he was politeness -fied* han var artigheten själv

personnel [,pɜ:sə'nel] **I** *s* **1** personal; manskap **2** personalavdelning **II** *a* personal-; ~ *carrier* (*mil.*) transportfordon; ~ *manager* personalchef

perspective [pə'spektɪv] **1** perspektiv; *in* ~ perspektiviskt, i perspektiv; *get s.th out of* ~ *a*) se ngt ur felaktigt perspektiv, *b*) förvränga perspektivet på ngt **2** perspektivritning; perspektivlära

per|spicacious [,pɜ:spɪ'keɪʃəs] klarsynt; skarpsinnig **-spicacity** [-spɪ'kæsətɪ] klarsynthet; skarpsinne **-spicuity** [-spɪ'kju:ətɪ] klarhet, åskådlighet **-spicuous** [pə'spɪkjʊəs] klar, åskådlig

per|spiration [,pɜ:spə'reɪʃn] **1** transpiration, svettning **2** svett **-spire** [pə'spaɪə] transpirera, svettas

per|suade [pə'sweɪd] **1** övertala **2** övertyga **-suasion** [-'sweɪʒn] **1** övertalning **2** övertalningsförmåga **3** övertygelse **-suasive** [-'sweɪsɪv] övertalande; övertygande **-suasiveness** [-'sweɪsɪvnɪs] övertalningsförmåga

pert [pɜ:t] **1** fräck, näsvis **2** pigg

pertain [pɜ:'teɪn] *v,* ~ *to a*) angå, gälla, hänföra sig till, *b*) tillhöra

perti|nacious [,pɜ:tɪ'neɪʃəs] envis, hårdnackad; obeveklig, orubblig **-nent** [-nənt] relevant, hörande till saken

per|turb [pə'tɜ:b] bringa i oordning; oroa, störa **-turbation** [,pɜ:tə'beɪʃn] oro, störning; orosmoment

perusal [pe'ru:zl] [genom]läsning

pervade [pə'veɪd] tränga igenom; genomströmma; genomsyra, [upp]fylla **pervasion** [pə'veɪʒn] *s* genomträngande **pervasive** [pə'veɪsɪv] *a* genomträngande

per|verse [pə'vɜ:s] **1** avvikande; bakvänd; onaturlig **2** motsträvig, vrång, egensinnig **-version** [-'vɜ:ʒn] **1** förvrängning, förvanskning **2** perversitet; perversion **-vert** **I** *v* [pə'vɜ:t] **1** förvränga, förvanska **2** fördärva, vilseleda **II** *s* ['pɜ:vɜ:t] pervers person **-verted** [-'vɜ:tɪd] **1** förvrängd, förvanskad; feltolkad **2** pervers, abnorm

pessary ['pesərɪ] med. **1** pessar **2** vagitorium

pessi|mism ['pesɪmɪz(ə)m] pessimism **-mist** [-mɪst] pessimist **-mistic** [,pesɪ'mɪstɪk] pessimistisk

pest [pest] **1** plågoris, plågoande, plåga **2** skade|djur, -insekt; skadlig växt **pester** ['pestə] plåga, besvära

pestle ['pesl] mortelstöt

pet [pet] **I** *s* **1** sällskapsdjur **2** kelgris, favorit, älskling **II** *a* **1** ~ *dog* sällskapshund; ~ *shop* djuraffär, zoologisk affär **2** favorit-, älsklings-; ~ *name* smeknamn; *snakes are my* ~ *hate* ormar är det värsta jag vet **III** *v* **1** pjåska med, skämma bort **2** kela med, smeka; *vard.* hångla med

petal ['petl] *bot.* kronblad

Pete [pi:t] *kortform av Peter; for* ~*'s sake* (*vard.*) för Guds skull

peter ['pi:tə] *v,* ~ *out* (*away*) ebba ut, ta slut, sina

petition [pɪ'tɪʃn] **I** *s* **1** petition, böneskrift; anhållan, bön; ansökan; *jur.* hemställan, inlaga, skriftlig framställning; ~ *for divorce* skilsmässoansökan; ~ *for mercy* nådeansökan **II** *v* **1** inlämna en petition till (*an authority for* en myndighet om) **2** ~ *for* ansöka (anhålla) om

petrify ['petrɪfaɪ] förstena; *bildl. äv.* lamslå

petrochemical [,petrə(ʊ)'kemɪkl] petrokemisk

petrol ['petr(ə)l] *i sht BE.* bensin **petrolatum** [,petrə'leɪtəm] vaselin **petrol can** ['petr(ə)lkæn] bensindunk **petroleum** [pɪ'trəʊljəm] petroleum, berg-, rå|olja **petrol station** ['petr(ə)l,steɪʃn] *BE.* bensinstation

petticoat ['petɪkəʊt] under|kjol, -klänning; *vard.* kvinna

petty ['petɪ] **1** obetydlig, liten, oväsentlig; ~ *cash* hand-, frimärks|kassa; ~ *sessions, se magistrates' court*; ~ *larceny* (*jur.*) snatteri **2** små|sint, -aktig **3** underordnad, av lägre rang; ~ *officer* (*i flottan*) överfurir, *AE. äv.* furir, korpral

petu|lance ['petjʊləns], **-lancy** [- lənsɪ] retlighet, kinkighet, grinighet **-lant** [-lənt] retlig, kinkig, grinig

petunia [pɪ'tju:njə] *bot.* petunia

pew [pju:] kyrkbänk; *take a* ~*!* (*BE. vard.*) slå dig ner!

pewter ['pju:tə] **I** *s* **1** tenn[legering] **2** tenn|kärl, -föremål **3** blyerts-, blå|grått **II** *a* **1** tenn- **2** blyerts-, blå|grå

pg. *förk. för page*

phallus ['fæləs] fallos

phantom ['fæntəm] **1** spöke, vålnad **2** inbillnings-, fantasi|foster, drömbild

pharmacist ['fɑ:məsɪst] farmaceut, apotekare

pharmacologist [,fɑ:mə'kɒlədʒɪst] farmakolog **pharmacy** ['fɑ:məsɪ] **1** farmaci **2** apotek

phase [feɪz] **I** *s* fas; stadium; skede; *the* ~*s of the moon* månens faser; *in* ~ (*elektr.*) i fas; *out of* ~ (*elektr.*) fasförskjuten; *in* (*out of*) ~ *with* (*bildl.*) i (inte i) samklang med **II** *v* **1** planera; ~ [*in*] genomföra (införa) gradvis; ~ *out* låta upphöra gradvis, avveckla (dra tillbaka) i etapper **2** synkronisera, fasa; anpassa (*with* till) **--out** ['feɪzaʊt] *i sht AE.* nedskärning (avveckling) i etapper

Ph.D. *förk. för philosophiae doctor* (*lat.*) *Doctor of Philosophy*

pheasant ['feznt] *zool.* fasan

phenom|enal [fɪ'nɒmɪnl] **1** fenomenal **2** *filos.* fenomenell, förnimbar **-enon** [-ɪnən] (*pl -ena* [-ɪnə] *el. -enons*) **1** fenomen, underverk **2** företeelse

phew [fju:] *interj* äsch!, ah!, usch!, puh!; åh!

philanderer [fɪ'lændə] [-rə] flört|ig man]

philan|thropic[al] [,fɪlən'θrɒpɪk(l)] filantropisk; välgörenhets- **-thropist** [fɪ'lænθrəpɪst] filantrop, människovän **-thropy** [fɪ'lænθrəpɪ] filantropi; människokärlek; välgörenhet

philatelist [fɪ'lætəlɪst] filatelist, frimärkssamlare

philharmonic [ˌfɪlɑ:'mɒnɪk] **I** *a* filharmonisk, musikälskande **II** *s*, P~ filharmonisk orkester (kör), filharmoniker

Philippines ['fɪlɪpi:nz] *s pl, the* ~ Filippinerna

Philistine ['fɪlɪstaɪn] **I** *s* 1 *bibl.* filisté 2 kälkborgare, okultiverad person **II** *a* 1 filisteisk 2 *äv. philistine* kälkborgerlig, som saknar kultur

philosopher [fɪ'lɒsəfə] filosof; ~*s' stone* de vises sten **philosophic[al]** [ˌfɪlə'sɒfɪk(l)] filosofisk **philosophy** [fɪ'lɒsəfɪ] filosofi

phlegm [flem] 1 slem 2 flegma, sävlighet **phleg-matic[al]** [fleg'mætɪk(l)] flegmatisk, sävlig

phlox [flɒks] *bot.* flox

phobia ['fəʊbjə] fobi, skräck

Phoenicia [fɪ'nɪʃɪə] Fenicien

phone [fəʊn] *vard. för telephone* **I** *s* telefon **II** *v* ringa [till, upp], telefonera [till] **phone-in** [fəʊn'ɪn] *radio.* telefonväktarprogram, program som lyssnarna kan ringa till

phonetic [fə(ʊ)'netɪk] fonetisk; ~ *transcription* fonetisk transkription (skrift) **phonetics** [fə(ʊ)'netɪks] (*behandlas som sg*) fonetik, ljudlära

phoney ['fəʊnɪ] *sl.* **I** *a* falsk, oäkta, förfalskad; skum **II** *s* bluff; bluffmakare; förfalskning

phosphate ['fɒsfeɪt] fosfat

phosphorescent [ˌfɒsfə'resnt] fosforescerande **phosphorus** ['fɒsf(ə)rəs] fosfor

photo ['fəʊtəʊ] *vard.* foto, kort

photo|cell ['fəʊtə(ʊ)sel] fotocell **-copy** [-ˌkɒpɪ] **I** *s* fotokopia **II** *v* fotokopiera

photograph ['fəʊtəgrɑ:f] **I** *s* fotografi; *have one's* ~ *taken* [låta] fotografera sig **II** *v* fotografera **photographer** [fə'tɒgrəfə] fotograf **photographic** [ˌfəʊtə'græfɪk] fotografisk **photography** [fə'tɒgrəfɪ] fotografering[skonst], fotografi

Photostat ['fəʊtəstæt] (*varumärke*) **I** *s* 1 fotostat[apparat] 2 fotostatkopia **II** *v* fotostatkopiera

phrase [freɪz] **I** *s* 1 fras (*äv. mus.*), uttryck, vändning; *noun* ~ nominalfras; *prepositional* ~ prepositionsuttryck; *verb* ~ verbalfras; [*set*] ~ stående (idiomatiskt) uttryck, talesätt 2 uttryckssätt, stil, språk **II** *v* 1 uttrycka, formulera 2 *mus.* frasera **phrase-book** parlör

physical ['fɪzɪkl] **I** *a* 1 fysisk, kroppslig, kropps-; ~ *education* fysisk fostran, kroppsövningar, sport; ~ *examination* läkarundersökning; ~ *exercise* kroppsövning; ~ *jerks* (*sl.*) jympa; ~ *therapy, se physiotherapy;* ~ *training* gymnastik 2 fysisk, materiell; ~ *geography* fysisk geografi; ~ *violence* fysiskt (yttre) våld 3 fysikalisk (*chemistry* kemi); ~ *science* fysik **II** *s* läkarundersökning **physician** [fɪ'zɪʃn] läkare **physicist** ['fɪzɪsɪst] fysiker **physics** ['fɪzɪks] (*behandlas som sg*) fysik (*läran om materien o. energin*)

physiologist [ˌfɪzɪ'ɒlədʒɪst] fysiolog

physiothera|pist [ˌfɪzɪə(ʊ)'θerəpɪst] fysioterapeut; sjukgymnast **-py** [-pɪ] fysioterapi; sjukgymnastik

physique [fɪ'zi:k] fysik, konstitution, kroppsbyggnad

pianist ['pɪənɪst] pianist **piano I** *s* [pɪ'ænəʊ] pia-

no; *grand* ~ flygel; *upright* ~ piano; *play the* ~ spela piano; *who was that at* (*on*) *the* ~? vem var det som spelade piano? **II** *adv* ['pjɑ:nəʊ] *mus.* piano, svagt, dämpat **Pianola** [pɪə'nəʊlə] (*varumärke*) pianola **piano player** [pɪ'ænəʊˌple(ɪ)ə] 1 pianist 2 pianola **piano-tuner** [pi'ænəʊˌtju:-nə] pianostämmare

1 **pick** [pɪk] **I** *v* 1 plocka [upp]; picka [upp]; plocka i sig; samla; ~ *flowers* plocka blommor 2 välja [ut], plocka ut; ~ *and choose* välja och braka, vara kräsen; ~ *a quarrel with* mucka gräl med; ~ *one's time* välja rätt tidpunkt; ~ *one's words* välja sina ord 3 rensa, plocka; ~ *a chicken* plocka en kyckling 4 peta [i, på], pilla [i, på]; gnaga [av]; ~ *one's food* peta i maten; ~ *one's nose* peta [sig i] näsan; ~ *one's teeth* peta tänderna; ~ *a bone* gnaga på (av) ett ben; *have a bone to* ~ *sith s.b.* ha en gås oplockad med ngn 5 hacka [upp], hugga [upp]; ~ *holes in s.th.* a) hacka hål i ngt, b) kritisera (anmärka) på ngt, hitta fel hos ngt; *he's always* ~*ing holes* han anmärker alltid på allting 6 dyrka (bryta) upp (*a lock* ett lås) 7 stjäla ur; ~ *pockets* (*äv.*) vara ficktjuv 8 plocka sönder, riva [sönder]; ~ *to pieces* kritisera (smula) sönder, göra ner 9 *A E.* knäppa (spela) på 10 ~ *at one's food* peta i maten; ~ *at s.b.* hacka (anmärka) på ngn; ~ *off* a) plocka (ta) bort (av), b) skjuta ner [den ene efter den andre]; ~ *on* a) välja [ut], b) hacka (anmärka) på; ~ *out* a) välja [ut], plocka ut, b) ta bort, c) [kunna] urskilja, d) peka [ut], e) framhäva, f) *mus.* ta ut; ~ *over* gå igenom; ~ *up* a) hacka upp, b) plocka (ta) upp, lyfta [på], *bildl.* ta upp [igen], fortsätta [med], c) hämta, plocka upp, ta (låta åka) med, bärga, d) lägga sig till med, skaffa sig, få [tag i], få tag på, hitta, komma över, e) lära (tillägna) sig, f) snappa (fånga) upp, [upp]fatta, uppskatta, g) få (ta) in, h) haffa, ta fast, i) åter|få, -vinna, j) kɪ ya på sig, hämta sig, komma på fötter, tillfriskna, k) öka [farten]; *this will* ~ *you up* det här kommer att pigga upp dig; ~ *up with s.b.* bli bekant med ngn; ~ *up speed* öka farten **II** *s* val; elit; *the* ~ det bästa, eliten; *the* ~ *of the bunch* den bästa av allihop; *take your* ~! välj ut någon (något)!

2 **pick** [pɪk] korp; hacka

pick|ax *A E.*, **-axe** *B E.* ['pɪkæks] **I** *s* hacka; korp **II** *v* hacka [med hacka, korp]

picket ['pɪkɪt] **I** *s* 1 stake, [spetsig] påle, stolpe 2 *mil.* förpost, postering, vakt, piket 3 strejkvakt[er]; demonstrant[er] **II** *v* 1 inhägna (befästa) med pålar (stolpar) 2 tjudra 3 *mil.* sätta ut postering vid; vakta 4 placera ut strejkvakter vid; gå strejkvakt vid; demonstrera vid 5 gå strejkvakt; demonstrera **picket line** strejkvakt[er]

picking ['pɪkɪŋ] 1 plock|ande, -ning 2 *vanl. pl* ~*s* a) rester, överblivna saker, b) (*mer el. mindre hederliga*) extraförtjänster

pickle ['pɪkl] **I** *s* 1 [salt]lake, [ättiks]lag (*för inläggning*); inläggning 2 *vanl. pl* ~*s* pickels 3 *vard.* knipa, klämma; *be in a* ~ vara i knipa 4 *B E. vard.* rackarunge **II** *v* lägga in [i lag], marinera; salta in (ner), rimma **pickled** [-d] 1 inlagd, marinerad; saltad, rimmad; ~ *herring* inlagd sill; ~ *onions* syltlök 2 *A E. sl.* asberusad

P

pick|lock ['pɪklɒk] **1** inbrottstjuv **2** dyrk --**me-up** [-mi:ʌp] *vard.* uppiggande dryck, styrketår -**pocket** [-ˌpɒkɪt] ficktjuv --**up** [-ʌp] **1** (*på grammofon*) pickup; nålmikrofon; tonarm **2** pickup, liten lastbil **3** *vard.* acceleration, ax **4** *vard.* tillfällig bekantskap, uppraggad person **5** *vard.* upphämtning, upplockning (*av pers. el. varor*) **6** *vard.* uppgång **7** *sl.* lift

picnic ['pɪknɪk] **I** *s* **1** picknick; utflykt; *go for a ~* ha (göra) en picknick **2** *vard.* enkel (lätt) sak **II** *v* ha (göra) en picknick, göra en utflykt

pictorial [pɪk'tɔ:rɪəl] **I** *a* **1** illustrerad **2** bild-, tavel-; måleri-, målnings- **3** målerisk, målande **II** *s* illustrerad [vecko]tidning, bildtidning

picture ['pɪktʃə] **I** *s* **1** bild; målning, tavla; teckning; illustration; foto, kort; porträtt;; *bildl. a*) bild, föreställning, *b*) situation, läge, *c*) avbild; *the child is the ~ of his father* barnet är sin far upp i dagen; *she is a perfect ~* hon är bildskön; *be in the ~* vara insatt [i det hela]; *be out of the ~* (*bildl.*) vara ute ur bilden; *come into the ~* komma in i bilden, bli aktuell; *form a ~ of s.th.* skapa sig en bild av ngt; *I get the ~!* jag förstår (har fattat)!; *he looked* (*was*) *the ~ of health* han såg ut som hälsan själv; *put s.b. in the ~* förklara situationen för ngn, sätta in ngn i saken, informera ngn om läget **2** skildring, beskrivning **3** film; *TV.* bild[skärm]; *the ~s* (*i sht BE.*) bio; *go to the ~s* gå på bio **II** *v* **1** framställa; måla; avbilda; skildra, beskriva **2** föreställa sig; *~ s.th. to o.s.* föreställa sig ngt

picture card ['pɪktʃəkɑ:d] *kortsp.* klätt kort, målare **picture postcard** [-ˌpəʊs(t)kɑ:d] vykort

picturesque [ˌpɪktʃə'resk] pittoresk, målerisk; livfull, levande (*description* skildring)

picture tube ['pɪktʃətju:b] *TV.* bildrör **picture window** [-ˌwɪndəʊ] panorama-, perspektiv|-fönster **picture writing** [-ˌraɪtɪŋ] bildskrift

piddle ['pɪdl] **1** *vard.* pinka **2** ~ [*away*] slösa bort (*one's time* tiden)

pidgin English ['pɪdʒɪnˌɪŋglɪʃ] pidginengelska

pie [paɪ] paj; pastej; ~ *in the sky* (*vard.*) fåfängt hopp, falsk optimism; *as easy as ~* (*vard.*) lätt som en plätt, en enkel match; *have a finger in the ~* ha ett finger med i spelet

piece [pi:s] **I** *s* **1** stycke, bit, del; *hand.* [hel] längd, [helt] stycke; *a ~ of advice* ett råd; *a ~ of furniture* en möbel (*enstaka föremål*); *~s of furniture* möbler; *a ~ of information* en upplysning; *a ~ of paper* ett papper, en papperslapp; *a nice ~ of work* ett gott arbete; *a ten-~ band* ett tiomannaband; *a twenty-~ coffee set* en kaffeservis i tjugo delar; *a* (*per, the*) ~ per styck, stycket; *by the ~* styck[e]vis, per styck; *in ~s* i stycken (bitar, delar), isärplockad, trasig; *the are all of a ~ a*) de är gjorda i ett stycke, de är likadana helt igenom, *b*) de är av samma slag; *break to ~s* slå sönder (i bitar); *fall to ~s* falla i bitar (stycken); *give s.b. a ~ of one's mind* säga ngn sitt hjärtas mening; *go to ~s a*) falla i bitar, gå sönder, spricka, *b*) *vard.* bli alldeles förstörd, klappa igenom, bli knäckt; *take to ~s* plocka isär **2** stycke, verk; artikel; *~ of music* musikstycke **3** [artilleri]pjäs; eldhandvapen; gevär **4** mynt; *a 50p ~* ett femtiopencemynt **5** (*i schackspel*) pjäs; (*i bräd-*

spel) bricka **6** ackord; *be paid by the ~* ha ackordslön; *work by the ~* arbeta på ackord **7** *sl.* goding **II** *v* **1** laga, lappa; sy ihop; sätta samman; ~ *together* sätta (lägga, foga, skarva, lappa, sy) ihop; ~ *up* laga, lappa **2** ~ *out* komplettera, utöka

piecemeal ['pi:smi:l] **I** *adv* **1** styckevis, bit för bit **2** i bitar, i stycken **II** *a* gradvis; ofullständig; osystematisk **piecework** ackordsarbete; *do* (*be on*) ~ arbeta på ackord

piecrust ['paɪkrʌst] pajskal

pier [pɪə] **1** pir, vågbrytare **2** bropelare

pierce [pɪəs] sticka hål i (på), genomborra; tränga in i; tränga igenom; *have one's ears ~d* [låta] göra hål i öronen **piercing** ['pɪəsɪŋ] genomträngande; gäll; bitande

Pietist ['paɪətɪst] pietist

piety ['paɪətɪ] **1** fromhet; from handling **2** pietet

pig [pɪg] **I** *s* **1** gris, svin; *buy a ~ in a poke* köpa grisen i säcken; ~*s might fly* de egendomligaste saker kan hända; *make a ~'s ear of* förfuska **2** *vard.* [lort]gris; matvrak; drummel; *make a ~ of o.s.* vräka i sig [mat], äta så man storknar **3** fläskkött **4** [metall]tacka **5** *sl.* snut (*polis*) **6** *BE. vard.* knepig sak **II** *v* **1** grisa **2** *vard.* leva som en gris; vräka i sig [mat]

pigeon ['pɪdʒɪn] **1** *zool.* duva **2** *BE. vard., that's her ~* det är hennes problem (huvudvärk) -**hole** [-həʊl] **I** *s* **1** öppning till duvslag **2** fack (*i hylla, skrivbord e.d.*) **3** *vard.* kategori, fack **II** *v* **1** *bildl.* lägga på hyllan, skjuta upp **2** placera in i rätt fack; inordna, kategorisera

piggery ['pɪgərɪ] **1** svinstia, grishus **2** frosseri

piggy ['pɪgɪ] **I** *s* **1** barnspr. nasse, liten gris **2** *barnspr.* tå **II** *a* grisig; glupsk **piggy bank** spargris **pig-headed** [ˌpɪg'hedɪd] tjurskallig, envis **pig iron** ['pɪgˌaɪən] tackjärn **piglet** ['pɪglɪt] spädgris

pigment ['pɪgmənt] pigment, färgämne

pig|skin ['pɪgskɪn] **1** svinläder **2** *AE. vard.* fotboll -**sty** [-staɪ] svinstia (*BE. äv. bildl.*), grishus -**tail** [-teɪl] **1** rulltobak **2** råttsvans (*fläta*)

pike [paɪk] (*pl* ~[*s*]) *zool.* gädda

pikestaff ['paɪkstɑ:f] pikstav, spjutskaft; *as plain as a ~* klart som dagen (korvspad)

1 pile [paɪl] **I** *s* **1** hög, trave, stapel **2** *vard.* massa; *a ~ of work* en massa arbete; *make a* (*one's*) ~ tjäna en massa pengar (en förmögenhet) **3** stor byggnad, byggnadskompex **4** bål; *funeral ~* likbål **5** reaktor; *atomic ~* kärnreaktor **6** batteri; element; stapel **II** *v* **1** stapla [upp], trava [upp], lägga i hög; samla; lägga på; stapla full, belamra, överlasta; *he's piling work on* (*to*) *them* han över-hopar dem med arbete; ~ *it on* (*vard.*), ~ *on* (*up*) *the agony* (*vard.*) bre på, överdriva; ~ *up a*) stapla [upp], trava [upp], lägga i hög, samla, *b*) *vard.* kvadda **2** ~ [*up*] samla (hopa) sig, hopas **3** ~ *up* krocka, kollidera **4** välla; ~ *in* välla (tränga sig, pressa sig) in

2 pile [paɪl] (*på tyg*) lugg

piles [paɪlz] *pl* hemorrojder

pilfer ['pɪlfə] snatta

pilgrim ['pɪlgrɪm] pilgrim; *the P~ Fathers, the P~s* pilgrimsfäderna -**age** [-ɪdʒ] **I** *s* pilgrimsfärd, vall|fart, -färd **II** *v* vallfärda, göra en pilgrimsfärd

pill [pɪl] **1** piller; *the ~* (*vard.*) p-piller; *be* (*go*) *on* *the* ~ ta p-piller; *it's a bitter* ~ *to swallow* (*bildl.*) det är en besk medicin **2** *sl.* kula, boll

pillar ['pɪlə] pelare; stolpe; *bildl.* stöttepelare; *the P*~*s of Hercules* Herkules stoder; *a* ~ *of smoke* en rökpelare; *be driven from* ~ *to post* jagas från en plats till en annan (hit och dit) **pillar box** *BE.* [pelarformad] brevlåda

pillbox ['pɪlbɒks] **1** pillerask, dosa; pillerburk (*äv. damhatt*) **2** *mil.* betongvärn

pillion ['pɪljən] **1** *hist.* damsadel (*bakom huvudsadeln*) **2** (*på motorcykel e.d.*) bönpall, baksits

pillory ['pɪlərɪ] **I** *s* skampåle **II** *v* ställa vid skampålen; *bildl.* låta schavottera

pillow ['pɪləʊ] **I** *s* [huvud]kudde **2** dyna **II** *v* **1** lägga (låta vila) på en kudde **2** tjäna som kudde åt **pillowcase** ['pɪlə(ʊ)keɪs] örngott **pillowslip** ['pɪləʊslɪp] örngott

pilot ['paɪlət] **I** *s* **1** lots **2** pilot, flygare **3** ledare, anförare, vägvisare **II** *v* **1** vara pilot på **2** lotsa, [väg]leda (*äv. bildl.*) **pilot lamp** [-læmp] kontrollampa

pimp [pɪmp] **I** *s* hallick, sutenör **II** *v* vara hallick (*for* åt)

pim|ple ['pɪmpl] finne, blemma **-pled** [-pld], **-ply** [-plɪ] finnig

pin [pɪn] **I** *s* **1** [knapp]nål; märke; brosch; *like a new* ~ splitterny, blänkande ren; *neat as a* [*new*] ~ mycket prydlig; ~*s and needles* (*vid domning*) stickningar, myrkrypningar; *be* (*sit*) *on* ~*s and needles* sitta som på nålar; *he doesn't care a* ~ (*vard.*) han bryr sig inte ett skvatt om det **2** bult, tapp, sprint, stift, spik, dubb, pinne **3** *sport.* kägla **4** *mus.* [stäm]skruv **5** *vard.* ~*s* (*pl*) påkar, ben **II** *v* fästa [med knappnål etc.], sätta (nåla) fast (*to* på, vid); klämma fast; pressa, trycka; ~ *down a*) fästa [med knappnål etc.], *b*) klämma fast, *c*) trycka ner, *d*) binda [fast], låsa, tvinga, *e*) *bildl.* placera, lokalisera, definiera, precisera; *he* ~*ned me down to my promise* han tvingade mig att stå fast vid mitt löfte; ~ *one's faith on s.b.* lita (tro) [blint] på ngn; ~ *s.th. on s.b.* (*vard.*) beskylla ngn för ngt; ~ *everything on one chance* sätta allt på ett kort; ~ *up* sätta upp; *get* ~*ned* (*AE. vard.*) förlova sig

pinafore ['pɪnəfɔ:] *i sht BE.* [skydds]förkläde (*med bröstlapp*)

pinball machine ['pɪnbɔ:lməˌʃi:n] flipperspel

pincers ['pɪnsəz] *pl* **1** kniptång; *large* (*heavy*) ~ hovtång; *a pair of* ~ en kniptång **2** klo (*på kräftdjur*)

pinch [pɪn(t)ʃ] **I** *v* **1** nypa; knipa [ihop]; klämma; ~ *off* nypa av; ~ *a p.'s bottom* nypa ngn i baken; ~ *one's finger* klämma fingret **2** inskränka [på]; *be* ~*ed* ha det knappt; *be* ~*ed for room* vara trångbodd; *be* ~*ed for time* (*money*) ha ont om tid (pengar) **3** hårt ansätta. pina, plåga; ~*ed face* magert (tärt) ansikte; *pinch with hunger* vara utsvulten **4** *vard.* sno, knycka, stjäla **5** *vard.* haffa, ta fast **6** klämma (*äv. bildl.*); *he knows where the shoe* ~*es* han vet var skon klämmer **7** snåla; ~ *and scrape* vända på slantarna, snåla och spara **II** *s* **1** nyp[ning], knipning, klämning; *give s.b. a* ~ *on the arm* nypa ngn i armen **2** knipa, klämma, trångmål, nöd[läge], kris; *at a* ~ om det kniper, i nödfall **3** nypa; pris; *with a* ~ *of salt* (*bildl.*) om det kniper; *a* ~ *of snuff* en pris snus **4** *vard.* [po-

lis]razzia; arrestering

pincushion ['pɪnˌkʊʃn] nåldyna

1 pine [paɪn] **1** fura, tall; pinje; barrträd **2** furu, furuträ

2 pine [paɪn] **1** tyna bort (av) **2** tråna, trängta (*for s.th.* efter ngt; *to do s.th.* efter att göra ngt)

pineapple ['paɪnˌæpl] **1** ananas **2** *mil. sl.* handgranat

pinetree ['paɪntri:] fura, tall, pinje; barrträd

ping [pɪŋ] **I** *s* (*gevärskulas*) klingande, smällande (*mot metall*) **II** *v* (*om kula*) klinga, smälla

pink [pɪŋk] **I** *s* **1** rosa, skärt, skär färg **2** nejlika **3** [rävj]jägares röda rock; rävjägare **4** *be in the* ~ [*of health*] vara vid bästa hälsa (i god form) **II** *a* **1** rosa, skär; *see* ~ *elephants* (*vid berusning*) se vita möss **2** *BE. polit.* vard. vänster- **III** *v* (*om motor*) knacka

pinnacle ['pɪnəkl] **1** tornspira, tinne; *bildl.* höjdpunkt, topp **2** spetsig [bergs]topp

pin|point ['pɪnpɔɪnt] **I** *s* **1** knappnålsspets, nålspets **2** bagatell, struntsak **II** *v* precisera, noga bestämma (definiera) **-prick I** *s* nål|stick, -sting (*äv. bildl.*); *bildl. äv.* lätt irritation **II** *v* sticka med nål; irritera

pint [paɪnt] pint (= *1/8 gallon, i Storbritannien = 0,57 l, i USA = 0,47 l*); *have a* ~ ta en öl

pin-up ['pɪnʌp] **I** *s, vard.* [bild av] pinuppa **II** *a* **1** pinupp- **2** *AE.* vägg-; ~ *lamp* vägglampa

pioneer [ˌpaɪə'nɪə] **I** *s* **1** pionjär: nyodlare, banbrytare, föregångare **2** *mil.* ingenjörssoldat, pionjär **II** *v* **1** vara pionjär, bana väg **2** initiera, sätta i gång, bana väg för

pious ['paɪəs] from, gudfruktig

1 pip [pɪp] (*i apelsin, äpple, päron*) kärna

2 pip [pɪp] **I** *s* **1** (*i tidssignal e.d.*) pip; (*på radarskarm*) blip **2** (*på tärning, spelkort*) prick **3** *vard. mil.* stjärna (*på axelklaff*) **II** *v* pipa; skrika till

pipe [paɪp] **I** *s* **1** rör[ledning], ledningsrör, ledning **2** [tobaks]pipa; [pip]stopp; *put that in your* ~ *and smoke it!* (*vard.*) det får du försöka finna dig i! **3** *mus.* [orgel]pipa; *the* ~*s* (*äv.*) *a*) säckpipa, *b*) andningsorganen **4** (*fågels*) pip[ande] **5** *AE. sl.* (*i sht om collegekurs*) urenkel grej **II** *v* **1** spela på pipa **2** pipa, skrika gällt; ~ *down* (*sl.*) stämma ner tonen, hålla käften; ~ *up*) börja spela, spela (stämma) upp **3** leda i rör; lägga in rör i, förse med rör

pipeline ['paɪplaɪn] **I** *s* pipeline, rör-, olje-, natur-gas|ledning; *bildl.* kanal; *in the* ~ i stöpsleven, under utarbetande **II** *v* leda genom pipeline (rörledning)

piping ['paɪpɪŋ] **I** *s* **1** pipspel, säckpipsspel **2** pip[ande], visslande **3** rörledningssystem **II** *a* pipig **III** *adv*, ~ *hot* rykande varm, kokhet

piquant ['pi:kənt] *eg. o. bildl.* pikant; skarp

pique [pi:k] **I** *s* förtrytelse, sårad stolthet **II** *v* **1** såra, kränka; reta **2** ~ *o.s. on s.th.* stoltsera (skryta) med

piracy ['paɪərəsɪ] **1** *BE.* sjöröveri; piratdåd **2** pirat|tryck, -utgåva

pirate ['paɪərət] **I** *s* **1** pirat, sjörövare **2** sjörövarfartyg **3** piratförläggare; *radio.* piratsändare **II** *a* pirat-; sjörövar- **III** *v* göra en piratutgåva (piratupplaga) av

pirouette [ˌpɪrʊ'et] **I** *s* piruett **II** *v* piruettera

Pisces ['pɪsi:z] (*stjärnbild*) Fiskarna

P

piss [pɪs] *vulg.* **I** *s* piss **II** *v* pissa; ~ *off!* (*i sht BE.*) stick!, dra åt helvete! ; ~*ed* (*BE.*) berusad, full

pistachio [pɪ'sta:ʃɪəʊ] **I** *s* **1** pistaschmandelträd **2** pistasch[mandel] **II** *a* pistaschgrön

piste [pi:st] pist; skidbacke; bana för fäkttävling

pistil ['pɪstɪl] *bot.* pistill

pistol ['pɪstl] pistol

piston rod ['pɪstənrɒd] vevstake, kolvstång

1 pit [pɪt] **I** *s* **1** grop, hål; *bildl.* fallgrop; *the* ~ (*äv.*) helvetet; *the* ~ *of the stomach* maggropen **2** [kol]gruva; gruvschakt **3** *teat.* bortre parkett; [*orchestra*] ~ orkesterdike **4** (*på bilverkstad*) smörjgrop; (*på racerbana*) [service]depå **5** *BE. sl.* slaf (*säng*) **6** [kopp]järr **II** *v* **1** hetsa, egga upp (*s.b.* *against* ngn mot) **2** lägga i grop **3** ~*ted* gropig; ~*ted with smallpox scars* koppärrig

2 pit [pɪt] *AE.* **I** *s* [plommon-, körsbärs]kärna **II** *v* kärna ur

1 pitch [pɪtʃ] **I** *s* **1** kast; *queer a p.'s* ~ (*BE. vard.*) korsa ngns planer **2** [fotbolls]plan **3** *i sht BE.* torg-, salu|plats **4** *sl.* försäljnings|snack, -taktik **5** *fonet., mus.* ton|höjd, -läge, -fall; *concert* ~ konsertstämning; *standard* ~ normalton; *have perfect* ~ ha absolut gehör **6** lutning; stigning; sluttning; (*propellers*) stigning **7** grad, nivå; höjd, höjdpunkt, topp **8** (*fartygs*) stamp|ande, -ning **II** *v* **1** kasta, slänga; *golf.* pitcha; ~ *hay* lassa hö **2** sätta (ställa, slå) upp, resa; ~ *a camp* slå läger **3** *sl.,* ~ *a yarn* dra en historia **4** stämma (*instrument*); stämma upp (*sång*); ge (*stämton*); sätta (*i viss tonart*); *bildl. a*) anpassa, *b*) anslå; ~ *one's hopes too high* ha för högt ställda förväntningar; *that's* ~*ing it too high* det är en aning överdrivet **5** sten|lägga, -sätta **6** falla, ramla [omkull], störta **7** ~*ed battle* fältslag, regelrätt batalj **8** slå läger **9** (*om fartyg*) stampa; (*om flygplan*) kränga, tippa **10** slutta **II** ~ *in* (*vard.*) hoppa (hugga) in, vara med, hjälpa till; ~ *into* (*vard.*) kasta sig över; ~ *on* (*vard.*) plocka (välja) ut

2 pitch [pɪtʃ] **1** beck; *as black as* ~ kol-, beck|-svart **2** kåda

pitch-dark [,pɪtʃ'dɑ:k] kol-, beck|svart

1 pitcher ['pɪtʃə] handkanna

2 pitcher ['pɪtʃə] (*i baseball*) kastare

pitchfork ['pɪtʃfɔ:k] **I** *s* högaffel **II** *v* **1** lyfta (lassa) med högaffel **2** *bildl.* kasta in

piteous ['pɪtɪəs] ömklig, ynklig

pitfall ['pɪtfɔ:l] fallgrop; *bildl. äv.* fälla

pith [pɪθ] **1** *biol.* märg; ryggmärg; *the* ~ *of a grapefruit* det vita på ett grapefruktskal **2** *bildl.* kärna, märg; styrka, kraft, kärnfullhet **pith helmet** ['pɪθ,helmɪt] tropik-, sol|hjälm **pithy** ['pɪθɪ] **1** märgfull **2** *bildl.* kärn-, kraft|full

piti|ful ['pɪtɪf(ʊ)l] **1** ömklig, beklagansvärd **2** ynklig, föraktlig **-less** [-lɪs] obarmhärtig, skoningslös

pittance ['pɪt(ə)ns] torftig (knapp) lön, svältlön; liten summa [pengar]

pitter-patter [,pɪtə'pætə] **I** *s* trippande, tassande; (*regnets*) smattrande **II** *v* trippa, tassa; (*om regn*) smattra **III** *adv, go* ~ trippa, tassa; *fall* ~ (*om regn*) smattra; *his heart went* ~ hans hjärta bultade och slog

pity ['pɪtɪ] **I** *s* **1** medlidande; *for* ~*'s sake* för Guds skull; *feel* ~ *for, have* (*take*) ~ *on* ha (hysa) medlidande med **2** synd, skada; *what a* ~*!* så (vad)

synd!; *more's the* ~*!* tyvärr!, så mycket värre!; *it is a thousand pities that* det är ett elände att; *the* ~ *of it was that* det tråkiga var bara att **II** *v* ha (hysa) medlidande med, tycka synd om, beklaga

pivot ['pɪvət] **I** *s* pivå, svängtapp, pivå; *bildl.* mitt-, medel|punkt **II** *v* **1** anbringa på pivå **2** svänga (*on* kring); *bildl.* röra sig (*on* kring)

pix|ie, -y ['pɪksɪ] tomtenisse, alf

pixil[l]ated ['pɪksɪleɪtɪd] **1** snurrig, vimsig, yr; excentrisk **2** *sl.* full, asberusad

pizza ['pi:tsə] pizza

placard ['plækɑ:d] **I** *s* plakat, affisch, anslag **II** *v* **1** sätta upp plakat (*etc.*) på **2** göra reklam [genom affischering]

placate [plə'keɪt] försona, blidka

place [pleɪs] **I** *s* **1** plats; ort, trakt; lokal, byggnad; ~ *of amusement* nöjes|lokal, -fält, -plats; ~ *of birth* födelseort; *of this* ~ härifrån; *go* ~*s* (*vard.*) *a*) gå ut [och roa sig], *b*) resa (se sig) omkring; *he's going* ~*s* (*vard.*) han kommer att gå långt **2** hus, hem, bostad, ställe; *at Tina's* ~ hemma hos Tina; *where's your* ~? var bor du?; *come round to my* ~ kom hem till mig **3** ställe, plats; utrymme; *any* (*some*) ~ någonstans; *in* ~*s* här och var; *in* ~ *of* i stället för; *in another* ~ någon annanstans; *in the first* ~ för det första, först och främst, i första rummet; *be in* ~ *a*) ligga (vara) på sin plats, *b*) vara lämplig (passande); *hold in* ~ hålla kvar (fast, på plats); *put yourself in my* ~ sätt dig in i min situation; *be out of* ~ *a*) inte ligga (vara) på sin plats, *b*) vara olämplig (opassande, malplacerad), inte passa [in]; *all over the* ~ överallt; *a man with no* ~ *to go* en man som inte har någonstans att ta vägen; *four* ~*s were laid* det var dukat för fyra; *lose one's* ~ (*i bok*) tappa bort var man är; *take* ~ äga rum, hända, inträffa; *take one's* ~ inta sin plats, ta plats; *take the* ~ *of s.b.* [in]ta ngns plats, ersätta ngn, träda i ngns ställe **4** plats, position, rang, ställning; anställning, plats; uppgift; *it's not my* ~ *to* det är inte min sak att; *keep* (*put*) *s.b. in his* ~ sätta ngn på plats; *know one's* ~ veta sin plats (vad som tillkommer en); *take a* ~ as ta plats som; *win first* ~ komma på första plats **5** *mat., calculated to 5 decimal* ~*s* beräknad med 5 decimalers noggrannhet **II** *v* **1** placera (*äv. hand.*), sätta, ställa, lägga; *be* ~*d* (*äv.*) ligga [till]; *how are you* ~*d for money?* hur ligger du till ekonomiskt?; ~ *an order with* placera en order hos **2** placera, komma ihåg, identifiera, lokalisera **3** placera; skaffa plats (arbete) åt; få in; utnämna **4** *sport.* placera; *be* ~ *a*) bli placerad [bland de tre bästa], *b*) *AE.* bli tvåa; *he was* ~*d third* han placerade sig som trea

place mat ['pleɪsmæt] [bords]tablett **placement** [-mənt] placering **place name** ortnamn

placid ['plæsɪd] lugn, stilla; fridfull

plagiarism ['pleɪdʒjərɪz(ə)m] **1** plagiering **2** plagiat

plague [pleɪg] **I** *s* **1** farsot; pest; *bubonic* ~ böldpest **2** hemsökelse, [lands]plåga; *vard.* pest, plåga, otyg **II** *v* plåga, hemsöka; *vard.* plåga, pina

plaice [pleɪs] (*pl* ~[-s]) *zool.* röd|spotta, -spätta

plaid [plæd] **1** [skotskrutig] sjal (*buren t. skotsk dräkt*) **2** skotskrutigt tyg

plain [pleɪn] **I** *a* **1** enkel, vanlig, okonstlad; osmyckad; alldaglig, slätstruken, oansenlig; ful;

~ *clothes* civila kläder; ~ *cooking* vardagsmat, vardagsmatlagning, husmanskost; ~ *sewing* slätsöm; ~ *water* vanligt vatten; *she's a real* ~ *Jane* hon är inte någon skönhet precis; *it was* ~ *sailing* det var enkelt (lätt, ingen match) **2** enfärgad; omönstrad; *in a* ~ *colour* enfärgad **3** klar, lättfattlig, enkel, tydlig; uppenbar, ren, riktig; *in* ~ *language* i klartext, rent ut; *the* ~ *truth* den enkla (nakna) sanningen; *it's as* ~ *as the nose on your face* (*vard.*) det är klart som korvspad **4** öppen, ärlig, uppriktig; ~ *dealing* rent spel, uppriktighet; *be* ~ *with s.b.* vara öppen (uppriktig) mot ngn **5** platt, plan, flack, slät, jämn **II** *adv* **1** klart, tydligt **2** rent ut sagt **III** *s* slätt[land]

plain-clothes ['pleɪnkləʊðz] *a,* ~ *man* civilklädd polis, detektiv

plain-spoken [ˌpleɪn'spəʊk(ə)n] öppen, uppriktig

plaintiff ['pleɪntɪf] *jur.* kärande, målsägare

plaintive [-tɪv] klagande; sorglig

plait [plæt] *s o. v* fläta

plan [plæn] **I** *s* plan; [plan]ritning; skiss, utkast (*for* till); ~ *of action* aktionsprogram; ~ *of campaign* strategi, krigsplan; *according to* ~ enligt planerna, planenligt; *make* ~*s for* planera, göra upp planer för **II** *v* **1** planera, planlägga, göra upp en plan för; rita en plan för; ~*ned economy* planhushållning; ~*ned parenthood* familjeplanering **2** planera, ha för avsikt

1 plane [pleɪn] **I** *s* **1** plan, plan yta; *bildl.* plan, nivå **2** [flyg]plan **3** bärplan, vinge **II** *a* plan, slät, jämn; ~ *geometry* plangeometri **II** *v* **1** glidflyga, glida **2** (*om båt*) plana

2 plane [pleɪn] **I** *s* hyvel **II** *v* hyvla

planet ['plænɪt] planet

plane tree ['pleɪntriː] *bot.* platan

plank [plæŋk] **I** *s* **1** planka, bräda; *walk the* ~ gå över plankan (*tvingas över bord av sjörövare*) **2** *AE.* punkt [på politiskt program] **3** bas; stöd **II** *v* **1** kla med plankor **2** bulta (*kött*)

plankton ['plæŋtən] *biol.* plankton

planner ['plænə] planerare **planning** [-ɪŋ] planering

plant [plɑːnt] **I** *s* **1** planta; växt; ört **2** anläggning; fabrik; verk; [maskinell] utrustning **3** *vard.* [polis]spion, tjallare **4** *AE.* falska indicier, fälla; komplott **II** *v* **1** plantera, sätta, så; *bildl.* inplant[er]a; ~ *out* plantera ut **2** plantera (ställa, sätta) [stadigt], fästa, anbringa **3** grunda, anlägga **4** *sl.* plantera, dela ut (*a blow* ett slag) **5** *sl.* gömma

plantation [plæn'teɪʃn] **1** plantage **2** plantering **3** koloni; kolonisering **plant kingdom** ['plɑːntˌkɪŋdəm] *s, the* ~ växtriket **plant louse** ['plɑːntlaʊs] bladlus

plaque [plɑːk] **1** platta, minnestavla **2** *tandläk.,* [*dental*] ~ plack

plaster ['plɑːstə] **I** *s* **1** murbruk, puts **2** *BE.* plåster **3** ~ [*of Paris*] gips **II** *v* **1** rappa, putsa **2** plåstra om; sätta på plåster **3** gipsa **4** smeta på; klistra full; ~ *a wall with posters* klistra en vägg full med affischer; *her hair was* ~*ed down* hennes hår låg slickat **plastered** [-d] *AE. sl.* full, berusad

plastic ['plæstɪk] **I** *a* **1** plast-, av plast; *bildl.* plast-, syntetisk (*food* mat) **2** plastisk, formbar **3** *med.* plastisk; ~ *surgery* plastikkirurgi **4** skapande (*force* kraft) **5** plastisk; bildskapande; model-

lerande; ~ *arts* plastik, bildhuggarkonst, modellering **II** *s* plast **plastics** *pl* plast[er]

plate [pleɪt] **I** *s* **1** platta; plåt (*äv. foto.*); skylt; namnplåt; tryckplåt; kliché; avtryck; plansch, illustration; [koppar]stick; pläter; elektrodplatta, anod; [*dental*] ~ (*vard.*) lös|gom, -tänder; *etched* ~ radering, etsning; *it is only* ~ det är bara pläter (förgyllt) **2** tallrik, fat, assiett; kollekttallrik; *AE.* [bords]kuvert; *koll.* guld-, silver|servis, -bestick, -saker; *a cold* ~ (*äv.*) en kall rätt; *have a lot on one's* ~ (*vard.*) ha mycket att stå i, ha fullt upp; *have s.th. handed to one on a* ~ (*vard. bildl.*) få ngt serverat på en bricka (ett fat) **3** lamell **4** pris, pokal, cup; priskapplöpning **5** (*i baseball*) *home* ~ innemål **II** *v* **1** klä med plåt[ar]; bepansra **2** plätera; för|silvra, -gylla

plateau ['plætəʊ] (*pl* ~*s el.* ~*x* [-z]) **1** hög|slätt, -platå **2** *prices have reached a* ~ priserna har stabiliserat sig

platform ['plætfɔːm] **1** plattform, perrong **2** estrad, podium **3** politiskt [parti]program **4** platå **5** platåsula

plating ['pleɪtɪŋ] **1** plätering; för|silvring, -gyllning **2** plåtbeläggning; pansar

platinum ['plætɪnəm] platina

platitude ['plætɪtjuːd] platityd, platthet, banalitet

platoon [plə'tuːn] pluton

platter ['plætə] **1** serverings-, uppläggnings|fat **2** *AE. sl.* platta, [grammofon]skiva

plausible ['plɔːzəbl] **1** rimlig, antaglig, plausibel **2** övertygande; förtroendeingivande

play [pleɪ] **I** *s* **1** lek; spel; tur, drag; ~ *on words* lek med ord; *in* ~ *a*) på skämt (skoj), *b*) (*om boll*) i spel; *out of* ~ (*om boll*) ur spel, ute; *be at* ~ [hålla på och] leka; *it's your* ~ det är din tur (ditt drag) **2** pjäs, [teater]stycke, skådespel; föreställning; *go to the* ~ gå på teater[n]; *make a* ~ *for s.b.* lägga sig ut för (lägga an på) ngn; *make great* ~ *of s.th.* göra stor affär (stort väsen) av ngt **3** spel[ande], rörelse, verksamhet, gång; ~ *of colours* färgspel; *be at* ~ vara i gång; *bring* (*call*) *into* ~ sätta in (i gång), uppbåda, mobilisera; *come into* ~ *a*) komma i gång, *b*) göra sig gällande, spela in **4** glapp, spel[rum]; *tekn.* tolerans; *bildl. äv.* utrymme, rörelsefrihet; *allow* (*give*) *full* (*free*) ~ ge fritt spelrum (lopp) åt **II** *v* **1** leka; spela (*äv. bildl.*); framföra; spela mot; *sport.* låta spela, sätta in, ställa upp i; *Austria* ~*ed Sweden* Österrike spelade mot Sverige; ~ *a joke on s.b.* spela ngn ett spratt; ~ *the market* (*vard.*) spekulera; ~ *a part* spela en roll; ~ *the piano* spela piano; ~ *shop* leka affär; ~ *s.b. at chess* spela schack mot ngn **2** låta svepa, låta spela (*on* över), rikta (*on* mot); ~ *a jet of water on* rikta en vattenstråle mot **3** leka (*äv. bildl.*); spela (*äv. bildl.*); roa sig; musicera (*to* för); uppträda; ~ *safe* gardera sig, ta det säkra för det osäkra; *the pitch* ~*s well* det går bra att spela på planen; ~ *at mothers and fathers* leka mamma, pappa, barn; *he was* ~*ing at being angry* han låtsades vara arg; *Faust is now* ~*ing at...* Faust spelas just nu på...; ~ *for money* spela om pengar; ~ *for time* försöka vinna tid, maska; ~ *into a p.'s hands* spela ngn i händerna; *the music* ~*ed* [*up*] *on my nerves* musiken gick mig på nerverna; ~ [*up*] *on words* leka med ord;

P

we don't have much time to ~ *with* vi har inte mycket tid att vinka på **4** spela, svepa, sväva (*on* över); fladdra, skimra; vara i gång; *the hoses* ~*ed on the flames* slangarna var riktade mot lågorna; *a smile* ~*ed on her lips* ett leende lekte på hennes läppar **5** ~ *about* (*around*) *with* (*bildl.*) leka med; ~ *away* spela bort; ~ *back* spela [av, upp], köra (*a tape* ett band); ~ *down* bagatellisera, tona ner; ~ *off* delta i slutspel; ~ *A off against B* spela ut A mot B; ~ *out a*) spela till slut (färdigt), *b*) utnyttja, göra slut på, *c*) släppa på (ut) (*a rope* ett rep); *be* ~*ed out* (*äv.*) *a*) bli utspelad, *b*) vard. vara slut[körd]; ~*ed out joke* (*vard.*) utslitet skämt; ~ *out* [*the*] *time a*) få tiden att gå, *b*) försöka vinna tid, maska; ~ *up a*) spela högre, *b*) framhäva, *c*) vard. göra sitt bästa, ligga i, komma loss, *d*) *BE. vard.* vara irriterad (*against* på), ställa till besvär (*against* för), trassla; ~ *up!* heja!; ~ *s.b. up* (*vard.*) ställa till trassel för ngn; ~ *up to s.b.* (*vard.*) ställa sig in hos ngn, fjäska för ngn

play|-act ['pleɪækt] **1** låtsas **2** spela teater (*äv. bildl.*); spela över, vara teatralisk **-back** [-bæk] playback, eftersynkronisering; av-, upp|spelning

player ['pleɪə] **1** spelare, spelande; proffsspelare **2** musikant; -spelare **3** skådespelare **player piano** [-pɪˌænəʊ] pianola, självspelande piano

play|ful ['pleɪf(ʊ)l] lekfull, skämtsam **-ground** [-graʊnd] lekplats; rekreationsområde (*bildl.*) tummelplats; favoritsysselsättning **-house** [-haʊs] teater

playing card ['pleɪŋkɑːd] [spel]kort

play|mate ['pleɪmeɪt] lekkamrat **-pen** [lek]hage **-wright** skådespelsförfattare, dramatiker

plaza ['plɑːzə] **1** torg, öppen plats *i sht AE.* affärs-, shopping|centrum

plea [pliː] **1** *jur.* svaromål; påstående; svar, försvar; ~ *of guilty* erkännande; ~ *of not guilty* nekande; *enter a* ~ *of guilty* erkänna **2** vädjan, bön (*for* om); *make a* ~ *for* vädja om **3** ursäkt; *give the* ~ *of illness* ursäkta sig med att man är sjuk

plead [pliːd] (~*ed*, ~*ed el. Sk. o. AE. pled, pled*) **1** plädera, föra talan inför rätta; ~ *for* plädera (ivrigt tala) för, förorda, be för; ~ *with s.b.* vädja till (bönfalla) ngn; ~ *guilty* erkänna sig skyldig; ~ *not guilty* neka [till anklagelsen] **2** tala (*for* för) **3** urskta sig, skylla på, hänvisa till **4** försvara, företräda (*a p.'s cause* ngn) **-ing** ['pliːdɪŋ] **I** *a* bönfallande, vädjande **II** *s, jur.* **1** plädering; försvar; talan; yrkande; ~*s* (*pl*) rättegångshandlingar

pleasant ['pleznt] angenäm, behaglig, trevlig; vänlig **-ry** [-rɪ] vänlighet, vänligt yttrande; lustighet, skämt

please [pliːz] **1** tilltala, behaga; tillfredsställa, vara (göra) till lags; glädja, göra glad; ~ *o.s.* göra det man vill, göra som det passar en; ~ *yourself!* [gör] som du vill!; *just to* ~ *you* bara för din skull **2** behaga; vilja; finna lämpligt; ~ *God* om Gud vill; *as you* ~ som du vill (behagar); *if you* ~ *a*) om jag får be, *b*) om du tillåter, *c*) om du vill, var så god, *d*) kan du tänka dig det **3** [*yes,*] ~*!* ja tack!, ja varsågod!; ~ *Claire!* snälla Claire!; *come in,* ~*!* [var så god och] stig (kom) in!; *may I come in,* ~? får jag komma in?; *may I? - * ~ *do!* får jag? - varsågod!, javisst!, naturligtvis!; *will you* ~ *keep quiet!* var snäll och var tyst!; *pass the*

sugar, ~*!* kan du ge mig sockret[, är du snäll]!, kan jag få sockret[, tack]!; ~ *don't tell them!* tala inte om det för dem [är du snäll]! **pleased** [-d] glad (*about, at* åt, över); nöjd, belåten, tillfreds (*with* med); *I shall be* ~ *to come* jag kommer mycket gärna; *I'm* ~ *to hear that* det gläder mig att höra att; ~ *to meet you* roligt att träffas!, angenämt! **pleasing** ['pliːzɪŋ] angenäm, behaglig **pleasurable** ['pleʒ(ə)rəbl] angenäm, behaglig; glädjande

pleasure ['pleʒə] **1** nöje, glädje, välbehag; njutning, [väl]lust; *a man of* ~ en njutningsmänniska; [*my*] ~*!* ingen orsak!, för all del!; *with* ~ [mycket] gärna, med nöje; *she is a* ~ *to teach* är ett rent nöje att undervisa henne; *give* ~ *to s.b.* bereda ngn nöje (glädje); *if it gives you* ~ om det roar dig; *I have much* ~ *in informing you* jag har det stora nöje att meddela er; *may I have the* ~? får jag lov?; *take* ~ *in* finna nöje i, tycka om [att] **2** behag, gottfinnande, önskan; *at* ~ efter behag; *during His (Her) Majesty's* ~ på obestämd tid

pleat [pliːt] **I** *s* veck **II** *v* vecka; plissera

pled [pled] *Sk. o. AE.*, *imperf. o. perf. part. av plead*

pledge [pledʒ] **I** *s* **1** pant, underpant; bevis; *in* ~ *of a*) som pant (säkerhet) för, *b*) som bevis på; *hold in* ~ ha som pant (säkerhet); *put in* ~ lämna i pant, pantsätta; *take out of* ~ lösa ut (in) **2** [högtidligt, heligt] löfte, utfästelse (*of* om); *under* [*the*] ~ *of secrecy* under tysthetslöfte; *sign* (*take*) *the* ~ avlägga nykterhetslöfte **3** skål; *drink a* ~ *to s.b.* dricka ngns skål (en skål för ngn) **II** *v* **1** pantsätta, sätta i pant, lämna som säkerhet; ~ *one's word* ge sitt hedersord [på] **2** förplikta, förbinda; *he* ~*d me to secrecy* han avkrävde mig tysthetslöfte **3** [högtidligt] lova, utlova **4** utbringa en skål för, dricka till

plenitude ['plenɪtjuːd] **1** fullhet **2** överflöd, ymnighet, rikedom

plen|teous ['plentjəs] riklig, ymnig **-tiful** [-tɪf(ʊ)l] riklig, ymnig; överflödande, givande

plenty ['plentɪ] **I** *s* **1** rikedom, välstånd **2** överflöd, stor mängd; ~ *of* massor av (med); *there's* ~ *of time* det är gott om tid; *food in* ~ massor av (gott om) mat; *that's* ~*, thank you* tack, det räcker mer än väl; *three will be* ~ tre är mer än nog **II** *adv, AE. vard.* mycket, väldigt

pli|ability [ˌplaɪə'bɪlətɪ] **1** smidighet, böjlighet **2** eftergivenhet **-able** ['plaɪəbl] **1** smidig, böjlig **2** lättpåverkad, eftergiven

pliant ['plaɪənt] **1** böjlig, mjuk, smidig **2** flexibel; eftergiven

pliers ['plaɪəz] *pl* plattång, kniptång, flacktång; *a pair of* ~ en plattång *etc.*

plight [plaɪt] uselt tillstånd, utsatt belägenhet (läge)

plim|sole, -soll ['plɪms(ə)l] gymnastiksko

plinth [plɪnθ] sockel, fot, bas; plint

plod [plɒd] **I** *v* **1** lunka, trava; knoga, streta; ~ *away at s.th.* knoga på (slita) med ngt **II** *s* lunkande, travande; knog, slit **-ding** ['plɒdɪŋ] knogande, trägen, strävsam; mödosam, slitsam

plonk [plɒŋk] **I** *s* duns[ande], plums[ande] **II** *v* **1** dunsa (plumsa) ner, falla med en duns (ett plums) **2** ~ [*down*] låta dunsa ner, släppa med en duns; ~ *o.s. down in a chair* dunsa ner i en fåtölj **III** *adv* [med en] duns, [med ett] plums

plop [plɒp] **I** *s* plopp, plums **II** *v* ploppa, plumsa **III** *adv* [med ett] plopp (plums)

1 plot [plɒt] **I** *s* jordlott, täppa; land; tomt **II** *v* dela upp i jordlotter (tomter)

2 plot [plɒt] **I** *s* sammansvärjning, komplott **2** (*i roman e.d.*) intrig, handling **3** *mil.* lägeskarta **4** *i sht AE.* plankarta **II** *v* **1** planera, anstifta **2** konspirera, sammansvärja sig **3** *sjö.* plotta, göra positionsbestämning **4** kartlägga; göra en plan över; pricka in (*på karta*)

plotter ['plɒtə] plottningbord

plough [plaʊ] **I** *s* **1** plog; *put one's hand to the ~* (*bildl.*) ta itu med saken, lägga sig i selen **2** plöjt land **3** not-, spont|hyvel **4** *astr., the P~* Karlavagnen, Stora Björn **II** *v* **1** plöja; ploga; *bildl.* fåra; ~ *back profits* plöja ner (återinvestera) vinsten; ~ *one's way* bana sig väg **2** plöja; ~ *through* (*bildl.*) plöja igenom **3** *BE. sl.* köra (*på tenta e.d.*)

plough|man ['plaʊmən] plöjare; lantarbetare; ~'*s* [*lunch*] (*ung.*) lunchtallrik med bröd, ost och pickles **-share** plogbill

plow [plaʊ] *AE. s o. v, se* plough

ploy [plɔɪ] **1** list, fint, knep; *i sht BE.* ploj, påhitt **2** intresse, hobby

pluck [plʌk] **I** *s* **1** ryck[ning] **2** mod, kurage **3** hjärtslag (*av slaktdjur*) **II** *v* **1** plocka (*blomma, frukt, fågel, ögonbryn*); ~ *up rycka* (*dra*) upp (*med rötterna*); ~ *up courage* repa mod, ta mod till sig **2** dra, rycka [i] **3** knäppa på (*stränginstrument*) **4** *sl.* plocka på pengar, skinna **5** dra, rycka (*at* i) **plucky** ['plʌkɪ] modig, tapper; djärv

plug [plʌg] **I** *s* **1** [trä]plugg, propp, tapp; stift **2** *elektr.* stick|propp, -kontakt, plugg **3** tuggbuss **4** *vard.* reklaminslag, plugg **5** *sl., take a ~ at* puckla på **II** *v* **1** plugga (proppa, stoppa) igen (till), stoppa; ~ *in* (*elektr.*) plugga in **2** *vard.* göra reklam för, hamra in **3** *sl.* skjuta, sätta en kula i **4** *sl.* puckla på **5** *vard.,* ~ *along* (*away*) knoga på (*at* med)

plum [plʌm] **1** plommon; russin (*t. bakning e.d.*) **2** plommonträd **3** plommonfärg, mörklila **4** *bildl.* godbit, läckerhet

plumage ['plu:mɪdʒ] fjäderdräkt, fjädrar

plumb [plʌm] **I** *s* [bly]lod, sänke; *out of* (*off*) ~ ej lodrätt **II** *a* **1** lodrät, vertikal **2** *i sht AE.* komplett, fullständig **III** *adv* **1** lodrätt **2** *i sht AE.* komplett, fullständigt **3** *vard.,* rakt, rätt, precis **IV** *v* **1** loda, pejla djupet av; ~ *a mystery* gå till botten med ett mysterium; ~ *the depths of despair* uppleva den djupaste förtvivlan **2** ~ [*up*] göra lodrät

plumb|er ['plʌmə] rör|montör, -mokare **-ery** [-ərɪ] rörfirma; rörmokeri **-ing** [-ɪŋ] **1** rörmokeri **2** rörsystem

plume [plu:m] **I** *s* plym, stor fjäder; ~ *of smoke* rökmoln; *borrowed* ~ lånta fjädrar **II** *v* **1** pryda med fjädrar **2** (*om fågel*) putsa sig (fjäderarna) **3** *bildl.* fjädra sig (*on* över), stoltsera (*on* med)

plummet ['plʌmɪt] **I** *s* [sänk]lod; sänke **II** *v* dyka [ner]; *bildl.* sjunka, falla

1 plump [plʌmp] **I** *a* **1** knubbig, fyllig, rund, trind; välgödd (*turkey* kalkon); [över]full **2** generös, riklig **II** *v* **1** ~ [*up, out*] svälla, bli rundare

(fyllig) **2** ~ [*up, out*] skaka upp (*a pillow* en kudde)

2 plump [plʌmp] **I** *v* **1** dunsa, dimpa, falla (*down* ner; *into* ner i; *on* ner på) **2** ~ *for* fastna (bestämma) sig för, satsa på, stödja **3** ~ *in* (*out*) rusa in (ut) **4** låta dimpa ner, släppa, kasta, slänga **II** *s* duns **III** *adv* plötsligt; burdust; rakt, rätt **IV** *a* burdus, tvär

plum pudding [ˌplʌm'pʊdɪŋ] *BE.* plumpudding

plunder ['plʌndə] **I** *v* plundra, röva, skövla **II** *s* **1** plundring, skövling **2** byte, rov, stöldgods **-er** ['plʌnd(ə)rə] rövare, plundrare

plunge [plʌn(d)ʒ] **I** *v* **1** hoppa, störta sig, dyka (*into* [ner] i); ~ *into* (*bildl.*) ge (kasta) sig in i (på); *a plunging neckline* en mycket djup urringning **2** (*om fartyg*) stampa **3** *vard.* spela högt, spekulera **4** kasta, störta (*o.s. into* sig ner i, sig in i); stöta, sticka (*a knife* en kniv i); ~ *one's hand into the pocket* stoppa handen [djupt ner] i fickan; ~ *the country into war* störta landet i krig; *the house was ~d into darkness* huset var sänkt i mörker **II** *s* **1** hopp, språng, dykning; störtande; *vard. a)* dopp, simtur, *b)* bad, simbassäng **2** rusning (*for the exit* mot utgången) **3** (*fartygs*) stampande

plunk [plʌŋk] **I** *v* **1** knäppa (*på stränginstrument*) **2** ~ [*down*] dunsa ner **3** ~ [*down*] släppa ner **II** *s* **1** knäppande (*på stränginstrument*) **2** *vard.* hårt slag, smocka **III** *adv* exakt, precis

plural ['plʊər(ə)l] **I** *a* **1** språkv. plural; *in the ~ number* i plural[is] **2** sammansatt, blandad **II** *s,* språkv. plural[is], pluralform; *in the ~* i plural[is]

plus [plʌs] **I** *prep* plus **II** *a, mat., elektr., bildl.* plus-; ~ *quantity* positiv mängd, positivt tal; ~ *sign* plustecken; ~ *terminal* pluspol; *on the ~ side* på plussidan **III** *s* **1** plustecken **2** positiv mängd; *vard.* plus, fördel

plush [plʌʃ] **I** *s* plysch **II** *a* **1** plysch- **2** *vard.* flott, tjusig, lyxig, dyrbar

1 ply [plaɪ] *s* **1** lager, skikt; tjocklek; *four-~ wool* fyrtrådigt ullgarn; *two-~ wood* tvåskiktat trä **2** *fack.* kardel

2 ply [plaɪ] **1** bedriva, utöva (*a trade* ett yrke) **2** hantera, använde (*a tool* ett verktyg) **3** ~ *with* rikligt förse (traktera) med (*food* mat), överhopa (ansätta) med (*questions* frågor); ~ *s.b. with drink* truga i npn sprit **4** (*om fartyg*) trafikera **5** arbeta flitigt (träget) **6** (*om fartyg*) gå [i trafik]

P.M. *förk. för Prime Minister*

p.m., p.m. *förk. för post meridiem* (*lat.*) *in the afternoon*

pneumatic [nju:'mætɪk] **I** *a* **1** pneumatisk, luft-, trycklufts-; ~ *tyre* innerslang (*på cykel e.d.*) **2** *teol.* andlig **II** *s* **1** innerslang (*på cykel e.d.*) **2** ~*s* (*behandlas som sg*) pneumatik

pneumonia [nju:'məʊnjə] *med.* lunginflammation

1 poach [pəʊtʃ] förlora, pochera (*eggs* ägg)

2 poach [pəʊtʃ] tjuv|jaga, -skjuta, -fiska, bedriva tjuvskytte (tjuvfiske) [på]; ~ [*for*] *salmon* tjuvfiska lax

poach|er ['pəʊtʃə] tjuv|skytt, -fiskare **-ing** [-ɪŋ] tjuv|skytte, -fiske

pocket ['pɒkɪt] **I** *s* **1** ficka; fack, fodral; påse; pung; *be 4 dollars in* ~ ha [tjänat, vunnit] 4 dollar; *be 4 dollars out of* ~ ha förlorat (lagt ut) 4

dollar; *have s.b. in one's* ~ ha ngn helt i sin hand; *have s.th. in one's* ~ ha ngt som i en liten ask; *line one's* ~*s* vara om sig och kring sig, mygla; *put one's hand in one's* ~ *a*) stoppa handen i fickan, *b*) punga ut [med en massa pengar] **2** fördjupning; hål (*äv. i biljard*); *flyg.* luftgrop **3** [begränsat, isolerat] område, ö; *mil.* ficka; ~ *of resistance* motståndsficka **II** *v* **1** stoppa i fickan, stoppa på sig; *bildl.* tjäna, håva in, stoppa i egen ficka **2** *bildl.* finna sig i, svälja, undertrycka, dölja **3** *A E.* stoppa, inlägga sitt veto mot **4** innesluta, inringa
pocketbook ['pɒkɪtbʊk] *A E.* **1** plånbok **2** handväska **3** pocketbok
pockmarked ['pɒkmɑ:kt] koppärrig
pod [pɒd] **I** *s* balja, [frö]skida; kapsel **II** *v* sprita, skala
podgy ['pɒdʒɪ] knubbig, rund
podi|um ['pəʊdɪəm] (*pl -ums el. -a* [-ə]) podium
poem ['pəʊɪm] dikt, poem, vers
poet ['pəʊɪt] diktare, skald; poet **poetic[al]** [pəʊ'etɪk(l)] poetisk; diktar-, skalde-; versifierad, i versform; *poetic justice* peotisk rättvisa; *poetic licence* poetisk frihet **poetry** ['pəʊɪtrɪ] poesi; diktning, skaldekonst
poign|ancy ['pɔɪnənsɪ] **1** bitterhet **2** skärpa, intensitet **-ant** [-ənt] **1** bitter **2** skarp; intensiv; gripande
poinsettia [pɔɪn'setɪə] *bot.* julstjärna
point [pɔɪnt] **I** *s* **1** punkt (*äv. boktr., geom., bildl.*), prick; *bildl. äv.* sak, moment; tecken; komma; grad (*äv. bildl.*); streck (*äv. på kompass*), enhet; ~ *of departure* utgångspunkt; ~ *of view* synpunkt; *decimal* ~ [decimal]komma; *nought* ~ *sixs* noll komma sex; *at this* ~ här, på den här punkten (det här stället); *be at the* ~ *of death* ligga för döden; *from all* ~*s* [*of the compass*] från alla väderstreck (håll); *policeman on* ~ trafikpolis; *on many* ~*s* på (i) många punkter; *up to a* ~ till en viss grad; *reach the* ~ *of no return* komma dithän där det inte finns någon återvändo; *it had come to such a* ~ *that* det hade gått så långt att **2** ställe; [tid]punkt, ögonblick; *at this* ~ nu, i detta ögonblick; *be on the* ~ *of doing s.th.* stå i begrepp att göra ngt; *she was on the* ~ *of telling me* hon skulle just berätta [det] för mig; *when it comes to the* ~ när det kommer till kritan **3** [huvud]sak, [kärn]punkt, poäng, ämne; mål, syfte; nytta, mening; åsikt; ~ *of order* (*på sammanträde*) ordningsfråga; *beside the* ~ ovidkommande; *a case in* ~ ett [typ]exempel; *the case in* ~ föreliggande fall; *in* ~ *of fact* i själva verket, faktiskt; *the* ~ *is that* saken är den att; *my* ~ *was* det jag ville säga (menade) var; *that's not the* ~ det är inte det saken gäller; *there's no* ~ *in doing that* det är ingen mening med (idé) att göra det, det tjänar ingenting till att göra det; *it is off the* ~ det hör inte hit (till saken); *he was very much to the* ~ han uttryckte sig mycket koncist (tydligt); *the letter was brief and to the* ~ brevet var kort och koncist; *carry* (*gain*) *one's* ~ hävda sig, få (driva) sin vilja igenom; *come to the* ~ komma till saken; *get the* ~ fatta galoppen; *you have a* ~ *there* det ligger någonting i det (vad du säger); *make one's* ~ förklara vad man menar; *you've made your* ~*!* det vet vi redan!, det har du redan sagt!; *make a* ~ *of s.th.* hålla på (fästa stor vikt

vid) ngt; *miss the* ~ missa poängen, inte förstå; *I don't see the* ~ jag förstår inte vad det skall tjäna till; *do you see the* ~ *of what I'm saying* förstår du vad jag vill säga (vart jag vill komma); *take a p.'s* ~ förstå vad ngn vill ha sagt (menar) **4** sida, egenskap; *good* (*bad*) ~*s* goda (dåliga) sidor; *he has his* ~*s* han har sina goda sidor **5** poäng; *set* ~ setboll; ~*s win* poängseger; *win by five* ~*s* vinna med fem poäng; *win on* ~*s* vinna på poäng **6** spets, udd; bergspets; udde, [land]tunga; *tekn.* brytarspets; *the* ~ *of the chin* hakspetsen; *at the* ~ *of a gun a*) under pistolhot, *b*) med pistolen i hand, med dragen pistol; *not to put too fine a* ~ *on it* ärligt talat, rent ut sagt **7** *järnv., vanl. pl* ~*s* växel **8** *elektr.* vägguttag **II** *v* **1** rikta, sikta med, peka med (*at, to* mot, på); ~ *out* visa, peka på (ut), *bildl. äv.* påpeka, betona, framhålla; ~ [*up*] understryka, betona, framhäva **2** vässa, formera **3** *byggn.* fogstryka **4** peka; vara riktad (vänd); vetta; ~ *to a*) peka på (mot), vara riktad (vänd) mot, vetta mot, *b*) visa på, *c*) peka (tyda) på
point-blank [,pɔɪnt'blæŋk] **I** *a* **1** [riktad, avfyrad] rakt mot målet; [avfyrad] på nära håll; ~ *fire* eld på nära håll **2** rättfram, rakt på sak, burdus; ~ *refusal* blankt avslag **II** *adv* **1** rakt, direkt **2** rakt på sak, rent ut, burdust; *refuse* ~ neka blankt
point duty ['pɔɪnt,dju:tɪ] tjänstgöring som trafikpolis; *be on* ~ tjänstgöra som trafikpolis
pointed ['pɔɪntɪd] **1** spetsig **2** *bildl.* bitande, vass, skarp (*criticism* kritik) **3** tydlig, avsiktligt, eftertrycklig; exakt **pointer** ['pɔɪntə] **1** pekpinne **2** visare **3** pointer (*fågelhund*) **4** *vard.* fingervisning, vink, tips **pointless** ['pɔɪntlɪs] **1** utan spets (udd), uddlös **2** meningslös **3** *sport.* poänglös, utan poäng
poise [pɔɪz] **I** *v* **1** balansera, bringa (hålla) i jämvikt **2** hålla redo (i beredskap) **3** balansera, hålla jämvikten; sväva **II** *s* **1** jämvikt, balans **2** sätt att föra sig, hållning; lugn, värdighet **3** ovisshet; obeslutsamhet **poised** [-d] **1** *bildl.* balanserad, samlad, lugn, värdig **2** balanserande; beredd, redo
poison ['pɔɪzn] **I** *s* gift (*äv. bildl.*); *slow* ~ långsamt verkande gift; *hate like* ~ avsky som pesten; *what's your* ~*?* (*vard.*) vad vill du ha att dricka? **II** *v* förgifta (*äv. bildl.*); ~ *a p.'s mind against s.b.* göra ngn fientligt inställd mot ngn **poisoning** [-ɪŋ] förgiftning **poisonous** [-əs] giftig (*äv. bildl.*), gift-
poke [pəʊk] **I** *v* stöta (knuffa, slå) [till]; peta [på]; sticka; stoppa; ~ *the fire* röra om [i] elden; ~ *fun at s.b.* göra sig lustig över (driva med) ngn; ~ *one's head out of the window* sticka ut huvudet genom fönstret; ~ *one's nose into s.th.* sticka näsan i ngt **2** peta; rota; snoka; ~ [*out*] sticka ut (fram); ~ *about* (*around*) *a*) rota, snoka, *b*) gå (treva) omkring, gå och stöka; ~ *at a*) peta i, rota bland, *b*) peta på, *c*) *vard.* knuffa (slå) till, *d*) kolla **II** *s* **1** stöt, knuff; *vard.* [knytnävs]slag
1 poker ['pəʊkə] **1** eldgaffel **2** glödritningsstift
2 poker ['pəʊkə] *kortsp.* poker
pok[e]y ['pəʊkɪ] **1** trång, kyffig **2** *vard.* långsam, trög **3** *A E.* sjabbig
Poland ['pəʊlənd] Polen
polar ['pəʊlə] pol-, polar, polär; ~ *bear* isbjörn; ~ *circle* polcirkel **-ize** (*B E. äv. -ise*) ['pəʊləraɪz]

fys., bildl. polarisera
Pole [pəʊl] polack
1 pole [pəʊl] **I** *s* påle, stolpe, stång, stake; mast; vagnsstång; *sport.* stav; *up the* ~ (*BE. o. Austr. vard.*) *a*) stollig, knasig, *b*) på fel spår **II** *v* staka (*båt*)
2 pole [pəʊl] *astr.*, *fys.* pol; *they are* ~*s apart* de är himmelsvitt skilda
poleaxe ['pəʊlæks] **I** *s* **1** *hist.* stridsyxa **2** slaktyxa **II** *v* hugga (slå) ner med yxa, klubba [ner]
polecat ['pəʊlkæt] *zool.* iller; *AE. äv.* skunk
polem|ic [pə(ʊ)'lemɪk] **I** *s* **1** polemik **2** polemiker **II** *a* polemisk **-ics** [-s] (*behandlas som sg*) polemik
pole vault ['pəʊlvɔ:lt] stavhopp **pole-vault** hoppa stavhopp
police [pə'li:s] **I** *s* (*behandlas som pl*) polis (*myndighet*), poliser; *four* ~ fyra poliser; *the* ~ *have caught the thief* polisen har tagit fast tjuven **II** *v* hålla ordning i, kontrollera, bevaka, övervaka **police constable** [-ˌkʌnstəbl] polis[konstapel, -man] **policeman** [-mən], **police officer** [-ˌɒfɪsə] polis[man] **police station** [-ˌsteɪʃn] polisstation
policy ['pɒləsɪ] **1** politik; policy; förfaringssätt, taktik; *foreign* ~ utrikespolitik; *social* ~ socialpolitik; *a matter of* ~ en policyfråga; *honesty is the best* ~ ärlighet varar längst; *it was good* ~ det var taktiskt klokt **2** *Sk.* [slotts]park
polio ['pəʊliəʊ] (*kortform av poliomyelitis*) *med.* polio
Polish ['pəʊlɪʃ] **I** *a* polsk **II** *s* polska [språket]
polish ['pɒlɪʃ] **I** *v* polera; putsa, borsta (*shoes* skor); bona (*floors* golv); *bildl.* polera, putsa, slipa av, finslipa, förfina; ~ *silver* putsa silver; ~ *off, vard. a*) avsluta, klara av, *b*) göra sig av med, ta kål på, *c*) sätta i sig (*food* mat), svepa (*a glass of wine* ett glas vin); ~ *up* polera (putsa) upp; ~ *up* [*on*] bättra på, friska upp (*one's French* sin franska) **II** *s* **1** polityr, glans (*äv. bildl.*); *bildl. äv.* förfining, belevenhet **2** polering; putsning, borstning; boning **3** puts-, poler|medel, polish, polityr; *floor* ~ bonvax, golvpolish **polished** [-t] polerad *etc.*, *jfr polish I*; *bildl.* förfinad, belevad, fulländad, oklanderlig
polite [pə'laɪt] **1** artig, hövlig, belevad (*to[wards]* mot) **2** förfinad, kultiverat **-ness** [-nɪs] **1** artighet, hövlighet, belevenhet **2** förfining, kultiverat sätt
politic ['pɒlɪtɪk] **1** klok; välbetänkt **2** slug, listig **3** *the body* ~ staten **political** [pə'lɪtɪkl] politisk; stats-; ~ *asylum* politisk asyl; ~ *economy* (*förr*) nationalekonomi; ~ *science* statsvetenskap **politician** [ˌpɒlɪ'tɪʃn] **1** politiker **2** statsman **politics** ['pɒlɪtɪks] (*behandlas som sg el. pl*) politik; statskonst; politiska åsikter (idéer, angelägenheter), politisk aktivitet; *talk* ~ prata politik
polka ['pɒlkə] **I** *s* polka **II** *v* dansa polka **polka dot** storprickigt mönster
poll [pəʊl] **I** *s* **1** [om]röstning, val[förrättning]; röstsammanräkning; röstsiffror, röstetal, valresultat; röstlängd; vallokal; *poor* ~ dåligt (svagt) valdeltagande; *there was a 70%* ~ valdeltagandet var 70%; *go to the* ~*s* gå till val[urnorna] **2** undersökning; [*opinion*] ~ opinionsundersökning **3** djurnacke **II** *v* **1** registrera, räkna (*röster*); få

(*röster*); avge (*röst*) **2** tillfråga, intervjua; göra en opinionsundersökning bland **3** toppa, kapa; skära av grenar på; klippa, stubba; avhorna **4** rösta, avge sin röst
pollen ['pɒlən] *bot.* pollen, frömjöl **pollen count** pollenrapport (*i radio e.d.*)
polli|nate ['pɒləneɪt] *bot.* pollinera **-nation** [ˌpɒlɪ'neɪʃn] *bot.* pollinering
polling ['pəʊlɪŋ] röstning, val **polling card** röstkort **polling station** [-ˌsteɪʃn] vallokal
pollutant [pə'lu:t(ə)nt] miljöfarligt ämne **pollute** [pə'lu:t] **1** förorena, smutsa ner **2** *bildl.* besudla, [be]fläcka **pollution** [pə'lu:ʃn] **1** förorening, nedsmutsning, miljöförstöring **2** *bildl.* besudlande
polo ['pəʊləʊ] **1** *sport.* polo[spel] **2** polo[krage]; polo[tröja] **polo neck** ['pəʊləʊnek] polokrage; polotröja
polygamy [pə'lɪgəmɪ] polygami, månggifte
polyglot ['pɒlɪglɒt] **I** *a* polyglott, flerspråkig **II** *s* polyglott, flerspråkig person (bok)
polyp ['pɒlɪp] *zool., anat.* polyp
polytechnic [ˌpɒlɪ'teknɪk] **I** *a* polyteknisk **II** *s, BE.* polyteknisk [hög]skola, teknisk högskola
polythene ['pɒlɪθi:n] polyeten, etenplast
polyunsaturated [ˌpɒlɪʌn'sætʃʊreʊtɪd] fleromättad; ~ *fats* fleromättade fettsyror
polyvinyl [ˌpɒlɪ'vaɪnɪl] *a*, ~ *chloride* polyvinylklorid, vinylkloridplast, PVC-plast
pomegranate ['pɒmɪˌgrænɪt] granatäppelträd; granatäpple
pomp [pɒmp] prakt, pomp, ståt; ~ *and circumstance* pomp och ståt
pompous ['pɒmpəs] uppblåst, pösig, viktig, pompös; (*om stil*) svulstig, pompös
ponce [pɒns] *i sht BE. sl.* hallick, sutenör
pond [pɒnd] damm, göl, tjärn
ponder ['pɒndə] **1** fundera, grubbla (*on, over* på, över) **2** överväga, tänka över; fundera på, grubbla över
pondweed ['pɒndwi:d] *bot.* nate
pong [pɒŋ] **I** *s* stank **II** *v* stinka
pontoon [pɒn'tu:n] ponton
pony ['pəʊnɪ] **1** ponny **2** *BE. sl.* 25 pund **3** likörglas, litet glas **4** *AE. sl.* lathund, moja **-tail** hästsvans[frisyr]
poodle ['pu:dl] pudel
pooh [pu:] *interj* bah!, äh!, asch!
pooh-pooh [ˌpu:'pu:] föraktfullt avvisa, rynka på näsan åt, avfärda, förringa
1 pool [pu:l] göl, damm; pöl; pool, simbassäng
2 pool [pu:l] **1** pool (*äv. hand.*); uppsättning, förråd; *car* ~ samåkningsgrupp; *typing* ~ skrivbyrå; ~ *of labour* arbetskraftsreserv **2** spelt. pott, insatser **3** *BE.*, [*football*] ~*s* (*ung.*) tipstjänst; *do the* ~*s* tippa; *win on the* ~*s* vinna på tips[et] **4** (*slags*) biljard **II** *v* slå samman (*insatser e.d.*); förena (*one's efforts* sina ansträngningar)
poor [pʊə] **1** fattig; *the* ~ de fattiga; ~ *Whites* (*neds.*) fattiga vita (*amer. sydstatsbor el. sydafrikaner*); ~ *in natural resources* fattig på naturtillgångar; *be a* ~ *relation of* (*äv. bildl.*) vara en fattig släkting till, vara underlägsen **2** stackars, arm; ~ *you!* stackars dig (du)!; ~ *thing* stackars krake **3** dålig (*health* hälsa), knapp, mager (*salary* lön); usel (*play* pjäs); ringa, klen (*consolation*

P

tröst); *he's ~ in languages* han är dålig i språk; *in my ~ opinion* enligt min enkla mening; *he made a very ~ show* han gjorde en slät figur
poorly ['puəlɪ] **I** *adv* fattigt, klent *etc.*, *jfr poor*; illa; *be ~ off* ha det dåligt ställt **II** *a*, vard. krasslig, dålig **poorness** [-nɪs] fattigdom, torftighet, brist; magerhet; otillräcklighet, svaghet
1 pop [pɒp] **I** *v* **1** [låta] smälla, smälla (fyra) av, skjuta; ~ *corn* göra popcorn, poppa majs **2** stoppa, sticka, lägga; slänga, kasta; [plötsligt] kasta fram (*fråga*); vard. ta (*tabletter*); ~ *a hat on* slänga på sig en hatt; ~ *a letter into the postbox* lägga ett brev på lådan; ~ *the question* (vard.) fria; ~ *down* kasta (skriva) ner **3** vard. stampa på (*pantsätta*) **4** smälla, knalla, puffa, poppa; spricka [upp], öppna sig [med en smäll *e.d.*] **5** vard. skjuta (*at* på, efter) **6** ~ *out* titta fram (ut); *his eyes were ~ping out of his head* ögonen höll på att ramla ur huvudet på honom, hans ögon stod på skaft **7** kila, sticka, rusa, springa; ~ *in* titta in; ~ *off* (vard.) *a*) sticka, kila iväg, *b*) slumra till, *c*) kola [av]; ~ *up* dyka upp, komma **II** *interj*, *adv* pang, paff; vips; *go* ~ smälla [av], säga pang **III** *s* **1** knall, smäll, puff **2** vard. skott; *have* (*take*) *a* ~ *at* skjuta på (efter) **3** vard. [kolsyrad] läsk[edryck]; skumpa **4** vard., *in* ~ i pant, på stampen (*pantsatt*)
2 pop [pɒp] **I** *s* pop[musik] **II** *a* **1** vard., *kortform av popular* populär- **2** pop-; ~ *art* popkonst; ~ *group* popgrupp; ~ *music* popmusik
3 pop [pɒp] vard. pappa
pope [pəʊp] påve
Popeye ['pɒpaɪ] Karl Alfred (*seriefigur*)
popinjay ['pɒpɪndʒeɪ] sprätt; egenkär person; pratkvarn
poplar ['pɒplə] bot. poppel; *trembling* ~ asp; *white* ~ silverpoppel
poplin ['pɒplɪn] poplin[tyg]
poppy ['pɒpɪ] bot. vallmo
popular ['pɒpjʊlə] **1** populär, folkkär, omtyckt; lättfattlig; *I'm not very* ~ *with him* jag är inte särskilt populär hos honom **2** folk-; allmän; ~ *discontent* allmänt missnöje; ~ *etymology* folketymologi; ~ *front* folkfront; ~ *music* populärmusik **-ity** [,pɒpjʊ'lærətɪ] popularitet **-ize** (*BE. äv. -ise*) ['pɒpjʊləraɪz] popularisera **-ly** ['pɒpjʊləlɪ] **1** populärt **2** i allmänhet, allmänt; *he is* ~ *known as* han är allmänt känd som
popu|late ['pɒpjuleɪt] befolka, bebo **-lation** [,pɒpju'leɪʃn] **1** befolkning; folkmängd; ekol., stat. population **2** befolkande, kolonisering
populous ['pɒpjʊləs] tättbefolkad, folkrik
porcelain ['pɔ:s(ə)lɪn] porslin
porch [pɔ:tʃ] **1** överbyggd entré, farstukvist **2** AE. veranda
porcupine ['pɔ:kjʊpaɪn] zool. piggsvin
1 pore [pɔ:] por
2 pore [pɔ:] **1** ~ *over* hänga över (*bok e.d.*), noga studera **2** ~ *over* ([*up*]*on*) fundera (grubbla) över
pork [pɔ:k] griskött, fläsk **porker** [-ə] gödsvin, spädgris
porn[o] ['pɔ:n(əʊ)] sl. porr **pornographic** [,pɔ:nə(ʊ)'græfɪk] pornografisk **pornography** [pɔ:'nɒgrəfɪ] pornografi
porosity [pɔ:'rɒsətɪ] porositet **porous** ['pɔ:rəs]

porös; porig
porpoise ['pɔ:pəs] zool. tumlare
porridge ['pɒrɪdʒ] [havre]gröt
1 port [pɔ:t] hamn (*äv. bildl.*); hamnstad; *free* ~ frihamn; *naval* ~ örlogshamn; *any* ~ *in a storm* i ett nödläge får vad som helst duga; *come into* ~ löpa in i hamn
2 port [pɔ:t] sjö. **I** *s* babord **II** *v*, ~ *the helm* lägga rodret babord
3 port [pɔ:t] portvin
portable ['pɔ:təbl] portabel, flyttbar, bärbar
portend [pɔ:'tend] förebåda, varsla om
portent ['pɔ:tent] **1** järtecken, (*illavarslande*) förebud, [dåligt] omen **2** stor betydelse **3** underverk
1 porter ['pɔ:tə] **1** bärare, stadsbud **2** *AE.* sovvagnskonduktör
2 porter ['pɔ:tə] **1** *i sht BE.* port-, dörr|vakt **2** *univ.* vaktmästare
3 porter ['pɔ:tə] *BE.* porter
portfolio [,pɔ:t'fəʊljəʊ] portfölj; aktieportfölj; *minister without* ~ minister utan portfölj, konsultativt statsråd
porthole ['pɔ:thəʊl] **1** sjö. [hytt]ventil **2** skottglugg; kanonport
portico ['pɔ:tɪkəʊ] portik; arkad
portion ['pɔ:ʃn] **I** *s* **1** del, stycke **2** andel; bildl. lott, öde; jur. arvslott, arvedel; jur. hemgift **3** portion **II** *v* **1** ~ [*out*] dela, fördela, dela (portionera) ut **2** jur. ge hemgift (arv) åt **3** ~ *off* avskärma
portly ['pɔ:tlɪ] *a* korpulent, bastant
portrait ['pɔ:trɪt] porträtt (*äv. bildl.*); bildl. äv. bild, skildring, avbild
portray [pɔ:'treɪ] porträttera (*äv. bildl.*), avbilda, måla av; bildl. äv. skildra **-al** [-əl] porträttering; framställning, skildring
Portu|gal ['pɔ:tʃʊgl] Portugal **-guese** [,pɔ:tʃʊ'gi:z] **I** *a* portugisisk **II** *s* **1** (*pl lika*) portugis **2** portugiska [språket]
pose [pəʊz] **I** *v* **1** posera; göra sig till; inta en attityd; ~ *as* ge sig ut för [att vara] **2** placera i pose **3** framställa (*a question* en fråga), lägga fram (*a problem* ett problem), utgöra (*a threat* ett hot) **II** *s* pose, konstlad ställning; attityd
poser ['pəʊzə] olöslig fråga
posh [pɒʃ] **I** *a, i sht BE.* vard. flott, elegant; förnäm, överklass- **II** *adv* förnämt
position [pə'zɪʃn] **I** *s* **1** position; ställning (*äv. mil.*); plats; läge; bildl. inställning, ståndpunkt; *sitting* ~ sittande ställning; *in* ~ i läge, på [sin] plats; *be in a* ~ *to* vara i stånd (tillfälle) att, ha möjlighet att **2** position, samhällsställning, social ställning **3** plats, anställning **II** *v* placera [ut]
positive ['pɒzətɪv] **I** *a* **1** positiv; ~ *film* positiv film; ~ *number* positivt tal; ~ *pole* positiv pol, pluspol; ~ *test* positivt prov **2** positiv, jakande; ~ *answer* jakande (positivt) svar; ~ *person* positiv person **3** bestämd, uttrycklig; entydig; odelad, absolut; ~ *proof* uttryckligt (entydigt) bevis **4** vard. riktig, verklig, ren; *a delight* ett rent nöje; ~ *genius* ett verkligt geni; *a* ~ *nuisance* en riktig plåga **5** säker (*of, about* på), övertygad (*of, about* om), säker på sin sak **6** språkv., *the* ~ *degree* positiv [form] **II** *s* **1** mat. positiv storhet, positivt tal **2** språkv. positiv **3** foto. positiv bild

positively [-lı] *adv* **1** positivt **2** bestämt, avgjort, uttryckligen, definitivt **3** verkligen, faktiskt, i själva verket **4** absolut, otvivelaktigt, [helt] säkert

posse ['pɒsı] *AE*. uppbåd (*under sheriffs befäl*); spaningsstyrka

possess [pə'zes] **1** äga, besitta, [inne]ha; behärska, kunna (*foreign languages* främmande språk) **2** (*om känslor e.d.*) behärska, regera över, fylla; *the rage that ~ed me* den vrede som fyllde mig; *what ~ed him to do that?* vad fick honom att göra det?, vad tog det åt honom? **possessed** [-t] **1** *be ~ of* äga, ha, förfoga över; *she is ~ of the necessary information* hon sitter inne med de nödvändiga upplysningarna **2** besatt, behärskad, uppfylld (*by an idea* av en idé); *like one ~* som en besatt; *be ~ by* (*with*) *rage* vara fylld av vrede **possession** [pə'zeʃn] **1** besitt|ning, -ande, innehav; *with immediate ~* med omedelbart tillträde; *be in ~ of* vara i besittning av, förfoga över; *get* (*have*) *~ of the ball* (*sport.*) ha bollen; *take ~ of a*) ta i besittning, *mil. äv.* besätta, *b*) bemäktiga sig **2** egendom; *~s* (*pl, äv.*) ägodelar **3** besittning, territorium **4** besatthet **possessive** [pə'-zesıv] **I** *a* **1** ägar- **2** hagalen; härsklysten; dominerande **3** *språkv.* possessiv; *the ~ case* genitiv; *~ pronoun* possessivt pronomen **II** *s* **1** *språkv., the ~* genitiv **2** possessivt pronomen **possessor** [pə'zesə] ägare, innehavare

possibility [ˌpɒsə'bılətı] möjlighet (*of* till, av); *a job with great possibilities* ett arbete med stora möjligheter **possible** ['pɒsəbl] **I** *a* möjlig; *the best ~* bästa möjliga; *as soon as ~* så snart som möjligt; *by all means ~* med alla möjliga medel; *if ~* om möjligt; *it's no ~ excuse* det är absolut ingen ursäkt; *it's just ~ that she will come* hon kommer eventuellt **II** *s* tänkbar (möjlig) kandidat (deltagare) **possibly** ['pɒsəblı] *adv* **1** möjligt; möjligen; eventuellt; *how could you ~ do this?* hur i all världen kunde du göra detta?; *not ~* omöjligt, omöjligen **2** kanske

1 post [pəust] **I** *s* **1** stöd, stolpe, stötta; [dörr]post **2** (*vid kapplöpning*) *starting ~* start[linje]; *winning ~* mål[linje] **II** *v* **1** ~ [*up*] anslå, sätta upp; *~ no bills!* affischering förbjuden! **2** (*genom anslag*) offentliggöra, tillkännage, förkunna **3** stämpla, brännmärka

2 post [pəust] **I** *s* **1** post, plats, tjänst, befattning; *take up a ~* tillträda en befattning (tjänst) **2** *mil.* post[ställe]; postering; garnison; *at one's ~* på sin post **3** *BE. mil.* tapto **4** handelsstation **II** *v* postera, placera; *i sht BE.* förflytta, omplacera

3 post [pəust] **I** *s, i sht BE.* post; post|befordran, -gång; postkontor; postverk; brevlåda; (*förr*) posthåll; *by ~* med (per) post; *it's in the ~* det ligger på posten **II** *v* **1** *i sht BE.* posta, skicka med (på) posten **2** *bokför.* bokföra, föra in (*en post*) **3** informera, underrätta; *keep me ~ed* [*up*] håll mig underrättad

postage ['pəustıdʒ] porto, postbefordringsavgift **postal** ['pəust(ə)l] post-, postal; *~ card* (*AE.*) brevkort; *~ order* postanvisning **post|card** ['pəust(t)kɑ:d] brevkort; [*picture*] *~* vykort **-code** [-kəud] *BE.* postnummer

poster ['pəustə] **1** affisch, anslag, plakat; poster **2** affischör

posterior [pɒ'stıərıə] **I** *a* **1** senare (*to* än); efterföljande **2** bak-, bakre **II** *s* bakdel, ända

posterity [pɒ'sterətı] efterkommande, kommande släkten (generationer); eftervärlden

postern ['pəustə:n] bakdörr

post-free [ˌpəust'fri:] *a o. adv* **1** *BE.* med betalt porto **2** portofri; franko

postgraduate [ˌpəus(t)'grædjʊət] **I** *s* universitetsstuderande som avlagt första examen, doktorand **II** *a*, *~ studies* doktorandstudier

posthaste [ˌpəust'heıst] *i* flygande fart, i ilfart

posthumous ['pɒstjuməs] postum

postiche [pɒ'stıʃ] **I** *s* **1** postisch, löshår **2** imitation, efterapning **II** *a* falsk, oäkta

postil[l]ion [pə'stıljən] (*i hästspann*) ryttare på vänsterhäst

post|man ['pəus(t)mən] brevbärare, postiljon; *~'s knock* (*lek, ung.*) ryska posten **-mark** poststämpel **-master** [-ˌmɑ:stə] post|mästare, -föreståndare; *~ general* generalpostdirektör

postmortem [ˌpəus(t)'mɔ:tem] **I** *a* efter döden; *~ examination* obduktion, autopsi **II** *s* **1** obduktion **2** *vard.* analys, efterföljande genomgång (*on a game of chess* av ett schackparti)

post office ['pəust,ɒfıs] post[kontor, -anstalt]; *the Post Office* postverket, posten, poststyrelsen **post office box** [post]box, postfack **post paid** [-peıd] *a o. adv* med betalt porto; portofri; franko

postpone [ˌpəus(t)'pəun] **1** uppskjuta, senarelägga, bordlägga **2** sätta i andra rummet, efterställa, underordna **-ment** [mənt] uppskjutande, uppskov, senareläggning, bordläggning **postscript** ['pəusskrıpt] postskriptum, efterskrift

posture ['pɒstʃə] **I** *s* **1** kroppsställning; hållning **2** inställning, attityd **3** läge, skick; tillstånd **II** *v* inta en onaturlig ställning; posera

postwar [ˌpəust'wɔ:] efterkrigs-

posy ['pəuzı] [liten] blomsterbukett

pot [pɒt] **I** *s* **1** gryta, kastrull; kanna; mugg, stop; burk; kruka; potta, nattkärl; *~s and pans* grytor och pannor (kastruller); *big ~* (*vard.*) pamp, högdjur; *a ~ of* (*vard.*) en [hel] massa; *go to ~* (*vard.*) gå åt pipan (helvete); *keep the ~ boiling* (*bildl.*) hålla det hela i gång, hålla grytan kokande **2** *sportsl.* buckla (*pokal*) **3** *kortsp.* pott **4** *vard.* isterbuk **5** *se pot shot* **II** *v* **1** sätta (plantera) i kruka (e.d.); *~ted plant* krukväxt **2** lägga i kruka (e.d.); lägga (koka, salta) in, konservera **3** *vard.* knäppa, skjuta **4** *vard.* lägga vantarna på, komma över, ta **5** *vard.* sätta på pottan **6** *vard., ~ at* skjuta på (efter)

potassium [pə'tæsjəm] *kem.* kalium

potato [pə'teıtəu] (*pl ~es*) potatis; *chipped ~es* pommes frites; *hot ~* (*sl. bildl.*) het potatis, ömtålig fråga (sak)

potbelly ['pɒt,belı] kalaskula; isterbuk (*äv. om person*)

pot|ence ['pəut(ə)ns], **-ency** [-(ə)nsı] **1** makt; styrka, kraft **2** *fysiol.* potens **-ent** [-(ə)nt] **1** mäktig; stark; kraftigt verkande **2** *fysiol.* potent

potential [pə(ʊ)'tenʃl] **I** *a* potentiell (*äv. elektr.*), möjlig; *~ difference* potentialskillnad, [elektrisk] spänning **II** *s* **1** potential (*äv. elektr.*); möjlighet[er]; resurs[er] **-ity** [pə(ʊ),tenʃı'ælətı] poten-

P

tialitet, möjlighet
pot|herb ['pɒthɜːb] köksväxt **-hole 1** väggrop **2** *geol.* jättegryta
potion ['pəʊʃn] (*magisk, läkande, förgiftad*) dryck
pot plant ['pɒtplɑːnt] krukväxt
potted ['pɒtɪd] **1** inlagd, konserverad **2** *vard.* förkortad, sammandragen (*version of a novel* version av en roman) **3** ~ *flower* krukväxt **4** *AE. sl.* full
1 potter ['pɒtə] krukmakare, keramiker; ~*'s field* (*AE.*) fattigkyrkogård; ~*'s wheel* drejskiva
2 potter ['pɒtə] *i sht BE.* **1** ~ [*about, around*] knåpa, pyssla (*at* med) **2** ~ [*along*] strosa [fram]; ~ [*about*] gå och skrota i, strosa runt i **3** ~ [*away*] slösa (plottra) bort, förspilla
pottery ['pɒtərɪ] **1** lergods, keramik **2** krukmakeri, keramikfabrik **3** krukmakeri, keramiktillverkning
1 potty ['pɒtɪ] **1** *BE. vard.* futtig, pluttig, obetydlig **2** knasig, knäpp
2 potty ['pɒtɪ] *barnspr.* potta, pea
pouch [paʊtʃ] **1** pung, liten påse; ~*es under the eyes* påsar under ögonen **2** *biol.* pung; påse, ficka **3** *Sk.* ficka
poultry ['pəʊltrɪ] fjäderfän, höns
pounce [paʊns] **I** *s* **1** rovfågelsklo **2** (*rovfågels*) nedslag; anfall, plötsligt språng; *make a* ~ [*up*]*on* (*äv. bildl.*) slå ner på, kasta sig över **II** *v,* ~ [*up*]*on* (*äv. bildl.*) slå ner på, kasta sig över
1 pound [paʊnd] **1** (*vikt*) [skål]pund (= *16 ounces* = *454 g*); 'troy' (= *12 ounces* = *373 g*); *have one's* ~ *of flesh* kräva sitt skålpund kött (det som tillkommer en) **2** (*mynt*) pund [sterling] (= *100 pence, före 1971* = *20 shilling*)
2 pound [paʊnd] **1** hamra (banka, bulta, dunka, slå) på (mot); bulta (*meat* kött); ~ *sense into a p.'s head* (*bildl.*) hamra in förnuft i skallen på ngn **2** stöta (*s.th. in a mortar* ngt i en mortel); pulv[e]risera, krossa **3** gå fram och tillbaka på, nöta (*the pavement* trottoaren) **4** hamra, banka, bulta, dunka, slå (*at, on* på, mot); *his heart was* ~*ing* hans hjärta bultade (bankade) **5** klampa, stampa, gå tungt
pour [pɔː] **I** *v* **1** hälla, slå, ösa; gjuta; *bildl.* sända (ösa, spotta, vräka) ut; ~ *s.th. for s.b.* hälla (slå) upp (i) ngt åt ngn, servera ngn ngt; ~ *money into s.th.* pumpa (ösa) in pengar i ngt; ~ *in* (*bildl.*) pumpa in; ~ *out a*) hälla (slå) ut, *b*) hälla (slå) upp (i), servera, *c*) ösa (spotta, vräka) ut; ~ *out one's heart to s.b.* utgjuta (öppna) sitt hjärta för ngn **2** strömma, flöda, rinna; välla; ös-, häll|regna; ~*ing rain* ös-, häll|regn; *it is* ~*ing* [*down, with rain*] det öser ner (ösregnar); ~ *in* strömma in; *the sweat* ~*ed off him* svetten rann om honom **II** *s* ös-, häll|regn
pout [paʊt] **I** *v* **1** truta (pluta, puta) med läpparna **2** puta ut, pösa **3** sura, tjura **II** *s* **1** trutande, plutande, putande **2** surande, tjurande
poverty ['pɒvətɪ] **1** fattigdom, armod **2** brist (*of* på), avsaknad (*of* av) **--stricken** [-ˌstrɪk(ə)n] utfattig, utarmad
P.O.W. [ˌpiːəʊˈdʌbljuː] *förk. för prisoner of war*
powder ['paʊdə] **I** *s* **1** pulver; damm, stoft **2** puder; pudersnö **3** krut **4** *AE. sl., take a* ~ dunsta, sticka **II** *v* **1** pulv[e]risera[s], smula[s] sönder;

~*ed milk* torrmjölk **2** pudra; bepudra, beströ; ~ *one's nose a*) pudra sig, *b*) smita, försvinna **powder room** [-rʊm] dam|rum, -toalett **powdery** ['paʊdərɪ] **1** pudrad, pudrig **2** pulver-, puder|fin, pulv[e]riserad
power ['paʊə] **I** *s* **1** kraft, styrka; kapacitet, prestanda, effekt; energi; *the* ~ *of a blow* kraften (styrkan) i ett slag; *under its own* ~ för egen kraft; *cut off the* ~ stänga av strömmen; *more* ~ *to your elbow!* hugg i!, jobba på! **2** förmåga; ~*s* (*pl*) *a*) förmåga, *b*) talang[er]; ~*s of persuasion* övertalningsförmåga; ~[*s*] *of resistance* motståndskraft; *it is beyond* (*not within*) *my* ~ *to* det står inte i min makt att, jag är inte i stånd att; *he did all in his* ~ *to help her* jag gjorde allt som stod i hans makt för att hjälpa henne **3** [makt]befogenhet; ~ *of attorney* fullmakt, bemyndigande **4** makt (*of, over* över); maktfaktor; *naval* ~ sjömakt; *the* ~*s of darkness* mörkrets makter; *the* ~*s that be* makthavarna, de som har makten; *be in* ~ vara (sitta) vid makten, ha makten; *be in a p.'s* ~ vara i ngns våld; *come into* ~ komma till makten **5** *vard., a* ~ *of* mycket, väldigt, en massa **6** *mat.* dignitet, potens; *raised to the* ~ [*of*] **2** upphöjt till **2 II** *v* driva
power-assisted ['paʊərəˌsɪstɪd] servo-; ~ *steering* servostyrning **power cut** [-kʌt] ström-, el|avbrott; avstängning av strömmen **power drill** [-drɪl] elektrisk borrmaskin **powerful** [-f(ʊ)l] mäktig; stark, kraftig; kraftigt verkande **powerhouse** [-haʊs] **1** kraft|verk, -station **2** *sl. bildl.* drivande kraft, motor **powerless** [-lɪs] kraftlös; maktlös **powermower** [-ˌməʊə] motorgräsklippare **power plant** [-plɑːnt] **1** kraft|station, -verk **2** elaggregat **power steering** [-ˌstɪərɪŋ] servostyrning
practicable ['præktɪkəbl] **1** genomförbar, görlig, utförbar; möjlig; användbar **2** farbar, framkomlig
practi|cal ['præktɪkl] **1** praktisk (*person* person); ändamålsenlig; praktiskt användbar (genomförbar); ~ *application* praktisk tillämpning; ~ *joke* practical joke, handgripligt skämt, spratt **2** verklig, faktisk **-cality** [ˌpræktɪˈkælətɪ] **1** praktiskhet, praktisk möjlighet **2** praktisk detalj (fråga) **-cally** *adv* **1** ['præktɪkəlɪ] praktiskt, i praktiken **2** ['præktɪklɪ] praktiskt taget, så gott som, nästan
practice ['præktɪs] **I** *s* **1** praktik; *in* ~ i praktiken; *put into* ~ omsätta (genomföra) i praktiken, realisera **2** utöv|ning, -ande; (*läkares, advokats*) praktik; *be in* ~ praktisera **3** övning, träning; ~ *makes perfect* övning ger färdighet; *be in* ~ vara vältränad (i form); *be out of* ~ sakna övning, ha legat av sig, vara otränad **4** sed, bruk, vana, kutym, praxis; ~[*s*] knep, trick[s], [skumma] metoder, manipulationer; *that's common* ~ det är praxis (brukligt); *make a* ~ *of doing s.th.* göra det till en (ta för) vana att göra ngt **II** *v, AE., se practise*
practise ['præktɪs] **1** praktisera, tillämpa [i praktiken], använda; ~ *what one preaches* leva som man lär **2** [ut]öva; idka; iaktta[ga], visa; ~ *medicine* (*law*) vara verksam som (vara praktiserande) läkare (jurist) **3** öva [sig i]; ~ *the trumpet* öva [på] trumpet **4** öva, träna; öva sig (*in* i); ~ *on the trumpet* öva [på] trumpet **5** praktisera, ha prak-

tik (*som läkare, advokat*) **6** ~ [*up*]*on* utnyttja

prac|tised ['præktɪst] **1** skicklig, rutinerad, driven, van **2** inövad **-tising** [-tɪsɪŋ] praktiserande, utövande; aktiv (*socialist* socialist)

practitioner [præk'tɪʃnə] praktiker, praktiserande läkare (jurist); *general* ~ allmänpraktiserande läkare; *medical* ~ praktiserande (legitimerad) läkare

Prague [prɑ:g] Prag

prairie ['preərɪ] prärie

praise [preɪz] **I** *v* berömma, lovorda; prisa **II** *s* beröm, lovord; pris; *beyond all* ~ över allt beröm; *a poem in* ~ *of* en lovsång till; *speak in* ~ *of* tala berömmande om; *sing a p.'s* ~*s* sjunga ngns lov, lovsjunga ngn

pram [præm] *BE.* barnvagn

prance [prɑ:ns] **I** *v* **1** dansa (hoppa, skutta) fram **2** stoltsera, kråma sig **II** *s* dansande, hoppande, skuttande; krumsprång

1 prank [præŋk] upptåg, spratt, tilltag, busstreck
2 prank [præŋk] prunka, pråla

prattle ['prætl] **I** *v* babbla, pladdra; jollra **II** *s* babbel, pladder; joller

prawn [prɔ:n] räka

pray [preɪ] **1** be, bönfalla (*for* om); ~ *to God for s.b.* be till Gud för ngn **2** be, bönfalla (*s.b.* ngn); *come back, I* ~ *you* jag ber er, kom tillbaka

prayer [preə] **1** bön; *morning* ~[*s*] morgon|bön, -andakt; *the Lord's P*~ Herrens bön, Fader vår; *the Book of Common P...* ritualboken (*engelska kyrkans ritualbok*); *say* (*read*) *one's* ~*s*, be at ~*s* be, läsa sina böner **2** *AE., not have a* ~ *of winning* inte ha en chans att vinna **3** ['preɪə] bedjande [person]

preach [pri:tʃ] **1** predika, hålla predikan (*on* om, över; *to* för) **2** predika, förkunna (*the gospel* evangelium); ~ *a sermon* (*äv. bildl.*) predika, hålla [moral]predikan **-er** ['pri:tʃə] predikant, predikare

preamble [pri:'æmbl] inledning, företal, förord

precarious [prɪ'keərɪəs] prekär; osäker; farlig, riskabel

precaution [prɪ'kɔ:ʃn] **I** *s* **1** försiktighets|åtgärd, -mått; *take* ~*s* vidtaga försiktighetsåtgärder **2** försiktighet, varsamhet **II** *v* vidta försiktighetsmått **-ary** [-'kɔ:ʃŋərɪ] försiktighets-; säkerhets, förebyggande

precede [ˌpri:'si:d] **1** föregå; gå framför (före); (*i rang*) stå över **2** låta föregå; inleda (*with* med) **precedence** [-(ə)ns] företräde; företrädesrätt (*over* framför); [order of] ~ rangordning; *take* (*have*) ~ *of* ha företräde framför, gå före **precedent I** *a* [prɪ'si:d(ə)nt] föregående **II** *s* ['presɪd(ə)nt] precedensfall, föregående likartat [rätts]fall; *jur. äv.* prejudikat; *without* ~ utan motstycke (motsvarighet); *establish* (*create, set*) *a* ~ skapa prejudikat, vara prejudicerande **preceding** [ˌpri:'si:dɪŋ] föregående; *the* ~ *page* föregående sida

precept ['pri:sept] föreskrift; regel, rättesnöre; maxim

precinct ['pri:sɪŋ(k)t] **1** inhägnat område; zon; gräns, inhägnad; *pedestrian* ~ gågata, område med gågator; *shopping* ~ affärskvarter **2** *AE.* valdistrikt; polisdistrikt; polisstation **3** ~*s* (*pl*) omgivningar

precious ['preʃəs] **I** *a* **1** värdefull, dyrbar (*äv. bildl.*); kär, älskad; ~ *metal* ädelmetall; ~ *stone* ädelsten **2** pretiös, affekterad, tillgjord **3** *vard. iron.* snygg, skön; *they are a* ~ *lot* de är just några snygga figurer; *he has made a* ~ *mess of it* han har gjort en skön röra av det **II** *adv* väldigt, fasligt **III** *s, my* ~ min älskling (skatt)

precipice ['presɪpɪs] avgrund (*äv. bildl.*), bråddjup; stup, brant

precipi|tant [prɪ'sɪpɪt(ə)nt] **I** *a, se precipitate II* **II** *s, kem.* utfällningsmedel **-tate I** *v* [prɪ'sɪpɪteɪt] **1** störta (kasta) ner (*s.th. into* ngt i); *bildl.* (*one's country into war* sitt land i krig) **2** påskynda **3** *kem.* fälla ut; *fys.* kondensera **4** *kem.* fällas ut; *fys.* kondenseras; *meteor.* falla ut (*as snow* som snö) **II** *a* [prɪ'sɪpɪtət] brådstörtad; överilad, förhastad, plötslig **III** *s* [prɪ'sɪpɪtət] *kem.* [ut]fällning **-tation** [prɪˌsɪpɪ'teɪʃn] **1** nedstörtande, nedfall; *meteor.* nederbörd **2** överilning **3** brådska **4** påskyndande **-tous** [-təs] **1** tvärbrant, brant stupande; bråddjup **2** snabb, plötslig; förhastad

précis, precis ['preɪsi:] **I** *s* (*pl lika* [-z]) samman|drag, -fattning, resumé **II** sammanfatta, resumera, göra sammandrag av

precise [prɪ'saɪs] **1** exakt, precis; *at that* ~ *moment* just i det ögonblicket **2** överdrivet noggran, petig, pedantisk **-ly** [-lɪ] *adv* exakt, precis; noggrant; just; ~! [just] precis!, alldeles riktigt!; *what* ~ *do you mean?* vad menar du egentligen?; *that's* ~ *why I...* det är just därför som jag...

precision [prɪ'sɪʒn] precision, noggrannhet

preclude [prɪ'klu:d] utesluta; förhindra, förebygga

precocious [prɪ'kəʊʃəs] brådmogen; lillgammal

precon|ceive [ˌpri:kən'si:v] föreställa sig (bilda sig en uppfattning om) på förhand; ~*d opinion* (*idea*) förutfattad mening **-ception** [-'sepʃn] förutfattad mening; fördom

precursor [ˌpri:'kɜ:sə] förelöpare, föregångare; företrädare; förebud

preda|tor ['predətə] rovdjur **-tory** [-t(ə)rɪ] **1** plundrings-; rövar- **2** rov-, rovdjurs-; rovgirig; ~ *animal* rovdjur

predecessor ['pri:dɪsesə] föregångare, företrädare

predes|tinate I *v* [ˌpri:'destɪneɪt] förutbestämma, predestinera **II** *a* [ˌpri:'destɪnət] förutbestämd, predestinerad **-tination** [pri:ˌdestɪ'neɪʃn] förutbestämmelse, predestination **-tine** [ˌpri:'destɪn] förutbestämma, predestinera

predetermine [ˌpri:dɪ'tɜ:mɪn] förutbestämma, bestämma (fastställa) i förväg; göra partiskt inställd

predicament [prɪ'dɪkəmənt] obehaglig situation, kinkig belägenhet, predikament

predict [prɪ'dɪkt] förutsäga, förespå **-able** [-əbl] förutsägbar **prediction** [-'dɪkʃn] förutsägelse, profetia

predilection [ˌpri:dɪ'lekʃn] förkärlek

predis|pose [ˌpri:dɪ'spəʊz] predisponera, göra mottaglig (*to*[*wards*] för); *be* ~*d to* vara benägen att **-position** ['pri:ˌdɪspə'zɪʃn] anlag, mottaglighet, predisposition (*to* för)

predomi|nance [prɪ'dɒmɪnəns] övermakt; övervikt **-nant** [-ənt] förhärskande, dominerande **-nate** [-neɪt] vara förhärskande (rådande); do-

P

minera
preen [pri:n] **1** (*om fågel*) putsa (*its feathers* fjädrarna) **2** ~ *o.s.* göra sig fin, snygga upp sig **3** ~ *o.s. on* yvas över, berömma sig av
prefab ['pri:fæb] **I** *s, se II* **II** *a,* ~ *house* monteringsfärdigt hus, elementhus
prefabricate [,pri:'fæbrıkeıt] prefabricera, förtillverka, tillverka i förväg; ~*d house, se prefab II*
preface ['prefıs] **I** *s* förord, inledning **II** *v* förse med förord; inleda
prefect ['pri:fekt] **1** prefekt **2** *BE.* (*i skola*) ordningsman
prefer [prı'fɜ:] **1** föredra (*s.th. to* ngt framför), hellre vilja ha (göra); ~*red stock* (*AE.*) preferensaktier **2** *jur.* framlägga, framföra; ~ *a charge against* komma med en anklagelse mot, yrka ansvar på, göra polisanmälan mot **3** befordra **-able** ['pref(ə)rəbl] som är att föredra (*to* framför) **-ably** ['pref(ə)rəblı] företrädesvis; helst
preference ['pref(ə)r(ə)ns] **1** preferens; förkärlek; företräde; *in* ~ *to a*) hellre än, *b*) framför; *in* ~ *to doing* hellre än att göra; *what's your* ~? vad föredrar du?; *give the* ~ *to* ge företräde åt; *have a* ~ *for* ha en förkärlek för, föredra; företräda **2** *jur.* förmånsrätt
preferential [,prefə'renʃl] företrädes-, förmåns-, med förmånsrätt, prioriterad
prefix I *s* ['pri:fıks] **1** *språkv.* prefix, för|led, -stavelse **2** titel **II** *v* [,pri:'fıks] **1** *språkv.* förse med prefix **2** sätta (ställa) framför
pregnable ['pregnəbl] intagbar
preg|nancy ['pregnənsı] **1** graviditet; dräktighet **2** menings-, betydelse|fullhet; pregnans **-nant 1** gravid; dräktig **2** menings-, betydelse|full; pregnant, innehållsdiger **3** fantasifull, uppfinningsrik
prehistoric[al] [,pri:(h)ı'stɒrık(l)] förhistorisk, urtids-
preju|dice ['predʒudıs] **I** *s* **1** förutfattad mening, fördom[ar]; fördomsfullhet **2** förfång, men; *in* (*to*) *the* ~ *of* till men (förfång) för; *without* ~ utan förbindelse; *without* ~ *to* utan men (förfång) för **II** *v* **1** göra partiskt inställd, inge fördomar; påverka **2** skada, inverka menligt på **-diced** [-dıst] partisk, fördomsfull
prelate ['prelıt] prelat
preliminary [prı'lımı(ı)nərı] **I** *a* preliminär; förberedande, inledande, inlednings-; förhands-; för- **II** *s* **1** förberedande åtgärd[er]; förberedelse; inledning **2** *sport.* försöksomgång, uttagningstävling[ar], kvalmatch[er]
prelude ['prelju:d] **I** *s* preludium (*äv. mus.*), förspel, inledning, upptakt (*of, to* till) **II** *v* vara inledning till, utgöra förspelet till; *mus.* preludiera
premarital [prı'mærıtl] föräktenskaplig
premature [,premə'tjuə] **1** för tidig; förtida **2** förhastad **-ly** [-lı] *adv* **1** för tidigt, i förtid **2** förhastat
premedi|tate [,pri:'medıteıt] tänka ut (beräkna) på förhand **-tated** [-teıtıd] överlagd, uppsåtlig, avsiktlig; ~ *murder* överlagt mord **-tation** [pri:,-medı'teıʃn] uppsåt, avsikt; berått mod
premier ['premjə] **I** *a* förnämst, främsta; första, tidigaste **II** *s* premiärminister
premise ['premıs] **1** premiss; förutsättning, antagande; (*i logiken*) försats, premiss **2** ~*s* (*pl*) fas-

tighet[er], egendom, byggnad[er], område; *on the* ~*s* inom fastigheten, i lokalen
premium ['pri:mjəm] **1** (*försäkrings*)premie **2** premie, bonus; lönetillägg; påslag; belöning, premium; *be at a* ~ *a*) *hand.* stå över pari, *b*) *bildl.* stå högt i kurs; *put a* ~ *on s.th.* sätta stort värde på (premiera) ngt **premium bonds** *pl* premieobligationer
premonition [,pri:mə'nıʃn] **1** förvarning **2** föraning
preoccu|pation [pri:,ɒkjʊ'peıʃn] **1** främsta intresse, huvudintresse, huvudsaklig sysselsättning **2** upptagenhet **-pied** [,pri:'ɒkjʊpaıd] försjunken i (upptagen av sina) tankar; upptagen; *be* ~ *with* vara helt upptagen av (koncentrerad på) **-py** [,pri:'ɒkjʊpaı] helt uppta[ga] (sysselsätta) (*a p.'s thoughts* ngns tankar)
preparation [,prepə'reıʃn] **1** förberedelse; tillredning, tillagning; framställning; iordningställande; *be in* ~ vara under utarbetande, framställas; *make* ~*s for* vidtaga förberedelser för **2** preparat **3** (*vid internatskola*) [tid för] läxläsning
preparatory [prı'pærət(ə)rı] **1** förberedande; inledande; för-; ~ *school a*) (*i England*) förberedande skola (*för inträde i public school*), *b*) (*i USA*) [privat] sekundärskola (*för inträde på college*) **2** ~ *to* före, innan, som en förberedelse till (inför)
prepare [prı'peə] **1** förbereda; tillreda, tillaga; framställa; iordningställa; göra i ordning; preparera (*äv. tekn.*); ~ *o.s. for* bereda sig på, göra sig beredd på; ~ *one's homework* läsa sina läxor **2** göra sig i ordning, förbereda sig (*for* på); bereda sig, göra sig beredd (*for* på; *to do s.th.* på att göra ngt) **prepared** [-d] **1** förberedd *etc.*, jfr *prepare I* **2** förberedd (*for* på); beredd (*for* på); redo; färdig; villig; *I am not* ~ *to pay* jag är inte villig (beredd) att betala
prepay [,pri:'peı] betala i förskott (förväg); frankera; *reply prepaid* (*telegram*)svar betalt **-ment** [-mənt] förskottsbetalning
preponderance [prı'pɒnd(ə)r(ə)ns] övervägande del (antal); övervikt, överlägsenhet
preposition [,prepə'zıʃn] preposition **prepossess** [,pri:pə'zes] **1** ~ *s.b. for* (*against*) gör ngn välvilligt (fientligt) inställd mot **2** ~*ed with* upptagen (uppslukad) av
preposterous [prı'pɒst(ə)rəs] orimlig, omöjlig, befängd
presage ['presıdʒ] **I** *s* **1** järtecken, varsel, förebud **2** aning, förkänsla **II** *v* **1** förebåda, varsla om **2** ana, ha en förkänsla av **3** förutsäga, spå
Presbyterian [,prezbı'tıərıən] **I** *a* presbyteriansk **II** *s* presbyterian
preschool ['pri:sku:l] *AE.* **I** *s* förskola **II** *a* förskole-
prescribe [prı'skraıb] **1** föreskriva, fastställa; ålägga **2** *med.* ordinera **3** *jur.* preskribera **4** *jur.* preskriberas; på grund av hävd göra anspråk (*for* på) **prescription** [prı'skrıpʃn] **1** åläggande, föreskrift **2** *med.* recept; ordination; medicin; *make up* (*AE.* fill) *a* ~ expediera ett recept **3** *jur.* preskription
presence ['prezns] **1** närvaro; närhet; ~ *of mind* sinnesnärvaro; *in the* ~ *of* i närvaro av; *in the* ~ *of danger* inför faran **2** [ståtlig] hållning, upptä-

dande **3** imponerande (förnäm, vördnadsbjudande) person (gestalt)

1 present ['preznt] **I** a **1** närvarande; *those* ~ de närvarande; *be* ~ *at* vara närvarande vid, delta[ga] i, övervara **2** nuvarande, innevarande, [nu] rådande (gällande, levande, pågående), aktuell; *the* ~ *day* nutiden; *in the* ~ *case* i föreliggande (detta) fall, i det aktuella fallet **3** *språkv.* presens-; *the* ~ *tense* presens **II** s **1** *språkv.*, *the* ~ presens; *continuous* ~ progressiv presensform **2** *the* ~ nuet, närvarande tid; *at* ~ för närvarande (tillfället, ögonblicket), [just] nu; *for the* ~ för närvarande, tills vidare, så länge; *up to the* ~ hit-[in]tills, tills nu

2 present I s ['preznt] present, gåva; *make s.b. a* ~ *of s.th.* ge ngn ngt i present; *I got (was given) it as a* ~ jag har fått den i present **II** v [prɪ'zent] **1** över|lämna, -räcka, räcka fram; skänka; ~ *s.b. with s.th.*, ~ *s.th. to s.b.* a) överlämna ngt till ngn, b) skänka ngn ngt, ge ngn ngt i present **2** presentera, komma med, lägga (lämna) fram, lämna in, överlämna; framställa; yttra, framföra; anföra; föreslå **3** presentera, förestalla, introducera (*to* för) **4** erbjuda, förete, uppvisa; *it* ~*ed us with a problem* det ställde oss inför ett problem; *she* ~*ed the appearance of normality* hon verkade vara helt normal **5** presentera, uppföra, visa, framföra (*a play* en pjäs) **6** ~ *arms* skyldra gevär; ~ *at* rikta mot **7** *rfl* erbjuda sig, dyka (komma) upp; infinna [inställa] sig; presentera sig

presentation [,prez(ə)n'teɪʃn] **1** över|lämnande, -räckande **2** presentation, framläggande, överlämnande; framställning, skildring **3** presentation, förställning (*to* för) **4** företeende, uppvisande (*of identity card* av legitimation); *on* ~ vid anfordran (uppvisande) **5** presentation, fram-, upp|förande (*of a play* av en pjäs) **6** inställelse **presentation copy** friexemplar

present-day ['prezntdeɪ] dagens, nutidens, nutids-

presently ['prezntlɪ] *adv* **1** inom kort, snart **2** *i sht AE.* för närvarande, nu

preservation [,prezə'veɪʃn] **1** bevarande; skydd, skyddande; vård; ~ *of game* viltvård; *be in a good state of* ~ vara i gott skick, vara välbevarad **2** konservering **preservative** [prɪ'zɜ:vətɪv] **I** a **1** bevarande, skyddande **2** konserverande **II** s konserveringsmedel; preservativ, skyddsmedel **preserve** [prɪ'zɜ:v] **I** v **1** bevara, skydda (*from* från); vårda (*vilt etc.*); upprätthålla; bibehålla; *well* ~*d* välbevarad **2** konservera, lägga in; sylta **II** s **1** ~s (*pl*) sylt, marmelad, konserverad frukt **2** jaktmark[er]; *bildl.* domän[er], reservat **preserver** [-ə] **1** räddare, bevarare, vårdare **2** konserveringsmedel

pre-set [,pri:'set] förinställa

preshrunk [,pri:'ʃrʌŋk] krympfri

preside [prɪ'zaɪd] **1** sitta som (vara) ordförande, presidera **2** sitta (*at the piano* vid pianot) **presidency** ['prezɪd(ə)nsɪ] **1** ordförandeskap **2** president|skap, -ämbete, -tid; ordförande|skap, -post, -tid **3** *AE.* befattning (tid) som verkställande direktör **4** rektorat **presi|dent** ['prezɪd(ə)nt] **1** president **2** ordförande **3** *AE.* verkställande direktör **4** (*vid högre skola*) rektor **-dential** [,prezɪ'denʃl] **1** presi-

dent- **2** ordförande-

press [pres] **I** v **1** pressa (*äv. sport.*); trycka [på, ner]; klämma, krama; ~ *the button* trycka på knappen **2** tränga, tränga (pressa) in **3** driva (skynda, jäkta) på, forcera; truga; ansätta, pressa, [försöka] övertala (tvinga); ~ *the point* insistera [på det]; ~ *s.b. for an answer* [envist] kräva ett svar av ngn; *be* ~*ed for* ha ont om; ~ *s.th.* [*up*]*on s.b.* truga (tvinga) på ngn ngt **4** pressa, trycka; ~ *down on s.b.* vila [tungt] på ngn **5** trängas; tränga sig fram; ~ *forward (on) a*) tränga sig fram, pressa på, b) ihärdigt fortsätta **6** brådska, hasta; *time* ~*es* det är bråttom, tiden är knapp **7** ~ *for s.th.* yrka (insistera) på ngt, [eftertryckligt] kräva ngt **II** s **1** press; pressande, pressning; tryckning; [tryck-, tidnings-, frukt]press; tryckeri; förlag; *the* ~ pressen, tidningarna; *ready for* [*the*] ~ tryckfärdig; *be in* [*the*] ~ vara under tryckning; *go to* ~ gå i press; *send to* ~ skicka till tryckning; *get a good (bad)* ~ få bra (dålig) press; *give s.th. a* ~ *a*) trycka [på] ngt, *b*) pressa (stryka) ngt **2** trängsel, tryck **3** press, jäkt; brådska, tryck **4** [kläd]skåp **5** *sport.* press **pressing** ['presɪŋ] **I** a **1** trängande; brådskande, angelägen **2** tryckande **II** s upplaga, pressning (*av grammofonskiva*) **press stud** [-stʌd] tryckknapp **press-up** [-ʌp] armhävning **pressure** ['preʃə] **1** tryck (*äv. bildl.*); tryckande, tryckning; *atmospheric* ~ atmosfäriskt tryck; *purunial* ~ toraldratı yck, *social* ~ sociält tryck **2** påtryckning[ar], tryck, press; *be under* ~ *to do s.th.* ha tryck på sig att göra ngt; *bring* ~ *to bear* (*put* ~) *on* utöva påtryckningar (sätta press) på **3** jäkt[ande], press, stress; *work under* ~ arbeta under press, jäkta, stressa **pressure cooker** [-,kukə] tryckkokare **pressure group** påtryckningsgrupp

pressur|ize (*BE. äv. -ise*) ['preʃəraɪz] utöva påtryckningar på, sätta press på, förmå **-ized** (*BE. äv. -ised*) [-d] a tryck-; komprimerad; ~ *cabin* tryckkabin

pres|tige [pre'sti:ʒ] prestige, anseende, inflytande **-tigious** [pre'stɪdʒəs] prestige|betonad, -fylld, anseende, inflytelserik

presto ['prestəʊ] **I** *adv* **1** snabbt, plötsligt; *hey* ~*!* hokuspokus! **2** *mus.* presto **3** *mus.* presto

presumably [prɪ'zju:məblɪ] *adv* antagligen, troligtvis, förmodligen **presume** [prɪ'zju:m] **1** anta, förmoda; förutsätta **2** ta sig friheten (frihetet), våga [sig på] **3** förlita sig ([*up*]*on*) på **presump|tion** [prɪ'zʌm(p)ʃn] **1** antagande, förmodan; förutsättning **2** övermod, arrogans; självsäkerhet **-tuous** [-tjʊəs] övermodig, arrogant; självsäker **presup|pose** [,pri:sə'pəʊz] förutsätta **-position** [,pri:sʌpə'zɪʃn] förutsättning

pretence [prɪ'tens] **1** förevändning; föregivande, svepskäl, ursäkt, sken; *false* ~*s* falska förespeglingar; *on the slightest* ~ vid minsta förevändning; *on (under) the* ~ *of doing s.th.* under förevändning att göra ngt; *it was just* ~ det var bara på låtsas; *make a* ~ *that* ge sken av att **2** anspråk (*to* på); *make no* ~ *to being* inte göra anspråk på att vara

pretend [prɪ'tend] **1** låtsas, hyckla, föregiva; simulera **2** göra anspråk på **3** ~ *to* göra anspråk

P

(pretendera) på **-er** [-ə] **1** [tron]pretendent **2** hycklare; simulant **3** person som gör anspråk på
pretense [prɪ'tens] *AE.*, *se pretence*
preten|sion [prɪ'tenʃn] **1** anspråk, yrkande, krav (*to* på); pretention **2** anspråksfullhet **-tious** [-ʃəs] pretentiös, anspråksfull
pretext ['pri:tekst] förevändning, förebärande, svepskäl, pretext
prettiness ['prɪtɪnɪs] skönhet; näpenhet; charm
pretty ['prɪtɪ] **I** *a* **1** söt; näpen, nätt; vacker (*music* musik); *a ~ penny* (*vard.*) en nätt summa; *as ~ as a picture* vacker som en tavla **2** *iron.* snygg, skön, fin; *a ~ mess* en skön röra **II** *adv*, *vard.* ganska, rätt så; *~ much* nästan precis, i stort sett, så gott som; *~ well a*) ganska bra, *b*) i stort sett; *be sitting ~* ha det bra, ha sitt på det torra **III** *v*, *~ up* snygga till (upp)
prevail [prɪ'veɪl] **1** ta överhanden, segra (*over, against* över) **2** råda, vara förhärskande (rådande), vara utbredd **3** *~ [up]on* övertala, förmå; *be ~ed [up]on* låta övertala sig **-ing** [-ɪŋ] rådande, förhärskande
prevalent ['prevələnt] i allmänt bruk, allmänt förekommande, utbredd, gängse
prevari|cate [prɪ'værɪkeɪt] slingra sig, komma med undanflykter **-cation** [-ˌværɪ'keɪʃn] undanflykt[er] **-cator** [prɪ'værɪkeɪtə] person som slingrar sig (kommer med undanflykter)
prevent [prɪ'vent] [för]hindra; förebygga; *~ s.b. from doing s.th.* hindra ngn från att göra ngt
prevention [prɪ'venʃn] förhindrande; förebyggande; *crime ~* brottsförebyggande åtgärder; *the ~ of cruelty to animals* (*ung.*) djurskydd; *~ is better than cure* bättre förekomma än förekommas
preventive [prɪ'ventɪv] **I** *a* **1** preventiv, förebyggande; *med.* profylaktisk **2** *BE.* kustbevaknings- **II** *s* preventiv, förebyggande medel, skyddsmedel (*of* mot)
preview ['pri:vju:] **I** *s* förhandsvisning **II** *v* förhandsvisa
previous ['pri:vjəs] **1** föregående, tidigare **2** *vard.* förhastad, överilad **3** *~ to a*) före, *b*) innan (*doing s.th.* man gör ngt) **-ly** [-lɪ] *adv* förut, tidigare; på förhand, i förväg
pre-war [ˌpri:'wɔ:] förkrigs-
prey [preɪ] **I** *s* byte, rov, villebråd (*äv. bildl.*); *bird of ~* rovfågel; *beast of ~* rovdjur; *be (fall) ~ to* vara ett (falla) offer för **II** *v*, *~ [up]on a*) jaga, leva på (*insects* insekter) *b*) tära (fräta) på (*one's mind* sinnet)
price [praɪs] **I** *s* **1** pris, *bildl. äv.* värde, *hand. äv.* kurs; *the ~ of* priset på; *at a ~* om man betalar tillräckligt mycket (vad det kostar); *at a low ~* till ett lågt pris; *at any ~* till varje pris, absolut; *not at any ~* inte för allt i världen, absolut inte; *beyond (without) ~* oskattbar, som inte värderas i pengar; *what is the ~ of that?* vad kostar det?; *every man has his ~* varje människa har sitt pris (kan köpas, kan mutas); *set a ~ on a p.'s head* sätta ett pris på ngns huvud **2** odds; *what ~...?* (*vard.*) hur är (blir) det med...?, hur ser chansen ut för...? **II** *v* **1** fastställa priset på, prissätta; prismärka **2** värdera, uppskatta **3** *~ o.s. out of the market* slås ut från marknaden genom för hög prissättning

price freeze ['praɪsfri:z] prisstopp **priceless** [-lɪs] **1** oskattbar, ovärderlig **2** *vard.* obetalbar
prick [prɪk] **I** *s* **1** stick, styng, sting; *~s of conscience* samvetskval **2** *vulg.* kuk; (*om pers.*) arsle, skitstövel **II** *v* **1** sticka; sticka hål på (i); *~ a ballon* sticka hål på en ballong; *~ holes in* sticka hål på; *get ~ed* bli stucken; *be ~ed by conscience* plågas av samvetet; *~ing pain* stickande smärta, sveda **2** *~ up one's ears* (*äv. bildl.*) spetsa öronen **3** pricka (*an outline* en kontur) **4** *~ out (off)* omskola (*seedlings* plantor)
prickle ['prɪkl] **I** *s* **1** tagg; törne **2** stickande [känsla], klåda, sveda **II** *v* sticka[s]; klia, svida
prickly [-lɪ] **1** taggig **2** stickande, kliande, svidande **3** irriterad; knivig, kinkig; *~ heat* värmeutslag, miliaria; *~ pear* fikonkaktus
pricy ['praɪsɪ] *vard.* dyr[bar]
pride [praɪd] **I** *s* **1** stolthet (*in* över); högmod, övermod; *~ goes (comes) before a fall* högmod går före fall; *have (take) [a] ~ in* känna stolthet (glädje) över; *nurse one's ~* försöka återvinna sitt självförtroende (*efter nederlag*) **2** glans, prakt; blomma; *in the ~ of manhood* i blomman av sin ålder, i sin krafts dagar **3** *take ~ of place* inta hedersplatsen (första platsen) **4** flock (*of lions* lejon) **II** *v*, *~ o.s. [up]on* vara stolt över, berömma sig av
priest [pri:st] präst **-ess** ['pri:stɪs] prästinna **-hood** ['pri:sthʊd] **1** prästerskap **2** prästerlig värdighet; prästämbete
prig [prɪg] pedant, petimäter; självgod person **-gish** ['prɪgɪʃ] pedantisk, petig; självgod
prim [prɪm] *a* prudentlig, prydlig; pryd, sedesam
primal ['praɪml] **1** primär; ursprunglig; grundläggande **2** huvud-, viktigast, förnämst
primarily ['praɪm(ə)rəlɪ, praɪ'merəlɪ] *adv* **1** först och främst, huvudsakligen **2** primärt, först, ursprungligen **primary** ['praɪmərɪ] **I** *a* **1** primär; grundläggande; ursprunglig; *~ colours* grundfärger; *~ election* primärval; *~ school* primärskola, grundskola, låg- och mellanstadieskola (*i England de 6 första klasserna; i USA de 3 el. 4 första klasserna, ibl. äv. förskola*) **2** huvudsaklig, huvud-; förnämst, störst, först; *~ accent (stress)* (*språkv.*) huvud|accent, -tonvikt; *our ~ concern is* vårt huvudproblem är; *of ~ importance av* största betydelse **II** *s* **1** *AE.* primärval; förberedande valmöte **2** grundfärg
prime [praɪm] **I** *a* **1** viktigaste, främsta, huvud-; *of ~ importance* av största betydelse (vikt) **2** prima, förstklassig, bästa; *~ rate* prime rate (*bästa ränta*) **3** primär, första, ursprunglig; *~ meridian* nollmeridian; *~ costs* (*ekon.*) rörliga kostnader **II** *s* **1** början **2** *bildl., the ~* blomman, det bästa, de bästa åren (dagarna), den bästa tiden; *in one's ~, in the ~ of life* i den bästa åldern, i sina bästa år, i sin krafts dagar; *in the ~ of youth* i ungdomens vår **3** *kyrkl., mus.* prim **4** *mat.* primtal **III** *v* **1** *tekn.* flöda (*a carburettor* en förgasare); fylla vatten i (*a pump* en pump); *mil.* förse med tändhatt, lägga krut i **2** grund[er]a, grundmåla **3** instruera, preparera, förberöda
prime minister ['praɪmˌmɪnɪstə] premiärminister; statsminister **prime mover** drivkraft (*äv. bildl.*); *bildl. äv.* drivande kraft; kraftkälla
prime number *mat.* primtal

1 primer ['praɪmə] nybörjarbok
2 primer ['praɪmə] **1** primer, grundfärg **2** tänd-, knall|hatt, tändrör
prime time ['praɪmtaɪm] *TV.* bästa sändningstid
primeval [praɪ'miːvl] urtids-, ur-; *bildl.* primitiv, ursprunglig; ~ *forest* urskog
primitive ['prɪmɪtɪv] **I** *a* **1** primitiv, ursprunglig **2** primitiv, enkel **II** *s* **1** målare före renässansen; primitivist, naivist **2** primitiv person; primitiv sak
primrose ['prɪmrəʊz] *bot.* vild primula, [jord]viva; *the* ~ *path* (*bildl.*) den breda vägen
prince [prɪns] prins; furste; *P~ Charming* sago-, dröm|prins[en]; ~ *consort* prinsgemål; *the P~ of Darkness* mörkrets furste; *the P~ of Wales* prinsen av Wales (*titel för brittiske tronföljaren*); *the* ~ *royal* monarkens äldsta son **princess** [prɪn'ses] prinsessa; furstinna; *the* ~ *royal* monarkens äldsta dotter
principal ['prɪnsəpl] **I** *a* huvudsaklig, förnämsta, främsta, första, viktigast, huvud-; ~ *actor* huvudrollsinnehavare; ~ *clause* (*språkv.*) huvudsats; ~ *parts* (*språkv.*) tema[former]; ~ *teacher* rektor; ~ *trumpet* första trumpet[are] **II** *s* **1** huvudperson; solist **2** rektor; föreståndare; chef; principal **3** duellant **4** *hand., jur.* uppdragsgivare, huvudman; *jur.* gärningsman **5** huvudgäldenär **6** kapital
principality [,prɪnsɪ'pælətɪ] furstendöme; *the P~* Wales
principally ['prɪnsəplɪ] *adv* huvudsakligen
principle ['prɪnsəpl] **1** princip; grund|sats, -regel; grund; *Archimedes'* ~ Arkimedes princip; *a man of* ~ en man med principer, en principfast man; *a matter of* ~ en principsak; *in* ~ i princip, principiellt; *on* ~ av princip **2** [huvud]beståndsdel **principled** [-d] med ... principer, principfast
print [prɪnt] **I** *v* **1** trycka, låta trycka, ge ut i tryck; publiceras; trycka på (in); märka; *foto.* kopiera; ~*ed circuits* (*elektr.*) tryckta kretsar; ~*ed matter* trycksak[er]; *the* ~*ed word* det tryckta ordet; ~ *off* trycka, kopiera; ~ *out* (*data.*) printa, skriva ut (*på skrivare*); *it is* ~*ed on my memory* det är inpräntat i mitt minne **2** texta, skriva med tryckbokstäver **II** *s* **1** avtryck, märke, spår; *take a p.'s* ~*s* ta ngns fingeravtryck **2** tryck; stil; *small* ~ liten [tryck]stil; *in cold* ~ (*bildl.*) svart på vitt; *out of* ~ slut på förlaget, utsåld; *be in* ~ *a*) föreligga i tryck, *b*) finnas [i bokhandeln]; *get into* ~ gå i tryck **3** *AE.* publikation, tidning **4** [av]tryck, gravyr, stick, litografi, reproduktion; *foto.* kopia **5** tryckt tyg; *cotton* ~ tryckt bomullstyg, kattun **6** stämpel, form
printer ['prɪntə] **1** tryckare; ~*'s devil* tryckarlärling, springpojke på tryckeri; ~*'s error* tryckfel; ~*'s ink* trycksvärta **2** tryckpress; *data.* printer, skrivare
printing ['prɪntɪŋ] **1** tryckning, tryck **2** boktryckarkonst **printing ink** trycksvärta **printing works** tryckeri
print-out ['prɪntaʊt] *data.* utskrift (*från skrivare*)
prior ['praɪə] **I** *s, kyrkl.* prior **II** *a* tidigare (*to* än); föregående; *be* ~ *to* (*äv.*) föregå **III** *adv,* ~ *to* före, innan
priority [praɪ'ɒrətɪ] prioritet; förtur[srätt], för-

mån[srätt], företräde; *give* ~ *to* prioritera, ge företräde (förtur) åt; *take* (*have*) ~ *over* gå före; *get one's priorities right* göra klart för sig vad som är viktigast
prise [praɪz] **1** ~ [*up, open*] bända upp **2** ~ *a secret out of s.b.* locka (klämma) ur ngn en hemlighet
prism ['prɪz(ə)m] prisma
prison ['prɪzn] fängelse; fångvårdsanstalt; *be in* ~ sitta i fängelse; *go to* ~ åka i fängelse **prison camp** fångläger **prisoner** [-ə] fånge; ~ *of war* krigsfånge; *the* ~ *at the bar* den anklagade; *take s.b.* ~ ta ngn till fånga
prissy ['prɪsɪ] *vard.* pryd, sipp; prudentlig
privacy ['prɪvəsɪ] avskildhet; privatliv
private ['praɪvɪt] **I** *a* **1** privat, privat-, personlig; enskild; ~ *affair* privatsak, privat angelägenhet; ~ *enterprise a*) privat företagsamhet, *b*) kapitalism; ~ *eye* (*i sht AE. vard.*) privatdetektiv; ~ *hotel* pensionat; ~ *individual* enskild person; ~ *means* privatförmögenhet; ~ *member* [parlaments]ledamot (*som ej är minister*); ~ *secretary* privatsekreterare; ~ *soldier* menig [soldat]; *act in a* ~ *capacity* agera som privatperson; *sell by* ~ *contract* sälja under hand; *with* ~ *entrance* med egen ingång **2** avskild; undangömd; ensam; privat, hemlig, sluten; dold; ~ *parts* könsdelar; *this is for your* ~ *ear!* det här får stanna oss emellan!; *they wanted to be* ~ de ville vara ensamma (för sig själva); *keep s.th.* ~ hemlighålla ngt **II** *s* **1** *mil.* menig **2** ~*s* (*pl*) könsdelar
privation [praɪ'veɪʃn] umbärande[n], försakelse
privilege ['prɪvɪlɪdʒ] **I** *s* **1** privilegium; företrädesrätt; förmån; ensamrätt **2** *parl.* immunitet **II** *v* **1** privilegiera **2** undanta
privy ['prɪvɪ] **I** *a* **1** ~ *to* invigd (delaktig) i **2** *P~ Council* (*ung.*) kungens (drottningens) stora råd, riksrådet; *P~ Councillor* (*ung.*) medlem av kungens (drottningens) stora råd, geheimeråd; ~ *purse* civillista; *Lord P~ Seal* lordsigillbevarare (*minister utan portfölj*) **II** *s* **1** *jur.* intresserad part **2** [ute]dass
1 prize [praɪz] **I** *s* **1** pris; belöning; premium; premie; *no* ~*s for guessing it* (*vard.*) det är jättelätt att gissa det **2** [lotteri]vinst **3** eftersträvat mål **4** pris, uppbringat fartyg **II** *a* pris-; prisbelönt (*essay* essä); ~ *idiot* jubelidiot; ~ *money* pris|peng-ar, -summa; ~ *trophy* segertrofé
2 prize [praɪz] värdera högt, uppskatta
3 prize [praɪz] *se prise*
prize-fighter ['praɪz,faɪtə] proffsboxare
1 pro [prəʊ] **I** *adv o. prep* för, pro **II** *s* **1** *the* ~*s and cons* skälen för och emot **2** ~*s* (*pl*) personer som röstar för
2 pro [prəʊ] *vard.* (*förk. för professional*) proffs
prob|ability [,prɒbə'bɪlətɪ] sannolikhet (*äv. mat.*); probabilitet; möjlighet; *the* ~ *of* sannolikheten för; *in all* ~ med all sannolikhet **-able** ['prɒbəbl] **I** *a* sannolik, trolig, probabel **II** *s* sannolik deltagare (kandidat, vinnare *etc.*) **-ably** ['prɒbəblɪ] *adv* sannolikt, troligen, troligtvis, antagligen, förmodligen
probation [prə'beɪʃn] **1** *jur.* skyddstillsyn; övervakning; *be out on* ~ vara villkorligt frigiven; *be put on* ~ bli dömd till skyddstillsyn, få villkorlig dom **2** prov|tid, -tjänstgöring **3** prövning **pro-**

P

bationer [-ə] **1** [sjuksköterske]elev **2** *jur.* villkorligt frigiven [person] **probation officer** *jur.* övervakare

probe [prəʊb] **I** *s* **1** *med., tekn.* sond; *space ~* rymdsond **2** [offentlig] undersökning (*into* av) **II** *v* **1** sondera (*äv. bildl.*); *bildl. äv.* utforska, noga undersöka; tränga in i **2** sondera terrängen, göra undersökningar; *~ into* forska (gräva) i, tränga in i

problem ['prɒbləm] problem; *have a weight ~* ha problem med vikten **problematic[al]** [ˌprɒblə'mætɪk(l)] problematisk, tvivelaktig

procedure [prə'siːdʒə] procedur (*äv. jur.*), förfarande, tillvägagångssätt

proceed [prə'siːd] **1** fortsätta; gå (fara, köra) vidare, gå framåt; *~ with one's work* fortsätta [med] sitt arbete **2** fortgå, fortskrida, pågå **3** utgå, härröra, komma (*from* från) **4** *jur.*, *~ against* vidtaga lagliga åtgärder mot **5** förfara, gå till väga **proceeding** [-ɪŋ] **1** förfarande, tillvägagångssätt, handlingssätt; procedur **2** *~s* (*pl*) förhandlingar; [*legal*] *~s* domstols-, rättegångs[-] förhandlingar; *institute* (*start, take*) *legal ~s against* vidtaga lagliga åtgärder mot **3** *~s* (*pl*) [mötes]protokoll **proceeds** ['prəʊsiːdz] *pl* avkastning, intäkter

process ['prəʊses] **I** *s* **1** process; *tekn. äv.* metod; förlopp, fortgång; procedur; *in the ~* samtidigt, på samma gång; *in ~ of construction* under byggnad; *in ~ of time* med tiden; *be in the ~ of doing s.th.* hålla på att göra ngt **2** *jur.* process, rättegång; stämning **II** *v* **1** *tekn.* bearbeta, förädla; behandla (*äv. data.*); preparera; *~ed chees* smältost **2** *jur.* stämma, väcka åtal mot **-ing** [-ɪŋ] *tekn., data.* behandling

procession [prə'seʃn] procession, [fest]tåg

processor ['prəʊsesə] *data.* centralenhet; dator

proclaim [prə'kleɪm] **1** tillkännage, proklamera, kungöra; [låta] utropa **2** avslöja, vittna om **proclamation** [ˌprɒklə'meɪʃn] tillkännagivande, proklamation, kungörelse

procure [prə'kjʊə] **1** [an]skaffa, skaffa fram, förvärva **2** bedriva koppleri

prod [prɒd] **I** *v* sticka [till], stöta (knuffa) till; *bildl.* sporra, driva på **II** *s* **1** stöt, knuff; *bildl.* påstötning **2** spets

prodigal ['prɒdɪgl] **I** *a* slösaktig (*of* med); frikostig (*of* med); *the ~ son* (*bibl.*) den förlorade sonen **II** *s* slösare

prodi|gious [prə'dɪdʒəs] ofantlig, oerhörd, enorm; fantastisk, häpnadsväckande **-gy** ['prɒdɪdʒɪ] under[verk]; vidunder; [*infant*] *~* underbarn

produce I *s* ['prɒdjuːs] **1** produkt[er] **2** produktion; avkastning, behållning; resultat **II** *v* [prə'djuːs] **1** producera, tillverka, framställa; göra, skapa; alstra, frambringa, åstadkomma, framkalla; leda till; ge, avkasta, bära **2** ta (dra, få, lägga, skaffa, trolla) fram, komma med, visa upp (fram) **3** *film.* producera, spela in; *teat.* regissera, sätta upp, uppföra **4** *geom.* förlänga **producer** [prə'djuːsə] **1** producent, tillverkare, fabrikant **2** *teat., BE.* regissör; *AE.* teaterchef; *film., radio., TV.* producent

product ['prɒdʌkt] produkt (*äv. mat.*), alster, vara **production** [prə'dʌkʃn] **1** produktion,

tillverkning, framställning, frambringande **2** framställda varor, produkt, alster; (*författares, konstnärs*) produktion, samlade verk **3** *teat., BE.* regi, iscensättning, uppsättning; film. inspelning, produktion; *make a ~ of (vard.)* göra stort väsen av, ställa till en scen om **4** fram-, upp[visande; framläggande; *on ~ of* mot uppvisande av **productive** [prə'dʌktɪv] **1** produktiv; fruktbar, givande, lönande; *be ~ of* frambringa, alstra **2** produktions- **productivity** [ˌprɒdʌk'tɪvəti] produktivitet; fruktbarhet; produktionsförmåga

prof [prɒf] *vard.* profet (*professor*)

profane [prə'feɪn] **I** *a* **1** profan, världslig **2** hädisk, vanvördig; *use ~ language* häda, använda svordomar **II** *v* vanhelga, profanera

profess [prə'fes] **1** förklara; uttrycka; tillkännage; påstå (förklara) sig ha; ge sig ut för (*to be a good driver* att vara en bra bilförare), låtsas, föregе; *~ o.s. satisfied* förklara sig nöjd **2** bekänna sig till (*a faith* en tro) **professed** [-t] **1** erkänd, deklarerad **2** föregiven, låtsad, påstådd **3** *be a ~ Christian* bekänna sig till den kristna tron **profession** [prə'feʃn] **1** yrke (*i sht inom undervisning, medicin el. juridik*); *the medical ~* läkaryrket; *by ~* till yrket **2** bedyrande, högtidlig försäkring, förklaring; *~ of faith* trosbekännelse; *~ of love* kärleksförklaring **-al** [prə'feʃənl] **I** *a* yrkes-, yrkesmässig; yrkesverksam; fackmässig; professionell; högutbildad, välsituerad; *~ job* fackmässigt (professionellt) arbete; *~ life* yrkesliv; *take ~ advice* ta råd från en fackman; *turn ~* (*go*) *~* bli professionell (proffs) **II** *s* yrkesman, fackman; proffs, professionell

professor [prə'fesə] **1** professor (*of* i); *AE. äv.* [universitets]lärare **2** bekännare

profi|ciency [prə'fɪʃnsɪ] skicklighet, kunnighet, färdighet (*in, at* i) **-cient** skicklig, kunnig (*in, at* i)

profile ['prəʊfaɪl] **I** *s* **1** profil (*äv. bildl.*); kontur, silhuett; *keep a low ~* ligga lågt, hålla en låg profil **2** kort levnadsteckning, porträtt **II** *v* **1** avbilda i profil; profilera **2** porträttera

profit ['prɒfɪt] **I** *a* **1** vinst, förtjänst; avkastning; profit; *at a ~* med förtjänst; *~ and loss account* vinst- och förlustkonto; *make a ~ of 10%* göra en vinst (förtjänst) på 10%; *yield a ~* ge vinst (avkastning) **2** fördel, nytta, profit; *derive ~ from* dra fördel (nytta) av **II** *v,* *~ from (by)* dra (ha) nytta (fördel) av, utnyttja, begagna sig av, profitera på **profitable** [-əbl] **1** lönande, lönsam, vinstgivande **2** nyttig; fruktbar **profiteer** [ˌprɒfɪ'tɪə] **I** *s* profitör, profitjägare **II** *v* skaffa sig oskälig vinst **profiteering** [ˌprɒfɪ'tɪərɪŋ] profiterande; ocker **profit-sharing** ['prɒfɪtˌʃeərɪŋ] vinstandelssystem

pro|found [prə'faʊnd] djup; djupsinnig; djupgående, genomgripande, grundlig **-fundity** [-'fʌndətɪ] djup; djup[sinnighet, -sinne; grundlighet

pro|fuse [prə'fjuːs] **1** överflödande, ymnig, riklig **2** översvallande **-fusion** [-'fjuːʒn] **1** överflöd, stor mängd, ymnighet, rikedom **2** slöseri

progenitor [prə(ʊ)'dʒenɪtə] stamfader; *bildl.* föregångare **progeny** ['prɒdʒənɪ] avkomma; *bildl.* resultat

progno|sis [prɒg'nəʊsɪs] (*pl -ses* [-siːz]) prognos

program ['prəʊgræm] **I** s **1** data. program **2** AE., se programme I; dagordning **II** v **1** data. programmera **2** AE., se programme II

programme ['prəʊgræm] **I** s **1** program **2** kurs-, studie|plan **II** v göra upp ett program för, programmera **programmer** [-ə] data. programmerare **programming language** [-ɪŋ‚læŋgwɪdʒ] data. program[merings]språk

progress I s ['prəʊgres] **1** framsteg, framåtskridande; utveckling; be in ~ pågå, hålla på, vara i (på) gång, vara under arbete; make ~ göra framsteg **2** färd, gång, framfart **II** v [prə(ʊ)'gres] **1** röra sig framåt; gå framåt, avancera; göra framsteg **2** gå vidare, övergå (to till) **progression** [prə(ʊ)'greʃn] **1** framfart, fortgång, framåtskridande; övergång **2** an endless ~ of en oändlig rad av **3** mat. progression, talföljd **progressive** [prə(ʊ)'gresɪv] **I** a **1** progressiv, framstegsvänlig (policy politik) **2** progressiv, gradvis stigande (tilltagande), jämt [till]växande, fortskridande; ~ tax system progressivt skattesystem **3** framåt|-gående, -skridande **4** språkv., in the ~ form (tense) i progressiv (pågående) form **II** s **1** framstegsman, reformivrare **2** språkv., in the ~ i progressiv (pågående) form

prohibit [prə'hɪbɪt] **1** förbjuda (s.b. from doing s.th. ngn att göra ngt) **2** förhindra; hindra (s.b. from doing s.th. ngn [från] att göra ngt) **prohibition** [‚prəʊɪ'bɪʃn] förbud (on mot); P~ förbudstiden (i USA) **prohibitionist** [‚prəʊɪ biʃɪst] förbuds|anhängare, -ivare **prohibitive, -tory** [prə'hɪbɪtɪv, -t(ə)rɪ] prohibitiv; hindrande; förbuds-; ~ price avskräckande (oöverkomligt) pris **project I** v [prə'dʒekt] **1** planlägga; planera; projektera **2** projicera (äv. mat.); rikta (a beam en stråle), ~ a film onto a wall projicera en film på en vägg; ~ o.s. into a different time förflytta sig till en annan tid **3** kasta; slunga; kasta (slunga) ut; skjuta ut, avskjuta **4** låta framträda, framställa **5** beräkna **6** ~ one's voice låta rösten bära **7** skjuta (sticka) ut **II** s ['prɒdʒekt] **1** plan, förslag, projekt **2** skol. arbetsuppgift, specialarbete **projectile** [prə(ʊ)'dʒektaɪl; AE. prə'dʒektəl] **I** a kast-, driv-, framdrivande; ~ force drivkraft **II** s projektil **projection** [prə'dʒekʃn] **1** planläggning; planering; projektering **2** projektion (äv. mat.); projicering; filmbild **3** utskjutande, utkastande, utslungande **4** beräkning, uppskattning **5** utsprång, framskjutande (utskjutande) del **-tor** [-tə] **1** [film, cine] ~ projektor, projektionsapparat **2** planläggare

proletarian [‚prəʊlɪ'teərɪən] **I** a proletär[-] **II** s proletär

proliferate [prə(ʊ)'lɪfəreɪt] växa (föröka sig, sprida sig) snabbt **-liferation** [-‚lɪfə'reɪʃn] förökning; spridning

prolific [prə(ʊ)'lɪfɪk] fruktsam; produktiv

prolix ['prəʊlɪks] lång|tråkig, -dragen, -randig; mångordig

prolog AE, **prologue** BE. ['prəʊlɒg] **I** s prolog; inledning **II** v inleda med prolog

prolong [prə(ʊ)'lɒŋ] förlänga, prolongera **-longation** [‚prəʊlɒŋ'geɪʃn] förlängning; prolongation

prom [prɒm] vard. **1** BE. promenadkonsert **2**

AE. skol-, student|bal

promenade [‚prɒmə'nɑːd] **I** s promenad **2** i sht BE. promenad|plats, -stråk **3** bal **II** v **1** promenera **2** promenera på

prominence ['prɒmɪnəns] **1** bemärkthet; framskjuten ställning (plats); come into ~ träda i förgrunden **2** utskjutande del, utsprång **-nent** [-nənt] **1** fram-, ut|skjutande, utstående **2** iögonenfallande, framträdande **3** framstående, prominent; berömd

promiscuous [prə'mɪskjʊəs] **1** promiskuös **2** oordnad, rörig; blandad **3** planlös

promise ['prɒmɪs] **I** s löfte (of om); a man of ~ en lovande man; under a ~ of med löfte om; hold ~ of inge löfte om; make a ~ ge ett löfte; show ~ se lovande ut, vara lovande **II** v **1** lova; utlova; as ~d som utlovat[s]; ~ well se lovande ut; the P~d Land (bibl., bildl.) det förlovade landet; be ~d s.th. vara lovad (ha fått löfte om) ngt **2** lova, ge löfte om, förebåda **promising** [-ɪŋ] lovande; löftesrik

promontory ['prɒməntrɪ] hög udde

promote [prə'məʊt] **1** befordra, upphöja; skol., sport. flytta upp **2** främja, gynna, befordra; marknadsföra, göra reklam för **3** vara promotor för **-moter** [-'məʊtə] **1** främjare, gynnare, [under]stödjare **2** promotor **-motion** [-'məʊʃn] befordran, upphöjelse, avancemang; skol., sport. uppflyttning **2** främjande, gynnande, befordran; marknadsföring; reklamkampanj

prompt [prɒm(p)t] **I** a **1** omgående, omedelbar, snabb; prompt **2** punktlig **II** adv på slaget, precis, exakt **III** s **1** betalningstid; betalningspåminnelse **2** sufflering, sufflörviskning **IV** v **1** framkalla; föranleda, förmå; väcka **2** sufflera **3** driva på, mana

prompter ['prɒm(p)tə] **1** sufflör, sufflös **2** anstiftare, tillskyndare

promulgate ['prɒmlgeɪt] kungöra; utfärda; promulgera **2** förkunna; sprida **-gation** [‚prɒml'geɪʃn] **1** kungörande; utfärdande; promulgation **2** förkunnande; spridande

prone [prəʊn] **1** benägen, fallen (to för); be ~ to (äv.) ha en benägenhet att (tendens till) **2** framstupa, raklång, utsträckt **3** sluttande, lutande

prong [prɒŋ] s (på gaffel e.d.) klo, spets; udd, tand; (på kratta) pinne **II** v spetsa på gaffel

pronoun ['prəʊnaʊn] pronomen

pronounce [prə'naʊns] **1** uttala **2** [högtidligt] förklara, deklarera; I now ~ you man and wife härmed förklarar jag er för äkta makar **3** avkunna, fälla (a verdict en dom) **4** uttala sig (on om) **-nounced** [-'naʊnst] **1** uttalad **2** tydlig, markerad, uttalad **-nouncement** [-'naʊnsmənt] [högtidlig] förklaring, uttalande, deklaration

pronunciation [prə‚nʌnsɪ'eɪʃn] uttal

proof [pruːf] **I** s **1** bevis; bevis|medel, -föring; as (in) ~ of som (till) bevis på (för); this is ~ that detta är beviset på att; give (show) ~ of s.th. bevisa ngt, leda ngt i bevis **2** prov; put to the ~ pröva, sätta på prov; the ~ of the pudding is in the eating (ung.) man kan inte bedöma det förrän man har prövat det **3** boktr. korrektur; provtryck, -avdrag **4** (alkohols) normalstyrka (ca 50 volymprocent alkohol) **II** a **1** motståndskraftig; ogenomtränglig; oemottaglig; ~ against bullets

P

skottsäker; ~ *against heat* värmebeständig; ~ *against water* vattentät; *be* ~ *against s.th.* (*bildl.*) vara immun mot (inte låta sig påverkas av) ngt **2** (*om alkohol*) av normalstyrka **III** *v* **1** impregnera **2** göra ett [korrektur]avdrag av, dra korrektur på **3** korrekturläsa

prop [prɒp] **I** *s* stöd, stötta (*äv. bildl.*) **II** *v* stötta, stödja (*on* mot, i); luta, stödja (*against* mot); ~ *up a*) palla upp (under), sätta stöttor under, *b*) *bildl.* [under]stödja, stötta

propaganda [ˌprɒpə'gændə] propaganda

propa|gate ['prɒpəgeɪt] **1** sprida, propagera [för] **2** föröka (*plants* växter) **3** fortplanta (föröka, sprida) sig **-gation** [ˌprɒpə'geɪʃn] fortplantning, förökning, spridning

propel [prə'pel] framdriva, driva [fram]; ~*ling force* drivkraft; ~*ling pencil* stift-, skruv|penna **propeller** [-ə] propeller

propensity [prə'pensətɪ] benägenhet; böjelse

proper ['prɒpə] **1** verklig, riktig; egentlig; ~ *fraction* egentligt bråk; *he is not a* ~ *teacher* han är ingen riktig lärare; *in the* ~ *sense of the word* i ordets egentliga betydelse; *the deed* ~ själva dådet; *Stockholm* ~ det egentliga Stockholm **2** rätt, riktig; lämplig, passande; anständig; korrekt (*behaviour* uppträdande); *the* ~ *thing to do* det rätta (lämpligaste) att göra; *in the* ~ *way* på rätt sätt, riktigt; *it's not* ~ *for her to* det passar sig inte för henne att **3** *vard.* riktig (*fool* idiot), ordentlig; *we got a* ~ *beating* vi fick ordentligt med stryk **4** ~ *to* typisk för **5** *språkv.*, ~ *noun* (*name*) egennamn **-ly** [-lɪ] *adv* **1** egentligen, i egentlig mening **2** rätt, riktigt; lämpligt, passande; anständigt, ordentligt; korrekt; *behave* ~ uppföra sig ordentligt **3** *vard.* verkligen, riktigt, ordentligt (*fed up with* trött på)

proper|ty ['prɒpətɪ] **1** egendom; tillhörigheter, ägodelar; förmögenhet; *personal* ~ lösöre; *real* ~ fast egendom **2** fastighet, egendom **3** egenskap **4** *jur.* ägande[rätt] **5** *teat.*, *-ties* (*pl*) rekvisita **property tax** förmögenhetsskatt

proph|ecy ['prɒfɪsɪ] profetia; förutsägelse **-esy** [-ɪsaɪ] profetera; förutsäga

prophet ['prɒfɪt] **1** profet; siare, spåman **2** förkämpe, talesman

propor|tion [prə'pɔ:ʃn] **I** *s* **1** proportion, förhållande; ~*s* (*pl, äv.*) dimensioner, mått; *sense of* ~ känsla för proportioner; *in* ~ *as* i samma mån som; *in* ~ *to* (*with*) i proportion (förhållande) till; *be out of* [*all*] ~ inte stå i [rimlig] proportion till **2** [an]del; *the* ~ *of women who* andelen kvinnor som; *a large* ~ *of* en stor del av **3** *mat.* reguladetri **II** *v* avpassa, proportionera (*to* efter) **-tional** [-ʃənl] proportionell; ~ *representation* proportionellt valsätt, proportionalism **-tionally** [-ʃn̩lɪ] *adv* proportionellt; förhållandevis; i proportion, i motsvarande grad

proposal [prə'pəʊzl] **1** förslag (*for* till, om) **2** ~ [*of marriage*] frieri, giftermålsanbud **propose** [-'pəʊz] **1** föreslå; ~ *a toast to s.b.* föreslå en skål för ngn **2** lägga fram, framställa **3** ämna, avse, tänka **4** fria **5** *man* ~*s, God disposes* människan spår, men Gud rår **proposition** [ˌprɒpə'zɪʃn] **I** *s* **1** påstående **2** förslag **3** *mat.* sats, proposition; *filos.* sats **4** *vard.* affär, sak, grej; person, typ; *a tough* ~ en besvärlig grej **II** *v* komma med skam-

liga förslag till

proprietor [prə'praɪətə] ägare, innehavare **pro-priety** [-tɪ] **1** anständighet, konvenans; skick; *the proprieties* (*pl*) anständighet, dekorum; *sense of* ~ anständighetskänsla **2** korrekthet; riktighet, lämplighet

propul|sion [prə'pʌlʃn] framdrivande; drivkraft; *jet* ~ jetdrift **-sive** [-sɪv] framdrivande, driv-

prosaic [prə(ʊ)'zeɪk] **1** prosaisk, vardaglig **2** prosaisk, prosa-

prose [prəʊz] **1** prosa **2** *i sht BE. skol.* översättning (*t. främmande språk*)

prosecute ['prɒsɪkju:t] **1** väcka åtal **2** åtala; *trespassers will be* ~*d* överträdelse beivras **3** bedriva, utöva; fortsätta med; fullfölja **prosecution** [ˌprɒsɪ'kju:ʃn] **1** åtal; *the* ~ åklagarsidan, kärandesidan; *witness for the* ~ åklagarvittne **2** bedrivande, utövande; fullföljande **prosecutor** ['prɒsɪkju:tə] kärande; åklagare; *public* ~ allmän åklagare

prospect I *s* ['prɒspekt] **1** utsikt[er], chans (*of* till), förespegling (*of* om); ~*s* (*pl, äv.*) framtidsutsikter, möjligheter **2** utsikt, vy; sceneri **3** eventuell kund (köpare); projekt (förslag) att satsa på **4** prospekteringsställe; [malm]fyndighet **II** *v* [prə'spekt] **1** prospektera **2** ~ *for* prospektera (leta) efter (*oil* olja)

prospective [prə'spektɪv] blivande; framtida, kommande; antaglig, sannolik; ~ *buyer* spekulant, intresserad (eventuell) köpare

prospectus [prə'spektəs] prospekt, broschyr

prosper ['prɒspə] blomstra, gå bra, ha framgång, lyckas **-ity** [prɒ'sperətɪ] framgång, medgång; blomstring; välstånd **-ous** ['prɒsp(ə)rəs] blomstrande; framgångsrik, välmående

prosti|tute ['prɒstɪtju:t] **I** *s* prostituerad **II** *v* prostituera (*o.s. sig*) **-tution** [ˌprɒstɪ'tju:ʃn] prostitution

pros|trate I *a* ['prɒstreɪt] **1** framstupa, liggande på magen **2** *bildl.* slagen, nedbruten; slut, utmattad; hjälplös **II** *v* [prɒ'streɪt] **1** slå till marken; *lie* ~*d* ligga utsträckt (framstupa) **2** ~ *o.s.* kasta sig till marken, falla [ner] på knä (*before s.b.* för ngn) **3** göra hjälplös; utmatta; *be* ~*d* vara utmattad (helt slut, nedbruten) **-tration** [prɒ'streɪʃn] **1** nedfallande [på knä] **2** *bildl.* förnedring, förödmjukande **3** utmattning; nedbrutenhet

pro|tect [prə'tekt] skydda (*against, from* för, mot), beskydda **-tection** [-'tekʃn] **1** skydd (*against, from* för, mot), beskydd; protektion **2** tullskydd; protektionism **3** *vard.*, ~ [*money*] beskyddarpengar (*t. gangsterorganisation*) **-tective** [-'tektɪv] **1** skyddande, skydds-; ~ *clothing* skyddskläder; ~ *coloration* (*biol.*) skyddsfärg **2** beskyddande (*towards* mot), beskyddar- **-tector** [-'tektə] **1** beskyddare **2** *hist.* protektor, riksföreståndare, regent [under kungs minderårighet]

proté|gé, *fem.* **-gée** ['prəʊteʒeɪ] skyddsling, protegé

protein ['prəʊti:n] *kem.* protein

protest I *s* ['prəʊtest] protest; *in* ~ *at* i protest mot; *make* (*enter, logde*) *a* ~ *against* avge (lägga in) [en] protest mot **II** *a* protest-; ~ *march* protestmarsch **III** *v* [prə'test] **1** protestera (*about, against* mot) **2** bedyra, försäkra **3** *A E.* protestera

mot
Protestant ['prɒtɪst(ə)nt] **I** s protestant **II** a protestantisk **-ism** [-ɪz(ə)m] protestantism[en]
protestation [ˌprəʊte'steɪʃn] **1** försäkran, bedyrande **2** protest
protocol ['prəʊtəkɒl] protokoll, etikettsregler
protract [prə'trækt] förhala, dra ut på; utsträcka, förlänga **protracted** [-ktɪd] utdragen, förlängd
protrude [prə'tru:d] **1** skjuta (sticka) fram (ut) **2** stå ut, sticka fram
proud [praʊd] **I** a **1** stolt (of över); högfärdig, högmodig; it was a ~ day for him det var en stor dag för honom **2** ståtlig **3** ~ flesh död-, svall|kött **II** adv, do s.b. ~ a) bjuda ngn storstilat, bulla upp för ngn, b) hedra ngn
prove [pru:v] (perf. part ~d el. ~n) **1** bevisa; visa; he has ~d himself reliable han har visat sig vara pålitlig; ~ o.s. visa vad man kan **2** jur. bevaka (a will ett testamente) **3** ~ [to be] visa sig vara; it ~d [to be] true det visade sig vara sant
proverb ['prɒvɜ:b] **1** ordspråk; [the Book of] P~s (bibl.) Ordspråksboken **2** typexempel; he is a ~ for ignorance hans okunnighet är legendarisk **-ial** [prə'vɜ:bjəl] **1** ordspråks|artad, liknande, ordspråks- **2** legendarisk
provide [prə'vaɪd] **1** förse, utrusta, hålla; levera [till]; [an]skaffa, ställa till förfogande, förmedla, ordna med, sörja (stå) för; ge, lämna; ~ s.b. with s.th., ~ s.th. for s.b. förse (utrusta, hålla) ngn med ngt, skaffa (ge) ngn ngt, leverera ngt till ngn; ~ o.s. with förse sig med, skaffa sig; they must ~ their own cups de måste tå med sig koppar själva **2** föreskriva, stadga **3** ~ against a) vidta[ga] åtgärder mot, skydda sig mot, b) förhindra, skydda mot, c) förbjuda, ~ for a) vidta[ga] åtgärder för, förbereda sig på, b) sörja (svara) för, försörja, c) tillgodose **provided** [-ɪd] konj, ~ [that] förutsatt att, [om] bara, såvida
providence ['prɒvɪd(ə)ns] försyn
providing [prə'vaɪdɪŋ] konj, ~ [that] förutsatt att, [om] bara, såvida
province ['prɒvɪns] **1** provins; landskap **2** the ~s (pl) lands|orten, -bygden **3** [verksamhets-, kompetens]område **provincial** [prə'vɪnʃl] **I** a **1** provins-; provinsiell, landskaps-, landsorts- **2** provinsiell, landsortsmässig, lantlig **II** s landsortsbo
provision [prə'vɪʒn] **I** s **1** tillhandahållande, anskaffande (of av); försörjning **2** förberedelse, [förberedande] åtgärd; make ~ for vidtaga åtgärder för **3** ~s (pl) livsmedel[sförråd], livsförnödenheter, proviant **4** villkor; bestämmelse, stadgande **II** v proviantera; we were ~d with food vi hade proviantærat (försett oss med mat)
provisional [prə'vɪʒənl] provisorisk, tillfällig, övergångs-
provocation [ˌprɒvə'keɪʃn] **1** provokation, utmaning; at the least ~ vid minsta anledning **2** framkallande, [upp]väckande **provocative** [prə'vɒkətɪv] provokativ, provocerande, utmanande **provoke** [prə'vəʊk] **1** provocera, utmana, reta **2** framkalla, [upp]väcka
prow [praʊ] sjö. [för]stäv, för, förskepp
prowess ['praʊɪs] **1** skicklighet **2** tapperhet, mannamod, bravur
prowl [praʊl] **I** v stryka omkring, vara ute på rov (through the forest i skogen) ~ about (around)

vandra runt i, ströva omkring i **II** s, be on the ~ vara ute på jakt, stryka omkring (for efter)
prowl car ['praʊlkɑ:] AE. polis-, radio|bil
proximity [prɒk'sɪmətɪ] närhet; [with]in close ~ i omedelbar närhet
proxy ['prɒksɪ] ombud, representant, företrädare; ställföreträdare; fullmakt; by ~ genom ombud (fullmakt)
prude [pru:d] pryd (sipp) person
pru|dence ['pru:dns] klokhet, välbetänkthet, försiktighet, förtänksamhet **-dent** [-dnt] klok, välbetänkt, försiktig, förtänksam
prud|ish ['pru:dɪʃ] pryd, sipp **-ishness** [-ɪʃnɪs] pryderi, prydhet
1 prune [pru:n] **1** sviskon; katrinplommon **2** i sht BE. sl. tråkmåns; dumskalle
2 prune [pru:n] **1** beskära (träd e.d.) **2** bildl. skära ner; rensa (of från)
1 pry [praɪ] snoka (into a p.'s affairs i ngns affärer); ~ about snoka omkring (runt)
2 pry [praɪ] **1** bända (open upp; loose loss) **2** ~ s.th. out of s.b. lirka (locka) ur ngn ngt
psalm [sɑ:m] **1** psalm (i Psaltaren); [the Book of] P~s Psaltaren **2** hymn, andlig sång
pseudonym ['(p)sju:dənɪm] pseudonym
psoriasis [(p)sɒ'raɪəsɪs] med. psoriasis
psyche ['saɪkɪ] psyke, själ, själsliv
psychiatric[al] [ˌsaɪkɪ'ætrɪk(l)] psykiatrisk **psychiatrist** [saɪ'kaɪətrɪst] psykiater **psychiatry** [saɪ'kaɪətrɪ] psykiatri
psychic ['saɪkɪk] **I** a **1** psykisk, själslig **2** parapsykisk, övernaturlig; spiritistisk; be ~ ha ockult förmåga **II** s person med ockult förmåga
psycho|analysis [ˌsaɪkəʊ'næləsɪs] psykoanalys **-analyst** [-'ænəlɪst] psykoanalytiker **-analyse** BE., **-analyze** AE. [ˌsaɪkəʊ'ænəlaɪz] psykoanalysera
psychological [ˌsaɪkə'lɒdʒɪkl] psykologisk **psychologist** [saɪ'kɒlədʒɪst] psykolog **psychology** [saɪ'kɒlədʒɪ] psykologi; ~ of perception perceptions-, varseblivnings|psykologi
psycho|sis [saɪ'kəʊsɪs] (pl -ses [-si:z]) psykos **psychosomatic** [ˌsaɪkə(ʊ)sə(ʊ)'mætɪk] psykosomatisk
P.T.O., p.t.o. förk. för please turn over vänd!
pub [pʌb] **I** s **1** vard. pub **2** Austr. hotell **II** v, go ~bing gå pubrond **pub-crawl** ['pʌbkrɔ:l] sl., i sht BE. **I** s pubrond **II** v göra en (gå) pubrond
puberty ['pju:bətɪ] pubertet
pubic ['pju:bɪk] **1** blygd- **2** blygdbens- **pu|bis** [-bɪs] (-bes [-bi:z]) blygdben
public ['pʌblɪk] **I** a **1** offentlig, allmän; statlig, stats-; folk; nationell; ~ address system högtalaranläggning (för meddelanden i. en större publik); ~ assistance socialhjälp; ~ bar (på pub) enklare avdelning; ~ convenience offentlig toalett, bekvämlighetsinrättning; ~ debt statsskuld; ~ enemy samhällsfiende; ~ enterprise statligt företag; the ~ eye i offentlighetens ljus; ~ figure offentlig person; ~ health folkhälsa; ~ house a) BE. pub, värdshus, krog, b) AE. värdshus, litet hotell; be ~ knowledge vara allmänt bekant; ~ library [offentligt] bibliotek; cause a ~ nuisance (jur.) uppträda störande på allmän plats, störa den allmänna ordningen; ~ opinion allmänna opinionen; ~ opinion poll opinionsundersökning; under ~

ownership i allmän ägo; ~ *places* offentliga platser; ~ *relations* public relations, PR; ~ *relations officer* PR-man; ~ *school* public school (*i England högre privat internatskola, i USA o. Austr. grundskola*); *the* ~ *sector* den offentliga sektorn; ~ *servant* ämbetsman, [stats]tjänsteman; ~ *spirit* samhällsanda; *make* ~ tillkännage, offentliggöra, göra allmänt bekant **2** börsnoterad; ~ *company* börsnoterat företag; *go* ~ introduceras på börsen, bli börsnoterad **II** *s* allmänhet, publik; *the general* ~ den stora allmänheten; *in* ~ offentligt; *open to the* ~ öppen för allmänheten
publican ['pʌblɪkən] **1** *hist.* publikan **2** pubägare; värdshus-, krog|värd
publication [,pʌblɪ'keɪʃn] **1** offentliggörande; kungörande **2** publicering, utgiv|ning, -ande; *year of* ~ utgivningsår, tryckår **3** publikation, skrift
publicity [pʌb'lɪsətɪ] **I** *s* publicitet; reklam **II** *a* publicitets-, reklam-; ~ *agent* PR-man **publi|cize** (*BE. äv. -cise*) ['pʌblɪsaɪz] ge offentlighet åt, offentliggöra; göra reklam för
publicly ['pʌblɪklɪ] *adv* offentligt
publish ['pʌblɪʃ] **1** offentliggöra; kungöra; ~ *the banns* kungöra lysning **2** publicera, ge ut [i tryck] **publisher** [-ə] [bok]förläggare; *AE.* [tidnings]-utgivare; ~*s* (*pl, äv.*) bokförlag **publishing** [-ɪŋ] bokutgivning, förlagsverksamhet; förlagsbranschen
puck [pʌk] (*i ishockey*) puck
pucker ['pʌkə] **I** *v* **1** rynka, vecka; dra (snörpa) ihop **2** rynka (vecka) sig; dra ihop sig **II** *s* veck, rynka; rynkning
pudding ['pʊdɪŋ] pudding; efterrätt; *black* ~ blodpudding
puddle ['pʌdl] pöl, [vatten]puss
puerile ['pjʊəraɪl] barnslig
puff [pʌf] **I** *v* **1** blåsa; pusta (stöta) ut; ~ *out a)* blåsa ut, *b)* blåsa upp, *c)* burra upp, *d)* stöta fram (ut), *e)* trycka ut, *f)* *vard.* göra andfådd; ~ *up a)* blåsa upp, *b)* göra uppblåst, *c)* burra upp; ~*ed up* uppblåst, svällande; *be* (*get*) ~*ed up* brösta sig, vara uppblåst; ~*ed sleeve* puffärm **2** bolma på, röka **3** pudra **4** göra [överdriven] reklam för, puffa för; ~ *up* driva (blåsa) upp (*pris*) **5** flåsa, flämta, pusta; tuffa, ånga; blåsa [i stötar] **6** bolma; ~ [*away*] *at* bolma på, röka **7** ~ [*up*] svälla [upp], svullna **II** *s* **1** pust; puff; drag, bloss; [rök]-moln; andetag; flåsande (*etc., jfr 15*); [svag] knall, puff; ~ *of wind* vind|pust, -stöt; *vanish in a* ~ *of smoke* gå upp i rök; *be out of* ~ (*vard.*) vara andfådd **2** [puder]vippa **3** (*på kläder*) puff **4** [överdriven] reklam **5** *kokk.*, [*cream*] ~ petit-chou; ~ *pastry* smördeg **6** *sl.* bög
puffy ['pʌfɪ] **1** uppsvälld, svullen, pösig; korpulent; *bildl.* uppblåst, pompös **2** (*om vind*) byig **3** andfådd
pug [pʌg] mops; *sl.* boxer
pugnacious [pʌg'neɪʃəs] stridslysten **pugnacity** [pʌg'næsətɪ] stridslystnad
pug-nosed ['pʌgnəʊzd] trubbnäst
puke [pju:k] *vard.* **I** *v* spy, kräkas **II** *s* **1** kräkning **2** spya
pull [pʊl] **I** *v* **1** dra, rycka, slita **2** dra (rycka, slita) i; hala; ~ *a curtain* dra för (ifrån) en gardin; ~ *a p.'s ear*, ~ *s.b. by the ear* dra ngn i örat; ~ *faces*

göra grimaser; ~ *a p.'s leg* (*vard.*) driva med ngn; ~ *a muscle* sträcka en muskel; ~ *to pieces a*) rycka sönder, slita i stycken, *b*) *bildl.* göra ner; ~ *the strings* (*wires*) hålla (dra) i trådarna; ~ *the trigger* trycka av **2** dra ut (upp); plocka; ~ *a tooth* dra ut en tand **3** ro **4** tygla; hålla in, pulla (*tävlingshäst*); ~ *one's punches a*) hålla igen [på slagen], *b*) lägga band på sig, hejda sig **5** *vard.* greja, fixa, klara; göra, ordna, ställa till med; ~ *a fast one on s.b.* lura ngn **6** *vard.* haffa, ta; göra razzia i **7** *boktr.* göra avdrag av **8** dra; hala; ~ *at a*) dra (rycka, slita) i, *b*) blossa på, *c*) ta en klunk av; ~ *for* (*AE.*) hålla på; ~ *to the right* dra åt höger **9** köra **10** ro, styra; kunna ros **11** *vard.* dra [kunder] **12** ~ *apart a*) dra isär, plocka (rycka, slita) isär (sönder), *b*) *bildl.* göra ner; ~ *away a*) dra (rycka, ta) bort (undan), *b*) köra i väg; ~ *down a*) dra (rycka, slita) ner, *bildl.* störta, *b*) driva ner, sänka (*prices* priserna), *c*) trycka ner, förödmjuka, *d*) ta hårt på, göra matt, *e*) riva (*a house* et hus), *f*) *AE. vard.* göra, tjäna, dra in; ~ *in a*) dra in (åt), hålla in (*a horse* en häst)), *bildl.* hejda, *b*) dra (*publik*), *c*) *vard.* kamma in, tjäna, *d*) köra (svänga) in, *e*) stanna, bromsa in; ~ *off a*) dra (riva, ta) bort (av), dra (ta) av sig, *b*) *vard.* göra, greja, fixa, klara, *c*) köra i väg; ~ *on a*) dra (ta) på [sig]; ~ *out a*) dra ut (upp), ta ur (fram, loss), *b*) dra sig bort (tillbaka), *c*) köra (ge sig) i väg, köra (svänga) ut; ~ *round* komma till medvetande; ~ *through a*) dra igenom, *b*) [lyckas] klara (rädda), *c*) klara sig, gå igenom; ~ *together a*) förena, svetsa ihop, *b*) samarbeta; ~ *o.s. together* ta sig samman (i kragen); ~ *up a*) dra (rycka) upp, *b*) rätta, tillrättavisa, *c*) stoppa, hejda, *d*) dra fram (*a chair* en stol), *e*) stanna, hejda sig, *f*) avancera; ~ *up to* (*with*) *s.b.* hinna ifatt ngn **II** *s* **1** tag; drag[ning], ryck[ning]; dragningskraft (*äv. bildl.*); sim-, år|tag; rodd[tur]; *long* ~ stor ansträngning (strapats), lång och besvärlig väg; *give s.th. a* ~ dra (rycka, slita) i ngt **2** handtag **3** bloss, drag; klunk **4** *vard.* fördel; inflytande; *have* ~ *with s.th.* ha inflytande över ngt **5** *vard.* förbindelser, försänkningar **6** *boktr.* avdrag
pulley ['pʊlɪ] block; talja; remskiva
pull-in ['pʊlɪn] *BE.* [långtradar]kafé, rastställe
pull-out ['pʊlaʊt] utvikningsblad; löstagbar bilaga (*i tidskrift*) **pullover** [-,əʊvə] pullover
pulmonary ['pʌlmənərɪ] *med.* lung-
pulp [pʌlp] **I** *s* **1** [frukt]kött; märg (*i växt*) **2** mos, gröt; massa; [*wood*] ~ pappersmassa; *beat s.b. to a* ~ (*bildl.*) göra mos av ngn; *squash into a* ~ gör mos av, mosa **3** *anat.* pulpa **4** (*om böcker e.d.*) [billigt] skräp, smörja **II** *a* (*om böcker e.d.*) billig, skräp-, slask- **III** *v* **1** mosa **2** bli till mos
pulpit ['pʊlpɪt] predikstol
pul|sate [pʌl'seɪt] pulsera; slå, klappa; vibrera **-sation** [-'seɪʃn] **1** pulserande; (*hjärtas*) klappande **2** pulsslag
pulse [pʌls] **I** *s* **1** puls (*äv. elektr., mus., o. bildl.*); pulsslag; *take a p.'s* ~ ta pulsen på ngn; *have* (*keep*) *one's finger on the* ~ veta vad som är på gång **2** vibration[er], dunk[ande] **II** *v* pulsera (*äv. bildl.*); slå; vibrera
pulverize (*BE. äv.*) ['pʌlvəraɪz] pulverisera; krossa, smula sönder (*äv. bildl.*)

puma ['pju:mə] *zool.* puma
pump [pʌmp] **I** *s* pump **II** *v* **1** pumpa (*äv. bildl.*); ~ [*up*] *a tyre* pumpa [upp] ett däck; ~ *a p.'s stomach* [*out*] magpumpa ngn; ~ *money into* pumpa in pengar i; ~ *s.b.* full *of bullets* pumpa ngn full med kulor; *be* ~*ed out* vara utpumpad (helt slut) **2** fråga ut, pumpa
pumpkin ['pʌm(p)kın] *bot.* pumpa
pun [pʌn] **I** *s* ordlek, vits **II** *v* göra ordlekar, vitsa
Punch [pʌn(t)ʃ] *teat.* Kasper; ~ *and Judy* [*show*] kasperteater
1 punch [pʌn(t)ʃ] **I** *s* **1** puns, stans, stamp; hålslag; biljettång **2** stämpel **II** *v* **1** stansa (*holes in* hål i); slå hål i; klippa (*tickets* biljetter) **2** *data.* trycka på; ~ [*out*] knappa in
2 punch [pʌn(t)ʃ] (*slags*) toddy, (*varm*) bål
punchbowl ['pʌn(t)ʃbəʊl] bål (*skål*)
punch card ['pʌn(t)ʃkɑ:d] hålkort **punched card** [ˌpʌn(t)ʃt'kɑ:d] hålkort
punch line ['pʌn(t)ʃlaın] slutkläm, poäng
punch-up ['pʌn(t)ʃʌp] *BE. vard.* råkurr, slagsmål **punchy** [-ı] *vard.* skarp, klar [och koncis]
punctual ['pʌŋ(k)tjʊəl] punktlig **-ity** [ˌpʌŋ(k)-tjʊ'ælətı] punktlighet
punctuate ['pʌŋ(k)tjʊeɪt] **1** interpunktera, sätta skiljetecken i **2** ideligen avbryta **punctuation** [ˌpʌŋ(k)tjʊ'eɪʃn] interpunktion **punctuation mark** skilje-, interpunktions|tecken
puncture ['pʌŋktʃə] **I** *s* punktering; stick; *med. äv.* punktion **II** *v* **1** punktera, sticka hål i (på) **2** få punktering på **3** *bildl.* knäcka, stuka, punktera; *be* ~*d* (*äv.*) ha fått sig en knäck **4** få punktering
pundit ['pʌndɪt] *vard.* expert
pungent ['pʌndʒ(ə)nt] **1** (*om lukt, smak*) skarp, stickande **2** skarp, bitande
punish ['pʌnıʃ] **1** straffa, bestraffa **2** *vard.* gå hårt åt, illa tilltyga **-able** [-əbl] straffbar **-ing** [-ıŋ] allvarlig, förödande, förlamande, hård **-ment** [-mənt] **1** straff, bestraffning **2** *vard.* stryk; *take a lot of* ~ ta stryk, bli illa tilltygad
punitive ['pju:nətıv], **-tory** [-t(ə)rı] straff-; ~ *expedition* straffexpedition
punk [pʌŋk] **I** *s* **1** strunt, skräp; värdelös person **2** punkare **3** ~ [*rock*] punk[rock] **4** smågangster, skurk **II** *a* **1** *vard.* värdelös **2** punk-
1 punt [pʌnt] **I** *s* punt (*båt som stakas fram*) **II** *v* staka sig fram (*in a punt* i en punt)
2 punt [pʌnt] *kortsp., i sht BE.* **I** *s* spel (*mot banken*); insats **II** *v* spela (hasard); satsa
puny ['pju:nı] liten, ynklig
pup [pʌp] **I** *s* **1** (hund)valp; (*djurs*) unge **2** *i sht BE. vard., young* ~ [snor]valp, ung spoling **3** *vard.* dåligt köp; *be sold a* ~ göra ett dåligt köp **II** *v* valpa; få ungar
pupa ['pju:pə] (*pl pupae* [-i:]) *zool.* puppa
1 pupil ['pju:pl] elev, lärjunge (*of* i, till)
2 pupil ['pju:pl] *anat.* pupill
puppet ['pʌpıt] marionett, docka (*äv. bildl.*) **--show** marionetteater-, dockteater|föreställning
puppy ['pʌpı] **1** (hund)valp **2** *vard.* [snor]valp, spoling
purchase ['pɜ:tʃəs] **I** *s* **1** köp; inköp, uppköp; *jur.* förvärv **2** fäste, tag, grepp; *get* (*gain*) ~ *on s.th.* få tag (fäste) i ngt **3** inflytande; makt **II** *v* **1**

köpa; köpa in (upp); *jur.* förvärva **2** tillkämpa sig
purchaser [-ə] köpare; in-, upp|köpare
pure [pjʊə] **1** ren; oblandad; äkta; renhjärtad, oskuldsfull; ~ *tone* ren ton; ~ *silk* helsiden; ~ *water* rent vatten **2** teoretisk (*biology* biologi); ~ *science* (*ung.*) grundforskning **3** ren, idel, total; *by* ~ *chance* av en ren tillfällighet; *it's* ~ *envy* det är rena avundsjukan; *it's a matter of malice,* ~ *and simple* det är en fråga om illvilja helt enkelt
purée ['pjʊəreɪ] puré
purely ['pjʊəlı] *adv* rent, helt och hållet, enbart **-ness** [-nıs] renhet
purgative ['pɜ:gətıv] *med.* **I** *a* laxerande **II** *s* laxativ, laxermedel **-tory** ['pɜ:gət(ə)rı] skärseld (*äv. bildl.*)
purge [pɜ:dʒ] **I** *v* **1** rena (*of* från) **2** rensa ut (*extremists from a party* extremister ur ett parti) **3** laxera; ~ *the bowels* rensa magen, tömma tarmen **4** rentvå (*of* från); sona **II** *s* **1** rening **2** utrensning (*from a party* ur ett parti) **3** laxer-, avförings|medel
purification [ˌpjʊərıfı'keıʃn] rening, renande; *the P*~ *of the Virgin Mary* kyndelsmässa **-fy** ['pjʊərıfaı] **1** rena **2** renas
puritan ['pjʊərıt(ə)n] (*relig. P*~) **I** *a* puritansk **II** *s* puritan
purity ['pjʊərətı] renhet
1 purl [pɜ:l] **I** *s* avig [maska] **II** *v* **1** *knit one,* ~ *one* sticka en rät och en avig **2** sticka avigt
2 purl [pɜ:l] **I** *v* sorla, porla **II** *s* sorl[ande], porlande
purloin [pɜ:'lɔın] stjäla, knycka, snatta
purple ['pɜ:pl] **I** *s* **1** purpur|färg] **2** purpur|mantel, -dräkt; *the* ~ *a*) adeln, *b*) kardinalerna, biskoparna **II** *a* purpur-, purpurfärgad; blod-, ill|röd; *The P*~ *Heart* (*AE.*) purpurhjärtat (*medalj till dem som sårats i strid*); ~ *hearts* (*i sht BE., slags*) amfetamintabletter; ~ *passage* (*patch*) (*i bok e.d.*) svulstigt (högtravande) avsnitt; *turn* ~ *in the face* bli blå (blodröd) i ansiktet
purpose ['pɜ:pəs] **I** *s* ändamål; syfte, avsikt, mening (*of* med); föresats; mål; målmedvetenhet; *a woman of* ~ en målmedveten kvinna; *have a sense of* ~ vara målmedveten; *strength of* ~ beslutsamhet, viljestyrka; *on* ~ med avsikt (flit); *for* (*with*) *the* ~ *of killing* i avsikt (syfte) att döda, för att döda; *for all practical* ~*s* i praktiken; *to the* ~ hörande till saken, relevant, ändamålsenlig, det rätta; *to no* ~ till ingen nytta, förgäves, utan resultat; *to good* ~ med gott resultat; *to little* ~ till föga nytta; *novel with a* ~ tendensroman; *answer* (*serve*) *a p.'s* ~ tjäna (passa) ngns syfte[n]; *what was your* ~ *in doing this?* vad var ditt syfte (ville du) med det här? **II** *v* ha för avsikt, tänka, ämna **-ful** [-f(ʊ)l] målmedveten **-less** [-lıs] meningslös **-ly** [-lı] *adv* avsiktligt, med avsikt (flit)
purr [pɜ:] **I** *v* (*om katt, motor e.d.*) spinna; (*om pers. äv.*) mumla **II** *s* (*katts, motors*) spinnande
purse [pɜ:s] **I** *s* **1** portmonnä, börs; [penning]-pung; tillgångar, resurser **2** *AE.* handväska **3** prissumma, [penning]pris **II** *v*, ~ [*up*] snörpa på, pluta med
pursuance [pə'sjʊəns] fullföljande; utövande; *in* ~ *of a*) under fullföljande (utövande) av, *b*) i enlighet med **pursue** [pə'sju:] **1** fullfölja; ägna sig

åt, bedriva, utöva; fortsätta [med] **2** sträva efter, försöka uppnå, eftertrakta **3** förfölja, jaga **4** följa (*a plan* en plan) **5** gå in på (*a subject* ett ämne) **pursuer** [pə'sju:ə] förföljare **pursuit** [pə'sju:t] **1** förföljande, förföljelse (*of* av), jakt (*of* på); strävan (*of* efter); *in ~ of* på jakt efter **2** utövande, bedrivande **3** sysselsättning; verksamhet

purulent ['pjʊərʊlənt] varig, var-

purveyor [pə've(ı)ə] leverantör; *~ to Her (His) Majesty the Queen (King)* [kunglig] hovleverantör

pus [pʌs] var

push [pʊʃ] **I** v **1** skjuta; knuffa, stöta, knuffa (stöta) till, puffa; driva, fösa, köra, tränga; knuffa (skjuta) på, leda, dra; trycka på (*a button* en knapp); *~ a pram* dra en barnvagn; *~ sprouts* skjuta skott; *~ one's way* tränga (knuffa) sig fram; *~ s.b. around* (*vard.*) köra med ngn; *~ aside a*) skjuta (knuffa) bort (undan), *b*) tränga undan, avfärda; *~ over a*) skjuta över, *b*) knuffa (slå) omkull; *~ s.b. through an exam* hjälpa ngn genom en examen **2** [försöka] driva (få) igenom; arbeta (kämpa, göra reklam, puffa) för; framhärda i; *~ s.th. through* driva igenom ngt **3** driva (köra) på, driva, pressa, tvinga; *~ [on]* driva på, påskynda, forcera; *~ s.th. on s.b.* tvinga (truga) på ngn ngt; *~ along* föra framåt, påskynda; be *~ed for money* vara i penningknipa, ha ont om pengar; *I'm a bit ~ed just now* (*vard.*) jag har lite ont om pengar (tid) just nu; *that's ~ing it a bit!* det är en aning överdrivet! **4** *vard.* närma sig; *he must be ~ing 60* han måste närma sig de (vara närmare) 60 **5** *vard.* langa; prångla ut **6** skjuta (trycka) på; tränga sig [fram]; slå sig fram; knuffas; *~ along* (*vard.*) sticka, kila i väg; *~ for* arbeta för, kräva, yrka på; *~ forward* tränga [sig] fram; *~ off a*) lägga ut, *b*) *vard.* sticka, kila i väg; *~ on* fortsätta, köra (gå) vidare; *~ through* tränga sig fram **II** *s* **1** knuff, stöt, puff; *give s.th. a ~ a*) knuffa (stöta) till ngt, *b*) skjuta på ngt, ge ngt en knuff; *give s.b. the ~* (*vard.*) *a*) ge ngn sparken, *b*) ge ngn på båten **2** ansträngning, krafttag; kampanj **3** *mil.* framstöt, offensiv **4** *vard.* knipa, kris; *at a ~* om det kniper, i nödfall; *matters came to a ~* det blev kritiskt; *when it comes to the ~* när det verkligen gäller **5** *vard.* fart, energi, framåtanda **6** *vard.* försänkningar, kontakter **7** *sl.* gäng

push-bike ['pʊʃbaık] *BE. vard.* cykel, hoj **push button** [-ˌbʌtn] *elektr.* tryckknapp **pushchair** [-ˌtʃeə] *BE.* sittvagn, sulky **pusher** [-ə] **1** *vard.* [knark]langare **2** *vard.* streber, gåpåare **3** (*barns*) påpetare **pushing** [-ıŋ] **1** energisk, företagsam **2** påflugen, påträngande **pushover** [-ˌəʊvə] *vard.* **1** lätt (enkel) sak (match) **2** lätt motståndare **push-up** *AE.* armhävning

puss [pʊs] **1** *vard.* kisse[katt, -miss]; *P~ in boots* Mästerkatten i stövlar **2** *vard.* jösse [hare] **3** *sl.* brud **pussy** ['pʊsı] *vard.* kisse[katt, -miss]; *bot.* [sälg]kisse **pussy-cat** ['pʊsıkæt] *vard.* kisse, kisse|katt, -miss

put [pʊt] **I** v **1** sätta, ställa, lägga, hänga ([*in*]*to* i; *on* på), fästa (*on* på); placera; stoppa, sticka; kasta, slänga, skjuta; köra, sticka, stöta, jaga; hälla, slå; ta; föra; [över]lämna; *~ s.b. to do s.th.* låta ngn göra ngt; *where do you want it ~?* var

vill du ha den någonstans?; *stay ~* stanna på plats (där man *etc.* är), sitta (ligga *etc.*) [kvar]; *~ land into* (*under*) beså land med, sätta, plantera; *~ s.th. in a p.'s hands* lämna ngt i ngns händer; *~ s.th. on s.b.* lägga skulden för ngt på ngn; *~ s.b. through s.th.* låta ngn gå igenom ngt; *~ o.s. to* ägna sig åt, dra på (skaffa) sig; *be hard ~ to it* ha det svårt; *~ s.th. to a good use* använda ngt väl **2** lägga ner; placera; hålla, satsa, sätta; *~ money into s.th.* sätta in (placera) pengar i ngt; *~ money on s.th.* satsa (sätta) pengar på ngt; *~ a lot of time into s.th.* lägga ner mycket tid på ngt **3** göra; försätta; förorsaka; *~ s.b. in a good mood* få ngn på gott humör, göra ngn glad; *~ s.b. into a rage* göra ngn rasande, försätta ngn i raseri; *~ s.b. to great expense* förorsaka (vålla) ngn stora utgifter **4** skriva; sätta [ut]; rita; *~ one's signature to* skriva (sätta) sitt namn under, skriva under **5** översätta (*into German* till tyska); *~ into verse* sätta på vers **6** säga, uttrycka, formulera; [fram]ställa; rikta; *~ s.th. before* (*to*) *s.b.* lägga fram ngt för ngn; *~ a question to s.b.* ställa en fråga till ngn; *as he would ~ it* som han skulle säga (uttrycka) det **7** uppskatta; [be]räkna; *~ a value of...on s.th.* beräkna ngts värde till...; *~ s.b. amongst s.th.* räkna ngn bland (till) ngt; *I ~ A above B* jag uppskattar A mer än B **8** *sport.* stöta **9** *sjö.* gå, löpa, styra; *~ to sea* sticka till sjöss **10** mynna, rinna ut **11** *~ about a*) sprida [ut], *b*) oroa, besvära, reta, *c*) *sjö.* vända [med]; *~ across a*) sätta (forsla, köra) över, *b*) *vard.* greja, klara [av], *c*) *vard.* få (föra) fram, förmedla, *d*) *vard.* väcka intresse för; *~ it* (*one*) *across s.b.* (*vard.*) lura ngn; *~ aside a*) lägga undan (*äv. bildl.*), lägga åt sidan (bort), *b*) slå bort, ge upp, glömma; *~ away a*) lägga undan (*äv. bildl.*), plocka (städa, skaffa) bort (undan), ställa (lägga) in, *b*) *vard.* sätta i sig, *c*) *vard.* bura (spärra) in, *d*) ge upp, sluta med, *e*) undanröja, avliva, *f*) *vard.* pantsätta; *~ back a*) lägga (sätta, ställa, vrida, flytta) tillbaka, *b*) hålla tillbaka, *c*) försena, *d*) skjuta upp, *e*) *sjö.* gå tillbaka; *~ by a*) lägga undan (*äv. bildl.*), *b*) undvika, kringgå, förbigå; *~ down a*) lägga (ställa) ner (ifrån sig), släppa, *b*) slå (fälla) ihop (ner), stänga, *c*) släppa av, *d*) landa [med], *e*) förödmjuka, få tyst på, sätta stopp för, slå ner, undertrycka, *f*) göra sig av med, förinta, avliva, *g*) skriva (föra, sätta) upp, anteckna, anmäla, framlägga, *h*) lägga upp, lagra, *i*) minska, *j*) anse, betrakta, uppskatta; *~ down to* skylla på, tillskriva; *~ forth a*) skjuta [knopp], slå ut, *b*) uppbjuda, *c*) framställa, påstå, *d*) publicera; *~ forward a*) lägga fram, komma med, presentera, nominera, föreslå, *b*) vrida (ställa, flytta) fram; *~ in a*) lägga (sätta, ställa, lämna, stoppa, packa, ta) in, *b*) bygga in, installera, *c*) lägga [ner], *d*) avverka, fördriva, tillbringa, hinna med, *e*) lämna [in], ge in, komma [in] med, *f*) skjuta in, tillägga, *g*) *sjö.* gå (löpa) in; *~ in for* ansöka (lägga in) om, yrka på, söka, anmäla sig till; *~ inside* (*vard.*) bura (spärra) in; *~ off a*) lägga bort (av), *b*) ta av [sig], *c*) släppa av, kasta ut, *d*) stänga av, *e*) säga (skicka) återbud till, *f*) skjuta upp, *g*) avfärda, avspisa, *h*) avråda, hindra, *i*) förvirra, distrahera, *j*) stöta, få att tappa lusten, *k*) *sjö.* lägga ut; *~ on a*) lägga (sätta) på, *b*) ta på [sig], *c*) anta[ga], anlägga, *d*) låtsa[s], spela, hyckla, *e*) ordna, ge, spela, visa, iscensätta, *f*) ställa (vrida) fram, *g*) sätta på (i gång), *h*) lägga på, öka, sätta upp, *i*) sätta in, *j*) dra åt, *k*) driva med; ~ *it on* (*vard.*) göra sig till, spela, överdriva, skryta; ~ *on weight* gå upp i vikt, lägga på hullet; *will you* ~ *me on to number...* var snäll och koppla mig till (kan jag få) [nummer]...; ~ *s.b. on to s.th.* tipsa ngn om ngt; ~ *out a*) lägga (ställa, sätta, räcka, sträcka, hänga, sticka, sända) ut (fram), sätta upp, *b*) kasta (slänga, tränga, slå) ut, *c*) skjuta (*knopp*), *d*) släppa ut, sprida, tillkännage, *e*) visa, ge, *f*) producera, ge [ut], *g*) släcka, stänga av, *h*) bedöva, knocka, *i*) förvirra, göra konfys, störa, *j*) stöta, förarga, reta, *k*) vara besvärlig för, vålla besvär, *l*) vrida ur led, *m*) förfalska, *n*) ta till, uppbjuda, *o*) placera, investera, *p*) låna ut, *q*) sjö. sticka ut (till sjöss); ~ *s.b. out of the way* röja ngn ur vägen; *be* ~ *out* vara förargad (indignerad, stött); ~ *over a*) *se put across, b*) *A E.* skjuta upp; ~ *through a*) få igenom, genomföra, klara av, *b*) låta gå igenom, *c*) hjälpa igenom, *d*) *tel.* koppla [in]; ~ *together a*) lägga (sätta, ställa, foga) ihop (samman), montera, *b*) samla ihop; ~ *up a*) sätta (ställa, lägga, hänga) upp, *b*) räcka (sträcka) upp, lyfta, skjuta uppåt, *c*) fälla (slå) upp, *d*) hissa, *e*) uppföra, resa, slå (ställa) upp, bygga, *f*) sända (skjuta) upp, *g*) höja, öka, driva upp, *h*) lägga fram, framföra, föreslå, uppställa, nominera, *i*) utbjuda, saluföra, *j*) göra, prestera, bjuda på, *k*) hitta på, planera, linka ihop, *l*) ta emot, inkvartera, inhysa, *m*) skaffa fram, satsa, betala, *n*) lägga (ställa) undan, förvara, *o*) lägga (koka) in, konservera, *p*) slå (packa) in, *q*) jaga (skrämma) upp, *r*) ta in (*at a hotel* på hotell), bo, övernatta (*with s.b.* hos ngn), *s*) ställa upp, kandidera; ~ *s.b. up to s.th. a*) tala om ngt för ngn, sätta ngn in i (lära ngn) ngt, *b*) förleda ngn till ngt; ~ *up with* finna sig i, acceptera, stå ut med; ~ *'em up!* (*vard.*) upp med händerna!; ~ *upon* utnyttja; *I won't be* ~ *upon by him* jag låter honom inte sätta sig på (utnyttja, lura) mig **II** *s, sport.* stöt, kast

putrefy [ˈpjuːtrɪfaɪ] ruttna **putrid** [ˈpjuːtrɪd] **1** rutten (*äv. bildl.*), skämd **2** äcklig, vidrig **3** *vard.* urusel

putty [ˈpʌtɪ] **I** *s* kitt; spackel; *he's* ~ *in her hands* han är som vax i hennes händer **II** *v* kitta; spackla

put-up [ˈpʊtʌp] *a, it was a* ~ *job* det var fixat (avgjort) i förväg

puzzle [ˈpʌzl] **I** *s* **1** gåta; problem, huvudbry **2** förvirring, bryderi, förlägenhet **3** pussel **II** *v* **1** förbrylla; *look* ~*d* se förbryllad (frågande) ut; ~ *one's head about* bry sin hjärna med **2** ~ *out* fundera (lura) ut **3** grubbla, fundera (*about, over* över, på), bry sin hjärna (*about, over* med) **puzzling** [-ɪŋ] förbryllande, gåtfull

pygmy [ˈpɪgmɪ] **1** *P*~ (*folk*) pygmé **2** pygmé, dvärg; nolla

pyja|ma [pəˈdʒɑːmə] *a* pyjamas-; ~ *trousers* pyjamasbyxor **-mas** [-məz] *pl* pyjamas; *a pair of* ~ en pyjamas

pylon [ˈpaɪlən] **1** [radio]mast, kraftledningsstolpe **2** *arkit.* pylon

pyramid [ˈpɪrəmɪd] pyramid

pyromaniac [ˌpaɪərəʊˈmeɪnɪək] pyroman

python [ˈpaɪθn] *zool.* pytonorm

Q

Q, q [kjuː] (*bokstav*) Q, q

1 quack [kwæk] **I** *s* kvacksalvare; charlatan **II** *v* kvacksalva [med]

2 quack [kwæk] **I** *v* (*om anka o. bildl.*) snattra **II** *s* snatter

quackery [ˈkwækərɪ] kvacksalveri

quadran|gle [ˈkwɒdræŋgl] **1** *geom.* fyrhörning; fyrkant **2** fyrkantig (kringbyggd) gård **-gular** [kwɒˈdræŋgjʊlə] fyrkantig

quadratic [kwɒˈdrætɪk] kvadratisk (*equation* ekvation)

quadruped [ˈkwɒdrʊped] **I** *s* fyrfotadjur, fyrfoting **II** *a* fyrfotad

quadruplet [ˈkwɒdrʊplɪt] fyrling

quagmire [ˈkwægmaɪə] gungfly (*äv. bildl.*), moras

quail [kweɪl] *zool.* vaktel

quaint [kweɪnt] pittoresk, målerisk; [gammaldags] charmig; egendomlig, säregen

quake [kweɪk] **I** *v* skälva, skaka, darra **II** *s* **1** skälvning, skakning, darrning **2** skalv

Quaker [ˈkweɪkə] kväkare

quali|fication [ˌkwɒlɪfɪˈkeɪʃn] **1** kvalifikation; kompetens, behörighet, lämplighet; egenskap, nödvändig förutsättning; examen, utbildning **2** förbehåll, inskränkning, modifiering **-fied** [ˈkwɒlɪfaɪd] **1** kvalificerad; kompetent, behörig, lämplig; utexaminerad, utbildad **2** förbehållsam, reserverad; *in a* ~ *sense* med reservation **-fy** [ˈkwɒlɪfaɪ] **1** kvalificera, göra behörig (kvalificerad), berättiga (*for* till) **2** modifiera, inskränka **3** *språkv.* bestämma, vara en bestämning till **4** beteckna, karakterisera, klassificera **5** kvalificera sig (*äv. sport.*); avlägga (ta) examen; ~ *for* kvalificera sig för, vara berättigad till; ~ *as a doctor* avlägga läkarexamen

qualitative [ˈkwɒlɪtətɪv] kvalitativ **quality** [ˈkwɒlətɪ] **I** *s* **1** kvalitet; slag, art; beskaffenhet; *improvements in* ~ kvalitetsförbättringar; ~ *of life* livskvalitet **2** egenskap **3** kvalitets|tidning, -tidskrift **II** *a* kvalitets-; förstklassig

qualm [kwɑːm] **1** kväljningar, plötsligt illamående **2** betänklighet, skrupel; farhåga

quandary [ˈkwɒndərɪ] bryderi, dilemma

quantitative [ˈkwɒntɪtətɪv] kvantitativ, kvantitets- **quantity** [-ɪ] **1** kvantitet, mängd; kvantum; stor mängd **2** *mat., fys., bildl.* storhet; *an unknown* ~ *a*) mat. en obekant, *b*) bildl. ett okrivset blad **3** *fonet., versl.* kvantitet

quan|tum [ˈkwɒntəm] (*pl -ta* [-tə]) **1** kvantum, [liten] mängd **2** *fys.* kvant

quarantine ['kwɒr(ə)nti:n] **I** s karantän **II** v hålla (förlägga) i karantän

quarrel ['kwɒr(ə)l] **I** s **1** gräl, träta; tvist; *pick a ~ with* söka (mucka) gräl med **2** invändning (*with* mot); *have no ~ with s.b.* (*äv.*) inte ha något otalt med ngn **II** v **1** gräla, träta; tvista **2** anmärka, klaga (*with* på) **-some** [-səm] grälsjuk

1 quarry ['kwɒrı] **I** s **1** stenbrott **2** *bildl.* informationskälla, guldgruva **II** v **1** bryta (*i stenbrott*) **2** bryta sten **3** *bildl.* forska, gräva

2 quarry ['kwɒrı] villebråd

quart [kwɔ:t] quart (*mått för våta varor = 1/4 gallon, i England 1,136 l, i USA 0,946 l*)

quarter ['kwɔ:tə] **I** s **1** fjärdedel; *a ~ of a...* en fjärdedels (kvarts)...; *~ [of an hour]* kvart[s timme]; *~ [of a year]* kvartal; *a ~ to* (*AE.: of*) *four* [en] kvart i fyra; *a ~ past* (*AE.: after*) *four* en kvart över fyra; *by the ~* kvartalsvis; *not a ~ as good* inte på långt här lika bra; *divide s.th. into ~s* dela ngt i fyra delar **2** quarter (*rymdmått = 8 bushels = 290,95 l; viktmått = 1/4 cwt. = 28* (*i USA 25*) *pounds = 12,7* (*i USA 11,3*) *kg; viktmått = 1/4 pound = 113,4 g*) **3** *AE.* 25 cent **4** väderstreck; sida, håll; del, trakt; *from all ~s* från alla håll; *from a good ~* från säker källa; *in high ~s* på högre ort **5** kvarter, område; *slum ~* slumområde **6** *~s* (*pl*) logi, bostad; *i sht mil.* kvarter, förläggning **7** *sjö.* post; *general ~s!* klart skepp!; *take up one's ~s* ställa sig på sin post **8** *sjö.* akterskepp; *on the port* (*starboard*) *~* på babords (styrbords) låring **9** *mil.* pardon, nåd, förskoning **10** [mån]kvarter **11** *her.* kvarter **II** v **1** fyrdela, dela i fyra delar **2** *mil.* inkvartera, förlägga **3** (*om jakthund*) genomleta

quarter|final ['kwɔ:təˌfaınl] *sport.* kvartsfinal **-ly** [-lı] **I** a kvartals-; fjärdedels- **II** adv kvartalsvis, en gång i kvartalet **III** s kvartalstidskrift

quarter note ['kwɔ:tənəʊt] *AE.*, *mus.* fjärdedelsnot

quartet[te] [kwɔ:'tet]kvartett

quartz [kwɔ:ts] *miner.* kvarts

quasar ['kweızɑ:] *astr.* kvasar

quash [kwɒʃ] **1** *jur.* ogiltigförklara, upphäva **2** undertrycka

quaver ['kweıvə] **I** v **1** darra, skälva **2** *mus.* tremulera **II** s **1** darrning, skälvning **2** *mus.* tremulering **3** *mus.* åttondelsnot

quay [ki:] kaj

queasy ['kwi:zı] **1** illamående; kväljande **2** obehaglig, oroande

queen [kwi:n] **I** s **1** drottning (*äv. bildl.*); *schack.* *äv.* dam; *kortsp.* dam; *beauty ~* skönhetsdrottning; *~ of spades* spaderdam; *~'s English* standardengelska **2** *vard.* bög, homofil **II** v **1** *schack.*, *~ a pawn* förvandla en bonde till drottning **2** *vard.*, *~ it* spela översittare (*over* mot) **queen consort** kungs gemål **queen dowager** änkedrottning

queer [kwıə] **I** a **1** underlig, egendomlig, konstig; *vard.* knasig, knäpp, konstig; *in ~ street* (*vard.*) i knipa **2** skum, mystisk **3** *vard.* homosexuell **II** s, *vard.* homofil, fikus **III** v, *vard.* fördärva; *~ a p.'s pitch* korsa ngns planer

quell [kwel] under|kuva, -trycka, slå ner; *bildl.* dämpa, mildra, stilla

quench [kwen(t)ʃ] **1** släcka (*a fire* en eld), stilla (*one's thirst* törsten); *bildl. äv.* dämpa **2** under|-trycka, -kuva, slå ner **3** kyla av

querulous ['kweruləs] gnällig, kverulantisk

query ['kwıərı] **I** s **1** fråga; förfrågan; *raise a ~* väcka en fråga **2** frågetecken **II** v **1** fråga, ställa en fråga till **2** betvivla, ifrågasätta

quest [kwest] **I** s **1** *åld.*, *litt.* sökande (*for* efter); *in ~ of* på jakt efter, för att söka efter **2** mål [för sökande] **II** v, *~ for* söka efter

question ['kwestʃ(ə)n] **I** s fråga; ämne, sak, angelägenhet; tvistefråga; problem, spörsmål; *parl.* interpellation; *~!* (*parl.*) till saken (ämnet)!; *the person in ~* personen i fråga; *beyond* [*all*] *~, without ~* utom allt tvivel, obestridligt, utan tvekan; *there is no ~ but that* det råder inget tvivel om att; *it is not in ~* a) det är inte aktuellt, b) det har inte ifrågasatts; *that's not the ~* det är inte det frågan (saken) gäller; *that is out of ~* det kommer inte i fråga (på frågan); *call in*[*to*] *~* ifrågasätta; *come into ~* komma på tal, bli viktig (aktuell); *pop the ~* fria **II** v **1** fråga [ut]; förhöra **2** betvivla, ifrågasätta; *I ~ whether* (*äv.*) jag undrar om

questionable ['kwestʃənəbl] tvivelaktig, diskutabel **questioning** [-ıŋ] förhör, utfrågning **question mark** frågetecken **questionnaire** [ˌkwestıə'neə] frågeformulär

queue [kju:] *i sht BE.* **I** s kö; *form a ~* bilda kö; *join the ~* ställa sig i kön; *stand in a ~* stå i kö, köa **II** v, *~* [*up*] köa, bilda kö

quibble ['kwıbl] **I** s spetsfundighet; undanflykt **II** v käbbla (*about, over* om)

quick [kwık] **I** a **1** snabb, rask, hastig; kort, flyktig; kvick, flink, rapp; pigg, vaken, rörlig; *a ~ one* (*vard.*) ett glas i all hast, en snabbis, en kort fråga; *be ~!* skynda dig [på]!; *be ~ to do s.th.* vara snar (ha lätt för) att göra ngt; *be ~ at figures* vara snabb i räkning **2** skarp; fin; tvär **3** hetsig, häftig, lättretad **4** *åld.* levande; *the ~ and the dead* levande och döda **II** adv, *vard.* snabbt, fort, kvickt **III** s ömt ställe, öm punkt; *the ~* (*i sår e.d.*) [det levande, det ömma] köttet; *a Socialist to the ~* en socialist ända in i märgen; *cut to the ~* såra djupt (ända in i själen)

quicken ['kwık(ə)n] **1** påskynda, öka (*one's pace* takten) **2** egga, stimulera, öka (*the interest* intresset) **3** öka, påskyndas **4** eggas, stimuleras, ökas **5** (*om foster*) börja sparka **quickly** [-lı] *adv* snabbt, raskt, hastigt, fort, kvickt **quickness** [-nıs] snabbhet **quicksilver** [-ˌsılvə] kvicksilver **quick-witted** [ˌkwık'wıtıd] kvicktänkt, fyndig

quid [kwıd] (*pl lika*) *BE. sl.* pund[sedel]

quiet ['kwaıət] **I** a **1** tyst; lugn, stilla; *be ~!* var tyst!; *keep ~ about s.th., keep s.th. ~* hålla tyst med ngt **2** hemlig; enskild; *I'll have a ~ word with you* jag skall prata i enrum med honom **3** tystlåten, lågmäld, fridsam, stillsam **4** (*om färg e.d.*) diskret, dämpad, lugn **II** s tystnad; lugn, stillhet; *peace and ~* lugn och ro; *on the ~* i smyg, i hemlighet **III** v, *AE.*, *se quieten* **quieten** [-n] **I** v [*down*] tysta, få tyst på, lugna **2** ~ [*down*] tystna, lugna sig **quietness** [-nıs], **quietude** ['kwaıtju:d] tystnad, stillhet; lugn, ro

quill pen ['kwılpen] gåspenna

quilt [kwılt] **I** s [säng]täcke; [säng]överkast **II** v kvilta, täck-, vadd|sticka; matelassera

quint [kwınt] *mus.* kvint **quintet[te]** [kwın'tet]

kvintett
quintuplet ['kwɪntjʊplɪt] femling
quip [kwɪp] **I** s **1** kvickhet, vits **2** spydighet **II** v **1** säga en kvickhet, vitsa **2** vara spydig
quirk [kwɜ:k] **1** egendomlighet, excentricitet; nyck; by a ~ of fate genom en ödets nyck **2** släng, snirkel (i skrift)
quit [kwɪt] **I** v (~ted, ~ted el. quit, quit) **1** lämna; flytta från; sluta [på]; sluta [upp med], lägga av [med], ge upp, släppa; ~ one's job sluta sitt arbete; ~ smoking sluta röka **2** betala, avbörda sig **3** ge sig i väg; flytta; sluta, lägga av, ge upp; give s.b. notice to ~ säga upp ngn **II** a, be ~ of vara fri (befriad) från, vara kvitt; we are ~ of her vi har blivit av med henne
quite [kwaɪt] ganska, rätt; riktigt, helt, alldeles, precis, absolut, mycket; egentligen, faktiskt, verkligen; ~ [so]! just det (precis)!, alldeles (helt) riktigt!; ~ a few ganska många; ~ a gentleman en riktig (verkligen en) gentleman; ~ a good flutist en gansksa bra flöjtist; ~ a little inte så litet; ~ a problem ett verkligt (ganska stort) problem; ~ a shock en ordentlig (ganska stor) chock; ~ another en helt annan; ~ the best den (det) allra bästa; ~ the contrary raka motsatsen; they were ~ a hundred de var minst hundra; I ~ like it jag tycker ganska bra om det; that was ~ something! (vard.) det var inte [så] illa!, det var ganska fantastiskt!
1 quiver ['kwɪvə] **I** v darra, skälva (with av) **II** s darrning, skälvning
2 quiver ['kwɪvə] [pil]koger
quiz [kwɪz] **I** s **1** fråge|sport, -lek **2** AE. skol. förhör, prov **II** v **1** fråga ut, förhöra **2** AE. skol. förhöra **quizmaster** ['kwɪz‚mɑːstə] frågesportsledare **quizzical** ['kwɪzɪkl] menande (glance blick); retsam
quota ['kwəʊtə] kvot; andel; tilldelning
quotation [kwə(ʊ)'teɪʃn] **1** citat; citering **2** hand. [pris]notering; kurs; kostnadsförslag, offert, anbud (for på) **quotation mark** [kwə(ʊ)'teɪʃnmɑːk] anförings-, citations|tecken
quote [kwəʊt] **I** v **1** citera (äv. sätta citationstecken kring); ~…unquote citat…slut på citat **2** åberopa, hänvisa till **3** hand. notera; offerera, lämna (a price ett pris) **4** lämna kostnadsförslag (anbud) (for på) **II** s, vard. citat; citationstecken
quotient ['kwəʊʃnt] mat. kvot; intelligence ~ (I.Q.) intelligenskvot

R

R, r [ɑ:] (bokstav) R, r; the three R's = reading, (w)riting, and (a)rithmetic läsning, skrivning och räkning (de tre grundläggande skolämnena)

rabbit ['ræbɪt] **I** s, zool. kanin; AE. äv. hare **II** v **1** go ~ting jaga kaniner **2** vard., ~ on babbla (mala) på **rabbit hutch** kaninbur
rabble ['ræbl] larmande [folk]hop; slödder, pack
rabid ['ræbɪd] rabiat, fanatisk, ursinnig
rabies ['reɪbiːz] med. rabies, vattuskräck, hundgalenskap
raccoon [rə'kuːn] zool. tvättbjörn, sjubb
1 race [reɪs] **1** ras, släkt **2** släkte; the human ~ människosläktet; of noble ~ av ädel börd
2 race [reɪs] **I** s **1** kapp|löpning, -körning, -segling etc.; lopp, tävling; the ~s kapplöningarna; 100 metres ~ hundrameterslopp; ~ against time kapplöpning med tiden; run a ~ springa (löpa) i kapp **2** [stark] ström **3** flodbädd; kanal; kvarnränna **II** v **1** springa (löpa, köra, segla etc.) i kapp med **2** rusa (motor); he ~d med off to the airport han körde mig till flygplatsen i rasande fart **3** tävla med; låta tävla **4** springa (löpa, köra, segla etc.) **I** kapp; kapp|köra, -segla, tävling|slöpa **5** rusa, jaga; springa (lopa, köra etc.) [fort] **6** delta[ga] i kapplöpningar
racecourse ['reɪskɔːs] kapplöpningsbana **racehorse** [-hɔːs] kapplöpningshäst **racetrack** [-træk] i sht AE. kapplöpningsbana; racerbana
racial ['reɪʃl] ras-
racing ['reɪsɪŋ] **I** s [häst]kapplöpning; racing **II** a kapplöpnings-; racer-
rac|ism ['reɪsɪz(ə)m] rasism **-ist** [-ɪst] rasist
1 rack [ræk] **I** s **1** ställ[ning], hylla; [hatt-, kläd]-hangare; bagagehylla **2** foderhäck **3** sträckbänk; be on the ~ ligga (bildl. hållas) på sträckbänken; put s.b. on the ~ (bildl.) hålla ngn på sträckbänken **4** kuggstång **II** v tortera, lägga på sträckbänken; bildl. pina, plåga; ~ one's brains bry (råd-bråka) sin hjärna; ~ing headache brinnande huvudvärk
2 rack [ræk] s, go to ~ and ruin gå åt skogen, förfalla
1 racket ['rækɪt] **1** oväsen, larm, buller; ståhej; set up a ~ föra oväsen **2** skumraskaffär; utpressning; bedrägeri, bluff, trick **3** sus och dus, hektiskt liv **4** skämts. yrke; sväng; handel
2 racket ['rækɪt] racket
racketeer [‚rækə'tɪə] skurk, gangster, skojare; bedragare
racy ['reɪsɪ] **1** livfull, livlig, schwungfull **2** pikant, mustig; vågad
radar ['reɪdɑː] radar
radial ['reɪdjəl] **I** a radiell, radial[-]; ~ tyre radial-däck **II** s radialdäck
radi|ance ['reɪdjəns] strålglans; strålknippe **-ant** [-ənt] **1** utstrålande; bildl. strålande **2** strålnings-; ~ heat strålningsvärme
radiate **I** v ['reɪdɪeɪt] **1** utstråla, radiera; bildl. [ut]stråla **2** stråla [ut] (äv. bildl.) **II** a ['reɪdɪət] utstrålande, strålformig **radiation** [‚reɪdɪ'eɪʃn] **1** utstrålande, [ut]strålning **2** radioaktiv strålning, radioaktivitet **radiator** ['reɪdɪeɪtə] **1** värmeledningselement, radiator **2** kylare (på bil)
radical ['rædɪkl] **I** a **1** radikal; genomgripande, grundlig **2** fundamental, grundläggande **3** mat., språkv. rot- **4** bot. jord- **II** s **1** kem., polit. radikal **2** mat., språkv. rot **-ism** ['rædɪkəlɪz(ə)m] radikalism
radii ['reɪdɪaɪ] pl av radius

radio ['reɪdɪəʊ] **I** s radio; radioapparat; *on the* ~ i radio **II** v **1** [ut]sända i radio, radiera; radiotelegrafera till **2** radiotelegrafera

radio|active [,reɪdɪəʊ'æktɪv] radioaktiv **-activity** [-æk'tɪvətɪ] radioaktivitet

radish ['rædɪʃ] rädisa; *black* ~ rättika

radium ['reɪdjəm] *fys.* radium

ra|dius ['reɪdjəs] (*pl -dii* [-dɪaɪ]) **1** radie **2** *anat.* strålben, radius

radon ['reɪdɒn] *kem.* radon

R.A.F. *förk. för Royal Air Force*

raffle ['ræfl] **I** s tombola **II** a tombola-; ~ *ticket* tombolalott **III** v lotta ut

raft [rɑ:ft] **I** s **1** flotte **2** *AE. vard.*, *a* ~ *of* en massa **II** v flotta

rag [ræg] **1** trasa; *vard.* [kläd]trasa, näsduk; ~*s* (*pl, äv.*) lump; *glad* ~*s* (*vard.*) finkläder; *from* ~*s to riches* (*vard.*) från yttersta fattigdom till största rikedom; *be a red* ~ *to a bull* vara som ett rött skynke **2** *vard.* [tidnings]blaska **3** *vard.* [student]karneval

ragamuffin ['rægə,mʌfɪn] rännstensunge, trashank

rage [reɪdʒ] **I** s **1** raseri, ursinne, vrede; *be in* (*fly into*) *a* ~ vara (bli) rasande; *have a* ~ *for* vara lidelsefullt intresserad av **2** *vard.* [mode]fluga; *be all the* ~*s* vara sista skriket (på modet, inne) **II** v **1** rasa, vara rasande (*about, at* över) **2** (*om väder*) rasa; (*om epidemi*) grassera

ragged ['rægɪd] **1** trasig; lumpig, ovårdad; fransig; *she ran herself* ~ (*vard.*) hon blev alldeles slut **2** ojämn (*äv. bildl.*), skrovlig

raid [reɪd] **I** s räd, plötsligt anfall (*on* mot); [polis]razzia (*on* mot); kupp (*on mot*) **II** v **1** göra en räd (razzia, kupp) mot; göra inbrott i, plundra **2** göra (deltaga i) en räd; plundra **-er** ['reɪdə] **1** deltagare i räd (razzia), angripare; inbrottstjuv, kuppmakare **2** kommandosoldat

rail [reɪl] **I** s **1** ledstång, räcke; (*vågrät*) stång; *sjö.* reling **2** [järnvägs]skena, räl[s]; järnväg; *by* ~ med (på) järnväg; *go off the* ~*s* (*bildl.*) spåra ur **II** v förse med räcke; ~ *in* (*off*) inhägna, sätta upp räcke kring

railcar ['reɪlkɑ:] *järnv.* motorvagn

railing ['reɪlɪŋ] **1** räcke; skrank, staket **2** [järnvägs]räls

railroad ['reɪlrəʊd] **I** s, *AE.*, *se* railroad **II** v, *vard.* [snabbt] driva (trumfa) igenom; jäkta på (*s.b. into doing s.th.* ngt att göra ngt)

railway ['reɪlweɪ] *BE.* **I** s järnväg; järnvägsbolag; *by* ~ med (på) järnväg **II** a järnvägs-; ~ *engine* lokomotiv; ~ *line* järnvägslinje

rain [reɪn] **I** s regn (*äv. bildl.*); regnväder; *the* ~*s* (*pl, äv.*) regntiden; *come* ~ *or shine* i ur och skur, oavsett vädret; *as right as* ~ (*vard.*) pigg och kry [igen], helt återställd **II** v **1** opers. regna; *it is* ~*ing cats and dogs* (*vard.*) regnet står som spön i backen; *it never* ~*s but it pours* en olycka kommer sällan ensam **2** *be* ~*ed off* inställas (vara inställd) på grund av regn **3** låta [det] regna, ösa; ~ *abuse on s.b.* överösa ngn med ovett; ~ *blows on s.b.* låta slagen hagla över ngn

rainbow ['reɪnbəʊ] regnbåge; *at the end of the* ~ ouppnåelig **rain check** s, *i sht AE. vard.*, *take a* ~ fundera (skjuta) på saken **raincoat** regn|kappa, -rock **raindrop** regndroppe **rainfall 1**

regnskur **2** regnmängd, nederbörd **rain forest** [- ,fɒrɪst] regnskog **rain gauge** [-geɪdʒ] regnmätare **rainwater** regnvatten **rainy** [-ɪ] regnig, regn-; *save s.th. for a* ~ *day* spara ngt för sämre tider

raise [reɪz] **I** v **1** lyfta [upp], resa [upp], dra (hissa, röra, skjuta, ta) upp, höja [på], lyfta på; ~ *bread* låta bröd jäsa upp; ~ *one's eyebrows* höja på ögonbrynen; ~ *one's glass to s.b.* dricka ngn till, skåla med ngn; ~ *one's hand* räcka upp handen; ~ *one's hat to s.b.* lyfta på hatten för ngn; ~ *the roof a*) få taket att lyfta sig, *b*) bua våldsamt, föra oväsen, *c*) få ett vredesutbrott **2** resa, uppföra, bygga **3** dra (föda) upp; odla; producera; uppfostra (*children* barn) **4** öka, höja, stegra, driva upp; förbättra; ~ *the prices* höja priserna; ~ *one's voice* höja rösten **5** befordra, upphöja; ~ *s.b. to the peerage* upphöja ngn till pär, adla ngn **6** [upp]väcka; frammana; framkalla, [för]orsaka, ställa till [med]; egga upp, uppvigla; ~ *a blister* orsaka en blåsa; ~ *hell* (*vard.*) föra ett helvetes liv, röra upp himmel och jord; ~ *a p.'s hopes* väcka ngns förhoppningar; ~ *a laugh* framkalla skratt; ~ *a p.'s spirits* liva (pigga) upp ngn; ~ *s.b. from the dead* uppväcka ngn från de döda **7** väcka, ta upp, lägga fram, framställa; göra; ~ *objections* resa (komma med) invändningar; ~ *a protest* lägga in en protest, protestera **8** [lyckas] få tag i, [lyckas] skaffa, samla (skrapa) ihop, samla; ställa upp **9** ta (*a loan* ett lån); ta upp (*taxes* skatter) **10** [upp]häva **11** *mat.* upphöja (*to the power of two* i kvadrat) **II** s, *i sht AE.* löne|förhöjning, -lyft

raisin ['reɪzn] russin

rake [reɪk] **I** s kratta, räfsa; raka, skrapa **II** v **1** kratta, räfsa; raka, skrapa; lata i (igenom); ~ *in* håva in; ~ *out a*) raka ut, *b*) ta reda på, leta fram; ~ *up* (*together*) *a*) kratta (räfsa) ihop, *b*) skrapa ihop, få tag i, *c*) gräva i, riva upp **2** granska, betrakta **3** *mil.* bestryka **4** gräva, rota, riva, söka **1 rally** ['rælɪ] **I** v **1** [åter] samla, [åter] samla ihop; ~ *one's strength* samla sina krafter **2** [åter] samlas, samla sig; ~*ing point* samlingsplats; ~ *to the support of s.b.* [tillsammans] komma till ngns undsättning, ställa upp för ngn **3** hämta (repa) sig **4** köra rally **5** (*i tennis e.d.*) ha en lång slagväxling **II** s **1** [åter]samling; [mass]möte **2** återhämtning, tillfrisknande; uppgång **3** (*i tennis e.d.*) lång slagväxling **4** rally

2 rally ['rælɪ] raljera (skämta) med

ram [ræm] **I** s **1** bagge, gumse; *the R~* (*astr.*) Väduren **2** *tekn.* hejare, fallhammare; pålkran; pistong, kolv; murbräcka **3** *sjö.* ramm **II** v **1** ramma **2** slå, hamra, bulta, pressa, trycka, tvinga; ~ *a post into the ground* slå ner en påle i marken; ~ *s.th. home* klargöra ngt, göra ngt helt klart; ~ *s.th. down a p.'s throat* tjata om ngt **3** stoppa, pressa, proppa

ram|ble ['ræmbl] **I** v **1** vandra, ströva omkring; flanera; släntra; (*om tankar*) irra **2** ~ [*on*] pladdra på **3** växa (breda ut sig) åt alla håll **II** s strövtåg, vandring **-bler** ['ræmblə] **1** vandrare **2** kläng-, klätter|ros **-bling** [-blɪŋ] **1** kring|irrande, -strövande; (*om tankar etc.*) virrig, osammanhängande **2** (*om växt*) kläng-, klätter- **3** oregelbundet byggd

ramification — rat

rami|**fication** [ˌræmɪfɪ'keɪʃn] förgrening *(äv. bildl.)*; utlöpare **-fy** ['ræmɪfaɪ] förgrena [sig]

ramp [ræmp] I *s* **1** ramp, sluttande uppfart[sväg]; *(motorvägs)* av-, på|fart **2** *(i gata)* farthinder, gupp **3** *BE. sl.* svindel II *v* **1** *(om djur)* ~ *around (about)* rusa runt (omkring) **2** ~ *and rage* föra ett förfärligt liv, rasa

rampage [ræm'peɪdʒ] I *s, be (go) on the* ~ fara fram som en galning, leva rövare II *v* rusa fram (runt), rasa

rampant ['ræmpənt] **1** vild, våldsam, häftig, otyglad; *be* ~ grassera, härja, frodas, gripa omkring sig **2** *(om växt)* vildvuxen **3** *her.* stående på bakbenen

rampart ['ræmpɑːt] fästningsvall; *bildl.* bålverk, värn

ramshackle ['ræmˌʃækl] fallfärdig, skranglig

ran [ræn] *imperf av run*

ranch [rɑːn(t)ʃ] **1** *(nordamer.)* ranch, [större] boskapsfarm **2** farm; *chicken* ~ kyckling|farm· *mink* ~ minkfarm **••** ['rɑːn(t)ʃə] rãnchägare

ranch'd ['rænsɪd] härsken

rancour ['ræŋkə] bitterhet, hat

random ['rændəm] I *s, at* ~ på måfå II *a* godtycklig; slump|artad, -mässig; gjord på måfå, slumpvis

randy ['rændɪ] *vard.* kåt

rang [ræŋ] *imperf av ring*

range [reɪn(d)ʒ] I *s* **1** aktionsradie, [verknings]-område, räckvidd, utsträckning, omfång; avstånd, distans; skottvidd, skjutavstånd; *at long (short)* ~ på lång[t] (nära) håll; *out of* ~ utom räckhåll (synhåll, hörhåll, skotthåll); *within [firing]* ~ inom skotthåll *(of* för); ~ *of responsibility* ansvarsområde; ~ *of voice* röstomfång, register; *her* ~ *of knowledge is very limited* hennes kunskaper är mycket begränsade **2** skjutbana **3** rad, räcka; klass, skala; sortiment, urval; ~ *of mountains* bergskedja; *a wide* ~ *of* en lång rad, många olika, ett stort (brett) urval (en bred skala) av; *in this price* ~ i den här prisklassen **4** [köks]spis **5** *AE.* [vidsträckt] betesmark, öppet landskap II *v* **1** ställa upp [i rad]; placera, [in]ordna, klassificera; ~ *o.s. on a p.'s side* sluta upp på ngns sida **2** genomströva, vandra genom (i), fara längs (omkring på) **3** *AE.* låta beta **4** sträcka sig, gå, ligga; [kunna] placeras ([in]ordnas); variera; ~ *over a)* sträcka sig över, *b)* vara utbredd över, *c)* ha en räckvidd av **5** ströva [omkring], vandra [omkring]

ranger ['reɪn(d)ʒə] **1** skogvaktare, kronojägare; uppsyningsman **2** vandrare **3** *AE.* ridande polis; ~*s (pl, mil.)* jägartrupp

1 rank [ræŋk] I *s* **1** rad, räcka; *a* ~ *of taxis (äv.)* en taxistation **2** [samhälls]klass, skikt, stånd; rang; *mil. o. bildl.* led; *mil.* grad; *the* ~*s, the* ~ *and file a)* de meniga, manskapet, *b)* gemene man, den stora (breda) massan, gräsrötterna; *the* ~ *and fashion* den förnäma världen, eliten, societeten; *break* ~*[s]* falla ur ledet; *close the* ~*s* sluta leden; *pull* ~ utnyttja sin ställning; *reduce s.b. to the* ~*s* degradera ngn till menig; *rise from the* ~*s (bildl.)* arbeta sig upp; *take* ~ *of* ha högre rang än II *v* **1** ställa upp i (på) led; placera, sätta, [in]ordna, inrangera; klassificera; räkna; ranka **2** ha en plats, stå, ligga; ha rang; anses vara; räknas; ran-

kas; ~ *above (below)* ha högre (lägre) rang (grad) än

2 rank [ræŋk] **1** frodig, tät; vildvuxen **2** illa|luktande, -smakande, stinkande **3** grov, vulgär **4** fullständig, absolut, total; komplett

ransack ['rænsæk] **1** leta igenom; rannsaka, undersöka grundligt **2** plundra

ransom ['ræns(ə)m] I *s* **1** lösesumma, lösen; *hold s.b. to* ~ hålla ngn som gisslan [tills lösesumma betalats]; *king's* ~ furstlig summa II *v* **1** betala lösen för, friköpa **2** frige mot lösen

rant [rænt] **1** gorma, tala högljutt; ~ *on*, ~ *and rave* gorma och stå i **2** tala högtravande (bombastiskt)

rap [ræp] I *s* **1** knackning; lätt slag, rapp; ~ *on (over) the knuckles (bildl.)* tillrättavisning, reprimand; *take the* ~ *(vard.)* få bära hundhuvudet **2** *AE. sl.* snack **3** *AE. sl., beat the* ~ slippa straff, gå fri II *v* **1** knacka; slå, smälla, dunka i (på) ≈ *AE. Vard.* snacka, babbla

rapacious [rə'peɪʃəs] **1** girig; rovgirig **2** rov-; ~ *bird* rovfågel **rapacity** [rə'pæsətɪ] girighet; rovgirighet

1 rape [reɪp] I *s* **1** våldta **2** förstöra **3** *åld.* bortröva II *s* **1** våldtäkt **2** våldförande, förstörelse **3** *åld.* bortrövande

2 rape [reɪp] *bot.* raps

rapid ['ræpɪd] I *a* snabb, hastig II *s*, ~*s (pl)* fors **rapidity** [rə'pɪdətɪ] snabbhet, hastighet

rapier ['reɪpjə] värja

rapist ['reɪpɪst] våldtäktsman

rapport [ræ'pɔː] samförstånd, förbindelse, relation

rapt [ræpt] **1** hänförd **2** uppslukad; försjunken

rapture ['ræptʃə] hänförelse, begeistring, extas; *go into* ~*s about* vara hänförd (begeistrad) över **rapturous** ['ræptʃ(ə)rəs] hänförd, begeistrad, extatisk

1 rare [reə] **1** sällsynt, ovanlig; *bot.* rar; ~ *gas* ädelgas; *with very* ~ *exceptions* med mycket få undantag **2** tunn, *(air* luft) förtunnad **3** enastående

2 rare [reə] *(om kött)* lätt stekt, blodig

rare|fied ['reərɪfaɪd] **1** exklusiv, esoterisk **2** tunn *(air* luft) **-fy** [-faɪ] förtunna[s]

rarely ['reəlɪ] *adv* **1** sällan **2** sällsynt, ovanligt **3** enastående

rarity ['reərətɪ] **1** sällsynthet; raritet **2** tunnhet

rascal ['rɑːsk(ə)l] **1** lymmel, kanalje **2** *(om barn)* rackare, rackarunge

1 rash [ræʃ] överilad, förhastad, obetänksam

2 rash [ræʃ] **1** *med.* [hud]utslag **2** *bildl.* ström, serie

rasp [rɑːsp] I *s* **1** rasp, grov fil **2** raspande II *v* **1** raspa, fila **2** *bildl.* raspa, skorra, skära i; ~*ing sound* skärande *(skorrande, gnisslande)* ljud; ~ *voice* sträv (skrovlig) röst

raspberry ['rɑːzb(ə)rɪ] **1** hallon; hallonbuske **2** hånfullt ljud med tungan; *blow a* ~ *(ung.)* fnysa föraktfullt, göra en föraktfull gest

rat [ræt] I *s* **1** råtta; *sl.* avskum, skit[stövel]; *oh* ~*s! (vard.)* jäklar också!; *look like a drowned* ~ se ut som en våt katt; *smell a* ~ *(vard.)* ana oråd **2** *vard.* överlöpare, förrädare; *AE. sl.* tjallare **3** *vard.* strejkbrytare, svartfot II *v* **1** jaga råttor **2** *vard.*, ~ *on s.b.* svika ngn, lämna ngn i sticket; ~

R

on a deal bryta ett avtal

rate [reɪt] **I** *s* **1** hastighet, fart, takt; frekvens, [an]tal; grad; *birth* ~ födelsetal; *growth* ~ tillväxttakt; *at the (a)* ~ *of* med en hastighet av; *at a certain* ~ i viss grad (mån); *at the* ~ *you're going* (*bildl.*) som du håller på, om du fortsätter så här; *at any* ~ (*bildl.*) i alla (varje) fall, under alla förhållanden; *at that* ~ (*bildl.*) om det förhåller sig så, i så fall **2** kurs; sats; taxa, tariff; pris; värde; ~ [*of interest*] ränta, ränte|sats, -fot; ~ *of exchange* växelkurs; *at the* ~ *of* till (för) ett pris av **3** ~*s* (*pl*) skatt till kommunal myndighet, kommunala skatter (avgifter) **4** klass, rang **II** *v* **1** uppskatta, beräkna, värdera, taxera (*at* till), bedöma; klassificera; räkna; gilla; ~ *s.b. among* räkna ngn bland (till); *how do you* ~ *these results?* hur bedömer du (vad anser du om) de här resultaten? **2** beskatta (*kommunalt*), taxera **3** förtjäna; vara värd; vara berättigad till **4** räknas, anses, betraktas (*as* som)

rather ['rɑ:ðə] **1** ganska, rätt, tämligen; *I'm in* ~ *a hurry* jag har faktiskt ganska bråttom; *I* ~ *think that is the case* jag tycker faktiskt att det är så **2** hellre, helst, snarare; *I would* ~ *not say* jag vill helst inte säga det; *I'd* ~ *be sailing* jag skulle hellre vilja vara ute och segla; *or* ~ eller rättare sagt; ~ *you* (*him etc.*) *than me!* jag är glad det inte är jag! **3** (*som svar*) ja (jo) visst, absolut

ratification [ˌrætɪfɪ'keɪʃn] ratificering, stadfästelse, bekräftelse **-fy** [-faɪ] ratificera, stadfästa, bekräfta

rating ['reɪtɪŋ] **1** värdering; uppskattning; ~*s* (*pl, TV., radio.*) tittar-, lyssnar|siffror **2** [kommunal] taxering; kommunalskatt **3** klassificering; *sjö.* klass **4** [tjänste]grad **5** *sjömil.* menig, matros; ~*s* (*pl*) manskap, meniga **6** *tekn.* data; *octane* ~ oktantal

ratio ['reɪʃɪəʊ] förhållande, proportion

ration ['ræʃn] **I** *s* ranson, tilldelning; dos, [an]del; ~*s* (*pl, äv.*) mat[ransoner]; *iron* ~*s* nöd-, reserv|proviant **II** *v* **1** ransonera **2** *i sht mil.*, ~ [*out*] dela ut [ransoner] **3** ~ *s.b. to s.th.* ge ngn en ranson av ngt

rational ['ræʃənl] rationell; förståndsmässig; förnuftig, praktiskt ändamålsenlig

rationalization (*BE. äv. -alisation*) [ˌræʃnəlaɪ'zeɪʃn] rationalisering **-alize** (*BE. äv. -alise*) ['ræʃnəlaɪz] rationalisera

rat race ['rætreɪs] karriär|jakt, -lopp, hård konkurrens **ratsbane** [-sbeɪn] råttgift

rattle ['rætl] **I** *v* **1** skallra, skramla; rassla; knattra; klirra **2** ~ [*on, along*] pladdra (prata) på **3** skramla (skallra, rassla, klirra) med; skaka **4** *vard.* göra nervös, irritera, störa **5** ~ *off* (*out*) *a*) rabbla upp, *b*) spotta fram; ~ *through* skynda sig (dra) igenom **II** *s* **1** skallra, skramla; *red* ~ (*bot.*) kärrspira **2** skallrande, skrammel; rassel; knatter; klirr **3** pladder **-snake** *zool.* skallerorm

ratty ['rætɪ] *vard.* **1** *BE.* knarrig, vresig, irriterad **2** (*om hår*) ovårdad, stripig **3** *AE.* sjabbig, vanvårdad

raucous ['rɔ:kəs] hes, skrovlig

ravage ['rævɪdʒ] **I** *v* ödelägga, hemsöka, förhärja, plundra; härja **II** *s* ödeläggelse; härjning; *the* ~ *of time* tidens härjningar (tand)

rave [reɪv] **I** *v* **1** rasa, gorma **2** (*om vind, hav*) rasa, dåna **3** *vard.*, ~ *over* tala med hänförelse om, vurma för **4** *vard.*, ~ *it up* slå runt, festa om **II** *s* **1** *vard.* fantastisk lovord, entusiastiskt beröm **2** *BE. sl.* party **3** *BE. sl.* fluga, vurm; *the latest* ~ sista skriket **III** *a* entusiastisk, berömmande

ravel ['rævl] **I** *v* **1** trassla till (ihop) **2** ~ [*out*] repa (trassla, riva) upp, *bildl.* reda ut **3** trassla till (ihop) sig **4** ~ [*out*] repas (trasslas, rivas) upp **II** *s* oreda, trassel

raven ['reɪvn] **I** *s, zool.* korp **II** *a* korpsvart

ravenous ['rævənəs] **1** rov|girig, -lysten **2** *vard.* utsvulten, hungrig som en varg; glupsk

rave-up ['reɪvʌp] *BE. vard.* party, hålligång

ravine [rə'vi:n] ravin, klyfta, hålväg

raving ['reɪvɪŋ] **I** *a* **1** yrande; förvirrad **2** *vard.* fantastisk, strålande **II** *adv* fullständigt, komplett; ~ *mad* spritt sprängande galen

ravishing ['rævɪʃɪŋ] hänförande, förtjusande

raw [rɔ:] **I** *a* **1** rå, okokt **2** rå; obearbetad; oraffinerad; ~ *data* obearbetade uppgifter; ~ *material a*) råmaterial, *b*) råvara; ~ *silk* råsiden **3** öm, hudlös, sårig, svidande **4** oövad, oerfaren, otränad, omogen **5** realistisk, osminkad **6** (*om väder*) rå, ruskig, gråkall **7** *i sht AE.* grov, vulgär, rå, tarvlig **8** *vard.*, *give s.b. a* ~ *deal* behandla ngn orättvist **II** *s* **1** *BE. vard.*, *touch s.b. on the* ~ röra vid ngns ömma punkt **2** *in the* ~ (*vard.*) näck, naken; *life in the* ~ det osminkade livet **-hide** **1** ogarvat läder **2** piska (rep) av ogarvat läder

1 ray [reɪ] stråle; *a* ~ *of hope* en strimma hopp **2 ray** [reɪ] *zool.* rocka

rayon ['reɪɒn] rayon[silke, -ull]

raze [reɪz] *v,* ~ [*to the ground*] rasera, jämna med marken, utplåna

razor ['reɪzə] rak|kniv, -hyvel, -apparat; *electric* ~ elektrisk rakapparat; ~'*s edge*, se razor-edge **razor-edge** [- redʒ] rakbladsegg; *be on a* ~ vara i ett kritiskt läge (svår situation), balansera på en knivsegg

razzle[-dazzle] ['ræzl(ˌdæzl)] *s, vard. be* (*go*) *on the* ~ vara ute och festa (rumla) [om]

re [ri:] beträffande, rörande
're [-ə] = *are* (*we're, you're, they're*)

reach [ri:tʃ] **I** *v* **1** nå [fram till, upp till], komma åt, komma [fram] till, anlända till, hinna [fram] till; ~ *an agreement* nå (komma fram till) en överenskommelse; ~ *home* komma hem; ~ *s.b. by phone* nå (få tag i) ngn på telefon **2** ge, räcka **3** sträcka; ~ *out one's hand for s.th.* sträcka ut (fram) handen efter ngt **4** nå, räcka; *as far as the eye can* ~ så långt ögat når **5** sträcka (breda) ut sig **6** ~ [*out*] *for* sträcka sig efter **II** *s* **1** räckande, sträckande; *make a* ~ *for* sträcka sig (sträcka ut handen) efter **2** räck|håll, -vidd; utsträckning; omfång; [fattnings]förmåga; *this is beyond her* ~ det går över hennes horisont; *out of* ~ utom räckhåll, oåtkomlig (*of s.b.* för ngn); *within* ~ inom räckhåll, åtkomlig (*of s.b.* för ngn); *within easy* ~ *of the woods* i omedelbar närhet av (på bekvämt avstånd från) skogen **3** sträcka

react [rɪ'ækt] **1** reagera (*to* för, på; *against* mot) **2** ~ [*up*]*on* återverka (inverka) på **3** *kem.* reagera (*with* med) **reaction** [rɪ'ækʃn] **1** reaktion (*to* på; *against* mot; *towards* inför, mot) **2** *polit., kem.*

reaktion **reactionary** [rɪ'ækʃnərɪ] **I** *a* reaktionär, bakåtsträvande **II** *s* reaktionär, bakåtsträvare **-tor** [rɪ'æktə] reaktor

read **I** [ri:d] *v* (*read* [red], *read* [red]) **1** läsa, läsa upp, läsa högt (*to s.b.* för ngn); tyda, tolka; studera; ~ *law* läsa (studera) juridik; ~ *music* läsa noter; ~ *a p.'s hand* spå ngn i handen; *for 'sweet'* ~ *'sweat'* i stället för 'sweet' skall det stå (läs) 'sweat'; *take s.th. as read* förutsätta att ngt är känt, betrakta ngt som överenskommet (självklart); ~ *back* läsa om; ~ *s.th. into a text* läsa (lägga) in ngt i en text; ~ *out* läsa upp (högt); ~ *over* (*through*) läsa igenom; ~ *up* [*on*] läsa 'på, läsa in sig på **2** ~ [*off*] läsa av (*mätare*) **3** visa [på], stå på; *the thermometer ~s 38°* termometern visar (står på) 38° **4** läsa (*of, about* om); studera; ~ [*aloud*] läsa högt; ~ *for the bar* läsa (studera) juridik (till advokat); ~ *for an examination* läsa för en tentamen; ~ *to s.b.* från läsa [högt] för ngn i (ur) **5** stå [att läsa]; kunna läsas; lyda, låta; *that's how it ~s to me* så fattar jag det **II** [red] *a* *o. perf. part.*, *be well read* vara beläst **III** [ri:d] läsning, lässtund; *he enjoys a good* ~ han tycker om att läsa

readable ['ri:dəbl] **1** läs|lig, -bar **2** läsvärd

reader ['ri:də] **1** läsare; *tekn. äv.* läsapparat **2** uppläsare **3** *BE.* [universitets]lektor, docent **4** [*publisher's*] ~ lektör **5** läsebok **-ship 1** läsekrets **2** *BE.* [universitets]lektorat, docentur

readi|ly ['redɪlɪ] *adv* **1** gärna, [bered]villigt **2** lätt, med lätthet **-ness** [-nɪs] **1** [bered]villighet **2** snabbhet, lätthet **3** beredskap; *in* ~ *for* beredd (redo) till

reading ['ri:dɪŋ] **I** *a* läsande, läs[e]- **II** *s* **1** läsande, läsning; lektyr; *the book is* (*makes*) *very interesting* ~ boken är mycket intressant [att läsa] **2** uppläsning, recitation **3** tolkning, interpretation, uppfattning **4** beläsenhet; *a woman of wide* ~ en mycket beläst kvinna **5** avläsning; mätarställning; *barometer* ~ barometerstånd; *the* ~ *is...* den visar (står på)...; *take a* ~ läsa av mätaren (*e.d.*) **6** *parl.* läsning

readjust [,ri:ə'dʒʌst] **1** [på nytt] ställa om (ställa in, justera) **2** ~ [*o.s.*] [åter]anpassa sig (*to* till, efter) **-ment** [-mənt] **1** omställning, omjustering **2** [åter]anpassning

read-out ['ri:daʊt] *data.* avläsning

ready ['redɪ] **I** *a* **1** färdig, klar, beredd, redo, i ordning; ~, *steady, go!* klara, färdiga, gå!; *he is very* ~ *at excuses* han har alltid en ursäkt till hands; ~ *for action* strids|beredd, -klar; ~ [*to*] *use* färdig (klar) att använda[s]; *get* [*o.s.*] ~ göra sig klar (i ordning), förbereda sig (*for* för, på) **2** [bered]villig, benägen, snar, ivrig; *be* ~ *to* (*äv.*) vara nära (på väg, på vippen) att **3** rask, snabb; kvick[tänkt]; ~ *wit* slagfärdighet **4** bekväm, lätt, snabb-; ~ *reckoner* lathund, räknetabell **5** ~ *money* (*vard.*) reda pengar, kontanter; ~ *assets* likvida medel **II** *s* **1** *vard., the readies* kor.tanter[na] **2** *mil., at the* ~ skjutklar, i färdigställning

ready-made ['redɪmeɪd] **I** *a* färdiggjord; färdigsydd, konfektions-; färdiglagad (*food* mat); *bildl.* färdig[gjord], patent-; ~ *solution* patentlösning, färdig lösning **II** *s* färdigsytt (konfektionssytt) plagg

real [rɪːl] **I** *a* verklig, riktig, reell, faktisk; äkta; ~ *estate* (*property*) (*jur.*) fast egendom; ~ *size* naturlig storlek; *the* ~ *thing* (*vard.*) den riktiga (genuina) grejen, äkta vara, det enda rätta; *the* ~ *world* verkligheten, det verkliga livet **II** *adv, AE.* verkligt, riktigt; verkligen **III** *s, vard., for* ~ på riktigt

real|ism ['rɪəlɪz(ə)m] realism **-ist** [-ɪst] realist **-istic** [,rɪə'lɪstɪk] realistisk

reality [rɪ'ælətɪ] verklighet, realitet; *in* ~ *a*) i verkligheten (realiteten), *b*) i själva verket

real|ization (*BE. äv. -isation*) [,rɪəlaɪ'zeɪʃn] **1** insikt **2** förverkligande, realiserande, genomförande, utförande **3** realiserande, avyttring **-ize** (*BE. äv. -ise*) ['rɪəlaɪz] **1** inse, fatta, förstå **2** förverkliga, realisera, genomföra, utföra; ~ *o.s.* förverkliga sig själv; *my worst fears were ~d* mina värsta farhågor besannades **3** realisera, förvandla i reda pengar, avyttra **4** inbringa

really ['rɪəlɪ] *adv* **1** verkligen, faktiskt; i själva verket, egentligen; ~*!* nej, vet du (ni) vad! **2** riktigt, verkligt (*bad* dålig)

realm [relm] [kunga]rike; *bildl.* värld

realtor ['rɪəltə] *AE.* fastighetsmäklare

reap [ri:p] skära, meja (*corn* säd); skörda (*äv. bildl.*) **-ing-machine** ['ri:pɪŋmə,ʃɪn] skördemaskin

reappear [,ri:ə'pɪə] visa sig igen (på nytt), uppträda på nytt

1 rear [rɪə] **I** *s* bakre del, bakdel; baksida; *in* (*at*) *the* ~ *of* bakom, på baksidan av, i slutet av; *bring* (*take*) *up the* ~ bilda eftertrupp **2** *vard.* bak, ända, rumpa **II** *a* bak-, bak|re; ~ *wheel* bakhjul

2 rear [rɪə] **1** uppfostra **2** föda upp; odla **3** resa (*a ladder* en stege; *a building* en byggnad); *the horse ~ed its legs* hästen stegrade sig; *racialism ~ed its ugly head* rasismen stack upp sitt otäcka huvud **4** ~ [*up*] resa sig, stegra sig

rearguard ['rɪəga:d] eftertrupp, arriärgarde

rear light ['rɪəlaɪt] baklykta

rearm [,ri:'ɑ:m] [åter]upprusta **rearmament** [rɪ'ɑ:məmənt] [åter]upprustning

rearrange [,ri:ə'reɪn(d)ʒ] ordna (arrangera, placera) om; bestämma ny tid för; ~ *the furniture* möblera om

rear view ['rɪəvju:] *a,* ~ *mirror* backspegel

reason ['ri:zn] **I** *s* **1** anledning, grund, orsak, skäl (*for* till, för); *by* ~ *of* på grund av; *the* ~ *why* (*that*) anledningen (orsaken, skälet) till att; *for some* ~ av ngn anledning; *for ~s best know to herself she has* av ngn outgrundlig anledning har hon; *all the more* ~ *to do it* så mycket större anledning att göra det; *I have every* ~ *to* jag har all anledning att **2** förstånd; förnuft; reson, rimlighet, fog; *with* (*in all*) ~ med all rätt, med rätta; *lose one's* ~ förlora förståndet; *listen to* ~ ta reson; *that stands to* ~ det är [själv]klart; *do anything within* ~ göra allt inom rimliga gränser (man kan begära) **II** *v* **1** resonera; ~ *out a*) sluta sig till, tänka ut (igenom), *b*) resonera igenom **2** ~ *s.b. into doing s.th.* övertala (förmå) ngn [till] att göra ngt **3** resonera (tänka, tala) logiskt (förnuftigt); dra slutsatser; resonera, diskutera; ~ *with s.b.* (*äv.*) tala förstånd med ngn

reason|able ['ri:znəbl] **1** förnuftig, förståndig; resonabel **2** skälig, rimlig; tämligen bra (stor *e.d.*), hygglig **-ably** [- əblı] *adv* **1** förnuftigt, förståndigt; resonabelt **2** skäligt, rimligt; tämligen, ganska **-ing** [-ıŋ] resonerande, resonemang; tankegång, argument

reassurance [ˌriːəˈʃʊər(ə)ns] uppmuntran, tröst; tillförsikt **reassure** [ˌriːəˈʃʊə] uppmuntra, trösta, lugna

rebate [ˈriːbeɪt] rabatt, avdrag; återbäring; *tax ~* skatteåterbäring

rebel I *s* [ˈrebl] rebell, upprors|man, -makare **II** *a* [ˈrebl] rebell-, rebellisk, upprors-, upprorisk; *~ leader* rebelledare, upprorsledare **III** *v* [rɪˈbel] göra uppror, resa sig, rebellera **rebellion** [rɪˈbeljən] uppror; revolt; *rise in ~* göra uppror **rebellious** [rɪˈbeljəs] **1** upprorisk, rebellisk **2** motspänstig

rebirth [ˌriːˈbɜːθ] pånyttfödelse, förnyelse; återupplivande

reborn [ˌriːˈbɔːn] pånyttfödd, förnyad; återupplivad

rebound I *v* [rɪˈbaʊnd] studsa tillbaka; *mil.* rikoschettera; *bildl.* slå slint; *~ on s.b.* ha återverkningar (falla tillbaka) på ngn **II** *s* [ˈriːbaʊnd] återstudsning, studs; *on the ~* som reaktion, på rekylen; *she married him on the ~* hon gifte sig med honom innan hon hämtat sig från sitt tidigare misslyckade förhållande

rebuff [rɪˈbʌf] **I** *v* avvisa; snäsa av **II** *s* avvisande; avsnäsning, avslag; bakslag

rebuild [ˌriːˈbɪld] återuppbygga; bygga om

rebuke [rɪˈbjuːk] **I** *v* tillrättavisa, klandra **II** *s* tillrättavisning, klander

rebus [ˈriːbəs] rebus

rebut [rɪˈbʌt] motbevisa, vederlägga **rebuttal** [-l] motbevis, vederläggning

recalci|trance [rɪˈkælsɪtr(ə)ns] motspänstighet, motsträvighet **-trant I** *a* motspänstig, motsträvig **II** *s* motspänstig (motsträvig) person

recall [rɪˈkɔːl] **I** *v* **1** återkalla; kalla hem (tillbaka); *mil.* [åter]inkalla **2** erinra sig, minnas, komma ihåg; *I ~ seeing her* jag kommer ihåg att jag såg (har sett) henne **II** *s* **1** återkallande; hemkallande; *beyond ~* oåterkallelig **2** minne, hågkomst

recap [ˈriːkæp] *AE.* **I** *v* regummera (*tires* däck) **II** *s* regummerat däck

recapitulation [ˈriːkəˌpɪtjʊˈleɪʃn] **1** rekapitulering, återupprepande **2** *mus.* repris

recapture [ˌriːˈkæptʃə] **I** *v* **1** återta, återerövra **2** åter infånga **3** dra sig till minnes, frambesvärja **II** *s* **1** återtagande, återerövring **2** infångande **3** frambesvärjande

recede [rɪˈsiːd] **1** gå (dra sig) tillbaka, vika; *receding forehead* sluttande panna; *his hair is receding* han börjar bli tunnhårig i pannan; *~ from* undandra sig, frångå **2** minska; avlägsna sig

receipt [rɪˈsiːt] **1** kvitto (*for* på) **2** *~s* (*pl*) intäkter **3** mottagande; *on ~ of* vid mottagande av; *acknowledge ~ of* bekräfta mottagandet av; *be in ~ of* ha mottagit

receive [rɪˈsiːv] **1** ta emot, motta[ga], få erhålla, uppbära; [*payment*] *~d* [betalt] kvitteras; *~ stolen goods* ta emot stöldgods, göra sig skyldig till häleri **2** lida, utstå **3** ta in (upp) [som medlem] (*into* i) **4** anta[ga], erkänna **5** ha mottagning, ta emot **6** *i sht BE.* göra sig skyldig till häleri **re-**

ceived [-d] *a o. perf. part.* mottagen (*etc.*, *jfr receive*); vedertagen; *R~ Pronunciation* (*språkv.*) vedertaget uttal (*av brittisk engelska*) **receiver** [-ə] **1** mottagare **2** [telefon]lur; [radio-, TV-]-mottagare **3** *jur.* konkursförvaltare, god man **4** hälare

recent [ˈriːsnt] ny, färsk; nyligen inträffad; *in ~ times* under (på) senare tid **-ly** [-lı] *adv* nyligen, på senaste (sista) tiden; *as ~ as* så sent som; *it's only quite ~ that* det är först på allra senaste tiden som

receptacle [rɪˈseptəkl] förvaringskärl, behållare

reception [rɪˈsepʃn] **1** mottagande; mottagning; (*på hotell e.d.*) reception; *radio.* mottagning[s-förhållanden] **2** upptagande **3** *BE. skol.* första förberedande **receptionist** [rɪˈsepʃənɪst] receptionist; kundmottagare; mottagningssköterska **receptive** [rɪˈseptɪv] receptiv, mottaglig (*to* för)

recess [rɪˈses] **1** (*parlaments, domstols*) uppehåll, ferier; *AE.* lov, ferier **2** alkov; nisch; inskärning, fördjupning; *bildl.* vrå, skrymsle **recession** [rɪˈseʃn] **1** återgång **2** *ekon.* recession, avmattning, konjunkturnedgång

recharge [ˌriːˈtʃɑːdʒ] *elektr.* ladda [om] **-able** [-əbl] *elektr.* uppladdningsbar

recipe [ˈresɪpɪ] *kokk.*, *bildl.* recept (*for* på)

recipient [rɪˈsɪpɪənt] mottagare

reciprocal [rɪˈsɪprəkl] **1** ömsesidig **2** *språkv.* reciprok **reciprocate** [-keɪt] **1** återgälda, besvara; revanschera sig för **2** *fack.* röra sig fram och tillbaka **3** revanschera sig, samverka **reciprocity** [ˌresɪˈprɒsətɪ] ömsesidighet, växelverkan

recital [rɪˈsaɪtl] **1** *mus.* [solist]framträdande **2** recitation, uppläsning **3** detaljerad redogörelse (*of* för) **recitation** [ˌresɪˈteɪʃn] **1** recitation, uppläsning **2** reciterat stycke **recite** [rɪˈsaɪt] **1** recitera, läsa upp, deklamera **2** ge en detaljerad redogörelse för **3** räkna upp

reckless [ˈreklıs] hänsynslös; vårdslös, oansvarig, lättsinnig; våghalsig

reckon [ˈrek(ə)n] **1** räkna; räkna ut, beräkna, uppskatta, bedöma; *~ among* (*with*) räkna bland (till); *~ in* räkna in (med), inkludera; *~ up a)* räkna ihop (samman), *b)* räkna upp **2** räkna, anse; *she is ~ed a beautiful girl* hon anses vara en vacker flicka **3** *vard.* tycka, anse, tro **4** räkna med, anta[ga], förmoda **5** räkna; *~ [up]on a)* räkna med, *b)* räkna på; *~ with a)* räkna med, *b)* göra upp [räkningen] med; *~ without* inte räkna med, göra upp räkningen utan **6** räkna, uppgå till **7** räknas (*among* bland, till) **reckoning** [ˈrekŋɪŋ] **1** räkning, räknande; uträkning, beräkning; räkenskap; *the day of ~* räkenskapens dag; *dead ~* (*sjö.*) död räkning; *be out in one's ~* ha räknat fel **2** räkning, nota

reclaim [rɪˈkleɪm] **I** *v* **1** reklamera, fordra (kräva) tillbaka **2** odla upp; *~ed land* uppodlad mark **3** återvinna (*avfall e.d.*) **4** *bildl.* reformera, omvända **II** *s* **1** reklamering; *luggage ~* bagageutlämning **2** *beyond* (*past*) *~* oförbätterlig **reclamation** [ˌreklə'meɪʃn] uppodling; återvinning (*av avfall e.d.*)

recline [rɪˈklaɪn] **1** luta sig bakåt (tillbaka); vila; kunna fällas bakåt; *reclining* tillbakalutad; *reclining chair* vilstol **2** fälla bakåt **3** vila, luta [tillbaka]

recluse [rɪ'klu:s] enstöring, eremit

recog|nition [,rekəg'nɪʃn] **1** igenkännande; *beyond (out of all)* ~ till oigenkännlighet, oigenkännlig **2** erkännande; erkänsla; *in* ~ *of* som ett erkännande av **-nizable** *(BE. äv. -nisable)* ['rekəgnaɪzəbl] igenkännlig **-nize** *(BE. äv. -nise)* ['rekəgnaɪz] **1** känna igen *(by the voice* på rösten); kännas vid **2** erkänna; inse *(the necessity of* nödvändigheten av); visa sin erkänsla för

recoil I *v* [rɪ'kɔɪl] **1** rygga [tillbaka] *(from* för) **2** rekylera; studsa tillbaka; *bildl.* återfalla, falla tillbaka *(on* på) **II** *s* ['ri:kɔɪl] **1** [tillbaka]ryggande **2** rekyl; återstuds

recol|lect [,rekə'lekt] erinra sig, komma ihåg, minnas, påminna sig **-lection** [-'lekʃn] erinring, hågkomst, minne; *to the best of my* ~s såvitt jag kan erinra mig (minnas)

recommence [,rikə'mens] börja på nytt

recommend [,rekə'mend] **1** rekommendera, förorda; ~ed price rekommenderat pris, cirkapris **2** tillråda, tillstyrka **3** göra attraktiv (uppskattad); *this hotel has much to* ~ *it* det är mycket som talar för det här hotellet **4** *åld.* anbefalla, anförtro *(to* åt) **-mendation** [,rekəmen'deɪʃn] rekommendation, förordande; *on the* ~ *of* på rekommendation av

recompense ['rekəmpens] **I** *v* kompensera, ersätta, gottgöra **II** *s* kompensation, ersättning, gottgörelse

recon|cile ['rekənsaɪl] **1** försona, förlika; ~ *o.s. to, be (become, grow)* ~d *to* försona (förlika) sig med, finna sig i; *I am* ~d *with him* jag har försonats med honom **2** bilägga *(tvist e.d.)* **3** förena, få att gå ihop **-ciliation** [,rekənsɪlɪ'eɪʃn] **1** försoning, förlikning **2** uppgörelse **3** sammanjämkning

recondition [,ri:kən'dɪʃn] reparera, renovera, rusta upp

reconnaissance [rɪ'kɒnɪs(ə)ns] spaning, rekognoscering, sondering

reconnoitre [,rekə'nɔɪtə] spana, rekognoscera, sondera

reconsider [,ri:kən'sɪdə] ompröva, överväga på nytt, ta under omprövning **-ation** ['ri:kən,sɪdə'reɪʃn] omprövning, förnyat övervägande

recon|struct [,ri:kən'strʌkt] rekonstruera; återuppbygga; ombilda **-struction** [-'strʌkʃn] rekonstruktion; återuppbyggande; återuppbyggnad; ombildning

record I *v* [rɪ'kɔ:d] **1** uppteckna, skriva ner, bevara *(skriftligt)*; dokumentera; [in]registrera; protokollföra; föra protokoll vid; återge, förtälja; *send a letter* ~ed *delivery (ung.)* skicka ett brev med begäran om mottagningsbevis; *in all* ~ed *history* under historisk tid **2** spela in, banda, ta upp **3** visa, stå på, registrera **II** *s* ['rekɔ:d] **1** uppteckning; förteckning, register; dokument, urkund; protokoll; redogörelse, vittnesbörd; dokumentation; ~s *(pl, äv.)* arkiv; *for the* ~ för ordningens skull, för att undvika missförstånd; *off the* ~ *a)* inofficiell, konfidentiell, *b)* utanför protokollet; *on* ~ belagd, bevisad, dokumenterad, känd; *the greatest boxer on* ~ den största boxare som [någonsin] funnits; *you are (go) on* ~ *as say-ing that* du har offentligt deklarerat att; *there is no* ~ *of his having said it* det finna inga bevis (belägg) för (på) att han har sagt det **2** *(persons)* förflutet; meriter, prestationer; förutsättningar; meritlista; vitsord; rykte; *clean* ~ fläckfritt förflutet; *have a* ~ finnas i polisregistret, vara straffad tidigare **3** [grammofon]skiva, platta; inspelning, upptagning **4** rekord; *Olympic* ~ olympiskt rekord; *break the* ~ slå rekord[et] *(for the long jump* i längdhopp); *hold the* ~ *for* [inne]ha rekordet i **III** *a* ['rekɔ:d] rekord-; ~ *time* rekordtid

record|er [rɪ'kɔ:də] **1** registrator; inspelnings-, registrerings|apparat; bandspelare **2** blockflöjt **3** *(i England o. Wales)* domare *(i Crown Court)* **-ing** [-ɪŋ] **I** *s* registrering; inspelning **II** *a* registrerings-; inspelnings-; ~ *studio* inspelningsstudio

record-player ['rekɔ:d,ple(ɪ)ə] skivspelare

recount I *v* [rɪ'kaʊnt] relatera, berätta, skildra **2** [,ri:'kaʊnt] räkna om **II** *s* ['ri:kaʊnt] omräkning

recourse [rɪ'kɔ:s] tillflykt; *have* ~ *to* tillgripa, ta sin tillflykt till; *without* ~ *to* utan hjälp av (tillgång till)

recover [rɪ'kʌvə] **1** åter|vinna, -få **2** tillfriskna; [åter]hämta sig; *she has (is) fully* ~ed hon är helt återställd **3** *jur.* återfå *(genom domstolsutslag)*, bli tilldömd

re-cover [,ri:'kʌvə] **1** åter täcka **2** klä om *(möbler)*, sätta nytt överdrag på

recovery [rɪ'kʌvəri] **1** åter|vinnande, -fående **2** tillfrisknande, återhämtning; *she is beyond (past)* ~ hon är obotligt sjuk (står inte att rädda)

recreation [,rekrɪ'eɪʃn] **1** rekreation, förströelse; aktivitet, tidsfördriv **2** *skol.* rast **recreation ground** [,rekrɪ'eɪʃngraʊnd] lek|plats, -park

recruit [rɪ'kru:t] **I** *s* ny medlem; rekryt **II** *v* **1** rekrytera, värva; värva som rekryter (medlemmar) **2** förnya, stärka

rectan|gle ['rek,tæŋgl] rektangel **-gular** [rek'tæŋgjʊlə] rektangulär

rectify ['rektɪfaɪ] rätta [till]

rector ['rektə] **1** kyrkoherde **2** [universitets]rektor; *Sk.* studentrepresentant *(i universitetsstyrelse)* **rectory** ['rekt(ə)rɪ] kyrkoherdeboställe, prästgård

recuper|ate [rɪ'kju:p(ə)reɪt] **1** [åter]hämta sig **2** åter|vinna, -få **-ation** [rɪ,kju:pə'reɪʃn] återhämtning; konvalenscens

recur [rɪ'kɜ:] återkomma; upprepas; *a* ~ring *problem* ett återkommande problem **-rence** [rɪ'kʌr(ə)ns] åter|kommande, -komst; uppreplande, -ning **-rent** [rɪ'kʌr(ə)nt] återkommande

recycle [,ri:'saɪkl] åter|använda, -vinna; ~d *paper* returpapper

red [red] **I** *a* röd *(äv. polit.)*; ~ *ant* rödmyra; *not have a* ~ *cent (AE. vard.)* inte ha ett rött öre; ~ *clover* rödklöver; *the R*~ *Cross* Röda korset; ~ *currants* röda vinbär; ~ *deer* kronhjort; *the R*~ *Ensign* brittiska handelsflaggan; ~ *fox* rödräv; ~ *herring a)* rökt sill, *b)* villospår, avledande manöver; *R*~ *Indian* indian; ~ *lead* [bly]mönja; *see the* ~ *light (bildl.)* märka faran; ~ *pepper* röd-, cayenne|peppar, paprika|pulver]; *the R*~ *Sea* Röda havet; ~ *tape (bildl.)* byråkrati **II** *adv* rött; *see* ~ se rött **III** *s* **1** rött; röd färg; *be in the* ~ *(vard.)* vara skuldsatt; *on* ~ vid rött ljus; *get out of the* ~ *(vard.)* bli skuldfri **2** *polit.* röd

red|breast ['redbrest] *zool.* rödhake **-den** [-n] **1** färga röd **2** rodna, bli röd

redecorate [͵riː'dekəreɪt] måla om, tapetsera om, reparera

redeem [rɪ'diːm] **1** sona; gottgöra; rädda, lätta upp (*the situation* situationen); *~ing feature* försonande drag; *~ o.s.* rehabilitera sig **2** lösa ut (in); betala; friköpa **3** *relig.* återlösa, frälsa

red|handed [͵red'hændɪd] *a, catch s.b.* ~ ta ngn på bar gärning **-head** ['redhed] rödhårig person **-headed** [͵red'hedɪd] rödhårig **--hot** [͵red'hɒt] rödglödgad, glödhet; [röd]glödande (*äv. bildl.*); *bildl.* pinfärsk

redirect [͵riːdɪ'rekt] **1** ställa om, ändra **2** dirigera om (*traffic* trafik); eftersända (*mail* post)

red|letter [͵red'letə] *a, ~ day* helgdag; bemärkelse-, högtids|dag **--light** *a, ~ district* bordellkvarter

redo [͵riː'duː] göra om; *vard.* reparera, måla om, tapetsera om

redouble [͵riː'dʌbl] **1** fördubbla, öka **2** *kortsp.* redubbla **3** fördubblas, öka[s]

redress [rɪ'dres] **I** *v* **1** avhjälpa, rätta till, ställa till rätta; återställa (*the balance* balansen) **2** gottgöra **II** *s* **1** avhjälpande; återställande **2** gottgörelse

reduce [rɪ'djuːs] **1** reducera, [för]minska, inskränka, sätta ner, sänka; flytta ner; *on a ~d scale* i förminskad skala; *~ one's weight* gå ner [i vikt], banta; *~ to the ranks* degradera till menig **2** försvaga, utmatta; *~d circumstances* små (knappa) omständigheter **3** [hän]föra, föra in (*to* till, under); förvandla, göra, försätta, bringa; tvinga; *~ to ashes* lägga i (förvandla till) aska; *be ~d to begging* vara tvungen att gå och tigga; *~ to despair* driva till förtvivlan, göra förtvivlad; *~ to practice* omsätta i praktiken; *~ s.b. to tears* få ngn att gråta **4** lägga under sig, kuva, besegra, erövra **5** *mat.* reducera; förkorta (*a fraction* ett bråk); förenkla (*an equation* en ekvation) **6** reduceras, minskas **7** gå ner [i vikt], banta

reduction [rɪ'dʌkʃn] **1** reducering, reduktion, inskränkning, minskning; sänkning; nedskärning; förenkling; nedsättning, avdrag, rabatt; *sell at a ~* sälja med rabatt (till nedsatt pris) **2** försättande (*to* i) **3** *mat.* reduktion; förkortning; förenkling

redundancy [rɪ'dʌndənsɪ] **1** överflöd; överskott **2** avskedande, friställande, entledigande; arbetslöshet **redundant** [-t] **1** överflödig; övertalig; arbetslös, friställd **2** redundant, övertydlig, ordrik (*style* stil)

reed [riːd] **1** *bot.* vass; vasstrå, vassrör; *litt.* rö; *~s* (*pl, äv.*) takhalm; *a broken ~* (*bildl.*) ett bräckligt rö **2** *mus.* rörblad, tunga; rörflöjt, vasspipa **3** *väv.* [väv]sked

1 reef [riːf] *sjö.* **I** *s* rev **II** *v* reva

2 reef [riːf] rev; *coral ~* korallrev

reef knot ['riːfnɒt] *sjö.* råbandsknop

reek [riːk] **I** *s* **1** stank, odör, dålig lukt **2** *dial.* rök, ånga **II** *v* **1** stinka (*äv. bildl.*), lukta illa; *~ of whisky* stinka [av] whisky **2** röka, desinficera [genom rökning] **3** *dial.* ryka, ånga (*with* av) **4** *~ with* vimla (myllra, krylla) av

reel [riːl] **I** *s* **1** rulle, spole; [film]scener **2** haspel; vinda **3** *Sk.* reel (*dans*) **II** *v* **1** ~ [*up*] rulla (haspla, spola, veva) upp (*a ~ of rulle*); *~ in a fish* haspla

(veva) in en fisk; *~ off a*) rulla (spola) av, *b*) *bildl.* rabbla upp **2** ragla; vackla; snurra [runt], virvla; *my head ~s* det går runt i huvudet på mig

re-entry [riː'entrɪ] återinträde; åter|komst, -inresa

re-establish [͵riːɪ'stæblɪʃ] återupprätta; återinföra; återinsätta

ref [ref] *vard. för referee*

refer [rɪ'fɜː] **1** remittera; hänvisa; hänskjuta; *~ a patient to* remittera en patient till **2** *~ to a*) beröra, tala om, nämna, *b*) åsyfta, syfta på, avse, *c*) hänvisa (referera) till, åberopa, *d*) vända sig till, konsultera, gå [tillbaka] till, *e*) gälla, hänföra sig till; *~ring to your letter* åberopande Ert brev; *he ~red his victory to God* han tillskrev Gud sin seger

referee [͵refə'riː] **I** *s* **1** *sport.* domare **2** referens (*person*) **II** *v* fungera som domare [i]

reference ['refr(ə)ns] **I** *s* **1** hänvisning, hänskjutande; åberopande; avseende; *with ~ to* med hänsyn till, angående, beträffande, med anledning av, åberopande; *without ~ to* utan hänsyn till, utan avseende på; *have ~ to* ha avseende på, avse **2** hänvisning[stecken] **3** omnämnande, [hän]syftning, anspelning; hänvändelse; *make ~ to a*) omnämna, beröra, anspela på, *b*) vända sig till, rådfråga **4** referens; [tjänstgörings]betyg **II** *v* **1** förse med hänvisningar **2** hänvisa till **reference book** uppslags|bok, -verk

referendum [͵refə'rendəm] referendum, folkomröstning

refill I *v* [͵riː'fɪl] åter fylla, fylla på **II** *s* ['riːfɪl] **1** påfyllning **2** refill, påfyllningsförpackning; patron (*t. kulpenna*)

refine [rɪ'faɪn] **1** raffinera (*oil* olja), rena **2** ~ [*upon*] förfina, förbättra **refined** [-d] **1** raffinerad, renad **2** *bildl.* raffinerad, förfinad, utsökt **refinement** [-mənt] **1** raffinering, rening **2** förfining, förbättring **3** elegans, raffinemang, finess **refinery** [-ərɪ] raffinaderi

refit I *v* [͵riː'fɪt] reparera[s], rusta[s] upp **II** *s* reparation, upprustning

reflect [rɪ'flekt] **1** reflektera, åter|kasta, -spegla (*äv. bildl.*); *bildl. äv.* spegla, återge; *~ credit on s.b.* lända ngn till heder **2** reflektera, fundera ([*up*]*on* på) **3** reflektera, åter|kastas, -speglas ([*up*]*on* på); *~* [*up*]*on* (*bildl. äv.*) falla tillbaka på; *~ badly on* kasta en skugga över **reflection** [-'flekʃn] **1** reflexion; reflektering, återkastning; återspegling; [spegel]bild; återsken; reflex; *a pale ~ of* en svag återspegling av, en skugga av **2** reflexion, eftertanke, betraktelse, fundering; *on ~* vid närmare eftertanke **3** kritik, anmärkning; *a ~ on his honour* en fläck på hans heder; *this is a ~ on his motives* detta kastar en skugga på (över) hans motiv **reflective** [-'flektɪv] **1** tankfull, fundersam **2** reflekterande, återspeglande; *be ~ of* reflektera, återspegla **reflector** [-'flektə] **1** reflektor; reflex[anordning] **2** *fack.* spegelteleskop

reflex ['riːfleks] **I** *s* reflex; reflexrörelse **II** *a* **1** reflex-; reflekterad; *~ camera* spegelreflexkamera **2** *mat.* övertrubbig (*angle* vinkel) **-ion** [rɪ'flekʃn] *se reflection*

reform [rɪ'fɔːm] **I** *v* **1** reformera, ombilda, förbättra; omvända, få att bättra sig **2** omvända (bättra) sig **II** *s* reform; [för]bättring **re-**

formation [ˌrefəˈmeiʃn] reformation; reforme-ring; [förˌ]bättring; *the R~* reformationen **re-former** [-ə] reformator, reformvän

refractory [rɪˈfrækt(ə)rɪ] **1** motspänstig, bång-styrig **2** *med.* okänslig, opåverkbar, refraktär **3** *tekn.* värmebeständig

1 refrain [rɪˈfreɪn] avstå, avhålla sig; ~ *from (from doing) s.th.* (*äv.*) låta bli (låta bli att göra) ngt

2 refrain [rɪˈfreɪn] refräng, omkväde

refresh [rɪˈfreʃ] **1** friska upp, vederkvicka; pigga upp; ~ *o.s.* friska upp sig, pigga upp sig, förfriska (läska) sig; ~ *one's memory* friska upp minnet **2** bättra på, snygga upp, förnya, fylla på **re-fresher course** fortbildningskurs, repetitions-kurs **refreshing** [-ɪŋ] uppfriskande, veder-kvickande; uppiggande; läskande **refresh-ment** [-mənt] **1** uppfriskning, vederkvickelse **2** ~*s* (*pl*) förfriskningar

refrig|erate [rɪˈfrɪdʒəreɪt] kyla [av]; svalka; frysa [in] -**eration** [ˌrɪdʒəˈreɪʃn] [av]kylning; [in]-frysning -**erator** [-ˈfrɪdʒəreɪtə] kylskåp; kylrum **refuel** [ˌriːˈfjʊəl] **1** tanka, fylla [på] bränsle **2** *bildl.* ge nytt bränsle (ny fart) åt

refuge [ˈrefjuːdʒ] **1** tillflykt; tillflyktsort; skydd; *seek* ~ söka skydd (sin tillflykt); *take* ~ *in* ta sin tillflykt till **2** refuge

refugee [ˌrefjʊˈdʒiː] flykting

refund **I** *v* [riːˈfʌnd] återbetala, betala tillbaka **II** *s* [ˈriːfʌnd] återbetalning

refurbish [ˌriːˈfɜːbɪʃ] renovera, rusta upp

refusal [rɪˈfjuːzl] vägran; avslag

refuse **I** *v* [rɪˈfjuːz] **1** vägra, neka; förvägra **2** av-böja, avvisa, säga nej till, avslå **II** *s* [ˈrefjuːs] av-fall, skräde, sopor, skräp, bråte **III** *a* [ˈrefjuːs] avfalls-, avskrädes-, sop-, skräp-; ~ *chute* sop-nedkast; ~ *collection* sophämtning; ~ *dump* sop-|tipp, -hög

refute [rɪˈfjuːt] vederlägga; motbevisa

regain [rɪˈgeɪn] **1** återfå, återvinna, ~ *one's foot-ing* återfå fotfästet, *bildl.* åter komma på benen **2** åter nå

regal [ˈriːgl] kunglig, konungslig

regard [rɪˈgɑːd] **I** *v* **1** anse, betrakta (*as* som); ~ *s.b. as s.th.* (*äv.*) anse ngn vara ngt; *highly ~ed* högt aktad, uppskattad **2** beträffa, angå, anbe-langa, röra; *as* ~*s* beträffande, vad…beträffar **3** beakta, ta hänsyn till, bry sig om **4** *litt.* betrakta, iaktta[ga] **II** *s* **1** hänsyn; aktning; *without* ~ *to* utan hänsyn till; *have a great* ~ *for s.b.* hysa (ha) stor aktning för ngn; *have little* ~ *for a*) ta föga hänsyn till, *b*) hysa föga aktning för; *pay* ~ *to* ta hänsyn till **2** avseende, hänseende; *in this* ~ i detta avseende (hänseende); *in (with)* ~ *to* be-träffande, angående, med avseende på, med hänsyn till **3** ~*s* (*pl*) hälsningar; *give my* ~*s to your mother* hälsa din mamma från mig **4** *litt.* blick

regard|ful [rɪˈgɑːdf(ʊ)l] **1** uppmärksam (*of* på); aktsam (*of* om) **2** hänsynsfull, respektfull -**ing** [-ɪŋ] angående, beträffande, rörande, vad gäller -**less** [-lɪs] **I** *adv* trots allt **II** *prep*, ~ *of* trots, oav-sett, obekymrad om

regatta [rɪˈgætə] regatta, kappsegling

regent [ˈriːdʒ(ə)nt] **1** regent, statsöverhuvud **2** *AE.* styrelsemedlem (*vid vissa delstatsuniversi-*

tet)

regime, régime [reɪˈʒiːm] **1** regim, regering, förvaltning **2** system, ordning **3** *se regimen 1*

regiment **I** *s* [ˈredʒ(ɪ)mənt] *mil., bildl.* regemen-te; *bildl. äv.* kompani **II** *v* [ˈredʒɪment] **1** organi-sera i regementen **2** reglementera; disciplinera; likrikta **3** gruppera

region [ˈriːdʒ(ə)n] region; område; trakt; ~ *s* (*äv.*) landsorten, provinsen; *in the* ~ *of five pounds* i närheten av fem pund -**al** [ˈriːdʒənl] re-gional, lokal-

register [ˈredʒɪstə] **I** *s* **1** register, förteckning; [namn]lista, längd, liggare; *electoral* ~ röstlängd; *parish* ~ kyrkobok **2** registreringsapparat; räk-neverk; mätare; *cash* ~ kassa|apparat, -register **3** spjäll; ventil; regulator **4** *mus.* register; om-fång; tonläge **5** *boktr., språkv.* register **II** *v* **1** [in]-registrera; föra (skriva) in; anteckna; anmäla; protokollföra; ~ *a protest* lägga in en protest mot childinmark (univ.) kommunal dagmamma **2** registrera, lägga märke till, lägga på minnet **3** (*om instrument*) registrera, visa [på] **4** uttrycka, visa **5** *post.* rekommendera; *järnv.* polletisera **6** registrera (skriva in, skriva upp, anmäla) sig; ~ *for* anmäla sig till **7** uppfatta

registrar [ˌredʒɪˈstrɑː] **1** registrator; *BE.* tjänste-man vid civilregistreringsbyrå **2** *univ.* förvalt-ningschef **3** *BE.* sjukhusläkare

registration [ˌredʒɪˈstreɪʃn] [in]registrering

registry [ˈredʒɪstrɪ] **1** registrering|skontor **2** *sjö.* registrering; *port of* ~ hemmahamn; *a ship of Liberian* ~ ett fartyg under liberiaflagg **registry office** *BE.* byrå för civilregistrering och borger-lig vigsel

regress **I** *s* [ˈriːgres] tillbaka-, åter|gång, regress **II** *v* [rɪˈgres] återgå, gå tillbaka, regrediera

regret [rɪˈgret] **I** *v* **1** beklaga; ångra; vara ledsen över; *I* ~ *to inform you* jag måste tyvärr meddela Er (Dig); *I* ~ *having told them* jag ångrar att jag talade om det för dem; *I* ~ *that I cannot come* jag beklagar att jag inte kan komma **2** sakna **II** *s* **1** beklagande; ånger (*at* över); ledsnad, sorg (*at* över); *much to my* ~ till min stora sorg (leds-nad); *I have no* ~ jag ångrar ingenting; *send one's* ~*s* hälsa att man tyvärr inte kan komma **2** saknad (*for* efter) -**table** [-əbl] beklaglig, sorglig

regroup [ˌriːˈgruːp] omgruppera [sig]

regular [ˈregjʊlə] **I** *a* **1** regelbunden (*äv. mat., språkv.*), regelmässig, reguljär; jämn; fast, sta-dig; vanlig, normal; ordentlig; ordnad, stadgad; ~ *army* reguljär (stående) armé; ~ *customer* fast kund, stamkund; ~ *soldier* stamanställd soldat; *at* ~ *intervals* med jämna mellanrum **2** regelrätt, reglements-, stadge|enlig, korrekt **3** *vard.* äkta, riktig, verklig; ~ *guy* toppenkille **I s 1** staman-ställd soldat; ~*s* (*äv.*) reguljära trupper **2** *vard.* fast kund, stamkund; stamgäst; flitig besökare **regularity** [ˌregjʊˈlærətɪ] regelbundenhet *etc.*, *jfr regular I*

regu|late [ˈregjʊleɪt] reglera; justera; ställa in; styra, ordna -**lation** [ˌregjʊˈleɪʃn] **I** *s* **1** regler|-ing, -ande; justering, inställning; styrande, ord-nande **2** föreskrift, regel **II** *a* reglementsenlig, reglementerad, föreskriven; normal, [sed]vanlig, standard-

rehabili|tate [ˌriːəˈbɪlɪteɪt] **1** rehabilitera; återanpassa; ge upprättelse, återupprätta **2** restaurera **-tation** ['ri:ə,bɪlı'teıʃn] **1** rehabilitering; återanpassning; återupprätt|else, -ande **2** restaurering

rehearsal [rı'hɜ:sl] **1** repetition; *dress* ~ generalrepetition; *be in* ~ [hålla på att] repeteras **2** uppräkning, uppläsning **rehearse** [rı'hɜ:s] **1** repetera, öva (studera) in **2** räkna (läsa) upp **3** repetera, öva

reign [reın] **I** *s* regering, välde; regeringstid; ~ *of terror* skräck|regemente, -välde **II** *v* regera, härska, råda (*äv. bildl.*); ~*ing beauty* mest firad skönhet

rein [reın] **I** *s* tygel (*äv. bildl.*), töm; ~*s* (*pl, äv.*) [barn]sele; *on a long* ~ med lösa tyglar; *give* [*a*] *free* ~ *to s.b.* ge ngn fria tyglar; *have the* ~*s of power* hålla i tyglarna, ha makten; *hold* (*keep*) *a tight* ~ *on* hålla i strama tyglar **II** *v* tygla; ~ *in* hålla tillbaka

reindeer ['reın,dıə] (*pl lika*) *zool.* ren

reinforce [,ri:ın'fɔ:s] förstärka; *bildl. äv.* underbygga, stärka; ~*d concrete* armerad betong **-ment** [-mənt] **1** förstärkning **2** *tekn.* armering

reject I *v* [rı'dʒekt] avslå, förkasta, tillbakavisa; avfärda, avvisa; förskjuta, ta avstånd från; ogilla, rata; *med.* stöta bort **II** *s* ['ri:dʒekt] kasserad (defekt) vara, utskottsvara **rejection** [rı-'dʒekʃn] avslag, förkastande *etc., jfr reject I*; *med.* bortstötning

rejoice [rı'dʒɔıs] **1** glädja **2** glädja sig (*in* åt, över); ~ *to see* glädja sig över att se **rejoicing** [-ıŋ] fröjd, gamman, glädje; festligheter

rejoin 1 [rı'dʒɔın] replikera, genmäla; *jur.* avge svaromål **2** [,ri:'dʒɔın] åter sammanfoga **3** [,ri:'dʒɔın] åter sluta sig till, återförena sig med, åter gå in i

rejuve|nate [rı'dʒu:vıneıt] **1** föryngra; vitalisera **2** föryngras **-nation** [rı,dʒu:vı'neıʃn] föryngring; vitalisering

relapse [rı'læps] **I** *v* **1** återfalla (*into* i); återförsjunka (*into* i) **2** *med.* få återfall **II** *s* **1** återfall **2** *med.* återfall, recidiv

relate [rı'leıt] **1** relatera, återge, skildra **2** relatera (*to* till), sätta i relation (samband) (*to* med) **3** ~ *to a*) stå i relation till, hänföra sig till, hänga ihop med, *b*) fungera tillsammans med; *relating to* om, angående **related** [-ıd] besläktad (*to* med); *bildl. äv.* närbesläktad; *closely* ~ nära släkt, *bildl.* närbesläktad

relation [rı'leıʃn] **1** relation; förbindelse; förhållande; samband; ~*s* (*pl*) *a*) relationer, [inbördes] förhållande, *b*) förbindelse[r]; *in* ~ *to a*) i relation (förhållande) till, *b*) (*äv. with* ~ *to*) angående, beträffande, med hänsyn till; *bear no* ~ *to* inte ha ngt samband med **2** släkting; *a distant* ~ *of* en avlägsen släkting till **3** berättelse **-ship** [-ʃıp] **1** samband (*to* med); förhållande, relation[er] (*to* till) **2** släktskap

rela|tive ['relətıv] **I** *a* **1** relativ (*äv. språkv.*); respektive; ~ *pronoun* relativt pronomen; *the* ~ *merits of the two applicants* de två sökandes respektive meriter **2** ~ *to* jämfört med, i förhållande till **II** *s* **1** släkting **2** språkv. relativt pronomen; relativsats **-tively** [-lı] *adv* relativt, jämförelsevis, förhållandevis **-tivity** [,relə'tıvətı] relativitet; *the theory of* ~ relativitetsteorin

relax [rı'læks] **1** släppa efter på, lossa [på]; verka avslappnande på **2** mildra, lätta på; släppa efter på; minska **3** koppla (slappna) av **4** slappna, slappas **5** minska[s] **-ation** [,ri:læk'seıʃn] **1** avkoppling **2** avslappning, avspänning **3** lindring; mildrande **-ing** [rı'læksıŋ] avkopplande; avslappnande; vilsam, vederkvickande

relay I *s* **1** ['ri:leı] skift, [arbets]lag, omgång; friska hästar (*vid skjutshåll*); stafett **2** [,ri:'leı] relä; *radio., TV.* återutsändning **II** *v* **1** [,ri:'leı] förse med friska hästar **2** [,ri:'leı] vidarebefordra **3** [ri-'leı] *radio., TV.* relä̈a, återutsända **relay race** ['ri:leıreıs] *sport.* stafettlopp

release [rı'li:s] **I** *v* **1** frige, släppa [lös, fri], befria; lösa, frigöra, frikalla **2** släppa, lossa [på]; utlösa, frigöra; ~ *a bomb* släppa en bomb **3** släppa ut; offentliggöra, publicera **4** *jur.* avstå från; överlåta; efterskänka **II** *s* **1** frigivning, lös-, fri|släppande, befrielse; lösande, frigörelse, frikallelse **2** släppande, lossande; utlösning, frigörande; ~ *of bombs* bombfällning **3** utlösningsmekanism, utlösare **4** utsläppande; offentliggörande, publicering **5** utgåva; bok; skiva; film **6** *jur.* överlåtelse[brev]

rele|gate ['relıgeıt] **1** förvisa, förflytta, degradera; *be* ~*d* (*i sht BE. sport.*) bli nedflyttad **2** hänskjuta, överlämna; hänföra (*t. viss klass*) **-gation** [,relı'geıʃn] **1** förvisning, förflyttning, degradering; *i sht BE. sport.* nedflyttning **2** hänskjutande, överlämnande; hänförande (*t. viss klass*)

relent [rı'lent] mjukna, ge efter, vekna **-less** [-lıs] obarmhärtig, obeveklig

rele|vance ['reləvəns], **-vancy** [-vənsı] relevans **-vant** [-vənt] relevant (*to* för), som hör till saken

reli|ability [rı,laıə'bılətı] pålitlighet, tillförlitlighet, vederhäftighet **-able** [rı'laıəbl] pålitlig, tillförlitlig, vederhäftig; *from a* ~ *source* från säker källa

reli|ance [rı'laıəns] **1** beroende (*on* av) **2** tillit, förtröstan **-ant** [-ənt] **1** beroende (*on* av) **2** tillits-, förtröstans|full

relic ['relık] relik; kvarleva, minne, lämning; fragment (*of* från); ~ *of the past* (*äv.*) fornminne

relief [rı'li:f] **1** lättnad; lindring; *light* (*comic*) ~ (*i pjäs e.d.*) ljuspunkt, lättare parti **2** omväxling **3** hjälp, bistånd, understöd; *AE.* socialhjälp; ~ *of the poor* fattigvård; *be on* ~ (*AE.*) få socialhjälp **4** undsättning; befrielse; avhjälpande; hjälp, avlastning; avlösning, avlösare; vaktombyte **5** relief; *stand out in bold* (*sharp, clear*) ~ *against a*) avteckna sig skarpt mot, *b*) stå i skarp kontrast mot **relief driver** [-,draıvə] avbytare (*vid körning*) **relief train** [-treın] extratåg **relief work** [-wɜ:k] beredskapsarbete

relieve [rı'li:v] **1** lindra, mildra, avhjälpa; lätta, lugna; ~ *one's feelings* ge utlopp åt sina känslor; *she was* ~*d to learn that* hon kände sig lättad (lugnad) av att få veta att **2** ge omväxling åt, variera, lätta upp **3** hjälpa, bistå, understödja **4** undsätta; befria; avlösa; avlasta; ~ *s.b. of s.th. a*) befria ngn från ngt, *b*) avbörda (avlasta) ngn ngt, *c*) entlediga (frita[ga]) ngn från ngt, *d*) fråntafta[ga] ngn ngt, ta ngt från ngn **5** ~ *o.s.* uträtta sina naturbehov

reli|gion [rı'lıdʒ(ə)n] religion; *skol.* religionskunskap **-giosity** [rɪˌlɪdʒɪˈɒsətɪ] religiositet **-gious** [rɪˈlɪdʒəs] I *a* **1** religiös; troende, from; religions-; ~ *instruction* religionsundervisning; ~ *war* religionskrig **2** kloster- **3** samvetsgrann **II** *s* **1** medlem av [kloster]orden **2** *the* ~ de religiösa

relinquish [rɪˈlɪŋkwɪʃ] **1** ge upp, lämna [ifrån sig], avstå ifrån; avträda **2** släppa [taget om]

relish [ˈrelɪʃ] I *s* **1** förtjusning, entusiasm, välbehag; *with* ~ (*äv.*) med nöje **2** *kokk.* smaktillsats; stark sås; *bildl.* pikant drag, touche **3** angenäm smak **II** *v* njuta av, uppskatta; ~ *the idea of* hylla tanken på, se fram emot

reload [ˌriːˈləʊd] **1** ladda om **2** lasta om

relocate [ˌriːləʊˈkeɪt] [för]flytta, omlokalisera

reluc|tance [rɪˈlʌktəns] motvillighet, motsträvighet, motvilja (*to* mot) **-tant** [-tənt] motvillig, motsträvig; ovillig

rely [rɪˈlaɪ] *v*, ~ [*up*]*on a*) lita på, *b*) vara hänvisad till (beroende av)

remain [rɪˈmeɪn] **1** stanna [kvar] **2** förbli, fortsätt tu att vara **3** finnas (bli, vara) kvar, återstå; *it* ~*s to be seen* det återstår att se **remainder** [-də] I *s* **1** återstod, rest (*äv. mat.*) **2** restupplaga restexemplar **II** *v* slumpa [bort], realisera, sälja ut (*restupplaga*) **remains** [-z] *pl* **1** återstod, rester, lämningar; fornlämningar **2** kvarlevor, stoft

remake I *s* [ˈriːmeɪk] nyinspelning (*i sht av film*) **II** *v* [ˌriːˈmeɪk] **1** göra om **2** göra en nyinspelning av (*a film* en film)

remark [rɪˈmɑːk] I *v* **1** anmärka, påpeka, säga **2** iaktta[ga], märka, uppmärksamma, iaktta **3** ~ [*up*]*on* kommentera, yttra sig om **II** *s* anmärkning, påpekande, yttrande, kommentar; *without* ~ obemärkt; *worthy of* ~ anmärkningsvärd, märklig; *make* ~*s about* kommentera, fälla anmärkningar om, yttra sig om **-able** [-əbl] anmärkningsvärd, märklig, remarkabel **-ably** [-əblɪ] *adv* anmärkningsvärt, märkligt, remarkabelt; synnerligen, ytterst

remarry [ˌriːˈmærɪ] gifta om sig [med]

remedy [ˈremɪdɪ] I *s* bot[emedel], läkemedel, kur; hjälp[medel]; *beyond* (*past*) ~ ohjälplig[t], obotlig[t] **II** *v* bota; råda bot för (på), avhjälpa

remember [rɪˈmembə] komma ihåg, minnas; påminna (erinra) sig; hedra minnet av; *be* ~*d for* bli ihågkommen för; ~ *me to your parents* hälsa dina föräldrar från mig; *not that I* ~ inte så vitt jag kommer ihåg; *Reagan, you* ~, *was an actor* Reagan var, som du vet (kommer ihåg), skådespelare **remembrance** [-br(ə)ns] **1** minne, hågkomst; *garden of* ~ minneslund **2** minne[ssak]

remind [rɪˈmaɪnd] erinra, påminna (*of, about* om); *that* ~*s me!* det var så sant! **reminder** [-ə] påminnelse, påstötning; kravbrev

remi|nisce [ˌremɪˈnɪs] minnas; ägna sig åt (prata) gamla minnen, tala om gamla tider; ~ *about s.th.* minnas ngt **-niscence** [-ˈnɪsns] minne, hågkomst; reminiscens **-niscent** [-ˈnɪsnt] *a*, ~ *of* påminnande (erinrande) om

remission [rɪˈmɪʃn] **1** förlåtelse; *the* ~ *of sins* syndernas förlåtelse **2** straffeftergift; efterskänkning **3** minskning, lindring

remit [rɪˈmɪt] **1** remittera, översända (*money* pengar) **2** *jur.* återförvisa **3** efterskänka **4** mildra, lindra **5** uppskjuta **-tance** [-(ə)ns] **1** remissa,

penningförsändelse **2** remittering, översändande

remnant [ˈremnənt] rest, återstod, kvarleva; stuv[bit]

remorse [rɪˈmɔːs] ånger, samvetskval **-less** [-lɪs] obarmhärtig, hjärtlös

remote [rɪˈməʊt] avlägsen; avsides liggande; ~ *control* fjärr|styrning, -manövrering; *I have not the* ~*st idea* (*notion*) *about* jag har inte den blekaste aning om **--controlled** [-kənˌtrəʊld] fjärr|styrd, -manövrerad

removal [rɪˈmuːvl] **1** flyttning **2** bortskaffande; avlägsnande; urtagning; *stain* ~ fläckurtagning **3** avsättning **removal company (firm)** flyttfirma **removal van** flyttbil

remove [rɪˈmuːv] I *v* **1** ta bort (av, ur), flytta [bort, undan], förflytta, föra (skaffa) bort (undan), avlägsna, röja undan (ur vägen); ~ *the cloth* duka av [bordet]; ~ *one's clothes* ta av sig kläderna; ~ *s.b. to hospital* föra ngn till sjukhus **2** avskeda, avsätta **3** [av]flytta **4** *skol.* flytta [upp] **II** *s* **1** avstånd, mellanrum; steg; grad; *it is but one* ~ *from* det är bara ett steg **2** *skol.* [upp]flyttning; *get one's* ~ bli [upp]flyttad

removed [rɪˈmuːvd] avlägsen; *far* (*distantly*) ~ *from* (*bildl.*) vara mycket långt från; *first cousin once* ~ kusinbarn **remover** [-ə] **1** remover, bort-, ur|tagningsmedel **2** flyttkarl

remuner|ate [rɪˈmjuːnəreɪt] ersätta, betala; belöna **-ation** [rɪˌmjuːnəˈreɪʃn] ersättning, betalning; belöning **-ative** [rɪˈmjuːn(ə)rətɪv] lönande, lönsam

renaissance [rəˈneɪs(ə)ns] renässans, pånyttfödelse; *the R~* renässansen

render [ˈrendə] **1** ge, lämna; visa; erlägga; avge, anföra; överlämna; återgälda; ~ *an account of* avlägga räkenskap för, lämna redovisning (redogörelse) för; ~ *an account* presentera en räkning; ~ *assistance* ge (lämna) hjälp; ~ *good for evil* löna ont med gott; ~ *thanks* tacka, framföra tack; *to account* ~*ed* enligt räkning; ~ [*up*] ge upp, [över]lämna, utlämna **2** göra; ~ *possible* möjliggöra **3** återge; tolka; föredra, framföra; ~ *into German* översätta till tyska **4** ~ [*down*] *a*) smälta, rena, *b*) rappa, revetera **rendering** [ˈrend(ə)rɪŋ] **1** givande *etc.*, *jfr render* **2** återgivande; tolkning, översättning; framförande

rendezvous [ˈrɒndɪvuː] (*pl lika* [-z]) I *s* **1** rendezvous, avtalat möte **2** mötesplats; träffpunkt **II** *v* mötas, träffas; ~ *with* ha ett möte med, sammanträffa med

renew [rɪˈnjuː] **1** förnya (*one's efforts* sina ansträngningar); återupp|liva, -väcka, -ta **2** ersätta, sätta in ny[a] **3** förnya (*a passport* ett pass), förlänga **-al** [-əl] **1** förnyelse; återupp|livande, -väckande, -tagande **2** förnyelse, förlängning

renounce [rɪˈnaʊns] **1** avsäga sig, avstå från **2** ta avstånd ifrån, inte kännas vid; förneka **3** *kortsp.* vara renons

reno|vate [ˈrenə(ʊ)veɪt] renovera, restaurera **-vation** [ˌrenə(ʊ)ˈveɪʃn] renovering, restaurering

renown [rɪˈnaʊn] ryktbarhet, rykte **renowned** [-d] ryktbar

1 rent [rent] I *imperf. o. perf. part. av rend* **II** *s* spricka (*äv. bildl.*); klyfta

2 rent [rent] I *s* hyra; arrende **II** *v* **1** hyra; arrende-

ra **2** hyra ut; arrendera ut
rental ['rentl] **I** *s* **1** hyra, hyresavgift; arrende[avgift] **2** hyresintäkter; arrendeintäkter **II** *a* hyres-, uthyrnings; arrende-
renunciation [rɪ,nʌnsɪ'eɪʃn] **1** avsägelse, avstående **2** avståndstagande; förnekande
repair [rɪ'peə] **I** *v* laga, reparera, *bildl. äv.* avhjälpa, rätta till, ersätta, gottgöra **II** *s* **1** lagning, reparation; *beyond ~* omöjlig att laga (reparera, gottgöra), fallfärdig, *bildl. äv.* irreparabel, oersättlig **2** [gott] skick; *be in good (bad) ~* vara i gott (dåligt) skick (stånd), vara bra (dåligt) underhållen **repairman** [-mæn] reparatör
reparation [,repə'reɪʃn] **1** gottgörelse, ersättning; *~s* (*pl*) krigsskadestånd **2** reparation
repartee [,repɑ:'ti:] kvick replik, rappt (kvickt) svar; skämtande, raljerande; slagfärdighet
repatriate [ri:'pætrɪeɪt] **I** *v* repatriera, återföra till fosterlandet, sända (skicka) hem **II** *s* repatrierad [person]
repay [ri:'peɪ] betala tillbaka, återbetala; återgälda, besvara; löna, ersätta **-ment** [-mənt] återbetalning; återgäldande, besvarande; lön, ersättning
repeal [rɪ'pi:l] **I** *v* upphäva, avskaffa, återkalla **II** *s* upphävande, avskaffande, återkallande
repeat [rɪ'pi:t] **I** *v* **1** upprepa, repetera; förnya, ta (göra, säga *etc.*) om; läsa upp [utantill], recitera; *radio., TV.* ge i repris; *~ after me!* säg efter mig! **2** föra (berätta) vidare, tala om **3** *rfl* upprepa sig **4** upprepas, återkomma; förorsaka uppstötningar **II** *s* upprepning, repeterande; *radio., TV* repris; *mus.* repris[tecken]; *~ [order]* efterbeställning, förnyad beställning **-edly** [rɪ'pi:tɪdlɪ] *adv* gång på gång, upprepade gånger
repel [rɪ'pel] **1** verka frånstötande på **2** slå (driva) tillbaka **3** repellera, stöta bort (tillbaka) **4** tillbakavisa; avfärda **-lent** [-ənt] **I** *a* **1** frånstötande, motbjudande **2** tillbakadrivande **3** repellerande, bortstötande **4** tillbakavisande **II** *s* bortstötande ämne; *insect ~* insektsmedel
repent [rɪ'pent] ångra [sig] **-ance** [-əns] ånger **-ant** [-ənt] ångerfull
repercussion [,ri:pə'kʌʃn] **1** återverkan; *~s* (*pl*) åter-, efter|verkningar **2** återstudsning
repertoire ['repətwɑ:] repertoar
repetition [,repɪ'tɪʃn] **1** upprepning, repetition **2** replik, kopia **-tive** [rɪ'petətɪv] **1** upprepande, repeterande **2** enformig, ständigt återkommande
replace [rɪ'pleɪs] **1** återställa; återinsätta; sätta (ställa, lägga) tillbaka **2** ersätta, byta ut; efterträda **-ment** [-mənt] **1** återställande; återinsättning **2** ersättare; ersättning, utbyte
replay **I** *s* ['ri:pleɪ] **1** *sport.* omspel **2** *TV.,* [*action*] *~* repris (*i slow motion av mål e.d.*) **II** *v* [,ri:'pleɪ] spela om
replenish [rɪ'plenɪʃ] åter fylla, fylla på
replete [rɪ'pli:t] **1** fylld (*with* med) **2** [för] mätt **repletion** [rɪ'pli:ʃn] **1** överfyllnad **2** övermättnad
replica ['replɪkə] *konst.* replik; kopia, avbild
reply [rɪ'plaɪ] **I** *v* svara, replikera; *~ to* svara på, besvara **II** *s* svar, replik; *in ~ to* som svar på
report [rɪ'pɔ:t] **I** *s* **1** rapport, redogörelse, utlåtande (*on, about* om, för, över); meddelande; re-

portage, referat (*on, of* om, av); anmälan; *make a ~* avlägga rapport **2** betyg **3** rykte; *according to ~* efter vad ryktet säger; *of good ~* med gott rykte; *know s.th. only by ~* bara ha hört talas om ngt; *there is a ~ that* det ryktas (sägs) att **4** smäll, knall **II** *v* **1** rapportera, avge rapport om, redogöra för; meddela; berätta; göra reportage (referat) från; anmäla; *~ed speech* indirekt tal (anföring); *~ o.s.* anmäla (inställa) sig; *~ s.b. sick* sjukanmäla ngn; *it is ~ed that* det berättas (påstås, ryktas) att **2** rapportera, avlägga rapport ([up]on om; *to* till, för), redogöra (*on s.th.* för ngt); vara reporter (referent); anmäla sig (*to* för, hos, till); *~ sick* sjukanmäla sig; *~ for duty* anmäla (inställa) sig till tjänst
report|age [,repɔ:'tɑ:ʒ] **1** reportage **2** reportagestil **-er** [rɪ'pɔ:tə] reporter; rapportör, referent
repre|hend [,reprɪ'hend] klandra, kritisera **-hension** [-'henʃn] klander, kritik
repre|sent [,reprɪ'zent] **1** representera, företräda; *well (strongly) ~ed* talrikt representerade **2** symbolisera; representera; stå för, utgöra; vara ett typiskt exempel på; beteckna **3** framställa, skildra, återge **4** (*om bild e.d.*) föreställa **-sentation** [-zen'teɪʃn] **1** representation; representantskap; *proportional ~* proportionellt valsystem **2** framställning, skildring, återgivande; [teater]föreställning **3** *~s* (*pl*) föreställningar, kritiska påpekanden **-sentative** [,reprɪ'zentətɪv] **I** *a* representativ (*äv. polit.*); *~ of* representativ (typisk) för **II** *s* **1** representant (*of* för); ombud (*of* för); säljare, handelsresande; *the House of R~s* (*i USA:s Congress*) representanthuset **2** typiskt exempel
repress [rɪ'pres] **1** undertrycka, kväva; *psykol.* förtränga, borttränga; *~ed* hämmad **2** underkuva, trycka ner **repression** [rɪ'preʃn] **1** undertryckande; *psykol.* repression, bortträngning, hämning **2** underkuvande, repression
reprieve [rɪ'pri:v] **I** *v* **1** benåda; bevilja uppskov (*i sht med dödsdom*) **2** ge frist (anstånd) **II** *s* **1** benådning; uppskov (*i sht med dödsdom*) **2** frist, anstånd
reprimand ['reprɪmɑ:nd] **I** *s* reprimand, [officiell] tillrättavisning **II** *v* ge en reprimand, [officiellt] tillrättavisa
reprint **I** *v* [,ri:'prɪnt] trycka om **II** *s* ['ri:prɪnt] om-, ny|tryck
reprisal [rɪ'praɪzl] vedergällning; *~s* (*pl*) repressalier
reproach [rɪ'prəʊtʃ] **I** *v* förebrå (*for, with* för) **II** *s* förebråelse; *above (beyond) ~* oklanderlig; *a look of ~* en förebrående blick **-ful** [-f(ʊ)l] förebrående
reprocess [,ri:'prəʊses] upparbeta (*kärnavfall*)
repro|duce [,ri:prə'dju:s] **1** reproducera, återge **2** upprepa, göra om **3** *biol.* fortplanta, reproducera **4** fortplanta sig **-duction** [-'dʌkʃn] **1** återgivande, reproducerande; återgivning; reproduktion (*av konstverk e.d.*) **2** *biol.* fortplantning, reproduktion **3** nyproduktion (*av pjäs e.d.*)
reproof [rɪ'pru:f]. **reproval** [rɪ'pru:vl] tillrättavisning, förebråelse
reptile ['reptaɪl] **I** *s* reptil **II** *a* reptil-, kräl-, *bildl.* ormliknande; giftig

repub|lic [rɪ'pʌblɪk] republik; *the R~ of Ireland* republiken Irland **-lican** [-ən] **I** *a* republikansk **II** *s* republikan

repudi|ate [rɪ'pju:dɪeɪt] **1** förkasta, tillbakavisa **2** förneka, förskjuta **-ation** [rɪ,pju:dɪ'eɪʃn] **1** förkastande **2** förnekande, förskjutande

repug|nance [rɪ'pʌgnəns] **1** avsky, motvilja **2** motsägelse **-nant** [-ənt] **1** motbjudande, frånstötande; stötande **2** motstridig, motsägande

repulse [rɪ'pʌls] **1** slå (driva) tillbaka, avvärja **2** tillbakavisa, avslå **repulsion** [rɪ'pʌlʃn] **1** motvilja **2** *fys.* repulsion **repulsive** [rɪ'pʌlsɪv] frånstötande, motbjudande

repu|table ['repjʊtəbl] aktad, aktningsvärd, respektabel, hederlig, ansedd **-tation** [,repjʊ'teɪʃn] [gott] rykte, [gott] anseende, renommé; *have a ~ for being* ha rykte om sig (vara känd för) att vara; *earn the ~ of being* få rykte om sig att vara

repute [rɪ'pju:t] **I** *v* ha in... d:r ha han anmo... (llɪ) vara, han har rykte om sig att vara, det sägs att han är; *be well (ill) ~d* ha gott (dåligt) rykte (anseende); *his ~d father* hans förmente far **II** *s* [gott] rykte, [gott] anseende; *be [held] in good (bad) ~* ha gott (dåligt) rykte (anseende); *know s.b. by ~* känna ngn ryktesvägen **reputedly** [-ɪdlɪ] *adv* enligt allmänna meningen, förmodligen

request [rɪ'kwest] **I** *v* **1** anhålla (be) om; begära **2** be, uppmana **II** *s* **1** anhållan, begäran, önskemål; unmodan; *record ~s* skivönskningar; *at a p.'s ~* på ngns begäran; *by (on) ~* på begäran; *make a ~ to s.b. for s.th.* anhålla (be) ngn om ngt **2** efterfrågan; *be in great ~* vara mycket efterfrågad **request programme** [-,prəʊgræm] önskeprogram **request stop** [-stɒp] hållplats där bussen (*etc.*) stannar efter anmodan

require [rɪ'kwaɪə] behöva; [er]fordra; begära, kräva; *~d* (*äv.*) erforderlig, nödvändig, önskad; *~d reading* obligatorisk litteratur; *as ~d* efter behov; *if ~d* om det (så) behövs (är nödvändigt), vid behov; *you are ~d to... du* skall (måste)...; *the plant ~s frequent watering* växten behöver (måste) vattnas ofta **-ment** [-mənt] **1** behov **2** krav, fordran, anspråk

requi|site ['rekwɪzɪt] **I** *a* erforderlig, nödvändig **II** *s* behov; nödvändig sak **-sition** [,rekwɪ'zɪʃn] **I** *s* **1** rekvisition, beställning (*for* på) **2** *i sht mil.* rekvisition, utskrivning **II** *v, mil.* rekvirera, utskriva

rerun [,ri:'rʌn] **I** *s* [film]repris **II** *v* ge i repris

rescue ['reskju:] **I** *v* rädda, undsätta **II** *s* räddning, undsättning; räddningsaktion; *come (go) to the ~* komma till undsättning

research [rɪ'sɜ:tʃ] **I** *s* forskning, vetenskaplig undersökning; *do ~ on (into)* bedriva forskning i **II** *v* forska **-er** [-ə] forskare

resem|blance [rɪ'zembləns] likhet (*to* med); *bear a strong (faint) ~ to* påminna starkt (svagt) om **-ble** [-bl] likna

resent [rɪ'zent] känna sig sårad av, bli förnärmad (förbittrad) över, harmas över **-ful** [-f(ʊ)l] förnärmad, förbittrad, harmsen (*at* över) **-ment** [-mənt] förbittring, harm, förtrytelse (*at* över)

reservation [,rezə'veɪʃn] **1** reservation, förbehåll; *mental ~* tyst förbehåll **2** [förhands]beställ-

ning, bokning, reservering **3** [indian]reservat **4** mittremsa (*på väg*)

reserve [rɪ'zɜ:v] **I** *v* **1** spara [på], reservera; hålla inne med; förbehålla; *a great career is ~d for her* en lysande karriär väntar henne; *~ the right to do s.th.* förbehålla sig rätten att göra ngt; *~ a seat for s.b.* hålla (reservera) en plats åt ngn; *~ one's strength* spara sina krafter **2** reservera, boka, [förhands]beställa **II** *s* **1** reserv; *have in ~* ha i reserv **2** förbehåll, reservation; *without ~* utan förbehåll (reservation), oförbehållsamt, reservationslöst **3** förbehållsamhet, reservation, tillbakadragenhet **4** reservat **5** *mil., sport.* reserv; *mil.* reservare; *~s* (*pl, äv.*) reservtrupper **6** (*på auktion*) lägsta pris, minimipris **reserved** [-d] **1** reserverad, tillbakadragen, avvaktande **2** reserverad, bokad, [förhands]beställd

reservoir ['rezəvwɑ:] reservoar, behållare

reset [,ri:'set] **1** ställa om (*klocka e.d.*) **2** lägga tull rä rInNRPII Ipe Pll NrNtet ben); nyinfatta (*a gemstone* en ädelsten)

reshuffle [,ri:'ʃʌfl] **I** *s* **1** kortsp. omblandning **2** (*i regering e.d.*) ommöblering, omflyttning **II** *v* **1** kortsp. blanda om **2** möblera (flytta) om [i] (*regering e.d.*)

reside [rɪ'zaɪd] **1** bo, vistas, uppehålla sig, residera **2** *bildl., ~ in* tillkomma, ligga (finnas) hos

resi|dence ['rezɪd(ə)ns] **1** residens, bostad; *official ~* tjänste-, ämbets|bostad **2** hemvist, vistelse, uppehåll;ort **3** vistelse, uppehåll, place of ~ hemort; *take up ~* bosätta sig; *the royal family is in ~ at the palace* kungafamiljen vistas på slottet **-dent** [d(ə)nt] **I** *a* bosatt, bofast, boende; bosatt [på platsen] **II** *s* **1** invånare [på orten], bofast [person] **2** *AE. med.* läkare som genomgår specialistutbildning **-dential** [,rezɪ'denʃl] bostads-; *~ area* bostadsområde; *~ job* arbete där man bor på arbetsplatsen

residue ['rezɪdju:] **1** återstod, rest **2** *jur.* behållning i dödsbo

resign [rɪ'zaɪn] **1** avstå från (*a right* en rättighet), avsäga sig (*the chairmanship* ordförandeskapet); avgå från **2** *o.s.* to förlika (försona) sig med, finna sig i, resignera inför **3** avgå, ta avsked **resignation** [,rezɪg'neɪʃn] **1** avsägelse; avsked, avgång; avskedsansökan; *send in (tender) one's ~* lämna in sin avskedsansökan, begära avsked **2** resignation (*to* inför), underkastelse, undergivenhet (*to* under) **resigned** [-d] resignerad, undergiven

resili|ence [rɪ'zɪlɪəns] elasticitet, spänst[ighet]; återhämtning[sförmåga] **-ent** [-ənt] elastisk, spänstig; som snabbt återhämtar sig, motståndskraftig

resin ['rezɪn] **I** *s* kåda; harts **II** *v* hartsa; gnida med kåda

resist [rɪ'zɪst] **1** motsätta sig; göra motstånd mot; motstå (*a temptation* en frestelse), stå emot; motarbeta; *~ rust* stå emot (tåla) rost; *I cannot (could not) ~ chocolate* jag kan inte motstå choklad **2** stå emot; göra motstånd **-ance** [-(ə)ns] **1** motstånd (*to* mot); *air ~* luftmotstånd; *take (follow) the line of least ~* följa minsta motståndets lag **2** motståndskraft, resistens (*to* mot) **3** *elektr.* resistens **-ant** [-(ə)nt] motståndskraftig (*to* mot); *be ~ to* (*äv.*) vara motståndare till

reso|lute ['rezəlu:t] bestämd, beslutsam, resolut **-lution** [ˌrezə'lu:ʃn] **1** bestämdhet, beslutsamhet **2** resolution, mötesbeslut **3** föresats **4** lösning (*av problem etc.*) **5** sönderdelning; upplösning (*äv. fys., mus.*); *fys.* upplösningsförmåga

resolve [rɪ'zɒlv] **I** *v* **1** skingra (*a doubt* ett tvivel) **2** lösa (*a problem* ett problem) **3** lösa upp, upplösa (*into its components* i sina beståndsdelar); sönderdela; analysera **4** besluta [sig för] **5** besluta sig ([*up*]*on* för) **6** lösas upp, upplösas (*into* i); sönderdelas **II** *s* **1** beslut **2** beslutsamhet

reso|nance ['rezənəns] resonans, återklang; klang **-nant** [-nənt] resonansrik; genljudande, ekande; klangfull, ljudlig

resort [rɪ'zɔ:t] **I** *v* **1** ~ *to* tillgripa, ta sin tillflykt till **2** ~ *to* frekventera, ofta besöka **II** *s* **1** tillhåll; [rekreations]ort; *holiday* ~ semesterort **2** utväg; tillflykt; *as a* (*in the*) *last* ~ som en sista utväg, i sista hand

resound [rɪ'zaʊnd] genljuda, eka; skalla; *litt.* ge genljud (eko)

resource [rɪ'sɔ:s] **1** resurs, tillgång; ~*s* (*pl, äv.*) penningmedel; *natural* ~*s* naturtillgångar **2** rådighet, fyndighet, initiativrikedom; *a man of* ~ en rådig (initiativrik) man **3** utväg, resurs; *as a last* ~ som en sista utväg **-ful** [-f(ʊ)l] rådig, fyndig

respect [rɪ'spekt] **I** *s* **1** respekt, aktning; ~*s* (*pl*) [vördsamma] hälsningar, vördnadsbetygelser; *hold s.b. in* ~ respektera (akta) ngn; *pay one's* ~*s to s.b.* betyga ngn sin aktning, uppvakta ngn **2** hänsyn, omtanke; *with* ~ *to* (*äv.*) hänsynsfullt, försiktigt; *without* ~ *to* utan hänsyn till; *pay* ~ *to* ta hänsyn till **3** avseende, hänseende, hänsyn; *in this* ~ i detta avseende (hänseende); *with* ~ *to, in* ~ *of* beträffande, med avseende på, med hänsyn till **II** *v* **1** respektera; akta; ta hänsyn till **2** angå, beträffa **-able** [rɪ'spektəbl] **1** respektabel, aktningsvärd; anständig; hederlig **2** *vard.* ansenlig, hygglig, skaplig, hyfsad **-ing** [rɪ'spektɪŋ] *prep* beträffande, angående, med hänsyn till

respective [rɪ'spektɪv] respektive; *they returned to their* ~ *homes* de återvände till sina respektive hem; *they each have their* ~ *merits* var och en har sina förtjänster **-ly** [-lɪ] *adv* respektive; *Italy and Sweden lie second and third* ~ Italien och Sverige ligger på andra respektive tredje plats

respir|ation [ˌrespə'reɪʃn] andning, respiration; *artificial* ~ konstgjord andning **-ator** ['respəreɪtə] respirator **-atory** [rɪ'spaɪrət(ə)rɪ] andnings-, respirations-

respire [rɪ'spaɪə] **1** andas, respirera **2** *litt.* andas ut

respite ['respaɪt] **I** *s* respit, anstånd, uppskov; frist, andrum **II** *v* ge respit, bevilja anstånd (uppskov) med

resplendent [rɪ'splendənt] strålande, lysande, praktfull

respond [rɪ'spɒnd] **1** svara (*to* på); ~ *to* (*äv.*) besvara **2** ~ *to* reagera [positivt], svara på (*treatment* behandling)

response [rɪ'spɒns] **1** svar (*to* på); genmäle; *in* ~ *to* som svar på **2** respons, [gen]svar, reaktion (*to* på) **3** (*i bridge*) svarsbud

respon|sibility [rɪˌspɒnsə'bɪlətɪ] **1** ansvar, ansvarighet (*for* för; *to* inför); *accept* (*assume*) ~

for ta på sig ansvaret för **2** förpliktelse **-sible** [-səbl] **1** ansvarig (*for* för; *to* inför); ansvarsfull; ansvarskännande **2** vederhäftig, solid **-sive** [-sɪv] **1** svars-, som svar **2** känslig (*to* för); intresserad, deltagande

1 rest [rest] **I** *v* förbli; ~ *easy* vara lugn; *you may* ~ *assured that* du kan vara säker på att **II** *s, the* ~ resten, återstoden; *for the* ~ *a*) för (i) övrigt, *b*) vad resten (det övriga) beträffar; *and* [*all*] *the* ~ *of it* (*vard.*) och allt sån't där

2 rest [rest] **I** *v* **1** [låta] vila; ~ *o.s.* vila sig; *feel* ~*ed* känna sig utvilad; *God* ~ *his soul!* må han vila i frid! **2** vila, stödja, lägga, luta; *bildl.* stödja, grunda **3** vila [sig], ta igen sig; ta en paus, rasta; *få lugn* (ro); *let the matter* ~ låta saken bero; *the matter must not* ~ there man kan inte låta saken stanna vid detta; [*you may*] ~ *assured that* du kan vara säker på att; *he will not* ~ *until* han ger sig inte (får ingen ro) förrän **4** vila, stödja sig, ligga; *bildl.* stödja (grunda) sig; ~ *with* ligga (vila) hos, bero på **II** *s* **1** vila; paus, rast; lugn, ro, frid; *day of* ~ vilodag; *be at* ~ *a*) vara lugn (stilla, i vila, i viloläge), *b*) ha fått frid, vara död; *come to* ~ stanna; *give it a* ~! sluta!; *give one's eyes a* ~ vila ögonen; *have* (*take*) *a* ~ *a*) vila sig, *b*) ta en paus; *lay to* ~ föra till den sista vilan, begrava; *set at* ~ lugna; *you can set* (*put*) *your mind at* ~ du kan vara lugn **2** stöd; klyka **3** hem; viloplats **4** *mus.* paus; *versl.* cesur

restaurant ['rest(ə)rɪ:(ŋ)] restaurang

restful ['restf(ʊ)l] rogivande, vilsam; lugn, fridfull

rest|-home ['resthəʊm] ålderdomshem **--house** härbärge (*för vägfarande*); raststuga

restive ['restɪv] **1** bångstyrig, motspänstig **2** otålig, rastlös

restless ['restlɪs] rastlös, orolig, otålig **-ness** [-nɪs] rastlöshet, orolighet, otålighet

restoration [ˌrestə'reɪʃn] **1** återställande; återupprättande; återinförande; återupplivande; återlämnande; *the R*~ restaurationen (*återupprättandet av den eng. monarkin 1660*) **2** restaurering, restauration, renovering

restore [rɪ'stɔ:] **1** återlämna, ge (lämna, ställa) tillbaka; återställa; ~*d* [*to health*] återställd; ~ *a p.'s health,* ~ *s.b. to health* återge ngn hälsan; ~ *to life* återkalla till livet **2** återupprätta; återinföra; återinsätta; ~ *to power* återföra till makten; ~ *to the throne* återinsätta på tronen **3** restaurera, renovera; rekonstruera (*a text* en text)

restrain [rɪ'streɪn] **1** hindra, avhålla (*from* från) **2** hålla tillbaka, tygla, lägga band på **3** spärra in **restraint** [-t] **1** restriktion, inskränkning, hinder; tvång, band; ~ *of trade* handelshinder; *without* ~ oinskränkt, ohämmat **2** återhållande, tyglande, kontroll; återhållsamhet **3** *under* ~ under arrest

restrict [rɪ'strɪkt] begränsa, inskränka; ~*ed area* skyddsområde; ~*ed document* hemligstämplat dokument; ~*ed zone* (*BE.*) område med hastighetsbegränsning och särskilda parkeringsbestämmelser **restriction** [-kʃn] **1** restriktion, begränsning, inskränkning; *place* ~*s on* utfärda restriktioner om, göra inskränkningar i **2** förbehåll, inskränkning **restrictive** [-ktɪv] restriktiv, inskränkande

rest room ['restrʊm] *AE.* [offentlig] toalett
result [rɪ'zʌlt] **I** *v* **1** bli (vara) resultatet (följden) (*from* av), härröra (*from* från) **2** ~ *in* resultera i, bli följden av, leda till **II** *s* resultat; *as a* ~ *of* till följd av
resume [rɪ'zju:m] **1** återta[ga]; ~ *one's seat* åter inta sin plats **2** återuppta[ga], åter börja **3** återuppta[ga]s, börja igen
résumé ['rezju:meɪ] **1** resumé, samman|fattning, -drag **2** *AE.* levnadsbeskrivning, meritförteckning
resumption [rɪ'zʌm(p)ʃn] **1** återtagande **2** återupptagande
resurrect [,rezə'rekt] **1** återkalla till livet; *bildl.* återupp|väcka, -liva **2** återuppstå, återkallas till livet
resuscitate [rɪ'sʌsɪteɪt] återupp|väcka, -liva (*äv. bildl.*)
retail **I** *s* ['ri:teɪl] försäljning i minut, detaljhandel; *sell by* ~ sälja i minut (styckevis) **II** *a* ['ri:teɪl] detalj[handels]-, minut- **III** *adv* ['ri:teɪl] *sell* ~ sälja i minut (styckevis) **IV** *v* [ri:'teɪl] **1** sälja i minut (styckevis) **2** relatera, berätta i detalj **3** säljas i minut (styckevis) **-er** [ri:'teɪlə] detaljhandlare, detaljist, återförsäljare
retain [rɪ'teɪn] **1** hålla kvar, [bi]behålla **2** hålla i minnet **3** betala förskotts|arvode (-honorar, -hyra *etc.*) för; *jur.* betala engagemangsarvode (*t. advokat*); ~*ing fee, se retainer 3*
retali|ate [rɪ'tælɪeɪt] vedergälla, hämnas, ge igen, slå tillbaka **-ation** [-,tælɪ'eɪʃn] vedergällning, hämnd
retard [rɪ'tɑ:d] för|sena, -dröja, hämma; ~*ed child* utvecklingsstört barn
retch [retʃ] **I** *v* vilja kräkas **II** *s* kräkningsreflex
retell [,ri:'tel] åter|berätta, -ge
reti|cence ['retɪs(ə)ns] förtegenhet, tystlåtenhet **-cent** [-s-(ə)nt] förtegen, tystlåten
retire [rɪ'taɪə] **1** dra sig tillbaka (undan); försvinna; *sport.* gå ur; ~ *into o.s.* sluta sig inom sig själv **2** gå till sängs **3** *mil.* retirera **4** gå i pension, avgå **5** [förtids]pensionera, tvinga att avgå **6** dra (lösa) in (*sedlar e.d.*) **7** *mil.* låta retirera, dra tillbaka **retired** [-d] **1** tillbakadragen; reserverad **2** pensionerad; avgången **retirement** [-mənt] **1** avskildhet; tillbakadragenhet **2** pensionering; avgång; pensionsålder **3** *mil.* reträtt, återtåg
retort [rɪ'tɔ:t] **I** *v* svara skarpt, genmäla, replikera **II** *s* **1** skarpt svar, replik **2** *kem.* retort
retouch [,ri:'tʌtʃ] retuschera
retrace [rɪ'treɪs] följa tillbaka; ~ *one's steps* gå samma väg tillbaka
retract [rɪ'trækt] **1** ta tillbaka, återkalla **2** dra in (tillbaka) **3** dra sig tillbaka; dras in (tillbaka)
retreat [rɪ'tri:t] **I** *v* **1** flytta tillbaka, retirera med **2** slå till reträtt. retirera; dra sig (vika, gå) tillbaka; vika **II** *s* **1** reträtt, återtåg; *beat a* ~ slå till reträtt, ta till reträtten; *sound the* ~ blåsa till reträtt **2** tillflykt[sort], fristad
retrieval [rɪ'tri:vl] **1** åter|vinnande, -fående **2** *beyond* ~ ohjälplig[t förlorad] **retrieve** [rɪ'tri:v] **I** *v* **1** hämta (få) tillbaka, åter|få, -vinna; återfinna **2** (*om hund*) apportera **3** rädda **4** komma ihåg **5** gottgöra, reparera **6** *data.* hämta, öppna (*dokument*)
retroactive [,retrəʊ'æktɪv] retroaktiv **retro-**

grade ['retrə(ʊ)greɪd] **I** *a* **1** tillbakagående, bakåtriktad; bakåtlutande; retrograd; ~ *step* steg tillbaka **2** bakåtsträvande **II** *v* gå bakåt (tillbaka)
retrospect ['retrə(ʊ)spekt] tillbaka-, åter|blick; *in* ~ i efterhand, så här efteråt
return [rɪ'tɜ:n] **I** *v* **1** ställa (lägga, sätta, stoppa, ge, lämna, skicka, kasta, slå) tillbaka; lämna igen, återlämna, återställa; returnera; återbetala; ~ *a blow* slå tillbaka **2** besvara, återgälda; ~ *fire* besvara elden; ~ *good for evil* löna ont med gott **3** svara, replikera **4** förklara; rapportera; avkunna; avge; lämna in; ~ *s.b. guilty* förklara ngn skyldig **5** avkasta, ge **6** välja [till parlamentsledamot] **7** komma tillbaka (hem), återkomma, återvända; återgå **II** *s* **1** åter-, hem|komst; återvändande; åter|resa, -väg; återgång; *med.* återfall; *by* ~ [*of post*] omgående, med vändande post; ~ *to health* tillfrisknande; *many happy* ~*s* [*of the day*]! har den äran [att gratulera]! **2** [turoch] returbiljett **3** åter|ställande, -lämnande *etc.*, *jfr 11;* returförsändelse; returboll; återbetalning; ~*s* (*pl*) returer, returgods **4** besvarande; vedergällning, lön; *in* ~ i gengäld, till tack (svar), som motprestation **5** rapport, berättelse; dom[slut]; ~*s* (*pl, äv.*) statistik, [statistiska] uppgifter; [*election*] ~*s* (*pl*) valresultat; [*tax*] ~ deklaration; *population* ~*s* (*pl*) befolkningssiffror **6** avkastning, vinst; ~*s* (*pl, äv.*) intäkter, vinster **7** val (*t. parlament*) **returnable** [rɪ'tɜ:nəbl] retur- **return ticket** [tur- och] returbiljett
reunion [,ri:'ju:njən] **1** återförening **2** sammankomst, samkväm **reunite** [,ri:ju:'naɪt] återförena[s], åter ena[s]
rev [rev] *vard.* **I** *s* [motor]varv **II** *v* **1** ~ [*up*] *the motor* rusa (varva upp) motorn **2** ~ [*up*] (*om motor*) rusa, varva upp
revaluation [,ri:væljʊ'eɪʃn] **1** omvärdering **2** *ekon.* revalvering **revaluate** [,ri:'væljʊeɪt] *AE.*, **revalue** [,ri:'vælju:] *BE.* **1** omvärdera **2** *ekon.* revalvera
reveal [rɪ'vi:l] avslöja, röja, yppa; visa, uppenbara
revel ['revl] **I** *v* festa [om], svira, rumla [om]; ~ *in* (*bildl.*) frossa i, njuta av **II** *s* fest; ~*s* (*pl, äv.*) festligheter
revelation [,revə'leɪʃn] **1** uppenbarande, yppande; avslöjande; *it was a* ~ *to me* det kom som en överraskning för mig **2** (*gudomlig*) uppenbarelse; *R~*[*s*], *the R~ of St. John the Divine* Uppenbarelseboken
revel|ler ['revlə] festprisse, rumlare **-ry** ['revlrɪ] festande, rumlande, svirande
revenge [rɪ'ven(d)ʒ] **I** *v* hämnas; ~ *o.s. on s.b.* hämnas på ngn **II** *s* hämnd, vedergällning; revansch; *in* ~ *of* som hämnd för; *get one's* ~ ta hämnd; *take* ~ *on s.b.* ta hämnd (revansch) på ngn; ~ *is sweet* hämnden är ljuv
revenue ['revənju:] inkomst[er], avkastning; [*public*] ~ statsinkomster
rever|berate [rɪ'vɜ:b(ə)reɪt] **1** återkasta, reflektera (*ljud, ljus e.d.*) **2** (*om ljud, ljus e.d.*) återkastas, reflekteras, eka **-beration** [rɪ,vɜ:bə'reɪʃn] återkastande, reflexion; eko, genljud (*äv. bildl.*); *bildl. äv.* återverkning
rever|ence ['rev(ə)r(ə)ns] **I** *s* aktning, vördnad; vördnadsbetygelse **II** *v* vörda **-end** [-(ə)nd] **I** *a* **1**

R

åld. vördnadsvärd **2** [*the*] *R~ John Smith* kyrko-
herde (pastor) John Smith; [*the*] *Most R~ John
Smith* ärkebiskop John Smith; [*the*] *Right R~*
John Smith biskop John Smith; [*the*] *Very R~*
John Smith domprost John Smith **II** *s, vard.* präst

reverie ['revərɪ] drömmeri; dagdröm; *lapse into a
~* försjunka i drömmerier

reversal [rɪ'vɜ:sl] **1** omsvängning, omkastning,
omslag (*of* i); ombyte (*of* av) **2** *jur.* upphävande
(*av dom o.d.*)

reverse [rɪ'vɜ:s] **I** *a* omvänd, motsatt, omkastad,
bakvänd; *~ gear* back[växel]; *~ motion* rörelse
(gång) bakåt (i motsatt riktning); *~ side* bak-,
från-, avig|sida **II** *s* **1** motsats (*of* till, mot); *quite
the ~* alldeles tvärtom; *he is the ~ of polite* han
är allt annat än artig **2** bakslag, motgång, neder-
lag; *go into ~* röna motgång, råka ut för ett bak-
slag, lida nederlag **3** bak-, från-, avig|sida; *the ~
of a coin* reversen (baksidan) av ett mynt; *the ~
of the medal* (*bildl.*) medaljens baksida **4** back,
backväxel; *put the car into ~* lägga i backen **III** *v*
1 vända [på]; vända (flytta, kasta, slå) om; ändra
[om]; *~ one's car* backa bilen; *~ the charges* (*tel.*)
låta mottagaren betala samtalet; *~d charge call*
(*tel.*) ba-samtal **2** *jur.* upphäva, återkalla **3** vän-
da, slå om **4** backa **reversion** [rɪ'vɜ:ʃn] åter-,
tillbaka|gång

revert [rɪ'vɜ:t] **1** återgå, gå tillbaka, återvända,
återkomma **2** *jur.* hemfalla, återgå

review [rɪ'vju:] **I** *v* **1** se tillbaka på, gå igenom,
låta passera revy; överblicka **2** gå igenom (grans-
ka, betrakta) på nytt; *jur.* ompröva **3** anmäla, re-
censera **4** *mil.* inspektera, mönstra **II** *s* **1** åter-
blick (*of* på); över|blick, -sikt (*of* över); *pass in
~* se tillbaka på, gå igenom, låta passera revy **2**
genomgång, granskning, [förnyad] undersök-
ning; *jur.* omprövning, revision; *come under* (*up
for*) *~* granskas på nytt, tas upp till omprövning
(förnyad behandling) **3** anmälan, recension **4**
tidskrift **5** *mil.* inspektion, mönstring, revy

revise [rɪ'vaɪz] **1** revidera; ändra; granska; omar-
beta, bearbeta; *the R~d Version* (*BE.*) den revi-
derade bibelöversättningen (*1881, 1885*) **2** *skol.*
repetera, plugga in

revision [rɪ'vɪʒn] **1** revidering, revision; ändring;
granskning; omarbetning, bearbetning; revide-
rad upplaga **2** *skol.* repetition, pluggande

revital|ize (*BE. äv. -ise*) [,ri:'vaɪtəlaɪz] vitalisera,
liva upp; återuppliva

revival [rɪ'vaɪvl] **1** återupp|livande, -väckande
(*äv. bildl.*); återupptagande; återhämtning;
economic ~ ekonomisk återhämtning; *a ~ of in-
terest in* ett nyvaknat intresse för **2** *teat.* ny upp-
sättning **3** väckelse; väckelsemöte

revive [rɪ'vaɪv] **1** återupp|liva, -väcka (*äv. bildl.*);
bildl. blåsa nytt liv i, återinföra, återuppliva; *~ a
p.'s memory* friska upp ngns minne **2** *teat.* göra
en nyuppsättning av, ha nypremiär på **3** vakna
till liv igen, kvickna till (*äv. bildl.*); *bildl. äv.* leva
upp, få nytt liv

revocation [,revə'keɪʃn] återkallande, upphä-
vande, annullering

revoke [rɪ'vəʊk] **1** återkalla, upphäva, annullera
2 *kortsp.* underlåta att bekänna färg

revolt [rɪ'vəʊlt] **I** *v* **1** revoltera, göra revolt (upp-
ror) **2** uppröras, känna avsky **3** göra upprörd,

fylla med avsky; *be ~ed by* bli (vara) upprörd
över, känna avsky inför (över) **II** *s* revolt, uppror;
rise in ~ göra revolt (uppror) **-ing** [-ɪŋ] **1** revol-
terande, upprorisk **2** upprörande; motbjudande,
kväljande

revolution [,revə'lu:ʃn] **1** revolution; *bildl. äv.*
omvälvning; *the French R~* franska revolutio-
nen; *the industrial ~* den industriella revolutio-
nen **2** rotation; varv; *astr.* kretslopp; omlopp
-ary [-ʃnərɪ] **I** *a* revolutionär, revolutions- **II** *s* re-
volutionär

revolve [rɪ'vɒlv] **1** rotera, snurra runt, vrida sig;
~ around (*bildl.*) kretsa sig kring **2** sätta i rota-
tion, få att rotera

revolver [rɪ'vɒlvə] revolver

revolving [rɪ'vɒlvɪŋ] roterande; *~ door* sväng-
dörr; *~ stage* vridscen

revue [rɪ'vju:] *teat.* revy

revulsion [rɪ'vʌlʃn] **1** motvilja **2** omsvängning;
motreaktion

reward [rɪ'wɔ:d] **I** *s* belöning; hittelön; *as a ~ for*
som belöning för **II** *v* belöna; *the picture ~s atten-
tion* tavlan förtjänar att uppmärksammas **-ing**
[-ɪŋ] lönande, givande, värd mödan

rewind [,ri:'waɪnd] **I** *v* spola tillbaka (*a tape* ett
band) **II** *s* återspolning

rewrite I *v* [,ri:'raɪt] skriva om; omarbeta **II** *s*
['ri:raɪt] omskrivning; omarbetning

rhapsody ['ræpsədɪ] **1** rapsodi **2** extas, entu-
siasm

rhetoric ['retərɪk] retorik, vältalighet **rhetor-
ical** [rɪ'tɒrɪkl] retorisk; *~ question* retorisk fråga

rheu|matic [ru:'mætɪk] **I** *a* reumatisk (*fever* fe-
ber) **II** *s* **1** reumatiker **2** *~s* (*pl, vard.*) reumatism
-matism ['ru:mətɪz(ə)m] reumatism

Rhine [raɪn] *s, the ~* Rhen

rhinoceros [raɪ'nɒs(ə)rəs] *zool.* noshörning

rhomb [rɒm] romb **rhombus** ['rɒmbəs] romb

rhubarb ['ru:bɑ:b] rabarber

rhyme [raɪm] **I** *s* rim; rimord; rimmad vers; *in ~*
på rim; *without ~ or reason* utan rim och reson **II**
v rimma; skriva vers; *rhyming dictionary* rimlexi-
kon; *rhyming slang* rimmad slang (*t.ex. apples
and pears* för *stairs*)

rhythm ['rɪð(ə)m] rytm **rhytmic[al]** ['rɪðmɪk(l)]
rytmisk

rib [rɪb] **I** *s* **1** revben; *~s of pork* (*kokk.*) revbens-
spjäll; *poke s.b. in the ~s* stöta till ngn i sidan **2**
(*i blad, berg e.d.*) ådra **3** räffla; (*i tyg*) upphöjd
rand; ribb-, resår|stickning **4** *arkit.* [valv]ribba;
sjö. spant **5** bergutsprång **II** *v* **1** (*jfr äv. ribbed*)
räffla, göra ribbor i **2** *vard.* retas med **ribbed**
[rɪbd] ribbad, räfflad; resår-, ribb|stickad; *~
knitting* resår-, ribb|stickning

ribbon ['rɪbən] **1** band (*äv. bildl.*); ordensband;
färgband **2** strimla, remsa; *cut* (*torn, slashed*) *to
~s* [sliten, riven] i trasor

rice [raɪs] **I** *s* ris; risgryn **II** *v, AE.* pressa (*potatis*)

rich [rɪtʃ] **I** *a* **1** rik (*in, with* på); dyrbar **2** stor, rik-
haltig **3** fet, bördig (*soil* jord) **4** (*om mat*) fet,
kraftig **5** (*om färg*) fyllig, varm; (*om röst, ljud*)
fyllig; (*om lukt, smak*) stark, intensiv; (*om
tyg e.d.*) praktfull **6** *åld.* dråplig **II** *s, the ~* de
rika, rika människor **riches** ['rɪtʃɪz] *pl* rikedom-
m[ar]

1 rick [rɪk] [hö-, halm]stack

2 rick [rɪk] sträcka; vricka, stuka
rickety ['rɪkɪtɪ] **1** skranglig, rank; fallfärdig **2** med. rakitisk **3** svag, skröplig
rid [rɪd] (rid, rid, ibl. ~ded, ~ded) befria, göra fri (of från); ~ o.s. of s.th. göra sig kvitt, bli fri från; be ~ of vara av med (fri från), ha sluppit; get ~ of bli av med, bli kvitt, göra sig av med **riddance** ['rɪd(ə)ns] befrielse; good ~ [to bad rubbish]! skönt att bli av med den (honom etc.)!
ridden ['rɪdn] **I** perf. part. av ride **II** a (i sms.) ansatt (hemsökt, härjad, plågad) av
riddle ['rɪdl] gåta (äv. bildl.)
ride [raɪd] **I** v (rode, ridden) **1** rida [på]; ~ down a) rida omkull, b) rida ifatt; ~ [out] the storm (äv. bildl.) rida ut stormen **2** låta rida, bära **3** köra, åka; ~ a bicycle åka cykel, cykla **4** plåga; köra med, trakassera, topprida **5** (om jockey) väga **6** rida; sitta [grensle], gunga; vila; ~ at anchor ligga för ankar; ~ for a fall vara på väg mot en katastrof; ~ in a train åka tåg; ~ on a surge of popularity rida på en våg av popularitet; be blown ~ on the wind lägeln bärs av vinden; ~ on a motorcycle åka (köra) motorcykel; ~ out (äv.) göra en ridtur; ~ over hounds (jakt.) rida in bland (förbi) hundarna; ~ to hounds jaga räv; the moon is riding high månen står högt på himlen; let it ~ låta det vara (bero) **7** köra, åka; gå; ~ up (om plagg) glida (åka) upp **III** s **1** ritt; [åk]tur, resa, färd; give s.b. a ~ skjutsa ngn; go for (have, take) a ~ rida (åka) ut, ta en [åk]tur (ridtur); take s.b. for a ~ (vard.) a) lura ngn, b) föra bort ngn [med bil] och mörda honom **2** ridväg
rider ['raɪdə] **1** ryttare; bicycle ~ cyklist **2** tillägg
ridge [rɪdʒ] ås; rygg, kam; ~ of high pressure högtrycksrygg
ridicule ['rɪdɪkju:l] **I** v förlöjliga, göra till ett åtlöje, håna **II** s förlöjligande, åtlöje, hån; hold up to ~ förlöjliga, göra till ett åtlöje **ridiculous** [rɪ'dɪkjʊləs] löjlig, skrattretande
riding ['raɪdɪŋ] **I** s ridning **II** a ridande; Little Red R~ Hood Rödluvan
rife [raɪf] utbredd, förhärskande, vanlig; be ~ with vara full (översvämmad) av
riffraff ['rɪfræf] slödder, pack
1 rifle ['raɪfl] **1** räffla **2** gevär, bössa **3** ~s (pl) infanterister
2 rifle ['raɪfl] **1** rota (through igenom) **2** plundra, råna; stjäla
rift [rɪft] spricka (äv. bildl.), reva, rämna; bildl. äv. klyfta, splittring
rig [rɪg] **I** s **1** sjö. rigg **2** [olje]rigg **3** utrustning **4** vard. rigg, stass **II** v **1** sjö. rigga, tackla **2** vard., ~ out klä [ut], rigga upp **3** manipulera med, fixa [till] **4** ~ [up] rigga upp (till), montera, sätta upp (ihop)
right [raɪt] **I** a **1** rätt, riktig; ~? eller hur?, inte sant?, det stämmer väl?; the ~ thing det rätta; do the ~ thing by s.b. handla rätt mot ngn; be ~ a) vara rätt (riktig), stämma, b) ha rätt (about i fråga om); ~ you are!, ~ oh! bra!, just det!, okej!, då säger vi så!; that's ~! det stämmer!, just det!; is the clock ~? går klockan rätt?; be on the ~ side of 40 vara under 40 [år]; come (get) ~ ordna sig, bli bra; I don't feel quite ~ jag känner mig inte riktigt bra; put (set) ~ a) ställa till rätta, b) göra (ställa) i ordning, ordna, c) rätta [till], d) laga, e)

göra frisk, bota; put a clock ~ ställa en klocka **2** rättmätig (owner ägare) **3** rät, rak; at ~ angles i rät vinkel (with mot) **4** höger, höger-; ~ hand a) höger hand (sida), b) bildl. högra hand; ~ turn högersväng; the ~ wing högra flygeln, polit. högern **II** adv **1** rätt, riktigt; bra; act ~ handla rätt; nothing goes ~ with me ingenting lyckas för mig; turn out ~ sluta bra **2** just, precis; med detsamma, genast, strax; ~ away (AE. off) a) med detsamma, genast, strax, b) direkt; ~ now a) just nu, b) omedelbart, genast **3** alldeles, fullständigt, helt; ända; ~ on (sl.) fint, schysst **4** (i titel) hög-, högt; the R~ Honourable högvälborne **5** rätt, rakt, direkt; ~ ahead (on) rakt fram **6** till (åt) höger; ~ and left a) till höger och vänster, b) bildl. på (från, åt) alla håll **III** s **1** rätt; ~ and wrong rätt och orätt; the ~s and wrongs of de olika sidorna av; the ~s of the case det rätta förhållandet; by ~s rätteligen, egentligen; by right or by wrong med rätt eller orätt; have a ~ to a right (det rätta); put (set) s.th. to ~s ställa ngt till rätta **2** rättighet, rätt; ~s and duties rättigheter och skyldigheter; ~ of way a) förkörsrätt, b) rätt att passera över annans mark; by ~ of i kraft (på grund) av; in one's own ~ a) egen, i sig [själv], b) genom egna meriter, c) genom börd (arv); have a ~ to ha rätt att; stand on one's ~s hålla på sin rätt **3** höger sida (hand); sport. höger; the R~ (polit.) högern; on (to) the ~ till (åt) höger; on my ~ till höger om mig, på min högra sida **IV** v **1** räta upp [sig] **2** ratta [till], korrigera; gottgöra; the problem will ~ itself problemet kommer att rätta till sig
right-down ['raɪtdaʊn] äkta, riktig, ärke-
righteous ['raɪtʃəs] **1** rättrådig, rättskaffens **2** rättmätig **-ness** [-nɪs] **1** rättrådighet **2** rättmätighet
rightful ['raɪtf(ʊ)l] rättmätig
right-hand ['raɪthænd] höger[-]; her ~ man (bildl.) hennes högra hand **--handed** [ˌraɪt'hændɪd] högerhänt
rightly ['raɪtlɪ] adv **1** med rätta **2** riktigt, rätt
right-minded [ˌraɪt'maɪndɪd] rättänkande
right-wing ['raɪtwɪŋ] **I** a höger-, högerorienterad, -vriden; på högerkanten **II** s, polit. högerflygel
rigid ['rɪdʒɪd] **1** stel, styv; it shook me ~ (vard.) det gjorde mig stel av fasa **2** sträng, rigorös **-ity** [rɪ'dʒɪdətɪ] **1** stel-, styvhet **2** stränghet
rigmarole ['rɪgm(ə)rəʊl] **1** vard. invecklad procedur **2** svammel, nonsens
rigorous ['rɪg(ə)rəs] **1** sträng, rigorös, [ytterst] noggrann **2** (om väder) bister, hård, sträng **rigour** ['rɪgə] hårdhet, stränghet; ~s (pl) strapatser, umbäranden, prövningar; the ~s of winter den stränga vintern
rim [rɪm] **I** s **1** kant, rand, fals **2** (på hjul) fälg **II** v kanta, förse med kant
rime [raɪm] **I** s rimfrost **II** v [be]täcka med rimfrost
rind [raɪnd] skal; svål
1 ring [rɪŋ] **I** s **1** ring; cirkel, krets; krans; (träds) årsring; run ~s around s.b. (vard.) utklassa ngn, vara ngn överlägsen **2** grupp, gäng, liga **3** ring; manege, arena, bana; the ~ (äv.) a) boxningen, boxningsvärlden, b) bookmakers, bookmakers plats **II** v **1** ~ [about, in, round] ringa in, innesluta, omge **2** ringmärka, ringa

2 ring [rɪŋ] **I** s ringning, signal; klang, klingande; ton[fall]; ~ *of bells* klockspel; *there was a* ~ *at the door (phone)* det ringde på dörren (i telefonen); *give s.b. a* ~ ringa [upp] ngn, slå ngn en signal **II** v (*rang, rung*) **1** ringa [på, i, med]; slå; ~ [*up*] ringa upp, ringa [till]; ~ *up* (*äv.*) slå in (*i kassan*); ~ *up the curtain* (*teat.*) a) ringa [till att ridån skall gå upp], b) börja föreställningen; ~ *the bell for s.b.* ringa på ngn; *that* ~*s a bell* (*vard.*) det låter bekant; ~ *the hours* slå timmarna; ~ *in the New Year* ringa in det nya året; **2** ringa; låta, ljuda, klinga, skalla; genljuda; ~ *true* klinga äkta, låta sann; ~ *at the door* ringa på dörren; ~ *for s.b.* ringa efter (på) ngn; ~ *off* lägga på [luren], ringa av; ~ *out* ringa [ut], ljuda, klinga, skalla, smälla; *my ears are* ~*ing* det ringer i öronen på mig

ringleader ['rɪŋ,li:də] [upprors]ledare, anstiftare
ringlet ['rɪŋlɪt] hårlock
ringworm ['rɪŋwɜ:m] *med.* revorm
rink [rɪŋk] rink, ishockey-, bandy-, curling|bana
rinse [rɪns] **I** v skölja; spola; skölja (spola) av; ~ [*out*] skölja ren (ur) **II** s **1** sköljning; av|sköljning, -spolning **2** toningsvätska
riot ['raɪət] **I** s upplopp, uppror; bråk, tumult; ~*s* (*pl, äv.*) oroligheter, kravaller; *a* ~ *of colour* en orgie i färg; *a* ~ *of emotion* ett [våldsamt] känsloutbrott; *a* ~ *of flowers* ett hav av blommor; *he's a* ~ (*vard.*) han är jätterolig; *run* ~ a) härja, fara våldsamt fram, b) frodas, växa ohejdat; *his imagination runs* ~ hans fantasi skenar i väg med honom **II** v **1** delta i (ställa till med) upplopp *etc.*, *jfr I;* göra uppror; bråka **2** leva om, föra ett utsvävande liv **3** ~ *away one's life* förspilla sitt liv genom utsvävningar **rioter** [-ə] upprorsmakare; orosstiftare **riotous** [- əs] **1** upprorisk **2** utsvävande (*living liv*) **3** vild, våldsam; översvallande
rip [rɪp] **I** v **1** riva, slita, skära (*off* av, loss, lös; *open, up* upp; *out* ut); riva (slita) sönder; ~ *off* (*vard.*) a) skörta upp, lura, b) knycka, sno **2** klyvsåga **3** rivas (slitas) isär (sönder); rämna, spricka **3** *vard.* rusa, störta; *let it* (*her*) ~! full fart!, gasen i botten! **II** s reva; skåra
ripe [raɪp] mogen (*äv. bildl.*); (*om lukt*) skarp, påträngande; ~ *old age* framskriden (aktningsvärd) ålder **ripen** ['raɪp(ə)n] **1** mogna **2** få att mogna **ripeness** ['raɪpnɪs] mognad
ripple ['rɪpl] **I** s **1** (*på vattenyta*) krusning på vågskvalp; porlande (*äv. bildl.*); *bildl. äv.* våg[rörelse], ilning; *a* ~ *of laughter a*) en skrattsalva, *b*) ett porlande (pärlande) skratt **II** v **1** (*om vattenyta*) krusa sig **2** skvalpa; porla; klucka; *bildl.* sprida sig som vågrörelser, röra sig, spela **3** krusa
rise [raɪz] **I** v (*rose, risen; jfr äv. rising*) **1** resa sig, gå (stiga, resa sig, ställa sig) upp; dyka upp, visa sig; (*om deg*) jäsa [upp]; ~ [*to the surface*] komma upp [till ytan]; ~ *and shine!* upp och hoppa!, upp med dig (er)!; *the sun rises at 5 o'clock* solen går upp klockan 5; ~ *to the bait* nappa på kroken **2** ~ [*up*] resa sig, göra uppror (*äv. bildl.*); *my stomach* ~*s against (at)* it det kväljer (äcklar) mig **3** stiga, öka[s], tillta; höja sig, höjas; avancera; ~ [*in price*] gå upp (stiga) [i pris]; *her colour rose* hon rodnade; *spirits rose* humöret (stämningen) steg; *the wind is rising* vinden tilltar (ökar); ~ *above* höja (sätta) sig över, stå över; ~ *in the world* komma sig upp i här världen, göra karriär;

~ *to the occasion* vara situationen vuxen **4** uppkomma, uppstå (*from* av); ~ *from the dead* uppstå från de döda; *the river* ~*s in...* floden rinner upp i... **5** avsluta sammanträdet (förhandlingarna, sessionen *e.d.*); avslutas, ajournera sig **II** s **1** stigande, stegring, ökning, tilltagande, tillväxt, höjning; löne|förhöjning, -lyft; (*litt el. på börsen*) uppgång; *prices are on the* ~ priserna går upp (stiger); *get a* ~ få napp; *get a* ~ *out of s.b.* (*vard.*) retas med ngn, få ngn att reagera våldsamt **2** uppkomst, upphov, upprinnelse; uppståndelse (*from the dead* från de döda); *give* ~ *to s.th.* förorsaka (föranleda, ge upphov till) ngt; *the river has its* ~ *in...* floden rinner upp i... **3** upphöjning, höjd, kulle, stigning
risen ['rɪzn] *perf. part.* av *rise* **riser** ['raɪzə] *s, be an early* ~ vara morgonpigg; *be a late* ~ ligga länge på morgnarna **rising** ['raɪzɪŋ] **I** *a* stigande, uppåtgående; uppväxande, kommande; ~ *ground* stigning; *she is* ~ *seventeen* hon är nästan (närmar sig) sjutton [år] **II** *s* **1** uppstig|ande, -ning **2** stigande, tilltagande, ökning, tillväxt **3** uppgång **4** uppståndelse (*från de döda*) **5** resning, uppror **6** (*sammanträdes*) avslutande **7** stigning, upphöjning, höjd, backe
risk [rɪsk] **I** s risk, fara; *at the* ~ *of* med risk (fara) för; *at one's own* ~ på egen risk; *be at* ~ vara i risksonen (utsatt); *put at* ~ äventyra, utsätta för fara; *run the* ~ *of* utsätta sig för risken att **II** v riskera; våga, sätta på spel, äventyra **risky** ['rɪskɪ] riskabel
risqué ['ri:skeɪ] vågad, ekivok
rite [raɪt] rit, ceremoni **ritual** ['rɪtʃʊəl] **I** *a* rituell **II** *s* ritual
rival ['raɪvl] **I** s rival, medtävlare, konkurrent **II** *a* rivaliserande, konkurrerande **III** *v* rivalisera (konkurrera, tävla) med **-ry** [-rɪ] rivalitet, konkurrens
river ['rɪvə] flod; *bildl. äv.* ström; ~*s of blood* strömmar av blod; *sell s.b. down the* ~ (*vard.*) lura (bedra) ngn
rivet ['rɪvɪt] **I** s nit **II** *v* nita; nita fast; *bildl. äv.* fånga, fängsla; *be* ~*ed on the spot* stå som fastnaglad; *my eyes were* ~*ed on the gun* jag stirrade oavvänt på pistolen; *be* ~*ed to the television set* sitta som fastnitad vid TV:n
rivulet ['rɪvjulɪt] bäck, liten å
roach [rəʊtʃ] **1** *zool.* mört **2** *vard.* kackerlacka
road [rəʊd] **1** väg (*äv. bildl.*); landsväg; gata; körbana; *on the* ~ a) på landsvägen, på luffen, *b*) (*om teater e.d.*) på turné; *on the* ~ *to recovery* på bättringsvägen; *one for the* ~ (*vard.*) en färdknäpp; *have come to the end of the* ~ vara slut, ha misslyckats; *hit the* ~ (*sl.*) ge sig i väg (ut på luffen); *take* [*to*] (*sl.: hit*) *the* ~ ge sig iväg (ut på luffen); ~ *up* vägarbete pågår; *any* ~ (*dial.*) se *anyhow* **2** ~*s* (*pl*) redd
roadblock ['rəʊdblɒk] vägspärr **road hog** [-hɒg] *vard.* bil|drulle, -dåre **roadside** [-saɪd] **I** *s* vägkant **II** *a* vid vägkanten **roadstead** [-sted] redd **roadway** [-weɪ] vägbana; körbana **roadworks** [-wɜːks] *pl* vägarbete **roadworthy** [-,wɜːðɪ] trafikduglig, i körklart skick
roam [rəʊm] **I** *v* **1** ströva omkring på (i), ströva (resa) genom **2** ströva (resa) omkring i **II** *s* strövtåg, strövande

roar [rɔ:] **I** v **1** ryta, vråla, tjuta; brusa, dåna; ~ with laughter vråla (tjuta) av skratt, gapskratta **2** ~ o.s. hoarse skrika sig hes **II** s rytande, vrål[ande], tjut; brus, dån; ~ of laughter skrattsalva, gapskratt **-ing** [-rɪŋ] **I** a rytande etc., jfr roar; ~ fire sprakande (dånande) eld; ~ success stormande (hejdundrande) succé; do a ~ trade in (vard.) göra lysande affärer i (med) **II** adv, vard., ~ drunk stupfull, höggradigt berusad

roast [rəʊst] **I** v **1** [ugn]steka, rosta; I'm ~ing (bildl.) jag steks (kokar, är för varm) **2** [ugn]stekas, rosta **II** a [ugn]stekt, rostad; ~ beef rostbiff; ~ pork fläsksteck **III** s stek **-ing** ['rəʊstɪŋ] vard. **I** s överhalning, utskällning **II** a stek-, kok|het

rob [rɒb] råna, plundra (s.b. of s.th. ngn på ngt); beröva (s.b. of s.th. ngn ngt) **robber** ['rɒbə] rånare; rövare **robbery** ['rɒbərɪ] rån

robe [rəʊb] **I** s **1** ämbetsdräkt; rob; fotsid dräkt; christening ~ dopklänning **2** morgon-, bad|rock **II** v klä[da]; [a i klä[da] sig, ~ o.s. in i[kläd, skrudad i

robin ['rɒbɪn] s, zool., ~ [redbreast] rödhakesångare

robot ['rəʊbɒt] robot

robust [rə(ʊ)'bʌst] **1** robust; kraftig, stadig, stark; kraftfull **2** hård, krävande (sport sport)

1 rock [rɒk] **I** v **1** gunga, vagga, vyssja; ~ to sleep vagga till sömns **2** skaka (äv. bildl.); ~ the boat (bildl.) ställa till trassel, spoliera det hela **3** gunga, vagga; ~ with laughter skaka av skratt **II** rocka, spela (dansa) rock **II** s **1** gungning, vaggande **2** skakning **3** rock[musik], rock-and-roll

2 rock [rɒk] **1** [stor] sten, sten-, klipp|block; klippa (äv. bildl.); skär; berg[grund], hälleberg; bergart; the R~ [of Gibraltar] Gibraltar[klippan]; as firm as a ~ bergfast, [fast] som en klippa; on the ~s (vard.) a) pank, b) (om drink) med is, med isbitar, c) i kras **2** (slags) karamellstång **3** sl. diamant, ädelsten **4** sl., ~s (pl) stenar, ballar (testiklar)

rock-bottom [ˌrɒk'bɒtəm] bildl. **I** s absoluta botten **II** a absolut lägsta; ~ price bottenpris

rocker ['rɒkə] **1** med[e] (på gungstol, vagga) **2** gungstol **3** AE. gunghäst **4** rocksångare **5** skinnknutte **6** vard., off one's ~ knäpp, knasig

rockery [-rɪ] stenparti

rocket ['rɒkɪt] **I** s **1** raket **2** vard. skrapa, överhalning, tillrättavisning **II** v **1** driva (skjuta i väg) med raket **2** flyga (stiga) som en raket; vard. skjuta i höjden; ~ away (off) rusa i väg med raketfart

rocking chair ['rɒkɪŋtʃeə] gungstol

rocky ['rɒkɪ] **1** klippig; the R~ Mountains Klippiga bergen **2** stenhård; bildl. orubblig

rococo [rə(ʊ)'kəʊkəʊ] **I** s, äv. R~ rokoko **II** a rokoko-

rod [rɒd] **1** [ämbets]stav; pinne; stång; käpp; tekn. vevstake; ~s (pl) stavar (i ögat) **2** spö, ris; make a ~ for one's own back (bildl.) binda ris åt egen rygg **3** [met]spö **4** (mått) rod (= 5,5 yards = 5,0292 m) **5** AE. sl. puffra (pistol) **6** sl. stake, kuk **7** AE. sl., hot ~ hotrod (upptrimmad bil)

rode [rəʊd] imperf. av ride

rodent ['rəʊd(ə)nt] zool. **I** s gnagare **II** a gnagar-

1 roe [rəʊ] rådjur

2 roe [rəʊ] s, [hard] ~ [fisk]rom; [soft] ~ mjölke

rogue [rəʊg] **I** s **1** skurk; skojare; lymmel, kanalje; ~'s gallery förbrytaralbum **2** skämts. rackare, lymmel **3** åld. landstrykare **4** vildsint djur (som stötts ut ur flocken) **II** a, ~ elephant vildsint ensam elefant **roguish** ['rəʊgɪʃ] **1** skurkaktig **2** spjuveraktig, skälmsk

role, rôle [rəʊl] roll; uppgift

roll [rəʊl] **I** v **1** rulla; kavla [ut], valsa [ut]; välta; ~ back (äv.) slå tillbaka; ~ o.s. in a blanket rulla in sig i en filt; ~ out a) rulla ut, b) kavla (valsa) ut, c) deklamera; ~ up a) rulla (kavla, vika) upp, b) rulla ihop; ~ed gold gulddubblé; ~ed oats havregryn; ~ one's eyes rulla med ögonen; ~ one's r's rulla på r-en; ~ one's stockings on dra på sig strumporna **2** AE. sl. råna (berusad pers.) **3** rulla; rulla (vältra) sig; ~ along a) rulla fram, b) vard. rulla på, c) vard. dyka upp; ~ away (off) a) rulla bort (i väg), b) dra bort; ~ by (on, past) rulla (dra, gå) förbi (vidare); ~ in rulla (ström|ma) in; ~ in luxury vältra sig i lyx; he's ~ing in it (vard.) han badar i pengar, han har pengar som gräs; the audience was ~ing in the aisles (vard.) publiken vred sig av skratt i bänkarna; ~ed into one på en gång; ~ on rulla vidare; ~ on the holidays! (vard.) om det ändå kunde bli lov snart!, vad jag längtar efter lovet!; ~ over (äv.) välta, ramla omkull; ~ up a) rulla ihop sig, b) rulla in sig, c) vard. dyka upp, d) växa; ~ up! kom (välkomna) hit! **4** vingla; sjö. rulla, slingra; flyg. rolla **5** mullra, dundra, dåna, rulla **II** s **1** rulle; AE. vard. sedel|rulle, -bunt; kavel; vals; vält; ~ of film filmrulle **2** valk **3** kokk. småfranska; rulad **4** rulla, lista, register, förteckning; urkund; call the ~ ropa upp namnen, förrätta [namn]upprop; be struck off the ~ strykas från listan **5** rull|ande, -ning; gymn. kullerbytta; flyg. roll; vulg. knull; walk with a ~ gå med vaggande gång **6** muller, dunder, mullrande; [trum]virvel

roll call ['rəʊl kɔ:l] namnupprop; mil. appell

roller ['rəʊlə] **1** cylinder, vals; vält; roller, [mål-nings]rulle **2** dyning **3** [hår]spole **roller coaster** [-ˌkəʊstə] berg-och-dalbana **roller-skate** [-skeɪt] **I** s rullskridsko **II** v åka rullskridskor

rollicking ['rɒlɪkɪŋ] uppsluppen, lekfull, sprallig

rolling pin ['rəʊlɪŋpɪn] [bröd]kavel **rolling stone** rastlös person, orolig ande

roly-poly [ˌrəʊlɪ'pəʊlɪ] **I** a knubbig, trind **II** s **1** kokk. (slags) syltrulle **2** tjockis, rulta

Roman ['rəʊmən] **I** a **1** romersk; romar-; the ~ Empire Romarriket; ~ alphabet romerskt alfabet; ~ numerals romerska siffror **2** ~ [Catholic] romersk-katolsk **II** s **1** romare; [the Epistle to] the ~s (bibl.) Romarbrevet **2** ~ [Catholic] romersk katolik **3** r~ [romersk] antikva

romance [rə(ʊ)'mæns] **I** s **1** romans (äv. mus.), kärleksaffär **2** romantik **3** romantisk berättelse; äventyrsroman; hist. riddar|roman, -dikt **4** R~ romanska språk **II** a, R~ romanska; R~ languages romanska språk **III** v fantisera; dikta upp

Roma|nia [ru:'meɪnjə] Rumänien **-nian** [-njən] **I** a rumänsk **II** s **1** rumän, rumänska **2** rumänska [språket]

roman|tic [rə(ʊ)'mæntɪk] **I** a romantisk **II** s romantiker **-ticism** [-tɪsɪz(ə)m] romantik

Romany ['rɒmənɪ] **1** zigenare **2** rom[m]ani, zige-

R

narspråk[et]

Rome [rəʊm] Rom

romp [rɒmp] **l** v **1** (i sht om barn) leka, rasa, stoja **2** vard., ~ through dra igenom, med lätthet klara av **3** (i kapplöpning) ~ home (in) vinna lätt **ll** s **1** yrhätta, vildbasare **2** vild lek **3** (i kapplöpning) lätt seger **-ers** ['rɒmpəz] pl spark-, lek|byxor

roof [ruːf] (pl ~s [ruːfs el. ruːvz]) **l** s tak (äv. bildl.); the ~ of the mouth hårda gommen; under my ~ (äv.) i mitt hem, hemma hos mig; go through the ~ (vard., om pris e.d.) gå igenom taket; have a ~ over one's head ha tak över huvudet; raise (lift) the ~ (bildl.) få taket att lyfta sig **ll** v lägga [nytt] tak på **roofing** [-ɪŋ] **1** taktäckning[smaterial] **2** tak|läggning, -täckning **roofrack** [-ræk] (på bil) takräcke

1 rook [rʊk] **l** s **1** zool. råka **2** sl. falskspelare **ll** v, sl. lura, svindla, ta för mycket betalt av

2 rook [rʊk] schack. torn

room [ruːm] **l** s **1** rum; ~s (pl, äv.) lägenhet, bostad, hyresrum; ~ and board mat och husrum, kost och logi; men's (ladies') ~ herrtoalett (damtoalett) **2** rum, plats, utrymme; there is plenty of ~ det är gott om plats; there is no ~ for it den får inte plats; there is no ~ for doubt det råder inget tvivel om det; there is ~ for improvement in your work ditt arbete kunde vara mycket bättre; make ~ for lämna (bereda) plats för **ll** v, AE. bo, hyra [rum], vara inneboende **roommate** ['ruːmmeɪt] rumskamrat **roomy** ['ruːmɪ] rymlig

roost [ruːst] **l** s sittpinne; hönspinne; hönshus; at ~ till sängs; rule the ~ (vard.) vara herre på täppan **ll** v (om fåglar) slå sig ner för natten; his actions (chickens) have come home to ~ hans handlingar har slagit tillbaka på honom själv **-er** ['ruːstə] i sht AE. tupp

1 root [ruːt] **l** s **1** rot (äv. bildl.); grund, orsak, upphov; ~ and branch helt och hållet, i grunden; the ~ of the evil roten till det onda; get to (at) the ~[s] of s.th. gå till botten (grunden) med ngt; pull up by the ~s rycka upp med roten (rötterna); put down ~s (bildl.) slå rot, rota sig; strike (take) ~ slå rot, rota sig (äv. bildl.) **2** planta **3** ~s (pl) rotfrukter **4** mat., språkv. rot; cube ~ kubikrot; square ~ kvadratrot **ll** v **1** låta slå rot, rotfästa; nagla fast; deeply ~ed djupt rotad, fast förankrad; stand ~ed to the spot stå som fastvuxen (fastnaglad) **2** ~ out utrota; ~ up rycka upp med rötterna **3** slå rot, rota sig

2 root [ruːt] **1** rota, böka (for efter) **2** ~ around (about) rota, leta, söka; ~ through rota (leta) igenom

rope [rəʊp] **l** s **1** rep, lina, tåg; tross; AE. lasso; ~ of climbers (vid bergbestigning) replag; be on the ~s a) (om boxare) hänga på repen, b) vard. vara i knipa (hårt trängd); give s.b. plenty of (enough) ~ ge ngn fritt spelrum (fria tyglar), låta ngn hållas; know the ~s (vard.) känna till knepen **2** fläta (of onions lök); [hals]band, rad; ~ of pearls pärl[hals]band **ll** v **1** binda [fast, ihop] med rep; ~ in a) inhägna med rep, b) vard. dra (lura, fånga) in, förmå att vara med, ragga [upp]; ~ off spärra av [med rep] **2** AE. fånga [med lasso]

rosary ['rəʊzərɪ] **1** rosenrabatt; rosenträdgård **2** kat. rosenkrans, radband

1 rose [rəʊz] imperf. av rise

2 rose [rəʊz] **l** s **1** ros; not a bed of ~s, not all ~s ingen dans på rosor; under the ~ i förtroende, i hemlighet; the Wars of the R~s (hist.) Rosornas krig **2** stril **3** rosa [färg], rosenrött **4** rosett **ll** a **1** ros-, rosen- **2** rosa

rosemary ['rəʊzm(ə)rɪ] rosmarin

ros|trum ['rɒstrəm] (pl -trums el. -tra [-trə]) talarstol, kateder; podium, estrad

rosy ['rəʊzɪ] **1** rosa, rosen|färgad, -röd; bildl. ljus, rosenskimrande **2** rosig, rödblommig **3** rosen-

rot [rɒt] **l** v **1** ruttna (äv. bildl.), murkna; ~ away ruttna bort **2** få att ruttna (murkna) **ll** s **1** röta **2** strunt, smörja

rota ['rəʊtə] tjänstgöringslista

rotate [rə(ʊ)'teɪt] **1** sätta i rotation, få att rotera **2** låta växla [regelbundet]; låta cirkulera; ~ crops bedriva växelbruk; ~ jobs rotera mellan arbetsuppgifter **3** rotera, snurra, vrida sig **4** växla [regelbundet], turas om **rotation** [rə(ʊ)'teɪʃn] **1** rotation, vridning, svängning **2** [regelbunden] växling; in ~ i tur och ordning; ~ of crops, crop ~ växtföljd, växelbruk

rote [rəʊt] **l** a rutinmässig, mekanisk **ll** s, by ~ mekaniskt, rutinmässig, av gammal vana

rotten ['rɒtn] **1** rutten, murken, skämd; bildl. [moraliskt] rutten, genomrutten **2** vard. urusel, urdålig; eländig; hemsk, gräslig, avskyvärd; krasslig

rouble ['ruːbl] rubel

rouge [ruːʒ] **l** s rouge, rött smink (puder) **ll** v lägga på (sminka sig med) rouge

rough [rʌf] **l** a **1** ojämn, skrovlig, grov, sträv, kärv; svår[framkomlig], svårforcerad (country terräng); ~ coat lurvig (raggig) päls; ~ path knagglig stig **2** (om sjö, väder) hård, svår, stormig, gropig **3** obearbetad, obehandlad, rå; oslipad; ~ rice råris **4** enkel, simpel, primitiv, grov **5** rå; ohyfsad, oborstad; ovänlig, barsk; omild, hård[hänt]; våldsam, häftig; have ~ luck (vard.) ha otur; ~ play (sport.) ruffigt (ojust) spel, ruff; have a ~ time (vard.) ha det svårt **6** rå, grov; summarisk; ungefärlig; ~ copy koncept, kladd; a ~ estimate en ungefärlig beräkning, en grov uppskattning; a ~ guess en grov gissning; it's ~ justice det är hårt men rättvist; in ~ outlines i grova drag; ~ translation råöversättning **ll** adv rått; grovt; hårt, våldsamt; kärvt; cut up ~ (vard.) ilskna till, bli förbannad; play ~ spela ruffigt (ojust), ruffa; sleep ~ sova under bar himmel, ligga ute **lll** s **1** oländig terräng (mark) **2** bildl., over (through) ~ and smooth i vått och torrt, i med- och motgång; take the ~ with the smooth ta det onda med det goda **3** [rå]skiss, utkast; in the ~ i obearbetat skick (tillstånd) **4** bråkmakare, buse, ligist **5** brodd **lV** v **1** ~ [out] grovbearbeta **2** ~ out (in) göra ett utkast till, skissera **3** ~ up a) rufsa till, b) sl. slå [ner], misshandla **4** vard., ~ it leva primitivt, slita ont

roughage ['rʌfɪdʒ] [kost]fibrer; kli

rough-and-ready [ˌrʌf(ə)n'redɪ] ungefärlig, grov; hastigt ihopkommen

roughen ['rʌfn] **1** göra grov **2** bli grov

roughly ['rʌflɪ] adv **1** ojämnt etc., jfr rough I **2** ungefär, på en höft, i stora drag; ~ speaking i stort sett, på det hela taget

roughneck ['rʌfnek] *sl.* ligist, tuffing, hårding
roulette [ruːˈlɑːd] [-ˈlet] roulett
round [raʊnd] **I** *a* **1** rund; [av]rundad; trind; ~ *arch* rundbåge; ~ *robin a*) [protest]lista (inlaga) med namnen i cirkel (*för att dölja vem som skrivit på först*), *b*) *A E.* serietävling; ~ *trip a*) rund|resa, -tur, *b*) *A E.* tur- och returresa **2** rund, jämn, avrundad; hel; ungefärlig; *a* ~ *dozen* ett helt dussin; *in* ~ *figures a*) i runda tal (siffror), *b*) ungefär; *at a* ~ *guess* gissningsvis; *a good* ~ *sum* en rundlig (väl tilltagen) summa **3** kraftig, ordentlig, rejäl; rättfram, öppen; *at a* ~ *pace* i rask fart; *in* ~ *terms* klart och tydligt, i klartext **II** *adv* **1** runt, runt|omkring, -om, om[kring]; ~ *about* omkring, runtom; ~ [*about*] *six o'clock* omkring klockan sex, vid sextiden; ~ *here* här i närheten (trakten); *all* ~ *a*) runtom, på alla håll, överallt, *b*) laget runt, överlag; *all* [*the*] *year* ~ hela året [runt, om], året runt (om); *5 metres* ~ 5 meter i omkrets; *a long way* ~ en lång omväg; *for the second time* ~ för andra gången [i rad] **2** här; hit; *usk s.b.* ~ bjuda hem ngn, be ngn komma hem till sig; *I'll be* ~ *at five o'clock* jag är här klockan fem **III** *prep* om[kring], runt[om], [runtom]kring; runt (omkring) i (på); ~ *the clock* (*world*) dygnet (jorden) runt; *if you're* ~ *this way* om du är här [i närheten, i trakterna] **IV** *s* **1** krets, ring; klot; rund; *theatre in the* ~ arenateater; *in all the* ~ *of Nature* i hela naturens rike **2** kretslopp; omgång, varv; serie, rad; runda, rond, tur; sport. rond, omgång, runda; ~ *of ammunition* skott, [skott]salva; *a* ~ *of applause* en applåd; *buy* (*pay for*) *a* ~ *of drinks* bjuda på en omgång drinkar (på drinkar laget runt); *a new* ~ *of negotiations* en ny förhandlingsomgång; *a long* ~ *of parties* en enda lång rad fester; *the daily* ~ det dagliga slitet, de dagliga bestyren; *he does a paper* ~ han bär ut tidningar; *do* (*make*) *the* ~*s* of gå runt på (bland, i, till); *have a* ~, *go on one's* ~*s* göra sin runda, (*om läkare*) gå ronden; *go the* ~*s* gå runt, cirkulera, sprida sig, grassera **3** skiva (*of toast* rostat bröd); *slaktar.* lårstycke **4** *mus.* kanon **5** ringdans **V** *v* **1** runda, göra rund; ~*ed* rund[ad]; ~ *down* runda av nedåt; ~ *off a*) runda [av], *b*) avrunda, avsluta; ~ *out* göra rundare (fylligare); ~ *up a*) runda av uppåt, *b*) samla (kalla, driva) ihop **2** runda, gå (fara, segla, svänga) runt **3** bli rund; ~ *out* bli rundare (fylligare) **4** svänga runt, vända sig om; ~ [*up*]*on s.b.* fara ut mot ngn
roundabout ['raʊndəbaʊt] *BE.* **I** *s* **1** karusell **2** [trafik]rondell **II** *a* indirekt, omskrivande, kringgående; *in a* ~ *way* indirekt, inte rent ut **round-the-clock** [‚raʊndəˈklɒk] *a* dygnet runt, hela dygnet; ~ *service* dygnetruntservice **roundup** ['raʊndʌp] **1** *radio., TV.* sammandrag **2** sammandrivning, hopsamlande (*av boskap e.d.*); [polis]svep, -razzia
rouse [raʊz] **1** väcka [upp]; ~ *o.s.* (*bildl.*) rycka upp sig, ta sig samman **2** *bildl.* egga upp, elda; reta [upp]; [upp]väcka; ~*d* [*to anger*] uppretad, vred **3** vakna [upp]
rout [raʊt] **I** *v* grundligt besegra, slå; driva på flykten **II** *s* **1** fullständigt nederlag; vild flykt **2** larmande folkmassa
route [ruːt] **I** *s* rutt, [res]väg, färdväg; [far]led; *bildl. o AE.* väg **II** *v* [väg]leda, dirigera

routine [ruːˈtiːn] **I** *s* **1** rutin; fast regel; slentrian **2** (*i show e.d.*) nummer; *vard. bildl.* scen, 'kör', [gråt]vals **II** *v* rutin-, rutinmässig; slentrianmässig; ~ *check* rutinkontroll
rove [raʊv] *litt.* **1** ~ [*around*] *a*) ströva omkring i, *b*) (*om blick*) svepa (vandra) över **2** ströva [omkring]; flacka, irra
1 row [raʊ] **1** rad, länga, räcka; *a* ~ *of houses* en husrad (huslänga); *in a* ~ i rad, i följd; *a hard* ~ *to hoe* en svår uppgift (nöt att knäcka) **2** teat. bänk[rad] **3** *BE.* [liten] gata (*m. likadana hus*) **4** (*i stickning*) varv
2 row [raʊ] **I** *v* **1** ro **2** tävla i rodd mot, ro mot **3** gå att ro **II** *s* rodd[tur]
3 row [raʊ] **I** *s* **1** bråk, oväsen, liv; *what a* ~ *they're making!* vilket liv (oväsen) de för! **2** *vard.* gräl, bråk, käbbel; *have a* ~ gräla, bråka **II** *v* **1** gräla, bråka (*with* med)
rowan ['raʊən] rönn **-berry** [-] rönnbär
rowdy ['raʊdɪ] **I** *a* bråkig, stökig **II** *s* bråk|makare, -stake
rower ['raʊə] roddare **rowing** ['raʊɪŋ] rodd **rowing boat** [-baʊt] roddbåt **rowlock** ['rɒlək] år|tull, -klyka
royal ['rɔɪ(ə)l] **I** *a* kunglig, kunga-; ~ *blue* kungsblått; *R*~ *Commission* statlig utredning; *the* ~ *family* den kungliga familjen; *R*~ *Highness* kunglig höghet; ~ *road* (*bildl.*) kungsväg; *have a* ~ *time* roa sig kungligt **II** *s*, *vard., the* ~*s* (*pl*) den kungliga familjen **-ism** [-] rojalism **-ist** [-] rojalist **-istic** [‚rɔɪəˈlɪstɪk] rojalistisk
royal|ty ['rɔɪ(ə)ltɪ] **1** kungamakt; kunglighet; kunglig person; kungahuset, kungafamiljen; kungligheter **2** *äv.* -ties (*pl*) royalty
r.p.m. *förk. för revolutions per minute*
rub [rʌb] **I** *v* gnida, gnugga; skrapa, skava, nöta; polera, putsa; frottera; ~ *one's eyes* gnugga sig i ögonen; ~ *a p.'s nose in s.th.* [minsann] låta ngn få veta ngt; ~ *shoulders with* umgås med, komma i kontakt med; ~ *s.b. the wrong way* behandla ngn fel, stryka ngn mothårs, irritera ngn; ~ *against* gnida (skrapa, skava) mot; ~ *along* (*vard.*) klara sig, dra (hanka) sig fram; ~ *along together* komma (någorlunda) bra överens; ~ *down a*) gnida (gnugga) av (ren, torr), frottera, *b*) rykta, *c*) putsa (tvätta av, *d*) slipa av; ~ *in a*) gnida in, *b*) *vard.* pränta in, tjata om; ~ *off a*) gnida (skrapa, nöta, putsa) bort (av), sudda bort (ut, ren), *b*) *bildl.* arbeta bort, sluta med, *c*) nötas bort (av), *d*) gå att gnida (skrapa, nöta, putsa) bort (av); ~ *out a*) gnida (skrapa, nöta, putsa) bort (av), sudda (stryka) bort (ut), *b*) *sl.* ta kål på (*mörda*), *c*) gå att gnida (*etc.*) bort (av); ~ *up a*) putsa [upp], polera [upp], *b*) *bildl.* friska upp; ~ *up against* umgås med, komma i kontakt med; ~ *s.b. up the wrong way* behandla ngn fel, stryka ngn mothårs, irritera ngn **II** *s* **1** gnidning *etc.*, *jfr I*; *give it a* ~*!* gnid (gnugga) av den ett tag! **2** svårighet, haker; *there's the* ~*!* det är det som är knuten!, det är där problemet ligger! **3** obehaglighet, förarglighet
rubber ['rʌbə] **I** *s* **1** kautschuk, gummi; *i sht BE.* radergummi, kautschuk; *sl.* gummi, kondom **2** *AE.* galosch **II** *a* gummi-; ~ *band* gummi|band, -snodd; ~ *boots* gummistövlar; ~ *cheque* check som saknar täckning

R

rubbish ['rʌbɪʃ] **I** s **1** skräp; avfall, avskräde **2** bildl. skräp, smörja; struntprat, nonsens **II** v, vard. göra ner, kritisera

rubble ['rʌbl] **1** stenskärv; stenflis, krossad sten **2** ruin-, grus|hög, spillror

rubdown ['rʌbdaʊn] gnidning, frottering; polering (m. sandpapper); cold ~ kall avrivning

ruby ['ru:bɪ] **I** s **1** rubin **2** rubinrött **II** a rubinröd

ruche [ru:ʃ] rysch

rucksack ['rʌksæk] ryggsäck

rudder ['rʌdə] roder; flyg. sidroder

ruddy ['rʌdɪ] **1** röd[aktig] **2** rödblommig, rosig **3** vard. sabla, jäkla

rude [ru:d] **1** ohövlig, oförskämd, ohyfsad; okultiverad; a ~ joke ett rått (oanständigt) skämt; be ~ to vara oförskämd (ohövlig) mot **2** litt. häftig, våldsam; a ~ awakening ett smärtsamt (grymt) uppvaknande **3** litt. obearbetad; enkel, primitiv **4** grov, ungefärlig (estimate uppskattning) **-ness** ['ru:dnɪs] fräckhet, oförskämdhet

rudiment ['ru:dɪmənt] **1** rudiment, ansats, anlag (of till) **2** ~s (pl) elementa, första grunder **-ary** [ˌru:dɪ'ment(ə)rɪ] **1** rudimentär, outvecklad **2** elementär

ruffian ['rʌfjən] råskinn, buse, skurk

ruffle ['rʌfl] **I** v **1** rufsa till; skrynkla [till] **2** snabbt bläddra igenom **3** (om fågel) burra upp (its feathers fjädrarna) **4** litt. krusa (the surface of the lake sjöns yta) **5** förarga, irritera **II** s **1** krås, rysch **2** zool. halskrage **3** krusning **ruffled** [-d] **1** förvirrad, oroad **2** rufsig, tillrufsad; tillskrynklad, skrynklig **3** med krås (rysch)

rug [rʌg] **1** [res]pläd, -filt **2** liten matta

rugged ['rʌgɪd] litt. **1** oländig, klippig, bergig (country terräng) **2** skrovlig, ojämn **3** fårad; med skarpskurna (grova) drag **4** kärv, barsk **5** slitstark, tålig, robust **6** hård; svår

rugger ['rʌgə] vard. rugby

ruin ['rʊɪn] **I** s **1** ruin[er] (äv. bildl.); be in ~s ligga i ruiner **2** ruin; undergång, ödeläggelse, förstörelse **II** v **1** lägga i ruiner **2** ödelägga, förstöra, fördärva (one's health sin hälsa) **3** ruinera; ödelägga; störta i fördärvet **ruined** ['rʊɪnd] **1** i ruiner **2** ödelagd, förstörd, fördärvad **3** ruinerad **ruinous** ['rʊɪnəs] **1** i ruiner **2** ruinerande **3** fördärvlig, ödeläggande, ödesdiger

rule [ru:l] **I** s **1** regel, föreskrift, bestämmelse; ~s (pl, äv.) reglemente, stadgar; the ~s of the game spelreglerna, spelets regler; the ~[s] of the road trafikreglerna; by ~ enligt regeln (reglerna) **2** regel, vana; rättesnöre, norm; as a [general] ~ i (som) regel, vanligen, vanligtvis; be the ~ vara [en] regel, vara det vanliga; make it a ~ to do s.th. göra (ha gjort) det till [en] regel (ha för vana) att göra ngt, bruka göra ngt **3** [herra]välde, styre, myndighet, makt; regering[stid] **4** (domstols) utslag **5** mått-, tum|stock; linjal; by ~ of thumb efter ögonmått, på en höft (ett ungefär) **6** tankstreck **II** v **1** härska över, regera [över], leda, styra; bildl. behärska; ~ the roost (vard.) vara herre på täppan **2** avgöra, bestämma; fastställa, förordna, stadga; ~ out utesluta **3** linjera; dra (linje); ~d paper linjerat papper **4** råda (äv. bildl.); härska, regera **5** hand. notera; (om pris) gälla, råda **6** fälla utslag

ruler ['ru:lə] **1** härskare, styresman (of över) **2**

linjal **-ing** [-ɪŋ] **I** a **1** härskande, regerande, styrande (etc., jfr rule II) **2** dominerande, förhärskande (feeling känsla) **II** s, jur. [domstols]utslag

rum [rʌm] (sprit) rom

rumble ['rʌmbl] **I** v **1** mullra; dåna, bullra; (om fordon e.d.) skramla; (om mage) kurra **2** vard. genomskåda, gissa, fatta **3** ~ [on] mala [på], prata på **II** s **1** mullrande, muller; dån[ande], bullrande, buller; (mages) kurr[ande] **2** mummel **3** elektron. rumble, brum[mande] (störande ljud i högtalare)

ruminant ['ru:mɪnənt] **I** s idisslare **II** a **1** idisslande **2** grubblande **-nate** [-neɪt] **1** idissla **2** fundera, grubbla (over, [up]on över, på) **-nation** [ˌru:mɪ'neɪʃn] **1** idisslande **2** grubbel; ~s (pl, äv.) funderingar, grublerier

rummage ['rʌmɪdʒ] **I** v, ~ [through] leta (söka, rota) igenom; ~ out (up) leta (rota) fram **II** s **1** genom|letande, -sökande, rotande **2** AE. krafs, saker som skall lämnas till loppmarknad (e.d) **rummage sale** AE. loppmarknad (för välgörenhetsändamål)

rumour ['ru:mə] **I** s rykte (of om); there's a ~ (~ has it) that det ryktas (sägs) att **II** v, it is ~ed that det ryktas (sägs) att

rump [rʌmp] **1** bakdel, rumpa, ända; (fågels) gump **2** slaktar. fransyska **3** bildl. rest, kvarleva; the R~ [Parliament] (hist.) Rumpparlamentet

rumple ['rʌmpl] vard. skrynkla [till]; rufsa till

rumpus ['rʌmpəs] vard. bråk, rabalder, uppståndelse; raise a ~ ställa till bråk

run [rʌn] **I** v (ran, run) **1** springa, löpa; springa efter (i kapp med); [för]följa, jaga; driva; försätta; fly från (ur); ~ a blockade bryta en blockad; let things ~ their course låta sakerna ha sin gång; ~ errands (messages) springa ärenden (for åt); ~ s.b. into of out of expense förorsaka ngn stora utgifter; be ~ off one's feet (vard.) ha fullt upp att göra, springa benen av sig, vara slutkörd; ~ a risk löpa en risk; ~ s.b. a close second ligga hack i häl på ngn; ~ the streets springa omkring på gatorna; ~ a temperature (fever) ha feber; ~ s.b. into trouble vålla ngn svårigheter **2** låta springa (löpa); ställa upp med; ställa upp (a candidate en kandidat) **3** driva på bete **4** driva; förestå, leda, styra; organisera, genomföra, sköta; ~ a course anordna (ha, leda) en kurs; he's the one who really ~s everything det är han som står för ruljangsen; ~ a p.'s house sköta huset (hushållet) åt ngn; ~ one's own life leva sitt eget liv **5** dra, installera, lägga **6** köra [med]; föra, transportera, skjutsa; sätta in (i trafik); sätta (hålla) i gång; ~ an advertisement ha (sätta) in en annons; I can't afford to ~ a car jag har inte råd med bil; this car is cheap to ~ den här bilen är billig i drift; he ~s a Volvo ha kör (har en) Volvo; ~ a film köra (visa) en film; ~ s.b. home skjutsa ngn hem; ~ a tape spela ett band **7** dra, fara med, köra, sticka, låta glida; ~ one's fingers through one's hair köra fingrarna genom håret **8** hälla, spola, tappa, låta rinna; föra, leda, innehålla, spruta fram; ~ a bath tappa i badvatten; ~ water into tappa i vatten i **9** smuggla **10** springa, löpa; skynda, rusa, störta sig; skynda, rusa, störta sig (at mot); (om växt) klättra, slingra (sprida) sig; ~ for it skynda sig, springa allt man orkar; ~ for one's life springa för livet **11** springa bort, fly, *bildl. äv.* gå; *time ~s* tiden går **12** ställa upp, kandidera; *~ for President* (*the Presidency*) kandidera till presidentposten **13** köra; segla; gå; vara i gång (på); fungera; rulla; [för]löpa; glida; *the buses ~ once an hour* bussarna går en gång i timmen; *the car ~s on diesel* bilen går på diesel; *the meeting is running smoothly* mötet förlöper lugnt **14** droppa, rinna; flyta [ut, omkring, ihop]; smälta; (*om färg*) fälla; (*om sår*) vätska (vara) sig; *bildl.* sprida (breda ut) sig; *my nose is ~ning* min näsa rinner; *the river ~s into the sea* floden rinner ut i havet; *the ~s in the family* det ligger i släkten **15** gå, sträcka sig, löpa **16** gå; pågå; uppgå; gälla, löpa; *the film ran for four months* filmen gick i fyra månader; *the book has ~ into four editions* boken har gått i fyra upplagor; *the expenditure ~s into* utgifterna uppgår till; *the text ~s to 100 words* texten omfattar 100 ord **17** ha råd; räcka; *I can't ~ to a new car* jag har inte råd med en ny bil; *the funds won't ~ to it* pengarna räcker inte till det **18** låta, lyda; gå; *so the story ~s* så förtäljer historien **19** *the stocking has ~* det har gått en maska (maskor) på strumpan **20** bli; vara; *~ behind* vara försenad; *~ dry a*) torka [ut], sina [ut], *b*) ta slut; *~ high a*) gå (stiga) högt, *b*) svalla [över, högt]; *~ low a*) sjunka, sina, *b*) bli knapp, ta slut; *~ to fat* lägga på hullet; *~ to seed* vissna, bli sjaskig; *inflation is ~ning at 15%* inflationen är (ligger på) 15% **21** *~ about* (*around*) springa omkring; *~ across a*) gå (löpa) tvärs över, *b*) träffa (råka, stöta) på; *~ against a*) rusa emot, *b*) träffa (råka, stöta) på, *c*) springa (tävla) mot, *d*) stöta upp (kandidera) mot; *~ along* löpa, gå; *~ along!* (*vard.*) kila i väg!; *~ away a*) springa bort (i väg), rymma, fly, *b*) skena, *c*) rinna ut; *~ away with a*) vinna lätt, lätt ta hem, *b*) rymma med, stjäla, *c*) rusa i väg med, *d*) låta sig ryckas med av, *e*) sluka; *~ down a*) springa (köra) omkull, köra över, *b*) ramma, segla i sank, *c*) göra ner, tala illa om, skälla på, *d*) spåra upp [och fånga], fånga in, *e*) minska, reducera, skära ner, göra nedskärningar vid (i), avveckla, *g*) köra slut på, *g*) springa (löpa, rinna) ner (nedför, nedåt), *h*) [hålla på att] stanna, sluta att gå, ta slut, tömmas, *i*) gå tillbaka, minska, *j*) förfalla, försämras; *be ~ down* vara [alldeles] slut; *~ in a*) köra in (*a new car* en ny bil), *b*) *vard.* haffa, *c*) kila (rusa) in, närma sig; *~ into a*) försätta i, *b*) råka [in] i, stöta på, *c*) köra (rusa) [in] i (på, emot), kollidera (krocka) med, *d*) träffa (råka, stöta) på, *e*) [upp]nå; *~ off a*) släppa (tappa, tömma) ut, *b*) kasta ner, skriva ihop, *c*) trycka, dra, köra, *d*) avverka, avgöra, *e*) springa bort (i väg), rymma, fly, skena; *~ on a*) skriva ihop, *b*) hänga (skrivas) ihop, *c*) springa (köra, löpa) vidare, gå på, fortsätta, *d*) hålla på, prata på, *e*) röra sig kring (om), *f*) drivas med, gå på; *~ out a*) lägga (sätta, föra) ut, låta löpa ut, *b*) avgöra, avsluta, fullborda, *c*) jaga (köra) bort (ut), *d*) springa (löpa, gå, rinna) ut, *e*) skjuta (löpa, sticka) ut, *f*) [hålla på att] ta slut, [börja] sina, löpa (gå) ut; *we're ~ning out of time* vi har inte mycket tid kvar; *~ out on* överge, lämna i sticket, gå ifrån; *~ over a*) köra över, *b*) gå igenom [på nytt], granska, *c*) överskrida (dra över) [tiden], *d*) kila (titta) över, *e*) rinna (flöda) över;

~ round a) köra (kila, titta) över, titta in, *b*) löpa runt; *~ through a*) gå (spela) igenom, repetera, *b*) kasta (slösa) bort, göra slut på, *c*) genomborra, *d*) gå (löpa) igenom; *~ up a*) hissa, *b*) följa, *c*) sy (snörpa) ihop, *d*) smälla upp, *e*) addera, summera, *f*) springa (löpa) uppför, *g*) växa, rusa i höjden, gå upp, öka; *~ up a debt* skaffa sig skulder; *~ up against* stöta (råka) på; *~ up to* (*om pris e.d.*) uppgå till, ligga på **II** *s* **1** löpning; lopp; språng, språngmarsch; körning; segling; tur, färd, resa; sträcka; väg, rutt, runda; bana, spår; *at a ~* springande, i språngmarsch, *mil.* med språng; *on the ~ a*) på flykt, *b*) i gång, i farten; *give s.b. a ~* skjutsa ngn; *go for a ~ in the car* ta en biltur; *have a good ~ for one's money* (*vard.*) *a*) få valuta för pengarna (sina pengar), *b*) få en hård match; *take a ~ a*) springa [en runda], ta en språngmarsch, *b*) ta sats **2** tendens, trend; riktning; sträckning; gång, förlopp; *the usual run of things* tingens vanliga ordning **3** stegrad efterfrågan, rusning **4** tillgång, fritt tillträde; *have the ~ of* (*äv.*) fritt kunna disponera [över] **5** följd, rad, serie, period; *in the long ~* i långa loppet, i längden, på lång sikt; *have a long ~ a*) vara modern länge, *b*) (*om film e.d.*) gå länge, *c*) sitta länge vid makten; *have a ~ of success* ha en rad framgångar **6** sort, typ; *the common ~ of mankind* genomsnittsmänniskan, vanliga människor **7** inhägnad; hönsgård; betesmark **8** [löp]maska **9** ...plan, ...ning **10** *mus.* löpning **11** *vard.*, *the ~s* (*pl*) räntan (diarré)

run|about ['rʌnəbaut] *vard.* liten bil **-away** I *a* **1** förrymd; bortsprungen **2** okontrollerbar; *~ horse* skenande häst; *~ inflation* galopperande inflation; *~ success* stormande succé **II** *s* rymmare, rymling; bortsprunget barn **--down** I *a* **1** utbränd, slutkörd; körd i botten **2** fallfärdig, förfallen **II** *s* **1** nedskärning, inskränkning **2** *vard.* kort sammanfattning (sammandrag)

rune [ru:n] runa **-stone** runsten

1 rung [rʌŋ] *perf. part. av ring*

2 rung [rʌŋ] tvärslå; stegpinne; steg; *bildl.* [trapp]steg

runic ['ru:nik] run-; *~ stone* runsten

runner ['rʌnə] **1** *sport. e.d.* löpare **2** bud[bärare], springpojke; (*på auktion*) ombud **3** med[e]; [skridsko]skena **4** *bot.* reva, utlöpare **5** smugglare; smuggelfartyg **6** [bord]löpare; gångmatta

runner-up [,rʌnər'ʌp] (*pl runners-up*) (*i tävling*) tvåa

running ['rʌniŋ] I *a* **1** springande, löpande; flytande, rinnande *etc.*, *jfr run I; take a ~ jump* hoppa med sats; *go and take a ~ jump!* (*vard.*) dra åt skogen!; *~ mate* (*AE.*) vicepresidentkandidat; *in ~ order* driftsduglig, klar för drift, körklar; *~ sore* varigt sår, sår som vätskar sig; *~ start* flygande start; *~ time* speltid, drifttid; *~ water* rinnande vatten **2** [fort]löpande; pågående; *~ account* löpande räkning; *~ commentary* fortlöpande kommentar; *~ costs* driftskostnader; *four days ~* fyra dagar i rad (sträck, följd) **II** *s* **1** springande, löpande; lopp; gång; *be in the ~* vara med i tävlingen (leken); *be out of the ~* vara borta ur leken, inte ha ngn chans att vinna; *make the ~ a*) bestämma farten, dra, leda, *b*) ha initiativet, ta hem segern; *take up the ~* ta ledningen **2** drivande, drift; skötsel; ledning **3** rinnande, flytning; svall **4** smuggling

runny ['rʌnɪ] rinnande; blaskig; lös[kokt]

run-of-the-mill [,rʌnəvðə'mɪl] alldaglig, ordinär, medelmåttig

run|-through ['rʌnθru:] repetition; [kort] genomgång **--up 1** *sport.* [an]sats **2** *bildl.* inledning, upptakt **-way** *flyg.* start-, landnings|bana

rupture ['rʌptʃə] **I** *s* **1** brytande; *bildl.* brytning, avbrytande **2** *med.* bristning; bråck **II** *v* **1** brista **2** spränga, spräcka

rural ['rʊər(ə)l] lant-; lantlig; lantbruks-; *the ~ areas* landsbygden; *~ dean* kontraktsprost; *~ district* landskommun; *~ life* lantliv[et], livet på landet; *~ postmaster* lantbrevbärare

ruse [ru:z] knep, list

1 rush [rʌʃ] **I** *v* **1** föra snabbt (i all hast), rusa (störta) i väg med; störta; driva [på]; jäkta (skynda) på; forcera; *don't ~ me!* jäkta mig inte!; *be ~ed for time* ha ont om tid; *refuse to be ~ed* inte låta sig jäktas; *~ a bill through* forcera behandlingen av ett lagförslag **2** kasta sig över; angripa; storma (*äv. mil.*); forcera **3** *sl.* skörta upp, skinna; *what were you ~ed for it?* hur mycket fick du punga ut med för det? **4** skynda [sig], rusa, storma, störta [sig]; jäkta; *~ at* rusa (storma fram) mot, störta sig över; *~ to conclusions* dra förhastade slutsatser **5** brusa, rusa, välla, forsa, strömma **II** *s* **1** rusning, rush, tillströmning, trängsel; anstormning, anfall; *the Christmas ~* julrushen **2** brådska; jäkt[ande], stress; *be in a ~* ha bråttom, ha det jäktigt **3** ström, flod, *bildl. äv.* massa; *a ~ of tears* en ström (flod) av tårar; *there was a ~ of water* det forsade fram vatten **4** *film.*, *~es* (*pl*) arbetskopia

2 rush [rʌʃ] *bot.* säv

rush hour ['rʌʃ,aʊə] rusningstid

rusk [rʌsk] (*bröd*) skorpa

Russia ['rʌʃə] Ryssland **Russian I** *a* rysk; *~ salad* legymsallad **II** *s* **1** ryss, ryska [språket]

rust [rʌst] **I** *s* rost **II** *v* **1** rosta; *~ away* rosta bort; *~ed* rostig **2** få att rosta, göra rostig

rustic ['rʌstɪk] **I** *a* **1** lantlig; bonde-; rustik; enkel **2** bondsk **II** *s* lantbo, enkel bonde; *neds.* bondtölp

rustle ['rʌsl] **I** *v* **1** prassla (rassla) med **2** *AE.* stjäla (*cattle* boskap) **3** *vard.* ligga (stå) i med; *~ up* svänga ihop, fixa till (*a meal* en måltid) **4** röra sig med ett prasslande ljud **5** *vard.* ligga (stå) i med ett prassel, rassel

rusty ['rʌstɪ] **1** rostig (*äv. bildl.*); *bildl. äv.* stel, ur form **2** rostbrun

1 rut [rʌt] **I** *s* hjulspår (*äv. bildl.*); *bildl. äv.* slentrian; *be in a ~* (*bildl.*) ha fastnat i gamla hjulspår

2 rut [rʌt] **I** *s* brunst[tid] **II** *v* vara brunstig

rutabaga [ru:tə'beɪgə] *AE.* kålrot

ruthless ['ru:θlɪs] hänsynslös, skoningslös, obarmhärtig (*to* mot)

rye [raɪ] **1** råg **2** *AE.* whisky (*gjord på råg*)

S

S, s [es] (*bokstav*) S, s

S *förk. för small; South*

's 1 = *is* (*it's*); *has* (*she's got it*); *does* (*vard.: where's she live?*); *us* (*let's go*) **2** genitivändelse: *my sister's husband* **3** pluraländelse för bokstäver, siffror (*a's, s's, in the 1980's*)

Sabbath ['sæbəθ] sabbat; *witches' ~* häxsabbat; *break* (*keep*) *the ~* vanhelga (helga) sabbaten

sabo|tage ['sæbətɑ:ʒ] *s* sabotage **II** *v* sabotera **-teur** [,sæbə'tɜ:] sabotör

sabre ['seɪbə] sabel

sachet ['sæʃeɪ] liten påse, portionspåse (*med socker, te e.d.*); [plast]kudde (*med schampo e.d.*); *lavender ~* lavendel-, lukt|påse

1 sack [sæk] **I** *s* **1** säck; *AE. äv.* påse, kasse **2** *vard.*, *get* (*give s.b.*) *the ~* få (ge ngn) sparken (kicken) **3** *vard.* slaf; *hit the ~* gå och kvarta (slafa) **4** säckklänning **II** *v*, *vard.* ge sparken (kicken)

2 sack [sæk] **I** *s* plundring **II** *v* plundra

sacrament ['sækrəmənt] sakrament; *the S~* nattvarden (*vard.*)

sacred ['seɪkrɪd] **1** helig (*to s.b.* för ngn), okränkbar; *~ cow* (*vard.*) helig ko **2** sakral, religiös, andlig, kyrko-, kyrklig **3** helgad, [in]vigd (*to* åt) **-ness** [-nɪs] helgd, helighet

sacrifice ['sækrɪfaɪs] **I** *s* **1** offrande; offer **2** uppoffring; *be sold at a ~* säljas till underpris (med förlust) **II** *v* **1** offra (*to* åt) **2** [upp]offra

sacrilege ['sækrɪlɪdʒ] helgerån, vanhelgande (*äv. bildl.*)

sacristy ['sækrɪstɪ] sakristia

sad [sæd] **1** ledsen, sorgsen, bedrövad **2** sorglig; dyster, bedrövlig; *the ~ fact that* det dystra faktum att; *in a ~ state* i ett bedrövligt tillstånd **-den** [-n] **1** göra ledsen (sorgsen, bedrövad), bedröva **2** bli ledsen (sorgsen, bedrövad)

saddle ['sædl] **I** *s* sadel (*äv. kokk.*); *~ of lamb* lammsadel; *swing o.s. into the ~* svinga sig upp i sadeln **II** *v* **1** ~ [*up*] sadla **2** [be]lasta, betunga; *be ~d with s.th.* (*äv.*) få ngt på halsen **3** stiga upp i sadeln, sitta upp

sadism ['seɪdɪz(ə)m] sadism **sadist** [-ɪst] sadist **sadistic** [sə'dɪstɪk] sadistisk

sad|ly ['sædlɪ] *adv* **1** sorgset, bedrövat **2** sorgligt; dystert, bedrövligt **3** sorgligt nog **-ness** [-nɪs] vemod, svårmod; sorg[senhet]; bedrövelse

safe [seɪf] **I** *a* säker; trygg; ofarlig; riskfri; pålitlig; välbehållen, oskadd; i säkerhet, i säkert förvar, i behåll; utom fara; *as ~ as houses* bergsäkert, absolut säkert; *it is ~ to say that* man kan lugnt säga att; *is it ~ to leave it open?* vågar man lämna den öppen?; *to be on the ~ side* för säkerhets skull, för att vara på den säkra sidan **II** *adv* säkert *etc.*, *jfr I; play ~* ta det säkra före det osäkra, inte ta några risker **III** *s* **1** kassaskåp **2** mat-, flug|skåp **3** *AE. sl.* kondom **--conduct** [,seɪf'kɒndʌkt] **1** fri lejd **2** lejdebrev **--deposit** ['seɪfdɪ,pɒzɪt] kassavalv; *~ box* kassa-, bank|fack **-guard** ['seɪfgɑ:d]

I s garanti, skydd, säkerhet **II** v garantera, skydda, säkra **-keeping** [ˌseɪf-'kiːpɪŋ] skydd; säkert förvar; *leave s.th. for* ~ lämna ngt i [säkert] förvar

safely ['seɪflɪ] adv säkert, tryggt, lugnt; ordentligt; lyckligt och väl

safety ['seɪftɪ] säkerhet; ~ *first* säkerheten framför allt **safety belt** säkerhetsbälte **safety catch** (*på vapen*) säkring; (*på fönster e.d.*) säkerhetsspärr **safety match** [-mætʃ] [säkerhets]tändsticka **safety pin** [-pɪn] säkerhetsnål

saffron ['sæfr(ə)n] **I** s **1** saffran **2** saffransgult **3** *bot.*, [*common*] *meadow* ~ tidlösa **II** a saffransgul

sag [sæg] **I** v **1** ge efter, svikta, bågna, sätta sig, sjunka [in]; *bildl.* sjunka, minska, [av]mattas, dala **2** hänga [löst, slappt]; vara (bli) påsig; stå snett, luta; slutta **II** s **1** sjunkande; fördjupning; insjunkning; sättning **2** avmattning, nedgång, [pris]fall

saga ['sɑːgə] **I** (*hord. medeltida*) saga **2** hjältesaga; släktkrönika **3** *vard.* saga, fantastisk historia

sagacity [sə'gæsətɪ] skarp|sinne, -sinnighet, klokhet

1 sage [seɪdʒ] **I** a vis, klok **II** s vis (klok) [gammal] man

2 sage [seɪdʒ] *bot.* salvia

Sagittarius [ˌsædʒɪ'teərɪəs] Skytten (*stjärnbild*)

Sahara [sə'hɑːrə] s, *the* ~ Sahara[öknen]

said [sed] **I** *imperf. o. perf. part. av* say **II** a, *jur.* tidigare nämnd, förrnämnd

sail [seɪl] **I** v **1** segla (*a ship* ett skepp); befara, segla på **2** segla; av|segla, -gå (*for* till); sväva, glida (*in the air* i luften); ~ *into* (*vard.*) a) attackera, göra ner, skälla ut, b) hugga in på; ~ *through* *s.th.* (*bildl.*) klara av ngt lekande lätt **II** s **1** segel; *set* -- sätta (hissa) segel; *set* (*make*) ~ *for* avsegla (avgå) till **2** segling, seglats, segeltur **3** (*pl lika*) [segel]fartyg, skepp; segelbåt **4** [kvarn]vinge **sailing** ['seɪlɪŋ] **I** s **1** segling; *it will be plain* ~ det blir en enkel match (kommer att gå lekande lätt) **2** segling, seglats, segeltur; avsegling **II** a segel- **sailing boat** segelbåt **sailor** ['seɪlə] sjöman; matros; *be a good* (*poor*) ~ tåla sjön bra (dåligt) **sailplane** ['seɪlpleɪn] segelflygplan

saint [seɪnt, *obeton.* sən(t), sɪn(t), sn(t)] **I** s helgon (*äv. bildl.*) **II** a, S~ Sankt[a], Helige, Heliga; *S~* (*St.*) *Bernard* sanktbernhardshund **III** v helgonförklara

sake [seɪk] s, *for the* ~ *of s.b.*, *for a p.'s* ~ för ngns skull; *for Christ's* (*heaven's, goodness', pete's*) ~ för guds skull; *for old* ~'s, *for old friendship's* (*times'*) ~ för gammal vänskaps skull; *for safety's* ~ för säkerhets skull

salad ['sæləd] sallad; *chicken* ~ kycklingsallad; *fruit* ~ fruktsallad

salaried ['sælərɪd] [fast] avlönad **salary** [-ɪ] s lön [månads]lön; *ask for an increase in* ~ begära löneförhöjning **II** v avlöna

sale [seɪl] **1** försäljning; marknad, avsättning; *ready* (*slow*) ~ snabb (trög) avsättning; *for* (*on*) ~ till salu; *be* [*up*] *for* ~ vara till salu; *put up for* ~ utbjuda till försäljning, saluföra; *on* ~ *or* (*and*) *return* i kommission **2** rea[lisation]; *at the* ~s på rea[lisation] **3** auktion; *put up for* ~ utbjuda på auktion

salesclerk ['seɪlzklɑːk] *AE.* [affärs]biträde, expedit **sales department** [-dɪˌpɑːtmənt] försäljningsavdelning **salesman** [-mən] **1** [affärs]biträde, expedit, försäljare **2** representant, försäljare, resande **saleswoman** [-ˌwumən] **1** [kvinnligt] biträde, [kvinnlig] expedit (försäljerska) **2** [kvinnlig] representant (försäljare, resande)

saliva [sə'laɪvə] saliv, spott

sallow ['sæləʊ] (*i sht om hy*) gulblek

sally ['sælɪ] **I** s **1** *mil.* utfall **2** utbrott **3** utflykt, utfärd **4** *litt.* kvickhet **II** v **1** *mil.* göra utfall **2** *åld.*, ~ [*forth, out*] bege sig (fara) i väg

salmon ['sæmən] (*pl lika*) lax **salmon trout** ['sæməntraʊt] (*pl lika*) laxöring; regnbågslax, regnbågsforell

saloon [sə'luːn] **1** (*passagerarfartygs*) salong **2** sedan, täckt bil **3** *AE.* krog, bar **4** *BE.* (*på pub*) *the* ~ [*bar*] den finare avdelningen **5** *poln. dancing* ~ d
anssalong

salt [sɔːlt] **I** s **1** salt (*äv. kem. o. bildl.*); *bildl. äv.* krydda, sälta, kvickhet; *rub* ~ *into a p.'s wounds* (*bildl.*) strö salt i ngns sår; *take s.th. with a pinch* (*grain*) *of* ~ ta ngt med en nypa salt; *be worth one's* ~ göra skäl för sin lön **2** ~*s* (*pl*) salt; *bath* ~*s* badsalt; *Epsom* ~*s* epsom-, bitter|salt; *smelling* ~*s* luktsalt **3** saltkar **4** [*old*] ~ sjö|björn, -buss **II** a salt[-]; saltad *bildl.* van, insatt **III** v salta; salta (strö salt) på (i); ~ [*down, away*] salta in (ner); *bildl.* krydda, sätta piff på

salt cellar ['sɔːltˌselə] saltkar

saltpetre ['sɔːltˌpiːtə] salpeter

salty ['sɔːltɪ] **1** salt; salt|haltig, -aktig **2** *bildl.* skarp, kvick

salubrious [sə'luːbrɪəs] sund, hälsosam

salutary ['sæljʊt(ə)rɪ] nyttig, hälsosam (*experience* erfarenhet)

salutation [ˌsælju:'teɪʃn] **1** hälsning **2** (*i brev*) hälsningsfras

salute [sə'luːt] **I** s **1** hälsning; *mil. äv.* honnör; *take the* ~ ta emot truppens hälsning **2** *mil.* salut **II** v **1** hälsa; *mil. äv.* göra honnör för **2** *mil.* salutera **3** hälsa; *mil. äv.* göra honnör, salutera

salvage ['sælvɪdʒ] **I** s **1** (*vid skeppsbrott e.d.*) bärgning, räddning **2** bärgat gods **3** bärgarlön **II** v (*vid skeppsbrott e.d.*) bärga, rädda; *bildl.* rädda

salvation [sæl'veɪʃn] räddning; frälsning **Salvation Army** [-ˌɑːmɪ] s, *the* ~ Frälsningsarmén **Salvationist** [-'veɪʃnɪst] frälsningssoldat

salve [sælv] **I** s salva; *bildl.* balsam (*to* för), botemedel (*for* mot) **II** v **1** lugna, stilla; lindra, mildra **2** smörja på salva på

same [seɪm] a, adv, pron, *the* ~ samma, den-, det-, de|samma, lika[dan], likadant, på samma sätt, samma sak; [*the*] ~ (*hand.*, *jur.*) a) denne, densamme, b) dito; [*the*] ~ *as usual* det gamla vanliga, som vanligt; [*the*] ~ *here!* a) samma här!, jag (vi) med!, b) tack detsamma!; [*the*] ~ *to you!* tack detsamma!; *all the* ~ a) lika[dant], på samma sätt, b) ändå, i alla fall; *it's all* (*just*) *the* ~ *to me* det gör mig detsamma; *much the* ~ ungefär [den]samma (likadan); *the* ~ *old story* den gamla vanliga visan; *they are the* ~ *age* de är lika gamla

sameness ['seɪmnɪs] enformighet

sample ['sɑːmpl] **I** s prov (*of* på); provbit; varuprov; provexemplar; smakprov; urval; *stat.* sampel, stickprov; *bildl.* exempel, prov (*of* på) **II** *v* ta prov (stickprov) av; pröva; smaka av; *stat.* sampla **sampling** [-ɪŋ] stickprovsundersökning

sanato|rium [ˌsænəˈtɔ:rɪəm] (*pl* *-riums el. -ria* [-rɪə]) sanatorium; kuranstalt; vilo-, konvalescent|hem; (*internatskolas*) sjukavdelning

sancti|fy [ˈsæŋ(k)tɪfaɪ] helga, förklara helig; *the end -fies the means* ändamålet helgar medlen

sanctimonious [ˌsæŋ(k)tɪˈməʊnjəs] skenhelig

sanction [ˈsæŋ(k)ʃn] **I** *s* **1** sanktion, godkännande, bifall (*i sht av regering*); stadfästelse, sanktion **2** sanktion, [straff]påföljd; *economic ~s* ekonomiska sanktioner **II** *v* sanktionera; godkänna, bifalla, ge tillstånd till; stadfästa

sanctity [ˈsæŋ(k)tətɪ] helighet; okränkbarhet; helgd

sanctuary [ˈsæŋ(k)tjʊərɪ] **1** helgedom; helig plats; tempel; altarrum, altare **2** fristad, asyl; tillflyktsort; [djur]reservat, -skyddsområde; tillflykt; *take ~ in* ta sin tillflykt till, söka sin tillflykt i

sand [sænd] **I** *a* **1** sand; *~s* (*pl*) sandrev, sandbank, dyner, sandstrand; *the ~s are running out* tiden är snart ute **2** *AE. sl.* mod, uthållighet **II** *v* **1** sanda **2** ~ [*down*] sandpappra **3** ~ *up* sandas igen

sandal [ˈsændl] sandal

sand|man [ˈsæn(d)mæn] *ung.* John Blund **-paper** [-ˌpeɪpə] **I** *s* sandpapper **II** *v* sandpappra, polera med sandpapper **-pit** [-pɪt] **1** sand|tag, -grop **2** (*för barn*) sandlåda **-stone** [-stəʊn] sandsten

sandwich [ˈsænwɪdʒ] **I** *s* dubbelsmörgås, dubbel sandwich (*med pålägg emellan*); *open ~* smörgås med pålägg **II** *v* skjuta (klämma) in, sticka emellan med; *~ s.th. together* lägga ihop ngt (*med ett lager emellan*)

sandy [ˈsændɪ] **1** sandig, sand- **2** sandfärgad; (*om hår*) rödblond

sane [seɪn] **1** [själsligt] sund, klok **2** *bildl.* förnuftig, förståndig, klok

sang [sæŋ] *imperf. av sing*

san|guinary [ˈsæŋgwɪnərɪ] **1** blodig **2** blodtörstig **-guine** [-gwɪn] **1** optimistisk; förtröstansfull, sangvinisk **2** (*om hy*) rödblommig **3** blodröd

sani|tary [ˈsænɪt(ə)rɪ] sanitär, sundhets-, hälsovårds-; hygienisk, ren; *~ towel* (*AE. napkin*) sanitets-, dam|binda **-tation** [ˌsænɪˈteɪʃn] **1** sanitära anläggningar, sanitär utrustning **2** sanitetsväsen **-ty** [ˈsænətɪ] **1** mental hälsa, själslig sundhet **2** sunt förnuft, klokhet

sank [sæŋk] *imperf. av sink*

Santa Claus [ˌsæntəˈklɔ:z] jultomten

1 sap [sæp] **I** *s* **1** sav, växtsaft; *bildl.* livskraft, energi **2** *sl.* dumskalle, idiot **II** *v* **1** tappa [sav ur] **2** *bildl.* tära på, försvaga

2 sap [sæp] **I** *s, mil.* löpgrav, tunnel **II** *v, mil. o. bild.* underminera; *bildl. äv.* försvaga

sapid [ˈsæpɪd] välsmakande, smaklig

sapphire [ˈsæfaɪə] **I** *s* safir **II** *a* safirblå

sar|casm [ˈsɑ:kæz(ə)m] sarkasm **-castic** [sɑ:ˈkæstɪk] sarkastisk

sarcopha|gus [sɑ:ˈkɒfəgəs] (*pl -gi* [-gaɪ] *el. -guses*) sarkofag

sardine [sɑ:ˈdi:n] sardin; *be packed like ~s* stå (sitta, ligga) som packade sillar

sash [sæʃ] fönster|båge, -ram **sash window**

[-ˌwɪndəʊ] skjutfönster (*rörligt uppåt o. nedåt*)

sat [sæt] *imperf. o. perf. part. av sit*

Satan [ˈseɪt(ə)n] Satan

satanic[al] [səˈtænɪk(l)] satanisk, djävulsk

satchel [ˈsætʃ(ə)l] skolväska (*med axelrem*)

satellite [ˈsætəlaɪt] **1** satellit; *communications ~* kommunikationssatellit **2** uppvaktande kavaljer **3** underhuggare, lakej **4** satellitstat

sati|ate [ˈseɪʃɪeɪt] tillfredsställa, mätta; göra övermätt **-ation** [ˌseɪʃɪˈeɪʃn] *s* tillfredsställande, mättande

satin [ˈsætɪn] satäng, satin

satire [ˈsætaɪə] satir (*on över*) **satiric[al]** [səˈtɪrɪk(l)] satirisk **sati|rize** (*BE. äv. -rise*) [ˈsætəraɪz] satirisera [över]

satisfac|tion [ˌsætɪsˈfækʃn] **1** tillfredsställelse, belåtenhet (*at över*); *the ~ of doing s.th.* tillfredsställelsen över att göra ngt; *to everyone's ~* till allas belåtenhet; *give ~* skänka tillfredsställelse, vara till belåtenhet **2** tillfredsställande **3** gottgörelse, ersättning, vederlag; *in ~ of* som gottgörelse för **4** upprättelse; *give s.b. ~* ge ngn upprättelse **-tory** [-t(ə)rɪ] tillfredsställande (*to* för)

satisfied [ˈsætɪsfaɪd] **1** tillfredsställd, belåten, nöjd (*to hear* med att få höra); mätt **2** övertygad (*about, of* om; *that* om att) **satisfy** [-faɪ] **1** tillfredsställa; gottgöra, ersätta; uppfylla (*a condition* ett villkor); skingra (*doubts* tvivel); mätta; stilla (*one's hunger* sin hunger) **2** övertyga (*about, of* om; *that* om att); ~ *o.s.* (*äv.*) förvissa sig **3** *mat.* satisfiera **4** vara tillfredsställande

satu|rate [ˈsætʃəreɪt] *v* **1** göra genomblöt, genomdränka; *bildl.* fylla, översälla, genomsyra; ~ *with* genomblöt av, *bildl.* fylld (översållad) med **2** *kem.* mätta; *a ~d solution* (*colour*) en mättad lösning (färg) **-ration** [ˌsætʃəˈreɪʃn] mättnad, mättning

Saturday [ˈsætədɪ] (*jfr Friday*) lördag

sauce [sɔ:s] **1** sås; *white ~* vit sås, béchamelsås; *hunger is the best ~* hungern är den bästa kryddan **2** *vard.* uppkäftighet, fräckhet; *have the ~ to* ha fräckheten att; *none of your ~!* var inte uppkäftig!

sauce|-boat [ˈsɔ:sbəʊt] sås|snipa, -skål **-pan** kastrull

saucer [ˈsɔ:sə] [te-, kaffe]fat; *flying ~* flygande tefat

saucy [ˈsɔ:sɪ] *vard.* **1** uppkäftig, fräck, näsvis **2** piffig, käck (*hat* hatt)

sauna [ˈsɔ:nə] sauna, [finsk] bastu

saunter [ˈsɔ:ntə] **I** *v* spankulera, spatsera, flanera **II** *s* promenad, spatsertur

sausage [ˈsɒsɪdʒ] **1** korv; *not a ~* (*vard.*) inte ett dugg **2** *vard.* spärrballong **sausage roll** *ung.* korvpirog

savage [ˈsævɪdʒ] **I** *a* vild; barbarisk, ociviliserad; vildsint, rasande, ilsken (*dog* hund); grym, våldsam, brutal; *~ beasts* vilda djur **II** *s* vilde; barbar; vildsint (rasande, våldsam) person **III** *v* **1** (*om djur*) anfalla, bita **2** kritisera våldsamt **-ry** [-(ə)rɪ] **1** vildhet; barbari **2** omänsklighet, grymhet, råhet

save [seɪv] **I** *v* **1** rädda (*äv. sport.*); bevara, skydda; bärga; *relig.* frälsa; ~ *o.s.* rädda sig [själv], rädda sitt eget skinn; *God ~ the Queen!* Gud beväre drottningen! **2** spara [ihop, in, på]; lägga undan; bespara [sig]; ~ *o.s.* spara [på] sina krafter, spara sig; *it will* ~ *me a lot of trouble* det kommer att bespara mig en massa besvär; ~ *up for* spara (lägga undan) till **3** ~ [*up*] spara [pengar] **II** *s, sport.* räddning **III** *konj, prep, litt.,* ~ [*for*] utom, så när som på; ~ *that* utom att

saver ['seɪvə] sparare

saving ['seɪvɪŋ] **I** *a* **1** sparsam; -besparande; *energy-*~ energibesparande **2** räddande; förlåtande; försonande (*grace* drag) **3** *jur.,* ~ *clause* undantagsklausul, förbehåll **II** *s* **1** sparande; besparing; ~*s* (*pl*) besparingar, sparmedel **2** *jur.* undantag, förbehåll **III** *prep* utom, med undantag av; ~ *your reverence* med förlov sagt **savings bank** [-zbæŋk] sparbank

saviour ['seɪvjə] räddare; frälsare; *the S-* Frälsaren

savour ['seɪvə] **I** *s* smak; arom, doft; *bildl.* anstrykning, atmosfär, doft **II** *v* **1** smaka (lukta) på; njuta av, avnjuta **2** *bildl.* ~ *of* lukta om, ha en anstrykning av, vara tecken på **savoury** ['seɪv(ə)rɪ] **I** *a* **1** välsmakande; väldoftande **2** kryddad, salt **3** behaglig; respektabel **II** *s, BE.* aptitretare; smårätt

savvy ['sævɪ] *sl.* **I** *s* vett; *he hasn't got much* ~ han är inte vidare klyftig (bright) **II** *v* haja, fatta; *no* ~*!* ingen aning! **III** *a, i sht AE.* slug, smart

1 saw [sɔ:] *imperf. av see*
2 saw [sɔ:] **I** *s* såg **II** *v* (~*ed, perf. part.* ~*ed el.* ~*n*) såga; ~ *away* fila, spela fiol; ~ *the air* vifta [med armarna], fladdra [med vingarna] **saw|dust** ['sɔ:dʌst] sågspån **-horse** sågbock **-mill** sågverk

sawn [sɔ:n] *perf. part. av 2 saw II*

saxophone ['sæksəfəʊn] *mus.* saxofon

say [seɪ] **I** *v* (*said, said; jfr äv. said, saying*) säga, yttra; tala; lasa, be (*grace* bordsbön); ~ *over* läsa upp ur minnet; *to* ~ *nothing of* för att inte tala om; *not to* ~ för att inte säga; *that is to* ~ det vill säga; ~ *it takes*... anta[g] (skall vi säga, låt oss säga) att det tar...; [I] ~*! a)* säg!, hör du!, *b)* vet du [vad]!, det må jag säga!; *I should* ~ *so!* det tror jag det!, det vill jag mena!; *who shall I* ~? vem får jag hälsa ifrån?, hur var namnet?; *if you don't like it,* ~ *so* om du inte tycker om det, säg det då; *just* ~ *the word!* säg bara till!; *you can* ~ *that again!* just det!, det kan du skriva upp!; *you don't* ~? det menar du inte!, säger du det!; *what do you* ~? vad säger (tycker, anser) du?; *what have you got to* ~ *for yourself?* vad har du att säga till ditt försvar?; *what have you got to* ~ *to me?* vad har du att säga mig?; *you said it!* så är det!; *well said!* bra talat!; *what would you* ~ *to a whisky?* vad sägs om en whisky?; *he is said to be* han lär (skall) vara; *it* ~*s in the paper that* det står i tidningen att; *it is said, they* ~ det sägs (påstås), man (de) säger; *they said to wait here* (*vard.*) de sa åt mig (oss) att vänta här; *and so* ~ *all of us* och det tycker vi alla; *that* ~*s a lot for him* det säger en hel del om honom; ~*s who?* (*vard.*) vem säger det?; *what does your watch* ~? hur mycket är din klocka?; *no sooner said that done* sagt och gjort; *when all is said and done* när allt kommer omkring **II** *s, let him have his* ~*!* låt honom tala (säga vad han har på hjärtat, säga sin mening)!; *he has no* ~ han har inget att säga till om; *have*

the last (*final*) ~ få sista ordet, ha det slutgiltiga avgörandet

saying ['seɪŋ] *s, pres. part.* **1** ord|språk, -stäv **2** yttrande, uttalande **3** *so* ~, ~ *that* med dessa ord; *that is* ~ *too much* det är för mycket sagt; *that is not* ~ *much* det säger inte mycket; *there is no* ~ *when* man kan inte veta när, det är inte gott att säga när; *it goes without* ~ det säger sig självt, det är självklart

scab [skæb] **1** sårskorpa **2** fårskabb **3** *neds.* svartfot, strejkbrytare

scabbard ['skæbəd] (*t. svärd o. d.*) skida, slida, balja

scabies ['skeɪbɪi:z] *med.* skabb

scaffold ['skæf(ə)ld] **1** byggnadsställning **2** estrad; schavott **-ing** [-ɪŋ] byggnadsställning

scald [skɔ:ld] **I** *v* **1** skålla **2** koka; hetta upp [till kokpunkten] **II** *s* brännsår (*från skållning*)

1 scale [skeɪl] **I** *s* vågskål; ~*s* (*pl*) våg; *a pair of* ~*s* en våg; *the S-s* (*astr.*) Vågen; *tip the* ~*s* (*bildl.*) vara tungan på vågen **II** *v* väga

2 scale [skeɪl] **I** *s* skala (*äv. mus.*); gradering, gradindelning; måttstock; *bildl.* grad; *on a large* ~ i stor skala; *grand in* ~ storskalig; *pay* (*wage*) ~ löneskala; *the social* ~ den sociala rangskalan; *a map on the* ~ *of 1:50,000* en karta i skala 1:50 000; *out of* ~ oproportionerlig; *drawn to* ~ ritad i skala **II** *v* **1** bestiga, klättra uppför **2** rita i skala; ~ *down* (*up*) förminska (förstora) [proportionellt]

3 scale [skeɪl] **I** *s* **1** *biol.* fjäll **2** flaga, [tunn] skiva **3** beläggning; kalkavlagring; pannsten; tandsten **II** *v* **1** fjälla (*fish* fisk) **2** skala [av] **3** ta bort beläggning (pannsten, tandsten) från **4** kasta smörgås **5** fjälla, flagna

scalp [skælp] **I** *s* **1** huvudsvål **2** skalp **II** *v* skalpera

scamp [skæmp] rackare, skojare; rackarunge

scamper ['skæmpə] skutta, kila

scan [skæn] **1** skumma, [snabbt] ögna igenom **2** granska, [noga] studera; spana ut över **3** *elektron.* scanna, avsöka, avkänna, svepa över **4** [gå att] skandera

scandal ['skændl] **1** skandal **2** skvaller, elakt förtal **3** anstöt **4** skam[fläck] **-ize** (*BE. äv. -ise*) [-aɪz] chockera, göra upprörd; *be* ~*d at* bli chockerad över **-ous** ['skændələs] **1** skandalös, chockerande, anstötlig **2** skandal-

Scandina|via [,skændɪ'neɪvjə] Skandinavien, Norden **-vian** [-vjən] **I** *a* skandinavisk, nordisk; ~ *languages* nordiska språk **II** *s* skandinav; nordbo

scan|ner ['skænə] *elektron.* scanner, [av]sökare **-ning** [-ɪŋ] *elektron.* scanning, avsökning

scant [skænt] **I** *a* knapp; knapphändig; ringa, mycket liten; ~ *of breath* and|täppt, -fådd; *pay* ~ *attention to* ta föga notis om **II** *v* knappa in på, inskränka [på] **scanty** [-ɪ] knapp, otillräcklig; knapphändig; begränsad; sparsam, knapphändig; torftig; mager; ringa; trång; ~ *hair* glest (tunt) hår

scapegoat ['skeɪpgəʊt] syndabock

scar [skɑ:] **I** *s* ärr **II** *v* **1** bilda ärr; ärra sig **2** tillfoga (ge) ärr

scarce [skeəs] **1** sällsynt **2** knapp, otillräcklig; *water is* ~ det är ont om vatten; *make o.s.* ~ (*vard.*) dunsta, sjappa **scarcely** ['skeəslɪ] *adv* knappast; knappt; ~ *anybody* knappast någon, nästan ingen; ~ *ever* knappast någonsin, nästan aldrig; ~...*when* knappt...förrän **scarcity** ['skeəsəti] **1** sällsynthet **2** brist, knapphet

scare [skeə] **I** *v* **1** skrämma; ~ *away (off)* skrämma i väg (bort); *be ~d stiff (vard.)* a) vara vettskrämd, b) vara livrädd (*of* för); ~ *s.b. to death* skrämma livet ur ngn; ~ *the life (hell) out of s.b.* (*vard.*) skrämma livet (vettet) ur ngn **2** ~ *easily* vara lättskrämd **II** *s* skräck; rädsla; *have (get) a ~* bli skrämd, ha en skräckupplevelse; *give s.b. a ~* skrämma ngn **scarecrow** ['skeəkrəʊ] fågelskrämma

scarf [skɑ:f] (*pl ~s el. scarves*) scarf, halsduk

scarlet ['skɑ:lət] **I** *a* scharlakansröd; ~ *fever* (*med.*) scharlakansfeber; ~ *hat* kardinalshatt; *the S~ Pimpernel* Röda Nejlikan; ~ *runner* (*bot.*) rosenböna **II** *s* scharlakansrött

scarred [skɑ:d] ärrig

scarves [skɑ:vz] *pl av 1 scarf*

scary ['skeəri] *vard.* skrämmande, ruskig

scathing ['skeiðiŋ] *bildl.* skarp, bitande, svidande; *be ~ about* vara starkt kritisk emot

scatter ['skætə] (*se äv. scattered*) **1** sprida [ut]; strö ut (omkring) **2** skingra **3** beströ **4** sprida [sig], skingras, skingra sig **scatterbrain** virrig (tanklös) person, virrpanna **scattered** [-d] **1** [ut]spridd; skingrad; ~ *showers* spridda skurar; ~ *trees* enstaka (spridda) träd **2** beströdd **scatty** [-ı] *BE. vard.* virrig, tanklös

scavenge ['skævin(d)ʒ] **1** söka (leta, rota) fram (*bland avfall e.d.*) **2** sopa, rengöra (*streets* gator) **3** ~ *for* leta (rota) efter **scavenger** [-ə] **1** person som letar (rotar) bland sopor; *zool.* asätare **2** renhållningsarbetare, gatsopare **scavenging** [-ıŋ] gaturenhållning, gatsopning

scenario [sı'nɑ:rıəʊ] *film., teat., bildl.* scenario

scene [si:n] **1** scen; skådeplats; skådespel; [scen]bild; anblick, syn; uppträde; ~*s* (*pl, äv.*) kulisser; *the ~ of the crime* brottsplatsen; *change of ~* a) scenförändring, b) *bildl.* miljöombyte; *behind the ~s* bakom kulisserna; *appear* (*come*) *on the ~* (*bildl.*) uppenbara sig, dyka upp; *make a ~* ställa till en scen (ett uppträde); *make a beautiful ~* utgöra en vacker syn; *the ~ ist set in New York* handlingen tilldrar sig (romanen *etc.* utspelas) i New York **2** *vard.* värld; *drug ~* knarkarkretsar; *that's not my ~* det intresserar mig (gillar jag) inte

scenery ['si:nəri] **1** landskap[sbild], sceneri, utsikt, natur **2** *teat.* sceneri, dekorationer, scenbild

scenic ['si:nık] **1** naturskön **2** scen-, scenisk, teater-; ~ *railway* a) (*på nöjesfält*) miniatyrjärnväg, b) berg-och-dalbana

scent [sent] **I** *v* **1** (*om hund o.d.*) vädra (*äv. bildl.*); *bildl. äv.* ana, misstänka; ~ *foul play* ana oråd **2** parfymera, fylla med väldoft **II** *s* **1** doft, vällukt **2** parfym **3** spår, vittring (*äv. bildl.*); väderkorn; *false ~* villospår; *be on the ~ of s.th.* (*bildl.*) vara ngt på spåren; *get ~ of a)* få väderkorn på, b) få nys om; *pick up a ~* få upp ett spår; *put* (*throw*) *s.b. off the ~* vilseleda ngn, leda ngn på villospår

scep|tic ['skeptık] **I** *s* skeptiker **II** *a = sceptical* **-tical** [-tıkl] skeptisk **-ticism** [-tısız(ə)m] skepsis, skepticism

sceptre ['septə] spira (*härskarstav*)

schedule ['ʃedju:l, *AE.* 'skedʒ(ʊ)l] **I** *v* **1** planera; fastställa tidpunkten för; ~*d flights* reguljära flygturer; *this is not ~d for this week* det ingår inte i planerna (programmet) för den här veckan; *the train is ~d for one o'clock* tåget skall enligt tidtabellen komma in (avgå) klockan ett; *you are ~d to speak for 10 minutes* enligt programmet skall du tala i 10 minuter; *the work is ~d for completion in two weeks* arbetet skall [enligt planen] vara avslutat om två veckor **2** registrera, föra upp på en förteckning (lista) **II** *s* **1** plan, program; [tids]schema, tidtabell; *AE.* [skol]schema; [*according*] *to* ~ enligt planen (programmet), plan-, program|enligt; *ahead of* ~ tidigare än beräknat, före i tidsschemat; *be behind* ~ vara försenad, ligga efter; *on* ~ enligt planen, planmässigt, tidtabellsenligt, punktligt **2** register, förteckning, lista, tabell **3** tariff

sche|ma ['ski:mə] (*pl -mata*) diagram, schematisk framställning, översikt; *filos.* schema **-matic** ['skı'mætık] schematisk

scheme [ski:m] **I** *s* **1** plan, projekt **2** system, schema; *the ~ of things* världsordningen, tingens ordning **3** komplott, intrig **4** diagram, översikt **II** *v* **1** planera, göra upp planer på **2** intrigera

schism ['sız(ə)m, 'skız(ə)m] schism, söndring

schizo|phrenia [,skıtsə(ʊ)'fri:njə] *med.* schizofreni **-phrenic** [-'frenık] *med.* **I** *a* schizofren **II** *s* schizofren [person]

scholar ['skɒlə] **1** [humanistisk] vetenskapsman, lärd man; forskare; *a Greek ~* en expert på grekiska **2** *skol., univ.* stipendiat **3** *åld.* elev, lärjunge; *a good (poor) ~* en duktig (dålig) elev **-ly** [-lı] *a* **1** lärd; vetenskaplig **2** akademisk **-ship 1** *skol., univ.* stipendium **2** [humanistisk] lärdom (vetenskap); vetenskaplig noggrannhet

1 school ['sku:l] **I** *s* **1** skola; skolgång; [skol]undervisning; skoltid; kurs; ~ *of dancing* dansskola; ~ *of dentistry* tandläkarhögskola; ~ *of thought* meningsriktning; *the ~ of hard knocks* livets hårda skola; *there is no ~ tomorrow* det är lov (ingen skola) i morgon; *at* ~ i skolan; *go to* ~ gå till (i) skolan; *leave* ~ sluta skolan; *put to* ~ sätta i skola **2** *univ.* fakultet; institution **II** *v* skola, träna, öva upp; dressera (*djur*)

2 school [sku:l] [fisk]stim

school|days ['sku:ldeız] *pl* skoltid **-master** [-,mɑ:stə] [skol]lärare **-mate** [-meıt] skolkamrat **-mistress** [-,mıstrıs] [skol]lärarinna, [kvinnlig] lärare **-room** [-rʊm] klassrum; skolsal **-teacher** [-,ti:tʃə] [skol]lärare, -lärarinna

schooner ['sku:nə] **1** *sjö.* skonare, skonert **2** *BE.* stort sherryglas

sciatica [saı'ætıkə] *med.* ischias

science ['saıəns] **1** vetenskap; lära, kunskap; [*branch of*] ~ vetenskapsgren; [*natural*] ~ naturvetenskap; *Doctor of S~* filosofie doktor (*vid naturvetenskaplig fakultet*); *man of* ~ vetenskapsman; *domestic* ~ hushållslära, *skol.* hemkunskap; *social* ~ samhällsvetenskap **2** skicklighet, teknik, kunnande; *the ~ of cooking* kokkonsten

scientific [,saıən'tıfık] vetenskaplig **scientist** ['saıəntıst] [natur]vetenskapsman, -vetenskapare

scintil|late ['sıntıleıt] gnistra, tindra, blixtra (*äv.*

bildl.); *bildl. äv.* sprudla **-lation** [ˌsɪntɪˈleɪʃn] *s* gnistrande, tindrande, blixtrande (*äv. bildl.*)

scissors [ˈsɪzəz] *pl* sax; *a pair of* ~ en sax

1 scoff [skɒf] hånskratta; ~ *at* hånskratta åt, förhåna, förlöljliga

2 scoff [skɒf] *BE. vard.* sluka, glufsa (sätta) i sig

scold [skəʊld] **1** gräla (skälla) på, skälla ut, banna **2** gräla, skälla (*at* på) **-ing** [ˈskəʊldɪŋ] uppsträckning, utskällning, ovett

scoop [skuːp] **I** *s* **1** skopa; skovel, skyffel; mått; ~ *of ice cream* glasskula; *at one* ~ *a*) med ett enda tag av skopan (skoveln), *b*) *bildl.* i ett slag **2** *vard.* kap, fångst, vinst **3** *vard.* scoop, pangnyhet **II** *v* **1** skopa, skyffla, ösa; skrapa; gräva; *vard.* kapa åt sig; ~ *in* håva in; ~ *out* (*äv.*) gröpa (holka) ur, gräva; ~ *up* (*äv.*) skrapa ihop, håva in **2** *vard.*, *this paper* ~*ed the other papers* den här tidningen hann före de andra tidningarna [med nyheten]

scoot [skuːt] *vard.* kila i väg, sticka

scooter [ˈskuːtə] **1** sparkcykel **2** skoter

scope [skəʊp] **1** omfattning, [räck]vidd, omfång; *within the* ~ *of* inom ramen (gränserna) för; *it's beyond my* ~ det överstiger min förmåga **2** [fritt] spelrum, utrymme (*äv. bildl.*); *full (free)* ~ fritt spelrum

scorch [skɔːtʃ] **I** *v* **1** sveda, bränna; *the* ~*ed earth policy* den brända jordens taktik **2** *vard.* hårt kritisera; ~*ing criticism* svidande kritik **3** svedas, brännas; förtorkas **4** *vard.*, *it is* ~*ing outside* det är stekhett (brännhett) ute **5** *BE. vard.* vrålköra, accelerera **II** *s* [ytlig] brännskada; svedd (bränd) fläck **-er** [-ə] *vard.* **1** stekhet dag **2** *fartdåre* **3** *BE.* toppen-, pang|grej

score [skɔː] **I** *s* **1** skåra, rispa, repa, streck, märke; spricka **2** poäng[tal]; [poäng]ställning; [poäng]räkning; protokoll; resultat; *final* ~ slutställning, [slut]resultat; *what's the* ~? *a*) vad (hur) är ställningen?, *b*) *vard.* hur är läget?; *there was no* ~ *at half-time* ställningen var 0-0 i halvlek; *keep the* ~ sköta räkningen, räkna [poängen], föra protokoll[et] **3** räkning; skuld; *pay off* (*settle*) *old* ~*s* (*bildl.*) ge betalt för gammal ost **4** tjog; *by* ~*s* tjog-, mass|vis; ~*s of times* femtielva (en massa) gånger; *four* ~ *and six years* 86 år **5** anledning, orsak; *on the* ~ *of* på grund av; *on that* ~ i det avseendet, på den punkten **6** noter; partitur; musik (*t. film e.d.*) **II** *v* **1** göra skåror (repor, streck, märken) i (på), repa; strecka [för], stryka för; ~ *out* (*off*, *through*) stryka över; ~ *s.b. off* sätta ngn på plats **2** få, ta, göra; vinna; ~ *a goal* göra [ett] mål **3** räkna, föra räkning över, föra upp i protokollet; ~ *s.th. up to s.b.* föra upp ngt på ngns skuldkonto **4** räknas som, ge **5** *mus.* sätta, skriva; instrumentera, orkestrera **6** få (ta) poäng, göra mål; vinna; *vard.* göra succé; ~ *well* få många poäng, göra många mål, nå ett bra resultat **7** sköta räkningen, räkna, föra protokoll[et]

scoreboard [ˈskɔːbɔːd] *sport.* poäng-, resultat|-tavla

scorn [skɔːn] **I** *s* **1** förakt; hån; *heap* (*pour*) ~ *on* ösa förakt över; *laugh s.b. to* ~ hånskratta åt ngn **2** föremål för förakt (hån); *think* ~ *of* förakta **II** *v* **1** förakta; förhåna; rata, ogilla **2** ~ *to do s.th.* vägra att göra ngt **-ful** [-f(ʊ)l] föraktfull; hånfull;

be ~ *of* vara föraktfull mot (full av förakt för)

Scorpio [ˈskɔːpɪəʊ] Skorpionen (*stjärnbild*)

scorpion [ˈskɔːpjən] *zool.* skorpion

Scot [skɒt] skotte; *the* ~*s* skottarna

Scotch [skɒtʃ] **I** *a* skotsk; ~ *broth* kött- och grönsakssoppa; ~ *egg* (*BE.*) kokt ägg i friterad korvsmet; ~ *mist* regndis; ~ *woodcock* äggröra och ansjovis på rostat bröd **II** *s* **1** *the* ~ skottarna **2** skotska [språket] **3** skotsk whisky

scotch [skɒtʃ] *v, bildl.* ta död på, avliva (*rumors* rykten); omintetgöra, krossa (*plans* planer)

Scotch|man [ˈskɒtʃmən] skotte **-woman** [-ˌwʊmən] skotska

scot-free [ˌskɒtˈfriː] oskadd; ostraffad; *get away* ~ komma undan oskadd

Scotland [ˈskɒtlənd] Skottland; [*New*] *Scotland Yard* Scotland Yard (*Londonpolisens högkvarter*)

Scots [skɒts] **I** *a* skotsk **II** *s* **1** skotska [språket] **2** *pl av Scot* **-man** [-mən] skotte **-woman** [-ˌwʊmən] skotska

Scottish [ˈskɒtɪʃ] **I** *a* skotsk **II** *s* **1** skotska [språket] **2** *the* ~ skottarna

scoundrel [ˈskaʊndr(ə)l] skurk, bov

1 scour [ˈskaʊə] **1** leta (söka) igenom, leta överallt i (på) **2** ströva genom

2 scour [ˈskaʊə] **I** *v* **1** skura **2** spola [ren], rensa; ~ *away* spola bort **II** *s* **1** skurning **2** skurmedel

scourge [skɜːdʒ] **I** *s* **1** piska **2** *gissel, plågoris, landsplåga* (*av. bildl.*); **II** *v* **1** piska **2** gissla, plåga, hemsöka (*äv. bildl.*)

scout [skaʊt] **I** *s* **1** *mil.* spanare, spejare; spaning|sflygplan, -fartyg **2** scout; *boy* ~ pojkscout; *girl* ~ (*AE.*) flickscout; *talent* ~ talangscout **3** spaning **4** vägpatrullman **5** *Oxf.* studentuppassare **6** *vard.* karl, kille **II** *v* **1** spana, speja, rekognoscera **2** ~ [*out, up*] leta ut (upp) **3** ~ *around for* jaga runt efter **-master** [-ˌmɑːstə] scoutledare

scowl [skaʊl] **I** *v* se bister ut, rynka ögonbrynen **II** *s* bister uppsyn, rynkad panna

scrabble [ˈskræbl] **1** krafsa, skrapa; ~ *around for* rota (leta) efter **2** klottra

scraggy [ˈskrægɪ] tanig, benig, skranglig, mager

scram [skræm] *vard.* sticka, försvinna, ge sig i väg

scramble [ˈskræmbl] **1** blanda [ihop]; *kokk.* göra äggröra på; ~*d eggs* äggröra **2** *elektron.* förvränga (*tal, telesignal*) **3** ~ *up* (*together*) rafsa ihop **4** klättra, kravla **5** rusa (*for* till); trängas; kivas, slåss (*for* om); hafsa; ~ *into one's clothes* slänga på sig (hoppa i) kläderna; ~ *through one's exam* med nöd och näppe klara sig igenom examen; ~ *to one's feet* resa sig snabbt, fara upp **II** *s* **1** kravlande, klättrande; klättring **2** rusning (*for* efter, till); trängsel; kiv, slagsmål, slit (*for* om) **3** *BE.* motocross

scrap [skræp] **I** *s* **1** stycke, bit; lapp, trasa; spår; ~ *of paper* papperslapp; *not a* ~ inte ett dugg (en gnutta, ett spår); *not a* ~ *of evidence* inte minsta bevis **2** ~*s* (*pl*) [mat]rester, smulor [tidnings]urklipp **3** [metall]skrot **II** *v* kassera, kasta bort; skrota [ner] **scrapbook** [ˈskræpbʊk] urklippsalbum, album för tidningsurklipp

scrape [skreɪp] **I** *v* **1** skrapa [av, bort, ren, i, mot, på], skava av (bort); repa; ~ *one's feet a*) skrapa med fötterna, *b*) torka av sig om fötterna; ~ *a* *fiddle* (*vard.*) gnida (fila) på en fiol; ~ *one's knee* skrapa (skrubba) knät; ~ *a living* hanka sig fram; ~ [*out*] skrapa upp; ~ *out* skrapa bort (ren, ur), skära bort; ~ *together* (*up*) *a*) kratta ihop, *b*) skrapa ihop **2** skrapa; raspa; trassla (krångla till) sig; ~ *against s.th.* skrapa (skava) emot ngt; ~ *along* (*by*) (*vard.*) hanka sig fram;~ *at a fiddle* (*vard.*) gnida (fila) på en fiol; ~ *through an exam* (*vard.*) trassla sig igenom en examen **3** spara, snåla, gnida **II** *s* **1** skrapande, skrapning **2** skrubb-, skrap|sår; repa, skrapa **3** knipa, klämma, kinkig situation **4** *bread and* ~ smörgås med tunt med (litet) smör på

scrap iron ['skræp,aɪən] järnskrot

scrappy ['skræpɪ] hoprafsad; osammanhängande; planlös, fragmentarisk

scrapyard ['skræpjɑ:d] skrotupplag

scratch [skrætʃ] **I** *v* **1** klia [på], riva [på]; ~ *one's head* klia sig i huvudet; ~ *my back and I'll* ~ *yours* om du gör mig en tjänst så skall jag göra dig en gentjänst **2** krafsa, skrapa; repa, göra repor i, rispa; klösa, riva; rista in; ~ *a living* hanka sig fram; *we* ~*ed our names in the wood* vi ristade våra namn i trädet; ~ *the surface of s.th.* (*bildl.*) inte gå på djupet med ngt, snudda vid ngt; ~ [*out*] krafsa [upp]; ~ *out a*) krafsa (skrapa) bort, *b*) klösa ut; ~ *together* (*up*) skrapa ihop **3** stryka; ställa in; ~ *one's name* stryka sig, ta tillbaka sin anmälan; ~ *out a*) stryka [över], *b*) stryka ut; ~ *through* stryka över **4** klia (riva) sig **5** krafsa, skrapa; raspa; ~ *about for* krafsa efter; ~ *along* (*vard.*) hanka sig fram **6** bli repig **7** klösas, rivas **8** stryka sig, inte ställa upp, lämna återbud **II** *a* **1** improviserad; tillfälligt hopplockad; brokig, blandad **2** utan handicap **III** *s* **1** skrap[ande], rasp[ande]; *a* ~ *of the pen* ett penndrag **2** repa; rispa, skråma **3** *give s.b. a* ~ klia (riva, klösa) ngn **4** startlinje; *be* (*come*) *up to* ~ fylla kraven, hålla måttet, klara av sin sak (uppgift); *start from* ~ *a*) starta från scratch (ingenting), börja [om] från början, *b*) *sport.* starta utan handicap (försprång)

scrawl [skrɔ:l] **I** *v* klottra [ner], krafsa ner **II** *s* klotter, kråkfötter

scream [skri:m] **I** *v* **1** skrika; ~*ing shirt* skrikig skjorta; ~ *with laughter* (*äv.*) tjuta av skratt; ~ *with pain* skrika av smärta **2** (*om vind e.d.*) tjuta, vina **3** skrika ut; *the newspaper placard* ~*ed the news* löpsedlarna skrek ut nyheten **II** *s* **1** skri[k], tjut; *with a* ~ *of tyres* med skrikande däck **2** *vard, be a* ~ vara vansinnigt rolig

screech [skri:tʃ] **I** *v* **1** skrika gällt, tjuta; gnissla **2** skrika ut **II** *s* gällt skrik, tjut; gnissel

screen [skri:n] **I** *s* **1** [skydds]skärm; mellan-, skilje|vägg; *kyrkl.* korskrank; *bildl.* fasad, ridå, mur, skydd **2** nät; såll, sikt; filter; *boktr.* raster; ~ [*window*] mygg-, nät|fönster **3** vindruta **4** [bild]skärm, ruta, [projektions]duk; *the* ~ (*äv.*) filmen; [*television*] ~ [TV-]ruta; *focusing* ~ (*foto.*) mattskiva; *stars of the* ~ filmstjärnor; *on the* ~ på film (vita duken) **II** *v* **1** förse med en skärm (skärmar), skärma [av]; sätta myggfönster i; ~ *off* skärma av **2** skydda, dölja, skyla (*from* mot) **3** sikta, sålla; *bildl.* sålla, gallra, sovra **4** granska, undersöka, kontrollera **5** spela in, filma[tisera] **6** visa (*a film* en film)

screenplay ['skri:npleɪ] filmmanuskript, scenario **screen test** [-test] provfilmning; provfilm

screenwriter [-,raɪtə] filmförfattare

screw [skru:] **I** *s* **1** skruv (*äv. sport.*); (*gängad*) bult; *he's got a* ~ *loose* (*vard.*) han har en skruv lös; *give s.th. a* ~ skruva åt ngt; *put the* ~*s on s.b.* sätta tumskruvar på (klämma åt) ngn **2** propeller **3** *vard.* pröjs, lön **4** *vard.* plit (*fångvaktare*) **5** *vard.* girigbuk **6** *vulg.* nyp, knull **II** *v* **1** skruva [fast, i, till, åt]; *sport.* skruva (*a ball* en boll); ~ *down* skruva igen (åt); ~ *off* skruva av (loss); *have one's head* ~*ed on* [*the right way*] (*vard.*) vara förståndig, ha huvudet på skaft; ~ *up a*) skruva igen (till, åt), *b*) skrynkla ihop, *c*) knipa ihop, *d*) *vard.* trassla till, sabba; ~ *up one's courage* samla mod **2** vrida [om]; förvrida; ~ *one's head round* vrida på huvudet; ~ *up one's face* förvrida ansiktet, grina **3** klämma åt; pressa; ~ *money out of s.b.* pressa ngn på pengar; ~ *o.s. up* rycka upp sig **4** *vulg.* knulla **5** skruvas **6** skruva på sig

screw|ball ['skru:bɔ:l] *AE. sl.* knasboll; galning **-driver** [-,draɪvə] skruvmejsel

screwed-up [skru:d'ʌp] **1** hopknycklad **2** *AE. sl.* virrig, på bristningsgränsen

screw-top ['skru:tɒp] skruvlock **screwy** ['skru:ɪ] *vard.* knasig, knäpp

scrib|ble ['skrɪbl] **I** *v* klottra; klottra ner; klottra ihop **II** *s* klotter **-ler** [-lə] **1** medelmåttig skribent **2** klottrare

scribbling ['skrɪblɪŋ] klotter, klottrande

script [skrɪpt] **I** *s* **1** handstil, [hand]skrift; skrivtecken **2** *film., teat. e.d.* manuskript **3** *jur.* originalhandling **4** skriftligt examensprov, skrivning **II** *v* skriva manus [till]; ~*ed* med manus, skriven, med skrivet underlag

scripture ['skrɪptʃə] **1** helig skrift (bok) **2** *the* [*Holy*] *S*~, *the S*~*s* skriften, den heliga skrift **3** bibel|språk, -ställe **4** *skol., S*~ kristendom[skunskap]

scriptwriter ['skrɪpt,raɪtə] *film., teat. e.d.* manus-, manuskript|författare

scroll [skrəʊl] **I** *s* **1** [skrift]rulle; *the Dead Sea S*~*s* Dödahavsrullarna **2** slinga, snirkel; *konst.* rullverk, scrollornament, snäcklinje; (*på fiol e.d.*) snäcka

1 scrub [skrʌb] **I** *v* **1** skrubba, skura **2** *vard.* spola, skippa **II** *s* skrubbning, skurning; *need a good* ~ behöva skrubbas (skuras) ordentligt

2 scrub [skrʌb] **1** busk|skog, -snår **2** förkrympt buske (träd); småväxt person (djur); bastard **3** *AE. sport.* [spelare i] reservlag (andrarangslag) **II** *a* **1** förkrympt, dvärg- **2** *AE. sport.* reserv-, andrarangs-

scruff [skrʌf] *s, by the* ~ *of the neck* i nackskinnet, i kragen **scruffy** ['skrʌfɪ] sjabbig, sjaskig, ovårdad

scrumptious ['skrʌm(p)ʃəs] *vard.* jättegod, delikat

scrunch [skrʌn(t)ʃ] **I** *v* **1** krossa, krasa sönder **2** skynkla (knyckla) ihop **3** knastra, krasa **4** skrynklas (knycklas) ihop **5** *AE.* kura ihop sig, kuta **II** *s* krasande, knaster

scru|ple ['skru:pl] **I** *s* **1** ~[*s*] skrupler, samvetsbetänkligheter; *have* ~*s about* ha samvetsbetänkligheter (skrupler) för **2** (*apoteksvikt*) skrupel (=

20 grains = 1,296 g) **ll** *v* ha skrupler (samvetsbetänkligheter) **-pulous** [-pjʊləs] **1** skrupulös, [överdrivet] noggrann, nogräknad, samvetsgrann; *be ~ about* vara ytterst noga med **scru|tinize** *(BE. äv. -tinise)* ['skru:tɪnaɪz] undersöka noggrant, [fin]granska **-tiny** ['skru:tɪnɪ] **1** noggrann undersökning, [fin]granskning **2** granskande (forskande) blick

scuba diving ['sku:bəˌdaɪvɪŋ] sportdykning med luftapparat

scud [skʌd] **l** *v (i sht om moln)* ila, jaga, skynda; *sjö.* länsa [undan] **ll** *s* **1** ilande, rusande **2** vindil; regnby

scuff [skʌf] **l** *v* **1** släpa *(one's feet* fötterna) **2** nöta, skava [av] **3** hasa sig fram, släpa fötterna, gå med släpande steg; *AE.* skrapa med fötterna **ll** **1** hasande; hasande ljud **2** nött ställe **3** *AE.* hällös toffel, slipper

scuffle ['skʌfl] **l** *v* **1** knuffas, bråka, slåss **2** hasa, släpa **3** hasa (släpa) sig fram **ll** *um* (ɔjʊtʊ) omkring **ll** *s* **1** slagsmål, handgemäng **2** hasande (släpande) ljud

scull [skʌl] **l** *s* **1** mindre åra; vrickåra **2** liten roddbåt **ll** *v* ro; vricka

sculpt [skʌlpt] skulptera

sculp|tor ['skʌlptə] skulptör, bildhuggare **-tress** [-trɪs] skulptris **-tural** [-tʃər(ə)l] skulptural, skulptur- **-ture** [-tʃə] **l** *s* **1** skulptur, bildhuggarkonst **2** skulptur, bildhuggarverk **ll** *v* skulptera

scum [skʌm] **l** *s* **1** skum; hinna, film **2** *bildl.* av skum **ll** *v* skumma [av]

scurrilous ['skʌrɪləs] plump, grov[kornig], oanständig

scurry ['skʌrɪ] **l** *v* kila, rusa, skynda, jakta **ll** *s* kilande, rusande, skyndande, jäkt[ande]

scurvy ['skɜːvɪ] **l** *a* gemen, tarvlig, nedrig **ll** *s, med.* skörbjugg

1 scuttle ['skʌtl] **l** *v* kila, rusa, skynda **ll** *v* kilande, rusande, skyndande

2 scuttle ['skʌtl] **l** *v* **1** *sjö.* borra i sank **2** ge upp *(plans* planer) **ll** *s, sjö.* lucka, ventil

scythe [saɪð] **l** *s* lie **ll** *v* meja, slå med lie

sea [si:] **1** hav, sjö; *bildl.* hav, ström; *the North S~* Nordsjön; *the high ~s* öppna havet *(utanför territorialgränserna)*; *a ~ of flame* ett eldhav; *at ~* på havet (sjön), till havs (sjöss); *be all at ~ (vard.)* inte ha ngn aning, inte fatta ett dugg; *by ~ sjö|*vägen, -ledes; *by ~ and land* till lands och till sjöss; *on the ~ a)* på havet, *b)* vid kusten (havet); *put to ~ a)* sticka till sjöss, löpa ut, *b)* sjösätta **2** sjö[gång]; våg; *a heavy ~ a)* hög sjö, *b)* en störtsjö

sea bed ['si:bed] havsbotten **sea chest** [-ʃest] sjömanskista **sea eagle** [-ˌi:gl] *zool.* havsörn **seafarer** [-ˌfeərə] sjöfarare **seafood** [-fu:d] skaldjur **seafront** [-frʌnt] sjösida *(av ort)*; strand **seagull** [-gʌl] *zool.* fiskmås

1 seal [si:l] **l** *s* **1** *zool.* säl **2** sälskinn **ll** *v* jaga säl **2 seal** [si:l] **l** *s* **1** sigill; insegel, bekräftelse; försegling, plomb[ering]; lack[sigill]; sigill|stamp, -ring; stämpel, prägel; *the ~ of the confessional* bikthemligheten, biktfaderns tystnadsplikt; *under the ~ of secrecy* under tysthetslöfte; *set one's ~ to s.th. a)* sätta sitt sigill på (under) ngt, *b)* ge sitt samtycke till (godkänna) ngt, *c)* sätta sin prägel (stämpel) på ngt **2** [fri]märke **3** pack-

---

ning, tätning; förslutning; vattenlås **ll** *v* **1** sätta sigill på (under); försluta, [hermetiskt] tillsluta; täta, täppa igen (till); innesluta; *~ed (äv.)* lufttät, sluten; *~ [down]* försegla, lacka (klistra) igen; *~ off* spärra av; *~ up a)* försegla, lacka (klistra) igen, *b)* täta; *my lips are ~ed* mina läppar är förseglade **2** besegla, bekräfta; avgöra **3** prägla, sätta sin stämpel på

sea level ['si:ˌlevl] *s* vattenstånd *(i havet)*; *above (below) ~* över (under) havet[s yta]

sealing wax ['si:lɪŋwæks] sigillack, lack

seam [si:m] **l** *s* **1** söm; *med.* sutur; *burst (split) at the ~* gå upp (spricka) i sömmen; *be bursting (bulging) at the ~s (bildl.)* vara överfull (sprängfärdig); *come (fall) apart at the ~s (bildl.)* brista, gå sönder **2** skarv, fog; *sjö.* nåt **3** *miner.* flöts; lager, skikt **ll** *v* **1** sy ihop **2** skarva (foga) ihop **3** fåras; *a ~ed face* ett fårat ansikte

seaman ['si:mən] sjöman

seamstress ['semstrɪs] sömmerska

seamy ['si:mɪ] tarvlig, eländig; *the ~ side of life* livets skuggsida

seance, séance ['seiɑ:(n)s] seans

seaport ['si:pɔ:t] hamn-, sjö|stad

sear [sɪə] **1** bränna; sveda **2** bryna

search [sɜ:tʃ] **l** *v* **1** söka (leta) i (igenom), undersöka, rannsaka, visitera; *~ me! (vard.)* vad vet jag?, inte vet jag!; *~ out a)* leta fram, *b)* leta (spåra, söka) upp, ta reda på **2** söka, leta, spana *(for efter), ~ for s.b. (äv.)* eftersptana ngn; *~ through* leta (gå) igenom **ll** *s* sökande, letande, [efter]spaning, efterforskning[ar]; undersökning; genomsökning; husrannsakan; visitation; *in ~ of (for)* på jag efter; *make a ~ for* söka (leta, spana) efter

searching ['sɜ:tʃɪŋ] *l a* **1** grundlig, ingående, inträngande **2** forskande **ll** *s* sökande, letande *etc., jfr search l*

searchlight ['sɜ:tʃlaɪt] **1** strålkastare **2** sökar-, strålkastar|ljus **search party** [-ˌpɑ:tɪ] skallgångskedja, spaningspatrull **search warrant** [-ˌwɒr(ə)nt] husrannsakningsorder

seashell ['si:ʃel] snäck-, mussel|skal **seashore** [havs]strand **seasick** sjösjuk **seasickness** [-ˌsɪknɪs] sjösjuka **seaside l** *s* [havs]kust; *go to the ~* fara till kusten (en badort) **ll** *a* kust-; strand-; *~ hotel* badhotell; *~ resort* badort; *~ town* kuststad

season ['si:zn] **l** *s* **1** årstid; *the rainy ~* regntiden **2** tid; säsong; helg; *Christmas ~* jul|tiden, -helgen; *holiday ~* semester[tid]; *~'s greetings* jul- och nyårshälsningar; *the close (open) ~* olaga (lovlig) tid *(för jakt e.d.)*; *in ~ a)* i rätt[an] tid, *b)* jakt. lovlig, *c)* brunstig, löpsk; *cherries are in (out of) ~* now det är (är inte) säsong för körsbär nu; *in and out of ~* hela tiden, jämt och ständigt, i tid och otid **ll** *v* **1** krydda *(äv. bildl.)*; smaksätta **2** vänja, acklimatisera; *~ed van, garvad, härdad* **3** [låta] mogna; lagra *(cheese* ost); torka

seasonal ['si:zənl] säsong-, säsongbetonad

seasoning ['si:zŋɪŋ] **1** krydda, kryddor **2** kryddning

season ticket ['si:znˌtɪkɪt] säsongbiljett; [period]kort, abonnemangsbiljett

seat [si:t] **l** *s* **1** [sitt]plats; säte; stol, bänk; *(på möbel el. ridk.)* sits; *driver's (driving) ~* förar-

S

plats; *book a* ~ *for Aida* beställa en biljett till Aida; *have a good* ~ *a*) ha en bra plats, sitta bra, *b*) *ridk.* ha bra sits; *take a* ~ sätta sig, sitta ner, ta plats; *take one's* ~ inta sin plats **2** plats; mandat; *have a* ~ *on the board* sitta med i styrelsen; *resign one's* ~ lägga ner sitt mandat **3** bak[del], stuss, säte; *the* ~ *of the pants* byxbaken; *do s.th. by the* ~ *of one's pants* göra ngt på intuition (av erfarenhet) **4** säte, centrum (*of* för), härd; orsak (*of* till); *the* ~ *of the disease* sjukdomshärden; ~ *of learning* läro-, lärdoms|säte; ~ *of war* krigsskådeplats **5** herresäte, lantgods **II** *v* **1** sätta, låta sätta sig (sitta), placera; ~ *o.s.* sätta sig, ta plats; *be* ~*ed a*) sitta, *b*) ligga, ha sitt säte; *please be* ~*ed!* var så god och sitt (tag plats)! **2** ha [sitt]plats för, rymma; skaffa sittplats åt **3** sätta in; installera; få in **4** (*om plagg*) få ända, bli säckig i baken
seat belt ['si:tbelt] bil-, säkerhets|bälte **seated** [-ɪd] **1** sittande **2** belägen **3** *two-*~ tvåsitsig
seaward ['si:wəd] **I** *a* mot havet (sjösidan); (*om vind*) från havet **II** *adv* mot havet **seawards** [-wədz] *adv* mot havet **seaweed** *bot.* alg[er], tång, sjögräs; havsväxt[er] **seaworthy** [-,wɜ:ði] sjö|duglig, -värdig
secede [sɪ'si:d] utträda (*from* ur) **secession** [sɪ-'seʃn] utträde (*from* ur), secession, utbrytning
seclude [si'klu:d] avstänga, isolera **secluded** [-ɪd] **1** isolerad, avstängd **2** avskild, avsides belägen **seclusion** [sɪ'klu:ʒn] **1** avstängning, uteslutning; avskildhet, isolering; tillbakadragenhet **2** avskildhet, avskild (enslig) plats
1 second ['sek(ə)nd] **I** *räkn, a, adv* andre, andra[-]; näst; som tvåa; *hand.* sekunda; *bildl.* sekundär, underordnad, underlägsen; *Elizabeth the S*~ Elisabet den andra; *every* ~ varannan; ~ *best* näst bäst; ~ *cousin* syssling; *a* ~ *cup* en kopp till, ytterligare en kopp, en andra kopp; *the* ~ *floor* två trappor upp, *AE.* en trappa upp; ~ *name* (*AE.*) efternamn; *in the* ~ *place* i andra hand, för det andra; *have* ~ *sight* vara klärvoyant (synsk); *a* ~ *Stalin* en ny Stalin; *on* ~ *thought*[*s*] vid närmare eftertanke; *a* ~ *time* en gång till, ännu en gång, en andra gång; *get a* ~ *wind* komma in i andra andningen; *be* ~ *in command a*) ha näst högsta befälet, *b*) vara andre man; *be* ~ *to none* inte stå ngn efter, vara oöverträffad; *come* ~ bli (komma) tvåa, komma på andra plats; *travel* ~ resa [i] andra klass **II** *s* **1** tvåa, andra man **2** tvåan[s växel]; *change into the* ~ lägga i tvåan **3** [närmaste] medhjälpare **4** sekundant; (*i boxning*) sekond **5** *univ., get a* ~ få näst högsta betyget (*i honours*) **6** *mus.* sekund **7** *hand., ~s* (*pl*) andrasortering, utskottsvaror, sekunda varor **8** *vard., ~s* (*pl*) påfyllning, påbackning; *can I have* ~*s?* (*äv.*) kan jag få lite till (mera)? **III** *v* **1** [under]stödja, ansluta sig till, instämma i (med), tillstyrka **2** sekundera, vara sekundant (sekond) åt
2 second ['sek(ə)nd] sekund; ögonblick; *just a* ~*!* ett ögonblick!
secondary ['sek(ə)nd(ə)rɪ] **I** *a* **1** sekundär[-], underordnad, andrahands-, bi-; ~ *accent* (*stress*) biaccent; ~ *colours* sekundärfärger; *of* ~ *importance* av underordnad (mindre) betydelse; *be* ~ *to s.th.* [få] komma i andra hand efter ngt, vara mindre viktig än ngt **2** ~ *education* (*ung.*) påbyggnadsundervisning, högre undervisning (*för*

åldrarna 11−18 år); ~ *school, se secondary II 3*; ~ *modern* sekundärskola med praktisk inriktning (*för åldrarna 11−18 år*) **II** *s* **1** underordnad, ställföreträdare, vikarie **2** drabant **3** sekundärskola (*för åldrarna 11−18 år*)
second-best [,sek(ə)n(d)'best] *a, adv* näst bäst; *come off* ~ (*vard.*) dra det kortaste strået, bli besegrad **second-class** *a* andraklass-; andra klassens; ~ *mail a*) (*i England ung.*) ekonomibrev (*befordras långsammare*), *b*) (*i USA o. Canada*) trycksaker (*tidskrifter etc.*)
second hand ['sek(ə)ndhænd] sekundvisare **second-hand** [,sek(ə)nd'hænd] **I** *a* begagnad, andrahands-; (*om bok*) antikvarisk; ~ *bookshop* antikvariat; ~ *information* andrahandsupplysningar **II** *adv* i andra hand **III** *s, at* ~ i andra hand **secondly** ['sek(ə)ndlɪ] *adv* för det andra **second-rate** [,sek(ə)nd'reɪt] medelmåttig, medioker, andra klassens
secrecy ['si:krəsɪ] **1** hemlighetsfullhet; *in* ~ i hemlighet, i tysthet **2** sekretess; hemlighållande; tystlåtenhet **secret** ['si:krɪt] **I** *a* **1** hemlig; dold; ~ *agent* hemlig agent; ~ *service* hemligt underrättelseväsen, underrättelsetjänst; *keep s.th.* ~ *from s.b.* hemlighålla ngt för ngn **2** tystlåten, förtegen **II** *s* hemlighet; *in* ~ i hemlighet; *keep a* ~ bevara en hemlighet; *keep s.th. a* ~ *from s.b.* hemlighålla ngt för ngn
secre|tarial [,sekrə'teərɪəl] sekreterar- **-tariat**[**e**] [-,teərɪət] sekretariat
secretary ['sekrətrɪ] **1** sekreterare; ambassadsekreterare **2** *polit.* minister; *S*~ *of State a*) (*i England*) minister, departementschef, *b*) (*i USA*) utrikesminister; *S*~ *of Defence* (*i USA*) försvarsminister; *Foreign S*~ (*i England*) utrikesminister; *Social Services S*~ (*i England*) socialminister **3** sekretär **-general** [,sekrətrɪ-'dʒen(ə)r(ə)l] (*pl secretaries-general*) generalsekreterare
secrete [sɪ'kri:t] *fysiol.* av-, ut|söndra **secretion** [sɪ'kri:ʃn] *fysiol.* **1** av-, ut|söndring, sekretion **2** sekret
secretive ['si:krətɪv] hemlighetsfull
secretly ['si:krɪtlɪ] *adv* hemlig, i hemlighet, i nerst inne
section ['sekʃn] **I** *s* **1** avdelning, del; avsnitt; sektion; paragraf; bit; (*av citrusfrukt*) klyfta; [järnvägs]sträcka, vägsträcka; *the sports* ~ sport|sidorna, -delen **2** genomskärning, [tvär]snitt; *med.* snitt (*för mikroskopering*); *geom.* snitt; *the golden* ~ gyllene snittet **3** grupp; *mil. äv.* tropp **4** område; sektor **5** *mus.* sektion; *the string* ~ stråkinstrumenten **II** *v* indela i avdelningar *etc.*, *jfr section I*, dela upp
sector ['sektə] sektor
secular ['sekjʊlə] **1** världslig, profan; icke-kyrklig **2** varaktig **-ize** (*BE. äv. -ise*) ['sekjʊləraɪz] sekularisera
secure [sɪ'kjʊə] **I** *a* säker (*against, from* mot, för); skyddad, trygg; säkrad, tryggad; stabil, stadig; i säkerhet, i säkert förvar; *feel* ~ *about one's future* känna sig lugn inför framtiden; *make s.th.* ~ (*äv.*) säkra (sätta fast) ngt **II** *v* **1** säkra, göra (sätta, haka) fast, fästa, binda [fast], låsa; sätta i säkert förvar, spärra in **2** befästa (*äv. bildl.*) **3** säkra, trygga, skydda (*against, from* mot, för) **4** för-

säkra sig om, [lyckas] skaffa (få), [upp]nå, vinna; sätta sig i besittning av; köpa; ~ *s.b. s.th.* skaffa (ordna) ngt åt ngn **5** *hand.* ställa säkerhet för **security** [sɪ'kjʊərətɪ] **1** säkerhet; trygghet; ~ *of employment* anställningstrygghet **2** *ekon.* säkerhet, garanti, borgen; borgensman; *stand* ~ *for s.b.* gå i borgen för ngn **3** värdepapper; *government* ~ statsobligation

sedan [sɪ'dæn] **1** *hist.* bärstol **2** *AE.* sedan

sedate [sɪ'deɪt] **I** *a* lugn, stillsam; stadgad; maklig **II** *v* ge lugnande medel **sedative** ['sedətɪv] **I** *a* lugnande **II** *s, med.* lugnande medel, sedativ[um]

sediment ['sedɪmənt] sediment, avlagring, fällning, bottensats

seduce [sɪ'dju:s] förleda; förföra **seducer** [-ə] förförare **seduction** [sɪ'dʌkʃn] förledande; förförande, förförelse **seductive** [sɪ'dʌktɪv] förförisk

sedulous ['sedjʊləs] ihärdig, oförtruten, trägen

I see [si:] *(saw, seen)* **1** se; se (titta) på; se (titta) i; se (titta) efter, kolla; märka, upptäcka; se till, ordna; *as I* ~ *it* som jag ser det, enligt min mening; *we'll* ~ vi får se, kanske; ~ *you don't...!* akta dig så (se till) att du inte...!; *I'll* ~ *it done* jag skall se till att det blir gjort; *I'll* ~ *you damned (in hell) first!* (*vard.*) aldrig i livet!; *I've never* ~*n her swim[ming]* jag har aldrig sett henne simma; *I've never* ~*n this done before* jag har aldrig sett detta göras förut; *nobody was to be* ~*n* ingen syntes till; *he was* ~ *about that!* det får vi allt se!; *I can* ~ *by your looks that...* jag ser på dig att...; ~ *from* se av (i, på); ~ *the New Year in* vaka in det nya året; ~ *into a)* titta in i, *b)* undersöka, kolla, titta närmare på; ~ *out a)* titta ut, *b)* se till slut, *c)* slutföra, *d)* överleva, klara sig igenom; ~ *over* titta på; ~ *through a)* genomskåda, *b)* få igenom, gå i land med, klara av (sig igenom), slutföra, *c)* hjälpa igenom; *I hope £20 will* ~ *you through* jag hoppas att du klarar dig på 20 pund; ~ *to* ta reda på, ta hand om, se till (efter), sköta [om], ordna; *I'll* ~ *to it that...* jag skall se till (ordna så) att...; *it must be* ~*n to that...* man måste se till att... **2** föreställa (tänka) sig; se, inse, fatta, förstå, begripa; *I* ~*!* ja!, jaha!, jaså!, jag förstår!; ~*?* förstår du?; *as far as I can* ~ såvitt jag kan se (förstår); *I can't* ~ *him winning* jag kan inte tänka mig att han vinner **3** se, uppleva, vara med om; *I've never* ~*n anything like it!* jag har aldrig varit med om (sett) ngt liknande **4** gå (vända sig) till, [be]söka, hälsa på, träffa, tala med; ta emot; *be* ~*ing you!, ~ you later!* vi ses!, hej så länge!; *can I* ~*...?* kan jag få tala med...?, träffas...?; *come to* ~ *s.b.* komma och hälsa på ngn, besöka ngn; *he refused to* ~ *us* han ville inte ta emot (träffa, se) oss; ~ *a doctor* söka läkare (*about* för); *there's a gentleman to* ~ *you* det är en herre som söker er **5** följa; ~ *s.b. off* vinka av ngn; ~ *s.b. out (home)* följa ngn ut (hem); ~ *s.b. to the door* följa ngn till dörren

2 see [si:] [biskops]stift, biskopssäte; *the Holy S*~ påvestolen

seed [si:d] **I** *s* **1** frö (*äv. bildl.*); (*i druva, melon e.d.*) kärna; ~[*s*] (*pl, koll.*) frö, utsäde; *a packet*

of ~ en fröpåse; *go (run) to* ~ sätta (gå i) frö; *go to* ~ (*vard. om pers.*) förfalla, tappa stinget **2** *bibl.* avkomma, säd **4** *sport.* seedad spelare; *he is the number two* ~ han är seedad som tvåa **II** *v* **1** [be]så **2** kärna ur **3** *sport.* seeda **4** gå i (sätta) frö

seedless ['si:dlɪs] kärnfri

seedy ['si:dɪ] **1** sjabbig, sjaskig **2** *vard.* krasslig **3** *bot.* i frö; kärnig

seeing ['si:ɪŋ] **I** *a* seende; *worth* ~ sevärd, värd att se[s] **II** *s* syn[förmåga]; seende **III** *konj, ~ [that]* eftersom, med tanke på att

seek [si:k] (*sought, sought*) **1** söka; sträva efter, eftersträva; söka (bege) sig till, uppsöka; ~ *a p.'s advice* be ngn om råd, söka råd hos ngn; ~ *a p.'s life* trakta efter ngns liv; *the reason is not far to* ~ orsaken ligger nära till hands; ~ *to do s.th.* försöka göra ngt; ~ *out* ta (leta) reda på, söka efter (upp); ~ *through* söka (leta) igenom **2** söka; ~ *for* söka [efter] sträva efter

seem [si:m] verka, tyckas, se ut, förefalla; verka (tyckas) vara, se ut (förefalla) att vara; ~ *to* verka, tyckas, se ut att; förefalla; *I* ~ *to remember that* jag vill minnas att; *I* ~ *to have heard that before* jag tycker mig ha hört det förut; *he* ~*s to me to be* han förefaller mig [att] vara; *he* ~*s not to be*, *he doesn't* ~ *to be* han verkar inte vara; *it* ~*s that he is coming* det verkar som om han skulle komma; *he has left, it* ~*s* han har tydligen gett sig i väg; *it would* ~ *that* det kunde tyckas att; *so it* ~*s* det ser så ut, det verkar så; *it* ~*ed to me that* det tycktes (föreföll) mig som om

seeming ['si:mɪŋ] skenbar, låtsad **-ly** [-lɪ] **1** skenbart, till synes **2** uppenbarligen, tydligen

seemly ['si:mlɪ] passande, lämplig

seen [si:n] *perf. part. av 1 see*

seep [si:p] sippra [in, ut], läcka (*äv. bildl.*)

seesaw ['si:sɔ:] **I** *s* **1** gung|bräde, -bräda **2** gungande på gungbräde **II** *a* upp- och nedåtgående **III** *v* gunga på gungbräde; gunga upp och ner (fram och tillbaka), svänga [fram o. tillbaka]

seethe [si:ð] sjuda, koka (*äv. bildl.*); ~ *with people* myllra (vimla) av folk

seethrough ['si:θru:] *a* genomskinlig

segment I *s* ['segmənt] segment (*äv. geom.*); del; (*i citrusfrukt*) klyfta **II** *v* [seg'ment] dela upp i segment *etc.* **segmentation** [ˌsegmen'teɪʃn] segmentering, uppdelning i segment

segre|gate ['segrɪgeɪt] hålla i sär, åtskilja, avskilja; segregera; ~ *the sexes* hålla könen åtskilda **-gation** [ˌsegrɪ'geɪʃn] avskiljande; segregation; *racial* ~ rasåtskillnad

seismograph ['saɪzmɒgrɑ:f] seismograf

seize [si:z] **1** gripa, fatta, ta tag i; fånga, ta fast; ~ *the opportunity* ta tillfället i akt, gripa tillfället; ~ *power* gripa makten; ~ *s.b. by the arm* gripa ngn i armen; *be* ~*d with a desire to* gripas av en önskan att **2** inta[ga], erövra; bemäktiga sig (*the throne* tronen) **3** beslagta[ga], ta i beslag, uppbringa, **3** begripa, fatta (*an idea* en idé) **4** *sjö.* surra [fast], sejsa **5** ~ [*up*]*on* gripa tag i, kasta sig över **6** ~ *up a)* (*om kroppsdel*) sluta fungera, ge upp, *b)* (*om motor*) skära, *c)* (*om trafik*) stocka sig **seizure** ['si:ʒə] **1** gripande *etc.*, *jfr seize*; ~ *of power* maktövertagande **2** anfall, attack; *epileptic* ~ epileptiskt anfall **3** besittningstagande **4** beslagtagande

S

seldom ['seldəm] sällan
select [sɪ'lekt] **I** *a* [ut]vald; exklusiv; ~ *pieces* valda stycken **II** *v* **1** välja [ut] **2** välja, utse (*as* till)
selec|tion [sɪ'lekʃn] **1** [ut]väljande, val; *sport.* uttagning **2** urval; *natural* ~ naturligt urval; *a* ~ *of tunes* (*äv.*) melodier i urval **-tive** [-tɪv] **1** selektiv (*äv. elektron.*), utväljande; ~ *service* (*AE.*) värnplikt **2** kräsen, noggrann
self [self] **I** *s o. pron* (*pl selves* [selvz]) **1** jag; *my better* ~ mitt bättre jag; *be one's normal* ~ *again* vara sitt normala jag igen; *he only thinks of* ~ han tänker bara på sig själv **2** *hand. el. skämts.* jag (mig) själv; *pay* ~ betala till mig själv; *cheque drawn to* ~ check ställd till egen order; *it's only* ~ *and wife* det är bara jag själv och min fru **II** *a, dress with a* ~ *belt* klänning med skärp i samma tyg
self|-absorbed [ˌselfəb'sɔ:bd] självupptagen **--adhesive** självhäftande **--assured** självsäker **--centred** självupptagen, egocentrisk **--confidence** självförtroende **--confident** själv|säker, -medveten **--conscious 1** generad, förlägen, besvärad **2** självmedveten **--contained 1** reserverad, avvaktande **2** måttfull, behärskad **3** självständig; komplett; självförsörjande; ~ *flat* våning med egen ingång **--control** själv|behärskning, -kontroll **--controlled** behärskad, lugn **--defence** självförsvar; *the noble art of* ~ självförsvarets ädla konst (*boxningen*); *say s.th. in* ~ säga ngt till sitt försvar **--denial** själv|försakelse, -uppoffring **--determination** ['selfdɪˌtɜ:mɪ'neɪʃn] självbestämmanderätt; självbestämmande **--educated** [ˌself'edjʊkeɪtɪd] själv|lärd, -bildad **--employed** *a, be* ~ vara egen företagare **--esteem** självaktning **--evident** självklar **--explanatory** [-ɪk'splænət(ə)rɪ] självförklarande, självklar
self|-government [ˌself'gʌvənmənt] självstyre[lse] **--important** [-ɪm'pɔ:t(ə)nt] dryg, viktig **--indulgent** självisk, eftergiven mot sig själv; *be* ~ (*äv.*) inte neka sig någonting **--interest** egennytta
selfish ['selfɪʃ] självisk, egoistisk **-ness** [-nɪs] själviskhet, egoism
selfless ['selflɪs] osjälvisk
self-possessed [ˌselfpə'zest] lugn, behärskad **--respect** [ˌselfrɪ'spekt] självaktning **--respecting** [ˌselfrɪ'spektɪŋ] med självaktning **--restraint** [ˌselfrɪ'streɪnt] själv|kontroll, -behärskning **--righteous** [ˌself'raɪtʃəs] egenrättfärdig, självgod
self|-sacrifice [ˌself'sækrɪfaɪs] självuppoffring **-same** ['selfseɪm] *a, the* ~ precis (just) samma **--satisfied** [ˌself'sætɪsfaɪd] självbelåten **--service** [ˌself'sɜ:vɪs] självbetjäning; ~ [*restaurant*] [restaurang med] självservering **--sufficient** [ˌselfsə'fɪʃnt], **--sufficing** [ˌselfsə'faɪsɪŋ] **1** oberoende, självständig **2** självförsörjande **--supporting** [ˌselfsə'pɔ:tɪŋ] självförsörjande **--willed** [ˌself'wɪld] egensinnig, halsstarrig
sell [sel] **I** *v* (*sold, sold*) **1** sälja (*äv. bildl.*), avyttra; föra, ha; *to be sold* (*äv.*) till salu; ~ *one's life dearly* sälja sitt liv dyrt; *the book sold 2,000 copies* boken såldes i 2 000 exemplar; ~ *off* sälja [av, ut], realisera; ~ *out* sälja ut (slut på); *be sold out* vara slutsåld (utsåld); *we are* (*have*) *sold out of that size* vi har [sålt] slut på den storleken; ~ *up* sälja [på exekutiv auktion] **2** *vard.* sälja, göra tilltalande, skapa intresse för; pracka på; ~ *an idea to s.b.*, ~ *s.b. on an idea* sälja en idé till ngn, få ngn tänd på en idé; *be sold on s.th.* vara tänd (såld) på ngt; ~ *o.s. short* inte göra reklam för sig **3** *bildl.* sälja, förråda; *vard.* lura, bedra; ~ *s.b. down the river* förråda ngn; ~ *out* (*vard.*) förråda **4** sälja[s], gå (*for, at* för, till); ~ *well* sälja[s] (gå) bra; ~ *out a*) säljas ut, *b*) sälja [alltsammans]; ~ *out to* (*vard.*) låta sig köpas (mutas) av; ~ *up* sälja [alltsammans] **II** *s* **1** försäljning[smetod, -teknik]; *hard* ~ hårdförsäljning **2** *vard.* knep, bedrägeri
seller ['selə] **1** [för]säljare **2** *be a good* (*poor*) sälja bra (dåligt) **selling** ['selɪŋ] **I** *a* säljande **II** *s* försäljning
selves [selvz] *pl av self*
semblance ['sembləns] skepnad; sken; *without a* ~ *of* utan tillstymmelse till
semen ['si:men] sädesvätska, säd
semester [sɪ'mestə] *AE. skol., univ.* termin
semi|breve ['semɪbri:v] *mus.* helnot **-circle** [-ˌsɜ:kl] halvcirkel **-colon** [ˌsemɪ'kəʊlən] semikolon **-detached** [ˌsemɪdɪ'tætʃt] *a,* ~ *house* par|hus, -villa **-final** [ˌsemɪ'faɪnl] *sport.* semifinal **-finalist** [ˌsemɪ'faɪnəlɪst] *sport.* semifinalist **-quaver** ['semɪˌkweɪvə] *mus., i sht BE.* sextondelsnot
Semite ['si:maɪt] **I** *a* semitisk **II** *s* semit
semitone ['semɪtəʊn] *mus.* halvton
senate ['senɪt] senat; *the S~* (*t.ex. i USA, Canada*) senaten, första kammaren; [*the*] *S~* (*univ. ung.*) konsistoriet **senator** ['senətə] senator
send [send] (*sent, sent*) **1** sända, skicka [i väg]; kasta, slänga, skjuta; ~ *s.b. one's love* hälsa till ngn; *God* ~ *that it may not be so!* Gud give att det inte är sant!; ~ *to prison* sätta i fängelse; ~ *him victorious!* giv honom segern!; ~ *word* skicka bud, lämna besked, låta meddela, [låta] höra av sig; *he* ~*s word that* han låter hälsa (meddela) att; ~ *away* skicka i väg (bort), driva (köra) bort; ~ *down a*) pressa ner, sänka, *b*) *univ.* relegera, *c*) döma; ~ *in* sända (skicka, lämna, sätta) in; ~ *off a*) *se* ~ *away, b*) avsända, *c*) ta farväl av, *d*) *sport.* utvisa; ~ *on a*) eftersända, vidarebefordra, sända vidare, *b*) skicka i förväg; ~ *out* skicka (sända, släppa) ut, sprida; ~ *round to s.b.* skicka över till ngn; ~ *up a*) sända (skicka) upp (ut), *b*) driva upp (i höjden), *c*) härma, karikera, förlöjliga, *d*) sätta i fängelse **2** göra; få; ~ *s.b. crazy* (*mad*) göra ngn tokig; *the fire sent them running out* elden fick (tvingade) dem att springa ut; ~ *s.b. sprawling* vräka omkull ngn **3** *sl., it* ~*s me* det tänder jag på (gillar jag verkligen) **4** skicka bud; ~ *for* skicka efter, [låta] hämta; *he sent to say that* han lät hälsa att
sender ['sendə] avsändare
senile ['si:naɪl] senil, ålderdomssvag **senility** [sɪ'nɪlətɪ] senilitet, ålderdomssvaghet
senior ['si:njə] **I** *a* äldre (*to* än); senior-; *Tom Brown S~* (*i sht AE.*) Tom Brown senior (den äldre); ~ *citizen* [ålders]pensionär; ~ *common room* (*BE. univ.*) lärarrum; ~ *high school* (*AE. ung.*) gymnasieskola; ~ *officer* hög officer; ~ *team* seniorlag; *she is* ~ *to me a*) hon är överord-

nad mig (har högre rang än jag), b) hon är äldre i tjänsten än jag; *he is two years ~ to me* han är två år äldre än jag **ll** *s* [person som är] äldre; äldre student, *AE.* sistaårsstudent; *my ~s* de som är äldre [i tjänsten] än jag; *he is ten years my ~* han är tio år äldre än jag **-ity** [ˌsi:nɪˈɒrətɪ] [tjänste]ålder, anciennitet

sensation [senˈseɪʃn] **1** förnimmelse, känsla **2** sensation; *make (cause) a ~* göra (väcka) sensation, väcka uppseende **sensational** [-ˈseɪʃənl] **1** sinnes- **2** sensationell, uppseendeväckande **sensationalism** [-ˈseɪʃŋəlɪz(ə)m] **1** sensationsmakeri **2** *filos.* sensualism

sense [sens] **l** *s* **1** sinne; *~s* (*pl, äv.*) besinning, sans, vett, förnuft; *the five ~s* de fem sinnena; *the ~ of hearing* hörselsinnet, hörseln; *no man in his ~s* ingen vettig människa; *be out of one's ~s* vara från vettet (sina sinnen, galen); *bring s.b. to his ~s* bringa ngn till besinning, få ngn att ta reson; *come to one's ~s* återfå sansen, sansa sig **?** vett, förnuft, förstånd; [common] *~ sunt* förnuft; *there is a lot of ~ in that* det är vettigt (inte alls så dumt); *there is no ~ in doing that* det är ingen mening [med] att göra det; *he had the [good] ~ to* han var klok nog (hade vett) att; *make s.b. see ~* få ngn att ta sitt förnuft till fånga **3** känsla, sinne (*of* för, av); *~ of colour* färgsinne; *~ of duty* pliktkänsla; *~ of humour* [sinne för] humor **4** betydelse, mening; *in a [certain] ~* i viss mening, på ett sätt, på sätt och vis; *in every ~* i alla avseenden; *make ~* vara förnuftig (meningsfull, begriplig), låta vettigt; *it does not make ~* a) det är obegripligt (meningslöst, dumt, oförnuftigt), b) jag blir inte klok på det, jag fattar det inte, c) det stämmer inte; *make ~ of s.th.* bli klok på (fatta) ngt **5** stämning, opinion; *take the ~ of* pejla (kolla) stämningen bland **ll** *v* känna [på sig], märka; [upp]fatta

senseless [ˈsenslɪs] **1** meningslös, orimlig; oförnuftig **2** medvetslös, sanslös

sensibility [ˌsensɪˈbɪlətɪ] känslighet, mottaglighet (*of* för), sensibilitet; ömtålighet; *-bilities* (*pl*) känslor **-ble** [ˈsensəbl] **1** förnuftig, förståndig, klok; vettig, praktisk **2** förnimbar; märkbar, kännbar **3** medveten (*of* om; *that* om att)

sensitive [ˈsensɪtɪv] känslig (*to* för); sensibel, överkänslig, ömtålig; sensitiv; *~ paper (foto.)* ljuskänsligt papper; *~ plant (bot.)* sensitiva; *~ skin* ömtålig hy; *she is ~ about her big feet* hon är känslig för [anspelningar på] sina stora fötter **sensitivity** [ˌsensɪˈtɪvətɪ] känslighet (*to* för); sensibilitet; sensitivitet

sensory [ˈsensərɪ] sensorisk, sinnes-; *~ nerve* sensorisk nerv

sensual [ˈsensjʊəl] sensuell, sinnlig **-ism** [-ɪz(ə)m] sensualism **-ity** [ˌsensjʊˈælətɪ] sensualitet

sensuous [ˈsensjʊəs] **1** sensuell, sinnlig **2** sinnessent [sent] *imperf. o. perf. part. av send*

sentence [ˈsentəns] **l** *s* **1** *jur.* dom (*on* över), utslag; *be under ~ of death* vara dödsdömd; *pass ~ on* avkunna dom över; *serve a life ~ for murder* avtjäna livstidsstraff för mord **2** *språkv.* mening; sats **ll** *v* döma, avkunna dom över

sentiment [ˈsentɪmənt] **1** känsla, känslor **2** *~s* (*pl*) uppfattning, åsikt[er], stämning **3** känslo-

samhet, sentimentalitet

sentimental [ˌsentɪˈmentl] sentimental, känslosam; *~ value* affektionsvärde **-ity** [-menˈtælətɪ] sentimentalitet, känslosamhet

sentinel [ˈsentɪnl] vakt[post]

sentry [ˈsentrɪ] *mil.* vakt, [vakt]post, skiltvakt; *be on ~ [duty]* stå på (hålla) vakt; *keep ~* hålla vakt

separable [ˈsep(ə)rəbl] skiljbar; isärtagbar; avtagbar

separate l *a* [ˈseprət] skild, av-, sär-, åt|skild, separat, enskild; *~ peace* separatfred; *on two ~ occasions* vid två olika (skilda) tillfällen; *under ~ cover (hand.)* separat; *that is a ~ question* det är en annan fråga (en fråga för sig); *everybody has a ~ cup* alla har en egen (var sin) kopp; *keep ~* hålla åtskild (i sär), inte blanda ihop **ll** *s* [ˈseprət] *~s* (*pl*) udda (separata) plagg (*i motsats t. klänning, kostym*) **lll** *v* [ˈsepəreɪt] **1** skilja [åt], av-, från-, sär|skilja, sära på, separera **2** ~ [out] dela [upp] (bilda) **3** skiljas [åt], skiljas från varandra; separera **4** dela [upp] sig (*into* i)

separately [ˈseprətlɪ] *adv* separat, särskild, var för sig

separation [ˌsepəˈreɪʃn] **1** separation, separering; [av]skiljande, från-, sär|skiljande **2** separation, skilsmässa; *judicial ~ (jur.)* hemskillnad **3** mellanrum, avstånd **separatist** [ˈsep(ə)rətɪzt] separatist

September [sepˈtembə] september

septet[te] [sepˈtet] *mus.* septett

septic [ˈseptɪk] *med.* septisk; infekterad; *~ tank* septiktank

sequel [ˈsi:kw(ə)l] **1** följd, efterspel, fortsättning **2** fortsättning (*to a book* på en bok)

sequence [ˈsi:kwəns] serie, rad, [ordnings]följd, ordning; *film., mus. o.d.* sekvens; kortsp. svit; *chronological ~* kronologisk ordning; *~ of events* händelseförlopp

sequester [sɪˈkwestə] **1** avskilja, isolera; *~ed (litt.)* lugn, ostörd, avsides belägen **2** *jur.* beslagta[ga], belägga med kvarstad, sekvestrera

serenade [ˌserəˈneɪd] **l** *s* serenad **ll** *v* ge serenad [för]

serene [sɪˈri:n] **1** lugn, fridfull, rofylld, seren **2** *His (Her) S~ Highness* Hans (Hennes) Höghet

serenity [sɪˈrenətɪ] lugn, frid, stillhet, serenhet

serf [sɜ:f] livegen, träl

sergeant [ˈsɑ:dʒ(ə)nt] **1** (*BE., i armén o. flyget*) överfurir; (*AE., i armén*) furir, (*i flyget*) korpral; *~ first class (AE., i armén)* sergeant; *flight ~ (BE., i flyget)* sergeant; *master ~ (AE., i armén)* fanjunkare, (*i flyget*) sergeant; *senior master ~ (AE., i flyget)* fanjunkare; *staff ~ (BE., i armén)* sergeant, (*AE., i flyget*) furir; *technical ~ (AE., i flyget)* överfurir **2** BE. överkonstapel; *AE.* polisassistent

serial [ˈsɪərɪəl] **l** *a* **1** serie-, i serie; *~ number* serienummer **2** som följetong, i följetongsform; *~ rights* följetongsrättigheter **ll** *s* följetong; serie **-ize** (*BE. äv. -ise*) [-aɪz] publicera som följetong; ge som serie

series [ˈsɪərɪːz] (*pl lika*) serie (*äv. mat., elektr.*); följd, räcka; *connect in ~* seriekoppla

serious [ˈsɪərɪəs] allvarlig; seriös; *~ illness* allvarlig sjukdom; *to be ~* allvarligt talat; *are you ~?* menar du (är det ditt) allvar? **-ly** [-lɪ] *adv* allvar-

ligt; seriöst; ~*?* menar du (är det ditt) allvar?; *quite* ~ på fullt allvar; *take s.th.* ~ ta ngt på allvar **-ness** [-nɪs] allvar; allvarlighet
sermon ['sɜːmən] **1** predikan (*on* om, över); *the S~ on the Mount* Bergspredikan **2** straff-, moral|predikan **-ize** (*BE. äv. -ise*) [-aɪz] hålla straffpredikan (predika) [för]
se|rum ['sɪərəm] (*pl -rums el. -ra* [-rə]) serum
servant ['sɜːv(ə)nt] tjänare; tjänarinna; *domestic* ~ hembiträde, tjänsteflicka; *civil* ~ stats|tjänsteman, -tjänare, tjänsteman inom civilförvaltningen; *public* ~ [stats]tjänsteman, ämbetsman
serve [sɜːv] **1** tjäna, arbeta för, arbeta (vara tjänare) hos; hjälpa, stå till tjänst **2** servera, sätta fram; expediera; förse, försörja; *dinner is ~d* middagen är serverad; *are you being ~d?* a) (*i affär*) är det tillsagt?, *b*) (*på restaurang*) har ni beställt?; ~ *one's guests with drinks* servera sina gäster (förse sina gäster med) drinkar; ~ *out* portionera (dela) ut; ~ *up* sätta (duka) fram, servera, lägga upp, *bildl.* servera, komma med, duka upp **3** sköta, betjäna (*äv. mil.*); ~ *Mass* vara officiant vid (förrätta) mässan **4** behandla; [*it*] ~*s you right!* (*vard.*) [det var] rätt åt dig! **5** [full]göra; ~ *one's sentence* avtjäna sitt straff; ~ *time* (*vard.*) sitta inne (i fängelse); ~ *out a*) [full]göra, *b*) avtjäna, sitta av, *c*) avsluta **6** passa [för], duga för (till, åt); hjälpa, vara till nytta; *if my memory ~s me right* om jag minns rätt; *that will ~ my needs* det är precis vad jag behöver; ~ *a p.'s purpose* tjäna (passa) ngns syfte, täcka ngns behov **7** *jur.*, ~ *a summons on s.b.*, ~ *s.b. with a summons* delge ngn en stämning **8** *sport.* serva **9** (*om djur*) betäcka **10** tjänstgöra, arbeta, tjäna, verka; ~ *as chairman* vara ordförande; ~ [*at Mass*] vara officiant vid (förrätta) mässan; ~ *in an office* bekläda ett ämbete; ~ *on* vara medlem av (i); ~ *on a jury* sitta i en jury **11** passa, duga, fungera, tjäna; vara lägnad; *as occasion ~s* vid lämpligt tillfälle **12** servera; expediera; ~ *at table* servera **13** *sport.* serva **II** *s, sport.* serve
service ['sɜːvɪs] **I** *s* **1** tjänst; hjälp; nytta; ~*s* (*pl, äv.*) förtjänster; *be of ~ to s.b.* vara ngn till hjälp (nytta), hjälpa ngn; *can I be of ~ to you?* kan jag hjälpa dig med ngt?; *do s.b. a* ~ göra ngn en tjänst **2** [görning] (*äv. mil.*); *military* ~ militärtjänst[görning]; *on active* ~ i aktiv tjänst; *be in a p.'s* ~ vara i (ha) tjänst hos ngn; *when I was in the* ~ *s* när jag var i det militära; *do (render)* ~ tjänstgöra, göra tjänst; *take* ~ *with* ta tjänst hos; *take into one's* ~ anställa, ta i sin tjänst **3** gudstjänst, mässa **4** ~ [*s*] *a*) tjänst, service, vård, *b*) distributionsnät; *health* ~ hälsovård; *medical* ~ sjukvård; *the postal* ~ postväsendet; *social ~s* socialvård[en]; *all the ~s have been cut off* el, vatten och gas stängdes av **5** service, översyn; *my car has had a* ~ jag har haft bilen på service **6** service; betjäning; servering[savgift] **7** servis; *dinner* ~ matservis **8** bruk; drift; trafik; förbindelse, linje, turer; *postal* ~ postgång; *the number 48* ~ linje 48, 48:an; *put into* ~ ta i bruk (drift), sätta i trafik; *out of* ~ ur drift (funktion, trafik); *there's no* ~ *to Drageryd on Sundays* det går ingen buss (*e.d.*) till Drageryd på söndagar **9** *jur.* delgivning **10** *sport.* serve **II** *v* **1** serva, ha på service; *send a car to be ~d* lämna in en bil på ser-

vice **2** (*om djur*) betäcka
serviceable ['sɜːvɪsəbl] **1** användbar, brukbar **2** hållbar, slitstark
service area ['sɜːvɪsˌeərɪə] rastplats (*med servicestation o.d. för bilister*) **service line** *sport.* servelinje **serviceman** [-mən] militär **service station** [-ˌsteɪʃn] bensinstation; servicestation
serviette [ˌsɜːvɪ'et] servett
servitude ['sɜːvɪtjuːd] **1** träldom, slaveri **2** [*penal*] ~ straffarbete
servo-assisted ['sɜːvəʊˌsɪstɪd] *a,* ~ *brakes* servobromsar
session ['seʃn] **1** session, sammanträde, sittning; *petty ~s, se magistrates' court; quarter ~s* (*förr*) domstol för smärre förseelser (*hölls varje kvartal*); *be in* ~ sammanträda, vara samlad **2** sessionstid **3** sammankomst; *drinking* ~ dryckeslag; *recording* ~ inspelning[stillfälle] **4** *AE., Sk. univ.* läsår; termin
set [set] **I** *s* **1** sats, uppsättning, omgång, set, sätt; servis; garnityr; saker; spel; *chess* ~ schackspel; *painting* ~ målarskrin, färglåda **2** serie, rad; [fullständig] utgåva (*av skrifter*); verk; *a* ~ *of questions* en rad frågor **3** [umgänges]krets; grupp; kotteri, klick; liga, band; *the literary* ~ de litterära kretsarna, den litterära världen; *a nice* ~ *of people* trevliga människor **4** hållning; placering, läge; riktning; *bildl.* inriktning, tendens **5** [pass]form, fall **6** läggning (*av håret*), ondulering **7** apparat; ~ *of headphones* hörlurar; *TV* ~ TV-apparat **8** *jakt.* stånd; *bildl.* anfall; *make a dead* ~ *at* (*for*) *s.b.* (*bildl.*) a) störta sig över ngn, *b*) lägga an på ngn **9** *film., teat.* scen[bild], dekor[ation] **10** *mat.* mängd **11** *sport.* set **II** *a o. perf. part.* **1** stel, orörlig; stirrande **2** klar, färdig; beredd; fast besluten, mycket angelägen; egensinnig; *all* ~ allt klart; *are we all ~?* är vi färdiga?; *be* [*dead*] ~ *on doing s.th.* till varje pris vilja (vara fast besluten att) göra ngt; *get ~!* (*sport.*) färdiga! **3** bestämd; fast[ställd]; ~ *books* obligatorisk [kurs]litteratur, obligatoriska [kurs]böcker; ~ *lunch* dagens rätt; ~ *phrase* stående fras (uttryck), talesätt; *in* ~ *terms* i klara ord (termer); *at a* ~ *time* vid en fastställd tidpunkt; *be* ~ *in one's habits* ha mycket bestämda vanor, ha fastnat i sina vanor **4** belägen **III** *v* (*set, set*) **1** sätta, ställa, lägga, placera; få; ~ *fire* to sätta (tända) eld på; ~ *the glass to one's lips* föra glaset till läpparna; ~ *guards* ställa (sätta) ut vakter; *have one's hair* ~ lägga håret; ~ *in motion* sätta i rörelse; ~ *potatoes* sätta potatis; ~ *seeds* så frön; ~ *the table* duka [bordet]; ~ *a watch* ställa en klocka; *be* ~ *fair a*) (*om barometer*) stå på vackert, *b*) (*om vädret*) vara vackert; ~ *free* (*at large*) frige; ~ *at* anfalla; ~ *at work* sätta i gång (i arbete); ~ *s.b. laughing* få ngn att skratta; ~ *one's mind on doing s.th.* sätta sig i sinnet att göra ngt; ~ *s.b. to do s.th.* sätta ngn att göra ngt; ~ *o.s. to do s.th.* ta itu med (besluta sig för) att göra ngt **2** besätta (*with diamonds* med diamanter), infatta (*in gold* i guld) **3** ~ *the scene* förlägga scenen till; *the book is* ~ *in Vienna* handlingen i boken tilldrar sig i Wien; *the stage is* ~ *a*) allt är klart på scenen, *b*) spelet kan börja (*äv. bildl.*) **4** fastställa, bestämma (*a time for* tid för); sammanställa **5**

ge, förelägga, ålägga, föreskriva; ~ *an exam* ställa samman examensuppgifter **6** ~ *s.th.* to music tonsätta (sätta musik till) ngt **7** *boktr.* sätta [upp] **8** *med.* vrida i led; återföra i läge **9** få att stelna (hårdna) **10** stelna [till], hårdna; stadga sig **11** (*om himlakropp o. bildl.*) gå ner; *his star is* ~*ting* hans stjärna dalar (är i sjunkande) **12** *jakt.* göra stånd **13** ~ *about a*) börja [på], ta itu med, sätta i gång med, *b*) störta sig över, gå lös på; ~ *against a*) sätta upp mot, *b*) ställa (väga) mot; ~ *o.s. against* sätta sig emot; ~ *against tax the cost of* (*vid deklaration*) yrka avdrag för kostnader för; ~ *apart a*) skilja, *b*) lägga undan, sätta av; ~ *aside a*) lägga undan, sätta av, *b*) bortse från, glömma, *c*) avvisa, förkasta, *d*) *jur.* upphäva, ogiltigförklara; ~ *back a*) fördröja, stoppa, *b*) ställa (vrida) tillbaka, *c*) *vard.* kosta; ~ *down a*) sätta ner, släppa av, *b*) skriva (sätta, föra, ställa) upp, skriva ner, *c*) skylla på, tillskriva, *d*) betrakta (or som); ~ *forth a* lägga fram, *b*) ge sig i väg, ~ *in* sätta in, inträda, falla på, bryta ut, börja; ~ *off a*) avfyra, *b*) starta, sätta i gång, utlösa, framkalla, *c*) balansera, uppväga, *d*) framhäva, *e*) ge sig (sätta) i väg, [av]resa, starta; ~ *s.b. off doing s.th.* få ngn att göra ngt; ~ *on a*) driva, egga, *b*) an-, över|falla; ~ *out a*) ställa upp, *b*) lägga (ställa) fram, framställa, skildra, visa fram, ställa ut, *c*) börja, *d*) ge sig i väg, [av]resa, starta; ~ *to a*) sätta i gång, hugga i, *b*) kasta sig över (hugga in på) maten; ~ *to work* sätta i gång; ~ *up a*) sätta (ställa, resa, bygga, rigga, slå) upp, resa, uppföra, *b*) upp-, in|rätta, grunda, anlägga, *c*) anordna, *d*) tillsätta, *e*) införa, *f*) förbereda, planera, arrangera, avtala, *g*) framkalla, valla, *h*) utstöta, *i*) göra frisk igen, få på benen, *j*) *vard.* fixa, göra upp på förhand, *k*) *boktr.* sätta [upp], *l*) etablera sig; ~ *up for o.s.*, ~ *up shop* öppna (starta) eget; ~ *up home* (*house*) skaffa sig egen bostad, flytta hemifrån; ~ *o.s. up as s.th.* låtsas vara (utge sig för) ngt; ~ *up a record* sätta rekord; ~ *up a protest* protestera högljutt; ~ *upon* an-, över|falla

setback ['setbæk] motgång, bakslag

settee [se'ti:] soffa

setting ['setıŋ] **1** sättande, sättning *etc.*, *jfr set III* **2** infattning (*för ädelstenar e.d.*) **3** omgivning; miljö **4** *mus.* tonsättning **5** *teat.* iscensättning, uppsättning; *bildl.* inramning; miljö, omgivning **6** (*maskins e.d.*) läge **7** [bords]kuvert **8** (*himlakropps*) nedgång; *the* ~ *of the sun* solens nedgång

settle ['setl] **1** sätta [till rätta], lägga [till rätta]; ~ *o.s. a*) slå sig ner (till ro), *b*) bestämma sig (*to* [för] att), sätta i gång (*to* [med] att) **2** hjälpa till rätta (att etablera sig); ~ *s.b. into a house* hjälpa ngn att komma i ordning i ett hus; ~ *s.b. into a job* hjälpa ngn att komma in i ett arbete **3** slå sig ner i; kolonisera; placera, låta bosätta sig; ~ *o.s.* bosätta sig **4** komma överens om, avtala, bestämma, fastställa **5** göra (klara) upp, ordna, lösa, klara [av]; avgöra; göra slut på; *that* ~ *s it!* *a*) därmed är saken klar!, det avgör saken!, *b*) nu räcker det!, och därmed jämnt!; *that's* ~ *d then!* då säger vi så!, så får det bli! **6** göra upp, betala; utjämna (*an account* ett konto) **7** låta sätta sig (sjunka), få att lägga sig; lugna; ~ *down* lugna; ~ *o.s.* lugna sig **8** ~ [*down*] *a*) sätta sig [till rätta], slå sig ner, *b*) bosätta sig, slå sig ner, *c*) etablera

(inrätta) sig, *d*) lägga (lugna, stabilisera, stadga) sig; ~ *down in a job* komma in i ett arbete; ~ *down to work* börja arbeta; *marry and* ~ *down* gifta sig och slå sig till ro; ~ *in* komma i ordning, komma in, acklimatisera sig **9** (*om byggnad e.d.*) sätta sig **10** lägga (lägra, utbreda) sig (*on* på, *över*) **11** sätta sig, klarna; sjunka [till botten] **12** besluta (bestämma) sig (*on* för) **13** ~ [*up*] göra upp, betala **14** ~ *for* vara nöjd (nöja sig) med

settled ['setld] **1** bestämd, avgjord **2** stadig, fast, oföränderlig; ~ *weather* lugnt och vackert väder **3** [fast] bofast; bebyggd, bebodd; *not feel entirely* ~ inte riktigt ha acklimatiserat sig (funnit sig till rätta) **settlement** [-mənt] **1** uppgörelse; förlikning; lösning (*av konflikt*); biläggande (*av tvist*); *reach a* ~ komma till en uppgörelse, träffa förlikning **2** betalning, likvid; *in* ~ *of* som betalning (likvid) för **3** bosättning, bebyggelse; koloni; koloniering fastställelse **4** (*i byggnad e.d.*) sättning **5** settlement (*social institution*), hemgård **settler** [-ə] kolonist, nybyggare

set|-to [.set'tu:] *vard.* slagsmål; gräl **-up** ['setʌp] *s* **1** *vard.* system; organisation; struktur, [upp]byggnad **2** uppsättning, anordningar, utrustning **3** *AE. sl.* uppgjord match

seven ['sevn] (*jfr eight o. sms.*) **I** *räkn* sju; *the* ~ *seas* de sju [världs]haven **II** *s* sjua **seventeen** [.sevn'ti:n] (*jfr eighteen o. sms.*) **I** *räkn* sjutton **II** *s* sjutton; sjuttontal **seventeenth** [-θ] *räkn o. s* sjuttonde; sjuttonde|del **I** (*jfr eighth*) **I** *räkn* sjunde **II** *s* sjunde; sjundedel **seventieth** ['sevntıəθ] *räkn o. s* sjuttionde; sjuttion|de|del **seventy** ['sevntı] (*jfr eighty o. sms.*) **I** *räkn* sjutti[o] **II** *s* sjutti[o]; sjutti[o]tal

sever ['sevə] **1** [av]skilja; hugga (skära, klippa, slita) av, kapa; [av]bryta (*one's connections with* sina förbindelser med) **2** skiljas [åt]; delas, gå isär

several ['sevr(ə)l] **1** åtskilliga, flera **2** olika; enskild, särskild; respektive; *the members with their* ~ *interests* medlemmarna med sina olika intressen; *five* ~ *times* fem olika gånger; *each went his* ~ *way* var och en gick sin väg; *joint and* ~ (*jur.*) solidarisk

severance pay ['sevər(ə)nspeı] avgångsvederlag

severe [sı'vıə] **1** svår, allvarlig (*dammage* skada), hård; *a* ~ *cold* en svår förkylning; *be under* ~ *pressure* ha ett hårt tryck på sig **2** sträng, hård, svår, skarp; bister; (*om stil e.d.*) strikt, stram, sträng; *a* ~ *reprimand* en skarp tillrättavisning

severity [sı'verətı] stränghet, hårdhet, skärpa *etc.*, *jfr severe*

sew [səʊ] (*imperf sewed, perf. part. sewn el. sewed*) sy; sy i (fast) (*a button onto the coat en knapp i kappan*); ~ *on* sy i (fast); ~ *up* sy ihop (till); ~ *up a deal* (*vard.*) sy ihop ett avtal, föra en affär i hamn; ~ *together* sy ihop

sewage ['sju:ıdʒ] avlopps-, kloak|vatten **sewer** ['sjʊə] avlopps-, kloak|ledning, avlopp, kloak

sewing ['səʊıŋ] sömnad|sarbete] **sewing machine** [-mə.ʃi:n] symaskin

sewn [səʊn] *perf. part. av sew*

sex [seks] **1** kön; *the fair* ~ det täcka könet; *the opposite* ~ det motsatta könet **2** sex; *vard.* samlag; *have* ~ ha samlag (sex), ligga med varandra

sex roles ['seksrəʊlz] *pl* könsroller
sextant ['sekst(ə)nt] sextant
sextet[te] [seks'tet] sextett
sexual ['seksjʊəl] sexuell, köns-; ~ *attraction* erotisk dragningskraft; ~ *behaviour* sexuellt beteende; ~ *intercourse* samlag, sexuellt umgänge; ~ *organs* könsorgan, könsdelar; ~ *reproduction* könlig fortplantning **sexuality** [ˌseksjʊ'ælətɪ] sexualitet **sexy** ['seksɪ] *vard.* sexig
sh [ʃ] *interj* sch!, hysch!
shabby ['ʃæbɪ] **1** sjabbig, sjaskig; luggsliten **2** tarvlig, lumpen
shack [ʃæk] **I** *s* timmerkoja, hydda **II** *v, vard.* **1** ~ *up with s.b.* slå sina påsar ihop med ngn **2** ~ *up* slå sina påsar ihop
shackle ['ʃækl] **I** *s* **1** boja; ~*s* (*pl, äv.*) fjättrar **2** *sjö.* schackel **II** *v* belägga med bojor, fjättra, binda
shade [ʃeɪd] **I** *s* **1** skugga; *light and* ~ (*konst.*) skuggor och dagrar; *it's cool in the* ~ det är svalt i skuggan; *put* (*cast*) *in the* ~ (*bildl.*) ställa i skuggan **2** [lamp]skärm; *AE.* rullgardin, jalusi; ~*s* (*pl, vard.*) solglasögon **3** nyans, schattering, skiftning (*äv. bildl.*); ~*s of blue* blå nyanser (färgtoner); *a phrase with many* ~*s of meaning* en mening med många betydelseskiftningar (nyanser) **4** aning, smula; *a* ~ *large* en aning [för] stor **5** *litt.* skugga, [avlidens] ande; *in the realm of* ~*s* i skuggornas rike **II** *v* **1** skugga (*äv. konst.*); ~ *one's eyes with one's hand* skugga ögonen med handen **2** skärma av **3** övergå (*into* i, till); *red that* ~*s into pink* rött som övergår i skärt
shading ['ʃeɪdɪŋ] **1** skuggning **2** nyans
shadow ['ʃædəʊ] **I** *s* **1** skugga; *in the* ~ *of a tree* i skuggan av ett träd **2** skugga, [ständig] följeslagare; *put a* ~ *on s.b.* låta skugga ngn **3** skymt, aning; *without a* ~ *of doubt* utan skuggan av ett tvivel; *I never had a* ~ *of a doubt that* jag har aldrig hyst minsta tvivel om att; *a* ~ *of hope* en strimma hopp **4** skuggbild, skugga; *he is a* ~ *of his former self* han är en skugga av sitt forna jag **II** *v* **1** skugga **2** skugga, följa efter
shady ['ʃeɪdɪ] **1** skuggig; skuggande **2** *vard.* tvivelaktig, skum
shaft [ʃɑːft] **1** skaft (*på pil, verktyg, golfklubba m.m.*) **2** *tekn.* axel; *propeller* ~ propelleraxel **3** (*t. gruva, hiss e.d.*) schakt; trumma **4** skakel, skalm **5** [ljus]stråle, -strimma **6** *bildl.* pil
shaggy ['ʃægɪ] lurvig, raggig; tovig; ~ *dog story* lång skämthistoria med fånigt slut
shake [ʃeɪk] **I** *v* (*shook, shaken*) **1** skaka, ruska; komma att skaka (darra, skälva); skaka ner (ur, på); *bildl.* [upp]skaka, uppröra; *bildl.* försvaga, rubba; ~ *o.s.* skaka på sig; ~ *one's fist at s.b.* hytta [med näven] åt ngn; ~ *hands* skaka hand, ta varandra i hand (on på); ~ *one's head* skaka på huvudet; ~ *a leg* (*vard.*) skynda sig [på], sno sig; ~ *pepper on* strö peppar på (över) **2** skaka, darra, skälva, bäva (*with* av); *vard.* skaka hand **3** ~ *down a*) skaka (ruska) ner, *b*) *AE. sl.* muddra, [kropps]visitera, *c*) *AE. sl.* pressa pengar av, *d*) komma in, finna sig till rätta, *e*) ordna sig, *f*) *vard.* sova över, kinesa; ~ *off* skaka av [sig], göra sig (bli) av med; ~ *out a*) skaka ur, *b*) skaka upp, *c*) *mil.* sprida sig; ~ *up a*) skaka upp (om), *b*) rycka (ruska) upp **II** *s* **1** skakning, ruskning; darr-

ning, skälvning; *with a* ~ *in his voice* med darrande röst; *he's got the* ~*s* (*vard.*) händerna darrar på honom, han är darrig, han har frossan **2** (*dans*) shake **3** *vard.* ögonblick; *in two* (*a couple of*) ~*s* på nolltid, i rödaste rappet, på ett kick **4** *vard., be no great* ~*s as* inte vara mycket till (*int* skryta med som) **5** *mus.* drill **6** *se* milkshake
shaken ['ʃeɪkn] *perf. part. av* shake
shake-up ['ʃeɪkʌp] *vard.* omorganisation, ommöblering; uppryckning
shaking ['ʃeɪkɪŋ] **I** *s* skakning, ruskning; *give s.th. a good* ~ skaka (ruska) om ngt ordentligt **II** *a* skakande; ~ *palsy* Parkinsons sjukdom
shaky ['ʃeɪkɪ] **1** skakande, skakig, skälvande, darrande; ostadig, rank **2** osäker; vacklande; svag gammal, skranglig
shall [ʃæl, *obeton.* ʃəl, ʃl] (*imperf should*) hjälpv, *pres.* skall, kommer att; *we* ~ *do it tomorrow* vi skall göra (vi gör) det i morgon; *you* ~ *pay for this!* du kommer att få sota för det här!
shallow ['ʃæləʊ] **I** *a* **1** grund; flat (*plate* tallrik); *bildl.* ytlig, ihålig **2** lätt, svag (*breathing* andning) **II** *s, vard.* ~*s* (*pl*) grund ställe, grund
sham [ʃæm] **I** *v* **1** simulera, hyckla; ~ *headache* låtsas ha huvudvärk; ~ *illness* spela (låtsas vara) sjuk, simulera **2** simulera, låtsas [vara], spela; ~ *ill* spela (låtsas vara) sjuk **II** *s* **1** hyckleri, förställning, skoj, bluff, humbug **2** hycklare, skojare, bluffmakare **3** imitation **III** *a* hycklad, fingerad, låtsad, låtsas-, sken-; imiterad, oäkta, falsk
shambles ['ʃæmblz] (*behandlas som sg el. pl*) **1** röra, oreda, kaos; förödelse **2** slakthus
shame [ʃeɪm] **I** *s* skam; blygsel, skamkänsel; vanära; ~ *on you!* fy skäms (skam) [på dig]!; *what a* ~*!* så synd (tråkigt)!; *be without* ~ inte ha ngn skam i kroppen; *it's a* ~ *you wouldn't come* det var synd (tråkigt) att du inte kunde komma; *bring* ~ *upon s.b.* dra skam (vanära) över ngn; *feel* ~ *at* (*for*) *s.th.* skämmas över (för) ngt; *put s.b. to* ~ *a*) skämma ut (dra skam över) ngn, *b*) ställa ngn i skuggan **II** *v* skämma ut, dra skam (vanära) över; göra skamsen, få att skämmas
shame|faced [ˌʃeɪm'feɪst] **1** skamsen **2** försagd, blyg **-ful** ['ʃeɪmf(ʊ)l] skamlig, neslig **-less** ['ʃeɪmlɪs] skamlös
shampoo [ʃæm'puː] **I** *s* **1** schamponering **2** schampo[neringsmedel] **II** *v* schamponera
shamrock ['ʃæmrɒk] [tre]klöver (*Irlands nationalemblem*)
shandy ['ʃændɪ] *BE.*, **-gaff** [-gæf] *AE.* shandy (*blandning av öl o. lemonad*)
shank [ʃæŋk] **1** skenben, skank; skänkel; *kokk.* lägg; ~*s's pony* (*AE. mare*) apostlahästarna **2** (*på verktyg, sked e.d.*) skaft
shan't [ʃɑːnt] = *shall not*
shanty ['ʃæntɪ] **1** skjul, kåk, hydda **shanty town** ['ʃæntɪtaʊn] kåkstad, slum
shape [ʃeɪp] **I** *s* **1** form, gestalt, utformning; fason; hyfs, ordning; *in the* ~ *of* i form av; *in rectangular* ~ rektangulär [till formen]; *in any* ~ *or form* i ngn form, av ngt slag; *get* (*put*) *s.th. into* ~ få fason (ordning) på ngt; *get out of* (*lose it's*) ~ förlora formen (fasonen); *we do not know the* ~ *of things to come* vi vet inte hur framtiden kommer att gestalta sig; *take* ~ ta form (gestalt) **2** figur, gestalt, skepnad; *in human* ~ i människoge-

stalt **3** skick, tillstånd; *in good* ~ i god form, i bra kondition, i gott skick, bra; *out of* ~ i dåligt skick, i dålig kondition, dålig **4** [hatt]form; stock: provdocka, modell **II** *v* **1** forma; utforma, gestalta, skapa; lämpa, avpassa **2** forma (gestalta, utveckla) sig; formas, bildas; ~ *up* skärpa sig; ~ *up well* utveckla (arta) sig bra, se lovande ut **shape|less** ['ʃeɪplɪs] formlös, oformlig **-ly** [-lɪ] välskapad, välformad

share [ʃeə] **I** *s* **1** [an]del (*of* av, i); lott; *do one's* ~ göra sitt, dra sitt strå till stacken; *go* ~*s* dela kostnaderna (lika); *have a* ~ *in a*) få del av, *b*) vara delaktig i; *I had no* ~ *in that* jag hade inte ngt att göra med (ingen del i) det; *he's had his* ~ *of disasters* han har drabbats av många olyckor **2** aktie; andel **II** *v* **1** dela; vara delaktig i, ha del i; ~ [*out*] fördela, dela ut; *we* ~ *the same name* vi har samma namn; *we* ~ *a room* vi delar rum [med varandra]; *I do not* ~ *that view* jag delar inte den uppfattningen **?** dela; *and* ~ *alike* dela lika, *in a*) dela, *b*) vara delaktig i, delta i ha del i **shareholder** ['ʃeəˌhəʊldə] aktieägare **share-out** [-aʊt] fördelning, utdelning

shark [ʃɑːk] *zool.* haj

sharp [ʃɑːp] **I** *a* **1** skarp; vass; spetsig; tvär; brant, stark **2** skarp[skuren], klar, tydlig, markant **3** känslig; lyhörd; skarp[sinnig]; vaken, pigg, intelligent; slug, smart, slipad, listig; ~ *ears* skarpa öron; ~ *practice*[s] (*vard.*) skumma affärer, fula tricks **4** skarp, bitande (*äv. bildl.*); genomträngande; stickande, våldsam, häftig, svår; *a* ~ *tongue* en skarp (vass) tunga; *have a* ~ *temper* ha ett häftigt humör **5** stark, syrlig, sur **6** skarp, stilig **7** *mus.* höjd ett halvt tonsteg; med korsförtecken; (*om ton*) för hög, falsk **8** *be* ~ [*about it*]! (*vard.*) skynda (raska) på! **II** *adv* **1** skarpt; tvärt; fort; *look* ~! skynda (raska) på! **2** prick, på slaget **3** *mus.* för högt, falskt **III** *s*, *mus.* kors[förtecken]; *play G natural instead of a* ~ spela G i stället för Giss **IV** *v*, *AE. mus.* höja en halvton **sharpen** ['ʃɑː(p)ən] **1** vässa, göra skarp[are] (vass[are]); skärpa (*äv. bildl.*); bryna, slipa **2** *mus.* höja en halvton **3** bli skarp[are] (vass[are]); skärpas (*äv. bildl.*); brynas, slipas **sharpener** ['ʃɑːpnə] [penn]vässare **sharper** ['ʃɑːpə] falskspelare, bedragare, svindlare **sharpness** ['ʃɑːpnɪs] skärpa **sharpshooter** ['ʃɑːpˌʃuːtə] skarp-, prick|skytt **sharp-witted** [ˌʃɑːp'wɪtɪd] skarpsinnig

shatter ['ʃætə] **1** splittra, bryta (slå) sönder, krossa; *bildl. äv.* omintetgöra, förstöra, rubba **2** splittras, brytas (slås, gå) sönder, krossas; *bildl. äv.* gå om intet (i kras), förstöras, rubbas **shattering** [-rɪŋ] skakande; omtumlande; mycket tröttande

shave [ʃeɪv] **I** *v* (*imperf.* ~*d*, *perf. part.* ~*d el.* ~*n*) **1** raka; *be* (*get*) ~*d* bli rakad, [låta] raka sig **2** skrapa, skava, hyvla; *his profit was* ~*d by 5%* hans vinst naggades i kanten med 5% **3** nudda (snudda) vid **4** raka sig **II** *s* rakning; *have a* ~ [låta] raka sig; *have a close* (*narrow*) ~ (*bildl.*) klara sig (hinna undan) nätt och jämnt; *that was a close* (*narrow*) ~ (*bildl.*) det var nära [ögat] **shaven** ['ʃeɪvn] **I** *perf. part. av shave* **II** *a* rakad **shaver** [-ə] **1** rakapparat **2** *vard.* pojkvasker,

ung grabb

shaving ['ʃeɪvɪŋ] **I** *a* rak-; ~ *brush* rakborste; ~ *cream* rakkräm; ~ *stick* raktvål **II** *s*, ~*s* (*pl*) [hyvel]spån

shawl [ʃɔːl] sjal, schal

she [ʃiː] **I** *pron* hon; (*om fartyg, bilar, länder äv.*) den, det **II** *s* kvinna, flicka; hona **III** *a* hon-, av honkön, -hona

sheaf [ʃiːf] **I** *s* (*pl sheaves* [ʃiːvz]) **1** bunt (*of papers* papper) **2** [sädes]kärve **3** [pil]knippe **II** *v* **1** bunta **2** binda i kärvar

shear [ʃɪə] (*imperf.* ~*ed*, *perf. part. shorn el.* ~*ed*) **1** klippa (*sheep* får); klippa av **2** ~ *s.b. of his power* beröva ngn hans makt **3** *tekn.*, ~ *off* brista (*på grund av skjuvning*) **shears** [-z] *pl* stor sax (*häck-, tyg-, ull|sax e.d.*); *a pair of* ~ en stor sax

sheath [ʃiːθ, *pl* ~*s* [ʃiːðz]) **1** slida, skida, balja; fodral (*äv. om snäv klänning*); *wing* ~ (*zool.*) täckvinge **2** kondom **sheath knife** ['ʃiːθnaɪf] slidkniv

sheaves [ʃiːvz] *pl av sheaf* I

shebang [ʃɪ'bæŋ] *s*, *AE. sl.*, *the whole* ~ rubbet, hela rasket

1 shed [ʃed] skjul; bod; *bicycle* ~ cykelstall

2 shed [ʃed] **1** utgjuta (*blood* blod), gjuta; ~ *tears* fälla (gjuta) tårar **2** fälla, tappa (*leaves* blad); *the lorry has* ~ *its load* lastbilen har tappat lasten; ~ *water* vara vattenavvisande **3** ta av sig (*one's clothes* sina kläder) **4** sprida (*light on* ljus över)

she'd [ʃiːd] = *she had* (*would*)

sheen [ʃiːn] lyster, glans

sheep [ʃiːp] (*pl lika*) får; *make* ~'*s eyes at* kasta förälskade blickar på; *separate the* ~ *from the goats* (*bildl.*) skilja fåren från getterna på **sheepish** [ʃiːpɪʃ] förlägen; fåraktig

1 sheer [ʃɪə] **I** *a* **1** ren, idel; ~ *folly* rena [rama] galenskapen, *by* ~ *coincidence* av en ren tillfällighet **2** skir, genomskinlig, tunn **3** tvärbrant, brant stupande, lodrät (*cliff* klippa); *a* ~ *fall* ett lodrätt fall **II** *adv* **1** tvärbrant, lodrätt **2** fullständigt, totalt

2 sheer [ʃɪə] gira; ~ *off* gira, svänga (vika) av (undan); ~ *off* (*away*) *from* undvika

1 sheet [ʃiːt] **I** *s* **1** lakan; *between the* ~*s* (*vard.*) mellan lakan, i sängen, till sängs **2** blad; ark; tidning; *a blank* ~ ett oskrivet blad; *a clean* ~ ett fläckfritt förflutet **3** skiva, platta; plåt; ~ *of glass* glasskiva **4** lager, täcke; stor yta; sjok; ~ *of flame* eldhav; ~*s of mist* sjok av dimma; ~ *of water* stor vattenyta; *the rain is coming down in* ~*s* det störtregnar **II** *v* **1** svepa in [i lakan] **2** *the rain was* ~*ing down* det öste ner

2 sheet [ʃiːt] *sjö.* **I** *s* skot **II** *v* skota (*home* hem)

sheeting [ʃiːtɪŋ] lakansväv **sheet metal** plåt **sheet music** notblad, noter

sheik[h] [ʃeɪk]s[c]hejk

shelf [ʃelf] (*pl shelves* [ʃelvz]) **1** hylla; *be left on the* ~ (*bildl.*) *a*) vara lagd på hyllan, *b*) ha hamnat på glasberget **2** [klipp]avsats; *the continental* ~ shelfen, kontinentalsockeln

shell [ʃel] **I** *s* **1** (*hårt*) skal; snäcka, snäckskal; (*tom*) [ärt]skida, -balja; *come* (*crawl*) *out of one's* ~ (*bildl.*) krypa ur sitt skal; *retire* (*crawl*) *into one's* ~ (*bildl.*) dra (sluta) sig inom sitt skal **2** ka-

ross[eri] **3** *mil.* granat; patron; patronhylsa **4** lätt kapproddbåt **II** *v* **1** skala, rensa; sprita (*peas* ärter) **2** *mil.* beskjuta [med granater], bombardera **3** *vard.*, ~ *out* punga ut med, betala
she'll [ʃiːl] = *she will* (*shall*)
shellfish ['ʃelfiʃ] skaldjur
shelter ['ʃeltə] **I** *s* skydd (*from* för, mot); tillflykt[sort]; [regn-, vind]skydd, väntkur; skyddsrum; tak över huvudet, husrum, logi **II** *v* **1** skydda, ge skydd (*from* för, mot); inkvartera, ge logi; gömma **2** söka (finna, ta) skydd (*from* för, mot)
shelve [ʃelv] **1** förse med hyllor **2** lägga på hyllan, bord-, skrin|lägga **3** luta, slutta **shelves** [-z] *pl av* shelf
shepherd ['ʃepəd] **I** *s* herde (*äv. bildl.*), fåraherde; ~*'s pie* köttfärs täckt med potatismos **II** *v* **1** valla, vakta **2** ledsaga, följa
sherbet ['ʃɜːbət] **1** tomtebrus **2** *AE.* sorbet
sheriff ['ʃerif] sheriff (*i USA polischef inom ett område; i England ämbetsman i grevskap; i Skottland äldste domare i grevskap el. distrikt*)
sherry ['ʃeri] sherry
she's [ʃiːz] = *she is* (*has*)
Shetland ['ʃetlənd] *s*, ~, *the* ~ *Islands* Shetlandsöarna
shield [ʃiːld] **I** *s* **1** sköld; skydd, värn (*äv. bildl.*); skyddsplåt, skärm **2** *herald.* [vapen]sköld **3** *AE.* polisbricka **II** *v* skydda (*from* för, mot), värna (*from* mot)
shift [ʃift] **I** *v* **1** flytta [på, om, över]; byta [om], skifta; ~ *gears* växla; ~ *one's ground* ändra ståndpunkt; ~ *the blame* [*on*]*to s.b. else* skjuta över skulden på ngn annan; ~ *s.b. from an opinion* få ngn att ändra uppfattning; ~ *stains* ta ur (bort) fläckar **2** flytta [på] sig; förskjuta sig; ändra ställning; skifta, växla, ändra sig; ~*ing sand* flygsand; ~ *into third gear* lägga in trean[s växel]; *if the stain doesn't* ~ om fläcken inte går ur (bort); *the wind* ~*ed to the west* vinden gick över på väst **3** klara sig; ~ *for o.s.* klara sig själv (på egen hand) **4** ta till (använda) knep **5** *sl.* snabba på **II** *s* **1** [för]ändring, skifte, [om]byte, växling, [om]svängning; *red* ~ (*astr.*) rödförskjutning; ~ *of scene* scen|förändring, -växling; *by* ~*s* skiftes-, växel|vis **2** skift; *work in* ~*s* arbeta i skift **3** knep, list, tricks; utväg; *make* ~ *with s.th.* [försöka] klara sig med ngt [så gott det går] **4** rak [under]klänning
shift key ['ʃiftkiː] (*på skrivmaskin*) omskiftare **shiftless** [-lis] håglös, initiativlös **shifty** [-i] listig, förslagen, slug, lömsk
shilling ['ʃiliŋ] shilling (*före 1971 eng. mynt = 1/20 pund = 5 p.*)
shilly-shally ['ʃili͵ʃæli] *vard.* **I** *v* vela, vackla, tveka **II** *a* velig, vacklande, tvekande **III** *s* velande, vacklan[de], tvekan
shimmer ['ʃimə] **I** *v* skimra, glimma **II** *s* skimmer, glimmande
shin [ʃin] **I** *s* skenben; ~ *of beef* oxlägg **II** *v* **1** ~ *up* klättra uppför **2** sparka på skenbenet **-bone** ['ʃinbəʊn] skenben
shine [ʃain] **I** *v* (*shone, shone, i bet. 1* ~*d,* ~*d*) **1** ~ [*up*] putsa, polera **2** lysa med **3** blänka; skina, stråla, lysa, glänsa (*äv. bildl.*); vara lysande; *a shining example* ett lysande exempel; *he doesn't* ~ *at his work* han är inte speciellt duktig (lysan-

de) i sitt arbete **II** *s* sken; glans; blankhet; *come rain or* ~ i ur och skur; *give one's shoes a* ~ putsa sina skor; *take a* ~ *to s.b.* (*vard.*) fatta tycke för
1 shingle ['ʃiŋgl] **I** *s* **1** takspån; takplatta **2** (*frisyr*) shingel **3** *AE.* (*läkares*) skylt **II** *v* **1** täcka med takspån (takplattor) **2** shingla (*hår*)
2 shingle ['ʃiŋgl] klappersten
shingles ['ʃiŋglz] (*behandlas som sg el. pl*) *med.* bältros
shiny ['ʃaini] **1** glänsande, skinande [blank]; blank; *be* ~ *with* glänsa (blänka) av **2** blanksliten
ship [ʃip] **I** *s* skepp, fartyg; ~*'s biscuit* skeppskorpa; ~*'s boy* skeppspojke; ~ *of the line* (*hist.*) linjeskepp; *when my* ~ *comes home* (*in*) när jag blir rik (berömd) **II** *v* **1** ta (föra) ombord, skeppa in; ~ *a sea* (*water*) ta in vatten; ~ *the oars* ta in årorna; **2** skeppa, sända med fartyg; transportera, sända; ~ *off* (*vard.*) skicka iväg (*vanl. för att bli av med*); ~ *out* skeppa i väg **3** arbeta (*aboard in a liner* ombord i ett linjefartyg) **4** ~ *out* avsegla
shipboard ['ʃipbɔːd] *s, on* ~ ombord **shipbuilding** ['ʃip͵bildiŋ] skeppsbyggeri **shipmate** [-meit] skeppskamrat **shipment** [-mənt] **1** skeppning; transport, sändning **2** [skepps]last, [skeppat] parti
shipping ['ʃipiŋ] **1** shipping, rederiverksamhet; sjöfart **2** skeppning; transport **3** *koll.* fartyg **4** tonnage **shipping agent** [-͵eidʒ(ə)nt] skeppsklarerare **shipping company** [-͵kʌmp(ə)ni] rederi
shipshape ['ʃipʃeip] *a o. adv* snygg[t] och prydlig[t], tipptopp, i mönstergill ordning
ship|wreck ['ʃiprek] **1** skeppsbrott, förlisning, haveri **2** skeppsvrak **-yard** skeppsvarv
shirk [ʃɜːk] **1** smita från, [försöka] dra sig undan **2** smita, [försöka] dra sig undan
shirt [ʃɜːt] skjorta; *keep your* ~ *on!* (*vard.*) ta det lugnt!; *put one's* ~ *on* (*vard.*) satsa sitt sista öre på **shirtsleeve** ['ʃɜːtsliːv] skjortärm; *in* [*one's*] ~*s* i skjortärmarna
shirty ['ʃɜːti] *vard.* sur, ilsken, förargad, uppretad
shit [ʃit] *vulg.* **I** *s* **1** skit; *the* ~*s* (*pl*) diarré; *I don't give a* ~ *about it!* det skiter jag fullständigt i!; *when the* ~ *hits the fan* när det blir kris **2** skitprat **3** kitt (*hasch*) **II** *v* (~*ted,* ~*ted el. shit, shit el. shat, shat*) skita **III** *interj* skit!, jävlar!, fan [också]!
shiver ['ʃivə] **I** *v* darra, skälva, huttra, rysa (*with cold* av köld) **II** *s* darrning, skälvning, rysning; *cold* ~*s* kalla kårar; *it gives me the* ~*s* (*vard.*) det får mig att rysa (ger mig stora skälvan)
shoal [ʃəʊl] **1** [fisk]stim **2** massa, mängd; *in* ~*s* i massor, i mängder
1 shock [ʃɒk] **I** *s* **1** stöt, slag **2** chock; *the* ~ *of his death* chocken över hans död; *it was a* ~ *to me* det kom som en chock för mig **3** *vard.* [elektrisk] stöt **II** *v* uppröra, chockera; chocka
2 shock [ʃɒk] *s, a* ~ *of hair* en stor kalufs, ett tjockt hår
shock absorber ['ʃɒkəb͵sɔːbə] stötdämpare
shocking ['ʃɒkiŋ] *vard.* upprörande, chockerande; förskräcklig, förfärlig, skandalös; ~ *pink* chockrosa
shockproof ['ʃɒkpruːf] stötsäker
shod [ʃɒd] *imperf. o. perf. part. av* shoe

shoddy ['ʃɒdɪ] **I** s **1** lumpull, s[c]hoddy **2** smörja, skräp **II** a **1** lumpulls-, s[c]hoddy- **2** oäkta, imiterad **3** usel, skräp-; slarvig

shoe [ʃuː] **I** s **1** sko; hästsko; be in a p.'s ~s (bildl.) vara i ngns skor (kläder); put yourself in my ~s! tänk dig in i min situation!; fill (step into) a p.'s ~s ersätta ngn, träda i ngns ställe **2** skoning, beslag **II** v (shod, shod) sko (a horse en häst)

shoe|black ['ʃuːblæk] skoputsare **-lace** sko|snöre, -rem **-maker** [-ˌmeɪkə] skomakare **-string** [-strɪŋ] **I** s **1** AE. sko|snöre, -rem **2** vard. struntsumma; on a ~ med små medel **II** a, make a film on a ~ budget göra en lågbudgetfilm

shone [ʃɒn, AE. ʃəʊn] imperf. o. perf. part. av shine **I**

shoo [ʃuː] **I** interj schas! **II** v, ~ [away] schasa bort (i väg)

shook [ʃʊk] imperf. av shake **I**

shoot [ʃuːt] **I** v (shot, shot) **1** skjuta [av, ihjäl], fyra av; arkebusera; jaga; ~ n [gun ut s.b. skjuta (fyra) ut ett gevär mot ngn; ~ down skjuta ner, bildl. vard. göra ner, krossa; ~ it out göra upp med skjutvapen; ~ up skjuta på (omkring i), beskjuta; ~ a line (vard.) skryta, göra sig viktig; you'll get shot if (bildl.) du kommer att råka illa ut om **2** kasta; ~ a glance at s.b. kasta en blick på ngn **3** ~ a bolt skjuta för (dra ifrån) en regel; ~ out skjuta ut; ~ out buds skjuta knopp[ar] **4** stjälpa av **5** fotografera, ta, filma, spela in, skjuta **6** ~ the lights köra mot rött ljus; ~ one's mouth off (vard.) pladdra, skvallra, ~ the rapids fara utför forsarna **7** sport. skjuta; AE. spela; AE. få (ta) poäng **8** sl., ~ [up] injicera, sila, skjuta (i sht heroin) **9** skjuta (äv. sport.) jaga; ~ at skjuta på (efter, mot); be out ~ing vara ute på jakt **10** rusa, störta, susa, vina, flyga; ~ ahead rusa (kasta sig) fram; ~ up a) skjuta upp, b) skjuta (ränna) i höjden **11** skjuta skott; ~ out skjuta ut (fram) **12** fotografera, filma **13** vard., ~! sätt i gång!, ut med språket! **II** s **1** bot. skott **2** jakt; jakt|sällskap, -mark, -tur **3** [flottnings]ränna, rutschbana **4** fors **5** vard., the whole ~ rubbet, hela klabbet

shooting ['ʃuːtɪŋ] **1** skjutande, skjutning **2** BE. jakt **3** (av film) inspelning, skjutning **shooting star** [-stɑː] vard. stjärn|skott, -fall

shop [ʃɒp] **I** s **1** affär, butik, shop; all over the ~ (vard.) a) överallt, åt alla håll, b) huller om buller; come to the wrong ~ (bildl.) vända sig (komma) till fel person (ställe); set up ~ öppna eget (affär); shut up ~ slå igen (stänga) butiken; talk ~ prata jobb (fack) **2** verkstad **II** v **1** handla, shoppa; ~ around titta runt, se sig omkring (innan man handlar); ~ for s.th. [gå och] handla ngt; go ~ping gå ut och handla (shoppa) **2** sl.i sht BE., ~ on s.b. tjalla på ngn

shop assistant ['ʃɒpəˌsɪstənt] expedit, affärsbiträde **shop floor** [-flɔː] verkstadsgolv; the ~ (äv.) verkstadsarbetarna **shopkeeper** [-ˌkiːpə] butiks-, affärs|innehavare, handlande **shoplifter** [-ˌlɪftə] snattare, butiksråtta **shoplifting** [-ˌlɪftɪŋ] butiks|snatteri **shopper** [-ə] shoppande människa, kund

shopping ['ʃɒpɪŋ] inköp (äv. konkr.), shoppande, shopping; do a bit of ~ göra några inköp,

handla (shoppa) litet; do the ~ göra inköpen, handla; go ~ gå [ut] och handla (shoppa) **shopping bag** shopping|bag, -väska **shopping centre** shopping|center, -centrum, affärs-, butiks-, köp|centrum **shop-window** skylt-, butiks|fönster

1 shore [ʃɔː] strand; kust; be on ~ vara (ha gått) i land

2 shore [ʃɔː] **I** s stötta **II** v, ~ [up] stötta (äv. bildl.), stötta upp

short [ʃɔːt] **I** a **1** kort; kort|varig, -fattad; kort-; liten; för kort (liten); knapp, bristande, otillräcklig; ~ circuit kortslutning; ~ cut genväg; only one ~ hour bara en knapp timme; a ~ memory dåligt minne; in ~ order (AE. vard.) genast; at ~ range på nära håll; ~ sight a) närsynthet, b) bildl. kortsynthet; ~ story novell; ~ of a) knappt försedd med, b) med undantag av, utom, så när som på; ~ of breath andfådd; little ~ of inte långt ifrån, närtm, nudupä, little (nothing) ~ of marvellous helt enkelt (i det närmaste) underbar; not far (much) ~ of £2,000 nästan (inte långt ifrån) 2000 pund; nothing ~ of ingenting mindre än, bara; we are £4 ~, we are ~ of £4 vi har 4 pund för litet, det fattas 4 pund för oss; ...is ~ for ...är en förkortning för; give s.b. ~ change ge ngn för lite växel tillbaka; oil is in ~ supply det är brist (dålig tillgång) på olja; be on (work) ~ time ha korttidsarbete; be ~ in the leg a) ha korta ben, b) (om byxor) vara för korta; he ~ of ha ont om, sakna, lida brist på; I'm a bit ~ [of cash] jag har lite ont om pengar; be ~ on experience ha liten (saknar) erfarenhet; ~ of lying I'll see what I can do for you utan att gå så långt som att ljuga skall jag se vad jag kan göra för dig **2** kort, tvär, brysk, barsk (with mot); ~ temper häftigt humör **3** lös; mör; skör; ~ pastry mördeg **4** språkv. kort; obetonad **5** vard. (om sprit) outspädd, stark **II** adv tvärt, plötsligt; otillräckligt; be caught ~ (vard.) a) överraskas, b) plötsligt bli nödig; come (fall) ~ of a) inte nå upp till, understiga, b) inte gå upp mot; go ~ a) ha för litet, b) komma till korta, c) bli utan (of s.th. ngt); pull up ~ hejda sig tvärt, tvärstanna; run ~ [börja] lida brist (of på), [börja] ta slut; stop ~ tvärstanna; stop ~ of a) rygga tillbaka för, hejda sig inför, b) inte riktigt nå upp till **III** s **1** vard. kortslutning **2** vard. kortfilm **3** vard. short drink **4** språkv. kort vokal (stavelse) **5** for ~ för korthetens skull, kort och gott; in ~ kort sagt, kort och gott **6** ~s (pl) shorts, kortbyxor

short|age ['ʃɔːtɪdʒ] brist, knapphet (of på); there is ~ of oil det är brist på olja **-bread, -cake** mördegskaka **--circuit** [ˌʃɔːt'sɜːkɪt] **I** s kortslutning **II** v **1** kortsluta, orsaka kortslutning i **2** förenkla, förkorta **3** hindra, sätta stopp för **-coming** [ˌʃɔːt'kʌmɪŋ] brist, fel

shorten ['ʃɔːtn] **1** förkorta, göra kortare, korta av; sömn. skägga upp, göra kortare, ta av **2** förkortas, bli kortare **-ing** [-ɪŋ] **1** förkortning; sömn. uppläggning **2** (t. bakning) matfett

short|hand ['ʃɔːthænd] stenografi; take notes in ~ stenografera **--handed** [ˌʃɔːt'hændɪd] underbemannad, med brist på arbetskraft

short-list ['ʃɔːtlɪst] [urvals]lista **short-lived** [ˌʃɔːt'lɪvd] kort|livad, -varig **shortly** ['ʃɔːtlɪ] adv

1 inom kort; kort, strax (*after* efter) **2** tvärt, kort, bryskt

short|range [‚ʃɔ:t'reɪndʒ] kortdistans-; kortsiktig **--sighted 1** närsynt **2** kortsynt **--staffed** underbemannad **--tempered** irriterad, lättretad, obehärskad **--term** [‚ʃɔ:tt3:m] *a* **1** korttids-; kortfristig; *in ~ future* inom den närmaste framtiden **2** kortsiktig

short wave [‚ʃɔ:tweɪv] *s, radio.* kortvåg **shortwinded** [‚ʃɔ:t'wɪndɪd] andfådd

1 shot [ʃɒt] **I** *imperf. o. perf. part. av shoot* **II** *a* **1** (*om tyg o.d.*) vattrad; strimmig; övergjuten; *~ through with* (*bildl.*) genomsyrad av **2** *vard., get ~ of* bli kvitt

2 shot [ʃɒt] **1** skott; *bildl.* försök, gissning; *bildl.* pik; *like a ~ a*) som ett skott (en pil), *b*) på fläcken; *a ~ in the dark* en vild gissning; *it's a long ~* det är en vild gissning (ett skott i det blå); *not by a long ~* inte på långa vägar; *at the first ~* (*bildl.*) vid första försöket, med detsamma; *in* (*out of*) *~* inom (utom) skotthåll; *fire* (*have, take*) *a ~ at* skjuta [ett skott] på (efter, mot); *have* (*take, make*) *a ~* [*at it*]! (*bildl.*) *a*) försök!, *b*) gissa! **2** (*pl lika*) kula **3** skytt; *big ~* (*sl.*) bas, stor pamp **4** kort, foto; tagning **5** *vard.* dos; spruta, sup, styrketår; *sl.* sil; *a ~ of rum* en skvätt (ett glas) rom; *give s.th. a ~ in the arm* sätta fart på (stimulera) ngt, ge ngt en vitamininjektion **6** *sport.* skott, boll; stöt, slag; kula; *put the ~* stöta kula; *putting the ~* kulstötning

shotgun [ʃɒtgʌn] hagel|gevär, -bössa **shot put** [-pʊt] kulstötning

should [ʃʊd] skulle, skall, borde, bör, torde, skulle kunna; *I ~ like to know* jag skulle gärna vilja veta; *~ I open the door?* skall jag öppna dörren?; *how ~ I know?* hur skulle (skall) jag kunna veta det?; *he ~ be there by now* han borde (bör, torde) vara där nu, han är nog där nu; *you ~ have told me earlier* du borde (skulle) ha talat om det för mig tidigare; *it's odd that she ~ be so angry* det är konstigt att hon är (skall vara) så arg; *who ~ I see but Joe!* och vem får jag se om inte Joe!; *thanks, I ~ like to!* tack, gärna!; *was it a good film? − I ~ think it was!* var filmen bra? − om!

shoulder [ʃəʊldə] **I** *s* **1** skuldra, axel; *~ to ~* (*äv. bildl.*) skuldra vid skuldra, sida vid sida; [*straight*] *from the ~* rent ut, öppet, utan omsvep; *give s.b. the cold ~* behandla ngn ovänligt (kyligt), inte ta notis om ngn; *have broad ~s* vara bredaxlad, ha breda skuldror, *bildl.* [kunna] stå pall för mycket; *put one's ~ to the wheel* (*bildl.*) lägga manken till; *shrug one's ~s* rycka på axlarna **2** bog|stycke, -parti]; *~ of mutton* fårbog **3** utsprång; utbuktning **4** väg|kant, -ren, bankett **II** *v* **1** lägga på (över) axeln, ta på sina skuldror, axla; *bildl.* ta på sig; *~ arms!* (*mil.*) på axel gevär! **2** knuffa, tränga; *~ one's way* knuffa sig fram

shoulder-bag [ʃʊldəbæg] axel|rems]väska **shoulder blade** skulderblad **shoulder pad** axelvadd **shoulder strap** axelband; axelrem

shout [ʃaʊt] **I** *v* skrika, ropa (*at* åt); *~ an order* skrika ut en order; *~ s.b. down* överrösta ngn; *~ out a*) skrika (ropa) till, *b*) skrika (ropa) ut **II** *s* **1** skrik, rop **2** *BE. o. Austr. vard., it's my ~* det är min tur att bjuda på en omgång

shove [ʃʌv] **I** *v* **1** knuffa, skjuta; stoppa (*clothes into a bag* kläder i en väska) **2** knuffas **3** *~ off* stöta (skjuta) ut [från land]; *~ off!* (*vard.*) stick!, försvinn! **II** *s* knuff, puff, stöt

shovel [ʃʌvl] **I** *s* skyffel, skovel **II** *v* skyffla, skotta, skovla

show [ʃəʊ] **I** *v* (*~ed, ~n, ibl. ~ed*) **1** visa [fram, upp]; förete; lägga i dagen; ställa ut; *~ one's face* visa sig; *~ o.s. a*) visa sig, *b*) visa sig vara; *~ off* visa [upp], [vilja] skryta med; *the dress ~s her off to advantage* klänningen gör sig mycket bra på henne; *~ up a*) visa upp, *b*) göra synlig, bringa i dagen, avslöja, *b*) skämma ut, göra förlägen; *I'll ~ him!* jag skall nog visa honom!; *that ~ed him!* honom satte jag minsann på plats!, där fick han!; *what time does your watch ~?* hur mycket är din klocka?; *the film is ~n at the Ritz* filmen visas (går) på Ritz; *he had nothing to ~ for his efforts* hans ansträngningar lönade sig inte (ledde inte till ngt resultat) **2** visa [vägen], följa; *~ s.b. in* visa (föra) ngn in, be ngn att komma in; *~ s.b. to a room* visa ngn till ett rum; *~ s.b. the door* visa ngn på dörren **3** bevisa, påvisa; *that ~s him to be a thief* det [be]visar att han är en tjuv; *it just ~s* (*goes to ~*) det [be]visar bara **4** låta synas; *that blouse ~s your bra* din behå syns under den där blusen **5** visa sig, framträda, synas, vara (bli) synlig; visas; *~ off* [vilja] glänsa, göra sig till, skryta; *~ up a*) synas, *b*) *vard.* visa sig, dyka upp; *~ up well* ta sig bra ut; *it doesn't ~* det syns (märks) inte; *your slip is ~ing* din underkjol syns; *the film is ~ing at the Ritz* filmen visas (går) på Ritz **II** *s* **1** föreställning, show; [före]visning; uppvisning; utställning; *vard.* tillställning, historia, affär; *~ of force* styrkedemonstration; *~ of hands* handuppräckning; *good ~!* fint!, bra gjort!, bravo!; *be on ~* vara utställd, finnas att se; *give the* [*whole*] *~ away* (*vard.*) avslöja allt; *put up a good* (*poor*) *~* göra bra (dåligt) ifrån sig; *run the ~* (*vard.*) sköta ruljangsen, leda det hela **2** anblick, syn; prakt, ståt; sken; skymt; *for ~* för att briljera (imponera), för syns skull; *no ~ of* inget tecken på; *with some ~ of reason* med viss rätt; *make a ~ of a*) [vilja] briljera (skryta) med, *b*) ge sig sken av; *make a ~ of rage* låtsas vara rasande; *make a fine ~* erbjuda en vacker anblick, ta sig bra ut, göra sig utmärkt; *make a poor ~* göra en slät figur

showbiz [ʃəʊbɪz] *vard. = show business* **show business** [-‚bɪznɪs] showbusiness, nöjes|branschen, -industrin **showcase** [-keɪs] [utställnings]monter **showdown** [-daʊn] uppgörelse; kraftmätning

shower [ʃaʊə] **I** *s* **1** skur; *bildl. äv.* regn; *a ~ of sparks* ett gnistregn **2** dusch; *have a ~* duscha, ta en dusch **3** *AE.* uppvaktning (*med presenter*); lysningsmottagning **II** *v* **1** strömma ner, falla i skurar; *bildl. äv.* hagla (*upon* över) **2** överhopa, överösa (*s.b. with s.th., s.th. on s.b.* ngn med ngt)

show|girl [ʃəʊg3:l] balettflicka **-ing** [-ɪŋ] **1** [före]visning **2** framträdande

shown [ʃəʊn] *perf. part. av show*

show|-off [ʃəʊɒf] *vard.* skrytmåns, skrävlare **-piece 1** utställningsföremål **2** paradnummer; praktexempel **-room** utställningslokal

showy ['ʃəʊɪ] grann, prålig
shrank [ʃræŋk] *imperf. av* shrink
shrapnel ['ʃræpnl] *mil.* **1** granatsplitter **2** granatkartesch
shred [ʃred] **I** *s* remsa, strimla; lapp, trasa; *in* ~*s* i trasor; *without a* ~ *of clothing* utan en tråd på kroppen; *not a* ~ *of evidence* inte tillstymmelse till bevis **II** *v* klippa (riva, skära) i remsor (i strimlor, sönder), strimla **-der** ['ʃredə] dokumentförstörare
shrew [ʃruː] **1** argbigga, ragata **2** *zool.* näbbmus
shrewd [ʃruːd] klipsk, skarpsinnig, klok; smart, slug; *I have a* ~ *suspicion* jag har en bestämd misstanke; *that was a* ~ *guess* det var en bra gissning
shriek [ʃriːk] **I** *v* [gall]skrika; tjuta (*with laughter* av skratt) **II** *s* [gällt] skrik
shrill [ʃrɪl] **I** *a* gäll, genomträngande **II** *v* **1** skrälla **2** skrika [gällt]
shrimp [ʃrɪmp] **1** [liten] räka **2** liten mager stackare
shrine [ʃraɪn] **1** relikrelikrum, helig plats; helgongrav **£** helgedom
shrink [ʃrɪŋk] **I** *v* (*shrank, shrunk*) **1** krympa, dra ihop sig; minska, bli mindre **2** ~ *from* dra sig för (*s.th.* ngt; *doing s.th.* att göra ngt); ~ [*away, back*] *from* rygga tillbaka för; ~*ing violet* (*vard. om pers.*) blyg viol **3** få att krympa **II** *s* **1** krympning **2** *vard.* hjärnskrynklare (*psykiater*) **-age** ['ʃrɪŋkɪdʒ] krympning, minskning; *allow 4 % for* ~ beräkna 4 % krympmån
shrivel ['ʃrɪvl] **1** ~ [*up*] skrumpna, bli yivklid ihop sig **2** ~ [*up*] krumma att skrumpna (skrynkla ihop sig) **shrivelled** [-d] skrumpen, skrynklig
shroud [ʃraʊd] **I** *s* **1** [lik]svepning **2** *bildl.* slöja, hölje **3** *sjö.* vant **II** *v* **1** svepa (*lik*) **2** dölja, hölja
shrub [ʃrʌb] buske **-bery** ['ʃrʌbərɪ] buskage, busksnår
shrug [ʃrʌg] **I** *v,* ~ [*one's shoulders*] rycka på axlarna (*at* åt); ~ *off* skaka av sig, avfärda med en axelryckning **II** *s,* ~ [*of the shoulders*] axelryckning
shrunk [ʃrʌŋk] *perf. part. av* shrink **-en** ['ʃrʌŋk(ə)n] skrumpen, insjunken, hopfallen
shucks [ʃʌks] *interj, AE.* äsch!
shudder ['ʃʌdə] **I** *v* rysa; skälva, huttra; skaka [till]; ~ *to think of* rysa vid tanken på **II** *s* rysning; skälvning; *it gives me the* ~*s* (*vard.*) det får mig att rysa
shuffle ['ʃʌfl] **I** *v* **1** hasa med, släpa [med]; ~ *one's feet* släpa [med] fötterna **2** blanda (*cards* kort) **3** *bildl.* ombilda, möblera om bland (i), flytta om **4** skyffla, skjuta; ~ *off a*) kränga (kasta) av sig, *b*) göra sig kvitt, *c*) skjuta ifrån sig; ~ *on* kasta på sig **5** hasa, sjava, lunka, gå (dansa) släpigt **6** blanda [korten] **7** ~ *out of* krångla sig ur (ifrån), skjuta ifrån sig **II** *s* **1** hasande; *walk with a* ~ hasa **2** *give the cards a* ~ blanda korten **3** *bildl.* ombildning, ommöblering, omflyttning
shun [ʃʌn] undvika, hålla sig undan för
shunt [ʃʌnt] **I** *v* **1** [för]flytta; *järnv.* växla, rangera **2** lägga åt sidan, skjuta undan **3** *elektr.* shunta **II** *s* **1** växling, rangering **2** *elektr.* shunt
shut [ʃʌt] **I** *v* (*shut, shut*) **1** stänga [av]; stänga in; slå (fälla) ihop (igen); fälla ner; ~ *away* stänga in, isolera; ~ *down* stänga, slå igen, *bildl. äv.* läg-

ga ner; ~ *in a*) stänga in[ne], *b*) omge, innesluta; ~ *off a*) stänga av, *b*) *bildl.* skärma av, isolera, stänga ute (*from* från), utesluta (*from* ur); ~ *out a*) stänga ute, *b*) utesluta (*from* ur); ~ *to* stänga till; ~ *up a*) stänga [till, igen], slå igen, fälla ihop (igen), *b*) sluta med, *c*) spärra (låsa) in, *d*) tysta ner; ~ *your mouth* (*face*)! (*sl.*) håll käften!; ~ *one's ears to s.th.* (*bildl.*) sluta till sina öron för ngt; ~ *one's eyes* blunda; ~ *one's eyes to* (*bildl.*) blunda för **2** få i kläm, klämma **3** stänga[s], gå igen, slutas till; ~ *down* stänga[s], slå igen, sluta; ~ *off* stängas av; ~ *up a*) stänga[s], stängas igen (till), *b*) *vard.* tystna, tiga, hålla klaffen; *it* ~*s easily* den går lätt att stänga **II** *a o. perf. part.* stängd; sluten; instängd; inspärrad; isolerad; *we're* ~ vi har stängt; *keep one's eyes* ~ blunda; *the door swung* ~ dörren slog igen
shutdown ['ʃʌtdaʊn] stängning; nedläggning (*av företag*) **shutter** [-ə] **I** *s* **1** [fönster]lucka, rullgardin **2** *foto.* slutare **3** [dörr]stängare **II** *v* **1** stänga med fönsterluckor **2** förse med fönsterluckor
shuttle ['ʃʌtl] **I** *s* **1** skyttel, skottspole **2** pendel[tåg, -flyg, buss] **3** badmintonboll **II** *v* **1** skyttla; skicka fram och tillbaka **2** gå i skytteltrafik; åka fram och tillbaka **shuttlecock** badmintonboll; fjäderboll; *bildl.* lekboll **shuttle service** [-ˌsɜːvɪs] skytteltrafik
shy [ʃaɪ] **I** *a* blyg (*of för*); rädd; tillbakadragen; ~ *of* hålla sig undan från, försöka undvika, dra sig för **II** *v* skygga (*at* för); ~ *away from* dra sig undan **shyness** ['ʃaɪnɪs] blyghet; skygghet
Sicily ['sɪsɪlɪ] Sicilien
sick [sɪk] **I** *a* **1** sjuk; ~ *with envy* sjuk av avund; *be* ~ *at heart* vara bedrövad (betryckt); *fall* (*take, be taken*) ~ bli sjuk; *go* ~ (*mil.*) sjukanmäla sig; *be worried* ~ (*vard.*) vara sjuk av oro **2** illamående; *be* ~ *a*) må illa, vara (bli) illamående, *b*) kräkas, spy; *be* ~ *at s.th.* vara äcklad av ngt, *b*) vara upprörd (förargad, missbelåten) över ngt; *be* ~ *of doing s.th.* vara trött (led) på att göra ngt; *be* ~ *and tired of* vara utled på; *feel* ~ må illa, känna sig illamående; *feel* ~ *about* (*bildl.*) må illa av; *that food makes me* ~ den maten äcklar mig, jag mår illa av den maten **3** sjuk[lig], makaber, pervers; ~ *humour* sjuk humor **II** *s, the* ~ de sjuka **III** *v, vard.* spy
sicken ['sɪk(ə)n] **1** göra illamående, kvälja **2** [in]sjukna (*for* i) **3** äcklas, känna äckel (*at* vid) **sickening** ['sɪkɪŋ] **1** kväljande, äcklig, vämjelig **2** *vard.* [fruktansvärt] irriterande
sickle ['sɪkl] *s* skära
sick leave ['sɪkliːv] sjukledighet; sjukpermission; *be on* ~ ha sjukledigt (sjukpermission); *vara sjukledig* **sickly** [-lɪ] *a* **1** sjuklig; blek **2** äcklig, kväljande **II** *adv* sjukligt **3** äckligt, kväljande **sickness** [-nɪs] **1** sjukdom **2** kräkningar; illamående, kväljningar **sickroom** [-rʊm] sjukrum
side [saɪd] **I** *s* **1** sida, *bildl. äv.* sida, aspekt; håll, kant; *sport.* sida, lag; *the* ~*s of the mountain* (*river*) bergets sluttningar (flodens stränder); *this* ~ *up!* denna sida upp!; *the north* ~ *of* (*äv.*) norra delen av; *the right* (*wrong*) ~ *a*) rätt (fel) sida, *b*) rätsidan (avigsidan); *on the right* (*wrong*) ~ *of 50*

S

(*äv.*) under (över) 50 år; *change ~s a*) byta sida (parti), *b*) ändra uppfattning; *let's hear your ~ of the story!* låt oss höra din version av saken!; *shake one's ~s with laughter* skaka av skratt; *take ~s a*) ta parti, ta ställning (*with s.b.* för ngn), *b*) vara partisk; *at (by) the ~ of* vid sidan av (om), bredvid; *at a p.'s ~* (*äv. bildl.*) vid ngns sida; *~ by ~* (*äv. bildl.*) sida vid sida; *from all ~s* från alla sidor (håll [och kanter]); *on one's father's ~* på fädernet (faderns sida); *on all ~s* på (från) alla sidor (håll [och kanter]), överallt; *on one ~ a*) på en sida (ena sidan), *b*) åt sidan, avsides, *c*) på sned, snett; *with one's head on one ~* med huvudet på sned; *be on a p.'s ~* vara (stå) på ngns sida; *there's no ~ about* (*to*) *him* (*vard.*) han är inte alls mallig; *be on the small ~* vara ganska liten (i minsta laget); *make a bit on the ~* (*vard.*) tjäna litet vid sidan om; *put on ~* (*vard.*) brösta (malla) sig; *put on one ~ a*) lägga åt sidan (undan), *b*) lämna därhän, skjuta upp; *to one ~* åt sidan; *to one ~ of* bredvid; *leaving to one ~* bortsett från **2** *skol.* linje **II** *v, ~ with* (*against*) ta parti (ställning) för (mot)

sideboard ['saɪdbɔːd] **1** sideboard, serveringsbord, byffé, skänk **2** *BE.*, ~s (*pl*) polisonger
sideburns [-bɜːnz] *pl, AE.* polisonger **sidecar** sidvagn (*t. motorcykel*) **side effect** [-ɪˌfekt] biverkan; sidoeffekt **sidelight** [-laɪt] **1** (*på bil*) sidoljus; *sjö.* sidolanterna **2** ny belysning (*av ett ämne*) **sideline** [-laɪn] **1** *sport.* sidlinje; *stand on the ~s* (*bildl.*) vara åskådare, hålla sig i utkanterna; *wait on the ~s* vänta på reservbänken (i kulisserna) **2** bisyssla **sidelong** [-lɒŋ] **I** *a* sido-; från sidan, sned **II** *adv* från (på) sidan, snett
side|-splitting ['saɪdˌsplɪtɪŋ] *vard.* hejdlöst rolig; hejdlös **-step** [-step] **I** *v* undvika genom att gå på sidan om; (*i boxning*) sidsteppa för; *bildl.* undvika, väja för, kringgå **II** *s* steg åt sidan **-track** [-træk] **I** *s* **1** *AE. järnv.* växel-, sido|spår **2** *bildl.* sidospår, avvikelse **II** *v* **1** *AE. järnv.* växla in på ett sidospår **2** *bildl.* leda[s] in på ett sidospår (stickspår) **-walk** [-wɔːk] *AE.* trottoar, gångbana **-ways** [-weɪz] **I** *a* sido-, åt sidan **II** *adv* åt (från) [ena] sidan, i sidled; på snedden (tvären); på sidan; *the news knocked me ~* (*vard.*) nyheten gjorde mig alldeles omtumlad
siding ['saɪdɪŋ] **1** *järnv.* växel-, sido|spår; stickspår **2** *AE.* ytter|panel, beklädnad
sidle ['saɪdl] **1** smyga sig; ~ *up to s.b.* smyga sig fram till ngn **2** röra sig (gå) sidledes (i sidled)
siege [siːdʒ] **1** belägring; *lay ~ to* belägra **2** lång besvärlig period
sieve [sɪv] **I** *s* **1** såll; *have a memory like a ~* ha ett hönsminne **2** *vard.* lösmynt person **II** *v* sålla, sikta
sift [sɪft] **1** sålla, sikta, strö **2** ~ [*through*] noga undersöka (gå igenom), fingranska **3** (*om ljus e.d.*) sila
sigh [saɪ] **I** *v* **1** sucka; susa **2** ~ *for* längta (tråna, sukta) efter **II** *s* suck
sight [saɪt] **I** *s* **1** syn[förmåga]; *have long (short) ~* vara långsynt (närsynt); *lose one's ~* (*äv.*) bli blind **2** anblick, [å]syn; skådespel; *at (on) ~* omedelbart, med detsamma; *at the ~ of* vid åsynen av; *at first ~* vid första påseendet (anblicken), från (i) början, med detsamma; *love at first*

~ kärlek vid första ögonkastet; *payable at (on) ~* (*hand.*) betalbar vid sikt (a vista); *play at (by) ~* spela a vista (från bladet); *at the ~ of the bull she ran away* när hon fick syn på tjuren sprang hon i väg; *know s.b. by ~* känna ngn till utseendet; *in my ~* (*bildl.*) i mina ögon; *be (look) a ~* (*vard.*) se hemsk ut; *what a ~ you are!* (*vard.*) så du ser ut!; *be a ~ to see* vara en härlig syn; *it was a ~ for sore eyes* det var en fröjd för ögat; *I can't bear the ~ of her* jag tål inte se henne; *buy s.th. ~ unseen* köpa ngt obesett; *catch (get) ~ of* få syn på, få se; *lose ~ of s.th.* förlora ngt ur sikte; *don't lose ~ of the fact that* glöm inte bort att **3** sevärdhet **4** sikte; synhåll; *land in ~!* land i sikte!; *be [with]in ~* vara i sikte (inom synhåll, inom räckhåll), kunna ses (skönjas); *be [with]in ~ of s.th.* ha ngt i sikte (inom synhåll, inom räckhåll), kunna se ngt; *come in[to] ~ of s.th.* få ngt i sikte (inom synhåll); *keep in ~* behålla i sikte, hålla ögonen på; *out of ~, out of mind* ur syn, ur sinn; *be out of ~* vara ur sikte (utom synhåll) (*of s.b.* för ngn), inte [längre] kunna ses (*of s.b.* av ngn); *keep out of ~* hålla sig gömd, inte visa sig; *keep out of my ~!* jag vill inte se dig mer!; *don't let the child out of your ~* släpp inte barnet ur sikte **5** sikte; siktning; observation; *raise one's ~s* (*bildl.*) sikta högre; *set one's ~ on s.th.* (*bildl.*) sikta in sig på ngt; *set one's ~s too high* (*bildl.*) sikta för högt; *take ~ at* sikta (ta sikte) på **6** *vard.* massa; *a ~ cheaper* mycket billigare; *out of ~* toppen; *not by a long ~* inte på långa vägar (långt när), långtifrån **II** *v* **1** sikta, få i sikte, få syn på **2** förse med sikte **3** rikta in; ~*ing shot* riktskott
sight|ings ['saɪtɪŋz] *pl* observationer, iakttagelser **-ly** [-lɪ] *a* behaglig att se på, vacker **-seeing** [-ˌsiːɪŋ] **I** *s* sightseeing, rundtur **II** *v, go ~* sightseea, gå (åka) på sightseeing **-seer** [-ˌsiːə] person som går (åker) på sightseeing, turist
sign [saɪn] **I** *s* **1** tecken (*of* för, på); symbol; märke, spår; *the ~ of the cross* korstecknet; ~ *of life* livstecken, spår av liv; *that is a ~ of the times* det är ett tidens tecken; *all the ~s are that* allt tyder på att; *make no ~* inte ge ngt tecken ifrån sig, inte röra sig; *make a ~ to s.b.* göra [ett] tecken till ngn; *he shows no ~ of doing it* ingenting tyder på att han skall göra det **2** skylt; märke; *at the ~ of the Eagle* på värdshuset Örnen **II** *v* **1** skriva under (på), underteckna, skriva, signera [med]; skriva in sig i; värva, engagera, anställa; ~*ed, sealed and delivered* (*bildl.*) fix och färdig, klappad och klar **2** ge tecken åt; visa med ett tecken **3** ge tecken åt, vinka **4** skriva under (sitt namn); ~ *for* kvittera ut **5** ~ *away* [skriftligen] avstå från; ~ *off a*) radio-, *TV.* sluta sändningen, *b*) *vard.* [av]sluta; ~ *on a*) värva, anställa, engagera, *b*) ta värvning (anställning, engagemang), *c*) *sjö.* mönstra på, *d*) skriva in [sig], anmäla [sig], *e*) [ga och] stämpla; ~ *out* låta skriva ut sig, checka ut; ~ *over* [skriftligen] överlåta, skriva över; ~ *one's name to s.th.* skriva [sitt namn] under ngt; ~ *up* skriva in sig, anmäla sig
signal ['sɪɡnl] **I** *s* signal (*for s.th.* till ngt; *of* om); tecken (*of* på); *warning ~* varningssignal; ~ *of distress* nödsignal **II** *a* betydande, framstående; påtaglig **III** *v* signalera; ~ *to s.b.* signalera till (ge tecken åt) ngn **signal box** *järnv.* ställverk

signature ['sɪgnətʃə] **1** signatur; namnteckning; underskrift; *put one's* ~ *to* sätta sin signatur på (under) **2** *mus.* förtecken

signboard ['saɪnbɔ:d] skylt; anslagstavla

signifi|cance [sɪg'nɪfɪkəns] **1** betydelse, mening, innebörd **2** vikt, betydelse **3** uttrycksfullhet **-cant** [-kənt] **1** menande (*look* blick); betecknande, signifikant (*of* för) **2** viktig, betydelsefull, betydande **-cation** [ˌsɪgnɪfɪ'keɪʃn] betydelse, innebörd, mening

signify ['sɪgnɪfaɪ] **1** betyda **2** uttrycka, tillkännage, visa **3** beteckna, antyda **4** *vard.* vara av vikt (betydelse)

signpost ['saɪnpəʊst] **I** *s* vägvisare (*äv. bildl.*), vägskylt **II** *v* skylta, utmärka; ~ *a way into* (*bildl.*) visa vägen till; *it is well* ~*ed* det är väl skyltat

silence ['saɪləns] **I** *s* tystnad, tysthet; ~*!* tyst!, tystnad!; ~ *gives consent* den som tiger samtycker; *reduce to* ~ tysta [ner] **II** *v* tysta [ner], få (komma) att tystna **silencer** [ˌrˀ] ljuddämpare **silent** [-t] **I** *n* ǝjut, stillǎ; tystlåten; stillatigande; štum (*consonant* konsonant); ~ *assent* tyst medgivande; ~ *film* stumfilm; partner (*i sht AE.*) passiv delägare; *be* ~ (*äv.*) tiga; *become* ~ (*äv.*) tystna; *fall* ~ tystna; *keep* ~ *about* hålla tyst om (med), tiga med **II** *s* stumfilm

silhouette [ˌsɪlu:'et] **I** *s* sil[h]uett, skugg-, kontur|bild **II** *v* **1** avbilda i silhuett **2** *be* ~*ed against* avteckna sig [i silhuett] mot

sili|con ['sɪlɪkən] kisel **-cone** [-kəʊn] *kem.* silikon

silk [sɪlk] **I** *s* silke, siden[tyg]; ~*s* (*pl*) siden|kläder, -plagg; *artificial* ~ konstsiden; *pure* ~ helsiden **II** *a* siden-, silkes-; ~ *hat* hög hatt, cylinder; ~ *scarf* sidenhalsduk **silken** ['sɪlk(ə)n] siden-, silkes-; silkes|len, -mjuk; ~ *ribbon* sidenband **silky** ['sɪlkɪ] **1** silkig, silkes|len, -mjuk; *bildl.* [silkes]-len **2** siden-, silkes-

sill [sɪl] **1** fönsterbräde **2** tröskel (*i bil*)

silly ['sɪlɪ] **I** *a* dum, enfaldig, *laugh o.s.* ~ (*vard.*) skratta sig fördärvad **II** *s, vard.* dumbom

silt [sɪlt] **I** *s* [botten]slam **II** *v,* ~ [*up*] slamma igen

silver ['sɪlvə] **I** *s* silver **II** *a* silver-; ~ *birch* vårtbjörk; ~ *fir* silvergran; ~ *fox* silverräv; *jubilee* 25-årsjubileum; ~ *paper* stanniolpapper; ~ *plate a*) bordssilver, *b*) [silver]pläter; *the* ~ *screen* (*vard.*) vita duken, filmindustrin; ~ *wedding* silverbröllop **III** *v* försilvra **-plated** [-ˌpleɪtɪd] försilvrad, pläterad **-ware** [-ˌwəe] silverkärl; bordssilver

silvery ['sɪlv(ə)rɪ] silver-, silver|liknande, -glänsande; *bildl.* silver|ren, silverklar

similar ['sɪmɪlə] **I** *a* liknande, likartad, lika (*to s.b.* ngn, *to s.th.* ngt); *geom.* likformig, liknande (*to* ngn) **II** *s* ngt liknande **-ity** [ˌsɪmɪ'lærətɪ] likhet (*between* mellan; *to, with* med); *points of* ~ likheter **-ly** ['sɪmɪləlɪ] *adv* på liknande sätt; likaledes

simile ['sɪmɪlɪ] liknelse

similitude [sɪ'mɪlɪtju:d] likhet

simmer ['sɪmə] **I** *v* **1** [låta] sjuda (småkoka) **2** småkoka; sjuda (*äv. bildl.*); ~ *down a*) koka ihop, *b*) *vard.* lugna ner sig **II** *s* sjudande, småkokande

simple ['sɪmpl] **1** enkel, lätt; tydlig, lätt att förstå; [själv]klar; *it's as* ~ *as ABC* det är hur lätt som helst **2** enkel, okonstlad, anspråkslös, simpel; ärlig, rättfram **3** enkel, osammansatt; ~ *equation* förstagradsekvation; ~ *fraction* allmänt bråk; ~ *interest* enkel ränta; ~ *tense* (*språkv.*) enkelt tempus **4** godtrogen, enfaldig, naiv; *S*~ *Simon* dummerjöns, dumbom **5** ren; *it's* ~ *madness* det är rena vansinnet

simple-minded [ˌsɪmpl'maɪndɪd] godtrogen, enfaldig

simpleton ['sɪmplt(ə)n] *åld.* dummerjöns, dumbom

simplicity [sɪm'plɪsətɪ] **1** enkelhet; enkel beskaffenhet; enkel byggnad **2** enkelhet, konstlöshet, anspråkslöshet

simpli|fication [ˌsɪmplɪfɪ'keɪʃn] förenkling **-fy** ['sɪmplɪfaɪ] förenkla

simply ['sɪmplɪ] *adv* **1** enkelt *etc.*, *jfr simple* **2** helt enkelt; bara; *quite* ~ helt ơnhelt

simu|late [ˌsɪnh]ǝleıt] **1** simulera, låtsa; ~ *illness* låtsas vara sjuk **2** efterlikna, imitera; simulera **-ation** [ˌsɪmjʊ'leɪʃn] simulation; simulering

simultaneous [ˌsɪm(ə)l'teɪnjəs] samtidig; simultan; ~ *broadcast* samsändning (*mellan radio o. TV*)

sin [sɪn] **I** *s* synd; försyndelse; *live in* ~ (*åld. el. skämts.*) leva i synd; ~ *of omission* underlåtenhetssynd; ~ *of origin, original* ~ arvsynd; *the seven deadly* ~*s* de sju dödssynderna; *ugly as* ~ ful som stryk; *it's a* ~ *to* (*vard.*) det är synd att **II** *v* synda; försynda sig

since [sɪns] **I** *adv* sedan [dess]; för. sedan, *ever* [allt]sedan dess; *long* ~ [för] länge sedan, sedan länge, *a short time* ~ för en kort tid sedan, nyligen **II** *prep* [allt]sedan, ända från, [allt]ifrån **III** *konj* **1** sedan; *ever* ~ allsedan, ända sedan **2** eftersom, då [ju]

sincere [sɪn'sɪə] ärlig, uppriktig **-ly** [‑lɪ] *adv* ärligt, uppriktigt; *Yours* ~*ly* (*i brev*) Er (Din) tillgivne

sincerity [sɪn'serətɪ] ärlighet, uppriktighet

sinew ['sɪnju:] sena; *bildl.* styrka, kraft; *litt.* muskel **sinewy** [-ɪ] senig **2** *bildl.* kraftig, stark

sinful ['sɪnf(ʊ)l] syndfull, syndig

sing [sɪŋ] (*sang, sung*) **1** sjunga (*a song* en sång); ~ *s.b. a song* sjunga en sång för ngn; ~ *a p.'s praises* sjunga ngns lov **2** sjunga; ~ *of* (*åld. el. litt.*) sjunga (dikta) om, besjunga; ~ *up* sjunga ut (högre) **3** (*om vind e.d.*) susa, vina; (*om kaffepanna e.d.*) vissla; *my ears are* ~*ing* det ringer (susar) i öronen på mig **4** *AE. sl.* tjalla, "sjunga"

singe [sɪn(d)ʒ] **I** *v* **1** sveda, bränna [på ytan] **2** svedas, brännas **II** *s* [ytlig] brännskada

singer ['sɪŋə] sångare, sångerska **singing** ['sɪŋɪŋ] **I** *s* sjungande, sång **II** *a* sjungande; sång-; ~ *lessons* sånglektioner; ~ *voice* sångröst

single ['sɪŋgl] **I** *a* **1** enda, enstaka; *every* ~ varenda; *not a* ~ *thing* inte en enda sak **2** enkel; odelad; ~ *bed* enkelsäng, enmans|säng; ~ *cream* tunn grädde; *in* ~ *file* i gåsmarsch, en och en efter varandra; ~ *room* enkelrum; ~ *ticket* enkel biljett **3** ensam[stående]; ogift **II** *s* **1** enkel [biljett] **2** singel|[skiva] **3** enkelrum **4** enpunds-, endollar|sedel **5** ogift [person], single **6** *sport.*, ~*s* (*behandlas som sg*) singel[match]; *men's* ~*s* herrsingel **III** *v,* ~ *out* välja (ta, skilja) ut

single|-handed [ˌsɪŋgl'hændɪd] ensam, på egen hand **--minded** [-'maɪndɪd] målmedveten; hängiven

singsong ['sɪŋsɒŋ] **I** *s* **1** allsång **2** enformigt stigande och sjunkande tonfall **II** *a* enformigt stigande och fallande (*voice* röst)

singular ['sɪŋgjʊlə] **I** *a* **1** enastående, sällsynt, märklig; unik **2** egendomlig, besynnerlig **3** *språkv.* singular, i ental[sform]; ~ *form* singularform **II** *s, språkv.* singular[is], singularform; *in the* ~ i singularis **-ity** [ˌsɪŋgjʊ'lærətɪ] **1** sällsynthet, egendomlighet, säregenhet; *the* ~ *of her taste* hennes mycket speciella smak **2** egenhet

sinister ['sɪnɪstə] **1** ondskefull, illvillig, lömsk **2** olycksbådande; dyster **3** *her.* vänster

sink [sɪŋk] **I** *v* (*sank, sunk*) **1** sänka; få att (låta) sjunka; *bildl.* omintetgöra, förstöra; *be sunk in a book* sitta (vara) försjunken i en bok; *be sunk in depression* vara djupt deprimerad; ~ *one's worries in drink* dränka sina sorger; *now we're sunk!* (*vard.*) nu är det ute med oss! **2** gräva [ner], lägga ner; borra; *bildl.* bilägga, glömma; ~ *money into s.th.* lägga (plöja) ner pengar i ngt; ~ *one's teeth into s.th.* sätta tänderna i ngt **3** sänka, minska; amortera [på] **4** sjunka; gå ner, sänka (sätta) sig; ~ *or swim* det må bära eller brista; *leave s.b. to* ~ *or swim* lämna ngn vind för våg; *with* ~*ing heart* modlöst, nedslaget; *my heart* (*spirits*) *sank* mitt mod sjönk; *he is* ~*ing fast* han blir hastigt sämre, det är snart slut med honom; *can't you get this to* ~ *in?* (*vard.*) kan du inte få in det i ditt huvud?; ~ *into a chair* sjunka ner i en stol; ~ *into decay* förfalla; ~ *into a deep sleep* falla i djup sömn **5** sjunka, falla, minska[s], avta **6** slutta **II** *s* **1** diskbänk **2** avlopps|brunn, -rör

sinner ['sɪnə] syndare

sinuous ['sɪnjʊəs] slingrande; buktig, kurvig

sinusitis [ˌsaɪnə'saɪtɪs] *med.* sinuit

sip [sɪp] **I** *v* **1** smutta (läppja) på **2** smutta, läppja (*at* på) **II** *s* smutt, liten klunk

sir [sɜː, *obeton.* sə] **I** *s* **1** (*tilltalsord, ofta oöversatt*) ~, *S*~ *a*) sir, herrn, min herre, *b*) *skol.* magistern, *c*) *mil.* ja, kapten (överste *etc. t.* överordnad), *d*) *iron.* min bäste herre; [*Dear*] *S*~[*s*] (*tilltal i brev, oöversatt i svenskan*); *yes,* ~! ja [visst]!, jodå!, jajamen!; *down* ~*!* (*t. hund*) plats! **2** (*titel före dopnamnet för baronet el. knight*) *S*~ Sir, sir **II** *v* tilltala med 'sir'

sire ['saɪə] **I** *s* **1** *S*~ Ers Majestät **2** *åld.* fader **3** (*om husdjur o. rashästar*) far **II** *v, åld.* avla, vara far till

siren ['saɪərən] **1** (*signalapparat*) siren **2** *myt. o. bildl.* siren

sirloin ['sɜːlɔɪn] *kokk.* ländstycke; ~ *of beef* dubbelbiff

sis [sɪs] *vard.* syrra[n]

sissy ['sɪsɪ] *vard.* **1** omanlig (feminin) man (pojke); vekling; fegis, mes, mähä; blyg (försagd) typ **2** *AE.* syrra[n]

sister ['sɪstə] **1** syster; *big* ~ storasyster; *little* ~ lillasyster; *my brother*[*s*] *and* ~[*s*] (*äv.*) mina syskon; *the three* ~*s* de tre norrnorna; *the Seven S*~*s* de stora oljebolagen **2** syster (*sjuksköterska; nunna*); avdelningssköterska **-hood 1** systerskap **2** systerförbund **--in-law** ['sɪst(ə)rɪnlɔː] (*pl sisters-in-law* ['sɪstəzɪnlɔː]) svägerska **-ly** ['sɪstəlɪ]

a systerlig

sit [sɪt] **I** *v* (*sat, sat*) **1** sitta; sätta sig; *bildl.* ligga; *be* ~*ting pretty* (*vard.*) *a*) ha stora chanser, *b*) ha det bra; ~ *tight* (*vard.*) avvakta, ha tålamod; ~ *at table* sitta till bords; ~ *back a*) luta sig tillbaka [i stolen], *b*) vila sig, *c*) inte göra någonting, ta det lugnt; ~ *by* (*with*) *me!* sätt dig hos (bredvid) mig!; ~ *down* sätta sig, sätta (slå) sig ner; *take s.th.* ~*ting down* finna sig i (svälja) ngt; ~ *for an examination* gå upp i en examen; ~ *for a painter* sitta för en målare; *he* ~*s for* han representerar, han är parlamentsledamot för; ~ *in a*) sitta inne (hemma), *b*) vara (sitta) med, deltaga (*on* vid, i), *c*) sittstrejka; *the car sat in the garage* bilen blev stående i garaget; ~ *on s.b.* (*vard.*) *a*) trycka ner (sätta sig på) ngn, *b*) snäsa av ngn; ~ [*heavy*] *on s.b.* vila tungt på ngn; ~ *on s.th.* (*vard.*) *a*) ligga på (fördröja) ngt, *b*) undertrycka (tysta ner) ngt; ~ *on the bench* sitta som domare; ~ *on a committee* sitta i (tillhöra) en kommitté; ~ *on eggs* ruva, ligga på ägg; *the food sat heavily on his stomach* han kände sig tung i magen av maten; ~ *through* sitta (vara) kvar [till slutet]; ~ *up a* sitta rak (upprätt), *b*) (*om hund*) sitta vackert, *c*) sitta (vara) uppe, vaka, *d*) sätta sig upp; *make s.b.* ~ *up* [*and take notice*] (*vard.*) få ngn att vakna (reagera, spärra upp ögonen) **2** sammanträda, ha sammanträde **3** (*om plagg*) sitta, passa **4** *vard.,* ~ [*in*] sitta barnvakt **5** placera; ~ *s.b. down* sätta ner ngn, få ngn att sätta sig ner; ~ *s.b. up* resa upp ngn, hjälpa ngn att sätta sig upp **6** ~ *a horse* sitta på en häst **7** *BE.,* ~ *an examination* gå upp i en examen **8** ~ *out a*) hoppa (sitta) över, *b*) sitta (vara) kvar till slutet av, *c*) vänta ut; *we'd better* ~ *it out* det är nog bäst att vi stannar kvar till slutet **II** *s, have a* ~ sitta

sit-down ['sɪtdaʊn] **I** *s* **1** *vard., have a* ~ sitta ner och vila ett tag **2** sittstrejk **II** *a* **1** sittande (*dinner* middag) **2** ~ *strike* sittstrejk

site [saɪt] **I** *s* **1** tomt **2** plats; *caravan* ~ campingplats för husvagnar; *the* ~ *of the murder* mordplatsen **3** läge, belägenhet **II** *v* placera, stationera

sit-in ['sɪtɪn] sittstrejk

sitting ['sɪtɪŋ] **I** *s* **1** sittning; sittande; *the first* ~ *for dinner is at 7* första middagen serveras klockan 7 **2** session, sittning, sammanträde **3** *at one* (*a single*) ~ i ett sträck (svep), på en gång **4** ligg-, ruvnings|tid **II** *a* **1** sittande; *in a* ~ *position* i sittande ställning; ~ *duck* (*bildl.*) lätt byte (offer) **2** ruvande **sitting room** vardagsrum

situate ['sɪtjʊeɪt] placera, anbringa, sätta, ställa, lägga; ~*d* (*äv.*) belägen

situation [ˌsɪtjʊ'eɪʃn] **1** belägenhet, läge **2** situation, tillstånd, förhållande, läge; *cope with the* ~ klara av situationen; *the economic* ~ det ekonomiska läget **3** *åld.* anställning, plats; *S*~*s Vacant* (*som tidningsrubrik*) Lediga platser

six [sɪks] (*jfr eight o. sms.*) **I** räkn sex; ~ *months* (*äv.*) ett halvår; *it's* ~ *of one and half a dozen of the other* det är hugget som stucket **II** *s* **1** sexa; *at* ~*es and sevens* (*vard.*) *a*) uppochner[vänd], i en enda röra, huller om buller, *b*) villrådig, förvirrad **2** (*i kricket*) sexa (*sex 'run' på ett slag*); *knock s.b. for* ~ (*vard.*) göra ngn paff, ta knäcken på ngn

sixpence ['sɪkspəns] (*före 1971*) sexpence[mynt]

sixteen [ˌsɪks'ti:n] (*jfr eighteen o. sms.*) **I** *räkn* sexton **II** *s* sexton; sextontal **-teenth** [-θ] *räkn o. s* sextonde; sexton[de]del; ~ *note* (*AE. mus.*) sextondelsnot

sixth [sɪksθ] (*jfr eighth*) **I** *räkn* sjätte; *a* ~ *sense* ett sjätte sinne **II** *s* **1** sjättedel **2** *mus.* sext

sixtieth ['sɪkstɪɪθ] *räkn o. s* sextionde; sextion-[de]del

sixty ['sɪkstɪ] (*jfr eighty o. sms.*) **I** *räkn* sexti[o] **II** *s* sexti[o]; sexti[o]tal

size [saɪz] **I** *s* storlek; nummer; mått, format; *all of a* ~ lika stora; *it's the* ~ *of an apple* den är [lika] stor som ett äpple; *that's about the* ~ *of it* (*vard.*) [ungefär] så är det (ligger det till); *what* ~ *is it?* hur stor är den?, vilken storlek (vilket nummer) är det?; *cut s.b. down to* ~ sätta ngn på plats **II** *v* **1** ordna efter storlek **2** *vard.*, ~ *up* värdera, bedöma

sizzle ['sɪzl] **I** *v* **1** (*om mat i stekpanna*) fräsa **2** *vard.* vara kokhet; vara ilsken **II** *s* fräsande

skate [skeɪt] **I** *s* skrid[sko ~ rull]sk[ridsk]o **II** *v* åka skri[dsk]o[r], åka rullskridsko[r]; *get one's* ~*s on* (*vard.*) skynda (sno) på; ~ [*a*]*round* (*over*) (*bildl.*) undvika, kringgå (*a problem* ett problem) **skater** [-ə] skridskoåkare; rullskridsko-åkare **skating** [-ɪŋ] skridskoåkning; rullskridskoåkning

skedaddle [skɪ'dædl] *vard.* **I** *v* kuta (springa) i väg **II** *s* snabb reträtt

skeleton ['skelɪtn] **1** skelett; benstomme; benrangel; ~ *at the feast* glädjedödare; ~ *in the cupboard* (*AE. closet*) hemlig familjeskandal, obehaglig hemlighet **2** *bildl.* skelett, stomme; utkast, plan **skeleton key** huvudnyckel, dyrk

skeptic ['skeptɪk] *AE., se sceptic*

sketch [sketʃ] **I** *s* **1** skiss (*of* över); utkast (*of* till) **2** [revy]sketch **II** *v* **1** skiss[er]a, göra [ett] utkast till; ~ [*out*] (*bildl.*) skissera [upp], ange huvuddragen i, kort beskriva; ~ *in* (*bildl.*) lägga in, kort beskriva **2** göra en skiss (skisser) **sketchy** ['sketʃɪ] skissartad; ofullständig; oklar

skewer [skjʊə] **I** *s* steknål, stek-, grill|spett **II** *v* sticka en steknål igenom, trä upp på spett, genomborra

ski [ski:] **I** *s* skida **II** *v* åka skidor

skid [skɪd] **I** *s* **1** slirning; sladd[ning]; *the car went into a* ~ bilen fick sladd; *on the* ~*s* (*AE. sl.*) på glid (fallrepet) **2** broms|kloss, -back, -sko **II** *v* slira, sladda

skier ['ski:ə] skid|åkare, -löpare **skiing** ['ski:ɪŋ] skid|åkning, -sport

skilful ['skɪlf(ʊ)l] skicklig (*at, in* i)

skill [skɪl] skicklighet (*at, in* i), duglighet; färdighet **skilled** [-d] **1** skicklig (*at, in* i) **2** yrkesskicklig; ~ *labour* yrkesskicklig (utbildad) arbetskraft; ~ *work* arbete som kräver yrkesutbildning

skim [skɪm] **I** *v* **1** skumma; ~ [*off*] skumma av; ~*med milk* skummjölk **2** skumma, ögna (titta) igenom **3** singla, kasta; ~ *stones out into the water* kasta smörgås **4** glida (stryka, fara) fram över **5** glida (stryka, fara) fram **6** ~ *through* skumma, ögna (titta) igenom **II** *a* skum-; skummjölks-; ~ *milk* skummjölk

skimp [skɪmp] **1** snåla (*on* med) **2** snåla **skimpy** ['skɪmpɪ] **1** knapp[t tilltagen], torftig; [för] trång **2** snål, knusslig

skin [skɪn] **I** *s* **1** hud; skinn; hinna; skal; *banana* ~ bananskal; *sausage* ~ korvskinn; *be nothing but* ~ *and bone*[*s*] vara bara skinn och ben; *it's no* ~ *off my nose* (*vard.*) det rör mig inte i ryggen; *change one's* ~ ömsa skinn; *get of with* (*keep*) *a whole* ~ komma helskinnad undan; *by the* ~ *of one's teeth* (*vard.*) med nöd och näppe, med knapp nöd; *save one's* (*protect one's own*) ~ rädda sitt eget skinn; *soaked to the* ~ våt inpå bara skinnet; *under the* ~ (*bildl.*) i grund och botten; *get under a p.'s* ~ (*vard.*) gå ngn på nerverna, irritera ngn **2** skinnlägel **II** *v* **1** dra av skinnet (huden) på; flå; skala; skrapa (*one's knee* knät); ~ *alive* flå levande (*äv. bildl.*) **2** *vard.* skinna, skörta upp, klå **3** ~ *over* täckas av hud (skinn), läkas **skin-deep** [ˌskɪn'di:p] ytlig (*äv. bildl.*) **skindiver** ['skɪnˌdaɪvə] sportdykare **skin-diving** [-ˌdaɪvɪŋ] sportdykning (*med snorkel, cyklop och simfötter*) **skinflint** ['skɪnflɪnt] snåljåp **skinny** [ˈskɪnɪ] mager, benig, tanig

skint [skɪnt] *vard.* pank

skip [skɪp] **I** *v* **1** skutta; hoppa (*äv. bildl.*); ~ *through a book* (*vard.*) ögna igenom (skumma) en bok **2** hoppa [hopp]rep **3** *bildl.* hoppa över, strunta i; ~ *it!* (*vard.*) strunt i det!, det gör inget! **4** ~ *stones over the surface of the water* kasta smörgås **5** *vard.*, ~ *school* skolka [från skolan] **6** *vard., i sht AE.* hastigt lämna, sticka från **II** *s* skutt; hopp

skipper ['skɪpə] *vard.* **1** skeppare, kapten **2** *sport.* [lag]kapten, lagledare

skipping-rope ['skɪpɪŋrəʊp] *BF.* hopprep

skirmish ['skɜ:mɪʃ] **I** *v* drabba samma, slåss; gräla **II** *s* skärmytsling (*äv. bildl.*)

skirt [skɜ:t] **I** *s* **1** kjol; *sl.* brud, tjej, *divided* ~ byxkjol **2** skydds|käpa, -skärm **3** *vanl.* ~*s* (*pl*) utkant[er]; [skogs]bryn **II** *v* **1** gå (sträcka sig) längs utefter, kanta **2** ~ [*round*] *a*) gå runt, *b*) *bildl.* kringgå

ski run ['ski:rʌn] skidspår **ski stick** skidstav **ski wax** ['ski:wæks] [skid]valla

skulk [skʌlk] **1** hålla sig undan, gömma sig **2** smyga

skull [skʌl] skalle, kranium, huvudskål; ~ *and crossbones* dödskalle med två korslagda benknotor; *have a dense* (*thick*) ~ vara tjockskallig

skunk [skʌŋk] **1** *zool.* skunk **2** *vard.* kräk

sky [skaɪ] **1** ~ *el. skies* (*pl*) himmel; *poet.* sky; *the moon is high in the* ~ månen står högt på himlen; *the* ~*'s the limit* (*vard.*) det finns ingen gräns; *praise s.b. to the skies* höja ngn till skyarna **2** *skies* (*pl*) klimat, luftstreck

sky-diving ['skaɪˌdaɪvɪŋ] fallskärmshoppning **sky-high** [ˌskaɪ'haɪ] *a o. adv* sky-hög[t] **skyjack** ['skaɪdʒæk] kapa flygplan **skyjacker** ['skaɪˌdʒækə] flygplanskapare **skylark** ['skaɪlɑ:k] *s, zool.* sånglärka **II** *v, vard.* rasa, stoja **skylight** ['skaɪlaɪt] takfönster **skyline** ['skaɪlaɪn] **1** horisont **2** silhuett, kontur **skyscraper** ['skaɪˌskreɪpə] skyskrapa

slab [slæb] platta; häll; tjock skiva

1 slack [slæk] **I** *a* **1** slak; slapp; *sjö.* slack **2** slö, loj **3** stilla; trög; ~ *season* låg-, död|säsong **4** ~ *lime* släckt kalk **II** *s* **1** löst hängande (slak) del; slakhet; *sjö.* slack; *take up the* ~ *in a*) spänna, *sjö.* hämta in slacken på, *b*) *bildl.* strama åt **2** ~*s* (*pl*) slacks, långbyxor (*för fritidsbruk*) **III** *v* slöa, maska (*at your work* i arbetet); ~ [*off*] lossa (släppa) på

2 slack [slæk] kolstybb

slacken ['slæk(ə)n] **1** ~ [*off*] minska, avta, sakta av **2** ~ [*off*] slappna, slöa till **3** slakna, bli slak[are] **4** minska, sakta (*the speed* farten) **5** släppa (lossa) på; spänna (slappna) av (*a muscle* en muskel)

slag heap ['slæghi:p] slagghög

slain [sleɪn] *perf. part. av slay*

slalom ['slɑ:ləm] *sport.* slalom; *giant* ~ storslalom

slam [slæm] **I** *v* **1** slå, slänga, smälla; ~ [*to, down*] slå (slänga, smälla) igen; ~ *s.th.* [*down*] *on the table* slänga ngt på (smälla ngt i) bordet; ~ *the door shut* smälla igen dörren; ~ *the door on s.th.* förkasta ngt; ~ *on the brakes* tvärbromsa **2** *vard.* göra ner; köra över **3** ~ [*to*] slå[s](smälla[s]) igen **II** *s* **1** smäll **2** *kortsp.* slam

slander ['slɑ:ndə] **I** *s* förtal, skvaller **II** *v* förtala, baktala **-ous** ['slɑ:nd(ə)rəs] [äre]kränkande, ärerörig; baktalande

slang [slæŋ] **I** *s* slang[språk] **II** *v* skälla ut, skälla på

slant [slɑ:nt] **I** *v* **1** slutta, luta **2** göra lutande (sned) **3** vinkla (*news* nyheter) **II** *s* **1** sluttning, lutning; *at a* ~ med lutning; *on a* ~ på sned (snedden) **2** vinkling; syn på saken

slap [slæp] **I** *v* **1** daska [till], smälla [till], slå [till]; ~ *down* (*vard.*) sätta på plats, tillrättavisa; ~ *s.b. on the back* dunka ngn i ryggen; ~ *a p.'s face*, ~ *s.b. on the face* örfila ngn, slå ngn i ansiktet **2** *vard.* slänga (smeta, kleta) på **II** *adv, vard.* bums; rakt, direkt, tvärt **III** *s* dask, smäll, slag; *a* ~ *in the face* ett slag i ansiktet (äv. bildl.), en örfil; ~ *and tickle* handgriplig kurtis; *a* ~ *on the back* en dunk i ryggen; *a* ~ *on the wrist* en näsknäpp

slap|dash ['slæpdæʃ] **I** *a* hafsig, slarvig **II** *adv* hafsigt, slarvigt **--up** ['slæpʌp] *vard.* flott, extravagant (*dinner* middag)

slash [slæʃ] **I** *v* **1** skära sönder, rispa upp; göra skåror i **2** drastiskt skära ner (minska) (*taxes* skatter) **3** piska, slå **4** ~ *at* rikta ett hugg (slag) mot, drämma till, gå lös på **II** *s* **1** skåra, jack, rispa **2** hugg, slag **3** strimma, fläck; *a* ~ *of soot* en sotfläck **4** *vard.* snedstreck (/) **5** *vard.*, *go for a* ~ gå och slå en drill

slate [sleɪt] **I** *s* **1** geol. skiffer **2** skifferplatta; griffeltavla; *put it on the* ~! (*BE.*) skriv upp det på mitt konto!, jag tar det på krita!; *start with a clean* ~ starta på nytt, låta det förflutna vara glömt; *wipe the* ~ *clean* dra ett sträck över det förflutna **3** *AE.* kandidatlista; **II** *v* **1** täcka med skiffer (skifferplattor) **2** *AE.* sätta upp på kandidatlista **3** *AE.* ämna, destinera **4** *vard., i sht BE.* göra (sabla) ner

slaughter ['slɔ:tə] **I** slakt[ande]; massaker **II** *v* slakta; döda hänsynslöst; massakrera **-er** [-rə] slaktare; [mass]mördare

slave [sleɪv] **I** *s* slav, träl, slavinna **II** *v* slava, träla **1 slaver** ['sleɪvə] **1** slavhandlare **2** slavskepp

2 slaver ['slævə] **I** *s* dregel, drägel **II** *v* dregla, drägla

slavery ['sleɪvərɪ] slaveri, träldom (äv. bildl.)

slavish ['sleɪvɪʃ] slavisk (äv. bildl.)

slay [sleɪ] (*slew, slain*) *åld. el. litt.* **1** dräpa, slå ihjäl **2** *vard.* roa enormt

sleazy ['sli:zɪ] **1** tunn, sladdrig **2** sjaskig, sjabbig

sled [sled] *AE., se sledge*

sledge [sledʒ] **I** *s* släde; kälke **II** *v* **1** åka släde (kälke) **2** dra i släde (på kälke)

sledgehammer ['sledʒ,hæmə] slägga

sleek [sli:k] **I** *a* **1** (*om hår e.d.*) slät, blank; slätkammad; *bildl.* inställsam, sliskig **2** välmående **3** elegant (*limousine* limousin) **II** *v* göra slät *etc.*, glätta

sleep [sli:p] **I** *v* (*slept, slept*) **1** sova; ~ *away* (*off*) sova bort; ~ *the sleep of the just* sova den rättfärdiges sömn **2** ge nattlogi åt, logera; *the house* ~*s* 20 huset har 20 sängplatser, 20 personer kan sova i huset **3** sova; ligga över; ~ *around* (*vard.*) ligga med vem som helst; ~ *in a*) *BE.* sova länge, *b*) bo i huset (i familjen, på arbetsplatsen *etc.*); ~ *on it* (*on the problem*) sova på saken; ~ *out a*) sova ute, *b*) inte bo i huset (familjen *etc.*), ha egen bostad; ~ *through the alarm* sova över väckarklockan; ~ *with* (*vard.*) ligga med **II** *s* sömn; *the last* ~ (*bildl.*) den sista vilan; *go* (*get*) *to* ~ somna; *my arm has gone to* ~ min arm har somnat (domnat); *have a good night's* ~ sova gott, sova ut ordentligt; *have a short* ~ sova en liten stund; *don't lose* ~ *over it* ligg inte sömnlös för det; *put to* ~ *a*) få att somna, *b*) söva; *walk* (*talk*) *in one's* ~ gå (tala) i sömnen

sleeper ['sli:pə] **1** sovande människa; *be a light* (*good, sound, heavy*) ~ sova lätt (gott, tungt) **2** sovvagn **3** *järnv.* sliper, syll

sleeping ['sli:pɪŋ] **I** *a* sovande, sov-, sömn-; *the* S~ *Beauty* Törnrosa; *let* ~ *dogs lie* väck inte den björn som sover **II** *s* sömn **sleeping bag** [-bæg] sovsäck **sleeping car** [-kɑ:] sovvagn **sleeping pill** [-pɪl] sömntablett

sleep|less ['sli:plɪs] sömnlös **-walk** gå i sömnen **-walker** [-,wɔ:kə] sömngångare

sleepy ['sli:pɪ] sömnig; sövande

sleet [sli:t] **I** *s* snöblandat regn, blötsnö; *AE.* isbark **II** *v*, *it is* ~*ing* det snöslaskar (faller snöblandat regn)

sleeve [sli:v] **1** ärm; *have s.th. up one's* ~ ha ngt i bakfickan; *laugh up one's* ~ skratta i mjugg; *wear one's heart on one's* ~ öppet visa sina känslor **2** *tekn.* muff **3** skivomslag, -fodral

sleigh [sleɪ] *se sledge*

slender ['slendə] **1** smärt, slank, smal, smäcker **2** *bildl.* klen, skral; knapp, mager

slept [slept] *imperf. o. perf. part. av sleep*

sleuth [slu:θ] *vard.* deckare

slew [slu:] *imperf. av slay*

slice [slaɪs] **I** *s* **1** skiva (*of bread* bröd); bit (*of pie* paj); ~ *of bread and butter* smörgås **2** [an]del **3** stek-, pannkaks|spade **4** (*i tennis, golf*) slice **II** *v* **1** ~ [*up*] skiva, skära [i skivor]; *the best thing since* ~*d bread* (*vard.*) det bästa som finns **2** (*i tennis, golf*) slajsa, skruva, skära (*a ball* en boll)

slick [slɪk] **I** *a* **1** smidig; talför, smart (*salesman* försäljare) **2** flott, skickligt gjord; glättad, driven **3** *AE. vard.* slipad, smart **4** *i sht AE.* slät, blank, glansig, hal **II** *v* **1** ~ [*up*] polera, blanka, släta till **2** göra glatt (hal) **3** ~ *down* vattenkamma (*one's hair* håret) **III** *s* blank (slät, hal) yta; [*oil*] ~ oljefläck

slid [slɪd] *imperf. o. perf. part. av slide*

slide [slaɪd] **I** *v* (*slid, slid*) **1** låta glida, skjuta; sticka, stoppa **2** glida; rutscha, kana; åka kana; halka; slinka; ~ *into* (*bildl.*) glida in i, hemfalla åt, förfalla till; ~ *into the room* slinka in i rummet; *let things* ~ låta det gå, inte längre bry sig om hur det går **II** *s* **1** glidande, glidning; *bildl.* fall **2** [glid]bana; rutsch|bana, -kana; [is]kana **3** *BE.* hårspänne **4** (*trombons*) drag **5** objektglas **6** dia- [positiv, -bild] **7** [jord-, snö]skred, ras **8** *tekn.* släde; slid; löpare **sliding** ['slaɪdɪŋ] *a* glidande, skjutbar, skjut-; ~ *door* skjutdörr; ~ *scale* rörlig (glidande) skala

slight [slaɪt] **I** *a* **1** lätt; lindrig; ringa, obetydlig; *not in the* ~*est* inte på minsta vis, inte ett dugg *I haven't the* ~*est idea* jag har inte ringaste aning **2** klen; smärt, spenslig, späd **II** *v* ringakta, ignorera, nonchalera; förringa **III** *s* ringaktning (*on* av), likgiltighet (*on* för) **-ly** ['slaɪtlɪ] *adv* lätt, lindrigt, obetydligt, något

slim [slɪm] **I** *a* **1** smal, smärt, slank, spenslig **2** tunn, smal (*book* bok); liten, minimal (*chance* chans) **II** *v* **1** banta, gå ner i vikt **2** göra smal

slime [slaɪm] **1** slam, dy, gyttja **2** slem; slemmig massa

slimming ['slɪmɪŋ] bantning

slimy ['slaɪmɪ] **1** slammig, dyig, gyttjig **2** slemmig; *bildl. äv.* motbjudande **3** inställsam

sling [slɪŋ] **I** *s* **1** [rep]slinga; gevärsrem; *sjö.* sling **2** *med.* bindel; *have one's arm in a* ~ ha armen i band, **3** (*för baby*) baxsele **4** slunga; ~*s and arrows* (*litt.*) hemsökelser, prövningar **5** slung|-ning, -ande **II** *v* (*slung, slung*) **1** slunga, slänga, kasta **2** hänga (*s. th. over the shoulder* ngt över axeln); hänga upp (*rep e. d.*)

slip [slɪp] **I** *v* **1** låta glida, sätta, sticka [till, ʊt], stoppa; smyga; ~ *the clutch* [*in*] slira på kopplingen; ~ *a stitch* lyfta en maska; ~ *one's clothes off* (*on*) dra av (på) sig kläderna; ~ *one over on s.b.* (*vard.*) lura ngn **2** glida ur, slita sig lös från; undkomma; undgå; *it has* ~*ped my memory* (*mind*) det har fallit mig ur minnet; *it has* ~*ped my notice* det har undgått mig **3** släppa [lös, i väg]; ~ *anchor* låta ankaret gå **4** *med.*, ~ *a disc* få diskbråck; ~*ped disc* diskbråck **5** glida; slinta; halka [omkull]; (*om koppling*) slira; slinka, smyga [sig]; *bildl.* halka efter, försämras; *let* ~ *a*) låta undslippa sig, fälla, *b*) släppa, *c*) missa; ~ *along* (*round, over*) *to* (*vard.*) sticka i väg (över) till; ~ *away a*) smyga [sig] bort (i väg), slinka i väg, *b*) [för]gå, försvinna; ~ *down a*) halka [omkull], *b*) halka ner; *it* ~*ped from his hand* den gled (slant) ur handen på honom; *it has* ~*ped from my memory* (*mind*) det har fallit mig ur minnet; *an error has* ~*ped in* ett fel har smugit sig in; ~ *into a coma* försjunka i koma; ~ *into a dress* dra på sig en klänning, ~ *off a*) smyga [sig] bort (i väg), slinka ut, *b*) glida av; *the secret* ~*ped out* hemligheten läckte ut; ~ *up* halka **6** göra ett misstag (fel); ~ *up* (*vard.*) göra en tabbe **II** *s* **1** glidning; slintning; halkning; *give s.b. the* ~ [lyckas] smita från ngn **2** tabbe, miss[tag], fel[steg]; *Freudian* ~ freudiansk felsägning; ~ *of the pen* skrivfel; ~ *of the tongue* felsägning **3** stycke, bit, remsa; ~ *of paper* pappers|lapp, -remsa **4** underklänning **5** örngott, kuddvar **6** *bot.* stickling, ymp[kvist]; *a*

~ *of a girl* en flicksnärta, en liten stumpa **7** (*slags*) kundkoppel **8** *sjö.* slip, stapelbädd

slip|-**on** ['slɪpɒn] (*om plagg utan knappar el. skor utan snören*) som bara är att dra (ta) på sig **-over** [-ˌəʊvə] slipover

slipper ['slɪpə] **1** toffel; slipper **2** aftonsandalett

slippery ['slɪpərɪ] hal, glatt; halkig; *bildl.* hal, opålitlig; *be on the* ~ *slope* (*bildl.*) befinna sig på det sluttande planet

slip road ['slɪprəʊd] *BE.* (*vid motorväg*) påfart, avfart

slip|**shod** ['slɪpʃɒd] vårdslös, hafsig, slarvig **-up** *vard.* litet misstag (fel)

slit [slɪt] **I** *v* (*slit, slit*) **1** skära (sprätta) upp (av, isär, sönder); göra en reva i **2** ~ *one's eyes* titta med ögon smala som springor (*at* på) **II** *s* **1** reva, skåra **2** springa, sprund

slither ['slɪðə] hasa, glida, halka **slithery** [-ð(ə)rɪ] hal; slipprig

sliver ['slɪvə] **I** *s* flisa, sticka; skärva; strimla **II** *v* **1** spjälka; skära i strimlor; klyva **2** spjälkas, flisa sig, klyvas

slob [slɒb] *sl.* klåpare, klantskalle

slog [slɒg] *vard.* **I** *v* **1** mödosamt vandra (traska) **2** ~ *away at* knoga [på] med; ~ *through* kämpa sig igenom **3** puckla (damma) på; *they* ~*ged it out* de pucklade (dammade) på varandra **II** *s* **1** hårt slag **2** mödosam vandring **3** slit, knog

slogan ['sləʊgən] slogan, slagord, paroll

slop [slɒp] **I** *v* **1** spillu [ut], skvimpa ut; spilla (slaska) ner **2** spillas ut, skvimpa (skvalpa) över; ~ *over a*) skvimpa (skvalpa) över, *b*) *vard., i sht AE.* utgjuta sig **3** plaska; ~ *about a*) plaska omkring, *b*) slafsa omkring **II** *s* **1** pöl; ~*s* (*pl*) *a*) disk-, slask-, smuts|vatten, *b*) bottensats, *c*) [halv]flytande föda, välling, soppa, *d*) (*vard., om dryck e.d.*) blask, diskvatten, *e*) svinmat **2** *vard.* sentimentalt snack, sentimental smörja

slope [sləʊp] **I** *s* sluttning, backe; lutning **2** *mil.*, *with the rifle at the* ~ med geväret på axeln **II** *v* **1** slutta, luta **2** *vard.*, ~ *off* droppa av, smita iväg **3** *mil.*, ~ *arms!* på axel gevär!

sloppy ['slɒpɪ] **1** slaskig; (*om mat*) vattnig, blaskig **2** *vard.* slarvig, hafsig **3** *vard.* sentimental, sliskig **4** (*om plagg*) säckig; ~ *joe* (*vard.*) lång säckig tröja

slosh [slɒʃ] **I** *s* **1** *se* slush 1 **2** *BE. sl.* snyting **3** skvalp, plask **II** *v* **1** *vard.* skvätta, stänka, skvalpa **2** plaska, klaska (*around, about* omkring, runt) **3** *BE. sl.* klippa till **sloshed** [-t] *vard.* på örat, berusad

slot [slɒt] **I** *s* **1** springa, öppning **2** spår, ränna **3** (*på schema, i program e.d.*) lucka **II** *v* göra en springa (ett spår) i **slot machine** ['slɒtməˌʃiːn] varuautomat; spelautomat

slouch [slaʊtʃ] **I** *s* **1** hopsjunken (dålig) hållning, hopsjunken läge **2** slöfock; *be no* ~ *at s.th.* (*vard.*) inte vara så tokig på ngt **II** *v* gå (sitta, stå) hopsjunken; ~ *about* stå och hänga, slafsa omkring

slovenly ['slʌvnlɪ] *a* **1** ovårdad, sjabbig, sjaskig **2** slarvig, hafsig

slow [sləʊ] *a* **1** långsam, sakta; trög; *be* ~ *off the mark* (*on the uptake*) fatta långsamt; ~ *and sure* sakta men säker; ~ *poison* långsamt verkande gift; *business is* ~ affärerna går trögt **2** (*om* *klocka*) som går för sakta; *the clock is three minutes* ~ klockan går tre minuter efter (för sakta) **II** *adv* långsamt, sakta; *go* ~ *a*) gå (köra) sakta (långsamt), *b*) ta det lugnt, *c*) (*vid arbetskonflikt*) maska, *d*) (*om klocka*) gå efter (för sakta) **III** *v* **1** sakta (*one's speed* farten) **2** ~ *down* (*up*) sakta in (*the car* bilen); fördröja, försena **3** ~ *down* (*up*) sakta farten (ner); ~ *down* (*äv.*) ta det lugnare

slow|**coach** ['sləʊkəʊtʃ] *BE. vard.* slöfock; trög typ **-ly** [-lɪ] *adv* långsamt, sakta

1 slug [slʌg] *zool.* (*skallös*) snigel

2 slug [slʌg] **1** metallklump **2** *AE. vard.* [gevärs]-kula **3** *i sht AE.* [spel]pollett **4** *vard.* stor klunk, slurk **5** *boktr.* reglett

3 slug [slʌg] **I** *v* **1** slå till [med knytnäven] **2** ~ *it out* puckla på varandra **3** pulsa (*i snö*) **II** *s* hårt slag; knytnävsslag

sluggish ['slʌgɪʃ] **1** trög, slö, långsam **2** trögflytande

sluice [sluːs] **I** *s* **1** sluss; sluss|port, -lucka; slussvatten **2** [flottnings]ränna **3** slussvatten; dammlucka **4** *vard.* avtvättning (*i rinnande vatten*) **II** *v* **1** avleda [genom en sluss] **2** spola [vatten över], skölja; ~ *down* skölja ner (*the food with wine* maten med vin) **3** flotta (*i flottningsränna*) **4** förse med sluss[ar] **5** (*om vatten*) ~ *out* (*away*) rinna (strömma) ut [genom sluss]

slum [slʌm] **I** *s* slum[kvarter] **II** *v, vard., be* ~*ming* [*it*] besöka (ta en titt på) slumkvarteren

slumber ['slʌmbə] *litt.* **I** *v* slumra **II** *s*, ~[*s*] slummer (*äv. bildl.*)

slummy ['slʌmɪ] slum-, förslummad

slung [slʌŋ] *imperf. o. perf. part. av sling*

slunk [slʌŋk] *imperf. o. perf. part. av slink*

slur [slɜː] **I** *v* **1** skriva (uttala, artikulera) suddigt (otydligt), dra ihop **2** ~ *over* beröra flyktigt (som hastigast), halka över **3** *mus.* spela (sjunga) legato **4** svärta ner, förtala **5** skriva (tala) suddigt (otydligt) **II** *s* **1** suddigt (otydligt) uttal; luddig stil **2** *mus.* legato[båge] **3** [skam]fläck; förolämpning; *cast a* ~ *on s.b.* kasta en skugga på (svärta ner, förtala) ngn

slurp [slɜːp] *vard.* **I** *v* **1** sörpla i sig **2** sörpla; smacka **II** *s* sörpling; smackande

slush [slʌʃ] **1** snö|modd, -sörja **2** *vard.* sentimental smörja, sentimentalt dravel

slut [slʌt] slarva; slampa

sly [slaɪ] **I** *a* (~*er*, ~*est el. slier, sliest*) **1** slug, listig; ~ *dog* lurifax **2** menande; förstulen **3** skälmsk, spjuveraktig **II** *s, on the* ~ i smyg

smack [smæk] **I** *v* **1** daska (smälla, slå) [till]; klatscha med; ~ *one's thighs* slå sig på låren **2** ~ *one's lips a*) smacka med läpparna, *b*) slicka sig om munnen, gotta sig **II** *adv* bums; rakt, direkt, tvärt **III** *s* **1** dask, smäll, slag; klatsch; *a* ~ *in the eye* (*bildl.*) ett slag i ansiktet; *have a* ~ *at s.th.* (*vard.*) försöka sig på ngt **2** smackning **3** smällkyss

small [smɔːl] **I** *a* **1** liten; *pl* små, ringa; ~ *ads* småannonser; ~ *arms* handeldvapen; ~ *beer* (*vard., i sht BE.*) *a*) obetydliga människor, *b*) obetydliga saker; ~ *change* småpengar, växel[pengar]; ~ *comfort* klen tröst; ~ *farmer* småbrukare; ~ *fry a*) obetydligt folk, *b*) småbarn, *c*) småfisk; ~ *goods* (*Austr.*) delikatesser; *the* ~ *hours* småtimmarna; ~ *matter* småsak, bagatell;

the ~*est possible number of cars* (*äv.*) så få bilar som möjligt; ~ *potatoes* (*AE. vard. bildl.*) småpotatis; *the* ~ *screen* TV[-rutan]; ~ *talk* småprat; [*it is*] ~ *wonder* det är inte så underligt (att undra på); ~ *in number*[*s*] ringa (få) till antalet; *in a* ~ *way a*) i smått, i liten skala, *b*) anspråkslöst, enkelt; *be a* ~ *eater* vara liten i maten; *feel* ~ känna sig liten **2** svag, tunn; ~ *beer a*) åld. svagt öl, svagdricka, *b*) *vard.* små-, strunt|prat, strunt[saker]; *he's very* ~ *beer* (*vard.*) han är en riktig nolla; ~ *voice* svag röst **3** små|aktig, -sint **II** *adv* smått, i små bitar **III** *s* **1** *the* ~ den smala delen; *the* ~ *of the back* korsryggen; *the* ~ *of the leg* smalbenet **2** ~*s* (*pl*) underkläder **3** *in* ~ i liten skala

small-minded [ˌsmɔːlˈmaɪndɪd] små|sint, -aktig

smallpox ['smɔːlpɒks] [smitt]koppor

smart [smɑːt] **I** *a* **1** flott, stilig, snygg, elegant; prydlig, vårdad; välklädd; fin; modern; *the* ~ *set* den fina världen, fint folk **2** snabb, rask; *look* ~ [*about it*]! skynda (raska) på! **3** pigg, vaken; kvick, fyndig, påhittig, slagfärdig; skärpt, duktig; skicklig; smart; durkdriven, slipad; ~ *aleck* (*vard.*) viktigpetter **4** skarp, bitande, svidande, stickande; häftig; hård **II** *s* [stickande] smärta, sveda **III** *v* svida, göra ont; ha ont; ~ *for s.th.* [få] sota (plikta) för ngt; ~ *under s.th.* lida (plågas) av ngt

smarten ['smɑːtn] **1** ~ [*up*] snygga upp **2** öka (*the pace* farten) **3** pigga upp

smash [smæʃ] **I** *v* **1** slå (ha) sönder, krossa; krascha; spränga; *bildl. a*) krossa, slå ner, *b*) ruinera; ~ *a p.'s face in* (*vard.*) slå ngn sönder och samman; ~ *up a*) slå sönder, krossa, *b*) kvadda (*bil*) **2** slå [till]; drämma [till med]; *sport.* smasha **3** gå sönder (i bitar); krascha; ~ [*up*] (*bildl.*) krascha, göra konkurs **4** smälla; ~ *into* smälla ihop (krocka) med **5** *sport.* smasha **II** *adv* med en smäll; rakt, rätt **II** *s* **1** smäll, slag; *sport.* smash **2** brak, skräll **3** krock, kollision, krasch **4** konkurs, krasch; sammanbrott; katastrof **5** *vard.* jättesuccé

smasher [smæʃə] *vard., i sht BE.* toppen|kille, -tjej; toppen-, pang|grej **smashing** [-ɪŋ] *vard.* fantastisk, toppen-, pang-

smattering ['smæt(ə)rɪŋ] ytlig kännedom, hum, aning (*of* om), ytliga kunskaper (*of* i)

smear [smɪə] **I** *v* smeta [ner], smutsa [ner], fläcka [ner] **2** smörja (*a baking tin* en kakform), smörja in; smeta (kladda) ner (omkring); breda (*bread with butter* smör på en smörgås) **3** *bildl.* smutskasta, svärta ner **II** *s* **1** [smuts]fläck **2** smutskastning, förtal **3** *med. se smear test*

smell [smel] **I** *v* (*smelt, smelt el.* ~*ed*, ~*ed*) **1** lukta på; känna lukten av; vädra, *bildl. äv.* misstänka, ana; ~ *a rat* (*vard.*) ana oråd; ~ *out a*) vädra (spåra) upp, *b*) nosa (snoka) reda på, upptäcka, avslöja **2** lukta (*at* på); ~ *about* (*round*) (*bildl.*) snoka omkring **3** lukta; dofta; stinka; ~ *of a*) lukta, *b*) *bildl.* tyda på; *his breath* ~*s* han har dålig andedräkt; *it* ~*s to high heaven* det stinker lång väg **II** *s* **1** lukt; doft; stank; *there is a* ~ *of tobacco* det luktar tobak; *have* (*take*) *a* ~ *at s.th.* lukta på ngt; *have a good* (*bad*) ~ lukta gott (illa) **2** luktsinne

smelly ['smelɪ] illaluktande; stinkande

smelt [smelt] *imperf. o. perf. part. av smell*

smile [smaɪl] **I** *v* **1** le, småle (*at* åt; [*up*]*on* mot) **2** uttrycka med ett leende; ~ *one's approval* (*äv.*) le gillande **II** *s* leende; *be all* ~*s* vara idel leende; *give s.b. a* ~ ge ngn ett leende **smiling** ['smaɪlɪŋ] *a* leende (*äv. bildl.*); *come up* ~ (*bildl.*) ta det med ett leende; *keep* ~*!* upp med humöret!

smirk [smɜ:k] **I** *v* flina, hånle (*at* åt) **II** *s* flin, hånleende

smith [smɪθ] smed

smithereens [ˌsmɪðə'ri:nz] *pl* småbitar; *smash to* ~ slå i kras (bitar)

smithy ['smɪðɪ] smedja

smock [smɒk] **I** *s* **1** lång vid blus **2** arbets-, skydds-, artist|rock **II** *v* sy smock på

smog [smɒg] smog (*dimma med luftföroreningar*)

smoke [sməʊk] **I** *v* **1** röka; ~*d fish* rökt fisk; ~*d glass* rökfärgat glas; ~ *out a*) röka ut, *b*) tvinga fram, snoka reda på **2** röka; ryka, osa; ånga **II** *s* **1** rök; *the S~* (*BE. sl.*) London; *there's no ~ without fire* ingen rök utan eld; *go up* (*end*) *in* ~ gå upp i rök (*äv. bildl.*) **2** *vard.* röka, cigarr[ett] **3** *vard.* bloss; *have* (*take*) *a* ~ ta sig ett bloss **smokeless** [-lɪs] rökfri **smoker** [-ə] **1** rökare; *pipe* ~ piprökare; *be a heavy* ~ vara storrökare **2** rökkupé **smoke screen** rökridå (*äv. bildl.*); *bildl. äv.* täckmantel **smokestack** fabriksskorsten; fartygsskorsten **smoking** ['sməʊkɪŋ] **I** *a* rökande; rykande **II** *s* rökning, rökande; rykande; *no* ~ rökning förbjuden; *give up* ~ sluta röka **smoky** [-ɪ] **1** rökig; rökfylld **2** rykande (*chimney*); rökig (*skorsten*) **3** rök-; rökfärgad; ~ *taste* rökt smak, röksmak **4** nerrökt, svart av rök

smooth [smu:ð] **I** *a* **1** jämn, slät; ~ *muscles* glatt muskulatur; *make things* ~ *for s.b.* (*bildl.*) jämna vägen för ngn **2** slät, len, mjuk, fin; (*om röst, smak e.d.*) mild, mjuk; *as* ~ *as silk* silkeslen **3** jämn, lugn, stilla; smidig, friktionsfri; flytande, ledig **4** lugn, vänlig, artig; smidig; hal, inställsam, lismande, insmickrande; silkeslen **5** slätharig; hår-, skägg|lös **6** blank; blanksliten **II** *adv* jämnt; smidigt **III** *s* **1** jämn yta (del, bit) **2** tillslätande, strykning; *give s.th. a* ~ släta till ngt **IV** *a* jämna, göra jämn (slät); släta till; jämna ut; ~ *the way for s.b.* (*bildl.*) jämna vägen för ngn; ~ *down a*) släta till, *b*) jämna ut; ~*d out a*) jämna (släta) ut, *b*) släta över; ~ *over* släta över; ~ *things over* (*vard.*) ordna upp det hela

smother ['smʌðə] **1** kväva (*äv. bildl.*); *bildl. äv.* undertrycka, dämpa; ~ *the fire* kväva elden; ~ *a yawn* kväva en gäspning; ~*ed mate* (*i schack*) kvävmatt **2** [över]hölja; dränka; överösa; ~*ed in smoke* höljd i rök **3** hålla på att kvävas

smoulder ['sməʊldə] pyra (*äv. bildl.*), ligga och ryka

smudge [smʌdʒ] **I** *v* kladda [ner, till], kleta [ner]; *bildl.* fläcka **II** *s* [smuts]fläck, kladdigt märke; suddig fläck

smug [smʌg] **1** *åld.* prudentlig **2** självbelåten

smuggle ['smʌgl] smuggla **-gler** [-lə] smugglare **-gling** [-lɪŋ] smuggling

smut [smʌt] **1** sotflaga; sotfläck **2** *bot.* [svart]rost **3** snusk, oanständighet[er] **-ty** ['smʌtɪ] **1** sotig, ned|sotad, -smutsad **2** snuskig, oanständig

snack [snæk] matbit; lätt måltid. mellanmål; ~*s* (*pl*) snacks, tilltugg (*t. drink*)

snag [snæg] **I** *s* **1** grenstump; [träd]stubbe; *AE.* uppstickande trädstam (*i flod e.d.*) **2** ögla, litet hål (*i tyg*) **3** hake, krux, stötesten **II** *v* **1** hindra **2** riva hål i (på); riva upp en tråd (*i tyg*)

snail [sneɪl] snigel (*med skal*); (*om pers.*) snigel, sölkorv; *at a* ~*'s pace* med snigelfart

snake [sneɪk] **I** *s* orm (*äv. bildl.*); ~ *in the grass* opålitlig person, orm **II** *v* **1** slingra sig **2** *AE.* släpa, dra (*med rep*)

snap [snæp] **I** *v* **1** knäppa (smälla) med; fyra av; ~ *one's fingers at* (*vard.*) strunta i **2** knäppa (smälla, slå) igen; ~ *shut* (*down*) smälla (slå) igen **3** bryta (slita) av (itu) **4** knäppa, plåta, fotografera **5** ~ *up a*) gripa, snappa (nafsa, rycka) åt sig, *b*) avbryta tvärt **6** knäppa [till]; ~ *shut* (*down, to*) smälla (slå) igen **7** gå (brytas) av (itu), knäckas, brista; *my patience* ~*ped* mitt tålamod brast **8** kollapsa, klappa ihop **9** fara ut, fräsa (*at* mot, åt) **10** snappa, nafsa, hugga (*at efter*); ~ *at* uppอonmmlly ... tillfället i akt **11** *vard.*, ~ *out of it* hämta sig, komma över det, rycka upp sig **II** *adv* med en knäpp (smäll); tvärt **III** *a* plötslig, spontan, snabb[-]; förhastad **IV** *s* **1** knäpp[ande]; smäll **2** nafsande; *make a* ~ *at s.th.* nafsa efter ngt **3** tryckknapp; [tryck]knäppe, lås **4** kort period; *cold* ~ köldknäpp **5** (*slags*) småkaka **6** *vard.* fart, kläm, energi **7** *se snapshot* **8** *vard.* lätt sak, baggis

snapdragon ['snæpˌdrægən] *bot.* lejongap

snappy [-ɪ] **1** bitsk; *bildl.* snäsig, retlig **2** knastrande, sprakande (*fire* brasa); knäppande **3** piffig, fashionabel, elegant **4** livlig, energisk; kvick; *make it* ~*!* (*vard.*) lägg på en rem!, raska på! **5** frisk, kylig

snapshot ['snæpʃɒt] snapshot, [ögonblicks]bild, kort

snare [sneə] **I** *s* snara; *bildl. äv.* försåt **II** *v* [fånga i] snara, snärja (*äv. bildl.*)

1 snarl [snɑ:l] **I** *v* morra (*at* åt) **II** *s* morrande

2 snarl [snɑ:l] **I** *s* trassel; tova; härva; tilltrasslad situation, problem; *in a* ~ tilltrasslad, i en enda härva **II** *v* **1** ~ *up* trassla till (ihop), blockera **2** trassla till (ihop) sig, blockeras

snatch [snætʃ] **I** *v* **1** nafsa (rafsa) åt sig, rycka till sig; ~ *one's hand away* dra till sig (rycka undan) handen; ~ *up* rycka åt sig, hugga tag i **2** stjäla [sig till] (*one hours' sleep* en timmes sömn); sno åt sig (*the victory* segern) **3** ~ *at gripa efter* **II** *s* **1** hugg, grepp **2** kort stund; [brott]stycke; ~*es of conversation* brottstycken av ett samtal; ~ *of sleep* en tupplur; *a* ~ *of a song* en visstump; *by* (*in*) ~*es* ryckvis **3** (*i tyngdlyftning*) ryck **4** *AE. sl.* kidnapp[n]ing **5** *BE. sl.* rån, stöld

sneak [sni:k] **I** *v* **1** smyga [sig] (*away* iväg); *BE. vard.* smita **2** skvallra (*on s.b. på ngn; to s.b.* för ngn) **3** *vard.* knycka, sno **4** smyga, smussla (*s.b. s.th.* åt ngn ngt); smuggla; ~ *a look at* kasta en förstulen blick på **II** *s* **1** lurifax **2** orm, skvallerbytta **III** *a* smyg-, i smyg; ~ *attack* smyganfall; ~ *preview* (*av film*) förhandsvisning

sneakers ['sni:kəz] *pl* gymnastik-, tennis|skor

sneaking [-ɪŋ] **1** hemlig, dold **2** smygande; undertryckt, tjuv-

sneer [snɪə] **I** *v* **1** hånle (*at* åt) **2** ~ *at* pika, [för]håna **II** *s* **1** hånleende **2** pik, gliring

sneeze [sni:z] **I** *v* nysa; *not to be* ~*d at* (*vard.*) inte att förakta **II** s nysning

sniff [snıf] **I** v **1** andas in; sniffa [på]; lukta (nosa) på; sniffa (glue lim); ~ out (vard.) nosa reda på **2** vädra, lukta, nosa, sniffa (at på) **3** snörvla **4** fnysa, rynka på näsan (at åt); not to be ~ed at (BE. vard.) inte att förakta **II** s **1** inandning, vädring **2** snörvling **3** fnysning **4** svag doft; sniff; not get a ~ of (vard.) aldrig lyckas komma i närheten av

snigger ['snıgə] **I** v fnittra, fnissa (at åt) **II** s fnitter, fniss

snip [snıp] **I** v **1** klippa [av], knipsa [av]; snoppa (a cigar en cigarr); ~ off knipsa av **2** klippa (at på) **II** s **1** klipp; klippande **2** avklippt bit **3** BE. vard. fynd, kap, klipp

snipe [snaıp] **I** s (pl lika) zool. snäppa; beckasin; common ~ enkelbeckasin, horsgök; great ~ dubbelbeckasin **II** v idka prickskytte (krypskytte) (at på, mot); skjuta ur bakhåll (at på) **sniper** ['snaıpə] prickskytt; krypskytt

snivel ['snıvl] **I** v **1** snörvla **2** lipa, snyfta, gnälla **II** s **1** snörvlande, snörvling **2** lipande, snyftande, gnäll **-ling** ['snıv|lıŋ] **I** a **1** snörvlande; snorig **2** lipande, snyftande, gnällig **II** s **1** snörvlande, snorande **2** lipande, snyftande, gnäll

snob [snɒb] snobb **-bery** ['snɒbərı] snobberi **-bish** ['snɒbıʃ] snobbig

snog [snɒg] hångla

snoop [snu:p] vard., ~ [around] [gå och] snoka

snooze [snu:z] **I** v ta sig en [tupp]lur **II** s [tupp]lur

snore [snɔ:] **I** v snarka **II** s snarkning

snort [snɔ:t] **I** v frusta; fnysa **II** s **1** frustande; fnysning **2** vard. liten hutt

snot [snɒt] sl. snor **-ty** ['snɒtı] **1** sl. snorig **2** vard. snorkig **3** vard. otrevlig, förbaskad

snout [snaut] **1** nos, tryne (vard. äv. om människas näsa) **2** pip, munstycke; [gevärs]mynning **3** BE. sl. cigg; tobak

snow [snəu] **I** s **1** snö; ~s (pl) [ihållande] snöfall **2** sl. kokain **II** v **1** snöa (äv. bildl.): be ~ed in (up) bli (vara) insnöad; be ~ed under by (bildl.) överhopas av, hålla på att drunkna i **2** AE. smickra

snow|ball ['snəubɔ:l] **I** s snöboll **II** v kasta snöboll [på] **-capped** snö|klädd, -täckt **-drift** snödriva **-flake 1** snöflinga **2** bot. snöklocka **-man** snögubbe

snowy ['snəuı] snöig; snö-; snövit

snub [snʌb] **I** v nonchalera; förolämpa; snäsa av, sätta på plats **2** sjö. ta törn **II** s förolämpning; [av]snäsning **III** a, ~ nose trubbnäsa **--nosed** ['snʌbnəuzd] **1** trubbnäst **2** (om pistol e.d.) kortpipig

1 snuff [snʌf] **I** v **1** snusa, vädra **2** snusa **II** s snus; up to ~ (vard.) a) pigg och kry, b) inte född i går; take ~ använda snus, snusa

2 snuff [snʌf] snoppa (a candle ett ljus); ~ out släcka (med ljussläckare e.d.), bildl. kväva, göra slut på; ~ it (BE. vard.) kola [vippen]

snug [snʌg] **I** a **1** ombonad, varm och skön; [hem]trevlig, trivsam; lugn, trygg; be as ~ as a bug in a rug ha det riktigt mysigt **2** åtsittande; tät **II** s, BE. (e.d.) ostört pås

snuggle ['snʌgl] krypa ihop, smyga (trycka) sig (close to tätt intill); ~ down krypa ner

so [səu] **I** konj **1** så, så (och) därför, varför; så [att]; ~ that a) så att, b) för att; ~ as to a) så att,

b) för att **2** (i frågor o. utrop) så, jaså, alltså; ~ there! så var det med det!, så det så!; ~ what? än sen [då]? **II** adv **1** så[lunda], på så (detta) sätt; så till den grad, mycket; ~ ~ (vard.) så där, si och så; [is that] ~? jaså?, verkligen?, säger du det?; that's ~! just precis!, det stämmer!; ~ high a price ett så[dant] högt pris; ~ to say (speak) så att säga; and ~ on (forth) och så vidare; if ~ om så är, i så fall; not ~...as inte så (lika)...som; a week or ~ en vecka eller så, ungefär en vecka; I love her ~ [much] jag älskar henne så [mycket]; I ~ wanted to do it jag ville så gärna göra det; that's ~ kind of you! det var verkligen snällt av dig!; would you be ~ kind as to open the window? vill du vara [så] snäll och öppna fönstret?; he is ill, and ~ cannot come han är sjuk och därför kan han inte komma; he was ~ stupid as to do it han var dum nog att göra det **2** det; ~ am (did) I det är (gjorde) jag också (med); ~ I am (did) det 'är ('gjorde) jag också; I'm afraid ~ jag är rädd för det; it was nice! — ~ it was! det var trevligt! — ja, det var det!; I believe (hope, expect, think) ~ jag antar (hoppas, förmodar, tror, tycker) det; I told you ~! det var ju det jag sa [till dig]!

soak [səuk] **I** v **1** lägga (låta ligga) i blöt, blötlägga; ~ o.s. in s.th. (bildl.) fördjupa sig i ngt; ~ off blöta loss; ~ out blöta ur **2** göra genomvåt, genomdränka; be ~ed to the skin (through) vara blöt inpå bara kroppen (genomvåt) **3** ~ in suga i (åt) sig;; ~ up suga upp (åt sig); ~ up sunshine lapa sol, ligga och sola sig **4** vard. supa [full]; ~ed full **5** vard. köra (skörta) upp **6** ligga i blöt, blötas **7** ~ [in] sugas (tränga) in; ~ into sugas (tränga) as in i; rain has ~ed through the ceiling regnet har trängt igenom taket **8** vard. supa **II** s **1** blötläggning; [genom]blötning; blötläggningsvatten; be in ~ ligga i blöt; give s.th. a ~ lägga ngt i blöt **2** BE. vard. ösregn **3** sl. suput **4** Austr. vattenhål

soaking ['səukıŋ] **I** s uppblötning; indränkning; blötläggning **II** a, ~ [wet] genom|våt, -blöt

so-and-so ['səuənsəu] **1** så och så, den och den **2** neds. [jäkla] typ (människa)

soap [səup] **I** s **1** tvål; såpa; vard. tvålopera; soft ~ a) AE. såpa, b) vard. smicker **2** AE. sl. [mut]pengar **II** v tvåla [in]; såpa [in] **soap bubble** [-,bʌbl] såpbubbla **soapsuds** [-sʌdz] pl tvål-, såp|lödder; tvål-, såp|vatten

soar [sɔ:] **1** stiga, skjuta i höjden (äv. bildl.); flames were ~ing into the sky flammor slog upp **2** sväva, glidflyga **-ing** ['sɔ:rıŋ] stigande; skyhög; bildl. högtflygande

sob [sɒb] **I** v **1** snyfta **2** snyfta fram **II** s snyft|ning, -ande

sober ['səubə] **I** a **1** sober, diskret, dämpad **2** nykter, saklig; allvarsam; sansad, måttlig; måttlig **3** nykter; as ~ as a judge (vard.) spik nykter **II** v **1** ~ [up] a) göra (få) nykter, b) bildl. få att nyktra till **2** ~ [up] nyktra till (äv. bildl.), bli nykter

sobriety [sə(υ)'braıətı] **1** nykterhet **2** måttfullhet; lugn; allvar

so-called [,səu'kɔ:ld] så kallad

sociable ['səuʃəbl] **I** a sällskaplig; trevlig **II** s, AE. sammankomst, samkväm

social ['səuʃl] **I** a **1** samhällelig, samhälls-; social[-]; (om djur) som lever tillsammans (i samhällen); ~ *class* samhällsklass; ~ *climber* streber, uppkomling; ~ *democrat* socialdemokrat; ~ *disease a*) folksjukdom, *b*) könssjukdom; ~ *science* samhällsvetenskap; ~ *security* social|försäkring, -hjälp, -bidrag; *be on* ~ *security* få socialbidrag; ~ *services* social|tjänst, -vård; ~ *services secretary* socialsekreterare; ~ *work* socialt arbete; ~ *worker* socialarbetare **2** sällskaplig; sällskaps-, umgänges- **II** *s* tillställning, bjudning, samkväm

social|ism ['səuʃəlɪz(ə)m] socialism **-ist** [-ɪst] **I** *s* (*äv. S*~) socialist; socialdemokrat **II** *a* (*äv. S*~) socialistisk, socialist-; socialdemokratisk **-istic** [ˌsəuʃə'lɪstɪk] socialistisk

social|ization (*BE. äv. -isation*) [ˌsəuʃəlaɪ'zeiʃn] socialisering, förstatligande **-ize** (*BE. äv. -ise*) ['səuʃəlaɪz] socialisera, förstatliga

society [sə'saɪətɪ] **1** samhälle[t] **2** sällskap; *avoid a p.'s* ~ undvika ngns sällskap; *I enjoy his* ~ (*äv.*) jag tycker om att vara tillsammans (umgås) med honom **3** vän-, umgänges|krets; krets[ar]; [*high*] ~ societet[en], sällskapslivet; *in polite* ~ i bildade kretsar; *go into* ~ delta[ga] i sällskapslivet **4** förening, sällskap, samfund; *charitable* ~ välgörenhetsförening; *the S*~ *of Friends* Vännernas samfund (*kväkarna*); *the S*~ *of Jesus* jesuitorden; *the Royal S*~ [brittiska] vetenskapsakademin

sociologist [ˌsəusɪ'ɒlədʒɪst] sociolog **sociology** [ˌsəusɪ'ɒlədʒɪ] sociologi, samhällsvetenskap

1 sock [sɒk] **1** socka, [kort]strumpa; *pull one's* ~*s up* (*BE. vard.*) skärpa sig; *put a* ~ *in it!* (*BE. sl.*) håll käften! **2** inläggssula

2 sock [sɒk] *sl.* **I** *s* smäll, slag; *a* ~ *on the jaw* ett slag på käften, en snyting **II** *v* slå (klippa, dänga) till; ~ *it to s.b.* ge ngn på käften (nöten)

socket ['sɒkɪt] **1** [elektriskt] uttag, hållare, sockel; hylsa, kapsel **2** *anat.* hålighet, håla; *eye* ~ ögonhåla; *hip* ~ höftledsskål **socket wrench** hylsnyckel

sod [sɒd] *sl., i sht BE.* **I** *s* (*förk. för sodomite*) jävel, jäkel, sate; knöl, äckel; *poor* ~*!* stackars jävel! **II** *v* **1** ~ *it!* jävlar!, det skiter jag i! **2** ~ *off!* dra åt helvete!

soda ['səudə] **1** soda; *caustic* ~ kaustik soda, teknisk natriumhydroxid **2** soda[vatten] **3** *AE.* ice-cream soda **soda fountain** [-ˌfauntɪn] *AE.* **1** sifon **2** [glass]bar

sodium ['səudjəm] natrium

sofa ['səufə] soffa **sofa bed** bäddsoffa

soft [sɒft] **1** mjuk; språkv. äv. tonande; ~ *cheese* mjukost; ~ *drink* alkoholfri dryck, läskedryck; ~ *drugs* lätt narkotika (*t.ex. hasch*); ~ *furnishings* hemtextilier; ~ *landing* mjuklandning; *the* ~ *palate* mjuka gommen; ~ *porn* mjukporr; ~ *sell* (*i sht AE.*) mjuksäljning; ~ *soap* såpa, *bildl.* smicker; *as* ~ *as silk* silkes|len, -mjuk; *have a* ~ *spot for* vara svag för **2** svag, tyst, lätt, dämpad; mjuk; ~ *footsteps* tysta (lätta) steg; ~ *music* dämpad musik; ~ *pedal* (*mus.*) vänster-, dämmar|pedal, *bildl.* sordin; ~ *rain* lätt regn **3** mild, blid; god[modig], överseende; pjoskig; svag, slapp; vek; ~ *breeze* mild (svag) bris; ~ *weather* mild-, blid|väder; *be* ~ *on* (*about*) *s.b.* behandla ngn milt, vara eftergiven (släpphänt) mot ngn; *make s.b.* ~ förverkliga ngn **4** lätt, lindrig, be-

kväm; ~ *touch* (*vard.*) lättlurad person; *choose a* ~ *option* (*vard.*) välja den enklaste vägen; *he has a* ~ *time* han har det bra (skönt) **5** *vard.* tokig; *be* ~ *in the head* (*vard.*) vara knäpp (blöt i skallen); *be* ~ *on* (*about*) *s.b.* vara svag (svärma) för ngn; *you must be* ~*!* är du inte riktigt klok?

softboiled ['sɒftbɔɪld] löskokt (*egg* ägg)

soften ['sɒfn] **1** mjukna upp, göra mjuk; göra len; ~ *s.b. up* (*bildl.*) få ngn att mjukna (vekna), göra ngn mör **2** mildra, dämpa **3** mjukna; vekna **4** mildras **-er** [-ə] mjuk-, skölj|medel **-ing** [-ɪŋ] uppmjukning; ~ *of the brain* (*med.*) hjärnuppmjukning

soft|hearted [ˌsɒft'hɑːtɪd] ömsint, godhjärtad **-ware** ['sɒftweə] *data.* mjukvara

soggy ['sɒgɪ] **1** [genom]blöt **2** (*om bröd*) degig, kladdig **3** *vard.* trög, slö

1 soil [sɔɪl] **1** mark; *native* ~ fosterjord **2** jord, jordmån, mylla, mull; *bildl.* jordmån, grogrund

1 soil [sɔɪl] **1** smutsa [ner], solka, fläcka (*äv. bildl.*) **2** bli smutsig; smutsas [ner], solkas (*äv. bildl.*)

soiled [sɔɪld] smutsig, solkig; ~ *linen* smutskläder

solace ['sɒləs] **I** *s* tröst, lindring **II** *v* trösta, lindra

solar ['səulə] sol-; solar-; ~ *cell* solcell; *the* ~ *constant* solarkonstanten; ~ *flare* soleruption; ~ *system* solsystem

solar|ium [sə(u)'leərɪəm] (*pl -ia* [-ɪə] *el. -iums*) solarium

sold [səuld] *imperf. o. perf. part. av* sell

solder ['sɒldə, *AE.* 'sɒdə] **I** *s* lödmetall **II** *v* löda **soldering** [-(ə)rɪŋ] lödning

soldier ['səuldʒə] **I** *s* soldat; militär, krigare; *bildl.* stridsman, kämpe; *common* ~ menig; ~ *of fortune* legosoldat, lycksökare, äventyrare **II** *v* vara (tjäna som) soldat; ~ *on* kämpa vidare (på)

1 sole [səul] **I** *s* **1** fotsula; [sko]sula **2** (*pl lika*) *zool.* sjötunga **II** *v* [halv]sula

2 sole [səul] enda; ensam[-]; ~ *heir* universalarvinge; ~ *rights on* ensamrätten till; *with the* ~ *purpose of making* uteslutande för att göra

solely ['səulli] *adv* **1** endast, uteslutande; *simply and* ~ blott och bart **2** ensam

solemn ['sɒləm] högtidlig **solemnity** [sə'lemnətɪ] högtidlighet

solicit [sə'lɪsɪt] **1** [enträget] be [om]; hemställa hos (om); anropa, bönfalla; utbe sig, kräva; ~ *attention* påkalla uppmärksamhet **2** värva; (*om prostituerad*) bjuda ut sig åt; ~ *a p.'s custom* [försöka] värva ngn som kund; ~ *votes* [försöka] värva röster **3** [enträget] be **4** (*om prostituerad*) bjuda ut sig

solicitor [sə'lɪsɪtə] **1** (*i England*) advokat, juridiskt ombud (*med rätt att uppträda endast i lägre instans*); (*i USA*) stadsjurist; *S*~ *General* (*i England*) kronjurist (*ung. motsv. vice justitiekansler*), (*i USA ung.*) biträdande justitieminister, (*i vissa amer. delstater*) statsåklagare **2** *AE.* ackvisitör; värvare

solicitous [sə'lɪsɪtəs] **1** ivrig, angelägen **2** orolig, ängslig, bekymrad

solid ['sɒlɪd] **I** *a* **1** fast; kompakt, tät; kraftig, stark; (*om mat*) stadig, mäktig; *a man of* ~ *build* en kraftigt byggd man; ~ *food* fast föda; ~ *fuel* fast bränsle; ~ *ground* stadig (fast) grund; *be frozen* ~ vara hårdfrusen; *be stuck* ~ sitta fast **2**

massiv, gedigen, ren, solid **3** hel[dragen]; sammanhängande, obruten; *for three ~ days (days ~)* tre dagar i sträck; *a ~ week's work* en hel veckas arbete **4** solid, säker, stabil; rejäl, tillförlitlig, pålitlig; fullgod, som håller; grundlig **5** enhällig, enig; *~ majority* kampakt majoritet; *be ~ on s.th.* enhälligt anta[ga] (förkasta) ngt; *be ~ for* vara enhällig[t] för, enhälligt stödja **6** rymd-; kubik-; *~ content[s]* kubikinnehåll; *~ geometry* rymdgeometri; *~ measure* rymdmått **II** *s* **1** *fys.* fast kropp; *geom.* tredimensionell figur **2** *~s (pl a)* fasta ämnen, *b)* fast föda

solidarity [ˌsɒliˈdærəti] solidaritet, samhörighetskänsla

solid|ity [səˈlɪdəti] fasthet; soliditet *etc.*, *jfr solid I*
--state [ˈsɒlɪdsteit] *a, fys.* **1** halvledar-**2** ~ *physics* fasta tillståndets fysik

soliloquy [səˈlɪləkwɪ] monolog

soli|tary [ˈsɒlɪt(ə)rɪ] **I** *a* **1** ensam; enslig; *~ confinement* [placering i] isoleringscell (ensamcell) **2** enda **II** *s* **1** ensling; eremit **2** *vard.* [placering i] isoleringscell (ensamcell) **-tude** [ˈsɒlɪtjuːd] **1** ensamhet, avskildhet **2** enslighet; ödemark

solo [ˈsəʊləʊ] **I** *s* **1** *(pl ~s el. soli* [-liː]*) mus.* solo **2** *kortsp.* solo **3** soloflygning **4** solo|nummer, -uppträdande **II** *a* solo-, ensam- **III** *adv* solo, ensam **-ist** [-ɪst] solist

solstice [ˈsɒlstɪs] solstånd; *the summer ~* sommarsolståndet

soluble [ˈsɒljʊbl] **1** upplösbar, löslig; *~ glass* (*kem.*) vattenglas **2** lösbar

solution [səˈluːʃn] **1** lösande *(of av)*, lösning *(to* på*)* **2** *kem.* lösning **3** upplösning *(äv.bildl.)*

solve [sɒlv] lösa *(a problem* ett problem; *an equation* en ekvation)

solvent [ˈsɒlv(ə)nsɪ] [-(ə)nt] *I a* **1** *kem.* lösnings-, [upp]lösande **2** *hand.* solvent **II** *s, kem.* lösningsmedel

some [sʌm, *obeton.* səm, sm] **I** *pron* **1** någon, något, några; somlig, en del; [en] viss; litet; *~ [people]* en del, somliga; *~ day* en (vacker) dag, någon gång; *~ other day* en (någon) annan dag; *~ chap or other* en eller annan kille; *for ~ reason or other* av en eller annan (någon) orsak; *would you like ~ more?* vill du ha litet till? **2** en hel del, åtskillig; *~ hours ago* för åtskilliga timmar sedan; *for ~ time yet* ännu på ett tag; *you'll need ~ courage* du kommer att behöva en hel del mod; *and then ~ (AE. sl.)* och en jävla massa till **3** *vard.*, *~ people!* vilka [hopplösa] människor!; *that was ~ meal! (AE. vard.)* vilken härlig måltid! **II** *adv* **1** ungefär, omkring, cirka (*thirty miles* trettio miles); *~ dozen people* ett dussintal personer **2** *AE. vard.* ganska, rätt [så]; *it amused me ~* jag var ganska road

some|body [ˈsʌmbədɪ] **I** *pron* någon **II** *s* någon [att räkna med], betydande (framstående) person **-how** *adv*, *~ [or other]* på något (ett eller annat) sätt; av någon (en eller annan) anledning **-one** *pron, se somebody* **-place** *AE. vard.* någonstans

somersault [ˈsʌməsɔːlt] **I** *s* kullerbytta, saltomortal, volt *(äv. bildl.)*; *bildl. äv.* helomvändning; *turn a ~, se II* **II** *v* slå en kullerbytta (saltomortal, volt)

something [ˈsʌmθɪŋ] **I** *pron, s* något, någonting;

a certain ~ något visst; *a little ~* en liten present (sak); *that's really ~!* *(vard.)* det är (var) grejer det!, toppen!; *there were forty ~* där fanns drygt fyrtio; *you've got ~ there!* där sa du något!; *tell me ~ a)* berätta något för mig, *b)* säg mig en sak; *there's ~ about this place* det är något visst med den här platsen; *there's ~ in what you say* det ligger något i det du säger; *~ of the kind (sort)* något sådant (liknande), någonting åt det hållet; *it's ~ of a problem* det är något av ett problem; *let's see ~ of you soon!* kom snart igen!; *~ or other* någonting, ett eller annat; *or ~ (vard.)* eller något sådant (liknande, en del stilen) **II** *adv* lite[t], något; *vard.* något, rent; *~ over sixty* litet över (drygt) sextio; *he swore ~ awful* han svor något alldeles förskräckligt; *the weather was ~ shocking* vädret var helt enkelt (rent [av]) förfärligt

some|time [ˈsʌmtaɪm] **I** *adv* någon gång; *~ or other* någon gång [i framtiden] **II** *a* tidigare, förre **-times** [-taɪmz] *adv* ibland, då och då **-what** *adv* något, en smula, ganska, tämligen **-where** *adv* någonstans; *~ else* någon annanstans; *~ around 1200* någon gång omkring år 1200; *~ around midsummer* vid midsommartiden; *~ between 150 and 200 people* ungefär mellan 150 och 200 personer; *get ~ (bildl.)* komma någonvart, göra framsteg

son [sʌn] son; *~!* unge man (vän)!; *~ of a bitch (AE. sl.)* jävel, jävla knöl; *~ of God a)* ängel, *b)* kristen; *~ of a gun (sl., i sht AE.)* skojare, skämtare; *the S~ of Man* Människosonen

sonata [səˈnɑːtə] *mus.* sonat

song [sɒŋ] sång; visa; *the S~ of S~s (Solomon)* Höga visan; *burst into ~* [plötsligt] börja sjunga, brista i sång; *buy s.th. for a ~ (vard.)* köpa ngt för [nästan] ingenting (en spottstyver); *make a ~ and dance about a)* BE. *vard.* ställa till rabalder om, göra stort väsen av, *b)* AE. *sl.* komma med långa undanflykter om

sonic [ˈsɒnɪk] *a* sonisk, ljud-; *~ barrier* ljudvall; *~ boom* [ljud]bang

son-in-law [ˈsʌnɪnlɔː] *(pl sons-in-law* [ˈsʌnzɪnlɔː]*)* svärson, måg

sonorous [səˈnɔːrəs] **1** ljudande **2** sonor, klangfull, välljudande

soon [suːn] **1** snart, strax; tidigt; *~ after a)* strax efter, *b)* kort därefter, *c)* kort efter att; *as (so) ~ as* så fort (snart) [som]; *how ~ (äv.)* när; *too ~* för tidigt; *none too ~* inte en minut (alls) för tidigt, på tiden **2** *[just] as ~* lika gärna; *I would as ~ not go* jag skulle helst inte vilja (vilja slippa) gå **sooner** [ˈsuːnə] **1** förr, tidigare; *~ or later* förr eller senare; *the ~ the better* ju förr desto (dess) bättre; *no ~...than* knappt...förrän; *no ~ said than done* sagt och gjort **2** snarare, hellre

soot [sʊt] **I** *s* sot **II** *v* sota [ner]

soothe [suːð] **1** lugna **2** lindra, mildra **soothing** [ˈsuːðɪŋ] **1** lugnande **2** lindrande

sooty [ˈsʊtɪ] sotig; sot-

sop [sɒp] **I** *s* **1** doppad brödbit **2** tröst, muta *(för att lugna ngn)* **3** *vard.* mes, mähä **II** *v* **1** doppa, blöta upp **2** ~ *up* suga (torka) upp

sophisti|cated [səˈfɪstɪkeɪtɪd] **1** sofistikerad, förfinad, raffinerad; [över]kultiverad; medveten; avancerad, sinnrik *(machine* maskin) **2** spetsfundig **-cation** [səˌfɪstɪˈkeɪʃn] **1** raffinemang, förfining; finesser; sinnrikhet **2** sofistik, spetsfundigheter

sophomore ['sɒfəmɔ:] *i sht AE.* andraårsstuderande

soppy ['sɒpɪ] **1** blöt, sur **2** *BE. vard.* hjärtnupen, sentimental

sopra|no [sə'prɑ:nəʊ] *mus.* **I** *s* (*pl* -nos *el.* -ni [-ni:]) sopran **II** *a* sopran-

sorbet ['sɔ:bət] sorbet

sorcerer ['sɔ:s(ə)rə] trollkarl, häxmästare

sordid ['sɔ:dɪd] **1** simpel, tarvlig, låg, lumpen **2** smutsig, eländig **3** självisk, girig

sore [sɔ:] **I** *a* **1** öm, ond; sårig, inflammerad; *bildl.* öm[tålig], känslig; *a ~ spot a*) ett ömt (ont) ställe, *b*) *bildl.* en öm (känslig) punkt; *where are you ~?* var har du ont någonstans?; *have a ~ throat* ha ont i halsen; *be ~ at heart* (*litt.*) vara djupt bedrövad **2** *i sht AE.* irriterad, förargad, sur (*about* på) **3** *litt.* svår; *be in ~ need of s.th.* vara i trängande behov av ngt **II** *s* ömt (ont) ställe; sår, varböld (*äv. bildl.*); *old ~s* (*bildl.*) *a*) gamla udd, *b*) gammalt groll

sorrow ['sɒrəʊ] **I** *s* sorg (*at, about, for, over* över), bedrövelse; ledsnad, beklagande **II** *v* sörja (*at, about, for, over* över) **-ful** ['sɒrə(ʊ)f(ʊ)l] **1** sorgsen, bedrövad **2** sorglig, bedrövlig

sorry ['sɒrɪ] **1** ledsen; *~?* förlåt?, hur sa?; *I'm* [*so*] *~!, [so] ~!* förlåt!, ursäkta [mig!; *can you lend me £10?* - *~!* kan du låna mig 10 pund? - [nej,] tyvärr!; *~, but I can't do it* jag är ledsen (beklagar) men jag kan inte göra det, tyvärr kan jag inte göra det; *be* (*feel*) *~ for s,h* tycka synd om ngn; *you'll be ~ for this!* det här kommer du att få ångra!; *I'm ~ to hear it* det var tråkigt att höra; *I'm ~ to say* jag beklagar, jag är rädd, tyvärr; *say ~ to s.b. for s.th.* be ngn om ursäkt för ngt **2** sorglig; dålig, eländig, bedrövlig, ynklig (*sight* syn)

sort [sɔ:t] **I** *s* sort, slag, typ; *~ of* (*vard.*) på sätt och vis, på något vis; *a ~ of* någon sorts, något slags; *a good ~* (*vard.*) en hygglig (snäll) människa; *an odd ~ of person* en underlig [sorts] människa; *after a ~* på sätt och vis; *all ~s of things* allt möjligt, alla möjliga saker; *it takes all ~s* folk är olika [funtade]; *of a ~, of ~s* någon sorts, ett slags, eller något i den stilen; *nothing of the ~ a*) ingenting sådant, inte alls så, *b*) inte alls, visst inte; *something of the ~* något sådant (i den stilen); *out of ~s* inte riktigt i form, krasslig, nere; *he is not the ~ to do that* han är inte den som gör (skulle göra) det; *he's not my ~* han är inte min typ; *this* (*these*) *~ of* den sortens, detta slags, sådana; *what ~ of* vad för slags (sorts), hurdan; *your ~* sådana (en sådan) som du **II** *v* **1** sortera, ordna; *~ out a*) sortera [upp], ordna [upp], *b*) sortera (gallra) bort (ut), *c*) ordna (reda, klara) upp, *d*) *vard.* läxa (klå) upp **2** *åld. el. dial., ~ well* (*ill*) *with* passa bra (dåligt) till, stämma väl (dåligt) överens med

so-so ['səʊsəʊ] *vard.* si och så, inget vidare, skaplig[t]

sought [sɔ:t] *imperf. o. perf. part. av* seek

soul [səʊl] **I** *s* **1** själ; *poor ~* stackare, stackars människa; *upon my ~!* min själ!, minsann!; *not a ~* inte en själ (människa, levande varelse); *she is the ~ of honour* hon är hederligheten själv (personifierad); *he was the life and ~ of* han var

själen (medelpunkten) i; *bare one's ~* blotta sin själ (sitt innersta) **2** soul[musik] **II** *a* **1** *AE. sl.* svart, neger-; *S~ City* Harlem; *~ sister* svart syster **2** *~ kiss* djup kyss; *~ mate* själsfrände, tvillingsjäl **3** *~ music* [soul]musik

1 sound [saʊnd] **I** *a* **1** sund, frisk; oskadad, felfri; *of ~ mind* vid sina sinnen[s fulla bruk]; *as ~ as a bell* frisk som en nötkärna, kärnfrisk **2** sund, riktig, förnuftig, klok; duktig, pålitlig, säker; *be ~ on s.th.* ha goda kunskaper i (om) ngt **3** säker, solid; stabil; sund **4** grundlig, ordentlig, rejäl; *I'm a ~ sleeper* jag har god sömn **5** *jur.* laglig, giltig **II** *adv* sunt; *sleep ~* sova gott (djupt)

2 sound [saʊnd] **I** *s* ljud; klang, ton; *the speed of ~* ljusets hastighet; *within* (*out* of) *~* inom (utom) hörhåll (*of* för); *I don't like the ~ of it* det låter inte alls bra; *from the ~ of it she had a good time* det låter som om hon har haft det bra **II** *v* **1** slå an, spela (*a note* en ton); blåsa [i] (*a trumpet* trumpet)· ringa på (lllel, ι) (*a bell* en klocka); ljuda; uttala (*one's aitches* h); *~ the alarm* slå larm, utlösa larmet; *~ a note of warning* höja en varnande röst; *~ a p.'s praises* (*bildl.*) lovorda ngn; *~ the retreat* (*mil.*) blåsa till reträtt **2** undersöka (*genom knackning*); *med.* auskultera, lyssna på **3** ljuda, klinga, tona; höras; låta; uttalas; *he ~s German* han låter [som en] tysk; *that ~s very odd* det låter mycket underligt; *how does it ~ to you?* vad tycker du om det? **4** *~ off* (*vard.*) *a*) breda ut sig, *b*) säga ifrån, *c*) okryta

3 sound [saʊnd] **I** *v* **1** *sjö.* loda, pejla; *med., bildl.* sondera; *~* [*out*] (*bildl.*) *a*) fråga ut, känna på pulsen, sondera, *b*) [försöka] ta reda på (utröna) **2** *sjö.* loda; *bildl.* göra sonderingar **II** *s, med.* sond

4 sound [saʊnd] *s* sund

sound barrier ['saʊn(d)d̩bærɪə] ljudvall; *break the ~* gå igenom (spränga) ljudvallen

1 sounding ['saʊndɪŋ] *a* **1** ljudande, klingande **2** högtravande, svulstig

2 sounding ['saʊndɪŋ] lodning, pejling; sondering (*äv. bildl.*)

soundproof ['saʊndpru:f] **I** *a* ljudisolerad **II** *v* ljudisolera **sound track** [-træk] ljudspår (*t. film*)

soup [su:p] **I** *s* **1** soppa; *be in the ~* (*vard.*) sitta i klistret **2** *vard.* framkallningsvätska **3** *vard.* tät dimma **4** *sl.* nitroglycerin **II** *v, vard., ~ up* trimma (*motor*) **souped-up** ['su:ptʌp] *vard.* trimmad (*mini* minibil)

sour ['saʊə] **I** *a* sur; *bildl.* sur, vresig; *~ cream* gräddfil; *~ grapes* (*ung.*) surt, sa räven [om rönnbären]; *go* (*turn*) *~ a*) bli sur, surna, *b*) *bildl.* gå snett **II** *s, AE.* drink med citron **III** *v* **1** komma att surna, göra sur **2** *bildl.* göra kylig (frostig), förbittra **3** bli sur, surna (*äv. bildl.*) **4** *bildl.* bli kylig (frostig)

source [sɔ:s] källa; *bildl. äv.* upprinnelse, ursprung, upphov; *~ of information* [informations]källa; *at ~* (*bildl.*) vid källan; *from a reliable ~* från säker källa

south [saʊθ] **I** *a* sydlig, syd-, södra, söder-; *S~ Africa* Sydafrika; *S~ America* Sydamerika; *the S~ Pole* sydpolen; *the S~ Seas* Söderhavet; *~ wind* sydlig vind **II** *adv* mot (åt) söder, söderut; *~ of* söder om; *~ by east* syd till öst **III** *s* söder, syd;

the ~ (*S*~) *a*) södra delen, *b*) sydliga länder (områden), södern; *the S*~ (*i USA*) sydstaterna, Södern; *the Deep S*~ den djupa Södern (*sydstaterna längs Mexikanska golfen*); *from the* ~ från söder, söderifrån; *the wind is in the* ~ vinden är sydlig; *in the* ~ *of* i södra [delen av]; *to*[*wards*] *the* ~ mot (åt) söder, söderut; *to the* ~ *of* söder om

southeast [ˌsauθˈiːst, *sjö.* sauˈiːst] **I** *a* syd|östlig, -ostlig, -östra **II** *adv* i (mot) sydöst (sydost); ~ *of* sydöst (sydost) om **III** *s* syd|öst, -ost

southerly [ˈsʌðəlɪ] **I** *a o. adv* sydlig; från (i, mot) söder **II** *s* sydlig vind

southern [ˈsʌðən] **1** sydlig, syd-, södra **2** sydländsk **-er** [-ə] sydlänning; invånare i (person från) södra delen av ett land

south|ward [ˈsauθwəd] **I** *a* sydlig, södra **II** *adv* mot (åt) söder, söderut; *sjö.* sydvart **-wards** [-wədz] *adv, se southward II*

southwest [ˌsauθˈwest, *sjö.* sauˈwest] **I** *a* syd|- västlig, -västra **II** *adv* i (mot) sydväst; ~ *of* sydväst om **III** *s* sydväst

souvenir [ˌsuːvəˈnɪə] souvenir, minne[ssak]

sou'wester [sauˈwestə] sydväst (*regnhatt*)

sovereign [ˈsɒvrɪn] **I** *a* **1** högst, högsta **2** suverän, enväldig, oberoende **3** enastående, oöverträffad, effektiv **II** *s* **1** monark, regent, suverän, härskare **2** sovereign (*äldre eng. guldmynt = 20 shilling*) **-ty** [ˈsɒvr(ə)ntɪ] suveränitet, självständighet; högsta makt; överhöghet

Soviet [ˈsəʊvɪət] **I** *s* **1** sovjetmedborgare **2** *s*~ sovjet (*rådsförsamling*); *the Supreme* ~ högsta sovjet **II** *a* sovjetisk, sovjet-, Sovjet; *the* ~ *Union, the Union of* ~ *Socialist Republics* Sovjet[unionen]

1 sow [səʊ] (*imperf. sowed, perf. part. sown el. sowed*) **II** *v* **1** så (*wheat vete*); *bildl.* utså; ~ *doubts* utså tvivel; ~ ~ *the seeds of* (*bildl.*) utså ett frö till; ~ *the wind and reap the whirlwind* så vind och skörda storm; ~ *one's wild oats, se oats* **2** beså; ~ *a field with wheat* (*äv.*) så vete på ett fält

2 sow [sau] so, sugga

sown [səʊn] *perf. part. av sow II*

soy[a] sauce [ˈsɔɪəsɔːs] soja[sås]

spa [spɑː] **1** hälsobrunn **2** kur-, brunns|ort

space [speɪs] **I** *s* **1** rymd[en]; *time and* ~ tid och rum; *outer* ~ yttre rymden; *look* (*stare*) *into* ~ stirra ut i tomma luften **2** tid[rymd], period; *for a* ~ [under] en tid; *for* (*in*) *the* ~ *of a week* [under] en vecka[s tid] **3** plats, utrymme; vidd; avstånd, mellanrum; *boktr.* mellanslag, spatie; [*blank*] ~ tomrum, lucka; *rising* ~ (*boktr.*) spis; *the wide open* ~s de fria (stora) vidderna; *make* ~ *for* göra plats för; *take up a lot of* ~ ta mycket (stor) plats **II** *v*, ~ [*out*] *a*) placera (sätta, ställa) med avstånd emellan, fördela, sprida (placera) ut, *b*) göra mellanrum mellan, *c*) *boktr.* göra mellanslag mellan, spärra; ~*d payments* betalning i poster

spacecraft [ˈspeɪskrɑːft] rymd|farkost, -skepp **spaceship** [-ʃɪp] rymdskepp **space shuttle** [-ˌʃʌtl] rymdfärja **spacious** [ˈspeɪʃəs] rymlig; spatiös

1 spade [speɪd] **I** *s* spade; *call a* ~ *a* ~ nämna saker och ting vid deras rätta namn **II** *v* gräva [upp]

2 spade [speɪd] **I** *kortsp.* spader[kort]; ~*s* (*pl*)

spader; *ace of* ~ spaderäss **2** *neds.* nigger **3** *AE. vard., in* ~*s* i högsta grad

Spain [speɪn] Spanien

span [spæn] **I** *s* **1** spann (*9 tum = 23 cm*); utspänd hand **2** [bro]spann, valv **3** spänn-, räck|vidd; vingbredd; omfång **4** tid[rymd], period; levnadslopp; *for a brief* ~ [under] en kort tid; *within his* ~ under hans livstid (levnad) **II** *v* **1** mäta med utspänd hand; nå (räcka) om (över) **2** slå (bygga) en bro över; ta sig över **3** spänna (leda) över; *bildl.* sträcka sig (spänna) över, omfatta, omspänna

spangle [ˈspæŋgl] **I** *s* paljett **II** *v* **1** *be* ~*d with* vara beströdd med **2** glittra **3** pryda med paljetter

Spaniard [ˈspænjəd] spanjor, spanjorska **Spanish** [ˈspænɪʃ] **I** *a* spansk; *the* ~ *Armada* den [stora] spanska armadan; ~ *chestnut* äkta (ätlig) kastanj **II** *s* **1** spanska [språket] **2** *the* ~ spanjorerna

spank [spæŋk] **I** *v* smälla (daska) till; ge smäll (smisk) **II** *s* smäll, smisk, dask **spanking** [ˈspæŋkɪŋ] smäll, smisk, dask

spanner [ˈspænə] skruvnyckel; *adjustable* ~ skiftnyckel; *throw a* ~ *in the works* (*BE. bildl.*) sätta en käpp i hjulet

spare [speə] **I** *a* **1** extra[-], reserv-, till övers; ledig; ~ *bed* extrasäng; ~ *part* reservdel; ~ *room* gästrum; ~ *time* fritid; ~ *tyre* reservdäck, *skämts.* bilring (*kring midjan*); ~ *wheel* reservhjul; *it's all the* ~ *cash I have* det är alla kontanter jag har kvar (i reserv); *are there any* ~ *seats?* finns det några lediga platser?; *when you have a few* ~ *minutes* (*a few minutes* ~) när du har några minuter över **2** mager (*man* man); knapp, torftig; klen **3** *vard., drive s.b.* ~ göra ngn galen (tokig) **II** *s* reservdel; *I've got some* ~*s* (*äv.*) jag har några extra (i reserv) **III** *v* **1** hushålla med, spara på; bespara; [för]skona; ~ *o.s.* spara sina krafter (sig); ~ *o.s. the trouble* bespara sig besväret; ~ *s.b. s.th.* förskona ngn från ngt; ~ *me the details* låt mig få slippa detaljerna; ~ *no effort* inte sky någon möda; ~ *a p.'s life* skona ngns liv; *if we're* ~*d* om vi fortfarande lever då **2** av-, und|vara; *I can't* ~ *it* (*äv.*) jag klarar mig inte utan den; *can you* ~ *me a few minutes?* har du några minuter över?; *I can't* ~ *the time for that* jag får ingen tid över till det; *I got to the station with five minutes to* ~ jag kom till stationen med fem minuters marginal; *there's enough and to* ~ det finns så att det räcker och blir över

sparerib [ˈspeərɪb] revbensspjäll

sparing [ˈspeərɪŋ] sparsam, måttlig

spark [spɑːk] **I** *s* **1** gnista (*äv. bildl.*); ~*s fly* det slår gnistor; *they strike* ~*s off each other* de stimulerar varandra **2** *vard.*, ~*s* (*behandlas som sg*) *a*) *sjö.* gnist (*radiotelegrafist*), *b*) elektriker **II** *v* **1** gnistra; slå gnistor **2** (*om tändstift e.d.*) ge gnista **3** ~ [*off*] vara den tändande gnistan till, utlösa, sätta i gång **sparking plug** [-ɪŋplʌg] tändstift

sparkle [ˈspɑːkl] **I** *v* **1** gnistra, tindra, spraka, glittra; *bildl.* sprudla, spritta **2** (*om vin*) moussera, pärla; *sparkling wine* mousserande (pärlande) vin **II** *s* **1** gnistrande, tindrande, sprakande, glittrande; *bildl.* gnista **2** mousserande, pärlande

spark plug [ˈspɑːkplʌg] tändstift

sparring partner [ˈspɑːrɪŋˌpɑːtnə] sparringpartner; (*bildl. äv.*) trätobroder

sparrow ['spærəʊ] *zool.* sparv; *tree* ~ pilfink
sparse [spɑːs] gles; tunnsådd, [ut]spridd; knapp
spasm ['spæz(ə)m] **1** spasm, kramp[ryckning], ryckning **2** anfall, plötsligt utbrott (*of anger* av vrede) **spasmodic** [spæz'mɒdɪk] **1** spasmodisk, krampaktig **2** ryckvis, oregelbunden **spasmodically** [spæz'mɒdɪk(ə)lɪ] *adv* **1** spasmodiskt, krampaktigt **2** ryckvis, oregelbundet
1 spat [spæt] *imperf. o. perf. part. av* spit
2 spat [spæt] damask
spatial ['speɪʃl] rumslig, rums-; rymd-
spatter ['spætə] **I** *v* **1** stänka; stänka ner; *bildl.* smutskasta **2** *bildl.* regna **II** *s* **1** stänkande; stänk **2** *bildl.* skur
spawn [spɔːn] **I** *v* **1** leka, lägga rom **2** *litt.* ge upphov till, frambringa **II** *s* **1** *zool.* rom **2** *bot.* svamptrådar, mycelium **3** *neds.* avkomma, yngel
speak [spiːk] (*spoke, spoken; åld. el. dial. imperf. spake*) **1** tala (*English* engelska) **2** säga, yttra, uttrycka, uttala; ~ *one's mind* säga sin [uppriktiga] mening **3** *åld.* tala (*to, with* med; *about, of* om); yttra (uttala) sig; hålla tal (*on* om, över); (*om instrument e.d.*) ljuda; *did you* ~? sa du något?; *so to* ~ så att säga; ~ *for* tala för, föra (*ngns*) talan, tala å (*ngns*) vägnar; *be spoken for* vara upptagen (reserverad); *that* ~*s well for him* det talar till hans fördel; ~ *of a*) tala om, *b*) vittna om; ~*ing of* på tal om, apropå; *not to* ~ *of* för att inte tala om; *nothing to* ~ *of* ingenting att tala om, nästan ingenting; ~ *out* (*up*) *a*) tala ut (högre, tydligare), *b*) tala ut, säga sin [uppriktiga] mening; ~ *to a*) tala med (till), tilltala, *b*) säga till (åt), tala rätta; ~ *to the subject* hålla sig till ämnet; ~ *up for* försvara, gå i bräschen för; ~*ing!* (*i telefon*) [ja] det är jag!; *Greg* ~*ing!* (*i telefon*) det här är Greg!; *generally* ~*ing* i allmänhet; *personally* ~ *ing*, ~*ing for myself* vad mig beträffar, för min egen del, personligen; *relatively* ~*ing* relativt sett; *roughly* ~*ing* på ett ungefär, i stora drag, i stort sett; *strictly* ~*ing* strängt taget, noga räknat
speak-easy ['spiːkiːzɪ] *AE.* lönnkrog
speaker ['spiːkə] **1** talare; *the* ~ (*äv.*) den talande; *English* ~*s of German* engelsmän som kan tala tyska **2** *parl.*, *S*~ talman **3** högtalare
speaking ['spiːkɪŋ] **I** *a* talande; tal-; ~ *as a mother* i min egenskap av mor skulle jag vilja säga; *we are not on* ~ *terms* vi talar inte med varandra, vi är osams; *have a* ~ *knowledge of English* kunna tala engelska **II** *s* tal[ande] **speaking clock** Fröken Ur
spear [spɪə] **I** *s* **1** spjut; pik; ljuster **2** pikenerare **II** *v* genomborra (med spjut *etc.*]; spetsa; ljustra
spearhead ['spɪəhed] **I** *s* **1** spjutspets (*äv. mil.*) **2** förtrupp, ledare **II** *v* gå i spetsen för, leda
special ['speʃl] **I** *a* speciell, särskild; bestämd; special-, extra[-]; ~ *constable, se* III; ~ *correspondent* specialkorrespondent, utsänd medarbetare; ~ *delivery* express[befordran]; ~ *licence* (*BE.*) särskild äktenskapslicens (*med dispens från lysning m.m.*); ~ *offer* specialerbjudande; ~ *pleading a*) framläggande av nytt (extra) bevismaterial, *b*) *bildl.* spetsfundig argumentering, advokatyr; ~ *school* sär-, special-skola; *what's so* ~ *about that?* vad är det [för speciellt] med det? **II** *s* **1** extrapolis (*inkallad vid särskilda tillfällen*) **2** extratåg **3** *radio., TV.* ex-

trasändning **4** extra|nummer, -upplaga **5** extraerbjudande; *today's* ~ dagens rätt
special|ist ['speʃəlɪst] specialist **-ity** [ˌspeʃɪ'ælətɪ] **1** specialitet **2** utmärkande egenskap **-ization** (*BE. äv. -isation*) [ˌspeʃəlaɪ'zeɪʃn] specialisering **-ize** (*BE. äv. -ise*) ['speʃəlaɪz] **1** specialisera sig (*in* på) **2** specialisera; anpassa **-ty** ['speʃltɪ] **1** *AE., se* speciality **2** *jur.* förseglat kontrakt
species ['spiːʃiːz] (*pl lika*) **1** *biol.* art; *the origin of* ~ arternas uppkomst **2** slag, sort
specific [spɪ'sɪfɪk] **I** *a* **1** speciell, specifik **2** bestämd, uttrycklig, noggrann, precis, specificerad **3** *fys.* specifik; ~ *gravity* densitet **II** *s*, ~*s* (*pl*) närmare detaljer (omständigheter); *get down to* ~*s* komma in på de närmare detaljerna **-ally** [-(ə)lɪ] *adv* **1** speciellt, särskilt; i synnerhet **2** bestämt, uttryckligen
speci|fication [ˌspesɪfɪ'keɪʃn] **1** specifikation; detaljerad beskrivning; konstruktionsplan **2** specificering **3** specificerad post **-fy** ['spesɪfaɪ] specificera; närmare (detaljerat, klart) ange
specimen ['spesɪmən] **1** prov, provbit (*of* på, av); exemplar; *urine* ~ urinprov; ~*s of rare flower* exemplar av en sällsynt blomma **2** *vard.* exemplar, typ; *an odd* ~ en konstig typ
speck [spek] **I** *s* **1** [liten] fläck, prick, stänk; ~*s of blood* blodstänk; ~ *of dust* dammkorn **2** *bildl.* stänk, korn, gnutta, uns **II** *v* fläcka [ner] **-le** ['spekl] fläcka [ner] **-led** ['spekld] fläckig, spräcklig, prickig
specs [speks] *pl, vard.* **1** *förk. för* spectacles brillor **2** *förk. för* specifications
spectacle ['spektəkl] **1** *bildl.* skådespel **2** syn, anblick; *he is a sad* ~ han företer en sorglig anblick **3** spektakel, åtlöje; *make a* ~ *of o.s.* göra sig till ett åtlöje (spektakel) **4** ~*s* (*pl*) glasögon; *a pair of* ~ ett par glasögon **spectacled** [-d] glasögonprydd
spectacular [spek'tækjʊlə] **I** *a* imponerande, effektfull, sensationell; spektakulär **II** *s* utstyrsel|-show, -pjäs; fantastisk föreställning
spectator [spek'teɪtə] åskådare
spectre ['spektə] *litt., bildl.* spöke
specu|late ['spekjʊleɪt] **1** spekulera (*about, on* över) **2** *hand.* spekulera **-lation** [ˌspekjʊ'leɪʃn] spekulation (*äv. hand.*); begrundan **-lator** ['spekjʊleɪtə] spekulant
sped [sped] *imperf. o. perf. part. av* speed
speech [spiːtʃ] **1** tal; anförande; yttrande; *teat.* replik; *the* ~ *from the throne, the Queen's* (*King's*) ~ trontalet; *make* (*deliver, give*) *a* ~ hålla [ett] tal, hålla ett anförande (*on, about* om, över) **2** tal; talförmåga; sätt att tala; språk, mål; *freedom of* ~ yttrandefrihet; *the right of free* ~ yttranderätt; ~ *is silver, silence is golden* tala är silver, tiga är guld; *lose one's powers of* ~ mista talförmågan; *be slow of* ~ tala sakta **3** *språkv., direct* (*indirect, reported*) ~ direkt (indirekt) tal (anföring)
speech day ['spiːtʃdeɪ] *BE. skol.* avslutning[sdag] (*m. tal o. premieutdelning*) **speechless** [-lɪs] stum, mållös
speed [spiːd] **I** *s* **1** fart, hastighet, tempo, takt; snabbhet; *at* ~ i hög fart; *at full* (*top*) ~ i full fart, med högsta hastighet; *full* ~ *ahead!* (*sjö.*) full fart framåt!; *gather* ~ få upp farten **2** *tekn.* växel; ut-

växling **3** *foto*. *(films)* känslighet; *shutter* ~ slutartid **4** *sl*. uppåttjack, speed *(amfetamin e.d.)* **II** *v* **1** (~*ed*, ~*ed*) ~ [*up*] *a*) accelerera, öka hastigheten på, *b*) driva (skynda, sätta fart) på **2** *åld*. *(sped, sped) God* ~ *you!* Gud vare med dig!; ~ *the parting guest* önska den avresande gästen lycka till (lycklig resa) **3** *(sped, sped)* rusa [i väg], jaga, skynda, fara snabbt **4** (~*ed*, ~*ed*) köra för fort; ~ *up* öka farten (takten), accelerera
speedboat ['spi:dbəʊt] snabb motorbåt, racerbåt **speeding** [-ɪŋ] fortkörning **speed limit** [-,lɪmɪt] fartgräns, maximihastighet; hastighetsbegränsning **speedometer** [spɪ'dɒmɪtə] hastighetsmätare **speedy** ['spi:dɪ] skyndsam, snabb
1 spell [spel] *(spelt, spelt el.* ~*ed*, ~*ed*) **1** stava [till]; bokstavera; *o-n-e* ~*s one* o-n-e blir (säger) one; ~ *out a*) stava sig igenom, stava till, *b*) [i detalj] förklara **2** betyda, innebära; *the drought* ~*s disaster* torkan innebär (betyder) katastrof **3** stava [rätt]
2 spell [spel] **1** trollformel **2** förtrollning; *under a* ~ förtrollad; *under a p.'s* ~ förtrollad av ngn; *cast a* ~ *on* för|trolla, -häxa
3 spell [spel] **1** [kort] period; *cold* ~ köldperiod **2** skift, omgång, tur
spellbound ['spelbaʊnd] för|trollad, -häxad; trollbunden
spelling ['spelɪŋ] **1** stavning; bokstavering **2** rätt|stavning, -skrivning
spend [spend] *(spent, spent)* **1** ge (lägga) ut, spendera, göra av med, lägga ner *(money on* pengar på); slösa bort, göra slut på **2** använda, lägga ner *(all one's energy on* all sin energi på); förbruka; ~ *o.s. a)* ta ut sig, *b)* lägga sig, rasa ut **3** tillbringa *(a week in Bath* en vecka i Bath), fördriva *(one's time in reading* tiden med att läsa) **4** ge ut (göra av med) pengar
spender ['spendə] slösare **spending money** [-ɪŋ,mʌnɪ] fickpengar
spent [spent] **I** *imperf. o. perf. part. av spend* **II** *a* **1** använd, förbrukad, slut; tom; ~ *matches* avbrända (använda) tändstickor **2** *litt.* utmattad
sperm [spɜ:m] **1** spermie, sädescell **2** sperma, sädesvätska
sphere [sfɪə] **1** sfär, klot; glob; himlakropp **2** *bildl.* sfär, område, fält; ~ *of interest* intressesfär **3** [umgänges]krets, klass **spheric[al]** ['sferɪk(l)] sfärisk, klotformig
sphinx [sfɪŋks] sfinx *(äv. bildl.)*
spice [spaɪs] **I** *s* krydda *(äv. bildl.)*; *koll.* kryddor; *variety is the* ~ *of life* omväxling förnöjer (ger krydda åt livet) **II** *v* krydda; ~ [*up*] *(bildl.)* ge krydda åt, sätta piff på
spick-and-span ['spɪkən,spæn] *vard.* **1** prydlig, välstädad **2** splitter ny
spicy ['spaɪsɪ] **1** kryddad, aromatisk **2** *vard.* pikant
spider ['spaɪdə] *zool.* spindel
spike [spaɪk] **I** *s* **1** [metall]spets, pigg; *(på sko)* spik; ~*s (äv.)* spikskor **2** lång spik; rälsspik **3** *bot.* ax **4** stilettklack **II** *v* **1** förse med spets[ar] (pigg[ar] *etc.*); ~*d helmet* pickelhuva; ~*d shoes* spikskor **2** spika [fast]; spetsa, genomborra **3** ~ *a p.'s guns* omintetgöra (korsa) ngns planer **spike heel** ['spaɪkhi:l] stilettklack **spiky** ['spaɪkɪ] **1** spetsig, taggig **2** *BE.* snarstucken

spill [spɪl] **I** *v* (~*ed*, ~*ed el.* spilt, spilt) **1** spilla [ut]; välta [ut], stjälpa [ut]; ~ *the beans* prata bredvid mun[nen], skvallra; ~ *a p.'s blood* spilla (utgjuta) ngns blod; *no use crying over spilt milk* gjort är gjort, man skall inte gråta över spilld mjölk **2** spillas [ut]; rinna över **3** ~ *out* avslöja[s], yppas **4** ~ *out of* strömma ut från (ur) **II** *s* **1** spill; spillande **2** fall *(från häst, cykel e.d.)*
spillikins ['spɪlɪkɪnz] *(behandlas som sg)* BE. skrapnos, plockepinn
spilt [spɪlt] *imperf. o. perf. part. av spill*
spin [spɪn] **I** *v (spun, spun; åld. imperf. span)* **1** spinna; ~ *a yarn (story)* dra (berätta) en historia; ~ *out a)* dryga ut, få att räcka [längre], *b)* dra ut [på] **2** snurra [runt]; sätta snurr (rotation) på; skruva *(boll)*; centrifugera *(tvätt e.d.)*; ~ *a coin* singla slant **3** fiska med drag **4** spinna **5** snurra [runt]; råka i spinn; *my head is* ~*ning* allting snurrar runt för mig; *send s.b.* ~*ning* få ngn att snurra runt (falla) **6** ~ *[along]* glida (rusa, susa) [fram] **II** *s* **1** snurrande; centrifugering; skruv *(på boll)*; *flyg.* spinn; *get (go) into a* ~ *(flyg.)* råka i spinn; *get into a flat* ~ *(vard.)* bli alldeles ifrån sig (konfys), få fnatt (snurren); *give a* ~ *a)* snurra [runt], *b)* centrifugera, *c)* skruva *(boll)* **2** *vard.* liten tur (utflykt), sväng; *go for a* ~ en liten tur, göra en sväng
spinach ['spɪnɪdʒ] spenat
spinal ['spaɪnl] ryggrads-; ~ *column* ryggrad; ~ *cord* ryggmärg
spin-drier [,spɪn'draɪə] centrifug *(för tvätt)*
spin|-dry [,spɪn'draɪ] centrifugera *(tvätt)* **--dryer** [-ə] *se spin-drier*
spine [spaɪn] **1** ryggrad **2** tagg; pigg; törne **3** [bok]rygg **-less** ['spaɪnlɪs] ryggradslös; *bildl. äv.* utan ryggrad
spinning wheel ['spɪnɪŋwi:l] spinnrock
spin-off ['spɪnɒf] **1** biprodukt **2** spin-off-effekt, bi-, sido|effekt
spinster ['spɪnstə] ungmö, fröken; *jur.* ogift kvinna
spiral ['spaɪər(ə)l] **I** *a* spiral-, spiralformig; ~ *staircase* spiral-, vindel|trappa **II** *s* spiral **III** *v* löpa (gå) i spiral; gå upp [i en spiral]; ~ *downwards* röra sig nedåt [i en spiral]
spire ['spaɪə] [torn]spira
spirit ['spɪrɪt] **I** *s* **1** ande; själ; personlighet; *the Holy S*~ den Helige Ande; *in* ~ *a)* i anden, i andanom, *b)* i sitt inre; *the* ~ *is willing but the flesh is weak* anden är villig, men köttet är svagt **2** ande[väsen], spöke **3** anda, andemening; *the* ~ *of the law* lagens anda; *enter into the* ~ *of* leva sig in i; *take s.th. in the wrong* ~ uppfatta ngt på fel sätt **4** anda, stämning; *fighting* ~ kamp-, strids|anda, -lust; *pioneering* ~ pionjäranda; *the* ~ *of the age (times)* tidsandan; *that's the* ~! så där ja!, så ska det låta!; *when the* ~ *moves him* när andan faller på [honom] **5** ~[*s*] *a)* [sinnes]stämning, humör, *b)* mod, *c)* liv, kraft, energi; *a man of* ~ en modig man (människa); *good* ~*s* gott humör; *high* ~*s* på gott humör, hög stämning; *in* [*high*] ~*s* på gott humör; *in low* ~*s*, *out of* ~*s* på dåligt (ur) humör, nedslagen, nere; *keep up one's* ~*s* hålla humöret (modet) uppe; *recover one's* ~[*s*] känna sig bättre till mods, repa mod **6** *kem.* alkohol; ~[*s*] sprit; ~[*s*] *of salt* saltsyra; ~[*s*] *of turpentine* terpentin-

olja **7** ~*s* (*pl*) sprit[drycker] **II** *v* **1** ~ *away* (*off*)
trolla bort, smussla undan **2** ~ [*up*] uppmuntra
spirited ['spɪrɪtɪd] livlig, livfull; kraftfull
spiritism ['spɪrɪtɪz(ə)m] spiritism
spiritual ['spɪrɪtjʊəl] **I** *a* andlig; själslig, själs-;
Lords S~ andliga lorder (*ärkebiskopar o. bisko-
par i överhuset*) **II** *s*, [*negro*] ~ [negro]spiritual
(*andlig negersång*)
1 spit [spɪt] **I** *v* (*spat, spat*) **1** ~ [*out*] spotta ut,
bildl. äv. vräka ur sig; ~ *it out!* (*vard.*) ut med
språket!, kläm fram med det! **2** sprätta; spruta
(*fire* eld); *the engine was ~ting* motorn spottade
och fräste **3** *be the ~ting image of one's father*
(*vard.*) vara sin pappa upp i dagen **4** spotta; ~
at ([*up*]*on*) spotta på (åt); *within ~ting distance*
(*vard.*) [på] mycket nära [håll] **5** fräsa; ~ *with
rage* skumma av vrede; **6** sprätta **7** *vard.* småreg-
na **II** *s* **1** spottning; spott; *have a ~* spotta [ut];
give s.th. at bit of ~ and polish [blank]polera
(putsa) ngt **2** [regn]stänk **3** *vard.*, *she is the ~
and image* (*the dead ~*) *of her mother* hon är slik
mamma upp i dagen
2 spit [spɪt] **I** *s* spett **II** *v* sätta (trä upp) på spett
spite [spaɪt] **I** *s* **1** elakhet, illvilja, ondska **2** *in* ~
of trots; *in* ~ *of o.s.* mot sin [egen] vilja; *from
(out of)* ~ av elakhet (illvilja) **II** *v* komma åt, tra-
kassera, ställa till förtret för, reta; *cut off one's
nose to* ~ *one's face* (*ung.*) falla i den grop man
grävt åt andra -**ful** ['spaɪtf(ʊ)l] elak, illvillig,
ondskefull
spittle ['spɪtl] spott, saliv
spiv [spɪv] *BE. sl.* fifflare, småbedragare
splash [splæʃ] **I** *v* **1** stänka [ner], slaska [ner],
skvätta [ut]; plaska med; ~ *one's money about*
(*vard.*) strö pengar omkring sig; ~ *one's way
through* plaska genom **2** *vard.* slå upp (*a story* en
historia) **3** stänka, skvätta; droppa; spruta; plas-
ka, plumsa; skvalpa; ~ *out* (*vard.*) inte knussla,
slå på stort **II** *s* **1** stänk; skvätt; fläck; ~ [*of soda*]
en skvätt sodavatten **2** plask[ande], skvalp[ande]
3 *make a ~* (*vard.*) väcka uppseende, göra sen-
sation **III** *adv, interj* plask!; pladask
splatter ['splætə] stänka [ner]; ~*ed with mud*
nerstänkt av lera
splendid ['splendɪd] **1** praktfull, storartad, ly-
sande, imponerande **2** fantastisk, utmärkt; ~*!*
utmärkt!, fantastiskt!, mycket bra! **3** *in* ~ *isola-
tion* i förnäm avskildhet (tillbakadragenhet)
splendour ['splendə] glans, prakt, ståt; ~[*s*]
storslagenhet
splint [splɪnt] **I** *s* (*för bruten arm e.d.*) spjäla, ske-
na; *put a* ~ *on* spjäla **II** *v* spjäla
splinter ['splɪntə] **I** *s* flisa, sticka; skärva; splitter;
~ *party* fraktionsgrupp **II** *v* splittra[s]
split [splɪt] **I** *v* (*split, split*) **1** [sönder]dela, klyva,
spräcka, spränga [sönder]; splittra (*äv. bildl.*);
dela [på], dela upp; ~ *the difference a*) dela på
resten, *b*) gå halva vägen var; ~ *hairs* klyva ord,
hänge sig åt hårklyverier; ~ *one's sides* [*laugh-
ing*] (*vard.*) skratta sig fördärvad; ~ *one's vote*
(*the ticket*) *AE.* [samtidigt] rösta på olika partiers
kandidater; ~ *open* bryta (slå) upp, spräcka; ~
up a) sönderdela, klyva, *b*) dela [på, upp], *c*) skil-
ja på, skingra, *d*) splittra **2** klyvas, rämna, brista,
spricka [upp], gå (springa) sönder, sprängas,
splittras; *bildl. äv.* dela [upp] sig; dela (*equal

lika*); *my head is ~ting* mitt huvud sprängvärker;
~ *off* avskiljas, *bildl.* bryta sig loss; ~ *open* gå
upp, brista, spricka [upp]; ~ *up a*) dela [upp] sig,
klyva sig, *b*) separera, skiljas **3** *vard.*, ~ *on s.b.*
tjalla på ngn **4** *vard.* sticka, dra **II** *a*, *perf. part.*
delad, kluven, splittrad *etc.*, *jfr split I*; ~ *infinit-
ive* (*språkv.*) infinitiv skild från infinitivmärket
(*genom inskjutet ord*); ~ *peas* [delade] torkade
ärter; ~ *personality* kluven personlighet, person-
lighetsklyvning; *a* ~ *second* en halv (mindre än
en) sekund **III** *s* **1** klyvning, splittring *etc.*, *jfr
split I*; *bildl.* spricka, splittring, brytning **2** räm-
na, reva, spricka **3** *do the ~s* gå ner i spagat **4**
vard. liten flaska, halvflaska; halvt glas **5** split
(*kluven frukt med glass o. vispgrädde*)
splitting ['splɪtɪŋ] *a*, ~ *headache* blixtrande
(brinnande) huvudvärk
splutter ['splʌtə] **I** *v* **1** spotta och fräsa; spotta
(*när man talar*); sprätta, stänka **II** *s* **1**
spottande och fräsande; sprättande, stänkande **2**
sluddrande, sludder
spoil [spɔɪl] **I** *s* **1** ~[*s* (*pl*)] rov, byte (*äv. bildl.*);
~*s of war* krigsbyte **2** schaktmassor **3** *i sht AE.*,
~*s* (*pl*) partibelöning **II** *v* (*spoilt, spoilt el.* ~*ed*,
~*ed*) **1** för[störa, -därva **2** skämma bort **3** bli för-
störd (dålig, skämd) **4** *be* ~*ing for a fight* söka
strid (*about* om)
spoilsport ['spɔɪlspɔːt] glädjedödare **spoilt**
[spɔɪlt] *imperf. o. perf. part. av spoil*
1 spoke [spəʊk] *imperf. av speak*
2 spoke [spəʊk] **I** *s* **1** [hjul]eker **2** stegpinne **3**
bildl., *put a* ~ *in a p.'s wheel* sätta en käpp i hju-
let för ngn **II** *v* förse med ekrar
spoken ['spəʊk(ə)n] **I** *v, perf. part. av speak* **II** *a*
talad, tal-; muntlig (*command* order); ~ *English*
engelskt talspråk
spokes|man ['spəʊksmən], -**person** [-ˌpɜːsn],
-**woman** [-ˌwʊmən] talesman; företrädare
spondu|licks, -lix ['spɒndjʊlɪks] *pl, sl.* stålar,
kosing
sponge [spʌn(d)ʒ] **I** *s* **1** [tvätt]svamp; *give s.th. a*
~ torka [av, upp] (tvätta) ngt [med en svamp];
throw in (*up*) *the* ~ (*vard.*) kasta yxan i sjön (in
handduken) **2** *kokk.* jäst deg; lätt sockerkaka **3**
vard. snyltare, parasit **4** *vard.* svamp, fyllgubbe
II *v* **1** ~ [*down*] torka [av, upp] (tvätta) [med en
svamp]; ~ *off* (*out*) torka (tvätta) bort [med en
svamp]; ~ *up* torka (suga) upp [med en svamp]
2 *vard.* snylta sig till **3** *vard.* snylta, parasitera
(*on, off* på) **sponge bag** ['spʌn(d)ʒbæg] *BE.*
necessär, toalettväska **sponge cake** lätt sock-
erkaka **spongy** [-ɪ] svampig; svampaktig
sponsor ['spɒnsə] **I** *s* **1** sponsor, finansiär (*äv. av
radio- el. TV-program i syfte att få reklam*) **2** fad-
der **3** *parl. e.d.* förslagsställare; upphovsman **II** *v*
1 sponsra, vara sponsor för, finansiera **2** stå för;
ivra för **3** stå fadder åt -**ship 1** sponsorskap **2**
fadderskap
sponta|neity [ˌspɒntəˈneɪətɪ] spontan[e]itet
-**neous** [spɒnˈteɪnjəs] **1** spontan, av egen drift,
frivillig; ~ *combustion* självantändning; ~ *gen-
eration* spontan uppkomst av liv **2** *biol.* spontan,
inhemsk
spoof [spuːf] *vard.* **I** *s* **1** spratt; humbug **2** parodi
(*on*), drift (*on* med) **II** *v* skoja [med], skämta
[med]

S

spook [spu:k] *vard.* **I** *s* **1** spöke **2** underlig kurre, kuf **3** *AE.* spion, hemlig agent **II** *v, AE.* **1** skrämma **2** spöka i (på, hos) **spooky** ['spu:kı] *vard.* **1** spöklik, kuslig **2** hemsökt av spöken

spool [spu:l] **I** *s* spole; [film]rulle; ~ *of thread* (*AE.*) trådrulle **II** *v,* ~ [*up*] spola [upp]

spoon [spu:n] **I** *s* **1** sked; *wooden* ~ (*bildl.*) jumbopris; *be born with a silver* ~ *in one's mouth* vara född med silversked i munnen (av rika föräldrar) **2** golf. spoon (*träklubba nr 3*) **3** (*för fiske*) skeddrag **II** *v* **1** ösa [med sked], skeda **2** *vard.* svärma **spoonful** ['spu:nf(ʊ)l] (*pl* ~*s el.* *spoonsful*) sked (*som mått*); *a* ~ *of milk* en sked mjölk

sporadic [spə'rædık] sporadisk, enstaka, spridd

spore [spɔ:] *bot.* spor

sport [spɔ:t] **I** *s* **1** sport; idrott; idrottsgren; ~*s* (*pl, äv.*) *a) koll.* sport, idrott, *b*) idrotts|evenemang, -tävlingar **2** lek; tidsfördriv; nöje; skämt, skoj; åtlöje; *for* (*in*) ~ på lek (skämt, skoj), för nöjes (skojs, ro) skull; *it is a* ~ *to* (*bildl.*) det är en lek för; *make* ~ *of* skämta (skoja) med **3** *bildl.* lek|boll, -sak **4** *vard.* bra karl (kille); god förlorare; *be a* [*good*] ~ vara en bra kille (käck flicka, trevlig kamrat); *old* ~*!* gamle gosse! **II** *v* **1** *vard.* ståta (skylta, briljera) med **2** leka, roa sig **3** ~ *away* slösa bort

sporting ['spɔ:tıŋ] **1** sportig; sport-, idrotts-; sportslig; jakt- **2** *bildl.* sportslig, renhårig, hygglig; *a* ~ *chance* en sportslig (ärlig) chans

sports car ['spɔ:tska:] sportbil **sports day** idrottsdag **sports jacket** [-ˌdʒækıt] [tweed]kavaj, blazer **sportsman** [-mən] sportsman (*äv. bildl.*), idrottsman **sportsmanlike** [-mənlaık] sportsmannamässig, sportslig **sportsmanship** [-mənʃıp] sportsmannaanda, sportslighet **sportswoman** [-ˌwʊmən] idrotts-, sport|kvinna **sporty** [-ı] **1** sportig **2** prålig **3** (*om kvinna*) lättsinnig

spot [spɒt] **I** *s* **1** fläck (*äv. bildl.*); prick, punkt **2** punkt; plats, ställe; *bright* ~ (*bildl.*) ljuspunkt; *high* ~ (*bildl.*) höjdpunkt; *tender* ~ öm punkt; *have a soft* ~ *for* vara svag för; *weak* ~ svag sida (punkt), svaghet; *in* ~*s* här och där, punktvis, då och då; *on the* ~ *a*) på platsen, *b*) på fläcken, genast; *knock* ~*s off s.b.* (*vard.*) ställa ngn i skuggan, vara ngn överlägsen **3** *vard., be in a* (*on the*) ~ vara i klämma (knipa), ligga illa till **4** stänk, droppe; *vard.* skvätt; *a* ~ *of* (*äv.*) litet, en aning (smula); *a* ~ *of whisky* (*rye*) en whiskypinne; *we had a* ~ *of rain* det kom några droppar regn hos oss **5** finne, kvissla, blemma; *come out in* ~*s* få finnar **6** nummer, programpunkt; *radio., TV.* reklam|snutt, -inslag **7** *se spotlight* **II** *v* **1** fläcka [ner]; sätta pricka på; *bildl.* fläcka **2** känna igen; upptäcka, få syn på, se, hitta, komma på; ~ *the winner* tippa vem som vinner, tippa rätt **3** småregna **4** bli fläckig

spot-check ['spɒttʃl] **I** *s* stickprov[skontroll] **II** *v* göra stickprovskontroll av, ta stickprov på **spotless** [-lıs] fläckfri; ren **spotlight I** *s* spotlight; strålkastare; strålkastarljus (*äv. bildl.*); (*på bil*) sökarljus; *be in the* ~ (*bildl.*) stå i rampljuset **II** *v* belysa med spotlight (strålkastare); *bildl.* rikta uppmärksamheten på, ställa i strålkastarljuset (rampljuset) **spot-on** [spɒt'ɒn] *BE. vard.* på

pricken, exakt, precis

spotted ['spɒtıd] **1** prickig **2** fläckig, fläckad (*with* av); ~ *fever* fläck|tyfus, -feber **spotty** [-ı] **1** fläckig, prickig; finnig **2** ojämn [till kvaliteten]

spouse [spaʊz] make, maka

spout [spaʊt] **I** *s* **1** pip; [vatten]utkastare **2** [häftig] stråle **3** *vard., be up the* ~ *a*) vara åt pipan (helt fel), *b*) vara i knipa (ruinerad); *it has gone up the* ~ det har gått pipan (upp i rök) **II** *v* **1** spruta [ut], spy ut **2** ~ [*out*] haspla ur sig, spotta fram

sprain [spreın] **I** *v* stuka, vricka **II** *s* stukning, vrickning

sprang [spræŋ] *imperf. av spring*

sprawl [sprɔ:l] **I** *v* **1** ~ [*out*] ligga (sitta) och vräka sig, sträcka (breda) ut sig **2** sprida (breda) ut sig; (*om handstil e.d.*) spreta åt alla håll **II** *s* **1** vildvuxen utbredning (*av stad e.d.*) **2** vräkig ställning; spretande

spray [spreı] **I** *s* **1** stänk, [yrande] skum; *bildl.* skur (*of bullets* av kulor) **2** sprej, spray; *hair* ~ hårsprej **3** sprej-, spray|flaska; spruta, spridare; *garden* ~ vattenspridare (för trädgården) **II** *v* **1** spruta, spreja, spraya, stänka (*s.b. with s.th.* ngt på ngn); bespruta, spruta ner, stänka på **2** ~ [*out*] spruta [ut]

spread [spred] **I** *v* (*spread, spread*) **1** ~ [*out*] breda [ut], sprida [ut], lägga (veckla, spänna, sträcka) ut; ~ *o.s.* breda ut sig (*äv. bildl.*); ~ *out one's fingers* spreta med fingrarna; ~ *the table* duka [bordet]; ~ *a cloth on the table,* ~ *the table with a cloth* lägga en duk på bordet **2** breda, stryka; ~ *butter on bread,* ~ *bread with butter* breda smör på bröd **3** fördela; sprida [ut]; föra vidare **4** breda ut sig; sträcka sig; sprida sig; ~ *out a*) breda ut sig, *b*) dela upp (sprida) sig **5** kunna bredas (strykas) **II** *s* **1** utbredning; spridning; fördelning **2** utsträckning; spännvidd; omfång, bredd, vidd; *flyg. vard.* vingbredd **3** [bredbart] pålägg, bredbar pastej; *cheese* ~ mjukost **4** överkast; duk **5** (*i bok, i tidning*) [*double*] ~ uppslag **6** *vard.* kalas, skrovmål **7** *vard., get a middle-age* ~ [komma till åren och] lägga på hullet

spreadeagle[d] [ˌspred'i:gl(d)] *a* med utsträckta armar och ben

spree [spri:] **I** *s, shopping* ~ inköpsrunda, köprond; *go on a drinking* ~ ta en krogrond, gå ut och festa **II** *v* festa om

sprig [sprıg] **1** [liten] kvist; skott **2** blad-, blomster|ornament

sprightly ['spraıtlı] *a* pigg, livlig

spring [sprıŋ] **I** *v* (*sprang el. ibl. sprung, sprung*) **1** utlösa, spränga (*a mine* en mina); få att [plötsligt] öppna sig (slå igen); spräcka; ~ *a leak* (*sjö.*) springa läck **2** [plötsligt] komma med (kasta fram); ~ *s.th. on s.b.* överraska ([plötsligt] konfrontera) ngn med ngt **3** hoppa över **4** *vard.* befria, få ut (*from prison* ur fängelse) **5** utlösas, explodera, smälla (slå) igen; ~ *open* flyga upp, [plötsligt] öppna sig **6** hoppa, flyga, rusa, kasta (störta) sig; ~ *at s.b.* flyga på ngn; ~ *into fame* plötsligt bli berömd; ~ *into life* få (vakna till) liv, uppstå; ~ *up* (*to one's feet*) rusa (fara, flyga) upp **7** rinna, spruta; upp|komma, -stå; ~ *from* (*äv.*) komma (härröra, härstamma) från; ~ [*up*] *a*) rinna fram (upp), *b*) komma (skjuta) fram (upp), spira, *c*) växa (dyka) upp; *tears sprang* [*in*]*to her* *eyes* hon fick plötsligt tårar i ögonen **II** *s* **1** hopp, språng **2** källa (*äv. bildl.*); ursprung **3** [stål]fjäder; resår; ~*s* (*pl, äv.*) fjädring **4** *bildl.* drivfjäder **5** fjädring, elasticitet, svikt, spänst; *with a* ~ *in one's step* med fjädrande gång **6** (*för exempel jfr autumn*) vår (*äv. bildl.*)

spring board ['sprɪŋbɔ:d] **1** trampolin, svikt **2** språngbräda (*äv. bildl.*)

spring fever [ˌsprɪŋ'fi:və] **1** vårkänslor **2** vårtrötthet **spring tide** ['sprɪŋtaɪd] springflod **springtime** ['sprɪŋtaɪm] vår; *in* ~ på våren **springy** ['sprɪŋɪ] fjädrande, elastisk; spänstig

sprin|kle ['sprɪŋkl] **I** *v* **1** strö [ut], stänka, strila; bestänka, beströ, bespruta; ~ *clothes* stänka kläder; *be* ~*d over* (*bildl.*) vara utspridd (utströdd) över **2** dugga, duggregna, stänka **II** *s* **1** stänk **2** *a* ~ *en smula*, [ngt] lite[t]; ~ *of snow* lätt snöfall -**kler** [-klə] sprinkler; vattenspridare; stril -**kling** [-klɪŋ] **1** bestänkande, utströende, besprutande **2** *bildl.* stänk, gnutta; inslag, fåtal

sprint [sprɪnt] **I** *v* sprinta, spurta, rusa **II** *s* **1** sprinterlopp **2** [slut]spurt **3** rusning -**er** ['sprɪntə] sprinter[löpare], kortdistanslöpare

sprout [spraut] **I** *v* **1** gro, spira [fram, upp], skjuta upp, skjuta skott, börja växa **2** *bildl.*, ~ [*up*] växa upp (fram) **3** få, låtsa sig till med **II** *s* skott, grodd; [*Brussels*] ~*s* brysselkål

1 spruce [spru:s] (*pl lika*) *bot.* gran

2 spruce [spru:s] **I** *a* prydlig, nätt **II** *v*, ~ *up* fiffa upp

sprung [sprʌŋ] **I** *v*, *perf.part, av spring* **II** *a* fjäder, resår, ~ *mattress* resårmadrass

spry [spraɪ] rask, pigg

spume [spju:m] [våg]skum

spun [spʌn] **I** *v. imperf. o. perf. part. av spin* **II** *a* spunnen; ~ *glass* glas|fiber, -ull; ~ *sugar* (*AE.*) spunnet socker, sockervadd

spunky ['spʌŋkɪ] *vard.* klämmig; modig

spur [spɜ:] **I** *s* **1** sporre; *bildl. äv.* drivfjäder, eggelse; *on the* ~ *of the moment* av en ingivelse, utan närmare eftertanke; *win one's* ~*s* (*bildl.*) vinna sina sporrar **2** [klipp]utsprång **II** *v* ~ [*on*] sporra, *bildl. äv.* egga, driva på

spurious ['spjuərɪəs] falsk; förfalskad, oäkta

spurn [spɜ:n] [föraktfullt] avvisa, försmå

spurt [spɜ:t] **I** *v* **1** spurta; rusa **2** ~ [*out*] spruta [fram, ut] **II** *s* **1** [slut]spurt; kraftansträngning **2** [ut-, fram|sprutande] stråle

sputter ['spʌtə] **I** *v* **1** spotta [och fräsa]; spraka; sprätta **2** sluddra **II** *s* **1** spottande [och fräsande]; sprakande; sprättande **2** sludder

spy [spaɪ] **I** *s* spion; spejare **II** *v* **1** spionera (*on* på); ~ *into* snoka i **2** få syn på, upptäcka **3** ~ *out* utspionera; ~ *out the land* ta reda på hur landet ligger

squabble ['skwɒbl] **I** *v* käbbla, kivas **II** *s* käbbel, kiv

squad [skwɒd] grupp (*äv. mil.*); trupp (*äv. fotbollstrupp*); skara; [polis]patrull; *flying* ~ rörlig spaningsavdelning **squad car** ['skwɒdkɑ:] polisbil

squadron ['skwɒdr(ə)n] **1** *mil.* (*i flyget*) division; (*i kavalleriet*) skvadron; (*i flottan*) eskader **2** grupp, skara

squalid ['skwɒlɪd] smutsig, snuskig, eländig

squall [skwɔ:l] **I** *v* skrika, gapa, gasta **II** *s* **1** skrik,

skrän, vrål **2** kast-, storm|by

squalor ['skwɒlə] elände; snusk[ighet]

squander ['skwɒndə] slösa [bort], förslösa

square [skweə] **I** *s* **1** fyrkant; ruta; *geom.* kvadrat; *be back to* ~ *one* vara tillbaka där man (*etc.*) började (vid utgångspunkten); *start* [*again*] *from* ~ *one* börja om från början igen **2** kvarter; [öppen] plats, torg **3** vinkel[hake,-mått, -linjal]; *on the* ~ *a*) vinkelrät[t], *b*) ärlig[t], öppen, öppet, just **4** *vard.* gammalmodig (insnöad, mossig) person **5** *mat.* kvadrat[tal]; *the* ~ *of 2 is 4 2* i kvadrat (upphöjt till 2) är fyra **II** *a* **1** fyrkantig; kvadratisk; kvadrat-; ~ *bracket* rak parentes, hakparentes; ~ *dance* kontradans (*med fyra par*); ~ *measure* ytmått; ~ *number* kvadrat[tal]; ~ *root* kvadratrot; ~ *sail* (*sjö.*) råsegel; *three metres* ~ tre meter i kvadrat; *a* ~ *peg in a round hole* (*vard.*) en som har kommit på fel plats, en som inte alls passar in **2** vinkelrät, rätvinklig, (*av, with mot*) **O** fyrkantig, undersätsig, satt; kraftig[t byggd] **4** ordentlig, rejäl, kraftig, stadig; *a* ~ *meal* ett rejält mål mat **5** klar, otvetydig; ärlig, öppen, renhårig; rättvis, just; ~ *refusal* tvärt avslag; *be* ~ *with s.b.* vara öppen (ärlig) mot ngn; *give s.b. a* ~ *deal* behandla ngn rättvist (just) **6** reglerad, uppgjord, i ordning; kvitt, jämn; *we are* [*all*] ~ *a*) nu ligger vi lika (har vi samma poäng), *b*) nu är vi kvitt; *get* ~ *with s.b.* göra upp med ngn (*äv. bildl.*); *get things* ~ ordna upp saken **7** *vard.* gammalmodig insnöad, mossig **III** *adv* **1** vinkelrätt, i rät vinkel (*to mot*) **2** direkt, rakt, rätt **3** *vard.* ärligt, renhårigt, just **IV** *v* **1** göra fyrkantig (kvadratisk, rätvinklig); dela upp i fyrkanter (kvadrater), ruta; ~*d paper* rutpapper; ~ *a block of stone* fyrhugga ett stenblock; ~ *one's shoul ders* sträcka på axlarna; *he* ~*d the papers on his desk* han rättade till papperen på sitt skrivbord **2** reglera, göra upp [med], betala; utjämna **3** få att stämma överens, avpassa, rätta (*with, to* med, efter) **4** *mat.* kvadrera, upphöja i kvadrat; *2* ~*d is 4* 2 i kvadrat (upphöjt till 2) är 4 **5** *vard.* mygla med, fixa **6** bilda [en] rät vinkel **7** stämma [överens], passa ihop **8** ~ *up a*) göra sig redo att slåss (*to* med), höja garden (*to* mot), *b*) *vard.* göra upp **9** ~ *away a*) *sjö.* länsa, *b*) *AE.* städa (snygga) upp

1 squash [skwɒʃ] **1** klämma [in], pressa [in]; klämma (krama, mosa, pressa) sönder; platta till, *bildl. äv.* snäsa av; *bildl.* krossa, slå ner **2** klämmas (kramas, pressas) sönder, mosas, mosa sig **3** trängas; ~ *into* tränga (pressa) sig in i **II** *s* **1** (*dryck av pressad fruktsaft*) squash **2** mos; mosande **3** [folk]trängsel **4** *sport.* squash

2 squash [skwɒʃ] *i sht AE., bot.* squash

squash rackets [ˌskwɒʃ'rækɪts] (*behandlas som sg*) *sport.* squash

squat [skwɒt] **I** *v* **1** ~ [*down*] sitta på huk **2** huka sig [ner] **3** [olagligt] ockupera, slå sig ner i **II** *a* kort och tjock; satt, undersätsig -**ter** ['skwɒtə] **1** *BE.* husockupant **2** nybyggare (*som utan laglig rätt tar mark i besittning*) **3** *Austr.* arrendator (*på statens mark*); stor boskapsägare (*fårägare*)

squaw [skwɔ:] squaw (*nordamerikansk indiankvinna*)

squeak [skwi:k] **I** *v* **1** pipa; skrika; gnissla, gnälla; knarra **2** *vard.* tjalla **3** *AE.* med nöd och näp-

pe klara sig **ll** *s* **1** pip; skrik; gnisslande, gnissel, gnäll; knarr[ande] **2** *vard.*, *it was a narrow (near)* ~ det var på håret (nära ögat)
squeal [skwi:l] **l** *v* **1** skrika (*utdraget o. gällt*); skria **2** *sl.* tjalla (*on s.b. to s.b.* på ngn för ngn) **3** *vard.*, *i sht BE.* klaga, protestera **ll** *s* skri[k]
squealer ['skwi:lə] *sl.* tjallare
squeamish ['skwi:mɪʃ] **1** överkänslig (*about* för); lättskrämd; som lätt blir illamående; pryd **2** kinkig, kräsen
squeeze [skwi:z] **l** *v* **1** trycka, klämma, krama, pressa; klämma (pressa) in (ner); omfamna, krama; *bildl.* pressa, ansätta; ~ *one's finger* klämma sig i fingret; ~ *the trigger* trycka av; ~ [*out*] *a*) krama (pressa) ur (ut), *b*) klämma (pressa) fram; ~ *s.th. from* (*out of*) *s.b.* pressa av (ur) ngn ngt, pressa ngn på ngt; ~ *o.s. into* tränga (pressa) sig in i; ~ *to death* klämma ihjäl **2** tränga (pressa) sig (*into* in i; *through* igenom) **ll** *s* **1** tryck[ning], hopklämning, [ur]kramning; press; omfamning, kram; *bildl.* påtryckning, utpressning, press; *in a tight* ~ (*vard.*) i klämma, i knipa; *give s.th. a* ~ (*äv.*) trycka (krama [ur]) ngt; *it was a narrow (tight)* ~ (*vard.*) det var nära ögat; *put the* ~ *on s.b. a*) ansätta (sätta press på) ngn, *b*) bedriva utpressning mot ngn **2** trängsel; *it was a tight (terrible)* ~ det var förfärligt trångt **3** skvätt, droppe; *a* ~ *of* (*äv.*) litet **4** *ekon.* åtstramning
squeezer ['skwi:zə] [frukt]press
squelch [skwel(t)ʃ] **l** *v* **1** klafsa, plaska (*i vatten e.d.*) **2** kväsa, krossa **3** *vard.* tysta ner, ge ett dräpande svar **ll** *s* **1** klafs[ande], plask[ande] **2** *vard.* dräpande svar
squint [skwɪnt] **l** *v* **1** skela, vinda; kisa (*at* mot) **2** snegla (*at* på) **ll** *s* **1** skelning, vindögdhet; *have a* ~ vara vindögd (skelögd) **2** *vard.*, *have* (*take*) *a* ~ *at* ta en titt på **lll** *a* vindögd, skelande
squire ['skwaɪə] **1** godsägare **2** *hist.* väpnare **3** *BE.* (*i tilltal*) min [bäste] herre
squirm [skwɜ:m] *v* skruva [på] sig, vrida sig; *bildl.* våndas **ll** *s* skruvande; *bildl.* vånda
squirrel ['skwɪr(ə)l] ekorre
squirt [skwɜ:t] **l** *v* **1** spruta [på] **2** spruta ut **ll** *s* **1** stråle **2** sprutande; spruta **3** *vard.* nolla, klåpare; puttefnask
stab [stæb] **l** *v* **1** sticka [ner], genomborra; sticka, stöta, köra; ~ *a knife into s.b.* (*s.b. with a knife*) sticka kniven i ngn; ~ *s.b in the back* (*bildl. vard.*) falla ngn i ryggen, lömskt attackera ngn **2** ~ [*at*] (*med fingrarna e.d.*) trumma på; ~ *the air with* hugga i luften med **ll** *s* **1** stick, stöt, sting; *a* ~ *in the back* (*bildl.*) en dolkstöt i ryggen **2** *bildl.* hugg, sting, stick; *a* ~ *of alarm* en plötslig oro; *a* ~ *of pain* ett sting av smärta **3** *vard.* försök (*at* till); *have a* ~ *at* försöka sig på; *a* ~ *in the dark* ett skott i det blå **-bing** ['stæbɪŋ] **l** *s* knivskärning **ll** *a* stickande (*pain* smärta)
stability [stə'bɪlətɪ] stabilitet, stadga
stabi|ization (*BE. äv. -isation*) [ˌsteɪbəlaɪ'zeɪʃn] stabilisering **-ize** (*BE. äv. -ise*) ['steɪbəlaɪz] stabilisera
1 stable ['steɪbl] stabil, stadig, säker
2 stable ['steɪbl] **l** *s*, ~[*s*] stall (*äv. bildl.*), stallbyggnad **ll** *v* stalla, ställa in i stall[et]
stableness ['steɪblnɪs] stabilitet, stadga
stack [stæk] **l** *s* **1** stapel, trave, hög; *vard.* massa,

hel hög **2** [hö]stack **3** skorsten[sgrupp] **ll** *v* **1** ~ [*up*] stapla [upp], trava [upp]; *be* ~*ed with* vara fullproppad med; *the odds* (*cards*) *are* ~*ed against* oddsen är emot **2** stacka
stadi|um ['steɪdjəm] (*pl -ums el. -a* [-ə]) **1** stadion **2** [sjukdoms]stadium
staff [stɑ:f] **l** *s* **1** personal; stab (*äv. mil.*); *editorial* ~ redaktion[spersonal]; *General S*~ (*mil.*) generalstab; [*teaching*] ~ lärarkår; *be on the* ~ höra till personalen (staben, kollegiet), vara medarbetare ([fast] anställd); *are you* ~? (*vard.*) är du anställd (arbetar du) här?; *he has left our* ~ han har slutat här **2** stav; [flagg]stång; skaft; *bildl.* stöd; *the* ~ *of life* det viktigaste födoämnet, brödet **3** (*pl staves*) *mus.* not|linjer, -plan, -system **ll** *v* hitta (skaffa, anställa) personal till; bemanna; *be well* ~*ed* ha tillräckligt med personal
stag [stæg] **1** *zool.* [kron]hjorthanne **2** ensam man [utan damsällskap]
stage [steɪdʒ] **l** *s* **1** scen (*äv. bildl.*); teater; estrad; podium; *on* [*the*] ~ på scenen; *go on* ~ *a*) träda in på scenen, *b*) börja [spela]; *go on the* ~ gå in vid teatern, bli skådespelare; *hold the* ~ dominera scenen (*äv. bildl.*); *put on the* ~ sätta upp, uppföra; *the* ~ *is set a*) allt är klart på scenen, *b*) *bildl.* allt är klart **2** plattform, podium **3** (*på mikroskop*) objektglas **4** fas, stadium, skede; *the child has reached the talking* ~ barnet har börjat tala **5** avsnitt, etapp; zon[gräns]; *in* (*by*) [*easy*] ~*s a*) etappvis, i etapper, *b*) *bildl.* steg för steg, litet i taget **6** skjuts|station, -håll; hållplats **7** [raket]steg **ll** *v* sätta upp, iscensätta; uppföra; *bildl.* iscensätta, arrangera, organisera; ~ *a recovery* hämta sig, tillfriskna; *the play is* ~*d in the 18th century* pjäsen utspelas på 1700-talet
stagecoach ['steɪdʒkəʊtʃ] [post]diligens **stage direction** [-dɪˌrekʃn] scenanvisning **stage fright** [-fraɪt] rampfeber **stage manager** [-ˌmænɪdʒə] inspicient, regiassistent **stagestruck** [-strʌk] teaterbiten **stage whisper** [-ˌwɪspə] teaterviskning
stagger ['stægə] *l v* **1** vackla, ragla, stappla **2** få att vackla; *bildl. äv.* slå med häpnad, shocka, skaka **3** sprida (*holidays* semestrar[na]) **ll** *s* vacklande, raglande, stapplande **-ing** [-rɪŋ] **1** vacklande, raglande, stapplande, ostadig **2** häpnadsväckande, shockerande; ~ *blow* dråpslag (*äv. bildl.*)
stag|nate [stæg'neɪt] stå stilla; stagnera (*äv. bildl.*) **-nation** [stæg'neɪʃn] stagnation; stillastående; stockning
stag party ['stæg.pɑ:tɪ] svensexa
staid [steɪd] stadgad; sober
stain [steɪn] **l** *v* **1** fläcka [ner]; missfärga; *litt.* fläcka, vanhedra **2** färga; måla; betsa; ~*ed glass* målat glas **3** få fläckar; missfärgas **4** färga av sig **ll** *s* **1** fläck (*äv. bildl.*) **2** färgämne; bets **stained-glass** ['steɪndglɑ:s] *a*, ~ *window* fönster med glasmålning **stainless** ['steɪnlɪs] **1** fläckfri, obefläckad **2** rostfri; ~ *steel* rostfritt stål
stair [steə] **1** trappsteg; *åld. el. litt.* trappa **2** våningsplan **3** ~*s* (*pl*) trappa (*inomhus*), trappuppgång; *a flight of* ~*s* en trappa; *below* ~*s* (*BE.*) bland tjänstefolket; *on the* ~ i trappan
stair|case ['steəkeɪs] trappa; trappuppgång **-way** trappa **-well** trapphus

stake [steɪk] **I** *s* **1** stake, stör, påle, stolpe; pinne, käpp; *be burnt at the* ~ brännas på bål; *pull up* ~*s* bryta upp, flytta sina bopålar **2** [an]del; intresse; ~[*s*] insats; *be at* ~ stå på spel; *that's precisely the issue at* ~ det är precis det det handlar om; *have a* ~ *in s.th.* ha [an]del i ngt; *place one's* ~ *on* satsa på; *play for high* ~*s* spela högt; *put at* ~ sätta på spel **3** ~*s* (*pl*) *a*) (*vid hästkapplöpning*) pris[pengar], [pris]lopp, *b*) kapplöpning (*äv. bildl.*) **II** *v* **1** fästa vid en stake (*e.d.*, *jfr I*); stödja med en stake (*e.d.*), stötta, staga; stödja, binda upp (*växt*); inhägna med pålar (*e.d.*); ~ [*off, out*] *a*) staka ut, *b*) definiera, specificera; ~ *out* (*AE.*) polisbevaka; ~ *out a claim* resa anspråk **2** satsa, riskera, sätta på spel **3** stödja (backa upp) [ekonomiskt]

stale [steɪl] **I** *a* **1** gammal; unken, instängd; avslagen; ~ *bread* gammalt bröd **2** tröttkörd, slut, [ut]sliten; gammal, förlegad; ~ *clichés* slitna (nötta) klichéer **II** *v* göra (bli) gammal (unken *etc.*, *se I*)

stalemate ['steɪlmeɪt] **I** *s* **1** schack. patt[ställning] **2** dödläge **II** *v* **1** schack. göra patt **2** få att stanna (gå i baklås, köra fast)

1 stalk [stɔ:k] **1** stjälk, skaft, stängel **2** skaft; (*på glas*) fot; stöd

2 stalk [stɔ:k] **1** smyga [sig] efter, smyga sig på (*game* villebråd) **2** [hotfullt] sprida sig genom **3** skrida [fram], gå med stolta steg (högburet huvud) **4** gå på jakt

stall [stɔ:l] **I** *s* **1** [salu]stånd, disk, bord; kiosk **2** spilta; bås; avbalkning **3** *teat* parkettplats, *in the* ~ *a* på parkett **4** *kyrkl.* korstol **5** fingertuta **6** motor-, tjuv|stopp **7** *AE.* parkeringsruta **II** *v* **1** ställa (hålla) i spilta; stalla **2** orsaka tjuvstopp i **3** få motorstopp; tjuvstanna

stallion ['stæljən] hingst

stalwart ['stɔ:lwət] *a* **1** stor och stark, robust **2** trofast, trogen; ståndaktig; gedigen **II** *s*, *i sht polit.* trogen (ståndaktig) anhängare

stamen ['steɪmen] *bot.* ståndare

stamina ['stæmɪnə] uthållighet; styrka

stammer ['stæmə] **I** *v* stamma; ~ *out* stamma fram **II** *s* stamning, stammande

stamp [stæmp] **I** *v* **1** stampa med (på, i); trampa på; ~ [*down*] trampa ner; ~ *out a*) trampa ut, *b*) göra slut på, *c*) utrota, *d*) slå ner, krossa **2** frankera, sätta frimärke på **3** stämpla (*äv. bildl.*); stämpla på; trycka; prägla, *bildl. äv.* inprägla; ~ [*out*] stansa (stampa) ut; ~*ed paper* stämpelpapper; ~ *one's personality on s.th.* sätta sin personliga prägel på ngt **4** stampa; trampa, klampa **II** *s* **1** stamp, stamp|ande, -ning **2** frimärke; märke **3** stämpling; stämpel[järn]; stans, stamp; stämpel, prägel (*äv. bildl.*), *bildl. äv.* kännemärke; *bear the* ~ *of* präglas av; *bear the* ~ *of expert* ha en expertstämpel på sig **4** slag, sort

stampede [stæm'pi:d] **I** *s* **1** vild (panikartad) flykt (*av boskapshjord e.d.*) **2** rusning, rush; *gold* ~ guldrush **II** *v* **1** *om* **1** (*om boskap*) råka i vild (panikartad) flykt, fly i panik **2** rusa, störta **3** driva på flykten, försätta i panik **4** hetsa, driva (*s.b. into doing s.th.* ngt att göra ngt)

stance [stæns] **1** ställning; *bildl.* hållning, inställning, attityd (*on* till) **2** *sport.* slagställning

stanch [stɑ:n(t)ʃ] hämma, stilla, stoppa, hejda (*the bleeding* blodflödet)

stand [stænd] **I** *v* (*stood, stood*) **1** ställa [upp], resa [upp]; ~ *s.b. up* (*vard.*) låta ngn vänta [förgäves] **2** stå ut med, tåla, uthärda, stå emot, hålla stånd mot; bestå, klara [av]; *he can* ~ *a good deal* han tål en [hel] del **3** bjuda på **4** ~ *trial for* stå åtalad för **5** ~ *off a*) hålla på avstånd, *b*) permittera, friställa **6** stå; stå kvar (fast); hålla stånd; stå sig, hålla; [fortfarande] gälla; ~ *fast* stå fast; ~ *good* stå fast, vara giltig, [fortfarande] gälla; ~ *in need of help* vara i behov av hjälp; ~ *in the way of* stå i vägen för; ~ *ready* stå (vara) redo; ~ *talking* stå och prata; ~ *to lose* kunna (riskera att) förlora; ~ *to win* kunna (ha chans att) vinna; *the barometer* ~*s at...* barometern står på (visar)... **7** stå, ligga till, förhålla sig; ~ *well with* ligga bra till hos, stå på god fot med; *as it now* ~*s* som det nu är (ligger till); *where* (*how*) *do you* ~ *on this question?* var står du i den här frågan? **8** stå (stiga) upp, resa sig [upp]; ställa sig [upp] **9** ligga, vara belägen **10** mäta, vara[...lång *e.d.*] **11** stanna, stå stilla; ~ *at ease!* (*mil.*) manöver!; ~ *easy!* (*mil.*) lediga! **12** ~ *about* stå och hänga; ~ *apart a*) stå en bit bort, *b*) hålla sig på avstånd, hålla sig (stå) utanför; ~ *aside a*) stiga åt sidan, *b*) stå bredvid, förhålla sig passiv, *c*) dra sig (träda) tillbaka; ~ *at* uppgå till, vara; ~ *back a*) stiga (dra sig) bakåt (tillbaka), *b*) stå bredvid, förhålla sig passiv, *c*) ta avstånd, *d*) stå (ligga) en bit [in]; ~ *by a*) stå bredvid, förhålla sig passiv, *b*) hålla sig i beredskap, hålla sig (stå, vara) redo (beredd), *c*) hjälpa, stödja, *d*) hålla fast vid, stå [fast] vid; ~ *by for further news* avvakta vidare nyheter; ~ *down a*) dra sig (träda) tillbaka, *b*) lämna (träda ner från) vittnesbåset; ~ *for a*) stå för, betyda, *b*) finna sig i, acceptera, *c*) stödja, hålla på, kämpa för, *d*) vara sökande till, ställa upp som kandidat till, kandidera till; ~ *in* hoppa (rycka) in, vikariera; ~ *on a*) *sjö.* hålla kursen, *b*) hålla på (*ceremony* etiketten); ~ *out a*) stiga fram, *b*) stå ut, skjuta (sticka) fram (ut), *c*) sticka av, framträda, *d*) framstå, *e*) utmärka sig (*from* framför), vara framstående; ~ *out against* motsätta sig, stå emot; ~ *out for a*) stå fast vid, hålla på, *b*) insistera (yrka) på, kräva; ~ *over a*) kontrollera, stå över, *b*) uppskjuta[s]; ~ *to hålla* [på, fast vid] [fast] vid; *it* ~*s to reason* det är självklart (naturligt); ~ *up a*) stå (stiga, ställa sig, resa sig) upp, *b*) stå [rak, upprätt], stå på benen, *c*) stå sig, hålla; ~ *up against* sätta sig emot; ~ *up for* hålla på, ta parti för, försvara; ~ *up for o.s.* stå på sig; ~ *up to a*) hålla stånd (stå pall) **4** stå emot, tåla, klara [av], *b*) sätta sig upp mot, trotsa; ~ *well with* ligga bra till hos **II** *s* **1** [stilla]stående; halt, stopp; *bring to a* ~ stanna, stoppa; *come to a* ~ stanna **2** plats (*där man står*), position, ställning; *bildl. äv.* ståndpunkt, inställning; *take a* ~ ta ställning, inta en ståndpunkt (*on a question* i en fråga); *take one's* ~ *a*) ställa sig, *b*) ta ställning **3** ställ[ning]; fot; stativ; hängare **4** [salu]stånd; kiosk; disk **5** station, hållplats **6** läktare, tribun, estrad, podium; *AE.* vittnesbås; *take the* ~ (*AE.*) avlägga vittnesmål **7** motstånd; försvar; *make a* ~ hålla stånd (stå motvärn), göra motstånd, kämpa **8** uppehåll (*under turné*) för gästspel (konsert *e.d.*)

standard ['stændəd] **I** *a* **1** standard-, norm-, normal[-], vanlig, bruklig; fullvärdig; allmänt erkänd; S~ *English* engelskt riksspråk; ~ *gauge* (*järnv.*) normal spårvidd; ~ *money* myntfot; ~ *pitch* (*mus.*) normalton; ~ *time* normaltid; ~ *work* standardverk **II** ~ *lamp* golvlampa; ~ *rose* stamros **II** *s* **1** standard, nivå, kvalitet; norm, mått[stock], mönster; ~ *of culture* kulturell nivå; ~ *of hygiene* hygienisk standard; ~ *of living* levnadsstandard; *above* (*below*) [*the*] ~ över (under) det normala; *be up to* ~ hålla måttet, uppfylla kraven; *set o.s. high* ~s ha stora krav på sig själv **2** standard; standardmått, likare **3** lödighet, halt **4** myntfot; *gold* ~ guldmyntfot; *monetary* ~, ~ *of currency* myntfot **5** standar, fana **6** stolpe; [hög] fot

standard|ization (*BE. äv. -isation*) [ˌstændədaɪ-ˈzeɪʃn] standardisering, likriktning; normering **-ize** (*BE. äv. -ise*) [ˈstændədaiz] standardisera, likrikta; normera

stand-by [ˈstæn(d)baɪ] **I** *s* **1** stöd, tröst, hjälp i nöden; favorit **2** reserv; beredskap; *be on* ~ stå i beredskap (beredd) **II** *a* reserv-; ~ *ticket* (*flyg.*) standbybiljett (*som man får i mån av ledig plats*) **stand-in** [ˈstændɪn] stand-in, ersättare, reserv **standing** [ˈstændɪŋ] **I** *a* stående (*äv. bildl.*); upprättstående; stillastående; *bildl.* ständig[t återkommande], permanent, fast; ~ *army* stående armé; ~ *jump* hopp utan ansats, stående hopp; ~ *order* löpande order; ~ *orders a*) reglemente, *b*) *parl.* ordningsstadga; ~ *room* ståplats[er] **II** *s* **1** ställning, position, rang, status; anseende, rykte **2** varaktighet; *of long* ~ gammal, långvarig, som varat länge **standoffish** [ˌstændˈɒfɪʃ] *vard.* högdragen, reserverad **stand|point** [ˈstæn(d)pɔɪnt] ståndpunkt; synpunkt **-still** stillastående, stopp; *be at a* ~ stå stilla; *bring to a* ~ [få att] stanna; *come to a* ~ [av]stanna **-up** [ˈstændʌp] **1** [upp]stående; ~ *collar* ståkrage **2** på stående fot; ~ *comedian* ståuppkomiker; ~ *meal* måltid som intas stående **3** regelrätt (*fight* slagsmål), rejäl, ordentlig

stank [stæŋk] *imperf. av* stink
stanza [ˈstænzə] *versl.* strof
1 staple [ˈsteɪpl] **I** *s* **1** häftklammer **2** krampa, märla **II** *v* **1** häfta ihop **2** fästa med krampa (märla)
2 staple [ˈsteɪpl] **I** *s* **1** stapelvara; basvara **2** råvara, stapelvara; huvudprodukt **3** huvudbeståndsdel, stomme **II** *a* **1** stapel-, huvud-, bas- **2** huvudsaklig
stapler [ˈsteɪplə] häftapparat
star [stɑː] **I** *s* **1** stjärna (*äv. bildl.*); *the S~s and Stripes* stjärnbaneret (*USA:s flagga*); *see* ~*s* (*bildl.*) se [solar och] stjärnor; *you can thank you lucky* ~*s that* du kan tacka din lyckliga stjärna att **2** stjärna, asterisk **3** [ordens]stjärna, stjärnorden **II** *v* **1** presentera i huvudrollen; *a film* ~*ring Marilyn Monroe* en film med Marilyn Monroe i huvudrollen **2** förse (märka, pryda) med stjärna (stjärnor, asterisk[er]) **3** spela (ha) huvudrollen, uppträda som stjärna (gäststjärna)
starboard [ˈstɑːbəd] *sjö.* styrbord; *on the* ~ *bow* (*quarter*) på styrbords bog (låring)
starch [stɑːtʃ] **I** *s* **1** stärkelse **2** *bildl.* stelhet, stelt sätt **II** *v* stärka (*med stärkelse*)

stare [steə] **I** *v* **1** stirra, glo (*at* på); *that will make him* ~ det kommer att göra honom häpen **2** stirra (glo) på; ~ *s.b. in the face* stirra ngn rätt i ansiktet; *it* ~*s you in the face* (*vard.*) det är solklart; ~ *s.b. out* stirra ngn rakt in i ögonen (*tills han vänder bort blicken*) **II** *s* blick; stirrande [blick]
starfish [ˈstɑːfɪʃ] *zool.* sjöstjärna
stark [stɑːk] **I** *a* **1** kal, naken, bar **2** naken, ohöljd, rak, ren; ~ *facts* nakna fakta **3** total, fullkomlig; bjärt (*contrast* kontrast) **II** *adv* fullständigt; ~ *staring* (*raving*) *mad* spritt språngande galen; ~ *naked* spritt naken
starlet [ˈstɑːlɪt] **1** liten stjärna **2** ung [film]stjärna
starling [ˈstɑːlɪŋ] *zool.* stare
starry [ˈstɑːrɪ] **1** stjärn|beströdd, -prydd, -klar; ~ *sky* stjärnhimmel **2** stjärnlik, tindrande
star-spangled [ˈstɑːˌspæŋgld] stjärnbeströdd; *the Star-Spangled Banner* stjärnbaneret (*USA:s nationalsång o. flagga*)
start [stɑːt] **I** *v* **1** [på]börja; starta; sätta i gång [med]; komma [fram] med; låta börja (starta); hjälpa [att komma] i gång, hjälpa [på traven]; ~ *a business* starta en affär; ~ *a fire* tända en eld; ~ *another hare* ta upp ett nytt ämne; ~ *s.b. doing s.th.* få ngn att [börja] göra ngt; ~ *work*[*ing*] börja arbeta; *I don't want to* ~ *anything* jag vill inte [börja] bråka; *get* ~*ed a*) börja, sätta (komma) i gång, *b*) bryta upp; ~ *s.b. on a career* hjälpa ngn att göra karriär; ~ *up* starta, sätta i gång [med] **2** börja; starta; sätta i gång; bryta upp, ge sig i väg, [av]gå, [av]resa (*for* till); ~*ing March 1* med början den 1 mars; ~ *to work* börja arbeta; ~ *back* bege sig tillbaka; ~ *for home* bege sig hem; ~ *in* (*vard.*) börja [med], sätta i gång [med]; ~ *off* (*out a*) börja (starta, sätta i gång [med], *b*) bryta upp, ge sig i väg; *he* ~*ed* [*off*] *by saying* han började med att säga; ~ *on s.th.* börja (sätta i gång med ngt; ~ *on a journey* ge sig ut på en resa; ~ *over* (*AE.*) börja om från början; ~ *up a*) börja, starta, sätta i gång, *b*) plötsligt dyka upp (uppstå); ~ [*up*] *in business* börja som affärsman; ~ *to* ~ *with* för det första, först, till att börja med **3** ~ [*up*] *a*) rycka (spritta) till (*at vid*), *b*) fara (flyga, rusa) upp (*at* vid); ~ *back* rygga tillbaka (*at* för, vid) **4** tränga, välla; *water* ~*ed from a hole* vatten vällde ut (fram) ur ett hål **II** *s* **1** början; start; startplats; avfärd, avresa; *at the* ~ i början; *for a* ~ för det första, först; *from* ~ *to finish a*) börja från till slut, *b*) från start till mål; *make an early* ~ ge sig av (starta) tidigt; *make a fresh* (*new*) ~ börja om från början; *make a* ~ *for home* bege sig hem; *make a* ~ *on s.th.* börja (sätta i gång) med ngt **2** försprång; *get* (*have*) *the* ~ *of a*) komma i väg före, *b*) få ett försprång framför **3** ryck[ning], sprittning; *by fits and* ~*s* ryck-, stöt|vis, oregelbundet; *give a* ~ rycka (spritta) till
starter [ˈstɑːtə] **1** *sport.* starter; startande, tävlingsdeltagare **2** start[anordning], självstart **3** *sht BE.* förrätt, entrérätt; *as a* ~ som förrätt (entrérätt); *for* ~*s* (*vard.*) till att börja med
startle [ˈstɑːtl] **1** skrämma, komma att rycka (haja) till; få att häpna, överraska; *be* ~*d* bli förskräckt (överraskad, häpen) (*by* över) **2** skrämma upp (*birds* fåglar) **3** fara upp, haja (rycka) till
startling [-ɪŋ] uppseendeväckande, sensatio-

nell; förfärande, alarmerande

starvation [staːˈveɪʃn] svält; utsvultet tillstånd **starve** [staːv] **1** svälta, hungra; ~*d* utsvulten; *I'm starving* (*vard.*) jag är jättehungrig (håller på att svälta ihjäl); ~ *for* (*bildl.*) hungra efter (*love* kärlek); *be ~d of* (*bildl.*) vara svältfödd på, ha fått för litet **2** låta svälta; ~ *out* svälta ut; ~ *a p. into submission* tvinga ngn till underkastelse genom att svälta ut honom **starving** [ˈstaːvɪŋ] svältande, hungrande, utsvulten

state [steɪt] **I** *s* **1** tillstånd, skick; situation, läge; nivå, stadium; *the ~ of affairs* (*things*) förhållandena, läget, sakernas tillstånd; *the present ~ of the economy* det nuvarande ekonomiska läget; *general ~ of health* allmänt hälsotillstånd; ~ *of mind* sinnes|tillstånd, -stämning; *in the present ~ of things* under nuvarande förhållanden; ~ *of war* krigstillstånd; *be in a fit ~ to do s.th.* vara kapabel (i stånd) att; *be in* (*get into*) *a ~* vara (bli) upprörd (alldeles ifrån sig) **2** ställning, stånd, rang; *married* (*single*) ~ *gift* (ogift) stånd **3** prakt, stat, ståss, ngla, in |great] ~ *a*) med pomp och stat, *b*) i full gala, i all sin glans; *lie in ~* ligga på lit de parade; *live in great* ~ leva furstligt **4** stat; delstat; *the S~s* Staterna (*USA*); *federal* ~ förbundsstat **II** *a* statlig; [del]stats-; statsägd; ~ *coach* galavagn; *the S~ Department* (*i USA*) utrikesdepartementet; ~ *visit* statsbesök **III** *v* fram|föra, -lägga, -ställa; redogöra för; upplysa om; ange; uppge; förklara, berätta; påstå; konstatera

stated [ˈsteɪtɪd] **1** fastställd, bestämd **2** uppgiven, uttalad, påstådd **3** konstaterad

stateless [ˈsteɪtlɪs] statslös

stately [ˈsteɪtlɪ] *a* ståtlig, imponerande; ~ *home* (*BE.*) residens, herrsäte (*som är öppen för allmänheten*)

statement [ˈsteɪtmənt] **1** påstående, uppgift; framställning; [officiellt] uttalande, deklaration, förklaring; *make a* ~ göra ett uttalande **2** redogörelse; redovisning, rapport; kontoutdrag; ~ *of affairs* redovisning av räkenskaper **3** uttryck, yttring

statesman [ˈsteɪtsmən] statsman **-ship** [-ʃɪp] statsmanna|skap, -egenskaper; statskonst

static [ˈstætɪk] **I** *a* statisk (*äv. fys.*); stillastående; oförändrad; ~ *electricity* statisk elektricitet **II** *s* **1** *fys.*, ~*s* (*behandlas som sg*) **2** statisk elektricitet **3** *radio., TV.* [atmosfäriska] störningar

station [ˈsteɪʃn] **I** *s* **1** station; *mil.* bas; [*naval*] ~ flottbas, örlogsstation; *railway* ~ järnvägsstation; ~*s of the Cross* (*relig.*) korsvägsstationer **2** [bestämd] plats, post; *take up one's* ~ inta sin plats, fatta posto **3** *åld.*rang, ställning; klass, stånd **4** *Austr.* [får]farm **II** *v* placera ut, postera; *mil.* förlägga, stationera; ~ *o.s.* placera (ställa) sig

stationary [ˈsteɪʃnərɪ] stationär; stillastående, orörlig; fast

stationer [ˈsteɪʃnə] pappershandlare; *the* ~[ˈs] pappershandeln **stationery** [ˈsteɪʃnərɪ] kontors-, skriv|materiel; brevpapper; pappersvaror

stationmaster [ˈsteɪʃnˌmaːstə] stations|föreståndare, -inspektor, stins

statis|tic[al] [stəˈtɪstɪk(l)] statistisk **-tics** [stəˈtɪstɪks] **1** (*behandlas som sg*) statistik (*siffermässig*

sammanställning) **2** (*behandlas som pl*) statistik[en] (*vetenskap*)

statue [ˈstætʃuː] staty **statuette** [ˌstætjʊˈet] statyett

stature [ˈstætʃə] **1** kroppsstorlek, växt, längd; *small in* ~ liten till växten **2** *bildl.* format, betydelse; *a man of* ~ en man av format

status [ˈsteɪtəs] ställning; status; tillstånd, läge **statute** [ˈstætjuːt] **1** skriven lag **2** statut, stadga, reglemente

staunch [stɔːn(t)ʃ] **1** pålitlig, [tro]fast **2** stabil, solid

stave [steɪv] **I** *s* **1** (*i laggkärl*) stav; (*i båt*) bord; stegpinne **2** *mus.* not|system, -linjer **3** *versl.* strof **II** *v* **1** ~ *in* slå hål på **2** ~ *off* avvärja, förhala

1 stay [steɪ] **I** *v* **1** hindra, hejda, stoppa; *jur.* uppskjuta, inställa; ~ *one's appetite* stilla sin hunger; ~ *one's hand* hejda sig, vänta **2** ~ *the course a*) orka genomföra loppet, *b*) hålla ställa ut, inte ge upp **3** stanna [kvar] över (*the night* natten) **4** stanna [kvar]; [stanna och] vänta; (*tillfälligt*) bo, vistas; övernatta; *where are you* ~*ing?* var bor du?; *have come to* ~ ha kommit för att stanna; ~ *put* stanna [kvar]; ~ *at a hotel* bo på [ett] hotell; ~ *away* stanna borta, hålla sig borta (undan), utebli (*from* från); ~ *for* (*to*) *dinner* stanna [kvar] till middagen; ~ *in a*) stanna hemma (inne), *b*) *skol.* sitta kvar; ~ *on* stanna (bli) kvar; ~ *out a*) stanna ute, *b*) hålla sig borta (undan), utebli (*o.s* från), *c*) fortsätta att arbeta, ~ *up* stanna (vara, sitta) uppe; ~ *with a friend* bo hos en vän; ~ *with me a moment* (*äv.*) lyssna på mig ett ögonblick **5** fortsätta att vara, hålla sig, förbli; ~ *awake* hålla sig vaken **6** hålla ut; ~ *with it!* ge inte upp!, håll ut!; ~*ing power* uthållighet **II** *s* **1** vistelse; uppehåll **2** *jur.* uppskjutande, uppskov, inställande; ~ *of execution* (*jur.*) uppskov med verkställigheten **2 stay** [steɪ] **1** stöd (*äv. bildl.*), stötta **2** ~*s* (*pl*) korsett, snörliv **3 stay** [steɪ] *sjö.* **I** *s* stag **II** *v* **1** staga **2** gå över stag (stagvända) med

staying power [ˈsteɪŋˌpaʊə] uthållighet

steadfast [ˈstedfəst] stadig; orubblig, fast; ihärdig, ståndaktig

steady [ˈstedɪ] **I** *a* **1** stadig, fast, stabil; säker; tillförlitlig; lugn, stadgad; *have a* ~ *hand* vara stadig (säker) på handen **2** stadig, jämn; oavbruten, ihållande, ständig; ~ *work* fast arbete; *a* ~ *boy-friend* (*girl-friend*) stadigt sällskap **II** *adv, interj* stadigt; ~ [*on*]! ta det lugnt!; *go* ~ *with s.b.* ha stadigt sällskap med ngn; *ready,* ~, *go!* klara, färdiga, gå! **III** *v* **1** göra stadig; ge stadga åt; *bildl.* stabilisera, lugna **2** bli stadig (stadgad); *bildl.* stabiliseras, lugna sig **IV** *s, vard.* pojk-, flick|vän, stadigt sällskap

steak [steɪk] biff|stek]; (*stekt*) köttskiva (fiskskiva)

steal [stiːl] **I** *v* (*stole, stolen*) **1** stjäla; *bildl. äv.* lura till sig; ~ *a glance at* kasta en förstulen blick på; ~ *a march on* (*bildl.*) skaffa sig ett försprång framför (ett övertag över); ~ *the show* stjäla föreställningen **2** smussla, smuggla **3** stjäla **4** smyga (sig); ~ *upon s.b.* smyga sig på make för *bildl.* stöld **2** *AE. vard.* fynd; *it's a* ~*!* (*äv.*) det är ju nästan gratis! **-ing** [ˈstiːlɪŋ] stöld; tjuvnad

stealth [stelθ] *s* smygande; *by* ~ i smyg **stealthy**

['stelθɪ] förstulen, oförmärkt, [som sker] i smyg, smyg-; smygande

steam [sti:m] **I** s ånga; imma; *full ~ ahead!* full fart framåt!; *under one's own ~ (vard.*) för egen maskin, utan hjälp, ensam; *get (pick) up ~* få upp ångan; *let (blow) off ~ a)* släppa ut ånga, *b)* vard. avreagera sig, vädra sina känslor; *he ran out of ~* han blev andfådd (tappade orken), luften gick ur honom; *the windows are covered with ~* fönstren är täckta av imma (immiga) **II** v **1** ånga; ångkoka; *~ open an envelope* ånga upp ett kuvert; *be ~ed up (vard.*) vara upphetsad (uppretad), hetsa upp sig *(about* över); *~ up the window* göra fönstret immigt **2** ånga; *~ing hot* rykande het; *~ ahead* ånga i väg; *~ up* bli immig, imma igen

steam-engine ['sti:m͵en(d)ʒɪn] **1** ångmaskin **2** ånglok **steamer** ['sti:mə] **1** ångare, ångfartyg **2** ångkokare **steam iron** ['sti:m͵aɪən] ångstrykjärn **steamroller I** s ångvält *(äv. bildl.*) **II** v, *bildl.* krossa, gå fram som en ångvält över **steamship** [-ʃɪp] ångfartyg

steel [sti:l] **I** s **1** stål *(äv. bildl.*); *cold ~* kallt stål, blanka vapen **2** brynstål **3** ~s *(pl)* stålaktier **II** a av stål, stål- **III** v stålsätta, härda **steelworks** [-wɜːks] *(behandlas som sg)* stålverk

1 steep [sti:p] **1** brant; *bildl. äv.* våldsam, kraftig *(increase* ökning) **2** vard. *(om pris e.d.*) onormal[t hög], orimlig; *that's a bit ~* det var litet väl häftigt

2 steep [sti:p] **1** doppa, blöta, lägga i blöt, genomdränka; *kokk.* lägga in, marinera **2** *bildl.* genomsyra, dränka; *~ed in debts* skuldsatt upp över öronen; *~ed in thought* försjunken i tankar **steeple** ['sti:pl] spetsigt [kyrk]torn; tornspira **steeplechase** ['sti:pltʃeɪs] **1** steeplechase **2** hinderlöpning

steer [stɪə] **1** styra, manövrera; *bildl. äv.* lotsa; *~ a course* följa en kurs **2** styra *(for* mot, på); gå att styra; *the ship's well* fartyget är lättmanövrerat; *~ clear of (bildl.*) hålla undan för, undvika **steering [gear]** ['stɪərɪŋ(͵gɪə)] styrning, styrinrättning **steering wheel** [-wi:l] ratt

1 stem [stem] **I** s **1** stam *(äv. språkv.*); stjälk, stängel **2** *(på pipa)* skaft; *(på glas, vas)* fot **3** sjö. [för]stäv, för; *from ~ to stern* från för till akter **II** v **1** ~ *from* stamma (härröra) från **2** ta bort stjälken *(etc.*) på

2 stem [stem] stämma, hejda, stoppa; dämma upp

stench [sten(t)ʃ] stank

stenographer [stə'nɒɡrəfə] AE. stenograf och maskinskriverska **stenography** [stə'nɒɡrəfɪ] stenografi; stenografering

step [step] **I** s **1** steg *(äv. bildl.*); fot-, dans|steg; fotspår; gång; *bildl.* åtgärd, mått och steg; *false ~* felsteg, *bildl. äv.* missgrepp; *a ~ forward* ett steg framåt *(äv. bildl.*); *~ by ~* steg för steg; *in (out of) ~* i takt (otakt); *it's only a ~* det är bara en liten bit; *it's a good ~* det är en bra bit; *break ~* komma i otakt; *fall into ~* falla in i takten; *follow in a p.'s ~s (bildl.*) gå (följa) i ngns fotspår; *keep ~* gå i takt, hålla takten; *keep [in] ~ with* gå i takt (hålla jämna steg) med; *recognize s.b. from his ~* känna igen ngn på gången; *take ~s* vidtaga åtgärder; *watch one's ~* se sig [noga] för, gå för-

siktigt, vara försiktig **2** trappa; trappsteg; fotsteg; stegpinne; *~s (pl) a)* [ytter]trappa, *b)* trappstege; *a flight of ~s* en [ytter]trappa; *a pair of ~s* en trappstege **3** steg, grad **4** *mus.* [ton]steg **II** v **1** ~ *off (out)* stega upp **2** ~ *down* minska, sänka; ~ *up* öka, höja, förstärka, intensifiera **3** gå, ta *(five paces* fem steg); dansa *(the samba* samba) **4** gå, träda, stiga, kliva; trampa; *~ this way, please!* var så god, den här vägen!; *~ aside* gå (stiga, träda) åt sidan *(äv. bildl.*), gå ur vägen, lämna plats; *~ back a)* stiga tillbaka, *b)* träda tillbaka *(äv. bildl.*); *~ down a)* stiga ner, *b)* bildl. dra sig (träda) tillbaka; *~ forward* gå (stiga, träda) fram; *~ in a)* gå (stiga, träda) in, *b)* gripa in; *~ inside* gå (stiga, träda) in; *~ into a car* stiga (kliva) in i en bil; *~ into a situation* med lätthet anpassa sig till en situation; *~ off* stiga (kliva) ur (av, ner från); *~ on* trampa på *(äv. bildl.*); *~ on it! (vard.*) *a)* skynda (snabba) på!, *b)* gasa på!, gasen i botten!; *~ out a)* gå (träda, stiga) ut, *b)* ta ut stegen, gå fort[are], *c)* AE. dra sig ur, *d)* AE. vard. gå ut och roa sig; *~ up a)* gå (träda, stiga) fram, *b)* öka[s]

stepdaughter ['step͵dɔːtə] styvdotter **stepfather** ['step͵fɑːðə] styvfar **stepladder** ['step͵lædə] trappstege **stepmother** ['step͵mʌðə] styvmor **steppe** [step] stäpp **stepping stone** ['stepɪŋstəʊn] **1** *(i bäck e.d.*) sten att kliva på **2** *bildl.* språngbräda; första steg **stepson** ['stepsʌn] styvson

stereo ['sterɪəʊ] **I** s stereo; *vard.* stereoanläggning **II** a stereo-; stereofonisk; *~ equipment* stereoanläggning **-phonic** [͵sterɪə(ʊ)'fɒnɪk] stereofonisk, stereo- **-scopic** [͵sterɪə'skɒpɪk] stereoskopisk

sterile ['steraɪl, AE. 'ster(ə)l] steril; ofruktsam, ofruktbar **sterility** [ste'rɪlətɪ] sterilitet; ofruktsamhet, ofruktbarhet **sterilization** *(BE. äv. -lisation*) [͵sterəlaɪ'zeɪʃn] sterilisering **-lize** *(BE. äv. -lise*) ['sterəlaɪz] sterilisera

sterling ['stɜːlɪŋ] **I** s **1** *(eng. myntenhet o. myntvärde)* sterling; *pound ~* pund sterling, engelska pund; *in ~* i pund sterling, i engelska pund **2** sterlingsilver **II** a **1** sterling-; *the ~ area* sterlingområdet; *~ silver* sterlingsilver **2** *bildl.* förstklassig, prima, äkta, gedigen

1 stern [stɜːn] sträng; barsk, bister; hård; *he is made of ~er stuff* han är gjord av hårdare virke

2 stern [stɜːn] **1** *sjö.* akter; akterskepp; akterspegel **2** bakre del, bakdel

stethoscope ['steθəskəʊp] *med.* stetoskop **stevedore** ['sti:vədɔː] *sjö.* stuvare, stuveriarbetare

stew [stju:] **I** s **1** [kött-, fisk-, grönsaks]gryta; ragu, stuvning; *Irish ~* irländsk fårgryta (fårstuvning) **2** *vard., be in a ~* vara utom sig **II** v **1** låta småkoka (sjuda); *~ed fruit* fruktkompott **2** småkoka, sjuda **3** *vard.* vara utom sig **4** *vard.* försmäkta; våndas; *let them ~ in their own juice (bildl.*) låt dem svettas ett tag

steward ['stjʊəd] **1** *sjö., flyg. etc.* steward; uppassare **2** *[gods]*förvaltare **3** förtroendeman **4** hovmästare; klubbmästare **5** funktionär **-ess** ['stjʊədɪs] [kvinnlig] steward *(etc.*); stewardess,

flyg-, buss-, tåg|värdinna
stewed [stju:d] **1** (*om te som dragit för länge*)
besk **2** *sl.* packad, asberusad
1 stick [stɪk] **I** *s* **1** pinne, kvist, sticka; stör; käpp,
stav; skaft; klubba; *mus.* takt-, trum|pinne;
hockey ~ hockeyklubba; *walking* ~ promenad-
käpp; *a few* ~*s of furniture* några [enkla] möbler;
in a cleft ~ i knipa, i ett dilemma, i valet och kva-
let; *get [hold of] the wrong end of the* ~ (*vard.*) få
det hela om bakfoten; *get* (*take*) ~ (*vard.*) få kri-
tik, bli tråkad; *give s.b.* ~ (*vard.*) göra ner (trå-
ka) ngn **2** bit, stycke; stång; stift; *a* ~ *of chalk* en
krita; ~ *of rhubarb* rabarberstjälk; ~ *of sealing-
wax* lackstång **3** *vard., dry old* ~ riktig torrboll
(tråkmåns); *he's not a bad old* ~ han är inte så
tokig **4** *vard., in the* ~*s* i en avkrok, på [bond]vi-
schan **5** *vard.* [växel]spak **6** *mil.* bombsalva **7** *sl.*
joint (*marijuanacigarrett*) **II** *v* stötta, störa (*växt*)
2 stick [stɪk] (*stuck, stuck*) **1** fästa; sätta (limma)
fast, klistra [fast]; sätta (klistra) upp; ~ *down*
(*up*) klistra igen (till); ~ *on* klistra på; ~ *together*
klistra (limma) ihop **2** *vard.* göra stalld; ~ *s.b.*
with o *sl.* (*sl.*) lura (pracka, tvinga) på ngn ngt;
be stuck by s.th. inte klara av ngt; *be stuck for
s.th.* vara utan (sakna) ngt; *be stuck for an answer*
vara svarslös; *be stuck on s.b.* vara tänd på ngn;
get stuck köra fast, fastna, bli ställd **3** sticka; stö-
ta, köra; spetsa; ~ *a pig* sticka (slakta) en gris **4**
vard. sticka, stoppa; ställa, lägga, sätta; skriva
[upp], sätta [upp]; *you can* ~ *it!* (*sl.*) [du kan] dra
åt helvete med det!; ~ *down a*) ställa (lägga, sät-
ta, stoppa) ner, *b*) *vard.* skriva [ner]; *in* oatta
(stoppa, skjuta) in, *s one's hat* on sätta på sig
hatten; ~ *out* sticka (räcka) ut, skjuta (sticka) ut
(fram); ~ *up a*) sätta upp, *b*) räcka upp, *c*) *sl.*,
isht AE. råna; ~ *'em up!* upp med händerna! **5**
vard. stå ut med, tåla; ~ *it out* hålla ut, stå ut
[med det] **6** fastna; sitta (hänga, klibba) fast; häf-
ta [fast]; kärva; bli sittande; *vard.* komma av sig;
vard. stanna [kvar]; *the nickname stuck* han fick
behålla öknamnet; ~ *around* (*vard.*) hålla sig i
närheten, stanna [kvar]; ~ *at a*) fastna på, fästa
sig vid, *b*) hålla fast vid, hålla på med; ~ *at home*
(*vard.*) hålla sig (stanna) hemma; ~ *at nothing*
inte dra sig för någonting; ~ *by* hålla sig till, för-
bli trogen, vara lojal mot, hålla fast vid; ~ *in a
p.'s mind* fastna (stanna) i ngns minne; ~ *to* hålla
sig till, hålla fast vid, vara (förbli) trogen, fortsät-
ta med; ~ *to one's guns* inte ändra sig; ~ *to one's
promise* hålla sitt löfte; ~ *together a*) klibba (sit-
ta) ihop, *b*) *vard.* hålla ihop; ~ *with* hålla fast vid,
hålla ihop med **7** vara instucken **8** ~ *out a*) sticka
(skjuta, stå) ut (fram), *b*) falla i ögonen, vara
tydlig, *c*) hålla (härda) ut; ~ *out for* yrka på, läg-
ga sig ut (kämpa) för; ~ *out like a sore thumb*
(*vard.*) synas på långt håll, vara omöjlig att dölja;
~ *up* sticka (skjuta) upp, stå [rakt] ut; ~ *up for*
gå i bräschen för, försvara, stödja
sticker ['stɪkə] **1** (*självhäftande, som klistras på*)
märke, lapp, etikett, dekal **2** ihärdig (flitig, ut-
hållig) person
stickler ['stɪklə] **1** pedant; *be a* ~ *for a*) hålla
benhårt på, *b*) vara kinkig med **2** problem
stick-up ['stɪkʌp] *vard.* rån, rån|kupp, -överfall
sticky ['stɪkɪ] **1** klibbig, kladdig; fuktig; (*om
väder*) varm och fuktig, kvav, tryckande; ~ *tape*

tejp; *I'm all hot and* ~ jag är genomsvettig; *be on
a* ~ *wicket* vara i knipa (illa ute); *he's got* ~ *fin-
gers* (*bildl. vard.*) han är långfingrad **2** orörlig,
trög, kärv, stel **3** *vard.* kinkig; knepig, besvärlig;
nogräknad; omedgörlig **4** *vard.* obehaglig, mot-
bjudande, pinsam; *come to a* ~ *end* sluta illa
stiff [stɪf] **I** *a* **1** styv, stel; fast, hård; oböjlig;
stram; trög; *bildl.* stel, formell, kylig; ~ *brush*
hård borste; *have a* ~ *neck* vara stel i nacken;
keep a ~ *upper lip* vara fullständigt oberörd, inte
röra en min **2** kraftig; styv; hård; stark; skarp;
vard. styv, dryg, jobbig, svår; ~ *breeze* styv bris;
~ *denial* blankt avslag (förnekande); ~ *price*
högt (saftigt) pris; *a* ~ *whisky* en stor (rejäl)
whisky **3** *sl.* full (*berusad*) **II** *adv, vard., be bored*
~ vara fullständigt uttråkad; *be scared* ~ vara
livrädd (vettskrämd) **III** *s, sl.* **1** lik **2** (*i kapplöp-
ning*) chanslös häst
stiffen ['stɪfn] **1** stelna [till], stramaι bılul. *äv.*
hårdna, skärpna **2** gö1ä stel (styv) **3** skärpa; stär-
ka
stifle ['staɪfl] **1** kväva; *bildl. äv.* undertrycka **2**
kvävas
stile [staɪl] **1** [kliv]stätta **2** vändkors
stiletto [stɪ'letəʊ] **1** stilett **2** syl, pryl **3** sko med
stilettklack
1 still [stɪl] **I** *a* **1** stilla; tyst; orörlig; sakta; *keep*
~ hålla sig stilla; ~ *waters run deep* i de lugnaste
vattnen går de största fiskarna **2** inte kolsyrad
(mousserande) **II** *adv* **1** [tyst ωun] sıilla **2** fortfa-
rande, ännu; ~ *another* ännu en; ~ *better, better*
~ ännu bättre **III** *konj* ändå, trots allt, dock, lik-
väl **IV** *v* stilla; tysta, lugna **V** *s* **1** stillhet **2** still-
bild; reklambild (*ur film*)
2 still [stɪl] **1** destillationsapparat **2** bränneri
stillborn ['stɪlbɔːn] dödfödd (*äv. bildl.*)
stilt [stɪlt] stylta **-ed** ['stɪltɪd] *bildl.* uppstyltad,
högtravande, svulstig
stimu|lant ['stɪmjʊlənt] stimulerande (uppiggan-
de) medel; stimulans **-late** [-leɪt] stimulera; pig-
ga upp; egga, sporra **-lation** [ˌstɪmjʊ'leɪʃn] sti-
mulering, stimulation **-lus** ['stɪmjʊləs] (*pl -li*
[-laɪ]) **1** stimulans, drivfjäder, eggelse **2** stimulus
3 *med.* stimulans
sting [stɪŋ] **I** *s* **1** gadd; (*nässlas*) brännhår **2** stick,
sting, styng, [insekts]bett; stickande, svidande
smärta, sveda; *bildl.* sting, skärpa; ~*s of remorse*
samvetskval; *take the* ~ *out of s.th.* (*bildl.*) bryta
udden av ngt **II** *v* (*stung, stung*) **1** sticka, stinga;
(*om nässla*) bränna; *bildl.* såra, plåga, reta; *bildl.*
driva, sporra; ~ *into action* driva till handling; *be
stung by the nettles* bränna sig på nässlorna; *be
stung by remorse* få (ha) samvetskval **2** *vard.* klå,
skinna (*for 10 pounds* på 10 pund) **3** stickas;
brännas; svida, göra ont; *my eyes are* ~*ing* det
svider i ögonen på mig
stinging nettle ['stɪŋɪŋˌnetl] brännässla
stingy ['stɪn(d)ʒɪ] snål, knusslig
stink [stɪŋk] **I** *v* (*imperf. stank el. stunk, perf. part.
stunk*) **1** ~ *out* (*up*) (*vard.*) stinka ner, förpesta;
~ *out* (*äv.*) röka ut **2** stinka, lukta illa; ~ *of* luk-
ta, stinka av (*äv. bildl.*); ~ *to high heaven* stinka
lång väg **3** *vard.* ha urdåligt rykte, vara okänd;
vara urdålig (botten) **4** *sl.*, ~ *of* (*with*) *money*
bada i (vara nedlusad med) pengar **II** *s* **1** stank,
dålig lukt **2** *vard.* uppståndelse, ramaskri, rabal-

S

der, bråk; *make (create, raise)* a ~ *about* ställa till rabalder (uppståndelse) om

stinking ['stɪŋkɪŋ] **I** *a* **1** stinkande; *cry ~ fish* nedvärdera sig själv (sitt eget) **2** *vard.* avskyvärd; förbaskad; rutten, nedrig **3** *sl.* asfull **II** *adv, vard.* förbaskat, väldigt; ~ *rich* nerlusad med pengar

stint [stɪnt] **I** *v* **1** snåla (knussla) med **2** vara snål (knusslig) mot **II** *s* **1** inskränkning, begränsning **2** förelagd uppgift, arbetsuppgift, pensum

stipu|late ['stɪpjʊleɪt] **1** stipulera, bestämma, fastställa, föreskriva **2** ~ *for* yrka på, kräva, förbehålla sig -**lation** [ˌstɪpjʊ'leɪʃn] stipulering, stipulation, bestämmelse, villkor

stir [stɜ:] **I** *v* **1** röra [i, ner, om i], vispa; ~ *in* röra ner (*flour into* mjöl i) **2** röra [på], sätta i rörelse; *bildl. äv.* väcka, egga; krusa (*vatten*); ~ *the blood* sätta blodet i svallning; *not ~ a finger* inte röra ett finger (*to* för att); ~ *the imagination* sätta fantasin i rörelse; ~ *o.s.* röra på sig skynda sig, sätta igång, rycka upp sig; ~ *one's stumps* (*vard., rgt åld.*) röra på påkarna; ~ *s.b. into s.th.* driva (egga) ngn till ngt; ~ *s.b. to pity* väcka ngns medlidande; ~ *up a*) röra (virvla) upp, *b*) väcka, sätta i rörelse, tända, egga (hetsa) upp, uppvigla, *c*) framkalla, sätta i gång, ställa till, anstifta, *d*) ruska om (upp) **3** röra sig; röra på sig; vakna; *bildl. äv.* spira, växa fram; *be ~ing a*) vara på benen (uppe), *b*) vara i rörelse (farten), *c*) *vard.* vilja ställa till bråk (mucka gräl) **II** *s* **1** omrör[n]ing; *give s.th. a* ~ röra om i ngt **2** rörelse; [*life and*] ~ liv och rörelse **3** uppseende, uppståndelse, väsen; *create a* ~ väcka uppståndelse (uppseende)

stirrup ['stɪrəp] stigbygel

stitch [stɪtʃ] **I** *v* sy (*äv. med.*); brodera; *bokb.* [tråd]häfta, klamra; ~ [*together*] sy ihop; ~ *on* sy på (fast); ~ *up* sy [ihop], laga **II** *s* **1** stygn (*äv. med.*); söm; *chain* ~ kedjesöm; *a ~ in time saves nine* (*ung.*) det är bättre att stämma i bäcken än i ån **2** maska; *drop a* ~ tappa en maska; *moss* ~ mosstickning **3** *vard., not have a ~ to wear* inte ha någonting att sätta på sig; *not have a ~ on* inte ha en tråd på kroppen **4** håll [i sidan]; *have a* (*the*) ~ ha håll; *be in ~es* (*vard.*) skratta hejdlöst (sig fördärvad); *she had us all in ~es* hon fick oss alla att vrida oss av skratt

stoat [stəʊt] *zool.* vessla, lekatt; hermelin

stock [stɒk] **I** *s* **1** stock, stubbe; ~*s* (*pl, hist.*) stock; ~*s and stones* livlösa ting **2** block, kloss, stock; gevärsstock; handtag, skaft **3** härstamning, härkomst, familj, släkt; ras; avel; *språkv.* språk|grupp, -familj **4** *bot.* stam; grundstam, underlag (*för ympning*), moder|planta, -växt; lövkoja **5** *kokk.* spad, buljong **6** förråd, lager (*äv. bildl.*); *be out of* ~ vara slut[såld]; *have* (*keep*) *in* ~ ha på (i) lager, ha inne; *take* ~ a) inventera [lagret], göra en inventering, *b*) *bildl.* granska läget; *take* ~ *of* bedöma, skaffa sig en uppfattning om, tänka över, värdera **7** boskap, [kreaturs- ladugårds]besättning, beståndet; inventarier; materiel; *dead* ~ döda inventarier; *fat* ~ gödboskap, slaktdjur; *live* ~ kreatursbesättning, boskap, levande inventarier; *rolling* ~ rullande materiel **8** *ekon.* aktiekapital; grund|kapital, -fond; aktier, värdepapper; statsobligation[er]; statslån; *bildl.* aktier, ställning; ~*s* [*and shares*] (*äv.*) börs-, fond|papper; *put* (*take*) ~ *in s.th.* (*bildl.*) tillmäta

ngt betydelse, intressera sig för ngt, uppskatta ngt **9** *skeppsb., on the ~s a*) på stapelbädden, under byggnad, *b*) *bildl.* under utarbetande **10** *teat.* repertoar; *play in summer* ~ uppträda i sommarens föreställningar **11** *kortsp.* talong **II** *a* **1** lager-; som [alltid] lagerförs; standard-, serie-; *bildl.* standard-, stående, ständigt återkommande, stereotyp; ~ *example* standard-, typ|exempel; ~ *phrase* stående uttryck; ~ *room* lager[lokal]; ~ *size* standardstorlek **2** boskaps-; avels-; ~ *farmer* kreaturs-, avelsdjurs|uppfödare **3** *ekon.* aktie-, fond-; ~ *certificate* (*AE.*) aktiebrev; ~ *company* (*AE.*) aktiebolag; ~ *prices* börskurser **4** *AE. teat.*, ~ *company* fast ensemble; ~ *play* repertoarstycke **5** ~ *cube* buljongtärning **III** *v* **1** fylla, förse; utrusta; ~ *a farm* skaffa kreatursbesättning till en gård; ~ *a river* plantera in fisk i en flod **2** ha på lager, [lager]föra; lagra; ~ *up* fylla på [lagret av] **3** ~ *up a*) lägga upp ett förråd (lager) (*with, on* av), *b*) fylla på lagret

stockade [stɒ'keɪd] **I** *s* palissad, pålverk **II** *v* omge med palissad (pålverk)

stockbroker ['stɒkˌbrəʊkə] börs-, fond|mäklare **stock exchange** [-ɪksˌtʃeɪndʒ] **1** [fond-, aktie]börs **2** aktiemarknad **stockholder** [-ˌhəʊldə] *i sht AE.* aktieägare

stockinet [ˌstɒkɪ'net] trikå

stocking ['stɒkɪŋ] [lång] strumpa; *in* [*one's*] ~ *feet* i strumplästen

stock market ['stɒkˌmɑ:kɪt] *AE.* **1** aktiemarknad **2** [fond-, aktie]börs **3** börskurser

stocktaking ['stɒkˌteɪkɪŋ] **1** [lager]inventering **2** *bildl.* granskning, översyn

stodgy ['stɒdʒɪ] **1** (*om mat*) tung, mäktig, kraftig **2** [lång]tråkig, trist

stoke [stəʊk] **1** elda i, sköta elden i; ~ *up* fylla på bränsle i (på); ~ [*up*] (*bildl.*) hålla liv i, underblåsa; ~ *the fire* sköta elden, röra om i brasan **2** ~ *up* proppa i sig mat **stoker** ['stəʊkə] eldare

stole [stəʊl] *imperf. av* **steal stolen** [-ən] *perf. part. av* **steal**

stolid ['stɒlɪd] sävlig, flegmatisk

stomach ['stʌmək] **I** *s* **1** magsäck; mage, buk; *on an empty* ~ på fastande mage; *it turns my* ~ (*makes my* ~ *turn*) det kväljer mig, det får det att vända sig i magen på mig **2** matlust; *bildl.* håg, lust; *have no* ~ *for* inte ha lust med (för) **II** *v* tåla, [kunna] smälta (*äv. bildl.*)

stone [stəʊn] **I** *s* **1** sten (*äv. med.*); [*precious*] ~ ädelsten; *the S~ Age* stenåldern; *operation for* ~ gall-, njur|stensoperation; *a ~'s throw from, within a ~'s throw of* ett stenkast från; *leave no* ~ *unturned* inte lämna ngt ogjort (ngn möda ospard), pröva alla möjligheter **2** (*i stenfrukt*) kärna **3** (*pl vanl. lika*) stone (*viktenhet = 14 pounds = 6,35 kg*) **II** *v* **1** kasta sten på; stena; ~ *the crows!* (*BE. vard.*) det var som bara tusan! **2** kärna ur (*stenfrukt*) **3** klä med sten[ar]

stoned [stəʊnd] **1** urkärnad, kärnfri **2** *sl.* packad (*berusad*); påtänd, hög

stone|mason ['stəʊnˌmeɪsn] stenhuggare -**walling** [ˌstəʊn'wɔ:lɪŋ] **1** (*i kricket*) defensivt spel **2** *parl.* obstruktions-, förhalnings|politik -**ware** ['stəʊnweə] stengods

stony-broke ['stəʊnɪbrəʊk] *BE. vard.* utfattig, luspank

stood [stʊd] *imperf. o. perf. part. av* stand
stooge [stu:dʒ] **I** *s* **1** *vard.* underhuggare, hejduk, marionett **2** (*komikers*) skottavla, medhjälpare **II** *v* **1** *vard.* vara underhuggare *etc.*, *jfr I* **2** vara (*komikers*) skottavla (medhjälpare) **3** *AE. sl.*, ~ *around* låtsas arbeta
stool [stu:l] **1** stol (*utan ryggstöd*), pall, taburett; *fall between two* ~s (*bildl.*) sätta sig mellan två stolar **2** avföring **3** toalettstol **stool pigeon 1** lockfågel **2** [polis]tjallare **3** *AE. sl. bildl.* lock|fågel, -bete
stoop [stu:p] **I** *v* **1** ~ [*down*] böja sig [ner] **2** gå (stå, sitta) framåtlutad **3** *bildl.* sänka (nedlåta) sig (*to doing s.th.* att göra ngt; *to s.th.* till ngt) **4** (*om rovfågel e.d.*) slå ner **5** luta, böja, sänka (*one's head* huvudet) **II** *s* **1** [framåt]lutning, -böjning; kutryggighet **2** (*rovfågels e.d.*) nedslag
stop [stɒp] **I** *v* **1** stoppa, stanna; hejda; hindra; uppehålla; avbryta; stänga av; ~ *a blow* parera ett slag; ~ *a bullet* (*sl.*) träffas av en kula; ~ *thief!* ta fast tjuven!; ~ *s.b.* [*from*] *doing s th* hindra ngn från att göra ngt **C** sluta [med]; inställa; dra in, hålla inne; ~ *a cheque* spärra en check; ~ *it!* låt bli [det där]!, sluta!; ~ *a newspaper* avbeställa en tidning; ~ *a p.'s salary* hålla inne ngns lön; ~ *smoking* sluta röka **3** ~ [*up*] stoppa (fylla, täppa, proppa) igen, täppa till; ~ *one's ears a*) hålla för öronen, *b*) *bildl.* slå dövörat till; ~ *a gap* fylla en lucka; ~ *a p.'s mouth* täppa till munnen på ngn, tysta ngn; *his nose is* ~*ped up* han är täppt i näsan; ~ *a tooth* fylla (plombera) en tand; ~*ped trumpet* sordinerad trumpet; *the way* sparra vägen, stå i vägen (*äv. bildl.*) **4** *BE.* interpunktera **5** *mus.* stänga (*lufthål*); trycka ner (*sträng*) **6** stoppa, stanna; *vard.* stanna [kvar], bo; ~! stopp!, halt!; ~ *dead* (*short, in one's tracks*) tvärstanna; ~ *at nothing* inte sky några medel; ~ *by at a p.'s house* titta in hos ngn; ~ *for dinner* (*vard.*) stanna [kvar] till middagen; ~ *off* stanna [till]; ~ *out* (*BE. vard.*) stanna borta (ute); ~ *over* stanna |till, över]; ~ *up* (*vard.*) stanna uppe **7** sluta, upphöra, avstanna **8** ~ *up* täppas igen, bli igentäppt **9** *foto.*, ~ *down* blända ner **II** *s* **1** stopp, halt; paus; avbrott; uppehåll; *without a* ~ utan avbrott (uppehåll); *be at a* ~ stå stilla, ha [av]stannat; *bring to a* ~ stoppa, hejda; *come to a* ~ [av]stanna, upphöra; *we had* (*made*) *four* ~*s* vi stannade fyra gånger; *put a* ~ *to* sätta stopp för, göra slut på **2** hållplats **3** stopp[klack], spärr **4** skiljetecken; *full* ~ punkt **5** *mus.* grepp; tvärband; [luft]hål, klaff; ventil; register (*äv. bildl.*); register|andrag, -tangent; *with all the* ~*s out a*) *mus.* för fullt verk, *b*) *vard.* för fulla muggar; *pull all the* ~*s out* (*vard.*) sätta till alla klutar, göra allt, spela ut hela sitt register **6** *foto.* bländare; bländarsteg **7** *fonet.* klusil
stopgap [ˈstɒpgæp] **I** *s* tillfällig ersättning (ersättare, utfyllnad), surrogat; mellanspel **II** *a* tillfällig, övergångs-, ersättnings-
stoppage [ˈstɒpɪdʒ] **1** tilltäpp|ande, -ning; avbrytande, stoppande, blockering; stopp, avbrott, stockning; ~ [*of game*] (*sport.*) avblåsning **2** arbetsnedläggelse, driftstörning **3** avdrag (*på lön för skatt e.d.*) **stopper** [-ə] **I** *s* propp; plugg **II** *v* sätta propp in **stopping** [-ɪŋ] **I** *s, BE. vard.* fyllning, plomb **II** *a*, ~ *train* persontåg **stopwatch**

stopp-, tidtagar|ur
storage [ˈstɔːrɪdʒ] **1** lagring, magasinering **2** lager-, magasins|utrymme **3** lagringskostnader **4** *data.* minne
store [stɔː] **I** *s* **1** lager, förråd (*äv. bildl.*); lager-[byggnad], förrådshus, magasin; *data.* minne; ~*s* (*pl*) förråd, förnödenheter, proviant; *a* ~ *of* (*bildl.*) en [stor] mängd, ett stort förråd av; ~ *of knowledge* fond av vetande; *cold* ~ kyl-, frys|hus; *be in* ~ *for s.b.* förestå (vänta) ngn; have (*keep*) *in* ~ ha ett förråd av, lagra, ha på lager (i reserv, i beredskap); *have a surprise in* ~ ha en överraskning i bakfickan (på lager); *set great* ~ *by* (*on*) sätta stort värde på, lägga stor vikt vid **2** *i sht AE.* butik, affär **3** ~*s* (*pl*), *department* ~[*s*] varuhus **II** *v* **1** lagra (*äv. data.*), lägga upp lager av; samla [på lager]; förvara, magasinera; *elektr.* ackumulera; ~ *away a*) lagra, lägga upp lager av, *b*) förvara; ~ *up* spara, lägga på lager **2** ha utrymme för, [kunna] rymma **3** utrusta [med förnödenheter, med proviant], förse
storey [ˈstɔːrɪ] våning[splan], etage; *a single* ~ *building* ett envåningshus; *on the second* ~ (*BE.*) två trappor upp
stork [stɔːk] *zool.* stork
storm [stɔːm] **I** *s* **1** oväder, storm (*äv. bildl.*); [stört]skur (*äv. bildl.*); *a* ~ *in a teacup* (*BE.*) en storm i ett vattenglas; *a* ~ *of applause* stormande applåder; *a* ~ *of protest* en proteststorm; *a* ~ *of stress* Sturm und Drang **2** *mil.* stormning; *take by* ~ ta med storm (*äv. bildl.*) **II** *v* **1** storma (*a fort* en fästning); gå till storms mot, ta med storm (*äv. bildl.*) **2** storma (*into* in i); rusa, störta (*into* in; *out of* ut ur); *bildl.* rasa, vara ursinnig, skälla **3** *opers.*, *it* ~*ed* det stormade och regnade (åskade, haglade, snöade), det var oväder
stormy [ˈstɔːmɪ] stormig (*äv. bildl.*), oväders-
1 story [ˈstɔːrɪ] **1** historia; berättelse; anekdot; saga; version; bakgrund; *vard.* påhitt, osanning; *it's the same* (*old*) *old* ~ det är samma gamla visa; *that's another* ~ det är en helt annan historia; *his* ~ *is that* han säger (uppger, påstår) att; *to cut* (*make*) *a long* ~ *short* kort sagt; *so the* ~ *goes* sägs (berättas, ryktas) det; *tell stories* (*vard.*) tala osanning **2** (*i roman e.d.*) handling, story **3** nyhetsstoff, artikel[material], story **4** [*short*] ~ novell
2 story [ˈstɔːriː] *AE., se* storey; *on the second* ~ en trappa upp
storybook [ˈstɔːrɪbʊk] **I** *s* sagobok **II** *a* sago-, som i sagorna
stoup [stu:p] **1** stop, dryckeskärl **2** vigvatten[s]-skål
stout [staʊt] **I** *a* **1** (*om pers.*) korpulent, tjock **2** kraftig, bastant, stadig, stark **3** tapper; hårdnackad; beslutsam; *a* ~ *heart* mod, beslutsamhet **II** *s* (*starkt*) mörkt öl, porter
stove [stəʊv] spis; kamin; [bak]ugn
stow [stəʊ] **1** stuva [in]; packa [ner]; ~ *away* stuva (lägga) undan **2** *sjö.* lasta, stuva **3** *BE. sl.*, ~ *it!* håll käften!, lägg av! **4** rymma, ha plats för **5** ~ *away* resa som fripassagerare, gömma sig ombord **stow -away** [ˈstəʊəweɪ] fripassagerare
straddle [ˈstrædl] **1** sitta (sätta sig) grensle över; stå (ställa sig) grensle (bredbent) över (på), grensla **2** skreva med, spärra ut (*one's legs* be-

S

nen) **3** [sträcka sig över och] förbinda **4** *AE.* vara för båda sidor i (*an issue* en fråga) **5** sitta (gå, stå) bredbent; skreva [med benen], sitta grensle **straggle** ['strægl] **1** gå i oordning; sacka [efter]; falla ur ledet **2** breda ut (sprida) sig oregelbundet, ligga utspridd; grena ut sig; spreta **straight** [streɪt] **I** *a* **1** rak, rät; ~ *hair* rakt hår; *a* ~ *left* (*right*) (*i boxning*) en rak vänster (höger); ~ *thinking* logiskt tänkande; *as* ~ *as die a*) rak som en pinne, spikrak, *b*) *bildl.* genomhederlig; *the picture isn't* ~ tavlan hänger snett; *keep one's face* ~ inte röra en min, hålla masken; *put* ~ rätta till, lägga (hänga) rakt **2** öppen[hjärtig], rättfram, uppriktig, ärlig; hederlig; rättskaffens; *vard.* pålitlig; ~ *answer* ärligt (uppriktigt) svar; ~ *fight* tvekamp, ärlig strid; ~ *man* (*komikers*) medhjälpare, måltavla; ~ *tip* stalltips; *keep* ~ sköta sig, föra ett hederligt liv; *keep s.b.* ~ se till att ngn sköter sig (inte kommer på sned) **3** i ordning; *get* (*put*) ~ få ordning på, ordna (reda, klara) upp, ordna, ställa i ordning; *and get this* ~! och det ska du ha klart för dig!; *get the record* ~ reda ut begreppen; *put* (*set*) *s.b.* ~ *about s.th.* göra ngt klart för ngn **4** rak, i följd; *five* ~ *wins* fem raka segrar **5** ren, oblandad (*whisky* whisky); *AE.* genomgående; ~ *choice* enkelt val, val mellan två; ~ *ticket* (*AE.*) röstsedel med kandidater för endast ett parti **6** vanlig, konventionell; *teat. äv.* realistisk; ~ *play* talpjäs; ~ *razor* (*AE.*) rakkniv **7** *sl.* brackig; hetero[sexuell]; nykter, drogfri **II** *adv* **1** rakt, rätt, mitt; rak[t], upprätt; raka vägen, direkt; genast; ~ *across* mitt (tvärs) över; ~ *ahead* (*on*) rakt (rätt) fram; ~ *away* genast, med detsamma, direkt; ~ *off* genast, direkt, på rak arm, utan vidare; *come* ~ *to the point* gå rakt på sak; *the bus came* ~ *at me* bussen kom rakt emot mig; *work for five days* ~ arbeta fem dagar i rad **2** ~ [*out*] direkt, rent ut, rakt på sak **3** rätt, riktigt; *bildl.* hederligt; *go* ~ sköta sig, föra ett hederligt liv; *shoot* ~ träffa rätt; *think* ~ tänka logiskt **III** *s* **1** rak (rät) linje; raksträcka; *BE.* [*final*] ~ opplopp[ssida]; *out of the* ~ krokig[t] **2** *the* ~ *and narrow* den smala (dygdens) väg; *be on the* ~ [*and narrow*] sköta sig, föra ett hederligt liv **3** *kortsp., sport.* [rak] serie; svit **straightaway** [‚streɪtə'weɪ] *adv* genast **straighten** ['streɪtn] **1** räta [ut]; räta på; släta ut; rätta till; städa; *tekn.* rikta; ~ *out a*) räta [ut, upp], *b*) ordna (reda, klara) upp; ~ *o.s. out* sträcka ut sig; *the problem will* ~ *itself out* problemet kommer att lösa sig självt; ~ *up a*) räta [ut], *b*) räta till, få ordning på, *c*) städa [upp]; ~ *o.s. up* räta på (upp) sig **2** räta ut (upp) sig, bli rak, rakna; släta ut sig; ~ *out* ordna upp sig; ~ *up* räta upp sig **straightforward** [‚streɪt'fɔ:wəd] **1** rättfram, uppriktig, ärlig **2** enkel, okomplicerad **strain** [streɪn] **I** *v* (*jfr äv. strained*) **1** spänna, sträcka; tänja [ut]; *bildl.* hårdraga, pressa (*yttrande e.d.*), överskrida (*befogenhet e.d.*); ~ *the law* vränga (tänja på) lagen; ~ *a point* göra ett undantag (en eftergift) **2** fresta (slita) på, [över]-anstränga, [över]belasta; *bildl.* fresta, pröva; ~ *o.s.* [över]anstränga sig; ~ *one's ears* lyssna spänt, spetsa öronen; ~ *every nerve* spänna sig (spänna sina krafter, anstränga sig) till det ytters-

ta; *it* ~*s my nerves* det sliter på mina nerver **3** *med.* sträcka (*a muscle* en muskel) **4** sila, filtrera; passera; ~ [*off*] sila av (bort); ~ *off water* hälla bort vatten; ~ *the potatoes* hälla av vattnet från potatisen **5** hålla hårt, trycka **6** anstränga (spänna) sig; (*vid avföring*) krysta; sträva; slita, streta, dra; ~ *after* eftersträva, vara ute efter; ~ *at a*) slita (streta) med, *b*) slita (dra) i **7** filtreras; sila[s]; sippra; ~ *at a gnat and swallow a camel* sila mygg och svälja kameler; ~ *through* sippra igenom **II** *s* **1** spänning, töjning; tryck; påfrestning, belastning, *bildl. äv.* [över]ansträngning, press, stress; *mental* ~ psykisk påfrestning; *nervous* ~ nervpress, stress; *be a* ~ *on* vara ansträngande för, anstränga, fresta (slita, ta) på; *put a great* ~ *on* hårt anstränga, ta hårt på; *suffer from nervous* ~ vara [psykiskt] överansträngd, vara stressad **2** art, sort, varietet; [karaktärs]drag; inslag **3** *med.* sträckning **4** ton; stil **5** ~ *s* (*pl*) toner, musik **strained** [streɪnd] *bildl.* spänd; ansträngd, onaturlig; ~ *relations* spänt förhållande **strainer** ['streɪnə] sil, durkslag; filter **strait** [streɪt] **1** ~[*s* (*behandlas som sg*)] sund; *the S~s of Dover* Pas de Calais; *the S~s of Gibraltar* Gibraltarsund **2** ~[*s* (*pl*)] trångmål, knipa; *be in a* ~ (*in great* ~*s*) vara i [svårt] trångmål (i verklig knipa) **-jacket** ['streɪt‚dʒækɪt] tvångströja (*äv. bildl.*) **1 strand** [strænd] **1** [rep]sträng, kardel; tråd; fiber **2** rep, tåg; pärl[hals]band **3** [hår]slinga, -test **4** *bildl.* inslag, element **2 strand** [strænd] **I** *s, litt.* strand **II** *v* **1** stranda (*äv. bildl.*) **2** driva upp på stranden, [få att] stranda; *be* ~*ed* stranda; *be* [*left*] ~*ed* (*bildl.*) vara strandsatt, sitta fast, vara övergiven **strange** [streɪn(d)ʒ] **1** egendomlig, konstig, underlig, sällsam; ~ *to say* egendomligt nog; *feel a bit* ~ känna sig litet konstig; *truth is* ~*r than fiction* verkligheten överträffar dikten **2** främmande, okänd (*to* för); *be* ~ *to* vara främmande för, inte känna till **stranger** ['streɪn(d)ʒə] främling; ~*s* (*pl, äv.*) främmande människor; *they are* ~*s* (*äv.*) de känner inte varandra; *be a* ~ *to s.th.* vara främmande för ngt, inte veta vad ngt vill säga, inte känna till ngt; *I spy* ~*s* (*i underhuset*) jag yrkar att åhörarläktarna utryms **strangle** ['stræŋgl] **1** strypa **2** *bildl.* kväva, undertrycka; strypa **-hold** strup|grepp, -tag; *bildl. äv.* järngrepp **strangulation** [‚stræŋgjʊ'leɪʃn] **1** *med.* av-, åt|-snörning **2** strypning **strap** [stræp] **I** *s* **1** rem; band; tamp; (*i buss, tåg e.d.*) stropp; (*på sko*) slejf; (*på byxben*) hälla; ~*s* (*pl*) remtyg; *get the* ~ få stryk, få prygel (*med rem*) **2** strigel **3** axelband; axelrem **II** *v* **1** fästa (spänna fast) med rem[mar]; ~ *on* spänna (sätta) på sig **2** prygla (*med rem*) **3** strigla **strapless** ['stræplɪs] axelbandslös, utan axelband **strapping** ['-ɪŋ] kraftig[t byggd], stor och kraftig **stratagem** ['strætədʒəm] knep, list **strategic[al]** [strə'ti:dʒɪk(l)] strategisk **strategy** ['strætɪdʒɪ] strategi; taktik **stratosphere** ['strætə(ʊ)‚sfɪə] stratosfär **straw** [strɔ:] **I** *s* **1** strå; halmstrå; halm; strå; ~ *in the wind* (*bildl.*) indikation, antydan; *man of* ~ *a*) galjonsfigur, marionett, bulvan, *b*) skenmot-

ståndare, skenargument; *not a* ~ *(two* ~*s)*
(vard.) inte ett dugg; *that was the last* ~ *[that broke the camel's back]* det var droppen som kom bägaren att rinna över; *clutch (grasp) at* ~*s (bildl.)* gripa efter ett halmstrå; *draw (get) the short* ~ dra det kortaste strået **2** sugrör **II** *a* **1** halm-; ~ *hat* halmhatt **2** halm|färgad, -gul **3** *i sht AE.* betydelselös; värdelös; ~ *man a)* halmdocka, *b) se straw I I (man of* ~*)* **4** *i sht AE.*, ~ *poll (vote) a)* provomröstning, *b)* opinionsmätning

strawberry ['strɔ:b(ə)rı] jordgubbe; *wild* ~ smultron

stray [streı] **I** *v* ströva (irra) [omkring, hit och dit]; gå vilse, förirra sig; avvika, avlägsna sig, komma bort; *bildl. äv.* begå ett felsteg **II** *a* **1** kringdrivande, bortsprungen, vilsekommen, herrelös **2** enstaka, sporadisk, spridd, tillfällig, strö-; *a* ~ *bullet* en förlupen kula; *a* ~ *car or two* en och annan bil **III** *s* kringdrivande (vileskommet, herrelöst) djur; hemlöst (övergivet) barn, hemlös individ

streak [stri:k] **I** *s* **1** strimma, rand; streck; ådring; ~ *of light* ljusstrimma; ~ *of lightning* blixt; *like a* ~ *[of lightning] (bildl.)* som en oljad blixt **2** inslag, drag; anstrykning; *he has a* ~ *of houmor* har har [ett visst] sinne för humor **3** rad, period; *a lucky* ~ en tids (period av) tur; *a winning* ~ en segerrik period, en period av segrar **II** *v* **1** göra strimmig, randa; ådra; *hair* ~*ed with grey* gråsprängt hår; ~*ed with red* rödstrimmig, med röda strimmor **2** bli strimmig (randig) **3** rusa, susa, svepa; *vard.*, 'strika' *(springa naken för att provocera e.d.)*

stream [stri:m] **I** *s* **1** bäck, å, vattendrag; ström, strömning, *bildl. av* riktning, förlopp; flöde; stråle; ~ *of consciousness* medvetandeström; ~ *of tears* flod av tårar, tåreflod; ~ *of words* ordflöde, ström av ord; *down [the]* ~ nedströms; *up [the]* ~ uppströms; *arrive in a steady* ~ anlända i en jämn ström; *go with (against) the* ~ *(bildl.)* följa med (gå emot) strömmen **2** *skol.* [parallell]-klass; [nivå]grupp **II** *v* **1** spruta; *his eyes* ~*ed tears* tårarna strömmade ur ögonen på honom; *his face* ~*ed blood* blodet sprutade ner över ansiktet på honom **2** *skol.* dela in i [parallell]klasser ([nivå]-grupper) **3** strömma *(äv. bildl.)*; flöda, rinna; ~ *with* rinna (drypa) av; *his eyes* ~*ed with tears* tårarna strömmade ur ögonen på honom; *the rain is* ~*ing down* det störtregnar **4** vaja, fladdra *(in the wind* i (för) vinden)

stream|er ['stri:mə] **1** vimpel **2** serpentin **3** tidningsrubrik över hel sida **-line I** *s* strömlinje; strömlinjeform **II** *v* **1** strömlinjeforma, göra strömlinjeformad **2** effektivisera, rationalisera; reducera

street [stri:t] gata; *in (AE.: on) the* ~ på gatan; *the man in the* ~ mannen på gatan, gemene man; *be (go) on the* ~*s (vard.)* gå på gatan (sporten); *be* ~*s ahead of s.b. (vard.)* ligga långt före ngn, vara ngn skyhögt överlägsen; *they are* ~ *apart (vard.)* de är himmelsvitt skilda; *not in the same* ~ *as (vard.)* inte alls jämförbar med; *that's [right] up my* ~ *(vard.)* det är verkligen någonting för mig (som jag är bra på); *walk the* ~*s* vara husvill, gå brandvakt; *walk down the* ~ gå (promenera) gatan fram

streetcar ['stri:tkɑ:] *AE.* spårvagn

strength [streŋθ] **1** styrka *(äv. bildl.)*; kraft[er]; ~ *of character* karaktärsstyrka; ~ *of mind* andlig styrka; *position of* ~ styrkeposition; *on the* ~ *of* på grund av, i kraft av; *his chief* ~ *is* hans starkaste sida är; *be beyond a p.'s* ~ överstiga ngns krafter (förmåga); *gain (recover)* ~ hämta sig, få nya (samla) krafter; *go from* ~ *to* ~ gå från klarhet till klarhet **2** styrka, hållbarhet, [håll]fasthet, stabilitet **3** styrka, styrkegrad; koncentration; intensitet **4** styrka, antal, numerär; *in [great]* ~ i stort antal; *be at (up to) full* ~ vara fulltalig; *be below (under)* ~ inte vara fulltalig, vara underbemannad

strengthen ['streŋθn] **1** stärka, styrka; förstärka; ~ *a p.'s hands* styrka ngn, inge ngn mod **2** bli starkare; stärkas, styrkas; förstärkas; öka i styrka

strenuous ['strenjʊəs] **1** ansträngande, påfrestande **£** ivrig, ihärdig, energisk

stress [stres] **I** *s* **1** spänning; påfrestning, belastning, tryck; *bildl. äv.* stress; *the* ~*es and strains of modern life* det moderna livets påfrestningar (jäkt och stress); *be under* ~ vara utsatt för stora påfrestningar, vara hårt belastad, vara stressad; *put s.b. under* ~ stressa ngn **2** *bildl.* vikt; *lay (put)* ~ *on a)* betona, poängtera, framhålla, *b)* sätta värde på, lägga vikt vid **3** *språkv.* betoning, ton[vikt], accent, tryck; betonad stavelse; *primary* ~ huvud|accent, -ton; *secondary* ~ bi|accent, -ton **II** *v* **1** belasta, utsätta för tryck (påfrestning) **2** stressa **3** betona, poängtera, framhålla **4** *språkv.* betona

stretch [stretʃ] **I** *v* **1** spänna, sträcka; sträcka ut; tänja (töja) ut; *med.* sträcka *(a tendon* en sena); ~ *o.s.* sträcka på sig; ~ *one's legs* sträcka (röra) på benen; ~ *one's neck* sträcka på halsen; ~ *forth* sträcka fram; ~ *s.b. on the ground* slå ngn till marken; ~ *out* sträcka ut, räcka fram; ~ *o.s. out* sträcka ut sig **2** dryga ut, få att räcka [länge] **3** kräva mycket av; anstränga; utnyttja till fullo; ~ *o.s.* anstränga sig **4** utvidga, pressa *(yttrande e.d.)*; tänja (tumma) på *(princip e.d.)*; överskrida; missbruka; ~ *a point a)* göra ett undantag, frångå reglerna, *b)* överdriva; *that's* ~*ing it too far* det är att gå för långt **5** kunna sträckas (spännas, töjas [ut]); tänja (töja [ut]) sig **6** sträcka [på] sig; sträcka sig benen; ~ *for s.th.* sträcka sig efter ngt; ~ *out* sträcka ut sig **7** ~ *[out]* sträcka (breda ut) sig **8** räcka till **II** *s* **1** spänning, sträckning; tänjning, töjning; töjbarhet, elasticitet; *bildl.* ansträngning; *bildl.* överskridande, missbruk; *at a* ~ *(i sht BE.)* a) med viss ansträngning, b) i nödfall; *by a* ~ *of language* med en lätt överdrift; *by no* ~ *of the imagination* inte ens i sin vildaste fantasi (med bästa vilja i världen); *be at full* ~ *(bildl.)* arbeta (gå) för fullt (för högtryck); *give [o.s.] a* ~ sträcka [på] sig **2** avsnitt, stycke; del; [rak]sträcka; område, trakt; tid[rymd], period; *a* ~ *of years* en rad av år; *at a* ~ i [ett] sträck; *for a long* ~ *of time [under]* lång tid; *do a* ~ *(vard.)* sitta inne (på kåken) **III** *a* stretch-, elastisk **-able** ['stretʃəbl] tänj-, töj|bar

stretcher ['stretʃə] **1** bår **2** *konst.* spännram

strew [stru:] *(imperf.* ~*ed, perf. part.* ~*ed el.* ~*n)* **1** strö [ut] **2** beströ; översålla **strewn** [-n] *perf. part. av strew*

stricken ['strɪk(ə)n] *a* slagen, drabbad; ~ *by fear* skräckslagen; ~ *in years* ålders|svag, -stigen; ~ *with illness* drabbad av sjukdom

strict [strɪkt] sträng, rigorös (*with* mot); strikt, noggrann; exakt; *in the ~ sense of the word* i ordets egentliga bemärkelse (mening) **-ly** ['strɪktlɪ] *adv* strängt, rigoröst; strikt, noggrant; i egentlig mening; ~ *speaking* strängt taget, i själva verket

stridden ['strɪdn] *perf. part. av stride*

stride [straɪd] **I** *s* [långt] steg, kliv; gång; *bildl.* framsteg; *get into one's* ~ komma i gång (farten, tagen); *make great* ~*s* (*bildl.*) göra stora framsteg; *put s.b. off his* ~ få ngn att tappa koncepterna, bringa ngn ur fattningen; *take s.th. in one's* ~ [lätt] klara av ngt **II** *v* (*strode, stridden*) **1** stega upp **2** gå med långa steg, stega, skrida, kliva; ~ *over* (*across*) kliva (ta ett kliv) över

strident ['straɪdnt] gäll, skrikig

strife [straɪf] strid[ighet], konflikt, missämja

strike [straɪk] **I** *v* (*struck, struck*); *se äv. struck* **1** slå [till]; slå mot (på); ~ *dead* slå ihjäl; ~ *me dead* (*handsome, ugly e.d.*) *if...* (*vard.*) [nej] så ta mig tusan om...; ~ *a blow for* (*bildl.*) slå ett slag för **2** stöta, sticka; (*om orm*) hugga **3** slå (stöta, köra) emot; krocka med; *sjö.* gå (ränna, stöta) på; ~ *one's head against s.th.* slå huvudet i ngt **4** träffa; *bildl.* drabba; ~ *blind* slå med blindhet, göra blind; ~ *home* träffa rätt (prick); *be struck by lightning* träffas av blixten; *be struck with polio* drabbas av polio **5** slå, fylla, inge, injaga; ~ *fear into s.b.* injaga fruktan hos ngn **6** stöta (träffa) på; komma fram till, nå; finna, hitta, upptäcka; ~ *obstacles* stöta på hinder; ~ *oil a*) hitta olja, *b*) *vard.* ha tur (framgång), göra ett fynd; ~ *it lucky* ha tur; ~ *it rich* [plötsligt, oväntat] få mycket pengar **7** falla på, nå; slå; falla in, komma för; frappera; förefalla, tyckas; göra intryck på; fånga, tilltala; ~ *s.b. as unlikely* förefalla ngn osannolikt; ~ *the imagination* tilltala fantasin; *it* ~*s me that* det slår mig (jag kommer att tänka på) att; *that* ~*s me as a good idea* det tycks mig (verkar) vara en bra idé; *has it ever struck you that* har du någonsin tänkt på (det någonsin fallit dig in) att; *it* ~*s the eye* det faller en i ögonen; *a terrible sight struck my eyes* plötsligt fick jag se något gonting förskräckligt; *how does it* ~ *you?* hur tycker du att det verkar?; *how did the film* ~ *you?* vad tyckte du om filmen? **8** *mus.* slå an; ~ *a chord* (*bildl.*) slå an en sträng; ~ *a false note* (*bildl.*) klinga falskt; ~ *a familiar note* förefalla bekant **9** avlägsna, ta bort (ner); ~ *camp* (*tents*) bryta lägret, bryta upp; ~ *one's flag* (*sjö., bildl.*) stryka flagg; ~ *sail* stryka segel (*äv. bildl.*); ~ *through* stryka [över] **10** ~ *an attitude* inta en pose **11** komma fram till (överens om), göra upp, träffa, [av]sluta; ~ *a balance a*) göra upp balansen, *b*) *bildl.* gå en medelväg; ~ *a bargain* göra upp en affär, träffa avtal **12** slå, prägla (*mynt e.d.*) **13** ~ *a light* (*match*) stryka eld på (tända) en tändsticka **14** ~ *cuttings* sätta sticklingar; ~ *root* slå rot **15** ~ *work* lägga ner arbetet, strejka **16** slå; (*om orm*) hugga; (*om fisk*) nappa, hugga; *mil.* anfalla, gå till anfall (angrepp); ~ *against s.th.* slå emot ngt; ~ *at a*) slå efter, *b*) hugga efter, *c*) *bildl.* hota, angripa; ~ *at*

the root[*s*] *of a*) angripa roten till, *b*) hota att undergräva; ~ *at a p.'s weakest point* träffa ngn på hans svagaste punkt; ~ *for s.th.* (*bildl.*) slå ett slag för ngt; *when the clock* ~*s* när klockan slår; *the killer has struck again* mördaren har slagit till igen; *his hour has struck* hans timme har slagit, hans sista stund är kommen; *the lightning struck* blixten slog ner **17** strejka **18** bryta ut, sätta in, slå till **19** gå, bege sig, ta vägen; ge sig i väg; svänga av; ~ *into* (*bildl. äv.*) komma in på **20** tränga [in]; *bildl.* göra intryck, frappera; ~ *up*[*on*] *a*) falla på, *b*) nå, *c*) komma på; ~ *on a new idea* ha (få) en ny idé; *the chill struck through to his very bones* kylan trängde genom märg och ben på honom; *the sun struck through the mist* solen bröt fram genom dimman **21** ~ *lucky* ha tur **22** tända, ta eld **23** slå rot **24** *sjö.* gå på, gå på grund **25** ~ *back* slå tillbaka (igen); ~ *down a*) slå ner (till marken), fälla, *b*) *bildl.* knäcka; *be struck down by illness* drabbas av sjukdom; *he was struck down in his prime* döden ryckte bort honom i hans bästa ålder; ~ *off a*) slå (hugga) av, *b*) stryka [ut], *c*) *boktr.* trycka; ~ *out a*) slå [fram] , *b*) stryka [ut, över], *c*) bryta (*new paths* nya vägar), *d*) ge sig (sätta, simma) i väg, e) slå omkring sig; ~ *out at s.b.* angripa (attackera) ngn; ~ *out in new directions* slå in på nya vägar; ~ *out on one's own* gå in egen väg; ~ *up a*) slå upp, *b*) inleda, *c*) stämma (spela) upp; ~ *up the band!* musik!, spela upp!; ~ *up a conversation with* börja prata (inleda samtal) med; ~ *up a friendship* knyta vänskapsband **II** *s* **1** slag; hugg; (*vid mete*) napp; *mil.* [flyg]anfall, räd **2** strejk; *unofficial* ~ vild strejk; *be* [*out*] *on* ~ vara i strejk, strejka; *call a* ~ utlysa strejk; *come out on* ~, *go* [*out*] *on* ~ gå i strejk, [börja] strejka **3** [olje-, malm]fynd **4** (*klockas*) slagverk **5** (*i bowling*) strike (*alla käglor slås ner i första slaget*)

strike fund ['straɪkfʌnd] strejkkassa

striker ['straɪkə] **1** strejkande [person] **2** *fotb.* anfallsspelare

striking ['straɪkɪŋ] **1** slående, påfallande, frapperande, markant; imponerande, uppseendeväckande **2** *within* ~ *distance* inom skotthåll, *bildl.* inom räckhåll (*of* för), i närheten (*of* av); ~ *power* (*mil.*) slagkraft **3** strejkande

string [strɪŋ] **I** *s* **1** snöre; snodd, band; tråd; *a piece of* ~ ett snöre; ~ *of onions* lökfläta; ~ *of pearls* pärl[hals]band; *with no* (*without*) ~*s attached* utan några förbehåll (krav, villkor); *have got s.b. on a* ~ (*bildl.*) hålla ngn i ledband; *pull* ~*s* (*bildl.*) utnyttja sina förbindelser, använda sitt inflytande; *pull the* ~*s* (*bildl.*) hålla i trådarna **2** kedja, [lång] rad, följd, serie **3** sträng; sena (*of a racket* i en racket); ~*s* (*pl*) stråkar, stråkinstrument; *second* ~ annan möjlighet (alternativ) att ta till (falla tillbaka på); *harp on the same* ~ (*vard.*) tjata om samma sak; *have two* ~*s* (*more than one* ~) *to one's bow* (*bildl.*) ha två (flera) möjligheter (alternativ) att ta till **4** fiber, tråd, tåga **II** *v* (*strung, strung*) **1** hänga (trä) upp [på snöre *etc.*]; spänna [upp]; snöra [ihop]; ~ *up a*) hänga upp [på snöre *etc.*], *b*) *vard.* hänga (*avliva*), *c*), slå i snöre om, *d*) *bildl.* göra nervös (spänd) **2** behänga (*with festoons* med girlander) **3** rada upp, placera i en [lång] rad; ~ *out* sprida ut **4** ~ *together* knyta samman, sätta (lägga, länka) ihop, rada upp **5** sätta sträng[ar] på, stränga **6** spänna (*a bow* en båge); stämma (*an instrument* ett instrument) **7** ta bort trådar ur, rensa, snoppa (*beans* bönor) **8** tråda sig, bli trådig (seg) **9** ~ *out* sprida ut sig [i en lång rad] **10** *vard.*, ~ *along with* hänga med, hålla ihop med, ansluta sig till, hålla med

stringed [strɪŋd] strängad, sträng-, stråk-; ~ *instrument* sträng-, stråk|instrument

strin|gency ['strɪn(d)ʒ(ə)nsɪ] **1** stränghet, skärpa, stringens **2** [penning]knapphet **-gent** [-(d)ʒ(ə)nt] **1** sträng, stringent, strikt **2** [ekonomiskt] stram

stringy ['strɪŋɪ] trådig, senig

1 strip [strɪp] **1** remsa, [smalt] stycke; band; list; *a ~ of a boy* en pojkvasker; *tear a ~ off s.b.*, *tear s.b. off a ~* skälla ut ngn, ge ngn en avhyvling **2** *flyg.* start- och landningsbana **3** serie; ~ [*cartoon*] tecknad serie; *comic* ~ skämtserie, tecknad serie; **4** *sport.* [lag-, fotbolls]dräkt

2 strip [strɪp] **I** *v* striptease; *do a* ~ strippa **II** *v* **1** dra (riva, skrapa, skala) av (bort); plocka (skrapa) ren; ta bort (ner); tömma; klä av; *sjö.* rigga av; ~ *away* ta bort, skala av, avlägsna; ~ *of a*) klä av, *b*) skrapa ren från (på), *c*) tömma på, *d*) beröva, frånta[ga]; ~ *a tree of its bark*, ~ *the bark from a tree* barka ett träd; ~ *o.s. of old habits* lägga av gamla vanor; ~ *off a*) dra (ta) av [sig], *b*) ta bort, avlägsna; ~ *s.b. naked* (*to the skin*) klä av ngn inpå bara kroppen; ~ *a bed* ta bort säng kläderna från en säng, ~ *a screw* förstöra (slita ner) gängorna på en skruv **2** ~ [*down*] plocka isär **3** klä av sig; strippa

stripe [straɪp] **I** *s* **1** rand **2** randigt tyg **3** *mil.* streck (*i gradbeteckning*); galon **4** *AE.* sort, slag **II** *v* randa, göra randig **striped** [-t] randig

strip lighting ['strɪp,laɪtɪŋ] lysrörsbelysning

stripper ['strɪpə] stripteaseartist, strippa

striptease ['strɪpti:z] **I** *s* striptease **II** *v* strippa, dansa striptease

strive [straɪv] (*strove*, *striven*) sträva (*for*, *after* efter; *to do* efter att göra); kämpa; bemöda sig (*for*, *after* om; *to do* om att göra) **striven** ['strɪvn] *perf. part. av* strive

strode [strəʊd] *imperf. av* stride

1 stroke [strəʊk] **I** *s* **1** slag; stöt; hugg; ~ *of lightning* blixt[nedslag] **2** *med.* stroke, hjärnblödning, slag[anfall] **3** [klock]slag; *on the* ~ *of three* på slaget tre **4** [sim-, år]tag; sim-, rodd|sätt; *mus.* stråk[drag]; *do the butterfly* ~ simma fjärilsim; *put s.b. off his* ~ få ngn att tappa koncepterna, distrahera ngn; *set the* ~ bestämma takten **5** *sport.* akterroddare, stroke **6** [sned]streck; drag; (*på skrivmaskin*) nedslag; *at a single* (*in one*) ~ i ett enda drag; *with one* ~ *of the pen* med ett penndrag **7** *bildl.* [schack]drag, steg, infall, åtgärd; *a good* ~ *of business* en bra affär; ~ *of genius* genial idé, snilledrag; ~ *of luck* lyckträff, tur; *he doesn't do a* ~ [*of work*] han gör inte ett handtag (ett enda dugg) **8** *tekn.* [kolv]slag; slaglängd; takt **II** *v* **1** slå [an, till] **2** vara akterroddare i

2 stroke [strəʊk] **I** *v* stryka [med handen över]; smeka; släta [till, ut] **II** *s* strykning; smekning

stroll [strəʊl] **I** *v* strosa, ströva, flanera, spatsera,

promenera; strosa (*etc.*) omkring **II** *s* [stilla] promenad; kringströvande; *take a* ~ ta en promenad **-er** ['strəʊlə] *i sht AE.* sittvagn

strong [strɒŋ] **I** *a* **1** stark (*äv. språkv.*); stor; mäktig; kraftig; kraftfull, energisk; bestämd; orubblig, fast; stadig; stabil, solid; ~ *chance* stor chans; ~ *gale* halv storm; *German is not my* ~ *point* tyska är inte min starka sida; *be* ~ *in s.th.* vara stark (duktig) i ngt; *be* ~ [*up*]*on s.th.* (*vard.*) hålla styvt på ngt; *come on* ~ (*vard.*) gå för långt, vara för sträng (dominerande) **2** stark, skarp, frän (*taste* smak); ~ *breath* dålig andedräkt; *be* ~ *meat* (*bildl.*) vara [mag]stark **3** [frisk och] stark, frisk; ~ *eyes* starka (bra) ögon; *when you're* ~ *again* när du är frisk igen (återställd) **4** ivrig, övertygad, inbiten **5** [numerärt] stark; *an 8~band* en åttamannaorkester; *a group 30* ~ en 30 man stark grupp **II** *adv* starkt, kraftigt; *come* (*go*) *it* ~ (*vard.*) överdriva, gå för långt i, still going ~ (*vard.*) fortfarande vara pigg och kry (i sin fulla kraft), vara i full gång

strong|box ['strɒŋbɒks] kassa|skåp, -skrin **-hold 1** *åld.* fäste, fort; bålverk **2** *bildl.* fäste, högborg **-room** ['strɒŋrʊm] kassavalv **-willed** [,strɒŋ'wɪld] viljestark

strove [strəʊv] *imperf. av* strive

struck [strʌk] **I** *imperf. o. perf. part. av* strike **II** *a* **1** imponerad (*with* av), förtjust (*with* i); ~ *on s.b.* förtjust (nere, tokig) i ngn **2** *AE.* strejkdrab bad, stängd på grund av strejk

structure ['strʌktʃə] **I** *s* **1** struktur, [upp]byggnad; konstruktion **2** byggnad[sverk] **II** *v* strukturera

struggle ['strʌgl] **I** *s* kamp, strid, bildl. äv. ansträngning, besvär; *the* ~ *for existence* kampen för tillvaron; *power* ~ maktkamp; *I had a* ~ *to persuade her* jag fick kämpa (anstränga mig) för att övertyga henne; *put up a* ~ göra motstånd, försvara sig **II** *v* **1** kämpa, strida, brottas, bildl. äv. anstränga sig **2** arbeta (kämpa) sig; streta; knoga; vrida sig; ~ *along* hanka (dra) sig fram; ~ *into one's coat* kränga på sig rocken; ~ *on* kämpa på (vidare); ~ *to one's feet* resa sig mödosamt, kravla sig upp

strum [strʌm] slå (knäppa) på (*the guitar* gitarren)

strung [strʌŋ] *imperf. o. perf. part. av* string

strut [strʌt] **I** *v* **1** [gå och] stoltsera, svassa **2** stötta, staga **II** *s* **1** stoltserande gång, svassande **2** stötta, stag; balk, bjälke; sträva

stub [stʌb] **I** *s* **1** stump; fimp **2** (*på biljett*) kontramärke; (*på checkhäfte e.d.*) talong, stam **3** stubbe **II** *v* **1** ~ *one's toe* stöta tån **2** ~ *out* fimpa, släcka (*a cigarette* en cigarett) **3** röja från stubbar

stubble ['stʌbl] **1** stubb **2** skäggstubb

stubborn ['stʌbən] envis (*äv. bildl.*), halsstarrig, hårdnackad

stubby ['stʌbɪ] **1** stubbig; ~ *field* stubbåker **2** kort och tjock; knubbig

stuck [stʌk] *imperf. o. perf. part. av* 2 stick

stuck-up [,stʌk'ʌp] inbilsk, mallig, viktig

1 stud [stʌd] **I** *s* **1** (*lös*) krag-, skjort|knapp **2** prydnadsknapp, dekorstift **3** (*på fotbollssko*, *e.d.*) dubb **II** *v* **1** sätta prydnadsknappar (dekorstift) på (i) **2** översålla (*with flowers* med blommor); besätta (*with jewels* med juveler); späcka

S

2 stud [stʌd] **1** stuteri; stall (*av avelshingstar*); *put to* ~ använda som avelshingst **2** avelshingst **3** *vard.* (*om sexig man*) hingst, tjur

student ['stju:dnt] (*vid univ. e.d.*) studerande, student; *AE. äv.* [skol]elev; *medical* ~ medicine studerande; *be a* ~ *of a subject* vara studerande i (studera) ett ämne; *students' union* studentkår

studied ['stʌdɪd] [ut]studerad, medveten, avsiktlig, överlagd

studio ['stju:dɪəʊ] **1** ateljé; studio; *recording* ~ inspelningsstudio **2** ~ [*flat, apartment*] liten enrumslägenhet **studio couch** bäddsoffa

studious ['stju:djəs] **1** studieinriktad; flitigt studerande; bokälskande **2** noggrann, omsorgsfull

study ['stʌdɪ] **I** *s* **1** läsande, studerande, studier; studium, undersökning, utforskning, granskning; *teat.* memorering; *in a brown* ~ försjunken i dagdrömmar (drömmerier); *be a quick* ~ (*teat.*) ha lätt för att läsa in roller; *make a* ~ *of s.th. a*) studera (undersöka) ngt, *b*) bemöda sig om ngt **2** ämne; studieobjekt **3** *mus.* etyd **4** studie; *a* ~ *in blue* en studie i blått **5** arbets-, läs[rum; studiekammare **II** *v* **1** läsa, studera, lära sig; lära (studera) in; studera, granska, undersöka, utforska, [försöka] sätta sig in i; ~ *biology* läsa (studera) biologi **2** tänka igenom; tänka på, vara mån om; ta hänsyn till **3** läsa, studera; ~ *for the medical profession* läsa medicin, studera till läkare; ~ *to be a teacher* utbilda sig till lärare

stuff [stʌf] **I** *s* **1** material; ämne; stoff, *bildl. äv.* virke; *bildl.* innehåll; gods; produkt[er]; *vard.* sak[er], grej[er]; *vard.* sätt; *vard.* skräp, strunt, smörja; *green* ~ grönsaker; *rough* ~ hårda tag; ~ *and nonsense* struntprat; *the same old* ~ det gamla vanliga; ...*and [all that]* ~, ...*and* ~ *like that* (*vard.*) ...och sånt; *it's poor* ~ det är dåligt (ingenting att ha); *that's the* ~! så ska det vara (låta, gå till)!; *that's the* ~ *to give them!* det är rätt åt dem!; *do your* ~! visa vad du kan!, gör din grej!; *show her what kind of* ~ *you're made of* visa henne vad du går för; *know one's* ~ kunna sin[a] sak[er], veta vad man (*etc.*) talar om; *take some of this* ~ ta litet av det här **2** [ylle]tyg **3** *vulg., she's a bit of* ~ hon är ett bra ligg **4** *sl.* stålar **5** *sl.* knark **II** *v* **1** stoppa; packa; proppa (pressa) in; stoppa (packa, proppa) full; fylla, *kokk. äv.* färsera; stoppa upp (*animals* djur); ~ *s.th. away* stoppa undan ngt; ~ *s.b. in a game* (*vard.*) klå ngn i ett spel; ~ [*up*] stoppa (täppa) till; ~ *s.b.* [*up*] (*vard.*) inbilla (slå i) ngn ngt; *be* ~*ed up* [*with a cold*] vara täppt i näsan (snuvig); *my nose is* ~*ed up* jag är täppt i näsan; ~ *o.s. with food* proppa i sig mat **2** *sl.*, ~ *him!* han kan dra åt helvete!; *you can* ~ *that!* du kan dra åt helvete med det!; *get* ~*ed!* dra åt helvete! **3** *vulg.* knulla **4** proppa i sig mat

stuffed [stʌft] **1** *kokk.* fylld, färserad **2** uppstoppad (*bird* fågel) **3** *vard.*, ~ *shirt* gammal stofil, förstockad typ **4** *vulg., get* ~! dra åt helvete!

stuffing ['stʌfɪŋ] **1** *kokk.* fyllning, inkråm **2** stoppning **3** uppstoppning **4** *vard., knock the* ~ *out of* ta knäcken på, suga musten ur **stuffy** [-ɪ] **1** kvav, instängd, kvalmig **2** [till]täppt **3** stel och tråkig, konventionell

stumble ['stʌmbl] **I** *v* **1** snava, snubbla; stappla; ~ *across* ([*up*]*on*) stöta (råka) på **2** staka sig,

stamma, tveka **II** *s* **1** snavande, snubblande **2** felsteg, blunder **stumbling block** [-ɪŋblɒk] stötesten, hinder (*to* för)

stump [stʌmp] **I** *s* **1** stump; stubbe; rot; [kal] stam (stjälk) **2** *vard.*, ~*s* (*pl*) påkar (ben); *stir one's* ~*s* röra på påkarna, skynda på **3** (*i kricket*) grindpinne **4** talarstol **5** *AE.* valagitation; *go on (take) the* ~ tala vid (hålla) valmöten, fara på valturné **6** klampande, stampande **II** *v* **1** vard. förbrylla, göra svarslös, sätta på det hala; *be* ~*ed for an answer* inte veta vad man (*etc.*) ska svara, vara (bli) svarslös **2** *AE.* hålla valtal (agitera) i, göra valturné genom **3** *BE. vard.*, ~ *up* punga ut med, hosta upp (*the money* pengarna) **4** (*i kricket*) ~ [*out*] slå ut (*slagman*) **5** klampa,stampa

stun [stʌn] **1** bedöva (*with a blow* med ett slag), göra omtöcknad **2** överväldiga, slå med häpnad, förbluffa

stung [stʌŋ] *imperf. o. perf. part. av sting*

stunk [stʌŋk] *imperf. o. perf. part. av stink*

stunning ['stʌnɪŋ] *vard.* fantastisk, överväldigande, jätteljusig, toppen-

1 stunt [stʌnt] konststycke, trick; jippo; *pull a* ~ göra ngt dumt (riskabelt)

2 stunt [stʌnt] hämma [i växten]

stunted ['stʌntɪd] förkrympt, hämmad i växten, dvärglik

stupe|faction [ˌstju:pɪˈfækʃn] **1** omtöcknat tillstånd, bedövning **2** häpnad, bestörtning **-fy** ['stju:pɪfaɪ] **1** göra omtöcknad, bedöva **2** göra häpen (bestört), förbluffa

stupendous [stju:ˈpendəs] förbluffande, häpnadsväckande; enorm, kolossal

stupid ['stju:pɪd] **I** *a* **1** dum; enfaldig, obegåvad; avskyvärd **2** omtöcknad (*with tiredness* av trötthet) **II** *s, vard.* dumbom **-ity** [stju:ˈpɪdətɪ] dumhet, enfald

stupor ['stju:pə] dvala; omtöcknat tillstånd; *in a drunken* ~ redlöst berusad

sturdy ['stɜ:dɪ] **1** kraftig[t byggd], robust, stadig, stabil, bastant **2** fast, orubblig, ståndaktig; pålitlig (*friend* vän)

sturgeon ['stɜ:dʒ(ə)n] *zool.* stör

stutter ['stʌtə] **I** *v* **1** stamma **2** stamma fram **II** *s* stamning

sty [staɪ] [svin]stia (*äv. bildl.*)

sty[e] [staɪ] *med.* vagel

style [staɪl] **I** *s* **1** stil; yttryckssätt, stilart, manér, teknik; sätt; mode; sort, typ, modell, utförande; *in* ~ elegant, modernt, i stor stil; *in the latest* ~ efter senaste modet; *something in that* ~ någonting i den stilen (åt det hållet); *do things in* ~ slå på stort; *live in [great]* ~ leva flott (på stor fot); *cramp a p.'s* ~ hämma ngn; *he has* ~ (*äv.*) det är stil på honom **2** stil, tideräkning; *the Old (New) S*~ gamla (nya) stilen **3** *i sht BE.* titel; *hand.* firma[namn] **4** *bot.* stift **5** (*solurs*) visare **II** *v* **1** beteckna som, kalla; titulera **2** [ut]forma, formge, rita, kreera, designa; ~ *a p.'s hair* lägga frisyr på ngn; *you've had your hair* ~*d* du har [fått] ny frisyr

stylish ['staɪlɪʃ] elegant, stilig, moderiktig, modern

stylist ['staɪlɪst] **1** stilist **2** modeskapare; formgivare **3** [hår]frisör

suave [swɑ:v] förbindlig, älskvärd, behaglig; be-

levad **suavity** ['swɑ:vətɪ] förbindlighet, älsk-
värdhet; belevenhet
sub [sʌb] *vard.* **1** *s* **1** ersättare, vikarie; *sport.* av-
bytare **2** ubåt **3** medlemsavgift **4** *BE.* förskott
[på lön] **II** *v* **1** vara ersättare, vikariera; *sport.*
vara avbytare **2** *BE.* bevilja (ta ut) förskott [på
lön]
subacid [ˌsʌb'æsɪd] syrlig
subconscious [sʌb'kɒnʃəs] **I** *a* undermedveten;
my ~ mind mitt undermedvetna **II** *s* undermed-
vetande; *the ~ (äv.)* det undermedvetna
subdivision ['sʌbdɪˌvɪʒn] **1** indelning i underav-
delningar; underavdelning **2** *AE.* tomtområde
subdue [səb'dju:] **1** undertrycka, [under]kuva,
betvinga **2** dämpa, mildra
subject I *s* ['sʌbdʒɪkt] **1** medborgare; undersåte
2 *filos., språkv.* subjekt **3** försöks|djur, -person,
-objekt; *med.* patient; lik *(för dissektion)* **4** *~ of*
(for) föremål för; *be the ~ of* vara föremål för **5**
ämne *(äv. skol.)*; *on the ~* i ämnet, i sak|en; *on*
the ~ of angående, om; *while we're on the ~ of*
på tal om; *change the ~* byta [samtals]ämne **6**
konst., litt., mus. ämne, motiv, tema *(of* i, till) **II**
a ['sʌbdʒɪkt] **1** under|kuvad, -lydande, lyd- **2** *~*
to a) som lyder (lydande) under, *b)* underkastad,
utsatt för, *c)* beroende (avhängig) av, *d)* med an-
lag för; *be ~ to (äv.) a)* lyda under, *b)* råka ut för,
drabbas av, *c)* bero på (av), *d)* lida av; *be ~ to tax*
vara skattepliktig **3** ämnes-; *~ index* sak-, äm-
nes|register **III** *adv* ['sʌbdʒɪkt] *~ to a)* under för-
utsättning av, *b)* med reservation (förbehåll) för,
~ to the consent of s.b. under förutsättning av
ngns samtycke; *~ to correction* med reservation
för ändringar (eventuella felaktigheter) **IV** *v*
[səb'dʒɛkt] **1** underkuva, lägga under sig, be-
tvinga, tvinga till underkastelse; *~ o.s.* under-
kasta sig *(to s.th.* ngt) **2** utsätta; *~ to* utsätta för,
göra till föremål för, låta undergå, underkasta;
be ~ed to (äv.) drabbas av, vara föremål för; *~*
s.b. to criticism (äv.) kritisera ngn
subjec|tion [səb'dʒekʃn] **1** underkuvande, be-
tvingande **2** underkastelse *(to* under); beroende
(to av) **-tive** [-tɪv] subjektiv
subject matter ['sʌbdʒɪktˌmætə] ämne; inne-
håll
subjugate ['sʌbdʒʊgeɪt] **1** [under]kuva, lägga
under sig **2** underordna
subjunctive [səb'dʒʌŋ(k)tɪv] *språkv.* **I** *s* **1** *the ~*
konjunktiv[en] **2** konjunktivform **II** *a* konjunkti-
visk; *the ~ mood* konjunktiv[en]
sublet [ˌsʌb'let] hyra (arrendera) ut i andra hand
sublime [sə'blaɪm] **I** *a* sublim, upphöjd, storsla-
gen, högstämd **II** *s* sublimitet, upphöjdhet, stor-
slagenhet, högstämdhet **III** *v, kem.* sublimera[s],
rena[s], förädla[s]
submarine [ˌsʌbmə'ri:n] **I** *s* ubåt, undervattens-
båt **II** *a* undervattens-, submarin-
submerge [səb'mɜ:dʒ] **1** sätta under vatten,
översvämma; dränka **2** sänka (doppa) ner [i vat-
ten] **3** *bildl., ~ o.s. in* fördjupa sig i **4** dyka [ner];
(om ubåt äv.) inta undervattensläge
submis|sion [səb'mɪʃn] **1** underkastelse *(to* un-
der); undergivenhet **2** föreläggande; framläg-
gande *(to* för) **3** framlagt förslag, presentation **4**
jur. hänskjutande [till skiljedom] **-sive** [-'mɪsɪv]
undergiven; eftergiven

submit [səb'mɪt] **1** lämna in, inkomma med,
avge, förelägga, föredra, framlägga, presentera;
framställa, väcka **2** överlämna, hän|visa, -skjuta
3 göra gällande, påstå, hävda **4** *~ to* utsätta för,
låta undergå, underkasta; *~ o.s. to s.th.* under-
kasta sig ngt **5** ge efter (vika); kapitulera; *~ to*
(äv.) underkasta sig, finna sig i
subordi|nate I *a* [sə'bɔ:dnət] underordnad *(äv.*
språkv.); underlydande, lägre; *~ clause* under-
ordnad sats, bisats; *be ~ to s.b.* vara underord-
nad ngn, stå (lyda) under ngn; *be ~ to s.th.* vara
underordnad [under] ngt; *be ~ [in importance] to*
vara mindre viktig än **II** *s* [sə'bɔ:dnət] under|ord-
nad, -lydande **III** *v* [sə'bɔ:dɪneɪt] underordna
(s.th. to s.th. ngt [under] ngt); låta stå tillbaka,
sätta i andra hand; *-nating conjunction (språkv.)*
underordnande konjunktion **-nation** [sə.bɔ:dɪ'-
neɪʃn] underordnande *(to* under)
subpoena [səb'pi:nə] *jur.* **I** *s* stämning; bidrag,
gåva; insamlat belopp **II** *v* kalla inför rät-
ta, instämma
subscribe [səb'skraɪb] **1** teckna [sig för]; skänka,
bidra[ga] med *(money to* pengar till); betala [i av-
gift]; *~ shares* teckna aktier **2** skriva på (under),
underteckna; *~ one's name to s.th.* skriva [sitt
namn] under ngt **3** ge bidrag; *~ for* teckna sig för
4 *~ to a)* skriva på (under), *b)* skriva under på,
ansluta sig till, dela, instämma i, godta[ga] **5** pre-
numerera, abonnera *(to* på) **subscriber** [səb-
'skraɪbə] **1** prenumerant *(to* på); abonnent **2** bi-
dragsgivare; [aktie]tecknare
subscription [səb'skrɪpʃn] **1** insamling; bidrag,
gåva; insamlat belopp **2** teckning *(for shares* av
aktier) **3** undertecknande; underskrift; *bildl.*
godkännande **4** prenumeration, abonnemang *(to*
på); subskription *(for* på); *take out a ~ to s.th.*
for a year ta en prenumeration (ett abonnemang)
på ngt för ett år **5** prenumerations-, abonne-
mangs|avgift, [medlems]avgift
subsequent ['sʌbsɪkwənt] [efter]följande, sena-
re; *~ to* [följande] efter **-ly** [-lɪ] *adv* efteråt, se-
dan, senare, därefter
subside [səb'saɪd] **1** sjunka [undan] **2** *(om mark)*
sätta sig, sjunka **3** sjunka till botten **4** *bildl.* sjun-
ka [undan]; minska, avta
subsidiary [səb'sɪdjərɪ] **I** *a* **1** hjälp-, understöds-,
biträdande, stöd-; bi-, sido-; *~ company* dotter|-
företag, -bolag; *~ road* biväg; *~ subject (skol.)*
fyllnadsämne **2** underordnad *(to s.th.* ngt) **II** *s* **1**
dotter|företag, -bolag **2** hjälpmedel; medhjälpa-
re
sub|sidize *(BE. äv. -sidise)* ['sʌbsɪdaɪz] subven-
tionera; understödja **-sidy** [-sɪdɪ] subvention;
understöd, bidrag; subsidier
subsistence [səb'sɪst(ə)ns] försörjning; uppe-
hälle; existens **subsistence level** *s, at ~ level*
på existensminimum
substance ['sʌbst(ə)ns] **1** ämne; materia, stoff;
substans **2** substans; [verkligt] innehåll; huvudin-
nehåll, kärnpunkt; innebörd; vikt, betydelse;
verklighetsunderlag; *in ~* i huvudsak, i själva
verket; *there is some ~ in her argument* det ligger
ngt [väsentligt] i hennes resonemang **3** substans,
stadga **4** förmögenhet; *a woman of ~* en förmö-
gen (välsituerad) kvinna
substantial [səb'stænʃl] **1** verklig, konkret, reel,

S

påtaglig **2** stark, kraftig, fast, stadig, bastant, rejäl, gedigen, stabil, solid **3** solid; förmögen **4** ansenlig, avsevärd, betydande, väsentlig, omfattande, stor **5** saklig, vederhäftig, fullgod, som håller, vägande, grundad **6** *be in ~ agreement* vara överens i huvudsak (stort sett)

substantiate [səb'stænʃıeıt] **1** bevisa, [be]styrka; bekräfta **2** förkroppsliga

substitute ['sʌbstıtjuːt] **I** *s* **1** ersättning[smedel], surrogat, substitut **2** ersättare, ställföreträdare, vikarie; suppleant; *sport.* reserv, avbytare **II** *v* **1** sätta i stället; ersätta; *~ A for B* ersätta B med A, byta ut B mot A **2** vara ersättare (*etc., jfr 12*), vikariera, hoppa in

substitution [ˌsʌbstı'tjuːʃn] utbyte, ersättande; ersättning

subterfuge ['sʌbtəfjuːdʒ] undanflykt[er], förevändning[ar]

subterranean [ˌsʌbtə'reınjən] underjordisk (*äv. bildl.*)

subtitle ['sʌbˌtaıtl] **I** *s* **1** undertitel **2** *film.*, *~s* (*pl*) text; *an Italian film with Swedish ~s* en italiensk film med svensk text **II** *v* **1** förse med undertitel **2** *film.* texta

subtle ['sʌtl] **1** subtil, [hår]fin; obestämbar; obetydlig, ringa; *~ difference* hårfin skillnad **2** raffinerad, utstuderad; skarp[sinnig]; förslagen, listig **3** svag, diskret (*perfume* doft)

subtract [səb'trækt] subtrahera, dra ifrån (av)

subtraction [-kʃn] subtraktion; fråndragning

subtropical [ˌsʌb'trɒpıkl] subtropisk

sub|urb ['sʌbɜːb] för|ort, -stad **-urban** [sə'bɜː-b(ə)n] **I** *a* **1** för|orts-, -stads- **2** trist, tråkig, alldaglig **II** *s* förorts-, förstads|bo

subvention [səb'venʃn] subvention, statsbidrag

sub|version [səb'vɜːʃn] omstörtning **-versive** [-'vɜːsıv] omstörtande (*activity* verksamhet)

subway ['sʌbweı] **1** [gång]tunnel, undergång; underjordisk ledning **2** *AE.* tunnelbana

succeed [sək'siːd] **1** efterträda, komma efter; följa på **2** följa; *~ to a*) följa på (efter), *b*) överta-[ga], ärva **3** lyckas, ha framgång; *I ~ed in doing it* jag lyckades göra det; *nothing ~s like success* framgång föder framgång

success [sək'ses] framgång; lycka; succé; *be a ~* vara en framgång, göra succé, vara lyckad; *make a ~ of* lyckas med **-ful** [-f(ʊ)l] framgångsrik, lyckosam; lyckad; succé-; *be ~* (*äv.*) ha framgång, lyckas (*in doing s.th.* med att göra ngt), gå bra

succession [sək'seʃn] **1** följd, serie, rad; *in ~* i följd, efter (på) varandra **2** succession; tron-, arv|följd; rätt att efterträda; *in ~ to* som efterträdare till, efter

successive [sək'sesıv] på varandra följande; successiv

successor [sək'sesə] efter|trädare, -följare

succinct [sək'sıŋkt] kortfattad, koncis

succulent ['sʌkjʊlənt] saftig

succumb [sə'kʌm] duka under (*to* för); ge efter, falla (*to the temptation for* frestelsen); dö (*to av*)

such [sʌtʃ; *obeton.* sətʃ] **1** sådan, dylik; den sortens, av det slaget; liknande; så; så stor; *~ another* en sådan till; *~ a night!* vilken kväll!; *~ a high price* ett så[dant] högt pris; *~ a thing* en sådan sak, något sådant (liknande); *no ~ thing* ing-

enting (inget, inte något) sådant (åt det hållet); *no ~ thing!* visst inte!; *some ~ thing* något sådant (liknande); *or some ~ place* eller någon liknande plats; *at ~ and ~ a place* på det och det stället; *at ~ and ~ a time* vid den och den tiden; *and ~* och sådant (sådana, liknande); *as ~ a*) i sig, som sådan, *b*) i den egenskapen; *if ~ is the case* om så är fallet; *~ was not my intention* det var inte min avsikt; *he is ~ a liar* (*äv.*) han ljuger så förfärligt; *the surprise was ~ that* överraskningen var så stor att; *I had ~ fun* jag hade jättetrevligt (verkligen trevligt) **2** *~ as a*) sådan som, de som, såsom, som [t.ex.], *b*) [allt] vad; *~ as?* som (vad då) till exempel?; *flowers, ~ as roses and carnations* blommor, såsom (som t.ex.) rosor och nejlikor; *~ men as these, men ~ as these* sådana [här] män, män som de här (av det här slaget); *~ as it is* sådan den nu är; *~ people as attended de* [som var] närvarande; *~ people as are…* sådana (de) som är…; *he is not ~ a fool as you think* han är inte så dum som du tror; *I'm not ~ a fool as to believe that* så dum är jag inte att jag tror på det; *there's no ~ thing as a unicorn* det finns inga enhörningar; *his music was ~ as to send the audience into raptures* hans musik var sådan att den försatte publiken i extas; *I'll give you ~ as I have* jag ger dig vad (allt, det lilla) jag har

suchlike ['sʌtʃlaık] dylik, sådan, liknande, av det slaget; *and ~* och dylikt, o.d.

suck [sʌk] **I** *v* **1** suga [i sig], suga upp; suga ur; suga på; dia; suga in; insupa (*knowledge* kunskaper); *be ~ed into a situation* dras in i en situation; *~ down* suga (dra) ner; *~ dry* suga ur [till sista droppen] (*äv. bildl.*); *~ in a*) suga (dra) in, *b*) *sl.* blåsa (*lura*) **2** suga (*at, on* på) **3** *vard., ~ up to s.b.* fjäska (krypa) för ngn **4** *~ in* dra efter andan **II** *s* **1** sugning, sug; slurk, klunk; *take a ~ at* suga på, ta en klunk av **2** *give ~ to* amma, ge di åt

sucker ['sʌkə] **1** sug, sug|anordning, -fot; *biol.* sug|fot, -organ, -skål **2** *vard.* lättlurad (enfaldig) person, gröngöling; *be a ~ for* vara svag för **3** sugfisk **4** *AE.* slickepinne

suckle ['sʌkl] amma, ge di [åt]

suction ['sʌkʃn] [in]sugning; sug

sudden ['sʌdn] **I** *a* plötslig, oväntad; häftig; *~ death* (*sport.*) sudden death (*vid oavgjord ställning avgör första målet i förlängningen*) **II** *s, all of a ~* [helt] plötsligt **-ly** [-lı] *adv* plötsligt, med ens

suds [sʌdz] *pl* **1** [tvål-, såp]lödder **2** tvål-, såp|vatten

sue [sjuː] **1** *jur.* stämma, åtala, lagsöka **2** bönfalla, enträget bedja (*for* om) **3** väcka åtal

suede [sweıd] mocka[skinn]

suffer ['sʌfə] **1** [genom]lida, [få] utstå, få tåla; drabbas av; genomgå, undergå; *~ damage* lida (ta) skada; *~ death* lida döden **2** tåla; finna sig i; tillåta, låta; *he doesn't ~ fools gladly* han avskyr (kan inte med) dumma människor; *~ the little children to come unto me* (*bibl.*) låten barnen komma till mig **3** lida, ha ont, plågas (*from* av); bli lidande (*by* på), fara illa, ta skada (*from* av); *~ badly* (*äv.*) skadas svårt, lida svåra förluster; *~ for a*) lida för, *b*) få plikta (sota) för, få umgälla; *you'll ~ for this!* det [här] ska du få sota för! **-ing** [-ıŋ] **I** *s ~*[*s, pl*] lidande, kval, elände **II** *a* lidande

suf|fice [sə'faıs] **1** räcka (till], vara tillräcklig

(nog) **2** räcka till för, vara tillräcklig (nog) för; tillfredsställa; ~ *it to say* det torde räcka [med] att säga **-ficiency** [-'fɪʃnsɪ] tillräcklig mängd; *a* ~ *of* (*äv.*) tillräckligt med **-ficient** [-'fɪʃnt] tillräcklig

suffix ['sʌfɪks] *språkv.* **I** *s* suffix, [böjnings]ändelse **II** *v* tillfoga [suffix]

suffo|cate ['sʌfəkeɪt] kväva[s]; *I'm -cating* jag håller på att kvävas **-cating** [-keɪtɪŋ] kvävande, kvav **-cation** [ˌsʌfə'keɪʃn] kvävning

suffrage ['sʌfrɪdʒ] **1** rösträtt; *universal* ~ allmän rösträtt **2** röstning; *by* ~ genom omröstning, i val

sugar ['ʃʊgə] **I** *s* **1** socker; *brown* ~ farin[socker] **2** älskling, sötnos **3** *vard., oh, ~!* jäklar (förbaskat) också! **II** *v* sockra [på, i], ha socker på (i); ~ *the pill* (*bildl.*) sockra anrättningen (det beska pillret) **sugar basin** [-ˌbeɪsn] sockerskål **sugar daddy** [-ˌdædɪ] *vard.* rik äldre beundrare (*t. ung flicka*) **sugary** [-rɪ] sockrad, söt; sockrig; sockerhaltig; *bildl.* sockersöt

suggest [sə'dʒɛst, *AE.* səg'dʒɛst] **1** föreslå; *I* ~ *going* jag föreslår att vi (*e.d.*) går; ~ *s.b. for s.th.* föreslå ngn till ngt; ~ *s.th. to s.b.* föreslå ngn ngt, framkasta ngt för ngn **2** antyda; insinuera; påstå; *what are you trying to* ~? vad är det du vill antyda?, vad vill du ha sagt med det?, vart vill du komma?; *are you* ~*ing I should tell a lie?* vill du påstå att jag ljuger? **3** antyda; tyda på, vittna om; påminna om, föra tanken till; väcka [tanken på]; inspirera; *does the name* ~ *anything to you?* säger dig namnet ngt? ~ *itself* dyka upp, tränga sig på; *a plan ~ed itself to me* jag kom på en plan **4** suggerera

suggestion [sə'dʒɛstʃ(ə)n, *AE.* səg'dʒɛstʃn] **1** förslag (*about* om; *for* till); *at* (*on*) *the* ~ *of* på förslag av **2** antydan, tillstymmelse (*of* till); spår, anstrykning; *a* ~ *of* en antydan till, ett spår av **3** impuls; tanke, idé **4** suggestion

suggestive [sə'dʒɛstɪv; *AE.* səg'dʒɛstɪv] **1** tankeväckande; suggestiv; *be* ~ *of a*) väcka tanken på, påminna om, *b*) vittna om, tyda på **2** tvetydig, ekivok

suicidal [sjʊɪ'saɪdl] självmords-; *bildl.* vansinnes-, vansinnig; ~ *people* självmordskandidater **suicide** ['sjʊɪsaɪd] **1** självmord; *commit* ~ begå självmord **2** självmördare

suit [su:t] **I** *s* **1** kostym; dräkt; [*man's*] ~ [herr]-kostym; [*woman's*] ~ [dam]dräkt; *bathing* ~ baddräkt; ~ *of armour* rustning **2** uppsättning, omgång **3** *jur.* rättegång, process, mål; *file* (*bring*) *a* ~ *against* börja rättegång (öppna process) mot **4** högt. begäran, anhållan, bön (*for* om); *åld.* frieri **5** *kortsp.* färg; *follow* ~ *a*) bekänna (följa) färg, *b*) *bildl.* göra samma sak (likadant), följa exemplet; *his long* (*strong*[*est*]) ~ (*bildl.*) hans starka sida **II** *v* (*se äv. suited*) **1** passa; klä; passa (lämpa sig, vara lämplig, vara passande) för; passa ihop med (in i); tillfredsställa; ~ *yourself!* gör som du vill!; *black* ~*s her* hon klär i svart, svart klär henne; *you* ~ *a beard* du passar bra i skägg; *that would* ~ *me nicely* det skulle passa mig utmärkt; *would Saturday* ~ *you?* skulle det passa dig på lördag?; *you can't* ~ *everybody* man kan inte vara alla till lags (tillfredsställa alla) **2** an-, av|passa (*to* efter); ~ *the action to the word* omsätta ord i handling **3** passa,

stämma överens

suit|ability [ˌsu:tə'bɪlətɪ] lämplighet **-able** [-əbl] lämplig, passande; *be* ~ (*äv.*) passa

suitcase ['su:tkeɪs] [res]väska

suite [swi:t] **1** svit, följe, uppvaktning **2** (*på hotell*) svit **3** uppsättning; serie, rad; [soff]grupp; (*av kort*) svit; *a* ~ [*of furniture*] ett möblemang, en möbel **4** *mus.* svit

suited ['su:tɪd] **1** passande, lämplig, lämpad (*for*, *to* för); an-, av|passad (*to* efter); *be* ~ *to* (*for*) (*äv.*) passa (lämpa sig) för; *he is not* ~ *to be* (*for*) *a doctor* han passar inte till läkare; *they are well* ~ [*to each other*] de passar bra ihop **2** (*i sms.*) -klädd

sulfur ['sʌlfə] *AE., se sulphur*

sulk [sʌlk] **I** *v* tjura, vara sur **II** *s, be in* (*have*) *one ~s* tjura, vara inne i surmulet humör **sulky** ['sʌlkɪ] **I** *a* sur, tjurig, trumpen **II** *s, sport.* sulky

sullen ['sʌlən] trumpen, dyster, surmulen

sulphur ['sʌlfə] *kem.* svavel

sultry ['sʌltrɪ] **1** kvav, kvalmig, tryckande **2** *bildl.* het, sensuell

sum [sʌm] **I** *s* **1** summa (*äv. bildl.*); belopp; *the* ~ [*and substance*] *of* kärnan (det väsentliga) i; *total* ~ total-, slut|summa; *in* ~ med ett ord, kort sagt **2** räkneexempel, [matematik]uppgift; ~*s* (*pl, förr*) räkning; *do* ~*s* räkna [ut tal], lösa räkneuppgifter; *be good at* ~*s* vara bra (duktig) i räkning (matematik) **II** *v* **1** summera, addera; *up* *a*) summera (addera) ihop, *b*) göra en sammanfattning av, sammanfatta, *c*) bilda sig ett omdöme (en uppfattning) om, bedöma **2** ~ *up* göra en sammanfattning, *to* ~ *up* sammanfattningsvis

summa|rize (*BE. äv. -rise*) ['sʌməraɪz] **1** sammanfatta, göra en sammanfattning av **2** vara en sammanfattning av **-ry** ['sʌmərɪ] **I** *s* samman|fattning, -drag, [kortfattad] översikt, resumé, referat; *in* ~ sammanfattningsvis **II** *a* summarisk; snabb[t verkställd]; enkel; sammanfattande, kort[fattad]; *jur.* summarisk, utan dom och rannsakan; ~ *dismissal* avsked med omedelbar verkan; ~ *trial* summarisk rättegång

summer ['sʌmə] **I** *s* sommar; *a* ~*'s day* en sommardag; *last* ~ förra sommaren, i somras; *this* ~ den här sommaren, [nu] i sommar; *in* [*the*] ~ på (om) sommaren (somrarna); *in* [*the*] *late* ~ på sensommaren, sent på sommaren; *in the* ~ *of 1988* sommaren 1988; *a girl of sixteen* ~*s* (*poet.*) en flicka på sexton vårar **II** *v* tillbringa sommaren **summerhouse** [-haʊs] lusthus **summertime** [-taɪm] sommar; sommartid

summing-up [ˌsʌmɪŋ'ʌp] (*pl summings-up* [ˌsʌmɪŋz'ʌp]) sammanfattning, *jur. äv.* rekapitulation

summit ['sʌmɪt] **I** *s* **1** topp, spets; *bildl.* höjd, höjdpunkt **2** topp|konferens, -möte **II** *a* topp-; ~ *meeting* toppmöte; ~ *talks* samtal på högsta nivå

summon ['sʌmən] **1** kalla [på, hit], tillkalla; kalla in (samman), sammankalla; *jur.* kalla [in], [in]-stämma [inför rätta]; ~ *a meeting* sammankalla (kalla till) ett möte **2** upp|mana, -fordra **3** ~ [*up*] *a*) samla, uppbjuda, uppbåda, *b*) fram|kalla, -mana, väcka

summons ['sʌmənz] **I** *s* kallelse; [upp]maning; *jur.* stämning **II** *v, jur.* [in]stämma

sumptuous ['sʌm(p)tjʊəs] praktfull, överdådig, storslagen, lyx-, luxuös

sum total [ˌsʌm'təʊtl] total-, slut|summa; *the ~ of (äv.)* det samlade, hela

sun [sʌn] **I** *s* sol; solsken; *a touch of the ~* ett lätt solsting; *everything under the ~* allt mellan himmel och jord; *nothing under the ~* ingenting i hela världen; *catch the ~ a)* bli solbränd, *b)* (*om plats*) vara solig **II** *v* **1** sola (*o.s.* sig) **2** sola sig **sunbathe** solbada **sunbeam** solstråle **sun blind** *i sht BE.* markis, jalusi **sunburn** [-bɜːn] solbränna **sun|burned, -burnt** [-bɜːnd, -bɜːnt] solbränd

sundae ['sʌndɪ] *AE.* glasscoupe (*med frukt etc.*)

Sunday ['sʌndɪ] (*jfr Friday*) **I** *s* söndag **II** *a* söndags-; *~ best* finkläder; *~ painter* hobbymålare; *~ school* söndagsskola

sundial ['sʌndaɪ(ə)l] sol|ur, -visare **sundown** solnedgång; *at ~* i (vid) solnedgången

sundry ['sʌndrɪ] åtskilliga, flera; diverse, olika, varjehanda; *all and ~* alla och envar

sunflower ['sʌnˌflaʊə] *bot.* solros

sung [sʌŋ] *perf. part. av sing*

sunglasses ['sʌŋglɑːsɪz] *pl* solglasögon

sunk [sʌŋk] **I** *perf. part. av sink* **II** *a*, *vard., we're ~*, *if* det ute med oss (vi är sålda) om **sunken** ['sʌŋkən] **1** sjunken **2** nedsänkt **3** in|fallen, -sjunken; djupt liggande (*eyes* ögon)

sunlight ['sʌnlaɪt] solljus **sunlit** solbelyst; solig **sunny** [-ɪ] solig (*äv. bildl.*), sol-; solbelyst; *look on the ~ side [of things]* se saker och ting från den ljusa sidan; *be on the ~ side of forty* (*vard.*) inte ha fyllt fyrtio ännu **sunray** [-reɪ] solstråle **sunrise** [-raɪz] soluppgång; *at ~* i (vid) soluppgången **sunset** [-set] solnedgång; *at ~* i (vid) solnedgången **sunshade** [-ʃeɪd] **1** parasoll **2** markis **sunshine** [-ʃaɪn] solsken **sunstroke** [-strəʊk] solsting **suntan** [-tæn] solbränna

super ['suːpə] *vard.* fantastisk, jättebra, toppen, super

superb [sjuː'pɜːb] fantastisk, enastående, förträfflig, utmärkt, storartad, strålande, superb

supercilious [ˌsuːpə'sɪlɪəs] högdragen, överlägsen, dryg

super-duper ['suːpə'duːpə] *AE. sl.* super, toppen, enorm

superficial [ˌsuːpə'fɪʃl] ytlig (*äv. bildl.*); ytsuperfluous [suː'pɜːflʊəs] överflödig; onödig

superhuman [ˌsuːpə'hjuːmən] övermänsklig

super|intend [ˌsuːp(ə)rɪn'tend] **1** övervaka, ha uppsikt (kontroll) över, kontrollera **2** hålla uppsikt **-intendence** [-ɪn'tendəns] överinseende, tillsyn, uppsikt, kontroll **-intendent** [-ɪn'tendənt] **1** inspektör; uppsyningsman; [över]intendent; direktör **2** poliskommissarie; polis|mästare, -intendent

superior [suː'pɪərɪə] **I** *a* **1** (*i rang e.d.*) högre (*to* än); övre; överlägsen (*to s.th.* ngt); bättre, större (*to* än); utmärkt, utomordentlig, förstklassig, förträfflig; *be ~ to (äv.) a*) överträffa, *b*) stå (vara höjd) över, vara oemottaglig för *~ court* högre domstol, överdomstol; *~ force* övermakt; *Lake S~* Övre sjön; *have ~ numbers to s.b.* vara ngn numerärt överlägsen; *~ persons* bättre folk; *~ planet* huvudplanet **2** överlägsen, arrogant, högdragen **II** *s* **1** överordnad; *bildl.* överman; *be a*

p.'s ~ (äv.) a) stå över ngn, *b*) vara ngn överlägsen **2** abbot; *father ~* abbot; *mother ~* abbedissa **-ity** [suːˌpɪərɪ'ɒrətɪ] överlägsenhet; förträfflighet

superlative [suː'pɜːlətɪv] **I** *a* **1** ypperlig, förträfflig; strålande; enastående **2** *språkv.* superlativ; *the ~ degree* superlativ[en] **II** *s, språkv.* superlativ

superman ['suːpəmæn] **1** övermänniska **2** *S~* (*seriefigur*) Stålmannen

supermarket ['suːpəˌmɑːkɪt] stormarknad; stort snabbköp

supernatural [ˌsuːpə'nætʃr(ə)l] **I** *a* övernaturlig **II** *s, the ~* det övernaturliga, övernaturliga makter (krafter)

supersede [ˌsuːpə'siːd] **1** ersätta, komma i stället för, tränga undan **2** efterträda

supersonic [ˌsuːpə'sɒnɪk] överljuds-, supersonisk

super|stition [ˌsuːpə'stɪʃn] vidskep|else, -lighet, skrock **-titious** [-ʃəs] vidskeplig, skrockfull

super|vise ['suːpəvaɪz] övervaka, ha uppsikt (tillsyn) över **-vision** [ˌsuːpə'vɪʒn] övervakning, uppsikt, tillsyn; bevakning **-visor** ['suːpəvaɪzə] **1** övervakare; tillsyningsman; uppsyningsman; kontrollör, kontrollant, inspektör; arbetsledare; föreståndare **2** *skol.* handledare; studievägledare **-visory** ['suːpəvaɪz(ə)rɪ] övervaknings-, övervakande, tillsyns-; kontroll-

supper ['sʌpə] kvälls|mat, -måltid, supé; *the Last S~* Jesu sista måltid med lärjungarna; *the Lord's S~* Herrens nattvard, nattvarden; *have ~* äta kvällsmat, supera

supplant [sə'plɑːnt] ersätta, komma i stället för; tränga undan, utmanövrera

supple ['sʌpl] smidig, mjuk, böjlig, vig; *bildl.* flexibel, medgörlig, foglig

supple|ment I *s* ['sʌplɪmənt] tillägg; supplement; (*t. tidning e.d.*) bilaga **II** *v* ['sʌplɪment] öka [ut], fylla ut, supplera; fylla på (*one's stock* sitt lager) **-mentary** [ˌsʌplɪ'ment(ə)rɪ] tillagd; supplement-; supplementär, tilläggs-, fyllnads-; *~ angle* supplementvinkel; *~ benefit* (*i England*) statligt understöd (*jfr. låginkomsttagare*)

supplication [ˌsʌplɪ'keɪʃn] [ödmjuk] bön (*for* om)

supplier [sə'plaɪə] leverantör

1 supply ['sʌplɪ] *adv* smidigt, mjukt *etc.*, *jfr supple*

2 supply [sə'plaɪ] **I** *s* **1** anskaffning, tillförsel, försörjning, leverans; fyllande (*av behov*); förråd, lager; tillgång (*of på*); *supplies* (*pl, mil. äv.*) proviant, underhåll; *~ and demand* tillgång och efterfrågan; *electricity ~* elförsörjning; *office supplies* (*pl*) kontors|materiel, -varor; *oil is in short ~* det är dålig tillgång (brist) på olja **2** *parl.*, *supplies* (*pl*) anslag **3** vikarie (*i sht för präst*) **II** *v* **1** [an]skaffa; leverera; tillhandahålla; lämna, ge, erbjuda; *~ s.b. with s.th.*, *~ s.th. to s.b.* skaffa ngn ngt, leverera ngt till ngn, förse (utrusta, hålla) ngn med ngt; *this supplied me with the chance* det gav mig chansen **2** fylla [ut, i]; täcka, avhjälpa, ersätta; *~ the demand* fylla (tillgodose, tillfredsställa) behovet; *~ a want* täcka en brist **3** vikariera för

supply teacher [sə'plaɪˌtiːtʃə] [lärar]vikarie

support [sə'pɔːt] **I** *s* **1** stöd, stötta, underlag; *arch*

~ hålfotsinlägg; *point of* ~ stödjepunkt **2** [under]stöd, hjälp, medverkan; ~ (*pl, mil.*) stödtrupp[er]; *financial* ~ ekonomiskt stöd; *in* ~ *of* som (till) stöd för, till förmån för; *speak in* ~ *of a candidate* tala för (stödja) en kandidat **3** underhåll, försörjning, utkomst, uppehälle **II** *v* **1** stödja, stötta, bära; ~ *o.s.* stödja sig **2** [under]stödja, hjälpa; assistera; gynna, hålla på, backa upp; underbygga, bestyrka; tillstyrka, biträda; *which team do you* ~*?* vilket lag håller (hejar) du på? **3** underhålla, försörja; uppehålla; bestrida, bekosta; ~ *o.s.* försörja sig **4** stå ut med, tåla **5** *film, teat.* bära upp (*roll*), spela; *Taylor and Burton, ~ed by X and Y* Taylor och Burton med X och Y i birollerna

supporter [sə'pɔ:tə] **1** supporter, understödjare, gynnare, anhängare **2** försörjare **3** stöd; stödförband

suppose [sə'pəuz] anta[ga], ponera; tro, förmoda, föreställa (tänka, inbilla) sig; förutsätta; ~ *he knew* tänk om han visste; ~ *we go* (*went*) *for a walk!* ska vi inte (tänk om vi skulle) ta en promenad?, hur skulle det vara om vi tog en promenad?; ~ *you meet me at nine o'clock* jag föreslår att du möter mig klockan nio; *I* ~ *so* jag antar (förmodar) det, antagligen; *I don't* ~ *so, I* ~ *not* jag tror inte det, antagligen inte; *I* ~ *I'd better do that* det är nog bäst att jag gör det; *I don't* ~ *you could lend me a pound?* du kan händelsevis (väl) inte låna mig ett pund?; *I* ~ *he'll come* jag antar (förmodar) att han kommer, han kommer nog (antagligen); *you don't* ~ *he is ill?* du tror väl inte att han är sjuk?; *I was* ~*d to go last year* det var meningen att jag skulle ha åkt förra året; *he is* ~*d to be stingy* han anses (lär, skall) vara snål; *and he's* ~*d to be an expert!* och han ska vara expert!; *isn't he* ~*d to be at home?* skulle han inte vara hemma egentligen?; *you're* ~*d to be in bed* du borde ligga i sängen; *you are* ~ *to do that* [det är meningen att] du skall göra det; *you're not* ~*d to do that* du får inte göra det

supposed [sə'pəuzd] förment, förmodad, påstådd; inbillad; tvivelaktig

supposing [sə'pəuzɪŋ] antag att, om [nu]; ~ *that we miss the train* antag att vi (om vi [nu]) missar tåget

supposition [,sʌpə'zɪʃn] antagande, förmodan; förutsättning

suppress [sə'pres] **1** undertrycka, kväva, kuva, hålla tillbaka; dämpa (*one's anger* sin vrede); tysta [ner] (*criticism* kritiken) **2** förbjuda; dra in (*a book* en bok) **3** förtiga; *psykol.* förtränga, tränga bort **suppression** [sə'preʃn] **1** undertryckande *etc. jfr suppress* **2** förbjudande; indragning (*av bok e.d.*) **3** förtigande; *psykol.* förträngning, bortträngning

supremacy [su'preməsɪ] **1** överhöghet, supremati **2** överlägsenhet

supreme [su'pri:m] **1** högst; ytterst, störst, avgörande; över-; suverän; *the S~ Being* det högsta väsendet (*Gud*); ~ *commander* överbefälhavare; *the S~ Court a*) högsta domstolen, b) (*i USA*) högsta domstolen (*på federal nivå*); *the S~ Court of Judicature* (*i England*) högsta domstolen; *the S~ Soviet* högsta sovjet; *be* (*reign, rule*) ~ vara suverän (allenarådande); *make the* ~ *sacrifice*

offra livet **2** enorm, oerhörd (*skill* skicklighet); ypperlig, ojämförlig, enastående (*artist* artist)

surcharge I *s* ['sɜ:tʃɑ:dʒ] **1** tilläggs-, extra|avgift; *post.* lösen **2** extra börda; överbelastning **3** *post.* överstämpling **II** *v* [sɜ:'tʃɑ:dʒ] **1** kräva tilläggsavgift av, debitera extra **2** överbelasta **3** *post.* överstämpla

sure [ʃʊə] **I** *a* **1** *attr.* säker, pålitlig, tillförlitlig; ~ *thing!* (*AE. vard.*) [ja] visst!, så klart!, naturligtvis! **2** *pred.* säker (*of, about* på, om); övertygad, förvissad (*of, about* om); *for* ~ säkert, bestämt, med säkerhet; *to be* ~ *a*) naturligtvis, mycket riktigt, *b*) visserligen, nog, utan tvivel; *well, to be* ~*!, well, I'm* ~*!* kors!, det var som sjutton!; *be* ~ *of o.s.* vara säker på sin sak, vara självsäker; *be* ~ *to, be* ~ *you* se till att du, tänk på att; *be* ~ *to turn the gas off* (*äv.*) glöm inte att stänga av gasen; *he is* ~ *of winning* han är säker på att vinna; *he is* ~ *to win* han kommer säkert att vinna; *I'm* ~ *I don't know, I don't* ~*, I'm* ~ jag har ingen aning, det vet jag faktiskt inte; *I'm* ~ *I didn't mean to* det var verkligen inte min mening (avsikt) [att]; *make* ~ förvissa (försäkra, övertyga) sig, kontrollera, tänka på, inte glömma, se till; *to make* ~ för säkerhets skull **II** *adv* **1** säkert; ~ *enough a*) mycket riktigt, *b*) alldeles (absolut) säkert, bergsäkert; ~ *as* ~ så säkert som aldrig det; *as* ~ *as* så säkert som; *as* ~ *as I am standing here* (*vard.*) så sant som jag står här, absolut säkert, bergis **2** *AE. vard.* verkligen, minsann; ~*!* [ja] visst!, så klart!, naturligtvis!, säkert!

surely ['ʃʊəlɪ] *adv* **1** [helt] säkert, säkerligen; *slowly by* ~ sakta men säkert **2** minsann, verkligen **3** val, nog **4** *AE. vard.,* ~*!* ja (jo) visst!

surety ['ʃʊərətɪ] **1** säkerhet, borgen; *stand* ~ gå i borgen, ställa säkerhet **2** borgensman

surf [sɜ:f] **I** *s* **1** bränning **2** vågskum (*på strand*) **II** *v* surfa

surface ['sɜ:fɪs] **I** *s* yta (*äv. geom., bildl.*); utsida, [ytter]sida; ytskikt, ytbeläggning; *control* ~ (*flyg.*) roder[yta]; *road* ~ vägbeläggning; *striking* ~ [tändsticks]plån; ~ *of water* vattenyta; *on the* ~ *a*) på ytan, *bildl. äv.* ytligt sett, *b*) *gruv.* i dagen; *below* (*beneath*) *the* ~ (*bildl.*) under ytan; *come* (*rise*) *to the* ~ (*bildl.*) komma i dagen (fram i ljuset) **II** *a* yttre; ytlig; yt-; *gruv. dag-;* ~ *mail* ytpost; ~ *noise* (*grammofonskivas*) [nål]rasp, skrap; ~ *structure* (*språkv.*) ytstruktur; ~ *tension* (*fys.*) ytspänning; ~ *treatment* ytbehandling; ~ *vessel* övervattensfartyg (*i motsats t. ubåt*) **III** *v* **1** ytbehandla; [yt]polera **2** belägga, täcka, bekläda **3** (*om ubåt*) låta gå upp i övervattensläge **4** gå (dyka, stiga) upp [till ytan]; *bildl.* dyka upp, komma fram; *vard.* gå (stiga) upp (*ur sängen*)

surfboard ['sɜ:fbɔ:d] surfingbräda

surfeit ['sɜ:fɪt] **I** *s* övermått (*of* av); omåttlighet **II** *v* överlasta, övermätta

surfing ['sɜ:fɪŋ] surfing, surfing

surge [sɜ:dʒ] **I** *s* **1** svallvåg, [brott]sjö; [våg]svall, bränningar; *bildl.* svall, våg; *bildl.* tillströmning; *a* ~ *of people* en böljande människomassa; *he felt a* ~ *of rage* han kände hur vreden vällde upp inom honom **2** *elektr.* [plötslig] spänningsökning, strömrusning **II** *v* **1** svalla [högt], rulla, bölja; tränga [fram], välla [fram], strömma, forsa; ~ [*up*] välla fram (upp), stiga; *blood* ~*d into her*

S

face blodet steg upp i ansiktet på henne; *hope* ~*d in her* hoppet steg hos henne; *rage* ~*d within him* vreden svallade inom honom **2** *elektr.* plötsligt öka

surgeon ['sɜ:dʒ(ə)n] **1** kirurg **2** marinläkare

surgery [-(ə)rɪ] **1** kirurgi **2** *BE.* [läkar-, tandläkar]mottagning; mottagningsrum **3** operation **4** *AE.* operationssal **surgical** [-ɪkl] kirurgisk; ~ *boots* (*shoes*) ortopediska skor; ~ *spirit* desinfektionsvätska

surly ['sɜ:lɪ] *a* butter, vresig

surmise I *v* [sɜ:'maɪz] förmoda, anta, gissa II *s* ['sɜ:maɪz] förmodan, antagande, gissning

surmount [sɜ:'maʊnt] **1** övervinna (*difficulties* svårigheter) **2** ta sig över **3** kröna, ligga på toppen av (ovanpå); ~*ed by* krönt av, med...på toppen (ovanpå)

surname ['sɜ:neɪm] efternamn

surpass [sə'pɑ:s] över|träffa, -stiga; ~ *all description* trotsa all beskrivning; ~ *all expectations* överträffa alla förväntningar

surplus ['sɜ:pləs] I *s* överskott; överskotts|varor, -kläder II *a* överskotts-; ~ *population* befolkningsöverskott; ~ *stock* rest-, överskotts|lager; ~ *value* mervärde; *be* ~ *to requirements* inte behövas längre, vara överflödig

surprise [sə'praɪz] I *s* förvåning (*at* över); över|-raskning, -rumpling; *in* ~ förvåna|d, -t; *much to my* ~, *to my great* ~ till min stora förvåning; *take by* ~ över|raska, -rumpla II *a* över|raskande, -raskings-; ~ *visit* (*äv.*) oväntat besök III *v* **1** förvåna; över|raska, -rumpla; ertappa; *be* ~*d at* vara (bli) förvånad över, förvåna sig över; *I wouldn't be* ~*d if* det skulle inte förvåna mig om **2** genom överrumpling förmå (*s.b. into doing s.th.* ngn att göra ngt)

surprising [sə'praɪzɪŋ] förvånansvärd, överraskande

surrealist [sə'rɪəlɪst] surrealist

surrender [sə'rendə] I *v* **1** överlämna, ge upp, avträda, avstå [från], utlämna, lämna ifrån sig; ~ *o.s.* överlämna (ge) sig, kapitulera, *bildl. äv.* hänge sig **2** överlämna (ge) sig (*to* åt), kapitulera (*to* [in]för), *bildl. äv.* hänge sig II *s* överlämnande (*etc.*, *jfr I*), kapitulation

surreptitious [ˌsʌrəp'tɪʃəs] hemlig, förstulen, i smyg

surround [sə'raʊnd] I *v* omge, innesluta; omgärda; omringa II *s* golvkant, golvlist **-ing** [-ɪŋ] *a* omgivande, kringliggande **-ings** [-ɪŋz] *s pl* omgivning[ar]; miljö

surveillance [sɜ:'veɪləns] övervakning, bevakning, uppsikt

survey I *v* [sə'veɪ] **1** överblicka; titta på, besiktiga, inspektera, syna, granska; undersöka **2** ge en översikt över **3** kartlägga, mäta [upp, ut] II *s* ['sɜ:veɪ] **1** över|blick, -sikt (*of* över, av) **2** besiktning, inspektion, avsyning, granskning; undersökning; enkät **3** besiktningsprotokoll; utlåtande **4** kartläggning, [lant]mätning **surveyor** [sə'veɪ(ɪ)ə] **1** besiktningsman, inspektör; *quantity* ~ byggnadsingenjör (*med uppgift att beräkna kostnader o. arbetsåtgång*) **2** lantmätare

survival [sə'vaɪvl] **1** överlevnad, överlevande; fortlevande; ~ *of the fittest* de starkastes överlevnad, naturligt urval **2** kvarleva **survive** [sə'vaɪv]

1 överleva (*s.b.* ngn) **2** överleva, leva vidare, fortleva; leva (finnas) kvar **surviving** [-ɪŋ] **1** överlevande; efterlevande **2** kvarlevande; kvarvarande **survivor** [-ə] **1** överlevande [person] **2** efterlevande

suscep|tibility [səˌseptə'bɪlətɪ] **1** mottaglighet, känslighet, ömtålighet (*to* för) **2** -*tibilities* (*pl*) känslor, känsliga punkter **-tible** [sə'septəbl] mottaglig, känslig, ömtålig (*to* för); lättpåverkad; ~ *to control* möjlig (lätt) att kontrollera; *be* ~ *to* vara mottaglig (disponerad) för, vara känslig för, vara påverkbar av

suspect I *v* [sə'spekt] **1** misstänka (*of* för); misstro; ana; *a* ~*ed case of measles* ett misstänkt fall av mässling; I ~ed as much jag misstänkte (anade) det **2** hysa misstankar II *s* ['sʌspekt] misstänkt [person], suspekt [individ] III *a* ['sʌspekt] misstänkt, suspekt

suspend [sə'spend] (*se äv. suspended*) **1** hänga [upp] (*by* i, på; *from* från, i); *be* ~*ed* vara upphängd, hänga, sväva; ~ *a rope between two trees* hänga (spänna) upp ett rep mellan två träd **2** suspendera, avstänga (uteslutn, avskaffa, upphäva, ställa in, dra in) [temporärt, tills vidare]; skjuta upp, vänta med; ~ *payment* inställa betalningarna

suspender [sə'spendə] **1** strumpeband **2** *AE.*, ~*s* (*pl*) hängslen

suspense [sə'spens] spänning, ovisshet; *keep s.b. in* ~ hålla ngn i spänning (ovisshet)

suspension [sə'spenʃn] **1** [hjul]upphängning; fjädring **2** suspension, suspendering, [temporär, tillfällig] avstängning (uteslutning, indragning); [temporärt, tillfälligt] avskaffande, upphävande, inställande; uppskov; ~ *of hostilities* inställande av fientligheterna; ~ *of payment* betalningsinställelse **3** *kem.* suspension **4** *mus.* förhållning

suspicion [sə'spɪʃn] **1** misstanke (*of*, *about* om, mot); misstänksamhet, misstro (*of* mot); aning (*of*, *about* om); *arouse* ~ väcka misstankar; *I have a* ~ *that* (*äv.*) jag misstänker att; *be above* (*beyond*) ~ vara höjd över alla misstankar; *arrest s.b. on* ~ arrestera ngn som misstänkt (*of murder* för mord); *be under* ~ vara misstänkt (*of* för); *view s.b. with* ~ titta misstänksamt på ngn **2** aning, antydan, tillstymmelse; *a* ~ *of cinnamon* en aning (gnutta) kanel; *without the slightest* ~ *of nervousness* utan minsta tillstymmelse till nervositet **suspicious** [-ʃəs] **1** misstänksam, misstrogen (*of* mot) **2** misstänkt, tvivelaktig, suspekt

sustain [sə'steɪn] **1** klara av (tåla) [belastningen av]; *bildl.* tåla, stå ut med, uthärda **2** bära [upp], hålla upp; *bildl.* [under]stödja, stötta; *bildl.* bestyrka; *jur.* god|känna, -ta[ga] **3** upprätthålla; uppehålla; hålla uppe (vid gott mod); hålla i gång (vid liv); försörja, underhålla **4** lida, utstå, drabbas av, ådra[ga] sig **5** *mus.* hålla ut

sustenance ['sʌstɪnəns] **1** föda, näring **2** uppehälle, levebröd

svelte [svelt] slank, smärt

swab [swɒb] I *s* **1** *med.* bomullssudd, tampong; [sekret]prov (*som tas med tampong*) **2** svabb, golvmopp **3** *sl.* drummel II *v* svabba; ~ *up* svabba (torka) upp

swagger ['swægə] I *v* **1** [gå omkring och] stoltsera **2** ~ *about* skrävla, skryta II *s* **1** stoltserande

[gång] **2** skryt, skrävel
1 swallow ['swɒləʊ] *zool.* svala; ladusvala
2 swallow ['swɒləʊ] **I** *v* **1** svälja, sluka (*äv. bildl.*); *bildl.* tro på, godta[ga]; *bildl.* hålla tillbaka; ~ [*up*] *a*) svälja, sluka, äta upp, *bildl. äv.* ta upp, *b*) uppsluka; ~ *the bait* nappa [på kroken] (*äv. bildl.*); ~ *a book* sluka en bok; ~ *an insult* svälja en förolämpning; ~ *one's words* ta tillbaka [vad man (*etc.*) har sagt] **2** svälja; *she ~ed and closed her eyes* hon svalde och blundade **II** *s* sväljning; klunk
swam [swæm] *imperf. av* swim
swamp [swɒmp] **I** *s* kärr, myr, träsk, sumpmark **II** *v* **1** översvämma, dränka, sätta under vatten; fylla med vatten, sänka **2** *bildl.* översvämma, dränka, överhopa
swan [swɒn] **I** *s* svan; *the S~ of Avon* Shakespeare **II** *v, vard.,* ~ [*about, around*] vandra (segla) omkring
swank [swæŋk] *vard.* **I** *v* göra sig viktig, vara överlägsen (mallig) **II** *s* **1** *BE.* snobb, viktigpetter **2** skryt, skrävel **3** *i sht AE.* snobberi **swanky** ['swæŋkı] **1** mallig **2** flott, snobbig, stylig
swap [swɒp] *vard.* **I** *v* byta [ut] (*s.th. for* ngt mot); utbyta (*opinions* åsikter); ~ *two things over* (*round*) byta plats på två saker; ~ *places* byta plats; ~ *amusing stories* berätta roliga historier för varandra **II** *s* [ut]byte (*for* mot); bytesaffär
swarm [swɔ:m] **I** *s* svärm; *bildl. äv.* hop, myller, vimmel; ~ *of bees* bisvärm **II** *v* svärma; *bildl. äv.* strömma, välla; *with people* myllra (vimla) av folk
swarthy ['swɔ:ðı] mörk[hyad]; svartmuskig
swat [swɒt] **I** *v* smälla [till] (*a fly* en fluga) **II** *s* **1** smäll, slag **2** flugsmälla
sway [sweı] **I** *v* **1** [få att] svänga (gunga), komma att svaja (vaja); *bildl.* få att svänga (vackla), påverka, influera **2** bestämma; behärska, styra, ha makt över; *be ~ed by* låta sig behärskas (ledas) av **3** svänga, gunga, vagga, vackla, svaja, vaja; ragla; *bildl.* svänga, vackla **4** härska, styra, ha makten **II** *s* **1** svängning, gungning **2** inflytande; [herra]välde, makt; *hold* ~ ha makten, vara förhärskande
swear [sweə] **I** *v* (*swore, sworn; se äv. sworn II*) **1** avlägga (*the oath* ed[en]); svära [på] (*to do s.th.* att göra ngt); gå ed på; bedyra **2** ~ [*in*] låta avlägga ed; ~ *in the president* låta presidenten avlägga ämbetseden; ~ *s.b. to secrecy* låta ngn avlägga tysthetslöfte **3** svära, avlägga ed; ~ *by a*) svära vid, *b*) sätta sin tillit till, hålla på; ~ *to a*) svära på, *b*) bedyra **4** svära (*at* åt, över), använda svordomar **II** *s* svärande; svordomar **-word** ['sweəwɜ:d] svärord, svordom
sweat [swet] **I** *s* **1** svett; svettning; svettbad, svettningskur; *bildl.* [svett och] möda, slit[göra]; *a cold* ~ kallsvett[en]; *be in a* [*cold*] ~ kallsvettas; *no* ~! (*vard.*) inga problem!, det är en enkel sak!; *all of* (*in*) *a* ~ *a*) badande i svett, *b*) *bildl.* [mycket] ängslig (nervös), kallsvettig; *by the* ~ *of ones brow* i sitt anletes svett **2** *tekn.* fukt, kondens; svettning **II** *v* **1** svettas [ut]; utsöndra; ~ *out a*) svettas ut, *b*) utsöndra; ~ *it out* (*vard.*) kämpa sig igenom [det], härda ut; ~ *blood a*) svettas av ängslan (nervositet), *b*) slita [hårt] **2** få att (låta) svettas; *bildl.* suga ut, exploatera; *sl.* ta

i strängt förhör; ~*ed goods* varor tillverkade av arbetare med svältlöner; ~ *information out of s.b.* pressa fram upplysningar ur ngn **3** svettas (*äv. bildl.*); *bildl.* slita (arbeta) [hårt]; *bildl.* oroa sig, vara ängslig (nervös) **4** *tekn.* fukta, anlöpa, svettas
sweatband ['swetbænd] **1** (*i hatt*) svettrem **2** (*för sport*) pann-, svett|band **sweater** [-ə] **1** sweater, tjockare [sport]tröja **2** utsugare, slavdrivare **sweat gland** svettkörtel **sweaty** [-ı] svettig
Swede [swi:d] svensk **swede** kålrot **Sweden** [-n] Sverige **Swedish** ['swi:dıʃ] **I** *a* svensk; ~ *turnip* kålrot **II** *s* svenska [språket]
sweep [swi:p] **I** *v* (*swept, swept*) **1** sopa; feja; sota; *bildl.* sopa ren, rensa; ~ *away the glass* sopa bort glaset; ~ *down* sopa [ner]; ~ *out* sopa [ut, rent i]; ~ *up a*) sopa [upp], *b*) rafsa (skrapa) ihop; ~ *s.th. under the rug* (*carpet*) sopa ngt under mattan (*äv. bildl.*) **2** sopa [med sig, undan]; dra, rycka, fösa; ~ *along* rycka med sig; ~ *away* (*off*) *a*) sopa (rycka, slita, spola) bort (undan), dra bort, rycka (ta) med sig, driva [bort, undan], *b*) röja undan, göra sig kvitt, avskaffa; *be swept off one's feet a*) kastas omkull, *b*) *bildl.* hänföras, tas med storm (*by* av), falla pladask (*by* för) **3** svepa (glida) [fram] över, dra (stryka, gå) fram över (genom); (*om sjukdom e.d.*) sprida sig i, härja [i]; *bildl.* finkamma; *sjö.* dragga [upp], svepa; *her eyes swept the horizon* hennes blickar svepte över horisonten; ~ *s.th. with one's eyes* låta sina blicka svepa över ngt; ~ *one's hand over s.th.* stryka [med] handen över ngt; ~ *the keys* (*strings*) fara över (smeka) tangenterna (strängarna); ~ *an area for mines* minsvepa ett område **4** ha stora framgångar i; vinna, ta hem; ~ *the board* ta hem hela potten (vinsten); ~ *the country* vinna en förkrossande [val]seger i hela landet **5** *mil.* bestryka **6** sopa; feja; *a new broom ~s clean* nya kvastar sopar bäst **7** svepa, dra, glida, flyga, fara, jaga, susa, rusa; komma farande *etc.*; skrida (komma) [fram]; ~ *along* svepa (*etc.*) fram [över]; ~ *by* (*past*) svepa (*etc.*) förbi; ~ *down on s.th.* störta sig över (slå ner på) ngt; *she came ~ing in* hon kom insvepande; ~ *out of the room a*) rusa ut ur rummet, *b*) skrida [värdigt] ut ur rummet; ~ *over a*) svepa (*etc.*) [fram] över, ~ *through* svepa (*etc.*) fram igenom **8** (*om väg, kust e.d.*) sträcka sig; svänga (böja) av **9** *sjö.* dragga (*for* efter); ~ *for mines* svepa minor **II** *s* **1** sopning; bortsopande; sotning; *clean* ~ stor framgång, förkrossande seger; *make a clean* ~ *of* (*bildl.*) göra rent hus med; *give the floor a* ~ sopa [av] golvet **2** sotare **3** [fram]svepande; [svepande] rörelse; sväng[ning]; svep, tag, drag; hugg, snitt; *at* (*in*) *one* ~ i ett svep (drag) **4** sväng, båge, krök, kurva **5** [lång] sträcka; [vidsträckt] område; vidd; omfång; räck|håll, -vidd; spännvidd; *mil.* skottvidd **6** svep, finkamning; *sjö.* draggning; *make a* ~ *for mines* svepa minor **7** *se sweepstake*
sweeper ['swi:pə] **1** [gat]sopare **2** mattsopare **sweeping** ['-ıŋ] *a* **1** svepande, vid, bred (*curve* kurva) **2** *bildl.* svepande, allmänt hållen; kolossal, enorm (*effect* inverkan); överväldigande, förkrossande (*victory* seger); [vitt]omfattande,

vittgående (*reforms* reformer); ~ *statements* svepande formuleringar, generaliseringar **3** [fram]-svepande (*attack* attack) **4** svepande (*glance* blick; *lines* linjer) **II** *s* **1** sop|ning, -ande; sotning **2** ~*s* (*pl*) sopor, skräp

sweet [swi:t] **I** *a* **1** söt; *bildl. äv.* rar, älskvärd; *bildl.* älskad, kär, ljuv; ~ *almond* sötmandel; ~ *corn* sockermajs; ~ *oil* olivolja; ~ *pea* luktärt; ~ *potato* sötpotatis; ~ *talk* (*AE. vard.*) honungslena ord; ~ *william* (*bot.*) borstnejlika; *my* ~ *one* min älskling; *have a* ~ *tooth* tycka om snask, vara en gottgris; *go one's own* ~ *way* göra som man själv vill (behagar); *that's very* ~ *of you!* det var väldigt snällt av dig!; *be* ~ *on s.b.* (*vard.*) vara förtjust (kär) i ngn; *keep s.b.* ~ hålla ngn på gott humör **2** söt; färsk; frisk; ren; fräsch, fin, snygg; ~ *water* söt-, färsk|vatten; ~ *and clean* ren och snygg; *keep* ~ hålla sig färsk **3** väl|doftande, -ljudande; behaglig, vacker, härlig, ljuv[lig]; *be* ~ *with* dofta [av] **II** *s* **1** *BE.* söt-, god|sak, karamell; ~*s* (*pl, äv.*) godis, snask **2** *BE.* [söt] efterrätt, dessert **3** älskling **4** ~*s* (*pl*) behag, nöjen, sötma

sweeten [swi:tn] **1** söta, sockra; *do you like it* ~*ed?* vill du ha socker i (på)? **2** göra attraktivare (mera tilltalande), försköna **3** ~ [*up*] blidka, göra vänligt stämd **sweetener** [-nə] **1** sötningsmedel **2** *vard. bildl.* morot, belöning **sweetening** [-nɪŋ] **1** sötningsmedel **2** söt|ande, -ning **sweetheart 1** älskling, raring, sötnos **2** flickvän; pojkvän **sweetie** [-ɪ] **1** *vard.* raring, sötnos **2** ~*s* (*pl*) godis, snask **sweetness** [-nɪs] **1** sötma; älsklighet, älskvärdhet; behag; charm **2** mildhet, ljuvlighet

swell [swel] **I** *v* (~*ed, perf. part.* swollen *el.* ~*ed; se äv.* swollen) **1** få (komma) att svälla (svullna, pösa) [upp]; blåsa upp; fylla; utvidga; *bildl.* få att svälla, göra uppblåst; *bildl.* öka, stegra; *mus.* låta svälla; *it will* ~ *his head* det kommer att stiga honom åt huvudet **2** svälla [upp]; svullna [upp]; fyllas; pösa fram (upp), puta ut; stiga; *bildl.* svälla, öka, växa, stiga, stegras; ~ *up* svälla [upp], svullna [upp]; ~ *with pride* svälla (pösa) av stolthet; ~ *with rage* koka av vrede; *the tide* ~*ed in over the shore* tidvattnet rullade in över stranden **II** *s* **1** svällande; an-, upp|svällning; uppsvälldhet; *bildl.* ökning, stegring **2** utbuktning **3** dyning, svallvåg, [våg]svall **4** *mus.* crescendo [och därpå följande diminuendo] **5** *mus.* svällare **6** *vard.* snobb **7** *vard.* pamp, höjdare **III** *a, vard.* fin, flott, stilig; *AE. vard.* jättebra, toppen **swelling** [ˈswelɪŋ] **I** *s* **1** svällande; svullnande **2** svullnad; bula **II** *a* svällande

sweltering [ˈswelt(ə)rɪŋ] tryckande, kvävande; stekhet, oldligt het

swept [swept] *imperf. o. perf. part. av* sweep

swerve [swɜ:v] **I** *v* **1** vika (böja) av, svänga [åt sidan]; avvika **2** komma att vika (böja) av, svänga åt sidan **II** *s* avvikelse, sväng [åt sidan]

swift [swɪft] **I** *a* snabb, hastig; rask; strid, strömmande (*river* flod); ~ *to anger* snar till vrede; ~ *to take offence* snarstucken **II** *s, zool.* torn|seglare, -svala

swig [swɪg] *vard.* **I** *v* halsa, stjälpa i sig, svepa **II** *s* rejäl klunk (slurk)

swill [swɪl] **I** *s* **1** *i sht BE.*, ~ [*out*] spola (skölja) av (ur) **2** *vard.* svepa, stjälpa i sig **II** *s* **1** spolning,

sköljning **2** svinmat, skulor

swim [swɪm] **I** *v* (*swam, swum*) **1** simma [över]; låta simma; ~ *200 metres* simma två hundra meter **2** simma (*ashore* i land); ~ *against* (*with*) *the tide* (*bildl.*) gå mot (följa med) strömmen; *go* ~*ming* ta [sig] en simtur (ett bad, ett dopp), gå och bada **3** flyta; driva; glida, sväva **4** översvämmas, svämma över, fyllas; ~ *in* (*bildl.*) bada i; *his eyes were* ~*ming with tears* hans ögon var fyllda av tårar **5** gå runt, snurra; *my head is* ~*ming* det går runt i huvudet på mig; *everything swam before my eyes* allt blev suddigt (gick runt) för mig **II** *s* **1** simning; simtur, bad **2** *bildl., be in the* ~ hänga med [i svängarna], vara med [i svängen] **swimmer** [ˈswɪmə] **1** simmare, simmerska **2** simfågel **swimming** [ˈswɪmɪŋ] **1** simning **swimming bath** *BE.*, ~[*s, pl*] sim|bassäng-, -hall **swimsuit** [-su:t] [hel] baddräkt

swindle [ˈswɪndl] **I** *s* svindel, bedrägeri **II** *v* **1** bedra[ga], svindla; ~ *s.b. out of his money* lura ngn på pengar **2** lura [till sig]; ~ *money out of s.b.* lura till sig pengar av ngn **3** svindla **swindler** [-ə] svindlare, bedragare

swine [swaɪn] **1** (*pl lika*) svin **2** (*pl* ~*s*) *bildl.* svin

swing [swɪŋ] **I** *v* (*swung, swung*) **1** svänga [med]; svänga om (runt); sätta i svängning, få att svänga; svinga; gunga; *vard.* påverka, styra; *mus.* spela med swing; ~ *o.s.* svinga (kasta) sig; ~ *s.b. round to s.th.* (*bildl.*) få ngn att svänga [om] till ngt; ~ *a blow at* rikta ett slag mot, slå efter; ~ *a door shut* smälla igen en dörr; ~ *one's hips* vagga med höfterna; ~ *the lead* (*vard.*) maska, smita [undan], simulera; *sit* ~*ing one's legs* sitta och dingla med benen; ~ *a tune* få det att svänga om en låt; ~ *it so that* (*vard.*) greja det så att **2** svänga; vagga, vippa; gunga; pendla; vaja, svaja; svinga (kasta) sig, hoppa; ~ [*at anchor*] (*sjö.*) ligga på svaj; ~ *at* rikta ett slag mot, slå efter; *the door swung open* (*shut, to*) dörren slog[s] (gick) upp (igen); ~ *round* svänga om (runt); *the music* ~*s* det svänger om musiken; *the party is beginning to* ~ (*vard.*) det börjar bli fart på festen **3** hänga; dingla (*from* i); *vard.* bli hängd **4** *mus.* spela (dansa) swing **II** *s* **1** sväng|ande, -ning] gungning; svängande (vaggande) gång; *bildl.* omsvängning, övergång; (*i boxning*) sving; *the* ~ *of the pendulum* (*bildl.*) opinionens svängningar; *take a* ~ *at s.b.* slå efter ngn **2** fart, schvung; rytm; *be in full* ~ vara i full fart (gång); *get into the* ~ *of s.th.* (*vard.*) komma [riktigt] i gång med ngt; *get into the* ~ *of things* (*vard.*) komma i det hela; *it's going with a* ~ *a*) det går med full fart, *b*) det går som smort (en dans) **3** gunga; *it is a* ~*s and roundabouts situation* (*vard.*) det är hugget som stucket, vad man än gör så...; *what you lose on the* ~*s you gain on the roundabouts* (*bildl.*) man tar igen på gungorna vad man förlorar på karusellen **4** *AE. vard.* fritt lopp, svängrum, [rörelse]frihet; *be given full* ~ få (ha) fria händer **5** *mus.* swing

swinging [ˈswɪŋɪŋ] **1** svängande *etc., jfr* swing *I* **2** *vard.* fashionabel; som det svänger om; trendig; dynamisk

swipe [swaɪp] **I** *v* **1** ~ *at* slå efter (*a fly* en fluga) **2** *vard.* sno, knycka **II** *s, vard.* hårt slag

swirl [swɜ:l] **I** *v* virvla runt (omkring) **II** *s* virvlande; virvel

swish [swɪʃ] **I** *v* **1** susa, vina, svischa; (*om tyg*) frasa, prassla **2** vifta (piska) med; *the horses ~ed their tails* hästarna viftade med svansarna **3** ~ *off* hugga av **II** *s* sus, vinande, svischande; (*tygs*) frasande **III** *a, vard., i sht B.E.* snofsig, asflott

Swiss [swɪs] **I** *a* schweizisk, schweizer-; ~ *cheese* schweizerost; ~ *guard a*) schweizergarde, *b*) medlem av schweizergarde; ~ *roll* rulltårta **II** *s* schweizare, schweiziska

switch [swɪtʃ] **I** *s* **1** ändring; omsvängning; omställning; övergång; [om]byte **2** strömbrytare, kontakt; omkopplare **3** *AE. järnv.* växelspår **4** (*för bestraffning*) spö, käpp, ris; [käpp]rapp **5** lösfläta **II** *v* **1** ändra; föra (leda) över; ställa [om], flytta [om]; byta; ~ *over* ställa om; ~ *round* flytta om[kring]; ~ *schools* byta skola **2** koppla; ~ *off a*) koppla av (ifrån, ur), bryta, släcka, stänga (slå, knäppa) av, slå ifrån, *b*) *vard.* göra sömning, tråkig ut; ~ *on a*) koppla på (in), släppa på, tända, sätta (slå, knäppa) på, *b*) *vard.* göra modern; ~*ed on* (*sl.*) påtänd, hög (*narkotikapåverkad*); ~ *the radio to another programme* sätta på ett annat [radio]program **3** *i sht AE. järnv.* växla, rangera **4** slå (vifta, svänga) med; slå till, piska [till, upp] **5** rycka, vrida; ~ *s.th. out of a p.'s hand* rycka ngt ur handen på ngn **6** ~ [*over*] gå över, byta, kasta om; ~ *from one language to another* gå över från ett språk till ett annat **7** ~ *off a*) stänga (koppla) av (strömmen *e.d.*], släcka [ljuset] *b*) antingas av, ~ *on a*) slå (sätta) på (strömmen *e.d.*], tända [ljuset], *b*) sättas på, *c*) *sl.* tända på, bli hög (*av narkotika*)

switchboard ['swɪtʃbɔ:d] *tele.* växel[bord]; *elektr.* kopplings-, instrument|bord

Switzerland ['swɪts(ə)lənd] Schweiz

swivel ['swɪvl] **I** *s, tekn., sjö.* svivel; [sväng]tapp **II** *v,* ~ [*round*] svänga [runt], snurra [på] (*som på en tapp*) **swivel chair** snurrstol; svänghar [kontors]stol

swollen ['swəʊlən] **I** *perf. part. av* swell **II** *a* **1** svullen, uppsväld **2** svulstig, bombastisk

swoon [swu:n] **I** *v* **1** *litt.* svimma **2** *bildl.* nästan svimma (*av lycka e.d.*) **II** *s* svimning[sanfall]

swoop [swu:p] **I** *v,* ~ [*down*] (*om fågel e.d.*) slå (singla) ner (*on* på); ~ *down* [*up*]*on* (*äv.*) anfalla, gå till attack mot; ~ *up* (*away*) rycka till sig **II** *s* anfall, attack; (*fågels*) nedslag; *in one* [*fell*] ~ i ett svep, på en gång

sword [sɔ:d] svärd; värja; *the ~ a*) den militära makten, *b*) döden; *cross ~s with a*) slåss (kämpa) med, *b*) växla skarpa ord med; *put to the ~* hugga (sticka) ner

swore [swɔ:] *imperf. av* swear **sworn** [-n] **I** *perf. part. av* swear **II** *a* svuren (*enemy* fiende); edsvuren; beedigad, edlig

swot [swɒt] *vard.* **I** *v* plugga; ~ *up* [*on*] *a subject* plugga in ett ämne **II** *s* **1** plugghäst **2** plugg

swum [swʌm] *perf. part. av* swim

swung [swʌŋ] *perf. part. o. perf. part. av* swing

sylla|bus ['sɪlæbəs] (*pl -buses el. -bi* [-baɪ]) kursplan; studieplan; ämnesförteckning; ämnen (*i viss kurs*)

sylph [sɪlf] sylf; sylfid

symbol ['sɪmbl] symbol (*of* för), tecken (*of* för på) **-ic[al]** [sɪm'bɒlɪk(l)] symbolisk; *be* ~ *of* vara

en symbol för **-ism** ['sɪmbəlɪz(ə)m] **1** symbolisk framställning, symbolik **2** symbolism **-ize** (*BE. äv. -ise*) ['sɪmbəlaɪz] symbolisera

sym|metric[al] [sɪ'metrɪk(l)] symmetrisk **-metry** ['sɪmɪtrɪ] symmetri

sympathetic [ˌsɪmpə'θetɪk] **1** full av medkänsla (förståelse) (*to* med, för); förstående, medkännande, deltagande; ~ *strike* sympatistrejk; *be* ~ *to* vara välvilligt (sympatiskt) inställd till **2** sympatisk, tilltalande (*to* för) **3** ~ *ink* sympatetiskt (osynligt) bläck **4** *anat., the* ~ *nervous system* sympatiska nervsystemet

sympa|thize (*BE. äv. -thise*) ['sɪmpəθaɪz] sympatisera, ha (hysa) medkänsla (förståelse) (*with* med, för); vara välvilligt (sympatiskt) inställd (*with* till)

sympathy ['sɪmpəθɪ] **1** sympati, medkänsla; förståelse; *feel* (*show*) ~ *for* ha (visa) medkänsla med; *have* ~ (*be in*) ~ *with* sympatisera med, vara välvilligt (sympatiskt) inställd to **2** harmoni; samhörighet, gemenskap

symphony ['sɪmfənɪ] **1** symfoni **2** symfoniorkester **symphony orchestra** [-ˌɔ:kɪstrə] symfoniorkester

symp|tom ['sɪm(p)təm] sym[p]tom, tecken (*of* på) **-tomatic[al]** [ˌsɪm(p)tə'mætɪk(l)] sym[p]tomatisk, kännetecknande (*of* för)

synagogue ['sɪnəgɒg] synagoga

synchro|nization (*BE. äv. -nisation*) [ˌsɪŋkrə-naɪˌzeɪʃl] synkronisering **-nize** (*BE. äv. -nise*) ['sɪŋkrənaɪz] **1** synkronisera, samordna **2** inträffa samtidigt (*with* som), sammanfalla (*with* med)

syncope ['sɪŋkəpɪ] **1** *med.* svimning **2** *språkv.* synkope **3** *mus.* synkop

syndicate I *s* ['sɪndɪkət] **1** syndikat; konsortium; *the S~* (*A.E.*) syndikatet, maffian **2** *ung.* presstjänst (*som säljer pressmaterial t. olika tidningar*) **II** *v* ['sɪndɪkeɪt] **1** distribuera (*nyhetsmaterial etc.*) tör samtidig publicering i olika tidningar **2** bilda ett syndikat av

syndrome ['sɪndrəʊm] syndrom

synod ['sɪnəd] synod, kyrkomöte

synonym ['sɪnənɪm] *s* synonym **-ous** [sɪ'nɒnɪməs] *a* synonym, liktydig

syntax ['sɪntæks] *språkv.* syntax, satslära

synthe|sis ['sɪnθəsɪs] (*pl -ses* [-si:z]) syntes (*äv. kem.*), sammanställning **-size** [-saɪz] (*BE. äv. -sise*) syntetisera; framställa på syntetisk väg **-sizer** ['sɪnθɪsaɪzə] synthesizer **-tize** (*-tise*) *se* synthesize

synthetic [sɪn'θetɪk] *a* syntetisk; ~ *fibre* syntet-, konst|fiber

syphilis ['sɪfɪlɪs] *med.* syfilis

Syria ['sɪrɪə] Syrien **Syrian** [-n] **I** *a* syrisk **II** *s* syrier

syringe ['sɪrɪn(d)ʒ] **I** *s* injektionsspruta; spruta **II** *v* spruta in; spruta ren

syrup ['sɪrəp] **1** sockerlag; saft (*kokad med socker*) **2** sirap (*äv. medicin*)

system ['sɪstəm] **1** system; *the* ~ (*äv.*) *a*) [samhälls]systemet, *b*) organismen, kroppen; *the binary* ~ det binära systemet; *the digestive* ~ matsmältningsapparaten; *the nervous* ~ nervsystemet; *a stereo* ~ en stereoanläggning; *get s.th. out ouf one's* ~ (*vard.*) få ur sig ngt, komma över ngt

S

2 metod, system; ordning **systematic** [ˌsɪstɪ'-mætɪk] systematisk, planmässig, metodisk **sys-tema|tization** (BE. äv. -tisation) [ˌsɪstɪmətaɪ'-zeɪʃn] systematisering **systema|tize** (BE. äv. -tise) ['sɪstɪmətaɪz] systematisera

T, t [tiː] (bokstav) T, t; to a £ (vard.) utmärkt, på pricken

ta [taː] interj, BE. vard. tack!

tab [tæb] **1** lapp, flik; etikett **2** mil. gradbeteckning (på krage) **3** keep ~s on (vard.) hålla koll på **4** pick up the ~ (vard.) betala notan (kalaset)

tabby ['tæbɪ] **I** s **1** spräcklig (randig) katt **2** moaré **II** a **1** spräcklig, randig **2** vattrad

table ['teɪbl] **I** s **1** bord; taffel; at ~ vid bordet, till bords; clear the ~ duka av [bordet]; lay the ~ duka [bordet]; put on the ~ a) framlägga [för diskussion], b) AE. bordlägga; turn the ~s a) vända på steken (situationen), b) få övertaget igen (on s.b. över ngn); the ~s are turned bladet har vänt sig, rollerna är ombytta; sit down to (at) ~ sätta sig till bords; be under the ~ (vard.) vara packad (berusad); drink s.b. under the ~ (vard.) dricka ngn under bordet **2** bordssällskap, bord **3** [sten-, trä-, minnes]tavla; skiva, platta **4** [hög]platå **5** tabell; förteckning, register; ~ of contents innehållsförteckning; learn one's ~s lära sig multiplikationstabellen **6** översida; (på ädelsten e.d.) plan yta **II** v **1** framlägga [för diskussion]; AE. bordlägga **2** sammanställa (ställa upp) i tabellform, tabellera

tablecloth ['teɪblklɒθ] borddduk **table man-ners** [-ˌmænəz] pl bordsskick **table mat** [-mæt] [bords]tablett **tablespoon** [-spuːn] **1** uppläggningssked **2** matsked (äv. mått)

tablet ['tæblɪt] **1** tablett; kaka, bit; a ~ of choc-olate en chokladkaka; a ~ of soap en tvål **2** [skriv]tavla; [minnes]tavla **3** [antecknings-, skriv]block

table tennis ['teɪblˌtenɪs] bordtennis **table-ware** [-weə] mat-, bords|servis

taboo [tə'buː] **I** a tabu, tabubelagd **II** s tabu; be under a ~ vara tabu[belagd] **III** v tabubelägga

tabu|late ['tæbjʊleɪt] tabulera, ställa upp i tabellform **-lation** [ˌtæbjʊ'leɪʃn] tabulering, uppställning i tabellform **-lator** ['tæbjʊleɪtə] tabulator

tacho|graph ['tækə(ʊ)graːf] färdskrivare **-meter** [tæ'kɒmɪtə] varvräknare

tacit ['tæsɪt] tyst (agreement överenskommelse), underförstådd, stillatigande **taciturn** ['tæsɪtɜːn] tystlåten, fåordig

tack [tæk] **I** s **1** nubb, [liten] spik, [häft]stift **2** BE. tråckelstygn; tråckling **3** sjö. hals; (under kryss)

slag; bildl. riktning, kurs, tillvägagångssätt; be on the port (starboard) ~ ligga för babords (styrbords) halsar; be on the right (wrong) ~ (bildl.) vara inne på rätt (fel) spår; try another ~ (bildl.) pröva ett annat [tillvägagångs]sätt **II** v **1** nubba [fast], spika [fast], fästa [med stift]; sätta fast; BE. tråckla [fast], nästa [fast]; ~ on (bildl.) till-, bi|foga, tillägga **2** sjö. stagvända, gå över stag, slå; kryssa

tackle ['tækl] **I** s **1** sjö. talja, tackel; tackling **2** redskap, don, grejor; fishing ~ fiskeredskap **3** sport. tackling **II** v **1** gripa sig an med, ta itu med, tackla, ge sig i kast med; angripa **2** sport. tackla

tacky ['tækɪ] **1** klibbig **2** vard. usel, dåligt gjord, ful

tact [tækt] takt[fullhet], finkänslighet

tactical ['tæktɪkl] taktisk **tactician** [tæk'tɪʃn] taktiker **tactics** ['tæktɪks] **1** (behandlas som sg) mil. taktik (konsten att i strid leda de enskilda förbanden) **2** (behandlas som pl) taktik (förfaringssätt)

tactless ['tæktlɪs] taktlös

tadpole ['tædpəʊl] grodyngel

taffeta ['tæfɪtə] taft

1 tag [tæg] **I** s **1** etikett, märke, [adress-, pris]lapp, [liten] skylt; (på bokstav) släng; AE. sl. nummerplåt **2** flik, remsa, stump, tamp; stropp **3** (på skosnöre) spets, pigg **4** svanstipp **5** tillägg; bihang; epitet; refräng; språkv. påhängsfråga **6** citat; AE. klyscha, kliché **II** v **1** etikettera, märka, förse med etikett (etc., jfr I), sätta lapp (etc.) på; AE. sätta parkeringslapp (böteslapp) på; AE. anklaga (for murder för mord) **2** ~ s.th. [on] to s.th. a) fästa ngt i (vid) ngt, b) lägga till ngt till ngt; ~ together fästa (sätta, slå) ihop **3** beteckna som; benämna **4** vard. följa efter **5** vard. följa med; ~ after (behind) s.b. följa efter ngn, följa ngn i hälarna; why don't you ~ along? varför hänger (följer) du inte med?

2 tag [tæg] (lek) tafatt, kull

tail [teɪl] **I** s **1** svans; stjärt; ända, bakre del; sista del, slut, kö; följe; vard. bak[del]; the ~ of the class de sämsta i klassen; the ~ of the eye yttre ögonvrån; with one's ~ between one's legs med svansen mellan benen; be on a p.'s ~ vara i hälarna på ngn; keep your ~ up! upp med huvudet!, gaska upp dig!; turn ~ a) smita [i väg], ta till flykten, b) vända sig bort **2** [frack]skört; ~s (pl, vard.) frack **3** [hår]fläta **4** (mynts) baksida; heads or ~s? krona eller klave? **5** vard. skugga, spårhund, deckare; put a ~ on s.b. låta skugga ngn **II** v **1** förse med svans (etc., jfr I); kupera, stubba svans på **2** ta bort stjälken (nederdelen, roten) på; snoppa (bär) **3** följa efter, hänga i hälarna på; skugga **4** fästa [baktill] **5** komma sist i, avsluta **6** följa efter; ~ after s.b. följa efter ngn, följa ngn i hälarna **7** ~ away (off) bli svagare, avta, minska, dö bort, försämras

tailback ['teɪlbæk] bilkö **tail coat** frack; jackett

tail|lamp ['teɪlæmp], **-light** ['teɪllaɪt] AE. bak|-lykta, -ljus

tailor ['teɪlə] **I** s skräddare **II** v **1** [skräddar]sy; bildl. skräddarsy, anpassa (to efter) **2** vara skräddare **-ing** [-rɪŋ] skrädderi[verksamhet]; skräddaryrket **--made** skräddarsydd

taint [teɪnt] **I** s **1** [skam]fläck; spår; hereditary ~

ärftlig belastning; *without a* ~ *of* utan spår av **2** smitta; fördärv, besmittelse **II** *v* **1** fläcka; förorena; förpesta; göra skämd, skämma **2** *bildl.* fläcka; besmitta; vanära; skämma

take [teɪk] **I** *v* (*took, taken*) **1** ta[ga]; ta tag i; fatta, gripa; ta emot; anta[ga]; acceptera; tåla; ta med sig; bära, forsla, flytta; lägga beslag på; stjäla; ~ *a p.'s arm* ta ngn under armen; ~ *a bet* anta ett vad; ~ *a p.'s hand* ta ngn i handen; ~ *members* ta in medlemmar; ~ *one's place* inta sin (ta) plats; ~ *private pupils* ge privatlektioner, ha privatelever; ~ *it ill* ta illa upp; ~ *it or leave it!* ta det eller strunta i det!, vill du inte ha så får det vara!; *I can* ~ *it* (*bildl.*) jag kan klara av (tål) det; *I can't* ~ *it any more* jag står inte ut med det längre; *I won't* ~ *it* jag finner mig inte i det; *she can't* ~ *a joke* hon tål inte skämt; ~ *four from eight* ta (dra) fyra från åtta; *know how to* ~ *people* veta hur man skall ta folk; *this seat is* ~*n* den här platsen är upptagen **2** ta; komma då, ertappa; gripa, fånga, fängsla (*äv. bildl.*); inta[ga], ørё⊥u, bё ~*n hv* (with) bli fångslad av (förtjust i); *he was* ~*n prisoner* han togs till fånga (blev tillfångatagen); *the actor* ~*s his audience with him* skådespelaren får med sig publiken; *how does that* ~ *you?* (*vard.*) vad tycker du om det? **3** ta [i anspråk]; dra[ga]; kräva[s]; behövas, fordras; *it* ~*s a woman to see this* det krävs en (man måste vara) kvinna för att förstå detta; *it* ~*s two to make a quarrel* det är inte ens fel att två träter; *that* ~*s little doing* det är en enkel sak [att göra]; *she hoo* [*got*] *what it* ~*s* (vard.) hon har förutsättningarna, hon kan klara av det **4** ta; söka, inta[ga], ta [sin tillflykt] till; vidta[ga]; göra; genomföra; hålla; ~ *cover* ta betäckning (skydd); ~ *a flight* ta till flykten; ~ *the measures* vidta åtgärder; ~ *the oath* avlägga eden; ~ *a vote* anordna omröstning **5** ta på sig, åta[ga] sig, överta[ga]; ~ *the honour* ta åt sig äran; ~ *it upon o.s. to a*) åtaga sig att, *b*) tillåta sig att **6** ta [sig]; göra sig; ~ *a bath* ta [sig] ett bad; ~ *a cup of tea* ta (göra sig) en kopp te; ~ *a holiday* ta semester (ledigt); ~ *a shower* ta en dusch, duscha; ~ *the sun* sola [sig]; ~ *the trouble to* göra sig besväret (mödan) att **7** ta [in], rymma, ha plats för **8** [in]ta[ga]; äta, dricka; använda; ha; *not to be* ~*n!* [endast] för utvärtes bruk!, får ej förtäras!; ~ *two onions* (*i matrecept*) man tar två lökar; *do you* ~ *sugar?* använder du socker?: *will you* ~ *wine or beer?* vill du ha vin eller öl? **9** ta; åka med; slå in på; gå, fara, åka, resa, köra; ~ *the plane* ta flyget, flyga; ~ *a taxi* ta en taxi; ~ *the road to the left* svänga (ta av) vänster **10** ta med sig; följa; köra, skjutsa; leda; föra; visa; ~ *s.b. to the cinema* (*äv.*) bjuda ngn på bio; ~ *s.b. to the door* följa ngn till dörren; *this bus will* ~ *you to* med den här bussen kommer man till, den här bussen går till; *if it won't* ~ *you out of your way* om det inte är omväg för dig **11** ta, [in]hämta; skaffa [sig]; beställa; hyra; köpa; prenumerera på **12** samla in, ta upp; ta in, tjäna; ta [hem]; vinna; få **13** få; ådra[ga] sig; anta[ga] (*betydelse*); ta åt sig (*lukt e.d.*); ~ *cold* bli förkyld; *be* ~*n sick* (*ill*) bli sjuk; *be* ~*n with* få, drabbas av **14** fatta, finna, känna, hysa, ha, få **15** [upp]fatta, förstå; *do you* ~ *my meaning?* fattar du vad jag menar? **16** ta, lyda, följa **17** anse; tro; ta; *I* ~ *it*

that jag antar (utgår från) att; ~ *it from me!* lita på (tro) mig!, det kan du vara säker på!; *how old do you* ~ *her to be?* hur gammal tror du att hon är?; *we* ~ *you at your word* vi tar dig på orden; ~ *for* ta (hålla) för; *who* (*what*) *do you* ~ *me for?* vem tar du mig för? **18** skriva upp, anteckna; spela in; ta [upp]; fotografera; ~ *notes* föra (göra) anteckningar, anteckna **19** ta, mäta [upp]; ~ *a p.'s temperature* ta temperaturen på ngn **20** undervisa [i] **21** läsa, lära sig; gå igenom (*kurs e.d.*); gå upp i, avlägga, ta (*examen*) **22** ta, spela, sjunga, dansa *etc.* **23** *språkv.* styra, stå (konstrueras, skrivas) med; få, ha **24** fastna **25** slå rot, växa [fast], ta sig **26** ta eld, ta sig **27** (*om fisk*) nappa **28** slå [an], ha framgång **29** ta, göra verkan **30** ge sig i väg; gå, köra; fly; ~ *to the left* ta [av] till vänster **31** ~ *aback* förbluffa, göra häpen; ~ *about* föra (visa) omkring; ~ *after* brås på, likna; ~ *along* ta med [sig]; • april u) ta (plock?) iväl, *b*) skälla ut, göra ner; ~ *around* ta med sig, föra (visa) omkring; ~ *away a*) dra ifrån, *b*) ta bort (undan), avlägsna, *c*) *vard.* föra bort (*t. fängelse el. mentalsjukhus*); ~ *s.th. away* [*with one*] ta ngt med sig; *pizza to* ~ *away* pizza för avhämtning; ~ [*away*] *from* sätta ner, minska, förringa; ~ *back a*) ta tillbaka, *b*) föra tillbaka; ~ *down a*) ta ner, *b*) ta isär, demontera, riva [ner], *c*) skriva ner (upp), an-, upp|teckna, *d*) kväsa, platta till, ta ner på jorden; ~ *from* se *away from*; ~ *in a*) ta in, *b*) ta emot, *c*) ta (skaffa) hem (in), *d*) prenumerera på, *e*) få in, tjäna, *f*) föra in, *g*) lämna in, *h*) lasta, tanka, *i*) inkludera, omfatta, *k*) fatta, förstå, *l*) sy (ta) in, *m*) lura, *n*) *vard.* gå på, besöka, *o*) *vard.* gå på, tro på; ~ *in lodgers* hyra ut rum; ~ *in sail* reva (stryka) segel; ~ *in sewing* åtag sig sömnadsarbeten; *be* ~*n in* låta lura sig; ~ *off a*) ta bort (loss), avlägsna, ta av [sig], *b*) lägga ner, dra in, *c*) stryka (avföra) från, *d*) avskaffa, *e*) ta med sig, köra i väg med, fora [bort], *f*) hämta (ta) [upp, ner] från, rädda från, *g*) dra av [på], pruta [på], *h*) kopiera, imitera, härma, parodiera, *i*) ge sig i väg, *j*) flyg. starta, lyfta, lätta, *k*) bli populär, komma i ropet; ~ *o.s. off* ge sig i väg; ~ *a day off* ta ledigt en dag; ~ *the receiver off* lyfta på luren; ~ *on a*) ta på sig, åtaga sig, *b*) ta in (upp, ombord), *c*) fylla på, tanka, lasta, *d*) ta in, anställa, *e*) antaga, få, *f*) ställa upp mot, utmana, *g*) bli populär, slå igenom, *h*) *vard.* bli upprörd; *I took it* [*up*]*on myself to* jag tog mig friheten (tillät mig) att; ~ *out a*) ta ut (fram, upp) (*of, from* ur), *b*) ta bort (ur), dra ut, *c*) föra ut, ta [med] ut, gå ut med, bjuda ut, *d*) ta [ut], skaffa sig, teckna, *e*) ta kål på; ~ *s.b. out of himself* få ngn på andra tankar; ~ *s.th. out on s.b.* låta ngt gå ut över ngn, avreagera ngt på ngn; ~ *it out of s.b.* (*vard.*) ta knäcken på (suga musten ur) ngn; ~ *over a*) ta över, överta[ga], ta makten (ledningen) över, *b*) tillträda, *c*) föra (köra) över, *d*) ta över, [över]ta makten (ledningen); *can you* ~ *over?* kan du ta över (hoppa in, avlösa mig)?; ~ *round* föra (visa) omkring; *I'll* ~ *it round* [*to you*] jag kommer över med den [till dig]; ~ *to a*) [börja] gilla (tycka om, fatta tycke för, ty sig till), *b*) [börja] ägna sig åt, sätta sig in i, börja [använda], lägga sig till med [vanan att], hemfalla åt, *c*) ta [vägen] till, bege sig (fly) till; ~

to one's bed gå och lägga sig; ~ *to drink (drinking)* börja dricka; ~ *to one's heels* ta till benen, lägga benen på ryggen; ~ *to doing s.th.* lägga sig till med att (börja) göra ngt; ~ *up a)* ta upp (fram), lyfta [på, upp], *b)* föra (bära) upp, *c) sömn.* lägga upp, *d)* riva upp (*gata e.d.*), *e)* ta med (*passagerare*), *f)* suga upp (åt sig), ta åt sig, *g)* ta [upp], fylla [upp], uppta[ga], ta [i anspråk], *h)* ta upp, föra på tal, anknyta till, fortsätta, instämma i, *i)* ta sig an, hjälpa fram, kämpa för, *j)* gå med på, anta[ga], *k)* inta[ga] (*plats, hållning e.d.*), *l)* [börja] ägna sig åt, börja lära sig (läsa), *m)* överta[ga], tillträda, *n)* avbryta, tillrättavisa, *o)* [slut]betala, *p)* ta [upp] (*lån*), *q)* ta vid, fortsätta; ~ *up one's residence* bosätta sig; ~ *s.b. up on s.th.* be ngn närmare förklara ngt; ~ *s.b. up on his offer* antaga ngns erbjudande; ~ *up with* börja umgås med, ge sig i lag med; *be ~n up with* vara helt upptagen (sysselsatt) med **II** *s* **1** tagande **2** fångst, byte **3** *film.* tagning; inspelning **4** *vard., i sht AE.* intäkter
take|away ['teɪkəweɪ] **I** *s* **1** restaurang (butik) som säljer mat till avhämtning; gatukök **2** mat för avhämtning **II** *a* för avhämtning; ~ *pizza* pizza för avhämtning **-in** *vard.* bluff, bedrägeri
taken ['teɪk(ə)n] *perf. part. av* take
take|off ['teɪkɒf] **1** *flyg.* start **2** *bildl.* [ekonomiskt] lyft, skjuts **3** imitation, parodi **-over** [-,əʊvə] **1** övertagande [av makt]; [student]ockupation **2** [företags]köp
taking ['teɪkɪŋ] **I** *s* **1** ~*s* (*pl*) intäkt[er], inkomst[er], förtjänst **2** tagande *etc., jfr take I* **II** *a* intagande, tilldragande
talc [tælk] **I** *s, miner.* talk; *vard.* talk[puder] **II** *v, miner.* talka **talcum powder** ['tælkəm,paʊdə] talk[puder]
tale [teɪl] **1** berättelse, historia; saga; *that tells a ~* det säger en hel del (är ganska avslöjande); *tell its own ~* vara självklar (uppenbar), tala för sig själv; *live to tell the ~* överleva **2** [påhittad] historia, lögn; *tell ~s a)* berätta lögnaktiga historier, ljuga, *b)* skvallra, springa med skvaller
talent ['tælənt] **1** talang, begåvning (*äv. pers.*); *have a ~ for music* vara musikbegåvad **2** *vard.* tjejer, brudar **talented** [-ɪd] talangfull, begåvad
talk [tɔ:k] **I** *v* **1** tala, prata; diskutera; *vard.* snacka; ~ *business* tala affärer; ~ *French* tala (prata) franska; ~ *nonsens* prata strunt; ~ *politics* tala (prata) politik; ~ *shop* prata jobb (fack); ~ *o.s. hoarse* tala sig hes **2** tala, prata; samtala; hålla föredrag; skvallra; *vard.* snacka; *it's easy for you to ~* det är lätt för dig att säga; *you can ~!* det ska du säga!; *now you're ~ing!* det kan bättre (vettigt)!, så ska det låta!; ~ *big (vard.)* vara stor i mun, skryta, skrävla; *make s.b. ~* få ngn att tala **3** ~ *about* tala (prata) om; ~ *away a)* prata bort, *b)* prata på; ~ *back to s.b.* säga emot ngn, svara ngn fräckt; ~ *down* prata omkull; ~ *down to s.b.* tala nedlåtande till ngn; ~ *s.b. into doing s.th.* övertala ngn att göra ngt; ~ *of* tala (prata) om; ~*ing of* på tal om, apropå; ~ *on a)* tala (hålla föredrag) om (över), *b)* prata på; ~ *out* diskutera igenom; ~ *s.b. out of doing s.th.* övertala ngn att inte göra ngt; ~ *over a)* tala om (över), behandla, tala (prata) igenom, diskutera, *b)* övertala, få att ändra sig; ~ *round a)* övertala,

få att ändra sig, *b)* prata runt (omkring), inte komma till saken; ~ *to a)* tala (prata) med, tala till, *b)* tala [allvar] med, tillrättavisa **II** *s* **1** pratstund; samtal; ~*s* (*pl, äv.*) överläggningar, förhandlingar; *have a ~* ha ett samtal, [sam]tala, prata **2** prat; tal; rykten; *vard.* snack; *the ~ of the town* det allmänna samtalsämnet; *he's all ~* han bara pratar, det är bara tomt prat (snack) från hans sida; *there is [some]* ~ *of* det pratas om; *there can be no ~ of* det kan inte bli tal om **3** föredrag (*on* över) **4** språk
talkative ['tɔ:kətɪv] pratsam, talför **talker** [-ə] talare; pratmakare **talking** ['tɔ:kɪŋ] **I** *s* prat; *do the ~* föra ordet, prata, hålla låda **II** *a* talande **talking point** diskussionsämne **talking-to** *vard.* åthutning, utskällning
tall [tɔ:l] **1** lång, reslig; hög (*mast* mast); *walk ~* gå med högburet huvud **2** *vard., it's a ~ order* det blir kämpigt, det är mycket begärt **3** *vard.* otrolig, fantastisk (*story* historia)
tallow ['tæləʊ] talg
tally ['tælɪ] **I** *s* **1** [kontroll]räkning; poängräkning; *sjö.* lasträkning **2** etikett, [kontroll]märke **II** *v* **1** stämma överens **2** förteckna, registrera **3** [kontroll]räkna; räkna poäng
tambourine [,tæmbə'ri:n] *mus.* tamburin
tame [teɪm] *a* tam; *bildl. äv.* färglös, lam **II** *v* tämja **tamer** ['teɪmə] [djur]tämjare **taming** ['teɪmɪŋ] tämjande; *the T~ of the Shrew* Så tuktas en argbigga (*Shakespeare*)
tamper ['tæmpə] *v,* ~ *with a)* mixtra (fiffla) med, fingra på, manipulera, *b)* tubba, försöka påverka
tampon ['tæmpən] tampong
tan [tæn] **I** *s* **1** solbränna **2** gulbrunt **3** garvarbark **II** *v* **1** bli solbränd (brun) **2** garva; ~ *a p.'s hide* (*åld.*) ge ngn på huden **3** göra solbränd (brun)
tandem ['tændəm] **I** *s* tandem[cykel, -spann]; *in* ~ *a)* samtidigt, *b)* tillsammans **II** *adv* i tandem, i rad, efter varandra
tang [tæŋ] **1** stark (skarp) lukt (doft, smak) **2** anstrykning; aning
tangent ['tæn(d)ʒ(ə)nt] *geom.* tangent; *go off at a ~ (bildl.)* plötsligt avvika från ämnet
tangible ['tæn(d)ʒəbl] **1** påtaglig; gripbar, verklig, reell; konkret **2** *jur.,* ~ *property* fast (materiell) egendom
tangle ['tæŋgl] **I** *v* **1** ~ [*up*] trassla till (ihop) **2** trassla [till] sig; trassla (snärja) in sig; *be ~d [up] in* vara intrasslad (insnärjd) i **3** ~ *with s.b.* tampas (kämpa) med ngn **II** *s* **1** trassel, oreda, röra; tilltrasslad situation **2** gräl, skärmytsling
tangy ['tæŋɪ] (*om smak, lukt*) skarp, syrlig; *a ~ sea breeze* en frisk (salt) havsvind
tank [tæŋk] **I** *s* **1** tank, behållare, cistern; reservoar **2** *mil.* tank, stridsvagn **3** *AE. sl.* kåk; cell **II** *v,* ~ *up (i sht BE.) a)* tanka fullt, *b) sl.* supa [sig] full
tankard ['tæŋkəd] sejdel, krus, kanna
tanker ['tæŋkə] tanker, tankfartyg
tantrum ['tæntrəm] [raseri]utbrott, raserianfall
1 tap [tæp] **I** *s* **1** [avstängnings]kran; tapp, plugg; *on ~ (om öl e.d.)* på fat, klar för tappning, *bild.* redo, [ständigt] till hands, tillgänglig **2** tappning **3** *tekn.* gängtapp **4** *BE., se* taproom **II** *v* **1** tappa [av, ur]; slå upp (hål på), öppna **2** öppna, göra tillgänglig; hämta; leda [ström från, vatten från];

exploatera; ~ *telephone wires* avlyssna telefoner; ~ *s.b. for information* pumpa ngn på upplysningar; ~ *s.b. for money* (*vard.*) tigga (vigga) pengar av ngn **3** förse med kran (tapp) **4** *tekn.* gänga upp
2 tap [tæp] **I** *s* **1** knackning; [lätt] slag, klapp **2** stepp; steppjärn **3** *mil.*, ~*s* (*behandlas som sg el. pl*) (*slags*) signal, tapto **II** *v* **1** knacka (slå) med; knacka på (i); slå (klappa) lätt; ~ *out a*) knacka (*meddelande*), *b*) knacka ner [på maskin], *c*) knacka ur (*pipa*) **2** knacka; slå lätt; ~ *at* (*on*) *the door* knacka på dörren **3** klappra
tap-dancing ['tæp₁dɑnsɪŋ] stepp[dans], steppning
tape [teɪp] **I** *s* **1** [ljud-, isolerings-, mått]band, [klister-, hål-, telegraf]remsa; [*sticky*] ~ tejp; *magnetic* ~ magnet-, inspelnings|band; *name* ~ namnetikett; *punched* ~ hålremsa; *record on* ~ spela in [på band], banda **2** *vard.*, *red* ~ byråkrati **3** *sport.* målsnöre; *break* (*breast*) *the* ~ spränga målsnöret **II** *v* **1** förse (linda) med band (tejp *e.d.*), binda (knyta) om med band, binda (knyta) fast (ihop); ~ [*up*] tejpa ihop; ~ *down* tejpa (sätta) fast **2** spela in [på band], banda **3** mäta [med måttband]; *I've got him* ~*d* (*vard.*) jag vet hur han ska tas (vad han går för) **tape measure** [-₁meʒə] måttband
taper ['teɪpə] **I** *s* **1** smalt ljus; ljusständare; svag ljuskälla **2** avsmalning **II** *v* **1** smalna [av] **2** ~ *off* avta, gradvis minska, förklinga **3** göra avsmalnande (smalare)
tape-recorder ['teɪprɪ₁kɔːdə] bandspelare
tapered ['teɪpəd], **tapering** [-rɪŋ] avsmalnande
tapestry ['tæpɪstrɪ] **1** gobeläng[er]; [vävd] tapet, bildvävnad **2** tapisseri
tapeworm ['teɪpwɜːm] *zool.* binnike-, band|mask
tar [tɑː] **I** *s* tjära **II** *v* tjära; asfaltera; ~ *and feather* (*som bestraffning*) tjära och fjädra; *they are* ~*red with the same brush* de är av samma skrot och korn
tar|diness ['tɑːdɪnɪs] senfärdighet, långsamhet, tröghet; dröjsmål **-dy** [-dɪ] *a* **1** försenad **2** sen[färdig], långsam, trög
target ['tɑːgɪt] **I** *s* **1** mål; måltavla; *bildl. äv.* skottavla, föremål (*for, of* för) **2** målsättning; [produktions]mål **II** *v* sikta (*on* på)
tariff ['tærɪf] **I** *s* **1** tull[tariff, -taxa, -sats] **2** tariff, taxa; prislista; [hotell]pris **II** *v* belägga med tull **2** prissätta
tarmac ['tɑːmæk] makadam, asfalt[beläggning]; asfalterad väg, asfalterat område; *flyg.* platta
tarnish ['tɑːnɪʃ] **I** *v* **1** göra matt (glanslös); missfärga **2** *bildl.* fläcka, skamfila **3** bli matt (glanslös); missfärgas **II** *s* matthet, glanslöshet; missfärgning
tarpaulin [tɑː'pɔːlɪn] presenning
tarragon ['tærəgən] *bot.* dragon
1 tart [tɑːt] **I** *s* **1** *i sht BE.* mördegs|tårta, -bakelse; *i sht AE.* [frukt]paj **2** *vard.* fnask (*prostituerad*) **II** *v, BE. vard.,* ~ *up* snofsa (piffa, fiffa) upp
2 tart [tɑːt] syrlig, besk (*äv. bildl.*)
tartan ['tɑːtən] tartan, skotskrutigt tyg (mönster)
tartar ['tɑːtə] **1** *kem.* vinsten **2** tandsten
task [tɑːsk] **I** *s* [arbets]uppgift; svår (obehaglig) uppgift; *take s.b. to* ~ läxa upp ngn, ta ngn i upptuktelse **II** *v* **1** ge i uppgift **2** pressa, sätta på hårt

prov
tassel ['tæsl] tofs
taste [teɪst] **I** *s* **1** smak[sinne]; bismak; *sense of* ~ smaksinne; *have a bad* ~ *in the mouth* lämna en dålig eftersmak (*äv. bildl.*); *be sweet to the* ~ vara söt i smaken, smaka sött **2** försmak; smak|bit, -prov; klunk; *give s.b. a* ~ *of the whip* låta ngn få smaka piskan; *have a* ~ *of s.th.* smaka på ngt **3** *bildl.* smak; smakriktning; ~*s* (*pl, äv.*) [tycke och] smak, intressen; *in bad* ~ *a*) smaklös[t], *b*) omdömes-, takt|lös[t]; *in good* ~ *a*) smakfull[t], *b*) taktfull[t]; ~*s differ* smaken är olika; *add salt to* ~ tillsätt salt efter smak; *it is a matter of* ~ det är en smaksak; *be to a p.'s* ~ vara i ngns smak; *have expensive* ~*s* ha dyr smak (dyra intressen); *have a* ~ *for* ha smak för, hysa förkärlek för, tycka om; *have a* ~ *of* [få] smaka på **II** *v* **1** känna smaken av; smaka [av]; [få] smaka (pröva) [på]; erfara, uppleva; *få smak på, he had not* ~*d food for days* han hade inte ätit ngt på flera dagar **2** smaka; ~ *good* (*nice*) smaka bra; ~ *of garlic* smaka vitlök
tasteful ['teɪstf(ʊ)l] smakfull **tasteless** [-lɪs] smaklös **tasty** [-ɪ] **1** smaklig, välsmakande **2** smakfull, tilltalande
ta-ta [tæ'tɑː] *BE. vard.* hej då (så länge)!
tattered ['tætəd] trasig, [sönder]sliten; skrynklig; sjaskig (*äv. bildl.*) **tatters** [-z] *pl* trasor, paltor; *in* ~ i trasor, *bildl.* i spillror, kraschad
tattle ['tætl] **I** *v* skvallra, sladdra **2** skvallra om, avslöja **II** *s* skvaller, sladder
1 tattoo [tə'tuː] **1** *mil.* tapto; *beat* (*sound*) *the* ~ blåsa tapto **2** trummande, hamrande; *beat a* ~ trumma **3** [militär]parad, -uppvisning
2 tattoo [tə'tuː] **I** *s* tatuering **II** *v* tatuera
tatty ['tætɪ] sjabbig, ovårdad
taught [tɔːt] *imperf. o. perf. part. av teach*
taunt [tɔːnt] **I** *v* håna, pika, reta (*with* för) **II** *s* pik, gliring, glåpord
Taurus ['tɔːrəs] (*stjärnbild*) Oxen
taut [tɔːt] **1** spänd, stram (*äv. bildl.*) **2** *i sht sjö.* välvårdad
tawdry ['tɔːdrɪ] *a* grann, prålig; smaklös
tawny ['tɔːnɪ] gul-, ljus|brun
tax [tæks] **I** *s* **1** skatt; pålaga **2** *bildl.* belastning, påfrestning, börda **II** *v* **1** beskatta; taxera (*at* till); uppskatta (*kostnader*); betala skatt för (*a car* en bil) **2** fresta på, anstränga, betunga, sätta på hårt prov **3** anklaga, beskylla (*s.b. with* ngn för)
taxable ['tæksəbl] beskattningsbar **tax arrears** [-ə₁rɪəz] *pl* kvarskatt **taxation** [tæk'seɪʃn] **1** beskattning; taxering **2** skatter; skattesats; skatteinkomster **tax collector** ['tæksə₁lektə] uppbördsman, skattmas **tax evasion** ['tæksɪ₁veɪʒn] skatte|fusk, -flykt
taxi ['tæksɪ] **I** *s* taxi[bil] **II** *v* **1** åka (ta en) taxi **2** *flyg.* taxa, köra då marken (*före start e.d.*)
taxidermist ['tæksɪdɜːmɪst] [djur]konservator, uppstoppare
taxing ['tæksɪŋ] krävande, svår
taxpayer ['tæks₁peɪə] skattebetalare
tea [tiː] **1** te; te|blad, -buske; tebjudning; [*afternoon*] ~ (*i sht BE.*) eftermiddagste; *early morning* ~ morgonte; *high* ~ (*BE., Austr.*) kvällsmåltid med te; *have* ~ dricka te, äta kvällsmåltid; *make* ~ göra (koka, brygga) te; *we'll have two* ~*s*

please kan vi få två te?; *it is not my cup of* ~ det är ingenting för mig (inte min likör); *he is not my cup of* ~ han är inte min typ; *not for all the* ~ *in China* (*ung.*) inte för allt te i Småland **2** *AE. sl.* gräs (*marijuana*)

tea caddy ['tiːˌkædɪ] teburk

teach [tiːtʃ] (*taught, taught*) **1** lära, undervisa [i], ge undervisning (lektioner) i; ~ *s.b. a lesson* (*bildl.*) ge ngn en läxa; ~ *school* (*AE.*) vara lärare, undervisa; ~ *s.b.* [*how*] *to whistle* lära ngn [att] vissla; *I'll* ~ *you to steal!* jag ska minsann lära dig att stjäla!; *that'll* ~ *you* låt det bli en läxa för dig **2** vara lärare, undervisa

teacher ['tiːtʃə] lärare, lärarinna

teaching ['tiːtʃɪŋ] **I** *s* **1** undervisning **2** ~[*s*] lära, läror; *the* ~*s of the Catholic Church* den katolska kyrkans lära **II** *a* undervisnings-; lärar-; ~ *aid* hjälpmedel i undervisningen; ~ *hospital* undervisningssjukhus; ~ *practice* lärarpraktik, provår; *the* ~ *profession* läraryrket

teacloth ['tiːklɒθ] disk-, tork|handduk **tea cosy** [-ˌkəʊzɪ] tehuv, tevärmare

team [tiːm] **I** *s* **1** [tävlings-, arbets]lag, team; trupp **2** par, spann (*av dragdjur*) **II** *v* **1** ~ *up* slå sig ihop, samarbeta, bilda ett team (lag) **2** spänna ihop (*dragdjur*) **3** *AE.* köra långtradare

teamster ['tiːmstə] **1** kusk **2** *AE.* lastbils-, långtradar|chaufför **teamwork** [-wɜːk] teamwork, lag-, grupp|arbete

teapot ['tiːpɒt] tekanna

1 tear [tɪə] tår; *all in* ~*s* upplöst i tårar; *bored to* ~*s* (*vard.*) uttråkad; *burst into* ~*s* brista i gråt; *shed* ~*s* fälla tårar

2 tear [teə] **I** *v* (*tore, torn*) **1** slita (riva, rycka) [sönder] riva upp; *bildl.* plåga, splittra, slita sönder; ~ *one's hair* (*vard.*) slita sitt hår; ~ *one's hand on s.th.* riva sig i handen på ngt; *that's* ~ *it!* (*vard.*) nu är det klippt (kört)!; ~ *a muscle* sträcka en muskel; ~ *open* slita (riva) upp; ~ *to pieces a*) slita (riva) i bitar (sönder), *b*) *bildl.* göra ner; ~ *apart a*) slita sönder (*äv. bildl.*), *b*) skilja åt; ~ *away* slita (riva, rycka) bort; ~ *o.s. away* slita sig [lös]; ~ *down* riva (ner); ~ *off a*) slita (riva, rycka) bort, riva av (loss), *b*) *vard.* kasta ner; ~ *s.b. off a strip* (*vard.*) skälla ut ngn ordentligt (efter noter); ~ *out* slita (riva, rycka) ut; ~ *up a*) slita (riva) sönder, *b*) rycka upp, *c*) riva upp (*äv. bildl.*) **2** slita, riva (rycka) [och slita] (*at* i); ~ *at* (*äv.*) kasta sig över; ~ *into a*) kasta sig över, *b*) skälla ut, göra ner, kritisera **3** slita (rivas, gå) sönder **4** rusa, rasa; ~ *about* rusa omkring; ~ *along* rusa fram [längs]; ~ *away* rusa i väg; ~ *down* rusa nedför; ~ *into* rusa in i; ~ *off* rusa i väg (bort) ~ *out* rusa ut; ~ *up* rusa uppför **II** *s* **1** reva, hål **2** fläng, fart, rush

tearaway ['teərəweɪ] *BE.* bråkstake, vild sälle

teardrop ['tɪədrɒp] [stor] tår **tearful** [-f(ʊ)l] **1** tårfylld **2** gråtmild

tearing ['teərɪŋ] våldsam, rasande, fruktansvärd; *be in a* ~ *hurry* (*rush*) ha fruktansvärt bråttom

tearoom ['tiːrum] *BE.* teservering, konditori

tease [tiːz] **I** *v* **1** reta, retas med **2** kamma; karda; ~ *out* kamma (reda) ut **3** rugga [upp] (*tyg*) **4** tupera (*hår*) **5** retas **II** *s* retsticka **teaser** ['tiːzə] **1** retsticka **2** *vard.* svår fråga, hård nöt [att knäcka]

teaspoon ['tiːspuːn] tesked (*äv. mått*)

teat [tiːt] **1** spene **2** napp (*på flaska*)

tea towel ['tiːˌtaʊ(ə)l] disk-, tork|handduk

techni|cal ['teknɪk(ə)l] **I** *a* **1** teknisk; fack-; yrkes-; ~ *college* (*ung.*) teknisk fackskola, tekniskt institut; ~ *jargon* fackspråk; ~ *knockout* (*i boxning*) teknisk knockout; ~ *term* fackuttryck **2** regelrätt; formell, saklig **-cality** [ˌteknɪˈkælətɪ] **1** teknik, teknisk sida, tekniska detaljer **2** formalitet, teknisk detalj; *a legal* ~ en juridisk formalitet **3** teknisk term, fackuttryck

technician [tekˈnɪʃn] tekniker; teknisk expert **technics** ['teknɪks] (*behandlas som sg el. pl*) teknik, teknologi **technique** [tekˈniːk] teknik; teknisk metod; teknisk skicklighet

technocrat ['teknə(ʊ)kræt] teknokrat

technology [tekˈnɒlədʒɪ] teknologi, teknik

teddy bear ['tedɪbeə] teddybjörn, nalle

tedious ['tiːdjəs] [lång]tråkig, ledsam

tee [tiː] *golf.* **I** *s* **1** tee, utslagsplats **2** peg (*pinne för att hålla bollen upplyft vid utslag*) **II** *v*, ~ *off* spela ut [från tee]; ~ *up the ball* lägga bollen på utslagsplatsen

1 teem [tiːm] vimla, myllra, krylla (*with* av)

2 teem [tiːm] *v*, ~ [*down, with rain*] ösa [ner], ösregna; ~*ing rain* ösregn

teen|age ['tiːneɪdʒ] *a* tonårs- **-ager** [-eɪdʒə] tonåring

teens [tiːnz] *pl* tonår; *be in one's* ~ vara i tonåren

teeny ['tiːnɪ] *vard.* mycket liten, pytteliten

teeter ['tiːtə] **I** *v* vackla (*äv. bildl.*), vingla **II** *s* gungbräda

teeth [tiːθ] *pl av* tooth **teething** ['tiːðɪŋ] tandsprickning **teething ring** bitring

teetotaller [tiːˈtəʊtlə] [hel]nykterist, absolutist

te-hee [tiːˈhiː] *interj* haha!, hihi!

telegram ['telɪɡræm] telegram

telegraph ['telɪɡrɑːf] **I** *s* **1** telegraf **2** telegram **II** *v* telegrafera [till] (*for* efter) **telegraphic** [ˌtelɪˈɡræfɪk] telegrafisk, telegraf-; ~ *address* telegramadress

telepathic [ˌtelɪˈpæθɪk] telepatisk **telepathy** [tɪˈlepəθɪ] telepati

telephone ['telɪfəʊn] **I** *s* telefon; *by* (*over*) *the* ~ per telefon, telefonledes; *be on the* ~ *a*) tala (sitta) i telefon, *b*) ha telefon; *speak to s.b. on the* ~ tala i telefon med ngn; *you're wanted on the* ~ det är telefon till dig **II** *v* telefonera (ringa) till, ringa upp **telephone book** telefonkatalog **telephone booth (box)** telefon|hytt, -kiosk **telephone directory** [-dɪˌrekt(ə)rɪ] telefonkatalog; *classified* ~ yrkesregister, 'gula sidor'

tele|scope ['telɪskəʊp] **I** *s* teleskop **II** *v* **1** skjuta ihop (in), skjuta in i varandra; fälla (dra) ut **2** *bildl.* förkorta; pressa samman **3** skjutas ihop; fällas (dra) ut **-scopic** [ˌtelɪˈskɒpɪk] **1** teleskopisk; teleskop-; ~ *lens* teleobjektiv; ~ *sight* kikarsikte **2** teleskopisk, hopskjutbar, utdragbar; ~ *aerial* teleskopantenn; ~ *umbrella* hopfällbart paraply

televise ['telɪvaɪz] [ut]sända (visa) i TV, televisera

television ['telɪˌvɪʒn] television, TV; *cable* ~ kabel|-teve, --TV; *closed circuit* ~ intern|-teve, --TV; *on* ~ i (på) TV

tell [tel] (*told, told*) **1** tala om, berätta, säga, säga till (åt), uppmana, be; ~ *s.b. s.th.*, ~ *s.th. to s.b.*

tala om (berätta) ngt för ngn, säga ngn ngt, säga ngt till (åt) ngt; ~ *s.b. about s.th.* berätta om ngt för ngn; ~ *s.b. off (vard.*) skälla ut ngn, läxa upp ngn; ~ *s.b. his fortune* spå ngn; ~ *lies (a lie)* ljuga; ~ *me another!* (*vard.*) det kan du inbilla andra!, hitta på ngt bättre!; *I* [*can*] ~ *you* (*vard.*) förstår (ser) du, minsann, verkligen; [*I'll*] ~ *you what* (*vard.*) vet du vad, hördu; *can you* ~ *me the time?* kan du tala om för mig vad klockan är?; *you're* ~*ing me!* (*vard.*) det vet jag väl!, det kan du skriva upp!; *I told you so!* vad var det jag sa?; *who told you* [*that*]? vem har sagt (berättat) det [för dig]?; *I am* (*have been*) told jag har hört sägas, det har sagts mig; *he told us to wait* han sa åt oss att [vi skulle] vänta; *do as you are told* gör som du blir tillsagd (jag *etc.* säger) **2** känna igen (*by* på); skilja (*from* från); urskilja; veta, vara säker; avgöra; ~ *the difference between* se (känna) skillnad på, märka skillnaden (skilja) mellan (på); *who can* ~*? vem vet?; you can .... that he's a foreigner* det märks (syns *etc.*) att han är utlänning; *can you* ~ *them apart?* kan du skilja dem åt [till utseendet]?; *it is difficult to* ~ *if* det är svårt att säga (avgöra) om; *you never can* ~ man kan aldrig [så noga] veta; *he cannot* ~ *the time yet* han kan inte klockan än; *time will* ~ tiden får utvisa **3** räkna [ihop] (*votes* röster); ~ *off* avdela, ta (välja) ut; ~ *one's beads* läsa sina böner (*efter radband*); *all told* inalles, allt som allt, sammanlagt, tillsammans **4** tala, berätta, vittna (*of* om); skvallra (*on* på); *that* ~*s against you* det talar emot dig **5** göra verkan, ta; *every blow* ~*s* varje slag tar (träffar); ~ *on* ta (slita) på; *it did not* ~ *in the least with him* det gjorde inte det minsta intryck på honom

teller ['telə] **1** berättare **2** rösträknare **3** (*i bank*) kassör **telling** [-ıŋ] **I** *s* berättande *etc., jfr tell; there's no* ~ (*vard.*) det är omöjligt att säga, man vet aldrig **II** *a* **1** talande, avslöjande **2** kraftfull; dräpande **telling-off** [‚telıŋ'ɒf] utskällning **telltale** ['telteıl] **I** *s* skvallerbytta **II** *a* **1** avslöjande, skvallrande **2** varnings-

telly ['telı] *vard.* TV[-apparat]

temper ['tempə] **I** *s* **1** humör, lynne; läggning, kynne, temperament; stämning; dåligt humör (lynne); *be in a* ~ vara på dåligt humör, vara arg (ond); *be in a good* (*bad*) ~ vara på gott (dåligt) humör; *fly* (*get*) *into* ~ fatta humör, bli arg (ond); *have a* ~ ha humör (temperament) **2** fattning; *out of* ~ på dåligt humör; *keep one's* ~ behålla fattningen, bibehålla sitt lugn; *lose one's* ~ tappa behärskningen (besinningen, humöret) **3** hårdhetsgrad, härdning[sgrad] **II** *v* **1** dämpa, mildra; temperera (*äv. mus.*) **2** blanda [till]; bereda; arbeta **3** härda; aducera

tempera|ment ['tempər(ə)mənt] **1** temperament, läggning **2** *mus.* temperering **-mental** [‚temp(ə)rə'mentl] temperamentsfull; *vard.* nyckfull

temperance ['temp(ə)r(ə)ns] **1** måttlighet, måtta **2** helnykterhet **temperate** [-rət] **1** (*om klimat*) tempererad **2** mått|lig, -full **3** helnykter **temperature** ['temprətʃə] **1** temperatur **2** feber; *run* (*have got*) *a* ~ ha feber; *take a p.'s* ~ ta febern på ngn

tempest ['tempıst] *litt.* storm (*äv. bildl.*), oväder

tempestuous [tem'pestjʊəs] stormig

1 temple ['templ] tempel; helgedom; *AE. vard.* synagoga

2 temple ['templ] tinning

tem|po ['tempəʊ] (*pl -pos el. -pi* [-pi:]) tempo (*äv. mus.*), hastighet, fart

temporary ['temp(ə)rərı] **I** *a* **1** temporär, tillfällig, övergående **2** tillförordnad, extra[ordinarie] **II** *s* [kontors]vikarie, extraanställd

tempt [tem(p)t] fresta, locka, förleda; ~ *fate* (*providence*) utmana ödet **temptation** [tem-(p)'teıʃn] frestelse, lockelse; *lead us not into* ~ inled oss icke i frestelse; *yield* (*give way*) *to* ~ falla för frestelsen **tempting** ['tem(p)tıŋ] frestande, lockande

ten [ten] (*jfr eight o. sms.*) **I** räkn tio; *the upper* ~ [*thousand*] överklassen **II** *s* tia; tiotal

tenable ['tenəbl] **1** hållbar, försvarbar **2** (*om tjänst e.d.*) som kan innehas

tenacious [tı'neıʃəs] **1** envis, orubblig, hårdnackad; ihärdig; djupt rotad **2** fast (*grip* grepp); hård; ~ *memory* gott minne **tenacity** [tı'næsıtı] **1** envishet, orubblighet; ihärdighet **2** fasthet; hårdhet

tenancy ['tenənsı] **1** arrende; hyrande **2** arrendetid; hyrestid **3** innehavande **4** arrende[grad]; hyrd fastighet **tenant** [-t] **I** *s* **1** hyresgäst; arrendator **2** innehavare **II** *v* hyra; arrendera **tenant farmer** arrendator

1 tend [tend] **1** sköta [om], vårda; passa, se till **2** ~ *to* (*on*) se till, ta hand om, passa upp på

2 tend [tend] tendera; ~ *to*[*wards*] tendera till (mot), luta åt, peka mot; *I* ~ *to know* jag råkar veta

tendency ['tendənsı] tendens; benägenhet

1 tender ['tendə] **1** öm (*äv. bildl.*); mjuk; mör; *bildl.* ömsint **2** späd, spröd; ~ *age* späd ålder

2 tender ['tendə] **I** *s* **1** anbud, offert; *invite* ~*s for* infordra anbud på; *make a* ~ *for* lämna in ett anbud på; *the work will be put up for* ~ arbetet kommer att utlämnas på entreprenad **2** *legal* ~ lagligt betalningsmedel **II** *v* **1** lämna in (*one's resignation* sin avskedsansökan); lägga fram (*a suggestion* ett förslag); framföra (*an apology* en ursäkt); erbjuda **2** lämna anbud på, offerera **3** ~ *for* lämna anbud (offert) på

tender|hearted [‚tendə'hɑ:tıd] ömhjärtad, ömsint **-ness** ['tendənıs] ömhet *etc., jfr 1 tender*

tendon ['tendən] *anat.* sena

tenner ['tenə] *vard.* tiopunds-, tiodollars|sedel; *a* ~ (*äv.*) tio pund (dollar)

tennis ['tenıs] tennis **tennis court** tennisbana

tenor ['tenə] **1** *mus.* tenor; tenorstämma **2** [ande]mening, innebörd, innehåll

tenpins ['tenpınz] (*behandlas som sg*) *AE.* kägelspel (*med tio käglor*)

1 tense [tens] *språkv.* tempus

2 tense [tens] **I** *a* spänd, stram, sträckt; *bildl.* spänd, nervös **II** *v, ~* [*up*] spänna[s], strama[s] till; ~*d up* spänd, nervös

tension ['tenʃn] *fys., bildl.* spänning; spändhet; sträckning; anspänning

tent [tent] **I** *s* tält; *pitch one's* ~ slå upp sitt tält **II** *v* tälta

tentative ['tentətıv] **1** försöks-; preliminär, provisorisk **2** trevande, försiktig

tenterhook ['tentəhʊk] spännhake; *be on ~s* sitta som på nålar

tenth [tenθ] (*jfr eighth*) **I** *räkn* tionde **II** *s* tionde; tion[de]del

tenuous ['tenjʊəs] tunn, fin; smal; *bildl.* svag, obetydlig, [hår]fin

tenure ['te,nju:ə] **1** besittningsrätt; innehav **2** ämbete, tjänst; ämbetstid **3** arrende; arrendetid **4** *AE.* anställningstrygghet

tepid ['tepɪd] ljum[men] **-ity** [te'pɪdətɪ] ljumhet

term [tɜ:m] **I** *s* **1** tid[rymd], period; termin, fastställd dag; frist; betalning|termin, -tid, förfallodag; löptid; (*domstols*) session[stid]; *skol.* termin; *~ of office* ämbets-, mandat|tid; *for a ~ of years* under ett antal år; *in the long* (*short*) *~* på lång (kort) sikt **2** *~s* (*pl*) villkor; bestämmelse[r]; överenskommelse; betalningsvillkor, pris[er]; *~s of delivery* leveransvillkor; *~s of reference* direktiv, givna ramar; *on easy ~s* på förmånliga villkor, på avbetalning; *on equal* (*the same*) *~s* på lika villkor; *not on any ~s* på inga (inte på några) villkor; *come to ~s* träffa [en] uppgörelse, komma överens; *come to ~s with s.th.* finna sig i ngt **3** *~s* (*pl*) förhållande, relation[er]; *be on good ~s with s.b.* stå på god fot med ngn; *they are not on speaking ~s* de talar inte med varandra **4** uttryck; term, *mat.* äv. led; *~s* (*pl, äv.*) ord[alag], vändningar; *~ terms* fackuttryck; *in economic ~s* i ekonomiska termer; *in no uncertain ~s*, in plain *~s* klart och tydligt, rent ut; *in ~s of a*) i termer av, *b*) i form av, *c*) vad beträffar, beträffande, *d*) med utgångspunkt från; *he only thinks in ~s of money* han tänker bara på pengar **II** *v* kalla, benämna

terminal ['tɜ:mɪnl] **I** *a* **1** avslutande, sist, terminal, slut-, änd-; gräns-; *~ station* änd-, slut|station; *~ voltage* (*elektr.*) polspänning; *~ patient* obotligt sjuk (döende) patient; *~ ward* terminalvårdsavdelning **2** termins- **3** *med.* dödlig, med dödlig utgång; *~ cancer* obotlig cancer **II** *s* **1** änd-, slut|station; terminal; änd-, slut|punkt **2** *data.* terminal **3** *elektr.* pol

termi|nate ['tɜ:mɪneɪt] **1** avsluta; göra slut på; säga upp (*an agreement* ett kontrakt); *med.* avbryta (*a pregnancy* en graviditet) **2** sluta; (*om tåg e.d.*) ha slutstation **-nation** [,tɜ:mɪ'neɪʃn] slut; avslutning; upphörande; uppsägning; *med.* avbrytande (*of a pregnancy* av en graviditet)

terminology [,tɜ:mɪ'nɒlədʒɪ] terminologi

termi|nus ['tɜ:mɪnəs] (*pl -ni* [-naɪ] *el. -nuses*) änd-, slut|station, terminal

termite ['tɜ:maɪt] termit

tern [tɜ:n] *zool.* tärna

terrace ['terəs] **I** *s* **1** terrass **2** (*sammanbyggd*) husrad **3** (*på fotbollsstadion*) ståplatsläktare **II** *v* terrassera

terrain [te'reɪn] terräng

terrestrial [tɪ'restrɪəl] **I** *a* **1** jord-, jordisk **2** *zool.* land-, som lever på land **3** *bildl.* världslig, jordisk **II** *s* jordinvånare

terrible ['terəbl] förskräcklig, förfärlig

terrific [tə'rɪfɪk] **1** fruktansvärd, hemsk, förskräcklig; enorm, oerhörd **2** *vard.* fantastisk

terrify ['terɪfaɪ] skrämma, göra skräckslagen; förskräcka, förfära; *terrified* skräckslagen, livrädd (*of* över, för) **-ing** [-ɪŋ] fasaväckande, fasansfull

territorial [,terɪ'tɔ:rɪəl] territorial-, territoriell; mark-, land-; lokal, regional; *~ waters* territorialvatten

territory ['terɪt(ə)rɪ] **1** territorium, område (*äv. bildl.*); mark, land **2** *zool.* revir **3** besittning **4** (*försäljares*) distrikt **5** *sport.* planhalva

terror ['terə] **1** skräck, fasa; *live* (*go*) *in ~ of* leva i skräck för; *go* (*be*) *in ~ of one's life* frukta för sitt liv; *that holds no ~s for me* jag är inte alls rädd för det; *strike ~ into a p.'s heart* sätta skräck i ngn **2** terror, skräckvälde; *reign of ~* skräck-, terror|välde **3** *vard.* (*om barn*) odåga, satunge, plåga **-ism** [-rɪz(ə)m] terrorism; skräckvälde **-ist** [-rɪst] terrorist **-ize** (*BE. äv. -ise*) [-raɪz] terrorisera, injaga skräck hos

terry ['terɪ] frotté

terse [tɜ:s] [kort och] koncis, kärnfull; brysk

test [test] **I** *s* **1** test; kontroll, undersökning; försök; förhör; prov[ning], prövning; *bildl.* kriterium, probersten; *driving ~* körkortprov; *means ~* behovsprövning; *nuclear ~* kärnvapenprov; *written ~* skriftligt prov, [prov]skrivning; *put to the ~* sätta på prov, pröva; *stand the ~* bestå provet; *stand the ~ of time* stå sig genom tiderna, stå emot tidens tand **2** *kem.* reagens **3** *BE., se test match* **II** *v* testa; kontrollera, undersöka; förhöra; prova, pröva; sätta på prov; *~* [*out*] prova ut, utprova

testament ['testəmənt] **1** *jur.* [*last will and*] *~* testamente **2** *bibl., the Old* (*New*) *T~* Gamla (Nya) testamentet **3** *litt.* vittnesbörd (*to* om)

test ban ['testbæn] provstopp **test card** *TV.* testbild

testicle ['testɪkl] *anat.* testikel

testify ['testɪfaɪ] **1** vittna, bära vittnesbörd (*to* om; *against* mot); avlägga vittnesmål **2** vittna om; intyga, betyga

testimonial [,testɪ'məʊnjəl] **1** [tjänstgörings]betyg; rekommendationsbrev **2** intyg, bevis **3** heders|bevisning, -gåva

testimony ['testɪmənɪ] **1** vittnes|mål, -börd (*to, of* om); bevis (*to, of* på); *bear ~ to* vittna (bära vittnesbörd) om, intyga, betyga **2** *bibl., the tables of ~* lagens tavlor

testing ['testɪŋ] kinkig, knepig, svår, påfrestande (*situation* situation)

test pattern ['test,pætən] *TV.* testbild **test tube** [-tju:b] provrör

tetanus ['tetənəs] *med.* stelkramp, tetanus

tête-à-tête [,teɪta'teɪt] **I** *a o. adv* på tu man hand, mellan fyra ögon **II** *s* tête-à-tête, möte (*samtal*) på tu man hand

tether ['teðə] **I** *s* tjuder; *be at the end of one's ~* (*bildl.*) inte orka längre (mer) **II** *v* tjudra (*to* vid)

text [tekst] text; ordalydelse; (*av tal e.d.*) utskrift, skriftlig version **-book** ['teks(t)bʊk] **I** *s* läro-, skol|bok; handbok **II** *a* mönstergill, exemplarisk, enligt reglerna; *~ example* skolexempel

textile ['tekstaɪl] **I** *s* vävnad, tyg, textil; *~s* (*pl, äv.*) *a*) textilier, textilvaror, *b*) textilfabriker **II** *a* textil[-], vävnads-; vävd

textual ['tekstjʊəl] text-; texttrogen; *~ criticism* textkritik

texture ['tekstʃə] **1** textur, struktur; vävnad; konsistens **2** *bildl.* struktur, [upp]byggnad, [speciell] karaktär

Thames [temz] *s, the* ~ Themsen; *he will never set the* ~ *on fire* han kommer aldrig att uträtta storverk

than [ðæn, *obeton.* ðən, ðn] **1** än; än [vad] som; *more* ~ *was necessary* mera än vad som behövdes; *and more* ~ *that* och inte bara det, och vad mera är; *easier said* ~ *done* lättare sagt än gjort; *he is older* ~ *me* (*I, I am*) han är äldre än jag; *she plays better* ~ *him* (*he, he does*) hon spelar bättre än han; *it was no other* ~ det var ingen annan (mindre) än **2** förrän; *no sooner...*~ knappt ... förrän

thank [θæŋk] **I** *v* tacka (*s.b. for s.th.* ngn för ngt); ~ *you!* tack!, ja (jo) tack!; ~ *'you!* tack själv!; ~ *you very much!* tack så mycket!; *no,* ~ *you!* nej tack!; ~ *you for nothing!* (*iron.*) tack så mycket!, jag betackar mig!; ~ *goodness* (*God!*) gudskelov!; ~ *heavens!* tack och lov!; *I'll* ~ *you to mind your own business* jag vore tacksam om du skötte ditt (inte lade dig i det här) **II** *s* **1** ~*s* (*pl*) tack; [*many*] ~*s!* tack [så mycket]!; ⊔ ⊔ ⊔ ⊔ (*vard.*) tack så hemskt mycket!; *no,* ~*s!* nej tack!; *with* ~*s* tacksamt, med tack; *give* ~*s* tacka Gud **2** ~*s to* tack vare

thank|ful ['θæŋkfʊl] tacksam (*for* för, över; *to* mot) **-less** [-lɪs] otacksam

Thanksgiving [**Day**] ['θæŋks,gɪvɪŋ(deɪ)] (*i USA o. Canada*) Tacksägelsedagen (*helgdag, 4:e torsdagen i november i USA, 2:a måndagen i oktober i Canada*)

that [ðæt, *obeton.* ðət, ðt] **I** *demonstr. pron* (*pl those*) den (det, de) där, denne, denna, detta; den, det; så; *those a*) de [där], dessa, *b*) det [där], detta; *and* ~*'s* ~*!* och därmed basta!, så var det med den saken!, så det så!, *us för* ~ vad det beträffar; *at* ~ *a*) dessutom, till på köpet, *b*) vard. just, precis; *at* ~ *time* på den tiden, då för tiden; *this one... - one* den här...den där; *what of* ~*?* än sen då?; *with luck like* ~ med en sådan tur; ~ *is* [*to say*] det vill säga, alltså; ~*'s it!* ja!, just det!, det var det!; det är (var) rätt!; *if he's as unhappy as* [*all*] ~ om han är så olycklig; *hurry up,* ~*'s a good boy* (*girl*) (*vard.*) skynda på, är du snäll; ~ *are my friends* det (de) [där] är mina vänner; *have things come to* ~*?* har det kommit därhän?; *they all say* ~ *se* (så) säger alla **II** *determ. pron* (*pl those*) **1** den, det; *those* de, dem; *those who* den (var och en, de, alla) som; *her greatest merit is* ~ *of being kind* hennes största förtjänst är [den] att hon är vänlig; *there was* ~ *in her manner* det var ngt speciellt (visst) i hennes sätt; *my house and* ~ *of my sister*['*s*] mitt hus och min systers; *this beer is stronger than* ~ [*which*] *I got yesterday* det här ölet är starkare än det jag fick i går; *the sound of the trumpet is clearer than* ~ *of the cornet* trumpetens ljud är klarare än kornettens **2** så stor, så mycket; *he has* ~ *trust in you* han litar så på dig **III** *rel. pron* (*pl that*) **1** som, vilken, vilket, vilka; då; *vard.* som...med (*el. annan prep*); *all* [~] allt [som, vad, det]; *the house* [*that*] *I'm talking about* huset jag talar om; *Mrs. White, Miss Black* ~ *was* fru White, född Black (som hette Black som ogift) **2** vad, såvitt; *not* ~ *I know of* inte vad (såvitt) jag vet **IV** *adv, vard.* så [pass]; *it isn't* ~ *good* så bra är den [då] inte **V** *konj* **1** att; så att; för att; eftersom; (*i utrop*) att,

om; *in order* ~, *so* ~ för (så) att; *not* ~ *I fear him* inte för att jag är rädd för honom; ~ *things should come to this!* att det skulle gå så långt!; *oh* ~ *I could only see you again!* ack, om jag bara fick se dig igen!; *come nearer* ~ *I may see you* kom närmare så att jag kan se dig **2** om; *make sure* ~ förvissa sig om att **3** som; då, när; *it was in London* [*that*] *I*...det var i London som jag...; [*now*] *that I think of it, I believe...* när (då) jag tänker på det, tror jag...

thatch [θætʃ] **I** *s* **1** (*t. taktäckning*) halm, vass **2** halm-, vass|tak **3** [tjock] kalufs **II** *v* halmtäcka, täcka med halm (vass); ~*ed cottage* stuga med halmtak

thaw [θɔː] **I** *s* tö[väder]; upptinande; *bildl.* töväder **II** *v* **1** töa; tina [upp] (*äv. bildl.*) **2** ~ [*out*] tina [upp] (*frozen food* djupfryst mat), frosta av, *bildl.* få att tina [upp]

the [ði:, *obeton.* framför vokal ði, obeton. ∫ umför konsonant ðə, ð] **I** *best. art.* **1** (*motsv. best. slutartikel el. fristående best. art. i svenskan*) ~ *apple* (*apples*) äpplet (äpplena); ~ *car* (*cars*) bilen (bilarna); *the house* (*houses*) huset (husen); *the new car* (*cars*) den nya bilen (de nya bilarna); ~ *new house* (*houses*) det nya huset (de nya husen); *the deceased* den avlidn|e, -a; ~ *Good* det goda; ~ *poor* de fattiga; *Henry* ~ *Eighth* Henrik den åttonde **2** (*utan motsvarighet i svenskan*); ~ *Antarctic* Antarktis; ~ *Balkans* Balkan; ~ *Browns* Browns, familjen Brown; ~ *Caucasus* Kaukasus; *Daily Mirror* (*tidningen*) Daily Mirror; [~] *Emperor X* kejsare X; *T~ Hague* Haag; ~ *Kremlin* Kreml; ~ *Mayflower* (*fartyget*) Mayflower; ~ *Odeon* (*biografen*) Odeon; ~ *Rhine* Rhen; [~] *Sudan* Sudan; ~ *UN* FN; ~ *Paris of today* dagens Paris; ~ *following three examples* följande tre exempel; ~ *same book* samma bok; *in* ~ *opposite direction* i motsatt riktning; *on* ~ *right hand* på höger sida; *to* ~ *right* åt (till) höger; *be of* ~ *best quality* vara av bästa kvalitet; *the verb is in* ~ *past tense* verbet står i imperfekt; *he was* ~ *son of a lawyer* han var son till en advokat; *how's* ~ *wife?* hur mår din fru?; *go to* ~ *cinema* gå på bio; *listen to* ~ *radio* lyssna på radio; *play* ~ *guitar* spela gitarr; *the sun rises in* ~ *east* solen går upp i öster; *tell* ~ *truth* tala sanning **3** en, ett; *at* ~ *price of* till ett pris av **4** per; ~ *piece* per styck; *wine at 20 shillings* ~ *bottle* vin för 20 shilling flaskan **5** *beton., he is* ~ *painter of the century* han är seklets ledande målare; *is she* ~ *Greta Eriksson?* är hon den kända (berömda) Greta Eriksson?; *he is* ~ *man for it* han är rätte mannen för det **II** *pron* **1** *demonstr.* den, det, de; ~ *scoundrel!* den skurken!; ~ *stupidity!* vilken idiot! **2** *determ.* den, det, de; ~ *boy* (*boys*) *who* den pojke (de pojkar) som **III** *adv,* ~...~ ju...desto (dess); ~ *sooner* ~ *better* ju förr desto bättre; *all* ~ *better* så mycket (desto) bättre; ~ *more so as* (*because*) så mycket (desto) mera som

theater ['θɪətə] *AE., se* theatre

theatre ['θɪətə] **1** teater, teater-, scen|konst; *the* ~ (*äv.*) scenen; *go to the* ~ gå på teatern **2** [föreläsnings-, hör]sal; *operating* ~ operationssal **3** *bildl.* skådeplats, scen (*of* för) **theatrical** [θɪ'ætrɪkl] *I a* **1** teater- **2** teatralisk **II** *s,* ~*s* (*pl*) *amateur* ~*s* amatörteater[föreställningar]

theft [θeft] stöld

their [ðeə] *poss. pron, fören.* deras; sin, sina **theirs** [-z] *poss. pron, självst.* deras; sin, sina; *a friend of* ~ en vän till dem; ~ *is not to judge* det är inte deras sak att [be]döma

them [ðem, *obeton.* ðəm, ðm] **I** *pers. pron (objektsform av they)* **1** dem **2** de; *it was* ~ det var de **3** sig; *they took it with* ~ de tog den med sig **II** *demonstr. pron, fören., vard.* de där; *five of* ~ *apples* fem av de där äpplena

theme [θi:m] **1** tema, ämne; motiv **2** *mus.* tema, ledmotiv; signaturmelodi **3** [skol]uppsats **4** *språkv.* stam, rot **theme song (tune)** signaturmelodi; [musikaliskt] ledmotiv

themselves [ð(ə)m'selvz] *pers. o. rfl. pron* sig själva, själva; sig

then [ðen] **I** *adv* **1** då; den gången, på den tiden; sedan, därpå, så; ~ *and there, there and* ~ genast, på fläcken; *before* ~ dessförinnan, innan dess, förut; *by* ~ då, vid det laget, till (innan) dess; *from* ~ *on*[*wards*] från och med då; *since* ~ sedan dess; *until* ~ till dess **2** då, i så fall, alltså; *now* ~, *what's the matter?* nå, vad är det?; *so it's true* ~ då är det alltså sant **3** dessutom, sedan, så; *but* ~ men å andra sidan, men [så]...också (ju) **II** *a* dåvarande

theologian [θɪə'ləʊdʒən] teolog **theological** [θɪə'lɒdʒɪkl] teologisk **theology** [θɪ'ɒlədʒɪ] teologi

theo|retic[al] [ˌθɪə'retɪk(l)] teoretisk **-retician** [ˌθɪərə'tɪʃn], **-rist** ['θɪərɪst] teoretiker **-rize** (*BE. äv. -rise*) ['θɪəraɪz] teoretisera

theory ['θɪərɪ] teori

therapeutic [ˌθerə'pju:tɪk] terapeutisk **therapist** ['θerəpɪst] terapeut **therapy** ['θerəpɪ] terapi

there [ðeə; *obeton.* ðə, *obeton. framför vokal* ðr] **I** *adv* **1** där; dit; fram[me]; ~ *and back* fram (dit) och tillbaka (åter); ~ *and then* genast, på fläcken; *here and* ~ här och där, hit och dit; *hello (hi)* ~! hej!; *from* ~ därifrån; *in* (*out etc.*) ~ *a*) där|inne (-ute *etc.*), *b*) in ut (*etc.*) dit, dit in (ut *etc.*); *you* ~! hallå där!, du där!; ~ *you are! a*) där är du [ju, äntligen]!, *b*) varsågod!, *c*) där ser du!, vad var det jag sa!, *d*) så är det i alla fall!; *and* ~ *you are* och sedan är det färdigt; ~ *it is a*) där är den, *b*) [men] så ligger det till; *he is not all* (*quite*) ~ (*vard.*) han är inte riktigt klok; ~ *you go again!* samma gamla visa igen!; *but* ~ *again* men å andra sidan; *bring me that book,* ~*'s a dear* (*vard.*) ge mig den där boken är du så snäll **2** där [i], på den punkten; ~ *you are wrong* där har du fel (misstar du dig); *you've got me* ~ nu blev jag svarslös (ställd) **3** (*formellt subjekt*) det; ~ *is* (*are*) det är (blir, finns, ligger, står, råder, pågår, äger rum *etc.*); ~ *is no need for you to do it* du behöver inte göra det; ~ *is no trusting them* man kan inte lita på dem **II** *interj* så där [ja]!; ~, ~! så ja!, seså!; ~ *now! a*) så där ja!, *b*) där ser du!, vad var det jag sa?

there|about[s] [ˌðeərəbaʊt(s)] däromkring, [där] i närheten **-fore** ['ðeəfɔ:] därför, följaktligen

thermometer [θə'mɒmɪtə] termometer

Thermos ['θɜ:mɒs] (*varumärke*) ~ *flask* (*AE. bottle*) termos[flaska]

thermostat ['θɜ:mə(ʊ)stæt] termostat

these [ði:z] *pl av this*

the|sis ['θi:sɪs] (*pl -ses* [-si:z]) **1** tes, [läro]sats; teori **2** [doktors]avhandling

they [ðeɪ] *pron* de; den, det; han, hon; man; ~ *say that* man säger (det sägs) att; *I called a friend, but* ~ *were not at home* jag ringde till en vän men han (hon) var inte hemma **they'd** [-d] = *they had* (*would*) **they'll** [-l] = *they will* (*shall*) **they're** [ðeə, ðeɪə] = *they are* **they've** [ðeɪv] = *they have*

thick [θɪk] **I** *a* **1** tjock; grov; yvig; tät; (*om vätska*) tjock[flytande], grumlig; (*om röst*) tjock, grötig, sluddrig; *vard.* korkad, dum; ~ *fog* tät (tjock) dimma; ~ *with bushes* full med (av) buskar; *the shelves are* ~ *with dust* det ligger ett tjockt lager damm på hyllorna; *that's* (*it's*) *a bit* ~! (*vard.*) det var lite väl mycket (väl magstarkt); *he's a bit* ~ (*vard.*) han är ganska korkad; *they are as* ~ *as two short planks* (*vard.*) de är helt blåsta (begriper ingenting); *they are* ~ *on the ground* (*vard.*) det myllrar av dem; *give s.b. a* ~ *ear* (*vard.*) klappa till ngn; *have a* ~ *head a*) inte kunna tänka klart, *b*) vara tung i huvudet, ha huvudvärk **2** *vard., they are* [as] ~ *as thieves, they are very* ~ de hänger ihop som ler och långhalm, de är såta vänner **II** *adv* tjockt; tätt; ymnigt; ~ [*and fast*] tätt [efter varandra], slag i slag; *lay it on* ~ (*vard.*) bre på [för tjockt], överdriva **III** *s* **1** *the* ~ *of s.th.* den tjocka(ste) delen av ngt; *in the* ~ *of the crowd* mitt i människomassan (trängseln); *in the* ~ *of the fight* mitt i striden **2** *stick to s.b. through* ~ *and thin* hålla ihop med ngn i vått och torrt, följa ngn i alla väder

thicken ['θɪk(ə)n] **1** tätna, bli tätare (tjockare), tjockna; grumlas; *the plot* ~*s* situationen blir alltmer invecklad, mystiken tätnar **2** göra tät[are] (tjock[are]), grumla; *kokk.* reda [av] (*a sauce en sås*) **thickener** [-ə] förtjockningsmedel; *kokk.* redning **thicket** ['θɪkɪt] buskage, busksnår **thickness** [-nɪs] **1** tjocklek, grovlek *etc.*, *jfr thick I* **2** lager **thickset 1** satt, undersätsig; kraftig[t byggd] **2** tät; tätt bevuxen

thief [θi:f] (*pl thieves* [θi:vz]) tjuv **thieves** [θi:vz] *pl av thief*

thigh [θaɪ] *anat.* lår

thimble ['θɪmbl] **1** fingerborg **2** *sjö.* kaus, kås

thin [θɪn] **I** *a* tunn; mager; smal; tunn[sådd], gles; spröd, svag; *bildl. äv.* dålig, klen; *bildl.* genomskinlig; ~ *excuse* klen ursäkt; ~ *fog* lätt dimma; ~ *house* glest besatt salong (sal), liten (fåtalig) publik; ~ *smile* svagt leende; *vanish into* ~ *air* (*bildl.*) gå upp i rök; *they are* ~ *on the ground* (*vard.*) det är glest mellan (tunnsått med) dem; *be as* ~ *as a rake* vara smal som en sticka; *he had a* ~ *time* [*of it*] han hade det svårt (eländigt) **II** *adv* tunt; *be wearing* ~ börja bli utnött (*äv. bildl.*) **III** *v* **1** ~ [*down*] förtunna, göra tunn[are], tunna [ut], späda [ut]; ~ [*out*] glesa [ut], gallra, decimera **2** ~ [*out*] förtunnas, bli tunn[are], bli smal[are] (gles[are]), tunna[s] ut, glesna; *the fog* ~*s* dimman lättar **IV** *s, se tick III 2*

thing [θɪŋ] **1** sak; ting; föremål; *vard.* grej, pryl; ~*s* (*pl, äv.*) *a*) saker och ting, *b*) saker, grejor, kläder, tillhörigheter, bagage, redskap, *c*) saken, läget, förhållandena, det; ~*s English* allt som rör England, engelska förhållanden (realia); *sweet*

~s sötsaker; *swimming* ~s bad|saker, -grejor; *tea* ~s teservis; [*the*] *first* ~ allra först, genast, med detsamma; *the good* ~s *of life* livets goda; [*the*] *last* ~ allra sist; *the last* (*latest*) ~ *in shoes* det senaste i skoväg; *little* ~s småsaker; [*quite*] *the* ~ *a*) det rätta (passande), *b*) på modet, inne; *neither one* ~ *nor the other* varken det ena eller det andra; *too much of a good* ~ för mycket av det goda; *for one* ~ för det första; *in all* ~s i alla lägen, alltid; *in many* ~s i många avseenden; *with one* ~ *and another* och det ena med det andra; *as* ~s *are* som det nu är (ligger till); *the* ~ *is* saken är den; *the* ~ *is to find a substitute* det gäller (problemet är) att hitta en ersättare; *the* ~ *is to know when* man måste (det gäller att) veta när; *the great* ~ *is to* det viktigaste är att; *that is how* ~s *are* så ligger det till; *that's just the* ~ (*the very* ~) det är precis det rätta (vad som behövs); *that's not the* ~ *to do* så gör man inte; *be all* ~s *to all men* vara alla till lags; *it's a good* ~ ... *hai det ai bra* (*en* bra sak) att; *it was a near* ~ det var nära ögat; *it's just one of those* ~s, *these* ~s *happen* sådant händer; *it was quite the done* ~ det var helt korrekt (accepterat, comme-il-faut); *there is another* ~ *I want to ask you* det är en sak till jag skulle vilja fråga dig; *the best* (*strange*) ~ *about it is* det bästa (egendomliga) med det är; *it is the usual* ~ *to apologize* man brukar be om ursäkt; *how are* ~s *at home?* hur står det till (är läget) hemma?; ~s *aren't what they used to be* ingenting är (det är inte) som förr i tiden, *do one's own* ~ (*vard.*) a) göra det man [själv] vill (gillar), *b*) göra sin grej, köra sitt; *the first* ~ *we did* det första vi gjorde; *the only* ~ *we can do* det enda vi kan göra; *what a silly* ~ *to do!* [hur kan man göra ngt] så dumt!; *I'm not feeling quite the* ~ jag känner mig inte riktigt i form; *he's got this* ~ *about her* (*vard.*) a) han är galen i henne, *b*) han kan inte med (står inte ut med) henne; *I have other* ~s *to do* jag har annat att göra; *I don't have a* ~ *to wear* jag ingenting att sätta på mig; *he knows a* ~ *or two* han är minsann inte bakom, han kan (vet) en hel del; *make a* ~ *of* göra affär av; *all the* ~s *I meant to say* allt jag ville säga; *he is seeing* ~s han inbillar sig saker [och ting], han har syner; *taking one* ~ *with another* allt som allt, när allt kommer omkring; *not understand a* ~ inte förstå ett dugg **2** *vard.* varelse; *poor* ~*!* stackars krake!; *poor little* ~*!* stackars liten!; *you poor* ~*!* din stackare!, stackars dig!; *hello, old* ~*!* hej gamle gosse (vän)!; *that* ~ *Claus* den där [typen] Claus

think [θɪŋk] **I** *v* (*thought, thought*) **1** tänka; tänka (fundera) på; betänka; tänka efter, tänka sig för; ~ *again!* tänk efter en gång till!; *I wasn't* ~*ing* jag tänkte mig inte för; *it makes you* ~ det får en att tänka efter (ger en ngt att tänka på) **2** tänka (föreställa) sig; ana; förstå, fatta; tro; anse, tycka; ~ *it advisable* anse det vara tillrådligt; *to* ~ *that he is nine!* tänk (om man tänker på) att han är nio år!; *just* ~ *if* tänk dig bara om; *you can't* ~ *how pleased I am* du kan inte föreställa dig (ana) vad glad jag är; *I don't* (*shouldn't*) ~ *so, I* ~ *not* jag tror (tycker) inte det, det tror (tycker) jag inte (inte 'jag); *it's a good idea, don't you* ~? det är en bra idé, eller hur (tycker du inte)?; *who do you* ~ *you are?* vem tror du att du är egentligen?; *I*

should ~ *so!* ja, jag menar det!, jo, det vill jag lova!; *one* (*you*) *would* ~ *that* man skulle [kunna] tro att; *he* ~s *he is* (*he* ~s *himself*) *clever* han tror sig vara (att han är) smart; *he was thought to be rich* han troddes (ansågs) vara rik; *it was thought that* man trodde (det antogs) att **3** ~ *about* fundera (tänka) på, ha i tankarna; *what are you* ~*ing about?* vad tänker du (är det du tänker) på?; *what do you* ~ *about...?* vad tycker (anser) du om...?; ~ *ahead* tänka framåt; ~ *of a*) tänka (fundera) på, *b*) komma (hitta) på, komma ihåg, *c*) tänka (föreställa) sig; *what do you* ~ *of...?* vad tycker (anser) du om...?; *I couldn't* ~ *of doing such a thing* jag skulle inte drömma om att göra en sådan sak; *I can't* ~ *of his name* jag kan inte komma på (kommer inte ihåg) hans namn; *who thought of that idea?* vem har kommit (kom) på den idén?; [*just*] ~ *of her in a bikini* tänk (kan du tänka) dig henne i bikini!!, *he* ~s *of nobody but himself* han tänker bara på sig själv; ~ *better of it* komma på bättre (andra) tankar; ~ *highly* (*well*) *of* ha höga tankar om; *I don't* ~ *much of it* jag har inga högre tankar om det, jag tycker inte det är ngt vidare (inte om det); ~ *little* (*nothing*) *of a*) ha låga tankar om, sätta föga värde på, *b*) anse det vara en småsak (*doing s.th.* att göra ngt); ~ *nothing of it!* det var väl ingenting!, tänk inte på det!; ~ *out* tänka igenom (ut), fundera ut; ~ *over* tänka över (igenom); ~ *to a*) tänka [på att], *b*) vänta [sig] att; ~ *to o.s.* tänka för sig själv; ~ *up* komma (hitta) på, tänka ut **II** *s* funderare, tanke; *vard., have a* ~ *about it* ta sig en funderare på det, [ta och] fundera på saken; *you've got another* ~ *coming* får (då) misstar du dig grundligt, där (nu) får du tänka om

thinkable ['θɪŋkəbl] tänkbar

thinking ['tɪŋkɪŋ] **I** *a* tänkande **II** *s* tänkande; tankesätt; tankegång; tankearbete; *way of* ~ sätt att tänka, tankegång; *to my* [*way of*] ~ enligt min uppfattning (åsikt); *do some hard* ~ tänka skarpt, tänka efter ordentligt

think-tank ['θɪŋktæŋk] *vard.* hjärntrust, expertgrupp

thin-skinned [,θɪn'skɪnd] *bildl.* tunnhudad, [över]känslig

third [θɜ:d] (*jfr eighth*) **I** *räkn* tredje; *the* ~ *century* 200-talet; *the* ~ *degree* tredje graden (förhörsmetod); *the* ~ *floor* tre (*AE.* två) trappor upp; ~ *part* tredjedel; ~ *party* tredje man; ~ *rail* (*järnv.*) strömskena; ~ *time lucky!* tredje gången gillt!; *the T*~ *World* tredje världen **II** *adv* **1** tredje; *the* ~ *largest country* det tredje landet i storlek; ~ *best* näst näst bäst **2** som trea; *come* ~ komma trea (på tredje plats) **3** *travel* ~ åka [i] tredje klass **4** för det tredje **III** *s* **1** tredjedel **2** trean[s växel] **3** *sport.* trea; tredjeplacering **4** *mus.* ters **5** *univ.*, *get a* ~ få lägsta betyget (*i honours*)

third|-party ['θɜ:d,pɑ:tɪ] *a* tredje mans-; ~ *insurance* ansvarighetsförsäkring **--rate** [-reɪt] tredje klassens, undermålig

thirst [θɜ:st] **I** *s* törst; *bildl. äv.* längtan (*for* efter); *quench one's* ~ släcka törsten **II** *v* törsta (*for* efter) **thirsty** ['θɜ:stɪ] **1** törstig; *be* ~ *for* längta (törsta) efter **2** som man blir törstig av, som ger törst

thir|teen [ˌθɜːˈtiːn] (*jfr eighteen o. sms.*) **I** *räkn* tretton **II** *s* tretton; trettontal **-teenth** [-ˈtiːnθ] *räkn o. s* trettonde; tretton[de]del
thirtieth [ˈθɜːtɪɪθ] trettionde; trettion[de]del **thirty** [ˈθɜːtɪ] (*jfr eighty o. sms.*) **I** *räkn* tretti[o] **II** *s* tretti[o]; tretti[o]tal
this [ðɪs] **I** *pron* (*pl these*) **1** den (det) här, denn|e, -a, detta; det; *these* (*pl*) de här, dessa, det här, detta; ~ *afternoon* i eftermiddag[s], i dag på eftermiddagen; ~ *day week* i dag om en vecka; ~ *day last year* i dag för ett år sedan; *these days* nuförtiden; *one of these days* endera dagen, en vacker dag; *on a day like* ~ en sådan [här] dag; ~ [*coming*] *March* nu i mars; ~ *way and that* hit och dit, åt alla håll; ~ *one...that one* den här...den där; *before* ~ [redan] förut; *by* ~ vid det här laget; *what's all* ~? vad är meningen med det här?, vad ska det här betyda?; *who is* ~? vem är det?; ~ *is the first of May* i dag är det första maj; ~ *is it a*) just precis, *b*) så får det bli, så förhåller det sig; ~ *is where I live* det är här jag bor, här bor jag; ~ *is to certify that* härmed intygas att; *these are my friends* det här är mina vänner; *it was like* ~ det var så [här]; *we were talking about* ~ *and that* (*this, that, and the other*) vi talade om ditt och datt **2** (*i vard. framställning*) en; *after an hour* ~ *pretty girl came along* efter en timme kom en vacker flicka **II** *adv, vard.* så [här]; ~ *high* så [här] hög[t]; ~ *much* så [pass] mycket
thistle [ˈθɪsl] *bot.* tistel
thong [θɒŋ] läderrem; pisksnärt
thorn [θɔːn] **1** tagg, törne, torn; *be a* ~ *in a p.'s flesh* (*side*) vara en nagel i ögat på ngn, vara ett ständigt problem för ngn **2** hagtorn; törnbuske **3** *språkv.* thorn **thorny** [ˈθɔːnɪ] **1** full av törnen, taggig **2** *bildl.* kinkig, kvistig, ömtålig
thorough [ˈθʌrə] ingående, grundlig, omfattande, noggrann; riktig, fullständig; fulländad; fullfjädrad; ~ *bass* (*mus.*) generalbas, basso continuo **-bred** *I a* fullblods-; rasren **II** *s* fullblod; fullblods-, ras|häst **-fare 1** genomfart; *no* ~ genomfart förbjuden **2** genomfartsled, huvud|gata, -väg **-going** [-ˌgəʊɪŋ] **1** grundlig, genomgripande **2** äkta, fulländad **-ly** [-lɪ] *adv* ingående *etc.*, *jfr thorough*; helt, alldeles, väldigt
those [ðəʊz] *pl av that I o. II*
though [ðəʊ] **I** *konj* **1** fast[än], trots att; [*even*] ~ även om, om också (än); *important* ~ *it may be* hur viktigt det än må vara; ~ *rich he i sing* fastän han är rik är han snål; ~ *I say it* (*so*) *myself* om jag får säga det själv **2** *as* ~ som [om] **II** *adv* i alla fall, ändå; verkligen, faktiskt; *cold, isn't it?* - *isn't it* ~! (*vard.*) kallt, eller hur? - ja visst!, verkligen!
thought [θɔːt] *I s* **1** tanke (*of* på); idé, ingivelse, infall; åsikt, uppfattning (*on, about* om); *deep* (*lost*) *in* ~ försjunken i tankar; *the mere* (*very*) ~ *of* blotta tanken på; *at the* ~ *that* vid tanken på att; *with no* ~ *of reward* utan tanke på belöning; *it's the* ~ *that counts* det är avsikten som räknas; *I can't bear the* ~ *of leaving him* jag står inte ut med tanken på att lämna honom; *not give it another* ~ inte tänka mer på det; *I never gave it a* ~ jag tänkte aldrig på det **2** tänkande; tankar; tankegång, tänkesätt; *logical* ~ logiskt tänkande; *modern* ~ moderna tankegångar, modernt

tänkande **3** eftertanke; övervägande; *after much* ~ efter moget övervägande; *on second* ~s vid närmare eftertanke **4** omtanke (*for* om); hänsyn (*for* till) **5** aning; *a* ~ *more interested* en aning (aningen) mera intresserad **II** *imperf. o. perf. part. av think*
thought|ful [ˈθɔːtʃ(ʊ)l] **1** tankfull, eftertänksam **2** omtänksam **-less** [-lɪs] **1** tanklös, obetänksam, oöverlagd **2** utan tankar
thousand [ˈθaʊznd] *räkn o. s* tusen; tusental, tusende; *a* ~ *and one a*) ett tusen ett, *b*) *vard.* tusentals (*times* gånger); *a* ~ *to one* tusen mot ett; *one in a* ~ en på tusen; ~*s of times* tusentals gånger; *in* ~*s* i tusental, i tusenden; *people arrived in their* ~*s* (*by the* ~) människor kom i tusental; *the T*~ *and One Nights* Tusen och en natt **thousandth** [ˈθaʊzn(t)θ] **I** *räkn* tusende **II** *s* tusen[de]del
thrash [θræʃ] **1** prygla, ge stryk, slå **2** (*i tävling e.d.*) slå, utklassa, besegra **3** ~ *out* diskutera igenom (*a problem* ett problem) **4** ~ [*around*] [häftigt] kasta sig av och an, slå vilt omkring sig **-ing** [ˈθræʃɪŋ] [kok] stryk, smörj
thread [θred] *I s* **1** tråd (*äv. bildl.*); garn; *the main* ~ den röda tråden; *hang by a* ~ (*bildl.*) hänga på en [skör] tråd; *she had not a dry* ~ *on her* hon hade inte en torr tråd på kroppen; *lose the* ~ (*bildl.*) tappa tråden; *pick up the* ~[*s*] (*bildl.*) ta upp tråden igen; *worn to a* ~ helt utsliten **2** strimma **3** [skruv]gänga, gängning **II** *v* **1** trä[da]; trä på (upp); ~ *a needle* trä på en nål; ~ *beads onto a string* trä [upp] pärlor på ett snöre **2** ~ [*one's way*] *through* slingra sig fram (bana sig väg) genom **3** gänga
threadbare [ˈθredbeə] **1** [lugg]sliten **2** *bildl.* utjatad, [ut]sliten; torftig
threat [θret] hot, hotelse (*to* mot); överhängande fara (*to* för); *be under* ~ *of* hotas av **threaten** [ˈθretn] hota; hota med; ~ *s.b. with a weapon* hota ngn med ett vapen; ~ *to resign* hota [med] att avgå; *the rain* ~*ed to spoil the harvest* regnet hotade att förstöra skörden
three [θriː] (*jfr eight o. sms.*) **I** *räkn* tre **II** *s* trea **--piece** [ˈθriːpiːs] tredelad; i tre delar; ~ *suit* dräkt (kostym) som består av tre delar (*kjol el. byxor, väst, kavaj*) **--quarter** [ˌθriːˈkwɔːtə] trefjärdedels-, trekvarts-
thresh [θreʃ] **I** *v* tröska **II** *s* trökning
threshold [ˈθreʃ(h)əʊld] tröskel (*äv. bildl.*)
threw [θruː] *imperf av throw*
thriftiness [ˈθrɪftɪnɪs] sparsamhet **thrifty** [ˈθrɪftɪ] sparsam, ekonomisk
thrill [θrɪl] **I** *v* **1** komma att rysa (darra) av spänning; ~ *to s.b.* hänföra ngn, göra ngn förtjust **2** hänföra, göra förtjust; *they are* ~*ed to bits* de är överförtjusta **3** rysa **II** *s* **1** rysning, ilning, skälvning **2** spänning, tjusning **thriller** [ˈθrɪlə] thriller, rysare **thrilling** [ˈθrɪlɪŋ] spännande, rafflande
thrive [θraɪv] (~*d, ~d, mera sällan trove, triven*) **1** trivas [växa och] frodas **2** lyckas, ha framgång **thriven** [ˈθrɪvn] *perf. part. av thrive* **thriving** [ˈθraɪvɪŋ] **1** frodig, som frodas **2** framgångsrik, blomstrande
throat [θrəʊt] **1** hals, strupe, svalg; *clear one's* ~ harkla sig, klara strupen; *cut a p.'s* ~ skära hal-

sen av ngn; *cut one's own* ~ (*bildl.*) förstöra för (skada) sig själv; *grab s.b. by the* ~ ta struptag på ngn; *have s.th.* (*s.b*) *by the* ~ ha fullständig kontroll över ngt (ngn); *have a sore* ~ ha ont i halsen; *jump down a p.'s* ~ (*vard.*) fara ut mot ngn; *ram* (*force*) *s.th. down a p.'s* ~ tvinga (pracka) på ngn ngt; *it stuck in my* ~ det fastnade i halsen på mig **2** [smal] öppning (passage)

throb [θrɒb] **I** v dunka, bulta, banka, slå; pulsera, vibrera; ~*bing streets* gator som sjuder av liv **II** s dunk[ande], bultande, bankande

throes [θrəʊz] **1** häftiga smärtor, plågor; vånda; *death* ~ dödskamp **2** *in the* ~ *of* mitt uppe i

throne [θrəʊn] tron; *be on the* ~ sitta på tronen; *come to the* ~ komma på tronen

throng [θrɒŋ] *högt., litt.* **I** s massa, mängd; ~*s of people* folk|trängsel, -massor **II** v **1** strömma [till]; trängas, skockas **2** trängas på (i, kring)

thronged [-d] myllrande, fullpackad, vimlande (*with* av)

throttle ['θrɒtl] **I** s gaspedal; spjäll; strypventil **II** v **1** strypa, kväva **2** strypa, reglera (*tillförsel av ngt*); ~ *back* (*down*) minska (släppa) på gasen

through [θruː] **I** *prep* **1** [i]genom; in (ut) genom; *drive* ~ *the red lights* köra mot rött [ljus]; *shot* ~ *the head* skjuten genom (i) huvudet; *talk* ~ *one's nose* tala i näsan; *it can turn its head* ~ *a complete circle* den kan vrida huvudet hela varvet runt **2** *all* ~ *his life* [under] hela sitt liv; [*all*] ~ *the night* hela natten [igenom]; *he won't live* ~ *the night* han kommer inte att överleva natten; *Monday* ~ *Friday* (*AE.*) måndag till och med fredag **3** genom, [på grund] av, tack vare; ~ *fear* av rädsla; *it's all* ~ *them* det är helt och hållet deras förtjänst (fel) **4** ~ *the post* med posten, per post **II** *adv* **1** igenom; till slut[et]; *all* ~ hela tiden; *wet* ~ genomvåt; *he is a gentleman* ~ *and* ~ han är gentleman alltigenom; *the train goes* ~ *to London* tåget går direkt till London; *the apple was rotten right* ~ äpplet var ruttet helt igenom (genomruttet); *did you stay right* ~? stannade du ända till slutet? **2** *vard., be* ~*a*) vara färdig (klar), *b*) vara slut, *c*) ha fått nog; *we are* ~ vi är färdiga, *b*) det är slut mellan oss; *I'm* ~ *with you* jag har fått nog av (är färdig med) dig **3** *tel., be* ~ ha kommit fram; *get* ~ komma fram; *put* ~ koppla **III** *a* genomgående, direkt; ~ *coach* direktvagn; ~ *traffic* genomfartstrafik

throughout [θruː'aʊt] **I** *prep* **1** överallt i, genom (över) hela **2** ~ *the day* [under] hela dagen **II** *adv* alltigenom, genom-; överallt

throve [θrəʊv] *imperf av thrive*

throw [θrəʊ] **I** v (*threw, thrown*) **1** kasta, slänga, slunga; kasta [av, in, omkull, till, upp, ut]; slänga (slunga, skjuta, spruta) ut; sätta, ställa, lägga; slå; ~ *the dice* kasta tärning; ~ *a six* slå en sexa; ~ *a somersault* slå en kullerbytta; ~ *suspicion on* kasta misstankar på; ~ *open* kasta (slå) upp, öppna; ~ *a bridge across a river* slå (bygga) en bro över en flod; ~ *an angry look at* kasta en ilsken blick på; ~ *o.s. at s.b. a*) kasta sig i armarna på ngn, *b*) kasta (störta) sig över ngn; ~ *into prison* kasta i fängelse; ~ *into the shade* (*bildl.*) ställa i skuggan; ~ *a ball in the air* kasta upp en boll i luften; ~ *o.s. into s.th.* störta (kasta) sig in i ngt; ~ *s.b. off the scent* leda ngn på villospår; ~

the blame on s.b. kasta (lägga) skulden på ngn; ~ *o.s. on s.b.* kasta sig över ngn; ~ *s.th. to the floor* kasta [ner] ngt på golvet **2** försätta, försänka (*into* i); *vard.* bringa ur fattningen, göra paff; ~ *s.b. into a rage* göra ngn rasande **3** ömsa (*skinn*); fälla (*hår e.d.*) **4** (*om djur*) föda, få **5** förlora med flit; ge upp; skänka bort **6** koppla in, koppla (slå) till; ~ *the switch of* vrida på knappen till **7** *vard.* ha, ställa till [med]; ~ *a fit of hysterics* få ett hysteriskt anfall; ~ *a party for s.b.* ha (ställa till med) fest för ngn **8** svarva; dreja; tvinna **9** kasta; kasta tärning **10** ~ *about* kasta (slänga) omkring; ~ *one's arms about* fäkta med armarna; ~ *one's money about* strö pengar omkring sig; ~ *away* kasta bort (*äv. bildl.*); ~ *o.s. away on s.b.* kasta bort sitt liv på ngn; ~ *back* kasta tillbaka, återkasta; ~ *back to* gå tillbaka till, uppvisa drag från; *be* ~*n back on one's own powers* vara hänvisad till sina egna krafter; ~ *down* kasta ner (omkull); ~ *in a*) kasta in, *b*) skjuta in, inflika; *lunch with beer* ~*n in* lunch där öl ingår i priset; ~ *off a*) kasta av [sig], kasta bort, *b*) göra sig (bli) av med, bli kvitt, skaka av sig, *c*) kasta fram, slänga ur sig, skaka fram, *d*) bringa ur fattningen; ~ *on* kasta på sig; ~ *out a*) kasta (slänga) ut (bort), köra ut (bort), *b*) avge, ge ifrån sig, utstråla, sända ut, *c*) kasta fram, komma med, *d*) förkasta, *e*) bringa ur fattningen, distrahera; ~ *one's chest out* skjuta fram bröstet; ~ *over* a) överge, ge upp, svika, *b*) överge, göra slut med; ~ *together a*) rafsa ihop, *b*) smälla (sätta) ihop, *c*) föra tillsammans; ~ *up a*) kasta (slänga) upp, *b*) kräkas (upp), *c*) smälla upp (*a building* en byggnad), *d*) producera, få fram, *e*) ge upp, sluta (*one's job* sitt jobb), *f*) kräkas; ~ *up dust* röra upp damm; ~ *up one's eyes* (*head*) höja blicken (huvudet) **II** s kast; *vard.* försök, chans; ~ *[of the dice]* tärningskast; *a stone's* ~ *from* ett stenkast från

throwaway ['θrəʊəweɪ] **I** *a* **1** engångs-; slit-och-släng- **2** som man slänger ur sig; retorisk; tillfällig **II** s engångsartikel **throwback** *biol.* atavism; *bildl.* återgång **thrown** [-n] *perf part av throw*

thru [θruː] *AE. vard., se through*

thrush [θrʌʃ] *zool.* trast

thrust [θrʌst] **I** v (*thrust, thrust*) **1** stoppa, sticka, köra, sticka; skjuta, knuffa; ~ *aside a*) skjuta (knuffa) åt sidan (undan), *b*) åsidosätta, tillbakavisa; ~ *one's hands into one's pockets* stoppa händerna i fickorna; ~ *one's nose into other people's business* lägga sig i andras angelägenheter; ~ *out* (*up*) sticka ut (upp, fram); ~ *through* genomborra **2** tränga; tvinga; ~ *one's way through* tränga sig fram genom; ~ *o.s. upon s.b.* tränga (tvinga, kasta) sig på ngn; ~ *s.th. upon s.b.* tvinga (pracka) på ngn ngt **3** stöta, sticka (*at* efter); göra ett utfall, gå till anfall (*at* mot) **4** tränga (tvinga) sig **II** s **1** stöt; knuff; stick, hugg **2** framstöt; utfall, anfall **3** huvuddel, viktigaste del; drivkraft **4** *tekn.* tryck[kraft]; drivkraft; stöt

thud [θʌd] **I** s duns **II** v **1** dunsa **2** bulta, dunka

thug [θʌg] våldsman, bandit, gangster

thumb [θʌm] **I** s tumme; *be all* ~*s* vara fumlig (tafatt); ~*s up* (*down*) tummen upp (ner); *turn* ~*s down on* visa tummen ner för, förkasta; *be under a p.'s* ~ vara strängt hållen av ngn; *have s.b.*

under one's ~ ha tummen på ögat på ngn, hålla ngn i ledband **II** *v* **1** tumma [på], använda ofta; ~ [*through*] bläddra igenom **2** ~ *one's nose at a*) räcka lång näsa åt, *b*) strunta i **3** *vard.*, ~ *a ride* (*lift*) [försöka] få lift (lifta)

thumbtack [θʌmtæk] *AE*. häftstift

thump [θʌmp] **I** *v* **1** dunka (banka, bulta, slå) [på]; slänga, smälla (*s.th. onto* ngt på); ~ *out a tune on the piano* hamra fram en melodi på pianot **2** dunsa (*into the ground* i marken); dunka, bulta, slå (*at, on* på) **II** *s* duns, smäll, dunk, [tungt] slag

thunder ['θʌndə] **I** *s* åska; dån, dunder; *clap* (*peal*) *of* ~ åsk|knall, -skräll; ~*s of applause* applådåskor; *his face was like* (*as black as*) ~ han såg ut som ett åskmoln; *steal a p.'s* ~ (*bildl.*) stjäla föreställningen för ngn, förekomma ngn **II** *v* **1** åska; dåna **2** *bildl.* dundra [fram], dåna **-bolt** blixt, åsknedslag **-clap** åsk|knall, -skräll **-ing** [-rɪŋ] **I** *a* **1** dundrande; dånande **2** *vard.* väldig, fantastisk, kolossal **II** *adv, vard.* väldigt, fantastiskt, kolossalt **-ous** [-rəs] **1** åskliknande; dånande **2** *bildl.* dånande, rungande (*applause* applåd[er]) **-storm** [-stɔːm] åskväder, åska **-stricken** [-ˌstrɪk(ə)n, **-struck** [-strʌk] [som] träffad av blixten, förstenad, förstummad

Thursday ['θɜːzdɪ] (*jfr Friday*) torsdag

thus [ðʌs] **1** alltså, således **2** sålunda, så här **3** ~ *far* så långt, hittills

thwack [θwæk] **I** *v* slå [till], smälla [till] **II** *s* slag, smäll, rapp

thwart [θwɔːt] **I** *v* korsa, omintetgöra, gäcka (*a p.'s plans* ngns planer); hindra, motarbeta (*s.b.* ngn) **II** *s, sjö.* toft, sittbräda

thyme [taɪm] *bot.* timjan

thyroid ['θaɪrɔɪd] *anat.* **I** *a, ~ gland* sköldkörtel **II** *s* sköldkörtel

1 tick [tɪk] **I** *s* **1** tickande; *BE. vard.* ögonblick **2** bock, kråka (*vid avprickning*) **II** *v* **1** ticka; *what makes him* (*how does he*) ~? (*vard.*) hur är han funtad?, vad är det som driver honom? **2** *BE.*, ~ *over* gå på tomgång (*äv. bildl.*); *I'm just* ~*ing over* det knallar och går **3** *litt.*, ~ *by* (*away*) ticka fram **4** ~ *off* pricka (bocka) av **5** *vard.*, ~ *s.b. off* skälla ut, huta åt, läxa upp

2 tick [tɪk] *zool.* fästing

ticket ['tɪkɪt] **I** *s* **1** biljett **2** sedel; [medlems]kort; etikett, märke; kupong; [parkerings]kvitto; [felparkerings]lapp; *vard.* [flyg]certifikat, skepparbrev; *library* ~ låne-, biblioteks|kort; *lottery* ~ lott[sedel] **3** *vard.* frisedel **4** *vard., that's* [*just*] *the* ~! det är det [enda] rätta (riktiga)!, det är toppen (som det skall vara)! **5** *AE*. kandidatlista; [parti]program **II** *v* etikettera; öronmärka **ticket collector** [-kəˌlektə] [tåg]konduktör; spärrvakt

ticking off [ˌtɪkɪŋˈɔf] utskällning, åthutning, skrapa, uppsträckning

tickle ['tɪkl] **I** *v* **1** kittla; *bildl. äv.* smickra; *bildl.* glädja, roa; *be* ~*d pink* (to death) *vard.* vara (bli) väldigt förtjust (glad) (*at, by* över); ~ *a p.'s vanity* kittla ngns fåfänga **2** kittla[s]; klia; *my ear is tickling* det kittlar (kliar) i örat [på mig] **II** *s* kittling; *give s.b. a* ~ kittla ngn

tick|lish ['tɪklɪʃ] **1** kittlig **2** kinkig, knepig (*question* fråga) **3** irriterad (*about* över) **--tack-toe**

[ˌtɪktæk'təʊ] *AE*. luffarschack

tidal ['taɪdl] tidvattens-; med tidvatten; ~ *wave a*) tidvattensvåg, *b*) *bildl.* våg

tidbit ['tɪdbɪt] *AE., se titbit*

tiddlywinks ['tɪdlɪwɪŋks] (*behandlas som sg*) loppspel

tide [taɪd] **I** *s* **1** tidvatten, ebb och flod; *high* (*full*) ~ högvatten, flod; *low* ~ lågvatten, ebb; *the* ~ *is in* (*high, full*) det är högvatten (flod); *the* ~ *is out* (*low*) det är lågvatten (ebb); *the* ~ *is coming in* floden sätter in (kommer, stiger); *the* ~ *is going out* floden avtar (faller) **2** *bildl.* strömning, tendens, trend; ström, flod; *the* ~ *of events* händelsernas gång; *the* ~ *of public opinion* den allmänna opinionens svängningar; *go* (*swim*) *with* (*against*) *the* ~ följa med (gå emot) strömmen; *the* ~ *has turned* bladet har vänt sig, det har skett en omsvängning **3** *högt.* tid **II** *v, ~ s.b. over* hjälpa ngn [att komma] över (igenom); *that will* ~ *me over until Sunday* med det kommer jag att klara mig till på söndag

tidy ['taɪdɪ] **I** *a* **1** snygg, prydlig, välvårdad, städad, ordentlig **2** *vard.* ansenlig, nätt (*amount of money* summa pengar) **II** *s* **1** [förvarings]ask, -korg; *sink* ~ avfallslåda (*för vask*) **2** *i sht AE*. [stols]överdrag, -skydd **III** *v* städa; ~ *away* städa bort; ~ *out* städa ur; ~ *up* städa [upp], snygga upp

tie [taɪ] **I** *s* **1** band, snöre; knut **2** slips; kravatt, rosett, fluga **3** *bildl.* band, relation, förbindelse; hämsko, black om foten; *business* ~*s* affärsförbindelser; ~*s of blood* blodsband; ~*s of friendship* vänskapsband; *I don't want any* ~*s* jag vill inte känna mig (vara) bunden **4** *polit.* lika röstetal **5** *sport.* lika poängtal; oavgjord match, oavgjort resultat, dött lopp; *BE.* cupmatch; *the match ended in a* ~ matchen slutade oavgjort **6** *mus.* [binde]båge **7** *AE. järnv.* sliper **II** *v* **1** binda [fast], knyta [fast]; fästa; *bildl.* binda (*to* vid), hålla bunden; *mus.* binda ihop [med båge]; *med.* underbinda; ~ *s.th.* [*on*]*to* binda (knyta) fast ngt vid; ~ *s.th.* [*in*]*to* sammankoppla (hoplänka) ngt med (*äv. bildl.*); ~ *a knot* knyta (göra, slå) en knut; *my hands are* ~*d* (*bildl.*) mina händer är bundna; ~ *down* binda (*äv. bildl.*), binda fast (*to* vid); *be* ~*d down by* vara bunden av; ~ *o.s. down to doing s.th.* förbinda sig att göra ngt; ~ *in* (*bildl.*) förbinda, samordna (*with* med); ~ *on* binda (fast), knyta fast; ~ *up a*) binda [fast, ihop, om, upp], knyta [igen, ihop, till], förtöja, *b*) *med.* underbinda, *c*) *bildl.* binda, låsa, sammanlänka, förbinda, *d*) *bildl.* utreda, avhandla, *e*) stoppa; ~*d up upptagen* **2** knytas [fast, ihop, till]; fästas **3** ~ *in* (*up*) *with* passa till, stämma (hänga ihop, ha samband) med **4** *sport.* ha (komma då) samma poäng, ligga lika, ha (få) samma placering (*with* som); spela oavgjort; *they* ~*d for first place* de kom på delad förstaplats

tier [tɪə] **1** rad **2** varv, lager, skikt **3** (*i organisation e.d.*) nivå

tie-up ['taɪʌp] **1** samband, förbindelse, länk **2** *i sht AE*. stopp; stagnation; [trafik]stockning

tiff [tɪf] **I** *s* **1** gnabb, dispyt **2** anfall av misshumör **II** *v* **1** gnabbas, smågräla **2** vara på dåligt humör

tiger ['taɪgə] tiger; *paper* ~ papperstiger

tight [taɪt] **I** *a* **1** tät **2** fast, hård; ~ *discipline* sträng disciplin; *a ~ hold* ett fast (hårt) grepp; *a ~ match* en hård (jämn) match; *the drawer is a bit ~* lådan kärvar; *the screw is ~* skruven sitter hårt; *~ turn* snäv kurva **3** trång, snäv, [tätt] åtsittande, tajt; spänd, stram; *be a ~ fit* sitta (smita) åt, vara [för] trång; *keep a ~ rein on s.b.* hålla ngn i strama tyglar (kort); *my stomach feels ~* min mage känns spänd **4** knapp, knappt tilltagen, pressad; besvärlig, kritisk; *~ budget* knapp (snäv) budget; *in a ~ corner (spot)* i knipa **5** knapp; stram; koncis; *money is ~ (vard.)* det är knappt med pengar **6** *vard.* packad (*berusad*) **7** *vard.* snål (*with* på, med) **ll** *adv* tätt, fast, hårt; *hold s.th. ~* hålla ngt hårt; *sleep ~!* sov gott!

tighten ['taɪtn] **1** spänna; *~ [up]* dra åt, *bildl.* skärpa, strama åt; *~ one's belt (bildl.)* dra åt svångremmen **2** spännas; *~ [up]* dras åt, *bildl.* skärpas, stramas åt

tight|fisted [ˌtaɪt'fɪstɪd] snål **--lipped 1** med hopknipna läppar **2** tystlåten, förtegen, fåordig

tightrope ['taɪtrəup] [spänd] lina; *walk on the ~* gå på lina; *tr. on (walk) a ~ (bildl.)* gå balansgång **tightrope walker** [-ˌwɔːkə] lindansare

tights [taɪts] *pl* strumpbyxor; (*dansares*) trikåer

tigress ['taɪgrɪs] tigerhona, tiginna

tile [taɪl] **l** *s* **1** tegelpanna; kakelplatta; platta; tegel; kakel; *ceiling ~* takplatta **2** *(för dikning e.d.)* rör **3** *vard., be on the ~s* vara ute och svira **ll** *v* lägga tegel på; sätta kakel på (i); lägga plattor på (i)

1 till [tɪl] *konj, prep* [ända] till[s]; till dess att; *~ now* [ända] tills nu, hit[in]tills; *~ then* till dess, dittills; *goodbye ~ Thursday!* vi ses på torsdag!; *not ~* inte förrän, först [när]

2 till [tɪl] kassa|låda, -skrin; kassaapparat

3 till [tɪl] **1** odla, bruka (*the soil* jorden) **2** plöja

tiller ['tɪlə] ror|kult, -pinne

tilt [tɪlt] **l** *v* **1** luta [på], vippa på; välta; vrida på (*one's head* huvudet); *~ one's nose in the air* sätta näsan i vädret **2** *bildl.* vända, påverka (*the opinion* opinionen) **3** luta, vippa; välta **4** *~ at* gå till angrepp mot **ll** *s* **1** lutning; lutande, vippande **2** *bildl.* dust, dispyt **3** *[at] full ~* i full fart

TIM [tɪm] (*i England*) Fröken Ur

timber ['tɪmbə] **1** timmer, trä, virke **2** timmerstock; bjälke; *sjö.* spant **3** *AE.* timmerskog **timberyard** brädgård

time [taɪm] **l** *s* **1** tid[en]; tidpunkt; *~s (pl)* tid[er], tidpunkter; *~!* tiden är ute!, slut!, stängningsdags!; *it is a long ~ since* det är (var) länge sedan; *it's ~ for tea* det är tedags; *it is ~ we went* ([*for us*] *to go*) det är dags [för oss] att gå; *it's your ~ now* nu har du chansen (tillfälle); *there is a ~ [and place] for everything* allt[ing] har sin tid; *there is no ~ to lose (to be lost)* det är ingen tid att förlora; *there are ~s when* det finns ögonblick (stunder, tillfällen) då, ibland; *what ~ is it?, what's the ~?* hur mycket (vad) är klockan?; *what a long ~ you've been!* så länge du har dröjt (varit borta)!, vilken tid det tog!; *what ~ did you get back?* när kom du tillbaka?; *when my ~ is drawing near* (*is approaching, is up*) när min tid är ute (jag skall dö); *my ~ is my own* jag disponerar min tid själv; *Sunday is double ~* söndagar får man dubbelt så mycket betalt; *the ~ has come to* det är dags (hög tid) att; *when your ~ comes to*

när det är din tur att; *do ~ (vard.)* sitta inne (*i fängelse*); *find (get) ~ to* få tid (hinna med) att; *have [the] ~* ha tid, hinna; *have a hard ~* ha det svårt; *have a nice ~!* ha det så trevligt!; *have ~ on one's hands* ha gott om tid; *have no ~ for (bildl. äv.)* inte ha ngt till övers för; *keep ~ a)* hålla tiden (tider[na]), vara punktlig, *b)* ta tid; *my watch keeps* [*good*] (*bad*) *~* min klocka går rätt (fel); *he knows the ~ of day (bildl.)* han vet vad klockan är slagen; *make ~ to do s.th.* ta sig tid [med] att göra ngt; *pass the ~ of day with s.b.* byta några ord med ngn; *take ~* ta tid; *take one's ~ about (over) s.th.* ta [god] tid på sig för (med, till) ngt; *tell the ~ a)* kunna klockan, *b)* visa tiden; *can you tell me the ~?* kan du säga mig vad klockan är? **2** (*med adv, prep, pron*) *about ~* på tiden, dags; *about ~ too* det (är) var [verkligen] på tiden; *against ~* mot tiden, [i kapp] med tiden; *a long ~ ago* för länge sedan; *ahead of ~* i god tid för tidig[t]; *ahead of one's ~* före sin tid; *all [of] the ~* hela tiden; *any ~ a)* när som helst, *b)* *vard.* utan tvekan, gärna; *at all ~s* alltid; *at any ~* när som helst; *at any one ~* på en gång, samtidigt; *at the best of ~s* under alla förhållanden, i alla lägen, i den bästa av världar; *at no ~* inte någon gång, aldrig; *at one ~ a)* en gång [i tiden], förr, *b)* på en gång, samtidigt; *at the (that) ~ a)* den tiden, vid det tillfället, just då; *at the same ~ a)* samtidigt, vid samma tid, *b)* samtidigt, å andra sidan; *at ~s* emellanåt, då och då, ibland; *at my ~ of life* vid min ålder; *at this ~ of day a)* vid den här tiden på dagen, så här dags [på dagen], så här sent, *b)* nuförtiden; *before [one's] ~ a)* för tidigt, i förtid; *not before ~* det är (var) [verkligen] på tiden; *behind ~* försenad, för sent; *behind the ~s* efter sin tid; *between ~* dessemellan, emellanåt, då och då; *by the ~* vid den tid[en] då, då, när; *by that ~* vid det laget, då, till dess; *by this ~* vid det här laget, nu; *by this ~ next year* vid den här tiden nästa år; *every ~! (vard.)* så klart!, absolut!, alla gånger!; *for all ~* för alltid (evigt); *for the ~ being* för tillfället (närvarande), tills vidare; *for a long ~* på länge, [sedan] länge; *for a long ~ past* sedan länge; *for some ~* någon (för en) tid; *for some ~ yet* ännu på ett [bra] tag; *from ~ to ~* då och då, emellanåt; *in ~ a)* i [rätt] tid, *b)* med tiden, i sinom tid; *in advance of one's ~* före sin tid; *all in good ~* i lugn och ro; *in a month's ~* om (på) en månad; *in [next to] no ~* på ingen tid, på nolltid, utan dröjsmål; *in our ~* i vår tid; *in the company's ~* på arbetstid; *in one's own ~* på fritiden; *in recent ~s* på senare tid; *~ off* fritid; *on ~* i [rätt] tid, punktlig[t]; *out of ~ a)* för sent, *b)* oläglig[t]; *once upon a ~ there was* det var en gång **3** gång; *~ and [~] again, ~ after ~* gång på gång; om och om igen; *one at a ~* en åt gången (i sänder, i taget); *many a ~, many ~s* många gånger, ofta; *[the] next ~* nästa gång; *two or three ~s* ett par [tre] gånger; *ten ~s as big as (the size of)* tio gånger så stor som; *two ~s three is six* två gånger tre är sex **4** takt[art]; tempo; *in ~* i takt; *out of ~* i otakt, ur takt; *keep (beat) ~* hålla (slå) takt[en] **ll** *v* **1** välja [rätt] tidpunkt för, bestämma (beräkna) tiden (tidpunkten) för, avpassa, *vard.* tajma **2** ta tid på (vid), klocka **3** ställa, justera

time bomb ['taɪmbɒm] tidsinställd bomb, tidsbomb **time clock** stämpelur **timekeeping** [-ˌkiːpɪŋ] tidtagning; tidkontroll **timely** [-lɪ] a läglig, lämplig; [gjord] i rätt[an] tid **timer** [-ə] 1 timer, tidur 2 tidtagare **timesaving** [-ˌseɪvɪŋ] tidsbesparande **timeserver** [-ˌsɜːvə] 1 opportunist 2 person som inte överanstränger sig i sitt arbete (utan bara väntar på pensionen) **timeserving** [-ˌsɜːvɪŋ] opportunistisk **time sharing** [-ˌʃeərɪŋ] 1 (för fritidslägenheter e.d.) andelssystem 2 data. time-sharing, tiddelning **timetable** [-teɪbl] tidtabell; tidsschema; schema, timplan

timid ['tɪmɪd] blyg[sam], försynt, timid; skygg **-ity** [tɪ'mɪdətɪ] blygsamhet, försynthet, blyghet, timiditet; skygghet

timing ['taɪmɪŋ] timing, [tids]anpassning, samordning

timorous ['tɪmərəs] räddhågad, ängslig, försagd, lättskrämd

tin [tɪn] I s 1 tenn 2 plåt; bleck 3 i sht BE. [konserv]burk; plåtburk; bleckdosa 4 bak-, kak|form 5 sl. stålar, kosing II v 1 förtenna 2 konservera **tinder** ['tɪndə] fnöske

tinfoil ['tɪnfɔɪl] stanniol[papper]; tennfolie **ting-a-ling** ['tɪŋəlɪŋ] plingeling

tinge [tɪn(d)ʒ] I v färga [lätt]; bildl. äv. ge en lätt anstrykning; the sun ~d the clouds pink solen färgade molnen skära; be ~d with green skifta i grönt, bildl. ha en ton (anstrykning) av II s skiftning, nyans, ton; bildl. äv. anstrykning

tingle ['tɪŋgl] I v 1 sticka, svida; pirra, krypa; darra, skälva (with excitement av upphetsning); his eyes ~d det stack (sved) i ögonen på honom 2 ringa, susa; her ears ~d det susade i öronen på henne II s 1 stickande, svidande känsla, stickning, sveda 2 ringning, susning (i öronen)

tin god ['tɪngɒd] översittare, viktigpetter

tinker ['tɪŋkə] I s 1 kittelflickare; not give a ~'s damn (cuss) (vard.) strunta fullständigt i 2 vard. rackarunge 3 klåpare 4 knåp[ande]; have a ~ with knåpa (pyssla) med II v knåpa, pyssla (with med); fingra (with på), mixtra (with med)

tinkle ['tɪŋkl] I v 1 klinga, plinga, pingla; klirra 2 BE. vard. kissa 3 klinga (plinga, pingla) med; klirra med II s klingande, pling[ande]; pinglande; klirr[ande]; I'll give you a ~ (BE. vard.) jag ringer dig

tinny ['tɪnɪ] 1 tenn-, av tenn; tennhaltig; plåt-, bleck- 2 plåtig, skramlig, skraltig (car bil) 3 (om ljud) metallisk, skrällig

tin-opener ['tɪnˌəʊpnə] konserv-, burk|öppnare

tinsel ['tɪnsl] 1 glitter; bildl. äv. grannlåt 2 glittertråd

tint [tɪnt] I s 1 [färg]ton, nyans; bildl. äv. anstrykning 2 toningsvätska 3 boktr. rasterton II v färga (äv. bildl.); tona

tiny ['taɪnɪ] [mycket] liten; ~ little pytteliten; a ~ bit frightened en liten smula rädd

1 tip [tɪp] I s 1 spets, topp, tipp; snibb; ända; ~ of the ear örsnibb; ~ of the nose nästipp; ~ of the tongue tungspets; the ~ of the iceberg toppen på isberget; from ~ to toe från topp till tå; it is on the ~ of my tongue (bildl.) jag har det på tungan; have s.th. at the ~ of one's fingers ha (kunna) ngt på sina fem fingrar; walk on the ~s of one's toes

gå på tå 2 spets; skoning; [cigarrett]munstycke; filter-~ filter[munstycke]; the metal ~ of a cane metallspetsen på en käpp II v förse med spets (etc., jfr I), sätta en spets (etc.) på; ~ped cigarette cigarrett med munstycke, filtercigarrett

2 tip [tɪp] I s 1 dricks[pengar] 2 vink; tips II v 1 ge dricks[pengar] till; ~ s.b. s.th. ge ng ngt i dricks 2 tippa 3 ~ [off] tipsa, ge en vink 4 ge dricks-[pengar]

3 tip [tɪp] I s 1 BE. [sop]tipp, avstjälpningsplats; vard. bildl. soptipp, svinstia 2 lutning, tippning II v 1 tippa [på], luta [på]; ~ [out] tippa [ut], hälla [ut], lasta (stjälpa) av (ur); ~ [over, up] tippa (stjälpa, välta) [omkull]; ~ up (äv.) fälla upp; ~ the scales (the balance) förändra ställningen, vara tungan på vågen; he ~s the scales at 60 kg (vard.) han väger 60 kg; ~ one's hat to lyfta på hatten för 2 ~ [over] vippa [över], vicka omkull, tippa (stjälpa, välta) [omkull]; ~ out falla (ramla, glida) av, rinna ur; ~ up vara uppfällbar

tip-off ['tɪpɒf] tips, förvarning

tipple ['tɪpl] vard. I v småsupa II s [favorit]drink **tipsy** ['tɪpsɪ] lätt berusad, småfull; ~ cake (slags) vinsavarin

tip|toe ['tɪptəʊ] I v gå på tå; smyga, tassa II s, on ~ a) på tå[spetsarna], b) i spänning, i spänd förväntan, c) tyst, i smyg III adv gå på tå[spetsarna] **-top** [ˌtɪp'tɒp] tiptop, finfin, perfekt

tirade [taɪ'reɪd] tirad, (lång) harang

1 tire ['taɪə] 1 trötta; ~ out trötta ut, göra utmattad 2 bli trött; tröttna; ~ of bli trött (ledsna) på

2 tire ['taɪə] AE., se tyre

tired ['taɪəd] 1 trött (of på; with av); ~ out utmattad, utpumpad 2 trist; uttjatad

tire|less ['taɪəlɪs] outtröttlig **-some** [-səm] tröttsam; irriterande

tiring ['taɪərɪŋ] tröttande, tröttsam

tiro ['taɪərəʊ] nybörjare, gröngöling, novis

tissue ['tɪʃuː] 1 vävnad (äv. anat., biol.); väv; flor 2 se tissue paper 3 bildl. väv, nät, härva (of lies av lögner) **tissue paper** [-ˌpeɪpə] silkespapper, mjukt papper; ansiktsservett

1 tit [tɪt] zool. mes; blue ~ blåmes; coal ~ svartmes; crested ~ tofsmes; great ~ talgoxe; marsh ~ entita; willow ~ talltita

2 tit [tɪt] 1 bröstvårta 2 sl., ~s (pl) pattar (bröst) **titbit** ['tɪtbɪt] godbit, läckerbit

titil|late ['tɪtɪleɪt] kittla, reta **-lation** [ˌtɪtɪ'leɪʃn] kittling, retning

titivate ['tɪtɪveɪt] 1 piffa upp, snygga till 2 snofsa upp sig

title ['taɪtl] I s 1 titel 2 jur. (i sht t. fast egendom) äganderätt; rätt; äganderättshandling II v betitla; förläna titel

tit|mouse ['tɪtmaʊs] (pl -mice [-maɪs]) zool. mes **titter** ['tɪtə] I fnissa, fnittra II s fniss, fnitter

tittle-tattle ['tɪtlˌtætl] I s tissel och tassel, skvaller II v tissla och tassla, skvallra

to [beton. tuː; framför vokal tu; obeton. tʊ, framför konsonant tə, t] I prep 1 för; till; åt; a danger ~ en fara för; it was new ~ me det var nytt för mig; drink ~ s.b. dricka ngn till, skåla för ngn; give s.th. ~ s.b. ge ngt till (åt) ngn; they had the room ~ themselves de hade rummet för sig själva 2 till; åt; [e]mot; på; i; vid; hos; med; för; a year ~ the day på dagen ett år; ~ this day till den dag som i dag är; ~ *the minute* på minuten; ~ *the right* till (åt) höger; *ambassador* ~ *Sweden* ambassadör i Sverige; *a quarter* ~ *four* [en] kvart i fyra; *secretary* ~ sekreterare till (hos, vid); *shoulder* ~ *shoulder* skuldra vid skuldra; *2* ~ *the 4th* 2 upphöjt till 4; *much* ~ *my surprise* till min stora förvåning; *accustomed* ~ van vid; *attached* ~ fäst vid; *I have never been* ~ *Paris* jag har aldrig varit i Paris; *x is* ~ *y as A is* ~ *B* x förhåller sig till y som A till B; *the house faces* ~ *the north* huset vetter åt (mot) norr; *go* ~ *the cinema* gå på bio; *go* ~ *pieces* gå i [tusen] bitar; *go* ~ *school a)* gå till skolan, *b)* gå i skola[n]; *hold it* ~ *the light!* håll upp den mot ljuset!; *killed* ~ *a man* dödade till sista man; *kind* ~ vänlig mot; *pay a visit* ~ göra ett besök hos; *pay a visit* ~ *a town* göra ett besök i en stad; *put* ~ *flight* slå på flykten; *run parallel* ~ gå parallellt med; *talk* ~ tala med (till); *talk* ~ *o.s.* tala för sig själv *3* med; *married* ~ gift med **4** mot, jämfört (i jämförelse) med; *it's nothing* ~ det är ingenting mot **5** på; *pro*, *per*; i; mot; *thirteen* ~ *a dozen* tretton på dussinet; ~ *the minute* i minuten, per minut; *one person* ~ *a room* en person per rum; *the score was five* ~ *three* ställningen var 5 mot 3, det stod 5-3 **6** efter; enligt; i; ~ *all apperance* efter allt att döma; *drawn* ~ *scale* ritad efter skala; *it is not* ~ *my taste* det är inte i min smak **7** om; *what do you say* ~ *that idea?* vad säger du om den idén? **8** (*annan prep el. annan konstruktion i svenskan*) *superior* ~ högre än, överlägsen; *here's* ~ *you!* skål!; *there were 30* ~ *50 people* det var mellan 30 och 50 personer där; *be of help* ~ *s.b.* vara ngn till hjälp; *what is that* ~ *you?* vad angår det dig?; *he is equal* ~ *the occasion* han är situationen vuxen; *it was hot* ~ *suffocation* det var kvävande hett (så hett att man kunde kvävas); *it belongs* ~ *him* den tillhör honom; *freeze* ~ *death* frysa ihjäl; *I prefer wine* ~ *beer* jag föredrar vin framför öl, jag tycker bättre om vin än öl; *welcome* ~ *you all!* välkomna allihopa!; *would* ~ *God that* Gud give att **II** *adv* **1** till, igen; *the door is* ~ dörren är stängd **2** ~ *and fro* fram och tillbaka, av och an **III** (*infinitivmärke*) **1** att; för (om *m.fl.*) att; *anxious* ~ angelägen om att; *in order* ~ för att; *not* ~ *speak of* för att inte tala om; ~ *get to the point* för att komma till saken; *begin* ~ *do s.th.* börja [att] göra ngt; *I did it* ~ *help you* jag gjorde det för att hjälpa dig; *I want* ~ *do it* jag vill göra det **2** (*med utelämnad infinitivsats*) *buy it, it would be silly not* ~ köp den, det vore dumt att inte [göra det]; *are you coming tomorrow? − yes, I'd like −!* kommer du i morgon? − ja, det vill jag gärna!; *I didn't want to work, but I had* ~ jag ville inte arbeta men jag måste (var [så illa] tvungen) **3** (*satsförkortning el. annan översättning*) *in days* ~ *come* under kommande dagar; ~ *look at him one would never imagine* att när man ser på honom skulle man aldrig kunna föreställa sig att; *I arrived* ~ *find he had gone* jag kom fram för att finna att han hade gett sig i väg; *what am I* ~ *tell her?* vad skall jag säga till henne?; *he was the first* ~ *arrive* han var den förste som kom; *he is not the sort* ~ *complain* han är inte den som klagar; *it disappeared, never* ~ *be found again* den försvann och kunde (skulle) ald-

rig återfinnas; *the company grew* ~ *be the biggest in* företaget blev så småningom det största i; *I don't know what* ~ *do* jag vet inte vad jag skall göra; *he lived* ~ *be hundred* han blev hundra år [gammal]; *I took it* ~ *be a lie* jag tog det för en lögn; *I waited for him* ~ *begin* jag väntade på att han skulle börja; *he wants me* ~ *do it* han vill att jag gör (skall göra) det; *he doesn't want you* ~ *know he has* han vill inte att du skall veta att han har; *I weep* ~ *think of it* jag gråter när jag tänker på det

toad [təud] padda
toadstool ['təudstu:l] giftig svamp
toast [təust] **I** *s* **1** [skiva] rostat bröd; *as warm as* ~ varm och skön **2** skål; *drink a* ~ *to s.b.* skåla för ngn; *propose a* ~ *to s.b.* föreslå (utbringa) en skål för ngn **3** person som firas (det skålas för), festföremål; *she's the* ~ *of the town* hon är stadens mest firade (upphurna) person **II** *v* **1** rosta (*bread* bröd), värma (*o.s. by the fire* sig vid brasan) **2** utbringa (dricka) en skål för; skåla med
toaster ['təustə] brödrost
tobacco [tə'bækəu] (*pl* ~[*e*]*s*) tobak; tobakssort
tobacconist [-nist] *i sht BE.* tobakshandlare, tobakist; ~'*s* tobaksaffär
-to-be [tə'bi:] *a* blivande; framtida; *mothers*~ blivande mödrar
toboggan [tə'bɒg(ə)n] **I** *s* kälke; toboggan **II** *v* åka kälke (toboggan)
today [tə'dei] **I** *adv* **1** i dag; ~ *month, a month* ~ i dag om en månad **2** i dag, nu för tiden **II** *s*, *children of* ~ dagens barn; ~'*s paper* dagens tidning
toddle ['tɒdl] **1** tulta [omkring] **2** skämts., ~ *off* pallra sig (knalla) i väg; ~ *round* (*over*) knalla över (*to see a friend* och hälsa på en vän) **toddler** [-ə] [liten] parvel (tulta)
to-do [tə'du:] ståhej, väsen, uppståndelse (*about* om, kring)
toe [təu] **I** *s* tå; *keep s.b. on his* ~*s* hålla ngn på alerten, få ngn att vara på sin vakt; *tread on a p.'s* ~*s* trampa ngn på tårna (*äv. bildl.*) **II** *v* **1** sparka (peta) [till] med tån **2** ~ *inwards* gå inåt med tårna; ~ *the line* (*mark a*) stå med tårna på startlinjen, *b)* bildl. hålla sig på mattan, följa reglerna
toffee ['tɒfi] kola; knäck; *she can't sing for* ~ (*vard.*) hon kan inte sjunga för fem öre
together [tə'geðə] **I** *adv* **1** tillsammans; ihop; gemensamt; intill varandra; ~ *with* tillsammans med, jämte **2** samtidigt **3** i sträck, i rad, efter varandra; *for days* ~ flera dagar i sträck; *for hours* ~ timmar i sträck, i timtal **II** *a*, vard. balanserad, samlad **-ness** [nis] samhörighet[skänsla]
toil [tɔil] **I** *v* **1** slita, arbeta [hårt]; ~ *away* slita omt; ~ *and moil* slita och släpa **2** släpa sig (*up a slope* uppför en backe) **II** *s* **1** slit, hårt arbete
toilet ['tɔilit] **1** toalett; toalettrum; *go to the* ~ gå på toaletten **2** (*påklädning, klädsel*) toalett **toilet bag** necessär, toalettväska **toilet paper** [-,peipə] toalettpapper **toilet water** [-,wɔ:tə] eau de toilette
token ['təuk(ə)n] **1** tecken, bevis (*of* på); symbol (*of* för); kännetecken (*of* på); *in* ~ *of* som bevis på **2** pollett; jetong **3** minne, minnesgåva **4** presentkort **5** *by the same* ~ *a)* av samma anledning, *b)* på liknande sätt **II** *a* symbolisk; nominell; ~ *money* nödmynt

told [təʊld] *imperf. o. perf. part. av tell*
toler|able ['tɒlərəbl] **1** uthärdlig, dräglig, tolerabel **2** skaplig, ganska bra, tolerabel **-ably** [-əblɪ] *adv* tämligen, ganska, någorlunda **-ance** [-(ə)ns] tolerans (*äv. med., tekn.*), fördragsamhet **-ant** [-(ə)nt] tolerant (*of, towards, with* mot), fördragsam **-ate** [-eɪt] tolerera, uthärda, finna sig i, stå ut med, tåla, tillåta **-ation** [ˌtɒlə'reɪʃn] tolerans, fördragsamhet
1 toll [təʊl] **1** [väg]avgift; vägtull (*äv. konkr.*) **2** andel; tribut; *the death* ~ antalet dödsfall; *the* ~ *of the roads* vägtrafikens offer; *take a (its)* ~ (*bildl.*) utkräva sin tribut; *take a heavy* ~ kräva många offer (*of* bland)
2 toll [təʊl] **I** *s* klockringning, klämtning **II** *v* **1** klämta, ringa **2** klämta (ringa) i
tomato [tə'mɑːtəʊ; *AE.* tə'meɪtəʊ] (*pl* ~*es*) tomat
tomb [tuːm] grav; gravvård; gravvalv
tomboy ['tɒmbɔɪ] pojkflicka, yrhätta
tombstone ['tuːmstəʊn] grav|sten, -vård
tomcat ['tɒmkæt] hankatt
tome [təʊm] *högt.* volym, stor bok, lunta
tomfool [tɒm'fuːlər] tokigheter, tokerier, skoj
tomorrow [tə'mɒrəʊ] **I** *adv* i morgon; ~ *morning* i morgon bitti[da]; ~ *week* i morgon om en vecka, en vecka i morgon **II** *s* morgondag[en]; ~*'s paper* morgondagens tidning; *the day after* ~ i övermorgon; ~ *is another day* i morgon är också en dag
ton [tʌn] **1** [*long*] ~ (*BE.*) ton (= *2 240 pounds = 1 016 kg*); [*short*] ~ (*AE.*) ton (= *2 000 pounds = 907,2 kg*); *metric* ~ ton (= *1 000 kg*); ~*s of* (*BE. vard.*) tonvis (massvis) med; *come down on s.b. like a* ~ *of bricks* ösa ovett över ngn **2** *sjö.*, [*register*] ~ registerton (= *100 cubic feet = 2,83 m³*) **3** *vard., do a* ~ köra i 160 knutar
tone [təʊn] **I** *s* **1** ton; klang; tonfall, röst; [färg]ton, nyans; *bildl. äv.* anda, stämning, karaktär, stil, prägel; *mus. äv.* helton; *lower one's (set the)* ~ (*bildl.*) stämma ner (ange) tonen **2** *fonet.* ton-[fall]; intonation **3** [god] kondition (form), spänst **II** *v* **1** tona; ge rätt ton åt; stämma; ~ *down* tona (stämma) ner, dämpa, moderera; ~ [*up*] *one's muscles* stärka sina muskler; ~ *up* tona (stämma) upp **2** ~ *in* harmoniera, gå ton i ton
tongs [tɒŋz] *pl* tång; *a pair of* ~ en tång
tongue [tʌŋ] **I** *s* **1** tunga (*äv. på våg, i orgel e.d.*); mål[före]; ~ *of flames* eldtunga; ~ *of land* landtunga; *find one's* ~ få mål i mun; *I can't get my* ~ *round that word* jag vrickar tungan på det ordet; *give* ~ *a*) ge hals, ge skall, *b*) tala ut; *have a ready (sharp)* ~ ha en rapp (skarp) tunga; *have a* ~ *in one's cheek* vara ironisk, skämta; [*with*] ~ *in cheek* ironiskt, på skämt; *hold (keep) one's* ~ hålla mun; *has the cat got your* ~? har du tappat talförmågan (målföret)?; *have lost one's* ~ ha tappat talförmågan (målföret); *put (stick) one's* ~ *out at s.b.* räcka ut tungan åt ngn **2** tungomål; språk; sätt att tala **3** [land]tunga **4** [klock]kläpp **5** (*på sko*) plös **6** (*på bräda*) spont **7** (*på vagn*) tistelstång **II** *v, mus.* stöta med tungan, spela tungstöt
tongue-tied ['tʌŋtaɪd] *a, be* ~ vara mållös (stum), ha tunghäfta **tongue twister** ['tʌŋˌtwɪstə] tungvrickare

tonic ['tɒnɪk] **I** *a* **1** stärkande; ~ *water* tonic **2** *mus.* ton-, klang-; ~ *sol-fa* tonika-do[-metod] **3** *med.* tonisk, ihållande **II** *s* **1** *med.* tonikum, stärkande medel; *it was a* ~ *to listen to her* det var uppfriskande att lyssna på henne **2** *mus.* tonika, grundton **3** tonic; *hair* ~ hårvatten; *skin* ~ ansiktsvatten
tonight [tə'naɪt] **I** *adv* i kväll; i natt **II** *s* denna kväll (natt), natten, kvällen; ~*'s programme* kvällens (nattens) program
tonnage ['tʌnɪdʒ] **1** tonnage **2** antal ton, tontal **3** tonnageavgift **tonne** [tʌn] ton (*1 000 kg*)
tonsil ['tɒnsl] *anat.* tonsill, [hals]mandel **-litis** [ˌtɒnsɪ'laɪtɪs] *med.* tonsillit, halsfluss, inflammation i halsmandlarna
tonsure ['tɒnʃə] tonsur
too [tuː] **1** [allt]för (*much* mycket); [*that's*] ~ *bad!* så synd (tråkigt)!; *not* ~ *bad* inte så illa; *all* ~ *soon* alltför snart; *you're* ~ *kind!* det var verkligen snällt!; *she was not* ~ *pleased* hon var inte särskilt förtjust; *I can remember only* ~ *well* jag kommer bara alltför (mycket) väl ihåg **2** också, även, med; dessutom; *me* ~ jag med (också); *you must come, and quickly* ~*!* du måste komma, och det genast! **3** *AE. vard., you will* ~ *do it!* det ska du visst göra!
took [tʊk] *imperf. av take*
tool [tuːl] **I** *s* **1** verktyg, [arbets]redskap; *bildl.* instrument, [hjälp]medel; *down* ~*s* lägga ner arbetet **2** *vulg.* kuk, apparat **II** *v* bearbeta, [ut]forma **tool kit** uppsättning verktyg **tool shed** redskaps|skjul, -bod
toot [tuːt] **I** *v* tuta [i, med] **II** *s* tutning
tooth [tuːθ] **I** *s* (*pl teeth* [tiːθ]) **1** tand; *false (artificial) teeth* löständer; *in the teeth of s.th.* trots (mot) ngt; *armed to the teeth* beväpnad till tänderna; *fed up to the [back] teeth with* (*vard.*) utrött på, mycket missnöjd med; *fight for s.th.* ~ *and nail* kämpa med näbbar och klor för ngt; *get one's teeth into* (*vard. bildl.*) sätta tänderna (bita) i; *have a* ~ *out* [låta] dra ut en tand; *have a sweet* ~ vara svag för sötsaker; *lie through (in) one's teeth* (*vard.*) ljuga som en borstbindare; *be long in the* ~ (*vard.*) vara till åren, börja bli gammal **2** kugge, udd, pigg, tand **3** *bildl.* udd, tagg; makt, auktoritet **II** *v* tanda, förse med tänder
toothache ['tuːθeɪk] tandvärk **toothbrush** tandborste **toothless** [-lɪs] tandlös **toothpaste** tandkräm **toothpick** tandpetare
toot|sie, -sy ['tuːtsɪ], **tootsy-wootsy** [-'wuːtsɪ] *barnspr.* tåsebisse (tå); fossing (*fot*)
1 top [tɒp] **I** *s* **1** topp; spets; krön; övre del, överdel; (*plagg*) top, överdel; *bildl. äv.* höjd[punkt]; *be* [*the*] ~*s* (*vard.*) vara toppen; *blow one's* ~ (*vard.*) flyga i luften [av ilska]; *at the* ~ ovanpå, högst (längst) upp, överst; *at the* ~ *of the table* vid övre ändan av bordet; *at the* ~ *of one's voice* så högt man kan, för full hals; *be* [*at the*] ~ *of the class* vara bäst i klassen; *from* ~ *to bottom a*) uppifrån och ner, *b*) *bildl.* helt och hållet, fullständigt; *from* ~ *to toe* från topp till tå; *on* ~ ovanpå, på toppen; *on* ~ *of a*) ovanpå, på toppen av, *b*) förutom, utöver, *c*) omedelbart efter (på), ovanpå; *on* ~ *of that* (*this*) dessutom, ovanpå det, till råga på allt; *on* [*the*] ~ *of the bus* högst (en trappa) upp i bussen; *the* ~ *of the morning* [*to*

you!] (*Irl.*) god morgon!; *be on ~ of a*) vara på toppen av, *b*) klara av, ha kontroll över, *c*) vara alltför nära; *be on the ~ of one's form* vara i toppform; *come out on ~* hävda sig, vara bäst, bli etta; *get on ~ of* ta överhanden över, bli för mycket för; *over the ~ of* ovanpå, på toppen av; *be over the ~ with happiness* vara utom sig av lycka; *go over the ~* (*vard.*) gå för långt, överdriva; *he doesn't have much up ~* (*vard.*) han är inte särskilt klyftig (smart) **2** (*på bord e.d.*) yta, skiva **3** lock; kapsyl **4** [vagns]tak, (*på bil*) top **5** (*i bil*) högsta växel; *in ~* på högsta växeln; *change into ~* lägga i högsta växeln **6** *sjö.* märs **7** *bot.*, ~[*s*] blast **II** *attr. a* översta, högsta; över-; topp-; bästa, främsta; ledande; ~ *copy* original; *the ~ right-hand corner* övre högra hörnet; *be ~ dog* (*vard.*) vara ledaren (basen, högsta hönset); *he's out of the ~ drawer* han tillhör överklassen; ~ *gear* högsta växel; ~ *hat* hög hatt, cylinder[hatt]; *the ~ people* (*vard.*) topparna, höjdarna; ~ *speed* topphastighet **III** *v* **1** täcka; sätta överdel (topp *e.d.*, *jfr I*) på; ~*ped hy a d mm. kronт av en kupol; ice a pml with cream* glass med grädde på toppen **2** nå toppen av (på) **3** ligga på toppen av, ligga (stå, vara) överst på, toppa; ~ *the bill* vara huvudattraktion (stjärna) **4** vara högre än, höja sig över; överträffa, vara bättre än, slå; överskrida; *to ~ it all* till slut för att råga på allt **5** skära av (hugga av, kapa) [toppen på], toppa, beskära; ~ *and tail gooseberries* snoppa krusbär **6** *sport.* toppa (*a ball* en boll) **7** ~ *off* avrunda, avsluta, sätta punkt för **8** ~ *out* ha taklagsfest (invigningsfest) [för] **9** *BE.*, ~ *up* fylla på (till brädden)

²top [tɒp] (*leksak*) snurra; *sleep like a ~* sova som en stock

top hat [ˌtɒp'hæt] hög hatt **top-heavy** [ˌtɒp'hevɪ] **1** [för] tung upptill, övertung **2** (*om företag*) chefstung, med för många chefer

topic [ˈtɒpɪk] [samtals]ämne **topical** [-l] **1** aktuell; *discuss ~ issues* diskutera aktuella frågor **2** lokal **topicality** [ˌtɒpɪˈkælətɪ] aktualitet

top-level [ˌtɒpˈlevl] *a* på högsta nivå, topp- **topmost** [ˈtɒpməʊst] överst, högst **topnotch** [ˌtɒpˈnɒtʃ] *vard.* fantastisk, toppen-

topographic[al] [ˌtɒpəˈgræfɪk(l)] topografisk **topography** [təˈpɒgrəfɪ] topografi

topple [ˈtɒpl] **1** ~ [*over*] ramla [omkull], falla [omkull] **2** stjälpa [omkull]; störta (*a government* en regering)

top-secret [ˈtɒpˌsiːkrɪt] topphemlig; hemligstämplad

topsoil [ˈtɒpsɔɪl] matjord

topsyturvy [ˌtɒpsɪˈtɜːvɪ] *vard.* **I** *a* uppochnedvänd; rörig **II** *adv* upp och ner; huller om buller

torch [tɔːtʃ] **1** fackla, bloss; *carry a ~ for s.b.* vara hemligt förälskad i, beundra i hemlighet **2** [*electric*] ~ ficklampa **3** *AE.* blåslampa **torch-light** [ˈtɔːtʃlaɪt] fackelsken

tore [tɔː] *imperf. av tear*

torment **I** *s* [ˈtɔːment] plåga, kval, pina, tortyr **II** *v* [tɔːˈment] plåga, pina, tortera **tormentor** [tɔːˈmentə] plågoande

torn [tɔːn] *perf. part. av tear*

torpedo [tɔːˈpiːdəʊ] **I** *s* (*pl -does*) **1** torped **2** *zool.* darrocka **II** *v* torpedera; *bildl. vard. äv.* stjälpa, omintetgöra

torpid [ˈtɔːpɪd] **1** domnad, [försänkt] i dvala **2** slö, overksam, loj **torpidity, -ness** [tɔːˈpɪdətɪ, -nɪs] **1** dvala **2** slöhet, overksamhet, lojhet

torpor [ˈtɔːpə] slöhetstillstånd, letargi

torrent [ˈtɒr(ə)nt] [strid] ström, störtflod (*äv. bildl.*); fors; störtregn **torrential** [təˈrenʃl] strömmande, strid; forsande; ymnig; ~ *rain* störtregn

torrid [ˈtɒrɪd] **1** för[bränd, -torkad, [bränn]het, stekande **2** passionerad, het (*love* kärlek) **-ity** [tɒˈrɪdətɪ], **-ness** [ˈtɒrɪdnɪs] brännande hetta; torka

torso [ˈtɔːsəʊ] bål; torso

tortoise [ˈtɔːtəs] **1** [land]sköldpadda **2** långsam person **-shell** [ˈtɔːtəʃel] **1** sköldpaddsskal; sköldpadd **2** nässelfjäril **3** gul-brun-svart-spräcklig katt

tortuous [ˈtɔːtjʊəs] **1** slingrande, krokig **2** krånglig, invecklad, tillkrånglad

torture [ˈtɔːtʃ] **I** *s* tortyr; pina, kval; *instruments of ~* tortyrredskap **II** *v* **1** tortera; pina, plåga **2** förvrida **torturer** [-rə] torterare; plågoande **torturing, -ous** [-rɪŋ, -rəs] plågsam, kvalfull

Tory [ˈtɔːrɪ] **I** *s* tory, konservativ **II** *a* tory-, konservativ

toss [tɒs] **I** *v* **1** kasta, slänga; kasta [av, upp, hit och dit]; singla; vända, blanda, skaka; ~ [*up*] *a coin* singla slant; ~ *s.b. for s.th.* singla slant med ngn om ngt; *I ~ed him a pound* jag slängde åt honom ett pund; ~ *one's head* kasta huvudet bakåt, knycka på nacken; ~ *the pancake* vända pannkakan i luften; ~ *the salad* blanda salladen [med dressing]; ~*ed salad* sallad med dressing; ~ *beans in butter* skaka (vända) bönor i smör; *he was ~ed by the bull* tjuren kastade upp honom i luften; ~ *about a ~* kasta (slunga) hit och dit, skaka [om], *b*) dryfta; ~ *back a*) kasta bakåt, *b*) kasta (stjälpa) i sig; ~ *down a*) kasta av sig, *b*) kasta ner, tota (svänga) ihop, *c*) kasta (stjälpa) i sig; ~ *up a*) kasta (slänga) upp, *b*) svänga ihop (*food* mat) **2** (*om fartyg e.d.*) kastas (slungas) [hit och dit], kränga, gunga, rulla; ~ [*about*] kasta sig av och an; ~ *and turn* vända sig och vrida sig, kasta sig av och an; ~ *off* (*vulg.*) runka; ~ *out of the room* [ilsket] svänga i väg ut ur rummet **3** ~ [*up*] singla slant (*for* om) **II** *s* **1** kast[ande]; *take a ~* bli avkastad [av hästen] **2** slantsingling; lottning; *argue the ~* (*bildl.*) diskutera i det oändliga, käbbla; *I don't give a ~* (*vard.*) det struntar jag fullständigt i

toss-up [ˈtɒsʌp] [slant]singling; *it's a ~* det är rena slumpen (lotteriet)

¹tot [tɒt] *s, vard.* **1** [liten] parvel (pys, tös) **2** litet glas (*of brandy* konjak) **3** *i sht BE.* aning, smula

²tot [tɒt] *v, i sht BE. vard.*, ~ [*up*] lägga (räkna) ihop, addera, summera

total [ˈtəʊtl] **I** *a* total, fullständig, hel; slut-; fullkomlig; ~ *amount* slut-, total[summa; ~ *eclipse of the sun* total solförmörkelse **II** *s* slut-, total[-summa; *a ~ of* (*äv.*) sammanlagt, inalles; *in ~* totalt, sammanlagt **III** *v* **1** lägga ihop, addera, räkna samman **2** [sammanlagt] uppgå till

totalitarian [ˌtəʊtælɪˈteərɪən] *a* totalitär, diktatorisk, diktatur-

totality [təʊˈtælətɪ] **1** totalitet; helhet; fullständighet **2** totalsumma **3** *astr.* totalförmörkelse

tote [təʊt] *vard.* (*kortform av totalizator*), *the* ~ toto

totter ['tɒtə] vackla (*äv. bildl.*); stappla **tottering** [-rɪŋ], **tottery** [-rɪ] vacklande (*äv. bildl.*); stapplande; osäker, ostadig

touch [tʌtʃ] **I** *v* (*se äv. touched*) **1** röra [vid], vidröra, beröra, snudda vid, nudda, toucha, komma åt; ta i (på); trycka [lätt] på; *bildl. äv.* ha att göra med; *bildl.* [djupt] röra, gripa, träffa, såra; ~ *off* *a*) avfyra, avlossa, *b*) *bildl.* utlösa; ~ [*up*]*on* (*bildl.*) [flyktigt] beröra, komma in på; ~ *up* (*BE. vulg.*) smeka, kåta upp; ~ *glasses* klinga med glasen, skåla; ~ *one's hat* ta åt hatten (*som hälsning*), hälsa; *he never* ~*es liquor* han smakar aldrig sprit; ~ *wood!* ta i trä!; *the police can't* ~ *me* polisen kan inte göra mig något; *I wouldn't* ~ *those affairs* jag skulle aldrig befatta mig med de där affärerna; *this detergent won't* ~ *ink-blots* det här tvättmedlet tar (biter) inte på bläckfläckar **2** nå [fram till]; tangera (*äv. mat.*); mäta sig med; stöta intill, gränsa till; *once I* ~*ed 100 k.p.h.* en gång kom jag upp till (i) 100 kilometer i timmen; *the temperature* ~*ed 40°* temperaturen steg (sjönk) till 40°; *it* (*she*) *can't be* ~*ed* den (hon) är ouppnåelig (oförliknelig); *there's nothing to* ~ *coffee* ingenting går upp mot kaffe **3** skada [lätt], angripa [lätt] **4** färga lätt, tona; blanda, lätta upp; ~ *up a*) bättra på, fräscha (snygga) upp, *b*) retuschera, *c*) tona, *d*) fin|slipa, -putsa **5** *sjö.* angöra, anlöpa **6** *sl.*, ~ *s.b. for s.th.* [försöka få] låna ngt av ngn **7** röra; röra (snudda) vid varandra; beröra (tangera, gränsa till) varandra; stöta ihop; *don't* ~*! får ej vidröras!; ~ *at* (*sjö.*) angöra, anlöpa; ~ *down* (*flyg.*) ta mark, landa, gå ner **II** *s* **1** känsel[sinne]; *be cold to the* (*have a cold*) ~ kännas kall **2** beröring, vidröring, snudd[ande]; lätt rörelse (tryckning, stöt); *mus. m.m.* anslag, touche, grepp; *I felt a* ~ *on my arm* jag kände att någon (något) rörde vid min arm; *that was a near* ~ det var nära ögat; *it was* ~ *and go whether* det var mycket osäkert om; *it collapses at the* ~ den faller ihop vid beröring **3** antydan, aning, spår, glimt; *a* ~ *of flu* (*fever*) en släng av influensa (feber); *a* ~ *of melancholy* ett stänk av vemod; *a* ~ *of pepper* en aning (gnutta) peppar **4** anstrykning, [karakteristiskt] drag, prägel; stil; *it was a nice* ~ *inviting her* det var en trevlig gest (idé) att bjuda henne; *it has the* ~ *of genius* det är något genialt över det **5** [penn-, pensel]drag; detalj; touche **6** grepp; hand; handlag; känsla; *the* ~ *of a master* en mästares hand; *have the right* ~ *with s.th.* kunna handskas med ngt [på rätt sätt]; *have a sure* ~ ha ett säkert handlag; *the house lacks a woman's* ~ det saknas en kvinna i huset **7** kontakt; *mil.* känning; [*with*]*in* ~ *of* inom räckhåll för; *be* (*keep*) *in* ~ *with* vara i (hålla, stå i) kontakt med; *I will be in* ~ jag kommer att [låta] höra av mig; *get in*[*to*] ~ *with* komma i (få) kontakt med, kontakta, sätta sig i förbindelse med; *you can get in* ~ *with me at this number* (*äv.*) du kan nå mig på det här numret; *keep in* ~*!* hör av dig (er)!; *keep* (*lose*) ~ *with* hålla (tappa) kontakten med **8** *sport.* område utanför sidlinjen; *be in* ~ vara utanför sidlinjen, vara ute (död) **9** *sl.*, *he is an easy* (*a soft*) ~ det är lätt att låna pengar av honom; *make a* ~ försöka låna (tigga) pengar

touch|-and-go [ˌtʌtʃən'gəʊ] riskabel, osäker; kritisk **-down** ['tʌtʃdaʊn] **1** *flyg.* landning **2** *sport.* marksättning; poäng för marksättning

touché ['tu:ʃeɪ] *interj* **1** *fäktn.* touché! **2** *bildl.* där fick du in en poäng!

touched [tʌtʃt] **1** rörd, gripen **2** *vard.* knasig, tokig **touching** ['tʌtʃɪŋ] **I** *a* rörande, gripande **II** *prep* rörande, angående **touchy** ['tʌtʃɪ] **1** lätt|-stött, -retlig, snarstucken **2** känslig

tough [tʌf] **I** *a* **1** seg **2** seg[sliten]; besvärlig, jobbig, kämpig, hård, svår; ~ [*luck*]*!* (*vard.*) otur! **3** oöm, motståndskraftig, härdig, härdad, stark **4** hård, envis, seg **5** hård[hudad], benhård, tuff, rå, kallhamrad; ~ *guy* (*vard.*) tuffing, hårding; *he's as* ~ *as old boots* han är urtuff; *get* ~ *with* ta i med hårdhandskarna med (mot) **II** *s* tuffing, hårding, råskinn, buse, slagskämpe

toughen ['tʌfn] **1** bli segare (starkare, hårdare) **2** göra segare (starkare, hårdare); stärka, styrka

tour [tʊə] **I** *s* **1** [rund]tur, [rund]resa, färd, rundvandring; runda; *teat. e.d.* turné; ~ [*of inspection*] inspektions|runda, -resa; *conducted* (*guided*) ~ guidad [rund]tur ([rund]resa), sällskapsresa, visning; *make a* ~ *of Austria* resa runt i Österrike **2** *mil.* tjänstgöring[speriod] **II** *v* **1** göra en [rund]tur (*etc., jfr I I*) genom (i), resa [runt] i; gå runt i; besöka, titta på; *teat.* turnera i **2** göra en [rund]tur (*etc., jfr I I*), resa [runt]; *teat.* turnera

tourism ['tʊərɪz(ə)m] turism, turistväsen **tourist** [-ɪst] turist

tournament ['tʊənəmənt] **1** *sport.* turnering **2** *hist.* tornering, tornerspel

tousle ['taʊzl] rufsa till; tufsa till

tout [taʊt] **I** *v* **1** *vard.* försöka pracka på folk; försöka prångla ut; göra reklam för; tipsa om; sälja stalltips om; spionera på (*kapplöpningshäst*); ~ *tickets* sälja biljetter på svarta börsen **2** skaffa stalltips; sälja stalltips **3** försöka pracka på folk sina tjänster; ~ *for business* (*custom*) försöka värva kunder **II** *s* **1** person som spionerar på kapplöpningshästar; person som säljer stalltips **2** [kund]värvare **3** person som säljer biljetter svart

tow [təʊ] **I** *v* bogsera; släpa; bärga (*bil*) **II** *s* bogsering; bärgning; *in* ~ (*vard.*) i släptåg; *on* ~ på släp; *give s.b. a* ~ bogsera ngn

towards [tə'wɔ:dz] **1** mot; i riktning mot; till **2** gentemot, mot; för; till; *her feelings* ~ *him* hennes känslor för (gentemot) honom; *work* ~ *a solution* arbeta för en lösning **3** (*om tid*) fram-, in|-emot, mot (*the night* natten)

towboat ['təʊbəʊt] bogserbåt

towel ['taʊəl] **I** *s* handduk; *throw* (*chuck*) *in the* ~ (*vard.*) kasta yxan i sjön, ge upp **II** *v*, ~ [*down*] torka [sig] med en handduk **towelling** [-ɪŋ] handduksväv; frotté

tower ['taʊə] **I** *s* **1** torn; ~ *of strength* (*bildl.*) stöttepelare **2** fästning[storn] **II** *v* resa (höja) sig, sticka upp (*over, above* över) **tower block** höghus **towering** [-rɪŋ] **1** jättehög, gigantisk; *bildl.* imponerande, enastående **2** mäktig, våldsam; ~ *rage* våldsamt raseri

towing ['təʊɪŋ] bogsering; bärgning

town [taʊn] stad; staden, stan; *AE.* kommun; *the* ~ *of Brighton* [staden] Brighton; ~ *and gown* borgare och akademiker; *the talk of the* ~ det allmänna samtalsämnet; *it's all over* ~ det är ute (känt) i hela stan; *go down* ~ *(AE.*) åka (köra) [in] till stan; *go into* ~ gå ut på stan; *go [out] on the* ~ slå runt på stan; *go [up] to* ~ åka (köra) [in] till stan; *go to* ~ ta i, slå på stort (*on* med); *travel up to* ~ (*i England*) åka till London **town hall** [-hɔ:l] stads-, råd|hus **townscape** [-skeɪp] stadsbild

toxic ['tɒksɪk] *med.* toxisk, giftig; förgiftnings-

toy [tɔɪ] **I** *s* leksak (*äv. bildl.*) **II** *v* leka (*äv. bildl.*)

trace [treɪs] **I** *s* **1** spår; tecken; aning, gnutta; *vanish without* ~ försvinna spårlöst; *without the slightest* ~ *of fear* utan minsta spår av fruktan **2** linje, kurva (*som ritas av skrivare e.d.*) **II** *v* **1** spåra [upp]; följa [spåren av]; finna, hitta, upptäcka; ~ [*back*] *to a*) spåra (följa, leda, föra) tillbaka till, *b*) hänföra till **2** rita [upp], teckna; kalkera; markera; skissera, göra ett utkast till; ~ *out a*) rita [upp], teckna, *b*) skissera, göra ett utkast till **3** ~ [*back*] *to a*) gå tillbaka till, kunna spåras (följas, ledas, föras) tillbaka till, *b*) kunna hänföras till

tracing paper ['treɪsɪŋˌpeɪpə] kalkerpapper

track [træk] **I** *s* **1** spår (*äv. bildl.*); stig, väg, kurs (*äv. bildl.*); (*satellits e.d.*) bana; *in one's* ~s (*vard.*) på fläcken, genast; *off the beaten* ~ bortom allfarvägen (all ära och redlighet); *on one's* ~ efter sig, i hälarna [på sig]; *be (get) on a p.'s* ~, *be (get) on the* ~ *of s.b.* vara (komma) ngn på spåren; *be on the right* ~ vara [inne] på rätt spår (väg); *cover (hide) one's* ~s sopa igen spåren efter sig; *keep* ~ *of (bildl.)* följa (hänga) med, hålla reda på, hålla kontakten med; *lose* ~ *of (bildl.*) inte följa (hänga) med, tappa bort, tappa räkningen på, tappa kontakten med; *make* ~s (*vard.*) ge sig i väg, sticka (*for* till); *stop dead in one's* ~s tvärstanna, hejda sig tvärt **2** [järnvägs]-spår, bana; [*width of*] ~ spårvidd; *double* ~ *line* dubbelspårig bansträcka; *get off (leave) the* ~[*s*] spåra ur **3** [racer-, tävlings-, löpar]bana; ~ *and field (AE.*) friidrott **4** [drɪv]band, krypkedja **5** (*på band*) spår; (*på bandspelare*) kanal; (*på skiva*) låt, stycke, spår **II** *v* **1** följa [spåren av]; spåra (*äv. bildl.*); ~ *down* [försöka] spåra [upp], hitta, få tag i **2** hålla (följa) spåret, spåra **3** (*om kamera*) åka

track events ['trækɪˌvents] *pl* tävlingar i löpning på bana **track shoe** [-ʃu:] spiksko **tracksuit** [-su:t] träningsoverall

1 tract [trækt] **1** [land-, skogs]område **2** *anat.* organ, system; *the digestive* ~ matsmältningsapparaten

2 tract [trækt] pamflett, broschyr, skrift

traction ['trækʃn] **1** dragning; dragkraft **2** *med.* sträck; *be in* ~ ligga i sträck

tractor ['træktə] **1** traktor **2** flygplan med dragande propeller

trade [treɪd] **I** *s* **1** handel; [handels]utbyte; affärer; kommers; bransch, affärsgren; fack; yrke, hantverk; hantering; *the* ~ (*äv.*) *a*) branschfolket, [folk i] branschen, facket, skrået, *b*) återförsäljarna; *as we call it in the* ~ som vi i branschen kallar det; *domestic* ~ inrikeshandel[n]; *foreign* ~ utrikeshandel[n]; ~ *in s.th.* handel (*etc.*) med ngt; *how's* ~? hur går affärerna?; *what's your* ~? vilket yrke har du?; *what* ~ *are you in?* vilken bransch är du i?; *he is in* ~ han är affärsman; *he's*

a shoemaker by ~ han är skomakare till yrket; *do (carry on)* ~ *with* driva (idka) handel med **2** ~*s* (*pl*) passadvindar **II** *v* **1** handla med (*s.th. ngt);* ~ [*off*] byta [ut] (*for* mot); ~ *in s.th. for s.th.* ta (lämna) ngt i inbyte mot ngt **2** handla, driva (idka) handel (*in s.th.* med ngt; *with s.b.* med ngn); ~ *at (AE.*) handla hos **3** schackra (*in s.th.* med ngt); spekulera (*in s.th.* i ngt); ~ *on* utnyttja, dra fördel av

trade-in ['treɪdɪn] **I** *s* inbyte **II** *a* inbytes-; ~ *car* inbytesbil; ~ *value* inbytesvärde

trademark ['treɪdmɑ:k] varu-, fabriks-, firma|-märke; *bildl.* kännemärke **trade name** [-neɪm] handelsnamn **trade secret** [-ˌsi:krɪt] yrkes-, affärs-, fabrikations|hemlighet **tradesman** [-zmən] handlare, handelsman; *tradesmen's entrance* köksingång

trade[s] union [ˌtreɪd(z)'ju:njən] **I** *s* fackförening; *the Trades Union Congress (T U C)* Brit tiska landsorganisationen **II** *a* fackförenings-, facklig; *the trade union movement* fackföreningsrörelsen **trade unionist** [-ɪst] fackföreningsmedlem; fackföreningsman

trade wind ['treɪdwɪnd] passadvind

trading ['treɪdɪŋ] handel; byteshandel

tradition [trə'dɪʃn] tradition

traditional [trə'dɪʃənl] traditionell, traditionsenlig

traffic ['træfɪk] **I** *s* **1** trafik **2** handel; *neds.* trafik; *illegal* ~ *in* illegal handel med **II** *v* **1** handla, bedriva handel (*in s.th.* med ngt; *with s.b.* med ngn) **2** bedriva olaglig handel (*in* med) **traffic island** [-ˌaɪlənd] refuge; trafikdelare **traffic jam** [-dʒæm] trafikstockning **trafficker** [-ə] handlande; *drug* ~ narkotikalangare **traffic light (signal)** [-laɪt, -ˌsɪgnl] trafik|ljus, -signal **traffic warden** [-ˌwɔ:dn] trafikvakt

tragedy ['trædʒədɪ] tragedi

tragic[al] ['trædʒɪk(l)] tragisk

trail [treɪl] **I** *s* **1** spår (*äv. bildl.*); slinga, strimma; (*på komet e.d.*) svans; ~ *of blood* blodspår; ~ *of dust* dammoln; ~ *of smoke* rök|slinga, -moln; *hot on the* ~ *of* tätt i hälarna på; *come on (off) the* ~ få upp (tappa) spåret; *leave in one's* ~ föra med sig, ha i släptåg **2** stig, väg **II** *v* **1** följa [efter], skugga; spåra [upp] **2** släpa [efter sig, på marken], dra [efter sig]; ~ *o.s.* släpa sig [fram] **3** släpa [i marken]; utbreda sig (driva) [långsamt]; ~ [*along*] släpa sig [fram], dra benen efter sig; ~ [*behind*] (*vard.*) komma (släpa) efter, komma på efterkälken; ~ *away (off) a*) förlora sig, *b*) försvinna, dö bort; ~ *by 20 points (sport.*) ligga under med 20 poäng **4** slingra sig, klänga, klättra, krypa

trailer ['treɪlə] **1** släp[vagn], trailer; *AE.* husvagn **2** *film.* trailer

train [treɪn] **I** *v* **1** utbilda, skola; [upp]fostra; dressera; öva [in, upp]; träna [upp]; exercera [med] **2** rikta [in] (*kikare, vapen e.d.*) **3** (*i trädgårdsskötsel*) dra upp, låta växa (*i viss riktning*), tukta **4** utbilda sig; träna, exercera; *he* ~*s as (to be) a teacher* han utbildar sig till lärare **II** *s* **1** tåg (*for, to* till); *fast* ~ snälltåg; *local (suburban*) ~ lokaltåg; *special* ~ extratåg; *on the* ~ på tåget; *catch a* ~ *to Coventry* ta ett tåg till Coventry; *change* ~*s* byta tåg; *go by* ~ åka tåg, ta tåget **2** tåg, procession, karavan; följe; svans;

följd, rad, serie; ~ *of events* rad (serie) [av] händelser; ~ *of thought* tankegång; *bring in one's* ~ ha i sitt följe (i släptåg), föra med sig **3** *be* (*put*) *in* ~ vara (sätta) i gång **4** [klännings]släp; *the peacock's* ~ påfågelns [långa släpande] stjärt **5** *tekn.* hjulverk

trained [treɪnd] tränad; skolad, utbildad; [ut]examinerad (*nurse* sjuksköterska); dresserad **trainee** [treɪ'niː] praktikant, aspirant, elev, lärling; trainee **trainer** ['treɪnə] **1** dressör **2** tränare; instruktör **training** ['treɪnɪŋ] utbildning; träning, övning; dressyr; *be in* ~ *a*) ligga i träning, *b*) ha god kondition, vara vältränad; *be out of* ~ ha dålig kondition

trait [treɪ] [karakteristiskt] drag, karaktärsdrag, egenskap

traitor ['treɪtə] förrädare (*to* mot)

trajectory ['trædʒɪkt(ə)rɪ] (*projektils, bolls*) bana, kurs; [levnads]bana

tram [træm] **1** spårvagn **2** gruvvagn

tramp [træmp] **I** *v* **1** trampa; klampa **2** traska, lunka; luffa runt; stryka omkring **3** vandra (ströva) runt (omkring) i **II** *s* **1** tramp[ande] **2** [fot]vandring, strövtåg; *go for a* ~ göra en vandring **3** luffare, landstrykare **4** *vard.*, *i sht AE.* slampa, fnask **5** tramp[fartyg]

trample ['træmpl] **1** trampa [ner], trampa på **2** trampa (*on* på); ~ *on* (*bildl.*) förtrampa, trampa under fötterna

trampoline ['træmpəlɪn] trampolin

tramway ['træmweɪ] **1** spårvägsspår **2** spårväg

trance [trɑːns] trans, trance; *go into* ~ falla i trans

tranquil ['træŋkwɪl] lugn, stilla, fridfull **-lity** [træŋ'kwɪlətɪ] lugn, ro, stillhet, fridfullhet **-lize** (*BE. äv. -lise*) ['træŋkwɪlaɪz] lugna, stilla; *have a -lizing effect on* ha en lugnande inverkan på **-lizer** (*BE. äv. -liser*) ['træŋkwɪlaɪzə] lugnande medel

trans|act [træn'zækt] genomföra, göra, slutföra, avsluta (*business* affärer); föra, bedriva **-action** [træn'zækʃn] **1** transaktion, uppgörelse, avtal, affär **2** genomförande *etc.*, *jfr transact* **3** ~*s* (*pl*) förhandlingsprotokoll, handlingar, skrifter (*utgivna av förening, samfund e.d.*)

tran|scribe [træn'skraɪb] **1** skriva ut **2** transkribera (*äv. mus.*) **-script** ['trænskrɪpt] **1** utskrift **2** avskrift, kopia **-scription** [træn'skrɪpʃn] **1** utskrivning **2** avskrivning; avskrift, kopia **3** transkription (*äv. mus.*)

transfer I *v* [trænsˈfɜː] **1** över|föra, -flytta, föra (flytta) över, [för]flytta (*to* på, till); kalkera; placera om; transportera; överlåta; girera; *ekon. äv.* transferera (*into an account* till ett konto); *sport.* sälja, transferera; *in a ~red sense* i överförd betydelse (bemärkelse) **2** flytta; [för]flyttas **3** byta; gå över **II** *s* ['trænsfɜː] **1** över|föring, -flyttning; [för]flyttning; omplacering; transfer (*äv. sport. o. ekon.*); transport; överlåtelse[handling]; girering; *ekon. äv.* transferering **2** överförings-, gnugg|bild, dekal, dekalkomani; kopia; [av]tryck **3** byte; övergång; övergångsbiljett

transference ['trænsf(ə)r(ə)ns] överflyttning, förflyttning, överföring, överlåtelse (*to* på)

trans|form [trænsˈfɔːm] förvandla, förändra, omskapa, omforma, ombilda, omvandla; trans-

formera (*äv. språkv. o. mat.*) **-formation** [ˌtrænsfəˈmeɪʃn] **1** förvandling, förändring, ombildning, omvandling; transformation (*äv. språkv. o. mat.*) **-former** [trænsˈfɔːmə] **1** omskapare **2** *elektr.* transformator

transfusion [trænsˈfjuːʒn] **1** [blod]transfusion, blodöverföring **2** *bildl.* överföring

trans|gress [trænsˈgres] **1** bryta mot, överträda (*a rule* en regel) **2** överträda en förordning; fela, synda **-gressor** [-ˈgresə] [lag]överträdare, lagbrytare

transistor [trænˈsɪstə] **1** transistor **2** transistorradio

transit ['trænsɪt] **I** *s* **1** genom-, över|resa; transit; *in* ~ på genomresa **2** transport; transitering; *in* ~ under transporten **II** *v* **1** resa genom (över) **2** transitera

transition [trænˈsɪʒn] övergång; övergångs|period, -tid

transitory ['trænsɪt(ə)rɪ] övergående, kortvarig, tillfällig; förgänglig

trans|late [trænsˈleɪt] **1** översätta (*into* till; *from the English* från engelska); tolka; överföra **2** omvandla, förvandla (*into* till); ~ *into action* omsätta i handling **3** vara översättare, översätta **4** kunna översättas **-lation** [-ˈleɪʃn] **1** översättning (*into* till); tolkning; överföring **2** omvandling, förvandling; omsättande (*into action* i handling) **-lator** [-ˈleɪtə] **1** översättare, translator

transmission [trænzˈmɪʃn] **1** överför|ing, -ande; översändande; överlåtelse; vidarebefordran; fortplantning **2** *radio., TV.* sändning **3** *tekn.* transmission; [kraft]överföring

transmit [trænzˈmɪt] **1** överföra; översända; överlåta; vidarebefordra; fortplanta **2** lämna i arv, fortplanta **3** *radio., TV.* [ut]sända **4** *tekn.* överföra, transmittera **-ter** [-ə] **1** översändare *etc.*, *jfr transmit* **2** transmitter (*automatisk sändare för telegrafi*)

trans|parence [trænsˈpær(ə)ns] **1** genomskinlighet (*äv. bildl.*), genomsynlighet **2** transparang; dia|positiv, -bild **-parent 1** genomskinlig (*äv. bildl.*), genomsynlig, transparent **2** uppenbar (*lie* lögn), tydlig, klar

trans|spiration [ˌtrænspɪˈreɪʃn] transpiration, utdunstning **-spire** [trænˈspaɪə] **1** *bildl.* komma fram, sippra (läcka) ut utdunsta; avsöndra[s]; transpirera **2** *vard.* hända, inträffa **3** av-, ut|dunsta, transpirera; avsöndras, avgå **4** avsöndra, avge

trans|plant I *s, kir.* ['trænsplɑːnt] transplantation **2** transplantat **II** *v* [trænsˈplɑːnt] **1** plantera om; *bildl. äv.* förflytta, flytta över **2** *kir.* plantera **3** gå att plantera om; *bildl. äv.* gå att förflytta (flytta över) **-plantation** [ˌtrænsplɑːnˈteɪʃn] **1** omplantering; *bildl. äv.* förflyttning, överflyttning **2** *kir.* transplantation

transport I *v* [trænsˈpɔːt] **1** transportera, forsla, förflytta, befordra **2** *hist.* deportera (*straffånge*) **3** *be* ~*ed* hänföras, bli (vara) hänförd (hänryckt); ~*ed with joy* utom sig (vild) av glädje **II** *s* ['trænspɔːt] **1** transport, forsling, förflyttning, befordran **2** transportmedel; transport|fordon, -[flyg]plan, -fartyg; transportväsen[det]; [*means of*] ~ transportmedel; *public* ~ allmänna kommunikationer, kollektivtrafik **3** hänförelse; [häftigt] utbrott; *in ~s of joy* utom sig (vild) av glädje

transportation [ˌtrænspɔːˈteɪʃn] **1** transport, transportering **2** transportmedel **3** transportväsen, kommunikationer **4** *AE.* transportkostnader

trans|pose [trænsˈpəʊz] **1** omplacera, förflytta **2** omvandla, förvandla (*into* till) **3** *mus.* transponera (*into* till) **-position** [ˌtrænspəˈzɪʃn] **1** omplacering, förflyttning **2** omvandling, förvandling **3** *mus.* transponering

trans|verse [ˈtrænzvɜːs] tvärgående, tvärställd, transversell **-versely** [ˌtrænzˈvɜːslɪ] *adv* på tvären, tvärs över

transvestite [trænzˈvestaɪt] transvestit

trap [træp] **I** *s* **1** fälla, snara (*äv. bildl.*); *fall* (*walk*) *into the ~* gå i fällan; *lay* (*set*) *a ~ for* gillra (lägga ut, sätta ut) en fälla för **2** fallucka, lucka **3** vattenlås **4** (*tvåhjulig*) kärra, vagn **5** *sl.* käft; *shut your ~!, keep your ~ shut!* håll käften! **II** *v* **1** sätta ut fällor på (i) **2** locka [i fällan], fånga [i en fälla], snara, snärja; *sätta fast* ~*d.b. into doing s.th.* lä (lura) ngn att göra ngt; *be ~ped* vara instängd (inklämd), sitta fast, ha fastnat; *~ one's finger in the door* klämma fingret i dörren **3** *sport.* dämpa (*boll*) **4** sätta ut fällor **trap door** [ˌtræpˈdɔː] fallucka; lucka; taklucka

trapeze [trəˈpiːz] trapets

trapper [ˈtræpə] pälsjägare, trapper

trash [træʃ] **I** *s* **1** skräp, smörja **2** *AE.* avfall, sopor, skräp **3** *vard.* slödder, pack; *poor white ~* den vita underklassen, de fattiga vita (*i Syderna na i USA*) **II** *v*, *AE.* **1** slå(?) bort, slänga **2** *sl.* vandalisera; krossa **trashcan** [ˈtræʃkæn] *AE.* soptunna **trashy** [ˈtræʃɪ] *vard.* [ur]usel, skräpig

travel [ˈtrævl] **I** *v* **1** resa [omkring] i, resa igenom (över) **2** tillryggalägga **3** resa, åka, fara, färdas; *~ light* resa utan mycket bagage; *he ~s to work by car* (*äv.*) han tar bilen till jobbet; *this wine doesn't ~ well* det här vinet tål inte transport [så bra] **4** röra sig, fortplanta sig, gå; löpa; glida; fara; *his eye ~led over* hans blick vandrade över; *light ~s at* ljuset går (rör sig) med en hastighet av **5** *vard.* köra (*etc.*) fort (i full fart), susa fram; *that car really ~s* den bilen går verkligen fort **6** resa, vara handelsresande **II** *s* **1** resande, resor; *~s* (*pl*) resor; *be fond of ~* tycka om att resa **2** rörelse, gång, bana; slag[längd]

travel agency (bureau) [ˈtrævlˌeɪdʒ(ə)nsɪ] rese-, turist|byrå **travelled** [-d] berest **traveller** [-ə] **1** resande, resenär; passagerare; *~'s cheque* resecheck **2** [*commercial*] ~ handelsresande **travelling** [-ɪŋ] **I** *a* resande, kringresande; *~ companion* res|kamrat, -sällskap; *~ expenses* (*BE.*) resekostnader, resekostnadsersättning; *~ salesman* handelsresande **II** *s* resande; resor

traverse [ˈtrævəs] **I** *v* **1** fara (färdas) genom (över); genomkorsa; korsa, skära **2** *bildl.* gå emot, hindra; korsa **3** *jur.* bestrida **II** *s* **1** travers, tvär|stycke, -balk, -slå **2** *mil.* travers **3** *geom.* transversal **4** *jur.* bestridande **III** *a* tvärgående, tvär-

travesty [ˈtrævɪstɪ] **I** *s* travesti, parodi, karikatyr **II** *v* travestera, parodiera, karikera

trawl [trɔːl] **I** *v* **1** tråla, fiska med trål **2** ~ *s.th. for* noga söka igenom ngt efter **II** *s* **1** trål **2** långrev **3**

trålning 4 sökande **trawler** [ˈtrɔːlə] trålare

tray [treɪ] bricka; fat; låda; brevkorg

treacherous [ˈtretʃ(ə)rəs] förrädisk, trolös, svekfull; opålitlig **treachery** [-ɪ] förräderi, trolöshet, svek

treacle [ˈtriːkl] sirap; melass

tread [tred] **I** *s* **1** tramp[ande]; steg; gång; *walk with a heavy ~* gå tungt (med tunga steg), ha en tung gång **2** trapp-, fot|steg; [steg]pinne **3** trampyta; slit|yta, -bana; [däck]mönster **II** *v* (*trod, trodden*) **1** trampa, trampa [på, till, upp, sönder]; gå, vandra på (genom, i); *bildl. äv.* beträda; *~ the same path as* slå in på (gå) samma väg som; *~ water* trampa vatten; *~ down a*) trampa ner (till), *b*) trampa på, förtrampa; *~ under foot* (*bildl.*) trampa under fötterna, förtrampa **2** trampa; gå; träda, stiga; *~ lightly* (*carefully*) *a*) gå med lätta steg (försiktigt), *b*) gå försiktigt fram (tillväga); *~ in a p.'s footsteps* (*bildl.*) gå i ngns fotspår; *~ on air* vara i sjunde himlen; *~ on the brake* trampa på bromsen; *~ on a p.'s toes* trampa ngn på tårna (*äv. bildl.*)

treason [ˈtriːzn] lands-, hög|förräderi; förräderi; *an act of ~* ett förräderi

treasure [ˈtreʒə] **I** *s* skatt[er], klenod[er] (*äv. bildl.*); *she's a real ~* hon är en riktig pärla **II** *v* **1** skatta högt, uppskatta, värdera, värdesätta **2** bevara [som en skatt]; samla [på] **treasurer** [-rə] skattmästare; kommunalkamrer; (*i förening e.d.*) kassör **treasury** [ri] **1** *the ~* finansdepartementet; *the T~ Bench* regeringsbänken (*i underhuset*); *T~ bill* (*AE.*) skattkammarväxel **2** skattkammare (*äv. bildl.*) **3** kassa

treat [triːt] **I** *v* **1** behandla (*a patient for an illness* en patient för en sjukdom) **2** betrakta, anse, ta (*s.th. as a joke* ngt som ett skämt) **3** bjuda (*to* på); traktera (*to* med); *~ o.s. to s.th.* kosta på (unna) sig ngt **4** ~ *of* behandla, avhandla, handla om **5** för-, under|handla (*with s.b. for s.th.* med ngn om ngt) **II** *s* **1** [sann] njutning, nöje, upplevelse; överraskning; *look a ~* (*vard.*) se jättebra ut; *work a ~* (*vard.*) gå som smort **2** traktering; bjudning, kalas, fest; utflykt; *this is my ~* det är jag som bjuder; *stand ~* bjuda på (betala) kalaset, bjuda

treatise [ˈtriːtɪz] avhandling (*on* om)

treatment [ˈtriːtmənt] behandling (*äv. med.*)

treaty [ˈtriːtɪ] fördrag, traktat; pakt

treble [ˈtrebl] **I** *a* tre|dubbel, -faldig; *~ chance* poängtips; *it is ~ the size of* den är tre gånger så stor som **2** *mus.* sopran-, diskant-; *~ clef* diskantklav **II** *s* sopran; diskant **III** *v* tredubbla[s]

tree [triː] träd; *Christmas ~* julgran; *the ~ of knowledge of good and evil* kunskapens träd på gott och ont; *be at the top of the ~* (*bildl.*) ha nått toppen; *be up a ~* (*AE. vard.*) sitta i klistret, vara i knipa **tree line** [-laɪn] trädgräns

trefoil [ˈtriːfɔɪl] **1** *bot.* klöver **2** *arkit.* klöverblad

trek [trek] **I** *v* [fot]vandra **II** *s* lång och mödosam [fot]vandring

trellis [ˈtrelɪs] **I** *s* spaljé; galler[verk] **II** *v* spaljera

tremble [ˈtrembl] **I** *v* **1** darra, skaka, skälva; *trembling poplar* (*bot.*) asp **2** *bildl.* darra, bäva, ängslas (*about, for* för) **II** *s* darrning, skakning, skälvning; *be all of a ~* (*vard.*) darra (skaka) i hela kroppen

T

tremendous [trɪ'mendəs] **1** enorm, kolossal, väldig; *vard.* fantastisk, jättelik **2** *åld.* fruktansvärd

tremor ['tremə] **1** darrning, skälvning, skakning; rysning **2** [*earth*] ~ jordskalv

trench [tren(t)ʃ] **I** *s* **1** dike; fåra; ränna **2** *mil.* skyttegrav **II** *v* **1** dika; gräva diken *etc.*, *jfr I* **2** inkräkta ([*up*]*on* på)

trenchant ['tren(t)ʃ(ə)nt] skarp, bitande (*criticism* kritik); kraftfull

trend [trend] **I** *s* trend, tendens, [in]riktning; *set the* ~ vara trendskapande, skapa en trend **II** *v* tendera, gå, röra sig (*i viss riktning*) **trend-setter** ['trend‚setə] modeskapare, trend|skapare, -makare **trendy** ['trendɪ] **I** *a* trendig, toppmodern, inne-, moderiktig **II** *s, vard.* trendnisse

trepidation [‚trepɪ'deɪʃn] oro, bävan; bestörtning

trespass ['trespəs] **I** *v* **1** göra intrång, inkräkta; *no ~ing!* tillträde förbjudet!; *you're ~ing!* du får inte gå (vara) här!; ~ [*up*]*on a*) [dagligen] beträda, göra intrång på, inkräkta på, *b*) *bildl.* göra intrång i, inkräkta på, kräva (ta) för mycket av, ta alltför mycket i anspråk av; *you ~* [*up*]*on his hospitality* du missbrukar hans gästfrihet **2** *bibl.* synda; *them that ~ against us* dem oss skyldiga äro **II** *s* **1** intrång; [lag]överträdelse **2** *bibl.* synd; skuld

trespasser ['trespəsə] inkräktare; *~s will be prosecuted* tillträde vid vite förbjudet, överträdelse beivras

trestle ['tresl] (*stöd*) [trä]bock

trial ['traɪ(ə)l] **1** *jur.* rannsakning; rättslig prövning; rättegång, process; mål; *be on* ~ vara åtalad, stå inför rätta; *bring s.b. to* (*put s.b. on*) ~ ställa (dra) ngn inför rätta; *stand* ~ stå inför rätta **2** prövning; påfrestning; vedermöda; *be a* ~ *to s.b.* vara en påfrestning (prövning) för ngn, vålla ngn mycket bekymmer (problem) **3** prov[ning], försök, test, experiment; *sport.* försök, trial; ~ *of strength* kraftprov; *on* ~ *a*) på prov, *b*) efter en prövotid; *the new secretary is on* ~ den nya sekreteraren är anställd på prov; *do s.th. by* ~ *and error* göra ngt med hjälp av trial-and-error-metoden (genom att pröva sig fram); *give s.b.* ~ *a* ~) sätta ngn på prov, låta ngn [få] försöka, *b*) anställa ngn på prov; *give s.th. a* ~ pröva ngt; *put to the* ~ sätta på prov, testa **trial heat** [-hi:t] *sport.* försöksheat

tri|angle ['traɪæŋgl] triangel **-angular** [traɪ'æŋgjələ] triangulär, triangelformig, triangel-

tribal ['traɪbl] stam-, släkt-

tribunal [traɪ'bju:nl] domstol, tribunal

tributary ['trɪbjʊt(ə)rɪ] **I** *s* **1** biflod, tillflöde **2** tributskyldig stat (person); lydstat **II** *a* **1** bi-, sido- **2** tributskyldig; underlydande

tribute ['trɪbju:t] tribut, skatt **2** tribut, hyllning, gärd; *floral* ~ blomster|hyllning, -gärd; *a* ~ *to* (*äv.*) ett bevis på; *pay* ~ *to s.b.* bringa ngn sin hyllning

trice [traɪs] *s, in a* ~ i en handvändning

trick [trɪk] **I** *s* **1** trick[s]; konst[grepp]; knep; påhitt; list, fälla; streck, spratt; ~ *of the trade* yrkes|knep, -hemligheten, specialknep; *it's only a* ~ *of the light* det är bara ett ljusfenomen; *a dirty* ~ ett fult spratt; *how's ~s?* (*vard.*) hur är läget?; *he's up to his* ~*s as soon as my back is turned* han

gör rackartyg så fort jag vänder ryggen till; *that will do the* ~ (*vard.*) det kommer att göra susen (bli jättebra); *he knows a* ~ *or two* (*vard.*) han kan (vet) en hel del, han är minsann inte bakom; *I know a* ~ ~ *worth two of that* (*vard.*) jag känner till (vet) ett ännu bättre knep (sätt); *he never seems to miss a* ~ (*vard.*) ingenting tycks undgå honom; *play a* ~ (*play ~s*) *on s.b.* spela ngn ett spratt **2** egenhet, [o]vana **3** *kortsp.* trick, stick, spel **II** *v* **1** lura; ~ *s.b. into doing s.th.* lura ngn att göra ngt; ~ *s.b. into marriage* lura ngn till giftermål; ~ *s.b. out of s.th.* lura av ngn ngt **2** ~ [*out, up*] styra ut, snygga upp

trickery ['trɪkərɪ] knep, skoj, bedrägeri **trickiness** [-ɪnɪs] **1** knepighet, krånglighet, kinkighet **trickle** ['trɪkl] **I** *v* sippra, droppa, rinna sakta; drypa; *the tears ~d down her cheeks* tårarna trillade nerför hennes kinder; *people began to* ~ *back to the bus* folk började sakta dra sig tillbaka till bussen; *the news ~d out* nyheten sipprade ut **II** *s* sipprande, droppande; droppe

trickster ['trɪkstə] skojare, bluffmakare **tricky** [-ɪ] **1** knepig, krånglig, kinkig **2** opålitlig, listig

tricycle ['traɪsɪkl] trehjuling

trifle ['traɪfl] **I** *s* **1** småsak, bagatell, petitess; strunt[sak]; struntsumma **2** *a* ~ en aning, litet [grand] **3** (*slags*) fruktårta **II** *v* **1** ~ *away* slösa (plottra) bort, förslösa, [för]spilla **2** leka (*äv. bildl.*); peta; ~ *with a man* leka, och *b*) peta i; *he is not* [*a person*] *to be ~d with* han är inte att leka med **trifling** [-ɪŋ] **1** obetydlig, bagatellartad, strunt- **2** lättsinnig; lättjefull

trigger ['trɪgə] (*på skjutvapen*) avtryckare; *pull* (*squeeze*) *the* ~ trycka av; *be quick on the* ~ skjuta snabbt **-happy** [-‚hæpɪ] *vard.* skjutglad

trill [trɪl] **I** *v* drilla (*äv. mus.*); ~*ing laughter* pärlande skratt **II** *s* drill (*äv. mus.*)

trim [trɪm] **I** *a* snygg; proper, nätt, prydlig, vårdad; väl|skött, -ordnad **II** *s* **1** skick, tillstånd, ordning, form, trim; *be in* [*good*] ~ *a*) vara i ordning, *b*) vara i form (trim) **2** trimning, putsning, klippning; *give s.th. a* ~ klippa (putsa, trimma, tukta, beskära) ngt **3** utsmyckning, dekoration; kantband; lister; utstyrsel, dräkt, stass; (*bils*) inredning; *AE.* skyltmaterial **4** *sjö., flyg.* trim; *sjö. äv.* trimning **5** bortskuret ([bort]klippt) material **III** *v* **1** trimma, putsa, klippa; tukta, beskära; jämna [av, till]; *bildl.* skära ner, banta; ~ *off* (*away*) skära (putsa) bort **2** smycka [ut], pynta, dekorera, garnera, klä, kanta **3** *vard.* klå [upp]; slå; besegra **4** *sjö., flyg.* trimma; *bildl.* anpassa (*to* efter); ~ *one's sails to every wind* (*bildl.*) vända kappan efter vinden **5** vända kappan efter vinden, kompromissa

trimming ['trɪmɪŋ] **1** trimning, putsning, avklippning **2** dekoration, garnering, utsmyckning, pynt **3** ~*s* (*pl*) [extra] tillbehör **4** ~*s* (*pl*) bortskurna bitar **5** *vard.* stryk; bannor **6** *sjö.* trimning

trinity ['trɪnɪtɪ] trefald; treenighet; *the* [*Holy*] *T~* (*teol.*) treenigheten

trinket ['trɪŋkɪt] liten prydnadssak; billigt smycke; ~*s* (*pl, äv.*) nipper, grannlåt

trio ['tri:əʊ] trio

trip [trɪp] **I** *s* **1** tur, resa, tripp , utflykt **2** trippande [gång] **3** snavande, snubblande **4** krokben **5** fel, felsteg, blunder, tabbe **6** *tekn.* utlösning; utlösare **7** *vard.* tripp (*LSD-rus*); spännande upplevelse **ll** *v* **1** *tekn.* utlösa **2** ~ [*up*] få att snava (snubbla), fälla, sätta krokben för, *bildl. äv.* sätta på det hala, göra förvirrad, avslöja, ertappa **3** ~ [*up*] *a*) snava, snubbla (*äv. bildl.*), *b*) begå ett fel[steg], göra en tabbe; ~ [*up*] *over* snava (snubbla) på **4** trippa

triple ['trɪpl] **l** *a* tre|faldig, -dubbel, -delad; trippel-; tre-; *the T~ Alliance* trippelalliansen; ~ *jump* (*sport.*) tresteg[shopp]; ~ *time* (*mus.*) tretakt **ll** *v* tredubbla[s]

triplet ['trɪplɪt] **1** trilling **2** *mus.* triol

tripod ['traɪpɒd] **1** trefot, tripod **2** stativ [med tre ben]

trite [traɪt] sliten, nött, banal

triumph ['traɪəmf] **l** *s* triumf; seger **ll** *v* triumfera; segra   **triumphal** [traɪˈʌmfl] triumfartad, triumf-; ~ *arch* triumfbåge; ~ *procession* triumftåg   **triumphant** [traɪˈʌmfənt] triumferande; triumfartad

trivial ['trɪvɪəl] **1** obetydlig, oviktig **2** trivial, banal, alldaglig **-ity** [ˌtrɪvɪˈælətɪ] **1** obetydlighet, bagatell **2** trivialitet, banalitet

trod [trɒd] *imperf av* tread **-den** [-n] *perf part av* tread

trolley ['trɒlɪ] **1** [drag]kärra **2** tralla; dressin **3** tevagn, rullbord; serveringsvagn **4** *tekn.* kontakttrissa, löpkontakt **5** *BE.* trådbuss **6** *AE.* spårvagn **trolley bus** trådbuss

trom|bone [trɒmˈbəʊn] *mus.* trombon, [drag]basun **-bonist** [-ɪst] trombonist

troop [tru:p] **l** *s* **1** skara, skock, grupp **2** *mil* trupp; tropp; [kavalleri]förband (*av kompanis storlek*); [squad]avdelning **ll** *v* **1** gå (komma, samlas) i skaror; tåga; *vard.* troppa (*off av*) **2** ~ *the colour* göra parad för (troppa) fanan

trophy ['trəʊfɪ] trofé, segertecken

tropic ['trɒpɪk] **l** *s* **1** vändkrets, tropik; *the T~ of Cancer* (*Capricorn*) Kräftans (Stenbockens) vändkrets **2** *the* ~*s* (*pl*) tropikerna **ll** *a* tropisk   **tropical** [-l] tropisk

trot [trɒt] **l** *v* **1** trava, gå i trav; rida i trav **2** kila, trava, traska; ~ *along* kila (traska) på (i väg) **3** låta trava **4** *vard.* komma dragandes med (*the same ideas* samma gamla idéer), dra fram, briljera med **ll** *s* **1** trav **2** travande; rask gång; *the* ~*s* (*vard.*) diarré; *on the* ~ (*vard.*) *a*) i farten, *b*) på raken, i rad **3** [litet] pyre **4** *AE. vard.* moja **trotter** ['trɒtə] **1** travhäst, travare **2** *kokk.* grisfot

trotting [-ɪŋ] trav[sport]

troubadour ['tru:bəˌdʊə] trubadur

trouble ['trʌbl] **l** *s* **1** svårighet[er]; möda, besvär; besvärlighet[er], obehag[ligheter], tråkighet[er]; problem; krångel, trassel; bråk; knipa; bekymmer, oro; sorg; *no* ~ [*at all*]! ingen orsak!; *ask for* ~ *a*) ställa till trassel för sig, *b*) ställa till bråk, tigga stryk; *that's the* ~ det är det som är problemet; *what's the* ~*?* vad står på?, vad är det?, hur är det [fatt]?; *the* ~ *is that* svårigheten (problemet, felet) är att; *it's no* ~ det är (var) inget besvär; *the boy is a great* ~ *to his parents* pojken är ett stort bekymmer för sina föräldrar; *it is more* ~ *than it is worth* det är inte värt besväret (mödan värt); *be in* ~ vara i knipa, ha problem (svårigheter); *get into* ~ få svårigheter (problem, tråkigheter), råka i knipa (illa ut); *get s.b. into* ~ *a*)

vålla ngn svårigheter, sätta ngn i knipa, *b*) *vard.* göra ngn med barn; *go to the* ~ *of doing* (*take the* ~ *to do*) *s.th.* göra sig besväret (mödan) att göra ngt; *have* ~ *doing s.th.* ha svårigheter (problem) med att göra ngt; *make* ~ göra svårigheter, ställa till besvär (bråk); *take the* ~ *to* göra sig besvär[et] att; *take* ~ *over* göra sig besvär med **2** besvär, åkomma, ont, sjukdom; *heart* ~ hjärtbesvär **3** krångel, störning, fel, skada; *engine* ~ motorkrångel **4** oro; ~*s* (*pl*) oroligheter, konflikter **ll** *v* **1** bekymra, oroa; plåga; besvära; störa; ~ *o.s.* *a*) bekymra (oroa) sig, *b*) besvära sig, göra sig besvär; *I'll* ~ *you to remember that!* var snäll och kom ihåg det!; *sorry to* ~ *you!* förlåt att jag besvärar (stör) [dig]!; *may I* ~ *you for... ?* får jag be (besvära) [dig] om...?, kan du ge mig...?; *will it* ~ *you if I smoke?* besvärar det dig om jag röker?; *be* ~*d with* plågas (besväras, lida) av, ha bekymmer (problem) med; *don't* ~ *yourself* (*about s.th.*) sig (*about s.th.* med ngt, *w* åo *s.th.* med att göra ngt), döm *t* ~ *to...!* (*äv.*) du behöver inte...!, försök inte att...! **3** bekymra (oroa) sig (*about, over* för, över)

troubled ['trʌbld] **1** orolig; *pour oil on* ~ *waters* (*bildl.*) gjuta olja på vågorna **2** orolig, oroad, bekymrad (*about* för, över) **troublemaker** [-ˈmeɪkə] orosstiftare, uppviglare, bråkmakare

troubleshooter [-ˌʃu:tə] **1** *AE.* felsökare **2** medlare, medlingsexpert **troublesome** [-səm] besvärlig, besvärande; svår, påfrestande

trouble spot [spɒt] oroscentrum; oroligt hörn

trough [trɒf] **1** ho, tråg, kar **2** ränna, dike **3** vågdal (*äv. bildl.*); dalsänka **4** *meteor.* lågtrycks|område, -bälte

troupe [tru:p] [teater]trupp, sällskap, grupp

trousers ['traʊzəz] *pl* [lång]byxor; *a pair of* ~ ett par byxor; *wear the* ~ (*BE. vard.*) vara den som bestämmer i familjen **trouser suit** byxdress

trousseau ['tru:səʊ] (*pl* ~*s el.* ~*x* [-z]) [brud]utstyrsel

trout [traʊt] **1** (*pl lika*) forell **2** *BE. vard., old* ~ gammal kärring

trowel ['traʊ(ə)l] **1** murslev **2** planterings-, trädgårds|spade

truant ['tru:ənt] skolkare, elev som skolkar; *play* ~ skolka

truce [tru:s] vapenvila, [vapen]stillestånd; andrum; *flag of* ~ parlamentärflagg

1 truck [trʌk] **l** *s* **1** *BE.* öppen godsvagn; boggi **2** *AE.* lastbil; långtradare **3** truck; flak-, transport|vagn; [last]kärra; bagagekärra **4** *sjö.* masttopp **ll** *v, i sht AE.* **1** transportera med lastbil **2** köra lastbil

2 truck [trʌk] **l** *v* **1** handelsvaror **2** affärer; byteshandel; *they will have no* ~ *with him* de vill inte ha med honom att göra **3** *vard.* skräp, strunt **4** *AE.* grönsaker **ll** *v* **1** driva byteshandel **2** schackra

truck driver ['trʌkˌdraɪvə] truckförare **trucker** [-ə] *AE.* lastbils|chaufför, -förare

trucu|lence ['trʌkjʊləns], **-lency** [-lənsɪ] stridslystnad, aggressivitet **-lent** [-lənt] stridslysten, aggressiv

trudge [trʌdʒ] **l** *v* släpa sig fram, gå med tunga steg **ll** *s* mödosam (tung) vandring

true [tru:] **l** *a* **1** sann; sanningsenlig, sannfärdig; exakt; rätt; riktig; verklig; äkta; trogen; lojal; ~

owner rättmätig ägare; ~ *to facts* i överensstämmelse med fakta; ~ *to form (type) a*) normal (karakteristisk, typisk), *b*) som väntat; ~ *to life* verklighetstrogen; ~ *to nature* naturtrogen; *in* ~ *life* i verkliga livet; *be (hold)* ~ gälla, äga giltighet, vara giltig; *be* ~ *to s.b.* vara ngn trogen; *be* ~ *to one's word* stå vid sitt ord; *come (prove)* ~ slå in, bli verklighet, gå i uppfyllelse, besannas; [*it's*] ~, *but* visserligen (det är sant, det stämmer) men; *that's* ~! det är sant!, [det] stämmer!, precis! **2** *mus.* ren, rätt[stämd] **3** *tekn.* rät; rätt avpassad (inpassad, inställd) **4** (*om kompass*) rättvisande (*north* nord) **II** *adv* sant; exakt; rätt; rent; *ring* ~ klinga äkta, låta sant; *speak* ~ tala sant (sanning) **III** *s, out of* ~ ur läge, sned, skev, vind **IV** *v* räta, rikta, av-, in|passa, ställa in, justera

truffle ['trʌfl] tryffel

trug [trʌg] låg, oval trädgårdskorg

truism ['tru:ɪz(ə)m] truism, självklart påstående

truly ['tru:lɪ] *adv* **1** sant; uppriktigt; verkligt; verkligen; i själva verket; uppriktigt sagt **2** riktigt, fullständigt, helt och fullt; med rätta **3** troget, lojalt **4** *Yours* ~ (*i brev*) högaktningsfullt; *yours* ~ (*skämts.*) undertecknad, jag, mig

trump [trʌmp] **I** *s* **1** *kortsp., bildl.* trumf[kort]; *no* ~*s* sang; *hearts are* ~*s* hjärter är trumf; *turn (come) up* ~*s* (*vard.*) *a*) ställa upp, *b*) slå väl ut **2** *vard.* bra karl (grabb) **II** *v* **1** *kortsp.* trumfa, ta med trumf; *bildl.* övertrumfa **2** *bildl.*, ~ *up* duka upp, koka ihop

trumpet ['trʌmpɪt] **I** *s* **1** trumpet; *blow one's own* ~ skryta med sig själv **2** trumpetare **3** trumpet|-stöt, -signal **4** (*elefants e.d.*) trumpetande **II** *v* trumpeta [ut]; *bildl.* basunera ut **trumpeter** [-ə] trumpetare

truncate [trʌŋ'keɪt] stympa; skära av (bort)

truncheon ['trʌn(t)ʃ(ə)n] **1** *i sht BE.* batong **2** (*marskalks*) stav

trundle ['trʌndl] **I** *v* **1** rulla; köra sakta **2** knalla i väg (*somewhere* någonstans) **II** *s* **1** litet hjul, trissa **2** liten vagn (kärra)

trunk [trʌŋk] **1** [träd]stam **2** bål, torso **3** snabel **4** koffert, trunk; *AE. äv.* bagage|lucka, -utrymme (*i bil*) **5** huvud|linje, -gren; stam **6** ~*s* (*pl*) sim-, bad|byxor; gymnastik-, idrotts|byxor; *BE.* kalsonger (*med ben t. halva låret*) **trunk call** ['trʌŋkkɔ:l] *tel.* rikssamtal **trunk line** ['trʌŋklaɪn] **1** *tel.* huvudledning **2** *järnv.* stambana **trunk road** ['trʌŋkrəʊd] *BE.* riks-, huvud|-väg

truss [trʌs] **I** *v* **1** ~ [*up*] *a*) binda [ihop], *b*) *kokk.* binda upp **2** *byggn.* stötta, staga, förstärka **II** *s* **1** *byggn.* stötta, förstärkning; takstol; fackverk **2** bunt, packe; *i sht BE.* knippa (*of hay* hö) **3** *med.* bråckband

trust [trʌst] **I** *s* **1** förtroende (*in* för), tillit, tilltro (*in* till); förtröstan (*in* på); [gott] hopp; [fast] förhoppning; *hand.* kredit; *commission of* ~ förtroendeuppdrag; *position of* ~ ansvarsfull ställning; *on* ~ *a*) i god tro, *b*) *hand.* på kredit; *take s.th. on* ~ helt enkelt (utan vidare) godta[ga] ngt, lita på att ngt är riktigt; *place (put) one's* ~ in sätta sin tillit till, lita på **2** förtroendeuppdrag, tjänst **3** plikt **4** ansvar; vård, omvårdnad; *hand., jur. a*) förvaltning, förvaltarskap, *b*) deposition, anförtrott gods, *c*) fideikommiss; *breach of* ~ trolös-

het mot huvudman; *commit s.th. to a p.'s* ~ anförtro ngt i ngns vård, deponera ngt hos ngn; *hold s.th. in* ~ *for s.b.* förvalta ngt åt ngn; *in my* ~ i min vård **5** trust; organisation, sammanslutning; stiftelse; *the National T*~ (*ung.*) riksantikvarieämbetet **II** *v* **1** ha förtroende för, lita på; tro på, sätta tro till; hysa en fast förhoppning [om], [verkligen] hoppas; vara säker på, tro; *hand.* ge (lämna) kredit; ~ *s.b. to do s.th.* lita på att ngn gör ngt; ~ *s.b. for s.th.* (*hand.*) ge (lämna) ngn kredit på ngt; ~ *me to do that!* du kan vara säker (lita) på att jag gör det!; ~ *him to break it!* (*iron.*) typiskt för honom att ha sönder den!; *can she be* ~*ed not to lose it?* kan man lita på att hon inte tappar bort den? **2** ~ *s.b. to do s.th.* anförtro (överlämna) åt ngn att göra ngt; ~ *s.b. with s.th.*, ~ *s.th. to s.b.* anförtro (överlämna) ngt åt ngn (i ngns vård), anförtro ngn ngt; *can we* ~ *her to go out alone?* vågar vi låta henne gå ut ensam? **3** sätta sin tillit (*in, to* till), lita, tro (*in, to* på), hoppas (*to* på); ~ *in God* förtrösta på (sätta sin tillit till) Gud; ~ *to luck* lita på turen

trustee [ˌtrʌs'ti:] *jur.* förtroendeman; förvaltare; förmyndare

trusting ['trʌstɪŋ] tillitsfull **trustworthy** [-ˌwɜ:ðɪ] pålitlig, tillförlitlig

truth [tru:θ] **1** sanning; sannings|enlighet, -halt, sannfärdighet; verklighet, faktum; *home* ~*s* obehagliga (beska, bittra) sanningar; *the* ~ *of the matter is that* sanningen är [den] att; *tell (speak) the* ~ tala sanning, säga sanningen; *to tell [you] the* ~, ~ *to tell, in [all]* ~ sanningen att säga, ärligt talat, uppriktigt sagt; ~ *will out* sanningen kommer alltid fram **2** [verklighets]trohet, realism **3** precision, exakthet (*of an instrument* hos ett instrument) **-ful** ['tru:θf(ʊ)l] sann; sannfärdig; sanningsenlig; verklighetstrogen

try [traɪ] **I** *v* **1** försöka (*to do s.th.* att göra ngt); försöka med (*doing s.th.* att göra ngt); försöka [på]; prova; testa; smaka [på]; anstränga, ta på, fresta [på]; sätta på prov; ~ *one's best (hardest)* göra sitt bästa (yttersta); ~ *the door* känna på (försöka öppna) dörren; ~ *one's hand at s.th.* försöka sig på ngt; ~ *one's luck (fortunes)* pröva lyckan; ~ *me!* (*vard.*) ska vi slå vad?; *it tries my patience* det sätter mitt tålamod på prov, det frestar (prövar) mitt tålamod; ~ *one's strength at* pröva sina krafter på; *it's* ~*ing to rain* (*vard.*) det ser ut att bli regn; ~ *on* prova (*a dress* en klänning); *don't* ~ *it on with me!* (*vard.*) försök inte med mig!; ~ *out* [grundligt] pröva (prova [ut]), testa **2** *jur.* behandla, handlägga; rannsaka; döma i; ställa inför rätta, anklaga, åtala **3** försöka (*at* med), försöka sig (*at* på); ~ *and do s.th.* (*vard.*) försöka och göra ngt; ~ *for* eftersträva, försöka nå (få), söka, ansöka om; ~ *as he might* hur mycket han än försökte **II** *s* försök; (*i rugby äv.*) try (*3 el. 4 poäng*); *have a* ~ göra ett försök, försöka (*at s.th.* med ngt), pröva (*at s.th.* ngt)

trying ['traɪɪŋ] ansträngande, påfrestande, besvärlig (*to* för)

tsar [zɑ:] tsar

TU, T.U. *förk. för* trade union

tub [tʌb] **I** *s* **1** balja; bytta; fat, tunna; kar, tråg **2** *vard.* skorv (*gammal båt*) **3** *AE.* badkar **II** *v, BE. vard.* bada

tuba ['tju:bə] *mus.* tuba

tubby ['tʌbɪ] rund[lagd], knubbig

tube [tju:b] **1** rör (*äv. anat.*); slang; *elektron.* [ka-todstråle]rör; *inner* ~ innerslang **2** tub (*of tooth-paste* tandkräm) **3** (*i sht Londons*) tunnelbana **4** *A E. sl.* dumburk, TV **-less** ['tju:blɪs] slanglös; ~ *tyres* slanglösa däck

tuberculosis [tju:͵bɜ:kjʊ'ləʊsɪs] *med.* tuberku-los

tubing ['tju:bɪŋ] rör[ledning]; slang **tubular** ['tju:bjʊlə] rör-, tub|formig, cylindrisk; ~ *steel* furniture stålrörsmöbler

T.U.C. *förk. för Trades Union Congress; the* ~ Brittiska LO

tuck [tʌk] **l** *s* **1** *sömn.* veck; insyning **2** *BE. skolsl.* käk; godis, snask **ll** *v* **1** *sömn.* vecka; sy in; ~ *up* lägga upp **2** ~ [*up*] dra (fästa, vika, kavla) upp **3** stoppa [ner, in], sticka; ~ *away a*) stoppa (göm-ma) undan, *b*) vard. stoppa (sätta) i sig; ~ *in a*) stoppa in (ner), vika in, *b*) vard., *se* ~ *away b*); ~ *s.b. in* (*up*) stoppa om ngn **4** *vard.,* ~ in ta (hugga) för sig; ~ into hugga in på **tuck-in** ['tʌkɪn] *BE. vard.* skrovmål, kalas

Tuesday ['tju:zdɪ] (*jfr Friday*) tisdag

tuft [tʌft] **l** *s* **1** tuva; ~ *of grass* grästuva **2** tofs, tott, test; ~ *of hair* hår|tofs, -test; ~ *of wool* ull-tott **ll** *v* förse (pryda) med tofs[ar]

tug [tʌg] **l** *v* **1** rycka i, slita i **2** släpa [på], dra; bog-sera **3** rycka, slita (*at i*) **4** slita [o. släpa], knoga **ll** *s* **1** ryck[ning], dragning, tag **2** bogserbåt, bog-serare **tugboat** ['tʌgbəʊt] bogserbåt **tug-of-war** [͵tʌgə(v)'wɔ:] dragkamp (*äv. bildl.*)

tuition [tju:'ɪʃn] **1** undervisning; *private* ~ pri-vatundervisning **2** [skol]avgift

tulip ['tju:lɪp] tulpan

tulle [tju:l] tyll

tumble ['tʌmbl] **l** *v* **1** kasta [omkull], vräka [om-kull] **2** slänga [huller om buller]; stöka till i, vän-da upp och ner på; knyckla (skrynkla, rufsa) till **3** tumla; falla (*äv. bildl.*), ramla, trilla; störta; kasta sig; rasa (*äv. bildl.*); virvla; ~ *about a*) tum-la omkring, *b*) trilla huller om buller, *c*) snurra (virvla) runt; ~ *down a*) ramla [ner, nerför], stör-ta [ner, nerför], *b*) rasa, störta samman; ~ *into bed* stupa i säng; *I* ~*d on him* jag stötte händelse-vis ihop med honom; ~ *over s.th.* snubbla på (över) ngt; ~ *to s.th.* (*vard.*) fatta (komma un-derfund med) ngt **4** slå kullerbyttor, göra volter **ll** *s* **1** fall (*äv. bildl.*), stört|ande, -ning; ras (*äv. bildl.*); *take a* ~ *a*) ramla [omkull], *b*) bildl. falla **2** villervalla, röra **3** kullerbytta, volt

tumble-down ['tʌmbldaʊn] fallfärdig, förfallen **tumble drier (dryer)** [-͵draɪə] torktumlare **tumbler** [-ə] **1** tumlare, bägare **2** akrobat **3** [tork]tumlare **4** (*i lås*) tillhållare **5** stådocka (*m. blyklump i botten*) **tumbler drier (dryer)** [-ə͵draɪə] torktumlare

tummy ['tʌmɪ] *vard., barnspr.* mage

tumour ['tju:mə] tumör, svulst

tumult ['tju:mʌlt] tumult; bråk, upplopp; förvir-ring **tumultuous** [tju:'mʌltjʊəs] tumultartad; larmande, bullrande, stormig

tuna [fish] ['tu:nə(fɪʃ)] *zool.* tonfisk, tuna

tundra ['tʌndrə] tundra

tune [tju:n] **l** *s* **1** melodi; låt; *call the* ~ (*bild.*) ange tonen; *change one's* (*sing a different*) ~

(*bildl.*) ändra ton (uppfattning), lägga om stil; *dance to someone else's* ~ (*bildl.*) dansa efter ngn annans pipa **2** [riktig] stämning; *bildl.* samklang, harmoni; *be in* ~ *a*) vara stämd, stämma, *b*) *bildl.* stå i samklang, harmoniera, passa ihop (*with* med), vara på samma våglängd (*with* som); *the trumpet and the strings are not in* ~ trumpeten och stråkarna är inte samstämda; *be out of* ~ *a*) vara ostämd, vara för hög (låg), *b*) *bildl.* inte stå i samklang (harmoniera, passa ihop, vara på samma våglängd); *sing in* (*out of*) ~ sjunga rent (falskt) **3** *to the* ~ *of* till ett belopp av **ll** *v* **1** stäm-ma (*instrument*); *radio., TV.* ställa in (*the radio to another station* radion på en annan station); *bildl.* anpassa (*to* efter), få att överensstämma (*to* med); ~ *o.s. to* ställa om sig till **2** ~ *in to a station* (*radio., TV.*) ställa (ta) in en station; *you are* ~*d in to Radio Sweden* du (ni) lyssnar på Sveriges Radio, detta är Sveriges Radio; *be* ~*d in to* (*bildl.*) vara inställd om (inställd på) **3** *tekn.,* ~ [*up*] trimma, justera **4** ~ *up* stämma [instru-ment|et, -en] **5** *bildl.* vara (stå) i samklang, har-moniera

tuner ['tju:nə] **1** stämmare; *piano* ~ pianostäm-mare **2** *radio., TV.* tuner, kanalväljare; avstäm-ningsenhet

tunic ['tju:nɪk] **1** tunika, tunik **2** uniforms|kavaj, -jacka, -rock **3** *anat., biol.* hinna, membran; höl-je

tuning ['tju:nɪŋ] **1** *mus.* stämmande, stämning; *intonation* **2** *radio., TV.* inställning; avstämning **tuning fork** *mus.* stämgaffel

Tunisia [tju:'nɪzɪə] Tunisien **Tunisian** [tju:'nɪ-zɪən] *l a* tunisisk **ll** *s* tunisier

tunnel ['tʌnl] **l** *s* tunnel, underjordisk gång **ll** *v* gräva en tunnel

turban ['tɜ:bən] turban

turbine ['tɜ:baɪn] turbin

turbo|-electric [͵tɜ:bəʊ'lektrɪk] turboelektrisk **-jet** [͵tɜ:bəʊ'dʒet] **l** *s* **1** turbomotor **2** turbojet-plan **ll** *a* turbojet-; ~ *engine* turbojetmotor

turbot ['tɜ:bət] *zool.* piggvar

turbu|lence ['tɜ:bjʊləns] turbulens; *bildl. äv.* oro, förvirring, upprördhet **-lent** [-lənt] turbu-lent; *bildl. äv.* orolig, våldsam, stormig

tureen [tə'ri:n] [sopp]terrin, soppskål

turf [tɜ:f] **l** *s* (*pl* ~ *el. turves*) **1** tät gräsmatta, gräs[torv]; grästorva **2** *the* ~ *a*) kapplöpningsba-nan, *b*) hästsporten **3** *Irl.* torv **ll** *v* **1** grästäcka **2** *BE. vard.,* ~ *s.b. out* sparka (slänga) ut ngn

Turk [tɜ:k] turk **Turkey** ['tɜ:kɪ] Turkiet

turkey ['tɜ:kɪ] **1** kalkon **2** *AE. vard.* dumskalle, idiot **3** *i sht AE. vard.* tala allvar, tala öppet (klarspråk) **4** *AE. vard., cold* ~ snabb avvänj-ning

Turkish ['tɜ:kɪʃ] *l a* turkisk; ~ *bath* turkiskt bad, turk; ~ *delight* marmeladkonfekt med puder-socker (choklad); ~ *towel* frottéhandduk **ll** *s* tur-kiska [språket]

turmoil ['tɜ:mɔɪl] kaos, tumult, oordning, förvir-ring

turn [tɜ:n] **l** *v* **1** vrida; vända (vrida) på (om); svänga [runt, om], svänga på; vika om; snurra [på], skruva [på]; veva, sno; [in]rikta; ~ *one's ankle* vricka foten; ~ *one's attention to* rikta sin uppmärksamhet mot; ~ *one's back* [*up*]on

T

s.b. (bildl.) vända ngn ryggen; *as soon as his back is ~ed* så snart han vänder ryggen till; *~ the cape* segla runt (runda) udden; *~ the corner* vika om (svänga runt) hörnet; *~ a film* spela in en film; *~ a gun on s.b.* rikta ett gevär mot ngn; *without ~ing a hair* utan att ändra en min (blinka); *~ one's hand to s.th.* försöka sig på (ägna sig åt) ngt; *~ a p.'s head (bildl.*) stiga ngn åt huvudet, förvrida huvudet på ngn; *~ a somersault* slå en kullerbytta; *it ~ed his stomach* det fick det att vända sig i magen på honom; *what ~s the wheel?* hur drivs hjulet?, vad får hjulet att snurra?; *~ low* skruva ner **2** svarva [till]; dreja; *bildl.* formulera, turnera *(a compliment* en komplimang) **3** *he is (has) ~ed forty* han har fyllt fyrtio; *it is (has) ~ed four [o'clock]* klockan är över fyra **4** göra; *~ colour* skifta färg; *~ into a*) göra [om] till, förvandla till, *b*) överflytta (översätta) till; *the play was ~ed into a film* pjäsen har filmatiserats; *the hot weather has ~ed the milk [sour]* hettan har fått mjölken att surna **5** köra bort; skicka [bort]; *~ loose* släppa [lös, ut]; *~ s.b. adrift* lämna ngn vind för våg; *~ the dog on s.b.* bussa hunden på ngn **6** avvärja; avleda; *~ s.b. from (äv.*) få ngn att avstå från **7** vända [om]; vända sig [om]; vrida [sig]; svänga (snurra, gå) [runt]; rotera; vika (böja, ta) av; *left (right) ~!* vänster (höger) om!; *~ [to the] left (right)* vika (ta) av till (svänga åt) vänster (höger); *~ to the left (right)* göra vänster (höger) om; *~ to s.b. for help* vända sig till ngn för att få hjälp; *my head is ~ing* det går (snurrar) runt i huvudet på mig; *I don't know which way (where) to ~* jag vet inte vart (hur) jag skall vända mig; *my stomach ~ed at this sight* det vände sig i magen på mig vid åsynen av detta; *the tap won't ~* det går inte att vrida på kranen **8** svarva; dreja **9** bli; *(om mjölk*) bli sur, surna; *(om löv*) skrifta färg; *(om väder*) slå om; *~ red a*) bli röd, rodna, *b*) *(om trafikljus*) slå om till rött; *~ [in]to* bli (förvandlas, utvecklas) till, övergå till (i); *~ from one thing to another* övergå från en sak till en annan **10** *~ about a*) vända [med], *b*) vända på, *c*) vända sig om; *~ against* vända sig mot; *~ around, se ~ round; ~ away a*) vända (vrida) bort, *b*) skicka (köra) bort, *c*) avvisa, *d*) vända sig bort, *e*) gå sin väg; *~ back a*) vika tillbaka (undan), *b*) skicka tillbaka, *d*) driva (slå) tillbaka, *d*) avvisa, *e*) ställa (vrida) tillbaka, *f*) vända [om, tillbaka], återvända; *there is no ~ing back* det finns ingen återvändo; *~ down a*) vika (fälla, slå) ner, *b*) skruva (sätta) ner, minska, *c*) avvisa, avslå, förkasta, *e*) vika (svänga) in på; *~ in a*) lämna (skicka) in (tillbaka), *b*) byta in, *c*) åstadkomma, *d*) *vard.* tjalla på, ange, anmäla, *e*) vända (vika, böja) [sig] in[åt], *f*) vara vänd (böjd) inåt, vara invikt, *g*) bege sig (gå, köra) in, *h*) *vard.* gå och lägga sig, *i*) *vard.* sluta [med], lägga av; *~ it in! (vard.*) sluta [någon gång]!, lägg av!; *~ in on o.s.* sluta sig inom sig själv; *~ into a) se turn I 4 o. 9, b*) vika (svänga, ta, slå) in på; *~ off a*) skruva (vrida) av, stänga [av, till], *b*) *vard.* [få att] tappa lusten, vara motbjudande för, beröra illa, *c*) vika (svänga, ta) av; *~ on a*) skruva (vrida, sätta, slå) på, *b*) handla (röra sig) om, *c*) hänga (bero) på, *d*) vända [sig] mot, ge sig på, gå lös på, gå till angrepp mot, *e*) *vard.* tända på; *~*

on the charm (vard.) koppla på sin charm; *it doesn't ~ me on (vard.*) jag tänder inte på det; *~ out a*) stänga [av], släcka, *b*) släppa ut, *c*) få fram, producera, tillverka, *d*) framställa, producera, *e*) köra bort (ut), kasta ut, *f*) tömma, röja ur, *g*) ekipera, klä, styra ut, *h*) *kokk.* stjälpa upp, *i*) vända (vika, böja) [sig] ut[åt], *j*) vara vänd *(etc.*) utåt, *k*) bege sig (gå, köra, rycka) ut, *l*) dyka upp, komma, samlas, *m*) ställa upp, *n*) visa sig [vara], *o*) arta sig till, bli, *p*) avlöpa, utfalla, sluta; *well ~ed out* välklädd; *he ~s his toes out, his toes ~ out* han går utåt med tårna; *he ~ed out to be the thief himself* det visade sig att han själv var tjuven; *~ over a*) vända [på], vända [på] sig, vända upp och ner på, *b*) kasta omkull, stjälpa (välta) [omkull], kantra, *c*) över|lämna, -låta, *d*) *hand.* omsätta[s], *e*) låta gå över, *f*) starta, veva igång *(motor*), *(om motor*) starta, vara i gång; *~ s.th. over [in one's mind*] tänka över (fundera på, vrida och vända på) ngt; *please ~ over!* [var god] vänd!; *~ over the page* vända på bladet; *he ~ed the car over* han slog runt med bilen; *~ round a*) vända [med, på], vända sig på (sig om), vrida på, *b*) vrida [sig] runt, svänga (snurra) runt, *c*) ändra sig (uppfattning); *~ round the corner* svänga runt hörnet; *~ to a) se 17 o. 9, b*) vända sig till (mot), anlita, gå till, rådfråga, *c*) komma in på, övergå till, *d*) ägna sig åt, *e*) sätta i gång [med]; *~ to page 9* slå upp sidan 9; *~ up a*) tända, skruva upp, *b*) slå upp, *c*) vika (fälla, slå, kavla) upp, fålla upp, *d*) vända (vika, böja) [sig] upp[åt], *e*) vara vänd *(etc.*) uppåt, *f*) dyka upp, komma [fram, till rätta], visa (yppa) sig, uppstå; *~ up one's nose at s.th.* rynka på näsan åt ngt; *her nose ~s up* hon har uppnäsa **II** *s* **1** vändning, vridning; sväng, svängning; krök[ning]; kurva; omgång, varv, slag; *bildl. äv.* förändring, omsvängning, vändning; *bildl.* [sjukdoms]attack, anfall; *the ~ of the century* sekelskiftet; *~ of the tide a*) tidvattensväxling, *b*) [allmän] förändring, omsvängning; *at every ~* vart man vänder sig, överallt, vid varje steg (tillfälle), ständigt; *be on the ~ a*) [hålla på att] vända, vara vid en vändpunkt, *b*) börja (hålla på att) bli dålig (surna); *to a ~* precis, perfekt; *the meat was done to a ~* köttet var precis lagom [stekt, kokt]; *make a ~ to the left* vika (ta) av till (svänga åt) vänster; *take a tragic ~* ta en tragisk vändning; *take a ~ at* hjälpa till (ge ett handtag) med (vid); *take a ~ for the worse* ta en vändning till det sämre, försämras **2** [artist]nummer **3** tjänst; *a good ~* en stor tjänst; *do s.b. a bad ~* göra ngn en otjänst (björntjänst) **4** ändamål, syfte; *serve a p.'s ~* tjäna (passa) ngns syfte **5** *åld.* [liten] tur, promenad **6** tur; *~ and ~ about* omväxlande, växelvis; *by ~s* i tur och ordning, tur-, växel|vis, omväxlande, i omgångar, om varannat; *in ~ a*) i tur och ordning, tur-, växel|vis, *b*) i sin tur, åter; *out of ~ a*) när det inte är ens tur, på fel ställe, *b*) taktlöst; *speak out of ~* yttra sig taktlöst (opassande); *it's your ~* det är din tur; *take ~s in doing (to do) s.th., take it in ~s to do s.th.* turas om att göra ngt; *wait (take) your ~!* vänta tills det är din tur! **7** *~ of speed* snabbhet; *the boat has a good ~ of speed* båten kan gå mycket fort **8** läggning, fallenhet; *~ of mind* sinnelag, läggning, tänkesätt, sinnelag **9** *vard.*

chock; *give s.b. a ~* skrämma (chocka) ngn **10** form, välvning; *the ~ of her ankle* formen på hennes vrist **11** formulering, [ord]vändning; *~ of expression* uttryckssätt

turn|about ['tɜ:nəbaʊt] helomvändning (*äv. bildl.*) **-coat** avhoppare, överlöpare; person som vänder kappan efter vinden

turner ['tɜ:nə] **1** svarvare **2** *AE.* medlem i gymnastikförening, gymnast

turning ['tɜ:nɪŋ] **1** vändning *etc.*, *jfr turn II* **2** avtagsväg, tvärgata; vägkorsning, gathörn; krök, kurva **3** svarvat föremål **turning point** [-pɔɪnt] vändpunkt

turnip ['tɜ:nɪp] rova; kålrot

turn|off ['tɜ:nɒf] **1** avtagsväg; avfart **2** *vard.*, *be a ~* vara motbjudande **-out** anslutning, deltagande; uppbåd **2** produktion[smängd], utfall **3** klädsel, utstyrsel; utrustning **4** ekipage **5** röjning, utrensning, tömning **6** *AE.* (*på väg*) mötesplats **-over** [-ˌəʊvə] **I** *s* **1** omsättning; *hand. äv.* omsättningshastighet **2** omkastning, omsvängning **3** (*slags bakverk*) [sylt]snibb **II** *a* nedvikbar **-pike** [-paɪk] **1** (*förr*) väg-, tull|bom **2** *AE.* [avgiftsbelagd] motorväg **-stile** [-staɪl] vändkors **-table** [-ˌteɪbl] **1** järnv. vändskiva **2** (*på skivspelare*) skivtallrik **-up** [-ʌp] **1** *BE.* (*på byxor*) [upp]slag **2** *vard.*, *~* [*for the book* (*books*)] överraskning

turpentine ['tɜ:p(ə)ntaɪn] terpentin

turquoise ['tɜ:kwɔɪz] *a o. s* turkos

turret ['tʌrɪt] **1** [litet] torn **2** *mil.* kanontorn; manövertorn

turtle ['tɜ:tl] [havs]sköldpadda; *AE. äv.* landsköldpadda; *turn ~* kapsejsa

turtledove ['tɜ:tldʌv] turturduva

turves [tɜ:vz] *pl uv turf*

Tuscany ['tʌskənɪ] Toscana

tusk [tʌsk] bete; huggtand; (*på redskap e.d.*) tand

tussle ['tʌsl] **I** *s* strid, kamp **II** *v* strida, kämpa

tut [tʌt] *interj* äsch!, asch!, fy!, usch!

tutelage ['tju:tɪlɪdʒ] **1** förmyndarskap; *be under the ~ of* stå under ngns förmyndarskap (överhöghet) **2** undervisning, [hand]ledning

tutor ['tju:tə] **I** *s* **1** *[private]* ~ privatlärare, informator (*to* åt, för) **2** *univ.* [studie]handledare; *AE.* biträdande lärare **3** *AE. jur.* förmyndare **II** *v* ge privatlektioner; handleda

tuxedo [tʌk'si:dəʊ] *i sht AE.* smoking

TV [ˌti:'vi:] TV, tv, teve

twaddle ['twɒdl] *vard.* **I** *v* prata strunt, snacka, svamla **II** *s* struntprat, snack, svammel

twang [twæŋ] **I** *s* **1** [dallrande] ton, klang **2** [*nasal*] ~ nasal ton, näston; *have a nasal ~* tala i näsan **II** *v* **1** knäppa på (*a guitar* en gitarr) **2** knäppa (*on a guitar* på en gitarr) **3** (*om sträng*) dallra, vibrera **4** tala i näsan

tweak [twi:k] **I** *v* vrida [om]; nypa [i]; rycka i; ~ *a p.'s ear* nypa ngn i örat **II** *s* [om]vridning; nyp; ryck

tweed [twi:d] tweed; *~s* (*pl, äv.*) tweedkläder

tweet [twi:t] **I** *s* kvitter, pip **II** *v* kvittra, pipa

tweezers ['twi:zəz] *pl* pincett; *a pair of ~s* en pincett

twelfth [twelfθ] (*jfr eighth*) **I** *räkn* tolfte; *T~ Night* trettondagsafton **II** *s* tolftedel

twelve [twelv] (*jfr eight o. sms.*) **I** *räkn* tolv **II** *s*

tolva, tolv

twentieth ['twentɪθ] (*jfr eighth*) **I** *räkn* tjugonde **II** *s* tjugon[de]del **twenty** ['twentɪ] (*jfr eight o. sms.*) **I** *räkn* tjugo **II** *s* tjugo; tjugotal

twerp [twɜ:p] *vard.* dumskalle, idiot

twice [twaɪs] två gånger; *~ a year* två gånger om året; *~ as much* dubbelt så mycket; *think ~ before* tänka sig noga för innan; *she is ~ the woman she was* hon är avsevärt mycket bättre nu; *he is ~ the man you are* han är dubbelt så bra som du

twiddle ['twɪdl] **I** *v* **1** fingra (pilla) på, snurra [på], leka med **2** ~ *one's thumbs* rulla tummarna **3** fingra, pilla (*with* på, med) **4** ~ *round* snurra runt **II** *s* **1** fingrande, pillande, snurrande **2** (*i skrift e.d.*) släng, krumelur, snirkel

twig [twɪg] kvist, liten gren

twilight ['twaɪlaɪt] **I** *s* skymning; gryning; halv|dager, -mörker; *litt. a*) slut[fas], *b*) gränsområde; *the T~ of the Gods* ragnarök **II** *a* skymnings-; dunkel; ~ *zone a*) slumområde, *b*) ingenmansland, *bildl.* gränsland

twin [twɪn] **I** *s* **1** tvilling **2** pendang, make, motstycke (*of* till) **II** *a* **1** tvilling-; ~ *brother* tvillingbror **2** dubbel[-]; exakt likadan; ~ *town* vänort **III** *v*, *Manchester is ~ned with Leningrad* Manchester och Leningrad är vänorter

twine [twaɪn] **I** *v* **1** tvinna [ihop], fläta [samman] **2** vira, sno, linda **3** sno (linda) sig (*around* runt) **II** *s* **1** segelgarn, snöre; [tvinnad] tråd **2** slinga, vindling **3** härva, trassel

twinge [twɪn(d)ʒ] **I** *s* [stingande] smärta, hugg, sting, stick; ~ *of conscience* samvetsagg **II** *v* göra ont, sticka

twin|kle ['twɪŋkl] **I** *v* tindra, blinka; gnistra; (*om ögon*) glittra (*av odygd e.d.*); ~ ~ *little star* blinka lilla stjärna där; *he ~d at her* han blinkade åt henne **II** *s* **1** tindrande, blink[ande]; glimt [i ögat] **2** ögonblick; *in a ~* på ett ögonblick **-kling** [-klɪŋ] ögonblick; *in the ~ of an eye* på ett ögonblick (litet kick) **-set** *BE.* jumperset

twirl [twɜ:rl] **I** *v* **1** snurra [på], snurra runt, tvinna **2** snurra, rotera; virvla runt **II** *s* **1** snurr[ande], sväng; virvlande **2** (*på bokstav*) släng, snirkel

twist [twɪst] **I** *s* **1** vrida; vrida till (ur); vrida ur led, vricka; förvrida; böja [till]; sno (tvinna, fläta) [ihop]; linda, vira; ~ *off* vrida (skruva) av; ~ *and turn* vrida och vända på; ~ *one's ankle* vricka foten; ~ *a p.'s arm a*) vrida om armen på ngn, *b*) *bildl. vard.* pressa (övertala) ngn; ~ *s.b. round one's little finger* kunna linda ngn kring sitt lillfinger; ~*ed with pain* förvriden av smärta **2** *sport.* skruva (*boll*) **3** [för]vränga, förvanska, vantolka **4** vrida (sno, slingra, ringla) sig **5** twista, dansa twist **II** *s* **1** vridning; vrickning; tvinning, flätning; *give s.th. a ~* vrida (*etc., jfr I*) ngt; *give one's ankle a ~* vricka foten; *give a p.'s arm a ~* vrida om armen på ngn krök, sväng; *bildl.* vändning, svängning, (*på historia e.d.*) oväntad upplösning, knorr; ~*s and turns* krökar och svängar; *round the ~* (*BE. vard.*) knäpp, knasig **3** [tvinnad] tråd, snöre, snodd; knut, trassel; [bröd]fläta, kringla; tobaksfläta; rulltobak; strut **4** *sport.* skruv; *give a ~ to the ball* skruva bollen **5** förvrängning, förvanskning **6** twist; *do the ~* dansa twist

twisted ['twɪstɪd] **1** snodd, tvinnad, vriden **2**

bildl. snedvriden **twister** [-ə] **1** *BE.* fifflare, bedragare, skojare **2** *AE.* vard. tornado, cyklon **3** skruvad boll **4** *AE. vard.* svårt problem, hård nöt att knäcka

1 twit [twɪt] reta[s med], pika

2 twit [twit] *i sht BE. vard.* dumskalle, idiot

twitch [twɪtʃ] **I** *v* **1** rycka [i], dra [i] **2** ha ryckningar i; piska med (*one's tail* svansen); klippa med (*one's ears* öronen) **3** rycka till; *my eyelids* ~ det rycker i ögonlocken på mig **II** *s* **1** [muskel]-ryckning; *give a* ~ rycka till **2** ryck[ning] **twitchy** ['twɪtʃɪ] *vard.* nervös, skakis

twitter ['twɪtə] **I** *v* **1** kvittra **2** snattra, pladdra **3** fnittra **II** *s* **1** kvitter **2** snatter, pladder **3** *be in a* ~ vara pirrig (darrig, nervös)

two [tu:] (*jfr eight o. sms.*) **I** *räkn* två; båda, bägge; *the* ~ *boys* de två (båda) pojkarna; *the first* ~ *days* de två (båda) första dagarna; ~ *or three days* ett par tre dagar; *a day or* ~ ett par dagar; *a thing or* ~ en hel del; ~ *by* (*and*) ~ två och två, två i taget; *break in* ~ bryta i [mitt] itu (av, i två delar, sönder); *that makes* ~ *of us* det gäller mig också, jag med, det är samma sak med mig; *put* ~ *and* ~ *together* (*bildl.*) lägga ihop två och två **II** *s* tvåa; *the* ~ *of us* vi två (båda); *by* (*in*) ~*s* två och två, två i taget

two|-edged [ˌtu:'edʒd] tveeggad; *bildl. äv.* dubbelbottnad **-fold** ['tu:fəʊld] **I** *a* tvåfaldig; dubbel **II** *adv* tvåfaldigt; dubbelt **-pence** ['tʌp(ə)ns] två pence; ~ *halfpenny* (*förr*) två och en halv pence; *not care* ~ inte bry sig ett dugg om **--piece** ['tu:pi:s] **I** *a* tvådelad (*bathing-suit* baddräkt); ~ *suit a*) [dam]dräkt, *b*) kostym (*kavaj o. byxor*) **II** *s* tvådelad baddräkt; [dam]dräkt; kostym (*kavaj o. byxor*) **--seater** [ˌtu:'si:tə] tvåsitsig bil; tvåsitsigt flygplan **-some** ['tu:səm] **I** *a* tvåmans-, för två; par- **II** *s* **1** två personer, par; två saker **2** spel för två; *golf.* twosome, singel **--way** ['tu:weɪ] **1** dubbelriktad (*traffic* trafik); *bildl.* ömsesidig **2** tvåvägs-; ~ *cock* tvåvägskran; ~ *radio* kombinerad sändare och mottagare

tycoon [taɪ'ku:n] *AE.* pamp, magnat

type [taɪp] **I** *s* **1** typ; sort, slag, art; modell; [typiskt] exempel, [ur]typ, [typisk] representant; symbol (*of* för); *vard.* typ, individ **2** *boktr.* typ[er]; stil[sort]; sats; tryck; *bold* ~ halvfet stil; *in* ~ *a*) [upp]satt, *b*) maskinskriven; *set* [up] ~ sätta; *set* [*up*] *in* ~ sätta [upp] **II** *v* **1** typ-, art|bestämma **2** symbolisera; vara ett [typiskt] exempel på **3** skriva [på maskin, på ordbehandlare]; ~ *away* skriva (knattra) på; ~ *up* skriva ner; ~ *a letter into a word processor* skriva (knappa) in ett brev på en ordbehandlare **4** skriva maskin (på ordbehandlare) **-write** [-raɪt] skriva [på] maskin **-writer** [-ˌraɪtə] skrivmaskin

typhoid ['taɪfɔɪd] *med.* **I** *s* tyfus, tyfoidfeber **II** *a* tyfus-, tyfoid-

typhoon [taɪ'fu:n] tyfon

typical ['tɪpɪkl] typisk, karakteristisk (*of* för)

typing ['taɪpɪŋ] maskinskrivning **typist** [-ɪst] maskin|skriverska, -skrivare

typographer [taɪ'pɒgrəfə] typograf **typographic[al]** [ˌtaɪpə'græfɪk(l)] typografisk; tryck- **typography** [taɪ'pɒgrəfɪ] typografi

tyran|nic[al] [tɪ'rænɪk(l)] tyrannisk **-nize** (*BE. äv. -nise*) ['tɪrənaɪz] **1** tyrannisera **2** ~ *over* tyran-

nisera

tyranny ['tɪrənɪ] tyranni

tyrant ['taɪər(ə)nt] tyrann

tyre ['taɪə] **I** *s* (*t. bil e.d.*) däck, ring **II** *v* förse med däck

tyro ['taɪərəʊ] *se tiro*

tzar [zɑ:] *se tsar*

U

U, u [ju:] (*bokstav*) U, u

ubiqui|tous [ju:'bɪkwɪtəs] allestädes närvarande, överallt förekommande **-ty** [ju:'bɪkwətɪ] allestädesnärvaro

U-boat ['ju:bəʊt] tysk ubåt

udder ['ʌdə] juver

ugliness ['ʌɡlɪnɪs] fulhet, gräslighet *etc.*, *jfr ugly* **ugly** [-ɪ] **1** ful, gräslig, otäck **2** *bildl.* ful; otäck, motbjudande, otrevlig **3** ilsken, elak; *in an* ~ *mood* på ilsket humör

U.K. *förk. för United Kingdom*

Ukraine [ju:'kreɪn] *s, the* ~ Ukraina **Ukrainian** [-jən] **I** *s* ukrainare **II** *a* ukrainsk

ulcer ['ʌlsə] **1** *med.* [varigt] sår, ulcus; *stomach* ~ magsår **2** *bildl.* varhärd, kräftsvulst

Ulster ['ʌlstə] **1** Ulster **2** *vard.* Nordirland

ulster ['ʌlstə] ulster

ulterior [ʌl'tɪərɪə] **1** [för]dold, underliggande (*motives* motiv) **2** senare, framtida **3** bortre, avlägsnare

ultimate ['ʌltɪmət] **I** *a* **1** slutlig, slut-, sista; yttersta **2** grundläggande, grund-; yttersta **3** slutgiltig, definitiv **II** *s, the* ~ *in* höjden av (*luxury* lyx); *the allra yppersta inom* **-ly** [-lɪ] till sist (slut), slutligen, i sista hand, ytterst

ultima|tum [ˌʌltɪ'meɪtəm] (*pl* -*tums el.* -*ta* [-tə]) ultimatum

ultra|sound [ˌʌltrəsaʊnd] ultraljud **-violet** ultraviolett (*radiation* strålning)

umbilical [ʌm'bɪlɪkl] *a, med.* navel-; ~ *cord* navelsträng (*äv. mellan rymdfarare o. rymdskepp*)

umbrella [ʌm'brelə] paraply

umpire ['ʌmpaɪə] **I** *s* **1** *sport.* domare **2** [skilje]-domare **II** *v* **1** döma, vara domare (*in* i) **2** döma, vara domare i (*a match* en match)

umpteen ['ʌm(p)ti:n] *vard.* en massa, femtielva

UN, U.N. *förk. för United Nations*

'un [ən] *vard.* = *one*

unabashed [ˌʌnə'bæʃt] oförskräckt; ogenerad; oblyg

unabated [ˌʌnə'beɪtɪd] **I** *adv* med oförminskad styrka **II** *a* oförminskad

unable [ʌn'eɪbl] oförmögen, ur stånd; *be* ~ *to do s.th.* (*äv.*) inte kunna göra ngt

unabridged [ˌʌnə'brɪdʒd] oavkortad, oförkor-

tad
unacceptable [ˌʌnək'septəbl] oacceptabel, oan-
taglig
unaccountable [ˌʌnə'kaʊntəbl] **1** oförklarlig,
gåtfull; egendomlig **2** oansvarig **unaccounted-
for** [-ɪdfɔ:] icke redovisad; oförklarad
unaccustomed [ˌʌnə'kʌstəmd] **1** ovan (*to* vid)
2 obekant, främmande
unadulterated [ˌʌnə'dʌltəreɪtɪd] **1** ren, oförfals-
kad **2** idel
unadvised [ˌʌnəd'vaɪzd] **1** obetänksam; oklok;
förhastad **2** inte underrättad (*of* om)
1 unaffected [ˌʌnə'fektɪd] opåverkad, oberörd
2 unaffected [ˌʌnə'fektɪd] okonstlad, naturlig
unaided [ˌʌn'eɪdɪd] utan hjälp; *the ~ eye* blotta
ögat
unanimity [ˌju:nə'nɪmətɪ] enhällighet, enstäm-
mighet, enighet **unanimous** [ju:'nænɪməs] en-
hällig, enstämmig, enig
unanswerable [ˌʌn'ɑ:ns(ə)rəbl] **1** omöjlig att
besvara **2** ovederlägglig, obestridlig **3** oansvarig
unapt [ˌʌn'æpt] **1** olämplig **2** trög, slö **3** obenägen
unarguable [ˌʌn'ɑ:gjʊəbl] obestridlig
unarmed [ˌʌn'ɑ:md] obeväpnad; *~ combat*
handgemäng
unasked [ˌʌn'ɑ:skt] **1** outtalad (*question* fråga) **2**
oombedd **3** objuden
unassuming [ˌʌnə'sju:mɪŋ] försynt, anspråks-
lös, blygsam
unattached [ˌʌnə'tætʃt] **1** *be ~ to* inte vara för-
enad med **2** fri, obunden, obero^{ende}
unattended [ˌʌnə'tendɪd] **1** utan uppvaktning
(sällskap), ensam **2** utan tillsyn (uppsikt), obeva-
kad; *~ [to]* försummad **3** obevakad **4** obesökt
unattractive [ˌʌnə'træktɪv] föga tilldragande
(tilltalande), oattraktiv
unavailable [ˌʌnə'veɪləbl] **1** inte tillgänglig; *be
~* (*äv.*) inte finnas att få **2** oanträffbar, inte an-
träffbar **-ing** [-ɪŋ] fåfäng, gagnlös, fruktlös, utan
resultat
unavoidable [ˌʌnə'vɔɪdəbl] oundviklig
unaware [ˌʌnə'weə] omedveten, ovetande,
okunnig (*of* om; *that* om att) **unawares** [-z] *adv*
1 oförmodat, -happandes, överraskande; *catch
(take) s.b. ~* överrumpla (överraska) ngn **2** utan
att märka något; obemärkt
unbalanced [ˌʌn'bælənst] **1** *bildl.* obalanserad,
ur balans, överspänd; sinnesförvirrad **2** *bildl.*
obalanserad, ensidig (*report* rapport) **3** *bokför.*
inte balanserad
unbearable [ˌʌn'beərəbl] outhärdlig
unbeatable [ˌʌn'bi:təbl] oöverträffbar, oslagbar,
enastående **unbeaten** [-'bi:tn] **1** obesegrad,
oslagen; oöverträffad **2** obanad (*path* stig) **3**
ovispad
unbelievable [ˌʌnbɪ'li:vəbl] otrolig **unbeliev-
ing** [-'li:vɪŋ] klentrogen, tvivlande
unbend [ˌʌn'bend] (*unbent, unbent*) **1** lätta upp,
göra mindre rigorös **2** räta (böja) ut **3** lättas upp,
bli mindre rigorös **4** *vard.* slappna av; tina upp **5**
rätas (böjas) ut
unbias[s]ed [ˌʌn'baɪəst] opartisk, neutral; för-
domsfri; förutsättningslös
unborn [ˌʌn'bɔ:n] ofödd; framtida, kommande
unbreakable [ˌʌn'breɪkəbl] obrytbar; okrossbar,
oförstörbar

unbroken [ˌʌn'brəʊk(ə)n] **1** obruten (*äv. bildl.*);
hel **2** oavbruten, utan avbrott **3** (*om häst*)
otämjd, oinriden **4** (*om rekord*) oöverträffad,
inte slagen
unburden [ˌʌn'bɜ:dn] **1** avbörda, avlasta; lätta
(*one's conscience* sitt samvete); *~ o.s.* (*one's
mind*) lätta sitt hjärta **2** avbörda sig, lasta av sig
unbutton [ˌʌn'bʌtn] knäppa upp; *vard.* släppa
loss
uncalled-for [ˌʌn'kɔ:ldfɔ:] opåkallad, onödig,
omotiverad, obefogad
uncanny [ˌʌn'kænɪ] **1** kuslig, spöklik, hemsk **2**
häpnadsväckande, otrolig
uncaring [ˌʌn'keərɪŋ] hjärtlös, känslolös
unceremonious ['ˌʌnˌserɪ'məʊnjəs] **1** informell,
otvungen, utan ceremonier **2** brysk, abrupt
uncertain [ˌʌn'sɜ:tn] **1** osäker, oviss (*about, of*
om, på) **2** ostadig, obeständig, nyckfull **3** obe-
stämd **4** *in no ~ terms* med all önskvärd tydlighet
-ly [-lɪ] **1** osäkerhet, ovisshet **2** ostadighet, obe-
ständighet, nyckfullhet **3** obetämdhet
unchanging [ˌʌn'tʃeɪn(d)ʒɪŋ] oföränderlig, kon-
stant
uncivilized (*BE. äv. -lised*) [ˌʌn'sɪvɪlaɪzd] **1** oci-
viliserad, barbarisk, primitiv **2** okultiverad
unclasp [ˌʌn'klɑ:sp] **1** spänna upp, lossa; knäppa
upp (*one's hands* händerna); fälla upp (*a knife* en
kniv) **2** släppa greppet (taget) om
uncle ['ʌŋkl] **1** farbror; morbror; onkel; *U~ Sam*
Onkel Sam (*personifikation av USA*); *U~ Tom*
(*AE. neds.*) onkeltommare (*neger som är in-
ställsam mot vita*) **2** *sl.* farbror (*pantlånare*)
uncoil [ˌʌn'kɔɪl] **1** rulla av, rulla upp (ut) **2** rulla
upp (ut) sig
uncomfortable [ˌʌn'kʌmf(ə)təbl] **1** obekväm;
otrivsam **2** illa till mods; obehaglig; olustig
uncommon [ˌʌn'kɒmən] ovanlig
unconcern [ˌʌnkən'sɜ:n] likgiltighet, ointresse;
oberördhet **-ed** [-d] **1** ointresserad (*with* av), lik-
giltig (*with* för); obekymrad (*about* om), oberörd
(*about* av) **2** inte inblandad (*in* i)
unconditional [ˌʌnkən'dɪʃənl] ovillkorlig, vill-
korslös; total; förbehållslös
unconnected [ˌʌnkə'nektɪd] utan samband (för-
bindelse)
unconscious [ˌʌn'kɒnʃəs] **I** *a* **1** omedveten (*of*
om) **2** medvetslös **II** *psykol.* undermedveten **II** *s,
the ~* det undermedvetna
uncontested [ˌʌnkən'testɪd] obestridd
uncontrollable [ˌʌnkən'trəʊləbl] **1** okontroller-
bar; omöjlig att kontrollera (styra, behärska);
obetvinglig **2** oregerlig
unconventional [ˌʌnkən'venʃənl] okonventio-
nell; originell
uncork [ˌʌn'kɔ:k] korka upp (*a bottle* en flaska)
uncountable [ˌʌn'kaʊntəbl], **uncounted** [-ɪd]
1 oräknelig, otalig **2** oräknad
uncouth [ˌʌn'ku:θ] ohyfsad, obildad, okultive-
rad, ofin
uncover [ˌʌn'kʌvə] **1** blotta (*one's head* sitt hu-
vud); avtäcka; blottlägga; ta av locket (höljet
e.d.) på (från) **2** *bildl.* avslöja **uncovered** [-d]
1 inte övertäckt, utan tak (skydd) **2** *hand.* inte
täckt (*by insurance* av försäkring)
unctuous ['ʌŋ(k)tjʊəs] **1** flottig, oljig, smetig **2**
salvelsefull; inställsam

U

uncultivated [ˌʌnˈkʌltɪveɪtɪd] **1** ouppodlad **2** okultiverad, obildad

undamaged [ˌʌnˈdæmɪdʒd] oskadad, oskadd

undecided [ˌʌndɪˈsaɪdɪd] **1** obeslutsam, tveksam **2** oavgjord, obestämd

undemanding [ˌʌndɪˈmɑːndɪŋ] föga krävande, lättsam

undemocratic [ˈʌnˌdeməˈkrætɪk] odemokratisk

undeni|able [ˌʌndɪˈnaɪəbl] **1** obestridlig, utan tvivel, oneklig **2** oklanderlig **-ably** [-əblɪ] adv onekligen, obestridligen

under [ˈʌndə] **I** prep **1** under (äv. bildl.); nedanför (the hill backen); ~ the circumstances under dessa (sådana) omständigheter; ~ Charles II under Karl II; ~ surveillance under övervakning; he has 40 men ~ him han har 40 män under sig **2** mindre än, under; it took ~ an hour (äv.) det tog knappt (inte ens) en timme **3** i enlighet med, enligt; ~ English law enligt engelsk lag **4** (annan prep el. övers.) ~ barley [besådd] med korn; ~ a p.'s nose mitt [fram]för näsan på ngn; ~ sentence of death dödsdömd; which doctor are you ~? vilken läkare går du hos (har du)?; the matter ~ discussion was frågan som diskuterades var; be ~ the impression that ha ett intryck av att; be ~ a misapprehension missta[ga] sig; be ~ [the] threat of hotas av; be born ~ Virgo vara född i Jungfruns tecken; study ~ s.b. studera för ngn **II** a **1** under-; lägre; underordnad **2** för liten **III** adv **1** nere; [in]under; nedanför; nedan; därunder **2** vard. ner|drogad, -sövd

under|age [ˌʌndəreɪdʒ] omyndig, minderårig; underårig **-arm** [ˈʌndərɑːm] **I** a **1** armslång **2** sport. underhands- 3 armhåls- **II** adv, sport. underifrån

under|carriage [ˈʌndəˌkærɪdʒ] **1** flyg. landningsställ **2** (fordons) underrede **-clothes** [ˈʌndəkləʊðz] pl, **-clothing** [ˈʌndəˌkləʊðɪŋ] underkläder **--cover** [ˌʌndəˈkʌvə] hemlig (agent agent) **-current** [ˈʌndəˌkʌr(ə)nt] underström (äv. bildl.)

under|developed [ˌʌndədɪˈveləpt] underutvecklad **-dog** [ˈʌndədɒg] människa i underläge, svagare part, förlorare **-done** [ˌʌndəˈdʌn] för litet kokt (stekt); lättstekt **-estimate** I s [ˌʌndərˈestɪmət] under|skattning, -värdering **II** v [ˌʌndərˈestɪmeɪt] under|skatta, -värdera

under|fed [ˌʌndəˈfed] undernärd **-foot** under fötterna; på marken **-go** [ˌʌndəˈgəʊ] (underwent, undergone) undergå, genomgå **-grad[uate]** [ˌʌndəˈgrædjʊət] univ. student, studerande

underground I a [ˈʌndəgraʊnd] underjordisk, underjords-; tunnelbane-; bildl. underjordisk, hemlig, underground-; ~ cable (äv.) jordkabel; ~ railway (railroad) tunnelbana **II** adv [ˌʌndəˈgraʊnd] under jorden (äv. bildl.) **III** s [ˈʌndəgraʊnd] **1** underjordisk grupp (rörelse) **2** underground[kultur, -musik e.d.] **3** tunnelbana

undergrowth [ˈʌndəgrəʊθ] undervegetation; småskog

underhand [ˌʌndəˈhænd] **I** a **1** hemlig, smyg-; lömsk, dolsk; bedräglig **2** sport. [kastad, slagen] underifrån, underhands- **II** adv **1** i hemlighet, i smyg; lömskt dolskt; bedrägligt **2** sport. underifrån

under|lie [ˌʌndəˈlaɪ] (underlay, underlain) **1** ligga

under **2** bildl. ligga bakom (under), ligga i botten på, ligga till grund för **-line 1** stryka under **2** bildl. understryka, betona **-ling** [ˈʌndəlɪŋ] under|lydande, -huggare; hantlangare, lakej

under|manned [ˌʌndəˈmænd] underbemannad, med för liten personal **-neath** [ˌʌndəˈniːθ] **I** prep [in]under; nedanför **II** adv [in]under; under-, ned|till; på undersidan; bildl. under ytan **III** a undre, under-, nedre, neder- **IV** s undersida; underdel; underrede **-pants** [ˈʌndəpænts] pl [kort]kalsonger **-privileged** [ˌʌndəˈprɪvɪlɪdʒd] underprivilegierad, tillbakasatt, missgynnad, sämst ställd (lottad)

under|sea [ˈʌndəsiː] **I** a undervattens- **II** adv under vattnet **-seal** [ˈʌndəsiːl] **I** s underreds|massa, -behandling **II** v underredsbehandla **-secretary** [ˌʌndəˈsekrət(ə)rɪ] andre sekreterare; U~ [of State] statssekreterare; Assistant U~ departementsråd **-shirt** [ˈʌndəʃɜːt] AE. undertröja **-signed** [ˌʌndəˈsaɪnd] **I** a undertecknad **II** s, the ~ undertecknad **-size[d]** [ˌʌndəˈsaɪz(d)] under medellängd, småväxt; mindre än normalt **-skirt** [ˈʌndəskɜːt] underkjol **-staffed** [ˌʌndəˈstɑːft] underbemannad, med för liten personal

understand [ˌʌndəˈstænd] (understood, understood; jfr äv. understood II) **1** förstå, begripa, fatta, inse; uppfatta; förstå (begripa) sig på, kunna, känna till, veta; ~ by förstå (mena) med; ~ from förstå (fatta) av (på); I understood that (äv.) jag utgick från (fick för mig, trodde) att; am I to ~ that? skall det betyda (skall jag fatta det så) att?; he is, I ~, not here sävitt jag har förstått (hört) är han inte här; from what you say I ~ that av vad du säger drar du den slutsatsen att; give s.b. to ~ that låta ngn förstå att **2** underförstå **3** förstå, begripa, fatta; I quite ~ jag förstår så (mycket) väl **-able** [-əbl] förstålig, begriplig **-ing** [-ɪŋ] **I** a **1** förstående **2** förståndig **II** s **1** fattningsförmåga; uppfattning (of av); kännedom, kunskap (of om), insikt (of i), förståelse (of av); [gott] förstånd, [gott] omdöme, klokhet; it was my ~ that (äv.) jag utgick från (antog, trodde) att **2** förståelse 3 samförstånd; uppgörelse, överenskommelse, avtal **4** on the ~ that under förutsättning att, på det villkoret att

understatement [ˌʌndəˈsteɪt | -mənt] **1** understatement, underdrift **2** underskattning

understood [ˌʌndəˈstʊd] **I** imperf. av understand **II** a o. perf. part. av understand **1** förstådd; ~? förstått?, uppfattat?; make o.s. ~ göra sig förstådd **2** överenskommen; självklar; it is ~ that a) det är överenskommet att, b) man räknar med (antar) att, det påstås att; that is ~ det säger sig självt; he let it be ~ that han lät förstå att; it must be ~ that det måste stå klart att **3** underförstådd

understudy [ˈʌndəˌstʌdɪ] **I** s **1** teat. ersättare, inhoppare (i roll) **2** vikarie, ställföreträdare **II** v **1** teat. vara ersättare (inhoppare) för **2** studera in en roll för att kunna vara ersättare (inhoppare) för

under|take [ˌʌndəˈteɪk] (undertook, undertaken) **1** åtaga sig; ta på sig (responsibility ansvar) **2** företa; sätta i gång med; påbörja **3** lova, garantera **-taker** [ˈʌndəˌteɪkə] begravningsentreprenör **-taking** [ˈʌndəˌteɪkɪŋ] **1** företag, uppgift, arbete **2** åtagande, förbindelse; löfte, garanti **3** begravningsentreprenörsbranschen

under|water [ˌʌndəˈwɔːtə] I *a* undervattens- II *adv* under vattnet **-way** [ˌʌndəˈweɪ] i gång, på väg **-wear** [ˈʌndəweə] underkläder **-world** [ˈʌndəwɜːld] **1** *the* ~ underjorden, dödsriket **2** *the* ~ undre världen

unde|served [ˌʌndɪˈzɜːvd] oförtjänt **-serving** [-ˈzɜːvɪŋ] ovärdig, oförtjänt; *be* ~ *of s.th.* inte vara värd (förtjäna) ngt

unde|sirable [ˌʌndɪˈzaɪərəbl] icke önskvärd, ovälkommen, oönskad **-sired** [-ˈzaɪəd] icke önskad, oönskad

undies [ˈʌndɪz] *pl, vard.* [dam]underkläder

undiminished [ˌʌndɪˈmɪnɪʃt] oförminskad

undiscern|ible [ˌʌndɪˈsɜːnəbl] omärklig **-ing** [-ɪŋ] omdömeslös

undiscovered [ˌʌndɪˈskʌvəd] ouppäckt; utan att bli upptäckt

undisguised [ˌʌndɪsˈgaɪzd] ohöljd, öppen

undisputed [ˌʌndɪˈspjuːtɪd] obestridd, obestridlig, oomtvistad

undivided [ˌʌndɪˈvaɪdɪd] odelad, hel, full

undo [ˌʌnˈduː] (*undid, undone; jfr äv. undone*) **1** öppna, lossa, lösa, dra (få, knyta, knäppa, lösa, packa, sprätta, ta *etc.*) upp, ta av; *come undone* gå upp, lossna **2** göra ogjord; upphäva; omintetgöra, ruinera, förstöra; fördärva; störta i olycka

undoing [ʌnˈduːɪŋ] undergång, fall, fördärv

undone [ʌnˈdʌn] **1** ogjord **2** upplöst; uppknuten, oknuten; uppknäppt, oknäppt **3** *litt., bg* ~ vara förlorad

undoubted [ʌnˈdautɪd] obestridlig, otvivelaktig; klar, avgjord **-ly** [-lɪ] *adv* otvivelaktigt, utan tvivel

undress I *v* [ʌnˈdres] klä av [sig] II *s* [ʌnˈdres] **1** vardagsklädsel; vardagsuniform **2** *in a state of* ~ oklädd II *a* [ˈʌndres] vardags-, informell **un-dressed** [ʌnˈdrest] **1** oklädd; avklädd; lätt klädd; *get* ~ klä av sig **2** (*om djurhud*) obehandlad **3** (*om sallad*) utan dressing

undue [ʌnˈdjuː] **1** otillbörlig, orättmätig **2** överdriven, obefogad, onödig **3** *hand.* ej förfallen [till betalning] **unduly** [ʌnˈdjuːlɪ] *adv* **1** överdrivet, obefogat, onödigt **2** otillbörligt; orättmätigt

unearned [ˌʌnˈɜːnd] **1** ~ *income* inkomst av kapital, arbetsfri inkomst **2** oförtjänt

unearth [ˌʌnˈɜːθ] gräva upp (fram); *bildl. äv.* bringa i dagen, avslöja **-ly** [-lɪ] *a* **1** över|jordisk, -naturlig; kuslig; otäck **2** *vard., at an* ~ *hour* okristligt tidigt

unease [ʌnˈiːz] **1** oro, ängslan **2** spänning; *state of* ~ spänt läge **uneasiness** [-ɪnɪs] **1** oro, ängslan **2** obehagskänsla **uneasy** [-ɪ] **1** orolig, ängslig (*about* för, över) **2** obehaglig [till mods], olustig

uneconomic [ˈʌnˌiːkəˈnɒmɪk] olönsam, oekonomisk **-al** [-l] oekonomisk; slösaktig

uneducated [ʌnˈedjʊkeɪtɪd] obildad; okultiverad

unemployed [ˌʌnɪmˈplɔɪd] **1** arbetslös **2** obegagnad, outnyttjad **unemployment** [-ˈplɔɪmənt] arbetslöshet

unending [ʌnˈendɪŋ] ändlös, oändlig, evig

unenviable [ʌnˈenvɪəbl] föga avundsvärd

unequal [ʌnˈiːkw(ə)l] **1** olika, olika stor (lång, stark *etc.*) **2** ojämlik, inte likvärdig (jämställd) **3**

otillräcklig, bristfällig; *be* ~ *to the task* inte vara vuxen uppgiften; *feel* ~ *to doing s.th.* inte känna sig kapabel (i stånd) att göra ngt **4** ojämn (*äv bildl.*) **5** udda; oregelbunden **unequalled** [-d] makalös, enastående, oöverträffad

unerring [ʌnˈɜːrɪŋ] ofelbar, osviklig, säker

uneven [ʌnˈiːvn] **1** ojämn (*äv. bildl.*) **2** udda (*number* tal) **3** olika [lång]

uneventful [ˌʌnɪˈventfʊl] händelse|fattig, -lös

unexampled [ˌʌnɪgˈzɑːmpld] exempellös, makalös, enastående

unexception|able [ˌʌnɪkˈsepʃnəbl] oklanderlig; oantastlig; förträfflig **-al** [-ʃənl] **1** vanlig, normal **2** undantagslös

unexpected [ˌʌnɪkˈspektɪd] oväntad

unexperienced [ˌʌnɪkˈspɪərɪənst] **1** oprövad **2** oerfaren

unfailing [ʌnˈfeɪlɪŋ] **1** osviklig; trofast **2** outtröttlig; outsinlig

unfair [ʌnˈfeə] orättvis, ojust (*to* mot); oheder-lig; *on* ~ *terms* på olika villkor

unfaithful [ʌnˈfeɪθf(ʊ)l] **1** trolös, otrogen (*to* mot) **2** otillförlitlig, inte korrekt, inte trogen (*translation* översättning)

unfamiliar [ˌʌnfəˈmɪljə] **1** okänd, obekant, främmande (*to* för) **2** obekant, inte förtrogen (*with* med)

unfasten [ʌnˈfɑːsn] lossa[s], lösgöra[s]

unfinished [ʌnˈfɪnɪʃt] oavslutad, ofullbordad

unfit [ˌʌnˈfɪt] I *a* **1** olämplig, oduglig, oförmögen (*for* till; *to* [till] att) **2** i dålig kondition, ur form II *v* göra oduglig *etc.*, jfr *I*

unflagging [ˌʌnˈflægɪŋ] aldrig sviktande, outtröttlig

unflappable [ʌnˈflæpəbl] *vard.* orubbligt lugn

unflinching [ʌnˈflɪn(t)ʃɪŋ] orubblig, ståndaktig

unfold [ʌnˈfəʊld] **1** veckla (vika) ut (upp), breda ut; slå (fälla) upp; öppna; ~ *itself* veckla (*etc.*) ut sig **2** utveckla, lägga fram, uppenbara, avslöja **3** veckla (breda) ut sig; öppna sig **4** utveckla sig, utvecklas, uppenbaras, avslöjas

unforeseen [ˌʌnfɔːˈsiːn] oförutsedd

unforgettable [ˌʌnfəˈgetəbl] oförglömlig

unforgivable [ˌʌnfəˈgɪvəbl] oförlåtlig

unfortunate [ʌnˈfɔːtʃnət] **1** olycklig; olycksdrabbad, otursförföljd **2** olycklig, olycksalig **-ly** [-lɪ] *adv* **1** olycksligtvis, tyvärr **2** olyckligt

unfounded [ʌnˈfaʊndɪd] ogrundad, grundlös

ungainly [ʌnˈgeɪnlɪ] *a* klumpig, otymplig

ungodly [ʌnˈgɒdlɪ] *a* ogudaktig, gudlös; *at an* ~ *hour* (*vard.*) okristligt tidigt

ungrateful [ʌnˈgreɪtf(ʊ)l] otacksam (*to* mot)

unguarded [ʌnˈgɑːdɪd] **1** obevakad; oskyddad **2** oreserverad, helhjärtad **3** tanklös, oförsiktig

unhappy [ʌnˈhæpɪ] **1** olycklig; olycksalig; *be* ~ *about* vara olycklig över, inte vara nöjd med **2** olycklig, mindre lyckad, olämplig (*remark* anmärkning)

unharmed [ʌnˈhɑːmd] oskadd, oskadad

unhealthy [ʌnˈhelθɪ] **1** ohälsosam, osund **2** sjuklig

unheard [ʌnˈhɜːd] **1** ohörd; *go* ~ (*bildl.*) förklinga ohörd **2** ~ *of* förut okänd **-of** [-ɒv] **1** förut okänd **2** oerhörd, utan motstycke, exempellös

unhinge [ʌnˈhɪn(d)ʒ] **1** lyfta (haka) av (*från* gångjärn) **2** *bildl.* bringa ur gängorna (fattning-

U

unholy — unprecedented

en); göra sinnesrubbad; ~*d* sinnesrubbad
unholy [ˌʌn'həʊlı] **1** ohelig **2** ondskefull, syndig **3** *vard.* okristlig; förskräcklig; *at an ~ hour* okristligt tidigt; *an ~ alliance* en ohelig allians
unhook [ˌʌn'hʊk] **1** haka (lyfta) av **2** knäppa upp
unicorn ['juːnɪkɔːn] enhörning
unidentified [ˌʌnaɪ'dentıfaɪd] oidentifierad, inte identifierad; ~ *flying object* flygande tefat
uni|form ['juːnıfɔːm] **I** *a* **1** likformig, enhetlig; identisk **2** konstant, jämn (*speed* hastighet) **II** *s* uniform **-formity** [ˌjuːnı'fɔːmətı] **1** likformighet, enhetlighet, uniformitet **2** enformighet
unify ['juːnıfaı] **1** ena; förena; slå samman **2** göra enhetlig
unilateral [ˌjuːnı'læt(ə)rəl] ensidig, unilateral
unimaginative [ˌʌnı'mædʒ(ı)nətıv] fantasilös
unimpeachable [ˌʌnım'piːtʃəbl] oförvitlig, hederlig; vederhäftig; obestridlig
unimportant [ˌʌnım'pɔːt(ə)nt] obetydlig, betydelselös, oviktig, oväsentlig
unimpressed [ˌʌnım'prest] oberörd, opåverkad; föga imponerad
uninhabited [ˌʌnın'hæbıtıd] obebodd; obebyggd
uninhibited [ˌʌnın'hıbıtıd] ohämmad, hämningslös, utan hämningar
unin|tended [ˌʌnın'tendıd], **-tentional** [-'tenʃenl] oavsiktlig, ofrivillig
uninterrupted [ˈʌnˌıntə'rʌptıd] oavbruten; ostörd
union ['juːnjən] **1** sammanförande, [för]enande; förening; förbund; union; *the U~ a*) Förenta staterna, *hist.* nordstaterna, *b*) *hist.* unionen (*mellan England o. Skottland; mellan Storbritannien o. Irland; mellan Storbritannien o. Nordirland*); *the Soviet U~* Sovjetunionen; *students' ~* studentkår **2** [*trade*] ~ *fackförening* **3** enighet, endräkt, harmoni **4** förening, äktenskap **5** *tekn.* koppling[sanordning], anslutning
Union Jack ['juːnjəndʒæk] *s, the ~* Union Jack (*Storbritanniens flagga*)
unionist ['juːnjənıst] **1** fackföreningsmedlem **2** unionsvän
unique [juː'niːk] unik; enastående
unison ['juːnızn] *mus.*, *bildl.* samklang, harmoni; *in ~ a*) unisont, *b*) *bildl.* i samklang, i enighet, i samförstånd
unit ['juːnıt] **1** enhet **2** avdelning, enhet; *mil. äv.* förband **3** enhet; aggregat, apparat; *cooling ~* kylaggregat **4** enhet; ~ *of currency* valutaenhet; ~ *of measurement* måttsenhet **5** *mat.* ental[ssiffra]; enhet
unite [juː'naıt] **1** förena; föra samman; ena **2** förenas; förena sig, gå samman, samverka **united** [juː'naıtıd] samlad, gemensam; [för]enad; enig; *the U~ Kingdom* Förenade Kungariket (*Storbritannien o. Nordirland*); *the U~ Nations* Förenta nationerna; *the U~ States* [*of America*] Förenta staterna, Amerikas förenta stater ; ~ *we stand, divided we fall* enade vi stå, söndrade vi falla
unity ['juːnətı] **1** enighet, endräkt, sammanhållning **2** enhet **3** *mat.* [talet] ett
universal [ˌjuːnı'vɜːsl] **I** *a* **1** allmän; universell; allomfattande; världs-; ~ *joint* (*coupling*) (*tekn.*) universallänk, kardanknut; ~ *language* världsspråk; ~ *motor* (*tekn.*) allströmsmotor; ~ *truth* absolut sanning **2** mångsidig, universal-; ~

genius universalgeni **3** *film.* barntillåten **II** *s* allmänt begrepp
universe ['juːnıvɜːs] universum; *the ~* universum, världsalltet
university [ˌjuːnı'vɜːsətı] universitet, högskola; *go to ~* studera vid universitet
unjust [ˌʌn'dʒʌst] orättvis, orättfärdig; ojust
unjustified [ʌn'dʒʌstıfaıd] oberättigad, obefogad; oförsvarlig
unkempt [ˌʌn'kem(p)t] **1** okammad **2** ovårdad
unkind [ʌn'kaınd] ovänlig, elak; hård, omild
unknowing [ˌʌn'nəʊıŋ] ovetande, okunnig (*of* om) **unknown** [-n] **I** *a* okänd, obekant (*to* för, bland); ~ *quantity* (*bildl.*) oskrivet blad **II** *adv*, ~ *to me* mig ovetandes, utan min vetskap **III** *s* **1** *the* ~ det okända, den okände **2** *mat.* obekant
unlace [ˌʌn'leıs] snöra upp
unlawful [ˌʌn'lɔːf(ʊ)l] olaglig, illegal; olovlig, orättmätig
unless [ən'les] om (såvida) inte; med mindre än att
unlike [ˌʌn'laık] **I** *a* olik **II** *prep* i motsats till, till skillnad från, olikt **-ly** [-lı] *a* osannolik, otrolig; *they are ~ to come* de kommer troligen inte
unlimited [ˌʌn'lımıtıd] **1** obegränsad, oinskränkt **2** gränslös
unload [ˌʌn'ləʊd] **1** lasta av (ur), lossa **2** *bildl.* lasta över (*s.th. onto s.b.* ngt på ngn), ge utlopp åt **3** ta ut patronen ur **4** lastas av (ur), lossas
unlock [ˌʌn'lɒk] **1** låsa upp **2** låsas upp
unloose [ˌʌn'luːs], **unloosen** [-n] **1** släppa lös (fri) **2** lossa; knyta upp
unluckily [ʌn'lʌkılı] *adv* **1** olyckligtvis **2** olyckligt **unlucky** [-ı] olycklig; olycksalig; olycks-; med otur; *be* ~ (*äv.*) ha otur (*at* i)
unmade [ˌʌn'meıd] obäddad
unmarried [ˌʌn'mærıd] ogift
unmask [ˌʌn'mɑːsk] **1** demaskera; avslöja **2** demaskera sig; avslöja sig
unmatched [ˌʌn'mætʃt] makalös, ojämförlig, oöverträffad
unmistak[e]able [ˌʌnmı'steıkəbl] omisskännlig, otvetydig
unmitigated [ʌn'mıtıgeıtıd] **1** total, fullständig, renodlad **2** oförminskad
unnatural [ʌn'nætʃr(ə)l] onaturlig
unnecessary [ʌn'nesəs(ə)rı] onödig
unnerve [ˌʌn'nɜːv] enervera, göra nervös
unnoticeable [ˌʌn'nəʊtısəbl] omärklig **unnoticed** [-t] obemärkt, osedd
unobtrusive [ˌʌnəb'truːsıv] inte påträngande, diskret, försynt, tillbakadragen
unoccupied [ˌʌn'ɒkjʊpaıd] **1** obebodd **2** ledig, inte upptagen **3** sysslolös **4** inte upptagen, ledig
unofficial [ˌʌnə'fıʃl] inofficiell, inte officiell
unpack [ˌʌn'pæk] packa upp (ur)
unparalleled [ˌʌn'pærəleld] makalös, utan motstycke, enastående
unpleasant [ʌn'pleznt] otrevlig; obehaglig, oangenäm **-ness** [-nıs] otrevlig; otrevlighet[er]; bråk
unplug [ˌʌn'plʌg] **1** dra ur (sladden till) **2** dra ur proppen ur
unpolished [ˌʌn'pɒlıʃt] opolerad; oborstad; *bildl. äv.* ohyfsad
unpopular [ˌʌn'pɒpjʊlə] impopulär, illa omtyckt
unprecedented [ʌn'presıd(ə)ntıd] enastående,

utan motstycke, som aldrig tidigare förekommit

unpredictable [ˌʌnprɪˈdɪktəbl] **1** oförutsägbar **2** oberäknelig, nyckfull

unprejudiced [ˌʌnˈpredʒʊdɪst] opartisk, utan förutfattad mening

unpretentious [ˌʌnprɪˈtenʃəs] blygsam, anspråkslös, opretentiös

unprincipled [ʌnˈprɪnsəpld] principlös; skrupelfri, samvetslös

unprofessional [ˌʌnprəˈfeʃənl] **1** inte yrkesmässig (professionell) **2** inte fackmannamässig, oprofessionell

unprofitable [ˌʌnˈprɒfɪtəbl] **1** olönsam, inte vinstgivande **2** ofruktbar, föga givande

unprovided [ˌʌnprəˈvaɪdɪd] **1** inte försedd (utrustad); *be ~ with* inte vara försedd (utrustad) med, sakna **2** oförberedd (*for* på) **3** ~ *for* oförsörjd

unqualified 1 [ˌʌnˈkwɒlɪfaɪd] okvalificerad, inkompetent, oduglig (*for* för, till), utan kompetens, obehörig **2** [ʌnˈkwɒlɪfaɪd] obetingad, absolut; oreserverad; fullständig, total, absolut

unquestionable [ʌnˈkwestʃənəbl] obestridlig, odiskutabel

unquote [ˌʌnˈkwəʊt] *v, quote...~* citat...slut på citat

unravel [ʌnˈrævl] **1** reda (trassla) ut; repa upp; *bildl.* reda upp (ut), klara upp **2** reda (trassla) ut sig; repas upp; *bildl.* redas upp (ut), klaras upp

unreal [ˌʌnˈrɪəl] **1** overklig **2** konstgjord

unreasonable [ʌnˈriːz(ə)nəbl] **1** oförnuftig, omdömeslös **2** oresonlig **3** oskälig, orimlig

unreliable [ˌʌnrɪˈlaɪəbl] opålitlig, otillförlitlig

unrest [ˌʌnˈrest] oro[lighcter], jäsning

unrewarding [ˌʌnrɪˈwɔːdɪŋ] otacksam (*task* uppgift); föga givande

unrivalled [ʌnˈraɪvld] makalös, ojämförlig, utan like

unroll [ʌnˈrəʊl] **1** rulla (veckla) upp (ut) **2** rulla (veckla) upp (ut) sig

unruly [ʌnˈruːlɪ] **1** oregerlig, bångstyrig, besvärlig **2** ostyrig

unsafe [ˌʌnˈseɪf] osäker

unsanitary [ˌʌnˈsænɪt(ə)rɪ] ohälsosam; ohygienisk

unsatis|factory [ˈʌnˌsætɪsˈfækt(ə)rɪ] otillfredsställande; otillräcklig **-fied** [ˌʌnˈsætɪsfaɪd] otillfredsställd

unsavoury [ʌnˈseɪv(ə)rɪ] motbjudande, avskyvärd; vämjelig, osmaklig

unscrew [ˌʌnˈskruː] **1** skruva av (bort, loss, upp) **2** skruvas av (bort, loss, upp), lossna

unscrupulous [ʌnˈskruːpjʊləs] skrupelfri, samvetslös, hänsynslös

unseal [ˌʌnˈsiːl] bryta sigillet (förseglingen) på

unsettle [ˌʌnˈsetl] **1** bringa ur balans **2** oroa, förvirra, få ur balans **unsettled** [-d] **1** inte avgjord, oavgjord, ouppklarad, olöst; inte uppordnad; ouppgjord; obetald **2** vacklande, tveksam; osäker, obeständig, ostadig, instabil, orolig; ur balans **3** kringflackande; inte bofast, hemlös **4** obebyggd, öde

unshrinkable [ˌʌnˈʃrɪŋkəbl] krympfri

unskilled [ˌʌnˈskɪld] oerfaren, okunnig (*at, in* i); outbildad, inte yrkesutbildad; ~ *labour* grovarbete; ~ *work* (*job*) arbete som inte kräver yrkes-

utbildning; ~ *worker* outbildad arbetskraft

unspeakable [ʌnˈspiːkəbl] **1** outsäglig; obeskrivlig **2** avskyvärd

unstable [ˌʌnˈsteɪbl] instabil, ostadig, vacklande; obalanserad, labil

unstuck [ˌʌnˈstʌk] loss; *come ~ a)* lossna, *b)* *vard.* slå fel, gå i stöpet, *c)* *vard.* misslyckas, råka illa ut

unsuccessful [ˌʌnsək'sesf(ʊ)l] misslyckad, fruktlös; *be ~* (*äv.*) misslyckas

unsuit|able [ˌʌnˈsuːtəbl] olämplig **-ed** [-ɪd] olämplig, inte passande (lämpad) (*to* för); *they are ~ to each other* de passar inte för varandra

unsure [ˌʌnˈʃɔː] osäker (*about, of* på, om)

unsurmountable [ˌʌnsəˈmaʊntəbl] oöverstiglig, oövervinnlig, oöverkomlig

unsurpassed [ˌʌnsəˈpɑːst] oöverträffad

unsuspected [ˌʌnsəˈspektɪd] **1** oväntad, oförutsedd, oanad **2** inte misstänkt

untangle [ʌnˈtæŋgl] reda ut (upp) (*äv. bildl.*), lösa [upp]

untidy [ʌnˈtaɪdɪ] ostädad; ovårdad

untie [ʌnˈtaɪ] knyta (få) upp (loss); lossa, släppa loss (lös)

until [ʌnˈtɪl, ˈʌnt(ɪ)l] **I** *prep, [up]* ~ till[s], ända till[s]; *not* ~ inte förrän **II** *konj* till[s], ända till[s]; *not* ~ inte förrän

untimely [ʌnˈtaɪmlɪ] *a* **1** förtidig[t inträffande] **2** olämplig, oläglig

unto [ˈʌntʊ] *litt.* ~ *to* *I*

untold [ˌʌnˈtəʊld] **1** omätlig, oändlig, oräknelig **2** oberättad; osagd

untouched [ˌʌnˈtʌtʃt] **1** orörd; *bildl.* oberörd **2** oskadad, oskadd

untroubled [ˌʌnˈtrʌbld] ostörd; lugn

untrue [ˌʌnˈtruː] **1** osann, falsk **2** trolös, falsk (*to* mot) **untruth** [ˌʌnˈtruːθ] osanning, lögn

unused 1 [ˌʌnˈjuːzd] obegagnad, oanvänd **2** [ˌʌnˈjuːst] ovan (*to* vid)

unusual [ʌnˈjuːʒʊəl] ovanlig; sällsynt

unvarnished 1 [ˌʌnˈvɑːnɪʃt] ofernissad **2** [ʌnˈvɑːnɪʃt] *bildl.* osminkad, enkel

unveil [ˌʌnˈveɪl] **1** avtäcka (*a statue* en staty); låta täckelset falla från **2** ta bort slöjan från **3** *bildl.* avslöja

unwarranted [ʌnˈwɒr(ə)ntɪd] oberättigad, obefogad; otillbörlig

unwary [ʌnˈweərɪ] oförsiktig, ovarsam; ouppmärksam, inte vaksam

unwell [ˌʌnˈwel] dålig, krasslig, opasslig

unwieldy [ʌnˈwiːldɪ] ohanterlig, otymplig, klumpig (*äv. bildl.*)

unwind [ˌʌnˈwaɪnd] (*unwound, unwound*) **1** nysta (linda, rulla, veckla) av (upp) **2** nystas (lindas, rullas, vecklas) upp **3** koppla av

unworldly [ʌnˈwɜːldlɪ] *a* världs|främmande, -frånvänd

unworthy [ʌnˈwɜːðɪ] ovärdig; *it is ~ of you* det är under din (er) värdighet

unwrap [ˌʌnˈræp] veckla upp, öppna, packa upp (*a parcel* ett paket)

unzip [ˌʌnˈzɪp] **1** öppna [blixtlåset på]; *can you ~ me?* kan du hjälpa mig att öppna blixtlåset? **2** öppnas med blixtlås

up [ʌp] **I** *pred. a, adv* **1** upp, uppåt; fram; uppe; ~ *and down a)* fram och tillbaka, av och an, *b)*

U

upp[ifrån] och ner, c) överallt; ~ *north* uppe i (uppåt) norr, norr|ut, -över; ~ *there a*) där uppe, b) dit upp; ~ *the Tottenham!* heja Tottenham!; ~ *in town* [uppe, nere, inne] i stan; ~ *to* [ända] upp till (fram till, tills); ~ *to now* [ända] tills nu, hit-[in]tills; ~ *to town* [upp, ner, in] till stan; *did he act* ~ *to his principles?* handlade han i enlighet med sina principer?; *it does not come* ~ *to what I expected* det motsvarar inte mina förväntningar; *I don't feel* ~ *to it a*) jag känner mig inte i form [för det], b) jag känner inte för det; ~ *with the anarchists!* leve anarkisterna!; *from the age of 12* ~ från 12 år och uppåt; *from my birth* ~ alltsedan (ända från) födelsen **2** *be* ~ *a*) vara uppe, ha gått upp, b) vara över (slut, ute, förbi), c) (*om väg e.d.*) vara uppgrävd, d) vara uppfälld (uppdragen), e) vara [upp]rest (uppförd), stå, f) hänga, g) ha stigit (gått) upp, h) vara glad (uppåt), i) vara tänd (på[slagen]); *what's* ~? (*vard.*) vad står på (vad har hänt)?; *be* ~ *and about (around)* vara uppe (på benen); *they are* ~ *and doing* de är i farten (i full gång); *his blood is* ~ han är ursinnig; *be 4 goals* ~ leda med 4 mål; *the hunt is* ~ jakten har börjat; *the score was 4* ~ (*AE.*) det stod 4 lika; *there is something* ~ det är ngt på gång (som inte stämmer); *the tide is* ~ det är flod; *time's* ~! tiden är ute!; *the wind is* ~ vinden är hård; *be* ~ *against a*) stå (luta) mot, b) stå inför, ha att göra med, råka ut för, kämpa med (mot); *he was* ~ *at Oxford in 1980* han läste (låg) i Oxford 1980; *be* ~ *before a*) vara uppe [till behandling], b) vara inkallad till; *he is* ~ *before the Court* han står inför rätta; *be* ~ *for a*) vara uppe till, b) ställa upp (kandidera) till, c) vara åtalad för; *be* ~ *for sale* vara till salu; *be* ~ *for trial* stå inför rätta; *I was* ~ *for X* jag skulle (var på väg) till X; *be well* ~ *in* (*on*) vara insatt (duktig) i; *be* ~ *to a*) kunna jämföras (vara i klass) med, b) vara insatt i, vara kapabel (duga) till, kunna, klara av, c) ha för sig, d) ankomma på; *be* ~ *to s.th.* ha ngt [fuffens] för sig, hålla på med ngt; *what is he* ~ *to?* vad har han för sig?, vad gör han?, vad hittar han på?; *be* ~ *to s.b.* ankomma på ngn, vara ngns sak; *it's* ~ *to you* (*äv.*) det är upp till dig, det får du avgöra själv; *it isn't* ~ *to much* det är inte mycket bevänt med det; *it's all* ~ *with us* det är med oss, vi är förlorade **II** *prep* uppe på (i); uppför; uppåt; [upp] längs [med]; ~ *and down a*) fram och tillbaka på, b) runt[om] i, c) överallt i; ~ *the street a*) uppför (uppåt) gatan, b) längre upp på gatan, c) gatan fram; *be* ~ *the pub* (*vard.*) vara på puben; ~ *yours!* (*vulg.*) dra åt helvete! **III** *a* **1** upp-[åt]gående **2** ~ *train* tåg till stan (*London el. annan storstad*) **IV** *s,* ~s *and downs a*) höjningar och sänkningar, b) svängningar, växlingar, c) goda och dåliga tider, med- och motgång[ar]; *be on the* ~ *and* ~ (*vard.*) a) gå framåt, b) vara just (ärlig) **V** v **1** *vard.* sätta upp; höja **2** *vard.* hoppa (flyga) upp; rusa i väg

up-and-coming [ˌʌpən'kʌmɪŋ] lovande, uppåtgående

upbringing ['ʌpˌbrɪŋɪŋ] uppfostran

update I *v* [ʌp'deɪt] uppdatera; modernisera **II** *s* ['ʌpdeɪt] uppdatering; modernisering

upgrade I *v* [ʌp'greɪd] **1** uppvärdera **2** befordra **II** *s* ['ʌpgreɪd] **1** *AE.* stigning, uppförsbacke **2**

bildl., on the ~ på uppåtgående

upheaval [ʌp'hi:vl] **1** omvälvning; omstörtning **2** *geol.* höjdförskjutning

uphill [ˌʌp'hɪl] **I** *adv* uppför [backen], uppåt **II** *a* **1** stigande, brant; uppförs- **2** besvärlig, mödosam; ~ *work* styvt arbete **III** *s* stigning, uppförsbacke

uphold [ʌp'həʊld] (*upheld, upheld*) **1** upprätthålla, vidmakthålla; stödja **2** *jur.* fastställa (*a verdict* ett utslag) **3** lyfta upp

uphol|ster [ʌp'həʊlstə] stoppa, klä (*möbler*) **-sterer** [-st(ə)rə] tapetserare **-stery** [-st(ə)rɪ] **1** (*möbels*) stoppning, klädsel **2** tapetserararbete; tapetseraryrke

upkeep ['ʌpki:p] **1** underhåll **2** underhållskostnader

upon [ə'pɒn] *prep* på *etc., se on I; once* ~ *a time there was* det var en gång; *hundreds* ~ *hundreds* hundratals och åter hundratals; *Christmas is* ~ *us again* julen är här (över oss) igen

upper ['ʌpə] **I** *a* övre, överst, högre; över-; *the* ~ *class[es]* överklassen; *the* ~ *crust* (*vard.*) överklassen; *have the* ~ *hand* ha övertaget; *the U~ House* (*BE.*) överhuset; ~ *lip* överläpp; *her front* ~ *teeth* framtänderna i hennes överkäke **II** *s* **1** ovanläder **2** *on one's* ~s utblottad, barskrapad **3** *vard.* tand i överkäken **4** *sl.* stimulantia, uppåttjack **-most I** *a* överst; högst; främst; mest framträdande; *this is* ~ *in my mind* det är vad jag närmast tänker på **II** *adv* överst; högst; främst

uppish ['ʌpɪʃ] *BE. vard.,* **uppity** [-tɪ] *AE. vard.* snorkig, mallig

upright ['ʌpraɪt] **I** *a* **1** upprätt, upprättstående, stående, lodrät, rak; *sit bolt* ~ sitta rak som en pinne; *stand* ~ stå rak (upprätt); ~ *chair* stol (*utan armstöd*); ~ *freezer* frysskåp; ~ *piano* piano **2** hederlig, rättskaffens, ärlig **II** *s* **1** stolpe, påle, stötta, pelare **2** piano **III** *adv* upprätt, rätt (rakt) upp, lodrätt

uprising ['ʌpˌraɪzɪŋ] resning, uppror

uproar ['ʌprɔ:] tumult, bråk, oväsen; rabalder

uproarious [ʌp'rɔ:rɪəs] **1** tumultartad, bråkig, larmande, bullrande **2** festlig, jätterolig, dråplig

uproot [ʌp'ru:t] rycka (dra) upp med rötterna, *bildl. äv.* göra rotlös

upsadaisy ['ʌpsəˌdeɪzɪ] *interj* hoppsan!, hoppla!

upset I [ʌp'set] **I** *v* (*upset, upset*) **1** stjälpa [ut, omkull], välta [ut, omkull], kasta (slå) omkull; få att kantra **2** bringa oordning i, röra till **3** rubba, kullkasta, omintetgöra **4** bringa i olag; bringa ur fattningen, förvirra, skaka, göra bestört (upprörd, uppbragt), uppröra, reta, såra; *the food* ~ *his stomach* han tålde inte (mådde illa av) maten; *onions* ~ *me* min mage (jag) tål inte lök **5** stjälpa [omkull], välta [omkull], kantra **II** *perf. part., a* **1** [kull]stjälpt (*etc., jfr I*) **2** i oordning; i olag **3** kullkastad **4** förvirrad, bestört, skakad, uppbragt, upprörd, sårad, ledsen (*about* över; *by* av); *my stomach is* ~ min mage krånglar **III** *s* **1** [ut-, kull]stjälpning; kullkastande; kantring **2** oordning **3** rubbning, störning; *have a stomach* ~ ha krångel med magen **4** bestörtning, chock; *sport.* skräll, sensation **5** bråk

upsetting [ʌp'setɪŋ] upprörande, oroande; ledsam, förarglig

upshot ['ʌpʃɒt] resultat, följd, utgång; slut

upside down [ˌʌpsaɪ(d)'daʊn] **I** *a* upp och nedvänd; *bildl. äv.* bakvänd **II** *adv* upp och ner; huller om buller; *turn a room* ~ vända upp och ner på ett rum

upstage [ˌʌpˈsteɪdʒ] **I** *adv* längst bort på scenen, i (mot) fonden, i bakgrunden **II** *a* **1** fond-, bakgrunds- **2** *vard.* mallig, överlägsen **III** *v* **1** *vard.* stjäla föreställningen från, dra uppmärksamheten från **2** *vard.* vara överlägsen mot

upstairs [ˌʌpˈsteəz] **I** *adv* **1** en trappa upp; där uppe; uppför trappan; *kick s.b.* ~ *(vard.)* sparka ngn snett uppåt **2** *vard.* i skallen, där uppe; *weak* ~ knasig **II** *s* **1** övervåning **2** herrskap **III** *a* belägen en trappa upp

upstart [ˈʌpstɑːt] **I** *s* uppkomling **II** *a* uppkomlings-

upstream [ˌʌpˈstriːm] *a o. adv* uppströms; uppåt floden

uptake [ˈʌpteɪk] **1** *be quick (slow) on the* ~ ha lätt (svårt) för att fatta **2** upptagningsförmåga; ▮▮▮▯▮▮▮ ▯▮▮▮▯▮▮▮▮▮▮▮▮▮

uptight [ʌʌpˈtaɪt] *vard.* spänd, nervös, skärrad *(about* för, över)

up-to-date [ˌʌptəˈdeɪt] [topp]modern, tidsenlig; *keep* ~ hålla sig à jour (informerad)

uptown [ˌʌpˈtaʊn] *a o. adv, AE.* i (mot, från) stadens utkanter

upturn I *s* [ˈʌptɜːn] upp|gång, -sving, ökning **II** *v* [ʌpˈtɜːn] vända [på]; vända upp och ner på *(äv. bildl.)*; vända upp[åt] **upturned** [ʌpˈtɜːnd] **1** uppåtvänd; ~ *nose* uppnäsa **2** upp▮▮ ▯▮▮ ▮▮▮▮▮

upward [ˈʌpwəd] **I** *a* uppåt|riktad, -vänd; uppåtgående, stigande **II** *adv, se* **upwards upwards** [-z] *adv* upp[åt]; uppför; ~ *of 100 persons* mer än 100 personer

urban [ˈɜːbən] stads-, storstadsmässig, urban; ~ *district (förr, ung.)* stadskommun; ~ *guerilla* stadsgerilla **urbane** [ɜːˈbeɪn] belevad, världsvan, urban **urbanity** [ɜːˈbænəti] belevenhet, världsvana, urbanitet

urchin [ˈɜːtʃɪn] gat|pojke, -unge; rackarunge

urge [ɜːdʒ] **I** *v* **1** enträget uppmana (be, anmoda) **2** yrka [på], kräva, ivra för **3** fram|häva, -hålla, betona **4** ~ *[on]* driva (skynda, mana) på, påskynda **II** *s* stark längtan *(for* efter), drift

urgency [ˈɜːdʒ(ə)nsɪ] **1** brådskande karaktär, vikt, angelägenhet[sgrad]; *as a matter of* ~ mycket brådskande **2** enträgenhet, iver, ihärdighet

urgent [-t] **1** brådskande, viktig, angelägen, trängande; *the matter is* ~ saken är brådskande (brådskar); *be in* ~ *need of* vara i trängande (starkt) behov av **2** enträgen, ivrig **urgently** [-tlɪ] *adv* **1** *they are* ~ *needed* det är ett trängande (starkt) behov av dem **2** enträget, ivrigt

urinal [ˈjʊərɪnl] **1** urinoar; nattkärl, potta **2** pissoar **urinary** [-nərɪ] **I** *a* urin-; ~ *bladder* urinblåsa **II** *s, se* **urinal urinate** [-neɪt] urinera, kissa **urine** [-ɪn] urin

urn [ɜːn] **1** gravurna; urna **2** tekök; kaffeapparat

US, U.S. *förk. för United States*

us [ʌs, *obeton.* əs, s] *pers. pron* **1** oss **2** *vard.* mig; *give* ~ *a kiss!* ge mig (får jag) en puss!

USA, U.S.A. *förk. för United States of America; United States Army*

usable [ˈjuːzəbl] användbar

usage [ˈjuːzɪdʒ] **1** [språk]bruk; sed[vänja] **2** användning; hantering

use I *v* [juːz] **1** använda, begagna, bruka, nyttja *(as* som; *for* till, [i stället] för, som); ~ *discretion* visa diskretion; ~ *force* bruka våld; ~ *a lot of time on* lägga ner mycket tid på; *you can* ~ *it to make...* du kan använda den till (för) att göra...; *I could* ~ *a drink* det skulle vara (smaka) gott med en drink **2** utnyttja **3** ~ *[up]* förbruka, dra, göra slut på **4** behandla *(s.b. well* ngn väl) **5** [juːst] *(endast i imperf.)* ~*d to* brukade; *he* ~*d to play the piano* han brukade spela (förr spelade han) piano; *as he* ~*d to* som han brukade; *things aren't what they* ~*d to be* ingenting är längre som förr [i världen]; ~*d he to?, did he* ~*[d] to?* brukade han?; *he didn't* ~*[d] to?, he* ~*d not (*~*[d]n't) to* han brukade inte **II** *s* [juːs] **1** användning; begagnande, bruk; funktion; nytta; fördel, gagn; *directions for* ~ bruksanvisning; *for external* ~ för utvärtes bruk; *ready for* ~ färdig (klar) för användning *(ett om_____[u]), iktó tui burk is jor the* ~ *of customers only* parkering [avsedd] endast för kunder; *be in* ~ vara i bruk (användning), användas; *be of* ~ vara (komma) till nytta (användning), kunna användas; *be [of] no* ~ vara till ingen nytta, inte kunna användas; *he is no* ~ han är oduglig (duger ingenting till); *can I be of* ~? kan jag vara till ngn nytta (hjälpa till med ngt)?; *it's (there's) no* ~ *asking* det är ingen idé (meningslöst) att fråga; *what's the* ~ *of (what* ~ *is there in) going there?* vad tjänar det (skall det tjäna) till att gå dit?; *be out of* ~ vara ur bruk, inte användas; *it has many* ~*s* den kan användas till mycket; *parents have their* ~*s* föräldrar kan vara användbara ibland; *have no* ~ *for* inte ha ngn användning för (nytta av); *make* ~ *of a)* använda, begagna sig (göra bruk) av, utnyttja, *b)* ta vara på; *lose the* ~ *of one's arm* inte längre kunna använda (röra) sin arm; *lose the* ~ *of one's left eye* bli blind på vänster öga **2** nyttjanderätt; *room with* ~ *of bathroom* rum med tillgång till (del i) badrum; *I've got the* ~ *of the car tonight* jag får ha bilen (har tillgång till bil) i kväll; *give s.b. the* ~ *of s.th.* låta ngn omvända (disponera) ngt, ge ngn tillgång till ngt **3** bruk, sed[vänja], praxis

used 1 [juːst] ~ *to* van vid *(s.th.* ngt; *to doing s.th.* att göra ngt); *get* ~ *to* bli van (vänja sig) vid **2** [juːzd] använd, begagnad; *hardly* ~ *(äv.)* nästan ny **3** *imperf av use, se* **use** *I 5*

useful [ˈjuːsf(ʊ)l] **1** nyttig, till nytta *(to s.b.* för ngn; *for s.th.* till ngt); användbar, praktisk, lämplig, bra *(to s.b.* för ngn; *for s.th.* till ngt); *the* ~ *life of an engine* en motors livslängd; ~ *load* nyttolast; *that's a* ~ *thing to know* det är bra att veta det; *come in* ~ komma till nytta (användning), komma väl till pass; *make o.s.* ~ hjälpa till, göra [någon] nytta **2** *vard.* skaplig, [ganska] duktig **-ness** [-nɪs] nytta, gagn; användbarhet, lämplighet

useless [ˈjuːslɪs] **1** oduglig; onyttig; oanvändbar; värdelös **2** lönlös, fruktlös, fåfäng **3** *vard.* värdelös, urdålig *(at maths* i matte)

user [ˈjuːzə] **1** använda; förbrukare; *right of* ~ *(jur.)* nyttjanderätt; *road* ~ vägtrafikant **2** *vard.* knarkare

usher [ˈʌʃə] **I** *s (på teater e.d.)* platsanvisare, [dörr]vaktmästare; *(i rättssal)* rättstjänare; cere-

U

monimästare **II** *v* **1** föra, visa, ledsaga **2** ~ *in* inleda, förebåda, utgöra inledningen till **-ette** [‚ʌʃə'ret] (*på bio, teater e.d.*) platsanviserska, [dörr]vaktmästare

usual ['ju:ʒʊəl] **I** *a* vanlig, bruklig; *as* ~ som vanligt; *as is* ~ som vanligt (bruktligt) är **II** *s* **1** *out of the* ~ utöver det vanliga **2** *vard., the* ~ den vanliga [drinken] **-ly** [-ı] *adv* vanligen, vanligtvis; *more than* ~ *slow* långsammare än vanligt

usurer ['ju:ʒ(ə)rə] ockrare **usury** ['ju:ʒʊrı] ocker

utensil [ju:'tensl] redskap, verktyg; ~*s* (*pl, äv.*) utensilier; *cooking* ~*s* kokkärl; *household* ~*s* husgeråd, köksredskap

utility [ju:'tılətı] **I** *s* **1** användbarhet, [praktisk] nytta; nyttighet **2** [*public*] ~ samhällsservice; *public* ~ *company* allmännyttigt företag **II** *a* nytto-, bruks-; funktionell, ändamålsenlig, praktisk **uti|lization** (*BE. äv. -lisation*) [‚ju:tılaı'zeıʃn] användande, tillvaratagande, utnyttjande **-lize** (*BE. äv. -lise*) ['ju:lılaız] använda, ta tillvara, utnyttja

utmost ['ʌtməʊst] **I** *a* yttersta, största **II** *s, the* ~ det yttersta (mesta); det allra bästa; *do one's* ~ göra sitt yttersta **1 utter** ['ʌtə] ytterlig, yttersta; fullständig, fullkomlig, total, absolut; *a* ~ *fool* en komplett (fullständig) idiot

2 utter ['ʌtə] **1** yttra, säga, uttala; uttrycka **2** utstöta, ge ifrån sig, ge till **3** yttra sig **4** prångla ut (*forged banknotes* falska sedlar)

utterance ['ʌt(ə)rəns] yttrande, uttalande; uttryck[ande]; *give* ~ *to* ge uttryck åt

utterly ['ʌtəlı] *adv* ytterst, ytterligt; fullständigt, fullkomligt, totalt, absolut

U-turn ['ju:tɜ:n] **1** U-sväng **2** helomvändning

V

V, v [vi:] (*bokstav*) V, v

vacancy ['veık(ə)nsı] **1** vakans; ledig tjänst **2** (*på hotell e.d.*) ledigt rum **3** tomrum **vacant** [-t] **1** ledig, tom; vakant; ~ *chair* ledig stol; ~ *job* ledig plats; ~ *time* ledig tid **2** tom; uttryckslös; andefattig, innehållslös

vacation [və'keıʃn] **I** *s* **1** ferier, lov; *i sht AE.* semester; *be on* ~ *a*) ha ferier (lov), *b*) *i sht AE.* ha semester **2** utrymning, tömning, utflyttning **II** *v, AE.* ha (ta) semester, semestra

vacci|nate ['væksıneıt] vaccinera, skyddsympa **-nation** ['væksı'neıʃn] vaccin|ering, -ation, skyddsympning

vaccine ['væksi:n] vaccin

vacil|late ['væsıleıt] vackla; tveka; svänga, kastas **-lation** [‚væsı'leıʃn] vacklan[de]; tvekan;

svängning, kast

vacuous ['vækjʊəs] tom; uttryckslös; andefattig, innehållslös

vacu|um ['vækjʊəm] **I** *s* (*pl -ums el. -a* [-ə]) **1** vakuum, lufttomt rum; tomrum **2** dammsugare **II** *v* dammsuga **vacuum cleaner** [-‚kli:nə] dammsugare **vacuum flask** [-flɑ:sk] termosflaska

vagabond ['vægəbɒnd] **I** *a* vagabond-, kringflackande, vagabonderande **II** *s* vagabond, luffare, lösdrivare

vagi|na [və'dʒaınə] (*pl -nas el. -nae* [-ni:]) **1** *anat.* slida, vagina **2** *biol.* [blad]slida

vagrant ['veıgr(ə)nt] **I** *a* kring|flackande, -strövande, -vandrande **II** *s* landstrykare, luffare, lösdrivare

vague [veıg] vag, obestämd, svävande, oklar; osäker; *a* ~ *rumour* ett löst rykte

vain [veın] **I** *a* **1** fåfäng, gagnlös **2** fåfäng; inbilsk **II** *s* **1** *in* ~ förgäves **2** *take a p.'s name in* ~ *a*) missbruka ngns namn, *b*) tala nedsättande om ngn

valet ['vælıt] kammartjänare, betjänt

valiant ['væljənt] tapper, modig

valid ['vælıd] **1** giltig; [tungt] vägande, [väl]grundad; meningsfull **2** [rättsligt] giltig, gällande, lagenlig **validity** [və'lıdətı] **1** giltighet; vikt, betydenhet; meningsfullhet **2** validitet, rättsgiltighet

valley ['vælı] dal[gång]

valor ['vælə] *AE., se valour* **valour** ['vælə] *litt.* tapperhet, mod, dristighet; *discretion is the better part of* ~ (*ung.*) bättre fly än illa fäkta

valuable ['væljʊəbl] **I** *a* värdefull, dyrbar; värde-; [högt] värderad (uppskattad) **II** *s, vanl. pl* ~*s* värde|saker, -föremål, dyrbarheter **valuation** [‚væljʊ'eıʃn] **1** värdering, uppskattning **2** värderingsbelopp, värde

value ['vælju:] **I** *s* **1** värde; valör; valuta; *be of great* ~ vara av stort värde (mycket värdefull); *of no* ~ värdelös, utan värde, till ingen nytta; *of (to) the* ~ *of* till ett värde (belopp) av; *increase in* ~ värdeökning; *loss of* ~ värdeminskning; *be good* ~, *be* ~ *for money* vara förmånlig (prisvärd, ett bra köp); *get* ~ *for money* få valuta för pengarna; *take s.th. at its face* ~ (*bildl.*) ta ngt för vad det är **2** ~*s* (*pl*) värderingar, normer **3** (*färgs, ords*) valör; *mat.* värde; *mus.* [not-, tids]värde **II** *v* värdera, taxera, [upp]skatta (*at* till); *bildl. äv.* sätta värde på, värdesätta; ~ *highly* sätta stort värde på, skatta högt; *if you* ~ *your life* om livet är dig kärt **value-added** ['vælju‚ædıd] *a,* ~ *tax* mervärdesskatt, moms

valve [vælv] **1** ventil, klaff; hjärtklaff **2** [radio]rör; elektronrör **3** *zool.* halva av musselskal

vamoose [və'mu:s] *AE. sl.* sticka [iväg], smita

vamp [væmp] **I** *s* vamp **II** *v* vampa

vampire ['væmpaıə] vampyr, blodsugare (*äv. bildl.*)

van [væn] skåp|bil, -vagn, transportbil; *BE. järnv.* gods-, resgods-, post|vagn

vandalism ['vændəlız(ə)m] vandalism **vandal|-ize** (*BE. äv. -ise*) ['vændəlaız] vandalisera

vane [veın] vindflöjel; [kvarn]vinge; [propeller]-blad; [turbin]skovel; (*på projektil*) styrvinge

vanguard ['vængɑ:d] *mil., bildl.* förtrupp, tät, avantgarde; *be in the* ~ *of* gå i spetsen (täten) för

vanilla [və'nılə] vanilj

vanish ['vænɪʃ] försvinna; ~ *from sight* försvinna utom synhåll; ~ *into smoke* gå upp i rök **-ing** [-ɪŋ] *a* försvinnande; ~ *cream* dagkräm, puderunderlag; ~ *point* (*i perspektiv*) gräns[punkt]

vanity ['vænətɪ] **1** fåfänga **2** fåfänglighet, tomhet, meningslöshet

vanquish ['væŋkwɪʃ] *litt.* övervinna, besegra, betvinga

vantage ['vɑ:ntɪdʒ] (*i tennis*) fördel

vapid ['væpɪd] smaklös, fadd; avslagen; *bildl.* andefattig, intetsägande, innehållslös, tråkig

vapor ['veɪpə] *AE., se* **vapour** **-ize** (*BE. äv.* -ise) ['veɪpəraɪz] **1** förånga, vaporisera **2** förångas, avdunsta

vapour ['veɪpə] **1** ånga; imma; dimma; utdunstning **2** *åld., the* ~*s* mjältsjuka, melankoli

variable ['veərɪəbl] **I** *a* föränderlig, ombytlig, växlande, variabel, varierande, skiftande, ostadig **II** *s* **1** variabel **2** ~*s* (*pl*) växlande vindar

variance ['veərɪəns] *s* **1** variation, växling **2** motsättning; *be at* ~ *a*) vara oense, *b*) (*om fakta*) gå isär, inte stämma överens; *at* ~ *with* (*äv.*) i strid med **-ant** [-ənt] **I** *a* **1** avvikande; olika, variant- **2** varierande, växlande **II** *s* variant **-ation** [,veər'eɪʃn] **1** variation (*äv. mus.*), [om]växling, förändring; ~*s on a theme* variationer på ett tema **2** variant, annan art (form)

varicose ['værɪkəʊs] *a,* ~ *veins* åderbråck

varied ['veərɪd] varierande, [om]växlande, skiftande

variegate ['veərɪgeɪt] göra [färg]skiftande (brokig); variera; nyansera **-gation** [,veərɪ'geɪʃn] brokighet; [färg]skiftning; omväxling

variety [və'raɪətɪ] **1** varietet; sort, slag; art, typ **2** variation, omväxling, ombyte; ~ *is the spice of life* ombyte förnöjer **3** mångfald, mängd, rikedom; *for a* ~ *of reasons* av en mängd olika skäl **4** varieté; revy

various ['veərɪəs] **1** olika, av olika (varierande) slag; omväxlande, skiftande **2** flera, olika, diverse

varnish ['vɑ:nɪʃ] **I** *s* fernissa; lack; *nail* ~ nagellack; *bildl.* polityr **II** *v* fernissa; lackera, lacka

vary ['veərɪ] **1** variera, vara olika, ändras, [om]växla, skifta **2** variera, göra olika, ge omväxling åt, ändra, skifta

vase [vɑ:z, *AE.* veɪs] vas

vassal ['væsl] *hist.* **I** *s* vasall **II** *a* vasall-

vast [vɑ:st] omfattande, enorm, väldig, vidsträckt, oerhörd; *the* ~ *majority of people* det stora flertalet människor

VAT [,vi:eɪ'ti:, væt] *förk. för* Value Added Tax

vat [væt] **I** *s* fat, kar **II** *v* hälla på fat

Vatican ['vætɪkən] *s, the* ~ Vatikanen

vaudeville ['vəʊdəvɪl] *BE.* vådevill, sångspel; *AE.* varieté

1 vault [vɔ:lt] **I** *s* **1** valv; kassavalv; källarvalv, källare; grav[valv] **2** *anat.* hålighet **II** *v* **1** bygga ett valv över; ~*ed* välvd **2** välva sig

2 vault [vɔ:lt] **I** *s* hopp, språng; *pole* ~ stavhopp **II** *v,* ~ [*over*] hoppa över (*med stöd av hand el. stav*); ~ *onto* hoppa upp på

V-Day *förk. för* Victory Day V-dagen

VDU *förk. för visual display unit* bildskärmsterminal

've [-v] = have (*I've, you've etc.* jag har, du har

etc.)

veal [vi:l] kalv[kött]

veer [vɪə] **I** *v* **1** svänga, vända, ändra riktning; *sjö.* gira, ändra kurs; *bildl.* ändra åsikt, svänga, ändra sig; (*om vind*) vända, ändra riktning (*medurs på norra halvklotet, moturs på södra*) **2** *sjö.,* ~ [*round*] gira med, vända (*fartyg*) **II** *s* sväng, vändning, riktningsändring; gir, kursändring

veg [vedʒ] *vard. för* vegetable

vegetable ['vedʒtəbl] **I** *s* **1** grönsak; köksväxt; växt; ~*s* (*pl, äv.*) vegetabilier **2** *vard.* hjärnskadad person, kolli, paket **3** slöfock **II** *a* vegetabilsk, växt-; grönsaks-; ~ *fat* vegetabiliskt fett; ~ *fibres* växtfibrer; ~ *garden* köksträdgård; ~ *kingdom* växtrike; ~ *marrow* pumpa, kurbits

vegetarian [,vedʒɪ'teərɪən] **I** *s* vegetarian **II** *a* vegetarisk

vegetate ['vedʒɪteɪt] **1** (*om växt*) växa; ~*d* (*äv.*) ... ... **2** ... ... vara överksam **vegetation** [,vedʒɪ'teɪʃn] **1** växtlighet, växtliv, vegetation **2** *med.* vegetation, utväxt **3** *bildl.* vegeterande tillvaro

vehemence ['vi:ɪməns] häftighet, våldsamhet **-ment** [-mənt] häftig, våldsam

vehicle ['vi:ɪkl] **1** fordon; farkost; åkdon **2** *bildl.* [uttrycks]medel, språkrör **3** bindemedel, lösningsvätska

veil [veɪl] **I** *s* **1** slöja (*äv. bildl.*); flor; [nunne]dok; *take the* ~ bli nunna; *draw a* ~ *over* (*bildl.*) dra en slöja över **2** *bildl.* täckmantel **II** *v* beslöja; skyla [över], dölja

vein [veɪn] **1** *anat.* ven, [blod]åder **2** nerv (*på blad, insektsvinge*) **3** (*i sten, trä e.d.*) åder, ådra, strimma; [vatten]åder **4** *bildl.* humör, stämning, anda; drag, inslag; stil, genre

velocity [vɪ'lɒsətɪ] hastighet

velvet ['velvɪt] **I** *s* sammet; *be on* ~ (*AE. sl.*) ha sitt på det torra, vara på grön kvist **II** *a* sammets-; *an iron hand in a* ~ *glove* en järnhand under silkesvanten

venal ['vi:nl] korrumperad, mutbar, besticklig

vender ['vendə] *se* vendor **vending machine** ['vendɪŋmə,ʃi:n] [vara]automat **vendor** [-ə] **1** [gatu]försäljare **2** *jur.* säljare **3** [vara]automat

venerable ['ven(ə)rəbl] vördnads|värd, -bjudande, ärevördig; V~ (*om ärkediakon*) Högvördig

venerate ['venəreɪt] vörda, högakta, ära **veneration** [,venə'reɪʃn] vördnad, veneration (*of* för); vördande

venereal [və'nɪərɪəl] venerisk; ~ *disease* venerisk sjukdom, könssjukdom

Venetian [və'ni:ʃn] **I** *a* venetiansk; ~ *blind* persienn; ~ *glass* venetianskt glas **II** *s* **1** venetianare **2** persienn

vengeance ['vendʒ(ə)ns] **1** hämnd; *take* ~ *on* ta hämnd på **2** *with a* ~ i överkant, våldsamt, så det förslår (förslog)

Venice ['venɪs] Venedig

venison ['venzn] hjort-, rådjurs|kött

venom ['venəm] gift; *bildl.* hat, giftighet **-ous** [-əs] giftig (*äv. bildl.*)

venous ['vi:nəs] venös; ven-, åder-

vent [vent] **I** *s* **1** [luft]hål, [ventilations]springa, öppning; [rök]gång **2** (*på plagg*) slits **3** *bildl.* utlopp, fritt lopp; *give* ~ *to a*) ge utlopp åt, *b*) utstöta, låta höra (*a sound* ett ljud) **II** *v* **1** förse med

V

lufthål (ventilation), ventilera **2** *bildl.* ge luft (utlopp) åt, ventilera; utstöta; ~ *one's anger on* ösa sin vrede över

venti|late ['ventɪleɪt] ventilera, vädra, lufta *(äv. bildl.)* **-lation** [ˌventɪ'leɪʃn] ventilation, ventilering, luftväxling; *bildl.* ventilering **-lator** ['ventɪleɪtə] [rums]ventil; fläkt, ventilator, ventilationsanordning

ventriloquist [ven'trɪləkwɪst] buktalare

venture ['ventʃə] **I** *s* **1** våg|stycke, -spel, [riska-belt] företag, risk, äventyr; försök *(at* till); satsning, projekt **2** *hand.* spekulation; insats; *joint* ~ joint venture, kompanjonskap *(mellan företag)* **II** *v* **1** våga, sätta på spel, riskera, satsa, offra **2** våga [sig på], försöka [sig på], våga sig **3** ~ *to* våga, drista (tillåta) sig att **4** våga sig; våga, försöka; ~ *at* försöka [sig på], försöka med; ~ *into* våga sig in i, våga sig på; ~ *on a)* våga [sig på], *b)* våga sig in i (ut på); ~ *out* våga sig ut

venue ['venjuː] **1** mötesplats, träffpunkt **2** *sport.* spel-, tävlings|plats **3** *jur.* jurisdiktionsort

veracity [vəˈræsətɪ] **1** sanningsenlighet, sannfärdighet; sanning **2** exakthet, precision

veranda[h] [vəˈrændə] veranda

verb [vɜːb] verb

verbal ['vɜːbl] **1** verbal, ord-; språklig; ~ *criticism* textkritik **2** muntlig, verbal **3** ordagrann, verbal **4** verb-, verbal; ~ *noun* verbalsubstantiv **-ize** *(BE. äv. -ise)* [-aɪz] **1** verbalisera, uttrycka i ord **2** vara mångordig

verbatim [vɜːˈbeɪtɪm] **I** *adv* ordagrant, ord för ord **II** *a* ordagrann

verbiage ['vɜːbɪɪdʒ] svada, ord|flöde, -svall

verbose [vɜːˈbəʊs] mångordig, ordrik, pratig **verbosity** [vɜːˈbɒsətɪ] mångordighet, ordrikedom, pratighet

verdant ['vɜːd(ə)nt] **1** grön, grönskande **2** grön, omogen

verdict ['vɜːdɪkt] **1** [domstols]utslag; ~ *of guilty (not guilty)* fällande (friande) dom; *bring in (return) a* ~ fälla utslag (dom) **2** *bildl.* dom, omdöme, utlåtande; *give one's* ~ *about (on)* ge sitt omdöme (säga sin mening) om

verdigris ['vɜːdɪgrɪs] ärg

verge [vɜːdʒ] **I** *s* **1** kant, rand; gräns; [skogs]bryn; väg|kant, -ren **2** *bildl.* gräns, rand, brant; *on the* ~ *of ruin* på ruinens brant; *be on the* ~ *of doing s.th.* vara på gränsen (vippen) att göra ngt, vara nära att göra ngt **II** *v* **1** *bildl.,* ~ *[up]on* gränsa (stå på gränsen) till, luta åt **2** avgränsa

verger ['vɜːdʒə] kyrkvaktmästare

veri|fication [ˌverɪfɪ'keɪʃn] **1** verifikation, bestyrkande, intygande, bekräftelse **2** kontroll[erande] **-fy** ['verɪfaɪ] **1** verifiera, bestyrka, intyga, bekräfta **2** kontrollera

veritable ['verɪtəbl] veritabel, sannskyldig, äkta, verklig

vermin ['vɜːmɪn] *(behandlas som pl)* skadedjur; skadeinsekter, ohyra; *bildl.* pack, avskum

vermouth ['vɜːməθ] vermut, vermouth

vernacular [vəˈnækjʊlə] **I** *s* **1** modersmål; lokalt språk, dialekt; lokalt (dialektalt) ord (uttryck) **2** fackspråk, [yrkes]jargong **II** *a* inhemsk; lokal[-]; dialektal; folklig, vardaglig

vernal ['vɜːnl] **1** vårlig, vår-; ~ *equinox* vårdagjämning **2** *poet.* ungdomlig, fräsch

verru|ca [vəˈruːkə] *(pl -cas el. -cae* [-siː]*)* [fot]vårta

versa|tile ['vɜːsətaɪl, *AE.* -tl] **1** mång-, all|sidig; *(om intellekt)* rörlig **2** [allsidigt] användbar **-tility** [ˌvɜːsə'tɪlətɪ] **1** mång-, all|sidighet; *(intellekts)* rörlighet **2** [allsidig] användbarhet

verse [vɜːs] **1** vers, poesi **2** strof, vers; versrad **versed** [vɜːst] *a,* ~ *in* bevandrad i

version ['vɜːʃn] **1** version, framställning, avfattning; tolkning **2** version, variant **3** bibelöversättning; *the Authorized V~* den auktoriserade bibelöversättningen *(1611)*

versus ['vɜːsəs] **1** *jur.* versus, kontra, mot **2** mot, kontra

verte|bra ['vɜːtɪbrə] *(pl -brae* [-briː] *el. -bras)* ryggkota **-bral** [-brəl] vertebral, ryggkots-, ryggrads-; ~ *column* ryggrad **-brate** [-brət] **I** *a* ryggrads-**II** *s* vertebrat, ryggradsdjur

vertical ['vɜːtɪkl] **I** *a* vertikal *(äv. ekon.),* lodrät; ~ *angles (mat.)* motstående vinklar **II** *s* **1** vertikalje, vertikal, lodrät linje **2** vertikalplan

vertiginous [vɜːˈtɪdʒɪnəs] **1** yr [i huvudet] **2** svindlande **3** ombytlig; oberäknelig **vertigo** ['vɜːtɪgəʊ] *med.* svindel, yrsel, vertigo

verve [vɜːv] livfullhet, fart, schvung, verv

very ['verɪ] **I** *adv* **1** mycket; *not* ~ inte särskilt (speciellt, vidare, så); ~ *[much] afraid* mycket rädd; ~ *disappointed (tired)* mycket besviken (trött); *V~ Important Person* VIP, betydande (inflytelserik) person **2** *the* ~ *same day a)* redan samma dag, *b)* precis (exakt) samma dag; *for my* ~ *own* helt för mig själv; *it is my* ~ *own* den är helt min egen **3** *(framför superl.)* allra; absolut; *tomorrow at the* ~ *latest* allra senast i morgon; *at the* ~ *least* allra minst **II** *attr. a* själv; precis, exakt; ren; ytterst; allra; *catch s.b. in the* ~ *act* ta ngn på bar gärning; *from the* ~ *beginning* från allra första (ända från) början; *in the* ~ *centre* precis i mitten, i själva centrum; *this* ~ *day* redan i dag (samma dag), redan (just) denna dag; *in* ~ *deed* i själva verket; *before our* ~ *eyes* mitt för ögonen på oss; *the* ~ *idea of it* blotta tanken på det; *the* ~ *man I need* precis den [man] jag behöver; *it's the* ~ *minimum you can do* det är det allra minsta du kan göra; *this* ~ *minute* på minuten; *at that* ~ *moment* just i det ögonblicket; *the* ~ *opposite* raka motsatsen; *he is a* ~ *rascal* han är en riktig skurk; *in this* ~ *room* just i det här rummet; *the* ~ *thing* [precis] det rätta; *the* ~ *truth* rena rama sanningen

vessel ['vesl] **1** fartyg, skepp **2** kärl *(äv. anat., bot.)*

vest [vest] **I** *s* **1** *BE.* undertröja **2** *AE.* väst **II** *v (se äv. ~ed)* **1** förse, bekläda *(with* med); ~ *with (äv.)* förläna **2** överlåta *(s.th. in s.b.* ngt på ngn); *be* ~*ed in (om makt)* ligga hos, tillkomma, utövas av

vestibule ['vestɪbjuːl] **1** vestibul, [för]hall **2** *AE. (på tåg)* plattform

vestige ['vestɪdʒ] **1** spår *(of* av, efter) **2** *biol.* rudiment

vestment ['ves(t)mənt] [ämbets]skrud; mässhake

vestry ['vestrɪ] **1** sakristia **2** kyrk-, församlings|sal **3** kyrko-, socken|stämma

1 vet [vet] *BE.* **I** *s, vard.* veterinär **II** *v* **1** undersöka, granska **2** undersöka, behandla (*an animal* ett djur)

2 vet [vet] *AE*. veteran

veteran ['vet(ə)r(ə)n] **I** *s*, *mil.*, *bildl*. veteran; *V~s Day* (*AE.*) Vapenstilleståndsdagen (*11 nov.*) **II** *a* [gammal och] erfaren; veteran-; ~ *car* veteranbil

veteri|narian [,vet(ə)rɪ'neərɪən] *AE*. veterinär **-nary** ['vet(ə)rɪn(ə)rɪ] **I** *a* veterinär-; ~ *surgeon* veterinär **II** *s* veterinär

veto ['viːtəʊ] **I** *s* (*pl ~es*) veto, förbud; *power of* ~ vetorätt; *put* (*place*) *a* (*one's*) ~ *on* inlägga [sitt] veto mot **II** *v* inlägga [sitt] veto mot

vex [veks] reta, förarga, irritera, plåga **vexation** [vek'seɪʃn] förargelse, irritation, förtret; förtretlighet **vexatious** [vek'seɪʃəs] retsam, förarglig, irriterande, plågsam **vexed** [vekst] **1** förargad, irriterad (*at* på, över; *with* på) **2** omtvistad, omstridd

via | **vɪlə**] Via, över, genom

viaduct ['vaɪədʌkt] viadukt

vibrant ['vaɪbr(ə)nt] **1** vibrerande, dallrande, pulserande, skälvande (*with* av) **2** livfull; lysande **3** klangfull, resonansrik **vibrate** [vaɪ'breɪt] **1** vibrera, dallra, pulsera, skälva, skaka **2** *fys.* pendla, svänga, oscillera **3** försätta i vibration (svängning) **vibration** [-'breɪʃn] **1** vibration, vibrering, dallring, pulsering, skälvning, skakning **2** *fys.* pendling, svängning, oscillering

vicar ['vɪkə] **1** kyrkoherde £ stallföreträdare; *the V~ of Christ* Kristi ställföreträdare, påven **-age** [-rɪdʒ] **1** prästgård **2** pastorat

vice [vaɪs] synd; last; lastbarhet; olat; fel, brist **vice squad** ['vaɪsskwɒd] sedlighetspolis

vice versa [,vaɪsɪ'vɜːsə] vice versa, omvänt

vicinity [vɪ'sɪnətɪ] grannskap, omgivning[ar], trakt; *in the ~ of* i närheten (trakten) av

vicious ['vɪʃəs] **1** grym, brutal; ilsken, argsint; bångstyrig **2** våldsam, häftig **3** elak, illasinnad, illvillig **4** *vard*. otäck, hård **5** lastbar, moraliskt fördärvad **6** ~ *circle a*) ond cirkel, *b*) cirkelbevis **7** felaktig, ohållbar (*inference* slutsats)

vicissitude [vɪ'sɪsɪtjuːd] växling; ~*s* (*pl, äv.*) skiftande öden; *the ~s of life* livets skiften

victim ['vɪktɪm] **1** offer; *be a* (*the*) ~ *of* vara (falla) offer för, utsättas för; *fall ~ to* falla offer för **2** offerdjur, slaktoffer **-ization** (*BE. äv. -isation*) [,vɪktɪmaɪ'zeɪʃn] **1** diskriminering, trakassering, mobbning, förföljning **2** offrande **-ize** (*BE. äv. -ise*) ['vɪktɪmaɪz] **1** diskriminera, trakassera, mobba, förfölja **2** göra till ett offer; offra

Victorian [vɪk'tɔːrɪən] **I** *a* (*utmärkande för drottning Viktorias tid*) viktoriansk **II** *s* viktorian

victorious [vɪk'tɔːrɪəs] segrande, segerrik; seger-; *be* ~ segra; *be* ~ *over* besegra, segra över

victory ['vɪkt(ə)rɪ] seger; *win a* ~ *over* (*äv.*) besegra, segra över

video ['vɪdɪəʊ] **I** *s* video **II** *a* video- **III** *v* spela in på video, göra en videoinspelning av **video recorder** ['vɪdɪəʊrɪˌkɔːdə] video[bandspelare] **video tape** ['vɪdɪəʊteɪp] **I** *s* videoband **II** *v* spela in på video, göra en videoinspelning av

vie [vaɪ] tävla, kämpa (*for* om)

Vienna [vɪ'enə] **I** *s* Wien **II** *a* wien[er]- **Viennese** [,vɪə'niːz] **I** *a* wiensk, wien[er]-; ~ *waltz* wienervals **II** *s* (*pl lika*) wienare

view [vjuː] **I** *s* **1** syn, anblick, åsyn; sikt; sikte; synhåll; *bildl*. [syn]punkt] (*on*, *of* på), uppfattning, åsikt (*on*, *of* om); *point of* ~ syn|punkt, -vinkel, ståndpunkt; *at first* ~ vid första anblicken (ögonkastet); *in* ~ i sikte, inom synhåll; *in my* ~ *a*) i min åsyn, *b*) enligt min uppfattning (åsikt); *in* ~ *of a*) inom synhåll för, *b*) i betraktande av, med hänsyn till, på grund av; *in full* ~ *of* fullt synlig för, mitt framför [ögonen på]; *have s.th. in* ~ ha ngt i sikte (kikaren, tankarna), avse ngt; *come into* ~ komma i sikte (inom synhåll), synas; *on a long* ~ på lång (längre) sikt; *on a* (*the*) *short* ~ på kort[are] sikt; *be on* ~ kunna [be]ses, visas, vara utställd; *out of* ~ ur sikte, utom synhåll; *with a* ~ *to s.th.* med sikte (tanke) på ngt, med ngt för ögonen (i sikte); *with a* ~ *to doing s.th.* i avsikt (för) att göra ngt; *what are his ~s on this problem?* vad anser han om det här problemet?; *take the* ~ *that* den åsikten att, luxe u ~ *of s.th.* betrakta (granska) ngt [noga]; *take a dim* (*poor*) ~ *of* ogilla; *take the long* ~ planera långsiktigt, vara förutseende **2** utsikt (*äv. bildl.*), vy (*of* över); överblick, översikt (*of* över, av); *a room with a* ~ ett rum med [fin] utsikt; *it has little* ~ *of success* den har små utsikter att lyckas **3** kort, foto, bild; *take a* ~ *of* ta ett kort av **4** *jur*. syn **II** *v* **1** betrakta, se (titta) på, [be]se; *bildl. äv*. anse, uppfatta; ~ *TV* titta på TV **2** besiktiga, syna, granska

viewer ['vjuːə] [TV-]tittare; åskådare, betraktare **viewfinder** [-,faɪndə] *foto*. sökare **viewpoint** [-pɔɪnt] **1** synpunkt; ståndpunkt **2** utsiktspunkt

vigil ['vɪdʒɪl] vaka; *keep a* ~ vaka (*over a sick person* hos en sjuk människa) **vigilance** [-əns] vaksamhet **vigilant** [-ənt] vaksam

vigor ['vɪgə] *AE.*, *se* **vigour** **vigorous** ['vɪg(ə)rəs] kraftig, kraftfull; energisk, häftig **vigour** ['vɪgə] kraft, kraftfullhet, styrka; vigör; energi

Viking ['vaɪkɪŋ] **I** *s* viking **II** *a* vikinga-

vile [vaɪl] usel, eländig, gräslig, avskyvärd, vidrig

villa ['vɪlə] villa; sommarvilla

village ['vɪlɪdʒ] by **villager** [-ə] by|bo, -invånare

villain ['vɪlən] bov, skurk; *skämts*. rackare, lymmel; *the* ~ *of the piece* (*åld. el. skämts.*) boven i dramat **villainous** [-əs] **1** bov-, skurk|aktig **2** urusel, avskyvärd **villainy** [-ɪ] **1** skurkaktighet, ondska **2** skurkstreck, illdåd

vindi|cate ['vɪndɪkeɪt] **1** rättfärdiga; försvara; rehabilitera, ge upprättelse **2** förfäkta, hävda **3** fria, fritaga (*of*, *from* från) **-cation** [,vɪndɪ'keɪʃn] **1** rättfärdigande; försvar; rehabilitering **2** förfäktande, hävdande **3** friande, fritagande **vindictive** [vɪn'dɪktɪv] hämndlysten **-ness** [-nɪs] hämndlystnad

vine [vaɪn] **1** vin|ranka, -stock] **2** ranka; slinger-, kläng-, klätter|växt

vinegar ['vɪnɪgə] ättika; *wine* ~ vinäger, vinättika

vineyard ['vɪnjəd] vingård

vintage ['vɪntɪdʒ] **1** vin-, druv|skörd **2** (*av vin o. bildl.*) årgång; *bildl. äv*. ursprung **3** årgångsvin **II** *a* **1** årgångs-, av gammal fin årgång; ~ *car* veteranbil (*1919–30*) **2** klassisk, ärevördig; typisk

1 viola [vɪ'əʊlə] *mus*. altfiol

2 viola ['vaɪələ] *bot*. [trädgårds]viol

V

vio|late ['vaɪəleɪt] **1** kränka, överträda, bryta [mot] **2** inkräkta på (*a p's privacy* ngns privatliv) **3** våldtaga, skända; vanhelga, skymfa **-lation** [,vaɪə'leɪʃn] **1** kränkning; överträdelse **2** inkräktande, intrång (*of a p.'s privacy* på (i) ngns privatliv) **3** våldtäkt, skändande; vanhelgande, skymf

vio|lence ['vaɪələns] **1** våld; våldsamheter; *acts of* ~ våldshandlingar; *robbery with* ~ rånöverfall; *do* ~ *to a*) bruka våld mot, våldföra sig på, *b*) för|vrida, -vränga; *use* ~ använda våld **2** våldsamhet, häftighet, våldsam kraft (styrka) **-lent** [-lənt] våldsam, häftig, stark, kraftig

violet ['vaɪələt] **I** *s* **1** viol; *sweet* (*garden*) ~ luktviol; *she's no shrinking* ~ (*vard.*) hon är ingen liten blyg viol **2** violett, violblått **II** *a* violett, violblå

violin [,vaɪə'lɪn] fiol, violin **-ist** ['vaɪəlɪnɪst] violinist

violist [vɪ'əʊlɪst] altviolinist

violon|cellist [,vaɪələn'tʃelɪst] [violon]cellist **-cello** [-'tʃeləʊ] violoncell

V.I.P. [,vi:aɪ'pi:] *förk. för very important person* VIP, mycket betydelsefull person

viper ['vaɪpə] huggorm; *bildl.* orm, skurk

virgin ['vɜ:dʒɪn] **I** *s* oskuld, jungfru; *the V~* [*Mary*], *the Blessed V~* Jungfru Maria; *the V~* Jungfrun (*stjärnbild*) **II** *a* jungfrulig; obefläckad, ren; jungfru-; orörd; outforskad; ~ *birth* jungfrufödsel; ~ *forest* urskog; *the V~ Islands* Jungfruöarna; *the V~ Mother* jungfrumodern; *the V~ Queen* jungfrudrottningen (*Elisabet I*); ~ *wool* ny ull **virginity** [və'dʒɪnətɪ] jungfrulighet; oskuld; renhet; orördhet

Virgo ['vɜ:gəʊ] Jungfrun (*stjärnbild*)

virile ['vɪraɪl, *AE.* 'vɪrəl] manlig, viril; kraftfull **virility** [vɪ'rɪlətɪ] manlighet, virilitet; kraftfullhet

virtual ['vɜ:tʃʊəl] **1** faktisk, verklig, egentlig, reell **2** *fys.* virtuell **-ly** [-ɪ] *adv* så gott som; i realiteten

virtue ['vɜ:tju:] **1** dygd; *a woman of easy* ~ en lättfärdig kvinna; *make a* ~ *of necessity* göra en dygd av nödvändigheten **2** fördel, förtjänst **3** *by* (*in*) ~ *of* i kraft av, på grund av, genom; *by* ~ *of being* genom att vara

virtuosity [,vɜ:tjʊ'ɒsətɪ] virtuositet **virtuo|so** [-'əʊzəʊ] (*pl* -sos *el.* -si [-si:]) *s* virtuos

virtuous ['vɜ:tʃʊəs] dygdig

viru|lence ['vɪrʊləns] **1** virulens, verkningsgrad; giftighet **2** häftighet, styrka, kraft (*äv. bildl.*) **-lent** [-lənt] **1** virulent, sjukdomsalstrande; giftig; (*om sjukdom*) elakartad **2** häftig, stark, kraftig

virus ['vaɪərəs] *med.* virus; *bildl.* smitta, gift

visa ['vi:zə] *s* visum **II** *v* visera

viscount ['vaɪkaʊnt] (*brittisk adelstitel i rang mellan baron o. earl*) viscount

viscous ['vɪskəs] viskös, trögflytande

vise [vaɪs] *AE.* skruvstad

vis|ibility [,vɪzɪ'bɪlətɪ] **1** sikt; *poor* (*good*) ~ dålig (god) sikt; ~ *is only 10 metres* sikten är bara 10 meter **2** synlighet **-ible** ['vɪzəbl] **1** synlig, synbar, märkbar (*to s.b.* för ngn) **2** tydlig

vision ['vɪʒn] **1** syn; synförmåga; synhåll; *within the range of* ~ inom synhåll **2** vision, [dröm]syn;

uppenbarelse (*äv. om pers.*) **3** klarsyn, klarsynthet **4** *TV.*, *temporary loss of* ~ tillfälligt avbrott [i sändningen] **-ary** ['vɪʒnərɪ] **I** *a* **1** visionär; klarsynt; drömlik **2** orealistisk, ogenomförbar; fantastisk **II** *s* visionär; drömmare

visit ['vɪzɪt] **I** *s* **1** besök, visit (*to* hos, i); (*läkares*) [hem]besök; vistelse; *be on a* ~ *to* vara på besök hos (i); *pay s.b. a* ~ (*a* ~ *to s.b.*) göra (avlägga) [ett] besök hos ngn, besöka ngn **2** inspektion, undersökning, kontroll, visitation **3** *AE. vard.* pratstund **II** *v* **1** göra (avlägga) besök (visit) hos; besöka, hälsa på; (*om läkare*) göra [hem]besök hos; gå på (*krog e.d.*); vara på besök hos (i, på); komma (resa) till **2** *bildl.* hemsöka; ~ *s.th.* [*up*]*on s.b.* låta ngt gå ut över ngn **3** inspektera, undersöka, kontrollera, visitera **4** vara på besök **5** *AE. vard.*, ~ *with* [sitta och] prata med

visitation [,vɪzɪ'teɪʃn] **1** visitation, besök [för granskning]; undersökning **2** hemsökelse, straff **3** [gudomligt] budskap

visiting ['vɪzɪtɪŋ] besökande, gästande, gäst-; visit-, besöks-; ~ *card* (*BE.*) visitkort; ~ *hours* (*pl*) besökstid; ~ *nurse* distriktssköterska; ~ *professor* gästande professor, gästprofessor

visitor ['vɪzɪtə] besökare, besökande (*to* hos, i, på, till); gäst

visor ['vaɪzə] **1** mössskärm **2** [hjälm]visir **3** (*i bil*) solskydd

visual ['vɪzjʊəl] **1** syn-; visuell; ~ *aids* visuella hjälpmedel; ~ *arts* bildkonsten; ~ *impression* synintryck; ~ *power* synförmåga **2** synlig **-ization** (*BE. äv. -isation*) [,vɪzjʊəlaɪ'zeɪʃn] åskådliggörande, visualisering **-ize** (*BE. äv. -ise*) ['vɪzjʊəlaɪz] åskådliggöra, visualisera; [tydligt] föreställa sig, se framför sig

vital ['vaɪtl] **I** *a* **1** vital; livs-; livs|viktig, -nödvändig; livskraftig; livlig; (*om stil e.d.*) levande; ~ *force* livskraft; ~ *statistics a*) befolkningsstatistik, *b*) skämts. (*kvinnas*) mått (*byst, midja, höfter*), former **2** vital, [absolut] nödvändig, väsentlig, [mycket] viktig, trängande, tvingande **3** avgörande, kritisk; ödesdiger; livsfarlig, dödlig **II** *s*, ~*s* (*pl*) livsviktiga organ, vitala delar; *skämts.* ädlare (vitala) delar (*mannens könsorgan*) **vitality** [vaɪ'tælətɪ] vitalitet, livskraft, livlighet, spänst **vital|ize** (*BE. äv. -ise*) ['vaɪtəlaɪz] vitalisera, göra livlig[are], ge liv åt

vitamin ['vɪtəmɪn, *AE.* 'vaɪtəmɪn] vitamin; ~ *C* C-vitamin

vivacious [vɪ'veɪʃəs] livlig, livfull, pigg **vivacity** [vɪ'væsətɪ] livlighet, livfullhet

vivid ['vɪvɪd] livlig, levande; (*om färg, ljus*) livlig, skarp, bländande, intensiv

viviparous [vɪ'vɪpərəs] *zool.* som föder levande ungar, vivipar

vixen ['vɪksn] **1** rävhona **2** ragata

viz. [vɪ'di:lɪset] (*förk. för videlicet*) nämligen, det vill säga, dvs

vocabulary [v(ə)ʊ'kæbjʊlərɪ] **1** ord|lista, -förteckning, vokabulär, vokabelsamling **2** vokabulär, ordförråd

vocal ['vəʊkl] **1** stäm-, röst-; *mus.* vokal[-], sång-; ~ *c*[*h*]*ords* (*folds*) stämband; ~ *music* vokalmusik; ~ *organ* tal-, röst|organ **2** muntlig, uttalad; vältalig, meningsfull **3** högröstad, högljudd **4** *fonet.* tonande (*vowel* vokal) **-ist**

['vəʊkəlɪst] vokalist, refräng|sångare, -erska

vocation [və(ʊ)'keɪʃn] **1** kallelse; fallenhet **2** kall; yrke **-al** [-'keɪʃənl] yrkes-, yrkesmässig; ~ *guidance* yrkesvägledning

vociferous [və(ʊ)'sɪfərəs] skrikande, högljudd

vodka ['vɒdkə] vodka

vogue [vəʊg] mod[e]; modevåg, trend; *be in* ~, *be the* ~, *have a* ~ vara på modet; *become the* ~ komma på modet

voice [vɔɪs] **I** *s* **1** röst, stämma; sångröst; ljud; *a piece for* ~ *and piano* ett stycke för sång och piano; *with one* ~ enstämmigt, enhälligt; *be out of* ~ vara indisponerad (*för sång*); *his* ~ *is beginning to break* han håller på att komma i målbrottet; *find one's* ~ återfå rösten (talförmågan); *give* ~ *to* ge uttryck åt; *keep your* ~ *down!* sänk rösten lite!, tala lite tystare!; *raise one's* ~ höja rösten **2** talan, [med]bestämmanderätt; *have a* ~ *in* ha ngt att säga till om i (när det gäller); *have a* ~ *in the matter* ha (få) ett ord med i laget; **3** *språkv., in the active (passive)* ~ i aktiv (passiv) form **4** *fonet.* tonalitet **II** *v* **1** uttrycka, ge uttryck åt; uttala **2** *fonet.* uttala tonande **3** *mus.* stämma (*blåsinstrument*)

voiced [vɔɪst] **1** *fonet.* tonande **2** *loud-*~ högröstad **voiceless** ['vɔɪslɪs] **1** stum; outtalad; tyst **2** *fonet.* tonlös

void [vɔɪd] **I** *a* **1** *litt.* tom; ~ *of* tom på, blottad på, utan **2** *i sht jur.* [null and] ~ ogiltig, av noll och intet värde **3** ledig, vakant **4** gagnlös **II** *s* **1** tomhet; tomrum; *disappear into the* ~ försvinna i tomma intet **2** *kortsp., have a* ~ *in hearts* vara renons i hjärter

volatile ['vɒlətaɪl, *AE.* 'vɒlətl] **1** *kem.* flyktig **2** *bildl.* flyktig, instabil, labil; ombytlig; livlig

volcanic [vɒl'kænɪk] vulkanisk; *bildl.* häftig, plötslig, våldsam **volcano** [-'keɪnəʊ] (*pl* ~[*e*]*s*) vulkan

vole [vəʊl] *zool.* |åker|sork

volley ['vɒlɪ] **I** *s* **1** *mil., bildl.* salva, skur **2** *sport.* volley **II** *v* **1** *mil., bildl.* avfyra en salva (skur) [av]; utslunga **2** *sport.* ta (returnera) på volley **3** *mil., bildl.* avfyras i en salva (skur) **4** *sport.* spela volley

volt [vəʊlt] *elektr.* volt **voltage** ['vəʊltɪdʒ] *elektr.* spänning

vol|ubility [,vɒlju'bɪlətɪ] svada, talförhet, mångordighet **-uble** ['vɒljʊbl] talför, mångordig

volume ['vɒlju:m] **1** volym, band, del; årgång (*av tidskrift e.d.*); *that speaks* ~*s* det säger en hel del (mer än ord); *it speaks* ~*s for him* det talar starkt till hans förmån **2** volym; [kubik]innehåll; omfång; mängd; *a large* ~ *of business* en stor omsättning; ~ *of traffic* trafik[volym]; ~*s of* massor av, kolossalt mycket **3** volym, ljudstyrka; *turn the* ~ *down* skruva ner (sänka) volymen

voluminous [və'lju:mɪnəs] voluminös, omfångsrik; omfattande, diger; (*om plagg e.d.*) alltför stor, vid

voluntary ['vɒlənt(ə)rɪ] **I** *a* **1** frivillig; spontan **2** viljekontrollerad **3** som drivs med frivilliga medel, inte statsunderstödd, privat[finansierad] **II** *s* **1** *mus.* [orgel]fantasi, -improvisation (*som spelas i början el. slutet av gudstjänst*) **2** frivilligt arbete

volunteer [,vɒlən'tɪə] **I** *s* frivillig; volontär **II** *a* frivillig; volontär- **III** *v* anmäla sig frivilligt (*for* till);

frivilligt erbjuda sig (*to do s.th.* att göra ngt); ~ *information* (*explanation*) frivilligt lämna upplysningar (förklaring)

voluptuous [və'lʌptʃʊəs] **1** sinnlig, sensuell; vällustig; skön, behaglig **2** yppig (*woman* kvinna); fyllig

vomit ['vɒmɪt] **I** *v* **1** kräkas, spy **2** kräkas upp; spy ut (*smoke* rök) **II** *s* **1** uppkastning, spya **2** kräkning **3** kräkmedel

voracious [və'reɪʃəs] glupsk; glupande (*appetite* aptit); omättlig, omåttlig **voracity** [vɒ'ræsətɪ] glupskhet; omättlighet, omåttlighet

vote [vəʊt] **I** *s* **1** röst (*vid omröstning e.d.*); *cast* (*give*) *one's* ~ avge sin röst, rösta; *give one's* ~ *to* ge sin röst åt, rösta på; *win by 10* ~*s* vinna med 10 rösters marginal (övervikt) **2** *koll.* röster; väljare **3** [om]röstning, votering; votum; ~ *of confidence* förtroendevotum; ~ *of no confidence* misstroendevotum (om inte), *jfr s.th. to the* ~ rösta (votera) om ngt, låta ngt gå till votering; *take a* ~ *on s.th.* göra en omröstning (rösta) om ngt **4** röstetal, röstsiffra **5** rösträtt; *have the* ~ ha rösträtt **6** ~ *of thanks* [officiellt] tacktal **7** röstsedel **II** *v* **1** rösta på; välja [till]; rösta (votera) för; besluta; bevilja, anslå; *vard.* föreslå, rösta för (*we go home* att vi går hem); *vard.* anse som; ~ *Labour* rösta på Labour; ~ *down* rösta ner; *he was* ~*d chairman* han valdes till ordförande; *the party was* ~*d a failure* (*vard.*) alla tyckte att festen hade varit misslyckad **2** rösta, votera; ~ *for* rösta för (på); ~ *on* rösta (votera) om; ~ *with* rösta med (på)

voter ['vəʊtə] röstande; röstberättigad; väljare **voting** ['vəʊtɪŋ] [om]röstning, votering, val

vouch [vaʊtʃ] *v*, ~ *for* ansvara för, gå i god för, garantera **voucher** ['vaʊtʃə] **1** *BE.* voucher, [kontroll]kupong (*at* erlagd betalning]; rabattkupong; *gift* ~ presentkort; *luncheon* ~ lunchkupong **2** kvitto, verifikation **vouchsafe** [vaʊtʃ'seɪf] **1** bevärdiga med; värdigas ge; värdigas (*to do s.th.* göra ngt) förunna **2** garantera, säkerställa

vow [vaʊ] **I** *s* [högtidligt] löfte; *marriage* ~*s* äktenskapslöfte; *make a* ~ avlägga ett löfte; *take* ~*s* avlägga klosterlöfte[t] **II** *v* [högtidligt] lova, svära [på]

vowel ['vaʊ(ə)l] *s* vokal

voyage ['vɔɪdʒ] **I** *s* [sjö]resa; [rymd]färd **II** *v* resa (*t. sjöss*); färdas (*i rymden*) **voyager** [-ə] sjöfarare; resande (*t. sjöss*)

vs. förk. för versus

vulcanize (*BE. äv. -ise*) ['vʌlkənaɪz] vulka[nisera]

vulgar ['vʌlgə] **1** vulgär; simpel, grov, ohyfsad, tarvlig; oanständig **2** *V*~ *Latin* vulgärlatin **3** *mat.*, ~ *fraction* allmänt bråk **-ity** [vʌl'gærətɪ] vulgaritet **-ize** (*BE. äv. -ise*) ['vʌlgəraɪz] **1** popularisera **2** vulgarisera

Vulgate ['vʌlgeɪt] *s, the* ~ Versio Vulgata (*latinsk bibelöversättning*)

vulner|ability [,vʌln(ə)rə'bɪlətɪ] sårbarhet **-able** ['vʌln(ə)rəbl] **1** sårbar, ömtålig, känslig; ~ *position* utsatt läge (position) **2** (*i bridge*) i riskzonen

vulture ['vʌltʃə] *zool.* gam

V

W

W, w ['dʌblju:] (*bokstav*) W, w
W *förk. för watt; West*
WAAC [wæk] **1** *förk. för Women's Army Auxiliary Corps* **2** *äv.* Waac armélotta **WAAF** [wæf] **1** *förk. för Women's Auxiliary Air Force* **2** *äv.* Waaf flyglotta
wacky ['wækɪ] *sl.* knäpp, knasig
wad [wɒd] **I** *s* **1** tuss, sudd; ~ *of tobacco* tobaksbuss **2** bunt, packe **3** *AE.* vard. massa, mängd; tjock sedelrulle; mycket pengar **4** *mil.* förladdning **II** *v* **1** stoppa, vaddera; göra en tuss av **2** *mil.* stoppa en förladdning i
wadding ['wɒdɪŋ] **1** stoppning, vaddering **2** vadd
waddle ['wɒdl] **I** *v* [gå och] vagga, stulta **II** *s* vaggande [gång]
wade [weɪd] **I** *v* vada (*across* över; *through* genom); ~ *in*[*to*] (*bildl.*) ta itu med, hugga i med, ge sig i kast med; ~ *through* (*bildl.*) plöja igenom **II** *s* vadning
wafer ['weɪfə] **1** rån; wafer **2** oblat **3** papperssigill
1 waffle ['wɒfl] våffla
2 waffle ['wɒfl] *i sht BE.* vard. babbla, dilla
waft [wɑ:ft] **I** *v* **1** (*om doft, ljud*) föras, bäras, driva **2** föra, bära; *delicious odours were ~ed towards us* ljuvliga dofter kom emot oss **I** *s* **1** [vind]pust, fläkt **2** doft
wag [wæg] **I** *v* **1** vifta (vicka, vippa) på (med), vagga med, ruska (skaka) på; ~ *one's finger at* höta med fingret åt **2** vifta, vicka, vippa, vagga; *set tongues ~ging* sätta fart på pratet (skvallret); *her tongue never stops ~ging* (*vard.*) hon pladdrar i ett **II** *s* **1** viftning, vickning, vippande, vaggande, ruskning, skakning (*of* på) **2** *åld.* skämtare, lustigkurre
wage [weɪdʒ] **I** *s* lön, avlöning; ~s (*pl, vanl.*) veckolön (*för arbetare*) **II** *v* utkämpa, inlåta sig i; ~ *war* föra krig **wage drift** ['weɪdʒdrɪft] löneglidning **wage freeze** [-fri:z] lönestopp
wager ['weɪdʒə] **I** *s* vad; *lay* (*make*) *a* ~ slå (hålla) vad (*on* om; *that* om att) **II** *v* slå (hålla) vad om; satsa, sätta
waggle ['wægl] **I** *v* **1** röra upp och ner; vifta med (på), vicka med (på) **2** röra sig upp och ner; vifta, vicka **II** *s* viftning, vickande
waggon ['wægən] *se* **wagon wagon** ['wægən] [last]vagn; skrinda; *BE.* järnv. [öppen] godsvagn; *AE.* polispiket; *the W*~ Karlavagnen; *covered* ~ *a*) täckt godsvagn, *b*) prärievagn; *be on the* ~ (*vard.*) hålla sig nykter; *go on the* ~ (*vard.*) vara nykterist
wagtail ['wægteɪl] *zool.* [sädes]ärla, vippstjärt
waif [weɪf] **1** hemlöst (föräldralöst) barn **2** hittegods
wail [weɪl] **I** *v* jämra sig, kvida, klaga [högljutt]; (*om vind*) tjuta, vina **II** *s* jämmer, [högljudd] klagan **-ing** ['weɪlɪŋ] **I** *a* kvidande, klagande; tjutan-

de, vinande; *the W*~ *Wall* (*i Jerusalem*) klagomuren **II** *s* kvidande, [högljudd] klagan
wainscot ['weɪnskət] **I** *s* [trä]panel **II** *v* panela
waist [weɪst] **1** midja **2** (*på plagg*) midja, [kjol]linning **3** *AE.* klänningsliv; blus; (*barns*) livstycke **waistband** ['weɪs(t)bænd] [kjol-, byx]linning; midjeband **waist-coat** ['weɪskəʊt] väst
wait [weɪt] **I** *v* **1** vänta på; invänta; ~ *one's opportunity* vänta på (avvakta) ett lämpligt tillfälle; ~ *your turn!* vänta tills det blir din tur! **2** vänta med; ~ *dinner for s.b.* vänta på ngn med middagen **3** *AE.*, ~ *table* passa upp vid bordet, servera **4** vänta; stanna; ~ *and see* vänta och se, avvakta; [*just*] *you* ~! vänta [du] bara!; *that can* ~ (*äv.*) det brådskar inte; *keep s.b.* ~*ing* låta ngn vänta; ~ *behind* stanna kvar; ~ *for* vänta på, avvakta; ~ *in* stanna (vara) hemma (inne) [och vänta]; ~ *on* avvakta; ~ *to a*) vänta på att, *b*) vänta för att; ~ *up for s.b.* stanna (sitta) uppe och vänta på ngn **5** passa upp, servera; ~ *at* (*AE.: on*) *table* passa upp vid bordet, servera; ~ *on a*) passa upp [på], servera, betjäna, *b*) uppvakta **II** *s* **1** väntan (*for* på); väntetid; paus; *did you have a long* ~? fick du vänta länge? **2** *lie in* ~ *for* lura på, ligga i bakhåll för
waiter ['weɪtə] **1** kypare, uppassare, servitör; ~! vaktmästarn! **2** bricka **3** väntande [person]
waiting ['weɪtɪŋ] *s* **1** väntan[de] **2** *those in* ~ *at the court* de som tjänstgör vid hovet **waiting game** *s* förhalningstaktik; *play a* ~ använda sig av förhalningstaktik, inta en avvaktande hållning
waitress ['weɪtrɪs] servitris, uppasserska; ~! fröken!
waive [weɪv] **1** avstå från (*one's right* sin rätt), ge upp; inte kräva; inte driva igenom **2** avfärda
1 wake [weɪk] **I** *v* (*imperf. woke el. waked; perf. part.* woken el. waked) **1** ~ [*up*] väcka [upp] (*äv. bildl.*) **2** ~ [*up*] vakna [upp] (*äv. bildl.*); ~ *up to s.th.* komma till insikt (medvetande) om **II** *s, i sht Irl.* [lik]vaka
2 wake [weɪk] kölvatten (*äv. bildl.*); *follow in the* ~ *of s.b.* (*in a p.'s* ~) följa i ngns kölvatten
wakeful ['weɪkf(ʊ)l] **1** sömnlös, vaken **2** vaksam, vaken **waken** [-n] *litt.* **1** vakna **2** väcka
walk [wɔ:k] **I** *v* **1** gå (promenera, flanera, vandra) på (i), gå (*etc.*) fram och tillbaka (av och an) på (i), gå (*etc.*) igenom (över); gå; beträda; ~ *three steps forward* gå tre steg framåt; ~ *it* gå till fots, promenera; ~ *the streets a*) gå (*etc.*) på gatorna, *b*) (*om prostituerad*) gå på gatan **2** gå med, följa (*s.b. home* ngn hem) **3** gå ut och gå med, motionera (*the dog* hunden), leda, föra; ~ *s.b. off his feet* gå så fort att ngn inte orkar (hinner) med **4** gå, promenera, flanera, vandra; ~ *on* (*äv.*) beträda; ~ *on air* sväva som på små moln **5** gå igen, spöka **6** ~ *about* (*etc.*) omkring [på, i]; ~ *away* gå [sin väg]; ~ *away from* lämna i sticket, överge; ~ *away with a*) med lätthet ta hem (vinna), *b*) gå i säng med; ~ *in* gå (stiga, kliva) in; ~ *in!* (*äv.*) kom in!, stig på!; ~ *in on s.b.* gå in oanmäld till ngn, rusa in och överraska ngn; ~ *into a*) gå (*etc.*) [in] i, *b*) komma (råka) i; ~ *into a job* med lätthet lyckas få ett arbete; ~ *off a*) gå [sin väg], *b*) gå av sig (*one's headache* sin huvudvärk); ~ *off with a*) vard. sno, knycka, *b*) med lätthet ta hem, vinna; ~ *on a*) gå på (vidare),

fortsätta, b) teat. statera, uppträda som (vara) statist; ~ out a) gå [sin väg], b) gå i strejk, c) gå ut [och gå]; ~ out on gå ifrån, lämna [i sticket], överge; ~ over a) sport. vinna på walk-over [över], vinna en promenadseger [över], b) vard. utnyttja, dra fördel av; ~ [all] over s.b. (vard.) sätta sig på (topprida, hunsa) ngn; ~ up a) gå upp (uppför), b) gå (stiga) fram (to till) **II** s **1** promenad, vandring; go [out] for (take) a ~ gå ut och gå, ta [sig] en promenad; take [out] the dog for a ~ gå ut med hunden; it's only five minutes' ~ det tar bara fem minuter att gå **2** gång, sätt att gå; recognise s.b. by his ~ känna igen ngn på gången **3** sport. gång[tävling] **4** promenadtakt; skritt; at a ~ a) gående, b) i skritt; he went at a quick ~ han gick fort; he slowed to a ~ han saktade in och började gå **5** [promenad]väg, gångväg; allé **6** (brevbärares e.d.) runda, tur **7** bildl. område; ~ [of life] yrke, samhälls|ställning, -klass

walking ['wɔ:kɪŋ] **I** a vandrande; gående, gång-; a ~ encyclopedia en levande uppslagsbok; within ~ distance på gångavstånd **II** s **1** gående; [fot]-vandring[ar] **2** sport. gång **walking stick** [-stɪk] promenadkäpp

walk-on ['wɔ:kɒn] **I** s statistroll **II** a statist- **walkout** [-aʊt] **1** strejk **2** uttåg (i protest) **walkover** [-,əʊvə] sport. walk-over, promenadseger; bildl. enkel (lätt) match **walk-up** [-ʌp] AE. hus utan hiss, våning i hus utan hiss

wall [wɔ:l] **I** s vägg; mur (äv. bildl.); [fästnings-, skydds]vall; the Great W~ of China kinesiska muren; bang one's head against a brick ~ (bildl.) köra huvudet i väggen, inte komma ngn vart; come up against a brick ~ (bildl.) köra fast, stöta på motstånd; come up against a ~ of silence möta en mur av tystnad; drive (push) s.b. to the ~ (bildl.) ansätta ngn hårt; drive (send) s.b. up the ~ (vard.) gå ngn på nerverna, driva ngn till vansinne; go to the ~ duka under, göra konkurs; go up the ~ (vard.) vara [alldeles] ifrån sig, klättra på väggarna; have one's back to the ~ (vard.) bildl.) vara ställd mot väggen; put (stand) s.b. up against a ~ (bildl.) ställa ngn mot väggen **II** v **1** ~ [about, in, round] förse (omge) med en mur (murar etc., jfr I), kringmura **2** ~ [up] a) mura igen, b) mura (stänga) in

wall bars ['wɔ:lbɑ:z] pl, gymn. ribbstol **wallet** ['wɒlɪt] plånbok

wallflower ['wɔ:l,flaʊə] **1** bot. lackviol **2** vard. panelhöna

wallop ['wɒləp] **I** v, vard. **1** slå (klippa) till **2** klå [upp], ge stryk, spöa **II** s **1** vard. hårt slag, hård smäll, smocka **2** vard., pack a ~ imponera, vara en panggrej **3** BE. sl. öl **-ing** [-ɪŋ] vard. **I** s stryk, smörj; get a ~ få stryk (smörj) **II** a väldig, enorm

wallow ['wɒləʊ] **1** vältra (rulla) sig; ~ in (bildl.) vältra sig (bada) i (money pengar), frossa i **2** (om fartyg) rulla kraftigt

wallpaper ['wɒl,peɪpə] **I** s tapet **II** v tapetsera **wall-to-wall** [,wɔ:ltʊ'wɔ:l] a, ~ carpet heltäckningsmatta

wally ['wɒlɪ] BE. vard. dumskalle

walnut ['wɔ:lnʌt] **I** s valnöt; valnötsträd; valnötsträ **II** a valnöts-

walrus ['wɔ:lrʌs] zool. valross

waltz [wɔ:ls, AE. wɔ:lts] **I** s vals **II** v **1** dansa vals,

valsa **2** vard., ~ into a room komma in[svepande] i ett rum

wand [wɒnd] troll|spö, -stav; vard. taktpinne

wander ['wɒndə] **I** v **1** vandra (ströva, gå, irra) genom (omkring i, omkring på) **2** vandra (ströva, gå, irra) [omkring]; slingra sig [fram]; (om blick e.d.) fara, glida, gå; bildl. tala osammanhängande, fantisera; ~ about vandra (etc.) omkring [i, på]; ~ [away, off] avlägsna sig, avvika, gå vilse; ~ from (off) the subject (point) komma bort (avvika) från ämnet; my mind (thoughts) ~ låta tankarna gå, fantisera **II** s vandring, promenad

wander|er ['wɒndərə] vandrare, vandringsman planet **-ing** [-ɪŋ] **I** a [kring]vandrande, [kring]irrande, [kring]resande; kringflackande; the W~ Jew den vandrande juden **II** s [kring]vandrande, [kring]irrande, [kring]resande; vandring; ~s (pl. äv.) kringflackande liv

wane [weɪn] **I** v avta, minska, försvagas; (om månen) avta, vara i avtagande **II** s avtagande, minskning; be on the ~ a) avta, minska, vara i avtagande, vara på tillbakagång, b) (om månen) vara i nedan (avtagande)

wangle ['wæŋgl] vard. **I** v **1** mygla [till sig] **2** fiffla med **II** s mygel, fiffel

want [wɒnt] **I** v **1** vilja; önska [sig], vilja ha, begära; söka; vilja tala med (träffa, få tag i); I ~ it done at once jag vill få det gjort (uträttat) genast; I ~ you to come here jag vill att du kommer hit; how much do you ~ for it? vad skall du ha [betalt] för den?; what do you ~ of (from) me? vad vill du ha av mig?, vad vill du mig?; what did he ~ with you? vad ville han dig?; I don't ~ dogs coming in jag vill inte att hundar skall komma in [hit]; I don't ~ it said that jag vill inte att man kommer och säger att; ~ed a) (i annons) sökes, önskas hyra (köpa), köpes, b) efterlyst; much ~ed mycket efterfrågad (eftersökt); feel ~ed känna att man behövs; you're ~ed on the phone det är telefon till dig; you're ~ed in the kitchen de vill att du kommer ut i köket **2** behöva; vard. böra; if ~ed om så behövs; you ~ to be more careful du bör nog vara försiktigare; it ~s doing (to be done) det behöver (måste, bör) göras **3** sakna; he ~s talent (äv.) han har ingen talang **4** it ~s little the clock fattas litet; it ~s five minutes to three klockan fattas fem minuter i tre **5** vilja; do as you ~! gör som du vill!; I don't ~ to! jag vill inte!; you can borrow it if you ~ [to] du kan låna den om du vill; ~ in (out) (vard.) vilja [komma in (ut); ~ out (äv.) vilja dra sig ur (a project ett projekt) **6** lida nöd; he doesn't ~ for friends han har gott om vänner; they ~ for nothing (litt.) de saknar ingenting, de har allt de behöver **7** saknas; fattas **II** s **1** brist, avsaknad; ~ of judgement brist på (bristande) omdöme, omdömeslöshet; for ~ of i brist på; be in ~ of lida brist på, sakna **2** behov, önskan; ~s (pl) behov, önskningar; be in ~ of vara i behov av, behöva **3** nöd; be in ~ lida nöd

wanting ['wɒntɪŋ] **I** a **1** be ~ saknas, fattas **2** bristfällig, otillräcklig; find s.th. ~ finna att ngt är bristfälligt (otillräckligt); prove (be found) ~ visa sig vara bristfällig (otillräcklig) **II** prep utan

wanton ['wɒntən] **I** a **1** hänsynslös, illvillig,

W

ondskefull; meningslös **2** *litt.* lekfull, yster **3** *åld.*

omoralisk; liderlig; lätt|sinnig, -färdig (*woman* kvinna) **II** *s* lättfärdig kvinna **III** *v* leka, tumla om **war** [wɔ:] **I** *s* krig; *bildl. äv.* strid, kamp; ~ *of nerves* nervkrig; ~ *of words* ordstrid; *the cold* ~ det kalla kriget; *nuclear* ~ kärnvapenkrig; *outbreak of* ~ krigsutbrott; *trade* ~ handelskrig; ~ *to the knife* strid på kniven; *be at* ~ vara i krig (*with* med); *he looks as though he has been in the* ~*s* (*vard.*) han ser verkligen illa tilltygad ut; *declare* ~ förklara krig (*against, on* mot); *go to* ~ börja krig (*against, with* mot, med); *make* (*wage*) ~ föra krig (*against, on* mot) **II** *v* kriga, föra krig (*äv. bildl.*)

warble ['wɔ:bl] **I** *v* sjunga, drilla, kvittra **II** *s* sång, drill, kvitter **warbler** ['wɔ:blə] *zool.* sångare, sångfågel

ward [wɔ:d] **I** *s* **1** (*på sjukhus*) avdelning; sal, rum; *maternity* ~ BB-avdelning; *private* ~ enskilt rum **2** *BE.* [stads]distrikt; administrativt område; valdistrikt **3** *jur.* förmynderskap; ~ [*of court*] myndling, omyndig [person] **II** *v,* ~ *off a*) avvärja, parera, *b*) skydda sig mot, hålla på avstånd

warden ['wɔ:dn] **1** vaktare; vakt; uppsyningsman; *game* ~ jakt-, vilt|vårdare; *traffic* ~ trafikvakt **2** föreståndare; BE. rektor (*vid vissa colleges*); *i sht AE.* fängelsedirektör

warder ['wɔ:də] **1** *i sht BE.* fångvaktare **2** vakt

wardrobe ['wɔ:drəʊb] **1** garderob **2** *teat.* kostymatelJé

ware [weə] *s,* ~[*s, pl*] varor, artiklar, gods, saker; *glass* ~ glasvaror; *kitchen* ~ husgeråd, hushålls-artiklar **-house I** *s* ['weəhaʊs] magasin, upplag[splats], lager[lokal], nederlag; packhus **II** *v* ['weəhaʊz] magasinera, lagra

warfare ['wɔ:feə] **1** krig, krigföring; *nuclear* ~ kärnvapenkrig **2** krig, krigstillstånd; strid **warhead** stridsspets; stridsladdning

warily ['weərəli] *adv* varsamt, försiktigt

warlike ['wɔ:laik] **1** krigs-; ~ *preparations* krigsförberedelser **2** krigisk, stridslysten

warm [wɔ:m] **I** *a* varm, värmande; *bildl. a*) varm, varmhjärtad, hjärtlig, *b*) ivrig, entusiastisk, *c*) häftig, het, hetsig, *d*) besvärlig, obehaglig, otrevlig; ~ *corner* (*bildl.*) ställe där det går hett till; *a* ~ *reception* ett hjärtligt (varmt, hett) mottagande; *it's* ~ *work* (*vard.*) det är jobbigt (ett svettigt jobb); *come to the fire and get* ~*!* kom fram till brasan och värm dig!; *you're getting* ~*!* (*i lek*) det bränns!; *make things* ~ *for s.b.* göra det hett om öronen för ngn **II** *s* värme; uppvärmning; *get* (*have*) *a* ~ värma sig; *give s.th. a* ~ värma ngt **III** *v* **1** värma (*äv. bildl.*); värma upp; ~ *up a*) värma upp (*äv. sport.*), *b*) varmköra (*motor*), *c*) sätta fart på, tända **2** värmas [upp]; bli varm[are]; värma sig; ~ *to* komma in i, börja tycka om, tycka bättre och bättre om, gå upp i; ~ *up a*) värmas upp, bli varm (uppvärmd), *b*) komma i gång (i tagen), bli varm i kläderna, komma loss, *c*) *sport.* värma upp [sig]

warmonger ['wɔ:ˌmʌŋgə] krigshetsare

warmth [wɔ:mθ] **1** värme **2** *bildl.* värme, hjärtlighet; hetta, iver

warm-up ['wɔ:mʌp] *sport., bildl.* uppvärmning

warn [wɔ:n] **1** varna (*s.b. about, against, of* ngn

för); ~ *s.b. not to do s.th.,* ~ *s.b. against doing s.th.* varna ngn för (avråda ngn från) att göra ngt; *be* ~*ed by* låta varna sig av, ta (få en) varning av **2** göra uppmärksam på, påminna om (*of s.th.* ngt; *that* att); *his expression* ~*ed me that* jag märkte på hans ansiktsuttryck att **3** uppmana (*to* att) **4** [i förväg] underrätta, förvarna, varsko (*of* om; *that* [om] att); *I forgot to* ~ *them that* (*äv.*) jag glömde att tala om för dem att **5** ~ *s.b. off* (*away from*) *s.th.* avvisa (köra bort) ngn från ngt, uppmana ngn att hålla sig borta från **6** ~ *of* (*about, against*) varna för

warning ['wɔ:nɪŋ] **I** *s* **1** varning; varnande exempel (*to* för) **2** varsel, förvarning (*of* om); *advance* ~ förvarning **II** *a* varnande; varnings-

warp [wɔ:p] **I** *v* **1** bli skev (vind), slå sig **2** göra skev (vind), komma att slå sig **3** *bildl.* förvrida, snedvrida, förvanska **II** *s* **1** skevhet; defekt, skavank, brist **2** *väv.* varp

warrant ['wɒr(ə)nt] **I** *s* **1** bemyndigande, befogenhet, fullmakt; order; ~ [*of arrest*] häktningsorder; *a* ~ *is issued for his arrest* han är efterlyst [av polisen]; ~ *of attorney* fullmakt (*dokument*) **2** berättigande; rätt, grund **3** garanti, säkerhet (*of* för); bevis (*of* på) **II** *v* **1** befullmäktiga, bemyndiga **2** berättiga, rättfärdiga, försvara **3** garantera; ansvara (stå) för; försäkra; *I'll* ~*!* (*åld.*) det försäkrar jag! **warranty** [-ɪ] garanti (*för vara*)

warren ['wɒr(ə)n] **1** kaningård; kaninkoloni **2** tätbebyggt bostadsområde

warrior ['wɒrɪə] **I** *s* krigare, krigsman **II** *a* krigar-, krigisk

Warsaw ['wɔ:sɔ:] Warszawa

warship ['wɔ:ʃɪp] krigs-, örlogs|fartyg

wart [wɔ:t] vårta; *describe s.b.* ~*s and all* beskriva ngn utan försköning

wary ['weərɪ] varsam, försiktig; vaksam; på sin vakt (*of* mot); *be* ~ *of* (*äv.*) akta sig för

was [wɒz, *obeton.* wəz, wz] *imperf.* (*1 o. 3 pers.*) *av be*

wash [wɒʃ] **I** *v* **1** tvätta; skölja, spola; diska; ~ *o.s.* tvätta sig; ~ *one's face* tvätta [sig i] ansiktet; ~ *one's hands a*) tvätta (spola [om] händerna, *b*) (*omskrivning för*) gå på toaletten; ~ *one's hands of* (*bildl.*) ta sin hand ifrån, inte [längre] vilja ha ngt att göra med; *I* ~ *my hands of it* (*bildl.*) jag tvår mina händer; ~ *one's dirty linen in public* (*bildl.*) tvätta sin smutsiga byk (sitt smutsiga linne) offentligt **2** (*om vågor e.d.*) *a*) spola, skölja, *b*) plaska mot, slå upp (spola) över; (*om flod e.d.*) gräva [ur], urholka **3** bestryka; lägga på ett tunt lager färg (metall *etc.*) på **4** vaska (guld) **5** tvätta sig **6** tvätta; skölja, spola; kunna tvättas, tåla tvätt; *it won't* ~ (*vard.*) det håller inte, det går ingen på **7** (*om vatten e.d.*) skölja, strömma **8** ~ *ashore* spola[s] i land; ~ *away a*) tvätta (skölja, spola) bort, *b*) urholka, *c*) utplåna (*guilt* skuld); ~ *down a*) tvätta [av], spola [av], *b*) skölja ner (*the food with water* maten med vatten); ~ *off a*) tvätta bort (av), *b*) gå bort i tvätten, *c*) sköljas bort; ~ *out a*) tvätta (skölja) ur (upp), *b*) spola bort, *c*) inställa [på grund av regn], *d*) *vard.* bortse från, stryka [ett streck över], avstå från, ge upp, spola, *e*) gå bort i tvätten; ~*ed out a*) urtvättad, urblekt, *b*) *vard.* urlakad; ~ *over* skölja (spola) över; *all that criticism seems to* ~ *over him* all kritik tycks rinna av honom; ~ *up a*) diska [av, upp], *b*) (*om vågor*) skölja (spola, kasta) upp, *c*) *AE*. tvätta sig; ~*ed up* (*vard*.) slut, färdig **II** *s* **1** tvättning; *give s.th. a* [*good*] ~ tvätta (spola) [av] ngt [ordentligt]; *have a* ~ tvätta [av] sig **2** tvätt[ning], byk[ning]; tvättkläder; tvättinrättning; *weekly* ~ veckotvätt; *it will come out in the* ~ *a*) det går bort (ur) i tvätten, *b*) *vard.* det kommer nog fram till slut **3** plaskande, skvalp; svall, svallvåg; kölvatten **4** lotion; (*i sms.*) -vatten **5** skulor, svinmat **6** tunt lager (*av färg e.d.*); lavering

wash|able ['wɒʃəbl] tvätt|bar, -äkta **-basin** ['wɒʃˌbeɪsn] tvätt-, hand|fat, tvättställ **-board** ['wɒʃbɔːd] tvättbräde **-bowl** ['wɒʃbəʊl] *i sht AE., se washbasin*

washed|-out ['wɒʃtaʊt] **1** blek, färglös **2** utsliten, utmattad **--up** *i sht AE. vard. bildl.* slut, utbränd

washer ['wɒʃə] **1** [kran]packning; [tätnings]-bricka **2** *vard.* tvättmaskin

washing ['wɒʃɪŋ] **1** tvättning **2** tvätt[kläder] **washing machine** [-məˌʃiːn] tvättmaskin **washing powder** [-ˌpaʊdə] tvättmedel **washing-up** [ˌwɒʃɪŋˈʌp] disk; diskning; *do the* ~ diska **washing-up liquid** [-ˌlɪkwɪd] diskmedel

washout ['wɒʃaʊt] **1** bortspolning; erosion (*genom regn*) **2** *vard.* fiasko, misslyckande, flop; misslyckad individ

wash|room ['wɒʃruːm] *AE*. tvätt-, toalett|rum **-tub** tvättbalja

wasn't ['wɒznt] = *was not*

wasp [wɒsp] geting

wastage ['weɪstɪdʒ] **1** slöseri (*of* med) **2** minskning, svinn, förlust

waste [weɪst] **I** *v* **1** slösa; slösa med; slösa bort, förslösa, [för]spilla, ödsla (kasta) bort; *be* ~*d* (*äv.*) *a*) vara förgäves (till ingen nytta, bortkastad), *b*) gå till spillo; ~ *a p.'s time* uppta ngns tid; ~ *one's breath* (*vard.*) tala för döva öron, spilla ord **2** försitta, förspilla; ~ *no time in doing s.th.* inte försitta ngn tid på att göra ngt **3** försvaga, utmatta, tära [på]; *look* ~*ed* se slut (utmattad, urmärglad) ut **4** ödelägga, föröda, [för]härja, skövla; vanvårda **5** slösa; ~ *not, want not* (*ung.*) den som spar han har **6** förslösas, gå till spillo; förfaras, förstöras; krympa, minska, avta; försvagas; ~ *away* tyna av, magra **II** *a* **1** outnyttjad; ouppodlad; öde[lagd]; ödslig; *lay* ~ [*to*] (*litt.*) ödelägga; *lie* ~ ligga öde **2** förlorad, förspilld, spill-, avfalls-; ~ *heat* spillvärme; ~ *material* spill, avfall; ~ *product* avfallsprodukt **III** *s* **1** slösande, slöseri (*of* med); ~ *of time* slöseri med tid, tid[s]spillan, bortkastad tid; *go* (*run*) *to* ~ förslösas, gå till spillo, förfaras, förstöras **2** avfall; skräp, sopor; spill, svinn; [*cotton*] ~ trassel; *radioactive* ~ radioaktivt avfall **3** öde-, vild|-mark, [öde] vidd

wastebasket ['weɪstˌbæskɪt] *AE*. papperskorg **wasted** ['weɪstɪd] **1** bortkastad, onödig **2** utmärglad, slut **waste-disposal** ['weɪs(t)-dɪsˌpəʊzl] avfallshantering **wasteful** ['weɪstf(ʊ)l] slösaktig **wastepaper basket (bin)** papperskorg

watch [wɒtʃ] **I** *s* **1** klocka, [armbands-, fick]ur;

set one's ~ *by* ställa sin klocka efter; *what time is it by your* ~? hur mycket är din klocka? **2** vakt, utkik (*äv. pers.*); vakthållning; bevakning, uppsikt; *be on* (*keep*) ~ hålla vakt; *be on the* ~ *a*) se upp, vara på sin vakt, *b*) hålla utkik; *be under* ~ stå under bevakning; *keep* [*a*] ~ *for* hålla utkik efter; *keep* [*a*] ~ *on* (*over*) hålla vakt (uppsikt) över, vakta, hålla ett öga på **3** *sjö.* vakt[hållning, -manskap], törn **4** vaka, vakande **II** *v* **1** se (titta) på, betrakta, iaktta, hålla ögonen på, ge akt på; se upp (vara noga) med; ~ *it* se upp, vara försiktig, akta sig; ~ *your manners!* uppför dig ordentligt!; ~ *one's opportunity* avvakta ett lägligt tillfälle, passa på tillfället; ~ *your step!* se upp! (*äv. bildl.*); ~ *television* titta (se) på TV **2** bevaka; hålla ett öga på, vaka över, passa, se till, vakta, valla **3** titta, se (titta) 'på; se upp; ..., yup ~! ..., vänta [du] bara!, ..., ska du få se!; ~ *for a*) titta (hålla utkik) efter, *b*) vänta på, *c*) avvakta, passa [på], ~ *out* se upp; ~ *out for a*) hålla utkik efter, *b*) ge akt på, *c*) se upp för; ~ *over* vakta [över], ha uppsikt över, bevaka, vaka över **4** vakta, gå på (hålla, stå på) vakt **5** vaka; ~ *by* (*with*) *s.b.* vaka hos ngn

watcher ['wɒtʃə] iakttagare; bevakare, observatör **watchful** [-f(ʊ)l] vaksam, på sin vakt (*against, of* mot), uppmärksam (*for* på); *under the* ~ *eye of s.b.* under ngns vakande öga **watchmaker** [-ˌmeɪkə] urmakare **watchman** [-mən] väktare; nattvakt **watchstrap** [ˌstræp] klockarmband **watchword** [-wɜːd] **1** paroll, valspråk **2** läsen[ord]

water ['wɔːtə] **I** *s* vatten; ~*s* (*pl*) *a*) vatten[massor], *b*) [far]vatten; *by* ~ sjö|vägen, -ledes; *in deep* ~[*s*] (*bildl.*) ute på djupt vatten, i svårigheter, *of the first* ~ av renaste vatten (högsta kvalitet), första klassens; *on this side* [*of*] *the* ~ på den här sidan sjön (havet); ~ *on the brain* (*med.*) vattenskalle; ~ *on the knee* (*med.*) vatten i knät; *that event is* ~ *under the bridge* den saken är utagerad (är ett faktum och kan inte ändras); *drink* (*take*) *the* ~*s* dricka brunn; *get into hot* ~ (*bildl.*) få det hett om öronen, få problem; *hold* ~ *a*) vara [vatten]tät, *b*) *bildl.* hålla; *keep one's head above* ~ (*bildl.*) hålla sig flytande (huvudet över vattnet); *make* ~ *a*) läcka, ta in vatten, *b*) kasta vatten, kissa; *pass* ~ kasta vatten, kissa; *pour cold* ~ *on* (*bildl.*) *a*) vara kallsinnig till, *b*) dämpa, grusa; *pour oil on troubled* ~ (*bildl.*) gjuta olja på vågorna; *spend money like* ~ strö pengar omkring sig; *take* [*in*] ~ ta in vatten, läcka; *test the* ~[*s*] (*bildl.*) sondera terrängen, kolla in läget **II** *v* **1** vattna (*äv. djur*); bevattna **2** ~ [*down*] späd[da], späd[da] ut [med vatten]; ~ *down* (*bildl.*) urvattna **3** fylla på med vatten **4** vattnas, vattna sig; *make a p.'s mouth* ~ få det att vattnas i munnen på ngn; *my mouth* ~*ed* det vattnades i munnen på mig **5** tåras, rinna; *the smoke made my eyes* ~ röken fick mina ögon att tåras (börja rinna)

Water Carrier ['wɔːtəˌkærɪə] *s, astr., the* ~ Vattumannen **water colour** [-ˌkʌlə] **1** vatten-, akvarell|-färg **2** akvarell[målning] **water course** [-kɔːs] **1** vattendrag **2** flodbädd, strömfåra **watercress** [-kres] *bot.* källfräne, vattenkrasse **water fall** ['wɔːtəfɔːl] vattenfall, fors **water front** strand; (*i stad*) sjösida, strandparti **water gate**

W

['wɔ:təgeɪt] dammlucka; slussport **water heater** ['wɔ:tə,hi:tə] varmvattenberedare **watering** ['wɔ:t(ə)rɪŋ] [be]vattning **watering can** vattenkanna **water level** ['wɔ:tə‚levl] **1** vatten|nivå, -stånd **2** (*fartygs*) vattenlinje **water lily** *bot.* näckros **waterlogged** [-lɒgd] **1** vattensjuk; vattendränkt **2** vattenfylld **water main** ['wɔ:təmeɪn] huvud[vatten]ledning **watermark** l *s* **1** vattenstämpel **2** vattenlinje; vattenståndsmärke **ll** *v* vattenstämpla **water pipe** ['wɔ:təpaɪp] **1** vattenledningsrör **2** vattenpipa **water power** [-‚paʊə] vattenkraft **water proof** [-pru:f] l *a* vattentät; impregnerad **ll** *s, i sht BE.* regn|rock, -kappa, -jacka **lll** *v* göra vattentät; impregnera **water-resistant** [-rɪ‚zɪst(ə)nt] vattenbeständig; vattenskyddad **watershed** ['wɔ:təʃed] **1** vattendelare (*äv. bildl.*) **2** flod-, avrinnings|område **waterside** l *s* strand[kant] **ll** *a* strand-, vid stranden **water table** ['wɔ:tə‚teɪbl] grundvattennivå **watertight** [-taɪt] vattentät; *bildl. äv.* hållbar **waterway** ['wɔ:təweɪ] vatten|väg, -led **waterworks 1** (*sg, pl lika*) vatten[lednings]verk **2** (*behandlas som pl*) vattenkonst; *vard., turn on the ~* ta till lipen, börja tjuta (lipa) **3** *BE. vard.* (*behandlas som pl*) kisser **watery** ['wɔ:tərɪ] **1** vatten-; vattnig, blöt; vatten|haltig, -aktig **2** vätskande (*wound* sår) **3** *bildl.* blek, urblekt, urvattnad **watt** [wɒt] *elektr.* watt **wave** [weɪv] l *s* **1** våg (*äv. fys., bildl.*); bölja; *the ~s* (*poet. äv.*) havet, haven; *crime ~* våg av brottslighet; *heat ~* värmebölja; *long ~* (*fys.*) långvåg; *~ of strikes* strejkvåg **2** våg; ondulering; permanent[ning] **3** vågformighet; våglinje **4** vinkning; vink; viftning; *~ of the hand* (*äv.*) handrörelse, gest med handen; *give s.b. a ~* vinka åt ngn **ll** *v* **1** vinka (vifta, svänga) [med]; *~ aside a*) vinka bort (åt sidan, avsides), *b*) *bildl.* vifta (slå) bort, avvisa, tillbakavisa, avfärda; *~ away* vifta bort; *~ down* stoppa (*genom vinkning e.d.*); *~ s.b. off* vinka av ngn **2** göra vågig; våga, ondulera **3** vinka (*at, to* åt, till) **4** våga sig, falla i vågor **5** vaja, vagga; gå i vågor, bölja; fladdra **-length** *fys.* våglängd; *on the same ~* (*bildl.*) på samma våglängd **waver** ['weɪvə] **1** *bildl.* vackla; svikta, ge vika; tveka, vara obeslutsam **2** fladdra, flämta; skälva, darra; vackla; växla; svänga av och an **-ing** [-rɪŋ] l *s* **1** vacklan, vankelmod, tvekan **2** fladdrande *etc.*, *jfr waver 2* **ll** *a* **1** vacklande, vankelmodig, tveksam **2** fladdrande *etc.*, *jfr waver 2* **wavy** ['weɪvɪ] vågig; vågformig **1 wax** [wæks] l *s* **1** vax (*äv. bildl.*); bivax; öron-vax; *be ~ in the hands of s.b.* (*bildl.*) vara som vax i ngns händer **2** skomakarbeck **ll** *a* vax- **lll** *v* vaxa; bona, polera **2 wax** [wæks] **1** *litt.* (*om månen*) växa, tillta **2** *bildl., ~ and wane* tillta och avta **3** bli (*romantic* romantisk) **waxworks** ['wækswɜ:ks] (*sg, pl lika*) vaxkabinett **waxy** [-ɪ] vax|artad, -liknande **way** [weɪ] l *s* **1** väg; stig; gång; [väg]sträcka, bit; håll, riktning; *bildl. a*) väg, utväg, möjlighet, *b*) sätt, vis (*to do s.th.*, *of doing s.th.* att göra ngt), *c*) avseende, *d*) egenhet, vana; *~s* (*pl, äv.*) seder [och bruk]; *~s and means a*) medel, resurser, *b*)

medel och metoder, möjligheter, utvägar, *c*) anskaffning av [stats]inkomster; *~ about* omväg; *~ back* tillbaka-, åter-, hem|väg; *a long ~ back* [för] länge sedan; *~ in* väg in, ingång, infart, inväg; *a long ~ off a*) långt bort[a] (härifrån, därifrån), *b*) långt ifrån; *~ out a*) väg ut, utgång, utfart, *b*) utväg (*äv. bildl.*); *~ round* omväg; *~ of life* livs|stil, -föring; *across the ~* på andra sidan [vägen, gatan], mitt emot; *all the ~ from* (*to*) hela vägen från (till), ända från (till); *any ~ a*) vilken väg (åt vilket håll) som helst, *b*) på ngt sätt, på vilket sätt (hur) som helst, *c*) i alla fall, ändå; *any ~ you please* precis som du vill; *by ~ of a*) över, via, *b*) som, till, *c*) genom, *d*) för att; *by ~ of clothes* i klädväg; *by ~ of example* exempelvis; *better by a long ~* långt (mycket) bättre; *not by a long ~* inte på långa vägar (långt när); *by the ~ a*) vid (intill, nära) vägen, *b*) i förbi|gående, -farten, för övrigt, förresten; *down our ~* (*vard.*) nere (hemma) hos oss; *each ~ a*) varje väg, i vardera riktningen, *b*) på varje led; *either ~* hur man (*etc.*) än gör (gjorde), i alla fall; *in a ~* på ett sätt, på sätt och vis; *in a friendly ~* vänligt; *in a general ~* i största allmänhet; *in a small ~ a*) i smått, i liten skala, *b*) enkelt; *in the ~ of a*) i vägen för, *b*) vad beträffar (anbelangar), i fråga om, *c*) i form av; *in the ~ of clothes* i klädväg; *in the ~ of that* i den vägen (stilen); *in any ~* på sitt sätt, på vilket sätt (hur) som helst; *in its ~* på sitt sätt, så att säga; *in no ~* på intet sätt (vis), inte alls; *in the ordinary ~* (*äv.*) *a*) som vanligt, *b*) vanligtvis; *no ~!* aldrig i livet!; *on the* (*one's*) *~ to* på väg[en] till; *out of the ~ a*) ur vägen, borta, undan, *b*) avlägsen, *c*) ovidkommande, *d*) ovanlig, originell; *out* (*somewhere*) *London ~* någonstans i närheten av London (i Londontrakten); *over the ~*, *se across the way*; *to my ~ of thinking* enligt min uppfattning, enligt mitt sätt att tänka; *up our ~* (*vard.*) uppe (hemma) hos oss; *the Jones ~* som Jones gör (brukar göra) [det]; *the ~ he does it* så som han gör det; *the ~ he dresses!* så han klär sig!; *the other ~ round* [precis] tvärtom; *one ~ or another* (*the other*) på ett eller annat sätt; *this ~ a*) den här vägen, åt det här hållet, hit[åt], *b*) på det här sättet, så [här]; *this ~ and that* hit och dit, åt alla håll; *which ~?* vilken väg?, åt (från) vilket håll?; *ask the* (*one's*) *~* fråga efter vägen; *it is not his ~ to* det är inte likt honom att, han brukar inte; *that's the ~* så skall det vara (gå till); *that is always the ~* så är det alltid; *there are no two ~s about it* det råder inget tvivel om det, den saken är klar; *that is our ~ with* så gör vi med; *which is the ~ to?* (*äv.*) hur kommer man till?; *all this is by the ~* allt det här är oväsentligt; *be by ~ of being* anses vara; *he's by ~ of being a painter* han är ngn sorts (en sån där) målare; *he's by ~ of being engaged* han är av visst förlovad; *he is in a bad* (*poor*) *~* det står illa till med honom; *things are in a bad ~* det är illa ställt [med saker och ting]; *it is not in my ~* det är ingenting för mig; *he is in a ~ about it* han är alldeles ifrån sig för det; *be in the ~* vara i vägen för; *be in the ~ of doing s.th.* vara på väg att göra ngt; *he is in a fair ~ to succeed* han är på god väg att lyckas; *be on the ~* vara på väg; *be well on one's ~ a*) ha kommit en god bit på väg, *b*) vara på god väg; *prices are on the* ~ *up (äv.)* priserna stiger; *be under* ~ *a)* sjö. ha [god] fart, *b)* vara (ha kommit) i gång, gå framåt; *clear the* ~ *a)* gå ur vägen, *b)* bana väg; *she has come a long* ~ hon har kommit långt; *do it your own* ~*!* gör som du [själv] vill!; *feel one's* ~ känna sig fram, *bildl.* känna sig för; *find a* ~ (*bildl.*) hitta en utväg; *can you find your* ~ *out?* hittar du ut?; *gather* ~ (*sjö.*) få upp farten; *get one's own* ~, se *have one's own way*; *get s.th. the right* ~ uppfatta ngt riktigt, fatta ngt rätt; *get into the* ~ *of* vänja sig vid; *get out of a p.'s* ~ gå ur vägen för ngn; *get s.b. out of the* ~ göra sig (bli) av med ngn, röja ngn ur vägen; *get under* ~ *a)* sjö. avgå, lätta, *b)* komma i gång; *give* ~ *a)* ge plats, lämna plats (företräde), vika [undan], dra sig tillbaka, *b)* ge efter, ge vika (*äv. bildl.*), *c)* hänge sig; *go all the* ~ *a)* gå hela vägen (*äv. bildl.*), ta steget fullt ut, löpa linan ut, *b)* vara (gå) med helt och hållet; *go a long* ~ *a)* gå långt (*äv. bildl.*), *b)* räcka länge; *hjälpa* [mjⁱⁿⁱˡⁱ], go one's ~ gå sin väg, ge sig i väg; *go one's own* ~ (*bildl.*) gå sin egen väg; *are you going my* ~? ska du åt mitt håll?; *go out of one's* ~ *a)* ta (göra) en omväg, *b)* göra sig extra besvär, anstränga sig mycket; *have one's own* ~ få sin vilja fram, [få] göra som man [själv] vill; *if I had my* ~ om jag fick bestämma; *they had it all their own* ~ allt gick vägen (lyckades) för dem; *you can't have it both* ~*s* man kan inte få (göra) båda sakerna samtidigt; *he has his little* ~ han har sina små egenheter; *have a* ~ *with s.b.* veta hur ngn skall behandlas (tas), ha god hand med ngn; *he has a* ~ *with him* han har sitt eget (ett vinnande) sätt; *to judge by the* ~ *he behaves* att döma av hans uppträdande; *know the (one's)* ~ känna [till] vägen, hitta; *know one's* ~ *about a)* vara hemmastadd, *b)* känna till saker och ting; *lead the* ~ *a)* gå före [och visa vägen], *b) bildl.* visa vägen; *look the other* ~ titta åt andra hållet (bort); *lose* ~ (*sjö.*) tappa fart, sakta farten; *lose the (one's)* ~ gå (köra *etc.*) vilse; *make* ~ *a)* lämna (ge) plats (*for* åt, för), lämna vägen öppen, gå ur vägen (undan), flytta [på] sig (*for* för), *b)* föra sig framåt, sjö. få upp farten; *make one's* ~ *a)* ta sig (gå) fram, bege sig, bana sig väg, *b)* slå sig fram, arbeta sig upp; *I cannot make any* ~ jag kommer ingenvart; *pay one's [own]* ~ *a)* betala för sig [själv], *b)* bära sig, vara lönande (självbärande), *c)* klara sig själv; *put s.b. inte the* ~ *of s.th.* hjälpa ngn till ngt, skaffa ngn ngt; *put s.b. out of the* ~ röja ngn ur vägen; *put o.s. out of the* ~ göra sig extra besvär; *do you remember the* ~ *it was?* kommer du ihåg hur det var?; *see one's* ~ *a)* se vägen (var man går), *b)* se en möjlighet (lösning); *could you see your* ~ *to lending me a dollar?* har du möjlighet att låna mig en dollar?; *stand in a p.'s* ~ stå i vägen för ngn (*äv. bildl.*); *take the (one's)* ~ ta vägen, bege sig **2** ~*s* (*pl*) stapelbädd **3** bransch **II** *adv, vard.* långt, högt; ~ *back when* för länge sedan när; ~ *back in the twenties* redan på 20-talet; *you are* ~ *out if you think* du misstar dig kolossalt om du tror; ~ *up* lång (högt) upp[e]

way|bill ['weıbıl] fraktsedel **-farer** [-ˌfeərə] *s* vägfarande **-lay** [ˌweı'leı] (*waylaid, waylaid*) **1** lurpassa på, lägga sig i försåt för **2** hejda, stoppa

-side ['weısaıd] **I** *s* vägkant; *fall by the* ~ bli utslagen, slås ut, falla ifrån; *go by the* ~ bli lagd (läggas) åt sidan **II** *a* [belägen] vid vägen **-ward** ['weıwəd] **1** egensinnig, trilsk **2** nyckfull, oberäknelig

W.C., WC *förk. för water closet*

we [wi:, *obeton.* wı] *pers. pron* vi

weak [wi:k] svag; klen, vek; matt; dålig, ineffektiv; ömtålig, bräcklig; *the* ~*er sex* det svaga könet **weaken** ['wi:k(ə)n] försvaga[s], göra (bli) svagare; matta[s] **weakling** ['wi:klıŋ] vekling, [klen] stackare **weakly** ['wi:klı] **I** *a* svag, klen; klent byggd, spenslig **II** *adv* svagt *etc.*, *jfr weak* **weakness** ['wi:knıs] svaghet (*of, in* i) *etc.*, *jfr weak; in a moment of* ~ i ett svagt ögonblick; *have a* ~ *for* vara svag för, ha en svaghet för

weal [wi:l] märke, strimma (*på huden efter slag*)

wealth [welθ] **1** rikedom[ar], förmögenhet, tillgångar; välstånd **2** *a* ~ *of* en stor mängd [av], en rik|dom på, • by colour *i* largrikedom **wealthiness** ['welθınıs] rikedom; välstånd **wealthy** ['welθı] rik, förmögen; ~ *in* rik på

wean [wi:n] **1** avvänja (*a baby* en baby) **2** ~ *a p. from* vänja ngn av med, avvänja ngn från

weapon ['wepən] vapen **-ry** [-rı] *koll.* vapen

wear [weə] **I** *v* (*wore, worn; jfr äv. worn*) **1** ha [på sig], klä sig (vara klädd, gå) i, gå med, använda, bära; *what shall I* ~? vad ska jag sätta (ha) på mig?; ~ *a beard* ha skägg; ~ *one's hair long* ha långt hår; ~ *spectacles* ha (använda) glasögon; *a troubled look* se bekymrad ut, uppvisa en bekymrad min; *he always* ~*s a smile* han ler alltid; *she wore a big smile* hon strålade över hela ansiktet **2** nöta [på], slita [på], *bildl. äv.* trötta [ut], tära [på], nöta (trampa, köra) upp; (*om vatten e.d*) gräva [sig]; ~ *holes* (*a hole*) *in* nöta (slita) hål på (i) **3** *vard.* svälja, gå på, gå med på, finna sig i **4** nötas, slitas, bli nött (sliten); ~ *thin* bli tunnsliter; *that excuse is* ~*ing thin* den där ursäkten börjar bli ganska genomskinlig; *my patience is* ~*ing thin* mitt tålamod börja ta slut **5** hålla [att slita på]; stå sig; ~ *well a)* hålla bra, vara slitstark, *b)* vara väl bibehållen; *it will* ~ *for ever* den håller i evighet; *the theory won't* ~ teorin håller inte **6** ~ *away a)* nöta[s] bort (ut), *b)* tära på, *c)* försvinna; ~ *down a)* nöta[s] ner (ut), slita[s] ner (ut), *b)* trötta ut, bryta ner, göra mör, *c)* bli uttröttad, brytas ner, bli mör; ~ *off a)* nöta[s] av (bort), *b)* gå över, släppa, avta, minska; ~ *on* (*om tid*) släpa sig fram, framskrida, lida; ~ *out a)* nöta[s] (slita[s]) ut, urholka[s], göra slut på, ta slut, ha (gå) sönder, *b)* matta (trötta) ut; *be worn out* (*äv.*) vara [alldeles] slut (utarbetad) **II** *s* **1** användning, bruk; *I haven't had much* ~ *out of this shirt* jag har inte använt den här skjortan många gånger; *there is still a lot of* ~ *left in this carpet* den här mattan håller (kan användas) ett bra tag till **2** nötning, [för]slitning, slitage; ~ *[and tear] a)* förslitning, slitage, *b) bildl.* påfrestning[ar]; *fair* ~ *and tear* normalt slitage; *be the worse for* ~ vara [ner]sliten (illa medfaren, medtagen); *show signs of* ~ [börja] se sliten (gammal, medfaren) ut **3** kläder; (*i sms.*) -beklädnad; *men's* ~ herr|-kläder, -konfektion

weariless ['wıərılıs] outtröttlig **weariness** [-nıs] trötthet; *bildl. äv.* leda (*of* vid)

wearing ['weərɪŋ] **1** påfrestande, tröttsam **2** nötande, slitande **3** utsatt för nötning (förslitning)
wearisome ['wɪərɪs(ə)m] [lång]tråkig, tröttsam, påfrestande
weary ['wɪərɪ] **I** *a* **1** uttröttad, trött (*with* av); led, trött (*of* på, vid) **2** tröttsam, påfrestande **II** *v* **1** trötta [ut], göra utmattad; besvära **2** tröttna (*of* på); ~ *of* (*äv.*) bli trött på
weasel ['wi:zl] **1** *zool.* vessla **2** *i sht AE.* [snö]vessla (*motorfordon*)
weather ['weðə] **I** *s* väder[lek]; *wet* ~ fuktigt väder, regnväder; *lovely* ~ *for ducks!* (*ung.*) härligt väder om man tycker om regn!; *in all* ~*s* i alla väder, i ur och skur; *under the* ~ (*vard.*) *a*) krasslig, vissen, *b*) AE. [bak]full; *make heavy* ~ *of* (*bildl.*) göra mycket väsen (för mycket) av **2** *sjö.* lovart **II** *v* **1** utsätta för väder och vind; få att vittra [sönder]; ~*ed* nött (skadad, förstörd) av väder och vind, [sönder-, ner]vittrad, förvittrad **2** [luft]torka (*trä*) **3** *sjö.*, *bildl.* rida ut; *bildl. äv.* klara [sig igenom], överleva; ~ [*out*] *the storm* rida ut stormen **4** nötas (skadas, förstöras) av väder och vind; förvittra[s], vittra [sönder] **5** tåla väder och vind; stå sig
weather-beaten ['weðəˌbi:tn] väderbiten; medfaren av väder och vind **weatherbound** ['weðəbaʊnd] hindrad av vädret **weathercock** [-kɒk] vindflöjel (*i form av en tupp*); *bildl.* vindböjtel **weather forecast** [-ˌfɔːkɑːst] väder-|prognos, -rapport, -utsikter **weatherman** [-mən] *vard.* väderspåman (*meteorolog*)
weather vane [-veɪn] vindflöjel
weave [wi:v] **I** *v* (*wove, woven; jfr äv. woven*) **1** väva (*a shawl* en sjal); fläta (*a basket* en korg); binda (*a garland of flowers* en blomsterkrans); fläta samman (*into* till); väva in (*into* i) **2** *bildl.* fläta in (*into* i) **3** (*äv.* ~*d*, ~*d*) *bildl.* väva (fläta) ihop (*a story* en historia) **4** slingra sig, gå i sicksack, kryssa **5** *vard.*, *get weaving* sätta fart, sno på **II** *s* väv[mönster], vävning; bindning, vävnadssätt **weaver** ['wi:və] **1** vävare, väverska **2** *zool.* vävarfågel **weaving** ['wi:vɪŋ] vävning
web [web] **1** väv (*äv. bildl.*); [*spider's*] ~ spindel|-väv, -nät **2** *zool.* simhud **webbed** [-d] *zool.* [försedd] med simhud; ~ *feet* simfötter
wed [wed] (*wedded, wedded el. wed, wed*) *åld.* **1** äkta, gifta sig med **2** gifta bort **3** gifta sig
we'd [wi:d] = *we had* (*would, should*)
wedded ['wedɪd] **1** gift (*to* med), vigd (*to* vid); ~*ded couple* äkta par; *his lawful* ~ *wife* hans äkta maka **2** äktenskaplig **3** *bildl.* intimt förknippad (förenad) (*to* med)
wedding ['wedɪŋ] vigsel[akt]; bröllop; *silver* ~ silverbröllop **wedding ring** vigselring
wedge [wedʒ] **I** *s* **1** kil (*äv. bildl.*); *the thin end of the* ~ (*bildl.*) bara en [första, blygsam] början, första steget [till ngt värre]; *drive a* ~ *between* (*bildl.*) driva in en kil mellan **2** trekant; [trekantig] bit (*of a cake* av en kaka) **II** *v* **1** kila; ~ [*in*] kila (klämma) in; ~ [*up*] kila fast; ~ *together* klämma (tränga) ihop; ~ *o.s.* kila (tränga) sig [fram]; *be* ~*d* [*in*] vara (sitta) inkilad (inklämd) **2** klyva [med kil] **wedge heel** ['wedʒhi:l] kilklack
Wednesday ['wenzdɪ] (*jfr Friday*) onsdag
1 wee [wi:] *i sht Sk.* mycket liten; *a* ~ *bit* lite grand, en liten aning, en smula
2 wee [wi:] *vard.*, *i sht BE.* **I** *s* **1** kissning **2** kiss **II** *v* kissa
weed [wi:d] **I** *s* **1** ogräs[planta]; sjögräs **2** *vard.* tobak; marijuana[cigarett] **2** *vard.* stackare, krake **II** *v* **1** rensa ogräs **2** rensa [i]; ~ *the garden* rensa i trädgården; ~ *the carrots* rensa morötterna **3** ~ *out* rensa bort, rensa ogräs i, *bildl.* rensa ut, gallra bort (*ut*) **-killer** ['wi:dˌkɪlə] ogräsmedel
week [wi:k] vecka; *this* ~ [i] den här veckan, [nu] i veckan; *last* ~ [i] förra veckan; *next* ~ [i] nästa vecka; *by the* ~ per vecka, veckovis; *for* ~*s* i [flera] veckor; *twice a* ~ två gånger i veckan; *a* ~ *today, today* (*this day*) [*next*] ~ i dag om en vecka ([om] åtta dagar); *a* ~ *ago today, this day last* ~ i dag för en vecka sedan; *yesterday* ~ i går för en vecka sedan; *tomorrow* ~, *a* ~ *tomorrow* i morgon om en vecka; [*this*] *Tuesday* ~, *a* ~ *on Tuesday* på tisdag om en vecka; *last Tuesday* ~ i tisdags för en vecka sedan; *knock s.b. into the middle of next* ~ (*vard.*) slå ngn gul och blå (fördärvad)
week|day ['wi:kdeɪ] vardag, veckodag; *ordinary working* ~ vanlig arbetsdag **-end** [ˌwi:k'end] **I** *s* veckoslut, [vecko]helg, weekend **II** *v*, *vard.* tillbringa veckoslutet (helgen, weekenden)
weekly ['wi:klɪ] **I** *a* vecko-; [som sker] varje vecka; ~ *magazine* veckotidning; *what are her* ~ *earnings?* vad tjänar hon i veckan? **II** *adv* varje vecka; en gång i veckan; per vecka, i veckan **III** *s* veckotidning
weeny ['wi:nɪ] *vard.* mycket liten, pytteliten
weep [wi:p] (*wept, wept*) **1** gråta; ~ *for s.b. a*) gråta (sörja) över ngn, *b*) gråta av medlidande med ngn; ~ *out* gråta ut; ~ *with joy* gråta av glädje **2** droppa, drypa; avsöndra vätska; (*om sår*) vätska sig **3** gråta, fälla (*tears* tårar); ~ *o.s. to sleep* gråta till sömns **weeping** [-ɪŋ] **I** *s* **1** gråt[ande] **2** droppande, drypande; vätskeavsöndring **II** *a* **1** gråtande **2** droppande, drypande; vätskande **3** *bot.* häng-; ~ *birch* hängbjörk; ~ *willow* tårpil
weigh [weɪ] **1** väga (*äv. bildl.*), *bildl. äv.* av-, över|väga; ~ *against* (*with*) (*äv.*) jämföra med; ~ *down* tynga (trycka) ner (*äv. bildl.*), böja ner, få att digna; ~*ed down with* [ned]tyngd av; ~ *in* [låta] väga, väga in; ~ *out* väga [upp]; ~ *up* avväga, beräkna, bedöma, skaffa sig (få) en uppfattning om; ~ *one's words* väga sina ord **2** *sjö.* dra (lyfta) upp; ~ *anchor* lätta ankar **3** väga; tynga; vara av vikt (viktig), väga tungt, spela en roll (*with* för); ~ *heavy* väga mycket, vara tung, tynga; ~ *heavily on* (*bildl.*) trycka, tynga, vila tungt på; ~ *against a*) mot-, upp|väga, *b*) vara till nackdel för, tala mot; ~ *in a*) *sport.* väga[s] in, *b*) *vard.* lägga sig i, ingripa, hoppa in, ställa upp; ~ *on* (*bildl.*) trycka, tynga, plåga; *he* ~*ed in at 80 kilos* han vägde 80 kilo **4** *sjö.* lägga ankar
weight [weɪt] **I** *s* **1** vikt; tyngd, börda (*äv. bildl.*); tryck; belastning; ~*s and measures* mått och vikt; *the* ~ *of the evidence* tyngden i bevisföringen; *loss of* ~ viktförlust; *unit of* ~ viktenhet; *numerical* ~ numerär överlägsenhet; *a pike 4 kilos in* ~ en gädda på 4 kilo; *50 g of sugar and the same* ~ *of butter* 50 g socker och lika mycket smör; *it is 4 kilos in* ~ den har en vikt på 4 kilo; *that was a*

off my mind en sten föll från mitt bröst, det var en lättnad för mig; *it is a ~ on* (*bildl.*) det vilar tungt (tynger) på; *give short* (*good*) *~* väga knappt (väl); *lift heavy ~s* lyfta tungt; *lose ~* gå ner [i vikt]; *pull one's ~* (*vard.*) ta sin del av ansvaret, dra sitt strå till stacken; *put on* (*gain*) *~* gå upp [i vikt]; *take the ~ off one's feet* (*vard.*) sitta ner, sätta sig ner **2** vikt, betydelse; inflytande; *of* [*great*] *~* (*äv.*) [tungt] vägande; *men of ~* betydande (inflytelserika) män; *carry* (*have*) *great ~ ha stor vikt (betydelse)*, väga tungt, ha stor inverkan, betyda mycket; *carry* (*have*) *great ~ with* ha stort inflytande (stor inverkan) på; *carry* (*have*) *no ~* inte ha ngn inverkan, vara utan betydelse; *give ~ to, lay* (*put*) *~ on a*) fästa (lägga) vikt vid, *b*) ge eftertryck (tyngd) åt; *throw one's ~ around* (*vard.*) spela översittare, trakassera folk; *throw one's ~ behind s.b.* (*vard.*) stötta (backa upp) ngn **3** brevpress **4** sport. vikt[klass] **5** sport. kula; *put the ~* stöta kula; *putting the kula;* stöttning **II** *v* **1** förse med tyngd[er], göra tyngre; tynga [ner] (*äv. bildl.*); [be]lasta; *~ down a*) överlasta, *b*) tynga [ner] **2** inverka på, påverka, styra, vinkla, tillrättalägga

weighted ['weɪtɪd] *a, be ~ in favour of s.b.* väga över till ngns fördel, gynna ngn

weightlifter ['weɪtˌlɪftə] *sport.* tyngdlyftare

weightlifting [-ˌlɪftɪŋ] *sport.* tyngdlyftning

weighty [-ɪ] [för] tung **2** *bildl.* tungt vägande, viktig, betydelsefull; allvarlig

weir [wɪə] **1** damm, fördämning **2** (*slags mjärde*) katse, sprötgård

weird [wɪəd] **1** kuslig, hemsk; övernaturlig; *~ sisters* ödesgudinnor **2** *vard.* konstig, egendomlig, underlig

welcome ['welkəm] **I** *s* välkomnande, mottagande; *give s.b. a hearty* (*warm*) *~* önska ngn hjärtligt (varmt) välkommen, ge ngn ett hjärtligt (varmt) mottagande; *wear out one's ~* tära på gästfriheten **II** *a* **1** välkommen; uppskattad; glädjande; *it is very ~ just now* (*äv.*) det kommer mycket lägligt just nu; *you're ~!* (*i sht AE.*) ingenting att tacka för!, ingen orsak!, för all del!; *you're ~* [*to it*]! (*äv. iron.*) håll till godo!, var så god!, gärna för mig!; *you're ~ to use my room* du får gärna använda mitt rum; *bid s.b. ~* hälsa ngn välkommen; *make s.b. ~* få ngn att känna sig välkommen **2** välkomst-; *~ party* välkomstfest **III** *interj* välkommen! **IV** *v* (*~d, ~d*) välkomna, hälsa välkommen; hälsa [med glädje], [gärna] ta emot

weld [weld] **I** *v* svetsa; svetsa ihop, svetsa samman (*äv. bildl.*); svetsa fast **II** *s* svets[ning]; svets|fog, -ställe **welder** ['weldə] **1** svetsare **2** svetsmaskin

welding ['weldɪŋ] svetsning; *bildl.* sammansvetsning **welding unit** svetsaggregat

welfare ['welfeə] **1** välfärd, väl[gång]; *the public ~* den allmänna välfärden **2** omsorg, vård, omvårdnad; [*social*] *~* social|vård, -hjälp; *the ~* (*i sht BE. vard.*) det sociala, socialen; *industrial ~* arbetarskydd; *live off* (*on*) *~* (*AE.*) leva på socialhjälp (understöd) **welfare state** välfärdsstat **welfare work** socialt arbete, socialt verksamhet, socialvård

1 well [wel] **I** *s* **1** brunn; källa (*äv. bildl.*) **2** (*för vätska*) fördjupning, hål, behållare **3** trapphus;

hisstrumma, hisschakt **II** *v, litt.*, *~* [*up*] välla (strömma) fram (*from ur, från*); *tears ~ed up in his eyes* hans ögon fylldes med tårar

2 well [wel] **I** *adv* (*better, best*) **1** bra, gott, väl; noga, noggrant, ordentligt; med rätta, mycket väl; *~ and truly* ordentligt, verkligen; *~ and good* så mycket bättre, då är allt gott och väl; *not very ~* inte så bra; *be ~ off a*) vara välförsedd (*for* med), *b*) ha det bra [ställt]; *I can't very ~ refuse* jag kan inte gärna vägra; *~ done!* bra [gjort]!, bravo!; *the patient is doing ~* patienten mår bra (är på bättringsvägen); *the shop is doing ~* affären går bra; *he's doing ~ at school* det går bra för honom i skolan; *she did ~ in the exam* hon klarade sig bra i examen; *do o.s. ~* (*vard.*) ha det skönt (bra), leva gott; *things are going ~* allt går bra; *~ known* [väl] känd, välkänd; *know s.b. ~ enough* känna ngn ganska väl; *marry ~* göra ett bra (gott) parti; *it may ~ be that det kan mycket ili hända att, speak ~ of* tala väl om; *think ~ of* ha höga tankar om, tänka väl om **2** betydligt, långt, en bra bit, ett gott stycke; *he is ~ away* (*vard.*) han är i gasen; *~ on in life* (*years*) till åren [kommen]; *he's ~ over fifty* han är en bra bit över femtio; *~ past midnight* långt efter midnatt **3** *as ~ a*) också, dessutom, likaså, *b*) [lika] gärna, lika väl; *as ~ as a*) såväl...som, både...och, *b*) lika (så) bra som; *as ~ as I can* så bra jag kan; *I may* (*might*) *as ~ tell you* jag kan likaväl (lika gärna) tala om det för dig; *it might* (*may*) *och det* med rätta **II** *interj* nå[ja]!, nåväl!; [se]så!; så där [ja]!; ja [visst]!, jo[då]!; nja!; hm!, alltså!; *~, ~!* a) nå[väl]!, *b*) ja [a]!, jo jo!, *c*) vad nu då!, *d*) nej verkligen!, ser man på!; *~ I never!* har man hört (sett) på maken!, det var som sjutton!; *~ really!* jag säger då det!, det må jag säga!; *~ then!* nå!, alltså!; *~* [*then*]? nå?, än sen då?, och vad är det med det då?; *very ~ then!* nåväl!, kör till då!, *som du vill!; ~, it was like this* alltså, så här var det **III** *a* (*better, best*) **1** bra, frisk, kry; *he's not a ~ man* han är inte [alls] frisk; *I don't feel at all ~* jag känner mig (mår) inte alls bra **2** bra, väl; klokt, lämpligt; *all's ~ that ends ~* slutet gott, allting gott; *all is not ~ with* allt (det) står inte bra till med; *it's all very ~ for you* [*to say*] det är lätt för dig att säga; *that's all very ~* för all del; *that's all very ~, but* det är gott och väl (kan så vara); men; *perhaps it's just as ~* det kanske är lika så gott (bra); *it was ~ for him that nobody listened* det var tur för honom att ingen lyssnade; *it would be* [*as*] *~ to* det vore [nog] bättre (klokast) att; *be ~ in* with ligga bra till hos; *be ~ out of s.th.* lyckligt och väl] ha kommit igenom (över) ngt **II** *s* **1** väl; *leave* (*let*) *~ alone!* det är bra (låt det vara) som det är!; *wish s.b. ~ a*) vilja ngn väl, *b*) lyckönska ngn, önska ngn lycka till **2** *the sick and the ~* de sjuka och de friska

we'll [wi:l] = *we will* (*shall*)

well-advised [ˌweləd'vaɪzd] klok, välbetänkt; *she would be ~ to* hon skulle göra klokt i att **--being** välbefinnande; väl[färd] **--bred** väluppfostrad **--done 1** genom|stekt, -kokt **2** välgjord **--informed** [ˌwelɪn'fɔːmd] **1** [allmän]bildad **2** väl|informerad, -underrättad

wellington [boot] ['welɪŋtən(buːt)][gummi]stövel; kragstövel

well|-intentioned [,welın'tenʃnd] **1** välmenande **2** välment **--known** väl|känd, -bekant **--meaning 1** välmenande **2** välment

well-nigh ['welnaı] nära nog

well|-off [,wel'ɒf] **1** väl|bärgad, -situerad, -beställd **2** be ~ for vara välförsedd med **--read** [,wel'red] beläst; lärd, bildad **--spoken** [,wel'spəʋk(ə)n] vältalig; med vårdat uttal **--timed** läglig, lämplig, [gjord] i rätta ögonblicket, väl vald **--to-do** [-tə'du:] välbärgad, förmögen **--worn** [ut]nött, [ut]sliten (äv. bildl.)

Welsh [welʃ] **I** a walesisk; ~ rarebit (rabbit) varm ostsmörgås **II** s **1** the ~ walesarna **2** walesiska [språket]

Welsh|man ['welʃmən] walesare **-woman** [-,wʋmən] walesiska

welt [welt] **I** s **1** rand[läder] **2** bård, kantband **3** strimma, märke (efter slag) **II** v prygla, klå upp

welter ['weltə] **I** v **1** vältra sig; rulla [sig]; ~ in blood bada i blod **2** (om vågor) rulla **II** s **1** (vågornas) rullande, svall **2** kaos, förvirring, röra **3** a ~ of en mängd

wend [wend] v, litt., ~ one's way styra sina steg (kosan)

went [went] imperf. av go

wept [wept] imperf. o. perf. part. av weep

were [wɜ:, obeton. wə] imperf. indikativ (2 pers. sg o. hela pl) o. imperf. konjunktiv av be; ~ you there? var du (ni) där?; if I ~ you I should do it om jag vore du skulle jag göra det

we're [wıə] = we are

werewolf ['wıəwʋlf] varulv

west [west] **I** a västlig, väst-, västra; the ~ side västra sidan, västsidan; ~ wind västlig vind, västan[vind]; W~ Berlin Västberlin; the W~ Country sydvästra England; W~ Germany Västtyskland; W~ Indian a) västindisk, b) västindier; the W~ Indies (pl) Västindien **II** adv mot (åt, från) väster, västerut; ~ of väster om; ~ by south väst till syd; go ~ (vard.) a) gå åt helvete, b) kola av **III** s väst[er]; East and W~ öst och väst; the W~ a) väst[världen], b) (i USA) Västern, västtaterna, c) västra delen, västliga länder (områden), d) Västerlandet; the Middle W~ (i USA) Mellanvästern; from the ~ från väster, västerifrån; from the ~ of Sweden från västra [delen av] Sverige; to[wards] the ~ mot (åt) väster, västerut; to the ~ of väster om; the wind is in the ~ vinden är västlig

westerly ['westəlı] **I** a o. adv västlig; från (i) väst väster **II** v västlig vind **western** [-ən] äv. W~ **I** a **1** västlig, västra, väst-; the W~ [Roman] Empire Västromerska riket **2** västerländsk **II** s västern, vildavästern|film, -bok **westerner** [-ənə] **1** västerlänning **2** person från de västra delarna av landet

west|ward ['westwəd] **I** a västlig, västra **II** adv mot (åt) väster; västerut; sjö. västvart **-wards** [-wədz] adv, se westward II

wet [wet] **I** a **1** våt, blöt, fuktig, sur (with av); regnig; ~ blanket, se blanket I; ~ dock våtdocka; ~ dream erotisk dröm med pollution; ~ paint! nymålat!; the ~ season regntiden; ~ suit våtdräkt; ~ summer regnig sommar; be ~ through vara genomvåt (dyblöt); be ~ behind the ears (vard.) inte vara torr bakom öronen; his eyes were ~ with tears han hade tårar i ögonen **2** (om fisk)

färsk **3** i sht AE. vard. med (för) fri alkoholförsäljning, utan (mot) alkoholförbud, icke torrlagd **4** vard. slapp; mesig, larvig; knasig, tokig **II** s **1** väta; blöta; fukt[ighet]; regn[väder], nederbörd; the ~ (Austr.) regntiden **2** i sht AE. förbudsmotståndare **3** vard. mes; knasboll, idiot **III** v (wet, wet el. ~ted, ~ted) **1** väta, blöta [ner], fukta; ~ one's whistle (vard.) fukta strupen, ta sig ett glas **2** kissa i (på); ~ o.s. kissa på sig

wet-nurse ['wetnɜ:s] **I** s amma **II** v **1** amma **2** vard. dalta med

whack [wæk] **I** s **1** smäll, slag **2** vard. [an]del, portion; have (get) one's ~ få sin [an]del **3** vard. försök; have a ~ at försöka sig på, ge sig i kast med **II** v smälla (slå) till whacked [-t] vard. utpumpad, slut[körd] **whacking** ['wækıŋ] **I** s, åld. stryk, smörj **II** a kolossal, väldig **III** adv kolossalt, väldigt, jätte-

whale [weıl] **I** s **1** zool. val, valfisk; killer ~ späckhuggare; toothed ~ tandval **2** have ~ of a time ha jätteroligt **II** v **1** fånga val, bedriva valfångst **whaler** [-ə] **1** valfångare **2** valfångstfartyg, valfångare **whaling** ['weılıŋ] **I** s val|fångst, -jakt **II** adv, vard. kolossalt, väldigt, jätte-

wham [wæm] **I** s slag; smäll **II** interj smack!, pang!

whang [wæŋ] **I** v slå, drämma [till] **II** s slag; smäll, duns

wharf [wɔ:f] (pl wharves [wɔ:vz] el. wharfs) last|kaj, -brygga; kaj-, hamn|plats]

what [wɒt] **I** interr. pron vad; vilken, vilket, vilka; vilken (vilket, vilka, vad) som; vad för [en, någon, något, några, slags]; hur [mycket, många, stor]; ~ about? a) vad sägs om?, hur skulle det vara med?, b) hur är (blir) det med?; ~ for? a) varför, b) vad då till?; ~ if? vad händer om?, tänk om?, [ja] men om?; so ~?, ~ of it? än sen då?; ~ age is he? hur gammal är han?; ~ a day! en sådan (vilken) dag!; ~ day is it today? vad är det för dag i dag?; ~ pretty girls! vilka (sådana) vackra flickor!; ~ name shall I say, please! vem får jag hälsa ifrån?; where's ~'s her name? var är hon vad hon nu heter?; ~'s the news? [har det hänt] något nytt?, vad nytt?; ~ a pity! så (vad) synd!; do you remember John Mill? — what of (about) him? kommer du ihåg John Mill? — ja, vad är det med honom?; ~ time is it? hur mycket är klockan?; ~'s the weather like? hur är vädret?; ~'s yours? vad vill (ska) du ha (ta)?; ~'s it all about? vad är det frågan om?; ~'s that to you? vad angår (rör) det dig?; cars, elephants, trumpets and ~ have you (and ~ not) bilar, elefanter, trumpeter och gud vet allt (och allt möjligt); ~ to do? vad ska vi (etc.) göra?; ~ do 6 and 9 make? hur mycket blir 6 plus 9?; ~ did you do that for? vad gjorde du det för?, varför gjorde du det?; you need [a] ~? du behöver [en] vadå för något? **II** rel. pron vad (den, det, de, allt, alla) [som]; något som, vilket; som; ~ with till följd av, på grund av; ~ ..., ~ with... dels på grund av och dels på grund av...; ~ with one thing and another en eller anna orsak, och hur det nu blir (blev); and ~ is more och vad mer är, och dessutom; tell them ~'s ~ (vard.) tala om för dem hur det förhåller sig; I tell you (know) ~, let's go to London vet du vad, vi åker till London; buy ~ food you like köp vilken mat du vill; come ~ may hända vad som hända vill; *give me* ~ *tools you have* ge mig all verktyg du har; ~ *little he knew* det lilla han visste; *not a day but* ~ *it rains* det går inte en dag utan att det regnar; *this is the man* ~ *I saw (ovårdat)* detta är mannen jag såg **III** *adv* vad, i vad mån; ~ *do I care?* vad bryr jag mig om det?

whatever [wɒt'evə] **1** vad [som]...än; allt [som, vad]; vilken (vilka, hurdan)...än; ~ *you like (say)* som du vill; *for* ~ *reasons* av vilka skäl [det vara månde]; *no doubt* ~ inget som helst tvivel, inget tvivel alls; *nothing* ~ ingenting alls; *or* ~ *(vard.)* eller något i den stilen, eller vad som helst **2** vad [i all världen]; ~ *gave you that impression?* vad i all världen har du fått det ifrån?

whatsoever [ˌwɒtsəʊ'evə] alls; *none* ~ ingen alls

wheat [wiːt] vete

wheedle ['wiːdl] locka *(money out of s.b.* pengar av ngn); lirka med; ~ *s.b. into doing s.th.* lirka med ngn för att förmå honom (med lock och pock förmå ngn) att göra ngt

wheel [wiːl] **I** *s* **1** hjul *(äv. bildl.)*; ~*s (pl)* a) maskineri, apparat *(äv. bildl.)*, b) *vard.* bil; *the* ~ *has come full circle (bildl.)* cirkeln är sluten; *there are* ~*s within* ~*s* det är en komplicerad situation; *oil the* ~*s* smörja maskineriet *(äv. bildl.)* **2** ratt; *at the* ~ *a)* vid ratten, *b) bildl.* vid rodret; *take (grab) the* ~ ta över ratten **3** [drej]skiva, trissa **4** sväng[ning], rotation; *mil.* riktningsändring **5** *AE. sl.* betydelsefull (inflytelserik) person, pamp **II** *v* **1** rulla, köra, leda, dra, skjuta **2** svänga [runt], vrida [runt], snurra [på], få att (låta) rotera **3** *mil.*, ~ *[round]* [låta] göra en riktningsändring **4** ~ *[round] a)* svänga [runt], snurra [runt], rotera, *b)* [hastigt] vända sig om, c) kretsa; ~ *[about]* ändra uppfattning (åsikt) **5** rulla, köra; *vard.* cykla **6** *vard., i sht AE.* ~ *and deal* agera smart [och hänsynslöst], mygla

wheelbarrow ['wiːlˌbærəʊ] skottkärra **wheelchair** ['wiːltʃeə] rullstol **wheeler-dealer** [ˌwiːlə'diːlə] myglare

wheeze [wiːz] **I** *v* väsa, pipa, rossla **II** *s* **1** väsande, pipande, rosslande **2** *BE. vard.* trick, knep; skämt **wheezy** ['wiːzɪ] väsande, pipande, rosslig; flåsig

whelp [welp] **I** *s* **1** [hund]valp; [varg]unge **2** valp, spoling **II** *v* valpa; få ungar

when [wen] **I** *adv* **1** när, hur dags; *since* ~ *have you been here?* hur länge har du varit här?; *he came last week, since* ~ *he has been here* han kom förra veckan, och sedan dess har han varit här; ~ *did you arrive?* när kom du?; ~ *ever, se whenever; say* ~*! (vid påfyllning)* säg stopp! **2** då, när; som; *on the day* ~ den dag då; *during the time* ~ under den tid som (då); *in 1980, up till* ~ *she...* 1980, fram till vilken tidpunkt hon...; *be careful* ~ *crossing the road* var försiktig när du går över gatan; *that's* ~ det är (var) då [som]; *scarcely (hardly)* ~ knappt förrän; *it was only* ~... det var först sedan... **II** *konj* när, då; *I can't remember* ~ *I last saw him* jag kommer inte ihåg när jag såg honom sist; *I did it* ~ *young* jag gjorde det när jag var ung **III** *s* tid[punkt]; *the* ~ *and the where* tid och plats

whence [wens] *åld.* varifrån; varav; varför

whenever [wen'evə] **I** *konj* när...än, när[helst];

så ofta [som], varje gång [som]; ~ *you like* när du vill **II** *adv, vard.* när det nu var som; *or* ~ eller när det nu var (blir); ~ *did he arrive?* när i all världen kom han?

where [weə] **1** var; på vilket sätt, i vilken mån, hur; vart; ~ *ever? (vard.)* var (vart) i all världen?; ~ *from?* varifrån?, var...ifrån?; ~...*to?* vart?; ~ *to go?* vart ska vi (man *etc.*) gå?; ~ *would we be, if?* hur skulle det gå med oss (var skulle vi stå) om? **2** där; dit; var; vart; då; *that's* ~ *we differ* det är här (på den punkten) våra uppfattningar går isär; *that's (this is)* ~ *he lives* det är där (här) han bor

whereabouts I *s* ['weərəbaʊts] *(behandlas som sg)* tillhåll, vistelse-, uppehålls|ort; [ungefärligt] läge; *her present* ~ *is unknown* det är inte känt var hon håller till för närvarande **II** *adv* [ˌweərə'baʊts] var någonstans (ungefär)

where|as [weər'æz] **1** medan, under det att, då däremot **?** jur. *andl.*, alldenstund -**by** var|igenom, -med -**upon** [weərə'pɒn] varpå

wherever [weər'evə] **1** varhelst, var...än; varthelst, vart...än; överallt där (dit) **2** *vard., se under where I*

whet [wet] slipa, bryna, vässa; *bildl.* skärpa, stimulera; ~ *one's appetite* reta aptiten

whether ['weðə] **1** om, huruvida **2** ~...*or* antingen (vare sig)...eller; ~...*or no a)* om, huruvida, *b)* under alla omständigheter

whetstone ['wetstəʊn] bryne, brynsten

whey [weɪ] vassla

which [wɪtʃ] *pron* **1** *interr.* vilken, vilket, vilka, vem; vilken (vilket, vilka, vem) som, vilkendera; ~ *one? vilken[dera]?*, vem?; ~ *ever? (vard.)* vem (vilken) i all världen?; ~ *is* ~*?* vilken är vilken?, vem är vem? **2** *rel.* (gen. *whose, se whose II*) som; vilken, vilka; vilket, något som; *about* ~ om vilken *(etc.)*, varom, som...om; *among* ~ bland vilka, varib|and; *on* ~ på vilken *(etc.)*, varpå, som...på; *the car, the doors of* ~ bilen, vars dörrar; *the cat* ~ *I saw* katten [som] jag såg; *on the day before* ~ *he met her* dagen innan han mötte henne -**ever** [-'evə] **1** vilken[dera]...än; vilken...som än [som]; *take* ~ *you like most* ta den du tycker bäst om **2** *vard., se under which I*

whiff [wɪf] **I** *s* **1** fläkt, pust; puff; *a* ~ *of fresh air* en nypa frisk luft; *a* ~ *of smoke* en rökpuff, ett rökmoln; *a* ~ *of wind* en vindpust **2** inandning; bloss **3** lukt; doft **4** *bildl.* spår, aning **II** *v* **1** andas in; bolma (blossa) på **2** lukta på; känna [lukten av] **3** pusta, fläkta **4** bolma, blossa *(at på)* **5** *BE. vard.* lukta [illa]

while [waɪl] **I** *s* **1** stund; tid; *a long* ~ *ago* för länge sedan; *it will be a long* ~ *before* det kommer att dröja länge innan; *for a* ~ [för, på] en stund (tid), ett slag (tag); *in a little* ~ om en liten stund, snart, inom kort; *once in a* ~ någon [enstaka] gång, då och då; *quite a* ~ ett bra tag, en god stund, ganska länge; *the* ~ under tiden, så länge; *all the* ~, *the whole* ~ [under] hela tiden **2** *be worth [one's]* ~ vara mödan värt, vara värt besväret, löna sig **II** *konj* **1** medan, under det att, så länge [som] **2** medan [däremot], då däremot **3** samtidigt som; även om; trots att **III** *v*, ~ *away the time* fördriva tiden

whilst [waɪlst] *konj, i sht BE., se while II*

whim [wɪm] nyck, infall

whimper ['wɪmpə] I v gnälla, gny, pipa II s gnäll-[ande], gny[ende], pip[ande]

whimsical ['wɪmzɪkl] 1 nyckfull 2 egendomlig, originell; fantastisk **whimsy** ['wɪmzɪ] 1 stollig-het[er], konstiga idéer, bisarreri[er] 2 nyck, konstigt infall

whine [waɪn] I v kvida, gnälla, yla; vina; ~ about gnälla (jämra sig) över II s kvidande, gnäll[ande], ylande; vinande **whinny** ['wɪnɪ] I v gnägga II s gnägg|ning, -ande

whip [wɪp] I s 1 piska; spö; get a fair crack of the ~ (vard.) få en chans 2 [pisk]rapp 3 kokk. ung. mousse 4 parl. inpiskare; kallelse (upprop) [till votering, debatt] II v 1 piska [på], prygla, ge stryk, spöa [upp]; piska (slå) mot; vard. slå [ut], utklassa, göra ner; bildl. piska upp, egga, sporra; ~ [up] enthusiasm väcka entusiasm 2 vispa; ~ped cream vispgrädde 3 linda [om], vira om; sömn. kasta 4 vard. sno, knycka 5 piska, slå; the flag was ~ping in the wind flaggan slog i vinden 6 ~ back rusa (störta, flänga, susa) tillbaka; ~ in (parl.) vara inpiskare; ~ into a) stoppa (köra, slänga, kasta) in i, b) rusa (störta, flänga, susa) in i, c) hoppa i, kasta på sig; ~ into line (shape) få hyfs (fason) på; ~ off a) dra i väg med, föra (köra) bort, b) rycka bort (av, undan), slita av [sig], c) rusa (sticka) i väg (bort); ~ on a) piska (driva) på, b) kasta (slänga) på [sig]; ~ out a) [snabbt] dra (rycka, slita, ta) fram (upp), b) rusa (störta) ut (fram); ~ round a) rusa (sticka) runt, b) kila över (to a p.'s place till ngn), c) [snabbt] vända sig om, d) göra en insamling; ~ up a) piska upp (äv. bildl.), b) vispa upp, c) vard. fixa till, d) [snabbt] dra (rycka, slita, ta) upp (fram), e) rafsa åt sig, f) [snabbt] samla [ihop], g) rusa (flänga, störta) upp[för]

whiplash ['wɪplæʃ] pisksnärt, snärtande med pis-kan **whippersnapper** [-ˌsnæpə] [pojk]spoling, snorvalp; flicksnärta

whipping ['wɪpɪŋ] 1 pisk|ande, -ning; get a ~ få stryk 2 visp|ande, -ning **whipping boy** synda-bock, strykpojke **whipping cream** vispgrädde

whir [wɜː] I v surra; (om motor) spinna II s 1 surr; (motors) spinnande 2 jäkt[ande]

whirl [wɜːl] I v 1 virvla upp; svänga; ~ round svänga runt med 2 [snabbt] föra i väg (bort); the train ~ed us off tåget susade i väg med oss 3 virv-la; svänga runt; snurra; my head is ~ing det går (snurrar) runt i huvudet på mig 4 rusa, susa, virv-la (into a room in i ett rum) II s virvlande; snur-rande; rotation; virvel (äv. bildl.); bildl. äv. för-virring; a ~ of dust ett [virvlande] dammoln; give s.th. a ~ a) svänga runt med ngt, b) vard. prova (testa) ngt; I am (my mind is) in a ~ det går (snurrar) runt i huvudet på mig

whirl|pool ['wɜːlpuːl] [ström]virvel (äv. bildl.) **-wind** I s virvelvind; bildl. virvel II a blixtsnabb, hastig

whirr [wɜː] se whir

whisk [wɪsk] I s 1 dammvippa; borste, kvast, vis-ka; [fly] ~ flugsmälla 2 visp; vispning; give the eggs a good ~ vispa äggen ordentligt 3 svep[ande rörelse], viftning, snabb rörelse II v 1 vifta; bors-ta (sopa, vispa, ta) [bort] 2 vispa (eggs ägg) 3 vif-ta (svänga) med 4 [snabbt] föra (köra) 5 rusa,

sticka, flänga, susa (away iväg)

whisker ['wɪskə] 1 ~s (pl) polisonger 2 morrhår 3 vard., by a ~ mycket knappt, på håret

whiskey ['wɪskɪ] amerikansk (irländsk) whisky **whisky** ['wɪskɪ] whisky

whisper ['wɪspə] I v viska II s viskning; vard. viskningar, rykte; in a ~ viskande; speak in a ~ viska **whispering** [-rɪŋ] I s viskande II a viskan-de; ~ campaign viskningskampanj; ~ gallery viskgalleri, ekovalv

whistle ['wɪsl] I v 1 vissla [på] (a tune en melodi) 2 vissla (for på, efter; to på); vina, pipa, susa; blåsa; drilla; the referee ~d for play to stop doma-ren blåste av matchen; he can ~ for it (vard.) det kan han titta i månen efter II s 1 vissling; vinan-de, pip[ande], sus[ande], susning; drill[ande]; vissel[signal]; give a ~ vissla [till] 2 vissla; [vis-sel]pipa; blow the ~ on (vard.) ange, tjalla på; wet one's ~ (vard.) fukta strupen, ta sig ett glas (en drink)

whistler ['wɪslə] 1 visslare 2 radio. brus **whistle stop** ['wɪslstɒp] 1 AE. liten järnvägssta-tion (där tåget stannar på anmodan); liten håla 2 kort uppehåll (av politiker under valturné)

whistling ['wɪslɪŋ] I s visslande II a visslande; ~ swan sångsvan

white [waɪt] I a vit; [vit]blek; bildl. äv. ren, obe-fläckad; ~ ant termit; ~ bear isbjörn; ~ book (polit.) vitbok; ~ coffee kaffe med mjölk (grädd-de); ~ elephant dyrbar men fullständigt onödig sak; ~ flag vit flagg[a], parlamentärflagg[a]; ~ gold vitt guld, vitguld; ~ goods vita varor, hus-hållsmaskiner; at a ~ heat vidglödgad; his anger was at a ~ heat han var vit (kokade) av vrede; work at a ~ heat arbeta febrilt (för högtryck); ~ hope (vard., om pers.) stort (enda) hopp; ~ horses (på sjön) vita gäss; the W~ House (i Wash-ington) Vita huset; ~ lead blyvitt; ~ lie vit lögn, nödlögn; ~ man vit [man]; ~ meat ljust kött; ~ paper (polit.) vitbok; W~ Russia Vitryssland; ~ sale rea[lisation] på vitvaror; ~ slavery (slave trade) vit slavhandel; ~ tie a) vit fluga (rosett), b) frack; ~ wine vitt vin, vitvin; as ~ as a sheet vit som ett lakan; go (turn) ~ bli vit (blek), vitna, blekna, bli vithårig II s 1 vit färg, vitt; vithet 2 vita; ~ of egg äggvita; the ~ of the eye ögonvitan, vitögat 3 ~s (pl) a) vittvätt, b) (för sport) vit dräkt, vita byxor (kläder) 4 vit; the ~s (pl) de vita

white|-collar ['waɪtˌkɒlə] a, ~ worker man-schettarbetare **-fish** [-fɪʃ] (pl ~[es]) zool. sik; fisk med vitt kött (t.ex. kolja, torsk, vitling)

whiten ['waɪtn] 1 göra vit; bleka 2 vitna; blekna; blekas **whitener** [-ə] blekmedel

whiteness ['waɪtnɪs] vithet; blekhet

whitening ['waɪtnɪŋ] 1 vitfärgning; blekning 2 vit färg; kritpulver

whitetie ['waɪttaɪ] a frack-, gala-; ~ occasion fracktillställning

whitewash ['waɪtwɒʃ] I s 1 kalk-, lim|färg, kalk-slam 2 vard. skönmålning, förskönande; bort-förklaring II v 1 vit|kalka, -limma, -mena 2 vard. skönmåla, försköna; bortförklara

whiting ['waɪtɪŋ] 1 se whitening 2 (pl lika) zool. vitling

Whit Monday [ˌwɪtmmʌndɪ] annandag pingst

Whitsun ['wɪtsn] **I** s pingst[en], pingsthelg[en] **II** a pingst- **Whit Sunday** [ˌwɪt'sʌndɪ] pingstdag[en] **Whitsuntide** ['wɪtsntaɪd] pingst[en], pingsthelg[en]

whittle ['wɪtl] tälja [till]; tälja på; vässa; ~ *away* [*at*] (*bildl.*) inskränka på, gradvis minska; ~ *down* skära ner, reducera

whiz [wɪz] **I** v surra, brumma; *vard.* svischa, vissla, susa, vina (*past* förbi) **II** s **1** surr[ande], brummande; *vard.* svischande, visslande, sus[ande], vinande **2** *vard.* expert, baddare; *be a ~ at* (*äv.*) vara jöttebra på **whizkid** ['wɪzkɪd] *vard.* underbarn, fenomen **whizz** *se whiz*

who [huː; *obeton.* hʊ] *pron* (*gen. whose, se detta ord; objektsform who, formellt whom*]) **1** *interr.* vem, vilka; vem (vilka) som; ~ *ever?* (*vard.*) vem i all världen?; ~ *but he* vem om inte han; *know ~'s ~* veta vem som är vem; *W~'s W~?* Vem är det?; *he can't remember ~ did it* han kan inte komma ihåg vem det var som gjorde det; ~ *did you stay with?* vem bodde du hos?; ~[m] did you give the information to?, to ~m did you give the information? vem gav du upplysningen till? **2** *rel.* som; vilken, vilka; den [som]; vem [än]; *he ~ wishes to go* den som vill gå; *deny it ~ may* förneka det den som vill; *bring ~[m] you want* ta med dig vem du vill

who'd [huːd] = *who would* (*had*)

whodun[n]it [ˌhuː'dʌnɪt] *vard.* deckare (*detektivhistoria*)

whoever [huː'evə] *pron* **1** *interr.* vem i all världen **2** *rel.* vem som än, vem (vilka)...än; vem (vilka) som vill hellst som, var och en (den, de, alla) som; vem; *give it to ~ you like* ge den till vem du vill; *give it to Joe, or John, or ~* (*vard.*) ge den till Joe, eller till John eller vem som helst

whole [həʊl] **I** a **1** hel[-]; *with one's ~ heart* av hela sitt hjärta; ~ *milk* helmjölk, oskummad mjölk; ~ *note* (*AE. mus.*) helnot; ~ *number* heltal; ~ *sister* helsyster; *the ~ thing* hela saken, det hela, alltihop; ~ *tone* (*mus.*) helton; *a pig roasted ~* en helstekt gris; *a ~ lot older* (*vard.*) bra mycket äldre **2** välbehållen, oskad[a]d; frisk **II** s helhet; *a ~* en hel, ett helt, en helhet, det hela; *as a ~* som helhet [betraktad], i sin helhet; *the ~* det hela, alltihop; *the ~ of* hela, alla; *on the ~* på det hela taget, allt som allt

whole|food ['həʊlfʊd] naturlig mat **-hearted** [ˌhəʊl'hɑːtɪd] helhjärtad; total **-meal** ['həʊlmiːl] a, BE. fullkorns-; grahams-; sammalen

whole|sale ['həʊlseɪl] **I** s partihandel; *by* (*AE.: at*) ~ i parti, en gros **II** a **1** grossist-, parti[handels]-, grosshandels- **2** *bildl.* mass-, i stor skala; utan urskillning; ~ *dealer* grossist, grosshandlare **III** adv **1** i parti, en gros **2** *bildl.* i stor skala; i massor, en masse **-saler** [-seɪlə] grossist, grosshandlare

wholesome ['həʊlsəm] hälsosam; sund; nyttig

who'll [huːl] = *who will* (*shall*)

wholly ['həʊllɪ] adv helt [och hållet], fullständigt

whom [huːm] *pron, objektsform av who*

whoop [huːp] **I** v **1** skrika, tjuta (*with delight* av förtjusning) **2** *med.* kikna **3** *vard.*, ~ *it up* a) festa om, slå runt, b) väcka entusiasm **II** s **1** skrik, tjut **2** *vard., not worth a ~* inte värd ett skvatt

whoopee ['wʊpiː] *vard.* **I** *interj* hurra! **I** s, make

~ a) festa om, slå runt, b) älska, ligga med varandra **whooper** [swan] ['huːpə(swɒn)] *zool.* sångsvan **whooping-cough** ['huːpɪŋkɒf] kikhosta **whoops** [huːps] *interj* hoppsan!

whop|per ['wɒpə] *vard.* **1** jättelögn **2** bjässe, baddare **-ping** ['wɒpɪŋ] *vard.* **I** a jätte|stor, -lik **II** adv jätte-

whore [hɔː] **I** s hora **II** v hora; bedriva hor (otukt) **whortelberry** ['wɜːtlˌberɪ] blåbär; *bog ~* odon **who's** [huːz] = *who is* (*has*)

whose [huːz] *pron* (*gen. av who o. which*) **1** *interr.* vems; vilkens, vilkas; ~ *fault is it?* vems är felet? **2** *rel.* vars, vilkens, vilkas; *my friend, ~ name is Robert* min vän, vars namn är Robert

why [waɪ] **I** adv **1** *interr.* varför; ~ *ever?* varför i all världen?; ~ *not ask her?* varför frågar du (vi etc.) henne inte?; ~ *is that?* hur kommer det sig? **2** *rel.* varför; därför [som]; *the reason ~* skälet (orsaken) till att; *that's ~* [det är] därför **II** *interj* **1** ja[a]; jo; jo då ~, nö! nej då!, visst inte!, o nej!; ~, yes! ja (jo) visst!, o ja!; ~, yes, I think so ja[a], jag tror det; *if she works so hard,* ~ *it's no wonder she* om hon arbetar så hårt, ja då är det inte konstigt om hon **2** [ja, nej] men, men...ju; nå; ~ *that's easy* [men] det är ju enkelt!; ~, *there he is!* ja (nej) men där är han ju! **III** s (*vanl. pl*) skäl, orsak; *know the ~s and the wherefores* känna till alla orsaker (allt som ligger bakom)

wick [wɪk] veke **2** *vard., it gets on my ~* det går mig på nerverna

wicked ['wɪkɪd] **1** ond, syndig; elak, stygg, gemen; *that was a ~ thing to do* det var elakt gjort **2** otäck, elak; *a ~ wound* ett otäckt sår **3** retsam, skälmsk, fräck; *a ~ grin* ett retsamt (skälmskt) leende **4** *vard.* hemsk, förskräcklig; *it's a ~ shame* det är hemskt synd **-ness** [-nɪs] **1** ondska, synd[fullhet]; elakhet, stygghet, gemenhet **2** otäck (elakartad) beskaffenhet **3** retsamhet, skälmskhet, fräckhet

wickerwork ['wɪkəwɜːk] **I** s korgarbete, flätverk **II** a korg-

wicket ['wɪkɪt] **1** liten dörr; halvdörr; [biljett]-lucka; grind **2** (*i kricket*) grind; plan [mellan grindarna]; *keep ~* vara grindvakt; *take a ~* slå ut en slagman **3** [krocket]båge **4** *vard., on a good* (*sticky*) ~ i bra (dåligt) läge

wide [waɪd] **I** a **1** vid; bred; rymlig; stor; vidsträckt, [vitt]omfattande; rik; ~ *eyes* vidöppna (uppspärrade) ögon; *two metres ~* två meter bred; *a man of ~ reading* en mycket beläst man; *a ~ selection* ett brett (stort) urval; *the big ~ world* [den] stora vida världen **2** felriktad; långt från [målet]; ~ *shot* felriktat skott, miss, bom; ~ *of the mark* (*bildl.*) orimlig, alldeles fel (uppåt väggarna); ~ *of the truth* långt från sanningen **II** adv vida, vitt; vida omkring; långt (*of* från); långt från (bredvid) målet, långt bredvid; ~ *apart* långt ifrån varandra, vitt skilda; *with arms ~ apart* med utbredda armar; ~ *awake* klarvaken, *jfr äv.* wide-awake; ~ *open* a) vidöppen, på vid gavel, b) uppspärrad; *he left himself ~ open to attack* han garderade sig inte alls mot attacker; *the law is ~ open to abuse* det finns många möjligheter att missbruka lagen; *go ~* [*of the mark*] a) gå fel (långt bredvid [målet]), missa [grovt], b) vara ett slag i luften; *travel far and ~* resa vida omkring; *yawn* ~ gäspa stort **III** *s* (*i kricket*) sned boll (*som slagmannen inte når*)

wide-angle ['waɪd,æŋgl] *a,* ~ *lens* vidvinkelobjektiv

widely ['waɪdlɪ] *adv* vitt, vida; vitt och brett; vida omkring; allmänt (*known* känd); ~ *read a*) mycket beläst, *b*) mycket läst; ~ *travelled* vittberest, mycket berest

widen ['waɪdn] **1** [ut]vidga, bredda (*äv. bildl.*) **2** [ut]vidgas, breddas; *bildl. äv.* öka[s], bli större; bli bredare, utvidga sig

widespread ['waɪdspred] [vitt] utbredd, allmänt spridd, allmän; omfattande; vidsträckt

widow ['wɪdəʊ] **1** änka (*of* efter); ~*'s benefit* (*ung.*) änkepension; *the* ~*'s mite* (*bibl.*) änkans skärv; ~*'s peak* V-format hårfäste; *golf* ~ golfänka; *be left a* ~ bli änka **2** *boktr.* horunge **widowed** [-d] *a* som är änka, änke-; *be* ~ vara änka **widower** [-ə] änkling, änkeman

width [wɪdθ] **1** bredd; vidd **2** ~ *of cloth* tygvåd

wield [wi:ld] **1** hantera, sköta, använda; svinga (*a weapon* ett vapen) **2** utöva (*power* makt)

wife [waɪf] (*pl wives* [waɪvz]) hustru, fru, maka; *old wives' tale* käringprat; *take s.b. to* ~ ta ngn till hustru

wig [wɪg] peruk

wiggle ['wɪgl] **I** *v* **1** vicka med (på); vifta på (*one's ears* öronen) **2** vrida (slingra) sig **II** *s* vickning; viftning; vridning, slingring

wild [waɪld] **I** *a* **1** vild; förvildad; öde (*stretch of land* trakt); ~ *flowers* vilda blommor; ~ *tribes* vilda stammar **2** vild, oordnad; ~ *disorder* vild oordning; ~ *hair* ostyrigt hår **3** vild; uppsluppen; hejdlös; oregerlig; utsvävande **4** vild; vettlös, vanvettig; *vard. a*) tokig, galen (*about* i), *b*) vild, utom sig (*with* av), *c*) fantastisk, underbar; *in my* ~*est dreams* i mina vildaste drömmar; *I'm not* ~ *about* (*vard.*) jag är inte överdrivet förtjust i **5** rasande, ursinnig (*at, with* på), vild; (*om väder, hav*) stormig, häftig; *drive* (*make*) *s.b.* ~ göra ngn rasande (ursinnig) **6** vild, olaglig (*strike* strejk) **II** *adv* vilt; ohejdat; planlöst; på måfå; *run* ~ *a*) växa (leva) vilt, leva i vilt tillstånd, förvildas, *b*) springa omkring fritt (vind för våg), *c*) bli utom sig, tappa besinningen, *d*) löpa amok; *let one's imagination run* ~ låta fantasin få fritt spelrum **III** *s* **1** *animals in the* ~ djur i vilt tillstånd **2** ~*s* (*pl*) vild-, öde|mark[er], obygd[er]

wildcat ['waɪldkæt] **I** *s* vildkatt; lodjur; *bildl.* vildkatt[a] **II** *a* vild; vanvettig; svindel-; ~ *schemes* vilda (vanvettiga) planer; ~ *strike* vild strejk

wilderness ['wɪldənɪs] **1** vild-, öde|mark; *a voice* [*crying*] *in the* ~ (*bildl.*) en röst [som ropar] i öknen **2** röra; virrvarr, gytter

wild|**fire** ['waɪld,faɪə] *s, spread like* ~ sprida sig som en löpeld **-fowl** [-faʊl] *koll.* vildfågel (*i sht vildgäss, änder, fasaner*) **--goose** [-gu:s] *a,* ~ *chase* hopplöst företag; *be on a* ~ *chase* vara på villospår **-life** [-laɪf] djur- och växtliv, vilda djur och växter **-ness** [-nɪs] vildhet; häftighet, ursinne; *jfr wild*

wiles [waɪlz] *pl* lister, knep

wilful ['wɪlf(ʊ)l] **1** egensinnig, envis **2** avsiktlig, uppsåtlig, överlagd; ~ *murder* överlagt mord

will I *hjälpv* [wɪl, *obeton.* l, wəl, əl] (*imperf.*

would, se detta ord; i pres. ofta 'll, nekande ofta won't) **1** vill; ~ *you be quiet?* vill du vara tyst!, var tyst!; ~ *you pass the salt, please?* vill du vara snäll och skicka saltet?; ~ *you help me?* —~ *I!* vill du hjälpa mig? —ja visst!, mycket gärna!; *the door won't open* dörren går inte att öppna; *shut the window,* ~ *you?* stäng fönstret, är du snäll!; *won't you sit down?* var så god och sitt!; *the car won't start* bilen vill inte starta (startar inte) **2** skall; kommer att; ämnar; tänker; *I'll be right there!* [jag] kommer strax!; *that* ~ *be the best for all of us* det blir det bästa för oss alla; *you* ~ *come to see us, won't you?* du kommer väl och hälsar på oss?; *what* ~ *I do?* vad skall jag göra?; *I wonder what he* ~ *do next* jag undrar vad han skall (kommer att, ämnar, tänker) göra härnäst; *I* ~ *have my way* jag skall ha min vilja fram; *you* ~ *not talk to me like that!* tala inte till mig på det sättet! **3** torde; *that* ~ *do* det räcker (duger, är bra); *that'll be the postman* det är nog brevbäraren; *ask him —he'll know* fråga honom —han vet säkert **4** *boys* ~ *be boys* pojkar är [nu en gång] pojkar; *accidents* ~ *happen* en olycka händer så lätt; *these things* ~ *happen* sådant händer **5** brukar, kan; *he* ~ *sit like that for hours* han brukar (kan) sitta så där i timmar **6** kan; *the cinema* ~ *seat 500 people* biografen rymmer 500 personer (har 500 sittplatser) **II** *v* [wɪl] (~*ed,* ~*ed*) **1** vilja; *God* ~*ing* om Gud vill **2** påverka, förmå, få; *he* ~*ed himself to stay awake* han tvingade sig att hålla sig vaken **3** testamentera **III** *s* [wɪl] **1** vilja; *good* ~ god vilja, välvilja; *ill* ~ illvilja; *an effort of* ~ en viljeansträngning; ~ *to live* livsvilja, vilja att leva; *at* ~ efter behag (eget gottfinnande), som du (han *etc.*) vill, fritt; *of one's own free* ~ av [egen] fri vilja; *with a* ~ med liv och lust, ivrigt; *thy* ~ *be done* (*bibl.*) ske din vilja; *where there is a* ~ *there is a way* man kan vad (bara) man vill; *have one's* ~ få sin vilja fram **2** testamente; *my last* ~ *and testament* min sista (yttersta) vilja, mitt testamente

willing ['wɪlɪŋ] **1** villig; tjänst-, bered|villig; ivrig; *be* ~ *to do s.th.* (*äv.*) gärna göra ngt **2** frivillig **-ly** [-lɪ] *adv* **1** villigt, gärna; tjänst-, bered|villigt **2** frivilligt **-ness** [-nɪs] villighet; tjänst-, bered|villighet; iver

will-o'-the wisp [,wɪləðə'wɪsp] **1** irrbloss; *bildl.* bländverk **2** spelevink

willow ['wɪləʊ] *bot.* pil[träd]; vide, sälg; *weeping* ~ tårpil **willowy** [-ɪ] slank, smärt

will-power ['wɪl,paʊə] vilje|styrka, -kraft

willy ['wɪlɪ] *vard.* **1** *i sht barnspr.* snopp (*penis*) **2** *it gives me the willies* det ger mig stora skälvan

willy-nilly [,wɪlɪ'nɪlɪ] antingen man vill eller inte, med eller mot sin vilja

wilt [wɪlt] **1** sloka; vissna; mjukna **2** tappa modet; svikta; tröttna **3** komma att sloka (vissna, mjukna) **4** komma att tappa modet (svikta, tröttna)

wily ['waɪlɪ] listig, slug, förslagen

wimp [wɪmp] *vard.* försagd typ, ynkedom

win [wɪn] **I** *v* (*won, won*) **1** vinna, vinna i (vid); tillkämpa sig, erövra, ta [hem]; skaffa sig, förvärva; få; [upp]nå; ~ *s.b. to do s.th.* få ([lyckas] övertala) ngn att göra ngt; ~ *s.b. over* (*round*) vinna ngn för sin sak, få över ngn på sin sida, få ngn med sig, [lyckas] övertala ngn; ~ *s.b. over to* *an idea* vinna ngn för en idé; *it won her the first price* det gjorde att hon vann (gav henne) första pris[et]; *you can't* ~ *(vard.)* du har inte en chans **2** utvinna *(from ur)* **3** vinna, segra *(by 5 – 1* med 5 – 1); [lyckas] komma; ~ *free* [lyckas] göra sig fri (kämpa sig loss); ~ *hands down* vinna med händerna på ryggen (lätt); ~ *out a)* [lyckas] komma ut, *b)* lyckas [hävda sig, klara sig], vinna (segra) [till slut]; ~ *through* [lyckas] komma (kämpa sig) igenom, *bildl. äv.* lyckas, klara sig **II** *s* **1** *vard.* seger, framgång; *sport.* seger **2** vinst, förtjänst

wince [wɪns] **I** *v* rycka till *(at a sound* vid ett ljud); förvrida ansiktet *(with pain* av smärta); rygga [tillbaka] *(at* inför) **II** *s* ryckning

winch [wɪn(t)ʃ] **I** *s* vinsch; vev **II** *v* vinscha; veva; ~ *up* vinscha (veva) upp

1 wind [wɪnd; *poet. ibl.* waɪnd] **I** *s* **1** vind *(äv. bildl.)*; blåst, fläkt, luft[drag]; *the* ~ *of change* förändringens vind[ar]; *change of* ~ vindkantring; *gust of* ~ vindstöt; *from the four* ~*s* från alla fyra väderstrecken, från alla håll· *in* the uein *(eye) of the* ~ *(sjö.)* i vindögat; *into the* ~ *(sjö.)* upp i vind, mot vinden; *like the* ~ *(bildl.)* snabbt som vinden, med vindens hastighet; *be in the* ~ *(bildl.)* ligga i luften, vara under uppsegling; *find out which way the* ~ *is blowing (bildl.)* ta reda på varifrån (vart) vinden blåser; *raise the* ~ *(BE. vard.)* skaffa pengar; *sail close to the* ~ *a) sjö.* gå högt upp i vind, *b) bildl.* gå så långt man vågar, tangera gränsen för det tillåtna; *take the* ~ *out of a p.'s sails (bildl.)* ta loven av ngn; *throw caution to the* ~ kasta all försiktighet överbord **2** väderkorn; *get* ~ *of* få väderkorn (vittring) på, vädra, *bildl. äv.* få nys om; *get* ~ *that* få nys om (reda på) att; *have in the* ~ ha fått vittring (väderkorn) på **3** andning; anda; *be short of* ~ vara andfådd; *get one's second* ~ *(sport., bildl.)* komma in i andra andningen; *lose one's* ~ tappa andan; *regain one's* ~ hämta andan; *sound in* ~ *and limb* kärnfrisk, i utmärkt kondition **4** gaser [i magen], väderspänning[ar]; *break* · släppa sig (väder); *bring up* ~ rapa; *get (have) the* ~ *up (vard.)* bli (vara) skraj; *put the* ~ *up s.b. (vard.)* göra ngn skraj **5** [tomt] prat, munväder; *he's full of* ~ *(bildl.)* han är en riktig pratmakare; **6** *mus., the* ~ blåsarna, blåsinstrumenten **II** *v* **1** göra andfådd (utmattad) **2** vädra, få väderkorn (vittring) på **3** lufta, lufttorka

2 wind [waɪnd] **I** *v (wound, wound)* **1** linda, vira, veckla, sno, slå; ~ *one's arm around* slå armarna om; ~ *a shawl around* svepa en sjal om **2** nysta; spola; veva [på], vrida [på]; vinda (veva, dra, vrida) upp; ~ *back* spola (veva) tillbaka; ~ *down a)* veva ner, *b) bildl.* dra (trappa) ner, minska; ~ *on* spola (veva) fram; ~ *up a)* nysta upp, *b)* vinda (veva) upp, *c)* dra (vrida) upp, *d) bildl.* driva (skruva) upp, *e)* [av]sluta, *f)* upplösa, avveckla, *g) vard.* reta upp, *h) vard.* lura, skoja med; *to* ~ *up the party* som avslutning på festen; *wound up* spänd, nervös **3** ~ *one's way* slingra sig [fram] **4** slingra [sig]; ringla sig **5** linda (sno) sig **6** dras (vridas) upp **7** ~ *down (bildl.)* varva ner; ~ *up a)* [till slut] hamna, *b)* sluta; *to* ~ *up* avslutningsvis; *we wound up at a nightclub* efteråt (som avslutning) gick vi på en nattklubb; *he will* ~ *up as director* han kommer att sluta som direktör **II** *s* **1**

vridning; varv; *give the clock a* ~ dra (vrida) upp klockan; *give the clock one more* ~ vrida upp klockan ett varv till **2** slingring, krök[ning], bukt

wind|bag [ˈwɪndbæg] **1** *vard.* prat|makare, -kvarn **2** *(säckpipas)* vindsäck **--breaker** [-ˌbreɪkə] *AE.*, **-cheater** [-ˌtʃiːtə] *BE.* vindtygsjacka

winded [ˈwɪndɪd] andfådd; som har tappat luften

windfall [ˈwɪndfɔːl] **1** fallfrukt **2** skänk från ovan, glad överraskning

winding [ˈwaɪndɪŋ] **I** *a* slingrande, krokig **II** *s* **1** slingring; krök[ning]; vindling **2** uppdragning *(of a watch* av en klocka) **3** *tekn.* lindning **4** *bildl.*, ~*s (pl)* krokvägar, omsvep **winding staircase** [-ˌsteəkeɪs] vindel-, spiral|trappa

wind instrument [ˈwɪndˌɪnstrʊmənt] blåsinstrument **windmill** [-mɪl] **1** väderkvarn; *tilt at (fight)* ~*s (bildl.)* slåss mot väderkvarnar **2** [lek-saks]snurra **3** *vard.* helikopter; propeller

window [ˈwɪndəʊ] **1** fönster· rlyulifönster **2** lucka· fiöi·· uiljettlucka **window box** blom[ster]låda *(utanför fönster)* **window-dressing** [-ˌdresɪŋ] **1** fönsterskyltning **2** *bildl.* [tom] fasad, bländverk; propaganda **window frame** [-freɪm] fönster|karm, -ram **window-pane** [-peɪn] fönsterruta **window seat 1** fönsterbänk **2** *(i buss e.d.)* fönsterplats **window-shop** [-ʃɒp] fönstershoppa, titta i skyltfönster **windowsill** [-sɪl] fönsterbräde; fönsterbleck **windpipe** [ˈwɪn(d)paɪp] luftstrupe

windscreen [ˈwɪn(d)skriːn] *BE.* *(på bil)* vindruta **windscreen wiper** [-ˌwaɪpə] *BE.* vindrutetorkare

windshield [ˈwɪn(d)ʃiːld] **1** *AE.*, se windscreen **2** vindskydd

wind|surfer [ˈwɪn(d)ˌsɜːfə] **1** surfingbräda **2** vindsurfare **-surfing** [-ˌsɜːfɪŋ] vindsurfning; *go* ~ vindsurfa **-swept** [-swept] vindpinad

wind-up [ˈwaɪndʌp] **I** *s, i sht AE.* avslutande; av slutning, slut **II** *a* uppdragbar; vev-

windward [ˈwɪndwəd] *sjö.* **I** *a* lovarts-, vind- **II** *adv* i lovart, på vindsidan **III** *s* lovart[s]sida; *get to* ~ *of* komma i lovart om

windy [ˈwɪndɪ] **1** blåsig **2** *vard.* svulstig, mångordig, svamlig **3** *vard.* uppblåst, bubblig i magen **4** *sl.* skraj, byxis

wine [waɪn] **I** *s* **1** vin; *new* ~ *in old bottles* nytt vin i gamla läglar **2** vinrött **II** *v* **1** dricka vin; *go out wining and dining* gå ut och äta och dricka gott **2** bjuda på vin; ~ *and dine s.b.* bjuda ut ngn på [en flott] restaurang **winery** [-ərɪ] *i sht AE.* vintillverkare

wing [wɪŋ] **I** *s* **1** vinge; *on the* ~ *a)* flygande, i flykten, *b)* i farten, på resande fot, i luften, *c)* resklar; *clip a p.'s* ~*s (bildl.)* vingklippa ngn; *spread (stretch) one's* ~*s (bildl.)* pröva sina vingar; *take* ~ *a) litt.* lyfta, flyga upp, *b) bildl.* ge sig av i hast, flyga sin kos; *take s.b. under one's* ~ *(bildl.)* ta ngn under sina vingars skugga **2** *byggn., mil., polit.* flygel; *byggn. äv.* flygel-, sido|byggnad **3** *BE.* *(på bil)* flygel, stänkskärm **4** *sport.* ytter; ytterkant **5** *teat.*, ~*s (pl)* kulisser; *in (on) the* ~*s* i kulisserna **6** *flyg.* [flyg]flottilj; *AE.* [flyg]eskader **II** *v* **1** förse med vingar; ge vingar [åt] **2** vinga sina **wing commander** [ˈwɪŋkəˌmɑːndə] *(i flygvapnet)* överstelöjtnant **winged** [-d] **1** bevingad *(äv. bildl.)*, vingförsedd **2** vingskjuten **winger**

[-ə] *sport.* ytter **wing nut** [-nʌt] vingmutter
wing|span [-spæn], **-spread** [spred] *zool.*,
flyg. vingbredd
wink [wɪŋk] **I** *v* **1** blinka med; *bildl.* blunda för **2**
blinka; ~ *at a*) blinka åt, *b*) blunda för; *as easy as*
~[*ing*] lekande lätt **II** *s* **1** blink[ning]; *bildl.* vink;
in a ~ i ett huj; *give s.b. a* ~ blinka åt ngn; *tip*
s.b. the ~ (*vard.*) ge ngn en vink, tipsa ngn; *a nod*
is as good as a ~ du (man) behöver inte säga mer
2 blund; *have forty* ~*s* ta sig en [liten] [tupp]lur;
I didn't sleep a ~ (*get a* ~ *of sleep*) jag fick inte
en blund i ögonen
winkle ['wɪŋkl] **I** *s* (*ätlig*) strandsnäcka **II** *v, i sht*
BE. vard., ~ *out* pilla fram (ut) (*of* ur), locka
fram (*of* ur); ~ *s.th. out of s.b.* locka ur ngn ngt
winner ['wɪnə] **1** vinnare, segrare **2** *vard.* succé,
framgång, fullträff
Winnie the Pooh [ˌwɪnɪðə'puː] Nalle Puh
winning ['wɪnɪŋ] **I** *a* vinnande, segrande; vinnar-;
vinst-; *bildl.* vinnande (*smile* leende), intagande,
förtjusande **II** *s,* ~*s* (*pl*) vinst[er] **winning post**
mål|stolpe, -linje
winter ['wɪntə] **I** *s* (*jfr autumn*) vinter **II** *v* över-
vintra, tillbringa vintern **III** *a* vinter-; *W*~ *Olym-*
pic Games (*Olympics*) olympiska vinterspel
wintergreen [-griːn] *bot.* vintergröna **wintry**
['wɪntrɪ] vintrig, vinterlik, vinter-; *bildl.* kylig,
frostig
wipe [waɪp] **I** *v* **1** torka; torka av (bort); sudda
(stryka) ut; gnida; torka med (*a cloth over s.th.*
med en trasa på ngt); ~ *one's eyes* torka tårarna;
~ *one's face* torka sig i ansiktet; ~ *one's nose* sny-
ta sig, torka sig om näsan; ~ *one's feet* torka [sig
om] fötterna; ~ *the floor with s.b.* (*vard.*) sopa
golvet med ngn, slå ut ngn fullständigt; ~ *away*
torka bort; ~ *down* torka av (ren); ~ *off a*) torka
av (bort), sudda (stryka) ut, *b*) *se wipe out b*); ~
the smile off a p.'s face (*vard.*) få ngn att sluta fli-
na; ~ *s.th. off the map* (*face of the earth*) radera
ut (utplåna) ngt; ~ *out a* torka (gnida) ur (bort),
sudda (stryka) ut, *b*) göra sig kvitt, rentvå sig
från, utplåna, *c*) utradera, utplåna, förinta, tillin-
tetgöra; ~ *up* torka [upp] **2** torka; gnida; ~ *at*
one's face torka sig i ansiktet; ~ *off* kunna torkas
bort (av) **II** *s* [av]torkning; *give s.th. a* ~ torka
[av] ngt
wiper ['waɪpə] **1** [tork]trasa **2** [vindrute]torkare
wire [waɪə] **I** *s* **1** [metall-, stål]tråd; vajer, wire;
ledning[stråd], kabel; lina; *i sht AE.* telegram,
telegraf; *on the* ~ (*vard.*) på tråden, i telefon;
under the ~ (*AE. vard.*) i sista sekund, nätt och
jämnt, med nöd och näppe; *pull* ~*s* (*vard.*) an-
vända sitt inflytande, utnyttja sina kontakter
(förbindelser); *pull the* ~*s* (*bildl.*) hålla (dra) i
trådarna **2** *mus.* [metall]sträng **II** *v* **1** dra in led-
ningar i, förse med ledningar; ansluta [till elnä-
tet]; ~ [*up*] *a house* [*for electricity*] dra in elektri-
citet i ett hus, ansluta ett hus till elnätet **2** fästa
(linda om) med [stål]tråd **3** trä upp på [metall]-
tråd **4** *vard.* telegrafera [till], skicka [ett] tele-
gram [till] **5** *vard.* telegrafera (*for* efter), skicka
[ett] telegram
wired ['waɪəd] **1** larmad (*med tjuvlarm*) **2** avlyss-
nad (*med dolda mikrofoner*)
wireless ['waɪəlɪs] *åld.* **I** *a* **1** trådlös (*telegraphy*
telegrafi) **2** radio-; ~ *operator* [radio]telegrafist;

~ *set* radioapparat **II** *s* radio[apparat]
wire netting ['waɪəˌnetɪŋ] metall-, stål|trådsnät
wire-puller person som håller i trådarna, in-
trigmakare **wire-tapping** [-ˌtæpɪŋ] telefonav-
lyssning **wire wool** [-wuːl] stålull
wiring ['waɪərɪŋ] **1** elektriska ledningar, led-
ningsnät **2** ledningsdragning **wiry** [-ɪ] **1** senig;
seg **2** ståltrådsliknande; stripig
wisdom ['wɪzdəm] visdom, vishet, klokhet; *the*
~ *of s.th.* (*äv.*) det kloka i ngt; *have the* ~ *to* ha
förstånd att
wise [waɪz] **I** *a* **1** vis, klok, förståndig; förnuftig,
välbetänkt; förutseende; *you'd be* ~ *to* det vore
klokt av dig att; *be* ~ *after the event* vara efter-
klok; *be none the* ~*r* [*for it*] inte bli i ett dugg klo-
kare [för det]; *nobody will be* [*any*] *the* ~*r* ingen
kommer att märka (fatta) ngt; *be* ~ *in the ways*
of the world ha livserfarenhet; *get* ~ *to s.th.* (*AE.*
vard.) komma underfund (bli på det klara) med
ngt, få nys om ngt; *put s.b.* ~ *to s.th.* (*vard.*) upp-
lysa ngn om ngt, göra ngt klart för ngn **2** för-
numstig; ~ *guy* (*AE. vard.*) förståsigpåare, vik-
tigpetter **II** *v, vard.* **1** ~ *s.b. up to s.th.* [försöka]
få ngn att fatta (inse) ngt, informera ngn om ngt
2 *AE. vard.,* ~ *up to s.th.* fatta (inse) ngt; ~ *up!*
försök att fatta!
wise|crack ['waɪzkræk] **I** *s* kvickhet; spydighet **II**
v säga kvickheter, vara kvick; vara spydig
-cracker [-ˌkrækə] lustigkurre
wisely ['waɪzlɪ] *adv* **1** vist, klokt *etc., se wise* **2**
klokt nog
wish [wɪʃ] **I** *v* **1** önska; [skulle] vilja; vilja ha; *what*
do you ~ *me to do?* vad vill du att jag ska göra?,
vad ska jag göra?; *I* ~ *I could* (*äv.*) om jag bara
kunde; *I* ~ *him to come* jag önskar (vill) att han
ska komma; *I* ~ *to say* jag skulle vilja säga; *I* ~
he were here jag önskar [att] han (om han ändå)
vore här; *I would not* ~ *it on my worst enemy* det
skulle jag inte vilja önska min värsta ovän **2** [till]-
önska; ~ *s.b. joy* lyckönska ngn; *I* ~ *you well!*
lycka till!; *he* ~*es her well* han vill henne väl **3**
önska [sig ngt]; *as you* ~ som du vill (önskar); ~
for önska [sig], längta efter; ~ *upon a star* önska
sig ngt när en stjärna faller **II** *s* önskan, önskemål
(*for* om); vilja, lust (*for* till), längtan (*for* efter,
till); ~*es* (*pl, äv.*) *a*) [lyck]önskningar, *b*) häls-
ningar; *your* ~ *is my command* din önskan är min
lag; *I have no* ~ *to* jag har ingen önskan (lust) att,
jag önskar (vill) inte; *get one's* ~ få sin önskan
uppfylld, få som man vill; *make a* ~ önska [sig
ngt]
wishful ['wɪʃf(ʊ)l] längtansfull, längtande; ~
thinking önsketänkande
wishy-washy ['wɪʃɪˌwɒʃɪ] *vard.* **1** blaskig, lan-
kig, vattnig, tunn **2** halvhjärtad; matt, färglös
wisp [wɪsp] **1** [hö]tapp, bunt, knippa; tofs, tott;
~ *of grass* grästuva; ~ *of hair* hår|test, -tofs,
-tott; ~ *of smoke* rök|slinga, -strimma **2** liten bit,
litet stycke; ~ *of a girl* liten flickunge **3** antydan
wispy ['wɪspɪ] **1** tovig **2** tunn, spenslig, spinkig
wistful ['wɪstf(ʊ)l] längtansfull, trånande, träng-
tande, trånsjuk
wit [wɪt] **I** *s* **1** kvickhet; espri[t], spiritualitet; ~[*s*]
förstånd, vett, klokhet, intellekt; *I was at my* ~*s*
end jag visste varken ut eller in; *be out of one's*
~*s* vara ifrån sig (från vettet); *collect* (*gather*)

one's ~*s* ta sig samman, samla sig; *have a ready* ~ vara kvicktänkt (slagfärdig); *have the* ~ to ha vett (förstånd) att; *have* (*keep*) *one's* ~*s about one* vara på alerten (uppmärksam), ha tankarna med sig; *live by one's* ~*s* mygla sig fram; *scare* (*terrify*) *s.b. out of his* ~*s, frighten the* ~*s out of s.b.* skrämma livet ur ngn (ngn från vettet); *sharpen one's* ~*s* skärpa uppmärksamheten **2** kvickhuvud, kvick (spirituell) människa **II** *adv, åld, to* ~ nämligen, det vill säga

witch [wɪtʃ] **1** häxa, troll|kvinna, -packa **2** förtrollande kvinna, förtrollerska **witchcraft** ['wɪtʃkrɑ:ft] häxeri, trolldom, [svart] magi; trollkonster **witch doctor** [-ˌdɒktə] medicinman, trollkarl

with [wɪð, *framför tonlös konsonant äv.* wɪθ] **1** med; med hjälp av; tillsammans med; hos; bland; till; i; för; i proportion till, i takt med; ~ *no hat on* utan hatt [på sig]; *how are things* ~ *you?* hur står det till [med dig]?; *I'll be* ~ *you in a moment* jag kommer [till dig] alldeles strax; *the problem is still* ~ *us* vi har fortfarande samma problem; *are you* ~ *me?* (*vard.*) *a*) hänger (är) du med?, fattar du?, *b*) håller du med?, går du med på det?; *I'm quite* ~ *you* jag håller fullständigt med dig; *is she* ~ *us or against us?* är hon med (för) oss eller emot oss?; *bring a book* ~ *you!* ta med dig en bok!; *blue does not go* ~ *green* blått passar inte till grönt; *have a job with* ha arbete hos (på, vid); *I haven't got the money* ~ *me* jag har inte pengarna på mig; *wine improves* ~ *age* vin blir bara bättre med åren; *put it* ~ *the rest* lägg den till (bland) de andra; *stay* ~ *a friend* bo hos en vän; *walk* ~ *a stick* gå med käpp **2** med; mot; på; *angry* ~ *s.b.* arg på ngn; *friendly* ~ *s.b.* vänlig mot ngn; *fight* ~ kämpa med (mot) **3** [i och] med; i betraktande av, med hänsyn till; när det gäller, hos, med, för; *it's OK* ~ *me!* (*vard.*) gärna för mig!; *the trouble* ~ *him is that* problemet med honom är att, *you can't leave* ~ *your father so ill* du kan inte ge dig i väg när din far är så sjuk **4** trots, med; ~ *all his faults* trots alla sina fel; ~ *the best will in the world* med bästa vilja i världen **5** av; i; *be down* ~ *the flu* ligga [sjuk] i influensa; *die* ~ *cancer* dö i cancer; *shiver* ~ *cold* darra av köld **6** *vard.*, *be* ~ *it* vara modern (fashionabel); *get* ~ *it* hänga med

withdraw [wɪð'drɔ:] (*withdrew, withdrawn*) **1** dra tillbaka (bort, undan); ta bort (ut), avlägsna; dra in; ta tillbaka, återkalla, upphäva; ~ *money from the bank* ta ut pengar från banken; *the workers withdrew their labour* arbetarna lade ner arbetet **2** dra sig tillbaka (undan, ur); gå avsides (ut), avlägsna sig; träda tillbaka; utträda **withdrawal** [-(ə)l] **1** tillbakadragande, borttagande, avlägsnande *etc.*, *jfr withdraw 1* **2** utträde, utträdande (*from* ur); tillbakaträdande; *mil.* reträtt, återtåg **3** uttag (*från bank*) **withdrawal symptoms** abstinensbesvär

wither ['wɪðə] **1** ~ [*away*] vissna, förtorka, förtvina, *bildl.* tyna bort, försvinna **2** komma att vissna, göra vissen **3** förinta, tillintetgöra; ~ *with a look* ge ngn en förintande blick **-ing** [-rɪŋ] *a* **1** vissnande *etc.*, *jfr wither 1* **2** *bildl.* förintande, tillintetgörande

withhold [wɪð'həʊld] (*withheld, withheld*) **1** hål-

la inne; vägra att ge; ~ *s.th. from s.b.* undanhålla ngn ngt **2** ~ *from* avstå från, avhålla sig från

within [wɪ'ðɪn] **I** *prep* inom; [inne] i, inuti; innanför; inom loppet av; ~ *o.s. a*) utan att ta ut (överanstränga) sig, *b*) i sitt inre, inom sig; ~ *an ace of* en hårsmån från, ytterst nära; *from* ~ *the church* inifrån kyrkan; *be* ~ *doors* vara inne (inomhus); *live* ~ *one's income* inte leva över sina tillgångar; ~ *a kilometre* på mindre än en kilometers avstånd; ~ *the law* inom lagen[s råmärken]; ~ *a month of her arrival* en månad före (efter) hennes ankomst; ~ *sight* inom synhåll, i sikte; *well* ~ *a year* på (inom) avsevärt mindre än ett år **II** *adv* [där]inne; inuti, innanför, på insidan, invändigt; inomhus; *bildl.* i sitt inre, inom sig; *from* ~ inifrån

without [wɪ'ðaʊt] **I** *prep* **1** utan; ~ *my noticing it* utan att jag märker (märkte) det; *times* ~ *number* otaliga gånger **2** *åld, el, högt. utanför; be doors vara ute* (utomhus); *from* ~ *the room* [från någonstans] utanför rummet; *from* ~ *the street* utifrån gatan **II** *adv* **1** *åld. el. högt.* [där]ute; utanpå, utanför, på utsidan, utvändigt; utomhus; *bildl.* på ytan, till det yttre; *from* ~ utifrån **2** *do* ~ klara sig utan; *go* ~ bli utan, [få] vara utan **III** *konj, vard.* om inte; utan att

withstand [wɪð'stænd] (*withstood, withstood*) motstå, [kunna] stå emot, uthärda, tåla

witness ['wɪtnɪs] **I** *s* **1** vittne; ~ *of a signature* person som bevittnar en namnteckning, *before* ~*es* inför vittnen, i vittnens närvaro; *be* [*a*] ~ *of* (*to*) vara vittne till, bevittna **2** vittnes|börd, -mål; bevis, tecken; *in* ~ *whereof* till bestyrkande varav; *bear* ~ *to a*) bära vittnesbörd (vittna) om, [be]visa, *b*) intyga, styrka; *give* ~ vittna **II** *v* **1** vara vittne till, bevittna, se, vara med om [att uppleva], uppleva; närvara vid [som vittne] **2** bära vittnesbörd (vittna) om, [be]visa; intyga, vittna; bevittna (*namnteckning e.d.*) **3** [*as*] ~ om det (härom, därom) vittnar; ~ *the case of G.* ta bara fallet G. som exempel, tänk (se) bara på fallet G. **4** vara vittne, vittna; ~ *to* bevittna, vittna om, intyga

witness box ['wɪtnɪsbɒks] *BE.*, **witness stand** *AE.* vittnesbås

witticism ['wɪtɪsɪz(ə)m] kvickhet, lustighet, vits **witty** ['wɪtɪ] kvick, spirituell, vitsig

wives [waɪvz] *pl av* **wife**

wizard ['wɪzəd] **I** *s* **1** trollkarl **2** mästare, expert, geni, [riktig] trollkarl **II** *a, i sht BE. vard.* fantastisk, enastående **-ry** [-rɪ] trolleri

wizened ['wɪznd] förtorkad, skrumpen, rynkig

wobble ['wɒbl] **I** *v* **1** vackla, vingla [till]; vagga, gunga, vicka; *bildl.* vackla, vara osäker **2** darra, skaka **3** få att vackla (vingla *etc.*, *jfr I*); vagga (gunga, vicka) på **II** *s* vacklande, vinglande; vaggning, gungning; *bildl.* vacklan **wobbly** [-ɪ] vacklande, vinglig, osäker, ostadig

woe [wəʊ] *litt.* **I** *s* olycka, ve, sorg, bedrövelse; ~*s* olyckor, sorger, lidanden; *tale of* ~ sorglig (lidandes) historia; ~ *betide* (*to*) ve dig, akta dig **II** *interj, åld.*, ~ [*is me*]! ve [mig]! **-ful** ['wəʊf(ʊ)l] *högt.* **1** bedrövad, olycklig **2** sorglig, eländig; bedrövlig

wog [wɒg] *BE. sl. neds.* svartskalle

woke [wəʊk] *imperf. av 1* wake **woken** ['wəʊk(ə)n] *perf. part. av 1* wake

W

wolf [wʊlf] **I** s (pl wolves) **1** varg, ulv **2** bildl., a lone ~ en ensamvarg; a ~ in sheep's clothing en ulv i fårakläder; cry ~ ropa vargen kommer, ge falskt alarm; have a ~ in one's stomach vara hungrig som en varg; keep the ~ from the door hålla nöden (svälten) från dörren; throw to the wolves kasta för vargarna; who is afraid of the big bad ~? ingen rädder för vargen här! **3** vard. donjuan, kvinnojägare, förförare **II** v, ~ [down] glufsa i sig, sluka

wolverine ['wʊlvəriːn] zool. järv

wolves [wʊlvz] pl av wolf

woman ['wʊmən] (pl women ['wɪmɪn]) kvinna; kvinnan, kvinnor; dam; fruntimmer; käring; vard. tjej, brud, fru, älskarinna; cleaning ~ städerska; the little ~ (vard.) frugan; my (the) old ~ (vard.) min gumma, gumman; ~ of the streets gatflicka, prostituerad; how like a ~! typiskt kvinnor (fruntimmer)!; be one's own ~ vara oberoende; they believe to a ~ that (om kvinnor) de tror alla att, alla tror att

woman|hood ['wʊmənhʊd] **1** kvinnosläktet, kvinnor[na] **2** kvinnlighet; you should be proud of your ~ du skall vara stolt över att vara kvinna **3** (om kvinna) vuxen ålder **-izer** (BE. äv. -iser) [-aɪzə] donjuan, kvinnojägare **-like** ['wʊmənlaɪk] kvinnlig; fruntimmersaktig **-ly** ['wʊmənlɪ] a kvinnlig

womb [wuːm] anat. livmoder; moderliv, sköte

women ['wɪmɪn] pl av woman

Women's Lib [ˌwɪmɪnzˈlɪb] vard. kvinnosaken **Women's Libber** [-ˈlɪbə] vard. kvinnosaks|-kvinna, -anhängare, feminist **Women's Liberation** [-lɪbəˈreɪʃn] kvinnorörelsen, kvinnans frigörelse

won [wɒn] imperf. o. perf part av win

wonder ['wʌndə] **I** s **1** under[verk]; the seven ~s of the world världens sju underverk; ~s will never cease (vard.) undrens tid är inte förbi; a nine days' ~ (bildl.) en dagslända, en modefluga; for a ~ märkvärdigt nog, för en gångs skull; do (work) ~s göra under[verk]; the ~ is that det märkliga (konstiga) är att; is it any ~ that? är det underligt (konstigt, att undra på) att?; [it is] no (little, small) ~ det är inte underligt (konstigt, att undra på) **2** [för]undran (at över; that över att) **II** v **1** undra, fråga sig, skulle [gärna] vilja veta; I ~! det undrar jag!; I ~ if I could...? jag skulle vilja...!, skulle jag kunna få...?; I was ~ing if you'd like to...? skulle du [inte] vilja...?, vill du [inte]...? **2** förundra (förvåna) sig, förvånas (at över); I ~ [that] she didn't tell me det förvånar mig att hon inte sa något till mig; it is not to be ~ed at det är inte att undra på

wonder|ful ['wʌndəf(ʊ)l] underbar, fantastisk; märklig **-land** sagoland[et]

won't [wəʊnt] = will not

woo [wuː] **1** åld. uppvakta; fria till **2** söka vinna, eftersträva **3** locka, värva

wood [wʊd] **1** trä; ved; träslag; virke **2** ~[s] skog; they can't see the ~ for the trees de ser inte skogen för bara träd; he is not out of the ~ yet (vard.) han har inte klarat krisen (är inte ur knipan) ännu; touch ~ ta i trä **3** (i golf) träklubba **4** mus. träblåsare **5** [vin-, öl]fat; wine in ~ vin på fat; beer from the ~ fatöl **wood anemone** bot.

[vit]sippa

wood|carver ['wʊdˌkɑːvə] träsnidare **-cock** [-kɒk] zool. morkulla **-cut** [-kʌt] träsnitt **-cutter** [-ˌkʌtə] **1** skogs-, timmer|huggare; vedhuggare **2** träsnidare

wooded ['wʊdɪd] skogig, skogrik **wooden** [-n] **1** trä-, av trä; ~ spoon a) träsked, b) jumbopris (i form av träsked) **2** bildl. träaktig, träig, stel, torr; klumpig; andefattig **woodland** ['wʊdlənd] **I** s skogs|mark, -område, -bygd **II** a skogs- **woodpecker** ['wʊdˌpekə] zool. hackspett **woodpile** [-paɪl] vedtrave **woodwind** [-wɪnd] mus. **I** s träblåsinstrument; the ~ (behandlas som pl) träblåsarna **II** a, ~ instrument träblåsinstrument **woodwork** [-wɜːk] **1** snickerier (trälister, dörrar etc.); crawl out of the ~ (bildl.) sticka upp huvudet igen **2** snickeri; träsnideri; skol. träslöjd

woof [wʊf] vard. **I** s (hunds) vov, skall **II** v vovva, skälla

wool [wʊl] **I** s **1** ull; ullgarn; ball of ~ ullgarnsnystan; dyed in the ~ (bildl.) tvättäkta, helgjuten, fullfjädrad; lose one's ~ (BE. vard.) tappa humöret; pull the ~ over a p.'s eyes slå blå dunster i ögonen på ngn **2** ylle[tyg, -kläder]; all ~ helylle **II** a **1** ull- **2** ylle-

woolen ['wʊlən] AE., se woollen **woollen** ['wʊlən] **I** a **1** ull-, av ull **2** ylle-, av ylle **II** s, ~s (pl) ylleplagg; ylle|tyger, -varor **woolly** ['wʊlɪ] **I** a **1** ullig; ull- **2** ylle- **3** bildl. luddig, oklar, vag **II** s, vard. ylletröja; woollies ylleplagg

woozy ['wuːzɪ] vard. **1** förvirrad, virrig **2** yr i huvudet, på snusen

word [wɜːd] **I** s **1** ord; bildl. äv. hedersord, löfte; mil. befallning, order, kommando (for om); ~s (pl, äv.) orda|lag, -lydelse, formulering, uttalande, yttrande; a ~ of advice ett råd; ~ of command kommando[ord]; ~ of honour hedersord; at a (one) ~ genast; take s.b. at his ~ a) ta ngn på orden, b) lita på ngn (ngns ord); beyond ~s obeskrivligt; by (through) ~ of mouth muntligen; ~ for ~ ord för ord, orda|grann, -grant; too funny for ~s vansinnigt (otroligt) rolig; in a (one) ~ med ett ord, kort sagt; in one's own ~s med egna ord; in other ~s med andra ord; in so many ~s uttryckligen, klart och tydligt, rent ut; put into ~s uttrycka [i ord]; a man of few ~s en fåordig (tystlåten) man; a man of his ~ en man som står vid sitt ord; on the ~ genast, strax [därpå]; go back on one's ~ ta tillbaka vad man sagt, inte hålla sitt ord, bryta sitt löfte; [up]on one's ~ på sitt ord, på [sitt] hedersord; [upon] my ~! (åld.) på min ära!, sannerligen!; without a ~ of thanks utan ett ord till tack; be the last ~ in vara det allra senaste [modet] i fråga om; be as good as one's ~ stå vid sitt ord; exchange (have) a few ~s with växla (byta) några ord med; ~s fail me! jag saknar ord!; I give you my ~ I won't tell her jag ger dig mitt ord på att jag inte ska säga det till henne; give the ~ to do s.th. ge order om att göra ngt; have a ~ with s.b. a) växla ett par ord (tala [lite]) med ngn, b) tala allvar med ngn; have ~s gräla (with med, på); he hasn't a good ~ to say for han har inget gott att säga om; have the last ~ ha (få) sista ordet; keep one's ~ hålla sitt löfte; honesty? she doesn't know the meaning of the ~! hederlighet? det vet inte hon vad det är!; mark my ~s!

sanna mina ord!; *put in a* ~ få ett ord med i laget;
put in (*say*) *a* [*good*] ~ *for* lägga ett gott ord för;
just say the ~*!* säg bara till!; *take the* ~*s out of a
p.'s mouth* ta ordet ur munnen på ngn; *take my*
~ *for it!* det kan du lita på!, tro mig! **2** lösen[ord];
motto, paroll; *mum's the* ~*!* säg inte ett ord om
det!, håll [bara] tyst!; *sharp's the* ~*!* raska (sno)
på!; *give the* ~ uppge lösen[ordet] **3** ~*s* (*pl*) ord,
[sång]text **4** bud, meddelande, underrättelse,
besked; *is there any* ~ *from G.?* (*äv.*) har du hört
någonting från G.?; ~ *came that* det kom bud
[om] att; *the* ~ *went round* (*was*) *that* det rykta-
des att; *get* ~ få meddelande (*that* [om] att), få
veta (*that* att); *send* ~ låta meddela (hälsa) **II** *v*
uttrycka [i ord], formulera, avfatta; ~*ed as fol-
lows* med följande ordalydelse
word-blind ['wɜːdblaɪnd] ordblind **wording**
[-ɪŋ] [orda]lydelse; formulering **word order**
[-ˌɔːdə] *språkv.* ordföljd **word-perfect** [ˌwɜːd'-
pɜːfɪkt] *a, be* ~ *in s.th.* kunna ngt ordagrant (ut-
antill, perfekt), vara absolut säker på ngt **word
processing** ['wɜːdˌprəʊsesɪŋ] *allm.* ordbehand-
ling **word processor** ['wɜːdˌprəʊsesə] *data.*
ordbehandlare **wordy** ['wɜːdɪ] mångordig, ord-
rik; långrandig
wore [wɔː] *imperf av wear*
work [wɜːk] **I** *v* **1** arbeta, vara verksam, verka;
vard. jobba **2** göra verkan, verka; fungera, lyck-
as; *vard.* klaffa, funka; *it won't* ~ det fungerar
(går) inte **3** fungera, arbeta, gå; vara i funktion
(gång, drift); drivas; ~ *by electricity* vara eldri-
ven, drivas elektriskt **4** (*om vätskor*) jäsa **5** löpa
sig [häftigt, nervöst], rycka till; förvridas; gråta,
mala; *his face* ~*ed* det ryckte i ansiktet på honom
6 arbeta (*in wood* i trä; *with steel* med stål) **7** ~
free slita sig loss, lossna; ~ *loose* lossna, släppa,
gå upp **8** låta arbeta, sätta i arbete, driva [på],
köra med; ~ *o.s. to death* arbeta (slita) ihjäl sig;
~ *o.s. too hard* överanstränga sig **9** manövrera,
hantera, sköta; använda; driva; *be* ~*ed by electri-
city* vara eldriven, drivas elektriskt **10** åstadkom-
ma, vålla, orsaka; göra; *vard.* greja, ordna, fixa;
~ *one's way* arbeta sig [fram, upp]; ~ *one's will*
driva sin vilja igenom; ~ *o.s. warm* arbeta sig
varm; ~ *loose* lösgöra, lossa [på], få loss (lös); ~
great mischief göra mycket skada, ställa till
mycken förtret **11** skjuta, flytta [på]; *he* ~*ed the
stone into place* han lade mödosamt stenen på
plats **12** böja [på], leda, röra [på] (*the arm* ar-
men) **13** arbeta av; ~ *one's passage* betala
[över]resan med sitt arbete, arbeta sig över **14**
bearbeta (*äv. bildl.*); behandla, bereda; förädla;
arbeta, knåda (*deg*); [ut]forma; driva (*gård e.d.*),
bruka (*jord*); bryta (*kol*); exploatera; ~ *a sum*
(*AE.*) räkna ut (lösa) ett tal; ~ *s.b. to do s.th.*
[försöka] få ngn att göra ngt **15** vara verksam i,
arbeta i, bearbeta **16** sy, brodera; sticka **17** ~
against arbeta emot, motarbeta, motsätta sig; ~
at a) arbeta på (med), *b*) bearbeta, gå lös på, *c*)
läsa, plugga; ~ *away* arbeta vidare (på, undan);
~ *down a*) arbeta sig (tränga) ner, *b*) (*om strum-
pa e.d.*) glida (hasa) ner; ~ *for* arbeta för (åt); ~
in a) arbeta (föra, stoppa, foga, passa, skjuta) in,
b) gnida in, *c*) arbeta sig (tränga) in, *d*) passa; ~
in with passa in i (ihop med), stämma med; ~
into a) arbeta (föra, stoppa, foga, skjuta) in i, *b*)

arbeta sig (tränga) in i; ~ *o.s. into a rage* hetsa
up sig till ursinne; ~ *off a*) arbeta av (bort, un-
dan), göra sig (bli) av med, göra (få) undan, *b*)
lossna, glida av; ~ *on a*) arbeta på (med), *b*) sätta
(kränga) på [sig], *c*) utgå från, *d*) spela på, bear-
beta, *e*) [försöka] påverka, *f*) *se work away;* ~
out a) utarbeta, arbeta fram, utveckla, tänka ut,
b) lista ut, bli klok på, förstå, *c*) lösa, tyda,
knäcka, *d*) räkna ut (fram), beräkna, *e*) arbeta
av, *f*) avtjäna, sitta av (*straff*), *g*) genomföra,
uppnå, *h*) bryta, exploatera, [ut]tömma, *i*) ta
bort (ur), avlägsna, *j*) utfalla, utveckla sig, ut-
vecklas, gå, avlöpa, fungera, lyckas, *k*) kunna lö-
sas, *l*) *sport.* träna, *m*) tränga (glida) ut; *I had it
all* ~*ed out* jag hade allt klart för mig; *that is* ~*ing
itself out* det ordnar (löser) sig självt; ~ *out at* (*to*)
uppgå till, gå på, bli; ~ *over a*) gå igenom, bear-
beta, överarbeta, *b*) *vard.* bearbeta, ge en om-
gång; ~ *through a*) föra (gräva) igenom, *b*)
tränga igenom, *c*) arbeta sig igenom; ~ *to* arbeta
efter (enligt), följa, hålla sig till; ~ *towards* arbe-
ta för; ~ *up a*) utarbeta, *b*) arbeta (göra) om, för-
vandla, *c*) bearbeta, förädla, *d*) arbeta (bygga,
driva) upp, *bildl. äv.* uppbringa, skaffa sig, ut-
veckla, skapa, väcka, *e*) höja, stegra, *f*) driva,
sporra, egga [upp], hetsa [upp], *g*) arbeta sig upp
(*äv. bildl.*), tränga fram (upp), *h*) tillta, stegras;
~ *o.s. up* hetsa upp sig; ~ *one's way up* arbeta sig
upp; ~*ed up* upphetsad, upprörd; *I know what
you're* ~*ing up to* jag vet vart du vill komma **II**
s **1** arbete, sysselsättning, verksamhet, gärning,
insats[er], verk; uppgift; *vard.* jobb; *road* ~*s*
vägarbete[n]; *good* (*nice*) ~*!* bra (gjort)!, fint!;
quick ~*!* det var snabbt gjort!; *a piece of* ~ *a*) ett
arbete, en prestation, *b*) *vard.* en riktig typ; *at* ~
a) på arbetet (jobbet), *b*) i verksamhet, i arbete,
i drift, i gång; *be at* ~ *at* (*on*) arbeta på, arbeta
(hålla på) med; *there are forces at* ~ *which* det är
krafter i rörelse som; *be in* ~ ha arbete; *get back
into* ~ gå tillbaka till arbetet; *be out of* ~ vara
utan arbete (arbetslös); *go* (*set, get*) *to* ~ *at* (*on*)
ta itu med [arbetet med], sätta i gång med; *go to
the* ~ börja arbeta med; *put* (*be thrown*)
out of ~ göra (bli) arbetslös; *set s.b. to* ~ sätta
ngn i arbete; *what is your* ~*?* vad arbetar du
med?, vad gör du för något?; *it was hard* ~ *for*
(*äv.*) det var jobbigt för; *do one's* ~ *a*) göra sitt
arbete, arbeta, *b*) göra verkan (nytta); *the* ~
done det utförda arbetet; *gum* (*bung*) *up the* ~*s*
(*vard.*) sabba alltihop; *have one's* ~ *cut out* [*for
one*] ha fullt sjå (*to* med att); *make* ~ *for s.b.* stäl-
la till arbete (besvär) för ngn; *make short* (*light*)
~ *of* snabbt göra undan (klara av) **2** arbete,
verk, alster; handarbete; *a* ~ *of art* ett konstverk
3 ~*s* (*pl*) anläggningar, installationer; *defensive*
~*s* befästningsverk, försvarsanläggningar; *pub-
lic* ~*s* offentliga arbeten **4** ~*s* (*pl*) mekanism,
[ur]verk **5** ~*s* (*behandlas vanl. som sg*) fabri-
k[er], verk, bruk; *printing* ~*s* tryckeri; ~*s outing*
firmautflykt **6** *vard., the* ~*s* hela rasket, alltihop,
rubbet; *give s.b. the* ~*s* ge ngn en rejäl omgång,
misshandla ngn
workable ['wɜːkəbl] **1** genomförbar, användbar
2 formbar; brukbar **workaday** [-deɪ] **1** alldag-
lig **2** vardags-, arbets- **workaholic** [ˌwɜːkə'hɒ-
lɪk] *vard.* arbetsnarkoman **workbench**

['wɜːkbentʃ] arbetsbänk **workday** ['wɜːkdeɪ] *i sht AE.* arbetsdag; vardag
worker ['wɜːkə] I *s* **1** arbetare; arbetstagare; *be a hard ~ arbeta hårt* **2** *zool.* arbetare, arbets|bi, -myra **II** *a* arbets-; ~ *bee (ant)* arbetsbi (arbetsmyra)
working ['wɜːkɪŋ] I *a* **1** arbetande; arbetar-; arbets-; drifts-; ~ *capital* drifts-, rörelse|kapital; ~ *class[es]* arbetarklass; ~ *day a)* arbetsdag, *b)* vardag; ~ *drawing* arbetsritning; ~ *group, se* ~ *party;* ~ *hours* arbetstid; ~ *lunch* arbetslunch; ~ *man* [kropps]arbetare; ~ *party* arbets|grupp, -utskott; ~ *week* arbetsvecka; ~ *wives* yrkesarbetande gifta kvinnor **2** arbets-, funktions|duglig, fungerande, användbar; praktisk; preliminär; *a* ~ *knowledge* elementära kunskaper, baskunskaper; *a* ~ *majority* en arbetsduglig (regeringsduglig) majoritet; *in* ~ *order* funktionsduglig, i användbart skick **II** *s* arbete; verksamhet; arbetssätt, funktion[ssätt]; gång; ~*s (pl)* verk; ~*s of the mind* tanke|gångar, -verksamhet; *understand the* ~*[s] of this system* förstå hur det här systemet fungerar **2** manövrering, skötsel **3** bearbetning; exploatering; drift; skötsel **4** gruvgång, schakt; brott **5** lösning *(of a mathematical problem* av ett matematiskt problem) **6** ryckning[ar]
working capital, working class *etc., se under working I*
workload ['wɜːkləʊd] arbets|mängd, -pensum
workman ['wɜːkmən] **1** arbetare **2** fackman; yrkesman **-like** [-laɪk], **-ly** [-lɪ] *a* fackmannamässig, yrkes|skicklig, -kunnig **-ship** [-ʃɪp] **1** yrkes|-skicklighet, -kunskap **2** utförande; *of good* ~ skickligt gjord
workmate ['wɜːkmeɪt] *vard.* arbetskamrat
work-out work-out, träningspass; genomköra-re
works [wɜːks] *se work II 5*
workshop [wɜːkʃɪp] verkstad **workshy** arbets|-ovillig, -skygg **worktable** [-ˌteɪbl] arbetsbord
work-to-rule [ˌwɜːktəˈruːl] maskningsaktion enligt alla regler
world [wɜːld] värld; jord; *the* ~ *(äv.)* folk; *the New (Old, Third)* ~ Nya (Gamla, tredje) världen; *a* ~ *of* en [hel] mängd (massa); *a* ~ *of difference, all the difference in the* ~ en himmelsvid skillnad; *the* ~ *of letters, the literary* ~ den litterära världen; ~ *without end* i evigheters evighet; *the adult* ~ vuxenvärlden; *the animal* ~ djur|riket, -världen, djurens värld; *the outside* ~ ytter-världen; *citizen of the* ~ världsmedborgare; *woman of the* ~ dam av värld, världsdam; *the Adams of this* ~ *would always win* sådana som Adam vinner alltid; *all over the* ~ i (över) hela världen, världen över (runt); *all the time in the* ~ all världens tid (tid i världen); *not for [all] the* ~ inte för allt (något) i världen; *for all the* ~ *as if* precis som om; *what (who) in the* ~? vad (vem) i all världen?; *out of this* ~ *(vard.)* inte av denna världen, fantastisk; *she is (means) all the* ~ *to him* hon betyder allt för honom; *it's not the end of the* ~ det är inte hela världen, världen går inte under för det; *that's the way of the* ~ så går det till här i världen; *he is not long for this* ~ han kommer inte att leva länge till; *it's a small* ~! vad världen är liten!; *they're* ~*s apart* det är en enorm

skillnad mellan dem, de är totalt olika; *be dead to the* ~ *(bildl.)* vara död för omvärlden; *bring a child into the* ~ *(litt.)* sätta ett barn till världen; *the* ~ *to come, the next* ~ livet efter detta; *it has done her a* ~ *of good* det har gjort henne fantastiskt gott; *feel on top of the* ~ *(vard.)* känna sig i toppform; *how goes the* ~ *[with you]*? hur står det till (lever världen) med dig?; *he has gone (come) down in the* ~ det har gått utför med honom; *go (come) up in the* ~ komma sig upp [här i världen]; *all the* ~ *knows (äv.)* varenda människa vet; *live in a* ~ *of one's own* leva i sin egen lilla värld; *sail round the* ~ segla jorden runt; *set the* ~ *on fire (vard.)* vara framgångsrik, lyckas; *think the* ~ *of* vara mycket förtjust i; *tired to the* ~ *(vard.)* dödstrött; *want the best of two* ~*s* vilja förena det bästa av två olika livsstilar (filosofier)
world-class ['wɜːldklɑːs] *a* i världsklass **world-famous** [ˌwɜːldˈfeɪməs] världsberömd
worldliness ['wɜːldlɪnɪs] världslighet
worldly ['wɜːldlɪ] *a* världslig *(thing* sak), jordisk; världsligt sinnad; ~ *goods (litt.)* världsliga ägodelar
world war ['wɜːldwɔː] världskrig; *World War I, the First World War* första världskriget; *World War II, the Second World War* andra världskriget
world-weary ['wɜːldˌwɪərɪ] levnadstrött, trött på livet; trött på världsliga ting **-wide** [-waɪd] I *a* världsom|fattande, -spännande **II** *adv* över hela världen
worm [wɜːm] I *s* **1** mask; kryp; *bildl.* stackare, kryp; ~ *of conscience (litt.)* samvetskval; *have* ~*s (med.)* ha mask; *the* ~ *will turn (ung.)* ingen kan tåla vad som helst **2** *tekn.* gänga; snäcka; spiral-rör, rörslinga **II** *v* **1** ~ *o.s. (one's way) into (through)* orma (slingra, smyga) sig in i (genom); ~ *one's way into a p.'s confidence* nästla sig in hos ngn **2** ~ *s.th. out of s.b.* locka (lirka) ur ngn ngt **3** *med.* avmaska
wormwood ['wɜːmwʊd] *bot., bildl.* malört
worn [wɔːn] *perf part av wear o. a* sliten, nött; *bildl.* sliten, tärd, medtagen **--out** ['wɔːnaʊt] utsliten, utnött; uttröttad, utmattad, utarbetad, slut[körd]
worried ['wʌrɪd] orolig, oroad, ängslig, bekymrad *(about* för, över); *I'm not* ~ *(vard.)* det gör mig detsamma; *you had me* ~ *(vard.)* du gjorde mig riktigt orolig
worry ['wʌrɪ] I *v* **1** oroa, bekymra, göra orolig (bekymrad, nervös, ängslig); plåga; tjata på, ansätta, ofreda, trakassera; störa; ~ *o.s.* oroa (bekymra) sig, vara orolig (bekymrad, nervös, ängslig) *(about* för, över); ~ *the life out of s.b.* plåga livet ur ngn **2** *(om djur)* jaga, förfölja, sätta tänderna i [och bolla med], leka med *(byte)*, bita i strupen **3** oroa (bekymra) sig, vara orolig (bekymrad, nervös, ängslig), ängslas *(about* för, över); grubbla *(about* över, på); ~ *about (äv.)* bry sig om; *don't* ~ *about it!* bry dig inte om det!; *not to* ~! var inte orolig!, det är inget att bry sig om! **4** ~ *at a) (om djur)* riva och slita i, bita i, leka med, *b) (om pers.)* försöka lösa, grubbla på *(a problem* ett problem) **II** *s* oro, bekymmer, ängslan; plåga; besvär; *that's his* ~ det är hans problem (ansvar) **worrying** [-ɪŋ] oroande, irriterande, besvärlig

worse [wɜ:s] **I** *a o. adv* (*komp. av bad, badly, ill*) värre, sämre; *so much the ~ for him* desto värre för honom; *be ~ off* vara sämre [däran], ha det sämre [ställt];*l be the ~ for drink* vara berusad; *he is none the ~ for it* det gjorde honom inte så mycket (ingen större skada), han har inte farit illa av det; *you'll be none the ~ for some work* lite arbete kommer inte att skada dig; *you might do ~ than* det skulle inte skada om du; *get* (*become, grow*) ~ bli värre (sämre), förvärras, försämras; *~ things happen* värre saker kan hända; *it hurts ~* det gör mera ont; *I like him none the ~ for it* jag tycker inte sämre om honom för det; *make ~* göra värre (sämre), förvärra, försämra; *to make matters ~* till råga på eländet (olyckan) **II** *s* något [ännu] värre (sämre), värre saker; *for the ~* till det sämre; *from bad to ~* ur askan i elden

worsen ['wɜ:sn] förvärra[s]; försämra[s]

worship ['wɜ:ʃɪp] **I** *s* **1** dyrkan, tillbedjan; *freedom of ~* fri religionsutövning; *place of ~* gudstjänstlokal **2** *BE.* (*i tilltal*) *Your W~* Ers nåd, Herr domare, Herr borgmästare **II** *v* dyrka, tillbedja, [bll. av.] avguda **-per** [-ə] *a* dyrkare, tillbedjare **2** gudstjänstdeltagare, kyrkobesökare

worst [wɜ:st] **I** *a o. adv* (*superl. av bad, badly, ill*) värst, sämst; svårast; *be ~ off* vara sämst [däran], ha det sämst [ställt] **II** *s, the ~* den (det, de) värsta (sämsta); *the ~ [of it] is* det värsta (sämsta) [av allt, med det] är; *the ~ of him* det värsta med honom; *at [the] ~* i värsta (sämsta) fall; *when the storm was at its ~* när stormen var som värst; *you've never seen him at his ~* du har aldrig sett honom från hans sämsta sida; *if the ~ comes to the ~* i [allra] värsta (sämsta) fall, om det värsta skulle inträffa; *do one's ~* göra det värsta man kan; *get* (*have*) *the ~ of it a*) dra det kortaste strået, *b*) råka värst (mest illa) ut; *make the ~ of one's troubles* förstora upp sina bekymmer **III** *v, åld.* besegra, övervinna

worsted ['wʊstɪd] **I** *s* kamgarn; kamgarnstyg **II** *a* kamgarns-; ~ *suit* kamgarnskostym

wort [wɜ:t] **I** *s* vört **2** ört

worth [wɜ:θ] **I** *a* värd (*two pounds* två pund); *~ reading* (*seeing*) värd att läsa[s] (ses), lasvärd (sevärd); *be ~ the trouble* (*it*) vara värd besväret (mödan), löna sig; *he is ~ a million* han är god för (äger, tjänar) en miljon; *it is ~ mentioning* det förtjänar att nämnas; *for all one is ~* allt (så mycket) man kan (orkar), av alla krafter, för allt vad man är värd; *for all* (*what*) *it is ~* vad det nu kan vara värt; *that's my opinion for all* (*what*) *it's ~* det är min ringa mening; *take it for what it is ~* ta det för vad det [verkligen] är; *show what one is ~* visa vad man går för (duger till); *it is as much as his life is ~* det kan kosta honom livet; *it was as much as his place was ~* [*not*] to han skulle mista sin plats om han [inte] **II** *s* värde; *a week's ~ of work* en veckas arbete; *2 pounds' ~ of stamps* frimärken för 2 pund; *get* (*have*) *one's money's ~* få valuta för pengarna

worthily ['wɜ:ðɪlɪ] *adv* värdigt **worthiness** [-nɪs] värdighet; [inre] värde, förträfflighet

worth|less ['wɜ:θlɪs] värdelös **-while** värd besväret, värd att göra (kosta på); lönande, givande; värdefull

worthy ['wɜ:ðɪ] **I** *a* **1** värdig (*opponent* motstån-

dare); aktnings-, heder|värd; [högt] ärad, förträfflig **2** värd (*to get the prize* att få priset); ~ *of* värd, förtjänt av; ~ *of praise* lov-, beröm|värd; ~ *of respect* aktningsvärd; *be ~ of* vara värd (förtjänt av), förtjäna; *he is not ~ of her* han är henne inte värdig **II** *s, ofta skämts.* pamp, storhet

would [wʊd, *obeton.* wəd, əd, d] **1** skulle; *that ~ be* det skulle vara, det vore; *that ~ have been* det skulle ha varit, det hade varit; *I ~ be grateful if* jag skulle vara tacksam om; *he is angry — he ~ be!* han är arg — det är klart att han är!; *you ~ be the one to forget* typiskt dig att glömma det; ~ *you believe it!* kan man tänka sig!; *we decided we ~ buy a car* vi beslöt att köpa en bil; *he ~ have to come right now!* och just nu måste han komma!, att han skulle komma just nu!; *how ~ I know?* hur skulle jag kunna veta det?; *I ~n't know* jag har ingen aning, inte vet jag; *one ~ think that* man skulle [kunna] tro att ? skulle vilja; *ville; ~n't I josn?* [mycket] gärna!, om!; *he ~n't do it* han ville inte (vägrade att) göra det; *I warned him, but he ~ do it* jag varnade honom men han ville absolut (envisades med att) göra det; *I ~ he were gone* jag önskar (skulle önska) att han vore borta; *what ~ you have me do?* vad ska jag göra?; ~ *you help me?* skulle du vilja (vill du) hjälpa mig?; *shut the door,* ~ *you?* stäng dörren är du snäll!; *the car ~ not start* bilen ville inte starta; *I ~ sooner stay* jag stannar hellre; *if only he ~ tell the truth!* om han bara ville tala sanning!; *oy as he ~* hur mycket han än försökte; *turn where he ~* vart han än vände sig **3** torde; *it ~ be about six o'clock* klockan var väl ungefär sex; ~ *this be your hat?* är det här [kanske] din hatt?; *he ~ be* (*have been*) *at least hundred when he died* han var säkert (nog) minst hundra är när han dog; *you ~n't have a cigarette, ~ you?* du har möjligtvis en cigarrett?; *it ~ seem that* det kan (kunde) tyckas att **4** brukade, kunde; *he ~ sit by the fire* han brukade (kunde) sitta framför brasan

would-be [wʊdbi·] **1** förment, föregiven, så kallad, påstådd **2** blivande, tilltänkt, framtida

1 wound [waʊnd] *imperf. o. perf. part. av 2 wind o. 3 wind I*

2 wound [wu:nd] **I** *s* sår (*äv. bildl.*); *lick one's ~s* (*äv. bildl.*) slicka sina sår; *that opens old ~s* (*bildl.*) det river upp gamla sår **II** *v* såra (*äv. bildl.*)

wove [wəʊv] *imperf. o. perf. part. av weave*
woven ['wəʊv(ə)n] *perf. part. av weave;* ~ *fabric* vävt tyg, väv[nad]

wow [waʊ] *vard.* **I** *interj* oj, oj!, oj då!, nej men! **II** *s, isht AE.* braksuccé

wrangle ['ræŋgl] **I** *v* käbbla, kivas, käfta, gräla, tvista **II** *s* gäbbel, kiv, käftande, gräl, tvist **wrangler** [-ə] *s* grälmakare **2** *BE.* Cambridgestudent som fått högsta betyget i matematik (*i honours degree*) **3** *AE. vard.* cowboy, boskapsskötare

wrap [ræp] **I** *v* **1** ~ [*up*] *a*) svepa (linda, hölja) [in], svepa (stoppa) om, veckla (slå, packa) in, *b*) *bildl.* svepa (linda) in, hölja, kamouflera, dölja; ~*ped* [*up*] *in mystery* höljd i dunkel; ~ *up* (*vard.*) *a*) göra slut på, *b*) avsluta, föra i hamn, fixa; ~

W

o.s. up [*well*] klä på sig ordentligt, klä sig varmt; *~ped up in* (*bildl.*) *a*) helt upptagen (uppslukad) av, fördjupad (djupt engagerad, försjunken) i, *b*) inblandad i; *~ s.th.* [*a*]*round* (*about*) svepa (linda, slå) ngt runt (kring, om); *~ one's arms round s.b.* sluta ngn i sina armar, slå armarna om ngn **2** *~ up* [*well*] klä på sig ordentligt, klä sig varmt **3** *vard., ~ up* hålla käften **II** *s* **1** [res]filt; sjal; stola; cape **2** [bad]kappa, rock **3** *bildl., keep s.th. under ~s* hålla ngt hemligt; *take the ~s off s.th.* avslöja ngt, ta bort hemligstämpeln från ngt **wrapper** ['ræpə] **1** omslag[spapper]; (*på cigarr*) täckblad **2** negligé, morgonrock **wrapping** [-ɪŋ] *s, ~*[*s*] omslag, emballage, förpackning **wrapping paper** [-ɪŋˌpeɪpə] omslagspapper **wrath** [rɒθ, *AE.* ræθ, rɑːθ] *högt. el. åld.* vrede

wreak [riːk] **1** förorsaka, anställa, tillfoga (*damage* skada); *~ havoc* anställa förödelse **2** utkräva, ta; *~ revenge* (*vengeance*) on utkräva (ta) hämnd på **3** utgjuta (*one's rage upon* sin vrede över)

wreath [riːθ, *pl ~s* [riːðz] **1** [blomster]krans, -girland **2** ring, snirkel, spiral; [rök]slinga **wreathe** [riːð] *litt.* **1** bekransa; omge; omslingra, innesluta; *~d in* bekransad (omgiven, omslingrad) av, innesluten i; *he was ~d in smiles* han var ett enda stort leende **2** fläta (vira) samman, binda ihop (*into* till) **3** ringla, slingra sig

wreck [rek] **I** *s* **1** förlisning, skeppsbrott, strandning; haveri **2** förstöring, ödeläggelse; kullkastande, omintetgörande; undergrävande, fördärvande; fördärv, undergång, fall **3** vrak (*äv. bildl.*), ruin (*äv. bildl.*); *bildl. äv.* spill|ra, -ror, rest[er]; *~s* (*pl*) vrakspillror; *a nervous ~* (*vard.*) ett nervvrak **II** *v* **1** orsaka skeppsbrott för, komma att stranda (förlisa, haverera); [total]kvadda, -förstöra; *be ~ed* lida skeppsbrott, stranda, haverera (*äv. bildl.*), förlisa, bli [total]kvaddad ([total]förstörd) **2** förstöra, ödelägga; kullkasta, omintetgöra, grusa; undergräva, fördärva, ruinera **3** *AE.* montera ner, riva **wreckage** ['rekɪdʒ] **1** vrak|gods, -spillror; *bildl.* spillror, återstod **2** haveri; förlisning, skeppsbrott; *bildl.* ödeläggelse, undergång **wrecker** ['rekə] **1** förstörare, skadegörare **2** vrakplundrare **3** *AE.* bärgningsbil **4** *i sht AE.* rivningsarbetare **wrecking** ['rekɪŋ] *AE.* bärgnings-; *~ car* bärgningsbil

Wren [ren] *BE. vard.* (*förk. för Women's Royal Naval Service*) marinlotta

wren [ren] *zool.* gärdsmyg

wrench [ren(t)ʃ] **I** *v* **1** vrida, bända; rycka [loss], slita [loss]; *~ s.th. from s.b.* vrida (rycka, slita) ngt ur handen på ngn; *~ o.s. from* vrida (slita) sig ur; *if you could ~ yourself away from the TV* om du kan slita dig från TV:n; *~ a p.'s arm out of its socket* vrida armen ur led på ngn **2** vricka, stuka, sträcka **3** för|vränga, -vanska **II** *s* **1** vridning, ryck, bändning **2** vrickning, stukning, sträckning **3** *bildl.* svår påfrestning, hårt slag; smärta; *the ~ of parting* avskedets smärta; *be a ~* (*äv.*) göra ont **4** skiftnyckel; skruvnyckel

wrestle ['resl] **I** *v* **1** brottas, kämpa (*äv. bildl.*) **2** brottas (kämpa) med (*äv. bildl.*); *~ s.b. to the ground* fälla ngn till marken **II** *s* brottning; brottningsmatch; *bildl.* kamp **wrestler** [-ə] brottare

wrestling [-ɪŋ] brottning

wretch [retʃ] **1** stackare; *poor ~* stackars krake **2** usling **wretched** ['retʃɪd] **1** stackars, eländig; [djupt] olycklig, förtvivlad **2** usel, undermålig **3** usel, avskyvärd **4** *vard.* förbaskad **wretchedness** ['retʃɪdnɪs] **1** elände, misär; olycka, förtvivlan **2** förtvivlan; elände, armod, misär **2** uselhet, undermålighet

wriggle ['rɪgl] **I** *v* **1** vrida (slingra, åla) sig, skruva på sig; *~ out of* (*bildl.*) slingra sig ifrån (ur) **2** vrida på, vicka på (*one's toes* tårna) **3** *~* [*one's way*] *somewhere* slingra sig i väg någonstans; *~ one's way* (*along*) slingra sig fram **II** *s* **1** vridning, slingring, slingrande rörelse **2** vickning

wring [rɪŋ] **I** *v* (*wrung, wrung*) **1** vrida; krama, trycka; pressa; *~* [*out*] vrida (krama) ur; *~ s.th. from* (*out of*) *s.b.* pressa av (ur) ngn ngt, tvinga av ngn ngt; *~ one's hands* (*äv. bildl.*) vrida sina händer; *~ a p.'s hand* trycka ngns hand; *~ a p.'s neck* (*bildl.*) vrida halsen (nacken) av ngn **2** plåga; *it ~s my heart* det gör mig ont ända in i själen, det är hjärtskärande **3** för|vrida, -vränga, -vanska **II** *s* [ur]vridning, [ur]kramning; tryckning; *give the clothes a ~* vrida (krama) ur kläderna; *give a p.'s hand a ~* trycka ngns hand **wringer** ['rɪŋə] vridmaskin, mangel; *he is put through the ~* (*vard.*) han sätts på hårda prov

wrinkle ['rɪŋkl] **I** *s* rynka; veck, skrynkla **II** *v* **1** skrynkla [till, ner], vecka; rynka [på] (*one's nose* näsan) **2** rynka (vecka) sig, bli rynkig (skrynklig) **wrinkled** ['rɪŋkld], **wrinkly** ['rɪŋkli] *a* rynkig, skrynklig, veckig

wrist [rɪst] handled; handlov[e] **-band** ['rɪstbænd] **1** [klock]armband **2** [ärm]linning, manschett **-watch** ['rɪstwɒtʃ] armbands|ur, -klocka

writ [rɪt] (*officiell*) skrivelse, handling; förordning; kallelse; stämning; *Holy W~* den heliga skrift; *~ of execution* utmätningsorder; *serve a ~ on s.b.* delge ngn stämning

write [raɪt] (*wrote, written; se äv. written*) **1** skriva; författa; skriva ner (ut); skriva full, fylla [i]; *~ a cheque for £10* skriva ut en check på 10 pund; *he wrote me a letter* han skrev ett brev till mig; *I wrote her yesterday* (*AE.*) jag skrev till henne i går; *it is written on* (*all over*) *his face* det kan [tydligt] utläsas av hans ansiktsuttryck; *he has "lord" written all over him* det syns på långt håll att han är lord **2** skriva; författa; *~ to s.b.* skriva till ngn; *he always wanted to ~* han har alltid velat bli författare; *this pen won't ~* det går inte att skriva med den här pennan **3** *~ away to s.b.* skriva till ngn [och be om upplysningar *e.d.*]; *~ back* skriva tillbaka, svara [per brev]; *~ down a*) skriva ner (upp), ned-, an|teckna, *b*) *ekon.* skriva ner, *c*) skriva nedsättande om, göra ner; *~ down to s.b.* sänka sig till ngns nivå; *~ for a*) skriva för (i, åt), *b*) skriva efter, [skriva och] beställa, rekvirera; *~ in a*) skriva in (till), tillägga, *b*) skriva [in] (*to a firm* till en firma); *~ in for, se write for b*); *~ off a*) avskriva (*äv. bildl.*), avfärda, *b*) [total]förstöra, kvadda; *~ off to, se write away to; ~ on a*) skriva om (över), *b*) skriva på; *~ out* skriva ut [fullständigt]; *~ out* [*fair*] skriva rent; *~ up a*) *hand.* skriva upp, *b*) skriva ihop (ner), utarbeta, redigera, föra (hålla) à jour, *c*) skriva [berömmande] om, lovorda, ge en fin recension, *d*) slå upp stort

write-off ['raɪtɒf] **1** *ekon.* avskrivning [som förlust] **2** *vard.*, *the car was a ~ after the accident* bilen var bara en skrothög efter olyckan

writer ['raɪtə] **1** författare; skribent, skriftställare; skrivare; kompositör; *~'s cramp* skrivkramp **2** skrivbiträde, kontorist **3** *Sk.* advokat

write-up ['raɪtʌp] **1** fin recension, beröm[mande omnämnande] **2** *AE. ekon.* uppskrivning

writhe [raɪð] vrida sig (*with pain* av smärta; *in agony* i plågor); förvrida sig; *bildl.* våndas, plågas

writing ['raɪtɪŋ] **I** *s* **1** skrivande, skrivning; skrivkonst; skrift; författarverksamhet; skriveri; *at the time of ~* när detta skrivs (skrevs); *she earns a bit from her ~* hon tjänar litet på sitt skrivande; *in ~* i skrift, skriftlig[en], skriftligt; *permission in ~* skriftligt tillstånd; *put in ~* avfatta skriftligt, skriva ner; *commit to ~* uppteckna, skriva ner **2** skrift, verk, arbete; *her collected ~s* hennes samlade verk **3** [in]skrift, inskription; *the ~ on the wall* (bildl.) olycksbådande varsel, ett varningstecken; ett dåligt tecken **4** [hand]stil **5** stil; språk **II** *a* skriv-; *~ desk* (*table*) skrivbord; *~ materials* skrivmateriel; *~ pad a*) skrivunderlägg, *b*) anteckningsblock; *~ paper* skriv-, brev|papper

written ['rɪtn] *perf. part. av write o. a* skriven; skriftlig; *~ language* skriftspråk; *the ~ word* det skrivna ordet; *joy was ~ on (all over) his face* hela hans ansikte strålade av glädje

W.R.N.S. *förk.* för *Women's Royal Naval Service*

wrong [rɒŋ] **I** *a* fel, oriktig, inkulig, falsk, orätt; oriktig[färdig], orättvis; *the ~ key* fel nyckel; *the ~ side a*) fel sida, *b*) avigsidan; *the ~ way round a*) bakvänd, *b*) bak|vänt, -fram; *be ~ a*) vara fel, inte stämma, *b*) (*om klocka*) gå fel, *c*) (*om pers.*) ha (ta) fel, missta sig, ta miste; *nothing is ~, there is nothing ~* det är inget fel, allt (det) är bra (som det ska); *something is ~, there is something ~* det är ngt fel (på tok), det står inte rätt till; *what's ~?* vad är det för (som är) fel?, *it is ~ to lie* det är orätt att ljuga; *be ~ in the head* (*vard.*) inte vara riktigt klok; *he was ~ in asking her* det var fel (orätt) av honom att fråga henne; *he is on the ~ side of forty* han är över fyrtio; *have* (*get*) *the ~ number* ha ringt fel, ha fått fel nummer; *make the ~ decision* fatta ett felaktigt beslut; *say the ~ thing* säga ngt dumt (tokigt) **II** *adv* fel; oriktigt; orätt; *do ~* göra (handla) fel (orätt); *get it ~* ta (ha, fatta) fel; *get one's sums ~* räkna fel; *don't get me ~!* missförstå mig inte!; *you've got him ~* du har missuppfattat honom; *go ~ a*) gå (köra, komma) fel (vilse), *b*) komma på villovägar, *c*) göra (ta) fel, *d*) gå på tok (snett, galet), misslyckas, *e*) gå sönder **III** *s* orätt; orätt|färdighet, -visa; oförrätt; missförhållande; *be in the ~ a*) ha orätt (fel), *b*) vara skyldig; *do ~* göra (begå en) orätt; *he can do no ~* han gör [förstås] aldrig fel, han är ofelbar; *put s.b. in the ~* ge ngn skulden, framställa ngn i orätt dager **IV** *v* **1** göra orätt, vara orättvis mot **2** förfördela, förorätta, kränka

wrong|doer [ˌrɒŋ'duːə] **1** syndare **2** ogärningsman, lagbrytare, missdådare, brottsling **-doing** miss-, o|gärning; förseelse; synd

wrong|ful ['rɒŋf(ʊ)l] **1** orätt|vis, -färdig **2** olaglig **-headed** [ˌrɒŋ'hedɪd] **1** omdömeslös **2** envis,

tjurskallig

wrongly ['rɒŋlɪ] *adv* **1** orättvist, med orätt **2** fel, felaktigt, fel-; *~ spelt* felstavad

wrote [rəʊt] *imperf. av write*

wrought [rɔːt] **I** *v, åld. imperf. o. perf. part. av work I* **II** *a* **1** [be]arbetad; formad; *~ iron* smidesjärn; *~ silver* arbetat (hamrat) silver **2** dekorerad, utsirad **--up** [ˌrɔːt'ʌp] upp|hetsad, -jagad, -rörd

wrung [rʌŋ] *imperf. o. perf. part. av wring*

wry [raɪ] sned, skev, förvriden (*äv. bildl.*); *make a ~ face* göra en ful grimas; *~ humour* torr humor; *~ smile* snett (sardoniskt) leende

wuthering ['wʌðərɪŋ] stormig

X, x [eks] **1** (*bokstav*) X, x **2** (*beteckning för okänd mat. storhet, okänt nummer e.d.*) X, x **3** kryss, (*i brev*) kyss

X [eks] **I** *s* barnförbjuden film **II** *a* barnförbjuden (*film* film)

X-chromosome ['eksˌkrəʊməsəʊm] X-kromosom

Xmas ['krɪsməs] *kortform för Christmas*

X-ray, x-ray ['eksreɪ] **I** *s* **1** röntgenstråle **2** röntgen|bild, -fotografi **3** röntgen[undersökning] **II** *a* röntgen- **III** *v* **1** röntga; röntgenfotografera **2** röntgenbehandla

xylophone ['zaɪləfəʊn] xylofon

Y, y [waɪ] **1** (*bokstav*) y **2** (*beteckning för okänd mat. faktor*) Y, y

yacht [jɒt] **I** *s* [lust]jakt, yacht, segelbåt; motorbåt **II** *v* segla **yachting** ['jɒtɪŋ] **I** *s* segling; segel-, båt|sport **II** *a* segel-, båt-, seglar- **yachtsman** ['jɒtsmən] seglare; båtägare

yah [jɑː] **1** *vard.* ja; jo **2** usch, äsch; fy

yak [jæk] *zool.* jak, grymtoxe

Yank [jæŋk] *vard. för Yankee*

yank [jæŋk] **I** *v* rycka [i], slita [i], dra [i]; hugga tag [i] **II** *s* ryck, knyck

Yankee ['jæŋkı] **I** *s* **1** yankee, jänkare; amerikan **2** nordstatsbo; (*i amer. inbördeskriget*) nordstatssoldat **II** *a* **1** yankee-, amerikansk **2** nordstats-

yap [jæp] **I** *v* **1** gläfsa **2** *vard.* bjäbba, tjafsa, snacka **II** *s* **1** gläfs[ande] **2** *sl.* bjäbbande, tjafs, snack **3** *AE. sl.* käft

1 yard [jɑːd] **1** yard (= *3 feet = 0,9144 m*) **2** *sjö.* rå

2 yard [jɑːd] **1** [stensatt, asfalterad] gård, gårdsplan; inhägnad [plats] **2** område; upplagsplats; -gård; *railway* ~ bangård; *ship*~ [skepps]varv; *timber*~ brädgård

yardstick ['jɑːdstɪk] yardmåttstock, tumstock; *bildl.* måttstock

yarn [jɑːn] **1** garn; tråd **2** *vard.* [skeppar]historia; *spin a* ~ dra en [skeppar]historia

yawn [jɔːn] **I** *v* **1** gäspa **2** gapa, öppna sig **II** *s* **1** gäspning; *the film was a* ~ (*vard.*) filmen var urtråkig **2** gap, svalg, avgrund **yawning** ['jɔːnɪŋ] **I** *a* **1** gäspande **2** gapande **II** *s* gäspning

Y-chromosome ['waɪˌkrəʊməsəʊm] Y-kromosom

yeah [jeə] *vard.* ja; *oh* ~? jaså [minsann]?, säger du det?, verkligen?

year [jɜː] år; årtal; årgång; ~ *of birth* födelseår; *last* ~ förra året, i fjol; *a* ~ *last March* i mars för ett år sedan; *this* ~ i år; *this day* ~ i dag om ett år; *four times a* ~ fyra gånger om året; *it costs £100 a* ~ det kostar 100 pund om året (per år); ~ *after (by)* ~ år efter (för) år; ~*s [and* ~*s] ago* för många [herrans] år sedan; *by the* ~ per år; *for (in)* ~*s* i (på) åratal (många år); *for* ~*s to come* i (under) kommande år, i åratal framöver; *he looks old for his* ~*s* han ser gammal ut för sin ålder (äldre ut än han är); *in the* ~ *1980* [år] 1980; *in the* ~ *of grace* i nådens år; *in the* ~ *one* (*skämts.*) för evigheter sedan, i tidernas begynnelse; *in three* ~*s* om (på) tre år; *difference in* ~*s* åldersskillnad; *well on (in)advanced) in* ~*s* till åren [kommen]; *he is bottom in his* ~ han är sämst i sin årskull; *over the* ~*s* med (genom) åren, under årens lopp; *it has put* ~*s on me* det har gjort mig många år äldre; *take* ~ *off s.b.* göra ngn flera år yngre

year|ling ['jɜːlɪŋ] **I** *s* årsgammal unge; ettåring **II** *a* ettårig, årsgammal **-ly** [-lɪ] **I** *a* årlig, års- **II** *adv* årligen, en gång om året

yearn [jɜːn] längta, trängta, tråna (*for, after* efter; *to do* efter att göra) **-ing** ['jɜːnɪŋ] **I** *a* längtande, längtansfull, trängtande, trånande **II** *s* längtan, trängtan; åtrå

yeast [jiːst] **1** jäst; *brewer's* ~ bryggerijäst **2** (*på öl*) skum

yell [jel] **I** *v*, ~ [*out*] skrika, vråla, tjuta (*with* av); ~ *out* (*äv.*) skrika ut, vråla fram **II** *s* skrik, vrål, tjut

yellow ['jeləʊ] **I** *a* **1** gul; ~ *fever* gula febern; ~ *jack a*) gula febern, *b*) karantänsflagga; ~ *journalism* sensationsjournalistik; ~ *metal a*) gulmetall (*60 % koppar, 40 % zink*), *b*) guld; ~ *pages* (*i telefonkatalog*) yrkesregister, gula sidorna; *the* ~ *press* gula pressen, sensationspressen; *the Y*~ *River* Gula floden; *the* ~ *spot* (*anat.*) gula fläcken **2** *vard.* feg, skraj **II** *s* **1** gult; gul färg **2** äggula **III** *v* **1** gulfärga **2** gulna

yelp [jelp] **I** *v* gnälla, yla, tjuta; skrika till **II** *s* gnäll, ylande, tjut; skrik

yeoman ['jəʊmən] **1** *hist.* odalman, självägande bonde, hemmansägare **2** *hist.* betjänt, kammartjänare **3** *BE.* (*i sht i Towern*) ~ [*of the guard*] livgardist, kunglig livvakt

yes [jes] **I** *adv* ja; jo; ~ *please!* ja tack!; *oh* ~*!* javisst!, jovisst!, o ja!, jadå!, jodå!; ~ *and no* (*som svar på fråga*) både ja och nej **II** *s* ja **yes man** ['jesmæn] jasägare

yesterday ['jestədɪ] **I** *adv* i går; ~ *morning* i går morse; *the day before* ~ i förrgår **II** *s* gårdagen; ~*s* (*pl, ung.*) förr i tiden; *the fashion of* ~ gårdagens mode

yet [jet] *adv, konj* **1** än[nu]; [redan] nu; [*as*] ~ hittills, än[nu] så länge, ännu; *this is his best record* ~ det här är hans bästa skiva hittills; *they will find him* ~ de kommer att hitta honom förr eller senare (till slut, till sist); *do you have to go just* ~? måste du gå redan nu?; *I've* ~ *to learn how* det återstår för mig att (jag måste först) lära mig hur; *the haven't returned* ~ (~ *returned*) de har inte kommit tillbaka än[nu], de har ännu inte kommit tillbaka **2** ännu, ytterligare; ~ *again* ännu en gång, återigen; ~ *another* ännu (ytterligare) en; *this is* ~ *more difficult* det här är [t.o.m.] ännu svårare **3** *nor* ~ [och] inte heller **4** men, [men] ändå (likväl, dock)

yew [juː] **1** *bot.* idegran **2** idegransträ

yiddish ['jɪdɪʃ] jiddisch

yield [jiːld] **I** *v* **1** avkasta, ge (lämna) [i avkastning, i vinst]; frambringa, producera **2** lämna ifrån sig, överlämna; överge, ge upp, avstå [från]; ge, skänka, bevilja; ~ *up* uppenbara, avslöja, lämna ifrån sig (*a secret* en hemlighet); ~ *o.s. up to* ägna (hänge) sig åt; *he* ~*ed himself up to his fate* han fogade (fann) sig i sitt öde; ~ *ground to* ge vika (falla undan) för; ~ *justice to s.b.* låta ngn vederfaras rättvisa; ~ *the palm to s.b.* erkänna sig besegrad av ngn; ~ *right of way to s.b.* (*i trafiken*) lämna företräde åt ngn **3** ge avkastning, ge vinst **4** ge (böja, töja) sig, svikta, ge efter, ge vika (*to* för), *bildl. äv.* falla undan (till föga), ge med sig, ge upp, kapitulera (*to* för); *I'll have to* ~ *to you on that point* jag måste ge dig rätt på den punkten; ~ *to nobody* (*äv.*) inte stå ngn efter, inte vara underlägsen ngn (*in* i, i fråga om); ~ *to temptation* falla för frestelsen; *she* ~*ed to his charm* hon föll för hans charm; *the disease* ~*ed to treatment* behandlingen hade en gynnsam effekt på sjukdomen **5** (*i trafiken*) lämna företräde (*to* åt) **II** *s* avkastning; vinst; skörd; produktion; utbyte, behållning

yielding ['jiːldɪŋ] **1** eftergiven, foglig, undfallande **2** mjuk, elastisk; lättarbetad

yippee [jɪˈpiː] *interj* hurra!, jättebra!, heja!

Y.M.C.A. *fork.* för *Young Men's Christian Association* K.F.U.M.

yob [jɒb] *BE. vard.* stökig (bråkig) kille (snubbe)

Yoga, yoga ['jəʊɡə] yoga

yoghurt ['jɒɡət, *AE.* 'jəʊɡət] yoghurt

yoke [jəʊk] **I** *s* **1** ok (*äv. bildl.*) **2** [ox]spann, par **3** *sömn.* ok, besparing **II** *v* lägga ok[et] på; spänna för (*a wagon*); sammankoppla; ~ *oxen to the plough* spänna oxar för plogen

yokel ['jəʊkl] bondlurk, tölp

yolk [jəʊk] **1** gula, äggula **2** ullfett
yonder ['jɒndə] *åld.*, *dial.* **I** *adv* där borta **II** *pron* den (det, de) där
you [juː] *pers. pron* **1** du, ni; dig, er; ~ *fool!, fool that* ~ *are!* din dumbom!; *fools that* ~ *are!* era dumbommar!; ~ *Swedes* ni svenskar; *poor* ~*!* stackars dig!, din stackare!; *don't* ~ *do that!* gör inte det, du!, gör [absolut] inte det!; *I'm telling* ~*!* (*vard.*) och hör sen!; *that's a wine for* ~*!* vilket [gott] vin!, det var (är) verkligen ett gott vin! **2** man; en; sig; ~ *never can tell* man kan aldrig så noga veta
you'd [juːd] = *you had (would)* **you'll** [juːl] = *you will (shall)*
young [jʌŋ] **I** *a* ung; liten; späd; färsk, oerfaren; ungdomlig; *the* ~ *ones a*) ungdomen, *b*) ungarna; ~ *G.* den unge G., G. junior; *Y*~ *America* amerikansk ungdom, ungdomen i Amerika; *my* ~ *brother* min lillebror; ~ *lady!* min fröken!, min unga dam!; *his* ~ *lady* (*woman*) hans flickvän; *her* ~ *man* hennes pojkvän; ~ *moon* nymåne; *the* ~ *night is* ~ *det är* [ännu] *tidigt, kvällen* har bara börjat, ~ *people* unga människor, ungdom[ar]; ~ *people's magazine* ungdomstidskrift; *you* ~ *rascal!* din lilla rackare!; *Y*~ *Turk* (*polit.*) ung radikal **II** *s* **1** *the* ~ de unga, ungdom[en]; *books for the* ~ ungdomsböcker; ~ *and old* unga och gamla **2** *pl* ungar; *with* ~ dräktig **-er** ['jʌŋə] (*komp. av young*) yngre *etc.*, *jfr young I*; *Dumas the* ~, *the* ~ *Dumas* Dumas den yngre **-est** ['jʌŋgɪst] (*superl. av young*) yngst *etc.*, *jfr young I* **-ster** ['jʌŋstə] **1** barn[unge]; ungdom **2** ungdjur; ungdjur
your [jɔː, *obeton.* jə] *fören. poss. pron* **1** din, er; *Y*~ *Majesty* Ers Majestät **2** ens; sin; *you should always do* -- *best* man skall alltid göra sitt bästa; *the climate here is good for* ~ *health* klimatet här är hälsosamt; ~ *feet ache when you climb that ladder* fötterna (ens fötter) värker när man klättrar upp för den där stegen **3** den [där, här], en sådan där; ~ *artist* den där s.k. konstnären [som du talar om]; ~ *typical American* den typiske amerikanen
you're [jʊə] = *you are*
yours [jɔːz] *självst. poss. pron* **1** din, er; *a friend of* ~ en vän till dig (er); *you and* ~ du och din familj (de dina), ni och er familj; *this is my hat and that is* ~ det här är min hatt och det där är din; *the idea was* ~ det var din (er) idé; *what is* ~? (*vard.*) vad vill (skall) du (ni) ha [att dricka]?; *it was* ~ *to do this* det var din (er) sak att göra detta; *Y*~ *faithfully* (*i brevslut*) Högaktningsfullt; *up* ~*!* (*vulg.*) kyss mig!, dra åt helvete! **2** *hand.* Ert brev, Er skrivelse; ~ *is to hand* vi har mottagit Ert brev
your|self [jɔːˈself] (*pl -selves* [-ˈselvz]) *rfl o. pers. pron* dig, er, sig, dig (er, sig) själv; en själv; [du, ni, man] själv; *don't strain* ~ överansträng dig inte; *help yourselves to a cup of tea* var så goda och ta en kopp te; *did you make them* ~? har du gjort dem själv?; *you're not* ~ du är inte dig själv; *how's* ~? (*vard.*) hur är det med dig [själv]?, hur har du det?, hur mås det [själv]?
youth [juːθ] (*pl* ~*s* [juːðz]) **1** ungdom[en], ungdomstid[en]; *bildl.* begynnelse[stadium], barndom, start; *a friend of one's* ~ en ungdomsvän; *in*

my ~ i min ungdom, när jag var ung **2** ungdom, yngling, ung man; *when he was a* ~ (*äv.*) när han var ung **3** ungdomlighet; *she has kept her* ~ (*äv.*) hon har hållit sig ung **4** ungdom[en]; *the* ~ *of today is* (*are*) *fantastic* dagens ungdom är fantastisk
youth club ['juːθklʌb] *ung.* ungdomsgård
youthful [-f(ʊ)l] **1** ung[domlig] **2** ungdoms-
youth hostel [-ˌhɒstl] vandrarhem
you've [juːv, *obeton.* jʊv, jəv] = *you have*
yo-yo ['jəʊjəʊ] **1** jojo **2** *AE. sl.* dumskalle; lättlurad typ
Yugo|slav [ˌjuːgə(ʊ)ˈslɑːv] **I** *s* jugoslav **II** *a* jugoslavisk **-slavia** [-ˈslɑːvjə] Jugoslavien
Yule[tide] ['juːl(taɪd)] *åld.* jul[en], juletid
yum-yum [ˌjʌmˈjʌm] *interj*, *vard.* namnam!, mums!, härlig[t]
yuppie ['jʌpɪ] (*förk. för young urban professional*) *s*, *vard.* yuppie, yngre karriärinriktad storstadsbo
Y.W.C.A *förk. för* Young Women's Christian Association K.F.U.K.

Z

Z, z [zed, *AE.* ziː] (*bokstav*) Z, z
zany ['zeɪnɪ] **I** *a*, *vard.* komisk; stollig, tokig **II** *s* **1** pajas, gycklare **2** dumbom
zap [zæp] *sl.* **I** *v* **1** knäppa, skjuta; döda **2** svischa, susa, rusa **II** *s* rulle, fart, kläm **III** *interj* svisch!, pang!
zeal [ziːl] iver, nit; entusiasm
Zealand ['ziːlənd] Själland
zealous ['zeləs] ivrig, nitisk; hänförd, full av iver
zebra ['ziːbrə] **I** *s*, *zool.* (*pl* ~[*s*]) sebra **II** *a* [sebra]randig; ~ *crossing* övergångsställe, fotgängarövergång (*med vita ränder*)
zed [zed] (*bokstaven*) z
zee [ziː] *AE.* (*bokstaven*) z
zenith ['zenɪθ] zenit; *bildl. äv.* höjdpunkt, topp
zephyr ['zefə] *litt.* sefyr, västanfläkt, bris
zero ['zɪərəʊ] **I** *s* (*pl* ~[*e*]*s*) noll; nolla; noll|-punkt, -läge; fryspunkt; *absolute* ~ absoluta nollpunkten; *20 degress below* ~ (*äv.*) 20 minusgrader; *the needle is at* (*on*) ~ visaren står på noll; *her chances were at* ~ hennes chanser bedömdes vara lika med noll **II** *a* noll-; ~ *gravity* tyngdlöshet; ~ *hour a*) *mil.* klockan K (*exakt tidpunkt för operations igångsättande*), *b*) kritiskt ögonblick (*i början av ngt*), ödestimme; *he showed* ~ *interest in* (*i sht AE. vard.*) han visade absolut noll intresse för; ~ *plural* (*språkv.*) plural utan ändelse (*med nollmorfem*); *she's getting absolutely* ~ *satisfaction from it* (*vard.*) hon får inte ut ett dugg av det **III** *v* **1** nollställa **2** ~ *in on* ta sikte på, skjuta in sig på, *bildl. äv.* inrikta (koncentre-

ra) sig på

zest [zest] **I** *s* **1** iver, entusiasm; aptit (*for* på), smak (*for* för); ~ *for life* aptit på livet, livs|gläd-je, -lust **2** [extra] krydda, piff, pikant smak; *his presence gave* ~ *to the party* hans närvaro gav en extra krydda åt festen **3** (*t. drink e.d.*) citron-, apelsin|skal **II** *v* krydda, sätta piff på, förhöja smaken på

zigzag ['zɪgzæg] **I** *s* sicksack; sicksacklinje; *move in a* ~ gå (löpa) i sicksack **II** *a* sicksack-, sicksack-formig **III** *v* gå (löpa) i sicksack, sicksacka sig

zinc [zɪŋk] zink

Zionism ['zaɪənɪz(ə)m] sionism

zip [zɪp] **I** *s* **1** blixtlås **2** vinande, visslande, tjutan-de **3** *vard.* fart, kläm, schvung, energi **II** *v* **1** ~ [*on, up, shut*] dra igen (stänga) blixtlåset på; ~ [*open*] öppna blixtlåset på; *will you* ~ *me up?* vill du dra upp blixtlåset åt mig? **2** stänga (öppna) blixtlåset **3** ha blixtlås, stängas (öppnas) blixtlås; *the hood* ~*s onto the jacket* huvan fästs på jackan med blixtlås **4** vina, vissla, tjuta; *vard.* skynda [på], rusa, susa

zip code ['zɪpkəʊd] *AE.* postnummer

zip-fastener ['zɪpˌfɑːsnə] *BE.*, **zipper** [-ə] *AE.* blixtlås

zither ['zɪðə] *mus.* cittra

zodiac ['zəʊdɪæk] *astr., the* ~ zodiaken, djurkret-sen

zombi[e] ['zɒmbɪ] zombi; *bildl.* sömngångare, le-vande död; *like a* ~ som en zombi, som i trans

zone [zəʊn] **I** *s* zon; område; bälte; *AE. äv.* [post]-distrikt; *AE. äv.* taxezon; ~ *of occupation* ocku-pationszon; *no-parking* ~ [område *e.d.* med] parkeringsförbud; *nuclear-free* ~ kärnvapenfri zon; *the English-speaking* ~ det engelska språk-området; *the torrid* ~ den tropiska (heta) zonen, det heta bältet; *the temperate* ~*s* de tempererade zonerna; *the frigid* ~*s* de kalla zonerna (bältena); *time* ~ tidszon **II** *v* indela [i zoner], zon-, områ-des|indela; utse som zon (område) (*for* för)

Zoo [zuː] zoo[logisk trädgård], djurpark

zoological [ˌzəʊə'lɒdʒɪkl] zoologisk, djur-; ~ *garden* [zuˌlɒdʒɪkl'gɑːdn] zoologisk trädgård, djurpark **zoologist** [zəʊ'ɒlədʒɪst] zoolog **zo-ology** [zəʊ'ɒlədʒɪ] zoologi

zoom [zuːm] **I** *v* **1** *flyg.* snabbt stiga med (*plan*), låta stiga brant **2** låta gå för fullt, rusa (*motor*) **3** *flyg.* stiga snabbt (brant); *bildl. äv.* rusa i höjden **4** brumma, surra; *vard.* rusa, susa, köra [med hög fart]; *he* ~*ed through his work* (*vard.*) han gjorde jobbet på nolltid **5** *foto., film.* zooma (*in* in; *out* ut); ~ *in on s.th.* (*vard.*) direkt komma in på ngt **II** *s* **1** *flyg.* snabb (brant) stigning; *bildl.* snabb (markant) uppgång **2** brummande, sur-rande **3** *foto.* zoom|lins, -objektiv

zucchini [tsuː'kiːnɪ] (*pl lika*) *bot.* zucchini, squash

Svensk-Engelska delen

A

a [a:] *s6* a; ~ *och o* alpha and omega; *har man sagt* ~ *får man säga b* in for a penny, in for a pound
à 1 of, containing; *5 påsar* ~ *20 gram* 5 bags of 20 grammes [each] **2** 2 *biljetter* ~ *1 pund* 2 tickets at £1 each **3** or; *3* ~ *4 dagar* 3 or 4 days; *det tar 2* ~ *3 veckor* it takes from 2 to 3 weeks
AB (*förk. för aktiebolag*) Ltd.; *AE.* Inc.
abborre [-å-] *s2* perch
abdikera abdicate
abnorm [-'nårm] *a1* abnormal
abonnemang *s7* subscription (*på* to, for)
abonnemangs|avgift subscription [rate (fee, price)]; *tel.* telephone rental **-biljett** säsong ticket (*på* for)
abonnent subscriber; (*konsert-, teater- etc.*) season-ticket (seat, box) holder **-era** subscribe (*på* to, for), contract (*på* for); ~*d buss* hired (private) bus; ~*d föreställning* closed (private) performance
abort [-'årt] *s3* abortion; *spontan* ~ miscarriage; *göra* ~ terminate pregnancy
absolut I *a1* absolute; *en* ~ *omöjlighet* an utter impossibility **II** *adv* absolutely, utterly, certainly, definitely; ~ *inte* definitely not, by no means, not at all; *den bästa* by far the best; *han vill* ~ *gå* he insists on going
absolutist 1 absolutist **2** (*helnykterist*) teetotaller, total abstainer
absorbera [-å-] absorb; ~*d dos* absorbed dose **absorption** [-p'ʃɔ:n] absorption
absorptionsförmåga power of absorption
abstinens abstinence **-symtom** withdrawal symptom
abstrakt I *a1* abstract **II** *adv* abstractly, in the abstract
absurd [-'urd *el.* -'u:rd] *a1* absurd, preposterous
acceleration [aks-] acceleration; ~ *vid fritt fall* acceleration of free fall, acceleration due to (of) gravity
accelerations|fil [aks-] acceleration lane **-förmåga** acceleration capacity
accelerera [aks-] accelerate, speed up
accent [aks-] accent; (*tonvikt*) stress
accentuera [aks-] accentuate, stress
accept [aks-] *s3* **1** (*växel*) acceptance, accepted bill; *dokument mot* ~ documents against acceptance **2** (*-ering*) acceptance **-abel** [-'a:bel] *a2* acceptable; passable **-era** accept; *vard.* buy
accessoarer [aksesɔ'a:rer] accessories
accis [ak'si:s] *s3* excise [tax, duty], inland duty
aceton [asse'tå:n] *s4* acetone
acetylsalicylsyra [-s-] acetylsalicylic acid
ack oh [dear]!; *högt.* alas!; ~, *om han vore här!* oh, if only he were here!
ackja *s1* Lapp sledge
acklimatisera acclimatize; ~ *sig* become acclimatized, begin to feel at home
ackompanjatris, ackompanjatör [-å-] ac-companist
ackompanj|emang *s7* accompaniment; *till* ~ *av* to the accompaniment of **-era** accompany
ackord [-'å:rd] *s7* **1** *mus.* chord **2** (*arbete*) piece-work [contract], piece rate; *arbeta på* ~ work at piece rates (by contract), do piecework **3** *jur.* agreement, composition [with one's creditors] **-era** (*köpslå*) negotiate (*om* about, for), bargain (*om* for)
ackords|arbete piecework **-lön** piece rate
ackreditera 1 *dipl.* accredit (*hos, vid* to), furnish with credentials **2** *hand.* open a credit for [a certain amount] (*hos en bank* at a bank); *bank. äv.* authorize **3** *väl* ~*d hos ngn* in a p.'s good books
ackumul|ator [-*ˣ*a:tår] *s3* accumulator, [storage] battery **-era** accumulate; ~*d ränta* accrued (accumulated) interest
ackusativ *s3* accusative; *i* ~ in the accusative **-objekt** direct object
a conto [a 'kåntɔ] on account **-betalning** payment on account
adamsäpple Adam's apple
ADB (*förk. för automatisk databehandling*) A.D.P. (automatic data processing)
add|era add up (together), cast [up]; *absol. äv.* do sums **-ering, -ition** addition
adel ['a:-] *s2* **1** (*härkomst*) noble birth **2** (*samhällsklass*) nobility; *i Storbritannien äv.* peerage **3** (*ädelhet*) nobility
adelsdam noblewoman, titled lady **-kalender** peerage [book] **-man** nobleman, titled gentleman **-märke** mark of nobility **-titel** title
adjektiv *s7* adjective
adjungera [-jung-] call in; co-opt; ~*d ledamot* co-opted member; ~*d professor* visiting professor
adjunkt [-'juŋkt] *s3* assistant master [at a secondary school]; *jfr kyrko-, pastorals-*
adjutant aide[-de-camp] (*hos* to)
adjö [a'jö:] **I** *interj* goodbye; *högt.* farewell; *äv.* good day (morning *etc.*); ~ *så länge* goodbye for now, so long **II** *n* farewell, adieu; *säga* ~ *till ngn* say goodbye to s.b., bid s.b. goodbye
adla [*ˣ*a:d-] **1** (*i Storbritannien*) raise to the peerage; (*om eng. lågadel*) knight, make a baronet, confer a knighthood (*etc.*) on **2** *i sht bildl.* ennoble **adlig** *a1* noble, aristocratic, of noble family; ~ *krona* nobleman's coronet; *upphöja i* ~*t stånd* raise to the nobility
administration administration, management
administrationskostnader management (administrative, general) costs
administr|ativ *a1* administrative; *på* ~ *väg* by administrative means, departmentally **-era** administrate, manage
adop|tera [-å-] adopt **-tion** [-p'ʃɔ:n] adoption
adoptiv|barn [-*ˣ*ti:v-] adopted child **-föräldrar** adoptive parents
adrenalin *s4* adrenaline
adress 1 (*bostadsuppgift*) address; *utan* ~ (*om brev etc.*) unaddressed, undirected; *ändra* ~ change one's address; *han sade det med* ~ *till mig* his remark was meant for me; *paketet har inte kommit fram till sin* ~ the parcel has not reached its destination **2** (*lyckönskningsskrivelse o.d.*)

[illuminated] address **adressat** addressee; (*på postanvisning e.d.*) payee; (*på paket e.d.*) consignee

adresser|a address, send, direct; (*om varor*) consign **-ing 1** (*-erande*) addressing **2** (*adress*) address

adress|förändring change of address **-kalender** [street] directory **-lapp** [address] label (tag) **-ort** [place of] destination **-register** register of addresses

Adriatiska havet [-i'a:tis-] the Adriatic [Sea]

advent *s7* Advent; *första* [*söndagen i*] ~ Advent Sunday **adventskalender** Advent calendar

adverb *s7* adverb **-ial** *s7* adverbial [modifier]

advokat lawyer, (*juridiskt ombud*) solicitor, (*sakförare vid domstol*) barrister[-at-law], (*pläderande*) counsel; (*i Skottland*) advocate; *AE.* attorney[-at-law], counselor[-at-law] **-firma** [firm of] solicitors, solicitor's firm, law office **-samfund** bar association; *utesluta ur ~et* disbar; *Sveriges A~* [the] Swedish Bar Association **-yrke** legal profession; *avstänga från utövande av ~t* disbench; *slå sig på ~t* enter the legal profession

aerodynamisk [ˣaä-] [-'na:-, *äv.* ˣaä-] aerodynamic

affekt *s3* [state of] emotion **-erad** [-'te:-] *a5* affected; mannered, theatrical; *vard.* la-di-da

affektionsvärde [-kˣʃɔ:ns-] sentimental value

affisch [a'fiʃ] *s3* poster, bill, placard; *sätta upp en* ~ post (stick) a bill

affischer|a post (stick) bills, post **-ing** billposting; ~ *förbjuden* stick no bills, billposting prohibited

affär *s3* **1** (*firma*) business, [business] firm, concern, establishment, enterprise **2** (*transaktion*) transaction, deal, operation; *~er* business; *en dålig* ~ a bad bargain; *en fin* ~ a good stroke of business, a bargain; *bortrest i ~er* away on business; *göra ~er i* do business in; *göra stora ~er på Sydamerika* do a lot of business with South America; *ha ~er med* do business with; *inlåta sig på en* ~ enter into a business transaction; *prata ~er* talk business; *slutföra en* ~ close a deal; *hur går ~erna?* how is business? **3** (*butik*) shop; *särsk. AE.* store; *inneha en* ~ keep (own) a shop; *stå i* ~ be a shop assistant; *öppna en* ~ start a business, open a shop (store) **4** (*angelägenhet*) affair, matter, concern; *göra stor ~ av ngt* make a great fuss about s.th.; *ordna sina ~er* settle one's affairs; *sköt dina egna ~er* mind your own business **5** (*rättsfall*) case **6** (*spekulation*) venture

affärs|angelägenhet business matter; *i ~er on* business **-bank** commercial bank **-begåvning** gift for business **-biträde** shop assistant; salesman, *fem.* saleswoman; *AE.* [sales]clerk **-centrum** shopping centre (precinct) **-drivande** *a5*, *statens* ~ *verk* government-owned enterprises and public utilities **-folk** businessmen, business people **-förbindelse** business connection; *stå i* ~ *med* have business relations with **-föreståndare** shopkeeper, storekeeper **-gata** shopping street **-hemlighet** trade secret **-innehavare** shopkeeper, storekeeper **-jurist** solicitor; company lawyer, legal adviser (advisor) [of a

company]; *AE. äv.* attorney **-kretsar** business circles **-kvarter** shopping (business) area **-kvinna** businesswoman **-liv** business [life], trade; *inom ~et* in business **-lokal** business premises (*pl*), shop **-läge 1** (*lokalitet*) business site, store location **2** (*konjunktur*) business conditions (*pl*), state of business (the market) **-man** businessman **-moral** business ethics (*pl*) **-mässig** *a1* businesslike **-resa** business trip **-sinne** business sense, nose (flair) for business **-tid** business hours (*pl*) **-uppgörelse** business transaction, closing of a deal **-verksamhet** business [activity] **-vän** business friend **-världen** the business (commercial) world, business life

afghan[i]sk *a5* Afghan[i] **Afghanistan** *n* Afghanistan

aforism aphorism

Afrika ['a:-] *n* Africa

afrik|an *s3* African **-ansk** [-'ka:nsk] *a5* African **afro-|amerikansk** Afro-American **-asiatisk** Afro-Asian **-frisyr** Afro

afton [-ån] *-en aftnar* evening; *i* ~ this evening; *i går* ~ yesterday evening; *om ~en* in the evening; *sent på ~en* late in the evening; *det lider mot* ~ the day is drawing to a close **-bön** evening prayers (*pl*); *läsa* ~ (*äv.*) say one's prayers [at bedtime] **-dräkt** evening dress **-klänning** evening gown **-skola** evening (night) school **-stjärna** evening star **-sång** evensong; vespers (*pl*)

aga I *s2* flogging, caning **II** *v1* flog, cane; *den man älskar den ~r man* (*ung.*) the ones we love, we chasten

agent agent (*äv. språkv.*), representative; (*handelsresande*) travelling salesman, [commercial] traveller; *hemlig* ~ secret agent **agentur** agency; representation

agera act; *de ~nde* the performers, the actors, *koll.* the cast (*sg*)

agg *s7* grudge, rancour; *bära* (*hysa*) ~ *mot ngn* have a grudge against s.b.

aggregat *s7* unit (set) [of machinery], plant, installation

aggression [-e'ʃo:n] aggression

aggressiv *a1* aggressive **-itet** aggressiveness

agitation agitation, campaign

agit|ator [-ˣa:tår] *s3* agitator, propagandist **-atorisk** [-'tɔ:-] *a5* agitatorial, agitational **-era** agitate (*för* for); (*vid val*) canvass, do canvassing; ~ *upp en opinion* stir up [an] opinion

1 agn [aŋn] *s2* **1** (*blomfjäll*) palea (*pl* paleae) **2** (*på säd*) husk; *~ar* husks, chaff (*sg*); *skilja ~arna från vetet* separate the wheat from the chaff; *som ~ar för vinden* as chaff before the wind

2 agn [aŋn] *s7* (*vid fiske*) bait, gudgeon

agna [ˣaŋna] bait

agraff *s3* agraffe, clasp, buckle

agro|nom agronomist **-nomisk** [-'nå:-] *a5* agronomic[al]

aha aha, oho

aiss [ajs] *s7* A sharp

aj [ajj] oh, ow; (*starkare*) ouch

à jour [a'ʃo:r] *a4*, *föra* ~ keep up to date; *hålla ngn* ~ *med* keep s.b. informed on (as to), keep s.b. posted on

ajourner|a [aʃor-] adjourn; *parl.* prorogue, recess; ~ *på obestämd tid* recess **-ing** adjournment, prorogation

akademi *s3* **1** (*konst- etc.*) academy **2** *univ.* university, institution **3** (*vetenskaplig*) society, association **akademiker** [-'de:-] **1** (*med akademisk examen*) university graduate **2** (*medlem av akademi*) academician

akadem|isk [-'de:-] *a5* academic; ~ *avhandling* doctoral dissertation, thesis; ~ *kvart* (*ung.*) quarter of an hour's allowance; *avlägga ~ examen* take a university degree, graduate **-iskt** *adv* academically; ~ *bildad* with a university education

akilles|häl [a×kill-] Achilles heel **-sena** Achilles tendon

akleja [-×lejja] *s1* columbine, aquilegia

akne *s5* acne

akrobat acrobat **-ik** *s3* acrobatics (*sg o. pl*) **-isk** [-'ba:-] *a5* acrobatic

akryl *s3* acrylic fabric **-fiber** acrylic fibre

1 akt *s3* **1** (*handling*) act **2** (*ceremoni*) ceremony, act **3** (*avdelning av ett skspel*) act **4** (*handling, dokument m.m.*) document, deed, record, file **5** *konst.* nude

2 akt *oböjligt s, förklara i* ~ proscribe, outlaw

3 akt *oböjligt s* (*uppmärksamhet, avsikt*) attention; *i* ~ *och mening* with intent, on purpose (*att* to); *ge* ~ *på* pay attention to; *giv* ~*!* attention!; *stå i giv* ~ stand at attention; *ta* ~ *på* be on one's guard (*för* against); *ta tillfället i* ~ seize the opportunity

akta 1 (*vara aktsam om, vårda*) be careful with, take care of, (*skydda*) guard, protect (*för* from); (*vara aktsam med*) be careful with; (*se upp för*) mind, look out for; ~ *huvudet* mind your head; ~*s för stötar* fragile, handle with care; ~*s för väta* keep dry, to be kept dry **2** *rfl* take care (*för att göra* not to do), be on one's guard (*för* against), look out (*för* for); ~ *er!* look out!, take care!; *han ~de sig noga för att komma i närheten av mig* he gave me a wide berth **3** (*ge akt på, lägga märke till*) take notice of **4** (*värdera, skatta*) esteem, respect **5** *han ~r inte för rov att stjäla* he thinks nothing of stealing **aktad** *a5* respected, esteemed

akter ['akt-] **I** *s2* stern; *från för till* ~ from stem to stern **II** *adv* aft; ~ *ifrån* from the stern; ~ *om* abaft; ~ *ut* (*över*) astern, aft **-däck** quarterdeck, afterdeck **-lanterna** stern light **akter|seglad** *a5* left behind **-skepp** stern **-snurra** [boat with] outboard motor

akterst ['akt-] *adv* furthest astern **aktersta** ['akt-] *a i superl.* the sternmost (aft[er]most)

akterstäv sternpost

aktie ['aktsie] *s3* share; ~*r* (*koll.*) stock (*sg*); *en* ~ *på nominellt 100 kronor* a share of a par value of 100 kronor; *bunden* ~ restricted share; *ha* ~*r i ett bolag* hold shares in a company; *teckna* ~*r* subscribe to (for) shares **-bolag** joint-stock (limited) company; *AE.* stock (incorporated) company **-bolagslag** *BE.* Companies Act; *AE.* General Corporation Act **-brev** share (*AE.* stock) certificate **-börs** stock exchange (market) **-emission** share (*AE.* stock) issue **-innehav** holding of shares (*AE.* stock), shareholding, *AE.* stockholding **-kapital** joint stock,

share capital; *AE.* capital stock **-kurs** price of shares **-majoritet** share majority; (*friare*) controlling interest **-marknad** share (*AE.* stock) market **-portfölj** shares held, share portfolio **-post** block of shares; shareholding **-stock** share capital **-teckning** subscription for shares; *AE.* capital stock subscription **-utdelning** dividend **-ägare** shareholder; *AE.* stockholder

aktion [ak'ʃo:n] action

aktions|grupp action group **-radie** range (radius) of action; cruising range

aktiv ['akt-] *a1* active, brisk, lively, busy; ~*t avfall* hot waste; ~*t kol* activated carbon (charcoal), active carbon **aktiva** ['akt-] *pl* assets; ~ *och passiva* assets and liabilities

aktiver|a activate, make [more] active **-ing** stimulation, activation, boost; *elektron.* sensitization; activation

aktiv|ism activism **-ist** activist **-itet** activity, activeness

aktivum ['akt-] *s4*, *språkv.* active [voice]

aktning 1 (*respekt*) esteem (*för* for) **2** (*uppskattning*) esteem **3** (*hänsyn*) regard (*för* for), deference (*för* to); *av* ~ *för* out of consideration for, in deference to; *med all* ~ *för* with all deference to; *hysa* ~ *för* have respect for; *stiga i ngns* ~ rise in a p.'s esteem; *vinna allmän* ~ make o.s. generally respected

aktnings|full respectful **-värd** *a1* entitled to (worthy of) respect; ~*a förmål* creditable attempts

aktra, aktre *a4* after

aktris actress

aktsam *a1* careful (*med, om* with, of); prudent **-het** care[fulness], prudence

aktuali|sera 1 (*föra på tal*) bring to the fore; *frågan har ~ts* the question has arisen **2** (*modernisera*) bring up to date **-tet** topicality, topic of interest, news [value]

aktuell *a1* [of] current [interest], topical, timely; ~ *fråga* burning (topical) question; *de ~a varorna* the goods in question; *det är mycket ~t just nu* it's very much in the news these days; *jag har inte siffran* ~ *just nu* I can't remember the exact figure just now

aktör actor

akupunktur acupuncture

akustik *s2* acoustics (*pl, behandlas som sg*)

akustisk [a'kuss-] *a5* acoustic; ~ *gitarr* acoustic guitar

akut *a1* acute; urgent; ~ *accent* acute accent; ~ *smärta* (*äv.*) sharp pain **-mottagning** casualty department

akvamarin *s3* aquamarine

akvarell *s3* **-färg** watercolour

akvariefisk [-'va:-] aquarium fish

akvarium [-'va:-] *s4* aquarium

akvedukt *s3* aqueduct

al *s2* alder

alabaster [-'bass-] *s2* alabaster

à la carte [alla'kart] à la carte

aladåb *s3* aspic (*på* of)

A-lag first team (string); *bildl.* topnotchers (*pl*)

alarm *s7* alarm; *falskt* ~ false alarm; *slå* ~ sound (beat) the alarm **-beredskap** state of emergency

alarmer|a alarm, sound the alarm **-ing** raising the alarm
alarmsignal alarm signal; *flyg.* air-raid warning
Alaska [aˣlaska] *n* Alaska
alb|an *s3* Albanian **Albanien** [-'ba:-] *n* Albania
albansk [-'ba:nsk] *a5* Albanian **albanska 1** (*språk*) Albanian **2** (*kvinna*) Albanian woman
albatross [-'tråss, äv. ˣalba-] *s3, zool., golf.* albatross
albino [-'bi:-] *-n, pl albiner* albino
album ['all-] *s7* album
aldrig 1 never; ~ *i livet!* not for the life of me!, *vard.* not on your life!; ~ *mera* never again, nevermore; ~ *någonsin* never once; *nästan* ~ hardly ever; *bättre sent än* ~ better late than never; *du kan* ~ *tro hur roligt vi har haft* you'll never guess what fun we had; *du är väl* ~ *sjuk?* you're not ill, are you?; *man skall* ~ *säga* ~ never say never **2** (*i koncessiva förbindelser*) *som* ~ *det* like anything; ~ *så litet* the least little bit; *du kan göra* ~ *så många invändningar* no matter how much you object; *om man också är* ~ *så försiktig* however careful you are
alert [a'lärt] **I** *a1* alert, watchful; lively **II** *s2, på* ~*en* on the alert
Aleuterna [-'levv-] *pl* the Aleutian Islands
alf *s3* elf
alfa *s6* alpha
alfabet [ˣalfa- *el.* -'e:t] *s7* alphabet
alfabet|isera teach how to read **-isk** [-'be:- *el.* ˣalfa-] *a5* alphabetic[al]; ~ *ordning* alphabetical order
alfa|numerisk [-'me:-] alphanumeric, alphameric **-partikel** alpha particle **-strålar** alpha rays
alg [-j] *s3* alga (*pl* algae)
algebra ['alje-] *s1* algebra **-isk** [-'bra:-] *a5* algebraic[al]
Alger [-'ʃe:r] *n* Algiers **algerier** [-'ʃe:-] Algerian, Algerine **Algeriet** [-ʃe'ri:-] Algeria **algerisk** [-'ʃe:-] *a5* Algerian, Algerine
algoritm *s3* algorithm, algorism
alias ['a:-] alias
alibi ['a:li- *el.* ˣa:li-] *s6* alibi; *bevisa sitt* ~ prove an alibi; *han hade vattentätt* ~ he had a cast-iron alibi
alien|ation alienation **-era** alienate
alkali ['all- *el.* -'ka:-] *s4* alkali **-metall** alkali metal
alkal|isk [-'ka:-] *a5* alkaline; ~ *jordartsmetall* alkaline earth [metal]; ~ *reaktion* alkaline reaction **-iskt** [-'ka:-] *adv, reagera* ~ have an alkaline reaction
alkaloid [-ɔ'i:d] *s3* alkaloid
alkis ['allkis] *s2* dipso
alkohol [ˣall- *el.* -'hå:l] *s3* alcohol; spirit **-fri** nonalcoholic; ~ *dryck* soft drink **-förgiftning** alcoholic poisoning **-halt** alcoholic strength **-haltig** *a1* alcoholic; ~*a drycker* alcoholic beverages, *AE.* alcoholic (hard) liquors
alkohol|iserad [-'se:-] alcoholized **-ism** alcoholism, dipsomania
alkoholist alcoholic, dipsomaniac, habitual drunkard **-anstalt** alcoholism treatment unit
alkohol|missbruk abuse of alcohol **-prov** sobriety test **-påverkad** *a5* under the influence of

drink **-skadad** *a5* alcoholic **-stark** strong, high-proof **-svag** low-proof **-test** alcohol test; (*vid trafikkontroll*) breath test, breathalyser test
alkov [-'kå:v] *s3* alcove; recess [in a wall]
all I *pron* **1** *fören.* all; (*varje*) every; ~*e man på däck* all hands on deck; ~*a tiders* (*vard.*) great, super, swell, smashing; *av* ~*a krafter* with all one's energy, with might and main; *av* ~*t hjärta* with all one's heart; *för* ~ *del!* not at all!, don't mention it!, you're welcome!; *för* ~ *framtid* permanently; *en gång för* ~*a* once and for all; *i* ~ *enkelhet* in all simplicity, quite informally; *i* ~ *evighet* for ever and ever, ad infinitum; *i* ~*a fall* nevertheless, all the same; *i* ~ *hast* hurriedly, (*i brev*) in haste; *i* ~ *tysthet* very quietly, in strict secrecy; *med* ~ *aktning för* with due respect to; *mot* ~*t förnuft* absurd, absolutely senseless; *på* ~*a fyra* on all fours; *på* ~*a sätt* in every way; *till* ~ *lycka* fortunately enough; *under* ~ *kritik* beneath [all] criticism, miserable; *utan* ~ *anledning* for no reason at all, without any reason [whatever]; *utom* ~ *fara* out of danger, completely safe, past the crisis; *utom* ~*t tvivel* without any (beyond all) doubt; *gå* ~ *världens väg* go the way of all flesh; *ha* ~ *anledning till missnöje* have every reason to be dissatisfied; ~*a barn i början* you must learn to creep before you run; ~*a goda ting är tre* all good things are three in number; ~ *vår början bliver svår* all things are difficult before they are easy; *han har* ~*a utsikter att lyckas* he has every chance of succeeding; *vad i* ~ *sin dar* (*i* ~ *världen*) *säger du?* what on earth are you saying? **2** *självst.* all; ~*a* all, (*varenda en*) everybody, everyone; ~*as krig mot* ~*a* (*skämts.*) free for all; ~*as vår vän* our mutual friend; ~*t eller intet* all or nothing; ~*t som* ~*t* all told, all in all; *trots* ~*t* after all; *ngns* ~*t i* ~*o* a p.'s factotum; *500 kronor i ett för* ~*t* a lump sum of 500 kronor; *en för* ~*a och* ~*a för en* one for all and all for one; *av* ~*t att döma* as far as can be judged; *sätta* ~*t på ett kort* stake everything on one card, put all one's eggs in one basket; *det är ej* ~*om givet* it is not given to everybody; *det är inte guld* ~*t som glimmar* all is not gold that glitters; *fartyget förliste med man och* ~*t* the ship went down with all hands; *han var* ~*t annat än glad* he was anything but happy; *när* ~*t kommer omkring* after all is said and done; *plikten framför* ~*t* duty first **II** *a* (*slut*) over; *hennes saga var* ~ that was the end of her
allaredan [-ˣre:-] already
alldaglig everyday; commonplace, ordinary
alldeles quite; altogether; absolutely, entirely, completely, all; exactly; ~ *häpen* completely taken aback; ~ *mörkt* pitch-dark, pitch-black; ~ *nyss* just now; ~ *omöjligt* utterly impossible; ~ *rätt* perfectly right; ~ *säkert* absolutely certain; ~ *för tidigt* far too early, all too soon; *det gör mig* ~ *detsamma* it is all the same (all one) to me; *det är* ~ *i sin ordning* it is quite in order (quite all right); *kjolen är* ~ *för lång* the skirt is much too long
alldenstund inasmuch as; because, since; *jur.* whereas
allé *s3* avenue; walk
allegor|i *s3* allegory **-isk** [-'gɔ:-] *a5* allegoric[al]

allegretto [-'grettɔ] *s6 o. adv* allegretto **allegro** [-'le:grɔ] *s6 o. adv* allegro

allehanda I *oböjligt a* all sorts of, of all sorts, miscellaneous **II** *oböjligt s* all sorts of things, sundries

allemansrätt *ung.* right of common

allena [-ˣle:- *el.* -'le:-] *oböjligt a o. adv* alone **-rådande** *a4* in sole control; universally prevailing **allenast** [-ˣle:- *el.* -'le:-] only; *endast och* ~ [only and] solely, exclusively

allerg|i [-'gi:] *s3* allergy **-iker** [-'lärr-] allergic person **-isk** [-'lärr-] *a5* allergic (*mot* to)

allergitest allergy (scratch) test

alle|sammans all of them (*etc.*); *adjö* ~*!* goodbye everybody! **-städes** everywhere; ~ *närvarande* omnipresent, ubiquitous

all|farväg highroad; *vid sidan av* ~*en* off the beaten track **-helgonadag[en]** [-ˣhell-] All Saints' Day

allians [-'aŋs] *s3* alliance **-fri** nonaligned; ~ *politik* policy of non-alignment **-ring** eternity ring **alliera** *rfl* ally o.s. (*med* to) **allierad** *a5* allied (*med* to); (*friare*) connected (*med* with); *de* ~*e* the allies

alligator [-ˣa:tår] *s3* alligator

allihop all [of us *etc.*]

alliteration alliteration

allmoge *s2* peasantry, country people (folk) **-dräkt** peasant costume **-konst** folk art **-stil** rustic style

allmos|a *s1* alms (*pl*); *-or* alms; *leva av* ~*or* live on charity

allmän *a1* (*vanlig*) common, ordinary; (*gemensam el. tillgänglig för alla*) general; (*som gäller för alla*) universal; (*som står i samband med stat, kommun el. regering*) public; (*gängse*) current, prevalent; ~*t bifall* universal approval; ~*t bruk* (*sedvanja*) prevalent custom, (*användning*) general use; ~ *idrott* athletics (*pl*); ~ *landsväg* public highway; ~*na meningen* public opinion; ~ *rösträtt* universal suffrage; *det* ~*na* the community, the [general] public; *det* ~*na bästa* the public (common, general) good (weal); *i* ~*t bruk* in general use; *i* ~*na handeln* in general commerce, on the market; *i* ~*na ordalag* in general terms, (*fritt*) vaguely; *på* ~ *bekostnad* at public expense; *tallen är* ~ *i dessa trakter* the pine is common in these parts

allmän|bildad *ung.* well-informed, well-read **-bildande** *ung.* generally instructive **-bildning** all-round education; general knowledge **-farlig** ~ *brottsling* dangerous criminal **-giltig** generally applicable, of universal application **-gods** commonplace things

allmänhet 1 ~*en* the public; *den stora* ~*en* the general public, the man in the street; *i* ~*ens intresse* in the interest[s] of the public; ~*en äger tillträde* open to the public **2** *i* ~ in general, as a rule; *i största* ~ very generally, in very broad terms

allmän|mänsklig human; universal; broadly humane **-ning** common [land] **-nyttig** for the public good (weal), for the commonweal; ~*t företag* public utility company; *för* ~*t ändamål* for the use of the public, for purposes of public utility **-orientering** *en* ~ *i ämnet* a general introduction to the subject **-politisk** ~ *debatt* general political debate **-praktiker** general practitioner **-praktiserande** ~ *läkare* general practitioner

allmänt *adv* commonly, generally, universally; ~ *bekant* generally known; *en* ~ *hållen redogörelse* a general account; *det talas* ~ *om henne* she is the talk of the town; *det är* ~ *känt* it is common knowledge **allmäntillstånd** *med.* general condition

allomfattande all-embracing, comprehensive, general

allongeperuk [a'låŋʃ-] full-bottomed wig

allra of all; very; ~ *först* (*sist*) first (last) of all; ~ *helst* most of all, above all; ~ *högst* at the very most; ~ *överst* topmost; *de* ~ *flesta* the vast majority; *det* ~ *heligaste* the holy of holies, (*friare*) the sanctuary; *av* ~ *bästa kvalitet* of the very best quality; *i* ~ *högsta grad* in (to) the highest possible degree, *med* ~ *största nöje* with the greatest pleasure; *göra sitt* ~ *bästa* (*äv.*) do one's level best; *den kostar* ~ *minst 20 kronor* it costs 20 kronor at the very least; *han är* ~ *högst 40 år* he is 40 at the very most; *jag kommer med det* ~ *första* I shall come at the earliest possible opportunity

allra|högst *den* ~*e* the Most High **-käraste** [-ˣçä:-], **-käresta** *s9* most beloved, dearest of all

allrum multipurpose room

alls at all; *ingenting* ~ nothing whatever (at all); *inget besvär* ~ no trouble whatever (at all); *inte* ~ *trött* not at all (a bit) tired

all|seende *a4* all-seeing **-sidig** *a1* all-round, comprehensive; *skänka en fråga* ~ *belysning* shed light on all aspects of a question **-sköns** [-ʃ-] *oböjligt a, i* ~ *ro* completely undisturbed, at peace with the world

allsmäktig [ˣalls- *el.* -'mäktig] almighty, omnipotent; *Gud* ~ Almighty God

all|ström universal current **-sång** community singing, singsong

allt I *pron, se all* **II** *s7, se världsalltet* **III** *adv,* ~ *framgent* from now on, from this time forward, henceforth, henceforward[s]; ~ *som oftast* fairly often; *i* ~ *större utsträckning* to an ever increasing extent; *du hade* ~ *rätt ändå* you were right after all; *hon blir* ~ *bättre* she is gradually improving, she is getting better and better

allt|efter according to **-eftersom** as **-emellanåt** from time to time, every now and then **-för** too, quite (altogether, all, only, far) too; ~ *liten* far too small; ~ *mycket av det goda* too much of a good thing; *det är* ~ *vänligt av er* it is too kind of you; *det gör jag blott* ~ *gärna* I shall be only too happy to do it

alltiallo [-ˣallɔ] *n el. r* right-hand man; maid-of-all-work; factotum

alltid always, ever; *för* ~ for ever (good), forever; *det blir väl* ~ *någon råd* something is sure to turn up; *du kan ju* ~ *fråga honom* you can always ask him, why don't you ask him?

allt|ifrån ever since **-igenom** through and through, throughout; thoroughly; *en* ~ *lyckad fest* a very successful party; *han är* ~ *ärlig* he is thoroughly honest **-ihop[a]** all [of it], the whole

allting — ana   8

lot
allting ['all-] everything
allt|jämt still **-mer[a]** increasingly, more and more **-samman[s]** all [of it (them *etc.*)], the whole lot [of it *etc.*] **-sedan** ~ *dess* ever since then **-så** so then; (*följaktligen*) accordingly, consequently, thus
allvar *s7* earnestness, seriousness; gravity; *på fullt* ~ seriously, in real earnest; *på fullaste* ~ in all seriousness; *göra* ~ *av ett löfte* fulfill a promise; *ta ngn på* ~ take s.b. seriously; *är det ditt* ~? are you serious?, do you really mean that?; *detta är mitt fulla* ~ I am quite serious; *jag menar* ~ I am serious, I really mean it, *vard.* I mean business; *stundens* ~ *kräver* the gravity of the situation demands, in this hour of crisis we must; *vintern har kommit på* ~ winter has come to stay **-lig** *a1* serious, grave; earnest; ~*a avsikter* serious intentions; ~ *fara* grave danger; ~*a förmaningar* serious admonitions; *se* ~ *ut* look serious (grave); *ta en* ~ *vändning* take a turn for the worse **-ligt** *adv* seriously; ~ *sinnad* serious-minded; ~ *talat* (*äv.*) joking apart **-sam** *a1* serious, grave; *en* ~ *min* a serious (grave) expression; *hålla sig* ~ keep serious, (*för skratt*) keep a straight face
all|vetande *a4* all-knowing, omniscient **-vetare** person with a vast fund of general knowledge; *iron.* oracle, know-all **-ätare** omnivore
alm *s2* wych-elm, witch-elm
almanacka *s1* almanac, calendar; (*fick-*) diary
aln [a:ln] *s2, ung.* ell (= *45 eng. tum*)
alp *s3* alp
alpacka [-ˣpacka] *s1* **1** (*lama*) alpaca **2** (*tyg*) alpaca **3** *miner.* nickel (German) silver
Alperna ['alp-] *pl* the Alps
alpin *a5* alpine
alster ['als-] *s7* product, production; *koll. äv.* produce, (*böcker*) works (*pl*)
alstr|a produce, manufacture; *elektr.* generate; *bildl.* engender **-ing** production, manufacture; generation; procreation
alt *s2, mus.* (*manlig*) alto (*pl* altos), countertenor; (*kvinnlig*) alto, contralto
altan *s3* [roof] balcony; terrace
altar|e *s6* altar; ~*ts sakrament* the Eucharist **-ring** altar rails (*pl*) **-tjänst** altar service, liturgy
altern|ativ I *s7* alternative **II** [*äv.* 'alt-] *a5* alternative **-era** alternate
alt|fiol viola **-klav** alto (viola) clef
aluminium [-'mi:-] *s8* aluminium; *AE.* aluminum **-folie** aluminium foil **-kastrull** aluminium saucepan
amalgam *s7, s4* amalgam **-fyllning** amalgam stopping (filling)
amanuens *s3* assistant university teacher (librarian, archivist *etc.*), assistant, amanuensis; (*vid ämbetsverk*) chief (principal) clerk; (*vid kansli*) third secretary
amaryllis [-'ryll-] *-en amaryller* amaryllis
amason [-'så:n] *s3* Amazon **Amasonfloden** the Amazon
amatör amateur (*på* of, at) **-bestämmelser** amateur rules (regulations) **-boxning** amateur boxing **-foto** amateur snapshot **-mässig** *a1* amateurish
ambassad *s3* embassy **ambassadris** *s3* ambas-

sadress
ambassad|råd [embassy] counsellor **-sekreterare** *förste* (*andre, tredje*) ~ first (second, third) secretary [of (to, at) an embassy] **-ör** ambassador
ambi|tion ambition **-tiös** [-'ʃö:s] *a1* zealous, aspiring, pushing; (*plikttrogen*) conscientious
ambulans [-'ans *el.* -'aŋs] *s3* ambulance
ambuler|a *ung.* move (travel) [from place to place] **-ande** *a4* itinerant, travelling
amen [ˣamm- *el.* 'amm-] amen; *säga ja och* ~ *till allt* (*ung.*) agree to anything; *så säkert som* ~ *i kyrkan* as sure as fate
Amerika [a'me:-] *n* America; ~*s förenta stater* the United States of America
amerikan *s3*, **-are** [-ˣka:-] *s9* American **-isera** Americanize **- isering** [-'se:-] Americanization
amerikan|sk [-ˣka:nsk] *a5* American **-ska 1** (*språk*) American **2** (*kvinna*) American woman
ametist amethyst
amfetamin *s3, s4* amphetamine
amfibie [-'fi:-] *s5* amphibian **-båt** amphibious craft **-fordon** tracked landing craft
amfiteater [ˣamfi- *el.* -ˣfi:-] amphitheatre
aminosyra [-ˣmi:-] amino acid
amiral *s3* **1** *mil.* admiral **2** *zool.* red admiral **-itet** *s7* admiralty; ~*et* (*Storbritannien*) the Admiralty Board, *AE.* Navy Department
amma I *s1* wet nurse **II** *v1* nurse, suckle, breast-feed; *hon* ~*r barnet själv* she feeds the baby herself, she breast-feeds the baby
ammoniak [-'mo:-] *s2* ammonia
ammunition *s3* ammunition; munitions (*pl*); *lös* ~ practice ammunition; blank cartridge; *skarp* ~ live ammunition
ammunitions|fabrik munitions factory **-förråd** ammunition supply (stores)
amnesti *s3* amnesty; *få* ~ obtain [an] amnesty; *bevilja ngn* ~ grant s.b. an amnesty
amok [a'måck] *oböjligt s* amuck, amok; *löpa* ~ run amuck
amorin *s3* cupid
amorter|a [-å-] amortize, pay off by instalments; ~ *ett lån* pay off a loan **-ing** repayment by instalments, amortization
amorterings|fri ~*tt lån* straight loan, loan payable in full at maturity **-plan** amortization schedule
1 ampel [ˣamp-] *s2* (*för växter*) hanging flowerpot; (*hänglampa*) hanging lamp
2 ampel ['amp-] *a2, ampla lovord* unstinted praise (*sg*)
ampere [-'pä:r] *s9, s5* ampere **-meter** *s2*, **-mätare** ammeter **-timme** ampere-hour
amplitud *s3* amplitude **-modulering** amplitude modulation
ampull *s3* ampoule, ampul[e]; *Storbritannien äv.* ampulla
amput|ation amputation **-era** amputate
amulett *s3* amulet
amöba [-ˣmö:-] *s1* amoeba
1 an [ann] *hand.* to
2 an [ann] *av och* ~ up and down, to and fro; *gå av och* ~ *i rummet* (*äv.*) pace the room
ana have a feeling (presentiment); ~ *oråd* suspect mischief; *intet ont* ~*nde* unsuspecting; ~ *sig till*

ngns tankar divine a p.'s thoughts; *det lät* ~ *it* hinted at (gave an inkling of); *du kan inte* ~ *hur glad jag blev* you have no idea how glad (happy) I was; *vem kunde* ~ *det* who would have suspected that; *det ante mig* I suspected as much

anabol [-'bå:l] *a1* anabolic; ~ *steroid* anabolic steroid

anakonda [-ˣkånda] *s1* anaconda

analfabet *s3*, **-isk** *a5* illiterate **-ism** illiteracy

analog [-'lå:g] *a1* analogous (*med* to); ~ *klocka* analog[ue] watch

analogi *s3* analogy; *i* ~ *med* on the analogy of

analys *s3* analysis (*pl* analyses) **-era** analyse

analyt|iker [-'ly:-] analyst **-isk** *a5* analytic[al]

analöppning anus

anamma [aˈnamma] **1** receive, accept; ~ *nattvarden* partake of the Holy Communion **2** (*tillägna sig*) appropriate, seize **3** *fan* ~*!* damn [it]!, damn and blast!, hell!

ananas [ˣa:- *el.* ˣann-] *s9* pineapple

anarki *s3* anarchy **-ist** anarchist **-istisk** [-'kiss-] *a5* anarchistic

anatomi *s3* anatomy

anbefall|a 1 (*ålägga, påbjuda*) enjoin, charge; ~ *ngn tystnad* enjoin silence upon a p.; *läkaren -de honom vila* the doctor ordered him to rest **2** (*förorda, rekommendera*) recommend, advocate; ~ *på det varmaste* sincerely recommend **3** (*anförtro, överlämna*) entrust command, commend; ~ *sin själ i Guds hand* commend one's soul to God

anblick sight; appearance, aspect; *en ståtlig* ~ an imposing appearance; *vid* ~*en av* at the sight of; *vid första* ~*en* at first sight

anbringa (*sätta, ställa*) place, put; (*sätta på etc.*) mount, affix, fit, apply

anbud (*köp-*) bid; (*sälj-*) offer; (*pris*) quotation; *lämna* ~ *på* send in a tender for; ~ *infordras härmed på* tenders are invited for

and *-en änder* wild duck; *jfr gräs-*

anda *s2* **1** (*andedräkt, andhämtning*) breath; *med* ~*n i halsen* out of breath, (*med spänning*) with bated breath; *ge upp* ~*n* give up the ghost, expire; *hålla* ~*n* hold one's breath; *hämta* ~*n* catch one's breath; *kippa efter* ~*n* gasp for breath; *tappa* ~*n* lose one's breath; *allt som liv och* ~ everything that lives and breathes **2** (*stämning*) spirit; *i en* ~ *av samförstånd* in a spirit of understanding; *i samma* ~ in the same spirit; *samma* ~*s barn* kindred spirits; *tidens* ~ the spirit of the age; *när* ~*n faller på* when the spirit moves him (*etc.*), *vard.* when he (*etc.*) is in the mood **3** (*mod, disciplin*) morale

andakt *s3* devotion; *med* ~ in a devotional spirit; *förrätta sin* ~ perform one's devotions

andaktsfull devotional; devout

andante [-ˣdann-] *s6 o. adv* andante

andas *dep* breathe, respire; ~ *in* breathe in, inhale; ~ *ut* breathe out, exhale, *bildl.* breathe freely; ~ *djupt* take a deep breath, breathe deeply

ande *s2* **1** (*själ*) spirit; (*intelligens*) mind, intellect; *i* ~*ns rike* in the spiritual (intellectual) world; *i andanom* in the spirit, in one's mind's eye; ~*n är villig, men köttet är svagt* the spirit is willing, but the flesh is weak; *de i* ~*n fattiga* the poor in

spirit **2** (*övernaturligt väsen*) spirit, ghost; *Den helige* ~ the Holy Ghost (Spirit); *ngns onda* ~ a p.'s evil spirit; *tjänande* ~ ministering spirit; *de avlidnas andar* the spirits of the dead **3** (*personlighet, natur*) spirit, mind; *en stor* ~ a spiritual giant; *besläktade andar* kindred spirits **-dräkt** breath; *dålig* ~ bad breath

andel share (*i* of); *ha* ~ *i ett företag* have an interest in a business

andelslägenhet time-share apartment (flat); *A.E.* condominium

Anderna ['and-] *pl* the Andes

andetag breath; *i ett* ~ [all] in one breath; *till sista* ~*et* to one's last breath; *ta ett djupt* ~ take a deep breath

and|född *a1* out of breath, breathless; *vard.* winded, puffed **-hämtning** breathing, respiration

andjakt duck shooting

andlig *a1* **1** (*själslig*) spiritual; (*psykisk, förstånds-*) intellectual, mental; ~*t liv* intellectual life; ~ *odling* cultural life; ~*a värden* spiritual values; *barnets* ~*a utveckling* the child's mental development **2** (*gudfruktig*) spiritual, sacred, religious; (*kyrklig*) ecclesiastical; (*prästerlig*) clerical; ~ *makt* spiritual power; ~ *orden* religious order; ~*t stånd* clerical order; ~*a sånger* sacred songs; ~*t ämbete* ecclesiastical appointment; *inträda i det* ~*a ståndet* take [holy] orders **andligen** mentally, intellectually, spiritually

andlös breathless; ~ *tystnad* dead silence

andning breathing, respiration; *konstgjord* ~ artificial respiration; *andra* ~*en* second wind

andnings|organ respiratory organ **-paus** breathing space (spell) **-vägar** respiratory system (*sg*)

andnöd difficulty in breathing, respiratory distress

1 andra [-a:] *se andraga*

2 andr|a [-a] *-e* **I** *pron, se annan* **II** *räkn* second; *A*~ *Mosebok* Exodus; ~ *våningen* (*i bet. 1 trappa upp*) first (*A.E.* second) floor; *ett* ~ *klassens hotell* (*neds.*) a second-rate hotel; *för det* ~ in the second place, secondly; ~*e opponent, se andreopponent*; ~*e styrman* second mate; *den* ~ *maj* the second of May, (*i brev*) 2nd May (May 2); *göra ett* ~ *försök* make a second attempt, *vard.* have another go; *ha en uppgift ur* ~ *hand* have information second-hand; *köpa i* ~ *hand* buy second-hand; *det får komma i* ~ *hand* it will have to come second (later)

andraga state; advance, put forward, mention, set forth; ~ *till sitt försvar* plead in one's defence

andragradsekvation equation of the second degree

andrahands|- second-hand **-uppgift** second-hand information **-värde** trade-in value

andraklass|are second-form boy (girl) **-biljett** second-class ticket **-kupé** second-class compartment **-vagn** second-class carriage (coach; *A.E.* car)

andra|placering *han fick en* ~ he came second **-plansfigur** insignificant person

andrepilot copilot, second pilot

andrum room to breathe; *bildl.* breathing space

and|truten *a3* out of breath, breathless; winded

-täppt *a4* short of breath; *vard.* short-winded
andäktig *a1* devout; attentive **andäktigt** *adv* devoutly; attentively; *lyssna ~ på ngn* hang on a p.'s words
anekdot [-'då:t] *s3* [humorous] anecdote, amusing story
anem|i *s3* anaemia **-isk** [-'ne:-] *a5* anaemic
anemon [-'å:n *el.* -'ɔ:n] *s3* anemone
anfall [*attack; i sht mil.* assault, charge; (*sjukdoms- etc.*) fit; *ett hysteriskt ~* a fit of hysteria; *i ett ~ av vrede* in a fit of anger; *gå till ~* attack, charge; *rikta ett ~ mot* direct an attack against **anfalla** attack; assail, assault
anfallsspelare attacker, forward
anför|a 1 (*leda*) lead, command, be in command of; *~ en orkester* conduct an orchestra **2** (*andraga, framhålla*) state, say; *~ besvär* complain (*över* of); *~ besvär mot ett beslut* appeal against a decision; *~ som bevis* bring (enter) as evidence; *~ som skäl* give as reason; *~ till sitt försvar* plead in one's defence **3** (*citera*) quote, cite; *på det -da stället* in the passage cited **-ande** *s6* **1** lead[ership], command[ing]; *mus.* conductorship **2** (*yttrande*) statement; speech, address; *hålla ett ~* give an address, make a speech **-are** commander, leader; *mus.* conductor **-ing** *direkt ~* direct speech; *indirekt ~* indirect (reported) speech, *AE.* indirect discourse
anföringstecken quotation mark, inverted (turned) comma
anförtro *~ ngn ngt* entrust s.th. to s.b., entrust s.b. with s.th.; *~ ngn en hemlighet* confide a secret to s.b.; *hon ~dde mig att* she confided to me the fact that; *~ sig åt* entrust o.s. to, (*ge sitt förtroende*) confide in
ange 1 (*upplysa om, uppge*) inform, state, mention; *~ noga* specify, detail; *~ skälet till* state the reason for; *det angivna skälet* the reason given; *det på fakturan angivna priset* the invoice[d] price **2** (*anmäla för myndighet*) report, inform against, denounce; *~ ngn för polisen* inform against s.b., report s.b. [to the police]; *~ sig själv* give o.s. up (in charge) **3** *~ takten* (*mus.*) indicate tempo, *bildl.* set the pace; *~ tonen* set the tone
angelägen [ˣanje-] *a3* (*om sak*) urgent, pressing, important; (*om pers.*) anxious (*om* for); *~ om att göra* anxious to do, desirous of doing (to do); *~ om att vara till lags* anxious to please; *visa sig mycket ~* (*äv.*) be overanxious **-het 1** (*sak, ärende*) matter, affair, concern; *inre ~er* internal affairs; *sköta sina egna ~er* mind one's own business **2** (*betydelse, vikt*) urgency
angenäm [ˣanje-] *a1* pleasant, agreeable; *det var ~t att träffas* it was a pleasure to meet you
angiv|a [ˣanji:-] *se ange* **-are** informer **-eri** informing
angli|cism [aŋ(g)li-] *s3* Anglicism **-kansk** [-'ka:nsk] *a5* Anglican; *~a kyrkan* Anglican Church, (*statskyrkan i England*) Church of England
anglo|saxare [aŋ(g)lɔˣsacks-] *s9,* **-saxisk** [-'sacks-] *a5,* **-saxiska** [-'sacks-] (*språk*) Anglo-Saxon
Angola [aŋˣgå:la] *n* Angola **angolansk** *a5* Angolan

angora|garn [aŋˣgå:ra-] angora [wool] **-katt** Angora cat
angrepp attack (*mot, på* on)
angripa attack, assault, assail; (*inverka skadligt på*) affect; (*skada*) injure; (*fräta på*) attack, corrode, rust; *~ ett problem* tackle (approach) a problem
angrip|are assailant, aggressor **-en** *a5, ~ av röta* damaged by rot; *~ av sjukdom* diseased, struck down by illness; *metallen är ~ av rost* the metal has gone rusty
angränsande *a4* adjacent, adjoining, next
angå concern; (*avse, beträffa*) have reference to; *saken ~r dig inte* it is no concern of yours, *vard.* it's none of your business; *vad mig ~r* as far as I am concerned **-ende** regarding, concerning, as regards, as to, as for
angöra 1 *~ hamn* make port; *~ land* make land **2** (*fastgöra*) make fast
anhalt *s3* halt; *AE.* way station
anhang *s7* following; (*patrask*) rabble; (*hejdukar*) tools (*pl*), hirelings (*pl*); *vard.* crew, gang; *hans ~* his likes (*pl*)
anhop|a heap (pile) up, amass; *~ sig* accumulate **-ning** piling up; accumulation; *~ av trupper* troop concentration
anhåll|a 1 (*fängsla, arrestera*) apprehend, arrest, take into custody **2** (*begära*) ask (*om* for), apply (*om* for), request, demand; *~ hos ngn om ngt* apply to s.b. for s.th.; *~ om en flickas hand* ask for a girl's hand [in marriage]; *~ om snar betalning* request [an] early settlement; *om svar ~es* (*o.s.a.*) an answer will oblige (R.S.V.P.) **-an** *r, pl saknas* request, demand (*om* for); *enträgen ~* entreaty, solicitation; *ödmjuk ~* supplication **-ande** *s6* (*arrestering*) arrest; (*häktning*) apprehension
anhängare follower, adherent (*av, till* of); (*av idé*) supporter, advocate
anhörig *subst. a* relative; *mina ~a* my family; *närmaste ~[a]* next of kin
animer|a animate; *stämningen var mycket ~d* there was a gay atmosphere **-ad** *a5; ~ film* animated cartoon
aning *s2* **1** (*förkänsla*) presentiment (*om* of; *om att* that); foreboding; hunch; *ond ~* misgiving **2** (*föreställning*) notion, idea, feeling; *jag hade ingen ~ om* (*äv.*) I never suspected **3** (*smula, något litet*) en *~* a little, a trace, *vard.* a touch, a tiny (wee) bit, *kokk.* a dash, a sprinkle **anings-lös** unsuspecting
anis *s2* (*växt*) anise; (*krydda*) aniseed
anka *s1* **1** [tame] duck **2** (*tidnings-*) hoax, canard
ankare *s6* **1** *sjö. o. bildl.* anchor; *kasta ankar* cast (come to, drop) anchor; *lätta ankar* weigh anchor; *ligga för ankar* ride at anchor **2** *elektr.* armature **3** *byggn.* brace, cramp [iron] **4** (*i ur*) lever escapement
ankdamm duck pond
ankel *s2* ankle[bone] **-lång** ankle-length **-socka** ankle sock; *AE.* anklet
anklag|a *~ ngn för ngt* accuse s.b. of s.th., charge s.b. with s.th.; *den ~de* the accused; *med ~nde miner* accusingly; *sitta på de ~des bänk* stand in the dock, *bildl.* stand accused, be under fire
anklagelse accusation, charge (*för* of); *rikta en*

~ *mot ngn* make an accusation against s.b.; *ömsesidiga* ~*r* cross accusations

anknyt|a attach, join, unite (*till* to); connect, join (link) up (*till* with); *bibanan -er till stambanan vid C.* the branch line connects up with the main line at C.; *berättelsen -er till verkliga händelser* the story is based on real events **-ning** connection, attachment, link; *tel.* extension

ankomm|a 1 (*anlända*) arrive (*till* at, in); ~*nde post* incoming (inward) mail; ~*nde tåg* (*i tidtabell o.d.*) [train] arrivals **2** (*bero*) depend (*på* on); *vad på mig -er* as far as I am concerned; *det -er på henne att se till det* it is up to her to see to that **-en** *a5* **1** (*anländ*) arrived **2** (*ngt skämd*) *-et kött* tainted meat; ~ *fisk* (*frukt*) fish (fruit) going bad **3** (*ngt berusad*) tipsy, merry

ankomst [-å-] *s3* arrival; *vid* ~*en till stationen* on my (*etc.*) arrival at the station **-hall** arrival hall **-tid** time of arrival

ankr|a anchor **-ing** anchoring, anchorage

anlag *s7* **1** *biol.* rudiment, germ, embryo (*till* of) **2** (*medfött*) talent, gift, aptitude (*för* for); *med.* tendency (*för* to), disposition (*för* towards); ~ *för fetma* tendency to put on weight; *musikaliska* ~ a gift for music; *ärftliga* ~ hereditary disposition (*sg*); *ha goda* ~ have a gift, be gifted, have good mental powers

anlagd *a5* **1** *se anlägga* **2** *praktiskt* ~ of a practical turn; ~ *på förtjänst* planned (set up) on a profit basis

anledning (*skäl*) reason (*till* for, of); (*orsak*) cause, occasion (*till* for, of); *av vilken* ~? for what reason?, on what account?; *med* (*i*) ~ *av* on account of, owing to, in view of, because of; *med* ~ *härav* in view of this fact, for this reason, such being the case; *utan all* ~ without any (for no) reason; *vid minsta* ~ on the slightest provocation; *ge* ~ *till* give occasion to, cause; *ha* ~ *till missnöje* have cause for dissatisfaction; *det fanns ingen* ~ *till oro* there was no cause for alarm; *han hade all* ~ *att resa* he had every reason to leave; *på förekommen* ~ *får vi meddela* we find it necessary to point out

anletsdrag feature, lineament

anlit|a 1 (*vända sig t.*) apply (turn) to (*ngn för a* p. for); ~ *advokat* engage (go to) a lawyer; ~ *läkare* call in a doctor; *vara mycket* ~*d* be in great demand, be successful (popular) **2** (*tillgripa*) have recourse to, resort to; ~ *lexikon* use (make use of) a dictionary; ~ *telefonen* use the telephone; ~ *vapenmakt* resort to arms; *en ofta* ~*d utväg* an expedient often resorted to **-ande** *s6, med* ~ *av* use being made of, with the aid of

anlägg|a 1 (*bygga*) build, construct, erect; (*grunda*) found, set up; ~ *en park* lay out a park **2** (*planera*) plan, design; ~ *mordbrand* commit arson **3** (*börja bära, lägga sig t. med*) take to, begin to wear, put on; ~ *skägg* grow a beard, let one's beard grow; ~ *sorg* put on mourning; ~ *kritiska synpunkter på* adopt a critical attitude towards **4** (*anbringa*) ~ *förband på ett sår* dress a wound, apply a bandage to a wound; *se äv. anlagd* **-ning 1** *abstr.* foundation; erection, construction **2** *konkr.* establishment; (*fabrik*) works (*pl*), plant, factory premises (*pl*); (*byggnad*) building, structure

anlända arrive (*till* at, in); ~ *till* (*äv.*) reach

anlöpa 1 *sjö.*, ~ *en hamn* call at (touch) a port, put into a port **2** *tekn.* temper, anneal

anman|a demand, request, urge (*ngn att* s.b. to); ~ *ngn att betala* demand payment from s.b. **-ing** request; *utan* ~ without reminder; *vid* ~ on demand

anmod|a request, call upon; (*enträget*) urge; instruct; demand **-an** *r* request; *på* ~ *av mig* at my request

anmäl|a *v2* **1** (*tillkännage, meddela*) announce, report; ~ *en besökande* announce a visitor; ~ *flyttning* give notice of changed address (residence); ~ *förhinder* send word to say one is prevented from coming; ~ *ngt för polisen* report s.th. to the police; ~ *sig för tjänstgöring* report for duty; ~ *sig som sökande till* put in an application for, apply for; ~ *sig till en examen* enter for an examination; ~ *sitt utträde ur en förening* withdraw one's membership from a club, resign from a club **2** (*recensera*) review **-an** *r* **1** announcement, notification (*om* of); report **2** (*recension*) review **3** (*tull-*) declaration **-are 1** (*angivare*) informer **2** (*recensent*) reviewer

anmälnings|avgift [-ä:-] registration fee; (*t. tävling etc.*) entry fee (money) **-blankett** registration (application) form **-tid** period of notification; (*idrott*) entry time

anmärk|a 1 (*påpeka, yttra*) remark, observe **2** (*klandra, ogilla*) find fault (*på* with), ~ *på* criticize; *han hade ingenting att* ~ *på* he found no fault with **-ning 1** (*yttrande, påpekande*) comment, remark, observation **2** (*förklaring*) remark, comment, observation, annotation; (*i bok*) note, footnote **3** (*klander*) objection, criticism, complaint **4** *skol.* bad [conduct] mark; *få* ~ be given a bad mark

anmärkningsvärd *a1* **1** (*märklig*) remarkable **2** (*beaktansvärd*) notable, noteworthy; (*märkbar*) noticeable

anna|n *-t andra* **1** other; (*efter självst. pron*) else; *en* ~ another, (*självst. äv.*) somebody (someone, anybody, anyone) else; *ingen* ~ nobody else; *ingen* ~ *än* no other than; *ingen* ~ *än du* no one [else] but you; *någon* ~ somebody (anybody) else; *en och* ~ *gång* occasionally, once in a while; *gång efter* ~ time and again, time after time; *tid efter* ~ from time to time; *av en eller* ~ *anledning* for some reason or other; *jag är av* ~ *mening* I am of another opinion, I don't agree; *en* ~ *gång är en skälm* tomorrow never comes; *bland annat, se under bland*; *på ett eller* -*t sätt* somehow or other; *ha -t att göra* (*vard.*) have other fish to fry; *lova är ett och hålla ett -t* it is one thing to make a promise and another thing to keep it; *säga ett och mena ett -t* speak with [one's] tongue in [one's] cheek; *hon är allt -t än vacker* she is anything but beautiful; *vi talade om ett och -t* we talked about one thing and another, we chatted; *inte -t än jag vet* as far as I know; *hon gör inte -t än gråter* she does nothing but cry; *hon kunde inte -t än skratta* she could not help laughing, she could not but laugh; *alla andra* all the others, (*om pers. ofta*) everybody else; *alla de andra* all the others (the rest); *en ann är så god som en ann* one man is as good as another **2** (*ej lik*) different;

det är en ~ historia that's a different (another) story; *något helt -t än* something quite different from (to)

annan|dag ~ *jul* the day after Christmas Day, (*i Storbritannien*) Boxing Day; ~ *pingst* Whit Monday; ~ *påsk* Easter Monday **-stans** elsewhere; *ingen* ~ nowhere else

annars 1 (*i annat fall*) otherwise, or [else], else **2** (*för övrigt*) otherwise, else; *var det* ~ *något?* was there anything else? **3** (*i vanliga fall*) usually; *mera trött än* ~ more tired than usual

annektera annex **annex** *s7* annex[e]

annons [-'åns *el.* -'åṇs] *s3* advertisement, *vard.* ad[vert] (*om* about); (*födelse- etc.*) announcement; *enligt* ~ according to your advertisement, as advertised; *sätta in en* ~ *i en tidning* put an advertisement in a paper, advertise in a paper **-byrå** advertising agency

annonser|a 1 (*tillkännage, söka etc. genom annons*) advertise (*efter* for; *om ngt s.th.*) **2** (*tillkännage*) announce **-ing** advertising

annons|kampanj advertising campaign **-pelare** advertising pillar; *A.E.* billboard

annonsör advertiser, space buyer

annor|ledes, -lunda otherwise, differently; *såvida ej* ~ *föreskrivs* unless otherwise prescribed; *han har blivit helt -lunda* he has changed completely, he is quite a different man

annuller|a cancel, withdraw, annul; (*kontrakt, äv.*) nullify; vitiate **-ing** cancellation, withdrawal, annulment, revocation, nullification

anonym *a1* anonymous **-itet** anonymity

anor *pl* ancestry (*sg*), ancestors; lineage (*sg*); *bildl.* progenitors, traditions; *ha gamla* ~ be of ancient lineage, *bildl.* have a long history, be a time-honoured tradition (custom); *det har* ~ *från antiken* it dates back to classical times

anorak [-'rack] *s3* anorak; windcheater

anord|na arrange, put in (bring into) order, set up, organize; ~ *lekar* get up games **-ning** arrangement, preparation, setup; (*apparat*) apparatus, device; (*utrustning*) outfit; ~*ar* (*hjälpmedel o.d.*) facilities

anorexi *s3* anorexia

anpass|a adapt, suit, adjust (*efter* to), bring in line with **-ning** adap[ta]tion, adjustment, accommodation

anpassningsförmåga adaptability

anrop call; *mil.* challenge; *sjö.* hail **anropa** call [out to]; *mil.* challenge; *sjö.* hail; ~ *Gud om hjälp* invoke God's help

anrätt|a prepare, cook, dress **-ning 1** (*anrättande*) preparation, cooking **2** (*rätt*) dish; (*måltid*) meal; *göra heder åt* ~*arna* do justice to the meal, *vard.* tuck in[to], eat with gusto

ans *s2* care, tending; (*av jord*) dressing; (*av häst*) grooming **ansa** tend, see to; cultivate

ansats 1 (*sats*) run-up; *mil.* bound, rush; *höjdhopp utan* ~ standing high jump; *framryckning i* ~*er* advance by rushes **2** (*början*) start; (*försök*) attempt; (*impuls*) impulse (*till* to); (*tecken*) sign (*till* of); *visa* ~*er till förbättring* show signs of improvement **3** *mus.* striking of a note **4** *tekn.* shoulder, projection

ansatt *a4* afflicted (*av* with); *hårt* ~ hard pressed, in a tight corner

an|se 1 (*mena*) think, consider, be of the opinion; *man ~r allmänt* it is generally considered; *han ~r sig orättvist behandlad* he considers himself unjustly treated **2** (*betrakta*) consider, regard, look upon; *jag ~r det som min plikt* I consider it my duty; *det ~s sannolikt* it is considered likely; *han ~s som vår största expert* he is regarded as our leading expert **-sedd** *a5* (*aktad*) respected, esteemed, distinguished; (*om firma etc.*) reputable; *väl* ~ of good repute **-seende** *s6* **1** (*gott rykte*) reputation, standing, prestige **2** (*aktning*) esteem, respect **3** *utan* ~ *till person* without respect of persons; *i* ~ *till* considering **-senlig** [-e:-] *a1* considerable, large

ansikte *s6* face, countenance; *ett slag i* ~*t* (*bildl., vard.*) a smack in the eye; *det är ett slag i* ~*t på alla musikälskare* it is an insult to all music lovers; *han blev lång i* ~*t* his face fell; *kasta en anklagelse i* ~*t på ngn* throw an accusation in a p.'s face; *skratta ngn rätt upp i* ~*t* laugh in a p.'s face; *stå* ~ *mot* ~ *med* stand face to face with; *säga ngn ngt rakt i* ~*t* tell s.b. s.th. [straight] to his face; *tvätta sig i* ~*t* wash one's face; *vara lång i* ~*t* have a face as long as a fiddle

ansikts|behandling facial [treatment] **-drag** features (*pl*) **-färg** colouring, complexion **-kräm** face cream **-lyftning** face-lift (*äv. bildl.*)

ansjovis [-'ʃo:-] *s2* anchovy

anskaff|a procure, obtain, buy, acquire; provide **-ning** procurement, acquisition, purchase; provision

anskaffningskostnad acquisition (initial) cost; *sälja till* ~ sell at cost price

anslag 1 (*kungörelse*) notice, placard, bill; *sätta upp ett* ~ stick up a bill **2** (*penningmedel*) provision; grant; subsidy; (*stats-*) appropriation; *bevilja ett* ~ make a grant **3** (*komplott*) design, plot **4** *mus.* touch **5** *filmens* ~ *är glatt* (*ung.*) the film strikes a happy note **6** (*projektils etc.*) impact

anslagstavla notice (*A.E.* bulletin) board

ansluta connect (*till* with); ~ *sig till ett avtal* accede to (enter into) an agreement; ~ *sig till ett parti* join a party; ~ *sig till ngns åsikt* agree with a p.['s opinion]; *nära* ~ *sig till* be on much the same lines as

anslut|en *a5* connected (*till* with); associated (*till* with), affiliated (*till* to) **-ning 1** (*förbindelse*) connection (*till* with); *tel.* extension **2** (*stöd*) support; (*uppmuntran*) support, patronage; *i* ~ *till* in connection with; with (in) reference to; *i* ~ *till vårt brev* further to our letter; *vinna allmän* ~ gain general support

anslå 1 (*kungöra*) ~ *en kungörelse* put up a notice; ~ *en tjänst ledig* advertise a post as vacant **2** (*anvisa*) assign, set aside, earmark (*till* for); (*pengar*) grant, allocate, allow **3** (*uppskatta*) estimate, rate, value **4** *mus.* strike; *jfr äv. slå an*

anspel|a allude (*på* to), hint (*på* at) **-ning** allusion (*på* to)

anspråk claim, demand; pretention; *avstå från* ~ *på* waive a claim; *göra* ~ *på* lay claim to; *göra* ~ *på ersättning* claim compensation; *motsvara ngns* ~ satisfy (meet) a p.'s demands; *ta i* ~ claim, demand, make use of; *ta ngns tid i* ~ take up a p.'s time

anspråks|full pretentious, assuming; (*fordran-*)

de) exacting **-lös** unpretentious, unassuming, modest, quiet, moderate **-löshet** unpretentiousness, modesty; *i all* ~ in all modesty, in a very modest way

anstalt *s3* **1** (*institution*) institution, establishment, home **2** (*anordning*) arrangement, preparation; step; *vidtaga ~er för* take steps to, make arrangements for

anstift|a cause, provoke; ~ *en sammansvärjning* hatch a plot; ~ *mordbrand* commit arson **-an** *r*, *på ~ av* at the instigation of **-are** instigator (*av* of), inciter (*av* to)

anstorm|a, -ning assault

anstäng|a *v2* strain; (*vara påkostande för*) try, tax; ~ *sig* exert o.s., endeavour; ~ *sig till det yttersta* do one's very utmost, make every possible effort; *läsning -er ögonen* reading is a strain on one's eyes; *-d* strained, (*om skratt e.d.*) forced **-ande** *a4* strenuous, trying, taxing; ~ *arbete* hard work; *ning* effort, exertion, strain, endeavour; *med gemensamma ~ar* by united efforts; *utan minsta* ~ without the slightest effort

ansträngt *adv* in a forced manner; *han log* ~ he gave a forced smile

anstå 1 (*passa, vara värdig*) become, befit; be becoming (befitting) for; *det ~r inte mig att* it is not for me to **2** (*uppskjutas*) wait, be deferred (put off, postponed); *låta ngt* ~ let s.th. wait, postpone s.th. **anstånd** *s7* delay, respite, grace; *begära en veckas* ~ *med betalning* request a week's respite for payment

anställ|a 1 (*i tjänst*) employ, engage, hire, appoint; *fast -d* [permanently] employed; on the [permanent] staff; *vara -d* be employed (*hos ngn* by s.b., *vid* at, in) **2** (*anordna*) bring about, cause; ~ *blodbad* start a massacre, ~ *ett gästabud* give a banquet; ~ *skada* cause damage **3** (*företaga*) make; ~ *betraktelser över* contemplate; ~ *efterforskningar* institute inquirics; ~ *examen* hold an examination; ~ *förhör* subject [s.b.] to interrogation **-ning** employment, situation, job, position, post; (*tillfällig*) [temporary] engagement

anställnings|förmån fringe benefit; perquisite, *vard.* perk **-trygghet** job security

anständig *al* respectable, decent, decorous; (*passande*) proper; (*hygglig*) decent **-het** respectability; propriety; decency

anständigtvis in common decency, for decency's sake

anstöt *s2* offence; *ta ~ av* take offence at, be offended at; *väcka* ~ give offence, offend

ansvar *s7* responsibility; (*ansvarsskyldighet*) liability; *på eget* ~ on one's own responsibility, at one's own risk; *vid laga* ~ under penalty of law; *bära ~et för* be responsible for; *ikläda sig ~et för* take the responsibility for; *ställa ngn till* ~ *för* hold s.b. responsible for; *yrka* ~ *på ngn* prefer a charge (accusation) against s.b., demand a p.'s conviction **ansvara** be responsible (*för* for), answer (*för* for); ~ *för en förlust* be liable for a loss; *jag ~r inte för hur det går* I assume no responsibility for the consequences

ansvarig *a5* responsible, answerable, liable; *göras* ~ be made (held) responsible; ~ *utgivare* [legally responsible] publisher **-het** responsibility, liability; *begränsad* ~ limited liability; *bolag med begränsad* ~ limited [liability] company

ansvars|frihet freedom from responsibility; *bevilja* ~ grant discharge; *bevilja styrelse* ~ adopt the report [and accounts] **-full** responsible **-känsla** sense of responsibility **-lös** irresponsible **-löshet** irresponsibility

ansök|a ~ *om* apply for **-an** *r, som pl används pl av ansökning* application (*om* for); *avslå en* ~ refuse (reject, deny) an application; *inlämna en* ~ make an application **-ning** application; petition; *inkomna ~ar* lodged applications

ansöknings|handling application [paper, document] **-tid** period of application; *~en utgår den* applications must be sent in by the

anta *se antaga*

antag|a 1 (*mottaga*) take, accept; ~ *en plats* take (accept) a post; ~ *en utmaning* accept a challenge; ~ *som elev* admit as a pupil **?** (*godkänna*) accept, consent to, approve; ~ *en lag* pass a law **3** (*göra t. sin, övergå t.*) adopt, assume, embrace; ~ *fast form* (*bildl.*) take definite shape, *fys.* solidify; ~ *kristendomen* adopt Christianity; ~ *namnet* take the name of; *under -et namn* under an assumed name **4** (*anlägga*) put on, assume; ~ *en dyster min* put on a gloomy expression, *vard.* look miserable **5** (*anställa*) engage, appoint **6** (*förmoda*) assume, suppose, presume; *AE. äv.* guess; *antag att* suppose (supposing) that; *jag antar att vi skall vänta här* I take it [that] we are to wait here **-ande** *s6* **1** (*jfr antaga 1–5*) acceptance; adoption, assumption; engagement, appointment **2** (*förmodan*) assumption, supposition, presumption, guess **-ligen** probably, very likely, presumably **-ning** admission

antagonist antagonist, adversary

antal *s7* number, amount, quantity; *ett stort ~ böcker* a great number of books; *minsta ~ besökare* the fewest visitors; *i stort* ~ in great numbers; *sex till ~et* six in number; *höra till de levandes* ~ be numbered among the living

Antarktis [-'ark-] *n* the Antarctic [Zone]

antasta 1 (*ofreda*) molest; ~ *kvinnor på gatan* accost women in the street **2** (*klandra*) ~ *ngns heder* throw doubt on a p.'s honour, discredit s.b.

anteckn|a note, make a note of, write down; (*uppteckna*) record; ~ *till protokollet* enter in the minutes, record; ~ *sig* put one's name down (*för* for, *som* as) **-ing** note, annotation, memorandum

anteckningsblock notepad, writing pad

antenn *s3* **1** *radio.* aerial, antenna; *radar.* scanner **2** *zool.* antenna (*pl* antennae); feeler

antibiot|ikum [-'å:-] *s8*, **-isk** *a5* antibiotic

antik I *al* antique, old[-fashioned] **II** *r*, ~*en* classical antiquity; *~ens historia* ancient history

anti|klimax anticlimax **-kropp** *med.* antibody

antikv|ariat *s7* second-hand bookshop **-arisk** [-'a:risk] *a5* antiquarian; *~a böcker* second-hand books **-itet** antique

antikvitetshandel antique shop; curio shop

antilop *s3* antelope

antingen [-ŋ-] **1** (*ettdera*) either; ~ *skall han lämna rummet eller också gör jag det* either he

leaves the room or I do **2** (*vare sig*) whether; ~ *du vill eller inte* whether you like it or not
anti|pati *s3* antipathy (*mot* to) **-patisk** [-'pa:-] *a5* antipathetic[al] **-septikum** [-'sept-] *s8*, **-septisk** [-'sept-] *a5* antiseptic **-statisk** [-'sta:-] *a5* antistatic **-statmedel** [-ˣsta:t-] antistatic agent
antologj *s3* anthology
antropo|log anthropologist **-logj** *s3* anthropology
anträda set out (set off, embark) [up]on; begin
anträff|a find, meet with **-bar** *a1* in; at home; available
antyd|a 1 (*flyktigt omnämna*) suggest, hint at **2** (*låta förstå*) intimate (*för* to), imply, give [s.b.] to understand; (*ge en vink om*) hint [to s.b.] **3** (*tyda på*) indicate; *av -d art* of the kind indicated; *som titeln -er* as the title implies
antyd|an *r, som pl används pl av antydning* **1** (*vink*) intimation (*om* of), hint **2** (*ansats, första början*) suggestion (*till* of) **-ning** (*i förtäckta ordalag*) insinuation; (*vink*) hint; (*spår*) trace
antågande *s6* advancing, advance, approach-[ing]; *vara i* ~ be approaching, be on the way
antänd|a set fire to, set...fire, ignite, light **-ning** ignition
anvis|a 1 (*visa, utpeka*) show, indicate, point out; ~ *ngn en plats* show s.b. to a seat **2** (*tilldela*) allot, assign; *han ~des ett rum på baksidan* [*av huset*] he was given a room at the back **3** (*utanordna*) allot, assign **-ning 1** (*upplysning, instruktion*) direction, instruction; *få* ~ *på* be directed (referred) to; *ge ngn* ~ *på* direct (refer) s.b. to **2** (*utanordning*) assignment, remittance
använd|a 1 (*begagna, bruka*) use (*till* for), make use of; ~ *tid* (*pengar*) *på* spend time (money) on (in); ~ *glasögon* wear glasses; ~ *käpp* carry (use) a stick; ~ *socker* take sugar; ~ *väl* make good use of; *färdig att ~s* ready for use **2** (*ägna, nedlägga*) devote; ~ *mycken energi på att* (*äv.*) put a great deal of effort into; *väl -a pengar* well-spent money **3** (*tillämpa*) apply (*om regel*), adopt (*om metod*) **-bar** *a1* fit for use; (*nyttig*) useful (*till* for); serviceable (*om kläder*), practicable (*om metod*); *föga* ~ of little use **-ning** use; (*av regel*) application; (*av pers.*) employment; *jag har ingen* ~ *för den* it is of no use to me; *komma till* ~ be used, prove useful
användnings|område [field of] application, area of use **-sätt** mode of application; (*tryckt instruktion*) directions for use
apa I *s1* monkey; (*svanslös*) ape; simian; *neds.* cat, cow, bitch **II** *v1*, ~ *efter ngn*, mimic
apartheidpolitik [a'pa:rt-] apartheid [policy]
apat|j *s3* apathy **-isk** [-'pa:-] *a5* apathetic
apelsjn *s3* orange **-juice** orange juice **-marmelad** [orange] marmalade **-saft** (*pressad o.d.*) orange juice; (*koncentrerad*) orange squash
Apenninerna [-'ni:-] *pl* the Apennines
apostel [-'påss-] *s7* apostle
apostrof [-'strå:f] *s3* apostrophe
apotek *s7* pharmacy; dispensary; chemist's [shop]; *särsk. AE.* drugstore **-are** [-ˣte:-] pharmacist, *i Storbritannien* [dispensing] chemist; *AE.* druggist
apparat apparatus; *vard.* gadget, contrivance; (*anordning*) device, appliance; *sätta igång en*

stor ~ (*bildl.*) make extensive preparations **apparatur** equipment; apparatus
appell *s3* call; *mil.* roll call, muster; *jur.* appeal
appellationsdomstol court of appeal
applåd *s3* applause; *kraftiga* ~*er* enthusiastic (loud) applause (*sg*), *AE. o. vard.* a big hand; *hon hälsades med en* ~ she was greeted with applause **-era** applaud; cheer, clap
apport [-'årt] *interj* retrieve; fetch it **-era** fetch; *jakt.* retrieve
aprikos *s3* apricot [tree]
april [-'ill, *äv.* -'i:l] *r* April; *narra ngn* ~ make an April fool of s.b.; ~ ~*!* *April fool!* **-skämt** April fools' joke
apropå I *adv* by the bye (way); *helt* ~ incidentally; casually; quite unexpectedly **II** *prep* apropos of, with regard to **III** *s6, s4, som ett* ~ *till detta* in this connection, as an illustration of this
aptit *s3* appetite; *ha* ~ *på livet* have an appetite for life; *ha god* ~ have a hearty appetite; ~*en kommer medan man äter* appetite comes with eating **-lig** [-'ti:t-] *a1* appetizing; savoury (*ej om söta rätter*); (*lockande*) inviting; (*smaklig*) tasty; (*läcker*) delicious; (*för ögat*) dainty **-retande** *a4* appetizing, tempting; *vard. äv.* mouthwatering
arab *s3* Arab, Arabian **Arabien** [a'ra:-] *n* Arabia
arab|isk [a'ra:-] *a5* Arabian, Arabic; Arab **-iska** *s1* **1** (*språk*) Arabic **2** Arab[ian] woman
arbeta work, be at work (*med* with); (*tungt*) labour; (*mödosamt*) toil; (*fungera*) operate, work; ~ *bort* get rid of, eliminate; ~ *ihjäl sig* work o.s. to death; ~ *på* att strive to; ~ *på ngt* work at s.th.; ~ *upp en affär* work up a business; ~ *upp sig* improve [in one's work]; ~ *ut sig* wear o.s. out; ~ *över* be on (work) overtime; ~ *sig trött* tire o.s. out with work; ~ *sig upp* work one's way up, make one's way [in the world]; *tiden* ~*r för oss* time is on our side; *det* ~*s för att få honom fri* forces are at work to release him (get him acquitted) **arbetad** *a5* manufactured, worked; (*om yta*) finished; (*om metall*) wrought
arbetar|e worker; labourer; (*i motsats t. arbetsgivare*) employee; *se äv. diverse-, fabriks-, kropps-, verkstadsarbetare* **-klass** working class **-parti** Labour Party **-regering** Labour Government **-rörelse** labour movement
arbete *s6* work; *abstr. äv.* labour; (*sysselsättning*) employment, job; (*möda*) toil; ~*n i äkta silver* real silver handicraft products; *ett ansträngande* ~ hard work; *ett fint* ~ fine workmanship; *offentliga* ~*n* public works; *med sina händers* ~ by the labour of one's hands; *ha* ~ *hos* be employed by; *mista sitt* ~ lose one's job; *nedlägga* ~*t* stop work, go on strike, strike, down tools; *sätta i* ~ put to work; *vara under* ~ be in preparation, be under construction; *vara utan* ~ be out of work (unemployed) **arbetsam** *a1* industrious, hard-working; (*mödosam*) laborious
arbets|besparande *a4* labour-saving **-bi** worker [bee] **-bord** worktable; desk **-bänk** [work]bench **-börda** workload, amount of work to be done **-dag** working day, *i sht AE.* workday **-domstol** labour (industrial) court, (*i Storbritannien*) Central Arbitration Committee; ~*en* [the Swedish] labour court **-för** *a5* fit for work, able-bodied; ~ *ålder* working age; *partiellt* ~

physically handicapped **-förmedling** employment office, jobcentre; ~**en** (*i Storbritannien*) the Employment Service Agency
arbetsgivaravgift general payroll tax
arbetsgivar|e employer; master **-förening** employers' association; *Svenska A~en* [the] Swedish Employers' Confederation **-uppgift** particulars supplied by employer [regarding salaries *etc.*]
arbets|glädje pleasure in one's work **-inkomst** wage earnings (*pl*), income from work **-insats** work done; work effort, performance **-kamrat** workmate **-konflikt** labour dispute (conflict) **-kraft** labour, manpower; *en bra* ~ a good worker **-ledare** foreman (*fem.* forewoman), supervisor **-ledning** [labour] management **-liv** working life **-livserfarenhet** [professional] experience **-lokal** workroom; factory premises (*pl*) **-lust** zeal, zest **-läger** work camp **ai b̶e̶t̶u̶l̶Du̶** u̶n̶e̶m̶p̶l̶o̶y̶e̶d̶, o̶u̶t̶ o̶f̶ w̶o̶r̶k̶, *e̶n̶* ~ a̶n̶ u̶n̶employed person; *de* ~*a* the unemployed **-het** unemployment
arbetslöshets|försäkring unemployment insurance **-kassa** unemployment fund **-understöd** unemployment benefit (*AE.* compensation); *vard.* dole
arbetsmarknad labour market
arbetsmarknads|departement ministry of labour; *AE.* department of labor **-minister** minister of labour; *AE.* secretary of labor **-politik** labour market policy **-styrelse** ~*n* [the Swedish] national labour market board; (*i Storbritannien*) the Manpower Services Commission **-utbildning** vocational advancement
arbets|miljö work environment **-människa** hard worker **-namn** [tentative] working title **-narkoman** workaholic **-nedläggelse** [work] stoppage, strike **-plats** place of work; *byggn. äv.* [working] site; (*lokal*) [factory] premises (*pl*), office **-ro** quiet (peace of mind) essential for work; good working atmosphere **-rum** workroom, study **-rätt** *jur.* labour law **-styrka** labour force, number of hands **-sökande** jobseeker **-tagare** employee; (*arbetare*) wage earner (*AE.* worker); (*tjänsteman*) salaried employee **-tid** working hours, hours of work (*pl*); *efter* ~*ens slut* after hours **-tillstånd** work permit **-uppgift** task, assignment **-vecka** working week, *i sht AE.* work week
Ardennerna [-'denn-] *pl* the Ardennes
area ['a:-] *s1* area **areal** *s3* area, space; (*jordegendoms*) acreage
arena [a×re:na] *s1* arena; *bildl.* scene of action
arg [-j] *a1* (*vred*) angry (*på ngn* with s.b.; *på ngt* at s.th.); *AE. o. vard.* mad; (*illvillig*) malicious, illnatured; (*ilsken*) savage; ~ *fiende* bitter enemy; *en* ~ *hund* a savage (vicious) dog; ~*a konkurrenter* keen competitors, (*starkare*) ruthless rivals; *ana* ~*an list* suspect mischief, *vard.* smell a rat; *bli* ~ get angry (*på ngn* with s.b.); ~*a katter får rivet skinn* quarrelsome dogs get dirty coats (come limping home) **-bigga** *s1* shrew, vixen
Argentina [-×ti:-] *n* Argentina, the Argentine
argentinsk [-'ti:-] *a5* Argentine, Argentinean
argsint [×arj-] *a1* ill-tempered, irascible
argument *s7* argument **-ation** argumentation;

arguing **-era** argue
aria ['a:-] *s1* aria
arisk ['a:-] *a5* Aryan, Arian
aristo|krat aristocrat **-krati** *s3* aristocracy **-kratisk** [-'kra:-] *a5* aristocratic
aritmet|ik *s3* arithmetic **-isk** [-'me:-] *a5* arithmetic[all]; ~*t medium* arithmetic mean; ~ *serie* arithmetic progression, (*summa*) arithmetic series
1 ark *s2* ark; *förbundets* ~ the Ark of Covenant; *Noas* ~ Noah's Ark
2 ark *s7* sheet [of paper]; (*del av bok*) sheet, section; *falsade* ~ folded sheets
arkad *s3* arcade
arkebuser|a [-k-] shoot **-ing** execution by a firing squad
arkeo|log arch[a]eologist **-logi** *s3* arch[a]eology **-logisk** [-'lå:-] *a5* arch[a]elogical
arkitekt [-ki- *el.* -çi-] *s3* architect **arkitektonisk** [-ki- *el.* -çi-, -'to:-] *a5* architectural, architectonic **arkitektur** architecture
arkiv [-k-] *s7* archives (*pl*); (*dokumentsamling äv.*) records (*pl*); (*bild- o.d.*) library; (*ämbetsverk*) record office **-arie** [-'va:-] *s5* archivist; keeper of public records; *förste* ~ senior archivist **-era** file **-exemplar** (*lagstadgat*) statutory copy; (*hand.*) voucher copy; (*kontorsterm*) file copy
Arktis ['ark-] *n* the Arctic [zone] **arktisk** ['ark-] *a5* Arctic
arm *s2* arm; (*av flod, ljusstake etc.*) branch; *lagens* ~ the arm of the law; *med* ~*arna i kors* with folded arms; *med öppna* ~*ar* with open arms; *på rak* ~ (*bildl.*) offhand, straight; *bjuda ngn* ~*en* offer a p. one's arm; *gå* ~ *i* ~ walk arm in arm; *hålla ngn under* ~*arna* (*bildl.*) back up (support) s.b.; *slå* ~*arna om halsen på ngn* fling one's arms [a]round a p.'s neck
armada [-×ma:-] *s1* armada
armatur 1 *elektr.* [electric] fittings (*pl*); (*ljus-*) lighting fitting **2** *tekn.* (*tillbehör*) accessories (*pl*); (*ankare*) armature
arm|band bracelet **-bandsur** wristwatch **-bindel** armlet, armband; *med.* sling **-borst** crossbow **-båge** elbow
armé *s3* army **-gevär** service (army) rifle **-ledning** army headquarters (*pl*) **-lotta** member of the Women's Royal Army Corps (W.R.A.C.); *AE.* member of the Women's Army Corps (WAC); *vard.* Wrac, *AE.* Wac
Armenien [-'me:-] *n* Armenia
armer|a (*beväpna*) arm; (*förstärka*) reinforce; ~*d betong* reinforced concrete **-ing** (*beväpning*) armament; (*förstärkning*) reinforcement **-ingsjärn** reinforcing bar (iron)
arméstab army staff
arm|gång travelling along the [horizontal] bar **-håla** armpit **-krok** arm in arm; *gå* ~ walk arm in arm
armslängd *på* ~*s avstånd* at arm's length
arm|styrka strength of [one's] arm **-stöd** elbow rest; (*på stol*) arm [of a chair] **-svett** underarm perspiration
arom [a'rå:m] *s3* aroma, flavour **-atisk** [-'ma:-] *a5* aromatic; ~ *förening* aromatic compound; ~*t kolväte* aromatic hydrocarbon

A

arrang|emang [-ŋʃe- *el.* -nʃe-] *s7, s4* arrangement; organization **-era** arrange; organize; (*iscensätta*) stage **-ör** [-ŋ'ʃö:r *el.* -n'ʃö:r] arranger; organizer

arrendator [-ˣa:tår] *s3* tenant [farmer], leaseholder; lessee **arrende** [aˣrende *el.* a'rende] *s6* (*-förhållande*) lease, tenancy; (*-tid*) lease; (*-avgift*) rent[al]; *betala* (*få*) *1 000 pund i* ~ pay (get, receive) a rent of 1,000 pounds **arrendera** lease, rent, take on lease; ~ *ut* let out on lease, lease out

arrest *s3* custody, detention; *mil.* arrest; (*lokal*) jail, gaol, *mil.* guardroom; *AE.* brig (*särsk. i fartyg*); *mörk* ~ confinement in a dark cell; *sträng* ~ close arrest; *sitta i* ~ be [kept] in custody; *sätta i* ~ place under arrest

arrester|a arrest, take into custody **-ing** arrest[ing] **-ingsorder** warrant [of arrest]

arrog|ans [-'ans *el.* -'aŋs] *s3* arrogance, haughtiness **-ant** [-'ant *el.* -'aŋt] *a1* arrogant, haughty; *vard.* high and mighty

arsel *s7* arse, bum, backside; *AE.* ass

arsenal *s3* arsenal (*äv. bildl.*), armoury

arsenik *s3* arsenic

art [a:rt] *s3* **1** (*sort*) kind, sort **2** (*natur*) nature, character **3** *biol.* species

arta [ˣa:rta] *rfl* shape; ~ *sig väl* shape well; *vädret tycks* ~ *sig* the weather is looking up

artificiell *a1* artificial; (*konstlad*) sham; ~ *insemination* artificial insemination; ~ *intelligens* artificial intelligence

artig [ˣa:r-] *a1* polite, courteous (*mot* to); (*svagare*) civil (*mot* to); (*uppmärksam*) attentive (*mot* to) **-het** politeness, courtesy; attention; *av* ~ out of politeness; *säga ngn en* ~ pay s.b. a compliment, flatter s.b.

artikel [-'tick-] *s2* article

artilleri artillery, ordnance **-eld** artillery fire, gunfire

artillerist artilleryman, gunner

artist (*målare etc.*) artist; (*om skådespelare, musiker e.d.*) artiste **-eri** artistry **-isk** *a5* artistic **-namn** (*skådespelares*) stage name

arton [ˣa:rtån] eighteen **-de** eighteenth **-[de]del** eighteenth [part]

artonhundra eighteen hundred **-femtio** eighteen [hundred and] fifty **-nittiotalet** *på* ~ in the [eighteen] nineties **-talet** *på* ~ in the nineteenth century

arton|tiden *vid* ~ about 6 p.m., about six o'clock in the evening **-årig** *a1* eighteen-year-old; ~ *vänskap* a friendship of eighteen years' standing; *en* ~ *pojke* a boy of eighteen **-åring** a boy (girl *etc.*) of eighteen, an eighteen-year-old boy (*etc.*) **-årsåldern** *i* ~ about eighteen [years of age]

artär *s3* artery

arv *s7* inheritance, (*testamenterad egendom*) legacy; *biol.* inheritance; (*andligt*) heritage; *få ett stort* ~ come into a fortune; *få i* ~ inherit; *gå i* ~ be handed down; *lämna ngt i* ~ *åt ngn* leave s.th. [as a legacy] to s.b.; *skifta* ~ divide an inheritance, distribute an estate (the estate of a deceased person); *den är ett* ~ *efter min mor* my mother left it to me; *rött hår är ett* ~ *i släkten* red hair runs in the family

arvfiende hereditary foe

arving|e *s2* heir, *fem.* heiress; *utan -ar* without issue, heirless

arvlös disinherited; *göra* ~ disinherit, cut out of a will

arvode *s6* remuneration; (*t. läkare etc.*) fee

arvsanlag gene

arvskifte distribution of an estate; division of an inheritance

arvsskatt death (succession) duty, inheritance tax

as *s7* (*djurlik*) carcass, carrion

asbest ['ass-] *s2* asbestos

asch [aʃ] pooh!

asfalt [*äv.* 'ass-] *s3* asphalt, bitumen **-era** asphalt, coat with asphalt

asfull *vard.* tight, canned, smashed, dead drunk

asiat *s3*, **-isk** *a5* Asian **Asien** ['a:-] *n* Asia; *Främre* ~ the Middle East; *Mindre* ~ Asia Minor

1 ask *s2, bot.* ash [tree]; *av* ~ (*äv.*) ash[en]

2 ask *s2* box; (*bleck-*) tin [box]; *en* ~ *cigaretter* a packet of cigarettes

aska I *s2* ashes (*pl*); (*av visst slag*) ash; *ur* ~*n i elden* out of the frying pan into the fire **II** *v*, ~ [*av*] knock the ash off

A-skatt *ung.* pay-as-you-earn (P.A.Y.E.)

asket *s3* ascetic **-isk** [-'ke:-] *a5* ascetic[al]

askfat ashtray

askorbinsyra [-ˣbi:n-] ascorbic acid

Askungen Cinderella

asocial *a1* antisocial, asocial

asp *s2, bot.* aspen; *av* ~ (*äv.*) aspen

aspekt *s3* aspect

aspir|ant applicant, candidate (*till* for); trainee; *bildl.* aspirant (*på, till* to); mil. cadet **-era 1** *språkv.* aspirate **2** ~ *på* aspire to, aim at

aspirin *s4* aspirin

ass *s7, mus.* A flat

assessor [aˣsessår] *s3* assessor; deputy judge

assiett [a'ʃett] *s3* (*tallrik*) small plate; (*maträtt*) hors d'œuvre dish

assimil|ation assimilation **-era** assimilate

assist|ans [-'ans *el.* -'aŋs] *s3* assistance **-ent** assistant; (*tjänstetitel*) clerical officer **-era I** (*hjälpa till*) assist; act as assistant **II** (*hjälpa*) assist, help

associ|ation association **-era** associate; ~ *sig med* associate with **-ering** association

assurera insure; ~*t brev* insured letter

Assyrien [a'sy:-] *n* Assyria **assyrisk** [a'sy:-] *a5* Assyrian

aster ['ass-] *s2, bot.* aster

astigmatisk [-'ma:-] *a5* astigmatic

astma *s1* asthma

astmat|iker [-'ma:-] *s9*, **-isk** [-'ma:-] *a5* asthmatic

astro|log astrologer, astrologist **-logi** *s3* astrology **-naut** *s3* astronaut **-nom** astronomer **-nomi** *s3* astronomy **-nomisk** [-'nå:-] *a5* astronomic[al]; ~ *enhet* astronomical unit; ~ *navigation* celestial navigation, astronavigation

asyl *s3* asylum, [place of] refuge; (*fristad*) sanctuary

ate|ism atheism **-ist** atheist

ateljé *s3* studio; (*sy- etc.*) workroom

Aten *n* Athens

Atlanten [-'lann-] *n* the Atlantic [Ocean]

atlas ['att-] *s3* (*kartbok*) atlas (*över* of); (*kota*) atlas

atlet *s3* athlete; (*stark man*) strong man, Hercules **-isk** *a5* athletic

atmosfär *s3* atmosphere **-isk** atmospheric[al]; ~*a störningar* atmospherics; *radio. äv.* [radio] interference

atom [a'tå:m] *s3* atom **-bomb** atom[ic] bomb, A-bomb, fission bomb **-fysik** nuclear physics **-kärna** [atomic] nucleus **-vikt** atomic weight

ATP [ate'pe:] *r* (*förk. för allmän tilläggspensionering*) *se* tilläggspensionering

att I *infinitivmärke* to; ~ *vara eller inte vara* to be or not to be; ~ *åka skidor är roligt* skiing is fun; *genom* ~ *arbeta* by working; *av utseendet* ~ *döma* judging (to judge) by appearances; *envisas med* ~ *göra ngt* persist in doing s.th.; *efter* ~ *ha misslyckats* having failed; *vanan* ~ *röka* the habit of smoking; *skicklig i* ~ *sy* good at sewing; *sannungen* ~ *säga* to tell the truth; *han lämnade landet för* ~ *aldrig återvända* he left the country never to return; *han var rädd* ~ *störa henne he was afraid of disturbing her; *han är inte* ~ *leka med* he is not [a man] to be trifled with, he is not one to stand any nonsense; *jag kunde inte låta bli* ~ *skratta* I could not help laughing; *vad hindrar honom från* ~ *resa* what prevents him from going **II** *konj* that; *på det* ~, *så* ~ [in order] that, so that; *under det* ~ while; whereas; *vänta på* ~ *ngn skall komma* wait for s.b. to come; *förlåt* ~ *jag stör* excuse my (me) disturbing you; ~ *du inte skäms!* you ought to be ashamed of yourself!; ~ *jag inte tänkte på det!* why didn't I think of that!; *utan* ~ *ngn såg honom* without anyone seeing him; *frånsett* ~ *han inte tycker om musik* apart from the fact that he does not like music; *jag litar på* ~ *du gör det* I rely on your doing it, I am relying on you to do it; *jag trodde* ~ *han skulle komma* I thought [that] he would come; *jag är glad* ~ *det är över* I am glad [that] it is over; *så dumt* ~ *jag inte kom ihåg det* how stupid of me not to remember it; *säg till honom* ~ *han gör det* tell him to do it

attaché [-'ʃe:] *s3* attaché **-väska** attaché case

attack *s3* attack (*mot, på* on); (*sjukdoms-*) attack, fit **-era** attack

attentat *s7* attempt (*mot ngn* on a p.'s life), attempted assassination; (*friare*) outrage (*mot* on)

attest *s3* attestation (*på* to); certificate, testimonial **-era** attest, certify

attityd *s3* attitude; posture, pose

attrahera attract

attrak|tion [-k'ʃo:n] attraction, appeal **-tiv** *a1* attractive, appealing

attrapp *s3* dummy

attribut *s7* attribute

audiens [au-] *s3* audience; *få* ~ *hos* obtain an audience of (with); *mottaga ngn i* ~ receive s.b. [in audience]; *söka* ~ *hos* seek an audience with

augusti [au'gusti] *r* August

auktion [auk'ʃo:n] [sale by] auction, [public] sale (*på* of); *exekutiv* ~ compulsory auction; *köpa på* ~ buy at an auction; *sälja på* ~ sell by auction **-era** ~ *bort* auction [off], auctioneer, sell by auction

auktionsförrättare auctioneer

---

auktoris|ation authorization **-era** authorize; ~*d revisor* chartered accountant

auktori|tativ *a1* authoritative; *på* ~*t håll* in authoritative circles **-tet** authority **-tär** *a5* authoritarian

aula ['au-] *s1* assembly hall, lecture hall; *AE.* auditorium

Australien [au'stra:-] *n* Australia

austral|iensare [-ˣensa-] *s9*, **-ier** [-'stra:-] *s9*, **-isk** [-'stra:-] *a5* Australian

autentisk [-'tenn-] *a5* authentic

autograf *s3* autograph

automat [au-] automatic machine, automaton; (*varu-*) slot machine; vending machine, automat; (*person*) automaton

automa|tik [au-] *s3* automatism **-tion** automation

automatiser|a introduce automatic operation; automate; *tel.* automatize **-ing** automation, automatization

automat|isk [-'ma:-] *a5* automatic; ~ *databehandling* automatic data processing **-växel** *tel.* automatic switchboard; (*i bil*) (-*växellåda*) automatic gearbox (transmission), (-*växling*) automatic gear-change

autonomi [au-] *s3* autonomy

av I *prep* **1** *vanl.* of; ~ *god familj* of good family; *född* ~ *fattiga föräldrar* born of poor parents; *en man* ~ *folket* a man of the people; *en man* ~ *heder* a man of honour; *drottningen* ~ *England* the queen of England; *ett tal* ~ *Churchill* a speech of Churchill's (*jfr 2*); *turkarnas erövring* ~ *Wien* the conquest of Vienna by the Turks; *ingen* ~ *dem* none of them; *ägaren* ~ *huset* the owner of the house; *hälften* ~ *boken* half [of] the book; *en klänning* ~ *siden* a dress of silk, a silk dress; *byggd* ~ *trä* built of wood; *till ett pris* ~ at a (the) price of; *en del* ~ *tiden* part of the time; *i två fall* ~ *tre* in two cases out of three; *ett avstånd* ~ *fem kilometer* a distance of five kilometres; *det var snällt* ~ *dig* it was kind of you; *vad har det blivit* ~ *henne?* what has become of her? **2** (*betecknande den handlande, medlet*) by; ~ *en händelse* by chance; ~ *misstag* by mistake; ~ *naturen* by nature; *ett tal* ~ *Churchill* a speech made by Churchill (*jfr 1*); *författad* ~ *Byron* written by Byron; *hatad* ~ *många* hated by many; *leva* ~ *sitt arbete* live by one's work **3** (*betecknande orsak*) *a*) (*t. ofrivillig handling el. tillstånd*) with, *ibl.* for, *b*) (*t. frivillig handling*) out of, *c*) (*i en del stående uttryck*) for, on; ~ *allt mitt hjärta* with all my heart; ~ *brist på* for want of; ~ *den anledningen* for that reason; ~ *fruktan för* for fear of; ~ *nyfikenhet* out of curiosity; ~ *olika orsaker* for various reasons; ~ *princip* on principle; *darra* ~ *köld* (*rädsla*) shiver with cold (fear); *gråta* ~ *glädje* weep for joy; *leva* ~ *fisk* live on fish; *skrika* ~ *förtjusning* scream with delight; *utom sig* ~ *raseri* beside o.s. with rage **4** *göra ngt* ~ *sig själv* do s.th. by o.s. (of one's own accord); *det faller* ~ *sig själv[t]* it is a matter of course; *det går* ~ *sig själv[t]* it runs by (of) itself **5** (*från*) from; (*bort från*) off; ~ *egen erfarenhet* from [my own] experience; ~ *gammalt* from of old; ~ *gammal vana* from force of habit; *svart* ~ *sot* black from soot; *en present* ~ *min mor* a present from my mother; *få* (*köpa, låna, veta*) *ngt* ~ *ngn* get (buy, borrow, learn) s.th. from s.b.; *gnaga köttet* ~ *benen* gnaw the meat off the bones; *hoppa* ~ *cykeln* jump off one's bicycle; *stiga* ~ *tåget* get off the train; *ta* ~ [*sig*] *skorna* take one's shoes off; ~ *jord är du kommen* from dust art thou come; *det kommer sig* ~ *att jag har* it comes from my having; *vi ser* ~ *Ert brev* we see from your letter **6** (*oöversatt el. annan konstruktion*) ~ *bara tusan* like hell; *med utelämnande* ~ excluding; *rädd* ~ *sig* timid, timorous; *bryta nacken* ~ *sig* break one's neck; *njuta* ~ enjoy; *vara* ~ *samma färg* be the same colour **II** *adv* **1** ~ *och an* to and fro, up and down; ~ *och till* now and then, occasionally **2** (*bort*[*a*], *ner, i väg*) off; *ge sig* ~ start off; *ramla* ~ fall off (*hästen* the horse); *stiga* ~ *tåget* get off the train; *ta* ~ *till höger* turn [off to the] right; *torka* ~ *dammet* wipe off the dust **3** *borsta* ~ *en kappa* brush a coat, give a coat a brush; *diska* ~ *tallrikarna* wash up the plates; *klä* ~ *ngn* undress s.b.; *lasta* ~ unload; *rita* (*skriva*) ~ copy; *svimma* ~ faint away **4** (*itu*) in two; (*bruten*) broken; *benet är* ~ the leg is broken; *åran gick* ~ the oar snapped in two

avancera [-aṇse-] advance; be promoted, rise; ~*d* advanced, progressive, (*djärv*) bold, daring
avbalk|**a** partition off **-ning** partitioning off; *konkr.* partition
avbeställ|**a** cancel **-ning** cancellation
avbetal|**a** pay off, pay by instalments **-ning** (*belopp*) instalment; (*system*) hire-purchase plan, AE. installment buying; *köpa på* ~ buy on the hire-purchase plan **-ningsköp** (*entaka*) hire-purchase transaction; *koll.* hire-purchase
av|**bild** representation; copy; *han är sin fars* ~ he is the very image of his father **-bilda** reproduce; draw, paint **-bildning** reproduction
avblås|**a** bring to an end; (*strid*) call off; *se äv. blåsa av* **-ning** *sport.* stoppage of game
av|**blända** shade; *foto.* stop down; *se äv. blända av* **-boka** cancel
avbrott 1 (*uppehåll*) interruption, break; (*upphörande*) cessation, stop[page], intermission; (*i radioutsändning*) breakdown [in transmission]; *ett* ~ *i fientligheterna* a cessation of hostilities; *ett angenämt* ~ a pleasant break; *ett kort* ~ *i regnandet* a short break in the rain; *utan* ~ without stopping, continuously, without a break **2** (*motsats*) contrast, change; *utgöra ett* ~ *mot* make a change in, break the monotony of
avbryta break off, interrupt; cut off; ~ *ngn* (*vard.*) break (butt) in on s.b.; ~ *en resa* break a journey; ~ *ett samtal* cut short a conversation; ~ *förhandlingar* break off negotiations; ~ *sitt arbete* stop work, leave off working; ~ *sig* check o.s., stop speaking; *se äv. bryta av*
av|**bräck** *s7* (*skada*) damage, injury; (*men*) disadvantage; *lida* ~ suffer a setback **-bytare** replacement, relief, substitute; (*för chaufför*) driver's mate; (*vid motortävling*) co-driver **-böja** decline, refuse; ~ *ett erbjudande* decline an offer; ~*nde svar* refusal, answer in the negative **-bön** apology; *göra* ~ apologize
avdel|**a** (*uppdela*) divide [up] (*i* into), partition [off]; divide off; *mil.* detail, tell off **-ning** (*del*) part; (*avsnitt*) section; (*av skola, domstol*) divi-

sion; (*av företag*) department, division; (*sjukhus-, fängelse-*) ward; (*i skåp*) compartment; *mil.* detachment, unit; (*av flotta, flyg*) division, squadron
avdelnings|**chef** (*i departement*) *ung.* undersecretary; (*i ämbetsverk*) head of a department; (*i affär*) departmental manager **-kontor** branch [office]
avdrag 1 deduction; (*beviljat*) allowance; (*rabatt äv.*) reduction; (*på skatt*) abatement, relief; ~ *för inkomstens förvärvande* professional outlay (expenses *pl*); *efter* ~ *av omkostnaderna* expenses deducted; *med* ~ *för* after a deduction of; *göra* ~ *för* deduct; *yrka* ~ *med 1 000 pund* claim a deduction of 1,000 pounds **2** *boktr.* proof [sheet], pull, impression **avdragsgill** deductible; ~*t belopp* allowable deduction
avdunst|**a** evaporate; (*försvinna*) clear off (out) **-ning** evaporation
avel ['a:-] *s2* breeding, rearing **avelsdjur** breeder; *koll.* breeding-stock
aveny *s3* avenue
av|**fall 1** (*avskräde*) waste, refuse; (*köks-*) garbage, rubbish; (*vid slakt*) offal; *radioaktivt* ~ radioactive waste[s *pl*] **2** *bildl.* falling away, backsliding; (*från parti*) desertion, defection; (*från religion*) apostasy **-fallskvarn** [garbage] disposer
av|**fart**[**sväg**] slip road, turn-off; exit [road] **-fatta** word, indite; (*avtal*) draw up; (*lagförslag*) draft **-fetta** defat, degrease **-folka** [-å-] depopulate **-frosta** [-å-] defrost
avfyr|**a** fire (off], discharge **-[n]ingsramp** launch[ing] pad
av|**fälling** apostate, renegade, backslider **-färd** [-ä:-] departure, going away, start **-färda** [-ä:-] **1** (*skicka*) dispatch, send off **2** (*bli färdig med*) dismiss (finish with) (*ngn* s.b.); finish (*ngt* s.th.); *jag låter inte* ~ *mig så lätt* I am not going to be put off that easily
avför|**a 1** (*bortföra*) remove, carry off **2** (*utstryka*) cancel, cross out (*från* from); ~ *från dagordningen* remove from the agenda; ~ *ur ett register* strike off a register **-ing 1** removal, cancelling **2** *med.* evacuation [of the bowels], motion; *konkr.* motions (*pl*), faeces (*pl*) **-ingsmedel** laxative; purgative
avgas exhaust [gas] **-renare** exhaust purifier [device] **-rör** exhaust pipe
avge (*ge ifrån sig, avsöndra*) emit, give off; yield **2** (*lämna, avlägga*) give; ~ *ett omdöme om* give (deliver) an opinion on; ~ *protest* make (lodge) a protest; ~ *sin röst* vote, cast one's vote; ~ *vittnesmål* give evidence, testify
avgift [-j-] *s3* charge; (*medlems- etc.*) fee, dues (*pl*); (*tull-*) duty; (*hamn-*) dues (*pl*); (*för färd*) fare; *extra* ~ surcharge, additional charge; *för halv* ~ at half price (fare, fee); *mot* ~ at a fee; *utan* ~ free of charge
avgifta [-j-] detoxify; detoxicate
avgiftsbelagd *a5* subject to a charge
av|**gjord** decided; (*påtaglig*) distinct; definite; -*gjort!* done!, it's a bargain!; *en* ~ *förbättring* a marked improvement; *en* ~ *sak* a settled thing; *en på förhand* ~ *sak* a foregone conclusion **-gjutning** casting; *konkr.* cast
avgrund *s3* abyss, precipice; (*klyfta*) chasm;

(*svalg*) gulf; *bildl.* pit; (*helvete*) hell **avgrunds-djup l** *a5* abysmal, unfathomable **ll** *s7* [abysmal] depths (*pl*), abyss

avgräns|a demarcate, delimit; *klart ~d* clearly defined **-ning** demarcation, delimitation

av|gud idol, god **-guda** idolize, adore (*äv. bildl.*)

avgå 1 leave, start, depart; (*om fartyg äv.*) sail (*till* for); *~ende tåg* (*i tidtabell o.d.*) outgoing trains, departures [of trains] **2** (*avsändas*) be sent off (dispatched) (*till* to); *~ende brev* outgoing letters; *~ende gods* outward goods **3** *bildl.* retire, resign; *~ med döden* decease; *~ med seger* come off (emerge, be) victorious **4** (*vid räkning*) be deducted; *78 kr ~r för omkostnader* less 78 kronor for expenses **5** (*förflyktigas*) evaporate, vanish **avgång 1** departure, (*fartyg äv.*) sailing (*från* from; *till* to, for) **2** (*persons*) retirement, resignation; *naturlig ~* natural wastage

avgångs|betyg leaving certificate **-examen** final (leaving) examination **-hall** departure hall **-signal** starting signal **-tid** time of departure **-vederlag** severance pay; *vard.* golden handshake

avgör|a decide; (*bedöma*) determine (*huruvida* whether); (*slutgiltigt bestämma*) settle, conclude **-ande l** *a4*, *~ beslut* final decision; *~ betydelse* vital importance; *~ faktor* determining factor; *~ prov* crucial test; *~ seger* (*steg*) decisive victory (step); *~ skäl* conclusive argument; *~ stöt* decisive blow, *~ögonblick* critical (crucial) moment **ll** *s6* (*jfr avgöra*); deciding, decision; determination; settlement; conclusion; *i ~ts stund* in the hour of decision; *träffa ett ~* make a decision

av|handla (*förhandla om*) discuss; (*behandla*) deal with, treat [of] **-handling** (*skrift*) treatise; (*akademisk*) thesis, dissertation; (*friare*) essay, paper (*över* on) **-hjälpa** (*fel*) remedy; (*missförhållande*) redress; (*nöd*) relieve; (*brist*) supply; (*skada*) repair; *skadan är lätt att ~* the damage is easily remedied (put right) **-hoppare** *polit.* person seeking political asylum, defector

avhåll|a 1 (*hindra*) keep, restrain, deter, prevent (*från* from) **2** (*möte o.d.*) hold **3** *~ sig från* a) keep away from, *b*) (*nöjen o.d.*) abstain from, *c*) (*att uttala sin mening*) refrain from, *d*) (*undvika sällskap med*) shun, avoid; *~ sig från att röka* abstain from smoking **-en** *a5* beloved, dear[ly loved], cherished; (*svagare*) popular **-sam** *al* temperate, abstemious **-samhet** temperance, abstemiousness; *fullständig ~* total abstinence

avhämtning collection; *till ~* (*om paket*) to be called for

avi *s3* advice, notice; *~ om försändelse* dispatch note

avig *al* **1** wrong; inside out; (*i stickning*) purl **2** (*om person*) awkward

avig|a *sl*, **-sida** *sl* wrong side, back, reverse; *det har sina ~sidor* it has its drawbacks

avisa [ˣaːv-] *vl* de-ice

aviser|a advise, notify, inform **-ing** (*aviserande*) advising; (*avi*) advice

avkast|a 1 throw off; *~ oket* shake off the yoke **2** *ekon.* yield, bring in; (*om jord äv.*) produce, bear **-ning** proceeds (*pl*), return[s *pl*], yield; (*behållning*) takings (*pl*), (*vinst*) profit; (*gröda etc.*) produce; *årlig ~* annual yield (returns *pl*);

ge god ~ yield well

av|komma [-å-] *sl* offspring, progeny; *jur.* issue **-koppling** *tekn.* uncoupling, disconnection; (*avspänning*) relaxation **-krok** out-of-the-way spot (corner); *han bor i en ~* he lives at the back of beyond (*AE. vard.* the sticks) **-kunna** *vl* pronounce, deliver, pass; (*lysning*) publish; *~ ett utslag* record a verdict **-kyla** cool, refrigerate; *bildl.* cool down, dampen **-kylning** cooling, refrigeration, chilling

avla [ˣaːv-] beget; (*om djur o. bildl.*) breed, engender; *~ av sig* multiply

avlagring deposit, stratum (*pl* strata), layer

avlast|a (*befria från last*) unload; (*varor*) discharge; unship; *bildl.* relieve **-ning** unloading; discharge; *fys.* stress-relieving, load-relieving; *bildl.* relief

avled|a carry off; (*vatten*) drain, draw off; (*friare*) turn away (off), divert (*blixt*) conduct, *språkv.* derive; *~ misstankarna från* turn away suspicion from; *~ ngns uppmärksamhet* divert a p.'s attention **-are** conductor; *bildl.* diversion **-ning** conduction; diversion; *språkv.* derivative

av|lida die, expire, pass away (on, over) **-liden** *a5* deceased, dead; *den -lidne* the deceased, AE. the decedent; *den -lidne president R.* the late President R.

av|liva put to death, kill; (*sjuka djur*) destroy; *bildl.* confute, scotch **-locka** *~ ngn en bekännelse* draw a confession from s.b.; *~ ngn en hemlighet* worm (lure) a secret out of s.b.; *~ ngn ett löfte* extract a promise from s.b.; *~ ngn ett skratt* make s.b. laugh; *~ ngn upplysningar* elicit information from s.b.

avlopp [out]flow, outlet; sewer, drain; (*i badkar o.d.*) drain, plug-hole

avlopps|dike drainage ditch **-rör** discharge (waste) pipe, drainpipe, sewer; (*för ånga*) exhaust pipe **-vatten** waste water; sewage

av|lossa fire [off], discharge **-lyssna** listen to; (*ofrivilligt*) overhear; *~ telefonsamtal* tap [the wires] **-lyssning** (*av telefon*) wire-tapping **-lång** oblong; oval, elliptical **-lägga** **1** (*kläder*) leave off; lay aside (by) (*äv. bildl.*) **2** *~ en bekännelse* make a confession; *~ besök hos* pay a visit to, call upon; *~ ed* take an oath, swear; *~ examen* pass an examination; *~ rapport om* report on; *~ räkenskap för* render an account of, account for **-lägsen** *a3* distant; remote; *-na släktingar* distant relatives; *i en ~ framtid* in the remote future; *inte ha den -naste aning om* not have the remotest (faintest) idea about **-lägset** *adv* remotely, distantly; *~ liggande* (*äv.*) remote, out-of-the-way, far-off **-lägsna** remove; (*avskeda*) dismiss; (*göra främmande*) estrange, alienate; *~ sig* [*från*] go away, leave, retire, withdraw, (*för ögat*) recede

avläs|a read [off]; *~ ngt i ngns ansikte* read s.th. on a p.'s face **-ning** reading

avlön|a pay, remunerate **-ing** pay, remuneration; (*arbetares*) wages (*pl*); (*tjänstemans*) salary; (*prästs*) stipend **-ingsdag** payday **-ingslista** payroll

av|löpa (*sluta*) end; (*utfalla*) turn out; *~ lyckligt* turn out well, end happily

avlös|a (*vakt*) relieve; (*följa efter*) succeed; (*er-*

sätta) replace, displace; *teol.* absolve **-are** relief (*äv. mil.*); successor **-ning** relieving *etc.*; *mil.* relief; *teol.* absolution

avmagnetisera demagnetize; (*fartyg mot minor*) degauss

avmarsch march[ing] off, departure

1 avmaska (*vid stickning*) cast off

2 avmaska (*befria från mask*) deworm

avmatt|a weaken, enfeeble; (*utmatta*) exhaust **-as** grow weak, languish, flag, lose strength **-ning** flagging, weakening, languor, relaxed vigour

av|mätt *a4* measured, deliberate; (*reserverad*) reserved, guarded **-njuta** enjoy

avog *al* unkind **-het** averseness, aversion (*mot* to)

avokado [-'ka:-] *s5* **1** (*träd*) avocado **2** (*frukt*) avocado [pear], alligator pear

av|passa fit (*efter* to); *bildl. äv.* adapt, adjust (*efter* to); ~ *tiden för* time, choose the right time for **-pressa** ~ *ngn ngt* extort (extract) s.th. from s.b. **-reagera** abreact; ~ *sig* work off one's annoyance, *vard.* let off steam **-reda** thicken **-registrera** strike off a register; (*fordon*) deregister **-resa I** *v3* depart, leave, set out, start (*till* for) **II** *s1* departure, leaving, setting out (*till* for) **-ringning** ring[ing]-off **-rinna** flow (drain) away (off); *låta* ~ drain, stand to strain **-runda** round [off]; ~*d summa* round sum **-rusta** demobilize, disarm; *sjö.* lay up **-rustning** disarmament; *sjö.* laying up **-råda** ~ *ngn från ngt* advise (warn) s.b. against s.th., dissuade s.b. from s.th.; ~ *ngn från att komma* advise s.b. against coming (s.b. not to come), dissuade s.b. from coming **-räkna** deduct, discount; ~ *mot* apply against; *detta* ~*t* making allowance for that **-räkning** deduction, discount; *hand.* settlement [of accounts]; *i* ~ *mot* in settlement of, to be deducted from; *betala i* ~ pay on account **-rätta** execute, put to death (*genom* by); ~ *genom hängning* hang; ~ *med elektricitet* electrocute **-rättning** execution, putting to death; electrocution

av|saknad *r* want; *vara i* ~ *av* lack, be without **-sats** *s3* ledge, shelf; (*trapp-*) landing

avse 1 (*hänsyfta på*) concern, bear upon, have reference to, relate to **2** (*ha i sikte*) have in view, aim at **3** (*ha för avsikt*) mean, intend; ~*dd för* intended (designed, meant) for; ~*ende* concerning, bearing upon, referring to **avseende** *s6* (*syftning*) reference; (*beaktande*) consideration; (*hänseende*) respect, regard; *i alla* ~*n* in all respects, in every way; *i rättsligt* ~ from a judicial point of view; *i varje* (*intet, detta*) ~ in every (no, this) respect; *med* (*i*) ~ *på* with regard (reference, respect) to, regarding, concerning; *utan* ~ *på person* without respect of persons; *fästa* ~ *vid* take notice of, pay attention (heed, regard) to; *förtjäna* ~ deserve consideration; *ha* ~ *på* have reference to, refer to; *lämna utan* ~ pay no regard to, take no notice of, disregard

avsevärd *al* considerable, appreciable; ~ *rabatt* substantial discount

avsides aside; ~ *belägen* remote, out-of-the-way; *ligga* ~ lie apart

avsikt *s3* (*syfte*) intention; purpose; object, end; (*uppsåt*) design, motive; *jur.* intent; *i* ~ *att* for

the purpose of; *i bästa* ~ with the best of intentions; *med* ~ on purpose; *med* ~ *att* with the intention of (+ *ing-form*), *jur.* with intent to; *utan* ~ unintentionally; *utan* ~ *att såra* without intending to hurt; *utan ond* ~ without [an] evil intent; *ha för* ~ *att* have the intention to, intend to; *vad har hon för* ~ *med det?* what is her purpose in doing that? **-lig** *al* intentional; (*överlagd*) deliberate **-ligt** intentionally, on purpose

avskaffa abolish, get rid of, do away with; put an end to; (*upphäva*) repeal

avsked [-ʃ-] **1** (*entledigande*) dismissal, discharge; (*tillbakaträdande*) retirement, resignation; *begära* ~ hand in one's resignation; *få* ~ be dismissed; *få* ~ *med pension* retire on a pension; *få* ~ *på grått papper* be dismissed forthwith, *vard.* be turned off, be sacked; *ta* ~ *från* resign, leave **2** (*farväl*) parting, leave-taking, leave; farewell; *i* ~*ets stund* at the moment of parting; *ta* ~ *av* say farewell to, take leave of **avskeda** dismiss, discharge, give notice to; *vard.* fire, sack

avskeds|ansökan resignation; *inlämna sin* ~ hand in one's resignation **-ord** parting word

avskild secluded; isolated; *leva* ~ *från* live apart from **-het** retirement, seclusion; isolation

avskilja separate, detach; (*avhugga*) sever, cut off; (*avdela, t.ex. med skiljevägg*) partition [off]

avskjut|a fire, discharge; (*raket*) launch **-ning** firing, discharge; launching; (*av vilt*) shooting off **-ningsramp** launch[ing] pad

avskrift copy, transcript[ion]; *bevittnad* ~ attested copy; ~*ens riktighet bekräftas* I (we) certify this to be a true copy; *i* ~ in copy

avskriv|a 1 (*kopiera*) copy, transcribe; *rätt -et intygas* true copy certified by **2** *hand.* write off; depreciate **3** *jur.* remove from the cause list **-ning 1** *hand.* writing off; (*summa*) item written off; *vara på* ~ (*bildl.*) fall (go, pass) out of use **2** copying

avskräck|a *v3* frighten (*från att* from + *ing-form*); (*förhindra*) deter; (*svagare*) discourage; *han låter inte* ~ *sig* he is not to be intimidated **-ande** *a4* (*om exempel*) warning; (*om straff*) exemplary; (*om verkan*) deterrent; *verka* ~ act as a deterrent

av|skum scum; skimmings (*pl*); *bildl. äv.* scum, dregs (*pl*) **-skuren** *a5* cut [off], severed; isolated

avsky [-ʃy] **I** *v4* detest, abhor, loathe **II** *s2* disgust (*för, över* at); abhorrence (*för* of); loathing (*för* for); *känna* ~ *för* feel a loathing for; *vända sig bort i* ~ turn away in disgust **-värd** *al* abominable, detestable; *-värt brott* heinous crime

av|skärma screen off; *radio.* shield **-skärmning** screening; *radio.* shielding

avslag *s7* refusal, declining; (*på förslag*) rejection; *få* ~ *på* have turned down; *yrka* ~ move the rejection of the proposal **avslagen** *a5* rejected *etc.*, *se avslå*; (*om dryck*) stale, flat; dead

av|slappnad relaxed **-slappning** slackening, relaxation **-slipa** grind, polish [off]; (*om vatten*) wear away (down); (*juvel*) cut; *bildl.* rub off, polish

avslut|a 1 (*göra färdig*) finish [off], complete; (*ge en avslutning*) conclude, bring to an end; (*göra slut på*) end, close; ~*s* be finished off; come to an end; *sammanträdet ~des* the meeting was closed **2** (*göra upp köp o.d.*) conclude; (*räkenskaper*) balance **-ning 1** (*avslutande*) finishing off, completion; conclusion, concluding **2** (*avslutande del*) conclusion, finish; (*slut*) end, termination; *skol.* break-up [ceremony]; speech day; *AE.* commencement

avslutningsvis by way of conclusion, in conclusion

av|slå 1 *se slå av* **2** (*vägra*) refuse, decline, reject **3** (*avvärja*) repulse **-slöja** unveil; *bildl.* expose, unmask, disclose **-slöjande** *s6* unveiling; *bildl.* disclosure, revelation **-smak** dislike, distaste; (*starkare*) aversion (*för* to), disgust (*för* with); *få ~ för* take a dislike to; *känna ~* feel disgusted; *väcka ~* arouse disgust **-snitt** sector; (*av bok*) section, part; (*av följetong etc.*) instalment **-spark** *sport.* kickoff **-spegla** reflect, mirror; *av sig be reflected* **-speglig** reflection; *apele* play back **-spänd** relaxed **-spändhet** relaxation **-spänning** relaxation (slackening) [of tension], easing off **-spärra** bar, block; shut (cordon) off (*från* from); *mil.* blockade; (*med rep o.d.*) rope (rail, fence) off; (*avstänga*) close (*för* for) **-spärrning** barring *etc.*; (*område*) rope-off area; (*polis-*) cordon **-stamp** take-off **-stanna** stop, come to a standstill, cease; (*om samtal o.d.*) die down **-stava** divide [into syllables] **-stavning** division into syllables, syllabi[fi]cation **-steg** departure, deviation; *~ från den rätta vägen* lapse from the right path **-stickare** (*utflykt*) detour, deviation; (*från ämnet*) digression **-stig-ning** alighting **-stjälpa** tip, dump **-stjälp-ningsplats** tip, dumping-ground **-stressad** relaxed **-stressande** relaxing **-stycka** parcel out, divide **-styckning** parcelling out, division **-styra** prevent; avert, ward off **-styrka** discountenance, oppose; recommend the rejection of **-styrkande** *s6* disapproval; rejection

avstå give up, relinquish, cede (*till* to); *~ från* give up, relinquish; (*avsäga sig*) renounce, waive; (*låta bli*) refrain from, pass up; (*undvara*) do without, dispense with

avstånd *s7* distance; (*till målet*) range; *på ~ at* a distance, (*i fjärran*) in the distance; *på vederbörligt ~* at a discreet distance; *på 6 m ~* (*äv.*) six metres away; *hålla ngn på ~* keep s.b. at a distance (at arm's length); *ta ~ från* dissociate o.s. from, (*avvisa*) repudiate, (*ogilla*) deprecate, take exception to; disclaim

avstånds|inställning *foto.* (*abstr.*) focusing; (*konkr.*) focusing lever **-mätare** rangefinder; *tekn.* telemeter **-tagande** *s6* dissociation, repudiation (*från* of); deprecation (*från* of); disclaiming (*från* of)

av|stänga shut off; (*inhägna*) fence in (off), enclose; close; (*avspärra*) bar, block; (*vatten o.d.*) turn off; (*elektrisk ström*) cut off; *bildl. äv.* exclude; *gatan avstängd* no thoroughfare **-stäng-ning** shutting off *etc.*; (*område*) enclosure **-stängningsventil** stop valve **-stöta** reject **-stötning** rejection **-svimmad** *a5* in a faint (swoon); *falla ~ till marken* fall fainting to the ground **-svär[j]a** ~ [*sig*] abjure; forswear **-säga** saw [off]; *~d* (*vard.*) finished, washed up **-säga** *rfl* resign, give up; (*avböja*) decline; (*frisäga sig*

från) disclaim; renounce; *~ sig kronan* abdicate; *~ sig allt ansvar* renounce all responsibility

avsänd|a send [off], dispatch; ship; post **-are** sender; (*av gods*) consignor, consigner, shipper; (*av postanvisning*) remitter, remittor **-ning** dispatch; shipment

avsätt|a 1 (*ämbetsman*) remove, dismiss; (*regent*) depose, dethrone **2** (*varor*) sell, find a market for, dispose of **3** (*lägga undan*) set (put) aside, reserve **4** (*bottensats*) deposit **5** (*upprita*) set off; *~ märken* leave marks (traces) **-ning 1** (*ämbetsmans*) dismissal, removal; (*regents*) deposition, dethronement **2** (*varors*) sale, market; *finna god ~* meet with a ready market, sell well **3** *bokför.* appropriation

avsök|a scan **-ning** scanning

avsöndr|a (*avskilja*) separate [off], sever, detach; (*utsöndra*) secrete; *~ sig* isolate o.s.; *~s separate off, be secreted* **-ing** separation, severance; secretion; isolation

av|ta *se ta av* **-tacka** thank s.b. for his (her) services

avtag|a 1 *se ta av* **2** (*försvagas, minska*) decrease, diminish; (*om månen*) wane; (*om storm o.d.*) abate, subside; (*om hälsa, anseende*) decline, fail, fall off **-ande** *s6* decrease, diminution; waning; abatement; decline; *vara i ~* be on the decrease, grow less, (*om månen*) be on the wane **-bar** *a5* removable, detachable

avtagsväg turn[ing]

avtal *s7* agreement; contract; (*mellan stater*) treaty, agreement, convention; *enligt ~* as agreed upon; *träffa ~ om* come to (make) an agreement about (concerning, for) **avtala 1** (*träffa avtal*) agree (*med* with; *om* about) **2** (*överenskomma om*) agree upon; (*tid*) fix, appoint; *ett ~t tecken* a prearranged sign; *på ~d plats* at the appointed place; *som ~t var* as arranged

avtals|brott breach of [an] agreement ([a] contract) **-enlig** [-e:n-] *a5* as agreed [upon], as stipulated **-förhandlingar** *pl* wage negotiations, pay talks **-rörelse** collective bargaining, wage negotiations (*pl*)

av|tappa (*låta rinna ut*) draw [off], tap (*ur* from, out of); (*tömma*) draw **-tappning** drawing *etc.*; (*av valuta*) drain **-teckna** draw, sketch (*efter* from); *~ sig* stand out, be outlined (*mot* against) **-tjäna** work off; *~ fängelsestraff* serve a prison sentence **-trappa** de-escalate **-trappning** de-escalation **-trubba** blunt, dull; *tekn.* bevel [down] **-trubbning** blunting

avtryck 1 imprint, impression; (*kopia*) print **2** *boktr.* proof [impression], print; (*omtryck*) reprint; *konst.* reproduction

avtryck|a impress, imprint; *boktr.* print [off], copy [off]; (*omtrycka*) reprint **-are** (*på gevär*) trigger; *foto.* shutter lever

avträd|a give up, leave, surrender; (*landområde*) cede; (*avgå från*) retire, withdraw **-ande** *s6* giving up *etc.*; cession, retirement, withdrawal

av|träde *s6* **1** *jur.* compensation **2** (*hemlighus*) privy **-tvinga** ~ *ngn ngt* extort s.th. from s.b., wring (force) s.th. out of s.b. **-tåg** *s7* departure, marching off; (*friare*) decampment; *fritt ~* liberty to march off **-tåga** march off, decamp

-täcka uncover; (*staty*) unveil
avund *s2* envy; *blek av* ~ pale with envy; *känna* ~ *mot* (*över*) feel envious of; *väcka* ~ arouse envy
avund|as *dep* envy **-sam** *a1* envious **-sjuk** envious, jealous (*på, över* of) **-sjuka** enviousness, envy
avundsvärd *a1* enviable
av|vakta (*svar, ankomst*) await; (*händelsernas utveckling*) wait and see; (*lura på, invänta*) wait (watch) for; ~ *lägligt tillfälle* wait for an opportunity, mark time; ~ *tiden* bide one's time; *förhålla sig* ~*nde* play a waiting game; *intaga en* ~*nde hållning* adopt a wait-and-see policy **-vaktan** *r, i* ~ *på* while waiting for, pending, *hand.* awaiting, looking forward to
av|vand [-a:n-] *a5* (*om dibarn*) weaned **-vara** *endast i inf.* spare **-veckla** (*affär o.d.*) wind up; (*friare*) liquidate, settle **-veckling** winding up; liquidation; settlement **-verka** (*hugga*) fell; *AE.* cut, log; (*slutföra*) accomplish, finish **-verkning** (*huggning*) felling *etc.*
avvik|a 1 (*från regel*) diverge; (*från ämne*) digress; (*från kurs, sanning*) deviate, depart **2** (*vara olik*) differ **3** (*rymma*) abscond **-ande** *a4* divergent; deviating; (*mening*) dissentient **-are** deviant, deviate **-else 1** divergence; digression; deviation, departure **2** (*rymning*) absconding **3** (*kompassens*) deviation; *tekn.* aberration
avvis|a send (turn) away; (*ansökan*) dismiss; (*förslag, anbud*) reject; (*beskyllning*) repudiate; (*invändning*) overrule, meet; (*anfall*) repulse, repel; (*leverans*) refuse acceptance of; *bli* ~*d* be refused [entrance], meet with a rebuff; ~ *tanken på* reject the idea of **-ande I** *s6* sending away *etc.*; dismissal; rejection; repudiation, repulse **II** *a4* repudiating, dismissive, deprecatory
avväg (*biväg*) bypath; byroad, bylane; *komma på* ~*ar* go astray
avväg|a (*skäl o.d.*) weigh [in one's mind], balance [against each other]; (*i lantmäteri*) take the level of, level; *väl -d* well-balanced
av|vänja (*dibarn*) wean; *jfr vänja av* **-väpna** disarm **-väpning** disarmament **-värja** ward (fend) off; parry; (*olycka*) avert
ax *s7* **1** *bot.* spike; (*sädes-*) ear; *gå i* ~ form ears, ear **2** (*nyckel-*) bit, web
1 axel ['aks-] *s2* **1** (*geom.; jord-; polit.*) axis (*pl* axes) **2** (*hjul-*) axle[tree]; (*maskin-*) shaft; arbor; spindle
2 axel ['aks-] *s2* (*skuldra*) shoulder; *rycka på axlarna* shrug one's shoulders; *på* ~ *gevär!* shoulder arms!, slope arms!; *se ngn över* ~*n* look down on s.b., look down one's nose at s.b.
axel|band shoulder strap; *utan* ~ (*om damkläder*) strapless **-klaff** shoulder strap **-rem** carrying (shoulder, satchel) strap **-remsväska** satchel; *AE.* shoulder bag **-ryckning** shrug [of the shoulders]
axeltryck axle load, shaft pressure
axelvadd shoulder pad
axiom [-'å:m] *s7* axiom
axla put on, shoulder; *bildl.* take over
Azorerna [a'så:-] *pl* the Azores
aztek [as'te:k] *s3* Aztec **-isk** *a5* Aztec[an]
azur [ˣa:sur *el.* 'a:sur, *äv.* -'su:r] *s2* azure **-blå** azure-blue

B

b *s6* b; *mus.* (*ton*) B flat, (*tecken*) flat sign
babbel ['babb-] *s7*, **babbla** *v1* babble
babian *s3* baboon
babord ['ba:-] *s*, *böjligt endast i genitiv* port; *ligga för* ~*s halsar* be (stand) on the port tack; *land om* ~ land to port; ~ *med rodret!* helm aport!
baby ['be(i)bi *el.* -y] *s2, s3* baby
baby|säng cot **-utstyrsel** layette
bacill *s3* bacillus (*pl* bacilli); germ; *AE. vard.* bug
1 back *s2* **1** *sport.* back, fullback **2** (*-växel*) reverse [gear]; *lägga i* ~*en* put the car in reverse
2 back *adv* back; *brassa* ~ brace aback; *gå* (*slå*) ~ back, go astern; *sakta* ~! (slow) easy astern!; *slå* ~ *i maskin* reverse [the engine]
backa back, reverse; (*om fartyg*) go astern; ~ *upp, se uppbacka*; ~ *ur* (*bildl.*) back out
back|e *s2* **1** (*sluttning*) hill; slope, hillside; ~ *upp och* ~ *ner* up hill and down dale; *sakta i -arna!* easy does it!; *över berg och -ar* across [the] country, over hill and dale; *streta uppför en* ~ struggle (trudge) up a hill; *åka nerför* ~*n* go downhill **2** (*mark*) ground; *komma på bar* ~ be left penniless; *regnet står som spön i* ~*n* it is raining cats and dogs
backhopp|are ski jumper **-ning** ski-jumping
back|ig *a1* hilly; undulating **-krön** brow [of a hill]
back|ljus, -lykta reversing light **-spegel** rearview mirror **-växel** reverse gear
bad *s7* bath; (*utomhus*) bathe; *ligga i* ~*et* (*äv.*) soak in the bath; *ta sig ett* ~ have a bath (bathe)
bada 1 (*ta sig ett bad*) take (have) a bath; (*utomhus*) bathe, take a swim; ~ *i svett* be bathed in perspiration; ~ *naken* skinny-dip; *gå* (*åka*) *och* ~ go for a swim **2** (*tvätta*) bath (*ett barn a child*)
bad|borste bath brush **-byxor** [swimming] trunks
badda bathe; ~ *en svullnad* sponge (dab) a swelling
baddare bouncer, corker; *en* ~ *till gädda* a whopper of a pike
bad|dräkt swimming (bathing) costume, swimsuit; *AE. äv.* bathing suit **-handduk** bath towel **-kappa** bathrobe **-kar** bath[tub]
badminton ['bädd-, *äv.* 'badd-] *n* badminton **-boll** shuttle[cock]
bad|mössa bathing cap **-ort** seaside resort; (*hälsobrunn*) health resort, spa **-rum** bathroom **-salt** bath salts (*pl*) **-strand** [bathing] beach
bagage [-'ga:ʃ] *s7* luggage; *AE. äv.* baggage

-hylla luggage rack **-hållare** luggage carrier **-inlämning** left-luggage office, cloakroom; *AE.* checkroom **-kärra** [luggage] trolley **-lucka** (*utrymme*) boot; *AE.* trunk **-utlämning** luggage delivery [office]; (*på skylt*) claim baggage here

bagare baker

bagatell *s3* trifle; *det är en ren* ~ it's a mere trifle **-isera** make light of; belittle; (*överskyla*) extenuate, palliate

bageri bakery

bagge *s2* ram

Bahamaöarna [-ˣha:-] [the] Bahamas, [the] Bahama Islands

Bahrein *n* Bahrain, Bahrein

bajonett *s3* bayonet **-koppling** bayonet

bajs *s7* number two **bajsa** do a number two

1 bak *s2* (*rygg*) back; (*ända*) behind, backside

2 bak I *adv* behind, at the back; *i behov* at the end of the book; ~ *och fram* the wrong way round, back to front; *kjolen knäpps* ~ the skirt buttons at the back **II** *prep* behind

3 bak *s7* (*bakning*) baking; (*bakat bröd*) batch

baka bake; ~ *ihop sig* cake; ~ *in* (*bildl.*) include; ~ *ut en deg* knead and shape dough [into buns (*etc.*)]

bak|ben hind leg **-del** back, hinder (back) part; (*människas*) buttock[s *pl*]; (*kreaturs*) hindquarter[s *pl*] **-dörr** back door; (*bils*) rear door **-efter** behind

bakelse *s5* pastry, [fancy] cake

bakerst ['ba:k-] **I** *adv* furthest back **II** *superl. a* hind|er|most

bakficka hip pocket; (*restaurangs*) restaurant annexe [with cheaper menu]; *ha ngt i* ~*n* have s.th. up one's sleeve

bakform baking-tin, patty pan

bak|fot hind foot; *få ngt om* ~*en* get hold of the wrong end of the stick **-fram** back to front, [the] wrong way round (about) **-full** hung over, crapulous, under the weather; *vara* ~ have a hangover; *AE. äv.* be hung over **-gata** backstreet **-grund** background, setting; *teat.* backcloth, backdrop; *mot* ~[*en*] *av* (*äv.*) in [the] light of **-grundsfigur** background figure **-gård** back yard **-hjul** rear (back) wheel **-huvud** back of the (one's) head **-håll** ambush; *ligga i* ~ *för ngn* lie in ambush for s.b., waylay s.b.

bak|i I *adv* at the back, behind **II** *prep* behind in, in the back of **-ifrån** from behind **-lucka** (*i bil*) boot cover; *AE.* trunk cover; (*utrymme*) *se bagagelucka* **-lykta, -lyse** rear light (lamp); *AE.* taillight, tail lamp **-lås** *dörren har gått i* ~ the lock [of the door] has jammed; *hela saken har gått i* ~ the whole affair has reached a deadlock **-länges** backwards; *falla* ~ fall on one's back; *åka* ~ (*i tåg*) sit (travel) with one's back to the engine, (*i buss etc.*) sit (travel) with one's back to the front (driver, horses) **-läxa** *få* ~ have to do s.th. (homework) [all] over again

bakom [-å-] behind; *AE. äv.* [in] back of; ~ *knuten* round the corner; *föra ngn* ~ *ljuset* hoodwink s.b.; *klia sig* ~ *örat* scratch one's ear; *känna sig* ~ feel dull (stupid); *vara* ~ [*flötet*] be soft [in the head]; *man förstår vad som ligger* ~ one understands what is at the bottom of it [all] **-liggande**

a4 lying behind [it *etc.*], underlying

bak|plåt baking-sheet **-pulver** baking powder

bakpå I *adv* behind, at (on) the back **II** *prep* at (on) the back **bakre** ['ba:k-] back; hind

bak|ruta rear window **-sida** back; (*på mynt o.d.*) reverse; *på* ~*n* on the back, overleaf; *medaljens* ~ (*bildl.*) the other side of the coin **-smälla** hangover **-säte** back (rear) seat **-tala** slander, backbite **-tanke** secret (ulterior) motive; *utan -tankar* (*äv.*) unreservedly, straightforwardly; *ha en* ~ have an axe to grind **-tass** hind paw

bakterie [-ˈte:-] *s3* bacterium (*pl* bacteria), germ, microbe **-dödande** germicidal, bactericidal

bakteriologisk [-ˈlå:-] *a5* bacteriological; *Statens* ~*a laboratorium* [the Swedish] national bacteriological laboratory

baktill behind, at the back

bakut backwards; behind; *slå* (*sparka*) ~ kick [out]; *lash out* (*äv. bildl.*)

bakverk [piece of] pastry

bak|väg back way; *gå in* ~*en* go in the back way; *gå* ~*ar* use clandestine methods **-vänd** *a5* the wrong way round; (*befängd*) absurd, preposterous; (*förvrängd*) perverted; (*tafatt*) awkward **-vänt** *adv* the wrong way; *bära sig* ~ *åt* be clumsy, act clumsily

bakåt backward[s]; (*tillbaka*) back **-böjd** *a5* bent back **-lutande** leaning (sloping) backward[s]; ~ *handstil* backhand [(hand)writing] **-riktad** *a5* pointing backward[s]

1 bal *s2* (*packe*) bale; package

2 bal *s3* (*danstillställning*) ball; *gå på* ~ go to a ball; *öppna* ~*en* open the ball, ~*ens drottning* belle of the ball

balans [-ˈans el. -ˈaŋs] *s3* **1** (*jämvikt*) balance, equilibrium **2** (*saldo*) balance; (*kassabrist*) deficit; *ingående* ~ balance brought forward; *utgående* ~ balans carried forward **3** *tekn.* beam; (*i ur*) balance [wheel] **-era** [-ans- el. -aŋs-] **1** (*hålla i jämvikt*) balance, poise **2** *hand.* balance **-erad** *a5* [well-]balanced; poised; self-controlled

balans|gång balancing; *gå* ~ balance [o.s.], walk a tightrope **-räkning** balance sheet **-sinne** sense of balance, equilibrium sense

baldakin *s3* canopy

balett *s3* ballet; *dansa* ~ *a*) (*vara -dansör*) be a ballet dancer, *b*) (*ta -lektioner*) go to ballet classes **-dansör, -dansös** ballet dancer **-sko** blocked shoe

1 balja *s1* (*kärl*) tub; bowl

2 balja *s1* **1** *bot.* pod **2** (*fodral*) sheath, scabbard

1 balk *s2*, *jur.* code, section

2 balk *s2*, *byggn.* beam; (*järn-*) girder

Balkan|halvön ['ball-] the Balkan Peninsula **-länderna** the Balkans, the Balkan States

balkong [-ˈkåŋ] *s3* balcony **-räcke** balcony parapet

ballad *s3* ballad, lay

ballerina [-ˣri:-] *s1* ballerina; *prima* ~ prima ballerina

ballong [-ˈåŋ] *s3* balloon

balsam [Uball-, *pl* -ˈsa:-] *s3* balsam; *bildl.* balm **-era** embalm

balt *s3* Balt; *han är* ~ he is an Estonian (a Latvian, a Lithuanian) **Baltikum** ['ball-] *n* the Baltic States **baltisk** ['ball-] *a5* Baltic

balustrad *s3* balustrade

bambu ['bamm-] *s2* bamboo **-skott** *kokk.* bamboo shoots (*pl*)

bana I *s1* path; *astr.* orbit; (*projektils*) trajectory; (*lopp*) course; (*levnads-*) career; (*lärt yrke*) profession; (*järnväg*) line; *sport.* track, ground, rink; *i långa banor* quantities (lots, no end) of; *vid slutet av sin* ~ at the end of one's career; *välja den prästerliga* ~*n* enter the Church, take holy orders **II** *v1*, ~*d väg* beaten track; ~ *väg[en] för ngn* (*bildl.*) pave the way for s.b.; ~ *väg genom* make (clear) a path (way) through; ~ *sig väg* make one's way

banal *a1* banal, commonplace; ~*a fraser* hackneyed phrases

banan *s3* banana **-skal** banana skin

banbryt|ande *a4* pioneering, groundbreaking; ~ *arbete* pioneer[ing] work **-are** pioneer (*för* of)

band *s7* **1** (*ngt som binder*) band; (*remsa, i sht som prydnad*) ribbon; (*linne-, bomulls-*) tape; (*som hopsnör*) tie, string[s *pl*]; (*bindel*) sling; *anat.* ligament; (*bok-*) binding, cover; (*volym*) volume; *tekn.* belt; (*inspelnings-*) tape; *halvfranskt* ~ half-binding; *löpande* ~ assembly line; *ha armen i* ~ have one's arm in a sling; *måla tavlor på löpande* ~ produce (turn out) paintings in a steady stream; *spela in på* ~ record on tape, make a tape recording; *bilen har just lämnat* ~*et* the car has just left the assembly line **2** (*ngt som sammanbinder*) tie, bond; (*boja*) bond; (*för hund*) leash, lead; (*tunn-*) hoop; (*tvång*) restraint; *enande* ~ unifying bond; *kärlekens* ~ the ties of love; *träldomens* ~ the bonds of slavery; *lossa tungans* ~ loosen a p.'s tongue; *lägga* ~ *på ngn* lay restraint upon s.b.; *lägga* ~ *på sig* restrain (control) o.s.; *hunden går i* ~ the dog is on the lead **3** (*följe, anhang*) band, gang **4** (*orkester*) band **banda** radio. tape[-record], record

bandage [-'da:ʃ] *s7* bandage

banderoll [-'råll] *s3* banderol[e], banner, streamer

bandit *s3* bandit, brigand; *enarmad* ~ (*spelautomat*) one-armed bandit, slot machine

bandspelare tape recorder

bandy ['bandy *el.* -i] *s2* bandy

baneman slayer, assassin

baner *s7* banner, standard

bang *s2* (*överljudsknall*) sonic boom (bang)

bangård [railway, *AE.* railroad] yard

banjo ['bann-] *s5* banjo

1 bank *s2* (*undervattensgrund*) bank, bar; (*vall*) embankment, dyke; (*moln-*) [cloud]bank

2 bank *s3* (*penninginrättning*) bank; banking house; (*blod- etc.*) bank; *pengar på* ~*en* money in (at) the bank; *spränga* ~*en* (*spel.*) break the bank; *sätta in på* ~*en* deposit in the bank, bank; *ta ut från* ~*en* withdraw from the bank

bank|bok bankbook, passbook **-direktör** bank executive; bank manager

bankett *s3* banquet

bank|fack safe-deposit box **-giro** bank giro service (account)

bankir *s3* [private] banker

bank|kamrer *ung.* chief clerk of a bank department, bank accountant; (*vid filial*) branch man-

ager **-kassör** bank cashier; *AE.* teller **-konto** bank account **-man** banker, bank official; bank clerk

bankomat automatic cash dispensing machine, cash dispenser

bankrutt I *s3* bankruptcy, failure; *göra* ~ become bankrupt **II** *a4* bankrupt, ruined; *vara* (*bli*) ~ be (go) bankrupt

bank|tjänsteman bank clerk; *AE.* teller **-valv** strongroom; vault

bann|lysa excommunicate, put under a ban; (*friare*) ban, prohibit **-lysning** excommunication; banishment, ostracism

banta slim; ~ *ner* reduce (*utgifterna* expenses)

bantningskur [course of] slimming

ban|vagn *fritt å* ~ free on rail (*förk.* f.o.r.), *AE.* free on truck (*förk.* f.o.t.) **-vakt** lineman **-vall** [railway] embankment, roadbed

bapt|ism Baptist faith **-ist** *s3*, **-istisk** [-'ist-] *a5* Baptist

1 bar *s3* (*självservering*) snack bar, cafeteria; (*utskänkningsställe*) bar, cocktail lounge

2 bar *a1* bare; naked; (*blottad*) exposed; *inpå* ~*a kroppen* to the skin; *under* ~ *himmel* under the open sky; *be på sina* ~*a knän* pray on one's bended knees; *blomma på* ~ *kvist* blossom on a leafless (bare) twig; *ertappa ngn på* ~ *gärning* catch s.b. red-handed (in the act)

bara I *adv* only; merely; *i* ~ *skjortan* in one's shirt; *det fattas* ~ *det!* that would be the last straw!; *du skulle* ~ *våga!* just you dare!, do it, if you dare!; *gör* ~ *som jag säger nu så gör du as* I tell you; *hon är* ~ *barnet* she is a mere (just a) child; *vänta* ~*!* just you wait! **II** *konj* if only; (*för så vitt*) provided, so (as) long as

barack *s3* barracks (*ibl. äv.* barrack); (*skjul*) shed; (*bostad*) tenement [building]

bar|armad *a5* barearmed **-axlad** *a5* bareshouldered

barbacka [ˣbaːr-] bareback[ed]

barbar *s3* barbarian **barbari** *s4* barbarism, barbarity, barbarousness

barbar|isk [-'baː-] *a5* barbarian, barbaric, barbarous **-iskhet** barbarity, barbarousness

barbent [ˣbaːrbeːnt] *a4* barelegged

barfota *adv o.* oböjligt *a* barefoot[ed]

bar|huvad *a5* bareheaded **-hänt** *a4* barehanded

1 bark *s3, s2* (*skepp*) barque, bark

2 bark *s2, s3* (*på träd*) bark

1 barka (*träd*) bark; (*hudar*) tan; ~*de händer* horny hands

2 barka ~ *i väg* fly off; *det* ~*r åt skogen för honom* he's sunk

bar|last ballast; *bildl.* dead weight **-lasta** ballast

barmark [ˣbaːr-] bare (snowless) ground

barmhärtig [-'härt-, *ibl.* ˣbarm-] *a1* merciful (*mot* to); (*välgörande*) charitable (*mot* to) **-het** mercy; *visa* ~ *mot* show mercy to

barn [-aː-] *s7* child (*pl* children) (*späd-*) baby, infant; *ett stundens* ~ a creature of impulse; *samma andas* ~ birds of a feather; *med* ~ *och blomma* with the whole family, with kith and kin; *bli* ~ *på nytt* be in one's second childhood; *vara* (*bli*) *med* ~ be (become) pregnant; *han är som* ~ *i huset* he is like one of the family; *hon är bara* ~*et* she is a mere child; *hon är ett* ~ *av sin tid* she is a

child of her age; *alla* ~ *i början* everyone is a fumbler at first; *av* ~*s och spenabarns mun* out of the mouths of babes and sucklings; *bränt* ~ *skyr elden* a burnt child dreads the fire; *kärt* ~ *har många namn* a pet child has many names; *lika* ~ *leka bäst* birds of a feather flock together
barnarbete child labour
barna|sinne childlike mind; *det rätta* ~*t* true childlike piety; *ha sitt* ~ *kvar* be still young at heart **-vård** child welfare (care)
barnavårds|central child welfare clinic; *AE.* well baby clinic **-man** child welfare officer **-nämnd** child welfare committee
barn|barn grandchild **-barnsbarn** great grandchild **-begränsning** birth control **-bidrag** [government] child benefit **-daghem** day nursery, crèche
barndom childhood; (*späd*) infancy (*äv. bildl.*)
barndoms|minne memory from one's childhood, *ulh* fnecnd of one's childhood and that's that!
barn|film children's film **-flicka** nurse[ry]maid, nurse **-förbjuden** for adults only; ~ *film* adult audience (A) film **-hem, -hus** orphanage **-kammare** nursery **-kläder** children's (baby) clothes **-kär** fond of children **-lek** children's game; *bildl.* child's play **-läkare** children's specialist; paediatrician **-lös** childless **-mat** baby food **-misshandel** child abuse **-morska** *s1* midwife **-omsorg** child welfare **-passning** child minding **-program** children's programme **-rumpa** *skämts.* baby, silly fool; *han är en riktig* ~ he is a real baby
barn|sjukdom children's disease (illness); ~*ar* (*bildl.*) teething troubles **-sko** child's (baby) shoe; *ha trampat ur* ~*rna* be out of the cradle **-skrik** child's howling
barnslig *a1* childlike; (*oförståndig*) childish **-het** childishness
barn|säng 1 child's bed, cot **2** *med.* childbed, childbirth, confinement; *ligga i* ~ be lying-in; *dö i* ~ die in childbirth **-tillsyn** child minding **-tillåten** for children also; ~ *film* universal exhibition (U) film **-vagn** perambulator, pram; *AE.* baby carriage **-vakt** baby-sitter; *sitta* (*vara*) ~ baby-sit **-vänlig** ~*t dörrhandtag* childadapted door handle; ~ *miljö* environment suitable for children
barock [-'råck] **I** *a1* **1** *konst.* baroque **2** (*orimlig*) odd, absurd **II** *s2* baroque
barometer [-'me:-] *s3* barometer; *vard.* glass
baron *s3* baron; (*brittisk titel*) Lord; (*icke brittisk titel*) Baron **-essa** [-*ˣ*essa] *s1* baroness; (*brittisk titel*) Lady; (*icke brittisk titel*) Baroness
barr *s7, bot.* needle
barra shed its needles
barrikad *s3,* **-era** *v1* barricade
barriär *s3* barrier
barr|skog coniferous forest (woodland) **-träd, -växt** conifer; fir
barservering snack bar, cafeteria
barsk *a1* gruff, harsh, rough
barskrap|a scrape bare **-ad** *a5, vard.* stony broke; *han är inte* ~ he is not badly off
barskåp cocktail cabinet
bartender *s2* bartender
baryton ['barrytån *el.* 'barri-] *s3* baritone

1 bas *s2, mus.* bass; bass voice
2 bas *s2* (*arbetsförman*) foreman, *fem.* forewoman; *vard.* boss
3 bas *s3, mat. o. kem.* base; (*utgångspunkt*) base
4 bas *s3* (*grund*) basis
basa *vard.* (*vara ledare*) be the boss (*för* of)
basar *s3* baza[a]r
basbelopp basic amount
basfiol double bass; *vard.* bass [fiddle]
basisk ['ba:-] *a5* basic
basker ['bass-] *s2* beret
basketboll ['ba:sket-] basketball
basklav bass clef, F clef
basröst bass [voice]
bassångare bass [singer]
bassäng *s3* basin; (*bad-*) pool
bast *s7* bast; (*fiber*) bast, bass; (*t. flätning etc.*) raffia
1 basta *och därmed* ~*!* and there's an end of it!, and that's that!
2 basta *vard.* (*bada bastu*) take a sauna
bastant *a1* substantial, solid; (*tjock*) stout
bastard [-'a:rd] *s3* bastard; *naturv.* hybrid
bastu *s5* sauna; *bada* ~ take a sauna
bastuba bass tuba
basun *s3* trombone; (*friare*) trumpet; *stöta i* ~ *för sig* blow one's own trumpet **-era** ~ *ut* noise abroad (about)
basvara staple commodity
hatalj *s3* battle; (*tumult*) turmoil, tussle
bataljon *s3* **1** *mil.* battalion **2** (*i kägelspel*) *slå* ~ make a strike, knock down all the pins
batong [-'tån] *s3* truncheon; *AE. äv.* blackjack
batteri battery; *tekn. o. fys.* storage battery, accumulator; *mus.* rhythm section, drums **-driven** battery operated (powered) **-radio** battery receiver (set)
batterist drummer; timpanist
baxa prise; *AE.* pry
baxna be astounded; *han ljuger så man* ~*r* his lies take one's breath away
Bayern ['bajj-] *n* Bavaria
be *bad bett* **1** (*anhålla*) ask (*ngn om ngt* s.b. for s.th.); (*hövligt*) request (*ngn att göra ngt* s.b. to do s.th.); (*enträget*) beg, implore, entreat, beseech; *får jag* ~ *om brödet?* may I trouble you for the bread?; *jag ber att få beklaga sorgen* may I express my deep sympathy; *jag ber om min hälsning till* my kind regards to, please remember me to; *jag ber om ursäkt* I beg your pardon; *litet gladare, om jag får* ~ do cheer up a little; *nu ber du för din sjuka mor* that's one for her (*etc.*) and two for yourself; *se bedjande på ngn* look imploringly at s.b.; *å jag ber!* don't mention it! **2** (*förrätta bön*) pray **3** (*inbjuda*) ask, invite
beakt|a [-'akta] pay attention to; notice, observe; (*fästa avseende vid*) pay regard to, heed; (*ta hänsyn t.*) consider, take into consideration; *att* ~ to be noted **-ande** *s6* consideration; *med* ~ *av* in (with) regard to, considering
bearbet|a [*ˣ*be:-] (*gruva o.d.*) work; (*jord*) cultivate; *kem.* treat, process; *tekn.* machine, (*med verktyg*) tool; (*bok*) revise; (*teaterpjäs*) adapt; (*vetenskapligt material, råmaterial*) work up; *mus.* arrange; (*bulta på*) pound; *bildl.* [try to] influence; (*väljare, kunder*) canvass **-ning** work-

B

ing *etc.*

bebo inhabit; (*hus*) occupy, live in **-elig** [-'bo:-] *a5* [in]habitable, fit to live in

bebygg|**a** [-'bygga] (*område*) build [up]on; (*befolka*) colonize, settle [down] in; *glest -da områden* thinly populated (rural) areas; *tätt -da områden* densely built-up areas **-else 1** *konkr.* buildings (*pl*), houses (*pl*) **2** building up; colonization, settlement

bebådelsedag *Marie* ~ Lady (Annunciation) Day

beckasin *s3* snipe

beckmörk pitch-dark

bedarra [-'darra] calm down, lull, abate

bedja [ˣbe:-] *se be*

be|**dra**[**ga**] deceive, impose upon; *vard.* dupe, trick; (*på pengar*) swindle, defraud; (*vara otrogen mot*) betray; *om inte mitt minne -drar mig* if [my] memory serves me right; *skenet -drar appearances are deceptive; snålheten -drar visheten* penny-wise and pound-foolish; *världen vill* ~*s* the world likes to be cheated; ~ *sig* be mistaken (*på ngn* in s.b.)

bedrag|**are, -erska** [-'dra:-] impostor, swindler; *vard.* fraud

be|**drift** *s3* exploit, achievement, feat **-driva** [-'dri:-] carry on, manage; (*studier*) pursue; (*sysselsättning*) prosecute; ~ *hotellrörelse* run a hotel

bedräg|**eri** (*brott*) fraud, imposture, swindle; (*bländverk*) illusion; *lögn och* ~ fraud and falsehood **-lig** [-'drä:g-] *a1* (*om pers.*) false, deceitful; (*om sak*) deceptive, delusive, illusory, fraudulent; ~*t förfarande* fraudulent proceeding[s *pl*], deceit; *på* ~*t sätt* fraudulently, by fraud

bedröv|**a** [-'drö:-] distress, grieve; *det* ~*r mig djupt* it distresses me deeply **-ad** *a5* distressed, grieved (*över* at, about) **-else** distress, grief, sorrow, affliction; *efter sju sorger och åtta* ~*r* after countless troubles and tribulations **-lig** *a1* deplorable, lamentable; (*svagare*) regrettable, sad; (*usel*) miserable

beduin *s3* Bed[o]uin

bedyr|**a** [-'dy:-] protest (*inför* to; *vid* on); asseverate; ~ *sin oskuld* protest one's innocence; *edligen* ~ swear **-ande** *s6* protesting; protestation (*om* of), asseveration

bedårande [-'då:-] *a4* infatuating *etc.*; charming

bedöm|**a** [-'dömma] judge, form an opinion of; (*uppskatta*) estimate; (*betygsätta*) mark; (*en bok*) review, criticize **-ande** *s6* judging, judg[e]-ment; estimate; mark-setting; review, criticism; *efter eget* ~ at one's own discretion; *det undandrar sig mitt* ~ that is beyond my judgment **-are** judge

bedöv|**a** [-'dö:-] make (render) unconscious; stun, stupefy; *med.* anaesthetize **-ande** *a4* stunning, stupefying; *med.* anaesthetic; narcotic; (*öron-*) deafening **-ning** (*medvetslöshet*) unconsciousness; (*narkos*) anaesthesia

befall|**a** [-'falla] *v2* **1** (*kommendera*) order; (*högtidligt*) command; (*tillsäga*) tell; (*föreskriva*) prescribe, direct; (*an-*) commit, commend; *inte låta sig* ~*s av vem som helst* not take orders from just anybody; *som ni -er* as you choose (please); *vad -s?* I beg your pardon? **2** (*föra befälet*) [have,

exercise] command; ~ *fram* call for; ~ *fram sina hästar* order one's horses; *ni har blott att* ~ you have only to say the word **-ning** order, command; *på ngns* ~ by the order of s.b.; *få* ~ *att* receive orders to, be ordered to; *ge* ~ *om ngt* issue orders about s.th.

befara [-'fa:-] *v1* (*frukta*) fear; ~ *det värsta* expect the worst

befatt|**a** [-'fatta] *rfl,* ~ *sig med* concern o.s. with, *vard.* go in for; *sådant* ~*r jag mig inte med* that is no business of mine **-ning 1** (*beröring*) dealing, connection; *ta* ~ *med* take notice of; *vi vill inte ha ngn* ~ *med den saken* we do not want to have anything to do with that **2** (*anställning*) post, appointment, position; office

befattningshavare employee; (*ämbetsman*) official; *koll.* staff, *AE.* personnel

befinn|**a** [-'finna] *rfl* (*vara*) be; (*känna sig*) feel; (*upptäcka sig vara*) find o.s.; *hur -er ni er i dag?* how are you today? **-as** prove (turn out) [to be]; *han befanns vara oskyldig* he turned out to be innocent; *vägd och befunnen för lätt* weighed in the balance and found wanting

befintlig [-'fint-] *a5* (*förefintlig*) existing; (*tillgänglig*) available; *i* ~*t skick* in [its] existing condition

befog|**ad** [-'fo:-] *a5* (*om pers.*) authorized, entitled (*att* to); (*om sak*) justifiable, justified, legitimate; *det* ~*e i* the justness (legitimacy) of **-enhet** [-'fo:-] authority, powers (*pl*), right; *sakna* ~ lack competence; *överskrida sina* ~*er* exceed one's powers

befolk|**a** [-'fålka] populate, people; *glest* (*tätt*) ~*d trakt* sparsely (densely) populated region **-ning** population

befolkningsstatistik vital (population) statistics (*pl*)

befordr|**a** [-'fo:rdra] **1** (*sända*) convey, transport, forward, send; (*skeppa*) ship; (*med post*) send by mail **2** (*upphöja*) promote; ~ *ngn till kapten* promote s.b. captain **3** (*främja*) promote, further; *arbete* ~*r hälsa och välstånd* he that labours and thrives spins gold; ~ *matsmältningen* aid digestion **-an** *r* **1** conveyance *etc.*; *för vidare* ~ to be forwarded **2** promotion, advancement, furtherance

befri|**a** [-'fria] set free, liberate; (*från löfte o.d.*) release; (*frälsa*) deliver (*från* from; *ur* out of); (*från börda o.d.*) relieve; (*från bojor*) unchain; (*från ansvar o.d.*) exonerate; (*frikalla*) exempt; (*från examensprov*) excuse; (*undsätta*) relieve; ~*d från* free (exempt) from; ~ *träd från ohyra* rid trees of blight; ~ *från rost* derust, clean of rust; ~ *från straff* remit a penalty (punishment); ~ *sig från* free o.s. from; ~ *sig från ngt obehagligt* shake off s.th. unpleasant **-ande I** *a4* liberating *etc.*; *en* ~ *suck* a sigh of relief **II** *adv, verka* ~ have a relieving effect, give relief **-are** liberator; deliverer; rescuer

befrielse [-'fri:-] **1** (*frigörelse*) freeing; liberation; release; ~*ns timme* the hour of deliverance **2** (*frikallande*) exemption; ~ *från avgift* exemption from duty **3** (*lättnad*) relief **-rörelse** liberation movement

befrukt|**a** [-'frukta] fertilize, fecundate; *bildl.* stimulate, inspire **-ning** fertilization, fecunda-

tion; *konstgjord* ~ artificial insemination
befrämj|a [-'främja] promote, further, stimulate; encourage **-ande I** *s6* furthering; promotion, furtherance; encouragement **II** *a4* promoting *etc.*
befäl *s7* **1** command; *föra* ~ *över* be in command of; *inneha högsta* ~*et* be first in command **2** *pers. koll.* [commissioned and noncommissioned] officers (*pl*) **-havande** *s9*, ~ *officer* commanding officer, officer in command **-havare** commander (*över* of); *sjö.* master, captain (*på ett fartyg* of a ship)
befäst|a [-'fästa] fortify; *bildl.* consolidate, confirm, strengthen; ~ *sin ställning* consolidate one's position **-ning** fortification
begagn|a [-'ganna] use, make use of, employ; ~ *sig av a*) (*använda*) make use of, employ, *b*) (*dra fördel av*) profit by, avail o.s. of; ~ *sig av tillfället* seize the opportunity **-ad** *a5* used; (*om vara*) second-hand
be|ge [-'je:] *rfl* go, proceed; ~ *sig av depart* (*till* to, for), *set out* (*off*) (*till för*), *start* (*till* for); re-pair (*till* to); ~ *sig på flykt* take to flight; ~ *sig till sjöss* go (put out) to sea; *på den tiden det -gav sig* in the good old days; *det -gav sig inte bättre än att han* as ill-luck would have it, he
begiva [-'ji:-] *se* bege
begiven [-'ji:-] *a3* given (*på* to), fond (*på* of), keen (*på* on)
begonia [-'go:-] *s1* begonia
begrav|a [-'gra:-] *v2* bury; *död och -en* dead and buried; ~ *i glömska* consign to oblivion; *här lig ger en hund* *en* I smell a rat **-ning** (*jordfästning*) burial; (*ceremoni*) funeral
begravningsbyrå firm of undertakers (*A E. äv. morticians*)
begrepp *s7* conception, notion, idea; *filos.* concept, idea; *göra sig* (*ge*) *ett* ~ *om* form (give) an idea of; *inte ha det ringaste* ~ *om* not have the slightest idea (notion) of, know nothing whatever about; *stå i* ~ *att* be on the point of, be about to
begrip|a [-'gri:p-] understand, comprehend; grasp; see; *få ngn att* ~ make clear to s.b.; ~ *sig på* understand **-lig** *a1* intelligible, comprehensible (*för* to); *av lätt* ~*a skäl* for obvious reasons; *göra ngt* ~*t för ngn* make s.th. clear to s.b.
begråta [-'grå:-] mourn, weep for, deplore, lament; (*högljutt*) bewail
begräns|a [-'gränsa] bound, border; *bildl.* define; (*inskränka*) limit, restrict, circumscribe; ~ *sig* limit (restrict, confine) o.s. (*till* to); *bolag med* ~*d ansvarighet* limited [liability] company; *ha* ~*de resurser* have limited resources (means) **-ning** boundary; *bildl.* limitation, restriction, restraint
begynnelse|bokstav initial [letter]; *stor* ~ capital **-lön** commencing salary
begå 1 (*göra sig skyldig t.*) commit; ~ *ett fel* make a mistake; ~ *självmord* (*ett brott*) commit suicide (a crime) **2** (*fira*) celebrate; ~ *nattvarden* go to Communion
begåv|a [-'gå:-] endow **-ad** *a5* gifted, clever, talented; *klent* ~ untalented; *konstnärligt* ~ artistic; *han är konstnärligt* ~ (*äv.*) he has artistic gifts **-ning 1** (*anlag*) talent[s *pl*], gift[s *pl*] **2** *pers.* talented (gifted) person; *en av våra största* ~*ar*

one of our best (most brilliant) minds
begåvningsreserv unexploited talent
begär [-'jä:r] *s7* desire (*efter* for); (*starkare*) craving, longing (*efter* for); (*åtrå*) appetite, lust (*efter* for); *fatta* ~ *till* conceive a desire for; *hysa* ~ *efter* (*till*) feel a desire for, covet; *tygla sina* ~ restrain one's desires (passions) **begära** [-'jä:-] *v2* ask [for], demand; (*anhålla om*) request; (*ansöka om*) apply for; (*fordra*) require; (*trakta efter*) covet; (*vänta sig*) expect; ~ *avsked* hand in one's resignation; ~ *ordet* ask permission to speak; *är det för mycket begärt?* is it too much to ask?
begär|an [-'jä:r-] *r* (*anhållan*) request (*om* for); (*anmodan*) demand (*om* for); (*ansökan*) application (*om* for); *på* ~ on request; *på egen* ~ at his (*etc.*) own request; *bifalla en* ~ grant a request; *skickas på* ~ will be sent on request (application) **-lig** *a5* (*eftersökt*) in demand, sought after; (*åtråvärd*) attractive; (*lysten*) covetous **-ligt** *adv* covetously; ~ *gripa efter* reach greedily for
behag [-'ha:-] **1** (*tilltala*) please, appeal to; (*verka tilldragande*) attract; *gör som det* ~*r er!* do as you please! **2** (*önska, finna för gott*) like, choose, wish; *ni* ~*r skämta* you see fit to make jokes; ~*s det te?* do you wish to have tea?; *vad* ~*s?* what would you like?; *som ni* ~*r* as you please **-full** graceful; charming **-lig** *a1* pleasant; (*tilltalande*) pleasing, attractive; (*starkare*) delightful; *en* ~ *röst* a pleasant voice; ~*t sätt* engaging manners
behag [-'ha:-] **1** (*belåtenhet*) pleasure, delight; (*tillfredsställelse*) satisfaction; (*tycke*) fancy; *fatta* ~ *till* take a fancy to; *finna* ~ *i* [take] pleasure in, delight in **2** (*gottfinnande*) pleasure, will; *efter* ~ at pleasure, at one's own discretion **3** (*behaglighet*) charm; amenity; *äga nyhetens* ~ have the charm of novelty; *det har sitt* ~ it has a charm of its own **4** (*behagfullhet*) grace, charm; *åldras med* ~ grow old gracefully **5** (*yttre företräden*) charms (*pl*), allurements (*pl*); *kvinnliga* ~ feminine charms
behandl|a [-'hand-] treat; (*handskas med, avhandla, handla om*) deal with; (*dryfta*) discuss, consider; (*hantera*) handle, use, manipulate; (*sår*) dress; *tekn.* process, work; ~ *illa* ill-treat, treat badly; ~*s varsamt* handle with care **-ing** treatment; dealing [with]; discussion; handling, usage; process; *parl.* reading, discussion; *jur.* conduct, hearing
behjälplig [-'jälp-] *a5*, *vara ngn* ~ *med* help s.b. (*att göra ngt* to do s.th., in doing s.th.)
behov *s7* **1** (*brist; krav*) want, need, lack; (*nödvändighet*) necessity; (*förråd*) requirement[s *pl*]; *allt efter* ~ as required; *av* ~*et påkallad* necessary, essential; *för framtida* ~ for future needs; *vid* ~ when necessary; *fylla ett länge känt* ~ supply a long-felt demand; *ha* ~ *av* need, have need of; *vara i* ~ *av* be in need of; *tobak är ett* ~ *för honom* tobacco is a necessity for him **2** (*naturbehov*) *förrätta sina* ~ relieve o.s. **behovsprövning** means test
behå *s2* brassiere; *vard.* bra
behåll *n, i* ~ left intact; *i gott* ~ safe and sound; *undkomma med livet i* ~ escape alive

behåll|a [-'hålla] keep, retain; (*bi-*) preserve; ~ *fattningen* keep one's head; ~ *ngt för sig själv* keep s.th. to o.s.; *inte få ~ maten* not be able to keep one's food down; *om jag får ~ hälsan* if I am allowed to keep my health **-are** container; (*vatten-*) tank, cistern; (*större*) reservoir **-en** *a5* remaining; (*om vinst*) clear, net **-ning** (*återstod*) remainder, rest, surplus; (*saldo*) balance; (*vinst*) [net] profit (proceeds [*pl*]), yield; (*i dödsbo*) residue; *bildl.* profit, benefit; *ha ~ av ngt* (*bildl.*) profit (benefit) by s.th.

behändig [-'händ-] *a1* (*flink*) deft, dexterous; (*fyndig*) clever; (*lätthanterlig*) handy; (*näpen*) natty; *ett ~t litet barn* a sweet (*AE.* cute) little child

behärsk|a [-'härs-] **1** (*härska över*) rule over, control; (*vara herre över*) be master of; (*dominera*) command; (*vara förhärskande*) dominate; ~ *marknaden* (*havet*) control the market (the sea); ~ *situationen* be master of the situation **2** (*tygla*) control; ~ *sina känslor* (*sig*) control one's feelings (o.s.) **3** (*vara hemma i*) ~ *franska fullständigt* have a complete mastery of French **-ad** *a5* [self-]controlled, [self-]restrained **-ning** control, [self-]restraint

behörig [-'hö:-] *a5* **1** (*vederbörlig*) proper, fitting, due; *i ~ ordning* in due course; *på ~t avstånd* at a safe distance **2** (*berättigad*) appropriate, competent, duly qualified; (*om lärare o.d.*) certificated; *icke ~* unauthorized, incompetent; ~ *domstol* court of competent jurisdiction; ~ *ålder* required age **-en** properly, duly **-het** authority, competence; *domstols* ~ the jurisdiction of a court; *styrka sin* ~ prove one's authority

behöv|a [-'hö:-] *v2* **1** (*ha behov av*) need, be in need of, want, require; *jag -er det inte längre* I have no more use for it; *han -de bara visa sig på gatan för att* he only had to appear in the street to **2** (*vara tvungen*) need, have [got] to; *detta -er inte innebära* this does not necessarily imply (mean); *du hade inte -t komma* you need not have come; *jag har aldrig -t ångra detta* I have never had occasion to regret it **-ande** *a4* needy **-as** *v2, dep* be needed (necessary, wanted); *det -s inte* there's no need [for (of) it]; *om (när) så -s* if (when) necessary; *mer än som -s* more than enough, enough and to spare; *det -des bara att hon sade* all it needed was for her to say **-lig** *a1* necessary

beige [bä:ʃ] *oböjligt s o. a* beige

beivra [-'i:v-] denounce, protest against; *lagligen* ~ bring an action against, take legal action (steps)

bekant I *a1* (*känd*) known; *som ~* as you know, as is well known; *enligt vad jag har mig* ~ as far as I know, to the best of my knowledge; *det är allmänt* ~ it is generally known **2** (*allmänt känd*) well-known; (*omtalad*) noted (*för* for); (*ökänd*) notorious; ~ *för sin skönhet* famous (celebrated) for its (*etc.*) beauty **3** (*personligen* ~) acquainted; *nära* ~ intimate; *hur blev ni ~a?* how did you become acquainted? **4** (*förtrogen med*) familiar with, cognizant of; *han föreföll mig* ~ his face seemed familiar [to me] **II** *subst. a* acquaintance, friend

bekant|a [-'kanta] *rfl* get to know (*med ngn* s.b.), make acquaintance (*med* with) **-skap** *s3* acquaintance; (*kännedom*) knowledge; *vid närmare* ~ on [closer] acquaintance; *göra ~ med* become acquainted with; *stifta ~ med ngn* make a p.'s acquaintance; *säga upp ~en med* cease to be friends with **-skapskrets** [circle of] acquaintances

beklag|a [-'kla:-] (*tycka synd om*) be sorry for; (*hysa medlidande med*) pity; (*vara ledsen över*) regret; (*känna ledsnad över*) deplore; (*ta avstånd från*) deprecate; ~ *sorgen* extend one's condolences; ~ *sig* complain (*över* of; *för, hos* to); *jag ~r att jag inte kan komma* I regret I cannot come; *jag ber att få ~ sorgen* I am grieved to hear about your bereavement, please accept my deep sympathy **-ande** I *s6* [expression of] sorrow (regret); *det är med* ~ *jag måste meddela* I regret to inform you **II** *a4* regretful **-lig** *a1* regrettable, deplorable, unfortunate; *det är ~t* it is to be deplored **-ligtvis** unfortunately, to my (*etc.*) regret, I (*etc.*) regret to say

bekläd|a [-'klä:-] **1** (*påkläda*) clothe **2** (*täcka*) cover, case; (*med bräder*) board [up]; (*med plattor*) tile [over]; (*invändigt*) line; (*utvändigt*) face **3** (*inneha*) fill, hold; ~ *ngn med ett ämbete* invest s.b. with an office **-nad** *s3* **1** (*beklädande*) clothing, covering **2** (*överdrag*) *tekn.* (*invändigt*) lining, (*utvändigt*) covering, *byggn.* (*utvändigt*) facing, revetment; (*trä-*) boarding, panelling

bekläm|d *a1* oppressed, depressed **-mande** *a4* depressing, distressing; *det är* ~ *att se* (*äv.*) it is a depressing sight

bekost|a [-'kåsta] pay for, defray (cover) [the expenses of] **-nad** *r* expense, cost; *på allmän* ~ at the public expense; *på egen* ~ at one's own expense; *på ngns* ~ at a p.'s expense; *på* ~ *av* at the expense of

bekräft|a [-'kräfta] **1** (*bestyrka*) confirm, corroborate; (*intyga*) certify; (*erkänna*) acknowledge; (*säga ja*) affirm; ~ *en uppgift* confirm a statement, *jur.* corroborate evidence; ~ *riktigheten av* bear [s.b.] out; ~ *med ed* swear [to]; *undantaget som ~r regeln* the exception that proves the rule; ~ *mottagandet av* acknowledge receipt of **2** (*stadfästa*) ratify **-else 1** (*bestyrkande*) confirmation, corroboration; (*intygande*) certification; (*erkännande*) acknowledg[e]ment **2** (*stadfästelse*) ratification, sanction

bekväm *a1* **1** (*angenäm*) comfortable; (*hemtrevlig*) cosy; (*läglig*) convenient, handy; *göra det ~t för sig* make o.s. comfortable **2** (*maklig*) easy-going, indolent; *vara ~* [*av sig*] like to take things easy, be lazy **bekväma** [-'kvä:ma] *rfl*, ~ *sig till* be induced (bring o.s.) to [do s.th.] **bekvämlighet** [-'kvä:m-] **1** (*bekvämhet*) convenience; (*trevnad*) comfort; *till de resandes* ~ for the convenience of the passengers **2** (*maklighet*) love of ease **3** (*komfort*) convenience; *med alla moderna ~er* with every modern convenience

bekymmer [-'çymm-] *s7* (*oro*) anxiety, concern, worry; (*omsorg*) care; (*starkare*) trouble; *ha ~ för* be worried about; *ekonomiska ~* economic worries

bekymmer|sam *a1* anxious, troubled, full of care, distressing; *det ser ~t ut för oss* things look bad for us **-samt** *adv, ha det ~* be having a worrying time

bekymmerslös [-ˣçymm-] light-hearted; *(slarvig)* careless

bekymr|a [-'çymra] trouble, worry; *det ~r mig föga* that doesn't worry me much; *vad ~r det henne* what does she care; *~ sig om* trouble (worry) o.s. about, *äv. care about; ~ sig för framtiden* worry about the future **-ad** *a5* distressed, worried, troubled, concerned *(för, över* about)

bekämp|a [-'çämpa] fight against, combat; *(i debatt)* oppose **-ande** *s6* combating **-ningsmedel** [-ˣçämp-] means of control; *~ för skadeinsekter* insecticide; *~ för ogräs* weedkiller

bekänn|a [-'çänna] *(erkänna)* confess; *(öppet ~)* avow, profess; *~ [sig skyldig]* confess, *jur. äv.* plead guilty; *~ sig till kristendomen* confess the Christian faith; *~ färg* follow suit, *bildl.* show one's hand **-are** confessor **-else** confession; *(religionssamfund)* confession, creed, religion; *avlägga ~* confess, make a confession; *Augsburg skū ~n* the Confession of Augsburg

belamra [-'lamra] encumber, clutter up; *(väg)* block up

belast|a [-'lasta] **1** load, charge, burden; *bildl.* saddle **2** *hand.* charge, debit; *ärftligt ~d* with a hereditary taint **-ning** load[ing], charge, stress, pressure; *med.* affliction; *bildl.* strain, burden; *hand.* charge, debit

belevad [-'le:-] *a5* well-bred, polite, mannerly, well-mannered

belgarg [-'belg-] *n* Belgium **belg|ier** ['belg-] *s9,* **-isk** *a5* Belgian

bellis ['bell-] *s2* daisy

belopp [-å-] *s7* amount, sum [total]; *till ett ~ av* amounting to, to the value of; *intill ett ~ av* not exceeding; *överskjutande ~* surplus [amount]

belys|a [-'ly:-] light [up], illuminate; *bildl.* shed light on, illuminate, illustrate **-ande** *a4* illuminating; illustrative, characteristic; *ett ~ exempel* an illustrative example **-ning** lighting; illumination; *(dager)* light; *bildl.* light, illustration; *elektrisk ~* electric light; *i historisk ~* in the light of history; *i ~ av dessa omständigheter* in the light of these circumstances

belån|a [-'lå:-] **1** *(pantsätta)* pledge, pawn; *(upptaga lån på)* raise (borrow) money on; *(om fastighet)* mortgage; *fastigheten är högt ~d* the estate is heavily mortgaged **2** *(ge lån på)* lend [money] on; *~ en växel* discount a bill **-ing 1** *(upptagande av lån)* raising a loan, borrowing [on] **2** *(beviljande av lån)* lending

belåten [-'lå:-] *a3 (om pers.)* content[ed]; *(om min o.d.)* satisfied, pleased **-het** contentment; satisfaction; *till allmän ~* to everybody's satisfaction; *utfalla till ~* prove satisfactory; *vara till ~* give satisfaction

belägen [-'lä:-] *a5* situated, located; *avsides ~* remote, secluded **-het** situation, position, site, location; *bildl.* situation, state, position; *svår ~* predicament, plight

belägg *s7 (bevis)* proof, evidence *(för* of); *(citat)* quotation **-ning** *(täckning)* cover[ing]; *(färg-o.d.)* coat[ing]; *(av plats)* reservation; *(på sjukhus)* number of occupied beds; *(gatu- o.d.)* paving, pavement; *(på tungan)* fur

belägr|a [-'lä:-] besiege **-ing** siege; *häva ~en*

raise the siege

beläst [-'lä:st] *a4* well-read

belön|a [-'lö:-] reward; *(vedergälla)* recompense; *(med pengar)* remunerate **-ing** reward; recompense; remuneration; *(pris)* award, prize

belöpa [-'lö:-] *rfl, ~ sig till* amount (come) to

bemann|a [-'manna] man; *~ sig* nerve o.s., pull o.s. together; *~ sig med tålamod* summon up patience; *~ sig mot* harden o.s. against **-ing** crew

bemyndiga [-'mynn-] authorize, empower

bemäktiga [-'mäkt-] *rfl* take possession of, seize; *vreden ~de sig henne* wrath took possession of her

bemärkelse sense; *i ordets egentliga ~* in the strict sense of the word **-dag** red-letter (important) day

bemöd|a [-'mö:da] *~ sig* endeavour, strive; *absol.* try [hard], exert o.s.; *~ sig om ett gott uppförande* try hard to behave well **-ande** *s6 (an strängning)* effort, exertion; *(strävan)* endeavour

bemöt|a [-'mö:ta] **1** *(besvara)* answer; *(tillbakavisa)* refute **2** *(behandla)* treat; *(mottaga)* receive; *bli väl bemött* be treated politely **-ande** *s6* **1** reply *(av* to); refutation *(av* of) **2** treatment; *vänligt ~* kind treatment, a kind reception

ben *s7* **1** *(i kroppen)* bone; *bara skinn och ~* only skin and bone; *få ett ~ i halsen* have a bone stuck in one's throat; *gå genom märg och ~* pierce to the marrow; *skinna inpå bara ~* en fleece to the very skin ? *(lem)* log; *inte vara på vilket ~ man skall stå* be at one's wit's end; *bryta ~et [av sig]* break one's leg; *dra ~en efter sig* loiter along, dawdle; *hela staden var på ~en* the whole town was astir; *komma på ~en* get on one's feet; *lägga ~en på ryggen* cut and run, make off; *rör på ~en!* stir you stumps!, get moving!; *sticka svansen mellan ~en* droop away with one's tail between one's legs; *stå på egna ~* stand on one's own feet; *ta till ~en* take to one's heels; *vara på ~en igen* be up and about again

1 bena I *v1 (hår)* part **II** *s1* parting

2 bena *v1 (fisk)* bone; *~ upp (bildl.)* analyze

ben|brott fracture **-fri** off the bone; boneless

Bengalen [benn'ga:-] *n* Bengal **bengalisk** [benn'ga:-] *a5* Bengali, Bengalese; *~ eld* Bengal light

benig *a1* **1** bony; full of bones **2** *(invecklad)* puzzling

bensin *s3, kem.* benzine; *(motorbränsle)* petrol, *AE.* gas[oline]; *fylla på ~* fill up **-bolag** petroleum *(AE.* oil) company **-driven** petrol powered **-dunk** petrol can **-motor** petrol engine **-mätare** fuel (gas tank) gauge **-pump** petrol pump **-snål** petrol-saving **-station** filling (petrol) station; *AE. äv.* gas station **-tank** petrol tank

ben|skydd *sport.* shin guard, leg pad **-stomme** skeleton **-vit** ivory white **-vävnad** bone tissue

benåd|a [-'nå:da] pardon; *(dödsdömd)* reprieve **-ning** pardon[ing]; *(av dödsdömd)* reprieve

benägen [-'nä:-] *a3* **1** *(böjd)* inclined, willing; given; *~ för att skämta* given (prone) to joking **2** *(välvillig)* kind, [well-]disposed; *med -et tillstånd* by kind permission; *till -et påseende* on approval; *vi emotser Ert -na svar* we await your kind reply **-het** inclination *(för* to, for), disposition *(för* to, towards), preference *(för* for), tendency (*för* to, towards), propensity (*för* to, towards, for)

benämn|a [-'nämna] call, name; (*beteckna*) designate; *-da tal* denominate numbers **-ing** name, denomination (*på* for); designation, term

beordra [-'å:r-] order; direct; (*tillsäga äv.*) instruct

beprövad [-'prö:-] *a5* [well-]tried, tested; (*om botemedel*) approved; *en ~ vän* a staunch friend

bereda [-'re:-] **1** (*tillreda, för-*) prepare; (*bearbeta*) dress, process; (*hudar*) curry; (*tillverka*) make; (*skaffa*) furnish; (*förorsaka*) cause, give; *~ ngn tillfälle* give s.b. an opportunity; *~ ngn glädje* (*bekymmer*) cause s.b. joy (trouble); *~ plats för ngn* make room for s.b. **2** *rfl* prepare o.s. (*på, till* for), get (make) ready (*för* for); (*skaffa sig*) find, furnish (give, cause, provide) o.s.; *~ sig på avslag* be prepared for a refusal; *~ sig tillträde till* effect (force) an entry to, gain access to **beredd** prepared, ready (*på* for); *vara ~ på det värsta* be prepared for the worst **beredning** [-'re:d-] (*bearbetning*) dressing; currying; (*tillverkning*) manufacture; (*förberedelse*) preparation

beredskap [-'re:d-] *s3* [military] preparedness; *i ~* in readiness, ready, prepared; *ha ngt i ~* have s.th. up one's sleeve; *hålla i ~* hold in readiness (store)

beredskapsarbete relief work

berest [-'re:st] *a4* travelled; *vara mycket ~* have travelled a great deal

berg [bärj] *s7* mountain (*äv. bildl.*); (*vid egennamn ofta*) mount; (*klippa*) rock (*äv. geol.*); (*mindre*) hill; *det sitter som ~* it won't budge **-art** rock **-bana** mountain railway **-bestigare** mountaineer, [mountain] climber **-bestigning** mountaineering; (*med pl*) [mountain] climb, ascent **-grund** bedrock **-häll** rock face; flat rock

berg|ig [ˣbärrjig] *a1* mountainous; rocky; hilly **-kristall** [rock] crystal **--och-dalbana** switchback; (*i nöjespark*) roller coaster, big dipper

bergs|kam mountain crest **-kedja** mountain chain (range) **-predikan** [the] Sermon on the Mount

bergsprängare rock blaster

bergsrygg ridge

berg|säker dead certain **-uv** eagle owl **-vägg** rock face

berika [-'ri:-] enrich

berlock [bär'låck] *s3* charm

Bermudasöarna [bärˣmu:-] the Bermudas, the Bermuda Islands

bero *v4* **1** *~ på* (*ha sin grund i*) be due (owing) to; (*komma an på*) depend on; *det ~r på* that depends, that's all according; *det ~r på tycke och smak* it is a question of taste; *det ~r på vad man menar med dyrt* it all depends on what you mean by expensive; *det ~dde på ett missförstånd* it was due to a misunderstanding **2** (*stå i beroende*) be dependent (*av* on) **3** *låta det ~ vid* be content with; *låta saken ~* let the matter rest **-ende I** *s6* dependence (*av* on) **II** *a4* dependent (*av* on); *~ på* (*på grund av*) *ett misstag* owing to a mistake; *~ på omständigheterna* depending on circumstances; *vara ~ av andra* be dependent on others

beroendeframkallande *a4* habit-forming

berså [bär'så:] *s3* arbour, bower

berus|a [-'ru:-] intoxicate, inebriate; *~ sig* intoxicate o.s., get drunk (*med* on); *~d* intoxicated, drunk, *vard.* tipsy, tight; *smått ~d* a bit merry **-ande** *a4* intoxicating **-ning** intoxication, inebriation

beryktad [-'ryktad] *a5* notorious; *illa ~* of bad repute, disreputable

berått *oböjligt a, med ~ mod* deliberately, in cold blood

beräkn|a [-'rä:kna] calculate, compute, reckon; (*noggrant*) determine; (*uppskatta*) estimate (*till* at); (*ta med i beräkningen*) take into account, count (reckon) on; (*debitera*) charge; *~ en planets bana* determine the orbit of a planet; *~ ränta* calculate interest; *~d ankomsttid* scheduled time of arrival; *~d kapacitet* rated capacity; *fartyget ~s kosta 5 miljoner kr att bygga* the cost of building the ship is estimated at 5 million Swedish kronor **-ande** *a4* calculating, scheming **-ing** calculation, computation, reckoning; estimate, estimation; *med ~* with a shrewd eye [to the effect]; *ta med i ~en* allow for, take into consideration (account)

berätt|a tell, relate, narrate; *absol.* tell stories; *~nde stil* narrative style; *~ till slut* get to the end of one's story; *det ~s att* it is reported that; *jag har hört ~s* I have been told **-are** storyteller **-else** [-'rätt-] tale, short story; narrative; (*redogörelse*) report (*om* about, on), account (*om* of)

berättig|a [-'rätt-] entitle, justify; (*kvalificera*) qualify; (*bemyndiga*) empower, authorize **-ad** *a5* entitled, authorized, justified; (*rättmätig*) just, legitimate; well-founded, well-grounded; *~e tvivel* reasonable doubts **-ande** *s6* justification; authorization; *sakna allt ~* be completely unjustified

beröm [-'römm] *s7* praise; (*heder*) credit; *få ~* be praised; *eget ~ luktar illa* self-praise stinks in the nostrils; *med [utmärkt] ~* godkänd* passed with [great] distinction; *icke utan ~ godkänd* passed with credit **berömd** *a1* famous, well-known **berömdhet** [-'römd-] celebrity **berömma** [-'römma] *v2* praise, commend; (*starkare*) laud; *~ sig av* boast of; *i ~nde ordalag* in eulogistic terms **berömmelse** [-'römm-] (*ryktbarhet*) fame, renown; (*anseende*) credit; *det länder honom inte till ~* it reflects no credit on him; *vinna ~* gain distinction

berör|a [-'rö:ra] touch; (*omnämna*) touch upon; (*påverka*) affect; *ytterligheterna berör varandra* extremes meet; *illa* (*angenämt*) *-d* unpleasantly (agreeably) affected; *bagerierna -s inte av strejken* the bakeries are not affected by the strike; *nyss -da förhållanden* circumstances just mentioned **-ing** contact, touch; (*förbindelse*) connection; *komma i ~ med* get into touch with, come into contact with **-ingspunkt** point of contact; *bildl.* interest (point) in common

beröva [-'rö:-] *~ ngn ngt* deprive (rob) s.b. of s.th.; *~ ngn friheten* deprive s.b. of his liberty; *~ sig livet* take one's own life

besatt *a1* (*behärskad*) possessed, obsessed; (*förryckt*) absurd; *~ av en idé* obsessed by an idea; *~ av en demon* possessed by a demon; *skrika som en ~* cry like one possessed **-het** posses-

sion; absurdity
be|se see, look at (over); ~ *Paris* see the sights of (*vard.* do) Paris **-segla** [-'se:g-] **1** sail, navigate **2** (*bekräfta*) seal; *hans öde var* ~*t* his fate was sealed
besegr|a [-'se:g-] beat, conquer, vanquish; (*fullständigt*) defeat; (*svårighet o.d.*) overcome, get the better of; *ve de* ~*de!* woe to the vanquished! **-are** conqueror, vanquisher
besikt|iga [-'sikt-] inspect, survey, examine **-ning** inspection, survey, examination
besiktnings|instrument (*för motorfordon*) registration certificate (book) **-man** surveyor; (*för motorfordon*) motor vehicle examiner; (*för körkortsprov*) driving examiner
besinn|a [-'sinna] **1** consider, think of, bear in mind **2** *rfl* (*betänka sig*) consider, reflect, stop to think; (*ändra mening*) change one's mind **-ande** *s6* consideration; *vid närmare* ~ on second thoughts **-ing 1** *se* -ande **2** (*medvetande*) consciousness; *förlora* ~*en* lose one's head, komma *till* ~ come to one's senses
besinningslös rash; (*hejdlös*) reckless
besitt|a [-'sitta] possess, have, own **-ning** possession; *franska* ~*ar* French possessions; *komma i* ~ *av* come into possession of; *ta i* ~ take possession of, (*med våld*) seize
besittningsskydd security of tenure
besk I *a1* bitter; ~ *kritik* caustic criticism **II** *s2* bitters (*pl*)
beskaff|ad [-'skaffad] *a5* conditioned; consti tuted; *annorlunda* n *af u* different nature **-en het** nature, character; (*varas*) quality
beskatt|a [-'skatta] tax, impose taxes [up]on; *högt* ~*d* heavily taxed **-ning** taxation, imposition of taxes, (*skatt*) tax[es *pl*]; *progressiv* ~ progressive taxation
beskattnings|bar *a1* taxable (*inkomst* income) **-år** fiscal year
beskęd [-ʃ-] *s7* answer, reply; (*upplysning*) information; (*bud*) message; (*order*) instructions (pl), order; *ge* ~ give an answer, send word; *ge ngn rent* ~ tell s.b. straight out; *veta* ~ *om* know about; *med* ~ well and good, with a will, properly; *det regnar med* ~ it is raining in earnest; *det är aldrig ngt* ~ *med honom* he doesn't know his own mind
beskedlig [-'ʃe:d-] *a1* (*flat*) meek and mild, submissive; (*anspråkslös*) modest; (*snäll*) kind, good[-natured]; ~*t våp* milksop
beskickning [-'ʃick-] embassy, legation; diplomatic representation, mission
beskjut|a [-'ʃu:ta] fire at; shell, bombard **-ning** firing; shelling, bombardment
beskriv|a [-'skri:-] describe, depict; *det kan inte* ~*s* it is indescribable (not to be described); *bollen beskrev en vid båge* the ball described a wide curve **-ande** *a4* descriptive **-ning** description, account (*av, på* of); *ge en* ~ *av* describe, depict; *trotsa all* ~ defy description
beskydd [-ʃ-] *s7* protection (*mot* from, against); *under kungligt* ~ under royal patronage; *ställa sig under ngns* ~ take refuge with s.b.
beskydd|a [-'ʃydda] protect, guard, shield (*för, mot* from, against); patronize **-ande I** *s6* protection **II** *a4* protective; patronizing **-are** protector;

patron
beskyll|a [-'ʃylla] accuse (*för* of), charge (*för* with) **-ning** accusation, charge (*för* of)
beskåd|a [-'skå:-] look at **-ande** *s6* inspection; *utställd till allmänt* ~ placed on [public] view
beskäftig [-'ʃäftig] *a1* meddlesome, fussy [self-]important **-het** meddlesomeness, self-importance
beskär|a [-'ʃä:-] *beskar beskurit,* (*avskära*) *tekn.* trim; (*träd*) prune; (*reducera*) cut [down], reduce **-ning** [-'ʃä:r-] *tekn.* trimming; (*av träd*) pruning; (*reducering*) cutting
beslag *s7* **1** (*metallskydd, prydnad*) fittings, mountings (*pl*); *koll.* ironwork, furniture; (*på nyckelhål o.d.*) escutcheon **2** (*kvarstad*) seizure, confiscation; *lägga* ~ *på* requisition, seize, *vard.* bag; *bildl.* secure; *lägga* ~ *på hela uppmärksamheten* monopolize everybody's attention **-ta[ga]** confiscate, seize, requisition; commandeer
beslut *s7* decision; (*avgörande*) determination; (*av möte*) resolution; (*av myndighet o. jur.*) decision, decree, judgment; *fatta* ~ make (come to) a decision, make up one's mind, (*av möte*) pass a resolution; *det är mitt fasta* ~ it is my firm resolve; *med ett raskt* ~ without [a moment's] hesitation, at once **besluta** [-'slu:-] **1** (*bestämma*) decide (*om, över* upon); (*föresätta sig*) resolve, determine **2** *rfl* (*bestämma sig*) decide (*för* upon), make up one's mind; (*församla sig*) resolve, determine (*för* att to) **besluten** [-'slu:-] *a5* resolved, determined; *fast* ~ firmly resolved
beslutsam [-'slu:t-] *a1* resolute **-het** resolution
beslutsfattare decision-maker
be|släktad [-'släkt-] *a5* related, akin (*med* to); (*om språk o.d.*) cognate; (*om folkslag, anda*) kindred; *andligen* ~ *med* spiritually allied to **-slöja** [-'slöjja] veil; *bildl.* obscure; ~*d blick* veiled glance; ~*d röst* husky voice
bespar|a [-'spa:ra] (*spara*) save; (*förskona*) spare; *det kunde du ha* ~*t dig* you might have spared yourself the trouble **-ing 1** saving; *göra* ~*ar* effect economies **2** *sömn.* yoke
bespetsa [-'spetsa] *rfl,* ~ *sig på* look forward to, set one's heart on
besprut|a [-'spru:-] sprinkle, spray **-ning** sprinkling, spraying
best *s2* beast, brute; monster **bestialisk** [-ti'a:-] *a5* bestial, beastly
bestick *s7* **1** (*rit- o.d.*) set of instruments; (*mat-*) set of knife, spoon and fork, cutlery **2** *sjö.* [dead] reckoning; *föra* ~ work out the [ship's] position
besticka [-'sticka] bribe; corrupt
bestickande [-'stick-] *a4* seductive, insidious; *låta* ~ sound attractive enough
bestickning bribery; corruption
bestig|a [-'sti:-] (*tron*) ascend; (*berg*) climb; (*häst; schavott; talarstol*) mount; *bildl.* scale **-ning** climbing; ascent
bestraff|a [-'straffa] punish; (*med ord*) rebuke **-ning** punishment; *jur.* penalty; (*i ord*) rebuke
bestrida [-'stri:-] (*opponera sig mot*) contest, dispute; (*förneka*) deny; (*tillbakavisa*) repudiate; (*förvägra*) contest, dispute, deny; *det kan inte* ~*s att* it is incontestable that
bestryka [-'stry:-] smear, daub; (*med färg o.d.*)

coat; (*beskjuta*) sweep, cover

beståla [-'strå:-] irradiate (*äv. med.*), shine, illumine

beströ strew, sprinkle, dot; (*med pulver*) powder

bestyr *s7* **1** (*göromål*) work; (*uppdrag*) duty, task; (*skötsel*) management **2** (*besvär*) cares (*pl*), trouble

bestyrka [-'styrka] (*bekräfta*) confirm, corroborate; (*intyga*) attest, certify; (*stödja*) bear out; (*bevisa*) prove; ~ *riktigheten av en uppgift* authenticate a statement; *bestyrkt avskrift* attested (certified) copy

bestå 1 (*vara*) last, continue, remain; (*existera*) exist, subsist **2** (*utgöras*) consist (*av* of; *i* in); *däri ~r just svårigheten* that just constitutes the difficulty; *svårigheten bestod i* the difficulty lay in **3** (*genomgå*) go through, stand, endure; ~ *provet* stand the test **4** (*bekosta*) pay for, defray; (*bjuda på*) treat [s.b.] to, stand s.b.; (*skänka*) provide, furnish, procure **-ende** *a4* **1** (*varaktig*) lasting, abiding; *av ~ värde* of lasting value; *den ~ ordningen* the established order of things **2** (*existerande*) existing

bestånd 1 (*existens*) existence; persistence; duration; *äga ~* last **2** (*samling*) stock; *bot.* stand, clump; (*antal*) number; *zool.* population; (*av kreatur*) stock

beståndsdel constituent, component, part; (*i matvaror*) ingredient

beställ|a [-'ställa] **1** (*tinga*) order (*av* off, from); (*plats, biljett*) book, reserve; ~ *tid hos* make an appointment with; *får jag ~* please take my order; *komma som -d* come just when it (one *etc.*) is wanted; *-da tyger* textiles on order **2** *det är illa -t med henne* she is in a bad way; *ha mycket att ~* have a great deal to do **-are** (*köpare*) buyer, purchaser, orderer; (*kund*) customer, client **-ning 1** (*rekvisition*) order; *på* ~ [made] to order **2** (*befattning*) appointment

bestämd *a1* (*besluten*) determined; (*beslutsam*) resolute, determined; (*om tid, ort o.d.*) fixed, appointed, settled; (*viss*) definite; (*tydlig*) clear, distinct; *språkv.* definite; (*avsedd*) meant, intended (*för* for); *på det ~aste* most emphatically **-het** definiteness; determination; *veta med ~* know for certain

bestämma [-'stämma] **1** (*fastställa*) fix, settle, determine; (*tid, plats*) appoint, set; ~ *tid* make an appointment, fix a time **2** (*stadga*) decree; provide, lay down **3** (*avgöra*) decide [upon] **4** ~ *sig* decide (*för* [up]on), make up one's mind (*för att* to) **5** (*begränsa, fixera*) determine **6** (*ämna, avse*) intend, mean **7** (*fastställa, konstatera*) establish; (*klassificera*) classify, determine, define **8** *språkv.* modify, qualify

bestämmande [-'stämm-] **I** *s6* fixing *etc.*; decision; determination; classification **II** *a4* determining, determinative; (*avgörande*) decisive

bestämmelse [-'stämm-] **1** (*stadga*) provision, regulation; (*i kontrakt*) stipulation, condition **2** (*ändamål*) purpose; (*uppgift*) task, mission

bestämning [-'stämm-] **1** (*bestämmande*) determination **2** *språkv.* qualifying word, adjunct (*till* of); (*friare*) attribute, qualification **bestämt** *adv* **1** (*med visshet*) definitely; decidedly; resolutely; positively; *veta* ~ know for certain **2**

(*högst sannolikt*) certainly; *du mår ~ inte bra* you are surely not well; *närmare* ~ more exactly; *det blir ~ regn* it's sure to rain

bestört *a4* dismayed, perplexed (*över* at) **-ning** dismay, consternation; perplexity

besvara [-'sva:-] **1** (*svara på*) answer, reply to **2** (*återgälda*) return, reciprocate; (*vädjan o.d.*) respond to; ~ *en skål* respond to a toast

besvik|else [-'svi:-] disappointment (*över* at); *vard.* letdown **-en** *a5* disappointed (*på* in; *över* at)

besvär *s7* **1** (*olägenhet*) trouble, inconvenience; (*möda*) [hard] work, labour, pains (*pl*); *göra sig ~et att komma hit* take the trouble (make the effort) to come [here]; *gör dig inget ~!* don't bother!; *ha mycket ~ med ngn* have no end of trouble with s.b., have a hard time with s.b.; *kärt* ~ no trouble at all; *kärt ~ förgäves* love's labour's lost; *tack för ~et!* thank you for all the trouble you have taken; *vara [ngn] till ~* be a trouble to [s.b.]; *inte vara rädd för ~* not mind taking trouble; *vålla [ngn] ~* cause s.b. trouble **2** (*klagan*) appeal; *anföra ~* complain [of]; *anföra ~ hos* appeal to **besvära** [-'svä:-] **1** (*störa*) trouble, bother; *får jag ~ er att komma den här vägen* may I trouble you to step this way; *får jag ~ om ett kvitto* may I trouble you for a receipt; *förlåt att jag ~r* excuse my troubling you; *värmen ~r mig* I find the heat trying; *hon ~s av allergi* she suffers from an allergy **2** *rfl* (*göra sig omak*) trouble (bother) o.s.; (*klaga*) complain (*över* of), protest (*över* against); *jur.* appeal, lodge a protest

besvär|ad [-'svä:-] *a5* troubled, bothered (*av ngn* by s.b.); *känna sig* ~ feel embarrassed **-ande** *a4* troublesome, annoying; embarrassing

besvärj|a [-'svärja] **1** (*frammana*) conjure up **2** (*anropa*) beseech **3** (*gå ed på*) confirm by oath **-else** conjuration, invocation; (*trolldom*) sorcery

besvärlig [-'svä:r-] *a1* troublesome, tiresome; (*svår*) hard, difficult; (*ansträngande*) trying; (*mödosam*) laborious; *ett ~t barn* a difficult child; *en ~ väg* a tiresome road **-het** troublesomeness; (*med pl*) trouble, hardship, difficulty

besynnerlig [-'synn-] *a1* strange, odd, peculiar; (*underlig*) queer; (*märkvärdig*) curious

besättning 1 *sjö.* crew; *mil.* garrison **2** (*kreatursbestånd*) stock, herd [of cows] **3** (*garnering*) trimming[s *pl*], braiding

besök *s7* visit (*hos, i* to); (*vistelse*) stay (*hos* with; *vid* at); (*kortvarigt*) call (*hos* on); *avlägga ~ hos* pay a visit to, call on; *få ~* have a visitor (caller); *komma på ~* come to see, visit; *tack för ~et* thank you for calling (coming); *under ett ~ hos* while staying with; *väl värd ett ~* well worth a visit; *vänta ~* expect visitors

besök|a [-'sö:-] visit, pay a visit to; (*hälsa på*) call on, go to see; (*bevista*) attend; (*regelbundet*) resort to, frequent; *en mycket -t restaurang* a much frequented restaurant **-ande** *s9*, **-are** *s9* visitor, caller (*i, vid* to)

besöks|dag visitors' day **-tid** visiting hours (*pl*)

1 beta *v1* (*om djur*) graze; *absol. äv.* browse; ~ *av* graze, crop

2 beta *s1, bot.* beet

betacka [-'tacka] *rfl*, ~ *sig* [*för*] decline; *jag* ~*r mig!* no, thanks, not for me!

betagande [-'ta:-] *a4* (*förtjusande*) charming, captivating **betagen** [-'ta:-] *a5* overcome (*av* with); ~ *i* charmed by, enamoured of

betal|a [-'ta:-] pay; (*vara, arbete*) pay for; (*skuld äv.*) pay off, settle; ~ *av* pay off; ~ *fiolerna* foot the bill; ~ *för sig* pay for one's keep; ~ *kontant* pay [in] cash; ~ *sig* pay, be worth while; ~ *tillbaka* pay back; ~*t kvitteras* received with thanks; ~ *ngn med samma mynt* pay s.b. back in his own coin; *få -t* be paid; *få bra -t* get a good price; *det här ska du få -t för!* I'll pay you out for this!; *ge -t för gammal ost* pay [s.b.] out, *AE.* get back at, fix; *svar -t* reply prepaid; *vaktmästarn, får jag* ~*!* Waiter! May I have the bill, please? **-are** [-'ta:-] payer **-bar** [-ˣta:l-] *a5* payable **-kort** charge (debit) card

betalning [-'ta:l-] payment; (*lön*) pay; (*avgift*) charge; (*ersättning*) compensation, remuneration; *förfalla till* ~ *bli* (become, fall) due; *inställa* ~*arna* stop (suspend) payment[s]; *mot kontant* ~ for ready money, against cash; *som* ~ [*för*] in payment [for]; *utan* ~ free [of charge]; *verkställa* ~*ar* make payments; *vid kontant* ~ on payment of cash

betalnings|medel means of payment; (*ett lands*) currency; *lagligt* ~ legal tender, *AE.* lawful money **-påminnelse** collection letter **-skyldig** liable for payment **-villkor** *pl* terms of payment

1 bete *s?* (*huggtand*) tusk

2 bete *s6, lantbr.* pasture; pasturage; *gå på* ~ be grazing; *saftigt* ~ verdant pasture[s *pl*]

3 bete *s6* (*agn*) bait

4 bete *v4, rfl* behave; (*bära sig åt äv.*) act

beteckn|a [-'teckna] (*symbolisera*) represent; (*utmärka*) indicate, designate; (*markera*) mark; label; (*betyda*) denote, signify, stand for; imply; (*karakterisera*) characterize, describe; *detta* ~*r höjdpunkten* this marks the peak (culmination); *x och y* ~*r obekanta storheter* x and y represent (stand for) unknown quantities **-ande** [-'teck-] *a4* characteristic (*för* of); typical, significant (*för* of) **-ing** (*benämning*) designation; term, denomination; (*symbol*) symbol; (*angivelse*) indication

beteende [-'te:en-] *s6* behaviour

betesmark pasture, grazing land

betingelse [-'tiŋ-] condition; stipulation; (*förutsättning, om pers.*) qualification

betjän|a [-'çä:-] serve; (*passa upp*) attend [on]; (*vid bordet*) wait on; *tekn.* operate, work; ~ *sig av* make use of, avail o.s. of; *vara -t av* (*med*) have use for **-ing** [-'çä:-] service; attendance; waiting on; *tekn.* operation, working; (*tjänare*) attendants, servants (*pl*), staff **-ingsavgift** tip, service [charge]

betjänt [-'çä:nt] *s3* man[servant], footman; *neds.* flunk[e]y

betona [-'to:-] emphasize, accentuate (*att* the fact that); *fonet.* stress; *kulturellt* ~*de kretsar* cultural circles

betong [-'toŋ] *s3* concrete **-blandare** concrete mixer

betoning [-'to:-] emphasis, stress, accent[uation]

betrakt|a [-'trakta] **1** (*se på*) look at, watch, observe; (*ägna uppmärksamhet åt*) contemplate, consider **2** (*anse*) ~ *som* regard (look upon) as, consider **-ande** *s6 watching etc.*; contemplation; *ta i* ~ take into consideration; *i* ~ *av* considering, in consideration of **-are** observer, onlooker

betraktelse [-'trakt-] reflection, meditation (*över* upon); (*anförande i religiöst ämne*) discourse; (*åskådande*) regarding; *försjunken i* ~*r* lost in contemplation; *anställa* ~*r över* meditate upon **-sätt** outlook, way of looking at things

betrodd *a5* trusted

betryckt *a4* oppressed; dejected

betryggande I *a4* (*trygg*) reassuring; (*tillfredsställande*) satisfactory, adequate; *på ett fullt* ~ *sätt* in a way that ensures complete safety **II** *s6, till* ~ *av* for the safeguarding of

beträda [-'trä:-] set foot on; *bildl.* tread, enter upon; *förbjudet att* ~ *gräset* keep off the grass

beträff|a [-'träffa] *vad mig* ~*r* as far as I am concerned; *vad det* ~*r* as to that, for that matter **-ande** regarding, concerning, in (with) regard to; (*i brevrubrik*) re

bets *s3* (*för trä*) stain; (*för hudar*) lye **betsa** stain

bets|el ['bets-] *s7* bridle **-la** bridle

betsning staining; *konkr.* stain

betsocker beet sugar

bett *s7* **1** (*hugg, insekts-*) bite **2** (*på betsel*) hit **3** (*tandställning*) *äv.* mutton, bite **4** (*egg*) edge

betungande [-'tuŋan-] *a4* burdensome; oppressive

betvinga [-'tviŋa] subdue, (*underkuva*) subjugate; *bildl.* overpower, overcome, repress, control; ~ *sig* control (check) o.s.

betvivla [-'tvi:v-] doubt, question, call in question

betyd|a [-'ty:-] **1** (*beteckna*) mean, signify, denote; imply, connote; *vad skall detta* ~*?* what is the meaning of this? **2** (*vara av vikt*) be of importance, matter, mean; *det -er ingenting* that doesn't matter, it makes no difference **-ande** *a4* (*betydelsefull*) important; (*ansenlig*) considerable, substantial, large; (*framstående*) notable, of mark; *en* ~ *man* a prominent man

betydelse [-'ty:-] **1** (*innebörd*) meaning, signification; (*ords äv.*) sense; *i bildlig* ~ in a figurative sense **2** (*vikt*) importance, significance; *det har ingen* ~ it is of no importance, it doesn't matter; *av föga* ~ of little consequence **-full** significant; important, momentous **-lös** meaningless; insignificant, unimportant

betydlig [-'ty:d-] *a1* considerable, substantial; *en* ~ *skillnad* (*äv.*) a great [deal of] difference

betyg *s7* certificate, testimonial; (*arbets-*) character; (*termins-*) report, *AE.* report card; (*vitsord*) mark, *AE.* credit, grade; *univ.* class; *få fina* ~ get high marks, do very well; *sätta* ~ allot marks

betygsätt|a grade, mark; *bildl.* pass judgment on **-ning** grading, marking

betäckning cover[ing]; *mil. äv.* shelter; (*eskort*) convoy, escort; *ta* ~ take cover

betänk|a [-'tänka] consider, think of, bear in mind; *när man -er saken* when you come to think of it; ~ *sig* think it over, (*tveka*) hesitate **-ande** *s6* **1** (*övervägande*) thought, reflection; (*tvekan*) hesitation, scruple[s *pl*]; *ta ngt i* ~ take s.th. into consideration; *utan* ~ without [any] hesitation **2** (*utlåtande*) report

betänketid [-ˣtänke-] time for consideration

betänklig [-'tänk-] *a1* (*misstänkt*) questionable, dubious; (*oroande*) precarious; hazardous, dangerous; (*allvarlig*) serious, grave; (*vågad*) doubtful **-het** misgiving, doubt, apprehension, scruple; *hysa* ~*er* have (entertain) misgivings, hesitate; *uttala* ~*er* express doubts

betänksam [-'tänk-] *a1* (*eftertänksam*) deliberate; (*försiktig*) cautious; (*tveksam*) hesitant **-het** wariness

beundr|a [-'und-] admire **-an** *r* admiration **-ansvärd** [-ˣund-] *a1* admirable; (*friare*) wonderful

beundrar|e, -inna admirer **-post** fan mail

bevak|a [-'va:-] (*vakta*) guard; (*misstänksamt*) watch, spy upon; (*tillvarataga*) look after; ~*d järnvägsövergång* controlled level (*AE.* grade) crossing; ~ *sina intressen* look after one's interests; ~ *ett testamente* prove a will **-ning** guard; custody; *sträng* ~ close custody; *stå under* ~ be under guard

bevandrad [-'vand-] *a5* (*förtrogen*) acquainted, familiar (*i* with); (*skicklig*) versed, skilled (*i* in)

bevar|a [-'va:-] *v1* **1** (*skydda*) protect (*för, mot* from, against); *-e mig väl!* goodness gracious!; *Gud -e konungen* God save the King; *Herren välsigne dig och -e dig* the Lord bless thee and keep thee **2** (*bibehålla*) preserve; maintain; (*hålla fast vid*) retain; (*förvara, gömma*) keep; ~ *fattningen* retain one's self-possession, keep unruffled; ~ *i tacksamt minne* keep in thankful remembrance; ~ *åt eftervärlden* hand down to posterity **-ande** *s6* protection, preserving *etc.*; preservation, maintenance

bevattn|a [-'vatt-] water; (*med kanaler o.d.*) irrigate **-ning** watering; irrigation

bevattnings|anläggning, -system irrigation system

bevek|a [-'ve:-] *v3* (*förmå*) induce; (*röra*) move; *låta sig* ~*s* [allow o.s. to] be persuaded **-ande** *a4* moving, persuasive; entreating

bevilja [-'vilja] *v1* grant, accord, allow; *parl.* vote

bevjs *s7* proof (*på* of); (*skäl*) argument; (*vittnesmål*) evidence (*för* of); (*-föring*) demonstration; (*uttryck för känsla o.d.*) proof, evidence, demonstration (*på* of); (*intyg*) certificate; (*kvitto*) receipt; *bindande* ~ conclusive proof; *framlägga* ~ (*jur.*) introduce evidence, (*friare*) furnish proof of; *leda i* ~ prove, demonstrate; *vilket härmed till* ~ *meddelas* which is hereby certified; *frikänd i brist på* ~ acquitted in default of proof of guilt; ~ *på högaktning* mark (token) of esteem

bevis|a [-'vi:-] (*utgöra bevis på, ge prov på*) prove, demonstrate; (*ådagalägga*) show; ~ *riktigheten av* bear [s.b.] out; *vilket skulle* ~*s* which was to be proved **-föring** argument[ation], demonstration; submission of evidence **-ligen** demonstrably

bevismaterial evidence

bevisning [-'vi:s-] argumentation, demonstration; *det brister i* ~*en* there is a flaw in the argument

bevista [-'vista] attend

bevittna [-'vitt-] witness; (*intyga äv.*) attest, certify

bevuxen [-'vuxen] *a3* overgrown, covered; ~ *med skog* wooded, woody

bevåg *n, endast i uttr.: på eget* ~ on one's own responsibility

bevänt *a, n sg, det är inte mycket* ~ *med honom* he is not up to much

beväpn|a [-'vä:p-] arm: *bildl.* fortify **-ing** arming; (*vapen*) armament, arms (*pl*)

bevärdiga [-'vä:r-] ~ *ngn med ett leende* condescend to smile at s.b.

1 bi *adv* **1** *stå* ~ hold out, stand the test **2** *sjö.*, *dreja* ~ heave to; *ligga* (*lägga*) ~ lie (lay) to **2 bi** *s6, zool.* bee; *arg som ett* ~ [absolutely] furious, spluttering with rage

1 bi- (*bredvid, intill*) by-

2 bi- (*två-, dubbel-*) bi-

biavel beekeeping

biavsikt subsidiary purpose; (*baktanke*) ulterior motive

bibehåll|a keep; preserve; (*upprätthålla*) maintain, keep up; (*ha i behåll*) retain; ~ *gamla seder och bruk* keep up (preserve) old customs; ~ *sig* (*om kläder*) wear, (*om färg*) stand, (*om seder*) last; ~ *sin värdighet* maintain one's dignity; ~ *sina själsförmögenheter* retain one's faculties; ~ *sitt anseende som* keep up one's reputation for; *väl -en* well preserved; *en väl -en byggnad* a building in good repair; *han är väl -en* he is well kept **-ande** *s6* keeping *etc.*; preservation, maintenance; retention; *tjänstledighet med* ~ *av lönen* leave with full pay

bibel ['bi:-] *s2* bible; ~*n* the [Holy] Bible **-ord** quotation from the Scriptures

bibetydelse subordinate sense, secondary meaning

bibliografj *s3* bibliography

bibliotek *s7* library **-arie** [-'a:rie] *s5* librarian

biblisk ['bi:-] *a5* biblical; ~*a historien* biblical narratives, Bible stories (*pl*)

bidé *s3* bidet

bidrag contribution; share; (*penning-*) allowance, benefit; (*stats-*) subsidy; *lämna* ~ make a contribution **bidraga** contribute; (*samverka*) combine; ~ *med* contribute; ~ *till* aid, promote, help; ~ *till att förklara* help to explain, be instrumental in explaining **bidragande** *a4* contributory, contributing **bidragsgivare** contributor

bidrottning queen bee

bifall (*samtycke*) assent, consent; (*godkännande*) sanction; (*medhåll*) approval, approbation; (*applåder*) applause, acclamation; *stormande* ~ thunderous applause; *vinna* ~ meet with approval; *yrka* ~ support **bifalla** approve [of], assent to; (*godkänna*) sanction; (*bevilja*) grant; ~ *en anhållan* grant a request; *begäran bifölls* the request was granted

bifallsrop shout of approval

biff *s2* [beef]steak; *saken är* ~ (*vard.*) everything is all right (okay, O.K.); *jag ska ordna* ~*en* (*vard.*) I'll swing it somehow

bi|figur subsidiary (minor) character **-flod** tributary, affluent

bifoga attach; (*närsluta*) enclose; (*tillägga vid slutet*) append, subjoin; *betygen skall* ~*s ansö-*

kan testimonials (*etc.*) should be attached to the application, (*friare*) apply with full particulars; ~*d blankett* accompanying form; *härmed* ~*s* enclosed please find; *med* ~*nde av* enclosing, appending; ~*t översänder vi* we are enclosing; *vara* ~*d* (*till dokument o.d.*) be attached, (*i brev etc.*) be enclosed

bigami *s3* bigamy

bigarrå *s3* white heart cherry, bigarreau

bi|hang *s7* appendage; (*i bok*) appendix (*pl* append|ixes *el.* -ices); *maskformiga* ~*et* the [vermiform] appendix **-håla** *med.* sinus **-håleinflammation** sinusitis

bijouteri|er [biʃote'ri:-], **-varor** *pl* jewellery (*sg*), jewellery goods, trinkets

bikarbonat [*äv.* -'ja:t] bicarbonate [of soda]

bikini [-'ki:-] *s9, s3* bikini

bikt *s3* confession **bikta** ~ [*sig*] confess

bikt|fader confessor **-stol** confessional

bikupa *s1* beehive

bil *s2* |motor|car; *AE.* car, auto[mobile]; *köra* ~ drive a car

1 bila *v1* travel (go) by car, motor; go motoring

2 bila *s1* broad-axe

bilaga *s1* (*i brev*) enclosure; (*i bok, tidning*) appendix, supplement

bil|besiktning (*ung.*) [annual] motor vehicle inspection **-bälte** seat (safety) belt

bild *s3* picture; (*illustration*) illustration; (*avbildning, äv. bildl. o. opt.*) image; (*spegel-*) likeness **r1flection,** (*på mynt*) effigy; *språkv.* figure [of speech], metaphor; *ge ngn en* ~ *av situationen* put s.b. in the picture; *tala i* ~*er* speak figuratively (metaphorically)

bilda 1 (*åstadkomma, grunda, utgöra*) form (*äv. språkv.*), found, establish **2** (*uppfostra, förädla*) educate; cultivate **3** *rfl* (*uppstå*) form, be formed; (*skaffa sig bildning*) educate (improve) o.s.; ~ *sig en uppfattning om* form an idea of **bildad** *a5* cultivated; educated; refined, civilized; *akademiskt* ~ with a university education; *bland* ~*e människor* in cultural (intellectual) circles; *en* ~ *uppfostran* a liberal education **bildande** *a4* educative, instructive; ~ *konster* imitative arts **bild|erbok** picture book **-konst** visual arts

bild|lig *a1* figurative, metaphorical **-material** illustrative material; illustrations (*pl*)

bildning 1 formation; (*form*) form, shape **2** (*odling*) culture; (*skol-*) education; (*själs-*) cultivation; (*levnadsvett*) breeding, refinement; *en man av* ~ a man of culture (refinement)

bildreportage picture story

bild|ruta *film.* frame; *TV* [viewing] screen **-rör** *TV* television (picture) tube, [tele]tube **-skärm** screen **-skärpa** *foto., TV* definition **-telefon** videophone **-text** [picture] caption

bildäck 1 [motorcar] tyre; *AE.* [automobile] tire **2** *sjö.* car deck

bildöverföring transmission of visual matter, picture transmission

bil|fabrik motor works, car factory **-firma** car dealer **-fri** ~ *gata* pedestrian street; ~*tt område* pedestrian precinct **-färd** car drive (trip) **-färja** car ferry **-förare** driver **-försäkring** motorcar insurance **-försäljare** car salesman **-industri** motor (*AE.* automotive) industry

bil|ism motorism, motoring **-ist** motorist, driver

biljard [-'ja:rd] *s3, ej pl* billiards (*pl*)

biljett *s3* ticket; (*brev*) note; *enkel* ~ single (*AE.* one-way) ticket; *lösa* ~ *till* buy (get) a ticket for **-automat** ticket vending machine **-försäljning** sale of tickets **-häfte** book of coupons **-kontor** ticket office; *järnv.* booking office; *teat. o.d.* box office **-kontrollör** ticket collector (inspector) **-lucka** *järnv.* booking office; *teat. o.d.* box office [window] **-pris** price of admission; (*för resa*) fare

biljud intruding sound; *med.* accessory sound, (*vid andning*) rale

bil|kö line of cars **-körning** [car] driving; motoring

billig *a1* **1** cheap (*äv. bildl.*); inexpensive; (*om pris äv.*) low, moderate, reasonable **2** (*rättmätig*) fair, reasonable; *det är inte mer än rätt och* ~*t* it's only fair **billigt** *adv* cheaply; *köpa* (*sälja*) ~ buy (sell) cheap; *komma för* ~ *undan* be let off too cheaply; *mycket* ~ [*at*] a bargain [price]

bil|lånare car hirer, joy rider **-mekaniker, -montör** car mechanic (fitter) **-olycka** motor accident **-provning** *AB Svensk B*~ Swedish Motor Vehicle Inspection Co. **-register** vehicle register **-ring 1** *se bildäck* **2** *vard.* (*fettvalk*) spare tyre **-skola** driving school **-skollärare** driving instructor **-sport** motoring; car racing **-tjuv** *var. thief.* **-trafik** motor traffic **-tur** [motor]drive, ride; (*längre*) motor trip, trip by car **-uthyrning** car rental **-verkstad** motorcar repair shop, garage **-väg** motor road; *AE.* motor highway

bind|a I *s1* roller [bandage]; *elastisk* ~ elastic bandage **II** *v,* *band bundit* **1** bind; (*knyta*) tie; (*fästa*) fasten (*vid* [on] to); (*hålla fästad vid*) confine; (*nät, kvastar o.d.*) make; ~ *fast* tie up (*vid* to); ~ *för ngns ögon* blindfold s.b.; ~ *ihop* tie up, bind together; ~ *in böcker* have books bound, bind books; ~ *om* tie up, (*böcker*) rebind; ~ *upp* tie up, *kokk.* truss; ~ *åt* tie; ~ *ngn till händer och fötter* bind s.b. hand and foot (*äv. bildl.*); ~ *ris åt egen rygg* make a rod for one's own back; *bunden vid sängen* bedridden, confined to bed **2** (*fästa, sammanhålla*) bind, hold; *limmet -er bra* the glue sticks well **3** *rfl* bind (pledge) o.s.; tie o.s. down (*vid, för* to) **-ande** *a4* binding; (*avgörande*) conclusive; ~ *bevis* conclusive proof; ~ *order* firm order

bindel *s2* bandage

binde|medel binder, fixing agent; (*lim o.d.*) adhesive **-streck** hyphen

bindning binding; (*av bok*) binding; (*på skida*) [ski] binding; *språkv.* liaison; *mus.* slur[ring]

bindsle [ˣbinnsle] *s6* fastening; (*på skida*) [ski] binding

bindväv connective tissue

bingbång ding dong

binär *a1* binary, twofold; ~*a talsystemet* the binary notation (system)

bio ['bi:ʊ] *s9* cinema, motion-picture theatre; *AE.* movies, movie theater; *gå* (*vara*) *på* ~ go to (be at) the cinema (the pictures, *sl.* the flicks, *AE.* the movies)

biobränsle [ˣbi:ʊ-] biomass fuel, biofuel

biodl|are beekeeper **-ing** beekeeping, apiculture
biodynamisk [-'na:-] biodynamic[al]
biograf *s3* **1** (*levnadstecknare*) biographer **2** *se bio*
biograf|i *s3* biography **-isk** [-'gra:-] *a5* biographical
biograf|publik cinema audience; filmgoers (*pl*); *AE*. moviegoers (*pl*) **-vaktmästare** cinema attendant; (*dörrvaktmästare*) ticket collector
bio|kemi biochemistry **-kemisk** [-'çe:-] biochemical **-log** biologist **-logi** *s3* biology **-logisk** [-'lå:-] *a5* biological; ~ *klocka* biological clock; ~ *krigföring* biological warfare; ~*t nedbrytbar* biodegradable **-teknik** biotechnology **-top** [-'å:p] *s3* biotope
bi|produkt by-product; (*avfall*) waste product **-roll** subordinate part, minor role **-sak** matter of secondary importance; side issue; *huvudsak och* ~ essentials and nonessentials (*pl*)
bisamhälle colony of bees
bisamråtta muskrat
bisarr *a1* bizarre, odd, fantastic
bisats subordinate clause
Biscayabukten [bis*˟*kajja-] Bay of Biscay
bisexuell bisexual
bisittare [legal] assessor, member of lower court
biskop [*˟*biskåp] *s2* bishop
biskops|mössa mitre **-stav** pastoral [staff]
biskvi *s3* macaroon, ratafia (ratafee) [biscuit]
bismak [extraneous] flavour; smack; tang; *i sht bildl.* taint
bison ['bi:sån] *r* bison **-oxe** European bison, wisent; *amerikansk* ~ American bison, *AE*. buffalo
bist|er ['biss-] *a2* grim, fierce, forbidding; (*sträng*) stern; (*om köld o.d.*) severe; *-ra tider* hard times
bistå assist, help **bistånd** assistance, help, aid; *med benäget* ~ *av* kindly assisted by
bisyssla spare-time occupation, sideline
bit *s2* piece, bit; (*socker-*) lump [of sugar]; (*fragment*) fragment; (*muns-*) mouthful, morsel; *data.* bit; *följa ngn en* ~ *på vägen* accompany s.b. part of the way; *inte en* ~ *bättre* not a bit (scrap) better; *äta en* ~ [*mat*] have [a little] s.th. to eat; *gå i* ~*ar* go to pieces; *gå i tusen* ~*ar* be smashed to smithereens
bit|a *bet bitit* **1** bite; ~ *huvudet av skammen* be past all sense of shame; ~ *i det sura äpplet* swallow the bitter pill; ~ *i gräset* bite (lick) the dust; ~ *på naglarna* bite one's nails; ~ *sig fast i* (*vid*) cling tight on to; ~ *sig i tungan* bite one's tongue **2** (*vara skarp*) bite; (*om ankare*) hold; (*om kniv*) cut; (*om köld*) nip, be sharp; ~ *av* bite off, (*en sup*) sip; ~ *ifrån sig* hit back, retort; ~ *ihjäl* bite to death; ~ *ihop tänderna* clench one's teeth; ~ *sönder* bite to pieces; *ingenting* -*er på honom* nothing has any effect on him **-ande** *a4* biting; (*om vind äv.*) piercing; (*om köld*) intense; (*om svar äv.*) stinging, cutting, sharp; (*om smak, lukt*) pungent; (*om kritik äv.*) caustic
bit|as *bets bitits, dep* bite **-ring** teething ring
biträd|a **1** (*hjälpa*) assist, help; ~ *ngn vid rättegång* appear (plead) for s.b. at trial **2** (*mening, förslag*) accede to, support, subscribe to; (*parti*) join **-ande** *a4* assistant, auxiliary

biträde *s6* **1** (*medverkan*) assistance, help **2** (*medhjälpare*) assistant, hand; *rättsligt* ~ counsel
bitsk *a1* ill-tempered, savage
bitsocker lump (cube) sugar
bitter ['bitt-] *a2* bitter; (*om smak äv.*) acrid; (*plågsam*) acute, severe, sore; ~ *fiende* (*saknad*) bitter enemy (grief); ~ *nöd* dire want (distress); ~*t öde* harsh fate; *till det bittra slutet* to the bitter end **-het** bitterness; (*om smak*) acridity; (*sinnesstämning*) embitterment, bitter feeling **-ljuv** bittersweet **-mandel** bitter almond
bittert *adv, det känns* ~ *att* it feels hard to
bitti[da] early; *i morgon* ~ [early] tomorrow morning
bitvis bit by bit, piecemeal; here and there
bivax beeswax
biverk|an, -ning side effect, secondary effect
bjud|a *bjöd bjudit* **1** (*befalla*) bid, order, enjoin; ~ *och befalla* order and command; *anständigheten* -*er* decency dictates **2** (*säga, hälsa*) bid, say; ~ *farväl* bid farewell **3** (*erbjuda*) offer; (*ge bud på auktion*) [make a] bid; ~ *motstånd* offer resistance; ~ *ngn att sitta ner* ask s.b. to sit down; ~ *ngn spetsen* defy s.b. **4** (*undfägna med*) treat to; ~ *ngn på en god middag* treat s.b. to an excellent dinner; *vad får jag* ~ *dig på?* what may I offer you?; *staden har mycket att* ~ *på* the town has many attractions; *han bjöd alla på drinkar* all drinks were on him, he stood everybody drinks **5** (*inbjuda*) invite; ~ *ngn på lunch* invite s.b. to lunch; ~ *ngn på middag på restaurang* invite s.b. out for dinner, dine s.b. at a restaurant; *det -er mig emot att* it is repugnant to me to; ~ *hem ngn* ask (invite) s.b. home; ~ *igen* invite back; ~ *in* ask in; ~ *omkring hand round*; ~ *till* try; ~ *under* underbid; ~ *upp* ask for a dance; ~ *ut varor* offer goods for sale; ~ *över* outbid
bjudning **1** (*kalas*) party **2** (*inbjudan*) invitation
bjälke *s2* beam; (*stor*) ba[u]lk; (*bärande*) girder; (*stock*) log; ~*n i ditt eget öga* (*bibl.*) the beam that is in thine own eye
bjäll|erklang jingle of sleigh bells **-ra** *s1* bell, jingle
bjärt I *a1* gaudy, glaring **II** *adv* glaringly; *sticka av* ~ *mot* be in glaring contrast to
bjässe *s2* colossal man; hefty chap; (*baddare äv.*) whopper
björk *s2* birch; *av* ~ (*äv.*) birch; *möbel av* ~ birch-wood suite [of furniture]
björk|ris birch twigs; (*t. aga*) birch[rod] **-skog** birch wood
björn [-ö:-] *s2* **1** bear; *Stora (Lilla) Björn[en]* [the] Great (Little) Bear; *väck inte den* ~ *som sover* let sleeping dogs lie; *sälj inte skinnet innan* ~*en är skjuten* don't count your chickens before they are hatched **2** (*fordringsägare*) dun **-skinn** bearskin **-tjänst** *göra ngn en* ~ do s.b. a disservice
blad *s7* (*löv, bok-*) leaf (*pl* leaves); (*kron-, blom-*) petal; (*ark*) sheet; (*tidning*) paper; (*kniv-, år-, propeller- o.d.*) blade; *oskrivet* ~ clean sheet, *bildl.* unknown quantity; ~*et har vänt sig* the tide has turned; *spela från* ~*et* play at sight; *ta* ~*et från munnen* speak out (one's mind) **-lus** plant louse, aphid, (*grön äv.*) greenfly
B-lag second team (eleven, *särsk. AE*. string);

bildl. second-raters (*pl*)

bland among[st]; ~ *andra* among others; ~ *annat* among other things, for instance, inter alia; *programmet upptar ~ annat* the programme includes; ~ *det bästa jag vet* one of the best things I know; *en ~ tio* one in ten; *många ~ läsarna* many of the readers; *omtyckt ~ damerna* a favourite with the ladies

blanda mix; (~ *tillsammans*) blend; *bildl.* mingle; *kem.* compound; (*metaller*) alloy; (*kort*) shuffle, mix; ~ *vatten i mjölken* mix water with milk, adulterate milk with water; ~ *bort* muddle away; ~ *bort korten för ngn* confuse s.b., put s.b. out; ~ *ihop* mix up; ~ *in* (*tillsätta*) admix; ~ *in ngn i ngt* get s.b. mixed up in s.th.; ~ *till* mix; ~ *upp ngt med ngt* mix s.th. with s.th.; ~ *ut vin med vatten* dilute wine with water; ~ *sig* mix, mingle; ~ *sig i* meddle in, interfere with; ~ *sig med mängden* mingle in (mix with) the crowd

bland|ad *a5* mixed *etc.*; ~*e känslor* mixed fillings, *kör* mixed choir; -*at sällskap* mixed company **-are** mixing machine, mixer **-ning** mixture; (*av olika kvaliteter el. sorter*) blend; (*legering*) alloy; (*korsning*) hybrid; *med en ~ av hopp och fruktan* with mixed hope and fear **-ras** mixed breed

blank *a5* shiny, bright; ~ *sida* blank page; ~ *som en spegel* smooth as a mirror; *med ~a vapen* honourably, with clean hands; *mitt på ~a förmiddagen* right in the middle of the morning; ~*t game* (*i tennis*) love game; *ett ~t nej* a flat (curt) no

blankett *s3* form; blank; *fylla i en* ~ fill in (up) a form

blanksliten shiny **blankt** *adv* shinily *etc.*; *dra ~ draw one's sword; *rösta* ~ return a blank vote; *säga* ~ *nej* flatly refuse; *strunta* ~ *i* not give a damn about

blask *s7* wash, dishwater; (*snö-*) slush **1 blaska** *v1* splash **2 blaska** *s1, neds.* rag **blaskig** *a1* (*om potatis*) watery; (*om färg*) washy, washed out

blast *s3, ej pl* tops (*pl*)

blazer ['blä:- *el.* 'blei-] *s2* [sports] jacket; (*skol-, klubb-*) blazer

bleck *s7* **1** *se* -*plåt* **2** ~*et* (*mus.*) the brass **-bläsinstrument** brass instrument **-burk, -dosa** tin, (*särsk. AE.*) can **-plåt** [thin] sheet metal, sheet [iron]; tin plate; *av* ~ (*äv.*) tin

blek *a1* pale; (*starkare*) pallid; (*svag*) faint; ~ *av fasa* pale with terror; ~ *av raseri* pallid with rage; ~ *om kinden* pale-cheeked; ~ *som ett lik* deathly pale; ~*a döden* pallid Death; ~*a vanvettet* utter madness; ~*t ljus* faint light; *göra ett* ~*t intryck* make a lifeless (tame) impression; *inte ha den* ~*aste aning om* not have the faintest idea of

bleka *v3* bleach; (*färg*) fade; ~*s* become discoloured

blek|het paleness, pallor **-lagd** *a5* pale-faced; (*sjukligt*) sallow **-medel** bleach[er]; bleaching agent

blekn|a [˟ble:-] turn pale (*av* with); (*om färger, kinder, minnen o.d.*) fade, grow paler **-ing** bleaching

blemma *s1* pimple

blessyr *s3* wound

bli (bliva) blev blivit **I** *passivbildande hjälpv* be; *vard.* get; (*vid utdragen handling*) become **II** *självst.* *v* **1** be; ~ *överraskad* be surprised; *festen blev lyckad* the party was a success; (*innebärande förändring*) become; ~ *fattig* (*soldat*) become poor (a soldier); (*vard., med adjektivisk pred.fylln.*) get, (*långsamt*) grow, (*plötsligt*) fall, turn; ~ *arg* (*gift, våt*) get angry (married, wet); ~ *blek* (*katolik*) turn pale (Catholic); ~ *gammal* grow old; ~ *sjuk* (*kär*) fall ill (in love); ~ *skämd* (*tokig*) go bad (mad); *vi* ~*r fyra till bordet* there'll be four of us at table; *det skall* ~ *mig ett nöje* it'll be a pleasure; *hur mycket* ~*r notan på?* what does the bill come to? **2** (*förbli*) remain; ~ *sittande* remain seated; *det måste* ~ *oss emellan* this must be between ourselves; *skomakare,* ~*v vid din läst!* let the cobbler stick to his last **3** *det* ~*r tio pund* it makes ten pounds, (*vid betalning*) that'll be ten pounds; *han* ~*r 30 år* i morgon he will be 30 [years old] tomorrow; *det* ~*r svårt* it will be difficult; *när* ~*r det?* when will it be?; *när jag* ~*r stor* when I grow up **4** *låt* ~*!* don't!; *låt* ~ *att skrika!* stop shouting!; *jag kunde inte låta* ~ *att skratta* I could not help laughing; *låt* ~ *mig!* leave me alone! **5** (*med betonad partikel*) ~ *av* take place, come about; ~*r det ngt av?* will it come to anything?; *festen* ~*r inte av* the party is off; *vad har det* ~*vit av henne?* what has become of her?; ~ *av med* (*bli kvitt*) get rid of, (*förlora*) lose, (*få sälja*) *dispose of;* • *borta* stay away, (*omkomma*) be lost (missing); ~ *efter* drop (lag) behind; ~ *ifrån sig* be beside o.s.; ~ *kvar* (*stanna kvar*) remain, stay [behind], (~ *över*) be left [over]; ~ *till* come into existence; ~ *till sig* get excited; ~ *utan* get nothing; ~ *utan pengar* run out of money; ~ *utom sig* be beside o.s. (*av* with); ~ *över* be left [over]

blick *s2* **1** look; (*ihärdig*) gaze; (*hastig*) glance; *kasta en* på *look* (glance) at **2** (*öga*) eye; *sänka* (*lyfta*) ~*en* lower (raise) one's eyes; *följa ngn med* ~*en* gaze after s.b.; *föremål för allas* ~*ar* focus of attention; *ha* ~ *för* have an eye for **blick|a** look; gaze; glance **-punkt** focus; *bildl.* limelight

blid *a1* mild; (*om röst o.d.*) soft; (*vänlig*) gentle, kind; *tre grader blitt* three degrees above freezing point

blidka [˟blidd-] appease, conciliate, placate; *låta* ~ *sig* relent, give in

blidväder mild weather; thaw

blind *a1* blind (*för* to); (*okritisk, obetingad*) implicit; *bli* ~ go blind; ~ *lydnad* implicit (passive) obedience; ~ *på ena ögat* blind in one eye; ~*a fläcken* the blind spot; *den* ~*e* the blind man; *en* ~ *höna hittar också ett korn* a fool's bolt may sometimes hit the mark; *stirra sig* ~ *på* (*bildl.*) let o.s. be hypnotized by, get stuck at **-bock** blind man's buff

blind|flygning instrument (blind) flying **-gång-are** dud, unexploded bomb **-het** blindness **-hund** guide dog

blindo *i uttr.: i* ~ blindly, at random

blind|skrift Braille; *trycka i* (*skriva med*) ~ Braille **-tarmsinflammation** appendicitis

blink *s2* **1** (-*ande*) twinkling **2** (-*ning*) wink; *i en* ~ in a twinkling, in the twinkling of an eye **blinka**

blinker — blyghet

38

(*med ögat*) blink, wink (*mot, åt* at); (*om ljus*) twinkle; *utan att* ~ without batting an eyelid, unflinchingly

blink|er *s2* blinker, [flashing direction] indicator **-ning** blinking *etc.*; wink

blint *adv* blindly *etc., se blind*; *gatan slutar* ~ it is a blind alley

bliv|a *se bli* **-ande** *a4* (*tillkommande*) future, ...to be; (*tilltänkt*) prospective; ~ *mödrar* expectant mothers

blixt I *s2* lightning; (*konstgjord o. bildl.*) flash; *en* ~ a flash of lightning; *~en slog ner i huset* the house was struck by lightning; *som en oljad* ~ like a streak of lightning; *som en* ~ *från klar himmel* like a bolt from the blue; *som träffad av ~en* thunderstruck; *hans ögon sköt ~ar* his eyes flashed **II** *adv, bli* ~ *kär* fall madly in love **-ljus** flashing light; *foto.* flashlight **-lås** zip [fastener]; *AE.* zipper **-nedslag** stroke of lightning

blixt|ra lighten (*äv.* ~ *till*); (*friare*) flash, sparkle; *~nde ögon* flashing eyes; *~nde huvudvärk* splitting headache; *~nde kvickhet* sparkling wit **-snabb** [as] swift as a lightning

block [-å-] *s7* block; *geol. äv.* boulder; *polit.* bloc; (*skriv-*) pad; (*hissanordning*) block; (*sko-*) shoetree

blockad [-å-] *s3* blockade; *förklara i* ~ impose a blockade; *häva* (*bryta*) *en* ~ raise (run) a blockade

block|bildning formation of blocs **-choklad** cooking chocolate

blocker|a [-å-] blockade; (*friare*) block **-ing** block

block|flöjt recorder **-hus** blockhouse

blod *s7* blood; *levrat* ~ clotted blood, gore; *gråta* ~ (*ung.*) cry one's eyes out; *med kallt* ~ in cold blood; ~ *är tjockare än vatten* blood is thicker than water; *~et steg mig åt huvudet~* the blood went to my head; *det har gått dem i ~et* it has got into their blood; *det ligger i ~et* it runs in the blood; *prins av ~et* prince of the blood; *väcka ont* ~ breed bad blood **bloda** ~ *ner* stain with blood; *få ~d tand* (*bildl.*) acquire the taste

blod|apelsin blood orange **-bad** blood bath, massacre; *anställa* ~ *på* butcher wholesale **-brist** anaemia **-cirkulation** circulation of the blood **-drypande** *a4* bloody; ~ *historia* bloodcurdling story **-fattig** anaemic **-fläck** bloodstain **-full** full-blooded **-förgiftning** blood poisining **-givare** blood donor **-givning** donation of blood **-grupp** blood group (type)

blod|ig *a1* bloody; bloodstained; gory, sanguinary; (*friare*) bloody; grievous; ~ *biffstek* underdone (*AE.* rare) steak; *det var inte så ~t* (*vard.*) this wasn't too stiff **-igel** medicinal leech **-kropp** blood cell (corpuscle); *röd* ~ red blood cell, erythrocyte; *vit* ~ white blood cell, leucocyte **-kärl** blood vessel **-omlopp** circulation of the blood **-platta, -plätt** platelet, (*särsk. förr*) thrombocyte **-propp** thrombus **-prov** blood sample; (*-analys*) blood test **-pudding** black (blood) pudding **-röd** blood red; *bli* ~ *i ansiktet* turn crimson **-sjukdom** blood disease **-socker** blood sugar **-sprängd** bloodshot **-stillande** *a4* haemostatic, styptic; ~ *medel* styptic **-sugare** bloodsucker; *bildl. äv.* vampire, extortioner

blodsutgjutelse bloodshed

blod|transfusion [blood] transfusion **-tryck** blood pressure; *för högt* ~ hypertension; *för lågt* ~ hypotension **-törstig** bloodthirsty **-värde** blood count **-åder** blood vessel, [blood] vein

blom [blomm] *s2* blossom; *koll. äv.* bloom; *slå ut i* ~ [come out in] blossom; *stå i* ~ be in bloom (flower) **-bord** plant (flower) stand, flower box **-buket** bouquet, bunch of flowers **-doft** scent of flowers **-kruka** flowerpot **-kål** cauliflower **-låda** flower box

blom|ma [×blomma] **I** *s1* flower; *i* ~*n av sin ålder* in one's prime **II** *v1* flower, bloom, blossom; ~ *upp* (*bildl.*) take on a new lease of life; ~ *ut* shed its blossoms **-mig** *a1* flowery, flowered **-ning** [×blomm-] flowering, blooming

blomster [×blåmm-] *s7* flower **-affär** florist's [shop] **-förmedling** *B~en* Interflora Flower Relay **-prydd** *a5* flowered, flowery **-äng** flower field; *poet.* flowery mead

blomstr|a [×blåmm-] blossom, bloom; *bildl.* flourish, prosper **-ing** *bildl.* prosperity **-ingstid** *bildl.* era of prosperity; heyday

blond [-ånd *el.* -ånd] *a1* blond, *fem.* blonde; fair **-jn** *s3* blonde

bloss [-å-] *s7* **1** (*fackla*) torch; (*fastsatt*) flare **2** (*på cigarett o.d.*) puff, pull, whiff; *vard.* drag; *ta sig ett* ~ have (take) a smoke **blossa** blaze, flare; *bildl. äv.* burn, flush [up]; ~ *upp* (*om eld*) flare up; (*om pers.*) flare up, kindle; *~nde kinder* burning cheeks; *~nde röd* crimson

1 blott [-å-] **I** *adv* only, but, merely; ~ *och bart* only; *det vet jag* ~ *alltför väl* that I know only too well; *icke ~...utan även* not only...but also; *det är ett minne* ~ it is but a memory **II** *konj* if only **2 blott** [-å-] *a, mest i best. form* mere; bare; *med ~a ögat* with the naked eye; *~a tanken därpå* the mere thought of it; *slippa undan med ~a förskräckelsen* get off with a fright [only]

blotta [-å-] **I** *s1* gap; *bildl.* opening, weak spot **II** *v1* **1** lay bare, expose; ~ *sitt huvud* uncover [one's head]; *med ~t huvud* bareheaded; *med ~t svärd* with the sword drawn **2** (*röja*) disclose, unveil, expose; ~ *ngns brister* expose a p.'s shortcomings; ~ *sin okunnighet* expose one's ignorance; ~ *sig* uncover, *bildl.* expose (betray) o.s.; *~d på* destitute (void) of **blottare** exhibitionist

bluff *s2* bluff **bluffa** bluff; ~ *sig till en plats* bluff one's way to a job; ~ *sig fram* make one's way by bluff **bluffare, bluffmakare** bluffer

blund *s3, inte få en* ~ *i ögonen* not get a wink of sleep; *ta sig en* ~ take a nap (*vard.* shuteye); *John B~* (*ung.*) the sandman **blunda** shut one's eyes (*för* to) **blunddocka** sleeping doll

blunder [×blunn-] *s2* blunder; *vard.* boob **blus** *s2* blouse

bly *s7* lead; *av* ~ (*äv.*) lead[en]

blyerts [×bly:- *el.* 'bly:-] *s2* **1** (*ämne*) black lead, graphite; (*i pennor*) lead **2** (*penna*) lead pencil; *skriva med* ~ write in pencil

bly|fri lead-free **-förgiftning** lead poisoning

blyg *a1* shy (*för* of), bashful **-as** *v2, dep* be ashamed (*för* of); blush (*över* at)

blygd *s3, ej pl* private parts (*pl*) **-ben** pubic bone, pubis **-läppar** *pl* labia [pudendi]

blyghet [×bly:g-] shyness, bashfulness

blyg|sam [ˣbly:g-] *a1* modest, unassuming **-samhet** modesty **-sel** [ˈblygg-] *s2* shame; *känna* ~ *över* feel ashamed of; *rodna av* ~ blush with shame

bly|haltig *a1* lead-bearing, plumbiferous **-mönja** red lead, minium; (*färg*) red-lead paint **-tung** [as] heavy as lead; leaden

blå *a1* blue; *ett ~tt öga* a black eye; *slå ngn gul och* ~ beat s.b. black and blue; *i det* ~ up in the clouds **-blodig** blue-blooded **-bär** whortleberry, blaeberry; bilberry; *A.E.* blueberry **-bärsris** whortleberry wire[s] **-frusen** blue with cold **-grön** bluish green, sea green; ~*a alger* bluegreen algae **-gul** blue and yellow **-klint** cornflower, bluebottle **-klocka** harebell, (*i Skottland*) bluebell

Blåkulla *n* the Brocken

blå|lera blue clay **-mussla** sea (edible) mussel **-märke** bruise

blåna become blue; ~*nde berg* (*ung.*) distant blue mountains

blåneka flatly deny

blånor pl tow, oakum (*sg*)

1 blås|a *s1, med.* bladder; (*luft-, i glas o.d.*) bubble; (*hud-; i metall*) blister; *full av* **-or** bubbly; blistery; *med.* vesicular, vesiculate

2 blås|a *v3* blow; *det -er kallt* there is a cold wind blowing; *det -er nordlig vind* the wind is in the north; ~ [*nytt*] *liv i* infuse fresh life into; ~ *av* blow (call) off, *sport.* stop play; ~ *bort* blow away; ~ *in luft i* inflate [with air]; ~ *ner* blow down; ~ *omkull* blow over; ~ *upp en ballong* inflate (blow up) a balloon; *det -er upp* it is blowing up; *fönstret -te upp* the window blew open; ~ *upp sig* puff o.s. up; ~ *ut* blow out

blås|are (*musiker*) player of a wind instrument; *-arna* (*koll. ung.*) the wind[s *pl*] **-bälg** bellows (*behandlas som sg el. pl*); *en* ~ a pair of bellows

1 blåsig *a1* (*t 1 blåsa*) blistery

2 blåsig *a1* (*t. 2 blåsa*) windy, breezy

blåsinstrument wind instrument

blåsippa hepatica

blåskatarr cystitis

blåslagen *a3* black and blue

blås|lampa blowlamp; *A.E.* blowtorch **-ning** blowing; *åka på en* ~ be taken in **-orkester** (*mässingsorkester*) brass band **-rör** blowpipe; *A.E.* blowgun

1 blåst [-å:-] *s2* wind

2 blåst [-å:-] *oböjligt a, vard.* **1** *se korkad* **2** (*lurad*) bamboozled, taken in

blå|strumpa bluestocking **-ställ** *ung.* [blue] overalls (*pl*)

blåsväder windy weather

blått *s, best. form: det blåa* blue; *jfr blå*

blå|val blue whale **-ögd** *a5* blue-eyed; (*naiv*) dewy-eyed; ~ *optimism* starry-eyed optimism

bläck *s7* ink; *skriva med* ~ write in ink

bläck|fisk cuttle[fish]; squid; (*åttaarmad*) octopus **-penna** pen; (*reservoarpenna*) fountain pen

blädderblock flipover **bläddra** turn over the leaves (pages) (*i en bok* of a book); ~ *igenom* skim [through], glance through; ~ *tillbaka* turn back a few pages

bländ|a blind, dazzle; *bildl. äv.* fascinate; ~ *av* (*bilstrålkastare*) dip [the headlights]; *foto.* stop

down **-ande** *a4* blinding; dazzling, glaring **bländare** *foto.* diaphragm, stop **bländ|fri** non-glare **-skydd** *foto.* lens hood; (*på bil*) sun visor (shield) **-vit** dazzlingly white

blänga *v2* glare, stare (*på at*)

blänk *s7, s2* **1** flash **2** *se blänke* **blänka** *v3* shine, gleam, glitter, glisten; ~ *till* flash, flare **blänke** *s6*, (*vid pimpelfiske*) lure, jig

blästra blast

blöd|a *v2* bleed (*äv. bildl.*) **-are** bleeder **-ig** *a1* soft, timid, chicken-hearted, chicken-livered **-ning** [ˣblö:d-] bleeding

blöj|a [ˣblöjja] *s1* nappy, napkin; *A.E.* diaper **-byxor** [plastic] baby pants

blöt I *a1* wet; (*vattnig*) watery, soggy; *bli* ~ get soaked **II** *oböjligt s, ligga i* ~ be in soak; *lägga i* ~ [put...to] soak, steep; *lägga sin näsa i* ~ poke one's nose into everything; *lägg inte näsan i* ~! mind your own business!

blöta *v3 soah, weck,* wet; ~ *ner sig* get o.s. all wet; ~ *upp* soak, sop

BNP (*förk. för bruttonationalprodukt*) GNP

bo I 1 (*i sms.*) inhabitant; *moskva* inhabitant of Moscow, *äv.* Muscovite; *london* Londoner; *paris* Parisian; *newyork* New Yorker **2** *s6* (*fågel-*) nest; (*däggdjurs*) den, lair **3** *s6* (*kvarlåtenskap*) estate; (*bohag*) furniture; *sitta i orubbat* ~ retain undivided possession of the estate; *sätta* ~ settle, set up house; *hustrun medförde...i* ~*et* his wife brought...into the home **II** *v1* live; (*vanl. förnämt*) *wielde*, (*tillfälligt*) stay; (*i högre stil*) dwell; ~ *billigt* pay a low rent; ~ *inackorderad hos* board and lodge with; ~ *kvar* stay on; ~ *trångt* have limited living space, be overcrowded; ~ *åt gatan* have rooms facing the street; *du kan få* ~ *hos mig* (*äv.*) I can put you up; *här* ~*r jag* this is where I live; *på Grönland* ~*r eskimåer* there are Eskimos living in Greenland

boa *s1* boa **-orm** boa constrictor

bobb [-å-] *s2* bobsleigh

1 bock [-å-] *s2* **1** (*djur*) he-goat, buck; *sätta* ~*en till trädgårdsmästare* set a thief to catch a thief **2** (*gymnastikredskap*) buck **3** (*stöd*) trestle **4** *hoppa* ~ play [at] leapfrog **5** (*fel*) [grammatical] fault (mistake); howler; (*tecken*) cross, tick; *sätta* ~ *för* mark as wrong

2 bock [-å-] *s2* (*bugning*) bow

bock|a [-å-] **1** *tekn.* bend **2** (*buga*) bow; ~ *sig för* bow to **3** ~ *för* (*markera*) tick **-ning** [-å-] **1** *tekn.* bending **2** (*bugning*) bow

bod *s2* **1** (*affär*) shop **2** (*uthus*) shed, storehouse

bodelning (*vid skilsmässa*) partition (division) of joint property [upon separation]; (*av dödsbo*) partition (division) of the estate (inheritance)

Bodensjön [ˣbå:-] the Lake of Constance

boende *a4* living; resident; who lives

boett *s3* watchcase

bofast resident, domiciled, settled

bofink *s2* chaffinch

bog *s2* **1** (*på djur*) shoulder **2** *sjö.* bow; *lägga om på en ny* ~ (*bildl.*) go off on a fresh tack; *slå in på fel* ~ (*bildl.*) take a wrong tack

boggi [ˣbåggi] *s3* bogie, bogy; truck **-vagn** bogie car[riage]

bogser|a tow, take in tow, tug **-båt** tug[boat], towboat **-ing** towing, towage **-lina, -tross**

towrope, towline
bogspröt bowsprit
bohag s7 household goods (pl) (furniture)
bohem s3 Bohemian **-liv** Bohemia, Bohemianism
boj [båjj] s2, sjö. buoy; förtöja vid ~ moor; lägga ut en ~ put down a buoy
boj|a [ˣbåjja] s1 fetter, shackle; bildl. bond; slå ngn i -or put s.b. in irons
bojkott [ˣbåjj- el. -'kått] s3, **bojkotta** [ˣbåjj- el. -'kåtta] v1 boycott
1 bok s2, bot. beech[tree]; av ~ (äv.) beech[en]
2 bok -en böcker **1** book; häftad ~ paperback; inbunden ~ hardback; avsluta böckerna close the books; föra böcker keep books; föra ~ över keep a record of; hänga näsan över ~en bury one's nose in one's book; tala som en ~ talk like a book **2** (24 el. 25 ark papper) quire
boka 1 hand., se bokföra **2** (beställa biljett o.d.) book, reserve
bok|band (del av bokverk) volume; (pärmar etc.) binding **-bindare** bookbinder **-binderi** bookbindery, bookbinder's [workshop] **-buss** mobile library; AE. bookmobile
bokför|a book, enter [in the books]; -t värde book value **-are** accountant, book-keeper; clerk **-ing** book-keeping, accounts; dubbel (enkel) ~ book-keeping by double (single) entry **-ingslag** accounting act (law)
bok|förlag publishing company (house), publishers (pl) **-förläggare** publisher **-handel** bookshop, bookseller's [shop]; bookstore; i ~handeln (abstr.) in the book trade; utgången ur -handeln out of print **-handlare** bookseller **-hylla** bookcase; (enstaka hylla) bookshelf **-klubb** book club
bok|lig [ˣbo:k-] a1 literary, bookish; ~ bildning book-learning **-märke** bookmark[er]
bok|ning [ˣbo:k-] **1** (bokföring) posting [of items]; (av enskild post) [book] entry **2** (biljettbeställning o.d.) booking, reservation **-slut** balancing of the books; konkr. final accouts; göra ~ close (balance) the books, make up a balance sheet
bokstav -en bokstäver letter; character; grekiska bokstäver Greek characters; liten ~ small letter; stor ~ capital [letter]; efter ~en literally; to the letter **-era** spell **-lig** [-a:-] a1 literal **-ligen** [-a:-] adv literally; (rent av) positively
bokstavs|följd alphabetical order **-lås** combination (letter) lock
bok|stöd book end **-titel** book title, title of a book **-tryckeri** printing-house, printing-office
bolag s7 company; AE. corporation; enkelt ~ partnership; ingå i ~ med enter into partnership with **bolagsstämma** annual meeting of shareholders, annual general meeting
Bolivia [-'li:-] n Bolivia **boliviansk** [-'a:-] a5 Bolivian
boll [-å-] s2 **1** ball; (slag i tennis) stroke; kasta ~ play catch; sparka ~ play football; en hård ~ a hard stroke; ~en ligger hos dig the ball is in your court **2** sl. (huvud) nut, loaf; AE. bean; vara tom i ~en be batty, be off one's nut
boll|a play ball; ~ med ord play (juggle) with words, split hairs **-kalle** s2 ball boy **-sinne** ball-

sense **-sport** ball games (pl) **-trä** bat
bolma [-å-] (om sak) belch out smoke; (om pers.) puff; ~ på en pipa puff away at a pipe
1 bom [bomm] s2 (stång) bar, järnv. level-crossing (AE. grade-crossing) gate; (väg-) barrier; (gymnastikredskap) [balance] beam; sjö. boom; (last-) derrick, jib; (på vävstol) beam; inom lås och ~ under lock and key
2 bom [bomm] **I** s2 (felskott) miss, wide **II** adv, skjuta ~ miss [the mark] **III** interj boom
bomb [-å-] s3 bomb; fälla ~er drop bombs, bomb; slå ner som en ~ (bildl.) come as a bombshell
bomba [-å-] bomb
bombard|emang [-'maŋ] s7 bombardment **-era** bomb, bombard; batter; (friare) pelt
bomb|attentat bomb outrage (attempt) **-flygplan** bomber **-hot** bomb warning **-nedslag** impact of a bomb; ett blont ~ a blonde bombshell **-ning** bombing **-räd** bomb raid
1 bomma (missa) miss [the mark]; ~ på miss
2 bomma ~ för (igen, till) bar, lock up
3 bomma sl. (låna) cadge, scrounge; AE. bum, mooch
bomull [ˣbomm-] cotton; (förbands-) cotton wool, purified (AE. absorbent) cotton; av ~ (äv.) cotton
bomulls|band cotton tape **-buske** cotton shrub **-klänning** cotton dress **-tuss** piece of cotton-wool **-tyg** cotton fabric (cloth)
bomärke [owner's] mark; (på kreatur) brand [mark]
bona (polera) wax, polish
bonad s3 hanging [piece of] tapestry
bonde -n bönder **1** farmer; (allmogeman) peasant, countryman **2** (schack-) pawn **-befolkning** farming population; [the] farmers (pl)
bond|fångeri confidence trick (AE. game), con trick **-förnuft, -förstånd** common sense **-försök** ung. unblushing (cheeky) attempt; vard. try-on **-gård** farm; (boningshus) farmhouse **-komik** burlesque; lowbrow comedy **-kvinna** countrywoman
boningshus dwelling house
bonus ['bo:-] s2 bonus
bonvax [ˣbo:n-] floor wax (polish)
boplats habitation, dwelling place; site
1 bord [-o:-] s7 table; (skriv-) desk; tekn. platform; duka ~et lay the table; gående ~ buffet; vi var tio till ~et we were ten at table; dricka ngn under ~et drink s.b. under the table; föra ngn till ~et take s.b. in to dinner; lägga korten på ~et put one's cards on the table; passa upp vid ~et wait at (AE. on) table; sitta (sätta sig) till ~s sit at (sit down to) table
2 bord [-o:-] s7, sjö. board; (i bordläggning) plank; kasta över ~ jettison; throw overboard; falla över ~ fall overboard; man över ~! man overboard!; se äv. ombord
borda board
bord|beställning table reservation **-duk** tablecloth
bordeauxvin [bårˣdå:-] Bordeaux; (rött) claret
bordell [-å-] s3 brothel
bordlägga shelve; table; postpone
bordläggning shelving; tabling; parl. first read-

ing
bords|dam [lady] partner at table **-dekoration** table decoration; centrepiece **-kavaljer** [gentleman] partner at table **-servis** tableware **-skick** table manners (pl) **-skiva** tabletop **-vatten** mineral water **-vin** table wine **-visa** drinking song
bordtennis table tennis **-racket** bat
Bore Boreas
borg [bårj] s2 castle; stronghold
borgar|e [ˣbårr-] citizen, townsman; commoner; hist. burgher; burgess; -na (äv.) the bourgeoisie (sg) **-klass** ~en the bourgeoisie, the middle classes (pl) **-råd** city commissioner
borgen ['bårjen] r [personal] guarantee, security, warrant; gå i ~ för stand surety for, warrant, (friare) vouch for, stand (go) bail for; ställa ~ give surety; teckna ~ provide a personal guarantee; frige mot ~ release on bail; den som går i ~ går i sorgen go bail for a borrower and come home a sorrower
borgens|förbindelse personal guarantee, surety bond, security **-lån** loan against a [personal] guarantee **-man** guarantor; surety
borgenär [bårje-] s3 creditor
borgerlig [ˣbårjer-] a1 **1** civil; ~ vigsel civil marriage; ~a rättigheter civil rights; ~t år civil (calendar) year **2** (av medelklass) middle-class, bourgeois; ~t yrke ordinary occupation **3** polit., de ~a partierna the Liberals and Conservatives **4** neds. Philistine, narrow-minded, square **-het** [middle-class] respectability
borgerskap [ˣbårjer-] s3, ej pl burghers (pl)
borgmästare (kommunal-) mayor, (i Skottland) provost, (i större engelska städer) lord mayor
borr [-å-] s2, s7 borrei (drill-) drill; (navare) auger; handlek. dental drill, bur; (liten hand-) gimlet
borr|a (i material) bore, drill; (brunn, gruva) bore, sink; ~ efter vatten bore for water; ~ hål i (äv.) hole; ~ igenom (äv.) perforate; ~ i sank sink; scuttle; ~ [ner] huvudet i kudden bury one's head in the pillow; ~ upp bore a hole in, drill; ~ ögonen i ngn give s.b. a piercing stare **-maskin** drilling (boring) machine **-torn** derrick, drilling tower
borst [-å-] s7 bristle; resa ~ bristle [up]; försedd med ~ bristled **borsta** brush; (skor, tänder äv.) clean
borst|e [-å-] s2 brush **-ig** a1 bristly
borsyr|a boric (orthoboric) acid **-esalva** boracic ointment
bort [-å-] away; gå ~ a) (på kalas) go [to a party], go out [to dinner], b) (dö) pass away; ~ med er! away with you!; ~ med tassarna! hands off!; långt ~ far away; längst ~ at the far end
borta [-å-] away; (försvunnen) gone; (frånvarande) absent; (ej tillfinnandes) missing, lost; (ute) out; där ~ over there; ~ bra men hemma bäst East or West, home is best; ~ från skolan absent from school; ~ med vinden gone with the wind; ~ på kalas [out] at a party; känna sig alldeles ~ feel completely lost (förvirrad: muddled)
borta|lag sport. away team **-match** sport. away game
bort|bjuden a5 invited out (på middag to dinner)

-blåst a4, är som ~ has vanished into thin air **-emot** (i riktning mot) in the direction of; (nära) nearly **-erst** ['bårt-] I adv farthest off II a, superl. farthest, farthermost **-fall** falling off; (försvinnande) disappearance **-förklara** explain away **-förklaring** prevarication; trumped-up excuse **-gift** bli ~ be given away in marriage; få en dotter ~ marry off a daughter **-gången** a5 gone away; (död) deceased; den -gångne the deceased **-ifrån** I prep from [the direction of] II adv, där ~ from over there; långt ~ from far off (away) **-igenom** away through **-kastad** a5 thrown away; wasted; ~ möda wasted effort **-kommen** [-å-] a5 lost; (om pers. äv.) absent-minded, confused; känna sig ~ feel like a fish out of water **-om** I prep beyond; ~ all ära och redlighet beyond the pale [of civilization] II adv, där ~ beyond that
bortrationalisera make redundant by efficiency improvement
bortre ['bårt-] a, komp. further; i ~ delen av at the far end of; ~ parkett pit stalls
bort|resonera reason away, get over by argument[s pl] **-rest** [-e:-] a4, han är ~ he is (has gone) away **-se** ~ från disregard, leave out of account; ~tt från apart from, irrespective of **-skämd** a1 spoilt (med by) **-sprungen** a5 strayed **-stött** a4 expelled **-vänd** a5 turned away; med -vänt ansikte with averted face **åt** ['bårt- el. -'å:t] I adv **1** där ~ somewhere in that direction, en ild ~ for some time **2** (nästan) nearly II prep towards, in the direction of; ~ gatan along the street; ~ kyrkan near the church; hon är ~ femtio år she is going on for fifty **-över** [-'ö:- el. -'bårt-] I prep away over II adv, dit ~ away over there
bosatt a4 residing; resident; vara ~ i reside (live) in
boskap [ˣbo:-] s2, ej pl cattle (behandlas som pl), livestock (behandlas som sg el. pl)
boskaps|skötsel cattlebreeding, cattleraising **-uppfödare** stockbreeder, cattlebreeder
boskillnad judicial division of a joint estate
Bosnien ['båss-] n Bosnia **bosnisk** ['båss-] a5 Bosnian
Bosporen [bås'på:-] n the Bosporus
bostad -en bostäder dwelling, habitation, housing [accommodation]; (våning) flat, AE. apartment; (hyrda rum) lodgings (pl), vard. digs (pl); (hem) home, house; jur. domicile; fast ~ permanent address (residence, home); fri ~ free housing (accommodation); utan ~ homeless; olämplig som ~ unfit for habitation
bostads|adress home (private) address; jur. domicile **-bidrag** housing allowance **-brist** housing shortage **-förmedling** housing agency, local housing authority **-kvarter** residential quarter **-kö** housing queue **-lån** housing loan **-lös** homeless **-marknad** housing market **-område** residential area, housing estate (development) **-rättsförening** tenant-owners' society
bosätt|a rfl settle [down], take up residence **-ning** (handlingen att sätta bo) settling, starting a home; (anskaffande av husgeråd m.m.) housefurnishing; (bebyggande) settlement; establishment

bot *s3* **1** (*botemedel*) remedy; cure; *finna* ~ *för* find a cure for; *råda* ~ *för* (*på*) remedy, set right **2** (*gottgörelse*) penance; *göra* ~ *och bättring* do penance, turn over a new leaf **3** *jur.* penalty **bota 1** (*läka*) cure (*för* of) **2** (*avhjälpa*) remedy, set right

botan|ik *s3* botany **-iker** [-'ta:-] botanist **-isera** botanize **-isk** [-'ta:-] *a5* botanic[al]; ~ *exkursion* botanical excursion; ~ *geografi* botanic geography; ~ *trädgård* botanical garden

bot|emedel remedy, cure **-göring** [-j-] penance

botten ['båtten] **I** *s2* bottom; (*mark*) soil; (*på tapet, tyg*) ground; *dricka i* ~ drain (empty) [one's glass]; ~ *opp!* bottoms up!, down the hatch!, no heeltaps!; *det finns ingen* ~ *i honom* there's no limit to his appetite; *gå till* ~ go to the bottom, sink, founder; *gå till* ~ *med ngt* (*bildl.*) get to the bottom of s.th.; *i grund och* ~ at heart (bottom), (*helt o. hållet*) thoroughly; *på nedre* ~ on the ground (*AE.* first) floor; *på svensk* ~ on Swedish soil **II** *oböjligt a,* vard. lousy, rotten

Bottenhavet [ˣbått-] the southern part of the Gulf of Bothnia

botten|lån first mortgage loan **-läge** lowest point **-lös** bottomless; (*friare*) fathomable, fathomless, immeasurable; ~ *vägar* roads deep in (impassable for) mud **-pris** rock-bottom price **-rekord** [the] lowest level ever reached **-sats** sediment; (*i vin, kaffe o.d.*) dregs (*pl*); *bildl. o. kem.* deposit **-skikt** bottom layer; (*geol. o. befolknings-*) lower strata (*pl*); (*drägg*) residuum **-skrapa** **I** *s1* trawl, dredge **II** *v1* **1** scrape [a ship's bottom] **2** *bildl.*, ~ *sina tillgångar* exhaust one's funds **-våning** ground (*AE.* first) floor

bottna [-å-] **1** (*nå botten*) reach (touch) the bottom **2** *det* ~*r i* it originates in, it springs from

Bottniska viken [ˣbått-] [the] Gulf of Bothnia

bouppteckning estate inventory; *förrätta* ~ [make an estate] inventory

bourgognevin [borˣgånj-] Burgundy

boutred|ning administration of the estate of a deceased **-ningsman** (*förordnad av domstol*) administrator; (*förordnad i testamente*) executor

bov *s2, eg.* crook; villain (*äv. teat.*); *skämts.* rascal, rogue; ~*en i dramat* the villain of the piece **-aktig** *a1* villainous; rascally, roguish

bovete buckwheat

bowling ['båo- el. 'båvv-] [tenpin] bowling; *AE.* tenpins **-bana, -hall** bowling alley **-klot** bowl

box [båcks] *s2* box, case; (*kol-*) bunker; (*kätte*) box, stall; (*post-*) [post-office] box

box|a [ˣbocksa] ~ *till ngn* give s.b. a punch (blow) **-are** boxer, pugilist **-as** *dep* box

box|handske [ˣbocks-] boxing glove **-ning** [ˣbocks-] boxing, pugilism

boxnings|match boxing match **-ring** boxing ring

bra *bättre bäst* **I** *a* **1** good; (*starkare*) excellent; (*som det skall vara*) all right; ~ *karl reder sig själv* self-help is a primary virtue, an honest man does his own odd jobs; *blir det* ~ *så?* will that do?; *det är* ~ (*tillräckligt*) that'll do, that's enough; *det var* ~! that's good!; *det var* ~ *att du kom*[*mer*] it is a good thing (job) you came, I am glad you came; *allt skall nog bli* ~ *igen* I am sure everything will turn out for the best; *vad skall det*

vara ~ *för?* what is the good (use) of that? **2** (*frisk*) well; *han är* ~ *igen* he is all right again; *har du blivit* ~ *från din förkylning?* have you recovered from your cold? **3** (*ganska lång*) good[ish], long[ish] **II** *adv* **1** well; *lukta* (*smaka*) ~ smell (taste) nice; *tack* ~ very well, thank you; *jag mår inte riktigt* ~ I am not feeling well, I am feeling a bit under the weather; *ha det* ~ be well off, (*trivas*) be happy, like it, feel at home; *se* ~ *ut* be good-looking; *tycka* ~ *om* like very much **2** (*mycket, ganska mycket*) very; *vard.* jolly; *få* ~ *betalt* be well paid, get a good price; *det var* ~ *synd att* what a pity that; *det dröjde ett* ~ *tag innan* it took quite a while before; *jag skulle* ~ *gärna vilja veta* I should very much like to know

bragd *s3* exploit, feat; achievement

brak *s7* crash; (*om kanon*) boom; (*om åska*) peal **braka** crasch, crack; ~ *ihop* (*slåss*) come to blows; ~ *lös* break out, get going; ~ *ner* come crashing down; ~ *samman* collapse

brak|middag *en riktig* ~ quite a banquet **-succé** smash-hit

brallor *pl, vard.* bags

brand *-en bränder* **1** fire; (*större*) conflagration; (*brinnande trästycke*) [fire]brand; *råka i* ~ catch fire; *stå i* ~ be on fire; *sätta i* ~ set fire to, set on fire, (*om känslor*) inflame **2** *med.* gangrene **3** *bot.* blight, mildew

brand|alarm fire alarm **-bil** fire engine **-bomb** firebomb, incendiary [bomb] **-fackla** incendiary torch; *bildl.* firebrand **-fara** danger of fire **-försvar** fire fighting, fire prevention; (*brandkår*) fire brigade; *AE.* fire department (company) **-försäkring** fire insurance **-gata** firebreak, fire line **-gul** orange, flame-coloured **-kår** fire brigade; *AE.* fire department **-man** fireman **-segel** jumping sheet **-skada** fire damage **-slang** firehose **-spruta** fire-extinguisher **-station** fire station; *AE.* firehouse, station house **-säker** fireproof, flameproof **-vakt** fire watcher; *gå* ~ (*bildl.*) be compelled to pace the streets all night **-övning** fire drill

bransch *s3* line [of business], branch

brant **I** *s3* precipice; *på ruinens* ~ on the verge of ruin **II** *a1* steep, precipitous, sheer; ~ *udde* (*klippa, strandbank*) bluff **III** *adv* steeply *etc.*; *stupa* ~ *ner* (*äv.*) fall sheer away

brasa *s1* [log-]fire; *lägga in en* ~ lay a fire; *sitta vid* (*framför, kring*) ~*n* sit at (in front of, round) the fire; *tända en* ~ make (light) a fire; *göra en* ~ *av* make a bonfire of

brasiliansk [-'a:nsk] *a5* Brazilian **Brasilien** [-'si:-] *n* Brazil

braständare firelighter

bravad *s3* exploit; bravado

bravera (*utmärka sig*) be brilliant; (*skryta*) boast (*med* of), brag (*med* about)

bravo ['bra:-] bravo!, well done! **-rop** cheer

bravur dash; valour; *mus.* bravura **-nummer** star turn

braxen [ˣbracksen] *best. form* =, *pl* braxnar bream

bre *se breda*

bred *a1* broad, wide; *på* ~ *front* on a broad front; *brett uttal* broad accent; *de* ~*a lagren* the masses; *göra sig* ~ assert o.s.; *på* ~ *bas* on a broad scale

breda v2 spread; ~ en smörgås make a sandwich, butter a slice of bread; ~ på (om smörgås) spread, make, (överdriva) pile it on [thick], lay it on; ~ ut spread out; ~ ut sig spread, extend
bred|axlad a5 broad-shouldered **-bar** a1 easy-spreading, spreadable **-bent** [-be:nt] a1 straddle-legged; stå ~ stand with one's legs wide apart **-brättig** a1 wide-brimmed
bredd s3 **1** breadth, width; gå i ~ walk side by side; i ~ med abreast of, (i jämförelse med) compared to; på ~en in breadth; största ~ (sjö.) overall width, beam **2** geogr. latitude
bredd|a broaden, make wider **-grad** [degree of] latitude; på varmare ~er in warmer climes **-ning** broadening, widening
bredvid [bre(d)'vi:d el. ˣbre:(d)vid] **I** prep beside, at (by) the side of, by; (intill) next to; ~ varandra side by side; prata ~ munnen give the game (show) away, blab; ~ sin fru verkar han obetydlig beside his wife he looks insignificant **II** adv close by; (-liggande, -stående) adjoining, adjoining; (nära) in addition; där ~ close to it; här ~ close by here; rummet (huset) ~ the next (adjacent, adjoining) room (house), äv. next door; hälla ~ miss the cup (glass etc.); han tjänar en del ~ he has some additional sources of income, he makes some extra cash in his spare time
Bretagne [-'tanj] n Brittany **bretagnisk** [-'tanjisk] a5 Breton
brett adv broadly, widely; tala vitt och ~ talk at great length
brev s7 letter; (bibl. o, friare) epistel; vard. line|s pl; komma som ett ~ på posten [seem to] drop straight into one's lap **-bärare** postman, fem postwoman; AE. mailman **-bäring** mail-delivery service **-duva** carrier pigeon **-huvud** letterhead **-kort** postcard; ~ med betalt svar reply postcard **-låda** letter box; AE. äv. mailbox; (pelare, i Storbritannien) pillar box, post; (i dörr) AE. [mail] drop **-papper** notepaper, writing paper; stationery; (med tryck) letterhead **-porto** [letter] postage **-våg** letter balance **-vän** pen pal (friend) **-växla** correspond **-växling** correspondence
bricka s1 tray; (för visitkort etc.) salver; (karott-underlägg) [table]mat; (plåt-) plate; (igenkänningstecken) badge; (spel-) counter, piece; man; (nummer-) tab, check; tekn. washer; en ~ i spelet (bildl.) a pawn in the game
bridge [bridds] s2 bridge **-spelare** bridge player
brigad s3 brigade
brigg s2 brig
brikett s3 briquet[te]
briljant [-'ant el. -'aŋt] **I** s3 brilliant [cut], diamond **II** a1 brilliant, first-rate **-ring** brilliant (diamond) ring
briljera shine, show off; ~ med show off
brillor pl specs, spectacles
1 bringa s1 breast; kokk. brisket
2 bringa bragte bragt el. v1 bring; (föra t. annan plats) convey, conduct, carry; ~ hjälp render assistance; ~ i dagen bring to light; ~ i oordning put out of order, make a mess of; ~ i säkerhet convey into safety; ~ klarhet i throw light upon, make clear; ~ ngn lycka bring s.b. happiness; ~ ngn om livet put s.b. to death, do s.b. in; ~ ngn på fall bring s.b. to ruin, cause a p.'s ruin; ~ ngn sin hyllning pay one's respect to s.b.; ~ ngn till förtvivlan reduce s.b. to despair; ~ olycka över bring disaster to, bring down ruin on; ~ ordning i put in order; ~ på tal bring up [for discussion], broach [a matter]; ~ ur världen dispose of; ~ det därhän att man är come (get) to the point of being
brinn|a brann brunnit burn; be on fire; det -er i spisen there is a fire in the stove; det -er i knutarna the place is getting too hot [for me (etc.)]; huset -er the house is on fire; ~ av iver be full of enthusiasm; ~ av nyfikenhet (otålighet) be burning with curiosity (impatience); ~ av go off, explode; ~ inne be burnt to death; ~ ner burn down, (om brasa) burn low; ~ upp be destroyed by fire, be burnt out; ~ ut burn itself out, go out **-ande** a4 burning; ~ bön fervent prayer; ~ kärlek (hängivenhet) ardent love (affection), ~ ljus lighted candle; springa för ~ livet run for dear life; mitt under ~ krig while war is (was) raging (at his height)
brio ['bri:o] s3 brio, vivacity; med ~ with zest (ardour)
bris s2, s3 breeze; lätt ~ light breeze; god (frisk) ~ gentle (moderate) breeze; styv (hård) ~ fresh (strong) breeze
bris|ad s3, **-era** v1 burst
brist s3 **1** (otillräcklighet) lack, want, shortage, scarcity; (saknad) want; (fel) defect, flaw, shortcoming; bibl. deficiency; (nackdel) disadvantage, drawback; lida ~ på be short of, be in want of; i (av) ~ på for want of, failing, lacking; i ~ på bättre for want of s.th. better **2** (underskott) deficit, shortage
brist|a brast brustit **1** (sprängas) burst; (gå av, gå sönder) break, snap; (ge vika) give way; (rämna) split; ~ i gråt burst into tears; ~ i sömmarna burst at the seams; ~ ut i skratt burst out laughing; brusten blick shattered glance; brusten blindtarm perforated appendix; brustna illusioner shattered illusions; det varken bär eller -er the ice holds but won't carry; det var som om hjärtat ville ~ my heart was ready to break; hennes tålamod brast her patience gave way; det må bära eller ~ sink or swim **2** (vara otillräcklig) fall short, be lacking (wanting) (i in); ~ i lydnad be wanting in obedience
bristande a4 (otillräcklig) deficient, inadequate, insufficient; (bristfällig) defective; ~ betalning default, nonpayment; ~ kunskaper inadequate knowledge; ~ lydnad disobedience; ~ uppmärksamhet inattention; på grund av ~ bevis in default of (for lack of) evidence
bristfällig a1 defective, imperfect, faulty
brist|ning burst[ing], break[ing]; med. rupture **-ningsgräns** breaking-limit, breaking-point; fylld till ~en filled to the limit of its capacity, (friare) full to overflowing
Britannien [-'tann-] n Britain **britannisk** [-'tann-] a5 Britannic
brits s2 bunk
britt s3 Briton; (i sht AE.) Britisher; ~erna the British **-isk** ['britt-] a5 British; B~a öarna the British Isles **-sommar** Indian summer
bro s2 bridge; slå en ~ över bridge, throw a bridge

across **-avgift** bridge toll

brodd [-å-] *s2*, (*järnpigg*) spike; (*i hästsko*) calk, calkin

brod|era embroider **-eri** embroidery

broder|lig *a1* brotherly, fraternal **-skap** *s7* brotherhood, fraternity

brodyr *s3* embroidered edging

bro|fäste [bridge] abutment **-förbindelse** connecting bridge **-huvud** bridgehead

brokad *s3* brocade

brokig *a1* motley, multicoloured; variegated; (*grann*) gaudy, gay; *bildl. äv.* miscellaneous; ~ *samling* motley crowd

1 broms [-å-] *s2*, *zool.* gadfly

2 broms [-å-] *s2*, *tekn.* brake; *bildl.* check

broms|a [-å-] brake; *bildl.* [put a] check [on] **-back** brake shoe **-band** brake band **-ljus** brake light, stoplight **-pedal** brake pedal **-raket** retrorocket **-skiva** [brake] disc **-spår** skid mark **-sträcka** braking distance

bronk|er ['brånker] *pl* bronchi (*sg* bronchus) **-it** *s3* bronchitis

brons [-åns *el.* -åŋs] *s3* bronze **-medalj, -märke** bronze medal **-åldern** the Bronze Age

bror *brodern bröder* brother; (*bibl. o. poet.* *pl* brethren); *Bröderna* Grimm the Brothers Grimm; *Bröderna A.* (*firma*) A. Brothers (*förk.* Bros.); *Bäste Bror* (*i brev*) Dear (My dear) (James *etc.*); *vara* [*du och*] ~ *med ngn* (*ung.*) be on familiar terms with s.b.

brorsdotter niece **brorson** nephew

brosch [-å-] *s3* brooch; breastpin

broschyr [-å-] *s3* brochure, booklet, pamphlet, folder

brosk [-å-] *s7*, *anat.* cartilage; (*särsk. i kött*) gristle

brott [-å-] *s7* **1** (*brytande*) break, fracture; (*på rör äv.*) burst; leak; (*brutet ställe*) breach, break, breakage; (*ben-*) fracture; (*sten-*) quarry; (*yta äv.*) fracture, break **2** (*straffbar gärning*) crime; (*mindre svårt*) offence; (*förseelse*) breach, infringement, violation; *begå ett* ~ commit a crime; *ett* ~ *mot reglerna* a violation of the rules (regulations)

brott|are [-å-] wrestler **-as** *dep* wrestle; grapple

brottmål criminal case

brott|ning [-å-] wrestling; (*friare äv.*) struggle **-ningsmatch** wrestling match

brotts|balk criminal code (law) **-förebyggande** *a4*, ~ *rådet* [the Swedish] national council for crime prevention; ~ *åtgärder* crime-prevention measures

brottslig [-å-] *a1* criminal; (*skyldig t. brott*) guilty **-het** crime, criminality; guilt

brotts|ling [-å-] criminal; (*gärningsman*) culprit **-plats** scene of [the] crime, venue

brovalv bridge-arch

brud *s2* **1** bride; *hemföra ngn som* [*sin*] ~ bring home one's bride; *stå* ~ be married **2** *sl.* (*flicka*) bird, chick; *AE.* broad; *en snygg* ~ a smasher **-bukett** bridal bouquet **-gum** *s2* bridegroom **-klänning** wedding dress **-krona** bridal crown **-näbb** (*flicka*) bridesmaid; (*pojke*) page **-par** bridal couple, bride and bridegroom; ~*et A.* (*i telegram*) Mr. and Mrs. A.

bruk *s7* **1** (*användning*) use, employment, usage;

för eget ~ for personal (one's own) use; *ha* ~ *för* find a use for; *inte ha* ~ *för* have no use for; *komma i* ~ come into use; *komma ur* ~ fall into disuse, go out of use; *ta i* ~ begin using; *till utvärtes* ~ for external application (use) only; *vara i* ~ be used; *vid sina sinnens fulla* ~ in one's right mind **2** (*sed*) custom, usage, practice; ~*et att röka tobak* the habit (practice) of smoking tobacco; *seder och* ~ usages and customs **3** (*odling*) cultivation **4** (*fabrik*) factory, mill; works (*sg o. pl*) **5** (*mur-*) mortar; (*puts-*) grout, plaster **bruka 1** (*begagna*) use, make use of, employ; *han* ~*r sprit* he will take a drink [occasionally]; ~ *våld* use force **2** (*odla*) cultivate, till; (*gård*) farm **3** (*ha för vana*) be in the habit of; (*ofta omskrivning med adv såsom*) generally, usually; *jag* ~*r äta lunch kl. 12* I usually have lunch at twelve o'clock; (*endast i imperf.*) ~*de* used to **4** (*kunna, pres. o. imperf.*) will, would; *han* ~*de sitta i timmar utan att göra någonting* he would sit for hours doing nothing **brukas** *dep, det* ~ *inte* it is not customary (the fashion) **brukbar** [-u:-] *a1* useful, fit for use; *i* ~*t skick* in working order, in serviceable condition; *försätta ur* ~*t skick* make useless, disable **bruklig** [-u:-] *a1* customary, usual

bruksanvisning directions for use (*pl*)

brum|ma growl; (*om insekt*) hum, buzz, drone **-ning** *s* growl[ing], hum[ming], buzz[ing]

brun *a1* brown; (*läderfärgad*) tan; ~ *bönor* (*maträtt*) brown beans **-björn** brown bear **-bränd** *a5* singed, scorched; (*av solen*) bronzed, tanned

brunett *s3* brunette

brunn *s2* well; (*hälso-*) [mineral] spring, spa

brunnen *a5* burnt; ~ *gödsel* decomposed manure; *jfr brinna*

brunns|borrning well boring (drilling) **-vatten** well-water

brunst *s3* (*honas*) heat; (*hanes*) rut **-ig** *a1* in heat; ruttish

brunt [-u:-] *s, best. form det bruna* brown **brunögd** *a5* brown-eyed

brus *s7* roar[ing]; (*vindens*) sough[ing]; (*vattnets äv.*) rush[ing], surge; *mus.* swell[ing]; *tekn.* noise **brus|a** roar; sough; swell; *det* ~*r i mina öron* there's a buzzing in my ears; *det* ~*nde livet* (*ung.*) the hustle [and excitement] of life; ~ *upp* (*bildl.*) flare up, get into a heat; ~ *ut* (*bildl.*) fly out **-tablett** effervescent tablet

brutal *a1* brutal **-isera** brutalize **-itet** *s3* brutality

brut|en *a5* broken; *en* ~ *man* a broken man; *-et tak* curb roof; mansard [roof]; *AE.* gambrel [roof]; *jfr bryta*

brutto *s6* gross; ~ *för netto* gross for net **-nationalprodukt** gross national product (*förk.* GNP)

bry *v4* **1** ~ *sin hjärna* (*sitt huvud*) puzzle one's head (*med over*; *med att over + ing-form*), cudgel (rack) one's brains (*med att* to + *inf.*) **2** ~ *ngn för ngn* (*ngt*) tease s.b. about s.b. (s.th.) **3** ~ *sig om* (*bekymra sig*) mind, (*tycka om*) care; ~ *dig inte om det* don't bother about it; *det är ingenting att* ~ *sig om* that's nothing to worry about; *vad* ~*r jag mig om det?* what do I care?; *jag* ~*r mig inte ett dugg om det* I don't care a hang about it; ~ *dig inte om vad han säger* take no notice of what he says; *hon ~r sig inte om honom* she gives him the cold shoulder

bryderi perplexity; embarrassment; *vara i ~ hur man skall göra* be puzzled what to do; *försätta ngn i ~* put s.b. in a quandary; *råka i ~* get embarrassed; *i ~ för pengar* hard up for money

1 brygga *s1* bridge; *(tilläggsplats)* landing stage; *(lastkaj)* wharf; *tandläk.* bridge[work]

2 brygga *v2* brew; *(kaffe)* percolate, make

brygg|eri brewery **-kaffe** drip-coffee, percolator coffee **-mal|en** *-et kaffe* fine-ground coffee

bryn *s7* edge, verge, fringe

1 bryn|a *v3 (göra brun)* brown; *kokk.* brown, fry; *-t av solen* tanned

2 bryna *v3 (vässa)* whet, sharpen

bryne *s6* whetstone

brynja *s1* [coat of] mail, hauberk

brysk *a1* brusque, curt

Bryssel ['bryssel] *n* Brussels

brysselkål Brussels sprout

bryta *bröt brutit* **1** *(uva, komma att brista)* break; *(elektrisk ström)* break, switch off; *(malm o.d.)* mine, dig for; *(sten)* quarry; *(färg, smak)* modify, vary; *(ljusstråle)* refract; *(brev)* open; *(sigill)* break open; *(servett)* fold; *(telefonsamtal o.d.)* cut off, disconnect, interrupt; *(förlovning)* break [off]; *~ en blockad* run a blockade; *~ kön (vard.)* jump the queue **2** *(om vågor)* break; *(avtal, lag o.d. äv.)* infringe, violate, offend; *(begå brott)* offend *(mot* against); *~ med ngn* break with s.b.; *~ med en vana* give up a habit; *~ mot lagen* infringe (violate, break) the law; *~ på tyska* speak with a German accent **3** *(med betonad partikel)* ~ *av* break [off]; *~ av mot* be in contrast to (with); *~ fram* break out, *(om tand o.d.)* break through; *~ in (om årstid, natt)* set in; *~ in i ett land* invade a country; *~ lös* break loose; *stormen bryter lös[t]* the storm breaks; *~ samman* break down, collapse; *~ upp* break up, make a move; *mil.* decamp; *~ upp en dörr (ett lås)* break open (force) a door (lock); *~ ut* break out **4** *rfl* break; *(om ljuset)* be refracted; *(om meningar)* diverge

brytarspets contact-breaker point

brytning [-y:-] breaking *etc.*; *(av kol etc.)* mining; *(av sten)* quarrying; *(ljusets)* refraction; *(i uttal)* accent; *kokk.* relish; *bildl.* breach, break; *(åsikters)* divergence

brytningstid [period of] transition

bråck *s7, med.* hernia, rupture

bråd|djup **I** *s7* precipice **II** *a5* precipitous; *här är det ~t* it gets deep suddenly here **-mogen** *bildl.* precocious

brådsk|a [×bråsska] **I** *s1* hurry; haste; *det är ingen ~* there is no hurry; *vi har ingen ~* we needn't hurry; *hon gör sig ingen ~* she takes her time, she is in no hurry *(med* about) **II** *v1 (om pers.)* hurry; *(om sak)* be urgent; *det ~r inte med betalningen* there is no hurry about paying **-ande** *a4* urgent, pressing; hasty; *ett ~ arbete* a rush job

1 bråk *s7, mat.* fraction; *allmänt ~* simple (common, vulgar) fraction; *egentligt (oegentligt) ~* proper (improper) fraction

2 bråk *s7* **1** *(buller)* noise, disturbance, clamour; *(gräl)* row; *(oro)* fuss **2** *(besvär)* trouble, bother, difficulty; *ställa till ~* stir up trouble, make a

[*great*] fuss *(för, om* about)

bråka 1 *(stoja)* be noisy (boisterous); *(ställa t. uppträde)* make a disturbance; *(kritisera)* crab, carp, nag **2** *(krångla)* make difficulties **3** *se bry 1*

bråkdel fraction[al part]

bråkig *a1 (bullersam)* noisy; *(stojande)* boisterous; *(oregerlig)* disorderly; *(om barn)* fidgety, restless; *(besvärlig)* troublesome, fussy; *(grälsjuk)* quarrelsome, cantankerous, contentious **-het** noisiness *etc.*

bråkstake *s2* troublemaker; noisy person; *(orosstiftare)* disturber of the peace

bråkstreck solidus *(pl* solidi), diagonal, separatrix *(pl* separatrices), shilling mark, stroke

brås *v4, dep, ~ på* take after

bråte *s2* **1** *(skräp)* rubbish, lumber **2** *(timmer-)* log jam

bråttom [×bråttåmm *el.* 'brått-] *adv, ha ~* be in a hurry *(med* for; *med att* to + *inf)*; *det är mycket ~ it is very urgent*, there is no time to lose; *det är ~ med leveransen* the delivery is urgent

1 bräcka **I** *s1* flaw, crack, breach **II** *v3* **1** break, crack; *(övertrumfa)* outdo, surpass, trump; *~ till (av)* snub, flatten **2** *(gry)* break

2 bräcka *v3, kokk.* fry

bräcklig *a1* fragile, brittle; *(om pers.)* frail, puny **-het** fragility, brittleness; frailness, puniness

bräckt *a4, ~ vatten* brackish water

bräda I *s1, se bräde* **II** *v1 (slå ut rival)* cut out, supplant

brädd *s2* edge, brim; brink; *fylla ett glas till ~en* fill a glass to the brim; *floden stiger över sina ~ar* the river overflows [its banks]; *stå på gravens ~* be on the brink of the grave, have one foot in the grave

bräd|e *s7, s6* **1** board; *hyvlade ~r* planed boards, floorings; *slå ur ~t* cut out; *sätta allt på ett ~* put all one's eggs in one basket **2** *se -spel* **-gård** timberyard; *AF.* lumberyard **-spel** backgammon

bräk|a *v3* bleat, baa; *bildl.* bray **-ande** *a4* bleating *etc.*

bränn|a *v2* **1** burn; *(sveda)* scorch, singe; parch; *(rosta)* calcine; *(tegel)* bake; *(keramik)* fire; *(lik, värdepapper)* cremate; *(i bollspel)* hit out; *~ hål på* burn a hole in (on); *~ sina skepp* burn one's boats (bridges); *~ sitt ljus i båda ändar* burn the candle at both ends; *brända mandlar* burnt almonds; *bränd lera* fired clay; *bränt barn skyr elden* a burnt child dreads the fire; *~ av ett fyrverkeri* let off fireworks; *~ upp* burn; *~ vid* burn **2** *(smärta)* burn **3** *rfl* burn *(på vatten, ånga:* scald) o.s.; *(på nässlor)* get stung; *~ sig på tungan* burn one's tongue; *~ fingrarna* burn one's fingers *(äv. bildl.)* **-ande** *a4* burning; *(om hetta)* scorching; *(om smärta)* lancinating, sharp; *(om törst)* parching, consuming; *(frätande)* caustic; *bildl.* burning, ardent, intense; *(fråga)* crucial, urgent, vital, burning **-are** burner **-as** *v2, dep* burn; *det bränns! (i lek)* you are getting warm!; *nässlor bränns* nettles sting **-boll** *ung.* rounders *(pl)* **-glas** burning glass **-het** *a1* burning hot, scorching

bränning *(våg)* breaker, surf

bränn|manet giant jellyfish **-märka** brand; *bildl. äv.* stigmatize **-nässla** *(hopskr. brännässla)* stinging nettle **-punkt** focus; focal point, principal focus **-skada, -sår** burn; ~ *av första (andra, tredje) graden* first-degree (second-degree, third-degree) burn **-vin** *ung.* Scandinavian vodka; schnap[p]s

bränsle *s6* fuel; *fasta och flytande* ~*n* solid and liquid fuels **-mätare** fuel gauge **-snål** fuel-saving

bräsch [-ä(:)-] *s3* breach; *gå (ställa sig) i* ~*en för* take up the cudgels for; *skjuta en* ~ breach, batter

brätte *s6* brim

bröd *s7* bread; *franskt* ~ *(långt)* French bread, *(litet)* roll; *hårt* ~ crispbread; *rostat* ~ toast; *förtjäna sitt* ~ earn one's living; *den enes* ~, *den andres död* one man's loss is another man's gain; *ta* ~*et ur munnen på ngn* take the bread out of a p.'s mouth **-korg** breadbasket

brödraskap *s7* brotherhood, fraternity, fellowship

bröd|rost *s2* toaster **-skiva** slice of bread **-smula** crumb

bröllop [-åpp] *s7* wedding; *boktr. (dubbelsättning)* double[t]

bröllops|dag wedding day; *(årsdag)* wedding anniversary **-resa** wedding trip, honeymoon **-vittne** marriage witness

bröst *s7* breast; *(-korg)* chest; *(barm)* bosom, bust; *kokk.* breast, *(av fågel)* white meat; *ha klent* ~ have a weak chest; *ha ont i* ~*et* have a pain in one's chest; *förkylningen sitter i* ~*et* I *(etc.)* have a cold on my chest; *ge ett barn* ~*et* give a baby the breast; *kom till mitt* ~*!* come into my arms!; *slå sig för* ~*et* beat one's breast

bröst|arvinge direct heir, heir of the body, issue *(sg o. pl)* **-cancer** cancer of the breast, mammary cancer **-ficka** breast-pocket **-korg** chest, thorax **-sim** breaststroke **-vårta** nipple, teat, mamilla

bua *v1* boo

bubbla *s1 o. v1* bubble

buckl|a I *s1* **1** *(upphöjning)* boss, knob **2** *(inbuktning)* dent, dint; *(på bil)* bodywork damage **II** *v1* buckle; ~ *till* dent; *batter* **-ig** *a1* **1** embossed **2** dented

bud *s7* **1** *(befallning)* command, order; *tio Guds* ~ the Ten Commandments; *hederns* ~ the dictates of honour; *det är hårda* ~ that's a tall order **2** *(an-)* offer; *(på auktion)* bid; *kortsp.* call, bid; *ett* ~ *på 5 pund* an offer of 5 pounds; *vara många om* ~*et* be many bidders **3** *(underrättelse)* message; *skicka* ~ *efter* send for; *skicka* ~ *att send* word to say that; *få* ~ *om ngt* receive message about s.th. **4** *(-bärare)* messenger **5** *stå till* ~*s* be available (at hand); *med alla till* ~*s stående medel* with all available means **-bärare** messenger

buddh|ism Buddhism **-ist** *s3*, **-istisk** *a5* Buddhist

budget ['buddjet] *s3, s2* budget; *balanserad* ~ balanced budget; *göra upp en* ~ budget, prepare (draw up) a budget **-era** budget **-år** financial *(AE.* fiscal) year

budkavle *hist. (i Skottland)* fiery cross; ~*n går!* the fiery cross is out!

bud|ord commandment **-skap** *s7* message, announcement; address

buffel ['buff-] *s2* buffalo; *bildl.* boor, lout, churl

buffert ['buff-] *s2* buffer

bug|a ~ *[sig]* bow *(för* to) **-ning** [-u:-] bow

buk *s2* belly; *neds.* paunch; *anat.* abdomen

bukett *s3* bouquet; *(mindre)* nosegay, posy; bunch *(äv. bildl.)*

bukig *a1* bulging, bulged

bukland|a belly land **-ning** belly landing

bukt *s3* **1** *(böjning)* bend, winding, turn **2** *(större vik)* bay, gulf; *(mindre)* cove, creek **3** *(slinga på tross e.d.)* bight, fake, coil **4** *få* ~ *med (på)* manage, master **bukta** *rfl* bend, curve, wind; ~ *sig utåt* bulge

buktalare ventriloquist

buktig *a1* bending, curving, winding

bula *s1* bump, lump, swelling

bulgar *s3* Bulgarian **Bulgarien** [-'ga:-] *n* Bulgaria **bulgarisk** [-'ga:-] *a5* Bulgarian

buljong [-'jån] *s3* bouillon, clear soup, meat broth (stock); *(för sjuka)* beef tea **-tärning** meat extract cube

bulla *v1*, ~ *upp* make a spread

bulldogg [-å-] *s2* bulldog

bull|e *s2* bun, roll; *nu ska ni få se på andra -ar* you'll be seeing some changes around here

buller ['bull-] *s7* noise, sound, row, din; racket; clamour; *(dovt)* rumbling; *med* ~ *och bång* with a great hullabaloo

bulletin *s3* bulletin

bullr|a make a noise; *(mullra)* rumble; *(dåna)* roar, thunder **-ande** *a4* noisy, boisterous **-ig** *a1* noisy

bult *s2* bolt; *(gängad äv.)* screw

bult|a 1 *(kött)* pound; beat; *med* ~*nde hjärta* with a pounding (palpitating) heart **2** *(knacka)* knock *(i, på* on, at); *(om puls)* throb; *(dunka)* thump; *det* ~*de på dörren* there was a knock at the door **-ning** pound, pounding; knock, knocking

bulvan *s3* decoy; *bildl. äv.* dummy; *köp genom* ~ acquisition via ostensible buyer

bumerang boomerang

bums right away, instantly, on the spot

bunden *a5* bound *(äv. om bok)*; *bildl.* tied, fettered; *(fästad)* attached *(vid* to); ~ *aktie* restricted share; *bundet lån* fixed-term loan; ~ *stil* poetry; *bundet värme* latent heat **-het** confinement; *(stelhet)* constraint, stiffness

bundsförvant ally; confederate

bunke *s2* bowl; dish; *(av metall)* pan

bunker ['bunn-] *s2* **1** *sjö.* bunker **2** *mil.* concrete dugout, pillbox **3** bunker, *(särsk. AE.)* sand trap

bunkra bunker

bunt *s2* bundle, pack, truss; *(papper, hö)* sheaf; *hela* ~*en* the whole bunch (lot) **bunta** ~ *[ihop]* make up into bundles (packs) **buntvis** in bundles (packs)

bur *s2* cage; *(emballage)* crate; *(för transport av smådjur, höns-)* coop; *(fotbollsmål o.d.)* goal; *(vard. finka)* clink, cooler, jug, nick, stir; *känna sig som en fågel i* ~ feel cooped up (in) **bura** ~ *in* lock up

burdus I *a1* abruptly, slapdash **II** *a1* abrupt; *bildl.* blunt, bluff

burfågel cagebird, cageling

Burgund *n* Burgundy

burk *s2* pot; *(sylt-)* jar; *(bleck-)* tin, *AE.* can; *(apoteks-)* gallipot; *på* ~ tinned, *AE.* canned

-mat tinned (*AE.* canned) food **-öl** canned beer **-öppnare** tin (*AE.* can) opener

burlesk *a1 o.* *s3* burlesque, burlesk

Burma *n* Burma **burmansk** [-'ma:nsk] *a5* Burmese, Burman

burra ~ *upp* ruffle up; *fågeln ~de upp sig* the bird ruffled up its feathers **burrig** *a1* frizz[l]y, frizzled

burspråk [ˣbu:r-] *s7* oriel; (*utbyggt fönster*) bay window

bus *leva* ~ make a nuisance of o.s., (*skämts.*) make mischief, be noisy **busa** make trouble; be noisy

bus|e *s2* **1** *barnspr.* bogeyman, bogyman **2** (*ruskig karl*) ruffian, rowdy **-fasoner** *pl* rowdy behaviour (*sg*)

buskage [-'ka:ʃ] *s7* shrubbery; thicket; copse, coppice **buske** *s2* bush; (*liten, risig*) scrub; (*större*) shrub; *sticka huvudet i ~en* bury one's head in the sand **buskig** *a1* bushy; shrubby **buskis** ['buss-] *s2, vard.* ham acting

busliv rowdyness, rowdyism

1 buss *s2* (*fordon*) bus **2 buss** *s2* (*tuggtobak*) plug **3 buss** *bitej) ö. adv,* ~ *på honom!* at him!

bussa ~ *hunden på ngn* set the dog on s.b.

buss|chaufför bus driver **-fil** bus lane

bussig *a1* (*förträfflig*) capital; (*hygglig*) kind, good; *hon är en ~ flicka* she is a good sort

busstrafik bus service

bus|unge *vard.* little blighter (rascal, devil); urchin **-vissling** wolf whistle

butelj *s3* bottle; *tappa på ~er* draw off into bottles, bottle

butik *s3* shop; *AE.* store; *slå igen (stänga) ~en* shut [up] (close) the shop, (*upphöra med butiken*) shut up shop; *stå i ~* work (serve) in a shop; *se äv. sammansättningar med affär* **butikskedja** chain, multiple stores (shops) (*pl*)

butter ['butt-] *a2* sullen, sulky, morose

buxbom *s2* box; (*träslag*) boxwood

1 by *s2* (*vindstöt*) squall, gust

2 by *s2* (*samhälle*) village; (*mindre*) hamlet

byalag [ˣby:a-] *s7* village community; (*i modern bet. ung.*) concerned citizens committee

byffé *s3* **1** (*för förfriskningar*) buffet, refreshment counter **2** (*skänk*) sideboard

bygd *s3* (*nejd*) district, countryside; (*odlad*) settled country; *ute i ~erna* out in the country

bygel *s2, tekn.* loop, yoke; clamp; (*beslag*) mount[ing]; (*på handväska*) [hand]grip; (*på hänglås*) shackle; (*på sabel*) guard

bygg|a *v2* build, construct; (*uppföra*) erect; (*grunda*) base, found; ~ *och bo* set up house, reside; *ingenting att ~ på* nothing to build [up]on, not to be relied on; ~ *om* rebuild; ~ *på* (*om hus*) add [a storey] to, (*öka*) add to, increase, enlarge; ~ *till* enlarge; ~ *upp* build up, erect **-ande** *s6* building; construction, erection **-branschen** the building trade

bygg|e *s6* building, construction **-kloss** brick, building block **-mästare** building contractor, builder

byggnad *s3* **1** *se byggande* **2** (*bildning, konstruktion*) construction, structure **3** (*hus*) building, edifice

byggnads|arbetare building worker **-firma** construction firm **-förbud** building ban **-kredi-**

tiv building credit (loan) **-lov** building permit **-material** building (construction) materials (*pl*) **-nämnd** local housing (building) committee **-ställning** scaffold[ing] **-verk** structure

byggsats building kit

byig *a1* squally, gusty; *flyg.* bumpy

bylte *s6* bundle, pack

byracka *s1, vard.* mongrel, cur

1 byrå [ˣby:- *el.* 'by:-] *s2* (*möbel*) chest of drawers; *AE.* bureau

2 byrå [ˣby:- *el.* 'by:-] *s3* (*ämbetsverk etc.*) office, department, agency, bureau; division

byrå|chef head of a division **-direktör** senior administrative officer

byråkrat bureaucrat; *vard.* red-tapist, bigwig **byråkrat|i** *s3* bureaucracy; *vard.* red tape **-isera** bureaucratize **-isk** [-'kra:-] *a5* bureaucratic; *vard.* red tape

byrålåda drawer

byst *s3* bust **-hållare** brassière, bra

1 byta *v3* change; (*utbyta*) exchange; (*vid byteshandel*) barter; trade; (*utväxla*) interchange; *med.* swap; ~ *buss* (*spårvagn etc.*) transfer; ~ *ord med ngn* bandy words with s.b.; ~ *plats a*) change places (*med ngn* with s.b.) *b*) (*ändra*) move *c*) (*byta tjänst*) get a new post; ~ *av ngn* relieve s.b.; ~ *bort* exchange (*mot* for); ~ *bort sin rock* take s.b. else's coat; ~ *in* (*t.ex. bil*) trade in; ~ *om* change [one's clothes]; ~ *till sig* get by exchange; ~ *ut* exchange (*mot* for)

byte *s6* **1** *change,* exchange; *förlora på ~t* lose by the exchange; *göra ett gott ~* (*vard.*) make a good swap, gain by the exchange **2** (*rov*) booty, spoils (*pl*); (*rovdjurs o. bildl.*) prey; (*jakt-*) game, quarry

bytes|handel barter, exchange, trade **-rätt** right to exchange

bytta *s1* firkin; (*smör-*) tub

byx|a [ˣbycksa] *s1, se byxor* **-bak** *s2* trouser seat **-ben** trouser leg **-kjol** culottes (*pl*), divided skirt

byxor [ˣbycksor] *pl* (*lång-*) trousers; *AE.* pants; (*korta*) shorts; (*golf-*) plus fours; (*knä-*) knickerbockers, knickers; (*lediga lång-*) slacks; (*damunder-*) pants, (*långa*) knickers, [under]drawers, (*korta*) panties, briefs

1 båda *v1, det ~r inte gott* it is a bad omen, it bodes no good

2 båda *pron* (*betonat*) both *äv.:* ~ *två*); (*obetonat*) the two; *vi* ~ we two (both), both of us; *mina* ~ *bröder* my two brothers; *av* ~ *könen* of either sex; *i* ~ *fallen* in both cases, in either case; *för* ~*s vår skull* for both our sakes; ~*s föräldrar* the parents of both of them; *en vän till oss* ~ a mutual friend

bådadera both **både** both; ~ *han och hon* (*äv.*) he as well as she

båge *s2* **1** (*vapen*) bow; *ha flera strängar på sin* ~ have several strings to one's bow; *spänna en* ~ draw a bow; *spänna ~n för högt* aim too high **2** (*linje*) curve; *mat.* arc **3** *mus.* slur; tie **4** *arkit.* arch **5** (*på glasögon*) frame, rim **6** (*sy-*) frame

bågna [ˣbågna *el.* ˣbåŋna] bend; sag, bulge

båg|skytt archer **-skytte** archery

1 bål *s2, anat.* trunk, torso; body

2 bål *s2* (*skål*) bowl; (*dryck*) punch

3 bål *s7* (*ved- o.d.*) bonfire; (*lik-*) [funeral] pyre;

brännas på ~ be burnt at the stake
bålgeting [Ùbá:l-] hornet
bår *s2* (*lik-*) bier; (*sjuk-*) stretcher; litter; *ligga på* ~ be lying on one's bier **-bärare** (*lik\bår, -kista*) pallbearer; (*sjukbår*) stretcher-bearer
bård [-å:-] *s3* border; (*särsk. på tyg*) edging
bårhus mortuary, morgue; funeral parlour (*A E. home*)
bås *s7* stall, crib, box; (*friare*) compartment, booth
båt *s2* boat; (*fartyg*) ship; (*mindre äv.*) skiff; *sitta i samma* ~ (*bildl.*) be in the same boat; *gå i* ~*arna* take to the boats; *ge ngt på* ~*en* give s.th. up as a bad job, fling s.th. to the winds; *ge ngn på* ~*en* throw s.b. over, jilt s.b., *vard.* chuck s.b. [up (in)]
båt\brygga landing stage **-byggare** boatbuilder **-last** shipload, cargo **-motor** marine engine
båts\hake boathook **-man** boatswain, bosun, bo's'n
båtvarv boatyard, boatbuilding yard
bäck *s2* brook, rill, rivulet; *AE.* creek; *många* ~*ar små gör en stor å* many a little makes a mickle; *det är bättre att stämma i* ~*en än i ån* a stitch in time saves nine
bäcken ['bäck-] *s7* **1** *anat.* pelvis **2** (*fat*) basin; (*säng-*) bedpan **3** *geol.* basin **4** *mus.* cymbal **-ben** pelvic girdle (arch)
bädd *s2* bed; (*fundament*) foundation; (*maskin-*) bedplate **bädda** make a (the, one's) bed; *det är* ~*t för* (*bildl.*) the ground is prepared for; *som man* ~*r får man ligga* as you make your bed, so you must lie on it; ~ *ner* put to bed; ~ *upp* make the (one's) bed
bädd\bar convertible into a bed **-jacka** bed jacket **-soffa** sofa bed; day bed; studio couch
bägare cup, mug; *kyrkl.* chalice
bälg [-j] *s2* bellows (*pl*); *en* ~ a pair of bellows
bälga [-j-] ~ *i sig* gulp down
bält\a *s1*, **-djur** armadillo
bälte *s6* belt; (*gördel*) girdle; *ett slag under* ~*t* a blow below the belt
bända *v2* prise; *AE.* pry (*loss* loose; *upp* open)
bänk *s2* seat; (*arbets- o. parl.*) bench; (*kyrk-*) pew; (*skol-*) desk; (*lång*) form; bench; *teat.* row; *sport.* bench
bänk\a *rfl* seat o.s. **-kamrat** *vi var* ~*er* we sat next to one another at school
bär *s7* berry; *plocka* ~ pick (gather) berries, berry; *lika som* ~ as like as two peas [in a pod]
bära *bar burit* **I 1** (*lyfta o. gå med*) carry; (*friare o. bildl.*) bear; (*kläder*) wear; (*stötta*) support; ~ *ansvar för* be responsible for; ~ *bud om* bring (take, carry) word (a message) about; ~ *frukt* (*vittnesbörd*) bear fruit (witness); ~ *hand på ngn* use violence on s.b.; ~ *huvudet högt* carry one's head high; ~ *sina år med heder* carry one's years well; ~ *skulden för* be responsible for, be to blame for; *gå och* ~ *på ngt* have s.th. on one's mind, be suffering under s.th. **2** (*leda, föra*) lead **3** (*om is*) bear; *det må* ~ *eller brista* sink or swim **4** (*med betonad partikel*) ~ *av* (*sjö.*) bear off; *när bär det av?* when are you going (leaving)?; *det bär* [*mig*] *emot* it goes against the grain [for me]; *bär hit böckerna* bring me the books; *han såg vart det bar hän* he saw what it would lead to; ~

på sig carry about [with] one, have on one; *han bär upp hela föreställningen* he is the backbone of the whole performance; *han kan* ~ *upp en frack* he can carry off a dress suit, he looks well in tails; *vägen bär uppför* (*utför*) the road goes uphill (downhill); *bär ut det!* take it out! **II** *rfl* **1** *det bar sig inte bättre än att han* as ill-luck would have it he **2** (*löna sig*) pay **3** ~ *sig åt* behave; ~ *sig illa åt* misbehave; *hur bar du dig åt för att han did you manage to; hur jag än bär mig åt* whatever I do

bär\ande *a4* carrying *etc.*; *den* ~ *tanken* the fundamental idea; ~ *vägg* load-bearing wall **-are** bearer; (*stadsbud*) porter, *AE. äv.* redcap; (*av idé*) exponent **-bar** [-ä:-] *a1* portable
bärfis *s2* stink bug
bärga [-j-] **I 1** (*rädda*) save; (*bil o.d.*) tow; *sjö.* salvage **2** (*skörda*) harvest, reap **3** (*segel*) take in; furl **II** *rfl* **1** (*reda sig*) get along **2** (*behärska sig*) contain o.s.
bärgad [-j-] *a5* well-to-do, well-off
bärg\ning **1** (*av bil etc.*) tow; *sjö.* salvage **2** (*av skörd*) harvest **3** (*av segel*) taking-in; furl **4** (*utkomst*) livelihood **-ningsbil** breakdown van (truck); *AE.* wrecker, tow truck
bärighet **1** (*lastförmåga*) carrying capacity; (*flytförmåga*) buoyancy **2** (*räntabilitet*) profitability, earning capacity; *tekn.* ultimate bearing resistance
bäring *sjö.* bearing
bärkraft *tekn.* bearing capacity; *ekon.* financial strength; (*fartygs*) buoyancy **-ig** strong; *ekon.* economically sound
bärnsten [-ä:-] amber
bärplansbåt hydrofoil [vessel]
bärplockare berry picker
bär\raket carrier rocket **-rem** strap **-stol** palanquin, palankeen; (*hist.*) sedan [chair]
bärsärk [Ùbä:r-] *s2* berserk[er]; *gå fram som en* ~ go berserk, run amuck (amok)
bäst *superl. t. bra, god, väl* **I a** best; *de allra* ~*a vänner* the best of friends; *de här skorna har sett sina* ~*a dagar* these shoes are past praying for; *efter* ~*a förmåga* to the best of one's ability; *i* ~*a fall* at [the] best; *i* ~*a mening* in the best sense; *det var i* ~*a välmening* I (he, she *etc.*) only meant well; *i sina* ~ *år* in the prime of life; *med de* ~*a avsikter* with the best of intentions; *med* ~*a vilja i världen* with the best will in the world; *på* ~*a möjliga sätt* in the best way possible; *vid första* ~*a tillfälle* at the earliest opportunity; *det är* ~ *vi går* we had better go; *hon är* ~ *i engelska* she is best at English; *hoppas på det* ~*a* hope for the best; ~*e bror!, se broder* **II** *adv* best; *vad tyckte du* ~ *om?* what did you like best?; *jag höll som* ~ *på med* I was in the middle of; *det vet jag* ~ *själv* I know best; *du får klara dig* ~ *du kan* you must manage as best you can; *du gör* ~ *i att* it would be best for you to **III** *konj.* ~ [*som*] just as; ~ *som det var* all at once; ~ *som vi pratade* just as we were talking
bäst\a *s* good, benefit, welfare; *det allmänna* ~ the public good; *tänka på sitt eget* ~ think of one's own good; *få ngt till* ~ have some refreshments; *ta sig för mycket till* ~ take a drop too much; *förste -e* the first that comes; *det kan hän-*

da den -e that (it) can happen to the best of us; *göra sitt [allra]* ~ do one's [very] best; *göra det* ~ *möjliga av situationen* make the best of a bad job

bästis ['bästis] *s2, vard.* chum, pal; *AE.* buddy

bättra improve [on]; ~ *på* touch (*vard.* brush) up; revamp; ~ *sig* mend, improve

bättre ['bätt-] *komp. t.* bra, god, väl **l** a better; *bli* ~ get better; *få (ha) det* ~ be better off; *han har sett* ~ *dagar* he has seen better days; ~ *mans barn* well-born child[ren]; ~ *kvalitet* superior quality (*än* to); *komma på* ~ *tankar* think better of it; *mot* ~ *vetande* against one's better judgement; *så mycket* ~ *för mig* so much better for me; ~ *upp* one better; *ju förr desto* ~ the sooner the better **ll** *adv* better; *han förstår inte* ~ he doesn't know any better; *han borde veta* ~ *än att* he ought to know better than to; *det hände sig inte* ~ *än att han* as ill-luck would have it he

bättring improvement; (*om hälsa*) recovery; *relig.* repentance **bättringsvägen** vara på ~ be on the road to recovery, *vard.* be on the mend

båva tremble; (*darra*) quiver, shake; (*rysa*) shudder (*för* at) **båvan** *r* dread, fear

bäver ['bä:-] *s2* beaver

böckling smoked Baltic herring

bödel ['bö:-] *s2* executioner, hangman; *bildl.* tormentor

bög *s2, vard.* gay, queer, fairy

Böhmen ['bö:men] *n* Bohemia **böhmisk** ['bö:misk] *a5* Bohemian

böj|a [ˣböjja] *v2* **l 1** bend, en ve, (*huvudet*) bow, incline; (*lemmarna äv.*) flex; ~ *knä inför* bend the knee to; *knäna böj!* knees bend!; *det skall ~s i tid som krokigt skall bli* best to bend while it is a twig; ~ *undan* turn aside, deflect **2** *språkv.* inflect, conjugate **ll** *rfl* **1** bend (stoop) [down]; ~ *sig undan* turn aside, ~ *sig över* bend (lean) over **2** (*foga sig*) bow; ~ *sig för det oundvikliga* bow to the inevitable **3** (*ge efter*) yield (give in) (*för* to) **-bar** *a1* bendy, bendable

böjd *a1* bent, bowed; (*om hållning*) stooping; (*krökt*) curved; (*bågformig*) arched; ~ *av ålder* bent with age **2** *språkv.* inflected, conjugated **3** (*benägen*) inclined, disposed

böjelse [ˣböjj-] inclination, bent, proneness (*för* for, to[wards]); tendency (*för* to); (*öm känsla*) fancy, liking (*för* for)

böjlig *a1* flexible; *bildl.* pliable, supple **-het** flexibility; *bildl.* pliability, suppleness

böjning bending; (*krökning*) flexure, curvature; *språkv.* inflection

böjningsmönster paradigm

bök|a root, grub **-ig** *a1, vard.* tiresome; awkward; messy

böla bellow; (*råma*) low, moo

böld *s3* boil; *med.* furuncle; (*svårare*) abscess **-pest** bubonic plague

bölj|a l *s1* billow, wave; *bildl.* surge **ll** *v1* undulate; (*om sädesfält*) billow **-ande** *a4* (*om hav*) billowy, rolling, swelling; (*om sädesfält*) billowing; (*om hår*) wavy, waving; (*om människomassa*) surging

bön *s3* **1** (*anhållan*) petition, request (*om* for); (*enträgen*) solicitation, supplication, plea, entreaty (*om* for) **2** *relig.* prayer; *Herrens* ~ the

Lord's Prayer; *be en* ~ say a prayer; *förrätta* ~ offer [up] prayer

1 böna *v1, ung.* beseech, implore; ~ *för ngn* plead for a p., speak in favour of a p.

2 böna *s1* **1** bean **2** *sl.* (*flicka*) bird, chick; *AE.* broad

bön|bok prayer book **-dag** *ung.* intercession day

böne|hus chapel; meeting house **-matta** prayer rug (mat) **-möte** prayer meeting

bönfalla plead (*om* for); implore (beseech, entreat) (*ngn om ngt* s.b. for s.th.)

bönhör|a ~ *ngn* hear a p.'s prayer; *han blev -d* his prayer was heard, (*friare*) his request was granted **-else** hearing (answering) of prayer

böra *borde bort* (*pres. o. imperf.*) ought to, should; (*inf. o. sup.* översätts *genom omskrivning*); *hon bör vara framme nu* she should be there by now; *jag anser mig* ~ *göra det* I think I ought to do it; *det borde vi ha tänkt på* we ought to have thought of that, *det ar alldeles som sig bor* it is quite fitting; *man bör aldrig glömma* one should never (ought never to) forget

börd [-ö:-] *s3* birth; (*härkomst äv.*) ancestry, lineage, descent; *till* ~*en* by birth; *av ringa* ~ of lowly birth

börda [ˣbö:r-] *s1* burden; load; *digna under* ~*n* be borne down by (droop under) the load; *livet blev honom en* ~ life became a burden to him; *lägga sten på* ~ increase the burden, add insult to injury

bördig [ˣbö:r-] *a1* (*fruktbar*) fertile

bördighet fertility

börja begin; start; *vard.* kick off; (*mera högt.*) commence; (~ *på med*) set about, enter upon; *det ~r bli mörkt* it is getting dark; *till att* ~ *med* to begin (start) with; *nu -s det* here we go, now we are in for it; ~ *i fel ända* put the cart before the horse; ~ *om* begin again; ~ *om från början* start afresh, make a fresh start **början** *r* beginning; start; (*av brev*) opening; (*ursprung*) origin; *från första* ~ from the very beginning; *från* ~ *till slut* from beginning to end, from first to last; *i* (*från*) ~ at first; *i* ~ *av* at the beginning of; *i* ~ *av åttiotalet* in the early eighties; *till en* ~ to begin (start) with

börs 1 *s2* (*portmonnä*) purse **2** *s3* (*fond-*) exchange; *spela på* ~*en* speculate on the stock exchange (market) **-hus** stock exchange **-mäklare** [stock]broker **-notera** list on the stock exchange **-noteringar** [stock] exchange quotations

böss|a *s1* **1** (*gevär*) gun, rifle; (*hagel-*) shotgun **2** (*penningskrin*) moneybox **-kolv** butt-end **-mynning** muzzle

böta pay a fine; ~ *för* suffer (pay) for **böter** ['bö:-] *pl* fine (*sg*); *döma ngn till 10 punds* ~ fine s.b. 10 pounds; *belagd med* ~ liable to (punishable by) a fine **bötesstraff** fine, pecuniary penalty

bötfäll|a fine, mulct; *-d till* fined

cabriolet [kabriɔ'le: *el.* -'lä:] *s3* drophead coupé; convertible

camouflage [kamɔ'fla:ʃ] *s7* camouflage **-färg** camouflage colour

camouflera [kamɔ'fle:ra] camouflage

camp|a [ˣkamm-] camp **-are** camper

camping ['kamm-] camping **-plats** camp[ing] site, camping ground

Canada ['kann-] *n* Canada

cancer ['kanser] *s2* cancer **-framkallande** cancer-inducing, carcinogenic

cannabis ['kann-] *s3* cannabis, hemp

cardigan ['karr-] *s3* cardigan

CD-spelare (*CD* = *förk. för compact disc*) CD player

ceder ['se:-] *s2* cedar **-trä** cedar [wood]

celebr|era [se'le:-] celebrate **-itet** *s3* celebrity

celibat *s7* celibacy

cell *s3* cell; *data.* location **-delning** cell division **-gift** cytotoxin, cytotoxic drug

cellist cellist **cello** ['sello] *-n celli* cello

cellskräck claustrophobia

cellulosa [-ˣlɔ:sa] *s1* cellulose

cellvävnad cellular tissue

cembalo ['çemm-] *s5* harpsichord; cembalo

cement *s3, s4* cement **-blandare** cement mixer **-era** cement

cendré [saŋ'dre:] *oböjligt a* ash-coloured, ash-blond

censor [-år] *s3* censor; *skol.* [external] examiner

censur (*censurerande*) censoring; censorship; *sträng ~* strict censorship; *öppnat av ~en* opened by censor **-era** censor

center ['senn-] *s2, s4* centre; *AE.* center **-bord** *sjö.* centreboard; daggerboard **-forward** centre forward **-halv** centre half

centerparti centre party

centi|liter [-'li:-] centilitre **-long[storlek]** children's size **-meter** [-'me:-] centimetre

central I *a1* central; (*väsentlig*) essential **II** *s3* centre; *AE.* center; central office; (*huvudstation*) central station; *tel.* [telephone] exchange

Centralamerika *n* Central America

central|antenn communal aerial (antenna) **-figur** central figure

centraliser|a centralize **-ing** centralization

central|makterna *pl, hist.* Central Powers **-uppvärmning, -värme** central heating

centrera centre; *AE.* center

centrifug *s3* centrifuge; (*för tvätt*) spin-dryer **centrifugalkraft** centrifugal force

centrifugera centrifuge; (*tvätt*) spin-dry

centripetalkraft centripetal force

centrum ['senn-] *s8* centre; *AE.* center

cerat *s7, s4* cerate

ceremoni *s3* ceremony; *AE. äv.* exercises (*pl*); *utan ~er* (*bildl.*) without ceremony **-el** *s7*, **-ell** *s7 o. a1* ceremonial **-mästare** master of cere-

monies; *AE. äv.* emcee (M.C.)

certifikat *s7* certificate

champagne [ʃam'panj] *s5* champagne

champinjon [ʃampin'jɔ:n] *s3* champignon; (*ängs-*) meadow mushroom; (*snöbolls-*) horse mushroom

chans [çaŋs *el.* ʃ-] *s3* chance, opportunity (*till* of); opening (*till* for)

chans|a [ˣçaŋsa *el.* ʃ-] chance, take a chance **-artad** [-a:r-] *a5* hazardous; *vard.* dicey **-lös** *han är ~* he does not stand a chance **-ning** venture

charad [ʃa'ra:d] *s3* charade; (*lek*) charades (*pl*)

charkuteriaffär butcher; delicatessen [shop]

charm [ʃ-] *s3* charm; attractiveness **charma** [ʃ-] *vard.* charm

charm|ant [ʃar'maŋt, *äv.* -'mant] *a1* delightful, charming **-era** [ʃ-] charm; *~d av* charmed with **-erande** [ʃar'me:-] *a4* charming

charm|ig [ʃ-] *a1* charming **-lös** [ʃ-] without charm, unattractive; dull

charmör [ʃ-] charmer

charter|flyg [*svenskt uttal* 'ça:r-] air charter; charter flight **-resa** charter trip

chartra [ˣça:rtra] charter

chaufför [ʃå'förː] driver; (*anställd*) chauffeur

chauvin|ism [ʃå-] chauvinism. jingoism **-ist** chauvinist, jingoist

check [ç-] *s3, s2* cheque; *AE.* check; *en ~ på 100 pund* a cheque for 100 pounds; *korsad ~* crossed cheque; *betala med ~* pay by cheque; *utställa en ~* draw a cheque; *~ utan täckning* uncovered cheque

checka [ç-] *vard.* check; *~ in (på flygplats, hotell o.d.)* check in; *~ ut (från hotell, arbete)* check out

check|bedrägeri cheque forgery (fraud) **-blankett** cheque [form] **-häfte** cheque book **-konto** current (*AE.* checking) account

chef [ʃe:f] *s3* head, principal, manager (*för* of); *vard.* boss, chief; (*för stab o.d.*) chief, director; (*för förband*) commanding officer **-redaktör** editor in chief

chefs|befattning position as head, managerial post (position) **-egenskaper** *pl* executive talent (*sg*)

chiffer ['ʃiff-] *s7, s3* **1** code, cipher; *forcera ett ~* break a code **2** (*namn-*) monogram

chiffrera [ʃ-] encode, encipher

Chile [ˣçi:le] *n* Chile **chilensk** [çi'le:nsk] *a5* Chilean

chips [çipps] *s7* **1** *kokk.* crisp; *AE.* chip **2** *data.* chip

chock [ʃåck] *s3* **1** (*anfall*) charge; *göra ~ mot* charge **2** *med.* shock **chocka** [ˣʃåcka] **1** *med.* shock **2** *vard.* (*chockera*) shock

chock|artad [-a:r-] *a5, en ~ upplevelse* a shock **-behandling** shock therapy (treatment)

chocker|a [ʃåck-] (*uppröra*) shock; (*väcka anstöt*) offend **-ande** *a4* (*upprörande*) shocking; (*stötande*) offensive

chock|skadad *a5, bli ~* get a shock **-verkan** shock effect

choka [ˣçå:ka] *v1*, **choke** [çå:k] *s2* choke

choklad [ʃɔ-] *s3* chocolate; (*dryck*) cocoa **-ask** box of chocolates; (*i sht tom*) chocolate box **-bit** piece of chocolate; (*pralin*) chocolate [cream]

-kaka bar of chocolate
ciceron *s3* cicerone, guide
cider ['si:-] *s2* cider; *(alkoholhaltig)* hard cider
cigarett *s3* cigarette, *vard.* cig[gy], *sl.* fag, *AE.*
butt **-etui** cigarette case **-munstycke** cigarette
holder **-paket** pack[et] of cigarettes **-tändare**
(hopskr. cigarettändare) [cigarette] lighter
cigarr *s3* cigar
cirka about, approximately, roughly **-pris** approximate (standard) price
cirkel *s2, geom.* circle *(äv. friare)*; *rubba ngns cirklar (ung.)* upset a p.'s plans **-rund** *a1* circular
-såg circular saw
cirkla circle
cirkul|ation circulation **-era** circulate, go round;
låta ~ circulate, send round **-är I** *s7* circular **II** *a5*
circular; *~t resonemang* vicious circle
cirkus ['sirr-] *s2* circus **-artist** circus performer
-direktör circus manager **-tält** circus marquee;
vard. big top
ciss C sharp
sistern [- à:rn] *s3* tank; *(särsk. för vatten)* cistern
citat *s7* quotation **citationstecken** quotation
mark; inverted (turned) comma **citera** quote;
(anföra som exempel) cite
citron *s3* lemon **-press** lemon squeezer **-syra**
citric acid
citrusfrukt [ˣsi:-] citrous (citrus) fruit
cittra *s1* zither
city ['sitti *el.* -y] *s6* city centre, business district;
AE. downtown
civil *a1* civil[ian]; *(ej i uniform)* in plain clothes;
(motsats t. militär) civil **-befolkning** civilian
population **-ekonom** graduate from a
[Swedish] School of Economics; *(i Storbritannien ung.)* Bachelor of Economic Science; *(i USA ung.)* Master of Business Administration **-försvar** civil defence **-ingenjör** graduate (university-trained) engineer
civilis|ation civilization **-era** civilize; *~d* civilized
civil|klädd in civilian clothes; in mufti; *(om polis etc.)* in plain clothes **-kurage** moral courage
-person civilian **-rätt** civil law **-stånd** civil status
c-klav *s3* C clef
clearing ['kli:-] clearing
clown [klaon] *s3* clown **-eri** clownery, clowning
cocktail ['kåckteil] *s2* cocktail
collage [kå'la:ʃ] *s7* collage
Colombia [kå'låm-] *n* Colombia **colombiansk**
[-'a:nsk] *a5* Colombian
commandotrupp commando unit, task force;
AE. ranger [unit]
container *s2, s9* container
cosinus [ˣko:- *el.* 'ko:-] *r, best. form* =, *mat.* cosine
Costa Rica ['kåsta 'ri:ka] *n* Costa Rica **costaricansk** [-'ka:nsk] *a5* Costa Rican
cowboy ['kaobåi] *s3* cowboy **-film** cowboy film;
Western
crawl [krå:l] *s3* crawl **-a** [ˣkrå:-] crawl
Cuba *n* Cuba
cup [*svenskt uttal* kupp] *s3* cup **-final** cup final
-match cup tie
curry ['kurry] *s2* curry powder

cyan|kalium potassium cyanide **-väte** hydrogen
cyanide, hydrocyanic acid
cykel ['syck-] **1** *s3, s2* (*serie, följd)* cycle **2** *s2* (*fordon)* bicycle, cycle; *vard.* bike; *åka ~* ride a bicycle, [bi]cycle **-bana** cycle path (track);
(tävlingsbana) bicycle-racing track, velodrome
-lykta bicycle lamp **-ställ** *(på cykel)* kickstand;
(för cyklar) bicycle stand **-tävling** bicycle race
-väska carrier bag; *(för verktyg)* tool bag
cykla bicycle; *vard.* ride a bike
cyklist bicyclist, bicycler; cyclist; *AE.* cycler
cyklon [-'å:n] *s3, meteor. o. tekn.* cyclone
cyklop [-'å:p] *s3* Cyclops (*pl* Cyclop[s]es) **-öga**
(för sportdykare) skin-diver's mask
cylinder [-'linn-] *s2* cylinder; *se äv. -hatt* **-diameter** bore
cylindrisk [-'lind-] *a5* cylindrical
cymbal *s3* cymbal
cyn|iker ['sy:-] cynic **-isk** ['sy:-] *a5* cynical; *(om ständig)* indecent, *(id)* coarse **-ism** *s3* cynicism;
indecency; coarseness
Cypern ['sy:-] *n* Cyprus
cypress *s3* cypress
cypriotisk [-'o:-] *a5* Cypriot[e]
cysta *s1* cyst

dadel | ['dadd-] *s2* date
dag *s2* **1** day; *~ efter annan* day after day; *~ för
~* day by day; *~ ut och ~ in* day in, day out;
day after day; *~en därpå (förut)* the following
(preceding) day; *~en efter* the day after, the following day; *vara ~en efter* feel like the day after
the night before; *~en före anfallet* the day before
(the eve of) the attack; *~en lång* all day long;
~ens rätt today's special; *en ~* one day *(om förfluten tid)*, some day *(om framtid)*; *endera ~en*
one of these days; *god ~!, se god* [*dag*]; *samma
~, se samma*; *varannan ~, se varannan*; *bestämma ~* name the day; *den ~ som i ~ är* this very
day; *den ~en den sorgen* don't meet trouble halfway; *för ~en har vi inga bananer* we have no bananas today; *en fråga för ~en* a question of the
day; *han har gått för ~en* he has gone for the day;
leva för ~en live from hand to mouth (from day
to day); *göra sig en glad ~* make a day of it; *hela
~en* [*i ända*] all [the] day; *i ~* today; *i ~ om ett
år* a year today; *i ~* [*om*] *åtta ~ar* this day week;
i ~ på morgonen this morning; *i ~ röd, i morgon
död* here today and gone tomorrow; *från och
med i ~* as from today; *vad är det för ~ i ~?* what
day [of the week] is it?; *vad är det för väder i ~?*
what sort of day is it?; *den skulle vara färdig till
i ~* it was to be ready [by] today; *just i ~arna* just

recently (*om förfluten tid*), during the next few days (*om kommande tid*); ännu i *denna* ~ to this very day; *i forna* ~*ar* in the old[en] days; *i sin krafts* ~*ar* in the full vigour of life, in his (*etc.*) prime; *i morgon* ~ tomorrow; *i våra* ~*ar* in our days, nowadays; *i yngre* ~*ar* in his (*etc.*) earlier days (early life); *kors i all min dar!* well, I never!; *kommer* ~ *kommer råd* tomorrow is another day; *de närmaste* (*senaste*) ~*arna* the next (last) few days; *om* (*på*) ~*en* (~*arna*) in the daytime; *två gånger om* ~*en* twice a day; *om några* ~*ar* in a few days[' time]; *betala per* ~ pay by the day; *på* ~*en ett år sedan* a year ago to the day; *det var långt lidet på* ~*en* the day was far advanced; *senare på* ~*en* later in the day; *på gamla* ~*ar* in one's old age; *på mången god* ~ for many a [long] day; *sedan ett par* ~*ar* for some days past; *de sista* ~*arnas heliga* the Latter-Day Saints; *ta* ~*en som den kommer* take each day as it comes; *under* ~*ens lopp* during the course of the day; *en vacker* ~ *på sommaren* on a fine summer day; *en vacker* ~ *slår du dig* one fine day you will hurt yourself; *för var* ~ *som går* with every day that passes; *var* ~ *har nog av sin egen plåga* sufficient unto the day is the evil thereof (*bibl.*); *var fjortonde* ~ every fortnight; *våra* ~*ars Paris* present-day Paris **2** (*dagsljus*) daytime; daylight; *full* ~ broad daylight; *vacker som en* ~ a flame of loveliness; *det ligger i öppen* ~ it is obvious to everybody; *bringa* (*lägga*) *i* ~*en* reveal, show; *likna ngn upp i* ~*en* be the very image of s.b.; *mitt på ljusa* ~*en* in broad daylight; *klart som* ~*en* as clear as daylight; *se* ~*ens ljus* see the light [of day]; ~*sens sanning* gospel [truth] **dagas** *dep* dawn; *det* ~ day is dawning

dag|barn child in day care in private home **-bok** diary; *bokför.* daybook, journal, book of account (original entry) **-drivare** idler, loafer **-drömmare** daydreamer

dager ['da:-] *s2* [day]light; (*ljusning*) ray of light; *full* ~ full light; *framställa ngt i fördelaktig* ~ put s.th. in a favourable light; *framträda i sin rätta* ~ stand out in its right light; *skuggor och dagrar* light and shade

dagg *s2* dew

daggmask earthworm

daghem day nursery, crèche; *A.E.* care center

daglig [×da:g-] *a1* daily; day-to-day; *fack.* diurnal; ~ *tidning* daily [paper]; ~*t tal* everyday (colloquial) speech (conversation) **-dags, -en** every day, daily **-varor** *pl* everyday commodities

dag|mamma woman providing day-care for other's child[ren] **-officer** officer of the day, orderly officer **-ordning** (*föredragningslista*) agenda; *parl.* order paper; *stå på* ~*en* be on the agenda; *övergå till* ~*en* proceed to the business of the day, (*bildl.*) get down to business

dags [dacks] *i vissa uttr.: hur* ~? [at] what time?; when?; *det är* ~ *nu* it is [about] time now; *det är så* ~ *nu!* (*iron.*) it is a bit late now!; *så här* ~ *på natten* at this time of [the] night; *till* ~ *dato* to date **-bot** *-en dagsböter* fine assessed on the basis of one's daily income **-kassa** daily takings (*pl*) **-ljus** daylight; *vid* ~ by daylight **-meja** [-ɪnejja] *s1* noonday thaw **-nyheter** *pl* (*i radio, TV*) to-day's news (*pl, behandlas som sg*) **-press** daily

press; ~*en* the press **-tidning** daily [paper] **-tur** day trip

dagtraktamente daily allowance [for expenses]; *ha 20 pund i* ~ be allowed 20 pounds a day for expenses

dahlia ['da:lia] *s1* dahlia

dakapo [-'ka:-] **I** *adv* da capo **II** *s6* (*extranummer*) encore **III** *interj* encore

dal *s2* valley; dale

dala decline, sink, go down; (*om snö*) fall gently

dallr|a tremble, quiver; (*om ljud*) vibrate **-ing** tremble; vibration

dalt *s7* coddling **dalta** ~ *med ngn* coddle (pamper) s.b., (*kela*) fondle s.b.

1 dam *s3* **1** lady; (*bords- etc.*) partner; *mina* ~*er och herrar* ladies and gentlemen; *hon är stora* ~*en nu* she is quite the young lady now **2** *spel.* queen

2 dam *s3* (*-spel*) draughts (*pl, behandlas som sg*); *A.E.* checkers (*pl, behandlas som sg*)

damask *s3* gaiter; (*herr-*) spat

dam|binda sanitary towel (*A.E.* napkin) **-cykel** lady's bicycle

damfris|ör, -örska [ladies'] hairdresser

dam|ig *a1* ladylike **-kappa** lady's coat **-klocka** lady's watch **-kläder** *pl* women's wear (*sg*) **-kör** ladies' choir

1 damm *s2* **1** (*vattensamling*) pond **2** (*fördämning*) dam; dyke (*A.E.* dike); weir; barrage

2 damm *s7* (*stoft*) dust

1 damma *s2* **1** (*befria från damm*) dust **2** (*avge damm*) make (raise) a dust; *vägarna* ~*r* (*äv.*) the roads are dusty; ~ *av* dust [down], take the dust off; ~ *ner* make dusty, cover with dust

2 damma *vard.,* ~ *på* (*till*) *ngn* hit (clout) s.b.

dammig *a1* dusty

dammlucka floodgate, head gate; sluice[gate]

damm|moln (*hopskr. dammoln*) cloud of dust **-suga** vacuum **-sugare** vacuum cleaner **-trasa** duster; *A.E.* dust cloth

damning [×damm-] dusting

dam|rum ladies' room, ladies (*pl, behandlas som sg*); *A.E.* rest room **-tidning** women's magazine **-toalett** ladies' cloakroom; powder room **-väska** handbag, bag; *A.E.* purse, pocketbook

dank *s, i uttr.: slå* ~ idle, loaf [about]

Danmark ['dann-] *n* Denmark

dans *s3* dance; (*-ande, -konst*) dancing; *damernas* ~ ladies' invitation (excuse-me) [dance]; *gå som en* ~ go like clockwork; *en* ~ *på rosor* a bed of roses; *middag med* ~ dinner and dancing; *bli bjuden på* ~ be invited to a dance; *bjuda upp ngn till* ~ ask (invite) s.b. to dance, ask s.b. for a dance; *böria* ~*en* open the ball **dansa** dance; ~ *bra* be a good dancer; ~ *efter ngns pipa* dance to a p.'s tune; ~ *omkull* go tumbling over; ~ *på lina* dance on the tightrope; ~ *sig varm* dance o.s. warm; ~ *ut a*) (*börja dansa*) dance out, *b*) (*sluta dansa*) stop dancing; ~ *ut julen* (*ung.*) wind up Christmas with a children's dance (party); ~ *vals* waltz; *gå och* ~ go dancing; *det* ~*des hela natten* the dance lasted all night; *när katten är borta* ~*r råttorna på bordet* when the cat's away, the mice will play

dans|ande *a4* dancing; *de* ~ the dancers **-are**

dancer **-bana** open-air dance floor; (*med tak*) dance pavilion **-erska** dancer **-golv** dance floor

dansk I *a1* Danish; ~ *skalle* butt with the head **II** *s2* Dane **danska** *s1* **1** (*språk*) Danish **2** (*kvinna*) Danish woman

dans|lektion dancing lesson **-musik** dance music **-orkester** dance orchestra **-restaurang** dance restaurant **-ör, -ös** dancer

darr|a tremble; (*huttra*) shiver (*av köld* with cold); (*skälva*) quiver; (*skaka*) shake; (*om röst, ton*) quaver, tremble; ~ *i hela kroppen* tremble all over; *hon ~r på handen* her hands shake; *hon ~de på målet* her voice quavered (trembled) **-ande** *a4* trembling *etc.*; (*om röst, handstil äv.*) tremulous **-hänt** *a1*, *han är så* ~ his hands are so shaky

darr|ig *a1* trembling *etc.*; (*om pers. äv.*) doddering **-ning** trembling; tremulation, tremor; quiver[ing], shiver

dass *s7*, *vard.* lav, loo, bog

data *pl* (*årtal*) dates; (*fakta*) data (*vanl. sg*), particulars **-bank, -bas** data bank (base) **-behandla** computerize **-behandling** data processing **-program** [computer] program; software **-styrd** [-y:-] *a5* computer controlled **-teknik** computer technology

dater|a date; ~ *sig från* date from (back to) **-bar** *a5* dat[e]able **-ing** dating

dativ *s3* dative; *i* ~ in the dative **-objekt** indirect object

dator *n3* computer

datoriser|a computerize **-ing** computerization

datum *s8* date; *poststämpelns* ~ date of postmark; *av gammalt* ~ of ancient date; *av senare* ~ of later date **-gräns, -linje** [international] date line **-märkning** sell-by-date marking **-stämpel** date stamp; (*poststämpel*) postmark

de I *best. art. pl* the; ~ *flesta människor* most people; *hon är över* ~ *femtio* she is over fifty; ~ *dansande* the dancers; ~ *närvarande* those present **II** *pron* **1** *pers.* they; ~ *själva* they themselves **2** *demonstr.*, ~ *där* those, ~ *här* these **3** *determ.* those, the ones (*som* who); *fören. äv.* the **4** *obest.* they, people; ~ *säger på stan* they say, I hear, people are saying

debatt *s3* debate, discussion; *livlig* ~ lively debate; *ställa* (*sätta*) *ngt under* ~ bring s.th. up for discussion **-era** debate, discuss **-inlägg** contribution to a debate

debet ['de:-] *n* debit; ~ *och kredit* debit and credit; *få* ~ *och kredit att gå ihop* make both ends meet; *införa under* ~ enter on the debit side

debiter|a debit (*ngn för* s.b. with); charge (*för* for); *kostnaderna skall ~s oss* the costs should be charged to our account **-ing** charge, debit; *för hög* ~ overcharge

debut *s3* debut **-ant** singer *etc.* making his (*etc.*) debut; (*i societetslivet*) debutante **-era** make one's debut

december [-'semm-] *r* December

decennium [-'senn-] *s4* decade

decentraliser|a decentralize **-ing** decentralization

dechiffrera decipher, decode

deci|bel [-'bell] *r, pl* = decibel **-liter** [-'li:-] decilitre

decimal *s3* decimal **-bråk** decimal [fraction]; *periodiskt* ~ recurring (circulating, repeating) decimal **-komma** decimal point

decimera decimate; (*friare*) reduce [in number]

decimeter [-'me:-] decimetre

deckare (*roman*) detective story, mystery; *vard.* whodun[n]it; (*person*) *vard.* sleuth; *jfr detektiv, detektivroman*

dedi|cera dedicate **-kation** dedication

defekt I *s3* defect; deficiency **II** *a1* defective

defensiv *s3 o. a1* defensive; *hålla sig på ~en* be on the defensive

defiler|a defile; ~ *förbi* march past **-ing** defiling; march past

definiera define

defini|tion definition **-tiv** [*äv.* 'deff-] *a1* definite, definitive, final; *~t beslut* final decision

deformera deform, distort

defroster ['frå:ss-] *s2, s3* defroster

deg *s2* dough; (*mör-, smör-*) paste

degenerera [-j-] degenerate; *~d* degenerate

deg|ig ['de:g-] *a1* doughy; pasty **-klump** lump of dough

degrader|a degrade **-ing** degradation

dekad *s3* decade

deka|dans [-'dans *el.* -'daŋs] *s3* decadence, decline **-dent** *a1* decadent

dekal *s3* decal

deklam|ation recitation; (*högtravande*) declamation **-era** recite; (*tala högtravande*) declaim

deklaration declaration; (*själv-*) tax return **-klarationsblankett** tax-return form **deklarera** declare; (*förkunna*) proclaim; (*inkomst*) file one's tax return; *han ~r för 100 000* he has a taxable income of 100,000

deklin|ation *språkv.* declension; *fys.* declination **-era 1** *språkv.* decline **2** (*förfalla*) go off, deteriorate; (*mista sin skönhet*) fade

dekor [-'kå:r] *s3* décor, decor; scenery **-ation** decoration; ornament **-atäv** *a1* decorative; ornamental **-atör** decorator; (*för skyltfönster*) window-dresser; *teat.* stage designer **-era** decorate (*äv. med orden*); ornament

dekret *s7* decree **-era** decree; dictate

del *s2* **1** part, portion; (*band*) volume; (*avsnitt*) section; *en* ~ *av eleverna* some of the pupils; *en* ~ *av sändningen* part of the consignment; *en hel* ~ *besvär* (*s utan pl*) a good deal of trouble; *en hel* ~ *kvinnor* (*s med pl*) a great (good) many women; *en hel* ~ *fel* quite a lot (a fair number) of mistakes; *större* (*största*) *~en* av most of; *för en* ~ *år sedan* a few years ago; *i en* ~ *fall* in some cases; *till ~s* partly; *till stor* ~ largely, to a large extent; *till större* (*största*) *~en* mostly, to a large extent **2** (*andel*) share, portion; (*lott*) lot; ~ *i kök* part-use of the kitchen; *få* ~ *av* be notified of; *få sin beskärda* ~ receive one's due [share]; *för min* (*egen*) ~ for my [own] part; *ha* (*få*) ~ *i* have a share in; *komma ngn till* ~ accrue to s.b., fall to a p.'s lot; *ta* ~ *av* acquaint o.s. with, study **3** (*avseende*) respect; (*punkt*) point; *för den ~en* as far as that goes; *till alla ~ar* in all respects **4** *för all* ~! (*avböjande*) don't mention it!; that's all right!; *ja, för all ~!* yes, to be sure!; *nej, för all ~!* certainly not!; *gör er för all* ~ *inget besvär*

D

please don't go to any trouble!; *kom för all* ~ *inte hit!* whatever you do, don't come here! **dela 1** (*i delar*) divide [up], split up; ~ *i lika delar* divide into equal parts **2** (*sinsemellan*) share; (*instämma i*) share, participate in; ~ *lika* share evenly, divide fair[ly], *vard.* go shares; ~ *ngns uppfattning* share a p.'s opinion; ~ *rum med ngn* share a room with s.b.; ~ *med 52* divide by 52; ~ *52 med 13* divide 52 by 13, divide 13 into 52; ~ *av, se avdela*; ~ *med sig* share with others; share and share alike; ~ *ut a*) (*distribuera*) distribute, (*post*) deliver, *b*) (*order*) issue, *c*) (*nattvard*) administer **3** *rfl* divide [up], split up; (*gå isär*) part; *vägen ~r sig* the road forks **delad** *a5* divided *etc.*; ~*e meningar* divergent opinions; *det rådde ~e meningar om det* opinions were divided about it; ~ *glädje är dubbel glädje* a joy that's shared is a joy made double

delaktig *a1* participant (*av, i* in); concerned, involved (*av, i* in); *vara* ~ *i* participate in, (*förbrytelse o. d.*) be a party (an accessory) to **-het** participation, share; (*i förbrytelse*) complicity

delbar *a1* divisible

deleg|at delegate **-ation** delegation, mission **-era** [-g-] delegate; *en* ~*d* a delegate

delfin *s3* dolphin

del|ge (*delgiva*) inform (*ngn ngt* s.b. of s.th.), communicate (*ngn ngt* s.th. to s.b.) **-givning** [-ji:v-] communication; *jur.* service

delikat *a1* delicate; (*välsmakande*) delicious

delikatess delicacy; ~*er* (*äv.*) delicatessen **-affär** delicatessen [shop]; *AE., vard.* deli

delirium [-'li:-] *s4* delirium; ~ *tremens* delirium tremens

delning [×de:l-] (*uppdelning*) division, partition; (*i underavdelningar*) subdivision; (*sinsemellan*) sharing; *biol.* fission

delo *s, i uttr.*: *komma* (*råka*) *i* ~ *med* fall out with, quarrel with

delpension partial pension

dels [-e:-] *dels...dels...* partly...partly...; (*å ena sidan...å andra sidan*) on [the] one hand...on the other

delstat federal (constituent) state

delta [×dellta] *s6, geogr. o. bokstav* delta

deltaga 1 (*i handling*) take part, participate (*i* in); ~ *i en expedition* be a member of an expedition; ~ *i en kurs i franska* attend a course in French; ~ *i konversationen* join in the conversation; ~ *i luchen* be present at the luncheon; *han deltog i första världskriget* he served in World War I **2** (*i känsla*) share, participate **deltagande I** *a4* participant; *de* ~ those taking part (*etc.*), (*i tävling o. d.*) the competitors **2** (*medkännande*) sympathizing, sympathetic **II** *s6* **1** participation, taking part; (*bevistande*) attendance (*i* at); (*medverkan*) cooperation **2** (*medkänsla*) sympathy; *känna* (*hysa*) ~ *med* (*för*) *ngn* sympathize with s.b., feel sympathy for s.b.; *ert vänliga* ~ *i min sorg* your kind message of sympathy in my bereavement **deltagare** participant, participator, sharer; (*i expedition*) member; (*i möte*) attender; (*i idrott*) participant, entrant, competitor

deltid *arbeta på* ~ work part time **deltidsarbete** part-time work (job)

del|vis [×de:l-] **I** *adv* partially, partly, in part **II** *a1*

partial **-ägare** partner, joint owner; *passiv* ~ sleeping (*AE.* silent) partner

dem [demm, *vard.* dåmm] *pron* (*objektsform av de*) **1** *pers.* them; ~ *själva* themselves **2** *demonstr., determ.* those (*som* who, which)

demaskera ~ [*sig*] unmask

dementera deny, contradict **dementi** *s3* denial, contradiction

demilitarisera demilitarize

demobilisera demobilize

demokrat democrat

demokrat|i *s3* democracy **-isera** democratize **-isering** [-'se:-] democratization **-isk** [-'kra:-] *a5* democratic

demon [-'må:n] *s3* demon, fiend **-isk** [-'må:-] *a5* demoniac[al], fiendish

demonstra|nt [-å-] demonstrator **-tion** demonstration

demonstrations|möte mass meeting **-tåg** demonstration; protest march

demonstra|tiv [*äv.* -'månn- *el.* 'de:-] demonstrative **-tris, -tör** demonstrator

demonstrera 1 (*förevisa*) demonstrate **2** (*tillkännage sin mening*) demonstrate, make a demonstration

demonter|a dismantle, dismount **-ing** dismantling, dismounting

demoraliser|a demoralize **-ande** *a4* demoralizing **-ing** demoralization

den [denn] *jfr det, de* **I** *best. art.* the **II** *pron* **1** *pers.* it; (*om djur äv.*) he, she; (*syftande på kollektiv äv.*) they **2** *demonstr.* that; ~ *dåren!* that fool!; ~ *där a*) *fören.* that, *b*) *självst.* (*om sak*) that one, (*om pers.*) that man (woman *etc.*); ~ *här a*) *fören.* this, *b*) *självst.* (*om sak*) this one, (*om pers.*) this man (woman *etc.*); *hör på* ~ *då!* just listen to him (her)! **3** *determ. a*) *fören.* the, *b*) *självst.*, ~ *som* (*om sak*) the one that, (*om pers.*) the man (woman *etc.*) who, anyone who, whoever; ~ *av er som* the one of you that, whichever of you; *han är inte* ~ *som ger sig* he is not one (the man) to give in; *till* ~ *det vederbör* to whom it may concern; ~ *som ändå vore rik!* would I were rich! **4** *obest.*, ~ *eller* ~ this or that person; *herr* ~ *och* ~ Mr. So and So; *på* ~ *och* ~ *dagen* on such and such a day **5** *opers. det, se det II*

denn|e *-a, pron* **1** *fören.* (*nära den talande*) this, (*längre bort*) that; *-a min uppfattning* this view of mine; *-a min kritik* (*tidigare gjord*) that criticism of mine **2** *självst.* (*om pers.*) he, she, this (that) man (woman *etc.*); (*om sak*) it; this [one]; (*den senare*) the latter; *förklaringen är -a* the explanation is this

dennes (*vid datum*) instant (*förk.* inst.)

densamm|e [-'samme] *-a* the same; (*den*) it

densitet density

deodorant deodorant

departement *s7* department (*äv. franskt distrikt*); ministry, office, board

departementschef head of a department; minister, secretary of state

depeschbyrå news-office

deponer|a deposit (*hos ngn* with s.b.; *i en bank* at a bank) **-ing** deposit; (*av avfall*) deposition, controlled tipping

deport|ation [-å-] deportation **-era** deport

deposition deposit, deposition; depositing; (nedfall av luftföroreningar) [contaminant] fallout

depp|a vard. have the blues, be down in the dumps **-ig** al down in the dumps

depression [-e'ʃɔ:n] depression; ekon. äv. slump

deprimera depress; ~d depressed

deputation deputation **deputerad** [-'te:-] -en, pl -e deputy

depå s3 depot

deras pron **1** poss., fören. their; självst. theirs **2** determ., ~ åsikt som the opinion of those who

deriv|at s7 derivative **-ata** [-ˣva:-] s1, mat. derivative **-era** derive

desamma [-'samma] the same; (de) they

desarmera disarm

desert|era desert **-ering** [-'te:-] desertion **-ör** deserter

design [svenskt uttal di'sajn] s3 design **-er** [svenskt uttal di'sajner] designer

desillusionerad [- ɛ:rad] a5 disillusioned

desinfektionsmedel disinfectant

desinficer|a [-'se:-] disinfect **-ing** disinfection

desper|at al desperate **-ation** desperation

despot [-'på:t] s3 despot **-isk** [-'på:-] a5 despotic- [al]

1 dess s7, mus. D flat

2 dess I pron its; om koll. äv. their **II** adv, innan (sedan, till) ~ before (since, till) then; till ~ att until, till; ju förr ~ bättre the sooner the better; ~ bättre (värre) vad nu är jag fortunately (unfortunately) I woke up

dessa (de här) these; (de där) those; (de) they; (dem) them

dessemellan [-ˣmell- el. 'dess-] in between; at intervals, every now and then

dessert [de'sä:r] s3 dessert, sweet; vid ~en at dessert **-kniv** dessertknife **-sked** dessertspoon **-tallrik** dessertplate **-vin** dessertwine

dess|förinnan [-ˣinn- el. 'dess-] before then **-förutan** [-ˣu:tan el. 'dess-] without it **-utom** [-ˣu:tåm el. 'dess-] besides, as well; (vidare) furthermore; (ytterligare) moreover, in addition

destill|at s7 distillate, distillation **-ation** distillation, distilling

destillera distil

destin|ation destination **-erad** [-'ne:-] a5, sjö. bound (till for); ~ till hemorten homeward bound

desto ['dess-] icke ~ mindre none the less, nevertheless; ju förr ~ hellre the sooner the better; ~ bättre all (so much) the better

destruktiv al destructive

det (jfr den) **I** best. art. the **II** pers. pron **1** it; (om djur, barn äv.) he, she; betonat that; ~ har jag aldrig sagt I never said that; ~ var ~, ~! that's that!; ~ var snällt av dig! that's very kind of you!; ~ vill säga that is; är ~ så? is that so?; ja, så är ~ yes, that's [how] it [is]; är ~ där aprikoser? nej, ~ är persikor are those apricots? no, they are peaches; känner du den där pojken (de där pojkarna)? ~ är min bror (mina bröder) do you know that boy (those boys)? he is my brother (they are my brothers) **2** (i opers. uttr.) a) (som eg. subj.; som formellt subj. då det eg.

subj. är en inf., ett pres. part. el. en hel sats) it; b) (som formellt subj. då det eg. subj. är ett subst. ord) there; c) (ibl.) that, this; ~ blir storm there will be a storm; ~ går tolv månader på ett år there are twelve months in a year; ~ regnar (snöar) it is raining (snowing); ~ ser ut att bli regn it looks like rain; ~ skulle dröja många år innan it was to be many years before; ~ står i tidningen att it says in the paper that; ~ tjänar ingenting till att försöka it is no use trying; ~ tjänar ingenting till att försöka göra ~ there is no use in trying to do that; ~ var en gång en prins once upon a time there was a prince; ~ var frost i natt there was a frost last night; ~ återstår inget annat att göra there remains nothing to be done; ~ är bra många år sedan jag it is a good many years since I; ~ är ~ jag vill that is what I want; ~ är fem grader kallt it is five degrees below freezing point; ~ är här jag bor this is where I live; ~ ingen bråddeka ilicense is no hurry; ~ är ingenting kvar there is nothing left; ~ är jag it is I (vard. me); ~ är långt till it is a long way to; ~ är lätt att säga it is easy to say; ~ är mycket folk här there are a lot of people here; ~ är synd att it is a pity that; när ~ gäller att arbeta when it is a question of working; så måste ~ ha varit that must have been it; vad är ~ du talar om? what is it you are (what are you) talking about?; vad är ~ för dag i dag? what day is it today?; vem är ~ som kommer? who is [it (that)] coming?; är ~ mig du söker? is it me you want?, are you looking for me? **3** (ibl. som pred.fylln. o. obj.) so; ~ tror jag, ~! I should just think so!; jag anar (tror) ~ I suppose (think; vard., särsk. AE. guess) so; och ~ är jag med and so am I; var ~ inte ~ jag sa! I told you so! **4** (oöversatt el. annan konstruktion) ~ drar här there is a draught here; ~ gör ont i fingret my finger hurts; och ~ gör inte jag heller nor do I; ~ knackar there's a knock; ~ luktar gott här there is a nice smell here; ~ lyckades mig att få I succeeded in getting, I managed to get; ~ pratades mycket litet there was very little talk[ing]; ~ talas mycket om there is much talk about; ~ var mycket varmt i rummet the room was very hot; ~ var roligt att höra I am glad to hear it; ~ vet jag inte I don't know; ~ är inte tillåtet att röka här smoking is not allowed here; ~ är mulet the sky is overcast; efter middagen dansades ~ litet after dinner we danced a little; i dag är ~ torsdag today is Thursday; jag kände ~ som om I felt as if; jag tror inte jag kan (vågar) ~ I don't think I can (dare); nej, ~ har jag inte no, I haven't; som ~ nu ser ut as matters now stand; som ~ sedan visade sig as appeared later; varför frågar du ~? why do you ask?; vore ~ inte bättre med... wouldn't...be better **5** subst. it; hon har ~ she has it **III** demonstr. pron that; ~ där (här) that (this); ~ eller ~ this or that; ~ har du rätt i you are right there; ~ har jag aldrig hört I never heard that; ~ är just likt henne that's just like her; med ~ och ~ namnet with such and such a name; så var ~ med ~ so much for that **IV** determ. pron a) fören. the, betonat that, b) självst. the person (man etc.), the one; ~ som that which, what; allt ~ som all (everything) that; vi hade ~ gemensamt att we had this in common

D

that, one thing we had in common was that
detalj *s3* detail; particular; (*maskindel*) part, component; *i ~* in detail, minutely; *i ~ gående minute*; *in i minsta ~* in every detail; *gå in på ~er* enter (go) into details; *närmare ~er* further details; *sälja i ~* retail, sell [by] retail **-erad** [-'je:-] *a5* detailed, circumstantial **-handel** retail trade; (*butik*) retail shop **-ist** retailer
detektiv *s3* detective, criminal investigator; *~a polisen, se kriminalpolis* **-roman** detective story, mystery
detektor [-ˣtecktår] *s3* detector
determinativ [-'tärr- *el.* -'ti:v] *a1* determinative
deton|ation detonation **-era** detonate
detsamma [-'samma] the same [thing]; (*det*) it; *det gör ~* it doesn't matter; *det gör mig alldeles ~* it is all the same to me; *i ~* at that very moment; *med ~* at once, right away; *tack, ~!* thanks, and the same to you!
detta this; *~ mitt beslut* this decision of mine; *~ om ~* so much for that; *~ är mina systrar* these are my sisters; *före ~ (f.d.)* former, late, ex-; *livet efter ~* the life to come
devalver|a devalue **-ing** devaluation
devis *s3* device; motto
di *s2*, *ge ~* give suck to, suckle; *få ~* be put to the breast
dia *v1* suck, suckle
diabet|es [-'be:-] *s3* diabetes; (*sockersjuka*) diabetes [mellitus] **-iker** [-'be:-], **-isk** [-'be:-] *a5* diabetic
diabild slide, transparency
diadem *s7* diadem, tiara
diafragma [-ˣfragma] *s4*, *s1* diaphragm
diagnos [-'gnå:s] *s3* diagnosis (*pl* diagnoses); *ställa en ~* diagnose, make a diagnosis **-tisera** diagnose **-tisk** [-'gnåss-] *a5* diagnostic
diagonal I *s3* diagonal; (*tyg*) diagonal [cloth] **II** *a1* diagonal
diagram [-'gramm] *s7* diagram, chart, graph
diakonissa deaconess; lay worker
dialekt *s3* dialect **-al** *a1* dialectal
dialog dialogue
dialys *s3* dialysis; *med.* [haemo]dialysis, extracorporeal dialysis
diamant *s3* diamond **-ring** diamond ring **-slipare** diamond cutter **-slipning** diamond cutting
diameter [-'me:-] *s2* diameter; *invändig (utvändig) ~* inside (outside) diameter
diapositiv *s7* transparency, slide
diarré *s3* diarrhoea
diesel|motor [ˣdi:sel-] diesel engine (motor) **-olja** diesel oil (fuel)
diet *s3* diet; *hålla ~* be on a diet, diet **-ist** dietitian **-mat** diet food
differentiera [-tsi'e:ra] differentiate; diversify
diffus *a1* diffuse
difteri *s3* diphtheria
diftong [-'tåŋ] *s3* diphthong
dig [*vard.* dejj] *pron* (*objektsform av du*) you; *bibl. o. poet.* thee; *rfl* yourself; thyself
digerdöden [ˣdi:-] the Black Death
digga *vard.* dig
digital *a1* digital **-ur** digital watch (clock)
digna [ˣdiŋna] sink down, succumb; collapse; *~ under bördan* be borne down by (droop under)

the load; *ett ~nde bord* a table loaded with food
dignitet [diŋni-] *s3* **1** (*värdighet*) dignity **2** *mat.* power
dika ditch, drain, trench **dike** *s6* ditch, drain, trench; *han körde i ~t* he drove into the ditch
dikes|kant, -ren ditchside, ditchbank
dikt *s3* **1** (*skaldestycke*) poem; *koll.* poetry **2** (*osanning*) fiction, fabrication; invention
dikta 1 (*författa*) write [poetry] **2** (*fabulera*) fabricate, invent
dikta|men *-men -mina, n el. r* dictation
diktare poet, writer
diktera dictate (*för* to)
dikt|ning writing; fiction; (*poesi*) poetry; *hans ~* his literary production **-samling** collection of poems
dilemma [-ˣlemma] *s6* dilemma, quandary
diligens [-'aŋs] *s3* stagecoach
dill *s2* dill
dilla babble
dille *s6* **1** (*delirium*) D.T.'s **2** (*mani*) craze (*på* for); *ha fått ~ på ngt* be crazy (mad, *sl.* nuts) about s.th.
dimbank fog bank
dimension [-n'ʃɔ:n] dimension, size; *~er (äv.)* proportions **-era** dimension
dimfigur phantom, vague shape
dimljus foglight
dimm|a *s1* mist; (*tjocka*) fog; (*dis*) haze **-ig** *a1* misty, foggy; *bildl.* hazy
dimpa *damp dumpit* fall, tumble (*i golvet* on to the floor), tumble (*i* in, into)
dimridå smoke screen (*äv. bildl.*)
din [dinn] (*ditt, dina*) *pron* **1** *fören.* your; *bibl. o. poet.* thy; *~ toker!* you fool! **2** *självst.* yours; *bibl. o. poet.* thine; *de ~a* your people; *du och de ~a* you and yours
dingla dangle, swing; *~ med benen* dangle one's legs
dinosaurie [-'sau-] *s5* dinosaur
di|od [-'å:d] *s3* diode **-oxid** dioxide
diplom [-'å:m] *s7* diploma, certificate
diplom|at diplomat **-ati** *s3* diplomacy **-atisk** *a5* diplomatic[al]; *på ~ väg* through diplomatic channels; *~a kåren* the diplomatic corps (body); *~ immunitet* diplomatic immunity
diplomerad [-'me:-] *a5* holding a diploma; *han är ~ (äv.)* he is a diplomate
dippa (*doppa i sås*) dip
direkt I *a1* direct; (*omedelbar*) immediate; (*rak*) straight; (*trafikterm*) through, nonstop; *~ anföring* direct speech; *~ skatt* direct tax; *den ~a orsaken* the immediate cause **II** *adv* (*om tid*) directly, immediately, at once; (*om riktning*) direct, straight; (*avgjort*) distinctly; *~ från fabrik* direct from factory; *hon var ~ oförskämd* she was downright rude; *inte ~ utsvulten* not actually starved; *uppgiften är ~ felaktig* the information (statement) is quite wrong (incorrect)
direktion [-k'ʃɔ:n] (*styrelse*) board [of directors], management; (*riktning*) direction
direktiv *s7* directions, *ibl.* direction; terms of reference, directive; *ge ngn ~ (äv.)* instruct s.b.
direktris woman manager, manageress; (*mode-*) dress designer, stylist
direktsändning live broadcast

direktör director; (*affärschef*) manager; *AE.* vice president; *verkställande* ~ managing director, *AE.* president

dirigent [-'gent *el.* -'ʃent] conductor, (*äv., särsk. AE.*) director

diriger|a [-'ge:- *el.* -'ʃe:-] direct; *mus.* conduct, (*äv., särsk. AE.*) direct **-ing** control; direction; *mus.* conducting

dis *s7* haze

disciplin [dissi'pli:n] *s3* **1** (*läroämne*) branch of learning (instruction), discipline **2** (*lydnad*) discipline; *hålla* ~ maintain discipline, keep order **-era** discipline

disharmon|i *s3* disharmony, discord **-isk** [-'mɔ:-] *a5* disharmonious, discordant

disig *a1* hazy

1 disk *s2* **1** (*butiks-*) counter; (*bar-*) bar **2** *anat.* disc

2 disk *s2* **1** *abstr.* washing-up **2** *konkr.* washing-up, dishes (*pl*); *torka* ~*en* dry the dishes

1 diska (*rengöra*) wash up; *AE.* wash the dishes

2 diska *sport.* disqualify

diskant treble **-klav** treble (G) clef

disk|balja washing-up bowl; *AE.* dishpan **-borste** dishbrush, washing-up brush

diskbräck slipped disc

diskbänk [kitchen] sink

diskett *s3* flexible diskette, floppy disk

disk-jockey *s3* disc jockey

disk|maskin dishwasher **-medel** washing-up liquid (powder, detergent) **-ning 1** washing-up **2** *sport.* disqualification

disko|fil *s3* discophil[e], gramophone-records collector **-musik** disco music

diskotek *s7* **1** (*grammofonarkiv*) record library **2** (*danslokal*) discotheque, disco

diskret *a1* discreet, tactful; (*om färg*) quiet **diskretion** discretion

diskriminer|a discriminate **-ing** discrimination

disk|ställ plate rack **-trasa** dishcloth; *ibl.* dishclout

diskus ['diss-] *s2* discus **-kastare** discus thrower **-kastning** throwing the discus; (*idrottsgren*) the discus

diskussion [-u'ʃo:n] discussion, debate

diskut|abel [-'ta:-] *a2* debatable **-era** discuss; debate; argue; *det skall vi inte* ~ *om* we won't argue the point; *det kan ju* ~*s* it is open to discussion

diskvalifi|cera disqualify **-cering, -kation** disqualification

diskvatten dishwater

dispens [-'aŋs] *s3* exemption; *kyrkl.* dispensation; *få* ~ be exempted

disponent [works (factory)] manager

dispon|era 1 ~ [*över*] (*förfoga över*) have at one's disposal (command) **2** (*ordna*) arrange, organize; (*göra mottaglig*) render liable (susceptible) to; ~ *en uppsats* plan (organize) an essay **-erad** *a5* disposed, inclined; ~ *för infektioner* susceptible to infection; *hon kände sig inte* ~ *att sjunga* she did not feel like singing **-ibel** [-'ni:-] *a2* available, in hand, disposable

disposition disposition; disposal; (*utkast*) outline; (*arrangemang*) arrangement; (*anlag o.d.*) tendency, predisposition; *ha ngt till sin* ~ have

s.th. at one's disposal; *stå till ngns* ~ be at a p.'s disposal (service); *ställa ngt till ngns* ~ place s.th. at a p.'s disposal; *vidtaga* ~*er* make dispositions

disput|ation disputation; *univ. äv.* oral defence of a [doctor's] thesis **-era** dispute, argue; *univ.* defend one's thesis; *han* ~*de på* his doctor's thesis was about (on)

dispyt *s3* dispute, controversy, argument; altercation; *råka i* ~ get involved in a dispute

diss *s7, mus.* D sharp

dissekera dissect

dissonans [-'ans *el.* -'aŋs] *s3* dissonance

distans [-'ans *el.* -'aŋs] *s3* distance (*äv.* ~*tance*, leave behind; beat **-minut** [international] nautical mile

distingerad [-iŋ'ge:-] *a5* distinguished

distinkt *a1* distinct **distinktion** [-k'ʃo:n] distinction

distrah|era ~ *ngn* distract a p.'s attention; *distrahera sig* utan att låta sig ~*s* without becoming confused **-erad** *a5* distraught

distraktion [-k'ʃo:n] distraction (*äv. förströelse*); (*tankspriddhet*) absent-mindedness

distribu|era distribute **-tion** distribution; *i* ~ (*om bok*) published (sold) for the author (*hos by*) **-tör** distributor

distrikt *s7* district, region, area

distrikts|läkare district medical officer **-mästare** district champion **-sköterska** district nurse **-åklagare** district prosecutor (*AE.* attorney)

diströ *a1* absent-minded, distrait

dit *adv* **1** *demonstr.* there; ~ *bort* (*fram, in, ner, upp, ut, över*) away (up, in, down, up, out, over) there; ~ *hör även* to that category also belong[s]; *det var* ~ *jag ville komma* that's what I was getting at; *hit och* ~ to and fro; (*högre stil*) hither and thither; *är det långt* ~? (*om plats*) is it a long way there?, (*om tid*) is it a long time ahead? **2** *rel.* where; (*varthelst*) wherever **-hörande** *a4* belonging to it; (*t. saken*) relevant; *ej* ~ irrelevant **-intills** ['di:t- *el.* ˣdi:t-] till (up to) then

dito ['di:- *el.* ˣdi:-] **I** *oböjligt a* ditto (*förk.* do.) **II** *adv* likewise

1 ditt *se din*, *sköt du* ~ mind your own business

2 ditt *i uttr.*: ~ *och datt* one thing and another, this and that; *tala om* ~ *och datt* talk about all sorts of things

dittills ['di:t-] till then **-varande** *a4, hans* ~ *arbete* his work till then, his previous work

dit|vägen *på* ~ on the way there **-åt** ['di:t-] in that direction, that way; *någonting* ~ something like that

diva *s1* diva

divan *s1* couch, divan

diverse [-ˣvärse] **I** *oböjligt a* sundry, various; ~ *utgifter* incidental (sundry) expenses **II** *s pl* sundries, odds and ends; (*rubrik o.d.*) miscellaneous, sundries

divid|end *s3* dividend; *minsta gemensamma* ~ lowest (least) common multiple **-era 1** *mat.* divide (*med* by; *i* into) **2** (*resonera*) argue (*om* about)

division division; *flyg.* squadron

divisions|chef divisional commander; *flyg.*

squadron leader **-tecken** division sign
divisor [-ˣviːsår] *s3* divisor
djungel ['juŋel] *s3* jungle **-telegraf** bush telegraph; *vard.* grapevine [telegraph]
djup [juːp] **I** *s7* depth; *bildl. äv.* profundity; *högt. äv.* depths (*pl*); *kaptenen följde fartyget i ~et* the captain went down with his ship; *gå på ~et med ngt* go to the bottom of s.th.; *på ringa ~* at no great depth; *ur ~et av mitt hjärta* from the depths of my heart **II** *a1* deep; (*högre stil o. bildl.*) profound; (*fullständig*) complete; (*stor, svår*) great; *~ tystnad* profound silence; *~t ogillande* profound disapproval; *en ~ skog* a thick forest; *de ~a leden* the rank and file; *den ~aste orsaken till* the fundamental cause of; *i ~a tankar* deep in thought; *i ~aste hemlighet* with utmost secrecy; *mitt i ~aste skogen* in the very depths of the forest; *ge sig ut på ~t vatten* (*bildl.*) get out of one's depth
djup|frysa deepfreeze **-fryst** *~ mat* frozen food **-gående I** *a4* deep; *bildl.* profound, deep; *sjö.* deep-drawing **II** *s6*, *sjö.* draught **-ing** [ˣjuː-] *vard., en ~* a deep one
djup|na [ˣjuːp-] get deeper; deepen **-sinne** profundity, depth; profoundness **-sinnig** *a1* deep; profound; (*svårfattlig*) abstruse **-skärpa** *foto.* depth of field
djupt [juːpt] *adv* deeply; profoundly; *~ allvarlig* very serious (grave); *~ liggande* (*bildl.*) deeprooted, deep-seated; *~ rörd* deeply (profoundly) moved; *~ sårad* intensely hurt; *buga sig ~* bow low; *sjunka* (*falla, gräva, ligga*) *~* sink (fall, dig, lie) deep; *känna sig ~ kränkt* feel deeply injured; *djupast sett* at bottom
djur [juːr] *s7* animal; (*större; föraktfullt*) beast; (*boskaps-*) cattle (*behandlas som pl*); *slita som ett ~* work like a horse; *vilda ~* (*ej tama*) wild animals, (*farliga för människan*) wild beasts; *de oskäliga ~en* the dumb brutes; *reta inte ~en* do not tease dumb animals **-försök** animal experimentation
djur|isk ['juː-] *a5* animal; (*bestialisk*) bestial; (*rå*) brutal; (*sinnlig*) carnal **-kretsen** the zodiac **-park** zoological garden, zoo **-plågeri** cruelty to animals **-riket** the animal kingdom **-skyddsförening** society for the prevention of cruelty to animals **-skötare** *lantbr.* cattleman; (*-vårdare*) keeper **-vårdare** keeper **-vän** *vara stor ~* be very fond of animals
djärv [järv] *a1* bold; (*oförvägen*) intrepid, audacious; (*dristig*) daring; (*vågad*) venturesome, venturous; *lyckan står den ~e bi* Fortune favours the brave **-het** [ˣjärv-] boldness; daring; intrepidity, audacity
djäv|la [ˣjäːvla] *oböjligt a* bloody; damn[ed]; *AE. äv.* goddam[n]; *din ~ drummel* you bloody fool **-las** *v1, dep* make hell (*med* for); provoke, incite to anger **-ligt** *adv, jag är ~ trött* I am devilish (desperately) tired; *en ~ bra pianist* a damn good pianist
djävul [ˣjäː-] **-en** *djävlar* devil; *djävlar, anamma!* damn [it]!; *jag ska djävlar anamma visa honom* I am bloody well going to show him **djävulsdyrkan** [ˣjäː-] devil-worship **djävulsk** ['jäː-] *a5* hellish, devilish; fiendish **djävulskap** [ˣjäː-] *s7* devilry

docent reader, senior research fellow; *AE.* associate professor
dock [-å-] (*likväl*) yet, still; (*emellertid*) however; (*ändå*) for all that
1 docka [-å-] *s1* **1** (*leksak, äv. bildl.*) doll; (*marionett o. bildl.*) puppet **2** (*garn-*) skein
2 docka [-å-] **I** *s1, sjö.* dock **II** *v1, sjö. o. rymdfart* dock
dockning docking
dock|skåp doll's house **-teater** puppet theatre **-vagn** doll's pram
doft [-å-] *s3* scent, odour (*äv. bildl.*); fragrance
dofta [-å-] **1** smell; *det ~r rosor* there is a scent of roses; *vad det ~r härligt!* what a delicious scent! **2** (*beströ*) dust; *~ socker på en kaka* dust a cake with sugar
dogmatisk [-ˈmaː-] *a5* dogmatic[al]
doktor [ˣdåktår] *s3* doctor; (*läkare*) physician; *medicine ~* doctor of medicine **-era** work for a doctor's degree
doktorsavhandling doctor's thesis (dissertation)
doktrin [-å-] *s3* doctrine
dokument [-å-] *s7* document; *jur. äv.* deed, instrument **-ation** documentation
dokument|era [-å-] document, substantiate, prove; *~ sig som* establish o.s. as **-portfölj** document case, briefcase **-skåp** filing cabinet
dokumentär [-å-] *a1* documentary **-film** documentary [film]
dold [-å-] *a1* hidden, concealed; *~a reserver* hidden reserves (assets); *illa ~* ill-concealed, ill-disguised
dolk [-å-] *s2* dagger; (*kort*) poniard; *sticka ner ngn med ~* stab s.b. **-styng, -stöt** stab [with a dagger etc.], dagger-thrust
dollar [ˈdåll-] *s9* dollar; *AE. sl.* buck **-sedel** dollar note (*AE.* bill); *AE. sl.* greenback
dolsk [-å-] *a1* (*lömsk*) insidious; (*bedräglig*) deceitful; (*lurande*) treacherous
1 dom [dåːm, *i sms.* domm] *s3* (*kyrka*) cathedral
2 dom [dåmm] *s2* judg[e]ment; (*utslag*) verdict; (*i sht i brottmål*) sentence; *~ens dag* Judgment Day, Day of Judgment; *fällande* (*friande*) *~* sentence (verdict) of guilty (not guilty); *yttersta ~en* the Last Judgment; *fälla ~ över* pass sentence upon; *sitta till ~s över* sit in judgment upon; *sätta sig till ~s över* set o.s. up as a judge of
domare [ˣdommare] judge; magistrate; (*i högre instans*) justice; (*friare o. bildl.*) arbiter; (*i sporttävling*) umpire; (*i fotboll m.m.*) referee
domdera [dåmm-] bluster
domedag [ˣdomme-] judgment day, doomsday; *till ~[s otta]* until kingdom come **domedagspredikan** hellfire sermon
domherre [ˣdomm-] bullfinch
domin|ans [-ˈans *el.* -ˈaŋs] *s3* domination; dominance **-ant** *s3 o. a1* dominant **-era** dominate; (*vara förhärskande*) be predominant, prevail; (*behärska, ha utsikt över*) dominate, command; (*tyrannisera*) domineer **-erande** *a4* dominating *etc.*, predominant; *~ anlag* dominant
Dominikanska republiken Dominican Republic
domino [ˈdåmm- *el.* ˈdåː-] **1** *s5* (*dräkt*) domino **2** *s6* (*spelbricka*) domino; (*spel*) dominoes (*pl, be-*

handlas som sg), game of dominoes; *spela* ~ play dominoes

domkraft [ˣdɔmm-] *s3* jack

domkyrka [ˣdɔmm-] cathedral; (*i Storbritannien äv.*) minster

domn|a [ˣdåmna] go numb (*äv. ~ av, bort*); *foten har ~t* my foot has gone to sleep **-ing** numbness

domptör [animal] tamer

dom|saga [ˣdɔmm-] *s1* judicial district **-slut** judicial decision

domssöndagen the Sunday before Advent

domstol [ˣdɔmm-] court [of justice (law)]; tribunal (*äv. bildl.*); *vid* ~ in the law court; *dra ngn inför* ~ bring s.b. before the court; *dra ngt inför* ~ go to court (law) about s.th.; *Högsta ~en, ung.* (*i England*) the Supreme Court of Judicature, (*i Skottland*) Court of Justiciary, (*i USA*) the Supreme Court, (*friare*) the supreme court

domstolsförhandlingar court proceedings

domän *s3* domain

don *s7* (*verktyg*) tool; implement, (*anordning*) device; (*grejor*) gear, tackle; ~ *efter person* to every man his due **dona** ~ *med* (*vard.*) busy o.s. with

don|ation donation, legacy **-ator** [-ˣna:tår] *s3* donor

Donau ['då:nau] *r* the Danube

donera donate; *den ~e summan* the sum presented

dop *s7* baptism; (*barn-, fartygs-*) christening; *bära ngn till ~et* present s.b. at the font

dopa dope

dop|attest certificate of baptism **-funt** baptismal (christening) font **-klänning** christening robe **-namn** Christian name

dopning [ˣdo:p-] doping

dopp [-å-] *s7* **1** (*-ning*) dip[ping]; *ta sig ett* ~ take a swim **2** (*kaffebröd*) buns, cakes (*pl*) **doppa** dip; (*hastigt*) plunge; (*helt o. hållet*) immerse; (*ge ngn ett dopp*) duck; ~ *i grytan* (*ung.*) soak bread in ham broth; ~ *sig* have a dip (plunge)

dopping [-å-] *zool.* grebe

dopp|ning [-å-] dip, plunge; immersion **-värmare** immersion heater

dos *s3* dose; *dödlig* ~ lethal dose; *för stor* ~ overdose

dosa *s1* box; (*för te o.d.*) canister, (*mindre*) caddy

dosera *med.* dose

dosering *med.* dosage

dotter [-å-] *-n döttrar* daughter **-bolag** affiliated company, affiliate; subsidiary [company] **-dotter** granddaughter **-lig** *a1* daughterly **-son** grandson **-svulst** metastasis

dov [-å:-] *a1* (*om ljud*) dull, hollow, muffled; (*om värk*) aching; (*halvkvävd*) stifled, suppressed

dovhjort fallow deer; (*hane*) buck

dra (*draga*) *drog dragit* **I 1** draw; (*kraftigare*) pull, tug; (*släpa*) drag, haul; *drag!* pull!; ~ *en historia* reel off a story; ~ *fullt hus* draw full houses; ~ *ngn i håret* pull s.b. by the hair, pull a p.'s hair; ~ *i* (*ur*) *led* set into (put out of) joint; ~ *ngn inför rätta* bring s.b. before the court; ~ *kniv* draw a knife (*mot* on); ~ *en kopia* run off a copy; ~ *ett kort* draw a card; ~ *lakan* stretch (pull) sheets; ~ *ett tungt lass* pull a heavy load; ~ *lott* draw lots; ~ *en lättnadens suck* breathe a sigh of relief;

~ *olycka över ngn* bring disaster [up]on s.b.; ~ *slutsatser om* draw conclusions on, conclude; ~ *ett streck över* draw a line across, *bildl.* let bygones be bygones; ~ *det kortaste strået* come off worst, get the worst of it; ~ *sitt strå till stacken* do one's part (bit); ~ *uppmärksamheten till* draw attention to; *komma ~gandes med* come along with; ~*s* (*känna sig dragen*) *till ngn* feel drawn to (attracted by) s.b. **2** (*driva*) work (*en maskin* a machine); (*vrida*) turn (*veven* the crank) **3** (*subtrahera*) take [away], subtract; (*erfordra*) take; (*förbruka*) use [up]; ~ *kostnader* involve cost (expenses) **4** (*om te o.d.*) draw **5** (*tåga*) march, go; ~ *i fält* take the field; ~ *i krig* go to the wars; ~ *sina färde* take one's departure; ~ *åt skogen* go to blazes; *gå och* ~ hang about (around) **6** ~ *efter andan* gasp for breath; ~ *på munnen* smile; *det ~r här* there is a draught here **II** *rfl* **1** (*förflytta sig*) move, pass; (*begge sig*) repair **1** *liggs och om mörghärna*) lie in; ~ *sig efter* (*om klocka*) lose, be losing; *klockan ~r sig tio minuter* [*efter*] *varje dag* the clock loses ten minutes every day; *klockan har ~git sig fem minuter* [*efter*] the clock is five minutes slow; ~ *sig före* (*om klocka*) gain, be gaining; *klockan ~r sig fem minuter före varje dag* the clock gains five minutes every day; *klockan har ~git sig fem minuter före* the clock is five minutes fast; ~ *sig fram* get on (along); ~ *sig för ngt* (*för att* + *inf.*) be afraid of s.th. (*of* + *ing-form*); *inte* ~ *sig för ngt* (*för att*) (*äv.*) not mind s.th. (not mind + *ing-form*); ~ *sig tillbaka* draw [o.s.] back, retire, *mil.* retreat; ~ *sig undan* move (draw) aside, withdraw, ~ *sig ur spelet* quit the game, (*friare*) back out, give up, *vard.* chuck [up] **III** (*med betonad partikel*) **1** ~ *av* a) (*klä av*) pull (take) off, b) (*dra ifrån*) deduct; ~ *av ringen från fingret* slip the ring from one's finger **2** ~ *bort* a) draw away, (*trupper e.d.*) withdraw, b) (*gå bort*) move off, go away, (*om trupper e.d.*) withdraw **3** ~ *fram* a) (*ta fram*) draw (pull) out, (*väg e.d.*) construct, *bildl.* bring up, produce, b) (*gå fram*) advance, march; ~ *fram stolen till bordet* draw up the chair to the table; ~ *fram genom* (*äv.*) traverse **4** ~ *för* pull (*gardinerna* the curtains) **5** ~ *förbi* go past, pass by **6** ~ *ifrån* a) (*ta bort*) take away, subtract, c) *sport.* draw away (*de andra* from the rest) **7** ~ *igen* (*dörr e.d.*) close, shut **8** ~ *igenom* (*band e.d.*) pull (draw) through; ~ *igenom boken* skim (through) the book **9** ~ *i gång ngt* set s.th. working; ~ *i gång med ngt* get s.th. going **10** ~ *ihop* sig contract, (*sluta sig*) close; *det ~r ihop sig till oväder* a storm is gathering; *det ~r ihop sig till regn* it looks like rain **11** ~ *in* draw in (*äv. bildl.*), (*återtaga, återfordra*) withdraw, (*avskaffa*) abolish, do away with, (*konfiskera*) confiscate; (*underhåll o.d.*) stop, discontinue; (*tidning, körkort*) suspend; ~ *in ett körkort* take away (*på viss tid:* suspend) a driving licence; ~ *in ett flyg* cancel (call off) a flight; ~ *in magen* pull in one's stomach; ~ *in* (*installera*) *vatten* lay on water; ~ *in på* (*inskränka*) cut down **12** ~ *i väg* move off, march away **13** ~ *jämnt* get on (along) (*med ngn* with s.b.) **14** ~ *med* drag along; ~ *med sig a*) eg. take about with one, *b*) *bildl.* bring with it (them), (*innebära*) involve; ~ *med sig ngn i fallet* drag s.b. down with one **15** ~ *ner a*) pull down (*rullgardinen* the blind), *b*) (*smutsa ner*) make dirty **16** ~ *omkull* pull down, (*slå omkull*) knock down **17** ~ *på* (*starta*) start [up], (*öka farten*) speed up; ~ *på sig* pull (put) on, (*bildl.*) catch **18** ~ *till* (*hårdare*) pull tighter, tighten; ~ *till bromsen* apply the brake; ~ *till med en svordom* come out with an oath; ~ *till sig a*) *eg.* draw towards one, *b*) (*attrahera*) attract (*äv. bildl.*) **19** ~ *tillbaka* draw back, (*trupper äv.*) withdraw **20** ~ *undan* draw (pull) aside, withdraw, remove **21** ~ *upp* draw (pull) up, (*fisk äv.*) land, (*butelj*) uncork, (*klocka*) wind up; ~ *upp ankaret* weigh anchor; ~ *upp benen under sig* curl up one's legs; ~ *upp med roten* pull up by the roots **22** ~ *ur* draw (pull) out **23** ~ *ut a*) draw (pull) out, (*förlänga*) draw out, prolong, (*tänja ut*) stretch out, *b*) (*tåga ut*) go off (*i krig* to the wars), *c*) (*om rök e.d.*) find its way out; ~ *ut en tand* extract a tooth; *det ~r ut på tiden* (*tar lång tid*) it takes rather a long time, (*blir sent*) it is getting late; *det drog ut på tiden innan* it was a long time (a long time elapsed) before **24** ~ *vidare* move (march) on **25** ~ *åt* draw (pull) tight (tighter), tighten; ~ *åt svångremmen* (*bildl.*) tighten one's belt; ~ *åt sig* (*bildl.*) attract, (*absorbera*) absorb, suck up (*damm* dust) **26** ~ *över på ett konto* overdraw an account; ~ *över tiden* run over [the] time; ~ *över sig* pull over one

drabb|**a 1** (*träffa*) hit, strike; (*hända ngn*) happen to, *åld. o. litt.* befall; (*komma på ngns lott*) fall [up]on; (*beröra*) affect; *förlusten ~r honom ensam* he, alone, bears the loss, the loss falls upon him alone; ~*s av en olycka* meet with misfortune; ~*s av en svår förlust* suffer a heavy loss; ~*s av sjukdom* be stricken with illness **2** ~ *ihop* (*samman*) meet, have an encounter (*om trupper*), come to blows (*om enskilda*), *bildl.* [come into] conflict, clash **-ning** battle; action; (*friare*) encounter

drag *s7* **1** (*-ande*) pull, tug; (*med penna, stråke etc.*) stroke; *i några snabba* ~ with a few bold strokes **2** (*spel. o. friare*) move; *ett skickligt* ~ a clever move **3** (*luftström*) draught, *AE.* draft; *sitta i* ~ sit in a draught; *det är dåligt* ~ *i spisen* the stove is drawing badly **4** (*bloss*) puff, whiff; *njuta i fulla* ~ enjoy to the full **5** (*drickande*) draught; *tömma glaset i ett* ~ empty the glass at a gulp (draught) **6** (*anletsdrag*) feature; (*karaktärsdrag*) trait; (*anstrykning*) touch, strain; *ett utmärkande* ~ *för* a characteristic [feature] of **7** (*fiskredskap*) spoon[bait], spinner **8** *vard., i det* ~*et* at this juncture **draga** *se* **dra dragare** (*lastdjur*) draught animal, beast of burden **dragas** *se* **dras dragg** *s2* drag, dragnet; (*litet ankare*) grapnel **dragga** drag (*efter* for); (*om båt*) drag anchor **dragig** *al* draughty

drag|**kamp** tug of war **-kraft** traction force; *järnv. etc.* traction power

dragning [-a:-] **1** draw (*äv. lott- o. bildl.*); dragging; pull **2** (*böjelse*) tendency, inclination (*till* for); (*dragningskraft*) attraction **3** (*skiftning*) tinge (*åt gult* of yellow)

dragnings|**kraft** attraction; (*tyngdkraft*) gravity **-lista** lottery prize list

drag**on** *s3* **1** (*ryttare*) dragoon **2** *bot.* tarragon, estragon

drag|**plåster** *bildl.* attraction, *vard.* draw; *AE. äv.* drawing card **-spel** accordion; (*mindre*) concertina

drak|**e** *s2* dragon (*äv. bildl.*); (*leksak o. meteor.*) kite; (*skepp*) Viking [dragon] ship **-flygning** kite flying

drama *s4* drama

dramat|**ik** *s3* drama, dramatics (*pl, behandlas vanl. som sg*) **-iker** [-'ma:-] dramatist, playwright **-isera** dramatize **-isering** [-'se:-] dramatization **-isk** [-'ma:-] *a5* dramatic; *D~a institutet* University College of Film, Television, Radio and the Theatre; *Kungliga Dramatiska teatern* the Royal Dramatic Theatre

drap|**era** drape, hang **-eri** curtain, drapery, hangings (*pl*); *AE. äv.* drapes **-ering** draping, drapery

dras (*dragas*) drogs dragits, dep, ~ *med a*) (*sjukdom*) be afflicted with, suffer from, *b*) (*skulder, bekymmer*) be harassed by, *c*) (*utstå*) put up with

drastisk ['drass-] *a5* drastic

dregel ['dre:-, *äv.* 'dregg-] *s7*, **dregla** [ˣdre:-, *äv.* ˣdregg-] drivel, slobber

drej|**a** [ˣdrejja] **1** *tekn.* turn **2** *sjö.:* ~ *bi* heave (lay) to **-skiva** potter's wheel

dress *s3, s2* dress, attire; togs (*pl*)

dressera train (*till* for); (*friare*) drill; (*häst, hund äv.*) break

dressing ['dress-] [salad] dressing

dressyr *s3* [animal] training; (*häst-*) dressage; *i sht bildl.* drill **dressör** trainer [of animals]

1 drev *s7* (*hjul*) [driving] pinion; (*växel*) gear-[wheel]

2 drev *s7, jakt.* drive, beat

drev|**jakt** battue **-karl** beater, driver

dribbl|**a** dribble **-ing** dribbling, dribble

dricka I *s7* (*läskedryck*) soft drink, lemonade; (*öl*) beer; ~*t* (= *sjön, havet*), *vard.* the drink **II** *drack druckit* drink; (*intaga*) have, take; ~ *brunn* take (drink) the waters; ~ *i botten* drain one's glass; ~ *kaffe* have coffee; ~ *ngns skål* drink a p.'s health, drink the health of a p.; ~ *ngn till* pledge s.b.; ~ *ngn under bordet* drink s.b. under the table; ~ *ur kaffet* finish one's coffee; ~ *ur sitt glas* empty (drain) one's glass; ~ *sig full* get drunk (intoxicated); ~ *sig otörstig* quench one's thirst; *han har börjat* ~ he has taken to drinking

drickbar *al* drinkable, fit to drink

dricks *s3* tip; *ge* ~ tip; *ge 1 pund i* ~ give a one-pound tip **-glas** [drinking] glass; tumbler; *ett* ~*... a* glass[ful] of... **-pengar** tip (*sg*); gratuity (*sg*); service [charge] (*sg*) **-vatten** drinking water

drift *s3* **1** (*drivande*) drifting; *råka* (*komma i*) ~ get adrift; *ungdom på* ~ youth (young people) adrift **2** (*skötsel*) management, administration; (*gång*) running, operation; *i* (*ur*) ~ in (out of) operation (service); *billig i* ~ economical; *stoppa* ~*en* stop production; *övergå till elektrisk* ~ change to electric power **3** (*trafik*) traffic **4** (*instinkt, böjelse*) instinct, urge; impulse; *göra ngt av egen* ~ do s.th. of one's own accord **5** (*gyckel*)

joking
driftig *a1* energetic, enterprising, pushing **-het** energy, enterprise, push
driftskostnad running costs (*pl*)
drift|störning breakdown, stoppage **-säker** dependable, reliable
1 drill *s2* (*exercis*) drill
2 drill *s2, mus.* trill, quaver; (*fåglars*) warble; *slå sina ~ar* warble
1 drilla (*exercera*) drill
2 drilla *mus.* trill, quaver; warble
drillborr [spiral] drill, wimble
drink *s2* drink **-are** drunkard
drista ~ *sig* [*till*] *att* be bold enough to, venture to
driv|a I *s1* [snow]drift; *snön låg i djupa -or* the snow lay in huge drifts **II** *drev drivit* **1** drive; (*maskin*) work, operate; (*fram-*) propel; (*fabrik o.d.*) run, conduct **2** (*i drivbänk*) force **3** (*täta*) caulk **4** (*metall*) chase **5** (*bedriva*) carry on; (*politik*) pursue **6** (*tvinga*) drive, force **7** (*förmå*) impel, urge, prompt **8** ~ *ngn på flykten* rout s.b., put s.b. to flight; ~ *ngt i höjden* force (screw) s.th. up; ~ *saken för långt* push (carry) things too far **9** (*föras undan*) drive; (*sjö. o. om moln, snö e.d.*) drift; ~ *för ankar* drag anchor **10** *gå och* ~ walk aimlessly about, loaf [about] **11** ~ *med ngn* poke fun at s.b. **12** (*med betonad partikel*) ~ *igenom ett lagförslag* force (push) through a bill; ~ *sin vilja igenom* get one's own way; ~ *in* (*pengar, fordran*) collect, call in, *jur.* recover; ~ *omkring* drift (*walk aimlessly*) about; *fartyget drev omkring* the ship was adrift; ~ *på* urge on; ~ *samman boskapen* herd the cattle; ~ *tillbaka* drive back, repel; ~ *upp* (*i höjden*) force up; (*damm e.d.*) raise; (*villebråd*) rouse, raise; (*affär*) work up; ~ *ut* drive (push) out, cast out
driv|ande *a4* driving *etc.*; *den* ~ *kraften* the driving force, (*om pers. äv.*) the prime mover; ~ *karl* pushing man; ~ *vrak* floating wreck **-bänk** hotbed
driv|en *a3* **1** (*skicklig*) clever; (*erfaren*) skilful, skilled, practised; ~ *handstil* (*ung.*) flowing hand **2** (*ciselerad*) chased **-hjul** driving wheel (gear) **-hus** greenhouse, hothouse **-huseffekt** greenhouse effect **-is** drift ice **-kraft** motive power; (*om pers. äv.*) prime mover; *tekn. äv.* propelling force **-medel** (*för fordon*) [motor] fuel; (*för projektil*) propulsive agent, propellant **-raket** booster [rocket], launching vehicle **-rem** driving (transmission) belt
drog [-å:-] *s3* drug
drog|a [-å:-] drug **-fri** drug free
dromedar *s3* dromedary, Arabian camel
dropp [-å-] *s7* drip; *med. äv.* infusion **droppa** [-å-] **1** (*falla i droppar*) drip, fall in drops **2** (*hälla droppvis*) drop (*i* into)
dropp|e *s2* drop; globule; (*svett-*) bead; *en* ~ *i havet* a drop in the bucket (the ocean) **-fri** nondrop **-torka** drip-dry **-vis** drop by drop
drottning [-å-] queen; (*bi-*) queen [bee]; *balens* ~ belle of the ball; *göra en bonde till* ~ (*schack.*) queen [a pawn]
drucken *a3, predik.* drunk; intoxicated, tipsy
drulle *s2* oaf
drullig *a1* clumsy **-het** clumsiness
drummel [ˣdrumm- *el.* ˈdrumm-] *s2* lout

drunk|na be (get) drowned; *bildl.* be (get) swamped (*i* with); *en* ~*nde* a drowning man (*etc.*) **-ning** drowning **-ningsolycka** drowning accident
druv|a *s1* grape **-klase** bunch (cluster) of grapes **-saft** grape juice **-socker** grape sugar, dextrose
dryck *s3* drink; beverage; *mat och* ~ meat and drink; *alkoholfri* ~ nonalcoholic beverage; *starka* ~*er* strong drinks, liquor (*sg*) **dryckenskap** *s3* drunkenness, inebriation **dryckesvisa** drinking song
dryg *a1* **1** (*som räcker länge*) lasting; (*som väl fyller måttet*) liberal, ample, large; (*rågad*) heaped; *en* ~ *mil* a good mile; ~*t mått* full measure; ~ *portion* large helping; ~ *timme* full (good) hour **2** (*mödosam*) hard; (*betungande*) heavy; ~*t arbete* hard work; ~*a böter* a heavy fine **3** (*högfärdig*) stuck-up, self-important **dryga** ~ *ut vin med vatten* add water to the wine **dryghet** self-importance **drygt** [-y:-] *adv,* ~ *hälften* a good half of it (them); *mäta* ~ give full measure; ~ *mätt* full measure
drypa *dröp drupit* (*hälla droppvis*) drop, pour a few drops of (*på* on to; *i* into) **2** (*ge ifrån sig vätska*) drip; (*rinna ned*) trickle; *han dröp av svett* he was dripping with perspiration
dråp *s7* homicide; *jur.* manslaughter **-lig** [-å:-] *a1* very funny, killing **-slag** deathblow; *bildl. äv.* staggering blow
dråsa *come down in masses*; ~ *ner* come tumbling down
dräglig [-ä:-] *a1* tolerable, endurable; fairly acceptable
dräkt *s3* dress; (*jacka o. kjol*) suit costume; (*national-*) costume; (*friare*) attire, garb
dräktig *a1* pregnant, big with young
dräll|a *v2* **1** spill **2** *gå och* ~ hang about (around); *det -er av karlar* it's lousy with men
drämma *v2,* ~ *naven i bordet* bang one's fist on the table; ~ *till ngn* strike s.b., give s.b. a clout
drän|era drain **-ering** [-ˈne:-] draining, drainage **-eringsrör** drainpipe
dräng *s2* farm hand; (*själv är bästa* ~ if you want a thing well done, do it yourself; *sådan herre sådan* ~ like master like man
dränk|a *v3* drown; (*översvämma*) flood; ~ *i med olja* [impregnate with] oil; ~ *sig* drown o.s. **-ning** drowning
dräpa *v3* kill; *åld. o. litt.* slay; *du skall icke* ~ thou shalt not kill; ~*nde svar* crushing reply
dröj|a [ˣdröjja] *v2* **1** (*låta vänta på sig*) be late (*med att* in + ing-form); (*vara sen*) be long (*med ngt* about s.th.; *med att* about + ing-form); *du har -t länge* it has taken you a long time; *svaret -de* the answer was a long time in coming **2** (*låta anstå*) postpone, delay, put off; (*tveka*) hesitate; ~ *med svaret* (*att svara*) hesitate to answer, put off answering; ~ *på stegen* dawdle **3** (*vänta med*) wait **4** (*stanna kvar*) stop, stay; tarry, linger; *var god och dröj* (*tel.*) hold the line, please; ~ *kvar till slutet* stay on (remain) till the end; ~ *vid ngt* dwell [up]on **5** *opers., det -er länge innan* it will be a long time before; *det -de inte länge förrän* it was not long before; *det -de en evighet innan* it was ages before **-ande** *a4,* ~ *steg* dawdling footsteps; ~ *blick* lingering gaze; ~ *svar* hesitating

D

answer

dröjs|mål *s7* delay; *utan* ~ without delay, immediately **-målsränta** penalty interest on arrears

dröm [-ömm] *s2* dream; *bildl. äv.* daydream, reverie, revery; *hon var vacker som en* ~ she looked a dream; ~*men slog in* the dream came true; *försjunken i* ~*mar* lost in a reverie (daydreams *pl*) **-bild** vision **-jobb** dream job **-lik** dreamlike; dreamy **-lös** dreamless

drömm|a *v2* dream; *bildl. äv.* daydream; muse; ~ *sig tillbaka till* carry o.s. back in imagination to **-ande** *a4* dreamy **-are** dreamer; visionary **-eri** dreaming; *ett* ~ a reverie

drömslott *mitt* ~ the castle of my dreams

du you; *bibl., poet., dial.* thou; ~ *själv* you yourself; *hör* ~, *kan jag få låna…?* I say, can you lend me…?; *hör* ~, *det här går inte!* look here, this won't do!; *nej, vet* ~ [*vad*]*!* I never heard of such a thing!; *nej, vet* ~ *vad, nu gör vi ngt annat* look here (listen), let's do something else; *det skall* ~ *säga!* you've no room to talk!; *vi är* ~ *med varandra* we call each other by our Christian names; *bli* ~ *med* drop the formalities of address with **dua** be on Christian name terms with

dubb *s2* stud *(äv. på t.ex. fotbollsskor)*, knob; *(is-)* [ice] prod; *(däck-)* stud, *(för tävling)* spike **1 dubba** *(film e.d.)* dub

2 dubba *(däck)* stud

dubbdäck studded tyre

dubbel ['dubb-] **1** *a2* double; ~ *bokföring* double-entry book-keeping; *ligga* ~ *av skratt* be doubled up with laughter; *vika* ~ [fold] double; *det dubbla* twice as much; *dubbla beloppet* twice the amount; *dubbla storleken* double the size **2** *s2* *(i tennis m.m.)* doubles *(pl)* **-arbetande** *a4* doing two jobs; ~ *kvinnor* housewives with a paid (an outside) job **-bottnad** [-å-] *a5* *(om sko)* double-soled; *bildl.* ambiguous, with double meaning **-fel** *(i tennis)* double fault, double **-fönster** double glazing **-gångare** double **-haka** double chin **-knäppt** *a4* double-breasted **-kommando** dual control **-kontakt** *elektr.* two-way plug **-moral** double standard [of morality] **-natur** split personality **-parkera** double-park **-riktad** *a5*, ~ *trafik* two-way traffic **-roll** dual role; *bildl.* double game **-rum** double room **-sidig** *a1* double-sided; ~ *lunginflammation* double pneumonia **-spel** *bildl.* double-dealing, double-cross; *(i tennis m.m.)* doubles *(pl)* **-spårig** *a1* double-track[ed] **-säng** double bed

dubbel|t ['dubb-] *adv* doubly; *(två gånger)* twice *(så as)*; ~ *försiktig* doubly careful; ~ *så gammal som jag* twice my age; *bjuda* ~ *upp* bid as much again; *se* ~ see double **-verkande** *a4* double-acting **-vikt** [-i:-] *a4* doubled; ~ *av skratt* doubled up with laughter; ~ *krage* turndown collar

dubbla double

dubblé *s3* **1** *(guldsmedsarbete)* gold (silver) plated metal **2** *jakt.* double hit **3** *spel.* cushion, cushioning

dubblera 1 double **2** *sjö.* round **3** *teat.* understudy **dubblett** *s3* **1** *(kopia)* duplicate, copy, double **2** *(tvårumslägenhet)* two-roomed flat **3** *(ord-)* doublet

dubbning *(av film)* dubbing

ducka duck

duell *s3* duel *(på pistol* with pistols) **-era** duel

duett *s3* duet[te], duo

dug|a *v2* el. *dög* dugt do; be suitable *(till* for); *(komma t. pass)* serve; *(vara god nog)* be good enough *(åt* for); *det -er* that will do; *det -er inte att* it won't do to; *-er ingenting till* is no use (good); *det var en karl som hette* ~ that is what I call a man; *visa vad man -er till* show what one is worth; *han dög inte till lärare* he was no good as a teacher

dugg *s7* **1** *(regn)* drizzle **2** *inte ett* ~ not a bit (scrap), not the least; *det är inte värt ett* ~ it is not worth a farthing (jot); *inte bry sig ett* ~ *om* not care a fig for; *hon gör aldrig ett* ~ she never does a thing

dugg|a drizzle; *det* ~*r* it is drizzling; *det* ~*de* [*med*] *ansökningar* applications came pouring in **-regn** drizzle

duglig [ˣdu:g-] *a1* able; capable *(till* of; *till att* of + ing-form); competent, qualified, efficient **-het** competence; capability; ability; efficiency

duk *s2* cloth; *(bord-)* tablecloth; *(målar- o. sjö.)* canvas; *(film-)* screen; *(flagga)* flag, bunting **1 duka** ~ [*bordet*] lay the table; *bordet var* ~*t för två* the table was laid for two; *ett* ~*t bord* a table ready laid; ~ *av* clear the table; ~ *fram* put on the table; ~ *upp en historia* cook up a story

2 duka ~ *under* succumb *(för* to)

dukning [-u:-] laying the (a) table

duktig *a1* **1** *(dugande)* able, capable, efficient *(i att* at + ing-form); *(skicklig)* clever, accomplished *(i ngt* at s.th.; *i att* at + ing-form) **2** *(käck)* brave **3** *(kraftig)* vigorous, powerful; *(frisk)* strong **4** *ett* ~*t mål mat* a substantial meal; *en* ~ *portion* a good-sized helping **5** *han fick en* ~ *skrapa* he got a good rating (telling-off); *det var* ~*t!* well done! **duktigt** *adv* *(kraftigt)* powerfully; *(ihärdigt)* sturdily; *(med besked)* soundly, thoroughly; *(strängt)* hard; *(skickligt)* efficiently, cleverly; *han har arbetat* ~ he has worked hard; *han tjänar* ~ *med pengar* he earns plenty of money; *äta* ~ eat heartily; *få* ~ *med stryk* get a sound thrashing

dum [dumm] *a1* stupid; *AE. äv.* dumb; *(obetänksam)* silly, foolish; *han är ingen* ~ *karl* he is no fool; *han är inte så* ~ *som han ser ut* he is not such a fool as he looks; *så* ~ *jag var!* what a fool I was!; *det var bra* ~*t av mig att* I was a fool to; *det vore inte så* ~*t att* it would not be a bad idea to **-bom** *s2* fool, ass, blockhead; *din* ~*!* you silly *(stupid)* [fool]! **-burk** *vard.* goggle box; *särsk. AE.* boob tube **-dristig** foolhardy, rash

dum|het stupidity, folly; silliness, foolishness; ~*er!* rubbish!, nonsense!; *göra en* ~ do a foolish thing, *(svagare)* make a blunder; *prata* ~*er* talk nonsense; *vad är det här för* ~*er?* what is all this nonsense? **-huvud** blockhead, dolt

dumma *rfl* make a fool of o.s.

dump|a 1 *hand.* dump; undersell **2** *(tippa)* dump **-ning 1** dumping; underselling **2** *(tippning)* dumping

dum|skalle, -snut silly idiot

dumt *adv*, *bära sig* ~ *åt* be silly (stupid), act like a fool

dun *s7* down
dunder ['dunn-] *s7* thunder[ing], rumble; (*kanon-, åsk-* äv.) peal, boom; *väggen föll med ~ och brak* the wall came crashing down **dundra** thunder, rumble, boom; *~ mot* thunder (fulminate) against; *åskan ~de* there was a clap of thunder **dundrande** *a4, en ~ succé* a roaring success; *ett ~ kalas* a terrific party; *sl.* a humdinger of a party
dunge *s2* grove; (*mindre*) clump of trees
dunig *a1* downy, fluffy
1 dunk *s2* (*behållare*) can
2 dunk 1 *s2* (*slag*) thump **2** *s7* (*dunkande*) thud, thudding **3** *leka ~* play hide-and-seek (*AE.* hide-and-go-seek); *~ för mig!* I'm in!
dunka thud; (*bulta*) throb, beat; *~ ngn i ryggen* thump s.b. on the back; *~ på piano* thump on the piano
dunkel ['dunn-] **I** *a2* dusky, dark; (*hemlighetsfull*) mysterious; (*svårbegriplig*) obscure, abstruse, (*obestämd*) vague; *~ belysning* (*uppfattning*) dim light (idea); *~t minne* dim (vague) recollection **II** *s7* dusk, shadow; gloom; dimness; *höljd i ~* wrapped in obscurity; *skingra dunklet* clear up the mystery
duns *s2* bump, thud **dunsa** *~ ner* come down with a thud
dunst *s3* fume, vapour, exhalation; *slå blå ~er i ögonen på ngn* pull the wool over a p.'s eyes **dunsta 1** *~ av* (*bort, ut*) evaporate **2** *vard.* (*ge sig iväg*) make o.s. scarce, clear off (out)
duntäcke eiderdown
duo ['du:ɔ] *s5* duet[te], duo
dupera dupe, bluff; *låta sig ~s* [allow o.s. to] be duped
dur *s3* major; *gå i ~* be in the major key
durk *s2, sjö.* floor
durkdriven (*fullfjädrad*) thoroughpaced, thoroughgoing, cunning, crafty; (*skicklig*) practised
durkslag strainer, colander
durskala major scale
dusch *s2* shower [bath] **duscha** take (have) a shower; (*ge en dusch*) [give a] shower **duschrum** shower room
dussin *s7* dozen; *ett halvt ~* half a dozen; *två ~ knivar* two dozen knives; *tretton på ~et* thirteen to the dozen **-tal** *s7* dozen; *i ~* by the dozen
dust *s3* (*strid*) tussle, clash, bout; *bildl. äv.* tilt; *ha en ~ med* have a tussle (bout) with; *det blir en hård ~* it will be a tough fight; *utstå många ~er* have many a tussle, take a lot of knocks
duv|a *s1* pigeon; dove (*äv. bildl. o. poet.*); *-or och hökar* (*polit.*) doves and hawks **-hök** goshawk
dvala *s1* (*halvslummer*) doze, drowse; (*halv medvetslöshet*) trance, coma; *bildl. äv.* torpor, apathy; *ligga i ~* (*vintertid*) lie dormant, hibernate
dvs. (*förk. för det vill säga*) i.e.
dvärg [-j] *s2* dwarf, (*sagofigur äv.*) gnome; pygmy; (*på cirkus*) midget
dy *s3* mud, sludge; *bildl.* mire, slough
dygd *s3* virtue, (*kyskhet äv.*) chastity; *~ens väg* the path of virtue; *göra en ~ av nödvändigheten* make a virtue of necessity **-ig** *a1* virtuous
dygn [dyŋn] *s7* day [and night], twenty-four hours; *~et om* throughout the twenty-four hours, twice (all) round the clock; *en gång om*

~et once in twenty-four hours, once a day
dygnsrytm daily rhythm
dyig *a1* muddy, sludgy, miry
dyka *v3 el.* dök dykt dive; (*hastigt*) duck [under the surface]; (*om flygplan äv.*) nose dive; *~ ner* dive down, plunge (*i* into); *~ upp* emerge (*ur* out of), *bildl.* crop (turn) up, (*om tanke e.d.*) suggest itself
dykardräkt diving suit (dress)
dykar|e 1 diver **2** *zool.* diving beetle **-glasögon** diving (scuba) mask **-sjuka** decompression sickness (illness), *vard.* the bends
dykning [-y:-] diving; *konkr.* dive, plunge; *flyg.* nose dive; (*ubåts*) submergence, submersion, (*snabb*) crash dive
dylik *a5* of that kind (sort), like that, such, similar; *eller* (*och*) *~t* or (and) the like, et cetera; *ngt ~t* something of the sort
dyn *s3* (*sand-*) dune
dyna *s1* cushion; pad (*äv. stämpel-*)
dynam|ik *s3* dynamics (*pl, behandlas som sg*) **-isk** [-'na:-] *a5* dynamic
dynamit *s3* dynamite
dynamo [°dy:- *el.* 'dy:- *el.* -'na:-] *s5* dynamo
dynast|i *s3* dynasty
dyng|a dung, muck; (*gödsel*) manure **-hög** dung-hill
dyning swell; *i sht bildl.* backwash
dypöl [mud] puddle
dyr *a1* **1** *dear;* (*kostsam*) expensive, costly; *det blir ~t i längden* it comes expensive in the long run; *det är ~t att leva här* living is expensive here; *det kommer att stå dig ~t* I'll make you pay for that **2** (*älskad*) dear; (*högtidlig*) solemn; *svära en ~ ed* swear a solemn oath **3** *nu var goda råd ~a* here was a dilemma, now we were in a pickle **-bar** *a1* **1** (*kostsam*) costly, expensive, dear **2** (*värdefull*) valuable; (*högt värderad*) precious **-barhet 1** *abstr.* costliness etc. **2** *konkr.* expensive article; *~er* valuables **-grip** *s2* treasure
dyrk *s2* skeleton key, passkey, picklock
1 dyrka *~ upp* (*lås*) pick
2 dyrka (*tillbedja*) worship; (*starkt beundra*) adore
dyrkan *r* worship; adoration
dyrt [-y:-] *adv* **1** (*om kostnad*) dearly, expensively; *bo ~* pay a high rent; *köpa* (*sälja*) *~* buy (sell) dear; *han fick ~ betala sitt misstag* he paid heavily (dear) for his mistake; *stå ngn ~* cost s.b. dear; *sälja sitt liv ~* sell one's life dearly **2** (*högt*) dearly **3** (*högtidligt*) solemnly; *lova ~* promise solemnly, vow
dyrtid period of high prices
dyscha *s1* couch
dyster ['dyss-] *a2* gloomy, dreary; (*till sinnes*) melancholy, sad; *~ färg* sombre colour **-het** gloominess, dreariness; melancholy, sadness
då I *adv* **1** *demonstr.* then; at that time, in those days; (*senast vid den tiden*) by then; (*i så fall*) then, in that case; *~ och då* now and then, once in a while; *det var ~ det* things were different then; *~ för tiden* at that time, in those days; *nå, ~ så!* well, then!; *vad nu ~?* what now?; *än sen ~?* what then (next)?, *vard.* so what?; (*har du läst brevet?*) *vilket ~?* which one?; (*sitt inte uppe för länge*) *~ blir du för trött* or you will be too

D

tired **2** *rel.* (*om tid*) when; (*i vilket fall*) in which case; *den tid kommer* ~ the time will come when; *nu* ~ *vi* now that we **II** *konj* **1** (*temporal*) when; (*med participialkonstruktion*) on; ~ *jag fick se honom tänkte jag* on seeing him I thought; *just* ~ just as **2** (*kausal*) as, since; ~ *så är förhållandet* that being the case; ~ *vädret nu är vackert* since the weather is fine now, the weather being fine now

dåd *s7* deed, act; (*bragd*) feat, exploit; *med råd och* ~ by word and act; *bistå ngn med råd och* ~ give s.b. advice and assistance

dåförtiden *då för tiden* at that time, in those days

dålig *-t sämre sämst* **1** bad; (*otillräcklig, skral*) poor; (*otillfredsställande*) unsatisfactory; (*sämre*) inferior; (*ond*) evil, wicked; (*usel*) mean, base; *en* ~ *affär* a bad bargain; ~ *andedräkt* bad breath; *~t hjärta* a weak heart; *på ~t humör* in a bad temper; ~ *hörsel* bad hearing; ~ *kvalitet* poor (inferior, bad) quality; ~ *luft* bad air; *han är ingen* ~ *människa* there is no harm in him; *~t rykte* (*samvete*) a bad reputation (conscience); ~ *sikt* poor visibility; ~ *smak* bad taste (*äv. bildl.*); *komma i ~t sällskap* get into bad company; *~a tider* bad (hard) times; *~a vanor* bad habits; *det var inte ~t!* that's not bad! **2** (*sjuk*) ill, not quite well; indisposed; poorly; *AE. äv.* mean; *känna sig* ~ feel out of sorts, feel bad (*AE. äv.* mean) **dåligt** *adv* badly; poorly; *affärerna går* ~ business is bad; *höra* ~ hear badly; *ha det* ~ [*ställt*] be badly off; *det gick* ~ *för henne i franska* she did badly in French; *det är* ~ *med respekten* there is a lack of respect; *det blir* ~ *med päron i år* there will not be many pears this year; *se* ~ have poor sight (weak eyes); *äta* ~ have a poor appetite

dån *s7* noise, roar[ing]; thunder; rumble

dåna (*dundra*) roar, boom; thunder; rumble

dåraktig *a1* foolish; (*starkare*) idiotic, insane, mad **-het** foolishness; idiocy, madness; *en* ~ a [piece of] folly

där|e *s2* madman (*fem.* madwoman), lunatic: (*friare*) fool **-fink** *-fink* **-skap** *s3* [piece of] folly; *rena ~en* sheer madness (folly)

dås|a doze, be drowsy **-ig** *a1* drowsy, half asleep **-ighet** drowsiness

dåvarande *a4* the...of that time, then; ~ *fröken A.* Miss A., as she was then; *i sakernas* ~ *läge* in the then [existing] state of affairs; *under* ~ *förhållanden* as things were then

däck *s7* **1** (*fartygs-*) deck; *alle man på ~!* all hands on deck!; *under* ~ below deck; under hatches **2** (*bil-*) tyre; *AE.* tire; *slanglöst* ~ tubeless tyre

däggdjur mammal

dämma *v2* dam, bank up, stem, block; ~ *för* (*igen, till, upp*) dam up

dämp|a moderate, check; (*starkare*) subdue; (*ljud*) muffle, hush; (*färg äv.*) tone down, soften; (*eld*) damp [down], extinguish; (*instrument*) mute; *bildl. äv.* damp, calm; (*vrede e.d.*) subdue, suppress; (*en boll*) trap; *med ~d röst* in a hushed (subdued) voice **-ning** moderation *etc.*

där 1 *demonstr.* there; ~ *borta* (*framme, inne, nere, uppe, etc.*) over (on *el.* up, in, down, up *etc.*) there; ~ *hemma* at home; ~ *har vi det!* there you are!; ~ *sa du ett sant ord* you hit the

nail on the head there; ~ *ser du* I told you so; *så* ~ like that, in that way; *vem* ~? who's there?; *det finns ingenting* ~ there is nothing there **2** *rel.* where; *ett hus* ~ *man* a house where (in which) you

där|an *vara illa* ~ be in a bad way; *vara nära* ~ *att* come near + *ing-form* **-av** of (by; from; off, out of; with) it (that, them); ~ *blev ingenting* nothing came of it; ~ *följer att* hence (from that) it follows that; ~ *kommer det sig att* that's [the reason] why; *fem barn,* ~ *tre pojkar* five children, three of them boys; *i anledning* (*till följd*) ~ on that account **-efter** after (for; about; according to; by) that (it, them); (*om tid äv.*) afterwards; (*därnäst*) then; *ett par dagar* ~ a few days later; *först* ~ *känner man sig* not until after that will you feel; *resultatet blev* ~ the result was as might have been expected; *rätta sig* ~ conform to it (that) **-emellan** between (that) in between; (*stundtals*) at times **-emot 1** (*emot det*) against it **2** (*emellertid*) on the other hand; (*tvärtom*) on the contrary; *då* ~ whereas, while **där|för I** *adv* for (to; of; before; on; in) it (that, them); *han kunde inte ange ngt skäl* ~ he could give no reason for this; *till stöd* ~ in support of it **II** *konj* therefore; (*i början av sats*) so, consequently, accordingly, for that reason, on that account; ~ *att* because; *det var* ~ *som* that is [the reason] why; *det var just* ~ *som* it was just on that account that **-hän 1** (*så långt*) so far, to that point; to such an extent; *det har gått* ~ *att* it has gone so far that **2** *lämna det* ~ leave it at that **där|i** in that (it, the matter, the letter *etc.*); (*i detta avseende*) in that respect; (*vari*) in which; ~ *ligger skillnaden* that is where the difference is; ~ *misslyckades han fullständigt* he failed completely there **-ibland** among them (others; other things); including **-ifrån** from there (it, the place *etc.*); ~ *och dit* from there to there; *borta* (*bort*) ~ away, gone; *jag reser* ~ *i morgon* I shall be leaving [there] tomorrow; *han bor inte långt* ~ he lives not so far away [from there]; *långt* ~ (*bildl.*) far from it **-igenom 1** (*från det*) through it (them, the room *etc.*) **2** (*med hjälp därav, medelst detta*) thereby; by that [means], by this, in this way; *redan* ~ *är mycket vunnet* even this is a step in the right direction **-jämte** besides, in addition

därmed 1 (*med detta*) by (with) that (it, them, that remark *etc.*); *i enlighet* ~ accordingly; *i samband* ~ in this connection; ~ *gick han sin väg* with that (those words) he departed; ~ *var saken avgjord* that settled the matter; ~ *är inte sagt att* that is not to say that; ~ *är mycket vunnet* that helps a great deal; ~ *är vi inne på* that brings us to; *och* ~ *basta!* and that's that!; *och* ~ *jämförliga varor* and other similar goods **2** (*medelst detta*) by that (those) means **3** (*följaktligen*) so, consequently

där|näst next, in the next place; *den* ~ *följande* the one immediately following **-om 1** *rumsbet.* of it; *norr* (*till höger*) ~ to the north (to the right) of it **2** (*angående den saken*) about (concerning, as to) that (it, the matter *etc.*), on (to, in, of) that; ~ *tvista de lärde* on that point the scholars disagree; ~ *är vi eniga* we agree about that; *vitt-*

na ~ bear witness to that **-på 1** *rumsbet.* [up]on (in; to; at) it (them *etc.*) **2** *tidsbet.* after that; (*sedan äv.*) then, afterwards; (*därnäst*) next; *dagen* ~ the following (next) day; *strax* ~ immediately afterwards **3** *bildl.* [up]on (of, by, to) it (them *etc.*); *ett bevis* ~ är a proof of it (that) is; *ta miste* ~ mistake it **-till 1** to (for; into; of; at; towards) it (that, them *etc.*); ~ *behövs pengar* for that money is required; ~ *bidrog också* a contributory factor was; ~ *hör också* to that category also belong; ~ *kommer* to that must be added, then there is; *anledningen* ~ *är okänd* the reason for that is unknown; *med* ~ *hörande* with the...belonging to it (relating thereto); *med allt vad* ~ *hör* with everything that goes with it; *med hänsyn* ~ in consideration of that **2** (*därutöver*) in addition, besides **-under 1** *rumsbet.* under (beneath, below) it (that *etc.*) **2** (*om tid*) during the time; while it (*etc.*) lasts (lasted); meanwhile; ~ *fick han while doing* så *hr* resulted **8** *bara på* sex *år och* ~ children of six and under; *äpplen till... och* ~ apples at...and less **-ur** out of it **-utöver** above [that]; *vad* ~ är the rest is; *önskas ngt* ~ should you require anything more; *jfr däröver* **-varande** *a4* local; residing (stationed) there

därvid 1 *rumsbet.* at (in; on; along; by; near; close to; beside; of; to; over) it (that, them *etc.*) **2** (*om tid*) at (during) it (the time *etc.*), on that occasion, then; in doing so, when that happens; *böι man helst when* that happens it is best to; ~ *föll han och* in doing so he fell and; ~ *upptäckte man* then (on that being done) it was discovered; *och sade* ~ saying in doing so; (*ett sammanträde hölls*) *och* ~ *beslöts* during which it was decided **3** ~ *blev det* it was left at that; *fästa avseende* ~ pay attention to that **-lag** in that respect; *på den punkten (subject);* ~ *måste man vara försiktig* great care must be taken in this respect

där|åt at (to; in; [out] of; over) it (that *etc.*); *den kostade 15 pund eller någonting* ~ it cost 15 pounds or something like that **-över** over (above; across; of; at) it (that, them *etc.*); ~ *i USA* over there in the USA; *100 pund och* ~ 100 pounds and upwards; *jfr därutöver*

dö *dog dött* die; ~ *av skratt* die with laughter; ~ *av svält* (*törst, ålderdom*) die of starvation (thirst, old age); ~ *bort* die away; ~ *en naturlig död* die a natural death; ~ *för egen hand* die by one's own hand; ~ *för fosterlandet* die for one's country; ~ *i lunginflammation* die of pneumonia; ~ *ifrån hustru och barn* die leaving wife and children; ~ *ut* die out (off), (*om ätt äv.*) become extinct; *så nyfiken så jag kan* ~ I am dying of curiosity; *vinden mojnade och dog* the wind died down

död I *s2* death; (*frånfälle*) decease, demise; ~*en i grytan* (*bibl.*) death in the pot, *vard.* a sure death; ~*en inträdde efter några timmar* he (she) died after a few hours; ~*en var ögonblicklig* death was instantaneous; *det blir min* ~ it will be the death of me; *du är* ~*ens om* you are a dead man (woman *etc.*) if; *ligga för* ~*en* be dying, be at death's door; *gå i* ~*en för* die for; *in i* (*intill*) ~*en* unto death; *ta* ~ *på* kill [off], exterminate; *strid på liv och* ~ life and death struggle; *pina*

ngn till ~*s* torture s.b. to death; *vara* ~*ens lammunge* be done for **II** *a1* dead; *den* ~*e* (~*a*) the dead man (woman *etc.*), the deceased; *de* ~*a* the dead; ~*a* (*tidningsrubrik*) deaths; ~*a, sårade och saknade* killed, wounded and missing; ~ *för världen* dead to the world; ~ *mans grepp* dead man's handle (pedal); ~ *punkt* (*tekn.*) dead centre (point), (*-läge*) deadlock, *bildl.* dull moment; ~ *vinkel* dead (blind) angle; *bollen är* ~ the ball is out of play; *falla* ~ *ner* fall down dead; *Döda havet* the Dead Sea; *dött kapital* (*språk*) dead capital (language); *dött lopp* dead heat

döda 1 kill (*äv. bildl.*) **2** (*växel, inteckning, motbok*) cancel; (*konto*) close; (*check äv.*) stop

död|ande I *s6* killing *etc.* **II** *a4* killing; fatal; *ett* ~ *slag* a mortal blow **III** *adv,* ~ *tråkig* deadly dull **-dagar** *pl, till* ~ till death, to one's dying day **-född** *a5* stillborn; (*friare*) abortive; *-fött förslag* abortive *project* ~*förklara* ~*ffisially* declaie ...dead **-grävare 1** gravedigger, sexton **2** *zool.* burying beetle, sexton

dödlig [ˣdöːd-] *a1* deadly; mortal, fatal, lethal; ~ *dos* lethal dose; *sjukdomen fick* ~ *utgång* the illness was fatal; *en vanlig* ~ an ordinary mortal **-het** mortality

död|ligt [ˣdöːd-] *adv* mortally, fatally; *vara* ~ *kär* be madly in love **-läge** deadlock, stalemate **döds|annons** obituary [notice] **-attest, -bevis** death certificate **-blek** deadly pale, livid **dödsbo** *ustate* [of a deceased person] **-delägare** party to an estate; (*arvtagare äv.*) heir, inheritor **-förvaltare** estate administrator (executor), trustee

döds|bringande *a4* deadly **-bud** news of a p.'s death **-bädd** deathbed; *på* ~*en* on one's deathbed **-cell** death cell **-dag** *ngns* ~ day (anniversary) of a p.'s death **-dom** death sentence **-dömd** *a5* sentenced to death; *bildl.* doomed; (*sjuk*) given up [by the doctors]; *hon är* ~ there is no hope for her **-fall** death; (*säljs*) *på grund av* ~ owing to decease of owner (*etc.*) **-fiende** mortal enemy; deadly foe **-förakt** contempt of death **-föraktande** *a4* intrepid **-förskräckt** *a4* terrified; *vara* ~ *för ngt* be frightened (scared) to death of s.th. **-hjälp** mercy killing; *med.* euthanasia

dödskalle death's-head, skull

döds|kamp death struggle, agony **-märkt** *a4,* *vara* ~ be marked by death; fey **-offer** victim, fatal casualty; *olyckan krävde ett* ~ the accident claimed one victim **-olycka** fatal accident **-orsak** cause of death **-riket** the kingdom of the dead; Hades, hell **-ryckningar** *pl* death throes (*äv. bildl.*) **-sjuk** dying, moribund **-stilla** *a4* deathly still **-straff** capital punishment, death penalty; *förbjudet vid* ~ forbidden on pain of death **-stöt** deathblow **-synd** mortal (deadly) sin **-trött** *a4* dog-tired, tired to death **-tyst** *a4* silent as the grave **-ångest** agony [of death]; *bildl.* mortal (deadly) fear **-år** *ngns* ~ the year of a p.'s death

dödsäsong off-season (slack) period **döende** dying, moribund **dölja** *dolde dolt* hide; conceal (*för* from); (*överskyla*) disguise; *bakom signaturen...döljer sig* ...is the pen name of

döma [ˣdömma] *v2* **1** (*be-*) judge (*efter* by); ~ *andra efter sig själv* judge others by o.s.; ~ *ngn för hårt* be too severe in one's judgment of s.b. **2** (*avkunna dom över*) sentence, condemn; ~ *ngn till böter* fine s.b.; ~ *ngn till döden* sentence s.b. to death; ~ *ngn skyldig till stöld* find s.b. guilty of theft; *dömd att misslyckas* doomed to failure **3** (*fälla omdöme*) judge (*om, över* of); *av allt att* ~ to all appearances; *av omständigheterna* (*utseendet*) *att* ~ judging from circumstances (by appearances); *mänskligt att* ~ as far as one can judge; *döm om min förvåning* judge of (imagine) my surprise **4** (*avkunna dom*) pronounce sentence (*över* on); (*friare*) pronounce judgment (*över* on); (*i fotboll, boxning m.m.*) referee; (*i fri idrott*) judge; (*i kricket, baseball, tennis*) umpire

döp|a *v3* baptize; (*barn, fartyg*) christen; *han -tes till John* he was christened (given the name of) John **-are** baptizer, baptist; *Johannes D~n* John the Baptist

dörr *s2* door; *följa ngn till ~en* see s.b. out; *gå från ~ till* ~ go from door to door; *inom lyckta ~ar* behind closed doors, in camera, *parl.* in a secret session; *stå för ~en* (*bildl.*) be imminent ([near] at hand); *visa ngn på ~en* turn s.b. out, show s.b. the door; *öppna ~ens politik* open-door policy **-handtag** [door]knob **-karm** doorframe, doorcase **-klapp** knocker **-klocka** doorbell **-knackare** door-to-door salesman, hawker **-matta** doormat **-nyckel** latchkey, doorkey **-post** doorjamb, doorpost **-spegel** door panel **-stopp[are]** doorstop **-stängare** door closer **-vakt** doorkeeper; (*t.ex. på hotell*) doorman **-öppning** doorway

dösnack *s7, vard.* gibberish, chatter, twaddle

döv *a1* deaf (*för* to); ~ *på ena örat* deaf in one ear; *tala för ~a öron* talk to deaf ears

döv|a deafen; alleviate; *bildl.* stun, benumb; ~ *hungern* still one's hunger; ~ *sitt samvete* silence one's conscience; ~ *smärtorna* deaden the pains **-het** deafness **-skola** school for the deaf **-stum** deaf-and-dumb, deaf-mute; *en* ~ a deaf-mute **-öra** *mest i uttr.*: *slå ~t till* turn a deaf ear (*för* to)

eau-de-cologne [ådåkå'lånj] *s5* cologne, Cologne water, eau de Cologne

ebb *s3*; ~ *och flod* ebb and flow; *det är* ~ it is low tide; *det är* ~ *i kassan* my (*etc.*) funds are low, I am (*etc.*) short of money **ebba** ~ *ut* ebb [away], peter out

ebenholts [-å-] *s3, s4* ebony

Ecuador [ekua'då:r] *n* Ecuador **ecuadoriansk** [-'a:nsk] *a5* Ecuador[i]an

e.d. (*förk. för eller dylikt*) *se under* **dylik**

ed *s3* oath; *avlägga* ~ take an oath, swear; *gå* ~ *på* take one's oath upon, swear to; *gå* ~ *på att* swear that; *låta ngn gå* ~ *på* take a p.'s oath; *under* ~ on (upon, under) oath

Eden ['e:den] *n* Eden; *~s lustgård* Garden of Eden

edlig [ˣe:d-] *a1* sworn; *under* ~ *förpliktelse* under oath

effekt *s3* **1** (*verkan*) effect; *göra god* (*dålig*) ~ produce (make, have) a good (bad) effect **2** *tekn.* power, efficiency; (*maskins*) output, capacity **3** (*föremål*) *~er* goods [and chattels], effects; *kvarglömda* ~ lost property; *expedition för tillvaratagna* ~ lost property office; *jfr reseffekter* **-full** striking, effective **-förvaring** left-luggage office, cloakroom; *AE.* checkroom

effektiv *a1* effective, efficient, efficacious, effectual; (*verklig*) actual; ~ *arbetstid* actual working hours; ~ *avkastning* actual yield; ~ *hästkraft* brake horsepower; ~ *ränta* effective (actual) rate [of interest]; ~*t värmevärde* net calorific (*AE.* heating) value **-[is]era** make more effective (efficient), increase the capacity of **-itet** efficiency, effectiveness, capacity

efter ['eff-] **I** *prep* **1** after; (*bakom äv.*) behind; [*omedeibart*] ~ on, immediately after; ~ *att ha sett pjäsen* after seeing (having seen) the play; ~ *avslutat arbete* when work is over; ~ *en timme* (*vanl.*) an hour later; ~ *Kristi födelse* (*e.Kr.*) anno Domini (A.D.); ~ *mottagandet av* on receipt of; *den ena* ~ *den andra* one after the other; *göra rent* ~ *sig* clean up after one; *stå* ~ *ngn i kön* stand behind s.b. in the queue (*AE.* line); *stå* ~ *ngn på listan* be after s.b. on the list; *vara* ~ *de andra* (*äv. bildl.*) be behind the others; *vara* ~ *sin tid* be behind the times; *han lämnade en väska* ~ *sig* he left a bag behind [him]; *hon heter Anna* ~ *sin mamma* she is called Anna after her mother, Anna is named after her mother; *hon är klen* ~ *sjukdomen* she is frail after her illness; *stäng dörren* ~ *dig!* shut the door after (behind) you! **2** (*utmed*) along; (*nedför*) down; (*uppför*) up; ~ *kanten* along the edge; *fukten rann* ~ *väggarna* the walls were glistening with moisture **3** (*betecknande mål el. syfte*) for; *annonsera* (*ringa, skicka, skriva*) ~ advertise (ring, send, write) for; *böja sig* ~ *ngt* stoop to pick up s.th.; *jaga* ~ *popularitet* run after popularity; *sökandet* ~ the search for; *polisen var* ~ *honom* the police were after him **4** (*från*) from; (*efterlämnad av*) of; *arvet* ~ *föräldrarna* the inheritance from one's parents; *märken* ~ *fingrarna* marks of the fingers; *spela* ~ *noter* play from music; *trött* ~ *resan* tired from the journey; *utplåna spåren* ~ obliterate the tracks of; *hon är änka* ~ *en kapten* she is the widow of a captain **5** (*enligt*) according to; (*med ledning av äv.*) by, from, on, to; (*efter förebild el. mönster av äv.*) after; ~ *bästa förmåga* to the best of one's ability; ~ *gällande priser* at present prices; ~ *min uppfattning* (in according to) my opinion; ~ *mått* to measure; ~ *vad de säger* according to them; ~ *vad du har gjort så skall du inte klaga* after what you have done, you shouldn't complain; ~ *vad jag har hört* from what I have heard; ~ *vad jag vet* as far as I know; *inga spår att gå* ~ no clues to go by; *gå* ~ *kompass* walk by the compass; *klädd* ~ *senaste modet* dressed after the latest fashion; *ordna* ~ *storlek* arrange according to size; *rätta sig* ~ conform to; *segla* ~ *stjärnorna* sail by the stars; *spela* ~ *gehör* play by ear; *ställa klockan* ~ *radion* set one's watch by the radio; *sälja ngt* ~ *vikt* sell s.th. by weight; *teckna* ~ *modell* draw from a model **6** ([*in*]*om*) in; (*alltsedan*) since; (*räknat från*) of; ~ *den dagen har jag varit* since that day I have been; ~ *några dagar* in (after) a few days (days' time); *inom ett år* ~ *giftermålet* within a year of the marriage **7** (*i riktning mot*) at; *slå* ~ aim a blow at **8** ~ *hand* (*så småningom*) gradually, little by little, by degrees, (*steg för steg*) step by step; ~ *hand som* [according] as **II** *adv* **1** (*om tid*) after; *dagen* ~ the day after, the following day; *min klocka går* ~ my watch is slow (losing); *kort*, *shortly* afterwards **2** (*bakom*, *kvar*) behind; *vara* ~ *med* be behind (*om betalning*: in arrears) with **III** *konj* **1** *vard.* (*eftersom*) since **2** ~ [*det att*] after

efter|behandling after-treatment, finishing; curing; follow-up **-bliven** *a5* (*outvecklad*) backward; retarded; (*föråldrad*) old-fashioned, out of date **-dyningar** repercussions, consequences, aftereffects; aftermath (*sg*) **-forska** search for, investigate, inquire into (after) **-forskning** search (*efter för*), inquiry (*efter about*, *I into*), investigation (*i* into) **-fråga** inquire (ask) for; *mycket* ~*d* in great demand **-frågan** *r* **1** (*förfrågan*) inquiry **2** (*eftersökthet*) demand, request (*på* for); *livlig* (*dålig*) ~ brisk (slack) demand; *ha stor* ~ be in great demand; *tillgång och* ~ supply and demand **-följande** *a4* following, succeeding, subsequent **-följansvärd** *a5* worth following, worthy of imitation **2** (*efterträdare*) successor **-följd** *mana till* ~ be worth imitating **-gift** *s3* **1** (*medgivande*) concession **2** (*efterskänkande*) remission **-given** [-j-] *a5* compliant, indulgent, yielding (*mot* to)

1 efterhand *s*, *komma i* ~ take second place; *sitta i* ~ be the last player

2 efterhand *adv*, *se under hand I*

efter|hängsen *a3* importunate, persistent; *en* ~ *person* a hanger-on **-klok** *vara* ~ be wise after the event **-kommande I** *a4* succeeding, following **II** *s pl* (*avkomlingar*) [one's] descendants **-krav** cash on delivery (*förk.* C.O.D.); *sända varor mot* ~ send goods C.O.D.; *uttaga genom* ~ *cash* (*AE.* collect) on delivery, charge forward **-kälke** *komma på* ~*n* get behindhand, be outdistanced, (*med betalning*) be in arrears **-leva** (*rätta sig efter*) observe, obey, act up to **-levande I** *a4* surviving **II** *s9* survivor **-likna** imitate; (*tävla med*) emulate (*i* in) **-lysa 1** (*person*) search for, notify as missing, send out (*i radio* broadcast) a p.'s description; post s.b. as wanted [by the police]; *vara -lyst av polisen* be wanted by the police; *-lysta arvingar* heirs sought for **2** (*sak*) advertise for, advertise as missing, search for **-lysning 1** (*av pers.*) notification of missing person, circulation (*i radio* broadcasting) of a

p.'s description **2** (*av sak*) advertisement of the loss of, search for **-lämna** leave [behind]; (*arv*) leave; ~ *skrifter* posthumous works, literary remains; *hans* ~*de förmögenhet* the fortune he left; *A.:s* ~*de maka, fru A.* Mrs. A., widow of the late Mr. A. **-längtad** *a5* [eagerly] longed for, eagerly awaited

efter|middag afternoon; *i* ~ this afternoon; *i går* (*i morgon*) ~ yesterday (tomorrow) afternoon; *på* ~*en* (~*arna*) in the afternoon (afternoons); *på lördag* ~ on Saturday afternoon **-namn** surname; *AE. äv.* last name **-rationalisering** hindsight wisdom **-räkning 1** (*tilläggsräkning*) additional bill **2** (*obehaglig påföljd*) unpleasant consequence **-rätt** sweet, dessert; pudding; *vard.* afters (*sg el. pl*) **-satt** *a4* (*försummad*) neglected; *de* ~*a grupperna i samhället* the underprivileged [social] groups **-skicka** send for; *komma som* ~*d* arrive at the right moment **-skutt** [-å-] *s3*, *i* ~ in arrears; *betala i* ~ pay after (on) delivery **-skrift** appendix, supplement; (*t. brev*) postscript **-skänka** (*straff*) remit, pardon; (*skuld*) remit, release **-släpning** [-ä:-] lag, delay **-smak** aftertaste **-snack** *vard.* postmortem [talk]

eftersom as, seeing [that], since; (*alldenstund*) inasmuch as; (*allteftersom*) [according] as **efter|spana** search for; ~*d av polisen* wanted by the police **-spel 1** *mus.* postlude **2** (*epilog*); *hildi sequel, consequences* (*pl*), *suken kommer att få rättsligt* ~ the matter will have legal consequences **-sträva** aim at, strive to attain; *det* ~*de målet* the objective, the target aimed at **-sända 1** (*skicka efter*) send for **2** (*skicka vidare*) forward, send on; *-sändes* (*på brev*) please forward, to be forwarded (redirected) **-sökt** *a4* (*begärlig*) in great demand, popular, sought after; *vara mycket* ~ be in great demand

efter|tanke reflection, consideration; *utan* ~ carelessly, thoughtlessly; *vid närmare* ~ on second thoughts, on further consideration; ~*ns kranka blekhet* the pale cast of thought **-tryck 1** (*kraft*) energy, vigour; *med* ~ energetically **2** (*betoning*) stress, emphasis; *ge* ~ *åt* lay stress on, emphasize; *med* ~ emphatically, with emphasis **3** (*avtryckt upplaga*) reprint; (*olovligt*) piracy; ~ *förbjudes* all rights reserved, copyright **-trycklig** *a1* **1** (*om handling*) energetic, vigorous **2** (*om yttrande*) emphatic **-träda** succeed; (*ersätta*) replace **-trädare** successor; *B:s* ~ (*förk. eftr.*) (*hand.*) Successor[s *pl*] (*förk.* Succ.) to B. **-tänksam** *a1* thoughtful; (*förståndig*) prudent, circumspect **-vård** aftercare **-värkar** afterpains **-värld[en]** posterity; *gå till* ~*en* go (be handed) down to posterity, (*till historien*) go down in history **-åt 1** (*senare*) afterwards, later **2** (*bakom*) behind, after

EG (*förk. för europeiska gemenskaperna*) EEC (European Economic Community)

eg|en *a3* **1** (*tillhörande ngn*) own (*föregånget av genitiv el. poss. pron*); *mina* ~*a barn* my own children; *skolans* ~*a elever* the school's own pupils; *bilda sig en* ~ *uppfattning om* form an opinion about; *ha* ~ *bil* have a car of one's own; *ha* ~ *ingång* have a private entrance; *vara sin* ~ be one's own master; *öppna* ~*et* (~ *affär*) start a business of one's own; *av* ~ *erfarenhet* from one's own experience; *av* ~ *fri vilja* of one's own free will; *för* ~ *del* for my (*etc.*) own part, personally; *för -et bruk* for private (personal) use; *i* ~ *hög person* in person; *tala i* ~ *sak* plead one's own cause; *i* [*sitt*] *-et hem* in one's own home; *i sitt -et intresse* in one's own interest; *i -et namn* in one's own name; *med -na ord* in one's own words; *på* ~ *begäran* on his (her) request; *på* ~ *bekostnad* at one's own expense; *på* ~ *hand* by oneself; *på -et initiativ* on one's own initiative; *stå på -na ben* stand on one's own feet **2** (*karakteristisk*) peculiar (*för* to), characteristic (*för* of) **3** (*underlig*) odd, strange

egen|art distinctive character, individuality **-artad** [-a:r-] *a5* (*säregen*) peculiar, odd **-dom** [-dɔmm] *s2* **1** (*utan pl*) property; *enskild* ~ private property; *fast* ~ real property (estate); *lös* ~ personal property, personalty; (*ägodel[ar]*) possession[s] **2** (*med pl, jordagods*) estate

egendomlig [-dɔmm-] *a1* **1** (*besynnerlig*) peculiar, strange, odd, queer, singular **2** (*utmärkande*) characteristic (*för* of), peculiar (*för* to) **-het 1** (*besynnerlighet*) peculiarity, strangeness, oddity, queerness, singularity **2** (*utmärkande drag*) characteristic [trait], peculiarity

egen|het peculiarity; *han har sina ~er* he has his own little ways **-händig** in one's own hand[writing], autograph; ~ *namnteckning* own (proper) signature, autograph **-händigt** *adv* with one's own hands; (*friare*) in person, oneself; ~ *bakade kakor* home-made cakes **-kär** conceited; [self-]-complacent **-mäktig** arbitrary, high-handed; ~*t förfarande* unlawful (unauthorized) interference **-namn** proper noun (name) **-sinne** wilfulness, obstinacy **-sinnig** *a1* wilful, obstinate, headstrong

egenskap *s3* **1** (*beskaffenhet*) quality; *besitta en* ~ possess a quality; *god (dålig)* ~ good (bad) quality **2** (*kännetecken*) attribute; (*kännemärke*) characteristic **3** (*särskild* ~) property; *järnets* ~*er* the properties of iron **4** (*erforderlig* ~) qualification **5** (*persons ställning, roll*) capacity, quality; *i min* ~ *av lärare* in my capacity of (as a) teacher

egentlig [e'jent-] *a1* (*huvudsaklig, främst*) real; *det* ~*a syftet med* the chief (real) purpose of **2** (*verklig, sann*) real, true, intrinsic[al]; *i ordets* ~*a* (*motsats t. bildliga*) *betydelse* in the literal (strict, proper) sense of the word; ~*a England* England proper; ~ *bråk* (*mat.*) proper fraction **3** *fys.*, ~ (*specifik*) *vikt* specific gravity (weight) **egentligen** [e'jent-] (*i själva verket*) really, in fact; (*med rätta*) by right[s]; ~ *borde jag gå och lägga mig* I ought to go to bed, really; ~ *är hon ganska snäll* she is really quite nice

egg *s2* edge

egg|a ~ [*upp*] egg on, incite; (*stimulera*) stimulate **-ande** *a4* inciting, incentive

egnahem owner-occupied house

ego|ism egoism **-ist** egoist **-istisk** *a5* egoistic[al], selfish **-tripp** ego trip

Egypten [e'jypp-] *n* Egypt

egypt|[i]er [e'jyppt(s)ier] Egyptian **-isk** *a5* Egyptian **-iska 1** (*språk*) Egyptian **2** (*kvinna*) Egyptian woman

ej [ejj] *se inte*; ~ *heller* nor

ejder ['ejj-] *s2* eider [duck] **-dun** eiderdown

ek *s2* oak; (*virke*) oak [wood]; *av* ~ (*äv.*) oak[en] **1 eka** *s1* skiff, punt

2 eka *v1* echo; reverberate; resound (*äv. bildl.*)

eker ['e:-] *s2* spoke

ekip|age [-'pa:ʃ] *s7* carriage [and horses], turnout; equipage **-era** equip, fit out **-ering** [-'pe:-] equipment, outfit; *se äv. herrekipering*

ekivok [-'vå:k] *a1* indelicate, indecent, suggestive; dubious

eko ['e:kɔ] *s6* echo; *ge* ~ [make an] echo

ekollon acorn

ekolod echo sounder, sonar, asdic **-ning** echo sounding

ekolog|i *s3* ecology **-isk** [-'lå:-] *a5* ecological

ekonom economist

ekonom|i *s3* economy; (*affärsställning*) financial position, finances (*pl*); (*vetenskap*) economics (*pl, behandlas som sg*); *han har god* ~ his financial position is good **-avdelning** (*i företag*) economic department; (*på hotell o.d.*) catering department **-byggnad** (*på lantgård*) farm building, annex **-chef** financial manager, accountant **-förpackning** economy pack (size)

ekonomisera economize

ekonomisk [-'nå:-] *a5* economic; (*penning-*) financial; (*sparsam*) economical; ~ *fråga* economic question; ~ *förening* incorporated (economic) association; ~ *geografi* economic geography; ~ *livslängd* economic life; ~ *ställning* financial status (position); ~*a svårigheter* financial difficulties; ~ *utveckling* economic development; ~ *i drift* economical in operation; *i* ~*t avseende* economically, financially **ekonomiskt** [-'nå:-] *adv* economically; ~ *oberoende* financially independent; ~ *sett* from an economic point of view

ekorr|e [red] squirrel **-hjul** treadwheel, treadmill (*äv. bildl.*)

eko|system ecosystem **-typ** ecotype

e.Kr. (*förk. för efter Kristus*) A.D. (anno Domini)

eksem *s7* eczema

ekvation equation

ekvations|lära theory of equations **-system** compound equation

ekvator [e*kva:tår] *s3* equator **-ial** *a5* equatorial

ekvilibrist equilibrist **-isk** *a5* equilibristic

elaffär electrical appliance shop (store)

elak [*e:lak] *a1* **1** (*ond, ondskefull*) evil, wicked, bad; (*stygg, bråkig*) naughty, mischievous; (*illvillig, illasinnad*) malicious, spiteful, malevolent, (*starkare*) malignant; (*giftig*) venomous; (*bitande*) cynical, caustic; (*t. karaktären*) ill-disposed (*mot* towards); ill-natured; (*ovänlig*) unkind, mean (*mot* to); (*grym*) cruel (*mot* to) **2** (*obehaglig, motbjudande*) nasty, horrid, bad; ~ *lukt* (*smak*) nasty (bad) smell (taste); (*besvärlig*) troublesome; *en* ~ *hosta* a troublesome (nasty) cough **-artad** [-a:r-] *a5* (*om sjukdom o.d.*) malignant, virulent, pernicious; (*om olyckstillbud e.d.*) serious **-het** evilness *etc.*; malice, spitefulness, malevolence; malignancy; venom; evil disposition; unkindness, meanness; cruelty

elakt *adv* spitefully, ill-naturedly, unkindly *etc.*; *det var* ~ *gjort av honom* it was nasty (spiteful, horrid) of him to do that

elast|icitet elasticity; resilience **-isk** [e'lass-] a5 elastic; resilient; ~ *binda* elastic bandage

elbelysning electric lighting

eld s2 **1** fire; ~*en är lös!* fire!; ~ *upphör!* cease fire!; *fatta (ta)* ~ catch (take) fire; *ge* ~ fire, begin firing; *göra upp* ~ make a fire, light a (the fire); *koka vid sakta* ~ boil over a slow fire; *sätta (tända)* ~ *på* set on fire, set fire to; *vara i* ~*en* be under fire; *öppna* ~ *mot* open fire on **2** *(för cigarett o.d.)* light; *stryka* ~ *på en tändsticka* strike a match; *vill du låna mig lite* ~*?* may I trouble you for a light? **3** *bildl.* fire, spirit; *(eldighet)* ardour, fervour; *(entusiasm)* enthusiasm; *gå genom* ~ *och vatten* go through fire and water; *leka med* ~*en* play with fire; *mellan två* ~*ar* between two fires; *vara* ~ *och lågor* be all aflame, be on fire **elda 1** *(göra upp eld)* light a fire; keep a fire burning; ~ *med kol (ved)* burn coal (wood), use coal (wood) for heating; ~ *ordentligt* make a good fire!; ~ *på* keep up a good fire; *vi måste* ~ *här* we must light a fire here **2** *(uppvärma)* heat; get hot; *(ångpanna e.d.)* fire; *(egga)* rouse, inspire; *pannan* ~*s med koks* the furnace is fired by coke; ~ *upp a)* *(värma upp)* heat, *b)* *(i maskin e.d.)* get up the fire[s *pl*], *c)* *(förbruka)* burn up, consume; ~ *upp sig* get excited

eld|are stoker, fireman **-dop** baptism of fire; *få sitt* ~ *(äv.)* be put to the test for the first time **-fara** danger (risk) of fire, fire risk; *vid* ~ in case of fire **-farlig** inflammable **-fast** fireproof; ~ *form* ovenware, casserole; ~ *glas* heat-resistant glass; ~ *lera* fire clay; ~ *tegel* firebrick **-fluga** firefly **-gaffel** poker

eldig a1 fiery, ardent, passionate

eldning firing, heating; lighting of fires; ~ *med ved* wood firing, *(på ångbåt)* stoking **eldnings-olja** [domestic] fuel oil, heating oil; *tjock* ~ *(tjockolja)* heavy fuel oil; *tunn* ~ *(villaolja)* light fuel oil

eld|prov *(gudsdom)* ordeal by fire; *bildl.* ordeal **-röd** red as fire, flaming red **-rör 1** *(på kanon o.d.)* tube, barrel **2** *(i ångpanna)* fire-tube **-själ** dedicated person **-sken** firelight

Eldslandet Tierra del Fuego

eldsljus *vid* ~ by candlelight (artificial light)

eldslukare fire-eater

eldslåga flame of fire

eldsläck|are fire-extinguisher **-ning** fire fighting

eld|sprutande a4 fire-spitting; ~ *berg* volcano; ~ *drake* firedrake, firedragon **-stad** -*staden* -*städer* fireplace, hearth; *(kamin, kakelugn)* stove; *(på lok)* firebox; *(på ångbåt)* furnace **-strid** gunfight

eldsvåda s1 fire; *(större)* conflagration; *vid* ~ in case of fire

elefant elephant **-bete** elephant's tusk **-unge** calf elephant

eleg|ans [-'ans *el.* -'aŋs] s3 elegance; *(stass)* finery; *(i uppträdande)* refinement, polish; *(smakfullhet)* style; *(prakt)* splendour **-ant** [-'ant *el.* -'aŋt] a1 *(om stil)* elegant; *(om kläder)* stylish, tasteful, fashionable, smart; *(om uppträdande)* refined

elektricitet electricity

elektricitets|lära electricity **-mängd** [electric] charge

elektrifier|a electrify **-ing** electrification

elektriker [e'leck-] electrician **elektrisk** [e'leck-] a5 electric; *(friare o. bildl.)* electrical; ~ *affär (anläggning)* electric appliance shop (plant); ~ *belysning* electric light[ing]; ~ *energi* electrical energy; ~ *industri* electrical industry; ~ *laddning* [electric] charge; ~*a ledningar* electric wiring; ~ *motor (spis, uppvärmning)* electric motor (cooker *el.* stove, heating); ~*a stolen* the electric chair, *vard.* the chair; ~ *ström* [electric] current; ~ *urladdning* electric discharge; ~*t värmeelement* electric heater (heating element)

elektrod [-'å:d] s3 electrode

elektro|lys s3 electrolysis **-lyt** s3 electrolyte **-magnet** electromagnet **-magnetisk** electromagnetic; ~ *strålning* electromagnetic radiation

elektron [-'å:n] s3 electron **elektronik** s3 electronics *(pl, behandlas som sg)* **elektronisk** [-'trå:-] a5 electronic; ~ *databehandling* electronic data processing; ~ *musik* electronic music

elektronmikroskop electron microscope

elektro|teknik s3 electrotechnology, electrical engineering **-tekniker** electrical engineer **-teknisk** electrotechnical

elelement [ˣe:l-] heating element, electric heater

element s7 **1** element; *de fyra* ~*en* the four elements; ~*ens raseri* the fury of the elements; *vara i sitt rätta* ~ be in one's element; *ljusskygga* ~ shady characters **2** *(första grund)* element, rudiment **3** *tekn.* cell; *galvaniskt* ~ galvanic cell (element); *byggn.* unit; *(värme-)* radiator; *(elektriskt)* heating element, electric heater

elementarpartikel elementary (fundamental) particle

elementär a1 elementary, basic; ~*a kunskaper* elementary (fundamental) knowledge; *(enkel, ursprunglig)* simple; rudimentary

elenergi electrical energy

elev s3 pupil; *(vid högskola, kurs o.d.)* student; *(praktikant)* learner, trainee; *(lärling)* apprentice; *(kontors-, bank-)* junior [clerk]; *en av mina f.d.* ~*er* one of my former pupils; *skolans f.d.* ~*er* the old boys (girls *etc.*); *AE.* the alumni *(sg alumnus)*, *fem.* alumnae *(sg alumna)* **-hem** [college] hostel; *AE.* dormitory **-kår** body of pupils (students) **-råd** student (pupil) council

elfenben ivory; *av* ~ *(äv.)* ivory

elfte eleventh; *Karl XI* Charles XI (the Eleventh); *i* ~ *timmen* at the eleventh hour **-del** eleventh [part]; *en* ~ one-eleventh

el|förbrukning electricity consumption **-gitarr** electric guitar

eliminera eliminate

elinstallatör electrician; *(firma)* electrical contractor

elit s3 elite; pick; flower; choice; *en* ~ *av* a picked group of; ~*en av* the pick (cream) of **-idrott** competitive sports **-trupp** picked troop **-tänkande** elitism

elixir s7 elixir

eljes[t] *se annars*

elkraft electrical power **-försörjning** power supply

E

eller ['ell-] **1** or; ~ *dylikt* or something like that; ~ *hur, se hur 2*; ~ *också* or [else]; *antingen...*~ either...or; *en* ~ *annan person* some person or other; *om en* ~ *annan timme* in an hour or two (so) **2** (*efter varken*) nor; *varken min bror* ~ *min syster* neither my brother nor my sister

ellips *s3* **1** *geom.* ellipse **2** *språkv.* ellipsis (*pl* ellipses) **elliptisk** [e'lipp-] *a5, geom., språkv.* elliptic[al]

el|lok electric locomotive **-motor** electric motor **-mätare** electricity meter **-nät** electric mains (*pl*), electric supply network

eloge [e'lå:ʃ] *s5* commendation, praise, eulogy; *ge ngn en* ~ congratulate s.b. (*för* on), pay a tribute to s.b.

el|orgel electric organ; electronic organ **-panna** electric boiler **-ransonering** electricity rationing **-reparatör** electrician **-räkning** electricity bill **-spis** electric cooker **-ström** [electric] current **-taxa** electricity rate **-uppvärmning** electric heating **-uttag** socket

elva eleven (*för sms. jfr fem-*) **-tiden** *vid* ~ round (about) eleven **-tåget** the eleven o'clock train

el|verk electric (electricity) works **-värme** electric heating

eländ|e [ˣe:- *el.* e'länn-] *s6* misery; (*nöd*) distress; (*missöde, otur*) misfortune, bad luck; (*obehag*) nuisance; *ett* ~ *till bil* a scrapheap of a car; *råka i* ~ fall on evil days; *störta ngn i* ~ reduce s.b. to misery; *vilket* ~*! a*) what misery!, *b*) what a misfortune!, *c*) what a nuisance! **-ig** [ˣe:- *el.* e'länn-] *a1* miserable, wretched

e.m. (*förk. för eftermiddagen*) p.m., P.M. (post meridiem)

emalj *s3* enamel (*äv. tand-*) **-era** enamel; ~*de kärl* enamelware (*sg*) **-öga** glass (artificial) eye

emancip|ation emancipation **-era** emancipate

emball|age [emm- *el.* amm-, -'a:ʃ] *s7* packing, wrapping; ~ *återtages* empties (packing) returnable; *exklusive* (*inklusive*) ~ packing excluded (included) **-era** pack, wrap up **-ering** packing, wrapping

embargo [-'barr-] *s6* embargo; *lägga* ~ *på ett fartyg* lay (put) an embargo on a ship; *lägga* ~ *på* (*bildl.*) seize; *upphäva ett* ~ raise (take off) an embargo

embarkera [emm- *el.* amm-] embark

emblem *s7* emblem; badge

emedan [eˣme:-] (*därför att*) because; (*eftersom*) as, since, seeing [that]; ~ *jag var upptagen kunde jag inte komma* as I was (being) busy I could not come

emellan [eˣmell-] **I** *prep* (*jfr mellan*); (*om två*) between; (*om flera*) among; *man och man* ~ as one man to another; *det stannar oss* ~ it remains strictly between ourselves; *oss* ~ *sagt* between ourselves; *vänner* ~ between friends **II** *adv* between; *trädgårdar med staket* ~ gardens with fences between; *ngt mitt* ~ something in between; *inte lägga fingrarna* ~ not spare s.b.; handle the matter without mittens; *ge 100 pund* ~ give 100 pounds into the bargain (to square the transaction)

emellanåt [eˣmell-] occasionally, sometimes, at times; *allt* ~ from time to time, every now and then

emellertid however

emigr|ant emigrant **-ation** emigration **-era** emigrate

emission [emi'ʃɔ:n] (*av värdepapper*) issue **emittera** issue

emot I *prep, se mot*; *mitt* ~ *ngn* opposite [to] s.b.; *alla var* ~ *honom* everybody was against him **II** *adv, mitt* ~ opposite; *för och* ~ for and against; *skäl för och* ~ (*äv.*) pros and cons; *det bär mig* ~ it goes against the grain; *inte mig* ~ I have no objection, it's O.K. by me

emotionell *a1* emotional

empirisk *a5* empirical

empirstil [-ˣpi:r-] Empire style

emulsion emulsion

1 en [e:n] *s2* (*buske*) [common] juniper; (*trä*) juniper [wood]

2 en [enn] *adv* (*omkring*) about, some; *det var väl* ~ *fem sex personer* there were some five or six persons; *han gick för* ~ *tio minuter sedan* he left about ten minutes ago

3 en [enn] (*jfr ett*) **I** *räkn.* one; ~ *och* ~ one by one; ~ *gång* once; ~ *och samma* one and the same; ~ *till* another; ~ *åt gången* (*i taget*) one at a time; ~ *för alla och alla för* ~ one for all and all for one; *det är inte* ~*s fel att två träter* it takes two to make a quarrel; *ta* ~ *kaka till!* help yourself to another biscuit! **II** *obest. art* a, an; *ibl.* one; (*framför vissa, i sht abstr. substantiv*) a piece of; ~ *dag* one day; ~ *upplysning* (*oförskämdhet*) a piece of information (impudence) **III** *obest. pron* one; (*kasusform av man*) one, you, me; *mitt* ~*a öga* one of my eyes; ~*s egen* one's own; ~ *och annan besökare* occasional visitors; ~ *av de bästa böcker jag läst* one of the best books I have read; *den* ~*e av pojkarna* one of the boys; *den* ~*e...den andre* [the] one...the other; *den* ~*a efter den andra* one after another; *det* ~*a med det andra gör att jag* what with one thing and another I; *från det* ~*a till det andra* from one thing to another; *vad är du för* ~*?* who are you[, my boy *etc.*]?; *ingen tycker om* ~ *om man är elak* nobody likes you if you are nasty; *du var just en snygg* ~*!* you are a nice chap, I must say!

ena [ˣe:na] (*förena*) unite; (*foga samman*) unify; (*förlika*) conciliate; ~ *sig* (*bli enig*) come to an agreement (*om* as to), (*komma överens*) agree (*om* [up]on, about, as to), *AE. äv.* get together

enahanda [ˣe:na-] **I** *a4* (*alldeles liknande*) identical, same **II** *s7* (*enformighet*) monotony, sameness

enande [ˣe:na-] **I** *s6* unification, uniting **II** *a4* (*förenande*) uniting, unifying; (*förlikande*) conciliating

enarmad *a5* one-armed; ~ *bandit* one-armed bandit, slot machine

enastående [ˣe:na-] **I** *a4* unique, unparalleled, exceptional; (*friare*) matchless, extraordinary **II** *adv* exceptionally, extremely

enbart [ˣe:nba:rt] merely; (*uteslutande*) solely, exclusively

enbent *a4* one-legged

encellig *a1* unicellular

encyklopedi [aŋ- *el.* enn-] *s3* encyclop[a]edia

end|a *pron* only, single, sole, one; *den* ~*e* the only man; *det* ~ the only thing; *en* ~ *gång* just once; *denna* ~ *vän* this one friend; *ingen* ~ not a single one; *inte en* ~ *blomma* not a single flower; *hon är* ~ *barnet* she is an only child; *det blev en* ~ *röra* it turned into one big muddle

endast *adv* only, but; ~ *för vuxna* adults only **endaste** *pron* one single

endera ['enn-] **I** *pron* one [or the other] of the two; ~ *dagen* one of these days, some day or other; *i ettdera fallet* in either case **II** *konj, se antingen*

energi [-'ʃiː] *s3* energy; *elektrisk* ~ electrical energy **-förbrukning** energy consumption; (*elförbrukning*) power consumption **-försörjning** energy supply (supplies) **-kris** energy crisis **-källa** source of energy

energisk [e'närgisk] *a5* (*full av energi*) energetic (*i* in, at); (*kraftfull*) vigorous

energi|snål power saving **-sparande** energy saving

enfald [ˣeːn-] *s3* silliness, foolishness; (*starkare*) stupidity; *heliga* ~ sancta simplicitas **-ig** *a1* silly, foolish; stupid

enfamiljshus [one-family] house

en|filig *a5* single-file **-formig** [-å-] *a1* monotonous, tedious, dull **-formighet** [-å-] monotony, dullness **-färgad** one-coloured; plain; (*om ljus, målning*) monochromatic

engag|emang [aŋgaʃe'maŋ] *s7* **1** (*anställning*) engagement, contract **2** *hand.* (*förpliktelse*) engagement, obligation, commitment; (*penningplacering*) investment **-era 1** (*anställa*) engage **2** (*förplikta*) engage, commit; *vara starkt* ~*d i* be deeply committed (engaged) in **3** *rfl*, ~ *sig i* engage (be engaged) in, concern o.s. with, (*intressera sig för*) interest o.s. in; ~ *sig för* stand up for

engelsk ['eŋ-] *a5* English; British; ~*t horn* cor anglais, English horn; *E:~a kanalen* the [English] Channel, ~*a kyrkan* (*såsom institution*) the Church of England; ~ *mil* [English] mile; ~*a pund* pound sterling; ~*t salt* Epsom salts (*pl*); ~*a sjukan* [the] rickets, rachitis; ~*a språket* the English language, English **engelska** ['eŋ-] **1** (*språk*) English; *på* ~ in English; *översätta till* ~ translate into English **2** (*kvinna*) Englishwoman, English lady

engelsk|språkig *a5* English-speaking; (*om litteratur o.d.*) in English **-svensk** Anglo-Swedish; ~ *ordbok* English-Swedish dictionary **-talande** *a4* English-speaking, Anglophone

engels|man [ˣeŋ-] **1** Englishman; -*männen* *a*) (*hela nationen*) the English, Englishmen, *b*) (*några engelsmän*) the Englishmen

England ['eŋ-] *n* England; (*Storbritannien*) [Great] Britain; (*officiellt*) the United Kingdom [of Great Britain and Northern Ireland]

engångs|belopp non-recurring (non-recurrent) amount **-bägare** (*dricks-*) disposable cup **-företeelse** non-recurrent phenomenon, isolated case **-förpackning** disposable packing (package) **-glas** nonreturnable bottle **-kostnad** non-recurrent charge, once-for-all cost

enhet [ˣeːn-] (*enhetlighet*) unity; *mat., mil., sjö. m.m.* unit **-lig** [ˣeːnheːt-] *a1* (*om begrepp o.d.*) unitary; (*likartad*) uniform, homogeneous; (*om mode, typ o.d.*) standardized **-lighet** unity; uniformity, homogeneity; standardization

enhällig *a1* unanimous

enig *a1* (*enad*) united, unanimous; (*ense*) of one opinion, agreed; *bli* ~[*a*] come to an agreement (*med* with; *om* as to) **-het** unanimity; agreement; concord; ~ *ger styrka* unity is strength

enkel ['enn-] *a2* **1** (*motsats dubbel el. flerfaldig*) single; ~ *biljett* single (*AE.* one-way) ticket **2** (*motsats sammansatt, tillkrånglad o.d.*) simple; (*flärdlös äv.*) plain; *av* ~ *konstruktion* of simple construction; *en vanlig* ~ *människa* just an ordinary person; ~ *uppgift* easy task (job); *av det enkla skälet att* for the simple reason that, simply because; *ju enklare ju simplare* the simpler the easier; *ha enkla vanor* have simple habits; *får jag bjuda på en* ~ *middag?* may I invite you to a simple dinner?; *känna sig* ~ feel very small

enkel|het (*jfr enkel*) singleness; simplicity **-knäppt** *a4* single-breasted **-rikta** ~*d gata* (*trafik*) one-way street (traffic) **-rum** single room **-spårig** *a5* single-track, one-track (*äv. bildl.*); *vara* ~ (*bildl.*) have a one-track mind

enkel|t ['enn-] *adv* simply; *helt* ~ [quite] simply **-verkande** single-acting

enkom [ˣennkåm] purposely, expressly, especially; ~ *för att* for the sole purpose of (+ *ing-form*), solely to (+ *inf.*)

enkät [aŋ-, *äv.* enn] *s3* inquiry, investigation

enlighet [ˣeːn-] *i uttr.: i* ~ *med* in accordance (conformity) with, according to **enligt** [ˣeːn-] according to; *hand. äv.* as per; ~ *faktura* as per invoice; ~ *kontrakt* (*lag*) by contract (law); ~ *min uppfattning* in my opinion

enmanskanot single[-seater] canoe

enmotorig *a5* single-engined

enorm [-'årm] *a1* enormous, immense

en|plansvilla one-storey house, bungalow **-procentig** *a5* one-percent **-radig** *a5* (*om kavaj*) single-breasted; (*om halsband*) single row

enris [ˣeːn-] *s7* juniper twigs (*pl*)

en|rum [ˣeːn-] *i* ~ in private; *tala med ngn i* ~ have a private interview with s.b. **-rummare, -rumslägenhet** one-room[ed] flatlet; bed-sitter

ens *adv, inte* ~ not even; *med* ~ all at once; *utan att* ~ *säga* without even saying; *om* ~ *så mycket* if that much

ensak [ˣeːn-] *det är min* ~ it is my [private] affair (my [own] business)

ensam *a1* **1** (*enda*) sole; ~ *innehavare* sole proprietor **2** (*allena*) alone; lonely, lonesome; (*ensamstående*) solitary; ~ *i sitt slag* unique of its kind; *känna sig* ~ feel lonely; *leva ett* ~*t liv* live a secluded life; *vara* (*bli*) ~ be (be left) alone; *vara* ~ *sökande* be the only applicant; *en olycka kommer sällan* ~ misfortunes seldom come singly; *vi fick en* ~ *kupé* we had a compartment to (for) ourselves **ensamhet** (*jfr ensam*) **1** solitariness **2** loneliness; *i* ~*en* in [one's] solitude; *i min* ~ in my loneliness

ensam|rätt sole (exclusive) right[s *pl*] **-stående** *a4* solitary, isolated; (*om person*) single, living alone; (*fristående*) detached; ~ *förälder* single parent

ense *bli* ~ *om* agree upon, come to an agreement (understanding) about; *vara* ~ be agreed (*om* about), agree (*om att* that); *vi är fullständigt* ~ *med er* we are one (in complete agreement) with you

ensemble [aŋ'sambel] *s5* ensemble

ensidig *a1* one-sided (*äv. bildl.*); (*partisk äv.*) partial, prejudiced, biased; (*om avtal o.d.*) unilateral **-het** one-sidedness *etc.*; prejudice, bias

ensiffrig *a5* one-figure; ~*t tal* digit, figure

enskil|d [ˣe:nʃild] *a1* **1** (*privat*) private, personal; *-t rum* (*område*) private room (property, grounds); *inta* (*stå i*) ~ *ställning* come to (stand at) attention; ~ *väg* private road **2** (*enstaka*) individual; (*särskild*) specific, particular; *i varje -t fall* in each specific case

enskildhet privacy; *gå in på* ~*er* enter into particulars (details)

enslig [ˣe:ns-] *a1* solitary, lonely; ~*t belägen* solitary, isolated

enstaka [ˣe:n-] *oböjligt a* (*enskild*) separate, detached; (*sporadisk*) occasional; (*sällsynt*) exceptional; *i* ~ *fall* in exceptional cases; *någon* ~ *gång* once in a while; *på* ~ *ställen* in certain places; *vid* ~ *tillfällen* very occasionally

en|stavig *a5* monosyllabic; ~*t ord* monosyllable **-stämmigt** unanimously; *mus.* in unison **-störing** solitary, recluse, hermit **-tal 1** *mat.* unit **2** *språkv.* singular

entonig *a5* monotonous; *mus.* monotone **-het** monotony; *mus.* monotone

entré [aŋ'tre:] *s3* **1** entrance; (*intåg*) entry; *göra sin* ~ make one's appearance **2** *se -avgift; fri* ~ admission free **-avgift** admission (entrance) fee; ~*er* (*vid tävling m.m.*) gate money

entrepren|ad [aŋtre- *el.* entre-] *s3* contract [by tender]; *ta på* ~ sign a contract for; *utlämna ett arbete på* ~ invite tenders for a job **-ör** contractor

entrérätt entrée, first course

enträgen [ˣe:n-] *a3* urgent, pressing; earnest; (*efterhängsen*) importunate; (*envis*) insistent; ~ *begäran* urgent request; ~ *bön* earnest prayer **enträget** [ˣe:n-] *adv* urgently *etc.*; *be ngn* ~ *att* implore (entreat) s.b. to

entusi|asm [aŋ- *el.* enn-] *s3* enthusiasm **-asmera** inspire with enthusiasm, make enthusiastic **-ast** *s3* enthusiast **-astisk** [-'ass-] *a5* enthusiastic (*för* for), keen (*för* on)

en|tydig *a5* (*om ord o.d.*) univocal; (*otvetydig*) unequivocal, unambiguous; (*klar*) clear-cut, distinct **-var** everybody; *alla och* ~ each and all

envis [ˣe:n-] *a1* stubborn, obstinate; (*ihärdig*) dogged; (*om pers. äv.*) pertinacious, headstrong; (*om sak äv.*) persistent; ~ *hosta* persistent cough; ~ *som synden* as obstinate as sin **envisas** *dep* be obstinate *etc.*; ~ [*med*] *att* persist in (+ *ing-form*) **envishet** stubbornness, obstinacy *etc.*

en|våldshärskare absolute ruler, dictator **-våningshus** one-storey house **-välde** [ˣe:n-] absolutism; dictatorship; autocracy **-väldig** [ˣe:n-] absolute; autocratic; sovereign

enzym [-'(t)sy:m] *s4, s7* enzyme

enäggstvilling identical twin

enögd *a5* one-eyed

e.o. (*förk. för extra ordinarie*) pro tem (pro tempore)

epidem|i *s3* epidemic **-sjukhus** isolation hospital, infectious disease unit

epidemisk [-'de:-] *a5* epidemic

epilep|si *s3* epilepsy **-tiker** [-'lepp-] *s9,* **-tisk** [-'lepp-] *a5* epileptic

epilog epilogue

episod *s3* episode, incident

epistel [-'piss-] *s2* epistle

epitet *s7* epithet

epok [e'på:k] *s3* epoch; *bilda* ~ make [a new] epoch; *be a turning point* **-görande** [-j-] *a4* epoch-making

epos ['e:pås] *s7* epos, epic

epålett *s3* epaulet[te]

er *pron* **1** *pers.* you; *rfl* yourself, *pl* yourselves **2** *poss. a*) *fören.* your *b*) *självst.* yours; *Ers Majestät* Your Majesty; ~*a dumbommar!* you fools!; *Er tillgivne* (*i brevslut*) Yours sincerely

era *s1* era

erbjud|a [ˣe:r-] **1** (*med personsubj.*) offer; (*mera formellt*) proffer, tender; *jag blev -en att* (*äv.*) I was invited to **2** (*med saksubj.*) (*förete*) present; (*ge, lämna*) afford, provide; ~ *en ståtlig anblick* present an imposing sight; ~ *skydd mot* provide shelter from **3** *rfl* (*med personsubj.*) offer; volunteer; (*med saksubj.*) offer [itself]; present itself; occur, arise **-ande** *s6* (*anbud*) offer; *AE.* proposition; (*pris-*) quotation, tender

erektion [-k'ʃo:n] erection

eremit *s3* hermit

erfara [ˣe:r-] **1** (*få veta*) learn (*av* from); learn, get to know **2** (*röna*) experience, feel

erfaren [ˣe:r-] *a3* experienced, practised; (*kunnig*) skilled, versed (*i* in) **-het** experience; *bli en* ~ *rikare* gain by experience, be taught by an experience; *veta av egen* ~ know from [one's own] experience; *vis av* ~*en* wise by experience; *ha dåliga* ~*er av ngt* have negative experience of s.th., find s.th. unsatisfactory

ergonom|i *s3* ergonomics (*pl, behandlas som sg*); *AE.* biotechnology **-isk** [-'nå:-] *a5* ergonomic; *AE.* biotechnological

erhåll|a [ˣe:r-] (*få*) receive, get; (*bli tillerkänd äv.*) be awarded (granted); (*skaffa sig*) obtain, acquire, procure, secure; *vi har -it Ert brev* we are in receipt of your letter **-ande** *s6* receiving *etc.*, receipt; obtaining; *omedelbart efter* ~*t av* [immediately] on receipt of

eriksgata [a Swedish] king's tour of the country

erinra 1 (*påminna*) remind (*ngn om ngt* s.b. of s.th.); ~ *sig* remember, recollect, recall; *hon* ~*r om sin mormor* she resembles her grandmother **2** (*invända*) *jag har ingenting att* ~ *mot* I have no objection to make to **erinran** *r* **1** (*påminnelse*) reminder (*om* of) **2** (*varning*) admonition (*om* as to) **3** (*invändning*) objection (*mot* to)

erkänd [ˣe:r-] *a5* acknowledged, recognized, accepted

erkänn|a [ˣe:r-] acknowledge; (*medge äv.*) admit; (*godkänna*) recognize, accept; ~ *mottagandet av ett brev* acknowledge receipt of a letter; ~ *sig besegrad* acknowledge defeat; ~ *sig skyldig* confess o.s. [to be] guilty, *jur. äv.* plead guilty **-ande** *s6* acknowledg[e]ment; admission; recog-

nition
erodera erode
erosion erosion
erot|ik *s3* eroticism, erotism; sex **-isk** [-'ro:- *el.*
-'rå:-] *a5* erotic[al]
ersätt|a [ˣe:r-] **1** (*gottgöra*) ~ *ngn för ngt*
compensate s.b. for s.th., make up to s.b. for
s.th.; ~ *ngn för hans arbete* pay (recompense)
s.b. for his work **2** (*träda i stället för, byta ut*)
replace, take the place of; supersede **-are** substi-
tute; proxy; (*efterträdare*) successor **-ning 1**
compensation; (*skade-*) indemnity, damages
(*pl*); (*betalning*) remuneration; ~ *för sveda och
värk* damages (*pl*) for pain and suffering; *AE.*
smart money **2** (*surrogat*) substitute
ersättnings|anspråk claim for compensation
(damages, indemnity) **-skyldig** liable to pay
damages
ertappa [ˣe:r-] catch; ~ *ngn i färd med att* catch
s.b. (+ *ing-form*); ~ *sig med att sitta och stirra
i.att i.*] [i.e.] *i.st.* [gear] **2** *se enrumslägenhet*
etter ['ett-] **I** *s7* poison, venom; *bildl.* virulence,
venom **II** *adv*, ~ *värre* worse and worse **-myra**
fire ant
etthundrafemtio one hundred and fifty
ettiden *vid* ~ about one o'clock
ettrig *a1* poisonous; *bildl. äv.* fiery, hot-
tempered, irascible
ett|tusen (*hopskr. ettusen*) one (a) thousand **-tå-
get** (*hopskr. ettåget*) the one o'clock train **-årig**
a5 one year's, one-year; (*årsgammal*) one-year
old; (*som gäller för ett år*) annual **-åring** one-
year old child (*etc.*), child of one (*etc.*); (*djur äv.*)
yearling
Europa Europe **-marknaden** the European
Economic Community, the Common Market
europamäst|are European champion **-erskap**
European championship
Europarådet the Council of Europe
europaväg European highway
europé *s3* European **europeisk** [-'pe:-isk *el.*
-'pejsk] *a5* European
evakuer|a evacuate; *de ~de* the evacuees **-ing**
evacuation
evangel|isk [-'je:-] *a5* evangelical **-ist** evangelist
-ium [-'je:-] *s4* gospel
evenemang *s7* [great] event; function
eventualitet *s3* eventuality, contingency; *för
alla ~er* against (for) an emergency **eventuell**
a5 [if] any, possible, prospective; ~*a förbättring-
ar* emendations (improvements), if any; ~*a kost-
nader* any expenses that may arise; ~*a köpare*
prospective buyers **eventuellt** *adv* possibly,
perhaps; if necessary (required); *jag kommer* ~
I may [possibly] come
evig *a1* eternal, everlasting; (*oavbruten*) per-
petual; *den* ~*e* the Eternal one; *den* ~*a staden*
(*Rom*) the Eternal City; *det* ~*a livet* eternal
(everlasting) life; *var* ~*a dag* every single day; *en*
~ *lögn* a confounded lie; *detta* ~*a regnande* this
perpetual (everlasting) rain; ~ *snö* perpetual
snow; *det tog en* ~ *tid* it took ages **evighet**
eternity; *i* [*all*] ~ for ever, in perpetuity; *för tid
och* ~ now and for evermore; *det är* ~*er sedan
vi sågs* it's ages since we met **evighetsmaskin**

a5 Ethiopian
etisk ['e:-] *a5* ethical, moral
etnisk ['e:t-] *a5* ethnic[al]
etno|graf *s3* ethnographer **-grafi** *s3* ethno-
graphy **-log** ethnologist **-logi** *s3* ethnology
etrusker [e'truss-] *s9*, **etruskisk** [e'truss-] *a5*
Etruscan, Etrurian
ets|a etch; ~ *sig in a*) eat its way (*i* into), *b*) *bildl.*
make an indelible impression, engrave itself (*i
on*) **-are** etcher **-ning** etching **-nål** etching-
needle
ett (*se 3 en*); ~, *tu, tre* all of a sudden; hey presto!;
~ *är nödvändigt* one thing is necessary; *vara* ~
med be at one with; *klockan är* ~ it is one
o'clock; *i* ~ continuously; *betalning i* ~ *för allt*
composition (lump sum) payment; *hålla tre mot*
~ lay three to one; *det kommer på* ~ *ut* it is all
one, it's as broad as it's long **etta** *s1* **1** one; *kom-
ma in som god* ~ come in an easy first; ~n[r

E

erövra [-ö:v-] conquer; *bildl. äv.* vanquish; (*inta-
ga*) capture; (*pris, mästerskap o.d.*) win **erövra-
re** conqueror **erövring** conquest; capture; *göra
~ar* (*äv. bildl.*) make conquests
eskader [-'ka:-] *s2, sjö.* squadron; *flyg.* group
eskapad *s3* escapade
eskimå *s3* Eskimo **-isk** *a5* Eskimo
eskort [-'årt] *s3*, **-era** escort
esperanto [-'ranto] *r* Esperanto
esplanad *s3* esplanade, avenue
ess *s7, mus.* E flat
esse *n, vara i sitt* ~ be in one's element
essens [-'ens *el.* -'ans] *s3* essence
essä *s3* essay **-samling** collection of essays
est *s3* Est[h]onian
estet *s3* aesthete **estetik** *s3* aesthetics (*pl, be-
handlas som sg*) **estetisk** [-'te:-] *a5* aesthetic[al]
Estland ['est-] *n* Est[h]onia **estländare** *s9*, **est-
ländsk** *a5* Est[h]onian **estländska 1** (*språk*)
Est[h]onian **2** (*kvinna*) Est[h]onian woman
estrad *s3* platform, dais, rostrum; stand
etabler|a establish; ~ *sig* set up [in business] for
o.s., (*bosätta sig*) settle down; ~ *sig som* set up
as a **-ad** established **-ing** establishment
etablissemang *s7* establishment; ~*et* (*det be-
stående samhället*) the Establishment
etage [e'ta:ʃ] *s5* storey, floor **-lägenhet** maison-
[n]ette; *AE.* duplex [apartment]
etanol [-'nå:l] *s3* ethanol, ethyl alcohol
etapp *s3* **1** (*förråds- el. rastställe*) halting-place;
(*vägsträcka*) day's march; (*friare*) stage, lap;
rycka fram i ~er advance by stages (*mil., i ansat-
ser* by bounds; *i omgångar* by echelon; *försiggå
i ~er* take place in stages **2** (*förråd*) depot **-vis**
by (in) stages, gradually
eter ['e:-] *s2* ether, [di]ethyl ether, ethoxyethane;
~*n* (*rymden*) the ether
eternell *s3* immortelle, everlasting [flower]
etik *s3* ethics (*pl, behandlas som sg i betydelsen
vetenskap*)
etikett *s3* **1** (*lapp*) label (*äv. bildl.*); *sätta ~*[*er*] *på*
label **2** (*umgängesformer, regler*) etiquette **-era**
label
Etiopien [eti'o:-] *n* Ethiopia **etiopisk** [eti'o:-]

perpetual motion machine
evigt *adv* eternally; *för* ~ for ever
exakt *a1* exact; precise **-het** exactness; precision
exam|en *-en -ina, r* examination; *vard.* exam; *avlägga akademisk* ~ take a university degree, graduate; *ta* ~ pass one's examination; *gå upp i* ~ present o.s. for one's examination
examens|betyg examination certificate **-förrättare** examiner **-uppgift** examination paper **-ämne** examination subject
examin|and *s3* examinee **-ation** examination **-ator** [-ˣa:tår] *s3* examiner **-era** examine, question; *(växt)* determine
excellens *s3* excellency; *Ers* ~ Your Excellency
excentr|icitet *s3* eccentricity **-isk** [ek'senn-] *a5* eccentric
exceptionell [eksepʃo-] exceptional
exekution 1 *(avrättning)* execution **2** *(utmätning)* distraint, distress **exekutiv** *a5 o. s3* executive; ~ *auktion* compulsory auction
exempel [eck'semm-] *s7* example; *(inträffat fall)* instance; *belysande (avskräckande)* ~ illustrative (warning) example; *belysa med* ~ illustrate by examples, exemplify; *föregå med gott* ~ set an (a good) example; *statuera ett* ~ make an example; *till* ~ for instance, say, *(vid uppräkning)* e.g. **-lös** unprecedented, unparalleled; exceptional **-vis** for instance; by way of example
exemplar *s7* copy; *naturv.* specimen; *i två (tre)* ~ in duplicate (triplicate); *i fem* ~ in five [identical] copies; *renskrivet* ~ fair copy **-isk** *a5* exemplary; *en* ~ *ung man* a model (an exemplary) young man
exemplifiera exemplify
exercera drill, train; ~ *beväring* do one's military service; ~ *med* drill, work
exercis *s3* drill; military service **-fält** drillground
exhibition|ist exhibitionist **-istisk** *a5* exhibitionistic
exil *s3* exile
existens *s3* **1** *(tillvaro)* existence, life; being; *(utkomst)* living, subsistence **2** *(person)* individual **-berättigande** raison d'être, right to exist **-minimum** subsistence level
existentialism [-(t)sia-] existentialism
existera exist; live; subsist; ~*r fortfarande* is still in existence, is extant
exklu|siv *a1* exclusive **-sive** [-'si:-] excluding, exclusive of; ~ *emballage* excluding packing, packing excluded **-sivitet** exclusiveness, exclusivity
exorc|ism exorcism **-ist** exorcist
exotisk [eck'så:-] *a5* exotic
expandera expand **expanderbult** expansion bolt
expansion [-n'ʃo:n] expansion; *stadd i* ~ expanding
expansiv *a1* expansive
expedier|a 1 *(sända)* send, dispatch, forward; *(per post)* post, mail; *(ombesörja)* carry out, dispatch **2** *(betjäna)* attend to **3** *(göra slut på)* settle **-ing** *(av kunder)* attendance, serving; *jfr äv. expedition*
expedit *s3* shop assistant; salesman, *fem.* saleswoman; *AE.* [sales]clerk **expedition 1** *(avsändande)* sending, dispatch, forwarding;

(per post) posting, mailing; *(ombesörjande)* execution, carrying out **2** *(betjänande)* attendance, serving of customers **3** *(lokal för expediering)* office; department **4** *(forsknings- o. mil.)* expedition
expeditionsavgift service (dispatch) fee
experiment *s7* experiment; *(prov)* trial, test; *jfr äv. försök* **experimentell** *a5* experimental **experimentera** experiment *(på* on)
expert *s3* expert *(på* in); specialist *(på* on) **-expertis** *s3* expertise, expertness; *(sakkunniga)* experts *(pl)*
expertutlåtande expert opinion, report of experts
exploat|era *(bearbeta)* exploit; *(gruva äv.)* work; *(uppfinning äv.)* develop; *(utsuga)* make money (capital) out of, tap **-ering** [-'te:-] exploitation: working **-ör** developer
explo|dera explode, blow up; *(detonera)* detonate; *(om bildäck)* burst **-sion** explosion; detonation; burst
explosionsmotor internal-combustion engine
explosiv *a1* explosive; ~*a varor* explosives
exponer|a *(utställa)* exhibit, show; *(blottställa o. foto.)* expose; ~ *sig* expose o.s. **-ing** *foto.* exposure
export [-'pårt] *s3* *(utförsel)* export, export trade; exportation; *(varor)* exports *(pl)*
export|era export **-förbud** ban on export[s] **-industri** export[ing] industry **-licens** export licence **-marknad** export market **-vara** export product; exports, export goods *(pl)*; *AE äv.* exportation
exportör exporter
express 1 *s3, se expressbyrå, expresståg* **II** *adv* express; *sända* ~ send by express (special delivery) **-brev** express (special delivery) letter **-bud** express (special) message **-gods** express goods *(pl)*; *sända som* ~ send by express, express
expression|ism [-preʃo-] expressionism **-ist** expressionist
expresståg express train
expropriera expropriate
exta|s *s3* ecstasy; *råka i* ~ *(bildl.)* go into ecstasies (raptures) **-tisk** *a5* ecstatic
extensiv [äv. 'eks-] *a1* extensive
exteriör exterior
extern [-'tä:rn] **I** *s3* *(elev)* day scholar, extern **II** *a1* *(yttre)* external
extra *oböjligt a o. adv* extra, additional; *(ovanlig)* extraordinary, special; *(biträdande äv.)* assistant; *(mycket fin)* superior; ~ *avgift* surcharge; ~ *billig* exceptionally cheap; ~ *kontant* prompt cash; ~ *tilldelning* supplementary allowance **-arbete** extra work; additional source of income **-förtjänst** extra income; ~*er* extras
extra|knäck job on the side; *vard.* moonlighting; *jag tjänar några pund i veckan på* ~ *(vard.)* I'm raking in a few quid every week on extra work **-knäcka** *vard.* moonlight
extrakt *s7, s4* extract; essence
extra|lektion extra (private) lesson **-nummer 1** *(av tidning)* special issue, extra [edition] **2** *(utöver programmet)* extra performance, encore **-ordinarie** [-'na:-] **I** *oböjligt a* temporary-staff, pro tempore, pro tem. **II** *s5* temporary officer

(official, clerk); *vara* ~ be on the temporary staff **-ordinär** extraordinary **-personal** extras (*pl*), extra staff (personnel) **-pris** special offer

extrem *a1 o. s7, s3* extreme **-ism** extremism **-ist** extremist **-jstisk** *a5* extremist

extremitet *s3* extremity

F

fabel ['fɑ·] *n? fn·l·* fabricera manufacture, make, produce; *bildl.* make up, fabricate

fabrik *s3* factory; works (*pl, behandlas vanl. som sg*); mill, workshop; *AE.* [manufacturing] plant; *fritt* ~ ex works, free at mill **fabrikant** (*fabriksägare*) factory owner, manufacturer; (*tillverkare*) maker, manufacturer **fabrikat** *s7* (*vara*) manufacture, product; (*i sht textil-*) fabric; (*tillverkning*) make **fabrikation** manufacture, manfacturing, making, production

fabrikations|fel flaw, defect [in manufacture] **-hemlighet** trade secret

fabriks|arbetare factory worker (hand) **-lokal** ~*er* factory premises **-ny** brand-new **-tillverkad** factory-made

fabrikör factory owner, manufacturer

fabuler|a a fable; ~ *om* romance (make up stories) about **-ingsförmåga** *ha* ~ have a fertile imagination

facit ['fa:-] **1** *n* answer, result; *bildl.* result **2** *best. form =* el. *-en, r* (*bok*) key

fack *s7* **1** (*förvaringsrum*) partition, box; (*del av hylla e.d.*) compartment, pigeonhole **2** (*gren, bransch*) department, line, branch; (*yrke*) profession, trade; *det hör inte till mitt* ~ it is not in my line

fackel|bärare torchbearer (*äv. bildl.*) **-tåg** torchlight procession

fack|förbund federation [of trade unions] **-förening** trade (*AE.* labor) union

fackföreningspamp union boss

fack|idiot narrow specialist **-kretsar** *pl* professional circles **-kunskap** professional knowledge

fackla *s1* torch, flare

facklig *a1* [trade-]union

fack|litteratur nonfiction **-man** professional [man]; specialist, expert; *han är inte* ~ *på området* he is not a specialist in the field **-press** specialist (professional, technical) press **-term** technical term **-tidskrift** trade (professional, technical, scientific) journal

fadd *a1* flat, stale; *bildl.* vapid, insipid

fadder ['fadd-] *s2* godfather, godmother; (*friare*) sponsor; *stå* ~ *för* be (act as) [a] godfather (*etc.*)

to, *bildl.* stand sponsor to **-barn** godchild; sponsored (adopted) child

fader *-n fäder* (*jfr far*) father (*till* of); (*alstrare äv.*) procreator; (*-djur*) sire; *Gud F~* God the Father; *F~* vår, *som är i himmelen* Our Father, which art in Heaven; *stadens fäder* the city fathers; *han har samlats till sina fäder* he has been gathered to this fathers **-lig** *a1* fatherly, paternal **-lös** fatherless **-skap** *s7* fatherhood; *i sht jur.* paternity

faggorna *best. form pl, vara i* ~ be imminent (in the offing); *ha ngt i* ~ be in for, (*om sjukdom*) have...coming on

fagott [-'gått] *s3* bassoon

fajans [-'jans *el.* -'jaŋs] *s3* faïence, tin-glazed earthenware

fajt *s3,* **fajtas** *v1* fight

fakir *s3* fakir

faktisk ['fack-] *a5* real, actual, founded on factol *det* ... *n fjö; Alluuuuel the* facts (*pl*), the actual situation **faktiskt** ['fack-] *adv* really *etc.*; in fact; (*bekräftande*) honestly

faktor [-år] *s3* **1** factor; *den mänskliga* ~*n* the human element **2** (*tryckeriföreståndare*) foreman, overseer

fakt|um *s8* fact; ~ *är* the fact is; *konstatera -a* point out facts

faktur|a [-ˣtu:-] *s1* invoice, bill (*på ett belopp för* an amount); *det på* ~*n angivna beloppet* the invoice[d] amount; *enligt* ~ *as per invoice* **-era** invoice, bill **-ering** invoicing, billing

fakultet *s3* faculty

falk *s2* falcon; *AE.* hawk **-blick** *ha* · be eagle-eyed (hawk-eyed)

Falklandsöarna [ˣfå:k-] the Falkland Islands

fall *s7* **1** (*av falla*) fall; descent; (*lutning*) slope; (*kläders o.d.*) hang; *bildl.* [down]fall, collapse; (*pris- o.d.*) fall, decline; (*vatten-*) falls (*pl*), waterfall; *platt* ~ (*brottn.*) [pin]fall, *bildl.* fiasco. *vard.* flop; *hejda ngn i* ~*et* prevent s.b. from falling; *bringa ngn på* ~ cause a p.'s downfall; *komma på* ~ come to ruin **2** (*händelse, tillfälle, exempel o.d.*) case, instance, event; *ett typiskt* ~ a typical case; *från* ~ *till* ~ in each specific case; *i alla* ~ *a*) eg. in all cases, *b*) (*i alla händelser*) in any case, at all events, anyhow, anyway, at least; *i annat* ~ [or] else, otherwise; *i bästa* ~ at best; *i de* ~ *då* where, when; *i förekommande* ~ where applicable; *i så* ~ in that case; *i varje* ~ in any case; *i vilket* ~ *som helst* in any case, come what may; *i värsta* ~ if the worst comes to the worst **3** *sjö.* halyard

fall|a *föll -it* **I** (*störta* [*ner*]) fall; (*om kläder o.d.*) hang; (*om regering*) fall, be overthrown; ~ *av hästen* (*i vattnet*) fall off one's horse (into the water); *låta* ~ let fall, (*släppa*) let go; *låta frågan* ~ drop the question; *hur föll hans ord?* what were his actual words?; *det -er av sig självt* that is a matter of course; ~ *för frestelsen* yield to temptation; ~ *för ngn* fall for s.b.; ~ *i glömska* be forgotten, fall into oblivion; ~ *i god jord* fall on good ground; ~ *i händerna på ngn* fall into a p.'s hands; ~ *i pris* fall in price; ~ *i sömn* fall asleep; ~ *i ögonen* catch (strike) the eye; ~ *ngn i ryggen* attack s.b. from behind; ~ *ngn i smaken* be to a p.'s taste; ~ *ngn i talet* interrupt s.b.; ~ *ngn om* *halsen* fling one's arms around a p.'s neck; ~ *till föga* yield, give in; ~ *ur minnet* escape one's memory; ~ *ur rollen* act out of character **II** (*med betonad partikel*) **1** ~ *av* fall off, (*om frukt, löv*) come down, drop off, *bildl.* droop, be in the decline, *sjö.* fall off **2** ~ *ifrån* die, pass away **3** ~ *igen* fall (shut) to **4** ~ *igenom* (*i examen*) fail, *vard.* be ploughed, (*vid val*) be rejected, be defeated **5** ~ *ihop* (*om pers.*) collapse **6** ~ *in* fall in, *mus.* strike in, (*om ljus*) come in **7** ~ *ngn in* occur to s.b., enter a p.'s head; *det föll mig aldrig in* it never occurred to me; *det skulle aldrig ~ mig in att* I should never dream of (+ *ing-form*) **8** ~ *in i ledet* (*mil.*) fall in; get into line **9** ~ *isär, se ~ sönder* **10** ~ *ner* fall down (*död* dead, *för en trappa* a flight of stairs) **11** ~ *omkull* fall [over], tumble down **12** ~ *på* come on; *när andan -er på* when one is in the mood **13** ~ *sönder* fall to pieces **14** ~ *tillbaka* fall (drop, slip) back (*på* on), (*om beskyllning*) come home (*på* to), (*om sparkapital e.d.*) fall back (*på* on) **15** ~ *undan* fall away, *bildl.* give way (yield) (*för* to) **16** ~ *upp* (*om bok*) open [itself], fall open **17** ~ *ut* (*om flod o.d.*) fall (*i* into) **18** ~ *ut genom fönstret* fall out of the window **III** *rfl* (*hända*) chance, happen, fall out; *det föll sig naturligt att* it came natural to; *det föll sig så att* it so happened that

fallen *a5* **1** fallen (*äv. bildl.*); *de fallna* the fallen (slain); *en ~ storhet* a fallen star; ~ *efter* (*om husdjur*) [bred] out of; *stå som ~ från skyarna* be struck all of a heap **2** ~ *för studier* have a gift for studying **-het** (*för ngt förmånligt*) gift (talent, aptitude) (*för* for); (*för ngt oförmånligt*) predisposition (*för* to, towards)

fall|frukt *koll.* windfall[s *pl*] **-färdig** tumbledown, ramshackle, dilapidated **-grop** pitfall (*äv. bildl.*) **-höjd** [height of] fall, drop

fallrep 1 *sjö., se fallrepstrappa* **2** *vara på ~et* be at the end of one's tether, be on the brink of bankruptcy

fallskärm parachute; *hoppa i ~* make a parachute jump; *landsätta med ~* [drop by] parachute

fallskärmshoppare parachutist

fallucka trap door

fals *s2* **1** (*på bleckplåtar o.d.*) lap; (*på gryta o.d.*) rim **2** *bokb.* guard **3** *snick.* (*löpränna*) groove **falsa 1** lap **2** fold **3** groove

falsett *s3, mus.* falsetto; *fonet.* head voice (register); *sjunga i ~* sing falsetto; *tala i ~* talk in a fluting voice

falsk *a1* false; (*oriktig*) wrong; (*bedräglig*) delusive; (*förfalskad*) forged; (*eftergjord*) fictitious, sham, counterfeit, bogus; (*låtsad*) feigned, pretended; ~*t alarm* a false alarm; ~ *blygsamhet* false modesty; ~*t pass* forged passport; ~*a pengar* counterfeit (bad) money; ~*a påståenden* incorrect (false) statements; ~*a pärlor* sham (imitation) pearls; *göra sig ~a föreställningar om ngt* fool o.s. about s.th.; *under ~ flagg* under false colours; *under ~t namn* under a false name **-het** falseness; (*hos pers. äv.*) duplicity, deceit; (*oäkthet*) spuriousness, fictitiousness **-myntare** counterfeiter, coiner **-spelare** cheat; cardsharp[er]

falskt *adv* falsely; *spela ~* (*mus.*) play false notes

(out of tune)

falukorv *ung.* lightly-smoked bologna (polony) sausage

familj *s3* family; ~*en B.* the B. family; *bilda ~* raise a family, marry and have children; *av god ~* of good family; *vara av god ~* come of a good family

familje|försörjare breadwinner, supporter of a (the) family **-krets** family circle **-planering** family planning **-rådgivning** family guidance (counselling)

familjär *a1* familiar; *alltför ~* (*äv.*) too free [and easy] (*mot* with)

faml|a grope (*efter* for); ~ *i mörkret* grope about in the dark **-ande I** *s6* groping **II** *a4* groping; *bildl.* tentative

famn *s2* **1** (*ngns* a p.'s) arms (*pl*); (*fång*) armful; *ta ngn i [sin] ~* embrace s.b.; *kom i min ~!* come into my arms! **2** (*längdmått*) fathom; (*rymdmått*) cord (*ved* of firewood)

famntag embrace; (*häftigt*) hug

fan *r* the devil, the deuce; ~ *heller!* hell, no!; *fy ~!* hell!, damn it all!; *åh ~!* well, I'll be damned!; *stackars ~!* (*om pers.*) poor devil!; *det vete ~* the devil only knows; *det ger jag ~ i* I don't care a damn; *ta mig ~, om* I'm damned if; *han är full i ~* (*av*) ~ he is a cunning [old] devil; *har man tagit ~ i båten får man också ro honom i land* in for a penny, in for a pound

2 fan (*fänn*) *en fan, pl* =, *äv. -s* (*entusiast*) fan

fan|a *s1* banner, standard, flag (*äv. bildl.*); *mil.* colours (*pl*); *den blågula ~n* the Swedish colours; *med flygande -or och klingande spel* with flags flying and drums beating; *hålla konstens ~ högt* keep the banner of Art flying

fanat|iker [-'na:-] fanatic **-isk** *a5* fanatic[al]

fanbärare standard-bearer

fanders ['fann-] *oböjligt s, vard., åt ~ med...!* ...be hanged!; *dra åt ~!* go to the devil!, go to hell!, drop dead!

faner *s7,* **fanera** *v1* veneer

fanfar *s3* fanfare; *blåsa en ~* sound a fanfare

fanjunkare (*vid armén, kustartilleriet*) warrant officer class 1 (class 2); (*vid flottan*) fleet chief petty officer; (*vid flygvapnet*) warrant officer; *AE.* (*vid armén, marinkåren*) master sergeant, (*vid flottan*) senior chief petty officer, (*vid flygvapnet*) senior master sergeant

fanstyg [ˣfa:ns-] *s7* [piece of] devilry

fantasi *s3* **1** (*inbillningskraft, föreställningsförmåga*) imagination, imaginative power; (*djärvare*) fancy, fantasy; *livlig ~* vivid imagination; *ge ~n fritt spelrum* give free rein to one's imagination, let one's imagination run away with one **2** (*inbillningsprodukt*) fancy; imagination, fantasy; ~ *och verklighet* dreams and reality; *fria ~er* pure fantasy (fabrications), wild imaginings; *försjunken i [sina] ~er* absorbed in reveries (daydreams) **3** *mus.* fantasia **-eggande** stimulating to the imagination; *det är ~* it stirs the imagination **-full** imaginative **-lös** unimaginative **-pris** fancy price

fantast *s3* fantast, dreamer **-isk** *a5* fantastic[al]; fanciful

fantisera indulge in daydreams (reveries), dream; (*mus. o. friare*) improvise; ~ *ihop* concoct, imagine

fantom [-'tå:m] *s7, s3* phantom

far *fadern fäder* (*jfr fader*); *smeks.* dad[dy]; *bli ~* become a father; *han är ~ till* he is the father of **1 fara** *s1* danger; (*stor*) peril; (*vågspel*) hazard; (*risk*) risk; *~n över!* (*signal*) all clear!; *ingen ~* [*på taket*]! don't worry!, no harm done!; *med ~ för eget liv* at the risk of one's life; *med ~ att* at the risk of (+ *ing-form*); *utom all ~* [quite] out of danger; *sväva i ~* be in danger; *utsätta för ~* expose to danger; *det är ~ värt att* there is a risk that; *det är ingen ~ med honom* he's all right (out of danger)

2 fara *for farit* **I** go; (*färdas*) travel; (*i vagn*) drive; (*avresa*) leave (*till* for); *~ i luften* (*explodera*) blow up, (*bli rasande*) *vard.* fly off the handle; *~ illa* fare badly, be badly treated; *hatten far illa av att* it is bad for the hat to; *~ illa med* handle roughly, knock about; *~ med osanning* tell lies; *~ med tåg* go by rail (train); *~ sin väg* go away, depart, leave; *~ till a*) (*en pers.*) go to see, *b*) (*on plats*) go (*travel, drive*) to, *c*) *till* ett annat namn jag jur efter it is another name I am trying to get hold of **II** (*med betonad partikel*) **1** *~ bort* drive away, (*friare*) leave [home], go away [from home] **2** *~ efter ngn* (*hämta*) fetch s.b. **3** *~ fram* (*eg.*) drive up (*till* to); *~ varligt fram med* treat gently, go gently with; *~ fram som ett vilddjur* carry (go) on like a wild thing (a madman); *~ illa fram med* be rough in one's treatment of **4** *~ förbi* go (drive) past (by), pass **5** *~ före ngn* go on ahead of s.b. **6** *~ i*; *vad har farit i honom!* what has taken possession of him (got into him)? **7** *~ ifrån* go (drive) away from, depart from, leave **8** *~ igenom* travel (pass) through; *en tanke for igenom honom* a thought flashed through his mind; *jfr genomfara* **9** *~ in till staden* go (run) up to town; *~ in från landet* travel in from the country **10** *~ iväg* go off **11** *~ med a*) go too (with the others), *b*) (*ngn*) go (*ibl.* come) with s.b. **12** *~ omkring* travel about (*i* in); *~ omkring som ett torrt skinn* bustle about **13** *~ på* fly (rush) at (*ngn* s.b.) **14** *~ upp a*) (*om pers.*) spring (jump) to one's feet, *b*) (*öppna sig*) fly up, open **15** *~ ut på landet* go into the country; *~ ut mot ngn* let fly at s.b. **16** *~ vilse* lose one's way, go astray **17** *~ över ngt med handen* pass one's hand over (across) s.th.; *~ över med blicken* glance over

farao *s3* Pharaoh

farbar [ˣfa:r-] *a1* (*om väg*) passable, open to traffic, *sjö.* navigable

far|bror [ˣfarr-] uncle; *eg.* father's brother; (*friare*) [kindly old] gentleman **-far** [ˣfarrfar] [paternal] grandfather, *vard.* grandpa[pa] **-farsfar** [-fa:r] great-grandfather **-föräldrar** [ˣfa:r-] [paternal] grandparents

farhåg|a [ˣfa:r-] apprehension, fear, misgiving; *hysa -or* entertain (have) apprehensions (*för* about, as to); *mina -or besannades* my fears came true

farinsocker demerara (brown) sugar

far|kost [ˣfa:rkåst] *s3* vessel, boat, craft; *poet.* barque **-led** channel, [navigable] course (passage), track, fairway

farlig [ˣfa:r-] *a1* **1** dangerous (*för* for); (*förenad*

med stor fara) perilous; (*äventyrlig*) hazardous, risky; (*kritisk*) critical; *~ för den allmänna säkerheten* a danger to the public; *det är inte så ~t med honom* there is not much wrong with him; *det är inte så ~t som det låter* it is not so bad as it seems **2** ('*förskräcklig*') awful, dreadful **-het** dangerousness *etc.*

farm *s2, s3* farm

farmare farmer

far|mor [ˣfarrmor] [paternal] grandmother, grandma[ma]; *smeks.* gran[ny] **-morsmor** great grandmother

fars *s3* farce

farsa *s1, vard.* dad; pop; *se äv. farsgubben*

farsartad [ˣfarsa:r-] *a5* farcical

fars|arv [ˣfa:rs-] patrimony **-gubben** *vard.* my (*etc.*) [old] dad; the old man, the governor, the guv

farstu *s5, se förstuga*

fart [-a:-] *s3* **1** (*hastighet*) speed; (*i sht vetenskapligt*) velocity; (*takt, tempo*) pace; (*fartygs- o.d.*) headway; *med en ~ av* at a speed of; *i* (*med*) *full ~* at full speed; *i rasande ~* at breakneck speed; *alltid i ~en* always on the go; *komma i ~en* get into stride, get going; *medan man är i ~en* while one is at it; *minska ~en* slow down; *öka ~en* speed up; *sätta full ~* go full speed ahead; *det gick av bara ~en* it went automatically, it happened unintentionally **2** (*ansats*) start, run; *ta ~* get a start **3** (*livlighet, raskhet*) force, energy, activity, punch; *komma riktigt i ~en* get into full swing; *sätta ~ på* speed up, get going; *det gick med ~ och fläkt* it went with a bang; *det är ingen ~ i honom* there is no go (*vard.* dash) about him **4** *sjö.* trade; *gå i utrikes ~* be in foreign trade

fart|begränsning speed limit **-dåre** scorcher **-gräns** speed limit **-kontroll** speed trap

fartyg [ˣfa:r-] *s7* ship, vessel; (*mindre o. koll.*) craft; (*linje-*) liner; (*ångare*) steamer

farvatten [ˣfa:r-] waters (*pl*), sea[s *pl*]; (*farled*) fairway (*se äv. farled*); *i egna ~* in home waters

farväl I *interj* farewell!, goodbye! **II** *s7* farewell; *säga ~ åt, ta ~ av* bid farewell (say goodbye) to

fas *s3* phase; *bildl. äv.* aspect, appearance; (*avsneddad kant*) bevel, cant; chamfer

fas|a I *s1* horror; (*stark rädsla*) terror; (*bävan*) dread; *blek* (*stel*) *av ~* horrified, terrified; *krigets -or* the horrors of war; *väcka ~ hos* horrify, terrify; *till min ~ fick jag se* to my horror I saw **II** *v1* shudder (*för, över* at); (*rygga tillbaka*) shrink back (*för* at, from); *~ för tanken* shudder at the thought

fasad *s3* face, front; *med ~en åt gatan* facing the street **-belysning** floodlighting **-klättrare** cat burglar **-tegel** facing brick

fasan *s3* pheasant

fasansfull horrible; terrible; awful; ghastly

fasciner|a fascinate **-ande** *a4* fascinating

fasc|ism [fa'ʃism] fascism **-ist** fascist **-istisk** *a5* fascist[ic]

fasett *s3* facet

fasett|slipning facet cut **-öga** compound eye

faslig [ˣfa:s-] *a1* dreadful, frightful, terrible; (*förskräcklig*) awful; (*avskyvärd*) horrid; *ha ett ~t besvär* have no end of trouble; *ett ~t oväsen* a terrible row

F

fasọn *s3* **1** (*form*) shape, form; *sätta ~ på* get into shape **2** (*sätt*) way; (*beteende*) manners (*pl*); *är det skick och ~?* do you call that good form?; *vad är det för ~er?* where are your manners?; *låta var och en bli salig på sin ~* live and let live **-era** shape, figure; *~d* ornamented, figured
1 fast *konj* though, although
2 fast *a1* **1** (*motsats lös*) firm, solid, rigid; (*fastgjord*, *fastsatt*) fixed, attached; (*motsats flyttbar*) stationary, fixed; (*motsats flytande*) solid; (*tät*) compact, massive, dense; *~ knut* tight knot; *~ konduktör* stationary conductor **2** (*säker*) firm; (*jur.*, *motsats t. lös*) real; (*bestämd*) fixed; (*varaktig*) permanent; (*fångad*) caught; *~ beslut* (*grepp*, *övertygelse*) firm resolve (hold, conviction); *~ bostad* permanent address; *~ egendom* real property (estate); *~ kapital* (*pris*) fixed capital (price); *~a kostnader* fixed costs, overheads; *~ kund* regular customer; *~ ljus* (*sken*) fixed light; *~ utgift* fixed charge; *ta ~ form* assume [a] definite shape; *få ~ fot* get a firm footing; *med ~ hand* with a firm hand; *känna ~ mark under fötterna* be on firm ground (*äv. bildl.*); *köpa* (*sälja*) *ngt i ~ räkning* give (receive) a firm order for s.th. **3** (*i förbindelse med verb*) *bli ~* be (get) caught; *frysa ~* freeze [in]; *göra ~* make fast (firm), fasten; *hålla ~* hold fast, keep [fast (firm) hold of]; *hålla ~ vid* maintain, stick (keep) to; *hänga ~ a*) (*fästa*) fasten (vid to), *b*) (*vara upphängd*) remain hanging (*vid* from); *klistra ~* (*på väggen*) paste (stick) up; *köra ~* get stuck, come to a standstill; *sitta ~* (*ha fastnat*) stick, adhere, (*om fordon, pers. o.d.*) be stuck, (*vara inklämd*) be jammed; *slå ~* hammer on (down), *bildl. se fastslå*; *spika ~* nail [up, on]; *stå ~ a*) (*om pers.*) stand firm (steadfast), *b*) (*om anbud e.d.*) hold (stand) good; *stå ~ vid sitt löfte* abide by (keep) one's promise; *sätta ~* fix, fasten, attach (*i, vid* to); *sätta ~ ngn* (*bildl.*) drive s.b. into a corner; *sätta sig ~* (*om sak*) stick, (*friare*) establish o.s.; *ta ~* catch, capture, seize; *ta ~ tjuven!* stop thief!
3 fast *adv* firmly; compactly; permanently; *vara ~ anställd* have a permanent appointment; *vara ~ besluten att* be firmly resolved (determined) to
1 fasta *oböjligt s, ta ~ på* bear in mind, seize upon
2 fasta I *s1* **1** (*fastande*) fasting **2** (*fastetid*) fast; *~n* Lent **II** *v1* fast; *på ~nde mage* on an empty stomach
faster [ˣfass- *el.* 'fass-] *s2* [paternal] aunt
fast|frusen frozen fast; *~ kredit* frozen credit **-grodd** *a5, vara ~* have taken root (*i* in) **-het** firmness *etc.*; solidity; stability; strength
fasthållande *s6* holding *etc.*; persistence (*vid* in); (*vid krav*) insistence on; *~t vid principer* the adherence to principles
fastighet (*hus*) house [property]; (*jordagods*) landed property (estate); (*fast egendom*) real property (estate)
fastighets|mäklare estate (house) agent; (*i Skottland*) house factor; *AE.* realtor **-skatt** real-estate tax **-skötare** caretaker; *AE.* janitor **-taxering** real-estate assessment **-ägare** house owner; property owner, estate owner
fast|kedja chain [up] (*vid* to) **-kila** wedge [fast,

tight] **-klämd** *a5, sitta ~* sit jammed in; *vara ~* be squeezed tight in, be jammed **-knuten** *a5* firmly tied (*vid* to)
fastlagen Lent
fastlagsris twigs with coloured feathers affixed [used as decoration during Lent]
fastland *s7* continent; (*i motsats t. öar*) mainland **fastlandsklimat** continental climate
fastna get caught; (*om sak*) catch; (*i ngt klibbigt samt om pers.*) stick, get stuck; (*i kläm*) get jammed; *~ för* decide on, choose; *~ i minnet* stick (remain) in the (one's) memory; *~ på kroken* get hooked; *han ~de med handen i* his hand got caught in
fast|sittande *a4* fixed, attached (*vid* to) **-skruvad** *a5* screwed tight (firmly) (*i* into; *vid* onto) **-slå** *bildl.* lay down; (*fastställa*) establish; (*bestämma*) settle, fix **-ställa** (*bestämma*) fix, settle; determine, decide; (*stadfästa*) confirm, ratify, sanction; (*konstatera*) establish, ascertain; *~d i lag* prescribed (laid down) by law; *på de -da villkoren* on the terms approved **-sättning** fastening **-tagande** *s6* catching *etc.*; *se 2 fast 3* **-vuxen** firmly rooted (*vid* to)
fastän [ˣfast-, *äv.* -'änn] although, [even] though
fat *s7* **1** (*för matvaror*) dish **2** (*te-, blom-*) saucer **3** (*bunke, tvätt- o.d.*) basin; bowl **4** (*tunna*) cask, barrel; (*kar*) vat; *öl från ~* draught beer; *vin på ~* wine from the wood **5** *ligga ngn i ~et* stand in a p.'s way
fatạl *a1* (*ödesdiger*) fatal, disastrous; (*olycklig*) unfortunate; (*obehaglig*) awkward, annoying; *~ situation* awkward situation; *det var ~t att låta honom undkomma* it was a bad mistake to let him escape **-ist** fatalist
1 fatt *oböjligt a, hur är det ~?* what's the matter?, what's up?
2 fatt *adv, få* (*ta*) *~ i* (*på*) get (catch) hold of; *hinna ~* ngn catch s.b. up
fatta 1 (*ta tag i*) grasp, seize; take hold of (*äv. fatta tag i*); *~ pennan* (*glaset*) take up one's pen (glass) **2** *~ posto* post o.s., take one's stand **3** (*börja hysa*) conceive (*avsky för* a hatred of; *avsmak för* a distaste for), take (*tycke för* a fancy to; *motvilja för* a dislike to), form (*agg mot* a grudge against); *~ ett beslut* make (come to, arrive at) a decision; *~ humör* flare up; *~ kärlek till* fall in love with; *~ misstankar* get suspicious, be seized with suspicion; *~ mod* take (pick up) courage; *~ motvilja mot ngn* take a dislike to s.b. **4** (*begripa*) understand, comprehend, grasp; *~ galoppen* catch the drift; *~r du inte vad jag menar?* don't you see (understand) what I mean?; *jag kan inte ~ att* it beats me how; *ha lätt* (*svårt*) [*för*] *att ~* be quick (slow) on the uptake **5** *~ sig kort* be brief, make a long story short **fattad** *a5* (*lugn*) composed
fatta|s *dep* **1** (*föreligga brist på*) be wanting (short); (*saknas*) be missing; (*brista, med personobj.*) want, lack, be short of; *det ~ folk* we (they *etc.*) are short of people; *det ~ ett pund i kassan* there is one pound missing from the funds, *vard.* the kitty is a pound short; *det -des ingenting av livets nödtorft i det huset* that household was not wanting in the necessities of life; *det ~ bara* (*det skulle bara ~*) *att* we are only waiting

for **2** (*felas*) *vad* ~ *dig?* what is the matter [with you]?

fattbar *a1* comprehensible (*för* to); conceivable

fattig *a1* **1** (*motsats rik*) poor; (*medellös*) penniless; (*utarmad*) impoverished, poverty-stricken; (*behövande*) needy, indigent; (*om jordmån o.d.*) meagre; ~*t folk*, ~*a* poor people; *de* ~*a* the poor; *de i anden* ~*a* the poor in spirit; *en* ~ *stackare* a poor wretch; ~*a riddare* (*kokk.*) bread fritters **2** (*friare*) poor; (*usel*) miserable; (*obetydlig*) paltry; *efter* ~ *förmåga* to the best of one's poor ability; *en enda* ~ *brödkant kvar* one miserable crust left **-dom** *s2* poverty (*på* in, of); (*armod*) penury, indigence; (*nödställdhet*) destitution; (*torftighet*) poorness, meagreness (*på* in); (*social företeelse*) pauperism; (*brist*) deficiency (*på* in, of), lack (*want*) (*på* of)

fattig|kvarter slum **-lapp** *s2* pauper

fattigt *adv, ha det* ~ be badly (poorly) off; ~ *klädd* dressed in poor clothes

fattning 1 (*grepp*) hold, grip (*om on, round*) **2** (*för glödlampa*) socket **3** (*avfattning*) version **4** (*besinning*) self-possession, self-control; (*lugn*) composure; *bringa ngn ur* ~*en* discompose s.b.; *förlora* ~*en* lose one's head; *återvinna* ~*en* recover one's composure

fatöl draught beer

fauna ['fau-] *s1* fauna

favorisera favour, treat with special favour **favorit** *s3* favourite; pet; *hon är allas* ~ she is a favourite with everybody

favör favour; (*förmån*) advantage; *till ngns* ~ to a p.'s advantage

f.d. (*förk. för före detta*) *se detta*

fe *s3* fairy; *god* ~ fairy godmother

feber ['fe:-] *s2* fever; (*stegrad kroppstemperatur, vard.*) temperature; (*spänning*) excitement; (*nervös brådska*) flurry; *hög* ~ a high fever; *ha* ~ have a temperature, be feverish; *ligga i 40° (Celsius)* ~ be in bed with a temperature of 104° (Fahrenheit) **-fri** free from fever; *vara* ~ have no (a normal) temperature **-nedsättande** *a4,* antipyretic; ~ *medel* antipyretic **-sjukdom** fever **-termometer** clinical thermometer

febrig [ˣfe:-] *a1* feverish **febril** *a1* feverish, febrile

februari [-'a:ri] *r* February

feder|al *a5* federal **-ation** federation

feeri fairy pageant; enchanting scenery

feg *a1* cowardly; (*räddhågad*) timorous, timid; *vard.* wet; *en* ~ *stackare* a coward; *visa sig* ~ show (prove) o.s. a coward **-het** cowardice, cowardliness *etc.*

fegis *s2, vard.* funk, mouse; *AE.* milquetoast

fegt [-e:-] *adv* in a cowardly fashion, timorously *etc.*

fejd *s3* feud; (*friare*) strife; *bildl. äv.* quarrel, controversy; *ligga i* ~ *med* be at feud with; *litterära* ~*er* literary controversies

fejka *vard.* fake

fejs *s7, vard.* face; *sl.* mug, kisser

fel I *s7* **1** (*mera stadigvarande*) fault; (*kroppsligt*) defect; (*moraliskt*) imperfection; (*brist*) shortcoming, failing; (*avigsida*) demerit, weak point; *avhjälpa ett* ~ remedy a defect, put a fault right; *det är* ~ *på hissen* the lift is out of order; *det är*

ngt ~ *med mitt hjärta* there is s.th. wrong with my heart **2** (*mera tillfälligt*) fault; error; (*misstag*) mistake; (*grovt fel*) blunder; (*förbiseende*) slip; (*försummelse*) omission; (*fabrikations- o.d.*) flaw (*hos, i, på* in); *begå ett* ~ make a mistake, be at fault; *ha* ~ be [in the] wrong; *hela* ~*et är att* the real trouble is that **3** (*skuld*) fault; *det är hans* ~ he is to blame (*att* for + *ing-form*); *det är inte ens* ~ *att två träter* it takes two to make a quarrel; *vems är* ~*et?* whose fault is it? **II** *oböjligt a* wrong; *på* ~ *sida* on the wrong side **III** *adv,* *gissa* ~ guess wrong; ~ *underrättad* wrongly informed; *läsa (räkna, höra)* ~ misread (miscalculate, mishear); *klockan går* ~ the clock (watch) is wrong; *slå* ~ *a*) *eg.* miss [the mark], *b*) (*misslyckas*) go wrong, fail, prove a failure, (*om plan e.d.*) miscarry; *det slår inte* ~ *att han* he cannot fail to; *ta* ~ make a mistake (*på dag* in the day); *ta* ~ *på vägen* miss the way; *jag tog* ~ *på honom* och hans bror I mistook him for his brother; *om jag inte tar* ~ *så* if I am not mistaken

felaktig *a1* (*oriktig*) erroneous, wrong, mistaken; (*behäftad med fel*) incorrect, faulty; (*bristfällig*) defective, faulty; (*osann*) false, misleading **-het** (*utan pl*) faultiness, incorrectness, defect[iveness]; (*med pl*) fault, mistake, error

felande *a4* missing; *den* ~ *länken* the missing link

fel|bedöma misjudge **-bedömning** misjudgment **-behandling** malpractice **-citera** misquote **-fri** faultless, flawless; perfect, impeccable **konstruerad** wrongly constructed **-källa** source of error[s *pl*] **-parkering** (*förseelse*) parking offence **-räkning** miscalculation (*på* of); *miscount* **-sortera** misfile **-stavad** *a5* wrongly spelt; misspelt **-steg** false step, slip; *bildl. äv.* lapse **-sägning** [-ä:-] slip of the tongue **-sökning** [-ö:-] fault localization, fault-detecting **-tryck** faulty print; (*frimärke*) printing error

fem [femm] five; *ha* (*kunna*) *ngt på sina* ~ *fingrar* have s.th. at one's fingertips; *en* ~ *sex stycken* five or six **-etta** [-ˣetta] bull's-eye **-hundratalet** *på* ~ in the sixth century

femininum ['fe:-] *s4* **1** (*feminint ord*) feminine [noun] **2** (*honkön*) feminine [gender]

femin|ism feminism **-ist** *s3,* **-istisk** *a5* feminist

femkamp pentathlon **-are** pentathlete

femma *s1* (*siffra*) five; (*på tärning, spelkort äv.*) cinque; (*sedel*) fiver; *det var en annan* ~ that is quite another story **femsiffrig** *a5* five-figure

femte fifth; *F~ Mosebok* Deuteronomy; *den* ~ *april* [on] the fifth of April, (*i början av brev o.d.*) April 5 (5th); *för det* ~ in the fifth place, fifthly; *vart* ~ *år* every five years; ~ *hjulet under vagnen* the fifth wheel **-del** fifth [part]

femti[o] fifty **-elfte** [-ˣelfte] *för* ~ *gången* for the umpteenth time **-elva** [-ˣelva] umpteen

femtion|de [-å-] fiftieth **-[de]del** fiftieth [part]

femti[o]tal [(the) number] fifty; *ett* ~ some (about) fifty; *på* ~*et* in the fifties **-årig** *a5* fifty-year-old **-åring** fifty-year-old man (*etc.*) of fifty **-årsdag** fiftieth anniversary (birthday) **-årsjubileum** fiftieth anniversary, jubilee **-årsålder** *i* ~*n* [aged] about fifty **-öring** *en* ~ a fifty-öre [piece]

femton [-ån] fifteen **-de** fifteenth **-hundratalet** *på* ~ in the sixteenth century **-årig** *a5* fifteen-year-old **-åring** boy (*etc.*) of fifteen; ~*ar* fifteen-year-olds

femuddig *a5*, ~ *stjärna* pentacle, pentagram, pentangle

femår|ig *a5* **1** five-year-old **2** (*för fem år*) five-year **-ing** child of five, five-year-old

femårs|dag fifth anniversary (birthday) **-plan** five-year plan

fena *s1* fin; (*AE., på flygplan*) vertical stabilizer; *inte röra en* ~ not move a muscle

fenomen *s7* phenomenon **-al** *a1* phenomenal, extraordinary

feodalherre feudal lord

ferie ['fe:-] *s5, mest i pl* holiday; *AE.* vacation

fernissa [-'nissa] *s1 o. v1* varnish

fest *s3* festival; celebration; (*munter fest*) festivity, merrymaking; (*bjudning*) party, celebration; *en* ~ *för ögat* a feast for the eyes; *gå på* ~ go [out] to a party; *ställa till* ~ give (throw) a party **festa** feast; have a gay time; ~ *på färsk potatis* feast on new potatoes; ~ *av* throw a farewell party (*ngn* for s.b.); ~ *upp* squander on a gay life **festande** *s6* feasting, merrymaking

fest|föremål fêted guest, guest of honour **-föreställning** gala performance

festival *s3* festival

festlig *a1* **1** festive, festival; (*storartad*) grand **2** *se lustig, komisk* **-het** festivity

fest|prisse *s2* gay dog **-stämning** gay atmosphere, festive mood **-våning** reception room, banqueting rooms (*pl*); functions room

fet *a1* fat; (*fetlagd*) stout; corpulent; (*fyllig*) plump; (*abnormt fet*) obese; (*om kött o. fläsk*) fatty; (*om mat utom kött o. fläsk; om jordmån*) rich; (*flottig*) oily, greasy; *bli* ~ fat[ten], (*äv.*) put on weight; *det blir han inte* ~ *på* he won't get much out of that; *de har det inte* ~*t* they are none too well off

fetma [ˣfett-] **I** *s1* fatness; (*i sht hos pers.*) stoutness, corpulence **II** *v1, se* [*bli*] *fet*

fett *s4* fat; (*för håret o.d.*) oil, grease; (*smörj-*) grease, lubricant; (*stek-*) dripping; (*späck*) lard; *kokk.* shortening **-bildande** *a4* fattening **-fläck** grease spot **-halt** fat content

fettisdag [ˣfe:t-] ~*en* Shrove Tuesday

fia [ˣfi:a] *s1* (*spel*) ludo

fiasko *s6* fiasco, failure; *göra* ~ be a fiasco, (*om tillställning*) fall flat

fiber ['fi:-] *s3* fibre **-rik** rich in fibres; ~ *kost* roughage

fick|a *s1* pocket; *tekn. äv.* bin, hopper **-almanacka** pocket almanac **-flaska** [hip] flask **-format** pocket size; *i* ~ pocket-sized **-kniv** pocket-knife **-lampa** torch; *AE.* flashlight **-parkera** park between two cars **-pengar** pocket money (*sg*) **-tjuv** pickpocket

Fidji Fiji

fiende *s5* enemy (*till* of); *poet.* foe (*till* of); *skaffa sig* ~*r* make enemies

fiendskap *s3* enmity; hostility (*mot* towards, to)

fientlig [-'ent-] *a1* hostile, inimical (*mot* to, towards); *attr.* enemy; *stå på* ~ *fot med* be on bad terms with, be at enmity with **-het** hostility; *inställa* ~*erna* suspend hostilities

fientligt [-'ent-] *adv* hostilely; *vara* ~ *stämd mot* be hostile (antagonistic) to (towards)

fiffel ['fiff-] *s7* crooked dealings (*pl*), tricks (*pl*),

manipulations (*pl*)

fiffig *a1* smart; (*slug*) shrewd

fiffla cheat, wangle; ~ *med böckerna* cook the books

figur figure; (*i sht neds.*) individual, character; (*ritad*) diagram, design; *göra en slät* ~ cut a poor figure; *vad är det där för en* ~? who on earth (what sort of a specimen) is that?

figur|era (*förekomma*) figure; (*uppträda*) appear, pose **-lig** [-'gu:r-] *a1* figurative; *i* ~ *betydelse* in a figurative sense **-sydd** *a5* close-fitting; waisted

fik *s7, vard.* café

fika *vard.* (*dricka kaffe*) have coffee

fikon [-ån] *s7* fig **-löv** fig leaf

fiktion [-k'ʃoːn] fiction

fikus ['fi:-] *s2* **1** *bot.* rubber plant **2** (*homosexuell man*) pansy

1 fil *s3* **1** (*rad*) row; *rummen ligger i* ~ the rooms are in a suite **2** (*trafik-*) lane; (*fordons-*) line **3** *data.* file

2 fil *s2* (*verktyg*) file

fila file; *bildl. äv.* polish; ~ *på en fiol* scrape a fiddle

filbunke [bowl of] processed sour whole milk; *lugn som en* ~ as cool as a cucumber

filé *s3* **1** *kokk.* fillet **2** (*spetsvävnad*) netting, fillet lace **filea** [-'le:a] *kokk.* fillet

filial *s3* branch [office]; (*-affär*) multiple store (shop)

Filippinerna [-'pi:-] *pl* the Philippines **filippinsk** [-'pi:nsk] *a5* Philippine, Filipino

filkörning driving in lanes

film *s3* film; (*smal-*) cine (*AE.* movie) film; (*spel-*) film; *AE.* motion (moving) picture, *vard.* movie; ~*en* (*-konsten*) the cinema; *gå in vid* ~*en* go on the films; *spela in en* ~ make a film, film; *sätta in en* ~ *i en kamera* load a camera

film|a [take (make) a] film, shoot; (*uppträda i film*) act in a film; (*låtsas, vard.*) feign, simulate **-ateljé** film studio

filmatiser|a adapt for the screen **-ing** adaptation for the screen; (*film*) screen version

film|bolag film company **-branschen** the movie business **-fotograf** cameraman **-inspelning** filming, shooting

filmjölk *ung.* processed sour milk

film|kamera film camera, cine (*AE.* movie) camera **-konst** ~*en* [the] art of film, the cinema **-rulle** roll of film; (*kassett med film*) reel [of film] **-stjärna** film star

filosof [-'så:f] *s3* philosopher **-era** philosophize (*över* [up]on, about)

filosof|i *s3* philosophy; ~*e doktor* Doctor of Philosophy; ~*e kandidat* (*magister*) Bachelor (Master) of Arts (Science, Education) **-isk** [-'så:-] *a5* philosophic[al]; ~ *fakultet* Faculty of Arts and Sciences

filt *s2* **1** (*material*) felt **2** (*säng-*) blanket; (*res-*) rug **filta** felt; ~ *ihop sig* get matted

filter ['fill-] *s7, s4* filter **-cigarett** filter-tipped cigarette, filter tip

filtpenna felt tip marker (pen)

filtrer|a filter, filtrate **-ing** filtration **-papper** filter paper

filt|sula felt (hair) sole **-toffel** felt slipper

filur sly dog

fimp *s2, vard.* fag end, butt **fimpa** stub (put) out

fin *a1* **1** (*motsats grov*) fine; (*tunn, smal*) thin; (*spenslig*) slender, thin; (*späd*) tender; (*skör, ömtålig*) delicate; (*mjuk o. len*) soft; (*slät*) smooth; ~*t damm* fine dust; ~ *stil* small type (handwriting); ~ *tråd* finespun thread **2** (*väl renad*) refined; ~*t silver* refined silver **3** (*motsats enklare, sämre*) fine; (*prydlig*) neat, clean, tidy; (*elegant*) elegant; (*vacker*) handsome; (*utsökt*) choice, exquisite, select; (*läcker*) delicious; (*förnäm*) aristocratic, distinguished; (*belevad*) polished, well-bred; (*förfinad*) refined; (*värdig*) dignified; (*försynt*) tactful, considerate; (*omdömesgill*) fine, discriminating; (*känslig*) sensitive; (*skarp*) keen; (*förstklassig*) first-rate, first-class, superior, excellent; *iron.* fine, nice; ~ *hörsel* acute hearing; ~ *och behaglig* well-bred; charming; *en ~ affär* a bargain; *en ~ dam* an aristocratic lady; *en ~ flicka* a girl of good family; *en ~ herre* a gentleman; *en ~ och hygglig karl* a nice gentlemanly fellow; *en ~ vink* a delicate (gentle) hint; *extra ~* superfine; *klä sig ~* dress up [in one's best]; *göra ~t* (*städa*) tidy up, (*pryda*) make things look nice; *det anses inte ~t att* it is not good manners to; *i ~t sällskap* in polite society; *det ~a i* the best part (the point) of **4** *mus.* (*hög, gäll*) high[-pitched]

final *s3, mus.* finale; *sport.* final[s *pl*]; *gå till ~en* enter the finals **-ist** finalist

finans [-'ans *el.* -'aŋs] *s3* finance; ~*en* (*finansmännen*) high finance; *er* finances; *ha dåliga ~er* (*äv.*) be in financial difficulties **-departement** ministry of finance; ~*et* (*i Storbritannien*) the Treasury, (*i USA*) department of the treasury

finansi|ell *a5* financial **-era** finance **-ering** financing **-är** *s3* financier

finans|man financier **-minister** minister of finance; (*i Storbritannien*) chancellor of the Exchequer; (*i USA*) secretary of the treasury **-politik** financial policy

finess finesse; tact; ~*er* refinements; niceties; *bilen har många ~er* the car is fitted with a lot of gadgets

finfin splendid, tiptop; exquisite; *vard.* topnotch, crack

finfördel|a grind, pulverize; levigate; (*vätska*) atomize **-ning** grinding, pulverization; levigation; (*av vätska*) atomization

fing|er ['fiŋer] *s7, s2* finger; *ha ett ~ med i spelet* have a finger in the pie; *peka ~ åt* point one's finger at; *inte röra* (*lyfta*) *ett ~* not stir (lift, raise) a finger; *sätta -ret på den ömma punkten* put (lay) one's finger on the weak (sore) spot; *kunna ngt på sina fem -rar* have s.th. at one's fingers ends; *hålla -rarna borta från ngt* (*bildl.*) keep one's hands off s.th.; *det kliar i -rarna på mig att* my fingers are itching to; *inte lägga -rarna emellan* handle the matter without kid gloves; *räkna på -rarna* count on one's fingers; *se genom -rarna med ngt* turn a blind eye to s.th.; *slå ngn på -rarna* (*bildl.*) come down on s.b.

fingera [fiŋ'ge:-] feign, simulate; ~*d* fictitious, imaginary; mock, sham; ~*t namn* assumed (false) name

finger|avtryck fingerprint **-borg** thimble **-färdig** nimble-fingered; dexterous **-topp** fingertip **-vante** [woollen (cotton)] glove **-visning** hint, pointer

fingra ~ *på* finger

fingransk|a scrutinize **-ning** scrutiny

fin|hacka chop finely **-het** fineness *etc., jfr fin o. finess* **-hyllt** *a4* delicate-complexioned, delicate-hued

fininställ|a calibrate **-ning** precision (fine) adjustment

finjustera (*motor*) tune up

fink *s2* finch

finka I *sl* **1** (*polishäkte*) *sl.* quod, jug; clink, nick **2** (*godsvagn*) covered wagon; [luggage] van; *AE.* boxcar; baggage car **II** *v1, sl.* nick

fin|kalibrig [-li:b-] *al* small-bore **-kamma** comb with a fine-tooth[ed] comb; *bildl.* comb out, examine thoroughly, go over (through) with a fine-tooth[ed] comb **-klädd** dressed up; well-dressed **-kornig** fine-grained; *foto.* fine-grain

finkänslig delicate; tactful, discreet **-het** delicacy [of feeling]; tactfulness, discretion

Finland ['finn-] *n* Finland **finlandssvensk I** *s2* Swedish Finn **II** *a5* Finno-Swedish

finlemmad *a5* slender-limbed

finländ|are Finn, Finlander **-sk** *a5* Finnish

fin|mala grind fine (small) **-maskig** *a5* fine-meshed

finn|a *fann funnit* **I 1** find; (*upptäcka*) discover, find out, perceive; (*träffa på*) come upon (across); (*röna*) meet with **2** (*erfara*) find, see, learn **3** (*anse*) think, consider; ~ *för gott att* think it best to; ~ *lämpligt* think fit; ~ *på* find out, invent; ~ *på råd* find a way; *den står inte att ~* it is not to be found **II** *rfl* **1** (*finna sig vara*) find o.s.; (*anse sig*) consider (think) o.s. **2** (*känna sig*) feel **3** (*nöja, foga sig*) be content (*i* with); ~ *sig i* (*äv.*) put up with, submit to, stand **4** (*ge rätta svaret e.d.*) han *-er sig alltid* he is never at a loss; *han fann sig snart* he soon collected his wits **-ande** *i uttr.: vara till* ~ *s* be to be found, exist **-as** *dep* (*vara*) be; (*stå att finna*) to be found, exist; *det -s gott om* there is plenty of; *han -s ej mer* he is no longer; *det -s inte att få* it is not to be had; *-s det äpplen?* have you [got] any apples?; ~ *kvar a*) (*återstå*) be left, (*i behåll*) be extant, *b*) (*finnas på samma plats*) be still there; ~ *till* exist, be in existence

1 finne *s2* Finn

2 finne *s2* (*blemma*) pimple

finnig *al* pimpled, pimply

finputsa *byggn.* plaster; (*friare*) put final touches to

finsk *al* Finnish; *F~a viken* the Gulf of Finland

finsk|a (*språk*) Finnish **2** (*kvinna*) Finnish woman **-språkig** *a5* Finnish-speaking

fin|skuren *a5* **1** *kokk.* finely cut **2** (*om tobak e.d.*) fine-cut **3** *bildl.* finely chiselled **-slipa** polish smooth; *bildl.* put the finishing touches to; ~*d* polished, elegant **-smakare** epicure, gourmet **-stilt** [-i:lt] *a4* in small type; *det ~a* (*i kontrakt e.d.*) the fine (small) print

1 fint *s3* feint (*äv. i boxning, fäktning o.d.*); (*knep*) trick, dodge, stratagem

2 fint [-i:-] *adv* finely *etc., jfr fin;* ~ *bildad* [well]

educated, cultured; ~ *utarbetad* elaborately worked out

finta feint; (*i fotboll ung.*) dribble (*av past*)

finurlig [-'nu:r-] *a1* (*om pers.*) shrewd, knowing; (*om sak*) ingenious, clever

fiol *s3* violin; *vard.* fiddle; *spela* ~ play the violin; *spela första* (*andra*) ~[*en*] (*eg.*) play [the] first (second) violin, *bildl.* play first (second) fiddle **-spelare** violinist, fiddler

1 fira 1 (*högtidlighålla*) celebrate; (*minne äv.*) commemorate; (*hedra*) fête, honour; ~ *gudstjänst* hold divine service; *var tänker du* ~ *jul?* where are you going to spend Christmas? **2** (*skolka från arbetet*) absent o.s.

2 fira (*släppa efter*) ease [away]; (*skot*) slack, ease off; ~ *ner* lower

firma *s1* [business] firm; ~ *Jones & Co.* Messrs. Jones & Co.; *teckna* ~*n* sign for the firm **-bil** company car **-tecknare** person authorized to sign for a (the) firm

fisk *s2* fish; *en ful* ~ (*bildl.*) an ugly customer; *vara som en* ~ *i vattnet* take like a fish to water, be in one's element; *fånga några* ~*ar* catch a few fish; *våra vanligaste* ~*ar* our commonest fishes; *få sina* ~*ar varma* be ticked off; *i de lugnaste vattnen går de största* ~*arna* still waters run deep **fiska** fish; ~ *efter* (*bildl.*) fish (angle) for; ~ *upp* (*bildl.*) fish out; ~ *i grumligt vatten* fish in troubled water; *vara ute och* ~ be out fishing

fiskaffär fishmonger

fisk|are fisherman **-ben** fishbone **-bensmönster** herringbone pattern **-bulle** fishball; fish cake

fiske *s6* fishing; (*näringsgren*) fishery **-båt** fishing boat **-kort** fishing licence (permit)

fiskerinäring fishing industry

fiske|rätt piscary, fishery, fishing **-vatten** fishing ground, fishery

fisk|filé fillet of fish **-färs** minced fish **-handlare** fishmonger; (*'fiskgumma'*) fishwife **-leverolja** cod-liver oil **-lir** *s7*, **-lira** *v1* play for time **-mjöl** fish meal **-mås** common (mew) gull, [sea] mew **-nät** fish[ing] net **-odling** fishfarm **-pinne** fishfinger; *AE.* fish stick **-redskap** fishing tackle **-stjärt** fishtail

fiss *s7* F sharp

fitta *s1, vard.* cunt

fix *a5* **1** (*fast*) fixed; ~ *idé* fixed idea, (*friare*) rooted idea, craze; ~*t pris* fixed price **2** ~ *och färdig* all ready **fixa** *vard.* fix up **fixare** *vard.* fixer

fixer|a 1 (*fastställa*) fix (*till at*) **2** (*se skarpt på*) stare hard at; *AE.* fixate **3** *foto., konst., med.* fix **-bad** *foto.* fixer **-ing** fixing, fixation; (*med blicken*) stare, staring; *foto.* fixing

fixerings|bild puzzle picture **-vätska** *foto.* fixer, hypo; (*för teckning o.d.*) fixative

fix|punkt fixed point **-stjärna** fixed star

fjant *s2* busybody, officious blighter; twerp, jerk **fjanta** ~ *för* fawn [up]on; ~ *omkring* fuss around **fjantig** *a1* fussy

fjol *i uttr.*: *i* ~ last year; *i* ~ *vinter* last winter; *från i* ~ last year's

fjoll|a [-å-] *s1* foolish (silly) woman (girl) **-ig** *a1* foolish, silly

fjompig [-å-] *a1* dumb, silly

fjord [-o:- *el.* -å-] *s2* (*i Norge*) fjord, fiord; (*i Skottland*) firth

fjorton [*ˣ*fjo:rtån] fourteen; ~ *dagar* [a] fortnight; *i dag* ~ *dagar* today fortnight; *i dag för* ~ *dagar sedan* a fortnight ago today; *med* ~ *dagars mellanrum* at fortnightly intervals **-de** fourteenth; *var* ~ *dag* once a (every) fortnight, fortnightly **-[de]del** fourteenth [part] **-hundratalet** *på* ~ in the fifteenth century **-årig** *etc., se femårig etc.*

fjun *s7* (*dun*) down; (*på växt äv.*) floss; (*på persika*) fur **-ig** *a1* downy; flossy

1 fjäd|er ['fjä:-] *s2* (*på fågel*) feather; *bildl. äv.* plume; *en* ~ *i hatten* a feather in one's cap; *lysa med lånta -rar* strut in borrowed plumes

2 fjäder ['fjä:-] *s2, tekn.* spring

fjäderdräkt plumage, feathering, feathers

fjäderfä poultry **-skötsel** poultry farming (keeping)

fjäder|lätt [as] light as a feather; ~ *papper* featherweight paper **-moln** cirrus **-vikt** featherweight

fjädr|a [-ä:-] be elastic, spring; ~ *sig* show off (*för* to), be cocky (*över* about) **-ande** *a4* elastic; (*om gång*) springy **-ing** spring system; (*fjädringsförmåga*) spring, elasticity

1 fjäll *s7* (*berg*) mountain; (*i Skandinavien äv.*) fjeld

2 fjäll *s7* scale

fjälla 1 (*fisk*) scale [off] **2** (*flagna av*) peel; ~ *av* [*sig*] scale (peel) off

fjällig *a1* scaly, scaled

fjäll|räddning mountain rescue [service] **-räv** arctic fox **-sjö** tarn

fjällämmel lemming

fjärd [-ä:-] *s2, ung.* bay

fjärde [-ä:-] fourth; *F~ Mosebok* Numbers **-del** fourth [part], quarter; *tre* ~*ar* three fourths (quarters) **-delsnot** crotchet; *AE.* quarter note

fjäril *s2* butterfly; (*natt-*) moth **fjärilsim** butterfly [stroke] **fjärilslarv** caterpillar

fjärran I *adv* afar, far [away, off]; *från när och* ~ from far and near; *komma* ~ *ifrån* come from far off; *det vare mig* ~ *att* far be it from me to **II** *a, fjärmare fjärmast* distant, remote, faraway, far[-off]; *F~ Östern* the Far East **III** *oböjligt n* distance; *i* ~ in the distance, afar off; *i ett avlägset* ~ in the [remote] distance

fjärr|kontroll remote control **-manövrera** operate by remote control **-skådare** clairvoyant, seer **-styrd** [-y:-] *a5* remote-controlled; ~ *raket* guided missile **-styrning** remote control **-trafik** long-distance traffic **-värme** distant heating **-värmeverk** district heating plant

fjärt *s2, vard.* fart

fjäsk *s7* **1** (*brådska*) hurry, flurry; bustle **2** (*krus*) fuss (*för* of; *med* about) **fjäska 1** be in a hurry (*etc.*) **2** ~ *för* make a fuss of; fawn on **fjäskig** *a1* fussy, bustling; (*krypande*) fawning

fjättra fetter, shackle, bind, chain; ~*d till händer och fötter* bound hand and foot; ~*d vid sängen* (*äv.*) bedridden

f-klav bass clef, F clef

f.Kr. (*förk. för före Kristus*) B.C.

flabb 1 *s7* (*skratt*) guffaw; vulgar laugh **2** *s2* (*pratmakare*) driveller **flabba** guffaw **flabbig** *a1* drivelling

flack *a1* **1** (*jämn o. öppen*) flat, level **2** (*ytlig*) superficial

flacka roam about (around)

fladder ['fladd-] *s7* flutter; *bildl.* levity; (*flärd*) empty show **-mus** bat

fladdr|a flutter; (*om fågel*) flit; (*om flagga*) stream, flap; (*om ljus, låga*) flicker **-ig** *a1* **1** (*löst hängande*) flapping **2** *bildl.* (*ostadig*) volatile, fickle

flaga I *s1* flake **II** *v1* shed flakes (*äv.* ~ *av* [*sig*]); ~ *sig* flake, scale off

flagg *s2* flag; colours (*pl*); *föra brittisk* ~ fly the British flag; *segla under falsk* (*främmande*) ~ sail under false colours (a foreign flag); *stryka* ~ strike one's colours **flagga I** *s1* flag; *hala* ~*n* lower the flag; *hissa* ~*n på halv stång* fly the flag at half-mast **II** *v1* fly flags (the flag, one's flag); *det* ~*s för* the flags are (the flag is) flying for (in honour of)

flagg|duk 1 (*tyg*) bunting **2** (*flagga*) flag **-lina** flag halyard **-ning** *allmän* ~ *o gemaul* display of flags **-skepp** flagship **-spel** flagstaff, ensign-staff **-stång** flagpole, flagstaff

flag|ig *a1* flaky, scaly **-na** [-a:g-] flake [off], scale off, peel

flak *s7* **1** *se isflak* **2** (*last-*) platform [body]

flambera flame

flamingo [-'miŋ(g)ɔ] *s5* flamingo

flam|ländare Fleming; *-ländarna* (*koll.*) the Flemish **-ländsk** *a5* Flemish **-ländska 1** (*språk*) Flemish **2** (*kvinna*) Flemish woman

flamm|a I *s1* flame (*äv. bildl.*); (*häftig äv.*) blaze, flare **2** (*svärmeri*) flame; *vard.* baby **II** *v1* flame, blaze, flash; ~ *för* (*vara entusiastisk*) be enthusiastic för, (*vara förälskad i*) be sweet on; ~ *upp* blaze up, flare up **-ig** *a1* flamelike; (*fläckig*) patchy, blotchy

flams|a fool, monkey about **-ig** *a1* silly; giggly

Flandern ['flann-] *n* Flanders

flanell *s3, s4* flannel

flanera stroll

flank *s3* flank **-era** flank

flanör flâneur, idler, loafer, man about town

flarn [-a:-] *s7, driva som ett* ~ *på vattnet* drift along like a straw in the stream

flask|a *s1* bottle; (*fick-*) [hip] flask; (*av metall*) can; *ge ett barn* ~*n* give a baby its bottle; *tappa på -or* put in bottles, bottle; *öl på -or* bottled beer **-barn** bottle-fed baby **-borste** bottlebrush **-hals** bottleneck (*äv. bildl.*)

flat *a1* **1** *eg.* flat; ~ *tallrik* [shallow] plate; *med* ~*a handen* with the flat of the (one's) hand **2** (*förlägen*) aghast, dumbfounded, taken aback **1** (*släpphänt*) weak, indulgent (*mot* to) **-bottnad** [-å-] *a5* flat-bottomed **-het 1** *eg.* flatness **2** (*förlägenhet*) dumbfoundedness, blank amazement **3** (*släpphänthet*) weakness, indulgence

flax *s2, vard.* [piece of good] luck; *ha* ~ be lucky (in luck)

flaxa flutter; ~ *med vingarna* flap (flutter) its (*etc.*) wings

flera ['fle:-] *komp. t. många* **1** (*med jämförelse*) (*mera* [*än*]) more; (*talrikare*) more numerous; *allt* ~ *och* ~ more and more; *mycket* ~ *människor* many more people; *många* ~ many more; *vi blir inte* ~ there won't be any more of us **2** (*utan jämförelse*) many; (*talrika*) numerous; (*åtskilliga*) several; *med* ~ *and others*; ~ *gånger, vid* ~ *tillfällen* on several occasions, on more than one occasion; *det blir billigare om vi är* ~ the more we are, the cheaper it will be

fler|barnsfamilj large family **-dubbel** multiple, manifold **-dubbla** multiply **-faldig** *a5,* ~ *vinnare av* several times the winner of; *jfr mångfaldig* **-familjshus** block of flats; *AE.* apartment building (house) **-omättad** polyunsaturated **-språkig** *a5* multilingual, polyglot **-stavig** *a5* polysyllabic **-stämmig** *a5* polyphonous; ~ *sång* part song **-stämmigt** *adv, sjunga* ~ sing in parts **-tal** *s7* **1** *språkv.* plural **2** (*större delen*) majority; ~*et människor* the [great] majority of people, most people; *i* ~*et fall* in most cases **3** *ett* ~ several, a number of **-årig** *a5* of several years[' duration]; *bot.* perennial

flesta *best. superl. t. många, de* ~ *a*) *fören, most b) själva* (*om föremål o.d.*) most of them; *de* ~ [*människor*] most people; *de* ~ *pojkarna* most of the boys; *av vilka de allra* ~ by far the greater number of whom (which)

flex|a be on flexitime **-ibel** [-'i:-] *a2* flexible **-ibilitet** flexibility

flex|skiva *data.* floppy disk, flexible diskette **-tid** flexitime, flexible working hours

flick|a *s1* girl; *-orna Jones* the Jones girls **-aktig** *a1* girlish **-bok** book for girls; *-böcker* (*äv.*) girls' books **-namn** girl's name; (*fru*) maiden name **-scout** [Girl] Guide; *AE.* Girl Scout **-vän** girlfriend

flik *s2* (*på plagg, kuvert*) flap; (*snibb*) lappet; (*bit*) patch; (*yttersta kant*) edge, end; *bot.* lobe **-ig** *a1, bot.* lobate

flimmer ['flimm-] *s7* flicker **-hår** cilium (*pl* cilia), flagellum (*pl* flagella)

flimra quiver, shimmer, flicker; *det* ~*r för ögonen* my (*etc.*) eyes are dazzled

flin *s7* grin; (*hångrin*) sneer **flina** grin; sneer

flinga *s1* flake

flink *a1* (*kvick* [*av sig*]) quick, nimble (*i* at); (*färm*) prompt; (*driftig*) active; ~ *i fingrarna* nimble-fingered, deft

flint *s3, vard.* **1** (*panna*) *mitt i* ~*en* full in the (one's) face **2** (*bald*) crown of the head; *början till* ~ first signs of baldness

flinta *s1* flint

flintskall|e bald head; (*person*) baldhead **-ig** *a1* bald[headed]

flipperspel pinball machine

flirt [flört] *se flört*

flis *s3* wood chips (*pl*)

flisa I *s1* (*skärva, trä-*) splinter; (*tunn bit*) flake **II** *v1,* ~ [*sig*] splinter

flit *s3* **1** diligence; (*arbetsiver*) industry; (*trägenhet*) assiduity **2** *med* ~ (*avsiktligt*) on purpose, purposely, deliberately **-ig** *a1* diligent; (*idog*) industrious; (*arbetsam*) hard-working; (*trägen*) assiduous; (*aldrig sysslolös*) busy; (*ofta återkommande, t.ex. om besök*) frequent; *en* ~ *kyrkobesökare* a habitual churchgoer; *F~a Lisa* busy Lizzie

flock [-å-] *s2* **1** (*av fåglar, får o.d.*) flock; (*av renar*) herd; (*av vargar*) pack; (*av fåglar äv.*) flight; (*av människor*) crowd, party **2** *bot.* umbel

flocka *rfl* flock [together], cluster

flod *s3* **1** *eg.* river; *bildl.* flood, torrent **2** (*högvatten*) flood, tide **-bädd** riverbed **-fåra** river channel **-häst** hippopotamus; *vard.* river horse **-mynning** river mouth; (*stor äv.*) estuary **-våg** tidal wave

flopp [-å-] *s2*, **floppa** [-å-] *v1* flop

1 flor *s7* (*tyg*) gauze; (*sorg-*) crape; (*slöja*) veil

2 flor *n*, *stå* (*vara*) *i* [*sitt fulla*] ~ be in full bloom

flora *s1* flora

Florens ['flå:-] *n* Florence **florentinsk** *a5* Florentine

florera flourish, be at its (*etc.*) prime; *neds.* be rife (rampant)

florett *s3* foil

floskler ['flåsk-] *pl* empty phrases, balderdash (*sg*)

1 flott [-å-] *oböjligt a, sjö., komma* (*bli*) ~ get afloat

2 flott [-å-] *a1* (*elegant*) stylish, smart; (*frikostig*) generous; (*överdådig*) extravagant; *leva* ~ live in great style, lead a gay life

3 flott [-å-] *s4* grease; (*stek-*) dripping; (*ister-*) lard

1 flotta [-å-] *s1* (*örlogs-, handels-*) navy, fleet; (*fartygssamling*) fleet; *gå in vid* ~*n* join the Navy

2 flotta [-å-] *v1* float, drive, raft

3 flotta [-å-] *v1*, ~ *ner* make all greasy

flottare log-floater, log-driver

flottbas naval base

flottbro pontoon bridge

flotte *s2* raft

flottfläck grease spot

flotthet stylishness; generosity *etc.*

flottig *a1* greasy

flottilj [-å-] *s3, sjö.* flotilla; *flyg.* wing

flottist [-å-] seaman, sailor

flott|led floating channel, floatway **-ning** [-å-] floating, log-driving

flottstyrka naval operating force

flottyr [-å-] *s3* frying-fat **-koka** deep-fry; *-kokt potatis* [potato] chips, French fried potatoes, *AE.* French fries **-stekt** deep-fried

flottör float

fluffig *a1* fluffy

flug|a *s1* **1** fly; *slå två -or i en smäll* kill two birds with one stone **2** (*halsduk*) bow [tie] **3** (*vurm*) craze **-fiske** fly-fishing (*efter forell* for trout) **-fångare** flypaper; flytrap

flug|nät fly net **-smälla** fly swatter **-snappare** flycatcher; *grå* (*svart och vit*) ~ spotted (pied) flycatcher **-svamp** amanita; (*röd*) fly agaric; (*lömsk*) death cap (angel) **-vikt** flyweight

flummig *a1, vard.* spaced out; mixed-up

flundra *s1* flounder, flatfish

fluor [-'å:r] *s3* fluorin[e] **-era** fluoridate

fluorescera [-'se:- *el.* -'ʃe:-] fluoresce

fluster ['fluss-] *s7* beehive entrance

1 fly *v4* **1** (*ta t. flykten*) fly, flee (*för fienden* before the enemy); (*rymma*) run away; (*undkomma*) escape; (*friare*) vanish, disappear; ~*dda tider* bygone days; *livet hade* ~*tt* he (*etc.*) was dead; *bättre* ~ *än illa fäkta* discretion is the better part of valour **2** (*undfly*) flee from, escape; (*faran*) shun

2 fly *adv, bli* ~ *förbannad* fly into a rage, get absolutely furious

flyg *s7* **1** *se flygvapen* **2** (*-konst*) aviation **3** (*-plan*) aeroplane; *AE.* airplane; *med* ~ by air **flyga** *flög flugit* fly; (*högt, uppåt*) soar (*mot höjden* aloft); (*ila, rusa*) dart, dash, rush; ~ *i luften* (*explodera*) blow (go) up; ~ *på ngn* fly at s.b.; *vad har det flugit i henne?* what [ever] can have possessed (got into) her?, what's bitten her?; *ordet flög ur h+nom* the word escaped him **flygande** *a4* flying; ~ *besiktning* (*av bil etc.*) roadside inspection (safety check); ~ *fästning* (*mil.*) flying fortress; *F~ holländaren* the Flying Dutchman; ~ *hund* flying fox; ~ *mara* flying mare; ~ *start* flying start (*äv. bildl.*); ~ *tefat* flying saucer; *i* ~ *fläng* in a terrific hurry, posthaste

flyg|are flier, flyer, aviator, *mil.* airman; (*förare*) pilot **-biljett** air ticket **-bolag** airline [company] **-båt** (*flygplan*) flying boat; (*båt*) hydrofoil

flygel *s2* **1** wing; (*stänkskärm*) wing, *AE.* fender; *mil., polit., sport.* flank **2** *mus.* grand piano

flyg|foto aerial photograph (view) **-fält** airfield, landing field, (*mindre*) flying field; *jfr flygplats* **-förbindelse** air service; plane connection **-industri** aircraft industry **-kapten** (*vid trafikflyget*) pilot **-larm** air-raid alarm (warning) **-ning** [-y:-] flying; aeronautics (*pl, behandlas som sg*); (*-tur*) flight **-officer** air-force officer **-plan** aircraft; aeroplane; *AE.* airplane **-plansbesättning** aircrew **-plats** airport, (*mindre*) air station, aerodrome, *AE.* airdrome; *jfr flygfält* **-post** airmail **-resa** flight, [air] trip **-sand** shifting sand **-simulator** flight simulator **-sjuk** airsick **-stridskrafter** air forces **-styrman** first officer **-terminal** air terminal **-tur** flying trip, flight **-uppvisning** air show **-vapen** air force; *-vapnet* (*i Storbritannien*) the Royal Air Force (R.A.F., RAF), (*i USA*) United States Air Force (USAF, U.S.A.F.) **-värdinna** air hostess, stewardess

flyhänt *a1* deft; *bildl.* dext[e]rous, quick

1 flykt *s3* (*t. flyga*) flight; (*rymning*) escape; *fälla en fågel i* ~*en* shoot a bird on the wing; *gripa tillfället i* ~*en* seize the opportunity

2 flykt *s3* (*t. fly*) flight; (*rymning*) escape; *vara på* ~ be on the run; ~*en från landsbygden* the flight from the land; ~*en till Egypten* (*bibl.*) the flight into Egypt; *jaga på* (*ta till*) ~*en* put (take) to flight

flykthastighet *rymdtekn.* escape velocity

flyktig *a1* **1** (*övergående*) fleeting, passing, fugitive; *en* ~ *bekantskap* a slight acquaintance; *kasta en* ~ *blick på ngt* give s.th. a hasty (passing, cursory) glance; ~ *genomläsning* cursory perusal **2** *kem. o.d.* volatile **3** (*ostadig*) fickle, flighty

flykting refugee; (*flyende*) fugitive **-läger** refugee camp

flyt|a *flöt flutit* **1** (*motsats sjunka*) float (*äv. bildl. och om valuta*); ~ *i land* be washed ashore **2** (*rinna o.d.*) flow (*äv. bildl.*); (*om tårar, svett o.d.*) run; ~ *med strömmen* float down with (be carried along by) the stream (current); *blod kommer att* ~ blood will be shed **3** (*ha flytande konsistens*) be fluid; (*om bläck o.d.*) run **4** ~ *ihop* (*om floder*) flow into each other, (*om färger*) run into each other; ~ *upp* rise to the surface; *han vill gärna* ~ *ovanpå* he likes to be superior **-ande** *a4* **1** (*på vätska*) floating; (*om fartyg*) afloat; *hålla det hela* ~ keep things going **2** (*rinnande*) flowing, running; *bildl. äv.* fluent (*franska* French); *tala engelska* ~ speak English fluently **3** (*i vätskeform*) fluid, liquid; ~ *bränsle* liquid fuel; ~ *föda* liquid nourishment (food); ~ *kristaller* (*t.ex.* i *fickräknare*) liquid crystal display; ~ *luft* liquid air; ~ *naturgas* liquefied natural gas; ~ *syre* liquid oxygen; (*som raketbränsle äv.*) lox; ~ *tvål* liquid soap; ~ *valuta* floating currency **-ning** [-y:-] **1** floating **2** *med.* discharge, flux

flytt|a 1 (*ändra plats för*) move; remove (*äv. flytta bort*); (*i spel*) move; *bli* ~*d* (*skol., uppflyttad*) be moved up (*till* [in]*to*) **2** (*byta bostad*) move (*äv. flytta på* [*sig*]); (*lämna anställning*) leave (*från en plats* a place); (*från hotell etc.*) check out; (*om fåglar*) migrate; ~ *fram klockan* put the clock on (forward); ~ *fram resan* (*resa tidigare*) arrange an earlier date for the journey, advance the journey, (*uppskjuta*) postpone the journey; ~ *fram trupperna* advance the troops; ~ *ihop* move [closer] together; ~ *ihop med ngn* go to live with s.b.; ~ *om* shift, rearrange; ~ *upp* (*i grad*) move up; ~ *sig* move, change one's place **-bar** *a5* mov[e]able, portable **-fågel** migratory bird **-kalas** house-warming [party] **-lass** vanload of furniture

flyttning moving *etc.*, removal, transportation; move; (*fåglars, nomaders*) migration

flytväst life jacket; *AE.* life preserver

flå *v4* flay; (*om fisk*) skin

flås *s7, vard.* wind **flåsa** puff [and blow]; (*pusta o. flämta*) pant; ~*nde av* breathless with **flåsig** *a1* wheezy

fläck *s2* **1** stain, mark, spot; (*av färg*) smudge; *bildl.* stain, blot, (*fel*) blemish; *sätta en* ~ *på duken* stain the tablecloth **2** (*på djurhud*) spot **3** (*ställe*) spot; *på* ~*en* (*genast*) on the spot, at once; *jag får den inte ur* ~*en* I cannot move it; *han rörde sig inte ur* ~*en* he did not move (budge); *vi kommer inte ur* ~*en* we are not getting anywhere (making any progress)

fläck|a spot, stain (*äv. bildl.*); (*smutsa*) [be]smear; (*söla ner*) soil; ~ *ner sig* get o.s. (one's clothes) all stained (soiled) **-borttagningsmedel** spot (stain) remover **-fri** stainless, spotless; unsoiled; *bildl. äv.* unspotted, blameless, immaculate **-ig** *a1* **1** spotted; (*nedfläckad*) stained, soiled **2** (*om djur*) spotted **-vis** in spots (places)

fläka *v3* slit, split open

fläkt *s2* **1** (*vindpust*) breath [of air]; breeze; puff, blow; (*friare o. bildl.*) breath, waft; *en frisk* ~ a breath of fresh air; *inte en* ~ *rörde sig* not a breath was stirring **2** (*apparat*) fan, ventilator, blower

fläkt|a fan; ~ *med solfjädern* fan the air; *det* ~*r skönt* there is a nice breeze blowing **-rem** fan belt

flämt|a 1 pant, puff **2** (*fladdra*) flicker **-ning 1** pant **2** flicker

fläng *s7* bustling; hurry; *i flygande* ~ in a [flying] hurry **flänga** *v2* **1** (*rusa*) fling (*omkring i* round); ~ *och fara* rush to and fro; ~ *omkring* (*i väg*) dash about (away) **2** (*rycka*) strip (*av* off)

fläns *s2* flange

flärd [-ä:-] *s3* vanity; frivolity **-fri** unaffected, artless, simple; (*blygsam*) modest **-full** vain; frivolous

fläsk *s7* pork; (*sid-*) bacon; (*hull*) flesh; *magert* (*randigt*) ~ lean (streaky) bacon; *rökt* (*stekt*) ~ smoked (fried) bacon; ~ *och bruna bönor* pork and beans; *ärter och* ~ yellow pea soup and pork **-ig** *a1* porky **-kotlett** pork chop **-lägg** hand (knuckle) of pork **-läpp** swollen lip

fläta I *s1* plait; tress; (*nack-*) pigtail; (*bröd, tobaks-*) twist **II** *v1* plait; braid; (*krans o.d.*) twine, wreathe; ~ *in* (*bildl.*) intertwine, intertwist; ~ *in i* (*bildl.*) weave into; ~ *sig* entwine itself (*omkring* round)

flöda flow; (*häftigt*) gush, pour, stream; ~ *av* overflow with; ~ *över* flow (run) over, *bildl.* brim over (*av* with); *champagnen* ~*de* the champagne flowed **flödande** *a4* flowing *etc., bildl.* fluent, abounding, exuberant **flöde** *s6* flow; torrent, stream; *fys.* flux

flöjt *s3* flute **-blåsare, -ist** flute player, flautist; *AE.* flutist

flört *s3* **1** (*flörtande*) flirtation **2** *pers.* flirt **flörta** flirt **flörtig** *a1* flirtatious, flirty

flöte *s6* float; *vara bakom* ~*t* be dull (stupid)

FM (*förk. för frekvensmodulering*) FM

f.m. (*förk. för förmiddagen*) a.m.

f-moll F minor

FN (*förk. för Förenta nationerna*) U.N.

fnask *s7* **1** (*obetydlighet*) trifle **2** (*grand*) jot, scrap **3** (*prostituerad*) tart

fnatt *få* ~, *vard.* blow one's top

FN-bataljon United Nations battalion

fnissa *v1*, **fnissning** *s2* titter, giggle

fnittrig prone to giggle, giggly

FN-observatör United Nations observer **FN-stadgan** United Nations Charter

fnurra *s1, det har kommit en* ~ *på tråden mellan dem* they have fallen out

fnys|a *v3 el. fnös fnyst,* **-ning** [-y:-] *s2* snort

fnöske *s6* tinder, touchwood; *torr som* ~ dry as tinder

foajé *s3* foyer

fob [fåbb] f.o.b. (free on board)

fobi *s3* phobia

fock *s2, sjö.* foresail, forecourse; (*på mindre båt*) jib **-mast** foremast

1 foder ['fo:-] *s7* (*kreatursföda*) [cattle]food; forage; (*kraft-*) fodder, feed

2 foder ['fo:-] *s7* (*i kläder o.d.*) lining; (*hylsa o.d.*) casing; (*dörr-, fönster- o.d.*) architrave; *bot.* calyx

foder|beta mangel[wurzel], mangold[wurzel] **-växt** fodder (forage) plant

1 fodra [ˣfo:-] (*t. 1 foder*) [give...a (its *etc.*)] feed, food

2 fodra [ˣfo:-] (*t. 2 foder*) line

fodral *s7* case; (*låda äv.*) box; (*hölje*) casing, cover

1 fog *n* (*skäl*) justice, [good] reason, justification; right; *med* [*allt*] ~ with good reason, reasonably; *utan minsta* ~ without the slightest reason; *ha* ~ *för sig* be reasonable; *ha* [*fullt*] ~ *för* have every reason for

2 fog *s2* (*skarv*) joint; (*söm*) seam; *med.* suture

F

foga I 1 (*förena*) join (*till, i* to); *bildl.* add [to], attach [to], affix **2** (*avpassa*) suit, fit **3** (*bestämma*) ordain; *ödet har ~t det så* fate has so ordained (determined) **II** *rfl* **1** (*ansluta*) join [itself (*etc.*)] on (*till* to) **2** (*falla sig*) *det har ~t sig så att* things have so turned out that **3** (*ge med sig*) give in; *~ sig efter* accommodate o.s. to; *~ sig i* resign o.s. to

foglig [ˣfoːg-] *a1* accommodating, compliant; (*medgörlig*) amenable **-het** compliance, compliancy; amenability

fogsvans foxtail saw; handsaw

fokus ['foː-] *-en el. =, pl -ar* focus **-era** focus

folder ['fåll-] *s2, s9* folder

folie ['foː-] *s5* foil; (*plast- äv.*) film, sheet

folio ['foː-] *s9* folio

folk [-å-] *s7* **1** (*folkslag, nation*) people **2** (*underlydande*) servants (*pl*); *mil, sjö.* men **3** (*människor*) people (*pl*); *vard.* folks (*pl*); *F~ets hus* community centre, assembly hall; *göra ~ av ngn* teach s.b. manners; *uppföra sig som ~* behave properly; *som ~ är mest* like the general run of people; *se ut som ~ gör mest* be ordinary looking; *det var mycket ~ på gatan* there were a lot of people in the street; *det är skillnad på ~ och fä* there are people and people; *har du inte sett ~ förr?* what are you standing there gaping for?

folk|bildning (*bildningsnivå*) general level of education; (*undervisning*) adult education **-bokföring** national registration **-dans** folk dance **-demokrati** people's democracy **-dräkt** national costume **-fest** national holiday; (*folklig fest*) popular festivity **-front** popular front **-grupp** *polit.* national group; (*minoritet*) minority **-hem** *ung.* welfare state **-humor** popular (folk) humour **-hälsa** public health **-högskola** residential college for adult education **-ilsken** vicious; savage **-kär** beloved by the people **-lager** class [of society]

folklig [-å-] *a1* **1** (*tillhörande folket*) popular; democratic **2** (*i umgänge*) affable **-het 1** popularity **2** affability

folkliv 1 street life; crowds (*pl*) **2** (*allmogens liv*) life of the people; *svenskt ~* the life and manners of the Swedish people **folklivsforskning** folklore research

folklor|[e] [-'låːr] *s3* folklore **-istisk** *a5* folkloristic

folk|låt folk song **-mun** *i ~* in popular speech, colloquially **-musik** folk music **-mängd** population **-nöje** popular entertainment **-omröstning** popular vote; referendum; plebiscite **-park** amusement park **-parti** liberal party

folkpension national old age pension **-är** old-age pensioner

folk|representation parliament, legislature **-republik** people's republic **-resning** insurrection, popular rising **-rik** populous **-räkning** census **-rätt** international law **-rörelse** popular (national) movement **-samling** gathering of people, crowd

folkskola elementary school; *AE.* grade school

folkskol|eseminarium [elementary-school teacher's] training college **-lärar|e, -inna** elementary school teacher

folk|skygg shy, retiring; (*om djur*) shy **-slag** na-

tionality **-storm** mass protest, general uproar **-styre** democracy, representative government **-sång 1** (*folkvisa*) folk song **2** (*nationalsång*) national anthem **-sångare** folk singer **-tandvård** national dental service **-tom** (*om gata o.d.*) deserted, empty; (*om land o.d.*) depopulated **-tro** folklore, popular belief; lay opinion **-täthet** density of population **-vald** *a5* popularly elected **-vandring** migration **-vett** [good] manners (*pl*) **-vimmel** *i -vimlet* in the throng (crowd, crush) [of people] **-visa** folk song

1 fond [fånd *el.* fåŋd] *s3* (*bakgrund*) background; *teat.* back [of the stage] (*på scenen*), centre (*i salongen*); *första radens ~* the dress-circle centre

2 fond [fånd *el.* fåŋd] *s3* (*kapital*) fund[s *pl*], capital; (*stiftelse o.d.*) foundation; (*förråd*) stock, store

fond|börs stock exchange (market) **-emission** bonus (scrip) issue; *AE.* stock dividend issue **-era** fund, consolidate **-kommissionär** member of the stock exchange, stockbroker **-mäklare** stockbroker

fonet|ik *s3* phonetics (*pl, behandlas som sg*) **-isk** [-'neː-] *a5* phonetic

font [-å-] *s3* fount, (*särsk. AE.*) font

fontän [-å-] *s3* fountain; jet [of water]

forcer|a [får'seːra] **1** (*påskynda*) speed up, rush; (*intensifiera*) intensify **2** (*tilltvinga sig tillträde etc.*) force; (*chiffer*) break, cryptanalyse **-ad** *a5* forced, strained; *i -at tempo* at top speed **-ing** speeding up; forcing; (*kryptoanalys*) cryptanalysis

fordon [ˣfoːr-] *s7* vehicle; (*last-*) van, truck, cart **fordonsskatt** vehicle licence duty

fordra [-oː-] **1** (*med personsubj.*) demand (*ngt av ngn* s.th. of s.b.; *betalning* payment); (*bestämt yrka på*) insist upon; (*omilt kräva*) exact; (*göra anspråk på*) require (*att ngn skall veta* s.b. to know; *hövlighet av ngn* civilty of [*el.* from] s.b.); (*som sin rätt*) claim; *~ räkenskap av ngn* call (bring) s.b. to account; *~ skadeersättning* demand (claim) damages; *ha 10 pund att ~ av ngn* have a claim of 10 pounds on s.b. **2** (*med saksubj.*) *a*) (*erfordra*) require, want, call for, *b*) ([*på*]*bjuda*) prescribe, *c*) (*ta tid i anspråk*) take; *arbetet ~r stor noggrannhet* the work demands great care

fordr|an [ˣfoːr-] *r, i pl används fordringar* **1** demand (*på ngn* on s.b.); requirement (*på ngn* in s.b.) **2** (*penning-*) claim (*på ngn* on s.b.; *på 10 pund* of 10 pounds) **-ande** *a4* exacting **-as** *dep* be required (needed)

fordring [ˣfoːr-] *se fordran*; *~ar a*) demands, (*förväntningar*) expectations, (*anspråk*) claims, *b*) (*tillgodohavanden*) claims, [active] debts; *osäkra ~ar* doubtful claims, (*friare*) bad debts; *ha stora ~ar på livet* expect a lot of life; *ställa stora ~ar på* demand a great deal of, be exacting in one's demands on; *uppfylla ~arna för godkänd examen* satisfy the examiner[s *pl*] **fordringsägare** creditor

forell *s3* trout

form [-å-] **1** *s3* form; (*fason o.d.*) shape, cut; (*tillstånd*) state; *för ~ens skull* for form's sake, as a matter of form; *i ~ av a*) in [the] form of (*en roman* a novel), *b*) in the shape of (*en cirkel* a

circle, c) in the state of (is ice); *i fast (flytande)* ~ in solid (fluid) form; *hålla mycket på* ~*en* stand on ceremony, be a stickler for etiquette; *i många* ~*er trivs det sköna* beauty appears in many guises **2** *s3, sport. o. bildl.* form; *inte vara i* ~ be out of form **3** *s2 (gjut-)* mould; *kokk.* dish, tin **forma** [-å-] form, mould *(äv. bildl.*); *(friare)* shape, model; ~ *en mening* frame a sentence
formaliser|a [-å-] formalize **-ing** formalization
formal|ism [-å-] formalism **-ist** formalist **-istisk** [-'ist-] *a5* formalistic **-itet** [-å-] *s3* formality, matter of form; *utan* ~*er* without ceremony
forma|t [-å-] *s7* size, format; *bildl.* importance, weight **-tion** formation
formbar [-å-] *a1* formable; mouldable, plastic **-het** mouldability, plasticity, workability
formel ['fårr-] *s3* formula
formell *a1* formal, conventional
former|a [-å-] **1** *mil.*, ~ *[sig]* form **2** *(vässa)* sharpen **-are** sharpener **-ing** formation; *(riktning) churpening*
formge, formgiva design
formgiv|are designer **-ning** [-ji:v-] designing, shaping; *konkr.* [creative] design
formligen [-å-] *(bokstavligen)* literally; *(rentav)* positively; *(helt enkelt)* simply
form|lära *språkv.* accidence **-lös** formless, shapeless; *(obestämd)* vague **-ning** [-å-] shaping, forming **-sak** matter of form, formality
formuler|a [-å-] formulate, word; ~ *frågor* frame questions **-ing** formulation; *(ordalydelse)* wording
formulär [-å-] *s7* form
forn|engelsk Anglo Saxon **-engelska** Old English, Anglo-Saxon **-fynd** archaeological find **-lämning** ancient monument; ~*ar* ancient remains **-minne** ancient monument, relic of antiquity **-nordisk, -nordiska** Old Norse **-tid** prehistoric age (period), ~*en* antiquity; *i den grå* ~*en* in the dim and distant past **-tida** *oböjligt a* ancient
fors [-å-] *s2* **1** rapids *(pl)*; cataract **2** *(friare o. bildl.)* stream, cascade, torrent **forsa** rush; *(friare)* gush; *en* ~*nde bäck* a torrent; *blodet* ~*de ur såret* the blood gushed from the wound; *regnet* ~*r ner* it rains cats and dogs
forsk|a [-å-] search *(efter* for); *absol.* [carry out] research; ~ *i (undersöka)* inquire into, investigate **-ande** *a4* inquiring; *(prövande)* searching
forskar|e [-å-] [research] scientist, researcher; investigator *(i* of) **-flykt** brain drain
forskning [-å-] research *(i* upon); *(naturvetenskap)* science; *(undersökning)* investigation *(i* into, on)
forsknings|anslag research grant **-centrum** research centre **-resa** exploration expedition **-resande** explorer
forsl|a [-å-] transport, convey, carry; ~ *bort* carry away, remove **-ing** carriage, transportation, conveyance
1 fort [-å-] *s7 (fästning)* fort
2 fort [-ɔ-] **I** *adv (i snabbt tempo)* fast; *(på kort tid, snabbt)* quickly, speedily; *(raskt)* rapidly; *(i [all] hast)* hastily; *det gick* ~ *för honom* it didn't take him long, he was quick about it, it was over quickly for him; *det går inte så* ~ *för mig att* I

must take my time about (+ *ing-form*), I am rather slow at (+ *ing-form*); *han tröttnade* ~ he soon got tired, he tired easily; *gå lika* ~ *som ngn* keep pace with s.b.; *klockan går för* ~ the (my *etc.*) watch (clock) is fast **II** *interj* quick!, sharp!
forta [ˣforr-] *rfl (om klocka)* gain
fortbild|a train (educate *etc.*) further; ~ *sig* continue one's training (education) **-ning** further training (education) **-ningskurs** extension (continuation) course
fortfar|a continue, go on *(att sjunga* singing); *(hålla i)* keep on *(med* with); *(fortvara)* last **-ande** still
fortgå go on, proceed; *(fortsätta)* continue **-ende I** *s6* continuance **II** *a4* continued
fortkörning speeding [offence]
fortleva live on; survive
fortplant|a *v1* **1** *(om människor, djur, växter)* propagate, reproduce **2** *(friare o. bildl.)* transmit **8** *i rfl propagate* [o.s., itself] *(äv. om ljud, ljus)*; *eg. äv.* breed; *(om rykte)* spread; *(om sjukdom)* be transmitted, spread **-ning** propagation, breeding; transmission
fortplantnings|drift reproductive (propagative, procreative) instinct **-organ** reproductive organ
fortsatt *a4* continued; *(-löpande)* continuous; *(återupptagen)* resumed; *(ytterligare)* further
fortskaffningsmedel means *(sg o. pl)* of conveyance (transport[ation])
fortskrida proceed; *(framskrida äv.)* advance
fortsätt|a 1 *(fortfara med)* continue; go on (proceed) with; *(efter uppehåll)* take up, resume, *(fortsätta o. fullfölja)* carry on **2** *(fortgå)* go on (continue) *(att spela* playing); *(efter uppehåll)* proceed; *fortsätt bara!* go ahead! **-ning** continuation; proceeding; ~ *följer (forts.)* to be continued; *i* ~*en* henceforth, from now on **-nings-vis** *(vidare)* further
forum *s8* forum; quarter; *rätt* ~ *för* [the] proper authority for, the right place for
forwardskedja [ˣfå:rvards-] forward line
fosfat [-å-] *s7, s4* phosphate **fosfor** [ˣfåssfår] *s2* phosphorus
fosforescera [-'se:- el. -'ʃe:-] phosphoresce
fossil [-å-] *s7 o. a5* fossil; ~*t bränsle* fossil fuel
foster ['fɔss-] *s7* fetus, foetus; *bildl.* offspring, product, creation
fosterbarn foster child
fosterfördrivning [criminal] abortion
foster|föräldrar foster parents **-hem** foster home **-jord** native soil
fosterlands|förrädare traitor [to one's country] **-kärlek** patriotism, love of one's country **-vän** patriot
fosterljud fetal heart sound
fosterländsk *a5* patriotic
foster|rörelse fetal movement **-vatten** amniotic fluid
fostra bring up, rear; *bildl.* foster, breed **fostran** *r* bringing up *etc.*; *(upp-)* education; *fysisk* ~ physical training **fostrare** fosterer; *(friare)* trainer of the young
fot 1 *-en fötter* foot *(pl* feet); *(på glas)* stem; *(lamp-)* stand; *bildl.* footing, terms *(pl)*, standing; ~*!* *(t. hund)* heel!; *lätt på* ~*en* light of foot,

bildl. of easy virtue; *på resande* ~ on the move; *på stående* ~ instantly; *få fast* ~ get a footing; *försätta på fri* ~ set free; *gå till* ~*s* go on foot, walk; *leva på stor* ~ live in grand style, live it up; *stryka på* ~*en* give in *(för* to); *stå på god* ~ *med ngn* be on a friendly footing with s.b.; *inte veta på vilken* ~ *man skall stå* not know which leg to stand on; *han har inte satt sin* ~ *där* he has not set foot there, *neds.* he has not darkened the roof of that home (house *etc.*); *dra fötterna efter sig* drag one's feet (heels); *kasta sig för ngns fötter* fall down at a p.'s feet; *komma på fötter igen* get on to one's feet again, *(bli frisk)* be up and about again; *trampa under fötterna* trample underfoot; *vara kall om fötterna* have cold feet **2** *s9* *(längdmått)* foot

fot│arbete *sport.* footwork **-boll** football; *(spelet)* [association] football, soccer; *vard.* footer; *AE.* soccer

fotbolls│domare referee **-lag** football *(AE.* soccer) team **-förbund** football association; *AE.* soccer league **-match** football *(AE.* soccer) match **-plan** football *(AE.* soccer) ground **-spelare** football *(AE.* soccer) player, footballer

fot│broms *(i bil)* foot (pedal) brake; brake pedal **-fel** foot fault **-fäste** foothold; *(insteg)* footing; *få (vinna)* ~ get (gain) a foothold (footing); *förlora* ~*t* lose one's foothold **-gängare** [-jäŋ-] pedestrian **-knöl** ankle **-led** ankle joint **-not** footnote

foto *s6* photo *(pl* photos); *se fotografi* **-affär** camera shop; photograpic dealer's **-ateljé** photographic studio **-cell** photocell, photoelectric cell **-elektrisk** [-'leck-] photoelectric[al]

fotogen [-'ʃeːn] *s3, s4* paraffin[e] [oil]; *AE.* kerosene **-kök** oil (paraffin, *AE.* kerosene) stove **-lampa** paraffin *(AE.* kerosene) lamp

fotograf *s3* photographer **-era** photograph; *absol. äv.* take photographs; ~ *sig* have one's photo[graph] taken **-ering** photography; *(-erande)* photographing

fotograf│i *s4, s3* photograph, photo; *(som konst)* photography **-isk** [-'graː-] *a5* photographic

fotokopi│a print; *se äv. fotostat[kopia]* **-era** photocopy

foto│modell photographer's model **-montage** photomontage

fotostat *s3,* **-kopia** photostat [copy], photocopy

foto│syntes photosynthesis **-sättning** filmsetting; *AE.* photocomposition, phototypesetting

fot│pall footstool, footrest **-riktig** ~*a skor* wellfitting shoes **-spår** footprint, footmark; *(i sht bildl.)* footsteps *(pl)* **-steg** [foot]step; *(på bil o.d.)* running board **-stöd** *(på t.ex. motorcykel)* footrest **-sula** sole [of a (the, one's) foot] **-svamp** athlete's foot **-svett** *ha* ~ have sweaty feet *(pl)* **-valv** arch of the foot **-vandra** walk; hike **-vård** pedicure **-vårta** verruca

foxterrier [ˣfåcks-] fox terrier

frack *s2* *(kostym)* dress suit; *(rock)* tail (dress) coat, tails *(pl)* **-skjorta** dress shirt

fradga I *s1* froth, foam; ~*n står om munnen på honom* he is frothing (foaming) at the mouth; *tugga* ~ foam with rage **II** *v1,* ~ *[sig]* foam, froth

fragment *s7* fragment **-arisk** [-'taː-] *a5* fragmentary, fragmental

frakt *s3* freight; *(t. lands)* goods *(pl)*; *(skeppslast)* cargo, shipload, *äv.* freight; ~ *betald* freight (carriage) paid; ~[*en*] *betalas vid framkomsten* freight (carriage) forward **frakta** transport, convey; *(t. lands äv.)* carry; *AE. äv.* freight

frakt│fritt freight prepaid; *järnv.* carriage paid; ~ *London* freight (carriage) paid to London **-gods** goods *(pl)*; *AE.* [regular] freight; *(motsats ilgods m.m.)* goods forwarded by goods train **fraktion** [-k'ʃoːn] **1** *(grupp)* faction, group [of a party] **2** *kem.* fraction

frakt│kostnad freight [charge, cost] **-sedel** *(t. lands)* consignment note, waybill; *(t. sjöss)* bill of lading; *flyg.* air waybill (consignment note)

fraktur 1 *med.* fracture **2** *boktr.* Gothic, black letter

fram [-amm] *adv* **1** *rumsbet. a) (framåt, vidare)* on, along, forward, *b) (genom)* through, *c) (i dagen)* out, *d) (fram t. ngn, ngt)* up [to], *e) (t. målet)* there, *f) (framme)* further on, *g) (motsats bak)* in front; ~ *med det!* out with it!; *längre* ~ further on; *ända* ~ all the way there; *ända* ~ *till* right up to; *få sin vilja* ~ get one's own way; *gå* ~ *och tillbaka* go there and back, *(av o. an)* go to and fro; *gå rakt* ~ go (walk) straight on; *gå vägen* ~ walk on along the road; *hinna* ~ *i tid* get there in time; *om sanningen skall* ~ to tell the truth, to be quite honest; *stig* ~*!* come out (here)!; *solen tittar* ~ the sun peeps [out] **2** *tidsbet.* on; *litet längre* ~ a little later on; ~ *på dagen* later in the day; *till långt* ~ *på natten* until far into the night; *ända* ~ *till våra dagar* right up to the present day (to our own time); ~ *till 1990* up to 1990

fram│axel front axle **-ben** foreleg, front leg **-bära** take *(etc.)* [up] *(till to); (gåva o.d.)* present, offer; *(vad ngn sagt)* report, pass on; *(hälsning)* deliver, convey; *(lyckönskan, tacksägelse)* tender **-del** forepart, front [part] **-deles** later on; *(i framtiden)* in the future

fram│emot [on] towards **-fart** *(friare)* ramping[s *pl*], sweep; *(ödeläggelse)* ravaging[s *pl*]; *(körning)* reckless driving **-flytta** move forward; *(uppskjuta)* postpone, put off **-fot** forefoot; *visa -fötterna* show one's paces **-fusig** *a1* pushing, bumptious, forward **-fusighet** pushingness *etc.*

framför I *prep* **1** *(rumsbet., äv. bildl.)* before, in front of; *(framom)* ahead of; *mitt* ~ *näsan på ngn* straight in front of s.b., right under a p.'s nose **2** *(om företräde) a) (i vikt, värde)* above, ahead of, *b) (hellre än)* preferably (in preference) to, rather than; ~ *allt* above all (everything); ~ *alla andra* of all others, above all the rest; ~ *allt gäller detta om* this applies particularly to; *föredra te* ~ *kaffe* prefer tea to coffee **II** *adv* in front; ahead

framför│a 1 *se föra fram* **2** *(uppföra, uppvisa)* present, take, produce **3** *(överbringa)* convey, deliver, give; *(anföra)* state, put forward **-ande** *s6* **1** *(av motorfordon)* conveyance **2** *(anförande)* delivery; *(av teaterpjäs o.d.)* performance

fram│gaffel *(på cykel)* front fork **-gå** *bildl.* be clear (evident); *härav* ~*r att* from this we conclude that, *(friare)* it appears from this that; *av vad han säger* ~*r* it appears from what he says; *av Ert brev* ~*r att* we see (understand) from your letter that; *det -gick tydligt att* it was made very clear that **-gång** *s2* success; *med* ~ (*äv.*) successfully; *utan* ~ (*äv.*) unsuccessfully **-gångsrik** successful

fram|hjul front wheel **-hjulsdrift** front-wheel drive

fram|hålla (*framhäva*) give prominence (call attention) to; (*betona*) [lay] stress [on], emphasize; (*påpeka*) declare, say; ~ *nödvändigheten av* emphasize the necessity of; *jfr framhäva* **-härda** persist, persevere **-häva** *bildl.* hold up, bring out; *jfr framhålla*

framifrån from the front; *ett hus sett* ~ the front view of a house

framkall|a 1 (*i minnet, för tanken*) recall **2** (*uppkalla t. försvar o.d.*) call up **3** *foto.* develop **4** *bildl.* (*frambringa*) call forth, provoke, evoke; (*förorsaka*) cause; (*åstadkomma*) bring about, give rise to; (*uppväcka*) arouse, raise **-ning** *foto.* developing, development

fram|hunt från *kast* **-kasta** *bildl.* throw out; (*idé*) put forward, suggest; (*tanke*) bring up; (*omnämna*) mention; ~ *beskyllningar* bring forward (*starkare*: hurl) accusations; *ett löst* ~*t påstående* a haphazard statement **-komlig** [-å-] *a1* (*om väg*) passable, trafficable; (*om vatten*) navigable; (*friare*) practicable; *bildl.* feasible **-komma 1** *se komma fram* **2** (*friare o. bildl.*) come out, appear; ~ *med* bring forward, produce; *det har -kommit önskemål om att* wishes have been expressed that **-komst** [-å-] *s3* **1** (*fortkomst*) advance, progress **2** (*ankomst*) arrival; *att betalas vid* ~*en* charges forward, cash on delivery **-leva** live; ~ *sina dagar* pass one's days **-lykta** headlight **-lägga** *bildl.* (*framkomma med*) put (bring) forward; (*anföra*) adduce; (*förete*) present; (*förslag*) table; ~ *bevis* produce evidence; ~ *för* produce before, submit to **-länges** [-läŋ-] forwards; *åka* ~ (*i tåg*) sit (travel) facing the engine, (*i huss etc.*) sit (travel) facing forward (the front) **-mana** *bildl.* call forth, evoke; (*frambesvärja*) conjure up **-marsch** advance; *bildl.* advancement, progress; *stadd på* ~ advancing, making headway

framme 1 in front **2** (*vid målet*) at one's destination, there; *när vi var* ~ when we got there; *nu är vi* ~ here we are **3** (*framlagd o.d.*) out; on view; (*ej undanlagd*) about; *låta ngt ligga* ~ leave s.th. about; (*till hands*) ready, at hand; *har pojkarna varit* ~*?* is it the boys who have done it (been at work)?; *när olyckan är* ~ when things go wrong **4** *hålla sig* ~ push o.s. forward, keep o.s. to the fore

fram|pressa *bildl.* extract (*ur* out of); (*tårar*) squeeze out; (*ljud*) utter, ejaculate **-på I** *prep* **1** (*om rum*) in front of, in (on) the front part of **2** (*om tid*) a little later; *till långt* ~ *natten* far into the night **II** *adv* in [the] front **-rusande** *a4* (*om vatten*) gushing; (*framåtrusande*) onrushing **-ryckning** advance **-sida** front; (*på check, sedel o.d.*) face; (*på mynt*) obverse **-skjutande** *a4* projecting, protruding; prominent **-skjuten** *a5* advanced; *bildl.* prominent **-skrida** (*om tid, arbete o.d.*) progress, advance **-skriden** *a5* advanced; *tiden är långt* ~ it is getting late **-smygande** *komma* ~ creep along **-steg** progress,

advance[ment]; *göra* ~ make progress (headway)

framstegs|fientlig reactionary, anti-progressive **-man** progressive **-parti** progressive party **-vänlig** progressive

framstupa flat, headlong, prostrate

framstå stand (come) out (*som* as); appear **-ende** prominent; (*högt ansedd*) eminent; (*förträfflig*) distinguished

framställa I 1 (*återge, visa*) represent; show; (*konstnärligt*) depict, represent, draw; (*på scen*) [im]personate **2** (*skildra*) describe; (*beteckna*) represent **3** (*framföra, komma fram med*) bring (put) forward; ~ *en fråga* put a question; ~ *klagomål* lodge complaints; ~ *krav* make demands; (*uttala, ge uttryck åt*) express, state; ~ *önskemål* express a wish, state requirements **4** (*tillverka*) produce, make; (*fabriksmässigt*) manufacture; (*utvinna*) extract; *börja* ~ put in hand **II** *rfl* *uppställsstundom, uppställstundom uppställd, yppa sig* arise **-ställan** *r, se framställning; på* ~ *av* at the instance of

framställning 1 (*i bild*) representation, picture, depiction **2** (*skildring*) description, rendering; (*redogörelse*) account; (*muntlig*) narration **3** (*framställningssätt*) a) (*författares*) style b) (*talares*) delivery, c) (*talares, konstnärs*) presentation, presentment, d) *teat.* rendering, interpretation **4** (*förslag*) proposal, proposition; (*hemställan*) petition, request **5** (*tillverkning*) production; (*fabriksmässig*) manufacture; (*utvinning*) extraction

fram|stöna [utter] groan[ingly] **-stöt** *mil. o. bildl.* drive, thrust; attack, assault **-synt** [-y·-] *a1* (*förutseende*) far-seeing, far-sighted **2** (*klärvoajant*) gifted with second sight **-synthet** [-y:-] **1** foresight **2** [gift of] second sight **-säte** front seat **-tand** front tooth **-tass** forepaw

framtid future; *för all* ~ for all time (evermore); *det får* ~*en utvisa* time will show; *för* ~*en måste jag* in (for the) future I shall have to; *ha* ~*en för sig* have the future before you; *saken får ställas på* ~*en* it must wait until later, the matter must be postponed; *tänka på sin* ~ think of one's [future] career **framtida** *oböjlig a* future

framtids|forskare futurologist **-forskning** futurology **-man** coming man **-plats** position (job) offering good (excellent) prospects **-tro** belief in the future **-utsikter** [future] prospects

fram|till in front **-toning** image

framträd|a 1 *se träda fram* **2** (*uppträda*) appear (*inför offentligheten* before the public; *på scenen* upon the stage) **3** *bildl.* make one's appearance, appear; (*ur det fördolda*) come into sight (view); (*om anlag, egenskap o.d.*) assert (display) itself; (*avteckna sig*) stand out; *låta* ~ bring out (into relief) **-ande I** *s6* appearance **II** *a4* prominent, outstanding; salient

fram|tung heavy forward (in front); *flyg.* noseheavy **-tvinga** extort; [en]force; (*kräva*) necessitate **-vagn** front part of the chassis

framåt ['framm-] **I** *adv* **1** *rumsbet.* ahead; (*vidare framåt*) on[ward], onwards; forward[s]; *fortsätt* ~*!* keep straight on!; *gå* ~ a) (*promenera*) walk along (*emot* towards; *till* to), b) (*utvecklas*) go ahead, [make] progress; *se rakt* ~ look straight ahead **2** *tidsbet.* ahead, to come, into the future;

F

gå raskt ~ make rapid strides; *komma* ~ *i världen* get on in the world **ll** *prep* **1** (*i rummet*) [on] toward[s]; ([*fram*] *längs*) [on] along **2** (*i tiden*) [on] toward[s] **lll** *interj* on!, onward!, forward!; *sjö.* ahead! **-anda** go-ahead spirit **-böjd** *a1,* **-lutad** *a5* bent forward[s]; *gå* ~ walk with a stoop **-skridande l** *s6* progress, advance **ll** *a4* progressive **-strävande** *a4, bildl.* pushing, go-ahead

fram|ända front end **-över l** *prep* out (away) across **ll** *adv* forwards; onwards, ahead

1 frank *a1* frank, open, straightforward

2 frank *s3* Frank

Franken ['frann-] *n* Franconia

franker|a (*frimärka*) stamp **-ing** stamping

franko ['frann-] post-free, postpaid; *hand.* franco, free of charge (carriage)

Frankrike ['frank-] *n* France

frans *s2,* **fransa** *vl* fringe; ~ *sig* fray **fransig** *a1* (*trasig*) frayed

fransk *a1* French; ~*a fönster* French windows (*AE.* doors); ~ *lilja* (*her.*) fleur-de-lis, *äv.* lily of France **franska 1** (*språk*) French **2** (*bröd*) French roll; (*lång-*) French loaf **fransman** Frenchman; *-männen a*) (*hela nationen*) the French, *b*) (*några fransmän*) the Frenchmen **fransysk** *a5* French; ~ *visit* flying visit (call) **fransyska** [-ˣsyska] **1** (*kvinna*) Frenchwoman **2** *kokk.* rump-steak piece

frapp|ant [-'ant *el.* -'aŋt] *a1* striking **-era** strike; surprise **-erande** *a4* striking; surprising

1 fras *s3* (*uttryck*) phrase (*äv. mus.*); *stående* ~ current phrase; *tomma* ~*er* empty phrases, mere twaddle, hollow words

2 fras *s7* (*-ande*) rustle, rustling

frasa rustle

frasera phrase

frasig *a1* crisp

fraterniser|a fraternize **-ing** fraternization

fred *s3* peace; *hålla* (*sluta*) ~ keep the (conclude) peace; *leva i* ~ *med* live at peace with; *lämna ngn i* ~ leave s.b. alone; *jag får inte vara i* ~ *för honom* he never leaves me in peace

freda protect (*mot, för* from, against); ~ *sitt samvete* appease one's conscience; *med* ~*t samvete* with a clear conscience; ~ *sig för misstanken att* banish the suspicion from one's mind that

fredag ['fre:-] Friday; ~*en den 13 april* on Friday, April 13th, (*i början av brev o.d.*) Friday, April 13th; *om* ~*arna* on Fridays

fredlig [-e:-] *a1* peaceful; (*fridsam*) gentle, inoffensive; *på* ~ *väg* in a peaceful way, by peaceful means

fredlös outlawed; *en* ~ an outlaw

freds|domare justice of the peace **-duva** dove of peace **-forskare** peace researcher **-fördrag** peace treaty **-kår** peace corps **-pipa** peace pipe, calumet **-plikt** peace obligation **-pris** peace prize **-rörelse** peace movement **-strävan[de]** effort to achieve peace **-tid** peacetime, time of peace **-trevare** peace feeler **-älskande** peace-loving

fregatt *s3* frigate

frejdig *a1* spirited; (*oförskräckt*) bold, intrepid, plucky

frekvens *s3* frequency; (*av besökande etc.*) pat-

ronage **-modulering** frequency modulation **-undersökning** activity (work) sampling

frekvent *a1* frequent, common **-era** patronize, frequent

frene|si *s3* frenzy **-tisk** [-'ne:-] *a5* frantic, frenzied; frenetic

freon [-'å:n] *s4* freon

fresk *s3* fresco

frest|a 1 (*söka förleda*) tempt **2** (*pröva, försöka*) try; ~ *lyckan* try one's luck **3** (*utsätta för ansträngning*) try, strain; *tekn.* strain **-ande** *a4* tempting **-else** temptation; *falla för* ~*n* give way (yield) to temptation

fri *al* **1** free; (*oavhängig*) independent; (*öppen, oskymd*) open; (*i frihet*) at large; *på* ~ *hand* by hand, (*oförberett*) offhand[ed]; ~ *höjd* headroom, headway; ~ *idrott* athletics (*pl o. sg*); ~ *kost* free board; *i* ~*a luften* (*det fria*) in the open air; ~*tt val* option, free choice; *av* ~ *vilja* of one's own accord (will), voluntarily; *förklara ordet* ~*tt* declare the meeting open [for discussion]; *försätta på* ~ *fot* set free; *gå* ~ *a*) (*vara på fri fot*) be at large, *b*) (*bli frikänd*) be acquitted, *c*) (*undkomma*) escape, *d*) (*från obehag*) get off, dodge [trouble *etc.*]; *gå* ~ *för misstankar* be cleared of suspicion; *göra sig* ~ *från* rid o.s. of; *ha* ~ *tillgång till* have free access to; *lämna ngn* ~*tt spelrum* allow s.b. (let s.b. have) ample scope; *det står dig* ~*tt att* you are free (at liberty) to; *svära sig* ~ *från* swear o.s. out of (free from) **2** (*oupptagen*) vacant, unoccupied

1 fria 1 propose (*till* to) **2** ~ *till ngns gunst* court a p.'s favour, curry favour with

2 fria (*frikänna*) acquit; ~*nde dom* verdict of not-guilty, acquittal; ~ *sig från misstankar* clear o.s. of suspicion; *hellre* ~ *än fälla* give s.b. the benefit of the doubt

friare suitor (*till* for the hand of); *ibl.* admirer

fri|biljett *järnv.* pass; *teat. o.d.* free ticket, complimentary ticket **-bord** freeboard **-brev** *försäkr.* paid-up policy **-brottning** freestyle wrestling; catch-as-catch-can **-bärande** overhung

frid *s3* peace; (*lugn*) tranquillity, serenity; *allting är* ~ *och fröjd* everything is fine (all serene); *vad i* ~*ens namn nu då?* whatever's happening now?, what's up now?

fridag free day, day off; (*tjänstefolks*) day out

frid|full peaceful **-lysa** place under the protection of the law, protect by law **-sam** *a1* peaceable **-störare** disturber of the peace; (*friare*) intruder

frieri proposal [of marriage]

friflykt *rymdtekn.* free flight

frige liberate, [set] free; release; (*upphäva ransonering*) deration; (*från beslag*) derequisition; (*slav*) emancipate; *frigivna varor* free-listed goods

frigid [-'gi:d] *a1, n undviks* frigid

frigiv|a *se frige* **-ning** [-ji:-] liberation, setting free, release; derationing; derequisition; emancipation

frigjord *a1* emancipated **-het** (*i sätt*) free and easy manners (*pl*); emancipation

frigång *tekn., gå på* ~ freewheel

frigör|a liberate, set free (*äv. kem.*); free, release; (*göra disponibel*) make available; (*från*

slaveri) emancipate; ~ *sig* free (*etc.*) o.s., *kem.*
[be] disengage[d] **-else** liberation *etc.*; *kvinnans*
~ the emancipation of woman
fri|hamn free port **-handel** free trade **-handelsområde** free trade area
friherr|e baron; (*i Storbritannien som titel äv.*)
lord **-inna** baroness; (*i Storbritannien som titel
äv.*) lady
frihet 1 freedom; (*motsats tvång, fångenskap*)
liberty; (*från skyldighet*) exemption; (*oavhängighet*) independence; (*fritt spelrum*) scope, latitude; ~, *jämlikhet, broderskap* liberty, equality,
fraternity; *poetisk* ~ poetic licence; *skänka ngn
~en* give s.b. his freedom; *återfå ~en* regain
one's freedom (liberty) **2** (*privilegium*) privilege; (*självsvåld*) liberty; *fri- och rättigheter* rights
and privileges; *ta sig ~er mot ngn* take liberties
with s.b.; *ta sig ~en att* take the liberty of (+ *ing-
form*)
frihets|rörelse liberty movement; (*motståndsrörelse*) resistance movement **-straff** imprisonment, detention, confinement **-älskande**
freedom-loving, liberty-loving
fri|hjul freewheel **-idrott** athletics (*pl o. sg*)
frikall|a (*från plikt, ansvar*) exempt (*äv. mil.*);
(*från löfte*) release **-else** exemption; release
frikast *sport.* free throw
frikoppl|a declutch **-ing** declutching, disengagement of the clutch; *konkr.* slipping clutch
frikostig [-å-] *a1* liberal, generous; (*om gåva äv.*)
handsome **-het** liberality, generosity
friktion [-k'ʃoːn] friction **friktionsfri** frictionless; *bildl.* smooth
frikyrk|a Free Church; (*i Storbritannien äv.*)
Nonconformist Church **-lig** Free-Church
frikyrko|församling Nonconformist Church
-präst Nonconformist (Free-Church) minister
frikänn|a acquit (*från* of); find (pronounce) not
guilty **-ande I** *s6* acquittal; *yrka* ~ plead not
guilty **II** *a4*, ~ *dom* verdict of not guilty
frilans|a freelance **-are** *s2* freelance[r]
frilufts|bad open-air pool; public beach **-liv** outdoor life **-människa** sportsman, lover of open-air life
frilägga lay bare, uncover
frimodig frank, candid; (*modig*) fearless **-het**
frankness *etc.*
frimurar|e Freemason **-orden** Free and Accepted Masons; Masonic order
frimärke 1 *post.* [postage] stamp **2** *sjö.* clearing line
frimärks|album stamp album **-samlare** stamp collector **-samling** stamp collection
fri- och rättigheter rights and privileges
fri|passagerare stowaway; (*med fribiljett*) *vard.*
deadhead **-religiös** dissenting
1 fris *s3, byggn.* frieze
2 fris *s3* (*folkslag*) Fri[e]sian
frisedel *mil.* exemption warrant
frisera *bildl.* doctor [up]; ~ *ngn* dress a p.'s hair
fri|sim freestyle swimming **-sinnad** *a5* liberal,
broad-minded; *polit.* Liberal
fris|isk ['fri:-] *a5* Fri[e]sian; *F~a öarna* Frisian Islands **-iska** ['fri:-] **1** (*språk*) Fri[e]sian **2** (*kvinna*) Fri[e]sian woman
frisk *a1* **1** (*sund, felfri*) sound; (*ej sjuklig*) healthy;

(*som pred.fylln.*: *ej sjuk*) well; ~ *och kry* hale
and hearty; ~ *och stark* strong and well; ~ *som
en nötkärna* [as] sound as a bell **2** (*ny, bibehållen*) fresh; (*kall*) cold; (*uppfriskande*) refreshing;
(*bitande*) keen; ~*a krafter* renewed strength;
hämta ~ luft get some [fresh] air; *bevara ngt i ~t
minne* have a vivid recollection of s.th.; ~*t mod!*
cheer up!; *med ~t mod* with a will; *vara vid ~t
mod* be of good cheer; ~ *smak* a refreshing
taste; ~*t vatten* cold water; *se ~ ut* look well
friska *vinden ~r* [*i*] the wind is freshening; ~ *upp
minnet av* refresh one's memory of; ~ *upp sina
kunskaper* brush up (refresh) one's knowledge
frisk|het freshness *etc.* **-intyg** certificate of
health **-luftsintag** fresh-air intake
frisk|na ~ *till* recover **-skriva** declare fit; *vard.*
give a clean bill of health **-sportare** [-å-] fitness
freak, health nut
friskt *adv* freshly *etc.*; *vard.* (*duktigt*) *even n*
[*mücн*], like anything; *det blåser* ~ there is a
fresh (strong) breeze blowing
frisk|us ['friss-] *s2, han är en riktig* ~ he is always
full of beans **-vård** prophylaxis
fri|slag, -spark *sport.* free hit (kick)
frispråkig *a1* outspoken **-het** outspokenness
frist *s3* respite, grace; time limit, deadline
fri|stad [place of] refuge, sanctuary, asylum; resort (*för* of) **-stående** *a4* detached, standing
alone; ~ *gymnastik* freestanding exercises (*pl*),
Swedish drill (*enaticus pl, gymnastics pl*)
friställ|a release; (*permittera*) lay off; **-d** *arbets-
kraft* released manpower, redundant labour
-ning lay-off
frisyr *s3* (*dam-*) hairstyle, coiffure; *vard.* hairdo;
(*herr-*) haircut **frisör** barber, hairdresser **frisörska** hairdresser
frita[ga] exempt, release; ~ *sig från ansvar* disclaim any responsibility
fritora deep-fry
fritid spare (leisure) time; *på ~en* in leisure hours
fritids|aktivitet leisure-time activity **-båt**
pleasure boat **-gård, -hem** youth recreation
centre **-hus** leisure house (cottage), holiday cottage **-kläder** casual clothes, sportswear **-problem** leisure problem **-sysselsättning** sparetime occupation, hobby
fritt *adv* freely; (*öppet*) openly; *tala* ~ speak
openly (frankly); (*gratis*) free; ~ *banvagn* (*kaj,
ombord*) free on rail (alongside [ship], on
board); ~ *fabrik* ex works; ~ *förfoga över* have
entirely at one's disposal; *huset ligger* ~ the
house stands on open ground (commands a free
view); *historien är* ~ *uppfunnen* the story is a
pure invention
frivakt *sjö.* off-duty watch; *ha* ~ be off duty
frivillig voluntary, optional; *en* ~ (*mil.*) a volunteer **-het** voluntariness; (*fri vilja*) free will
frivilligt *adv* voluntarily, of one's own free will;
optionally
frivolt somersault
frodas *dep* thrive, flourish; *bildl.* be rife, grow
rampant
frodig *a1* (*om växt o. bildl.*) luxuriant; (*om pers.
o. djur*) fat, plump **-het** luxuriance *etc.*
from [-omm] *a1* **1** (*gudfruktig*) pious; (*andäktig*)
devout, religious; ~*ma önskningar* pious hopes,

idle wishes **2** (*saktmodig*) quiet, gentle; (*om hund*) good-tempered; ~ *som ett lamm* [as] gentle as a lamb **-het 1** piety **2** quietness *etc.*

from|ma *oböjligt s, till* ~ *för* for the benefit of **-sint** *al* gentle

frond|era [frånd-] *polit.* oppose authority [of one's party]; rebel **-ör** [frånd-] rebel

front [frånt *el.* frånt] *s3* front; *göra* ~ *mot* face, *bildl.* stand up against

frontal *a5* frontal **-kollision, -krock** head-on collision

front|matad front-loading **-tjänst** active service (*särsk. AE.* duty)

1 frossa [-å-] *s1, med.* ague; (*malaria*) malaria; *ha* ~ have the shivers

2 frossa [-å-] *vl* **1** *eg.* gormandize; gorge (*på* on) **2** *bildl.* revel (*i* in)

frossare [-å-] glutton (*på* of), gormandizer (*på* on); reveller (*i* in)

frossbrytning fit of shivering (ague)

frosseri [-å-] gluttony; gormandizing *etc.*

frost [-å-] *s3* frost ~ *av* defrost

frost|biten *a5* frostbitten **-fri** frostless **-härdig** frost-resistant, frostproof **-ig** *al* frosty **-skada** frost injury **-skadad** *a5* damaged by frost **-skyddsvätska** antifreeze

frotté *s3* towelling, terry cloth **-handduk** Turkish (terry) towel

frotter|a rub, chafe; ~ *sig med ngn* hobnob with s.b. **-ing** rubbing, chafing

fru *s2* (*gift kvinna*) married woman; (*hustru*) wife; (*titel*) Mrs.; ~ *Fortuna* Dame Fortune; *Vår* ~ Our Lady; ~*n i huset* the lady of the house; *vad önskar* ~*n?* what would you like, Madam?, can I help you, Madam?

frukost ['fruckåst] *s2* (*morgonmål*) breakfast; (*lunch*) lunch; *äta* [*ägg till*] ~ have [eggs for] breakfast **-dags** *adv, det är* ~ it is time for breakfast; *vid* ~ at breakfast time **-middag** brunch

frukt *s3* **1** fruit (*äv. koll.*); (*jordbruksprodukter äv.*) yield; *bära* ~ (*äv. bildl.*) [bear] fruit, fructify; *sätta* ~ (*äv. bildl.*) form fruit **2** *bildl.* fruit[s *pl*]; (*resultat*) consequence, result; *njuta* ~*en av sin möda* enjoy the fruits of one's labour

frukta fear; (*starkare*) dread; (*vara rädd för*) be afraid of; *en* ~*d motståndare* a dreaded adversary; ~ *för* (*hysa fruktan för*) fear, dread, (*dra sig för*) be afraid of, shun; *man* ~*r för hans liv* they fear for his life

fruktaffär fruit shop, fruiterer's [shop]

fruktan *r* fear (*för* of); (*starkare*) dread (*för* of); (*skrämsel*) fright (*för* of); (*oro*) apprehension, anxiety (*för* about); *av* ~ *för* for fear of; *hysa* ~ *för* be in fear of, (*hysa respekt*) stand in awe of; *injaga* ~ *hos ngn* inspire s.b. with fear **fruktansvärd** *al* terrible, fearful; (*förfärlig*) dreadful; (*svagare*) formidable; (*friare*) terrific

frukt|assiett fruit plate **-bar** *al* fertile; *bildl. äv.* fruitful; (*om jordmån*) productive, rich **-barhet** fertility; fruitfulness; productivity **-bärande** fruit-bearing, fructiferous; (*friare*) fruitful, advantageous **-ig** *al* fruity **-kniv** fruit knife **-lös** fruitless; *bildl. äv.* unavailing, futile **-odling 1** *abstr.* fruit growing **2** *konkr.* fruit farm

frukt|os [-'å:s] *s3* fructose, fruit sugar **-saft** fruit

juice **-sallad** fruit salad

fruktsam *al* fruitful (*äv. bildl.*); (*om kvinna*) fertile; (*alstringsrik*) prolific, fecund **-het** fruitfulness; fertility; fecundity

frukt|skål fruit bowl **-träd** fruit tree, fruiter **-trädgård** [fruit] orchard **-ämne** *bot.* ovary

fruntimmer *s7* woman; *neds.* female

fruntimmers|karl ladies' (lady's) man, ladykiller **-veckan** *ung.* Ladies' Week, the period July 18–24

frusen *a3* **1** frozen; (*om växt, gröda o.d.*) blighted by frost, frostbitten; *kokk.* chilled; *-et kött* cold-storaged meat **2** (*kall*) cold; (*genomfrusen äv.*) chilled; *vara* ~ *av sig* be sensitive to cold, *vard.* be a chilly mortal

frust|a snort **-ning** snort[ing]

frustr|ation frustration **-era** frustrate

Frygien ['fry:g-] *n* Phrygia **frygisk** ['fry:g-] *a5* Phrygian;. *mössa* Phrygian cap

fryntlig *al* genial; jovial

frys|a *frös* frusit (*i bet. frysa matvaror o. frysa till is äv. v3*) freeze; (*känna kyla*) be (feel) cold; (*skadas av frost*) get frostbitten; ~ *till is* freeze [to ice]; ~ *öronen av sig* get one's ears frostbitten; *jag -er* I am cold; *jag -er om fötterna* my feet are cold (freezing); *det har frusit i natt* there was a frost last night; ~ *fast i* get frozen fast in; ~ *ihjäl* get frozen to death; ~ *inne* be (get) icebound; ~ *ner* (*mat*) freeze; ~ *sönder* be (get) split by the frost, burst by the frost; ~ *till* freeze (get frozen) over; ~ *ut* cold-shoulder, send to Coventry **-box** deepfreeze, freezer **-disk** frozen-food merchandiser (counter) **-fack** freezing compartment **-hus** cold storage **-punkt** freezing point **-skåp** freezer **-torka** freeze-dry **-torkning** freeze-drying

fråg|a I *s1* question; (*förfrågan*) inquiry; (*sak*) question, matter, point; *en* ~ *om* a matter of; *i* ~ *om* as to, regarding, in the matter of; *saken i* ~ the matter in question (at issue); *dagens -or* current questions (issues); *göra ngn en* ~ ask s.b. a question; *komma i* ~ *som chef* be in the running for manager's post; *sätta i* ~ (*betvivla*) question, call in question; *det blir en senare* ~ that will be a matter for later consideration; *det kommer aldrig i* ~ (*på* ~*n*) it is quite out of the question; *det är en annan* ~ that is another question (matter); *det är inte* ~[*n*] *om det* that is not the point; *det är nog* ~[*n*] *om* you never can tell, *vard.* I wouldn't bank on it; ~*n är fri* anybody may ask a question; there is no harm in asking; *vad är det* ~*n om? a*) (*vad står på*) what is the matter?, *b*) (*vad gäller frågan*) what is it all about?, *c*) (*vad vill ni*) what do you want? **II** *vl* ask (*ngn om ngt* s.b. about s.th.); inquire (*äv. fråga om, efter*); (*förhöra*) question (*ngn om* s.b. about); *absol. äv.* ask questions; ~ *efter ngn* ask (inquire) for s.b., (*bry sig om*) ask after s.b.; ~ *om* (*igen*) ask again, repeat the (one's) question; ~ *ngn om lov att* ask a p.'s permission to; ~ *om* (*efter*) *priset på* ask (inquire) the price of; ~ *sig* ask o.s. [the question] (*om* whether); ~ *sig fram* ask one's way; ~ *sig för* make inquiries (*om* about, as to); ~ *ut ngn* question s.b. (*om* about), interrogate s.b. (*om* as to); *förlåt att jag* ~*r, men* excuse my asking, but **-ande** *a4* inquiring; questioning; *se ~ ut* look puzzled (bewildered)

fråge|formulär questionnaire **-sats** interrogative clause **-spalt** questions and answers column **-sport** quiz **-stund** question time **-ställning** (*formulering av fråga*) framing of a (the) question; (*problem*) problem, question at issue **-tecken** question mark

frågvis [-å:-] *a1* inquisitive **-het** inquisitiveness

från I *prep* from; (*bort, ner från*) off; (*ända från*) [ever] since; *~ och med nu* from now on; *~ och med 1 april* as from April 1st; *~ vettet* out of one's wits; *herr A. ~ N.* mr. A. of N.; *år ~ år* from year to year; *berättelser ~ hans barndom* stories of his childhood; *doften ~ en blomma* the scent of a flower; *för att börja ~ början* to begin at the beginning; *undantag ~ regeln* exceptions to the rule; *jag känner honom ~ Paris*[*tiden*] *a*) I got to know him in Paris, *b*) I have known him ever since we were in Paris together **II** *adv*, (*frånslagen*) off; *~ och till* (*av o. till*) to and fro, *b*) (*ull ö. då*) off and on; *gå ~ och till* (*som hjälp*) come and go; *det gör varken ~ eller till* that is neither here nor there

från|döma *~ ngn ngt* sentence s.b. to forfeit (lose) **-gå 1** (*avgå, avräknas*) to be deducted [from] **2** (*ändra, uppge*) relinquish (*ett tidigare beslut* a previous decision); abandon (*sin ståndpunkt* one's point of view) **-känna** *~ ngn rätten att* deny s.b. the right to; *~ ngn talang* deny a p.'s [possession of] talent **-landsvind** offshore wind **-se** disregard, leave out of account; *~tt detta* (*att*) apart from that (the fact that) **-sida** back; (*på mynt o.d.*) reverse **-skild** (*om makar*) divorced **-slagen** switched off **-stötande** repellent; (*starkare*) repulsive; (*om utseende*) unattractive **-säga** *rfl* (*avvisa*) decline, refuse; (*ansvar*) disclaim; (*nöje*) renounce **-träda** (*befattning*) retire from, resign; (*egendom*) surrender; (*arrende*) leave **-varande** *a4* absent; *bildl.* absent-minded, preoccupied; *de ~* those absent, (*vid möte o.d.*) the absentees **-varo** *s9* absence (*av* of; *från* from); (*brist, avsaknad*) lack, want; *lysa med sin ~* be conspicuous by one's absence

fräck *a1* impudent, insolent; (*oblyg, om pers.*) audacious; (*ogenerad*) cheeky, cool; *vard.* fresh; (*djärv*) daring; (*oanständig*) indecent **-het** impudence, audacity, audaciousness, insolence; *vard.* cheek, gall; *ha ~en att* have the impudence to

fräckis *s2, vard.* dirty story

fräken [′frä:-] *s2*, **-växt** *bot.* horsetail

fräkn|e [*frä:-] *s2* freckle **-ig** *a1* freckled, freckly

frälsa *v1 el. v3* save (*från* from); *relig. äv.* redeem; (*befria*) deliver; (*rädda äv.*) rescue; *fräls oss ifrån ondo* deliver us from evil; *han har blivit frälst* he has found salvation

frälsar|e saviour; *F-n, Vår F~* the (our) Saviour **-krans** life buoy

frälse I *s6* **1** (*befrielse från skatt*) exemption from land dues to the Crown **2** (*adel ung.*) privileged classes (*pl*) **II** *oböjligt a*, *~ och ofrälse* [*män*] noblemen and commoners

frälsning saving *etc.*; *relig. äv.* salvation; (*räddning*) deliverance

frälsnings|armé *F~n* the Salvation Army **-sol-**

dat Salvationist

främj|a further; (*ngns intresse e.d.*) promote; (*uppmuntra*) encourage; (*understödja*) support **-ande** *s6* furtherance; promotion; encouragement; support; *till ~ av* for the furtherance (*etc.*) of, in order to promote

främling stranger (*för* to); (*utlänning*) foreigner **främlingskap** *s7* alienation; *bildl.* estrangement **främlingslegion** foreign legion; [*franska*] *F~n* the Foreign Legion

främmande I 1 *s9* (*främling*) stranger; (*gäst*) guest; (*besökande*) visitor, caller **2** *s7, koll.* company; guests, visitors (*pl*); *vi skall ha ~ till middag* we are having company (guests) to dinner **II** *oböjligt a* (*utländsk*) foreign, alien; (*okänd*) strange, unknown (*för* to), unfamiliar (*för* with); (*ovidkommande*) extraneous; *~ språk* foreign languages; *en ~ herre* an unknown gentleman, a stranger; *en vilt ~ människa* a complete stranger, *jorhållande*[*t*] *till ~ makter* [our] relationship to foreign powers; *de är ~ för varandra* they are strangers to one another; *han är helt ~ för tanken* the idea is quite alien to him

främre [′främm-] *a komp.* fore; front; *fack.* anterior; *F~ Asien* (*ung.*) southwest Asia; *F~ Orienten, se Mellersta Östern*

främst *adv* (*om rang, rum*) foremost; (*om ordning*) first; (*framför allt o.d.*) principally, especially; *först och ~* first and foremost, first of all; *~ i boken* at the beginning of the book; *i skuran* in the forefront of the crowd; *ligga ~* (*i tävling*) be ahead (leading); *sitta ~* sit right at the front, sit in the front row; *stå ~ på listan* stand first on the list

främst|a *a best. superl.* (*om rum, rang*) foremost; (*om ordning*) first; *i ~ rummet* in the first place, first of all; *vår -e kund* our biggest (most important) customer; *vår -e leverantör* our principal supplier

frän *a1* rank; (*om smak äv.*) acrid; *bildl.* acrimonious, caustic; (*högdragen*) arrogant; (*cynisk, rå*) coarse

fränd|e *s5* kinsman, *fem.* kinswoman, relative **-skap** *s3* kinship, relationship; *bildl.* affinity

fränhet [-ä:-] *rankness*; acrimony; arrogance

1 fräs *s7* **1** hissing; frying; *jfr 1 fräsa* **2** *för full ~* at top speed

2 fräs *s2, tekn.* milling machine, miller

1 fräsa *v3* **1** (*väsa*) hiss; (*stänka o. fräsa*) sp[l]utter; (*om katt*) spit; (*i stekpanna*) sizzle; *fräs!* (*snyt ut*) blow [your nose]! **2** (*hastigt steka upp*) *kokk.* fry, frizzle **3** *~ fram* (*förbi*) zoom (rip) along (past)

2 fräsa *v3, tekn.* mill

fräsch [-ä:-] *a1* fresh[-looking]; (*obegagnad*) [quite] new; (*ny o. frisk*) fresh, clean

fräsch|a *~ upp* freshen up **-het, -ör** freshness; newness

fräsning [-ä:-] *tekn.* milling

fråt|a *v3* **1** (*om syror o.d.*) corrode; eat (*hål på* a hole in); *~ bort* eat (corrode) away; erode; *~ sig igenom* eat its way through **2** *bildl.* fret, gnaw (*äv. fräta på*) **-ning** corrosion; erosion **-sår** malignant ulcer; *bildl.* canker

frö *s6, pl hand. äv. -er* seed; *koll.* seed[s *pl*]; *bildl.* germ, embryo; *gå i ~* go to seed

frö|a ~ *sig* go to seed; ~ *[av sig]* shed its seed **-handel** seed shop **-hus** seed capsule, seed-case, seed vessel, pericarp

fröjd *s3* joy, delight; *bordets* ~*er* the delights of the table; *i* ~ *och gamman* merrily **fröjda** delight, give joy to; ~ *sig* rejoice *(åt, över* at), delight *(åt, över* in) **fröjdefull** joyful, joyous

frök|en ['frö:-] *-en -nar* unmarried woman, young lady; *(som civilstånd)* spinster; *(som titel)* Miss; *(lärarinna)* teacher; *(servitris)* waitress; *F*~ *Ur* speaking clock; *F*~ *Väder* telephone weather forecast

frö|mjöl pollen **-växt** seed plant **-ämne** ovule

fuchsia ['fucksia] *s1* fuchsia

fuffens ['fuff-] *n* trick[s *pl*], dodge[s *pl*]; *koll. äv.* mischief; *ha* [*ngt*] ~ *för sig* be up to s.th. (mischief)

fuga *s1* fugue

fukt *s3* damp, moisture **fukta 1** *(väta)* moisten, damp[en]; *(med tårar)* wet **2** *(vara fuktig)* be (get) damp **fuktas** *dep* moisten

fukt|drypande *a4* wet with damp **-fläck** damp stain **-halt** moisture content

fuktig *a1* damp; *(genom-)* moist; *(om luft)* humid **-het** dampness; moisture; humidity **-hetsmätare** hygrometer

fukt|skada damage caused by damp **-torka** damp wipe

ful *a1* ugly; *AE. äv.* homely; *(föga tilltalande)* unattractive; *(obehaglig för örat)* harsh; *(om väder)* bad; ~ *i mun[nen]* foul-mouthed; ~*a ord* dirty words, bad (foul) language *(sg)*; ~ *som stryk* [as] ugly as sin; *en* ~ *fisk (bildl.)* an ugly customer; *ett* ~*t spratt* a nasty (dirty) trick; *hon är inte* ~ she is not bad-looking **-ing** fright; *(om barn)* scamp, rascal

full *a1* **1** full *(av, med* of); filled *(av, med* with); ~ *av idéer* teeming with ideas; ~ *i (av) skratt* brimming over with laughter; *för* ~*a segel* in full sail; *ropa med* ~ *hals* roar; *spela för* ~*a hus* play to crowded houses; *det är* ~*t med människor på gatan* the street is crowded with people **2** *(hel, fullständig)* full *(fart* speed); *sysselsättning* employment; *verksamhet* activity); complete, whole; ~ *hand (kortsp.)* full house; ~ *sommar* full (the height of) summer; ~ *tid (sport.)* full time; ~ *tjänstgöring* full-time duty; ~*a tre månader* fully three months, a full three months; *dussinet* ~*t* a full dozen; *med* ~ *rätt* quite rightly; *till* ~ *belåtenhet* to my *(etc.)* entire satisfaction; *vara i sin* ~*a rätt* have every right **3** *till* ~*o* in full, fully **4** *(drucken)* drunk; *vard.* tight

full|belagd *a5, sjuksalen är* ~ the ward is full up **-blod** *s7* thoroughbred, full blood **-bokad** *a5* booked up; fully booked

fullbord|a [-o:-] complete, accomplish, finish; ~ *sin avsikt* fulfil one's intention; *ett* ~*t faktum* an accomplished fact; *det är* ~*t (bibl.)* it is finished **-an** *r* **1** completion; accomplishment **2** *(uppfyllelse)* fulfilment; *i tidernas* ~ in the fullness of time; *nalkas (nå) sin* ~ be approaching (reach) its *(etc.)* completion

full|fjädrad [-ä:-] *a5* fully fledged, full-fledged; *bildl.* full-blown **-följa 1** *(slutföra)* complete; *(föresatser, planer)* carry out; *(fortsätta [med])* continue, carry on, proceed; *(följa upp)* follow

up **2** *jur.* prosecute; carry on **-gjord** *efter* -*gjort uppdrag* on the completion of a mission (an assignment) **-god** [perfectly] satisfactory, perfect, adequate; *(om mynt)* standard; ~ *säkerhet* full security **-gången** *a5* fully developed **-göra** *(utföra)* carry out; *(plikt)* perform; *(uppfylla)* fulfil; ~ *sin militärtjänst* do one's military service

fullkomlig [-å-] *a1* perfect; *(fullständig)* complete, entire; *(absolut)* utter, absolute **-het** perfection

fullkom|ligt *adv* perfectly; completely *etc.*, *se fullkomlig* **-na** [make] perfect; *(fullborda)* accomplish, finish **-ning** perfection

fullkornsbröd wholemeal bread

full|makt 1 *(bemyndigande)* power[s *pl*]; *(dokument)* power (letter) of attorney, warrant; *(vid röstning)* proxy; *enligt* ~ as per power of attorney, by proxy; *äga* ~ be authorized, to have authority **2** *(ämbetsmans)* letters *(pl)* of appointment; *(officers)* commission; *(riksdagsmans)* proxy **-måne** full moon **-mäktig** *-en -e* authorized representative, proxy, delegate **-proppad** [-å-] *a5* stuffed; crammed **-riggare** full-rigged vessel *(etc.)* **-satt** *a4 (om lokal o.d.)* full, crowded, filled to capacity; *(översållad)* studded; ~ *till sista plats* full up, not a seat left **-stoppad** [-å-] *a5* crammed full *(av, med* of), crammed *(av, med* with)

fullständ|ig *a1* complete, entire; total; *(absolut o.d.)* utter, absolute; ~ *avhållsamhet* total abstinence; *med* ~*a rättigheter (spritservering)* fully licensed **-ighet** completeness **-igt** *adv* completely; entirely

fullt *adv* fully; *(alldeles)* quite; *(fullständigt)* completely; *inte* ~ *en timme* not quite an hour; *ha* ~ *upp med pengar (att göra)* have plenty of money (to do); *njuta* ~ *och helt av ngt* enjoy s.th. to the full; *tro ngt* ~ *och fast* have absolute faith in s.th., be firmly convinced of s.th.

full|talig *a1* [numerically] complete; full; *är vi* ~*a?* are we all here? **-teckna** *(lista)* fill with signatures; *(belopp)* subscribe in full; *lånet* ~*des snabbt* the loan was fully subscribed quickly **-träff** direct hit; *bildl.* [real] hit **-vuxen** full-grown, fully grown; *en* ~ a grown-up [person], an adult

fulländ|a complete *(jfr fullborda)*; ~*d* perfect, complete; ~*d smak* consummate taste; ~ *sig* perfect o.s. **-ning** completion; perfection

fullärd *(särskr. full-lärd)* *a5* fully trained (qualified); skilled

fullödig *(särskr. full-lödig)* *a1* standard; *(gedigen)* sterling; *bildl. äv.* thorough, genuine; ~*t uttryck* fully adequate expression

fult [-u:-] *adv* in an unsightly (ugly) way; *(för örat)* harshly; *(obehagligt)* disagreeably; *(starkare)* nastily; *det var* ~ *gjort av dig* it was a nasty thing of you to do

fuml|a fumble *(med* with, at) **-ig** *a1* fumbling **-ighet** fumblingness

fundament *s7* foundation; *(för maskin)* bed, footing; *(sockel)* base **-al** *a1* fundamental, basic

funder|a *(grubbla)* ponder *(på* upon); muse, meditate *(på* upon, about); think; *(undra)* wonder; ~ *hit och dit* turn the matter over in one's mind; ~ *på att göra ngt* think of (consider) doing s.th.; ~ *på saken* think the matter over; ~ *ut* think (work) out **-are** *ta sig en* ~ have a good think **-ing** *~ar* thoughts, reflections, speculations, (*idéer*) ideas, notions **-sam** *a1* (*tankfull*) thoughtful, contemplative, meditative; (*tveksam*) hesitative

fungera [-ŋ'ge:-] (*om maskin e.d.*) work, function; (*om pers.*) officiate, serve, act

funktion [-ŋk'ʃo:n] function[ing]; (*plikt*) function, duty; *i* (*ur*) ~ in (out of) operation (order), (not) working; *försätta ngt ur* ~ throw s.th. out of gear **funktionell** [-ŋkʃo-] *a1* functional **funktionsduglig** serviceable; adequate; *i ~t skick* in working order **funktionär** [-ŋkʃo-] *s3* functionary, official

fura *s1* pine

furie ['fu:-] *s5* fury

furir *s3* corporal; (*vid flottan*) leading rating; *AE.* sergeant, (*vid flottan*) petty officer 2nd class, ⟨vid flygvapnet⟩ staff sergeant

furste *s2* prince

furste|ndöme *s6* principality **-ätt** princely (royal) house

furst|inna princess **-lig** *a1* princely **-ligt** *adv* like a prince; *belöna ngn* ~ give s.b. a princely reward

furu *oböjligt s* pine [wood]

fusion fusion; (*hand. äv.* merger, amalgamation; *kärnfys.* [nuclear] fusion **-era** fuse, amalgamate

fusk *s7* **1** (*slarv*) scamping; (*illa gjort arbete*) botch **2** (*svek*) cheating; *skol. äv.* cribbing **fuska 1** (*med arbete o.d.*) scamp, botch; ~ *i fotografyrket* dabble in photography; ~ *med ngt* scamp (skimp) s.th. **2** *skol., spel., hand. o.d.* cheat (*i* at); *skol. äv.* crib

fusk|are 1 botcher; dabbler **2** cheat[er], crib[ber] **-bygge** jerry-building **-lapp** crib

futtig *a1* paltry; (*småaktig, obetydlig*) petty **-het 1** (*utan pl*) paltriness **2** (*med pl*) pettiness

futurum [-ˣtu:-] *s8, pl -er* the future [tense]; ~ *exactum* the future perfect

fux *s2* bay [horse]

fy ugh!, oh!, phew!; ~ *sjutton!* confound it!; ~ *skäms!* shame [on you]!

fylla I *s1* booze; *i ~n och villan* [when] in a drunken fit; *ta sig en* ~ have a booze; *vara på ~n* (*vard.*) be on the booze **II** *v2* **1** fill; (*fullproppa o. kokk.*) stuff; (*utfylla*) fill up; (*behov, brist*) supply; *bildl.* fulfil, serve; ~ *en ballong* inflate a balloon; ~ *ett länge känt behov* supply a long-felt want; ~ *sin uppgift* (*om sak*) fulfil (serve) its purpose; ~ *vin i glasen* pour wine into the glasses **2** (*med betonad partikel*) ~ *i* a) (*kärl e.d.*) fill up, (*blankett*) fill in (up), b) (*ngt som fattas*) fill in, c) (*vätska*) pour in; ~ *igen* fill up (in); ~ *på* a) (*kärl*) fill [up], replenish, b) (*vätska*) pour [out]; ~ *upp* fill up; ~ *ut* (*t.ex. en rad, kläder*) fill out, (*t.ex. program, brist, äv.*) fill up **3** *han fyller 25 år i morgon* he will be 25 tomorrow, tomorrow is his 25th birthday **4** (*berusa*) intoxicate, make drunk

fyllbult *s2* boozer **fylleri** drunkenness, intoxication **fyllerist** drunkard, drunk

fyllest *till* ~ sufficiently; *vara till* ~ be sufficient (satisfactory)

fyllig *a1* **1** (*om pers.*) plump **2** (*om ljud*) full, full-

toned, rich, mellow; (*om vin*) full-bodied; (*om cigarr*) full-flavoured; (*detaljerad*) detailed **-het** fullness *etc.*; fullness of tone (flavour *etc.*)

fyllna ~ *till* get tipsy **fyllnad** *s3* filling; (*tillägg*) supplement; (*ut- äv.*) complement **fyllning** filling [material]; (*i tand*) filling, *vard.* stopping; *kokk.* stuffing

fyll|o ['fyllo] *s6* drunk **-sjuk** *vara* ~ be sick (ill) after drinking **-tratt** boozer

fynd *s7* find; finding; (*upptäckt*) discovery; (*oväntad gåva*) godsend; (*lyckat påhitt*) stroke of genius; *göra ett* ~ make a [real] find; find a treasure, (*i affär etc.*) find a [real] bargain; *mannen är ett verkligt* ~ the man is a regular find **fynda** bargain-hunt

fyndig *a1* **1** (*uppfinningsrik*) inventive; (*påhittig, förslagen*) resourceful, ingenious; (*rådig*) ready-witted; *ett ~t svar* a quick-witted reply, a repartee **2** *miner.* metalliferous **-het 1** ingenuity **2** *miner.* deposit, mining find

fynd|ort site [of a find]; *biol.* habitat **-pris** bargain price

1 fyr *oböjligt s, ha ngt* ~ *för sig* be up to s.th. (mischief)

2 fyr *s2* lad; *en glad* (*lustig*) ~ a gay spark; a cheerful chap

3 fyr *s2* **1** *mil.*, [*ge*] *~!* fire! **2** (*eldstad*) stove **3** (*eld i spis e.d.*) fire **4** ~ *och flamma* all afire (aflame)

4 fyr *s2, sjö.* light[house]; beacon

1 fyra *v1*, ~ *av se avfyra;* ~ *på* a) (*elda*) keep a fire burning, stoke, b) (*skjuta*) fire away

2 fyra I *räkn* (*för sms jfr fem-*) four; *~ hundra* four hundred; *mellan ~ ögon* in private; *på alla* ~ on all fours **II** *s1* four; *~n[s växel*] [the] fourth [gear]; *han går i ~n* he is in the fourth form (class)

fyra|hundratalet the fifth century **-årig** *a1* **1** four-year-old **2** (*för fyra år*) four-year **-åring** child of four, four-year-old

fyr|bent [-e:-] *a4* (*om djur*) four-footed, quadruped; (*om möbel o.d.*) four-legged **-cylindrig** *a5* four-cylinder **-dimensionell** *a5* four-dimensional **-faldig** *a5* fourfold **-fotadjur** quadruped **-hjulig** *a5* four-wheel[ed] **-hjulsdrift** four-wheel drive **-händig** *a5* four-handed; *~t pianostycke* duet **-kant** square; quadrangle; *fem yards i* ~ five yards square **-kantig** square; quadrangular **-klöver** four-leaf clover; *bildl.* quartet[te] **-motorig** *a5* four-engined **-sidig** *a5* four-sided **-siffrig** *a5* four-figure; in the fourfigures **-sitsig** *a5* four-seated; ~ *bil* four-seater

fyrskepp lightship **-taktsmotor** four-stroke (*AE.* four-cycle) engine **-tal** [the number] four; (*i poker*) four of a kind

fyrti[o] [ˣförrti] forty

fyrtion|de [ˣförr-] fortieth **-[de]del** fortieth part **fyrti[o]talist** writer (author) of the forties **-årig** *etc., se femtioårig etc.*

fyrtorn lighthouse

fyrverkeri fireworks (*pl*)

fysik *s3* **1** (*vetenskap*) physics (*pl, behandlas som sg*) **2** (*kroppsbeskaffenhet*) physique; constitution **-alisk** [-'ka:-] *a5* physical; ~ *behandling* physiotherapeutic treatment; ~ *kemi* physical chemistry

fysiker ['fy:-] physicist

fysiolog|i *s3* physiology **-isk** [-'lå:-] *a5* physiological

fysisk ['fy:-] *a5* physical; (*kroppslig äv.*) bodily; ~ *person* natural person; *en* ~ *omöjlighet* a sheer (downright) impossibility

1 få *pron* few; (*några få*) a few; *alltför* ~ all too few; *om några* ~ *dagar* in a few days

2 få *fick fått* **I 1** (*erhålla, mottaga*) receive, get; (*lyckas få, skaffa sig*) get, obtain; (*förvärva*) get, acquire; (*få o. behålla*) keep, have; ~ *arbete* get a job; ~ *barn* have a baby; ~ *betalt* be (get) paid; ~ *en fråga* be asked a question; ~ *en gåva* receive a present; ~ *huvudvärk* get a headache; ~ *ett namn* get (*om småbarn* be given) a name; ~ *ro* find peace; ~ *ett slut* come to an end; ~ *snuva* catch [a] cold; ~ *sitt straff* be punished; ~ *tid* get (find) [the] time; ~ *tillträde* be admitted, obtain admission; ~ *torra kläder på kroppen* get dry clothes on; ~ *ngt att tänka på* get s.th. to think about; ~ [*sig*] *en bit mat* get s.th. to eat; ~ *sig ett gott skratt* have a good laugh; *vad* ~ *r vi till middag?* what are we having for dinner?; *vem har du* ~*tt den av?* who gave you that?; *har blommorna* ~*tt vatten?* have the flowers been watered?; *den* ~*r inte plats* there is no room for it; *den varan går inte att* ~ *längre* that article is no longer obtainable; *då skall du* ~ *med mig att göra!* then you'll catch it from me!; *det skall du* ~ *för!* I'll pay you out for that!; *där fick du!* serves you right!; *där fick han så han teg!* that shut him up!

2 (*lyckas göra el. bringa el. laga*) get, have; ~ *ngt färdigt* get s.th. finished, finish s.th.; ~ *kläderna förstörda* get one's clothes spoilt; ~ *ett slut på* put an end to; ~ *sin önskan uppfylld* get (have) one's wish; *de har* ~*tt det bra* (*ekonomiskt*) they are well off **3** (*förmå, bringa*) make, get, bring; ~ *ngn att göra ngt* (*ngn till ngt*) get s.b. to do (make s.b. do) s.th.; ~ *ngt till stånd* bring about s.th. **4** (*ha tillåtelse*) be allowed (permitted) to; ~*r* may, can; *fick* (*i indirekt tal*) might, could; ~*r* (*i indirekt tal: fick*) inte must not; ~*r ej vidröras!* do not touch!; *jag* ~*r inte glömma* I must not forget; *jag* ~*r inte för min mamma* my mummy won't let me; *du* ~*r inte bli ond* you must not get angry; ~*r jag följa med?* may I come too?; ~*r jag komma in? Nej, det* ~*r du inte* may (can) I come in? No, you may not; ~*r jag störa dig ett ögonblick?* could you spare me a minute?; *om jag* ~*r ge dig ett råd* if I might give you a piece of advice; *huset fick inte byggas* they were not allowed to build the house, permission was not given for the house to be built **5** (*i artighetsuttryck*) *be att* ~ *tala med* ask to speak to; ~*r jag tala med* can (could) I speak to; ~*r jag fråga* may (might) I ask; *låt mig* ~ *försöka* let me try; ~*r jag be om litet ost?* (*vid bordet*) may I have some cheese?; ~*r det vara en cigarett?* would you like a cigarette?; *vad* ~*r det lov att vara?* what can I do for you[, Sir (Madam)]?; *jag* ~*r tacka så mycket* [I should like to] thank you very much; *vi* ~*r härmed meddela att* we wish to inform you that; *det* ~*r jag verkligen hoppas* I should hope so **6** (*vara tvungen att, nödgas*) have to, *vard.* have got to; *det* ~*r duga* that will have to do; *jag* ~*r lov att gå nu* I must go now; *jag* ~*r väl försöka då* I shall

have to try, then; *du* ~*r ursäkta mig* you must excuse me; *då* ~*r det vara* we'll leave it at that, then; *jag fick vänta* I had to wait, I was kept waiting **7** (*kunna, ha möjlighet att*) be able to; ~*r* can; ~ *höra* (*veta etc.*) *se under höra, veta etc.*; *vi* ~*r tala om det senare* we'll talk about that later; *vi* ~*r väl se* we'll see [about that]; *har du fått sova i natt?* were you able to sleep last night?; *jag fick göra som jag ville* I could do as I liked **II** (*med betonad partikel*) **1** ~ *av* get off **2** ~ *bort* remove **3** ~ *fingrarna emellan* get one's fingers caught **4** ~ *fram* (*ta fram*) get out, (*skaffa*) procure, (*framställa*) produce; *jag fick inte fram ett ord* I could not utter a word **5** ~ *för sig* (*inbilla sig*) imagine, (*få ett infall*) get it into one's head **6** ~ *i ngt i sig s.th.* into; ~ *i ngn ngt* get s.b. to take s.th.; ~ *i sig* (*svälja*) swallow, (*tvinga i sig*) get down **7** ~ *igen a*) (*återfå*) get back, *b*) (*stänga*) close; *det skall du* ~ *igen!* I'll pay you back for that, you'll see! **8** ~ *igenom* get through **9** ~ *ihop a*) (*stänga*) close, *b*) (*samla ihop*) get together, (*pengar*) collect **10** ~ *in* get in, *radio.* get; ~ *in...i sig...into;* ~ *in pengar* (*samla ihop*) collect money, (*tjäna*) make money **11** ~ *med* [*sig*] bring [along]; *inte* ~ *med* (*lämna kvar*) leave behind, (*utelämna*) omit; ~ *med sig* (*få på sin sida*) get over to one's side, (*få att följa med*) get to come along **12** ~ *ner* get down **13** ~ *på* [*sig*] get on **14** ~ *tillbaka på 1 pund* get change for 1 pound **15** ~ *undan* get out of the way **16** ~ *upp* (*dörr e.d.*) get open, (*lock e.d.*) get off, (*kork e.d.*) get up, (*knut*) undo, untie, (*lyfta*) raise, lift, (*fisk*) land, (*kräkas upp*) bring up; ~ *upp farten* pick up speed; ~ *upp ögonen för* have one's eyes opened to, (*inse*) realize **17** ~ *ur ngn ngt* get s.th. out of s.b. **18** ~ *ut* get out, (*arv*) obtain; ~ *ut lön* get one's pay, get paid; *jag kunde inte* ~ *ut ngt av honom* I could not get anything out of him **19** ~ *över* (*kvar*) have left (over)

fåfäng *a1* **1** (*inbilsk*) conceited; (*ytlig*) vain **2** (*fruktlös*) vain, useless **3** (*sysslolös*) idle **fåfänga** *s1* vanity; (*inbilskhet*) conceit[edness]

fågel ['få:-] *s2* bird; (*i sht höns-*) fowl, *koll.* poultry; *koll. jakt. o. kokk.* game birds (*pl*); *var-ken* ~ *eller fisk* neither fish, flesh, nor fowl; *bättre en* ~ *i handen än tio i skogen* a bird in the hand is worth two in the bush **-bad** birdbath **-bo** bird's nest (*pl* birds' nests) **-bord** bird table **-bur** birdcage **-frö** birdseed, canary seed **-holk** birdhouse **-kännare** birdman, ornithologist **-perspektiv** bird's-eye view; *Paris i* ~ a bird's-eye view of Paris **-skrämma** *s1* scarecrow **-skådare** bird-watcher **-sträck** flight of birds **-unge** young bird, nestling **-vägen** as the crow flies **-ägg** bird's egg (*pl* birds' eggs)

fåkunnig I *a1* ignorant **II** *s, en* ~ an ignoramus

fåll *s2* hem

1 fålla *v1, sömn.* hem; ~ *upp* hem up

2 fålla *s1* pen, fold

fåll|ning hemming **-söm** hemstitching

fåmansbolag close corporation

fåna *rfl* be silly (*drivel*); (*prata dumheter*) drivel

fåne *s2* fool; (*starkare*) idiot

fång *s7* **1** armful; *ett* ~ *ved* an armful [of] wood **2** *jur.* acquisition; *laga* ~ acquest

1 fånga *i uttr.: ta till* ~ take prisoner[s *pl*], capture; *ta sitt förnuft till* ~ listen to reason, be sensible

2 fånga *v1* catch; (*ta till fånga*) capture; (*med fälla*) trap

fångdräkt prison (convict's) dress **fånge** *s2* prisoner, captive

fången *a5* imprisoned, captive; *ge sig* ~ surrender; *hålla* ~ *a*) keep in prison, hold [a] captive (prisoner), *b*) (*om uppmärksamhet e.d.*) hold; *sitta* ~ be kept in prison, be imprisoned **-skap** *s3* captivity; (*vistelse i fängelse*) imprisonment; *befria ngn ur* ~*en* release s.b. from captivity

fångläger (*för krigsfångar*) prisoner-of-war camp

fångst *s3* **1** (*fångande*) catching *etc.*, capture **2** (*byte*) catch (*äv. bildl.*); (*jakt- o. bildl.*) bag; (*fiskares*) draught, haul **-redskap** *koll.* trapping tackle (gear); (*fisk- koll.*) fishing tackle (gear)

fång|vaktare warder, *fem.* wardress (*AE.* matron), jailer, gaoler **-vård** correctional treatment [of prisoners], prison welfare

fångvårdsanstalt prison, penal institution

fånig *a1* idiotic; (*friare*) silly, stupid **-het** silliness, stupidity; ~*er* stupidities

fåntratt sap; silly idiot

fåordig [-o:-] *a1* of few words; (*ordkarg*) taciturn, laconic[al], reticent

får *s7* sheep (*pl lika*); (*kött*) mutton; *skilja* ~*en från getterna* separate the sheep from the goats

fåra I *s1* furrow; (*rynka*) line; *bildl. äv.* groove **II** *v1* furrow; line

fårakläder *pl*, *in ulv i* ~ a wolf in sheep's clothing

får|aktig *a1* (*enfaldig*) sheepish, sheeplike **-avel** sheep breeding **-hund** sheepdog **-kött** mutton **-skalle** *bildl.* num[b]skull, goon **-skinn** fleece, sheepskin **-stek** leg of mutton; (*tillagad*) roast mutton **-ull** sheep's wool

fåtal *s7, ett* ~ *personer* a few people; *i ett* ~ *fall* in a minority of cases **-ig** *a1* few [in number]; *en* ~ *församling* a small assembly

fåtölj *s3* armchair, easy chair

fä *s6* beast; *koll.* cattle; (*bildl. om pers.*) dolt, blockhead; *både folk och* ~ [both] man and beast **-aktig** *a1* caddish, doltish

fäbod *ung.* chalet

fäderne *s7, på* ~*t* on the (one's) father's (the paternal) side **-arv** patrimony **-gård** family estate

fädernesland native country

fä|fluga horsefly **-fot** *ligga för* ~ lie uncultivated; *bildl.* lie waste

fägring [-ä:-] *f* beauty

fä|hund *bildl.* cad, blighter, heel, rat, rotter **-hus** cattle shed

fäkt|a **1** fence (*med florett* with a foil); (*friare*) fight; *bildl.* tilt (*mot* at) **2** ~ *med armarna* gesticulate wildly **-are** fencer, swordsman **-mask** fencer's mask **-ning** fencing (*med, på* with); (*strid*) fight, encounter

fälg [-j] *s2* rim

fäll *s2* fell; (*djurskinnstäcke*) skin rug

1 fälla *s1* trap; *bildl.* pitfall; *gå i* ~*n* fall (walk) into the trap, get caught [in the trap]; *sätta ut en* ~ *för* set a trap for

2 fäll|a *v2* **1** (*nedhugga*) fell, cut [down]; (*slå omkull*) knock down; (*regering*) overthrow **2**

(*döda*) kill, slay; *jakt.* bring down **3** (*sänka*) lower; (*låta falla*) drop; (*tårar*) shed; (*bajonett*) level; (*lans*) couch; (*ankare*) cast, drop; *bildl.* lose (*modet* courage) **4** (*tappa*) lose (*håret* one's hair); (*om djur, t.ex. horn*) shed; (*löv, blad*) shed; (*färga av sig*) bleed; *färgen -er* the colour runs **5** *kem.* deposit, precipitate **6** (*uttala, avge*) drop, let fall; ~ *ett omdöme* express an opinion **7** (*döma*) condemn, convict, damn, (*avkunna*) pronounce (*dom* a verdict) **8** (*med betonad partikel*) ~ *igen* shut [up]; ~ *ihop* fold, (*kniv*) shut, clasp; ~ *in a*) (*infoga*) let in, inlay, *b*) (*t.ex. landningsställ*) retract; ~ *ner* let down, (*lock e.d.*) shut [down], (*krage*) turn down; ~ *ut* (*kem.*) precipitate

fällande I *s6* felling *etc.*; conviction, condemnation; pronouncement **II** *a4*, ~ *dom, se dom*; ~ *vittnesmål* incriminating evidence

fäll|bar *a5* collapsible, foldable, folding **-bord** drop-leaf table **-kniv** clasp knife **-ning 1** *abstr.* felling *etc.* **2** *konkr., kem.* precipitate; (*bottensats*) sediment; *geol.* deposit **-stol** folding chair; (*vilstol*) deck chair; (*på teater o.d.*) tip-up seat

fält *s7* field; *bildl. äv.* sphere, scope; (*dörr-*) panel; (*vägg-*) bay, panel; *i* ~ (*mil.*) in the field; *dra i* ~ take the field; *ha* ~*et fritt* have a free hand; *ligga i vida* ~*et* be far from being settled; *rymma* ~*et* quit the field; *över hela* ~*et* over the whole expanse **-arbete** field work **-herre** general, military commander **-jägare** mil. rifleman **-sjukhus** field hospital **-läkare** army surgeon **-marskalk** field marshal **-mässig** *a1* activeservice; *AE.* active-duty **-präst** army chaplain **-slag** pitched battle **-säng** camp bed **-tjänstövning** manoeuvres (*pl*) **-tåg** campaign (*mot* against, on)

fängelse *s4* **1** (*byggnad*) prison, jail, gaol; *AE. äv.* penitentiary; *sitta i* ~ be in prison; *sätta ngn i* ~ put s.b. in prison, imprison s.b. **2** (*straff*) imprisonment; *livstids* ~ imprisonment for life, life sentence; *dömas till två månaders* ~ be sentenced to two months' imprisonment, get a two months' sentence **-direktör** prison governor; *AE.* warden **-kund** jailbird, gaolbird, lag; *vard.* con **-straff** imprisonment

fängsl|a *v1* (*fjättra*) fetter, shackle **2** (*sätta i fängelse*) imprison, arrest **3** *bildl.* fascinate, captivate; (*dra t. sig*) attract **-ande** *a4* fascinating; attractive

fänkål [ˣfän-, *äv.* ˣfänn-] fennel

fänrik ['fänn-] *s2* (*vid armén, kustartilleriet*) second lieutenant, (*vid flottan*) midshipman, (*vid flygvapnet*) pilot officer; *AE.* second lieutenant, (*vid flottan*) ensign

färd [-ä:-] *s3* **1** journey; (*t. sjöss*) voyage; (*turist-*) trip, tour; (*bil- etc.*) ride; (*flyg-*) flight; (*forsknings-*) expedition; *ställa* ~*en till* make for **2** *bildl., vara i* ~ *med att göra ngt* be busy doing s.th.; *ge sig i* ~ *med ngt* (*att*) set about s.th. (+ *ing-form*) **3** *dra sina* ~*e* take one's departure; *fara på* ~*e* danger ahead; *vad är på* ~*e?* what is up (the matter)? **färdas** [-ä:-] *dep* travel **färdhandling** travel document

färdig [-ä:-] *a5* **1** (*fullbordad*) finished, done; (*avslutad*) complete; (*klar*) ready **2** (*om pers., beredd*) ready (*till* for), prepared; (*slut*) done for, worn-out; *bli* ~ *med ngt* get through with s.th., get s.th. done; *få* ~ get done; *göra* ~ get ready, finish; *vara* ~ have done; *vara* ~ *att* be ready to; *vara* ~ *med* have done [with], have finished (got through); *nu är det* ~*t!* (*vard.*) now the fat's in the fire! **3** (*nära att*) on the point of **4** (*ej ofärdig*) sound **-gjord** finished, complete; (*om kläder*) ready-made

färdig|het (*kunnighet*) skill, proficiency (*i* in, at); (*händighet*) dexterity (*i* in, at); (*talang*) accomplishment; *övning ger* ~ practice makes perfect **-klädd** *a5* dressed; *jag är inte* ~ I have not finished dressing **-kokt** *a4* cooked, boiled; *är äggen* ~*a?* are the eggs done? **-lagad** *a5* ready-to-eat; ~ *mat, äv.* convenience food **-ställa** get ready, finish, complete **-sydd** *a5* ready-made **-utbildad** fully trained

färd|knäpp *s2, vard.* one for the road **-kost** *ung.* eatables (provisions) for the journey **-ledare** leader [of an expedition], guide **-riktning** direction of travel **-riktningsvisare** (*visare*) trafficator; (*blinker*) blinker, [direction] indicator **-skrivare** (*i bil*) tachograph; *flyg.* flight recorder, *vard.* black box **-tjänst** taxi service for the disabled

färg [-j] *s3* colour (*äv. bildl.*); (*målar-*) paint; (*-ämne*) dye; (*nyans*) shade, tone; (*hy*) complexion, colour; (*klang-*) timbre; *boktr.* ink; *kortsp.* suit; *röd till* ~*en* red in colour; *gå i* ~ *med* match in (for) colour; *i vilken* ~ *skall den målas?* what colour is it to be painted?

färg|a I [-j-] colour (*äv. bildl.*); (*textil o.d.*) dye; (*glas, trä o.d.*) stain; (*måla*) paint; ~ *av sig* lose (give off) its colour **-ad** *a5* coloured; *socialistiskt* ~ tinged with socialism **-band** (*för skrivmaskin*) [typewriter] ribbon **-beständig** colourfast **-blind** colour-blind **-dia[positiv]** colour transparency (slide) **-film** colour film **-foto** colour photo **-glad** gay, gaily coloured **-grann** *neds.* gaudy; *se äv. -glad* **-handel** paint (colourman's) shop **-klick** daub (splash) of colour (paint) **-känslig** colour-sensitive **-låda** paintbox, colourbox **-lägga** colour **-lös** colourless (*äv. bildl.*)

färg|ning [-j-] dyeing **-penna** coloured pencil **-prakt** display of colour **-pyts** paint pot **-rik** profusely (richly) coloured; *bildl. äv.* vivid **-sinne** sense of colour **-skiftning 1** (*nyans*) hue, tint; *tinge*; (*om pärlemor*) iridescence **2** (*-förändring*) changing (change) of colour **-stark** highly coloured, colourful (*äv. bildl.*) **-sättning** colouration, colouring; colour scheme **-ton** colour shade, hue, tinge **-tryck** colour printing; *konkr.* colour print **-tub** paint tube **-TV** colour-TV set *äkta* colourfast **-ämne** colouring agent, colorant; (*lösligt*) dye, dyestuff

färj|a I *s1* ferry[boat] **II** *v1* ferry (*över* across) **-förbindelse** ferry service

färm *a1* prompt, expeditious **-itet** promptness

färre ['färre] fewer; less numerous

färs *s3, kokk.* forcemeat, farce[meat]

färsk *a1* **1** (*nyligen tillagad etc., ej gammal*) new; (*ej skämd, saltad, konserverad*) fresh; (*ej torkad*) green; ~*t bröd* fresh bread; ~ *frukt* fresh fruit; ~*a jordgubbar* fresh strawberries; ~ *potatis* new potatoes; ~*a ägg* new-laid eggs **2** (*som nyligen gjorts, inträffat etc.*) fresh; *av* ~*t datum* of recent

date; ~*a spår* fresh tracks; *de* ~*aste nyheterna* the latest news **-rökt** ~ *lax* smoked salmon **-varor** perishable goods, perishables **-vatten** fresh water

Färöarna *pl* the Fa[e]roes, the Fa[e]roe Islands **färö|bo, -ing** Fa[e]roese (*pl lika*) **färöisk** *a5* Fa[e]roese **färöiska 1** (*språk*) Fa[e]roese **2** (*kvinna*) Fa[e]roese woman

fästa *v3, v1* **1** (*fastgöra*) fasten, fix, pin (*vid* to, on [to]); attach (*vid* to) **2** (*friare o. bildl.*) ~ *blicken på* fix one's eyes upon; ~ *uppmärksamheten på* call attention to; ~ *vikt vid* attach importance to **3** (*anteckna, överföra*) commit (*på papperet* to paper, to writing) **4** (*fastna, häfta*) affix, stick; (*om spik e.d.*) hold **5** *rfl,* ~ *sig vid ngn* become attached to s.b.; ~ *sig vid ngt* notice, pay attention to; *inte* ~ *sig vid småsaker* not bother about trifles; *det är inget att* ~ *sig vid* ignore it, don't take any notice of it, it is nothing to worry about

fäste *s6* **1** (*fast stöd el. grund*) hold; *bildl.* stronghold, foundation; (*rot-*) root; *få* ~ get a hold (grip), take root **2** (*skaft, handtag*) shaft, attachment; (*hållare*) holder; (*svärd-*) hilt **3** *bot.* receptacle **4** (*himlavalv*) firmament **5** (*befästning*) stronghold

fästing *zool.* tick

fäst|man fiancé; *hennes* ~ (*äv.*) her young man **-mö** fiancée; *hans* ~ (*äv.*) his young lady

fästning *mil.* fort[ress]

fästpunkt [point of] attachment

föda I *s1* food; (*kost*) diet; (*näring*) nourishment; (*uppehälle*) living; *arbeta för* ~*n* work for a living (one's bread); *inte göra skäl för* ~*n* not be worth one's keep **II** *v2* **1** (*bringa t. världen*) give birth to; bear; *absol.* bear children; ~*s* be born **2** *bildl.* bring forth; breed **3** (*ge näring åt*) feed (*på* on); nourish; (*underhålla*) maintain, support; ~ *sig* live, earn one's (a) living (*av, på* on; *med* by), (*om djur*) feed

född *a5* born (*av* of); ~*a* (*rubrik*) births; *fru A.,* ~ *B.* Mrs. A., née (formerly) B.; *han är* ~ *den 1 maj* he was born on the 1st of May; *han är* ~ *engelsman* he is an Englishman by birth; *han är* ~ *till musiker* he is a born musician

födelse birth; *alltifrån* ~*n* from [one's] birth **-annons** birth announcement **-attest** birth certificate **-dag** birthday; *hjärtliga gratulationer på* ~*en!* many happy returns [of the day]!

födelsedags|kalas birthday party (celebration) **-present** birthday present **-tårta** birthday cake

födelse|datum date of birth **-kontroll** birth control **-märke** birthmark **-nummer** birth registration number **-ort** birthplace; (*i formulär e.d.*) place of birth **-siffra, -tal** birth rate **-år** year of birth

födoämne food[stuff]; ~*n* (*äv.*) comestibles, eatables, provisions

födsel ['född-] *s2* **1** (*förlossning*) childbirth; delivery **2** (*födelse*) birth

1 föga I *n* [very] little **II** *oböjligt a* [very (but)] little **III** *adv* [very (but)] little; (*icke just*) not exactly; (*knappast*) scarcely, hardly; ~ *angenäm* disagreeable; ~ *givande* hardly profitable, rather unprofitable (unfruitful); ~ *uppbygglig* unedifying

2 föga *oböjligt s i uttr.: falla till* ~ yield, submit (*för* for), give in

fögderi county administrative division; *hist.* bailiwick; *bildl.* domain

föl *s7* foal; (*unghäst*) colt; (*sto-*) filly **föla** foal

följ|a *v2* **1** (*följa efter*) follow **2** (*ledsaga*) accompany (*äv. bildl.*); go (come) with; ~ *ngn till graven* (*äv.*) pay one's last honours (respects) to s.b.; ~ *ngn hem* (*äv.*) see s.b. home **3** (*efterträda*) succeed **4** (*förflytta, sträcka sig längs*) follow **5** (*iakttaga, studera, förstå*) follow; (*följa med blicken*) watch; ~ *föreläsningar* attend lectures **6** (*rätta sig efter*) follow (*modet* the fashion; *ngns exempel* a p.'s example); obey; comply with; observe **7** (*inträffa efter ngt annat*) follow; (*om tid äv.*) ensue; *brev -er* letter to follow; *brevet lyder som -er* the letter runs as follows; *fortsättning -er* to be continued; *härav -er* hence it follows **8** (*med betonad partikel*) ~ *efter* follow [on behind]; ~ *med a*) (*gå med*) go (come) with s.h go (come) too, *b*) (*hålla jamna steg med*) keep pace with, keep abreast of (*sin tid* the times), *c*) (*vara uppmärksam*) follow; ~ *med [på utfärden*] join the party; *han har svårt att* ~ *med i engelska* he has difficulty in keeping pace in English; ~ *upp* (*driva vidare*) follow up

följaktligen accordingly, consequently

följande *a4* following, next; successive; (*som konsekvens*) consequent, resulting; ~ *dag* [on] the following (the next) day; *i det* ~ (*nedan*) below, (*senare*) in the sequel, med dürav + consequently entailing; *på* ~ *sätt* in the following way, as follows; *på varandra* ~ successive; *ett brev av* ~ *innehåll* a letter to the following effect

följas *v2, dep,* ~ *åt* go together, *bildl.* run together, occur at the same time

följd *s3* **1** (*verkan, konsekvens*) consequence; result; *ha till* ~ *att* have the result that; *till* ~ *av* in consequence of **2** (*räcka, serie*) succession, line; series (*pl lika*); *en lång* ~ *av år* a long succession of years; *i* ~ running, in succession; *i löpande* ~ consecutively **-riktig** logical; (*konsekvent*) consistent **-sjukdom** complication **-verkan** resulting effect, aftereffect

följe *s6* **1** (*svit, uppvaktning*) suite, retinue; attendants (*pl*); (*väpnat*) escort; (*pack*) gang, crew **2** (*sällskap*) company; *göra* (*slå*) ~ *med ngn* accompany s.b. **-brev** covering (accompanying) letter **-sedel** delivery note **-slagare** companion; follower

följetong [-åŋ] *s3* serial [story]

följsam *a1* (*med anpassningsförmåga*) adaptable, accommodating; (*smidig*) flexible, pliant

föna blow-dry

fönst|er ['fönn-] *s7* window; *kasta ut genom -ret* throw out of the window; *sova för öppet* ~ sleep with one's (the) window open; *stå i -ret a*) (*om pers.*) stand at the window, *b*) (*om sak*) be in the window

fönster|bleck metal [window]sill **-bord** table by the window **-bräde** windowsill, window ledge **-båge** window frame; (*för skjutfönster*) sash **-bänk** window ledge **-glas** window glass **-hake** window catch; *jfr -krok* **-hållare** window stay; *jfr -hake* **-karm** window frame **-krok** window stay; *jfr -hake* **-kuvert** window envelope **-plats**

(*på buss, tåg e.d.*) window seat **-post** mullion **-putsare** window-cleaner **-putsning** window-cleaning **-ruta** windowpane; *jfr isolerruta* **-shoppa** [-ʃåppa] window-shop **-skyltning** window-dressing, window-display **-tittare** Peeping Tom

1 för *sjö.* **I** *s2* stem, prow; *från* ~ *till akter* from stem to stern; *i* ~*en* at the prow **II** *adv* fore; ~ *och akter* fore and aft; ~ *om masten* before the mast; ~ *ut* (*över*) ahead, (*inombords*) forward

2 för I *prep* **1** (*framför, inför*) before; *gardiner* ~ *fönstren* curtains before the windows; ~ *öppen ridå* with the curtain up, *bildl.* in public; *hålla handen* ~ *munnen* hold one's hand to one's mouth; *skjuta sig en kula* ~ *pannan* blow one's brains out; *sova* ~ *öppet fönster* sleep with one's window open; *stå* ~ *dörren* (*bildl.*) be at hand, be near **2** (*i tidsuttr.*) ~ *alltid* for ever; ~ *ett år sedan* one (a) year ago; ~ *länge* till *framåt* for a long time at ..... Ninge sebun long ago; ~ *de närmaste tio åren* for the next ten years **3** (*i förhållande t., med hänsyn t., i stället för, i utbyte mot, på grund av, t. följd av, t. förmån el. skada för, avsedd för*) for; *en almanacka* ~ *1960* an almanac for 1960; *en* ~ *alla och alla* ~ *en* one for all and all for one; *en gång* ~ *alla* once [and] for all; *känd* ~ known for; ~ *våra förhållanden* by our standards; *öga* ~ *öga* an eye for an eye; *arbeta* ~ *ngt* work for s.th.; *göra ngt* ~ *ngn* do s.th. for s.b.; *ha öga* ~ *have an eye for; köpa* ~ *100 pund* buy for £100; *tala* ~ *ngn* speak for (on behalf of) s.b.; *äta* ~ *tre* eat for three; ~ *mig får du as* far as I am concerned you can; *vad tar ni* ~ ...? what do you charge for...?; *det har du ingenting* ~ you won't gain anything by that; *det blir inte bättre* ~ *det* that won't make it any better; *det är bra* ~ *dig* it is good for you; *han är stor* ~ *sin ålder* he is tall for his age; *jag får inte* ~ *mamma* mother won't let me; *jag vill* ~ *mitt liv inte göra det* I don't want to do it for the life of me; *vi betalar var och en* ~ *sig* each of us will pay for himself **4** (*i dativkonstruktion o. liknande*) to; *en fara* ~ a danger to; *blind* ~ *fördelarna* blind to the advantages; *svag* ~ *ngn* partial to s.b.; *det blev en besvikelse* ~ *henne* it was a disappointment to her; *det var nytt* ~ *mig* it was new to me; *tiden blev lång* ~ *henne* time seemed long to her **5** (*i genitivkonstruktion*) of; *chefen* ~ *armén* the commander in chief of the army; *dagen* ~ *avresan* the day of my (*etc.*) departure; *platsen* ~ *brottet* the scene of the crime; *priset* ~ the price of; *tidningen* ~ *i dag* today's paper; *bli ett offer* ~ be a victim of; *vara föremål* ~ be the object of **6** (*mot, från, hos*) from; *dölja ngt* ~ *ngn* conceal s.th. from s.b.; *gå och dansa* ~ *ngn* take dancing lessons with (from) s.b.; *skydda ngn* ~ *ngt* protect s.b. from s.th.; *ta lektioner* ~ *ngn* take lessons with (from) s.b.; *vi har engelska* ~ *magister A.* we have Mr. A. in English **7** (*i fråga om*) about; *oroa sig* ~ be anxious about **8** (*såsom*) as, for; ~ *det första* in the first place, firstly; *anse* (*förklara, kalla m.fl.*) *ngn* ~ consider (declare, call) s.b. s.th.; *hålla ngt* ~ *troligt* regard s.th. as likely **9** (*t. ett pris av*) at; *köpa ngt* ~ *2 kronor kilot* buy s.th. at 2 kronor a kilo **10** (*andra prep*) ~ *egna pengar* with one's own money;

dag ~ *dag* day by day; *rädd* ~ afraid of; *steg* ~ *steg* step by step; *utmärkande* ~ characteristic of; *intressera sig* ~ take an interest in; *skriva* ~ *hand* write by hand **11** (*utan prep*) *bli värre* ~ *varje dag* (*gång*) get worse every day (each time) **12** *bo* ~ *sig själv* live by oneself; *han går ofta* ~ *sig själv* he often walks alone (by himself); *le* (*tänka*) ~ *sig själv* smile (think) to o.s.; *den kan stå* ~ *sig själv* it can stand by itself **II** *konj* **1** (*ty*) for **2** ~ *att* (*därför att*) because; *nog* ~ *att det finns orsak att* to be sure (it is true) there is reason to; *inte* ~ *att jag bryr mig om det* not that I care [about it]; *jag är glad* ~ *att det är vackert väder* I am happy because the weather is fine **3** *den var för liten* ~ *att passa* it was too small to fit; *den var för tung* ~ *att jag skulle kunna bära den* it was too heavy for me to carry **4** ~ *att* (*uttr. avsikt*) *a*) (*före bisats*) so (in order) that, *b*) (*före inf.*) [in order] to (+ *inf.*), with the intention of (+ *ing-form*); *liksom* ~ *att* as if to; ~ *att inte tala om* not to mention, let alone; ~ *att säga som det är* to tell the truth; *hon har gått ut* ~ *att handla* she has gone out shopping; *han reste* ~ *att aldrig mer återvända* he left, never to return; *man måste stödja den* ~ *att den inte skall falla* one must support it so that it does not fall; *vi kom i tid* ~ *att se flygplanet lyfta* we arrived in time to see the plane take off **5** *vara misstänkt* ~ *att ha* be suspected of having; *jag skäms* ~ *att säga* I am ashamed to say; *han är duktig* ~ *att vara så liten* he's good for such a little boy **6** ~ *såvitt* provided [that]; ~ *såvitt inte* unless **III** *adv* **1** (*alltför*) too; *mycket* ~ *liten* much too small; *hon är* ~ *näpen!* she's just too sweet! **2** *stå* ~ (*dölja*) stand in front; *stå* ~ *ngn* (*skymma*) stand in a p.'s way; *gardinerna är* ~ the curtains are drawn; *regeln är* ~ the bolt is to **3** (*motsats emot*) for (*och emot* and against); *vara* ~ *ett förslag* (*äv.*) be in favour of a proposal

föra *v2* **1** (*förflytta*) convey; transport, remove; ~ *ett glas till läpparna* raise a glass to one's lips; ~ *handen över* pass one's hand over **2** (*ta med sig*) *a*) (*hit*) bring, *b*) (*dit*) take; (*bära*) carry (*äv. bildl.*); (*leda*) lead (*äv. bildl.*); (*ledsaga*) conduct; (*bil e.d.*) drive; (*fartyg*) navigate, sail; ~ *ngn bakom ljuset* hoodwink s.b.; ~ *ngn till bordet* take s.b. in to dinner; ~ *ngt på tal* broach a matter **3** (*ha t. salu*) stock, carry, run, keep (*en vara* a line of goods) **4** (*hantera, manövrera*) handle **5** *bildl.* (*hän-, räkna*) assign; ~ *krig* (*ett samtal*) carry on war (a conversation); ~ *oväsen* make a row; ~ *ett fritt språk* talk freely, be outspoken **6** (*skriva, uppgöra*) keep (*böcker* books; *räkenskaper* accounts) **7** (*om väg o.d.*) lead; *det skulle* ~ *alltför långt* it would take us too far **8** (*med betonad partikel*) ~ *bort* carry (take) away (off), remove; ~ *fram* bring up (forward); ~ *fram en kandidat* launch a candidate; ~ *ihop* bring (put) together; ~ *in a*) bring (take; *om pers. el. djur* lead) in (into a [*resp. the*] room *etc.*), *b*) (*i protokoll, räkenskaper o.d.*) enter; ~ *med sig a*) carry [along] with one (it *etc.*), *b*) (*ha t. följd*) involve, entail; ~ *ut* bring (take; *om pers. el. djur* lead) out (*på* into; *ur* of); ~ *vidare* (*skvaller o.d.*) pass on; ~ *över* convey (bring, carry *etc.*) across, (*varor äv.*) transport **9** *rfl* carry o.s.; *hon för sig*

väl she carries herself well (has poise)

förakt *s7* contempt, scorn (*för* for, of); (*överlägset*) disdain (*för* of, for); (*ringaktning*) disregard (*för* of, for); *hysa* ~ *för* feel contempt for

förakt|a [-'akta] despise; scorn; (*försmå*) disdain **-full** contemptuous; disdainful, scornful **-lig** *a1* contemptible; (*starkare*) despicable, mean

föraning premonition

förankr|a [-'ank-] anchor, moor; *bildl.* establish firmly; *fast* ~*d i* deeply rooted in **-ing 1** anchoring; *konkr.* anchorage **2** *byggn.* abutment

föran|leda *v2* give rise to, bring about, lead to, result in; *känna sig -ledd att* feel impelled (led) to **-låta** *se föranleda; se sig -låten att* feel called upon to, think fit to

föranstalta ~ [*om*] arrange, organize (*ngt* s.th.)

för|arbeta prepare, work [up] (*till* into) **-arbete** preparatory (preliminary) work

förare (*vägvisare*) guide; (*av bil etc.*) driver; *flyg.* pilot

förarga [-'arja] annoy, provoke; (*reta äv.*) vex; *bli* ~*d*, ~ *sig* be annoyed (get angry, vexed) (*över* at); *det* ~*r mig mycket* it makes me so annoyed (*etc.*)

förargelse [-'arj-] annoyance; (*förtrytelse*) vexation; (*anstöt*) offence; (*bannor*) scolding **-väckande I** *a4* offensive, intolerable; (*starkare*) scandalous; ~ *beteende* disorderly conduct [in a public place]; *disturbing the peace* **II** *adv*, *uppträda* ~ commit nuisance

förarglig [-'arj-] *a1* **1** (*förtretlig*) provoking, annoying, vexing; (*brydsam*) awkward; *så* ~*t!* what a nuisance!, how annoying! **2** (*retsam*) irritating, aggravating

förar|hytt [driver's] cab; *flyg.* cockpit, (*större*) flight deck **-säte** driver's seat

förband *s7* **1** *med.* bandage, [surgical] dressing; *första* ~ first-aid bandage; *lägga* ~ apply a bandage (*på* to) **2** *mil.* unit; *flyg.* formation **förbandslåda** first-aid kit (box)

förbanna [-'banna] curse, damn; -*e mig* I'm (I'll be) damned **-ad** *a5* cursed; (*svordom*) damned; (*svagare*) confounded; *bli* ~ *på ngn* get furious (mad) with s.b.; *det var då* [*alldeles*] -*at!* damn it [all]!; *är du* [*rent*] ~? are you quite crazy? **-else** curse; *fara ut i* ~*r mot* curse

förbarm|a [-'barma] *rfl* take pity (*över* on); *Herre,* ~ *dig över...!* Lord, have mercy on...! **-ande** *s6* compassion, pity; *bibl.* mercy

förbask|ad [-'bask-] *a5* confounded, blasted, ruddy; -*at också!* botheration!

förbe|håll *s7* reserve, reservation; (*begränsning*) restriction; (*villkor*) condition; (*klausul*) proviso, [saving] clause; *med* ~ with reservations; *med* ~ *att* provided that; *med* ~ *för fel* with reservation for possible errors; *utan* ~ (*äv.*) unconditionally **-hålla** ~ *ngn ngt* (*ngn att*) reserve s.th. for s.b. (s.b. the right to); ~ *sig a*) (*betinga sig*) reserve for (to) o.s., *b*) (*kräva*) demand **-hållslös** unconditional; unreserved

förbered|a 1 prepare (*för, på* for); make preparations for **2** *rfl* prepare [o.s.] (*för, på, till* for); (*göra sig redo*) get [o.s.] ready (*för, till* for); ~ *sig på ett tal* (*för en lektion*) prepare a speech (a lesson) **-ande** *a4* (*om skola*) preparatory; (*om* *möte, arbete, åtgärder*) preliminary **-else** preparation (*för, på, till* for)

förbj I *prep* past, by **II** *adv* **1** *eg.* past, by **2** (*t. ända*) over; (*borta*) gone; (*avslutad*) done; *min tid är* ~ my time is up (over) **3** (*uttröttad*) done in (up), all in **-farande** *a4* passing **-fart** *i* ~*en* in (when) passing

förbi|gå pass over (*med tystnad* in silence), ignore **-gående I** *s6, i* ~ (*flyktigt*) incidentally, by the way; *i* ~ *sagt* by the way; *med* ~ *av* passing over, omitting **II** *a4* passing; *en* (*de*) ~ a passerby ([the] passers-by) **-gången** *bli* ~ be passed over; *känna sig* ~ feel left out

förbilliga [-'bill-] cheapen

1 förbinda [ˣfö:r-] *se binda för*

2 förbind|a [-'binda] **1** (*sår*) bandage, dress **2** (*förena*) join (*med* to); attach (*med* to); connect, combine (*med* with); (*associera*) associate, connect **3** (*förplikta*) bind over, pledge (*till* to) **4** *rfl* bind (pledge) o.s.; *vi -er oss att* we undertake to

förhindelse ['hind] **1** connection, (*mellan personer*) relations (*pl*), relationship; *stå i* ~ med be in communication (touch, contact) with; *sätta sig i* ~ *med* get in touch (contact) with, contact **2** (*samfärdsel*) communication (*äv. mil.*); (*trafiklinje*) service, line **3** ~*r* (*bekantskaper*) connections **4** (*förpliktelse*) obligation, engagement; (*skuldsedel e.d.*) bond; (*skuld*) liability, debt; *utan* ~ under no obligation, without engagement, (*om pris*) not binding **-gång** tunnel **-led** connecting link

förbindlig [-'blind-] *a1* courteous, obliging; ~*t leende* engaging smile **-het** courtesy

förbipasserande [ˣfö:r- *el.* -'bi:-] *a4* passing-by; *en* (*de*) - a passer-by ([the] passers-by)

förbise overlook; disregard **-ende** *s6* oversight; *av* [*rent*] ~ through an (a pure) oversight, [quite] inadvertently

förbistring [-'bist-] confusion

förbittr|a [-'bitt-] **1** (*göra bitter*) embitter **2** (*uppreta*) exasperate **-ad** *a5* bitter; (*uppretad*) exasperated (*på ngn* with s.b.; *över* at); (*våldsam*) enraged **-ing** bitterness; exasperation; (*starkare*) rage

förbjud|a [-'bju:-] forbid; ban (*kärnvapen* nuclear weapons); (*om myndighet o.d.*) prohibit **-en** *a5* forbidden (*frukt* fruit); prohibited; ~ *ingång* (*väg*) no admission (thoroughfare); *-et område* prohibited area, no trespassing; *parkering* ~ no parking; *rökning* ~ no smoking, smoking prohibited; *tillträde -et* no admittance

förblekna [-'ble:k-] fade

förblinda [-'blinda] blind; *bildl. äv.* infatuate; (*blända*) dazzle; ~*d* blind[ed]

förbli[va] remain; (*stanna kvar*) stay; *är och förblir* is and will remain; *den var och förblev borta* it was gone for good [and all]

förbluff|a [-'bluffa] amaze, astound; *vard.* flabbergast **-ande** amazing

för|blöda [-'blö:-] bleed to death **-brinna** [-'brinna] burn; *bildl.* burn out, be consumed

förbruk|a [-'bru:ka] consume; use [up]; (*pengar, kraft*) spend **-are** consumer; user **-ning** consumption

förbrukningsartikel consumers' article, consumer goods (*pl*), article of consumption

förbrylla [-'brylla] confuse, bewilder, perplex; ~*d, vard.* foxed

förbryt|a [-'bry:-] *vanl. rfl* offend, trespass (*mot* against); *vad har han förbrutit?* what wrong has he done? **-are** criminal; (*svagare*) offender; (*dömd fånge*) prisoner, convict **-else** crime; (*svagare*) offence

förbränn|a [-'bränna] burn [up]; *bildl.* blast; (*sveda*) scorch **-ing** burn[ing]; *fys.* combustion; *ofullständig* ~ incomplete combustion

förbrännings|motor internal-combustion engine **-produkt** product of combustion; metabolic waste product; slag

förbrödr|a [-'brö:d-] **1** (*förena*) unite in brotherhood **2** *rfl* fraternize **-ing** fraternization

förbud *s7* prohibition (*mot* of), ban, embargo (*mot* on); *häva ett* ~ raise a ban, repeal a prohibition; *införa* ~ *för* lay an embargo on

förbund *s7* **1** (*avtal om samverkan*) compact; *relip, covenant (~, förbindelse) *alliance, union; *sluta* ~ *med ngn* make an alliance with s.b.; *stå i* ~ *med* enter into an alliance with, be allied with **2** ([*sammanslutning av*] *förening*[*ar*]) federation, association; *polit.* confederation, league; *hemligt* ~ secret society; *Nationernas* ~ the League of Nations

1 förbund|en [ˣfö:r-] *a5, med -na ögon* [with] blindfold[ed eyes]

2 förbund|en [-'bunn-] *a5* **1** (*förenad*) connected (*med* with, to); communicating, in communication (*med* with); (*allierad*) allied (*med* to); *det är -et med stora risker* it involves considerable risks **2** (*förpliktad*) bound (*till* to); *vara ngn mycket* ~ be very much obliged to s.b. **3** *med.* dressed, bandaged

förbunds|kansler federal chancellor **-president** (*i Västtyskland o. Österrike*) federal president **-regering** federal government; *den tyska* ~*en* the German federal government **-republik** federal republic; *F~n Tyskland* the Federal Republic of Germany, *före 1990, vard.* West Germany **-stat** federal state

förbyt|a [-'by:-] **1** *se byta bort* **2** (*förvandla*) change, transform (*i, till* into); *han var som -t* he was changed beyond recognition **-as** *dep* change, be turned (*i, till* into)

förbättr|a [-'bätt-] improve; ameliorate; (*rätta*) amend; (*moraliskt*) change for the better, reform; *det ~r inte saken* that does not mend matters; ~ *sig*, ~*s* improve **-ing** improvement; betterment, amelioration; (*av hälsan*) recovery

förbön intercession

fördatera predate, antedate

fördel *s2* advantage (*framför* over; *för* to; *med* of); (*fromma*) benefit; (*nytta*) good; (*vinst*) profit; *dra* ~ *av* benefit by, derive advantage from; *förändra sig till sin* ~ change for the better; *tala till ngns* ~ speak (be) in a p.'s favour; *vara till* ~ *för ngn* be to a p.'s advantage; *väga för- och nackdelar* weigh the pros and cons; *det kan med* ~ *göras nu* it may very well be done now

fördela [-'de:-] (*utdela*) distribute (*bland, emellan, på* among[st]); (*genom lottning*) allot; (*uppdela*) divide (*bland, emellan* among[st]; *i* into); (*allmosor*) dispense; (*skingra*) dissipate; ~ *på grupper* distribute on groups; ~ *rollerna* cast (distribute) the parts; ~ *sig* distribute themselves, be distributed

fördelaktig *a1* advantageous (*för* to, for); (*gynnsam*) favourable; (*inbringande*) profitable (*för* to, for); (*tilltalande*) attractive, prepossessing; *ett ~t yttre* a prepossessing appearance

fördelning 1 (*uppdelning*) distribution, division (*bland, emellan, på* among[st]); allotment; ~ *av exporten på varuslag* breakdown of exports by commodity **2** *mil.* division

fördetting [-ˣdett-] has-been; (*gammalmodig*) back number

fördjup|a [-'ju:-] **1** deepen, make deeper **2** *rfl* (*i ett ämne*) enter deeply (*i* into); (*i studier, sysselsättning*) become (get) absorbed (engrossed) (*i* in) **-ad** *a5* (*om pers.*) absorbed; (*om studier*) deeper **-ning** depression; (*grop*) cavity; (*i marken äv.*) hollow; (*i vägg o.d.*) recess, niche

fördold [-'då:ld] *a5* hidden; secret

fördom *s2* prejudice; *full av ~ar, se fördomsfull*

fördoms|fri unprejudiced, unbias[s]ed; broad-minded; (*skrupelfri*) unscrupulous **-full** prejudiced

fördrag *s7* **1** (*överenskommelse*) treaty, pact; agreement; *sluta ~ med* conclude a treaty with **2** (*tålamod*) patience; forbearance

fördrag|a [-'dra:-] bear, stand; (*tåla*) put up with; (*uthärda*) endure **-sam** *a1* tolerant, forbearing (*mot* to, towards) **-samhet** tolerance, forbearance

fördriv|a [-'dri:-] **1** (*driva bort*) drive away (out); (*driva i landsflykt*) banish **2** ~ *tiden* while away the time, kill time **-ning** driving away (out); expulsion

fördröj|a [-'dröjja] delay; retard; (*uppehålla*) detain, keep; stall; *-d utlösning* delayed action; ~ *sig* be delayed **-ning** delay; retardation; detention

för|dubbla [-'dubb-] double; *bildl.* redouble; ~ *sig* [re]double **-dunkla** [-'dunn-] darken; obscure (*äv. bildl.*); (*ställa i skuggan*) overshadow; (*överträffa*) eclipse **-dumma** [-'dumma] make stupid; *absol.* blunt the intellect

fördyr|a [-'dy:-] make dearer (more expensive), raise the price of **-ing** ~ *av* rise in the price[s *pl*] of

fördystra [-'dyst-] make gloomy; cast a gloom over; ~ *stämningen* spoil the [happy] atmosphere

fördäck foredeck

fördäm|ma [-'dämma] dam [up] **-ning** dam; embankment

för|därv *s7* **1** (*olycka*) ruin; (*undergång*) destruction; *störta ngn i ~et* lead (drive) s.b. to destruction, bring s.b. to ruin **2** (*moraliskt förfall*) corruption, depravation; (*tidens o.d.*) depravity **-därva 1** (*i grund*) ruin; (*tillintetgöra*) destroy; (*skada*) damage; (*skämma*) spoil **2** (*sedligt*) corrupt, deprave; (*försämra*) blight (*ngns utsikter* a p.'s prospects) **-därvad** *a5* **1** ruined *etc.*; *skratta sig* ~ die with laughter, burst one's sides with laughing **2** corrupt *etc.* **-därvas** [-'därv-] *dep* be ruined; (*skadas*) get damaged **-därvlig** *a1* pernicious; (*skadlig*) injurious, deleterious, destructive

fördöma [-'dömma] condemn; (*ogilla*) blame; *re-*

lig. damn

fördöm|d *a5, relig.* damned; ~*t!* hang it [all]! **-else** *s5, relig.* condemnation **-lig** *a1* to be condemned, reprehensible

1 före *s6* (*på snö etc.*) surface [for skiing *etc.*]

2 före I *prep* before; in front of; (*framom*) ahead (in advance) of (*äv. bildl.*); ~ *detta, se under detta*; ~ *Kristi födelse* (*f.Kr.*) before Christ (B.C.) **II** *adv* before; *min klocka går* ~ my watch is fast (gaining); *ärendet skall* ~ *i morgon* the matter is to come up tomorrow

förebild prototype (*för, till* of); (*mönster*) pattern, model; *ha som* ~ have as a pattern

förebrå *v4* reproach; (*högtidligt*) upbraid; (*klandra*) blame; ~ *sig* reproach o.s. (*för* with); *han har ingenting att* ~ *sig* he has nothing to reproach himself with **-else** reproach; *få* ~*r* be reproached **-ende** *a4* reproaching, reproachful

förebud 1 *poet.* (*föregångare*) harbinger **2** (*varsel*) presage (*till* of); omen, portent (*till* of)

förebygg|a (*förhindra*) prevent; provide against; (*förekomma*) forestall **-ande I** *s6* preventing *etc.*; prevention; *till* ~ *av* for the prevention of **II** *a4* preventive

före|båda forebode; portend **-bära** plead, allege

föredra 1 (*framföra*) deliver; (*utantill*) recite; (*musikstycke*) execute **2** (*redogöra för*) [present a] report **3** (*ge företräde åt*) prefer (*framför* to); *det är att* ~ it is preferable

föredrag *s7* **1** discourse; (*kåserande*) talk; (*föreläsning*) lecture; (*tal*) address; *hålla* ~ give (deliver) a discourse (lecture), lecture **2** (*framställningssätt*) delivery, diction; *mus.* execution, interpretation

föredrag|ande I *s9* person reporting on a case (*till* *a4*, *den* ~ *a*) the reciter (singer *etc.*), *b) se 1* **-ning** report, submission **-ningslista** agenda

föredragshållare lecturer

föredöm|e *s6* example; (*mönster*) model, pattern **-lig** *a5* (*efterföljansvärd*) worthy of imitation; (*förebildlig*) ideal, model; ~*t uppförande* exemplary conduct

före|falla 1 (*inträffa*) occur, pass **2** (*tyckas*) seem, appear (*ngn* to s.b.) **-giva** pretend, allege **-givande** *s6, under* ~ *av* under (on) the pretext of, pretending **-gripa** anticipate, forestall **-gå 1** (*inträffa tidigare*) precede **2** ~ *med gott exempel* set an (a good) example **-gående I** *a4* preceding, previous, former **II** *s6* (*tidigare liv*) previous (former) life; antecedents (*pl*) **-gångare** precursor, forerunner; (*företrädare*) predecessor

föregångs|land leading country **-kvinna, -man** pioneer

före|ha[va] have in (on) hand, be doing **-havande** *s6, ngns* ~*n* a p.'s doings

förehålla point out; ~ *ngn ngt* expostulate with s.b. on (for, about) s.th.

förekomm|a 1 (*hinna före*) be in advance of; (*föregripa*) anticipate, forestall; *bättre* ~ *än* ~*s* better to forestall than be forestalled **2** (*hindra*) prevent; (*omintetgöra*) frustrate **3** (*anträffas*) be found (met with) **4** (*hända*) occur; *på* ~*en anledning får vi påpeka* it has been found necessary to point out **-ande** *a4* **1** occurring; *i* ~ *fall* whenever (wherever) applicable; *ofta* (*sällan*) ~ frequent (rare) **2** (*tillmötesgående*) obliging; (*artig*) courteous

förekomst [-å-] *s3* occurrence; presence (*i* in); (*fyndighet*) deposit

föreligg|a be before us (*etc.*); be to hand; (*finnas*) exist; (*finnas att tillgå*) be available; *inget bevis -er ännu* no evidence is as yet forthcoming; *här -er ett misstag* this is a mistake; *det -er risk för* there is a risk of **-ande** *a4* in question, before us; *i ~ fall* in the present case

förelägg|a 1 *~ ngn ngt* place (put, lay) s.th. before s.b.; (*underställa*) submit (*ngn ngt* s.th. to s.b.) **2** (*föreskriva*) prescribe; (*ålägga*) enjoin upon; (*pålägga*) impose; (*befalla*) command, order **-ande** *s6* command, order, injunction (*äv. jur.*)

föreläs|a 1 (*uppläsa*) read (*för* to) **2** (*hålla föreläsningar*) lecture (*i, om, över* on; *vid* at) **-are 1** reader **2** lecturer **-ning 1** reading **2** lecture; *bevista* (*hålla*) *~ar* attend (give) lectures (*över* on)

föremål *s7* **1** (*ting*) object; article, thing **2** (*mål för tanke, känsla* e d) objeut, vara *~ för ngns* m∙ ∙∙∙∙∙∙e be an object of pity to s.b. **3** (*ämne*) subject (*för* of); *han blev ~ för stark kritik* he was subjected to severe criticism; *den blev ~ för vårt intresse* it attracted our interest

för|ena [-'e:na] **1** unite (*med* to; *till* into); (*förbinda*) join, connect; *i sht bildl.* associate; (*kem. o. friare*) combine; (*sammanföra*) bring together; (*förlika*) reconcile; *F~e Arabemiraten* the United Arab Emirates; *Förenta nationerna* (*staterna*) the United Nations (States [of America]) **2** *rfl* unite (*med* with); associate o.s. (*med* with); (*kem. o. friare*) combine (*med* with); *~ sig med* (*äv.*) join (*ett parti* a party); *floderna ~r sig längre ner* the rivers join (meet) further down **-enad** *a5* united *etc.*; (*om arméer o.d.*) allied; (*om bolag*) associated; (*om stater*) federated; *med ~e krafter* with combined strength (united forces); *vara ~ med a*) eg. be bound up (associated) with, *b*) (*medföra, innebära*) involve, entail

förening 1 (*utan pl*) uniting *etc.* (*till* into); (*av pers., stater*) union, unification; (*friare*) association; *i ~* in combination (*med* with), jointly **2** (*med pl*) (*förbund*) alliance, union, league, federation; (*samfund*) society; (*större*) association; (*mer intim*) club; *kem.* compound **föreningsrätt** *ung.* freedom (right) of association

förenkl|a [-'enk-] simplify **-ing** simplification

förenlig [-'e:n-] *a1* consistent, compatible; *är inte ~t med* is inconsistent with, does not accord (tally) with

före|sats purpose, intention; (*beslut*) resolution; *goda ~er* good resolutions; *i den* [*fasta*] *~en att* with the [firm] purpose of (+ *ing-form*) **-skrift** direction, instruction; (*läkares*) prescription, directions (*pl*); (*befallning*) order, command; *meddela ~er angående* issue directions (instructions) as to **-skriva** prescribe (*ngn vad han skall göra* what [s.b. is] to do); direct (*ngn att göra ngt* s.b. to do s.th.); *~ ngn villkor* dictate terms to (lay down conditions for) s.b. **-slå** propose, suggest (*ngn ngt* s.th. to s.b.); *absol.* make a suggestion; (*rekommendera*) recommend; *~ ngn som kandidat* nominate s.b. (*till* for)

förespegl|a *~ ngn ngt* hold out the prospect

(*promise*) of...to s.b.; *~ sig* promise o.s. in advance **-ing** promise, prospect (*om* of); *falska ~ar* false (dazzling) promises

före|språkare 1 (*böneman*) intercessor, pleader (*för* for; *hos* with) **2** (*som förordar*) advocate (*för* of); spokesman (*för* for) **-stava 1** (*säga före*) dictate (*för* to); *~ eden* administer the oath (*för ngn* to s.b.) **2** (*orsaka, föranleda*) prompt; induce

förestå 1 (*handha*) be [at the] head of; (*affär e.d.*) manage, supervise, conduct **2** (*stunda*) be at hand, be near, impend **-ende** *a4* approaching; imminent; *vara* [*nära*] *~* be approaching ([close] at hand, impending)

föreståndar|e manager; principal, director, head; (*för institution*) superintendent; (*för skola*) headmaster, principal **-inna** manageress; principal; (*för anstalt*) matron; (*för skola*) headmistress, principal

föreställa | 1 (framsulla) represent; (*spela ngns roll*) play the part of; *skall detta ~ konst?* is this supposed to be art? **2** (*presentera*) introduce (*för* to) **II** *rfl* **1** (*tänka sig*) imagine; fancy; envisage, visualize **2** (*presentera sig*) introduce o.s. (*för* to)

föreställning 1 (*framförande*) representation; *teat. o.d.* performance, show **2** (*begrepp*) conception, notion, idea (*om* of); *bilda* (*göra*) *sig en ~ om* form a conception (*etc.*) of **3** (*erinring, varning*) remonstrance, protest; *göra ngn ~ar* remonstrate (expostulate) with ∙ ∙. **förestallningsvärld** [personal] philosophy

töre|sväva *det ~r mig att jag har* I seem to have a dim recollection of having; *det har aldrig ~t mig* such an idea never crossed my mind **-sätta** *rfl* set one's mind [up]on; *~ sig en uppgift* set o.s. a task

företag *s7* **1** (*förehavande, verk*) undertaking, enterprise; (*vågsamt*) venture; *mil.* operation; *det är ett helt ~ att* it is quite an undertaking to **2** (*affärs-*) company, [business] firm, business; *AE. äv.* corporation

företag|a 1 (*utföra*) undertake; get about; (*om t.ex. resa, undersökning*) make **2** *rfl* undertake (*att* to); (*göra*) do (*med* with) **-are** businessman; entrepreneur; *egen ~* self-employed person **-sam** *a1* enterprising **-samhet** enterprise, initiative; *fri ~* free enterprise

företags|demokrati industrial democracy **-ekonomi** business (industrial) economics (*pl, behandlas som sg*) **-ekonomisk** *~ teori* theory of business economics; *från ~ synpunkt* from the point of view of business economics **-ledare** manager; executive **-ledning** [company, business] management **-nämnd** works council (committee)

förete 1 (*uppvisa*) show [up]; (*framtaga*) produce **2** (*förebringa*) present (*bevis* proof) **3** (*ådagalägga*) exhibit, show; *~ tecken på utmattning* show signs of fatigue **-else** phenomenon (*pl* phenomena); (*friare*) fact; (*person*) apparition; *en vanlig ~* a common occurrence

företräd|a 1 (*gå före*) precede; *~ ngn* be a p.'s predecessor **2** (*representera*) represent **-are** (*i ämbete o.d.*) predecessor; (*representant*) representative; (*för idé o.d.*) advocate, leader

företräde *s6* **1** (*audiens*) audience; *begära ~ hos*

F

ngn request s.b. for an audience; *få ~ hos* obtain an audience of **2** (*förmån framför andra*) preference; (*i rang*) precedence; *ge ~ åt* give the preference to; *ha ~ framför* take precedence over **3** (*fördel*) advantage, merit (*framför* over); (*överlägsenhet*) superiority (*framför* to)
företrädes|rätt [right of] priority (precedence) **-vis** preferably; especially, particularly
föreviga [-'e:vi-] perpetuate (*i* in); immortalize
förevis|a show; (*för pengar äv.*) exhibit; *fack.* demonstrate **-ning** exhibition; demonstration; (*föreställning*) performance
förevändning pretext; (*ursäkt*) excuse; (*undanflykt*) evasion; *ta ngt till ~* take s.th. as an excuse, use s.th. as a pretext
förfader forefather, ancestor
1 förfall (*förhinder*) excuse [for nonattendance], hindrance; *laga ~* lawful excuse; *utan laga ~* without due cause
2 förfall (*förstöring*) decay, ruin, decline; (*urartning*) degeneration; (*moraliskt*) decadence, degradation
förfalla [-'falla] **1** (*försämras*) [fall into] decay, deteriorate; (*om byggnad o.d.*) go to ruin, fall into disrepair, dilapidate; (*moraliskt*) go downhill, degenerate; *~ till dryckenskap* take to drink[ing] **2** (*bli t. intet*) come to nothing; (*om patent, fordran*) lapse, expire; (*om förslag*) be dropped; (*bli ogiltig*) become invalid; *~ till betalning* fall (be, become) due [for payment], be payable **förfallen** [-'fall-] *a5* **1** decayed *etc.*; dilapidated (*äv. om pers.*); (*om byggnad äv.*) in disrepair, tumble-down **2** (*ogiltig*) invalid; (*om skuld*) due, payable, (*om premie*) outstanding; *jur.* forfeited, lapsed
förfallodag [-ˣfallo-] expiry (due) date, maturity
förfalsk|a [-'falska] (*räkenskaper o.d.*) falsify; (*dokument, namnteckning*) forge, counterfeit; (*pengar*) counterfeit; (*varor*) adulterate **-are** forger, counterfeiter **-ning** falsification; forgery; counterfeiting; adulteration; *konkr.* imitation, forgery, counterfeit, fake
förfar|a [-'fa:-] *förfor förfarit* proceed; act **-ande** *s6* procedure, proceeding[s *pl*]; *tekn.* process **-as** *förfors förfarits, dep* be wasted; go bad; *låta ~* (*äv.*) waste
förfaringssätt procedure, method of proceeding; *tekn.* process
förfasa [-'fa:-] *rfl* be horrified (*över* at)
författa [-'fatta] write; (*avfatta*) pen
författar|e [-'fatt-] author (*av, till* of); writer **-inna** authoress **-namn** (*antaget*) pen name **-skap** *s7* authorship; (*konkr. produktion*) writings (*pl*)
författning [-'fatt-] **1** (*stats-*) constitution; (*förordning*) statute; ordinance **2** (*tillstånd*) condition, state **3** *gå i ~ om* proceed (take steps) to (for + *ing-form*)
författnings|enlig [-e:-] *al* constitutional; statutory **-samling** statute book; code
förfel|a [-'fe:-] miss; *~ sin verkan* fail to produce the desired effect **-ad** *a5* ineffective; *ett -at liv* a misspent life; *vara ~* prove a failure
förfin|a [-'fi:-] refine; *~de seder* polished manners; *~d smak* cultivated taste **-ing** refinement;

polish
förflack|a [-'flacka] make shallow, vulgarize **-ning** superficial|ity, -ness
för|flugen [-'flu:-] *a3* (*om plan, tanke*) wild, random; (*om ord*) idle; (*om kula*) stray **-fluten** [-'flu:-] *a5* past; (*förra*) last; *det -flutna* the past **-flyktigas** [-'flykt-] *dep* volatilize, vaporize; (*friare äv.*) evaporate **-flyta** [-'fly:-] pass; (*om tid äv.*) go by, elapse
förflytt|a [-'flytta] **1** [re]move, transport, transfer; (*befolkningsgrupp*) relocate; *bildl.* transplant **2** *rfl* move; *i sht bildl.* transport o.s. **-ning** removal, transfer; transplantation
förfog|a [-'fo:-] **1** *~ över* have at one's disposal, have recourse to **2** *rfl* repair (*till* to); *~ sig bort* remove o.s. **-ande** *s6* disposal; *stå* (*ställa ngt*) *till ngns ~* be (place s.th.) at a p.'s disposal
förfrisk|a [-'friska] refresh **-ning** refreshment
förfrusen [-'fru:-] *a5* frostbitten; (*om växt*) blighted with frost
förfrys|a [-'fry:-] get frostbitten; (*om växt*) get blighted with frost; *~ händerna* get one's hands frostbitten **-ning** frostbite
förfråg|a [-'frå:-] *rfl* inquire (make inquiries) (*hos ngn om ngt* of s.b. about s.th.) **-an** *r, som pl används pl av förfrågning*, **-ning** inquiry; *göra -ningar* make inquiries (*om* about; *efter* for)
för|fuska [-'fuska] bungle, botch, spoil **-fäng** *n* detriment; (*skada*) damage, injury; *till ~ för* to the prejudice (detriment) of; *vara ngn till ~* be a hindrance to s.b.
förfäder *pl* ancestors, forefathers
förfäkta [-'fäkta] defend, uphold; (*förespråka*) advocate; (*hävda*) maintain, assert; (*rättighet*) vindicate
förfär|a [-'fä:-] terrify (*med* with), appal **-an** *r* terror, horror **-as** *dep* be horror-struck; be appalled (shocked) (*över* at, by) **-lig** *al* terrible; frightful, dreadful; (*hemsk*) appalling; (*vard. oerhörd*) terrific, awful
förfölj|a [-'följa] pursue, chase; (*plåga*) persecute; *-d av otur* dogged by misfortune; *tanken -er mig* the idea haunts me **-are** pursuer; persecutor
förföljelse [-'följ-] pursuit; *bildl.* persecution (*mot* of) **-mani** persecution complex (mania), *vard.* paranoia
förför|a [-'fö:-] seduce; (*locka*) allure; (*t. ngt orätt*) corrupt, pervert **-are** seducer
förfördela wrong, injure
förför|else [-'fö:-] seduction; (*lockelse*) allurement; (*t. ngt orätt*) corruption **-erska** [-'fö:-] seductress; (*friare*) temptress **-isk** [-'fö:-] *a5* seductive; (*om kvinna*) bewitching, fascinating
förgas|a [-'ga:-] gasify; *~s* become gas **-are** carburettor **-ning** gasification; carburation
förgift|a [-'jifta] poison; (*förbittra*) infect, taint **-ning** poisoning; *bildl.* infection **-ningssymtom** toxic symptom
för|gjord *a5, det är som -gjort* everything is going wrong **-glömma** [-'glömma] forget
förgren|a [-'gre:-] *rfl*, **-as** *dep* ramify, branch off; *-ad* ramified; branchy **-ing** ramification; fork
för|gripa [-'gri:-] *rfl, ~ sig på* (*mot*) outrage, use violence against, violate **-grova** [-'gro:-] coarsen
förgrund *s3* foreground; *träda i ~en* (*bildl.*)

come to the fore **förgrunds|figur, -gestalt** prominent (outstanding) figure

förgrymm|ad [-'grymm-] *a5* incensed (*på* with; *över* at); (*ursinnig*) enraged (*på with; över* at) **-as** *dep* become incensed

för|gråten [-'grå:-] *a3* (*om ögon*) red (swollen) with weeping; *hon var alldeles* ~ she had been crying her eyes out **-grämd** [-'grä:md] *a1* grieved; (*om min e.d.*) woeful **-gubbning** [-'gubb-] ageing; (*befolkningens*) increasing proportion of old people

förgudning idolization; adoration

förgyll|a [-'jylla] *v2* gild; *bildl. äv.* embellish; ~ *upp* (*bildl.*) touch up, embellish; *-d* gilt, gold-plated **-are** gilder **-ning** gilding

för|gå pass [away, by]; (*försvinna*) disappear, vanish; ~ *sig* forget o.s. (*mot* and insult) **-gången** [-'gåŋen] *a5* past, bygone

förgård forecourt; *helvetets* ~ limbo

för|gås *-gicks -gåtts, dep* (*gå förlorad*) be lost; (*försmäkta, dö*) perish, die (*av* with); [*vara nära att*] ~ *av nyfikenhet* be dying (consumed) with curiosity

förgäng|else [-'jäŋ-] decay, dissolution; *i sht bibl.* corruption **-lig** *a1* perishable; corruptible; (*dödlig*) mortal; (*kortvarig*) fugitive, transient **-lighet** perishability; (*dödlighet*) mortality; (*kortvarighet*) transience

förgätmigej *s3, s9* forget-me-not, scorpion grass

förgäves [-'jä:-] in vain

förgöra [-'jö:-] destroy, annihilate; (*bringa om livet*) put to death

förhal|a [-'hɑː-] **1** *sjo.* warp **2** (*försena*) delay, retard; ~ *förhandlingarna* drag out the proceedings; ~ *tiden* spin out the time **-ning 1** *sjo.* warping **2** (*försening*) delay, retardation

förhalningstaktik delaying tactics; *AE. polit.* filibuster[ing]

förhand 1 *kortsp.* elder hand; *ha* ~ have the lead **2** *på* ~ beforehand, in advance

förhandenvarande [-ˣhann-] *u4, under* ~ *omständigheter* under [the] present circumstances

förhandl|a [-'hand-] negotiate (*med* with; *om* about); (*överlägga*) deliberate, discuss **-are** negotiator **-ing** (*överläggning*) deliberation; (*vid domstol, möte e.d.*) proceeding; (*underhandling*) negotiation; *avbryta* (*inleda*) ~*ar* suspend (start) negotiations

förhandlings|bord negotiation table **-läge** bargaining position **-rätt** right to negotiate

förhands|anmälan advance registration **-avisera** preadvise **-besked** advance notice **-beställning** advance booking **-granskning** preliminary examination **-inställning** attitude taken in advance; prejudiced view; *om du redan har en* ~ *om* if you have already made up your mind about **-visning** preview, trade show

förhast|a [-'hasta] *rfl* be rash (too hasty) **-ad** *a5* rash; *dra* ~*e slutsatser* jump to conclusions

förhatlig [-'ha:t-] *a1* hateful, detestable, odious (*för* to)

förhind|er [-'hind-] *få* ~ be prevented [from] going (coming); *med* ~ with impediments; *i händelse av* ~ in case of impediment **-ra** prevent (*ngn från att s.b. from* + *ing-form*); (*stoppa*) stop

förhistor|ia 1 prehistory **2** background **-isk** prehistoric[al]

förhoppning [-'håpp-] hope; (*förväntning*) expectation; ~*ar* (*utsikter*) prospects; *göra sig* ~*ar* indulge in expectations; *hysa* ~*ar om* hope for; *inge ngn* ~*ar* inspire s.b. with hopes, give s.b. hope; *i* ~ *om* (*att*) hoping for (to) **förhoppnings|full** hopeful; (*lovande*) promising **-vis** hopefully

förhud foreskin

förhåll|a [-'hålla] *rfl* **1** (*om pers.*) *a*) (*uppföra sig*) behave; (*handla*) act, *b*) (*förbli*) keep (*lugn* quiet), remain (*passiv* passive, *likgiltig* indifferent) **2** (*om sak*) *a*) (*kem. o.d.*) behave, *b*) (*mat. o. friare*) be; *hur -er det sig med...?* what is the position as regards...?, how are things with...?; *så -er sig saken* that is how matters stand; *bredden -er sig till längden som 1 till 3* the breadth is to the length as 1 to 3

förhållande [-'håll-] *s6* **1** (*tillstånd*) state of affairs (things), (*pl äv.*) conditions; (*omständigheter*) circumstances; *rätta* ~*t* the fact [of the matter]; *under alla* ~*n* in any case; *under inga* ~*n* under (in) no circumstances, in no case **2** (*inbördes ställning*) relations (*pl*), relationship; (*kärleks-*) intimacy, connection; *spänt* ~ strained relations (*pl*), estrangement; *i* ~ *till* in relation to; *stå i vänskapligt* ~ *till* be on friendly terms with; *ha ett* ~ *med ngn* have an affair with s.b. **3** (*proportion*) proportion; *mat.* ratio; *i* ~ *till hans inkomster* in proportion to his income; *inte så i ngt onligt* ~ *till* be out of all proportion to; *i* ~ *till sin ålder är han* for his age he is **4** (*uppträdande*) behaviour, conduct **vis** [-ˣhåll-] proportionately

förhållnings|order [-ˣhåll-] *pl* orders, instructions, directions **-regel** direction, rule of conduct

förhårdnad [-'hå:rd-] *s3* induration, callus, callosity

förhänge curtain

förhärd|a [-'hä:r-] harden; ~ *sig* harden one's heart **-ad** *a5* hardened, obdurate; (*inbiten*) inveterate; *en* ~ *skurk* a double-dyed villain **-as** *dep* [become] harden[ed]

förhärliga [-'hä:r-] *i sht bibl.* glorify; (*prisa*) extol, laud

förhärsk|a [ˣfö:r-, *äv.* -'härr-] predominate, prevail **-ande** *a4* predominant, prevailing; prevalent; *vara* ~, *se förhärska*

förhäva [-'hä:-] *rfl* pride o.s. (*över ngt* on s.th.); (*skryta*) boast (*över ngt* of s.th.)

förhäx|a [-'häxa] bewitch **-ning** bewitchment

förhöj|a [-'höjja] raise; (*friare*) increase; *bildl.* heighten, enhance **-ning** raising; (*mera konkr.*) increase, rise, *AE.* raise

för|hör *s7* examination; (*utfrågning*) interrogation; (*rättsligt*) inquest, hearing; *skol.* test, *AE.* quiz **-höra** [-'hö:-] examine; (*fråga ut*) interrogate; *skol.* question (*på* on), test; *AE.* quiz; ~ *sig, se höra* [*sig för*]

förhörs|ledare interrogator **-protokoll** statement

förint|a [-'inta] annihilate, destroy; ~*nde blick* withering glance **-else** annihilation, destruction

för|irra [-'irra] *rfl* go astray, lose one's way; wander **-ivra** [-'i:v-] *rfl* get [too] excited; lose one's head (self-control) **-jaga** [-'ja:-] chase (drive) away, expel; *i sht bildl.* dispel

förkalk|a[s] [-'kall-] *fysiol.* calcify **-ning** calcification

förkalkyl preliminary calculation (estimate)

förkast|a [-'kasta] **1** (*ogilla, avslå*) reject, repudiate; (*förslag äv.*) turn down, refuse **2** (*fördöma*) denounce; *en* ~*d människa* a rejected person, an outcast **-elsedom** condemnation; *uttala en* ~ *över* pass a condemnation upon, denounce **-lig** [-'kast-] *a1* (*fördömlig*) to be condemned; (*friare*) unjustifiable; (*avskyvärd*) abominable

förklara [-'kla:-] **1** explain; (*klargöra*) make clear, elucidate; (*tolka*) interpret; (*utlägga*) expound **2** (*tillkännage*) declare; (*uppge*) state; (*kungöra*) proclaim; ~ *krig* declare war; ~ *ngn för segrare* proclaim s.b. [the] victor; ~ *ngn sin kärlek* declare one's love for s.b.; *han* ~*des skyldig till* he was found guilty of **3** (*förhärliga*) glorify **4** *rfl* explain o.s.; ~ *sig för* (*mot*) declare for (against); ~ *sig om* (*över*) *ngt* declare (state) one's opinion of s.th.

förklar|ad [-'kla:-] *a5* **1** (*avgjord*) declared, avowed **2** (*överjordisk*) glorified, transfigured **-ing 1** explanation (*av, på, till, över* of); elucidation; (*tolkning*) interpretation; *till* ~ in (by way of) explanation; *utan ett ord till* ~ without a word of explanation **2** (*tillkännagivande*) declaration; statement; *avge* ~ make a declaration **-lig** *a1* explicable; (*lätt insedd*) comprehensible; *av lätt* ~*a skäl* for obvious reasons

för|klena [-'kle:-] disparage, depreciate; *i* ~*nde ordalag* in disparaging terms **-klinga** [-'kliŋa] die away; ~ *ohörd* fall on deaf ears

förkläd|a [-'klä:-] disguise (*till* as); *-d till brevbärare* disguised as (in the disguise of) a postman

förkläde 1 apron; (*för barn*) pinafore **2** *bildl.* chaperon

för|klädnad [-'klä:d-] *s3* disguise; *skyddande* ~ (*biol.*) mimicry **-knippa** [-'knippa] associate

förkol|a *rfl*, **-as** [-'kå:-] *dep* char **-na** char, carbonize; *bildl.* cool [down, off]

förkomm|a [-'kåmma] get lost; (*om försändelse*) miscarry **-en** *a5* missing; (*förfallen*) lost

förkonstl|a [-'kånst-] artificialize; ~*d* artificial; sophisticated **-ing** artificiality; sophistication

förkort|a [-'kårta] shorten; (*ord e.d.*) abbreviate; (*bok e.d.*) abridge; (*tiden*) while away, beguile; *mat.* reduce, simplify **-ning** shortening; (*av ord e.d.*) abbreviation; (*av bok e.d.*) abridgement; *mat.* reduction

förkovr|a [-'kå:v-] **1** improve; (*öka*) increase **2** *rfl* improve; advance; ~ *sig i engelska* improve one's English **-an** *r* improvement; (*framsteg*) advance

förkroma [-'krå:-] chrome

förkroppsliga [-'kråpps-] embody, incarnate

förkross|a [-'kråssa] crush; overwhelm **-ad** *a5* brokenhearted; (*ångerfull*) contrite **-ande** *a4* crushing; heartbreaking; ~ *majoritet* overwhelming majority

förkrympt *a4* stunted, dwarfed; *fysiol.* abortive

förkunn|a [-'kunna] *v1* announce (*för* to); (*utropa*) proclaim; (*predika*) preach; (*förebåda*) foretell, herald **-are** announcer, preacher; herald **-else** announcement, proclamation; preaching

förkunskaper *pl* previous knowledge (*sg*) (*i* of); *ha goda* (*dåliga*) ~ be well (poorly) grounded (*i* in)

förkyl|a [-'çy:-] *rfl* catch [a] cold; *bli -d* catch [a] cold; *vara mycket -d* have a bad (severe) cold; *nu är det -t!* (*vard.*) that's torn it! **-ning** cold

för|kämpe champion (*för* of) **-känning, -känsla** presentiment, premonition, forewarning **-kärlek** predilection (*för* for), partiality (*för* for, to) **-köp** advance booking; *köpa i* ~ book in advance

förköpa [-'çö:-] *rfl* spend too much money

förkörsrätt [-çö:rs-] right of way

förlag *s7* (*bok-*) publishing house (company, firm), publishers (*pl*); *utgiven av A:s* ~ published by A; *utgiven på eget* ~ published by the author

förlaga [ˣfö:r-] *s1* (*original*) original; (*förebild*) model, pattern

förlags|man sleeping partner, advancer of capital **-redaktör** editor [in a publishing house]

förlam|a [-'la:-] paralyse (*äv. bildl.*); ~*d av skräck* paralysed with fright (horror) **-ning** paralysis

förled *språkv.* first element

förled|a [-'le:-] entice; seduce (*till* into) **-ande** *a4* enticing; seductive

förlegad [-'le:-] *a5* antiquated, out-of-date, old-fashioned, outmoded; ~ *kvickhet* stale joke

förliden *a5* past, over, spent; (*förra*) last

förlik|a [-'li:-] *v3, v1* reconcile (*med* to); ~ *sig* become reconciled (*med* to, with) **-as** *v3, dep* be[come] reconciled; (*sämjas*) agree, get on **-ning** reconciliation; (*överenskommelse*) agreement, settlement; *avgöras genom* ~ be settled out of court; *träffa* ~ come to terms, settle out of court

förliknings|kommission conciliation board **-man** [official] conciliator, arbitrator, mediator

förlis|a [-'li:-] *v3* be wrecked, sink, founder; (*om pers.*) be shipwrecked **-ning** loss, [ship]wreck

förlit|a [-'li:-] *rfl*, ~ *sig på a*) (*ngn*) trust in s.b., *b*) (*ngt*) trust to (rely on) s.th., *c*) (*att få*) rely on obtaining **-an** *r* confidence (*på* in); *i* ~ *på* trusting to, relying on

förljugen [-'ju:-] *a3* mendacious, false **-het** mendacity, inveterate falsity

för|ljuva [-'ju:-] gladden, sweeten **-lopp** [-'låpp] *s7* **1** (*utgång*) lapse; *efter* ~*et av ett år* after [the lapse of] a year **2** (*utveckling*) course; ~*et av händelsen var följande* the course of events was this

förlor|a [-'lo:-] lose; ~ *besinningen* lose one's head; ~ *i styrka* decrease in strength; ~ *i vikt* lose weight; ~ *på affären* lose on the transaction; ~ *på en vara* lose on an article; ~ *sitt hjärta till* lose one's heart to; ~ *sig* lose o.s. (be lost) (*i* in), (*om ljud*) die away **-ad** *a5* lost; (*borta*) missing; (*bortkastad, om möda o.d.*) wasted; *den* ~*e sonen* the Prodigal Son; ~ *ägg* poached eggs; *gå* ~ be lost (*för* to); *ge ngn* ~ (*ngt -at*) give s.b. (s.th.) up for lost **-are** loser

förlossning 1 *relig.* redemption **2** *med.* delivery; childbirth **förlossningsavdelning** maternity ward

förlov|a [-'lå:-] *åld.* betroth (*med* to); ~ *sig* become engaged (*med* to) **-ad** *a5* **1** *det* ~*e landet* the Promised Land; *ett -at land för* a promised land (paradise) for **2** engaged [to be married] (*med* to), *högt.* betrothed (*med* to) ; *de ~e* the engaged couple **-ning** engagement, *högt.* betrothal **-ningsring** engagement ring

förlupen [-'lu:-] *a5* runaway; *~ kula* stray bullet

förlust *s3* loss (*av* of; *för* for; *på* on); *~er* (*i fältslag*) casualties; *en ren ~* a dead loss; *gå* (*sälja*) *med ~* run (sell) at a loss; *göra* (*lida*) *stora ~er* sustain heavy (severe) losses; *företaget går med ~* it is a losing concern **-bringande** *a4* involving a loss, with a heavy loss (*för* to, for); *ett ~ företag* a company running at a loss; *vara ~* be attended with losses

förlustelse [-'lust-] amusement, entertainment

förlustsida debit side; *uppföra på ~n* enter as a debit, *bildl.* write off as a loss

förlyfta [-'lyfta] *rfl, ~ sig på a*) *eg.* overstrain o.s. by lifting, *b*) *bildl.* fail to accomplish, overreach o.s. in

förlåt [¹fɔ.ɪ] *s3* (*förhänge*) veil; *lyfta på ~en* unveil, uncover, disclose, allow s.b. to catch a glimpse

förlåt|a [-'lå:-] forgive (*ngn ngt* s.b. for s.th.); pardon; (*ursäkta*) excuse; *förlåt!* (*ursäkt*) [I am] sorry!; *förlåt att jag avbryter* excuse my interrupting; *förlåt, jag hörde inte* I beg your pardon, but I didn't catch what you said; *det tror jag inte, det får du ~ mig* I don't believe it, whatever you may say **-else** [-'lå:-] forgiveness (*för* for); *syndernas ~* remission of [one's] sins; *be* [*ngn*] *om ~* ask (beg) a p.'s forgiveness; *få ~* be pardoned (forgiven) **-lig** *a1* pardonable, excusable, forgivable

förlägen [-'la:-] *a3* abashed; embarrassed (*över* at); (*blyg*) shy; (*brydd*) perplexed; (*förvirrad*) confused; *göra ngn ~* embarrass (disconcert) s.b. **-het** embarrassment, confusion; shyness; (*trångmål*) embarrassment, difficulty, trouble; *råka i ~ för pengar* get into financial difficulties, be hard up for money

förlägg|a [-'lägga] **1** (*slarva bort*) mislay **2** (*placera*) locate (*till* in); *mil.* station (*i, vid* in, at); (*inkvartera*) accommodate, billet; (*förflytta*) remove, transfer (*till* to); (*t. annan tid*) assign, alter the time for; *handlingen är förlagd till medeltiden* the action (story) takes place in the Middle Ages **3** (*böcker o.d.*) publish **-are** (*bok-*) publisher **-ning** accommodation, location; *mil.* station, camp

förläng|a [-'läŋa] *v2* lengthen, extend; (*giltighet, i tid*) extend, prolong; *~ ett bråk* (*mat.*) extend a fraction **-ning** lengthening, extension; (*av giltighet, i tid*) prolongation, extension **-ningssladd** extension flex (*AE.* cord)

för|läsa [-'lä:-] *~ sig* overwork o.s. by reading; study too much **-läst** [-'lä:st] *a4* overworked (strained) by too much study; (*verklighetsfrämmande*) starry-eyed **-löjliga** [-'löjj-] [turn (hold up) to] ridicule **-löpa** [-'lö:-] *v3 el. förlöpte förlupit* **1** (*förlida*) pass; (*avlöpa*) pass off; (*gå t. ända*) pass away **2** (*rymma från*) run away from; desert, abandon **3** *rfl* lose one's head

förlös|a [-'lö:-] *med.* deliver **-ande** *a4, det ~ ordet* the right word at the right time; *ett ~ skratt* a laugh that relieves the tension

förmak [ˣfö:r-] *s7* **1** (*sällskapsrum*) drawing room **2** *anat.* auricle

förman foreman, supervisor; (*överordnad*) superior, *vard.* boss; *kvinnlig ~* forewoman

förman|a [-'ma:-] (*råda o. varna*) warn; (*uppmana t.*) exhort; (*tillrättavisa*) admonish **-ing** warning; exhortation; admonition **-ingstal** admonitory address; (*friare*) mild lecture

för|mast foremast **-match** preliminary (opening) match

förmedl|a [-'me:d-] mediate, act as [an] intermediary in; (*åstadkomma*) bring about; (*nyheter e.d.*) supply; (*telefonsamtal*) connect, put through; *~ en affär* act as [an] intermediary in a transaction; *~ trafiken mellan* ply between **-ande** *a4* intermediary **-are** intermediary, mediator **-ing** mediation; supplying; (*kontor*) agency, office; *genom ~ av* through the agency of

förmenande *s6, enligt mitt ~* in my opinion

förmer [¹[a] ɔɔjŋgɪ ɑ ʋettɐr (*än* than), superior (*än* to)

förmiddag forenoon; *vanl.* morning; *kl. 8 ~en* (*förk. f.m.*) at eight o'clock in the morning (*förk.* at 8 [o'clock] a.m.); *i dag på ~en, i ~s* this morning; *i morgon ~* tomorrow morning; *på* (*om*) *~arna* in the mornings

förmildrande [-'mild-] *a4, ~ omständigheter* extenuating circumstances

förminsk|a [-'minska] diminish, lessen, reduce; *foto.* reduce; *i ~d skala* on a reduced scale **-as** *dep* diminish, decrease **-ning** reduction, diminution; *foto.* reduction

förmod|a [-'mɔ:-] suppose, imagine; *A E. äv.* guess, (*ta för givet*) assume; (*med stor säkerhet*) presume **-an** *r* supposition; *efter ~* as supposed; *mot* [*all*] *~* contrary to [all] expectation **-ligen** presumably

förmultn|a [-'mult-] moulder [away]; decay **-ing** mouldering; decay

förmynd|are [-'mynn-, *äv.* ˣfö:r-] guardian (*för* for, of); *stå under ~* be under guardianship; *ställa under ~* place under a guardian **-erskap** [-'mynn-, *äv.* ˣfö:r-] *s7* guardianship; *bildl.* authority

förmå *v4* **1** (*kunna, orka*) be able to (+ *inf.*), be capable of (+ *ing-form*); (*i pres.*) can; (*i imperf.*) could; *allt vad jag ~r* all that I can; *allt vad huset ~r* all I (we) can offer you; *jag ~r inte mer* I can do no more, (*orkar äta*) I can't eat any more, I'm quite satisfied, thank you **2** *~ ngn* [*till*] *att* induce (prevail upon, get) s.b. to, (*övertala*) persuade s.b. to; *jag kan inte ~ mig* [*till*] *att* I can't induce (bring) myself to

förmåga [-'må:-] *s1* **1** (*kraft*) power[s *pl*] (*att* to); (*prestations-*) capacity (*att* for); (*medfödd fallenhet*) faculty (*att* for, of + *ing-form*); (*duglighet*) ability (*att* to); (*begåvning*) gift, talent; *~n att tänka* the power of thought; *efter bästa ~* to the best of one's ability; *uppbjuda all sin ~* tax one's power to the utmost; *det går över min ~* it surpasses (is beyond) my powers (capacity) **2** *pers.* man (woman) of ability (parts); (*talang*) talent, outstanding actor (singer *etc.*)

förmån [ˣfö:r-] *s3* advantage; privilege; (*gagn, nytta*) favour, benefit; *sociala ~er* social benefits; *till ~ för* to the benefit of, in favour of; *ha*

~*en att* have the privilege of; *detta talar till hans* ~ this weighs in his favour **-lig** [-å:-] *a1* advantageous (*för* to); (*gynnsam*) favourable; (*vinstgivande*) profitable; (*välgörande*) beneficial

förmåns|erbjudande special offer, bargain **-tagare** *försäkr. jur.* beneficiary

1 förmäl|a [-'mä:-] *v2, v3* (*omtala*) state, report, tell; *ryktet -er att* it is rumoured that

2 förmäla [-'mä:-] *v2* (*bortgifta*) marry; ~ *sig med* wed, marry

förmänskliga [-'männ-] give human form to; (*personifiera*) personify

förmäten [-'mä:-] *a3* presumptuous; (*djärv*) audacious, bold; *vara nog* ~ *att* make so bold as to **-het** presumption; arrogance

förmögen [-'mö:-] *a3* **1** (*i stånd*) capable (*att* of + *ing-form*) **2** (*välbärgad*) wealthy, well-to-do; (*predikativt*) well off; *en* ~ *man* (*äv.*) a man of means (property); *de förmögna klasserna* the propertied classes **-het 1** ~*er* (*andliga o. kroppsliga*) powers **2** (*rikedom*) fortune; (*samlad egendom*) property; (*kapital*) capital

förmögenhets|brott crime against property **-skatt** capital levy

förmörk|a [-'mörka] darken; (*himlen o. bildl.*) cloud; (*skymma*) dim; *astr.* eclipse **-as** *dep* [be] darken[ed] **-else** *astr.* eclipse

förnamn Christian (first, given) name; *vad heter hon i* ~? what is her Christian name?

förnedr|a [-'ne:-] **1** (*vanära*) degrade, disgrace, dishonour; *hur kan du* ~ *dig till sådant?* how can you stoop to that? **2** *bibl.* (*förringa*) abase, humble **-ing** degradation; humiliation

förneka [-'ne:-] (*neka t.*) deny; (*bestrida*) dispute; (*t.ex. sitt barn*) disown; ~ *sin natur* abnegate (renounce) one's nature; *han* ~*r sig aldrig* he is always true to type, *iron.* trust him to do such a thing; *hans goda hjärta* ~*r sig aldrig* his kindness of heart never fails

förnickla [-'nick-] nickel

förnimbar [-'nimm- *el.* -ˣnimm-] *a1* perceptible (*för* to), sensible (*för* to); (*synlig äv.*) perceivable; (*hörbar*) audible

förnimm|a [-'nimma] -*nam* -*nummit* **1** (*uppfatta*) be sensible of; (*höra*) hear; (*se*) perceive; (*andligt*) apprehend **2** (*märka*) notice; (*få veta*) hear [of] **-else** [-'nimm-] **1** (*uppfattning*) perception, apprehension **2** (*känsla*) sense, sensation; (*sinnesintryck o. friare*) impression

förnuft *s7* reason (*äv. förnuftet*); *sunt* ~ common sense; *ta sitt* ~ *till fånga* listen to reason; *tala* ~ *med* talk sense to

förnuftig [-'nuft-] *a1* reasonable; (*förståndig*) sensible **-het** reasonableness; rationality

förnufts|mässig *a1* rational **-skäl** rational argument **-stridig, -vidrig** contrary to all reason; irrational; (*friare*) unreasonable

förny|a [-'ny:a] renew; (*upprepa*) repeat; (*återuppliva*) refresh; ~ *sig* renew o.s.; ~ *sitt lager* replenish one's stock **-are** renewer **-bar** *a5* renewable; ~ *energi* renewable energy **-else** renewal; (*upplivande*) revival, regeneration

förnäm *a1* noble, aristocratic, distinguished; (*högättad*) highborn; (*högdragen*) lofty, haughty, *vard.* high and mighty; (*värdig*) dignified; ~ *av sig* stately, proud; *med* ~ *min* with a

stately air; ~*t folk* people of rank; *i* ~ *avskildhet* in splendid isolation; *det var värst vad hon är* ~ *av sig* she certainly puts on airs **-het 1** (*börd*) high breeding **2** (*högdragenhet*) superciliousness **-lig** [-'nä:m-] *a1* distinguished; excellent

förnämst [-'ä:-] **I** *a superl.* foremost, first; (*om pers.*) greatest, most distinguished **II** *adv, se* främst

för|närma [-'närma] offend; affront; insult; *känna sig* ~*d av* take offence at **-nödenheter** [-ˣnö:-] *pl* necessities, requirements; (*livs-*) necessities of life, *jur.* necessaries

förnöj|a [-'nöjja] *v2* (*roa*) gratify, please; *ombyte -er* variety is the spice of life

förnöj|d *a1* **1** (*tillfredsställd*) content, satisfied **2** (*glad*) pleased, delighted (*över* at) **-else** [-'nöjj-] (*förlustelse*) amusement, pleasure; *finna sin* ~ *i* delight in, find pleasure in

förnöjsam [-'nöjj-] *a1* contented **-het** contentedness

förnöta [-'nö:-] *bildl.* use up; ~ *tiden* waste one's time (*med att* in + *ing-form*)

förolyck|ad *a5* mortally wounded; (*t. sjöss*) wrecked; (*om flygplan*) crashed; *de* ~*e* the victims [of the accident], the casualties **-as** *dep* meet with an accident; (*t. sjöss*) be wrecked

förolämp|a insult, offend, affront; *känna sig* ~*d över* (*av*) feel very much offended at (by) **-ning** insult, offence, affront (*mot* to)

för|ord 1 (*företal*) preface, foreword **2** (*rekommendation*) [special] recommendation **-orda** recommend (*hos* to; *till* for); *livligt* ~ highly recommend

förordn|a [-'å:rd-] **1** (*påbjuda*) ordain, decree; (*testamentariskt*) provide (*om* for) **2** (*ordinera*) prescribe, order **3** (*utse*) appoint, nominate; (*bemyndiga*) authorize, commission **-ande** *s6* **1** (*föreskrift*) ordaining, ordination; (*testamentariskt*) provision **2** (*bemyndigande*) authorization, commission; (*tjänste-*) appointment; *hans* ~ *utgår* his commission (appointment) expires **-ing** ordinance, decree, order

föroren|a contaminate, defile, pollute **-ing** contamination, defilement, pollution; *konkr.* impurity, pollutant

för|orsaka cause, occasion **-ort** suburb **-ortsområde** suburban area

förorätta wrong, injure

förpack|a [-'packa] pack (wrap) [up] **-ning** *abstr.* packing, wrapping up; *konkr.* package, packet; (*ask*) box; (*låda*) case; (*emballage*) packing, wrapping, package; *exklusive* (*inklusive*) ~ packing excluded (included)

förpacknings|dag packing date **-industri** packaging industry

för|passa [-'passa] (*befordra*) dispatch, send [off]; ~ *till evigheten* dispatch into eternity; ~ *ur landet* deport; ~ *sig bort* take o.s. off **-pesta** [-'pesta] poison, pollute, infect (*äv. bildl.*)

förplikt|a [-'plikta] ~ *ngn att* put (lay) s.b. under an (the) obligation to, bind s.b. to; *rikedom* ~*r* wealth entails responsibility; *adelskap* ~*r* (*äv.*) noblesse oblige; ~ *sig* bind (engage) o.s.; *känna sig* ~*d att* feel [in duty] bound to **-else** (*plikt*) duty, obligation; (*förbindelse*) engagement, commitment, obligation; *ha* ~*r mot ngn* have obligations towards s.b.; *ikläda sig ~r* assume obligations

förpläg|a [-'plä:-] provide with food and drink, treat *(med* to) **-nad** [-ä:-] *s3* **1** fare, food **2** *(proviantering)* provisioning **-ning** [-ä:-] entertainment; *(utspisning äv.)* feeding

förpost outpost *(mot* against) *(äv. bildl.)* **-fäktning** outpost skirmish

förprick|a tick [off], mark [off], check [off] **-ning** marking (checking) off; tick

förpupp|a *rfl,* **-as** [-'pupp-] *dep* change into a chrysalis, pupate **-ning** pupation

förr 1 *(förut)* before; *(fordom)* formerly *(äv. förr i tiden)*; ~ *och nu* then and now; ~ *låg det en lada här* there used to be a barn here; ~ *trodde man* people used to think **2** *(tidigare)* sooner, earlier; *ju* ~ *dess bättre* the sooner the better **3** *(hellre)* rather, sooner **förre** *förra, a komp.* **1** *(förutvarande)* the former; ~ *ägaren* the former (late) owner; *([nyss] avgångne)* late; *(motsats senare)* early; *förra hälften av 1800-talet* the first half of the 19th century **2** *(föregående, senaste)* [the] last; *i förra månaden* last month; *mitt förra brev* my last letter; *den förra* the former *(...den senare* the latter)

förr|förra last but one; ~ *veckan* the week before last **-går** *i* ~ the day before yesterday

för|ringa [-'riŋa] *v1* minimize, lessen; *(nedvärdera)* depreciate; *(ngns förtjänst o.d.)* belittle **-rinna** [-'rinna] run (flow) away *(i* into); *i sht bibl.* ebb away

förrum anteroom

förruttnelse [-'rutt-] putrefaction, corruption; decay

för|rycka [-'rycka] distort; *(friare)* dislocate **-ryckt** *a4* distracted; mad; *är du [alldeles]* ~? are you [quite] mad? **-rymd** *a5* runaway; *(om fånge e.d.)* escaped

förråa [-'rå:a] coarsen, brutalize; *verka ~nde* have a brutalizing effect *(på* on)

förråd *s7, s4* store *(äv. bildl.),* *(lager)* stock; *(tillgång)* supply; *(lokal)* storeroom, storage room; *lägga upp ett* ~ *av* lay up a store of, store up

förråda [-'rå:-] betray *(åt* to); *(röja)* reveal *(för* to); ~ *sig* betray o.s., give o.s. away

förräd|are [-'rä:-] traitor *(mot* to); betrayer *(mot* of) **-eri** treachery *(mot* to); *(lands-)* [an act of] treason *(mot* to); *(friare)* betrayal *(mot* of) **-isk** *a5* treacherous

förrän [˟förr-, 'förr-, *el.* -'änn, *vard.* förrn] before; *icke* ~ *a)* *(ej tidigare än)* not before, not earlier than, *b)* *(först)* not until (till); *det dröjde inte länge* ~ it was not long before; *knappt hade de kommit* ~ no sooner had they come than

förränt|a [-'ränta] *(placera mot ränta)* place at interest, invest; ~ *sig [bra]* yield (bring in) [a good] interest **-ning** yield; *dålig* ~ low yield (rate of interest)

förrätt *kokk.* first course

förrätt|a [-'rätta] *(utföra)* perform; *(uträtta)* accomplish; *kyrkl.* officiate at, conduct; *(auktion o.d.)* hold; *efter väl ~t värv* having accomplished one's task successfully, one's duties done **-ning 1** *(utan pl)* performing, execution, carrying out **2** *(med pl)* function; duty; ceremony; *vara ute på*

~*ar* be out on official duties **-ningsman** executor, executive official

försagd *a1* timid, pusillanimous **-het** timidity, pusillanimity

försak|a [-'sa:-] *(vara utan)* go without, give up; *(avsäga sig)* renounce; *(avstå från)* deny o.s., do without **-else** *(umbärande)* privation; *(frivillig)* [act of] self-denial

församl|a [-'samla] **1** assemble, gather **2** *rfl, se församlas* **-as** *dep* assemble; gather together; meet **-ing 1** *(möte)* meeting; *(samling personer)* assembly, convention, body **2** *(kyrka, kyrkosamfund)* church; *(menighet)* congregation; *(administrativ enhet)* parish

församlings|bo parishioner; ~*rna* *(koll.)* the parish **-hus** parish hall **-liv** parish (congregational) life

för|se furnish, supply, provide; *(med utrustning)* equip; ~ *med strängar (underskrift)* string (sign); ~ *sig* furnish *(etc.)* o.s., *(vid bordet)* help o.s. *(med* to) **-sedd** *a5* furnished *(etc.)* *(med* with); ~ *med (äv.)* with; *väl* ~ *(om pers.)* well supplied *(etc.)*; *vara* ~ *med (äv.)* have **-seelse** [-'se:-] offence, fault; *jur.* misdemeanour

försegel headsail, foresail

försegl|a [-'se:-] seal [up]; ~*de läppar* sealed lips; *med* ~*de order* under sealed orders **-ing** seal; sealing

försen|a [-'se:-] delay; retard; hold up; *10 minuter* ~*d* 10 minutes late; *vara* ~*d bli låte (*delayed) **-ing** delay

försig|gå take place; *(inträffa)* happen, come about; *(avlöpa)* pass *(vard. come)* off; *(pågå)* be going on; *handlingen* ~*r på (i)* the scene is laid at (in); *vad* ~*r här?* what is going on here? **-kommen** [-å-] *a3* advanced, forward; precocious; *de mest försigkomna eleverna* the most advanced pupils

försiktig [-'sikt-] *a1* cautious *(med* with); guarded; *(aktsam)* careful *(med* with, of); *var* ~ *med vad du säger* be careful of what you say, watch your words **-het** caution; guardedness; *(aktsamhet)* care

försiktighets|mått, -åtgärd precaution, precautionary measure; *vidtaga* ~*er* take precautions

försiktigtvis [-'sikt-] so as to be on the safe side

försilvr|a silver, silver-plate **-ing** silver-plating, silvering

för|sitta [-'sitta] ~ *chansen* miss the chance; ~ *tiden* [be in] default; ~ *tillfället* lose the opportunity **-sjunka** [-'ʃunka] sink *(i* into); *bildl. äv.* fall *(i* into); ~ *i tankar* be lost in thought; ~ *i tystnad* fall silent **-skaffa** [-'skaffa] *(skaffa)* procure, obtain; *(skänka)* afford; *vad* ~*r mig äran av ert besök?* to what do I owe the honour of your visit?

förskans|a [-'skansa] entrench; ~ *sig* entrench o.s., *bildl.* take shelter *(bakom* behind) **-ning** entrenchment

förskepp forebody; bow

förskingr|a [-'ʃiŋra] *(försnilla)* embezzle, defalcate; *(bortslösa)* dissipate, squander **-are** embezzler **-ing 1** *(försnillning)* embezzlement, defalcation **2** *svenskarna i* ~*en* the Swedes scattered abroad; *judarna i* ~*en* the [Jewish] Diaspora

1 förskjut|a [ˣföː:r-] *se skjuta [för]; regeln är -en* the door is bolted

2 förskjuta [-'ʃu:-] **1** (*stöta ifrån sig*) reject; cast [off]; (*barn*) disown **2** (*försträcka*) advance **3** (*rubba*) displace **4** *rfl, se förskjutas*

förskjut|as *dep* get displaced, shift; (*om last*) shift **-ning** (*rubbning*) displacement, shifting; (*av last*) shifting; *geol.* fault; (*friare*) change

förskola nursery school; kindergarten

förskol[e]|barn preschool child **-lärare, -lärarinna** nursery school (kindergarten) teacher

förskona [-'skoː:-] ~ *ngn för* (*från*) *ngt* spare s.b. s.th., preserve s.b. from s.th.

förskott *s7* advance [payment], payment in advance; ~ *på lön* advance on salary; *betala i* ~ pay in advance **-era** [pay in] advance

förskriva [-'skri:-] *rfl* **1** (*härröra*) come, originate, derive [one's (its) origin] **2** ~ *sig åt satan* sell one's soul to the devil

förskräck|a [-'skräcka] *v3* frighten, scare, startle; *bli -t* be (get) frightened (*etc.*) (*för, över* at); *spåren -er* the footprints frighten me (*etc.*) **-as** *v3, dep* be frightened (*etc.*), *jfr förskräcka* **-else** fright, alarm; consternation; *ta en ända med* ~ come to a tragic end **-lig** *a1* dreadful, frightful; (*ohygglig*) horrible; *vard.* awful; *se* ~ *ut* look a fright

för|skrämd *a1* frightened, scared [out of one's wits]; (*skygg*) shy, subdued **-skyllan** [-'ʃyll-] *r, utan egen* ~ through no fault of mine (*etc.*); *utan egen* ~ *och värdighet* no thanks to me

förskärar|e, -kniv carving knife, carver

förskön|a [-'ʃöː:-] embellish, beautify; (*med prydnader o. friare*) adorn **-ing** embellishment; adornment

förslag 1 proposal; *i sht AE.* proposition; (*anbud*) offer (*om, till* for); (*uppslag*) suggestion, recommendation; *parl.* motion, (*lag-*) bill; *på* ~ *av* at the suggestion of; *antaga (förkasta) ett* ~ accept (reject) a proposal; *framlägga ett* ~ submit (make) a proposal; *gå in på ett* ~ agree to a proposal; *väcka* ~ *om* move **2** (*plan*) project, scheme (*till* for); (*utkast*) draft (*till* of); (*kostnads-*) estimate [of cost(s)] **3** (*vid besättande av tjänst*) nomination list

förslagen [-'sla:-] cunning, artful; (*fyndig*) smart

förslagsvis as a suggestion, [let us] say

förslapp|a [-'slappa] weaken; (*t.ex. seder, disciplin*) relax **-as** *dep* be (become) relaxed **-ning** weakening; (*av moralen*) laxity

förslava [-'sla:-] enslave

förslit|a [-'sli:-] wear out **-ning** wear[ing out]; wear and tear

förslum|mas [-'slummas] *dep, området* ~ *the* district is becoming (turning into) a slum **-ning** deterioration into slum

förslut|a [-'slu:-] *förslöt förslutit* close, lock; seal **-ning** *konkr.* locking (closing) device; seal

förslö|a [-'slöː:a] *bildl.* make apathetic, dull **-as** *dep* grow (get) apathetic (dull)

försmak foretaste; *få en* ~ *av* have a foretaste of

försmå *v4* disdain; (*förakta*) despise; ~*dd friare* rejected lover

försmäd|lig [-'smä:d-] *a1* (*hånfull*) sneering, scoffing; (*förtretlig*) annoying **-ligt** *adv* sneer-

ingly *etc.*; ~ *nog* provokingly enough

försmäkta [-'smäkta] (*i fängelse e.d.*) pine [away], languish; grow faint (*av törst* of thirst; *av värme* from heat)

försnill|a [-'snilla] embezzle [money] (*för ngn* off s.b.; *ur* from) **-ning** embezzlement

försoff|a [-'såffa] *v1* dull, make apathetic; ~*d* dulled, apathetic **-ning** apathy; sloth[fulness]

försommar early summer

förson|a [-'soː:-] **1** (*blidka*) conciliate, propitiate **2** (*förlika*) reconcile (*med* to) **3** (*sona*) atone for; (*friare*) expiate, make amends for **4** *rfl* reconcile o.s. (*med* to); (*inbördes*) make it up, become reconciled **-ing** reconciliation; atonement, expiation (*äv. relig.*); *till* ~ *för sina synder* in expiation (atonement) of one's sins

förson|ingsdag *F*~*en* the Day of Atonement, Yom Kippur **-lig** [-'soː:n-] *a1* conciliatory, forgiving

för|sorg [-'sårj] *r* **1** *dra* ~ *om* provide for; take care of **2** *genom ngns* ~ through (by) s.b. **-sova** [-'så:-] *rfl* oversleep [o.s.]

förspel prelude (*till* to, of); (*till sexuellt umgänge*) foreplay

förspilla [-'spilla] waste; throw away; (*förslösa*) squander; (*förverka*) forfeit

för|språng start, lead; *bildl. äv.* advantage; *få* ~ *före* get a start over; *ha en timmes* ~ have an hour's start **-spänd** *a5* (*om häst*) in the shafts; *vagnen är* ~ the carriage is ready **-spänt** *adv, ha det väl* ~ have a good start in life, be well off (well-to-do)

först I *konj* when...first **II** *adv* first; (*inte förrän*) not until (till), only; (*i början*) at first; (*för det första*) in the first place; (*vid uppräkning*) first[ly]; ~ *nu* not until now, only now; ~ *och främst* first of all; *den* ~ *anlände* the first arrival, the first to arrive; *lika väl* ~ *som sist* just as well now as later; *komma* ~ be first; *komma* ~ *fram* get there first; *stå* ~ *på listan* [be at the] head [of] the list; *det är* ~ *nyligen som* it is only recently that; *jag hörde det* ~ *i går* I only heard it yesterday; *den som kommer* ~ *till kvarnen får* ~ *mala* first come, first served

förstad suburb

förstadium preliminary stage

förstadsområde suburban area

förstagångs|förbrytare first offender **-väljare** new voter, s.b. voting for the first time

första|handsuppgift first-hand information **-klassare** first-form boy (*etc.*)

förstamaj|demonstration May-Day manifestation (demonstration) **-firande** May-Day celebrations (*pl*)

förstaplacering *sport.* first place

förstatlig|a [-'sta:t-] nationalize; (*socialisera*) socialize **-ande** *s6* nationalization; socialization

för|stavelse prefix **-steg** precedence

först|e *-a, a superl.* [the] first; (*i tiden*) earliest; (*i rummet*) foremost; (*i betydenhet, värde e.d.*) principal, chief, head; (*ursprunglig*) original, primary; *-a avbetalning* initial payment; ~ *bibliotekarie* principal librarian; *-a bästa* the first that comes; *-a hjälpen* first aid; *-a juni* [on] the first of June, (*i brev*) June 1st; *F-a Mosebok* Genesis; *-a raden* (*teat.*) dress circle, *AE.* bal-

cony; *-a öppet vatten (hand.)* first open water *(förk.* f.o.w.); *från -a början* from the very beginning; *för det -a, i -a rummet* in the first place; *i -a hand* [at] first hand; *den ~ jag mötte* the first person I met; *det -a jag såg* the first thing I saw
förstena [-'ste:-] petrify *(äv. bildl.)*
först|klassig *al* first-class, first-rate; crack **-nämnda, -nämnde** *a5* the first-mentioned; *(den, det förra)* the former
förstockad [-'ståck-] *a5* hardened, obdurate
förstone *s, endast i uttr.: i ~* at first, to begin with
förstopp|a [-'ståppa] constipate **-ning** constipation
förstor|a [-'sto:-] enlarge *(äv. foto.); opt. o. bildl.* magnify; *starkt ~d* greatly enlarged, highly magnified **-ing** enlargement; magnification
förstorings|apparat enlarger **-glas** magnifying glass, magnifier
förströ divert; *(roa)* entertain, amuse; *~ sig* amuse (divert) o.s.
förströdd *a5* preoccupied **-het** preoccupation
förströelse [-'strö:-] diversion; recreation
förstubro porch step
förstucke|n [-'stuck-] *a5* concealed, hidden; *-t hot* veiled threat
förstudie pilot study
förstu|ga [entrance] hall; *(mindre)* passage **-kvist** porch
förstulen [-'stu:-] *a5* furtive, surreptitious
förstumm|a [-'stumma] silence **-as** *dep* become (fall) silent; be struck dumb
förstå 1 understand *(av* from, by, *med, på* by); *(begripa)* comprehend, grasp; *vard.* dig; *(inse)* see; *(få klart för sig)* realize; *(veta)* know; *~s (naturligtvis)* of course; *det ~s! that is clear!; ~ mig ratt* don't misunderstand me; *låta ngn ~ att* give s.b. to understand that, *(antyda)* intimate (hint) to s.b. that; *åh, jag ~r!* oh, I see!; *~r du inte skämt?* can't you see a joke?; *han ~r inte bättre* he doesn't know any better; *jag förstod på honom att han* he gave me to understand that he, I saw that he **2** *rfl, ~ sig på å)* understand, *b) (affärer)* be clever at (skilled in), *c) (konst, mat e.d.)* be a judge of; *~ sig på att* know (understand) how to; *jag ~r mig inte på den flickan* I can't make that girl out
förstå|elig [-'stå:-] *a5* understandable, comprehensible, intelligible *(för* to) **-else** understanding, comprehension *(för* of); *finna ~ för* meet with understanding for **-ende** *a4* sympathetic
förstånd *s7* understanding, comprehension; *(tankeförmåga)* intellect; *(begåvning)* intelligence; *(sunt förnuft)* [common] sense; *(omdöme)* discretion, judg[e]ment; *vard.* brains; *efter bästa ~* to the best of one's ability; *förlora ~et* lose one's reason; *ha ~ om att göra ngt* have the sense to do s.th.; *tala ~ med* talk sense to; *han talar som han har ~ till* he speaks according to his lights; *mitt ~ står stilla* I am at my wit's end; *det övergår mitt ~* it is beyond me **förståndig** [-'stånd-] *al* intelligent; *(klok)* wise; prudent; *(förnuftig)* sensible
förstånds|handikappad educationally subnormal **-mässig** *al* rational
förståsigpåare [-ˣpå:-] connoisseur, expert; *iron.* would-be authority

förställ|a [-'ställa] disguise *(rösten* one's voice); *~ sig* dissimulate, dissemble; *-d* disguised, *(låtsad)* feigned **-ning** dissimulation
förstäm|d *a5* **1** *bildl.* out of (in low) spirits, disheartened **2** *(om trumma o.d.)* muffled **-ning** gloom; depression
förstärk|a [-'stärka] strengthen; *bildl. äv.* fortify; *mil.* reinforce; *tekn.* reinforce; magnify; *elektron.* amplify **-are** *elektron.* amplifier; *tekn.* magnifier **-ning** strengthening; *i sht mil.* reinforcement; *elektron.* amplification
förstäv *sjö.* stem, prow
förstör|a [-'stö:-] *v2* **1** destroy *(äv. bildl.); (ödelägga)* lay waste, devastate, *bildl. äv.* wreck, blast; *([allvarligt] skada)* damage, injure; *se -d ut* look a wreck **2** *([totalt] fördärva)* ruin *(äv. bildl.); (förslösa)* waste, dissipate, squander **3** *(förta, skämma)* spoil **-as** *v2, dep* be destroyed *(etc.);* decay; *(totalt)* perish
förstörelse [-'stö:] destruction **-lusta** love of destruction, destructive urge
försum|bar [-ˣsumm- el. -'summ-] *a5* insignificant; trifling **-lig** *al* negligent; dilatory; *(vårdslös)* neglectful, careless **-lighet** negligence
försumm|a *(underlåta)* neglect; *(utebli från)* miss, let slip; *(vansköta)* neglect, be careless of; *~ att* fail to; *~ tillfället* let the opportunity slip; *känna sig ~d* feel neglected (slighted); *ta igen det ~de* make up for lost ground (time) **-else** neglect, negligence; *(förbiseende)* oversight; *(underlåtenhet)* failure, omission
försump|a [-'sumpa] *bildl.* allow to stagnate **-as** *dep* **1** become waterlogged **2** *bildl.* get bogged down **-ning 1** waterlogging **2** *bildl.* stagnation
försupen [-'su:-] *a5* sottish; drunken
försur|a [-'su:-] acidify **-ning** acidification
försutten [-'sutt-] *a5* forfeited, lost
försvag|a [-'sva:-] weaken; enfeeble, debilitate; *(skada)* impair; *(mildra)* soften **-as** *dep* grow (become, get) weak[er], weaken **-ning** weakening; enfeeblement, debilitation
försvar *s7* defence; *(berättigande)* justification *(av, för* of); *(beskydd)* protection *(för* of); *det svenska ~et* the Swedish national defence; *till ~ för* in defence of; *andraga ngt till sitt ~* say s.th. for (in justification of) o.s.; *ta ngn i ~* stand up for s.b.
försvar|a [-'sva:-] defend *(mot* from, against); *(rättfärdiga)* justify; *(i ord äv.)* advocate, stand up for **-are** defender; *offentlig ~* [court-appointed] counsel for the defence, *AE.* public defender **-lig** *al* **1** *(försvarbar)* defensible; justifiable; *(ursäktlig)* excusable; *(hjälplig)* passable **2** *(ansenlig)* considerable; *(betydande)* respectable, *vard.* jolly big
försvars|advokat counsel for the defence **-attaché** defence attaché **-beredskap** defensive preparedness **-departement** ministry of defence; *AE.* department of defense **-gren** arm, [fighting] service **-högskola** defence college; *F~n* [the Swedish] national defence college **-lös** defenceless **-makt** defence force, national defence **-minister** minister of defence; *AE.* secretary of defense **-stab** defence staff **-tal** speech for the defence; *(friare)* apology **-utgifter** *pl*

F

defence spendings (expenditure [*sg*]) **-vapen** defensive weapon **-vilja** will to defend o.s. **-åtgärd** defensive measure

försvensk|a [-'svens-] give a Swedish character, make Swedish; (*översätta*) turn into Swedish **-as** *dep* become Swedish **-ning** [the] changing (rendering) (*av* of...) into Swedish; [the] Swedish form

försvinn|a [-'svinna] *försvann försvunnit* disappear (*från, ur* from; [*in*] *i* into); (*plötsligt*) vanish [away]; (*förflyta*) pass [away]; (*ur sikte*) be lost; (*upphöra att finnas till*) cease to exist; ~ *i fjärran* disappear in (vanish into) the distance; *försvinn!* be off with you!, get lost!, clear out!, scram! **-ande I** *s6* disappearance **II** *adv* exceedingly; infinitesimal[ly]

försvunnen [-'svunn-] *a5* vanished; gone; (*bortkommen*) missing

för|svåra [-'svå:-] make (render) [more] difficult; (*förvärra*) aggravate; (*lägga hinder i vägen för*) obstruct; (*trassla till*) complicate **-svär[j]a** forswear; ~ *sig* (*med ed binda sig vid*) commit o.s. (*åt, till* to); ~ *sig åt djävulen* sell one's soul to the devil

försyn *s3* **1** *relig.* providence; ~*en* Providence; *genom* ~*ens skickelse* by an act of providence; *låta det gå på Guds* ~ trust to luck, let matters take their own course **2** (*hänsyn*) consideration

försynd|a [-'synda] *rfl* sin (*mot* against) **-else** sin, offence (*mot* against); (*friare*) breach (*mot* of)

försynt [-'sy:nt] *a1* considerate, tactful; discreet **-het** considerateness; modesty, discretion

förså̱t *s7* (*bakhåll*) ambush; (*fälla*) trap; (*svek*) treachery; *ligga i* ~ lie in ambush; *lägga* ~ *för* lay an ambush (set snares) for **-lig** *a1* treacherous; ~*a frågor* tricky questions

försäga [-'säjja] *rfl* (*förråda ngt*) blab out a secret, let the cat out of the bag

försäkra [-'sä:k-] **I 1** (*betyga*) assure (*ngn om* s.b. of), aver; *jag kan* ~ *dig [om] att* I can assure you that, you can take my word for it that; *du kan vara* ~*d om att* you may rest assured that **2** (*assurera*) insure; (*om sjö- o. flygförsäkring äv.*) underwrite; *den* ~*de* the insured, the policyholder; *högt* ~*d* heavily insured; *för högt* ~*d* overinsured; *lågt* ~*d* insured for (at) a low figure **II** *rfl* **1** (*förvissa sig*) secure (*om ngt* s.th.), make sure (*om ngt* of s.th.) **2** (*ta en försäkring*) insure one's life (o.s.)

försäkr|an [-'sä:k-] *r, som pl används pl av försäkring* assurance, declaration; affirmation **-ing 1** *se försäkran* **2** (*brand-, liv-*) insurance; (*liv- äv.*) life assurance (insurance); (*sjö-*) underwriting; *teckna en* ~ take out (effect) an insurance

försäkrings|avgift insurance contribution (fee) **-avtal** insurance contract **-bedrägeri** insurance fraud **-besked** insurance statement **-bolag** insurance company **-brev** insurance policy **-kassa** *allmän* ~ [local] social insurance office **-premie** insurance premium **-tagare** [the] insured, policyholder **-villkor** insurance terms (conditions) **-värde** (*som kan försäkras*) insurable value; (*som är försäkrat*) insured value

försälj|a [-'sälja] sell **-are** salesman, seller, *fem.*

saleswoman, salesgirl **-ning** selling; sale[s *pl*]; *till* ~ for (on) sale; *utbjuda till* ~ offer for sale

försäljnings|chef sales manager **-främjande** *a4*, ~ *åtgärder* sales promotion (*sg*) **-provision** commission on sales **-villkor** *pl* terms of sale

försämr|a [-'sämra] deteriorate; (*skada, förvärra*) impair, make worse **-as** *dep* deteriorate; get (grow) worse; (*moraliskt*) degenerate **-ing** deterioration, impairment (*i* in, of); (*moraliskt*) degeneration (*i* in); (*av hälsotillstånd*) change for the worse

försändelse [-'sänd-] (*varu-*) consignment; (*kolli*) parcel; (*post-*) [postal] packet (package); *assurerad* ~ insured articles

försänk|a [-'sänka] **1** *tekn.* countersink **2** *bildl.* plunge (*i sorg* into grief); put (*i sömn* to sleep); reduce (*i fattigdom* to poverty) **-ning 1** *tekn.* countersink **2** ~*ar* (*bildl.*) influential friends; *ha goda* ~*ar* have good connections

försätta [-'sätta] **1** (*bringa*) set (*i rörelse* in motion; *på fri fot* free); put (*i raseri* in a rage); ~ *ngn i konkurs* adjudge (declare) s.b. bankrupt **2** *bibl.* remove (*berg* mountains)

försätts|blad *bokh.* [front] flyleaf (endpaper) **-lins** lens attachment

försök *s7* (*ansats*) attempt (*till* at); (*bemödande*) effort, endeavour (*till* at); (*prov*) trial, test (*med* with, of); (*experiment*) experiment (*med* with; *på* on); ~ *till brott* attempted crime; *på* ~ *a*) by way of [an] experiment, just for a trial, on trial, *b*) (*på måfå*) at random, at a venture; *våga* ~*et* risk it, take one's chance [with it]; *det är värt ett* ~ it is worth trying **försöka** [-'sö:-] try; *absol. äv.* have a try; (*bemöda sig*) endeavour, seek; (*pröva på*) attempt; ~ *duger* there's no harm in trying; ~ *sig på* try one's hand at, (*våga sig på*) venture on, have a go, *vard.* take a crack at; *försök bara! a*) (*uppmuntrande*) just try!, *b*) (*hotande*) just you try it on!; *försök inte!* don't try that on with me!, *AE.* you're kidding!

försöks|anläggning pilot (experimental) plant **-ballong** pilot balloon; *släppa upp en* ~ (*bildl.*) send up a kite **-djur** laboratory animal **-heat** qualifying heat **-kanin** *bildl.* guinea pig **-person** test subject **-stadium** experimental stage; *på -stadiet* at the experimental stage **-verksamhet** experimental work; research **-vis** experimentally; by way of experiment

försörj|a [-'sörja] (*underhålla*) support, keep; (*dra försorg om*) provide for; ~ *sig* earn a living (support o.s.) (*genom, med* by) **-are** supporter, breadwinner **-ning** providing *etc.*; support, maintenance; provision

försörjnings|börda maintenance burden **-plikt** maintenance liability (obligation); ~ *mot* liability for the maintenance of

förtag|a **1** (*hindra*) take away (*verkan* the effect); (*dämpa*) deaden; (*fördunkla*) obscure **2** (*fråntaga*) deprive (*ngn ngt* s.b. of s.th.) **3** ~ *sig* overwork o.s.; *han förtar sig inte* he doesn't overwork himself

för|tal slander; (*starkare*) calumny (*mot* against, upon); *elakt* ~ foul slander, black calumny **-tala** [-'ta:-] slander; calumniate

förtecken *mus.* key signature

förteckn|a [-'teck-] note down; make a list of

-ing (*lista*) list, catalogue (*över* of)

förtegen [-'te:-] uncommunicative, reticent **-het** reticence

förtid *i uttr.*: *i* ~ too early (soon), prematurely; *gammal i* ~ old before one's (its) time **förtids-pension** early retirement pension; (*invalidpension*) supplementary disability pension

för|tiga [-'ti:-] keep secret; (*förbigå med tystnad*) say nothing about **-tjockning** [-'çåck-] thickening; (*utvidgning*) swelling

förtjus|a [-'çu:-] enchant, charm, fascinate **-ande** *a4* charming; delightful **-ning** (*hänryckning*) enchantment (*över* at); (*entusiasm*) enthusiasm (*över* about, at, over); (*glädje*) delight (*över* at, in); *jag kommer med* ~ I shall be delighted to come

förtjust [-'çu:st] *a4* (*intagen*) charmed *etc.* (*i* with); (*betagen, förälskad*) in love (*i* with), enamoured, fond (*i* of); (*mycket glad*) delighted, happy, pleased

förtjäna [-'çä:-] **1** (*förvärva*) earn; (*förtj.*) make, (*vinna*) gain; (*tjäna*) profit (*på en affär* by a bargain, on a transaction; *på en vara* on an article); ~ *en förmögenhet på* make a fortune out of (by); ~ *sitt uppehälle* earn one's living **2** (*vara värd*[*ig*]) deserve; (*med saksubj. äv.*) be worth (*ett besök* a visit); *han* ~*r inte bättre* he deserves no better; *han fick vad han* ~*de* he got what he deserved; *det* ~*r att nämnas att* it is worth mentioning that

förtjänst *s3* **1** (*inkomst*) earnings (*pl*); (*vinst*) profit[s *pl*]; *ren* = *ren profit*; *gå med* ~ be run at a profit **2** (*merit*) merit; *utan egen* ~ without any merit of one's own; *behandla ngn efter* ~ treat s.b. according to his deserts; *det är min* ~ *att* it is thanks (due) to me that **-full** (*om pers.*) deserving; (*om handling*) meritorious

förtjänt [-'çä:nt] *a4* (*värd*) deserved, merited; *göra sig* (*vara*) ~ *av* show o.s. (be) deserving of, deserve; *göra sig* ~ *om fosterlandet* deserve well of one's country

för|tona [-'to:-] (*förklinga*) die (fade) away; ~ *sig* stand out (*mot* against) **-torka** [-'tårka] dry [up], parch; (*vissna*) wither [away] **-trampa** [-'trampa] trample [upon], tread down; ~*d* (*i sht bildl.*) downtrodden

förtret *s3* annoyance, vexation (*över* at); (*trassel*) trouble; (*grämelse*) chagrin; *till sin stora* ~ much to his chagrin; *svälja* ~*en* pocket one's pride; *vara till* ~ *för* be a nuisance to; *vålla ngn* ~ cause s.b. annoyance, give s.b. trouble

förtret|a [-'tre:-] annoy, vex; *med* ~*d min* with a look of annoyance **-lig** *a1* vexatious, annoying **-lighet** (*med pl*) vexation, annoyance

förtro confide (*ngn ngt* s.th. to s.b.); ~ *sig till* (*åt*) place confidence in

förtroende [-'tro:-] *s6* **1** (*tillit*) confidence; faith, trust; reliance; *i* ~ *sagt* confidentially speaking, between ourselves; *med* ~ confidently; *hysa* ~ *för* have confidence in; *inge* ~ inspire confidence; *mista* ~*t för* lose confidence (one's faith) in; *åtnjuta allmänt* ~ enjoy public confidence **2** (*förtroligt meddelande*) confidence; *utbyta* ~*n* exchange confidences **-fråga** *göra ngt till* ~ put s.th. to a vote of confidence **-full** trusting, trustful; confiding **-ingivande** *a4* (*om uppträdande*)

reassuring; *vara* ~ inspire confidence **-klyfta** confidence gap **-kris** crisis of confidence **-man** fiduciary; (*ombud*) agent, representative; (*inom fackförening*) appointed representative **-post** position of trust **-uppdrag** commission of trust; *få* ~*et att* be entrusted with the task of (+ *ingform*) **-vald** *en* ~ an elected representative

förtrogen [-'tro:-] **I** *a3* **1** (*förtrolig*) confidential; (*intim*) intimate, close **2** (*hemmastadd med*) familiar with, cognizant of **II** *s* confidant[e *fem.*]; *göra ngn till sin förtrogne* take s.b. into one's confidence, make s.b. one's confidant[e] **-het** familiarity (*med* with), [intimate] knowledge (*med* of)

förtrolig [-'tro:-] *a1* (*intim*) intimate; close; (*familjär*) familiar; (*konfidentiell*) confidential; *stå på* ~ *fot med* be on an intimate footing (on familiar terms) with **-het** intimacy; familiarity

förtroll|a [-'trålla] enchant; bewitch (*äv. bildl.*) **-ande** *a4* enchanting, bewitching, fascinating **-ning** enchantment; bewitchment; spell; *bryta* ~*en* break the spell

förtrupp *mil.* advance guard; (*friare*) van[guard]

förtryck oppression; tyranny; *lida* ~ be oppressed

förtryck|a [-'trycka] oppress; tyrannize over **-are** oppressor

förtryt|else displeasure, resentment (*över* at); (*starkare*) exasperation, indignation (*över* at) **-sam** *a1* indignant, resentful

förträfflig [trä̈ff-] *a1* excellent, splendid **-het** excellence; splendid qualities (*pl*)

förträng|a [-'träŋa] (*göra trång*) narrow, constrict, contract; *psykol.* repress **-ning** narrowing, constriction, contraction; *psykol., se bortträngning*

förtröst|a trust (*på Gud* in God; *på försynen* to Providence) **-an** *r* trust; reliance; confidence (*på* in); *i* ~ *på* in reliance on

förtröttas [-'tröttas] *dep* tire, [grow] weary

förtull|a [-'tulla] (*låta tullbehandla*) clear, declare [in the customs]; (*betala tull för*) pay duty on (for); *har ni något att* ~? have you anything to declare? **-ning** (*tullbehandling*) [customs] clearance (examination)

förtunn|a [-'tunna] thin [down]; (*gas*) rarefy; (*utspäda*) dilute **-as** *dep* get thin[ner] **-ing 1** thinning; rarefaction; dilution **2** (*förtunningsmedel*) thinner

förtur, förtursrätt *ha* ~ have priority (right of precedence) (*framför* over)

förtvin|a [-'tvi:-] wither [away] (*av* with); *bildl. äv.* languish [away] **-ing** withering [away]; *med.* atrophy

förtvivl|a [-'tvi:v-] despair (*om ngt* of s.th.; *om ngn* about s.b.) **-ad** *a5* (*om pers.*) in despair (*över* at); (*desperat*) desperate; *ett -at läge* a desperate situation; *vara* ~ be in despair (exceedingly sorry) (*över* att *ha gjort det* at having done it); *det kan göra en* ~ it is enough to drive one to despair **-an** *r* despair (*över* at); (*desperation*) desperation (*över* at); *med* ~*s mod* with the courage of despair

förtvätt pre-wash

förtydlig|a [-'ty:d-] make clear[er]; *bildl. äv.* elucidate **-ande I** *s6* elucidation **II** *a4* elucidative

för|täckt *a4* veiled, covert; *i* ~*a ordalag* circuitously, in a roundabout way **-tänka** [-'tänka] *inte* ~ *ngn att* (*om*) *han* not blame (think ill of) s.b. for (+ *ing-form*)

förtänksam [ˣfö:r-] *a1* prudent; (*förutseende*) far-sighted **-het** forethought, prudence; foresight

förtär|a [-'tä:-] eat; (*göra slut på*) eat up (*äv. bildl.*); (*friare*) consume; (*starkare*) devour; (*fräta på*) gnaw, wear away; *Farligt att* ~*!* Poison. Not to be taken!; *aldrig* ~ *sprit* never touch (take) spirits; ~*s av svartsjuka* be consumed by jealousy **-ing** consumption; *konkr.* food [and drink], refreshments (*pl*)

förtät|a [-'tä:-] condense (*till* into); (*friare o. bildl.*) concentrate (*till* into); ~*d stämning* tense atmosphere **-ning** condensation; concentration

förtöj|a [-ˣtöjja] moor, make fast (*vid* to) **-ning** mooring

förtöjnings|boj mooring buoy **-plats** moorage, tie-up wharf; berth

för|törna [-'tö:r-] provoke, anger; ~*d* provoked (angry) (*på* with; *över* at); ~*s* (*bli förtörnad*) *över* take offence at **-underlig** [-'under-] wondrous, marvellous; (*underlig*) strange

förundersök|a subject to a preliminary investigation **-ning** preliminary investigation (examination, study); *jur.* preliminary hearing[s *pl*]

förundr|a [-'und-] fill with wonder; astonish; ~*d* struck with wonder; ~ *sig, se förundras* **-an** *r* wonder (*över* at) **-ansvärd** [-ˣund-] *a1* wondrous, marvellous; astonishing **-as** *dep* wonder, be astonished (*över* at)

förunna [-'unna] *bibl. o.d.* vouchsafe; (*friare*) grant; *det är inte alla* ~*t att* not everyone gets the chance to

förut [ˣfö:r- *el.* -'u:t] before, in advance; (*om tid äv.*) previously; (*förr*) formerly

förutan [-ˣu:tan] without

förut|beställa [ˣfö:r-] order in advance **-bestämma** settle beforehand; (*predestinera*) predestine, predestinate **-fattad** *a5* preconceived; ~ *mening* (*äv.*) prejudice; *ha en* ~ *mening* be prejudiced

förutom [-ˣu:tom] besides ([*det*] *att han är* his being)

förutsatt [ˣfö:r-] *a i uttr.*: ~ *att* provided [that]

förutse [ˣfö:r-] foresee; anticipate; *efter vad man kan* ~ as far as one can see **-bar** *a5* foreseeable **-ende I** *s6* foresight; (*framsynthet*) forethought **II** *a4* foreseeing; provident

förutskicka [ˣfö:r-] premise

förutsäg|a [ˣfö:r-] predict, foretell; (*förespå*) prophesy; forecast **-else** prediction; forecast; prophecy

förutsätt|a (*antaga*) assume, presume, suppose; (*ta för givet*) take it for granted; *log.* postulate; (*bygga på förutsättningen* [*att*]) imply, presuppose **-ning** (*antagande*) assumption, presumption, supposition; *log.* postulation; (*villkor*) condition, prerequisite; (*erforderlig egenskap*) qualification; *ekonomiska* ~*ar* economic prerequisites; *under* ~ *att* on condition that; *skapa* ~*ar för* create the necessary conditions for; *han har alla* ~*ar att lyckas* he has every chance of succeeding **-ningslös** unprejudiced, impartial,

unbias[s]ed

förutvarande [ˣfö:r-] *a4* (*förra*) former; (*föregående*) previous

förvalt|a [-'valta] administer; manage; (*ämbete*) discharge, exercise; ~ *sitt pund väl* put one's gifts to good use **-are** administrator; (*av lantgods*) steward, bailiff; (*av dödsbo*) trustee; (*konkurs-*) receiver; *mil., ung.* sergeant major, **-arskap** *s7* trusteeship **-ning** administration, management; (*stats-*) public (state) administration, government services (*pl*)

förvaltnings|berättelse administration report; (*styrelseberättelse*) annual report **-bolag** holding company **-byggnad** administration building **-kostnad** administration cost

förvandl|a [-'vand-] transform, turn, convert (*till, i* into); (*förbyta*) change (*till, i* into); (*till ngt sämre*) reduce (*till* to); *jur.* commute (*till* into); *tekn.* convert; *teol.* transsubstantiate **-as** be transformed (*etc.*); *äv.* turn, change (*till, i* into) **-ing** transformation; conversion; change; reduction; *teol.* transsubstantiation

förvandlings|konstnär quick-change artist **-nummer** quick-change act

förvansk|a [-'vans-] corrupt, distort; tamper with; misrepresent **-ning** corruption *etc.*

förvar *s7* [safe]keeping, custody; charge; *i säkert* ~ in safe custody; *lämna i* ~ *hos ngn* commit to a p.'s charge (custody); *ta i* ~ take charge (custody) of; *se äv. under fängslig*

förvar|a [-'va:-] *v1* (*ha i förvar*) keep; (*deponera*) deposit; ~*s kallt* (*oåtkomligt för barn*) keep in a cool place (out of the reach of children) **-ing** keeping; charge, custody; ~ *på säkerhetsanstalt* preventive detention in prison; *inlämna till* ~ leave to be called for, *järnv.* put in the cloakroom; *AE. äv.* check; *mottaga till* ~ receive for safekeeping

förvarings|avgift storing (*bank. etc.* safekeeping) fee, *järnv.* cloakroom fee **-box** [storage] locker **-plats** repository, storeroom, storage space **-skåp** filing cabinet **-utrymme** storage space

förvarn|a forewarn, warn in advance **-ing** [advance] notice, forewarning

förveckling complication; entanglement

förveklig|a [-'ve:k-] emasculate **-as** *dep* become emasculate

förverka [-'verka] forfeit

förverklig|a [-'verk-] (*t.ex. förhoppningar*) realize; (*t.ex. plan, idé*) carry out **-ande** *s6* realization **-as** *dep* be realized; (*om dröm e.d.*) come true

förvild|ad *a5* (*om djur, växt*) undomesticated, wild; (*vanskött*) that has run wild; ~*e seder* demoralized customs **-as** *dep* return to natural state; (*om människor*) become uncivilized; (*om barn*) be turned into young savages; (*om djur, växter*) run wild; (*om odlad mark*) go out of cultivation

förvill|a [-'villa] (*föra vilse*) lead astray (*äv. bildl.*); (*vilseleda*) mislead; (*förleda*) deceive; (*förvirra*) bewilder, confuse; ~*nde lik* confusingly like; ~*nde likhet* deceptive likeness; ~ *sig* lose one's way, *bildl.* get bewildered **-else** error, aberration; (*sedlig*) delinquency

förvirr|a [-'virra] confuse; (*förbrylla*) bewilder, perplex; (*svagare*) puzzle, embarrass; (*bringa ur fattningen*) disconcert; (*bringa i oordning*) derange, disorder; *tala ~t* talk incoherently **-ing** confusion; (*persons äv.*) perplexity, embarrassment, bewilderment; (*om sak äv.*) disorder[ed state]; *i första ~en* in the confusion of the moment

förvis|a [-'vi:-] banish, exile, send away (*ur* from, out of) (*äv. bildl.*); (*deportera*) deport; (*relegera*) expel **-ning** banishment, exile; deportation; expulsion

förvissa [-'vissa] ~ *ngn om ngt* (*om att*) assure s.b. of s.th. (that); *vara ~d* rest assured, (*övertygad*) be convinced; ~ *sig* make sure (*om* of; [*om*] *att* that)

1 förvissning [-'viss-] assurance; conviction; *i ~ om* in the assurance of

2 förvissning [-'viss-] (*förvissnande*) withering [away]

förvisso [-'visso] (*utan tvivel*) for certain; (*visserligen*) certainly

förvittr|a [-'vitt-] (*på ytan*) weather; (*upplösas*) disintegrate; (*sönderfalla*) crumble, moulder **-ing** weathering; erosion, disintegration; crumbling

förvrid|a [-'vri:-] distort, twist; ~ *huvudet på ngn* turn a p.'s head **-en** distorted

förvräng|a [-'vräŋa] distort; (*fakta äv.*) misrepresent **-ning** distortion; misrepresentation

förvuxen [-'vuxen] overgrown; (*missbildad*) deformed

förvållande *s6, genom eget* ~ through one's own negligence; *utan eget* ~ by no fault of one's own

förvån|a [-'vå:-] **1** surprise, astonish; ~*d* surprised *etc.* (*över* at); *det ~r mig* I am surprised (*etc.*) **2** *rfl* be surprised (*etc.*) (*över* at); *det är ingenting att* ~ *sig över* it is not to be wondered at **-ande** *a4,* **-ansvärd** *a1* surprising, astonishing **-ing** surprise, astonishment

förväg *i uttr.: i* ~ in advance, ahead, before, beforehand

förvägra [-'vä:g-] (*vägra*) refuse; (*neka*) deny; *han ~des rätten att träffa sina barn* he was denied the right to see his children

förväll|a [-'välla] parboil **-ning** parboiling

för|vänd *a1* disguised, distorted; (*dålig, syndig*) perverted **-vända** [-'vända] (*förvränga*) distort; disguise; ~ *synen på folk* throw dust in people's eyes

förvänt|a [-'vänta] ~ [*sig*] expect; look forward to **-an** *r, som pl används pl av förväntning* expectation (*på* of); *efter* (*mot*) ~ according to (contrary to) expectations; *över* ~ *bra* better than expected, unexpectedly good **-ansfull** expectant **-ning** expectation; *motsvara ngns ~ar* come up to a p.'s expectations

förvärldsliga [-'vä:rds-] secularize; ~*d* (*om pers. äv.*) worldly

förvärm|a preheat **-are** preheater **-ning** preheating

förvärr|a [-'värra] make worse, aggravate **-as** *dep* grow worse, become aggravated

för|värv *s7* **1** (*förvärvande*) acquisition **2** (*ngt förvärvat*) acquisition; (*genom arbete*) earnings (*pl*) **-värva** [-'värva] acquire; (*förtjäna*) earn;

(*komma över*) procure; (*vinna*) gain; ~ *vänner* make friends; *surt ~de slantar* hard-earned money

förvärvs|arbeta have gainful employment; (*om kvinna*) go out to work **-arbetande** *a4* wageearning, gainfully employed; ~ *kvinnor* (*äv.*) women out at work **-liv** *träda ut i ~et* start working [for one's living]

förväxl|a [-'växla] confuse, mix up **-ing** confusion; (*misstag*) mistake, mix-up

föryngr|a [-'yŋra] rejuvenate, make [look] younger; (*skog*) reafforest, *AE.* reforest **-as** *dep* grow young again **-ing** rejuvenation; (*av skog*) reafforestation, *AE.* reforestation

förzink|a [-'sinka] coat with zinc; *särsk. AE.* zinc; (*galvanisera*) galvanize **-ning** zinc-plating; galvanizing

föräldrad [-'åld-] antiquated, out of date; ~*e ord* obsolete words

föräd|la [-'äd-] **1** *biol.* breed, improve **3** (*bearbeta råvara*) refine, work up; ~*d smak* refined taste **-ing 1** ennoblement **2** breeding *etc.* **3** refinement, processing

förädlingsindustri processing industry

föräktenskaplig *a5* premarital; ~ *förbindelse* premarital intimacy

förälder [-'äld-] *s2* parent; *ensamstående* ~ single parent

föräldra|auktoritet parental authority **-förening** parents association **-försäkring** parental insurance **-hem** [parental] home **-ledig** on parental leave **-ledighet** parental leave **-lös** orphan; *hem för ~a barn* orphanage **-möte** parent-teacher association (P.T.A.) meeting **-penning** parent's allowance **-skap** *s7* parenthood

förälsk|a [-'älska] *rfl* fall in love (*i* with) **-ad** *a5* in love (*i* with); ~ *blick* amorous (loving) glance **-else** love (*i* for); (*kortvarig*) infatuation

föränd|erlig [-'änd-] *a1* variable; (*ombytlig*) changeable; *lyckan är* ~ fortune is fickle **-ra 1** (*ändra*) alter; (*byta* [*om*]) change (*till* into); *inte* ~ *en min* not move a muscle **2** *rfl, se -ras* **-ras** *dep* change, alter; *tiderna* ~ times change; *hon har -rats till oigenkännlighet* she has changed beyond recognition **-ring** change; alteration; *sjuklig* ~ pathological change

förära [-'ä:ra] ~ *ngn ngt* make s.b. a present of s.th.

föräta [-'ä:ta] *rfl* overeat [o.s.] (*på* on), eat too much (*på* of)

föröd|ande [-'ö:dan-] *a4* devastating, ravaging **-else** devastation; ~*ns styggelse* (*bibl.*) the abomination of desolation; *anställa stor* ~ make (play) havoc

förödmjuk|a humiliate (*sig* o.s.) **-else** humiliation

förök|a [-'ö:ka] (*utöka*) increase; (*mångfaldiga, fortplanta*) multiply; ~ *sig* increase, multiply **-ning 1** increase **2** (*fortplantning*) multiplication, propagation

föröv|a [-'ö:va] commit **-are** perpetrator; ~*n av brottet* the man guilty of the crime

förövning preliminary exercise

fösa *v3* drive, (*friare*) shove (*fram* along; *ihop* together)

F

G

gabardin *s3, s4* gaberdine
Gabon *n* Gabon **gabonsk** [-'bɑ:-] *a5* Gabonese
gadd *s2* sting; *ta ~en ur (av) ngn* take the sting out of s.b.
gadda ~ *ihop sig* gang together (up) (*mot* against) ~ *sig samman, se sammangadda sig*
gael|isk *a5* Gaelic **-iska 1** (*språk*) Gaelic **2** (*kvinna*) Gaelic woman
gaffel [ˣgaff- *el.* 'gaff-] *s2* **1** fork; *kniv och* ~ a knife and fork; *jag har det på ~n* it's in the bag, it's all wrapped up **2** *sjö.* gaff **-truck** fork-lift truck
gaffla babble, jabber
gage [ga:ʃ] *s7, s4* (*sångares o.d.*) fee
gagg *s7, vard.* gag
gagg|a babble **-ig** *a1* gaga
gagn [gaŋn] *s7* (*nytta*) use; (*fördel*) advantage, benefit; *mera till namnet än till ~et* more for show than use; *vara till ~ för* be of advantage to **gagna** [ˣgaŋna] be of use (advantage) to, benefit; (*ngns intressen*) serve; *det ~r föga* it is of little use (advantage); *vartill ~r det?* what is the use of that?
1 gala *gol galit el. v2* crow; (*om gök*) call
2 gala *s1* gala; *i [full]* ~ in gala (full) dress
galaföreställning gala performance
galaktisk [-'lakt-] galactic
galamiddag gala banquet
galant I *a1* (*artig*) gallant **II** *adv, det gick* ~ it went off splendidly
gala|uniform full-dress uniform **-vagn** state coach
galax *s3* galaxy
galen *a3* **1** mad; *vard.* crazy, (*oregerlig*) wild; (*överförtjust*) passionately fond (*i* of), crazy (*i* about); *skvatt* ~ stark mad, as mad as a hatter; *bli* ~ go mad (*etc.*); *det är så man kan bli* ~ it is enough to drive one mad **2** (*om sak: orätt*) wrong (*ända* end); (*dåraktig*) mad, wild; (*förryckt*) absurd; *hoppa i* ~ *tunna* make a blunder, get into the wrong box; *det var inte så galet* [it's] not bad **-panna** madcap **-skap** *s3* **1** (*utan pl*) (*vansinne*) madness; (*dåraktighet*) folly **2** (*med pl*) act of folly; *hitta på ~er* (*tokerier*) play the giddy goat
galet *adv* wrong; *bära sig* ~ *åt a*) (*bakvänt*) be awkward, *b*) (*oriktigt*) go about in the wrong way; *det gick* ~ *för henne* things went wrong with her
galg|e [ˣgalje] *s2* gallows (*sg*), gallow[s] tree; (*med en arm*) gibbet; (*klädhängare*) [coat] hanger; *sluta i ~n* come to the gallows **-humor** gallows (grim) humour
Galiléen [-'le:en] *n* Galilee
galileisk [-'le:-] *a5* Galilean
galjons|bild, -figur [-ˣjɔ:ns-] figurehead (*äv. bildl.*)
gall|a *s1* bile (*äv. bildl.*); *åld.* gall; *utgjuta sin* ~ *över* vent one's spleen upon **-bildning** gall

-blåsa gall bladder
1 galler ['gall-] *s9* (*folkslag*) Gaul
2 galler ['gall-] *s7* (*skydds-*) grating, grate, grill[e]; (*fängelse- o.d.*) bars (*pl*), grating; (*spjälverk*) lattice[work], trellis; *radio.* grid; *sätta* ~ *för* lattice, grate
gallergrind wrought-iron gate
galleri gallery
gallerverk latticework
gallfeber *få* ~ have (get) one's blood up; *reta* ~ *på ngn* infuriate s.b.
Gallien ['gall-] *n* Gaul
gallimatias [-ˣti:-] *r* balderdash
gallisk ['gall-] *a5* Gallic
gallr|a (*plantor*) thin out; (*skog*) thin; ~ *bort* (*ut*) (*ngt onyttigt o.d.*) sort (weed) out **-ing** thinning [out] *etc.*; sorting out
gall|skrik, -skrika yell, howl
gall|sten gallstone, bilestone **-stensanfall** biliary colic
gallupundersökning Gallup poll; public opinion poll
galning madman, *fem.* madwoman, lunatic, maniac; *som en* ~ (*äv.*) like mad
1 galon *s4* (*plastväv*) PVC-coated fabric
2 galon *s3* (*uniformsband*) gold (silver) braid; galloon
galopp [-'åpp] *s3* **1** *ridk.* gallop; *i* ~ at a gallop; *i full* ~ [at] full gallop (*friare* speed); *kort* ~ canter, hand gallop; *falla in i* ~ break into a gallop; *fatta ~en* (*bildl.*) catch the drift **2** (*dans*) galop **3** *mus.* galop, gal[l]opade **-bana** racecourse; *särsk. AE.* racetrack **-era** gallop; *~nde lungsot* galloping consumption **-sport** horse racing
galosch [-'låʃ] *s3* galosh, *ibl.* golosh; *~er, AE. äv.* rubbers
galt *s2* **1** *zool.* boar **2** (*tackjärn*) pig
galvan|isera galvanize, electroplate **-isering** galvanization, electroplating **-isk** [-'va:-] *a5* galvanic, voltaic; *~t element* primary cell, galvanic (voltaic) cell
galär *s3* galley
gam *s2* vulture (*äv. bildl.*)
Gambia ['gamm-] *n* [the] Gambia **gambisk** *a5* Gambian
gamling old man (woman); *~ar* old folks (people)
gammaglobulin gamma globulin
gammal *~t äldre äldst* old; (*forn[tida]*) ancient; (*antik*) antique; (*som varat länge*) long-established, of long standing; (*åldrig*) aged; (*ej färsk, om bröd o.d.*) stale; (*begagnad äv.*) secondhand; *~t nummer (av tidning o.d.*) back issue; ~ *nyhet* stale [piece of] news; *en fem år* ~ *pojke* a five-year old boy, a boy of (aged) five; ~ *som gatan* as old as the hills; *av ~t* of old; *av* ~ *vana* from [long-accustomed] habit; *den gamle (gamla)* the old man (woman); *den gamla goda tiden* the good old days; *på gamla dagar* in one's old age; *känna ngn sedan ~t* know s.b. of old (for many years); *vara* ~ *och van* be an old campaigner (hand); ~ *av (bland) gamla* old folks never to beat best; *låta ngt bli vid det gamla* let s.th. remain as it is **-dags** *oböjligt a* old-fashioned **-dans** old-time dance; (*dansande*) old-time dancing **-modig** *a1, se gammaldags;* (*omodern äv.*) out of fashion,

outmoded; (*uråldrig*) antiquated; ~ *hat* old hat **-vals** old-time waltz

gammastrålning gamma radiation

gangster ['gaŋ-] *s2* gangster; *AE. sl.* mobster **-metoder** ruthless methods

ganska (*mycket*) very; (*oftast i positiv betydelse*) quite (*roligt* fun); (*oftast i negativ betydelse*) rather (*tråkigt* boring); (*inte så litet*) pretty; (*tämligen*) fairly, tolerably; ~ *mycket a*) (*som adjektiv*) a great (good) deal of, [rather] a large (quite a) number of (*folk* people), quite a lot of, *b*) (*som adv*) very much, a great (good) deal, quite a lot; *det var* ~ *mycket folk på teatern* there was quite a good audience at the theatre

gap *s7* mouth; (*djurs o. tekn.*) jaws (*pl*); *bildl.* gape, jaws; (*öppning*) gap, opening **gapa 1** (*om pers. o. djur*) open one's mouth; hold one's mouth open; (*förvånat*) gape (*av* with); (*stirra*) stare; (*skrika*) bawl, yell; *den som ~r över mycket mister ofta hela stycket* grasp all, lose all **2** (*om avgrund o.d.*) yawn; (*stå öppen*) stand open

gap|ande *a4* gaping (*folkhop* crowd; *sår* wound); wide-open (*mun* mouth) **-hals** *vard.* loudmouth; (*pratmakare*) chatterbox **-skratt** roar of laughter, guffaw; *ge till ett* ~ burst out laughing **-skratta** roar with laughter, guffaw

garage [-'a:ʃ] *s7* garage

garanti *s3* guarantee; (*ansvarighet*) responsibility; (*säkerhet*) security; *ställa* ~[*er*] *för ngt* give (furnish) a guarantee for s.th. **-sedel** certificate of guarantee

gard *s?* **1** *uppini*. guard; *ställa sig i* ~ take one's guard **2** *kortsp.* guard; *ha* ~ be guarded **garde** ['garr-] *s6* guards (*pl*); [*det*] *gamla* ~*t* the old guard

garder|a guard, safeguard, cover; (*i tips*) cover, allow [up to] **-ing** guard; *i tips, se hel- resp. halvgardering*

garderob [-'å:b] *s3* **1** (*skåp*) wardrobe; (*klädkammare*) clothes closet; (*i offentlig lokal*) cloakroom; *AE.* checkroom **2** (*kläder*) wardrobe, clothes (*pl*)

garderobs|avgift cloakroom (*AE.* checkroom) fee **-vakt** cloakroom (*AE.* checkroom) attendant

gardin *s3* curtain; (*rull-*) [roller] blind; *dra för* (*ifrån*) ~*erna* pull (pull back) the curtains; *dra upp* ~*en* draw up the blind **-kappa** pelmet, valance **-stång** curtain rod (*av trä:* pole)

garn [-a:-] *s7, s4* yarn; (*bomulls- äv.*) cotton; (*silkes- äv.*) silk; (*ull- äv.*) wool; (*fångst-*) net; *snärja ngn i sina* ~ entangle (catch) s.b. in one's toils

garner|a (*kläder*) trim; (*mat*) garnish **-ing** trimming; garnish

garnison *s3* garrison; *ligga i* ~ (*äv.*) be garrisoned

garnityr *s7* garniture; (*sats, uppsättning*) set

garnnystan ball of yarn (*etc.*)

garv *s7, vard.* horse laugh

1 garva *vard.* (*skratta*) laugh; guffaw

2 garva tan (*äv. bildl.*); dress, curry

garvad *bildl.* (*erfaren*) seasoned

garv|are tanner, leather dresser **-ning** tanning **-syra** tannin, tannic acid **-ämne** tanning agent

1 gas *s3* (*tyg*) gauze

2 gas *s3* gas; *ge* ~ (*t. motor*) step on the gas, accelerate; *minska på* ~*en* (*t. motor*) slow down; *släcka* (*tända*) ~*en* turn out (on) the gas

gasa gas; ~ *på* step on the gas

gasbinda gauze bandage

Gascogne [-'kånj] *n* Gascony

gasell *s3* gazelle

gas|form *i* ~ in the form of gas, in a gaseous state **-förgiftning** gas poisoning

gaska ~ *upp sig* cheer up, buck up; (*rycka upp sig*) pull o.s. together

gas|kammare gas chamber (oven) **-klocka** gasholder, gasometer **-kök** gas ring **-ledning** gas pipe; (*huvudledning*) gas main **-ljus** gaslight **-mask** gas mask; respirator **-mätare** gas meter **-ning** [-a:-] gassing

gasol [-'å:l] *s3* liquefied petroleum gas (*förk.* LPG, LP gas) **-kök** liquid-gas stove **-tub** bottle (cylinder) of liquefied petroleum gas

gas|pedal accelerator, throttle **-pollett** gasmeter disc **-reglage** throttle lever

gass *s7* heat, [full] blaze

gass|a be blazing [hot]; ~ *sig i solen* bask in the sun **-ande** *s6*, **-ig** *a1* blazing, broiling

gas|spis gas cooker (range, stove) **-svetsning** gas welding; oxyacetylene welding

1 gast *s2* (*matros*) hand

2 gast *s2* (*spöke*) ghost

gasta yell, howl

gastkram|a hug violently; ~*d* ghostridden **-ande** *a4* hair-raising **-ning** hum giip; strangle-hold

gastro|nom gourmet; *äv.* gastronome[r], gastronomist **-nomisk** [-'nå:-] *a5* gastronomic[al]

gas|turbin gas turbine **-tändare** gas lighter **-ugn** gas oven **-verk** gasworks (*sg o. pl*); gas company

gat|a *s1* street; (*körbana*) roadway; ~ *upp och* ~ *ner* up and down the streets; *på* ~*n* in the street; *på sin mammas* ~ on one's native heath; *gammal som* ~*n, se gammal; rum åt* ~*n* front room, room facing the street; *gå och driva på gatorna* walk the streets **-flicka** streetwalker **-hörn** street corner **-lykta** streetlamp, streetlight **-sopare** scavenger, street sweeper (*AE.* cleaner) **-sten** paving stone (*koll.* paving stones *pl*)

gatu|adress [street] address **-belysning** street lighting **-beläggning** street paving (surface) **-försäljare** street vendor, hawker **-korsning** intersection; crossing **-kök** *ung.* snack bar **-namn** street name **-skylt** street sign **-vimmel** *i gatuvimlet* in the throng of the streets

1 gavel ['ga:-] *i uttr.: på vid* ~ wide open

2 gavel ['ga:-] *s2* gable; (*på säng o.d.*) end; *ett rum på* ~*n* a room in the gable

g-dräkt *flyg.* G-suit, anti-G suit

ge (*giva*) *gav givit el. gett* **I 1** (*skänka*) give; (*förära*) present (*ngn ngt* s.b. with s.th.), bestow (*ngn ngt* s.th. on s.b.); (*förläna äv.*) lend (*glans åt* splendour to); (*bevilja äv.*) grant (*tillåtelse* permission; *kredit* credit); (*bispringa med äv.*) render ([*ngn*] *hjälp* help (assistance) [to s.b.]); (*räcka äv.*) hand (*ngn ngt* s.b. s.th.); (*skicka* [*hit, dit*]) pass (*ngn brödet* s.b. the bread); ~ *dricks* tip; ~ *ngn sin hyllning* pay (do) one's homage to s.b.; *jag skall* ~ *dig!* I'll give it you!; *vad* ~*r du mig för det?* what do you say to that?; *Gud give*

G'

att...! God grant that...! **2** (*uppföra*) play, perform, give; *vad ~r dom i kväll?* what are they giving (what's on) tonight? **3** (*avkasta*) yield; give; ~ *ett gott resultat* yield (give) an excellent result **4** *kortsp.* deal **II** (*med betonad partikel*) **1** ~ *bort* give away **2** ~ *efter* yield, give way (*för* to) **3** ~ *emellan* give into the bargain **4** ~ *hit!* give me!; hand over! **5** ~ *ifrån sig a*) *fys.* emit, give off, *b*) (*ljud, tecken*) give, *c*) (*lämna ifrån sig*) give up, deliver **6** ~ *igen* give back, return, *bildl.* retaliate, pay back **7** ~ *med sig a*) (*ge efter*) yield, (*om pers. äv.*) give in, come [a]round, *b*) (*minska i styrka*) abate, subside, (*om sjukdom äv.*) yield to treatment; *inte ~ med sig* (*äv.*) stand firm, hold one's own **8** ~ *till ett skrik* give a cry, set up a yell **9** ~ *tillbaka a*) *se ge II 6, b*) (*vid växling*) give [s.b.] change (*på* for); *jag kan inte ~ tillbaka* I have no change **10** ~ *upp* give up (*äv. absol.*) **11** ~ *ut a*) (*pengar*) spend, *b*) (*publicera*) publish, *c*) (*utfärda*) issue, emit **III** *rfl* **1** give o.s. (take) (*tid* time) **2** (*ägna sig*) devote o.s. (*åt* to) **3** (*erkänna sig besegrad*) yield; *mil.* surrender; (*friare*) give in **4** (*om sak*) yield, give way (*för* to); (*töja sig*) stretch; (*slakna*) slacken **5** (*minska i styrka*) abate, subside **6** *det ~r sig* [*självt*] it goes without saying; *det ~r sig nog med tiden* things will come right in time **7** ~ *sig i kast med* grapple with, tackle; ~ *sig i samspråk med* enter into conversation with; ~ *sig i strid med* join battle with; tackle **8** (*med betonad partikel*) ~ *sig av a*) set out (start) (*på* on), *b*) (*bege sig iväg*) be off, take one's departure; ~ *sig in på* embark upon (*ett företag* an enterprise), enter into (*en diskussion* a discussion); ~ *sig in vid teatern* go on the stage; ~ *sig på a*) (*börja med*) set about, tackle, *b*) (*angripa*) fly at, attack (*ngn* s.b.); ~ *sig till att skjuta* start (set about) shooting; ~ *sig ut a*) go out (*och fiska* fishing), set out (start) (*på en resa* on a journey), *b*) (*våga sig ut*) venture out; ~ *sig ut för att vara* pretend (profess [o.s.]) to be

gedige|n [je'di:-] *a3* **1** (*metall*) pure; (*massiv*) solid **2** *bildl.* solid, sterling; genuine; ~ *karaktär* sound character; *-t arbete* sterling piece of work, excellent workmanship

gehör [j-] *s7* **1** *mus. o. språkv.* ear; *absolut ~* absolute (perfect) pitch; *spela efter ~* play by ear **2** hearing; (*aktning*) respect; (*uppmärksamhet*) attention; *vinna ~* meet with sympathy; find a ready listener (audience); *skaffa sig ~* gain a hearing

geigermätare [ˣgajger-] Geiger (Geiger-Müller) counter

geisha [ˣgejʃa *el.* 'gejʃa] *s1* geisha

geist [gajst *el.* gejst] *s3* liveliness, spark; passion

gelatin [ʃ-] *s4, s3* gelatin[e]

gelé *s4, s3* jelly **gelea** [ʃe'le:a] *rfl* jelly, jellify; congeal **geléartad** [-a:-] *a5* gelatinous

gelik|e [je'li:-] *s2* equal; *du och dina -ar* you and your likes; *hennes -ar* (*äv.*) the likes of her

1 gem [jemm *el.* g-] *s3* (*ädelsten*) engraved (inlaid) jewel

2 gem [ge:m] *s7* (*pappersklämma*) paperclip

gemak [j-] *s7* apartment, stateroom

gemen [j-] *a1* **1** (*nedrig*) low, mean; (*lågsinnad*) base; (*friare: otäck*) horrid; dirty **2** *~e man a*)

the man in the street, *b*) *mil.* the rank and file; *i ~* in general **3** (*folklig*) friendly; sociable **4** *boktr.*, ~ *bokstav* lower case, lower-case letter **gemenhet** [je'me:n-] (*egenskap*) lowness *etc.*; (*handling o.d.*) [act of] meanness; mean (*vard.* dirty) trick; (*starkare*) infamy

gemensam [je'me:n-] *a5* (*i sht för alla*) common (*för* to); (*i sht för två el. flera*) joint (*beslut* resolution); (*ömsesidig*) mutual (*vän* friend); *ett ~t intresse* an interest in common; *två våningar med ~t kök* two flats with shared kitchen; *med ~ma ansträngningar* by united effort; *göra ~ sak med* make common cause with; *ha ngt ~t* have s.th. in common **-het** community (*i* of)

gemen|samt [je'me:n-] *adv* in common, jointly **-skap** *s3* community; fellowship; (*samfund*) communion; (*samband*) connection; *känna ~ med* have a fellow feeling for

gemyt [j- *el.* g-] *s7* (*sinnelag*) disposition, temperament; (*godlynthet*) good nature **-lig** [-'my:t-] *a1* **1** (*om pers.*) good-natured, good-humoured, genial **2** (*om sak*) [nice and] cosy; comfortable **-lighet 1** good nature (humour), geniality **2** cosiness

1 gen [j-] *s3, biol.* gene

2 gen [j-] *a1* short, near, direct

gena take a short cut

genant [ʃe'naɳt *el.* -'aɳt] *a1* embarrassing, discomfiting, awkward

genast [ˣje:-] *adv* at once, immediately, straight away; (*om ett ögonblick*) directly; ~ *på morgonen* first thing in the morning

genbank *biol.* gene bank

gendarm [ʃaɳ-] *s3* gendarme

gendriva [ˣje:n-] disprove (*ett påstående* a statement); refute (*kritik* criticism)

gener|a [ʃ-] (*besvära*) bother, trouble, inconvenience; be a nuisance to; (*göra förlägen*) be embarrassing to; *ljuset ~r mig* the light bothers me; ~ *r det om jag röker?* do you mind if I smoke?; *låt inte mig ~!* don't mind me!; ~ *er inte för att säga mig sanningen* don't hesitate to tell me the truth; *det skulle inte ~ honom att* he would never hesitate to; *han ~r sig inte* he is not one to stand on ceremony **-ad** [ʃe'ne:-] *a5* embarrassed; self-conscious; *jag är ~ för honom* I feel embarrassed in his presence

general [j-] *s3* general, (*vid flygvapnet*) air chief marshal; *AE.* general **-agent** general agent **-direktör** director-general **-församling** general assembly

generaliser|a [ʃ-] generalize, make sweeping statements **-ing** generalization

general|konsul consul general **-löjtnant** (*vid armén, kustartilleriet*) lieutenant general, (*vid flygvapnet*) air marshal; *AE.* lieutenant general **-major** (*vid armén, kustartilleriet*) major general, (*vid flygvapnet*) air vice-marshal; *AE.* major general **-plan** general plan **-repetition** dress rehearsal **-sekreterare** secretary-general **-stab** general staff

generalstrejk general strike

generation [j-] generation

generations|klyfta, -motsättning conflict between generations; generation gap

generator [jeneˣra:tår] *s3* generator

generatris [j-] *s3* generatrix (*pl* generatrices)
gener|ell [ʃ-] *a1* general **-ellt** *adv*, ~ *sett* generally speaking, from a general point of view
gener|era [j-] generate **-isk** [-'ne:-] *a5* generic[al]
gener|ositet [ʃ-] generosity **-ös** *al* generous (*mot* to)
genetisk [je'ne:-] *a5* genetic[al]; ~ *kod* genetic code
Genève [ʃö'nä:v] *n* Geneva
genever [ʃö'nä:-] *s9* hollands (*sg*)
Genèvesjön the Lake of Geneva
gengas [ˣje:n-] producer (air) gas
gen|gångare [ˣje:n-] ghost, spectre **-gåva** gift in return **-gäld** *i* ~ in return (*för* for) **-gälda** ~ *ngn ngt* pay s.b. back for s.th.; *jag kan aldrig* ~ *hans vänlighet* I shall never be able to repay his kindness
genj [ʃ-] *s4, s6* genius (*pl* geniuses)
genial [j-, *äv.* ʃ-] *a1*, **-isk** [-'a:-] *a5* brilliant; (*fyndig*) ingenious **-itet** brilliance; (*ngns äv.*) genius
geniknöl bump of genius; *gnugga* ~*arna* cudgel one's brains
genital [j-] *a5* genital **-ier** *pl*, **-organ** genitals, genitalia
genitiv ['je:-] *s3* genitive; *i* ~ in the genitive
gen|klang [ˣje:n-] echo; *bildl. äv.* sympathy, approbation, response; *vinna* ~ meet with response **-ljud** echo, reverberation; *ge* ~ awake an echo **-ljuda** echo, reverberate (*av* with)
genmanipulation genetic manipulation
gon|mäla [ˣjɛ.ɴ-] *v2, v3 (svara)* reply; (*starkare*) rejoin; (*invända*) object (*mot, på* to) **-mäle** *s6* reply; (*starkare*) retort; (*i tidning*) rejoinder)
genom ['je:nåm] **1** *rumsbet.* through, *fara hem* ~ go home by way of (via); *kasta ut* ~ *fönstret* throw out of the window; *komma in* ~ *dörren* (*fönstret*) come in at the door (window) **2** *tidsbet.* through; ~ *hela...* all through..., throughout... **3** (*angivande mellanhand*) through; (*angivande överbringare*) by; *jag fick veta det* ~ *henne* I got to know it through her; *skicka ett meddelande* ~ *ngn* send a message by s.b. **4** (*angivande medel*) by [means of]; ~ *enträgna böner* by means of persistent prayers **5** (*angivande orsak*) by, owing to, thanks to; ~ *drunkning* by drowning; ~ *hans hjälp* (thanks to) his assistance; ~ *olyckshändelse* through (owing to) an accident **6** *mat.*, *12* ~ *4* 12 divided by 4
genom|arbeta deal with thoroughly, work through **-blöt** soaking wet **-blöta** soak, drench **-borra** (*med svärd o. bildl.*) pierce; (*med dolk*) stab; (*med blicken*) transfix **-brott** breakthrough, breaking through; *mil. o. bildl.* breakthrough, (*bildl. äv.*) triumph **-bruten** broken through; (*nätartad*) latticed, open-work **-driva** force through, get carried, carry; *AE. vard.* railroad **-dränka** soak (*med* in), saturate (*med* with) **-fara** *se fara* [*igenom*]; ~*s av en rysning* experience a sudden thrill, (*av obehag*) shudder **-fart** way through; passage; *ej* ~ no thoroughfare
genomfarts|trafik through traffic **-väg** thoroughfare
genomfrusen chilled through (to the bone)
genomför|a carry through (out), realize; (*utföra*) accomplish, effect **-ande** *s6* carrying

through, accomplishment, realization **-bar** *a5* feasible, practicable
genomgripande *a4* thorough, exhaustive; ~ *förändringar* radical (sweeping) changes
genomgå *se gå* [*igenom*]; *bildl.* go (pass) through; (*genomlida*) undergo, suffer; (*erfara*) experience; (*undersöka*) go through, examine **-ende I** *a4* [all-]pervading (*drag i* characteristic of); (*ständigt förekommande*) constant (*fel* error); (*grundlig*) thorough; *järnv.* through; ~ *trafik* through (transit) traffic **II** *adv* all through, throughout
genomgäng *s2* going through *etc.*; (*väg o.d.*) passage, thoroughfare; *förbjuden* ~! no passage!
genomgångs|rum room giving access to another; in-between room **-trafik** through traffic
genom|hederlig downright (thoroughly) honest **-kokt** [-ɔ:-] *a4* thoroughly done; *ej* ~ not done **-korsa** cross [and recross] **-leva** live through; (*uppleva*) experience **-lida** ~ *mycket* go through a great deal [of suffering]; ~ *en föreställning* (*skämts.*) endure a performance to the bitter end
genomlys|a (*med röntgenstrålar*) X-ray, x-ray; *-t av godhet* radiant with goodness **-ande** *a4* translucent **-ning** fluoroscopy
genomläsning reading through, perusal
genom|löpa *v3, bildl. äv. -lopp -lupit* **1** (*tillryggalägga*) run through **2** (*genom|gå, -se*) pass through **3** (*genomleva*) live through **-präktig** *en* ~ *flicka* an exceedingly fine girl **-pyrd** [-y:-] *a5* impregnated (*av, med* with); *bildl.* steeped (*av* in), brimming over (*av* with) **-resa I** *s1* journey through, transit; *vara på* ~ *till* be passing through [the town *etc.*] *on one's* way to **II** *v3* travel (pass) through, traverse **-rolig** exceedingly (awfully) funny **-rutten** rotten all through (to the core)
genomskinlig [-ʃi:-] *a1* transparent; diaphanous; *vard.* seethrough; *bildl. äv.* plain **-het** transparency
genom|skåda see through; (*hemlighet*) penetrate, find out; (*avslöja*) unmask **-skärning 1** (*avskärning*) intersection **2** (*tvärsnitt*) cross section **-slag 1** *se genomslagskopia* **2** (*projektils*) penetration **3** *elektr.* disruptive discharge
genomslags|kopia carbon copy **-kraft** penetration; *mil.* penetrative power
genomsläpplig *a5* pervious, permeable
genomsnitt 1 (*genomskärning*) cross section **2** (*medeltal*) average, mean; *i* ~ on [an] average; *under* ~*et* below average **-lig** *a5* average
genom|snittshastighet average speed **-stekt** well done
genomström|ma flow through; ~*s av floder* be traversed by rivers **-ning** flowing (running) through
genom|svettig wet through with perspiration **-syra** *bildl.* leaven [all through], permeate **-trevlig** delightful, very pleasing
genomträng|a *se tränga* [*igenom*]; (*genomborra*) pierce (*äv. bildl.*); (*tränga in i*) penetrate (*äv. bildl.*); (*sprida sig i*) permeate (*äv. bildl.*) **-ande** *a4* (*om blåst, blick*) piercing; (*om lukt, röst*) penetrating **-lig** *a5* penetrable (*för* by), pervious (*för* to) **-ning** penetration

G

genom|trött tired out, *vard.* dog-tired **-tänka** meditate upon, think out; *väl -tänkt* well thought out; *ett väl -tänkt tal* a carefully prepared speech **-våt** wet through; (*om kläder*) soaking wet

genre ['ʃaŋer] *s5* genre **-målning** genre painting

genrep [ˣje:n-] *s7* dress rehearsal

gen|skjuta [ˣje:n-] (*hinna upp*) [take a short cut and] overtake; (*hejda*) intercept **-svar** reply; (*genklang, sympati*) response

genteknologi [ˣje:n-] genetic engineering

gentemot [j-] *prep* (*emot*) against; (*i jämförelse med*) in comparison to (with); (*i förhållande t.*) in relation to

gentil [ʃaŋ-] *a1* (*fin*) fine, stylish; (*frikostig*) generous, handsome

gentjänst [ˣje:n-] service in return

gentleman gentleman **-namässig** *a1* gentleman-like, gentlemanly

Genua ['je:-] *n* Genoa **-bukten** the Gulf of Genoa

genuin [j-] *a1* genuine; (*utpräglad*) out-and-out; *en ~ snobb* a real snob

genus ['je:-] *n, språkv.* gender

genväg [ˣje:n-] short cut; *~ar är senvägar* a short cut is often the longest way round

geo|graf [j-] *s3* geographer **-grafi** *s3* geography **-grafisk** [-'gra:-] *a5* geographic[al]; *~ bredd* latitude; *~ längd* longitude **-log** [j-] geologist, geologer **-logi** *s3* geology **-logisk** [-'lå:-] *a5* geolog ic[al]

geometr|i [j-] *s3* geometry; *analytisk ~* analytical geometry **-isk** [-'me:-] *a5* geometric[al]; *~ serie* geometric progression; (*summa*) geometric series; *~t medium* geometric mean

Georgien [je'ärgien *el.* -ji-] *n* Georgia **georgier** [je'ärgier *el.* -ji-] Georgian

geostationär *~ satellit* geostationary satellite

gepard [je'pa:rd] *s3* cheetah

gepäck [g-, *äv.* j-] *s7* luggage

gerani|um [je'ra:-] *-en -er* geranium

gerilla [ge'rilla] *s1* guer[r]illa **-krig** guer[r]illa warfare

german [j-] *s3* Teuton **germansk** [-'a:-] *a5* Germanic; Teutonic

ges *gavs givits el. getts, dep, det ~* (*finns*) there is (are)

geschäft [g- *el.* j-] *s7* business

gess [j-, *äv.* g-] *s7* G flat

gest [ʃ-] *s3* gesture

gestalt [j-] *s3* figure; (*pers.*) character; (*avbildad ~*) image; (*form*) shape, form; *psykol.* gestalt; *ta ~* take on (assume) shape; *i en tiggares ~* in the guise (shape) of a beggar; *en av vår tids största ~er* one of the greatest figures (characters) of our time

gestalta [je'stalta] **1** shape, form, mould; *~ en roll* (*äv.*) create a character **2** *rfl* (*utveckla sig*) turn out; (*arta sig*) shape; *hur framtiden än kommer att ~ sig* no matter what the future holds

gestaltning formation; (*form*) form; shape, configuration; (*av roll e.d.*) creation

gestikulera [ʃ-] gesticulate

gesäll [j-] *s3* journeyman **-brev** journeyman's certificate **-prov** apprentice's examination work

get [j-] *-en -ter* goat **getabock** [ˣje:-] he-goat, billy goat

geting [ˣje:-] wasp **-bo** wasp's nest; *röra om* (*sticka handen*) *i ett ~* stir up a hornet's nest **-stick** wasp's sting

get|ost goat's-milk cheese **-skinn** goatskin, kid; (*getfäll*) goat-fell

getto ['getto] *s6* ghetto

getöga goat's eye; *kasta ett ~ på* take a quick look at

gevär [j-] *s7* (*räfflat*) rifle; (*friare*) gun; *för fot ~!* order arms!; *i ~!* to arms!; *på axel ~!* shoulder arms!; *sträcka ~* lay down one's arms

gevärs|eld rifle fire **-kolv** [rifle] butt **-kula** [rifle] bullet **-mynning** muzzle **-pipa** [rifle] barrel **-skott** rifle shot **-skytt** rifleman **-stock** gunstock

Ghana [ˣga:-] *n* Ghana

Gibraltar sund [ʃi'brall-] the Straits of Gibraltar

giffel ['g- *el.* 'j-] *s2* croissant

1 gift [j-] *s4* poison (*äv. bildl.*); (*orm- o.d.*) venom (*äv. bildl.*); *fack.* toxin

2 gift [j-] *a4* married (*med* to)

gifta [ˣjifta] *gifte gift*; *~ bort* marry off; give away in marriage; *~ sig* marry (*äv. ~ sig med*) (*av kärlek* for love), get married; *~ sig för pengar* marry for money; *~ sig rikt* marry money; *~ in sig i en familj* marry into a family; *~ om sig* [*med*] remarry

giftas|lysten keen on getting married **-tankar** *gå i ~* be thinking of getting married **-vuxen** old enough to get married, of marriageable age

gift|blandare, -blanderska poisoner **-blåsa** poison bag, venom sac; *bildl.* venomous person **-bägare** poison cup

gifte [j-] *s6* marriage; *barn i första ~t* children of the first marriage

giftermål [j-] marriage; match **giftermålsanbud** offer (proposal) of marriage

gift|fri nonpoisonous, nontoxic **-gas** poison gas **giftig** [j-] *a1* poisonous; venomous; toxic **-het** poisonousness; venomousness; toxicity; *~er* (*bildl.*) venomous remarks

giftorätt [j-] *jur.* widow's (widower's) right to property held jointly

gifttand [poison] fang

gigant [g- *el.* j-] giant **-isk** *a5* gigantic

gigolo ['ji:- *el.* 'jigg- *el.* 'ʃ-] *s5* gigolo

gikt [j-] *s3* gout **-bruten** gouty, gout-ridden

giljotin [j-] *s3*, **-era** *v1* guillotine

gill [j-] *a5*, *gå sin ~a gång* be going on just as usual; *tredje gången ~t!* third time lucky!

gill|a (*godkänna*) approve of; *vard.* (*tycka om*) like, *AE.* dig; *det ~s inte!* (*vid lek*) [that's] not fair!, that doesn't count! **-ande** *s6* approval, approbation; *vinna ngns ~* meet with a p.'s approval

gille [j-] *s6* **1** (*gästabud*) banquet, feast; party **2** (*skrå*) guild; (*samfund*) guild, society **gille[s]-stuga** *ung.* informal [basement] lounge; *AE. äv.* rumpus room

gillra [j-] set (*en fälla* a trap)

giltig [j-] *a1* valid, effective; current; (*om dokument, överenskommelse*) effectual; (*om biljett äv.*) available; *bli ~* become valid (effective), come into force; *inget ~t skäl* no just cause **-het** validity; availability; *äga ~* be in force **-hetstid** period of validity; *förlängning av ~en* extension

of the validity; ~*ens utgång* expiry
ginst [g-] *s3, bot.* broom, genista
gipa *el. gippa* [j-] *v1, sjö.* gybe, jibe
gips [j-] *s3* **1** (*mineral*) gypsum **2** (*gipsmassa*) plaster of Paris, *vard.* plaster
gips|a (*tak e.d.*) plaster; (*lägga förband* [*på*]) *äv.* put in plaster [of Paris] **-förband** plaster[-of-Paris] cast (bandage) **-platta** plasterboard
gira [j-] *v1, sjö.* sheer; (*friare*) turn, swerve
giraff [ʃ-] *s3* giraffe
girer|a [j-], **-ing** transfer
girig [j-] *a1* avaricious, miserly; (*lysten*) covetous, greedy (*efter* of); *den* ~*e* the miser **-buk** miser **-het** avariciousness *etc.*; avarice, greed; (*lystnad*) cupidity (*efter* for); (*vinstbegär*) avidity
girland [g- *el.* j-, -'and *el.* -'aŋ(d)] *s3* garland, festoon
giro ['ji:-] *s6* **1** *se girering* **2** (*jfr äv. postgiro*) *se -konto* **-konto** giro account
giss [j-] *s7* G sharp
gissa [j] *~~~~ ~~~~* (*~~~~~~~*) *~~~~~~* (*sluta sig t.*) divine; *rätt* ~*t!* you've got it!, right!; ~ *sig till* guess, divine; *det kan man inte* ~ *sig till* that's impossible to guess
gissel ['jiss-] *s7* scourge; *satirens* ~ the sting of the satire **gissla** [j-] scourge; *bildl. äv.* lash
gisslan [j-] *r* hostage[s *pl*]; *ta* ~ seize hostages (a hostage)
gissning [j-] guess; conjecture, surmise; *bara* ~*ar* (*äv.*) pure guesswork (*sg*) **gissningsvis** at a guess
glåsten [j-] *a3* (*om båt, laggkärl*) leaky, open at the joints; (*om golv*) gaping **gistna** become leaky; open at joints; begin to gape
gitarr [j] *s3* guitar; *akustisk* ~ acoustic guitar; *elektrisk* ~ electric guitar; *knäppa på* ~ twang the guitar **-ist** guitarist
gitt|a [j-] *v1 el. gitte gittat* (*idas*) *bäst hon* -*er* as much as ever she likes, to her heart's content; *jag* -*er inte svara* I can't be bothered to answer
giv [j-] *s2* deal; *nya* ~*en* (*i USA*) the New Deal
givakt [j-] *n, se 3 akt*; *bildl., ett* ~ a [word of] warning
giv|ande [j-] *a4* (*fruktbar*) fertile; *bildl. äv.* fruitful; (*lönande*) profitable, rewarding **-are, -arinna** [j-] giver, donor
giv|en [j-] *a3* given; (*avgjord*) clear, evident; -*na förutsättningar* understood prerequisites; *på ett* -*et tecken* at an agreed sign (signal); *ta för* -*et* take it for granted that; *jag tar för* -*et att* I assume (take it) that; *det är* -*et!* of course!; *det är en* ~ *sak* it is a matter of course **-etvis** of course, naturally
givmild [ˣji:v-] generous, open-handed **-het** generosity, open-handedness
1 gjord [jo:rd] *a5* done; made; (*jfr göra*); *historien verkar* ~ the story seems to be made-up
2 gjord [jo:rd] *s2* girth
gjut|a [j-] *göt gjutit* **1** (*hälla*) pour **2** (*sprida, låta flöda*) shed **3** *tekn.* cast; (*metall o. glas äv.*) found; (*glas äv.*) press; (*friare*) mould; *rocken sitter som* -*en* the coat fits like a glove **-eri** [iron] foundry **-form** mould **-järn** cast iron
g-klav treble (G) clef
glacio|log glaciologist, glacialist **-logi** *s3* glaciology

glaciär *s3* glacier
glad *a1* (*gladlynt*) cheerful; (*upprymd*) merry, jolly, gay; (*lycklig*) happy; (*belåten*) delighted, pleased (*över* at); ~*a färger* gay colours; *en* ~ *lax* (*bildl.*) a jolly chap; ~*a nyheter* good news (*sg*); ~ *påsk!* [A] Happy Easter!; *G~a änkan* the Merry Widow; ~ *och munter* cheerful and gay; *glittrande* ~ radiantly happy; ~ *som en lärka* [as] happy as a lark; *med glatt hjärta* with a cheerful heart; *göra sig* ~*a dagar* make a day of it; *vara* ~ *i* (*t.ex. mat*) be fond of **-eligen** gladly; (*utan svårighet*) easily
gladiator [-ˣa:tår] *s3* gladiator
gladlynt [ˣgla:d-] *a1* cheerful; (*glad t. sitt sinne*) good-humoured **-het** cheerfulness; good humour
glam [glamm] *s7* gaiety, merriment **-ma** talk merrily; (*stimma*) be noisy
glamo[u]r [gla'mɔ:r, äv. 'glämmə] *s3* glamour **-ös** *a5* glamo[u]r~~~
glans *s3* **1** (*glänsande yta*) lustre; (*tygs o.d. äv.*) gloss; (*guld-*) glitter; (*genom gnidning e.d.*) polish; (*sken*) brilliance, brightness; (*bländande*) glare; (*strål-*) radiance **2** (*härlighet, prakt*) magnificence, splendour; (*ära*) glory; *sprida* ~ *över* shed lustre over; *visa sig i all sin* ~ appear (come out) in all its glory **3** *med* ~ (*med bravur*) brilliantly, with flying colours; (*utan svårighet*) with great ease **-dagar** *pl* palmy days; heyday (*sg*) **-full** brilliant **-ig** *a1* glossy; lustrous (*om jag*) *par*) glazed **-[k]is** glassy ice **-lös** lustreless, lacklustre, dull **-nummer** (*persons*) showpiece; (*aftonens*) star turn **-period** heyday, golden age
glapp I *s7* backlash, play **II** *a1* loose; *vara* ~ (*äv.*) gape **glappa** be loose, gape; (*om skor o.d.*) fit loosely
glas *s7* **1** glass; (*mängd av en dryck äv.*) glassful; (*-varor*) glasswork; *ett* ~ *mjölk* a glass of milk; *ta ett* ~ *med ngn* have a jar with s.b.; *gärna ta sig ett* ~ be fond of a drink; *han har tagit sig ett* ~ *för mycket* he has had a drop too much, *vard.* he has one over the eight; *sätta inom* ~ *och ram* frame [and glaze] **2** *sjö.* bell
glas|a glaze **-artad** [-a:r-] *a5* glassy, glasslike; ~ *blick* a glassy look **-berget** *sitta på* ~ be left on the shelf **-blåsare** glassblower **-bruk** glassworks (*pl, behandlas som sg*)
glas|era glaze; *kokk.* frost, ice **-fiber** glass fibre **-ull** glass wool **-väv** fibreglass [fabric] **-hal** slippery as glass **-hus** glasshouse; *man skall inte kasta sten när man sitter i* ~ those who live in glasshouses should not throw stones **-klar** as clear as glass **-kupa** glass cover; bell jar (glass); (*på lampa*) glass shade **-mästare** glazier **-ruta** pane [of glass]
glass *s3* ice cream
glas|skiva glass plate (sheet) **-slipare** glass grinder (cutter)
glass|pinne ice [cream] **-strut** (*hopskr. glass-strut*) ice-cream cone (cornet)
glasull glass wool
glasyr *s3* glazing; (*på porslin*) glaze; *kokk.* frosting, icing
glasögon *pl* glasses, spectacles, *vard.* specs; *särsk. AE.* eyeglasses; (*stora*) goggles **-bågar** *pl* spectacle frame (*sg*) **-fodral** spectacle case

1 glatt *adv* gaily *etc.*; *bli* ~ *överraskad* be pleasantly surprised; *det gick* ~ *till* we (*etc.*) had a very gay time

2 glatt *a1* smooth; (*glänsande*) glossy, sleek; (*hal*) slippery; ~ *muskel* smooth muscle; *springa för* ~*a livet* run for all one is worth

gles *a1* (*ej tät, tätt bevuxen o.d.*) thin (*hårväxt* growth of hair; *fläck* spot); (*om vävnad o.d.*) loose; ~ *befolkning* sparse population; ~ *skog* open forest; ~*a tänder* teeth with spaces in between **-bygd** thinly populated area

glesna [ˣgle:s-] grow thin (*etc.*); (*om hår äv.*) get thin; become [more] open; *leden* ~*r* the ranks are thinning

gli *s6* **1** (*fiskyngel*) [small] fry (*pl*) **2** (*barnunge*) brat; ~*n* small fry (*pl*)

glid *s7* **1** (*glidning*) glide, slide; *med långa* ~ with long strides **2** (*glidförmåga, skidföre*) running **3** *på* ~ on the glide, going astray **glida** *gled glidit* glide; (*över ngt hårt*) slide; (*halka*) slip; *flyg.* sideslip; (*friare*) pass; ~ *ifrån* glide away from; ~ *isär* drift apart; ~ *undan* slip away, (*slingra sig*) dodge, evade; *låta handen* ~ *över* pass one's hand over **glidande** *a4* (*rörelse*) gliding; (*skala*) sliding

glid|flygplan glider **-flykt** glide; gliding flight; *flyg.* volplane, volplaning; *gå ner i* ~ volplane

glimlampa [ˣglimm-] glow lamp

glimma gleam; (*glittra*) glitter, glisten; *det är inte guld allt som* ~*r* all is not gold that glitters

glimt *s2* gleam (*äv. bildl.*); (*i ögat*) glint, twinkle; (*skymt*) glimpse; *en* ~ *i ögat* a glint (twinkle) in the eye; *få en* ~ *av* catch a glimpse of

glimt|a glance, glimpse, glint **-vis** by glimpses (flashes)

glipa *s1* [narrow] gap

gliring gibe, jibe, sneer; dig; *få en* ~ be gibed (sneered) at

glitter [ˈglitt-] *s7* **1** glitter, lustre; (*daggens etc.*) glistening; (*julgrans- e.d.*) tinsel; (*grannlåt*) gewgaws, baubles (*pl*) **2** *bildl.* (*tomt empty*) show

glittra glitter, sparkle, shimmer; ~*nde glad, se glad*

glo *v4* stare (*på* at); glare, goggle (*på* at)

glob *s3* globe; (*friare äv.*) ball **global** *a5* global; worldwide

glop *s2* whippersnapper, whipster, jackanapes; *vard.* puppy

glori|a [ˈglo:-] *s1* **1** (*strålkrans*) halo, glory; (*helgons äv.*) aureole, nimbus **2** *bildl.* nimbus **-fiera** glorify

glosa *s1* **1** word; vocable **2** (*glåpord*) gibe, jibe, sneer

glosögd *a5* popeyed, fisheyed

glufsa ~ *i sig* [*maten*] gobble up (down) [one's food]

glugg *s2* hole, aperture

glukos [-ˈå:s] *s3* glucose

glunkas *det* ~*s* there is a rumour (*om* about; *om att* that)

glupande *a4* ravenous (*aptit* appetite); voracious; ~ *ulvar* ravening wolves **glupsk** *a1* greedy; (*omättlig*) voracious, ravenous, gluttonous **-het** greed[iness]; voracity, gluttony

gluten [ˈglu:-] *best. form* = *el.* -*et* gluten

glutta peep, glance

glycerol [-ˈå:l] *s3* glycerol, glycerin[e] **glykol** [-ˈkå:l] *s3* ethanediol, [ethylene] glycol

glytt *s2* lad

glåmig *a1* washed out; *blek och* ~ pale and washed out **-het** washed-out appearance; sallowness

glåpord taunt, scoff, jeer

gläd|ja [-ä:-] *gladde glatt* **1** give pleasure; make happy, please; (*starkare*) delight; ~ *ngn med ett besök* give s.b. pleasure by visiting him (*etc.*); *det -er mig* I am so glad [of that (to hear it)]; *om jag kan* ~ *dig därmed* if it will be any pleasure to you **2** *rfl* be glad (delighted) (*åt, över* at, about); rejoice (*åt, över* in, at); *kunna* ~ *sig åt ngt* (*åtnjuta*) enjoy s.th.; *jag -er mig mycket åt att få träffa dig* I am looking forward very much to seeing you **-jande** [-ä:-] *a4* joyful, pleasant (*nyheter* news [*sg*]); (*tillfredsställande*) gratifying (*resultat* result); ~ *nog* fortunately enough; *en* ~ *tilldragelse i familjen* a happy event in the family

glädje [-ä:-] *s3* joy (*över* at); (*nöje*) pleasure (*över* in); (*starkare*) delight (*över* at); ([*känsla av*] *lycka*) happiness; (*munterhet*) mirth; (*tillfredsställelse*) satisfaction; *i* ~ *och sorg* in joy and sorrow; *med* ~ (*äv.*) gladly; *till min stora* ~ to my great delight; *bereda ngn* ~ give s.b. happiness (*etc.*); *finna* ~ *i, ha* ~ *av* find (take) pleasure (*etc.*) in (*att göra* doing); *gråta av* ~ weep for joy; *känna* ~ *över* feel joy (rejoice) at; *vara till* ~ *för* be a joy (*etc.*) to; *vara utom sig av* ~ be beside o.s. with joy; ~*n stod högt i tak* [the] mirth ran high; *det var en sann* ~ *att se* it was a real treat to see; *han har haft mycken* ~ *av sina barn* his children have been a great joy to him **-bud-[skap]** good tidings (*pl*); *ett* ~ (*friare*) wonderful (a wonderful piece of) news **-dödare** kill-joy; *vard.* wet blanket **-lös** joyless; cheerless **-rus** transport of joy, rapture **-spridare** bringer of happiness; (*barn*) ray of sunshine **-språng** leap for joy, caper **-strålande** radiant (beaming) [with joy] **-tjut** shout of joy **-tårar** *pl* tears of joy **-yra** whirl of happiness **-yttring** manifestation of joy **-ämne** subject for (of) rejoicing

gläfs *s7* yelp, yap **gläfsa** *v3* yelp, yap (*på* at)

gläns|a *v3* shine (*av, med* with) (*äv. bildl.*); glitter; (*om tårar, ögon*) glisten; (*om siden e.d.*) be lustrous **-ande** *a4* shining *etc.*, shiny; (*om ögon*) lustrous; (*om siden e.d.*) glossy; *bildl.* brilliant, splendid

glänt *s, i uttr.*: *stå på* ~ stand (be) ajar

glänta I *s1* (*skogs-*) glade **II** *v1*, ~ *på* open slightly

glätta smooth; (*papper*) glaze; (*läder*) sleek; (*polera*) polish

glättig *a1* gay; cheerful, light-hearted **-het** gaiety; cheerfulness *etc.*

glättning smoothing; glazing *etc.*

glöd *s7, s3* **1** (*glödande kol*) live coal; (*koll. ofta*) embers (*pl*) **2** (*glödande sken o. bildl.*) glow; (*hetta*) heat; (*lidelse*) passion; *bildl. äv.* ardour, fervour

glöd|a *v2* glow (*av* with); *i sht bildl.* be [all] aglow (*av* with); (*om järn o.d.*) be red-hot; (*brinna*) burn **-ande** *a4* glowing; (*om järn*) red-hot (*äv. bildl.*); (*häftig*) burning, ardent, fervent; ~ *hat* fiery hatred; *samla* ~ *kol på ngns huvud* heap coals of fire on a p.'s head

glödg|a [ˣglöddga] make red-hot; (*stål*) anneal; (*vin*) mull; (*göra glödande*) ignite **-ning** (*av järn o.d.*) [the] bringing of...to a red heat; (*av stål*) annealing

glöd|het red-hot, white-hot, glowing **-lampa** [light] bulb; *fack.* incandescent lamp **-tråd** filament

glögg *s2, ung.* mulled and spiced wine

glöm|ma *v2* forget; (*försumma*) neglect; (*kvarglömma*) leave [behind], forget; ~ *bort* forget; *man -mer så lätt* one is apt to forget; *jag har -t vad han heter* I forget his name; *jag hade alldeles -t* [*bort*] *det* (*äv.*) it had entirely escaped (slipped) my memory (mind); ~ *sig* (*förgå sig*) forget o.s.; ~ *sig själv* be forgetful of o.s.; ~ *sig kvar* stay on

glöm|sk *a5* forgetful; absent-minded; (*ej aktande på*) unmindful (*av sina plikter* of one's duties); oblivious (*av omgivningen* of one's surroundings); *vara* ~ [*av sig*] have a bad memory, be absent-minded **-ska** *s1* 1 forgetfulness; *av ren* ~ out of sheer forgetfulness **?** (*föga minnet*) oblivion *till; falla i* ~ be forgotten, fall into oblivion

gnabb *s7* bickering[s *pl*], wrangling[s *pl*], tiff; *AE.* spat **-as** *dep* bicker, wrangle

gnag|a *v2* gnaw (*på* at); (*knapra*) nibble; ~ *sig* gnaw its (*etc.*) way (*igenom* through) **-ande** *a4* nagging (*oro* worry); *bildl. äv.* fretting, worrying **-are** *zool.* rodent

gnat *s7* nagging (*på* at; *över* about); cavilling (*på, över* at) **gnata** nag, cavil (*på* at) **gnatig** *al* nagging; ~ *av sig* fretful, peevish

gneje *al* gniss

gnet *s1* write in a crabbed hand **-ig** *al* (*om handstil*) crabbed

gnid|a *gned gnidit* rub; (*friare*) scrape (*äv.* ~ *på*); (*för att värma*) chafe; (*snåla*) pinch **-are** miser, skinflint **-ig** *al* stingy, miserly, mean **-ning** rubbing *etc.*; *fys.* friction

gnissel ['gniss-] *s7* 1 screech[ing] *etc.*, *se gnissla* 2 *bildl.* (*slitningar*) jars (*pl*); (*knot*) croak[ing] **gnissla** screech; (*om gångjärn e.d.*) creak; (*om hjul e.d.*) squeak; (*knorra*) croak; ~ [*med*] *tänder*[*na*] grind (gnash) one's teeth; *det ~r i maskineriet* (*bildl.*) things are not working smoothly

gnist|a *s1* 1 spark (*äv. bildl.*); (*genialitet*) spark of genius; *den tändande ~n* (*bildl.*) the igniting spark; *ha ~n* have the spark of genius; *spruta -or* give off sparks, *bildl.* flash 2 (*uns*) vestige, shade, particle; *en* ~ *hopp* a ray of hope; *en* ~ *sunt förnuft* a vestige of common sense **-bildning** formation of sparks, sparking **-galler** fireguard, fire screen **-gap** spark gap

gnist|ra emit sparks; (*blixtra*) sparkle; *i sht bildl.* flash (*av vrede* with rage); *~nde kvickhet* sparkling wit; *få ett slag så det ~r för ögonen* get a blow that makes one see stars **-regn** shower of sparks

gno *v4* 1 (*gnugga*) rub 2 (*arbeta*) toil (work) [away] (*med* at) 3 (*springa*) run (*för brinnande livet* for dear life); ~ *på* a) (*arbeta*) work away, b) (*springa*) run hard[er], scurry

gnola hum; ~ *på en melodi* hum a tune

gnu *s3* gnu

gnugg|a rub (*sig i ögonen* one's eyes); (*plugga med*) *vard.* cram **-bild** transfer picture **-bokstav** transfer letter **-ning** rub[bing]

gnutta *s1* particle, tiny bit

gny I *s6* din; (*vapen-*) clatter; (*brus*) roar; *bildl.* cry-out, disturbance II *v4* 1 (*dåna*) roar; (*om vapen*) clatter; (*larma*) clamour 2 (*jämra sig*) whimper

gnägg *s7, vard.* (*skratt*) neigh, whinny **gnägga** neigh; (*lågt*) whinny (*äv. bildl.*) **gnäggning** neigh[ing]

gnäll *s7* 1 (*gnissel*) creak[ing], squeak[ing] 2 (*klagan*) whining, whine, whimper; (*småbarns*) puling; (*knot*) grumbling **gnälla** *v2* 1 (*om dörrar e.d.*) creak, squeak 2 (*klaga*) whine, whimper; (*om småbarn*) pule; (*yttra sitt missnöje med*) grumble (*över* about, at); (*gnata*) nag

gnäll|ig *al* 1 (*gnisslande*) creaking *etc.*, creaky 2 (*klagande*) whining; (*om röst äv.*) strident, shrill; (*som yttrar sitt missnöje*) grumpy **-måns** *s2* croaker, whiner; (*barn*) crybaby

gobeläng *s3* Gobelin [tapestry], tapestry

god *gott bättre bäst* (*jfr gott*) good (*mot* to); (*vänlig*) kind (*mot to*) (*i ali mig*) kindly; (*utmärkt*) excellent, first-rate, (*i ledigare stil*) capital; (*tillfredsställande*) satisfactory; (*välsmakande o.d. äv.*) nice; ~ *dag!* good morning (afternoon, evening)!, (*vid första mötet med ngn*) how do you do!; ~ *morgon!* good morning!; ~ *natt!* good night!; ~ *man* (*boutredningsman*) executor, (*konkursförvaltare*) trustee, (*förordnad av domstol*) administrator, receiver; *en* ~ *vän* a good (great) friend; *denna världens ~a* the good things of this world; *av* ~ *familj* of a good *family*, *för den ~ *sakens skull* for the good of the cause; *för mycket av det ~a* too much of a good thing; *i ~an ro* in peace and quiet; *på mången* ~ *dag* for many a long day; *på ~a grunder* for good (sound) reasons; *på* ~ *svenska* in good Swedish; *bli* ~ *två* come in a good second; *här finns* ~ *plats* there is plenty of room here; *gå i* ~ *för* vouch for; *ha* ~ *lust att* have a good mind to; *hålla* (*anse*) *sig för* ~ *att* consider it beneath one to; *lägga ett gott ord för* put in a [good] word for; *inte* ~ *att tas med* not easy to deal with; *var så* ~! a) (*när man ger ngt*) here you are [Madam (Sir)]!, b) (*ta för er*) help yourself, please!, c) (*ja, naturligtvis*) by all means!; *var så* ~ *och...*, *vill ni vara så* ~ *och...* please..., will you [kindly]...; *vara* ~ *för 5 000 pund* be good for 5,000 pounds; *vara på* ~ *väg att* be well on the way to; *vara vid gott mod* be of good courage; *han är inte* ~ *på dig* he's got it in for you; *det har det ~a med sig att man kan* the advantage of this is that

Godahoppsudden the Cape of Good Hope

god|artad [-a:r-] *a5* (*lindrig, ej elakartad*) non-malignant, benign **-bit** titbit (*äv. bildl.*), dainty morsel **-het** goodness *etc.*, *jfr god*; *ha ~en att* be kind enough to **-hetsfullt** kindly **-hjärtad** [-j-] *a5* kind-hearted **-känd** *a5* approved (*om* as); *bli* ~ [*i examen*] pass [one's examination] **-känna** approve (*ngn som* s.b. as); (*förslag e.d.*) approve of, sanction; (*i examen*) pass; (*gå med på äv.*) agree to; accept (*en leverans* a delivery); *som bevis* as evidence; *en växel* a bill of exchange) **-kännande** *s6* approval, approbation; sanction; admission; acceptance **-lynt** *a4* good-humoured, good-tempered **-modig** good-natured

godo *i uttr.: i* ~ amicably, in a friendly spirit; *uppgörelse i* ~ amicable settlement, *jur.* settlement

out of court; *mig till* ~ in my favour; *håll till* ~*!*
a) (*ta för er*) please help yourself!, *b*) (*svar på tack*) you are welcome [to it]!; *hålla till* ~ *med* [have to] put up with; *komma ngn till* ~ be of use to s.b.; *räkna ngn ngt till* ~ (*äv. bildl.*) put s.th. down to a p.'s credit; *får jag ha det till* ~ *till en annan gång?* can I leave it standing over for some future occasion?, *AE.* can I take a raincheck?

gods [gɔtts, *äv.* gɔdds] *s7* **1** (*egendom*) property; (*ägodelar*) possessions (*pl*); ~ *och guld* money and possessions **2** (*varor, last*) goods (*pl*); *AE.* freight; *lättare* ~ (*bildl.*) light wares (*pl*) **3** (*material*) material **4** (*jorda-*) estate, manor **5** *sjö., löpande* (*stående*) ~ running (standing) rigging
godsaker *pl* (*sötsaker*) sweets; *vard.* goodies; *AE.* candy (*sg*)
gods|expedition goods (*AE.* freight) office **-inlämning** goods [forwarding] office; *AE.* freight office **-magasin** goods depot, warehouse **-trafik** goods traffic; *AE.* freight traffic (service) **-tåg** goods (*AE.* freight) train **-ägare** estate owner, landed proprietor; ~*n* the landlord
god|ta[ga] accept, approve [of] **-tagande** *s6* acceptance, approval **-tagbar** [-a:g-] *a5* acceptable
godtemplar|e [ˣgɔ:d- *el.* -ˣtemm-] Good Templar **-orden** the [Independent] Order of Good Templars
godtrogen credulous, unsuspecting **-het** credulity
godtyck|e 1 (*gottfinnande*) discretion, pleasure, will; *efter eget* ~ at one's own discretion **2** (*egenmäktighet*) arbitrariness; *rena* ~*t* pure arbitrariness **-lig** *a1* (*vilken som helst*) just any, fortuitous **2** (*egenmäktig*) arbitrary; (*nyckfull*) capricious; (*utan grund*) gratuitous **-lighet 1** fortuitousness **2** arbitrariness *etc.*
godvil|lig voluntary **-ligt** *adv* voluntarily, of one's own free will
goja [ˣgåjja] *s1* **1** *se papegoja* **2** *vard.* rubbish, bosh; *prata* ~ talk through one's hat
1 golf [-å-] *s3* (*havsvik*) gulf
2 golf [-å-] *s3* (*spel*) golf
golf|bana golf course (links *vanl. sg*) **-boll** golf ball **-byxor** *pl* plus fours **-klubb** golf club **-klubba** golf club **-spelare** golfer, golf player
Golfströmmen the Gulf Stream
Golgata [ˣgållgata] *n* Calvary; Golgotha
golv [-å-] *s7* floor; (*-beläggning*) flooring; *från* ~ *till tak* from floor to ceiling; *falla i* ~*et* fall to the floor
golv|a [-å-] *sport.* floor **-beläggning** flooring **-brunn** draining gutter **-drag** draught along (through) the floor **-lampa** floor lamp **-läggare** floor-layer, floorer **-mopp** [floor] mop **-ur** grandfather (longcase) clock **-vårdsmaskin** floor-care machine **-växel** (*i bil*) floor[-mounted] gearshift
gom [gɔmm] *s2* palate **-segel** soft palate; velum
gon [å:-] *s3* (*nygrad*) grade
gona *rfl* relax to one's heart's content
gondol [gån'då:l] *s3* **1** gondola **2** (*ballongkorg*) car **-jär** *s3* gondolier
gonggong [ˣgåŋgåŋ] *s3, s2* [dinner] gong; ~*en har gått* the gong has gone; *räddad av* ~*en* saved by the bell
gonorré *s3* gonorrhoea

gordisk [ˈgå:r-] *a5,* ~ *knut* Gordian knot
gorgonzola [gårgånˣså:la] *s1* Gorgonzola [cheese]
gorilla [-ˣilla] *s1* gorilla (*äv. bildl., vard.*)
gorm|a [-å-] brawl; kick up a row (*för, om* about) **-ande** *s6* brawl, racket, row
gosa *v1,* ~ *med* cuddle
gosse [-å-] *s2* boy; lad; *mammas* ~ mother's boy; *gamle* ~*!* old boy (chap, fellow)! **-barn** boy child; [baby] boy
gosskör boys' choir
got [gɔ:t, *äv.* gå:t] *s3* Goth **-isk** [ˈgɔ:-, *äv.* ˈgå:-] *a5,* **-iska** [ˈgɔ:-, *äv.* ˈgå:-] *s2* Gothic
gott [-å-] (*jfr god*) **I** s (*sötsaker*) *se godsaker* **II** *a o.* *oböjl. s* **1** *varmt och* ~ nice and warm; ~ *och väl en vecka* at least a week; *det var inte* ~ *att veta* how could I (he *etc.*) know; *det vore lika* ~ *att* it would be just as well to; *det är* ~ *och väl, men* it's all very well, but **2** *göra mycket* ~ do a great deal of good; *ha* ~ *av* [derive] benefit from; *önska ngn allt* ~ wish s.b. every happiness **3** ~ *om a*) (*tillräckligt med*) plenty of, *b*) (*mycket*) a great many (deal of), *vard.* lots of; *på* ~ *och ont* that cuts both ways **III** *adv* well; (*starkare*) capitally, excellently; (*lätt*) easily, very well; (*medgivande*) very well; *kort och* ~ *a*) (*i korthet*) briefly, *b*) (*helt enkelt*) simply; *så* ~ *som* practically, almost, all but; *finna för* ~ think fit (proper); *göra så* ~ *man kan* do one's best; *komma* ~ *överens* get on well; *leva* ~ live well (sumptuously); *lukta* (*smaka*) ~ smell (taste) nice; *må så* ~*!* take care of yourself!; *skratta* ~ laugh heartily; *sova* ~ sleep soundly, (*som vana*) sleep well; *det kan* ~ *hända* it may very well happen
gott|a [-å-] *rfl* have a good time; ~ *sig åt* thoroughly enjoy **-finnande** *s6, efter* [*eget*] ~ as one thinks best, according to one's own choice
gottgör|a 1 (*ersätta*) make good (*ngn ngt* to s.b. s.th.), make up (*ngn ngt* to s.b. for s.th.), recompense; (*för skada äv.*) indemnify, compensate **2** (*försona*) make good, make up for; (*reparera*) redress, repair; (*kreditera*) credit **3** *rfl* allow o.s. **-else** [-jö:-] (*ersättning*) compensation, indemnification, recompense; (*betalning*) remuneration, payment; (*skadestånd*) indemnity
gottskriv|a credit; ~ *ngn ett belopp* credit s.b. with an amount **-ning** credit[ing]
gottsugen *a5, vara* ~ (*just nu*) feel like s.th. sweet to eat, (*alltid*) have a sweet tooth
grabb *s2* chap; *AE.* fellow
grabba ~ *tag i* grab [hold of], lay hands on; ~ *åt* (*för*) *sig* grab for o.s., appropriate; cop
grabbnäve [big] fist[ful]
grace [gra:s] *s5* **1** (*behag*) grace[fulness], charm **2** (*gunst*) favour; *fördela sina* ~*r* spread one's favours **gracerna** [ˈgra:s-] *de tre* ~ the three Graces
graci|l [-s-] *a1* gracile, slender **-ös** *a1* graceful
1 grad *a, n sg obest. form saknas, tekn.* (*rak*) straight; (*jämn*) even
2 grad *s3, tekn.* burr
3 grad *s3* **1** degree; (*omfattning*) extent; *i hög* ~ to a great extent, highly, exceedingly (*intressant* interesting); *i högsta* ~ extremely, exceedingly; *till den* ~ *oförskämd* so terribly insolent **2** (*vinkelmått, temperaturenhet, mat.*) degree; *i 90* ~*ers*

vinkel at an angle of 90 degrees; *på 90 ~ers nordlig bredd* at 90 degrees North Latitude; *15 ~er kallt* 15 degrees below freezing point (zero) **3** (*rang*) rank, grade; (*doktors-*) [doctor's] degree; *tjänsteman av lägre ~* a minor official, a low-salaried worker; *stiga i ~erna* rise in the ranks

gradbeteckning badge of rank

grad|era *tekn.* graduate; calibrate; (*friare*) grade (*efter* according to) **-skiva** protractor **-tal** *mat.* degree; *vid höga ~* (*temperaturer*) at high temperature **-vis I** *adv* by degrees, gradually **II** *a5* gradual

graffit|o [-'fi:tå] *-on -i* graffito

graf|ik *s3, abstr.* graphic arts (*pl*); *konkr.* prints (*pl*) **-iker** ['gra:-] graphic artist, printmaker **-isk** ['gra:-] *a5* graphic[al]; *~ framställning* graphic representation, (*kurva*) graph, diagram; *~ industri* printing industry

grafit *s3* graphite

grafo|log graphologist **-logi** *s3* graphology

grahamsmjöl graham flour

gram [-amm] *s7* gram[mel] **-kalori** [gram] calorie

grammatik|a *s3* grammar **-ikalisk** [-'ka:-] *a5* grammatical[ly correct] **-isk** [-'matt-] *a5* grammatical

grammofon [-'få:n] *s3* gramophone, record-player; *AE.* phonograph **-musik** gramophone music **-skiva** [gramophone] record, disc

grammolekyl gram molecule, grammolecular weight

gramse *oböjligt a, vara ~ på ngn* bear s.b. a grudge

1 gran *s7* (*vikt*) grain

3 gran *s2* **1** (*träd*) fir; spruce; *vanlig ~* Norway spruce **2** (*virke*) fir; spruce

1 granat *bot.* pomegranate [shrub, tree]

2 granat (*ädelsten*) garnet

3 granat *mil.* shell; (*hand-*) [hand] grenade

granat|eld shellfire **-gevär** recoilless antitank rifle **-kastare** trench mortar(gun)

1 grand *s7* **1** *~et och bjälken* the mote and the beam **2** (*aning*) atom, whit; *litet ~* just a little (wee bit); *inte göra ett skapande[s] ~* not do a [single] mortal thing; *vänta litet ~* wait a little (a minute)

2 grand *s3* (*titel*) grandee

grandios [-i'å:s] *a1* grandiose

granit *s3* granite **-klippa** granite rock

1 grann *se 1 gran 2 grand 2*

2 grann *a1* **1** (*brokig*) gaudy, gay; (*lysande*) brilliant; (*prålig*) gorgeous, showy **2** (*stålig*) fine-[-looking]; (*om väder*) magnificent **3** (*högtravande*) high-flown, high-sounding, fine

granne *s2* neighbour

grannlag|a *oböjligt a* (*finkänslig*) tactful; considerate; (*ömtålig*) delicate **-enhet** tactfulness *etc.*; discretion, delicacy

grannland neighbouring country; *vårt södra ~* our neighbour-country to the south

grannlåt *s3* show, display; *~[er]* gewgaws, (*floskler*) pretty phrases

grann|skap *s7* neighbourhood, vicinity **-sämja** neighbourliness, [good] neighbourship

gransk|a examine, scrutinize; scan; (*kontrollera*) check; (*recensera*) review; (*rätta*) correct; *~nde blick* scrutinizing (critical) look **-are** examiner

-ning examining *etc.*; examination, scrutiny; (*kontroll*) checkup

gran|skog fir (spruce) forest **-virke** fir (spruce) timber; (*sågat*) white deal

grapefrukt [ˣgrejp-] grapefruit

grasser|a (*om sjukdom*) rage, be prevalent (rife); (*om missbruk o.d.*) run (be) rampant **-ande** *a4* rife, prevalent; rampant

gratifikation gratuity, bonus

gratinera [-ti'ne:-] bake in a gratin dish; *~d* au gratin

gratis ['gra:- *el.* ˣgra:-] *adv o. oböjligt a* free [of charge], gratuitous; *~ och franko* delivered free, carriage (postage) paid **-aktie** bonus share **-biljett** complimentary ticket, free ticket (pass) **-nöje** free entertainment **-prov** free sample, hand-out

grattis ['gratt-] *interj, äv. s, vard.* congratulations! (*pl*)

gratul|ant congratulator **-ation** congratulation; *många ~er på födelsedagen* many happy returns [of the day] **-ationskort** greetings card **-era** congratulate (*till* on)

gratäng *s3* gratin; *~ på fisk* baked fish

1 grav *s2* **1** grave; (*murad e.d.*) tomb; *på ~ens brädd* (*bildl.*) on the brink of the grave; *tyst som i ~en* [as] silent as the grave **2** (*dike*) trench (*i sht mil.*), ditch **3** (*grop*) pit, hole

2 grav *a1* (*svår*) serious

3 grav *a1, ~ accent* grave accent

grava *kokk.* pickle raw

gravallvarlig very solemn

1 gravera *jur.* encumber; *~nde omständigheter* (*friare*) aggravating circumstances

2 gravera (*inrista*) engrave

graver|ing engraving **-nål** engraving needle

grav|fält grave field **-hög** barrow, mound

gravid *a, n sg obest. form undviks* pregnant **-itet** pregnancy **-itetstest** pregnancy test

gravita|tion gravitation, gravity **-tionslagen** the (Newton's) law of gravitation

gravitetisk *a5* grave, solemn; (*friare*) pompous

grav|kammare sepulchral chamber, sepulchre **-kapell** mortuary chapel **-kor** *s7* crypt **-kulle** grave, mound

gravlax *kokk.* raw spiced salmon

grav|lik *a5* sepulchral; *med ~ stämma* in a sepulchral voice; *~ tystnad* deathly quiet **-plats** burial ground; [piece of ground for a] grave **-plundrare** grave robber **-rost** deep-seated rust **-skick** burial custom **-skrift 1** (*inskrift*) epitaph **2** (*minnesord*) memorial words (*pl*) **-skändning** grave desecration **-sten** gravestone, tombstone **-sättning** interment **-urna** sepulchral urn **-valv** tomb; crypt **-vård** memorial stone, sepulchral monument; *jfr -sten*

gravyr *s3* engraving

gravöl funeral feast

gravör engraver

gredelin *a5* heliotrope, mauve, lilac

gregoriansk [-'a:-] *a5*, *~a kalendern* the Gregorian calendar; *~ sång* Gregorian chant, plainsong, plainchant

grej [-ejj] *s3* thing, article; *~or* (*vard.*) paraphernalia, tackle (*sg*), gear (*sg*) **greja** fix, put right; *~ med bilen* work on (tinker with) the car

grek *s3* Greek **-cypriot** Greek Cypriot[e] **-inna** [-×inna] Greek woman **-isk** ['gre:-] *a5* Greek; *(antik äv.)* Grecian **-iska 1** *(språk)* Greek **2** *se grekinna*

grekisk|-katolsk, -ortodox ~*a kyrkan* the Eastern Orthodox Church, the Greek [Orthodox] Church; *en* ~ *trosbekännare* a member of the Eastern Orthodox Church **-romersk** ~ *brottning* Greco-Roman wrestling

Grekland ['gre:k-] *n* Greece

gren *s2* **1** branch *(äv. bildl.)*; limb, bough; *(av flod e.d.)* arm **2** *(förgrening)* fork; *(skrev)* crotch, crutch **grena** *rfl* branch, fork

Grenada [-×na:-] *n* Grenada **grenadisk** [-'na:-] *a5* Grenadian

grenadjär *s3* grenadier

gren|ig *a1* branched **-rör** branch pipe; manifold

grensla straddle, bestride **grensle** astride *(över of)*; *sitta* ~ straddle

grep *s2* pitchfork **grepe** *s2* *(handtag)* handle

grepp *s7* grasp *(i, om of)*; *(vid brottning o. bildl.)* grip *(i, om of)*; *(tag äv.)* hold; *mus.* touch; *nya* ~ new methods, moves; *få* ~ *på ett ämne* grasp (get the hang of) a subject; *ha ett gott* ~ *(bildl.)* have the knack **-bräde** *mus.* fingerboard

grev|e *s2* count; *(i Storbritannien)* earl; ~*n (vid tilltal)* Your Lordship, My Lord; *i* ~*ns tid* in the nick of time **-inna** countess; ~*n (vid tilltal)* Your Ladyship, My Lady **-lig** *a5, ett* ~*t gods* a count's *(etc.)* estate; *upphöjas i* ~*t stånd* be created (made) an earl **-skap** *s7* *(område)* county

griljera grill (roast, fry) after coating with egg and breadcrumbs

grill *s2* grill, gridiron, *vard.* grid; *(-rum)* grill[-room]; *(på bil)* grill[e] **grilla** grill

griller ['grill-] *pl* fads, fancies, whims

grill|korv sausage for grilling **-restaurang** grill-room **-spett** skewer, brochette

grimas *s3* grimace; *göra en* ~ pull (make) a [wry] face **-era** pull (make) faces, grimace

grimma *s1* halter

grin *s7* **1** *se grimas* **2** *(flin)* grin; *(hån-)* leer **3** *(gråt)* whine **grina 1** *se grimasera*; ~ *illa* pull faces *(åt* at*)*, *bildl.* sneer *(åt* at*)* **2** *(gapa)* gape; *armodet ~de dem i ansiktet* poverty stared them in the face **3** *(flina)* grin; leer **4** *(gråta)* whine, pule

grind *s2* gate **-vakt** gatekeeper; *(i kricket)* wicketkeeper

grin|ig *a1* **1** *(som gråter)* whining, puling **2** *(missnöjd)* complaining, fault-finding; *(kinkig)* peevish **-olle** *s2* crybaby, whiner

grip *s2* griffin

grip|a *grep gripit* **1** *(fatta tag i)* seize *(äv. bildl.)*; *(tjuv e.d.)* catch, capture; *(fatta kraftigt tag i)* catch (take) hold of, clasp, clutch; ~ *tag i* get hold of; ~ *tillfället* seize the opportunity; ~ *tyglarna* catch hold of *(bildl.* take*)* the reins; ~ *ngn på bar gärning* catch s.b. red-handed (in the act); ~ *ngt ur luften* make s.th. up; ~*s av förtvivlan* be seized by despair **2** *(djupt röra)* affect, move **3** ~ *sig an med* set about, *(ett arbete* a job*)*; *att arbeta* working*)*; ~ *efter* catch (grasp) at; ~ *i varandra (i mekanism)* interlock, *(om kugghjul)* engage; ~ *in i* interfere with, intervene in; ~ *omkring sig* spread, gain ground **-ande** *a4* touching,

moving; pathetic **-bar** *a1* *(fattbar)* comprehensible; *(påtaglig)* palpable, tangible; *(konkret)* concrete

gripen *a3* **1** seized *(av* with*)* **2** *(rörd)* touched, moved

gris *s2* **1** pig; *(kött)* pork; *helstekt* ~ sucking pig roasted whole; *köpa* ~*en i säcken* buy a pig in a poke **2** *(om pers.)* pig

gris|a **1** *eg.* farrow **2** ~ *ner (till)* make a mess, muck up; ~ *ner sig* get o.s. in a mess **-eri, -farm** piggery **-fot** pig's foot; *-fötter (kokk.)* pig's trotters **-huvud** pig's head

gris|ig *a1* piggish; filthy **-kulting** sucking pig, piglet; *vard.* piggy

gro *v4* germinate, sprout; *(växa)* grow; *bildl.* rankle; ~ *igen a) (om jord)* grass over, *b) (om dike e.d.)* get filled up [with grass]; *det [ligger och]* ~*r i ngn* it rankles in a p.'s breast; *medan gräset* ~*r dör kon* while the grass grows the steed starves **-barhet** germinativeness; fertility

groda *s1* **1** *zool.* frog **2** *bildl.* blunder, howler

grodd *s2* germ, sprout; *koll.* sprouts *(pl)*

grod|man frogman **-mansutrustning** scuba gear; frogman's equipment; underwater diving kit **-yngel** tadpole; *koll.* tadpoles *(pl)*

grogg [-å-] *s2* grog; whisky (brandy) and soda; *AE.* highball

grogrund *eg.* fertile soil; *bildl.* hotbed

groll [-å-] *s7* grudge; *gammalt* ~ long-standing grudge; *hysa* ~ *mot ngn* bear s.b. a grudge

groning germination, sprouting

grop *s2* pit; *(större)* hollow, cavity; *(iväg)* hole; *(i hakan, kinden)* dimple; *flyg.* bump, pocket; *den som gräver en* ~ *åt andra faller själv däri* he who diggeth a pit shall fall therein **-ig** *a1* **1** full of holes; *(om golv o.d.)* worn into holes; *(om väg)* bumpy, uneven **2** *(om hav)* rough; *flyg.* bumpy

1 gross [-å-] *s7* *(tolv dussin)* gross; *i* ~ by the gross

2 gross [-å-] *s i uttr.: i* ~ *(i parti)* wholesale

grossess pregnancy; *i* ~ pregnant, big with child

gross|handel wholesale trade **-handelspris** wholesale price **-handlare, -ist** wholesale dealer, wholesaler

grotesk I *a1* grotesque **II** *s3, boktr.* sans serif, sanserif, grotesque

grott|a [-å-] *s1* cave; *(större)* cavern; *(konstgjord o. måleriskt)* grotto **-forskare** cave explorer, speleologist **-människa** *förhist.* caveman, troglodyte

grov *-t grövre grövst* **1** *(motsats fin)* coarse; *(stor)* large; *(storväxt)* big; *(tjock)* thick; *(om röst)* rough, coarse; *(om yta)* rough; ~*t artilleri* heavy artillery; ~*t bröd (salt)* coarse bread (salt); ~ *sjö* rough sea **2** *bildl.* rough; *(nedsättande)* coarse, gross, crude; *(allvarlig)* grave; *(ohyfsad)* rude, rough; ~*t brott* heinous crime; ~ *förolämpning (okunnighet)* gross insult (ignorance); *i* ~*a drag* in rough outline *(sg)*; *tjäna* ~*a pengar* make big money; *vara* ~ *i munnen* use foul language

grov|arbetare labourer, unskilled worker **-arbete** unskilled labour **-göra** heavy (rough) work; *AE. äv.* chore **-het** [-ɔ:-] coarseness *etc.*, *jfr grov*; ~*er* foul language *(sg)* **-huggen** *a5* **1** *(om utseende)* rugged, coarsely chiselled **2** *se grovkornig* **2** **-hyvla** rough-plane **-kalibrig**

[-i:b-] *a1* large-bore, large-calibred **-kornig 1** coarse-grained **2** *bildl.* coarse, gross, rude; ~*t skämt* broad joke **-lek** *s2* thickness **-maskig** *a1* wide-meshed, coarse-meshed **-sortering** first sorting **-sysslor** *pl* rough jobs

grovt [-ɑ:-] *adv* coarsely *etc.*; *tjäna* ~ *på* make a pile of money on; *gissa* ~ make a rough guess; *ljuga* ~ tell barefaced lies

grubbel ['grubb-] *s7* (*funderande*) musing[s *pl*], rumination; *relig. äv.* obsession; (*sjukligt morbid*) brooding

grubbl|a (*ängsligt*) brood; (*fundera*) cogitate, muse, ruminate; puzzle [one's head]; ~ *sig försdärvad över* rack one's brains over **-are** brooder, cogitator; (*friare*) philosopher

gruff *s7* row, wrangle; *råka i* ~ *med* get at loggerheads with **gruffa** make (*vard.* kick up) a row, squabble (*för, om* about; *med* with)

gruml|a *eg.* make muddy, soil; (*friare, äv. bildl.*) cloud, dim; (*göra suddig*) blur; (*bildl. smutsa ner*) soil, tarnish; (*fördunkla*) obscure; ~ *själens lugn* disturb the peace of mind **-ig** *a1* muddy, turbid (*äv. bildl.*) (*smutsig*) muddled, confused; (*dunkel*) obscure; (*om röst*) thick; *fiska i* ~*t vatten* fish in troubled water

grums *s7* grounds (*pl*), dregs (*pl*); (*i vatten*) sediment

1 grund *s7* (*grunt ställe*) shallow[s *pl*], shoal; (*sand- o.d.*) bank; (*klipp-*) sunken rock; *gå* (*stöta*) *på* ~ run aground; *komma av* ~*et* get afloat

2 grund *a1* (*föga djup*) shallow

3 grund *s3* **1** (*botten*) ground, (*mark äv.*) soil; *i* ~ [*och botten*] (*helt o. hållet*) completely, entirely; *i* ~ *och botten, i* ~*en* in reality, (*i själva verket*) at heart, basically, (*på det hela taget*) after all, essentially; *gå från gård och* ~ give up one's house [and lands]; *gå till* ~*en med* go to the bottom of **2** (*underlag*) foundation (*för, till* of); *bildl. äv. basis*; (*hus- äv.*) foundations (*pl*); *kemins* ~*er* the elements of chemistry; *tillbaka till* ~*erna* back to basics; *brinna ner till* ~*en* be burnt to the ground; *ligga till* ~ *för* be the basis (at the bottom) of; *lägga* ~*en till* lay the foundation[s *pl*] (*bildl.* basis) of; *lägga ngt till* ~ *för* make s.th. the basis of, base on s.th. **3** (*orsak*) cause; (*skäl*) reason; (*motiv*) motive, ground[s *pl*]; *på* ~ *av* on account of, because of, owing to; *på goda* ~*er* for excellent reasons; *på mycket lösa* ~*er* on very flimsy grounds; *ha sin* ~ *i* be due to, originate in; *sakna all* ~ be groundless (completely unfounded)

grund|a 1 (*-lägga*) found; establish, set up; start; (*friare*) lay the foundation of **2** (*stödja*) base (*ett påstående på* a statement on); ~ *sig på* be based on **3** (*-måla o. konst.*) ground, prime **-are** founder **-avgift** basic charge (fee, rate) **-betydelse** basic meaning (sense) **-bok** bokför. daybook **-drag 1** (*karakteristiskt drag*) fundamental feature, basic trait **2** (*huvuddrag*) ~*en* [*till*] the [main] outlines [of] **-enhet** fundamental unit **-form** primary form; *gram.* common case **-forskning** basic research **-färg 1** *fys.* primary colour **2** (*huvudsaklig färg*) predominating colour **3** (*bottenfärg*) primer, first coat **-kurs** basic course **-lag** fundamental law; (*författning*) con-

stitution[al law]

grundlags|enlig [-e:-] *a5* constitutional **-stridig** *a5* unconstitutional

grundlig *a1* thorough; (*djup*) profound; (*ingående*) close; (*gedigen*) solid, sound; (*fundamental*) fundamental, radical **-het** thoroughness *etc.*

grund|linje base[line]; ~*rna till* (*bildl.*) the outlines of **-lurad** *a5* thoroughly (completely) taken in

grundlägg|a found, lay the foundation[s *pl*] (*bildl. äv.* basis) of **-ande** *a4* fundamental, basic **-are** founder **-ning** foundation

grund|lön basic salary (wages *pl*) **-lös** groundless; baseless; unfounded **-murad** *a5, bildl.* solidly established, firmly rooted **-ning** (*-målning*) priming **-plåt** nucleus (*till* of); first contribution **-regel** fundamental (basic) rule **-ritning** ground plan (*äv. bildl.*) **-sats** principle **-skola** comprehensive (*AE.* elementary, grade) school **-slag** (*i tennis*) ground stroke **-sten** foundation stone **-stomme** groundwork (*till* of); *bildl. äv.* nucleus (*till* of) **-stöta** run aground **-stötning** grounding **-syn** basic view **-tal** cardinal number (numeral) **-tanke** fundamental (basic, leading) idea **-ton 1** *fys.* fundamental tone **2** *mus. o. bildl.* keynote **-utbildning** basic education (training) **-val** *s2* foundation; *bildl. äv.* basis, groundwork; *på* ~ *av* on the basis of **-valla** (*för skidor*) tar primer **-vatten** subsoil water **-ämne** element

grunna cogitate, ponder; ~ *på* (*äv.*) turn over in one's mind; *sitta och* ~ sit musing, sit and think

grupp *s3* group; (*klunga*) cluster; *polit. o.d. äv.* section; *mil. äv.* squad, section; *flyg.* flight **-arbete** teamwork **-biljett** party ticket **-chef** *mil.* squad commander (leader)

grupper|a group **-ing** grouping; *mil.* deployment

grupp|försäkring group [accident, life] insurance **-ledare** (*sport- e.d.*) group leader **-resa** conducted tour **-vis** in (by) groups

grus *s7* gravel (*äv. med.*) **grusa 1** gravel **2** *bildl.* dash (*to the ground*), spoil; (*gäcka*) frustrate; ~*de förhoppningar* dashed hopes

grus|grop gravel pit **-gång** gravel walk **-hög** gravel heap; *bildl.* heap of ruins **-tag** *s7*, **-täkt** *s3* gravel pit

1 gruva *v1, rfl,* ~ *sig för* (*över*) dread

2 gruva *s1* mine; (*kol- äv.*) pit

gruv|arbetare miner; (*i kolgruva äv.*) collier, pitman **-drift** mining [operations *pl*] **-fält** mining area, (*kol-*) coalfield **-gas** firedamp **-gång** heading, gallery **-industri** mining industry **-ingenjör** mining engineer; (*i kolgruva*) colliery engineer **-lampa** miner's (safety, Davy) lamp **-lig** [-u:-] *a1* dreadful, horrible **-ras** *s7* caving-in of a mine, fall **-schakt** shaft **-stötta** *s1* pit prop

1 gry *s7, det är gott* ~ *i honom* he has [got] grit

2 gry *v4* dawn (*äv. bildl.*); break; *dagen* ~*r* day is breaking

gryende *a4* dawning; ~ *anlag* (*äv.*) budding talents

grym [-ymm] *a1* cruel (*mot* to); (*bestialisk*) fierce, ferocious; *ett* ~*t öde* a cruel (harsh) fate **-het** cruelty (*mot* to); (*begången äv.*) atrocity

1 grymt *adv, bli* ~ *besviken* be terribly disappointed

2 grymt s7 grunt

grymt|a grunt **-ning** grunt[ing]

gryn s7, s4 [hulled] grain; (havre-, vete- äv.) groats (pl) **-ig** a1 grainy, granular

gryning dawn (äv. bildl.); daybreak; i ~en at dawn; i första ~en at first light

grynna s1 sunken rock, reef

gryt s7 **1** (lya) earth, burrow **2** (stenrös) pile of stones

gryt|a s1 pot; (med lock) casserole; (maträtt) casserole; små -or har också öron little pitchers have long ears **-lapp** saucepan (kettle) holder **-lock** casserole (pot) lid **-stek** pot roast; braised beef

grå a1 grey; i sht AE. gray; (gråsprängd äv.) grizzled; (om väder) overcast; (dyster) dull, drab, dreary, gloomy; ~ eminens grey eminence; ~ marknad grey market; i den ~ forntiden in the hoary past; tillbaka till den ~ vardagen igen back into harness again, back to the humdrum of every day **-berg** granite **-brödrakloster** Franciscan monastery **-daskig** a5 dirty grey **-gosse** elderly messenger **-hårig** grey-haired; (gråsprängd) grizzled **-kall** bleak, chill, raw

grå|na turn grey; (om pers.) go (get) grey; ~d (om hår) grey, grizzled, (åldrig) grey-headed **-päron** butter-pear **-sparv** house (AE. English) sparrow **-sprängd** a5 grizzled; (om skägg äv.) grizzly **-sugga** woodlouse

gråt s3 crying, weeping; (snyftande) sobbing; brista i ~ burst into tears; ha ~en i halsen be on the verge of tears, have a lump in one's throat; kämpa med ~en fight back tears

gråt|a grät -it **1** cry (av glädje for joy; av ilska with rage); weep (av för); ~ ut have a good cry; ~ över spilld mjölk cry over spilt milk; det är ingenting att ~ för (över) it is nothing to cry about; det är så man kan ~ it is enough to make one cry; hon har lätt för att ~ she cries easily **2** ~ sina ögon röda cry one's eyes red **3** rfl cry o.s. (till sömns to sleep) **-attack** fit of crying **-erska** [professional] mourner, weeper **-färdig** on the verge of tears, ready to cry **-mild** tearful; (sentimental) maudlin

grå|trut herring gull **-verk** squirrel fur

1 grädda v1 bake; (uppe på spisen) fry, make

2 grädda s1, ~n av the cream of (societeten society)

gräddbakelse cream cake, éclair

grädd|e s2 cream; vispad ~ whipped cream **-fil** s3 sour[ed] cream **-gul** cream-coloured, creamy **-kanna** cream jug; AE. creamer **-ning** baking; frying **-tårta** cream-layer cake **-visp** whisk, beater

gräl s7 (tvist) quarrel; (ordväxling äv.) squabble, wrangle; råka i ~ fall out, clash (med ngn with s.b.); söka ~ pick a quarrel (med ngn with s.b.)

gräla quarrel; squabble, wrangle; ~ på ngn scold s.b. (för att han är for being)

gräll a1 loud, glaring; garish

grälsjuk quarrelsome, cantankerous; (som bannar) scolding

gräm|a v2 grieve, vex; ~ sig grieve (över at, for), fret (över about); ~ sig till döds fret one's heart out **-else** grief; worry

gränd s3 alley, [by-]lane; (ruskig) slum

gräns s3 **1** (-linje) geogr. boundary; polit. frontier, AE. border; (friare) borderline; dra ~en (polit.) fix the boundary, bildl. draw the line; stå på ~en till (bildl.) be on the verge of **2** (slutpunkt) limit (för of); bildl. äv. bounds (pl); inom vissa ~er within certain limits;; sätta en ~ för a) (begränsa) set bounds (limits) to, b) (stävja) put an end (a stop) to; det finns ingen ~ för hans fåfänga his vanity knows no bounds; det här går över alla ~er! [no really,] that's the limit! **3** ([område utmed] gränslinje) confines (pl), border[s pl]; vid belgiska ~en on the Belgian border

gräns|a ~ till border [up]on (äv. bildl.); (om land, område) be bounded (till by); (om ägor) adjoin, abut on; med en till visshet ~nde sannolikhet with a probability almost amounting to certainty; det ~r till det otroliga it borders on the incredible **-bevakning** frontier patrol[ling] **-bygd** border country **-dragning** delimitation **-fall** borderline case **-kontroll** border checkpoint **-linje** boundary line; bildl. borderline, dividing line **-lös** boundless, limitless; bildl. unbounded; (ofantlig) tremendous, immense **-område** border district; bildl. borderland, confines (pl) **-påle** boundary post **-station** frontier station **-värde** limit

gräs s7 grass; i ~et a) (på gräset) on the grass, b) (bland gräset) in the grass; bita i ~et lick the dust; ha pengar som ~ have a mint of money **-and** mallard **-bevuxen** a5 grass-grown, grassy **-frö** grass seed[s pl] **-hoppa** grasshopper; locust **-klippare** lawn mower

gräslig [-ä:-] a1 atrocious, horrid (mot to); terrible, shocking; (friare) awful, frightful **-het** atrociousness etc.; ~er atrocities

gräs|lök chive; kokk. chives **-matta** lawn; grass; green **-rot** bildl. grass roots (pl) **-rotsdemokrati** grassroot democracy **-slätt** grassy plain; prairie **-strå** blade [of grass] **-torva** sod, turf **-tuva** tuft [of grass] **-änka** grass widow **-änkling** grass widower **-ätare** graminivorous animal, grass-eater

gräva v2 dig (efter for); (t.ex. kanal, tunnel) cut; (om djur) grub, burrow; (friare o. bildl.) delve (i en brylåda in a drawer); (rota) rummage (i fickorna in one's pockets); ~ fram dig up, unearth; ~ igen fill up; ~ ner dig down (i into), bury (i in); ~ ner sig i dig (burrow) one's way down into, (begrava sig) bury o.s. in; ~ ut dig out, excavate

grävling [-ä:-] [Eurasian] badger

gräv|maskin excavator, power shovel **-ning** [-ä:-] digging; fack. excavation **-skopa** bucket, dipper; jfr grävmaskin

gröda s1 (växande) crops (pl); (skörd) harvest, crop

grön a1 green (av with) (äv. bildl.); ~ våg (trafik) synchronized [green] traffic lights (pl); ~a ön (Irland) the Emerald Isle; i det ~a in the [green] fields (the country); i min ~ ungdom in my callow youth, vard. in my salad days; komma på ~ kvist be in clover, do well for o.s. **-alg** green alga (seaweed) **-bete** [grass] pasture; vara på ~ (bildl.) be in the country **-gräset** i ~ on the grass **-göling** [-j-] **1** zool. green woodpecker **2** bildl. greenhorn

Grönköping n Little Puddleton **Grönland** ['grö:n-] n Greenland; *på ~* in Greenland **grönländ|are** Greenlander **-sk** a5 Greenlandic **-ska 1** (*språk*) Greenlandic **2** (*kvinna*) Greenland woman

grön|mögelost blue cheese **-område** green area **-sak** s3 vegetable

grönsaks|handlare greengrocer **-land** vegetable patch

grönsallad (*växt*) lettuce; (*rätt*) green salad

grönska I s1 **1** (*vårens*) verdure; *ängarnas ~* the green of the meadows **2** (*trädens etc.*) greenery, green foliage **II** v1 be (become) green

grönsåpa soft soap

grönt [-ö:-] s, best. form *det gröna* **1** green **2** (*grönfoder, grönsaker*) greenstuff **3** (*prydnad*) greenery

gröpa v3, *~ ur* hollow out

gröpe s7 groats (*pl*); (*mindre grovt*) grits (*pl*)

gröt s2, kokk. porridge; (*risgryns-*) rice pudding; *tekn.* pulp, pap; (*friare*) mush; *med.* poultice; *gå som katten kring het ~* beat about the bush; *vara het på ~en* be overeager **-ig** a1 porridge-like; pulpy; mushy; (*om röst*) thick

guano [gu'a:nå] s2, s7 guano; *bildl.* rubbish, nonsense

Guatemala [-ˣma:-] n Guatemala **guatemalansk** [-'a:nsk] a5 Guatemalan

gubbaktig a1 old-mannish, old man's…; senile **gubb|e** s2 **1** old man; *~n A.* old A.; *min ~ lille!* my lad! **2** (*bild*) picture; (*grimas*) face; *~ eller pil* (*på mynt*) heads or tails; *rita gubbar* (*kludda*) doodle **3** (*tabbe*) blunder; *~ ueh ~n går inte!* that won't wäsh!, tell that to the marines!; *för hundra gubbar!* by all the saints! **-strutt** s2 old buffer, dodderer

gud ˣs god, G~ *Fader* God the Father; *G~ bevare oss!* God preserve us!; *G~ nåde dig!* God have mercy upon you!; *G~ vet* Heaven knows; *om G~ vill* God willing; *ta G~ i hågen* take one's courage in both hands; *för G~s skull* for the love of God, (*utrop*) for goodness' (God's, Heaven's) sake!; *inte G~s bästa barn* no angel; *det vete ~arna!* Heaven only knows!

guda|benådad a5 divinely gifted; *en ~ konstnär* a real artist **-bild** image of a god, idol **-dryck** drink of the gods, nectar **-gåva** godsend, gift of the gods **-saga** myth **-sänd** a5 god-sent

gud|barn godchild **-dotter** goddaughter **-fa[-de]r** godfather **-fruktig** a1 god-fearing, devout; *jfr gudlig* **-inna** goddess **-lig** [-u:-] a1 godly, pious; (*gudsnådelig*) goody-goody **-lös** godless; impious; (*hädisk*) blasphemous; *~t leverne* wicked life; *~t tal* profane language, blasphemy **-mo[de]r** godmother

gudom [ˣgudomm] s2 divinity; *~en* the Godhead

gudomlig [-'domm-] a1 divine; (*underbar*) superb, magnificent **-het 1** (*gudomlig natur*) divineness etc. **2** (*gud*) divinity; god

guds|begrepp concept of God **-fruktan** piety, godliness **-förgäten** a5 **1** (*om plats*) godforsaken **2** *se gudlös* **-förnekare** atheist **-förtröstan** trust in God

gudskelov [ˣguʃe-, 'guʃe- el. -'lå:v] thank goodness (Heaven)

gudsman man of God

gudson godson

gudstjänst [divine] service; *bevista ~en* (*äv.*) attend church (chapel); *förrätta ~* officiate [at the service], conduct [the] service; *hålla ~* hold divine service **-förrättare** officiating clergyman

gudstro faith (belief) [in God]

guida [ˣgaj-] v1, **guide** [gajd] s5 guide

Guinea [giˣne:a] n Guinea **Guinea-Bissau** [bi'sau] n Guinea-Bissau **guineansk** [-'a:nsk] a5 Guinean

gul a1 yellow; *slå ngn ~ och blå* beat s.b. black and blue; *~a febern* yellow fever; *~a pressen* the gutter (yellow) press **gula** s1 yolk

gulasch s3 **1** kokk. [Hungarian] goulash **2** [war] profiteer; *vard.* spiv

guld s7 gold; *trogen som ~* [as] true as steel; *gräva ~* dig for gold; *lova ngn ~ och gröna skogar* promise s.b. the moon; *skära ~ med täljknivar* make a mint of (coin) money **-armband** gold bracelet **-bröllop** golden wedding **-dubblé** rolled (filled) gold; gold plate

guld|en ['guld-] r, pl =, guilder **-fisk** goldfish **-färgad** gold-coloured, golden **-galon** gold braid **-glänsande** shining like gold **-gruva** gold mine (*äv. bildl.*) **-grävare** gold-digger **-gul** golden **-kantad** a5 gilt-edged; (*om servis e.d.*) gold-rimmed; *~e papper* gilt-edged securities **-klimp** gold nugget **-korn** grain of gold; *bildl.* pearl **-krog** *vard.* plush (posh) restaurant **-lockig** with golden curls **-medalj** gold medal **-ring** gold ring **-smed** goldsmith; (*som butiksägare vanl.*) jeweller **-smedsaffär** jeweller's [shop]; *AE.* jewelry store **-stämpel** hallmark **-tacka** gold ingot (bar) **-tand** gold tooth **-vaskning** gold washing, placer-mining **-våg** assay balance; *väga sina ord på ~* weigh one's words carefully **-ålder** golden age

gullgosse [spoilt] darling; blue-eyed (white-headed; *AE.* fair-haired) boy, *en lyckans ~* a lucky beggar (dog)

gull|ig a1 sweet; *AE.* cute **-regn** bot. laburnum **-stol** *bära ngn i ~* chair s.b. **-viva** s1 cowslip

gulmetall brass, yellow metal

gul|na [-u:-] [turn (grow)] yellow **-sot** jaundice

gumaktig [ˣgumm-] a1 old womanish, old man's…; senile **gumma** s1 old woman; *min ~* (*maka*) the wife, my old woman; *min ~ lilla!* my pet!

gummera gum, rubberize

gummi s6 **1** (*växtämne*) rubber; gum **2** (*kautschuk*) [India] rubber **3** (*preventivmedel*) French letter, rubber; *AE.* safe **-band** rubber (elastic) band **-handske** rubber glove **-hjul** rubber-tyred wheel **-plantage** rubber plantation **-ring** rubber ring (tyre) **-sko** rubber shoe **-slang** rubber hose (tube, pipe) **-snodd** rubber band **-stövel** rubber boot; *-stövlar* (*äv.*) Wellington boots, gumboots **-sula** rubber sole **-verkstad** vulcanizing [work]shop

gump s2, zool. uropygium; (*friare*) rump

gumse s2 ram

gung|a I s1 swing **II** v1 swing; (*på -bräde o. friare*) seesaw; (*i vagga, -stol; om vågor*) rock; (*ett barn på foten e.d.*) dandle; *~ på stolen* tilt the chair; *~ på vågorna* float up and down (*om pers.* be tossed) on the waves; *marken ~de under deras fötter* the ground quaked (rocked) beneath their feet **-bräde** seesaw **-fly** *s6* quagmire (*äv. bildl.*) **-häst** rocking horse **-ning** swinging *etc.*; *sätta ngt i ~* (*bildl.*) set s.th. rocking, rock the boat **-stol** rocking chair; *AE. äv.* rocker

gunst *s3* favour; *stå* [*högt*] *i ~ hos ngn* be in high favour with s.b., be in a p.'s good books **-ig** *a1* **1** (*välvillig*) well-disposed, friendly (*mot* towards, to); (*om lyckan*) propitious; (*gynnsam*) favourable **2** *vard. vanl. oböjt: min ~ herre* my fine friend (fellow, Sir); *det passade inte ~ herrn* it didn't suit his lordship **-ling** favourite

gupp *s7* **1** bump; (*grop*) hole, pit; (*i skidbacke*) jump **2** (*knyck*) jolt, jog **guppa** jolt, jog; (*om åkdon äv.*) bump; (*om flytande* [*mindre*] *föremål*) bob [up and down] **guppig** *a1* bumpy

guppy *s3*, *zool.* guppy

gurgel ['gurr-] *s7*, *vard.* row, squabble **-vatten** gargle, gargling fluid

gurgl|a *~ halsen* gargle, gargle one's throat; *~ sig* [*i halsen*] gargle [one's throat]; *ett ~nde ljud* a gurgling sound **-ing** gargling, gargle; (*om ljud*) gurgling

gurka *s1* cucumber; (*inläggnings-*) gherkin

guru ['gu:-] *s3* guru

gustavi|an *s3*, **-ansk** [-'a:nsk] *a5* Gustavian

guvernant [-'ant *el.* -'aɳt] governess (*för* to)

guvernör governor

Guyana [gai'änna] *n* Guyana **guyansk** [-'a:nsk] *a5* Guyanese, Guyanan

gyckel ['jyck-] *s7* (*skoj*) play, sport; (*skämt*) fun; (*upptåg*) joking, larking, joke[s *pl*]; *bli föremål för ~* be made a laughing stock of; *driva ~ med ngn, se gyckla med ngn* **-makare** joker, jester, wag **-spel** (*-bild*) illusion; (*taskspeleri*) jugglery, hocus-pocus

gyckl|a [ˣjyck-] jest, joke (*med, över* at); *~ med ngn* make fun of (poke fun at) s.b. **-are** joker, jester, wag; *neds.* buffoon, clown

gylf [j-] *s2* fly [of the trousers]

gyllene [ˣjyll-] *oböjligt a* golden; (*av guld*) gold, golden; *G~ Horden* the Golden Horde; *~ snittet* the golden section (mean); *den ~ friheten* glorious liberty; *den ~ medelvägen* the golden mean, the happy medium

gymnasie|ingenjör *ung.* technical college graduate **-lärare** *ung.* upper secondary school teacher; *AE.* senior high school teacher

gymnas|ist [j-] *ung.* pupil of upper secondary school; *AE.* senior high school student **-ium** [-'na:-] *s4*, *ung.* upper secondary school; *AE.* senior high school

gymnast [j-] *s3* gymnast

gymnastik [j-] *s3* gymnastics (*pl, behandlas som sg*); *skol. äv.* physical training, drilling; *vard.* gym; *...är en bra ~* ...is [an] excellent [form of] exercise **-direktör** certified physical training instructor **-dräkt** gymnasium (*vard.* gym) suit **-högskola** university college of gymnastics, physical training college; *Gymnastik- och idrottshögskolan i Stockholm* [the] Stockholm college of physical education **-lärare** physical training master (mistress) **-redskap** gymnastics apparatus (*koll.* appliances *pl*) **-sal** gymnasium; *vard.* gym **-sko** gym[nasium] shoe; *~r, AE.*

vard. sneakers

gymnast|isera [j-] do gymnastics **-isk** [-'nass-] *a5* gymnastic; *~a övningar* physical exercises

gynekolog [j-, *äv.* g-] gynaecologist **-isk** [-'lå:-] *a5* gynaecologic[al]

gynn|a [j-] favour, (*bistå äv.*) support; (*främja äv.*) further, promote **-are 1** favourer *etc.*; patron **2** *skämts.* fellow, chap, customer **-sam** *a1* favourable, advantageous (*för* to); *i ~maste fall* (*äv.*) at best; *ta en ~ vändning* take a favourable turn (a turn for the better)

gyro|kompass gyrocompass **-skop** [-'skå:p] *s7* gyroscope

gytter ['jytt-] *s7* conglomeration

gyttja [j-] *s1* mud; slough; (*blöt*) ooze; (*smörja*) mire, slush **gyttjebad** [j-] mud bath **gyttjig** [j-] *a1* muddy; oozy; miry, slushy

gyttr|a [j-] *~ ihop* [*sig*] cluster together **-ig** *a1* conglomerate[d], clustered together

gå *gick gått* **I** *eg. bet.* **1** (*motsats åka, stå e.d.*) walk; (*om t.ex. hund*) trot; (*om t.ex. anka*) waddle; (*stiga*) step (*åt sidan* to one side); (*med långa steg*) stride; (*gravitetiskt*) stalk; *~ rak* walk upright **2** (*motsats stanna kvar, stå stilla*) go; (*tyst e.d. äv.*) pass; (*röra sig äv.*) move; (*förfoga sig, komma*) get; (*bege sig av*) go away, leave, absol. be off; *~ hemifrån kl. 8* leave home at 8 o'clock; *~ ur fläcken* move from the spot; *~ ur vägen för ngn* get out of a p.'s way; *~ och sätta sig* (*hämta*) go and sit down (to fetch); *jag måste ~ nu* (*äv.*) I must be off now; *vart skall du ~?* where are you going? **3** (*om sak*) go, pass; (*om t.ex. båt, flygplan tåg äv.*) travel; (*regelbundet*) run, ply; (*segla äv.*) sail; *~ med en hastighet av* (*om bil o.d.*) travel at a speed of; *bussar ~r varje timme* buses run every hour **4** (*avgå, avresa*) start (*till* for), leave (*äv.* gå från) **5** (*röra sig* [*på visst sätt*], *äv. om sjön, vågorna*) run; *~ på hjul* run on wheels; *lådan ~r lätt* the drawer runs easily; *sjön ~r hög* the sea runs high **6** (*vara i gång*) go; (*om fabrik, maskin*) run, work; *~ med elektricitet* be worked by electricity; *~ varm* run hot; *klockan ~r fel* the clock is wrong **II** (*friare o. bildl.*) **1** go; *~ i kyrkan* go to church; *~* [*omkring*] *i trasor* go about in rags; *~ på föreläsningar* attend (go to) lectures; *~ och gifta sig* go and get married; *se vad ngn ~r för* put s.b. through his paces; *får jag komma som jag ~r och står?* may I come as I am?; *jag har ~tt hos tandläkaren* I have been going to the dentist's; *det ~r inte* it won't work (is out of the question) **2** (*avgå, lämna sin tjänst*) retire; (*om regering*) resign **3** (*vara*) be (*i första klassen* in the first form); (*rymmas*) go (*i* into); *~ arbetslös* be out of work; *dansen ~r* the dancing is on; *påssjukan ~r* there is an outbreak of mumps; *det ~r två liter i flaskan* the bottle holds two liters; *det ~r 100 pence på ett pund* there are 100 pence in a pound **4** (*om tiden*) pass [away], go [by] **5** (*sträcka sig*) go, extend; (*nå*) reach; (*om flod, väg e.d.*) run; (*om väg äv.*) go, lead; (*om dörr, trappa e.d.*) lead **6** (*om varor*) sell, be sold, go **7** (*belöpa sig*) amount (*till* to); *det ~r till stora pengar* it runs into a lot of money **8** (*avlöpa*) turn out, go off; *hur det än ~r* whatever happens; *så ~r det när* that's what happens when; *hur ~r det* *med*...? what about...?, how is...going?; *hur ~r det för dig?* how are you getting on?; *hur ~r det för barnen om...?* what will happen to the children if...?; *det får ~ som det vill* let it ride; *det gick bra för honom* he got on well **III** *rfl,* ~ *sig trött* tire o.s. out [with] walking **IV** *(med betonad part.)* **1** ~ *an (passa sig)* do, be all right; *det ~r inte an* it won't do; *det ~r väl an för dig som* it is all right for you who **2** ~ *av a) (stiga av)* get out (off), *b) (nötas av)* wear through, break off, *(om färg e.d.)* wear off, *(brista)* break, *c) (om skott, vapen)* go off **3** ~ *bort a) (gå ut)* go out *(på middag* to dinner), *b) (avlägsna sig)* go away, *c) (dö)* die, pass away, *d) (om fläck o.d.)* disappear, come out **4** ~ *därifrån* leave [there, the place], go away [from there] **5** ~ *efter a)* walk behind, *b) (om klocka)* be slow (behind [time]), *c) (hämta)* go and fetch, go for **6** ~ *emot a) (möta)* go to meet, *b) (stöta emot)* go against, walk into, *c) (vara motigt)* go against, *d) (motsätta sig)* oppose; *allting ~r mig emot* everything goes wrong for me **7** ~ *fram a)* go (walk) forward (on), *b) se konfirmeras;* ~ *fram med stor försiktighet* proceed with great care; ~ *fram till* go up to **8** ~ *framför a)* go (walk) in front [of], *b) (ha företräde framför)* rank before **9** ~ *före a) se gå framför, b) (om klocka)* be fast **10** ~ *för sig, se gå an* **11** ~ *hem till ngn* go to a p.'s home, call on s.b. at his home **12** ~ *i a)* go in[to], *b) se rymmas; det ~ inte i mig!* that won't go down with me! **13** ~ *ifrån* leave; *båten gick ifrån mig* I missed the boat **14** ~ *igen a)* dörren *~r inte igen* the door doesn't (won't) shut [to], *b) (spöka)* haunt, *c) (upprepa sig)* reappear, recur **15** ~ *igenom a)* go (walk) through, *b) (utstå)* pass (go) through; *jfr genomgå, c) (om förslag o.d.)* be passed, *(efter omröstning)* be carried, *d) (om begäran)* be granted; ~ *igenom i examen* pass one's examination **16** ~ *ihop (mötas)* meet, *(förenas)* join, unite, *bildl.* agree, *(passa ihop)* correspond, match; *få debet och kredit att ~ ihop* make both ends meet; *det ~r inte ihop med* it doesn't tally (fit in) with **17** ~ *in* go in[side]; ~ *in för* go in for, set one's mind upon; ~ *in i a)* enter, *b) (förening e.d.)* join, become a member of; ~ *in på a) (ge sig in på)* enter upon, *b) (bifalla)* agree to, accept; ~ *in på teatern* go on the stage **18** ~ *inåt (om fönster e.d.)* open inwards; ~ *inåt med tårna* be pigeon-toed, turn one's toes inward **19** ~ *isär* come apart, *(om åsikter e.d.)* diverge **20** ~ *löst på a) (anfalla)* go for, *b) (uppgå till)* run into (up to) **21** ~ *med a) se följa med; absol.* go (come) too (as well), *b) (vara med)* join in *(i, på* at); ~ *med på ett förslag* agree to a proposal **22** ~ *ner* go down, *(t. nedre våning)* go downstairs, *(om flygare, flygplan äv.)* descend, *(om ridå äv.)* fall, drop, *(om himlakropp äv.)* set; ~ *ner sig på isen* go through the ice **23** ~ *om (skolklass)* repeat a year, be kept down; ~ *om ngn* overtake s.b. [in walking], *(vid tävling)* pass s.b., get (go) ahead of s.b.; ~ *om varandra (om pers.)* pass each other, *(om brev)* cross in the post **24** ~ *omkring (hit o. dit)* walk about, go round; *jfr kringgå* **25** ~ *omkull (om företag)* go bankrupt, come to grief **26** ~ *sönder* be (get) broken (smashed), *(om maskin o.d.)* break down, have a break-

down **27** ~ *till a) (hända)* happen, come about, *b) (om sill e.d.)* come in; ~ *till och från* come in for a few hours; *hur gick det till?* how did it happen?, what happened?; *hur skall det ~ till?* how is that to be done?; *det gick livligt till* things were lively **28** ~ *tillbaka a)* go back, return, *b) (i tiden)* date back *(till* to), *(t. ursprunget)* originate *(till* in, from), have its origin *(till* in), *c) (avtaga)* recede, subside, abate, *d) (försämras)* deteriorate, *e) (om avtal)* be cancelled, be broken off **29** ~ *undan a) (ur vägen)* get out of the way, *b) (gå fort)* get on (progress) fast (rapidly) **30** ~ *under (om fartyg)* go down, be lost, *(om pers. o. friare)* be ruined **31** ~ *upp a)* go up, *(om pris, temperatur äv.)* rise, ascend, *b) (stiga upp)* rise, *(om pers. äv.)* get up, *(ur vattnet)* get (come) out, *c) (öppnas)* [come] open, *(om is)* break up, *(om knut)* come undone, *(om plagg i sömmarna)* give [way]; *det gick upp för mig att* it dawned upon me that; ~ *upp mot* come up (be equal) to; *ingenting ~r upp mot* there is nothing like (to compare with); ~ *upp i sitt arbete* be absorbed in one's work; ~ *upp i (om företag)* be (become) incorporated in; ~ *upp och ner (om priser)* fluctuate **32** ~ *ur a)* get out [of], *(klubb e.d.)* leave, *(tävling)* withdraw, *b) (om fläck)* come out, disappear, *(om knapp e.d.)* come (fall) out **33** ~ *ut och* ~ go for (take) a walk; ~ *ut och äta* eat out; ~ *ut på (avse)* be aimed at, have as its aim, amount to; *låta sin vrede* ~ ö*ver* vent one's anger *ipǫn* **34** *hon ~r utanpå allesammans* she is superior to them all **35** ~ *utför* go downwards (downhill); *det ~r utför med dem* they are going downhill **36** ~ *utåt (om fönster e.d.)* open outwards; ~ *utåt med tårna* turn one's toes outward **37** ~ *vidare* go on; *låta ngt* ~ *vidare* pass s.th. on **38** ~ *åt a) (ta slut)* be consumed (used up), *(behövas)* be needed, *(finna åtgång)* sell, *b) (förgås)* perish, be dying *(av* with); *vad ~r åt dig?* what is the matter with you?; ~ *illa åt,* se *fara [illa med]; det* ~ *åt mycket tyg till den här klänningen* this dress takes a lot of material **39** ~ *över a)* go (walk) over, cross [over], *b) (se igenom)* look through (over), *(maskin äv.)* overhaul, *c) se övergå, d) (om smärta)* pass [over], subside

gå|ende *a4 o. s6* walking, going *etc.*; *en* ~ a pedestrian; ~ *bord* buffet, stand-up meal **-gata** pedestrian street

1 gång *s3* **1** *(levande varelsers)* walking; *(sätt att gå)* gait, walk; *(hästs)* pace; *spänstig* ~ springy step (gait); *känna igen ngn på ~en* recognize s.b. by his walk (step) **2** *(rörelse)* going, moving; *(motors o.d.)* running, working, motion, action; *(lopp)* run; *(fortgång)* progress; *(förlopp)* course; *i full* ~ well under way, *(om arbete äv.)* in full swing; *under samtalets* ~ in the course of the conversation; *få i* ~ get going (started), start; *hålla i* ~ keep going; *komma i* ~ get started, *(om maskin)* begin running (working); *sätta i* ~ start (set) going (running), start; *vara i* ~ be running (working, going, in operation), *(om förhandlingar e.d.)* be in progress, be proceeding **2 gång** *s2* **1** *(väg)* path[way], walk **2** *(korridor)* passage, corridor; *(i kyrka)* aisle; *(i teater, i buss)* gangway, *AE.* aisle; *(under gata)* subway **3** *anat.*

duct, canal

3 gång *s3* **1** (*tillfälle*) time; *en ~ a*) once (*om dagen* a day), *b*) (*om framtid*) some time, some (one) day, *c*) (*ens*) even; *en ~ för alla* once and for all, for good; *en ~ är ingen ~* once is no custom; *en ~ till* once more, [over] again; *en halv ~ till så mycket* half as much again; *en och annan ~* once in a while, every now and then, occasionally; *en åt ~en* one at a time; *för en ~s skull* for once [in a while]; *bara för den här ~en* just [for] this once; *förra ~en* last time; *inte en ~ hans barn* not even his children; *med en ~* all at once; *ngn ~* some time, (*ibland äv.*) now and then, from time to time; *ngn enda ~* very rarely, on some rare occasion; *nästa ~* next time; *~ på ~* time and again, time after time, over and over [again]; *på en ~ a*) (*samtidigt*) at the same time, *b*) (*i en omgång*) in one go, *c*) (*plötsligt*) all at once, suddenly; *på en och samma ~* at one and the same time; *det var en ~* once upon a time there was; *det är nu en ~ så att* the fact is that **2** *två ~er två är fyra* twice two is four; *tre ~er* three times; *ett par tre ~er* two or three times; *rummet är tre ~er tre meter* the room is three by three metres (three metres square)

gång|are (*häst*) steed; *sport.* walker **-art** (*hästs*) pace **-avstånd** walking distance **-bana** pavement; *AE.* sidewalk **-bar** *a1* **1** (*om väg*) negotiable **2** (*gällande, gängse*) current **3** (*kurant*) saleable, marketable

gång|en *a5* gone; (*förfluten*) gone by; *långt ~* far advanced (*sjukdom* disease); *-na tider* the past, past time; *den -na veckan* the past week **-järn** hinge **-matta** runner **-sport** [long-distance] walking **-stig** footpath, footway **-trafik** pedestrian traffic **-trafikant** pedestrian **-tunnel** [pedestrian] subway **-väg** footpath

gåpå|aktig [-ˣpå:-] *a5* hustling, go-ahead **-are** [-ˣpå:-] pusher, go-getter

går *i uttr.*: *i ~* yesterday; *i ~ kväll* yesterday evening, (*senare*) last night; *i ~ morse* yesterday morning; *i ~ för en vecka sedan* a week [ago] yesterday; *tidningen för i ~* yesterday's paper

gård [-å:-] *s2* **1** (*kringgärdad plats*) yard; (*bak-*) backyard; (*vid bondgård*) farmyard; (*framför herrgård o.d.*) courtyard; *rum åt ~en* back room; *två trappor upp åt ~en* on the second floor at the back **2** (*bond-*) farm; (*större*) estate; (*man-*) farmstead, homestead

gårdagen yesterday

gårds|hus back-yard house **-plan** courtyard

gås *-en gäss* goose (*pl* geese); *vitkindad ~* barnacle goose; *ha en ~ oplockad med ngn* have a bone to pick with s.b.; *det är som att hälla vatten på en ~* it's like [pouring] water on a duck's back; *det går vita gäss på havet* there are white horses on the sea **-hud** goose flesh (bumps *pl*, pimples *pl*, skin); *få ~* get goose pimples **-leverpastej** pâté de foie gras; goose-liver paste **-marsch** *i ~* in single file **-penna** quill **-ögon** (*citationstecken*) French quotation marks, guillemets

gåt|a *s1* riddle; (*friare*) enigma, puzzle, mystery **-full** mysterious, puzzling, enigmatic[al]

gåva *s1* gift; present (*till* for, to); (*genom testamente*) bequest; *en man med stora gåvor* (*äv.*) a man of great parts

gåvo|brev deed of gift **-paket** gift parcel **-skatt** capital transfer (gift) tax

gäcka (*svika*) baffle; disappoint; frustrate; *bli ~d i sina förhoppningar* have one's hopes dashed; *bli ~d i kärlek* be crossed in love

gäckande *a4* roguish, elusive

gäckas *dep*, *~ med* mock (scoff) [at], deride; (*gyckla med*) make fun of, poke fun at

gädda [j-] *s1* [northern] pike (*pl äv.* pike)

gäl [j-] *s2* gill; *djur som andas med ~ar* gill-breathing animals

gäldenär *s3* debtor

gäll [j-] *a1* shrill; (*genomträngande*) piercing

gäll|a [j-] *v2* **1** (*vara giltig*) be valid; (*om lag e.d.*) be in force, *AE.* be effective; (*om biljett äv.*) be available; (*om mynt*) be current; (*om påstående*) be true (*om* of; *ännu* still); (*äga tillämpning*) apply, be applicable (*för, på* to) **2** (*vara värd*) be worth **3** (*väga* [*tungt*], *betyda*) have (carry) weight **4** (*anses*) pass (*för* for; *som* as); be looked (regarded) upon (*för, som* as) **5** (*avse*) be intended for; (*åsyfta*) have as its object; (*röra*) concern, have reference to; *vad -er saken?* what is it about?; *samma sak -er om* the same thing may be said of **6** *opers.*, *det -er livet* it is a question of life or death; *nu -er det att* now we have got to; *när det verkligen -er* when it really comes to the point (*att* of + *ing*-form); *han sprang som om det -de livet* he ran for dear life **-ande** *a4* **1** (*giltig*) valid (*för* for), in force, *AE.* effective; available; (*tillämplig*) applicable; *~ priser* current (ruling) prices **2** *göra ~* (*påstå*) assert, maintain; *göra sina kunskaper ~* bring one's knowledge to bear; *göra sina anspråk ~* establish one's claims; *göra sitt inflytande ~* assert one's influence; *göra sig ~* (*om pers.*) assert o.s., (*om sak*) manifest itself, make itself felt

gällen [j-] *a5* on the turn

gäng [j-] *s7* ([*arbets*]*lag*) gang; (*klick*) set

gäng|a [j-] **I** *s1* (*screw*) thread; *gå i de gamla -orna* be in the old groove; *komma ur -orna* get out of the gear; *vara ur -orna* be off colour, be under the weather **II** *v1* **1** thread **2** *sl.* (*ha samlag*) screw **3** *rfl, vard.* get spliced

gänglig [j-] *a1* lank[y]

gängning [j-] [screw] threading

gängse [j-] *oböjligt a* current; (*rådande*) prevalent

gärde [ˣjä:r-] *s6* (*fält*) field; *~t är upprivet* (*bildl.*) the game is lost **gärdsgård** [*vard.* 'järs-] fence

gärna [ˣjä:r-] *hellre helst, adv* **1** (*med nöje*) gladly; (*villigt*) willingly; (*utan hinder*) easily, readily; *ja, ~* [*för mig*]! by all means!; *lika ~* just as well; *en ~ sedd gäst* an ever-welcome guest; *hur ~ jag än vill* though nothing can give me more pleasure; *jag erkänner ~ att* I am quite prepared (ready) to admit that; *jag kommer mer än ~* I shall be delighted to come; *jag skulle ~ vilja* I should be glad to; *jag skulle ~ vilja veta* I should like to know; *du får ~ stanna här* you are quite welcome to stay here; *du kan ~ läsa högt* you may just as well read aloud; *han talar ~ om* he likes (is fond of) talking of; *han kan inte ~ hinna fram i tid* he will hardly get there in time **2** (*ofta*) often; *följden blir ~ den att* the result is liable to be that

gärning [ˣjä:r-] **1** (*handling*) act, deed; *goda ~ar* good deeds, kind actions; *i ord och ~* in word and deed; *tagen på bar ~* caught red-handed (in the act) **2** (*syssla*) work **gärningsman** criminal, culprit, pertetrator

gäsp|a [j-] yawn **-ning** yawning; *en ~* a yawn

gäst [j-] *s3* guest; (*besökande*) visitor; (*hotell-*) resident; (*restaurang-*) guest, patron

gästa [j-] *~ ngn* be a p.'s guest; *~ ngns hem* be a guest at a p.'s home **-bud** feast; banquet **gäst|bok** guest book **-fri** hospitable **-frihet** hospitality

gästgiv|are [ˣjäst-, *vard.* ˣjäʃi-] innkeeper **-argård, -eri** inn, hostelry

gäst|hamn guest harbour **-handduk** guest towel **-rum** spare (guest) room **-spel** special performance

göd|a [j-] *v2* **1** (*djur*) fatten; (*människor äv.*) feed up; *slakta den -da kalven* kill the fatted calf **2** (*jord, växter*) fertilize **3** *rfl* feed (fatten) [o.s.] up

gödning [ˣjö:d-] **1** fattening *etc.* **2** fertilizing, fertilization **gödningsmedel** fertilizer, fertilizing substance

gödsel ['jödd-] *s9* manure, dung, muck; (*konst-*) fertilizer[s *pl*] **-grep** muckrake **-spridare** manure spreader **-stack** dunghill

gödsl|a [j-] manure, dung; (*konst-*) fertilize **-ing** manuring; fertilizing

gök [j-] *s2* **1** *zool.* [European] cuckoo **2** *bildl. o. skämts.* fellow, chap **3** *vard., se kaffekask* **-otta** *ung.* dawn picnic to hear first birdsong **-ur** cuckoo clock

göl [j-] *r? pool*, (*mindre sjö äv.*) mere

göm|ma [j-] **I** *s1* hiding place; place where one keeps things; *gravens tysta ~* the silent harbourage of the grave; *leta i sina -mor* search in one's drawers (cupboards) **II** *v2* **1** (*dölja*) hide [away], conceal (*för* from); (*begrava*) bury (*ansiktet i händerna* one's face in one's hands) **2** (*förvara*) keep (*till, åt* for); save [up]; (*låta ligga*) keep back, put by; *~ undan* put away; *~ sig* hide, conceal o.s.

göm|sle *s6*, **-ställe** *s6* hiding place, hide-out, hideaway

1 göra [j-] *gjorde gjort* **I 1** (*syssla med, ombesörja*) do (*affärer med* business with; *ett gott arbete* good work; *sin plikt* one's duty; *ngn en tjänst* s.b. a favour); perform (*en uppgift* a task); (*utföra*) carry out, execute; *gör det själv* do it yourself **2** (*åstadkomma, avge o.d.*) make (*ngns bekantskap* a p.'s acquaintance); *intryck på* an impression upon; *ett misstag* a mistake; *slut på* an end of; *en uppfinning* an invention; *en överenskommelse* an agreement); (*åstadkomma*) bring about (*en förändring* a change); *~ underverk* work wonders **3** (*obj. är ett neutralt pron el. a*) do; *~ sitt bästa* do one's best; *sitta och ~ ingenting* sit doing nothing; *vad gör du i kväll?* what are you doing (going to do) this evening?; *vad är att ~?* what is to be done?; *det är inget att ~ åt saken* nothing can be done about it (in the matter), it cannot be helped **4** (*bereda*) give, afford, do (*ngn den glädjen att* s.b. the pleasure of + *ing-form*); (*tillfoga*) do, inflict upon; (*skapa, utgöra*) make; (*betyda*) be of importance, matter; (*företaga resa e.d.*) go; *~ en resa* go on a journey; *~ ngn skada*

do s.b. harm; *det gör ingenting a*) (*har ingen betydelse*) it is of no importance, *b*) (*är alldeles detsamma*) it doesn't matter!, never mind!, *c*) (*avböjande ursäkt*) not at all!, don't mention it!; *det gör mig ont att höra* I am sorry to hear; *kläderna gör mannen* clothes make the man **5** (*tillverka*) make; (*konstnärligt äv.*) do; (*göra färdig*) do, finish **6** (*bese*) do; *~ Paris* do Paris **7** (*i vissa förbindelser*) make (*ngn lycklig* s.b. happy; *ngn till kung* s.b. [a] king; *det klart för ngn att* it clear to s.b. that; *saken värre* matters worse); do (*ngn gott, orätt* s.b. good, wrong); *~ ngn tokig* drive s.b. crazy; *~ det möjligt för ngn att* enable s.b. to; *~ det till sin plikt* make it one's duty; *det gjorde att jag bestämde mig för* this made me decide to (+ *inf.*) **8** (*handla*) act; do; *inte veta hur man bör ~* not know how to act; *gör som jag säger* do as I tell you **9** (*uppföra sig*) behave **II** (*i stället för tidigare nämnt verb*) *do: he; shall, will; han läser mer än jag gör* he reads more than I do; *han sprang, och det gjorde jag med* he ran, and so did I; *om du inte tar den gör jag det* if you don't take it I shall; *skiner solen?* *ja, det gör den* is the sun shining? yes, it is **III** (*med betonad partikel*) **1** *~ av; var skall jag ~ av...?* where am I to put...?, what am I to do with...?; *~ av med* (*mörda*) bump off; *AE.* waste; *~ av med pengar* spend (run through) money; *inte veta var man skall ~ av sig* not know what to do with o.s, **2** *~ bort sig* drop a brick **3** *~ efter* imitate, copy **4** *~ ngn emot* cross (thwart) s.b. **5** *~ fast* make fast, fasten **6** *~ färdig* get finished, finish, (*i ordning*) get ready **7** *~ ifrån sig ett arbete* get a piece of work off one's hands; *~ bra ifrån sig* give a good account of o.s. **8** *~ om a*) (*på nytt*) do over again, *b*) (*upprepa*) repeat, *c*) (*ändra*) alter **9** *~ rent efter sig* clean (*AE.* fix) up before leaving **10** *~ till*; *om det kan ~ ngt till* if that can help matters at all; *~ sitt till för att det skall lyckas* do one's part to make it a success; *det gör varken till eller från* it makes no difference **11** *~ undan* get done (off one's hands) **12** *~ upp a*) (*eld, planer o.d.*) make, *b*) (*förslag, program o.d.*) draw up, *c*) (*räkning*) settle, *d*) (*ha en uppgörelse*) agree, settle, come to terms (*med* with; *om* about) **13** *~ upp åt saken* do s.th. about it (the matter) **IV** *rfl* **1** make o.s. (*omtyckt* popular; *förtrogen med* acquainted with; (*låtsas vara*) make o.s. out (pretend) to be (*bättre än man är* better than one is) **2** (*ta sig ut*) look (come out) (*bra* well) **3** (*tillverka åt sig*) make o.s. (*en klänning* a dress); (*låta göra*) have made; (*förvärva*) make (*en förmögenhet* a fortune); (*bilda sig*) form (*ett begrepp om* a conception of) **4** *~ sig av med* get rid of; *~ sig till* be affected, give o.s. airs, (*förställa sig*) dissimulate, sham; *~ sig till* för make up to

2 göra [j-] *s6* (*arbete*) task, work; (*göromål*) business; (*besvär*) trouble

görande [j-] *s6, ~n och låtanden* doings

gördel [ˣjö:r-] *s2* girdle **-däck** radial [tyre]

gör|lig [ˣjö:r-] *a1* feasible, practicable; (*möjlig*) possible; *i ~aste mån* as far as possible **-ningen** *best. form i uttr.: ngt är i ~* s.th. is brewing

göromål [j-] *s7* (*arbete*) work, business; (*syssla*) occupation; (*åliggande*) duty

gös [j-] *s2* (*fisk*) pikeperch

1 göt [j-] *s2, s3* (*om forntida svenskar*) Geat
2 göt [j-] *s7, tekn.* casting, billet, bloom, ingot
Göteborg [jöte'bårj] *n* Göteborg, Gothenburg

h *s6* **1** h; *stumt* ~ silent h; *utelämna* ~ drop one's h's (aitches) **2** *mus.* B [natural]
ha (*hava*) *hade haft* **I** *hjälpv* have **II** *huvudv* **1** have; (*mera vard.*) have got; (*äga*) possess; (*få, erhålla*) get; ~ *det bra* be well off; ~ *ledigt* be free; ~ *roligt* have a good time [of it]; ~ *rätt* be right; ~ *stort behov av* be in great need of; ~ *svårt för ngt* find s.th. difficult; *här* ~*r ni!* here you are!; *här* ~*r ni mig!* here I am!; *nu* ~*r jag det!* now I've got it!; *var* ~*r vi söder?* where is [the] south?; *vad vill ni* ~? *a*) what do you want?, *b*) (*att förtära*) what would you like?, what will you take?, *c*) (*i betalning*) what do you want (is your charge)?; *allt vad jag äger och* ~*r* everything I possess; *hur* ~*r du det nu för tiden?* how are things [with you] nowadays?; *hur mycket pengar* ~*r du på dig?* how much money have you got [on you]?; *jag vet inte var jag* ~*r honom* I don't know where he stands **2** (*förmå, låta*) get, have, make; ~ *ngn att lyda* make (have) s.b. (get s.b. to) obey **III** (*med betonad partikel*) **1** ~ *bort a*) (*tappa*) lose, (*förlägga*) mislay, *b*) (*ta bort*) have removed, take away **2** ~ *emot, inte* ~ *ngt emot* have nothing against **3** ~ *för sig a*) (*ha framför sig*) have before one, *b*) (*vara sysselsatt med*) be doing (up to), *c*) (*föreställa sig*) be under the impression, have an idea **4** ~ *ngn hos sig* (*som gäst*) have s.b. staying with one **5** ~ *i* put in **6** ~ *inne* (*varor*) have in stock; ~ *åldern inne* have reached the right age **7** ~ *kvar a*) (*ha över*) have left, *b*) (*ha i behåll*) have still **8** ~ *med sig* have with one **9** ~ *på sig* (*kläder o.d.*) have on; ~ *hela dagen på sig* have the whole day before one; ~ *bara en timme på sig* have only one hour left (to spare) **10** ~ *sönder* break, *vard.* smash **11** ~ *över* (*ha kvar*) have left
Haag [ha:g] *n* the Hague
habegär acquisitiveness
1 hack *i uttr.: följa ngn* ~ *i häl* follow hard on the heels of s.b.
2 hack *s7* **1** (*skåra*) jag[g], notch, hack **2** (*lätt hugg*) peck
1 hacka 1 *kortsp.* small (low) card **2** (*liten summa*) *en* ~ a little cash; *en rejäl* ~ a tidy sum **3** *han går inte av för hackor* he is not just a nobody, he's a competent chap
2 hacka I *s1* pick[axe]; (*bred*) mattock; (*för jordluckring*) hoe **II** *v1* **1** hoe **2** *kokk.* chop; (*fin-*) mince; *det är varken* ~*t eller malet* it is neither

one thing nor the other **3** (*om fåglar*) peck (*på* at) **4** *han* ~*de tänder* his teeth were chattering **5** (*i bord, mark med t.ex. kniv*) hack, pick **6** (*klanka*) find fault (*på* with); (*gnata*) nag (*på* at) **7** (*tala med avbrott*) stammer, stutter
hackhosta hacking cough
hack|ig *a1* (*full med hack*) jagged **2** (*stammande*) stuttering **-kyckling** *hon är deras* ~ they are always picking on her **-spett** *s2* woodpecker
haffa nab, cop, nick, collar
hafs *s7* (*slarv*) slovenliness; (*brådska*) scramble
hafs|a do things in a hurry; ~ *ifrån sig* scramble through **-ig** *a1* slapdash, slovenly **-verk** scamped (slovenly) work
hage *s2* **1** (*betesmark*) enclosed pasture[-land]; (*lund*) grove **2** (*för småbarn*) [baby's] playpen **3** *hoppa* ~ play hopscotch
hagel ['ha:-] *s7* **1** (*iskorn, koll.*) hail (*sg*); *ett* ~ a hailstone **2** (*blykula*) [small] shot (*sg o. pl*) **-bössa** shotgun, fowling piece **-skur** hailshower, hailstorm
hagga *s1* hag
hagla [×ha:g-] hail; *bildl. äv.* rain, come thick and fast
hagtorn [×hack-] *s2* hawthorn, may [tree]
Haiti [ha'i:ti] *n* Haiti **haitiansk** [-'a:nsk] *a5* Haitian, Haytian
haj [hajj] *s2* shark
haja [×hajja] (*förstå*) get, dig; ~ *till* give a start; be startled (scared)
hak *s7* notch; hack, dent
1 haka *v1* hook (*i, vid* to); ~ *av* unhook; ~ *fast a*) hook [on], fasten, *b*) (*fastna*) get caught (*i* by, on), catch (*i* in); ~ *i, se haka fast b*); ~ *upp a*) (*fästa upp*) loop up, *b*) (*öppna*) unhook, unfasten; ~ *upp sig a*) get caught, *b*) *bildl.* get stuck; ~ *upp sig på småsaker* stick at (worry about) trifles; ~ *sig* get stuck; ~ *sig fast* (*äv. bildl.*) cling (*vid* to)
2 haka *s1* chin; *tappa* ~*n* be taken aback; *stå i vatten upp till* ~*n* be in water up to one's chin
hak|e *s2* **1** hook; (*fönster-*) catch **2** *det finns en* ~ (*bildl.*) there is a snag in it; [*för*] *tusan hakar!* the deuce! **-formig** [-å-] *a5* hooked, hooklike **-kors** swastika
hak|lapp bib, feeder **-spets** point of the chin
hal *a1* slippery; *bildl. äv.* evasive; (*glatt*) oily, sleek; ~ *tunga* smooth tongue; ~ *som en ål* [as] slippery as an eel; *på* ~ *is* (*bildl.*) on treacherous ground, on thin ice; *sätta ngn på det* ~*a* drive s.b. into a corner; *det är* ~*t på vägarna* the roads are slippery
hala 1 *sjö.* haul; pull, tug; ~ *flaggan* lower the flag; *hissa och* ~ hoist and lower; ~ *an* haul (tally) aft; ~ *in* haul in; ~ *fram* haul (*friare* draw, drag) forwards **2** *bildl.,* ~ *ut på tiden* drag out the time **3** *rfl,* ~ *sig ner* lower o.s., let o.s. down
halka I *s1* slipperiness; *svår* ~ very slippery roads (road surface) **II** *v1* slip [and fall], slide, glide; (*slira*) skid; ~ *förbi* (*bildl.*) skim past, skilfully elude; ~ *omkull* slip over (down), slip and fall; *ordet* ~*de över mina läppar* the word escaped me (my lips)
halk|bana (*för träningskörning*) skidpan **-ig** *a1* slippery **-säker** nonskid, nonslip
hall *s2* hall; (*förrum*) lounge; (*pelar-*) colonnade

halleluja [-'ja:, *äv.* -ˣlu:-] hallelujah!

hallick ['hall-] *s2* pimp, ponce

hallon [-ån] *s7* raspberry **-buske** raspberry bush (shrub); *-buskar* (*äv.*) raspberry canes **-saft** raspberry juice (syrup) **-sylt** raspberry jam

hallucin|ation hallucination **-era** be subject to hallucinations

hallå I *interj* hello, hallo[o], hullo **II** *s6* (*oväsen*) nullabal[l]oo

hallå|a *vard.* **I** [-ˣlå:a] *s1, se -kvinna* **II** [-'lå:a] *v1, radio.* announce **-kvinna** [woman] announcer **-man** announcer

halm *s3* straw; *av* ~ (*äv.*) straw **-hatt** straw hat; (*platt*) boater **-stack** straw stack (rick) **-strå** straw; *gripa efter ett* ~ (*bildl.*) catch at a straw **-tak** thatched roof

halo ['ha:-] *s5, meteor.* halo

halogen [-'je:n] *s3* halogen **-lampa** halogen lamp

hals *s2* **1** neck; (*strupe o. tekn.*) throat; ~ *över huvud* head over heels; *med* (*av*) *full* ~ at the top of one's voice; *bryta* ~*en av sig* break one's neck; *falla ngn om* ~*en* fall on a p.'s neck; *få ngn på* ~*en* get saddled with s.b.; *få nya bekymmer på* ~*en* be saddled with new adversities; *ge* ~ *a*) (*om hund*) give tongue, *b*) (*om pers.*) raise a cry; *ha ont i* ~*en* have a sore throat; *sitta ända upp till* ~*en i* be immersed up to the neck in; *sätta ett ben i* ~*en* have a bone stick in one's throat; *det står mig upp i* ~*en* it makes me sick, I am fed up with it; *orden fastnade i* ~ *på mig* only the words stuck in my throat; *skjortan är trång i* ~*en* the shirt is tight round the neck **2** (*på instrument*) neck; (*på nottecken*) stem **3** *sjö* tack; *ligga för babords* ~*ar* be (stand) on the port tack

hals|a 1 (*dricka*) take a swig **2** *sjö.* wear, tack **-band** necklace; (*hund-*) collar **-bloss** *dra* ~ inhale [the smoke] **-brytande** *a4* breakneck **-bränna** *s1* heartburn **-duk** scarf, neckerchief; (*tjock*) muffler, (*fischy*) fichu; (*kravatt*) tie, *AE.* necktie; *vit* ~ a white tie **-fluss** *s3* tonsillitis **-grop** *ha hjärtat i* ~*en* have one's heart in one's mouth (throat) **-hugga** behead, decapitate **-huggning** beheading, decapitation **-kedja** chain [round the neck] **-kota** cervical vertebra **-linning** neckband **-ont** sore throat **-smycke** necklace **-starrig** *a2* stubborn, obstinate **-tablett** throat lozenge, cough drop

halst|er ['hals-] *s7* gridiron, grill **-ra** grill

1 halt *s3* **1** (*proportion, kvantitet*) content; percentage; (*i guldarbeten o. mynt*) standard **2** *bildl.* substance; worth, value

2 halt I *s3* (*uppehåll*) halt **II** *interj* halt!; (*stanna*) stop!

3 halt *a1* lame (*på ena benet* in one leg)

halta limp (*på ena foten* with one foot); ~ *iväg* limp along; *jämförelsen* ~*r* the comparison does not hold good; *versen* ~*r* the [rhythm of the] verse halts

halv *a5* half; ~ *biljett* half fare; ~ *lön* half pay; ~*a året* half the year; *ett* ~*t dussin* half a dozen; *ett* ~*t löfte* a half-promise; *en* ~ *gång till så stor* half as big again; *en och en* ~ *månad* six weeks; *ett och ett* ~*t år* eighteen months; *till* ~ *priset* at half price, half-price; *hissa flaggan på* ~ *stång* fly the flag at half-mast, half-mast; *mötas på* ~*a vägen*

meet halfway; *klockan är* ~ *ett* it is half past twelve

halv|a *s1* **1** half; *en* ~ *öl* half a (a small) bottle of beer; *de tog var sin* ~ they took one half each **2** (*andra sup*) second glass **-automatisk** semiautomatic **-back** *sport.* halfback **-blod** *s7* **1** (*människa*) half-breed **2** (*häst*) half-blood **-bra** so-so; indifferent; middling **-bror** half-brother **-cirkel** semicircle **-cirkelformig** semicircular **-dan[n]** *a5* mediocre, middling **-död** half-dead **halver|a** halve, divide into halves; *geom.* bisect; *absol. äv.* go halves **-ing** halving *etc.*

halv|eringstid *kärnfys.* half-life **-fabrikat** semi-manufacture, semi-manufactured product **-fet** low-fat (*ost* cheese); *boktr.* bold; ~ *stil* bold face **-full** half full; (*om pers.*) tipsy **-färdig** half-finished; *vara* ~ be half ready (finished, done) **-gammal** no longer young **-gardering** (*i tips*) 2-ways [forecast] **-hjärtad** [-j-] *a5* half-hearted

halv|klot hemisphere **-klädd** *a5* half-dressed **-kväden** *i uttr.: förstå* ~ *visa* be able to take a hint **-ledare** *elektron.* semiconductor **-lek** *sport.* half; *under första* ~ during the first half **-ljus I** *s7* half-light; (*på bilar*) dipped (*AE.* dimmed) headlights **II** *a5* semitransparent **-me-syr** *s3* half measure **-måne** half-moon **-mörker** semidarkness, half-light **-naken** half naked, seminude **-not** minim; *AE.* half note **-officiell** semiofficial **-pension** half board, demi-pension **-profil** *i* ~ in semi-profile **samling** half-truth **-slag** half-hitch; *dubbelt* ~ clove hitch **-sluten** half-closed **-sova** doze, be half asleep **-stekt** [-e:-] half roasted; (*ej tillräckligt stekt*) underdone; *AE.* rare **-sula** *s1 o. v1* [half-]sole **-syskon** half-brothers and half-sisters **-syster** half-sister

halv|t *adv* half; ~ *om* ~ *lova* more or less promise **-tid** *sport.* half-time; *arbeta* ~ work half (part) time **-timme** half hour; *en* ~ half an hour; *en* ~*s resa* half an hour's (a half-hour's) journey; *om en* ~ in half an hour['s time]; *varje* ~ every half-hour, half-hourly **-ton** *mus.* semitone; *AE.* half step **-trappa** *en* ~ half a flight [of stairs] **-vaken** half-awake **-vild** (*om folkstam*) semibarbarian; (*om tillstånd*) half-wild **-vuxen** (*om pers.*) half grown-up, adolescent; (*om djur, växt*) half-grown **-vägs** halfway **-år** six months, half-year; *ett* ~ [a] half-year, six months; *varje* ~ semiannually **-årig** *a5* half-year's, six months'; (*som återkommer varje halvår*) half-yearly, semiannual **-årsvis** semiannually, every six months, half-yearly

halv|ö peninsula **-öppen** half-open, (*på glänt*) ajar; *med* ~ *mun* with lips parted

hambo ['hamm-] *s5* Hambo; *dansa* ~ dance the Hambo

hamburg|are hamburger **-erkött** smoked salt horseflesh

hammar|e hammer; mallet; *anat.* malleus; ~*n och skäran* the hammer and sickle **-slag** hammer blow (stroke)

hammock ['hammåck] *s2* hammock settee

1 hamn *s2* **1** (*skepnad*) guise **2** (*vålnad*) ghost, apparition

2 hamn *s2* harbour; (*hamnstad, mål för sjöresa*) port; *bildl. o. poet.* haven; *inre* ~ inner harbour (port); *yttre* ~ outer basin (harbour); *anlöpa en* ~ call at a (make) port; *löpa in i en* ~ enter a port; *söka* ~ seek harbour; *äktenskapets lugna* ~ the haven of matrimony

hamn|a land [up]; ~ *i en soffa* come to rest on (be placed on) a sofa; ~ *i galgen* end up on the gallows; ~*de i vattnet* landed in the water **-arbetare** docker, stevedore; *AE.* longshoreman **-arbetarstrejk** dock strike **-avgifter** harbour dues, port charges **-bassäng** dock **-förvaltning** (*myndighet*) port authorities (*pl*) **-kapten** harbour master **-kontor** port authority; harbour master's office **-kvarter** dock district; dockland **-plats** berth, wharf **-stad** port; seaport

1 hampa *vl, det* ~*de sig så* it so turned out

2 hampa *sl* hemp; *ta ngn i* ~*n* (*vard.*) collar s.b., *bildl.* take s.b. to task

hampfrö hempseed

hamr|a hammer (*på* at); *tekn. äv.* forge, beat; (*friare o. bildl.*) drum (*på bordet* on the table); pound (*på piano* [on] the piano); (*om hårt föremål*) pound, beat **-ad** *a5* hammered; beaten

hamster ['hamm-] *s2* hamster

hamstr|a hoard; pile up **-ing** hoarding

han [hann] he; (*om djur, sak*) it, *äv.* he, she; ~ *som står där borta är* the man standing over there is

hand *-en händer* **1** hand; ~*en på hjärtat!* cross your heart!; *ngns högra* ~ (*bildl.*) a p.'s right-hand man; *efter* ~ gradually, little by little; *efter* ~ *som* [according] as; *för* ~ by hand; *i första* ~ in the first place, first of all, above all, (*omedelbart*) immediately; *i andra* ~ [at] second-hand, in the second place; *köpare i andra* ~ second-hand buyer; *i sista* ~ in the last resort, in the end, finally; *med varm* ~ readily, gladly, of one's own free will; *på egen* ~ *a*) (*självständigt*) for o.s., *b*) (*utan hjälp*) by o.s.; *på fri* ~ *a*) (*utan hjälpmedel*) by hand, *b*) (*oförberett*) off-hand; *på tu man* ~ by ourselves (*etc.*); *under* ~ privately; *anhålla om ngns* ~ ask for a p.'s hand; *byta om* ~ change hands; *bära* ~ *på ngn* lay hands on s.b.; *bära ngn på sina händer* make life a bed of roses for s.b.; *börja med två tomma händer* start empty-handed; *dö för egen* ~ die by one's own hand; *få ngt ur händerna* get s.th. off one's hands; *ge ngn fria händer* give s.b. a free hand; *ge vid* ~*en* indicate, show, make it clear; *gå* ~ *i* ~ *med go* (walk) hand in hand with; *gå ur* ~ *i* ~ go from hand to hand; *ha* ~ *om* be in charge of; *ha* [*god*] ~ *med barn* be able to manage (have a way with) children; *ha ngn helt i sin* ~ have s.b. entirely in one's hands (pocket); *ha ngt helt i sin* ~ have complete control over s.th.; *ha ngt för händer* have s.th. on (in) hand; *ha ngt på* ~ have the option of s.th.; *hyra ut i andra* ~ (*äv.*) sublet; *hålla sin* ~ *över* hold a protecting hand over; *komma i orätta händer* get into the wrong hands; *kyssa ngn på* ~*en* kiss a p.'s hand; *leva ur* ~ *i mun* live from hand to mouth; *låta ngt gå sig ur händerna* let s.th. slip through one's fingers; *inte lyfta en* ~ *för att* not lift a hand to; *lägga sista* ~*en vid* put the finishing touches to; *räcka ngn* ~*en* hold out one's hand to s.b.; *räcka ngn en hjälpande* ~ lend s.b. a [helping] hand; *sitta med händerna i kors* sit with folded hands, sit idle; *skaka* ~ *med*

shake hands with; *stå på händerna* do a handstand; *sätta händerna i sidan* put one's arms akimbo; *ta* ~ *om* take in hand, take charge of; *ta emot med uppräckta händer* be only too pleased to receive; *ta mig i* ~ *på* [give me] your hand on; *ta ngn i* ~ take a p.'s hand, (*hälsa*) shake hands with s.b., shake a p.'s hand; *ta sin* ~ *ifrån* (*bildl.*) withdraw one's support from, drop, abandon; *två sina händer* wash one's hands of it; *tvätta händerna* wash one's hands; *upp med händerna!* hands up!, stick'em up!; *vara för* ~*en a*) (*finnas*) exist, *b*) (*vara nära*) be close at hand; *vinka med kalla* ~*en* turn s.th. down flat, refuse point-blank, blankly refuse; *äta ur* ~*en på ngn* (*bildl.*) eat out of a p.'s hands; *de kan ta varann i* ~ it's six of one and half a dozen of the other, it's six and two threes; *det var som att vända om en* ~ it was a complete right about face; *hon var som en omvänd* ~ she was quite a different person; *allt gick honom väl i händer* fortune smiled on him, everything he touched succeeded **2** (*sida*) hand, side; *på höger* ~ on the right[-hand] side **3** till ~*a* (*på brev*) to be delivered by hand; *gå ngn till* ~*a* assist (wait) on s.b.; *komma ngn till* ~*a* come to hand, reach s.b. **4** till ~*s* at hand; *ligga nära* till ~*s* be close (near) at hand, be handy; *nära* till ~*s liggande* (*om förklaring o.d.*) plausible, reasonable

hand|alfabet manual alphabet **-arbete** (*sömnad o.d.*) needlework; (*broderi*) embroidery; (*stickning*) knitting; (*motsats maskinarbete*) handwork; *ett* ~ a piece of needlework **-bagage** hand luggage (*AE.* baggage) **-boja** handcuff, manacle (*båda äv.* = *belägga med handbojor*) **-bok** handbook; (*lärobok äv.*) manual, guide **-boll** handball **-broderad** *a5* hand-embroidered **-broms** handbrake **-diskmedel** manual dishwashing detergent **-duk** towel; (*köks-*) [tea] cloth **-dusch** hand shower

handel ['hann-] *s9* **1** trade; (*i stort, i sht internationell*) commerce; (*handlande*) trading, dealing; (*affärstransaktion*) transaction; (*köp*) bargain; (*bytes-*) barter; (*i sht olaglig*) traffic; (*butik*) shop; ~ *och industri* trade (commerce) and industry; ~*n med utlandet* foreign trade; *i* [*allmänna*] ~*n* on (in) the [open] market; *driva* (*idka*) ~ carry on trade (business); *driva* (*idka*) ~ *med a*) (*land, pers.*) trade with, carry on trade with, *b*) (*vara*) trade (deal) in **2** ~ *och vandel* dealings (*pl*), conduct

handeldvapen firearm; *pl äv.* small arms; *AE. äv.* handgun

handels|anställd commercial employee **-attaché** commercial attaché **-avtal** trade agreement **-balans** (*lands*) balance of trade; (*firmas*) trade balance **-balk** commercial code **-bolag** trading company **-bruk** trade (business) custom **-departement** ministry of commerce; ~*et* (*i Storbritannien*) the Department of Trade, (*i USA*) the Department of Commerce **-fartyg** merchant vessel (ship) **-flotta** merchant navy (*i sht AE.* marine) **-hus** business house (firm) **-högskola** school of economics and business administration **-kammare** chamber of commerce **-lära** commercial science; (*lärobok*) textbook in commerce **-man** shopkeeper, storekeeper **-po-**

litit trade (commercial) policy **-resande** travelling salesman, commercial traveller (*för* representing; *i* in); *AE.* traveling salesman **-rätt** commercial law **-sekreterare** trade commissioner **-skola** business (commercial) school, school of commerce **-trädgård** market garden; *AE.* truck farm **-utbildning** commercial (business) training **-vara** commodity; *pl äv.* merchandise (*sg*), goods

hand|fallen nonplussed, taken aback **-fast** sturdy, stalwart **-fat** washbasin, washbowl **-flata** palm, flat of the (one's) hand **-full** *oböjligt s, en* ~ a handful of, (*friare*) a few **-gemäng** [-j-] *s7, mil.* hand-to-hand fighting; (*friare*) scuffle, affray; *råka i* ~ (*mil.*) come to close quarters, (*friare*) come to blows **-gjord** handmade **-granat** hand grenade **-grepp** manipulation, grip; *mil.* motion; *invanda* ~ practised manipulation[s *pl*]

handgriplig [-i:p-] *a1* **1** (*som utförs med händerna*) *ett* ~*t skämt* a practical joke; ̶̶̶̶ ̶̶̶̶̶̶̶̶̶̶ ̶̶̶̶̶̶̶ ̶̶̶̶̶̶̶̶̶ corporal punishment **2** (*påtaglig*) obvious, palpable, tangible; ~*t bevis* tangible proof **-en** *adv, gå* ~ *till väga* use [physical] force **-heter** *pl, gå (komma) till* ~ take (come) to blows

handgången *a5, ngns -gångne man* a p.'s henchman

handikapp ['hand-] *s7,* **handikappa** *v1* handicap

handikapp|ad *a5* handicapped, disabled **-lägenhet** apartment designed for disabled person **-tävling** handicap competition

hand|kanna water-jug; (*vattenkanna*) watering-can **-klappning** clapping of hands; ~*ar* applause (*sg*) **-kraft** manual power; *drivas med* ~ be worked by hand

handla 1 (*göra uppköp*) shop, do shopping, make one's purchases; *gå ut och* ~ go shopping; *handla* ~ buy milk **2** (*göra affärer*) trade, deal, do business (*i, med* in; *med ngn* with s.b.) **3** (*bete sig*) act (*efter sitt samvete* according to one's conscience; *i god tro* in good faith; *mot ngn* towards s.b.); ~ *orätt* act wrongly, do wrong **4** (*vara verksam*) act; *tänk först och* ~ *sen!* think before you act! **5** ~ *om a*) (*ha t. innehåll*) deal with, be about, treat of, *b*) (*vara fråga om*) be a question of

handlag *s7, ngns* ~ *med ngt* a p.'s way of doing (handling) things; *det rätta* ~*et* the right knack; *ha gott* ~ *med barn* have a good hand with (be good at managing) children

handlande 1 *s6* acting *etc.* **2** *s9* (*handelsman*) shopkeeper, storekeeper; (*köpman*) tradesman (*pl äv.* tradespeople, tradesfolk), dealer

handled *s3* wrist

handled|a *v2* (*i studier*) guide, tutor; (*vid uppfostran e.d.*) have oversight over, superintend; (*undervisa*) instruct **-are** instructor, teacher, tutor, supervisor; guide **-ning** supervision, guidance; (*lärobok*) guide; *ge ngn* ~ *i* give s.b. guidance in

handling 1 (*gärning*) action; (*bedrift*) act, deed; *en* ~*ens man* a man of action; *goda* ~*ar* good deeds; *gå från ord till* ~ translate words into deeds **2** (*i roman o.d.*) action, scene; (*intrig*) story, plot **3** (*dokument*) document, deed; *lägga*

till ~*arna* put aside

handlings|frihet freedom of action; *ha full* ~ (*äv.*) be a free agent **-kraft** energy, drive **-kraftig** energetic, active **-människa** man (woman) of action

hand|lov[e] *s2* wrist **-lån** temporary loan

handlägg|a deal with, handle; *jur.* hear **-ning** dealing (*av* with), handling; *jur.* hearing; trial; *målets* ~ the hearing of the case

hand|löst headlong, precipitately, violently **-målad** *a5* hand-painted **-penning** down payment, deposit **-plocka** (*utvälja*) hand-pick **-rengöringsmedel** hand cleaner **-räckning 1** assistance (*äv. jur.*); *ge ngn en* ~ give (lend) s.b. a [helping] hand **2** *mil.* fatigue duty

handsbredd handbreadth

handskaffär [ˣhansk-] gloveshop, glover's shop

handskakning handshake

handskas [ˣhanskas] *dep,* ~ *med a*) (*hantera*) handle; *b*) (*behandla*) treat, deal with; ~ *varligt med* (*äv.*) be careful about, handle with care

handsk|e [ˣhanske] *s2* glove; (*krag-*) gauntlet; *kasta* ~ *åt ngn* (*bildl.*) throw down the gauntlet to s.b.; *ta upp* [*den kastade*] ~*n* take up the gauntlet, accept the challenge **-fack** (*i bil*) glove compartment

hand|skrift 1 (*stil*) hand[writing]; (*motsats maskinskrift äv.*) [manu]script **2** (*manuskript*) manuscript (*förk.* MS., *pl* MSS.) **-skriven** *a5* written by hand, handwritten **-slag** handshake **-stickad** *a5* hand-knit[ted] **-stil** [hand]writing **-svett** excessive sweating of the hands; *ha* ~ have clammy hands **-sydd** *a5* hand-sewn; hand-made **-tag 1** (*fäste*) handle (*på, till* of); (*på kniv etc. äv.*) haft; (*runt*) knob **2** (*tag med handen*) grip, grasp, hold; *ge ngn ett* ~ give s.b. a [helping] hand **-tryckning 1** pressure (squeezing) of the hand **2** (*dusör*) tip; *ge ngn en* ~ tip s.b., grease a p.'s palm **-uppräckning** show of hands; *rösta genom* ~ vote by show of hands **-vapen** hand weapon; *pl* (*eldvapen*) small arms, firearms **-vändning** *i en* ~ in a twink[ling] (trice), in [next to] no time; *AE. äv.* in short order **-väska** handbag, bag; *AE. äv.* purse, pocketbook **-vävd** hand-woven

1 hane *s2* (*djur*) male; (*fågel- äv.*) cock

2 hane *s2* **1** (*tupp*) cock; *den röda* ~*n* the fire fiend **2** (*på handeldvapen*) cock, hammer; *spänna* ~*n på* cock

hangar [-ŋˈga:r] *s3* hangar **-fartyg** aircraft carrier

hanhund [he-]dog

hanka *gå och* ~ be ailing (puling), go about looking poorly; ~ *sig fram* manage to get along somehow

hankatt tomcat

han|kön male sex **-lig** *a5* male

hans his; (*om djur*) its

hantel *s2* dumbbell

hanter|a handle; (*sköta*) manage; (*racket, svärd e.d.*) wield; (*använda*) use, make use of; (*behandla*) treat **-ing 1** (*hanterande*) handling *etc.* **2** (*näring*) trade, business; (*sysselsättning*) occupation **-lig** *a1* handy; manageable

hantlangare helper, assistant; (*murar-*) hodman; *neds.* henchman, tool

hantverk *s7* [handi]craft; trade **-are** craftsman, artisan; (*friare*) workman

hantverks|mässig *a1* manual; handicraft; (*schablonmässig*) mechanical **-produkt** handicraft product

harang long speech; harangue; *hålla en lång ~ om* produce a long rigmarole about **-era** [-ŋg-] harangue

hare *s2* hare; (*vid hundkapplöpning*) electric hare; *bildl.* coward, *vard.* funk; *ingen vet var ~n har sin gång* (*ung.*) there's no knowing what the upshot will be

harem ['ha:-] *s7* harem

harhjärtad [-j-] *a5* chicken-hearted, chicken-livered

haricots verts [arrikå'vä:r] *pl* haricots, French beans

harig *a1* timid; *vard.* funky; (*försagd*) pusillanimous

harkl|a hawk; *~ sig* clear one's throat **-ing** hawk-[ing]

harkrank [ˣha:r-] *s2* crane fly, daddy-longlegs

harlekin [ˣha:r-, *äv.* 'ha:r-] *s3* harlequin

harm *s3* indignation (*mot* against, with; *över* at); (*svagare*) resentment; (*förtret*) annoyance, vexation

harm|a vex, annoy, fill with indignation; *det ~r mig att han* (*äv.*) I am annoyed at his (+ *ing-form*) **-as** dep get (be) annoyed (*över* at); feel indignant (*på* with; *över* at) **-lig** *a1* provoking, vexatious, annoying **-lös** (*oförarglig*) inoffensive; innocuous; (*ofarlig*) harmless

harmoni *s3* harmony; (*samstämmighet*) concord **-era** harmonize; *~ med* (*äv.*) be in harmony with

harmon|ilära theory of harmony; harmonics (*pl o. sg*) **-isera** harmonize **-isk** [-'mɔ:-] *a5* harmonious; *mat. o. mus.* harmonic; *~t medium* harmonic mean

harmsen *a3* indignant, angry; vexed, annoyed (*på* with; *över* at)

harmynt [ˣha:r-] *a4* harelipped

harnesk ['ha:r-] *s7* cuirass; armour (*äv. bildl.*); *bringa ngn i ~ mot* rouse s.b. to hostility against, set s.b. up against; *vara i ~ mot* be up in arms against

1 harpa *s1* **1** *mus.* harp **2** *vard.* (*om kvinna*) old hag, witch

2 harpa *s1, lantbr.* sifting machine; (*såll*) riddle

harpest rabbit fever, tularaemia

harpun *s3* harpoon **-era** harpoon **-kanon** harpoon gun

harr *s2, zool.* grayling

har|skramla beater's rattles (*pl*), harestop **-spår** hare's track, pricks (*pl*); *ett ~* a prick

hart [-a:-] *adv, ~ när* well-nigh; almost; *~ när omöjligt* well-nigh impossible

hartass hare's foot; *stryka över med ~en* smooth it over, set things straight again

harts *s4* resin; (*renat, hårt*) rosin **hartsa** rosin; (*stråke äv.*) resin; (*flaska o.d. äv.*) seal up [with resin]

harv *s2*, **harva** *v1* harrow

harvärja [ˣha:r-] *i uttr.: ta till ~n* take to one's heels

has *s1, s2* hock; ham; *dra ~orna efter sig* loiter

along; *rör på ~orna!* stir your stumps!

hasa shuffle, shamble; *~ ner* (*om strumpa e.d.*) slip down; *~ sig fram* shuffle (*etc.*) along; *~ sig nedför* slither (slide) down

hasard [-'a:rd] *s3* (*slump*) chance, luck; *se äv. hasardspel* **-artad** [-a:r-] *a5* accidental, chance **-spel** game of chance; (*~ande*) gambling; (*vågspel*) hazard; *ett ~* a gamble **-spelare** gambler

hasch[isch] ['haʃ(iʃ)] *s2, s7* hashish, hasheesh **-rökning** hashish smoking

hasp *s2,* **haspa** *v1* hasp

haspel *s2* reel; spool; (*härvel*) coiler; *gruv.* [hauling] windlass **-rulle** spinning reel **-spö** spinning rod

haspla reel, coil; *~ ur sig* (*bildl.*) reel off

hassel ['hass-] *s2* hazel, cob; *koll.* hazels, hazel trees (*pl*) **-nöt** hazelnut, filbert, cob[nut]

hast *r* haste, hurry; *i* [*all*] *~* in a hurry, hastily, (*plötsligt*) all of a sudden; *i största ~* in great haste, in a great hurry **hasta** hasten, hurry; *saken ~r* the matter is very urgent; *tiden ~r* time is short; *det ~r inte med betalningen* there is no hurry about the payment

hastig *a1* (*snabb*) rapid, quick; (*påskyndad*) hurried; (*plötslig*) sudden; (*skyndsam, överilad*) hasty; *i ~t mod* unpremeditatedly, *jur.* without premeditation **-ast** *som ~* in a great hurry; *titta in som ~* look (*vard.* pop) in for a moment **-het 1** (*fart*) speed; rate; *fys.* velocity; *med en ~ av* at a rate (speed) of; *med hög ~* at a high (great) speed; *högsta tillåtna ~* speed limit, maximum [permitted] speed; *minska ~en* (*äv.*) slow down, decelerate; *öka ~en* (*äv.*) speed up, accelerate **2** (*snabbhet*) rapidity; quickness **3** (*brådska*) hurry, haste, hastiness; *i ~en glömde jag* in my hurry (haste) I forgot

hastighets|begränsning speed limit **-kontroll** speed check-up; (*plats*) speed trap **-minskning** deceleration, slowing down **-mätare** speedometer; *flyg. äv.* airspeed indicator **-rekord** speed record **-åkning** (*på skridskor*) speed-skating **-ökning** acceleration, speeding up

hast|igt *adv* (*snabbt*) rapidly, quickly, fast; (*brådskande*) hastily; *~ och lustigt* without more ado, straight away; *~ verkande* of rapid effect; *helt ~* all of a sudden, (*oväntat*) quite unexpectedly **-verk** *det är bara ett ~* it's just been thrown together

hat *s7* hatred; *poet.* hate; (*agg*) spite; (*avsky*) detestation; *bära ~ mot* (*till*) *ngn* cherish hatred towards s.b., loathe s.b. **hata** hate; (*avsky*) detest, abhor, abominate; *~ som pesten* hate like poison

hat|full full of hatred (*mot* towards), spiteful (*mot* towards); *~ blickar* malignant glances **-isk** ['ha:-] *a5, se hatfull o. hätsk* **-kärlek** love-hate relationship

hatt *s2* hat; (*på svamp*) cap, pileus (*pl* pilei); *tekn.* cap, hood, top; *vara i ~en* (*vard.*) have had a drop too much; *vara karl för sin ~* stand up for o.s., hold one's own

hatt|a dilly-dally, shillyshally **-affär** hat shop, hatter's [shop] **-ask** hatbox; (*kartong*) bandbox **-hylla** hatrack **-kulle** crown of a hat **-makare** hatter, hat manufacturer **-nål** hatpin **-skrålla** *s1*

wreck of a hat
haubits ['hau- *el.* -'bitts] *s3, s2* howitzer
hausse [hå:s] *s5* rise, boom; bull market **-artad**
[-a:r-] *a5* bullish, boom-like
hav *s7* sea (*äv. bildl.*); (*världs-*) ocean; *till ~s a*)
(*riktning*) to sea, *b*) (*befintlighet*) at sea; *vid ~et
a*) (*vistas*) at the seaside, by the sea, *b*) (*vara be-
lägen*) on the sea [coast]; *öppna ~et* the open
sea, the high seas (*pl*); *höjd över ~et* altitude
above sea level; *mitt ute på ~et* right out at sea,
in the middle of the ocean; *som en droppe i ~et*
like a drop in the ocean
havande *a4* pregnant **-skap** *s7* pregnancy
haverera be wrecked; *bildl. äv.* get (be) ship-
wrecked; (*om el. med flygplan*) crash, have a
breakdown
haveri (*förlisning*) shipwreck, loss of ship; *flyg.*
crash, breakdown; (*skada*) damage, loss; *jur.* av-
erage; *enskilt ~* particular average; *gemensamt
~* general average **-kommission** commission
of inquiry; *Statens ~* [the Swedish] board of ¤¤¤¤
¤¤¤¤ ¤¤ ¤¤¤¤¤¤¤¤
haveri|st 1 (*fartyg*) disabled (shipwrecked) ves-
sel; *flyg.* wrecked (crashed) aeroplane **2** (*pers.*)
shipwrecked man; *flyg.* wrecked airman **-utred-
ning** average statement (adjustment)
havre [ˣha:v-] *s2* (*växten*) oat; (*säd*) oats (*sg o.
pl*); *av ~* (*äv.*) oat **-gryn** *koll.* hulled oats, oat-
groats (*pl*); *vanl.* rolled oats (*pl*) **-grynsgröt**
oatmeal porridge **-mjöl** oatmeal
havs|bad 1 [a] sea bathe **2** (*badort*) seaside re-
sort, watering place **band** *i + et* on (among) the
seaward skerries **-fiske** deep-sea fishing **-forsk-
ning** oceanography, marine research **-gud** sea
god **-gudinna** sea goddess **kryssare** cruising
yacht, ocean racer **-kräfta** Norway lobster
-sköldpadda sea turtle **-ström** ocean current
-trut great black-backed gull **-vatten** sea water
-vik (*bred*) bay; (*långsmal*) gulf; (*i Skottland*)
loch, (*i Irland*) lough **-yta** surface of the sea; *un-
der* (*över*) *~n* below (above) sea level **-öring**
sea trout **-örn** European sea eagle, white-tailed
eagle
Hebreerbrevet [-ˣbre:er-] Hebrews (*pl, be-
handlas som g*)
hebre|isk [-'bre:-] *a5* Hebrew, Hebraic[al] **-iska**
s1 (*språk*) Hebrew; *det är rena ~n för mig* it's
[all] Greek to me
Hebriderna [-'bri:-] *pl* the Hebrides
hed *s2* moor[land]; (*ljung- äv.*) heath; (*särsk. i
södra England*) downs (*pl*), downland
heden|dom [-dɔmm] *s2* (*hednatid*) heathendom;
(*hednisk tro*) heathenism, heathenry; (*månggu-
deri o.d.*) paganism **-hös** oböjligt *s, från ~* from
time immemorial
heder ['he:-] *s2* honour; (*berömmelse äv.*) credit;
(*oförvitlighet*) honesty; *på ~ och samvete* [up]on
my (*etc.*) honour; *göra ~ åt anrättningarna* do
justice to the meal, *vard.* eat with gusto; *komma
till ~s igen* to be restored to its place of honour; *län-
da ngn till ~* do s.b. credit; *ta ~ och ära av ngn*
calumniate (defame) s.b.; *den pojken har du all
~ av* that boy is a credit to you
hederlig [ˣhe:-] *a1* **1** honourable; (*ärlig*) honest;
(*ärbar*) respectable **2** (*anständig*) decent; (*fri-
kostig*) handsome; *få ~t betalt* be paid hand-

somely **-het** honourableness; honesty; respect-
ability; decency; *han är ~en själv* he is honesty
itself
hedersam *a1* honourable; flattering
heders|begrepp concept of honour **-betygel-
se** mark (token) of honour (respect); *under mi-
litära ~r* with full military honours **-doktor**
honorary doctor **-gäst** guest of honour **-knyf-
fel** *s2, en riktig ~* a real brick, a card **-kodex**
code of honour **-kompani** guard of honour
-känsla sense of honour **-ledamot** honorary
member **-legionen** the Legion of Honour
-man *en ~* an honest man, a man of honour
-omnämnande honourable mention **-ord**
word of honour; *frigiven på ~* liberated on pa-
role **-plats** place of honour; (*sitt-*) seat of honour
-pris special prize **-sak** point of honour **-skuld**
debt of honour **-tecken** sign (mark) of distinc-
tion, badge of honour **-titel** honorary title **-upp-
drag** honorary task **neutr** guard of honour
hedervärd *a1* (*aktningsvärd*) estimable, credit-
able; (*redbar*) honourable, honest
hedna|folk [ˣhe:d-] heathen people **-mission**
~en foreign missions (*pl*)
hedn|ing [ˣhe:d-] heathen; (*från förkristen tid*)
pagan; *bibl.* Gentile **-isk** *a5* heathen; pagan
hedr|a [ˣhe:d-] honour; show honour to; (*göra
heder åt*) do honour (credit) to; *~ sig* do o.s.
honour (credit), (*utmärka sig*) distinguish o.s.
-ande *a4, se hedersam; ~ uppförande* honour-
able conduct
hegemoni *s3* hegemony
hej [hejj] hallo!; (*adjö*) cheerio!; *hej [då]!* bye
bye!, so long; *hopp!* heigh-ho!; *man skall inte
ropa ~ förrän man är över bäcken* do not halloo
until you are out of the wood, don't crow too
soon
heja I ['hejja] *interj* hurrah!, *vard.* 'rah!; *sport.*
come on! **II** [ˣhejja] *v1, ~ på* cheer [on], (*hålla
på*) support, *AE. äv.* root [for]
heja|rklack claque [of supporters]; cheer section
-rop cheer
hejd *r, utan ~* inordinately, *vard.* no end; *det är
ingen ~ på* there are no bounds to
hejd|a stop; (*ngt abstr. äv.*) put a stop to, check;
~ sig stop (check) o.s., (*om talare e.d.*) break off
-lös (*ohejdad*) uncontrollable; (*ohämmad*) viol-
ent; (*måttlös*) inordinate, excessive
hejduk [ˣhejj- *el.* 'hejj-] *s2* henchman; tool
hejdundrande [-ˣdunn-] *a4* tremendous
hektar *s7, s9* hectare; *ett ~* (*ung.*) two and a half
acres
hektisk ['heck-] *a5* hectic
hekto ['heck-] *s7* hectogram[me]; *ett ~* (*ung.*)
three and a half ounces
hel *a1* **1** (*odelad, total*) whole; entire; complete;
~a dagen all (the whole) day; *~a namnet* (*äv.*)
the name in full; *~a Sverige* (*landet*) the whole
of Sweden, (*folket*) all Sweden; *~a tal* whole (in-
tegral) numbers; *en ~ del* a great deal of; *en ~
förmögenhet* quite a fortune; *tre ~a och en halv*
three wholes and a half; *det ~a a*) eg. the whole
(total), *b*) (*friare*) the whole matter (affair,
thing); *i det stora ~a* on the whole; *i ~a två veck-
or* for a whole fortnight; *på det ~a taget* on the
whole, in general; *som en ~ karl* like a man; *var-*

je ~ timme every hour on the hour; *över ~a Sverige* throughout Sweden; *det blir aldrig något ~t med* nothing satisfactory ever comes of; *det är inte så ~t med den saken* things are not all they should be in that respect; *jag var vaken ~a natten* I was awake all night **2** (*oskadad*) whole, unbroken; (*om glas o.d. äv.*) uncracked; (*om plagg*) not in holes, not worn through (out); *hålla barnen ~a och rena* keep the children neat and clean

1 hela *s1* (*helbutelj*) whole (large) bottle; (*första sup*) first dram; *~n går!* (*ung.*) now for the first!

2 hela *v1* heal

hel|afton *göra sig en ~* make a night of it **-automatisk** fully automatic

helbrägda|görare [-j-] [faith-]healer **-görelse** [-j-] [faith-]healing; *~ genom tron* saved by faith

hel|fet 1 full-cream (*ost* cheese) **2** *boktr.* extra bold **-figur** full figure; *porträtt i ~* full-length portrait **-försäkring** (*för motorfordon*) comprehensive motorcar insurance

helg [-j-] *s3* (*kyrklig högtid*) festival; (*friare*) holiday[s *pl*]; *i ~ och söcken* [on] high days and working days alike

helga [-g-] sanctify; (*inviga*) consecrate, dedicate; (*hålla helig*) keep holy, hallow; *~t varde ditt namn!* hallowed be thy name!; *~ vilodagen* (*bibl.*) remember the Sabbath day to keep it holy; *ändamålet ~r medlen* the end justifies the means

helgarder|ad *a5* fully covered **-ing** (*i tips*) 3-ways [forecast]

helgd [-j-] *s3* (*okränkbarhet*) sanctity; (*t.ex. löftes, ställes*) sacredness; *hålla i ~* hold sacred

helgdag holy day; (*ledighetsdag*) holiday; *allmän ~* public (bank) holiday **helgdagskläder** *pl* holiday (best) clothes

helgedom [ˣhelgedomm] *s2* sanctuary; (*byggnad äv.*) sacred edifice, temple; (*relik*) sacred thing

helgjuten [-j-] *a5, bildl.* [as if] cast in one piece, sterling; (*harmonisk*) harmonious

helgon [-gån] *s7* saint **-förklarad** *a5* canonized **-lik** *a5* saintlike, saintly

helhet entirety, whole; completeness, wholeness; totality; *i sin ~ a*) in its entirety, as a whole, *b*) (*helt o. hållet*) entirely

helhets|bild general picture **-intryck** general impression **-syn** comprehensive view

helhjärtad [-j-] *a5* wholehearted

helig *a1* holy; (*-gjord*) sacred; (*högtidlig*) solemn (*försäkran* assurance); *~a alliansen* (*landet*) the Holy Alliance (Land); *~a tre konungar* (*bibl.*) the three Magi; *ett ~t löfte* a sacred (solemn) promise; *Erik den ~e* Saint Eric; *den ~a natten* the Night of the Nativity; *den ~a staden* (*om Jerusalem*) the Holy City; *den ~a stolen* the Holy See; *det allra ~aste* (*bibl.*) the holy of holies, (*friare*) the inner sanctum; *svära vid allt vad ~t är* swear by all that one holds sacred **-förklara** canonize **-het** holiness; *Hans H~* (*om påven*) His Holiness

helikopter [-ˈkåpp-] *s2* helicopter; *vard.* chopper **-landningsplats** heliport

helinackordering 1 full board and lodging **2** *pers.* boarder; lodger

helium [ˈheː-] *s8* helium

helkonserv fully-sterilized tinned goods

hellensk [-ˈeːnsk] *a5* Hellenic

heller [ˈhell-] (*efter negation*) either; *ej ~* nor, neither; *och det hade inte jag ~* nor had I, and I hadn't either, neither had I; *du är väl inte sjuk ~?* you are not ill, are you?

hel|linne pure linen; (*i sms.*) all-linen **-ljus** (*på bil*) köra med ~ drive with headlights full on

hellre [ˈhell-] *adv, komp. t.* gärna rather; sooner; *ju förr dess ~* the sooner the better; *så mycket ~ som* [all] the rather as; *~ dö än ge sig* rather die than surrender; *jag vill ~* I would rather; *jag dricker ~ kaffe än te* I prefer coffee to tea; *jag önskar ingenting ~* I wish no better

hel|lång full-length **-not** semibreve; *AE.* whole note **-nykterist** teetotaller, total abstainer **-omvändning** about-turn; *AE.* about-face; *i sht bildl.* volte-face **-pension 1** *se helinackordering* **2** (*skola*) boarding school **-sida** full (whole) page **-siden** pure silk; (*i sms.*) all-silk

helsike [ˣhell-] *s6* hell; *i ~ heller!* hell, no!

hel|skinnad [-ʃ-] *a5, komma ~ ifrån ngt* get off scot-free, escape unhurt; *vard.* save one's bacon **-skägg** full beard **-spänn** *i uttr.: på ~ a*) (*om gevär o.d.*) at full cock, *b*) *bildl.* on tenterhooks; *med alla sinnen på ~* with all one's senses at full stretch (on the qui vive)

helst I *adv, superl. t.* gärna preferably, by preference; *hur som ~ a*) (*sak samma hur*) anyhow, no matter how, *b*) (*i varje fall*) anyhow, in any case, *c*) (*som svar*) [just] as you like (please); *när som ~* [at] any time, whenever you (*etc.*) like; *vad som ~* anything [whatever]; *vem som ~* anybody, anyone; *hur liten som ~* no matter how small; *hur länge som ~* any length of time, as long as you like; *ingen som ~ risk* no risk whatever; *i vilket fall som ~* anyhow, in any case; *allra ~ skulle jag vilja* most (best) of all I should like; *därmed må vara hur som ~* be that as it may, however that may be; *jag kan betala hur mycket som ~* I can pay any amount (as much as you like) **II** *konj* especially (all the more) (*som* as; *då* when)

hel|stekt roasted whole; (*om större djur äv.*) barbecued **-svart** all black

helt [-eː-] *adv* entirely, wholly; completely, totally; (*alldeles*) altogether, quite; (*ganska*) quite, rather; *~ enkelt* simply; *~ igenom* all through; *~ och fullt* to the full; *~ och hållet* altogether, completely; *~ om!* about turn! (*AE.* face!); *~ säkert* quite sure, no doubt [about it]; *en ~ liten* quite a small; *gå ~ upp i* be completely engrossed (absorbed) in; *göra ~ om a*) *mil.* about-turn, *AE.* about-face, *b*) (*friare o. bildl.*) turn right about

hel|tal integer, whole number **-tid** *adv* full time; *arbeta ~* work full time **-tidsarbete** full-time job (work) **-ton** whole tone (*AE.* step) **-täckande** *a4, ~ matta* wall-to-wall carpet **-täckt** *a4, ~ bil* closed car **-veckad** *a5, ~ kjol* [knife-]pleated skirt

helvet|e [ˣhell-] *s6* hell; (*dödsrike[t]*) Hell; *ett riktigt ~* sheer hell; *ett ~s oväsen* a hell of a row, an infernal row; *av bara ~* for very hell, like blazes; *i ~ heller!* hell, no!; *dra åt ~!* go to hell!, drop dead! **-isk** [-'ve:-] *a5* (*helvetes-*) infernal, hellish

hel|ylle pure wool; (*i sms.*) all-wool **-år** whole year

helårs|prenumeration annual subscription **-vis** yearly, annually

helägd *a5* wholly-owned

hem [hemm] **I** *s7* home (*äv. institution*); (*bostad äv.*) house, place; *i ~met* in the (one's) home, at home; *vid ~mets härd* at the domestic hearth; *lämna ~met* leave home **II** *adv* home; *bjuda ~ ngn* invite s.b. to one's home; *gå ~* (*i spel*) get home, (*i bridge*) make the contract; *gå ~ och lägg dig!* (*vard.*) make yourself scarce!; *hälsa ~!* remember me (kind regards) to your people!; *låna ngt med sig ~* borrow s.th. and take it home [with one]; *ta ~ ett spel* win a game; *det gick ~* the point (it) went home

hem|arbetande *a4, ~ kvinna* [a] woman working in the home **-arbete** homework; (*hushålls-arbete*) housework **-bageri** small scale bakery **-bakad** *a5* home-made **-besök** home visit (call) **-biträde** [domestic] servant, maid **-buren** *a5, fritt ~* delivered free; *få ngt -buret* have s.th. delivered at one's home **-bygd** native place, home district

hembygdsgård folk museum

hem|falla 1 (*åter tillfalla*) devolve (*till* upon), revert (*till* to) **2** (*förfalla*) yield, give way (*åt dryckenskap* to drinking); (*hänge sig*) give o.s. up; (*drabbas*) fall a victim (*åt* to) **-fridsbrott** unlawful entering of a p.'s residence (house) **-färd** homeward journey, journey home **-föra** take (*hit* bring) home; (*gifta sig med*) marry **-förhållanden** home background (*sg*) **-förlova** mil. disband, demobilize; *parl.* prorogue; adjourn; (*skolungdom*) dismiss **-försäkring** householder's comprehensive insurance **-försäljning** door-to-door sales (*pl*) **-gift** [-j-] *s3* dowry **-gjord** home-made **-hjälp** domestic (home) help **-ifrån** from home **-inredning** home furnishing, interior decoration

hemisfär hemisphere

hem|kalla summon home; *polit.* recall **-kommen** [-å-] *a5, nyligen ~* just back [home] **-komst** [-å-] *s3* return [home], homecoming **-kunskap** domestic science **-känsla** homely atmosphere **-kär** home-loving **-körd** delivered **-lagad** *a5* home-cooked, home-made **-land** native country, country of birth; (*i Sydafrika*) homeland, Bantustan **-landstoner** *pl, det är verkligen ~* this is quite like home

hemlig *al* secret (*för* from); (*dold*) hidden, concealed (*för* from); (*motsats offentlig*) private; (*i smyg*) clandestine; *~ agent* secret agent; *~t förbehåll* mental (tacit) reservation; *strängt ~* strictly confidential, top secret **-het 1** (*med pl*) secret; *offentlig ~* open secret **2** (*utan pl*) secrecy, privacy; *i* [*all*] *~* in secret (private), secretly, *vard.* strictly on the q.t.

hemlighets|full mysterious; (*förtegen*) secretive **-makeri** mystery making, *vard.* hush-hush

hemlig|hus privy **-hålla** keep secret, conceal (*för* from) **-stämpla** stamp as secret, classify as strictly (top) secret; *~d* (*äv.*) classified

hem|lik homelike **-liv** home life; domesticity

-längtan homesickness, longing for home; *ha ~* feel homesick **-läxa** homework **-lös** homeless

hemma at home; *~ från skolan* away from school; *~ hos mig* at my place (home); *höra ~ i* (*om sak*) belong to; *han hör ~ i Stockholm* his home is in Stockholm; *känna sig som ~* feel at ease (home); *vara ~ i* (*kunnig*) be at home in (on, with) **-bruk** *för ~* for domestic use **-fru** housewife **-hörande** *a5, ~ i a*) (*om pers.*) native of, domiciled in, with one's home in, *b*) (*om fartyg*) of, belonging to, hailing from **-kväll** evening at home **-lag** home team **-man** house husband **-marknad** home (domestic) market **-match** *sport.* home game **-plan** home ground; *match på ~* home game **-stadd** *a5* at home; *vara ~ i* be at home in (familiar with, versed in) **-varande** *a4, ~ barn* children [living] at home

hemmiljö home environment (atmosphere)

hemoglobin *s4* haemoglobin

hemorrojder [ˈrʌjd] *pl* haemorrhoids

hem|ort legal domicile, place of residence; *sjö.* home port, port of registry **-resa** *s1* journey (voyage, return) home, home[ward] journey; *på ~n* while going (*etc.*) home, on the way home **-samarit** health visitor; home help

hemsk *al* **1** ghastly; (*skrämmande*) frightful, shocking; (*kuslig*) uncanny, weird, gruesome; (*hisklig*) grisly; (*dyster*) dismal, gloomy; (*olycksbådande*) sinister **2** *vard.* (*väldig*) awful, frightful, tremendous; *det var ~t hur awful!*; *het ghastliness etc.*

hemskt *adv* (*väldigt*) awfully, frightfully; *~ mycket folk* an awful lot of people

hem|slöjd hand[i]craft; domestic (home) crafts (industries) (*pl*) **-stad** home town; (*födelsestad*) native town **-ställa** (*föreslå*) propose, suggest; *~ om* request (ask) for; *~ till ngns prövning* submit to a p.'s consideration **-ställan** *oböjligt s* request, proposal, suggestion **-sända** send home; (*varor äv.*) deliver; (*fångar äv.*) repatriate **-söka** (*om högre makter*) visit (*med krig* with war); (*om rövare, pest*) infest; (*om spöke*) haunt; (*om sjukdom*) attack, inflict **-sökelse** visitation; scourge; infliction **-tam** domesticated **-trakt** home district; *i min ~* (*äv.*) near my home **-trevlig** nice and comfortable (cosy), homelike **-trevnad** homelike atmosphere, domestic comfort **-vist** *s7, s9* residence, domicile address; *fack.* habitat; *bildl.* abode; *vara ~ för* (*äv.*) be a seat (centre) of **-vårdare** health visitor; home help **-väg** way home; (*-färd*) homeward journey; *bege sig på ~* start for home; *vara på ~* be on the way home, (*om fartyg*) be homeward bound **-värn** home defence; *konkr.* home guard[s *pl*] **-värnsman** home guard **-vävd** handwoven; *-vävt tyg* (*äv.*) homespun **-åt** homewards, towards home

henne *pron* (*objektsform av hon*) (*om pers., fartyg*) her; (*om djur, sak*) it **hennes 1** *fören.* her; (*om djur, sak*) its, *ibl.* her **2** *självst.* hers

herald|ik *s3* heraldry **-isk** [-'rall-] *a5* heraldic

herbarium [-'ba:-] *s4* herbarium

herde [ˣhe:r-] *s2* shepherd; *bildl. o. poet. äv.* pastor **-stund** amorous interlude

Herkules [ˈhärr-] Hercules

herkul|esarbete [ˣhärr-] Herculean task **-isk**

[-'ku:-] *a5* Herculean
hermafrodit *s3* hermaphrodite
hermelin *s3* stoat; (*i vinterdräkt*) ermine
hermet|isk [-'me:-] *a5* hermetic[al] **-iskt** *adv*, ~
tillsluten hermetically sealed
Herodes [-'rɔ:-] Herod
heroin *s4* heroin **-ist** heroin addict
herpes *s2* herpes
herr [-ä-] **1** (*framför namn*) Mr. (*pl* Messrs.)
(*förk. för* Mister, *pl* Messieurs); (*på brev o.d.*,
efter namnet, i Storbritannien) Esq. (*förk. för* Es-
quire); ~*arna J. och R. Mason* Messrs. J. and R.
Mason, the Messrs. Mason; *unge* ~ *Tom* (*vanl.*)
Master Tom; *er* ~ *fader* (*ung.*) your respected
father **2** (*framför titel*) ~ *professor* (*doktor*)
Jones Professor (Doctor) Jones **3** (*vid tilltal*) ~
domare! Your Honour!; *ja,* ~ *general* yes, Gen-
eral (Sir); ~ *greve* (*baron*)*!* Count! (Baron!), (*i
Storbritannien*) Your Lordship!; ~ *ordförande!*
Mr. Chairman!, Sir!
herr|avälde 1 (*makt*) domination (*över* over);
(*välde*) dominion, supremacy (*över* over, *of*);
(*styrelse*) rule, sway (*över* over, of) **2** (*kontroll,
övertag*) control, mastery, command (*över* of);
förlora ~*t över* lose control of; *ha* ~*t till sjöss*
have the mastery of the seas, have supremacy at
sea; *vinna* ~ *över sig själv* gain control of o.s.,
get o.s. under control **-bekant** gentleman friend
-bjudning men's (*vard.* stag) party **-cykel**
man's bicycle
herr|e *s2* **1** gentleman **2** (*i tilltal*) *a*) (*framför
namn, titel*) *se* herr, *b*) (*utan titel, namn*) you; *vad
önskar* ~*n?* what do you want, sir?, may I help
you, sir?; *förlåt* ~*n, kan ni säga mig* excuse me,
sir, can you tell me **3** (*förnäm, adlig*) nobleman;
i Storbritannien lord; *andliga och världsliga* ~*ar*
lords spiritual and temporal **4** (*härskare*) lord,
ruler; (*friare o. husbonde*) master; *min* ~ *och
man* my lord and master; *situationens* ~ master
of the situation; *bli* ~ *över* gain the mastery of
(over), get the better of; *spela* ~ lord it; *vara* ~
på täppan rule the roost; *vara sin egen* ~ be one's
own master **5** *H~n* the Lord; ~ *gud!* Good
heavens (God)!; *i -ans namn* (*vard.*) for good-
ness' sake; *för många -ans år sedan* years and
years ago, ages ago; *vilket -ans oväder!* what aw-
ful weather!
herrefolk master race
herrekipering[saffär] [gentle]men's outfit-
ter's, outfitter
herrelös without a master; (*om egendom*)
ownerless, abandoned; (*om hund äv.*) stray
herr|frisör barber **-gård** manor (country)
house, mansion, estate, hall **-gårdsvagn** estate
car; *AE.* station wagon **-kläder** *pl* [gentle]men's
wear (*sg*) (clothes) **-konfektion** men's [ready-
made] clothing **-kostym** [man's] suit **-middag**
[gentle]men's dinner party **-mode** *s6, s4*
[gentle]men's fashion
herrskap *s7* **1** (*fin familj*) gentleman's family;
(*herre o. fru*) master and mistress; *det höga* ~*et*
the august couple (*om fler än två* personages);
det unga ~*et* the young couple; *spela* ~ play the
gentlefolks; ~*et är bortrest* the family (Mr. and
Mrs. Y.) are (have gone) away **2** (*vid tilltal*) *mitt*
~*!* ladies and gentlemen!; *hos* ~*et Jones* at the

Jones's; *skall* ~*et gå redan?* are you leaving al-
ready?
herr|sko man's shoe **-skrädderi** gentlemen's
tailor **-sällskap** *i* ~ in male company, (*bland
herrar*) among gentlemen **-toalett** [gentle]-
men's lavatory; *AE.* men's room
hertig *s2* duke **-döme** *s6* duchy, dukedom **-inna**
duchess
hertz *r* hertz (*pl* hertz)
hes *a1* hoarse; (*om röst äv.*) husky **-het** hoarse-
ness; huskiness
het *a1* hot; (*om klimat äv.*) torrid (*zon* zone);
bildl. äv. ardent, fervent; (*hetsig*) heated, ex-
cited; ~*a linjen* the hot line; ~ *potatis* hot po-
tato; *kvävande* ~ suffocatingly (*vard.* stifling)
hot; *vara* ~ *på gröten* be overeager; *var inte så*
~ *på gröten* hold your horses
het|a *-te -at* **1** (*kallas*) be called (named); *allt vad
böcker -er* everything in the way of books; *allt
vad karlar -er* anything that goes by the name of
man, the whole tribe (race) of men; *jag -er* Kate
my name is Kate; *det var en yxa som -te duga* that
was a fine axe; *vad -er det på tyska?* what is the
German for it (is it in German)?; *vad -er det i
pluralis?* what is the plural of it?; *vad -er hon i sig
själv?* what was her maiden name?; *vad han nu
-er* whatever he's called **2** *opers.*, *som det -er på
engelska* as it is called (as one says) in English;
det -er att it is said (people say) that; *det -er att
han* he is said to
hetero|gen [-'je:n] *a1* heterogeneous **-sexuell**
heterosexual
het|levrad [-e:v-] *a5* hot-headed, hot-tempered;
(*kolerisk*) choleric, irascible **-luft** hot air
hets *s2* **1** (*förföljelse*) baiting, persecution (*mot*
of) **2** (*iver*) bustle
hets|a (*förfölja*) bait, worry (*t. döds* to death);
(*bussa*) hound (*på* on to); (*uppegga*) incite (*till*
to), egg on; ~ *upp sig* get excited **-ande** *a4* in-
flammatory; (*om dryck*) fiery, heady; (*om kryd-
dor*) fiery, hot **-hunger** bulimia
hetsig *a1* hot, fiery; passionate, vehement; heat-
ed (*diskussion* discussion) **-het** hotness *etc.*; im-
petuosity, vehemence
hetsjakt hunt[ing], chasing (*på* of); (*efter nöjen
o.d.*) chase (*efter* after), eager pursuit (*efter* of)
hetsporre hotspur
hett *adv* hotly *etc.*, *se het*; *ha det* ~ *om öronen* be
in hot water; *det börjar osa* ~ the place is getting
too hot to hold me (*etc.*); *det gick* ~ *till* (*blev
slagsmål*) it was a real roughhouse, (*i diskussion
etc.*) feelings ran high; *när striden stod som hetast*
in the very thick of the struggle (fight)
hetta I *s1* heat; *bildl. äv.* ardour; passion;
(*häftighet*) impetuosity; *i stridens* ~ in the heat
of the struggle (*bildl.* debate) **II** *v1* emit heat; ~
upp heat, make hot; *det* ~*r om kinderna* my
cheeks are burning
hetvatten high-temperature hot water
hexa|decimalsystem [-ˣma:l-] hexadecimal
[notation] **-meter** [-ˣxa:- el. -ˣxa:-] *s2* hexameter
hibiskus [-'biss-] *s2* hibiscus
hick|a I *s1* hiccup, hiccough; *ha* ~ have the hic-
cups **II** *v1* hiccup **-ning** hiccup; (*-ande*) hiccuping
hierark|i *s3* hierarchy **-isk** *a5* hierarchic[al]
hieroglyf *s3* hieroglyph[ic]

Himalaya [-'ma:-] *n* the Himalayas (*pl*)
himla I *v1*, *rfl* turn (roll) up one's eyes [to heaven]
II oböjligt *a*, vard. awful **-kropp** heavenly (celestial) body; särsk. *poet.* orb **-valv** ~*et* the vault (canopy) of heaven, the heavens (*pl*), the sky, *poet.* the welkin
him|mel -*meln*, -*len* el. -*melen*, *pl* -*lar* **1** sky; firmament; *under bar* ~ in the open [air]; *allt mellan* ~ *och jord* everything under the sun; *röra upp* ~ *och jord* move heaven and earth, (*friare*) make a tremendous to-do **2** (*Guds boning, paradis*) heaven, Heaven; *o,* ~*!* good heavens!; *i sjunde* -*len* in the seventh heaven; *uppstiga till* -*len* ascend into heaven
himmelrike heaven; ~*t* the kingdom of heaven; *ett* ~ *på jorden* a heaven on earth
himmels|blå sky blue, azure **-ekvator** celestial equator, equinoctial [circle] **-färd** *Kristi* ~ the Ascension **-färdsdag** *Kristi* ~ Ascension Day
himmelsk ['himm-] *a5* heavenly; celestial (*sällhet* bliss); *bildl. äv.* divine; ~*t tålamod* angelic patience; *det* ~ *a riket* (*Kina före republiken*) the Celestial Empire
himmels|pol celestial pole **-sfär** celestial sphere **-skriande** crying, glaring (*orättvisa* injustice); atrocious (*brott* crime) **-vid** huge, immense, enormous; *en* ~ *skillnad* all the difference in the world
hin [hi:n, *äv.* hinn] the devil; Old Harry; ~ *håle* the Evil One; *han är ett hår av* ~ he is a devil of a man
hind *s2* hind
hinder ['hinn-] *s7* obstacle (*för, mot* to); impediment (*för* to); (*ngt som fördröjer o.d.*) hindrance; (*avsiktligt utsatt*) obstruction; *sport.* hurdle; fence; (*dike, grav*) ditch, bunker; (*spärr*) bar, barrier (*äv. bildl.*); *lägga* ~ *i vägen för ngn* place obstacles in a p.'s way, obstruct s.b.; *ta ett* ~ (*sport.*) jump (take, clear) a hurdle (fence); *vara till* ~*s för ngn* be in a p.'s way; *övervinna alla* ~ surmount every obstacle, overcome all difficulties; *det möter inga* ~ *från min sida* there is nothing to prevent it if as far as I am concerned, I have no objection to it **-bana** steeplechase course **-hoppning** *ridk.* hurdle-jumping **-löpning, -ritt** steeplechase **-sam** *a1*, *vara* ~ be a hindrance, (*besvärande*) be cumbersome
hindersprövning application for a marriage licence
hindra (*för-*) prevent (*ngn från att göra ngt* s.b. from doing s.th.); (*avhålla äv.*) deter, restrain, keep, withhold; (*hejda*) stop; (*störa*) hinder; (*lägga hinder i vägen för*) impede, hamper, keep back, stand in the way of; (*trafik, utsikt*) obstruct, block; (*fördröja*) delay; *stå* ~*nde i vägen* be an obstacle (a hindrance), get in the way; *det* ~*r inte att du försöker* there's nothing to stop you trying; *han låter inte* ~ *sig* nothing can stop him
hindu *s3*, **-isk** *a5* Hindu **-ism** Hinduism
hingst *s2* stallion
hink *s2* bucket; (*mjölk-, slask-*) pail
1 hinna *s1, biol.* membrane; (*friare*) coat; (*mycket tunn*) film
2 hinna *hann hunnit* **1** (*uppnå*) reach, get as far as; (*upp-*) catch up; (*komma*) get, (*mot den ta-*

lande) come; *hur långt har du hunnit?* how far have you got? **2** (*komma i tid*) be in time; (*ha el. få tid*) have (find) time; (*få färdig*) get done; *allt vad jag hinner* as fast as [ever] I can; *jag har inte hunnit hälften* I haven't got half of it done **3** (*med betonad partikel*) ~ *fatt* catch up with, (*pers. äv.*) catch up, overtake; ~ *fram* arrive (*till* at, in), absol. äv. reach one's (its) destination; ~ *fram i tid* arrive (get there) in time; ~ *förbi* manage to get past; ~ *med a*) (*följa med*) keep up (pace) with, *b*) (*tåget etc.*) [manage to] catch, *c*) (*hinna avsluta*) [manage to] finish (get done); *inte* ~ *med tåget* miss (not catch) the train
1 hipp *interj,* ~, ~, *hurra!* hip, hip, hurrah!
2 hipp *det är* ~ *som happ* it's neither here nor there, it amounts to the same thing
hippa *s1*, vard. party
hirs *s3, bot.* millet
hisklig *a1* horrid, horrible; (*skräckinjagande*) terrifying; (*avskyvärd*) abominable; (*hemsk*) gruesome
hiss *s2* lift; *AE.* elevator; (*varu-*) hoist, *AE.* freight elevator **hissa** hoist; (*pers.*) toss; ~ *en flagga* hoist (run up) a flag; ~ *segel* (*äv.*) set sail; ~ *upp* hoist (run) up
hissna feel dizzy (giddy); ~*nde avgrund* appalling abyss; ~*nde höjd* dizzy height[s]; *en* ~*nde känsla* a feeling of dizziness (giddiness)
hisstrumma lift shaft (well)
historia [-'to:-] -*en* (*i bet. 2 o. 3 vard. äv. an*) *pn* **1** history; (*lärobok*) history book; ~ *med samhällslära* history and civics; *gamla* (*nyare*) *tidens* ~ ancient (modern) history; *gå till* -*en* become (go down in) history **2** (*berättelse*) story **3** (*sak, händelse*) story, thing, business, affair; *en ledsam* ~ a sad (unpleasant) business (affair); *en snygg* ~ a fine (pretty) business
historie|berättare storyteller **-bok** history book **-skrivning** (*som vetenskap*) historiography
histor|ik *s3* history **-iker** [-'to:-] historian **-isk** [-'to:-] *a5* historical; (*historiskt betydande*) historic; ~*t museet* museum of national antiquities
hit here; ~ *och dit* here and there, hither and thither, to and fro; *ända* ~ as far as this; *fundera* ~ *och dit* cast about in one's mind; *prata* ~ *och dit* talk of one thing and another; *det hör inte* ~ that has nothing to do with this (is not relevant) **-hörande** *a4* in (of) this category, pertinent, relevant
hitlista [×hitt-] hit list
hitom [on] this side [of]
hitta 1 (*finna*) find; (*påträffa*) come (light) [up]on; *det var som* ~*t* it was a real godsend (bargain) **2** (*hitta vägen*) find the (one's) way; (*känna vägen*) know the (one's) way **3** ~ *på* (*komma på*) hit upon, (*upptäcka*) find [out], discover, (*uppfinna*) invent, (*dikta upp*) make up; *vad skall vi* ~ *på* [*att göra*]? what shall we do?
hitte|barn foundling **-gods** lost property **-lön** reward
hittills up to now, hitherto, till now; (*så här långt*) so far **-varande** *a4* hitherto (*etc.*) existing (*etc.*); (*nu avgående*) retiring, outgoing
hit|vägen *på* ~ on the (my *etc.*) way here **-åt** ['hi:t-, *äv.* -'å:t] in this direction, this way

H

hiva heave

hjord [joːrd] *s2* herd; (*får- o. bildl.*) flock **-instinkt** herd instinct

hjort [joːrt] *s2* deer (*pl äv.* deer); *se äv. dovhjort, kronhjort* **-horn 1** antler **2** (*ämne*) hartshorn **-hornssalt** ammonium carbonate, sal volatile **-kalv** fawn

hjortron [ˣjoːrtrån *el.* ˣjorr-] *s7* cloudberry **-sylt** cloudberry jam

hjul [juːl] *s7* wheel; (*utan ekrar*) trundle; (*under möbel o.d.*) caster, castor; (*på -ångare*) paddle wheel **hjula** [ˣjuːla] turn cartwheels

hjul|axel axle[tree] **-bas** wheelbase **-bent** [-eː-] *a4* bow-legged, bandy-legged **-nav** hub **-spår** wheel track; (*djupare*) rut **-tryck** wheel pressure **-upphängning** wheel suspension **-ångare** paddle steamer

hjälm [j-] *s2* helmet

hjälp [j-] *s3* **1** help; (*bistånd*) assistance, aid; (*undsättning*) rescue; (*understöd*) support; *första ~en* first aid; *med ~ av* with the help of; *få ~ av* be helped (assisted) by; *komma ngn till ~* come to a p.'s assistance; *tack för ~en!* thanks for your [kind] help!; *ta ngt till ~* make use of (have recourse to) s.th.; *vara ngn till stor ~* be a great help to s.b. **2** (*biträde*) help, assistant **3** (*botemedel*) remedy (*mot* for) **4** *ridk.*, *~er* aids

hjälp|a *v3* **1** help; (*bistå*) assist, aid; (*bota*) remedy; (*om läkemedel e.d.*) be effective; relieve, ease; (*rädda*) save, rescue; *Gud -e mig!* Goodness gracious!; *så sant mig Gud -e!* so help me God!; *det -er inte hur mycket jag än* it makes no difference however much I; *det -te inte* it had no effect (was of no avail); *hos honom -te inga böner* he turned a deaf ear to our (*etc.*) pleas; *jag kan inte ~ att* (*äv.*) it is not my fault that; *vad -er det att han* what is the use (good) of his (+ *ing-form*); *~ sig själv* help o.s., (*reda sig*) manage **2** (*med betonad partikel*) *~ ngn av med kappan* help s.b. off with his (*etc.*) coat; *~ fram ngn* help s.b. [to get] on (*etc.*); *~ till* help (*med att göra ngt* to do s.th.), *absol. äv.* make o.s. useful; *~ upp a*) (*ngn på fötterna*) help s.b. on to his feet (to get up, to rise), *b*) (*förbättra*) improve

hjälpaktion relief action

hjälp|ande *a4* helping *etc.*; *träda ~ emellan* come to the rescue **-are** helper *etc.*; supporter **-as** *v3, dep, det kan inte ~* it can't be helped; *~ åt* help each other (one another); *om vi -s åt* if we do it together (make a united effort)

hjälp|behövande *a4, de ~* those requiring [in need of] help, the needy **-lig** *a1* passable, tolerable, moderate **-lös** helpless; (*tafatt äv.*) shiftless **-medel** aid, help, means (*sg o. pl*) [of assistance]; (*utväg*) expedient, shift; (*-källa*) resource, (*litterär*) work of reference **-reda** *s1* **1** (*biträde*) helper, assistant **2** (*bok*) guide **-sam** *a1* helpful, ready (willing) to help **-het** helpfulness **-sökande I** *s9* applicant [for assistance (relief)] **II** *a4* seeking relief **-verb** auxiliary verb

hjälte [j-] *s2* hero **-dåd** heroic achievement (deed) **-död** heroic death; *dö ~en* die the death of a hero **-mod** valour, heroism **-modig** heroic

hjärn|a [ˣjäːr-] *s1* brain; (*förstånd*) brains (*pl*); *lilla ~n* [the] cerebellum; *stora ~n* [the] cerebrum; *bry sin ~* rack one's brains **-blödning** cerebral

haemorrhage **-död I** *s2* brain death **II** *a5* brain dead **-flykt** *vard.* brain drain **-gymnastik** mental gymnastics **-kontor** *skämts.* upper storey **-skada** brain injury **-skakning** concussion [of the brain] **-skål** brainpan **-spöke** *det är bara ~n* they are idle imaginings **-trust** brains trust **-tumör** brain tumour **-tvätt** brainwashing **-tvätta** brainwash

hjärta [ˣjärta] *s6* **1** heart; *ett gott ~* a kind heart; *av allt* (*hela*) *mitt ~* with all my heart, from [the bottom of] my heart; *i ~t av* in the heart (very centre) of (*staden* the town); *med glatt* (*tungt*) *~* with a light (heavy) heart; *given med gott ~* given out of the goodness of one's heart, given gladly; *med sorg i ~t* with grief in one's heart; *lätt om ~t* light of heart; *ha ngt på ~t* have s.th. on one's mind; *ha ~t på rätta stället* have one's heart in the right place; *lätta sitt ~* unburden o.s., get s.th. off one's chest; *rannsaka ~n och njurar* search the hearts and reins; *säga sitt ~s mening* speak one's mind; *tala fritt ur ~t* speak straight from the heart; *trycka ngn till sitt ~* clasp s.b. to one's bosom; *det ligger mig varmt om ~t* it is very close to my heart; *det skär mig i ~t* it cuts me to the quick; *en sten föll från mitt ~* a weight was lifted off my mind; *hon hade inte ~* [*till*] *att göra det* she hadn't [got] the heart for (to do) it; *jag känner mig varm om ~t* my heart is warmed **2** *~ns gärna a*) with all my (*etc.*) heart, *b*) (*för all del*) by all means; *av ~ns lust* to one's heart's content **3** *kära ~n[d]es!* dear me!, well, I never!

hjärt|attack heart attack **-besvär** heart trouble; cardiac complaint **-död I** *s2* cardiac death **II** *a5* cardiac dead

hjärte|angelägenhet affair of the heart **-god** very kind-hearted **-krossare** [-å-] heartbreaker **hjärter** [ˈjärt-] *s9, kortsp., koll.* hearts (*pl*); *en ~* a heart; *~ ess* ace of hearts; *~ fem* five of hearts; *~ knekt* the jack of hearts

hjärte|rot *ända in i ~en* to the very marrow **-sak** *det är en ~ för honom* he has it very much at heart **-sorg** poignant (deep) grief; *dö av ~* die of a broken heart **-vän** bosom (best) friend

hjärt|fel [organic] heart disease **-flimmer** fibrillation **-formig** [-å-] *a5* heart-shaped **-infarkt** myocardial infarction (*AE.* infarct) **-innerlig** [*mest* -'inn-] most fervent **-klappning** palpitation [of the heart]

hjärtlig [ˣjärr-] *a1* hearty; (*svagare*) cordial; (*friare*) kind, warm; *~a hälsningar* kind regards; *~a lyckönskningar* sincere congratulations, good wishes; *~t tack* hearty thanks **-het** heartiness, cordiality

hjärt-lungmaskin heart-lung machine

hjärt|lös heartless; unsympathetic, unfeeling **-löshet** heartlessness **-massage** heart massage **-medicin** heart drug; (*stimulerande*) cardiac stimulating agent; (*lugnande*) cardiac depressant (depressive agent) **-muskel** heart muscle **-punkt** *bildl.* centre, heart; core **-sjukdom** heart disease **-skärande** heart-rending; heart-breaking **-slag 1** (*pulsslag*) heartbeat, heart-throb **2** *se hjärtförlamning* **3** (*innanmäte*) pluck **-specialist** cardiologist **-svikt** heart failure **-trakten** *i ~* in the region of the heart **-verksamhet** action of the heart **-åkomma** heart trouble **-ängslig** nervous and frightened (*över at*)

hjäss|a [ˣjässa] *s1* crown; *kal* ~ (*äv.*) bald pate; *från ~n till fotabjället* from top to toe (head to foot); *cap-a-pie* **-ben** parietal bone

H.K.H. (*förk. för Hans* [*el. Hennes*] *Kunglig Höghet*) H.R.H.

ho *s2* trough

hobby ['håbbi *el.* -y] *s3* hobby **-rum** home workshop, hobby room

hockey ['håcki *el.* -y] *s2* (*is-*) ice hockey; (*land-*) field hockey **-klubba** hockey stick

hoj [håjj] *s2, vard.* bike

hojta [ˣhåjj-] shout, yell (*till* to, at)

hokuspokus ['hɔ:-, 'pɔ:-] **I** *n* hocus-pocus **II** *interj* hey presto!

holdingbolag holding company

holk [-å-] *s2* **1** (*fågel-*) birdhouse **2** *bot.* epicalyx, calycle

Holland ['håll-] *n* Holland

hollandaisesås hollandaise sauce

holländare [ˣhåll-] Dutchman; *-arna* (*koll.*) the Dutch

holländsk [ˣhåll-] *a5* Dutch **-ska 1** (*språk*) Dutch **2** (*kvinna*) Dutchwoman

holm|e [ˣhåll-] *s2* islet, holm[e] **-gång** *s2, ung.* single combat

holo|grafi *s3* holography **-gram** [-'amm] *s7* hologram

homeopat hom[o]eopath[ist] **-isk** [-'pa:-] *a5* hom[o]eopathic

Homeros [-'me:-] Homer

homofil *s3* homosexual

homogen [-'je:n] *a1* homogen[e]ous **-isera** homogenize

homosexuell homosexual; *en* ~ a homosexual

hon [hɔnn] (*om pers.*) she; (*om djur, sak*) it, *ibl.* she; ~ *som sitter där borta är* the woman sitting over there is

hon|a *s1* female **-djur** female animal

hond:uransk [-'a:nsk] *a5* Honduran **Honduras** [-'du:-] *n* Honduras

hon|katt she-cat **-kön** female sex

honnör 1 (*hälsning*) salute (*äv.* göra *honnör* [*för*]); (*hedersbevisning*) honours (*pl*) **2** (*erkännande*) honour **3** *kortsp.* honour

honnörs|bord table of honour **-ord** prestige word

honom [ˣhånnåm, *äv.* ˣhɔ:-] *pron* (*objektsform av han*) (*om pers.*) him; (*om djur*) it, *ibl.* him; (*om sak*) it

honor|ar *s7* fee, remuneration; (*författares äv.*) royalty **-era** (*betala*) remunerate; (*skuld*) settle, pay off; ~ *en växel* take up (honour, pay) a bill

honung [ˣhå:-] *s2* honey

honungs|bi honeybee, hive bee **-kaka** honeycomb **-len** honeyed, honied (*röst* voice)

hop *s2* **1** (*hög*) heap (*med* of); (*uppstaplad*) pile (*med* of) **2** (*av människor*) crowd, multitude; *höja sig över ~en* rise above the common herd **3** (*mängd*) lot; heap, multitude **hopa** heap (pile) up; (*friare o. bildl.*) accumulate; ~ *sig a*) (*om levande varelser*) crowd together, *b*) (*om saker*) accumulate, (*om snö*) drift

hop|biten *a5, med -bitna läppar* with compressed lips **-diktad** *a5* made-up, concocted **-foga** join;

(*med fog*) joint; *snick. äv.* splice **-fällbar** folding; collapsible, collapsable **-fälld** *a5* shut-up **-klibbad** *a5*, stuck together **-klämd** *a5* squeezed together **-knycklad** *a5* crumpled up **-knäppt** *a4* buttoned up; (*om händer*) folded, clasped **-kok** hotchpotch **-kommen** [-å-] *a5*, *bra* ~ (*om bok o.d.*) well put together (composed) **-kurad** *a5* hunched up; *sitta* ~ sit crouching (crouched up, huddled up) **-lappad** *a5* pieced together, patched [up]

1 hopp [-å-] *s7* (*förhoppning*) hope (*om* of); *ha* (*hysa*) ~ *om* have (entertain) hopes of (*att kunna* being able to); *ha gott* ~ (*absol.*) be of good hope; *låta ~et fara* abandon hope; *sätta sitt* ~ *till* pin one's faith on; *uppge ~et* give up hope; *i* ~ *om att snart få höra från dig* hoping to hear from you soon; *det är föga* ~ *om hans tillfrisknande* there is little hope of his recovery

2 hopp [-å-] *s7* (*språng*) jump (*äv. bildl.*); (*djärvt*) leap; (*elastiskt*) spring; (*sats*) bound, (*lekfullt*) skip; (*fågels, bolls etc.*) hop; (*sim-*) dive; (*stav-, gymnastik-*) vault

hoppa jump; leap; spring; bound; skip; hop; dive; vault; *se 2 hopp*; ~ *med fallskärm* make a parachute jump (descent), bale (bail) out; ~ *och skutta* hop about, caper; ~ *av* jump off (out [of]), *polit.* seek (ask for) political asylum; defect; ~ *på a*) (*ta sig upp på*) jump on (on to, in, into), *b*) (*inlåta sig på*) seize upon, grasp at; ~ *till* give a start (jump); ~ *över* (*eg.*) jump over, *bildl.* skip (*några rader* a few lines)

hoppas [-å-] *dep* hope (*på* for); ~ *på ngn* be hoping in (pin hopes on) s.b.; *jag* ~ *det* I hope so; *det skall vi väl* ~ let us hope so; *bättre än man hade hoppats* better than expected

hoppbacke ski jump

hopp|full hopeful; confident **-fullhet** hopefulness **-ingivande** [-j-] *a4* hopeful, promising

hoppjerk|a [-å-] *s1* rolling stone; *-or* (*äv.*) migratory workers

hoppla ['håpp-] houp la!

hopplock [ˣhɔ:p-plåck] *s7* miscellany

hopplös hopeless; (*om pers. äv.*) devoid of hope; (*desperat*) desperate; *ett ~t företag* (*äv.*) a forlorn hope **-het** hopelessness

hopp|ning [-å-] jump[ing] **-rep** skipping-rope; AE. jump rope; *hoppa* ~ skip

hoppsan ['håpp-] upsy-daisy!, upsadaisy!, whoops!

hopp|ställning *sport.* take-off **-torn** *sport.* diving-tower **-tävling** jumping (diving) competition

hop|rafsad *a5* scrambled together **-rullad** *a5* rolled up; (*om rep, orm*) coiled up **-sjunken** *a5* shrunken **-skrynklad** *a5* creased, crumpled

hopslag|en *a5* **1** (*om bord e.d.*) folded-up; (*om bok*) shut-up, closed; (*om paraply*) rolled up **2** (*hopspikad*) nailed (fastened) up together **3** (*sammanhälld*) poured together **4** *bildl.* combined, united; (*om bolag e.d.*) amalgamated **-ning** folding up *etc.*; (*av bolag e.d.*) amalgamation, fusion; (*av skolklasser*) uniting

hop|slingrad *a5* intertwined **-snörd** [-ö:-] *a5* **1** laced up **2** (*friare o. bildl.*) compressed, constricted **-sättning** putting together; (*av maskin*) assembly, mounting **-trängd** *a5* crowded (packed, cramped) together; (*om handstil*) cramped **-vikbar** foldable, collapsible, collapsable **-vikt** [-i:-] *a4* folded up

hora *s1 o. v1* whore

hord [-å:-] *s3* horde

horisont [-'ånt] *s3* horizon; skyline; *från vår ~* (*bildl.*) from our viewpoint; *vid ~en* on the horizon; *avteckna sig mot ~en* stand out against the horizon; *det går över min ~* it is beyond me **horisontal** *a5* horizontal

hormon [-'å:n *el.* -'ɔ:n] *s7, s4* hormone **-behandling** hormone treatment

horn [-ɔ:-] *s7* horn (*äv. ämne o. mus.*); (*på hjortdjur*) antler; (*jakt-*) [hunting] horn; (*signal-*) bugle; (*bil-*) car horn, hooter; *blåsa* (*stöta*) *i ~* sound the bugle; *stånga ~en av sig* (*bildl.*) sow one's wild oats; *ha ett ~ i sidan till ngn* bear s.b. a grudge; *ta tjuren vid ~en* (*äv. bildl.*) take the bull by the horns **-artad** [-a:r-] *a5* hornlike, horny **-boskap** horned cattle **-bågad** *a5*, *~e glasögon* horn-rimmed spectacles **-hinna** cornea **-ämne** horny substance, keratin

horoskop [-'å:p] *s7*, *ställa ngns ~* cast a p.'s horoscope

hos **1** (*i ngns hus, hem o.d.*) at; with; *~ juveleraren* at the jeweller's [shop]; *hemma ~ oss* in our home; *inne ~ mig* in my room; *bo ~ sin syster* live at one's sister's [place *etc.*] (with one's sister); *göra ett besök ~* pay a visit to, call on **2** (*bredvid, intill*) by, beside, next to; *kom och sätt dig ~ mig* come and sit down by (beside) me **3** *adjutant ~ kungen* A.D.C. to the king; *anställd ~* employed by; *arbeta ~ ngn* work for s.b.; *göra en beställning ~* place an order with, order from; *han var ~ mig när* he was with me when; *jag har varit ~ henne med blommorna* I have been to her with the flowers; *jag har varit ~ tandläkaren* I have been to the dentist **4** (*i uttr. som anger egenskap, utseende, känsla o.d.*) in; about; with; *en ovana ~ ngn* a bad habit with s.b.; *ett vackert drag ~ ngn* a fine trait in s.b.; *det finns ngt ~ dem som* there is s.th. about them that; *det finns ~ Shakespeare* it is in Shakespeare; *felet ligger ~ mig* the fault lies with me, the mistake is mine

hosianna [-'anna] *interj o. s6* hosanna

host|**a I** *s1* cough; *ha ~* have a cough **II** *v1* cough; (*om motor*) splutter; *~ blod* cough up blood; *~ till* give a cough (hem) **-attack** attack of coughing **-ig** *a5* troubled with a cough; (*om motor*) spluttering **-medicin** cough mixture **-ning** cough; (*-ande*) coughing

hot *s7* threat[s *pl*] (*mot* against; *om* of); (*-ande fara*) menace (*mot* to), threatening; [*ett*] *tomt ~* empty threats (*pl*)

hot|**a** threaten; (*i högre stil*) menace; (*vara överhängande äv.*) be impending, impend; *~ ngn till livet* threaten a p.'s life **-ande** *a4* threatening *etc.*; (*överhängande äv.*) impending, imminent

hotell [hå- *el.* hɔ-] *s7* hotel; *H~ Baltic* the Baltic Hotel; *ta in på ~* put up at a hotel **-betjäning** hotel staff (attendants *pl*) **-gäst** resident **-rum** hotel room; *beställa ~* make a reservation (book a room) at a hotel

hotelse threat (*mot* against); menace (*mot* to); *sätta sin ~ i verket* carry out a (one's) threat; *utslunga ~r mot* utter threats against **-brev** threatening letter

hotfull menacing

1 hov [-ɔ:-] *s2* (*på djur*) hoof; *försedd med ~ar* (*äv.*) hoofed

2 hov [-å:-] *s7* (*regerande furstes*) court; *vid ~et* at court; *vid ~et i* at the court in (of); *hålla ett lysande ~* keep court with great splendour

hovdam lady-in-waiting (*hos* to)

hovdjur [ˣhɔ:v-] *~en* the hoofed animals

hov|**folk** [ˣhå:v-] courtiers (*pl*) **-funktionär** court functionary (official) **-kapell** *mus.* royal orchestra; *Kungl. ~et* the Royal Opera House Orchestra **-lakej** royal footman **-leverantör** purveyor to H.M. the King (*etc.*) **-man** courtier **-marskalk** marshal of the court; *i Storbritannien ung.* Lord Chamberlain [of the Household] **-mästare 1** (*på restaurang*) head waiter **2** (*i privathus*) butler **-narr** court jester **-nigning** reverence, court curts[e]y

hovra [ˣhå:v- *el.* -ɔ:-] hover

hovrätt [ˣhå:v-] court of appeal

hovrätts|**president** president [of a (the) court of appeal]; *i Storbritannien* Lord Chief Justice **-råd** judge of appeal

hovsam [ˣhɔ:v-] *a1* moderate; *i ~ma ordalag* in measured terms

hovslagare [ˣhɔ:v-] farrier, blacksmith

hovsångare, -sångerska court singer

hovtång [ˣhɔ:v-] [large (heavy)] pincers (*pl*); *en ~* a pair of [large (heavy)] pincers

huckle *s6* kerchief

hud *s2* skin; (*av större djur*) hide; *anat.* (*överhud*) cuticle, epidermis; *~ar och skinn* hides and skins; *ge ngn på ~en* give s.b. a good hiding (rating) **-flänga** *v2, äv. bildl.* scourge, horsewhip **-färg 1** (*hudens färg*) colour of the skin; (*hy*) complexion **2** (*köttfärg*) flesh colour **-färgad** *a5* flesh-coloured **-kräm** skin cream; face cream, cold cream **-sjukdom** skin disease **-specialist** dermatologist **-veck** fold of the skin

hugad *a5*, *~e spekulanter* prospective buyers

hugg *s7* **1** (*med vapen el. verktyg*) cut; (*vårdslöst*) slash; (*med spetsen av ngt*) stab (*äv. bildl.*); (*träff*) hit; (*slag*) blow, stroke; (*med tänder e.d.*) bite; *~ och slag* violent blows; *med kniven i högsta ~* with one's knife ready to strike; *ge ~ på sig* lay o.s. open to attack (criticism); *rikta ett ~ mot* aim a blow at **2** (*märke efter*) cut; (*häftig smärta*) spasm; twinge; (*håll*) stitch **hugga** högg huggit **1** (*med vapen el. verktyg*) cut; (*vårdslöst*) slash; (*med spetsen av ngt*) stab; (*fälla*) cut down, fell; (*skog, sten*) hew; (*ved*) chop; (*om bildhuggare*) carve; *~ i sten* (*bildl.*) go wide of the mark; *det kan vara hugget som stucket* it doesn't make much difference **2** (*om djur*) (*med tänder*) bite, (*med klor e.d.*) grab, clutch, (*om orm*) sting **3** *bildl.* (*gripa*) seize (catch) [hold of] **4** (*med betonad partikel*) *~ för sig* help o.s. (*av* to), grab; *~ i* (*gripa sig an*) set to; *hugg i och dra!* pull away! (*med* at); *~ in på a*) *mil.* charge, *b*) (*mat e.d.*) fall to; *~ tag i a*) (*om pers.*) seize (catch) hold of, *b*) (*om sak*) catch [in]; *~ till a*) (*ge hugg*) strike, deal a blow, *b*) (*svara på måfå*) hazard, make a guess, *c*) (*ta betalt*) ask an exorbitant price

hugg|**krok** gaff **-kubb**[**e**] chopping-block **-orm** adder; viper (*äv. bildl.*)

hugskott [-u:-] passing fancy; (*nyck*) whim, caprice

huj [hujj] *oböjligt s o. interj, i ett* ~ in a flash; ~, *vad det gick!* whew (oh), that was fast!

huk *oböjligt s, sitta på* ~ squat, sit on one's heels **huka** *rfl* crouch [down]

hull *s7* flesh; *med* ~ *och hår* completely, bodily, (*svälja ngt* swallow s.th.) whole; *lägga på* ~*et* put on weight

huller om buller ['hull-, 'bull-] pell-mell, higgledy-piggledy

hulling barb; (*på harpun o.d.*) fluke

hum [humm] *oböjligt s, n el. r, ha litet* ~ *om* have some idea (notion) of

human *a1* (*människovänlig*) humane; (*friare*) kind, fair, considerate; ~*a priser* reasonable prices

human|ism humanism **-ist** humanist; arts student (*etc.*) **-istisk** [-'ist-] *a5* humanistic; humane; ~ *fakultet* faculty of arts; ~*a vetenskaper* [the] humanities, the arts **-itet** humanity **-itär** humanitarian

humbug ['hummbugg] *s2* humbug; fraud (*äv. pers.*)

humla *s1* bumblebee

humle *s9, s7* (*planta*) hop; (*som handelsvara*) hops (*pl*)

hummer ['humm-] *s2* lobster

humor ['hu:-] *s9* humour **-ist** humorist **-istisk** [-'ist-] *a5* humorous **-lös** devoid of humour

humus ['hu:-] *s2* humus

humör *s7* temperament; (*hynne*) temper; (*sinnes-stämning*) humour, mood, spirits (*pl*); *på dåligt* ~ in a bad humour (temper, mood), out of spirits; *på gott* ~ in a good temper (humour), in good spirits; *fatta* ~ flare up, take offence (*över* at); *hålla* ~*et uppe* keep up one's spirits; *tappa* ~*et* lose one's temper; *visa* ~ show bad temper; *är du på det* ~*et?* is that the mood you are in?

hund *s2* dog; (*jakt- äv.*) hound; *röda* ~ German measles; *frysa som en* ~ be chilled to the marrow; *leva som* ~ *och katt* lead a cat-and-dog life; *slita* ~ work like a horse, rough it; *inte döma* ~*en efter håren* not judge the dog by its coat; *här ligger en* ~ *begraven* I smell a rat here; *lära gamla* ~*ar sitta* teach an old dog new tricks **-göra** [a piece of] drudgery **-huvud** *bära* ~*et för* be made the scapegoat for **-kapplöpning** greyhound racing **-kex** dog biscuit **-koja** kennel; *AE. äv.* doghouse **-koppel** leash, lead **-liv** *leva ett* ~ lead a dog's life **-lort** dog's dung

hundra ['hund-] hundred; *ett* ~ a (*betonat* one) hundred; *många* ~ many hundreds of; ~ *tusen* a (one) hundred thousand

hundracka *s1* cur, mongrel

hundra|de I *s6* hundred; *i* ~*n* in hundreds **II** (*ordningstal*) hundredth **-[de]del** one hundredth part **-falt** *adv* hundredfold **-kronesedel, -kronorssedel** hundred-kronor note

hundras breed of dog

hundra|tal *tiotal och* ~ tens and hundreds; *ett* ~ a hundred or so, about a (some) hundred; *i* ~ in hundreds; *på* ~*et e. Kr.* in the second century A.D. **-tals** [-a:-] hundreds (*böcker* of books) **-tusentals** hundreds of thousands **-årig** *a5* a (one) hundred years old; one-hundred-year-old

-åring centenarian **-årsdag** centennial day, centenary; hundredth anniversary **-årsjubileum,** -minne centenary

hund|skall barking of dogs (a dog); *jakt.* cry of hounds; *ett* ~ a dog bark **-skatt** dog licence **-spann** dog team **-utställning** dog show **-vakt** *sjö.* middle watch **-valp** pup[py] **-väder** vile (dirty) weather **-vän** dog lover (fancier)

hunger ['huŋ-] *s2* hunger (*efter* for); (*svält*) starvation; *dö av* ~ die of hunger (starvation), starve to death; *lida* ~*ns kval* suffer from [the pangs of] hunger; *vara nära att dö av* ~ be [on the point of] starving; ~*n är den bästa kryddan* hunger is the best sauce **hungersnöd** famine **hunger|strejk, -strejka** hunger strike

hungr|a [ˣhuŋ-] be hungry (starving); *bildl.* hunger (*efter* for); ~ *ihjäl* starve to death **-ig** *a1* hungry; (*svulten*) starving; ~ *som en varg* (*äv.*) ravenously hungry

hunner ['hunn-] Hun; ~*na* the Huns **hunsa** bully, browbeat

hur 1 (*frågande*) how; what; ~ *sa?* what did you say?, I beg your pardon?; ~ *så?* why?; ~ *blir det med...?* (*äv.*) what about...?; ~ *mår du?* how are you?; ~ *menar du?* what do you mean?; ~ *ser han ut?* what does he look like? **2** *eller* ~? (*inte sant*) isn't that so?, don't you think?, am I not right?; *du tycker inte om det, eller* ~? you don't like it, do you?; *du kan simma, eller* ~? you can swim, can't you? **3** ~*...än* however; ~ *han än gör* whatever he may do; *mycket jag än arbetade* however [much] I worked, work as I might; ~ *trött han än är* however tired (tired as) he may be; ~ *det nu kom sig* whatever happened; ~ *det nu var* somehow or other; ~ *gärna jag än ville* however much I should like to **4** ~ *som helst, se* helst

hurdan ['hu:r-, -ˣda:n, -'dann] *a5,* ~ *är han som lärare?* what kind (sort) of a teacher is he?; ~*t vädret än blir* whatever (no matter what) the weather may be

hurra I [-'ra:] *interj* hurrah! **II** [ˣhurra] *s6, s7 o. v1* hurrah; ~ *för ngn* cheer s.b., give s.b. a cheer; *det är ingenting att* ~ *för* it is nothing to write home about **-rop** [ˣhurra-] cheer

hurt|bulle *vard.* hearty **-frisk** hearty

hurtig *a1* (*livlig*) brisk, keen; (*käck*) dashing; (*frimodig*) frank; (*rapp*) smart; (*spänstig*) alert **-het** briskness *etc.*; dash

hurts *s2* [drawer] pedestal

huruvida [-ˣvi:da] whether

hus *s7* house; (*byggnad*) building, block; (*familj*) house, family; ~ *och hem* house and home; *en vän i* ~*et* a friend of the family; *frun i* ~*et* the lady of the house; *habsburgska* ~*et* the House of Hapsburg; *föra stort* ~ keep [up] a large establishment; *gå man ur* ~*e* turn out to a man; *göra rent* ~ make a clean sweep; *spela för fullt* ~ play to a full house; *allt vad* ~*et förmår* all I (we) can offer you; *var har ni hållit* ~? where have you been?

hus|a *s1* housemaid; (*som passar upp vid bordet*) parlourmaid **-apotek** family medicine chest

husar *s3* hussar

hus|arrest house arrest **-behov** *till* ~ for household use; *kunna ngt till* ~ know s.th. just passably, have a rough knowledge of s.th. **-bil** caravanette, dormobile; *AE.* camper, winnebago, mobile home **-bock** *zool.* old house borer **-bonde** master; ~*ns röst* his master's voice **-båt** houseboat **-djur** domestic animal; ~*en (på lantgård)* the livestock *(sg)*

husera *(hålla till)* haunt; *(härja)* ravage, make havoc; *(fara fram)* carry on; *(fara vilt fram)* run riot; ~ *fritt* run riot

hus|esyn *förrätta* ~ *i* carry out the prescribed inspection of; *gå* ~ *i* make a tour of inspection of **-fluga** housefly **-frid** domestic peace **-geräd** [-j-] *s7* household utensils *(pl)* **-gud** ~*ar* household gods; *bildl.* idol

hushåll *s7* **1** *(arbetet i ett hem)* housekeeping; *ha eget* ~ do one's own housekeeping; *sköta* ~*et åt ngn* do a p.'s housekeeping for him, keep house for s.b. **2** *(familj)* household, family; *ett fyra personers* ~ a household of four [persons]

hushåll|a *v1* **1** keep house **2** *(vara sparsam)* economize; ~ *med* be economical (careful) with **-erska** housekeeper **-ning 1** housekeeping **2** *(sparsamhet)* economizing; economy **3** *(förvaltning)* economic administration (management)

hushålls|arbete housework **-maskin** household appliance *(vanl. pl)* **-pengar** housekeeping [money (allowance)] **-rulle** kitchen roll

hus|katt domestic cat **-knut** corner of a (the) house **-kur** household remedy

huslig [ˣhuːs-] *a1* **1** *(familje-)* domestic, household; ~ *ekonomi* household economy; ~*t arbete* domestic work, housework **2** *(intresserad av hushåll)* domesticated, house-proud

hus|läkare family doctor **-länga** *(rad av hus)* row of houses; *(långsträckt hus)* long low house, wing **-manskost** homely fare, plain food **-moder** housewife; *(matmor)* mistress of a (the) household; *(på institution)* matron **-modersförening** housewives' association; *(i Storbritannien)* Women's Institute **-rum** accomodation, lodging; *(tak över huvudet)* shelter

husse *s2* master

hustomte brownie

hustru *s5* wife **-misshandel** wife batting **-plågare** *han är en* ~ he is a torment (devil) to his wife

hus|tyrann family tyrant **-undersökning** domiciliary visit, search [of a house] **-vagn** caravan; *AE.* trailer **-vill** homeless

hut I *interj,* ~ *människa!* how dare you! **II** *r, lära ngn vett* ~ teach s.b. manners; *vet* ~*!* none of your insolence!; *han har ingen* ~ *i kroppen* he has no sense of shame (no decency) **huta** ~ *åt ngn* tell s.b. to mind his manners, *(läxa upp)* snub s.b., take s.b. down a peg [or two] **hutlös** shameless *(äv. om pris)*, impudent

hutt *s2* spot, snort[er]

huttla [ˣhutt-] *(tveka)* shillyshally; *(vara undfallande)* yield *(med* to); *(driva gäck)* trifle; *jag låter inte* ~ *med mig* I am not to be trifled with

huttra shiver *(av* with)

huv *s2* hood; cap; *(skrivmaskins- etc)* cover; *(motor-)* bonnet, *AE.* hood; *(rök-)* cowl; *(te-)* [tea] cosy; *(på reservoarpenna)* cap, top

huva *s1* hood; *('kråka' äv.)* bonnet

huvud *s7, pl äv. -en* head; *(förstånd äv.)* brains

(pl), intellect; *efter mitt* ~ my own way; *med* ~*et före* headfirst; *upp med* ~*et!* (bildl.) keep your chin up!; *över* ~ *taget* on the whole, *(alls)* at all; *bli ett* ~ *kortare* (bildl.) get one's head blown off; *få ngt i sitt* ~ get s.th. into one's head; *ha* ~*et fullt av* have one's head full of; *ha* ~*et på skaft* have a head on one's shoulders, be all there; *ha gott* ~ be clever (brainy); *hålla* ~*et kallt* keep cool, keep one's head; *köra* ~*et i väggen* (bildl.) bang one's head against a brick wall; *slå* ~*et på spiken* hit the nail on the head, strike home; *stiga ngn åt* ~*et* go to a p.'s head; *ställa allting på* ~*et* make everything topsy-turvy; *sätta sitt* ~ *i pant på* stake one's life on; *tappa* ~*et* lose one's head; *vara* ~*et högre än* (bildl.) be head and shoulders above; *växa ngn över* ~*et a)* eg. outgrow s.b., *b)* bildl. get beyond a p.'s control; *om vi slår våra kloka* ~*en ihop* if we put our heads together

huvud- *(i sms., bildl.)* *(förnämst)* principal, main, head, chief; *(ledande)* leading; *(i första hand)* primary

huvud|accent primary accent (stress) **-ansvar** main responsibility **-beståndsdel** principal (main) ingredient **-bok** *hand.* [general] ledger **-bonad** headgear **-bry** *s7, göra sig mycket* ~ puzzle a great deal; *vålla ngn* ~ be a worry (puzzle) to s.b. **-byggnad** main (central) building **-del** main (greater) part, bulk **-drag** main (principal) feature; ~*en av engelska historien* the main outlines of English history **-form 1** *anat.* shape of the head **2** *(-art)* principal (main) form **3** *språkv.* voice **-förhandling** *jur.* main session, trial, hearing **-gata** main street, thoroughfare **-gärd** bed's head; *(kudde)* pillow **-ingång** main entrance **-innehåll** principal (main) contents *(pl)*; *redogöra för* ~*et i* give a summary of **-intresse** principal (chief, main) interest **-intryck** principal (main) impression **-jägare** headhunter **-kontor** head (main, central) office **-kudde** pillow **-led** *(väg)* major road **-ledning** *(för gas, vatten)* main [pipe]; *elektr.* main circuit **-lus** head louse **-lös** *(tanklös)* thoughtless; *(dåraktig)* foolish; *(dumdristig)* foolhardy **-man** *(för familj)* head *(för* of); *(uppdragsgivare)* principal, client; *(i sparbank o.d.)* trustee; *(ledare)* leader, head **-motiv** principal motive, main reason **-mål 1** *se huvudsyfte* **2** *(måltid)* principal meal **-nyckel** master (pass) key **-näring 1** *(föda)* principal nutriment **2** *(yrkesgren)* principal (main, chief) industry **-ord 1** *(nyckelord)* key word **2** *språkv.* headword **-orsak** principal (main, chief) cause **-person** principal (leading) figure; *(i roman o.d.)* principal (leading) character; protagonist **-princip** main principle **-punkt** main (principal) point; *(i anklagelse)* [principal] count **-regel** principal (chief) rule **-roll** leading (principal) part **-rubrik** main heading **-räkning** mental arithmetic **-rätt** *kokk.* main course **-rörelse** movement of the head

huvudsak ~*en* the main (principal) thing; *i* ~ in the main, on the whole **-lig** *a1* principal, main, chief, primary; *(väsentlig)* essential **-ligen** principally *etc.*; *(för det mesta)* mostly, for the most part

huvud|sats 1 *(i logiken)* [the] main proposition

149   huvudskål — håg

2 *språkv.* main clause **-skål** cranium **-stad** capital; (*stor o. bildl.*) metropolis **-stupa** headfirst; (*friare*) headlong; (*brådstörtat*) precipitately **-svål** scalp **-syfte** main purpose (aim) **-sysselsättning** main (principal) occupation **-tanke** main (principal) idea **-tema** main theme **-uppgift** main task (function) **-verb** main verb **-vikt** *lägga* ~*en vid* lay the main stress upon, attach primary importance to **-vittne** chief witness **-väg** trunk road **-värk** headache **-värkstablett** headache tablet **-ämne** chief (principal) subject; *univ.* major subject
hy *s3* complexion; skin
hyacint *s3, bot. o. miner.* hyacinth
hybrid *s3 o. al* hybrid
hyckl|a (*ställa sig from*) play the hypocrite (*inför* before); (*förställa sig*) dissemble (*inför* to); (*låtsas*) simulate, feign **-are** hypocrite **-eri** hypocrisy; (*i tal*) cant[ing]
hydda *s1* hut, cabin
hydraul|ik *r3 fluid mechanics, hydraulics (pl, behandlas som sg)* **-isk** *a5* hydraulic
hydro|fon [-'få:n] *s3* hydrophone **-for** [-'få:r] *s3* pressure tank, air-loaded water storage **-grafi** *s3* hydrography **-kopter** [-'kåpp-] *s2* airboat, swamp boat **-logi** *s3* hydrology
hydroxid *s3* hydroxide
hyena [-*ˣ*e:na] *s1* hy[a]ena (*äv. bildl.*)
hyfs *r, se hyfsning; sätta ~ på, se hyfsa*
hyfs|a 1 (*äv.* ~ *till*) trim (tidy) up, make tidy; *bildl.* teach manners; ~*t unnträdande proper bohävinur, en* ~*d ung man* a well-behaved (well-mannered) young man **2** *mat.* simplify, reduce **-ning** trimming up *etc.*; (*belevenhet*) good manners (*pl*)
hygge *s6* cutting (felling) area
hygglig *al* **1** (*väluppfostrad*) well-behaved; (*vänlig*) kind, good, *vard.* decent; (*tilltalande*) nice; *en* ~ *karl* a nice (decent) fellow (chap) **2** (*anständig*) respectable **3** (*skälig*) decent; (*moderat*) fair, reasonable, moderate
hygien [-g-] *s3* hygiene; *personlig* ~ personal hygiene **-isk** *a5* hygienic; sanitary
hygro|meter [-'me:-] *s2* hygrometer **-skopisk** [-'skå:-] *a5* hygroscopic
1 hylla *s1* **1** shelf (*pl* shelves); (*möbel*) set of shelves; (*bagage-, sko-, tallriks- o.d.*) rack; *lägga ngt på* ~*n* (*bildl.*) put s.th. on the shelf, shelve s.th. **2** *teat., vard.* (*översta rad*) ~*n* the gods (*pl*)
2 hylla *vl* **1** (*svära tro*) swear allegiance to; (*erkänna*) acknowledge **2** (*uppvakta, hedra*) congratulate; pay (do) homage to; honour **3** (*omfatta*) embrace, favour **4** *rfl,* ~ *sig till ngn* attach o.s. to s.b.
hyllning congratulations (*pl*); homage; (*ovation*) ovation; *bringa ngn sin* ~ pay (do) homage to s.b.
hyll|papper shelf (lining) paper **-remsa** shelf-edging, shelf-strip **-värmare** *hand., vard.* sticker, drug [on the market]
hyls|a *s1* case, casing; *tekn.* socket, sleeve; *bot.* shell, hull **-nyckel** box spanner
hymen ['hy:-] *r* **1** *myt.* Hymen; *knyta* ~*s band* tie the nuptial knot **2** *anat.* hymen
hymla *vard.* (*hyckla*) pretend; (*smussla* [*med*]) try to shuffle away

hymn *s3* hymn; (*friare*) anthem
hynda *s1* bitch
hyperbel [-'pärr-] *s3* hyperbola
hyper|känslig hypersensitive **-modern** ultra-modern **-nervös** extremely nervous
hypnos [-'å:s] *s3* hypnosis (*pl* hypnoses)
hypnot|isera hypnotize **-isk** [-'nå:-] *a5* hypnotic **-isör** hypnotist
hypofys *s3* hypophysis (*pl* hypophyses), pituitary gland (body)
hypokond|er [-'kånn-] *s3* hypochondriac **-risk** [-'kånn-] *a5* hypochondriac[al]
hypotek *s7* mortgage; encumbrance; (*säkerhet*) security **hypotekslån** mortgage loan
hypotenusa [-*ˣ*nu:-] *s1* hypotenuse
hypote|s *s3* hypothesis (*pl* hypotheses) **-tisk** *a5* hypothetic[al]; (*tvivelaktig*) doubtful
hyra I *s1* **1** rent; (*för bil, båt e.d.*) hire, rental; *betala 50 pund i* ~ pay a rent of 50 pounds **2** *sjö.* (*tjänst*) berth; (*lön*) [seaman's] wages (*pl*), *tid* ship (*på* on board, aboard) **II** *v2* rent; (*bil, båt e.d.*) hire, take on hire; *att* ~*! to let!, AE.* for rent!, (*om bil etc.*) for hire; ~ *av ngn* rent from s.b.; ~ *in sig hos ngn* take lodgings in a p.'s house; ~ *ut* (*rum*) let, *AE. äv.* rent, (*fastighet äv.*) lease, (*bil etc.*) hire out, let out on hire; ~ *ut i andra hand* (*äv.*) sublet **hyrbil** hire[d] car
hyres|bidrag rent allowance **-förmedling** housing rental agency **-gäst** tenant; (*för kortare tid*) lodger; *AE. äv.* roomer **-hus** block of flats, *AE. apartment house* (*building*) **-kontrakt** lease, tenancy agreement; (*för lösöre*) hire contract **-nämnd** [regional] rent tribunal **-reglering** rent control **-värd** landlord
hyrverk car-hire service; (*för häst o. vagn*) livery stable
hysa *v3* **1** (*bereda rum åt*) house (*äv. bildl.*), accommodate; (*pers. äv.*) put up, take in; (*inrymma*) contain **2** (*nära, bära*) entertain, have; ~ *betänkligheter* have (entertain) misgivings, hesitate; ~ *förhoppningar om* entertain (cherish) hopes for, hope for; ~ *förtroende för* have confidence in; ~ *illvilja mot ngn* bear s.b. ill will, have a grudge against s.b.
hyska *s1* eye; ~ *och hake* hook and eye
hyss *s7, ha ngt* ~ *för sig* be up to [some] mischief
hyssj [hyʃ] hush!, shsh! **hyssja** [*ˣ*hyʃa] cry hush (*på, åt* to); ~ [*på*] hush
hyster|i *s3, s4* hysteria; *med. äv.* hysterics (*pl*) **-iker** [-'te:-] hysterical person, hysteric **-isk** [-'te:-] *a5* hysteric[al]; *bli* ~ go into hysterics; *få ett* ~*t anfall* have a fit of hysterics
hytt *s3, sjö.* berth, cabin; (*telefon- etc.*) booth, box **-plats** *sjö.* berth **-ventil** porthole
hyvel *s2* plane; (*-maskin*) planer **-bänk** carpenter's bench **-spån** *koll.* shavings (*pl*)
hyvl|a [*ˣ*hy:v-] plane; (*ost e.d.*) slice; *bildl.* polish up; ~*t virke* planed boards (*pl*); ~ *av* plane smooth, smooth off **-ing** planing; (*friare*) slicing
hå oh!; ~ ~*! oho!;* ~ ~, *ja ja!* oh, dear, dear!
håg *s3* **1** (*sinne*) mind; thoughts (*pl*); *glad i* ~*en* gay at heart, carefree; *slå ngt ur* ~*en* dismiss s.th. from one's mind, give up all idea of s.th.; *ta Gud i* ~*en* trust to Providence (one's lucky star); *det leker honom i* ~*en* his mind is set on it (*att göra* on doing) **2** (*lust*) inclination; (*fal*

lenhet) bent, liking; *hans ~ står till* he has an inclination towards

håg|ad *a5* inclined; disposed; *vara ~ att göra ngt* feel like doing s.th. **-komst** *s3* remembrance, recollection **-lös** listless; (*oföretagsam*) unenterprising; (*loj*) indolent **-löshet** listlessness; indolence

hål *s7* hole; (*öppning äv.*) aperture, mouth; (*lucka*) gap; (*läcka*) leak; (*rivet*) tear; *tandläk.* cavity; *nöta* (*bränna*) ~ *på* wear (burn) a hole (holes) in; *ta ~ på* make a hole in, (*sticka hål äv.*) pierce, perforate, *med.* lance; *hon har ~ på armbågarna* her dress (*etc.*) is out at the elbows; *det har gått ~ på strumpan* there is a hole in the (my etc.) stocking

hål|a *s1* cave, cavern; (*vilda djurs o. bildl.*) den; (*rävs, grävlings o.d.*) earth; *anat.* cavity; (*landsorts-*) *vard.* hole **-fot** arch of the foot **-fotsinlägg** arch support

hål|ig *a1* full of holes; (*ihålig, äv. bildl.*) hollow; (*pipig*) honeycombed **-ighet** hollow, cavity **-kort** punch[ed] card

håll *s7* **1** (*tag*) hold, grip; *få ~ på ngn* get a hold (grip) on s.b. **2** (*avstånd*) distance; *på långt ~* at a long distance, (*skjutning*) at a long range; *släkt på långt ~* distantly related; *på nära ~* close at hand, near by (at hand); *sedd på nära ~* seen at close quarters (range) **3** (*riktning*) direction; (*sida*) quarter, side; *från alla ~* [*och kanter*] from all directions (quarters); *från säkert ~* from a reliable quarter (source); *på annat ~* in another quarter, elsewhere; *på sina ~* in places; *åt andra ~et* the other way; *åt vilket ~?* which way?; *åt mitt ~* my way; *de gick åt var sitt ~* they went their separate ways **4** *jakt.* station; stand; (*skott-*) range, [rifle] shot **5** (*häftig smärta*) stitch

hålla *höll hållit* **I 1** (*ha tag i; fasthålla*) hold (*sin hand över* a protecting hand over; *ngn i handen* a p.'s hand; *andan* one's breath); ~ *hårt om* hold tight; ~ *ngn kär* hold s.b. dear; ~ *stånd* hold out, keep one's ground, stand firm **2** (*bibehålla; hålla sig med*) keep (*dörren öppen* the door open; *maten varm* the dinner [*etc.*] hot; *ngt för sig själv* s.th. to o.s.; *hemligt* secret); (*upprätt-*) maintain; ~ *ett löfte* keep a promise; ~ *i minnet* keep (bear) in mind; ~ *värmen* (*om kamin e.d.*) retain its heat; ~ *öppet hus* (*två tjänare*) keep open house (two servants); *den håller vad den lovar* it fulfils its promise **3** (*förrätta*) hold (*auktion* an auction; *möte* a meeting) **4** (*debitera*) charge (*höga priser* high prices) **5** (*slå vad om*) bet, lay, wager, stake (*tio mot ett på att* ten to one that) **6** (*anse; hålla för*) consider, regard, look upon [as]; ~ *ngt för troligt* think s.th. likely **7** (*rymma*) hold; (*inne-*) contain; ~ *måttet* be full measure, come up [the] standard **II 1** (*ej gå sönder*) hold, not break; (*om kläder*) wear, last (*i evighet* for ever); (*om bro, is*) bear; *allt vad tygen håller* at [the] top [of one's] speed, (*springa*) for dear life **2** (*styra sina steg*) keep (*t. höger* to the right); (*sikta på*) aim, hold (*för högt* too high) **3** ~ *på sin värdighet* stand on one's dignity; ~ *styvt på sin mening* stick to one's opinion; ~ *till godo, se godo*; *hon håller på sig* she stands by her virtue **4** (*stanna*) stop **III** (*med betonad partikel*) **1** ~ *av a*) (*tycka om*) be fond of, *b*) (*väja*) turn [aside] **2**

~ *efter* (*övervaka*) keep a close check (tight hand) on **3** ~ *emot* (*ta spjärn*) put one's weight against, (*hindra att falla*) hold (bear) up, (*motarbeta*) resist, set o.s. against it **4** ~ *i a*) hold [*vard.* on to], (*stödja*) hold on to, *b*) (*fortfara*) continue, go on, persist **5** ~ *igen* (*bildl.*) act as a check **6** ~ *igång* keep swinging, live it up **7** ~ *ihop* hold (keep, *vard.* stick) together **8** ~ *in a*) (*hålla indragen*) hold in, *b*) (*häst*) pull up, rein in **9** ~ *med ngn a*) (*vara av samma mening*) agree with s.b., *b*) (*ställa sig på ngns sida*) support s.b., back s.b. up, side with s.b. **10** ~ *om ngn* hold one's arms round s.b. **11** ~ *på a*) (*vara sysselsatt*) be busy (at work) (*med ngt* with s.th.), *b*) (*vara nära att*) be on the point of (*kvävas* choking); *vad håller du på med?* what are you doing [now]? **12** ~ *till*; *var håller du till?* where are you [to be found]?, *vard.* where do you hang out?; (*om djur*) be found, have its (their) haunts **13** ~ *tillbaka* keep back, withhold **14** ~ *upp a*) (*hålla upplyft*) hold up, *b*) (*hålla öppen*) hold (keep) open, *c*) *sjö.* (*hålla upp i vinden*) go (sail) close to the wind, *d*) (*göra uppehåll*) [make a] pause (*med in*), stop, cease; *när det håller upp[e]* when it stops raining **15** ~ *uppe a*) *eg.* hold upright, *b*) (*ovan vattenytan*) keep afloat (above water), *c*) *bildl.* keep up (*modet* one's courage) **16** ~ *ut a*) hold out, *b*) (*ton*) sustain; ~ *ut med* stand, put up with **IV** *rfl* **1** hold o.s. (*beredd* in readiness; *upprätt* upright); keep [o.s.] (*ren* clean; *vaken* awake); keep (*i sängen* in bed; *borta* away; *ur vägen* out of the way); ~ *sig* (*i fråga om naturbehov*) hold o.s.; ~ *sig väl med ngn* keep in with s.b.; ~ *sig framme* keep to the fore; ~ *sig hemma* stay at home; ~ *sig kvar* keep (stick) (*i* to); ~ *sig uppe* keep [o.s.] up, keep afloat **2** (*om pjäs*) retain its place (*på repertoaren* in the repertory) **3** (*om mat e.d.*) keep; ~ *sig för skratt* keep o.s. from laughing; *jag kunde inte ~ mig för skratt* I couldn't help laughing **4** ~ *sig för god att* consider o.s. above; ~ *sig med bil* keep a car; ~ *sig med tidning* take (have) a paper; ~ *sig till a*) keep (*vard.* stick) to (*fakta* facts), *b*) (*ngn*) hold (*vard.* stick) to

håll|are holder; clip, cramp, hook, buckle **-as** *dep* **1** (*vistas*) be, spend one's time **2** *låt dem ~!* leave them alone!, let them have their way!

hållbar *a1* **1** (*som kan hållas*) tenable; *mil. äv.* defensible; (*om argument o.d. äv.*) valid **2** (*varaktig*) durable, lasting; (*färg*) fast; (*om tyg o.d.*) that wears well (will wear); (*om födoämnen*) that keeps well (will keep) **-het 1** tenability; validity **2** durability, lastingness; wearing (keeping) qualities (*pl*)

håll|en *a5* (*skött*) kept; (*avfattad*) written; (*målad*) painted; *hel och* ~ the whole [of], all over; *strängt* ~ strictly brought up **-fasthet** strength, firmness, tenacity, solidity **-hake** check; hold (*på* on) **-igång** *s7* jamboree

hållning 1 (*kropps-*) carriage; (*uppträdande*) deportment; *militärisk* ~ military deportment; *ha bra* ~ (*äv.*) hold o.s. well **2** (*beteende*) attitude (*mot* towards); *intaga en avvaktande* ~ take up a wait-and-see attitude; *intaga en fast* ~ make a firm stand (*mot* against) **3** (*stadga*) firmness, backbone **hållningslös** vacillating, vacillant;

vard. wobbly, flabby; (*utan ryggrad*) spineless; unstable, unprincipled

håll|plats stop, halt **-punkt** basis; grounds (*pl*)

hål|remsa paper (punch[ed]) tape **-rum** cavity **-slag** punch; perforator **-timme** *skol.* free period **-ögd** *a5* hollow-eyed

hån *s7* scorn; (*spe*) derision, mockery; (*i ord äv.*) scoffing, taunting, sneering, jeering; *ett ~ mot* an insult to, a mockery of

hån|a (*förlöjliga*) deride, make fun of; (*föraktfullt*) put to scorn; (*i ord äv.*) scoff (sneer, jeer) at, mock, taunt **-full** scornful; scoffing *etc.*, derisive

häng|el ['håŋ-] *s7* petting; necking **-la** pet; neck

hån|le smile scornfully, sneer, jeer (*åt* at) **-leende** scornful smile **-skratt** derisive (scornful, mocking) laugh[ter] **-skratta** laugh derisively (*etc.*), jeer (*åt* at)

hår *s7* hair; *kortklippt ~* short hair; *inte kröka ett ~ på ngns huvud* not touch (injure) a hair on a p.'s head; *skaffa ngn gråa ~* give s.b. grey hairs; *slita sitt ~ i förtvivlan tear one's hair* in despair; *~et reser sig på mitt huvud* my hair stood on end; *det var på ~et att jag* I was within a hair's-breadth (an ace) of (+ *ing-form*)

hår|a *~ av sig* shed (lose) its hair; *~ ner* cover with hair[s *pl*] **-band** fillet **-borste** hairbrush **-botten** capillary matrix; (*friare*) scalp

hård [-å:-] *a1* hard; (*fast äv.*) firm, solid; (*sträng, svår äv.*) severe (*mot towards, to, on*); (*bister*) stern; (*högljudd*) loud; (*om ljud, barsk*) harsh; (*påfrestande*) tough; *hårt klimat severe climate; ~ konkurrens keen competition; ~ i magen* constipated; *ett hårt slag* a hard (severe, serious) blow; *~a tider a*) (*arbetsamma*) tough times, *b*) (*nödtider*) hard times, times of hardship; *~ a villkor* severe conditions, tough terms; *sätta hårt mot hårt* give as good as one gets; *vara ~ mot ngn* be hard on s.b.; *det vore hårt för dem om* it would be hard on them, if **-fjällad** *a5, bildl.* hard-boiled; *en ~ brottsling* a hardened criminal; *en ~ fisk* a difficult fish to scale **-flörtad** *a5* standoffish **-för** *a1* hardy, tough **-handskarna** *ta i med ~* take drastic action (a hard line) **-het** hardness *etc.*; severity **-hjärtad** [-j-] *a5* hardhearted; (*känslolös*) callous **-hudad** *a5, bildl.* thick-skinned **-hänt I** *a1, bildl.* rough, heavyhanded (*mot* with); (*friare*) severe **II** *adv, gå ~ till väga* be rough (*med* with)

hård|ing [-å:-] *s2, han är en riktig ~* he's as hard as nails **-körning** *bildl.* tough programme

hård|na [-å:-] harden; become (get, grow) hard; (*bli okänslig*) get callous (hardened) **-nackad** *a5, bildl.* stubborn (*motstånd* resistance); obstinate (*nekande* denial)

hårdraga [×hå:r-] *bildl.* strain

hård|rock metal (hard) rock **-smält** *a1* **1** (*om föda*) difficult (hard) to digest; (*friare*) indigestible **2** (*om metall*) refractory **-valuta** hard currency (exchange) **-vara** hardware

hår|fin 1 (*om tråd o.d.*) [as] thin (fine) as a hair **2** *bildl.* exceedingly fine, subtle **-fäste** edge of the scalp; *rodna upp till ~t* blush to the roots of one's hair

hår|ig *a1* hairy **-klyveri** hairsplitting (*äv. ~er*) **-nål** hairpin **-resande** *a4* hair-raising, appal-

ling, bloodcurdling, shocking; *en ~ historia* (*äv.*) a story to make one's hair stand on end

hårsmån *r* hair's-breadth; (*friare*) trifle, shade

hår|sprej *s3, s2* hairspray **-spänne** hair slide **-strå** hair

hårt [-å:-] *adv* hard; (*fast, tätt*) firm[ly], tight[ly]; (*högljutt*) loud; *bildl.* severely; *en ~ prövad man* a severely tried man; *arbeta ~* work hard; *fara ~ fram med* be rough with; *gå ~ åt* handle roughly, be hard on; *ta ngt ~* take s.th. very much to heart; *tala ~ till ngn* speak harshly to s.b.; *det känns ~ att* it feels hard to; *det satt ~ åt* it was a job

hår|tork[ningsapparat] hair dryer **-vatten** hair tonic (lotion) **-växt** growth of hair; *missprydande ~* superfluous hair

håv *s2* (*fiskares*) landing net; (*sänk-*) dip-net; (*insekts-*) butterfly net; (*kollekt-*) collection bag; *gå med ~en* (*bildl.*) fish [for compliments] **håva** *in* gather (*rake*) in; *~ upp* land

1 häck *s2* **1** hedge; *bilda ~* (*om människor*) form a lane **2** *sport.* hurdle; *110 m ~* 110 metres hurdle

2 häck *s2* **1** (*foder-*) hack, rack **2** (*vagns-*) rack **3** (*låda*) crate

3 häck *s2, vard.* bottom, behind, backside

häckla I *s1* heckle **II** *v1* **1** (*lin*) hackle, heckle **2** *bildl.* cavil (carp) at, find fault with **3** *polit.* heckle

häcklöp|are hurdler **-ning** hurdle racing, hurdle-race, hurdling

häckning breeding

häda blaspheme (*äv. ~ Gud*)

hädanefter henceforth, from now on

häd|else blasphemy; *utslunga ~r* hurl blasphemies, blaspheme **-isk** ['hä:-] *a5* blasphemous; (*friare*) profane, impious; (*grovt respektlös*) irreverent

häft|a I *s1, se häftplåster* **II** *v1* **1** *bokb.* sew, stitch; *~d bok* sewn (stitched) book, paperback **2** (*hålla fäst*) fasten, fix (*blicken vid* one's gaze on) **3** (*fastna*) stick, adhere (*vid* to) **4** *misstanken ~r vid honom* suspicion attaches to him **5** *~ i skuld till ngn* be in a p.'s debt **-apparat** stapler, stapling machine

häfte *s6* (*tryckalster*) folder, booklet, brochure, pamphlet; (*del av bok*) part, instalment; (*nummer av tidskrift*) number, issue; (*skrivbok*) exercise book

häftig *a1* **1** (*våldsam*) violent; (*obehärskad*) vehement; (*impulsiv*) impetuous (*människa* individual); (*hetsig*) heated (*diskussion* discussion); (*om smärta*) sharp, acute; *ett ~t regn* a heavy downpour; *~ törst* violent thirst; *ett ~t uppträde* a scene **2** (*temperamentsfull*) impulsive, hasty; (*hetlevrad*) hot-headed, hot-tempered **3** (*förstärkande*) *vard.* hot, groovy **-het** violence; vehemence; impetuosity; impulsiveness; hotheadedness *etc.*; irascibility; hot temper

häftigt *adv* violently *etc.*; *vard.* groovy; *andas ~* breathe quickly, pant; *gräla ~* quarrel violently; *koka ~* boil fast; *hjärtat slog ~* the (my *etc.*) heart beat excitedly

häft|klammer [paper] staple **-ning 1** *bokb.* sewing, stitching **2** (*-ande*) fastening, fixing; sticking, adherence; attaching **-plåster** [sticking] plaster; *AE.* adhesive tape **-stift** drawing pin; *AE.* thumbtack

häger ['hä:-] *s2* heron

hägg *s2* bird cherry

hägr|a [ˣhä:g-] loom (*äv. bildl.*) **-ing** mirage; *bildl. äv.* illusion

häkta I *s1* hook **II** *v1* **1** (*fästa*) hook (*fast* [*vid*] on [to]); ~ *av* unhook; ~ *upp sig* catch, get caught up **2** (*arrestera*) arrest, take into custody; *den* ~*de* the man (*etc.*) under arrest, the prisoner; ~ *ngn i hans frånvaro* issue a warrant for s.b.'s arrest

häkt|e *s6* custody; jail, gaol **-ning** arrest

häl *s2* heel; *följa ngn tätt i* ~*arna* follow close upon a p.'s heels

häl|are receiver [of stolen goods], *vard.* fence **-eri** receiving [of stolen goods]

hälft *s3* half; *äkta* ~ (*vard.*) better half; ~*en av månaden* half the month; ~*en så mycket* half as much; ~*en så stor* half as large (*som* as), half the size (*som* of); *på* ~*en så kort tid* in half the time; *till* ~*en dold* half hidden; *göra ngt till* ~*en do* s.th. by halves

häll *s2* (*klippa*) flat rock; (*sten*) slab [of stone]; (*i öppen spis*) hearthstone

1 hälla *s1* (*under foten*) strap; (*för bälte o.d.*) loop

2 hälla *v2* pour; ~ *i* pour in (*el. upp* out); ~ *i ett glas vin* pour out a glass of wine; ~ *ur* pour out; ~*nde regn* pouring rain

hälle|berg [bed]rock, solid rock **-flundra** halibut

1 hälsa *s1* health; *vid god* ~ in good health

2 hälsa *v1* **1** (*välkomna, mottaga*) greet; (*högtidligt*) salute; ~ *ngn välkommen* bid s.b. welcome, welcome s.b.; ~ *ngn som sin kung* salute s.b. as one's king **2** (*säga goddag e.d.*) say good morning (good afternoon, good evening, *vard.* hello) [to s.b.], (*ta i hand*) shake hands [with s.b.], (*buga*) bow [to s.b.], (*lyfta på hatten*) raise one's hat [to s.b.]; *mil.* salute (*på ngn* s.b.); ~ *god morgon på ngn* wish s.b. good morning **3** (*upptaga*) receive (*ett förslag med glädje* a proposition with delight) **4** (*framföra hälsning*) send (*ngn* s.b.) one's regards (compliments, respects, love); ~ *hem!* remember me to your people!; ~ *på* (*besöka*) go (come) and see; ~ *henne så hjärtligt!* give her my best regards (*etc.*)!; *låta* ~ send word; *nu kan vi* ~ *hem!* (*vard.*) now it's all up with us!; *jag kan* ~ [*dig*] *från* I can give you news from; *jag skulle* ~ *från fru A.* att hon Mrs. A. asked me to tell you that she; *vem får jag* ~ *ifrån?* what (may I have your) name, please?, (*i telefon*) who is speaking[, please]?

hälsena Achilles tendon, heel string

hälsning 1 greeting; (*högtidlig*) salutation **2** (*översänd e.d.*) compliments (*pl*); (*bud*) message, word; *hjärtliga* ~*ar* kind regards, love (*sg*); *byta on* ~ pass the time of day; *får jag be om min* ~ *till* please remember me to **3** (*bugning*) bow; (*honnör*) salute

hälso|brunn spa **-farlig** injurious to one's health, unhealthy **-kontroll** [health] checkup **-kost** health food **-risk** health hazard **-sam** *al* wholesome; (*om klimat*) salubrious, healthy; *bildl. äv.* salutary; (*välgörande*) beneficial **-tecken** healthy sign, sign of wellbeing **-under-**

sökning medical examination **-vådlig** (*ohygienisk*) insanitary; (*om klimat*) unhealthy **-vård** (*enskild*) care of one's health; (*allmän*) public health, health service[s *pl*]

hälta *s1* [form of] lameness

hämm|a (*hejda*) check, curb, arrest, stop; (*blodflöde äv.*) sta[u]nch; (*hindra*) obstruct, block (*trafiken* the traffic); (*ngns rörelser*) impede, hamper; (*fördröja*) retard; *psykiskt* ~*d* inhibited; ~ *ngt i växten* stunt the growth of s.th. **-ande** *a4* checking *etc.*; *verka* ~ *på* have a checking (*etc.*) effect on, act as a check on, curb, depress

hämn|a avenge, revenge; *slöseri* ~*r sig* waste brings woe **-are** avenger, revenger **-as** *dep* avenge (revenge) o.s., wreak one's vengeance (*på* on), retaliate; ~ *ngn* avenge s.b., take vengeance for s.b.

hämnd *s3* revenge; *högt.* vengeance; retaliation; ~*en är ljuv* revenge is sweet **-aktion** reprisal **-girig** revengeful; vindictive

hämning 1 checking *etc.*, *se hämma* **2** *psykol.* inhibition **hämningslös** uninhibited; unrestrained

hämsko drag (*äv. bildl.*)

hämta fetch; (*av-, komma o. hämta*) collect, call for; (*ta, skaffa sig e.d.*) take, gather; (*ngt abstr.*) draw, derive; ~ *ngn med bil* fetch s.b. by car; ~ *frisk luft* get fresh air; ~ *mod* (*styrka*) *från* draw (derive) courage (strength) from; ~ *nya krafter* recover (get up) one's strength; *låta* ~ send for; *uppgiften är* ~*d ur* I have the information from; ~ *sig* recover (*efter, från* from); *jag har inte* ~*t mig än* (*äv.*) I haven't got over it yet

hän away; ~ *mot* towards; *vart skall du* ~*?* where are you going?

hända *v2* happen; (*förekomma*) occur, take place; ~ *sig* happen, chance, come about (to pass); ~ *vad som* ~ *vill* happen what may; *det kan* ~ *att jag går ut i kväll* I may go out this evening; *det kan nog* ~ that may be [so]; *det hände sig inte bättre än att jag* as ill luck would have it I; *det må vara hänt* it can't be helped

händelse 1 occurrence; (*betydelsefull*) event, happening; (*episod*) incident **2** (*tillfällighet*) coincidence; (*slump*) chance; *av en ren* ~ quite by chance, by a pure coincidence **3** (*fall*) case; *i* ~ *av* in case of; *i alla* ~*r* at all events; *för den* ~ *att han skulle komma* in case he comes, in the event of his coming **-förlopp** course of events **-lös** uneventful **-rik** eventful **-utveckling** development of [the] events; trend of affairs **-vis** by chance; accidentally; (*apropå*) casually; *du har* ~ *inte en penna på dig?* you don't happen to have a pencil [on you], do you?; *jag träffade henne* ~ I just happened to meet her, I ran across her

händig *al* handy, dext[e]rous (*med* with) **-het** handiness, dexterity

hänföra 1 (*föra...till*) assign, refer, relate (*till* to); (*räkna*) class[ify] (*till* among), range (*till* under) **2** (*tjusa*) carry away, transport; (*gripa äv.*) thrill; *låta sig* ~ *s av* allow o.s. to be carried away by **3** *rfl* have reference (*till* to); (*datera sig* date back (*från* to)

hänför|ande *a4* ravishing; enchanting **-else** rapture; exultation; (*entusiasm*) enthusiasm

häng|a *v2* **1** (*uppfästa o.d.*) hang (*äv. avrätta*); (*tvätt*) hang up; (*låta hänga*) droop; (*t.ex. tak-lampa*) suspend; ~ *läpp* pout, sulk, be bad-tempered; ~ *näsan över boken* pore over (bury one's nose in) the book[s *pl*] **2** (*vara upphängd*) hang; (*hänga fritt*) be suspended; (*om kjol*) hang down (*bak* at the back); (*sväva*) hover; ~ *ngn i kjolarna* cling to a p.'s skirt; ~ *ngn om halsen* cling round a p.'s neck; ~ *och dingla* hang loose, dangle; *stå och* ~ loiter about; *hela företaget hänger i luften* the whole enterprise is hanging in the air; *slagsmålet hänger i luften* there's a fight in the air **3** (*bero*) depend (*på* [up]on); (*komma sig*) be due (owing) (*på* to) **4** (*med betonad partikel*) ~ *efter ngn* run after (hang around) s.b.; ~ *fram* (*kläder*) put out; ~ *för* hang in front; ~ *i* (*vard.*) keep at it; ~ *ihop*; *jag hänger knappt ihop* I can scarcely keep body and soul together; *så hänger det ihop* that's how it is; ~ *med a*) keep up with (*i klassen* the rest of the class), *b*) (*första*) follow, catch on; *c*) (*hålla med*) go along with; ~ *upp sig på* (*bildl.*) take exception to **5** ~ *sig* hang o.s.; ~ *sig fast vid* hang on firm to; ~ *sig på ngn* hang on (attach o.s.) to s.b. **-ande** *a4* hanging; (*fritt*) suspended (*i taket* from the ceiling); *bli* ~ *i* get caught (hooked) on **-are** (*krok*) hook; (*pinne*) peg; (*med flera krokar*) rack; (*i kläder*) hanger, loop; (*galge*) [coat] hanger **-bro** suspension bridge

hänge [ˣhä:nje:] *rfl* surrender o.s., give o.s. up (*åt* to); (*ägna sig*) devote (apply) o.s. (*åt* to); (*hemfalla*) abandon o.s. (give way) (*åt* to); (*försjunka*) fall (*åt* into)

hängig *a1* limp; out of sorts

hängiven (*tillgiven*) devoted, affectionate **-het** devotion, attachment (*för* to)

häng|lås padlock; *sätta* ~ *för* padlock **-mapp** suspended pocket (file) **-matta** hammock **-ning** hanging **-ränna** gutter

hängsle *s6* brace; *ett par* ~*n* a pair of braces (*AE.* suspenders)

hän|rycka ravish, enrapture **-ryckning** rapture[s *pl*]; ecstasy **-ryckt** *a4* rapturous; *vara* ~ be in raptures

hänseende *a6*, *i tekniskt* ~ from a technical point of view; *i vissa* ~*n* in certain respects; *med* ~ *till* in consideration of, with respect (regard) to

hän|skjuta refer, submit **-syfta** allude (*på* to); (*mera förtäckt*) hint (*på* at) **-syftning** allusion (*på* to); hint (*på* at)

hänsyn *s9* consideration; regard, respect; *av* ~ *till* out of consideration for; *med* ~ *till* with regard (respect) to, as regards, (*i betraktande av*) in view of, considering; *utan* ~ *till* without [any] consideration (regard) to, regardless of, disregarding; *låta alla* ~ *fara* throw discretion to the winds; *ta* ~ *till* take into consideration, pay regard to **hänsynsfull** considerate (*mot* to, towards) **hänsynslös** regardless of other people[s' feelings]; inconsiderate; (*skoningslös*) ruthless; (*framfart* (*bildl.*) reckless impetuosity; ~ *uppriktighet* brutal frankness

hänvis|a (*visa till*) direct; (*ge anvisning, referera*) refer; (*åberopa*) point; *jur.* assign, allot; *vara* ~*d till* be obliged to resort to, be reduced to (*att +*

ing-form); *vara* ~*d till sig själv* be thrown upon one's own resources **-ning** reference; direction; (*i ordbok e.d. äv.*) cross-reference **-ningston** *tel.* special information tone

hänvänd|a *rfl* apply (*till* to) **-else** application; (*vädjan*) appeal; *genom* ~ *till* by applying (making application) to

häpen *a3* amazed (*över* at); (*bestört*) startled (*över* at) **-het** amazement; *i* ~*en över* in his (*etc.*) amazement at; *i första* ~*en* in the confusion of the moment

häpn|a [ˣhä:p-] be amazed (*inför, vid, över* at); *hör och* ~*!* who'd have thought it! **-ad** *s3, se häpenhet*; *slå ngn med* ~ strike s.b. with amazement **-adsväckande** *a4* amazing, astounding

1 här *s2* army; *bildl. äv.* host

2 här *adv* here; ~ *borta* (*nere, uppe*) over (down, up) here; ~ *och där* here and there; ~ *och var* in places; ~ *i staden* in this town; *så* ~ *års* at this time of the year; ~ *hov jag thia ia where i lively* *har vi det!* here we are!, here it is!; *nu är han* ~ *igen!* here he is again!

härav [ˣhä:r-] from (by, of, out of) this; hence; ~ *följer att* [hence] it follows that, (*friare*) this means that

härbärg|e [-je] *s6* shelter, accommodation, lodging; (*för husvilla*) [common] lodging house; (*Frälsningsarméns o.d.*) [night] refuge **-era** lodge; put up

härd [-ä:-] *s2* **1** (*eldstad*) hearth (*äv. tekn*); *hem* *mien e* the domestic hearth **2** *bildl.* seat, centre, focus (*för* of); (*näste*) nest, hotbed

härd|a [-ä:-] **1** *tekn.* anneal, temper; (*plast*) set, *cure* **2** (*göra motståndskraftigare*) harden (*mot* against); *bildl. äv.* inure (*mot* to) **3** *rfl* harden o.s.; inure o.s.; (*stålsätta sig*) steel o.s. (*mot* against) **-are** hardener

härdig *a1* hardy; inured to hardship[s *pl*]; (*mot frost äv.*) hardened **-het** hardiness

härd|ning hardening, tempering; (*av plast*) setting, curing **-plast** thermosetting plastic

härdsmälta (*i kärnreaktor*) core meltdown

här|efter (*efter denna händelse, tidpunkt*) after this; (*från denna tid*) from now (this date), hence; (*hädanefter*) from now on, from this time forth **-emot** against this (it)

här|i in this (that); (*i detta avseende*) in this (that) respect **-ifrån** from here; *bildl.* from this **-ige-nom** through here; *bildl.* owing to this (that), on this (that) account; (*medelst detta*) by this (that, these, those) means, in this (that) way

härj|a 1 (*i ett land* a country); (*ödelägga*) devastate, lay waste; (*om skadedjur*) wreak havoc; ~ *svårt* make [great] havoc; *se* ~*d ut* look worn and haggard **2** (*om sjukdom*) be rife (prevalent); rage **3** (*väsnas*) make a row, run riot **-ning** ravaging, devastation, havoc; ~*ar* ravages

härkomst [-å-] *s3* extraction, descent; (*ur-sprung*) origin; *av borgerlig* ~ of middle-class extraction (origin)

härled|a *v2* derive (*äv. språkv.*); (*sluta sig t.*) deduce; ~ *sig* be derived (*från, ur* from); **-d enhet** derived unit

härlig [ˣhä:r-] *a1* glorious; (*präktig*) magnificent, splendid; (*ljuvlig*) lovely; (*vacker*) fine (*äv.*

iron.); *så det står* ~a *till* like anything **-het** glory; magnificence, splendour; *hela* ~*en* the whole business

härma imitate; (*naturv.*; *förlöjliga*) mimic; (*efterapa*) copy

härmed with (by, at, to) this; *hand.* herewith, hereby; *i enlighet* ~ accordingly; *i samband* ~ in connection herewith; ~ *vill vi meddela* (*hand.*) we wish to inform you; *vi sänder* ~ (*hand.*) we are sending you enclosed, we enclose herewith

härmning imitation; mimicry

härnäst next; (*nästa gång*) next time

härom (*norr* north) from here; (*angående denna sak*) about (concerning, as to this) **-dagen** the other day **-kring** all round here, in this neighbourhood **-året** a year or so (two) ago

härpå *rumsbet.* on this (that); *tidsbet.* after this (that)

härröra ~ *från* (*av*) come (arise) from, originate in (from)

härs ~ *och tvärs* to and fro, in all directions; hither and thither

härsk|a 1 (*styra*) rule; (*regera*) reign **2** (*om sak*) predominate; (*vara förhärskande*) prevail, be prevalent **-ande** *a4* ruling; (*om parti*) dominating; (*gängse*) prevalent, prevailing

härskara host

härskar|e ruler; monarch, sovereign; (*herre*) master (*över* of) **-inna** ruler *etc.*; (*som behärskar ngn*) mistress

härsken *a3* rancid

härsklysten with a thirst for power; domineering, imperious

härskna go (become, turn, get) rancid; *bildl.* sour

härstam|ma ~ *från* be descended from, (*om pers. o. sak*) derive one's (its) origin from, (*datera sig från*) date from **-ning** descent; (*ursprung*) origin; (*ords*) derivation

härtill to this (that, it); ~ *kommer att vi måste* besides (in addition to this) we must **-utöver** *bildl.* beyond this, in addition to this

härva *s1* skein; (*virrvarr*) tangle

härvid at (on, to) this **-vidlag** in this respect; (*i detta fall*) in this case **-åt 1** *rumsbet., se hitåt* **2** (*åt den här saken e.d.*) at this

hässja [ˣhäʃa] **I** *s1* hay fence **II** *v1,* ~ *hö* pile hay on fences to dry

häst *s2* **1** horse; *sitta till* ~ be on horseback; *sätta sig på sina höga* ~*ar* ride the high horse; *man skall inte skåda given* ~ *i munnen!* don't look a gift-horse in the mouth! **2** *gymn.* [vaulting-]-horse, buck, (*bygel-*) pommel horse; *schack.* knight, *vard.* horse **-avel** horse-breeding **-handlare** horse-dealer **-hov 1** horse's hoof **2** *bot.* coltsfoot **-kapplöpning** horse-racing; *en* ~ a horse-race **-kraft** (*beräknad, effektiv, bromsad* indicated, effective, brake) horsepower; *vard.* horse **-kur** *bildl.* drastic cure **-längd** *sport.* [horse-]length **-minne** *vard.* phenomenal memory **-sko** horseshoe **-skojare** horse-swindler, [horse-]coper **-skötare** groom **-spillning** horse dung **-sport** equestrian sport; ~*en* (*kapplöpningssporten*) horse-racing, the turf **-svans** horse's tail; (*frisyr*) ponytail **-väg** *det var något i* ~ that's really something

hätsk *a1* rancorous, spiteful (*mot* towards); (*bitter*) bitter, fierce **-het** spitefulness; rancour

hätta *s1* hood; (*munk-*) cowl; (*barn-*) bonnet

häva *v2* **1** heave; (*kasta*) toss, chuck; *på tå häv!* on your toes!; ~ *sig* raise o.s., (*om bröst o.d.*) heave **2** (*undanröja*) remove; raise (*en belägring* a siege); (*bota*) cure; *jur.* cancel; (*bilägga*) settle **3** ~ *ur sig* come out with

hävarm lever

hävd *s3* **1** *jur.* prescription; (*besittningsrätt*) usage; *urminnes* ~ immemorial prescription **2** (*tradition*) tradition, custom **3** (*historia*) [chronicled] history; ~*er* (*äv.*) annals of the past; *gå till* ~*erna* go down in history **4** *lantbr.* (*gott tillstånd o.d.*) cultivation

hävda 1 (*försvara*) vindicate, maintain (*sina rättigheter* one's rights); (*vidmakthålla*) maintain (*sin ställning* one's position), uphold (*sina intressen* one's interests) **2** (*påstå*) maintain, assert, state **3** *rfl* hold one's own, vindicate o.s.

hävdvunnen time-honoured, established; *jur.* prescriptive

hävert [ˈhäː-] *s2* siphon

hävstång lever

häx|a [ˣhäcksa] *s1* witch; (*ondskefull kvinna*) old hag **-dans** witches' dance; *bildl.* welter **-eri** witchery, witchcraft; sorcery **-kittel** *bildl.* maelstrom **-process** witch-trial

hö *s4* hay **-bärgning** haymaking

1 höft *s, i uttr.: på en* ~ (*efter ögonmått*) roughly, approximately, (*på en slump*) at random

2 höft *s3* hip; ~*er fäst!* hands to hips!

höft|ben hipbone **-hållare** girdle; foundation garment **-led** hip joint **-skynke** loincloth

1 hög *s2* **1** heap (*av, med* of); (*uppstaplad*) pile (*av, med* of); (*trave*) stack (*av, med* of); *samla* (*lägga*) *på* ~ pile (heap) up, accumulate; *ta ett exempel ur* ~*en* take an example at random; *kläderna låg i en* ~ the clothes were lying [all] in a heap **2** (*kulle*) hillock; mound (*äv. konstgjord*)

2 hög *-t -re -st* **1** high; (*reslig*) tall; (*högt liggande*) elevated; (*tung, svår*) heavy, severe; (*högt uppsatt*) exalted; (*om furstlig pers.*) august; (*-dragen*) haughty; ~[*a*] *och låg*[*a*] high and low, the exalted and the lowly; ~*a böter* a heavy fine; ~*t gräs* long grass; ~ *militär* high-ranking officer [in the army *etc.*], *vard.* brass hat; ~ *panna* high (lofty) forehead; *H*~*a Porten* the Sublime Porte; *i egen* ~ *person* in person; *vid* ~ *ålder* at an advanced age; *ha* ~*a tankar om* think highly of; *spela ett* ~*t spel* (*bildl.*) play a risky game; *det är* ~ *tid* it is high time; *diskussionens vågor gick* ~*a* the debate was heated **2** (*-ljudd*) loud; *mus.* high-[-pitched]; *med* ~ *röst* in a loud voice **3** (*om luft*) clear **4** *skrika i* ~*an sky* scream to high heaven **5** (*upprymd; narkotikaberusad*) high

högaffel hayfork, pitchfork

högakt|a esteem; (*svagare*) respect; think highly of, value **-ning** esteem; respect; *med utmärkt* ~, *se högaktningsfullt*

högaktnings|full respectful **-fullt** *adv* (*i brev*) Yours faithfully, *A E.* Very truly yours

hög|aktuell of great current (immediate) interest; topical **-borg** *bildl.* stronghold **-borgerlig** upper middle class **-buren** *a5, med -buret huvud* with one's head held high **-djur 1** *koll.* high game **2** bildl., sl. bigwig, big shot, vard. V.I.P. (förk. för very important person) **-dragen** haughty, lofty, arrogant

höger ['hö:-] **I** a, best. form högra right; right[-hand]; min högra hand (bildl.) my right-hand man; på min högra sida on my right[-hand side] **II** adv, ~ om! right turn!; göra ~ om turn by the right **III** s9 **1** right; från ~ from the right; till ~ om to the right of **2** polit., ~n the Right, the Conservative Party, the Conservatives (pl) **3** sport., en rak ~ a straight right **-hänt** a4 right-handed; dextral **-man** conservative **-styrd** [-y:-] a5 (om bil) right-hand driven **-trafik** right-hand traffic **-vridning** polit. rightism

hög|fjäll high mountain; ~en the High Alps **-form** i ~ in great form **-frekvent** high-frequent; bildl. occurring often, of high frequency

högfärd [ˣhö:g- el. ˣhöck-] pride (över in); (fåfänga) vanity; (inbilskhet) [self-]conceit **-ig** proud (över of); cocky (över about); (fåfäng) vain; (inbilsk) [self-]conceited, vard. hoity-toity, stuck-up

högfärdsblåsa ... sl. swank[pot]

hög|förräderi high treason **-gradig** a5 (av hög halt) high-grade; (ytterlig) extreme; (svår) severe; (intensiv) intensive **-halsad** a5 high--necked **-hastighetståg** high-speed train

höghet [ˣhö:g-] **1** (upphöjdhet) loftiness; sublimity; ([världslig] storhet) greatness **2** (högdrag-enhet) haughtiness, high-and-mightiness **3** (titel) highness; Ers H~ Your Highness

höghus high-rise [building], tower block; multi storey building

hög|klackad ... on end **-klackad** a5 high-heeled **-klassig** a1 high-class **-konjunktur** [business, trade] boom; ~en inom the boom [period] in **-kvarter** headquarters (pl) **-kyrklig** High-Church **-land** upland; Skotska -länderna the Highlands **-ljudd** [-judd] a1 loud; (högröstad) loudvoiced, vociferous; (bullersam) noisy **-länd-are** Highlander **-läsning** reading aloud **-mod** pride; (överlägsenhet) haughtiness, loftiness, airs (pl); (övermod) arrogance; ~ går före fall pride goeth before destruction **-modig** proud; haughty, lofty; arrogant **-målsbrott** [high] treason, lese-majesty **-mässa** morning service; kat. high mass **-nivåspråk** data. high-level language **-platå** tableland

högre [ˣhö:g-] komp. t. 2 hög higher etc., se 2 hög; de ~ klasserna the upper classes (skol. forms); en ~ makt a higher power; den ~ matematiken higher (advanced) mathematics (pl); en ~ officer a high-ranking officer; den ~ skolan the upper (friare advanced) school, ridk. the higher mange; ett ~ väsen a superior being; i allt ~ grad to an ever-increasing extent; i den ~ stilen in the lofty style (iron. sublime manners); på ~ ort in high quarters; intet ~ önska än att desire nothing better than to; tala ~ speak louder

hög|rest [-e:-] a4 tall **-sint** a1 high-minded; (storsint) magnanimous **-skola** university college; (friare) academy; teknisk ~ institute (college) of technology **-skoleutbildning** university (college) education **-slätt** tableland, plateau **-sommar** på ~en at the height of the summer **-spänd** a5, elektr. high-tension, high-voltage

-spänn i uttr.: på ~ (bildl.) at high tension, agog **-spänning** high tension (voltage)

högst [höckst] **I** superl. t. 2 hög highest etc., se 2 hög; ~a tillåtna hastighet speed limit, maximum [permitted] speed; H~a domstolen [the] supreme court; H~a sovjet Supreme Soviet; min ~a önskan my most fervent wish; i ~a laget as high (etc.) as it ought to be, (äv.) a little too high (etc.) if anything; på ~a ort at top level; när solen står som ~ when the sun is at its height (highest [point]) **II** adv highest etc.; most highly; (mest) most; (i ~a grad) in the highest degree; (ytterst) exceedingly, extremely; (mycket) very (avsevärd considerable); (på sin höjd) at most, at the [ut]most; allra ~ at the utmost (very most)

högstadium advanced (higher, senior) stage; (i grundskola) senior level

hög|stämd bildl. elevated, high-pitched, lofty **-säsong** height of the season, peak **-säte** high seat; (förnämsta plats) ... honour

högt [höckt] adv high; highly; (om ljud) loud[ly]; (motsats för sig själv) aloud; (högeligen) highly; ~ belägen on high ground, [situated] high up; ~ ställda fordringar great (exacting) demands; ~ uppsatt person person of high station; ~ älskad dearly beloved; lova ~ och dyrt promise solemnly; spela ~ (spel.) play for high stakes; stå ~ över (bildl.) be far above, be far removed from

högtalare loudspeaker

högtflygande high-flying, high-soaring; planer ambitious plans

högtid [ˣhöck-, äv. ˣhö:g-] i sht bibl. feast; i sht kyrkl. festival

högtidlig [ˣhöck-, äv. 'ti.d-, äv. ˣhö:g-] a1 solemn, (ceremoniell) ceremonious, ceremonial; vid ~a tillfällen on state (formal, ceremonious) occasions; se ~ ut look solemn; ta det inte så ~t! don't be so solemn about it! **-het 1** solemnity; (stät) state, pomp **2** (med pl) ceremony; solemnity **-hålla** celebrate, commemorate **-hållande** sb celebrating; celebration

högtids|dag festival (commemoration) day; red-letter day **-dräkt** festival attire; (frack) evening dress **-klädd** a5 in festival attire; (i frack) in full dress **-stund** time of real enjoyment, precious moment; en musikalisk ~ a musical treat

hög|trafik heavy (peak) traffic **-travande** a4 bombastic, high-flown; (om pers.) grandiloquent, pompous **-tryck** high pressure; boktr. letterpress, relief printing

högtrycksaggregat high-pressure unit

högt|stående a4, kulturellt ~ on a high level of culture **-svävande** high-soaring; (om planer) ambitious

hög|vakt 1 (manskap) main guard **2** (vakthåll-ning) main guard duty **-varv** s, arbeta på ~ work full out **-vatten** high water; (tidvatten) high tide **-växt** a4 tall **-önsklig** mest i uttr.: i ~ välmåga in the best of health, vard. in the pink

höj|a [ˣhöjja] v2 raise; make higher, put up; (för-) heighten; (förbättra) improve; (öka) increase; ~ priset på raise (put up) the price of, mark up; ~ ngn till skyarna praise (exalt) s.b. [up] to the skies; ~ upp raise; ~ sig (äv. bildl.) rise above, raise o.s.; -d över alla misstankar above suspicion; -d över allt tvivel beyond all doubt; det -des röster för voices were raised in favour of -bar a5, höj- och sänkbar vertically adjustable

höjd s3 **1** (kulle o.d.) height; hill **2** height; (högsta ~) top, summit; (nivå) level; fack. altitude; geogr. latitude; mus. pitch; fri ~ [free] headroom, [overhead] clearance; största ~ maximum height; vishetens ~er the pinnacles of wisdom; ~en av oförskämdhet the height of impudence; i ~ med on a level with; på sin ~ at the [ut]most; driva i ~en intensify, force up, boost; flyga på en ~ av fly at an altitude (a height) of; stå på ~en av sin bana be at the height of one's career; det är väl ändå ~en! that's really the limit! -are sl. bigwig, big shot; vard. V.I.P. (förk. för very important person); mil. brass hat; -arna (vard.) the higher-ups -**hopp** high jump -**hoppare** high jumper -**led** i ~ vertically -**mätare** altimeter -**punkt** highest point; peak; bildl. height, maximum; (kulmen) climax; ~en i hans diktning the height of his literary production -**roder** flyg. elevator -**skillnad** difference in altitude (height)

höjning (höjande) raising; (av pris) rise, increase; (av lön) rise, AE. raise; ~ och sänkning raising and lowering, (i pris äv.) rise and fall, geol. elevation and depression

hök s2 hawk; duvor och ~ar (polit.) doves and hawks; ~ och duva (lek) tig

hölass [cart]load of hay

hölj|a v2 cover; (insvepa) wrap [up], envelop; (friare) coat; -d i dunkel veiled (wrapped) in obscurity, nebulous; ~ sig med ära cover o.s. with glory

hölje s6 envelope; (fodral) case, casing

hölster ['höll-] s7 **1** (pistol-) holster **2** bot. spathe

höna s1 **1** hen; kokk. chicken **2** (våp) goose

höns s7 **1** pl [domestic] fowls; (hönor) hens; koll. äv. poultry (sg); springa omkring som yra ~ rush around like a hen on a hot griddle; vara högsta ~et [i korgen] be cock of the roost, be top dog **2** kokk. chicken -**bur** hencoop -**eri** poultry (chicken) farm, hennery -**gård 1** poultry yard, hen (chicken) run **2** se hönseri -**hjärna** bildl. addlepate (äv. pers.) -**hus** poultry house, henhouse -**minne** memory like a sieve -**nät** chicken wire

1 höra v2 (räknas) belong (till to); ~ hemma belong (i to); ~ ihop belong together; ~ ihop med be connected with, (bero på) be dependent on; det hör till yrket it is part of the profession (job); han hör till familjen (äv.) he is one of the family; det hör inte hit it has nothing to do with this; det hör till att it is the right and proper thing that (to + inf.)

2 höra v2 **1** (uppfatta ljud) hear; han hör illa (äv.) he is hard of hearing; det hörs bra härifrån you can hear well from here; hör nu! come now!; hör du, kan du I say (look here), can you; han lät ~ en djup suck he gave a deep sigh **2** (erfara, få ~) hear, learn; be told; (fråga efter) hear, inquire, ask, find out; så snart han fick ~ om directly he heard (was told) of; jag har just fått ~ att I have just heard that; jag har hört sägas att I have heard it said that; jag vill inte ~ talas om det I will not hear of it (such a thing); gå och hör om han har rest go and find out if he has gone; har man hört på maken! did you ever hear the like?; låt ~! out

with it! **3** (lyssna) listen; (åhöra) hear (en predikan a sermon), attend (en föreläsning a lecture); ~ ngns mening ask a p.'s opinion; jag vill ~ din mening om I would like your opinion on (about); han ville inte ~ på det örat he just wouldn't listen **4** (för-) hear; (vittne äv.) examine **5** rfl, det låter ~ sig! that's s.th. like!; ~ sig för make inquiries (om about); ~ sig för hos ngn (på en plats) inquire of s.b. (at a place) **6** (med betonad partikel) ~ av hear from; låta ~ av sig send word; ~ efter a) (lyssna till) listen to, b) (fråga efter) inquire (hos ngn of s.b., om ngt for s.th., about s.th.), c) (ta reda på) hear, inquire, find out; ~ fel hear amiss, mishear; hör in i morgon! look in and inquire tomorrow!; ~ på listen; hör upp ordentligt! mind you pay proper attention!

hör|apparat hearing aid -**bar** a5 audible -**fel** (missuppfattning) mishearing -**håll** i uttr.: inom (utom) ~ within (out of) earshot -**lur 1** (för lomhörda) ear trumpet **2** (t. telefon) receiver, earpiece; (t. radioapparat) earphone; ~ar headphones, vard. cans

hörn [-ö:-] s7 corner; (vrå äv.) nook; (vinkel) angle; i ~et at (om inre hörn in) the corner; bo om ~et live round the corner; vara med på ett ~ join in; vika om ~et turn the corner

hörn|a s1 **1** vard., se hörn **2** sport. corner -**pelare** corner pillar; bildl. pillar of strength -**sten** cornerstone (äv. bildl.) -**tand** eyetooth, canine [tooth], dogtooth

hör|propp earphone -**sal** lecture hall, auditorium

hörsam [ˣhö:r-] a1 obedient -**ma** obey; (kallelse e.d.) respond to; (inbjudan) accept; (uppmaning) pay heed to

hörsel ['hörs-] s2 hearing -**skada** impairment of hearing -**skydd** ear protection (guard); (öronpropp) earplug -**sägen** (enligt from) hearsay

hö|räfsa hayrake -**skulle** haymow -**skörd** hayharvest; konkr. äv. haycrop -**snuva** hay fever

höst s2 autumn; AE. fall; i ~ a) (nu) this autumn, b) (nästkommande) next autumn; i ~as last autumn; om ~en in the autumn; på ~en 1966 in the autumn of 1966

höstack haystack, hayrick

höst|dagjämning autumnal equinox -**lig** a5 autumnal -**säd** autumn-sown grain -**termin** autumn term

hö|säck (tom) haysack; (full) sack of hay -**tapp** wisp of hay

hövding chief[tain]

hövisk ['hö:-] a5 (anständig) decent, seemly; (ärbar) modest; (artig) courteous; (belevad) refined; (ridderlig) chivalrous

hövlig [-ö:-] a1 civil, polite (mot to); (belevad) courteous; (aktningsfull) respectful (mot to) -**het** civility, politeness, courtesy; respect

hövligt [-ö:-] adv civilly etc.; bli ~ bemött be treated with civility; svara ~ give a polite reply (på to)

I

1 i s6 i; *pricken över* ~ the dot over the i, *bildl. äv.* the finishing touch
2 i *prep* **I** *rumsbet. o. bildl.* **1** (*befintl.*) in (*världen* the world; *Sverige* Sweden; *London* London); at (*Cambridge* Cambridge; *skolan* school); (*vid genitivförhållande vanl.*) of; (*på ytan av*) on (*soffan* the sofa); ~ *en bank* in (at) a bank; ~ *brödbutiken* at the baker's; ~ *gräset* on the grass, (*bland grässtråna*) in the grass; ~ *trappan* on the staircase; ~ *ena änden av* at one end of; *freden* ~ *B.* the peace of B.; *högsta berget* ~ the highest mountain in; *professor* ~ *engelska* professor of English; *det roliga* ~ *historien* the amusing part of the story; *uttrycket* ~ *hans anmäln ...* the expression on his face, huh *bor* ~ *Bath* he lives at Bath; *Jag bor här* ~ *Bath* I live here in Bath; *pojken satt* ~ *trädet* the boy was sitting in the tree **2** (*friare*) among (*buskarna* the bushes); over (*högtalaren* the loudspeaker); through (*kikaren* the binoculars); in (*litteraturen* literature); at (*arbete* work); ~ *frihet* at liberty; ~ *stor skala* on a large scale; *för trång* ~ *halsen* too tight round the neck; *blåsa* ~ *trumpet* blow a trumpet; *göra ett besök* ~ pay a visit to; *sitta* ~ *en styrelse* be on a board; *tala* ~ *näsan* talk through one's nose, *tala* ~ *radio* (*TV*) *tala om* the radio (on TV); *lampan hänger* ~ *taket* the lamp is hanging from the ceiling; *6 går* ~ *30 fem gånger* 6 goes into 30 five times **3** (*vid rörelse, förändring*) into; in; *dela ngt* ~ *fyra delar* divide s.th. into four parts; *falla* ~ *vattnet* fall into the water; *få ngt* ~ *sitt huvud* (*bildl.*) get s.th. into one's head; *klättra upp* ~ *ett träd* climb up a tree; *placera ngt* ~ place s.th. in; *resultera* ~ result in; *stoppa ngt* ~ *fickan* put s.th. in[to] one's pocket; *störta landet* ~ *krig* plunge the country into war; *titta* ~ *taket* look up at the ceiling **4** (*gjord av*) of, in; (*medelst*) by (*bil* car); (*om hastighet o.d.*) at (*full fart* full speed); (*i o. för*) on; (*i form av*) in; (*såsom*) as; *en kjol* ~ *bomull* a skirt of cotton, a cotton skirt; *gjuten* ~ *brons* cast in bronze; ~ *lag förbjudet* forbidden by law; ~ *regel* as a rule; ~ *stor utsträckning* to a large extent; *bortrest* ~ *affärer* away on business; *inte* ~ *min smak* not to my taste; *dra ngn* ~ *håret* pull s.b. by the hair, pull a p.'s hair; *dö* ~ *cancer* die of cancer; *få* ~ *present* get as a present; *gripa ngn* ~ *kragen* seize s.b. by the collar; *ligga* ~ *influensa* be down with the flu; *ta ngn* ~ *armen* take s.b. by the arm; *vad har du* ~ *lön?* what wages (salary) do you get? **5** *duktig* (*dålig*) ~ good (bad) at; *förtjust* ~ fond of, delighted with; *tokig* ~ crazy about; *ha ont* ~ *magen* have a stomach ache; *jag är trött* ~ *fötterna* my feet are tired **II** *tidsbet.* **1** (*tidpunkt*) in (*maj* May; *medelåldern* the middle age); at (*jul* Christmas; *början av* the beginning of; *solnedgången* sunset); last (*höstas* autumn); next (*vår* spring); (*före*) to; ~ *en ålder av* at the age of; ~ *natt a*) (*som är el. kommer*) tonight, *b*) (*som var*) last night; *förr* ~ *tiden* in earlier times, formerly; *en kvart* ~ *åtta* a quarter to eight **2** (*tidslängd*) for (*åratal* years); ~ *trettio år* (*de senaste trettio åren*) [for] the last thirty years, (*om framtid*) [for] the next thirty years; *vi stannade* ~ *två veckor* we stayed [for] two weeks **3** (*per*) a[n], per; *två gånger* ~ *månaden* twice a month; *60 miles* ~ *timmen* 60 miles per (an) hour **III** (*i adverbiella, prepositionella o. konjunktionella förbindelser*) ~ *och för utredning* for the purpose of investigation; ~ *och för sig* in itself; ~ *och med detta* with this; ~ *och med att han gick var han* in going he was;~ *det att* [just] as; ~ *det att han gick* as he went, in going; *han gjorde rätt* ~ *att komma* he was right in coming

3 i *adv, en skål med choklad* ~ a bowl with chocolate in it; *hoppa* ~ jump in; *hälla* ~ *kaffe åt ngn* pour [out] coffee for s.b.; *hälla* ~ *vatten i en vas* pour water into a vase

iaktta[ga] **1** (*observera*) observe; (*lägga märke till*) notice; (*uppmärksamt betrakta äv.*) watch **2** *bildl.* observe (*tystnad* silence); exercise (*största försiktighet* the greatest caution); (*fasthålla vid äv.*) adhere to, keep (*reglerna* the rules)
iakttag|ande s6 observance, observation; *under* ~ *av* observing **-are** observer **-else** observation
iberisk a5 Iberian; *I~a halvön* Iberian Peninsula
ibis ['i:-] s2 ibis
ibland I *prep, se bland*; *mitt* ~ amid[st], in the midst of **II** *adv* (*stundom*) sometimes, (*då o. då*) occasionally; (*vid vissa tillfällen äv.*) at times, now and then
icke not; no; none; ~ *desto mindre* nevertheless, nonetheless; *i* ~ *ringa grad* in no small degree
icke|- *i sms.* non- **-rökare** nonsmoker
id s2 (*verksamhet*) occupation[s *pl*], pursuit[s *pl*]; (*flit*) industry
idas *iddes itts, dep* have enough energy (energy enough) (*göra ngt* to do s.th.); *han iddes inte ens svara* he couldn't even be bothered to answer
ide s6 hibernating-den; winter quarters (*pl*), winter lair; *gå i* ~ go into hibernation, *bildl.* shut o.s. away (up in one's den); *ligga i* ~ (*äv. bildl.*) lie dormant (*äv. bildl.*)
idé s3 idea (*om* about, as to, of); *få en* ~ get (have) an idea; *det är ingen* ~ *att göra* it is no use (good) doing, there is no point in doing; *hur har du kommit på den* ~*n?* what put that idea into your head?; *han har sina* ~*er* he has some odd ideas
ideal s7 o. a1 ideal (*av, för* of) **-ism** idealism **-ist** idealist **-istisk** [-'ist-] a5 idealistic **-itet** ideality **-samhälle** ideal society; Utopia
idéassociation association of ideas
ideell a1 idealistic; ~ *förening* non-profit-making association
idé|fattig unimaginative **-givare** inspirer, brain
idel ['i:-] *oböjligt a* (*uteslutande*) mere, nothing but; (*ren*) pure, sheer; *vara* ~ *öra* be all ears; ~ *glädje* pure joy; *han var* ~ *solsken* he was all sunshine
idelig a5 perpetual; continual, incessant **-en** perpetually *etc.*; over and over again; *han frågar* ~ he keeps on asking
identifi|era identify **-kation** identification
identi|sk a5 identical **-tet** s3 identity; *fastställa*

ngns ~ establish a p.'s identity; *styrka sin* ~ prove one's identity

identitets|bricka *mil.* identity disc **-kort** identity card

ideo|log ideologist, ideologue **-logi** *s3* ideology **-logisk** [-'lå:-] *a5* ideologic[al]

idérik full of ideas

idiot *s3* idiot; (*svagare*) imbecile

idiot|i *s3* idiocy; imbecility **-isk** [-'ɔ:t-] *a5* idiotic **-säker** foolproof

idissl|a ruminate, chew the cud; *bildl.* repeat, harp on **-are** ruminant

idka carry on; (*yrke, idrott äv.*) practise; (*yrke äv.*) follow; ~ *familjeliv* devote o.s. to one's family; ~ *handel* carry on business

ID-kort ID card

idol [-'å:l] *s3* idol **-dyrkan** idol worship

idrott [-å-] *s3* sport; [athletic] sports (*pl*); *skol., univ.* games (*pl*); *allmän* (*fri*) ~ athletics (*pl o. sg*) **idrotta** go in for sport; *skol. o.d. äv.* play games

idrotts|anläggning stadium, sports arena **-dag** sports day **-förening** athletic (sports) club **-gren** branch of athletics (sport) **-kvinna** woman athlete, sportswoman **-lig** *a5* athletic **-lov** *skol.* time off (holiday) for sports **-man** athlete, sportsman **-plats** sports ground (field), athletic ground[s *pl*]

idyll *s3* idyll; (*plats*) idyllic spot **-isk** *a5* idyllic

ifall 1 if, in case; (*förutsatt*) supposing (provided) [that] **2** (*huruvida*) if, whether

ifatt *gå* (*köra, simma*) ~ *ngn* catch s.b. up

ifråga|komma [i×frå:-] *se* fråga *I*; ~ *vid en befordran* be considered (a possible choice) for a promotion; *brukar sådant* ~? do such things usually happen? **-sätta 1** (*föreslå*) propose, suggest **2** (*betvivla*) question, call in question **-varande** *a4* in question, at issue

ifrån I *prep, se* från *I*; *söder* ~ from the south; *vara* ~ *sig* be beside o.s. **II** *adv, komma* ~ (*bli fri el. ledig*) get off (away); *man kommer inte* ~ *att* there is no getting away from the fact that

igel *s2* leech **igelkott** [-å-] *s2* hedgehog

igen [i'jenn] **1** (*ånyo*) again; *om* ~ over again; (*en gång till*) once more **2** (*tillbaka*) back; *slå* ~ hit back; *ta* ~ (*om tid*) make up for; *jag kommer snart* ~ I shall (will) soon be back **3** (*kvar*) left **4** (*tillsluten*) to; *dörren slog* ~ the door slammed to **5** *fylla* ~ fill in

igen|bommad *a5, huset var -bommat* the house was barred (shut) up; *dörrarna är ~e* the doors have been fastened **-grodd** *a5* choked up, (*om stig e.d.*) overgrown (*av ogräs* with weeds) **-känd** *a5* recognized **-kännande** *s6* recognition **-känningstecken** distinctive (distinguishing) mark

igenom [i'je:-] *prep o. adv* through; *rakt* ~ right (straight) through; *tvärs* ~ right across; *natten* ~ all through (throughout) the night, all night long; *hela livet* ~ all (throughout) one's life; *han har gått* ~ *mycket* he has suffered (gone through) a great deal

igen|snöad *a5* (*om väg*) snowed-up; (*om spår*) obliterated by snow **-stängd** *a5* shut up, closed **-växt** *a4* (*om gångstig*) overgrown; (*om sjö o.d.*) choked-up

iglo[o] ['i:glo] *s5* igloo

ignorera ignore, take no notice of; disregard

igång|sättning starting, start **-sättningstillstånd** building start permit

ihjäl [i'jä:l] to death; *skjuta* ~ *ngn* (*äv.*) shoot s.b. dead; *slå* ~ kill; *slå* ~ *tiden* kill time; *svälta* ~ (*äv.*) die of hunger, starve to death; *arbeta* ~ *sig* work o.s. to death; *skratta* ~ *sig* die of laughing; *slå* ~ *sig* get (be) killed **-frusen** *a5* frozen to death **-skjuten** [-fu:-] *a5* shot dead **-skrämd** *a5* frightened (*etc.*) to death **-slagen** *a5* killed

ihop 1 (*tillsammans*) together; *passa* ~ go well together, (*om pers.*) suit each other **2** *fälla* ~ shut up; *krympa* ~ shrink [up]; *sätta* ~ *en historia* make up a story

ihåg *komma* ~ remember, (*erinra sig äv.*) recollect, (*lägga på minnet*) bear (keep) in mind; *jag kommer inte* ~ (*äv.*) I forget

ihålig *a1* hollow (*äv. bildl.*); (*tom*) empty **-het** *konkr.* cavity; hole; hollow; *abstr.* hollowness, emptiness

ihållande *a4* prolonged (*applåder* applause; *kyla* frost); continuous, steady (*regn* rain)

ihärdig *a1* (*om pers.*) persevering; (*trägen*) assiduous, tenacious; (*om sak*) persistent; ~*t nekande* persistent denial

ikapp (*i tävlan*) in competition; *hinna* ~ *ngn* catch s.b. up; *springa* ~ *med ngn* run a race with s.b.; *de rider* ~ *med varandra* they are racing each other on horseback

ikläda dress in; clothe in (*äv. bildl.*); ~ *sig* (*påtaga sig*) take upon o.s., assume, make o.s. responsible for

ikon [i'kå:n] *s3* icon

ikraftträdande *a4* coming into force; ~ *av lag* passing into law

1 il *s2* (*vind-*) gust [of wind]; squall

2 il *s7, se* -gods, -samtal *o.d.*; (*påskrift på telegram o.d.*) urgent

1 ila *det* ~*r i tänderna på mig* I have a shooting pain in my teeth

2 ila *litt.* speed; fly, dart, dash; (*mera vard.*) hurry; *tiden* ~*r* time flies [apace]

il|bud urgent message (*efter* for); *pers.* express messenger **-fart** *med* ~ at full (top) speed **-gods** *koll.* express goods, goods sent by express train; *sända som* ~ send by express

illa *komp. värre el. sämre, superl. värst el. sämst; adv* (*dåligt*) badly; (*låta sound*) bad; (*klent*) poorly; (*på tok*) wrong; (*elakt, skadligt*) ill, evil; (*svårt*) badly, severely; (*mycket*) very (*trött* tired); ~ *behandlad* ill-treated; ~ *berörd* unpleasantly affected; ~ *dold avundsjuka* ill-concealed envy; ~ *kvickt* pretty (damn) quick; ~ *till mods* sick at heart, downhearted; *behandla ngn* ~ treat s.b. badly; *göra ngn* ~ hurt s.b.; *göra sig* ~ *i foten* hurt one's foot; *må* ~ feel poorly (out of sorts), (*vilja kräkas*) feel sick; *ta* ~ *upp* take it amiss; *ta* ~ *vid sig* be very upset (grieved) (*av* about); *tala* ~ *om ngn* run s.b. down, speak ill of s.b.; *tycka* ~ *vara* take it amiss, mind; *det går* ~ *för mig* things are going badly (*på tok* wrong) for me; *den* ~ *gör han* ~ *far* who evil does, he evil fares; *man ligger* ~ *i den här sängen* this bed is uncomfortable; *den luktar* (*smakar*) ~ ~ it has a nasty smell (taste); *hon ser* ~ her sight is bad;

hon ser inte ~ *ut* she is not bad-looking; *det var* ~*!* that's a pity!; *det var inte* ~*!* that is not bad!, that is pretty good!; *det var inte så* ~ *menat* no offence was intended (meant); *är det så* ~*?* is it as bad as all that?

illa|luktande *a4* nasty-smelling, evil-smelling **-mående** *a4* poorly, out of sorts, unwell; indisposed; *känna sig* ~ *(ha kväljningar)* feel sick **-sinnad** *a5* ill-disposed; *(om handling)* malicious **-varslande** *a4* evil-boding, ill-boding; ominous

illdåd wicked (evil) deed; outrage *(mot* on)

illeg|al *a1* illegal **-itim** *a5* illegitimate

ill|gärning malicious (evil, wicked) deed; outrage *(mot* on) **-gärningsman** evil-doer; malefactor **-marig** *a1* sly, knowing; *(slug)* cunning; *(skälmsk)* arch

illojal *a1* disloyal; ~ *konkurrens* unfair competition **-itet** disloyalty

ill|röd glaring red **-tjut** piercing yell; *ge till ett* ~ make a hell of a row **-tjuta** scream

illusion illusion; *(falsk föreställning)* delusion; *göra sig* ~*er* *om* cherish illusions about; *ta ngn ur hans* ~*er* disillusion s.b. **-ist** illusionist

illusions|fri, -lös free from all illusion[s *pl*]; absolutely disillusioned

illusorisk [-'so:-] *a5* illusory; *(bedräglig)* illusive; *(inbillad)* imaginary

illust|ration illustration **-rativ** *a5* illustrative; *boktr. äv.* illustrational **-ratör** illustrator **-rera** illustrate

ill|vilja *(ont uppsåt)* spite, ill will *(mot* towards); *(elakhet)* malevolence; *(djupt rotad)* malignity **-villig** spiteful, malicious, malevolent *(mot* towards)

ilmarsch forced march

ilning [´i:l-] thrill *(av glädje* of joy); *(av smärta)* shooting pain

il|paket express parcel **-samtal** *tel.* express call

ilsk|a *s1* [hot] anger, [boiling] rage, [intense] fury *(över ngt* at s.th.); *i* ~*n* *in his (etc.)* anger, for very rage; *göra ngt i* ~*n* do s.th. in a fit of anger **-en** *a3* angry; *(ursinnig)* furious; *(om djur)* savage, ferocious; *bli* ~ get angry *(på ngn* with s.b.; *över ngt* at s.th) **-na** ~ *till* fly *(så småningom* work o.s.) into a rage (fury); ~ *till mer och mer* get angrier and angrier

iltelegram express telegram (wire, cable)

imaginär [-ʃi-] *a5* imaginary *(äv. mat.)*; unreal, fancied

imbecill *a5* imbecile

imit|ation imitation **-atör** imitator; *(varietéartist o.d.)* mimic **-era** imitate; copy; *(människor äv.)* take off, mimic; ~*t läder* imitation leather

imma I *s1 (ånga)* mist, vapour; *(beläggning)* steam, moisture; *det är* ~ *på fönstret* the window is steamed (misted) over **II** *v1* get misted [over]

immateriell *a5* immaterial

immig *a1* misty, steamy

immigr|ant immigrant **-ation** immigration **-era** immigrate *(till* into)

immun *a1* immune *(mot* against, from, to) **-globulin** immunoglobulin **-isera** immunize **-itet** immunity

imperativ I *s3* (*i* in the) imperative **II** *a5* imperative

imperfekt *s7, s4* **-um** *s4* imperfect; *i* ~ in the past tense

imperial|ism imperialism **-ist** imperialist **-istisk** [-'ist-] *a5* imperialist[ic]

imperium [-'pe:-] *s4* empire

implo|dera implode **-sion** implosion

imponer|a make an impression *(på* on); impress; *jag blev mycket* ~*d* I was very much impressed *(av* by) **-ande** *a4* impressive; imposing; *ett* ~ *antal* a striking[ly large] number of; *en* ~ *gestalt* an imposing figure; ~ *siffror* striking figures

impopulär *a1* unpopular *(bland, hos* with)

import [-å-] *s3* (-*erande*) import[ation]; *(varor)* imports *(pl)* **-era** import *(till* [in]to); ~*de varor (äv.)* imports **-förbud** import prohibition (ban) **-licens** import licence **-tull** import duty **-ör** importer

impot|ens *s3* impotence, impotency **-ent** *a4* impotent

impregner|a [-ɛŋ'ne:- *el.* -ɛn jë:-] impregnate; *(mot väta)* waterproof; *(trä)* creosote **-ing** impregnation; *(mot vatten)* waterproofing; *(av trä)* creosoting **-ingsmedel** impregnating agent

impressario [-'sa:-] *s3* impresario

impressionist impressionist **-isk** [-'ist-] *a5* impressionist[ic]

improduktiv *a1* unproductive; *(oräntabel)* unprofitable **-itet** unproductiveness; unprofitability

improvis|ation improvisation **-atör** improviser **-era** improvise, *(om* ...) *ulåre äv.)* extemporize

impuls *s3* impulse; *(utifrån kommande äv.)* stimulus, incentive, spur, impetus *(till* to); *elektr.* excitation **-givare** *elektr.* exciter

impulsiv *a1* impulsive **-itet** impulsiveness

impulsköp (-*ande*) impulse buying; *ett* ~ a purchase made on [the] impulse; *göra ett* ~ buy on [the] impulse

in [inn] in, (~ *i huset o.d.*) inside; *hit (dit)* ~ in here (there); ~ *i* into; ~ *till staden* in *(äv.* up) to town; *till långt* ~ *på natten* until far [on] into the night

inackorder|a [´inn-] board and lodge *(hos* with); *vara* ~*d* board and lodge, be a boarder; ~ *sig* arrange to board and lodge *(hos* with) **-ing 1** *abstr.* board [and lodging], board-and-lodging accommodation **2** *pers.* boarder; *ha* ~*ar* take in boarders

inadekvat *a4* inadequate

in|aktiv [*el.* 'inn-] inactive; inert **-aktuell** *(förlegad)* out of date; *problemet är* ~*t* the problem does not arise (is not pertinent)

inand|as inhale; breathe in **-ning** inhalation

in|arbeta 1 work in **2** *(förtjäna tillbaka)* work off *(en förlust* a loss) **3** *(skaffa avsättning för)* push [the sale of], find a market for; *en väl* ~*d firma* a well-established firm **-avel** inbreeding **-begripa** comprise, comprehend; *(innesluta)* include; *(medräkna)* take into account; *...ej -begripen* not including...; *;-begripen i samtal* engaged in conversation **-beräkna** include, take into account; *allt* ~*t* everything included **-betala** pay [in, up]; ~ *till en bank (på sitt konto)* pay into a bank (one's account); *-betalda avgifter* paid-up fees **-betalning** paying [in, up], payment; *in- och utbetalningar* receipts and disbursements, in- and outgoing payments **-betalningskort** *post.* paying-in form

inbill|a ~ *ngn ngt* make s.b. (get s.b. to) believe s.th.; ~*d* imagined, fancied, imaginary; *vem har* ~*t dig det?* whoever put that into your head?; *det kan du* ~ *andra!* tell that to the marines!; ~ *sig* imagine, fancy; ~ *sig vara* imagine that one is; ~ *sig vara ngt* think a great deal of o.s. **-ning** imagination; *(falsk föreställning)* fancy; *det är bara* ~*[ar]!* that is pure imagination (all fancy)! **-ningssjuk** *en* ~ an imaginary invalid, a hypochondriac; *vara* ~ suffer from an imagined complaint

inbilsk *a1* conceited

inbiten *a5* confirmed *(ungkarl* bachelor); inveterate *(rökare* smoker)

inbjud|a invite; ~ *till kritik* invite criticism; ~ *till teckning av aktier* invite subscription[s] to a share issue; *har äran* ~...*till middag* request the pleasure of the company of...to dinner **-an** *r, pl saknas* invitation **-ande** *a4* inviting; *(lockande)* tempting **-ning** invitation **-ningskort** invitation card

inbland|a *se blanda; bli* ~*d i ngt* become (get) involved (implicated, mixed up) in s.th. **-ning** *bildl.* interference, meddling; *(ingripande)* intervention

in blanko ['blann-] in blank; in blanco

in|blick insight (*i* int); *få en* ~ *i (äv.)* catch a glimpse of **-bringa** yield, bring [in] **-bromsning** braking, application of the brake[s *pl*]

inbrott 1 *(början)* setting in; *vid dagens* ~ at the break of day, at daybreak (dawn); *vid nattens* ~ at nightfall; *vid mörkrets* ~ at the approach of darkness **2** *(under dagen)* housebreaking; *(under natten)* burglary; *göra* ~ *hos ngn* break into (commit a burglary at) a p.'s house

inbrotts|försäkring burglary insurance **-tjuv** *(under dagen)* housebreaker; *(under natten)* burglar

in|brytning *mil.* break-in (*i* in) **-buktning** inward bend **-bunden** *a3* **1** *(om bok)* bound **2** *bildl.* uncommunicative, reserved **-burad** *a5* locked up **-byggare** *(bebyggare)* settler; *se äv.* invånare **-byggd** *a5* built in; *en* ~ *veranda* a closed-in veranda[h] **-byte** trading-in **-bytesvärde** trade-in value **-bäddad** *a5* embedded

inbördes [-ö:-] **I** *adv (ömsesidigt)* mutually; reciprocally; *(med varandra)* with one another; *(inom sig själva)* among[st] themselves **II** *oböjligt a* mutual; reciprocal; *deras* ~ *avstånd* their relative distance; *sällskap för* ~ *beundran* mutual admiration society; ~ *testamente* mutual ([con]-joint) will **-krig** civil war

incest *s3* incest

incheck|ning checking-in **-ningsdisk** check-in [counter]

incident *s3* incident

incitament *s7* incentive; incitement

indata *data.* input

indel|a divide (*i* into); *(uppdela)* divide up (*i* into; *efter* according to); *(i klasser)* classify, group; *(i underavdelningar)* subdivide **-ning** dividing [up]; division; classification, grouping; subdivision

index ['inn-] *s7, s9* index (*pl äv.* indices); *mat.* subscript **-reglerad** *a5* index-linked

indian *s3* [American] Indian **-hövding** [Red-]-Indian chief

indian|sk [-a:-] *a5* [Red-]Indian **-ska** [Red-]Indian woman

indici|ebevis [-ˣdi:-] circumstantial evidence **-um** [-'di:-] *s4* indication *(på* of); *jur.* circumstantial evidence; *bildl.* criterion; *starka -er* weighty evidence; *döma ngn på -er* convict s.b. on circumstantial evidence

Indien ['inn-] India; *Bortre* ~ Farther India **indier** ['inn-] Indian

indign|ation [-diŋna-, *äv.* -dinja-] indignation **-erad** [-'e:-] *a5* indignant *(över* of)

indika|tion indication **-tiv** *s3 o. a1* indicative; *stå i* ~ be in the indicative **-tor** [-ˣa:tår] *s3* indicator

indiker|a indicate **-ing** indication, indicating

indirekt ['inn-, *äv.* -'ekt] *a4* indirect; ~ *anföring* indirect (reported) speech, *AE.* indirect discourse; ~ *belysning* indirect (concealed) lighting; ~ *bevis* indirect proof; ~ *skatt* indirect tax; ~ *val (ung.)* election by ad hoc appointed electors

indi|sk ['inn-] *a5* Indian **-ska** Indian woman; *I~a oceanen* [the] Indian Ocean

indiskret *a1* indiscreet; tactless; *(lösmynt)* talkative **-tion** indiscretion

indis|ponerad [-'ne:-] *a5* indisposed, out of sorts; *(om sångare)* not in good voice **-ponibel** [-'ni:-] unavailable **-position** indisposition

individ *s3* individual; *(om djur äv.)* specimen; *(neds. om pers. äv.)* specimen, character

individu|alisera individualize **-ism** individualism **-ist** individualist **-istisk** [-'ist-] *a5* individualistic **-itet** individuality

individuell *a5* individual

indoeurop|é *s3,* **-eisk** [-'e:-] *a5* Indo-European

indoktriner|a indoctrinate **-ing** indoctrination

Indonesien [-'ne:-] *n* Indonesia **indonesisk** [-'ne:-] *a5* Indonesian

indrag indentation, indent

indrag|a *se dra [in]; (friare)* draw in; *(inveckla)* involve, implicate (*i* in) **-ning** drawing in; involvement, implication; withdrawal; stoppage, discontinuance; confiscation; suspension

indriv|a *(inkassera)* collect, call in; *(på rättslig väg)* recover **-are** debt collector **-ning** collection; recovery

in|dränka soak, saturate **-dunstning** [concentration by] evaporation

industri *s3* industry; ~ *och hantverk* the crafts and industries

industrial|isera industrialize **-isering** [-'se:-] industrialization **-ism** industrialism

industri|arbetare industrial (factory) worker **-departement** ministry *(AE.* department) of industry **-ell** *a5* industrial **-land** industrialized country **-man** industrialist **-minister** minister *(AE.* secretary) of industry **-produktion** industrial production **-semester** general industrial holiday **-spionage** industrial espionage

ineffektiv *a1* ineffective; *(om pers. äv.)* inefficient **-itet** ineffectiveness; inefficiency

inemot *(om tid)* towards; *(om antal o.d.)* nearly, close on

inexakt *a1* inexact, inaccurate

in|fall *s7* **1** *(angrepp)* invasion (*i* of); incursion (*i* into) **2** (*påhitt*) idea, fancy; (*nyck*) whim; *jag fick ett* ~ I had a bright idea (a brain wave) **3** (*kvickhet*) sally **-falla 1** (*om vattendrag o.d.*) fall (*i into*) **2** ~ *i ett land* invade a country **3** (*inskjuta yttrande*) put in **4** (*inträffa*) fall (*på en söndag* on a Sunday) **-fallen** *a5*, *infallna kinder* sunken (hollow) cheeks **-fallsvinkel** angle of incidence (*bildl.* approach)

infanteri infantry **-avdelning, -förband** infantry unit **-regemente** infantry regiment

infanterist infantryman

infarkt *s3*, *med.* infarct[ion]; *A E.* infarct

infart [-a:-] *s3* approach (*äv. sjö.*); ~ *förbjuden!* No Entry!; *under* ~*en till* when approaching (entering)

infarts|led arterial road **-parkering** commuter parking **-väg** drive[way], approach

infatt|a (*kanta*) border; (*juveler e.d.*) set, mount; ~ *i ram* frame **-ning** (*kant*) border; edging; (*ram*) frame[work]; (*för juveler o.d.*) setting, mounting; (*t. glasögon e.d.*) rim; (*t. fönster t.d.*) trim

infek|tera infect **-tion** [-k'ʃɔ:n] infection

infektions|härd focus of infection **-sjukdom** infectious disease

infernalisk [-'na:-] *a5* infernal **inferno** [-'fä(:)rnå] *s6* inferno

infiltr|ation infiltration **-atör** infiltrator **-era** infiltrate

infinitiv *s3* (*i* in the) infinitive **-märke** sign of the infinitive, infinitive marker

infinna *rfl* appear, make one's appearance; put in an appearance; turn up; ~ *sig hos ngn* present o.s. (appear) before s.b.; ~ *sig vid en begravning* (*på sammanträdet*) attend a funeral (the meeting)

inflamm|ation inflammation (*i* in, of) **-atorisk** [-'to:-] *a5* inflammatory **-era** inflame

inflation inflation **-istisk** [-'ist-] *a5* inflationary

inflationsdrivande inflationary

infli[c]ka put in, interpose

influens *s3* influence

influensa [-ˣenn-] *s1* influenza, *vard.* flu **-epidemi** influenza epidemic **-virus** influenza virus

in|fluera ~ [*på*] influence **-flygning** (*mot flygplats*) approach **-flyta** (*om pengar*) come (be paid) in; (*publiceras*) appear, be inserted

inflyt|ande *s6* (*inverkan*) influence (*på ngn* with s.b.); (*om sak*) impact, effect, power; *göra sitt* ~ *gällande* make one's influence felt, use one's influence; *röna* ~ *av* be influenced by; *öva* ~ *på* exert influence on **-elserik** influential

inflytt|a (*invandra*) immigrate (*i* into) **-ning** moving in, taking possession; (*immigration*) immigration **-ningsklar** ready for occupation

inflöde influx, inflow (*i* into)

in|foga fit in; insert (*bildl.*) **-fordra** (*anmoda*) demand; *i sht hand.* solicit, request; (*återkräva*) demand back; (*lån*) call in; ~ *anbud* invite tenders (*på* for)

information information; (*underrättelse*) intelligence; *mil.* briefing

informations|behandling data processing **-teori** data processing theory

informat|iv *a5* informative **-ör** person who gives information, informant; (*angivare*) informer

inform|ell *a5* informal **-era** inform (*om* of); *mil.* brief; *hålla ngn* ~*d* keep s.b. posted

infra|grill infrared grill **-ljud** infra sound **-röd** infrared; ~ *strålning* infrared radiation **-struktur** infrastructure **-värme** infrared heating

in|fria 1 redeem; (*förbindelse äv.*) meet; (*skuld äv.*) discharge **2** (*uppfylla*) redeem, fulfil (*ett löfte* a promise) **-frusen** frozen in; *bildl.* frozen; ~ *i isen* icebound; *-frusna tillgodohavanden* frozen assets **-frysning** freezing; (*av matvaror äv.*) refrigeration **-fånga** catch; (*rymling o.d. äv.*) capture

infäll|a *tekn.* let into; *sömn.* insert; *boktr.* inset **-bar** *a5* retractable, retractile **-ning** letting into; *konkr.* inlay; *sömn.* insertion, inset

in|född native; *en* ~ *stockholmare* a native of Stockholm **-föding** native

inför **1** *rumsbet.* before; (*i närvaro av*) in the presence of; ~ *domstol* in court; *finna nåd* ~ *ngn* find favour with s.b.; *ställas* ~ *problem* be brought face to face (confronted) with problems **2** *tidsbet.* (*nära*) on the eve of; (*friare*) at (*underrättelsen om* the news of); ~ *julen* with Christmas [near] at hand

inför|a *se föra* [*in*]; (*importera*) import; (*friare o. bildl.*) introduce; (*annons*) insert; ~ *förbud för* lay embargo on, prohibit **-ing** introduction; (*i protokoll e.d.*) entry, entering; (*av annons*) insertion

införliv|a incorporate (*med* with, in[*to*]); ~ *en bok med sina samlingar* add a book to one's collection **-ande** *s6* incorporation

införsel *s2* **1** *se import o, sms.* **2** ~ *i lön* attachment of wages (*etc.*)

inför|skaffa procure (*upplysningar om* particulars about) **-stådd** *a5*, *vara* ~ *med* agree with, be in agreement with

ingalunda by no means; not at all

inge 1 (*inlämna*) send (hand) in **2** *bildl.* inspire (*ngn respekt* s.b. with respect)

ingefära [ˣinge-] *s1* ginger **ingefärsdricka** ginger ale; (*alkoholhaltig*) ginger beer

ingen [ˣiŋen] **1** *fören.* no (*lätt sak* easy matter); ~ *människa* (*vanl.*) nobody, (*starkare*) not a soul; *det var* ~ *dum ide!* that's not a bad idea! **2** *självst.* nobody, no one, none; ~ (*inga*) *av dem* none of them; *inga* none; ~ *alls* nobody (no one) at all, not a single person; ~ *mindre än* no less [a person] than; *nästan* ~ hardly any (*etc.*) **-dera** neither [of them (the two)]

ingenjör [inʃen'jö:r] engineer **ingenjörstrupper** *pl* engineers, sappers; ~*na* (*i Storbritannien*) the Royal Engineers

ingenmansland no-man's-land

ingen|stans, -städes nowhere; *AE. vard.* no place

ingenting nothing; *nästan* ~ hardly anything, next to nothing; *det blir* ~ *av med det!* that's off!, *vard.* there's nothing doing!; *det gör* ~ it does not matter; *det säger jag* ~ *om!* I have nothing to say to that!

ingift *a4*, *bli* ~ *i* marry into

ingivelse inspiration; (*impuls*) idea, impulse; *stundens* ~ the spur of the moment

in|gjuta *bildl.* infuse (*nytt mod hos ngn* fresh courage into s.b.) **-gravera** engrave

ingrediẹns [ing-] s3 ingredient; component
ingrepp 1 kir. [surgical] operation **2** bildl. interference; (intrång) encroachment, infringement **3** tekn. engagement; (av kuggar) mesh[ing]
ingrẹss s3 preamble, introduction
ingrip|a bildl. intervene; (hjälpande) step in, come to the rescue; (göra intrång) interfere **-ande I** s6 intervening etc.; intervention; interference **II** a4 far-reaching; radical, thorough; ~ förändringar radical changes
ingrodd a5 **1** ingrained (smuts dirt) **2** (inrotad) inveterate (ovana bad habit); deep-rooted (misstro suspicion)
ingå 1 ~ i den eviga vilan enter into the everlasting peace **2** (om tid) set in, come, begin; dagen ingick strålande klar the day dawned radiantly clear **3** (inkomma) arrive; (om underrättelse) come to hand; (om pengar) come in **4** (inlåta sig) enter (på into); (utgöra del) be (become) [an integral] part (i of); (medräknas) be included; ~ i allmänna medvetandet become part of the public consciousness; det ~ r i hans skyldigheter it is part (one) of his duties **5** (avtal, förbund e.d.) enter into; ~ fördrag conclude (make) a treaty; ~ förlikning come to terms, arrive at a compromise; ~ ett vad make a bet (wager); ~ äktenskap [med] marry
ingående I a4 **1** (ankommande) arriving; (om brev o.d.) incoming; ~ balans balance brought forward **2** (grundlig) thorough, close (granskning scrutiny); ~ kännedom om intimate knowledge of; ~ redogörelse för detailed report of **II** adv thoroughly etc.; diskutera ~ discuss in detail; ~ redogöra för give a full and detailed account of **III** s6 **1** fartyget är på ~ the vessel is inward bound **2** (av fred o.d.) conclusion; (av äktenskap) contraction
ingång 1 entrance; (port äv.) door, gate; förbjuden ~! No Admittance! **2** (början) commencement, beginning; (gryning) dawn
ingångsvärde initial (opening) value
inhal|ator [-ˣa:tår] inhalator **-era** inhale
inhemsk a5 **1** (motsats utländsk) home, domestic; äv. English, Swedish (etc.) **2** biol. indigenous, native
inhopp bildl. sudden initiative
inhumạn inhuman
in|hysa house; accommodate; vara -hyst hos ngn (om sak) be stored at a p.'s house **-hägna** [-häŋna] enclose; ~ med plank (staket) board (fence) in **-hägnad** [-hägnad] s3 (område) enclosure; (fålla) fold, pen; (staket) fence **-hämta 1** (skaffa sig) gather, pick up; procure, secure; (lära sig) learn; ~ kunskaper acquire knowledge; ~ ngns råd ask a p.'s advice, consult s.b.; ~ upplysningar obtain information, make inquiries **2** (nå fatt) catch up; ~ ett försprång gain on, reduce a lead **-hösta** bildl. reap; (poäng) score
inifrån I adv from within; from [the] inside **II** prep from the interior of; from inside (within)
initiạl [-tsi-] s3 initial
initiatịv [-tsia-] s7 initiative; på eget ~ on one's own initiative; ta ~ till ngt take the initiative in doing s.th. **-förmåga** power of initiative **-rik** full of initiative, enterprising **-tagare** initiator, originator, promoter (till of)

initier|a [-tsi-] initiate **-ad** a5 initiated (i into); well-informed (i on); i ~e kretsar in well-informed circles
injaga ~ respekt hos ngn command respect in s.b.; ~ skräck hos ngn strike terror into (intimidate) s.b.
injektion [-k'ʃo:n] injection; vard. shot **injektionsspruta** hypodermic syringe; vard. needle
injic[i]era inject
injustering adjustment
inkafolket the Incas
inkalla call in; (möte e.d.) summon (äv. jur.), convoke, convene; mil. call up, AE. draft (t. militärtjänst for military service); en ~d (mil.) a conscript, AE. a draftee **inkallelse** summons; mil. call-up, AE. draft [call] **-order** calling-up papers (order), AE. induction papers
inkapsl|a enclose, encase **-ing** enclosure; encapsulation
inkarnation incarnation
inkasser|a [ˣinn-] collect, recover; bildl. receive **-are** collector
inkasso [-'kassɔ] s6 collection [of debts], collecting, recovery **-avgift** collecting (collection) fee
in|kast 1 sport. throw-in **2** (invändning) objection, observation **-kilad** [-çi:-] a5 wedged (i into; mellan in between)
inklu|dera include **-sive** [-'si:-] included; including, inclusive of
inklämd a5 squeezed (jammed) in; med. strangulated
inkognito [-'kåŋni-] adv o. s6 incognito, fem. incognita
inkokt a4 preserved etc.; (i socker) candied; ~ fisk poached fish
inkomm|a ~ med (anbud, redogörelse etc.) hand in, submit; ~ med klagomål lodge complaints **-ande** a4 incoming
inkompet|ẹns incompetence; incapacity; disability **-ẹnt** incompetent; (om platssökande) unqualified
inkomst [-å-] s3 income; earnings (pl) (av, på from); (stats-) revenue[s pl]; (avkastning) yield, proceeds (pl); ~ av arbete earned income; ~ av kapital unearned income; fast ~ settled income; ~er och utgifter income and expenditure; ha goda ~er have a good income; hur stora ~er har han? what is his income? **-beskattning** income taxation **-bortfall** loss of income; income shortfall **-sida** på ~n on the income (credit) side **-skatt** income tax **-tagare** wage earner
inkongru|ẹns incongruity **-ẹnt** incongruous; geom. äv. incongruent
inkonsekv|ẹns inconsistency **-ẹnt** inconsistent
inkontin|ẹns s3 incontinence **-ẹnt** a4 incontinent
inkoppl|a 1 couple, connect; elektr. switch in (on), turn on **2** inform, advice, get in touch with; polisen är ~d the police have been called in **-ing** coupling, connection; elektr. switching in (on), turning on
inkräm s7 **1** (av bröd) crumb **2** (av fågel o.d.) entrails (pl)
inkräkt|a [-'kräck-] encroach, trespass, intrude (på [up]on) **-are** trespasser, intruder; (i ett land)

invader
inkubationstid incubation period
inkurant *al* unsaleable, unmarketable
inkvarter|a [ˣinn-] *mil.* billet, quarter (*hos* on); (*friare*) accommodate **-ing 1** billeting; accommodation **2** (*plats*) quarters (*pl*), billet
inkvisition ~*en* the Inquisition
inköp purchase; *göra* ~ (*i butik*) do shopping, shop; *den kostar...i* ~ the cost price is...
inköp|a buy, purchase **-are** buyer, purchaser
inköps|avdelning buying department **-chef** chief (head) buyer **-lista** shopping list **-pris** cost price
inkör|d [-çö:-] *a5* (*om bil*) run-in; (*om häst*) broken[-in]; ~*a fraser* well-drilled phrases **-ning** (*av hö e.d.*) bringing in; (*av motor*) running-in; *bilen är under* ~ the car is being run (driven) in
inkörsport entrance [gate]; *bildl.* gateway
in|laga *s1* **1** (*skrift*) petition, address, memorial **2** (*i cigarr e.d.*) filler **3** (*boks inre*) body **-lagd** *a5* **1** (*i ättika*) pickled; (*i olja*) put down; (*i flaska*) bottled; (*i bärburk*) tinned, canned **2** *-lagt arbete* inlaid work, inlay **-land** interior, inland parts (*pl*); *i in- och utlandet* at home and abroad
inlands|is inland ice **-klimat** inland climate
inleda *v2* **1** (*förbindelser, förhandlingar, möte, samtal*) open, enter into (upon); (*diskussion e.d.*) introduce, begin, start off; (*undersökning e.d.*) initiate, set on foot, institute; usher in, initiate (*en ny epok* a new epoch); ~ *en offensiv* launch an offensive **2** (*locka*) lead (*i frestelse into* temptation)
inled|ande *a4* introductory, opening (*anförande* address); (*förberedande*) preparatory, preliminary **-are** opening (first) speaker **-ning** introduction; (*friare*) opening, beginning
inlednings|anförande introductory address, opening speech **-skede** initial stage **-vis** by way of introduction; to start (begin) with
inlevelse feeling insight, vivid realization (*i* of) **-förmåga** ability to enter into
inlopp 1 (*infartsled*) entrance, [sea] approach **2** (*inflöde*) inflow, inlet **3** *tekn.* inlet, intake
inlån|ing borrowing; (*i bank*) [bank] deposits (*pl*), receiving on deposit; *affärsbankernas* ~ the deposits of the commercial banks **-ingsränta** interest on deposit[s *pl*]; deposit rate
in|låta *rfl,* ~ *sig i* (*på*) enter into; ~ *sig i strid* engage (get involved) in a fight; ~ *sig med ngn* have dealings (take up) with s.b. **-lägg** *s7* **1** (*ngt inlagt*) inlay, inset; (*bilaga*) enclosure, insert; (*i sko*) insertion; *sömn.* tuck **2** (*i diskussion*) contribution (*i* to)
inlägg|a 1 *se lägga* [*in*] **2** *bildl.* put in (*ett gott ord för* a word for); (*införa*) insert (*i* in); *jur.* enter, lodge; ~ *känsla i* put feeling into **3** *konst. o.d.* inlay **-ning 1** *abstr.* putting in; insertion; (*av grönsaker e.d.*) bottling, preserving, tinning, AE. canning; *konst.* inlaying **2** *konkr.* bottled (tinned) fruit (*etc.*); *konst.* inlay
inlämn|a hand (send) in; (*deponera*) leave, deposit; ~ *ansökan* make (lodge, hand in) an application **-ning 1** handing (sending) in; (*deponering*) leaving, depositing **2** (*inlämningsställe*) cloakroom
in|ländsk *a5* internal, domestic, home **-lärning**

learning; (*utantill*) memorizing; instruction
inlös|a (*betala*) pay; (*check e.d.*) cash; (*växel*) honour, take up; (*fastighet*) buy [in]; (*pant*) redeem **-en** *oböjligt s,* **-ning** *s2* payment; cashing; honouring, taking up; (*av lån, pant e.d.*) redemption; (*av sedlar*) withdrawal
inmat|a *tekn.* feed **-ning** *tekn.* feeding (*i* into); *data.* input
in|montera [ˣinn-] install, set up, put in **-mundiga** consume, eat, partake of
inmur|a (*i vägg e.d.*) wall (bond) in; (*inspärra*) immure (*i* in) **-ning** walling in *etc.*
inmuta take out a mining concession for, [put in a] claim
innan I *konj o. prep* before **II** *adv* **1** *utan och* ~ inside and out[side]; *känna ngn utan och* ~ know s.b. thoroughly (inside out) **2** *tidsbet.* before; *dagen* ~ the day before **-döme** *s6* inside, interior; *jordens* ~ the bowels (*pl*) of the earth **-för I** *prep* inside, within; (*bakom*) behind **II** *adv, den* ~ *belägna...* the...within (on the inside) **-lår** *kokk.* (*av oxe o.d.*) thick flank; (*av kalv*) fillet **-mäte** *s6* (*av djur*) entrails (*pl*), guts (*pl*), bowels (*pl*); (*av frukt e.d.*) pulp **-till** *läsa* ~ read from the book (*etc.*)
in natura [-ˣtu:-] in kind
inne 1 (*motsats ute*) inside; (*motsats utomhus*) indoors, in the house; (*hemma*) in **2** (*på lager*) in stock, on hand; (*i kassan*) in hand; *sport., kortsp.* in play; (*hemmastadd*) *up, at home* (*i lht*); *vara* ~ (*i ngt*) *i be* familiar with, be well versed in **3** *tiden är* ~ *att* the time has come to **4** (*på modet*) trendy, in **-boende 1** *oböjligt s, alla i huset* -- all the people living in the house; *en* ~ a lodger, *AE. äv.* a roomer; *vara* ~ *hos* lodge (live) with s.b. **2** *a4, bildl.* inherent (*anlag* talent); intrinsic (*värde* value) **-bruk** *för* ~ for indoor use **-bränd** *a5, bli* ~ be burnt to death in a house (*etc.*) **-bära** imply, mean, denote; (*föra med sig*) involve **-börd** signification, meaning; implication; *av* [*den*] ~*en att* to the effect that; *av följande* ~ of the following purport **-fatta** (*inbegripa*) include, comprise; (*omfatta*) embrace; (*bestå av*) consist of **-ha** (*äga*) be in possession of, have in one's possession; (*aktier, ämbete, titel*) hold
inne|hav *s7* possession, *konkr.* holding (*av guld* of gold) **-havare** possessor; owner; (*av firma e.d.*) proprietor; (*av värdepapper, ämbete*) holder; (*av prästämbete*) incumbent; ~ *av ett patent* patent owner (holder), patentee **-håll** *s7* contents (*pl*); *geom., filos. o.d.* content (*ordalydelse äv.*) tenor; (*kontrakts o.d. äv.*) terms **-hålla 1** contain; (*rymma äv.*) hold; (*om tidning äv.*) carry **2** (*ej utbetala*) withhold, keep back, retain
innehålls|deklaration declaration of contents **-förteckning** table of contents, index **-lös** empty, inane **-rik** containing a great deal; (*omfattande*) comprehensive; *en* ~ *dag* an eventful day; *ett* ~*t liv* a full life, a life rich in experience
inneliggande *a4* (*på lager*) in hand; (*bifogad*) enclosed; ~ *beställningar* orders on hand; ~ *varulager* (*äv.*) stock in trade
inner [ˈinn-] *n inrar, sport.* inside forward **-bana** inside track **-belysning** (*i bil*) courtesy light **-dörr** inner door **-ficka** inside (inner) pocket
inner|lig *al* (*djupt känd*) ardent (*kärlek* love),

fervent (*önskningar* desires); intimate (*vänskap* friendship); (*hjärtlig*) heartfelt; (*uppriktig*) sincere; *min* ~*aste önskan* (*äv.*) my dearest wish; *dikten har en* ~ *ton* the poem has a warm sincerity **-ligen, -ligt** ardently *etc.*; (*friare*) heartily, utterly (*trött på* tired of)

inner|sida inner side; (*handens äv.*) palm **-slang** inner tube

inner|st ['inn-] *adv,* ~ [*inne*] farthest (furthest) in; ~ *inne* (*bildl.*) at heart **-sta l** *a, best. form superl.* innermost, inmost (*tankar* thoughts), (*friare*) deepest **II** *n, i sitt* ~ in one's heart [of hearts]

inner|stad city (town) centre; *AE.* downtown **-tak** ceiling **-vägg** interior (inside) wall; (*mellanvägg*) partition [wall]

innesko indoor shoe

inneslut|a enclose; (*omge*) encompass, encircle, shut in; (*innefatta*) include **-ning** kärntekn. containment

inne|stående *a4* (*outtagen*) still due; (*i bank*) deposited, on deposit; ~ *fordringar* claims remaining to be drawn; ~ *lön* salary (wages) due **-ställe** in-place **-varande** *a4* present; ~ *år* this year; *den 6:e* ~ *månad* on the 6th inst. (of this month)

innov|ation innovation **-atör** innovator

innästla *rfl* insinuate (wheedle) o.s. (*hos* into the confidence of)

inofficiell unofficial; informal

inom [ˣinnåm] *prep* **1** *rumsbet.* within; (*inuti*) in; ~ *sig* inwardly, in one's heart (mind); *vara* ~ *synhåll* keep within sight; ~ *sitt område är han* in his speciality (field) he is; *styrelsen utser* ~ *sig* the directors elect from among their number **2** (*om rörelse*) within, into; *komma* ~ *hörhåll* get within hearing **3** *tidsbet.* within; (*om*) in (*ett ögonblick* a moment); ~ *kort* shortly, before long; ~ *loppet av* [with]in the course of; ~ *den närmaste tiden* in the immediate future; ~ *mindre än en timme* in less than an hour

inombordare [-oːr-] boat with inboard motor

inombords [-oːr-] *sjö.* (*ombord*) on board, aboard; *bildl.* (*invärtes*) inside; *han har mycket* ~ he has got a lot in him **-motor** inboard motor

inomeuropeisk intra-European

inomhus indoors **-antenn** indoor aerial (antenna) **-bana** *sport.* covered (indoor) court; (*ishockey-*) indoor rink **-sport** indoor sports

inomskärs [-ˈjäːrs] in the skerries, inside the belt of skerries (islands)

inopportun *a5* inopportune

in|ordna range, arrange, adapt; ~ *i ett system* arrange according to a system, systematize; ~ *sig under* conform to **-pass** *s7* interjection, remark; observation **-passa 1** fit in (into), adapt **2** (*inflicka*) put in

inpisk|ad *a5* thoroughpaced, out-and-out; *en* ~ *lögnare* a consummate liar; *en* ~ *skojare* an out-and-out rogue **-are** whip

inplacer|a [ˣinn-] place **-ing** placing

in|planera [ˣinn-] schedule, plan the organization of **-planta** implant

inplanter|a [ˣinn-] **1** (*i krukor*) transplant **2** (*från annat land e.d.*) naturalize **-ing** (*av växter*) transplanting; (*av fiskyngel äv.*) introduction, putting out; (*av skog*) afforestation

in|pricka dot, plot **-prägla** engrave (*ngt i sitt*

minne s.th. on one's mind); impress (*i on*) **-pränta** impress (*hos* on); bring home (*hos* to); *få ngt* ~*t i sig* have s.th. drummed into one **-pyrd** [-yː-] *a5* reeking, stuffy, choked; *bildl.* impregnated, steeped in

inpå l [ˣinn *el.* 'inn-] *prep* **1** *våt* ~ *bara kroppen* wet to the [very] skin; *för nära* ~ *varandra* too close to one another (together) **2** *till långt* ~ *natten* until far into the night **II** [-'påː] *adv, för nära* ~ too close [to it, him *etc.*]

inram|a frame **-ning** framing; *konkr.* frame[-work]; (*friare*) setting

inrapportera report; (*friare*) give a report of

inre l *a, komp.* **1** inner; interior; internal; (*inom familj, hus, land äv.*) domestic, home; ~ *angelägenheter* domestic (home) affairs; ~ *diameter* inside (inner, internal) diameter; ~ *energi* internal energy; ~ *mission* home mission; ~ *organ* internal organ; ~ *oroligheter* civil (internal) disturbances; ~ *säkerhet* public safety **2** *bildl.* intrinsic (*värde* value); essential (*sanning* truth); innate (*egenskap* quality); (*andlig*) inner (*liv* life); ~ *öga* inward eye **II** *n* (*saks*) interior; inside; (*ngns*) inner man; *i sitt* ~ inwardly, deep down; *det* ~ *av landet* the inland (upcountry); *hela mitt* ~ *är upprört över* my whole soul (being) is revolted at

inred|a fit up, equip (*till* as); (*med möbler*) furnish **-ning** **1** fitting up *etc.*; equipment **2** *konkr.* fittings (*pl*), appointments (*pl*); interior decoration

inredningsarkitekt interior decorator (designer)

inregistrer|a [ˣinn-] register; enter; *hand.* file, docket; (*friare*) score (*en framgång* a success) **-ing** registering *etc.*; enrolment

inresa *s1* journey up (*till staden* [in]to town); (*t. annat land*) entry, arrival

inrese|tillstånd entry permit **-visum** entry visa

inrid|en *a5* broken[-in], broken to the saddle **-ning** breaking[-in]; horse-breaking

inrikes l *adv* [with]in the country **II** *oböjligt a* inland (*porto* postage); home (*angelägenheter* affairs); domestic, internal **-departement** ministry of the interior; (*i Storbritannien ung.*) Home Office; *AE. ung.* department of the interior **-flyg** domestic (inland) aviation; domestic airlines **-handel** domestic (home) trade **-minister** minister of the interior; (*i Storbritannien ung.*) Home Secretary; *AE. ung.* secretary of the interior **-politik** domestic policy; ~[*en*] home (internal) politics **-politisk** [of] domestic [policy] **-porto** inland postage

inrikt|a put in position, adjust; (*vapen*) aim (*mot* at); *bildl.* direct (*mot, på* towards, *fientligt* against); ~ *sig på* direct one's energies towards, concentrate upon, (*sikta på*) aim at **-ning** putting in position, adjusting; (*av vapen*) aiming; *bildl.* [aim and] direction, concentration

in|ringa encircle, surround; *bildl. äv.* close (hedge) in **-rista** engrave; carve, cut **-rop** (*på auktion*) bid; *konkr.* [auction] purchase **-ropa 1** *teat., bli* ~*d* be called before the curtain **2** (*på auktion*) buy [at an (the) auction] **-ropning** [-oː-] curtain call **-rotad** *a5, bildl.* deep-rooted, deep-seated, inveterate, ingrained **-ruta**

chequer [out], divide up into squares **-rutad** *a5, bildl.* regular, dictated by routine **-ryckning 1** *mil.* reporting for active service **2** *boktr.* indentation, indent[ion] **-rymma 1** (*rymma*) accommodate; (*innehålla*) contain; (*innefatta*) include **2** (*bevilja*) accord, grant

inrådan *r, på* (*mot*) *min* ~ on (contrary to) my advice (recommendation)

inrätt|a 1 (*anlägga*) establish, set up; (*skola e.d.*) found; (*ämbete*) create; (*inreda*) equip **2** (*ordna*) arrange **3** *rfl* settle down (*bekvämt* comfortably); (*rätta sig*) adapt (accommodate) o.s. (*efter* to) **-ning 1** (*anstalt*) establishment; (*allmän, social äv.*) institution **2** (*anordning*) device, appliance, apparatus

insaml|a collect, gather **-ing** collection; (*av pengar äv.*) subscription; *starta en* ~ start (get up) a subscription (*för* for, in aid of)

insamlingslista subscription list

insats 1 *tekn.* lining, inset **2** (*i spel, företag o.d.*) stake[s *pl*]; (*i affär*) deposit; (*i bolag*) in authent **?** (*premium*) achievement, effort; (*bidrag*) contribution (*i* to; *för* towards); (*andel*) share, part; *göra en* ~ make a contribution (an effort) **-lägenhet** owner (freehold) flat; *AE.* cooperative apartment

in|satt *a4,* ~ *i* initiated in, well-informed on, familiar with **-se** see, perceive; (*förstå*) realize; (*vara medveten om*) be aware of **-segling** *under* ~ *till* inward bound for; *under* ~*en till Stockholm* while sailing into Stockholm

insekt *s3* insect; *i[?]* äv. bug

insekts|bett insect bite **-forskare** entomologist **-ätare** insect eater, insectivore

insemin|ation insemination **-era** inseminate

insida inside; inner side; (*hands äv.*) palm; (*friare o. bildl.*) interior

insignier [-'siɲi-] *pl* insignia

insikt *s3* **1** (*förståelse*) understanding (*i* of); (*inblick*) insight (*i* into); (*kännedom*) knowledge (*i, om* of); *komma till* ~ *om* realize, see, become aware of **2** (*kunskap*) ~*er* knowledge (*sg*); ~*er och färdigheter* knowledge and practical attainments **insiktsfull** well-informed; (*sakkunnig*) competent

insinu|ant [-'ant *el.* -'aɳt] *a1* insinuating **-ation** insinuation **-era** insinuate

insistera insist (*på* on)

in|sjukna [-ʃu:-] fall (be taken) ill (*i* with); *hon har* ~*t i mässlingen* she has caught the measles **-sjungen** *a5* (*på grammofon, band*) recorded

insjö lake **-fisk** freshwater fish

inskepp|a (*varor*) import by ship, ship; (*pers., hästar e.d.*) embark; ~ *sig* go on board, embark (*på* on; *till* for) **-ning** (*av varor*) importing by ship; (*av pers. etc.*) embarkation

in|skjuta 1 *se inflicka* **2** (*föra*) insert, interpolate **-skolningsperiod** period of adjustment to school **-skrida** intervene, step in (*mot* to prevent; *t. förmån för* on behalf of) **-skrift** inscription; (*på grav*) epitaph; (*på mynt*) legend, inscription **-skription** [-p'ʃo:n] inscription; legend

inskriv|a 1 enter; *geom. o. bildl.* inscribe; (*pers.*) enrol (*äv. mil.*); *mil.* enlist; *jur.* register **2** *rfl,* [*låta*] ~ *sig* enter one's name, enrol o.s.; *univ.* re-

gister **-ning** entering *etc.*, entry; inscription; enrolment; enlistment; registration

inskränk|a *v3* (*begränsa*) restrict, confine; limit; (*minska*) reduce, cut down, curtail; ~ *sig* restrict o.s., economize, cut down one's expenses; ~ *sig till* confine o.s. to, (*om sak*) be confined (restricted) to, (*ej överstiga*) not exceed **-ning** restriction; limitation; reduction; curtailment; (*förbehåll*) qualification

inskränkt *a1* **1** restricted *etc.*; *i* ~ *bemärkelse* in a restricted (limited) sense; ~ *monarki* constitutional (limited) monarchy **2** (*trångsynt*) stupid; narrow-minded

inskärning *konkr.* incision; cut, notch; (*i kust o.d. samt bot.*) indentation

inskärpa inculcate (*hos* in); (*klargöra*) bring home (*hos* to); (*med eftertryck*) enforce, enjoin, impress (*hos* upon)

inslag 1 (*i väv*) weft, filling, woof **2** *bildl,* element; feature[?] strain (*ur humor*) ät humour); strain (*av grymhet* of cruelty) **-en** *a5* (*om paket*) wrapped up; (*om fönster*) smashed, broken **-ning** (*av paket*) wrapping up; (*av fönster*) smashing, breaking; (*av spik*) knocking (driving) in

insmickr|a *rfl* ingratiate o.s. (*hos* with) **-ande** *a4* ingratiating

in|smord smeared **-smyga** *rfl* (*om fel e.d.*) creep (slip) in [unnoticed] **-smörjning** greasing [up], oiling **-snärja** entangle; ~ *sig* get [u.s.] entangled **-snöad** *a5* **1** *bli* ~ get (be) snowed up, (*blockeras*) get (be) held up by snow **2** *bildl.,* vard. narrow-minded

insolv|ens insolvency **-ent** insolvent

insomna go off to sleep; fall asleep; (*avlida*) pass away, die; *djupt* ~*d* fast asleep

insorter|a [ˣinn-] sort, assort **-ing** sorting, assortment

inspark *sport.* goal kick

in spe future, to be

inspek|tera inspect **-tion** [-k'ʃo:n] inspection **-tör** inspector; surveyor, superintendent, supervisor

inspel|a (*på band, skiva*) record; (*film*) produce, shoot; ~*t program* recorded programme **-ning** recording; (*grammofon- äv.*) record; (*film-*) production; *filmen är under* ~ the film is being shot (is in production)

inspelnings|apparat recorder **-bil, -buss** outside broadcast car (unit)

inspicient *teat.* stage manager; *film.* studio manager

inspir|ation inspiration **-atör** inspirer **-era** inspire; ~*d* inspired; ~*nde* inspiring

insprut|a inject (*i* into) **-ning** injection **-ningsmotor** fuel-injection motor

insprängd *a5* **1** blasted (*i berget* into the mountain) **2** (*inblandad*) disseminated; interspersed, intermixed

inspärr|a shut up; *pers. äv.* lock up **-ning** shutting up *etc.*; confinement, imprisonment

instabil unstable

install|ation installation; *univ.* inauguration; (*av präst*) induction; (*av biskop*) enthronement **-atör** electrician; installation engineer **-era 1** install; *univ. äv.* inaugurate; (*präst*) induct; (*bis-*

kop) enthrone **2** *tekn.* install, fit [in], set up, mount **3** *rfl* install (establish, settle) o.s.

instans [-'ans *el.* -'aŋs] *s3, jur.* instance; (*myndighet*) authority [in charge]; högsta ~ final (highest) court of appeal; lägsta ~ court of first instance

insteg *få* (*vinna*) ~ get (obtain, gain) a footing (*i* in; *hos* with); gain ground

instift|a institute (*en orden* an order); *relig. äv.* ordain; (*grunda*) found, establish **-are** founder; institutor

instinkt [ˣinn-, *äv.* -'inkt] *s3* instinct **-jv** [*äv.* ˣinn-] *a5* instinctive **-ivt** [-'i:vt, *äv.* ˣinn-] *adv,* instinctively, by instinct

institut *s7* institute; institution (*äv. jur.*); (*skola*) school, college

institution institution, institute **-alisera** institutionalize **-ell** *a5* institutional

instruera instruct; *mil.* brief

instruk|tion [-k'ʃo:n] instruction; (*föreskrift, äv. konkr*) instructions (*pl*); *mil. äv.* briefing **-tionsbok** instruction book, manual **-tjv** [*äv.* ˣinn-] *a1* instructive **-tör** instructor

instrument *s7* instrument **instrumental** *a5* instrumental **-musik** instrumental music

instrument|flygning instrument flying **-landning** instrument landing **-panel** instrument panel (board); (*i bil äv.*) dashboard

inströmmande *a4* inpouring

instuder|a [ˣinn-] study; rehearse **-ing** studying *etc.*; rehearsal

instundande *a4* coming, approaching (*måndag* Monday)

ställ|a 1 (*avpassa*) adjust, set; (*kamera, kikare e.d.*) focus; (*radio, TV*) tune in; (*rikta*) point, direct **2** (*upphöra med*) cancel, call off; (*arbete*) discontinue, cease, stop; (*betalningar*) suspend, stop; ~ *fientligheterna* suspend hostilities, cease fire; ~ *förhandlingarna* discontinue (suspend) negotiations **3** *rfl* (*infinna sig*) appear (*inför rätta* in court); *mil.* report [for duty]; (*vid möte*) put in an appearance, turn up; (*om sak*) make its appearance; (*om känsla*) make itself felt (*hos* in); (*uppenbara sig*) present itself; ~ *sig på* (*bereda sig på*) prepare o.s. for, (*räkna med*) count on **-ande** *s6* **1** adjustment *etc.* **2** (*inhibering*) cancellation, discontinuance, suspension **-bar** *a5* adjustable

inställd *a5* adjusted *etc.*; *fientligt* ~ inimically disposed; *vara* ~ *på* be prepared for; *vara* ~ *på att* intend to **inställelse** *jur.* appearance (*inför* before)

inställ|ning 1 adjustment; setting; (*tids-*) time-setting, timing; *foto. äv.* focusing; *radio.* tuning in **2** *bildl.* attitude (*till* to, towards); outlook (*till* on) **-sam** *a1* ingratiating, cringing

1 instämma *jur.* summon to appear; call (*som vittne* as a witness)

2 instämma *bildl.* agree (*i* with), concur (*i* in); ~ *med ngn* agree with s.b.

instämmande *s6* concurrence, agreement

instängd *a5* shut up; (*inlåst*) locked up; confined; (*unken*) stuffy, close **-het** (*unkenhet*) stuffiness; closeness

insug|a suck in; (*inandas*) inhale; (*friare, om sak*) suck up, absorb, imbibe; *bildl.* drink in (*beröm* praise); (*tillägna sig*) acquire, pick up **-ning** sucking in *etc.*; absorption, imbibition; *tekn.* intake, suction

insugnings|rör (*i motor*) inlet pipe **-ventil** inlet valve

insulin *s4* insulin **-chock** insulin reaction (shock) **-koma** insulin coma

in|supa (*frisk luft e.d.*) drink in, inhale; (*uppsuga*) absorb; *bildl.* imbibe **-svepa** envelop, enwrap; ~ *sig i* wrap o.s. up (*envelop o.s.*) in

insväng|d *a5* curved inwards; ~ *i midjan* shaped at the waist **-ning** curving inwards; *en* ~ an inward curve

in|sydd *a5, vard.* placed behind bars, doing time **-syltad** *a5, bildl.* involved, mixed up **-syn 1** observation; view; *skyddad mot* ~ protected from view **2** *bildl.* insight; public control (*i* of)

insändar|e 1 *pers.* sender[-in]; (*t. tidning*) correspondent **2** (*brev t. tidning*) letter to the editor **-spalt** letters-to-the-editor column

insätt|a put in; (*inbetala*) pay in; (*i bank*) deposit; (*i företag*) invest; (*förordna*) appoint, install; (*ngn i hans rättigheter*) establish; ~ *ngn som sin arvinge* make s.b. one's heir **-are** (*i bank*) depositor **-ning** putting in *etc.*; (*av pengar*) deposition, investment; *konkr.* deposit

insöndring endocrine secretion

intag *tekn.* intake; *elektr.* lead-in; (*friare*) inlet **intaga 1** take in; (*förtära*) take; (*måltid*) eat, have; (*på sjukhus, i skola etc.*) admit; (*i tidning*) insert, include **2** (*ta i besittning*) take; occupy (*äv. mil.*); (*upptaga*) take up, occupy; ~ *sin plats* take one's seat; ~ *en avvaktande hållning* take up a wait-and-see attitude; ~ *en framskjuten ställning* hold (occupy) a prominent position **3** (*betaga*) captivate

intag|ande *a4* attractive, charming **-ning** taking in *etc.*; taking; admission; insertion; *mil. äv.* capture

intagnings|nämnd admissions board **-poäng** admission credits

intakt *a4* intact, whole

intala 1 (*på band o.d.*) record **2** ~ *ngn ngt* put s.th. into a p.'s head; ~ *ngn att göra ngt* persuade s.b. to do (into doing) s.th.; ~ *ngn mod* inspire s.b. with courage; ~ *sig* persuade o.s.; ~ *sig mod* give o.s. courage

inte not; no; ~ *för* ~ not for nothing; ~ *en enda gång* (*äv.*) never once; ~ *mig emot* I have no objection, *vard.* OK by me; ~ *sant?* don't you think so?, isn't that so?; ~ *senare än* not (no) later than; ~ *för att jag klagar* not that I'm complaining; *jaså,* ~ *det?* oh, you don't (aren't *etc.*)?; *det var* ~ *för tidigt* that was none too early; *det är* ~ *utan att jag tycker* I must say I think

inteckn|a mortgage **-ing** mortgage; encumbrance, security; *ha en* ~ *i* have a mortgage on

integral *s3* integral **-kalkyl** integral calculus

integration integration

integrer|a integrate; ~*d krets* integrated circuit **-ande** *a4* integral, integrant; *utgöra en* ~ *del av* form an integral part of **-ing** integration

integritet integrity

intellekt *s7* intellect; *ett rörligt* ~ a lively intellect **intellektu|alisera** intellectualize **-ell** *a5* intellectual

intelligens *s3* intelligence **-fri** unintelligent, stupid **-kvot** intelligence quotient (*förk.* I.Q.) **-mätning** intelligence measurement **-test** intelligence test **-ålder** mental age

intelligent *a1* intelligent; (*starkare*) clever

intendent (*föreståndare*) manager, superintendent; (*förvaltare*) steward; (*vid museum*) keeper, curator; (*i ämbetsverk*) comptroller, controller; (*polis-*) superintendent; *mil.* commissary, quartermaster, *AE.* quartermaster supply officer

intendentur *mil.* commissariat [service] **-kår** ~*en* (*i Storbritannien*) the Army Supply Corps, (*i USA*) the Quartermaster Corps

intensifier\|a intensify **-ing** intensification

intensitet intensity

intensiv [*äv.* 'inn-] *a1* (*motsats extensiv*) intensive; (*stark, kraftig*) intense; (*ivrig*) keen, energetic **-kurs** crash course **-vård** intensive care

intention intention

inter\|aktion [-ak'ʃɑ:n] interaction **-aktiv** interactive

interfer\|ens *s3* interference **-era** interfere

interimistisk [-'mist-] *a5* provisional, temporary

interims\|bevis [ˣinn-] scrip; *AE.* interim certificate **-regering** caretaker government **-styrelse** provisional (interim) board

interkontinental intercontinental

inter\|mezzo [-'metsá] *s6* (*mus. o. friare*) intermezzo; (*uppträde*) interlude **-mittent** *a4* inter mittent; • lju∫ (*i fyr*) occulting light

intern [-'tä:rn] **I** *s3* internee; (*i fängelse*) inmate **II** *a5* internal; domestic (*angelägenhet matter*)

international *s3* **1** *polit.* International **2** *1~en* The Internationale **-isera** internationalize

internationell international

internatskola boarding school; (*i Storbritannien*) public school

interner\|a shut up, confine; (*krigsfånge e.d.*) intern, detain, *de ~de* the internees (inmates) **-ing** shutting up, confinement; internment, detention **-ingsläger** internment (detention) camp

internordisk [-'nɔ:r-] inter-Nordic

intern\|rekrytering internal (inside) recruitment **-TV** closed-circuit television (CCTV)

interpell\|ation question, interpellation; (*i Storbritannien vanl.*) question [in debate] **-era** interpellate; (*i Storbritannien vanl.*) ask a question, question

interpolera interpolate

interpunk\|tera punctuate; point **-tionstecken** punctuation mark

interrogativ ['inn- *el.* -'i:v] *a5* interrogative

interurban *a5* interurban **-samtal** trunk call; *AE.* long-distance call

intervall *s3, s7* interval

interven\|era intervene; (*medla*) mediate **-tion** intervention; mediation

intervju *s3* interview

intervju\|a [-'vju:a] interview **-are** interviewer **-objekt** interviewee, person interviewed **-offer** skämts. interviewee **-undersökning** field survey (investigation)

intet I *pron, se ingen*; ~ *ont anande* unsuspecting, suspecting no mischief **II** *n* **1** nothing; *gå om* ~

come to naught (nothing), miscarry; *därav blev* ~ nothing came of it, it came to nothing **2** (*intighet*) (*tomma* empty) nothingness **-sägande** *a4* (*tom* empty); (*obetydlig*) insignificant; (*uttryckslös*) vacant

intill I [ˣinn-, 'inn- *el.* -'till] *prep* **1** *rumsbet.* up to, to; next to; (*emot*) against; *nära* ~ close (near) to; *strax* ~ quite close to **2** *tidsbet.* until, up to **II** [-'till] *adv* adjacent, adjoining; *nära* ~ close (near) by **-liggande** [-ˣtill-] *a4* (*hopskr. intilliggande*) adjacent, adjoining

intim *a1* intimate, close **-itet** intimacy

intjäna earn, make; ~*d lön* salary earned in advance

intoler\|ans [-'ans *el.* -'aŋs] intolerance **-ant** [-'ant *el.* -'aŋt] intolerant

intramuskulär *a5* intramuscular

intransitiv [ˣinn- *el.* 'inn-] *a5* intransitive

intravenös *a5* intravenous

intressant [-'ant *el.* 'uŋt] *aɪ* interesting

intresse [-ˣtresse] *s6* interest; *av* ~ *för saken* out of interest in the matter; *fatta* ~ *för, finna* -- *i* take an interest in; *tappa* ~*t för* lose interest in; *tillvarataga sina* ~*n* protect one's interests; *vara av* ~ be of interest (*för* to); *det ligger inte i hans* ~ it is not in his interests **-gemenskap** community of interests **-grupp** pressure group **-konflikt** conflict of interests **-lös** without interest; uninteresting (*äv. om pers.*) **-motsättning** conflict of interests

intresse\|rad interested party; participant; (*delägare*) partner **-era** interest; ~*de parter* interested parties, parties concerned; *musikaliskt* ~*d* with musical interests; ~*d av* (*för*) interested in; ~ *ngn för ngt* interest s.b. in s.th.; ~ *sig för* takc [an] interest in, be interested in; *det* ~*r mig mycket* it is of great interest to me, I take [a] great interest in it

Intresse\|sfär sphere of interest **-väckande** *a4* interesting

intrig *s3* intrigue; (*stämpling äv.*) plot (*äv. i drama e.d.*); (*friare*) scheme **-era** intrigue, plot; scheme **-makare** intriguer (*ränksmidare*) plotter, schemer

intrikat *a1* intricate, complicated

intrimma trim, run in

introducera introduce (*hos* to) **introduktion** [-k'ʃɑ:n] introduction

introduktions\|brev letter of introduction **-erbjudande** introductory offer

intryck 1 (*märke*) impress, mark (*efter* from, of) **2** *bildl.* impression; *mottaglig för* ~ susceptible to impressions, impressionable; *göra* ~ *av att vara* give the impression of being; *göra* ~ *på* make an impression on; *ta* ~ *av* be influenced by; *jag har det* ~*et att* I have the impression that

in\|trång *s7* encroachment, trespass (*i, på* on); *göra* ~ *på* encroach (trespass) on **-träda 1** ~ [*i*] enter **2** *bildl.* (*om pers.*) step in (*i ngns ställe* to a p.'s place); (*om sak*) set in; (*börja*) begin, commence; (*följa*) ensue; (*uppstå*) arise **-träde** *s6* entrance (*i* into); *i sht bildl.* entry (*i* into); admission, admittance; (*början*) commencement, setting in; *vid mitt* ~ *i rummet* on my entering the room; *göra sitt* ~ *i* (*vanl.*) enter; *söka* ~ apply for admission

inträdes|ansökan application for admission **-avgift** entrance (admission) fee **-biljett** admission (entrance) ticket (*till* for) **-prov** entrance examination

inträffa 1 (*hända*) happen; occur, come about **2** (*-falla*) occur, fall (*i slutet av maj* at the end of May) **3** (*anlända*) arrive, turn up (*i* at, in)

inträng|a penetrate; (*med våld*) intrude **-ande I** *s6* penetration; intrusion **II** *a4* penetrating; penetrative (*förstånd* intelligence)

intui|tion intuition **-tiv** *a5* intuitive

in|tyg *s7* (*i sht av myndighet*) certificate (*om* of); (*i sht av privatpers.*) testimonial (*om, på, över* respecting, as to); *jur.* affidavit **-tyga** (*skriftligen*) certify; (*bekräfta*) affirm; *härmed ~s att* this is to certify that; *rätt avskrivet ~r* true copy certified by **-tåg** entry (*i* into); march (marching) in; *hålla sitt ~* make one's entry **-tåga** march in; *~ i* march into **-täkt** *s3* **1** *~er* income (*sg*), receipts, (*statens, kommuners*) revenue (*sg*), (*avkastning*) yield (*sg*), (*biljett-*) takings, *vard.* take (*sg*) **2** *ta ngt till ~ för* use s.th. as a justification for **-uti** inside; within **-vadera** invade **-vagga** *~ ngn i säkerhet* lull s.b. into a sense of security, throw s.b. off his guard; *~ sig* lull o.s. (*i* into) **-val** *s7* election (*i* into)

invalid *s3* disabled person (soldier *etc.*); invalid **-bil**, **-fordon** invalid car **-isera** disable **-itet** disability; *fullständig ~* total disability (disablement) **-pension** disability pension, disablement annuity **-vagn** invalid car

invand [-a:-] *a5* habitual; *~a föreställningar* ingrained ideas (notions, opinions)

invandr|a immigrate (*till* into); (*om djur, växter*) find (make) its way in (into the country) **-are** immigrant **-arverk** *Statens ~* [the] Swedish immigration board

invandring immigration

invasion invasion

inveckl|a involve; *~ sig* get [o.s.] involved (entangled) (*i* in) **-ad** *a5* involved (*i* in); (*svårlöst*) complicated, intricate

invektiv *s7* invective

inventarieförteckning inventory

inventar|ium [-'ta:-] *s4* **1** (*förteckning*) inventory **2** (*fast*) fixture, **-ier** effects, movables, (*i hus, på kontor e.d.*) furniture (fittings) and fixtures, (*i fabrik e.d.*) equipment, *hand. o. lantbr.* stock (*sg*) **3** *pers.* fixture

inventer|a make an inventory of, inventory; *hand.* take stock of **-ing** inventory; *hand.* stock-taking

inverk|a have an effect (influence) (*på* on); *~ på* (*äv.*) influence, affect **-an** influence, effect; *utsatt för luftens ~* (*äv.*) exposed to the air; *röna ~ av* be influenced (affected) by; *utöva ~ på* influence, affect

invertera invert

invester|a invest **-are** investor **-ing** investment **investerings|avgift** investment tax (duty) **-objekt** investment object (project)

investmentbolag investment trust company

invid I [ˣinn-, 'inn- *el.* -'vi:d] *prep* by; (*utefter*) alongside; *tätt ~ vägen* close to the road **II** [-'vi:d] *adv* close (near) by (*äv. tätt ~*)

invig|a **1** (*t.ex. kyrka, flagga, biskop*) consecrate; (*t.ex. skolhus, bro*) inaugurate, open; (*präst*) ordain; (*använda första gången*) put on (wear, use) for the first time **2** (*göra förtrogen med*) initiate (*i* into) **3** (*helga*) consecrate, dedicate **-ning 1** consecration; dedication; inauguration, opening; ordination **2** initiation

invignings|fest inaugural (opening) ceremony **-tal** inaugural (dedicatory) address (speech)

invikning [-vi:k-] turning (folding) in; *konkr.* inward fold

invit *s3* (*inbjudan*) invitation; (*påstötning*) intimation; (*vink*) hint **-ation** invitation **-era** invite

involvera involve

invån|arantal number of inhabitants, [total] population **-are** inhabitant; (*i hus äv.*) inmate; (*i stadsdel o.d.*) resident; *per ~* (*äv.*) per head (capita)

in|vägning weighing in **-välja** elect; return

invänd|a object, raise (make) objections (*mot* to, against); *jag har ingenting att ~* [*mot det*] I have no objection; *har du ngt att ~?* have you any objection to make (anything to say against)?; *nej, -e hon* no, she protested (demurred) **-ig** *a5* internal, inside **-igt** *adv* internally; (*på insidan*) [on the] inside; (*i det inre*) in the interior **-ning** objection (*mot* to); *göra ~ar, se invända* **-vändningsfri** unobjectionable

in|vänta wait for; (*avvakta*) await **-värtes** *oböjligt a* (*om sjukdom o.d.*) internal; inward (*suck* sigh); *för ~ bruk* for internal use; *~ medicin* internal medicine **-vävd** *a5* woven in[to] (*äv. bildl.*) **-ympa** inoculate; *i sht bildl.* implant (*hos ngn* in s.b.)

inåt I *prep* towards the interior of; into; *~ landet* up country **II** *adv* inwards; *gå längre ~* go (move) further in; *dörren går ~* the door opens inwards **-buktad** *a5*, **-böjd** *a5* bent inwards; in[ward]-bent **-gående I** *s6* (*om fartyg*) *på ~* inward bound **II** *a4* (*om dörr e.d.*) *vara ~* open inwards **-riktad** *a5* pointing (that points) inwards; *bildl. se följande* **-vänd** *a5* turned inwards; (*om blick, tanke e.d. äv.*) introverted, introspective; *psykol.* introvert

inälvor *pl* bowels, intestines; (*hos djur*) viscera, entrails; *vard.* guts

inöva practise; (*repetera*) rehearse; train

iordning|gjord [iˣå:rd-] *a5, är ~* has been got ready **-ställa** put in order

Irak *n* Iraq **irakisk** *a5* Iraqi

Iran *n* [Islamic Republic of] Iran **iransk** [i'ra:-] *a5* Iranian

irer ['i:-] Irish Celt, Gael

iris ['i:-] *s2, anat. o. bot.* iris

irisk ['i:-] *a5* Irish **iriska** ['i:-] (*språk*) Irish Gaelic

Irland ['i:r-] *n* (*ön*) Ireland; (*republiken*) [Republic of] Ireland, Irish Republic, Southern Ireland

irländ|are [ˣi:r-] Irishman; *skämts.* Paddy; *-arna* (*äv.*) the Irish **-sk** *a5* Irish; *I~a fristaten* Irish Free State; *I~a republiken, se Irland* **-ska 1** (*språk*) Irish [Gaelic] **2** (*kvinna*) Irishwoman

iron|i *s3* irony **-isera** speak ironically (*över* of, about) **-isk** [i'rɔ:-] *a5* ironic[al]

irra *~ [omkring]* wander (rove) about

irrationell *a1* irrational; *~a tal* irrational numbers ir|reguljär irregular -relevant [-'ant *el.* -'aŋt] irrelevant -reversibel [-'i:bel] irreversible

irr|färd roving (rambling) expedition; ~*er* wanderings [hither and thither] -gång maze; labyrinth

irrita|bel [-'a:bel] *a2* irritable -ment *s7* excitant; stimulus -tion irritation -tionsmoment source of irritation

irritera irritate; *bildl. äv.* annoy, harass

iråkad *a5, hans* ~*e svårigheter* the difficulties he has got into

is *s2* ice; *under* ~*en* (*bildl.*) (*moraliskt*) done for, (*ekonomiskt*) down on one's luck; *bryta* ~*en* (*bildl.*) break the ice; *frysa* [in]*to* ~ freeze [in]to ice; *gå ner sig på* ~*en* go through the ice [and get drowned]; *ha* ~ *i magen* (*bildl.*) keep one's cool; *lägga på* ~ (*bildl.*) postpone, defer; ~*arna är osäkra* the ice on the lakes is not safe; ~*en har inte lagt sig än* the lake is not frozen yet; ~*en låg illa in i april* the lake[s] remained frozen until April; *varning för svag* ~ (*på anslag, ung.*) Notice: Ice unsafe here **isa** cover with ice; (*drycker*) ice, put in ice; (*mat*) store on ice

is|ande *a4, bildl.* icy; ~ *kyla a*) *eg.* biting (severe) frost, *b*) *bildl.* icy coldness -as *dep, blodet -ades i mina ådror* my blood ran cold -bana *sport.* ice track; (*skridskobana*) skating rink -bark coating of ice -belagd *a5* icy, covered with ice -berg iceberg -bergssallad iceberg lettuce -bildning *abstr.* formation of ice, *konkr.* ice formation -bit piece (lump) of ice -björn polar bear -blåsa ice bag; (*omslag*) ice pack -brytare icebreaker -brytning icebreaking -bälto ice belt

iscensätt|a [i×se:n-] stage, produce; *bildl.* stage, engineer -ning staging (*äv. bildl.*), production

ischias ['iʃ-] *s3* sciatica -nerv sciatic nerve

is|dubb ice prod -flak ice floe -fri ice-free; (*om humn äv.*) open -glass water ice -hav 1 *geogr.*, *Norra* (*Södra*) *I*~*et* the Arctic (Antarctic) Ocean 2 *geol.* glacial sea -hinder ice obstacle (obstruction) -hink ice pail

ishockey ice hockey -hjälm ice-hockey helmet -klubba ice-hockey stick -rink ice-hockey rink -rör ice-hockey skate -spelare ice-hockey player

is|ig *a5* icy -jakt ice yacht -kall ice-cold, as cold as ice; (*friare*) icy cold; icy (*blick* gaze; *ton* tone of voice) -kyld ice-cold, iced

islam *r* Islam -isk [-'la:-] *a5*,

Island ['i:s-] *n* Iceland

islands|sill Iceland herring[s *pl*] -tröja Iceland sweater

is|lossning break-up of the ice, clearing of ice -läggning freeze-up

island|are Icelander -sk *a5* Icelandic -ska 1 (*språk*) Icelandic 2 (*kvinna*) Icelandic woman

isländning Icelander

ism *s3* ism

isolation isolation; *tekn.* insulation -ism isolationism -istisk [-'ist-] *a5* isolationist

isolator [-×a:tår] *s3* insulator; (*ämne*) insulant, insulating material

isoler|a isolate; *tekn.* insulate; *bo* ~*t* live in a house isolated from others; *leva* ~*t* lead an isolated life, isolate o.s. from others -band insulating tape -ing isolation; *tekn.* insulation

isotop [-'tå:p] *s3* isotope

is|pik ice stick -prinsessa ice princess

Israel [×i:s-] *n* Israel israel *s3*, -isk *a5* Israeli

israelit *s3* Israelite -isk *a5* Israelitic, Israeli

is|rapport ice report -ränna channel through the ice -situation ice situation -sörja (*på land*) ice slush; (*i vatten*) broken ice

istadig *a1* restive, refractory

istapp icicle

ister ['ist-] *s7* lard

istid glacial period; ~*en* (*äv.*) the Great Ice Age

iståndsätt|a put in order; restore -ning refitting; restoration

is|tärning ice cube -vatten icy water; (*kylt med is*) ice[d] water

isär (*åtskils*) apart; (*från varandra*) away from each other -tagbar [-a:g-] *a5* dismountable

isätt|ning 1 (-*ande*) putting in (*etc.*) 2 *konkr.* insertion

Italien [i'ta:-] *n* Italy

italien|are [-×e:n-] *s9*, -sk *a5* Italian -ska 1 (*språk*) Italian 2 (*kvinna*) Italian woman

itu 1 in two; in half (halves); (*i bitar*) in pieces; *falla* ~ fall to pieces; *gå* ~ go to pieces 2 *ta* ~ *med ngn* take s.b. in hand; *ta* ~ *med ngt* set about (set to work at) s.th.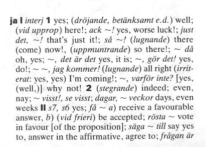

ituta *jag blev alltid* ~*d att* they always kept on at me about

iver ['i:-] *s2* eagerness; keenness; (*nit*) ardour, zeal; (*brinnande*) fervour, enthusiasm; *i* ~*n* (*hettan*) in one's ardour (enthusiasm); *med* ~ (*äv.*) with great zest, with alacrity **ivra** [×i:v-] ~ *för ngt* be a zealous (keen) supporter (an ardent advocate) of s.th.; ~ *för att* be eager (keen) on (*ngt görs* s.th. being done) **ivrig** *a1* eager; (*nitisk*) zealous; (*brinnande av iver*) ardent, fervent, avid; (*angelägen*) anxious; keen (*efter* on)

iögon[en]fallande [i×ö·gån-] *a4* striking; conspicuous, noticeable; obvious

J

ja **I** *interj* 1 yes; (*dröjande, betänksamt e.d.*) well; (*vid upprop*) here!; *ack* ~! yes, worse luck!; *just det,* ~! that's just it!; *så* ~! (*lugnande*) there (come) now!, (*uppmuntrande*) so there!; ~ *då* oh, yes; ~, *det är det* yes, it is; ~, *gör det!* yes, do!; ~ ~, *jag kommer!* (*lugnande*) all right (*irriterat*: yes, yes) I'm coming!; ~, *varför inte?* [yes, (well,)] why not! 2 (*stegrande*) indeed; even, nay; ~ *visst!, se visst; dagar,* ~ *veckor* days, even weeks **II** *s7, s6* yes; *få* ~ *a*) receive a favourable answer, *b*) (*vid frieri*) be accepted; *rösta* ~ vote in favour [of the proposition]; *säga* ~ *till* say yes to, answer in the affirmative, agree to; *frågan är*

med ~ *besvarad* the answer is in the affirmative
jabb *s2* jab
1 jack *s7* (*hack*) gash, cut
2 jack *s2*, *tel.* jack
jacka *s1* (*dam-*) jacket; (*herr- äv.*) coat
jacketkrona jacket crown
jackpott ['jackpått] *s3* jackpot
jag I [*vard.* ja] *pron* I; ~ *själv* I myself; *det är* ~ it is me **II** *s7*, self; *filos.* ego; *ngns bättre* ~ a p.'s better self; *visa sitt rätta* ~ show one's true colours
jag|a 1 hunt; (*hare, högvilt, fågel äv.*) shoot **2** (*förfölja*) chase, pursue; (*driva, fösa*) drive; ~ *ngn på dörren* turn s.b. out; ~ *ngn på flykten* put s.b. to flight; ~ *livet ur ngn* worry the life out of s.b. **3** (*ila*) drive, chase; (*skynda*) hurry, dash **-are** *sjö.* **1** *mil.* destroyer **2** (*segel*) flying jib
jagform *s3*, *i* ~ in the I-form (the first person singular)
jaguar *s3* jaguar
jaha well; (*jaså*) oh, I see
jaja well, well; ~ *dig!* you just look out!, mind what you are doing!
jak|a say 'yes' (*till* to), answer in the affirmative **-ande** *s6* affirmative; ~ *sats* affirmative clause; *svara* ~ answer in the affirmative
jakaranda [ʃ- *el.* j-, -ˣranda] *s1* (*trä*) jacaranda
1 jakt *s3*, *sjö.* yacht
2 jakt *s3* hunting; (*med gevär*) shooting; (-*tillfälle*) day's shooting; (*förföljande*) pursuit, chase; (*letande*) hunt (*efter* for); ~*en efter lyckan* the pursuit of happiness; *gå på* ~ go out hunting; *vara på* ~ *efter* be hunting (on the hunt) for (*äv. bildl.*)
jakt|flyg fighter-aircraft; fighters (*pl*) **-gevär** sporting gun **-hund** sporting (hunting, gun) dog; ~*arna* (*äv.*) the hounds **-lag** *s2* game act **-lycka** the luck of the chase; *har* ~*n varit god?* have you had a good day's sport? **-mark** hunting (shooting) ground; (*inhägnad*) preserve; (*ej inhägnad*) chase; *de sälla* ~*erna* the happy hunting grounds **-plan** interceptor, fighter ~ **rätt** shooting (hunting) rights (*pl*) **-stuga** shooting box (lodge), hunting lodge **-säsong** hunting (shooting) season **-vårdare** gamekeeper; *AE.* game warden **-väska** game bag
jalusi [ʃ-] *s3* **1** (*svartsjuka*) jealousy **2** (*fönsterskärm*) jalousie; Venetian blind **3** (*på skrivbord o.d.*) roll-top; (*på skåp o.d.*) roll-front
jama mew, miaow; ~ *med* (*bildl.*) acquiesce [in everything]
Jamaica [-ˣmaika] *n* Jamaica **jamai|cansk** [-a:-], **-kansk** [-a:-] *a5* Jamaican
jamande *s6* mew, miaow
jamb *s3* iamb[us]
jamsa drivel
januari [-'a:ri] *r* January
Japan ['ja:-] *n* Japan **japan** *s3* Japanese; *vard.* Jap
japan|sk [-'pa:nsk] *a5* Japanese **-ska** *s1* **1** (*språk*) Japanese **2** (*kvinna*) Japanese woman
jargong [ʃarˈgåŋ] *s3* lingo, jargon; slang; (*svada*) jabber; (*rotvälska*) gibberish
ja|rop cry of 'yes' **-röst** vote in favour; aye
jasmin [ʃ-] *s3* jasmine, jessamine
jaså [ˣjasså, 'jasså] oh!, indeed!, is that so?, really!; ~ *inte det!* no?, not?

jasägare yes man
Java *n* Java **javanesisk** [-'ne:-] *a5* Javan[ese]
jazz [jass] *s3* jazz
jazz|a dance [to jazz music], jazz **-balett** jazz (modern) ballet **-musik** jazz music **-orkester** jazz band
jeep [ji:p] *s2* jeep
jehu *i uttr.*: *som ett* ~ like a hurricane
Jemen ['je:-] *n* Yemen [Arab Republic] **jemenitisk** [-'ni:-] *a5* Yemeni
Jeremia [-ˣmi:a] Jeremiah **jeremiad** *s3* jeremiad, lamentation
Jeriko *n* Jericho
Jesaja [-ˣsajja *el.* -'sajja] Isaiah
jesuit *s3* Jesuit **-orden** the Society of Jesus
Jesus [ˣje:- *el.* 'je:-] Jesus **-barnet** the Infant Jesus, the Holy Child
jet|bränsle jet fuel **-motor** jet engine
jetong [ʃe'tåŋ] *s3* (*spelmark*) counter; (*belöning*) medal
jet|plan jet plane (aircraft) **-ström** jet stream
jiddisch ['jidd-] *s2* Yiddish
jigg *s2* (*dans o. tekn.*) jig
jippo ['jippɔ] *s6* [publicity] stunt
jiu-jitsu [-'jitsu] *s5* jujitsu, jujutsu
jo yes, oh yes, why yes; (*eftertänksamt*) well, why; ~ *då* yes, to be sure; oh yes; ~ *visst vill jag det!* oh yes, certainly I will!, to be sure I will!
jobb [-å-] *s7* **1** work, job; (*knog*) job **2** *se jobberi*
jobb|a [-å-] **1** work, be on the job; (*knoga*) go at it; (*syssla*) dabble (*med* in) **2** (*spekulera*) speculate, do jobbing **-are 1** jobber, worker **2** (*som gör tvetydiga affärer*) profiteer **-eri** speculation; profiteering **-ig** *a1* (*mödosam*) laborious; (*besvärlig*) bothersome; *det är* ~*t* it's hard work
jobspost [ˣjåbs-] *s3*, *en* ~ evil tidings (*pl*), [a piece of] bad news
jockej [ʃåˈkej] *s3* jockey
jod [jådd] *s3* iodine
joddl|a [ˣjådd-] yodel **-are** yodeller
jogg|a jog **-are** jogger **-ning** jogging
Johannes [-'hann-] ~ *evangelium* the Gospel according to St. John, John; ~ *döparen* John the Baptist
John Blund (*ung.*) the Sandman
joho oh yes, to be sure
1 jojo [ˣjɔjjɔ] *interj* why, yes to be sure!
2 jojo [ˣjɔjjɔ] *s5* yo-yo
joker ['jå:-] *s2* joker
jolle [-å-] *s2* ding[h]y, skiff; yawl
joller ['jåll-] *s7* babble; (*småbarns äv.*) crowing, prattle **jollra** [ˣjåll-] babble; crow, prattle
jolmig [ˣjåll-] *a1* mawkish, vapid; *vard.* wishy-washy
jon *s3* ion
jongl|era ['jåŋ- *el.* 'ʃåŋ-] juggle (*äv. bildl.*) **-ör** juggler
jonis|ation ionization **-era** ionize; ~*nde strålning* ionizing radiation
jord [-ɔ-] *s2* **1** earth; (*värld*) world; *Moder J*~ Mother Earth; *här på* ~*en* here on earth; *på hela* ~*en* in the whole world; *resa* ~*en runt* travel round the world **2** (*-yta*) ground; soil; earth; *ovan* ~ above ground; *på svensk* ~ on Swedish soil; *förbinda med* ~ (*elektr.*) connect to earth (*särsk. AE.* ground), earth; *gå under* ~*en* go un-

derground; *komma ner på* ~*en igen* come back (down) to earth; *sjunka genom* ~*en* (*bildl.*) sink into the ground **3** (*ämne, -art o.d.*) earth; (*mat-*) soil; (*stoft*) dust; *falla i god* ~ fall into good ground **4** (*-område*) land; *odlad* ~ cultivated land

jorda [ˣjoːr-] **1** (*begrava*) bury **2** *elektr.* earth

jordabalk *s2* code of land laws, land law

jordande *s2* earth spirit

Jordanien [-'daː-] *n* Jordan **jordansk** *a5* Jordanian

jord|art 1 *geol.* earth deposit **2** *lantbr.* soil **3** *kem.* earth **-artsmetall** earth metal

jordbruk *s7* **1** *abstr.* farming, agriculture; *bedriva* ~ do farming, farm, be a farmer **2** *konkr.* farm **-are** farmer, agriculturist

jordbruks|bygd agricultural district **-departement** ministry (*AE.* department) of agriculture **-maskin** agricultural machine **-minister** minister (*AE.* secretary) of agriculture **-produkt** ng ricultural product **-redskap** agricultural (farming) implement

jord|bunden *bildl.* earthbound, earthy **-bävning** [-äː-] earthquake **-egendom** landed property

jordeliv life upon earth; ~*et* (*äv.*) this life

jordenrunt|farare [-ˣrunt-] globetrotter **-resa** round-the-world trip

jord|fräs rotary cultivator **-fästa** inter, read the burial service over **-fästning** burial (funeral) service **-förbättring** soil improvement **-glob** globe **-gubbe** [garden] strawberry **-hög** earth mound, mound of earth

jord|ig [ˣjoːr-] *a1* (*-akiig*) earthy; (*nersmutsad*) soiled with earth **-isk** ['joːr-] *a5* earthly; terrestrial; (*världslig*) worldly; mundane; (*timlig*) temporal; *-a kvarlevor* mortal remains; *lämna detta* ~*a* depart this life **-kabel** underground cable **-klot** earth; ~*et* (*äv.*) the globe **-koka** *s1* clod [of earth] **-källare** underground storehouse, mattamore **-lager** earth layer; stratum [of earth] **-ledning 1** *elektr.* earth (*särsk. AE.* ground) connection; *konkr.* earthing wire **2** (*underjordisk ledning*) underground conduit **-mån** *s3* soil (*äv. bildl.*)

jord|ning [ˣjoːrd-] *elektr.* earthing; *AE.* grounding **-nära** down-to-earth **-nöt** peanut, groundnut **-reform** land reform **-skalv** earthquake **-skorpa** [earth] crust; ~*n* the earth's crust **-skred** landslide (*äv. polit.*); landslip **-skredsseger** landslide [win] **-stöt** earthquake [shock] **-värme** ground heat; geothermal energy **-yta** surface of the ground; (*ytområde*) area of ground; *på* ~*n* on the earth's surface, on the face of the earth

jota 1 *s6* (*grekisk bokstav*) iota **2** *n, inte ett* ~ not a jot (an iota)

joule [joːl] *s9, elektr.* joule

jour [ʃoːr] *s3* **1** *ha* ~[*en*] be on call (duty) **2** *hålla ngn à* ~ *med* keep s.b. informed on (as to); *hålla sig à* ~ *med* (*äv.*) keep [o.s.] abreast of (up to date on) **-havande** *a4*, ~ *läkare* doctor on duty (emergency call); ~ *officer* duty (orderly) officer, officer of the day

journal [ʃor-] *s3* **1** *bokför.* journal, diary; (*läkar-*) case book; (*sjukhus-*) case record; (*för enskild patient*) case sheet; *föra* ~ keep a journal **2** *film.* newsreel **3** (*tidskrift*) journal, magazine

journalist [ʃor-] journalist; newspaperman, *fem.* newspaperwoman; pressman **-högskola** college of journalism

journalist|ik [ʃor-] *s3* journalism **-isk** [-'ist-] *a5* journalistic

jourtjänst on-call duty

jovialisk *a5* jovial

jox [joks] *s7* stuff, rubbish **joxa** [ˣjoksa] peddle; ~ *ihop* (*mat e.d.*) concoct, (*trassla till*) muddle up; ~ *med ngt* mess about with s.th.

ju I *adv* why; (*som du vet*) you know (see); (*naturligtvis*) of course; (*visserligen*) it is true; (*som bekant*) as we [all] know; (*det förstås*) to be sure; *du vet* ~ *att* you know of course that; *där är du* ~*!* why, there you are!; *jag har* ~ *sagt det flera gånger* I have said (told you) so several times, haven't I?; *du kan* ~ *göra det a*) (*om du vill*) there's nothing to prevent you doing so, *b*) (*uppmanande*) you may [just] as well do it **II** *konj* the; ~ *förr desto bättre* the sooner the better

jubel ['juː-] *s7* (*hänförelse*) jubilation, rejoicing, exultation; (*glädjerop*) shout[s] of joy, enthusiastic cheering (cheers *pl*) (*över* at); (*bifall*) shouts of applause (*över* at); *allmänt* ~ general rejoicing; *jublet brast löst* a storm of rejoicing broke out **-idiot** arch idiot **-rop** shout of joy **-år** [year of] jubilee

jubil|ar *s3 person celebrating an anniversary* **-era** celebrate

jubileum [-ˣleː-] *s4* jubilee

jubileums|fest anniversary celebration **-skrift** anniversary issue

jubl|a [ˣjuː-b] shout for joy; (*inom sig*) rejoice, exult **-ande** *a4* shouting for joy; jubilant, exultant

Judas Judas **judaskyss** Judas (traitor's) kiss

jude *s2* Jew; Hebrew, Israelite; *vandrande* ~*n a*) (*Ahasverus*) the Wandering Jew, *b*) *bot.* spiderwort, tradescantia **-kristen** Jewish Christian **-kvarter** Jewish quarter, ghetto

judendom [-domm] *s2* Judaism

judetyska Yiddish

jud|inna Jewish woman, Jewess **-isk** ['juː-] *a5* Jewish

judo ['juː-] *s5* judo

jugendstil ['joːgent-] Art-Nouveau style

jugoslav *s3* Jugoslav[ian], Yugoslav[ian] **Jugoslavien** [-'slaː-] *n* Jugoslavia, Yugoslavia **jugoslavisk** [-'slaː-] *a5* Jugoslav[ian], Yugoslav[ian]

juice [joːs] *s5* juice

jul *s2* Christmas (*förk.* Xmas); (*hednisk jul o. poet.*) Yule[tide]; *god* ~*!* A Merry Christmas!; *i* ~ at (this) Christmas; *i* ~*as* last Christmas; *fira* ~[*en*] keep (spend) [one's] Christmas **-afton** Christmas Eve **-bord** Christmas smorgasbord (buffet) **-bön** Christmas Eve service (evensong) **-dag** Christmas Day **-evangeliet** the Gospel for Christmas Day **-gran** Christmas tree

julgrans|belysning Christmas-tree illumination **-fot** Christmas-tree stand **-plundring** party when the Christmas tree is stripped of decorations

jul|gröt boiled rice pudding **-handel** Christmas trade **-handla** do one's Christmas shopping

J

-helg *under* ~*en* during Christmas (*ledighet* the Christmas holidays), at Christmas **-hälsning** Christmas greeting

juli ['ju:-] *r* July

jul|kaktus Christmas (crab) cactus **-klapp** Christmas present; *önska sig i* ~ want for Christmas **-kort** [-o:-] Christmas card **-krubba** [Christmas] crib **-lik** *a5* Christmassy **-lov** Christmas holidays (*pl*) (vacation) **-otta** early service on Christmas Day **-prydnader** *pl* Christmas decorations **-skinka** Christmas ham **-stjärna 1** *hist.*, ~*n* the Star of Bethlehem **2** (*i julgran*) Christmas-tree star **3** *bot.* poinsettia **-stämning** Christmas spirit (atmosphere) **-sång** Christmas carol (song) **-tid** (*äv.* ~*en*) Christmas time, *poet. äv.* Yuletide **-tomte** Christmas gnome; ~*n* Santa Claus, Father Christmas

Julön Christmas Island

jumbo ['jumm-] *s5, sport., komma* ~ come last **-jet** *vard.* jumbo [jet]

jumpa jump from one sheet of floating ice to another

jumper ['jump-] *s2* jumper **-set** twin-set

jungfru *s5* **1** (*ungmö*) virgin; maid[en]; *J*~ *Maria* the Virgin Mary, the Blessed Virgin, Our Lady; *J*~*n av Orléans* the Maid of Orléans **2** *se hembiträde* **3** (*för gatläggning*) [paving] beetle, punner; *sjö.* deadeye **-födsel** *teol.* Virgin Birth; *biol.* parthenogenesis, virgin birth

jungfrulig [ˣjuŋ-, *äv.* -'fru:-] *a1* maidenly, maidenlike, maiden; *bildl.* virgin (*mark* soil)

jungfru|resa maiden voyage **-tal** maiden speech

jungman [ˣjuŋ- *el.* 'juŋ-] ordinary seaman; deck hand

juni ['ju:-] June

junior ['ju:niәr,*sport.* -'å:r] *oböjligt a o. s3* junior; *univ. ung* undergraduate **-lag** junior team

junta *s1* **1** *polit.* junta **2** (*klubb o.d.*) junta, junto; *AE. äv.* bee

juraperioden the Jurassic [period]

jurid|ik *s3* law; (*vetenskap äv.*) jurisprudence; *studera* ~ study [the] law **-isk** [-'ri:-] *a5* **1** juridical; (*friare*) legal; *den* ~*a banan* the legal profession; ~ *fakultet* faculty of law; ~*t ombud* legal representative; ~ *person* juridical (juristic) person; ~ *rådgivare* legal adviser; ~*a uppdrag* legal (lawyer's, law) work **2** (*rättslig*) judicial; ~*t förfarande* judicial procedure **3** (*om rättsvetenskap*) jurisprudential

juris ['ju:-] ~ *doktor* Doctor of Laws (*förk., efter namnet* LL.D.); ~ *kandidat* (*licentiat*) (*ung.*) Bachelor (Master) of Laws (*förk., efter namnet* LL.B., LL.M.) **jurist** lawyer; (*ngns äv.*) legal adviser; (*rättslärd*) jurist

jury ['jurry, *äv.* -i] *s3* jury; *sitta i en* ~ be (serve) on a jury **-man, -medlem** juryman, juror

1 just *adv* just; (*precis äv.*) exactly, precisely; (*alldeles*) quite; (*egentligen*) really; ~ *det* [, *ja*]*!* that's exactly it!; ~ *ingenting* nothing in particular; ~ *så* [, *ja*]*!* exactly (precisely, quite)!; *ja,* ~ *han!* yes, the very man!, to be sure, he and no other!; *jag vet* ~ *inte det!* I am not so sure!; *det var* ~ *snyggt!* oh, very nice, I must say!; *det var* ~ *det jag trodde* that was (is) just (exactly) what I thought; *varför välja* ~ *mig?* why choose me of all people?

2 just [ʃyst] *a1* (*rättvis*) fair; (*oklanderlig*) correct, right; (*som sig bör*) seemly, åld. meet; (*noggrann*) exact, accurate; *vara* ~ *mot* (*äv.*) treat s.b. fairly (justly)

juster|a 1 (*inställa, korrigera*) adjust; (*avhjälpa fel*) correct; (*friare*) put right (to rights); (*instrument*) regulate, set right, rectify; (*mått o. vikt*) verify, inspect; (*granska o. godkänna*) revise; ~ *protokollet* sign the minutes [as correct] **2** *sport.* injure; *vard.* nobble **-are** adjuster; (*av mått o. vikt*) inspector [of weights and measures]; (*av instrument*) regulator **-bar** *a5* adjustable **-ing** adjustment; correction; regulation; inspection; revision **-ingsman** person who checks minutes

justitie|departement [-ˣti:tsie-] ministry (*AE.* department) of justice; (*i England och Wales*) Lord Chancellor's Office **-kansler** chancellor of justice; ~*n* (*ämbetet*) [the] office of the chancellor of justice **-minister** minister of justice; (*i England och Wales*) Lord Chancellor; (*i USA*) attorney general **-mord** judicial murder; miscarriage of justice **-ombudsman** [the Swedish] parliamentary ombudsman **-råd** justice of the supreme court; (*i Storbritannien*) Lord Justice of Appeal; (*i USA*) associate justice of the supreme court

jute *s2, s7* (*spånadsämne*) jute **-väv** jute cloth; *AE. äv.* gunny

juvel *s3* jewel (*äv. bildl.*); gem; ~*er* (*koll.*) jewellery **-besatt** *a4* jewelled

juveler|araffär [-ˣle:-] jeweller's [shop] **-are** [-ˣle:-] jeweller

juvel|prydd *a5* [be]jewelled **-skrin** jewel case

juver ['ju:-] *s7* udder

jycke *s2* dog; *neds.* cur; ("*kurre*") beggar, johnny

Jylland ['jyll-] *n.* **jylländsk** [ˣjyll-] *a5* Jutland

jädrans [ˣjä:d-] *oböjligt a* darned, confounded

jägar|e hunter, shooter; sportsman; *bildl.* huntsman, hunter; (*anställd*) huntsman; *mil.* commando [soldier], light infantryman, *AE.* ranger **-folk** nation of hunters

jägmästare [ˣjä:g-] forester, forest officer (supervisor)

jäkel *s2* devil; *jäklar!* damn! **-skap** *s3, s4, på* ~ just for the hell of it

jäk|la [ˣjä:k-] *oböjligt a o. adv* blasted **-las** *dep,* ~ *med* be nasty to, provoke **-lig** *a1* rotten; damn[ed]

jäkt *s7* (*brådska*) hurry, haste; (*hets*) drive, hustle **jäkta 1** (*driva på* [*ngn*]) hurry on, keep [s.b.] on the drive (run) **2** (*hasta*) be constantly on the go (move), be in a hurry **jäktad** *a5* hurried, worried **jäktig** *a1* bustling, hectic **jäktigt** *adv, ha det* ~ have a hectic time of it

jäm|bredd *i uttr.: i* ~ *med* side by side with **-bördig** *eg.* equal in birth; *bildl.* equal [in merit] (*med* to), of equal merit (*med* with) **-fota** *hoppa* ~ jump with both feet together

jämför|a *v2* compare; ~ *med* compare with, (*likna vid*) compare (*förk.* cp.), confer (*förk.* cf.); ~*nde språkvetenskap* comparative philology **-bar** *a1* comparable; *fullt* ~ *med* (*hand.*) quite up to the standard of

jämförelse comparison; *göra* ~*r* make comparisons (*mellan* between); *det är ingen* ~*!* there is no comparison! **-material** comparison material

-vis comparatively; relatively

jämför|lig [-ö:-] *a1* comparable (to be compared) (*med* with, to); (*likvärdig*) equivalent (*med* to) **-pris** unit price

jämgammal of the same age (*med* as)

jämk|a (*flytta*) move, shift; *bildl.* adjust, adapt, modify; ~ *på* adjust, (*ändra*) modify, (*pruta på*) give way (in), (*pris*) knock off; ~ *ihop* (*bildl.*) adjust; ~ *ihop sig* move closer together **-ning** [re]-adjustment, modification, (*kompromiss*) compromise; (*av skatt*) tax adjustment

jäm|lik *a5* equal (*med* to) **-like** equal **-likhet** equality

jämmer ['jämm-] *s9* groaning; (*kvidande*) moaning; (*missnöje*) complaint; (*veklagan*) lamentation; (*elände*) misery **-dal** vale of tears **-lig** [ˣjämm-] *a1* miserable, deplorable; wretched; (*jämrande*) mournful, wailing **-rop** plaintive cry, cry of pain (distress)

jämn *a1* **1** (*om yta*) level, even; (*slät*) smooth **2** (*likformig*) uniform (*värme heat*)* *atom,* *squable* (*klimat climate, lynne* temperament); (*oavbruten*) continuous, steady; (*regelbunden*) regular; *med* ~*a mellanrum* at regular intervals; *hålla* ~*a steg med* keep in step with, *bildl.* keep pace with **3** (*motsats udda*) even; ~*a hundratal kronor* even hundreds of kronor; ~*a par* an equal number of men and women; ~*a pengar* even money, the exact sum; *en* ~ *summa* (*äv.*) a round sum **jämna** level, make level (even, smooth), even out; (*klippa jämn*) trim; *bildl.* smooth; ~ *med marken* level with the ground; ~ *ut* level off; ~ *väg[en] för ngn* (*bildl.*) pave the way for s.b.; *det* ~*r ut sig* it evens itself out

jämn|an *i uttr.: för* ~ for always **-god** *vara* ~*a* be equal to one another, be equals; ~ *med* equal to, as good as **-het** levelness; evenness, smoothness; equality; uniformity **-hög** of [a] uniform height; *två* ~*a* two equally tall **-höjd** *i uttr.: i* ~ *med* on (at) a level with; *vara i* ~ *med* be of the same level as **-mod** equanimity, composure **-stor** of [a] uniform size; *vara* ~*a* be equal in size

jämnt [*vard.* jämt] **1** level; evenly *etc.*; even; (*lika*) equally; (*regelbundet*) regularly, steadily; *dra* ~ *med ngn* get on with s.b.; *väga* ~ (*om t.ex. våg*) [just] balance, *bildl.* be even; *det är* ~! (*kan behållas som dricks*) keep the change!; *och där-med* ~ and there's an end of it **2** (*exakt*) exactly; ~ *så mycket som* exactly (just) so (as) much as; *inte tro ngn mer än* ~ only half believe s.b.; *3 går* ~ *upp i 9* nine is divisible by three

jämn|tjock of [a] uniform thickness, equally thick **-varm** ~*a djur* warm-blooded (*fack.* homoiothermic) animals **-årig** *a1* of the same age (*med* as); (*samtidig*) contemporary; *mina* ~*a* persons of my [own] age, my contemporaries

jämra *rfl* wail, moan; (*gnälla*) whine; (*klaga*) complain (*över* about); (*högljutt*) lament; (*stöna*) groan

jäms ~ *med* at the level of, level with; (*längs*) alongside [of]

jäm|sides side by side (*med* with), abreast (*med* of), (*vid tävling äv.*) neck and neck; alongside [of]; ~ *med sina studier* alongside [of] his studies; *fartygen ligger* ~ the ships lie alongside each other **-spelt** *a1* evenly matched, even (*med*

with) **-ställa** place side by side (on a level) (*med* with), juxtapose (*med* to); place on an equal footing (*med* with); (*jämföra*) draw a parallel between; *-ställd med* on a par (an equality) with **-ställdhet** equality, parity **-ställdhetsom-budsman** equal opportunities ombudsman; ~*nen* (*ämbetet*) [the] office of the equal opportunities ombudsman

jämt always; (*gång på gång*) constantly; (*oupphörligt*) incessantly, perpetually; ~ *och ständigt* (*samt*) always, for ever, everlastingly

jämte together with, in addition to; (*förutom*) besides; (*och även*) and [also]

jämvikt *s3* balance (*äv. bildl.*); *fys.* equilibrium; *i* ~ (*bildl.*) [well-]balanced; *förlora* ~*en* lose one's (its *etc.*) balance; *åstadkomma* ~ *mellan* establish equilibrium between, equipoise; *återställa* ~*en* restore equilibrium (the balance)

jämvikts|läge position (state) of equilibrium; balanced position **-organ** organ of balance (equilibrium)

jämväl [ˣjämm-, *äv.* -'vä:l] likewise; (*även*) also

jänkare *vard.* Yankee

jänta *s1* lass

järn [-ä:-] *s7* iron; *ge* ~*et* (*vard.*) go in for s.th., give one's all; *ha många* ~ *i elden* have several irons in the fire; *smida medan* ~*et är varmt* strike while the iron is hot; *ta sig ett* ~ (*vard.*) take a schnapps **-brist** iron deficiency **-ek** *bot.* holly **-grepp** iron grip **-gruva** iron mine **-haltig** *a5* containing iron, ferriferous **-hand** *styra med* ~ rule with an iron hand **-handel** *konkr.* ironmonger's [shop], ironmongery; *AE.* hardware store **-hård** [as] hard as iron, iron-hard; *bildl.* iron- [-hard]; ~ *disciplin* iron discipline **-hälsa** iron constitution **-malm** iron ore **-medicin** iron tonic **-natt** frosty night **-plåt** sheet iron **-ridå** *teat.* safety curtain; *polit.* iron curtain **-stång** iron bar **-träd** [iron] wire **-verk** ironworks (*sg o. pl*) **-väg** railway; *AE.* railroad; *Statens* ~*ar* (*SJ*) Swedish State Railways; *anställd vid* ~*en* employed on the railway; *fritt å* ~ free on rail (*AE.* truck); *resa med* ~ go by rail (train); *underjordisk* ~ underground, tube, *AE.* subway

järnvägs|arbetare 1 (*-byggare*) navvy **2** (*vid färdig järnväg*) railway worker **-bank** [railway] embankment **-bro** railway bridge **-förbindelse** train service, railway connection **-knut** railway junction **-resa** railway journey (trip) **-spår** railway (*AE.* railroad) track **-station** railway station; (*änd-*) terminus, *AE.* terminal **-vagn** railway carriage; *AE.* railroad car; (*godsvagn*) goods waggon, *AE.* freight car **-övergång** railway crossing; (*plankorsning*) level (*AE.* grade) crossing; *bevakad* (*obevakad*) ~ guarded (ungated) level crossing

järnåldern the Iron Age

järpe *s2* hazelhen

järv *s2* wolverine

jäs|a *v3* ferment; (*om sylt o.d.*) go fermented; *bildl. a*) (*om missnöje o.d.*) ferment, *b*) (*vara uppblåst*) swell up; *låta degen* ~ let the dough rise; ~ *upp* (*om deg*) ferment, rise; ~ *över* ferment and run over; *han -te av vrede* he boiled with fury; *det -te i sinnena* people's minds were in a ferment **-ning** fermentation; *bildl.* ferment;

bringa i ~ bring to fermentation, *bildl.* work up into a ferment

jäst *s3* yeast **-pulver** baking powder

jätte *s2* giant **-arbete** gigantic (herculean) [piece of] work **-bra** super, topnotch; *AE.* great **-fin** first rate, terrific; *AE.* dandy **-glad** pleased as punch **-lik** *a5* gigantic; giant-like **-skön** very comfy (comfortable) **-steg** giant stride; *gå framåt med* ~ (*bildl.*) make tremendous progress, progress by leaps and bounds **-stor** gigantic, enormous, huge **-trevlig** awfully nice, delightful, charming **-ödla** great saurian, dinosaur

jäv *s7, jur.* challenge (*mot* to); *anmäla* ~ *mot* challenge, make (lodge) a challenge to; *laga* ~ lawful disqualification **jäva 1** *jur.* take exception to; (*testamente e.d.*) challenge the validity of **2** (*bestrida*) belie **jävig** *a5* (*om vittne*) challengeable, exceptionable; (*inkompetent, partisk*) disqualified, non-competent

jökel *s2* glacier

jöns *s2* johnny; ninny

jösses good heavens!; *vad i jösse namn!* what on earth!

K

kabaré *s3* cabaret

kabel ['ka:-] *s2* cable; *sjö. äv.* hawser **-brott** cable breakdown **-TV** cable television, cablevision

kabin *s3* (*för passagerare*) cabin; (*för pilot äv.*) cockpit **-båt** cabin (family) cruiser

kabinett *s7, s4* cabinet (*äv. polit.*); (*budoar*) boudoir **kabinettsfråga** vote of confidence; *ställa* ~ demand a vote of confidence

kabla [ˣka:-] cable

kabyss *s3, sjö.* [cook's] galley, caboose

kackalorum [-ˣlo:-] *s7* to-do, hullabaloo

kackerlacka *s1* cockroach

kackl|a cackle; (*om höna äv.*) cluck **-ande** *a4 o. s6* cackling; cluck-clucking

kadaver [-'da:-] *s7* carcass; (*lik*) corpse **-disciplin** blind discipline

kader ['ka:-] *s2, s3, mil.* cadre

kadett *s3* cadet; *sjö.* [naval] cadet **-skola** military academy (school)

kadmium ['kadd-] *s8* cadmium

kafé *s4* café; coffee bar (shop, house); teashop, tearoom; *AE. äv.* cafeteria

kaffe *s7* coffee; *koka* ~ make coffee; ~ *med grädde* (*mjölk*) white coffee; ~ *utan grädde* (*mjölk*) black coffee **-automat** coffee machine **-bryggare** percolator, coffee maker (machine) **-bröd** *koll.* buns, cakes **-dags** coffee time, time for coffee **-grädde** coffee cream **-kask** *s2* coffee laced with schnapps **-kopp** coffee cup; (*mått*) coffee-cupful **-kvarn** coffe mill (grinder) **-panna** coffeepot **-rast** coffee break **-rep** *s7* coffee party **-rosteri** coffee-roasting factory **-tår** drop of coffee

kagge *s2* keg, cask

kaj [kajj] *s3* quay; wharf, dock, (*hamngata*) embankment; (*utskjutande*) jetty; *fritt vid* (*å*) ~ free at (on) quay

kaja [ˣkajja] *s1* jackdaw

kajak *s3* kayak

kajennpeppar [-ˣjenn-] cayenne [pepper]

kajka row around (mess about) in an old boat

kajplats quay berth

kajuta [-ˣju:-] *s1* cabin; (*liten*) cuddy

kaka *s1* cake, pastry; (*små-*) biscuit, *AE.* cookie; (*av hårt bröd*) round; ~ *söker maka* birds of a feather flock together

kakadu[a] [-'du:, -ˣdu:a] *s3* [*s1*] cockatoo

kakao *s9* cacao; (*dryck, pulver*) cocoa **-fett** cocoa butter

kakburk biscuit tin

kakel *s7* [Dutch, glazed] tile **-ugn** tiled stove

kak|fat cake dish **-form** baking tin

kaki ['ka:-] *s9* khaki

kak|mix [ready-made] cake mix **-mätt** pastry cutter

kaktus ['kack-] *s2* cactus

kal *a1* bare; (*om kust*) naked; (*om gren*) leafless; (*om pers.*) bald

kalabalik *s3* uproar, fracas, tumult

kalas *s7* party; feast; (*friare o. bildl.*) treat; *få betala* ~*et* have to pay for the whole show; *ställa till med stort* ~ *för* throw a big party for

kalas|a feast **-kula** paunch, potbelly **-mat** delicious food; a real delicacy

kalcium ['kall-] *s8* calcium **-fosfat** calcium phosphate

Kaldéen [-'de:en] *n* Chaldea; *Ur i* ~ Ur of the Chaldees

kalebass *s3* calabash

kaledonisk [-'do:-] *a5* Caledonian; *K~a bergskedjan* the Caledonian folding

kalejdoskop [-'å:p] *s7* kaleidoscope

kalender [-'lenn-] *s2* calendar; almanac; (*årsbok*) annual, yearbook **-bitare** *han är* ~ he is a who's-who specialist **-dag** calendar (civil) day **-månad** calendar month **-år** calendar (civil) year

kal|fjäll bare mountain **-hugga** deforest **-hygge** deforestation

kalib|er [-'li:-] *s2, s3* calibre (*äv. bildl.*) **-rera** calibrate

kalif *s3* caliph, calif

Kalifornien [-'få:r-] *n* California

kaligödsel potassic fertilizer **kalium** ['ka:-] *s8* potassium

1 kalk *s2* **1** (*bägare*) chalice; *bildl.* cup: *tömma den bittra* ~*en* drain the bitter cup **2** *bot.* perianth

2 kalk *s3* lime; (*bergart*) limestone; *osläckt* ~ quicklime, unslaked lime; *släckt* ~ slaked lime

kalk|a whitewash, limewash; (*göda*) lime **-brott** limestone quarry **-brist** (*i kost*) calcium deficiency **-bruk 1** (*-bränneri*) lime works (*sg o. pl*) **2** (*murbruk*) lime mortar

kalker|a trace; *bildl.* copy **-papper** tracing (car-

bon) paper
kalk|fattig lime-deficient; (*om kost*) deficient in calcium **-halt** lime content **-haltig** *a1* calcareous, calciferous; limy **-målning** fresco (mural) painting
kalkon *s3* turkey
kalk|sten limestone **-tablett** calcium tablet
kalkyl *s3* calculation; *hand.* cost estimate; *mat.* calculus **-ator** [-ˣaːtår] *s3* (*person*) cost accountant, calculator; (*maskin*) calculator, calculating machine
kalkyler|a calculate, estimate, work out **-ing** (*-ande*) calculating, estimating; *se äv.* kalkyl **-ingsmaskin** calculating machine; (*elektronisk*) [electronic] computer
1 kall *a1* cold (*äv. bildl.*); (*om t.ex. zon*) frigid; (*kylig*) chilly; (*sval*) cool; *två grader ~t* two degrees below zero; *det ~a kriget* the cold war; *bli ~ om fötterna* get cold feet; *hålla huvudet ~t* keep cool; *han håller huvudet ~t* he has a cool head; *vinka med ~a handen* dismiss a.b. coldly; *jag blev alldeles ~ (av förskräckelse)* I went cold all over
2 kall *s7* calling, vocation; (*uppgift*) task, mission
kalla call; name, designate; (*ropa* [*på*], *till-*) summon; (*utnämna*) appoint, nominate; *~ på läkare* send for (call in) the doctor; *det kan man ~ tur!* that is what you may call luck!; *~ sig* call o.s., (*antaga namnet*) take the name of **kallad** *a5* called *etc.*; *så ~* so-called; *även ~ alias*, otherwise called; *känna sig ~ till* feel fitted for (called upon to); *han blev ~ till presidenten* he was called to be president (to the presidency)
kall|bad cold bath; (*ute-*) bathe **-blodig** cold-blooded; *bildl. äv.* cool; *~a djur, se* växelvarma *djur* **-blodigt** *adv* coolly, in cold blood **-brand** gangrene **-dusch** cold shower (douche) (*äv. bildl.*)
Kalle Anka Donald Duck
kallelse 1 (*t. möte e.d.*) summons, notice; *univ.* call; *kyrkl.* invitation; (*utnämning*) nomination **2** *se 2 kall*
kall|front *meteor.* cold front **-garage** unheated garage **-hamra** cold-hammer; *~d* (*bildl.*) hardboiled
kalligrafi *s3* calligraphy
kall|jord *på ~* in cold soil, outdoors **-lim** (*hopskr. kallim*) cold-water glue **-mangel** mangle
kall|na cool; (*om mat e.d.*) get cold **-prat** small talk **-prata** talk about trivialities **-sinnig** *a1* cold, cool; (*likgiltig*) indifferent **-sinnighet** coldness *etc.*; indifference **-skuret** *n, best. form*: *det -skurna, litet ~* a few cold-buffet dishes **-skänka** [-ʃ-] *s1* cold-buffet manageress **-sup** involuntary gulp of cold water **-svettas** *dep* be in a cold sweat
kall|t *adv* coldly *etc*; *förvaras ~* keep in a cool place; *~ beräknande* coldly calculating; *ta saken ~* take the matter coolly, keep cool about **-vatten** cold water
kalops [-ˈåps] *s3, ung.* spiced beef stew
kalori *s3* calorie **-behov** calorie requirement **-fattig** low calorie
kalott [-ˈått] *s3* (*huvudbonad*) calotte, skullcap
kalsonger [-ˈsåŋ-] *pl* (*korta*) underpants, undershorts; (*långa*) long underpants

kalufs *s3* forelock
kaluv *s3* **1** *se* kalufs **2** *på nykter ~* (*bildl.*) in one's sober senses
kalv *s2* calf (*pl* calves); *kokk.* veal
kalv|a calve **-filé** fillet of veal **-färs** minced veal
kalvinism Calvinism
kalv|kotlett veal chop (cutlet) **-kött** veal **-lever** calf's liver **-ning** calving **-skinn** *hand.* calfskin **-stek** *slaktar.* joint of veal; *kokk.* roast veal
kam [kamm] *s2* comb; (*berg-, tupp-, våg-*) crest; (*excenter-*) cam; *skära alla över en ~* judge (treat) all alike **-axel** camshaft
Kambodja [-ˣbådja] *n* Cambodia
kamé *s3* cameo
kamel *s3* camel; *enpucklig ~* dromedary
kameleont [-ˈånt] *s3* chameleon
kamelhår camel's hair, camelhair
kamelia [-ˈmeː-] *s1* camellia
kamera [ˈkaː-] *s1* camera
kameral *a5* fiscal; financial
kameraman cameraman
Kamerun *n* Cameroon
kamfer [ˈkamm-] *s9* camphor
kamgarn worsted [yarn]; (*tyg*) worsted [fabric]
kamin *s3* [heating] stove; (*fotogen- e.d.*) heater; *elektrisk ~* electric fire (heater)
kamma comb; *~ håret* comb (do) one's hair; *~ noll* (*vard.*) draw a blank
kammar|e -[e]n *kamrar, äv. s9* room; *polit., tekn., biol.* chamber; (*hjärt-*) ventricle; (*i Storbritannien, polit.*) house; *första ~n* (*förr i riksdagen*) the First Chamber, (*i Storbritannien*) the House of Lords; *andra ~n* (*förr i riksdagen*) the Second Chamber, (*i Storbritannien*) the House of Commons **-herre** chamberlain (*hos* to) **-jungfru** lady's maid **-musik** chamber music **-opera** chamber opera **-orkester** chamber ensemble **-rätt** administrative court of appeal **-spel** *teat.* chamber play
kamning combing; (*frisyr*) coiffure, hairstyle
kamomill *s3* wild (German) camomile
kamouflage, kamouflera *se* camouflage, camouflera
1 kamp *s2* (*häst*) jade
2 kamp *s3* (*strid*) struggle (*om* for); fight, combat (*om* for) (*äv. bildl.*); (*drabbning*) battle (*äv. bildl.*); (*brottning*) wrestle, wrestling; *~en för tillvaron* the struggle for existence; *en ~ på liv och död* a life-and-death struggle
kampanda fighting spirit
kampanj *s3* campaign; (*reklam- äv.*) drive
kampera be (lie) encamped (in camp); *~ ihop* (*tillsammans*) share the same tent (room *etc.*), be fellow workers
kamp|lust fighting spirit **-sång** camp song **-vilja** will to fight
kamrat comrade, fellow; (*vän*) friend; (*följeslagare*) companion; (*arbets-*) fellow worker; (*skol-*) schoolmate, schoolfellow; (*studie-*) fellow student; (*kollega*) colleague; *en god ~* a good chap; *mina ~er på kontoret* my colleagues at the office; *vi är ~er från skoltiden* we are old schoolmates **-anda** comradeship, fellowship **-förening** society of fellow students (schoolmates *etc.*); *mil.* service club **-krets** *i ~en* among [one's] friends (*etc.*) **-lig** [-ˈraːt-] *a1* friendly (*mot* towards)

-skap s7 companionship, comradeship
kamrᴇr s3, **-are** [-ˣre:-] s9 accountant (i, på at, in)
kana I s1 slide; åka ~ slide, go sliding **II** v1 slide, go sliding
Kanaan n Canaan
Kanada n Canada
kanadens|are [-ˣdens-] Canadian (äv. kanot) **-isk** [-'dens-] a5 Canadian **-iska** [-'dens-] Canadian woman
kanᴇl s3 (naturlig) channel (äv. elektron. o. bildl.); (grävd samt anat. o. naturv.) canal; tekn. channel, duct; Engelska K~en the [English] Channel
kanaliser|a canalize, channel (äv. bildl.) **-ing** canalization
kanalje [-'nalje] s5 blackguard, villain; din lille ~ you little rascal
kanalväljare channel selector
Kanalöarna n the Channel Islands
kanapé s3 **1** (soffa) settee, canapé **2** (bakelse) pig's ear [of puff pastry]
kanariefågel [-ˣna:-] canary **Kanarieöarna** [-ˣna:-] the Canary Islands, the Canaries
kandelaber [-'la:-] s2 candelabra
kandera candy; ~d candied, preserved in sugar
kandidat 1 (sökande) candidate, applicant (till for) **2** univ. Bachelor; filosofie ~ Bachelor of Arts (förk. B.A.); medicine ~ graduate in medicine, medical student **-examen** ta ~ take one's B.A. degree **-lista** list of candidates; polit. äv. nomination list; AE. äv. ticket
kandid|atᴜr s3 candidature **-era** set [o.s.] up as a candidate; polit. stand (AE. run) for
kanᴇl s3 cinnamon
kanfas ['kann-] s3 canvas, duck
kanhända [-ˣhänn-] perhaps; jfr kanske
kanin s3 rabbit **-avel** rabbit breeding **-hanne** buck rabbit **-hona** doe rabbit **-skinn** hand. rabbit skin
kanister [-'nist-] s2 canister, can, tin
kanjon ['kanjån] s3 canyon
kanna s1 (kaffe- etc.) pot; (grädd-) jug
kannel|era flute; ~d fluted **-yr** s3 flute
kannibᴀl s3 cannibal **-isk** a5 cannibal[istic] **-ism** cannibalism
kannring tekn. piston ring
kannstöp|are armchair politician, political windbag **-eri** [airing of] uninformed political opinions
1 kanon ['ka:nån] s3, s9 **1** (rättesnöre o.d.) canon **2** mus. canon, round
2 kanon [ka'no:n] s3 (artilleripjäs) gun; (äldre) cannon; som skjuten ur en ~ like a shot **kanon|ad** s3 cannonade **-båt** gunboat **-eld** gunfire **-form** sport. great form
kanon|isera canonize **-isk** [-'no:-] a5 canonical; ~a böcker canon (sg); ~ rätt canon law
kanon|kula cannonball **-mat** bildl. cannon fodder **-port** gun port[hole] **-skott** gunshot **-torn** gun turret
kanᴏt s3, **kanot|a** [-'no:-] v1 canoe **-ist** canoeist **-sport** canoeing
kanske [ˣkanʃe] perhaps; (måhända) maybe; ~, ~ inte maybe, maybe not; han kommer ~ he may (might) come; du skulle ~ vilja hjälpa mig?

would you mind helping me?; ~ vi skulle gå ut? what about going out?
kansler [ˣkann-, äv. 'kann-] s3 chancellor
kanslᴉ s4, s6 (vid ämbetsverk o.d.) secretariat, [secretary's] office; (i Storbritannien äv.) chancery; AE. äv. chancellery; univ. registrar's office; teat. general manager's office; Kungl. Maj:ts ~ the Government Offices (pl) **-chef** (vid ambassad) head of chancery; (vid HD, regeringsrätten) senior judge referee; (vid riksdagens utskott) secretary; (vid kommun, landsting) chief executive; (vid nämnd m.m.) administrative director **-råd** deputy assistant undersecretary **-sekreterare** administrative officer [second (third) secretary] **-språk** official (civil service) English (etc.); official jargon, officialese; vard. gobbledygook
kanslist clerical officer
kant s3 **1** edge; (bård o.d.) border; (marginal) margin; (på kläder e.d.) edging, selvage; (på kärl) rim, brim; (på huvudbonad) brim **2** (bröd-) crust; (ost-) rind **3** hålla sig på sin ~ keep one's distance, hold aloof; komma på ~ med ngn get at cross-purposes with s.b., fall out with s.b. **kanta** edge; (omge) border, line; (kantskära) trim
kantarᴇll s3 chanterelle
kantat cantata
kantband edging, trimming
kantig al angular; (om anletsdrag o. bildl.) rugged; (till sättet äv.) unpolished, abrupt **-het** angularity; ruggedness etc.
kantᴉn s3 canteen
kantᴏn s3 canton
kantor [ˣkann-, 'kanntår] s3 cantor, precentor
kantra turn over, capsize, [be] upset; (om vind o. bildl.) veer [round]
kant|sten kerbstone; AE. curbstone **-stött** chipped [at edge]; (om anseende o.d.) damaged
kantänka [-ˣtänn-] no doubt; of course; (försmädligt) if you please
kanyl s3 cannula (pl cannulae)
kaolᴉn s4, s3 kaolin, china clay (stone)
kao|s ['ka:ås] s7 chaos **-tisk** [ka'o:-] a5 chaotic
1 kap s7 (udde) cape
2 kap s7 (fångst) capture; ett gott ~ a fine haul
1 kapa (uppbringa) capture, take; (flygplan) hijack; skyjack
2 kapa sjö. cut away; (lina äv.) cut; (timmer etc.) crosscut; ~ av cut off
kapabel [-'pa:-] a2 capable
kapacitet capacity; (pers. äv.) able man
kapare privateer; (flygplans-) hijacker; skyjacker
1 kapᴇll s7 (överdrag) cover, cap, hood
2 kapᴇll s7 **1** (kyrkobyggnad) chapel **2** mus. orchestra, band
kapellmästare conductor [of an orchestra]; bandmaster
kapillᴀr s3 o. a5 capillary **-kraft** capillarity **-rör** capillary tube
1 kapitᴀl al downright; ~t misstag capital mistake, flagrant error
2 kapitᴀl s7 capital; (pengar äv.) funds, money
kapital|brist lack of capital **-budget** capital budget **-flykt** flight of capital **-försäkring** endowment assurance (insurance) **-intensiv** capital-intensive

kapital|isera capitalize **-ism** capitalism **-ist** capitalist **-istisk** [-'ist-] *a5* capitalist[ic]; *~t samhälle* capitalist society **-marknad** capital market **-placering** [capital] investment **-stark** financially strong

kapitalt [-'a:lt] *adv* downright, radically; *(fullständigt)* completely, totally

kapitalvaror capital goods

kapitel [ka'pittel] *s7* chapter; *ett helt annat ~ (bildl.)* quite another story; *när man kommer in på kapitlet om (bildl.)* when you get on to the topic of **-rubrik** chapter heading

kapitul|ation capitulation **-ationsvillkor** terms of surrender **-era** capitulate, surrender

kapitäl 1 *s7, s3, arkit.* capital **2** *s3, boktr.* small capital

kaplan *s3* chaplain

kapning [ˣka:p-] **1** *(uppbringande)* capture; *(av flygplan)* hijacking; skyjacking **2** *sjö.* cutting [away] **3** *(av timmer etc.)* crosscutting

kapock [-'påck] *s3* kapok

kappa *s1* **1** coat; cloak; *(akademisk, domares, prästs)* gown; *vända ~n efter vinden* trim one's sails according to the wind, veer with every wind **2** *(gardin-)* pelmet, valance; *(volang)* flounce

kappas *dep* vie (compete) [with one another]

kappkörning racing; *en ~* a race

kapplöp|ning racing *(efter* for); *en ~* a race **-ningsbana** racetrack; *(häst-)* racecourse, *AE.* racetrack **-ningshäst** racehorse, racer

kapprak *holt* upprright

kapprodd boat-racing; *en ~* a boat race

Kapprovinsen [ˣka:p-] *r* [the] Cape Province

kapprum cloakroom

kapprustning arms (armaments) race

kappsegl|a compete in sailing-races (yacht-races) **-ing** yacht-racing; *en ~* a sailing-match (sailing-race), a yacht-race **-ingsbåt** racing-boat, racing-yacht, racer

kappsimning competition swimming; *en ~* a swimming-race (swimming-competition)

kappsäck suitcase; portmanteau; *(mjuk)* bag

kaprifol *s3,* **kaprifoli|um** [-'fo:-] *-en (-um) -er* honeysuckle

1 kapris *s3 (nyck)* caprice, whim

2 kapris ['ka:-] *s2 (krydda)* capers *(pl)*

kapsejs|a [-'sejsa] capsize; *(om bil etc.)* turn over **-ning** capsizal

kaps|el *s2* capsule; *bot.* [seed] capsule, seedcase, pericarp **-la** *tekn.* enclose, encase

Kapstaden *r* Cape Town

kapsyl *s3* [bottle] cap, capsule; *(skruv-)* screw cap **-öppnare** bottle opener

kapten *s3* captain; *sjö. äv.* master, *vard.* skipper; *(vid flottan)* lieutenant; *(vid flyget)* flight lieutenant; *AE.* captain, *(vid flottan)* lieutenant

kapuschong [-'ʃåŋ] *s3* hood

kaputt *oböjligt a, vard.* done for

Kap Verde ['värr-] *n (staten)* Cape Verde; *(ögruppen)* Cape Verde Islands

kar *s7* vat; *(bad-)* bathtub, bath

karaff *s3* decanter; *hand. äv.* carafe; *(vatten-)* water bottle **Karaffin** *s3* carafe

karakteriser|a characterize **-ing** characterizing; characterization

karakteristik *s3* characterization, descriptive

account *(över* of)

karakterist|ika *pl* characteristic [feature] **-isk** *a5* characteristic, typical *(för* of)

karaktär *s3* character; *(beskaffenhet, natur äv.)* quality, nature; *(karaktärsfasthet)* strength of character

karaktärs|drag, -egenskap characteristic [feature, trait]; trait of character **-fast** firm (steadfast) in character; of [a] firm character **-fel** flaw in character **-lös** lacking in character, unprincipled **-roll** character part **-skådespelare** character actor **-svag** weak [in character]; spineless **-teckning** character-drawing; characterization

karamell *s3* sweet, candy **-fabrik** confectionery, sweet factory **-färg** colouring essence

karantän *s3* quarantine; *ligga i ~* be in quarantine

karat *s9, s7* carat

karate [-ˈrɑː-] *s2* karate

karavan *s3* caravan

karavell[l] *s3* caravel

karbad bath

karbid [calcium] carbide **-lampa** carbide lamp

karbin *s3* carbine **-hake** snap-hook, spring-hook

karbon [-'å:n] *s3* carbon **-at** *s7, s4* carbonate **-papper** carbon paper

karborundum [-ˣrund-] *s8* carborundum **-skiva** carborundum wheel

karda [ˣkaɪr] *1 v1* and *[ing brush]* **II** *v1* card

kardan *s3* cardan **-axel** propeller (cardan) shaft **-knut** universal joint (coupling), cardan joint **-upphängning** cardanic suspension **-växel** cardan drive

kardborr|e *(växt)* burdock; *(blomhuvud)* bur **-band** velcro closing

kardemumma [-ˣmumma] *s1* cardamom

kardinal *s3* cardinal **-fel** cardinal error **-streck** cardinal point **-system** *sjö.* cardinal marking system

Karelen [-ˈreː-] *n* Karelia

karens|dag [-ˣrens-] *försäkr.* day of qualifying period for benefit **-tid** qualifying (waiting) period

karg [-j] *a1* **1** *(om pers.)* chary, sparing *(på* of) **2** *(om natur)* barren

Karibiska havet [-ˈriː-] *n* the Caribbean [Sea]

karies ['ka:-] *r* [dental] caries

karikatyr *s3* caricature; *polit. äv.* cartoon **-tecknare** caricaturist; *polit. äv.* cartoonist

karikera caricature, make a caricature of; *(friare)* overdraw, burlesque

karisma ['ka:-, *äv.* -'risma] *s3* charisma **-tisk** [-ˈma:-] *a5* charismatic

Karl [-a:-] *Charles; ~ den store* Charlemagne, Charles the Great; *~ XII* Charles XII (the Twelfth)

karl [ka:r] *s2* man; fellow; *(mansperson)* male; *vard.* chap, *AE.* guy; *som en hel ~* like a man; *vara ~ för sin hatt* hold one's own; *han är stora ~en nu* he is quite the man now; *bra ~ reder sig själv* an honest man does his own odd jobs

karlakarl [ˣka:rakar] *en ~* a man of men

karlaktig [ˣka:r-] *a1* manly; *(om kvinna)* mannish

karlatag [ˣka:ra-] *det var ~!* that was man-size

K

effort!

Karlavagnen [ˣka:rla-] the Plough, Charles's Wain; *A E.* the Big Dipper

karl|göra *det är* ~ it is a man's job **-hatare** man-hater

karljohansstil Swedish Empire style

karlsbadersalt [ˣka:rls-, *äv.* -ˣba:-] Carlsbad salts *(pl)*

karl|tokig [ˣka:r-] man-mad **-tycke** *ha* ~ be attractive to men, have sex appeal

karm *s2 (armstöd)* arm; *(ram)* frame **-stol** arm-chair

karnevạl *s3* carnival

karnevals|dräkt carnival costume **-yra** riotous revelry [of the carnival]

karnivor [-ˈvå:r] *s3* carnivore

karolịn *s3* soldier of Charles XII of Sweden

kaross [-ˈråss] *s3* chariot **-eri** [car] body, coach-work

karotẹn *s4* carotene, carotin

1 karott [-ˈrått] *s3 (morot)* carrot

2 karott [-ˈrått] *s3* deep dish, vegetable dish

karottunderlägg table mat

karp *s2* carp

Karpaterna [-ˈpa:-] *pl* the Carpathian Mountains, the Carpathians

karpdamm carp pond

karriär *s3* **1** *i full* ~ at (in) full career **2** *(levnadsbana)* career; *göra* ~ make a career for o.s., get on in the world **-ist** careerist, [social] climber

karsk *a1* plucky; bold; cocky

karsk|a ~ *upp sig* pluck up [one's] courage **-het** pluck; cocksureness

kart [-a:-] *s2, s9* green (unripe) fruit

karta [ˣka:r-] *s1* map *(över* of); *komma på överblivna* ~*n* be on the shelf, become an old maid

Kartago [-ˈta:-] *n* Carthage

kart|blad [ˣka:r-] map sheet **-bok** atlas

kartẹll *s3* cartel; *(val- o.d.)* [com]pact

kartesch [-ˈe(:)ʃ] *s3* cartouche, case shot

kartfodral [ˣka:r-] map case (cover)

kartig [ˣka:r-] *a1* unripe, green

kartlagd [ˣka:r-] mapped [out]

kartlägg|a [ˣka:r-] map [out], chart, make a map of; delineate **-ning** mapping, survey

kartläsare [ˣka:r-] *(i bilsport)* codriver

kartnagel [ˣka:rt-] deformed nail

kartong [-ˈåŋ] *s3* **1** *(styvt papper)* cardboard **2** *(pappask)* cardboard box, carton **3** *konst.* cartoon

kartonnage [-ˈa:ʃ] *s7 (papparbete)* cardboard article; *(pappband)* [binding in] paper boards

kartotẹk *s7* card index (file); *föra* ~ *över* keep a file (card index) of

kart|ritare [ˣka:r-] cartographer **-tecken** map symbol **-verk** [ˣka:-] **1** *(ämbetsverk)* map[-issuing] office **2** *(atlas)* atlas

karusẹll *s3* roundabout, merry-go-round; *A E. äv* car[r]ousel; *åka* ~ ride on the roundabout (merry-go-round)

karva whittle, chip *(på* at); *(skära äv.)* cut *(äv.* ~ *i)*

kaschmir [ˈkaʃ- *el.* -ˈi:r] *s3, s4* cashmere **-sjal** cashmere shawl

kase *s2* beacon fire

kasejn *s4* casein

kasern [-ˈä:rn] *s3* barracks *(pl)* **-förbud** confinement to barracks **-gård** barrack square (yard)

kasino [-ˈsi:-] *s6* casino

kask *s2* casque, helmet

kaskạd *s3* cascade; torrent

kaskelott [-ˈått] *s3* cachalot, sperm whale

kaskoförsäkring hull insurance; *(fordons-)* insurance against material damage to a motor vehicle

kasper [ˈkass-] *s9* Punch **-teater** Punch-and-Judy show

Kaspiska havet [ˈkass-] *n* the Caspian Sea

kass *a1, vard. (dålig)* poor, miserable, wretched, *(starkare)* lousy, rotten

kassa *s1* **1** *(penningförråd)* cash, purse; money; *(-låda)* cash box, till; *(intäkt)* takings *(pl)*, receipts *(pl)*; *per* ~ *(hand.)* for cash; *brist i* ~*n* deficit in the cash [account]; *ha hand om* ~*n* keep the cash; *vara stadd vid* ~ be in funds; ~*n stämmer* the cash account balances; *min* ~ *tillåter inte* my purse will not allow **2** *(fond)* fund **3** *(-avdelning)* cashier's department; *(i butik)* cash (cashier's) desk, checkout; *(i bank)* cashier['s desk], *A E.* av. teller['s desk]; *(teater-)* box office **-apparat** cash register **-behållning** cash balance, cash in hand **-bok** cash-book **-fack** safe-deposit box **-förvaltare** cashier, treasurer **-kista** strongbox **-kvitto** sales slip, cash receipt **-låda** cash box (drawer) **-pjäs** box-office play **-rabatt** cash discount; *minus 2 %* ~ less 2 % discount [for cash] **-skrin** cash box **-skåp** safe

kassava [-ˣsa:-] *s9* cassava, manioc

kassavalv strongroom, safe-deposit vault

kasse *s2* string bag; *(pappers-)* paper carrier [bag]

kassera reject; *(förslag äv.)* turn down; *(utdöma)* condemn; *(kasta bort)* discard

kassett *s3, foto.* film holder, cartridge, cassette, magazine; *(bok-)* slipcase **-bandspelare** cassette [tape] recorder **-däck** cassette deck

kassler [ˈkass-] *s9* smoke-cured loin of pork

kassụn *s3* caisson **-sjuka** decompression sickness, caisson disease

kassör cashier; *(A E. bank-)* teller; *(förenings-)* treasurer **-ska** [lady] cashier *(etc.)*

1 kast *s3, boktr.* case

2 kast *s3 (klass)* caste

3 kast *s7* **1** throw; *(slungande)* fling, pitch, toss; *(häftigt)* jerk; *(med metspö e.d.)* cast; *stå sitt* ~ put up with the consequences **2** *(hastig rörelse)* toss, jerk; *(på huvudet* of the head); *tvära* ~ *i vinden* sudden [chops and] changes in (of) the wind **3** *ge sig i* ~ *med* grapple with, tackle

kasta I 1 throw; fling, pitch, toss; jerk; cast **2** *veter.* abort **3** *(sy)* overcast, whip[stitch] **4** *(om vind)* chop about, veer [round] **5** (~ *bort)* throw away; *kortsp.* discard; ~ *pengarna i sjön (vard.)* throw (chuck) money down the drain **6** *rfl* throw *(etc.)* o.s.; ~ *sig av och an i sängen* toss about in bed; ~ *sig in i* fling o.s. (plunge) into; ~ *sig om halsen på ngn* throw o.s. round s.b.'s neck; ~ *sig upp i sadeln* fling o.s. into the saddle; ~ *sig upp på cykeln* jump on to one's bicycle; ~ *sig över* fling o.s. upon, fall upon **II** *(med betonad partikel)* **1** ~ *av* throw off **2** ~ *bort* throw away, *(slösa äv.)* waste, squander **3** ~ *i sig maten* bolt one's food **4** ~ *loss a) (lösgöra)* let go, b) *(lägga ut)* cast off, *bildl. äv.* cut adrift **5** ~ *om a*) (*ändra om*) change [round], rearrange, *b*) (*en gång till*) throw again, *c*) (*om vind*) change [round] (*äv. bildl.*), veer [round] **6** ~ *omkull* throw (knock) down (over); *bildl. se kullkasta* **7** ~ *på sig* fling on (hurry into) (*kläderna* one's clothes) **8** ~ *tillbaka a*) throw back, *mil. äv.* repulse, *b*) (*ljus*) re-echo; ~ *huvudet tillbaka* toss one's head back

kastanj[e] [-'anj(e)] *s3, s5* chestnut [tree]; *krafsa* ~[e]*rna ur elden åt ngn* be a p.'s cat's-paw

kastanjett *s3* castanet

kastell *s7* citadel

kast|lös outcaste; *de* ~*a* (*äv.*) the untouchables **-märke** caste mark

kastning 1 throwing *etc.* **2** *veter.* abortion

kastrat eunuch **-sångare** castrato

kastrer|a castrate; (*djur äv.*) geld **-ing** castration; gelding

kastrull *s3* saucepan

kastspö casting rod; (*för flugfiske*) fly rod

kastväsen caste system

kasus ['ka:-] *n, best. f. ~n och pl* =, case

kata|falk *s3* catafalque **-komb** [-'åmb] *s3* catacomb

katalog catalogue **-isera** catalogue

katalysator [-ˣa:tår] *s3* catalyst

katamaran *s3* catamaran

katapult *s3* catapult **-stol** ejection (ejector) seat

katarr *s3* catarrh

katastrof [-'å:f] *s3* catastrophe; *ekon. äv.* crash; (*olycka*) disaster **-al** *a5* catastrophic; disastrous **-fall** emergency case **-läge** emergency (catastrophic) situation

kateder [-'te:-] *s2, skol.* teacher's desk; *univ. o.d,* lecturer's desk, rostrum

katedral *s3* cathedral

kategori *s3* category; class, group; *alla* ~*er* all types (kinds) (*av* of) **-isera** categorize **-isk** [-'go:-] *a5* categoric[al]; (*obetingad*) unconditional; ~ *vägran* categorical (flat) refusal **-iskt** *adv, neka* ~ *till ngt* flatly deny s.th.

katekes [-'ɕe:s] *s3* catechism

katet *s3* cathetus (*pl* catheti) **kateter** [-'te:t-] *s2* catheter

katod [-'o:d *el.* -'å:d] *s3* cathode **-strålerör** cathode-ray tube

katolicism [Roman] Catholicism **katolik** *s3* [Roman] Catholic **katolsk** [-'o:lsk] *a5* [Roman] Catholic; ~*a kyrkan* (*vanl.*) the Roman Catholic Church

katrinplommon [-ˣtri:n-] (*torkat*) prune

katt *s3* cat; *för* ~*en*! confound it!; *jag ger* ~*en i det!* I don't care a fig for that!; *jag kan ge mig* ~*en på* I'll swear; *arga* ~*er får rivet skinn* quarrelsome dogs come limping home; *i mörkret är alla* ~*er grå* all cats are grey in the dark; *när* ~*en är borta dansar råttorna på bordet* when the cat's away the mice will play

katt|a *s1* female cat, she-cat **-aktig** *a1* catlike, cattish; feline **-fot** *bot.* cat's-foot **-hane** tom[cat] **-uggla** tawny owl **-unge** kitten **-öga** (*reflexanordning*) cat's-eye (*äv. miner.*), reflector

Kaukasien [-'ka:-] *n* Caucasia **kaukasisk** *a5* Caucasian **Kaukasus** ['kau-] *n* the Caucasus

kaurisnäcka ['kauri-] cowry

kaus [-au-] *s3, sjö.* [stay] thimble, eyelet

kautschuk ['kau-] *s2* caoutchouc, [India] rubber; (*radergummi*) eraser, rubber

kav ~ *lugnt* absolutely (dead) calm

kavaj [-'ajj] *s3* jacket, coat; (*på bjudningskort*) informal dress **-kostym** lounge (*AE.* business) suit

kavaljer *s3* cavalier; (*bords-, dans- e.d.*) partner; (*ledsagare*) escort

kavalkad *s3* cavalcade

kavaller|i cavalry **-ist** cavalryman, trooper

kavat *a1* game, spirited; plucky

kavel *s2* roller; (*för bakning äv.*) rolling pin **-dun** *bot.* bulrush, reed mace

kaviar ['kavv- *el.* ˣkavv-] *s9* caviar[e]

kavitation cavitation

kavla [ˣka:v-] roll; ~ *ner* (*äv.*) unroll; ~ *upp* (*äv.*) tuck up (*ärmarna* one's sleeves); ~ *ut* roll out (*degen* the dough)

kavring [ˣka:v-] (*ung.*) black rye bread

kax|e *u3* bigwig, big shot (gun) **-ig** *a1* cocky, high and mighty (*över* about); (*översittaraktig*) overbearing (*mot* to[wards])

kebab [-'babb] *s3* [shish] kebab

kedj|a [ˣɕe:-] *s1* chain; *sport.* forward line; *slå ngn i -or* put s.b. into chains, chain s.b. **II** *v1* chain (*vid* to); fasten with chains

kedje|brev chain letter **-butik** multiple store (shop), chain store **-driven** chain-driven **-hus** link house **-reaktion** chain reaction (*äv. bildl.*) **-röka** chain-smoke **-rökare** chain smoker **skydd** chain guard

kejsardöme [ˣɕejj-] *s6* empire

kejsar|e [ˣɕejj-] emperor **-inna** empress **-krona 1** imperial crown **2** *bot.* crown imperial **-snitt** Caesarean section

kejserlig [ˣɕejj-] *a5* imperial; *de* ~*a* the Imperialists

kel|a [ˣɕe:-] pet; ~ *med* (*äv.*) fondle, dandle **-gris** pet, favourite **-ig** *a1* loving **-sjuk** wanting to be cuddled

kelp [k-] *s3* kelp

kelt [k-] *s3* Celt **-isk** ['kelt-] *a5* Celtic

kelvin ['kelv-] *oböjligt s, fys.* kelvin

kemi [ɕ-] *s3* chemistry

kemikal|ieaffär [-ˣka:-] paint and chemicals shop **-ier** [-ˣka:-] *pl* chemicals, chemical preparations

kem|isk [ˣɕe:-] *a5* chemical; ~ *förening* chemical compound; ~ *industri* chemical industry; ~ *reaktion* chemical reaction; ~ *tvätt, se kemtvätt* **-iskt** *adv* chemically; *tvätta* ~ dry-clean **-isk-teknisk** chemicotechnical, chemical; ~ *industri* chemical industry **-ist** [ɕ-] chemist **-tvätt** [ˣɕe:-] dry-cleaning; (*lokal*) dry-cleaner's **-tvätta** dry-clean

kentaur [k-] *s3* centaur

Kenya ['ke:-] *n* Kenya **kenyansk** [-'a:nsk] *a5* Kenyan

keps [k-] *s2* cap

keram|ik [ɕ-, *äv.* k-] *s3* ceramics (*pl, behandlas som sg*); (*artiklar*) pottery, ceramic ware **-iker** [-ˣra:-] ceramist, potter **-isk** [-ˣra:-] *a5* ceramic

kerub [ɕ-] *s3* cherub

ketch [k-] *s3* ketch

ketchup ['ketʃupp] *s3* [tomato] ketchup, catchup

kex [k-, *äv.* ɕ-] *s7, s6* biscuit; cracker (*äv. AE.*)

K

KFUK [kåäff×u:kå:] (*förk. för Kristliga Förening-en av Unga Kvinnor*) YWCA, *se under kristlig*
KFUM [kåäff×u:ämm] (*förk. för Kristliga För-eningen av Unga Män*) YMCA, *se under kristlig*
kibbutz [ki'botts] *s3* kibbutz
1 kick [k-] *oböjligt s i uttr.*: *på ett litet* ~ in a tick
2 kick [k-] *s2* (*spark*) kick; *få* ~*en* (*vard.*) get the sack
1 kicka [k-] *s1* lassie, girlie
2 kicka [k-] *v1* kick; ~ *boll* play football
kickstart kick-starter
kid [ç-] *s7* fawn
kidnapp|a [k-] kidnap **-are** kidnapper **-[n]ing** kidnapping
Kielkanalen [×ki:l-] the Kiel Canal
kika [ç-] peep, peer (*på* at)
kikar|e [×çi:-] binoculars (*pl*); field glasses; (*större*) telescope; *ha ngt i* ~*n* have one's eye on s.th., have s.th. in view; *vad har du nu i* ~*n?* what are you up to now? **-sikte** telescopic sight
kikhosta [×çi:k-] whooping cough **kikna** [×çi:k-] whoop; ~ *av skratt* choke with laughter
kil [ç-] *s2* wedge; *sömn.* gusset, gore; (*på strumpa*) slipper heel
1 kila [ç-] (*springa*) scamper; ~ *stadigt* (*vard.*) go steady; *jag* ~*r nu!* now I'm off!
2 kila [ç-] (*med kil*) wedge
kilformig [-å-] *a5* wedgeshaped, wedgelike
kille [k-] *s2* boy; chap; *AE.* guy
killing [ç-] kid
kilo ['çi:- *el.* 'ki:-] *s7* kilo
kilogram [-'gramm] kilogram[me] **-kalori** kilogram calorie, kilocalorie, Calorie
kilo|hertz kilohertz **-joule** [-'jo:l] kilojoule **-meter** [-'me:-] kilometre **-pond** [-'pånd] *s7* kilopond **-pris** price per kilogram **-ton** [-'tånn] kiloton **-watt** kilowatt **-wattimme** *särskr. kilowatt-timme* kilowatt-hour **-vis** by the kilo[gram] **-volt** [-'vålt] kilovolt
kil|rem V-belt **-skrift** cuneiform [writing]
kilt *s2* kilt
kimono ['kimm-] *s5* kimono
Kina [×çi:-] *n* [People's Republic of] China
kina [×çi:-] *s9* quinine **-bark** cinchona bark
kind [ç-] *s3* cheek **-ben** cheekbone
kindergarten [×kinn-] *r* kindergarten, nursery school
kindtand molar
kines [ç-] *s3* Chinese; Chinaman; ~*erna* the Chinese
kines|a [çi'ne:-] *han* ~*de hos oss* we put him up for the night **-eri 1** (*pedanteri*) pedantry; red tape **2** *konst.* Chinese ornamentation, chinoise-rie **-isk** *a5* Chinese; *K*~*a muren* Chinese wall **-iska** *s1* **1** (*språk*) Chinese **2** (*kvinna*) Chinese woman
kinetisk [-'ne:-] *a5* kinetic; ~ *energi* kinetic energy
kinin [ç-] *s4, s3* quinine
1 kink [ç-] *s2* (*ögla*) kink, catch-fake
2 kink [ç-] *s7* (*gnäll*) petulance, fretfulness
kink|a [ç-] fret, whimper **-ig** *a1* petulant, fretful; (*fordrande*) particular, hard to please, exacting; (*om fråga o.d.*) delicate, ticklish, *vard.* tricky
kiosk [ki'åsk, *äv.* çi-, *vard.* çåsk] *s3* kiosk; (*tid-nings-*) newsstand, bookstall, newspaper stall

1 kippa [ç-] ~ *efter andan* gasp (pant) for breath
2 kippa [ç-] *skon* ~*r* the shoe slips up and down
Kirgisien [k-] Kirg[h]izia **kirgisisk** *a5* Kirg[h]i-z[ian]
Kiribati [-'ba:-] *n* Kiribati
kiropraktor [-×praktår] *s3* chiropractor
kirra *vard.* fix
kirurg [ç-] *s3* surgeon
kirurg|i *s3* surgery **-isk** [-'urg-] *a5* surgical
kisa [ç-] screw up one's eyes; ~ *mot solen* screw up one's eyes in the sun; ~*nde ögon* screwed up eyes
kisel ['çi:-] *s2, s7* silicon **-haltig** *a5* siliceous, sili-ciferous **-sten** pebble
1 kiss [k-] *interj*, ~ ~ ~! puss puss!
2 kiss [k-] *s7* wee, pee
kissa [k-] wee, pee
kisse|katt [k-] *s3*, **-miss** *s2* pussy[cat]
kist|a [ç-] *s1* chest; (*penning-*) coffer; (*lik-*) coffin **-botten** *ha pengar på* ~ have money saved up
kitslig [ç-] *a1* (*snarstucken*) touchy; (*retsam*) an-noying; (*småaktig*) petty; (*om sak*) *jfr besvärlig*, *kinkig* **-het** touchiness; annoyance; pettiness
kitt [ç-] *s7* cement; (*fönster-*) putty **kitta** cement; putty
kittel [ç-] *s2* boiling-pot; (*stor*) ca[u]ldron (*äv. bildl.*); (*fisk-, te-*) kettle (*äv. bildl.*); (*tvätt-*) cop-per
kittl|a [ç-] tickle; *det* ~*r i fingrarna på mig att* (*bildl.*) my fingers are itching (tingling) to **-as** *dep* tickle; ~ *inte!* don't tickle! **-ig** *a1* ticklish **-ing** tickling; tickle
kiv [ç-] *s7* strife, contention; quarrelling **-as** *dep* contend [with each other] (*om* for); (*träta*) quar-rel, wrangle (*om* about, as to)
kiwi ['ki:-] *s5*, **-frukt** kiwi, Chinese gooseberry
kjol [çо:l] *s2* skirt; *hänga ngn i* ~*arna* be tied to s.b.'s apron strings **-linning** waistband **-tyg** *vard.* skirt
1 klabb *s2* (*trästycke*) chunk of wood
2 klabb *s7* **1** (*snö-*) sticky snow **2** *hela* ~*et* the whole lot
klabb|a (*om snö*) cake **-ig** *a1* sticky
klack *s2* (*på sko etc.*) heel; *tekn.* boss; *slå ihop* ~*arna* click one's heels; *slå* ~*arna i taket* kick up one's heels; *snurra runt på* ~*en* turn on one's heel
klack|a heel **-bar** heel bar **-järn** heel iron **-ning** heeling **-ring** signet ring
1 kladd *s2* (*utkast*) rough copy
2 kladd *s7* (*klotter*) scribble
kladd|a mess about, dabble; (*med färg*) daub; ~ *ner sig* mess o.s. up, get o.s. mucky (sticky) **-ig** *a1* smeary; (*degig*) doughy; (*klibbig*) sticky
klaff *s2* flap; (*bords-*) drop leaf; (*på blåsinstru-ment*) key; *anat.* valve; *fälla* ~*en* shut up
klaffa (*gå ihop*) tally; *allting* ~*de* everything fit-ted in
klaff|bord gate-leg[ged] (drop-leaf) table **-bro** drawbridge; (*med rörlig sektion*) bascule [bridge] **-stol** folding chair
klafsa splash, squelch
klaga complain (*för* to; *över* about, of); *absol.* make complaints; (*jämra*) lament, wail; *gudi* ~*t* worse luck; *uppassningen var inte att* ~ *på* the service left no room for complaint

klag|an r complaint (äv. jur.); (jämmer) lament[ation], wail[ing] **-ande I** s9, jur., ~n the complainant, the lodger of the complaint **II** a4 complaining, plaintive; (sorgsen) mourning
klago|låt wailing, moaning, lamentation **-mur** wailing wall **-mål** complaint; jur. äv. protest; (reklamation) claim; anföra ~ mot complain of; inge ~ mot (hos) lodge a complaint against (with) **-tid** ~en utgår i morgon the time for appeal expires tomorrow **-visa** lamentation, jeremiad
klammer ['klamm-] s9, pl äv. klamrar [square] bracket; sätta inom ~ put in brackets
klammeri altercation, wrangle; råka i ~ med be at cross-purposes with; råka i ~ med rättvisan fall foul of the law
1 klamp s2 (trästycke) block of wood
2 klamp s7 (-ande) tramping, tramp
klampa tramp
1 klamra rfl cling (intill on to); ~ sig fast vid (bildl.) cling firmly to
2 klamra bokb. stitch
klan s3 clan
klander ['klʌⁿⁿ] s7 blame; censure; (kritik) criticism (mot of); (bestridande) contesting, dispute **-fri** blameless, irreproachable, impeccable **-värd** blameworthy, reprehensible, censurable
klandr|a blame; censure, find fault with, criticize; (bestrida) contest, dispute **-ande** a4 faultfinding, censorious
klang s3 ring; sound, clang; (av glas) clink; (ton) tone; hans namn har god ~ he has a good name; rösten har fyllig ~ it is a resonant voice **-full** vnorous; (om röst äv.) full, rich **-färg** timbre, quality **-lös** thin, flat
klanka v1 grumble (på at)
klant|a rfl, vard. put one's foot in it **-ig** a1, vard. clumsy **-skalle** vard. clumsy clot
klapp s2 tap; (smeksam) pat **klappa** (ge en klapp) tap; pat; (om hjärtat) beat, (häftigt) palpitate, (hårdare) throb; ~ [i] händerna clap [one's hands]; ~ ihop (vard.) go to pieces
klapper ['klapp-] s7 clattering etc., se klappra
klappjakt battue; bildl. witch-hunt; anställa ~ på (friare) start a hue and cry after
klappra clatter; rattle; (om träskor e.d.) clip-clop
klar a1 clear; (om färg, solsken) bright; (genomskinlig) transparent; (om vatten) limpid; bildl. clear, lucid, (tydlig) plain, (bestämd) definite, (avgjord) decided, distinct; (färdig) ready; sjö. clear, ready; ~t besked definite orders, [a] plain answer; ~t väder fair weather; ~t till London! (tel.) [you are] through to London!; bilda sig en ~ uppfattning om form a clear conception of; bli ~ över realize; få ~t för sig get a clear idea of; göra ~t för ngn att make it clear to s.b. that; göra ~t skepp clear the ship (decks) for action; ha ~a papper have one's paper in order; komma på det ~a med be clear on (about), see one's way clearly in; den saken är ~ nu that is settled now (cleared up)
klara 1 i sht tekn. clarify, clear (äv. bildl.); (rösten) clear; (reda upp) settle, clear up, solve; (gå i land med) manage, cope with, tackle successfully; ~ begreppen make things clearer; ~ en examen pass (get through) an exam[ination] **2** rfl get off, escape; (reda sig) manage, get on

(along); ~ sig undan get off, escape; ~ sig utan do without; han ~r sig alltid he always falls on his feet; han ~r sig nog (äv.) he'll do all right **3** ~ av clear off, (skuld e.d. äv.) settle [up]; ~ upp clear up, settle
klarer|a sjö. clear **-ing** clearance, clearing
klargöra make clear, bring home (för to); (förklara äv.) explain
klarhet clearness etc.; clarity; jfr klar; (upplysning) enlightenment, light; bringa ~ i ngt throw (shed) light on s.th., elucidate s.th.; gå från ~ till ~ (friare) go from strength to strength; komma till ~ om (i) ngt get a clear idea of (understand) s.th.
klarinett s3 clarinet **-ist** clarinet player, clarinet[t]ist
klarlägg|a make clear, explain; elucidate **-ande** s6 elucidation
klarmedel clarifier
klar|na ['klaːr] i.d.h. clarify; (om kaffe äv.) s.ttle; (om himlen) [become] clear; (om vädret äv.) clear up; bildl. become clear[er]; (ljusna) brighten [up] **-signal** go-ahead signal; få ~ get the go-ahead **-språk** straight talking; tala ~ (AE., vard.) talk turkey **-syn** clear vision; sharp perception; (klärvoajans) clairvoyance **-synt** [-y:-] a1 clear-sighted; (skarp-) perspicacious **-synthet** clear-sightedness, clarity of vision; (skarp-) perspicacity **-tecken** road (line) clear sign; (för -signal **-text** text ~ i nlai, bildl. plain language **-tänkt** a1 clear-headed, level-headed **-vaken** wide awake **-ögd** a5 bright-eyed, clear-eyed
klase s2 bunch (druvor of grapes); (klunga) cluster; bot. raceme
klass s3 class; skol. äv. form, AE. grade; den bildade ~en the educated classes (pl); tredje ~ens hotell third-rate hotel; indela i ~er arrange in classes, classify; stå i ~ med be of the same class as, be classed with; åka tredje ~ travel third class
klass|a a class, classify **-anda** class spirit **-fest** class party **-föreståndare** form teacher; AE. homeroom teacher
klassic|ism classicism **-ist** classicist **-istisk** [-'ist-] a5 classicistic
klassifi|cera classify **-kation** classification; breakdown
klassiker ['klass-] classic; (filolog) classical philologist (scholar)
klassindelning (klassificering) classification; skol. division into forms (classes); (social) class division
klassisk ['klass-] a5 classical; (mönstergill) classic; ~ musik classical music; ~a språk classical languages
klass|kamp class struggle **-kamrat** classmate, classfellow; mina ~er the fellows (boys etc.) in my form; vi är gamla ~er we were in the same form at school **-lärare** form master **-lös** classless **-medvetande** class-consciousness **-motsättning** ~ar differences between classes
klass|ning sjö. classification **-rum** classroom **-samhälle** (hopskr. klassamhälle) class society **-skillnad** (hopskr. klasskillnad) class distinction **-träff** class reunion **-vis** by (in) classes
klatsch I interj crack! **II** s2 lash; crack, smack

klatscha 1 (*med piska*) give a crack (flick); (*om piska*) crack; (*klå upp*) smack **2** (*färg*) daub (*på* on to) **3** ~ *med ögonen åt* ogle, make eyes at **-ig** *a1* striking; (*schvungfull*) dashing; (*med kraftig färg*) bold

klausyl *s3* clause

klav *s3* key; *mus. äv.* clef

klaver *s7, mus.* keyboard instrument; *trampa i* ~*et* (*bildl.*) drop a brick, put one's foot in it **-tramp** blunder, faux pas

klaviatur keyboard

klema ~ *med* pamper, coddle

klementin *s3* clementine

klemig *a1* pampered, coddled; effeminate, soft

klen *a1* (*svag, kraftlös*) feeble; delicate, frail, (*tillfälligt*) poorly, ailing; (*om muskelstyrka*) weak; (*tunn*) thin (*planka* plank); (*motsats dryg*) meagre (*bidrag* contribution); *bildl.* (*dålig*) poor; (*om resultat äv.*) meagre, slender; *en* ~ *ursäkt* a poor (feeble) excuse; ~ *till förståndet* of feeble intellect; ~ *till växten* (*om pers.*) of delicate frame

klen|het feebleness *etc.*; (*t. hälsan äv.*) delicacy, frailty **-mod** timidity, pusillanimity **-modig** timid, pusillanimous

klenod *s3* jewel; gem; (*friare*) treasure

klent [-e:-] *adv* feebly *etc.*; ~ *begåvad* poorly gifted; *det är* ~ *beställt med* it is a poor lookout as regards…, …leaves much to be desired

klentrogen incredulous, sceptical **-het** incredulity, scepticism; lack of faith

kleptoman [-'a:n] *s3* kleptomaniac

klet *s7* daub **-a** daub, smear; scribble **-ig** *a1* messy, mucky

kli *s7* bran

klia (*förorsaka klåda*) itch; (*riva*) scratch; *det* ~*r i fingrarna på mig att* (*bildl.*) my fingers itch to; ~ *sig* scratch o.s.; ~ *sig på benet* scratch one's leg

klibb|a (*vara klibbig*) be sticky (adhesive); (*fastna*) stick (*vid* [on] to); ~ *ihop* stick together **-ig** *a1* sticky (*av* with); adhesive; (*limaktig*) gluey

kliché *s3* cliché (*till* for); *boktr. äv.* block, cut, plate; *bildl.* cliché, stereotyped phrase, tag **-artad** [-a:r-] *a5* stereotype

1 klick *s2* (*sluten krets*) clique, set; *polit.* faction

2 klick *s2* (*klimp*) pat; (*mindre*) dab (*sylt* of jam); (*färg-*) daub, smear; *få en* ~ *på sig* (*bildl.*) get a blot on one's reputation; *vard.* blot one's copybook

3 klick I *interj* click!; *det sa* ~ *för oss* we clicked **II** *s2* (*av vapen*) misfire; (*kameras*) click

klicka (*om vapen*) misfire; (*mankera*) go wrong; be at fault

klient client **-el** *s7, s9* clientele

klimakterium *s4* menopause, climacteric

klimat *s7* climate **-isk** *a5* climatic **-ombyte** change of climate

klimax ['kli:-] *s2* climax

klimp *s2* lump; *kokk.* [small] dumpling

klimp|a *rfl* get (go) lumpy **-ig** *a1* lumpy

1 kling|a *s1* blade; *korsa sina -or* cross swords

2 klinga *v1* ring, have a ring; (*ljuda*) sound, resound; (*om mynt o.d.*) jingle, chink; (*om glas*) clink; ~ *i glaset* (*för att begära tystnad*) tap one's glass

klingande *a4* ringing (*skratt* laughter); *på* ~ *latin*

in high-sounding Latin; ~ *mynt* hard cash

klin|ik *s3* clinic; [department of a] hospital; (*privatsjukhem*) nursing home **-isk** ['kli:-] *a5* clinical

klink *s7* (*dåligt spel*) strum[ming]

1 klinka *v1* strum (*på piano* [on] the piano)

2 klinka *s1* (*dörr-*) latch

klinkbyggd *a5* clinker-built

klinker ['klinn-] *s9* (*tegel*) clinker [brick]; (*slagg*) clinkers (*pl*)

klint *s2* (*höjd*) hill; (*bergskrön*) brow of a (the) hill; (*bergstopp*) peak

klipp *s7* **1** clip, cut; (*tidningsurklipp*) cutting, clipping (*AE.*) (*ur* out of) **2** *göra ett* ~ (*en god affär*) make a killing

1 klipp|a *v3* cut; (*gräsmatta o.d.*) mow; (*naglar*) pare; (*får*) shear; (*biljett*) punch; (*häck, skägg*) trim; ~ *itu* cut in two (half); ~ *kuponger* clip coupons; ~ *med ögonen* blink (wink) (*mot ngn* at s.b.); ~ *med öronen* twitch one's ears; ~ *till* cut out; ~ *till ngn* (*vard.*) land s.b. one; *som -t och skuren till* just cut out for; ~ *sig* have one's hair cut

2 klippa *s1* rock (*äv. bildl.*); (*hög, brant*) cliff

klipp|avsats ledge **-block** [piece of] rock, boulder

klipp|bok book for cuttings **-docka** cut-out doll

klipper ['klipp-] *s2,* **-skepp** clipper [ship]

klippfyr isophase light

klipp|grav rock tomb **-ig** *a1* rocky; *K~a bergen* the Rocky Mountains, the Rockies

klipp|ljus isophase light **-ning** cutting *etc.*; (*hår-*) haircutting, [a] haircut; (*av film*) cutting, editing

klips *s7* clip; (*öron-*) ear clip

klipsk *a1* shrewd; quick-witted

klirr *s7* jingling *etc.*, *se klirra* **klirra** jingle; (*om glas, is*) clink; (*om mynt*) chink; (*om porslin*) clatter

klister ['klist-] *s7* **1** paste **2** *råka i klistret* get into a scrape; *sitta i klistret* be in the soup **-burk** paste pot **-remsa** adhesive tape

klistra paste, cement, glue, stick (*fast vid* on to); ~ *igen* (*till*) stick down; ~ *upp* (*på väggen*) paste (stick) up; ~ *upp på väv* mount on cloth

klitoris ['kli:-] *r* clitoris

kliv *s7* stride; *med stora* ~ in (with) long strides **kliva** *klev klivit* stride, stalk; (*stiga*) step; (*klättra*) climb; ~ *fram* step (walk) up (*till* to); ~ *ner* step down, descend; ~ *upp* climb up (*för trapporna* the stairs); ~ *över* (*dike e.d.*) step across, (*gärdesgård e.d.*) climb over

klo *s5* claw; *friare o. bildl. äv.* clutch; (*kräftdjurs*) pincers (*pl*); (*på gaffel e.d.*) prong; *få ngn i sina* ~*r* get s.b. into one's clutches; *råka i* ~*rna på* get into the clutches of; *slå* ~*rna i* get one's claws into; *visa* ~*rna* be up in arms (*mot* against)

kloak *s3* **1** (*avloppsledning*) sewer; drain **2** *zool.* cloaca (*pl* cloacae) **-brunn** cesspool, cesspit **-rör** sewer **-system** sewage system **-vatten** sewage

1 klocka [-å-] *s1* (*kyrk-, ring-*) bell

2 klocka [-å-] *s1* (*vägg- o.d.*) clock; (*fick-*) watch; *hur mycket är* ~*n?* what time is it?, what is the time?; ~*n är fem* it is five o'clock; ~*n är halv sex* it is half past five, it is five thirty; *går den här* ~*n rätt?* is this clock (watch) right?; ~*n är bara barnet* (*vard.*) it's early days yet, there's bags of time; ~*n är mycket* it is getting late; ~*n närmar sig åtta* it is getting near eight o'clock; *förstå vad* ~*n är slagen* understand the situation, know what to expect

3 klocka [-å-] *v1* (*ge klockform åt kjol*) gore, flare

4 klocka [-å-] *v1, sport.* (*ta tid på*) clock

klock|are [-å-] parish clerk and organist; (*kyrkomusiker*) precentor **-formad** [-fårm-] *a5* bell-shaped **-kjol** flared skirt

klockradio clock radio

klock|ren [as] clear as a bell-ringing (tolling) **-ringning** bell-ringing

klock|skojare clock-and-watch hawker **-slag** *på* ~*et* on the stroke [of the clock]; *på bestämt* ~ at a definite time

klock|spel chime (peal) of bells, carillon **-stapel** detached bell tower, bell frame **-torn** bell tower, belfry

klok *a1* **1** (*förståndig*) wise, judicious; (*intelligent*) intelligent, clever; (*förnuftig*) sensible; (*försiktig*) prudent, (*diskret*) (allvärlig, lämplig) advisable, *gubbe, se kvacksalvare*; *de slog sina* ~*a huvuden ihop* they put their heads together; *jag är lika* ~ *för det* I am none the wiser [for that]; *jag blir inte* ~ *på det* I cannot make it out, I can make neither head nor tail of it **2** (*vid sina sinnens fulla bruk*) sane, in one's senses; *inte riktigt* ~ not in one's right senses, not all there, *AE.* nuts **klokhet** [-o:-] wisdom, judiciousness, prudence, sagacity **klokskap** [-o:-] *s3* overwiseness; (*självklokhet*) self-sufficiency; *jfr äv. klokhet* **klokt** [-o:-] *adv* wisely *etc.*; *det var* ~ *gjort* it was the sensible thing to do; *du gjorde* ~ *i att* you would be wise to

klon [-o:n] *s3* clone **klona** [ˣklo:-] clone **kloning** [ˣklo:-] cloning

klor [-å:r] *s3* chlorine **-era** chlorinate **-haltig** *a5* chlorinous

klor|ofyll *s4, s3* chlorophyll **-vätesyra** hydrochloric acid

kloset *s3* closet; (*vatten-*) toilet, lavatory

kloss [-å-] *s2* block; clump

kloster [ˈklåss-] *s7* abbey, priory; (*munk-*) monastery; (*nunne-*) convent, nunnery; (*franciskan-, dominikan-*) friary; (*mindre*) community; *gå i* ~ enter a monastery **-cell** monastery (convent *etc.*) cell **-löfte** *avlägga* ~ take [the] vows **-regel** monastic (conventual) rule

1 klot *s7* (*kula*) ball; *sport. äv.* bowl; (*jord-*) globe; *fack.* sphere

2 klot *s3* (*t. foder*) sateen; (*t. bokband*) cloth, buckram

klotband cloth binding; *i* ~ in cloth, clothbound

klot|blixt fireball **-formig** [-år-] *a5* ball-shaped; globular; spherical **-rund** round like a ball; (*om pers. äv.*) rotund, tubby

klots [-å-] *s2* (*rit-*) model

klotter [ˈklått-] *s7* scrawl, scribble **-plank** [public] scribble board

klottr|a [-å-] scrawl, scribble **-ig** *a5* scrawling

klubb *s2* club

klubba I *s1* club; *sport. äv.* stick; (*krocket-*) mallet; (*ordförande-*) gavel, hammer; (*slickepinne*) lollipop; *föra* ~*n* hold the chair; *gå under* ~*n* go under the hammer **II** *v1* club; knock on the head;

~ *ner* (*talare*) call to order; *boken* ~*des för 100 kronor* (*vid auktion*) the book was knocked down for 100 kronor

klubb|hus clubhouse **-jacka** blazer **-kamrat** fellow club member; *vi är* ~*er* (*äv.*) we belong to the same club **-lokal** club premises (*pl*) **-märke** club badge **-mästare 1** master of ceremonies; *AE. äv.* emcee **2** *sport.* club champion **-rum** clubroom; *univ. ung.* common room

klubbslag stroke with a (the) club; (*vid auktion*) blow of the hammer; *sport.* shot; *bildl.* knockout blow

kluck *s7* cluck

kluck|a cluck; (*skvalpa*) gurgle **-ande** *a4* clucking *etc.*; *ett* ~ *skratt* a chuckle

kludd *s7,* **-a** *v1* daub **-ig** *a1* dauby

klump *s2* lump; (*jord-; pers.*) clod; *i* ~ in the lump, wholesale; *sitta som en* ~ *i bröstet* lie like a lump on the chest

klump|eduns *r?* *s1, dhopper* **-fot** club foot

klumpig *a1* (*otymplig*) lumbering, unwieldy; (*tung*) heavy; (*ovig o. tafatt*) clumsy, awkward; (*ohyfsad*) churlish **-het** clumsiness

klump|summa lump sum **-vis** in clumps

klunga *s1* cluster; bunch; group; (*hop*) crowd

klunk *s2* draught, gulp (*vatten of water*); (*liten*) sip; *ta* [*sig*] *en* ~ have (take) a swig **klunka** gulp

kluns *s2* lump **-ig** *a1* lumpy

klurig *a1* artful; ingenious

klut *s2* patch; (*trasa*) rag; *sätta till alla* ~*ur* clap on all sail, (*friare*) do one's level best

kluven *a3* split (*i* into); *bot.* cleft; (*om läpp*) slit; (*om stjärt*) forked; ~ *gom* cleft palate; ~ *personlighet* split personality **-het** *bildl.* duality; dualism

klyfta *s1* **1** (*bergs-*) gorge; cleft; (*ravin*) ravine; (*rämna*) fissure, crevice; *bildl.* breach; gap, gulf **2** (*vitlöks-*) clove; (*apelsin-*) segment; (*äppel-, ägg-, tomat-*) wedge, slice

klyftig *a1* shrewd, bright, clever; *inte så värst* ~ not overbright

klyka *s1* (*träd- o.d.*) fork; (*år-*) rowlock, *AE.* oarlock; (*telefon-*) receiver rest, hook

klyscha *s1* cliché, hackneyed phrase

klyva *klöv kluvit* split; (*dela*) divide, split up (*i* into); (*ved*) chop, cleave; *fys.* break up, disintegrate; ~ *sig* split

klyv|bar *a5* cleavable; (*del-*) divisible; (*kärnfys.*) fissionable; ~*t material* (*kärnfys.*) fissile material **-ning** splitting *etc.*; split; fissure; (*kärn-*) fission; *fack.* division, disintegration

klå *v4* **1** (*ge stryk*) thrash, beat; ~ *upp ngn* give s.b. a [good] thrashing **2** (*pungslå*) fleece, cheat

kläda *s1* itch[ing]

klåfingrig *a5, vara* ~ be unable to let things alone **-het** inability to let things alone

klåpare bungler, botcher, fumbler (*i* at)

klä *v4* **1** (*förse med kläder*) clothe; (*iföra kläder*) dress; (*pryda*) array, deck; *som man är* ~*dd blir man hädd* a man is measured by the cut of his coat **2** *bildl.* clothe; ~ *sina tankar i ord* clothe one's thoughts in words, put one's thoughts into words **3** (*möbler*) cover; (*julgran*) dress; (*fodra*) line **4** *rfl* dress [o.s.]; put on one's clothes; (*om naturen*) clothe itself; ~ *sig fin* dress up; ~ *sig varmt* put on warm clothes, wrap [o.s.] up well **5**

(*med betonad partikel*) ~ *av* [*sig*] undress; ~ *om* (*möbler*) re-cover; ~ *om sig* change (*till middagen* for dinner); ~ *på ngn* help s.b. on with his (*etc.*) clothes; ~ *på sig* dress, put one's clothes on; ~ *ut sig* dress [o.s.] up (*till* as) **6** (*passa*) suit; become; be becoming; *hon* ~*r i blått* blue suits her, she looks well in blue

1 kläcka *klack, opers. vard.*: *det klack till i mig när jag såg honom* the sight of him gave me quite a start

2 kläcka *v3* (*ägg*) hatch; ~ *fram* (*bildl.*) hatch, hit on; ~ *ur sig en dumhet* come out with a stupid remark

kläckning hatching

kläde *s6* broadcloth **-dräkt** costume, dress

kläder ['klä:-] *pl* clothes; *koll.* clothing, apparel; *bli varm i* ~*na* (*bildl.*) [begin to] find one's feet; *jag skulle inte vilja vara i dina* ~ I wouldn't be in your shoes

klädes|borste clothes brush **-plagg** article of clothing, garment; *pl äv.* outfit (*sg*)

kläd|hängare coat hanger; (*väggfast*) clothes rail; (*fristående*) hat and coat stand **-kammare** clothes closet **-korg** clothes basket

kläd|nad [-ä:-] *s3* **1** (*utan pl*) dress **2** (*med pl*) garment[s *pl*], vestment[s *pl*] **-nypa** clothes peg **-sam** [-ä:-] *a1* becoming (*för* to) **-sel** ['klädd-] *s2* **1** (*utan pl*) dressing, attiring **2** (*dräkt*) dress, attire **3** (*möbels*) covering, upholstery **-skåp** wardrobe **-streck** clothesline

kläm [klämm] *s2* **1** *komma i* ~ *a*) eg. get jammed, *b*) *bildl.* get into a scrape; *få foten i* ~ get one's foot caught **2** (*fart*) go, dash, push, pep; (*kraft*) force, vigour; *med fart och* ~ with vigour and dash **3** (*sammanfattning*) [summarized] statement (declaration); (*slut-*) summing-up **4** *få* ~ *på ngt* get the hang of s.th.; *ha* ~ *på ngt* be well up in s.th. **-dag** working day between holidays

klämma I *s1* **1** (*knipa*) pinch; straits (*pl*); *komma i* ~ get into a scrape (tight corner, fix) **2** (*hår-, pappers- e.d.*) clip; (*fjädrad*) spring-holder **II** *v2* **1** squeeze; (*trycka*) press; (*nypa, äv. om sko*) pinch; (*absol., om sko e.d.*) be tight; ~ *fingret* (*foten*) get one's finger pinched (foot jammed) **2** *rfl* get pinched (squeezed) **3** (*med betonad partikel*) ~ *fast* fasten, squeeze together; ~ *fram* squeeze out; ~ *fram med* come out with; ~ *i* strike up (*med en sång* a song); ~ *ihop* squeeze up, jam; ~ *sönder* squeeze (crush) to pieces; ~ *till* (*slå till*) go at it, give a good one; ~ *ur sig* (*vard.*) bring out, come out with; ~ *åt ngn* clamp down on s.b., badger (pester) s.b.

kläm|mare clip **-mig** *a1* (*om t.ex. melodi*) dashing; (*stilig*) tiptop

klämta toll (*i klockan* the bell)

kläng|a [*×*kläŋa] *v2*, ~ [*sig*] climb (*uppför* up); ~ *sig fast vid* cling on to **-ros** rambler [rose] **-växt** climbing plant, climber; creeper

klänning dress; frock; (*gala- o.d.*) gown **klän-ningstyg** dress material

kläpp *s2* **1** (*klock-*) clapper, tongue **2** (*i ljuskrona*) drop

klärvoajant [-ˈjant *el.* -ˈjaŋt] *a4* clairvoyant

klätter|ställning climbing frame **-växt** climbing plant, creeper

klättr|a climb (*nedför* down; *uppför, upp* [*i*] up);

(*klänga*) scramble **-ing** climbing; *en* ~ a climb

klös|a *v3* scratch; ~ *ut ögonen på ngn* scratch a p.'s eyes out **-as** *v3, dep* scratch

klöv *s2, zool.* hoof (*pl* hooves), cloven hoof (foot)

1 klöver ['klö:-] *s9, kortsp., koll.* clubs (*pl*); *jfr* hjärter

2 klöver ['klö:-] *s9, bot. o. lantbr.* clover; *bot. äv.* trefoil

klövja [*×*klö:v-] transport on packhorses (a packhorse)

knacka (*bulta*) rap; (*svagare*) tap; (*på dörren*) knock; (*sten*) break; ~ *bort rost från* chip the rust off; ~ *hål på ett ägg* crack an egg; ~ *ner ngt på skrivmaskin* tap s.th. out on the typewriter; ~ *på'* knock [at the door]; ~ *sönder* knock to pieces; *det* ~*r!* there's a knock!

knack|ig *a1, vard.*, ~ *svenska* poor Swedish **-igt** *adv, vard.*, *ha det* ~*t* have a job to make ends meet **-ning** knock (*äv. i motor*); rap; tap

knagg|la ~ *fram* push on to; ~ *sig fram* (*igenom*) struggle along to (through) **-lig** *a1* rough, bumpy, uneven; (*om stil*) rugged, laboured; ~ *engelska* broken English **-ligt** *adv, det gick* ~ *för honom a*) (*i tentamen*) he didn't do too well, *b*) (*med studierna*) it was tough going for him

knak|a crack; creak (*i alla fogar* in every joint) **-ande** *a4* cracking *etc.*

knall *s2* report; (*smäll*) crack, bang; (*vid explosion*) detonation; (*åsk-*) peal, clap; (*duns*) bang; ~ *och fall* on the spot, all of a sudden

1 knalla (*gå*) trot; ~ *vidare* (*äv.*) push on; ~ *sig iväg* trot off; *det* ~*r och går* I am (*etc.*) jogging along

2 knalla (*explodera*) detonate; (*smälla*) bang, pop; (*om åskan*) crack

knalle *s2* (*bergs-*) hill, hillock

knall|hatt percussion cap **-pulver** fulminating powder **-pulverpistol** toy pistol

knalt [-a:-] *adv, ha det* ~ be hard up

knap *s2, sjö.* cleat

knapert ['kna:-] *adv, ha det* ~ be badly off

1 knapp *s2* **1** button; (*lös skjort-*) stud; *försedd med* ~*ar* buttoned **2** (*på käpp, lock e.d.*) knob; (*prydnads- äv.*) boss; (*på svärd*) pommel

2 knapp *a1* scanty; (*knappt tillmätt äv.*) short; (*röstövervikt, utkomst e.d.*) bare; (*seger äv.*) narrow; (*om omständigheter e.d.*) reduced, straitened; (*ord-*) sparing, chary (*på* of); ~*a tre veckor senare* barely three weeks later; *i* ~*aste laget* hardly sufficient; *på sin* ~*a lön* on his (*etc.*) meagre salary; *ha det* ~*t* be poorly off (in straitened circumstances); *ha* ~*t om* be short of; *rädda sig med* ~ *nöd* narrowly escape, have a narrow escape; *tillgången på...är* ~ *...are in* short supply

knapp|a ~ *av* (*in*) *på* reduce, cut down **-ast** scarcely, hardly **-het** scantiness *etc.*; scarcity (*på* of); shortage (*på* of)

knapphål buttonhole

knapphändig *a1* meagre; (*förklaring, ursäkt e.d. äv.*) curt, scantily worded

knappnål pin **knappnålsdyna** pincushion

knappt *adv* **1** scantily *etc.*; *leva* ~ live sparingly; *mäta* ~ give short measure **2** *vinna* ~ win by a narrow margin **3** (*nätt o. jämnt*) barely; *jfr äv.* knappast; ~*...förrän* scarcely...before (when),

no sooner…than
knapptelefon push-button telephone
knapr|a [ˣkna:-] nibble (*på* at); ~ *i sig* munch
(chew) up; ~ *på en skorpa* crunch (munch) a
rusk **-ig** *a1* crisp
knark *s7* dope; *AE. äv.* junk
knark|a use (take) dope **-are** dope [fiend];
(*särsk. marijuana*) pothead; *AE. äv.* junkie **-ar-
kvart** dope nest, pad **-langare** [dope] peddler
(pusher)
knarr 1 *s7* (-*ande*) creak[ing]; (*i dörr etc.*) squeak
2 *s2*, *s7*, *ha* ~ *i skorna* have creaking (squeaky)
shoes **3** *s2* (*knarrig människa*) old growler
(croaker)
knarr|a (*om trappa, skor e.d.*) creak; (*om dörr,
gångjärn e.d.*) squeak; (*om snö*) crunch **-ig** *a1*
(*om pers.*) cross, morose; (*grinig*) peevish,
grumpy
knasig *a1* (*tokig*) (*vard.*) daft
knaster ['knass-] *s7* crackling *etc.*; [a] crackle
knastra crackle; crepitate; (*krasa* *äv.* \
[s]crunch; (*om tobak i* ... \ ... ~*de mellan
... ... grated between my (*etc.*) teeth; *gruset
~de under hans fötter* the gravel crunched under
his feet
knata *vard.*, ~ *iväg* trot off
knatte *s2* nipper
knatter ['knatt-] *s7*, **knattra** [ˣknatt-] *v1* rattle,
clatter
kneg|a toil; *vard.* slog **-are** *vard.* wage-slave
knekt *s2* (*soldat*) soldier; (*i Storbritannien ung.*)
redcoat; *kortsp.* jack, knave
knep *s7* trick, ... (list) stratagem, ruse; (*fuf-
fens*) dodge; (*konstgrepp*) artifice **-ig** *a1* **1** (*listig*)
artful, cunning; (*sinnrik*) ingenious, clever **2**
(*svår*) hard, ticklish, tricky
knip *s7*, ~ *i magen* stomachache
knip|a I *s1*, *komma i en svår* ~ get into a fix; *vara
i* ~ be in straits (in difficulties, in a tight place) **II**
knep knipit **1** pinch; ~ *en applåd* elicit a cheer; ~
ihop pinch together; ~ *ihop läpparna* compress
one's lips; ~ *det -er* (*bildl.*) at a pinch, if need be; *det -er i
magen på mig* I have [got] a griping pain in my
stomach
knippa *s1* bunch **knippe** *s6* cluster, fascicle;
bundle; *bot.* cyme
knipsa clip (*av* off)
knip|slug knowing, shrewd; (*listig*) sly **-tång**
pincers (*pl*), nippers (*pl*)
knirk *s7* grating (creaking) [sound] **knirka** grate;
(*knarra*) creak, [s]crunch
kniv *s2* knife (*pl* knives); *med ~en på strupen* with
the knife at one's throat; *strid på ~en* war to the
knife; *dra* ~ draw one's knife; *ränna ~en i* run
one's knife into **-blad** knife blade, blade of a
knife **-hugga** stab [with a knife]; *bli -huggen* be
stabbed [with a knife]
kniv|ig *a1* (*om sak*) delicate, tricky; (*om pers.*)
shrewd, crafty **-kastning** *bildl.* altercation
-skaft knife handle **-skarp** [as] sharp as a razor
-skuren *a5* knifed, gashed with a knife
knivsudd knife-point; *en* ~ *salt* a pinch of salt
knix *s2* curts[e]y; *göra en* ~ *för* drop a curts[e]y
knixa bob, curts[e]y
knock|a [ˣnåcka] knock s.b. out **-out** [nåck'aot]

s3 knockout [blow]; *slå ngn* ~ knock s.b. out;
vinna på ~ win by a knockout
knog *s7* work, toil; *vard.* fag **knoga** labour
(work, plod) (*med* at); ~ *på' a*) trudge (plod)
along, *b*) *bildl.* peg away
knoge *s2* knuckle
knogig *a1* fagging, strenuous
knollr|a [-å-] *rfl* curl **-ig** *a1* curly, frizzy
knop *s2* (*som hastighet s9*) sjö. knot; *med åtta* ~
at [a speed of] eight knots; *göra tolv* ~ do twelve
knots
knopp [-å-] *s2* **1** *bot.* bud; *skjuta* ~ bud **2** (*knapp*)
knob **3** (*huvud-*) nob, nut; *klar i ~en* clear-
headed; *vara konstig i ~en* be a bit cracked **-as**
dep bud **-ning** budding
knorr [-å-] *s2* (*krökning*) curl; *ha* ~ *på svansen*
have a curly tail
knot *s7* (-*ande*) murmuring (*mot* against); grumb-
ling (*mot, över* at)
1 knota *s1*, ... bone
1 knota *v1* murmur; grumble (*över* at)
knotig *a1* (*om träd*) knotty; (*om trädrot*) twisted;
(*om pers.*) bony, (*mager*) scraggy
knott [-å-] *s7*, *s9* black fly
knottr|a [-å-] **I** *s1* [goose] pimple **II** *v1*, *rfl* become
granulated **-ig** *a1* granular; (*om hud*) rough;
(*kinkig*) touchy; *jag blev alldeles* ~ I got goose
flesh all over
knubb|ig *a1* plump; chubby **-säl** harbour seal
knuff *s2* push, shove; (*med armbåge* ... elbowing,
nudge; (*i tätan*) poke, dig **knuffa** push, shove,
shoulder *etc.*; ~ *omkull* push (shove, knock)
over, upset; ~ *till* push (bump, knock) into; -
undan push (*etc.*) out of the way; ~ *sig fram*
shoulder one's way along **knuffas** *dep*, ~ *inte!*
don't push (shove)!
knull *s7*, *vard.*, **knulla** *v1*, *vard.* fuck
knussel ['knuss-] *s7* niggardliness; (*svagare*) par-
simony; *utan* ~ without stint
knuss|la be niggardly (*etc.*, *se -lig*) (*med* with)
-lig *a1* niggardly, stingy, sparing; parsimonious,
mean
knut *s2* **1** (*hörn*) corner; *bakom ~en* round the
corner; *inpå ~arna* at our (*etc.*) very doors **2**
knot; (*hår- äv.*) bun; (*ögle-*) tie; *knyta* (*slå*) *en* ~
tie (make) a knot (*på* in); ~*en har gått upp* the
knot has come untied (undone); *det har blivit* ~
på tråden the thread has got into a knot **3** *bildl.*
point; *det var just ~en!* that's just the [crucial]
point! **4** *fack.* node
knut|a I *s1* (*förhårdnad i vävnad*) node **II** *v1*, *rfl*
snarl, become entangled (knotted) **-en** *a5* tied
(*äv. bildl.*), knotted; clenched (*näve* fist); *bildl.*
bound up (*vid* with); *vara* ~ *vid* (*till*) *a*) (*verk-
samhet*) be bound up (associated) with, *b*)
(*läroanstalt, tidning*) be on the [permanent] staff
of **-ig** *a1* knotty **-punkt** junction, intersection;
(*friare*) centre **-timra** ~*d stuga* cabin built of
logs dovetailed at corners
knyck *s2* jerk; twitch
knyck|a *v3* **1** jerk, twitch (*på* at); ~ *på nacken*
toss one's head, (*friare*) turn up one's nose (*åt* at)
2 (*stjäla*) pinch, bone **-ig** *a1* jerky
knyckla crease; ~ *ihop* crumple up
knyppl|a make lace; ~*d spets* pillow (bobbin)
lace **-ing** lacemaking

K

knyst *n* sound; *inte säga ett* ~ not breathe a word (*om* about) **knysta** utter a sound; *utan att* ~ without uttering a sound, (*utan att mucka*) without murmuring

knyta *knöt knutit* **1** tie (*igen, till* up); (*fästa*) fasten; (*näven*) clench; *bildl.* attach; bind, unite (*vid* to), connect (*till* to); ~ *bekantskap med ngn* make a p.'s acquaintance; ~ *förbindelser* establish connections; ~ *upp* untie, undo, (*öppna*) open, (*fästa upp*) tie up; ~ *åt* tie tight **2** *rfl* knot, get knotted; (*om sallad o.d.*) head; (*gå t. sängs*) turn in; ~ *sig i växten* become stunted

knyt|e *s6* bundle (*med* of) **-kalas** Dutch treat **-näve** fist **-nävslag** punch

knåda knead

knä *s6* **1** knee; *tekn. äv.* elbow; ~*na böj!* knees bend!; *byxor med* [*stora*] ~*n* trousers with [great] baggy knees; *på sina bara* ~*n* on one's bended knees; *falla på* ~ *för* kneel [down] to, go down on one's knees to; *ha ett barn i* ~*t* have a child on one's knee[s] (on [in] one's lap); *ligga på* ~ *för* kneel to; *tvinga ngn på* ~ (*bildl.*) bring s.b. to his knees **2** *bot.* articulation; (*krök*) bend, elbow

knä|a bend one's knees; ~ *fram* walk with bended knees **-byxor** *pl* short trousers; breeches **-böja** bend the knee, kneel (*för* to; *inför* before, to); *relig.* genuflect

1 knäck *s2, kokk.* toffee, butterscotch

2 knäck *s2* **1** (*-ning*) crack **2** (*nederlag*) blow; *ta* ~*en på* do for, ruin

knäck|a *v3* crack; (*bryta av*) break; (*gåta, problem*) scotch, floor; *en hård nöt att* ~ a hard nut to crack; ~ *till* give a crack; *det -te honom* that broke him

knäckebröd crispbread, hard bread

knä|hund lap dog **-höjd** knee-height **-kort** ~ *kjol* knee-length skirt **-liggande** *a4* kneeling

1 knäpp 1 *s2* (*-ning*) click; (*finger-*) flip, flick **2** *s7* (*ljud*) sound

2 knäpp *a1, vard.* (*tokig*) daft, bananas

1 knäpp|a *v3* **1** *det -te i klockan* the clock gave a click; *det -er i väggarna* there's a ticking in the walls **2** (*fotografera*) snap; (*i sht film*) shoot **3** (*med fingrarna*) flip, flick, snap; ~ *ngn på näsan* rebuke s.b. **4** *mus.,* ~ [*på*] twang, pluck (*på gitarren* one's guitar) **5** ~ *nötter* crack nuts

2 knäppa *v3* **1** button; (*spänne*) buckle, clasp; ~ *av* (*upp*) unbutton; ~ *igen* button [up]; ~ *på* (*elektr.*) switch on **2** ~ *händerna* fold (clasp) one's hands

knäppe *s6* clasp, snap

knäppning (*till 2 knäppa*) buttoning

knä|skydd kneepad **-skål** kneecap; *anat.* panatella **-strumpa** knee sock **-stående** *a4, sport.* crouching; ~ *ställning* kneeling position **-svag** weak in the knees **-veck** hollow of the knee; *darra i* ~*en* tremble at the knees; *hänga i* ~*en* hang by the knees

knöl *s2* **1** bump; (*upphöjning e.d.*) boss, knob, knot; (*utväxt*) tuber, protuberance; *fack.* node; *bot.* bulb **2** (*drummel*) swine, cad

knöl|a ~ *ihop* crumple up; ~ *till* batter, knock out of shape **-aktig** *a1* loutish; caddish **-ig** *a1* **1** bumpy (*väg* road); (*om madrass e.d.*) lumpy; (*om träd e.d.*) knotty; (*om finger, frukt*) knobbly; *fack.* nodose, nodular **2** *se -aktig* **-påk** thick

knotted stick; (*vapen*) cudgel **-svan** mute swan

knös *s2* swell, nob; *en rik* ~ a [rich] nabob

KO *se konsumentombudsman*

ko *s5* cow

koaguler|a coagulate, clot **-ing** coagulation

koalition coalition **koalitionsregering** coalition government

kobbe [-å-] *s2* islet [rock], rock

kobbel ['kåbb-] *s2* cobbler

kobent [-e:-] *a1* knock-kneed

kobolt ['ko:bålt *el.* 'kå:-] *s3* cobalt

kobra [*×*kå:-] *s1* cobra

1 kock [-å-] *s3* (*bakterie*) coccus (*pl* cocci)

2 kock [-å-] *s2* [*male*] cook; (*kökschef*) chef; *ju flera* ~*ar dess sämre soppa* too many cooks spoil the broth

kod [-å-] *s3,* **koda** [-å-] *v1* code

kodein *s4, s3* [kå-] codeine

kodex ['ko:- *el.* 'kå:-] *s2* **1** (*handskrift*) codex (*pl äv.* codices) **2** (*lagsamling*) code **3** (*norm*) code

kod|meddelande code message **-ning** coding

koefficient coefficient

koffein [kå-] *s4, s3* caffeine

koffert ['kåff-] *s2* trunk; (*på bil*) boot, *AE.* trunk

kofot (*bräckjärn*) crowbar; *vard.* jemmy, *AE.* jimmy

kofta [-å-] *s1* (*stickad*) cardigan

koger ['ko:-] *s7* quiver

kohandel *polit.* logrolling, party-bargaining, vote-bartering

koj [kåjj] *s3* (*häng-*) hammock; (*fast*) bunk; *gå* (*krypa*) *till* ~*s* turn in

koja [*×*kåjja] *s1* cabin, hut

kok *s7* boiling; *ett* ~ *stryk* a good hiding

1 kok|a *v1* **1** (*bringa i -ning*) boil; (*tillreda mat*) cook; (*t.ex. gröt, kaffe, karameller*) make; ~ *ihop a*) (*koncentrera genom -ning*) boil down, *b*) *bildl.* concoct, make up, fabricate; ~ *in* (*frukt o.d.*) preserve; (*i glasflaska*) bottle; *jfr inkokt;* ~ *upp* bring to the boil **2** (*befinna sig i -ning*) boil, be boiling; ~ *upp* come to the boil; ~ *över* boil over; ~ *av vrede* foam with rage

2 koka *s1* clod

kokain *s4, s3* cocaine **-ist** cocainist

kokard [-'a:rd] *s3* cockade

kok|bok cookery book; *i sht AE.* cookbook **-erska** [*female*] cook

kokett I *a1* coquettish **II** *s3* coquette **-era** coquet (*för, med* with) **-eri** coquetry

kok|het boiling (steaming) hot; *-hett vatten* (*vanl.*) boiling water **-konst** cookery, culinary art; (*ngns*) culinary skill **-kärl** cooking-vessel; *pl äv.* pots and pans; (*soldats*) mess kit (gear), billy-[can] **-ning** boiling; cooking; making

kokong ['-kåŋ] *s3* cocoon

kokos ['ko:-] *s2* (*plant*) **-fett** coconut butter (oil) **-flingor** *pl* shredded coconut **-mjölk** coconut milk **-nöt** coconut **-palm** coconut palm (tree), coco palm

kokott [-'kått] *s3* cocotte; *vard.* demirep

kok|platta hotplate **-punkt** *på* ~*en* at boiling point (*äv. bildl.*)

koks [-å-] *s3,* **koksa** [-å-] *v1* coke

koksalt (*vanligt* common) salt

koks|ning [*×*kåks-] coking **-verk** coke-oven plant

kok|t [-ɔ:-] *a4* boiled; *nu är det ~a fläsket stekt!* now the fat's in the fire! **-tid** *ngts* ~ the time required for boiling s.th. **-vrå** kitchenette

kol [-å:-] *s7, kem.* carbon; (*trä-, rit-*) charcoal; (*bränsle*) coal; *utbrända* ~ cinders; *samla glödande* ~ *på ngns huvud* heap coals of fire on a p.'s head

1 kola [ˣkå:-] *s1* caramel, toffee

2 kola [ˣkå:-] *v1* **1** (*bränna* [*t.*] *kol*) make charcoal out of, burn to charcoal; *kem.* carbonize **2** (*ta in kol*) coal; *sjö.* bunker

3 kola [ˣkɔ:-] *v1* (*dö, vard.*) kick the bucket

kol|are [ˣkå:-] charcoal-burner **-box** coal box; *sjö.* [coal] bunker

kolchos [kåll'ʃå:s] *s3* kolkhoz, collective [farm]

kol|dammslunga *med.* anthracosis, coalminer's lung **-dioxid** carbon dioxide **-eldad** *a5* coal-fired, coal-heated

koler|a [ˣkɔ:-] *s9* [epidemic] cholera **-iker** [-'le:-] choleric (irascible) person **-isk** *a5* choleric, irascible

kolesterol [-'å·l] *n? ihul...tetul*, cholesterin

kol|filter charcoal filter **-förening** *kem.* carbon compound **-gruva** coal mine (pit); (*stor*) colliery **-gruvearbetare** collier, [coal] miner **-haltig** *a1* carboniferous, carbonaceous, carbonic **-hydrat** carbohydrate

kolibri [ˣkåll-, *äv.* 'kåll-] *s3* hummingbird

kolik *s3* [the] colic

kolja *s1* haddock

kolka [ˣkåll-] ~ [*i sig*] gulp (swill) down

koll [-å-] *s3, s2, vard.* check **koll|a** [å-] *vard.* (*kontrollera*) check; (*titta [på]*) dig [in]

kollager *geol.* coal seam (bed)

kollaps *s3*, **-a** *v1* collapse

kollationera [kå-] collate; (*t.ex. räkenskaper*) check (tick) [off]

kolleg|a [-'le:-, *äv.* -ˣle:-] *s3* colleague; confrère; (*tidning e.d.*) contemporary **-ial** *al* collegial, collegiate; friendly

kolleg|ierum *skol.* staff committee-room; (*lärarrum*) staff [common] room **-ium** [-'le:-] *s4* **1** (*myndighet*) corporate body, board **2** (*lärar-*) [teaching] staff **3** (*lärarsammanträde*) staff meeting **4** *univ.* course; (*anteckningar*) lecture notes (*pl*)

kollekt *s3* collection **-håv** collection bag

kollektion [-k'ʃo:n] collection

kollektiv [ˣkåll-, *äv.* -'i:v] **I** *s7, s4* collective **II** *a5* collective **-ansluta** affiliate as a body **-avtal** collective [labour] contract, collective wage agreement **-fil** public-transport lane **-hus** block of service-flats; *AE.* apartment hotel **-isera** collectivize **-ism** collectivism **-jordbruk** *abstr.* collective farming; *konkr.* collective farm **-trafik** public transport

kolli [ˣkålli] *s7, s6* package, parcel; (*fraktgods äv.*) piece [of goods]; (*resgods äv.*) piece [of luggage]

kolli|dera come into collision, collide; ~ *med a*) *eg. äv.* run into, *sjö.* fall foul of, *b*) *bildl.* (*om pers.*) get across, (*om förslag, plikter etc.*) clash (conflict, interfere) with, run counter to **-sion** collision; *bildl. vanl.* clash

kollisionskurs collision course; *ha råkat på* ~ *med* be on [a] collision course with

kollr|a [-å-] ~ *bort ngn* turn a p.'s head **-ig** *al*

mad. crazy

kol|mila charcoal stack **-monoxid** carbon monoxide

kolmörk pitch-dark **-er** pitch-darkness

kolon ['kɔ:lån] *s7* colon

kolonj *s3* colony; (*nybygge äv.*) settlement; (*skollovs-*) holiday camp

kolonial *a5* colonial **-ism** colonialism **-makt** colonial power **-välde** colonial rule

kolonis|ation colonization **-era** colonize

koloni|stuga allotment-garden cottage **-trädgård** allotment [garden]

kolonn [-'lånn] *s3* column; *femte* ~ fifth column

kolorado[skal]bagge [-ˣra:-] Colorado (potato) beetle

koloratur coloratura **-aria** coloratura aria **-sopran** coloratura soprano

kolor|era colour; ~*d veckopress* illustrated weekly magazines (*pl*) **-ist** *colourist* **i...luk** [-'ist-] *q5* colouristic

kulos [ˣkå:lɔ:s] fumes (*pl*) from burning coal (coke, wood) **-förgiftning** poisoning (asphyxia resulting) from the inhalation of coal (*etc.*) fumes

koloss [-'låss] *s3* colossus; (*friare*) hulk, monster; *en* ~ *på lerfötter* a monster with feet of clay **-al** *a1* colossal; (*friare*) enormous, tremendous, immense, huge **-alt** [-'a:lt] *adv* enormously *etc.*; awfully

kolostomi *s3* colostomy

koloxid carbon monoxide **-förgiftning** carbon monoxide poisoning

kol|stybb coal dust; cinders (*pl*), [charcoal] breeze **-stybbsbana** cinder track **-svart** coal (jet) black

kolsyra carbonic acid; ~*d* carbonated **-assimilation** carbonic-acid assimilation, photosynthesis

kol|tablett charcoal tablet **-trast** blackbird

kolugn [ˣkɔ:-] [as] cool as a cucumber

kolumbarium [-'ba:-] *s4* columbarium

kolumn *s3* column

kolv [-å-] *s2* **1** (*på gevär*) butt **2** *tekn.* piston; (*pump-*) plunger **3** (*glas-*) flask **4** *bot.* spadix (*pl* spadices) **5** (*lås-*) bolt **-motor** piston engine **-ring** piston ring **-stång** piston rod

kolväte hydrocarbon

koma ['kå:-] *s6* (*medvetslöshet*) coma (*pl* comas)

kombi ['kåmbi] *s9*, **-bil** [ˣkåmbi-] estate car; *AE.* station wagon

kombination [kåmb-] combination

kombinations|förmåga power (faculty) of combination **-lås** combination lock

kombin|atorisk [-'tɔ:-] *a5* combining, combinatory **-era** [-å-] combine; ~*d* combined, in one

komedi *s3* comedy; *spela* ~ (*bildl.*) act a part, put on an act **-enn** *s3* comedienne

komet *s3* comet **-bana** comet's orbit **-lik** cometlike; *en* ~ *karriär* a meteoric career

komfort [kåm'fårt, *äv.* 'kåmm-] *s3* comfort **-abel** [-'a:bel] comfortable

komihåg [kå-] *s7, skämts.* memory

komik *s3* comic art; (*t.ex. i en situation*) comedy **-er** ['kɔ:-] comic actor, comedian

komisk ['kɔ:-] *a5* comic[al]; (*lustig*) funny, droll; (*löjlig*) ridiculous

komjölk cow's milk

1 komma [-å-] *s6* comma; *(decimal-)* [decimal] point

2 komm|a [-å-] *kom -it* I **1** come; *(ta sig fram, anlända)* arrive *(till* at, in), get; *(infinna sig äv.)* appear, *vard.* turn up; ~ *och gå* come and go; ~ *gående* come walking along *(på vägen* the road); ~ *för sent* be (come, arrive) too late; *-er strax!* coming!; *i veckan som -er* in the coming week; *inte veta vad som ~ skall* not know what is [going] to come (happen); *vart vill du ~?* what are you driving at?; *ta det som det -er* take things as they come; *här -er han* here he comes (is); *här -er Eva* here comes Eva; *-er det många hit?* will there be many people [coming] here?; *vilken väg har du -it?* which way did you come?; *kom och hälsa på oss* come and see us; *påsken -er sent i år* Easter comes (is) late this year; *-er dag -er råd* tomorrow will take care of itself; *planet skulle ~ kl. 6* the plane was due at 6; ~ *av (bero på)* be due to; ~ *efter (efterträda)* come after, succeed; ~ *från en fin familj* come of a fine family; ~ *i (ur) balans* regain (get out of) balance; ~ *i beröring med* come in contact with; ~ *i fängelse* be put into (sent to) prison; ~ *i olag* get out of order; ~ *i ropet* become the fashion, *(om pers.)* become popular; ~ *i tid* be in time; ~ *i tidningen* get into the paper; ~ *i vägen för* get in the way of; ~ *med (medföra)* bring; ~ *med ursäkter* make excuses; *ha ngt att ~ med* have s.th. to say *(uttr. framtid)* shall *(1:a pers.)*, will *(1:a, 2:a o. 3:e pers.)*, *b)* *(råka)* happen (come) to, *c)* *(uttr. försynens skickelse)* han kom aldrig att återse henne he was never to see her again; *jag kom att nämna* I happened to mention; *jag har -it att tänka på* it has occurred to me **3** *(tillkomma, tillfalla)* det kom på min lott att it fell to my lot to; *den gästfrihet som -it mig till del* the hospitality shown to me (I have received); *av utgifterna -er hälften på* half of the expenses refer to **4** *(betecknande tillägg)* här-till -er att vi måste in addition to this we must; *till övriga kostnader -er* other costs include **5** *(lända)* ~ *ngn till godo* be of use to s.b.; ~ *väl till pass* come in handy **6** *(uppgå t.)* det hela -er på 4 pund it amounts altogether to £4 **7** *opers.*, det kom till ett uppträde there was a scene **II** *rfl* **1** *(bero på)* come from, be due to; *(ske)* happen, come about; *det -er sig av att* it is due to the fact that; *hur -er de't sig?* how is that?, how come?; *hur kom det sig att du...?* how is it (did it come about) that you...? **2** *(tillfriskna)* recover, get better *(efter* from) **III** *(föranleda)* make *(ngn att skratta* s.b. laugh); *(förmå)* induce *(ngn att göra ngt* s.b. to do s.th.); ~ *ngn på fall* cause a p.'s downfall (ru-

in) **IV** *(med betonad partikel)* **1** ~ *an på, se bero*; *kom an!* come on! **2** ~ *av sig* stop [short], *(tappa tråden)* lose the thread **3** ~ *bort (avlägsna sig)* get away, *(försvinna)* disappear, *(gå förlorad)* get lost **4** ~ *efter (bakom)* come (go) behind, *(följa)* follow, *(bli efter)* get behind, *(senare)* come afterwards **5** *fingrarna kom emellan* my *(etc.)* fingers got caught; *det kom ngt emellan (bildl.)* s.th. intervened **6** ~ *emot (t. mötes)* come (go) towards, *(stöta emot)* bump against (into) **7** ~ *fram a)* *(stiga fram)* come (go) up (along), *(från gömställe)* come out *(ur* of), *b)* *(förbi)* get past *(igenom* through; *vidare* on), *(på telefon)* get through, *c)* *(hinna fram, nå fram)* get there *(hit* here), *(anlända)* arrive, *d)* *(framträda)* come out, appear, *e)* *(~ t. rätta)* turn up; *(vinna framgång)* get on; *kom fram!* come here!; ~ *fram med ett förslag* make a suggestion; ~ *fram med sitt ärende* state one's business; *jag har -it fram till att* I have come to the conclusion that **8** *det kom för mig att* it occurred to me that; ~ *sig för med att* bring o.s. to **9** ~ *förbi* get round (past), *eg.* pass **10** *saken -er före i morgon* the case comes on tomorrow **11** ~ *ifrån (absol.)* get away, *(bli ledig)* get off; ~ *ifrån varandra* get separated; *man kan inte ~ ifrån att* there is no getting away from the fact that **12** *kom snart igen!* come back soon! **13** ~ *igenom* come (get) through **14** ~ *ihop sig* fall out *(om* about) **15** ~ *in i a)* *(rum etc.)* come (get) into, enter, *b)* *(skola)* be admitted to, *c)* *(tidning)* be inserted in, *d)* *(ämne e.d.)* become familiar (acquainted) with; ~ *in i bilden* come in; ~ *in med a)* *(uppgifter o.d.)* hand in, *b)* *(ansökan)* make, present, *c)* *(klagomål)* lodge; ~ *in på a)* *(sjukhus e.d.)* be admitted to, *b)* *(ämne)* get on to; ~ *in vid posten* be taken on in the Post Office **16** ~ *loss a)* *(om ngt)* come off, *b)* *(om ngn)* get away **17** ~ *med a)* *(följa med)* come along, come with (us, me *etc.*), *b)* *(deltaga)* join in *(i kriget* the war), *c)* *(hinna med)* catch *(tåget* the train), *d)* *(tas med)* be brought along; *han kom inte med på bilden* he didn't get into the picture; *han kom inte med bland vinnarna* he wasn't among the winners **18** ~ *ner på fötterna* alight *(bildl.* fall) on one's feet **19** ~ *vida omkring* travel far and wide; *när allt -er omkring* after all **20** ~ *på a)* *(stiga på)* get (come) on, *b)* *(erinra sig)* think of, recall, remember, *c)* *(upptäcka)* find out, discover, *d)* *(hitta på)* think of, hit on, *(ertappa)* come upon; *det kom hastigt på* it was sudden **21** ~ *till a)* *(anlända till)* come and see *(ngn* see s.b.), *b)* *(uppstå)* come about, arise, *(grundas)* be established, *(skrivas)* be written, *(komponeras)* be composed, *c)* *(födas)* be born, *d)* *(~ som tillägg)* be added, *e)* *(hända)* come about, happen; *frakten -er till* carriage is extra; *ytterligare kostnader har -it till* additional costs (expenses) have been incurred **22** ~ *undan* get away, escape **23** ~ *upp a)* come up, *(stiga upp)* get up, *b)* *(i nästa klass)* be moved up; *frågan kom upp* the question came (was brought) up *(till diskussion* for discussion); ~ *upp i en hastighet av* reach a speed of; ~ *sig upp* make one's way, get on **24** ~ *ut a)* *eg.* come out *(ur* of), *(lyckas ~ ut)* get out, *(utomlands)* get (go) abroad, *b)* *(utges)* come out, be published, appear, *c)* *(utspridas)* get about (abroad), *d)* (*förmå betala*) afford to pay; *hans nya bok -er ut i vår* his new book will appear (come out, be published) this spring; *man vet aldrig vad som kan ~ ut av det* you never know what can come out of it; *det -er på ett ut* it is all one, it's as broad as it's long **25** *det -er inte mig vid* that is no business of mine **26** ~ *åt a*) (~ *över*) get hold of, secure, (*nå*) reach, *b*) (*ansätta*) get at, *c*) (*stöta emot, röra vid*) touch, come in contact with, *d*) (*få tillfälle t.*) get an opportunity (a chance) **27** ~ *över a*) *eg.* come over, (*lyckas ~ över*) get over, *b*) (*få tag i*) get hold of, come by (across), *c*) (*överraska, om oväder e.d.*) overtake, *d*) (*drabba*) come upon, befall, *e*) (~ *förbi*) get past (round), (*övervinna*) get over; *han har -it över från USA* he has come over from the States; *jag -er över i morgon* I'll come round tomorrow

kommande *a4 o. s6* coming; (*t.ex. dagar, generationer*) ...to come; *för ~ behov* for future needs; ~ *släkten* (*äv.*) succeeding generations

kommanditbolag [kåmman×di:t-] limited partnership

kommandohando [kå'mandå] *s6* **1** command; order; *föra ~ över* be in command of, command; *rösta på ~* vote to order; *stå under ngns ~* be under a p.'s command; *ta ~[t] över* take command of **2** (*trupp*) body of troops **-brygga** [captain's (navigation)] bridge

kommatera [-å-] punctuate; put the commas in **-ing** punctuation

kommendant [-å-] commandant **-era** [-å-] (*föra befäl*) be in command (*över of*), (*befalla*) command, order; (*beordra*) appoint; ~ *halt* give the order 'Halt' **-ering** (*-ande*) commanding *etc.*; *få en ~* be given a command (*sjö.* an appointment)

kommendör [-å-] **1** captain; (*i Frälsningsarmén*) commissioner; ~ *av 1. graden* commodore **2** (*ordensriddare*) knight commander **-kapten** commander

kommentar [-å-] *s3* commentary (*till* to; *över* on); ~ *er* comment (*sg*); *utan några ~er* without [any] comment; *kortfattad ~* brief notes (annotations) **-ator** [-×a:tår] *s3* commentator **-era** comment [up]on; (*förse med noter*) annotate; ~*d upplaga* annotated edition

kommers [kå'märs] *s3*, *livlig ~* brisk trade; *sköta ~en* run the business (show); *hur går ~en?* how's business? **-ialisera** [-å-] commercialize **-ialisering** [-'se:-] commercialization **-iell** [-å-] *a5* commercial **-kollegium** [the] [Swedish] national board of trade

komminister [-å-, -'ister] *s2* (*i Storbritannien ung.*) assistant vicar

kommissarie [-å-, -'sa:-] *s5* **1** (*ombud*) commissary; (*polis-*) superintendent, inspector **2** (*utställnings-*) commissioner **3** (*i Sovjetunionen*) commissar

kommission [kåmmi'ʃo:n] **1** *hand.* commission; *i ~* on commission **2** (*utskott*) commission, board, committee; *tillsätta en ~* appoint (set up) a commission **3** (*uppdrag*) commission

kommissionär [kåmmiʃo'nä:r] *s3* **1** *hand.* commission agent (merchant, dealer) **2** (*vid ämbetsverk e.d.*) *ung.* official agent

kommitté [-å-] *s3* committee; *sitta i en ~* be on a committee

kommun [-å-] *s3* (*administrativ enhet*) *ung.* municipality; *AE.* township; (*stads-*) urban district, city; (*lands-*) rural district; (*myndigheterna*) municipality, local authority (*AE.* government)

kommunal [-å-] *a5* municipal, local-government; local (*utskylder* rates); ~*a myndigheter* local authorities; ~ *självstyrelse* local government **-anställd** municipal employee **-arbetare** municipal worker **-förvaltning** local government, municipal administration **-hus** city (*AE.* town) hall **-isera** [-å-] municipalize **-nämnd** local-government committee **-politik** local-government politics (*pl*) **-politiker** local politician **-råd** municipal commissioner **-skatt** local taxes (*i Storbritannien äv.* rates) **-tjänsteman** municipal officer **-val** local-government election

kommunblock municipal union **-fullmäktige** *koll.* municipal (city) council

kommunicera [0̊] communicate; ~*nde kärl* communicating vessels **-kation** communication

kommunikationsdepartement ministry (*AE.* department) of transport and communications **-medel** means (*sg o. pl*) of communications (transportation) **-minister** minister (*AE.* secretary) of transport and communications **-radio** radio; (*bärbar*) walkietalkie **-satellit** communications satellite **-tabell** railway (steamboat and airline) timetable

kommuniké [-å-] *s3* communiqué; bulletin

kommunism [-å-] communism (*ofta* Communism) **-ist** communist (*ofta* Communist) **-istisk** *a5* communist[ic]

kommunstyrelse municipal executive board; city executive board

komocka [×ko:måcka] *s1* cowpat

Komorerna [kå'må:-] *pl* Comoro Islands; *eg.* the Federal and Islamic Republic of the Comoros

kompakt [-å-] *a1* compact; solid (*massa* mass); dense (*mörker* darkness)

kompani [-å-] *s4* company **-chef** company commander

kompanjon [kå-] *s3* partner; joint owner; *bli ~er* go into partnership [with each other] **-skap** *s7* partnership

komparativ ['kåmp-, *äv.* -'i:v] **1** *a5* comparative **2** *s3* comparative; *i ~* in the comparative [degree] **-era** compare, form the comparative forms of

kompass [-å-] *s3* compass; *segla efter ~* sail by the compass **-hus** compass bowl **-nål** compass needle **-ros** compass card

kompatibel [-'ti:-] *a5* compatible

kompendium [-å-, -'pend-] *s4* compendium; summary

kompensation [-å-] compensation

kompensationsledig on compensatory leave **-het** compensatory leave

kompensera (*gottgöra*) compensate; (*uppväga*) compensate [for], make up for

kompetens [-å-] *s3* competence; competency; qualifications (*pl*) **-ent** *a1* competent (*för, till* for; *till att* to); ~ *för en plats* [fully] qualified for a post

kompilator [-×a:tår] *s3* compiler **-era** compile

kompis ['kåmp-] *s2* **1** *göra ngt i* ~ do s.th. in part-

K

nership **2** (*kamrat*) pal; *AE. äv.* buddy

komplement [-å-] *s7* complement (*till* to, of) **-är** *a5* complementary

komplett [-å-] **I** *a1* complete; absolute, downright **II** *adv* absolutely **-era** [-å-] **1** complete; supplement; make up; ~ *varandra* complement each other; ~*nde uppgifter* supplementary details **2** ~ *i matematik* sit for a supplementary examination in mathematics **-ering 1** completing; supplementing; (*en* ~) completion; (*utvidgning*) amplification; (*av förråd äv.*) replenishment; *till* ~ *av vårt brev* to supplement our letter **2** *skol. o.d.* supplementary examination

komplex [-å-] **1** *a5* complex; ~*a tal* complex numbers **2** *s7* (*av hus o.d.*) block, group of buildings; *psykol.* complex **-itet** complexity

kompli|cera [-å-] complicate **-kation** complication

kompli|mang [-å-] compliment; *ge ngn en* ~ *för* compliment s.b. on; *säga* ~*er* pay compliments **-mentera** compliment (*ngn för* s.b. on)

komplott [kåm'plått] *s3* plot; conspiracy

kompon|ent [kå-] component, constituent **-era** (*sammansätta*) put together; (*skapa*) create; (*balett, tavla*) design; (*maträtt*) concoct; (*tonsätta, författa*) compose

komposit [kå-] *s3* composite [material]

komposi|tion [kå-] design; creation; concoction; (*tonsättning*) composition **-tör** [kå-] composer

kompost [kåm'påst] *s3*, **-era** *v1* compost

kompott [kåm'pått] *s3* compote (*på* of); *blandad* ~ (*bildl.*) a very mixed dish

kompress [-å-] *s3* compress **-ion** [-pre'ʃɔːn] compression **-or** [-˟pressår] *s3* compressor

komprimer|a [-å-] compress; ~*d luft* compressed air **-ing** compressing; compression

kompromettera [kå-] compromise; ~ *sig* compromise o.s.

kompromiss [kå-] *s3* compromise

kompromiss|a [kå-, -'missa] compromise **-lösning** compromise solution

kon *s3* cone; *stympad* ~ frustum of a cone

kona *s1, tekn.* cone, taper; (*på bil*) clutch

koncentrat [-å-] *s7* concentrate; *bildl.* epitome; *i* ~ (*bildl.*) in a concentrated form **koncentration** [-å-] concentration

koncentrations|förmåga power of concentration **-läger** concentration camp

koncentr|era [-å-] concentrate (*på* on); *i sht bildl.* focus, centre (*på* on); ~ *sig* concentrate (*på* on); ~ *sig på ngt* (*äv.*) focus (centre) one's attention on s.th. **-isk** [-'sent-] *a5* concentric

koncept [-å-] *s7, s4* [rough] draft (*till* of); (*kladd*) first outline, rough copy; *tappa* ~*erna* (*bildl.*) be disconcerted (put out)

koncern [kån'sä:rn, *äv.* -'sö:rn] *s3* group [of companies]; concern

konces|sion [kånse'ʃɔːn] [parliamentary] sanction (*på* for); licence; concession; *bevilja ngn* ~ grant s.b. a concession; *söka* ~ *på en järnväg* apply for powers for constructing a railway **-sionsnämnd** *K*~*en för miljöskydd* the [Swedish] national franchise board for environment protection

konciliant [-å-, -'ant *el.* -'aŋt] *a1* conciliatory

(*mot* towards)

koncis [-å-] *a1* concise; succinct

kondens [-å-] *s7, s3,* **-at** *s7* condensate

kondens|ation [-å-] condensation **-ator** [-å-, -˟a:tår] *s3, tekn.* condenser; *elektr.* capacitor

kondens|era [-å-] condense **-or** [-å-, -˟densår] *s3* [steam] condenser **-vatten** condensation [water]

kondition [-å-] **1** (*tillstånd*) condition, state; *i utmärkt* ~ (*sport. äv.*) splendidly fit **2** (*tjänst*) situation **3** ~*er* (*hand.*) conditions, terms of account

konditionalis [-˟a:lis, *äv.* -'a:lis] *r* (*i* in the) conditional [mood]

konditionera [-å-] condition; *väl* (*illa*) ~*d* in [a state of] good (bad) repair, *se äv. beskaffad*

konditions|test fitness test **-träning** fitness training

konditor [kån˟di:tår] *s3* confectioner, pastry cook **konditori** *s4* confectioner's [shop]; (*serveringsställe*) coffee house (bar), café, teashop, tearoom

kondol|eans [kåndåle'ans, *äv.* -'aŋs] *s3* condolence **-era** [kåndå-] express one's condolence[s] (sympathy) (*ngn med anledning av* with s.b. on)

kondom [kån'då:m] *s3* condom; *vard.* French letter

kondor [kån'då:r] *s3, zool.* condor

konduktör (*för spårvagn e.d.*) ticket collector, conductor; *järnv.* guard; *kvinnlig* ~ conductress, *vard.* clippie

konfeder|ation [kå-] confederation **-erad** [-'e:rad] *a5* confederate[d]

konfekt [-å-] *s3* assorted sweets and chocolates, confectionery; *engelsk* ~ liquorice all-sorts; *bli lurad på* ~*en* be thwarted; *variera* ~*en* (*bildl.*) ring the changes

konfektion [kånfek'ʃɔːn] ready-made clothing (clothes *pl*) **konfektionskläder** *pl* ready-made (*AE. äv.* ready-to-wear) clothes

konfektskål sweet-dish **konfektyr** [-å-] ~*er* (*pl*) confectionery (*sg*)

konferenc|ié [kånferaŋsi'e:] *s3*, **-ier** [-si'e:] *s3* compere; *AE.* emcee (master of ceremonies)

konfer|ens [kånfe'rens, *äv.* -'raŋs] *s3* conference, meeting; (*större*) congress; (*rådplägning äv.*) consultation, parley **-era** confer, consult (*med ngn om* with s.b. about); discuss

konfetti [kån'fetti] *s9* confetti

konfidenti|ell [kånfiden(t)si'ell] *a5* confidential **-ellt** *adv* confidentially, in confidence

konfiguration [kå-] configuration

konfirm|and [kå-] *s3* candidate for confirmation **-ation** confirmation

konfirmations|kostym confirmation suit **-undervisning** preparation for confirmation

konfirmera [kå-] confirm

konfisker|a [-å-] confiscate **-ing** confiscation

konflikt *s3* conflict; dispute; (*i roman o.d. äv.*) problem; *komma i* ~ *med* get into conflict with

konformad [˟ko:n-] *a5* conic[al]

konfront|ation [kånfrånt- *el.* -fråŋt-] confrontation; *vid* ~ *med* (*vanl.*) on being confronted with **-era** confront, bring face to face (*med* with)

kon|fundera [-å-] confuse, bewilder **-fys** *a1* confused, bewildered

konglomerat [kåŋglå-] *s7* conglomerate; conglomeration

Kongo ['kåŋɡɔ] **1** r (flod) [the] Congo **2** n (land) [Republic of the] Congo **kongolesisk** a5 Congolese

kongress [kåŋ'gress] s3 congress; (mindre) conference **-deltagare** participant in (member of) a congress **-ledamot** AE. Congressman, fem. Congresswoman **-val** Congressional election

kongru|ens [kåŋgru'ens] s3 congruity, congruence (äv. mat.); språkv. agreement, concord **-ent** [-'ent] a4 congruous, congruent (äv, mat., geom.); språkv. agreeing, concordant

konisk ['kɔ:-] a5 conic[al]; ~ sektion conic [section]

konjak ['kånn-] s3 cognac; vanl. brandy

konjugation [-å-] conjugation

konjunktion [kånjuŋ(k)'ʃɔ:n] conjunction

konjunktiv [ˣkånn-] s3 (i in the) subjunctive [mood]

konjunktur [kånn-] business activity, economic situation, trade (business) cycle; ~er business (market) conditions; goda ~er boom (sg), prosperity (sg); dåliga ~er [trade] depression (sg), slump (sg); avmattning i ~en slowdown in business activity; uppåtgående ~er business upturn (sg), improving markets; vikande ~er [trade] recession **-betingad** a5 cyclical (arbetslöshet unemployment) **-läge** economic situation, state of the market **-nedgång** decline in business activity **-politik** economic policy **-politisk** ~a åtgärder action taken to steer business activity **-svacka** slump **-uppgång** period of economic recovery, business upturn **-utveckling** business (economic) trend (development)

konkav [-å-] a5 concave

konklav [-å-] s3 conclave

konkord|ans [kånkår'dans el. -'daŋs] s3 (bibel-) concordance **-at** s7 concordat

konkret I a1 concrete; (om förslag äv.) tangible; ~ musik (poesi) concrete music (poetry) **II** s4, språkv. concrete **-isera** give a concrete form to

konkurrens [-å-, äv. -'aŋs] s3 competition (om for); rivalry (om about); hård (illojal) ~ fierce (unfair) competition; utan ~ (äv.) unchallenged; stå sig i ~en hold its (etc.) own in competition **-kraft** competitiveness, competitive strength **-kraftig** able to compete; competitive (priser prices)

konkurrent [-å-] s3 competitor, rival (om for) **-företag** rival (competing) company, competitor

konkurrera [-å-] compete (om for; med with), enter into competition; ~ ut outdo, outrival; ~ ut en firma oust a competitor (competing firm)

konkurs [-å-] s3 bankruptcy; failure; begära ngn i ~ file a bankruptcy petition against s.b.; försätta ngn i ~ declare s.b. bankrupt; gå i ~ file one's (a) petition; göra ~ fail, go (become) bankrupt **-ansökan** petition in bankruptcy, bankruptcy petition **-bo** bankrupt's (bankruptcy) estate **-förvaltare** (utsedd av enskild pers. el. firma) trustee; (utsedd av domstol) [official] receiver **-lager** bankrupt's stock **-mässig** a5 insolvent

konossement [kånnå-] s7 bill of lading

konsekutiv ['kånn- el. -'i:v] a5 consecutive

konsekv|ens [-å-] s3 (logisk följd) consequence; (följdriktighet) consistency; (påföljd) consequence, sequel; det får allvarliga ~er it (this) will have serious consequences **-ent I** a1 consistent **II** adv consistently; (genomgående) throughout

konselj [-å-] s3 cabinet meeting **-president** prime minister

konsert [-'sä:r, äv. -'särt] s3 concert **-era** give a concert ([a series of] concerts) **-flygel** concert grand **-hus** concert hall **-mästare** leader [of an orchestra]; AE. concertmaster

konserv [-å-] s3, ~er tinned (canned [särsk. AE.]) goods (food sg), preserved provisions

konservat|ism [-å-] conservatism **-iv** [el. 'kånn-] a1 conservative

konservator [kå-, -ˣa:tår] s3 (djuruppstoppare) taxidermist; (av tavlor e.d.) restorer; (vid museum) curator, keeper

konservatorium [kå-, -'tɔ:-] s4 academy of music, conservatory, conservatory

konservburk tin, can (särsk. AE.); (av glas) preserving-jar

konserver|a [-å-] **1** (bevara) preserve **2** (matvaror) preserve; (i glasflaska) bottle; (i burk) can; (i bleckburk) tin; ~t kött (vanl.) corned (canned) beef **3** (restaurera) restore **-ing** preservation, bottling etc. **-ingsmedel** preservative

konservöppnare tin-opener, can-opener

konsistens [-å-] s3 consistency; till ~en in consistency; antaga fast ~ (äv.) acquire substantial form, materialize **-fett** heavy (lubricating) grease, [cup] grease **-givare** gelling agent

konsistorium [-'tɔ:-] s4 **1** kyrkl. consistory **2** univ. university council (court)

konsol [-'å:l el. -'såll] s3 bracket, support; byggn. console, cantilever

konsolider|a [kå-] consolidate **-ing** consolidation

konson|ans [kånså'nans el. -'naŋs] s3 consonance **-ant** [-'ant] s3 o. a4 consonant

konsortium [kån'sårtsium] s4 syndicate, consortium

konspir|ation [-å-] conspiracy, plot **-atorisk** [-'tɔ:-] a5 conspiratorial **-atör** conspirator, plotter **-era** conspire, plot

konst [-å-] s3 art; (skicklighet) skill; (knep) trick, artifice; ~en fine art, the arts (pl); de sköna (fria) ~erna the fine (liberal) arts; efter alla ~ens regler according to all the recognized rules; förstå sig på ~ know about art; göra ~er do (perform) tricks; han kan ~en att he knows how to (the trick of...-ing); är det ngn ~? what's difficult about that?; det var väl ingen ~! that's easy enough!; det är ingen ~ för mig att it's easy [enough] for me to; ~en är lång, livet är kort art is long, life is short **-akademi** academy of art ([fine] arts); K~en [the] royal [Swedish] academy of fine arts

konst|ans [-å-] s3 constancy **-ant I** a1 constant; fixed, given (förhållande ratio); (oföränderlig) invariable; (beständig) permanent, perpetual **II** s3, mat. constant

konstapel [kån'sta:-] s2 **1** (polis) [police] constable **2** mil. ung. bombardier

konstart form of art, art genre

konstater|a [-å-] (fastställa) establish (att the fact that); (ådagalägga) demonstrate, prove;

(*betyga*) certify; (*påpeka*) point out, draw attention to (*att* the fact that); (*framställa som faktum*) state, assert; (*iaktta*) notice, observe; (*upptäcka, utröna*) find out, discover, ascertain; ~ *faktum* state a fact **-ande** *s6* establishment; certification; ascertainment; (*påstående*) statement, assertion
konst|befruktning artificial insemination **-bevattning** irrigation
konstellation [-å-] constellation
konsternerad [-'e:rad] *a5* nonplussed, dumbfounded, taken aback
konst|fackskola college of arts, crafts and design **-fiber** synthetic (man-made) fibre **-frusen** artificial[ly frozen] (*is* ice) **-full** skilled; (*sinnrik*) ingenious **-färdig** skilfull **-föremål** object of art **-galleri** art gallery **-gjord** *a5* artificial; manmade; (*falsk*) imitation; ~ *andning* artificial respiration; ~ *dimma* smoke screen; *på* ~ *väg* by artificial means **-grepp 1** (*yrkesgrepp*) trick [of the trade] **2** (*knep*) [crafty] device, artifice **-gödsel** artificial manure, fertilizer **-handel** (*butik*) art dealer's [shop] **-hantverk** [art] handicraft; (*varor*) art wares, handicraft products (*pl*) **-hantverkare** [arts] craftsman **-historia** history of art (*äv. -historien*) **-historisk** of art history, art history **-högskola** college of fine arts
konstig [-å-] *a1* **1** (*besynnerlig*) strange, peculiar, odd, curious, queer; *en* ~ *kropp* (*vard.*) an odd customer **2** (*svår*) intricate; (*kinkig*) awkward; ~*are än så var det inte* that is all there was to it
konst|industri art industry; arts and crafts (*pl*) **-intresserad** *a5* interested in art (*etc.*); *den* ~*e allmänheten* art lovers, the art-loving public
konstituera [-å-] constitute; *mötet har* ~*t sig* the meeting has appointed its executive committee; ~*nde bolagsstämma* statutory meeting; ~*nde församling* constituent assembly
konstitution constitution **-ell** *a5* constitutional; ~ *monarki* constitutional (limited) monarchy
konstitutionsutskott ~*et* [the Swedish parliamentary] standing committee on the constitution
konstkritiker art critic
konst|lad [-å-] *a5* (*tillgjord*) affected (*sätt* manners *pl*); (*konstgjord*) artificial; (*tvungen*) forced; (*låtsad*) assumed **-läder** artificial leather, leatherette **-museum** art museum (gallery), museum of art
konstnär [-å-] *s3* artist **-inna** [woman] artist
konstnärlig [*×*kånst-, *äv.* -'nä:r-] *a1* artistic; *det* ~*a i* the artistry of **-het** artistry
konstnärskap [-å-] *s7* (*det att vara konstnärlig*) one's (*etc.*) being an artist; (*konstnärlig begåvning*) artistic ability
konstnärs|krets *i* ~*ar* in artists' circles, among artists **-liv** ~*et* the (an) artist's life **-natur** a true artist temperament; *pers.* artist; *en sann* ~ a true artist
konstpaus pause for [the sake of] effect
konst|ra [-å-] (*krångla*) be awkward; (*om pers. äv.*) make a fuss; (*om häst*) jib **-rik** (*-färdig*) skilful; (*konstnärlig*) artistic
konstruer|a [-å-] **1** (*göra ritning t.*) design; (*uppbygga*) construct **2** *språkv.* construe **3** *mat.* draw **-ad** *a5* constructed; (*uppdiktad*) fabricated
konstruktion [kå-, -k'ʃo:n] **1** (*konstruerande*) designing *etc.*; construction (*äv. språkv.*); (*uppfinning*) invention; (*tanke-*) conception **2** *konkr.*

construction; design
konstruktions|fel 1 *tekn.* constructional error (fault, defect); *abstr.* error in design **2** *språkv.* construing error **-ritning** constructional drawing
konstrukt|iv *a5* constructive **-ör** constructor, designer; (*byggmästare*) constructional builder
konst|salong art gallery **-samlare** art collector **-siden, -silke** artificial silk; rayon **-skatt** art treasure **-skojare** art fraud **-smide** art metalwork (forging) **-stoppning** invisible mending **-stycke** (*ngt svårt*) feat, achievement; (*trick*) trick, tour de force **-utställning** art exhibition **-verk** work of art; (*mästerverk*) masterpiece **-åkare** figure skater **-åkning** figure skating **-älskare** art lover
konsul [*×*kånn- *el.* 'kånn-] *s3* consul; *engelsk* ~ *i* British consul in (at) **-at** *s7* consulate
konsulent [-å-] consultant, adviser
konsulinna [-å-] consul's wife; ~*n X.* Mrs. X.
konsult [-å-] consultant, adviser; *se äv. under konsultativ* **-ation** consultation **-ativ** [*äv.* 'kånn-] *a5* consultative; ~*t statsråd* (*ung.*) minister without portfolio
konsult|era consult **-uppdrag** commission for a consultant
konsulär [-å-] *a5* consular
konsumbutik [-å-] cooperative shop
konsument [-å-] consumer **-förening** [consumer's] cooperative society **-kooperation** consumer's cooperation **-ombudsman** consumer ombudsman **-prisindex** consumer price index **-upplysning** consumer information **-verk** ~*et* [the Swedish] national board for consumer policies
konsum|era [-å-] consume **-tion** consumption
konsumtions|samhälle consumption (affluent) society **-skatt** consumption tax, excise **-varor** *pl* consumer goods, non-durable goods; *varaktiga* ~ consumer durables
kontakt [-å-] *s3* **1** *abstr.* contact; *bildl. äv.* touch; *få* ~ *med* get into touch with; *förlora* ~*en med* lose (get out of) touch with **2** *konkr., elektr.* contact; (*strömbrytare*) switch; (*vägg-*) socket, *vard.* point, plug, *AE.* outlet
kontakt|a [-å-] contact, get into touch with **-kopia** contact print **-lim** contact (pressure-sensitive) adhesive **-lins** contact lens **-man** contact [man]; (*med allmänheten*) public relations man **-svårigheter** *pl* difficulty (*sg*) in making contacts
kontamin|ation [-å-] contamination **-era** contaminate
1 kontant [-å-] *a4* (*sams*) on good terms
2 kontant [-å-] *a4 o. adv* (*i reda pengar*) cash; ~ *betalning* cash payment, payment in cash; *mot* ~ *betalning* for cash, for ready money; *per* [*extra*] ~ for [prompt] cash; *betala* ~ pay [in] cash; *köpa* ~ buy for cash
kontant|er [-å-] *pl* cash (*sg*), ready money (*sg*) **-insats** down payment, amount [to be paid] in cash, cash amount
kontemplation [-å-] contemplation
kontenta [kån*×*tenta] *s1*, ~*n av* the gist of
konteramiral [-å-] rear admiral
kontinent [-å-] continent; ~*en* (*Europas fast-*)

land) the Continent

kontinent̲a̲l [-å-] *a5* continental **-drift** continental drift **-klimat** continental climate **-sockel** continental shelf

kontingent [kåntiŋ'gent *el.* -in'jent] *s3* **1** *mil.* contingent; (*grupp*) group **2** (*avgift*) subscription; (*andel*) quota

kontinu|erlig [-å-, -'e:r-] *a5* continuous **-itet** continuity

konto *s6* account; (*löpande räkning*) current account; *avsluta ett* ~ close an account; *ha* ~ *i en affär* have an account at a shop; *insätta på ett* ~ pay into an account; *skriva på ngns* ~ (*bildl.*) put down to a p.'s account **-kort** credit card **-kurant** *s3* account current; (*-utdrag*) statement of account

kontor [kån'to:r] *s7* office; (*bolags, firmas äv.*) offices (*pl*); *på* ~*et* at the office; *sitta på* ~ be [employed] in an office **-isera** turn residential property into offices **-ist** clerk, office employee; *kvinnlig* ~ lady (girl) clerk

kontors|arbete office (clerical) work **-artiklar** *pl* office requisites (equipment *sg*) **-chef** office manager, head clerk **-göromål** office duties (*pl*) (work) **-landskap** open-plan office **-materiel** office supplies (*pl*); (*pappersvaror*) stationery **-personal** office (clerical) staff **-tid** office (business) hours (*pl*)

kontoutdrag statement of account

kontra [-å-] **I** *prep* contra; (*friare*) versus **II** *v1, sport.* break away **-band** contraband **-bas** double bass **-dans** contredance, contradance; (*friare*) square dance

kontrah̲ent [-å-] [contracting] party (*i, vid* to)

kontrakt [-å-] *s7* contract, agreement; (*hyres*) lease; *enligt* ~ as per contract; *enligt detta* ~ under this contract; *avsluta ett* ~ *med ngn om ngt* conclude (make) a contract with s.b. about s.th. **-era** contract; ~*de varor* goods contracted for **kontrakts|bestämmelse** provision (stipulation) of a contract (an agreement) **-brott** breach of contract **-enlig** [-e:n-] *a5* contractual, as contracted [for]

kontra|märke check **-order** counterorder, contrary order **-punkt** *mus.* counterpoint **-revolution** counter-revolution

kontrasigner|a countersign **-ing** countersign, countersignature

kontraspionage counterespionage

kontr̲ast [-å-] *s3* contrast (*till, mot*); *stå i skarp* ~ *till* be in sharp contrast to; *utgöra en* ~ *till* form a contrast to, contrast with **-era** contrast (*med, mot* with) **-medel** contrast medium

kontring [-å-] *sport.* breakaway

kontroll [kån'tråll] *s3* control (*över* over, of); check; (*tillsyn*) supervision, inspection; (*-ställe*) checkpoint, control station; *ha läget under* ~ control the situation **-ant** [-å-, -å-] controller, supervisor **-bord** observation (control) desk (panel)

kontroller|a [-å-, -å-] check; verify, control; make sure (*att* that); (*ha tillsyn över*) exercise (have) control over; ~*t silver* hallmarked silver **-bar** *a5* controllable

kontroll|grupp control group **-märke** check, controlling-mark **-nummer** (*-märke*) check;

(*kodnummer*) key number **-rum** control room **-räkna** re-count, check [off], verify **-siffra** check digit **-station** checkpoint, control station **-stämpel** control stamp; (*för guld etc.*) hallmark **-torn** *flyg.* control tower **-uppgift** (*löneuppgift*) salary (wage) statement

kontroll̲ör [-å-, -å-] controller; comptroller; checker, supervisor, inspector; (*biljett-*) ticket inspector; *post.* assistant superintendent

kontrov̲ers [kåntrå-] *s3* controversy **-i̲ell** *a5* controversial

kontur [-å-] contour [line]; (*friare o. bildl.*) outline **-lös** vague[ly outlined]; undefined

konung [-å-] *s2* (*jfr kung*) king; *Gud bevare* ~*en!* God save the King!; ~*arnas* ~ the King of Kings; *Till K~en* (*i skrivelse*) To His Majesty the King **Konungaböckerna** [the] Kings **konungslig** [kå'nuŋs-, äv. 'kå:-] *a5* kingly (*hållning* deportment); regal (*makt* power)

konvalescens [kånvale'sens *el.* 'sɛ̃ns] *s3* convalescence

konvalescent [kånvale'sent] convalescent **-hem** convalescent home

konvalje [kån'valje] *s5* lily of the valley

konvenans [kånve'naŋs] *s3* propriety, convention; (*starkare*) decorum; *brott mot* ~*en* breach of etiquette

konv̲ent [-å-] convention

konventikel [kånven'tick-] *s2* conventicle

konvention [-å-] convention **-ell** *a1* conven tional

konverg̲ens [-å-, -'gens] *s3* convergence **-ent** [-'gent] *a4* convergent, converging **-era** [-'ge:ra] converge (*mot* towards)

konversation conversation **konversationslexikon** encyclop[a]edia

konversera converse (*om* about, on)

konversion [-å-] conversion

konverter|a [-å-] convert; (*t. annan religion*) become a convert **-ing** conversion **-ingsanläggning** converter plant (equipment)

konver|tibel [-å-, -'ti:-] *a5* convertible **-tit** *s3* convert

konv̲ex [-å-] *a5* convex

konvoj [kån'våj] *s3*, **-era** *v1* convoy **-fartyg** (*som konvojerar*) escort vessel; (*som konvojeras*) convoy vessel

konvul|sion [-å-] convulsion **-sivisk** [-'si:-] *a5* convulsive

kooper|ation [koåpe-] cooperation **-ativ** *a5* cooperative; *K~a förbundet* [the] Swedish cooperative union and wholesale society; ~ *förening* cooperative [society], *vard.* coop, co-op **-atör** cooperator, member of a cooperative society **-era** cooperate

koordinat [koår-] coordinate **-axel** coordinate axis

koordination [koår-] coordination

koordinat|or [koårdin×a:tår] coordinator **-system** system of coordinates

koordinera [koår-] coordinate

kopia [-×pi:a] *s1* copy; duplicate; (*avskrift*) copy, transcript; *foto.* print; (*av konstverk o. bildl.*) replica; *neds.* imitation; *ta* ~ *av* copy, make a copy of **kopiator** [-×a:tår] *s3, se kopieringsmaskin*

kopiepapper copying paper; (*karbon-*) carbon [paper]; *foto.* printing paper

kopier|a copy; transcribe; *foto.* print **-ingsmaskin** copying machine, copier

kopist copying clerk; copyist; *foto.* printer; (*av konstverk*) imitator

kopiös *a5* copious; enormous

kopp [-å-] *s2* cup (*kaffe* of coffee); (*som mått*) cupful [of...]

koppa [-å-] *s1* pock

koppar [-å-] *s9* copper; (*-slantar*) coppers (*pl*) **-bleck** copper plate **-gruva** copper mine **-haltig** *a5* cupreous **-kis** *miner.* chalcopyrite, copper pyrites **-plåt** (*för taktäckning e.d.*) [plate of] copper-sheeting; (*enstaka*) copper-sheet; (*för gravyr*) copper plate **-röd** copper-coloured, [as] red as copper; (*om hår*) coppery **-slagare 1** *eg.* coppersmith **2** (*bakrus*) hangover **-stick** (*konstverk*) copperplate, print; (*konstart*) copper engraving, copper-plate engraving **-ödla** *zool.* slowworm, blindworm

koppel ['kåpp-] *s7* **1** (*hund-*) lead, leash **2** (*jakthundar*) leash **3** *tekn.* coupling **4** *mil.* shoulder belt **5** (*hop, skara*) pack

koppla [-å-] **I 1** (*hund*) put on the lead, leash **2** (*jakt. o. friare*) leash **3** *tekn.* couple up (*till* to); *elektr.* connect (*i serie* in a series); *radio., tel.* connect up (*till* to); *var vänlig ~ mig till* please put me through to **II** (*med betonad partikel*) **1** ~ *av a*) järnv., radio., tel. switch off, *b*) (*vila*) relax, unwind, slack off **2** ~ *ifrån* disconnect, *järnv.* uncouple **3** ~ *ihop* (*elektr.*) connect, join up, *radio., tel.* connect up **4** ~ *in* connect, throw in, *elektr.* switch in **5** ~ *till* (*järnv.*) put on, attach **6** ~ *ur* disengage, disconnect, *elektr.* interrupt, (*motor*) declutch

koppl|are [-å-] procurer **-eri** procuring **-ing 1** (*-ande*) *tekn.* connection **2** *konkr., tekn.* coupling; (*i bil*) clutch; *tel.* switch

kopplings|anordning coupling (connecting) device; *flyg. äv.* release mechanism **-dosa** *elektr.* coupling box **-lamell** clutch disc **-pedal** clutch pedal **-schema** *elektr.* wiring diagram **-ton** *tel.* dialling (*AE.* dial) tone

koppärrig pockmarked

koptisk *a5* Coptic; *~a kyrkan* Coptic Church

kopul|ation copulation **-ativ** ['ko:-, 'kåpp- *el.* -'i:v] *a5, språkv.* copulative **-era** copulate

kor *s7* choir; (*hög-*) chancel; (*där altaret står*) sanctuary; *jfr gravkor*

kora [×kå:-] choose, select (*till* as)

koral *s3* chorale

korall *s3* coral **-djur** anthozoan (*pl* anthozoa) **-rev** coral reef **-ö** coral island; atoll

koran *s3* [the] Koran

kord [-å-] *s3* cord

korda [×kå:r-] *s1, mat.* chord

korderoj [kårde'råj] *s3* corduroy

Korea [-×re:a] *n* Korea **korean|sk** *a5,* **-ska** (*språk*) *s1* Korean

koreo|graf *s3* choreographer **-grafi** *s3* choreography **-grafisk** [-'gra:-] *a5* choreographic

korg [kårj] *s2* basket; (*större*) hamper; (*i självbetjäningsbutik*) wire basket; *få ~en* (*bildl.*) be refused, get the brushoff; *ge ngn ~en* (*bildl.*) refuse s.b., give s.b. the brushoff **-arbete** wicker-[work], basketwork **-boll** basketball **-flätning** [-ä:t-] basketry **-makare** basket-maker

korgosse server, acolyte; (*i kör*) choirboy

korgstol wicker[work] chair

koriander [-'ann-] *s9* coriander

korint *s3* currant

korist chorister; (*opera- äv.*) member of the chorus; (*kyrko- äv.*) choir-member

kork [-å-] *s2* **1** (*ämne*) cork **2** (*propp*) cork, stopper; *dra ~en ur* uncork; *sätta ~en i* cork **3** *styv i ~en* cocky, swollen-headed **korka** cork; ~ *igen* (*till*) cork; ~ *upp* uncork

kork|ad [-å-] *a5* (*dum*) stupid **-ek** cork oak **-matta** linoleum; *hand. äv.* lino **-skruv** corkscrew

korn [-o:-] *s7* **1** (*frö, kornformig smådel*) grain (*äv. bildl.*); *ett ~ av sanning* a grain of truth **2** (*sädesslag*) barley **3** (*riktmedel*) bead; *mil. äv.* front sight; *få ~ på* get sight of, *bildl. äv.* spot, *vard. äv.* get wind of; *ta ~ på* draw a bead on; *ta...på ~et* get (hit off)...to the life **4** *se under skrot*

korn|a [-o:-] ~ [*sig*] granulate **-blixt** flash of summer lightning **-bod** granary

kornett [-å-] *s3, mus. o. mil.* cornet **-ist** cornetist, cornet player

korngryn barley grain; *koll.* hulled barley

kornig [-o:-] *a1* granular **-het** granularity; granulation; *foto.* graininess

kornisch [-å-] *s3* cornice

kornmjöl barley meal (flour)

korona [kå×rå:-] *s1, astr.* corona

korp [-å-] *s2* **1** *zool.* raven **2** (*hacka*) pickaxe, mattock

korp|a [-å-] ~ *åt sig* grab [for o.s.] **-gluggar** *pl* (*ögon*) giglamps

korpora|tion [kårpå-] corporate body, body corporate; association **-tiv** [*äv.* 'kårpå-] *a5* corporative **-tivism** corporative system of society

korpral [-å-] *s3* (*vid armén*) lance corporal; private, (*vid flottan*) ordinary rating, (*vid flyget*) leading aircraftman; *AE.* (*vid armén*) corporal, (*vid flottan*) petty officer 3. class, (*vid flyget*) sergeant

korpsvart raven [black]

korpul|ens [-å-] *s3* stoutness, corpulence **-ent** *a1* stout, corpulent

korrekt [-å-] *a1* correct; (*felfri*) faultless, impeccable **-iv** *a5* corrective

korrektur [-å-] *s7* proof [sheet], printer's proof; *första ~* first proof[s], (*spalt-*) galley proof; *ombrutet ~* page proof; *tryckfärdigt ~* clean proof; *läsa ~ på* read the proofs of, proofread **-fel** error in a (the) proof **-läsa** read in proof, proofread; *dåligt -läst* badly proofread **-läsare** proofreader **-tecken** proofreader's mark

korrel|ation correlation **-era** correlate

korrespondens [kårrespän'dens, *äv.* -'aŋs] *s3* correspondence **-kort** correspondence card **-kurs** correspondence course

korrespond|ent [kå-, -å-] correspondent; correspondence clerk **-era** correspond

korridor [kårri'då:r] *s3* corridor; *AE. äv.* hallway; (*i hus äv.*) passage; *AE. äv.* hall; *polit.* lobby **-politik** lobby politics (*pl*), lobbying

korriger|a [kårri'ʃe:-] correct; (*revidera*) revise **-ing** correction; revision

korro|dera [kårrå-] corrode **-sion** corrosion
korrosions|beständig corrosion-resistant, noncorrodible **-skyddsmedel** corrosion preventing agent
korrugera [kårru'ge:-] corrugate; ~*d plåt* corrugated sheet [metal]
korrumpera [-å-] corrupt
korrup|t [-å-] *a4* corrupt **-tion** [-p'ʃo:n] corruption; *AE. polit. äv.* graft
kors [-å-] **I** *s7* **1** cross; *i* ~ crosswise; *Röda K~et* the Red Cross; *krypa till* ~*et* eat humble pie; *lägga armarna i* ~ fold one's arms; *lägga benen i* ~ cross one's legs; *sitta med armarna i* ~ (*bildl.*) sit idle (doing nothing); *inte lägga två strån i* ~ not lift a finger **2** *mus.* sharp **II** *adv,* ~ *och tvärs* crisscross, in all directions **III** *interj* well, I never!, Oh, my!, bless me! **korsa** [-å-] cross; (~ *varandra*) intersect; *bildl.* thwart, (*ngns planer* a p.'s plans); (*om tankar*) traverse, run counter to (*varandra* each other); ~ *sig* cross o.s.
kors|as [-å-] *dep* cross [each other], intersect; *bildl.* traverse each other; *nin ~ uıss* **-befrukt-ning** ~ıuss-fertilization **-ben** *anat.* sacrum **-drag** through (cross) draught **-eld** crossfire **kor|selett** [-å-] *s3* cors[e]let **-sett** *s3* corset; *åld.* stays (*pl*)
kors|farare crusader **-formig** [-å-] *a5* cross-shaped, cruciform **-fästa** crucify **-fästelse** crucifixion **-förhör** cross-examination **-förhöra** cross-examine **-hänvisning** cross-reference
Korsika ['kårs-] *n* Corsica **korsik|an** [-å-] *s3,* **-ansk** *a5* Corsican
kors|lagd *a5* laid crosswise, (*om ben*) crossed; (*om ärmar*) folded; ~*a benknotor* crossbones **-ning** [-å-] **1** (*väg- e.d.*) crossing, intersection; *planskild* ~ flyover, overpass **2** *biol.* crossing, crossbreeding; *konkr.* cross
kors|ningsfri without crossroads **-ord** crossword [puzzle]; *lösa ett* ~ do (solve) a crossword **-rygg** ~*en* the small of the back **-spindel** diadem spider **-stygn** cross-stitch **-tecken** *göra -tecknet* cross o.s., make the sign of the Cross
korstol [ˣko:r-] [choir] stall
kors|tåg crusade **-virkeshus** half-timbered (framework) house **-väg** crossroad; *vid* ~*en* at the crossroads
1 kort [-o-] *s7* card; *klätt* ~ court (picture) card; *ett parti* ~ a game of cards; *spela* ~ play [at] cards; *blanda bort* ~*en för ngn* (*bildl.*) confuse s.b., put s.b. out; *lägga* ~*en på bordet* (*bildl.*) put (lay) all one's cards on the table; *sköta sina* ~ *väl* play one's cards well (right); *sätta allt på ett* ~ stake everything on one card, put all one's eggs in one basket; *titta i ngns* ~ peep at a p.'s cards, *bildl.* be up to a p.'s little game
2 kort [-å-] **I** *a1* short; (*tidsbet. äv.*) brief; *bildl.* short; (*avmätt äv.*) abrupt, curt; ~ *om huvudet* short-tempered; ~ *till växten* short [in stature]; ~*a varor* haberdashery (*pl*), small wares, *AE.* notions; *en* ~ *stund* a little while; *efter en* ~ *tid* in a short time, shortly afterwards; *inom* ~ before long, shortly; *göra* ~*are* (*äv.*) shorten; *göra processen* ~ *med* make short work of; *gör pinan* ~*!* don't prolong the agony!; *komma till* ~*a* fall short (*med* in), (*i tävling e.d.*) fail; *redogöra för ngt i* ~*a drag* give a short (brief, concise) account

of s.th. **II** *adv* shortly, briefly; (*t.ex. uttala* ~, ~ *tillmätt*) short; ~ *efter* soon after; ~ *sagt* (*och gott*) in short, in so many words, (*i själva verket*) in fact, to make a long story short; *andas* ~ take short breaths; *hålla ngn* ~ keep s.b. on a tight rein
kort|a [-å-] *v1,* ~ [*av*] shorten **-byxor** [-å-] *pl* shorts **-distanslöpare** sprinter
kortege [kår'te:ʃ *el.* -'tä:ʃ] *s5* cortege
kort|fattad *a5* brief; *K~ lärobok i A* Short (Concise) Textbook of **-film** short film; short **-fristig** *a1* short-term **-het** shortness *etc.*; brevity; *i* ~ briefly; *i* ~ *redogöra för* outline, summarize **-huggen** *a5, bildl.* abrupt
korthus [-o-] house of cards
kortison [kårti'så:n] *s4* cortisone
kortklippt [-å-] *a4* [cut] short; (*om hår äv.*) closely cropped, bobbed
kort|konst [ko-] card trick **-lek** pack [of cards] **kort|kort** [-å-å-] ~ *kjol* mini-skirt, *vard.* mini **-livad** *a5* short-lived
kortregister [-o-] card index (file) (*över* of)
kort|sida [-å-] *n* the short side (end) **-siktig** *a5* short-range, short-term **-sluta** *-slöt -slutit* short-circuit **-slutning** [-u:-] short circuit
kortspel [-o-] **1** (*-ande*) playing cards, card-playing; *fuska i* ~ cheat at cards **2** (*ett* ~) card game **-are** card player
kortsynt [ˣkårtsy:nt] *a1* short-sighted
korttidsanställning [-å-] short-time (temporary) employment
kort|tänkt [-å-] *a1* short-witted, short-sighted, unthinking **-varig** *a1* [of] short [duration]; short-lived, transitory (*framgång* success); ~*t straff* short-term penalty **-varuhandlare** haberdasher **-våg** short wave
kortvågs|behandling short-wave treatment **-radio** short-wave radio **-sändare** short-wave transmitter
kort|växt [-å-] *a1* short [in stature] **-ärmad** *a5* short-sleeved
korum [ˣko:-] *best. form o. pl* =, *äv. s7* [regimental] prayers (*pl*)
korus [ˣko:-] *i uttr.: i* ~ in chorus
korv [-å-] *s2* sausage **korva** *rfl* (*om strumpa*) wrinkle
korvett [-å-] *s3* corvette
korv|gubbe hot-dog man **-ig** [-å-] *a1* rucked-up, wrinkly **-kiosk** hot-dog stand **-skinn** sausage-skin **-spad** *klart som* ~ (*bildl.*) as plain as a pikestaff **-stoppning** sausage-making, sausage-filling; *bildl.* cramming **-stånd** hot-dog stand **-öre** *inte ett* ~ not a brass farthing
kos *r, springa sin* ~ run away; *har flugit sin* ~ has disappeared (flown)
kosa *s1* course, way; *ställa* ~*n* steer (direct) one's course (steps) (*mot* to), make for
kosack *s3* Cossack
kosing *vard.* dough (*särsk. AE.*)
koskälla cowbell
kosmet|ik *s3* **1** (*skönhetsvård*) beauty care **2** (*skönhetsmedel*) cosmetic **-isk** [-'me:-] *a5* cosmetic; ~*t medel* cosmetic [preparation] **-olog** cosmetologist; beautician
kosmisk ['kåss-] *a5* cosmic; ~ *strålning* cosmic rays (radiation)

K

kosmo|drom [kåsmå'drå:m] *s3* cosmodrome **-logi** *s3* cosmology **-naut** *s3* cosmonaut **-polit** *s3*, **-politisk** [-'li:-] *a5* cosmopolitan
kosmos ['kåsmås] *r, best. form* =, cosmos
kospillning cow dung
kossa [-ɔ-] *s1* [moo-]cow
kost [-å-] *s3* (*föda*) food, diet; (*förplägning*) fare; *blandad* ~ mixed diet; *mager* ~ poor diet, scanty fare; ~ *och logi* board and lodging, bed and board
1 kosta [-å-] *det* ~*r på a*) it is a trial, *b*) (*är pinsamt*) it is very painful (trying); *det* ~*r på krafterna* it saps one's (*etc.*) strength
2 kosta [-å-] cost; (*belöpa sig t.*) amount to; ~ *ngn möda* give s.b. trouble; ~ *mycket pengar* cost a great deal of money; ~ *på* pay for, meet the expenses of; ~ *på ngn en god uppfostran* [find the money to] give s.b. a good education; ~ *på sig* treat o.s. to; *kunna* ~ *på sig* be able to afford; ~ *vad det* ~ *vill* no matter what it costs, cost what it may, at all costs; *vad* ~*r det?* how much is it?, what is the price [of it]?, what do you want for it?; *vad får det* ~*?* how much are you prepared to pay for it?; *det* ~*r mer än det smakar* it is more trouble than it is worth; *han har* ~*t sina föräldrar mycket pengar* he has been a great expense to his parents
kostlig [-å-] *a1* **1** (*dyrbar*) precious **2** (*löjlig*) priceless
kostnad [-å-] *s3* cost (*äv.* ~*er*); (*utgift*) expense; (*utlägg*) outlay, expenditure; (*avgift*) charge; (*arvode*) fee; *utan* ~ free of charge; *diverse* ~*er* sundry expenses; *fasta* ~*er* overheads, fixed costs; *rörliga* ~*er* prime (variable) costs; *stora* ~*er* heavy expenses; *för en ringa* ~ at a trifling cost; *inklusive alla* ~*er* all costs included; *medföra* ~*er* involve expenditure; *stå för* ~*erna* pay (bear, stand) the expenses (costs); *ådraga sig* ~*er* incur expenses
kostnads|beräkning costing, computation of costs **-fri** free [of cost (charge)] **-fråga** question of costs **-förslag** quotation, estimate [of costs], tender **-kalkyl** cost estimate, statement of costs **-skäl** financial reason; *av* ~ costwise
kostsam [-å-] *a1* costly, expensive
kostvanor *pl* eating habits
kostym *s3* **1** suit; *mörk* ~ dark lounge suit **2** *teat. o.d.* costume, dress **-bal** fancy-dress ball **-era** dress up **-ering** (*-ande*) dressing up; (*dräkt*) dress **-pjäs** *teat.* costume piece **-tyg** suiting
kota *s1* vertebra (*pl äv.* vertebrae)
kotangent [ˣkɔ:-] *s3, mat.* cotangent
kotknackare [ˣkɔ:t-] *vard.* chiropractor
kotlett [-å-] *s3* cutlet; (*med ben*) chop **-fisk** catfish, wolffish **-rad** [the] ribs (*pl*)
kotpelare [ˣkɔ:t-] spinal (vertebral) column, spine; *vard. o. bildl.* backbone
kotte [-å-] *s2* cone
kotteri [-å-] coterie, set; (*klandrande*) clique
kovänd|a veer, wear **-ning** *sjö.* veering, wearing; *en* ~ (*äv.*) a veer, a volte-face
krabat fellow; young beggar, rascal
krabb *a1, sjö.* choppy, short
krabba *s1* crab
kracka *kem.* crack
krackeler|a, -ing crackle

krackning [ˣkrack-] cracking
krafs *s7* (*skräp*) trash
krafsa scratch
kraft *s3* **1** force; (*förmåga, elektr.*) power; (*styrka*) strength; (*energi*) energy; (*livaktighet*) vigour, vitality; (*verkan*) effect; (*intensitet*) intensity; *drivande* ~ driving force, prime mover; *fysisk* ~ physical power (strength); *av alla* ~*er* with all one's strength, (*t.ex. ropa*) with all one's force, (*t.ex. springa*) as hard as ever one can; *i sin fulla* ~, *i sin* ~*s dagar* in one's prime; *med* ~ (*t.ex. uttala sig, uppträda*) with vigour (energy); *ge* ~ *åt* lend (give) power to, (*ngns ord*) lend (give) force to; *hushålla med sina* ~*er* conserve one's strength (energy); *pröva sina* ~*er* try one's strength; *samla* ~*er* regain (build up) one's strength; *spänna alla sina* ~*er för att* strain every nerve to; *ägna hela sin* ~ *åt att* apply the whole of one's energy to (+ ing-form); *hans* ~*er avtog* his strength was failing **2** *konkr.* (*arbetare*) worker, (*medarbetare*) helper, cooperator; *den drivande* ~*en inom* the leading force in; *duglig* ~ capable man (woman); *yngre* ~*er* younger men; *förvärva nya* ~*er* get new people **3** *jur.* (*gällande* ~) force; *i* ~ *av* by (in) virtue of, on the strength of; *träda i* ~ come into force, take (come into, go into) effect; *vinna laga* ~ gain legal force; *äga* ~ hold good, be in force; *till den* ~ *och verkan det hava kan* for what it is (may be) worth
kraft|ansträngning exertion, effort; *göra en* ~ make a real effort, put on a spurt **-centrum** centre of force **-foder** concentrated feed (fodder) **-full** powerful, forceful; (*fysiskt*) vigorous, strong; (*om t.ex. vilja*) energetic **-fält** field of force; *elektriskt* (*magnetiskt*) ~ electric (magnetic) field **-förbrukning** expenditure of energy; *elektr.* power consumption **-förlust** *med.* loss of strength; *tekn.* power loss **-försörjning** power supply
kraft|ig *a1* **1** powerful; (*livlig o.* ~) vigorous; (*energisk*) energetic; (*verksam*) effective; (*stark*) strong (*äv. bildl.*); (*t. hälsan*) robust; (*eftertrycklig*) emphatic; (*våldsam*) violent; (*intensiv*) intense, acute; ~ *protest* strong protest; ~ *ökning* sharp (substantial) increase; *ett* ~*t slag i huvudet* a violent (heavy) blow on the head **2** (*stor*) big, great, considerable; tremendous **3** (*om mat*) nourishing; (*mäktig*) rich; (*bastant*) substantial (*måltid* meal) **-karl** strong man **-källa** source of power (energy); *bildl. äv.* source of strength **-ledning** power [transmission] line **-lös** powerless; weak, feeble; (*orkeslös*) effete **-mätning** *bildl.* trial of strength **-nät** grid **-papper** kraft [paper] **-prestation** *en verklig* ~ a really great achievement, a real feat **-prov** trial of strength **-station** power station (plant) **-tag** *ett verkligt* ~ a really strong pull (*vard.* big tug), *bildl.* a real effort **-uttryck** oath, expletive; *använda* ~ use strong language **-verk** power station (plant) **-värmeverk** combined power and heating plant **-åtgärd** strong (drastic) measure **-överföring** power transmission
krag|e *s2* collar; *ta ngn i* ~*n* criticize s.b. sharply; *ta sig i* ~*n* pull o.s. together **-knapp** collar stud **-nummer** size in collars **-snibb** collar point
krake *s2* (*häst-*) jade, hack; (*stackare*) weakling;

(*kräk*) wretch
1 kram *s7* (*varor*) small wares (*pl*)
2 kram *a1* (*om snö*) wet, cloggy
3 kram *s2* (-*ning*) hug
krama 1 (*pressa*) squeeze (*saften ur* the juice out of) **2** (*omfamna*) embrace, hug
kramhandel fancy-goods (small-ware) shop
kramp *s3* cramp; (*konvulsion*) convulsion, spasm; *få ~* get (be seized with) cramp
krampa *s1* clincher, clamp, cramp [iron]
kramp|aktig *a1* spasmodic; (*konvulsivisk*) convulsive (*gråt* crying); *~t försök* desperate effort **-anfall** attack of cramp **-lösande** antispasmodic (*äv. ~ medel*) **-ryckning** spasm, twitch
kramsnö wet snow
kran *s2* **1** (*tapp-*) tap; *särsk. AE.* faucet; (*ventil-*) stopcock **2** (*lyft-*) crane **-arm** jib **-bil** crane lorry
kranium ['kra:-] *s4* cranium
krans *s2* **1** wreath; (*blomster- äv.*) garland **2** *bildl.* ring, circle **3** *kokk.* ring-shaped bunloaf (biscuit) **krans|ar|tär** coronary artery **-kärl** coronary vessel
kranskötare crane operator
kransnedläggning laying of wreaths
kranvagn crane truck; *AE.* derrick car
kras *s7*, *gå i ~* go to (fly into) pieces
krasa [s]crunch
krasch *s3* crash (*äv. bildl.*), smash; *bildl. äv.* collapse, failure **krascha** go crash; (*om företag, vard.*) go smash
kraschan *s3* grand star
kraschlanda *flyg.* crash-land
krass *a1* crass; (*utpräglad äv.*) gross; (*grovkornig*) coarse
krasse *s2*, *bot.* cress; *se äv. indian-, kryddkrasse*
krasslig *a1* ailing, seedy, poorly; *vard.* under the weather; *AE. vard.* mean
krater ['kra:-] *s2* crater **-sjö** crater lake
krats *s2*, *tekn.* scraper **kratsa** scrape; scratch
kratta I *s1* **1** (*redskap*) rake **2** (*ynkrygg*) coward, funk **II** *v1* rake [over]; *~ ihop* rake together
krav *s7* **1** demand (*på ngt* for s.th.; *på att* to *+ inf.*; *på livet* of life); (*anspråk*) claim (*på* to); requirement; *rättmätigt ~* legitimate claim; *resa ~* bring claims, claim; *ställa höga ~* be exacting; *ställa stora ~ på a*) make great (heavy) demands upon, *b*) (*ngns förmåga*) put to a severe test **2** (*anmodan att betala*) demand (*hövligare*: request) for payment; (*skuldfordran*) monetary claim
kravall *s3, vanl. pl, ~er* riots; (*gatu-*) street disturbances **-polis** riot police (squad) **-staket** crowd control barrier, crush barrier
kravatt *s3* necktie **-nål** tiepin
kravbrev letter requesting payment; (*påminnelse*) reminder; *AE.* collection letter
kravellbyggd [-ˣvell-] *a5* carvel-built
kravla *~* [*sig*] crawl
krax, krax|a croak **-ande** *s6* croaking
krea|tion (*modeskapelse*) creation **-tjv** [*äv.* 'kre:a-] *a1* creative **-tivitet** creativity
kreatur [ˣkre:a-] *s7* animal; (*fä*) beast; *koll.* cattle (*pl*); *bildl.* creature, tool
kreaturs|avel cattle breeding, stockbreeding **-besättning** stock [of cattle], livestock **-foder** cattle feed (fodder) **-handlare** livestock dealer **-skötsel** stockraising

1 kredit ['kre:-] *n* (*tillgodohavande*) credit; *debet och ~* debits and credits
2 kredit *s3* (*förtroende, betalningsanstånd*) credit; *på ~* on credit; *få (ha) ~* get (have) credit; *köpa på ~* (*vard.*) buy on tick
kredit|avtal credit agreement **-behov** credit requirements (*pl*)
krediter|a credit; *~ ngn för ett belopp* (*äv.*) credit an amount to a p.'s account **-ing** credit, entry on the credit side
kredit|givning [-ji:v-] granting of credit[s *pl*], credit facilities (*pl*); lending **-institut** finance company (house)
kreditiv *s7* **1** *bank.* letter of credit **2** (*diplomats*) credentials (*pl*), letters of credence
kredit|kort credit card **-marknad** credit market
kreditor [ˣkre:- *el.* 'kre:-] *s3* creditor; *~er* (*bokför.*) (*AE.*) account payable
kredit|restriktioner *pl* credit restrictions **-stopp** credit freeze **-upplysning** credit report
kreera [kre'e:ra] create
krem|atorium [-'to:-] *s4* crematorium **-era** cremate **-ering** cremation
Kreml *n* the Kremlin
kreneler|ad [-'le:-] *a5, arkit.* crenellated **-ing** crenellation
kreol [-'å:l] *s3* Creole **kreolsk** [-'å:lsk] *a5* creole
kreosot [-'så:t] *s3, s4* creosote
krepera (*krevera*) burst, explode
Kreta *n* Crete **kretens|are** [-ˣtens-] *s9*, **-isk** [-ˣtens-] *a5* Cretan
kreti och pleti ['kre:-, 'ple:-] Tom, Dick and Harry
kretong [-'tåŋ] *s3* cretonne; (*blank*) chintz
krets *s2* circle; ring; *tekn.* circuit; (*område*) district; *i ~en av sin familj* in the bosom of one's family; *i diplomatiska ~ar* in diplomatic circles; *i välunderrättade ~ar* in well-informed circles (quarters)
krets|a circle, fly (go) in circles (*sväva äv.*) hover; (*om tankar e.d.*) revolve, circulate (*kring* round) **-gång** circle; cyclic motion **-lopp** circulation, rotation; (*jordens*) orbit; (*av nöjen e.d.*) round; (*årstidernas*) cycle
krev|ad *s3* explosion, burst **-era** explode, burst
kria [ˣkri:a] *s1* [written] composition
kricket ['krick-] *s2* cricket **-grind** wicket **-plan** cricket ground **-spelare** cricketer
krig *s7* war; (*-föring*) warfare; *det kalla ~et* the cold war; *för det moderna ~et* for modern warfare; *befinna sig i ~* be at war; *börja ~* start a (go to) war (*mot* against); *föra ~* make (wage) war; *förklara ~ mot (friare)* proclaim war against; *förklara ett land (ngn) ~* declare war on a country (against s.b.); *vara med i ~* see active service
kriga make war
krigar|e soldier; *poet.* warrior **-folk** nation of soldiers
krigför|ande *a4* belligerent; *icke ~* nonbelligerent **-ing** [form of] warfare; (*-förande*) waging of war
krigisk ['kri:-] *a5* warlike (*anda* spirit; *folk* nation); martial (*utseende* appearance)
krigs|arkiv [ˣkricks-] military record office **-barn** war baby **-beredskap** preparedness for war; general alert **-byte** war trophy; *som ~* as

K

booty **-dans** war dance **-fara** danger of war, war risk[s *pl*] **-fot** war-footing; *komma på ∼ med* (*bildl.*) get at loggerheads with; *stå på ∼* be on a war-footing; *sätta på ∼* mobilize **-fånge** prisoner of war **-fångeläger** prisoner-of-war camp **-förbrytare** war criminal **-förbrytelse** war crime **-förklaring** declaration of war **-handling** act of war **-historia** military history **-härjad** *a5* war-ravaged **-högskola** military academy **-industri** war (armaments) industry **-konst** art of warfare; (*ngns*) strategy **-korrespondent** war correspondent **-list** stratagem (*äv. bildl.*) **-lycka** fortune[s *pl*] of war; *med skiftande ∼* with varying success in the field **-makt** military power; *∼en* the armed forces; *...vid ∼en* military... **-man** member of the armed forces; *pl äv.* armed service personnel **-materiel** war material, munitions **-målning** war paint **-placering** war posting **-risk** risk of war; *försäkr.* war risk **-råd** *hålla ∼* hold a council of war **-rätt** (*domstol*) court martial; *ställa ngn inför ∼* court-martial s.b. **-skada** (*ngns*) injury sustained in war, war injury; (*materiell ∼*) war damage (loss) **-skola** military academy **-skådeplats** theatre of war, front; *bildl.* scene **-stig** *på ∼en* on the warpath **-tid** *i* (*under*) *∼[er]* in (during) wartime, in times of war **-tillstånd** state of war; *när landet befinner sig i ∼* when the country is at war **-tjänst** active service; *göra ∼* be on active service **-trött** war weary **-utbrott** outbreak of war

krill *s2, zool.* krill

Krim [-imm] *n* the Crimea

kriminal *s3 o. a5* criminal **-fall** criminal case **-film** crime film, thriller

kriminaliser|a make (declare to be) criminal, outlaw **-ing** criminalization

kriminal|itet criminality **-lagstiftning** penal legislation **-polis** *∼en* the criminal police; (*i Storbritannien*) the Criminal Investigation Department (*förk.* C.I.D.) **-politik** penal policy **-vård** treatment of offenders

krimin|ell *a1* criminal **-ologi** *s3* criminology

krimskrams *s7* (*grannlåt*) knickknacks (*pl*), gewgaws (*pl*)

kring *rumsbet.* round, around; *tidsbet.* [round] about; (*friare, bildl.*) round; (*om, angående*) about, concerning **-boende** *a4, de ∼* those (the people) living all around **-byggd** *a5* surrounded by buildings **-farande** *a4* itinerant **-flackande** *a4* roving; travelling about **-fluten** *a5* washed, surrounded (*av* by) **-gå** *bildl.* get round, circumvent, bypass; (*undvika*) evade; *en ∼ende rörelse* a flanking movement; *ett ∼ende svar* an evasive answer **-gärda** [-jä:r-] fence in (*äv. bildl.*); enclose

kringla *s1, ung.* figure-of-eight biscuit, twist-biscuit

kring|liggande *a4* surrounding, neighbouring **-resande** *a4* travelling; (*om t.ex. predikant*) itinerant; *∼ teatersällskap* touring (itinerant) theatre company **-ränna** *mil.* surround, envelop **-skuren** *a5* restricted, cut down, curtailed **-skära** circumscribe, curtail, restrict, limit **-spridd** *a5, ligga ∼* be scattered about (around) **-stående** *a4* the people (*etc.*) standing round, the by-

standers **-synt** [-y:-] *a1* broad-minded **-värva** *v2* envelop; *vara -värvd av* be enveloped in

krinolin *s3* crinoline; hoops (*pl*)

1 kris *s2* (*dolk*) kris, creese

2 kris *s3* crisis (*pl* crises)

kris|artad [-a:r-] *a5* critical **-läge, -situation** crisis, critical situation

kristall *s3* crystal **-glas** crystal; cut glass **-inisk** *a5* crystalline **-isera** crystallize **-isk** [-'tall-] *a5* crystalline **-klar** crystal clear, crystalline **-krona** cut-glass chandelier **-kula** crystal ball **-olja** white spirit **-vas** cut-glass vase

kristen *a5* Christian; *den kristna läran* the Christian doctrine; *den kristna världen* (*äv.*) Christendom; *vara ∼* be a Christian **-dom** [-domm] *s3* **1** Christianity **2** *skol.* religion, scripture

kristendoms|fientlig Antichristian **-lärare** teacher of religious knowledge **-undervisning** religious instruction

kristenhet Christendom (*äv. ∼en*)

kristid time of crisis; *ekon.* depression, slump; *∼en* (*äv.*) the crisis

Kristi himmelsfärdsdag Ascension Day

kristillstånd critical state, [state of] crisis

krist|lig *a1* Christian; (*lik Kristus*) Christlike; (*from*) pious; *ett ∼t byte* (*vard.*) a fair exchange (swop); *K∼a Föreningen av Unga Kvinnor* (*Män*) Young Women's (Men's) Christian Association (*förk. se KFUK o. KFUM*) **-ligt** *adv* like Christians (a Christian)

kristna 1 (*omvända*) Christianize **2** (*döpa*) christen

Kristus Christ; *efter ∼* anno Domini (*förk.* A.D.); *före ∼* before Christ (*förk. B.C.*)

kristus|barn *∼et* the Christ-child; *Madonnan med ∼et* the Madonna with the Infant Christ **-bild** image of Christ

krita I *s1* chalk; (*färg-*) crayon; *ta på ∼* (*vard.*) buy on tick; *när det kommer till ∼n* when it comes to it **II** *v1* chalk; (*skor e.d.*) whiten, pipe-clay

kriterium [-'te:-] *s4* criterion (*pl* criteria) (*på* of)

kritig *a1* chalky

kritik *s3* **1** criticism (*över, av* on, of); *under all ∼* beneath contempt, miserable; *inbjuda till ∼* invite criticism; *läsa med ∼* read critically; *möta stark ∼* encounter severe criticism **2** (*recension*) review, notice; *∼en* (*∼erna*) the critics (*pl*); *få god ∼* be favourably reviewed

kritiker ['kri:-] critic; (*recensent*) reviewer

krit|isera 1 (*klandra*) criticize; comment adversely on, censure, find fault with; *vard.* run down, slate **2** (*recensera*) review **-isk** ['kri:-] *a5* critical; (*avgörande äv.*) crucial (*punkt* point)

krit|klippa chalk cliff **-pipa** clay pipe **-streck** chalk line **-strecksrandig** pinstriped **-vit** as white as chalk, snow white; *∼ i ansiktet* as white as a sheet

kroat [kro'a:t] *s3* Croat **Kroatien** [-'a:tsien] *n* Croatia **kroatisk** [-'a:tisk] *a5* Croatian

krock [-å-] *s2* (*bil-*) collision, crash, smash [up]; (*i krocketspel*) croquet **krocka** (*om fordon*) collide, crash, smash; *vard.* go smash; (*i krocketspel*) croquet

krocket ['kråck-] *r* croquet **-klot** croquet ball **-klubba** croquet mallet

krog *s2* restaurant; *(värdshus)* inn **-gäst** patron **-sväng** pub-crawl

krok *s2* **1** hook; *(fönster- e.d.)* catch; *få på ~en (äv. bildl.)* hook; *lägga ut sina ~ar för* spread a net for, try to catch; *nappa på ~en a) eg.* bite at the bait, *b) bildl.* swallow the bait; *sätta mask på ~en* bait the hook with a worm **2** *(krökning)* bend, curve; *gå en stor ~* go a long way round; *slå sina ~ar kring* prowl round **3** *boxn.* hook **4** *(vrå)* nook, corner; *här i ~arna* in these parts, about here **kroka** hook; *~ av* unhook; *~ fast* hook on

krokben *sätta ~ för ngn a) eg.* trip s.b. up, *b) bildl.* upset a p.'s plans

krokig *s3* sketch

krok|ig *a1* crooked; *(böjd)* bent; *(i båge)* curved; *gå ~* walk with a stoop; *sitta ~* sit hunched up **-linje** curve[d line]

krok|na [-ɔ:-] get bent *(etc.)*, bend; *(falla ihop)* collapse **-näsa** hooknose; *vard.* beak **-näst** [-ä:-] *a4* hooknosed

krokodil *s3* crocodile; *tårar pl* crocodile tears *med lu yygig al* with a crooked back, stooping, bent

krokus ['krɔ:-] *s2* crocus

krokväg roundabout (circuitous) way: *~ar (bildl.)* devious paths, underhand methods

krollsplint [-å-] *s2* vegetable fibres *(pl)*

krom [-å:-] *s3, s4* chromium, chrome **kroma** chrome

kromatisk ['-ma:-] *a5, mus. o. fys.* chromatic

kromosom ['-så:m] *s3* chromosome

kromstål chrome *(chromium)* steel

kröna *s1* **1** crown; *(adels-)* coronet; *(påve-)* tiara; *skapelsens ~* the crowning work of creation; *en ~ bland städer* a pearl among cities; *nedlägga ~n* abdicate [the throne]; *sätta ~n på verket* put on the finishing touch, crown the work, *iron.* cap (beat) everything **2** *~n* the State (Crown); *en ~ns karl (ung.)* a soldier of the King; *i ~ns tjänst* in the service of the Crown; *på ~ns mark* on Crown (government) land (property); *vara klädd i ~ns kläder* wear the King's uniform **3** *(träd-)* [tree-]top, crown; *(blom-)* corolla, *anat.* crown; *(tand-)* crown; *(ljus-)* chandelier **4** *(mynt)* krona, *(Swedish etc.)* crown **5** *~ eller klave?* heads or tails?; *spela ~ och klave* toss *(om for)*

kronhjort red deer; *(hane äv.)* stag

kroniker ['krɔ:-] chronic invalid

kron|isk ['krɔ:-] *a5* chronic **-iskt** *adv* chronically; *~ sjuk, se kroniker*

kron|jurist law officer of the Crown; *(i Storbritannien äv.)* Attorney (Solicitor) General **-juvel** crown jewel

krono|fogde senior enforcement officer; *(chef)* head of an enforcement district **-fogdemyndighet** enforcement service **-häkte** local prison **-jord** Crown land **-jägare** *ung.* state forester; *AE.* forest ranger

kronolog|i *s3* chronology **-isk** ['-lå:-] *a5* chronologic[al]; *i ~ ordning* in chronological order

kronometer [-'me:-] *s2* chronometer

kron|prins crown prince **-prinsessa** [-ˣsessa] crown princess **-vittne 1** *(huvudvittne)* principal witness **2** *(vittne mot medbrottsling)* bli ~ turn

king's (queen's; *AE.* state's) evidence **-ärtskocka** [-skåcka] *s1* [globe] artichoke

kropp [-å-] *s2* body; *(bål)* trunk *(och lemmar* and limbs); *(slaktad)* carcass; *flyg.* body, fuselage; *fasta och flytande ~ar* solid and fluid bodies; *främmande ~ar* foreign bodies; *en konstig ~ (vard.)* a rum chap (customer); *i hela ~en* all over; *till ~ och själ* in mind and body; *våt inpå bara ~en* wet to the skin; *bära ylle närmast ~en* wear wool next to one's skin; *darra i hela ~en* tremble all over; *inte ha en tråd på ~en* be without a stitch of clothing, not have a stitch on; *inte äga kläderna på ~en* not own the clothes on one's back

kropps|aga [-å-] corporal punishment **-ansträngning** physical exertion **-arbetare** labourer, manual worker **-arbete** manual labour (work) **-byggare** body builder **-byggnad** bodily (physical) structure; *(fysik)* physique; *(-beskaffenhet)* constitution **-del** part of the body **-hydda** body **-krafter** *pl* physical strength *(sg)* **-lig** *a5* bodily, physical; *(om t.ex. straff)* corporal **-pulsåder** *stora ~n* aorta **-rörelse** movement of the body; *(motion)* physical exercise **-språk** body language **-temperatur** body temperature **-tyngd, -vikt** weight of the body **-visitera** search [from head to foot] **-värme** heat (temperature) of the body **-övning** *~ar* physical exercises

kross [-å-] *s2, tekn.* crushing mill, crusher

kross|a [-å-] crush *(äv. bildl.)*; *(slå sönder)* smash; shatter, wreck *(äv. bildl.)*; *(finfördela)* pound, grind down; *~ fienden (äv.)* rout the enemy; *~ ngns hjärta* break a p.'s heart; *~ allt motstånd* crush all resistance **-skada** *(hopskr. krosskada)* bruise, contusion **-sår** *(hopskr. krossår)* [severe] bruise (contusion)

krubb *s7, vard.* grub, feed

1 krubba *v1, vard.* grub, feed

2 krubba *s1* manger, crib

krucifix ['-ficks] *s7* crucifix

kruk|a *s1* **1** pot; *(burk)* jar; *(med handtag)* jug, pitcher **2** *(ynkrygg)* coward, funk **-makare** potter **-växt** pot plant

krull|a *~ [sig]* curl; *~ ihop sig* curl itself up **-hårig** curly-haired **-ig** *a1* curly

krum [-umm] **I** *a1* curved, crooked; *(böjd)* bent, *(i båge)* arched **II** *s2, s4, i ~* arched

krumbukt|a [-'bukta] *(göra ~er)* twist and turn; *(slingra sig)* hem (hum) and haw; *buga och ~* bow and scrape **-er** *pl* **1** *(krökar)* curves, bends; *(bugningar)* obeisances **2** *(omsvep)* circumlocutions; *(undanflykter)* subterfuges, prevarication *(sg)*; *(invändningar)* humming and hawing *(sg)*

krumelur 1 *(släng)* flourish, curl; *rita ~er* doodle **2** *pers.* oddity

krumsprång caper; gambol; *göra ~* cut capers, gambol

krupp *s3, med.* croup

1 krus *s7 (dryckeskärl)* jar; *(vatten-)* pitcher

2 krus *s7* **1** *(på sömnad o.d.)* ruff[le]; *koll.* frilling **2** *(-ande)* ceremony; *(fjäsk)* fuss; *utan ~* without [any] ceremony

krusa 1 *(göra krusig)* crisp, curl; *(rynka)* ruffle; *(vattenyta)* ripple **2** *(fjäska för)* cringe, truckle *(för* to); stand on ceremony *(för* with); *jag ~r*

ingen! I go my own way regardless of everybody!
krusbär ['kru:s-] gooseberry
krusiduller [-'dull-] *pl, eg.* curls; *bildl.* frills; (*i skrift*) flourishes **krusig** *a1* curly; (*om kål e.d. äv.*) crisp; (*vågig*) wavy; (*om t.ex. blad*) wrinkled **krusning** [-u:-] (*på vatten*) ripple
krut *s7* gunpowder; (*energi*) spunk; *han var inte med när ~et uppfanns* he'll never set the world (the Thames) on fire; *ont ~ förgås inte så lätt* ill weeds grow apace **-durk** powder magazine (*äv. bildl.*) **-gubbe** *vard.* tough old boy **-rök** gunpowder smoke **-torr** bone-dry
krux [krucks] *s7* crux
kry *a1* well; hale [and hearty]; *pigg och ~* fit and well **krya** *~ på sig* get better, recover, come [a]round
krycka *s1* crutch; (*handtag*) handle, crook
krydd|a I *s1* spice (*äv. bildl.*); *kokk.* seasoning, flavouring **II** *v1* season, flavour, spice (*äv. bildl.*); *starkt* (*svagt*) *~d* highly (slightly) seasoned (*etc.*) **-doft** (*hopskr. krydddoft*) smell of spice[s *pl*] **-grönt** green herbs (*pl*) **-kvarn** spice mill **-nejlika** clove **-peppar** allspice **-smör** butter mixed with herbs **-stark** highly seasoned, hot **-växt** aromatic plant, herb
krymp|a *v3* shrink (*i tvätten* in the wash); *~ ihop* shrink [up] **-behandlad** *a5* antishrink treated **-fri** unshrinkable, preshrunk, nonshrinking; Sanforized (*varumärke*) **-ling** cripple **-mån** shrinkage [allowance]
kryp *s7* [small] creeping (crawling) thing (creature); *vard.* creepy-crawly; *ett litet ~* (*om barn*) a little mite
krypa *kröp krupit* **1** creep (*äv. om växt*); (*kräla*) crawl; *~ på alla fyra* crawl on all fours; *~ bakom ngn* (*bildl.*) shield o.s. behind s.b.; *det kryper i mig när jag ser* it gives me the creeps to see; *bilen kröp uppför backen* the car crawled up the hill **2** (*bege sig*) go (*till kojs* to bed; *i fängelse* to prison); *~ i kläderna* get into one's clothes **3** (*svansa*) cringe, grovel **4** (*med betonad partikel*) *nu kröp sanningen fram* now the truth came out; *~ ihop a*) (*om en*) huddle up, (*om flera*) huddle together, *b*) (*huka sig*) crouch (cower) down
kryp|ande *a4* (*inställsam*) servile, cringing **-eri** cringing, obsequiousness **-fil** crawler lane **-hål** *bildl.* loophole **-in** [-'inn] *s7* nest, hole, retreat; (*vrå*) nook, corner **-skytt** stalker; (*tjuvskytt*) poacher; *mil.* sniper
krypta *s1* crypt
krypt|era write in cipher (code) **-isk** ['krypt-] *a5* cryptic
krypto ['kryptɔ] *s6* cipher, code **-gam I** *s3* cryptogam **II** *a5* cryptogamic
krypton [-'å:n] *s4, s3* krypton
krysantem|um [-×sann-] *s9 el. -en -er* [-'te:-] chrysanthemum
kryss I *s7* (*kors*) cross **2** *s2, sjö.* beating, cruising; *ligga på ~* be tacking
kryssa 1 (*korsa*) cross; *~ för* put a cross against **2** *sjö.* beat (*mot vinden* [up] against the wind), beat to windward, tack; (*segla fram o. tillbaka*) cruise; *~ över gatan* zigzag across the street
kryss|are 1 *sjö., mil.* cruiser **2** (*jakt*) cruising vessel, yacht; *se äv.* havskryssare **-faner** plywood **-ning** cruise

kryssnings|fartyg cruise liner **-robot** cruise missile
kryssprick *sjö.* spar buoy
kryst|a (*vid avföring*) strain [at stool]; (*vid förlossning*) bear down **-ad** *a5* strained, laboured; (*om kvickhet äv.*) forced **-ning** strain **-värkar** *pl* labour [pains]
kråk|a *s1* **1** *zool.* crow; *hoppa ~* hop; *elda för -orna* let all the heat from the fire go up the chimney **2** (*tecken*) tick; (*utmärkande fel*) error mark **3** (*huvudbonad*) bonnet **-fötter** *pl, bildl.* pothooks; scrawl (*sg*) **-slott** *skämts.* rookery **-sång** *det fina i ~en* the beauty of it
kråma *rfl* prance [about]; (*om pers. äv.*) strut (swagger) [about]; (*om häst äv.*) arch its neck
krångel ['kråŋel] *s7* bother, trouble; (*svårighet*) difficulty; *AE. vard.* bug[s]; *ställa till ~* make a fuss (difficulties) **-makare** [×kråŋel-] troublemaker
kräng|la [×kråŋla] **1** make a bother (a fuss, difficulties) (*med betalningen* about the payment); *~ till ngt* get s.th. into a muddle, make a muddle of s.th. **2** (*ej fungera*) be troublesome; (*förorsaka krångel*) give (cause) trouble; *låset ~r* the lock has jammed **3** (*fumla med*) fiddle with **4** (*göra undanflykter*) quibble, beat about the bush; (*bruka knep*) be up to tricks **5** *rfl, ~ sig fram till* muddle one's way through to; *~ sig ifrån* manage to get out of; *~ sig igenom* get through somehow **-lig** *a1* troublesome, tiresome; (*kinkig*) awkward; (*invecklad*) difficult, complicated
1 krås *s7* giblets (*pl*); *smörja ~et* feast, do o.s. well (*med* on)
2 krås *s7* (*hals- o.d.*) frill, ruffle
kråsnål tiepin
1 kräfta *s1* **1** *zool.* crayfish, crawfish; *röd som en kokt ~* as red as a boiled lobster **2** *K~n* (*astr.*) Cancer
2 kräfta *s1* (*med.*) cancer
kräft|bur crayfish pot **-gång** backward movement **-kalas** crayfish party
kräk *s7* **1** *se kryp* **2** *se kreatur* **3** (*neds. om människa*) miserable beggar (wretch); *ett beskedligt ~* (*äv.*) a milksop; *stackars ~* poor thing (wretch)
kräkas *v3, dep* be sick, vomit; *~ upp* vomit, bring up
kräkla [×kräck-, *äv.* ×krä:k-] *s1* crosier, crozier
kräk|medel emetic **-ning** [-ä:-] vomiting; *häftiga ~ar* violent attacks of vomiting
kräl|a crawl; *~ i stoftet* (*bildl.*) grovel [in the dust] (*för* to) **-djur** reptile
kräm *s3* cream; *jfr hud-, sko-*
krämare shopkeeper, tradesman; *neds.* huckster
krämfärgad cream-coloured
krämp|a *s1* ailment; *-or* aches and pains
kräng|a *v2* **1** (*luta åt ena sidan*) cant, list, heel (heave) [over]; roll; *flyg.* bank **2** (*lägga på sidan*) cant, heave down **3** *se vända* [*ut och in*]; *~ av sig en skjorta* struggle out of a shirt **-ning** canting, heel[ing]; lurch, roll; *flyg.* banking **-ningshämmare** stabilizer
kränk|a *v3* (*lag e.d.*) violate, infringe; (*överträda*) transgress; (*förorätta*) wrong; (*förolämpa*) insult, offend; (*såra*) hurt, outrage **-ande** *a4* insulting, offensive; *~ tillmälen* abusive treatment **-ning** (*jfr kränka*) violation, infringement;

transgression; wrong; insult, offence; outrage; ~ *av privatlivets helgd* violation of privacy

kräpp *s3, s4* crepe, crape

kräpp|a, -era crinkle; (*hår e.d.*) wave **-nylon** stretch nylon **-papper** (*hopskr. kräpppapper*) crepe paper

kräsen *a3* fastidious, particular, choosy (*på* about); *vara* ~ be hard to please

1 kräva *s1* crop

2 kräva *v2* **1** (*fordra*) demand, [lay] claim [to] **2** (*erfordra*) call for; (*behöva*) require, need; (*nödvändiggöra*) necessitate; (*ta i anspråk*) take; ~ *mycket tid* take up much time **3** *olyckan krävde flera dödsoffer* the accident cost the lives of several people (claimed several victims) **4** (*anmana att betala*) apply to for payment, demand payment of, (*skriftligt*) dun (*på* for); ~ *ngn på pengar* press s.b. for money, request s.b. to pay

krävande *a4* exacting; (*prövande*) trying; (*påkostande*) severe; *en ~ uppgift* (*äv.*) an arduous task

krögare innkeeper

krök *s2* bend; (*flod-, väg- e.d.*) curve, wind, winding

krök|a *v3* bend; (*göra krokig*) make crooked; (*armen, fingret*) crook; ~ [*på*] *läpparna* curl one's lips; ~ *rygg* (*om djur*) arch its back; *inte ~ ett hår på ngns huvud* not hurt a hair of a p.'s head; *det skall ~s i tid som krokigt skall bli* best to bend while it is a twig **-ning** [-ö:-] (*-ande*) bending *etc.*; (*en ~*) *se krök*

krön *s7* dit st, (*ullmähnare*) top, ridge, crown; (*mur- o.d.*) coping

kröna *v3* crown (*ngn till kung* s.b. king); ~*s med framgång* be crowned with success, be successful

krönika ['krö:-] *s1* chronicle; annals (*pl*), records (*pl*); (*tidnings- e.d.*) review, column **krönikespel** chronicle play; (*hist. festspel*) pageant [play] **krönikör** chronicler, annalist; (*i tidning*) columnist

kröning coronation

krösus ['krö:-] *s2* Croesus

kub *s3* cube; *upphöja i* ~ raise to the third power, cube

Kuba *n* Cuba

1 kubb *s2* (*hatt*) bowler [hat]; *AE. äv.* derby [hat]

2 kubb *s2* (*hugg- etc.*) block

kubik *s9* cubic **-fot** cubic foot **-meter** cubic metre **-rot** cube root

kub|isk ['ku:-] *a5* cubic **-ist** Cubist **-istisk** [-'iss-] *a5* Cubist[ic]

kuckel ['kuck-] *s7* hanky-panky; hocus-pocus

kuckeliku I *interj* cock-a-doodle-doo! II *s6* cock-a-doodle-doo call

kuckla fiddle

kudd|e *s2* cushion; (*säng-*) pillow **-krig** pillow fight **-var** *s7* pillowcase

kuf *s2* queer (odd, rum) customer **-isk** ['ku:-] *a5, vard.* odd, queer

kugga 1 (*underkänna*) reject, fail, plough; *hon blev ~d* she failed (was ploughed) **2** (*lura*) take in

kugge *s2* cog (*äv. bildl.*), gear tooth

kuggfråga poser, catch question

kugg|hjul gear[wheel], cogwheel (*äv. bildl.*) **-stång** rack **-växel** gear, gearing

kuk *s2, vard.* cock, prick

kuku I *interj* cuckoo! II *s6* cuckoo call

kul *oböjligt a* funny, amusing; *ha* ~ have fun; *det var* ~ *att träffas* it was nice meeting you

1 kula *s1* (*håla*) cave, hole; (*lya*) lair, den; (*bostad, vard.*) digs (*pl*)

2 kula *s1* **1** ball; (*gevärs- äv.*) bullet; (*pappers-, bröd- e.d.*) pellet; (*vid omröstning*) ballot; *skjuta sig en* ~ *för pannan* blow one's brains out; *den* ~*n visste var den tog* (*bildl.*) that shot went home **2** *sport.* shot; *stöta* ~ put the shot **3** (*leksak*) marble; *spela* ~ play marbles **4** (*bula*) bump (*i pannan* on the forehead) **5** *börja på ny* ~ start afresh

kul|bana (*projektils*) trajectory **-baneprojektil** ballistic missile

kulen *a3* raw [and chilly], bleak

kul|formig [-å-] *a5* ball-shaped, spherical, globular **-hål** bullet hole

kulinarisk [,'na'-] *a5* culinary

kuling half-gale; *styv* (*hård*) ~ moderate (fresh) gale **-varning** small craft warning

kuliss *s3* coulisse; wing; *bakom* ~*erna* (*bildl.*) behind the scenes; *i* ~*erna* (*vanl.*) in the wings

kulkärve volley of bullets

1 kull *s2* (*av däggdjur*) litter; (*av fåglar*) hatch; covey; brood; (*av grisar*) farrow; (*friare*) batch

2 kull I *interj* you're "it" II *s7, leka* ~ play tag

kulla *v1,* ~ *ngn* tag s.b.

kullager [ˣku:l-] ball bearing

kullbyttera 1 (*tumla överända*) topple over **2** (*om fordon*) turn over (*i diket* into the ditch); (*göra konkurs*) fail, come a cropper

1 kulle *s2* (*hatt-*) crown

2 kulle *s2* (*höjd*) hill; (*liten*) hillock; (*grav-*) mound; *de sju kullarnas stad* City of the Seven Hills

kulled [ˣku:l-] ball-and-socket joint

kullerbytta *s1* somersault; *göra en* ~ *a*) eg. turn a somersault, *b*) (*falla*) tumble, go tumbling over

kullersten cobble[stone]; *koll.* cobbles (*pl*)

kullfallen *a5* that has fallen over (down)

1 kullig *a1* hilly; (*kuperad*) undulating

2 kullig *a5* (*om boskap*) hornless, polled

kull|kasta 1 *bli* ~*d* be thrown down (off one's legs); *jfr kasta* [*omkull*] **2** *bildl.* upset (*planer* plans), overthrow; (*upphäva*) reverse, set aside **-körning** (*med cykel, på skidor*) fall, tumble

kullrig *a1* (*buktig*) bulging, convex; (*rundad*) rounded; (*om stenläggning*) cobbled

kull|slagen *a5, bli* ~ be knocked over (down) **-stjälpt** [-ʃ-] *a4, glaset låg* ~ the glass had been knocked over

kulmage potbelly

kulmen ['kull-] *r, best. form* =, culmination, climax; (*mera eg.*) summit, highest point, acme; *ekon.* peak, maximum; *nå* ~ reach its climax (*etc.*)

kulmin|ation *astr.* culmination **-era** culminate, reach its climax (*etc.*)

kul|ram abacus **-regn** rain (hail) of bullets **-spel** marbles (*pl*) **-spetspenna** ballpoint [pen]; (*i Storbritannien äv.*) Biro **-spruta** machine gun **kulsprute|gevär** light machine gun **-pistol** submachine-gun

kulstöt|are *sport.* shot-putter **-ning** putting the

shot
kult *s3* cult **-föremål** appurtenance of a cult
-handling cult ceremony, rite
kultiv|ator [-ˣa:tår] *s3* cultivator **-era** cultivate
-erad [-'e:rad] *a5* cultivated, cultured, refined
kultplats cult centre (site)
kultur 1 (*civilisation*) civilization; *västerländsk* ~
Western civilization **2** (*bildning*) culture; (*förfin-
ing*) refinement; *han saknar* ~ he lacks refine-
ment, he is a rough diamond **3** (*odlande*) cultiva-
tion **4** (*bakterie-, fisk- o.d.*) culture **-arbetare**
cultural worker **-artikel** article on a cultural
subject **-arv** cultural heritage **-attaché** cultural
attaché **-bygd** *en gammal* ~ a district with cul-
tural traditions **-chock** culture shock **-debatt**
open debate on cultural matters
kultur|ell *a1* cultural **-epok** cultural epoch **-fara**
threat to culture **-fientlig** hostile to cultural pro-
gress **-folk** civilized people **-geografi** social
and economic geography, human geography
-gärning cultural achievement **-historia** social
history **-hus** arts (cultural) centre **-knutte** *s2*
culture vulture **-land** civilized (culturally pro-
gressive) country **-liv** cultural life **-minne,
-minnesmärke** (*byggnad o.d.*) historical
monument; relic of ancient culture **-nämnd** arts
committee; cultural affairs committee **-person-
lighet** leading personality in the world of cul-
ture; *vard.* lion **-politik** cultural policy **-reser-
vat** reservation **-revolution** cultural revolution
-råd (*institution*) national council for cultural af-
fairs; (*pers.*) counsellor for cultural affairs **-sida**
arts page **-strömning** cultural influence **-växt**
cultivated plant
kulvert ['kull-] *s2* culvert; conduit
kulör colour; *bildl. äv.* shade **kulört** [-ö:-] *a1* col-
oured; *~a lyktor* Chinese lanterns
1 kummel ['kumm-] *s7* **1** (*stenrös, gravrös*)
cairn; (*grav- äv.*) barrow **2** (*sjömärke*) heap of
stones
2 kummel ['kumm-] *s2*, *zool.* [European] hake
kummin [ˣkumm-] *s9, s7* caraway; [*spis-*] cum[-
m]in
kumpan *s3* companion, crony; (*medbrottsling*)
accomplice
kumul|ativ [*äv.* 'kumm-] *a5* [ac]cumulative **-era**
[ac]cumulate
kund *s3* customer; client; (*på krog e.d.*) patron;
fasta ~er regular customers; *gammal* ~ old cus-
tomer; *vara* ~ *hos* shop at, patronize; *han är* ~
hos oss (*vanl.*) he is a customer of ours
kund|krets [regular] customers, clients, clien-
tele **-vagn** trolley
kung *s2* (*jfr konung*) king; *gå till ~s* appeal to the
highest authority
kunga|familj *~en* the Royal Family **-försäk-
ran** *avge* ~ make a declaration, sign a charter
-hus royal house (family) **-krona** king's crown
-par King and Queen, royal couple **-rike** king-
dom
kunglig *a5* royal; *Hans K~ Höghet* His Royal
Highness; *K~ Majestät* (*förk. Kungl. Maj:t*) the
Government, the King [in Council]; *de ~a* the
royal personages (family *sg el. pl*); *K~a bibliote-
ket* [the Swedish] Royal Library **-het** royalty
kungligt *adv* royally; *roa sig* ~ have a right royal

time, enjoy o.s. immensely
kungsörn golden eagle
kungör|a [-j-] announce, make known; (*utropa*)
proclaim; ~ *för allmänheten* (*äv.*) give public no-
tice of; *härmed -es att* notice is hereby given that
-else announcement, publication; (*högtidlig*)
proclamation; (*förordnande e.d.*) public notice
kun|na *-de -nat* **I** *huvudv* (*veta, känna t.*) know;
~ *engelska* know English; ~ *ett hantverk* know
a craft (trade); ~ *sin läxa* know one's lesson; ~
utantill know by heart; *han kan ingenting* he
knows nothing **II** *hjälpv* **1** *inf.* kunna, sup. *kunnat*
(*vara i stånd att*) be (resp. been) able to (capable
of), (*förstå sig på att*) know (resp. known) how
to; *inte* ~ (*äv.*) be unable to; ~ *läsa och skriva*
know how to read and write; *vilja men inte* ~ be
willing but unable; *skulle* ~ (= *kunde*), *vanl.*
could, might (*jfr II 2 o. 3*); *skulle ha ~t* (= *kunde
ha*), *vanl.* could, might (*jfr II 2 o. 3*); *jag har gjort
så gott jag har ~t* I have done as well as I could,
I have done my best; *det har inte ~t undvikas* it
has been unavoidable **2** (*uttryckande förmåga,
tillfälle, uppmaning*) *kan* can, *kunde* could; *visa
vad man kan* show what one can do; *jag kan* [*göra
det*] *själv* I can do it myself; *han kan sjunga* he can
sing; *hon kan åka skridskor* she can (knows how
to) skate; *materialet kan köpas från* the material
can (is to) be had from; *vi kan ta sextåget* we can
take the six o'clock train; *det kan inte beskrivas* it
cannot be described; *jag kan inte få upp dörren* I
can't open the door; *han kan inte komma* he can't
(*är ej i stånd att* is not able to) come; *spring så fort
du kan* run as fast as you can; *hur kan du vara så
lättlurad?* how can you be so easily taken in?; *kan
du säga mig* can you tell me; *kan ni inte vara tys-
ta?* can't you be quiet?; *hur -de du?* how could
you?; *vi -de ju försöka* we could try; *om det bara
-de sluta regna* if only it could stop raining; *hur
kan det komma sig att* how is it that; *vad kan
klockan vara?* I wonder what the time is?; *du kan
väl komma!* (*bönfallande*) do come, please!; *nu
kan det vara nog!* that's enough [from you]!; *man
kan vad man vill* where there's a will there's a
way **3** (*uttryckande oviss möjlighet, tillåtelse, för-
säkran*) *kan* may, *ibl.* can, *kunde* might, *ibl.*
could; *de kan komma vilket ögonblick som helst*
they may come (be here) any moment now; *det
kan man lätt missförstå* that may (can) easily be
misunderstood; *han kan ha misstagit sig* he may
have been mistaken; *det kan så vara* maybe; *du
kan gå nu* you may go now; *kan jag få litet mjölk?*
may (can, might, could) I have some milk,
please?; *som man kan se* as you may (can) see;
kan jag få se? may (can) I see?; *nej, det kan du
inte så*, no, you can't (may not); *du kan göra det om
du vill* you may do it if you want; *jag kan försäkra
dig att* I may (can) assure you that; *det kan du ha
rätt i* you may be right there; *du kan vara säker
på att* you may (can) rest assured that; *du kan lika
väl göra det själv* you may as well do it yourself;
hur underligt det än kan låta strange as it may
sound; *man kan lugnt påstå att* it may (can) safely
be maintained (said) that; *du -de gärna ha givit
mig den* you might have given it to me; *den kan
väl kosta omkring 20 kronor* I should think it
costs about 20 kronor; *du kan tro att det blev bra*

you bet it was good; *det kan väl inte ha hänt någonting* I hope there is nothing wrong, surely nothing has happened; *det kan vara på tiden* it's about time **4** (*brukar, har en benägenhet att*) kan will, can, *kunde* would, could; *sådant kan hända* such things happen; *de kan vara svåra att ha att göra med* they can be difficult to deal with; *de -de sitta där i timmar* they would sit there for hours; *på våren -de floden svämma över* in spring the river could overflow its banks **5** (*annan konstruktion*) *man kan bli galen för mindre* it's enough to drive one crazy; *det är så man kan gråta* it's enough to make one cry; *det kan göra detsamma* it doesn't matter, it makes no difference; *man kan inte förneka att* there's no denying that; *det kan man kalla tur!* that's what I call luck!; *man kan aldrig veta om* there's no knowing if; *det kan du säga!* that's easy for you to say! **6** (*med betonad partikel*) *jag kan inte med dem* I can't stand them **-nande** *s6* skill, ability; (*kunskap*) knowledge; *tekniskt ~* technical know-how (expertise) **-nig** *a1* skilful, capable, competent; (*styv*) proficient, (*som har reda på sig*) well-informed

kunskap *s3* knowledge (*äv. ~er*) (*i* of, on; *om* about, of); (*vetskap äv.*) cognizance (of); (*inhämtad*) information; *~er och färdigheter* knowledge and proficiency; *K~ens träd* [*på gott och ont*] the tree of knowledge [of good and evil]; *ha goda ~er i* have a thorough knowledge of **kunskaps|begär** craving for knowledge **-källa** *min ~* my source of information **-nivå** educational level **-område** branch (field) of knowledge **-prov** proficiency test **-törst** thirst for knowledge

kupa I *s1* (*lamp-*) shade; (*globformig*) globe; (*glas-*) glass cover, bell jar (glass); (*bi-*) hive **II** *v1* **1** cup (*händerna* one's hands) **2** *lantbr.* earth (bank) up

kupé *s3* **1** *järnv.* compartment **2** (*vagn*) coupé **kuper|a 1** (*svans o.d.*) dock, crop **2** *kortsp.* cut **-ad** *a5* (*om landskap o.d.*) hilly; (*vågformig*) undulating

kupévärmare car heater

kupig *a1* convex[ly rounded]; (*utstående*) bulging (*ögon* eyes)

kuplett *s3* music-hall (revue) song; comic song

kupol [-'å:l] *s3* cupola, dome **-formig** [-år-] *a5* dome-shaped, domed **-tak** dome, cupola roof

kupong [-'ån] *s3* coupon; (*mat- äv.*) voucher; (*på postanvisning e.d.*) counterfoil, (*särsk. AE.*) stub; *klippa ~er* (*skämts.*) be one of the idle rich **-häfte** book of coupons

kupp *s3* coup; *en djärv ~* a bold stroke, a daring move; *på ~en* (*vard*) as a result [of it], at it **-försök** *polit. o.d.* attempted coup; (*rån-*) attempted robbery **-makare** perpetrator of a (the) coup; (*stats-*) instigator of a coup d'état

1 kur *s2* (*skjul*) shed, hut

2 kur *s3, med.* [course of] treatment (*mot* for); cure (*mot* for) (*äv. bildl.*)

3 kur *s3, göra ngn sin ~* court s.b., pay court to s.b.

kura *sitta och ~* sit huddled up, (*ha tråkigt*) sit around moping

kurage [-'a:ʃ] pluck, nerve; *vard.* guts (*pl*) spunk

kuranstalt spa, hydro[pathic establishment]; *fysikalisk ~* physical therapy clinic

kurant *a1* **1** *hand.* marketable, saleable **2** (*gångbar*) current **3** *se frisk*

kurator [-ˣa:tår] *s3* **1** *univ.* curator, president [of a student's club] **2** (*övervakare*) curator, supervisor; (*sjukhus-*) almoner; (*social-*) [social] welfare officer

kurd *s3,* **kurder** ['kurr-] *s9* Kurd **kurdisk** ['kurr-] *a5* Kurdish

kurera cure (*för* of)

kuriositet curiosity; *konkr. äv.* curio; *~er* (*äv.*) bric-a-brac; *som en ~* as a curious fact (coincidence) **kuriositetsintresse** *bara ha ~* be interesting only as a curiosity

kurir *s3* courier **-post** courier's bag (pouch); *med ~* by diplomatic (courier's) bag (*etc.*)

kuriös *a1* curious, strange, odd

Kurland ['ku:r-] *n* Courland, Kurland **kurländsk** [ˣku:r-] *a5* Courland

kurort [ʉ.-] spa, health resort

1 kurra *v1* *det ~r i magen på mig* my stomach is rumbling **2** (*om duvor*) coo

2 kurra *s1* (*finka*) gaol, quod

kurragömma [-ˣjömma] *i uttr.: leka ~* play hide-and-seek

kurre *s2* chap, fellow; *en underlig ~* a rum chap, an odd fish

kurs *s3* **1** (*läro- o.d.*) course [of instruction] (*i* in, on); (*skol- o.d.*) curriculum **2** *sjö. course* , (*linje*) track; *flyg. heading; bildl. av.* [line of] policy, tack; *hålla ~ på a*) (*hamn*) stand in for, (*udde*) stand (make, head) for, *b*) (*flyg. o. friare*) steer (head) for, bear down upon; *komma ur ~en* (*sjö.*) fall away out of course; *ändra ~* veer, (*friare äv.*) change one's course **3** *hand.* (*valuta-*) rate [of exchange] (*på* for); (*på värdepapper*) quotation (*på* of); (*på aktier*) price (*på* of); *efter gällande ~* at the current rate of exchange; *lägsta ~* (*vanl.*) [the] bottom price; *stå högt i ~* be at a premium, *bildl. äv.* be in great favour; *stå lågt i ~* be at a discount

kursa *vard.* sell

kurs|avgift course fee **-bok** textbook **-deltagare** course participant; student **-fall** fall (decline, drop) in prices (rates); *starkt ~* sharp break in prices (rates)

kursiv I *a5* italic **II** *s3* italics (*pl*); *med ~* in italics **-era** print in italics, italicize; (*bildl., understryka*) underline; *~t av mig* my italics

kursivt [-'i:vt] *adv, läsa ~* read at sight (without preparation)

kurs|kamrat fellow student [in a course] **-lista** [stock] exchange list, list of stock exchange quotations; (*över utländsk valuta*) list of exchanges rates **-litteratur** study literature [for a course] **-plan** curriculum, syllabus **-stegring** rise in prices, upward tendency; (*stark*) boom **-verksamhet** (*vid univ.*) extramural activity **-värde** market value (price, rate); (*valutas*) exchange value **-ändring** change of course; (*valuta-*) change of rate

kurtis *s3* flirtation **-era** *~ ngn* carry on a flirtation with s.b. **-ör** flirt, philanderer

kurva *s1* curve; (*krök*) bend; *i ~n* at the curve; *ta en ~ för snävt* take a curve too sharp, cut a corner

kurv|ig a1 curving, with many curves **-linje** curving (curved) line **-tagning** cornering, [the] rounding of curves

kuscha [ˣku(:)ʃa] **1** (om hund) lie down **2** (kujonera) browbeat, cow

kusin s3 [first] cousin **-barn** second cousin

kusk s2 coachman; driver

kusk|a ~ landet runt tour round the country; ~ omkring travel about **-bock** [coachman's] box, driver's seat

kuslig [-u:-] a1 dismal, gloomy, dreary; (hemsk) uncanny, gruesome; känna sig ~ till mods feel creepy, have a creepy sensation

kust s3 coast; (havsstrand) shore; vid ~en on the coast, (för semester) at the seaside; ~en är klar the coast is clear **-artilleri** coast artillery **-band** i ~et on the seaboard (seacoast) **-befolkning** coastal population **-bevakning 1** abstr. coast protection **2** konkr., ~en the coastguard **-fart** coastal traffic, coasting trade **-flotta** ~n the Coastal (i Storbritannien ung. Home) Fleet **-jägare** mil., ung. commando, commando soldier **-klimat** coastal climate **-land** coastal land **-linje** coastline **-sträcka** stretch of coast, littoral

kut s2 (krökt rygg) stoop

kuta 1 walk with a stoop **2** vard. (springa) dart (iväg away)

kutrygg hunchback, humpback

1 kutter ['kutt-] s7 (duv-) cooing (äv. bildl.)

2 kutter ['kutt-] s2 (båt) cutter

kuttersmycke belle of the boat

kutterspån cutter shavings (pl)

kuttra coo **-sju** [-'ʃu:] **I** oböjligt s flirting, spooning **II** oböjligt a intimate, thick as thieves

kutym s3 custom, usage, practice

kuva subdue; (under-) subjugate; (uppror o.d.) suppress; (betvinga) check, curb; (kujonera) cow

Kuwait n Kuwait

kuvert [-'ä:r, äv. -'ärt] s7 **1** (för brev) envelope **2** (bords-) cover **-avgift** cover charge **-era** put into an envelope (resp. envelopes) **-väska** pochette

kuvös incubator

kvacksalv|are quack [doctor], charlatan **-eri** quackery, charlatanry

kvadda (t.ex. bil) smash

kvadrant quadrant

kvadrat square; ~en på the square of; fem i ~ five square (raised to the second power); två tum i ~ two inches square; dumheten i ~ stupidity at its height **-fot** square foot **-isk** a5 **1** (geom. o. friare) square **2** mat. quadratic **-meter** square metre **-rot** ~en ur the square root of

kvadrera square, raise to the second power

kval s7 (smärta) pain; (lidande) suffering; (plåga) torment; (ångest) anguish; (vånda) agony; svartsjukans (hungerns) ~ (pl) the pangs of jealousy (hunger); i valet och ~et in two minds (om whether), on the horns of a dilemma **-full** agonizing; torturing; (om död) extremely painful; (om smärtor e.d.) excruciating

kvalificer|a qualify (för for); ~ sig qualify o.s. **-ad** a5 qualified (till for); -at brott aggravated crime; ~ majoritet [a] two-thirds majority **-ing** qualification **-ingsmatch** qualifying match

kvalifikation qualification

kvalitativ [el. 'kvall-] a5 qualitative

kvalité s3, **kvalitet** s3 quality; hand. äv. sort, type; grade; (märke) brand (line) [of goods]; vinna (förlora) ~ (schack.) win (lose) the exchange **-kontroll** quality check (control) **-medveten** quality conscious **-vara** superior (high-class) article; quality product

kvalm s7 closeness, stuffy atmosphere; heavy scent **-ig** a1 suffocating, stifling, close

kvalmatch sport. qualifying match

kvalster ['kvall-] s7 mite, acarid

kvanti|fiera quantify **-tatjv** [el. 'kvann-] a5 quantitative

kvantitet quantity; (mängd äv.) amount **kvantitetsrabatt** quantity rebate (discount)

kvant|mekanik quantum mechanics (pl, behandlas som sg) **-teori** quantum theory

kvant|um -umet el. -um, pl -um el. -a quantum

kvar adv, se under olika verb; (igen, i behåll, -lämnad, -glömd) left; (till övers) left over; (efter de andra o.d.) behind; (bevarad) preserved; han stannade ~ he stayed behind; jag vill bo ~ här I want to go on living here; hon kan inte ha långt ~ [att leva] she cannot have long left [to live]; han var ~ när vi gick he was still there when we left; under den tid som är ~ till påsk during the time remaining to Easter **-blivande** a4 remaining, permanent **-bliven** a5 left over; (-lämnad) left behind; -blivna biljetter unsold tickets **-dröjande** s6 o. a4 lingering **-glömd** a5, ~a effekter lost property (sg)

kvarhåll|a keep; -en på polisstationen detained at the police station

kvark s2, fys. quark

kvar|leva s1 remnant; bildl. äv. relic, survival; -levor (äv.) remains (efter of); ngns -levor a p.'s mortal remains **-ligga** remain, stay on; (~ med) retain, keep **-låtenskap** s3, ngns ~ property left by s.b.; (litterär) remains (pl) **-lämnad** a5 left behind

kvarn [-a:-] s2 mill **-damm** millpond **-hjul** millwheel **-sten** millstone **-vinge** windmill sail

kvar|sittare pupil who has not been moved up; bli ~ i ettan stay down in the first form **-skatt** tax arrears (pl), back tax **-stad** -en -er sequestration (på of); sjö. embargo (på on); (på tryckalster) impoundage, (tillfällig) suspension; belägga med ~ sequester, sequestrate, sjö. embargo, (tryckalster) impound **-stå** remain

1 kvart s2, i bet. 2 s9 **1** (fjärdedel) quarter; med hatten på tre ~ with one's hat cocked over one eye **2** (fjärdedels timme) quarter of an hour; en ~ i två a quarter to two; en ~ över två a quarter past two **3** (format) quarto **4** mus. fourth **5** (i fäktning) quarte, carte

2 kvart s2 (rum) pad (äv. tillhåll för narkomaner)

kvarta vard. (sova över) doss down

kvartal s7 quarter [of a year]

kvartals|avgift quarter's fee **-hyra** quarter's rent **-vis** by the quarter, quarterly

kvarter s7 **1** block; (distrikt) quarter, district **2** mil. quarters (pl); billet **3** (mån-) quarter **-mästare** quartermaster

kvarters|butik neighbourhood (local) shop **-polis** local policeman

kvartett s3 quartet

kvarto ['kvarr-] quarto
kvarts *s3, miner.* quartz
kvartsfinal *sport.* quarterfinal
kvarts|glas quartz glass **-lampa** ultraviolet lamp **-ur** quartz clock (watch)
kvartärperioden the Quaternary [period]
kvarvarande *a4* remaining
kvasi|- quasi-, pseudo-; (*låtsad*) sham- **-elegant** flashy **-vetenskap** quasi-science
kvast *s2* broom; *nya ~ar sopar bäst* new brooms sweep clean **-prick** *sjö.* broom-head, perch with broom **-skaft** broomstick
kvav I *a1* close; (*instängd*) stuffy; (*tryckande*) oppressive, sultry **II** *s, i uttr. gå i* ~ founder, go down, *bildl.* be wrecked, come to nothing
kverul|ans *s3* querulousness, grumbling **-ant** querulous person, grumbler **-antisk** [-'ant-] *a5* querulous **-era** complain, croak, grumble
kvick *a1* **1** (*snabb*) quick; rapid, swift; (*rask*) ready, prompt (*svar* answer) **2** (*snabbtänkt*) clever (*äv. iron.*) **3** (*spirituell*) witty, smart (*t.ex. plik retort*); *göra sig ~ på ändras bekostnad* crack jokes at other people's expense **kvicka** ~ *på* hurry up (*äv.* ~ *sig*)
kvick|het 1 (*snabbhet*) quickness *etc., se kvick* **2** (*spiritualitet*) wit **3** (*kvickt yttrande*) witticism, joke; *AE. vard.* [wise]crack **-huvud** wit, witty chap
kvick|na ~ *till* revive, (*efter svimning*) come round, rally, *bildl.* chirp up **-rot** *bot.* couch [grass] **-sand** quicksand
kvicksilver mercury, quicksilver **botning** mercury disinfection **-förgiftning** mercurialism, mercurial poisoning **-haltig** *a1* mercurial **-termometer** mercury thermometer
kvick|tänkt I *a1* quick-witted, ready-witted, clever **II** *adv* with ready wit, cleverly **-ögd** *a1* quick-sighted; (*om iakttagelseförmåga*) rapid, swift
kvida *kved kvidit* wail; (*klaga*) whine, whimper
kvidd *s3* minnon
kvig|a *s1* heifer **-kalv** cow calf
kvinn|a *s1* woman; ~*ns frigörelse* the emancipation of women (woman) **-folk 1** *koll.* womankind; (*kvinnor*) women; *vard.* womenfolk **2** (*ett* ~) woman
kvinnlig *a1* **1** female (*kön* sex; *organ* organ); ~ *arbetskraft* female labour; ~ *idrott* women's athletics; ~ *läkare* woman doctor; ~ *polis* policewoman; ~*a präster* women clergymen; ~ *rösträtt* woman suffrage, votes for women; *familjens* ~*a medlemmar* the feminine members of the family **2** (*som karakteriserar kvinnor*) womanly, feminine; (*om man*) womanish, effeminate; ~ *fägring* feminine beauty; *det evigt* ~*a* the eternal feminine; ~ *ungdom* young women (*pl*), girls (*pl*) **-het** womanliness, womanhood, femininity; (*veklighet*) effeminacy
kvinno|bröst female breast **-fängelse** prison for women, women's prison **-hatare** woman hater, misogynist **-klinik** gynaecological clinic **-kön** ~*et* the female sex; (*-släktet*) womankind **-linje** *på* ~*n* on the distaff side **-rörelse** women's-rights (feminist) movement **-sakskvinna** [-sa:ks-] woman advocate of feminism; (*rösträtts-*) suffragette **-sjukdom** woman's disease

-tjusare [-çu:-] lady-killer **-tycke** *ha* ~ be a lady's man, have a way with women
kvint|essens [-'sens *el.* -'saŋs] quintessence **-ett** *s3, mus.* quintet
kviss|l|a *s1* pimple **-ig** *a1* pimply
kvist *s2* **1** twig, sprig; (*i sht avskuren*) spray; *på bar* ~ on a leafless (bare) twig; *komma på grön* ~ come into money **2** (*i trä*) knot, knag
1 kvista (*avkapa*) lop the twigs off
2 kvista *av1,* ~ *in till stan* run into town
kvist|fri free from knots, clean **-hål** knothole **-ig** *a1* **1** twiggy, spriggy; (*om trä*) knotty, knaggy **2** (*brydsam*) awkward, puzzling; *en* ~ *fråga* a tricky question
kvitt *oböjligt a* **1** *bli* ~ *ngn* get rid of s.b. **2** ~ *eller dubbelt* double or nothing (quit[s]); *vara* ~ be quits **kvitta 1** offset, set off, countervail; settle **2** *det* ~*r mig lika* it is all one (makes no difference) to me
kvittens *s3* receipt
kvitter ['kvitt-] *s7* chirp[ing], twitter
kvitt|era receipt; (*t.ex. belopp*) acknowledge; (*lämna kvitto på*) give a receipt for; (*återgälda*) repay; *sport.* equalize; ~*d räkning* receipted invoice; *betalt* ~*s* payment received, received with thanks **-ering** offset, setoff
kvitto *s6* receipt (*på* for); (*spårvägs- e.d.*) ticket
kvittra chirp, twitter, chirrup
kvot *s3* (*vid division*) quotient; (*friare*) quota
kvoter|a allocate quotas **-ing** allocation of quotas
kväk|a *v3* croak **-ande** *a4* croaking
kväkare Quaker, member of the Society of Friends
kvälj|a *v2, det -er mig a*) *absl.* I feel sick, *b*) (*friare*) it makes me sick (to ⊢ *inf.*) **-ande** *a4* sickening, nauseating **-ning** *få* ~*ar a*) *absl.* be sick, *b*) (*av ngt*) be nauseated (*av* by)
kväll *s2* evening; (*motsatt t. morgon*) night; *i* ~ this evening, tonight; *i morgon* ~ tomorrow evening (night); *på* ~*en* (~*arna*) in the evening (evenings) **-as** *dep, det* ~ the evening (night) is drawing (coming) on **-ningen** *i* ~ at nightfall, at eventide
kvälls|arbete evening (night) work **-bris** evening breeze **-kurs** evening class (course), night school **-kvisten** *på* ~ towards evening **-mat** supper **-människa** night owl (hawk) **-nyheter** *pl* late news (*sg*)
kväsa *v3* take down, teach a thing or two; ~ *ngns högmod* humble s.b., take the wind out of s.b.'s sails; (*undertrycka*) suppress
kväv|a *v2* choke, stifle, suffocate (*äv. bildl.*); (*undertrycka o.d.*) quell, suppress; ~ *elden* smother the fire; ~ *i sin linda* (*bildl.*) nip in the bud; *han var nära att* ~*s* he was almost suffocated (*av* by); *...så att man var nära att* ~*s* ...to suffocation **-ande** *a4* choking (*känsla* sensation); (*om luft*) suffocating, stifling, *vard.* choky
kväve *s6* nitrogen **-gödsel** nitrogenous fertilizer **-haltig** *a1* nitrogenous
kvävgas nitrogen
kvävning suffocation, choking; smothering; *bildl. äv.* quelling, suppression **kvävningsanfall** choking fit
kyckling [ç-] chicken; (*nykläckt äv.*) chick **-kull**

brood of chickens
kyff|e [ç-] *s6* hovel, hole **-ig** *a1* poky
kyl|a [ç-] I *s1* cold [weather]; (*kylighet*) chilliness (*äv. bildl.*); *bildl.* coldness, coolness II *v2* chill, cool down (*äv. bildl.*); *tekn.* refrigerate; ~ *näsan* get one's nose frostbitten **-aggregat** refrigerating machine, refrigerator
kylar|e [ç-] cooler, chiller; (*på bil*) radiator **-vätska** [motorcar] antifreeze
kyl|d [çy:-] *a5* (*förfrusen*) frostbitten **-disk** refrigerated display case **-hus** cold store **-ig** *a1* chilly, cold (*äv. bildl.*) **-ning** cooling, chilling; *tekn.* refrigeration **-rum** cold-storage room **-skada** frostbite; (*kylknöl*) chilblain **-skåp** refrigerator; *vard.* fridge **-slagen** *a5* (*om dryck*) slightly warm, tepid; (*om luft*) chilly **-system** cooling system **-vatten** cooling water **-väska** cool bag (box)
kymig [k-, *äv.* ç-] *a1* nasty, mean
kyndel ['çynn-] *s2, bot.* [summer] savory
kyndels|mässa [ç-] Candlemas **-mässodag** Candlemas [Day]
kynne [ç-] *s6* [natural] disposition; character, temperament
kypare [ç-] waiter
kypert ['çy:-] *s2* [cotton] twill, twilled cotton
kyrk|a [ç-] *s1* church; (*fri-*) chapel; *engelska ~n* the Church of England, the Anglican Church; *gå i ~n* go to (attend) church (chapel) **-backe** *på ~n* in the open space round the church **-bröllop** church wedding **-bänk** pew **-kaffe** after-church coffee **-klocka** church bell; (*tornur*) church clock
kyrklig [ç-] *a1* (*om fråga, konst, ändamål e.d.*) church; (*om t.ex. myndighet*) ecclesiastical; (*om t.ex. intressen*) churchly; (*prästerlig*) clerical; ~ *angelägenhet* ecclesiastical affair; ~ *begravning* Christian burial; ~*t intresserad* with church interests, interested in church affairs
kyrko|adjunkt curate **-besökare** churchgoer **-bok** parish register **-bokföring** parish registration **-fader** Father of the Church; *-fäder* Fathers of the early Church, Apostolic Fathers **-fullmäktig** *ung.* vestryman, member of a select vestry **-gård** cemetery, burial ground; (*kring kyrka äv.*) churchyard **-handbok** service (prayer) book **-herde** *Engl. ung.* vicar; rector; parson; *kat.* parish priest; ~ *N.* (*titel*) Rev. (the reverend) **-lag** canon law **-musik** church music **-möte** synod, council **-råd** parish council **-skatt** church rate **-staten** the Papal States (*pl*), the States (*pl*) of the Church **-stämma** common vestry; (*sammanträde äv.*) parochial church meeting **-år** ecclesiastical year
kyrk|port church doorway (porch) **-råtta** church mouse **-sam** *a1* regular in one's attendance at church; *vara ~* (*äv.*) be a regular churchgoer **-silver** church plate **-torn** church tower, steeple **-tupp** church weathercock (vane) **-vaktmästare** sexton, verger **-värd** churchwarden
kysk [ç-] *a1* chaste; (*jungfrulig*) virgin; *leva ~t* lead a chaste life **-het** chastity, virginity
kyskhets|bälte girdle of virginity, virgin knot **-löfte** vow of chastity
kyss [ç-] *s2* kiss **kyssa** *v3* kiss **kyssas** *v3, dep* kiss [each other], exchange kisses

kyss|täck kissable **-äkta** kiss-proof
käd|a *s1* resin **-ig** *a1* resinous
kåk *s2* ramshackle (tumble-down) house, shack; *skämts.* house; (*fängelse*) clink, jug
kål *s3* **1** *bot.* cabbage **2** *göra ~ på* make mincemeat; *ta ~ på* do for; *värmen kommer att ta ~ på mig* this heat will be the death of me **-dolma** [ˣkå:ldålma] *s5* stuffed cabbage roll **-fjäril** large white **-huvud** head of cabbage **-mask** caterpillar **-rot** swede, Swedish turnip **-supare** *de är lika goda ~* each is as bad as the other, they are tarred with the same brush
kånka ~ *på* struggle (toil) along with
kåpa *s1* **1** (*plagg*) gown, robe; (*munk-*) cowl; (*narr-*) [jester's] cloak; (*kor-*) cope **2** *tekn.* hood, cap, cover, mantle
kår *s3* (*sammanslutning*) body; (*förening*) union; *mil. o. dipl.* corps **-anda** esprit de corps **-chef** corps commander
kår|e *s2* **1** (*vind-*) breeze **2** *det går kalla ~ar efter ryggen på mig* cold shivers go down my back
kårhus students' union building
kås|era discourse (*över* on), chat, talk (*över* about, [up]on); ~*nde föredrag* informal lecture **-eri** causerie, informal talk; (*tidnings-*) chatty (topical) article, column **-ör** writer of light (conversational) articles; (*tidnings- äv.*) columnist
kåt *a1* randy, horny
kåta *s1* [coneshaped] hut, Laplander's tent
käbbel ['çäbb-] *s7* bickering, squabble; wrangling **-la** [ˣçäbb-] bicker, squabble; wrangle; ~ *emot* answer back
käck [ç-] *a1* dashing (*yngling* young man); (*oförfärad*) bold, intrepid; (*tapper*) brave, gallant, plucky, sporting; (*vågsam*) daring; (*hurtig*) spirited; (*munter*) sprightly; *en ~ melodi* a sprightly tune; *det var ~t gjort av dig* it was a sporting thing of you to do, it was sporting of you; *med mössan ~t på sned* with one's cap cocked on one side **-het** dashingness *etc.*; dash; gallantry, intrepidity; daring spirit, pluck
käft [ç-] *s2* **1** jaws (*pl*); *tekn.* jaw; *dödens ~ar* the jaws of death; *ett slag på ~en* a blow on the chaps; *håll ~en!* shut up!; *vara slängd i ~en* have the gift of the gab, (*slagfärdig*) be quick at repartee; *vara stor i ~en* shoot off one's mouth **2** (*levande själ*) living soul **käfta** (*prata*) jaw; (*gräla*) wrangle; ~ *emot* answer back
kägel|bana skittle (*särsk. AE.* ninepin) alley **-spel** (*-spelande*) skittles, *särsk. AE.* ninepins (*pl, behandlas som sg*)
kägl|a [ˣçä:g-, ˣçägg-] *s1* **1** cone **2** (*i kägelspel*) skittle, ninepin; *slå* (*spela*) *-or* play skittles (*särsk. AE.* ninepins)
käk [ç-] *s7, vard.* grub, feed **käka** *vard.* grub, feed
käkben [ç-] jawbone; *fack.* mandible
käk|e [ç-] *s2* jaw; *fack.* mandible **-håla** maxillary sinus (antrum) **-led** maxillary joint
kälkbacke toboggan run
kälke [ç-] *s2* sledge; *sport. vanl.* toboggan; *åka ~* sledge, toboggan
källa [ç-] *s1* spring; well, (*flods äv.*) source (*äv. bildl.*) (*till* of); *från* (*ur*) *säker ~* from a reliable source, on good authority
källar|e [ç-] **1** cellar; (*-våning*) basement **2** *se*

krog **-mästare** restaurant keeper, restaurateur **-valv** cellar vault **-våning** basement **käll|förteckning** list of references, bibliography **-kritik** criticism of the sources **-sjö** springlake; (*som källa t. flod*) source-lake **-skatt** tax at [the] source, pay-as-you-earn (P.A.Y.E.) tax **-skrift** original text, source **-vatten** spring water **-åder** vein of water **kält** [ç-] *s7* nagging **kälta** nag

kämpa [ç-] (*strida*) contend, struggle (*om* for); (*slåss*) fight (*om* for); ~ *med svårigheter* contend with difficulties; ~ *mot fattigdomen* struggle against poverty; ~ *mot vinden* battle against the wind; ~ *sig fram* fight one's way (struggle) along (*till* to); ~ *sig igenom en sjukdom* (*äv.*) pull through [from] an illness **-tag** gigantic effort **kämpe** [ç-] *s2* fighter; (*stridande*) combatant; (*krigare*) warrior; (*för-*) champion (*för* of) **kän|d** [ç-] *a* **1** (*bekant*) known; (*väl-*) well-known; (*som man är förtrogen med*) familiar; (*ryktbar*) famous, noted; *ett ~ ansikte o wen-known* (familiar) face; *en ~ sak* a well-known fact, a fact familiar to all, common knowledge; *det är allmänt -t att* it is generally known (*neds.* notorious, a notorious fact) that; *vara ~ för att vara* be known as being; ~ *för prima varor* (*hand.*) noted for first-quality goods; *vara ~ under namnet* go by the name of; *vara illa ~* be of bad (evil) repute, have a bad reputation; *~a och okända* the well-known and the anonymous **2** (*förnummen*) felt; *frambära ett djupt -t tack* proffer one's heartfelt thanks **kändis** [ˈçændis] *s2, vard.* celebrity; (*manlig*) lion **käng|a** [ç-] *s1* boot **-snöre** bootlace **känguru** [ˈkæŋg-, ˈç-] *s5* kangaroo **känn** [ç-] *s, i stts., på* ~ by instinct; *ha på* ~ *att* have a feeling (an inkling) that **1 känna** [ç-] *s, i uttr.: ge till* ~, *se tillkännage; ge sig till* ~ make o.s. known (*för* to); (*om ngt*) manifest itself **2 känn|a** [ç-] *v2* **I 1** (*förnimma*) feel; (*erfara*) experience [feelings (a feeling) of]; (*märka*) notice (*smak av* a taste of); (*pröva, smaka*) try [and see]; ~ *besvikelse* (*trötthet*) feel disappointed (tired); ~ *för* (*ha lust med el. till*) feel like; ~ *för ngn* (*ha medkänsla med*) feel for (sympathize with) s.b. **2** (*beröra med handen*) feel **3** (~ *till*) know; *känn dig själv!* know thyself!; *på sig själv -er man andra* one judges others by o.s.; *lära* ~ *ngn* get to know s.b., get acquainted with s.b.; *lära* ~ *varandra* (*äv.*) become acquainted [with each other]; *om jag -er dig rätt* if I know you at all **II** (*med betonad partikel*) **1** ~ *av* feel; *få* ~ *av* be made to feel **2** ~ *efter* feel; ~ *efter om dörren är låst* [try the handle to] see whether the door is locked **3** ~ *igen* know (*ngn på rösten* s.b. by his voice), (*ngn el. ngt man sett förr*) recognize; ~ *igen sig* know one's way about (where one is) **4** *få* ~ *på* have to experience, come in for; ~ *på sig* have a feeling, feel instinctively (in one's bones) **5** ~ *till* know, be acquainted with, (*veta av, äv.*) know of, (*vara hemma i, äv.*) be up in **III** *rfl* feel; ~ *sig för* feel one's way [about], (*sondera äv.*) sound **kännande** [ç-] *a4* feeling; sentient (*varelse* being) **kännar|e** [ç-] connoisseur; (*sakkunnig*) expert, authority (*av, på* on, in) **-min** *med* ~ with the air of a connoisseur (*etc.*)

känn|as [ç-] *v2, dep* feel; be felt; *hur -s det?* how do you feel?, what does it feel like (*att* to)?; *det -s lugnande att veta* it is a relief to know; *det -s angenämt att* (*äv.*) it is a pleasure to feel to; ~ *vid* (*tillstå*) confess, acknowledge, (*erkänna som sin tillhörighet*) acknowledge; *inte vilja* ~ *vid* refuse to acknowledge, disown **-bar** *a1* to be felt (*för* by); (*förnimbar*) perceptible, noticeable (*för* to); (*svår*) severe, serious (*för* for); *en* ~ *förlust* a heavy (severe) loss; *ett* ~*t straff* a punishment that hurts **känne|dom** [ç-] *s2* (*vetskap*) knowledge, cognizance (*om* of); (*underrättelse*) information (*om* about, as to); (*kunskap*) knowledge; (*bekantskap*) acquaintance, familiarity (*om* with); *bringa till ngns* ~ bring to a p.'s notice (attention); *få* ~ *om* receive information (be informed) about, get to know; *ha* ~ *om* be aware (*någon...*) of; *till din* ~ *el. för* [your] information; *till allmänhetens* ~ *meddelas* for the information of the public, notice is given **-märke, -tecken 1** *konkr.* [distinctive] mark, token, sign **2** (*egenskap*) characteristic, distinctive feature, criterion (*på* of) **-teckna** characterize; be a characteristic of; (*särskilja*) distinguish **-tecknande** *a4* characteristic (*för* of); distinguishing, distinctive **känning** [ç-] **1** (*förnimmelse*) feeling, sensation; *ha* ~ *av sin reumatism* be troubled by one's rheumatism **2** (*kontakt*) touch; *få* ~ *med fienden* get in touch with the enemy; *ha* ~ *av land* (*sjö.*) be within sight of land **känsel** [ˈçæn-] *s9* feeling; perception of touch **-nerv** sensory nerve **-organ** tactile organ **-sinne** (*för tryck*) sense of touch, tactile sense; (*för smärta, köld, värme*) sense of touch **-spröt** feeler, palp **känsl|a** [ç-] *s1* feeling (*för ngt* for s.th.; *för ngn* towards s.b.); (*kroppslig förnimmelse*) sensation (*av köld* of cold); (*sinne, intryck, uppfattning*) sense (*för* of), sentiment (*av tacksamhet* of gratitude); (*i hjärtat*) emotion; (*med-*) sympathy; *mänskliga -or* human feelings (sentiments); *hysa varma -or* feel affection for, be fond of; *i* ~*n av* feeling (*att* that) **-ig** *a1* **1** sensitive (*för* to), (*för drag, smitta, smärta o.d.*) susceptible (*för* to); (*om kroppsdel o. äv. om pers.*) sensible (*för* to) **2** (*-full*) feeling; sympathetic; (*rörande*) feeling, moving; (*ömtålig*) delicate; (*lättretlig*) touchy; ~ *för kritik* sensitive to (touchy as regards) criticism **-ighet** sensitivity, sensitiveness; susceptibility; sensibility; delicacy; touchiness **känslo|betonad** *a5* emotionally tinged (coloured) **-full** full of feeling, emotional; *se äv.* *känslosam* **-kall** frigid **-laddad** ~ *stämning* explosive atmosphere **-liv** emotional life; ~*et* (*äv.*) the sentient life **-läge** affect **-lös** (*kroppsligt*) insensitive, insensible, numb (*för* to); (*själsligt*) unfeeling (*för ngn* towards s.b.), unemotional, callous; (*likgiltig*) indifferent (*för* to); (*apatisk*) apathetic **-människa** man (*etc.*) of feeling (sentiment); emotionalist **-mässig** *a1* emotional **-sam** *a1* sentimental; emotional; (*överdrivet*) mawkish **-skäl** sentimental reason **-tänkande** *a4 o. s6* emotional thinking **käpp** [ç-] *s2* stick; (*rotting*) cane; *få smaka* ~*en* be given a taste of the stick (cane); *sätta en ~ i hjulet för ngn* (*bildl.*) put a spoke in a p.'s wheel **-häst** hobbyhorse (*äv. bildl.*); cockhorse **-rak** bolt upright

kär [ç-] *a1* (*förälskad*) in love (*i* with); *bli ~* fall in love; *få ngn ~* become attached to (fond of) s.b.; *hålla ngn ~* hold s.b. dear **2** (*avhållen*) dear (*för to*); (*älskad*) beloved (*för* by); *en ~ gäst* a cherished (welcome) guest; *en ~ plikt* a privilege; *~a barn!* my dear[s]!, my dear child (children)!; *K~e vän!* (*i brev*) Dear (My dear) Bill (*etc.*)!; *mina ~a* my dear ones, those dear to me; *i ~t minne* in fond (cherished) remembrance; *om livet är dig ~t* if you value your life; *~t barn har många namn* we find many names for s.o. we love

kärande [ç-] *s9* plaintiff; suer

käresta [ç-] *s1* sweetheart; (*ngns*) darling, beloved

käring ['çä-, 'çärr-] old woman; *hon är en riktig ~* she is a real shrew **-knut** granny, granny['s] knot

kärkommen *a3* welcome

kärl [çä:-] *s7* vessel; (*förvarings-*) receptacle, container; *biol.* vessel, duct

kärlek [ˣçä:r-] *s2* love (*till ngn* for s.b.; *till ngt* for *el.* of s.th.); (*kristlig äv.*) charity; (*tillgivenhet*) affection (*till* for); (*hängivenhet*) devotion (*till* to); (*passion*) passion (*till* for); *av ~ till* out of love for; *den stora ~en* the great passion; *dö av olycklig ~* die of a broken heart; *förklara ngn sin ~* make s.b. a declaration of love; *gammal ~ rostar inte* love does not tarnish with age; *gifta sig av ~* marry for love

kärleks|affär love affair **-brev** love letter **-dikt** love poem **-dryck** love potion **-full** loving, affectionate; (*öm*) tender **-förbindelse** love affair **-förklaring** declaration (confession) of love **-historia 1** (*-berättelse*) love story **2** (*-affär*) love affair **-krank** lovesick **-kval** *pl* pangs of love **-liv** love life **-lös 1** (*hårdhjärtad*) uncharitable **2** (*fattig på kärlek*) loveless **-löshet** lack of love **-roman** love story, romance

kärl|kramp vascular spasm **-sammandragande** *a4, ~ medel* vasoconstrictor **-vidgande** *a4, ~ medel* vasodilator

1 kärna [ˣçä:r-] **I** *s1* (*smör-*) churn **II** *v1* churn

2 kärna [ˣçä:r-] **I** *s1.* **1** (*i frukt*) pip; (*i bär, druva, melon o.d.*) seed; (*i stenfrukt*) stone; *AE. äv.* pit; (*i nöt*) kernel **2** (*i säd*) grain **3** (*i låga*) core, body; (*jordens*) kernel; *fys. o. naturv.* nucleus (*pl äv.* nuclei); *tekn.* core; (*i träd*) heartwood **4** *bildl.* kernel, nucleus; (*det viktigaste*) core, heart, essence **II** *v1, ~ ur* seed, stone, core; *AE. äv.* pit

kärn|avfall nuclear waste **-bränsle** nuclear fuel **-energi** nuclear energy **-familj** nuclear family **-forskning** nuclear research **-fri** pipless, seedless, stoneless **-frisk** sound to the core **-full** *bildl.* vigorous; (*kraftfull*) racy, pithy **-fysik** *fys.* nuclear physics **-hus** core **-kemi** nuclear chemistry **-klyvning** nuclear fission **-kraft** nucler power **-kraftinspektion** *Statens ~* the [Swedish] nuclear-power inspectorate **-kraftverk** nuclear power station **-laddning** nuclear charge **-minne** *data.* core store, memory

kärnmjölk buttermilk

kärn|partikel nuclear particle **-punkt** *~en i* the principal point (the gist) of **-reaktion** nuclear reaction **-reaktor** nuclear reactor **-skugga** true shadow; umbra (*pl* umbrae) (*äv. astr.*) **-sönderfall** nuclear disintegration **-trupp** picked troops **-vapen** nuclear weapon **-vapenfri** nuclear-free **-vapenförbud** ban on nuclear weapons, nuclear ban **-vapenkrig** nuclear war[fare] **-vapenprov** nuclear test **-ved, -virke** heartwood

käromål [ç-] plaintiff's case

kärr [ç-] *s7* marsh; (*sumpmark*) swamp

kärra [ç-] *s1* cart; (*drag-, skott-*) barrow

kärrhök *brun ~* marsh harrier; *blå ~* hen harrier

kärv [ç-] *a1* harsh (*i smaken* in (to the) taste; *för känseln* to the feel); (*om ljud äv.*) strident, rasping; (*bitande, äv. bildl.*) acrid, pungent (*humor* humour); (*om natur*) austere; (*om pers. o. språk*) harsh, rugged

1 kärva [ç-] *v1* (*om motor o.d.*) seize, jam; *det ~r till sig* it's getting tougher

2 kärva [ç-] *v1* sheaf, sheave

kärve [ç-] *s2* sheaf (*pl* sheaves)

kärvhet harshness *etc.*; acridity, pungency; austerity

kärvänlig ['-vänn-, *äv.* ˣçä:r-] fond, affectionate

kättare [ç-] heretic

kätte [ç-] *s2* pen, [loose] box

kätteri [ç-] heresy **kättersk** ['çätt-] *a5* heretical

kätting [ç-] chain[-cable]

kättja [ç-] *s1* lust[fulness] **kättjefull** lustful, lecherous

käx [ç-] *s7* persistent asking, nagging **käxa** [ç-] nag; *~ sig till ngt* get s.th. by nagging for it

1 kö *s3* (*biljard-*) cue

2 kö *s3* queue; *AE.* line-up; (*av bilar o.d. äv.*) line, file, string; *mil. o. sport.* rear; *bilda ~* form a queue; *stå bakom ngn i ~n* stand behind s.b. in the queue; *ställa sig i ~* queue up, take one's place in the queue, *AE.* line up

kö|a queue [up], *AE.* line up **-bildning** queuing-up; *om det blir ~* if there is a queue **-bricka** [queue] ticket

kök [ç-] *s7* kitchen; (*kokkonst*) cuisine; (*kokapparat*) stove; *ett rum och ~* one room and kitchen; *med tillgång till ~* with kitchen facilities

köks|avfall kitchen-refuse, garbage **-bord** kitchen-table **-fläkt** kitchen fan **-handduk** tea towel (cloth), *AE.* dishtowel **-ingång** back door **-inredning** kitchen fittings **-maskin** kitchen machine **-mästare** chef, chief cook **-personal** kitchen staff **-redskap** kitchen utensils (*pl*) **-rulle** kitchen roll **-trädgård** kitchen (vegetable) garden **-vägen** *gå ~* go through (by way of) the kitchen **-växt** vegetable; potherb

köl [ç-] *s2* keel; *sträcka ~en till ett fartyg* lay [down] the keel of a vessel; *ligga med ~en i vädret* be bottom up; *på rätt ~* (*bildl.*) straight on the right track (tack)

köld [ç-] *s3* **1** cold; cold weather; *sträng ~* a severe (keen) frost; *darra av ~* shiver with cold **2** (*kallsinnighet*) coldness; (*starkare*) frigidity **-blandning** freezing mixture **-grad** degree of frost **-härdig** winter-hardy (*växt* plant) **-knäpp** cold spell

köl|fena fin of a (the) keel **-hala** careen, heave down; (*som straff*) keelhaul **-halning** [-a:-] ca-

reening; (straff) keelhauling
Köln n Cologne
köl|sträckning laying of keel **-svin** keelson, kelson **-vatten** wake (äv. bildl.), wash, track
kön [ç-] s7 sex; av manligt ~ of the male sex **-lig** [-ö:-] a1 sexual **-lös** sexless; asexual (fortplantning reproduction)
köns|akt sexual act; coitus **-cell** sex cell, gamete **-delar** pl sexual organs, genitals **-diskriminering** discrimination on the basis of sex, sexism **-drift** sex instinct, sexual desire **-hormon** sex hormone **-kvotering** quota allocation by sex **-körtel** gonad **-liv** sex[ual] life **-mogen** sexually mature **-mognad** sexual maturity **-organ** sexual organ **-roll** sexual role **-sjukdom** venereal disease **-umgänge** sexual intercourse, sex
könummer number in queue
köp [ç-] s7 purchase; (fördelaktigt) bargain, deal; avsluta ett ~ make a purchase; ett gott ~ a bargain; ~ i fast räkning outright purchase; gå ~ into the bargain; på öppet ~ on a sale-or-return basis, with the option of returning the goods; till på ~et what's more, to boot, in addition, ... at that
köp|a [ç-] v3 buy, purchase (av from); ~ billigt buy cheap[ly]; ~ kontant buy for cash; ~ kakor för ett pund buy a pound's worth of cakes; ~ in (upp) buy up; ~ upp sina pengar spend all one's money [in buying things]; ~ ut en delägare buy out a partner **-are** buyer, purchaser **-centrum** shopping centre
kope|avtal contract of sale (purchase) **-brev** bill of sale; purchase deed
Köpenhamn [ç-] n Copenhagen
kopenskap [ç-] s3 trade, trading; idka ~ do business **köpeskilling** [ç-] purchase-price
köping [ç-] urban district, market town; hist. borough
köp|kort credit card **-kraft** purchasing power **-kurs** bid (buying) price; (för valutor) buying-rate **-man** merchant, dealer, businessman; (handlande) tradesman; (grosshandlare) wholesaler **-mannaförbund** merchants' (tradesmen's) association (union) **-motstånd** buyers' (consumers') resistance **-slagan** r bargaining **-slå** bargain (om for); (kompromissa) compromise **-stark** with great purchasing power, with [plenty of] money to spend
1 kör s3, pers. choir; (sång) chorus (äv. bildl.); i ~ in chorus; en ~ av ogillande röster a chorus of disapproval
2 kör [ç-] i uttr.: i ett ~ unceasingly, without stopping, (tätt på varandra) in a stream
kör|a [ç-] v2 **I 1** drive (bil a car; en häst a horse; ngn t. stationen s.b. to the station); (föra i sin bil e.d.) take (run) [in one's car etc.]; (åka) ride, go, (i bil äv.) motor; (motorcykel) ride; (transportera) convey, carry, take; (skjuta) push; (motor e.d.) run (med bensin on petrol); kör sakta! slow down!, dead slow!, AE. drive slow! **2** (stöta, sticka) thrust (ngt i s.th. into); run (fingrarna genom håret one's fingers through one's hair); (film) reel, run **3** ~ med ngn worry s.b.; ~ med ngt keep on about s.th. **4** kör för det! right you are!, yes let's!; kör till (i vind)! agreed!, a bargain!, done! **5** (kuggas) fail, be ploughed **II** (med

betonad partikel) **1** ~ bort drive away, (avskeda) dismiss, turn out, send packing **2** ~ emot (kollidera med) run into **3** ~ fast get stuck, (om förhandlingar o.d.) come to a deadlock **4** ~ ifatt catch up **5** ~ ihjäl ngn run over s.b. and kill him; ~ ihjäl sig be killed in a driving (car etc.) accident **6** det har -t ihop sig för mig things are getting on top of me **7** ~ in a) (hö e.d.) cart (bring) in, b) (tid) save on the schedule, make up for, c) (en ny bil) run in **8** ~ om overtake (en bil a car) **9** ~ omkull have a driving accident, have a fall [from one's bicycle] **10** ~ på a) (vidare) drive on, b) se ~ emot **11** ~ sönder drive into and smash it, (vagn e.d.) have a smash-up, (väg) damage badly by driving on it **12** ~ upp (för körkort) take one's driving test; ~ upp ngn ur sängen rout s.b. out of bed **13** ~ ut ngn turn s.b. out of the room (etc.) **14** ~ över a) (bro e.d.) cross, drive across
kör|bana roadway, carriageway **bui** ui (livjilkäughg) roadworthy **-förbud** driving ban
körig [ç-] a1, vard. hectic
kör|kort driving (driver's) licence **-kortsprov** driving test
körledare choirmaster
kör|lektion driving lesson **-ning** [ˣçö:r-] driving etc.; (av varor) haulage; en ~ a drive, (taxi-) a fare **-riktning** direction of travel; förbjuden ~ no thoroughfare **-riktningsvisare** [direction] indicator
körsbär [ç-] cherry
körskola driving school, school of motoring
körsnär [ç-] s3 furrier
körsång choir-singing; (komposition) chorus
körtel [ç-] s2 gland
körtid driving (running) time
körvel [ç-] s2, bot. sweet cicely
körväg roadway, carriageway; (i park e.d.) drive; (rutt) route
kösamhälle society with many queues [for housing, services etc.]
kött [ç-] s7 **1** flesh; (som födoämne) meat; (frukt-) flesh, pulp **2** mitt eget ~ och blod my own flesh and blood **-affär** butcher's [shop] **-ben** meaty bone **-bulle** [force]meat ball **-färs** minced meat, ground beef; AE. ground meat; ~ i ugn meat loaf **-ig** a1 fleshy; (om frukt) pulpy, pulpous; ~a blad fleshy leaves **-kvarn** meatmincer; (större) minching-machine **-rätt** meat course (dish) **-saft** meat juice, gravy **-skiva** slice of meat
köttslig [ç-] a1 **1** min ~e bror my own brother, my brother-german **2** (sinnlig) fleshy
kött|soppa meat broth, beef soup **-sår** flesh wound **-ätande** a4 o. s6 flesh-eating, carnivorous **-ätare** pers. vanl. meat-eater; (djur) flesh-eater, carnivore

L

labb *s2*, vard. paw

labil *a1* unstable **-itet** instability

labor|ation laboratory experiment (work) **-ator** [-ˣa:tår] *s3*, univ. reader; Am. associate professor **-atorium** [-'to:-] *s4* laboratory **-era 1** do laboratory work **2** (*friare*) ~ *med* work with; ~ *med färg* play about with colours

labyrint *s3* labyrinth (*äv. bildl.*); maze **-isk** *a5* labyrinthine

lack *s7, s3* **1** (*sigill-*) sealing wax **2** (*fernissa*) varnish, lacquer; (*färg*) enamel

1 lacka *svetten* ~*r av honom* he is dripping with sweat

2 lacka (*försegla*) seal [with sealing wax]; ~ *igen* seal up

3 lacka (*framskrida*) approach [slowly]; *det* ~*r mot jul* Christmas is approaching

lack|era lacquer, japan; (*fernissa*) varnish; (*måla*) enamel **-ering** lacquering, japanning; varnishing; (*bils etc. äv.*) paint **-färg** enamel [paint]; *syntetisk* ~ synthetic paint (enamel)

lackmus ['lakk-] *s2* litmus

lacknafta ligroin

lacksko patent-leather shoe

lada *s1* barn

ladd|a load; *elektr. o. bildl.* charge; ~ *om* reload, recharge; ~ *en kamera* load a camera; *vara* ~*d med energi* (*om pers. äv.*) be a live wire; *en* ~*d roman* a novel packed with action; ~ *ur* discharge; ~ *ur sig* (*om batteri*) run down, *bildl.* get out of one's system, relieve o.s. **-ning 1** *abstr.* loading, charging **2** *konkr.* load, charge

ladu|gård ['la:gård, *äv.* 'lagg-] cowhouse, cowshed; *AE. äv.* barn **-gårdsförman** farm foreman **-svala** common (barn) swallow

lafs|a slop, shuffle **-ig** *a1* slack, sloppy

1 lag *s2* (*avkok*) decoction; (*lösning*) solution; (*spad*) liquor; (*socker-*) syrup

2 lag *s7* **1** (*lager*) layer **2** (*sällskap*) company; (*krets*) set; (*arbets-*) gang, team; *sport.* team; *i glada vänners* ~ in convivial company; *gå* ~*et runt* go the round; *låta gå* ~*et runt* pass round; *ge sig i* ~ *med ngn* begin to associate with s.b.; *ha ett ord med i* ~*et* have a voice in the matter; *över* ~ *a*) (*över hela linjen*) all along the line, *b*) (*över huvud taget*) in general; *komma ur* ~ get out of order **3** *göra ngn till* ~*s* please (suit, satisfy) s.b. **4** *i hetaste* ~*et* too hot for comfort; *i minsta* ~*et* a bit on the small side; *i senaste* ~*et* at the last moment, only just in time; *vid det här* ~*et* by now, by this time, at this stage

3 lag *s2* law; (*av statsmakterna antagen*) act; ~*ar och förordningar* (*ung.*) rules and regulations; ~ *och rätt* law and justice; *likhet inför* ~*en* equality before the law; *ta* ~*en i egna händer* take the law into one's own hands; *upphäva en* ~ repeal an act; *läsa* ~*en för* (*bildl.*) lay down the law to, lecture; *enligt* ~ by (according to) law; *i* ~ *förbju-*

den prohibited by law; *i* ~*ens hägn* under the protection of the law; *i* ~*ens namn* in the name of the law

1 laga *v1* **1** (*till-*) prepare (*middagen* the dinner); make; *AE. äv.* fix; ~ *mat* cook; ~ *maten* do the cooking; ~ *god mat* be an excellent cook; ~ *sin mat själv* do one's own cooking; ~*d mat* cooked food **2** (*reparera*) mend, fix, repair **3** (*ombesörja*) ~ [*så*] *att* arrange (manage) things so that, see to it that; ~ *att du kommer i tid* make sure you are (take care to be) there in time **4** ~ *sig i ordning* get [o.s.] ready (*till* for); ~ *sig i väg* get going (started); ~ *dig härifrån!* be off with you!

2 laga *oböjl. a* legal; ~ *förfall* lawful absence, valid excuse; *vinna* ~ *kraft* gain legal force, become legal; *i* ~ *ordning* according to the regulations prescribed by law; *i* ~ *tid* within the time prescribed [by law]; *vid* ~ *ansvar* under penalty of law

lagakraftvunnen *a5* having gained (acquired) legal force

lag|anda team spirit **-arbete** teamwork

lag|bestämmelse legal provision **-bok** statute book, code of laws **-brott** breach (infringement, violation) of the law, offence **-brytare** lawbreaker, offender **-bunden** *a5* regulated by law; (*som följer vissa -ar*) conformable to law

lagd *a5, vara* ~ *för språk* have a bent for languages; *romantiskt* ~ romantically inclined

lagenlig [-e:-] *a1* by (according to) law, statutory

1 lag|er ['la:-] *s2, bot.* [bay] laurel, bay; *skörda -rar* win laurels; *vila på sina -rar* rest on one's laurels

2 lager ['la:-] *s7* **1** (*förråd*) stock, *AE.* inventory; (*rum*) store (storage) room; (*magasin*) warehouse; *från* ~ ex stock; *förnya sitt* ~ replenish one's stock, restock; *ha på* ~ have in stock, stock, *AE. äv.* carry; *lägga på* ~ lay (put) in stock; *lägga upp ett* ~ lay in (set up) a stock **2** (*varv*) layer; *geol. äv.* stratum (*pl* strata), bed; (*avlagring*) deposit; (*färg-*) coat; *bildl.* stratum; *de breda lagren* the masses, the populace **3** *tekn.* bearing

lagerarbetare storeman

lager|blad bay leaf **-krans** laurel wreath; *vinna* ~*en* win the laurel wreath **-kransa** crown with laurel (*univ.* the laurel wreath)

lager|lokal storeroom, warehouse **-utrymme** storage space

lageröl lager beer

lag|fara have legally registered (ratified) **-faren** *a5* (*om pers.*) knowledgeable in legal matters **-fart** entry into the land register, legal confirmation of one's title; *ansöka om* ~ apply for the registration of one's title to a property; *det hindrar inte* ~*en!* (*vard.*) that needn't stand in the way! **-fartsbevis** certificate of registration of title **-föra** sue, proceed against **-förslag** [proposed] bill; draft [law]; *framlägga ett* ~ present a bill

lagg *s2* (*panna*) [flat] frying pan, griddle; *en* ~ *våfflor* a round of waffles

lag|kapp *s3, sport.* relay **-kapten** *sport.* captain of a (the) team

lagklok versed in the law; *en* ~ (*bibl.*) a lawyer

lagledare *sport.* manager of a team

lag|lig [ˣlaːg-] *a1* lawful; (*rättmätig*) legitimate, rightful; (*-enlig*) legal; ~*t betalningsmedel* legal tender, *AE.* lawful money; ~ *ägare* rightful (legal, lawful) owner; *på* ~ *väg* by legal means **-ligen** legally; lawfully; ~ *beivra* bring an action against, take legal steps against; ~ *skyddad* protected by law **-lott** lawful (legitimate) portion (share) **-lydig** law-abiding **-lös** lawless **-löshet** lawlessness **-man** chief judge (*vid tingsrätt* of a district court, *vid länsrätt* of a county administrative court)

lagning [-aː-] repairing, mending, fixing

lagom [-åm] **I** *adv* just right (enough); (*tillräckligt*) sufficiently; (*med måtta*) moderately, in moderation; *precis* ~ exactly right (enough); ~ *stor* just large enough; *i* ~ *stora bitar* in suitably-sized pieces; *en* ~ *lång promenad* a walk of suitable length; *skryt* ~*!* stop blowing your own trumpet!; *det var så* ~ *roligt!* it was anything but fun! **II** *oböjl. a* just right; (*nog*) enough; (*tillräcklig*) sufficient, adequate; (*passande*) fitting, appropriate, suitable; *på* ~ *avstånd* at the (an) appropriate distance; *blir det här* ~*?* will this be enough (about right)?; ~ *är bäst* there is virtue in moderation, gently does it; *det var* ~ *åt dig!* that served you right!

lagr|a [ˣlaːg-] **1** *geol.* stratify; dispose in layers (strata) (*äv. bildl.*) **2** (*lägga på lager*) store (*äv. data.*), stock; (*spara*) put by, hoard; (*vin*) lay down **-ad** *a5* (*om ost*) ripe; (*om sprit o.d.*) matured; (*om virke*) seasoned **-ing I** stratifying *etc.*; stratification **2** storing, storage; (*för kvalitetsförbättring*) seasoning, maturing

lag|råd council on legislation **-samling** body of laws, code **-språk** *på* ~ in legal language **-stadgad** *a5* statutory, laid down (prescribed) by law **-stifta** make laws (a law), legislate; ~*nde församling* legislative body, legislature; ~*nde makt* legislative power **-stiftare** legislator, lawmaker **-stiftning** *konkr.* legislation **-stridig** *a1* contrary to (at a variance with) [the] law; (*olaglig*) illegal **-söka** sue, proceed against

lagun *s3* lagoon

lag|vigd *a5* lawfully wedded; *min* ~*a* (*vard.*) my better half **-vrängare** perverter of the law; (*neds. om advokat*) pettifogger

laka ~ *ur* soak

lakan *s7* sheet **lakansväv** sheeting

1 lake *s2* (*salt-*) brine, pickle

2 lake *s2, zool.* burbot

lakej [-ˈkejj] *s3* [liveried] footman; lackey (*äv bildl.*); (*föraktligt*) flunk[e]y; (*ngns lydige tjänare*) henchman

lakonisk [-ˈkoː-] *a5* laconic

lakrits [ˈlaː-, ˈlakk-, -ri(t)s] *s3* liquorice **-rot** *bot.* liquorice root

laktos [-ˈåːs] *s3, kem.* lactose

lalla babble; mumble

lam *a1* **1** (*förlamad*) paralysed **2** *bildl.* lame, feeble

1 lama *s1, zool.* llama (*äv. tygsort*)

2 lama *s1 el. -n -er* (*munk*) lama

lamaism lamaism

lamell *s3, naturv. o. biol.* lamella (*pl* lamellae); *geol. äv.* scale, flake; *tekn.* wafer, lamina (*pl* laminae); (*i koppling*) disc; *elektr.* segment **-glas** laminated glass **-koppling** [multiple] disc-clutch **-trä** laminated wood

lamhet [-aː-] **1** (*förlamning*) paralysis (*i* of, in) **2** *bildl.* lameness

laminat *s7*, **laminera** laminate

lamm *s7* lamb **lamma** lamb **lamm|kotlett** *vanl.* lamb chop **-kött** *kokk.* lamb **-stek** *kokk.* roast lamb **-ull** lamb's wool **-unge** young lamb, lambkin

lamp|a *s1* lamp; (*glöd-*) bulb **-ett** *s3* bracket candlestick, sconce **-fot** lamp foot(stand) **-glas** [lamp] chimney **-hållare** electric light socket **-kupa** [lamp] globe **-skärm** lampshade

lam|slagen *a5* paralysed (*äv. bildl.*); ~ *av fasa* paralysed with terror **-slå** paralyse

land *-et länder* (*i bet. 4 o. 5 s7*) **1** (*rike*) country; *det egna* ~*et* one's native country; *vårt* ~ (*vanl.*) this country, Sweden (*etc.*); *i hela* ~*et* in the whole (throughout the) country; *inne i* ~*et* in the interior; *Johan utan* ~ John Lackland **2** (*mots. sjö e.d.*) land (*äv. geol. o. bildl.*); ~ *i sikte!* (*sjö.*) land ahoy (in sight)!; *se hur* ~*et ligger* see how the land lies (wind blows); *gå i* ~ go ashore, land; *gå i* ~ *med* (*bildl.*) accomplish, manage, succeed in; *inåt* ~*et* landward[s]; *långt inåt* ~*et* far inland; *på* ~ (*mots. t. sjöss*) on shore, ashore, (*mots. i vattnet*) on land; *till* ~*s* by land; *Sverige är starkt till* ~*s* Sweden is powerful on land **3** (*mots. stad*) country; in the country; *livet på* ~*et* (*äv.*) country life; *resa ut till* ~*et* go out (go into) the country **4** (*odlad mark*) land **5** (*trädgårds-*) plot

land|a land; *flyg. äv.* touch down **-backen** *på* ~ ashore, on shore on dry land **-bris** land breeze **-fäste** (*bros*) abutment **-gång** gangway; *flyg.* entrance ladder **-hockey** hockey, (*särsk. AE.*) field hockey **-höjning** land elevation **-krabba** *bildl.* landlubber **-känning** *få* ~ have a landfall, sight land **-märke** *sjö.* landmark **-ning** landing; *flyg. äv.* alighting

landnings|bana airstrip, landing strip, runway **-förbud** *det är* ~ *på flygplatsen* the airport is closed for landing **-ljus** landing light **-plats** landing place; *flyg. äv.* landing ground **-sträcka** landing run **-ställ** undercarriage; *AE.* landing gear **-tillstånd** permission to land

land|område territory **-permission** *sjö.* shore-leave; liberty **-remsa** strip of land

lands|arkiv county records office **-bygd** country[side]; rural area[s *pl*] **-fader** beloved monarch **-flykt** exile **-flyktig** exiled **-flykting** exile; refugee **-förrädare** traitor [to one's country] **-förräderi** treason **-förvisa** banish [from the country], exile, expatriate **-hövding** county governor **-kamp** international match

landskap *s7* **1** (*landsdel*) [geographical] province, county, shire **2** (*ur natur- o. konstsynpunkt*) landscape; (*sceneri*) scenery

landskaps|arkitekt landscape architect **-vapen** coat of arms of a province

lands|lag *s2, jur.* national law code **2** *s7, sport.* [inter]national team **-man** fellow countryman, compatriot; *vad är han för* ~*?* what nationality is he? **-maninna** fellow countrywoman **-omfattande** nationwide **-organisation** *L~en i Sverige* [the] Swedish Trade Union Confederation; *Brittiska* ~*en* the Trades Union Congress (*förk.*

L

TUC); *Amerikanska* ~*en* American Federation of Labor and Congress of Industrial Organizations (*förk*. AFL-CIO)
landsort *i* ~*en* in the provinces (*pl*)
landsorts|stad provincial town **-tidning** provincial newspaper
lands|plåga national scourge; *vard.* nuisance **-sorg** national mourning
landstig|a land **-ning** landing; *göra en* ~ land, effect a landing
landsting *ung.* county council
land|stridskrafter *pl* land forces **-strykare** tramp
lands|väg [ˣlanns-, ˈlanns-] highway, main road; *allmän* ~ public highway **-ända** part of the country; (*avlägsen*) remote district
land|sänkning subsidence [of the earth's crust] **-sätta** land, put on shore; ~ *med fallskärm* [drop by] parachute **-tunga** tongue of land, spit **-vind** *sjö.* land wind (breeze) **-vinning** reclamation of land; *bildl.* advance, achievements; *vetenskapens* ~*ar* achievements in the field of science **-vägen** *fara* ~ go by land
lang|a 1 pass [from hand to hand]; *vard.* shove over **2** ~ *sprit* carry on an illicit trade in liquor (*etc.*), bootleg **-are** bootlegger; *AE.* moonshiner; (*narkotika-*) dope pedlar, pusher **-ning 1** (*vid brand*) bucket-passing **2** (*sprit-*) bootlegging
langobard [-ŋg-] *s3* Lombard
lank *s3* (*tunn dryck*) wish-wash
lanolin *s3, s4* lanolin[e]
lans *s2* lance; *bryta en* ~ take up the cudgels (*för* for)
lansera launch, bring out, introduce; ~ *ngt på marknaden* put s.th. on the market
lansett *s3* lancet
lant|adel ~*n* the county **-arbetare** farm worker (hand, labourer) **-brevbärare** country (rural) postman **-bruk** agriculture, farming industry; *jfr jordbruk* **-brukare** *se jordbrukare*; *Lantbrukarnas Riksförbund* Federation of Swedish Farmers
lantbruks|maskin agricultural (farm) machine (*pl* machinery) **-nämnd** county agricultural board **-produkt** agricultural (farm) product; ~*er* (*äv.*) agricultural (farm) produce (*sg*) **-redskap** agricultural implement, farm tool **-skola** agricultural school **-styrelse** *L~n* [the Swedish] national board of agriculture **-universitet** *Sveriges L~* [the] Swedish university of agricultural sciences
lantegendom estate
lantern|a [-ˣtä:r-, ˣlann-] *s1* lantern; light; *flyg.* navigation light **-in** *s3* lantern; skylight [turret], clerestory
lant|gård farm, [agricultural] holding **-handel** country shop, general store **-hushållning** husbandry, agronomy **-is** [ˈlann-] *s2, vard.* country bumpkin; *AE. äv.* hick **-lig** *a1* rural (*behag* charm; *enkelhet* simplicity); country (*liv* life); *neds.* rustic (*sätt* manners *pl*); (*mots. stadsaktig*) provincial **-man** farmer **-mästare** farm foreman **-mätare** [land] surveyor **-mäteri** [land] surveying **-ras** *jordbr.* native breed **-vin** home-grown wine **-värn** militia
Laos *n* Laos
lapa lap; lick up; *bildl.* drink in, imbibe

lapis [ˈla:-] *s2* lunar caustic, silver nitrate; ~ *lazuli* lapis lazuli **-lösning** silver-nitrate solution
1 lapp *s2* (*folk*) Laplander, Lapp
2 lapp *s2* (*tyg-*) piece; (*påsydd*) patch; (*pappers-*) slip, scrap; (*remsa*) strip, slip, label
lappa patch; (*laga äv.*) mend; ~ *ihop* patch up
lapp|hund Lapland dog **-kast** *sport.* reverse (kick turn) on skis
Lappland [ˈlapp-] *n* Lapland
lapplisa *s1* [woman] traffic warden; *vard.* meter maid
lappländsk *a5* Lappish, Lapland
lappri [ˈlapp-] *s6, sådant* ~ such trifles (*pl*)
lappsjuka melancholia induced by isolated life
lapp|täcke patchwork quilt **-verk** [*ett*] ~ [a piece of] patchwork
lapsk *a1* Lappish, Lapp; *se lappländsk* **lapska** *s1*
1 (*kvinna*) Laplander (Lapp) woman **2** (*språk*) Lapp, Lappish
lapsus [ˈlapp-] *s9, s2* lapse, slip
larm *s7* **1** (*buller*) noise; din, row; (*oväsen*) clamour, uproar **2** (*alarm*) alarm; *slå* ~ sound the alarm (*äv. bildl.*)
larm|a 1 (*bullra*) clamour (*över* about), make a noise (*över* at, about) **2** alarm, sound the alarm **-ande** *a4* clamouring, clamorous; noisy **-beredskap** alert **-klocka** alarm-bell **-signal** alert
1 larv *s3* larva (*pl* larvae), caterpillar, grub
2 larv *vard.* nonsense, rubbish
1 larva (*traska*) tramp, trudge, trot
2 larva *rfl* behave flippantly; ~ *dig inte!* don't be silly!
larvfötter *pl, tekn.* caterpillars, caterpillar treads
larvig *a1* (*enfaldig*) foolish; (*dum*) silly
larvstadium larval stage
lasarett *s7* [general] hospital
laser [ˈla:-] *s2, fys.* laser (*förk. för Light Amplification by Stimulated Emission of Radiation*)
lasera glaze, paint over with transparent colour[-s]
lask *s2, tekn.* scarf [joint], fish joint; (*på handske, sko*) rib
laska scarf; rib
lass *s7* [wagon]load; *bildl. äv.* burden; (*friare*) cartload (*med* of); *fullt* ~ a full load; *få dra det tyngsta* ~*et* (*bildl.*) do the lion's share [of the work]
lassa load; ~ *på ngn för mycket* (*bildl.*) overload s.b.; ~ *på ngn ngt* load s.b. with s.th.
lasso [ˈlasso] *s3* lasso; *kasta* ~ throw a lasso
1 last *s3* cargo, freight; (*belastning*) load; (*börda*) burden; *med* ~ *av* carrying (with) a cargo of; *lossa* ~*en* unload, discharge one's (its) cargo; *stuva* ~*en* trim the hold, stow the cargo; *ligga ngn till* ~ be a burden to s.b.; *lägga ngn ngt till* ~ lay s.th. to a p.'s charge, blame s.b. for s.th.
2 last *s3* (*fördärvlig vana*) vice
1 lasta (*klandra*) blame; (*starkare*) censure
2 lasta load (*på* on to); *sjö. äv.* ship, take in cargo; *djupt* ~*d* deep-laden; *ett skepp kommer* ~*t* (*lek*) the mandarins
lastageplats [-ˣta:ʃ-] loading site; *sjö.* wharf
lastbar *a1* vicious, depraved **-het** viciousness, depravity
last|bil lorry, truck; *AE äv.* freight car **-bilstrafik** road transport (haulage) **-brygga** loading

ramp (gangway) **-djur** beast of burden **-fartyg** cargo ship, freighter **-flak** platform [body] **-förmåga** carrying (loading) capacity **-gammal** ancient, old as the hills **-kaj** loading dock, wharf **-lucka** cargo hatch; (*öppningen*) [cargo] hatchway **-ning** loading; lading **-rum** hold, cargo space

lasur 1 *miner.* lapis lazuli, lazurite **2** (*äv. lasyr*) painting in transparent (glazing) colour[s]

lat *a1, n sg obest. f.* obruklig lazy; (*maklig*) indolent; (*sysslolös*) idle **lata** *rfl* be lazy (idle); *gå och ~ sig* laze, take it easy

lat|ens *s3* latency **-ent** *a1* latent

later *pl, stora ~* high-and-mightiness (*sg*), grand airs; *ha ~* give o.s. airs

latex *s3, s4* latex

lathund 1 (*lätting*) lazybones, slacker **2** (*radpapper*) lined paper; (*moja*) crib, cab; (*för räkning*) ready reckoner

latin *s7* I atin

Latinamerika *n* Latin America **latinamerikansk** Latin American

latinsegel lateen sail

latinsk [-'ti:-] *a5* Latin; *~a bokstäver* Roman letters

latitud *s3* latitude

lat|mansgöra *ett ~* a soft (an easy) job **-mask** *s2* lazybones

latrin *s3* **1** (*avträde*) latrine, privy **2** (*spillning*) excrement[s *pl*]

latuldan i uiii.. llgga på ~ be idle (lazy), take things easy

latta *s1* (*träribba*) lath, slat; (*i segel*) batten

laura *s1, vard.* jaywalker

lav *s2, bot.* lichen

lava *s1* lava

lave *s2* **1** (*i bastu*) bench, ledge **2** (*gruv-*) head frame, pitgear head

lavemang *s7* enema (*pl äv.* enemata)

lavendel *s9* lavender

laver|a *konst.* wash; tint **-ing** konkr. wash (tinted) drawing

lavett *s3* gun carriage

lavin *s3* avalanche (*äv. bildl.*) **-artad** [-a:r-] *a5* avalanche-like, like wildfire; *en ~ utveckling* an explosive development

lax *s2* salmon; *en glad ~* a lively spark

laxativ *s7* purgative; laxative, aperient

laxera take an aperient (*etc.*)

lax|fiske salmon fishing **-stjärt** *snick.* dovetail **-trappa** salmon ladder **-öring** salmon trout

layout [läj'aut] *s3* layout

le *log lett* smile (*åt* at); *lyckan log mot dem* fortune smiled on them

lealös *vard.* loose-limbed, loose-jointed

lebeman ['le:-] man about town, roué

1 led *s3* **1** (*väg o.d.*) way, track; (*riktning*) direction **2** (*far-*) passage, channel; (*rösad*) [mountain] track, trail, footpath

2 led 1 *s3, anat.* joint; (*finger-, tå- äv.*) phalanx; *darra i alla ~er* tremble in every limb; *dra en arm i ~* [*igen*] put an arm back into joint; *gå ur ~* get dislocated; *känna sig ur ~* feel out of sorts; *ur ~ är tiden* the time is out of joint **2** *s7, s4* (*länk*) link (*äv bildl.*); (*etapp*) stage; (*i ekvation*) term, side; (*beståndsdel*) part, element; (*rad av pers.*) row,

line; *mil.* rank; *ingå som ett ~ i* be a component (part) of (an element in); *de djupa ~en* the rank and file of the people, the masses; *en man i* (*ur*) *~et* a common soldier; *stå i främsta ~et* be in the front rank (*bland* of) **3** *s3, s7* (*släkt-*) generation; degree; line; *språkv.* element; *i rätt nedstigande ~* in a direct line (*från* from)

3 led *a1* **1** (*trött*) tired (sick, weary) [to death] (*på, vid* of); *vard.* fed up (*på, vid* with) **2** *den ~e* the Evil One **3** (*elak*) wicked, evil

1 leda *s1* (*avsmak*) disgust; (*motvilja*) repugnance; (*vedervilja*) loathing; (*trötthet*) weariness; *känna ~ vid* feel disgust at; *få höra ända till ~* hear till one is sick to death of it

2 leda *v1* (*böja i leden*) bend [at the joint], flex; *~ mot* be articulated to; *~d axel* (*tekn.*) articulated shaft

3 leda *v2* **1** (*föra*) lead; (*väg-*) guide; *fys. o. elektr.* conduct **2** (*om dörr, väg o.d.*) lead, go, take one, *~ till a*) lead to, b) (*medföra*) bring about, c) (*ge upphov t.*) give rise to, bring on **3** (*anföra*) conduct; (*affärsföretag*) manage, direct, be in charge of; (*anfall*) lead; *~ förhandlingarna* be in the chair, preside **4** *~ sitt ursprung från* trace one's (its) origin from (back to), originate from **5** (*med betonad partikel*) *~ bort* lead off, (*vatten, ånga o.d.*) carry off; *~ in vatten* lay on water; *~ in samtalet på* turn the conversation on to

ledamot *-en ledamöter* member; (*av lärt sällskap*) fellow; *ständig ~* life-member

ledande *a4* leading; (*t.ex. princip äv.*) guiding, ruling; *fys.* conductive; *de ~ inom* the leaders of, those in a leading position within; *i ~ ställning* in a leading (key, prominent) position

ledarbegåvning gift as a leader; *pers.* brilliant leader

ledar|e 1 *pers.* leader; (*väg-*) guide, conductor; (*företags-*) manager, executive, director, head, principal, *A.E.* president; (*idrotts-*) manager, organizer **2** *fys.* conductor (*för* of) **3** (*tidningsartikel*) leader, editorial **-gestalt** *en ~* a born leader **-hund 1** (*i hundspann*) leader [dog] **2** (*för blinda*) guide dog **-plats 1** (*ngns*) position as a leader **2** (*i tidning*) *på ~* in the leader (editorial) column **-skap** *s7* leadership; (*för företag*) managership **-skribent** leader writer **-spalt** leader column **-stick** *ung.* subsidiary leader **-ställning** *vara i ~* be in a leading position (at the head), hold the lead

ledas *v2, dep* (*känna leda*) be (feel) bored (*åt på*); *ihjäl* to death)

ledband (*koppel*) leading-strings (*pl*); *gå i ~* be in leading-strings; *gå i ngns ~* be lead by the nose by s.b.

led|bar *a1* jointed; (*böjlig*) flexible **-brosk** *anat.* articular cartilage **-bruten** stiff in the (one's) joints **-djur** arthropod

ledfyr *sjö.* range (leading) light; beacon (*äv. bildl.*)

ledgångsreumatism rheumatoid arthritis

ledig 1 *a1* (*lätt o. ~*) easy; (*om hållning, rörelse o.d.*) free, effortless, unhampered; (*om sätt att vara*) free and easy; *en ~ gång* an agile (easy) gait; *en ~ handstil* a flowing hand[writing]; *ett ~t uppträdande* an easy manner, free and easy manners (*pl*); *känna sig ~ i kläderna* feel at one's ease (feel easy) in one's clothes; *skriven i* ~ *stil* written in a natural style; ~*a!* (*mil.*) [stand] at ease! **2** (*ej upptagen om pers.*) free, at leisure; (*sysslolös*) idle, unoccupied; (*om t.ex. kapital*) idle, uninvested; (*om sittplats o.d.*) unoccupied; (*om tjänst o.d.*) vacant; (*att tillgå*) available; (*om taxi*) disengaged, (*på skylt*) vacant, (*på taxi*) for hire; *bli* ~ *a*) (*från arbetet*) get, (be let) off [work, duty], *b*) (*få semester*) get one's holiday, *c*) (*om hembiträde*) have her evening out; ~*a platser* vacancies; *på* ~*a stunder* in [one's] leisure (spare) moments (time) **-förklara** declare vacant, announce (advertise) as vacant

ledighet 1 (*i rörelser*) freedom, ease; (*i uppträdande*) easiness, ease of manner **2** (*från arbete*) time off [work, duty]; (*semester*) holiday, *AE.* vacation; (*ledig tid*) free (spare) time, leisure **ledighetskommitté** *tillhöra* ~*n* (*vard.*) be a member of the leisured classes

ledigt *adv.* **1** easily *etc.*, *se ledig*; *röra sig* ~ move with ease; *sitta* ~ (*om kläder*) fit comfortably; *tala* ~ be a fluent speaker; *du hinner* ~ you get there in time easily; *vi får* ~ *plats i bilen* we'll have an empty (a free) seat in the car **2** *få* (*ge, ha, ta*) ~ get (give, have, take) time off; *ta sig* ~ *några dagar* take a few days off

ledkapsel *anat.* joint-capsule

ledljus guiding light

ledlös jointless; (*friare*) loose-jointed

ledmotiv *mus.* leitmotif, recurrent theme; *bildl.* leading (guiding) principle

ledning [ˣleːd-] **1** (*väg-*) guidance; (*-tråd*) clue, lead (*till* to); (*skötsel*) management, conduct, direction; (*krigs-*) [war] command; *fys.* conduction; *sport.* lead; *ta* ~*en* (*äv. sport.*) take the lead; *överta* ~ *en av* take charge of; *med* ~ *av* guided by, with the aid of; *med* ~ *av dessa upplysningar* on the basis of this information; *till* ~ *för* for the guidance of; *under* ~ *av* under the guidance (*etc.*) of **2** *konkr.*, ~*en* the managers (directors) (*pl*), the management, (*för parti*) the leaders (*pl*), *mil.* the commanders (*pl*) **3** *elektr.* wire, line, cable; (*rör-*) pipe, conduit, duct; *dragning av elektriska* ~*ar* electric wiring

lednings|brott *tel.* line breakdown **-förmåga** conductivity **-nät** electric supply mains; (*högspännings-*) distribution system **-stolpe** pylon, telegraph pole **-tråd** electric wire

ledsaga [ˣleːd-] *v1* accompany; (*beskyddande*) escort

ledsam [*vanl.* ˣlessam] *a1* **1** (*tråkig*) boring, tiresome, tedious **2** (*sorglig*) sad; *det var* ~*t!* how sad!, I am so sorry! **3** (*obehaglig*) disagreeable, unpleasant; (*förtretlig*) annoying; *en* ~ *historia* a disagreeable (sad) story **-het** boringness *etc.*; boredom; *få* ~*er för* have trouble on account of; *råka ut för* ~*er* meet with unpleasantness; *här vilar inga* ~*er!* not a dull moment here!

ledsen [ˣlessen] *a3* sorry (*för, över* about); (*bedrövad*) grieved (*för, över* at, about); (*olycklig*) unhappy (*för, över* at, about); (*sorgsen*) sad (*över* about); (*förargad*) annoyed, angry (*för, över* at; *på* with); *jag är mycket* ~ *över* I am very sorry about, I deeply regret; *var inte* ~*!* don't be sad!, cheer up!; *han är inte* ~ *av sig* he doesn't let anything get him down

ledskena guide-rail

ledsna [ˣlessna] get (grow) tired (*på* of); *ha* ~*t på ngn* (*ngt*) have had enough of (be fed up with) s.b. (s.th.) **ledsnad** [ˣless-] *s3* (*bedrövelse*) sorrow, distress, grief (*över* at); *med uppriktig* ~ with sincere regret

led|stjärna lodestar (*äv. bildl.*), guiding star **-stång** handrail; banisters (*pl*) **-syn** *med.* locomotor vision; *han har* ~ he can only just see his way about **-träd** clue

leende I *a4* smiling; (*om natur o.d. äv.*) pleasant; *vänligt* ~ with a kindly smile; *lev livet* ~*!* keep smiling! **II** *s6* smile

lega *s1* (*rävs*) lodge; (*hares*) form; (*björns*) cache

legal *a1* legal

legaliser|a legalize **-ing** legalization

legalitet legality

1 legat *s3* (*sändebud*) legate

2 legat *s7*, *jur.* legacy, bequest

legation legation

legend *s3* legend

legend|arisk [-ˈdaː-] *a5* legendary **-bildning** *abstr.* legend-making, legend-creation; *konkr.* legend **-omspunnen** legendary

leger|a *v1*, **-ing** *s2* alloy

legion [-giˈoːn] *s3* legion **legionär** *s3* legionary [soldier]

legitim *a1* legitimate

legitimation identification; (*för yrkesutövning*) authorization, certification; *mot* ~ upon identification, on proof of identity **legitimations|-handling, -kort** identity card

legitimera legitimate, legitim[at]ize; ~*d* legitimated *etc.*, (*om läkare*) registered, fully qualified, authorized, (*om apotekare*) certifi[cat]ed; ~ *sig* prove (establish) one's identity, identify o.s. **legitimitet** legitimacy

lego|arbete piecework **-soldat** mercenary [soldier] **-tillverkning** contract manufacture **-trupper** *pl* mercenary troops

legymer *pl* vegetables

leja [ˣlejja] *v2* engage, hire; *sjö. äv.* charter

lejd *s3* safe-conduct

lejdare 1 *sjö.* [sea] ladder **2** *gymn.* rope-ladder

lejon [ˣlejjån] *s7* lion; *en men ett* ~*!* one, but what a one! **-gap** *bot.* snapdragon **-hjärta** *Rikard L*~ Richard Coeur de Lion ([the] Lion-Heart) **-inna** lioness **-klo** *visa* ~*n* (*bildl.*) show one's mettle **-parten** the lion's share **-unge** lion cub

lek *s2* **1** game; (*-ande*) play (*med dockor* with dolls), playing (*med döden* with death); (*t.ex. kattens* ~ *med råttan*) toying, dallying; ~ *och idrott* games (*pl*); *en* ~ *med ord* playing with words; *den som sig i* ~*en ger får* ~*en tåla* once you must take the consequences; *på* ~ in play; *vara ur* ~*en* be out of the game (the running) **2** (*fiskars*) spawning; (*fåglars*) pairing, mating **3** (*kort-*) pack [of cards]

lek|a *v3* **1** play (*en lek* [at] a game); (*friare o. bildl.*) play; toy, dally; ~ *med döden* (*äv.*) treat death lightly; ~ *med ngns känslor* trifle with a p.'s feelings; *livet -te för henne* life was a game for her; *inte att* ~ *med* not to be trifled with; *han är inte att* ~ *med* (*äv.*) he won't stand any nonsense; *vara med och* ~ join in [the game] **2** (*om fiskar*) spawn; (*om fåglar*) pair, mate

lekam|en [-'ka:-] *r* body **-lig** *a1* bodily; corporeal; ~*en* bodily *etc.*, in the body

lek|ande *a4*, ~ *lätt* as easy as winking **-boll** *bildl.* plaything, toy **-dräkt 1** (*fisks*) spawning array **2** (*barns*) playsuit; rompers (*pl*) **-full** playful (*äv. bildl.*), full of fun **-kamrat** playmate, playfellow

lekman layman; (*ej fackman*) nonprofessional, amateur

lekmogen (*om fisk*) ready to spawn, mature

lek|otek *s7* toy-lending library **-park** playground **-plats** playground **-sak** toy

leksaks|affär toyshop **-bil** toy (model) car **-djur** toy animal

lek|skola nursery school, kindergarten **-stuga** play house **-tid** (*fisks, fågels*) spawning (*etc.*) time (season); *jfr leka 2*

lektion [-k'ʃo:n] lesson; *ge* ~*er i* give lessons in; *ta* ~*er för ngn* have lessons with (from) s.b.

lektor [ˣlektår, 'lekk-] *s3* (*vid läroverk*) senior master; *univ.* lecturer; ~ *i engelska* senior master of English **-at** *s7* (*vid läroverk*) post as senior master; *univ.* lectureship

lektris [woman] reader

lektyr *s3* reading [matter]; things to read (*pl*)

lektör (*manuskriptläsare*) [publisher's] reader

lekverk *det är ett* ~ *för mig* it is child's play (a simple matter) for me

lem [lemm] *s2* limb, member **-lästa** maim, mutilate; (*göra ofärdig*) cripple, disable

lamangel *s3* lemonade

len *a1* **1** (*mjuk*) soft; (*slät*) smooth **2** (*om ljud o.d.*) bland (*röst* voice) **lena** soothe (*i halsen* the throat) **lenhet** softness; smoothness; blandness

leninism Leninism

leopard [-a:-] *s3* leopard **-hona** leopardess

ler|a *s1* clay; (*sandig*) loam; (*dy*) mud; *bränd* ~ fired clay; *eldfast* ~ fire clay; *hänga ihop som ler och långhalm* stick together through thick and thin **-botten** (*i sjö*) clayey bottom **-duva** clay pigeon **-duveskytte** clay-pigeon shooting **-fötter** *i uttr.*: *en koloss på* ~ a colossus with feet of clay **-gods** earthenware, pottery **-gök** toy ocarina

ler|ig *a1* clayey, loamy; (*om t.ex. väg*) muddy **-jord** clay[ey] soil **-krus** stone (earthenware) jar **-skärva** *arkeol.* potsherd **-välling** mass (sea) of mud

lesbisk *a5* lesbian

less *a1, vard.* fed up (*på* with)

leta search, hunt, look (*efter* for); ~ *efter ord* be at a loss for words; ~ *i minnet* cast about in (ransack) one's memory; ~ *igenom* search, ransack; ~ *reda på* try to find; ~ *upp* hunt up; ~ *ut* pick out; ~ *sig fram* find (make) one's way

lett *s3* Lett, Latvian

lett|isk ['lett-] *a5* Lettish; *geogr.* Latvian **-iska** ['lett-] *s1* **1** (*språk*) Lettish **2** (*kvinna*) Lettish woman

Lettland ['lett-] *n* Latvia

leukemi [levke'mi:] *s3, med.* leukaemia

lev|a *v2, sup. äv. -at* **1** live; (*existera*) exist, be in existence; ([*ännu*] *vara vid liv*) be alive; (*kvar-*) survive; (*väsnas*) be noisy, make a noise; ~ *ett glatt liv* lead a gay life; *så sant jag -er!* as sure as I stand here!; *-e konungen!* long live the King!; *-e friheten!* Liberty for ever!; *den som -er får se* he

who lives will see; *ja, må han* ~ (*ung.*) for he is a jolly good fellow; *om jag får* ~ *och ha hälsan* if I am spared and keep well; *om han hade fått* ~ if he had lived; ~ *högt* live sumptuously; *hur -er världen med dig?* how is the world treating you?; ~ *som man lär* practise what one preaches; ~ *som om var dag var den sista* take thought for the morrow; *låta ngn veta att han -er* give s.b. a hot time [of it]; ~ *i den tron att* be under the impression that; ~ *kvar* live on, survive, exist still; ~ *med a*) (*i skildring o.d.*) take a great interest in, *b*) (*i stora världen*) go [out] into society, be a man (*etc.*) of fashion; ~ *om a*) (*sitt liv*) live over again, relive, *b*) (*svira*) lead a fast life, be a fast liver; ~ *på* live [up]on, (*om djur*) feed on; ~ *på stor fot* live in great style; ~ *upp a*) (*förmögenhet*) run through, use up, *b*) (*på nytt*) revive; ~ *vidare* go on living **2** (*om segel*) flap, slap, shake **3** ~ *sig in i* enter into (*ngns känslor o.p. 'n fthings*)

levande *a4* **1** living; animate (*väsen* being); (*predik. om pers.*) alive; (*mots. död, uppstoppad, slaktad e.d.*) live; (*livfull*) lively (*hopp* hope); (*livlig*) vivid (*skildring* description); (*om t.ex. porträtt*) lifelike; *en* ~ *avbild av* the very image of; ~ *blommor* real (natural) flowers; ~ *djur* living animals; ~ *eld* burning fire; ~ *ljus* lighted candles; *teckna efter* ~ *modell* draw from life; *ett* ~ *exempel på* a living example of; *ett* ~ *intresse för* a living (live) interest in; ~ *kraft* (*fys.*) kinetic energy, *på eu* ~ *sätt* in an animated (a vivid) way; *som föder* ~ *ungar* viviparous; *inte en* ~ *själ* not a [living] soul **2** *inte veta sig ngn* ~[s] *råd* be at one's wits ends; *inte få ngn* ~[s] *ro* get no peace anywhere **-göra** make lifelike (live)

leve *s6* cheer; *viva*[t]; *utbringa ett fyrfaldigt* ~ *för* give four (*Storbritannien* three) cheers for

levebröd livelihood, living

lever ['le:-] *s2* liver

lever|ans [-ans, -aŋs] *s3* **1** (*tillhandahållande*) furnishing, supplying (*av* of); (*avlämnande*) delivering, delivery **2** *konkr.* delivery; goods delivered (*pl*); (*sändning*) consignment; *vid* ~ on delivery **-avtal** delivery agreement **-dag** day (date) of delivery, delivery date **-klar** ready for delivery **-tid** time (date) of delivery **-villkor** *pl* terms (conditions) of delivery **-vägran** refusal to supply

lever|antör [-an-, -aŋ-] supplier, deliverer; contractor; (*livsmedel*) purveyor **-era** (*tillhandahålla*) supply, furnish; (*avlämna*) deliver; *fritt* ~*t* carriage free

leve|rne *s6* **1** (*levnadssätt*) life; *hans liv och* ~ his life [and way of living] **2** (*oväsen*) hullabaloo **-rop** cheer

leverpastej liver paste

levnad [-e:-] *s3* life

levnads|bana career **-beskrivning** biography; curriculum vitae **-glad** [high-]spirited, lighthearted, buoyant **-konstnär** adept in the art of living, s.b. who gets the best out of life **-kostnader** *pl* cost of living (*sg*), living costs **-kostnadsindex** cost-of-living index **-standard** standard of living **-tecknare** biographer **-teckning** biography, life (*över* of) **-trött** weary of life **-vanor** *pl* habits (ways) of life (living) **-villkor** *pl* conditions of life **-år** year of life

L

levra [-e:-] *rfl* coagulate, clot; ~*t blod* clotted blood, blood clot, gore

lexikalisk [-'ka:-] *a5* lexical

lexiko|graf *s3* lexicographer **-grafi** *s3* lexicography **-grafisk** [-'gra:-] *a5* lexicographical

lexik|on ['lekksikån] *s7, pl äv. -a* dictionary; (*för dött språk vanl.*) lexicon

liạn *s3* liana, liane

Libanon ['li:-ån] *n* Lebanon

liberạl I *a1* liberal **II** *s3, polit.* Liberal

liberaliser|a liberalize **-ing** liberalization

liberalis|m liberalism **-tisk** *a5* liberalist[ic]

libero ['li:-] *s5,* (*fotboll*) sweeper

libretto [-'brettɔ] *s9, s7* libretto

Libyen ['li:-] *n* Libya

licẹns *s3* licence; permit **-avgift** licence fee **-era** license **-innehavare** licensee, licence-holder **-tillverkning** manufacture on licence

licentiat [-n(t)si-] licentiate; *filosofie ~* (*ung.*) master of arts, doctor of philosophy; *medicine ~* (*ung.*) bachelor of medicine **-avhandling** licentiat [examination] treatise

1 lid|a *led -it; tiden -er* time is getting on, time is passing; *det -er mot kvällen* it is getting [on] towards evening, night is drawing on; *det -er mot slutet med honom* his life is ebbing out, his life is drawing towards its close; *vad det -er* sooner or later, (*så småningom*) by and by

2 lid|a *led -it* **1** (*utstå*) suffer; (*uthärda*) endure; (*drabbas av*) sustain, incur; ~ *brist på* be short of; ~ *skada* (*äv.*) be injured (damaged), take harm, (*om pers.*) be hurt **2** (*pinas*) suffer (*av* from); (*ha plågor*) be in pain **3** (*tåla*) bear, stand, endure

lidande I *s6* suffering **II** *a4* suffering (*av* from); afflicted (*av* by); *bli ~ på* be the loser by (from), lose by

lidelse passion **-fri** dispassionate, passionless **-full** passionate; impassioned (*tal* speech)

liderlig *a1* lecherous, lewd **-het** lechery, lewdness

lie [ˣli:e] *s2* scythe **-mannen** the grim reaper, Death

liera *rfl* ally o.s. (*med* to, with) **lierad** *a5* allied, connected

lift *s2* lift **lifta** hitchhike **liftare** hitchhiker

liga *s1* **1** (*förbrytarband*) gang, set **2** *sport.* league **3** *hist.* league, [con]federation **-match** *sport.* league match

ligamẹnt *s7, anat.* ligament

ligg|a *låg legat* **I 1** (*om levande varelser*) lie, be lying [down]; (*befinna sig, vara*) be (*på sjukhus* in hospital); *bildl.* be; ~ *och läsa* lie reading, read in bed; ~ *och sova* be asleep (sleeping); *han -er redan* he is in (has gone) to bed; ~ *länge på morgnarna* lie (stay) in bed late of a morning, get up late; ~ *i underhandlingar* be engaged in negotiations; ~ *med ngn* sleep (go to bed) with s.b.; ~ *på ägg* brood, sit on eggs; ~ *vid universitet* be at the university; ~ *lågt* (*avvakta*) lie low; wait and see; bide one's time **2** (*om sak o. bildl.*) lie, be; (*vara belägen, i sht geogr.*) be [situated]; *kyrkan -er vid vägen* the church stands (is) at the roadside; *var skall huset ~?* where will the house be built?; *åt vilket håll -er skolan?* in which direction is the school?; *-er alldeles härintill* is quite

near (close to) here; *häri -er skillnaden* this is where the difference lies; *avgörandet -er hos mig* the decision lies (rests) with me; *det -er i sakens natur* it is in the nature of the case; *det -er i blodet* (*släkten*) it runs in the blood (family); ~ *på ngt* keep [possession of] (*vard.* sit tight on) s.th.; *det -er i luften* it is in the air **II** (*med beton. part.*) ~ *av sig* get out of practise (form), *vard.* get rusty **2** ~ *bi* (*sjö.*) lie to (by) **3** ~ *efter a*) (*vara på efterkälken*) be behind (in arrears), *b*) (*ansätta*) press **4** *det -er inte för mig* it is not in my line, it does not come natural to me **5** ~ *i a*) *eg.* be in (*vattnet* the water), *b*) *bildl.* stick at it, keep on (*o. arbeta* working) **6** ~ *kvar över natten* stay the night **7** ~ *nere* be at a standstill **8** *solen -er på här hela eftermiddagen* we get the sun here the whole afternoon; *vinden -er på* the wind is driving at us (*etc.*) **9** *hur -er saken till?* how does the matter stand?; *så -er det till* those are the actual facts, that is how things are; ~ *till sig* improve by keeping **10** ~ *under* (*bildl.*) be inferior to **11** ~ *över a*) (*övernatta*) stay the night (overnight), *b*) (*vara överlägsen*) be [the] superior

liggande *a4* lying; reclining, recumbent (*ställning* position); *en avsides ~ plats* an out-of-the-way spot (*etc.*); *den närmast till hands ~ förklaringen* the explanation nearest to hand; *djupt ~* (*äv.*) deep-lying, (*om ögon*) deep-set; *bli ~* (*bli kvar*) be left [lying]

ligg|are register; *bokför. äv.* ledger **-dags** bedtime

ligg|plats berth **-sjuk** *som en ~ höna* like a broody hen **-stol** lounge-chair; deck chair **-sår** bedsore **-vagn** (*barnvagn*) perambulator; *vard.* pram

ligist hooligan **-dåd** [act of] hooliganism; (*friare*) wanton destruction, vandalism

liguster [-'gust-] *s2, bot.* privet

1 lik *s7* **1** corpse; [dead] body; *blek som ett ~* deathly pale; *stå ~* lie laid out; *segla med ~ i lasten* (*bildl.*) be doomed to failure; *ett ~ i lasten* (*hand.*) a dead loss, dead weight, a dud line **2** *boktr.* out flag

2 lik *s7, sjö.* leech; (*tross*) boltrope

3 lik *a5* like; (*om två el. flera*) alike; (*liknande*) similar; (*i storlek, värde e.d.*) the same; *identiskt ~a* identical[ly alike]; *vi är alla ~a inför lagen* all men are equal in the eye of the law; ~*a barn leka bäst* like draws to like, birds of a feather flock together; *porträttet är mycket ~t* the portrait is a very good likeness; *han är sig inte ~* he is not at all himself; *du är dig då ~!* that's just like you!

lika I *oböjl. a* (*i storlek, värde o.d.*) equal (*med* to); (*likvärdig*) equivalent; (*identiskt ~*) identical; *är ~ med* is equal to (the same as); *två plus tre är ~ med fem* two plus three makes five; *tillsätta ~ delar av* add in equal portions; ~ *mot ~* measure for measure; *30 ~* (*tennis.*) thirty all **II** *adv* in the same way (manner) (*som* as); (*jämnt; i samma grad o.d.*) equally; ~ ... *som* just as ... as, (*både ... och*) both ... and; *klockorna går inte ~* the clocks don't keep the same time; ~ *bra a*) just as good (*förklaring* an explanation), *b*) (*sjunga* sing) as well (*som någonsin* [as ever]); ~ *[hög] grad* to the same extent, equally; ~ *många som vanligt* [just] as many as usual, the usual number; *de är ~ stora* they are the same (are equal in) size, *(om abstr. förhållanden)* they are equivalent (equally great *etc.*)

lika|berättigad *vara ~* have equal rights, be of equal standing *(med* with) **-berättigande** *s6* equality of status (rights) **-dan** [ˣli:ka-, -'dann]*a5* of the same sort (kind); *de är precis ~a* they are exactly alike (just the same, all of a piece) **-dant** [ˣli:ka-, -'dant] *adv* the same **-fullt** nevertheless, all the same **-ledes** likewise, similarly **-lydande** *a4* of identical (the same) wording (tenor); *i två ~ exemplar* in two identical copies **-lönsprincipen** the principle of equal pay

likare standard, gauge

likartad [-a:r-] *a5* similar in character (nature) *(med* to), similar

lika|sinnad *a5* like-minded, of the same way of thinking **-så** also; *jfr likaledes* **-väl** just as well *(som* as)

likbent [-e:-] *a4, geom. isosceles*

lik|besiktning postmortem examination **-bil** motor hearse **-blek** ghastly, deathly pale, livid

lik|e *s2* equal; *söka sin ~* be without an equal, be unequalled (unmatched); *en ... utan ~* an unparalleled (unprecedented) ... **-formig** [-å-] *a1* uniform; *(alltigenom ~)* homogeneous; *geom.* similar *(med* to)

lik|färd funeral procession **-förgiftning** cadaverous poisoning

likgiltig 1 indifferent *(äv. om sak)*; *(betydelselös)* unimportant, insignificant, trivial; *det är mig fullständigt ~t* it is all the same (makes no difference [whatever]) to me **2** *(ointresserad)* indifferent *(för* to); *(liknöjd)* listless, apathctic; *(impassive* **-het 1** *(saks)* unimportance, insignificance **2** *(brist på intresse)* indifference *(för* to) listlessness, apathy

likhet [-i:-] resemblance, similarity *(med* to); *(porträtt-)* likeness; *(fullständig)* identity *(med* with); *~ inför lagen* equality before the law; *äga en viss ~ med* have (bear) a certain resemblance to; *i ~ med* in conformity with, on the lines of, *(liksom)* like **likhetstecken** sign of equality, equal[s] sign

likkista coffin; *AE. äv.* casket

likmätigt [-i:-] *sin plikt ~* pursuant to (in pursuance of) one's duty

likn|a [-i:-] **1** *(vara lik)* resemble, be like; look like **2** *(jämföra)* compare *(vid* to) **-ande** *a4* similar; *eller (och) ~* or (and) the like; *av ~ slag* [of a] similar [kind]; *eller ngt ~ namn* or some name of the sort (some such name); *på ~ sätt* in much the same (a similar) way, similarly **-else** *bibl.* parable; *(bildlig jämförelse)* simile, metaphor; *tala i ~r* speak in metaphors *(bibl.* parables)

lik|rikta *elektr.* rectify; *(friare)* unify; standardize; *~d opinion* regimented opinion **-riktare** *elektr.* rectifier **-sidig** *a1* equilateral **-som** ['li:k-] **I** *konj* like; *(ävensom)* as well as; *(~ om)* as if **II** *adv* as if; *(så att säga)* as it were, so to say; *jag ~ kände på mig* I somehow (vard. sort of) felt

likstelhet *med.* rigor mortis

lik|ström electric direct current *(förk. D.C.)* **-ställa** place on an equal footing (a level) *(med* with) **-ställd** *a5* equal, of the same standing; *vara ~* rank equal, be on a par **-ställdhet, -ställighet**

equality **-stämmighet** agreement

lik|torn [-o:-] *s2* corn **-tornsplåster** corn-plaster

liktydig synonymous *(med* with), equivalent in meaning *(med* to) *(friare)* tantamount *(med* to)

likvaka vigil by a corpse before burial, wake

likvid I *s3* payment *(för* of, for); *(insänd ~)* remittance; *full ~* payment in full; *som ~ för Er faktura* in settlement of your invoice **II** *a1, n sg obest.* form *undviks* liquid, available; *(om ställning)* solvent; *~a medel* ready money, cash *(sg)*; liquid funds (assets)

likvid|ation liquidation; *(bolags äv.)* winding up; *träda i ~* go into liquidation **-era 1** *(avveckla)* liquidate, wind up **2** *(betala)* liquidate, settle, discharge **3** *(upplösa)* eliminate; *(döda)* liquidate **-itet** liquidity; *(firmas äv.)* solvency

likvinklig *a1* equiangular

lik|väl ['li:k-, -'vä:l] nevertheless; all the same **-värdig** av equivalent *(med* to); of equal value (importance)

likör liqueur; *är inte min ~* *(vard.)* is not my cup of tea

lila ['li:-, ˣli:-] *s1 o. oböjl. a* lilac, mauve

lilja *s1* lily **liljekonvalje** lily of the valley

lilla *a, best. form sg (jfr liten)* small; little; *barn ~!* my dear child!; *minsta ~ bidrag* the smallest contribution; *det ~ jag äger* what little I possess; *hur mår den ~ (lille)?* how is the (your) little girl (boy)? **lillan** *o. best. form* the little girl in the family **lillasyster** our *(etc.)* little sister

lillebror our *(etc.)* little brother **lillen** the little boy in the family; *L~* Tiny

lilleputt *s2, s3* Lilliput, Lilliputian; dwarf, pygmy **lill|finger** little finger **-gammal** precocious **-slam** *s2, kortsp.* little slam **-tå** little toe

lim [limm] *s7* glue, *(för papper)* size **-färg** distemper

limit *s3, hand.* limit; *(högsta el. lägsta pris)* maximum (minimum) price

lim|ma glue; *(papper, väv o.d.)* size; *(mur)* lime **-ning** *(-mande)* gluing *etc.*; *gå upp i ~en (vard.)* fly off the handle

limousin[e] [-mo'si:n] *s3* limousine

limpa *s1* **1** ryemeal bread, loaf **2** *en ~ cigaretter* a carton of cigarettes

limämne glue-stock; *(för papper o.d.)* sizing agent

lin *s4* flax

lin|a *s1* rope; *(smalare)* cord; *(stål-)* wire; *sjö.* line; *löpa ~n ut (bildl.)* keep on to the bitter end, go the whole hog; *visa sig på styva ~n (bildl.)* show off **-bana** [aerial] ropeway (cableway); *(för skidåkare)* ski lift

lind *s2* lime[-tree]; *AE.* linden, basswood

linda I *s1* swaddling clothes *(pl)*; *i sin ~ (bildl.)* in its infancy, in its initial stage; *kväva i sin ~ (bildl.)* nip in the bud **II** *v1* **1** wire, tie *(omkring* round); *(slingra)* twine; *hon kan ~ honom runt sitt [lill]finger* she can twist him round her [little] finger; *~ in* wrap up *(äv. bildl.)*, envelop; *~ upp* unwind; *~ upp på (t.ex rulle)* wind on to **2** *med.* bind up, bandage **3** *(barn)* wrap in swaddling clothes, swaddle

lindans|are, -erska tightrope walker (dancer)

lindning *tekn.* winding

L

lindr|a (*mildra*) mitigate, appease; (*lugna*) soothe, mollify; (*nöd o.d.*) alleviate, relieve **-ig** *a1* (*obetydlig*) slight; (*ej svår*) light; (*mild*) mild; (*human*) easy; (*om straff o.d.*) lenient **-igt** *adv* slightly *etc.*; ~*t sagt* to put it mildly; *slippa* ~*t undan* get off lightly **-ing** mitigation, appeasement; (*förbättring*) amelioration; (*av t.ex. straff*) reduction (*i* of); (*lättnad*) relief (*för* to, for)

linearritning [line׳a:r-] linear drawing **lineär** *a1* linear

lin|frö flaxseed; *kem.*, *med.* linseed **-garn** linen thread

lingon [-ŋån] *s7* cowberry, red whortleberry; *inte värd ett ruttet* ~ not worth a straw **-ris** cowberry (*etc.*) twigs (*pl*)

lin|gul flax-coloured; (*om hår*) flaxen **-hårig** flaxen-haired

liniment *s7* liniment, embrocation

linjal *s3* ruler

linje [-'li:n-] *s5* line; (*buss- o.d. äv.*) route, service; *mil. äv.* rank; *skol. o.d.* side, stream; *rät* ~ straight line; *den slanka* ~*n* the slender figure; ~ *4* Nr. 4 buses (trams *etc.*) (*pl*); *uppställa på* ~ (*mil.*) draw up in line, line up; *över hela* ~*n* (*bildl.*) all along the line **-domare** *sport.* linesman **-fart** liner traffic

linjera 1 ~ [*upp*] rule; ~*t papper* ruled (lined) paper **2** (*stå på linje*) range;

linje|ring [-'je:-] ruling **-spel** lines (*pl*); line-pattern **-trafik** intercity (interurban) traffic **-val** *skol.* choice of line

linjär *a1* linear

linka limp, hobble

linne *s6* (*tyg*) linen; *koll.* linen; (*plagg*) vest **-skåp** linen cupboard (press) **-varor** *pl* linen goods, linens

linning band

linoleum [-'nå:-] *s7*, *s9* linoleum; *hand. äv.* lino **-matta** linoleum flooring

linolja linseed oil

1 lins *s3*, *bot.* lentil

2 lins *s3*, *fys.*, *anat.* lens

lintott flaxen-haired child (person)

lip *s2*, *ta till* ~*en* start crying, *vard.* turn on the waterworks **lipa** cry, sob; blubber **lipsill** crybaby

lir|a *vard.* play **-are** *vard.* player

lirka work [it]; ~ *med ngt* turn s.th. this way and that; ~ *med ngn* coax (wheedle, cajole) s.b.

lism|a fawn, wheedle **-are** fawner; (*smickrare*) flatterer; *vard.* bootlicker

Lissabon ['lissabån] *n* Lisbon

1 list *s3* (*-ighet*) cunning, craft[iness]; (*knep*) artifice, stratagem; *kvinnans* ~ *övergår mannens förstånd* the female of the species is more deadly than the male

2 list *s3* (*bård*) border, edging; (*remsa*) strip; *byggn.* band, fillet; (*på fotpanel*) ledge

1 lista *s1* list (*på*, *över* of); *svart* ~ black list; *sätta ngn på svarta* ~*n* blacklist s.b.; *göra upp en* ~ draw up a list

2 lista *v1*, *rfl*, ~ *sig in i* steal (sneak) into; ~ *sig til!* ngt get s.th. by trickery

listig *a1* cunning, artful, crafty

listverk moulding[*s pl*]

lit *r*, *sätta* [*sin*] ~ *till* put (place) one's confidence in, *vard.* pin one's faith on **lita** ~ *på* have confidence in, trust [in], (*för- sig på*) depend (rely) [up]on, trust to; *det kan du* ~ *på!* you may depend on that!

litania [-׳ni:a] *s1* litany

Litauen [-'tau-] *n* Lithuania

litau|er [-'tau-] *s9* Lithuanian **-isk** *a5* Lithuanian

lit de parade [li: dö pa'radd] *i uttr.: ligga på* ~ lie in state

liten *litet mindre minst* (*jfr äv. litet*) small, little; (*ytterst* ~) minute, tiny; (*obetydlig*) slight, insignificant; ~ *till växten* small, short; *som* ~ as a child; *när jag var* ~ when I was small (a little boy *etc.*); *få en* ~ have a baby; *stackars* ~ poor child; ~ *bokstav* small letter; *boktr.* lower-case [letter] **-het** smallness *etc.*

liter ['li:-] *s9* litre; *AE.* liter **-vis** (*t.ex. säljas* ~) by the litre; (~ *efter* ~) litre by litre

litet I *adv* little; (*ngt* [~]) a little, somewhat, a bit; (*obetydligt*) slightly; *han blev inte* ~ *förvånad* he was not a little astonished; *sova* ~ sleep [for] a little while; *jag är* ~ *förkyld* I have got a slight cold; *för* ~ *sedan* a little while ago; ~ *var* (*till mans*) *har vi* pretty well every one of us has; ~ *varstans* here and there, (*nästan överallt*) almost everywhere; ~ *då och då* every now and then **II** *a*, *n till liten* a little, some; (*föga*) little; *det var ovanligt* ~ *folk där* there were unusually few people there; *vi behöver* ~ *blommor* we need a few flowers; *bra* ~ *intresse* very little interest **III** *oböjl. s* a little; something, a trifle; (*föga*) little; ~ *men gott* little but good; ~ *roar småbarn* anything will amuse a child, little things please little minds; *det vill inte säga* ~*!* that's saying a good deal!; *om än aldrig så* ~ be it ever so little; ~ *av varje* a little of everything

litium ['li:t(s)-] *s8*, *kem.* lithium

lito|graf *s3* lithographer **-grafi** *s3* lithography; *konkr.* lithograph **-grafisk** [-'gra:-] *a5* lithographic

litteratur literature **-anmälan** review **-förteckning** bibliography, list of references **-historia** history of literature **-historisk** of the history of literature **-hänvisning** recommended literature; *L~ar* Further Reading (*sg*) **-kritiker** literary critic **-vetenskap** comparative literature

litterär *a1* literary; (*om pers. äv.*) of a literary turn; ~ *äganderätt* copyright

liturg *s3* officiating priest (clergyman) **liturgi** *s3* liturgy **liturgisk** *a5* liturgical

1 liv *s7* **1** (*kropp*) body; ~ *och lem* life and limb; *veka* ~*et* the waist; *gå* (*komma*) *ngn inpå* ~*et* get (come) close to s.b., get to know s.b. intimately; *med* ~ *och själ* wholeheartedly; *till* ~ *och själ* to the backbone **2** (*midja*) waist; *smal om* ~*et* slender-waisted **3** (*klädesplagg*) bodice **4** *få sig ngt till* ~*s* have s.th. to eat (some food), *bildl.* be treated to s.th.

2 liv *s7* **1** (*levande*, *levnad*, *leverne*) life; (*tillvaro*) existence; *börja ett nytt* ~ turn over a new leaf; *musik är mitt* ~ music is what I live for; *sådant är* ~*et!* such is life!; *få* ~ *i* get some life into, (*avsvimmad*) bring round; *få nytt* ~ get a new lease of life; *gjuta nytt* ~ *i* revive, resuscitate; *det gäller* ~*et* it is a matter of life and death; *hålla* ~ *i* keep alive (going); *sätta* ~*et till* lose one's life; *ta*

~*et av ngn* take a p.'s life, make away with s.b.; *berättelser ur levande* ~*et* stories from [real] life; *ett helt* ~*s arbete* the work of a lifetime; *leva* ~*ets glada dagar* (*vard.*) be having the time of one's life; *för hela* ~*et* for life; *frukta för sitt* ~ go in fear for one's life; *inte för mitt* ~*!* not for the life of me!; *i hela mitt* ~ all my life; *han har inte ngn släkting i* ~*et* he has no living relatives; *det är hopp om* ~*et* (*skämts.*) where there's life there's hope; *en strid på* ~ *och död* a life-and-death struggle; *trött på* ~*et* tired of [one's] life; *väcka till* ~ wake to life, (*friare*) awaken [to life], arouse **2** *bildl.* life, vitality; (*kläm*) spirit, mettle; (*fart*) go; *AE. vard.* pep; *det var* ~ *och rörelse överallt* there was a bustling throng everywhere; *med* ~ *och lust* with enthusiasm, very heartily **3** (*oväsen*) commotion, row; *föra ett förfärligt* ~ make (kick up) a terrible row **4** (*levande varelse*) living being; thing; *det lilla* ~*et!* the little darling!; *inte ett* ~ not a soul

liva 1 animate, enliven, (*muntra upp*) liven (cheer) up **2** (*egga*) stimulate; (*öva pennalism*) rag, bully

livad *a5* **1** (*munter*) jolly, merry **2** (*hågad*) inclined (*för* for)

liv|aktig *a1* lively; (*-full*) animated **-boj** life buoy **-båt** lifeboat **-bälte** life belt; cork jacket; *AE.* life preserver **-egen I** *a3* in villeinage (serfdom) **II** *s, pl -egna*, villein, serf **-egenskap** *s3* villeinage, serfdom **-full** full of life (animation), vivid, vivacious

livförsäkr|a insure (*ngn* a p.'s life; *sig* one's life) **-ing** life insurance (*BE. äv.* assurance)

liv|garde life-guards; (*truppförband*) Life Guards (*pl*) **-gardist** Life-Guardsman **-givande** *a4* life-giving; vivifying; animating; *bildl. äv.* heartening **-hanken** *vard. i uttr.*: *rädda* ~ save one's skin

livlig [ˣliːv-] *a1* lively; (*-full*) animated, spirited; (*rörlig*) active; (*t. temperamentet*) sprightly, vivacious; (*levande*) vivid; ~ *debatt* keen debate; *röna* ~ *efterfrågan* meet with a keen (brisk, lively) demand; ~ *fantasi* lively (vivid) imagination; ~ *trafik* heavy (busy) traffic; ~*t trafikerad gata* busy (crowded) street; ~ *verksamhet* lively (intensive) activity **-het** liveliness *etc.*; animation; vivacity; activity

liv|lina lifeline **-lös** lifeless; (*död*) dead; *bildl. äv.* dull; ~*a ting* inanimate things **-medikus** *s, best. form = el. -medikusen, pl -medici* physician in ordinary (*hos* to) **-moder** *anat.* uterus (*pl* uteri); womb **-moderhals** cervix **-nära** support, maintain; feed

livré *s4* livery **-klädd** liveried

liv|rem belt **-rustkammare** *L~n* [the] Royal Armoury **-rädd** terrified, frightened to death **-räddare** life-saver, rescuer **-räddning** life-saving **-ränta** [life] annuity **-rätt** favourite dish

livs|andar *pl, ngns* ~ a p.'s spirits **-avgörande** *a4* vital, of decisive importance **-bejakande** *a4* positive **-bejakelse** positive attitude to life **-cykel** life cycle **-duglig** capable of survival; healthy **-elixir** elixir of life **-fara** deadly peril, danger (peril) to life [and limb]; *sväva i* ~ be in mortal danger (peril); **-farlig** highly dangerous, perilous; (*om sjukdom*) grave; ~ *spänning!*

(*elektr.*) Danger! High Voltage **-form** form of life **-föring** way of life **-förnödenheter** *pl* necessaries of life **-glädje** joy of living **-gnista** spark of life, vital spark **-hotande** ~ *skador* grave injuries **-kraft** vital force (power); vitality **-kraftig** vigorous, robust **-kvalitet** quality of life **-leda** weariness of life **-ledsagare, -ledsagarinna** life companion **-levande** lifelike; in person (the flesh) **-lång** lifelong **-längd** length (term) of life; (*t.ex. lampas*) life **-lögn** lifelong deception

livsmedel *pl* provisions, food[s], foodstuffs **livsmedels|butik** food shop, grocer's (grocery) [store]; (*snabbköp*) self-service shop **-försörjning** food supply [system] **-industri** food [manufacturing] industry

livs|mod will to life *bildl.* vital nerve **-rum** *polit.* lebensraum; living-space **-stil** way of life **-tecken** sign of life; *han har inte givit ngt* ~ *ifrån sig* there is no news from him, he has not written

livstid *i* (*under*) *vår* ~ in our lifetime; *på* (*för*) ~ for life; ~*s straffarbete* penal servitude for life

livstids|fånge prisoner serving life sentence; *vard.* lifer **-straff** lifelong punishment; imprisonment for life

livs|uppgift task (mission) in life **-verk** life's work, life-work **-viktig** vitally important, of vital importance **-vilja** will to life **-villkor** vital condition **-åskådning** view (conception) of life; philosophy

livtag *sport.* waist lock; *ta* ~ apply a waist lock, *bildl.* wrestle

livvakt bodyguard

ljud [juːd] *s7* sound (*äv.* ~*et*); *inte ge ett* ~ *ifrån sig a*) not make a (the slightest) sound, *b*) (*tiga*) not say a single word **ljud|a** *ljöd -it* (*språkv. v1*) sound; (*klinga*) ring; (*brusa*) peal; *det ljöd röster i trappan* voices were heard on the stairs; *ett skott ljöd* a shot rang out

ljud|band recording tape; *film.* sound track **-bang** *s2* sonic bang (boom) **-boj** whistling buoy **-dämpande** *a4* sound-absorbing **-dämpare** [exhaust] silencer, *särsk. AE.* muffler **-effekt** sound effect **-film** soundfilm, *AE.* talkie **-härmande** *a4* sound-imitating; onomatopoe[t]ic; ~ *ord* (*äv.*) imitative word **-isolera** soundproof **-isolering** sound insulation **-kuliss** *radio.* background sound effect

ljud|lig [-uː-] *a1* loud[-sounding]; resounding (*kyss* kiss) **-lära** *fys.* acoustics (*sg*); *språkv.* phonetics (*sg*), phonology **-lös** soundless, noiseless **-nivå** sound level **-radio** sound-broadcasting **-signal** sound-signal **-skrift** phonetic transcription (notation) **-spår** *film.* soundtrack **-styrka** sound; (*volym*) [sound] volume **-tät** soundproof **-upptagning** sound recording **-vall** sound (sonic) barrier **-våg** sound wave

ljug|a [ˣjuː-] *ljög -it* lie (*för* to); tell lies (a lie, falsehood); ~ *för ngn* tell s.b. a lie (*etc.*); ~ *ngn full* tell s.b. a tissue of lies; ~ *som en häst travar* lie like a horse-coper; ~ *ihop ngt* trump up (fabricate) s.th.

ljum [jumm] *a1* tepid, lukewarm (*äv. bildl.*); *bildl. äv.* half-hearted; (*om väder*) warm **ljumma** warm [up], take the chill off

ljumskbråck [ˣjumsk-] inguinal hernia **ljums-**

ke *s2* groin

ljung [juŋ] *s3* heather, ling

ljung|a [ˣjuŋa] lighten; flash (*äv. bildl.*); *bildl. äv.* fulminate **-ande** *a4* flashing (*ögon* eyes); *bildl.* fulminating; (*om protest o.d.*) vehement

ljunghed [j-] heatherclad moor (heath)

ljus [ju:s] **I** *s7* **1** light (*äv. ~et*) tända *~et* switch on the light; *stå i ~et för ngn* stand in a p.'s light; *se dagens ~* see the light of the day; *föra ngn bakom ~et* pull the wool over a p.'s eyes, take s.b in; *nu gick det upp ett ~ för mig* now the light has dawned on me **2** (*stearin- etc.*) candle; *bränna sitt ~ i båda ändar* burn the candle at both ends; *söka efter ngt med ~ och lykta* search high and low [for s.th.]; *han är just inte något ~* he is no great light, he is not on the bright side **II** *al* light; light-coloured; (*lysande*) brilliant (*idé* idea), bright (*färger* colours; *framtid* future); (*om hy, hår*) fair; *det är redan ~an dag* it is day[light] already; *mitt på ~a dagen* in broad daylight; *stå i ~an låga* be ablaze; *~a ögonblick* lucid moments; *i ~aste minne bevarad* cherished in happy remembrance

ljus|bild slide; *föredrag med ~er* lantern lecture **-blå** light (pale) blue **-brytning** [light] refraction **-båge** electric arc **-flöde** luminous flux **-glimt** gleam of light, *bildl. äv.* ray of hope **-gård 1** *byggn.* well, light-court **2** (*-fenomen*) corona **3** *astr.* halo, *foto. äv.* halo **-huvud** *bildl.* bright boy **-hårig** fair[-haired] **-kopiering** light printing; (*blåkopiering*) blueprinting **-knippe** light beam **-krona** chandelier; (*kristall-*) lustre **-kägla** cone of light **-källa** source of light **-känslig** sensitive to light; (*elektriskt*) photosensitive; *~t papper* sensitized paper **-lockig** with fair curly hair **-låga** candle-flame **-manschett** candle-ring **-mätare** light meter, photometer

ljus|na [-u:-] get (grow) light; (*dagas äv.*) dawn; *bildl.* brighten [up], get (become) brighter **-ning 1** *se gryning* **2** (*glänta*) clearing, glade **3** *bildl.* brightening[-up], change for the better, improvement **-punkt** lighting (luminous) point; *elektr.* focus; *bildl.* bright spot, consolation **-reklam** illuminated [advertisement] sign, neon sign (light) **-signal** light signal, signal light **-sken** shining (bright) light **-skygg** *med.* photophobic; *bildl.* shady **-skygghet** *med.* photophobia; *bildl.* shadiness **-skylt** electric sign **-stake** candlestick, candleholder **-stark** (*om stjärna e.d.*) of great brilliance; (*om lampa e.d.*) bright **-strimma** streak of light **-stråle** ray (*kraftigare:* beam) of light **-styrka** intensity of light; (*i normalljus*) candlepower

ljuster [ˈjust-] *s7* [fishing-]spear, [fish]gig **ljustra** spear

ljus|veke candlewick **-våg** light-wave **-år** light year **-äkta** light-proof; *~ färg* fast colour

ljut|a [ˣju:-] *ljöt -it, num. end. i uttr.: ~ döden* meet one's death

ljuv [ju:v] *al* sweet; (*om doft, sömn, vila äv.*) delicious; (*behaglig*) delightful (*syn* sight); *dela ~t och lett med ngn* share the fortunes (the ups and downs) of life with s.b. **ljuvhet** sweetness *etc.*

ljuvlig *al* sweet *etc.*, *jfr ljuv*

LO [ˣällɔ:] *förk. för Landsorganisationen*

lo *s2, zool.* lynx (*pl äv.* lynx)

lob *s3* lobe

lobb [-å-] *s2, sport.* lob **lobba** *v1, sport.* lob

1 lock [låkk] *s2, (hår-)* lock [of hair]; (*ringlad*) curl

2 lock [låkk] *s7 (på kärl o.d.*) lid; (*löst äv.*) cover; *det slog ~ för öronen på mig* I was deafened

3 lock [låkk] *s7 (-ande) med ~ och pock* by hook or [by] crook; *varken med ~ eller pock* neither by fair means nor foul

1 locka [-å-] (*göra lockig*) curl, do up in curls; *~ sig* curl

2 locka [-å:-] **1** (*förleda*) entice, allure ([*till*] *at* into + *ing-form*); (*fresta*) tempt, entice ([*till*] *att* into + *ing-form*); (*fängsla*) attract; *~ ngn i fällan* trap s.b.; *~ fram* draw out (*ur* of); *~ fram tårar* draw tears (*ur* from) **2** *jakt. o.d.* call (*äv. ~ på*); (*om höna äv.*) cluck (*på* to)

lock|ande *a4* enticing *etc.*; tempting, attractive **-bete** lure (*äv. bildl.*); bait; *bildl. äv.* decoy **-else** enticement, allurement; attraction; temptation **-fågel** decoy bird

lockig [-å-] *al* curly

lock|out [låkk'aut] *s3* lockout; *varsla om ~* give advance notice of a lockout **-outa** *v1* lock out

lock|pris price to catch customers; special offer **-rop** mating call **-sång** call

locktång curling irons (tongs) (*pl*)

lockvara bait, loss leader

lod *s7* weight; (*sänk-*) plummet; *sjö.* lead

1 loda *sjö.* sound; *bildl.* plumb, fathom

2 loda (*ströva*) stroll [about]; *neds.* mooch [about]

lodenrock loden coat

lod|lina *sjö.* lead (sounding) line **-linje** vertical line **-ning** sounding (*äv. bildl.*) **-rät** plumb; vertical; perpendicular; *~a ord* (*i korsord*) clues down; *~t 5 5* down

loft [låft] *s7* loft

logaritm *s3* logarithm **-isk** *a5* logarithmic **-tabell** table of logarithms

1 loge [ˣlo:ge] *s2* barn

2 loge [lå:ʃ] *s5* **1** *teat.* box **2** (*ordens-*) lodge

logement [låʃe-, lo-] *s7* barrack room

logera [lå-] **1** (*inhysa*) put up, accomodate, lodge **2** (*vara inhyst*) put up (*hos ngn* at a p.'s house *etc.*), lodge (*hos ngn* with s.b.)

logg [lå-] *s2, sjö.* log **logga** log **loggbok** logbook **logglina** log line

logi [ˈʃi:] *s4, s6* accommodation, lodging; *konkr.* lodging house; *kost och ~* board and lodging, full board

log|ik *s3* logic **-iker** [ˈlå:-] logician **-isk** [ˈlå:-] *a5* logical

logistik *s3* logistics (*behandlas som sg el. pl*)

logo|ped *s3* speech therapist (pathologist) **-typ** *s3* logotype

loj [låjj] *al* (*trög*) inert; (*slö*) slack; (*håglös*) listless; (*indolent*) indolent

lojal *al* loyal (*mot* to[wards]) **-itet** loyalty

lokal I *s3* place; (*rum*) room; (*sal*) hall; (*kontors-*) premises (*pl*) **II** *al* local **-avdelning** local branch **-bedöva** give a local anaesthetic (*ngn* to s.b.) **-färg** local colour (*äv. bildl.*)

lokaliser|a localize, locate, place; *vara väl ~d* thoroughly at home in (*äv. bildl.*) **-ing** localiza-

tion, location
lokaliserings|politik industrial location policy
-stöd industrial location grant
lokal|itet *s3* locality **-kännedom** local knowledge **-patriot** local patriot **-patriotism** local patriotism, regionalism **-samtal** local call **-sinne** *ha* ~ have a good sense of direction **-trafik** local traffic **-tåg** local (suburban) train **-vård** cleaning **-vårdare** cleaner; (*pl*) cleaning staff
lokförare engine driver; (*på ellok*) motorman; (*på diesellok*) engineer
lokomotiv *s7* engine; locomotive
lomhörd [ˣlommhö:rd] *a1* hard of hearing, deaf
londonbo [ˣlånndånbo] *s5* Londoner; (*infödd, vard. äv.*) cockney
longitud [låŋ(g)i-] *s3* longitude
longör [låŋ'gö:r] tedious passage; (*friare*) dull period
lopp [-å-] *s7* **1** *sport.* running; (*ett* ~) run; (*tävling*) race; *dött* ~ a dead heat **2** (*rörelse, gång*) course; *flodens övre* ~ the upper reaches of the river; *ge fritt* ~ *åt* (*bildl.*) give vent to; *efter* ~*et av ett år* after [the lapse of] one year; *i det långa* ~*et* (*bildl.*) in the long run; *inom* ~*et av* within [the course of]; *under dagens* ~ (*äv.*) during the day; *under tidernas* ~ in the course of time **3** (*gevärs- o.d.*) bore
lopp|a [-å-] *s1* flea; *leva* ~*n* (*vard.*) have a gay time, go out on the spree **-marknad** flea (junk) market, jumble sale
lord [-å:-] *s3* lord; ~ *A.* Lord A.; ~*en* his Lordship **-kansler** *L*~*n* the Lord Chancellor
lort *s2* (*smuts*) dirt, filth, muck **lorta** - *ner* get all dirty (*etc.*) **lortgris** little (dirty) pig **lortig** *a1* dirty, filthy, mucky
loss [-å-] *oböjl. a o. adv* loose; off, away; *kasta* ~ (*sjö.*) cast off, let go; *skruva* ~ (*äv.*) unscrew
lossa 1 (*lösa upp*) loose[n]; (*ngt hårt spänt äv.*) slack[en]; *bildl.* relax; (*knyta upp*) untie, unfasten, undo; (*bryta loss*) detach **2** (*urlasta*) unload, discharge; (*fartyg äv.*) unship, land; ~ *lasten* discharge one's (its) cargo **3** (*skott*) discharge, fire [off] **lossna** come loose (off, untied *etc.*); (*om t.ex. tänder*) get loose; (*om färg o.d.*) loosen
lossning unloading, discharging, discharge; landing **lossningsplats** (*för fartyg*) discharging berth; (*lossningshamn*) place (port) of discharge
lots *s2* pilot **lotsa** pilot (*äv. bildl.*); conduct
lots|båt pilot-boat **-station** pilot station
lott [-å-] *s3* **1** lot; (*andel äv.*) share, portion; (*öde*) lot, fate, destiny; (*jord-*) lot, plot; *dra* ~ *om* draw lots for; *falla på ngns* ~ *att* fall to a p.['s lot] to; *olika falla ödets* ~*er* fate apportions her favours unevenly **2** (*-sedel*) lot, lottery ticket
1 lotta [-å-] *s1* member of [the Swedish] Women's Voluntary Defence Service
2 lotta [-å-] *v1, se* [*dra*] *lott*; ~ *bort* (*ut*) dispose of by lottery
lott|ad *a5, lyckligt* ~ well off (situated) **-dragning** drawing [of lots] (*om* for) **-eri** lottery (*äv. bildl.*); *spela på* ~ take part in a lottery; *vinna på* ~ win in a lottery **-lös** portionless; *bli* ~ be left without any share, be left out **-sedel** lottery

ticket
lotus [ˈlo:-] *s2* lotus
1 lov [lå:v] *s7* **1** (*tillåtelse*) permission, leave; *be* [*ngn*] *om* ~ ask [a p.'s] leave; *får jag* ~ *att hjälpa till* may I ([will you] allow me to) help you (*etc.*); *får jag* ~*?* shall we dance?; *vad får det* ~ *att vara? what can I show (get for) you?* **2** *nu får jag* ~ *att gå* I must leave now **3** (*ferier*) holiday[s *pl*]
2 lov [lå:v] *s2* **1** *sjö.* (*göra en* make a) tack **2** *bildl., slå sina* ~*ar kring* hover (prowl) round; *ta* ~*en av ngn* get the better of s.b., take the wind out of a p.'s sails
3 lov [lå:v] *s7* (*beröm*) praise; *sjunga ngns* ~ sing a p.'s praises; *Gud vare* ~*!* thank God!, God be praised!
1 lova [ˣlå:-] (*ge löfte* [*om*]) promise; (*högtidligt*) vow; ~ *runt och hålla tunt* promise a lot, fulfil ne'er a lot; ~ *gott* promise well, be promising; *det* ~*r gott för framtiden* it promises well for the future; *det vill jag* ~*!* I should say so!, rather!, *AE.* vard. I'll say!; *jag har redan* ~*t bort mig till i kväll* (*äv.*) I have got another engagement this evening
2 lova [ˣlo:-] *sjö.* luff
3 lova [ˣlå:-] (*prisa*) praise; ~*d vare Gud!* blessed be God!
lovande [ˣlå:-] *a4* (*hoppingivande*) promising; (*om sak äv.*) auspicious; *det ser inte vidare* ~ *ut* (*äv.*) it doesn't look very hopeful
lovart [ˈlo:-] *r, i* ~ to windward, on the windward side
lov|dag holiday; *ha en* ~ have a day's holiday **-lig** [ˣlå:v-] *a1, den* ~*a tiden för* (*jakt.*) the open season for; *änderna blir* ~*a snart* duck-shooting begins soon
lov|ord [word of] praise **-orda** commend, praise **-sjunga** sing praises unto; (*friare*) sing the praise of **-sång** song of praise; (*jubel-*) paean **-tal** panegyric, eulogy (*över* upon); encomium **-värd** *a1* praiseworthy, commendable; (*om företag, försök o.d.*) laudable
LP-skiva [ˣellpe:-] LP (long-playing) record
luciadagen Lucia Day (*December 13*)
lucka *s1* **1** (*ugns- o.d.*) door; (*fönster-*) shutter; (*damm-*) gate; (*källar-*) flap; (*titthålls-*) [spyhole] hatch; *sjö.* [hatchway] lid **2** (*öppning*) hole, aperture; *sjö.* hatch **3** (*i skrift*) lacuna (*pl äv.* lacunae); *bildl.* gap; (*i minnet*) blank
luckra loosen, break up, mellow; ~ *upp* loosen up
ludd *s3, s7* fluff; nap **ludda** ~ [*sig*] cotton, rise with a nap **luddig** *a1* fluffy, cottony, nappy
luden *a3* hairy; *bot. äv.* downy
luff *s2, vara på* ~*en* be tramping **luffa** tramp; lumber; (*springa*) run **luffare** tramp, vagabond
luffarschack *ung.* noughts and crosses (*pl*)
lufs|a go lumbering; walk (run) clumsily **-ig** *a1* clumsy
1 luft *s3, en* ~ *gardiner* a pair of curtains
2 luft *s3* air; (*friare äv.*) atmosphere; *fria* ~*en* the open air; *få* [*litet*] *frisk* ~ get a breath of air; *ge* ~ *åt* (*bildl.*) give vent to, vent; *behandla ngn som* ~ *för henne* he was beneath her notice; *det ligger* ~ *för henne* he was beneath her notice; *det ligger* i ~*en* it is in the air; *gripen ur* ~*en* imaginary, made up
luft|a air; ~ *på sig* go out for a breath of air;

(*däck*) let down **-affär** bogus transaction; fraud **-angrepp** air attack (raid) (*mot* on) **-ballong** [air-]balloon **-bro** airlift, air bridge **-bubbla** air-bubble **-buren** *a5*, *-burna trupper* airborne (parachute) troops **-fuktare** humidifier **-fuktighet** humidity of the atmosphere (air) **-förorening** air pollution; (*ämne*) air pollutant **-försvar** air defence **-gevär** air gun (rifle) **-grop** *flyg.* air pocket

luft|ig *a1* airy; (*om t.ex. klänning*) billowy **-intag** air-intake **-konditionerad** *a5* air-conditioned **-konditionering** air conditioning **-kudde** air cushion; (*i bil*) air bag **-kuddefarkost** cushioncraft, hovercraft **-kyld** *a5* air-cooled **-led** air corridor, airway **-ledning** overhead [power transmission] line **-madrass** air bed **-massa** air mass **-motstånd** air resistance (friction, drag)

luft|ning airing, ventilation **-pistol** air gun **-pump** air pump, pneumatic pump; (*för cykeldäck o.d.*) tyre-inflator **-renare** air filter (cleaner) **-rum** airspace; *flyg.* air territory **-rör** *anat.* windpipe, *fack.* trachea **-rörskatarr** bronchitis **-skepp** airship; dirigible **-slott** castle in the air (in Spain) **-ström** current of air, air current, airflow **-tillförsel** air supply **-tom** airless; *~t rum* vacuum, void **-torka** air-dry **-trumma** *tekn.* air shaft **-tryck** atmospheric pressure **-tät** airtight, hermetic **-vägsinfektion** respiratory infection **-värn** anti-aircraft defence **-växling** ventilation

1 lugg *s2* (*ludd*) nap, (*på sammet*) pile

2 lugg *s2* **1** (*pann-*) fringe; *titta under ~* look furtively, keep the (one's) eyes lowered **2** (*-ning*) wigging

lugga *~ ngn* pull a p.'s hair

luggsliten threadbare; shabby (*äv. bildl.*)

lugn (*luŋn*) **I** *s7* calm; (*egenskap äv.*) calmness; (*upphöjt ~*) serenity; (*stillhet*) quiet; (*ro*) tranquillity; (*sinnes-*) equanimity, composure ; *i ~ och ro* in peace and quiet; *återställa ~ och ordning* restore peace and order; *~et före stormen* the calm before the storm **II** *a1* calm; (*jämn*) smooth (*yta* surface); (*fridfull, ej upprörd*) tranquil; (*stilla*) quiet; (*mots. ängslig*) easy (*för* about); (*med bibehållen fattning*) composed; *med ~t samvete* with an easy conscience; *aldrig ha en ~ stund* never have a moment's peace; *hålla sig ~* (*ej bråka*) keep quiet; *var bara ~!* don't you worry!

lugn|a calm, quiet[en]; (*farhågor, tvivel o.d.*) set at rest; *~ sig* calm o.s. (down); *~ dig!* don't get excited!, take it easy!; *~ dina upprörda känslor!* calm down!; *känna sig ~d* feel reassured **-ande** *a4* calming *etc.*; (*om nyhet o.d.*) reassuring; *med.* sedative; *~ medel* sedative, tranquillizer

lugnt *adv* calmly *etc.*; *ta det ~* take it (things) easy

Lukas ['lu:-] Luke; *~ evangelium* the Gospel according to St. Luke, Luke

lukrativ [-'ti:v, 'lukk-] *a1* lucrative, profitable

lukt *s3* smell; odour; (*behaglig äv.*) scent, perfume

lukt|a smell; *~ gott* (*illa*) smell nice (nasty); *det ~r vidbränt här* there's a smell of burning here; *det ~r tobak om honom* he smells of tobacco **-fri** free from smell; odourless; scentless **-organ** organ of smell **-sinne** sense of smell, olfactory sense; *ha fint ~* (*äv.*) have a keen sense of smell

-vatten liquid scent **-ärt** sweet pea

lull *adv, vard., i uttr.: stå ~* stand on its (*etc.*) own, stand without support **lulla** *gå och ~* shamble along

lumberjacka windcheater, lumberjacket

lummig *a1* thickly foliaged; spreading

lump *s1* **1** rags (*pl*) **2** *vard. göra ~en* do one's military service

lumpen *a3* paltry; (*småaktig*) petty, mean, shabby

lumpsamlare rag-and-bone man, ragman

lunch *s3* lunch; luncheon **luncha** have [one's] lunch, lunch (*på* on)

lunch|rast lunch break; *skol.* lunch hour (recess) **-rum** (*i företag*) dining (lunch) room; (*självservering*) canteen

lund *s2, s3* grove; copse

lung|a *s1* lung; *blodpropp i ~n* pulmonary embolism **-cancer** lung cancer, cancer of the lung **-inflammation** pneumonia; *dubbelsidig ~* double (bilateral) pneumonia **-säck** pleural sack **-tuberkulos** pulmonary tuberculosis

lunk *s3* trot; *i sakta ~* at a slow jog trot **lunka** jog along

luns *s2* boor, bumpkin **-ig** *a1* (*om pers.*) loutish, hulking; (*om plagg*) baggy, ill-fitting

lunta *s1* **1** (*bok*) tome, [big] volume; *nådiga ~n* the Budget Bill **2** (*för antändning*) match

lupp *s3* magnifying glass, pocket lens

1 lur *s2* (*instrument*) horn, trumpet

2 lur *s2* (*slummer*) nap, doze; *ta sig en ~* take a nap, have forty winks

3 lur *s, i uttr.: ligga på ~* lie in wait, *bildl.* lurk; *stå på ~* stand in ambush

1 lura (*slumra*) drop off [to sleep], doze off

2 lura **1** (*ligga på lur*) lie in wait (*på* for), *bildl.* lurk **2** (*bedra*) take in; cheat (*på* in, over); (*dupera*) impose upon, dupe; (*övertala*) coax, wheedle, cajole (*ngn att göra* s.b. into doing); (*överlista*) get the better of; *bli ~d* be taken in; *mig ~r du inte!* (*äv.*) you dont catch me!; *~ av ngn ngt* wheedle (coax) s.th. out of s.b.; *~ till sig ngt* secure s.th. [for o.s.]; *låta ~ sig* [allow o.s. to] be taken in (cheated *etc.*)

lurendrejeri cheating; fraud

lurifax ['lu:-, -'aks] *s2* sly dog (fox)

lurpassa 1 *kortsp.* lie low **2** *bildl.* [lie in] wait

lurt [-u:-] *vard., ngt ~* s.th. suspect

lurvig *a1* rough; (*rufsig*) tousled; (*om hund o.d.*) shaggy

lus *-en löss* louse (*pl* lice) **-ig** *a1* lousy **-pank** stony-broke

lussa *v1, vard.* celebrate Lucia Day

lust *s2* **1** (*håg*) inclination, mind; (*benägenhet, håg*) bent, disposition; (*smak*) taste, liking; *få ~ att* (*äv.*) take it into one's head to; *kom när du får ~!* come when you feel inclined [to]!; *ha ~ att a*) feel inclined (have a mind) to, *vard.* feel like (*sjunga* singing), *b*) (*bry sig om*) care to; *tappa ~en för* lose all desire for **2** (*glädje*) delight, pleasure; *i nöd och ~* in weal and woe, (*i vigselformulär*) for better for worse **3** (*åtrå*) desire

lust|a *s5* lust; desire **-betonad** pleasurable; *~e känslor* feelings of pleasure **-gas** laughing gas, *fack.* nitrous oxide **-gård** *Edens ~* the garden of Eden

lustig *al* **1** (*roande*) amusing, funny; (*munter*) merry, jolly; *göra sig ~ över* make fun of, poke fun at; *hastigt och ~t* all of a sudden, straight away **2** (*löjlig*) funny, comic[al]; (*underlig*) odd, strange, peculiar **-het** *säga en ~* say s.th. amusing, make an amusing remark, crack a joke **-kurre** joker, wag

lust|känsla sense (*-förnimmelse:* sensation) of pleasure **-mord** sex murder **-resa** pleasure trip (excursion)

1 lut *s2* (*tvätt-*) lye

2 lut *s3, s7 stå (ligga) på ~* be aslant; *ha [ngt] på ~* have s.th. in reserve (up one's sleeve)

1 luta *s1* lute

2 luta *v1* (*lutlägga*) soak (steep) in lye

3 luta *v1* **1** lean (*äv. ~ sig*); incline; (*slutta*) slope, slant; *~ sig ner* stoop; *~ sig ut* lean out **2** (*tendera*) incline (*åt* towards); *jag ~r åt den åsikten att* I am inclined to think that; *det ~r nog ditåt* that is what it is coming to; *se vartåt det nu nog utlich way things* are going; *~ mot sitt fall* be on the road to ruin

lut|ad *a5* leaning (*mot* against); inclined, sloping (*bakåt* backwards); *gå ~* walk with a stoop **-ande** *a4* leaning; inclined (*plan* plane); (*om bokstäver o.d.*) sloped, slanted; (*framåt-*) stooping; *~ tornet i Pisa* the leaning tower of Pisa; *~ stil* sloping hand

lutfisk [dried] stockfish

luthersk ['lutt-] *a5* Lutheran

lutning [⁀] inclination, (*sluttning*) slope

luttra *bildl.* try, purify, chasten; *~d* tried, chastened

luv *s2, ligga i ~en på varandra* be at loggerheads [with each other]; *råka i ~en på varandra* fly at each other, fall foul of each other

luva *s1* [woollen] cap

luxuös *al* luxurious, sumptuous

lya *s1* lair, hole; *den* (*äv. bildl.*)

1 lyck|a *v3, inom -ta dörrar* behind closed doors

2 lycka *s1* (*levnads-*) happiness; (*sällhet*) bliss; (*tur*) luck, good fortune; (*framgång*) success; (*öde*) fortune; *bättre ~ nästa gång!* better luck next time!; *~ till* good luck!; *du ~ns ost!* you lucky beggar!; *göra stor ~* be a great success; *en stor ~ fyllde honom* he was filled with great joy, he was brimming over with happiness; *göra sin ~* make one's fortune; *ha ~ med sig a*) (*ha framgång*) be successful (fortunate), *b*) (*medföra ~*) bring [good] luck; *ha den ~n att* have the good fortune to, be fortunate enough to; *pröva ~n* try one's fortune; *sin egen ~s smed* the architect of one's own fortunes

lyckad *a5* successful; *vara mycket ~* be a great success; *påståendet var mindre ~at* the statement was hardly a happy one **lyckas** *dep* succeed, be successful (*göra i* doing); (*gå bra*) be (turn out) a success; (*om pers.*) manage, contrive (*hitta* to find); *det ~ades inte alls* (*äv.*) it proved to be a complete failure; *allt ~ för honom* everything he touches prospers, he is successful in everything

lyck|lig *al* (*uppfylld av lycka*) happy; (*gynnad av lycka*) fortunate; (*tursam*) lucky; *~ resa!* a pleasant journey!, bon voyage!; *i ~aste fall* at best; *av* (*genom*) *en ~ slump* by a lucky (happy) chance; *en ~ tilldragelse* a happy event **-ligen** safely

(*anländ* arrived) **-ligt** *adv* happily *etc.*; *~ okunnig om* blissfully ignorant of; *komma ~ och väl hem* get home safely; *om allt går ~* if everything goes favourably (well, successfully); *leva ~* live happily **-ligtvis** fortunately, luckily; happily

lycko|bringande *a4* lucky, bringing fortune (*etc.*) [in its train] **-dag** lucky day **-kast** lucky throw (hit) **-klöver** four-leaf (four-leaved) clover **-sam** *al* prosperous; successful **-slant** lucky coin **-stjärna** lucky star **-tal** lucky number

lycksalig supremely happy, blissful **-het** bliss, supreme happiness (felicity)

lycksök|are, -erska fortune hunter, adventurer

lyck|träff lucky shot, stroke of luck; *en ren ~* a mere chance **-önska** *~ ngn* congratulate s.b. (*till ngt* on s.th.) **-önskan** congratulation

1 lyda *v2, imperf äv. löd* (*åt-*) obey; (*råd äv.*) follow, take; (*lyssna t.*) listen to (*förnuftets röst* the voice of reason); *ej ~ order* (*äv.*) disobey orders; *~ icke answer* [to] the helm; *~ under a*) (*om land o.d.*) be subject to, *b*) (*om ämbetsverk o.d.*) be under (subordinate to), be under the jurisdiction of, *c*) (*tillhöra*) belong to

2 lyda *v2, imperf äv. löd* **1** (*ha viss -else*) run, read; *hur -er frågan?* how does the question read?; *..., löd svaret ...,* was the reply; *domen -er på* the sentence is **2** *en räkning ~nde på 200 pund* a bill for £200; *~nde på innehavaren* made out to bearer

lydelse wording, tenor

lyd|ig *al* obedient; (*lag-*) loyal; (*foglig*) docile; (*snäll*) good **-nad** [-y:-] *s3* obedience (*mot* to); loyalty

lyft *s7* lift, hoist, heave **lyfta** *v3* **1** lift; (*höja*) raise (*på hatten* one's hat); (*häva*) heave; *bildl.* lift, elevate **2** (*uppbära*) draw, collect (*sin lön* one's salary); (*uttaga*) withdraw, take out (*pengar på ett konto* money from an account) **3** (*om fågel*) take wing (flight); *flyg.* take off, lift; (*om dimma o.d.*) lift

lyft|anordning hoist, gin **-kran** [hoisting] crane **-ning** lift; *bildl.* elevation, uplift

lyhörd [-ö:-] *al* **1** (*om pers.*) with a sensitive (sharp) ear; keenly alive (*för* to) **2** (*om rum o.d.*) insufficiently soundproof

lykt|a *s1* lantern; (*gat-, bil- o.d.*) lamp **-stolpe** lamppost

lymf|a *s1* lymph **-kärl** lymphatic [vessel]

lymmel *s2* blackguard; scoundrel, villain **-aktig** *al* blackguardly; villainous

lynch|a lynch **-ning** lynching

lynne *s6* **1** (*läggning*) temperament; (*sinnelag*) disposition, temper; *ha ett häftigt ~* have a hasty temper **2** (*sinnesstämning*) humour; temper, mood; *vara vid dåligt ~* (*äv.*) be in low spirits

lynnes|kast *tvära ~* temperamental ups and downs **-utbrott** outburst of temper

lynnig *al* capricious

1 lyr|a *s1* (*kast*) throw; *ta -or* catch balls

2 lyra *s1* (*mus. o friare*) lyre

lyr|ik *s3* lyrics (*pl*); lyric poetry **-iker** ['ly:-] lyric poet **-isk** ['ly:-] *a5* lyric; *bli ~* (*vard.*) grow lyrical

lys|a *v3* **1** (*avge ljus*) shine (*klart* bright[ly]); give (shed) light; (*glänsa*) gleam, glitter; (*glöda*) glow; *det -er i köket* the light is (lights are) on in the kitchen **2** *bildl.* shine (*av* with); *ansiktet -te*

L

av lycka his (*etc.*) face was alight with happiness; *glädjen -te i hans ögon* joy shone in his eyes; ~ *inför andra* show off before other people; ~ *med sina kunskaper* (*äv.*) make a display of one's knowledge; ~ *med sin frånvaro* be conspicuous by one's abscence; ~ *med lånta fjädrar* (*äv.*) strut in borrowed plumes; ~ *upp* light up, (*illuminera*) illuminate, (*friare äv.*) lighten, brighten [up] **3** ~ *ngn* light s.b. (*nedför en trappa* down a staircase) **4** *det -er för dem* the banns are to be published for them **-ande** *a4* **1** shining *etc.*; (*klar*) bright; (*själv-*) luminous; (*strålande*) radiant; (*om t.ex. dräkter*) resplendent (*i granna färger* in gay colours) **2** *bildl.* brilliant; (*storartad*) splendid; (*bländande*) dazzling (*framgång* success); (*frejdad*) illustrious; ~ *resultat* (*äv.*) spectacular result; *ett* ~ *undantag* (*äv.*) an outstanding exception; *gick allt annat än* ~ was by no means a brilliant success

lysboj light buoy

lys|e *s6* light[ing] **-kraft** luminosity **-mask** glowworm

lysning [-y:-] banns (*pl*) **lysningspresent** wedding present

lys|rör fluorescent tube **-rörsarmatur** fluorescent tube fittings, neon light fittings (*pl*)

lyssn|a listen (*efter* for; *på* to) **-are** listener

lyst|en *a3* (*glupsk*) greedy (*efter* for); (*girig*) covetous (*efter* for); (*ivrig*) eager (*på* for) **-mäte** *s6, få sitt* ~ have one's fill (*på* of) **-nad** *s3* greediness *etc.*; greed

lystr|a pay attention; obey (*äv.* ~ *till*); (*spetsa öronen*) prick up one's (its) ears; ~ *till ett namn* answer to a name **-ing** response; obedience; ~*!* (*mil.*) attention!

lyte *s6* defect; deformity; *bildl.* fault, vice **lytt** *a1* maimed, crippled, disabled

lyx *s3* luxury; (*i fråga om mat o. dryck*) sumptuousness; (*överdåd*) extravagance **-artikel** luxury **-ig** *a1* luxurious **-skatt** luxury tax

låda *s1* **1** box; (*större äv.*) case; (*byrå- o.d.*) drawer; (*maträtt*) dish cooked in a baking-dish **2** *hålla* ~ talk the hind leg(s) off a donkey

låg ~*t lägre lägst* low; *bildl.* low, mean, base; *hysa* ~*a tankar om* have a poor opinion of

låg|a I *s1* flame (*äv. bildl.*); (*starkare*) blaze; *bli -ornas rov* perish in [the] flames; *stå i ljusan* ~ be [all] ablaze; *föremålet för hans ömma* ~ the object of his tender passion **II** *v1* blaze; flame (*äv. bildl.*); (*glöda*) glow (*av* with)

lågadel ~*n* the lesser nobility, (*i Storbritannien ung.*) the gentry

lågande *a4* blazing; flaming; burning (*hat* hatred); *med* ~ *kinder* (*äv.*) with cheeks afire

låg|avlönad low-paid **-frekvens** low frequency **-halt** *vara* ~ have one leg shorter than the other **-het** lowness *etc.* **-inkomsttagare** low-income earner **-klackad** *a5* low-heeled **-konjunktur** depression, economic (business) recession, slump **-kyrklig** Low-Church **-land** lowland[s *pl*] **-länt** *a1* low-lying **-lönegrupp** low-income category (group) **-mäld** [-ä:-] *a1* low-voiced, low-key (*äv. bildl.*); *bildl.* quiet, unobtrusive **-nivåspråk** *data.* low-level language **-sint** *a1* base, mean **-skor** shoes **-slätt** lowland plain **-spänning** low voltage **-stadielärare** junior level

teacher **-stadium** beginning stage, junior stage; *-stadiet* (*skol.*) primary department **-säsong** off season

lågt [-å:-] *lägre lägst, adv* low; *bildl.* basely, meanly; ~ *räknat* at a low estimate

lågtryck 1 *meteor.* depression, low **2** *fys.* low pressure

lågtstående *a4* (*om kultur o.d.*) primitive

låg|vatten low water; (*vid ebb*) low tide **-växt** *a1* short

lån *s7* loan (*mot ränta* at interest; *mot säkerhet* on security); *ordet är ett* ~ *från engelskan* the word has been borrowed from the English; *ha ngt till* ~*s* have s.th. on loan, have borrowed s.th. **låna 1** (*ut-*) lend (*åt* to); *AE. äv.* loan; (*förskottera*) advance; ~ *ut* lend [out]; ~ *sitt namn åt* allow one's name to be used by; ~ *sig till* lend o.s. to **2** (*få t. låns*) borrow (*av* from); ~ *upp* borrow; ~ *pengar på* raise money on

låne|ansökan loan application **-bibliotek** lending library; circulating library

lång ~*t längre längst* **1** (*om tid o. rum*) long; (*väl* ~, *-randig etc.*) lengthy; (*tämligen* ~) longish; (*stor*) great (*avstånd* distance), big (*steg* stride); *lagens arm är* ~ the arm of the law is far-reaching; *lika* ~ of equal length; *hela* ~*a dagen* all day long; *inte på* ~*a vägar så bra* not by a long way (not anything like) so good; *han blev* ~ *i ansiktet* his face fell; *det tar inte* ~ *tid att* it won't take long to; *tiden blir* ~ *när* time seems long when; *på* ~ *sikt* in the long run, on the long term, long-range … **2** (*om pers.*) tall

lång|bent [-e:-] *a1* long-legged **-bord** long table **-byxor** *pl* long trousers, (*fritids-*) slacks **-dans** long-line dance **-distanslöpning** long-distance race **-dragen** *a3, bildl.* protracted (*debatt* debate); lengthy; (*tröttsam*) tedious **-finger** middle finger **-fingrad** *a5, bildl.* light-fingered **-franska** *s1, s7, ung.* tin loaf **-fredag** Good Friday (*äv. ~en*) **-fristig** *a1* long-term **-färd** long trip (expedition, voyage) **-grund** (*om strand*) shelving; (*om vatten*) shoaling **-hårig** long-haired

långivare lender; granter of a loan

lång|kalsonger *pl* long underpants, *vard.* long johns **-körare** *pjäsen har blivit en* ~ the play has had a very long run

lång|lig *a1* longish; *på* ~*a tider* for ever so long, for ages **-livad** *a5* long-lived; *inte bli* ~ not last long, (*om pers.*) not be long for this world

lång|promenad *ta sig en* ~ go for a long walk **-randig** *bildl.* long-winded, tedious[ly long] **-resa** long journey (*sjö.* voyage) **-rev** long line

lång|sam *a1* slow (*i, med* in, at, over); (*trög, äv. om puls*) sluggish; (*maklig*) leisurely; (*senfärdig*) tardy **-samt** *adv* slowly; ~ *men säkert* slow[ly] but sure[ly]; *ett* ~ *verkande gift* a slow[-working] poison; *det går* ~ *för dem att* it is a slow business their (+ *ing-form*), they are so slow in (+ *ing-form*) **-samhet** slowness *etc.* **-sida** long side **-sides** alongside **-siktig** *a1* long-range, long-term **-sint** *a1* resentful **-skjutande** *a4* long-range **-sluttande** *a4* gradually sloping **-smal** long and narrow **-spelande** *a4* long-playing (*skiva* record) **-strumpa** stocking **-sträckt** *a1* of some length, longish **-synt** [-y:-] *a1* long-sighted

-sökt [-ö:-] a4 far-fetched; strained
långt längre längst, adv **1** rumsbet. far (härifrån [away] from here); a long way (dit there; till to); gå ~ (bildl.) go far, rise high [in life]; gå för ~ (bildl.) go too far; nu går det för ~! this is too much of a good thing!; hon hade inte ~ till tårarna her tears were not far off; man kommer inte ~ med fem shilling you don't get far with five shillings; så ~ thus (so) far; så ~ ögat når as far as the eye can see; resa ~ bort go a long journey; vi har ~ till affären we have a long way to go to the shop; det är ~ mellan bra filmer good films are few and far between; det är ~ mellan gårdarna the farms are far apart; det är ~ mellan blixtarna the lightning flashes come at long intervals; ~ inne i tunneln far (well) down the tunnel **2** tidsbet. long (efteråt afterwards); far (in på det nya året into the new year); ~ innan long (a long while) before; ~ om länge at long last; så ~ jag kan minnas tillbaka as far back as I can remember **3** (vida) far (bättre better; överlägsen superior to); (mycket äv.) much, a great deal, a lot; ~ ifrån (ingalunda) by no means **-gående** a4 far-reaching, extensive, considerable **-ifrån** ['låŋt-] se långt 3
lång|tidsprognos long-term (long-range) forecast **-tradare** transport (long-distance) lorry; AE. freight truck; vard. juggernaut **-tråkig** very tedious (etc.) **-varig** a1 long; of long duration; (utdragen) lengthy, protracted; (om [...] förbindelse) long, standing **-våg** radio. long wave **-vård** long-term treatment, long-stay care **-väga** oböjl. a o. adv from a [long] distance; en ~ gäst a guest [who has come] from afar; - ifrån from far away **-ärmad** a5 long-sleeved
lån|ord loan word **-tagare** borrower
1 lår s2 (låda) [large] box; (pack-) case, chest
2 lår s7 thigh
lår|ben thighbone, fack. femur **-bensbrott** fractured thigh[bone] **-benshals** neck of the femur
lås s7 lock; (häng-) padlock; (knäppe) clasp, catch; inom ~ och bom under lock and key; gå i ~ (bildl.) go without a hitch
lås|a v3 lock; ~ in lock up; ~ upp unlock; ~ sig (om sak) get locked, jam, (fastna) get stuck; ~ sig ute lock o.s. out **-anordning** locking device **-bar** a1 lockable, lock-up **-kolv** spring (latch) bolt **-smed** locksmith
låt s2 (melodi) melody, tune, song; (ljud) sound, bildl. tune
1 låt|a lät -it (ljuda, lyda) sound (som like); det -er misstänkt it sounds suspicious; maskinen -er illa the machine makes a row; det -er oroväckande the news is alarming; jo, det -er något det! (iron.) tell me another one!; det -er som om han tänkte komma [från what I (etc.) hear] it seems as if he would come; du -er inte vidare glad you don't sound very cheerful
2 låt|a lät -it **I** hjälpv **1** let; allow to; permit to; ~ bli ngt leave (let) s.th. alone; ~ ngt ligga (stå) leave s.th. alone (where it is); ~ nyckeln sitta kvar i låset leave the key in the lock; ingen lät märka något no one let on about it; ~ saken bero let the matter rest, drop the matter; ~ vara leave alone; låt vara att even though, although; låt så vara, men that may be so, but **2** (laga att) have

(hämta ngt s.th. fetched); get (göra ngt s.th. done); (föranstalta att) cause (ngn göra ngt s.b. to do s.th.); (förmå) make (ngn göra ngt s.b. do s.th.); ~ sömmerskan sy en klänning get the dressmaker to make a dress; låt se att see to it that; han lät tala om sig he gave people cause to talk [about him], he got himself talked about; ~ ngn förstå give s.b. to understand; ~ ngn vänta keep s.b. waiting, let s.b. wait **3** det -er göra sig it is possible, it can be done; det -er höra sig! that's s.th. like!; ~ sig väl smaka tuck in; det -er säga sig it can (may) be said; inte ~ säga sig ngt två gångar not need to be asked twice; ~ övertala sig allow o.s. to (let o.s.) be persuaded **4** ~ sitt vatten pass one's water
låtsad [ˣlå(t)ss-] a5 pretended etc.; (falsk) sham, mock, make-believe
låtsa|s [ˣlå(t)ss-] dep pretend; feign; make pretence of, simulate (vara being); ~ att (äv.) make believe that; han -des att han inte såg mig he pretended not to see me; ~ som om det regnar behave as if nothing were the matter; ~ inte om det! don't let on about it!; skall det här ~ vara ...? is this supposed to be ...?
låtsaslek make believe
lä n lee; i ~ to leeward, on the lee[ward] side; komma i ~ för land get under the lee of the land; i ~ för vinden sheltered from the wind, in the lee of the wind; ligga i ~ (bildl.) fall short, be behindhand
läck oböjligt a leaky; springa ~ spring a leak; vara ~ leak, be a leak **läcka I** s1 leak; bildl. leakage **II** v3 leak (om fartyg av.) make water; ~ ut leak out (äv. bildl.) **läckage** [-'ka:ʃ] s7 leakage
läcker ['läkk-] a2 dainty, delicious **-bit** dainty, morcel, titbit **-gom** gourmet **-het** daintiness; delicacy, dainty
läder ['lä:-] s7 leather; en ... av ~ (äv.) a leather ... **-artad** [-a:r-] a5 leather-like; leathery **-rem** leather strap
läge s6 situation; position; (plats) place; (nivå) level; (belägenhet) site, location; (tillstånd) state, condition; i soliga ~n (trädg.) in a sunny location; hålla ngt i ~ hold s.th. in position; i nuvarande ~ as things stand at present; i rätt ~ in place; saken har kommit i ett nytt ~ the matter has entered a new phase, the situation has changed; som ~t nu är as matters now stand
lägenhet 1 se våning **2** efter råd och ~ according to one's means **3** (transport- o.d., resetillfälle) opportunity; means of transport; (båt- äv.) sailing, ship; med första ~ (sjö.) by the first ship [sailing]
läg|er ['lä:-] s7 **1** (tält- o.d.) camp (äv. bildl.); slå ~ pitch [one's] camp, encamp; det blev oro i -ret (bildl.) everybody was upset **2** (parti) party; ur olika ~ belonging to various parties **3** (liggplats) bed; (djurs äv.) lair; reda sig ett ~ make a bed **-eld** camp fire **-liv** camp life
läges|bestämning determination of position **-energi** potential energy
lägg s2, anat. shank
lägga lade lagt **I** put; (i vågrätt ställning äv.) lay (äv. bildl.); (placera på viss plats, på visst sätt e.d.) place; (t. sängs) put to bed; (ordna sängplatser för) put to sleep; (anbringa) apply (på to);

~ *grundstenen till* lay the foundation stone of; ~ *håret* have one's hair set; ~ *ägg* lay eggs **II** (*med betonad partikel*) **1** ~ *an* (*gevär o.d.*) level, point, aim (*på* at); ~ *an på* a) (*eftersträva*) aim at, b) (*söka vinna*) make up to, make a dead set at **2** ~ *bi* (*sjö.*) lay (heave) to **3** ~ *bort* (*upphöra med*) give up, drop, (*ovana äv.*) leave off **4** ~ *fram* put out; *jfr fram-* **5** ~ *för ngn* (*vid måltid*) help s.b. to **6** ~ *ifrån sig* put (lay) down **7** ~ *ihop* put (place) together **8** ~ *in* (*jfr in-*) a) (*ngt i*) put into, b) *se konservera*; ~ *in ansökan* file (submit) an application; ~ *in en brasa* lay a fire; ~ *in golv* put down a floor, floor; ~ *in hela sin själ i ngt* (*äv.*) do s.th. wholeheartedly **9** ~ *ner* a) *se ned-*, b) (*pengar, möda o.d.*) spend, expend (*på* in, on), c) (*sin röst vid omröstning*) abstain [*sin röst* from voting], d) (*klänning*) let down, e) (*teaterpjäs*) withdraw **10** ~ *om* a) (*ändra*) change, alter, b) *med.* bandage, bind up, dress; ~ *om rodret* shift the helm **11** ~ *på* a) put on, b) (*brev o.d.*) post; ~ *på luren* hang up [the receiver] **12** ~ *till* a) (*tillfoga*) add [on], b) *sjö.* put in (*vid* at) **13** ~ *undan* put away, put aside **14** ~ *under sig* (*bildl.*) subdue **15** ~ *upp* a) put up (*på* on), b) (*mat*) dish up, c) (*klänning*) shorten, put a tuck in, d) (*hår*) dress, *AE. äv.* fix up, e) (*maskor*) cast on, *f*) (*fartyg, förråd*) lay up, *g*) (*an-*) start, set up, *h*) (*upphöra med*) give up; ~ *upp håret på rullar* set one's hair on rollers **16** ~ *ut* a) lay out (*äv. pengar*), b) (*klädesplagg*) let out, c) *sjö.* put off (out) (*från* from), d) (*bli tjock*) put on weight **III** *rfl* a) (*äv.* ~ *sig ner*) lie down, (*gå t. sängs*) go to bed, (*om sjuk*) take to one's bed, b) (*om sak*) settle, (*sänka sig*) descend, (*isbeläggas*) freeze, get frozen over, c) *bildl.* abate, subside, (*försvagas*) lie down (away), (*om svullnad*) go down; ~ *sig i* interfere, meddle (*ngt* in s.th.); *lägg dig inte i det!* mind your own business!, (*äv.*) keep clear of that!; ~ *sig till med* (*skägg o.d.*) grow, (*glasögon*) take to, (*titel e.d.*) adopt, (*bil e.d.*) acquire, (*tillägna sig*) appropriate; ~ *sig ut för ngn* take up a p.'s cause, (*hos ngn*) intercede (put in a good word) for s.b. (*hos* with)

lägg|dags bedtime **-ning 1** *bildl.* disposition, character; (*håg*) bent, turn **2** (*hår-*) setting; *tvättning och* ~ shampoo and set

läglig [ˣlä:g-] *a1* opportune, timely; (*passande*) suitable, convenient; *vid första* ~*a tillfälle* at your earliest convenience

lägra [ˣlä:g-] *rfl* encamp; (*om dimma, damm o.d.*) settle

lägre ['lä:g-] *komp. t.* låg, lågt **I** a lower; (*i rang, värde o.d.*) **II** *adv* lower

lägst [-ä:-] *superl. t.* låg, lågt lowest; ~*a växeln* (*på bil*) the low gear; *till* ~*a möjliga pris* at the lowest possible price, at rock-bottom price; *i* ~*a laget* too low; *som* ~ at its (their) lowest

läk|a *v3* heal (*igen* over, up) (*äv. bildl.*); (*bota*) cure; *tider -er alla sår* time heals all wounds **-ande** *a4* healing; curative

läkar|behandling medical treatment **-besök** visit to a doctor **-bok** medical book

läkar|e doctor; physician; (*kirurg*) surgeon; *praktiserande* ~ general practitioner; *kvinnlig* ~ woman doctor; *gå till* ~ see (consult) a doctor, seek medical advice; *tillkalla* ~ call in a doctor **-hus**

health centre **-intyg** doctor's (medical) certificate **-mottagning** surgery; consulting rooms (*pl*) **-sekreterare** medical secretary **-undersökning** medical examination (inspection), physical examination **-vetenskap** medical science (*äv.* ~*en*) **-vård** medical attendance (care)

läkas *v3, dep* heal [up]

läke|dom [-domm] *s3* cure **-konst** [the] art of healing; *utöva* ~*en* practise medicine **-medel** medicine; pharmaceutical preparation; drug; (*botemedel*) remedy **-medelsmissbruk** drug abuse

läk|kött ha gott ~ have flesh that heals quickly **-ning** [-ä:-] healing

läkt *s3* (*ribba*) lath, batten

läktare (*åskådar-*) gallery; (*utomhus*) platform, stand; (*utan tak*) *AE. äv.* bleachers

läm [lämm] *s2* (*lucka*) flap

lämmel *s2* lemming **-tåg** lemming migration

lämna **1** leave; (*ge sig av*) quit; (*överge äv.*) give up; (*befattning äv.*) retire from; ~ *mycket övrigt att önska* leave a great deal to be desired; ~*r mig ingen ro* gives me no peace; ~ *i arv åt ngn* leave to s.b. **2** (*över-*) hand (*ngn ngt* s.b. s.th., s.th. [over] to s.b.); leave; (*in-*) hand in; *hand äv.* render; (*ge, skänka*) give; (*hjälp äv.*) render; (*bevilja*) grant; (*avkasta*) yield **3** ~ *ifrån sig* hand over; ~ *igen* return, give back; ~ *kvar* leave [behind]

lämp|a I *s1, -or* gentle means; *gå fram med -or* go gently, use velvet gloves; *bruka -or med ngn* coax s.b.; *ta ngn med -or* coax s.b. into [doing] s.th. **II** *v1* **1** (*anpassa*) adapt, accommodate, suit (*efter* to); (*justera*) adjust (*efter* to); ~ *sig* (*foga sig*) adapt (accommodate, suit) o.s. (*efter* to); ~ *sig för* be adapted (suited) for **2** *sjö.* trim; ~ *över bord* jettison

lämp|ad *a5* adapted (*efter* to); suited (*för* for) **-lig** *a1* suitable, fitting; (*som duger, äv.*) fit; (*om anmärkning, behandling äv.*) appropriate; (*lagom*) adequate; (*tillbörlig*) due, proper; (*rådlig*) advisable, expedient; (*läglig*) opportune, convenient; *vidtaga* ~*a åtgärder* take appropriate action; *vid* ~*t tillfälle* at a suitable (convenient) opportunity **-ligen** suitably *etc.*; *det görs* ~ it is best done **-lighet** suitability; fitness

län *s7, ung.* county, administrative district, province

länd *s3* loin; (*på djur*) hind quarters (*pl*); *omgjorda sina* ~*er* gird up one's loins

lända *v2*, ~ *ngn till heder* redound to a p.'s honour; ~ *ngn till varning* serve as a warning to s.b.

längd [-ŋd] *s3* **1** (*i rum*) length; (*människas*) height, tallness, stature; *geogr.* longitude; *tre meter på* ~*en* three metres in length; *i hela sin* ~ full length; *resa sig i hela sin* ~ draw o.s. up to one's full height; *på* ~*en* (*äv.*) lengthways, lengthwise; *största* ~ (*sjö.*) length over all **2** (*i tid*) length; *i* ~*en* in the end, in the long run; *dra ut på* ~*en* be prolonged **-axel** longitudinal axis **-hopp** long (*AE. broad*) jump **-hoppare** long-jumper **-löpning** long-distance racing **-mått** linear (long) measure **-riktning** longitudinal direction; *i* ~*en* lengthwise, longitudinally; *i papperets* ~ lengthways of the paper

läng|e [-ŋ-] *-re -st, adv* long; (*i påståendesats*) [for] a long time (while); (*lång stund äv.*) for long; *ganska* ~ [for] quite a long time (while); *både* ~ *och väl* no end of a time; *hur* ~ *till?* how much longer?; *för* ~ *sedan* a long time (while) ago, long ago; *på* ~ for a long time, for ever so long; *sitt ner så* ~*!* take a seat while you wait!; *så* ~ *som* as (*nekande:* so) long as; *så* ~ *jag kan minnas* ever since I can remember; *än så* ~ for the present (the time being)

längesedan long (a long time) ago; *vard.* ages ago

längre ['läŋ-] *komp. t. lång, långt, länge* I *a* 1 longer; (*rumsbet. äv.*) farther, further; (*högre*) taller; *göra* ~ (*äv.*) lengthen; *för* ~ *avstånd än* (*äv.*) for distances greater than 2 (*utan jämförelse*) long; (*om t.ex. tal, paus, äv.*) longish, lengthy, of some length; *någon* ~ *tid kan jag inte stanna* I cannot stay very long; *under en* ~ *tid* for a considerable time, for quite a long time II *adv* (*om rum, tid*) further, farther; (*om tid äv.*) longer; *det går inte* ~ *att* it is no longer possible to; *det finns inte* ~ it does not exist any longer; ~ *bort* farther away; ~ *fram* further on, (*senare*) later on

längs [-ŋs] ~ [*efter* (*med*)] along; (~ *sidan av*) alongside **-efter** ['-'efter, 'läŋs-] along **-gående** *a4* longitudinal **-med** along

längst [-ŋst] *superl. t. lång, långt, länge* I *a* longest; (*högst*) tallest; *i* ~*a laget* too long if anything; *i det* ~*a* as long as possible, (*t.ex. hoppas att*) to the [very] last II *adv* farthest, furthest (*bort away*), *buk* [*rear*]most; ~ *ner* (*upp*) at the [very] bottom (top) (*i of*); ~ *till vänster* (*äv.*) at the extreme left

längta [-ŋ] long, yearn (*efter* for; *efter att* to); ~ *efter att ngn skall komma* (*äv.*) be looking forward to a p.'s coming; ~ *bort* long to get away; ~ *hem* be homesick, long for home **längtan** *r* longing (*efter* for); *förgås av* ~ *att ngn skall* be dying [with longing] for s.b. to (+ *inf.*) **längtande** *a4*, **längtansfull** longing, yearning; (*om blick äv.*) wistful

länk [-ŋk] *s2* link (*äv. bildl.*); *felande* ~ missing link **länka** chain (*fast vid* on to); (*foga*) join, link on (*till* to) (*äv. bildl.*); *bildl. äv.* guide

1 läns *oböjl. a, pumpa* ~ pump dry, drain; *hålla en båt* ~ (*äv.*) keep the water out of a boat; *ösa en båt* ~ bail out a boat

2 läns *s2, sjö.* following wind

1 länsa 1 *se pumpa läns under 1 läns* **2** (*friare*) empty; *bildl.* drain (*på* of); *vard.* clear out; (*förråd äv.*) make a clean sweep of

2 länsa *sjö.* run [before the wind]

läns|bokstav (*på bil*) county registration letter **-polischef** county police commissioner

länspump bilge-pump

läns|rätt county administrative court **-styrelse** county administrative board

länstol [ˣlä:n-, ˣlänn-] armchair, easy chair

länsåklagare county prosecutor

läpp *s2* lip; *falla ngn på* ~*en* be to (suit) a p.'s taste; *hänga* ~ (*bildl.*) sulk; *melodin är på allas* ~*ar* the song is on everybody's lips

läppja ~ *på* sip [at], just taste, *bildl.* have a taste of

läppstift lipstick

lär *v, end. i pres* **1** (*torde*) *han* ~ *nog* he is likely to; *jag* ~ *väl inte få se honom mer* I don't expect to see him again **2** (*påstås*) *han* ~ *vara* he is said (supposed) to be

lära I *s1* doctrine; (*tro*) faith; (*vetenskap*) science, theory; (*hantverks-*) apprenticeship; *gå i* ~ *hos* be apprenticed (an apprentice) to II *v2* **1** (~ *andra*) teach (*ngn franska s.b.* French); (*undervisa äv.*) instruct (*ngn engelska s.b.* in English); ~ *bort till ngn* let s.b. into; ~ *ut* teach (*ngt t. ngn* s.th. to s.b.) **2** (~ *sig*) learn; *ha svårt för att* ~ be slow at learning **3** *rfl* learn (*att skriva* [how] to write); (*tillägna sig äv.*) acquire, pick up; ~ *sig uppskatta* come (grow) to appreciate

läraktig *al* ready (willing) to learn, docile, quick at learning; apt (*elev* pupil)

lärar|e teacher (*för* of, for; *i franska* of French); instructor; (*t. yrket äv.*) schoolmaster; (*i sht vid högre skola*) master **-högskola** college of education, teacher training college **-inna** [woman] teacher, [school]mistress; *vard.* schoolmarm **-kandidat** student teacher **-kår** teaching staff **-rum** staff room

lärd [-ä:-] *al* learned; (*grundligt*) erudite; (*vetenskaplig*) scholarly; *en* ~ [*man*] a learned (*etc.*) man, a man of learning; *gå den* ~*a vägen* go in for (take up) an academic career

lärdom [ˣlä:rdomm] *s2* **1** (*kunskaper*) learning; erudition; scholarship **2** *dra* ~ *av* learn from

lärdoms|historia history of learning **-prov** test of scholarship

lärft *s4, s3* linen

lärjung|e [ˣlärr-] pupil; scholar; (*friare*) disciple; *Jesu* ~*ar* the Disciples of Christ

lärka *s1* [sky]lark

lärkträd larch [tree]

lärkving|e *gå som* -*ar* (*bildl.*) twinkle, flash

lärling [-ä:-] apprentice, trainee

läro|bok textbook; manual; (*nybörjarbok*) primer **-fader** *kyrkl.* father of the Church; (*friare*) master **-medel** *pl* educational (teaching) materials **-mästare** master; *ta ngn till* ~ take s.b. as one's teacher **-plan** curriculum **-rik** instructive; informative; *föga* ~ not very instructive **-sal** *univ.* lecture room, (*större*) lecture theatre **-spån** *s7, göra sina första* ~ make one's first tentative efforts, serve one's apprenticeship **-verk** [-värk] *s7* secondary [grammar] school; *AE. ung.* high school and junior college; *tekniskt* ~ technical college

läroverkslärare secondary school master (teacher)

lärpengar *betala* ~ pay for one's experience

läsa *v3* **1** read (*för ngn* to s.b.; *hos, i* in; *om* about; *ur* from; *på läpparna* from the lips); (*genom-*) peruse; ~ *en bön* say a prayer; ~ *korrektur* proofread; ~ *ut en bok* finish [reading] a book **2** (*studera*) read (*juridik* law; *på en examen* for an examination), study; ~ *in* learn (study up) thoroughly; ~ [*på sina*] *läxor* prepare (do) one's homework **3** (*få undervisning* [*i*]) take (have) lessons (*franska för* in French from); (*för privatlärare äv.*) coach (*för* with); *gå och* ~ (*för prästen*) be prepared for one's confirmation **4** (*ge undervisning i*) teach, give lessons in; ~ *latin med en klass* take Latin with a class; ~ *läxor med ngn* help s.b.

with his (etc.) homework
läs|are 1 reader **2** relig. pietist **-bar** al readable **-barhet** readability
läse|bok reader; (nybörjar- äv.) reading-book **-cirkel** reading-circle **-krets** readers (pl), public; stor ~ wide readership **-sal** reading room
läs|glasögon reading glasses **-huvud** ha gott ~ have a good head for study (studying)
läsida leeward side; på ~n leewards
läsk s2, vard. soft drink, AE.
läsk|a 1 (med -papper) blot, dry with blotting paper **2** (släcka törsten) quench; (svalka) cool; (uppfriska) refresh (äv. bildl.); ~ sig refresh o.s.
läskedryck [flavoured] mineral water, lemonade, soft drink
läskpapper (ett a sheet of) blotting paper
läs|kunnig able to read **-lampa** reading lamp; (säng-) bedside lamp
läslig [-ä:-] al legible, readable
läs|ning [-ä:-] reading; (lektyr äv.) reading matter **-- och skrivkunnighet** literacy **-- och skrivsvårigheter** pl problems in reading and writing
läspa lisp
läst s3 (sko-) last **lästa** ~ [ut] last
läs|värd worth reading **-år** school year; univ. academic year **-ämne** (motsats övningsämne) theoretical subject
läte s6 [inarticulate] sound; (djurs) call, cry
lätt I al **1** (motsats tung) light (äv. bildl.); (om t.ex. cigarr, öl) mild; med ~ hand lightly, gently; ~ om hjärtat light of heart; känna sig ~ om hjärtat feel light-hearted; ~ på foten light of foot, bildl. of easy virtue **2** (lindrig) slight (förkylning cold); easy (rullning roll); gentle (bris breeze); (svag) faint; ett ~ arbete (äv.) a soft job **3** (motsats svår) easy; (enkel) simple; göra det ~ för sig make things easy for o.s.; han har ~ för språk languages come easy to him, he finds languages easy; ha ~ [för] att find it easy to **II** adv **1** (motsats tungt) light; (ytligt, nätt o. jämnt) lightly, gently; (mjukt) softly; väga ~ (äv. bildl.) weigh light; sova ~ sleep lightly; ta ngt ~ take s.th. lightly, make light of s.th. **2** (lindrigt) slightly; (ngt litet) somewhat **3** (motsats svårt) easily; readily; vard. easy; ~ fånget, ~ förgånget easy come, easy go; man glömmer så ~ att one is so apt to forget (one so easily forgets) that
lätt|a 1 (göra -are, lyfta) lighten; (samvete, tryck o.d.) ease; (spänning) relieve, alleviate; ~ ankar weigh anchor; ~ sitt hjärta unburden one's mind (för ngn to s.b.) **2** (ge -nad) be (give) a (some) relief; (bli -are) become lighter (etc.); (minska i vikt) go down in weight **3** (om dimma o.d.) lift, become less dense; det börjar ~ it is beginning to clear up **4** (bildl., bli mindre svår) ease; det har ~t litet things have eased a little **5** (lyfta) lift; flyg. äv. rise, take off; ~ på förlåten lift the smoke screen, abandon secrecy; ~ på restriktionerna ease the restrictions; ~ på pungen lighten one's purse
lätt|ad a5, bildl. eased, relieved **-antändlig** al [highly] inflammable **-are** komp. t. lätt **I** a lighter etc., se lätt I; (utan jämförelse) light etc. **II** adv more lightly etc., se lätt II; ~ sagt än gjort easier said than done **-bearbetad** a5 easy to work **-be-**

griplig easily understood; obvious **-betong** porous concrete **-fattlig** al easily comprehensible, easy to understand; intelligible **-flytande** (om vätska) of low viscosity; (om skrivsätt, tal) fluent, flowing **-fotad** a5 **1** light-footed **2** se lättfärdig **-framkomlig** (om skog o.d.) [easily] penetrable; (om väg o.d.) easy to go (walk etc.) along (on) **-funnen** a5 easily found **-fångad** a5 easily caught (come by) **-färdig** frivolous; (osedlig) of lax morals; (lösaktig) wanton **-förklarlig** av ~a skäl for obvious reasons **-förståelig** easy to understand **-förtjänt** easily earned (etc.) **-hanterlig** easy to handle, easily handled; bildl. easily manageable
lätthet 1 lightness etc. **2** easiness; simplicity; (t.ex. att lära sig) ease; (t.ex. att uttrycka sig) facility; med ~ (äv.) easily
lätting idler, slacker
lättja sl laziness; idleness, indolence
lätt|köpt [-çö:-] al, bildl. easily won, cheap **-ledd** al easily guided (led); (om pers. äv.) tractable **-lurad** a5 easily taken in (duped etc.); han är ~ he's a sucker (vard.) **-läst** [-lä:st] a4 **1** se lättläslig **2** (om bok, författare) easy to read **-löslig** easily dissolvable **-matros** ordinary seaman **-metall** light metal **-mjölk** low-fat milk
lättna become (get) lighter; bildl. lighten, become brighter; det börjar ~ (äv.) things are looking up
lättnad s3, bildl. relief (för for, to), alleviation; (i restriktioner) relaxing (i of), relaxation (i in, of); (förenkling) simplification; det känns som en ~ it is a relief; dra en ~ens suck breathe a sigh of relief
lätt|påverkad a5 easily influenced (affected), impressionable **-retlig** irritable; touchy **-road** a5 easily amused **-rörd** (bildl. om pers.) easily moved (etc.); (om sinne) excitable; (om hjärta) responsive; (känslosam) emotional **-rörlig** mobile; bildl. very active **-saltad** a5 slightly salted **-sam** al easy **-sinne** (obetänksamhet) thoughtlessness, recklessness; (slarv) carelessness; (-färdighet) frivolousness, wantonness **-sinnig** al light-hearted, happy-go-lucky, easy-going; (om handling äv.) thoughtless; (-färdig) wanton, loose **-skrämd** a5 easily frightened; fearful **-skött** [-ʃött] al easy to handle, easily operated (worked) **-smält** al **1** (om födoämne) easily digested, digestible **2** (om bok o.d.) se lättläst **-stekt** [-e:-] al lightly done, underdone; AE. rare **-stött** bildl. ready to take offence, touchy **-tillgänglig** (hopskr. lättillgänglig) that can easily be got at; accessible; (om pers. äv.) responsive, easy to get on with **-vikt** sport. lightweight **-viktare** sport. lightweight **-vin** wine **-vindig** al (ej svår) easily made, simple; (bekväm) handy; (utan omsorg) easy-going; (slarvig) careless **-öl** light lager beer
läx|a I sl lesson (till for); ge ngn en ~ give (bildl. teach) s.b. a lesson; ha i (till) ~ have as homework **II** v1, ~ upp ngn read s. b. a lesson, lecture s.b., vard. read the riot act to s.b. **-förhör** questioning on homework
löda v2 solder; (hård-) braze
lödder ['lödd-] s7 lather; (tvål- äv.) soapsuds (pl); (fradga äv.) foam, froth **löddra** lather (äv. ~

sig) **löddrig** *a1* lathery; (*om häst vanl.*) foaming
lödighet [standard of] fineness; *bildl.* sterling
character (quality)
löd|kolv soldering iron **-pasta** solder [paste]
-tenn soldering [tin], tin solder
löfte *s6* promise (*om* of; [*om*] *att* to + *inf.*, of +
ing- form); (*högtidligare*) vow; *avlägga ett* ~
make a promise; *bunden av ett* ~ (*äv.*) under a
vow; *ha fått* ~ *om* have had a promise of, have
been promised; *ta* ~ *av ngn* exact a promise from
s.b.; *hålla sitt* ~ keep one's promise; *mot* ~ *om*
on the promise of
löftes|brott breach of one's promise **-rik** prom-
ising, full of promise
lögn [löŋn] *s3* lie; falsehood; (*liten*) fib; (*stor,
vard.*) whopper; *fara med* ~ tell a lie (lies); *det
var* ~ *att få ngt ur henne* (*vard.*) it was impossible
to get anything out of her **-aktig** *a1* lying; (*om
historia o.d.*) mendacious; (*om påstående*) un-
truthful **-are** liar **-detektor** lie detector, poly-
graph **-hals** liar
löja [ˣlöjja] *s1* bleak
löje [ˣlöjje] *s6* (*leende*) smile; (*åt-*) ridicule
-väckande *a4* ridiculous; *verka* ~ have a ridicu-
lous (comic) effect
löjlig *a1* ridiculous; (*lustig*) funny, comic[al];
(*orimlig*) absurd; *göra en* ~ *figur* cut a ridiculous
(sorry) figure; *göra sig* ~ *över* make fun of
löjrom whitefish roe
löjtnant [ˣlöjj-] *s3* (*vid armén*) lieutenant, *AF
första lieutenant, (vid flottan*) sublieutenant, *AE.*
lieutenant junior grade; (*vid flyget*) flying officer,
AE. first lieutenant **löjtnantshjärta** *bot.*
bleeding heart
lök *s2* **1** (*blom-*) bulb **2** (*som maträtt*) onion **3** *läg-
ga* ~ *på laxen* (*bildl.*) make matters worse
-formig [-å-] *a1* onion-shaped, bulbous **-kupol**
onion dome **-soppa** onion soup **-växt** bulb[ous
plant]
lömsk *a1* insidious; (*hedräglig*) deceitful; (*illistig*)
sly, wily; (*bakslug*) underhand; (*försåtlig*)
treacherous
lön *s3* **1** (*belöning*) reward; recompense; (*er-
sättning*) compensation; *få* ~ *för mödan* be re-
warded for one's pains; *få sina gärningars* ~ get
one's deserts **2** (*arbetares*) wages (*pl*), pay, remu-
neration; (*tjänstemans o.d.*) salary
lön|a (*be-*) reward; (*vedergälla*) recompense; *jfr
äv. avlöna; ~ ont med gott* return good for evil;
~ *mödan* be worth while **2** *rfl* pay; (*om företag*)
be profitable (lucrative); *det ~r sig inte* it is no
use, it is not worth while (the trouble) **-ande** *a4*
(*om företag*) profitable; (*om sysselsättning äv.*)
remunerative; *bli* ~ (*äv.*) become a paying pro-
position
löne|anspråk *pl* salary requirements; *svar med*
~ replies stating salary expected (required) **-av-
drag** deduction from wages (salary), payroll de-
duction **-förhandlingar** *pl* wage negotiations,
pay talks; *centrala* ~ collective bargaining (*sg*)
-förhöjning increase (rise, *AE.* raise) in salary
(wages) **-förmån** emolument; ~*er* (*äv.*) pay-
ments in kind, fringe benefits **-läge** wage situ-
ation **-nivå** wage level **-rörelse** wage negoti-
ations (*pl*), collective bargaining **-stopp** wage
freeze **-sänkning** wage (*etc.*) cut **-sättning**

setting of wage (*etc.*) rates, wage determination
-villkor *pl* salary (wage) terms, terms of remu-
neration **-ökning** wage (*etc.*) increase
lönlös [ˣlö:n-] (*gagnlös*) useless, futile
lönn *s2, bot.* maple [tree]
lönn|bränning illicit distilling **-dom** *i uttr.: i* ~
secretly, in secret, clandestinely **-dörr** secret
door **-gång** secret (underground) passage
-krog unlicensed gin-shop **-mord** assassination
-mördare assassin
lönsam [ˣlö:n-] *a1* profitable, remunerative, luc-
rative **-het** profitability, earning capacity **-hets-
beräkning** cost-benefit analysis (calculation)
lönsparande save as you earn
lönt [-ö:-] *oböjl. a, det är inte* ~ *att du försöker* it
is no good (use) your trying
löntagar|e (*arbetare*) wage earner; (*tjänsteman*)
salary earner; employee **-organisation** labour
organization
löp|a *v3* **1** run (*ett lopp* a race); *jfr 2 springa 1*; *låta*
~ let go; ~ *fara* be in danger; ~ *risk att* run the
risk of (+ *ing-form*) **2** (*sträcka sig*) extend, run,
go (*längs* along); *en mur -er runt* ... (*äv.*) a wall
encircles ... **3** (*om drivrem, kran o.d.*) run,
travel, go; (*hastigt äv.*) fly, dart; *nålen -er lätt* the
needle goes through easily; *låta fingrarna* ~ *över*
run one's fingers over **4** (*om ränta o.d.*) run; *lå-
net -er med 5 % ränta* (*äv.*) the loan carries inter-
est at 5 % **5** (*om tik*) be in heat **6** ~ *till ända* (*om
tidsfrist o.d.*) run out, ~ *ut* (*om tid*) expire, run
out; ~ *ut ur hamnen* leave (put off from) [the]
harbour
löpande *a4* running (*äv. hand.*); *i sht hand.*
current; *i* ~ *följd* (*bokför. o.d.*) in consecutive
order; ~ *konto* open (current) account; ~ *order*
standing order; ~ *rigg* (*sjö.*) running rigging; *i* ~
räkning on current (running) account; ~ *utgifter*
running (working) expenses; ~ *band* assembly
line, (*transportband*) conveyor belt; *producera*
på ~ *band* mass-produce
löparbana running track
löpare **1** runner **2** (*bord-*) table-runner **3**
(*schackpjäs*) bishop
löpe *s6* rennet
löp|eld (*skogseld*) surface-fire **2** *sprida sig som
en* ~ spread like wildfire **-knut** [running] noose
-maska ladder, run **-meter** running-metre, lin-
ear metre **-ning 1** running; (*en* ~) run; (*kapp-*)
race **2** *mus.* run, roulade **-sedel** placard; [news]-
bill **-tid** (*växels o.d.*) currency; (*låns o.d.*) life;
duration, [period of] validity (maturity)
lördag [ˣlö:r-] Saturday; *jfr fredag*
lös I *a1* **1** loose; (*rörlig*) movable; (*flyttbar äv.*)
portable; (*-tagbar*) detachable; (*ej hårt spänd*)
slack; ~*a blommor* cut flowers; ~*a delar* (*re-
servdelar*) spare parts; ~ *och fast egendom* real
and movable estate; *i* ~ *vikt* (*hand.*) by weight **2**
(*ej tät* [*t. konsistensen*]) loose (*snö* snow); (*mjuk*)
soft (*blyerts* lead); *vara* ~ *i magen* have loose
bowels **3** (*konstgjord*) false (*tand* tooth); (*mot-
sats skarp*) blank (*skott* shot) **4** (*om häst o.d.*) un-
tethered, at large; (*om hund*) unleashed, off the
lead; (*om seder*) loose, lax; (*om förbindelse*) ir-
regular; (*om antagande, misstanke*) vague; (*om
prat o.d.*) empty, idle; ~*t folk* people on the
loose, drifters; *gå* ~ be at large; ~*a påståenden*

unfounded statements; *på* ~*a grunder* on flimsy grounds **5** *bli* (*komma*) ~ get loose; *nu brakar det* ~*!* (*om oväder o.d.*) now we are in for it!; *slå sig* ~ take a day off, (*bland vänner e.d.*) let o.s. go **II** *adv, gå* ~ *på* (*angripa*) attack, go for (*ngn* s.b.), go at (*ngt* s.th.)

lösa *v3* **1** (*tjudrat djur*) untether, unloose; (*hund*) let off the leash, unleash; (*friare*) release, set free (*från, ur* from) **2** (*lossa på*) loose[n]; (*boja, knut o.d.*) undo, unfasten, untie **3** (*i vätska*) dissolve **4** (*gåta, problem o.d.*) solve **5** (*ut-*) redeem; (*biljett e.d.*) buy, take, pay for; ~ *ut ngn ur* (*firma e.d.*) buy s.b. out of **6** *rfl* (*i vätska*) dissolve, be dissolvable; (*om problem o.d.*) solve

lös|aktig *a1* loose, dissolute **-ande** *a4*, ~ [*medel*] laxative

lösbladssystem loose-leaf system

lösen ['lö:-] *r* **1** (*för stämpel e.d.*) stamp fee (duty) **2** (*för brev e.d.*) surcharge **3** (*igenkänningsord*) password; catchword; *dagens* ~ the order of the day

lösesumma ransom

lös|göra 1 (*djur*) set free, release; (*hund*) let off the leash, unleash, unchain **2** (*sak*) detach, unfasten, unfix, disengage; (*ur nät, snara e.d.*) extricate **3** *bildl.* free, liberate; (*kapital*) liberate **4** *rfl* set o.s. free, free (release) o.s. **-häst 1** loose horse **2** *bildl.* gentleman without lady; (*friare*) gentleman at large **-kokt** lightly boiled, soft-boiled **-lig** [-ö:-] *a1* **1** (*i vätska*) soluble, dissolvable **2** (*om problem*) solvable, soluble **3** (*lös*) loose; (*om t.ex. moral*) lax, slack **-mynt** *a4* blabbing **-ning** [-ö:-] **1** *konkr.* solution **2** (*förklaring*) solution (*på* of); (*frågas äv.*) settlement; *gåtans* ~ (*äv.*) the answer (key) to the riddle **-ningsmedel** [dis]solvent **-nummer** single copy **-näsa** false nose **-ryckt** *a4* torn loose (*från* off, from); (*om ord, mening o.d.*) disconnected, isolated

löss (*pl av lus*) lice

lös|skägg false beard **-släppt** *a4*, let loose (*etc*); (*otyglad*) unbridled; (*uppsluppen*) wanton, unrestrained

löst [-ö:-] *adv* loosely *etc.*; (*lätt*) lightly; (*obestämt*) vaguely; *sitta* ~ (*om plagg*) fit loosely; *gå* ~ *på 100 pund* (*vard.*) run into £ 100

lös|tagbar [-a:g-] *a5* detachable **-tand** false tooth

löv *s7* leaf **löva** adorn with leafy branches **lövas** *dep* leaf, leave, burst into leaf

löv|biff leaf-thin slice[s] of beef **-fällning** [the] fall of the leaves; defoliation (*äv.* ~*en*) **-jord** leaf mould (soil) **-ruska** leafy branch **-skog** deciduous forest; *AE.* hardwood forest **-sprickning** leafing **-såg** fret saw **-trä** hardwood **-träd** deciduous (*AE.* hardwood) tree **-tunn** as thin as a leaf **-verk** foliage **-äng** forest meadow

M

machtal [ˣmakk-] Mach number, Mach

mack *s2* (*pump*) petrol pump; (*bensinstation*) filling (*AE.* gas[oline]) station; (*med service*) petrol (service) station

Madagaskar *n* (*ön*) Madagascar; (*republiken*) Madagascar (1958--75 Malagasy)

madonna [-ˣdånna, -'dånna] *s1* Madonna

madrass *s3* mattress **-era** pad; quilt **-var** *s7* [bed] tick

maffia ['maff-] *s1* Maf[f]ia

magasin *s7* **1** (*förrådshus*) storehouse; *hand.* warehouse; (*förvaringsrum*) depository; (*skjul*) shed **2** (*butik*) shop **3** (*på eldvapen*) magazine **4** (*tidskrift*) magazine **-era** store [up]; *hand.* warehouse; (*möbler äv.*) store

mag|besvär stomach (digestive) trouble; upset stomach **-dans** belly dance

mage *s2* stomach; (*buk*) belly; *anat. äv.* abdomen; (*matsmältning*) digestion; *vard.* tummy; *ha dålig* ~ suffer from indigestion; *ha ont i* ~*n* have [a] stomachache (a pain in one's stomach); *vard.* have a belly ache; *vara hård i* ~*n* be constipated; *vara lös i* ~*n* have diarrhoea; *få en spark i* ~*n* (*äv.*) get a kick in the guts; *min* ~ *tål inte* my stomach won't stand, I can't take; *ligga på* ~*n* lie on one's face

mager ['ma:-] *a2, eg. o. bildl.* lean; (*om pers., kroppsdel äv.*) thin; (*knotig*) bony; (*friare, bildl.*) meagre; (*klen*) slender; (*knapp*) scanty; ~ *jord* poor (meagre, barren) soil; ~ *kassa* scanty funds (*pl*); ~ *ost* low-fat cheese; ~ *stil* (*boktr.*) lean face; *sju magra år* seven lean years; ~ *som ett skelett* a mere skeleton **-lagd** *a5* rather thin; on the thin side

mag|grop pit of the stomach **-gördel** *med.* abdominal support; (*på cigarr*) band

mag|i [-g-] *s3* magic **-isk** ['ma:-] *a5* magic[al]

magister [-'jist-] *s2, filosofie* ~ (*ung.*) Master of Arts (*förk. M.A.*); (*lärare*) schoolmaster; *ja* ~*n!* yes, Sir!

magknip pains (*pl*) in the stomach; gripes (*pl*)

magnat [-ŋn-] *s3* magnate; *AE. vard.* tycoon

magnesium [-ŋ'ne:-] *s8* magnesium

magnet [-ŋ'ne:t] *s3* magnet (*äv. bildl.*); (*tändapparat*) magneto; *naturlig* ~ (*äv.*) loadstone **-band** magnetic tape **-fält** magnetic field **-isera** magnetize **-isk** *a5* magnetic; *bildl. äv.* magnetical **-ism** magnetism **-pol** magnetic pole **-tändning** magneto ignition

magnifik [-ŋni-, -nji-] *a1* magnificent; grand, splendid

magnityd [-ŋn-] *s3* magnitude

mag|plask belly flop **-pumpa** ~ *ngn* empty a p.'s stomach of its contents; *bli* ~*d* have one's stomach pumped out

magra [-a:g-] become (get, grow) thinner, lose weight; ~ *tre kilo* lose three kilos [in weight]

mag|saft gastric juice **-sjukdom** disease of the

stomach **-stark** *det var väl ~t!* (*vard.*) that's a bit too thick! **-sur** suffering from acidity in the stomach; *bildl.* sour[-tempered], sardonic **-syra** acidity in the stomach; *bildl.* sourness of temper **-sår** gastric ulcer **-säck** stomach

maharadja [-'radja] *s1* maharaja[h]

mahogny [-'hångni, -y] *s9, s7* mahogany

maj [majj] *r* May; *första ~* May Day, the first of May **-blomma** May-Day flower

majestät *s7, s4* majesty; *Hans M~* His Majesty; *Ers M~* Your Majesty **-isk** *a5* majestic; (*friare*) stately

majestätsbrott lese-majesty

majonnäs *s3* mayonnaise

major *s3* major; (*vid flottan*) lieutenant commander; (*vid flyget*) squadron leader; *AE.* major, (*vid flottan*) lieutenant commander

majoritet *s3* majority; *ha ~* have (be in) a majority; *absolut* (*relativ, kvalificerad*) *~* absolute (relative, [a] two-thirds *etc.*) majority **majoriteten bonlut** majority resolution

majs *s3* maize, Indian corn; *AE.* corn **-ena** [-ˣse:-, -'se:-] *s1* cornflour; *AE.* cornstarch **-flingor** *pl* cornflakes **-kolv** ear of maize (corn), corncob **-mjöl** cornflour; *AE.* cornstarch **-olja** maize oil

majstång maypole

mak *oböjl. s i uttr.: i sakta ~* at an easy pace, (*t.ex. arbeta*) slow but sure

1 maka *v1* move, shift (*äv. ~ på*); *~ sig* move o.s.; *~ sig till rätta* settle o s comfortably, *~ åt sig* make room, give way

2 maka I *s1* wife; *poet. äv.* spouse; *hans äkta ~* his wedded wife **II** *oböjl. a* (*som bildar ett par*) that match, that are fellows (a pair)

makaber [-'ka:-] *a2* macabre

makadam ['damm] *s3* macadam, road metal

makalös matchless, unmatched; incomparable; peerless

makaroner [-'ro:-] *koll.* mac[c]aroni

mak|e *s2* **1** (*äkta ~*) husband; *poet. äv.* spouse; (*om djur*) mate; *-ar* husband and wife; *-arna A.* Mr. and Mrs. A. **2** (*en av ett par*) fellow, pair; *~n till den här handsken* the other glove of this pair **3** (*like*) match; *~n till honom finns inte* his match (the like of him) does not exist, you will not find his peer; *jag har då aldrig hört på ~n!* I never heard the like (such a thing)!, well, I never!

Makedonien [-'do:-] *n* Macedonia

makedon|ier [-'do:-] *s9* Macedonian **-isk** *a5* Macedonian

maklig [-a:-] *a1* easy-going; (*bekväm*) comfortable; (*loj*) indolent; (*sävlig*) leisurely

makramé *s3* macramé

makrill *s2* mackerel

makt *s3* power; might; ([*tvingande*] *kraft*) force; (*herravälde*) dominion, rule, ([*laglig*] *myndighet*) authority; (*kontroll*) control; *~ går före rätt* might goes before right; *vanans ~* the force of habit; *ingen ~ i världen kan* no power on earth can; *sätta ~ bakom orden* back up one's words by force; *få ~ över* obtain power over, make o.s. master of; *ha* (*sitta vid*) *~en* be in (hold) power; *en högre ~* superior force; *genom omständigheternas ~* by force of circumstances; *av* (*med*) *all ~* with all one's might; *med all ~ söka att* do

one's utmost to; *ha ordet i sin ~* be eloquent, have the power of expressing o.s., *vard.* have the gift of the gab; *det står inte i min ~ att* it is beyond my power to; *komma till ~en* come into (obtain) power; *vädrets ~er* the weather gods

makt|balans balance of power **-befogenhet** authority; powers (*pl*) **-faktor** factor of power **-fullkomlig** despotic, dictatorial **-fördelning** distribution of power **-havare** *s9* ruler; *de ~* those in power **-kamp** struggle for power **-koncentration** concentration of power **-lysten** greedy for power **-lös** powerless; impotent; (*svag*) weak; (*matt*) faint **-medel** instrument of force; forcible means (*pl*) **-missbruk** abuse of power **-påliggande** *a4* (*viktig*) important, urgent; (*ansvarsfull*) responsible **-spel** gamble for power; *~et* the power game **-språk** language of force

makul|atur wastepaper, spoilage *-rum* (*lagra*) destroy, obliterate, reject as waste[paper]; (*göra ogiltig*) cancel; *~s!* cancelled!

1 mal *s2* (*insekt*) moth

2 mal *s2* (*fisk*) European catfish, sheatfish

mala *v2* **1** grind (*till* into); (*säd äv.*) mill; (*kött äv.*) mince; *~ på ngt* (*bildl.*) keep on repeating s.th.; *~ om samma sak* (*bildl.*) keep harping on the same string **2** (*om tankar*) keep on revolving

Malackahalvön [-ˣlakk-] the Malay Peninsula

malaj [-'lajj] *s3* Malay[an]; *skämts. mil.* C3 (C-3) man

malaria [-'la:-] *s1* malaria **-mygga** mosquito

Malawi *n* Malawi **Malaysia** *n* Malaysia

malen *perf. part. av mala* ground; *fin~* finely ground; *grov~* coarsely ground

malign [-'liŋn] *a1, med.* malignant

mall *s2, tekn.* mould; (*friare äv.*) pattern, model; (*rit-*) [French] curve

mallig *a1* cocky, stuck-up

Mallorca [maˣjårka] *n* Majorca

malm *s3* **1** *miner.* ore; (*obruten*) rock **2** (*legering*) bronze **3** *ljudande ~* sounding brass; *han har ~ i stämman* his voice has got a ring in it **-berg** metalliferous rock **-brytning** ore-mining

malmedel antimoth preparation, mothproofing agent

malm|fyndighet ore deposit **-fält** ore deposit (field) **-halt** content of ore **-klang** metallic ring **-åder** metalliferous vein

malplacerad [mallpla'se:-] *a5* misplaced, out of place; (*om anmärkning o.d.*) ill-timed

malpåse mothproof bag; *stoppa* (*lägga*) *i ~* put in mothballs

malström [ˣma:l-] maelstrom

malsäker mothproof

malt *s4, s3* malt **-dryck** malt liquor

maltes|are [-ˣte:-] Maltese **-erkors** Maltese cross **-isk** [-ˣte:-] *a5* Maltese

maltos [-'tå:s] *s3* maltose, malt sugar

malva *s1, bot.* mallow

maläten *a5* moth-eaten, mothy; (*luggsliten*) threadbare; (*om pers.*) haggard

malör mishap; (*starkare*) calamity

malört *bot.* wormwood (*äv. bildl.*); *~ i glädjebägaren* a fly in the ointment **malörtsbägare** *bildl.* cup of bitterness

mamelucker *pl* pantalet[te]s; knickers

mamma *s1* mother (*till* of); *vard.* ma, mum; *barnspr.* mummy; *~s gosse* mother's boy; *på sin ~s gata* on one's native heath **-klänning** maternity dress

mammig *a1* who clings to his (her) mother's skirts

mammografi *s3* mammography

mammon [-ån] *r* mammon; (*rikedom*) riches (*pl*); *den snöda ~* filthy lucre

mammut ['mamm-] *s2, zool.* mammoth

Man [mann] *r* [*ön*] *~* the Isle of Man; *invånare på ~* Manxman

1 man [ma:n] *s2* (*häst- o.d.*) mane

2 man [mann] *-nen män, mil. o.d. pl man* man (*pl men*); (*som motsats t. kvinna äv.*) male; (*arbetskarl, besättnings- e.d. äv.*) hand; (*äkta ~*) husband, man; *en styrka på fyrtio ~* a force of forty men; *sjunka med ~ och allt* go down with all hands; *det skall jag bli ~ för!* I'll make sure that's done!; *tredje ~* third person (party); *~ och ~ emellan* from one to another; *per ~* a head, per man, each; *på tu ~ hand* by ourselves, on our own (*etc.*); *som en ~* to a man, one and all; *litet till ~s har vi* pretty well every one of us has; *var ~* everybody

3 man [mann] *pron* one, you; we; (*vem som helst ibl.*) anyone; (*folk*) people, they, *vard.* folks; *~ trodde förr* people used to think; *~ kan aldrig veta vad som* one (you) can never know what; *det kan ~ aldrig veta!* one never knows!; *när ~ talar till dig* when people speak to you, when you are spoken to; *om ~ delar linjen* if you (we) bisect the line; *~ påstår att han är* they (people) say that he is, he is said to be; *har ~ hört på maken!* did you ever [hear the like]!; *eller, om ~ så vill* or, if you like (prefer [it]); *ser ~ på!* well, well!

mana (*upp-*) exhort; (*befalla*) bid; (*uppfordra*) call upon; (*driva på*) incite, urge, admonish; *exemplet ~r inte till efterföljd* his (*etc.*) example hardly invites imitation; *~ till försiktighet* call for caution; *känna sig ~d att* feel called upon (prompted) to; *~ fram* call forth (out); *~ på ngn* urge on s.b.; *~ gott för ngn* put in a good word for s.b.

manager ['männidjer, 'mann-] (*för idrottsman*) manager; (*för artist*) impresario, publicity agent

manbyggnad [*×*mann-] manor house

manchestersammet [*×*mannçester-, -'çest-] ribbed velvet, corduroy

Manchuriet [-'riet] *n* Manchuria

1 mandarin *s3* (*ämbetsman*) mandarin; (*högkinesiska*) Mandarin

2 mandarin *s3* (*frukt*) mandarin[e]

mandat *s7* **1** *jur.* authorization, authority **2** (*som riksdagsman*) mandate; commission; (*riksdagsmannaplats*) seat; *nedlägga sitt ~* resign one's seat, *britt. parl.* accept [the Stewardship of] the Chiltern Hundreds; *få sitt ~ förnyat* be returned again for one's constituency **3** (*förvaltarskap*) mandate **-fördelning** distribution of seats **-tid** term of office

mandel [*×*mann-] *s2* **1** almond; *brända mandlar* burnt almonds **2** *anat.* tonsil **-blomma** white meadow saxifrage **-formad** [-å:-] *a5* almond-shaped **-kvarn** almond grinder **-massa** almond paste, marzipan

mandolin *s3* mandolin[e]

man|dom [*×*manndomm] *s2* (*tapperhet*) bravery, valour; (*-barhet*) manhood; (*mänsklig gestalt*) human form (shape) **-domsprov** (*tapperhetsprov*) test of courage; (*vuxenhetsprov*) trial of manhood; initiation rite

manege [-'ne:ʃ, -'nä:ʃ] *s5* manège, manege

maner *s7* (*sätt*) manner; (*stil*) style; (*förkonstling*) mannerism; (*tillgjordhet*) affectation; *förfalla till ~* become affected

manet *s3* jellyfish

man|fall [*×*mann-] *det blev stort ~* there were a great many [men *etc.*] killed, (*i examen e.d.*) a great many failed (were rejected) **-folk** *ett ~* a man; *koll.* men, menfolk

mangan [-ŋga:n] *s3, s4* manganese

mangel ['maŋel] *s2* mangle; *dra ~n* drive (*bords-:* turn) the mangle **-duk** mangling-sheet

mangl|a mangle; *absol. äv.* do [the] mangling **-ing** mangling; *bildl.* draw-out negotiations (*pl*)

mangofrukt [*×*maŋgo-] mango [fruit]

man|grann [*×*mann-] full-muster; in full force **-grant** *adv, samlas ~* assemble to a man (in full force) **-gårdsbyggnad** mansion, manor house; (*på bondgård*) farmhouse **-haftig** *a1* stouthearted; (*karlaktig*) manly; (*om kvinna*) mannish **-hål** manhole

mani *s3* mania; *vard.* craze (*på att* for + *ing-form*)

manifest I *s7* manifesto **II** *a4, med.* manifest **-ation** manifestation **-era** manifest; (*ådagalägga äv.*) display

manikyr *s3* manicure **-era** manicure; *absol. äv.* do manicuring **-ist** manicurist

maning exhortation; (*vädjan*) appeal; *rikta en ~ till* address an appeal to

manipul|ation manipulation **-era** manipulate; handle; *~ med* (*äv.*) tamper with, (*göra fuffens med*) juggle with; (*räkenskaper*) cook

manisk ['ma:-] *a5* manic

manke *s2* withers (*pl*); *lägga ~n till* (*bildl.*) put one's shoulder to the wheel, *AE. vard.* dig [in]

mank|emang [-ŋ] *s7, s4* (*fel*) fault, hitch, breakdown; *AE. vard.* bug[s] **-era** (*komma för sent t.*) fail [to come, to turn up]; (*fattas*) want, be missing

man|kön [*×*mann-] *~et* the male sex; *koll. äv.* mankind; *av ~* of the male sex **-lig 1** (*av mankön*) male; masculine **2** (*som anstår en man*) manly, virile **-lighet** manliness, virility **-ligt** *adv* like a man, manfully **-lucka** manhole [cover]

1 manna *v1, sjö., ~ reling!* man the bulwarks!

2 manna *s1, s7* manna; *som ~ i öknen* like manna in the wilderness

mannagryn semolina

manna|minne (*i* within) living memory **-mån** *r* favouring; *utan ~* (*äv.*) without respect of persons

mannekäng [-ŋ] *s3* (*fashion*) model, mannequin; (*skyltdocka*) [tailor's] dummy

mannekäng|a [-'käŋa] model **-uppvisning** fashion show (parade)

manometer [-'me:-] *s2* pressure gauge, manometer

manschauvin|ism male chauvinism **-ist** male chauvinist

manschett *s3* cuff; (*linning äv.*) wristband; *tekn.*

sleeve; *fasta (lösa)* ~*er* attached (detachable) cuffs; *darra på* ~*en (bildl.)* shake in one's shoes
-knapp cuff link **-yrke** white-collar job
mansgris [*mullig*] ~ male chauvinist pig
manskap *s7, mil.* men (*pl*); (*värvat äv.*) enlisted men (*pl*); (*servis-*) [gun] personnel; *sjö.* crew, hands (*pl*)
mans|kör male (men's) choir **-lem** penis **-linje** *på* ~*n* on the spear side **-person** man; male person
manspillan [ˣmann-] *r* loss of men; *stor* ~ heavy losses (*pl*)
manssamhälle male-dominated society
man|stark strong in number, numerically strong **-starkt** *adv, infinna sig* ~ muster strong
mansålder generation
mantals|längd population register (schedule) **-skriva** register for census purposes; take a census **-skrivning** registration for census purposes
mant|el *s2* **1** (*plagg*) cloak; (*kunga- o.d. o. bildl.*) mantle **2** *tekn.* casing, jacket; *geom. o.d.* mantle; (*aktie-*) [share] certificate **|lj** *J* mantilla **-lad** *a5, (ofta) juckeled*
manu|al *s3* (*handbok, mus.*) manual **-ell** *a1* manual
manufaktur|affär [-ˣtu:r-] draper's shop; *AE.* dry-goods store **-varor** *pl* (*textil-*) drapery [goods], *AE.* dry goods; (*järn-*) hardware
manusförfattare scriptwriter
manuskript *s7* manuscript; *boktr. äv.* copy, matter; (*film-, radio-*) script; *maskinskrivet* ~ (*äv.*) typescript, typed copy
manöver *s3, mil. o. bildl.* manoeuvre; (*knep äv.*) dodge, trick; (*rörelse*) *mil.* movement, *sjö. mil.* exercise **-bord** console **-duglig** manoeuvrable, in working order; *sjö. äv.* steerable **-oduglig** unmanageable; out of control **-spak** *flyg.* control lever
manövrera manoeuvre (*äv. bildl.*); *sjö äv.* steer; (*friare*) handle, manage, operate
mapp *s2* file, folder
mara *s1* nightmare; (*plåga*) bugbear; *ridas av* ~*n* be hag-ridden
maraton|lopp [-ån-] marathon race **-löpare** marathon runner
mardröm nightmare (*äv. bildl.*)
mareld phosphorescence [of the sea]
margarin *s4* margarine
marginal [-g-, -j-] *s3* margin; *boktr. äv.* border; *börs äv.* difference **-skatt** marginal income tax **-väljare** floating voter
marginell marginal
Marie bebådelsedag [-'bå:-] Lady (Annunciation) Day
marig *a1* **1** (*förkrympt*) dwarfed, stunted **2** (*besvärlig*) *vard.* tricky, ticklish, knotty
marijuana *s1* marijuana, marihuana
marin I *s3* **1** (*sjömakt*) navy; ~*en* the Marine, the Navy **2** (*-målning*) marine, seascape **II** *a1* marine
marina *s1* marina
marinad *s3, kokk.* marinade
marin|attaché navy attaché **-blå** navy blue
marinera marinade
marin|lotta (*Storbritannien*) [a] member of the Women's Royal Naval Service (*förk.* W.R.N.S.), *vard.* [a] Wren; *AE.* [a] member of the Women

Accepted for Volunteer Emergency Service (*förk.* WAVES), *vard.* [a] Wave **-målare** marine painter **-soldat** marine **-stab** naval staff
marionett *s3* marionette, puppet (*äv. bildl.*) **-regering** puppet government **-teater** (*hopskr. marionetteater*) puppet theatre (*föreställning:* show)
maritim *a1* maritime
1 mark *s3* (*jordyta, jordområde o.d.*) ground (*äv. bildl.*), land; (*åker-*) field; (*jordmån*) soil; *klassisk* ~ classical ground; *förlora (vinna)* ~ lose (gain) ground; *känna* ~*en bränna under sina fötter (bildl.)* feel the place beginning to get too hot for one; *på svensk* ~ on Swedish soil; *ta* ~ land (alight) [on the ground]
2 mark *s9 (mynt)* mark
3 mark *s3* [*pl* 'marr-] (*spel-*) counter, marker, fish
markant [-'kant, -'kant] **1** *a1* striking, marked, conspicuous; (*märklig*) remarkable **2** *adv* strikingly *etc.*
markatta 1 *zool.* guenon **2** (*vard. 'häxa'*) shrew, bitch; *jfr ragata*
marker|a mark; (*vid spel äv.*) score; (*ange*) indicate; (*visa*) show; (*sittplats e.d.*) put s.th. in (on) to mark it; *sport.* mark; (*betona*) accentuate, emphasize **-ad** *a5* marked; (*utpräglad äv.*) pronounced
marketenteri canteen
1 markis *s3* (*solskydd*) sun blind, awning
2 markis *s3* (*adelstitel*) *Storbritannien* marquess, marquis
markisinna *Storbritannien* marchioness
markkontroll *flyg., rymd.* ground control
marknad *s3* market; (*i samband med folknöjen*) fair; *introducera en vara på* ~*en* introduce (launch) an article on the market; *i* ~*en* on (in) the market
marknads|andel share of the market **-dag** market day **-domstol** ~*en* the [Swedish] market court **-ekonomi** market economy **-föra** market, launch, merchandise **-föring** marketing *etc.* **-läge** market situation (position), state of the market **-nöje** sideshow **-plats** (*-område*) marketplace, fairground **-undersökning** market[ing] research (analysis) **-värde** market (trade) value
mark|personal *flyg.* ground personnel (staff, crew) **-sikt** ground visibility **-stridskrafter** *pl* ground forces
Markus ['marr-] Mark; ~ *evangelium* the Gospel according to St. Mark, Mark
markägare landowner, landlord; ground owner
markör marker, scorer; *data.* cursor; *flyg.* plotter
marmelad *s3* marmelade; (*konfekt ung.*) fruit jellies
marmor *s9* marble; ... *av* ~ (*äv.*) [a] marble ... **-era** marble; vein **-skiva** marble slab; (*på bord*) marble top
Marocko [-'råkkɔ] *n* Morocco
marodör marauder, exploiter
mars *r* March **Mars** *r, astr.* Mars
marsch [marʃ] **I** *s3* march; *vanlig* ~ march in step; *vara på* ~ be on the march (*äv. bildl.*) **II** *interj* march!; *framåt (helt om)* ~! forward (right about face) march!; ~ *iväg!* (*vard.*) be off with you!; *göra på stället* ~ (*gymnastik o.d.*) mark

M

time
marschall [-'ʃall] *s3* cresset
marsch|era [-'ʃe:-] march; *(skrida)* pace *(fram o.
tillbaka* to and fro); *det var raskt ~t!* *(bildl.)*
[jolly] quick work, that! **-fart, -hastighet**
[marching] pace; *flyg.* cruising speed **-känga**
marching-boot **-takt 1** *mil.* marching step; *gå i
~* walk in marching step **2** *mus.* march-time
Marseille [mar'sälj] *n* Marseilles **marseljäsen**
[-'jä:-] *r, best. f.* the Marseillaise
Marshallplanen [the] Marshall Plan, *(officiellt)*
European Recovery Programme
marsipan *s3* marzipan
marskalk [ˣmarrʃalk, -'ʃalk] *s2* **1** *mil.* marshal **2**
(platsvisare) usher, *AE. äv.* floor manager; *univ.
o.d.* steward; *(vid bröllop)* groomsman, *(förste
~)* best man **-stav** marshal's baton
marskland marshland
marsvin *zool.* guinea pig
martall dwarfed (stunted) pine [tree]
martialisk [-tsi'a:-] *a5* martial
martyr *s3* martyr *(för* for, to); *(offer äv.)* victim
-död *lida ~en* suffer martyrdom (the death of a
martyr) **-gloria** martyr's halo **-ium** *s4* [period
of] martyrdom; *ett verkligt ~ (friare)* a veritable
affliction **-skap** *s7* martyrdom
marvatten *ligga i ~* be waterlogged
marxism Marxism **-leninism** Marxism-Lenin-
ism
marxist *s3*, **-isk** *a5* Marxist, Marxian
maräng *s3* meringue
masa saunter; *~ [sig]* *iväg* slope (shuffle) off; *~
sig upp [ur sängen]* drag o.s. out of bed; *gå och ~*
be idling (lazing)
mascara [-ˣka:-] *s1* mascara
maser ['ma:-] *s1* maser (microwave amplification
by stimulated emission of radiation)
1 mask *s2, zool.* worm; *(larv)* grub; *(kål-)* cater-
pillar; *(i kött, ost)* maggot; *full av -ar* alive with
worms *(etc.)*; *vrida sig som en ~* wriggle like a
worm
2 mask *s3,* mask, mask *(äv. bildl.)*; *(kamouflage)*
screen; *bildl. äv.* guise; *(-erad pers.)* masked per-
son; *låta ~en falla (bildl.)* throw off one's mask,
unmask o.s.; *hålla ~en (spela ovetande)* not give
the show away, *(hålla sig för skratt)* keep a
straight face
3 mask *s3, kortsp.* finessing; *(en ~ äv.)* finesse
1 maska *v1* **1** *kortsp.* finesse **2** *(sänka arbetstak-
ten)* go slow, work to rule; *(låtsas arbeta)* pretend
to work; *sport.* play for time
2 maska *v1* *(sätta mask på)* bait with worms (a
worm); *~ på* bait the hooks
3 maska I *s1* mesh; *(virkad, stickad)* stitch; *(på
strumpa)* ladder; *tappa en ~* drop a stitch **II** *v1,
~ av* cast off; *~ upp på en strumpa* mend a ladder
maskera mask; *(klä ut)* dress up *(till* for); *teat.
äv.* make up; *(friare o. bildl., i sht mil.)* mask,
camouflage; *(dölja)* hide; *(t.ex. avsikter)* dis-
guise; *~ sig* mask o.s., *(friare)* dress o.s. up,
make up, disguise o.s.; *~d person (äv.)* masquer-
ader; *vara ~d till (äv.)* impersonate
maskerad *s3* masquerade; mummery **-bal** fancy-
dress ball **-dräkt** fancy dress
masker|ing masking *etc.*; *(mera konkr.)* mask,
screen; *i sht mil.* camouflage; *(förklädnad)* dis-

guise; *teat.* make-up **-ingstejp** masking tape
maskformig [-å-] *a1* vermiform *(äv. anat.)*;
worm-shaped
maskin [-'ʃi:n] *s3* machine *(för, till* for); *(större)*
engine; *(mera allm.)* apparatus, device; *(skriv-)*
typewriter; *~er (koll.)* machinery; *gjord (sydd)
på ~* done (sewn, made) on a (by) machine, ma-
chine-made; *full ~ (framåt)!* *(sjö.)* full speed
[ahead]!; *för egen ~* by its own engines, *bildl.* on
one's own; *för full ~ (bildl.)* at full tilt (steam);
skriva [på] ~ type **-driven** *a5* power-driven
maskinell *a1* mechanical; *~ utrustning* ma-
chinery, mechanical equipment; *~a hjälpmedel*
machine aids
maskin|eri machinery *(äv. bildl.)*; *~et (på far-
tyg)* the engines *(pl)*; *(på fabrik)* the plant **-fel**
engine trouble **-gevär** machine gun **-gjord** *a5*
machine-made; *-gjort papper* machine paper **-in-
dustri** mechanical engineering industry **-ist** en-
gine (machine) man, mechanic; *sjö.* engineer,
machinist **-mässig** *a1* mechanical **-park** ma-
chinery, machine equipment, plant **-rum** engine
room **-skrift** typescript **-skrivare, -skriver-
ska** typist **-skrivning** typing, typewriting **-skö-
tare** [machine] operator; machine tender
-språk *data.* machine (computer) language
(code) **-sätta** *boktr.* compose by monotype (lin-
otype) **-sättning** *boktr.* machine composition
-söm machined seam **-teknik** mechanical
engineering **-telegraf** *sjö.* engine-room tele-
graph **-vara** *data.* hardware
maskning go-slow; work-to-rule; *AE.* slowdown
maskopi *s3, s4, vara i ~* med be in collusion with
maskot ['maskått] *s2, s3* mascot
mask|ros dandelion **-stungen** *a5* worm-eaten
masksäker *(om strumpa)* ladder-proof, non-run
maskulin ['mask-, -'li:n] *a1* masculine; male
-um [ˣmass-] *s4* **1** *(-t ord)* masculine [noun]; *i ~
(gram.)* in the masculine [gender] **2** *(karl)* male
maskäten *a5* worm-eaten, wormy
maskör *teat. o.d.* make-up man
masoch|ism masochism **-ist** masochist
masonit *s3* masonite
mass|a *s1* **1** mass, volume; *(stort oformligt
stycke)* lump **2** *(grötlik ~)* pulp; *kokk.* paste;
(deg-) dough; *tekn.* composition; *bli till en fast ~*
become a firm mass, solidify **3** *(mängd)* mass,
[large] quantity; heap, pile; lot; *en ~ saker* lots
(heaps) of things; *prata en ~ dumheter* talk a lot
of nonsense; *-or med folk* crowds of people; *[den
stora] ~n* the masses *(pl)*, the rank and file; *[fler-
talet)* the great majority; *... i -or (-or med ...)* lots
(heaps, quantities) of ...
massafabrik pulp mill
massage [-'sa:ʃ] *s5* massage
massak|er [-'sa:-] *s3* massacre **-rera** massacre;
(lemlästa) mutilate; *svårt ~d i ansiktet* with his
(etc.) face terribly mutilated
massartikel mass-produced article
massaved pulpwood
massera massage; treat with massage
mass|fabrikation large-scale manufacture,
mass production **-flykt** mass desertion[s *pl*]
-grav mass (common) grave
massiv I *s7* massif **II** *a1* solid; massive
mass|kommunikation mass communication

-media *pl* mass media **-mord** mass murder, multicide; massacre **-möte** mass meeting; *AE.* *äv.* rally **-producera** mass-produce **-produktion** mass production **-psykos** mass psychosis **-uppbåd** *mil.* levy in mass, mass levy; (*friare*) large muster [of people] **-verkan** mass effect **-vis** in large (vast) numbers, in great quantities; *jfr massa 3*

massör masseur **massös** masseuse

mast *s3* mast; (*radio- o.d. äv.*) pylon; (*signal-*) post; (*flagg-*) pole

mastix ['mast-] *s3* mastic

mast|korg top **-kran** derrick (mast) crane

mastodont ['-dånt] *s3* mastodon (*äv. bildl.*)

masttopp masthead

masugn blast furnace

masurka [-ˣsurr-, -'surr-] *s1* maz[o]urka

mat *s9* food; (*-varor äv.*) eatables, provisions (*pl*); *vard.* grub; *en bit* ~ s.th. to eat, a bite, a snack; ~ *och dryck* food and drink; ~ *och husrum* board and lodging; *intages efter* ~*en* to be taken after meals; *vila efter* ~*en rest after dinner* (*etc.*); *det är ingen* (t.ex. *haring*) *i* there is no nourishment in; ~*en står på bordet!* the (your) dinner (*etc.*) is on the table!; *hålla* ~*en varm åt ngn* keep a p.'s dinner (etc.) hot; *vad får vi för* ~ *i dag?* what are we going to have for dinner (*etc.*) today?; *dricka öl till* ~*en* have beer with one's dinner (*etc.*); *ha ngn i* ~*en* board s.b.; *vara liten i* ~*en* be a small eater **mata** feed (*äv. bildl.*); ~ *ngn med kunskaper* stuff s.b. with knowledge; ~*d* (*om säd*) full[-eared]

matador [-'då:r] *s3* matador (*äv. bildl.*); *bildl.* *äv., vard.* big noise, bigwig; *AE.* big shot

matarbuss feeder bus

matar|e *tekn.* feeder **-ledning** feeder [cable]

mat|beredare food processor **-bestick** knife, fork and spoon set; [a set of] eating implements (*pl*); *koll.* table cutlery; *AE.* table set, flatware **-bit** [a] bite of food (s.th. to eat), snack **-bord** dining table **-bröd** [plain] bread

match [matʃ] *s3* match; *en enkel* ~ (*bildl.*) child's play; *givna* ~*er* (*tips.*) bankers **matcha** (*låta tävla*) match **matchboll** match point

matdags *det är* ~ it is time for a meal

matemat|ik *s3, ej pl* mathematics (*pl, behandlas som sg*); *vard.* maths (*pl*) **-iker** [-'ma:-] mathematician **-isk** [-'ma:-] *a5* mathematical

materi|a [-'te:-] *s3* matter (*äv. -en*); (*ämne äv.*) substance

material *s7, pl äv. -alier* material (*till* for); (*i bok o.d. äv.*) matter **-fel** defect (fault) in material[s *pl*] **-förvaltare** storekeeper **-isera** ~ [*sig*] materialize **-ism** materialism **-ist** materialist **-istisk** [-'ist-] *a5* materialistic **-provning** materials testing

materi|e [-'te:-] *s3, se materia* **-el** *s9, ej pl* materials (*pl*); *elektr.* equipment; *mil.* munitions (*pl*); *rullande* ~ rolling stock **-ell** *a1* material; ~*a tillgångar* (*äv.*) tangible assets

mat|fett cooking fat **-frisk** with a good appetite **-förgiftad** *a5* poisoned by food **-förgiftning** food poisoning

matiné *s3* matinée [performance]

mat|jord topsoil **-korg** hamper **-kupong** food (dinner) check **-lag** *s7* sitting; *mil.* mess **-lag-**

ning cooking, cookery, preparation of food **-lust** appetite **-ning** feeding, supply **-nyttig** suitable as food, edible **-olja** cooking oil **-pengar** *pl* housekeeping [money (*sg*)] **-ranson** food ration **-rast** food break; *mil. o.d.* halt for refreshment[s *pl*] **-rester** *pl* remains [of food]; *vard.* leftovers

matriar|kalisk [-'ka:-] *a5* matriarchal **-kat** *s7* matriarchate, matriarchy

matrikel [-'trikk-] *s2* list (roll) [of members]; (*kår- äv.*) calendar, directory

matris *s3* matrix (*pl* matrices), mould

matro peace at mealtimes

matrona *s1* matron

matros *s3* able[-bodied] seaman; *vard.* sailor **-kostym** sailor suit

maträtt dish

mats *r, i uttr.: ta sin* ~ *ur skolan* withdraw altogether, beat a retreat

mat|sal dining room **-meny** menu, bill of fare **-servering** (*-ställe*) eating house; dining-rooms (*pl*) **-servis** dinner service **-silver** table silver **-sked** tablespoon **-smältning** digestion; *ha dålig* ~ suffer from indigestion (a bad digestion) **matsmältnings|apparat** digestive system (tract) **-besvär** indigestion, dyspepsia

mat|strejka refuse to eat **-strupe** oesophagus, gullet **-säck** [ˣma:t-, *vard.* ˣmassäk] [bag of] provisions (*pl*), package of food, packed meal (lunch); *vard.* grub, tommy; *rätta munnen efter* ~*en* cut one's coat according to one's cloth **-säckskorg** provision basket; (*vid utfärd äv.*) picnic hamper

1 matt *a1* (*kraftlös o.d.*) faint (*av* from, with); (*klen, svag*) weak, feeble; (*slö, slapp*) languid; (*utan kläm*) spiritless, tame; *hand.* dull; (*livlös*) lifeless; *känna sig* ~ feel exhausted (washed out) (*efter* after) **2** (*färgsvag*) mat[t], dead; (*glanslös*) dull, lustreless; (*dunkel*) dim; *bli* ~ (*äv.*) get tarnished, tarnish

2 matt *oböjl. a o. s3* (*i schack*) mate; *schack och* ~*!* checkmate!; *göra ngn* ~ checkmate s.b.; *förhindra* ~*en* prevent [the] [check]mating

1 matta *s1* carpet; (*mindre*) rug; (*dörr-, korko.d.*) mat; (*grövre*) matting; *heltäckande* ~ fitted carpet; *hålla sig på* ~*n* (*bildl.*) toe the line

2 matta *v1* weaken, enfeeble; (*trötta*) tire; weary **mattaffär** rug and carpet dealer **mattas** *dep* get (become, grow) weak[er]; (*om sken*) get (*etc.*) dim[mer]; (*om pers.*) get (*etc.*) [more] tired; (*om färg*) fade; *ekon.* weaken

1 matte *s2, vard.* mistress

2 matte *vard.* maths, *AE.* math

Matteus [-'te:-] Matthew; ~ *evangelium* the Gospel according to St. Matthew, Matthew

matt|ig]het lassitude; faintness, feebleness *etc.*

mattpiskare carpet-beater

mattpolerad *a5* matt-finished

mattsopare carpet sweeper

mat|varor *pl* provisions, eatables, foodstuffs **-varuaffär** provision-dealer's [shop], food shop **-vrak** gormandizer, glutton **-vrå** dining recess; *AE.* dinette **-vägrare** person (child) who refuses to eat

Mauretanien [-'ta:-] *n* Mauritania

mausoleum [-ˣle:-, -'le:-] *s4* mausoleum

maxim s3 maxim
maxim|al a1 maximum **-era** (göra så stor som möjligt) maximize; (bestämma högsta gräns för) put an upper limit on, fix a ceiling for; ~ räntan till 5 % set (fix) interest at a maximum of 5 %
maximi|belopp maximum [amount] **-gräns** upper limit, ceiling **-hastighet** maximum speed **-pris** maximum price, ceiling price
maximum ['maks-] s8 maximum (pl maxima)
mayafolk [ˣmajja-] ~en the Maya peoples, the Mayas
mecenat patron of the arts (sciences)
1 med s2 (kälk- o.d.) runner; (gungstols- o.d.) rocker
2 med [vard. me:, mä:] **I** prep **1** with; ~ all aktning för with all respect to, however much one may respect; ~ eller utan with or without; ~ nöje with pleasure; ~ omsorg with care, carefully; ~ rätta rightly, with good reason; ~ säkerhet certainly; ~ öppna armar with open arms; diskutera (leka) ~ ngn discuss (play) with s.b.; felet ~ the trouble with; fylld ~ sand filled with sand; färdig ~ ready with; jämföra ~ compare with, (likna vid) compare to; kriget ~ Spanien the war with Spain; ned ~ ...! down with ...!; nöjd ~ content with; skriva ~ en penna write with a pencil; tillsammans ~ together with; tävla ~ ngn compete with s.b.; vara ~ barn be pregnant (with child); äta ~ sked eat with a spoon; en man ~ långt skägg a man with a long beard; ~ de orden lämnade han mötet with these words he left the meeting; ordet stavas ~ e the word is spelt with an e; vi bor granne ~ dem they are our neighbours, we live next door to them; han kom ~ ett brev he came with a letter; han stod där ~ hatten i hand (händerna i fickorna) he stood there [with his] hat in [his] hand (with his hands in his pockets); vad är det ~ dig? what is the matter with you?; det är samma sak ~ mig it is the same [thing] with me **2** ([kommunikations]medel) by; ~ tåg by train; betala ~ check pay by cheque; höja priset ~ 5 öre raise the price by 5 öre; skicka ~ posten send by post; vinna ~ 10 poäng win by ten points; börja ~ att förklara begin by explaining; vad menar du ~ det? what do you mean by that? **3** (släktskap, jämförelse) to; gift ~ married to; lika ~ equal to; släkt ~ related to, a relative of; bo vägg i vägg ~ live next door to; vara god vän ~ be good friends with (a good friend of) **4** (innehållande) containing, of, with; en ask ~ choklad a box of chocolate[s]; massor ~ folk lots of people; tre säckar ~ kaffe three bags of coffee **5** (trots) with, in spite of; ~ alla sina fel är hon dock with (in spite of) all her faults she is **6** (och) and; biffstek ~ lök steak and onions; Stockholm ~ omnejd Stockholm and [its] environs; herr S. ~ familj Mr. S. and family; det ena ~ det andra one thing and another; ~ flera and others; ~ mera et cetera, and so on **7** (inberäknat) with, including; ~ rabatt är priset the price less discount is **8** (genitivförhållande) of; with, about; det bästa ~ boken är the best thing about the book is; fördelen (nackdelen) ~ the advantage (disadvantage) of; vad är meningen ~ det? what is the meaning of that?; det roliga ~ the funny thing about **9** (annan prep) ~ andra ord in other words; ~ avsikt

on purpose; ~ en gång at once; ~ en hastighet av at a speed of; ~ full fart at full speed; ~ små bokstäver in small letters; ~ tre minuters mellanrum at intervals of three minutes; noga ~ particular about; tala ~ ngn speak to s.b.; ha tid ~ have time for; kapplöpning ~ tiden a race against time; skrivet ~ bläck written in ink (jfr 1); det är ngt egendomligt ~ honom there is s.th. strange about him; hur är det ~ den saken? what have you got to say about that?, what's the actual position?; vad är det för roligt ~ det? what's so funny about that?; han har tre barn ~ henne he has three children by her; så var det ~ den saken so much for that; tillbringa kvällen ~ att sy spend the evening sewing **10** (annan konstr.) ~ början kl. 9 commencing at 9 o'clock; ~ eller mot min vilja whether I like it or not; ~ åren as the years pass[ed], over the years; adjö ~ dig! bye bye!; ajöss ~ ... there goes ...; bort ~ tassarna! hands off!; fara ~ osanning tell lies; försök ~ bensin! try petrol!; jämnårig ~ of the same age as; springa ~ skvaller gossip, tell tales; tyst ~ dig! be quiet!; ut ~ dig! get out!; betalning sker ~ 100 kronor i månaden payment will be made in monthly instalments of 100 kronor; det är ingen fara ~ pojken the boy is all right; jag gör det ~ glädje I'll do it gladly; räcker det ~ detta? will this do (be sufficient)?; hur står det till ~ henne? how is she?; tidskriften utkommer ~ 10 nummer om året the journal appears 10 times a year; ~ sin artikel vill han the purpose of his article is to **II** adv **1** (också) too; as well; det tror jag ~ I think so too; han är gammal han ~ he is old too **2** (i förening med verb) du får inget ~ om du inte you won't get anything (your share) unless you; vill du följa ~? will you come with us (me)?; det håller jag ~ dig om I agree with you there; ta ~ dig ngt att äta bring s.th. to eat; vara ~ a) (vara närvarande) be present, b) (vara medlem e.d.) be a member; får jag vara ~ och leka? can I join in the game?, may I play too?; han har varit ~ om mycket he has seen a great deal in his days, he has been through a great deal; jag är ~ på det I agree to that
medalj s3 medal (för for; över in commemoration of); prägla en ~ strike (cast) a medal; tilldela ngn en ~ award a medal to s.b. **-era** award a medal **-ong** [-'jåŋ] s3 medallion; (med hårlock e.d.) locket **-ör** medallist
medan while; (just då äv.) as; sitt ner ~ du väntar sit down while [you are] waiting; ~ ... pågår (äv.) during ...
med|ansvarig jointly responsible (med with; för for); vara ~ share the responsibility **-arbeta** cooperate, collaborate; (i tidning) contribute (i to) **-arbetare** fellow worker, co-worker, colleague; (litterär o.d.) collaborator (i in); (i tidning) staff member, contributor; (-hjälpare) assistant; från vår utsände ~ from our special correspondent; konstnärlig ~ art[istic] contributor (adviser) **-bestämmandelagen** (MBL) the act on employee participation in decision-making
medborgaranda [-årj-] civic spirit
medborgar|e citizen (i in, of); (i sht i monarki) subject; utländsk ~ foreign national, (ej svensk)

non-Swedish subject; *akademisk* ~ member of a university **-plikt** civic duty, duty as a citizen **-rätt** civil rights (*pl*); *beröva ngn* ~*en* (*äv.*) deprive s.b. of his franchise, disfranchise s.b. **-skap** *s7* citizenship

med|borgerlig [-årj-] civil (*rättighet* right); civic (*skyldighet* duty; *fest* festival) **-broder** companion; *relig.* brother **-brottslig** *vara* ~ *i* be implicated in (accessory to) **-brottsling** accomplice; accessory

meddel|a 1 (*omtala*) communicate (*ngn ngt* s.th. to s.b.), tell, let ... know, inform (notify, *i sht* hand. advise) of; *härmed* ~*s att* notice is hereby given that; *vi ber att få* ~ *att* we wish to inform you that; *vi ber Er* ~ *när* please let us know when **2** (*uppge*) state; (*kungöra e.d.*) announce, notify, report; (*bevilja, lämna*) give, grant, furnish; *jur. äv.* pronounce; *det* ~*s att* it is announced that, information has been received to the effect that **3** ~ *undervisning* give tuition (*åt* to) **4** *rfl* communicate (*med* with), *⁰⁶ sig med varandra* (*brevledes*) correspond [with each other] **-ande** *s6* communication; (*budskap*) message; (*brev e.d.*) letter, note, notification; (*underrättelse*) information; (*kort skriftligt*) memorandum (*förk.* memo); *hand. äv.* advice; (*uppgift*) statement; (*officiellt*) announcement; (*anslag*) notice; *lämna ett* ~ deliver a message, (*offentligt e.d.*) make a statement; *få* ~ *om* be notified of, receive information about; *anslå ett* ~ post a notice **-sam** [-e:l-] *a1* communicative; ready to impart information

medel ['me:-] *s7* **1** means (*sg o. pl*); (*om sak*) medium; (*utväg*) expedient; (*verktyg äv. bildl.*) instrument; (*bote-*) remedy (*mot* for, against); *lugnande* ~ tranquillizer, sedative; *antiseptiskt* ~ (*äv.*) antiseptic **2** (*pengar*) means, funds, resources (*pl*); *allmänna* ~ public funds; *avsätta* ~ *till* allocate (set aside) funds for; *egna* ~ private means

medel|- [ˣme:-] medium, standard; *i sht vetensk.* mean; (*genomsnittlig*) average, mean **-avstånd** mean distance **-betyg** average mark (grade) **-engelska** Middle English **-god** medium, of medium quality **-hastighet** average speed **Medelhavet** *n* the Mediterranean

medel|inkomst middle (average) income **-klass** ~*en* the middle classes (*pl*) **-livslängd** average [length of] life **-längd** *av* (*under, över*) ~ of (below, above) medium (average) length (height); *av* ~ (*om pers.*) of medium height **-måtta** *s1* average; medium; (*om pers.*) mediocrity **-måttig** *a1* medium, average; (*måttlig*) moderate; *neds.* mediocre, middling **-punkt** (*cirkels etc. o. bildl.*) centre (*av, för, till* of); (*friare äv.*) focus, central point

medelst ['me:-] (*genom*) by; (*genom förmedling av*) through, by means of

medel|stor of medium (average) size, medium-sized **-svensson** *vard.* the average Swede **-tal** average (*för* for, of); *mat.* mean; *beräkna* ~*et* strike an average (*av* of); *i* ~ on an average; *i* ~ *uppgå till* (*kosta etc.*) average **-temperatur** mean temperature; *årlig* ~ mean annual temperature **-tid** *s3*, ~*en* the Middle Ages; *Sveriges* ~ Sweden's medieval period **-tida** *oböjligt a* medi-

eval; *ibl.* Middle-Age **-vattenstånd** mean sea level **-väg** middle course (way) **-värde** mean value **-ålder 1** (*mellan ungdom o. ålderdom*) middle life; *en* ~*s man* a middle-aged man, a man in middle life; *över* ~*n* past middle-age **2** (*genomsnitts-*) average (mean) age

med|faren *a5, illa* ~ *a*) (*sliten*) much the worse for wear, in poor condition, *b*) (*bucklig e.d.*) badly knocked about **-född** *a5* inborn, innate (*hos* in); *i sht med.* congenital (*hos* in); (*friare*) native (*hos* to); (*livlighet* vivacity); *det tycks vara -fött hos henne* it seems to come natural to her **-föra 1** (*-bringa*) take (bring) with one; (*ha med sig*) have (carry) with one; (*ha på sig*) have (carry) on one; (*om tåg, buss e.d.*) bring, take, convey **2** (*friare o. bildl.*) bring [about] (... in its train); (*förorsaka*) cause, occasion; (*ge upphov t.*) give rise to, lead to; (*ha t. följd*) result in, entail, involve; ~ *kostnader* involve expenditure; *detta -förde att vi blev this led to our* being

med|giva 1 (*tillåta*) admit, permit, allow; (*bevilja*) grant, (*rättighet äv.*) accord; (*samtycka t.*) consent to; *tiden -ger inte att jag* time does not allow me to; *-ger inget undantag* admits of no exception **2** (*erkänna*) admit, confess (*för ngn* to s.b.); *det -ger jag gärna* I willingly (am quite ready to) admit that; *det måste -ges att* it must be confessed (admitted) that **-givande** *s6* **1** (*tillåtelse*) permission, consent; *tyst* ~ tacit consent **2** (*erkännande*) admission; (*eftergift*) concession

med|gång *s2* prosperity, good fortune; (*fram-*) success; *i med- och motgång* for better for worse **-görlig** [-jö:r-] *a1* accommodating, tractable, complaisant (*mot to; i* in); amendable, easy to get on with **-görlighet** tractability; complaisance **-hjälp** *jur.* complicity (*till* in) **-hjälpare** assistant **-håll** (*gillande*) approval; (*stöd*) support, *vard.* backing-up; (*gynnande*) favour[ing]; *finna* ~ meet with approval; *ha* ~ *hos* be in favour with **-hårs** [-å:-] with the furs; *stryka ngn* ~ (*bildl.*) rub s.b. up the right way

medial *a1* medial

median *s3* median

medicin *s3* **1** (*läkarvetenskap*) medicine; *studera* ~ study medicine **2** (*läkemedel*) medicine; (*preparat äv.*) drug **medicinalväxt** medicinal herb **medicinare** [-ˣsi:-] medical student; (*läkare*) physician **medicine** ~ *doktor* Doctor of Medicine (*förk. M.D. efter namnet*); ~ *kandidat* graduate in medicine; ~ *licentiat* Bachelor of Medicine (*förk. M.B. efter namnet*); ~ *studerande* medical student

medicin|era take medicine[s *pl*] **-flaska** medicine bottle; (*liten*) phial **-låda** medicine chest **-man** medicine man

medicin|sk [-ˣsi:-] *a5* medical; ~ *fakultet* faculty of medicine **-skåp** medicine cupboard

medinflytande *ha* ~ have some influence (*över* on), have a voice (say) in

medio ['me:-] *prep o. oböjligt s* middle, in the middle of; ~ *januari* (*äv.*) by (in) mid-January

medit|ation meditation **-ativ** *a1* meditative, contemplative **-era** meditate, ponder (*över* upon, over)

medi|um ['me:-] *s4* **1** (*mitt*) se *medio* **2** *fys.* me-

dium; *mat.* mean; *beräkna det aritmetiska -et av* calculate the arithmetical mean of **3** (*medel för spridning av ngt*) medium, agent, vehicle **4** *språkv.* middle voice **5** (*spiritistiskt*) medium
medkänsla sympathy (*för* for; *med* with)
medl|a [-e:-] mediate; act as [a] mediator; (*vid arbetskonflikt o.d.*) arbitrate, negotiate; (*mellan stridande äv.*) intervene **-are** mediator (*vid arbetskonflikt o.d.*) conciliator, arbitrator; *AE. äv.* troubleshooter
medlem [-e:-] *s2* member; (*av lärt sällskap äv.*) fellow; *icke* ~ non-member; *vara* ~ *av* (*i*) (*kommitté e.d.*) serve (sit, be) on
medlems|avgift membership fee (subscription); *AE.* dues (*pl*) **-förteckning** list of members
medlemskap [-e:d-] *s7* membership (*i of*) **medlemskort** membership card; (*i parti*) party card
medlid|ande *s6* compassion; (*medömkan*) pity; (*deltagande*) sympathy; (*skonsamhet*) mercy; *ha* ~ *med* (*äv.*) pity, have (take) pity on **-sam** [-i:-] *a1* compassionate; pitying (*leende* smile); *med en* ~ *blick* with a look full of pity
medling [-e:-] mediation; (*uppgörelse*) settlement, arrangement; (*förlikning*) conciliation; (*i äktenskap*) reconciliation
medlings|förslag proposal for settlement, draft settlement **-försök** attempt at mediation **-kommission** mediation (arbitration) committee
med|ljud consonant **-lut** downhill slope **-löpare** *polit.* fellow traveller; opportunist **-människa** fellow creature (being) **-mänsklighet** human kindness **-passagerare** fellow passenger **-resenär** travelling companion **-ryckande** *a4* exciting, stirring; captivating **-skyldig** accessory (*i* in) **-sols** [-ɔ:-] clockwise, sunwise, with the sun **-spelare** *teat. o.d.* fellow actor; *kortsp., film.* partner **-ströms** with the current **-taga** *se ta* [*med*]; *bör* ~*s* (*om uppgift e.d.*) should be given (included); *hundar får ej* ~*s* dogs [are] not admitted **-tagen** *a5* (*utmattad*) tired out, done up (*av* with); *känna sig* ~ feel used up (run down) **-trafikant** fellow passenger (road user) **-tävlare** [fellow] competitor (*om, till* for); rival **-urs** [-u:rs] clockwise
med|verka (*samverka*) cooperate (*i, vid* in); (*vid fest, konsert o.d.*) assist, lend one's services (*vid* at); (*deltaga*) participate, take part (*i, vid* in); (*bidraga*) contribute (*till* towards, in) **-verkan** cooperation (*i, vid* in; *till* towards); (*deltagande*) participation (*i, vid* in); (*hjälp*) assistance, support (*vid* in, at); *under* ~ *av* with the cooperation of, assisted by, (*i samarbete med*) in collaboration with **-verkande** *a4* cooperating *etc.*; (*bidragande*) contributory (*orsak* cause); *de* ~ the performers (actors), those taking part
medvetande *s6* consciousness (*om* of, as to); *förlora* (*återfå*) ~*t* lose (regain) consciousness; *vara vid fullt* ~ be fully conscious; *ingå i det allmänna* ~*t* be part of the public consciousness; *i* ~ *om* in the consciousness (aware) of
medveten *a3* conscious (*om* of); *vara* ~ *om* (*inse*) be aware (sensible) of **-het** consiousness, awareness
medvetet *adv* (*fullt* quite) consciously *etc.*; (*med vett o. vilja*) wittingly, deliberately **medvetslös**

unconscious
medvind tailwind, fair (following) wind; *i* ~ with a favourable (*etc.*) wind; *segla i* ~ sail before the wind, (*om företag*) be prospering
medvurst *s2* German sausage
medömkan commiseration, compassion
mega|cykler [-'sykk-] *pl* megacycles **-fon** [-'få:n] *s3* megaphone **-hertz** [-'härts] *r* megacycles per second, megahertz
meja [ˣmejja] (*gräs*) mow (*äv. bildl.*); (*säd, åker*) cut; ~ *ner* mow down (*äv. bildl.*)
mejeri dairy; (*butik*) creamery, dairy [shop] **-produkt** dairy product
mejram [ˣmejj-, ˈmejj-] *s3* [sweet] marjoram
mejsel *s2* chisel **mejsla** chisel (*äv. bildl.*), cut [with a chisel]; ~ *ut* (*äv. bildl.*) chisel out; ~*d* chiselled; (*om anletsdrag o.d. äv.*) clear-cut
mekan|ik *s3, ej pl* **1** mechanics (*pl, behandlas som sg*) **2** *se mekanism* **mekaniker** [-'ka:-] mechanic, mechanician
mekaniser|a mechanize **-ing** mechanizing, mechanization
mekan|isk [-'ka:-] *a5* mechanical; ~ *verkstad* engineering shop **-ism** *s3* mechanism; (*i ur äv.*) works (*pl*)
Melanesien *n* Melanesia
melankol|i *s3* melancholy; *med. äv.* melancholia **-isk** [-'kɔ:-] *a5* melancholy; *ibl.* melancholic; (*dyster äv.*) gloomy; *vara* ~ [*av sig*] (*äv.*) be of melancholy turn (temperament)
melass *s3* molasses
melerad [-'le:-] *a5* mixed; mottled; (*om tyg*) pepper-and-salt
mellan (*vanl. om två*) between; (*om flera*) among; (*mitt ibland*) in the midst of; *ibl.* inter-; ~ *sina besök hos* (*äv.*) in between his (*etc.*) visits to; *titta fram* ~ *träden* peep out from behind (among) the trees; ~ *femtio och sextio personer* some fifty or sixty persons; *det inbördes förhållandet* ~ the mutual relations of; ~ *fyra ögon* in private **-akt** interval [between the acts], intermission
Mellanamerika *n* Central America
mellan|folklig international **-gärde** [-j-] *s6* diaphragm **-hand 1** *anat.* metacarpus (*pl* metacarpi) **2** *kortsp.* second (third) hand; *i* ~ in between, *bildl.* between two fires **3** *hand.* intermediary, middleman; *gå genom flera -händer* go via several middlemen **-havande** *s6* (*affär*) account; (*skuld*) balance, debt; (*tvist*) dispute, difference; *ekonomiska* ~*n* financial transactions; *göra upp ett* ~ settle a matter (an account) **-kommande** *a4* intervening **-krigsperiod** interwar period (years *pl*) **-landa** make an intermediate landing, touch down **-landning** intermediate landing; *flygning utan* ~ nonstop flight **-led 1** *s3, anat.* intermediate (middle) joint; *bot.* internode **2** *s7* (*förmedlande led*) intermediate link, medium **-liggande** *a4* (*situated*) in between, interjacent; *den* ~ *tiden* the time in between, the intervening time **-läge** intermediate (middle) position **-lägg** *s7, tekn.* spacer; (*tunt*) shim, diaphragm; (*av tyg*) interlayer, interlining **-mål** snack [between meals]; *jag äter aldrig* ~ I never eat between meals **-rum** *boktr. o. allm.* space; (*friare*) interval, interspace, gap; *med*

jämna ~ at regular intervals; *med två minuters* ~ at intervals of two minutes, at two-minute intervals **-rätt** *kokk.* intermediate course; extra dish **-skikt** intermediate layer (*etc.*) **-skillnad** difference; *betala* ~*en* pay the extra (difference) **-slag** *boktr.* space; (*mellan rader*) blank (white) line; (*mellan stycken*) space line, leads (*pl*); (*på skrivmaskin*) spacing; *utan* ~ *solid* **-slagstangent** (*på skrivmaskin*) spacebar, spacer **-spel** *teat., mus.* interlude; intermezzo; *sällsamt* ~ strange interlude **-stadielärare** intermediate level teacher **-stadium** intermediate (middle) stage **-statlig** international; interstate **-storlek** medium size **-ställning** intermediate position

Mellansverige *n* Central Sweden

mellan|säsong off-season **-tid** interval; *under* ~*en* in the meantime (meanwhile) **-ting** *ett* ~ *mellan* something between, a compromise between **-vikt, -viktare** *sport.* middleweight **-våg** *radio.* medium wave **-vägg** partition (division, interior) wall **-öl** medium-strong beer

mellerst ['mɛl:ərst] *adv* in the middle **mellersta** ['mɛl:-] *a, superl.* middle; *geogr.* central, centre, middle; *M*~ *Östern* [the] Middle East; ~ *Wales* (*äv.*) Mid-Wales; *i* ~ *England* (*äv.*) in the Midlands

melodi *s3* melody; tune, air

melodi|sk [-'lo:-] *a5* melodious, melodic **-stämma** [-ˣdi:-] melody

melodram *s3* melodrama **-atisk** [-'ma:-] *a5* melodramatic

melon *s3* melon

membran *s3, tekn. äv. s7* membrane, diaphragm

memoarer [-oˈa:-] *pl* memoirs

memorandum *s8* memorandum (*pl äv.* memoranda; *förk.* memo), note **-era** memorize, commit to memory

1 men [menn] *konj* but; only; (~ *ändå*) yet, still; ~ *så förtjänar han också bra* but then he earns a lot of money [too]; ~ *det var inte allt* (*äv.*) nor was that all; *jag vill inte höra några* ~*!* I'll have no buts!; *efter många om och* ~ after a lot of shillyshallying

2 men [-e:-] *s7* disadvantage, detriment; (*skada*) injury; (*lyte*) disability; *vara till* ~ *för* be detrimental to; *få* ~ *för livet* be marked for life

men|a *v1, vard. o. poet. äv. v3* **1** (*tro, anse*) think, be of [the] opinion; *det* ~*r du väl inte, eller hur?* you don't think that, do you? *vad* ~*r du om ...?* what is your opinion about ...? **2** (*åsyfta*) mean; (*avse*) intend; ~ *väl med ngn* mean well by s.b.; ~ *allvar* be in earnest (*med* about); *det var inte så illa -t* (~*t*) no offence was intended; *säga ett och* ~ *ett annat* say one thing and mean another; *vad* ~*r han med ...?* what does he mean by ...?; *vad* ~*s med logik?* what is meant by logic?

menageri [-na:ʃe-] menagerie

menande I *a4* meaning, significant; knowing (*blick* look) **II** *adv* meaningly *etc.*; *blinka* ~ *åt ngn* give s.b. a knowing wink; *se* ~ *ut* look knowing

mened perjury; *begå* ~ commit perjury, perjure o.s.

menig *a1, äv. anv. som s, mil.* private, common soldier; *AE.* enlisted man; (*i flottan*) rating; ~*e man* (*allm.*) the common people **-het** the public;

(*församling*) congregation

mening 1 (*uppfattning*) opinion (*om* about, of), idea, view (*om* about); *den allmänna* ~*en* public opinion; *avvikande* ~ dissenting opinion; *bilda sig en* ~ *om* form an opinion about; *inhämta ngns* ~ *om* get a p.'s opinion (hear a p.'s views) about; *säga sin* ~ give one's opinion, speak one's mind **2** (*betydelse, innebörd*) meaning, sense; (*idé, förnuft*) reason, sense; *i lagens* ~ within the meaning of the law, in the legal sense; *i viss* ~ (*äv.*) in a sense; *det vore ingen* ~ *i (för mig) att* there would be no point (sense) in (+ *ing-form*) (in my + *ing-form*) **3** (*avsikt*) intention; (*syfte*) purpose; *det var inte min* ~ *att* I had no intention of (+ *ing-form*); *vad är* ~*en med det?* what is the sense (point) of that? **4** *språkv.* sentence; (*kort*) clause; (*längre*) period

menings|byggnad sentence structure **-frände** *mina* ~*r* those who share my opinion[s] (views); *vi är* ~*r* we hold the same views **-full, -rylid** meaningful **-lös** meaningless; void of sense; senseless, useless; (*fånig*) nonsensical; *det är* ~*t att* there is no sense (point) in (+ *ing-form*); *deras* ~*a prat* (*äv.*) the nonsense they talk **-motståndare** opponent; antagonist **-motsättning** conflict of opinion **-skiljaktighet** difference of opinion; disagreement **-utbyte** exchange of opinions **-yttring** expression of opinion

menisk *s3* meniscus

menlig [ˣme:n] *a1* injurious, prejudicial, detrimental (*för* to) **menligt** *adv* injuriously; *inverka* ~ *på* have an injurious effect on, prejudice

menlös [ˣme:n-] innocent, harmless; (*klandrande*) puerile; *M*~*a barns dag* Holy Innocents' Day

menopaus *s3* menopause

mens *s3, vard.* period; *ha* ~ have one's period

menstru|ation menstruation; menses (*pl*) **-ationsbesvär** menstrual pain

mental *a1* mental **-hygien** mental hygiene **-itet** *s3* mentality **-patient** mental patient **-sjuk** mentally ill (deranged) **-sjukhus** mental hospital **-[sjuk]vård** mental care; mental health services (*pl*)

mentol [-'tå:l] *s3* menthol

menuett *s3* minuet

meny *s3* menu

mer *komp. t. mycken, mycket* **I** *a* more; *mycket vill ha* ~ much will have more; *klockan är* ~ *än jag trodde* it is later than I thought; *han kommer inte någon* ~ *gång* he will not come again (any more); *vill du ha* ~ *te?* would you like some more tea?; *och, vad* ~*a är* and, what is more; *någon* ~ *gång* again some time; *med* ~*a (m.m.)* et cetera (etc.), and such like; *inte* ~ *än a) (bara)* no more than, *b) (ej över)* not more than **II** *adv* more; ~*a känd under namnet* better known as; ~ *eller mindre* more or less; *det händer* ~*a sällan* it happens [quite] rarely; *tycka* ~ *om* like ... better; ~ *än nog* (*äv.*) enough and to spare; *aldrig* ~ never again; *han förstår sig inte* ~ *på ... än* he has no more idea of ... than; *det är inte* ~ *än rätt att* it is only fair that; *han vet* ~ *än väl* he knows perfectly well; *det räcker* ~ *än väl* that'll be more than enough; *så mycket* ~ *som* especially (all the more) as **-arbete** extra work

M

meridian *s3* meridian

merit *s3* merit; (*kvalifikation*) qualification (*för* for) **-era** qualify (*för* for); ~ *sig* qualify o.s. **-förteckning** list of qualifications, personal record

merkantil *a1* commercial; mercantile **-ism** mercantilism **-systemet** the mercantile system, mercantilism

merkostnad additional (extra) cost

Merkurius [-'ku:-] Mercury

mer|part greater part **-smak** *ge* ~ whet the appetite **-värde** added value **-värde[s]skatt** value-added tax

1 mes *s2, zool.* tit[mouse]

2 mes *s2* (*ställning för ryggsäck*) rucksack frame

3 mes *s2* (*ynkrygg*) coward, funk

mesaktig *a1* faint-hearted, timorous

mesan *s3, sjö.* spanker, mizzen **-mast** mizzenmast

Mesopotamien [-'ta:-] *n* Mesopotamia **mesopotamisk** [-'ta:-] *a5* Mesopotamian; ~*a* (*abrakadabra*) double Dutch, gibberish

mesost whey-cheese

Messjas Messiah

mest *superl. t. mycken, mycket* **I** *a* most, the most; [*den, det, de*] ~*a* most, most of; *det* ~*a* most, most things; ~*a delen* most [part] of it; *det allra* ~*a* by far the greater part, the very most; *göra det* ~*a möjliga av* make the very most of; *vilken av dem gjorde* ~? which of them did [the] most? **II** *adv* most; (*för det* -*a o.d.*) for the most part, mostly; (*huvudsakligen*) principally, chiefly, mainly; *de* ~ *efterfrågade* ... the ... most in (in the greatest) demand; *tycka* ~ *om* like most (best); *han är som folk är* ~ he is quite an ordinary chap, he is not unusual in any way **-adels** [-de:-] mostly; for the most part; (*i de flesta fall*) in most cases; (*vanligen*) generally **-gynnadnationsklausul** most-favoured-nation clause

mestis *s3* mestizo

meta angle, fish (*abborre* [for] perch)

meta|bolism metabolism **-don** [-'då:n] *s4* methadone **-for** [-'få:r] *s3* metaphor **-fysik** *s3* metaphysics (*pl, behandlas som sg*) **-fysisk** [-'fy:-] metaphysical

metall *s3* metal; *av* ~ (*äv.*) metal ... **-arbetare** metalworker **-glans** metallic lustre **-isk** *a5* metallic **-skrot** [metal] scrap **-tråd** [metal] wire **-trådsnät** wire netting **-urg** *s3* metallurgist **-urgi** *s3* metallurgy

metamorfos [-mår'få:s] *s3* metamorphosis (*pl* metamorphoses)

metan *s4* methane; marsh gas **-ol** [-'nå:l] *s3* methanol, methyl alcohol, wood alcohol

metare angler; (*med fluga*) [fly-]fisherman

metastas *s3* metastasis

mete *s6* angling; [fly-]fishing

meteor [-'å:r] *s3* meteor **-it** *s3* meteorite; (*järn-*) siderite; (*sten-*) aerolite **-olog** meteorologist **-ologi** *s3* meteorology **-ologisk** [-'lå:-] *a5* meteorological **-sten** meteorite

meter ['me:-] *s9, versl. s2* metre; *AE.* meter **-hög** a (one) metre high **-system** metric system **-varor** *pl, ung.* yard (piece) goods **-vis** (*per meter*) by the metre; (*meter på meter*) yards and yards, metres and metres

met|krok fish-hook **-mask** angling worm

metod *s3* method; (*tillvägagångssätt äv.*) procedure; (*tillverknings-*) process; (*sätt*) way, manner **-ik** *s3* methodology; (*friare*) methods (*pl*), system **-isk** *a5* methodical **-iskt** *adv* methodically; *gå* ~ *till väga* proceed methodically; *gå* ~ *till väga med ngt* (*äv.*) do s.th. methodically

metod|ism Methodism **-ist** Methodist

metod|lära methodology **-tidmätning** methods time measurement (*förk.* MTM)

metrev [fishing] line

metrisk ['me:-] *a5* prosodic; metrical

metronom metronome

metropol [-'på:l] *s3* metropolis

metspö fishing rod; *med* ~ (*äv.*) with rod and line

Mexico ['meksiko] *n* Mexico

mezzosopran [ˣmetså-, -'pra:n] *s3* mezzo-soprano

m.fl. *förk. för med flera* and others

mickel ['mikk-] *s2* fox; *M*~ *räv* Reynard the Fox

middag ['midda:g, *vard.* 'midda] *s2* **1** (*mitt på dagen*) noon; midday; *god* ~! good afternoon!; *i går* ~ yesterday noon; *framemot* ~*en* towards midday; *på* ~*en* (~*arna*) in the middle of the day **2** (*måltid*) dinner; (*bjudning*) dinner party; *äta* ~ have dinner; *äta* ~ *kl. 7* dine at seven o'clock; ~*en är serverad* dinner is served (ready); *bjuda ngn på* ~ invite s.b. to dinner; *vad får vi till* ~? what are we going to have for dinner?; *vara borta på* ~ be out to (for) dinner; *sova* ~ have (take) an afterdinner nap

middags|bjudning dinner party; (*inbjudan*) invitation to a dinner party **-bord** dinner table; *duka* ~*et* lay the table for dinner **-gäst** dinner guest, guest for dinner **-höjd** meridian altitude; *bildl.* meridian **-mat** dinner food **-rast** break for dinner **-tid** *vid* ~[*en*] at (about) noon (dinner time)

midfastosöndag [-i:-] mid-Lent Sunday; *Storbritannien* Mothering Sunday

midja [ˣmi:-] *s1* waist; *om* ~*n* round the waist **midjemått** waist-measurement

midnatt [-i:-] midnight **midnattssol** midnight sun

midskepps [ˣmi:dʃepps] amidships

midsommar [ˣmi:d-, *vanl.* ˣmiss-] midsummer **-afton** Midsummer Eve **-blomster** wood cranesbill **-dag** Midsummer Day **-firande** *s6* Midsummer celebration

midvinter [-i:-] midwinter

mig [mi:g, *vard.* mejj] *pron* (*objektsform av jag*) me; *rfl* myself; *jag gjorde illa* ~ *i foten* I hurt my foot; *en vän till* ~ a friend of mine; *vad vill du* ~? what do you want me for?; *kom hem till* ~ come round to my place; *när det gäller* ~ *själv* [speaking] for myself, as far as I am concerned; *jag tror* ~ *veta att* I think I know that

migrän *s3* migraine

mikro|biologi microbiology **-dator** microcomputer **-fiche** [ˣmi:kråfiʃ, -'fiʃ, -o-] *s5* microfiche **-film** microfilm **-fon** [-'få:n] *s3* microphone; *vard.* mike **-fotografering** photomicrography, micrography; (*nedfotografering*) microphotography **-kosmos** microcosm[os] **-meter** [-'me:-] *s2* micrometer **-organism** microorganism **-skop** [-'skå:p] *s7* microscope **-skopisk**

[-'skå:-] *a5* microscopic[al] **-våg** microwave **-vågsugn** microwave oven

mil *s9* ten kilometres; *eng. motsv.* about six miles; *engelsk* ~ mile; *nautisk* ~ nautical mile

mila *s1* (*kol-*) charcoal stack (kiln, pit); (*atom-*) atomic pile, nuclear reactor

mild *a1* mild (*i* (*till*) *smaken* in taste); (*mjuk*) soft (*färg* colour; *svar* answer); (*dämpad*) mellow; (*lugnande*) soothing (*röst* voice); (*ej sträng*) lenient (*dom* sentence; *mot* to[wards]); (*lindrig, saktmodig*) gentle; ~*a vindar* gentle winds; *med milt våld* with gentle compulsion; ~*a makter!* Holy Moses!; *du* ~*e!* Good Lord!; *så till den* ~*a grad* so utterly, so awfully **-het** mildness *etc.*; leniency, lenience; (*barmhärtighet*) mercy **-ra** mitigate; temper; (*lätta* [*på*]) alleviate, relax; (*dom, straff äv.*) reduce **-ras** *dep* grow milder (*etc.*); soften

miljs *s3* militia

militant *a1* militant

militar|isera militarize **-ism** militarism [' ʜɪss-] *a3* militaristic

militär I *s3* (*krigsman*) military man, soldier; (*krigsmakt*) military force[s *pl*]; *högre* ~*er* officers of high rank; ~*en* the military (*pl*); (*hären*) the army **II** *a1* military **-attaché** military (service) attaché **-befälhavare** general officer commanding[, military command area south *etc.*] **-diktatur** military dictatorship **-förläggning** garrison, military camp **-högskola** *M*~*n* [the Swedish] armed forces staff and war college **-isk** *a5* military; army; (*soldatmässig*) soldierly; militant **-junta** military junta **-makt** military power **-marsch** military march **-musikkår** military band **-område** military command [area]; *AE.* military district **-tjänst** military service **-yrket** the military profession

miljard [-'ja:rd] *s3* milliard; *AE.* billion; *en* ~ (*vanl.*) one thousand million

miljon *s3* million; *fem* ~*er pund* five million pounds **-belopp** *pl* millions **-stad** city (town) with [over] a million inhabitants **-tals** [-a:-] millions of **-är** *s3* millionaire

miljö *s3* environment; *ibl.* milieu; (*omgivning*) surroundings (*pl*); background, general setting **-förstöring** pollution [of the environment] **-skadad** *a5* maladjusted **-skildring** description of social milieu **-skydd** environmental protection **-vård** control of the environment **-vänlig** non-polluting

milli|bar *s9* millibar **-gram** [-'gramm] milligramme **-liter** [-'li:] millilitre **-meter** [-'me:-] millimetre **-meterpapper** graph paper **-meterrättvisa** absolute fairness

milslång *en* ~ *promenad* a walk of a mile, a mile walk; ~*a köer* queues miles and miles long

mil|sten, -stolpe milestone (*äv. bildl.*)

mils|vid stretching (extending) for miles; -*vitt omkring* for miles around

milt *adv t. mild* mildly; ~ *uttryckt* to put it mildly

mim *s3* mime **-ik** *s3* mimicry, miming **-iker** ['mi:-] mimic **-isk** ['mi:-] *a5* mimic

mimosa [-ˣmå:-, -ɔ:-] *s1* mimosa

1 min [mi:n] *s3* air; mien; (*ansiktsuttryck*) [facial] expression; (*utseende*) look; *göra fula* ~*er* (*en ful* ~) pull an ugly (make a wry) face; *inga sura* ~*er!*

no long faces!; *ge sig* ~ *av att vara* pretend to be, put on an air of [being]; *hålla god* ~ [*i elakt spel*] put a good face on it, make the best of a bad job; *vad gjorde hon för* ~*?* what was the expression on her face?; *utan att förändra en* ~ without moving a muscle

2 min [minn] *mitt, mina, pron, fören.* my; *självst.* mine; *de* ~*a* my people (*vard. folks*); *denna* ~ *åsikt* this view of mine; ~ *dumbom!* fool that I am!; *nu har jag gjort mitt* I have done my part (bit) now; *skilja mellan mitt och ditt* know the difference between mine and thine

min|a *s1* mine; *gå på en* ~ hit a mine; *lägga ut -or* lay mines; *låta -an springa* (*äv. bildl.*) spring the mine

minaret *s3* minaret

minder|värdeskomplex inferiority complex **-värdeskänsla** feeling of inferiority **-värdig** *a1* inferior **-årig** *a1* underage, minor, infant; ~*a barn* minors, young children

mindre ['minn-] *komp. t. liten* **I** *a* **1** (*vid jämförelse*) smaller (*till* in); less[er], minor; (*kortare*) shorter (*till* in); (~ *t. antalet*) fewer; (*lägre*) lower; *bli* ~ grow (get) smaller (*etc.*); *ett* ~ *antal än tidigare* fewer (a smaller number) than before; *så mycket* ~ *orsak att* all the less reason for (+ *ing-form*); *på* ~ *än en timme* in less than (in under) an hour; *ingen* ~ *än kungen själv* no less [a person] than the king himself; *ingenting* ~ *än* nothing short of **2** (*utan eg. jämförelse*) small, small *aved.*, (*yngre*) younger; (*obetydlig*) slight, insignificant; (*oviktig*) unimportant; (*smärre*) minor, lesser; *av* ~ *betydelse* of less importance; *i* ~ *grad* in (to) a minor degree, on a smaller scale; *man kan bli tokig för* ~ (*vard.*) it's more than enough to send one crazy; *inte* ~ *än* no fewer (less) than **3** *med* ~ [*än att*] unless; *det går inte med* ~ [*än att*] *du kommer själv* nothing less than your personal attendance will do, you must be there yourself (in person) **II** *adv* less; *not very much*; *mer eller* ~ more or less; *så mycket* ~ *som* the less so as; ~ *välbetänkt* ill-advised

Mindre Asien *n* Asia Minor

minera mine; lay mines; ~*t område* mined area

mineral *s7, åld. pl äv. -ier* mineral

minera|log mineralogist **-logi** [-å-] *s3* mineralogy

mineral|olja mineral oil, petroleum **-riket** the mineral kingdom **-ull** mineral wool **-vatten** mineral water

min|ering [-'ne:-] mining **-fält** minefield

miniatyr *s3* miniature **-format** *i* ~ in miniature **-isera** miniaturize **-målare** miniaturist

mini|buss minibus **-dator** minicomputer **-golf** miniature golf

minim|al *a1* minimal, minimum; diminutive, infinitesimal **-era** (*göra så liten som möjligt*) minimize; (*bestämma lägsta gräns för*) fix the lower limit for

minimi|belopp minimum [amount] **-gräns** lower limit, floor **-krav** minimum requirements **-lön** minimum salary (wage[s])

minimum ['mi:-] *s8* minimum (*pl äv.* minima)

minister [-'nist-] *s2* minister; *Storbritannien äv.* secretary of state; *svenske* ~*n i London* the Swedish ambassador in London; *brittiske* ~*n i*

Sverige (äv.) Her Britannic Majesty's minister to Sweden **-ium** [-'te:-] *s4* ministry; *Storbritannien äv.* government department **-portfölj** *bildl.* office of minister of state, portfolio

ministär *s3* ministry, government, cabinet; *bilda* ~ form a government *(etc.)*

mink *s2* mink **-päls** mink coat

min|nas *v2, dep* remember, recollect; *om jag -ns rätt* if I remember rightly, if my memory does not fail me; *jag vill ~ att* I seem to remember that; *så långt tillbaka jag kan* ~ as far back as I can remember; *nu -des hon alltsammans* now it all came back to her; *han kunde inte ~ att han gjort det* he couldn't remember having done it; *inte på den dag jag -ns* it's so long ago I can't remember

minne *s6* **1** (*-sförmåga*) memory; mind; *tappa ~t* lose one's memory; *bevara (hålla) i ~t* keep in mind; *hålla ngt i ~t* bear s.th. in mind; ago *ett upp och ett i* ~ one down and one to carry; *återkalla i ~t* recall, recollect; *med detta i färskt* ~ with this fresh in my *(etc.)* memory; *lägga på ~t* commit to memory, remember; *dra sig ngt till ~s* remember (recollect) s.th., call s.th. to mind; *det har fallit mig ur ~t* it has escaped my memory (slipped my mind); *återge ur ~t* repeat from memory **2** *med ngns goda* ~ with a p.'s approval (consent) **3** (*hågkomst*) memory, remembrance; (*åminnelse äv.*) commemoration; (*minnesbild*) recollection; (*händelse i det förgångna*) memorable event; *ett ~ för livet* an unforgettable experience; *uppliva gamla ~n* revive old memories; *hans ~ skall leva* his memory will never fade; *till ~ av* in memory of; *vid ~t av* at the recollection of **4** (*memoarer o.d.*) recollections, memoirs **5** (*-sgåva, suvenir*) remembrance, souvenir, keepsake **6** *data.* store; *AE.* storage; *yttre ~* external store (storage)

minnes|anteckning memorandum **-beta** *s1, en* ~ s.th. not easily forgotten **-bild** picture in one's mind **-dag** memorial day **-förlust** loss of memory **-god** with a good memory **-lista** check list; list of engagements **-märke** memorial, monument; (*fornlämning*) relic, ancient monument **-regel** mnemonic rule **-rik** rich in memories; (*oförglömlig*) unforgettable **-sak 1** (*som beror av minnet*) en ~ a matter of memory **2** *se* suvenir **-teckning** biography (*över* of) **-värd** *a1* memorable (*för* to), worth remembering

minoritet *s3* minority; *vara i* ~ be in the (a) minority

minoritets|regering minority government **-ställning** *vara i* ~ be a minority

minröjning mine clearance, removal of land mines

minsann to be sure; I can tell (assure) you; I'm blessed (blowed); *det är* ~ *inte så lätt* it is not at all that easy; ~ *om jag det begriper* I'm blessed if I understand that; *jag skall* ~ *ge dig!* my word, I'll let you have it!

minska reduce (*med* by; *till* to); diminish, decrease, lessen; (*förkorta*) shorten; (*dämpa*) abate (*ngns iver* a p.'s zeal); (*nedskära*) cut [down] (*utgifterna* the expenses); (*lätta på*) relieve (*spänningen* the tension); ~ *hastigheten* reduce speed, slow down, decelerate; ~ *i betydelse* become less important; ~ *i vikt* go down in (lose) weight; ~ *ngt på sina anspråk* not demand quite so much,

reduce one's claims **minskad** *a5* reduced *etc.* (*med* by) **minskas** *dep* grow (become, get) less; diminish, decrease; be reduced (*i* in; *med* by); (*avtaga*) fall off; (*dämpas*) abate; (*sjunka*) fall, go down, sink; (*i värde*) depreciate **minskning** reduction, diminution, decrease; (*nedskärning*) curtailment, cut; (*i värde*) depreciation

minspel changes in facial expression; mimicry

minspränga blow up by mines (a mine); *bli -sprängd* be blown up by mines (a mine)

minst *superl. t. liten* **I** *a* smallest; least; (*yngst*) youngest; (*kortast*) shortest; (*minimalast*) minimum, minutest; ~*a motståndets lag* the law of least resistance; ~*a gemensamma nämnare* [the] lowest common denominator; *utan* ~*a tvekan* without the slightest (least) hesitation; *han hade* ~ *fel* he had [the] fewest mistakes; *med* ~*a möjliga* with a (the) minimum of; *in i* ~*a detalj* [down] to the smallest (minutest) detail; *det* ~*a a*) (*som substantiv*) the least, *b*) (*som adv*) the least [*vard.* little bit]; *inte det* ~*a trött* not [in] the least tired; *inte bry sig det* ~*a om* not care twopence about **II** *adv* least; the least, at least; (~ *av allt*) least of all; *inte* ~ *viktig var frågan om* the question of ... was as important as any; ~ *sagt* to say the least [of it]

minsvep|are minesweeper **-ning** minesweeping **minsökare** mine detector

minus ['mi:-] **I** *s7* minus [sign]; (*friare*) minus quantity, minus; (*brist*) deficit, shortage **II** *adv* minus; ~ *10 grader* 10 degrees [Centigrade] below zero; ~ *3 % kassarabatt* less 3 % discount; *plus* ~ *noll* plus minus naught **-grad** degree of frost (below zero) **-tecken** minus sign

minut *s3* **1** minute; *tio* ~*ers promenad* ten minutes' walk; *fem* ~*er över tre* five minutes past three; *en gång i* ~*en* once a minute; *på* ~*en* to the minute; *om (på) några* ~*er* in a few minutes; *i sista* ~*en* at the last minute, in the nick of time **2** *hand.* retail; *i* ~ by (*AE.* at) retail; *köpa i* ~ buy retail; *sälja i* ~ retail, sell [by] retail

minutiös [-tsi'ö:s] *a1* meticulous, scrupulous; minute

minutvisare minute hand

mirakel [-'ra:-] *s7, s4* miracle **mirakulös** *a1* miraculous

misan|trop [-'trå:p] *s3* misanthrope **-tropisk** [-'trå:-] *a5* misanthropic[al]

miserabel [-'ra:-] *a2* wretched, miserable; (*ömklig*) pitiable

miss *s2* (*misslyckande*) miss; (*felslag o.d.*) missed shot (hit, stroke) **missa** (*bomma*) miss, fail to hit (strike); (*misslyckas*) miss one's shot (hit, stroke, aim); *bildl. äv.* fail; (*om sak*) miss its mark

miss|anpassad *a5* maladjusted **-belåten** displeased (*med* at, about); dissatisfied (*med* with) **-bildad** *a5* malformed, misshapen **-bildning** malformation; defect; deformity

miss|bruk (*oriktigt bruk*) misuse; (*skadligt bruk*) abuse **-bruka** (*använda fel*) misuse; (*alkohol, förtroende, makt o.d.*) abuse; *kan lätt* ~*s* lends itself to abuse[s]; ~ *ngns godhet* take undue advantage of a p.'s kindness; ~ *Guds namn* take the name of God in vain **-brukare** misuser; abuser

miss|dåd misdeed; evil deed **-dådare** malefactor, evil-doer **-fall** miscarriage; *få* ~ (*äv.*) miscarry **-firma** *v1* insult; abuse **-foster** abortion (*äv. bildl.*); *äv. bildl.* monstrosity **-färga** discolour, stain **-förhållande** disproportion, disparity (*mellan* between); (*friare*) incongruity, anomaly; *sociala* ~*n* social evils **-första** misunderstand; *som lätt kan* ~*s* that is liable (likely) to be misunderstood **-förstånd** misunderstanding; (*misstag*) mistake **-gynna** treat unfairly; *exporten har* ~*ts av utvecklingen* development has been unfavourable to exports **-gärning** evil deed; (*svagare*) misdeed **-hag** *s7* displeasure (*med ngn* with s.b.; *med ngt* at s.th.); dislike (*med* of) **-haga** displease, be displeasing to; *det* ~*r mig* (*äv.*) I dislike it **-haglig** [-a:-] *a1* displeasing; (*starkare*) offensive, objectionable; (*förhatlig*) obnoxious; (*impopulär*) unpopular; ~ *person* (*äv.*) undesirable person **-handel** maltreatment (*av* of); *jur.* assault [and battery]; cruelty; *bli utsatt för* ~ be assaulted **-handla** maltreat; *jur.* assault; *bildl.* handle roughly; (*t.ex. språk*) murder **-hushålla** ~ *med* mismanage, be uneconomical with **-hällighet** discord, dissension; ~*er* (*äv.*) quarrels

missil *s3* missile

mission [mi'ʃo:n] **1** (*beskickning*) mission; (*kall* *äv.*) vocation; *ha en* ~ *att fylla* have a vocation (call) **2** *relig.* missions (*pl*); *inre* (*yttre*) ~ home (foreign) missions (*pl*) **-era** preach [the Gospel] **missions|förbund** *Svenska M~et* the Swedish Mission Covenant Church **-hus** mission hall, chapel

missionär [-ʃo-] *s3* missionary

miss|klä[da] be unbecoming to, not suit; *ingenting -klär en skönhet* (*ung.*) everything becomes a beauty **-klädsam** unbecoming; (*ej smickrande*) unflattering; (*-prydande*) disfiguring **-kreditera** discredit **-känd** *a5* misjudged; unappreciated, underrated **-känna** misjudge, underestimate **-ljud** jarring sound; *mus.* dissonance (*äv. bildl.*) **-lyckad** (*som -ats*) unsuccessful; (*förfelad, felslagen*) abortive; ~*e existenser* failures; *vara* ~ be a failure, have gone wrong **-lyckande** *s6* failure; fiasco **-lyckas** *dep* fail (*i, med* in); be (prove, turn out) unsuccessful (a failure) **-lynt** *a4* ill-humoured; cross; *göra ngn* ~ put s.b. out [of humour], upset s.b., make s.b. cross **-minna** *rfl, om jag inte -minner mig* if I remember rightly **miss|nöjd** (*i sht tillfälligt*) dissatisfied; (*i sht varaktigt*) discontented, displeased; *vara* ~ *med* (*ogilla*) disapprove of **-nöje** dissatisfaction; discontent; displeasure; (*ogillande*) disapproval (*med* of); *allmänt* ~ *råder bland* discontent is rife among; *väcka* ~ *mot en dom* give notice of appeal against a verdict **-nöjesyttring** signs (murmurs) (*pl*) of discontent **-pryda** disfigure, spoil the look of **-riktad** *a5* misdirected; (*oklok*) misguided, ill-advised **-räkna** *rfl* miscalculate; *bildl.* make a miscalculation **-räkning** (*fel-*) miscalculation; *bildl.* disappointment (*för* for, to; *över* at) **-sköta** (*hopskr. misssköta*) mismanage; (*försumma*) neglect; ~ *sig a*) (*sin hälsa*) neglect one's health, *b*) (*sitt arbete e.d.*) neglect one's duties (work) **-stämning** (*hopskr. misssstämning*) feeling (sense) of discord (discontent, disharmony)

-sämja (*hopskr. misssämja*) dissension, discord **miss|tag** mistake; (*fel*) error; (*förbiseende*) oversight, blunder, slip; *det var ett* ~ *av mig* it was a mistake on my part, it was my mistake; *göra ett svårt* ~ make a bad mistake, commit a serious blunder; *av* ~ by mistake, inadvertently **-taga** *rfl* make a mistake; be wrong; ~ *sig på* (*äv.*) misjudge, get a wrong idea of (about); *man kan ju* ~ *sig* (*äv.*) one can of course be mistaken; *man kunde inte* ~ *sig på* there was no mistaking; *om jag inte -t ar mig* if I am not mistaken **-tanke** suspicion; (*förmodan*) supposition; (*ond aning*) misgiving; *hysa -tankar* entertain suspicions (*mot ngn för ngt* about s.b. for s.th.; *om* as to); *fatta -tankar* become suspicious (*mot ngn* of s.b.; *om* about); *väcka -tankar* arouse suspicion (*hos* in; *om* about, as to) **-tolka** misinterpret; (*ngns avsikter äv.*) misconstrue **-tro I** *s9* distrust (*mot* of); (*starkare*) disbelief (*till* in) **II** *v4* distrust, mistrust, be suspicious of; (*tvivla på*) doubt **misstroende** *s6, se misstro I*; lack of confidence (*mot* in) **-votum** vote of censure (*mot* on) **miss|trogen** distrustful, mistrustful (*mot* of); (*skeptisk*) incredulous **-trösta** despair (*om* of); give up hope (*om* of) **-tröstan** *r* despair (*om* of) **-tycka** take it amiss, be offended [at]; *om du inte -tycker* (*äv.*) if you don't mind **misstänk|a** suspect; ~ *ngn för ngt* (*för att ha*) suspect s.b. of s.th. (of having); be suspicious of; (*befara*) apprehend; (*svagare äv.*) fancy, guess **-lyggöra** cast (throw) suspicion upon **-sam** *a1* suspicious (*mot* of); full of suspicion (*mot* against) **-samhet** suspiciousness **misstänkt** *a1* suspected (*for* [*att*] of [+ ing-form]); (*tvivelaktig*) doubtful, dubious; (*som inger misstro*) suspicious; *den* ~*e* the suspect; *som* ~ *för* (*äv.*) on [a] suspicion of; *vara* ~ *för* (*för att ha*) be under suspicion for (for having); *göra ngn* ~ *för* direct suspicion on s.b. for **miss|unna** [be]grudge; (*avundas*) envy **-unnsam** *a1* grudging (*mot* towards); (*avundsam*) envious (*mot* of) **-uppfatta** misunderstand, misconceive; (*-tyda*) misread, put a wrong interpretation on, get a wrong idea of **-uppfattning** misunderstanding, misconception **-visande** *a4* misleading **-visning** (*kompassnålens*) deviation, variation; *ostlig* ~ easterly magnetic declination **-växt** *s3* failure of the crop[s]; [a] bad harvest **-öde** mishap, misadventure; *råka ut för ett* ~ have a slight accident; *genom ett* ~ (*äv.*) by mischance; *tekniskt* ~ technical hitch

mist *s3* mist; fog

mista *v1, v3* lose; be deprived of

miste *adv* wrong; *gå* ~ *om* miss, fail to secure; *ta* ~ *på a*) (*ngn*) mistake for s.b. else, *b*) (*ngt*) make a mistake about, misjudge; *du kan inte ta* ~ *på vägen* you cannot miss the road; *det är inte att ta* ~ *på* there is no mistaking

mistel *s2, bot.* mistletoe

mist|lur foghorn **-signal** fog signal

misär *s3* destitution; penury; (*kortspel.*) misery

mitella [-ˣtella] *s1* triangular bandage; sling

mitra [ˣmi:] *s1* mitre

mitt I *s3* middle; *i* (*på*) ~*en* in the middle; *i deras* ~ in their midst; *från* ~*en av mars* (*äv.*) from mid-March **II** *adv* **1** *bryta* ~ *av* break right in two

2 ~ *emellan* midway (somewhere) between; ~ *emot* right (just, exactly) opposite, opposite; ~ *fram* right in front; ~ *framför* right (just, straight) in front of; ~ *för ögonen på ngn* right in front of a p.'s eyes; ~ *för näsan på ngn* under a p.'s very nose; ~ *i* in the [very] middle of; ~ *i ansiktet* full in the face; ~ *ibland* in the midst of, amidst; ~ *igenom* through the centre (middle) of, (*rakt igenom äv.*) right (straight) through; ~ *inne i* right in the middle (centre) of, (*landet e.d.*) in the interior of; ~ *itu* in two equal parts; *dela* ~ *itu* (*äv.*) halve; *gå* ~ *itu* break right in two; ~ *på* in the middle of; ~ *under a*) *rumsbet.* exactly (directly) under, *b*) *tidsbet.* during, just while; ~ *upp i* in the [very] middle of; *skratta ngn* ~ *upp i ansiktet* laugh in a p.'s face; ~ *uppe i* up in the middle of, (*friare*) right in the midst of (*arbetet* one's work); ~ *ut i* out into the [very] middle of, right out into; ~ *ute i* out in the middle of, right out in; ~ *över* exactly above (over); *bo* ~ *över gatan* live straight across the street

mittbena *ha* ~ have one's hair parted in the middle

mitten|parti centre party **-politik** centrist policies

mitt|linje centre (central, median) line; *sport.* halfway line **-parti** central part, centre; *polit.* centre party **-punkt** centre; (*på måltavla*) bull's-eye **-skepp** (*i kyrka*) nave **-uppslag** centre spread

mix *s3, s2* cakemix

mixtra ~ *med* potter (meddle) with, (*göra fuffens*) juggle with

mjugg *i uttr.*: *i* ~ covertly; *le i* ~ laugh up one's sleeve

mjuk *a1* soft (*till in*); (*om färgton e.d.*) softened, mellow; *bildl.* gentle (*om konturer e.d.*) sweeping, gentle; (*böjlig*) limp; (*smidig*) supple; lithe, limber; (*om rörelse o.d.*) graceful; (*eftergiven, smidig*) pliable, flexible; (*spak*) meek, mild; ~*t bröd* soft bread; *ha* ~*t anslag* (*mus.*) have a light touch; *bli* ~, *se mjukna*; *göra* ~ make soft, soften **-delar** *pl, anat.* soft parts **-görare** softener, plasticizer **-het** softness *etc.*; pliancy; flexibility **-landa** softland

mjuk|na [-u:-] soften, get (become) soft[er] **-ost** cream cheese, cheese spread **-vara** *data.* software

1 mjäll *s7, s9* dandruff, scurf

2 mjäll *a1* **1** (*mör*) tender **2** (*ren, vit*) transparently white

mjält|e *s2, anat.* spleen **-hugg** stitch [in the (one's) side]

mjärde [×mjä:r-] *s2* osier basket; (*stålträds-*) wire cage

mjöd *s7, s4* mead

mjöl *s7* flour; (*osiktat*) meal; (*pulver*) flour, powder, dust; *sammalet* ~ (*äv.*) wholemeal (*AE.* whole-wheat) flour; *inte ha rent* ~ *i påsen* (*bildl.*) not be on the level

mjöl|a flour, sprinkle over with flour **-bagge** flour-beetle **-dagg** mildew, blight **-dryga** *s1, bot.* ergot **-ig** *a1* floury, mealy

mjölk *s3* milk; *fet* (*mager*) ~ rich (thin) milk

mjölk|a 1 milk **2** (*ge mjölk*) give (yield) milk **3** (*utsuga*) milk, pump dry **-affär** dairy **-bar** *s3*

milk bar; *AE.* drugstore

mjölke *s2, zool.* milt, soft roe

mjölk|erska milkmaid **-flaska** (*av glas*) milk-bottle; (*av bleck*) milk-can **-förpackning** milk carton **-ko** milch cow (*äv. bildl.*), milker **-körtel** lactiferous gland **-maskin** milking machine **-pulver** powdered milk **-socker** milk sugar, lactose **-syra** lactic acid **-tand** milk tooth, deciduous tooth **-utkörare** milkman

mjöl|nare [-ö:-] miller (*tom*) flour (meal) sack; (*fylld*) sack of flour

m.m. (*förk. för med mera*) etc.

mo *s2* (*sand*) fine sand; (*mark*) sandy plain, heath

moaré *s3, s4* moiré; watered silk (fabric)

mobb [-å-] *s2* mob **mobba** mob **mobb[n]ing** mobbing

mobil I *a1* mobile **II** *s3* mobile

mobiliser|a mobilize; (*friare äv.*) muster **-ing** [-'se:-] mobilization

mobiltelefon [-×bi:l-] carphone

Moçambique [-bik] *n* Mozambique, Moçambique

1 mocka [-å-] *v1* clear of dung, clean out; ~ *gräl med* (*vard.*) pick a quarrel with

2 mocka [-å-] *s9* (*kaffesort*) mocha

3 mocka [-å-] *s9* (*skinn*) suede [leather]

mockajacka suede jacket

mockakopp [small] coffee cup, demitasse

mockasin [-å-] *s3* moccasin

mockasked [small] coffee spoon

1 mod *s7* **1** (*-ighet*) courage; intrepidity; (*moraliskt äv.*) fortitude; *hans* ~ *sjönk* (*svek honom*) his courage (heart) sank (failed him); *med förtvivlans* ~ with the courage of despair; *hålla* ~*et uppe* keep up one's courage; *hämta nytt* ~ take fresh courage; *ta* ~ *till sig* pluck up courage; *tappa* ~*et* lose heart, be discouraged **2** (*sinne, humör*) spirits (*pl*); mood; *vara väl* (*illa*) *till* ~*s* be at ease (ill at ease); *vara vid gott* ~ be in good spirits; *i hastigt* ~ without premeditation; *med berått* ~ deliberately, wilfully, in cold blood

2 mod *s4* fashion; style; *bestämma* ~*et* set the fashion; *är högsta* ~ is all the fashion (rage); *läkare på* ~*et* fashionable doctor; *vara* (*komma*) *på* ~*et* be in the (come into) fashion

modal *a1* modal; ~*t hjälpverb* auxiliary of mood

modd [-å-] *s3* slush **-ig** *a1* slushy

mode *s6, se 2 mod* **-affär** (*hatt-*) milliner's [shop] **-docka** dressmaker's dummy (*äv. bildl.*); *bildl. äv.* fashion plate **-färg** fashionable colour **-hus** fashion house **-journal** fashion magazine **-lejon** dandy, fop

modell *s3* **1** (*mönster*) model; *tekn. o. bildl. äv.* pattern; *i sht hand.* style; (*hatt-, sko-*) shape **2** *pers.* [artist's] model; *sitta* (*stå*) ~ sit (stand) as a model (*för, åt* to); *teckna efter levande* ~ draw from living models **-bygge** *abstr.* construction of models; *konkr.* model **-era** model (*efter* from; *i* in) **-järnväg** model railway **-lera** (*hopskr. modellera*) modelling clay, plasticine

modem *s7* modem

mode|nyck freak (whim) of fashion **-ord** vogue word

moder *-n mödrar* (*jfr mor*) mother; *bildl.* parent; *blivande mödrar* expectant mothers

moderat *a1* (*måttfull*) moderate; (*skälig*) reason-

able, fair; ~*a priser* reasonable prices; *M~a samlingspartiet* (*i Sverige*) ~the] moderate party **-or** [-ˈraːtår] *s3, atomfys.* moderator
moderbolag parent company
moderera moderate
moderikt|ig in fashion, fashionable, trendy **-ning** fashion trend
moder|kaka *anat.* placenta **-lig** *a1* motherly; (*om t.ex. känslor, oro*) maternal **-liv** womb
modern [-ˈdäːrn] *a1* (*nutida*) modern, contemporary; (*fullt ~*) [quite] up-to-date; (*nu på modet*) fashionable; *bli ~* come into fashion; ~ *dans* ballroom dancing **-isera** modernize **-isering** [-ˈseː-] modernization **-ism** modernism **-istisk** [-ˈnist-] *a5* modernist **-itet** *s3* modernity; ~*er* innovations, neds. novelties
modernäring principal (primary) industry; (*jordbruk*) agriculture
moders|bunden *vara ~* have a mother fixation **-famn** *i ~en* in the maternal (one's mother's) embrace **-instinkt** maternal (a mother's) instinct
moderskap *s7* motherhood, maternity **moderskapspenning** maternity allowance
moders|känsla ~*n hos henne* the mother in her **-mjölk** *med ~en* with one's mother's milk, (*friare*) from earliest infancy **-mål** mother tongue, native language; (*som skolämne*) Swedish, English *etc.*
mode|sak *konkr.* fashionable (fancy) article; *abstr.* [a] matter of fashion **-skapare** fashion designer **-tecknare** fashion designer, stylist **-visning** fashion show
modfälld *a5* discouraged, disheartened (*över* at); *blj ~* (*äv.*) lose courage
modifi|era modify; (*dämpa*) moderate **-kation** modification, moderation
modig *a1* **1** courageous; (*tapper*) brave, plucky; (*djärv*) bold; (*oförvägen*) gallant; (*oförskräckt*) valiant, intrepid **2** *kosta sina ~a slantar* cost a pretty penny; *väga sina ~a 100 kilo* weigh all of 100 kilos
modlös dispirited; spiritless **-het** dispiritedness
modul *s3* module; *mat. o. fys.* modulus
modul|ation modulation **-era** modulate
modus [ˈmoː-] *n, r, språkv.* mood
mogen *a3* ripe (*för, till* for; *om frukt äv.*) mellow; (*friare o. bildl.*) mature; *bildl. äv.* ready; ~ *ålder* maturity, mature age; *efter moget övervägande* after careful consideration; *när tiden är ~* when the time is ripe (has come) **-het** ripeness *etc.*; maturity
mogn|a [-ɔ-] ripen (*äv. bildl.*); *eg. äv.* get ripe; (*bildl. o. friare*) mature, come to maturity **-ad** *s3* ripeness (*äv. bildl.*); *i sht bildl.* maturity
mogul [ˈmoː-,ˈmå-, *pl* -ˈguː-] *s3* Mogul; *Stora ~* the [Great] Mogul
mohair [-ˈhäːr] *s3* mohair
mohikan *s3* Mohican; *den siste ~en* the last of the Mohicans
mojna [-å-] *sjö.* slacken, lull; ~ *av* (*äv. bildl.*) fall dead, die down; *när det ~r* when the wind slackens (*etc.*)
1 mol *s9* (*grundenhet*) mole
2 mol *adv,* ~ *allena* entirely (all) alone, all by o.s.
mol|a ache slightly; (*friare*) chafe; *det ~r i tändar-*

---

na på mig my teeth are aching a little **-ande** *a4* aching; (*om värk*) dull; (*ihållande*) persistent
molekyl *s3* molecule **-massa** *relativ ~* relative molecular mass, molecular weight **-är** *a1* molecular
1 moll [-å-] *r, mus.,* *gå i ~* be in a minor key
2 moll [-å-] *s3* (*tyg*) mull; light muslin
mollskinn [-å-] moleskin
mollusk *s3, zool.* mollusc, mollusk; (*om pers.*) jellyfish
moln [-åː-] *s7* cloud (*äv. bildl.*); *solen går i ~* the sun is going behind a cloud; *ett ~ låg över hans panna* his brow was [over]clouded **-bank** *s2* cloudbank **-bildning** cloud formation (*äv. konkr.*) **-fri** cloudless, free from clouds; *bildl. äv.* unclouded **-höjd** height of cloud; *flyg.* ceiling **-ig** *a1* cloudy; clouded, overcast **-ighet** cloudiness; *meteor.* [amount of] cloud **-tapp** wisp of cloud **-täcke** cloud-cover **-täckt** *a4* cloud-covered, overcast
mölöken [ˈmoː-] *a3* cast down, dejected; down in (at) the mouth
moltiga [ˈmoː-l] not utter a sound
Moluckerna [-ˈlukk-] *pl* [the] Molucca (*förr* Spice) Islands, Moluccas
molybden [-å-] *s3, s4, miner.* molybdenum
momang instant, moment; *på ~en* instantly, this instant
moment *s7* **1** (*tidpunkt*) moment, instant **2** (*beståndsdel*) moment, element; factor; (*i lagtext*) subsection, clause; (*stycke*) paragraph; (*punkt*) point; *ett störande ~* a disturbing factor **-an** *a1* momentary
moms [måms] *s3, se mervärdeskatt*
Monaco [ˈmånakå] *n* Monaco
monark *s3* monarch **monarki** *s3* monarchy; *inskränkt ~* constitutional (limited) monarchy **monarkist** *s3* monarchist
mondän [-å-] *a1* fashionable, sophisticated, elegant; ~*a människor* (*äv.*) the fashionable set
monegask *s3* Monacan, Monegasque
monetär *a1* monetary
mongol [måŋˈgoːl] *s3* Mongol[ian] **Mongoliet** [måŋgoˈliː-] *n* Mongolia
mongol|isk [måŋˈgoː-] *a5* Mongolian **-[o]id** mongoloid
monokel [måˈnåkk-] *s2, s3* monocle
mono|krom [-ˈkråːm] **I** *s3* monochrome **II** *a5* monochrome **-kromatisk** [-ˈmaː-] *a5* monochromatic **-log** *s3* monologue; soliloquy
monopol [-ˈpåːl] *s7* monopoly; exclusive privilege[*s pl*]; *ha ~ på* have the monopoly of, *bildl. äv.* have the sole right to **-isera** monopolize
monoton [-ˈtåːn] *a1* monotonous
monster [ˈmåns-] *s7* monster (*till far* of a father); monstrosity
monsun [-å-] *s3* monsoon
montage [måŋˈtaːʃ, måŋ-] *s7, film.* montage
monter [ˈmånn-, ˈmåŋ-] *s2, s3* showcase; exhibition case
monter|a [mån-, måŋ-] **1** (*sätta upp*) mount, fit (set) up (*på* on); (*sätta ihop*) assemble, put together; (*installera*) install; (*t.ex. hus, radiomast*) erect; ~ *ner* dismantle **2** (*hatt e.d.*) trim **-bar** [-ˈteː-r] *a1* mountable **-ing** mounting *etc.*; assembly, assemblage; installation; erection **-ings-**

färdig prefabricated

montör fitter, mechanic; *elektr.* electrician; *flyg.* rigger

monument *s7* monument; *resa ett ~ över* erect (put up) a monument to

monumental *a1* monumental; *(friare äv.)* grand **-konst** monumental art

moped *s3* moped, *åld.* autocycle **-ist** mopedist, *åld.* autocyclist

mopp [-å-] *s2* mop **moppa** mop, go over with a mop

1 moppe [-å-] *vard. i uttr.: ge ngn (få) på ~* give s.b. (get) a wigging

2 moppe [-å-] *vard.* moped

mops [-å-] *s2* pug[-dog]

mopsa *rfl* be saucy (*mot* to)

1 mor [-ɔ:-, -å:-] *s3 (folk)* Moor

2 mor [-ɔ:-] *modern mödrar (jfr moder)* mother; *bli ~* become a mother; *M~s dag* Mother's Day, Storbritannien äv. Mothering Sunday; *vara som en ~ för ngn* be like a mother to s.b., mother s.b.

moral *s3, ej pl (ngns)* morals *(pl)*; *(trupp- o.d.)* morale; *(-isk uppfattning)* morality; *(sedelära)* moral law, ethics *(pl, behandlas som sg o. pl)*; *(sens-)* moral; *predika ~ för* preach morality to **-begrepp** moral concept **-isera** moralize *(över* [up]on) **-isk** *a5* moral; *(etisk)* ethical; *~t stöd* moral support; *M~ Upprustning* Moral Rearmament **-ist** moralist **-lära** ethics *(pl, behandlas som sg)* **-predikan** homily, moral lecture; *hålla ~ (äv.)* sermonize

morass *s7* morass, swamp

morbror [ˣmɔrr-, ˈmɔrr-] [maternal] uncle, uncle on the (one's) mother's side

mord [-ɔ:-] *s7* murder *(på* of); *jur. äv.* homicide; *begå ~* commit murder **-brand** arson, incendiarism; *anlägga ~* commit arson **-brännare** incendiary, fire raiser **-isk** [ˈmɔ:r-] *a5* murderous, homicidal **-kommission** murder squad; *AE.* homicide squad **-lysten** bloodthirsty **-vapen** murder weapon; *(-iskt vapen)* deadly weapon

mor|far [ˣmɔrr-, ˈmɔrr-] [maternal] grandfather **-farsfar** great grandfather [on the mother's side]

morfin [-å-] *s4, s3* morphine, morphia **-ist** morphinist, morphine (morphia) addict

morföräldrar *mina ~* my [maternal] grandparents, my mother's parents

morgon [ˣmårgån, *vard.* ˣmårrån] *(vard. morron) -en morgnar (vard. mornar)* **1** *motsats t. kväll)* morning; *poet.* morn; *tidernas ~ (äv.)* the beginning of time; *god ~!* good morning!; *på ~en* in the morning; *på ~en den 1 mars* on the morning of the 1st of March; *i dag på ~en* this [very] morning; *tidigt följande ~* early next morning **2** *i ~* tomorrow; *i ~ åtta dagar* tomorrow week; *i ~ bitti[da]* tomorrow morning **-bön** morning prayers *(pl)*; *skol. äv.* morning assembly **-dag** tomorrow; morrow; *uppskjuta till ~en* put off until tomorrow **-gymnastik** early-morning exercises *(pl)* **-gåva** morning gift **-humör** [early-]morning temper **-kvisten** *vard. i uttr.: på ~* early in the morning **-luft** *[börja] vädra ~* begin to see one's chanse **-mål** breakfast **-människa** early bird (riser) **-pigg** alert (lively) in the morning **-rock** dressing gown; *AE. äv.* bathrobe

-rodnad *~en* aurora, the red sky at dawn **-samling** *skol.* morning assembly **-stjärna** morning star **-stund** morning hour; *~ har guld i mun* the early bird catches the worm **-tidning** morning paper

moring *(förtöjningsring)* mooring

morkulla [-ɔ:-] *s1* woodcock

mormon *s3* Mormon

mor|mor [ˣmɔrr-, ˈmɔrr-] maternal grandmother **-morsmor** great grandmother [on the mother's side]

morna [ˣmå:r-] *rfl* get o.s. awake, rouse o.s.; *inte riktigt ~d* not quite awake

morot *-en morötter* carrot

morots|färgad carrot-coloured, carroty **-saft** carrot juice

morr|a [-å-] growl, snarl *(åt* at) **-hår** koll. [cat's *etc.*) whiskers *(pl)*

mors [-å-] *interj* hello!; *AE.* hi!

1 morsa [-å-] *v1, vard.* say hello

2 morsa [-ɔ-] *s1, vard.* mum

morse [-å-] *i uttr.: i ~* this morning; *i går ~* yesterday morning

morse|alfabet [ˣmårse-] [international] Morse code **-tecken** Morse symbol

morsgris mother's darling

morsk *a1 (orädd)* bold, daring; *(käck)* dashing; *(karsk)* stuck-up, fierce; *(manhaftig)* stouthearted; *visa sig ~* make the most of o.s. **morska** *~ upp sig* pluck up courage; *~ upp dig!* take heart!

mortel [ˣmɔ:r-] *s2* mortar; *stöta i ~* grind (crush) in a mortar **-stöt** pestle

morän *s3* moraine

mos *s4 (massa)* pulp; *kokk.* paste, mash; *jfr äv. äppel-, potatis-; göra ~ av* make mincemeat of **mosa** reduce to pulp, pulp; *(potatis o.d.)* mash

mosaik *s3* mosaic; *lägga ~* mosaic **-inläggning** inlaying with mosaic; incrustation, tesselation

mosaisk [-ˈsa:-] *a5* Mosaic; *(judisk äv.)* Jewish; *en ~ trosbekännare* a Jew

mose|bok *de fem -böckerna* the Pentateuch; *Första (Andra, Tredje, Fjärde, Femte) ~* [the book of] Genesis (Exodus, Leviticus, Numbers, Deuteronomy)

Mosel [ˈmå:-] *r* the Moselle **moselvin** [ˣmå:-] moselle [wine]

1 mos|ig *a1 (-ad)* pulpy

2 mosig *a1 (i ansiktet)* red [and bloated]; *(rusig)* fuddled, tipsy

moské *s3* mosque

moskit *s3* mosquito **-nät** mosquito net[ting]

Moskva *n* Moscow

moss|a [-å-] *s1* moss **-belupen** *a5* moss-covered, mossy

moss|e [-å-] *s2* peat moss, bog **-grön** moss green **-ig** *a1* mossy

moster [ˣmɔss-, ˈmɔss-] *s2* [maternal] aunt

mot I *prep* **1** *(riktning)* towards *(äv. om tid)*; to; *gå ~ staden* walk towards the town; *färden gick ~ söder* they (etc.) headed south; *hålla upp ngt ~ ljuset* hold s.th. up to the light; *rusa ~ utgången* dash to the exit; *se upp ~ bergen* look up to the hills; *komma springande ~ ngn* come running towards s.b. (in a p.'s direction); *vara vänd ~ (vanl.)* face; *~ kvällen* towards the evening; *~ slutet av året* towards (near) the end of the year

2 (*beröring*) against; *gränsen* ~ *Norge* the Norwegian border; *med ryggen* ~ *väggen* with one's back to the wall; *segla* ~ *strömmen* sail against the current; *vågorna slog* ~ *stranden* the waves lapped [on] the shore; *bilen törnade* ~ *en sten* the car bumped into a stone **3** (*uppträdande, sinnelag*) to, towards; *vänlig* ~ kind to; *hysa agg* ~ bear a grudge against; *misstänksam* ~ suspicious of; *sträng* ~ severe on, strict with; *uppriktig* ~ honest with; *i sitt uppträdande* ~ in his (*etc.*) manner (behaviour) towards **4** (*motsättning, kontrast*) against; (*jämförelse äv.*) compared to (with); *jur. o. sport. äv.* versus; *skydd* ~ protection against (from); *strida* ~ fight against; *grönt är vackert* ~ *blått* green is beautiful against blue; *väga* ~ *varandra* weigh one against the other; *det kom 10 svar* ~ *4 förra gången* there were 10 answers compared to (with) 4 last time; *brott* ~ *en förordning* breach of a regulation; *ett medel* ~ *snuva* a remedy for colds; *det hjälper* ~ *allt* it is good for everything; *det är ingenting* ~ *vad jag kan* that is nothing to what I can do; *hålla 2* ~ *1* [?] till 1 that; *förslaget antogs med 20 röster* ~ *10* the proposal was adopted with 20 votes to 10 **5** (*i utbyte mot*) for, against; ~ *kvitto* against receipt; ~ *legitimation* on identification; ~ *skälig ersättning* for a reasonable fee (remuneration); *byta ngt* ~ *ngt* exchange s.th. for s.th.; *göra ngt* ~ *att ngn gör* do s.th. in exchange for a p.'s doing; *i utbyte* ~ in exchange for **II** *adv*, *se emot*

mota 1 (*hejda*) block (bar) the way [?]; head off; (*avvärja*) ward off; (*förekomma*) forestall; ~ *Olle i grind* nip s.th. in the bud, ward off impending trouble **2** (*driva*) drive; ~ *bort* drive off (away from); ~ *ihop* (*boskap*) drive (herd) together

mot|aktion counteraction, countermeasure **-angrepp** counterattack **-arbeta** (*ngn, ngt*) work against; counteract; (*söka hindra*) check; (*ngns planer*) seek to thwart (traverse); (*bekämpa*) oppose **-argument** counterargument, objection **-bevis** counterproof, counterevidence **-bevisa** refute; belie **-bjudande** *a4* repugnant, repulsive (*för* to); (*otäck*) disgusting **-bok** (*kontra-*) [customer's] passbook; (*sparkasse-*) bankbook; (*för spritinköp*) liquor-ration book **-drag** countermove (*äv. friare*) **-eld** *mil.* counterfire, returnfire

motell *s4* motel

mot|fordran counterclaim **-fråga** counterquestion **-förslag** counterproposal **-gift** antidote, antitoxin **-gång** *s2* (*med pl*) reverse, setback; (*utan pl*) adversity, misfortune **-hugg** counterblow, counterthrust, counterstroke; *få* ~ meet with opposition **-håll** *ha* ~ be in disfavour (*för* with) **-hårs** [-å:-] (*stryka en katt*) stroke a cat) the wrong way

motig *a1* adverse, contrary; (*besvärlig*) awkward; *det har varit* ~*t* things have not been easy (*för mig* for me) **-het** reverse, setback, adversity

1 motion [måt'ʃo:n] (*kroppsrörelse*) exercise; *få* (*ta*) ~ get (take) exercise

2 motion [måt'ʃo:n] (*förslag*) motion (*i* on; *om* for); *väcka* ~ *om* submit a motion for; *väcka* ~ *i* introduce a bill in (*riksdagen* the Riksdag)

1 motionera [måtʃo-] (*ge motion*) give exercise,

exercise; (*skaffa sig motion*) take exercise **2 motionera** [måtʃo-] (*väcka förslag*) move (*om* for; *om att* that)

motions|cykel exercycle **-gymnastik** physical (gymnastic) exercises (*pl*), callisthenics (*pl o. sg*), keep-fit exercises (*pl*)

motionär [måtʃo'nä:r] *s3* mover [of a resolution]; introducer of a bill

motjv *s7* **1** motive (*för, till* for, of); (*anledning, skäl*) reason, cause (*för, till* of); *vad hade du för* ~ *till att* what was your motive for (+ *ing-form*) *konst., mus. o.d.* motif (*till* for, of); (*t. tavla äv.*) subject; *mus. äv.* theme

motivation motivation

motiver|a (*ange skälen för*) state [the] reasons (grounds) for, account for; (*utgöra tillräckligt skäl för*) be the motive of, motivate; (*berättiga*) warrant; (*rättfärdiga*) justify; *en föga* ~*d ... a*[n] ... for which there is little justification **-ing** [-'ve:-] justification, explanation (*för* of, for); (*bevisföring*) argumentation; *psykol.* motivation; *med den* ~*en att* on the plea that

mot|kandidat rival [candidate] **-ljus** *foto.* direct light **-ljusskydd** *foto.* lens hood (shade) **-lut** upgrade, ascent **-läsa** *boktr.* checkread; *bokför.* call over

motor [˟mo:tår] *s3* motor; engine; *stark* (*svag*) ~ high-powered (low-powered) motor **-bränsle** motor fuel **-båt** motorboat; *AE. äv.* powerboat **-cykel** motorcycle; *vard. motorbike*, ~ *med sidvagn* [motorcycle] combination (*för* of) **-cyklist** motorcyclist **-driven** *a5* motor-driven **-fordon** motor vehicle **-gräsklippare** power lawnmower **-huv** (*bil-*) bonnet, *AE.* hood; *flyg.* cowl[ing] **-jk** *s3* mobility **-isk** [-'to:-] *a5* motor[y] **-krängel** engine trouble **-sport** motoring, motor sport[s] **-stopp** engine (motor) failure, breakdown **-såg** chain (power) saw **-torpedbåt** [motor] torpedoboat **-vagn** rail motorcoach, railcar; (*spårvagn*) motorcar **-väg** motorway; *i sht AE.* motor highway, express highway, freeway **-värmare** engine preheater

mot|part opposite party, counterparty, opponent **-pol** antipole (*äv. bildl.*) **-prestation** service in return; (*friare*) something in return **-sats** contrast (*mot, till* to); opposite, contrary, antithesis (*till* of); (*i logiken*) contradictory; *bevisa* ~*en* prove the contrary; *raka* ~*en* the very (exact) opposite (*till* of); *utgöra* (*stå i*) ~ *till* be opposed to; *i* ~ till contrary (in contrast) to; *de är varandras* ~*er* they are absolute opposites **-satsförhållande** contrast[ing relationship]; *stå i* ~ *till* be at variance with (in opposition to) **-satt** *a4* **1** *allm. o. bildl.* opposite, contrary; opposing, conflicting; (*omvänd*) reverse; *i* ~ *fall* in the contrary case, (*i annat fall*) otherwise; *i* ~ *riktning* in the opposite direction; *på* ~*a sidan a*) on the opposite side (*av* of; *mot* to), *b*) (*i bok o.d.*) on the opposite page; *förhållandet var det rakt* ~*a* the situation was quite the opposite **2** *bot.*, *med* ~*a blad* oppositifolious **-se** (*se fram emot*) look forward to; (*vänta*) expect; *vi* ~*r med intresse Ert svar* (*hand.*) we look forward to your reply **-sida** opposite (other) side (*äv. bildl.*) **-skäl** counter-reason; *skäl och* ~ arguments for and against, [the] pros and cons **-sols** [-so:-] anticlockwise, *AE.* counterclockwise **-spelare** (*i spel*) opponent, adversary; *vara ~ till ngn* (*teat. o.d.*) play opposite s.b. **-spänstig** refractory; (*olydig*) insubordinate **-stridig** *a1* conflicting, contradictory **-strävig** *a1* (*-spänstig*) refractory; (*-villig*) reluctant; (*om t.ex. hår*) intractable **-ströms** against the current, upstream **-stycke** *bildl.* counterpart; (*like*) parallel, match, equal; *sakna ~* be unparalleled (unique) **-stå** resist, withstand; (*angrepp etc. äv.*) stand up against; *en ... som man inte kan ~* (*äv.*) an irresistible ... **-stående** *a4* opposite; *på ~ sida* on the opposite page

motstånd *s7* **1** resistance (*äv. fys., elektr., mil.*); *flyg. äv.* drag; *göra ~ mot* resist, offer resistance to; *möta ~* meet with resistance (*bildl.* opposition); *väpnat ~* armed resistance **2** *konkr. elektr.* resistor, resistance box **-are** adversary; opponent; antagonist; (*fiende*) enemy; *~ till* adversary (*etc.*) of

motstånds|kraft [power of] resistance (*mot* to); resisting-power; (*fysisk*) resistance, staying power **-kraftig** resistant (*mot* to, against); strong **-man** member of the resistance **-rörelse** resistance movement

motstöt counterattack; *bildl. äv.* counterthrust

motsvar|a (*ha sin -ighet i, passa ihop med*) correspond (answer) to; (*vara lika mycket värd som*) be equivalent to; (*tillfredsställa*) satisfy, meet; (*uppfylla*) fulfil; *vinsten ~r inte insatsen* the profit is not in proportion to the investment; *~ ngns förväntningar* come up to a p.'s expectations **-ande** *a4* corresponding; (*analog*) analogous; (*liknande*) equivalent, similar; *~ värde* the equivalent; *i ~ grad* correspondingly **-ighet** (*överensstämmelse*) correspondence; proportionateness; (*full ~*) equivalence; (*analogi*) analogy; (*motstycke*) counterpart, opposite number; *närmaste ~ till* the closest (nearest) equivalent to (of); *sakna ~* have nothing corresponding to it (*etc.*)

motsäg|a contradict; oppose; (*bestrida*) contest; (*strida emot*) be contradictory to, conflict with; *~ sig* contradict o.s. (itself); be [self-]contradictory **-ande** *a5* contradictory; (*mot varandra stridande*) conflicting **-else** contradiction; (*brist på överensstämmelse*) incompatibility, discrepancy; (*inkonsekvens*) inconsistency; *inte tåla några ~r* not tolerate contradiction **-elsefull** full of contradictions

motsätt|a *rfl* oppose, stand out against **-ning** opposition; antagonism; (*motsatsförhållande*) contrast, discrepancy, incongruity; *stå i skarp ~ till* be in striking contrast to

mott [-å-] *s9, s7, zool.* moth

mottag|a receive; (*acceptera*) accept; (*besökande*) receive, see; *alla bidrag -es med största tacksamhet* all contributions gratefully received; *vi har -it Ert brev* we have received (are in receipt of) your letter **-ande** *s6* reception; *i sht hand.* receipt; (*accepterande*) acceptance; *betala vid ~t* pay on receipt (delivery), cash on delivery (*förk. C.O.D.*); *erkänna ~t av ett brev* acknowledge receipt of a letter **-are 1** *pers.* receiver; (*av postförsändelse*) addressee; (*av varuförsändelse*) consignee; (*betalnings-*) payee, beneficiary; (*av gå-*

va) donee; *sport.* striker-out **2** *konkr. radio.* receiver, receiving set **-lig** [-a:-] *a1* susceptible (*för* to); (*känslig*) sensitive (*för* to); *~ för förkylning* (*äv.*) liable to catch cold; *~ för skäl* amenable to reason; *~ för nya idéer* receptive (open) to new ideas **-lighet** [-a:-] susceptibility; sensitiveness

mottagning reception; (*läkares*) consultation rooms (*pl*), surgery; (*vid hovet äv.*) audience

mottagnings|bevis advice of receipt (delivery); *post. äv.* post office receipt **-rum** reception room; (*läkares*) consulting room **-tid** reception hours (*pl*); (*läkares*) consultation (consulting) hours (*pl*)

motto [ˣmåttɔ] *s6* motto

mot|urs [-u:-] anticlockwise, *AE.* counterclockwise **-vallskäring** cussed (contradictory) person **-verka** (*-arbeta*) work against, run (go) counter to; (*upphäva verkan av*) counteract, offset, neutralize; (*söka hindra*) try to put a stop to, obstruct **-verkan** counteraction **-vikt** counterweight, counterbalance (*mot* to) **-vilja** dislike (*mot* of, to), distaste (*mot* for); (*starkare*) repugnance (*mot* against), antipathy (*mot* for, against, to); *ha* (*hysa*) *~ mot* have a dislike (*etc.*) of, dislike **-villig** reluctant; (*starkare*) averse **-villighet** reluctance; averseness **-vind** headwind, contrary wind; *bildl.* adverse (contrary) wind; *ha ~* have the wind against one; *segla i ~* sail against the wind, *bildl.* be out of luck **-väga** [counter]-balance (*äv. ~ varandra*) **-värn** defence, resistance; *sätta sig till ~* offer resistance, fight back **-åtgärd** countermeasure; *vidtaga ~er* take countermeasures

moussera [mɔ'se:-] sparkle, effervesce

mu moo! **mua** moo

muck oböjligt *s, vard.* demob[ilization]

1 mucka *vard. mil.* demob

2 mucka (*bråka*) growl, grumble (*över* at, about); *~ gräl* pick a quarrel

mudd *s2* wristlet, loose cuff

mudder ['mudd-] *s7* mud **-verk** dredger, dredge **muddra** dredge; *~d farled* (*sjö.*) dredged channel

muff *s2* **1** (*klädespersedel*) muff **2** *tekn.* sleeve, socket [end]

muffin ['muff-] *s7* muffin

mugg *s2* (*liten*) mug; (*större*) jug; (*tenn- o.d.*) pot; *för fulla ~ar* (*vard.*) at top speed

Muhammed [mɔ'hamm-] Mohammed, Mahomet

muhammedan [mɔ-] *s3* Mohammedan, Moslem, Muslim

mula *s1* mule

mulatt *s3* mulatto (*pl* -os, -oes) **-kvinna** mulatto woman

mule *s2* muzzle; snout

mul|en *a3* overcast; clouded (*äv. bildl.*); *bildl.* gloomy; *det är -et* the sky is overcast

mull *s2* earth; mould; (*stoft*) dust (*äv. bildl.*) **-bänk** *vard.* quid (cud) of snuff

mull|bär mulberry **-bärsträd** mulberry tree

muller ['mull-] *s7* rumbling, rumble, rolling

mullig *a1* plump

mullra rumble, roll

mulltoalett [type of] earth closet

mullvad *s2, zool.* mole

mullvads|arbete underground work **-gång** mole track (run) **-hög** molehill

mulna [ˣmuːl-] cloud over, become overcast; *bildl.* darken; *det ~r [på]* it (the sky) is clouding over

mul- och klövsjuka foot-and-mouth (hoof-and-mout) disease

multinationell multinational

multip|el [-ˈtipp-] *s3, s2* multiple; *~ skleros* multiple sclerosis **-licera** multiply (*med* by)

multiplikation multiplication

multiplikations|tabell multiplication table **-tecken** multiplication sign

multna moulder (rot) [away]

mulåsna mule; hinny

mumi|e [ˈmuː-] *s5* mummy **-fiera** mummify

mumla (*tala otydligt*) mumble; (*knota*) mutter, murmur; *~ i skägget* mutter under one's breath

mummel [ˈmumm-] *s7* mumble; mutter, murmur

mumrik | mumrikk| *s2* odd fish, old fogey

mums I *interj* yum-yum! **II** *n, det var ~* that was delicious (lovely) **mumsa** munch; (*knapra*) nibble

mun [munn] *s2* mouth; (*-full*) [a] mouthful (*vatten* of water); *ur hand i ~* from hand to mouth; *i var mans ~* the talk of the town; *med en ~* with one voice; *med gapande ~* open-mouthed, with a wide open mouth; *dra på ~* smile; *gå från ~ till ~* pass from mouth to mouth, be bandied about; *ha många ~ [att mätta] som måna* have many mouths to feed; *har du inte mål i ~?* haven't you got a tongue in your head?; *hålla ~* keep one's mouth shut; *håll ~!* (*äv.*) shut up!; *hålla ngt för ~en* hold s.th. to one's mouth; *prata bredvid ~[en]* let the cat out of the bag; *ta ordet ur ~nen på ngn* take the words out of a p.'s mouth; *ta ~nen full* (*bildl.*) talk big; *ta bladet från ~nen* speak one's mind; *alla talar i ~[nen] på varandra* all speak at the same time

mundering [-ˈdeː-] (*soldats*) equipment

mun|full *en ~* a mouthful (*vatten* of water) **-gipa** [-ːjː-] *s1* corner of the (one's, its) mouth; *dra ner -giporna* draw down the corners of one's mouth **-huggas** *-höggs -huggits, dep* wrangle, bicker, bandy words **-håla** oral (mouth) cavity **-häfta** *med.* trismus, *vard.* lockjaw

1 munk *s1* monk; (*tiggar-*) friar

2 munk *s2, kokk.* doughnut; (*äppel- o.d.*) fritter

munkavle muzzle, gag; *sätta ~ på* muzzle

munk|kloster monastery **-kåpa** monk's frock, cowl **-löfte** monk's vow **-orden** monastic order

munkorg muzzle; *förse med ~* (*äv. bildl.*) muzzle

mun-mot-mun-metoden the mouth-to-mouth method; *vard.* kiss of life

munsbit morsel; *sluka ngt i en ~* eat s.th. in one mouthful; *det var bara en ~ för honom* (*bildl.*) it was small beer for him

mun|skydd mask **-spel** harmonica, mouth organ **-stycke** mouthpiece; *mus. äv.* embouchure; (*cigarett-*) [cigarette] holder; (*på cigarett*) tip; *tekn.* nozzle, jet; *cigarett med* (*utan*) *~* tipped (untipped, plain) cigarette

munta *s1, vard.* oral [exam], viva [voce]

munter [ˈmunn-] *a2* merry, cheerful; (*uppsluppen*) hilarious; *vard.* chirpy; *ett ~t lag* a merry

party; *en ~ melodi* a lively tune **-gök** jolly fellow **-het** merriness; gaiety; hilarity; *uppsluppen ~* hilarious mirth (spirits *pl*)

munt|lig *a1* (*om översättning, prövning o.d.*) oral; (*om meddelande o.d.*) verbal; *~ prövning* oral [examination], *univ.* viva voce [examination]; *~ överläggning* (*vanl.*) personal conference **-ligen** orally; verbally; by word of mouth

muntra ~ upp cheer up, exhilarate **-tion** amusement, entertainment; jollification

mun|vatten mouthwash; gargle **-vig** glib [with one's tongue]; (*slagfärdig*) quick-witted

mur *s2* wall (*äv. bildl.*); *omge med ~ar* (*äv.*) wall in **mura** brick, build [of brick (masonry)]; *~ igen* brick (wall) up, *bildl.* bung up (*ngns ögon* a p.'s eyes); *~ in* build into a wall, immure; *~ med cement* wall (line) with cement, cement

mur|are bricklayer; (*sten-*) mason **-bruk** mortar **-bräcka** *s1* battering ram (*äv. bildl.*) **-gröna** *s1, bot.* ivy

murken *a3* decayed; (*starkare*) rotten

murkla *s1* morel, moril

murkna decay, get (become) rotten

murrig *a1* gloomy, dull, sullen

murslev trowel

murvel *s2, vard.* hack journalist

murverk masonry, brickwork, brickwall

mus *-en möss* mouse (*pl* mice)

mus|a *s3* muse; *de nio -erna* the nine Muses

musch *s3 beauty spot (patch)*

museal *a1* museum; *har bara ~t intresse* is only of interest to museums

museiföremål museum specimen, exhibit; museum piece (*äv. bildl.*)

museum [-ˈseː-] *s4* museum

musicera play (have) [some] music, make music

musik *s9* **1** music; *sätta ~* (*komponera ~en*) *till* write (compose) the music for; *det är som ~ för mig* it is music to my ear; *detta skall hädanefter bli min ~* that will be my tune in the future **2** (*-kår*) band

musik|al I *a1* musical **II** *s3* musical [comedy] musical **-alisk** [-ˈkaː-] *a5* musical; (*om pers. äv.*) music-loving; *vara ~* be musical, have a musical ear; *M~a akademien* the [Royal] Academy of Music **-ant** musician; fiddler **-direktör** graduate of the [Royal] Academy of Music; *mil.* bandmaster

musik|er [ˈmuː-] *s9* musician; *bli ~* (*vanl.*) go in for music [as a profession] **-förlag** music publishers (*pl*) (publishing firm) **-handel** music shop **-högskola** school (college) of music **-instrument** musical instrument **-konservatorium** conservatory, conservatoire of music **-kritiker** music critic **-kår** band, orchestra; *medlem av en ~* (*äv.*) bandsman **-liv** musical life **-lärare** music teacher (master) **-studier** *pl* musical studies; *bedriva ~* study music **-stycke** piece of music **-verk** musical composition, work of music **-älskare** lover of music, music lover **-öra** musical ear, ear for music

muskatell *s3* muscatel [wine]

muskedunder [-ˈdund-] *s7, s2* blunderbuss

musk|el [ˈmusk-] *s3* muscle; *spänna -lerna* tense one's muscles; *utan -ler* muscleless

muskel|arbete work done by the muscles

-bristning rupture of a muscle **-knutte** *s2, vard.* muscleman **-sträckning** [the] spraining of a muscle; sprain **-stärkare** muscle developer **-värk** muscular pain

musketör musketeer

muskot [-åt] *s2* nutmeg **-blomma** (*krydda*) mace

muskul|atur musculature; (*ngns*) muscles (*pl*) **-ös** *a1* muscular

musköt *s3* musket

muslim *s3* Muslim, Moslem

muslin *s3, s4* (*tyg*) muslin

mussla *s1* **1** (*djur*) [sea-]mussel (*äv. kokk.*), clam; bivalve; (*hjärt-*) cockle **2** (*endast skalet*) [mussel] shell

must *s3* (*dryck*) must; (*i jorden*) sap; *hand., kokk.* concentrated preparation [of ...]; *bildl.* pith; *koka ~en ur köttet* boil the goodness out of the meat; *arbetet tog* (*sög*) *~en ur mig* the work took (sucked) the life out of me; *en tavla med ~ i färgen* a picture strong in colour

mustasch [-'ta:ʃ] *s3* moustache; *ha ~er* wear a moustache **-prydd** moustached

mustig *a1* juicy (*äv. bildl.*); *bildl. äv.* racy (*anekdot* anecdote), salty (*svordom* oath); *en ~ soppa* a tasty (nourishing) soup

mut|a I *s1* bribe; *ta -or* take (receive) bribes (a bribe) (*av* from); *-or* (*vard.*) hush money; palm oil *sg* **II** *v1* bribe (*med* with, by); *polit. äv.* corrupt **mut|ation** mutation **-era** mutate

mut|kolv receiver of bribes **-system** system of bribery and corruption

mutter ['mutt-] *s2, tekn.* nut

muttra mutter (*för sig själv* to o.s.); *bildl. äv.* grumble (*över* about, at)

myck|en *-et mer[a] mest* much, a great deal of; (*stor äv.*) great, big; *det -na arbetet* the great amount of work he (*etc.*) has had [to do]; *det -na regnandet* the heavy rain[s *pl*], the [great] quantity of rain [that has come down]; *det -na talet om* all the talk about

myckenhet *en ~ a*) a multitude of, a large (great) number of (*bilar* cars), *b*) a large (great) quantity of, plenty of (*socker* sugar)

mycket I (*subst. anv.*) much; a great (good) deal of; a great amount (quantity; *vard.* a lot) of; (*gott om*) plenty of; (*många*) a great many, many, a great (large) number of, *vard.* a lot of, of; (*känslobetonat*) ever so much; *~ nöje!* enjoy yourself!; *för ~ möbler* too much furniture; *~ pengar* a great deal (a lot) of money; *~ vill ha mer* the more you have the more you want; *~ väsen för ingenting* much ado about nothing; *ganska ~* a good deal (*vard.* quite a lot) [of], (*före pl*) a great many; *hur ~?* how much?; *ha ~ att göra* have a great deal (a great many things) to do; *det är inte ~ med honom* he is not up to much; *det är inte för ~ att du säger tack* you might at least say thank you; *det blev för ~ för honom* it became too much for him; *det är väl ~ begärt!* that's expecting a great deal!; *hälften så ~* half as much; *lika ~ som* as much as; *så ~ är säkert att* one thing is certain, that; *så ~* so much as that, that (this) much **II** *mer[a] mest, adv* (*framför a o. adv i positiv*) very (*liten* small; *fort* fast); (*vid komp. o. vid part. som betraktas som rena verbformer*) [very] much

(*mindre* smaller; *efterlängtad* longed for); (*framför afraid alike ashamed*) very much; (*djupt*) deeply, greatly (*imponerad* impressed), profoundly; (*högeligen*) exceedingly, highly; (*svårt*) badly; (*synnerligen*) most; *~ hellre* much rather; *~ möjligt* very (quite) likely; *~ riktigt* quite right, very true; *inte ~ till ~ sångare* not much of a singer; *vara ~ för kläder* be a great one for (be very keen on) clothes; *hur ~ jag än tycker om* much as I like; *en gång för ~* once too often; *ta 25 pence för ~ av ngn* charge s.b. 25 pence too much; *det gör inte så ~* it doesn't matter [very] much; *så ~ bättre* so much the (all the) better; *så ~ mer som* all the more as; *så ~ very* much, (*med betonat så*) all that much; *så ~ du vet det!* and now you know!; *utan att säga så ~ som* without saying so much as **III** *a, se mycken*

mygel *s7* string-pulling

mygg *s9, koll.* midges, mosquitoes (*pl*); *sila ~ och svälja kameler* strain at a gnat and swallow a camel

mygg|a *s1* midge, gnat; mosquito **-bett** mosquito-bite **-medel** antimosquito preparation

mygl|a pull strings -**are** string-puller

mylla I *s1* mould; (*humus*) humus; (*matjord*) topsoil **II** *v1, ~ ner* (*frön*) cover [up] with earth (soil); *~ igen* fill in with earth

myller ['myll-] *s7* throng, swarm

myllra *v1* throng, swarm

München ['mynçen] *n* Munich

myndig *a1* **1** *jur.* ... of age; *bli ~* come of age, attain one's majority; *vara ~* be of age, be legally competent **2** (*som vittnar om makt*) powerful, commanding; (*befallande*) authoritative, masterful; *i ~ ton* in a peremptory tone **-het** **1** (*maktbefogenhet*) authority **2** (*-t uppträdande*) powerfulness, authority **3** *jur.* majority, full age **4** (*samhällsorgan*) authority; *kommunala ~er* local government (authorities); *statliga ~er* central government (authorities)

myndighets|dag coming-of-age day **-förklaring** declaration of majority **-person** person in authority **-ålder** majority, full age

mynn|a (*om flod o.d.*) fall, debouch, discharge [its waters]; (*om väg, korridor etc.*) open out, emerge (*i* into); *bildl.* issue, end (*i* in) **- ing** mouth; (*flod- äv.*) estuary; (*öppning äv.*) opening; (*rör- o.d. äv.*) orifice; (*på vapen*) muzzle

mynt *s7* **1** coin; piece [of money]; (*valuta*) currency; *slå* (*prägla*) *~* coin money; *betala i klingande ~* pay in hard cash; *betala ngn med samma ~* (*bildl.*) pay s.b. back in his own coin; *slå ~ av* (*bildl.*) make capital out of **2** (*institution*) mint

mynta *v1* mint, coin (*äv. bildl.*); (*prägla äv.*) stamp

mynt|enhet monetary unit, unit of currency **-fot** [monetary] standard, standard of currency **-inkast** slot **-verk** mint; *M~et* the [Swedish] Mint

myom [-'å:m] *s7* myoma

myr *s2* bog; swamp; *geol.* mire

myr|a *s1* ant; *flitig som en ~* as busy as a bee; *sätta -or i huvudet på ngn* set s.b. puzzling, mystify s.b.

myriad *s3* myriad; *~er* (*äv.*) countless multitude [of ...]

myr|stack ant hill **-syra** formic acid

mysa *v3* (*belåtet*) smile contentedly (*mot ngn* on

s.b.; *åt ngt* at s.th.); (*strålande*) beam (*mot* on)
mysig [nice and] cosy; (*om pers.*) nice
mysk *s3* musk **-djur, -hjort** musk deer **-oxe** musk ox
mysterium [-'te:-] *s4* mystery
mysticism mysticism
mystifi|era mystify **-kation** mystification
myst|ik *s3* mysticism **-iker** ['myss-] mystic **-isk** ['myss-] *a5* (*som rör mystik e.d.*) mystic; (*hemlighetsfull*) mysterious, mystical
myt *s3* myth (*om* of)
myter|i mutiny; *göra* ~ raise a mutiny, mutiny **-ist** mutineer
mytisk ['my:-] *a5* mythical; fabled, fabulous
myto|logi [-lå'gi:] *s3* mythology **-logisk** [-'lå:-] *a5* mythological **-man** *s3* compulsive liar
1 må *v4* (*känna sig*) feel; get on, thrive; *hur* ~*r du?* how are you?, how are you getting on?; *jag* ~*r mycket bra* I am (feel) very well; *jag* ~*r inte så bra* I am not quite well; *jag* ~*r inte bra av choklad* chocolate doesn't agree with me; *du skulle* ~ *höra av att* (*äv.*) it would be bad for you to; ~ *så gott! kliep well!*; ~ *som en prins* be as happy as a king; *nu* ~*r han!* now he is happy (enjoying himself)!
2 må *imperf måtte* (*jfr måtte*) *hjälpv* may; (*uttryckande uppmaning*) let; (*i samband med negation*) must [not]; *jur.* may; *jag* ~ *då säga att* I must say that; *det* ~ *vara hänt* all right, then; *därom* ~ *andra döma* as to that let others judge; *några exempel* ~ *anföras* a few instances may be cited; *man* ~ *säga vad man vill, men* say what you like, but; *du* ~ *tro att jag var trött you can imagine how tired I want jo, det - jag saga!* well, I must say!; ~ *så vara att* may be that; *vem det än* ~ *vara* whoever it may be; *av vad slag det vara* ~ *of whatever* kind it is; *vad som än* ~ *hända* whatever happens (may happen)
måfå *i uttr.: på* ~ at random, haphazard
måg *s2* son-in-law
1 mål *s7* **1** (*talförmåga*) speech, way of speaking; (*röst*) voice; *har du inte* ~ *i mun*[*nen*]? haven't you got a tongue in your head?; *sväva på* ~ *et* falter, hum and haw **2** (*dial.*) dialect; tongue
2 mål *s7*, *jur. o.d.* case; cause, lawsuit; *fakta i* ~*et* case history (record); *nedlägga* ~*et* withdraw the case; *i oträngt* ~ without due (legal) cause
3 mål *s7* (*-tid*) meal; *ett ordentligt* ~ *mat* a square meal
4 mål *s7* **1** *sport.* goal; (*vid löpning*) winning post; (*i lek*) home; (*vid skjutning*) mark; *mil.* target, objective; *från start till* ~ (*vanl.*) from start to finish; *skjuta i* ~ shoot a goal; *stå i* ~ be in goal; *vinna med två* ~ *mot ett* win [by] two [goals to] one; *kasta till* ~*s* throw at a target; *skjuta till* ~*s* practise target-shooting; *skjuta över* ~*et* (*bildl.*) overshoot the mark **2** (*friare, bildl.*) goal; (*destination*) destination, end; (*syfte*) aim, object, purpose, end; *utan bestämt* ~ with no definite aim (object); aimlessly; *sätta sitt* ~ *högt* (*bildl.*) aim high
mål|a paint (*efter* from; *i* in; *med* with, in; *på* on); *bildl. äv.* depict; ~ *av* paint a portrait (picture) of; ~ *om* repaint, give a coat of paint; ~ *över* paint out (over); ~ *sig, se sminka sig* **-ande** *a4* (*uttrycksfull*) graphic, vivid; (*om gest, ord o.d.*) expressive

målar|e 1 (*hantverkare*) painter [and decorator], house painter; (*konstnär*) painter, artist **2** *kortsp.* court (*A E.* face) card **-färg** paint; ~*er* (*konst.*) artist's colours **-konst** [art of] painting **-mästare** master [house] painter; house-painter employer **-skola** school of painting **-skrin** paintbox
målbrott *han är i* ~*et* his voice is just breaking
mål|bur *sport.* goal **-domare** *sport.* judge; referee
måler|i painting **-isk** [-'le:-, 'må:-] *a5* picturesque
målforskning applied research
målfoto *avgörande genom* ~ photo finish
målföre *s6, förlora* (*återfå*) ~*et* lose (recover) one's power of speech
mål|grupp target group **-inriktad** targeted **-kamera** finishing-line camera **-linje** (*vid löpning o.d.*) winning post, finishing line; *fotb. o.d.* goal line
1 mållös (*stum*) *speechless* (*av* with); *göra ngn* ~ strike s.b. dumb, dumbfound s.b.
2 mållös *sport.* goalless; *bildl.* aimless
målmedveten purposeful; (*om pers. äv.*) resolute **-het** purposefulness; (*ngns äv.*) fixity of purpose (aim)
målning [ˣmå:l-] *abstr.* painting; (*färg*) paint; (*tavla*) picture, painting
målrelaterad *a5* (*betygssättning*) criterion-referenced
mål|skjutning target-shooting **-skott** shot at goal
målsman ['må:ls-] **1** *jur.* next friend; (*förmyndare*) guardian; *skol.* person standing in loco parentis; (*förälder*) parent **2** (*talesman*) champion, spokesman, sponsor
mål|snöre tape **-stolpe** goal post
målsäg|ande *s9* [the] person injured **-are** plaintiff; injured party
mål|sättning objective, aim, purpose, goal **-sökande** homing **-tavla** target [board]
måltid meal; (*högtidligt*) repast **-dryck** table drink (beverage)
målvakt goalkeeper
1 mån *r* (*utsträckning*) extent; (*grad*) degree, measure; *i viss* ~ to some extent; in some degree; *i görligaste* ~ as far as possible; *i* ~ *av behov* as need arises; *i* ~ *av tillgång* as far as supplies admit, as long as supplies last
2 mån *a1* (*aktsam*) careful (*om* of); (*noga*) particular (*om sitt yttre* about one's personal appearance); (*ivrig*) eager (*om att* to); (*angelägen*) anxious (*om* about, for)
måna ~ *om* take care of; nurse; look after
månad *s3* month; *förra* ~*en* last month; [*i*] *nästa* ~ next month; *innevarande* ~ this month; *två gånger i* ~*en* twice a month
månads|biljett monthly (season) ticket **-hyra** monthly (month's) rent **-lön** monthly salary (pay, wages) **-skifte** *vid* ~*t* at the turn of the month **-vis** monthly
månatlig [ˣmå:-, -'na:t-] *a1* monthly
mån|bana lunar orbit, orbit of the moon **-belyst** [-y:-] *a4* moonlit **-berg** lunar mountain
måndag ['månn-] *s2, best. f. vard. äv. måndan* Monday; *jfr fredag*
mån|e *s2* **1** (*himlakropp*) moon; *gubben i* ~*n* the

M

man in the moon; *ta ner ~n* get hold of the moon, get blood from a stone **2** *se flintskalle* **-farkost** lunar vehicle **-färd** trip to the moon **-förmörkelse** eclipse of the moon, lunar eclipse

många *jfr mången* **1** *fören.* many; (*starkare*) a good (great) many; (*talrika*) numerous, a large number of, *vard.* lots (a lot) of; *ganska ~* quite a number of, not so few; *~ gånger* many times (*om over*), often; *hälften så ~* half as many; *lika ~* (*t.ex. vardera*) the same number of, (*t.ex. som förra gången*) just as many; *så ~ böcker!* what a lot of books! **2** *självst.* many; (*talrika*) numerous; (*~ människor*) many people, a great number (*vard.* lots, a lot) of people; *en bland ~* one among many; *vi var inte ~* there were not many of us; *enligt ~s åsikt är det* many people are of the opinion (many hold the view) that it is

mång|ahanda *oböjligt a* multifarious; many kinds (sorts) of; *av ~ slag* of many various kinds **-dubbel** multifold; many times greater; *en ~ övermakt* an overwhelming superiority (force); *~ verkan* multiple effect **-dubbelt** *adv* many times over; *en ~ överlägsen fiende* a vastly superior enemy **-dubbla** double many times over; (*friare*) multiply

mången *månget* (*äv.* *mångt*) *många, komp. fler(a), superl. flest(a)* many a[n]; *på ~ god dag* for many a day; *i mångt och mycket* in many respects, on very many matters

mång|fald *s3* **1** multiplicity, great variety **2** *mat.* multiple **-faldig** *a1* manifold, multifold; (*varierande*) diverse; *~a gånger* many times [over], over and over [again]; *vid ~a tillfällen* on numerous (frequent) occasions **-faldiga** duplicate, manifold **-faldigt, -falt** *adv* many times; many times over **-fasetterad** full of nuances; (*om problem*) very complex **-gifte** polygamy **-hörning** [-ö:-] polygon **-hövdad** *a5* many-headed **-kunnig** of great and varied learning; versatile **månglare** coster[monger], hawker

mång|miljonär multimillionaire **-ordig** [-ɔ:-] *a1* verbose, wordy **-sidig** *a1* many-sided; *bildl. äv.* diversified, varied; (*om pers.*) versatile, all-round; *geom.* polygonal **-sidighet** manysidedness *etc.*; versatility **-skiftande** *a4* diversified, variegated **-stämmig** *a1* many-voiced **-syssla- re** versatile person; *vard.* s.b. with many irons in the fire; jack of all trades **-tydig** *a1* of (with) many meanings; (*friare*) ambiguous, equivocal **mångård** lunar halo (corona)

mångårig *a1* of many years[' duration (standing)]; *bot.* perennial

mån|landare lunar module **-landskap** lunar landscape **-ljus I** *s7, se månsken* **II** *a1* moonlight, moonlit; *bildl. vard.* brilliant, just fine

månn|e, -tro I wonder; do you think?

mån|raket moon rocket **-sken** moonlight **-skugga** shadow of the moon **-skära** *s1* crescent moon; *~n* (*äv.*) the crescent **-sten** moonstone **-varv** moon's revolution, lunation **-år** lunar year

mård [-å:-] *s2* marten **-skinn** marten [fur]; (*handelsvara*) marten [pelt]

mårtensgås Martinmas dinner (celebration)

mås *s2* [sea] gull

måste *måste måst; pres.* must; (*på grund av yttre*

tvång äv.) have to; (*i samtalsspråk äv.*) have (has) got to; (*är tvungen*) am (is, are) obliged to; (*kan inte låta bli att*) cannot but; (*innebärande naturnödvändighet*) am (*etc.*) bound to; *imperf.* had to, was obliged to *etc.*; *om det ~ så vara* if it must be so; *han såg så rolig ut att jag ~ skratta* he looked so funny I couldn't help laughing; *vi ~ till staden* we must (*i morgon:* shall have to) go to town; *priserna ~ snart gå upp* prices are bound to rise soon; *allt vad jag har måst gå igenom* all that I have had to go through

mått *s7* **1** measure (*för* for; *på* of), gauge (*äv. konkr.*); (*abstr. äv.*) measurement[s *pl*]; (*kak-*) pastry-cutter; *ett ~ grädde* a decilitre (*Storbritannien ung.* a quarter of a pint) of cream; *ta ~ hos en skräddare till* be measured by a tailor for; *hålla ~et* (*om kärl e.d.*) hold the prescribed quantity, (*i längd e.d.*) be full measure (*äv. bildl.*), *bildl. äv.* be (come) up to standard, make the grade **2** (*friare o. bildl.*) measure; (*storlek äv.*) size, dimension, proportion; (*grad*) degree; (*mängd*) amount; (*skala*) scale; (*-stock*) standard; *en diktare av stora ~* a great poet; *av internationella ~* of international standard; *efter ~et av min förmåga* as far as I am able; *efter den tidens ~* according to the standards of that time; *ett visst ~ av respekt* a certain amount (degree) of respect; *i rikt ~* in ample measure; *vidtaga ~ och steg* take measures (steps)

1 **mått|a** *s1* **1** moderation; mean; *hålla (med) ~* exercise (in) moderation **2** *i dubbel -o* in a double sense (degree); *i så -o* to that extent, in that degree; *i så -o som* in as (so) far as

2 **måtta** *v1* aim (*mot* at)

mått|band tape measure, measuring tape **-beställd** *a5* made to measure; *AE.* custom[-made]

måtte *imperf av* **må 1** (*uttryckande önskan*) may; I [do] hope; *det ~ väl inte ha hänt henne något* I [do] hope nothing has happened to her; *du ~ väl förstå ...!* you will understand ..., won't you! **2** (*uttryckande visshet*) must; *jag ~ väl få göra vad jag vill!* surely I can do as I like, can't I!; *det ~ väl du veta!* you of all people must know that!; *han ~ ha gått och lagt sig* he must have gone to bed

måttenhet unit of measurement

mått|full (*återhållsam*) moderate; (*behärskad*) measured, restrained **-fullhet** moderation; moderateness; restraint; sobriety **-lig** *a1* moderate; (*i fråga om mat o. dryck äv.*) temperate; (*blygsam*) modest; *det är inte ~t vad han äter* there's no limit to what he eats **-lighet** moderation; temperance **-lös** measureless, unmeasured **mått|stock** measure, measuring-rod; *bildl.* gauge, standard, criterion, yardstick (*på* of) **-system** system of measurement **-tagning** (*hopskr. måttagning*) measuring

mähä *s6, vard.* milksop

mäkla [ˣmä(:)k-] act as a broker; (*medla*) mediate; *~ fred* negotiate (restore) peace

mäklare broker; (*börs- äv.*) stockbroker; (*medlare*) mediator; *auktoriserad ~* authorized broker

mäktig *a1* **1** powerful; (*starkare*) potent; (*känslobetonat*) mighty **2** (*väldig*) immense, huge; (*storartad*) majestic, grandiose **3** (*i stånd* *t.*) capable of **4** (*mättande*) substantial, heavy **-het** powerfulness *etc.*

Mälaren *r* Lake Mälaren

mängd *s3* (*stor* ~) large amount (quantity), lot; (*stort antal*) large (great) number, multitude, lot[*s pl*]; (*skara*) crowd, multitude; *en hel* ~ a good deal of, a great many; *i riklig* ~ in ample (abundant) quantity, in abundance; *höja sig över* ~*en* stand out from the crowd; *i små* ~*er* in small quantities **-lära** set theory, theory of sets **-rabatt** quantity discount

människ|a [-iʃa] *s1* **1** man (*äv.* ~*n*); (*mänsklig varelse*) human being, mortal; (*individ*) person, individual; (*varelse*) creature; *ingen* ~ no one, nobody; *den moderna* ~*n* modern man; *bli* ~ *igen* (*vard.*) be o.s. again; *känna sig som en ny* ~ feel like a new person; *jag är inte* ~ *att komma ihåg* I can't for the life of me remember; *jag är inte mer än* ~ I am only human **2** *-or* men, (*folk*) people; *AE. vard.* folks; *alla -or* (*vanl.*) everybody, everyone (*sg*); *-or emellan* man to man **människ|o|apa** anthropoid [ape] **-fientlig** hostile to man **-föda** *inte lämplig som* ~ not fit for human consumption **-förakt** contempt of man[-kind] **-gestalt** *en* ~ the figure of a man **-hand** *av* ~ by human hand **-jakt** manhunting **-kännare** judge of character **-kännedom** knowledge of human nature **-kärlek** love of mankind (humanity); (*välgörenhet*) philanthropy **-liv** *ett* ~ a human life; *förlust av* ~ loss of life; *ett helt* ~ a whole lifetime **-offer** human sacrifice **-rov** kidnapping **-skildring** character study **-släktet** mankind; the human race (species) **-son** *M*~*en* the Son of Man **-vän** humanitarian; philanthropist **-vänlig** humane; philanthropic[al] **-värde** human dignity **-värdig** fit for human beings; ~*a bostäder* (*äv.*) decent houses (*etc.*); *föra ett* ~*t liv* lead a worthwhile life **-öde** human destiny

mänsklig *a1* human; (*rimlig*) reasonable; *förklaringen om de* ~*a rättigheterna* the Declaration of Human Rights; *allt som står i* ~ *makt* everything [that is] humanly possible; *det är inte* ~*t att* (*äv.*) it is inhuman to **-het 1** (*humanitet*) humanity, humaneness **2** *konkr.* (*människorna*) mankind (*äv.* ~*en*); *hela* ~*en* all (the whole of) mankind

märg [märj] *s3* marrow (*äv. bildl.*); *vetensk.* medulla (*pl äv.* medullae); *bot., zool. o. bildl.* pith; *förlängda* ~*en* (*anat.*) the medulla [oblongata]; *det gick* (*skar*) *genom* ~ *och ben på mig* it pierced the very marrow of my bones; *jag frös ända in i* ~*en* I was chilled to the marrow **-ben** marrowbone **-full** full of marrow; *bildl. äv.* pithy **-lös** marrowless; pithless

märk|a *v3* **1** (*sätta -e på*) mark (*med* with; *med bläck* in ink); (*med bokstäver, namn*) letter, name; *-t av sjukdom* marked by illness; *han är -t för livet* he is marked for life; ~ *ngn* (*med slag e.d.*) scotch s.b. **2** (*lägga -e t.*) notice, observe, be (become) aware of; (*känna*) feel, perceive; (*se*) see; *låt ingen* ~ *att* don't let it be noticed (anyone notice) that; *härvid är att* ~ *att* in this connection it should be noted that; *märk väl att* [please,] observe that; *väl att* ~ observe ..., ... be it noted; *det -tes knappt* it was hardly noticeable; *bland gästerna -tes* among the guests were to be seen **-bar** *a1* noticeable, perceptible, observ-

able; (*synbar*) visible; (*iakttagbar*) appreciable; (*påtaglig*) marked, evident **-bläck** marking ink **-duk** sampler

märke *s6* **1** (*ej avsiktligt*) mark (*efter* of); (*spår*) trace (*efter* of); (*efter tryck*) impression; (*efter slag o.d.*) dent; (*rispa*) scratch (*efter* from); *om inte gamla* ~*n slår fel* unless all the time-honoured signs play us false **2** *bot.* stigma **3** (*avsiktligt*) mark; (*idrotts-, klubb- e.d.*) badge; *hand.* brand, trademark; (*fabrikat*) make

märkes|dag red-letter day **-man** man of distinction **-vara** branded product; (*patentskyddad*) proprietary article

märk|lig *a1* notable; (*beaktansvärd*) noteworthy; (*starkare*) signal; (*-värdig*) remarkable, striking; *det* ~*a* [*med saken*] *är att* the remarkable (striking) thing [about the matter] is that **-ligt** *adv* notably *etc.*; ~ *nog* remarkably enough

märkning marking

märkvärdig remarkable; (*besynnerlig*) curious, strange; (*förvånande*) astonishing; surprising; *göra sig* ~ be self-important (pompous); *det var* ~*t!* how extraordinary (odd)!; ~*are än så var det inte* it wasn't more remarkable than that, it was that simple **-het** remarkableness *etc.*; wonder; singularity; (*med pl*) marvel, remarkable feature

märla [-ä:-] *s1* staple, clincher **märlspik** [-ä:-] marlinespike

märr *s2* mare; *vard.* jade

mäsk *s3* mash

mäss *s2* (*lokal*) messroom; *sjö.* (*befäls-, officers-*) officers' mess; *abstr.* mess

mäss|a I *s1* **1** *kyrkl.* mass; *villa* ~ low mass; *gå i* ~ *n go to* (attend) mass **2** *hand.* fair **II** *v1* say (sing) mass; (*sjunga*) chant; (*läsa entonigt*) drone **-bok** missal **-fall** *det blev* ~ *i söndags* there was no service held last Sunday **-hake** chasuble **-hall** exhibition hall

mässing brass

mässings|beslag brass mountings (*pl*) **-instrument** brass (wind) instrument; ~*en* (*i orkester*) the brass (*sg*) **-orkester** brass band

mässling *s2, ej pl* [the] measles (*pl*); *få* ~[*en*] get (catch) the measles

mässoffer [the] Eucharist Sacrifice

mässuppassare messman

mästarbrev *ung.* mastership diploma (certificate); *Storbritannien äv.* diploma (certificate) of the freedom of a guild

mästar|e 1 (*sport. o. friare*) champion; (*sakkunnig o.d.*) expert, master-hand; ~ *på fiol* master of the violin; ~ *i tennis* champion at tennis **2** (*hantverkare, upphovsman t. konstverk o.d.*) master (*i* of); *de gamla -na* the Old Masters; *övning gör* ~*n* practise makes perfect **3** (*om Jesus*) *M*~ Master; *svära på* ~*ns ord* have blind faith in the experts **-inna** *sport.* champion **-klass** master's (*sport.* champion) class **-prov** *bildl.* masterpiece

mäster ['mäss-] (*titel*) Master **-katten** *M*~ *i stövlar* Puss in Boots **-lig** *a1* masterly; (*skickligt utförd*) brilliant[ly executed]; *vard.* champion **-skap** *s7* mastership, master's skill; (*fulländning*) perfection; *sport.* championship **-sångare** Meistersinger **-verk** masterpiece (*av, i* of); masterstroke

mästra (*anmärka på*) criticize; find fault with
mäta *v3* **1** (*eg. o. bildl.*) measure (*efter, med* by; *på millimetern* to the millimetre); (*med instrument äv.*) gauge; ~ *ngn med ögonen* look s.b. up and down, size s.b. up; ~ *djupet av* (*bildl.*) fathom; ~ *knappt* (*väl*) give short (full) measure; ~ *sig* measure (*med* with, against); ~ *sina krafter med ngn* pit one's strength against another's; *kunna* ~*s med ngn* come up to (match, compare with) s.b.; ~ *upp a*) take the measure[-ments] (size) of, *b*) (*mjöl e.d.*) measure out (*åt* for, to) **2** (*ha en viss storlek*) measure; ~ *två meter i längd* measure two metres in length
mätar|e (*el-, gas- e.d.*) meter; (*automat*) slot meter; (*instrument*) gauge, indicator **-tavla** meter panel
mät|bar [-ä:-] *a1* measurable **-glas** graduated glass **-instrument** measuring instrument, gauge **-ning** [-ä:-] measuring *etc.*; measurement **-sticka** measuring stick; (*för vätska*) dipstick; (*med krympmått*) shrinkage rule
mätt *a1* satisfied (*äv. bildl.*) (*av* with); *vard.* full up; *bildl.* full (*av år* of years); *äta sig* ~ have enough to eat, satisfy one's hunger; *jag är* ~ I have had enough, *vard.* I am full up; ~ *på* (*äv. bildl.*) satiated with; *se sig* ~ *på* gaze one's fill at
mätta satisfy; appease; (*förse med mat*) fill; *kem., elektr.* saturate; *ha många munnar att* ~ have many mouths to feed; *sådan mat* ~*r inte* that kind of food is not satisfying (is not filling)
mättnad *s3* (*-het*) state of being satisfied, satiation; *kem.* saturation
mätverktyg measuring tool
mö *s5* virgin, maid[en]; *gammal* ~ old maid
möbel ['mö:-] *s3* piece of furniture; (*möblemang*) suite of furniture (*sg*); *stoppade möbler* upholstered furniture (*sg*) **-affär** furniture shop, furnisher['s] **-fabrik** furniture factory **-klädsel** upholstery **-snickare** cabinet-maker **-tyg** furnishing fabric
möbl|emang *s7, s4* [suite (set) of] furniture **-era** furnish; *AE. äv.* fix up; ~ *om* (*flytta om*) rearrange the furniture (*i* in, of)
möd|a *s1* (*tungt arbete*) labour, toil; (*besvär*) trouble, pains (*pl*); (*svårighet*) difficulty; *lärda -or* a scholar's labour; *göra sig mycken* ~ take (give o.s.) a great deal of trouble; *det lönar inte* ~*n* it isn't worth while (the trouble); *inte lämna någon* ~ *ospard* spare no pains
möderne *s6, på* ~*t* on the (one's) mother's (the maternal) side
mödom *s2* virginity, maidenhood **mödomshinna** maidenhead, hymen
mödo|sam *a1* laborious, toilsome; (*om arbete o.d. äv.*) hard; (*svår*) difficult **-samt** *adv* laboriously, with difficulty; ~ *förvärvade slantar* hard-earned money
mödra|gymnastik antenatal exercises (*pl*) **-vårdscentral** maternity clinic; (*för havande kvinnor*) prenatal clinic; (*för nyblivna mödrar*) postnatal clinic
mögel ['mö:-, 'mögg-] *s7* mould; (*på papper o.d.*) mildew-spot **-svamp** mould (mildew) fungus
mögl|a [ˣmö:g-, ˣmögg-] go (get) mouldy **-ig** [ˣmö:g-, ˣmögg-] *a1* mouldy, mildewy; (*förlegad*) fusty, rusty

möhippa *ung.* hen party for bride-to-be; *AE. äv.* shower
möjlig *a1* possible; (~ *att göra*) feasible, practicable; *allt* ~*t* all kinds of things; *det är mycket* ~*t* it is quite possible; *så vitt* ~*t* provided it is possible; *det är inte* ~*t annat* it simply must be so; *det är* ~*t att vi behöver* we may need; *skulle det vara* ~*t för dig att ...?* would you be able to ...?; *göra det bästa* ~*a av ngt* make the best (most) of s.th.; *på kortaste* ~*a tid* as fast as possible; *8 poäng av 10* ~*a* (*sport. o.d.*) 8 points out of a possible 10; *med minsta* ~*a* with a minimum of **-ast** *i* ~*e mån* as far as possible **-en** possibly; (*kanske*) perhaps; *har du* ~ *...?* do you happen to have ...?, have you by any chance [got] ...?; *skulle man* ~ *kunna få träffa ...?* I wonder if it is possible to see (speak to) ...? **-göra** make possible; (*underlätta*) facilitate; ~ *för ngn att* enable s.b. to **-het** possibility; (*utsikt*) prospect, chance; (*eventualitet*) eventuality; (*tillfälle*) opportunity; (*utväg*) means (*pl*); *det finns ingen annan* ~ (*äv.*) there is no alternative
mönja l *s1* red lead **ll** *v1* redlead
mönster ['möns-] *s7* pattern (*till* for, of) (*äv. bildl.*); *tekn.* design (*till* for, of); (*friare o. bildl.*) model (*av* of); (*urbild*) archetype, prototype; *sy efter* ~ sew from a pattern; *efter* ~ *av* on the pattern of; *ta ngn till* ~ take s.b. as one's pattern; *efter amerikanskt* ~ on the American model, as in America **-gill** model, ideal; exemplary **-skydd** protection of designs, trade mark protection **-vävd** [-ä:-] *a5* with woven patterns, figured
mönstr|a 1 (*göra mönster*) pattern **2** (*granska*) look over; scrutinize, examine closely **3** *mil.* (*hålla -ig med*) inspect, review; (*inskrivas som värnpliktig*) enlist, conscript **4** *sjö.* (*ta hyra*) sign on; ~ *av a*) (*besättningsman*) pay off, *b*) (*avgå*) sign off **-ing 1** (*granskning*) critical examination, scrutiny **2** (*inspektion av trupp*) inspection, muster; (*inskrivning av värnpliktiga*) conscription; (*på-*) signing on
mör *a1* (*om skorpa o.d.*) crisp, crumbly; (*om kött*) tender; *känna sig* ~ *i hela kroppen* ache all over (in every limb); *då blev han* ~ *i mun* that changed his tune **möra** tenderize **mörbulta** *bildl.* beat black and blue
mörd|a [-ö:-] murder; (*lönn-*) assassinate; *om blickar kunde* ~ if looks could kill **-ande** *a4* murdering; (*friare*) murderous; *bildl.* killing, crushing; (*om blick*) withering; ~ *konkurrens* cutthroat competition; ~ *kritik* crushing criticism; ~ *tråkig* deadly dull **-are** murderer; (*lönn-*) assassin
mördeg short crust pastry
mörk *a1* dark (*till färgen* in colour); (*om färg, ton o.d.*) deep; (*något* ~) darkish; (*svagt upplyst*) dim; (*dyster*) sombre, gloomy; ~ *choklad* plain chocolate; ~ *kostym* dark lounge suit; *det ser* ~*t ut* things look bad **-blå** dark (deep) blue
mörker ['mörr-] *s7* darkness (*äv. bildl.*); dark; *bildl.* obscurity; *när mörkret faller* when darkness falls; *till mörkrets inbrott* until nightfall; *mörkrets gärningar* dark deeds **-döden** the night-driving toll
mörk|hyad *a5* dark-skinned **-hårig** dark-haired

-lägga black out (*äv. bildl.*); (*hemlighålla*) keep secret **-läggning** blackout

mörk|na get (become, grow) dark; darken; (*om blick*) grow darker; *det ~r fort* it gets dark quickly; *utsikterna har ~t* prospects are (have become) less promising **-rum** *foto.* darkroom **-rädd** afraid of the dark

mört *s2* roach; dace; *pigg som en ~* [as] fit as a fiddle

möss (*pl av mus*) mice (*sg mouse*)

mössa *s1* cap; *ta av sig ~n för ngn* raise one's cap to s.b.; *stå med ~n i hand* stand cap in hand

möt|a *v3* **1** meet; (*råka på*) come (run) across; (*röna*) meet with, encounter, come in for; (*svårighet e.d.*) face, confront; *sport.* meet, encounter; *en hemsk syn -te oss* a terrible sight met us (our eyes); *~ stark kritik* encounter severe criticism; *det -er inget hinder* there is no objection **2** (*invänta*) meet s.b.; *jag -er med bil* I'll meet you with the (a) car; *~ upp* assemble, muster up **-ande** *a4* (*om t.ex. pers., jordon*) that one meets; (*som kommer emot en*) oncoming; (*som närmar sig*) approaching, coming the other way; (*som -er varandra*) that pass each other *-as v3, dep* meet; encounter one another; (*gå förbi varandra*) pass one another; *våra blickar -tes* our eyes met

möte *s6* **1** (*sammanträffande*) meeting; (*tåg- etc. äv.*) crossing, passing; (*avtalat*) appointment; (*tillfälligt, fientligt*) encounter; *stämma ~ med* make an appointment (*AF a dnv*) *wluht gu (kvmma) ngn till ~s* go to meet s.b., *bildl.* meet s.b. halfway **2** (*sammankomst*) meeting; (*mera tillfälligt*) assembly, gathering; (*konferens*) conference; *~ på högsta nivå* summit meeting

mötes|frihet freedom of assembly **-plats** meeting place; (*för två pers.*) rendezvous; (*på väg*) passing point

N

nabb *s2* projection, stub; (*på bildäck*) tread block; (*på sko*) stud

nacka chop the head off, behead

nackdel disadvantage, drawback; (*skada*) detriment; *fördelar och ~ar* (*äv.*) pros and cons; *till ~ för framåtskridandet* detrimental to progress

nack|e *s2* back of the head, nape [of the neck]; *bryta ~en av sig* break one's neck; *klia sig i ~en* scratch the back of one's head; *med mössan på ~n* with one's cap at the back of one's head **-skinn** *ta ngn i ~et* seize s.b. by the scruff of the neck **-spärr** wryneck; *med.* torticollis **-styv** *eg.* stiff in the neck; *bildl.* stiff-necked, haughty **-stöd** headrest **-sving** *brottn.* headlock

nafs *s7* **1** snap; (*hugg*) grab **2** *i ett ~* in a flash **nafsa** snap (*efter* at); *~ åt sig* snap up, grab hold of

nafta *s1* naphtha

nag|el ['na:-] *s2* (*på finger*) nail; *klippa* (*peta*) *-larna* cut (clean) one's nails; *bita på -larna* bite one's nails; *vara en ~ i ögat på* be a thorn in the flesh to

nagel|band cuticle **-borste** nailbrush

nagelfara scrutinize (scan) closely; criticize

nagel|fil nailfile **-lack** nail varnish (polish) **-petare** nail cleaner **-träng** *s7* ingrowing [toe] nail

nagg *s2* (*bröd-*) [bread] pricker **nagga 1** prick **2** *~ [i kanten]* notch; *porslinet var ~t i kanten* the china was chipped; *~ sparkapitalet i kanten* nibble at one's savings **3** (*oroa*) chafe, fret **4** *se gnata*

naggande *a4, ~ god* jolly good

nagla [ˣna:g-] nail, rivet (*vid* to)

naiv *al* naive, naïve; (*enkel*) simple, unsophisticated, (*barnslig*) childish; (*enfaldig*) silly **-ism** *se -itet*; (*konstriktn.*) naïvism **-itet** *s3* naivety, naïveté, naiveness; simplicity; childishness

naja *sjö.*, *v1* lash

najad *s3* naiad

naken *a3* naked; *konst.* nude; (*bar*) bare (*äv. bildl.*); *bildl. äv.* hard, plain; *klä av ngn ~* strip s.b. to the skin; *med ~ överkropp* stripped to the waist; *nakna fakta* bare (hard) facts; *den nakna sanningen* the plain (naked) truth **-dansös** nude dancer **-het** nakedness, *konst.* nudity; avslöjad i all sin ~ (*bildl.*) revealed in all its nakedness **-kultur** nudism **-modell** nude [life] model

nalkas *dep* approach, draw near [to]; (*om tid äv.*) come on, be at hand

nalla *vard.* pinch, swipe, bone

nalle *s2* bruin, (*leksak*) teddy [bear]

Namibia *n* Namibia

namn *s7* name; *hur var ~et?* what is your name please?; *byta ~* change one's name; *fingerat ~* assumed (false) name, pseudonym; *fullständigt ~* name in full; *ett stort ~ inom* a big name in; *ngns goda ~ och rykte* a p.'s good name; *hennes ~ som gift* (*vanl.*) her married name; *ha ~ om sig att vara* have the reputation of being; *skapa sig ett ~* make a name for o.s.; *göra skäl för sitt ~* live up to (merit) its name; *i eget ~* in one's own name; *i lagens ~* in the name of the law; *i sanningens ~* to tell the truth; *till ~et* by (in) name; *blott till ~et* in name only; *mera till ~et än till gagnet* only nominally; *under ~et ...* by the name of ...; *vid ~ A.* named A., of the name of A.; *nämna ngn vid ~* mention s.b. by name; *nämna ngt vid dess rätta ~* (*äv.*) call a spade a spade

namnam yum-yum!

namnchiffer monogram

namn|e *s2* namesake (*till mig* of mine) **-ge** name; *en icke -given person* a person unnamed **-insamling** collection of names; petition **-kunnig** renowned, celebrated, famous **-lös** nameless (*äv. bildl.*); (*outsäglig*) unspeakable (*sorg* grief)

namnsdag name day

namn|sedel name slip **-skydd** protection of family (company) names **-teckning, -underskrift** signature **-upprop** roll call

napalm *s3* napalm

1 napp *s2* (*di-*) teat, nipple; (*tröst-*) dummy [teat],

comforter, *AE.* pacifier
2 napp *s7* (*fiske*) bite; *bildl.* nibble; *få* ~ have a bite (*bildl.* nibble)
1 nappa *s1* (*skinn*) nappa
2 nappa *v1* bite; *bildl.* nibble; ~ *på ett erbjudande* jump at an offer; ~ *åt sig* snatch, snap up
nappatag tussle (*äv. bildl.*); *ta ett* ~ *med* have a tussle (brush) with
nappflaska feeding (nursing) bottle, baby's bottle
naprapat *s3* naprapath
narciss *s3* narcissus
nar[e]s *s2* crossbar
nar|e *s2* (*blåst*) biting wind **-ig** *a1* (*om hud*) chapped, rough
narkoman *s3* drug addict (fiend); *vard.* dope fiend; *AE. sl.* junkie **-vård** care (treatment) of drug addicts
narkos [-'kå:s] *s3* narcosis, anaesthesia; *ge* ~ anaesthetize, administer an anaesthetic **-läkare** anaesthetist, *AE.* anesthesiologist
narkotika [-'kå:-] *pl* narcotics, drugs; *vard.* dope (*sg*) **-handel** drugs traffic **-missbruk** abuse of narcotics
narr *s2* fool; (*hov- äv.*) jester; (*lättlurad pers. äv.*) dupe; *beskedlig* ~ silly fool; *inbilsk* ~ conceited fool, coxcomb; *spela* ~ play the fool; *göra* ~ *av* make fun of, poke fun at **narra** (*bedraga*) deceive, take in; (*lura*) cheat; (*på skoj*) fool; (*locka*) beguile; ~ *ngn att tro* delude s.b. into believing; ~ *ngn att skratta* make s.b. laugh [against his (*etc.*) will] **narraktig** *a1* (*löjlig*) ridiculous; (*fjollig*) foolish, silly; (*dåraktig*) vain **narras** *dep* tell fibs (a fib)
narr|kåpa fool's cap [and bells] **-spel** [tom]foolery; buffoonery; *bildl.* farce, folly **-streck** (*spratt*) practical joke, prank
narvsida hair side
nasal I *a1* nasal **II** *s3* nasal [sound] **-ton** [nasal] twang
nasare hawker, dorr-to-door salesman
Nasaret *n* Nazareth
nate *s2, bot.* pondweed
nation [-t'ʃo:n] nation; *univ.* student society (association); *Förenta* ~*erna* the United Nations; *N*~*ernas förbund* the League of Nations
national|dag national holiday (commemoration day) **-dräkt** national costume **-ekonom** economist **-ekonomi** economics (*sg*), political economy **-ekonomisk** economic, of political economy; *av* ~ *betydelse* important to the country's economy **-flagga** national flag **-församling** *franska* ~*en* the French National Assembly **-inkomst** national income
nationaliser|a [-t'ʃo-] nationalize **-ing** nationalization
national|ism [-t'ʃo-] nationalism **-ist** nationalist **-itet** [-t'ʃo-] *s3* nationality **-itetsbeteckning** nationality mark (sign)
national|karaktär [-t'ʃo-] national character **-känsla** national feeling **-museum** national museum **-park** national park; *i Storbritannien äv.* National Trust property (reserve) **-produkt** national product **-socialism** National Socialism **-socialistisk** *a5* National Socialist; *ty. äv.* Nazi **-stat** nation-state **-sång** national anthem

nationell [-t'ʃo-] *a1* national
natrium ['na:-] *s8* sodium **-bikarbonat** sodium bicarbonate, baking soda
natron ['na:trån] *s7* [caustic] soda, sodium hydroxide **-lut** soda lye, caustic soda [solution]
natt *-en nätter* night; *god* ~*!* good night!; *hela* ~*en* all night; *varje* ~ every night, nightly; ~*en till lördagen* Friday night; *i* ~ *a*) (*som kommer*) tonight, *b*) (*föregående*) last night; *om* (*på*) ~*en* at (by) night, in the night; *sent på* ~*en* late at night; *till* ~*en a*) (*t.ex. ta medicin*) for the night, *b*) *se följ.*; *under* ~*en* during (in) the night; *stanna över* ~*en hos* (*på*) stay the night at
natt|a *vard.* put [a child] to bed **-arbete** night work **-blind** night blind **-djur** nocturnal animal **-duksbord** bedside table
natt|etid at (by) night **-fack** *bank.* night safe (depository) **-fjäril** *zool.* moth **-gäst** guest for the night **-klubb** nightclub **-kräm** night cream **-kröken** *vard. i uttr. på* ~*n* in the small hours **-kärl** chamber pot **-lampa** night lamp **-lig** *a1* nocturnal; (*under -en*) in the night; (*som sker varje natt*) nightly **-mara** nightmare **-mörker** night darkness **-mössa** nightcap; *prata i* ~*n* talk through one's hat, drivel, blether **-skift** night shift **-skjorta** nightshirt **-sköterska** night nurse **-sudd** *s7* night-carousing **-svart** [as] black as night, nightblack (*äv. bildl.*) **-uggla** night owl (*äv. bildl.*) **-vak** *s7* night-watching; vigils, night vigils (*pl*) (*friare*) late hours (*pl*) **-vakt** night watch; *pers.* night watchman, *mil.* night guard **-vard** [-va:-] *s3* Eucharist, Holy Communion, Blessed Sacrament
nattvards|bröd sacramental bread **-gång** communion **-vin** sacramental wine
natur nature; (*kynne äv.*) character; (*läggning*) disposition, temperament; (*beskaffenhet*) kind; (*landskap*) nature, scenery; *pers.* person[ality], character; *Guds fria* ~ the open country, wide-open spaces (*pl*); *vild* ~ wild nature (*på en plats: scenery*); ~*en tar ut sin rätt* nature takes its toll; *av* ~*en* by nature, naturally, inherently; *till sin* ~ *är han ... * he is ... by nature; *det ligger i sakens* ~ it is quite natural; *av privat* ~ of a private character (nature)
natura [-ˣtu:-] *s, i uttr.: betalning i*[*n*] ~ payment in kind (goods, merchandise) **-förmån** payment in kind, perquisite **-hushållning** primitive (natural, barter) economy
natural|isera naturalize **-ism** naturalism **-istisk** [-'ist-] *a5* naturalistic
natur|barn child of nature **-begåvning** natural gifts (*pl*); *pers.* man (*etc.*) with great natural talent **-behov** *förrätta sina* ~ relieve o.s. **-ell** I *s3* nature, disposition II *a1* natural **-enlig** [-e:n-] *a1* natural **-fenomen** natural phenomenon **-folk** primitive people **-förhållanden** natural conditions (features); nature (*sg*) **-gas** natural gas **-gummi** natural rubber **-historia** natural history **-historisk** of natural history; natural-history; *N*~*a riksmuseet* [the] museum of natural history **-katastrof** natural catastrophe **-kraft** natural force **-kunskap** knowledge of nature; *skol.* nature study **-lag** law of Nature; physical law
natur|lig [-'tu:r-] *a1* natural; (*medfödd*) inherent,

innate; (*ursprunglig*) native; (*okonstlad*) unaffected, ingenuous; (*äkta*) genuine; *dö en ~ död* die from natural causes; *~t urval* natural selection; *av ~a skäl* for natural (obvious) reasons; *i ~ storlek* full-size, (*om porträtt o.d. äv.*) life-size; *i ~t tillstånd* in a state of nature; *det är helt ~t att* it is a matter of course that **-lighet** naturalness; unaffectedness *etc.* **-ligtvis** of course, naturally; (*visst, säkert*) to be sure, certainly

natur|lära natural science; (*som lärobok*) natural-science textbook **-nödvändighet** physical (natural) necessity; *med ~* with absolute necessity **-park** nature-park; national park **-reservat** nature reserve; national park; *AE.* wildlife sanctuary **-rikedom** *~ar* natural resources **-sceneri** natural scenery **-skydd** protection (preservation) of nature **-skön** of great natural beauty; *en ~ plats* (*äv.*) a beauty spot **-tillgång** natural asset (source of wealth); *~ar* (*äv.*) natural resources **-trogen** true to life; lifelike **-vetare** scientist **-vetenskap** [nⁿatural] science **-Vetenskaplig** scientific **-vidrig** contrary to (against) nature **-vård** nature conservation **-vårdsverk** *statens ~* [the Swedish] national environment protection board

Nauru *n* Nauru

nautisk ['nau-] *a5* nautical; *~ mil* nautical mile

nav *s7* hub; (*frihjuls-*) freewheel hub; (*propeller-*) boss

navel *s2* navel **-binda** umbilical bandage **-sträng** umbilical cord, navel string

navig|ation navigation, *astronomisk ~* celestial navigation, astronavigation; *terrester ~* terrestrial navigation **-atör** navigator **-era** navigate (*efter, med* by)

navkapsel hub cap

naz|ism [-'sism] Nazism **-ist** Nazi **-istisk** *a5* Nazi

neandertal|are, -människa Neanderthal man

Neapel [-'a:-] *n* Naples

nebulosa [-ˣlo:-] *s1* nebula (*pl* nebulae)

necessär *s3* dressing (toilet) case

ned down; (*-åt*) downwards; (*-för trappan*) downstairs; (*vända* turn) upside down; *uppifrån och ~* from top to bottom; *längst ~ på sidan* at the bottom of the page

nedan I *s7*, *månen är i ~* the moon is on the wane (is waning) **II** *adv* below; *här ~* (*i skrift*) below; *se ~!* see below!; *jämför ~!* compare the following! **-för I** *prep* below **II** *adv* [down] below **-stående** *a4* stated (mentioned) below, following

ned|bantad *a5* reduced **-blodad** *a5* blood-stained **-bringa** reduce, lower; bring down **-bruten** *a5*, *bildl.* broken down **-brytande** *a4* destructive (*krafter* forces); subversive (*idéer* ideas) **-busning** rowdyism **-böjd** *a5* bent down, stooping **-dekad** *a5* gone to the dogs **-dragen** *a5* (*om gardin*) drawn [down], lowered

neder|börd [-ö:-] *s3* precipitation; rainfall; snowfall **-bördsområde** (*regn- etc.*) precipitation area; (*avrinningsområde*) catchment area **neder|del** lower part **-kant** lower edge (side)

1 nederlag *s7* defeat; (*förkrossande*) disaster; *lida ~* suffer defeat, be defeated

2 nederlag *s7* (*magasin*) warehouse, depot, storage

nederländare Netherlander **Nederländerna**

pl the Netherlands **nederländsk** *a5* Dutch; Netherlands

nederst ['ne:-] *adv* at the bottom (*i, på, vid* of); *allra ~* farthest (*etc.*) down [of all], at the very bottom; *~ på sidan, se under ned*; *~ till höger* bottom right **nedersta** *a, superl. best. form* lowest; bottom; *~ våningen* the ground (*AE. äv.* first) floor

nedervåning ground (*AE. äv.* first) floor

ned|fall *radioaktivt ~* radioactive fallout **-fart** descent; way down **-frysning** freezing; *med.* hypothermia **-för** ['ne:d-] **I** *prep* down; *~ trappan* downstairs **II** *adv* downwards **-försbacke** (*en lång* a long) downhill slope; *bildl.* downhill; *vi hade ~* it was downhill [for us] **-gjord** *a5* destroyed; annihilated; (*av kritik e.d.*) picked (torn) to pieces **-gående I** *a4* (*om sol o.d.*) setting; (*om pris o.d.*) declining, falling **II** *s6, vara på ~* be going down, (*om sol o.d.*) he setting **-gång 1** *i.onⁿs.* way (road, path, steps (*pl*), stairs (*pl*)) down **2** *abstr.* descent; (*solens*) setting; (*i temperatur o.d.*) fall, drop; (*minskning*) decrease, reduction; *bildl.* decline **-gången** worn, shabby **-göra** *mil.* destroy; *bildl.* annihilate; (*genom kritik*) pull (pick) to pieces; *~nde kritik* scathing criticism **-hopp** *sport.* landing **-hukad** *a5* crouched, crouching **-ifrån I** *prep* from down (*gatan* in the street) **II** *adv* from below (underneath); *~ och ända upp* from below upwards; *femte raden ~* fifth line from the bottom **-isad** *a5* (*överisad*) covered with ice, iced up; *geol.* glaciated **-kalla** invoke (*över* on), call down (*över* upon) **-kippad** [-ç-] *a5* (*om sko*) down-at-heel **-klassa** degrade **-komma** *~ med* give birth to (be delivered of) (*en son* a son) **-komst** [- å-] *s3* delivery **-lagd** *a5* **1** *eg.* laid down; (*om pengar o.d.*) laid out, spent **2** (*om verksamhet*) discontinued, (*om fabrik, gruva o.d.*) closed [down], shut down **-lusad** lousy; *vard. bildl., ~ med pengar* lousy (*AE. sl.* dirty) with money **-låta** *rfl* condescend (*till att* to) **-låtande** *a4* condescending **-låtenhet** condescension **-lägga** (*jfr lägga [ner]*) **1** let down; place, deposit; (*villebråd, fiende*) kill, shoot; *~ vapnen* lay down one's arms **2** (*upphöra med*) give up, relinquish, discontinue; (*fabrik o.d.*) close [down], shut down; *~ arbetet* stop work; go on strike, strike **3** (*använda*) *~ pengar i ett företag* invest (put) money into a company; *~ sin röst* abstain from voting; *~ stor omsorg på* put a lot of care (work) into

nedre ['ne:d-] *a, superl. nedersta* lower; *i ~ vänstra hörnet* in the left-hand bottom corner; *i ~ våningen* on the ground (*AE. äv.* first) floor

nedr|ig [ˣne:d-] *a1* (*skändlig*) heinous, mean; (*skamlig*) infamous, shameful; *det var ~t av dig att* it was (is) beastly of you to **-igt** *adv, det gjorde ~ ont* it hurt terribly

ned|ringd *bli ~* be showered with telephone calls **-rusta** disarm, cut down armaments **-rustning** disarmament, reduction of armaments **-räkning** totalling; (*av raket o.d.*) countdown **-rösta** vote down **-salta** *kokk.* salt down; pickle in salt **-satt** *a4* (*minskad*) reduced, diminished; (*sänkt*) lowered; *~ arbetsförmåga* reduced working capacity; *till ~ pris* at a reduced (cut) price

(*AE. äv.* cut rate); *få ~a betyg* have one's marks reduced (lowered) **-sjunken** *a5, sitta ~ i* be reclining in **-skriva** write down; *bokför. äv.* depreciate **-skrivning** writing down; depreciation **-skräpning** [-ä:-] littering up **-skälld** [-ʃ-] *a5* abused **-skärning** (*minskning*) reduction, curtailment, cut **-slag 1** *sport.* landing, alighting; (*vid kast o.d.*) pitch; (*vid simning*) entry, dive-in **2** (*fågels*) descent; (*flygplans*) alighting; *vid ~et* in taking ground **3** (*projektils*) impact, percussion **4** (*på skrivmaskin*) stroke **-slagen** *a5, bildl.* downhearted, low-spirited, dejected **-slaktning** slaughter[ing ... off] **-slående** *a4, bildl.* disheartening, discouraging, depressing; (*beklämmande*) distressing **-släpp** *sport.* face-off **-smutsad** *a5* dirtied, soiled; (*-smetad*) plastered [over] with dirt **-ströms** downstream **-stämd** *a1, bildl.* depressed, downhearted, dejected **-stämdhet** depression, downheartedness, dejection

ned|sutten *a5* with worn-out (sagging) springs **-svärta** *bildl.* blacken the character of, defame **-sänka** immerse **-sätta** (*jfr sätta* [*ner*]) (*sänka*) put down, reduce; lower (*äv. bildl.*); *~ straffet* reduce the sentence; *~ priset* (*äv.*) mark down **-sättande** *a4* (*förklenande*) disparaging, derogatory, depreciatory **-sättning** (*sänkning*) reduction; (*av pris äv.*) lowering; (*av hörsel o.d.*) impairment **-till** down in the lower part (half) (*på* of); at the bottom (foot) **-toning** toning down; dampening **-trampad** *a5* trampled down **-trappa** de-escalate **-trappning** de-escalation **-tryckt** *a4, bildl.* low-spirited; oppressed **-tyngd** *a5* weighed (*bildl. äv.* borne) down (*av* with) **-värdera** depreciate; *bildl.* disparage, belittle **-värdering** depreciation; *bildl.* disparagement

nedåt [ˈne:d-] **I** *prep* down **II** *adv* downward[s], in a downward direction; *var går gränsen ~?* what is the bottom limit? **-gående** **I** *s6, vara i ~* be on the down grade (the downward trend) **II** *a4* downward[-trending]; (*om tendens o.d. äv.*) falling; *~ konjunkturer* declining business (*sg*), falling markets **-riktad** *a5* directed downwards, declining

nedärvd *a5* passed on by heredity, hereditary **negation** negation; (*nekande ord äv.*) negative **negativ** [ˈnegg-, -ˈti:v] **I** *s7* negative **II** *a1* negative **-ism** negativism **-ist** negativist, negationist **-istisk** [-ˈviss-] *a5* negativist[ic] **negativt** [-i:-] *adv* negatively (*äv. elektr.*), in a (the) negative sense

neger [ˈne:-] *s3* Negro (*pl* Negroes), black [man]; coloured person; *neds.* darky, nigger **-folk** Negro people **-hövding** Negro chief **-stam** Negro tribe

neglig|é [-iˈʃe:] *s3* negligee, negligé[e], undress, dishabille; *AE.* negligee **-era** neglect; disregard; *~ ngn* ignore s.b.

negress Negress

nej [nejj] **I** *interj* no; *~, visst inte!* oh no [certainly not]!; *~, nu måste jag gå!* well, I must go now!; *~, men så roligt!* oh, what fun!, oh, how nice!; *~* (*vard. nänä*) *män!* [no], certainly not!; *~, vad säger du?* you don't say so?; *~, det menar du väl inte!* oh no, surely not! **II** *s7* no; *ibl.* nay; (*avslag äv.*) refusal; *svara ~* answer in the negative; *säga ~ till ngt* say no to (decline) s.th.; *rösta ~* vote against [a proposal]; *få ~* be refused; *frågan är med ~ besvarad* (*vid sammanträde*) *o.d.* the noes have it

nejd *s3* (*trakt*) district; (*omgivning*) surroundings (*pl*), neighbourhood

nejlika *s1* carnation, pink; (*krydd-*) clove

nej|rop cry (shout) of 'no' **-röst** 'no'-vote, vote against **-sägare** *en ~* one who [always] says no, a negationist

neka 1 (*vägra*) refuse (*ngn ngt* s.b. s.th.; *att* to); *~ ngn hjälp* refuse s.b. help (to help s.b.); *han ~des tillträde* he was refused admission **2** (*förneka*) deny (*till att ha gjort* having done); (*säga nej*) say no; *han ~r bestämt till att ha* he definitely denies having; *jag ~r inte till att* I won't deny that; *~ till en anklagelse* (*jur.*) plead not guilty **3** *rfl* deny o.s.; *han ~r sig ingenting* he never denies himself anything; *jag kunde inte ~ mig nöjet att* I couldn't forgo the pleasure of (+ *ing-form*) **nekande I** *a4* negative (*svar* answer); *ett ~ svar* (*äv.*) a refusal (denial); *om svaret är ~* if the answer is in the negative **II** *adv, svara ~* answer in the negative, give a negative answer **III** *s6* denial; (*vägran*) refusal; *döma ngn mot hans ~* condemn s.b. in spite of his denial

nektar [ˈnekk-] *s9* nectar (*äv. bildl.*) **-in** *s3* nectarine

nemesis [ˈne:-] *r* nemesis; (*hämndens gudinna*) Nemesis

neokolonialism neocolonialism

neon [-ˈå:n] *s7* neon **-ljus** neon light **-rör** neon tube

Nepal *n* Nepal

nepotism nepotism

ner *se ned*

nere 1 down; *längst ~ i* at the very bottom (end) of; *priset är ~ i 2 pund* the price is down to £2; *~ på* down on (at) **2** (*friare o. bildl.*) low; *ligga ~* (*om verksamhet e.d.*) be (have been) stopped, be at a standstill **3** (*kroppsligt o. andligt*) run down; (*deprimerad*) depressed, down in the dumps **nermörk** pitch-dark, pitch-black

nerts [nä-] *s2* mink **-päls** mink coat

nerv [nä:-] *s3* nerve (*äv. bildl.*); *bot. äv.* vein; *han har goda ~er* (*äv.*) he doesn't know what nerves are; *gå ngn på ~erna* get on a p.'s nerves **-cell** nerve cell, neuron **-centrum** nerve centre **-chock** nervous shock

nerv|ig *a1 se nervös* **2** *bot.* veined, nerved **-impuls** nerve impulse **-knippe** *anat.* nerve bundle; *bildl.* bundle of nerves **-knut** ganglion **-krig** war of nerves **-lugnande** *a4* nerve-soothing; *~ medel* tranquillizer, sedative

nerv|ositet nervousness; nervous tension **-pirrande** *a4* thrilling, exciting **-press** nervous strain **-ryckning** nervous spasm **-sammanbrott** nervous breakdown **-svag** nervous, neurasthenic **-system** nervous system; *centrala ~et* central nervous system (*förk.* CNS) **-vrak** nervous wreck

nervös *a1* nervous; (*för tillfället*) agitated, flurried, excited; (*orolig*) uneasy, restless; (*~ av sig*) highly-strung (*AE.* high-strung), *vard.* nervy, jumpy **nervöst** [-ö:-] *adv* nervously *etc.*; *skruva*

sig ~ fidget uneasily
nes|a *s1* ignominy, shame, dishonour, disgrace **-lig** [ˣne:s-] *a1* (*vanärande*) ignominious; (*skamlig*) shameful, disgraceful; (*nedrig*) infamous
nestor [ˈnestår] *s3* doyen; *vard.* grand old man
netto I *adv* net [cash]; (*utan emballage*) without packing **II** *s6* [net] profit; *rent* ~ net without discount; *förtjäna i rent* ~ net, clear; *i* ~ [in] net profit **-belopp** net amount **-lön** net wages (*pl*) **-resultat** net result **-vikt** net weight **-vinst** net gain (profit)
neuro|log neurologist **-logi** *s3* neurology **-logisk** [-ˈlà:-] *a5* neurological
neuros [-ˈrå:s] *s3* neurosis (*pl* neuroses)
neurot|iker [nevˈrå:-, neu-] neurotic **-isk** *a5* neurotic
neutral *a1* neutral; *språkv.* neuter **-isera** neutralize (*äv. bildl.*); (*motväga*) counteract **-itet** neutrality **-itetspolitik** policy of neutrality
neutron [-ˈtrå:n] *s3* neutron **-strålning** neutron radiation
neutrum [ˈnéut-, ˈne:u-] *s4* (*i* in the) neuter
newfoundlandshund Newfoundland [dog]
ni *pron* you; ~ *själv* [you] yourself
1 nia *v1, ung.* use the formal mode of address
2 nia *s1* nine
Nicaragua *n* Nicaragua
nick *s2* nod **nicka 1** nod (*åt* to); ~ *bifall* nod approval; ~ *till* (*somna*) drop off [to sleep] **2** *sport.* head
nickedocka *bildl.* yes man
nickel [ˈnikk-] *s9, s7* nickel **-stål** nickel steel
nickning *en* ~ *a*) a nod [of the (one's) head], *b*) *sport.* a header
nidbild caricature
niding miscreant, vandal **nidingsdåd** villainy, act of vandalism, outrage
nid|skrift lampoon, libellous pamphlet **-visa** rhymed lampoon
niga *neg nigit* curts[e]y (*djupt* low; *för* to), drop [s.b.] a curts[e]y
Nigeria *n* Nigeria
nigning [-i:g-] curts[e]y[ing]
nikotin *s4, s3* nicotine **-halt** nicotine content **-ism** nicotinism **-ist** nicotine addict **-missbruk** excessive smoking
Nilen [ˈni:-] *r* the Nile
nimbus [ˈnimm-] *s2* nimbus (*äv. bildl.*)
nio [*vard.* ˣni:e] nine; *en* ~ *tio stycken* some nine or ten; *jfr fem o. sms.* **niofaldig** *a1* ninefold **nionde** [-å-] ninth **nion[de]del** [-å-] ninth [part]
nippel [ˈnipp-] *s2* nipple
nipper [ˈnipp-] *pl* trinkets; (*dyrbarare*) jewels, jewellery (*sg*)
nipprig *a1, vard.* nuts, cracked
nisch *s3* niche (*äv. bildl.*)
1 nit *s7* (*brinnande iver*) zeal, ardour, fervour; (*flit*) diligence, application; *ovisst* ~ injudicious zeal; *för* ~ *och redlighet* for zealous and devoted service
2 nit *s2, s3* (-*lott*) blank [ticket]; *dra en* ~ draw a blank
3 nit *s2, tekn.* rivet; ~ *med försänkt huvud* flush rivet
nita rivet (*vid* [on] to); ~ *fast* rivet [firmly]; ~

ihop rivet together
nitisk [ˈni:-] *a1* zealous, ardent, fervent; (*flitig*) diligent
nitrat *s7, s4* nitrate
nitro|cellulosa cellulose nitrate, nitrocellulose **-glycerin** nitroglycerin[e]
nittio [*vard.* ˈnitti] ninety; *jfr femtio o. sms.* **nittionde** [-å-] ninetieth **nittion[de]del** ninetieth [part] **nittiotal** *på* ~*et* in the nineties **nittioåring** (*äv.*) nonagenarian
nitton [-ån] nineteen **nittonde** nineteenth **nittonhundratal** *på* ~*et* in the twentieth century
nivellera level out, equalize, reduce to one (a uniform) level; (*i lantmäteri*) level
nivå *s3* level (*äv. bildl.*); *bildl. äv.* standard; *i* ~ *med* on a level with; *konferens på högsta* ~ (*äv.*) summit (top-level) conference **-karta** contour map **-kurva** contour line
nix *interj* not a bit of it!, no!
Nizza [ˣnisːn] *n* Nice
njugg *a1* parsimonious, niggardly (*på, med* with, of; *mot* towards, to); (*på ord o.d.*) sparing (*på* of)
njur|e *s2* kidney **-formig** [-å-] *a1* kidney-shaped **-sjukdom** kidney disease, disorder of the kidney[s] **-sten** kidney stone, renal calculus **-transplantation** kidney transplant
njut|a *njöt -it* enjoy (*livet* life); *absol.* enjoy o.s., have a good time; ~ *av* enjoy, delight (*starkare:* revel) in **-bar** *a1* (*ätbar*) eatable, edible; (*smaklig*) palatable; (*om t.ex. musik*) enjoyable **-ning** enjoyment, pleasure, delight; feast (*för ögat:* for the eye)
njutnings|full full of enjoyment, highly (very) enjoyable **-lysten** pleasure-seeking, pleasureloving **-medel** means of enjoyment (*etc.*); (*stimulerande medel*) stimulant **-människa** epicurean; hedonist
N.N. [ˣännänn] (*beteckning för obekant pers.*) so-and-so
nobb [-å-] *s2* brushoff, turndown; *få* ~*en* be given the brushoff, be turned down **nobba** [-å-] turn down, give the brushoff
nobel [ˈnå:-] *a2* noble, distinguished; (*storsint*) generous
nobelpris [noˣbell-] Nobel prize **-tagare** Nobel prize winner
nobless [nå-] nobility; ~*en* (*vard.*) the upper ten [thousand]
nock [nåkk] *s2* **1** *sjö.* (*gaffel-*) [gaff] end; (*rå-*) [yard]arm **2** *byggn.* ridge **3** *tekn.* cam
nod *s3, astr., bot., fys.* node; *uppstigande* ~ ascending node
nog 1 (*tillräckligt*) enough, sufficiently; *jag har fått* ~ (*äv. bildl.*) I have had enough (my fill, all I want); *det är* ~ that is enough (sufficient); *nära* ~ almost, nearly, all but, well-nigh, practically; *mer än* ~ (*äv.*) enough and to spare; *hälften kunde ha varit* ~ half would have been enough; *vara sig själv* ~ be sufficient unto o.s.; *nu kan det vara* ~*!* that'll do!, enough of that now!; *inte* ~ *med att han glömmer* he not only forgets; *och inte* ~ *med det* and that is not all; *hur skall jag* ~ *kunna tacka dig!* how can I thank you sufficiently!; *den kan inte* ~ *berömmas* it cannot be too highly praised; *förklarligt* ~ as was only natural; *jag var dum* ~ *att* I was stupid enough to; *märkvärdigt* ~

N

remarkably enough; *nära* ~ practically; *underligt* ~ strange to say; *det vore* ~ *så intressant att* it would be exceedingly (*vard*. ever so, jolly) interesting to **2** (*sannolikt*) probably; I expect, I dare say, I suppose; (*säkerligen*) no doubt, doubtless; (*visserligen*) I (you) [must] admit, certainly, to be sure, it is true; *du förstår mig* ~ you will understand me[, I am sure (no doubt)]; *du har* ~ *träffat honom här* you have probably met him here; ~ *vet ni att* you must know (you know of course) that; *han kommer* ~ he will come all right; *jag skall* ~ *se till att* I'll see to it that; *det tror jag* ~! I should think so!; *det kan jag* ~ *tänka mig!* I can (very well) imagine that!; *det är* ~ *sant, men* that is probably true, but, that is true enough, but; ~ *för att du har gjort dig förtjänt av det* not but what you have deserved it **3** (*tämligen*) fairly (*bra* good)

noga I *adv* (*exakt*) exactly, precisely; accurately; (*ingående*) closely, minutely, narrowly; (*omsorgsfullt*) carefully; (*uppmärksamt*) attentively; (*strängt*) strictly (*bevarad hemlighet* guarded secret); *akta dig* ~ *för att* take great (good) care not to; *hålla* ~ *reda på* keep an accurate account of; *lägga* ~ *märke till* note carefully; *det behöver du inte ta så* ~! you needn't be too particular about that!; ~ *räknat* strictly speaking **II** *al* (*noggrann*) careful; (*precis*) exact, precise; (*nogräknad*) scrupulous; (*kinkig*) particular; (*petig*) meticulous; (*fordrande*) exacting; *vara* ~ *med a*) be very exact in (about), *b*) be very particular about (make a point of) (*att passa tiden* being in time); *det är inte så* ~ *med det!* it doesn't matter very much!, it's not all that important!

nog|grann (*jfr noga II*) (*exakt*) accurate, exact; (*ingående*) close; (*detaljerad*) elaborate, minute; (*sträng*) strict; (*omsorgsfull*) careful, particular **-grannhet** accuracy, exactitude, precision; carefulness *etc*. **-räknad** [-ä:-] *a5* particular, scrupulous; (*granntyckt*) dainty **-samt** (*i högsta grad*) extremely, exceedingly; (*mycket väl*) well enough; *det är* ~ *känt att* it is a [perfectly] well-known fact that

noll [-å-] nought, naught; *vard*. aught (*på termometer etc*.) zero; *sport*. *äv*. none, nil; (i tennis) love; ~ *komma åtta (0,8)* nought point eight (0.8); *mitt telefonnummer är två* ~ *nio* ~ *åtta* my telephone number is two o[h] nine o[h] eight; ~ ~ (*sport*.) nil-nil, *tennis*. love all; *plus minus* ~ *a*) *mat*. plus minus nought, *b*) (*friare*) absolutely nothing (nil); *av* ~ *och intet värde* of no value what[so]ever, absolutely worthless

noll|a *s1* nought, naught; *vard*. aught; *åld*. cipher; *vetensk*. zero; *en* ~ (*om pers*.) a nobody, a nonentity **-gradig** *al* at freezing temperature, freezing **-läge** (*hopskr. nolläge*) mättekn. mechanical zero; (*friläge*) neutral [position] **-punkt** zero; freezing point; *absoluta* ~*en* absolute zero; *stå på* ~*en* be at zero (*äv. bildl*.) **-ställd 1** set to zero **2** *bildl*. expressionless, blank **-tid** *på* ~ in no time **-tillväxt** zero growth

nomad *s3* nomad **-folk** nomadic people **-isera** nomadize; ~*nde folk* (*äv*.) migratory people **-isk** *a5* nomad[ic]

nomenklatur nomenclature

nominativ ['nɔmm-, 'nɔ:-, 'nåmm-] *s3* (*i* in the) nominative

nomin|ell *al* nominal; ~*t värde* (*äv*.) face value; ~*t lydande på* at the face (nominal) value of **-era** nominate **-ering** [-'ne:-] nomination

nonchal|ans [nåŋʃa'laŋs, nån-, -'nans] *s3* nonchalance, carelessness; offhandedness; (*försumlighet*) negligence **-ant** [-'laŋt, '-lant] *al* nonchalant; careless; negligent; offhand[ed] **-era** pay no attention to, neglect

nonie ['nɔ:-] *s5, mättekn*. vernier

nonsens ['nånn-] *n* nonsense, rubbish

nopp|a [-å-] **I** *s1* burl, knot **II** *v1* **1** *tekn*. burl **2** (*om fågel*) pluck, preen; (*ögonbryn*) pluck; ~ *sig* (*om fågel*) preen its feathers **-ig** *al* burled, knotty

nord [-ɔ:-] **I** *s2* north; *N~en* the Nordic (Northern, Scandinavian) countries (*pl*); *i höga N*~ in the Far North **II** *adv* north (*om* of); *vinden var* ~ *till väst* the wind was north by west

Nord|afrika *n* North Africa **-amerika** *n* North America

nordamerikansk North American

nordan [ˣnɔ:r-] **I** *adv, se norr II* **II** *r, se följ*. **-vind** north wind

Nordatlanten *r* the North Atlantic

nordbo northerner, inhabitant of the North

Norden [ˣnɔ:r-] *n el. r* the Nordic countries

Nord|england *n* Northern England, the North [of England] **-europa** *n* Northern Europe

nordisk ['nɔ:r-] *a5* northern; (*i etnografin*) Nordic; *de* ~*a länderna* the Nordic (Northern) countries; *N~a ministerrådet* [the] Nordic Council of Ministers; *N~a rådet* [the] Nordic Council; ~*a språk* Scandinavian (Nordic) languages

Nord|kalotten [ˣnɔ:rd-] *r* the Scandinavian (Baltic) Shield (arctic regions of Norway, Sweden, Finland and Kola Peninsula) **-kap** *n* the North Cape

nord|lig [ˣnɔ:rd-] *al* (*i norr*) northern; (*från norr*) north[erly]; ~ *bredd* north latitude; *det blåser* ~ *vind* the wind is in (is blowing from) the north **-ligare I** *a, komp*. more northerly **II** *adv* further (more to the) north **-ligast I** *a, superl*. northernmost **II** *adv* farthest north **-ost I** *s2* (~*lig vind*) northeast wind; northeaster; (*väderstreck*) northeast (*förk*. NE) **II** *adv* northeast (*om* of) **-ostlig** [-ˣɔst-] *al* northeast[ern]; *jfr nordlig* **-ostpassagen** the Northeast Passage **-pol** ~*en* the North Pole

Nordsjön *r* the North Sea

nord|sluttning north[ern] slope **-väst I** *s2* (~*lig vind*) northwest wind; northwester; (*väderstreck*) northwest (*förk*. NW) **II** *adv* northwest (*om* of) **-västlig** [-ˣväst-] *al* northwest[ern]; *jfr nordlig* **-västra** [-ˣväst-] northwest[ern] **-östra** [-ˣösst-] northeast[ern]

Norge ['nårje] *n* Norway

norm [-å-] *s3* standard (*för* of; *för ngn* for s.b.); (*måttstock äv*.) norm; (*regel*) rule; code; (*mönster*) model, type (*för* for); *gälla som* ~ serve as a standard

normal [-å-] **I** *al* normal; standard, regular; *under* ~*a förhållanden* (*äv*.) normally; *han är inte riktigt* ~ (*äv*.) he is not quite right in his head **II** *s3* standard; type **-fördelning** *stat*. normal frequency distribution **-isera** normalize; standardize **-spårig** *a1* [of] standard gauge **-tid** standard (mean) time **-ton** *mus.* concert pitch

Normandie [nårman'di:, -maŋ-] *n* Normandy **normandisk** [når'mandisk, -'maŋ-] *a5* Norman

norm|era standardize, gauge; *(reglera)* regulate **-givande** *a4* normative, standard-forming; *vara ~ för (äv.)* be a rule (a standard) for

norn|a [ˣnɔ:r-] *s1* Norn; *-orna (vanl.)* the Weird Sisters, the Fates (Destinies)

norr [-å-] **I** *n* the north; *mot ~* to the north; *rätt i ~* due north **II** *adv* [to the] north *(om* of) **norra** *best. a* the north *(sidan* side); the northern *(delarna av* parts of); *~ England* Northern England, the North [of England]; *N~ ishavet* the Arctic Ocean

norr|gående *a4 (om tåg o.d.)* northbound **-ifrån** ['nårr-] from the north **-ländsk** *a5* [of] Norrland **-man** Norwegian **-sken** *s7* aurora borealis; *~et (äv.)* the northern lights *(pl)* **-ut** ['nårr-] **-över** ['nårr] northward[u], towards [the] north; *(i norr)* in (to) the north; *längst ~* northernmost

nors [-å-] *s2, zool.* smelt; *jag vill vara skapt som en ~ om* I'll be blowed if

norsk [-å-] *a5* Norwegian; *hand. o.d. äv.* Norway; *hist.* Norse **norska** *s1* **1** *(språk)* Norwegian; *hist.* Norse **2** *(kvinna)* Norwegian woman

nos *s2* nose *(äv. friare)*; *(hos hästar, nötkreatur)* muzzle; *(hos fiskar, kräldjur)* snout; *blek om ~en* green about the gills **nosa** smell, scent; *~ på snift (smcll)* at, *~ reda på ngt* terret s.th. out, find out s.th.

nos|grimma muzzle **-hörning** [-ö:-] rhinoceros **-kon** nose cone **-ring** nose ring; cattle leader

nostalg|i *s3* nostalgia **-isk** [-'tall-] *a5* nostalgic

1 not *s2 (fisk-)* [haul (drag)] seine; *dra ~* fish with a seine

2 not *s3* **1** *(anmärkning)* note, annotation; *(fot-)* footnote **2** *polit.* [diplomatic] note, memorandum **3** *mus.* note; *(~ häfte)* music *(sg)*; *spela efter ~er* play from music; *skriva ~er* write music; *ge ngn stryk efter ~er* give s.b. a good thrashing; *vara med på ~erna* catch on (the drift), fall in with the idea

nota *s1 (räkning)* bill, account; *AE. äv.* check; *(förteckning)* list *(på* of); *jfr tvättnota*

notarie [-ˣta:, -'ta:-] *s5* [recording] clerk, notary; *(vid domsaga äv.)* law clerk, deputy judge

notarius publicus [nɔ'ta:rius 'pubblikus] *r, pl notarii publici* [-si] notary public

notblad sheet of music

noter|a *a1 (anteckna)* note (write) down, make a note of; *(lägga på minnet)* note; *(bokföra äv.)* enter, book **2** *(fastställa pris på, äv. börs.)* quote *(till* at) **-ing 1** noting *(etc.)* down; *(mera konkr.)* note, notation; *(bokföringspost)* entry, item; *enligt våra ~ar (hand.)* according to our records **2** *hand. börs.* quotation

notis *s3 (underrättelse)* notice; *(tidnings-)* newsitem, paragraph; *ta ~ om* take notice of, pay attention to **-jägare** newshawk, newshound

notorisk [-'tɔ:-] *a5* notorious

not|papper music paper **-ställ** music stand (rack)

notvarp *s7* seine sweep; *bildl.* crush

notväxling *dipl.* exchange of notes

nougat [nɔ'ga:t] *s3* nougat, almond paste

novell *s3* short story

november [-'vemm-] *r* November

nu I *adv* now; *AE. äv.* presently; *(vid det här laget)* by now (this time); *från och med ~* from now on- [wards]; *[ända] tills ~* up till now; *~ då* now that; *den ~ rådande (äv.)* the present (existing); *vad ~ då?* what's up (the matter) now?; *för att ~ ta ett exempel* just by way of example; *vad var det han hette ~ [igen]?* whatever was his name? **II** *s7, ~et* the present [time]; *i detta ~* at this moment

nubb *s2* tack **nubba** tack *(vid on* to); *~ fast* tack on, fasten with tacks

nubbe *s2* dram, schnap[p]s

Nubien ['nu:-] *n* Nubia

nuck|a *s1* frump **-ig** *a1* frumpish

nudda brush; *~ vid* brush against

nudel *s2, kokk.* noodle

nud|ism nudism **-ist** nudist

nukleinsyra nucleic acid

nukleär *a1* nuclear; *~a vapen* nuclear weapons

nu|läge present situation **-mer[a]** ['nu:-] now, nowadays

numerisk [-'me:-] *a5* numeric[al]

numerus ['nu:-] *n* number

numerär I *s3* number; *(armés o.d.)* [numerical] strength **II** *a5, se numerisk*

nummer ['numm-] *s7* number; *(exemplar)* copy; *(tidnings- o.d.)* issue; *(storlek)* size; *(program- punkt e.d.)* item; *(av tidning o.d.)* back issue; *göra ett stort ~ av* make a great feature (fuss) of; *behandlas som ett ~ (om pers.)* be treated as no more than a number **byrå** *tel.* directory enquiries [office] **-följd** number sequence; *ordna i ~* arrange consecutively **-lapp** queue [number] ticket **-ordning** numerical order **-plåt** *(på motorfordon)* numberplate, *AE. äv.* license plate **-skiva** *tel.* dial

numrera number; *~de platser* numbered seats; *~d från 1 till 100* numbered 1 to 100

nuna *s1, vard.* phiz, dial

nunna *s1* nun; *bli ~ (äv.)* take the veil

nunne|dok nun's veil **-kloster** nunnery, convent **-orden** order of nuns, [religious] sisterhood

nusvenska present-day Swedish

nutid present times *(pl)*; *[the] present day; forntid och ~* past [times] and present; *~ens människor* present-day people, people of today **nuti-da** *oböjl. a* present-day; modern

nutids|historia contemporary (present-day) history **-människa** modern man

nutria ['nu:-] *s1* nutria, coypu

nu|varande *a4* present; *(rådande)* existing; *(om pris)* ruling, current; *i ~ läge* as things stand at present, in (under) the present circumstances, as it is; *i ~ ögonblick* at the present moment **-värde** present value; *försäkr.* capitalized value

ny I *a1* new *(för* to); *(förnyad)* fresh; *(färsk)* recent *(böcker* books); *(~ o. ovanlig)* novel *(erfarenhet* experience); *(annan)* [an]other; *(ytterligare)* additional, extra *(börda* burden), further *(order* orders); *bli en ~ människa a) (t. hälsan)* become a new man, *b) (i åskådning e.d.)* become a different person; *~tt mod* fresh courage; *~tt stycke (boktr.)* new paragraph; *~a tiden* modern times, the modern age; *Gott ~tt år!* a Happy New

Year!; *det ~a i* the novelty in (of), what is new in **II** *s6, s7* (*-tändning*) new phase of the moon; *månen är i ~* the moon is new; *jfr nymåne*
Nya Guinea [ˣny:a giˣne:a] *n* New Guinea
nyans [-'ans, -'aŋs] *s3* shade; nuance, tone; (*anstrykning*) tinge; (*om uttryck*) shade of meaning; *hans röst saknar ~er* his voice lacks modulation (variation) **-era** shade off; *mus.* modulate; (*variera*) vary **-ering** [-'se:-] shading[-off] *etc.*
ny|anskaffning replacement; new acquisition [of equipment] **-anställd** new employee
ny|are *a, komp.* newer *etc.*; more modern; *i ~ tid* in modern (recent) times (*pl*) **-ast** *a, superl.* newest; most modern (*etc.*); (*senast*) latest
Nya Zeeland [ˣny:a 'se:-] *n* New Zealand
ny|bakad *a5* **1** fresh from the oven, newmade, newbaked **2** *bildl.* newly fledged **-bildning** new (recent) formation (creation, establishment); *språkv. äv.* neologism, coinage; *med.* new growth, neoplasm **-bliven** *a5* (*om student e.d.*) newly fledged; (*om professor e.d.*) newly appointed; *hon är ~ mor* she has just become a mother **-byggare** settler, colonist; pioneer **-bygge** house (ship *etc.*) under construction **-börjarbok** primer (*i* of) **-börjare** beginner; novice, tyro, tiro, new hand **-börjarkurs** beginners' course
nyck *s3* whim; fancy; caprice; *genom en ödets* (*naturens*) ~ by a freak of fate (Nature)
nyckel *s2* key; *bildl.* clue; (*kod*) code, cipher; *vrida om ~n* turn the key; *~n till framgång* the key to success **-barn** latchkey child **-ben** *anat.* collarbone, clavicle **-harpa** *mus.* keyed fiddle **-hål** keyhole **-industri** key industry **-knippa** bunch of keys **-ord** key word; (*t. korsord*) clue **-person** key person **-piga** ladybird; *AE.* ladybug **-ring** key ring **-roll** key role **-roman** roman à clef
nyckfull capricious; (*om pers. äv.*) whimsical; (*om väderlek*) changeable, fickle; (*ostadig*) fitful **-het** capriciousness *etc.*; whimsicality
ny|danare refashioner; reorganizer, regenerator; (*pionjär*) pioneer, breaker of new ground **-etablering** new business starts (*pl*) **-fallen** *a5* (*om snö*) newly (fresh) fallen **-fascism** neofascism **-fiken** *a3* curious (*på* about, as to); (*alltför ~*) inquisitive, prying **-fikenhet** curiosity; inquisitiveness; *av ren ~* out of sheer curiosity; *väcka ngns ~* arouse a p.'s curiosity, make s.b. all agog **-född** newborn; *barnet är alldeles -fött* the baby has just been born **-förvärv** *ett ~* a new (recent) acquisition **-förvärvad** *a5* newly (recently) acquired **-gift** newly married, newlywed; *de ~a* the newly-married couple **-grad** centesimal degree
nyhet (*egenskap att vara ny*) newness; (*ngt nytt*) novelty, s.th. new; (*ny sak*) novelty; (*nymodighet*) novelty, innovation; (*underrättelse*) news (*sg*); *~ens behag* the charm of novelty; *förlora ~ens behag* become stale; *en ~* (*i tidning e.d.*) a news-item, a piece of news; *en viktig ~* (*äv.*) a piece of important news; *inga ~er är goda ~er* no news is good news; *det var en ~ för mig* this is news to me; (*kläder*) *~erna för säsongen* the novelties of the season, (*kläder*) the season's new fashions
nyhets|byrå news (press) agency **-utsändning** *radio.* newscast

ny|inredd *a5* recently refitted (fitted up) **-inrättad** *a5* newly established (created) **-klassicism** neoclassicism **-kolonialism** neocolonialism **-komling** [-å-] newcomer, fresh arrival; (*i skola e.d.*) new boy (girl)
nykter ['nykk-] *a2* **1** sober; (*måttlig*) temperate **2** *bildl.* sober[-minded], level-headed **-het** (*äv. bildl.*) sobriety, soberness; temperance
nykterhets|organisation temperance organization **-rörelse** temperance movement **-vård** treatment of alcoholics
nykterist total abstainer, teetotaller
nyktra ~ *till* become sober [again], sober up, *bildl.* sober down
nylagd *a5* (*om ägg*) new-laid; *håret är -lagt* my (*etc.*) hair has just been set
nyligen recently; lately; (*på sista tiden äv.*) latterly, of late; *helt ~* quite recently
nylon [-'lå:n] *s4, s3* nylon **-skjorta** nylon shirt **-strumpor** *pl* nylon stockings (*herr-:* socks); nylons
nymf *s3* nymph **nymfoman** *s3* nymphomaniac
ny|modig *a1* new-fashioned, modern; *neds.* newfangled **-modighet** modernity; *en ~* a newfangled thing (idea, notion) **-mornad** [-å:-] *a5* newly awakened; hardly awake **-målad** *a5* freshly painted; *är ~* has just been painted; *-målat!* wet paint! **-måne** new moon **-nazism** neonazism
nynna hum
nynorsk I *a1* Modern Norwegian **II** *s1, språkv.* New Norwegian
ny|ordning reorganization, rearrangement; new order **-orientering** reorientation, readjustment
nyp *s7* pinch **nypa I** *s1* **1** (*fingrar*) fingers (*pl*); *vard.* paw **2** (*det man tar i ~n*) pinch [of …]; *en ~ luft* a breath of air; *med en ~ salt* (*bildl.*) with a pinch (grain) of salt **II** *nöp nupit, äv. v3* pinch, nip; *det nyper i skinnet* there is a nip in the air **nypas** *nöps nupits, äv. v3, dep* pinch; *nyps inte!* don't pinch me!
nypon [-ån] *s7* rosehip **-blomma** dog-rose [flower] **-buske** dog-rose bush **-soppa** rosehip cream **-te** rosehip tea
ny|premiär (*på film*) rerun, revival **-produktion** new production; *~ av bostäder* newly constructed dwellings **-rakad** *a5* freshly-shaved **-rik** new-rich; *en ~* a nouveau riche; *de ~a* the new-rich
Nürnberg ['nyrn-] *n* Nuremberg **-processen** the Nuremberg trials (*pl*)
nyromantik neoromanticism; *~en* (*äv.*) the Romantic Movement
nys *s, i uttr.: få ~ om ngt* get wind of s.th.
nysa *v3, imperf. äv. nös* sneeze
ny|silver silver-plated ware; *gafflar av ~* silver-plated forks **-skapa** create anew; *~d* newly created **-skapande** *s6, ~t av* the creating of new **-skapare** innovator, creator of new; *flottans ~* the creator of the new navy **-skapelse** new creation, innovation
nysning [ˣny:s-] sneezing; *en ~* a sneeze
nysnö newly-fallen snow
nyspulver sneezing powder
nyss just [now], a moment ago; *en ~ inträffad*

olycka a recent accident
nysta wind; *absol äv.* make up into balls (a ball)
nystan *s7* ball, spool
ny|startad *a5* (*om företag*) newly established (founded *etc.*) **-stavning** new (reformed) spelling **-teckna** ~ *aktier i* subscribe to new shares in; ~*de aktier* newly subscribed shares; ~*de försäkringar* new insurance business (*sg*)
nyter ['ny:-] *a2* cheery, bright; *pigg och* ~ bright and cheery
ny|tillskott new addition; new influx **-tryck** reprint
nytt *n, någonting* ~ something new; ~ *och gammalt* new things and old; *på* ~ anew, once more; *börja på* ~ start (begin) afresh; *försöka på* ~ try again, have another try, make a new attempt
nytt|a I *s1* (*användning*) use, good; (*fördel*) advantage, benefit, profit; (*-ighet*) utility, usefulness; *förena* ~ *med nöje* combine business with pleasure; ~*n med det* the use[fulness] (advantage) of it; *dra* ~ *av* benefit from, profit by, utilize, (*med orätt*) take advantage of; *göra* ~ do some good, be of some use; *ha* ~ *av* find some use (of use); *vara till* ~ be of some help, do some good; *till* ~ *för* of use to, serviceable for; *till ingen* ~ of no use **II** *v1, se gagna*; *det* ~*r inte* it is no use (*att göra det* doing it) **-ig** *a1* useful (*för* for); of use (service) (*för* to); good (*för* for); (*hälsosam*) wholesome; *det blir* ~*t för mig* it will do me good **-ighet** (*med pl*) utility; (*utan pl äv.*) usefulness
nyttj|a use, employ; *jfr använda* **-anderätt** usufruct, right of (to) use; *ha* ~ *till* hold in usufruct, have the use and enjoyment of
nytto|belönad *a5* utility; utilitarian **-föremål** useful article **-synpunkt** *ur* ~ from the utility (utilitarian) point of view **-trafik** commercial traffic
ny|val *s7* new election; *utlysa* ~ appeal to the country, publish notices of a new election **-vald** *a5* newly elected **-vunnen** *a5* newly won **-värdesförsäkring** reinstatement value insurance **-år** new year; *fira* ~ celebrate New Year
nyårs|afton New Year's Eve **-dag** New Year's Day **-löfte** New Year resolution
nyöppnad *a5* newly started (*affär* shop); newly opened (*konto* account)
1 nå *interj* well!; (*ju*) why!; ~ *då så!* oh, in that case!
2 nå *v4* (*komma fram t.*) reach (*äv. bildl.*), get (come) to, arrive at; (*upp-*) attain, achieve (*äv. bildl.*); (*räcka*) reach, attain; ~ *mogen ålder* reach maturity; *enighet har* ~*tts om* agreement has been reached on; *jag* ~*ddes av nyheten* the news reached me; *han* ~*r mig till axeln* he comes up to my shoulder; *jag* ~*r inte dit* I cannot reach as far as that, it is beyond my reach; ~ *fram till* reach as far as [to]; ~ *ner till* reach down to; ~ *upp till* reach [up to], come up to

nåd *s3* **1** (*misskund*) grace; (*barmhärtighet*) mercy; (*ynnest*) favour; *av Guds* ~*e* (*om kung*) by divine right, (*om t.ex. skald*) divinely gifted; *i* ~*ens år 1931* in the year of grace 1931; *av* ~ out of mercy; *ansöka om* ~ apply for a (sue for) pardon; *få* ~ be pardoned; *ge sig på* ~ *och onåd* surrender unconditionally, make an unconditional

surrender; *i* ~*er* graciously; *leva på* ~*er hos ngn* live on a p.'s charity; *låta* ~ *gå före rätt* temper justice with mercy; *synda på* ~*en* (*eg.*) presume on God's grace, *vard.* take advantage of a p.'s generosity; *finna* ~ *inför ngns ögon* find favour with s.b.; *ta ngn till* ~*er igen* take s.b. back into one's favour **2** (*höghet*) Grace; *Ers* ~ Your Grace, (*Storbritannien äv.*) Your Lordship (Ladyship), my Lord (Lady); *lilla* ~*en* (*skämts.*) her little ladyship; *två gamla* ~*er* two old (elderly) ladies
nåda|stöt coupe de grâce, deathblow; *ge* ~*en* finish off, put out of misery **-tid** time of grace, respite
nåde I *s, se nåd 1* **II** *v, i uttr. såsom:* Gud ~ *dig!* God have mercy upon you!; *Gud* ~ *om ...!* God help me if ...! **-ansökan** petition for pardon
nådig *a1* gracious; merciful; *Gud vare mig* ~*!* God be merciful to me (have mercy upon me)!; *på* ~*[a]ste befallning* by Hs (Her) Majesty's Command; ~ *frun* her (*vid tilltal:* Your) Ladyship; *min* ~*a* your Ladyship, my Lady, [my dear] Madam
någ|on [-ån] (*jfr något, några*) (*en viss*) some, *subst.* someone, somebody; (*en el. ett par*) a[n] ... or two (so); (~ *alls,* ~ *som helst*) any, *subst.* anyone, anybody; (*en, ett*) a[n]; (*en enda*) one, a single; *har du* ~ *bror?* have you a brother?; *-ra egna barn har de inte* they have no children of their own; *har du -ra pengar? a*) (*på dig*) have you any money?, *b*) (*att låna mig*) have you got some money?; *om* ~ *vecka* in a week or two (so); *är det* ~ *här?* is there anyone here?; *jag har inte berättat det för* ~ I haven't told anyone; *kan* ~ *av er ...?* can one (any [one]) of you ...?; ~ *av dem måste ha* one of them must have; *inte i* ~ *större utsträckning* not to any great extent; *utan* ~ [*som helst*] *svårighet* without any difficulty [whatsoever]; *inte på -ot vis!* by no means!, not at all!; *på -ot sätt* somehow (in some way) [or other]; *vi var -ra och trettio* we were thirty odd; *hon är -ra och trettio* she is thirty odd (something); ~ *annan* someone else; ~ *annan gång* some other time; *bättre än* ~ *annan* better than anyone else; ~ *annanstans* somewhere else; *-ot eller -ra år* one year or more; ~ *sådan har jag inte* I have nothing like that (of that kind); *en* ... *så god som* ~ as good a[n] ... as any; *denne* ~ this somebody; *du om* ~ you if anybody; *tala svenska med* ~ *brytning* speak Swedish with a slight accent; *kära nån [då]!* goodness me!
någon|dera *fören.* one ... or the other; *självst.* one or other (*av dem* of them) **-sin** [-inn] ever; [*at*] any time; *aldrig* ~ never **-stans, -städes** (*jfr någon*) somewhere; anywhere; *AE. vard.* some place, any place **-ting** (*jfr något*) something; anything
någorlunda fairly, tolerably, pretty
någ|ot [-ått] **I** *pron* (*jfr någon*) something, anything; (*-on del*) some, any; (~ *litet*) a little; *det är* ~ *mycket vanligt* that (it) is [a] very common [thing]; *vad för* ~*?* what?; *vad är det för* ~*?* what is that?; *det var* ~ *visst med honom* there was [a certain] something about him; ~ *sådant har aldrig hänt förut* such a thing has never (no such thing has ever) happened before; *han är* ~ *av en*

konstnär he is something of an artist; *vill du mig* ~? *a*) (~ *särskilt*) is there something you want to see me about?, *b*) (~ *över huvud taget*) is there anything you want to see me about? **II** *adv* somewhat; a little, a bit, rather; ~ *mindre än en timme* a little less than an hour (somewhat under) an hour; *han är ~ till fräck!* he's pretty (a bit) impudent!

några [ˈnåˑg-] (*jfr någon*) some; any; *subst.* some (any) people; (~ *få*) a few [people *etc.*]; *om ~ dagar* in a few (in two or three) days

nåja [ˈnåˑ-] oh well!

nål *s2* needle; (*hår-, knapp-*) pin; *sitta som på ~ar* (*bildl.*) be on pins and needles (on tenterhooks)

nål|a ~ [*fast*] pin on (*på* to), fasten on (*på* to) **-dyna** pincushion **-pengar** *pl* pin money (*sg*) **-stick** pinprick (*äv. bildl.*)

nålsöga eye of a (the) needle

nålventil needle valve

nåt *s2, s7, sjö. o. fack.* seam

nåväl well; all right

näbb *s2, s7* bill; (*i sht rovfågels*) beak; *var fågel sjunger efter sin* ~ every bird pipes its own lay; *försvara sig med ~ar och klor* defend o.s. tooth and nail **-gädda 1** *zool.* garfish **2** *bildl.* pert (saucy) girl

näbbig *a1, bildl.* pert, saucy, impudent

näck *s2* water-sprite; *N~en* Neck[an], *Skottl.* Kelpie **-ros** water lily

näktergal *s2* [thrush] nightingale

nämligen (*framför uppräkning*) namely, skriftspr. viz.; (*det vill säga*) [and] that is, which is; (*emedan*) for, because; ('*ser ni*') you see; *saken är ~ den att* the fact is, you see, that, it's like this, you see

nämn|a *v2* (*om-*) mention (*för* to); (*säga*) say; (*omtala*) tell; (*be-*) name, call; ~ *var sak vid dess rätta namn* call a spade a spade; *ingen -d och ingen glömd* all included; *under -da förutsättning* on the given assumption **-are** *mat.* denominator

nämnd *s3* (*jury*) jury, panel; (*utskott*) committee, board **nämndeman** juror, juryman

nämnvärd [-väː-] *a1* worth mentioning (speaking of); considerable, appreciable; *i ~ grad* materially; *ingen ~ förändring* no change to speak of

nännas *v2, dep* have the heart to

näpen *a3* engaging; sweet (dear) little (*flicka* girl); *i sht AE.* cute

näppe *s i uttr.: med nöd och* ~ only just

näpsa *v3* (*tillrättavisa*) rebuke; (*straffa*) chastise, punish **näpst** *s3* rebuke; chastisement

1 när I *konj* **1** when; (*just som*) [just] as; (*medan*) while; (*-helst*) whenever; ~ *han kom in i rummet såg han* on entering the room he saw **2** *se emedan* **II** *adv* when, at what time; ~ *som helst* at any time (moment)

2 när I *adv* near, [near (close)] at hand; *från ~ och fjärran* from far and near; *inte göra en fluga för* ~ not hurt a fly; *det gick hans ära för* ~ it hurt his pride; *jag hade så ~ sagt* I [very] nearly said, I was on the point of saying; *så ~ som på* except [for], but; *inte på långt* ~ not by a long way; not anything like; *det var på ett hår* ~ it was within an ace of **II** *prep* (*hos*) with, near

1 nära *närmare närmast o. näsl* oböjl. *a* near (*äv. om tid*); close; *bildl.* close, intimate; *på ~ håll* at close quarters; *inom en ~ framtid* in the near future

II *adv* near; (*i tid äv.*) at hand; close to, nearby; *bildl.* closely, intimately; (*nästan*) almost; ~ *förestående* impending, imminent; *vara ~ att* be on the point of (*falla* falling), *AE. äv.* be near to (+ *inf.*); ~ *skjuter ingen hare* a miss is as good as a mile; ~ *inpå* near at hand; *affären ligger ~ till för oss* the shop is handy for us

2 när|a *v2* nourish, feed (*äv. bildl.*); (*hysa*) cherish, entertain; ~ *en orm vid sin barm* nourish a viper in one's bosom; *ett länge -t hopp* a long-cherished hope; *en länge -d misstanke* a long-harboured suspicion

närande *a4* nourishing; nutritious, nutritive

när|apå almost, pretty near[ly]; (*så godt som*) practically **-belägen** (situated *etc.*) near (close) by (at hand); adjacent, neighbouring; *i sht AE.* nearby **-besläktad** closely related (akin) (*med* to) **-bild** close-up [picture] **-butik** neighbourhood shop (*AE.* store) **-demokrati** grassroots democracy **-gången** *a3* intrusive; forward; (*taktlös*) indiscreet; (*om fråga o.d.*) inquisitive; *AE. sl.* fresh **-helst** whenever **-het** nearness; (*grannskap*) neighbourhood, vicinity; *i ~en av* (*äv.*) near [to]; *här i ~en* near (round about) here

närig *a1* (*snål*) greedy, stingy; ('*om sig*') thrifty **-het** greediness *etc.*

näring 1 (*föda*) nourishment (*äv. bildl.*); *eg. äv.* nutriment; *bildl. äv.* fuel (*åt* to); *ge ~ åt* give (afford) nourishment to, *bildl.* add fuel to; *ge ny ~ åt* (*bildl.*) give new life to **2** (*näringsfång*) industry; *handel och ~ar* commerce and industry

närings|behov nutritional requirement **-fattig** of low food value; (*om jord*) poor **-frihet** freedom of (liberty to pursue a) trade **-frihetsombudsman** Competition Ombudsman **-gren** [branch of] business (industry) **-idkare** tradesman, industrialist **-kedja** food chain **-liv** economic (industrial) life; trade and industry **-lära** nutrition **-medel** food[stuff] **-politik** economic policy **-rik** nutritious, of high food value **-riktig** nourishing; of nutritional value **-ställe** restaurant; refreshment rooms (*pl*), eating house **-värde** nutritive (food) value **-ämne** nutritive (nutritious) substance

när|kamp *s3, sport.* infighting **-liggande** *a4, bildl.* close at hand, kindred; *ett ~ problem* a kindred (closely allied) problem; *mera ~* more immediate

närm|a bring (draw, push) near[er], approach; ~ *sig* approach, draw near[er] [to ...]; ~ *sig sitt färdigställande* near completion; *klockan ~r sig 10* it is getting on towards 10 o'clock; *slutet ~de sig* the end was approaching, it was drawing near the end **-ande** *s6* approach, advance; renewal of friendly relations; *polit. etc.* rapprochement; *otillbörliga ~n* [improper] advances **-are** *komp. t. nära* I a nearer, closer; (*om väg*) shorter; (*ytterligare*) further (*detaljer* particulars) **II** *adv* nearer, closer, more closely; in [greater] detail; *gå ~ in på frågan* go into the question in detail; *bli ~ bekant med ngn* become better acquainted with s.b., get to know s.b. better; *förklara ~* explain in detail, give further particulars; *studera ~* examine in detail; *ta ~ reda på* find out more about; *jag skall tänka ~ på saken* I shall think the matter over more carefully; *eller, ~ bestämt* or, more exactly **III** *prep* nearer [to], closer to; (*nästan*) nearly, close [up]on **-ast** *superl. t. nära* l *a* nearest (*äv. bildl.*); (*omedelbar*) immediate; (*om vän e.d.*) closest, most intimate; (~ *i ordningen*) next; ~*e anhörig*[*a*] next of kin, nearest relative[s]; *mina* ~*e* those nearest and dearest to me, my people, *vard.* my folks; *mina* ~*e planer* my plans for the immediate future; *de* ~*e dagarna* the next few days; *inom den* ~*e framtiden* in the immediate future; *var och en är sig själv* ~ every man for himself; *i det* ~*e* [very] nearly, almost, practically, as good as **II** *adv* nearest (closest) [to]; *bildl.* most closely (intimately); immediately; next; (*främst*) in the first place; (*huvudsakligast*) principally; *de* ~ *sörjande* the principal (chief) mourners; ~ *föregående år* the immediately preceding year; ~ *på grund av* mainly because (owing to); *han ser* ~ *ut som en...* he looks more like a[n] ... than anything **III** *prep* nearest (next) [to]

närmevärde approximate value

när|strid close combat, hand-to-hand fighting **-stående** *a4* close, near; (*-besläktad*) kindred; ~ *företag* associated company, *AE.* affiliated corporation; *i regeringen* ~ *kretsar* in circles close to the Government **-synt** [-y:-] *a1* shortsighted; *med.* myopic **-vara** *-var -varit* be present (*vid* at); ~ *vid* (*äv.*) attend **-varande** *a4* present (*vid* at); *de* ~ those present; *för* ~ for the present (time being), at present, *AE. äv.* presently **-varo** *s9* presence; (*vid möte o.d. äv.*) attendance, *i* ~ *av* in the presence of, before

näs *s7* (*landremsa*) isthmus, neck of land; (*landtunga*) point, headland; *se äv. udde* **näs|a** *s1* nose; *peta* [*sig i*] ~*n* pick one's nose; *tala i* (*genom*) ~*n* talk through the nose, have a nasal twang; *dra ngn vid* ~*n* lead s.b. by the nose, take s.b. in; *det gick hans* ~ *förbi* it passed him by; *ha* ~ *för* have a flair for; *han låter ingen sätta sig på* ~*n* på sig he lets no one sit on him; *lägga* ~*n i vädret* (*dö*) turn up one's toes [to the daisies]; *mitt för* ~ *på ngn* right in front of a p.'s nose; *räcka lång* ~ *åt* cock a snook at, thumb one's nose at; *inte se längre än* ~*n räcker* not see further than the end of one's nose; *ha skinn på* ~*n* have a will (mind) of one's own; *stå där med lång* ~ be left pulling a long face; *stå på* ~*n* take a header, come a cropper; *sätta* ~*n i vädret* toss one's head, be stuck-up (cocky) **-ben** nasal bone **-blod** nose-bleeding; *blöda* ~ have an attack of nose-bleeding **-borre** [-å-] *s2* nostril **-duk** handkerchief **-knäpp** *s2, vard.* rebuke, snub, reprimand **-rot** root of the nose

nässel|feber nettle rash, hives, *fack.* urticaria **-fjäril** tortoiseshell [butterfly]

nässla *s1* nettle

näst *superl. t. nära, adv* next (*efter, intill* to); *den* ~ *bästa* the second (next) best; *den* ~ *sista* the last but one; ~ *äldste sonen* the second son **näs-ta** l *s1* neighbour; *kärleken till* ~*n* love for one's neighbour **II** *a, superl.* next; (*påföljande*) the next, (*påföljande gång*) the next time; *den 1:a* ~ *månad* (*hand. äv.*) on the first prox. **nästan** almost; *AE. äv.* (*i sht om tid*) just on; (*ej långt ifrån*) nearly; (*starkare*) all but; ~ *aldrig* (*ingen*) hardly ever (anybody); *jag tror* (*tycker*) ~ *att* I ra-

ther (almost) think that

näste *s6* nest; *bildl. äv.* den

nästintill l *prep* next to **II** *adv* nearest (next) to this (it *etc.*)

nästipp tip of the nose

nästkommande *a4* next; (*nästa månad*) proximo (*förk.* prox.); ~ *maj* in May next; *under* ~ *år* (*äv.*) during the coming year

näs|täppa *jag har* ~ my nose is stopped up **-vis** *a1* impertinent, cheeky; pert, saucy **-vishet** [-i:-] impertinence, cheekiness *etc.*

nät *s7* net; (*spindel- äv.*) web; (*-verk*) network (*äv. bildl.*); *tel. o.d. äv.* system **-ansluten** *a5, tel. o.d.* connected to the main system **-boll** *tennis. o.d.* net **-hinna** *anat.* retina **-spänning** mains voltage

nätt l *a1* pretty; dainty; (*prydlig*) neat; *en* ~ *summa* a tidy (nice little) sum **2** (*knapp*) scanty, sparing **II** *adv* **1** prettily *etc.* **2** scantily *etc.*; ~ *och jämnt* barely, only just **-upp** [nätt-] just [about]

nätverk network; netting

näv|e *s2* fist; (*handfull*) fistful (handful [of ...]; *slå* ~*n i bordet* (*bildl.*) put one's foot down; *spotta i* ~*arna* spit on one's hands, buckle down to work

näver ['nä:-] *s2* birch bark

nöd *s3* distress; trouble; (*brist*) need, want; (*trångmål*) straits (*pl*); *fartyg i* ~ vessel in distress; *lida* ~ be in need; *den tysta* ~*en* uncomplaining poverty; ~*en har ingen lag* necessity knows no law; ~*en är uppfinningarnas moder* necessity is the mother of invention; *när* ~*en är störst är hjälpen närmast* it is always darkest before dawn; *i* ~*en prövas vännen* a friend in need is a friend indeed; *det går ingen* ~ *på honom* he's well provided for; *vara av* ~*en* be needed (necessary); *med knapp* ~ only just; *till* ~*s* if need be, at a pinch **-bedd** *a5, vara* ~ have to be pressed **-broms** emergency brake; *dra i* ~*en* pull the communication cord

nödd *a5, vara* ~ *och tvungen* be forced [and compelled]

nödfall *i* ~ in case of need (necessity), in an emergency, (*friare*) if necessary

nödga constrain; (*tvinga*) force, compel; (*truga*) press, urge **nödgas** *v1, dep* be compelled (forced) to

nöd|hamn port (harbour) of refuge **-hjälpsarbete** relief work **-landa** forceland, be forced down **-landning** forced (emergency) landing **-lidande** *a4* necessitous; (*utarmad*) needy, destitute **-läge** distress, critical position; emergency; extremity **-lögn** white lie **-lösning** makeshift (temporary) solution **-raket** distress rocket **-rop** cry (call) of distress (for help) **-saka** *se nödga; bli* (*vara*) ~*d att* be obliged (compelled, forced) to; *se sig* ~*d att* find o.s. compelled to **-signal** distress signal; S.O.S.; *radiotel.* mayday **-ställd** *a5* distressed; *in distress* **-torft** [-å-] *s3, livets* ~ the bare necessities of life **-torftig** scanty, meagre **-tvungen** *a5* enforced; compulsory **-tvång** *av* ~ out of necessity **-utgång** emergency exit

nödvändig [×nö:d-, -'vänn-] *a1* necessary **-het** necessity; *tvingande* ~ imperative (urgent) necessity; *med* ~ (-*vändigt*) of necessity **-hetsarti-**

kel necessity, necessary [of life] **-tvis** necessarily; of necessity; absolutely; *måste ~ leda till* is (are) bound to lead to; *han ville ~ komma* he would come, he insisted on coming

nöd|värn self-defence **-år** year of famine

nöj|a [ˣnöjja] *v2, rfl* be satisfied (content), content o.s.; *~ sig med att (inskränka sig t. att, äv.)* restrict (confine) o.s. to **-aktig** *al* satisfactory

nöjd *al* satisfied *(äv. mätt)*; *(för-)* content[ed]; *(belåten)* pleased; *~ med litet* satisfied with a little, easily satisfied; *vara ~ på ngt (ha fått nog av ngt)* have had enough of s.th.

nöje [ˣnöjje] *s6* pleasure; *(starkare)* delight; *(förströelse)* amusement, entertainment; *(tidsfördriv)* diversion, pastime; *ha ~ av, finna ~ i* derive pleasure from, find (take) pleasure in, enjoy; *för sitt höga ~s skull* for one's own sweet pleasure, just for fun; *vi har ~t att meddela* we have the pleasure of informing you; *det skall bli mig ett sant ~ att* I shall be delighted to; *jag skall med ~ göra det (äv.)* I shall be glad to do it, I'll do it gladly; *du får det med ~ (äv.)* you are very welcome to it; *mycket ~!* have a good time!, enjoy yourself!; *offentliga ~n* public amusements

nöjes|branch entertainment industry **-fält** fair (pleasure) ground; *AE. äv.* carnival **-liv** entertainments *(pl)*; life of pleasure **-lysten** fond of amusement **-resa** pleasure trip

1 nöt *-en nötter, bot.* nut; *en hård ~ att knäcka (bildl.)* a hard nut to crack, a poser

2 nöt *s7* **1** *se nötkreatur* **2** *bildl.* ass, blockhead; *ditt ~!* you silly ass *(etc.)*!

nöta *v3 (slita)* wear; *(gnida)* rub; *~ hål på* wear through; *~ skolbänken* grind away at one's classroom desk; *tyget tål att ~ på* the material will wear [well] (will stand [hard] wear); *du får ~ på dina gamla kläder* you must wear out your old clothes [first]; *~ ut* wear out; *~s* get worn (rubbed)

nöt|boskap [neat] cattle *(pl)* **-hår** cowhair

nöt|knäckare, -knäppare [[a] pair of] nutcrackers *(pl)*

nötkreatur *pl* cattle; *sju ~* seven head of cattle

nötkärna kernel of a nut

nötkött beef

nötning [ˣnö:t-] wear, use; *bildl.* wear and tear

nötskal nutshell *(äv. bildl.)*; *(om båt äv.)* cockleshell

nött *al* worn *(i* at); *(om kläder äv.)* the worse for wear, threadbare, shiny; *~a fraser* hackneyed phrases

o|aktsam careless *(med* about) **-aktsamhet**

carelessness, negligence **-anad** *a5* unsuspected; unimagined; *~e möjligheter* undreamed-of (undreamt-of) possibilities **-angenäm** unpleasant, disagreeable **-angriplig** [-i:p-] *al* unassailable *(äv. bildl.)*; *(om vittnesbörd e.d.)* unimpeachable; *~ bevisföring* unexceptionable argumentation **-anmäld** [-ä:-] *a5* unannounced **-anmärkt** *a4* unchallenged; *låta ngt passera ~* let s.th. pass without comment **-ansenlig** [-e:n-] insignificant; *(ringa)* humble; *(om t.ex. lön)* meagre, modest; *(enkel)* plain *(utseende* looks); *(ej iögonfallande)* inconspicuous **-anständig** indecent; *(anstötlig)* shocking; improper; *(slipprig)* obscene; *(otillbörlig)* disgraceful, shameful **-anständighet** indecency; impropriety; obscenity; shockingness *etc.*; *(i ord)* indecent remark, obscenity **-ansvarig** irresponsible **-antaglig** *a5* unacceptable, that cannot be accepted **-antastlig** *al* unassailable, inviolable; *jur.* unimpeachable **-anträffbar** unavailable; untraceable; not in (at home); engaged **-använd** *a5* unused; *(om plagg äv.)* unworn; unemployed; *(om kapital)* idle **-användbar** unusable, useless, of no use, unfit for use; *vard.* no good **-aptitlig** unappetizing *(äv. bildl.)*; *i sht bildl.* unsavoury; *(otäck)* disgusting **-artig** impolite, uncivil, discourteous **-artighet** impoliteness, incivility; *en ~* a discourtesy

oas *s3* oasis *(pl* oases)

o|avbruten *a5* uninterrupted; unbroken *(tystnad* silence); continuous *(verksamhet* activity); *(oupphörlig)* incessant **-avgjord** undecided; unsettled; *spel., sport.* drawn; *-avgjort lopp* dead heat; *~ match* draw; *ärendet lämnades -avgjort* the matter was left unsettled (pending) **-avgjort** *adv, sluta ~* end in a draw; *spela ~* draw, tie **-avhängig** independent; *(autonom)* autonomous, self-governing **-avhängighet** independence; autonomy, self-government **-avkortad** [-årt-] *a5 (om text)* unabridged, unabbreviated; *(om t.ex. lön)* uncurtailed **-avlönad** unpaid, unsalaried; *äv.* honorary **-avsedd** unintended; *-avsett att* irrespective of (apart from) the fact that; *-avsett hur (äv.)* no matter how **-avsiktlig** unintentional, unintended **-avvislig** [-i:s-] *al* not to be rejected (refused), unrejectable; imperative; *ett ~t krav* a claim that cannot be refused, an imperative demand **-avvänt** *adv* unremittingly; *~ betrakta* watch intently

o|balans imbalance, disequilibrium **-balanserad** unbalanced; *äv. bildl.* ill-balanced **-banad** *a5* untrodden; unbeaten; pathless; *~e vägar* unbeaten tracks **-barmhärtig** unmerciful, uncharitable; merciless

obduc|ent [åbdu'sänt] postmortem examiner **-era** perform (make) a postmortem [examination] *(ngn* on s.b.)

obduktion [-k'ʃɔ:n] *s3* postmortem [examination], autopsy

o|beaktad *a5* unnoticed; *lämna ~* leave unheeded, disregard, *(genom förbiseende)* overlook **-bebodd** *a5* uninhabited; unoccupied; *(om hus)* untenanted; *~a trakter* uninhabited regions **-bedd** *a5* unasked; uninvited **-befintlig** nonexistent; that does not exist; missing **-befläckad** *a5* immaculate; *(om namn, ära o.d.)* unsullied,

stainless, spotless **-befogad** unwarranted, unjustified (*anmärkning* remark) **-begagnad** unused, unemployed; (*i reserv*) spare **-begriplig** incomprehensible; (*dunkel*) unintelligible; (*ofattlig*) inconceivable **-begränsad** unlimited; boundless (*förtroende* confidence); jfr *gränslös* **-begåvad** untalented; unintelligent **-behag** discomfort, uneasiness; (*otrevlighet*) annoyance; ('*trassel*') trouble; *få* ~ *av* have trouble from; *känna* [*ett visst*] ~ feel [slightly] ill at ease **-behaglig** disagreeable, unpleasant (*för* to; *mot* towards, to); *en* ~ *situation* (*äv.*) an awkward situation **-behindrat** *adv* smoothly, easily; unimpededly; (*fritt*) freely; *tala engelska* ~ speak English fluently **-behärskad** uncontrolled; lacking in self-control **-behörig** (*inkompetent*) incompetent; (*ej behörig, oberättigad*) unauthorized; ~*a äga ej tillträde* no admittance [except on business]; (*på enskilt område*) trespassers will be prosecuted, no trespassing **-bekant I** *a* (*okänd*) un~ known (*för* to); (*med ngn, ngt*) unacquainted (*med* with); (*okunnig* [*om*]) ignorant (*med* of); *det torde inte vara Er* ~ *att* you will be aware that **II** *s, pl -bekanta, mat., ekvation med flera* ~*a* equation with several unknowns **-bekväm** uncomfortable; (*ej passande*) inconvenient (*arbetstid* working hours *pl*); (*besvärlig*) awkward **-bekymrad** unconcerned (*om, för* about, as to); heedless (*om* of)
obelisk *s3* obelisk
o|bemannad *a4* unmanned **-bemedlad** without means **-bemärkt I** *a4* unobserved, unnoticed; (*anspråkslös*) humble **II** *adv* in obscurity **-benägen** disinclined (*för* for); unwilling, reluctant **-beprövad** untried **-beroende I** *s6* independence **II** *a4* independent (*av* of) **-beräknelig** [-ä:-] *a1* incalculable; unpredictable; (*nyckfull*) fickle, capricious; (*ofantlig*) immense **-berättigad** unentitled (*till* to); (*orättvis*) unjustified, unwarranted **-berörd** [-ö:-] *a1* untouched; (*opåverkad*) unaffected; (*okänslig*) impassive, unconcerned; (*likgiltig*) indifferent **-besegrad** [-se:-] *a5* unconquered; *sport.* undefeated, unbeaten **-beskrivlig** [-i:v-] *a1* indescribable; (*outsäglig*) inexpressible **-beslutsam** irresolute; undecided (*om* about); *vara* ~ (*äv.*) hesitate, waver **-beslutsamhet** irresolution; indecision; hesitation **-beslöjad** [-öjj-] *a5* unveiled; (*ohöljd*) undisguised **-bestridd** *a5* uncontested, undisputed; (*om t.ex. välde*) unchallenged **-bestridlig** [-i:d-] *a1* indisputable; incontestable; (*otvivelaktig*) undoubted; (*oneklig*) undeniable **-bestyrkt** *a4* unverified; (*om avskrift*) unattested **-bestånd** insolvency; *komma på* ~ become insolvent **-bestämbar** indeterminable; (*om känsla o.d.*) indefinable **-bestämd** undecided; (*om antal, tid o.d.*) indefinite; (*om känsla*) undefined; (*vag*) vague; (*oviss*) uncertain; (*otydlig*) ill-defined; ~*a artikeln* the indefinite article; *uppskjuta på* ~ *tid* put off indefinitely **-beständig** inconstant; (*växlande*) changeable; (*ovaraktig*) impermanent, transient; *kem.* unstable **-besvärad** untroubled, undisturbed; (*otvungen*) unconstrained, [free and] easy **-betingad** *a5* unconditional; (*oinskränkt*) unrestricted, absolute; (*om förtroende, lydnad o.d.*) implicit **-betonad**

unstressed, unaccented **-betvinglig** *a1* (*okuvlig*) unsubduable; (*oövervinnelig*) invincible, inconquerable; (*oemotståndlig*) irresistible **-betydlig** insignificant; inconsiderable; (*oviktig*) unimportant; (*ringa*) slight **-betydlighet** insignificance; triviality; (*med pl*) insignificant (*etc.*) matter (affair); *en ren* ~ a mere trifle (nothing) **-betydligt** *adv* slightly; a little **-betänksam** thoughtless; (*mot andra*) inconsiderate; (*förhastad*) rash; (*oklok*) imprudent, unadvised, ill-advised **-bevakad** unguarded; unattended; ~ *järnvägsövergång* ungated [railway] level crossing; *i ett -bevakat ögonblick* in an unguarded moment; *en* ~ *fordran* an unproved claim **-bevandrad** unfamiliar (*i* with); unversed (*i* in) **-beveklig** [-e:k-] *a1* implacable, inexorable; (*om lag, logik*) inflexible **-beväpnad** unarmed; *med obeväpnat öga* with the naked eye
obild|ad uneducated; (*obelevad*) rude, ill-bred **bui** uneducable
objekt [åb'jäkt] *s7* object **-iv I** [-'ti:v] *s7, fys.* objective; *opt.* lens **II** ['åbb-, -'ti:v] *a1* objective; (*saklig*) factual **-ivitet** objectivity; detachment
o|bjuden *a5* uninvited; (*obedd*) unasked; ~ *gäst* (*neds.*) intruder, gate-crasher **-blandad** unmixed, unmingled; (*ogrumlad*) unalloyed (*lycka* happiness)
oblat [sacramental] wafer
o|blekt [-e:-] *a4* unbleached **-blid** unpropitious, unfavourable; *re mrd* a ir̄gon regard with disapproval; *ett oblitt öde* a harsh (an adverse) fate
obliga|tion [å-] bond **-tionslån** bond loan
obligatorisk [-'tɔ:-] *a5* compulsory; (*oumbärlig*) indispensable
oblodig bloodless (*revolution* revolution); unbloody (*offer* sacrifice)
oboe [ˣå:båe, å'bå:] *s5* oboe
o|borstad *a5* unbrushed; (*om sko*) unpolished; (*smutsig*) dirty; (*ohyfsad*) rough, rude, uncouth **-botlig** [-ɔ:t-] *a1* incurable; (*om skada*) irreparable; (*ohjälplig*) incorrigible (*ungkarl* bachelor) **-brottslig** unswerving (*trohet* loyalty); (*osviklig*) strict (*neutralitet* neutrality) **-brukbar** unfit for use, useless **-bruten** unbroken, intact; (*oöppnad*) unopened; ~ *mark* (*äv. bildl.*) unbroken (virgin) ground ; *-brutna krafter* unimpaired force
obs [åpps] [*förk. för observera*] *s7* [please] note, N.B. (*förk. för nota bene*)
obscen [åb'se:n, -'ʃe:n] *a1* obscene
observa|tion observation **-tionsförmåga** power of observation **-torium** [-ˣtɔ:-, -'tɔ:-] *s4* observatory **-tör** observer
observera observe, notice (*iakttaga äv.*) watch; *det bör* ~*s att* it should be noted that
obstinat [å-] *a1* obstinate, stubborn
obstruktion [-k'ʃɔ:n] obstruction (*mot* to); *A.E. parl.* filibustering
o|bunden *eg.* unchained; (*om bok*) unbound; (*om pers.*) unfettered, unbound, free; *i* ~ *form* in prose **-bygd** undeveloped (wild) country (district); wilderness **-bäddad** *a5* unmade **-böjlig** inflexible; *språkv.* indeclinable; (*fast*) rigid; (*orubblig*) uncompromising **-bönhörlig** [-ö:-ö:-] *a1* implacable, inexorable **-bönhörligen** [-ö:-ö:-] implacably *etc.*; (*oåterkalleligen*) irrevocably

O

oceạn *s3* ocean; *bildl. vanl.* sea **Oceanien** [-'a:-] *n* Oceania

ocensurerad *a5* uncensored

och [åkk, *vard. å*] and; ~ *dylikt* and the like; ~ *så vidare* and so on, etc.; *ligga* (*sitta, stå*) ~ *läsa* lie (sit, stand) reading; *klockan tickar* ~ *tickar* (*äv.*) the clock keeps on ticking; *två* ~ *två* two by two; *5 pund per vecka* ~ *person* 5 pounds per week per person; *försök* ~ *låt bli att* try not to

ociviliserad *a5* uncivilized

ocker ['åkk-] *s7* usury; profiteering; *bedriva* ~ practise usury **-pris** exorbitant (extortionate) price **-ränta** extortionate interest

ockr|a [ˣåkk-] *v1* practise usury; ~ *på ngns godhet* trade upon a p.'s goodwill **-are** [ˣåkk-] usurer, moneylender; profiteer

också ['åkk-] also; as well, too; (*till och med*) even; *eller* ~ or else; *om* ~ even though; *och det gjorde* (*betonat*) *jag* ~ and so I did; *och det gjorde jag* (*betonat*) ~ and so did I; *det var* ~ *en fråga!* that's quite a question!, what a question!; *men så är de* ~ *vackra* but then they are beautiful

ockult [å'kult] *a1* occult

ockupant [å-] *s3* occupier **ockupation** occupation **ockupationstrupper** *pl* occupation troops **ockupera** occupy

o.d. (*förk för och dylikt*) and the like, and suchlike

odaterad *a5* undated

odds [å-] *s7* odds (*pl*); ~*en stod tio mot ett* the odds were ten to one; *ha* ~*en emot sig* have the cards stacked against one

o|definierbar indefinable, undefinable; (*om t.ex. charm*) subtle **-delad** undivided (*äv. bildl.*); (*hel*) whole, entire; (*enhällig*) universal, unanimous; *-delat nöje* unalloyed pleasure; *väcka* ~ *beundran* arouse universal admiration; ~ *uppmärksamhet* undivided attention **-delbar** indivisible **-demokratisk** undemocratic

Oden ['o:-] *myt.* Woden

o|diplomatisk undiplomatic **-disciplinerad** [-isi-] *a5* undisciplined **-diskutabel** *a2* indisputable

odjur monster; beast

odl|a [ˣo:d-] cultivate (*äv. bildl.*); (*blommor, grönsaker*) grow; *AE. äv.* raise; (*jorden äv.*) till; ~ *sin själ* cultivate (improve) one's mind; ~ *en bekantskap* cultivate (foster) an acquaintanceship **-are** cultivator, grower; (*kaffe- o.d.*) planter **-ing** cultivation; culture; (*kaffe- o.d.*) plantation

odontologi *s3* odontology; ~*e kandidat* Bachelor of Dental Surgery; ~*e studerande* dental surgery student

o|dramatisk undramatic **-drickbar** undrinkable **-dryg** uneconomical **-dräglig** unbearable; unsufferable, intolerable; (*tråkig*) boring; *en* ~ *människa* (*äv.*) an awful bore **-duglig** (*om pers.*) incompetent, inefficient, unqualified, unfit (*till* for), incapable (*till* of); (*om sak*) useless, of no use, worthless **-duglig** [-u:-] good-for-nothing, incompetent

odyssé *s3* Odyssey **Odysseus** [o'dyssevs] Ulysses

o|dåga *s1* good-for-nothing, waster **-dödlig** immortal; (*oförgätlig*) imperishable (*ära* glory), deathless

odör [bad, nasty] smell

o|efterrättlig *a1* (*oförbätterlig*) incorrigible; (*oresonlig*) unreasonable; (*olidlig*) insufferable **-egennytta** disinterestedness; altruism **-egennyttig** disinterested, altruistic **-egentlig** (*oriktig*) improper; (*bildlig*) figurative (*betydelse* sense); ~*t bråk* (*mat.*) improper fraction **-egentlighet** [-je-] impropriety; ~*er* (*i bokföring*) irregularities, (*förskingring*) embezzlement (*sg*) **-ekonomisk** uneconomic[al]; (*om pers. äv.*) unthrifty **-eldad** *a5* unheated

oemot|sagd *a5* uncontradicted; (*obestridd*) unchallenged **-ståndlig** *a1* irresistible **-taglig** unsusceptible, inaccessible (*för* to); ~ *för* (*äv.*) immune to, (*okänslig*) impervious to

o|engelsk un-English **-enig** disunited; *se äv.* *oense* **-enighet** disagreement; dissension; discord **-ense** *vara* ~ *med* disagree with, be at variance with **-erfaren** inexperienced (*i* in); (*omogen*) callow, green **-erhörd** [-ö:-] *a1* (*exempellös*) unprecedented; (*enorm*) tremendous, enormous **-ersättlig** irreplaceable; irreparable (*skada* damage); irretrievable (*förlust* loss)

o|fantlig [-'fant-] *a1* enormous, immense; tremendous; huge: (*vidsträckt*) vast **-farlig** not dangerous, safe, involving no danger; harmless; (*oskadlig*) innocuous; (*om tumör e.d.*) benign **-fattbar** incomprehensible, unbelievable, inconceivable (*för* to) **-felbar** [-e:-] *a1* infallible; (*osviklig äv.*) unerring

offensiv I [å-, -'i:v] *s3* offensive; *övergå till* ~*en* take the offensive **II** ['åff-, -'i:v] *a1* offensive; aggressive

offentlig [å'fent-] *a1* public; (*officiell*) official; *det* ~*a livet* public life; ~ *hemlighet* open secret; ~*a myndigheter* public authorities; ~ *plats* public place; *den* ~*a sektorn* the public sector; ~*t uppträdande* public appearance **-göra** [-ˣfent-] announce; (*i tryck*) publish; (*förordning e.d.*) promulgate (*om lag*); (*allmänhet*) [general] public; *framträda inför* ~*en* appear before the public **-hetsprincip** principle of public access to official records

offentligt *adv* publicly, in public

offer ['åff-] *s7* (*slakt- o. bildl.*) sacrifice; (*-gåva*) offering; (*-djur; byte, rov*) victim; (*i krig, olyckshändelse*) victim, casualty; *falla* ~ *för* fall a victim to; *inte sky några* ~ shun no sacrifice

offerera [å-] offer; (*lämna prisuppgift*) quote **offer|gåva** offering **-lamm** sacrificial lamb; *bildl. äv.* innocent victim

offert [å'färt] *s3* offer (*på* of, for); (*pris*) quotation (*på* for); (*anbud*) tender, *AE.* bid (*på* for); *inkomma med* ~ submit an offer; *lämna en* ~ make an offer

offervilja spirit of self-sacrifice

officer [å-] *-[e]n -are* officer (*i* in; *vid* of); *vakthavande* ~ officer of the guard; *värnpliktig* ~ conscript officer

officers|aspirant cadet, probationary officer **-grad** [officer's] rank **-mäss** officers' mess; *sjö.* wardroom

officiell *a1* official

offra [å-] (*genom slakt*) sacrifice (*äv. bildl.*); (*bära fram offergåva*) offer [up]; *bildl. äv.* victimize; (*avstå från*) give up; ~ *livet för* give one's life for;

~ *pengar* (*tid*) *på* spend (waste) money (time) on; *inte* ~ *en tanke på* not give (pay) a thought to; ~ *åt fåfängan* pay tribute to vanity; ~ *sig* sacrifice o.s. (*för* for)

offset ['ɑff-] *s3* offset **-tryck** offset print[ing]

o|**fin** (*taktlös*) indelicate; (*ohyfsad*) ill-mannered, ill-bred; (*opassande*) indecorous; (*lumpen*) coarse **-fog** *s7* mischief; *göra* ~ do (be up to) mischief **-formlig** formless, shapeless **-framkomlig** (*om väg*) impassable; impracticable (*äv. bildl.*) **-fred** (*krig*) war; (*osämja*) discord, dissension **-freda** molest **-fri** unfree; (*bunden*) fettered; *på* ~ *grund* on leasehold property **-frihet** lack of freedom **-frivillig** involuntary; (*oavsiktlig*) unintentional

o**frukt**|**bar** infertile, barren; *bildl.* barren; sterile; (*om t.ex. försök, plan*) unfruitful **-sam** barren, sterile **-samhet** barrenness, sterility

o|**frånkomlig** [-åm-] *al* inevitable, unavoidable; inescapable **-frälse I** *oböjligt* *s* commoner **II** *oböjligt* *a* untitled; *de* ~ *stånden* the commoner estates

ofta [å-] *al* often; (*upprepade gånger*) frequently; *en* ~ *återkommande* a frequent[ly recurring]; *så* ~ *jag ser* whenever I see; ~*st* in most cases, most often; *allt som* ~*st* every now and then

o|**fullbordad** [-ɔ:-] *a5* unfinished, incomplete, uncompleted **-fullgången** abortive; *bildl.* immature **-fullkomlig** imperfect **-fullkomlighet** imperfection; ~*er* (*äv.*) shortcomings **-fullständig** incomplete, (*i... fullt*) defective; (*otillräcklig*) insufficient (*adress* address); imperfect (*kunskaper* knowledge) **-fullständighet** incompleteness; incompletion; imperfection **-färdig** (*lytt*) crippled, disabled; (*halt*) lame; (*ej färdig*) unfinished **-färgad** (*om t.ex. glas*) uncoloured; (*om t.ex. tyg*) undyed; natural-coloured **-född** unborn

o|**förarglig** harmless, inoffensive **-förbehållsam** unreserved, frank; open **-förberedd** unprepared, unready **-förbränn[e]lig** *al, bildl.* inexhaustible; unquenchable **-förbätterlig** *al* incorrigible (*optimist* optimist); inveterate, confirmed (*ungkarl* bachelor) **-fördelaktig** disadvantageous, unfavourable; unprofitable (*investering* investment); *i en* ~ *dager* in an unflattering light; *säg inget* ~*t om honom!* don't run him down! **-fördragsam** intolerant (*mot* towards, to) **-fördröjligen** without delay, immediately **-fördärvad** unspoiled; (*om smak, moral o.d.*) undepraved, uncorrupted **-förenlig** incompatible, inconsistent (*med* with); irreconcilable (*åsikter* opinions)

o**företagsam** unenterprising **-het** lack of enterprise (initiative)

o|**förfalskad** *a5* (*äkta*) genuine, pure; unadulterated **-förfärad** *a5* undaunted, fearless **-förglömlig** *al* unforgettable; never-to-be-forgotten; *en för mig* ~ ... (*äv.*) a[n] ... I shall never forget **-förhindrad** *a5* at liberty (*att komma* to come), unprevented (*att komma* from coming) **-förklarlig** inexplicable, unexplainable; *av* ~ *anledning* for some unaccountable reason **-förlåtlig** unforgivable, inexcusable, unpardonable **-förminskad** *a5* undiminished; unabated (*iver* eagerness) **-förmodad** *a5* unexpected; (*-förut-*

sedd) unforeseen; *det kom så* -*förmodat* it was so unexpected (sudden) **-förmåga** inability (*att* to); incapability (*att göra* to do); incompetence **-förmärkt I** *a4* unnoticed, unobserved; (*som sker i smyg*) stealthy **II** *adv* (*i smyg*) stealthily; *avlägsna sig* ~ depart unnoticed (unobserved), take French leave **-förmögen** incapable (*till* of; *att* of + *ing*-form); unable (*att göra* to do); ~ *till arbete* unable to work, unfit for work **-förnuftig** unreasonable, irrational; (*dåraktig*) foolish **-förnöjsam** hard to please (satisfy) **-förrätt** *s3* wrong, injury; *begå en* ~ *mot* do [an] injury to, wrong **-förrättat** *i uttr.*: *återvända med* ~ *ärende* return unsuccessful (*tomhänt:* empty-handed)

o|**försiktig** imprudent; incautious; (*obetänksam*) indiscreet; (*vårdslös*) careless **-försiktighet** imprudence; incautiousness; indiscretion; carelessness **-förskräckt** *a4* undaunted, dauntless, fearless, intrepid **-förskylld** [-ʃ-] *a5* undeserved **förraliämd** [-ʃ⁺-] *al* insolent; impudent; *AE. sl.* fresh; (*fräck*) audacious; (*näsvis*) saucy; *en* ~ *lymmel* (*äv.*) a shameless rogue **-förskämdhet** [-ʃ-] [a] piece of[] insolence (impudence); *en* ~ (*äv.*) an impertinence **-försonlig** implacable (*fiende* foe); unforgiving (*sinne* spirit) **-försonlighet** implacability **-förståelse** lack of understanding (appreciation) (*för* of) **-förstående** unsympathetic, inappreciative; *ställa sig* ~ *till* take up an unsympathetic attitude towards; *titta* ~ *på* look blankly at **-förständ** lack of judgement; imprudence **-förständig** (*oklok*) imprudent, unwise, foolish; (*omdömeslös*) injudicious **-förställd** *a5* undisguised, unfeigned; unaffected (*glädje* joy); (*uppriktig*) sincere **-förstörbar** indestructible, undestroyable **-försvarlig** indefensible; unwarrantable **-försäkrad** [-ä:-] *a5* uninsured **-försörjd** *a5* unprovided for **-förtjänt** undeserved, unmerited; ~ *värdestegring* unearned increment **-förtruten** *u3*, **-förtröttad** *a5* indefatigable; untiring, unwearied **-förtröttlig** *al* indefatigable **-förtullad** *a5* duty unpaid, uncleared **-förtäckt** unveiled, undisguised; *i* ~*a ordalag* in plain words **-förutsedd** *a5* unforeseen; unexpected; ~*a utgifter* unforeseen expenses, contingencies **-förvanskad** *a5* unadulterated; uncorrupted (*text* text) **-förvitlig** [-i:t-] *al* unimpeachable, irreproachable **-förvållad** *a5* unprovoked **-förvägen** daring; undaunted; bold **-föränderlig** unchangeable, unalterable; unvarying, invariable; (*bestående*) constant **-förändrad** *a5* unchanged, unaltered; unvaried; *på i övrigt* ~*e villkor* (*äv.*) all other terms and conditions remaining unaltered; *i oförändrat skick* in its original form, unchanged, unaltered

ogener|**ad** free [and easy], unconstrained; (*oblyg*) offhand, jaunty; (*fräck*) cool **-at** *adv* freely *etc.*; *uppträda* ~ behave naturally, be at one's ease

ogenom|**förbar** infeasible; (*om plan äv.*) impracticable, unworkable **-skinlig** not transparent; opaque **-släpplig** *al* impervious, impermeable **-tränglig** (*om skog, mörker o.d.*) impenetrable (*för* to); ~ *för vatten* (*ljus*) impermeable (impervious) to water (light) **-tänkt** that has (*etc.*) not been thoroughly thought out; (*om*

O

förslag äv.) crude

o|**gift** unmarried, single; ~ *kvinna* (*jur.*) spinster; *en ~ moster* a maiden aunt; *en ~ farbror* a bachelor uncle; *som ~* before her (*etc.*) marriage (getting married); *hennes namn som ~* (*äv.*) her maiden name -**gilla** disapprove of; dislike; (*klandra*) find fault with; *jur.* disallow, overrule; *talan ~des* the action was dismissed -**gillande l** *a4* disapproving; deprecating; *med en ~ blick* (*äv.*) with a frown **ll** *s6* disapproval, disapprobation -**giltig** invalid, [null and] void; *göra ~* nullify, vitiate -**giltigförklara** declare nugatory (void); nullify; (*upphäva*) cancel, annul, invalidate -**giltighet** invalidity -**gin** [-ji:n] *al* disobliging, unaccommodating (*mot* towards) -**gjord** undone -**gjord** *vara ute i -gjort väder* go on a fool's errand -**graverad** *a5* (*om fastighet e.d.*) unencumbered; (*orörd*) intact, untouched -**grip-bar** *bildl.* impalpable, intangible; elusive -**grumlad** *a5* unpolluted (*äv. bildl.*); (*om lycka, glädje*) unclouded -**grundad** unfounded; (*o-berättigad*) unjustified -**gräs** weed; *koll.* weeds (*pl*); *rensa ~* (*äv.*) weed -**gräsbekämpning** weed control (killing) -**gräsmedel** weedkiller; herbicide -**gudaktig** *al* ungodly; impious -**gynnsam** unfavourable (*för* for, to); disadvantageous; unpropitious -**gärna** unwillingly; (*motvilligt*) grudgingly, reluctantly; *det gör jag högst ~* I am very much against doing it; *jag skulle ~ se att du gjorde det* I should be sorry if you did it -**gärning** misdeed -**gärningsman** malefactor, evildoer -**gästvänlig** inhospitable -**görlig** unfeasible; impracticable

o|**hanterlig** (*om sak*) unwieldy, cumbersome, clumsy; (*om pers.*) unmanageable -**hederlig** dishonest -**hejdad** *a5* unchecked, unrestrained, uncontrolled; *av ~ vana* by force of habit -**historisk** unhistorical; historically untrue -**hjälplig** hopeless; (*obotlig*) incurable; (*oförbätterlig*) incorrigible; (*om t.ex. förlust*) irretrievable -**hjälpligt** *adv* hopelessly; *~ förlorad* irretrievably lost

ohm [å:m] *s9* ohm

ohoj [å'håjj] *skepp ~!* ship ahoy!

o|**hyfsad** (*slarvig*) untidy, unkempt; (*plump*) ill-mannered, uncivil, rude, coarse -**hygglig** [ˣo:-, -'hygg-] horrible, gruesome, ghastly; (*om t.ex. brott*) atrocious, hideous; *en ~ syn* (*äv.*) a horrid (appalling, bloodcurdling) sight -**hygienisk** insanitary -**hyra** *s1, koll.* vermin (*pl; äv. bildl.*) -**hyvlad** [-y:-] *a5* unplaned; (*om bräda o.d. äv.*) rough -**hågad** disinclined; unwilling -**hållbar** (*om t.ex. tyg*) unserviceable, flimsy; (*om ståndpunkt, åsikt*) untenable; *mil.* indefensible; (*om situation*) precarious -**hälsa** ill (bad) health; (*sjukdom*) illness -**hälsosam** (*om föda*) unwholesome; (*om klimat o. bildl.*) unhealthy, bad for one's health -**hämmad** unchecked -**hämmat** *adv* unrestrainedly, without restraint -**hängd** *al, vard.* unhanged, cheeky, saucy -**höljd** *al* (*naken*) naked; (*rättfram*) undisguised, unabashed, frank; (*öppen*) open -**hörbar** inaudible -**hörd** [-ö:-] *a5* unheard; *jur.* untried; *hans rop förklingade ~a* his cries were unheeded -**hörsam** disobedient -**hövlig** impolite, discourteous (*mot* to)

oidipuskomplex [ˣåjd-] Oedipus complex

o|**igenkännlig** unrecognizable -**igenkännlig-het** unrecognizability; *intill ~* beyond recognition -**inskränkt** unlimited; unrestricted; (*om härskare e.d.*) absolute -**inspirerad** *a5* uninspired -**intaglig** [-a:-] *al* impregnable, inexpugnable -**intelligent** unintelligent -**intressant** uninteresting; (*tråkig*) dull -**intresse** lack of interest -**intresserad** uninterested (*av* in); *vara ~ av* not be interested in -**invigd** [-i:gd] *a5* uninitiated (*i* in[to]); (*om kyrka o.d.*) unconsecrated; *den ~e* (*äv.*) an outsider -**isolerad** *a5* uninsulated

oj [åjj] [oh], dear me!

oja *rfl, ~ sig över* moan (complain) about

o|**just** [ˣo:ʃyst] incorrect; unfair; *~ spel* foul play -**jämförlig** incomparable; (*makalös*) unmatched, unparalleled -**jämförligt** [-ö:-] *adv* incomparably, beyond comparison; *den ~ bästa* by far the best; *~ mycket bättre* much better by far -**jämn** uneven (*antal* number; *kvalitet* quality); (*skrovlig*) rough, rugged; (*inte lika*) unequal; (*om klimat, lynne*) inequable; (*oregelbunden*) irregular; (*om väg*) bumpy; *kämpa en ~ strid* fight a losing battle -**jämnhet** unevenness; inequality, irregularity

ok *s7* yoke; (*träldom äv.*) bondage; *kasta av sig ~et* cast off the yoke; *bringa under ~et* put under the yoke, enslave

o|**kammad** *a5* uncombed -**kamratlig** disloyal

okarina [å-ˣri:-] *s1* ocarina

o|**klanderlig** *al* irreproachable; (*felfri*) faultless; (*moralisk*) blameless, exemplary -**klar 1** *eg.* obscure, dim; (*om vätska*) turbid, muddy; (*om färg*) indistinct; (*suddig*) blurred; (*molnig*) cloudy **2** *bildl.* unclear, unlucid, vague; (*oredig*) muddled, confused; (*dunkel*) obscure (*föreställning* idea); (*otydlig*) indistinct **3** *sjö.* foul; (*tilltrasslad*) entangled -**klarhet 1** obscurity; turbidity, muddiness *etc.* **2** unclearness *etc.*; confusion; (*osäkerhet*) uncertainty -**klok** unwise, imprudent, injudicious; (*dåraktig*) foolish; (*ej tillrådlig*) inadvisable -**klädd** (*ej färdigklädd*) undressed; (*naken*) naked, without any clothes on; (*om möbel*) unupholstered -**knäppt** *a4* (*om plagg*) unbuttoned; (*om knapp*) undone -**kokt** [-o:-] *a4* unboiled; (*rå*) raw -**komplicerad** uncomplicated; (*om pers. äv.*) simple -**koncentre-rad** unconcentrated -**konstlad** (*ej tillgjord, naturlig*) unaffected, natural -**kontrollerad** [-å-å-] uncontrolled, unchecked, unverified -**kon-troversiell** uncontroversial -**konventionell** unconventional -**kristlig** ungodly -**kritisk** uncritical -**krossbar** [-å-] *al* (*om glas o.d.*) unbreakable -**kryddad** *a5* unseasoned -**kränkbar** *al* inviolable -**krönt** [-ö:-] *a4* uncrowned

oktan [åk'ta:n] *s7, s3* octane -**tal**, -**värde** octane number (rating)

oktav [åk'ta:v] *s3* **1** (*format*) octavo, eightvo (8vo) **2** *mus.* octave

oktober [åk'to:-] *r* October

okular *s7* eyepiece, ocular

okulera *trädg.* bud, graft

o|**kultiverad** uncultivated, uncultured; unrefined -**kunnig** ignorant (*om* of); *absol. äv.* unlearned; *~ om* (*om att*) (*äv.*) unaware of ([of the fact] that); *~ i engelska* with no knowledge (ignorant) of English **-kunnighet** ignorance (*i, om of*); *lämna ngn i ~ om* leave s.b. in the dark as to; *sväva i ~ om* be unaware (ignorant) of **-kuvlig** [-u:-] *a1* indomitable; irrepressible **-kvalificerad** unqualified **-kvinnlig** unwomanly **-kynne** [-ç-] *s6* naughtiness, mischief; *på* (*av*) [*rent*] ~ out of [pure] mischief **-kynnig** [-ç-] *a1* naughty, mischievous **-känd** unknown (*för* to); unfamiliar; (*främmande*) strange; *av ~ anledning* for some unknown reason; *den ~e soldatens grav* the tomb of the unknown warrior; *en för mig ~ erfarenhet* (*äv.*) an experience new to me; *ta språnget ut i det ~a* take a leap into the unknown **-känslig** insensible, insusceptible (*för* to); (*hårdhjärtad*) unfeeling; (*utan känsel*) numb

o|**laddad** *a5* unloaded, uncharged **-lag** *i uttr.*: (*råka get*) *i ~* out of order **-laglig** unlawful, illegal; (*smyg-*) illicit; *förfarandet är ~t* the proceeding is contrary to [the] law **-lat** *s3* vice; *~er* bad habits **-ledad** *anat.* inarticulate; jointless **-lidlig** [-i:d-] *a1* insufferable, unbearable, intolerable

olik *a5* unlike, different from (to); *vara ~a varandra* be unlike [each other], differ from one another **olika I** *oböjl. a* different; (*skiftande*) varying; (*växlande*) various; (*i storlek*) unequal; *av ~ slag* of different (various) kinds; *det är så ~ hur man är* (*äv.*) it all depends [on] how you are; *smaken är ~* tastes differ **II** *adv* differently; unequally; *~ långa* of different (unequal, varying) lengths; *~ stora* unequal in size; *~ faller ödets lotter* life is a lottery

o|**lik**|**artad** heterogeneous, disparate **-formig** diversiform, nonuniform; (*heterogen*) heterogeneous; (*som växlar form*) varying, unequal; *~a* differing in shape **-färgad** (*fler-*) variegated, of different colours; (*av annan färg*) differently coloured **-het** unlikencss (*med* to), dissimilarity (*i* in; *med* to); (*t.ex. i antal, ålder*) disparity (*i* of); (*skillnad*) difference; (*skiljaktighet*) diversity, divergence (*i smak* in tastes); *i ~ med henne* unlike (in contrast to) her **-tänkande** *a4, en ~* a dissident, a person holding a different opinion from one's own

olinjerad *a5* unruled **oljv** *s3* olive **-berg** *Qet, bibl.* the Mount of Olives **-grön** olive-green **-olja** olive oil **olja** [å-] **I** *s1* oil; *måla i ~* paint in oils; *sardiner i ~* sardines in oil; *byta ~* change the oil; *gjuta ~ på elden* (*bildl.*) add fuel to the fire; *gjuta ~ på vågorna* (*bildl.*) pour oil on troubled waters **II** *v1* oil, grease, lubricate

oljeaggregat oil burner **Oljeberget** [å-] *se Olivberget* **olje**|**blandad** mixed with oil **-borrning** drilling for oil **-borrtorn** derrick **-byte** change of oil **-eldad** oilfired **-eldning** oil-heating, oil-burning **-fläck** oil slick **-fält** oilfield **-färg** oil paint (colour) **-kanna** oilcan, oiler **-kopp** oilcup, oiler **-källa** oil well **-ledning** oil pipe; (*transportledning*) oil pipeline **-målning** oil painting **-mätare** oil gauge **-palm** oil palm **-plattform** oil rig **-producerande** oil-producing **-pump** oil pump **-rigg** oil rig **-sticka** dipstick **-ställ** set of oilskins **-tank** oil tank (cistern) **-tanker** oil tanker, oiler **-tryck 1** *konst.* oil printing, oleo-

graphy; *konkr.* oleograph **2** *tekn.* oil pressure **-utsläpp** oil slick (discharge) **-växt** oil-yielding plant, oil plant
oljig [ˣåll-] *a1* oily; *bildl. äv.* unctuous
oljud noise, din, racket; *föra ~* make a noise
olle *s2* (*tröja*) sweater
ollon [ˣållån] *s7* (*ek-*) acorn; (*bok-*) beechnut, (*koll.*) beech mast; *anat.* glans (*pl glandes*) **-borre** cockchafer

o|**logisk** illogical **-lovandes** [-å:-] without permission (leave) **-lovlig** forbidden; (*olaglig*) unlawful (*jakt* shooting; *ärende* errand); (*som sker i smyg*) illicit; *~ underrättelseverksamhet* illegal intelligence activities (*pl*) **-lust** (*obehag*) [feeling of] discomfort (uneasiness) (*över* at); (*missnöje*) dissatisfaction; (*obenägenhet*) disinclination, unwillingness, reluctance (*för* for; *för att* to) **-lustbetonad** unpleasant **-lustig** uncomfortable, ill at ease; unpleasant **-lustkänsla** feeling of discomfort (uneasiness)

olyck|**a** *s1* (*ofärd*) misfortune, ill fortune, bad luck; (*bedrövelse*) unhappiness; (*ont*) adversity; (*katastrof*) disaster, calamity; (*elände*) misery; (*-shändelse*) accident; (*missöde*) mishap; *till all ~* as ill luck would have it; *till råga på ~n* to make matters worse; *när ~n är framme* when things go wrong; *hon har råkat i ~* she has got into trouble; *det är ingen ~ skedd* there's no harm done; *en ~ kommer sällan ensam* it never rains but it pours **-lig 1** (*utsatt för ~a*) unfortunate, unlucky; (*misslyckad*) unsuccessful (*försök* attempt) **2** (*om människa, liv, tid, äktenskap e.d.*) unhappy; (*eländig*) miserable, wretched **-ligtvis** unfortunately, unhappily **-salig** [most] unhappy; (*friare*) fatal, disastrous, calamitous

olycks|**barn** *samhällets ~* (*ung.*) the failures of society, the down and outs **-bringande** *a4* ill-fated; (*ödesdiger*) fatal, disastrous **-broder** brother in misfortune **-bådande** *a4* ill-omened, ominous, sinister **-dag** unlucky day **-fall** accident; casualty; *~ i arbetet* industrial accident; *~ i hemmet* accident in the home **-fallsförsäkring** [personal] accident insurance; *AE.* casualty insurance **-fågel** *bildl., rara en ~* be born under an unlucky star **-händelse** accident; *råka ut för en ~* meet with an accident **-korp** *bildl.* croaker, Cassandra, *AE.* calamity-howler **-plats** scene of the accident **-risk** accident hazard, risk of accident **-tillbud** near-accident **-tillfälle** *vid ~t* at the [time of the] accident **-öde** unlucky fate

olyd|**ig** disobedient (*mot* to) **-nad** disobedience (*mot* to)

olymp|**iad** *s3* Olympiad **-ier** [oˈlymm-] Olympian **-isk** [oˈlymm-] *a5, O~a spelen* the Olympic Games

o|**låst** [-å:-] *a4* unlocked **-låt** noise, din **-lägenhet** inconvenience, nuisance; (*besvär*) trouble; (*svårighet*) difficulty; (*nackdel*) drawback; *det medför stora ~er för mig* it causes me great inconvenience; *sanitär ~* public nuisance **-läglig** inopportune, inconvenient; (*illa vald*) ill-timed; *om det inte är ~t för dig* if it is not inconvenient to you **-lämplig** unsuitable, unfit[ted], inappropriate; (*oläglig*) inconvenient; (*inkompetent*) unfit; *~ som bostad* unfit for habitation **-ländig** *a1* rough, rugged **-läslig** illegible (*handstil* handwriting) **-lönsam** unprofitable **-löslig** *kem. o. bildl.* insoluble **-löst** [-ö:-] *a4* (*i vätska*) undissolved; (*om problem o.d.*) unsolved

om [åmm] **I** *konj* **1** (*villkorlig*) if; ~ *du går följer jag med* if you go I will come with you; ~ *du bara vore här!* if only you were here!; *du bör ~ möjligt komma iväg före åtta* you should, if possible, leave before eight; ~ *vädret tillåter* (*äv.*) weather permitting; ~ *så är* if so, if that is the case; ~ *inget oförutsett inträffar* if nothing (unless something) unexpected happens; ~ *inte* if not, unless; ~ *inte han hade varit hade vi inte klarat det* but for him we should not have managed **2** *som* ~ as if; *även* ~, ~ *också* even though (if); *det skall bli färdigt* ~ *jag så skall göra det själv* it will be ready even if I have to do it myself; *det tycks som* ~ (*äv.*) it seems that; *som* ~ *det skulle vara så bra* as though that's any good **3** (*frågande*) if, whether; *de undrade* ~ *de fick komma* they wondered if they could come; *hade ni trevligt?* - *Om!* did you have a nice time? - Rather!, You bet! **4** ~ *vi skulle gå på bio?* what about going to the cinema? **II** *s* if; ~ *inte* ~ *hade varit* if ifs and ans were pots and pans; *efter många* ~ *och men* after a lot of shillyshallying **III** *prep* **1** (*omkring*) [a]round; about; *en snara* ~ *halsen* a snare round one's neck; *falla ngn* ~ *halsen* fall on a p.'s neck; *försvinna* ~ *hörnet* disappear round the corner; *hålla ngn* ~ *livet* hold s.b. by the waist **2** (*annan konstr.*) *vara kall* ~ *fötterna* have cold feet; *lätt* ~ *hjärtat* light at (of) heart; *tvätta sig* ~ *händerna* wash one's hands; *torka sig* ~ *munnen* wipe one's mouth; *ha mycket* ~ *sig* have a lot [of work] on one's hands; *låsa* ~ *sig* lock o.s. in; *vara* ~ *sig* look after number one, be a pusher **3** (*om läge*) of; *söder* ~ to the south of; *till vänster* ~ to the left of; *vid sidan* ~ *vägen* at the side of the road **4** *lova halvt* ~ *halvt* give a half-and-half promise; *par* ~ *par* two by two, in couples; *de ramlade* ~ *varandra* they tumbled over one another **5** (*om tid: under, inom*) in; ~ *dagen* (*dagarna*) in the daytime, during the day, by day; *långt* ~ *länge* at long last; ~ *lördagarna* on Saturdays; *vara ledig* ~ *lördagarna* have Saturdays off; ~ *lördag åtta dar* a week on Saturday; *vakna tidigt* ~ *mornarna* wake up early in the morning; ~ *natten* (*nätterna*) at (by) night, in the night; ~ *vintern* (*vintrarna*) in winter[time]; *två gånger* ~ *året* twice a year; *förr* ~ *åren* in former years; *året* ~ all the year round **6** (*angående*) about, of; (*över ett ämne*) on; (*beträffande*) as to; *berättelsen* (*drömmen*) ~ the story (dream) of; *fråga ngn* ~ ask s.b. about; *fråga ngn* ~ *vägen* ask s.b. the way; *förvissa sig* ~ make sure of; *boken handlar* ~ the book is about (deals with); *kännedom* ~ knowledge of; *slaget* ~ the battle of; *uppgift* ~ information about (on, as to); *en bok* (*föreläsning*) ~ a book (lecture) on; *vi var fem* ~ *lotten* five of us shared the lottery ticket; *de sade ingenting* ~ *när de skulle komma* they said nothing as to when they would come **7** (*efter adj.*) *se adjektivet* **8** (*vid begäran, tävlan*) for; *be* ~ *ursäkt* apologize; *begäran* (*önskan*) ~ request (wish) for; *förslaget* ~ the proposal for; *kämpa* ~ *segern* fight for victory; *spela* ~ *pengar* play for money; *tävlan* ~ competition for **9** (*innehållande, uppgående t.*) of; *ett*

brev ~ *fyra sidor* a letter of four pages; a four-page letter; *en säck* ~ *50 liter* a bag holding 50 litres; *en truppstyrka* ~ *500* man a force of 500 men **IV** *adv* **1** (*omkring*) round; *en ask med papper* ~ a box wrapped in paper (with paper round it); *binda ett snöre* ~ *ngt* tie a string round s.th.; *runt* ~ *i landet* all over the country; *röra* ~ *i gröten* stir the porridge **2** (*tillbaka*) back; *se sig* ~ look back; *vända* ~ turn back **3** (*förbi*) past; *gå* (*köra*) ~ *ngn* walk (drive) past s.b., overtake s.b. **4** (*på nytt*) [over] again; ~ *igen* over again, once more; ~ *och* ~ *igen* over and over again, time after time, time and again; *många gånger* ~ many times over; *göra* ~ make (do) again, remake, redo; *läsa* ~ *en bok* reread a book; *måla* ~ repaint; *se* ~ *en film* see a film again

o|maka *oböjl. a* odd; *bildl.* ill-matched; *en* ~ *handske* an odd glove; *skorna är* ~ the shoes are not a pair (do not match) **-manlig** unmanly; effeminate

om|arbeta remodel; rework; (*plan*) revise; alter; (*bok e.d.*) revise, rewrite; (*för film e.d.*) adapt **-arbetning** [-e:-] remodelling; reworking; revision, alteration; rewriting; adaptation **-bedja** *han* -*bads* (*blev* -*bedd*) *att* he was requested (asked, called upon) to **-besörja** see (attend) to, effect **-bilda** transform (convert, turn) (*till* into); (*t.ex. ministär*) reconstruct **-bonad** *a5* warm and cosy, snug

ombord [-'bɔːrd] on board (*på fartyget* the ship); *fritt* ~ free on board (*förk.* f.o.b.); *gå* ~ (*äv.*) embark; *föra* ~ *ship*, take on board **-läggning** [-'bɔːrd-] collision

ombryt|a *boktr.* make up [into pages]; -*brutet korrektur* page proof **-ning** making up, make-up

ombud representative; *hand. äv.* agent; (*enl. fullmakt*) proxy, authorized representative; *juridiskt* ~ solicitor, counsel, attorney, legal adviser **ombudsman** representative, commissioner; (*för bank, verk etc.*) solicitor; (*för bolag äv.*) company lawyer; (*för organisation etc.*) secretary; (*med offentligt uppdrag*) ombudsman, parliamentary commissioner

om|byggnad rebuilding; reconstruction; *huset är under* ~ the house is being rebuilt **-byte** change (*underkläder* of underwear); (*omväxling*) variety; ~ *förnöjer!* there's nothing like change! **-bytlig** [-y:-] *a1* changeable, variable; (*nyckfull*) inconstant, fickle; (*ostadig*) unsteady, unstable **-debatterad** *a5* much discussed (debated); *en* ~ *fråga* a controversial question **-dirigera** redirect, divert **-disponera** rearrange; redistribute

omdöme *s6* (-*sförmåga*) judg[e]ment; (*urskillning*) discrimination, discernment; (*åsikt*) opinion; *visa gott* ~ show sound judgment; *bilda sig ett* ~ *om* form an opinion of

omdömes|fråga [a] question of judgment (opinion) **-gill** [-j-] *a1* discerning; judicious **-lös** undiscerning, undiscriminating; injudicious

omed|elbar immediate; (*naturlig*) natural; (*spontan*) spontaneous **-elbart** *adv* immediately etc.; directly; at once, straight off; ~ *efter mottagandet av* immediately on receipt of **-görlig** unaccommodating; (*obeveklig*) unyielding; (*motspänstig*) intractable; (*envis*) unreasonable **-veten** unconscious (*om* of); (*instinktiv*) instinctive

omelẹtt *s3* omelette, *särsk. AE.* omelet
om|fatta 1 (*gripa om*) clasp, grasp; (*omsluta*) enclose, encircle **2** (*innefatta*) comprise, include; (*täcka*) cover, extend over; (*rymma*) contain; (*ansluta sig t.*) embrace (*en lära* a doctrine); ~ *ngn med sympati* extend sympathy to s.b., regard s.b. sympathetically (*-fattande* a4 extensive; comprehensive; (*utbredd*) widespread, far-reaching; (*stor*) big, great, large **-fattning** extent, scope, compass, range; *av betydande* ~ (*äv.*) of considerable proportions; *i allt större* ~ on an increasing scale, to an increasing extent; *i hela dess* ~ to the whole of its extent, (*i stor skala*) on a large scale **-flyttning** transposition; transfer, removal; *mat.* inversion **-forma** transform; *elektr.* convert
omfång *s7* extent; (*storlek*) size, bulk dimensions (*pl*); (*boktr., beräknat* ~) castoff; (*röst-*) range; *till* ~*et* in size (scope) **omfångsrik** extensive; (*voluminös*) voluminous; (*skrymmande*) bulky
om|fördelning redistribution, **gift** reindistried **giva** surround; ~ *ngt med en mur* (*ett staket*) (*äv.*) wall (fence) in s.th. **-givning** [-ji:v-] surroundings (*pl*); (*miljö*) environment; *han är en fara för sin* ~ he is a source of danger to those around him; *i stadens* ~*ar* (*äv.*) in the environs of the town **-gjord** remade; reconstructed **-gående I** a4 immediate, prompt; ~ *svar* (*äv.*) reply by return; *per* ~ by return [of post] **II** *adv* by return **-gång** *s2* **1** (*varv*) round, turn, spell **2** (*uppsättning*) set (*kläder* of clothes)
omhändertaga take charge of; *bli -tagen* (*av polis*) be taken in charge; *bli väl -tagen* be taken good care of
omild ungentle, harsh (*behandling* treatment); (*om klimat o.d.*) ungenial; (*om omdöme äv.*) severe
omintetgöra [åm'ʃinn-] (*gäcka*) frustrate; (*korsa*) thwart
omisstänksam unsuspicious, unsuspecting
om|kastning sudden change; (*av ordningen*) inversion; (*av bokstäver o.d.*) transposition; (*i vinden*) veer[ing]; *elektr. o. bildl.* reversal; *polit. o.d.* turnabout; (*i stämning*) veering round **-klädningsrum** changing-room **-komma** die; be killed; *de -komna* those who were killed (lost their lives), the victims **-koppla** *tekn.* switch over; commute **-kostnad** ~*er* costs, expenses, overheads; outlay, expenditure (*sg*) **-krets** circumference; *i* ~ in circumference, round; *inom en* ~ *av fem kilometer* within a radius of five kilometres
om|kring [åm'kriŋ] round; around; (*ungefär*) about (*trettio* thirty), some (*10 shilling* 10 shillings); at about (*klockan 7* seven); *springa* ~ *på gatorna* run about [in] the streets; *när allt kommer* ~ after all, all things considered; *vida* (*vitt*) ~ far and wide **-kull** (*falla* fall) down (over) **-körning** overtaking **-lasta** transship, reship; (*på järnväg*) shift, reload
omlopp *astr.* revolution, circuit; (*rörelse*) circulation; *sätta i* ~ *a*) (*pengar*) put into circulation, *b*) (*blodet*) set circulating; *ett rykte kom i* ~ a rumour started circulating
omlopps|bana *astr.* orbit **-tid** period of revolution; (*pengars*) circulation period; *data.* major cycle

om|lott wrapover **-läggning** (*drift-*) rearrangement, reorganization; (*skatte-*) revision; (*förändring*) change, alteration; (*trafik-*) diversion; ~ *till högertrafik* changeover (switch) to right-hand traffic **-möblering** refurnishing; *bildl.* reshuffle (*i regeringen* of the Cabinet) **-nämnande** *s6* mention
o|modern unmodern; out of date (fashion), outmoded; *bli* ~ go out of fashion **-mogen** unripe (*äv. bildl.*); *bildl. äv.* immature; (*grön*) green **-moral** (*brist på*) unmorality; (*osedlighet*) immorality **-moralisk** (*sedligt förkastlig*) unmoral; (*osedlig*) immoral
omorganis|ation reorganization **-era** reorganize; *AE. äv.* revamp
omotiverad a5 unwarranted; (*oberättigad*) unfounded; (*obefogad*) uncalled-for
om|placera put in other positions, rearrange; (*ämbetsman*) transfer; (*pengar*) reinvest **-pröva** reconsider; review (*äv. jur.*) **-ringa** *v1* surround; *mil. äv.* encircle
område *s6, eg.* territory; (*trakt*) district, area, region; (*gebit*) domain, sphere, department, province; (*gren*) branch; *han är expert på sitt* ~ he is an expert in his field
om|räkna se *räkna* [*om*]; (*valutor*) convert (*t. svenska kronor* into Swedish kronor) **-röstning** voting, vote; *parl. äv.* division; (*med röstsedlar*) ballot voting; *anställa* ~ put to the vote; *skrida till* ~ take a vote; *sluten* ~ secret ballot, ballot vote **-skaka** shake up; ~*s väl!* shake well before use! **-skakad** a5 shaken (*äv. bildl.*); *bildl. äv.* shocked **-skapa** transform (*till* into) **-skiftare** [-ʃ-] (*på skrivmaskin*) shift key **-skola** *v1* reeducate, retrain; rehabilitate; (*plantor*) transplant **-skriva 1** *mat.* circumscribe **2** (*återge med andra ord*) paraphrase **-skrivning 1** *mat.* circumscribing **2** (*återgivande med andra ord*) paraphrase, periphrasis, circumlocution; (*fonetisk* phonetic) transcription; ~ *med 'do'* a 'do'-periphrasis **3** (*omarbetning*) rewriting **-skära** circumcise
omslag *s7* **1** (*emballage*) wrapping, wrapper; (*bok-*) [dust (book)] jacket, cover **2** (*förändring*) change (*i vädret* in the weather), alteration **3** (*förband*) compress
omslags|bild cover picture (drawing, design) **-papper** wrapping (brown) paper
om|sluta (*omge*) surround, encompass; (*innesluta*) enclose **-sorg** care (*om* for, of); (*möda*) trouble, pains (*pl*); *lägga ner* ~ *på* take pains (trouble) with, bestow care upon; *slösa sina* ~*er på* lavish one's care and attention on **-sorgsfull** careful; (*grundlig*) thorough, painstaking; (*i klädsel*) neat; (*i detalj utarbetad*) elaborate (*utförande* workmanship) **-spel** *sport.* replay; playoff **-spänna** *bildl.* cover, extend (stretch, range) over; embrace, span (*stora områden* vast areas) **-stigning** change **-stridd** a5 contested, disputed, at issue; *en* ~ *fråga* a vexed (controversial) question **-stående** *oböjl. a*) *på* ~ *sida* overleaf **-ställbar** adjustable, convertible **-ställning** adjustment; (*t.ex. t. fredsförhållanden*) adaptation, changeover **-ständighet** circumstance; (*faktum*) fact; [*allt*]*efter* ~*erna* according

to the circumstances; *de närmare* ~*erna* further particulars (details), the immediate circumstances; *i knappa* ~*er* in reduced (straitened) circumstances; *under inga* ~*er* in (under) no circumstances; *under nuvarande* ~*er* (*äv.*) as it is, this being the case; *utan vidare* ~*er* without more ado (any further ceremony); *den* ~*en att jag har* [the fact of] my having; *befinna sig efter* ~*erna väl* be well considering [the circumstances] **-ständlig** *a1* circumstantial, detailed; (*långrandig*) long-winded, prolix **-störtande** *a4* subversive (*verksamhet* activity) **-susa** ~*s av västanfläktar* be fanned by zephyrs; ~*d av sägner* wreathed in legend

om|svep *s7* circumlocution[s *pl*], roundabout way[s *pl*]; *utan* ~ straight out, candidly; *komma med* ~ beat about the bush **-svängning** swing (veer) round; sudden change (alteration) **-svärma** flock (swarm) around; *en* ~ *flicka* a favourite with the boys **-sätta 1** (*växel o.d.*) renew, prolong **2** (*omvandla*) convert, transform (*i* into); ~ *sina planer i handling* put one's plans into action; ~ *i praktiken* put into practice; ~ *ngt i pengar* turn s.th. into cash **3** (*avyttra*) sell, market, turn over; *aktierna -sattes till* the shares changed hands at **-sättning 1** (*av växlar, lån*) renewal, prolongation **2** (*sammanlagt försäljningsvärde*) turnover, sales; (*allm. varuutbyte*) business [volume], trade; (*av arbetskraft*) turnover (*på lärare* of teachers); *börs.* transactions (*pl*), business **3** *boktr.* recomposition **-sättningsskatt** purchase (*AE.* sales) tax **-tagning** repetition; *mus.* repeat; *foto.* retake **-tala 1** (*-nämna*) mention **2** (*berätta*) tell (*ngt för ngn* s.b. s.th., *s.th.* to s.b.) **-tanke** (*-tänksamhet*) consideration (*om* for); (*-sorg*) solicitude (*om* for) **-tumlad** *a5* giddy; dizzy **-tvistad** *a5* disputed; *en* ~ *fråga* a matter of dispute (at issue), a moot question **-tyckt** *a4* popular, liked; *illa* ~ disliked, unpopular **-tänksam** *a1* considerate (*om* for, of; *mot* towards), thoughtful (*om, mot* for, of); (*försiktig*) prudent **-tänksamhet** considerateness *etc.* **-töckna** darken; (*genom alkohol o.d.*) daze, muddle, fuddle; ~*t tillstånd* state of confusion, daze

o|musikalisk unmusical **-mutlig** [-u:-] *a1* unbribable; incorruptible; (*friare*) inflexible, uncompromising

om|val *s7* re-election **-vandla** transform, convert, change (*till* into) **-vandling** transformation, conversion, change **-vittna** give evidence of; (*betyga*) testify **-vårdnad** care; *ha* ~ *om* be in (have) charge of **-väg** roundabout (circuitous) way (*äv. bildl.*); *ta en* ~ make a detour; *en stor* ~ (*äv.*) a long way round; *få veta på* ~*ar* get to know in a roundabout way (indirectly) **-välja** re-elect **-välvande** *a4* revolutionary **-välvning** revolution, upheaval **-vänd** *a5* **1** reversed, turned round (upside down, inside out); (*motsatt*) reverse, opposite; *mat.* inverse; ~ *ordning* reverse order; *förhållandet är det rakt* ~*a* the case is exactly the reverse (opposite); *han var som en* ~ *hand* he was a changed man **2** *relig.* converted; *en* ~ a convert **-vända** *relig.* convert; ~ *sig* be converted **-vändelse** conversion **-vänt** inversely; *och* ~ and vice versa **-värdera** revalue, reassess **-värdering** revaluation **-värld** ~*en* the

world around [one *etc.*] **-värva** *v2* envelop; encompass; *vara -värvd av* be enveloped in (*rök* smoke), be encompassed by (*fiender* enemies) **-växlande I** *a4* alternating; alternate; varying (*lycka* fortune); varied (*program* programme); (*olikartad*) diversified **II** *adv* alternatingly *etc.*; (*turvis*) by turns **-växling** alternation; (*förändring*) change; (*olikhet*) variety; (*motsats enformighet*) variation; *som* ~ for a change; *för* ~*s skull* for the sake of variety

omyndig under (not of) age; *en* ~ a minor **-het** (*minderårighet*) minority; (*fastslagen av domstol*) legal incapacity **-hetsförklaring** declaration of [legal] incapacity

o|målad *a5* unpainted **-måttlig** immoderate; (*om pris, krav äv.*) exorbitant; (*överdriven*) excessive; (*om fåfänga*) inordinate **-mänsklig** inhuman; (*mildare*) inhumane; (*barbarisk*) barbarous **-mänsklighet** inhumanity; barbarity **-märklig** imperceptible; (*osynlig*) indiscernible **-mätbar** *a1*, **-mätlig** [ˣo:-, -ˈmä:t-] *a1* immeasurable; (*gränslös*) boundless **-mättad** *kem.* unsaturated **-mättlig** *a1* insatiable **-möblerad** *a5* unfurnished

omöjl|ig [ˣo:-, -ˈmöjj-] impossible; (*ogörlig*) unfeasible, impracticable; *han är* ~ *att komma åt* there's no getting at him; *göra sig* ~ make o.s. impossible **-ighet** impossibility **-igt** *adv, jag kan* ~ I cannot possibly

onanera masturbate **onanj** *s3* masturbation, onanism

onaturlig unnatural; (*tillgjord*) affected; (*abnorm*) abnormal

ond *ont värre värst el. a1* (*i bet. 2*) **1** (*illvillig*) evil; (*elak*) wicked; (*dålig*) bad (*dröm* dream; *samvete* conscience); ~ *aning* misgiving; *i* ~ *avsikt* with evil intent[ion]; ~ *cirkel* vicious circle; *aldrig säga ett ont ord* never say an ill (unkind) word; *väcka ont blod* create ill feeling **2** (*förargad*) angry, vexed, annoyed, cross (*på* with; *över* at; *över att* that); *AE. äv.* mad (*på* at; *över* about); *bli* ~ get angry (*etc.*) **3** (*som gör ont*) sore (*ben* leg); ~ *tand* aching tooth **4** *det onda a*) (*t.ex. som ngn gjort*) the evil, *b*) (*sjukdomen*) the malady (complaint), *c*) (*smärtorna*) the pain[s *pl*], the ache; *ta det* ~*a med det goda* take the good with the bad; *den* ~*e* the Evil One **5** *vara av* ~*o* be of evil; *fräls oss från* ~*o!* deliver us from evil! **-göra** *rfl* take offence (*över* at); ~ *sig över att* (*äv.*) take it amiss that **-sint** *a1* (*argsint*) ill-tempered; (*illvillig*) malevolent

ondska *s1* evil; (*sedefördärv*) wickedness; (*elakhet*) malice, malignity

o|nekligen undeniably, without doubt; (*obestridligen*) indisputably **-njutbar** unenjoyable; (*oaptitlig*) unpalatable **-normal** abnormal

onsdag [ˈons-] *s2* Wednesday; *jfr fredag*

ont *n* **1** evil; (*skada*) harm; (*smärtor*) pain, ache; *ett nödvändigt* ~ a necessary evil; *på gott och* ~ that cuts both ways; *intet* ~ *anande* unsuspecting; *göra* ~ (*orsaka smärta*) give pain; *det gör mig* ~ *att* it grieves me that; *det gör mig* ~ *om honom* I feel so sorry for him; *det gör* ~ *när du nyps* it hurts when you pinch; *ha* ~ *i huvudet* (*magen*) have a headache (stomachache); *ha* ~ *i sinnet* have evil designs; *jag har* ~ *i ryggen* I have a pain in my back, my back aches (hurts); *jag har inget* ~ *gjort* I have done no wrong (*skada*: harm); *vad har jag gjort dig för* ~? what harm have I done you?; *vi hade inget* ~ *av* we were not disturbed (troubled) by (*oväsendet* the noise); *det ligger ingenting* ~ *i det* there is nothing wrong (no harm) in that; *löna* ~ *med gott* return good for evil; *jag ser inget* ~ *i det* there is no wrong (harm) in that; *slita* ~ have a rough time of it; *tro ngn om* ~ believe the worst of s.b.; *det är inte ngt* ~ *i honom* there's no harm in him; *inget* ~ *som inte har ngt gott med sig* it's an ill wind that blows nobody any good **2** *ha* ~ *om* be short of; *ha* ~ *om pengar* be hard up [for money]; *ha* ~ *om tid* be pressed for time; *det är* ~ *om kaffe* coffee is scarce, there is a shortage of coffee; *det börjar bli* ~ *om kaffe* coffee is running short

o|**numrerad** *a5* unnumbered; unreserved **-nyanserad** without nuances; (*friare*) undifferentiated; *bildl.* oversimplified, superficial **-nykter** drunk[en], intoxicated **-nyttig** useless, of no use; unprofitable, futile

onåd disgrace; disfavour; (*misshag*) displeasure; *komma i* ~ *hos ngn* fall out of favour with s.b., get into a p.'s bad books **-ig** ungracious; (*ogynnsam*) unfavourable

o|**nämnbar** *a1* unmentionable **-nödan** *i uttr.: i* ~ unnecessarily **-nödig** unnecessary; needless **-nödigtvis** unnecessarily; needlessly **-ombedd** [ˣoːåm-] *a5* unasked; uninvited **-ordentlig** (om pers.) careless, (vårdslös) slovenly, (*i klädsel*) untidy; (*om sak*) disorderly, (*ostädad*) untidy **-ordnad** disordered; (*om förhållanden o.d.*) unsettled **-ordning** [state of] disorder; (*röra*) mess, muddle; (*förvirring*) confusion; *bringa i* ~ throw into confusion, get into a mess **-organiserad** [ˣoːår-] *a5* unorganized; (*klandrande*) ~ *arbetare* nonunionist

opal *s3, miner.* opal

o|**partisk** impartial, unbias[s]ed, unprejudiced; *polit.* nonparty **-passande** (*otillbörlig*) unbecoming; (*ej på sin plats*) improper, indecorous; (*anstötlig*) objectionable **-passlig** *a1* indisposed; *vard.* out of sorts, under the weather

opera [ˈoː-] *s1* opera; (*-hus*) opera house **-ballett** opera ballet **-musik** opera music **-sångare, sångerska** opera singer

operation operation (*äv. mil.*)

operations|bord operating table **-sal** operation theatre **-sköterska** theatre nurse

opera|tiv *a1* operative **-tris** [woman, girl] operator **-tör 1** (*kirurg*) operating surgeon **2** (*maskin-*) operator

operera 1 *mil. o. allm.* operate **2** *med.* operate (*ngn för magsår* on s.b. for gastric ulcer); carry out an operation; *bli* ~*d* be operated on; *cancer kan inte alltid* ~*s* it is not always possible to operate for cancer; ~ *bort* remove, have removed by an operation

operett *s3* musical comedy; light opera, operetta

opersonlig impersonal

opinion *s3* opinion; *den allmänna* ~*en* public opinion; *skapa en* ~ *för* rouse public opinion in favour of

opinions|bildare moulder (creator) of public opinion **-bildning** moulding of public opinion

-undersökning public opinion survey, [opinion] poll **-yttring** expression of opinion; manifestation, demonstration

opium [ˈoː-] *s4* opium **-vallmo** opium poppy

o|**placerad** *a5, sport.* unplaced **-plockad** [-å-] *a5, ha en gås* ~ *med ngn* have a crow to pluck with s.b. **-polerad** *a5* unpolished; *bildl. äv.* unrefined, rough **-politisk** unpolitical, nonpolitical; (*oklok*) impolitic

oppon|**ent** [-å-] *a1* opponent **-era** object (*mot* to); oppose; ~ *sig* make (raise) objections (*mot* to); ~ *sig mot* (*äv.*) object to, oppose

opportun [å-] *a1* opportune, timely; (*lämplig*) expedient **-ist** opportunist, timeserver **-istisk** [-ˈniss-] *a5* opportunist

opposition [-å-] opposition **-ell** *a1* oppositional (*mot* towards)

oppositions|ledare leader of the opposition **-lysten** oppositional; dissentious **-parti** opposition party; ~*et* (*äv.*) the Opposition

o|**praktisk** unpractical; *AE.* impractical **-pretentiös** unpretentious **-proportionerlig** disproportionate; *vara* ~ (*äv.*) be out of [all] proportion **-psykologisk** unpsychological

optik [å-] *s3* optics (*pl, behandlas som sg*) **optiker** [ˈåpp-] optician

optim|al [å-] *a1* optimum **-era** optimize **-ism** optimism; *försiktig* ~ guarded optimism **-ist** optimist **-istisk** [-ˈmiss-] *a5* optimistic **-istjolle** optimist pram

optimum [ˈåpp-] *best. f. optimum, äv. optimet* optimum

option [åpˈʃoːn] option

optisk [ˈåpp-] *a5* optical; (*om t.ex. axel, vinkel äv.*) optic; ~ *villa* optical illusion

opus [ˈoː-] *s7, pl äv. opera* work, production; *mus.* opus, composition

o|**putsad** *a5* unpolished; (*om fönster*) uncleaned **-påkallad** *a5* uncalled for **-pålitlig** unreliable; untrustworthy, not to be depended upon; (*farlig*) unsafe **-påverkad** *a5* unaffected, uninfluenced **-raffinerad** unrefined, crude **-rakad** *a5* unshaved, unshaven

orakel [-ˈraː-] *s7, s4* oracle **-mässig** *a1* oracular

orange [oˈranʃ, -ˈranʃ] **I** *s5* orange **II** *a4* orange

orangutang [oraŋguˈtaŋ, oraŋu-] orang-utan, orang-outang

oransonerad *a5* unrationed

oratorium [-ˈtoː-] *s4* oratorio

ord [oːrd] *s7* word; ~ *för* ~ word for word, verbatim; *ett sanningens* ~ a home truth; ~*et är fritt* (*vid möte e.d.*) the meeting is open for discussion; *det ena* ~*et gav det andra* one word led to another; *det är* ~ *och avsked med honom* he is a plain-speaking man; ~ *och inga visor* plain speaking, no beating about the bush; *använda fula* ~ use bad language; *begära* ~*et* request permission to speak; *bryta (hålla) sitt* ~ break (keep) one's word; *få* ~*et* (*äv.*) get the floor; *få ett* ~ *med i laget* get a voice in the matter; *få sista* ~*et* have the last word; *ge sitt* ~ *på att* give one's word that; *ha* ~ *om sig att vara* have the reputation of being; ... *har* ~*et* ... is speaking; *ha* ~*et i sin makt* never be at a loss for words; *i* ~ *och gärningar* in word and deed; *vara stor i* ~*en* talk big; *lägga ett gott* ~ *för ngn* put in a good word

(letter O tab)

for s.b.; *med andra* ~ in other words, *med egna* ~ in one's own words; *med ett* ~ [*sagt*] in a word, briefly; *märka* ~ catch at words, quibble; *du sa ett* ~*!* you are right there!; *inte skräda* ~*en* not mince matters; *stå vid sitt* ~ stick to one's word; *ta ngn på* ~*en* take s.b. at his word; *ta till* ~*a* begin to speak; *tala några* ~ *med ngn* have a word with s.b.; *tro ngn på hans* ~ believe a p.'s word; *du måste tro mig på mitt* ~ you must take my word for it; *vi visste inte* ~*et av förrän* before we knew where we were; *innan man visste* ~*et av* before you could say Jack Robinson; *välja sina* ~ choose one's words; *överlämna* ~*et åt* call upon s.b. to speak

orda|grann literal; word for word **-lag** *pl* words, terms; *i väl valda* ~ in appropriate (well-chosen) terms (phrases) **-lydelse** wording, text

ord|behandling word processing **-blind** word-blind **-bok** dictionary **-boksförfattare** lexicographer, dictionary compiler **-byte** dispute, altercation

orden ['å:r-] *best. f. orden, pl ordnar* order; *få en* ~ have an order conferred upon one

ordens|band ribbon of an order **-sällskap** order [fraternity] **-tecken** badge of an order

ordent|lig [år'dent-] *a1* (*noggrann*) careful, accurate (*med* about, as to); (*ordningsam*) well-behaved, well-conducted, orderly (*ung man* young man); (*proper, städad*) tidy, neat; (*riktig*) proper, regular, real, decent; (*rejäl*) thorough, downright, sound (*avbasning* thrashing); *ett* ~*t mål mat* (*äv.*) a square meal **-lighet** carefulness *etc.*; orderliness *etc.*; regularity *etc.* **-ligt** *adv* in a careful (*etc.*) way; properly; thoroughly; *sova ut* ~ sleep one's fill

order ['å:r-] order (*om, på* for) (*äv. hand.*); (*uppdrag*) commission; (*instruktion*) instructions (*pl*); *mil.* order, command; *ge* ~ *om* (*äv.*) order; *lyda* ~ obey orders; *på* ~ *av* by order of; *i* ~ on order; *närmare* ~ further instructions; *betala till herr A. eller* ~ pay [to] Mr. A. or order **-erkännande** acknowledgement of order, confirmation of an order **-givning** [-ji:v-] *mil.* issuing of orders (an order); *flyg.* briefing

ord|fattig (*om språk*) with a small vocabulary **-följd** word order

ordförande *s9* (*i förening o.d.*) president; (*vid möte*) chairman (*vid* at, of); *sitta som* ~ act as chairman, be in the chair, preside **-klubba** chairman's gavel **-skap** *s7* presidency; chairmanship; *under* ~ *av* under the presidency (*etc.*) of

ord|förklaring explanation of words (a word); ~*ar* (*äv.*) explanatory notes, glossary **-förråd** vocabulary

ordinarie [-'na:-] *oböjl. a* ordinary; (*regelmässig*) regular; (*om tjänst*) permanent; (*fast anställd*) on the permanent staff, (*inom förvaltn.*) established; *icke* (*extra*) ~ unestablished; ~ *professor* full professor; ~ *priser* usual (normal) prices

ordin|ation 1 *med.* prescription **2** (*prästvigning*) ordination **-era 1** *med.* prescribe **2** (*prästviga*) ordain

ordinär *a1* ordinary; common, average

ord|klass part of speech **-knapp** of few words, sparing of words; taciturn **-lek** pun **-lista** list of

words, glossary, vocabulary (*över* of)

ordn|a [*^*å:rd-] arrange; *AE. äv.* fix; (*bringa -ing i*) put in order, tidy [up]; adjust (*sin klädsel* one's dress); (*affärer o.d.*) settle; (*reda ut*) get into order; (*reglera*) regulate, order; (*sortera*) sort; ~ *efter storlek* arrange according to size; ~ *med* arrange [for], provide for, attend to; ~ *upp* settle, put to rights; ~ *sig* arrange itself; *det* ~*r sig nog* things will sort themselves out, it will come out all right **-ad** *a5* arranged *etc.*; settled; *ordnat arbete* regular work; ~*e förhållanden* settled conditions

ordning 1 order; (*ordentlighet*) orderliness, tidiness; (*metod*) method, plan; (*föreskrift*) regulations (*pl*); *i god* ~ in an orderly manner; *för* ~*ens skull* as a matter of form, just in case; *den allmänna* ~*en* law and order; *få* ~ *på ngt* get s.th. straight; *hålla* ~ *i* keep in good order; *hålla* ~ *på* keep in order; *i* ~ in order, (*färdig*) ready, all set ; *alldeles i sin* ~ quite right (in order); *i vederbörlig* ~ in due course; *göra i* ~ get ready, prepare; *göra sig i* ~ get ready (*till* for); *höra till* ~*en för dagen* be quite in the regular course of things; *kalla till* ~*en* call to order; *återgå till* ~*en* return to the normal [state of things] **2** (*följd*) course, order; *alfabetisk* ~ alphabetical order; *i tur och* ~ in turn; *den tredje i* ~*en* the third **3** *naturv.* order; *stjärna av första* ~*en* star of the first magnitude **4** (*typ, figur*) specimen

ordnings|betyg order mark **-fråga** point of order **-följd** order, succession, sequence **-makt** police; constabulary **-man** *skol.* monitor; prefect **-människa** man (*etc.*) of method **-nummer** serial number **-polis** uniformed (*i storstad:* metropolitan) police **-sinne** sense of order (method) **-stadga** regulations (*pl*) **-tal** ordinal [number] **-vakt** watchman, patrol; doorkeeper; *jfr -man*

ordonnans [årdå'nans, -'naŋs] *s3* orderly; (*motorcykel-*) dispatch rider

ord|rik (*om språk*) with a large vocabulary; (*om pers.*) verbose, wordy **-slut** word-ending **-språk** proverb **-språksbok** *O*~*en* [the Book of] Proverbs **-stam** word-stem **-stäv** *s7* saying **-val** choice of words **-vändning** phrase **-växling** altercation

o|realistisk unrealistic **-reda** disorder; (*förvirring*) [state of] confusion; (*röra*) muddle, mess; *bringa* ~ *i* throw into disorder, get into a muddle (mess); *ställa till* ~ cause confusion **-redig** confused; (*om framställning o.d.*) entangled, muddled; (*virrig*) muddleheaded; (*oklar*) vague **-redlig** dishonest

oregano [o're:-, -'ga:-] *s5* oregano, origanum

o|regelbunden irregular; anomalous **-regelbundenhet** irregularity; anomaly **-regerlig** [-je:r-] *a1* unmanageable; *bli* ~ (*äv.*) get out of hand **-registrerad** [-j-] *a5* unregistered **-reglerad** *a5* unregulated

oren unclean; (*starkare*) filthy; (*förorenad*) impure (*äv. mus.*); *mus. äv.* false; (*grådaskig*) muddy; (*syndfull*) unchaste **orena** pollute **orenhet** impurity **orenlig** uncleanly **orenlighet** uncleanliness; *konkr.* dirt, filth

o|reserverad unreserved; unqualified (*beundran* admiration) **-resonlig** unreasonable;

(halsstarrig) stubborn, obstinate

organ [å-] *s7* organ *(för* of); *(redskap)* instrument; *(institution e.d.)* institution, body; authority

organis|ation [å-] organization; *facklig* ~ trade union (organization) **-ationsförmåga** organizing ability **-atorisk** [-'to:-] *a5* organizing, organizational **-atör** organizer **-era** organize

organ|isk [-'ga:-] *a5* organic **-ism** *s3* organism

organist [å-] organist, organ player

orgasm [å-] *s3* orgasm

orgel [ˣårjel] *s2* organ **-konsert** organ recital

orgie ['årgie, 'årjie] *s5* orgy; *(dryckes- äv.)* revel, carousal; ~*r (äv.)* revelry *(sg)*, excesses; *en* ~ *av färger* a riot of colour

orient|al [å-] **I** *s3* Oriental **II** *a1* Oriental; Eastern **-isk** *a5* oriental; *(om matta äv.)* Turkish, Persian

Orienten [åri'enn-] *best. f., r* the Orient; *Främre* ~ the [Near and] Middle East

orient|era [å-] **1** *(inrikta)* orient[ate] **2** *(underrätta)* inform, brief **3** *sport.* orienteer **4** *rfl (in reda på vad man är)* orient[ate] o.s., get one's bearings; *(göra sig bekant med)* inform o.s. *(i, om* about), acquaint o.s. *(i* with) **-erad** *a5 (inriktad)* oriented *(i norr o. söder* north and south); *polit.* sympathetic *(mot* to); *(informerad)* informed *(i, om* about), familiar *(i* with) **-erare** *sport.* orienteer **-ering 1** *(inriktning)* orientation *(mot* towards), location; *(tendens)* trend, tendency **2** *(införande)* introduction, information; *(översikt)* survey **3** *sport.* orienteering

orienterings|tavla *(vägvisande)* advance direction sign **-tavling** orienteering race **-ämne** general subject

origin|al [år[i]gi'na:l, -ji-] *s7* original, *pers.* eccentric [person], character; *boktr.* camera-ready copy, mechanical **-ell** [år[i]gi'nell, -ji-] *a1* original; *(säregen)* eccentric, odd, peculiar

origo [-'ri:-] *s9, mat.* origin; *i* ~ at the origin

o|riktig incorrect, erroneous, wrong **-riktighet** incorrectness, error **-rimlig** preposterous, absurd; *(obillig)* unreasonable; *det* ~*a i* the absurdity of; *begära det* ~*a* demand the impossible **-rimlighet** preposterousness; absurdity

ork [å-] *s3* energy, strength, stamina **orka** [ˣårr-] have the strength (power) *(ngt* for (to do) s.th.); *jag* ~*r inte mer a)* I cannot go on any longer, I am exhausted, *b) (äta mer)* I cannot eat any more; *jag* ~*r inte höra på dig längre* I can't listen to you any longer; *allt vad man* ~*r a) (arbeta* work) one's hardest, *b) (skrika* shout) as loud as one can, at the top of one's voice, *c) (springa* run) as fast as one can, at the top of one's speed

orkan [å-] *s3* hurricane

orkeslös [ˣårr-] infirm; *(kraftlös)* effete, enfeebled; *(svag)* feeble

orkester [å-,-;kest-] *s2* orchestra; *(dans-)* band **-musik** orchestral music

orkestr|al [å-] *a1* orchestral **-era** orchestrate

orkidé [årki-, -çi-] *s3* orchid

orm *s2* snake; *bibl. o. bildl.* serpent **orma** *rfl (ringla)* wind *(fram* along); *(om pers.)* crawl *(fram* along)

orm|bett snakebite **-bunke** *s2* fern **-grop** snake pit **-människa** contortionist **-serum** antivenin **-skinn** *(material)* snakeskin; *(urkrupet)* slough

-slå *s5* slowworm, blindworm **-tjusare** [-ç-] snake charmer

ornament *s7* ornament **-ering** ornamentation

ornat official vestments *(pl)*; *(ämbetsmans)* robes *(pl)* of office; *i full* ~ in full canonicals *(om biskop:* pontificals) *(pl)*

ornitolog ornithologist **-isk** [-'lå:-] *a5* ornithological

oro *s9* **1** [state of] agitation; unrest, restlessness; *(sinnesrörelse)* uneasiness, perturbation; *(farhåga)* anxiety, concern, *(starkare)* alarm; *(nervositet)* nervousness, fidgets *(pl)*; *hysa* ~ *för* feel concern for, be anxious about; *känna* ~ *i kroppen* feel restless all over, *vard.* have the fidgets **2** *(i ur)* balance wheel **oroa** *(störa)* disturb, trouble, bother; ~ *sig* worry *(för, över* about)

oroande *a4* disturbing, disquieting

orolig *a1* **1** *(rastlös)* restless; *(upprörd o.d.)* agitated, disturbed; troubled *(sömn* sleep); ~*a tider* unsettled *(till* for); *tider* **1** *(ångslig)* anxious, uneasy, worried, *(starkare)* alarmed; *(bekymrad)* concerned; *vara* ~ *över (äv.)* worry about; *du behöver inte vara* ~*!* you needn't worry! **-het** ~*er* disturbances, troubles, unrest *(sg)*

oros|ande restless person, rolling stone **-element** disturbing element **-härd** trouble spot **-moln** storm cloud **-stiftare** disturber of the peace, troublemaker; *polit.* agitator

oroväckande *a4* alarming, disquieting

orr|e [ˣårre] *s2, zool.* black grouse; *(ihopp)* blackie, k. **-höna** greyhen

orsak [ˣo:r-] *s3 (grund)* cause *(till* of); *(skäl)* reason *(till* for); ~ *och verkan* cause and effect; *av den* ~*en* for that reason; *ingen* ~*!* don't mention it!, not at all!, *AE.* you're welcome! **orsaka** cause; occasion **orsakssammanhang** causal connection

ort [o:rt] *s3* **1** place; *(trakt)* locality, district; *på* ~ *och ställe* on the spot; *på högre* ~ in higher quarters; *på högsta* ~ at top level **2** *(gruv.)* gallery, heading **-namn** place name

ortodox [-'dåkks] *a2* orthodox

ortoped *s3* orthopaedist, orthopaedic surgeon **-isk** [-'pe:-] *a5* orthopaedic

ortsbefolkning ~*en* the local population (inhabitants)

o|rubblig *a1* immovable; *bildl.* unshakeable, imperturbable *(lugn* composure); *(fast)* firm, steadfast **-rutinerad** inexperienced; unskilled **-råd** *s7, ana* ~ take alarm, *vard.* smell a rat; *utan att ana* ~ unsuspectingly; *ta sig det* ~*et före att* take it into one's head to **-rädd** fearless; *(djärv)* intrepid, daring **-räknelig** [ˣo:-, -'rä:k-] *a1* innumerable, countless, numberless

orätt I *s3* wrong, injustice; *med rätt eller* ~ rightly or wrongly; *göra ngn* ~ wrong s.b., do s.b. an injustice; *ha* ~ be in the wrong **II** *a4* wrong; *komma i* ~*a händer* fall into the wrong hands **-färdig** unjust; unrighteous, iniquitous **-mätig** unlawful, wrongful, illegitimate **-rådig** unrighteous, iniquitous **-vis** unjust *(mot* to, towards); unfair *(mot* to) **-visa** injustice; *(oförrätt)* wrong; *de -visor som begåtts* the injustices (the wrongs) of the past

orör|d untouched; intact; *(ej flyttad)* unmoved; ~ *natur* unspoiled countryside **-lig** immovable; *(stå* stand) motionless; (*om ansikte, trupper*) immobile; (*fast*) fixed, stationary

os *s7* smell [of smoke]; fumes (*pl*) **osa** smell; *det ~r* there's a smell of smoke; *det ~r bränt* (*äv.*) the fat's in the fire; *~ ihjäl* suffocate by smoke

o.s.a. (*förk. för om svar anhålles*) R.S.V.P., *se under anhålla*

o|**saklig** irrelevant; not objective **-salig** (*fördömd*) unredeemed, damned; *en ~ ande* a lost soul **-saltad** *a5* unsalted; fresh (*smör butter*) **-sammanhängande** disconnected; (*lösryckt*) disjointed; (*förvirrad*) incoherent **-sams** (*jfr oense*) *bli ~* quarrel (*med* with); *bli ~ med ngn* (*äv.*) fall out (get at loggerheads) with s.b. **-sann** untrue **-sanning** untruth, lie; *fara med ~* be untruthful, tell untruths; *tala ~* tell lies (a lie), not speak the truth **-sannolik** improbable, unlikely; *det är ~t att han* he is unlikely to **-sedvanlig** not customary; unusual, uncommon

osis ['ʊ:-] *s3, vard.* bad luck

o|**självisk** unselfish **-självständig** dependent on others; (*om produkt*) imitative, unoriginal **-skad[a]d** *a5* unhurt, uninjured; (*om sak äv.*) undamaged; (*om pers. äv.*) safe and sound **-skadlig** harmless; innocuous (*botemedel* remedy) **-skadliggöra** render harmless (*etc.*); (*gift e.d.*) neutralize; (*kanon o.d.*) put out of action; (*bomb o.d.*) disarm **-skarp** (*slö*) blunt; (*suddig*) blurred, unsharp **-skick** [ˣʊ:ʃikk] *s7* (*dåligt uppförande*) bad behaviour, misconduct; (*oart*) bad habit; *det är ett ~* it is obnoxious **-skicklig** unskillful; (*fumlig*) awkward, clumsy **-skiljaktig, -skiljbar** *a1* inseparable **-skolad** *a4* untrained; untutored **-skriven** *a5* unwritten (*lag* law); (*som inget skrivits på*) blank (*äv. bildl.*); *han är ett -skrivet blad* he is an unknown quantity **oskuld** *s3* **1** innocence; (*jungfrulighet*) virginity **2** (*orörd flicka*) virgin; innocent; *en ~ från landet* a country cousin **oskuldsfull** innocent; pure

o|**skummad** *a5, ~ mjölk* whole milk **-skyddad** [ˣʊ:ʃyd-] *a5* unprotected (*mot* against, from); (*om läge o.d.*) unsheltered; (*försvarslös*) open **-skyldig** innocent; not guilty (*till* of); (*ej stötande*) inoffensive, harmless; *förklara ngn ~* (*jur.*) find s.b. not guilty **-skälig 1** (*orimlig*) unreasonable; excessive, exorbitant **2** (*förnuftslös*) dumb; *~t djur* dumb animal, brute **-slagbar** [-a:g-] *a1, sport.* (*om pers.*) undefeatable; (*om rekord*) unbeatable **-slipad** (*om verktyg*) unground; (*om glas äv.*) uncut; (*om kniv*) dull; (*om ädelsten*) rough, uncut; *bildl.* unpolished **-smaklig** unsavoury (*äv. bildl.*); (*obehaglig*) distasteful, disgusting (*äv. bildl.*) **-smidig** unsupple; *bildl.* inelastic; clumsy; (*om pers.*) unadaptable, gauche **-sminkad** *a5* unpainted; *bildl.* unvarnished, plain (*sanning* truth)

osmotisk [-'må:-] *a5* osmotic; *~t tryck* osmotic pressure

o|**smält** *a4* (*om föda o. bildl.*) undigested **-solidarisk** disloyal **-sorterad** un[as]sorted **-spard** [-a:-] *a5, ha all möda ~* spare no pains **-specificerad** *a5* unspecified **-sportslig** unsportsmanlike, unsporting

oss [åss] *us*; *rfl* ourselves; *~ alla* (*andra*) all (the rest) of us; *~ själva* ourselves

1 ost *s2* cheese; *helfet* (*mager*) *~* high-fat (low-

fat) cheese; *få betalt för gammal ~* get paid out; *en lyckans ~* a lucky beggar

2 ost I *s2* (*väderstreck*) east, East **II** *adv* east; East; *jfr nord*

ostadig unsteady, unstable; (*om väder o.d.*) unsettled, variable; *börs.* unsettled, fluctuating; *bildl.* unstable, volatile

ostan I *r* [the, an] east wind, easterly [wind] **II** *adv* easterly; *jfr nord*

ost|bricka cheeseboard **-hyvel** cheese slicer (cutter)

Ostindien *n* the East Indies (*pl*) **ostindisk** East Indian; *~t porslin* old Chinese porcelain

ost|kaka curd cake **-kupa** cheese-dish cover **-kust** *~en* the east coast **-lig** *a1* east[erly]; *jfr nordlig*

ostraffad *a5* unpunished; *vara ~* have no police-record

ostron [-ån] *s7* oyster

ostruken *a3* **1** (*om kläder*) unironed **2** *mus., -strukna oktaven* the small octave

ostskiva slice of cheese

ostvart eastward[s]

o|**styrig** *a1* unruly; (*oregerlig*) unmanageable **-stämd** *a1* out of tune **-stämplad** *a5* unstamped; (*om frimärke*) uncancelled; (*om guld, silver*) not hallmarked **-störd** [-ö:-] *a1* undisturbed, untroubled; *i ~ ro* in unbroken peace **-sund** unhealthy, insanitary; *bildl. äv.* unwholesome, unsound; *~a affärsmetoder* unfair business methods

osv. (*förk. för och så vidare*) *se under och*

o|**sviklig** unerring (*precision* accuracy); unfailing (*punktlighet* punctuality); infallible (*botemedel* remedy) **-svuren** *a5, -svuret är bäst* better not swear to it **-sympatisk** unattractive, disagreeable; distasteful **-synlig** invisible; *göra sig ~* (*försvinna*) make o.s. scarce **-syrad** *a5* unleavened (*bröd* bread) **-systematisk** unsystematic; (*friare*) unmethodical **-särbar** invulnerable **-säker** uncertain, not sure (*om* about; *på* of); (*ostadig*) unsteady, shaky (*hand* hand), faltering (*röst* voice); (*otrygg*) unsure, insecure; (*vansklig*) precarious, risky (*situation* situation); (*tvivelaktig*) doubtful; *vara ~ på sig själv* be unsure of o.s.; *-säkra fordringar* bad (doubtful) debts **-säkerhet** uncertainty; unsteadiness *etc.*; insecurity **-säkra** (*vapen*) cock **-säljbar** unsaleable, unmarketable **-sällskaplig** unsociable **-sänkbar** *a1* unsinkable **-sökt** unsought; (*otvungen*) natural, spontaneous **-sötad** *a5* unsweetened

o|**tack** ingratitude; *~ är världens lön* the world's reward is ingratitude **-tacksam** ungrateful (*mot* to); (*om arbete, uppgift o.d. äv.*) thankless **-tacksamhet** ingratitude **-takt** *i ~* out of time (step) **-tal** *ett ~* [*av*] a vast (an immense) number of **-talig** [ˣʊ:-, -'ta:-] *a1* innumerable, countless **-talt** [-a:-] *i uttr.: ha ngt ~ med ngn* have a bone to pick with s.b. **-tid** *i uttr.: i ~* at the wrong moment; *i tid och ~* (*eg.*) in season and out of season; *fråga inte i tid och ~* don't keep asking questions all the time **-tidsenlig** out of fashion (date); unfashionable

otill|börlig undue; (*opassande*) improper **-fredsställande** unsatisfactory; unsatisfying

-fredsställd unsatisfied; dissatisfied **-förlitlig** unreliable; undependable **-gänglig** inaccessible, remote; *vard. äv.* unget-at-able; (*reserverad*) reserved; (*okänslig*) insusceptible, unamenable (*för* to) **-låten** (*hopskr. otillåten*) forbidden, not permitted; (*olovlig*) unlawful; *sport.* foul **-räcklig** insufficient, inadequate **-räknelig** not responsible for one's actions **-ständig** *al* unwarrantable, unjustifiable

otium ['ɔ:tsi-] *s4* leisure; *njuta sitt* ~ enjoy one's well-earned leisure (retirement)

o|tjänlig unserviceable; (*olämplig*) unsuitable, unfit (*till* for) **-tjänst** disservice; *göra ngn en* ~ do s.b. a bad turn **-trevlig** disagreeable, unpleasant; (*besvärlig*) awkward, uncomfortable **-trevlighet** unpleasantness **-trivsam** cheerless; (*om hem o.d.*) unhomely **-tro** disbelief, lack of faith; (*klentrogenhet*) incredulity; (*tvivel*) scepticism **-trogen** unfaithful; (*trolös*) faithless; (*falsk*) false; (*icke rättrogen*) unbelieving, disbelieving; ~ *mot* unfaithful (*etc.*) to; *de -gna* the unbelievers **-trohet** unfaithfulness, infidelity (*mot* to) **-trolig** incredible, unbelievable; (*häpnadsväckande*) amazing; *det gränsar till det* ~*a* it is almost incredible; ~*t men sant* strange but true **-trygg** insecure, unsafe **-trygghet** insecurity, unsafeness **-tränad** *a5* untrained; (*för tillfället*) out of practice (training) **-tröstlig** *al* inconsolable (*över* for); disconsolate (*över* at)

otta *s1, i* ~*n* in the early morning; *vara uppe i* ~*n* get up early; *ända till domedags* ~ wait till doomsday

ottoman *s3* **1** (*soffa*) couch, ottoman **2** (*turk*) Ottoman

o|tukt fornication, lewdness; (*med minderårig*) child assault, *AE.* statutory rape **-tur** bad luck; *ha* ~ be unlucky (*i kortspel* at cards); *vilken* ~*!* what bad luck! **-turlig** [-u:-] *al* unlucky **-tursdag** unlucky day **-tursförföljd** dogged by misfortune **-tvetydig** unmistakable; (*om uttalande o.d.*) unambiguous, unequivocal **-tvivelaktig** indubitable, undoubted **-tvivelaktigt** *adv* undoubtedly; no doubt **-tvungen** unconstrained, unrestrained; (*ledig*) free and easy **-tydbar** undecipherable **-tydlig** indistinct; (*om uttal äv.*) inarticulate; (*svävande*) vague; (*om t.ex. handstil*) illegible **-tyg** *s7* (*trolltyg*) witchcraft; (*elände*) abomination, nuisance **-tyglad** [-y:-] *a5* unbridled, uncurbed (*fantasi* imagination); unrestrained (*vrede* anger); (*hejdlös*) unchecked, uncontrolled **-tymplig** *al* ungainly, clumsy **-tålig** impatient (*att göra ngt* to do s.th.; *på ngn* with s.b.; *över* at); (*ivrig*) anxious, eager **-tålighet** impatience **-täck** *al* nasty, horrid; *AE. vard.* mean; (*ful*) ugly; (*avskyvärd*) abominable; (*besvärlig*) awful (*hosta* cough) **-täckning** ruffian; devil **-tämd** *al* untamed **-tänkbar** inconceivable, unimaginable; *det är* ~*t att* (*äv.*) it is out of the question to **-tät** not [water-, air- *etc.*]tight; (*om kärl, tak o.d.*) leaky **-törstig** *dricka sig* ~ drink one's fill (*på* of) **-umbärlig** indispensable **-undviklig** [-i:k-] *al* inevitable, unavoidable

oupp|fostrad badly brought up; ill-bred **-fylld** *a5* unfulfilled **-hörlig** [-ö:-] *al* incessant; (*idelig*) constant, continual **-hörligen** [-ö:-] *adv* constantly, continually, incessantly **-klarad** *a5* unexplained;

unsettled; ~*e mord* unsolved murder cases **-löslig** indissoluble, insoluble **-märksam** inattentive, unobservant (*mot* to) **-nåelig** *al* unattainable **-täckt** *a4* undiscovered **-värmd** unheated

oursäktlig inexcusable

out|bildad *a5* (*outvecklad*) undeveloped; (*för yrke e.d.*) untrained **-forskad** [-å-] *a5* unexplored **-förbar** impracticable, unfeasible; *AE. äv.* impractical; (*om plan o.d.*) unrealizable, unworkable **-grundlig** *al* unfathomable; (*outrannsaklig*) inscrutable; (*gåtfull*) enigmatic; *ett* ~*t leende* an inscrutable smile; *av ngn* ~ *orsak* for some mysterious reason **-hyrd** [-y:-] *a5* unlet **-härdlig** [-ä:-] *al* unendurable; intolerable, unbearable **-nyttjad** *a5* unused, unemployed; ~ *kapacitet* idle capacity **-plånlig** [-å:-] *al* ineffaceable; (*om intryck, fläck, skam*) indelible **-rotlig** [-ɔ:-] *al* ineradicable; (*om ogräs*) inextirpable **-sinlig** [-i:n-] *al* inexhaustible, unfailing **-slitlig** [-i.l-] *al* that will not wear out; hardwearing; indestructible **-spädd** undiluted **-säglig** [*ɔ*-, -'sä:g-] *al* unspeakable **-talad** *a5* unuttered, unexpressed; unspoken (*tanke* thought) **-tröttlig** *al* indefatigable, inexhaustible; (*friare*) untiring, unremitting (*nit* zeal) **-tömlig** *al* inexhaustible **-vecklad** *a5* undeveloped; (*om pers.*) immature

ouvertyr [ɔv-] *s3* overture

oval **I** *s3* oval **II** *al* oval

1 ovan [*ɔ*-'va:n] *adv o. prep* above, som ~ *ås* above

2 ovan [*ɔ*-va:n] unaccustomed (*vid* to; (*oerfaren*) inexperienced (*vid* at); (*oövad*) unpractised (*vid* in); (*ovanlig*) unfamiliar (*för* to)

ovana 1 (*bristande erfarenhet*) unfamiliarity; lack of practise **2** (*osed*) bad habit

ovan|för I *prep* above **II** *adv* above, higher up **-ifrån** from above

ovanlig unusual, uncommon; (*sällsynt*) rare; (*exceptionell*) exceptional; *det är* ~*t att ngn* it is unusual for anyone to; *det* ~*a i situationen* the unusual feature of the situation **-het** unusualness *etc.*; (*sällsynthet*) rarity; *för* ~*ens skull* for once, by way of a change; *höra till* ~*en* be quite unusual, be out of the ordinary

ovanligt *adv* unusually; (*friare*) exceptionally, extraordinarily; ~ *nog* for once in a way, extraordinarily enough

ovan|nämnd *a5* above-mentioned **-på I** *prep* on, on [the] top of **II** *adv* on [the] top; *flyta* ~ (*bildl.*) be superior

ovansklig [*ɔ*-:-, -'vann-] everlasting; imperishable (*ära* glory)

ovanstående *a4* the above; *av* ~ *framgår att* (*äv.*) it will be seen from the foregoing that

ovarsam (*oaktsam*) heedless; (*vårdslös*) careless

ovation ovation, acclamation **ovationsartad** [-a:r-] *a5* ovationary; ~*e applåder* enthusiastic applause (*sg*)

ovederhäftig unreliable; untrustworthy

overall [åver'å:l] *s3* overalls (*pl*); (*småbarns-*) zip suit; (*dam-*) cat suit

overheadprojektor [åver'hedd-] overhead projector

o|verklig unreal; immaterial; (*diktad*) imaginary, fictitious **-verksam** inactive; inert, passive;

O

(*sysslolös*) idle; (*utan verkan*) ineffective **-vetande** unknowing (*om* of; *om hur* how); *mig* ~[*s*] without my knowledge **-vetenskaplig** unscientific **-vetskap** *i* ~ *om ngt* (*om huruvida*) in ignorance of s.th. (as to whether) **-vett** (*bannor*) scolding; *AE. vard.* calling down; (*skäll*) abuse; *ge ngn* ~ give s.b. a scolding, scold s.b.; *en skopa* ~ a torrent of abuse; *överösa ngn med* ~ heap abuse on s.b. **-vettig** scolding; abusive

o|**vidkommande** [-i:-å-] *a4* irrelevant **-vig** (*i rörelser*) cumbersome; (*klumpig*) heavy, unwieldy, clumsy **-vigd** [-i:-] *a5* unconsecrated (*jord* ground) **-viktig** unimportant, insignificant; *inte helt* ~ not altogether immaterial **-vilja** (*motvilja*) aversion (*mot* to), repugnance (*mot* to[wards]); (*avsky*) detestation (*mot* of); (*vrede*) indignation (*mot* with) **-villig** unwilling; (*om pers. äv.*) disinclined, reluctant **-villkorlig** unconditional (*kapitulation* surrender); unqualified, implicit (*lydnad* obedience) **-villkorligen** [-å:-] absolutely, positively; (*obetingat*) unconditionally; ~ *vilja veta* absolutely insist on knowing; *han kommer* ~ *att bli* he is bound to be **-viss** uncertain (*om* about, as to); (*villrådig*) doubtful, dubious (*om* about, of); (*obestämd*) indefinite, vague **-visshet** uncertainty; doubtfulness *etc.*; *sväva i* ~ *om* be in doubt about; *hålla ngn i* ~ *om* keep s.b. in suspense as to **-vårdad** neglected; (*om utseende äv.*) untidy; (*om språk*) careless

oväder storm; tempest; *det kommer att bli* ~ we are in for a storm **oväderstämning** stormy atmosphere

o|**välkommen** unwelcome; (*ej önskad*) undesired, unwanted **-vän** enemy **-vänlig** unkind (*mot* to); unfriendly; (*fientlig*) hostile (*mot* to) **-vänlighet** unkindness *etc.* **-vänskap** enmity **-väntad** *a5* unexpected; *detta kom*[*mer*] *alldeles -väntat* (*äv.*) this comes quite as a surprise **-värderlig** [-de:r-] *a1* invaluable, inestimable, priceless **-värdig** unworthy (*ngn* of s.b.; *ngt* of s.th.); (*oförtjänt*) undeserving (*ngn* to s.b.); *det är dig* ~*t* it is beneath you **-väsen** noise, din; (*bråk*) row **-väsentlig** unessential, unimportant (*för* to); immaterial (*skillnad* difference) **-väsentlighet** ~*er* unessential things, unessentials, trifles

oxe *s2* ox (*pl* oxen)

oxel ['oksel] *s2, bot.* whitebeam

oxeltand molar [tooth], grinder

oxfilé fillet of beef

oxid [åk'si:d] *s3* oxide **-ation** oxidation **-ationsmedel** oxidizer, oxidant **-era** oxidize **-ering** oxidization, oxidation

ox|**kött** beef **-stek** joint (sirloin) of beef

ozon [o'så:n, å-] *s3, s4, kem.* ozone **-skikt** ozone layer

o|**återkallelig** *a1* irrevocable **-åtkomlig** inaccessible (*för* to); *vara* ~ *för* (*äv.*) be unassailable by, be out of reach of

o|**äkta** *oböjl. a* false, not genuine; (*imiterad*) imitation, mock, artificial; (*hycklad*) spurious; (*förfalskad*) counterfeit; ~ *barn* illegitimate child; ~ *diamanter* imitation (false) diamonds **-ändlig** [-'änd-, ˣo:-] *a1* endless, interminable; (*utan gräns äv.*) boundless; (*mat. o. friare*) infinite; *i det* ~*a* ad infinitum, for ever and ever, in-

definitely **-ändlighet** [-'änd-, ˣo:-] endlessness; infinity (*äv.* ~*en*); *han pratade i all* ~ he talked endlessly (for no end of a time) **-ändlighetstecken** infinity sign (symbol) **-ändligt** [-'änd-, ˣo:-] *adv* endlessly *etc.*; ~ *liten* (*äv.*) infinitesimal **-ärlig** dishonest **-ärlighet** dishonesty **-ätlig** uneatable; (*om svamp*) inedible

o|**öm** robust, tough; (*hållbar*) durable (*tyg* cloth) **-önskad** unwanted

o**över**|**komlig** insurmountable, insuperable; (*om pris*) exorbitant, prohibitive **-lagd** unpremeditated; (*-tänkt*) ill-considered; (*obetänksam*) rash, hasty **-skådlig** incalculable, unforeseeable (*följder* consequences); (*oredig*) badly arranged (*uppsats* essay); (*enorm*) immense, boundless **-sättlig** untranslatable **-träffad** *a5* unsurpassed **-vinn[e]lig** *a1* invincible; unconquerable; (*ointaglig*) impregnable; (*om svårighet*) insuperable

P

p [pe:] *s6, s7* p; *sätta* ~ *för* put a stop to

pacemaker ['pejsmejker] *s2, s9, med., sport.* pacemaker, pacer

pacif|**icera** pacify **-ist** pacifist

1 pack *s7* (*slödder*) mob, rabble; *ett riktigt* ~ a lot of riffraff, a pack of scoundrels

packa pack; (~ *full*[*t*]) cram; ~ *ihop a*) pack together, *b*) (*dra sig tillbaka*) shut up shop, close down; ~ *ihop sig a*) (*om pers.*) squeeze (crowd) together, *b*) (*om snö o.d.*) pack, get packed; ~ *in* pack up (*i en låda* in a box); ~ *ner ngt i* pack s.th. into; ~ *om* repack; ~ *upp* unpack; *rummet var* ~*t med folk* the room was packed (crammed) with people; *stå som* ~*de sillar* be packed like sardines; ~ *sig* (*om snö*) pack; ~ *sig av* (*iväg*) make (pack, bundle) off; ~ *dig iväg!* be off with you!, clear out!

packad packed; (*berusad*) tight, stoned, loaded

pack|**e** *s2* package; bundle; (*hög*) pile, heap **-ning 1** (*-ande*) packing *etc.*, *se packa* **2** *mil. o.d.* pack, kit; (*bagage*) luggage; *med full* ~ (*mil.*) in full marching kit **3** *tekn.* packing; gasket

padda *s1* toad

padd|**el** ['padd-] *s2* paddle **-la** paddle

paff I *interj* pop!, bang!, **II** *oböjl. a, bli* ~ be dumbfounded

page [pa:ʃ] *s5* page [boy]

pagin|**a** ['pa:-] *s1* page **-era** paginate, page

pagod [-'gå:d, -o:-] *s3* pagoda

pain riche *s9, s7* French loaf

paj [pajj] *s3* pie

pajas ['pajj-] *s3, s2* clown, buffoon, merry-andrew; *spela* ~ play the fool

pajkastning throwing pies
pakęt *s7, s3* parcel, packet; package; *slå in ett* ~ wrap (do) up a parcel; *slå in ngt i* ~ make a parcel of s.th.; *ett* ~ *cigaretter* a packet (*AE.* pack) of cigarettes; *skicka som* ~ send by parcel-post **-era** pack[et], parcel up **-gods** *koll.* parcelgoods (*pl*) **-hållare** [luggage] carrier **-inlämning** (*post-*) parcel counter; (*för förvaring*) receiving office **-lösning** package solution **-post** parcel-post **-resa** package tour **-utlämning** delivery office
Pakistạn *n* Pakistan
pakt *s3* pact, treaty; covenant; *ingå en* ~ conclude (make) a pact
palats *s7* palace **-revolution** palace revolution
palạver *s3* palaver
Palestina [-ˣsti:-] *n* Palestine
palestĮinier [-'ti:-] Palestinian **-insk** [-'ti:-] *a5* Palestinian
palętt *s3* palette; pallet
palẹtạ *s3* overcoat
paljętt *s3* spangle, paillettę
pall *s2* stool, (för) fotstool, footrest; (*last-*) pallet; (*gruv-*) stope; *stå* ~ (*vard.*) stand up to, cope **palla** ~ *under* wedge up; ~ *upp* trestle, block up
pallra *rfl,* ~ *sig av* (*iväg*) toddle off; ~ *sig upp ur sängen* get o.s. out of bed
palm *s3* palm **-olja** palm oil **-söndag** Palm Sunday (*äv. ~en*)
palsternacka *s1* parsnip
palta ~ *på ngn* (*sig*) wrap s.b. (o.s.) up well
paltbröd blood bread
paltor *pl* rags
pamflętt *s3* libel[lous pamphlet], lampoon
pamp *s2* **1** *pers.* bigwig, tycoon, big gun (*AE.* shot) **2** (*huggvärja*) straight sword, broadsword
pampas ['pamʉ-] *pl* pampas (*pl*)
pampig *al* grand, magnificent; *vard.* swell
pampusch *s3* overshoe; ~*er* (*äv.*) rubbers, *AE.* galoshes
Panamá *n* Panama **-kanalen** [-ˣma:-, ˣpann-] the Panama Canal
panẹl *s3* **1** (*vägg- o.d.*) wainscot, panel [work]; (*golvlist*) skirting [board], *AE.* baseboard **2** (*grupp av pers.*) panel
panẹlĮa panel; wainscot **-debatt** panel discussion
panera coat (dress) with egg and bread crumbs
panflöjt [ˣpa:n-] panpipe[s *pl*], syrinx
pang bang!, crack! **panga** *vard.* smash **pang-grej** *vard.* smasher **pangsuccé** smash-hit
panįk *s3* panic; *gripas av* ~ be seized with panic **-artad** [a:r-] *a5* panic[ky]; ~ *flykt* (*äv.*) stampede **-slagen** panic-stricken, panic-struck **-unge** minor panic
panisk ['pa:-] *a5,* ~ *förskräckelse för* terror of
pank *oböjl. a* broke, penniless
pankromatisk [-'ma:-] panchromatic
1 panna *s1* **1** (*kokkärl*) pan **2** (*värme-*) furnace; (*ång-*) boiler
2 panna *s1, anat.* forehead; brow; *rynka ~n* knit one's brow[s *pl*]; *med rynkad* ~ (*äv.*) frowning; *skjuta sig en kula för ~n* blow out one's brains; *ta sig för ~n* strike one's brow in dismay; *stöta ngn för ~n* mortally offend s.b.; *ha* ~ (*fräckheten*) *att* have the cheek to

pannben frontal bone
pannbiff *ung.* hamburger
pannkakĮa pancake; *grädda -or* fry (make) pancakes; *det blev* ~ *av alltsammans* it all fell flat [as a pancake]
pannĮlampa head lamp **-lugg** fringe, forelock
pannrum boiler room; furnace room; *sjö.* boiler room, stokehold
panorama [-å'ra:-, -ˣra:-, *äv.* -o-] *s7, s9* panorama
pansar *s7* **1** armour (*äv. bildl.*) **2** (*vissa djurs*) carapace **-bil** armoured car **-hinder** dragon's teeth **-plåt** armour plate; *koll.* armour plating **-trupper** *pl* armoured troops **-vagn** *se -bil*; (*stridsvagn*) tank
pansra armour[plate]
pant *s3* pledge; (*säkerhet*) security; (*under-, inteckning*) mortgage; (*i -lek*) forfeit; *lämna* ~ give security; *lämna (ta) i* ~ give in (take) pledge; *lösa in en* ~ redeem a pledge; *sätta sin heder (sitt huvud) i* ~ *på* stake one's honour (head) on; *förfallna ~er* forfeited pledges; *ställda ~er* pledged securities **-bank** pawnshop, pawnbroker's [shop]; *~en* (*vard. äv.*) uncle's
panter ['pann-] *s2* panther
pantĮförskriva mortgage, pledge **-kvitto** pawn ticket
pantomịm *s3* pantomime, dumb show
pantsätta pledge; give as [a] security, mortgage, hypothecate; (*i -bank*) pawn
papegọja [ˣgạjjạ, ̣papp-] *s1* parrot
papiljọtt [-å-] *s3* curler; *lägga upp håret på ~er* put one's hair in curlers
papjemaché [papjema'ʃe:] *s3* papier-mâché
papp *s3, s7* [paste]board;. (*kartong*) cardboard
pappa *s1* father (*till* of); *vard.* dad[dy], pa[pa], *AE. äv.* pop
papper *s7* **1** paper; *ett* ~ a piece of paper; *sätta på ~et* (*nedteckna*) put down on paper; *det finns endast på* ~ *et* it exists only on paper **2** (*dokument, skriftlig handling*) document; *gamla* ~ ancient documents; *kunna visa* ~ *på att* have papers to show that, be able to show documentary evidence that; *lägga ~en på bordet* put one's cards on the table; *ha klara* ~ have the necessary documents [in order] **3** (*värde-*) security; *koll. äv.* stock; (*legitimations-*) [identification] papers (*pl*)
pappersĮavfall waste paper **-bruk** paper mill **-exercis** paperwork, red tape **-handduk** paper towel **-handel** stationer's [shop] **-kasse** paper carrier **-klämma** paperclip **-kniv** paperknife **-korg** wastepaper basket (bin); *AE.* wastebasket; (*utomhus*) litter bin **-kvarn** *bildl.* bureaucratic machinery, red tape **-lapp** scrap (slip) of paper **-massa** [papermaking] pulp **-näsduk** paper handkerchief **-servett** paper napkin **-tallrik** paper plate **-tiger** paper tiger **-tillverkning** papermaking, manufacture of paper **-tuss** paper pellet (ball) **-varor** *pl* paper articles (goods); (*som säljs i -handel*) stationery (*sg*)
pappslöjd cardboard modelling
paprika ['pa:-, ˣpapp-] *s1* paprika
papyrus [-'py:-] *best. f. -en el.* papyren, *pl* papyrer papyrus
par *s7* **1** (*två sammanhörande*) pair; (*äkta, älskande* ~ *e.d.*) couple; *ett* ~ *skor* (*glasögon, byxor*) a

P

pair of shoes (glasses, trousers); *ett äkta (nygift)* ~ a married (newly-married) couple; *ett älskande* ~ a pair of lovers; *ett omaka* ~ a) (*om pers.*) an ill-matched couple *b*) (*om saker*) two odd shoes (gloves *etc.*); *2 pund ~et* 2 pounds a (per the) pair, 2 pounds the two of them; *gå* ~ *om* ~ walk in pairs (couples), walk two and two; *gå i* ~ go in couples (together) **2** (*några*) *ett* ~ a couple of, a few; *ett* ~ *gånger* once or twice, a couple of times; *ett* ~ *tre gånger* two or three times; *om ett* ~ *veckor* in a few (a couple of) weeks, in a week or two; *ett* ~ *och tjugo* twenty odd

para *biol.* mate, pair; *bildl.* unite, couple; ~ *ihop* pair, mate; *avund ~d med beundran* envy coupled with admiration; ~ *sig* mate, pair, copulate

parabel [-'ra:-] *s3* **1** *mat.* parabola **2** (*liknelse*) parable

parabolantenn [-ˣbá:l-] paraboloidal aerial

paräd *s3* **1** (*truppmönstring*) parade; *stå på* ~ be on show **2** (*-dräkt*) full dress, full-dress uniform **3** *fäktn.* parry **-era** parade; (*ståta äv.*) show off

paradis *s7* paradise; ~*et* Paradise; ~*ets lustgård* the Garden of Eden; *ett* ~ *på jorden* a heaven on earth **-dräkt** *i* ~ in one's birthday suit **-fågel** bird of paradise **-isk** [-'di:-] *a5* paradisiac[al]; heavenly

parad|marsch parade march **-nummer** showpiece

paradox [-'dåkks] *s3* paradox **-al** *al* paradoxical

paraduniform full-dress uniform

paraffin *s4, s3* solid paraffin, paraffin wax **-era** paraffin

parafras *s3* paraphrase

paragraf *s3* paragraph; (*i lagtext* [*o.* numrerad]) section; (*i traktat o.d.*) article, clause **-ryttare** formalist; red-tapist **-tecken** section mark

Paraguay *n* Paraguay

parallell I *s3* parallel ; *dra en* ~ *mellan* draw a parallel between **II** *al* parallel **-fall** parallel case **-gata** parallel street **-klass** parallel class (form) **-koppling** parallel connection **-ogram** [-'gramm] *s3* parallelogram

parallellt *adv, gå* ~ *med* be parallel with (to)

paralysera paralyze

parameter [-'me:-] *s2* parameter

paran|oia [-ˣnåjja] *s1* paranoia **-oid** [-å'i:d] *a5, n sg obest. f. undviks* paranoiac

parant [-'rant, -'raŋt] *al* very elegant, striking, smart, stylish

paranöt brazil nut

paraply *s7, s3* umbrella; *spänna upp* (*fälla ner*) ~*et* put up (close) the umbrella **-organisation** umbrella organization

parapsykologi [-'gi:, ˣpa:-] parapsychology

parasit *s3* parasite **-era** live as a parasite, sponge (*på* on)

para|soll [-å-] *s7, s3* parasol, sunshade **-tyfus** [ˣpa:-, -'ty:-] paratyphoid [fever]

pardans couple dance; ballroom dancing

pardon *s3* (*i krig e.d.*) quarter; (*misskund*) mercy; *det ges ingen* ~ no quarter is given; *utan* ~ without mercy

parentation *hålla* ~ *över* deliver an oration to the memory of

parente|s [-en'te:s, -aŋt-] *s3* parenthesis (*pl* par-

entheses); (*klammer*) bracket; *sätta ngt inom* ~ put s.th. in brackets; *inom* ~ *sagt* incidentally, by the way **-tisk** *a5* parenthetic[al]

parera parry, ward off; (*besvara äv.*) retort

parfym *s3* perfume; scent **-era** scent; perfume; ~*d tvål* scented soap; *starkt ~d* highly scented; ~ *sig* use perfume **-eri** perfumery

parhäst pair-horse (*äv. bildl.*); *köra med* ~*ar* drive in a carriage and pair; *de hänger ihop som* ~*ar* (*bildl.*) they are inseparable

pari ['pa:-] *s7* par; *i* (*till*) ~ at par; *under* (*över*) ~ below (above) par

paria ['pa:-] *s1* pariah (*äv. bildl.*); *bildl. äv.* outcast

Paris *n* Paris

paris|are [-ˣri:-] Parisian **-ersmörgås** *ung.* hamburger sandwich **-isk** [-'ri:-] *a5* Parisian **-iska** [-'ri:-] Parisian

paritet parity; *i* ~ *med* on a par with

park *s3* park; *Folkets* ~ communal park; *stadens* ~*er* the borough parks

parkas *s2, s3* parka

parker|a park **-ing** parking; *konkr.* car park, *AE.* parking lot; ~ *förbjuden* no parking

parkerings|automat parking meter **-avgift** parking fee **-böter** *pl* parking fines **-förbud** *det är* ~ parking is prohibited **-hus** multistorey carpark **-ljus** parking light **-plats** parking space; (*område*) carpark, *AE.* parking lot **-vakt** car-park attendant

parkett *s3* **1** *teat.* stalls (*pl*); *främre* ~ orchestra stalls; *bakre* ~ pit; *på* ~ in the stalls **2** (*golvbeläggning*) parquet **-golv** parquet floor (flooring) **-plats** seat in the stalls, stall

park|soffa park bench **-vakt** park keeper

parlament *s7* parliament; *bli medlem av ~et* (*äv.*) enter parliament; *sitta i ~et* be a member of parliament (*förk.* be an M.P.) **-arisk** [-'ta:-] *a5* parliamentary **-arism** parliamentarism **-era** negotiate, parley

parlaments|byggnad parliament building; *Storbritannien* [the] Houses of Parliament **-ledamot, -medlem** member of parliament (*förk. M.P.*)

parlamentär *s3* negotiator, parleyer **-flagg** flag of truce

parlör phrase-book

parmesanost [-ˣsa:n-] Parmesan cheese

parning [ˣpa:r-] mating, pairing, copulation

parnings|akt act of mating (*etc.*) **-drift** mating instinct **-dräkt** courtship (mating) plumage **-lek** courtship **-läte** mating call **-tid** mating season

parod|i *s3* parody (*på* on) **-iera** parody **-isk** [-'ro:-] *a5* parodic[al]

paroll [-å-] *s3* parole, password; (*parti-*) slogan

part [-a:-] *s3* **1** *se huvud-, halv-* **2** *jur.* party, side; *alla berörda ~er* all parties concerned; ~*erna i målet* the parties litigant **3** *sjö.* (*kardel*) strand

parterr [-'tärr] *s3, trädg. o. teat.* parterre **-brottning** ground wrestling

parti *s4* **1** (*del*) part, section; (*av bok o. mus.*) passage **2** *hand.* parcel, lot, consignment; *köpa* (*sälja*) *i* ~ buy (sell) wholesale; *i* ~ *och minut* [by] wholesale and [by] retail; *i stora ~er* in bulk **3** *polit.* party; *gå in i ett* ~ join a party **4** *ta* ~ *för* (*emot*) take sides for (against); *ta sitt* ~ make one's decision, make up one's mind **5** *spel.* game; *ett ~ schack* a game of chess **6** (*gifte*) match; *göra ett gott ~* make a good match

particip *s7* participle

parti|ell [-tsi'ell] *a1* partial (*solförmörkelse* eclipse [of the sun]) **-ellt** *adv* partially; *~ arbetsför* partially disabled

parti|funktionär party official **-färg** party (political) colour **-handel** wholesale trade **-kamrat** fellow partisan; *vi är ~er* (*äv.*) we belong to the same party

partikel [-'tikk-] *s2* particle **-accelerator** *kärnfys.* particle accelerator

parti|kongress party congress (*AE.* convention) **-ledare** party leader; *AE. vard.* boss **-lös** nonparty; independent **-ordförande** party chairman (*AE.* president) **-politik** party politics (*pl*) **-pris** *hand.* wholesale price **-program** party program[me] (*AE.* platform)

partisan *s3* partisan

partisekreterare party secretary, secretary general

partisk ['paːsk, parr-] *a5* partial; bias[s]ed, prejudiced **-het** partiality; bias

partistyrelse party executive

partitur *s7* score

partivis *adv, hand.* wholesale, in lots, by the lot

partner ['paːrt-] *s9, pl äv. -s* partner

partsinlaga petition

parvel [little] lad, youngster

par|vis [ˣpaːr-] *I a1, bot.* conjugate **II** *adv* in pairs (couples), two by two **-åkning** *sport.* pair skating

pascha *s1* pasha

1 pass *s7* (*bergs-*) pass, defile, gorge

2 pass *s7* (*legitimationshandling*) passport; *falskt ~* forged passport; *utställa* (*förlänga*) *ett ~* issue (renew) a passport

3 pass *s7* (*jakt. o. patrulleringsområde*) beat; *stå på ~* be on guard (the lookout); *polisen på sitt ~* the policeman on his beat

4 pass *s7* **1** *kortsp.* pass, no bid **2** *nej ~!* no such thing!, no thank you!

5 pass *i vissa uttr.*: *komma väl till ~* come in handy, be serviceable; *vara till ~* satisfy, suit; *vid ~ 10* about 10, 10 or thereabouts (so); *hur ~ mycket* about how much; *kostar den så ~ mycket?* does it cost as much as [all] that?; *det fanns så ~ mycket att jag kunde* there was enough for me to be able to

6 pass *interj, ~ för mig!* I'm out of it!; *~ för den!* bags I!

1 passa *kortsp.* pass

2 passa I 1 (*av-*) fit, adjust; adapt, suit (*efter* to) **2** (*stå på pass, vänta på*) wait for; *~ tiden* be punctual (in time) **3** (*sköta*) attend to; mind, watch; look after (*barn* children); *~ telefonen* answer the telephone **4** *sport.* pass (*äv. absol.*) **II 1** (*i storlek o.d.*) fit; (*i färg, utseende o.d.; vara lämplig*) suit, be suited (*till, som* as, for); (*duga*) do; *nyckeln ~r* the key fits (*till låset* [in] the lock); *klänningen ~r mig precis* the dress fits me perfectly; *grönt ~r honom* green suits him; *handskarna ~r till kappan* the gloves go well with the coat; *han ~r inte till lärare* he is not cut out to be a teacher; *tisdag skulle ~ mig bäst* Tuesday would

suit me best; *kom när det ~r dig* come when it suits you; *de ~r bra för varandra* they are well suited to each other **2** (*anstå*) become, be becoming; *det ~r inte en dam att* it does not become (is not becoming for) a lady to **3** *~ på tillfället* take (avail o.s. of) the opportunity **III** *rfl* **1** (*jfr II 2*); *det ~r sig inte* it is not proper (good form); *komma när det ~r sig* come when [it is] convenient **2** (*akta sig*) take care; look out (*för hunden* for the dog) **IV** (*med betonad part.*) **1** *~ ihop a*) (*med obj.*) fit together, *b*) (*utan obj.*) fit (go) together, *c*) (*överensstämma*) fit in; *de ~r bra ihop* they are well matched **2** *~ in a*) (*med obj.*) fit in, *b*) (*utan obj.*) fit [in]; *beskrivningen ~r in på honom* the description fits him **3** *~ på* look out, be ready; *~ på när du är i stan* take the opportunity (chance) when you are in town; *pass på!* look out! **4** *~ upp* wait (*på ngn* on s.b.; *vid bordet* at table), attend

passad[vind] *s3* [ˣ] trade wind

passage [-'saːʃ] *s5* passage; (*under gata, järnväg e.d.*) subway; *astr.* transit; *hindra ~n* block the way; *lämna ngn fri ~* leave (give) s.b. the right of way; *lämna fri ~* leave the way free (*för fordon* for traffic)

passageraravgift [passenger] fare

passagerar|e [-ˣʃeː-] passenger **-lista** passenger list **-trafik** passenger traffic

passande *a4* (*lämplig*) suitable, appropriate, fit (*för* for); (*läglig*) convenient; (*anständig*) proper, decent; (*tillbörlig*) becoming; *det ~* (*det anständiga*) decorum, good form, *allm.* the done thing

passare *s9* compasses (*pl*); *en ~* a pair of compasses

passbyrå passport office

passbåt tender

passepartout [passparˈtoː] *s3* passe-partout

passer|a 1 (*genom-, förbi- el. överfara*) pass (*äv. bildl.*); (*korsa*) cross; *ett ~t stadium* a passed stage; *~ revy* pass in review **2** *kokk.* strain, pass through a sieve **3** (*gå el. komma förbi*) pass; *bussen hade redan ~t* the bus had already passed (gone by) **4** (*hända*) happen, take place; *det får ~ för den här gången* we will overlook it (let it pass) this time **5** (*förflyta*) pass, elapse **-ad** *a5* (*vissen*) faded, withered (*skönhet* beauty)

passersedel pass, permit

passform (*klädesplaggs*) fit

passfoto passport photograph

passgångare ambler

passion [paˈʃoːn] passion **-erad** [-ˈneː-] *a5* passionate; impassioned

passions|blomma passionflower **-frukt** passion fruit **-historien** the Story of the Passion **-veckan** Holy Week

passiv ['pass-] *a1* passive (*motstånd* resistance; *medlem* member); *~ delägare* (*äv.*) sleeping partner; *förhålla sig ~* remain passive

passiva ['pass-] *pl, hand.* liabilities; debts; *aktiva och ~* assets and liabilities

passiv|era make passive **-itet** passivity

passivum ['pass-, ˣpass-] *-um -er el. s4* (*i* in the) passive [voice]

pass|kontroll *abstr.* passport inspection; *konkr.* passport desk (office) **-myndighet** passport-issuing authority

pass|ning 1 (*tillsyn*) tending, care **2** *tekn.* fit, fitup; *dålig* ~ poor alignment **3** *sport.* pass **-opp** [-'åpp] *s3, s2* attendant

passtvång compulsory passport system

passus ['pass-] *s2* passage

pasta *s1* paste

pastej [-'tejj] *s3* pie; (*mindre*) pasty, patty; (*t. soppa*) pastry puff

pastell *s3* pastel **-färg** pastel colour **-krita** pastel crayon

pastill *s3* lozenge, pastille

pastor [ˣpastår, 'past-] *s3* vicar, parson; (*frikyrklig*) minister, pastor; (*vid institution*) chaplain; (*i brevadress o.d.*) Rev. (*förk. för* [the] reverend)

pastoral I *s3* pastoral **II** *a1* pastoral **pastorat** *s7* (*befattning*) living, benefice; (*församling*) parish

pastors|adjunkt curate **-expedition** parish [registration] office **-ämbete** parish office; *meddelanden från* ~*t* notices issued by the clergy of the parish

pastörisera pasteurize

patent *s7* patent; *bevilja (få, söka, ta)* ~ *på* grant (obtain, apply for, take out) a patent for **-ansökan** application for a patent **-byrå** patent agency

patent|era patent **-innehavare** holder of a patent, patentee **-lås** safety (Yale, snap) lock **-lösning** ready-made solution **-medicin** patent (proprietary) medicine **-skyddad** *a5* patented, protected by patent **-smörgås** *ung.* ham-and-egg sandwich **-verk** Patent Office

paternoster [-'nåss-] *n* (*läsa ett* say a) paternoster **-verk** paternoster lift, multibucket dredger; (*för vatten*) noria

patetisk [-'te:-] *a5* (*högtravande*) high-flown; (*rörande*) pathetic

patiens [passi'aŋs] *s3* [a game of] patience, *AE.* solitaire; *lägga* ~ play [at] patience

patient [-a(t)si-] patient

patin|a ['pa:-] *s1* patina (*äv. bildl.*) **-era** patinate, patine

patolog|i *s3* pathology **-isk** [-'lå:-] *a5* pathological; (*sjuklig*) morbid

patos ['pa:tås] *s7* pathos

patrask *s7* rabble, mob

patriark *s3* patriarch **-alisk** [-'ka:-] *a5* patriarchal **-at** *s7* patriarchate

patricier [-'tri:-] patrician

patriot *s3* patriot **-isk** *a5* patriotic **-ism** patriotism

1 patron *s3, best. form vard. patron* (*godsägare*) squire; (*husbonde*) master; *vard.* boss; (*skyddshelgon*) patron saint

2 patron *s3* (*gevärs-*) cartridge; (*hagel-*) shot cartridge; (*t. kulspetspenna e.d.*) refill; *lös (skarp)* ~ blank (ball) cartridge

patron|bälte cartridge belt **-hylsa** cartridge [case] **-väska** cartridge case (pouch)

patrull *s3* patrol; party; *stöta på* ~ (*bildl.*) meet with opposition **-era** patrol; ~*nde polis* policeman on patrol duty, *AE. äv.* patrolman; ~*nde polisbil* cruising car

patt *oböjl. a. o. r, schack.* stalemate; *ställa sig* ~ be stalemated

Paulus ['pau-] *aposteln* ~ St. Paul

paus ['pa:-] *s3* pause; lull; *mus. äv.* rest; *teat.* interval, *AE.* intermission; (*i samtal o.d.*) break; *ta sig en* ~ take a rest **-era** pause, make a pause **-ering** pausing **-signal** *radio.* interval (call) signal **-tecken** *mus.* rest

paviljong [-'jåŋ] *s3* pavilion; (*lusthus*) summerhouse

pechblände [ˣpeç-] *s6* pitchblende

pedagog [-'gå:g] *s3* education[al]ist; (*lärare*) teacher, schoolmaster **-ik** *s3* pedagogy, pedagogics (*pl, behandlas som sg*) **-isk** *a5* pedagogic[al]; educational

pedal *s3* pedal

pedant pedant **-eri** pedantry **-isk** *a5* pedantic

pedikyr *s3* pedicure

pejl|a 1 (*bestämma riktning*) take a bearing on; *absol.* take bearings; ~ *land* set the land **2** (*loda*) sound (*djupet* the depth) (*äv. bildl.*) **-apparat** direction finder **-ing 1** bearing; radio. radio location; *ta en* ~ take a bearing **2** sounding

pek|a point (*på, mot* at, to); *kompassnålen* ~*r på norr* (*äv.*) the compass needle indicates north; ~ *finger åt* point one's finger at; *gå dit näsan* ~*r* follow one's nose; *han får allt han* ~*r på* he gets everything he asks for; *allting* ~*r på att* everything points to the fact that; ~ *ut* point out **-finger** forefinger, index finger

pekin[g]es [-ki(ŋ)'e:s] *s3* (*hund*) Pekin[g]ese [dog]

pekoral *s7* pompous trash, worthless literary production

pekpinne pointer

pelare pillar; column

pelargon[ia] [-'gɔ:n(ia)] *s3* ([*s1, s3*]) geranium, pelargonium

pelar|gång *s2* colonnade; (*kring klostergård*) cloister; (*portik*) portico **-helgon** stylite, pillar saint **-rad** row of pillars, colonnade **-sal** pillared hall

pelikan *s3* pelican

pellejöns *s2* merry-andrew

Peloponnesos [-'ne:sås] *n* the Peloponnese, Peloponnesus

pendang [paŋ'daŋ] companion [piece], counterpart

pendel *s2* pendulum **-rörelse** oscillation **-trafik** commuter service **-tåg** commuter train; shuttle service train

pendl|a oscillate, pendulate, swing to and fro; (*åka fram o. tillbaka, t.ex. om förortsbo*) commute **-are** (*förortsbo som varje dag åker till o. från arbetet*) commuter

pendyl [pen-, paŋ-] *s3* ornamental clock (timepiece)

penetrera penetrate; ~ *ett problem* (*äv.*) get to the bottom of a problem

peng *s2* coin

pengar ['peŋ-] *pl* money (*sg*); (*reda* ~ *äv.*) cash, ready money; *sl.* brass, dough; ~ *eller livet!* your money or your life!; *det kan inte fås för* ~ it is not to be had for money; *förlora* ~ *på* lose money over (by, on); *förtjäna stora* ~ make big money (*på* by); *göra ngt för* ~[*s skull*] do s.th. for the money; *ha gott om* ~ have plenty of money, be well off; *ha ont om* ~ be short of money, be hard up [for money]; *det har jag inte* ~ *till* I haven't got

the money (enough money) for that; *ha ~ som gräs* be rolling in money; *i ~ räknat* in terms of money; *jämna ~* even money, the exact amount; *leva på ~* have private means; *låna ~ på* raise money on; *låta ~na rulla* spend money like water
penibel [-'ni:-] *a2* painful, awkward
penicillin *s4* penicillin
penis ['pe:-] *s2* penis (*pl äv.* penes)
penna *s1* **1** pen; (*blyerts-*) pencil; (*stål-*) nib; *fatta ~n* put pen to paper; *leva av sin ~* live by one's pen; *en skarp ~* (*bildl.*) a formidable pen **2** *zool.* quill
pennal|ism bullying **-ist** bully
penn|drag stroke of the pen **-formerare** [-å-] pencil sharpener
penning piece of money, coin; *~ar* (*koll.*) money (*sg*); *för en ringa ~* at a small cost **-begär** craving for money **-behov** need for money; money requirements (*pl*) **-bekymmer** *pl* money worries **-gåva** money gift **-knipa** *råka i ~* get into money difficulties **-lotteri** lottery with money prizes **-marknad** money market **-placering** investment of funds (money) **-politik** monetary policy **-stinn** made of (rolling in) money **-summa** sum of money **-värde** value of money; (*värde i pengar*) money (monetary) value; *~ts fall* the fall in the value of money **-väsen** monetary system
penn|kniv penknife **-skaft** penholder; (*kvinnlig journalist*) woman journalist, penwoman **-skrin** pen[cil] box (case) **-stift** lead **-teckning** line (pencil) drawing
penny ['penni] *-n pl ~ce* [pens] penny (*pl* pence; *vardar* pennies)
pensé [paŋ'se:] *s3* pansy
pensel *s2* [paint]brush; *bot. egret* **-drag** stroke of the brush **-föring** brushwork
pension [paŋ'ʃo:n, pen-] **1** (*underhåll*) pension; *avgå med ~* retire on a pension **2** (*skola*) boarding school; *sätta i ~* send to a boarding school **pensionat** *s7* boarding house
pensioner|a pension [... off], grant a pension to; *~d* pensioned, retired **-ing** pensioning, superannuation, retirement
pensions|anstalt pensions office **-avdrag**, **-avgift** pension contribution (charge) **-fond** *Allmänna ~en* (*AP-fonden*) the National [Swedish] Pension Insurance Fund **-försäkring** old age pension insurance **-grundande** *~ inkomst* income on which pension is assessed, pensionable income **-kassa** pension (benefit) society **-poäng** pension credits (*pl*) **-ålder** pensionable (retirement) age
pensionär [paŋ-, pen-] *s3* **1** (*pensionstagare*) pensioner **2** (*inackorderingsgäst*) boarder **pensionärshem** pensioners' home
pensla paint; pencil; *fint ~de ögonbryn* finely pencilled eyebrows
pensum *s8* task; *AE.* assignment
pentry ['pentri, -y] *s6* pantry
peppar *s9* pepper; *spansk ~* cayenne [pepper]; *önska ngn (dra) dit ~n växer* send s.b. (go) to Jericho; *~ ~ ~!* touch wood!; *~ och salt* (*textil.*) pepper-and-salt **-kaka** gingerbread biscuit; (*mjuk*) gingerbread cake **-korn** peppercorn **-kvarn** pepper mill **-mynta** *s1* peppermint **-rot**

horseradish **-rotskött** boiled beef with horseradish sauce **-ströare** pepper pot
peppra *~ [på]* pepper (*äv. bildl.*) **pepprad** *a5* peppery; *en ~ räkning* (*vard.*) a stiff bill
per [pärr] (*~ båt, post e.d.*) by; *bokför.* as on; *~ person* per person, a head, each, a piece; *~ styck* apiece, each, per unit; *~ timme* by the hour; *~ år* a year, yearly, annually, per annum; *~ omgående* by return [of post]; *~ capita* per capita; *~ kontant* [in] cash
perception [pärsep'ʃo:n] perception
perenn I *a1* perennial **II** *s3* perennial [plant]
1 perfekt [pär-] *a1* perfect
2 perfekt ['pärf-, 'pä:r-] *s7, s4, språkv.* [the] perfect [tense]; *~ particip* past participle
perfektionist [-fekʃo:n-] perfectionist
perfekt|um ['pärf-, 'pä:r-] *best. form -et el. -um, pl -er, språkv., se 2 perfekt*
perforer|a [pärr-] perforate; punch; *med pil etc.* **-ing** perforation
pergament [pärr-] *s7, s4* parchment; (*t. bokband äv.*) vellum **-band** parchment (vellum) binding **-rulle** roll (scroll) of parchment
pergola ['pärgå-] *s1* pergola
peri|fer *a1* peripheral; *bild.* outlying; *frågan var av ~ art* the question was of secondary importance **-feri** *s3* periphery; (*cirkels*) circumference; (*stads*) outskirts (*pl*) **-ferivinkel** circumferential angle
period *s3* period **-isk** [-'o:d-] *a5 m fl periodic[al]* **-supare** dipsomaniac, periodical drinker **-vis** periodically
periskop [-'skå:p] *s7* periscope
permanent I *a1* permanent **II** *s3, se permanentning*
permanent|a [pärma'nenta] **1** (*hår*) permanentwave; *vard.* perm; *AE. äv.* fix up; *~ sig* have a perm **2** (*väg*) lay with a permanent surface (metalling); *~d väg* (*äv.*) tarmac[adam] (metalled) road **-ning** permanent [wave]; *vard.* perm
permission [pärmi'ʃo:n] leave [of absence]; (*för längre tid äv.*) furlough; *begära (få) ~* ask for (get) leave (*etc.*); *ha ~* be on (have) leave; *på ~* on leave **permissionssedel** pass
permitter|a 1 (*ge permission*) grant leave to **2** (*entlediga*) lay off (*arbetare* workers), dismiss temporarily **-ing** [-'te:-] lay-off
perpetuum mobile [pär'pe:tuum 'må:-] *n* (*maskin*) perpetual motion machine
perplex [pärr-] *a1* perplexed, taken aback
perrong [pä'råŋ] *s3* platform
persed|el [pärr'se:-] *s2* (*sak*) thing, article; *mil.* item of equipment; *-lar* (*mil.*) accoutrements, equipment (*sg*), kit (*sg*)
perser ['pärr-] Persian
persian [pärr-] *s3* Persian lamb, karakul **-päls** Persian lamb coat
Persien ['pärr-] *n* Persia
persienn [pärr-] *s3* Venetian blind
persika ['pärr-] *s1* peach
persilja ['pärr-, -'sill-] *s1* parsley; *prata ~* talk rubbish
persimon [pärsi'må:n] persimmon
pers|isk ['pärr-] *a5* Persian; *P~a viken* the Persian Gulf **-iska** *s1* **1** (*språk*) Persian **2** (*kvinna*) Persian woman

persọn [pärr-] *s3* person; (*i pl äv.*) people; (*i drama, roman e.d.*) character; (*betydande* ~) personage; ~*er* (*teat.*) dramatis personae, the cast (*sg*); *fysisk* ~ natural person; *juridisk* ~ artificial person; *enskild* ~ private person, individual; *offentlig* ~ person in public life, public figure; *han kom i egen hög* ~ he came in person (himself); *min ringa* ~ my humble self; *kunglig* ~ royal personage; *i första* ~ *pluralis* in the first person plural

personạl [pärr-] *s3* staff; personnel; employees **-avdelning** staff (personnel) department **-chef** staff (personnel) manager **-politik** staffing policy **-tidning** staff magazine **-union** personal union

person|bevis birth certificate **-bil** private (passenger) car

personifi|era [pärr-] personify; impersonate; *den* ~*de blygsamheten* modesty personified (itself) **-kation** personification; impersonation

personkännedom knowledge of people

personlig [pär'sọ:n-] *a1* personal; ~*t* (*på brev*) private; *för min* ~*a del* for my [own] part; *min* ~*a åsikt* my private opinion; ~*t samtal* personal talk (conversation), *tel.* personal call; *utan* ~*t ansvar* limited, without personal liability; *P*~*t* (*spalt i tidning*) the agony column **personligen** personally, in person; *känna ngn* ~ know s.b. personally; *inställa sig* ~ appear in person **personlighet** [-'sọ:n-] **1** (*människans väsen*) personality **2** (*karaktär*) personality; (*framstående person äv.*) personage, person; *en historisk* ~ a historical person; *en framstående* ~ an outstanding personality (personage); *gå* (*komma*) *in på* ~*er* become personal, make personal remarks **personlighetsklyvning** *lida av* ~ have a dual personality

person|namn personal name **-nummer** civic registration number, personal code number **-skada** personal injury **-sökare** staff locator **-trafik** passenger traffic (service) **-tåg** (*motsats godståg*) passenger train; (*motsats snälltåg*) ordinary (slow) train

perspektịv [pärr-] *s7* perspective; (*utsikt, framtids-*) prospect; *vidga* ~*et* (*bildl.*) broaden the outlook **-fönster** picture (vista) window **-ritning** perspective drawing

Perụ *n* Peru

perụk *s3* wig; (*enl. 1600- o. 1700-talets mod*) periwig, peruke; *vard.* mop **-makare** wig-maker; *teat. äv.* theatrical hairdresser **-stock 1** wig block **2** *bildl.* [old] fogey

pervers [pär'värrs] *a1* perverted **-itẹt** *s3* sexual perversion

pessạr *s4* diaphragm, pessary, Dutch cap

pessim|ism pessimism **-ist** pessimist **-istisk** [-'mist-] *a5* pessimistic

pest *s3* plague; pestilence; *avsky ngt som* ~*en* hate s.th. like sin; *sky ngt som* ~*en* shun s.th. like the plague

peta 1 poke, pick (*på* at); ~ *på allt* poke one's finger[s] into everything; ~ *hål i* (*på*) poke a hole in; ~ *naglarna* clean one's nails; ~ *tänderna* pick one's teeth; *sitta och* ~ *i maten* be pecking at one's food; ~ *omkull* push over, upset **2** *vard.* (*tränga undan*) oust; *sport.* drop

petgöra finicky job **petig** *a1* (*noga*) finical, finicking; (*om pers. äv.*) particular, meticulous

petition petition (*om* for); *inlämna en* ~ hand in a petition

petnoga *vard.* pernickety, fussy

petrokem|i petrochemistry **-isk** petrochemical

petroleum [-'trọ:-] *s3, s7* petroleum, mineral oil

Petrus ['pe:-] *aposteln* ~ Peter the Apostle, St. Peter

petunia [-'tu:-] *s1, bot.* petunia

phon [få:n] *s3, fys.* phon

pH-värde [ˣpe:hå:-] pH value, index of pH

pi *s6, s7, mat.* pi

pianissimo [-'niss-] **I** *s6* pianissimo **II** *adv* pianissimo

pianist pianist, piano player

piano [-'a:nọ] **I** *s6* piano; *spela* ~ play the piano; *ackompanjera ngn på* ~ accompany s.b. on the piano **II** *adv* piano; *ta det* ~ take it easy **-lektion** piano lesson **-skola** piano conservatory; piano-playing manual **-spel** piano-playing **-stämmare** piano tuner

piassava [-ˣsa:-] *s1* piassava, piassaba **-kvast** besom

picka (*om fågel*) peck (*hål i* a hole in; *i, på* at); (*om hjärtat*) go pitapat; ~ *i sig* peck up

pickels ['pikk-] *s2* pickles (*pl*)

picknick ['pikk-] *s2, s3* picnic **-korg** picnic basket

pick och pack belongings (*pl*); *ta sitt* ~ *och gå* clear out bag and baggage

pickola ['pikkå-] *s1*, **-flöjt** [ˣpikkå-] *s3* piccolo (*pl* piccolos)

pickolo ['pikk-] *s5* page [boy], buttons, footboy; *AE.* bellboy, *vard.* bellhop

pickup[p] [pikk'app] *s3* pick-up

piedestạl [pie-, pje-] *s3* pedestal

pietẹt reverence (*mot* to; *för* for)

pietets|full reverential, reverent **-lös** irreverent

piff I *interj* bang! **II** *s2, sätta* ~ *på a*) kokk. give relish to, *b*) bildl. smarten up, put style into **piffa** ~ *upp* smarten up; *AE.* revamp **piffig** *a1* (*om mat*) piquant, tasty; (*stilig*) chic, smart

piga *s1* maid

1 pigg *s2* (*metall-*) spike; (*tagg*) spine, quill

2 pigg *a1* (*kry*) fit (*som en mört* as a fiddle); (*rask, livlig*) brisk, spry; *AE. sl.* peppy; ('*vaken*') alert, bright, sharp; ~ *och kry* bright and breezy; *känna sig* ~ feel very fit; *vara* ~ *för sin ålder* be spry for one's years; ~ *på* keen on

pigga ~ *upp* cheer up; *AE. sl* pep up

piggna ~ *till* come round

piggvar *s2* turbot

pigmẹnt *s7* pigment **-erad** [-'te:-] *a5* pigmented

pik *s2* **1** (*spets*) point; (*stickord*) gibe, dig (*åt* at); *jag förstod* ~*en* I got the message **2** (*bergstopp*) peak **3** *sjö.* (*akter-, för-*) peak; ~ *på en gaffel* peak of a gaff **4** *mil.* pike **5** *sport., hopp med* ~ jackknife dive **pika** dide [at], taunt (*för* with)

pikant [-'kant, -'kaŋt] *a1* piquant; spicy, highly seasoned; (*om historia o.d.*) racy, spicy

pikẹt *s3* riot squad, picket

1 pil *s2* (*träd*) willow

2 pil *s2* (*vapen*) arrow; (*t. armborst*) bolt; (*att kasta*) dart; *bildl.* arrow, shaft; *kasta* ~ throw darts; *snabb som en* ~ [as] swift as an arrow; *Amors*

~ar Cupid's darts (shafts)
pila ~ *iväg* dash away, rush off
pilbåge bow
pilgrim *s3* pilgrim
pilgrims|falk peregrine falcon **-färd** pilgrimage; *göra en* ~ go on a pilgrimage
pilka dib (*torsk* for codfish)
pilkastning dart-throwing; (*som spel*) darts (*pl*)
pilla pluck, pick (*på* at); ~ *på* (*äv.*) finger; *sitta och* ~ *med ngt* sit fiddling with s.th.; ~ *bort* pick off
piller ['pill-] *s7* pill; *svälja det beska -ret* (*bildl.*) swallow the bitter pill **-dosa** pillbox
pilot [-'o:t] *s3* pilot
pilsner ['pils-] *s9* Pils[e]ner beer
pilspets arrowhead
1 pimpla (*dricka*) swig; (*supa äv.*) tipple
2 pimpla jig (*efter abborre* for perch)
pimpsten pumice [stone]
pin *på* ~ *kiv* out of sheer devilry; *det var* ~ *livat* it was hilarious; *vara desperately in love*
pina I *s1* torment, pain, torture; (*kval*) agony; *död och* ~*!* torments everlasting!; *för själ och* ~*!* for mercy's sake!; *göra* ~*n kort* not prolong the agony, make short work of it **II** *v1* torment, torture; ~ *livet ur ngn* (*bildl.*) worry the life out of s.b. (s.b. to death); ~ *i sig maten* force down the food; *han hade ett* ~*t uttryck i ansiktet* his face had a pained expression; ~ *fiolen* scrape away at the violin; ~ *sig in* (*om blåst, snö o.d.*) worry [its way] through
pinal *s3* thing; *inte en* ~ nothing whatever, not an atom; *jfr grejor*
pinande *a4* tormenting, torturing; racking (*huvudvärk* headache); searching, piercing (*blåst* wind)
pincett tweezers (*pl*); *en* ~ pair of tweezers
pingl|a I *s1* [small] bell **II** *v1* tinkle; jingle; (*telefonera*) give a ring **-ande** *s6* tinkle, jingle
pingst *s2* Whitsun[tide], Pentecost (*äv.* ~*en*); *annandag* ~ Whit Monday **-afton** Whitsun Eve, Whit Saturday (*äv.* ~*en*) **-dag** Whit Sunday, Whitsunday **-helg** Whitsuntide (*äv.* ~*en*) **-lilja** narcissus **-rörelse** ~*n* the Pentecostal Movement **-veckan** Whit[sun] week **-vän** Pentecostalist
pingvin *s3* penguin
pinje ['pinn-, 'pi:-] *s5* stonepine
pinn|e *s2* (*trä-, tält-, hatt-*) peg; (*ved-*) stick; (*steg-*) rung; (*höns-*) perch; *styv som en* ~ [as] stiff as a poker; *ben smala som -ar* legs as thin as sticks; *hon är smal som en* ~ she is as thin as a rake; *rör på -arna!* stir your stumps!; *livet på en* ~ high life; *trilla av pinn* peg out **-hål** peghole; *komma ett par* ~ *högre* (*bildl.*) rise a step or two **-soffa** rib-backed settee **-stol** Windsor chair
pinsam ['ˣpi:n-] *a1* painful; (*besvärande*) awkward, embarrassing (*situation* situation; *tystnad* silence); scrupulous (*noggrannhet* carefulness)
pinuppa [-'ˣnuppa] *s1* pin-up [girl]
pion *s3* peony
pionjär *s3* **1** *mil.* sapper, engineer **2** (*föregångsman*) pioneer
1 pip *s2* **1** (*på kanna*) spout **2** *bot.* tube
2 pip *interj* peep!
3 pip *s7* (*ljud*) peep; (*fågels*) chirp; (*råttas*)

squeak, cheep; (*gnäll*) whine, whimper
1 pip|a *pep -it* (*om fågel*) chirp; (*om barn, mus*) squeak; (*jämra sig*) whine, whimper; (*om vind, ångvissla*) whistle; *det -er i bröstet på mig* my chest is wheezy
2 pip|a *s1* **1** (*rök-*) pipe; *röka* ~ smoke a pipe; *knacka ur* ~*n* knock the ashes out of one's pipe **2** (*att blåsa i*) pipe; (*vissel-*) whistle; *dansa efter ngns* ~ dance to a p.'s tune; *skära -or i vassen* know what tune to dance to, jump at an opportunity **3** (*rör*) pipe, tube; (*gevärs-*) barrel; (*skorstens-*) flue **4** *det här går åt* ~*n* this is all going wrong (is a mess)
pipett *s3* pipette
piphuvud [pipe] bowl
1 pipig *a1* (*gäll*) squeaky (*röst* voice); (*gnällig*) whining, whimpering
2 pipig *a1* (*porös*) porous
pipolja tobacco juice
1 ninni *s?* (*fågel*) diili,bird
2 pippi *s9*, *ha* ~ *på* be crazy about; *det är rena* ~*n* it is pure folly
pip|rensare pipe cleaner **-rökare** pipe smoker **-skaft** pipe stem **-skägg** imperial, pointed beard, goatee **-tobak** pipe tobacco
pir *s2, s3* pier, groyne, groin; (*mindre*) jetty; (*vågbrytare äv.*) groyne, AE. groin; mole
pirat pirate **-sändare** pirate transmitter **-upplaga** piratical edition
piraya [-ˣrajja] *s1* piranha, piraya
pirk *s3* jig
1 pirog [-'rå:g] *s3* (*kanot*) pirogue
2 pirog [-'rå:g] *s3, kokk.* Russian pasty
pirr|a tingle **-ande I** *s6* tingling **II** *a4* tingling
piruett *s3* pirouette
pisk *s7* whipping
pisk|a I *s1* whip; (*hår-*) pigtail; *klatscha* (*smälla med*) ~*n* crack the (one's) whip; *låta ngn smaka* ~*n* give s.b. a taste of the whip **II** *v1* whip; flog, lash; (*mattor, kläder o.d.*) beat; *regnet* ~*de mot rutorna* the rain was beating against the panes; *hunden* ~*de med svansen* the dog was swishing its tail; *vara* ~*d att göra ngt* be forced to do s.th.; ~ *på* whip [on]; ~ *upp* whip up **-käpp** carpet beater **-rapp** lash; *bildl.* whiplash **-snärt** whiplash **-ställning** carpet-beating rack
piss *s7, vard.* piss **pissa** *vard.* piss **pissoar** *s3* urinal
pist *s3, fäktn.* piste; (*cirkus-*) ring fence
pistasch [-'ta:ʃ] *s3* pistachio
pistill *s3* pistil; ~*ens märke* the stigma [of the pistil]
pistol *s3* **1** (*vapen*) pistol **2** (*mynt*) pistole **-hot** *under* ~ at gunpoint **-hölster** [pistol] holster **-skott** pistol shot
piston [-'tån] *s3* piston
pitt *s2, vard.* cock, prick, dick
pittoresk *a1* picturesque
pivå *s3* pivot
pizz|a ['pittsa] *s1* pizza **-eria** [-ˣri:a] *s1* pizzeria, pizza parlor
pjosk [-å-] *s7* (*klemande*) coddling; (*klemighet*) mawkishness, squeamishness **pjoska** ~ *med* coddle **pjoskig** *a1* mawkish, effeminate
pjäkig *a1, inte så* ~ not half bad
pjäs *s3* **1** *mil.* piece **2** (*möbel, prydnadsföremål*

P

e.d.) piece, article **3** (*schack-*) man; (*motsats t. bonde*) piece **4** *teat.* play **-författare** playwright
pjäxa *s1* ski-boot
placer|a place, put; (*skaffa anställning e.d.*) station; (*gruppera*) seat (*sina gäster* one's guests); (*pengar*) invest; (*insätta i sitt sammanhang*) place, locate; ~ *en beställning hos en firma* place an order with a firm; *jag känner igen honom men kan inte* ~ *honom* I know his face but cannot place him; ~ *sig a*) (*sätta sig*) seat o.s., *b*) *sport.* get a place; ~ *sig som tvåa* come second **-ing** placing; (*vid bord äv.*) seating; (*investering*) investment; (*läge samt sport.*) position, location **-ingskort** place card
pladask *falla* ~ fall flop down (*i smutsen* into the dirt)
pladder ['pladd-] *s7* babble, chatter **pladdra** babble, chatter **pladdrig** *a1* garrulous
plafond [-'fåŋd] *s3* plafond **-målning** *konkr.* painted ceiling
plage [pla:ʃ] *s5* beach
plagg *s7* garment; article of clothing
plagi|at *s7* plagiarism **-era** plagiarize
1 plakat *s7* (*kungörelse*) proclamation; (*affisch*) placard, poster
2 plakat *oböjl. a* (*full*) dead drunk
plakett *s3* plaquette, plaque
plan I 1 *s7* (*yta*) plane; (*nivå*) level; *ett lutande* ~ an inclined plane; *i* (*på*) *samma* ~ *som* (*äv.*) on a level with; *på ett högre* ~ on a higher level; *roll i andra* ~*et* second-grade part; *det ligger på ett helt annat* ~ it is on quite another plane; *på det sluttande* ~*et* (*bildl.*) on the down grade **2** *s7* (*flyg-*) plane **3** *s3* (*öppen plats*) open space, area, (*fyrkantig*) square; *sport.* ground; (*jfr äv. gräs-, tennis- etc.*) **4** *s3* (*projekt, förslag*) plan, scheme (*för, på, till* for, of); (*intrig*) plot; *göra upp* ~*er* make plans, plan; *ha* (*hysa*) ~*er på ngt* (*på att*) have plans for s.th. (*for ... -ing*); *det ingår inte i mina* ~*er* it is not part of my plans; *det finns inga* ~*er att hinna dit* there's not the faintest chance of getting there in time **II** *a1* plane, level
plana 1 (*jämna*) level **2** (*in bil, båt*) plane
plan|ekonomi planned economy **-enlig** [-e:-] *a1* according to plan
planer|a 1 (*jämna*) level **2** (*-lägga*) plan, project; (*ha för avsikt*) intend, *AE. äv.* aim to (+ *inf.*) **-ing 1** (*jämnande*) levelling **2** (*-läggning*) planning, projection
planet *s3* **1** *astr.* planet **2** *mitt i* ~*en* slap in the face **-arisk** [-'ta:-] *a5* planetary **-arium** [-'ta:-] *s4* planetarium
plan|geometri plane geometry **-hushållning** economic planning, planned economy
planimetri *s3* planimetry
plank 1 *s9, s7, koll.* deals (*pl*), planking **2** *s7* (*stängsel*) wood[en] paling (fence); (*kring bygge e.d.*) hoarding[s *pl*]
1 planka *s1* deal; (*större*) plank
2 planka *v1, vard.* **1** (*smita in*) gate-crash **2** (*kopiera*) crib
plankorsning level (*AE.* grade) crossing
plankton ['planktån] *s7* plankton
plan|lägga plan, make plans for, project; *-lagt mord* premeditated (wilful) murder **-läggning** planning; projection **-lös** planless; unmethod-

ical, indiscriminate; (*utan mål*) aimless, desultory; *irra omkring* ~*t* wander about aimlessly **-lösning** *byggn.* plan[ning], design **-mässig** *a1* methodical, systematical; according to plan **-ritning** *konkr.* [ground] plan (*till* for, of); (*som läroämne*) plan-drawing
plansch *s3* plate, illustration; (*vägg-*) chart **-verk** volume of pictures, picture book
planskild ~ *korsning* grade-separated intersection
planslipa grind smooth
plant|a *s1* plant; (*uppdragen ur frö*) seedling; (*träd*) sapling; *sätta -or* set plants **-age** [-'ta:ʃ] *s5* plantation **-era** plant; (*i rabatt äv.*) bed out; *bildl.* plant, set; ~ *om* transplant; ~ *ut* plant out **-ering** [-'te:-] *konkr.* plantation, park; *abstr.* planting **-skola** nursery (*för* of, for) (*äv. bildl.*)
plask *s7 o. interj* splash **plaska** splash; (*om vågor, åror*) lap (*mot stranden* on the shore; *mot båtens sidor* against the sides of the boat); (*vada*) paddle; ~ *omkring* splash about
plask|damm [children's] paddling-pool **-våt** soaking wet
plasma *s9, s7, pl plasmer* plasma **-fysik** plasma physics (*pl, behandlas som sg*)
plast *s3* plastic; *härdad* ~ thermosetting plastic; *mjuk* ~ nonrigid plastic
plast|a, -behandla coat (spray) with plastic **-behandlad** *a5* plastic-coated **-blomma** plastic flower **-båt** plastic boat
plastellin *s3, s4*, **plastellina** [-ˣli:-] *s1* plasticine
plast|fabrik plastics plant **-folie** plastic sheeting (film) **-hink** plastic bucket
plastik *s3* **1** (*bildhuggarkonst*) plastic art **2** *med.* plastic surgery **3** (*konsten att föra sig väl*) deportment **-kirurgi** plastic surgery
plastisk ['plass-] *a5* plastic; (*formbar*) ductile; (*behagfull*) graceful; ~*t trä* wood cement, plastic wood
plast|laminat *s7* laminated plastic sheet **-påse** plastic (polythene) bag
platan *s3* plane [tree]
platina [-ˣti:-, 'pla:-] *s9* platinum **-blond** platinum-blonde
Platon ['pla:tån] Plato **platon[i]sk** [-'to:-] *a5* Platonic (*kärlek* love)
plats *s3* **1** (*ställe, ort, bestämd* ~) place; (*lokalitet*) locality; (*fläck*) spot; (*öppen* ~) space, area, (*fyrkantig*) square; (*skåde-*) scene (*för* of); *veta sin* ~ know one's place; *var sak på sin* [*rätta*] ~ everything in its [right] place; *offentliga* (*allmänna*) ~*er* public places; *här på* ~*en* here, in this town, on the spot; *läkaren på* ~*en* (*äv.*) the local doctor; *vara den förste på* ~*en* be the first on the spot (to arrive); *sätta ngn på* ~ (*bildl.*) take a p. down [a peg or two]; *det vore inte på sin* ~ *att* it would be out of place (inappropriate) to **2** (*sitt-, äv. i riksdag o.d.*) seat; (*säng-*) bed; *numrerade* ~*er* numbered seats; *ta* ~ take a (one's) seat; *tag* ~*!* take your seats!; *fylld till sista* ~ packed, filled to capacity **3** (*utrymme*) room; space; (*husrum*) accommodation; *lämna* ~ *för* (*åt*) make room for; *ta liten* (*för stor*) ~ take up little (too much) room; *gott om* ~ plenty of room; *den får nätt och jämnt* ~ there is only just

room for it; *ha ~ för 100 personer* have room (*husrum:* accommodation) for 100 persons **4** (*anställning*) place, situation, job; (*befattning*) position, post; (*ställning*) position; *fast ~* permanent situation; *ha ~ hos* be in the employment of; *söka ~* apply for a situation; *utan ~* unemployed, out of work; *lediga ~er* vacancies, (*tidn.rubrik*) appointments and situations vacant; *intaga en framträdande ~* occupy (take up) a prominent position

plats|annons *~er* situations wanted (vacant) advertisements **-ansökan** application for a situation (*etc.*) **-beställning** seat reservation (booking) **-biljett** seat reservation [ticket] **-brist** lack of room; (*på sjukhus*) shortage of beds **-chef** local manager **-siffra** *sport.* place number **-sökande** *s9* applicant [for a situation]; (*tidn.rubrik*) appointments and situations wanted

platt I *a1* **1** flat (*tak* roof; *som en pannkaka* as a pancake); *ha ~ bröst* be flat-chested, *~ fall* (*sport. o. bildl.*) flop **2** (*banal*) commonplace (*kvickhet* witticism) **II** *adv* flat; *falla ~ till marken* (*bildl.*) fall flat; *trycka sig ~ mot väggen* press one's body flat against the wall; *~ intet* nothing at all, absolutely nothing

platta I *s1* plate, (*sten-*) slab; (*rund*) disc; (*vägg-*) tile; (*grammofon-*) record, disc **II** *v1* flatten (*till* out); *~ till* (*bildl.*) squash

platt|fisk flatfish **-form** *s2* platform **-fotad** *a5* flat-foot[ed] **-het 1** (*utan pl*) flatness **2** *bildl.* platitude **-järn** flat steel (iron); *koll.* flats (*pl*)

plattsättare [floor-]tiler, tile-layer

plattång (*särskr. plattång*) flat[-nosed] pliers (*pl*)

platå *s3* plateau, tableland **-sko** platform shoe

plebej [-'bejj] *s3* plebeian

plejad *s3* **1** *astr.,* P*~erna* the Pleiades **2** *litt. hist.,* P*~en* the Pleiad[e]

plektr|on ['plektrån] *-et -er,* **plektrum** ['plekk-] *s4* plectrum (*pl* plectra), plectron

plenarmöte [-'×na:r-] plenary meeting **plenum** ['×ple:-] *s8* plenary sitting (assembly)

plexiglas plexiglass

pli *s9, s7* manners (*pl*), bearing; *sätta ~ på ngn* (*vard.*) lick s.b. into shape

pligg *s2* peg **pligga** peg (*fast* down)

1 plikt *s3* (*skyldighet*) duty (*mot* to, towards); (*förpliktelse*) obligation; *~en framför allt* duty first; *göra sin ~* do one's duty; *vi har den smärtsamma ~en att meddela* ours is the painful duty to announce

2 plikt *s3* (*böter*) fine

plikta pay a fine (*för* for); *han fick ~ 2 pund* he was fined 2 pounds; *~ med livet* pay with one's life (*för* for)

plikt|ig *a1* [in duty] bound, obliged **-känsla** sense of duty **-skyldig** dutiful; obligatory (*leende* smile) **-skyldigast** *superl. adv* dutifully, in duty bound; *skratta ~* laugh dutifully **-trogen** faithful, dutiful

plint *s2* **1** *gymn.* vaulting box (horse) **2** *byggn.* plinth; *elektr.* test terminal box

plira peer, screw up one's eyes (*mot* at) **plirig** *a1* peering, narrowed (*ögon* eyes)

pliss|é *s3* pleating **-era** pleat, plait

plister ['pliss-] *s2, bot.* dead-nettle

plit *s7* (*knåp*) toil

1 plita (*skriva*) write busily

2 plita *s1* pimple, pustule

plock [-å-] *s7, ej pl* gleanings, odds and ends (*pl*); (*-ande*) picking

plocka 1 pick, gather (*blommor* flowers; *frukt* fruit); lift (*potatis* potatoes); *~ av* (*bort*) pick off; *~ fram* bring (take) out; *~ ihop* gather together, collect; *~ in* (*t.ex. från trädgården*) gather (pick) and bring in, (*i skåp e.d.*) put away in[to]; *~ ner* (*t.ex. äpplen*) get (take) down; *~ sönder* take to pieces; *~ undan* clear away; *~ upp* pick up; *~ ut* take out (*ur* of), (*utvälja*) pick out **2** pluck (*en fågel* a fowl; *ögonbrynen* one's eyebrows) **3** *sitta och ~ med* sit and fiddle with; *~ på lakanet* pluck at the sheet **plockning** picking *etc.*

plog *s2* plough; *gå bakom ~en* follow the plough; *spänna hästen för ~en* put the horse before the plough; *lägga under ~en* put under the plough

plog|a (*väg*) clear from (of) snow (*med skida*) stem, snowplough **-bill** ploughshare-point **-fåra** furrow

ploj [plåjj] *s2, s3* ploy

plomb [-å-] *s3* **1** (*blysigill*) lead [seal], seal **2** *tandläk.* filling, stopping **-era 1** (*försegla*) seal [up], lead **2** *tandläk.* fill, stop **-ering** [-'be:-] **1** sealing; *konkr.* seal **2** filling, stopping

plommon [-ån] *s7* plum **-stop** *s7* bowler (*AE.* derby) [hat] **-träd** plum [tree]

plott|a [-å-] plot **-ingbord** plotting table **plott|ra ~ bort** fritter (*lid. äv.:* trifle) away **-ig** *a1* jumbled, disjointed

plufsig *a1* flabby

plugg 1 *s2* (*tapp*) plug, stopper; (*i tunna*) tap **2** *s2, vard.* (*potatis*) spud **3** *s7* (*-läsning*) swotting, cramming; (*skola*) school

plugg|a 1 (*slå in plugg i*) plug, stop up; *~ igen* clog **2** (*läsa*) swot (*latin* Latin); *AE. sl.* dig [in]; *~ på en examen* cram for an examination; *~ engelska med ngn* coach s.b. in English **-häst** swot, swotter

1 plump *a1* coarse, rude

2 plump *s2* blot

plumphet coarseness, rudeness

plumpudding [×plumm-] plum pudding

plums *s2, s7, interj, adv* plop, flop **plumsa** [go] splash, flop (*i vattnet* into the water); *gå och ~ i leran* splash about in the mud

plundr|a rob (*ngn på* s.b. of); plunder, pillage, sack (*en stad* a town); strip (*julgranen* the Christmas tree) **-ing** robbing; plundering, pillage, sack

plunta *s1* pocket flask; *vard.* pocket pistol

plural|is *s3* (*stå i* be in) plural **-ism** pluralism **-ändelse** plural ending

plurr *s7, ramla i ~et* fall into the water

plus [pluss] **I** *s7* (*-tecken*) plus [sign]; (*tillägg*) addition; (*överskott*) [sur]plus; (*fördel*) advantage; *termometern visar ~* the temperature is above zero **II** *adv* plus; *2 ~ 2 är 4* two plus two make four; *det är 1 grad ~* it is one degree above zero; *~ minus noll* zero, nil, absolutely nothing **-grad** degree above zero **-kvamperfektum** (*i* in the) past perfect (pluperfect) [tense] **-sida** positive (credit) side

plussig *a1* bloated

plustecken plus [sign]

pluta ~ [*med munnen*] pout

Plutarchos [-'tarkås] Plutarch

pluton *s3* platoon **-chef** platoon leader

plym *s3* plume

plysch [-y:-] *s3* plush

plywood ['plajjvod] *s3* plywood

plåg|a I *s1* pain; torment; (*-oris*) plague, nuisance; *ha -or* have (be in) pain, be suffering; *vara en* ~ *för sin omgivning* be a plague to those around one **II** *v1* pain; torment; (*oroa*) worry; (*besvära*) bother; ~*s av gikt* (*dåligt samvete*) be tormented by gout (a bad conscience); *se* ~*d ut* look pained **-sam** *a1* painful

plån *s7* (*skiva*) tablet; (*på tändsticksask*) striking surface; *tända endast mot lådans* ~ strike only on the box **-bok** wallet; *AE. äv.* billfold, pocketbook

plåster ['plåss-] *s7* plaster; *lägga* ~ *på såret* put plaster on a wound, *bildl.* pour balm into the wound **plåstra** plaster; ~ *ihop* patch up; ~ *om ngn* dress a p.'s wounds, (*sköta om*) tend s.b.

plåt *s2* **1** (*metall*) sheet metal; sheet[-iron] **2** (*skiva*) plate (*äv. foto-*); *korrugerad* ~ corrugated sheeting **-beslag** plate covering, plating **-burk** tin, can **-sax** plateshears (*pl*) **-slagare** sheet-metal worker, plater **-slageri** *abstr.* metal-plating; (*-verkstad*) sheet-metal [work]shop, plate works **-tak** tin roof

pläd *s3, s2* [travelling] rug; (*skotsk*) plaid

pläder|a plead **-ing** (*slut-*) summing-up of the defence; *en* ~ (*äv.*) a plea

plät|er ['plä:-] *s2* plate **-era** plate

plätt *s2* **1** (*fläck*) spot **2** *kokk.* small pancake **-lagg** pancake iron, griddle

plöja [ˣplöjja] *v2* plough (*äv. bildl.*); ~ *igenom en bok* plough through a book; ~ *ner* plough in, (*vinst*) plough back; ~ *upp* (*åker o.d.*) plough up

plös *s2* tongue

plöts|lig *a1* sudden, abrupt; unexpected **-ligen**, **-ligt** *adv* suddenly; all of a sudden

PM, P.M. *s9, s7* (*förk. för promemoria*) memo

pneumatisk [pnev'ma:-] *a5* pneumatic

pock|a ~ *på* [urgently] insist [up]on; *frågan* ~*r på sin lösning* the problem craves (demands) a quick solution **-ande** *a4* importunate, pressing, urgent (*behöv need*); (*om pers.*) importune

pocketbok [ˣpåkk-] paperback; *AE. äv.* pocketbook

podium ['po:-] *s4* podium (*pl äv.* podia); platform

poem *s7* poem **poesi** *s3* poetry **poet** *s3* poet

poetisk [po'e:-] *a5* poetical; poetic (*frihet* licence)

pojk|aktig [ˣpåjk-] *a1* boyish **-bok** book for boys

pojk|e [ˣpåjke, 'påjke] *s2* boy; (*känslobetonat*) lad **-flicka 1** (*-aktig flicka*) tomboy **2** (*omtyckt av -ar*) girl for the boys **-namn** boy's name **-scout** boy scout **-spoling** young scamp (rascal), hobbledehoy **-streck** boyish prank

pokal *s3* (*bägare*) goblet; *sport.* cup, trophy

poker ['på:-] *s9* poker **-ansikte** poker (deadpan) face

pol *s3* pole

polack *s3* Pole

polare *vard.* chum, pal, mate, *AE.* buddy

polar|expedition [-ˣla:r-] polar (arctic, antarctic) expedition **-forskare** polar (arctic, antarctic) explorer

polar|isation polarization **-isera** polarize **-itet** polarity

polarkalott [-ˣla:r-] polar cap

polaroid *s3* polaroid

polcirkel polar circle; *norra* (*södra*) ~*n* the Arctic (Antarctic) circle

polem|ik *s3, ej pl* polemics (*pl, behandlas som sg*) **-isera** polemize **-isk** [-'le:-] *a5* polemic[al], controversial

Polen ['på:-] *n* Poland

poler|a polish (*äv. bildl.*); (*metall*) burnish; ~*t ris* polished rice **-medel** polish; abrasive **-skiva** polishing wheel (disc)

polhöjd altitude of the pole

poliklinik *s3* outpatient department

polio ['po:-] *s9* polio[myelitis] **-vaccinering** polio vaccination

polis *s3* **1** (*ordningsmakt*) police; *koll.* [the] police; *gå in vid* ~*en* join the police force; *anmäla för* ~*en* report to the police; *efterspanad av* ~*en* wanted by the police; *göra motstånd mot* ~ resist arrest; *ridande* ~ mounted police, *AE. äv.* (*i lantdistrikt*) ranger; *ropa på* ~ shout for the police; ~*en har gjort chock* the police have charged **2** (*-man*) policeman, [police] officer; constable; *AE.* patrolman; *vard. i Storbritannien* bobby; *sl.* cop[per]; *kvinnlig* ~ policewoman **-bil** police (patrol, squad) car **-bricka** policeman's badge **-chef** police commissioner, chief constable, head of a police force; *AE.* chief of police, marshal **-chock** police charge **-domstol** police court **-eskort** police escort **-förhör** interrogation by the police; *anställa* ~ *med ngn* hold a police interrogation with s.b. **-hund** police dog **-hus** police headquarters (*pl*), police station **-intendent** assistant chief constable

polis|iär *a1* police **-kommissarie** police superintendent; *AE.* captain; *biträdande* ~ chief inspector **-kund** old offender; *vard.* jailbird **-kår, -makt** police force **-myndigheter** police authorities **-mästare** chief constable, [police] commissioner

polisonger [-'såŋer] *pl* sideboards, side whiskers; *AE.* sideburns

polis|piket riot squad; (*bil*) police van **-pådrag** *det var fullt* ~ the police was there in full force **-sak** police matter **-spärr** police cordon; (*väg-*) roadblock **-station** police station **-utredning** police investigation **-väsen** police [system, organization; authorities (*pl*)]

politbyrå [-ˣli:t-] Politburo

polit|ik *s3, ej pl* **1** (*statsangelägenheter, statskonst*) politics (*sg o. pl*); *syssla med* ~ be engaged in politics; *tala* ~ talk politics **2** (*-isk princip, handlingssätt, slughet*) policy; line of action; *den öppna dörrens* ~ open-door policy; *föra en fast* ~ take a firm line; *avvaktande* ~ wait-and-see policy **-iker** [-'li:-] politician **-isera** politicize **-isering** [-'se:-] politicization **-isk** [-'li:-] *a5* political

polityr *s3* [French] polish; *bildl.* polish

polka [ˣpåll-] *s1* polka **-gris** peppermint rock

pollare [ˣpåll-] *sjö.* bollard

pollen ['påll-] *s7* pollen
pollett *s3* (*av metall*) check, counter, token; (*av papper*) ticket; (*gas-*) disc **-era** label, register; *AE.* check; ~ *sitt bagage* have one's luggage labelled (registered); *AE.* check one's baggage **-ering** [luggage] registration
pollinera pollinate
polo ['pɔ:-] *s6* polo **-krage** turtleneck **-tröja** turtleneck sweater
polsk [-å(:)-] *a5* Polish; ~*a korridoren* the Polish Corridor; ~ *riksdag* (*bildl.*) bedlam **polska** [-å(:)-] *s1* **1** (*språk*) Polish **2** (*kvinna*) Polish woman
polstjärna *P~n* Polaris, the North (Pole) Star
poly|eder [-'e:d-] *s2* polyhedron (*pl äv.* polyhedra) **-ester** [-'es-] polyester **-eten** polythene, polyethylene **-gam** *al* polygamous
Polynesien [pålly'ne:-] *n* Polynesia
polyp *s3* **1** *zool.* polyp **2** *med.* polyp, polypus (*pl* polypi); ~*er bakom näsan* adenoids
poly|teknisk ~ *skola* polytechnic school **-vinyl klorid** polyvinyl chloride
pamad [-ʰma:-] *s1* pomade
pomerans [-'ans, -aŋs] *s3* Seville (bitter) orange
Pommern ['påmm-] *n* Pomerania **pommersk** ['påmm-] *a5* Pomeranian
pommes frites [påmm'fritt] *pl* chips, chipped potatoes; *AE.* French fried potatoes, French fries
pomp [-å-] *s9* pomp (*och ståt* and circumstance)
Pompeji [påm'pejji] *n* Pompeii
pondus ['pånn-] *s9* authority, impressiveness, (*eftertryck*) emphasis, weight
ponera [pɔ-, på-] suppose
ponny ['pånni] *s3* pony
ponton [påŋ'tɔ:n, -'tå:n] *s3* pontoon **1 pop** [på:p] *s3* (*grek.-kat. präst*) pope
2 pop [påpp] *s3* pop
pop|artist ['påpp-] pop musician (singer) **-band** pop group **-konst** pop art
poplin [på-] *s3, s4* poplin
popmusik pop [music]
poppel ['påpp-] *s2* poplar
popsångare pop singer
populari|sera popularize **-tet** popularity
populism populism
populär *al* popular (*bland* among, with) **-press** popular press **-vetenskap** popular science
por *s3* pore **-ig** *al* porous
porla [ˣpå:r-] murmur, babble; ~*nde skratt* rippling laugh
pormask blackhead
pornograf|i *s3* pornography; *vard.* smut **-isk** [-'gra:-] *a5* pornographic
porositet porosity, porousness
porr *s3* porno **-tidning** porno magazine
porslin [-å-] *s4* (*ämne*) china; (*äkta*) porcelain; *koll.* china, crockery
porslins|affär china shop **-krossning** [-åss-] (*tivolinöje*) crockery shy **-målning** porcelain (china) painting **-varor** *pl* chinaware, crockery (*sg*); (*finare*) porcelain ware (*sg*)
port [-ɔ(:)-] *s2* (*-gång*) gateway, doorway; (*ytterdörr*) [street, (front)]door; (*t. park, stad samt bildl.*) gate; *köra ngn på* ~*en* turn s.b. out [of doors]; *fienden stod framför* ~*arna* the enemy

was at the gates; *stå och prata i* ~*en* stand talking in the doorway (gateway); *den trånga* ~*en* (*bildl.*) the strait gate; *Höga P~en* the Sublime Porte
portabel [-å-, -'a:bel] *a2* portable
portal *s3* portal, porch
porter ['på:r-] *s9* stout; (*svagare*) porter
portfölj [-å-] *s3* briefcase; (*av värdepapper*) portfolio; *minister utan* ~ minister without portfolio
port|förbjuda forbid to enter the house (country); (*utestänga*) exclude, keep out; (*bannlysa*) ban **-gång** *s2* gateway, doorway; *köra fast redan i* ~*en* (*bildl.*) get stuck at the very start (outset)
portier [pårt'je:] *s3* hall-porter, receptionist; *AE. äv.* [room]clerk
portion [pårt'ʃɔ:n] portion; (*mat- äv.*) helping, serving; *mil.* rations (*pl*); *i små* ~*er* in small portions (doses); *en stor* ~ *kalvstek* a large helping of veal; *en god* ~ *tur* a great deal of luck; *en viss* ~ *sunt förnuft* a certain amount of common sense, *i små* ~*er* in small doses **-era** portion (*ut* out)
portmonnä [pårtmå'nä:] *s3* purse; *AE. äv.* pocketbook
portnyckel latchkey
porto [ˣpårr-] *s6* postage; (*för postanvisning, Storbritannien*) poundage; (*för telegram*) charge[s *pl*]; *gå för enkelt* ~ pass at the single[-postage] rate **-kostnad** postage
porträtt *s7* portrait; ~*et är mycket likt* the portrait is a good likeness **-album** family album **-era** portray **-lik** like the original, lifelike
porttelefon hall (house) telephone
Portugal ['pårr-] *n* Portugal
portugis [-å-] *s3* Portuguese (*pl* Portuguese) **-isk** *a5* Portuguese **-iska** *s1* **1** (*språk*) Portuguese **2** (*kvinna*) Portuguese woman
portvakt porter (*fem.* portress), doorkeeper, gatekeeper; (*i hyreshus*) caretaker, concierge; *AE.* janitor (*fem.* janitress)
portvin [ˣpå:rt-] port [wine]
portör [-å-] botanical tin, vasculum
porös *al* porous; (*svamplik*) spongy
pos|e [på:s] *s5* pose, attitude, posture; *intaga en* ~ strike an attitude, adopt a pose **-era** pose (*för* to); strike an attitude; ~ *med ngt* make a show of s.th.
position position; *bildl. äv.* status, standing; *uppge sin* ~ (*i fråga o.d.*) give up one's ground
positionsljus *sjö.* running light
1 positiv ['pɔ:s-, 'pɔss-] **I** *al* positive **II** *s3* (*i* in the) positive
2 positiv *s7* (*musikinstrument*) barrel organ
positivspelare organ-grinder
possessiv ['påss-, -'si:v] *al* possessive (*pronomen* pronoun)
1 post [-å-] *s3* (*bokförings-*) item, entry; (*belopp*) amount, sum; (*varuparti*) lot, parcel; (*värdepapper*) block, parcel; *bokförd* ~ entry; *bokföra en* ~ make an entry, post an item
2 post [-å-] *s3* **1** *se dörr-, fönster-* **2** *se brand-, vatten-*
3 post [-å-] *s3* **1** (*-ering; plats, befattning*) post; *stå på* ~ stand sentry, be on guard; *stupa på sin* ~ be killed at one's post; *bekläda en viktig* ~ hold an important post (position) **2** (*vakt-*) sen-

P

try, sentinel
4 post [-å-] *s3* (*brev o.d.*) post, *AE.* mail; (*-anstalt*) post office; *jfr äv. postverk*; *ankommande* (*avgående*) ~ inward (outward) mail; *med dagens* (*morgonens*) ~ by today's (the morning) post; *per* ~ by post; *sortera* ~*en* sort the mail; *skicka med* ~[*en*] send by post; *lämna ett brev på* ~*en* take a letter to the post [office]

post|a post, mail, send by post (mail) **-adress** postal (mailing) address **-gl** *a1* postal **-anvisning** money order (*förk.* M.O.); (*på fastställt belopp*) postal order (*förk.* P.O.); *hämta ut en* ~ cash a money order **-box** post office box (*förk.* P.O.B.)

postera [-å-] **1** (*ställa ut post*) station, post **2** (*gå, stå på post*) stand sentry, be on sentry duty

poste restante [påst re'staŋt, -'stant] poste restante, *AE.* general delivery

postering [-å-'te:-] picket, outpost

postförskott cash on delivery (*förk.* C.O.D.); *ett* ~ a cash-on-delivery parcel (*etc.*); *sända ngt mot* ~ send s.th. cash on delivery

postgiro postal giro service **-konto** postal giro account **-nummer** postal giro account number

postgång postal service

postiljon [på-] *s3* sorting clerk; (*förr*) mailcoach driver

postisch [pås'tiʃ] *s3* hairpiece, postiche

post|kontor post office **-kupé** mailcoach, *AE.* mailcar **-mästare** postmaster (*fem.* postmistress) **-nummer** postcode; *AE.* zip code

posto [ˣpåstɔ] *i uttr.: fatta* ~ take one's stand, post o.s.

post|order mail order **-paket** postal parcel; *skicka som* ~ send by parcel post **-rösta** vote by post

postskriptum [påst'skripp-] *s8* postscript (*förk.* P.S.)

post|stämpel postmark; ~*ns datum* date as postmark **-tjänsteman** post-office employee (clerk)

postum [pås'tu:m] *a1* posthumous

post|utdelning postal delivery **-verk** ~*et* [the] Post Office **-växel** money order, bank[er's] draft

potatis [-'ta:-] *s2* potato; *koll.* potatoes (*pl*); *färsk* (*oskalad, kokt, stekt*) ~ new (unpeeled, boiled, fried) potatoes; *skala* ~ peel (skin) potatoes; *sätta* (*ta upp*) ~ plant (lift) potatoes; *han har satt sin sista* ~ (*ung.*) he has cooked his goose **-blast** potato haulm **-mjöl** potato flour **-mos** mashed (creamed) potatoes (*pl*) **-näsa** pug nose **-sallad** potato salad **-skal** potato peel (skin); (*avskalat*) potato peelings (*pl*)

potens *s3* (*förmåga*) potency; *med. äv.* sexual power, potence; *mat.* power **potent** *a4* potent

potentat potentate

potent|ial [-n(t)si'a:l] *s3* potential **-iell** [-n(t)si'-ell] *a1* potential

potpurri [-å-] *s3* potpourri; *mus. äv.* medley

pott [-å-] *s3, spel.* pool, kitty

pott|a [-å-] *s1* chamber [pot] **-aska** potash, potassium carbonate

poäng *s3* (*värdeenhet s9*) point; (*skol.*) mark; *få* ~ get a point (points); *få två* ~ (*äv.*) score two; *vinna* (*förlora*) *på* ~ win (lose) on points; *livet har sina* ~*er* life has its points; *historien saknar* ~

the story lacks point (is pointless) **-beräkning** *sport. o. spel.* scoring **-besegra** outpoint **-seger** victory (win) on points **-ställning** score **-sätta** award points to; *skol.* mark, assign marks to **-tera** emphasize **-tips** treble chance pool

p-piller [ˣpe:-] contraceptive tablet; *vard.* the pill

PR *förk. för public relations*

pracka ~ *på ngn ngt* foist s.th. [up]on s.b.

Prag *n* Prague

pragmatisk *a5* pragmatic[al]

prakt *s3* magnificence, grandeur; splendour; *visa sig i all sin* ~ appear in all one's splendour; *sommaren stod i sin fulla* ~ summer was in all its glory **-exemplar** magnificent (spendid) specimen **-full** magnificent, splendid

praktik *s3* **1** practice; (*övning*) experience; *i* ~*en* in practice; *omsätta i* ~*en* put into practice; *skaffa sig* ~ get practice ([practical] experience) **2** (*läkarverksamhet etc.*) practice; *öppna egen* ~ open one's own practice **-ant** trainee, probationer, learner **-er** ['prakk-] practician; (*om läkare*) practitioner **-fall** case study

prakt|isera 1 (*tillämpa*) put into practice; (*lära sig ett yrke*) get experience **2** (*som läkare etc.*) practise [as a doctor]; ~*nde läkare* general practitioner (*förk.* G.P.) **-isk** ['prakk-] *a5* practical; (*användbar*) useful, serviceable; (*lätthanterlig*) handy; *i det* ~*a livet* in practical life; ~ *erfarenhet* working experience **-iskt** ['prakk-] *adv* practically, in a practical way; ~ *användbar* practical, useful; ~ *genomförbar* (*utförbar*) practicable; ~ *taget* practically, as good as

pralin *s3* chocolate, chocolate cream

prass|el ['prass-] *s7* rustle **-la** rustle (*äv.* ~ *med, i*)

prat *s7* (*samspråk*) talk, chat; (*strunt-*) nonsense; (*skvaller*) gossip, tittle-tattle; *tomt* (*löst*) ~ idle talk; [*å*] ~*! rubbish!, nonsense!; *vad är det för* ~*!* what's all this rubbish!; *inte bry sig om* ~*et* take no notice of gossip

prata talk (*med* to, with; *om* about, of); chat; ~ *för sig själv* talk to o.s.; ~ *i sömnen* talk in one's sleep; ~ *affärer* (*kläder*) talk business (clothes); [*vad*] *du* ~*r!* nonsense!, rubbish!, fiddlesticks!; ~ *strunt* talk nonsense (rubbish); *folk* ~*r så mycket* people will talk; ~ *omkull ngn* talk s.b. down [to a standstill]; ~ *på* talk away, go on talking; ~*s vid om saken* talk it over

prat|bubbla (*i serie*) balloon **-ig** *a1* (*om pers.*) talkative; (*om stil*) chatty; verbose **-makare** talker, chatterbox **-sam** *a1* talkative, loquacious **-sjuk** fond of talking; loquacious **-stund** chat; *ta sig en* ~ have a chat

praxis ['prakks-] *best. f. praxis el. -en* practice, custom, usage; *enligt vedertagen* ~ by usage; *bryta mot* ~ depart from practice; *det är* ~ *att* it is the custom to

precis I *a1* precise, exact; (*om pers. äv.*) particular; (*punktlig*) punctual **II** *adv* precisely; exactly; *inte* ~ not exactly; *komma* ~ *kl 9* arrive at 9 o'clock sharp (on the dot); *komma* ~ [*på minuten*] be punctual, come on the dot; ~ *som förut* just as before; *just* ~*!* exactly! **-era** specify, define exactly; (*i detalj*) particularize; ~ *närmare* state more precisely **-ering** defining, specification

precision precision, exactitude, accuracy
precisions|arbete precision work **-instrument** precision instrument
predestinera predestinate
predika [-'di:-] preach *(för* to; *om, över* on); ~ *bra* preach a good sermon
predikament *s7, s4* predicament
predik|an [-'di:-] *best. f. -an,* pl *predikningar* sermon *(över* on); *(straff-)* lecture; *hålla en* ~ deliver a sermon *(för* to) **-ant** preacher; *(frikyrko-)* minister **-are** preacher; *P~n* [the Book of] Ecclesiastes
predikat *s7* predicate **predikatsfyllnad** predicat[iv]e complement
prediko|samling [-ˣdi:-] book of sermons **-text** [sermon] text **-ton** sermonizing tone
predikstol [ˣpredd-, ˣpre:-] pulpit; *bestiga ~en* go up into the pulpit; *stå i ~en* stand (be) in the pulpit
pre|disponera predispose *(för* to) **-fabricera** prefabricate
prefekt *s3 (fransk ämbetsman)* prefect; *univ.* head **prefektur** *(ämbete, lokal)* prefecture
preferens [-'raŋs, -'rens] *s3* preference **-aktie** preference share
prefix *s7* prefix
pregn|ans [preŋ'nans, preg-, -'aŋs] *s3* pregnancy **-ant** [preg'nant, -'aŋt] *a1* pregnant
preja [ˣprejja] *sjö.* hail
prejudi|cerande [-'se:-] *a4* precedential; ~ *rättsfall* test case **-kat** *s7* precedent; *skapa ett ~ uroute a piecedent; utan ~ (äv.)* unprecedented
prekär *a1* precarious *(situation* situation)
prelat prelate
preliminär *u1* preliminary; provisional; ~ *skatt* preliminary tax, *(källskatt)* pay-as-you-earn tax; *överskjutande ~ skatt* preliminary tax paid in excess
preludium [-'lu:-] *s4* prelude
premie [ˣpre:-] *s5* **1** *försäkr. o.d.* premium *(på* on, for) **2** *(belöning)* prize, reward; *(extra utdeln. på lån e.d.)* bonus; *(export- etc.)* bounty, subsidy; *fast ~* uniform premium; *inbetalda ~r* paid-up value *(sg)* **-lån** premium bond (lottery) loan **-obligation** premium bond
premiera *(belöna)* reward; *(boskap o.d.)* award a prize to; *~d tjur* prize bull
premiss *s3* premise
premi|um [ˣpre:-] *s4* prize, premium; *dela ut -er* give prizes
premiär *s3* first (opening) night **-dansör** principal dancer **-dansös** leading ballerina **-minister** prime minister, premier
prenumer|ant subscriber *(på* for) **-ation** subscription *(på* for, to) **-ationsavgift** subscription [fee] **-era** subscribe *(på* for, to); ~ *på en tidning (äv.)* take a paper
preparandkurs preparatory course [of study]
prepar|at *s7* preparation; *mikroskopiskt ~* specimen, slide **-era** prepare *(äv. skol.)*
preposition preposition
presbyteri|an *s3* Presbyterian **-ansk** [-a:-] *a5* Presbyterian
presenning [-'senn-, ˣpress-] tarpaulin
presens [ˣpre:-] *n (i* in the) present [tense]; ~ *particip* the present participle

present *s3* present, gift; *få ngt i ~* get s.th. as (for) a present **-abel** [-'ta:-] *a2* presentable **-artiklar** *pl* gifts, souvenirs **-ation** 1 *(föreställande)* introduction *(för* to); *(mer formellt)* presentation *(för* to) **2** *(uppvisande)* presentation **-atör** compere **-bok** gift-book **-era 1** *(föreställa)* introduce *(för* to); *(mer formellt)* present *(vid hovet* at court; *för* to); *får jag ~ ...?* may I introduce ...?, meet ...; ~ *sig* introduce o.s. **2** *(framvisa)* present *(äv. växel e.d.)*, show **-kort** gift voucher (token)
preses [ˣpre:-] *r* president; moderator
president president; *(ordförande äv.)* chairman; *(hovrätts-)* Chief Justice **-kandidat** candidate for the presidency **-tid** *(ngns)* time as president, presidential term **-val** presidential election
presidera preside *(vid* at, over)
presidium [-'si:-] *s4* presidency, chairmanship; *(i Sovjet)* presidium; *(styrelse)* presiding (administrative) officers *(pl)*
preskribera ~*s* be statute-barred, be barred by the statute of limitations, lapse; *AE. äv.* outlaw; ~*d fordran (skuld)* statute-barred claim (debt)
preskrip|tion [-p'ʃo:n] *[statutory]* limitation, negative prescription **-tionstid** period of limitation
1 press *s3 (om tidningarna)* press; ~*ens frihet* the freedom of the press; *figurera i ~en* appear in the papers; *få god (dålig) ~* get (have) a good (bad) press
2 press *s2* **1** *konkr., tekn.* press; *jfr* brev-, frukt-, tryck- etc.; *gå i ~* go to press **2** *(tryck, påtryckning)* pressure; *ligga (lägga) i ~* be pressed; *utöva [stark] ~ på exert [great] pressure* [up]on; *leva under en ständig ~* be living under a constant strain **3** *det är fin ~ på byxorna* these trousers have a good crease
press|a 1 press *(kläder* clothes; *blommor* flowers); *(klämma)* squeeze *(apelsiner* oranges); *(med strykjärn äv.)* iron **2** *(tvinga, föra)* press, force; ~ *ngn till [att göra] ngt* force s.b. to (into doing) s.th. **3** *(med betonad partikel)* ~ *fram* press (squeeze; *bildl.* force) out *(ur, av* of); ~ *sig fram* press forward, force one's way along; ~ *ihop* compress; ~ *in* squeeze in; ~ *ner* press (force; *vard.* cut) down *(priserna* [the] prices) **-ande** *a4* oppressive *(hetta* heat); trying *(arbetsförhållanden* working conditions)
press|attaché press attaché **-byrå** press agency
press|gjuta die-cast **-jäst** compressed yeast
press|kampanj press (newspaper) campaign **-klipp** press cutting **-konferens** press conference **-lägga** send to [the] press **-läggning** going to [the] press **-meddelande** press release
pressning pressing; squeezing; *jfr* pressa
presstöd *(särskr. press-stöd)* [state] assistance to newspapers
pressveck crease
prestanda [-'tann-, -ˣtann-] *pl (åligganden)* obligations; *tekn.* performance characteristics, performances
presta|tion achievement; performance **-tionsförmåga** performance, output [capacity], capacity
prestera achieve, accomplish; perform
prestige [-'ti:ʃ] *s5* prestige **-fråga** matter of

P

prestige **-förlust** loss of prestige
preten|dent pretender (till to) **-tion** [-taŋˈʃɔ:n]
pretension (på to) **-tiös** [-taŋˈʃö:s] a1 pretentious
preussare [ˣpröjs-, ˣpråjs-] Prussian **Preussen**
[ˈpröjs-, ˈpråjs-] n Prussia **preussisk** [ˈpröjs-,
pråjs-] a5 Prussian
preventiv I a1 preventive **II** s7 preventive **-medel** contraceptive
prick s2 **1** dot, spot, point; (på måltavla) bull's
eye; (vid förprickning) mark, tick; till punkt och
~a, på ~en exactly, to a tee (T); sätta ~en över
i-t (bildl.) add the finishing touch; träffa ~ hit the
mark (äv. bildl.); ~ kl. 6 at six sharp **2** sport.
penalty point **3** sjö. [spar] buoy, perch **4** en trevlig (hygglig) ~ a nice (decent) fellow (chap, AE.
äv. guy)
prick|a 1 (förse med -ar) dot; (skjuta prick) hit;
(sticka hål i) prick; ~ av tick [off], check off,
tally; ~ för check (mark) off; ~ in dot in **2**
(brännmärka) reprove, reprimand **3** sjö. buoy
(en farled a fairway) **-fri** sport. without penalty
points **-ig** a1 spotted, dotted **-ning 1** dotting etc.
2 (brännmärkning) reproof, reprimand **3** sjö.
buoyage **-skytt** sharpshooter; mil. sniper **-säker** en ~ skytt an expert shot
prima [ˣpri:-, ˈpri:-] oböjl. a first-rate, firstclass), choice, prime; vard. A1, AE. dandy
-donna [-ˣdånna] s1 prima donna; teat. leading
lady
primat 1 s7 primacy **2** s3, zool. primate
primfaktor mat. aliquot part, prime factor
primitiv [-ˈti:v, ˈprimm-, ˈpri:-] a1 primitive
primtal prime number
primula [ˈpri:-] s1 primula
primus [ˈpri:-] **I** r, skol. top of the class **II** oböjl.
a, ~ motor the prime mover
primuskök [ˣpri:-] primus (varumärke) [stove]
primär a1 primary; (grundläggande) elementary;
(ursprunglig) primordial **-val** primary [election]
primör early vegetable (fruit); firstling
princip s3 principle; av (i) ~ on (in) principle; det
strider mot mina ~er it is against my principles;
en man utan ~er an unprincipled man **-beslut**
decision in principle **-fast** strong-principled; en
~ man (äv.) a man of principle **-fråga** question
(matter) of principle
principi|ell a5 founded (based) on principle;
(grundväsentlig) fundamental; av ~a skäl on
grounds of principle; ~a hänsyn considerations
of principle **-ellt** adv on (as a matter of) principle
princip|lös unprincipled **-människa** person
(etc.) of principle **-ryttare** doctrinaire
prins s2 prince; må som en ~ feel on top of the
world **-essa** [-ˣsessa] s1 princess **-gemål** prince
consort **-korv** chipolata sausage
priori|tera give priority to **-terad** a5 priority,
preferential; AE. preferred **-tering** genom ~ av
by giving priority to **-tet** priority
1 pris s3 (uppbringat fartyg) prize, capture
2 pris s2 (nypa [snus]) pinch [of snuff]
3 pris s7, s4 (värde, kostnad) price (på of); (begärt
~) charge; högt (lågt) ~ high (low) price; nedsatt
~ reduced price, cut price (AE. rate); gängse
(gällande) ~er ruling (current) prices; höja
(sänka) ~et på raise (lower) the price of; höja

~et med 6 pence raise the price by 6 pence; ~erna
stiger prices are rising; stiga i ~ advance (rise) in
price, go up; det i fakturan (prislistan) angivna
~et the invoiced (listed) price; vara värd ~et be
worth the price, be good value; komma överens
om ~et agree on the price; sätta stort ~ på att få
set great store on getting; för gott ~ at a moderate price; till ett ~ av at the (a) price of; till halva
~et at half-price, at half the price; till varje ~
(bildl.) at any cost, at all costs
4 pris s7, s4 (belöning) prize; få första ~ be
awarded the first prize; tar i alla fall ~et (bildl.)
takes first prize (the cake); sätta ett ~ på ngns huvud set a price on a p.'s head
5 pris s7 (lov, beröm) praise; Gud ske ~ glory to
God; sjunga ngns ~ sing a p.'s praises
prisa praise, glorify; ~ sig lycklig consider o.s.
fortunate, count o.s. lucky
prisbelöna award a prize to; ~d (vanl.) prize
(roman novel), prize-winning
pris|elasticitet price elasticity **-fall** decline
(fall) in prices; (kraftigt) slump **-fråga** matter
(question) of price
prisgiva give up, abandon; ~ expose (åt to); vara
-en åt (äv.) be left at the mercy of
prishoppning ridk. showjumping
pris|höjning rise (advance) in price[s pl] **-klass**
price range **-kontroll** price control **-krig** price
war **-lapp** price label (ticket, tag) **-lista** price list
-läge price range (level); i alla (olika) ~n at all
(different) prices; i vilket ~? at about what price?
prisma [ˣpriss-] -t prismer el. s1 prism; (i ljuskrona) drop **-kikare** prism binoculars (pl)
pris|medveten price-conscious **-märka** mark
with prices, put prices on **-nedsättning** price
reduction, markdown **-politik** prices policy **-reglering** price control (regulation)
prisse s2 fellow, chap
pris|stopp price freeze; införa ~ freeze prices
-sätta price, fix the price[s pl] of
pristagare prize winner
prisuppgift [price] quotation (på for)
prisutdelning distribution of prizes
prisutveckling price trend
1 prisvärd (värd sitt pris) worth its price; good
value [for money]
2 prisvärd (lovvärd) praiseworthy
privat I a1 private, personal; ~ område private
grounds (premises) (pl); den ~a sektorn the private sector; i det ~a in private life; jag för min
~a del I for my part **II** adv privately, in private;
undervisa ~ (äv.) give private lessons **-angelägenhet** personal matter; mina ~er my private
affairs **-bil** private car **-bostad** private residence **-chaufför** private chauffeur **-detektiv**
private detective; AE. private eye **-lektion** private lesson **-lärare** private teacher, tutor **-man**,
-person private person; som ~ in private life
-praktik private practice **-sekreterare** private
secretary **-ägd** [-ä:-] a5 privately-owned
privilegi|era privilege **-um** s4 privilege; (monopol) monopoly (på of)
PR-man [ˣpe:ärr-] PR (public relations) officer
(förk. P.R.O.)
pro pro; ~ forma pro forma; ~ primo (secundo)
firstly (secondly)

problem s7 problem; *framlägga (lösa) ett* ~ pose (solve) a problem **-atjk** s3 [set of] problems (*pl*) **-atisk** [-'ma:-] a5 problematic[al] **-barn** problem child **-lösning** solution of problems (a problem)

procedur procedure; process

procent s9 (*hundradel*) per cent, percent; (*-tal*) percentage; *löpa med 5* ~*s ränta* run at 5 per cent interest; *hur många* ~ *är det?* what percentage is that?; *2-*~*ig lösning* a two-per-cent solution; *mot* (*till*) *hög* ~ at a high percentage; *i* ~ *av* as a percentage of; *ökningen i* ~ *räknat* the percentage increase; *vi lämnar 10* ~[*s rabatt*] *vid kontant betalning* 10% cash discount **-enhet** percentage point **-räkning** calculation of percentages **-sats, -tal** percentage **-uell** a1 expressed as a percentage (in percentages)

process 1 (*rättstvist*) lawsuit, action; legal proceedings (*pl*); *öppna* ~ *med* (*mot*) bring an action against; *ligga i* ~ *med* be involved in a lawsuit with; *förlora* (*vinna*) *en* ~ lose (win) a case, *göra* ~*en kort med* make short work of, put an end to **2** (*förlopp*) process; procedure **processa** [-'sessa] carry on lawsuits (a lawsuit); ~ *om* litigate

processindustri processing industry

procession [-se'ʃo:n] procession; *gå i* ~ march (walk) in procession, process

processrätt law of [legal] procedure

producent producer; manufacturer; grower **-kooperation** producer's cooperation

producera produce; manufacture; ~ *sig* appear [in public]

produkt s3 product (*äv. mat.*); ~*er* (*koll., jordbruks- e.d., äv.*) produce (*sg*); *inhemska* ~*er* domestic products, home manufacture (*sg*) **produktion** [-k'ʃo:n] production; (*framställda varor*) output; (*författares el. konstnärs*) work[s], output; *öka* ~*en* increase [the] production

produktionsapparat productive apparatus, machinery of production **-faktor** factor of production, productive factor **-förmåga** productive power (capacity), productivity **-kostnad** cost of production **-led** stage of production **-medel** means (*sg o. pl*) of production **-volym** volume of production

produktiv [-'ti:v, 'prådd-, 'pro:-, 'prodd-] a1 productive; (*om författare*) prolific **-itet** productivity

produktutveckling product development

profession [-e'ʃo:n] profession; (*näringsfång*) trade; *till* ~*en* by profession (trade) **-alism** professionalism **-ell** a1 professional; *bli* ~ turn professional; ~ *idrottsman* professional

professor [-ˣfessår] s3 professor (*i historia* of history); *AE. äv.* full professor; ~ *emeritus* professor emeritus **professur** professorship (*i historia* in history), chair (*i historia* of history); *inneha en* ~ hold a professorship (chair); *inrätta en* ~ found (establish) a chair

profet s3 prophet; *de större* (*mindre*) ~*erna* the major (minor) prophets; *ingen är* ~ *i sitt fädernesland* no one is a prophet in his own country

profetia [-tˣsi:a] s1 prophecy

proffs [-å-] s7, s9, *sport.* pro (*pl* pros); *bli* ~ turn pro

profil s3 profile (*äv. tekn.*) **-era** profile

profit s3 profit, gain; *för* ~*ens skull* for the sake of profit **-era** profit (*av* by, from)

proformafaktura pro-forma invoice

prognos [-g'nå:s] s3, *med.* prognosis (*pl* prognoses); (*väderleks- m.m.*) forecast; *ställa en* ~ make a prognosis (forecast) **-ticera** prognosticate; forecast

program [-'gramm] s7 programme; *AE.* program (*parti- äv.*) platform; (*plan, förslag*) plan; *göra upp ett* ~ draw up a programme; *det hör till* ~*met* it is part of the programme; *stå på* ~*met* be on (in) the programme **-enligt** [-e:n-] adv in accordance with [the] programme; as arranged **-förklaring** *polit.* [election] manifesto **-ledare** *radio.* (*vid underhållning*) compere; (*i debatt*) chairman

programmera *data.* program; *AE.* program; ~*d undervisning* programmed instruction **-are** [-ˣme:-] programmer **-ing** programming

progressiv *al* progressiv (*beskattning* taxation) **-itet** progressiveness

projekt [-ʃ-, -j-] s7 project; plan, scheme **-era** project; plan; ~*d* projected **-ering** [-'te:-] projecting, projection; planning

projektil [-ʃ-, -j-] s3 projectile, missile **-bana** trajectory [of a projectile]

projektion [-k'ʃo:n] projection

projektledare leader (head) of a project

projektor [-ˣjektår] s3 projector

projicera project

proklamation proclamation **-era** proclaim

proletariat s7 proletariat

proletär I s3 proletarian **II** a1 proletarian **-författare** proletarian author

prolog prologue

prolongera [-låŋ'ge:-] prolong, extend

promemoria [-'mo:-] s1 memorandum (*över* on); memo

promenad s3 **1** (*spatsertur*) walk; (*flanerande*) stroll; (*åktur*) ride; *ta* [*sig*] *en* ~ take a walk; *gå på* ~ go for a walk; *ta ngn med ut på en* ~ take s.b. out for a walk **2** *se* **-plats -däck** promenade deck **-konsert** promenade concert; *vard.* prom **-sko** walking shoe **-väg** promenade; (*stig*) walk

promenera walk; *gå ut och* ~ go [out] for a walk

promille [-ˣmille] per mil[l] (thousand) **-halt** *blodet hade en* ~ *av 0,5* the concentration [of alcohol] in the blood was 50 mg. per cent

prominent a1 prominent

promiskuös a1 promiscuous

promotion conferment of doctors' degrees **-tor** [-ˣmo:tår] s3, *univ.* person conferring doctors' degrees; *sport.* promoter **-vera** confer a doctor's degree on

prompt [-å-] **I** a4 prompt, immediate **II** adv (*genast*) promptly, immediately; (*ovillkorligen*) absolutely

pronomen [-'nå:-, -'no:-] *best. f.* -enet, *pl* -en *el.* -ina pronoun

propaganda [-ˣgann-] s1 propaganda; *göra* ~ *för* make propaganda for **-syfte** *i* ~ for propaganda purposes (*pl*)

propagera propagate, make propaganda (*för* for)

propan s4, s3 propane

propeller [-ˣpell-] s2 propeller, screw; *flyg. äv.*

P

airscrew **-blad** propeller blade **-driven** a5 propeller-driven

proper ['prå:-] a2 tidy, neat, clean

proportion [-rt'ʃo:n] proportion; *stå i ~ till* be in proportion to; *i ~en 2 till 3* in the proportion of 2 to 3; *ha sinne för ~er* have a sense for (of) proportion; *står inte alls i ~ till* is out of all proportion to; *ha vackra ~er* be beautifully proportioned (well-proportioned) **-ell** a1 proportional; *direkt (omvänt) ~* directly (inversely) proportional (*mot* to) **-erad** [-'ne:-] a5 proportioned (*efter* to) **-erlig** [-'ne:r-] a1 (*väl avpassad*) well-proportioned; (*i visst förhållande*) proportionate (*till* to)

proposition 1 (*förslag*) proposal, proposition; (*regerings-*) government bill; *framlägga en ~* present a bill to Parliament **2** *mat., log.* proposition

propp [-å-] s2 stopper, plug; (*kork*) cork; *elektr.* fuse; *det har gått en ~* a fuse has blown

propp|a [-å-] cram, stuff (*med* with); *~ igen* (*till*) plug up; *~ i sig mat* stuff o.s. with food **-full** cram-full (*av, med* of) **-mätt** *vara ~* be full up

props [-å-] s9 pitprops

propsa [-å-] *~ på ngt* (*på att få*) insist on s.th. (on getting)

propå [prå'på:] s3 proposal

prosa s1 prose; *på ~* in prose **-författare** prosaist, prose writer **-isk** [-'sa:-] a5 prosaic; (*opoetisk*) unimaginative (*arbete* work)

prosit ['pro:-] [God] bless you!

prospekt s7 prospectus (*över* of) **-era** prospect (*efter malm* for ore) **-ering** [-'te:-] prospecting

prost s2 [rural] dean

prostata ['pråss-, -˟sta:-] s9 prostate [gland]

prostitu|era prostitute; *en ~d* a prostitute **-tion** prostitution

protein s4 protein

protektion|ism protectionism **-istisk** [-'niss-] a5 protectionist

protektorat s7 protectorate

protes s3 prosthesis (*pl* prostheses); artificial limb (arm, leg); (*löständer*) denture

protest s3 protest; *avge* (*inlägga*) *~ mot* make (enter, lodge) a protest against; *under ~[er]* under protest; *utan ~[er]* without a protest

protestant Protestant **-isk** a5 Protestant **-ism** Protestantism (*äv. ~en*)

protest|era protest (*mot* against; *en växel* a bill of exchange); *jag ~r* (*äv.*) I object **-skrivelse** letter of protest **-sång** protest song

protokoll [-'kåll] s7 minutes (*pl*) (*över* of); *dipl.* protocol; (*domstols- o.d.*) report of the proceedings; (*poäng-*) score, record; *föra ~et* keep (take) the minutes, keep the record; *justera ~et* verify (check) the minutes; *ta till ~et* enter in the minutes; *sätta upp ~ över* draw up a report of; *yttra ngt utom ~et* say s.th. off the record **-föra** enter in the minutes, record **-förare** keeper of the minutes; recorder; (*vid domstol*) clerk [of the court]; *sport.* scorer

protokollsutdrag extract from the minutes

proton [-'tå:n] s3 proton

protoplasma [-˟plass-] s9, s7 protoplasm

prototyp s3 prototype

protuberans s3, *astr.* prominence

prov 1 s7 (*försök, experiment*) trial, test, experiment; (*examens-*) examination; (*-skrivning*) [examination] paper; *anställa ~ med* try, test, give a trial; *efter avlagda ~* after passing the examination[*s pl*]; *avlägga godkänt ~ i* pass the test (examination) in; *bestå ~et* stand the test; *på ~* on trial, (*om pers. äv.*) on probation, (*om varor äv.*) on approval; *sätta ngn på ~* put s.b. to the test; *sätta ngns tålamod på hårt ~* try a p.'s patience very severely; *underdå ~* undergo a test; *visa ~ på sinnesnärvaro* give proof of presence of mind **2** s7, s4 (*varu-*) sample; (*-exemplar, exempel*) specimen; *~ utan värde* sample of no value, trade sample; *ett fint ~ på konsthantverk* a fine specimen of handicraft

prov|a test, try [out]; (*kläder*) try on **-bit** sample, specimen **-docka** (*skyltdocka*) [tailor's] dummy; (*modelldocka*) lay figure

provensalsk [-vaŋ'sa:lsk, -vens-] a5 Provençal

prov|erska fitter **-exemplar** sample, specimen **-filmning** screen test **-flygare** test pilot

proviant s9 provisions, supplies, victuals (*pl*); *förse med ~* provision, victual **-era** take in stores, provision

provins s3 province **-iell** a1 provincial

provision commission (*på* on); (*mäklarearvode*) brokerage; *fast ~* flat (fixed) commission; *~ på omsättningen* turnover commission

provisor|isk [-'so:-] a5 provisional; (*tillfällig*) temporary **-ium** s4 temporary (provisional) arrangement, makeshift

prov|karta *hand.* pattern (sample) card; *en ~ på* (*bildl.*) a variety of **-köra** test **-körning** trial (test) run **-ning** [-o:-] testing, checking; *konkr.* test, trial; (*av kläder*) trying on, fitting

provo|cera provoke; incite **-kation** provocation **-katorisk** [-'to:-] a5 provocative

prov|rum *tekn.* test room; (*för kläder*) fitting room; (*på hotell o.d.*) showroom **-räkning** *skol.* arithmetic test (paper) **-rör** test tube **-rörsbarn** test-tube baby **-skrivning** written test; *konkr.* test paper **-smaka** taste **-spela** have an audition (*för ngn* before s.b.); (*pröva instrument*) try out **-stopp** s7 (*för kärnvapen*) test ban **-stoppsavtal** test-ban treaty **-tagning** [-a:g-] sampling; taking of specimens **-tjänstgöring** probationary period (service) **-tryck** *boktr.* proof, pull **-år** year of probation; (*lärares*) student-teacher year

prunka be resplendent (blazing, dazzling); make a display (*med* of)

prut s7, *se -ande; utan ~* without demur **pruta** bargain, haggle, beat down the price; *~ på ngt* try to get s.th. cheaper; *få ~ ett pund på ngt* get a pound knocked off s.th.; *~ av på sina fordringar* temper (moderate) one's demands; *regeringen ~de ner anslaget* the government reduced the subsidy

prut|ande s6 bargaining, haggling **-mån** margin for bargaining (haggling)

pryd a1, *n sg obest. form undviks* prim, prudish

pryd|a v2 adorn; (*försköna*) embellish; (*dekorera*) decorate; *den -er sin plats* it is decorative where it is (stands *etc.*)

pryderi prudishness, prudery

prydlig [-y:-] a1 neat; (*om pers. äv.*) trim, smart **-het** neatness *etc.*

prydnad *s3* adornment, decoration, embellishment; (*-nadssak*) ornament; *vara en ~ för* be an ornament (credit) to (*sitt land* one's country) **prydnads|föremål** ornament; *pl äv.* fancy goods, bric-a-brac **-växt** ornamental plant
prydno [-y:-] *i uttr.*: *i sin ~* (*i sht iron.*) in its (his *etc.*) glory
prygel ['pry:-] *s7* whipping, flogging; *vard.* hiding; *få ~* get a whipping *etc.* **prygla** [-y:-] whip, flog
pryl *s2* pricker, punch, awl; *~ar* (*vard.*) odds and ends
pryo ['pryɔ] *skol.* (*förk. för praktisk yrkesorientering*) introduction to working life
pål *s7* ostentation, parade; (*grannlåt*) finery **påla** (*prunka*) dazzle, blaze; (*ståta*) show off (*med* with), make a show (parade) (*med* of) **prålig** *a1* gaudy, showy; flaunting
pråm *s2* barge; (*hamn-*) lighter **-skeppare** bargeman, bargee; lighterman
pråg *s7* [narrow] passage (space)
prångla ~ *ut* utter (*falska sedlar* counterfeit banknotes)
prägel [ˣprä:-, ˈprä:-] *s2* (*stämpel*) stamp; (*avtryck*) impression, impress; *bildl.* stamp, impress; *bära äkthetens ~* bear the stamp (impress) of authenticity; *sätta sin ~ på ngt* leave one's stamp (mark) on s.th. **prägla** [-ä:-] strike [off] (*en medalj* a medal); (*mynta*) mint, coin (*mynt* money; *ett nytt ord* a new word); emboss; *bildl.* stamp, impress, imprint; (*karaktärisera*) characterize; *personligt ~de arbeten* works with the stamp of a p.'s personality **prägling** [-ä:-] stamping; (*av mynt*) coining, coinage; (*av nya ord*) coinage
präktig *a1* (*ståtlig*) splendid, magnificent; (*utmärkt, förträfflig*) excellent, good, fine
pränt *s7, på ~* in print **pränta** (*texta*) print; write carefully; ~ *i ngn ngt, se inpränta*
prärie ['prä:-] *s5* prairie **-varg** prairie wolf, coyote
präst *s3* priest; (*i anglikanska kyrkan, prot.*) clergyman; (*frikyrklig, skotsk*) minister; *vard.* parson; *bli ~* become a clergyman (*etc.*), take holy orders; *läsa för ~en* prepare for confirmation; *kvinnliga ~er* women clergymen; *~en i församlingen* the parish clergyman (*etc.*) **-dräkt** *i ~* in canonicals (clerical attire)
präster|lig *a1* clerical (*stånd* order); sacerdotal, priestly (*värdighet* dignity) **-skap** *s7* clergy; priesthood
präst|gård parsonage, rectory, vicarage; *kat.* presbytery; (*frikyrklig, skotsk*) manse **-krage** *1 eg.* clerical collar; bands (*pl*) *2 bot.* oxeye daisy, marguerite **-rock** cassock **-viga** ordain **-ämbete** ministry
pröjsa *vard.* fork out, foot the bill
pröva 1 (*prova, sätta på prov*) try; (*testa*) test; (*undersöka, examinera*) examine; (*överväga*) consider; ~ *ngns o.'s luck; ~ ett mål* (*jur.*) try a case; ~ *ett räkneexempel* check a sum; ~ *om den håller* try and see if it holds; ~ *själv!* try for yourself!; *i nöden ~s vännen* a friend in need is a friend indeed; ~ *sig fram* proceed by trial and error; ~ *sina krafter på* try one's strength on; ~ *en ansökan* consider an application; *vi har fått ~*

på mycket we have had to put up with a great deal; ~*s av ödet* be tried by Fate **2** (*underkasta sig -ning*) be examined (*i* in); ~ *in* sit for an entrance examination (*vid en skola* at a school) **3** *jur.* (*anse, finna*) deem, judge (*skäligt* reasonable) **prövad** *a5* (*hårt sorely*) tried (afflicted) **prövande** *a4* (*besvärlig*) trying (*för ngn* to s.b.); (*granskande*) searching (*blick* look) **prövning** [-ö:-] **1** (*undersökning, förhör*) examination, test; *förnyad ~* reconsideration, re-examination; *ta upp ett ärende till förnyad ~* reconsider a matter **2** (*motgång, lidande*) trial, affliction **prövningsnämnd** board of examiners; (*för beskattning*) tax appeal board (committee)
prövotid (*provtid*) trial (probationary) period; (*svår tid*) difficult time, time of testing
PS *förk. för postskriptum* P.S. (postscript)
psalm [-s-] *s3* (*kyrkosång*) hymn; (*i Psaltaren*) psalm; *Davids ~er* [the Book of] Psalms **-bok** hymn book **-sång** hymn singing
psaltare [-s-] (*instrument*) psaltery; *P~n* [the Book of] Psalms
pseudo|händelse ['psev-] pseudo-event, pseudo-happening **-nym** *s3* pseudonym, pen name
psoriasis [-ˣri:a-] *s3* psoriasis
pst here!
psyke *s6* psyche, mind **-delisk** [-'de:-] *a5* psychedelic
psykförsvar psychological defence
psykia|ter [-i'a:t-] *s3* psychiatrist **-tri** *s3* psychiatry **-trisk** [-ki'a:t-] *a5* psychiatric
psykisk ['psy:-] *a5* psychic[al]; ~*a störningar* psychical (mental) disturbances **psykiskt** ['psy:-] *adv* psychically; ~ *efterbliven* mentally retarded
psyko|analys psychoanalysis **-analysera** psychoanalyse **-analytiker** [-'ly:-] psychoanalyst **-analytisk** [-'ly:] psychoanalytic[al] **-drama** psychodrama **-farmaka** [-'farr-] *pl* psychopharmacological drugs **-log** psychologist **-logi** [-lå'gi:] *s3* psychology **-logisera** psychologize **-logisk** [-'lå:-] *a5* psychologic[al] **-pat** psychopath
psyko|s [-'kå:s] *s3* psychosis (*pl* psychoses) **-somatisk** [-'ma:-] *a5* psychosomatic **-terapeut** psychotherapist **-terapi** psychotherapy **-tisk** [-'kå:-] psychotic
ptro whoa!
pub [pabb] *s2* pub
pubertet puberty **pubertetsålder** [age of] puberty
public|era publish **-ering** [-'se:-] publishing, publication **-ist** publicist **-itet** publicity; *få bra ~* get good publicity
publik I *s3* (*åhörare*); (*åskådare*) spectators (*pl*); (*antal närvarande*) attendance; (*teater-*) house; *sport. äv.* fans (*pl*), crowd; (*allmänhet*) public; *den breda ~en* the public at large; *ta ~en med storm* bring down the house **II** *a1* public **-anslutning** (*stor* large) attendance, crowd **-ation** publication **-dragande** *a4* popular, attractive **-favorit** popular favourite **-friare** *ung.* showman **-rekord** attendance record **-siffra** attendance; *sport.* gate **-undersökning** [opinion] poll

P

puck *s2* (*ishockey-*) puck
1 puckel ['pukk-] *s7, se stryk, smörj*
2 puckel ['pukk-] *s2* hump; (*hos människa äv.*) hunch
puckelryggig *a1* hunchbacked
puckla ~ *på ngn* thrash s.b.
pudding pudding
pudel ['pu:-] *s2* poodle; ~*ns kärna* the heart of the matter
puder ['pu:-] *s7* powder **-dosa** powder compact **-socker** icing (*AE.* confectioners') sugar **-underlag** foundation [cream] **-vippa** powder puff
pudra [ˣpu:d-] powder; ~ *sig* powder [o.s.]
puff *s2* **1** (*svag knall*) pop **2** (*knuff*) push **3** (*rök-*) puff **4** (*pall*) pouf[fe]; (*soffa*) box ottoman **5** (*på ärm*) puff **6** (*reklam*) puff **puffa 1** (*knalla*) pop **2** (*knuffa*) push; ~ *ngn i sidan* dig (poke) s.b. in the ribs **3** (*göra reklam*) ~ *för* puff, give a puff
puffärm puff[ed] sleeve
puh phew!
puk|**a** *s1* kettledrum; *med -or och trumpeter* (*bildl.*) with drums beating and flags flying **-slagare** kettledrummer
pulka *s1* reindeer (Lapland) sleigh
pull ~ ~*!* chick chick!
1 pulla *s1* (*höna*) chick, pullet; (*tös*) lass, chickabiddy
2 pulla *s1* (*för spelmarker*) pool
pullover [-'å:-] *s2* pullover
pulpa *s1* pulp
pulpet *s3* desk
puls *s2* pulse; *oregelbunden* (*regelbunden*) ~ irregular (normal) pulse; *ta* ~*en på ngn* take (feel) a p.'s pulse; *känna ngn på* ~*en* (*bildl.*) sound s.b., assess a p.'s intentions
pulsa plod, plough (*i snön* through the snow)
puls|**era** (*eg. o. friare*) pulsate, throb, beat **-slag** beat of the pulse; *livets* ~ the pulse of life **-åder** artery; *stora* ~*n* the aorta
pulver ['pull-] *s7* powder **-form** *i* ~ powdered **-isera** pulverize; ~*d* (*äv.*) powdered **-kaffe** instant coffee
puma *s1* puma
pump *s2* pump
1 pumpa *s1* **1** *bot.* pumpkin **2** (*kaffe-*) coffee-flask
2 pumpa *v1* pump (*äv. utfråga*); ~ *läns* pump dry, drain; ~ *upp a*) (*vatten*) pump up, *b*) (*cykelring e.d.*) pump up, inflate
pumps *pl* court shoes; *AE.* pumps
pumpstation pumping-station
pund *s7* **1** (*vikt*) pound (*förk. lb.*) **2** (*myntenhet*) pound (*förk. £*); *engelska* ~ pound sterling **3** *bildl.* talent, pound; *gräva ner sitt* ~ not use one's talents; *förvalta sitt* ~ *väl* make the most of one's talents **-huvud** blockhead **-sedel** pound note
pung *s2* **1** (*börs*) purse; *lossa på* ~*en* loosen the purse strings **2** (*tobaks- e.d.*) pouch **3** *anat.* scrotum; *zool.* pouch, marsupium
pung|**a** ~ *ut med ngt* fork (shell) out, part with **-björn** koala **-slå** fleece, bleed, skin (*på* of)
punisk ['pu:-] *a5* Punic; ~*a krigen* the Punic wars
punkt *s3* point (*äv boktr.*); (*prick äv.*) dot; (*skiljetecken*) [full] stop, *AE.* period; (*i kontrakt, på dagordn. e.d.*) item; ~ *och slut!* and there's an end of it!; *den springande* ~*en* the crux of the

matter; *en öm* ~ a sore point; *här sätter vi* ~ we'll stop here; *sätta* ~ *för* put a stop to; *tala till* ~ have one's say, finish what one is saying; *på alla* ~*er* at (*bildl.* in) all points
punkter|**a 1** (*pricka*) dot ; *konst.* stipple; ~*de noter* dotted notes **2** (*sticka hål på*) puncture **-ing 1** dotting; stipple **2** puncture; (*på bilring äv.*) blowout, *AE.* flat tyre; *få* ~ have a puncture
punkt|**hus** point (tower) block **-lig** *a1* punctual, on time, on the dot; *vara* ~ *med* be punctual in **-lighet** punctuality **-strejk** selective strike, spot strike **-svetsning** spot welding
punsch *s3* Swedish punch
pupill *s3* **1** (*i ögat*) pupil **2** (*myndling*) pupil, ward
pupp|**a** *s1* chrysalis (*pl äv.* chrysalides), pupa **-stadium** pupal stage
pur *a1* pure; *bildl. äv.* sheer; *av* ~ *nyfikenhet* out of sheer (pure) curiosity
puré *s3* purée; soup
purism purism **puritan** *s3, hist.* Puritan; *bildl.* puritan **puritansk** [-a:-] *a5* Puritan; puritanic[al]
purjolök leek
purken *a3* peevish, sulky (*över* about); huffy (*på ngn* with s.b.)
purpur *s9* purple **-färgad** purple[-coloured] **-röd** purple
purra (*väcka*) call, rouse
1 puss *s2* (*pöl*) puddle, pool
2 puss *s2* (*kyss*) kiss
pussa kiss, give a kiss **pussas** *dep* kiss
pussel ['puss-] *s7* puzzle; (*läggspel*) jigsaw puzzle; *lägga* ~ do a puzzle, *bildl.* fit the pieces together
pussig *a1* bloated, puffy
pussla do a puzzle; ~ *ihop ngt* put s.th. together
pust *s2* **1** (*bälg*) [pair of] bellows **2** (*vind-*) puff, breath
1 pusta *s1* (*grässtäpp*) ~*n* the Hungarian steppe
2 pusta *v1* **1** (*blåsa*) puff **2** (*flåsa*) puff, wheeze; (*flämta*) pant; ~ *och stånka* puff and blow; ~ *ut* take a breather; *låta hästarna* ~ *ut* rest the horses
1 puta *s1* pad; pillow
2 puta *v1*, ~ *med läpparna* (*munnen*) pout; *skjortan* ~*de ut* the shirt stuck out
1 puts *s7* (*upptåg*) prank, trick
2 puts *adv*, ~ *väck* gone completely, vanished
3 puts *s3* **1** (*rappning*) plaster; grout **2** (*-medel*) polish **3** (*prydlighet*) tidiness; (*renlighet*) cleanliness
putsa 1 (*rappa*) plaster **2** (*fönster*) clean; (*skor*) polish, *AE.* shine; (*metall*) polish; (*häck, naglar e.d.*) trim; ~*t och fint* neat and tidy **3** *bildl.* (*uppfiffra*) polish; (*förbättra*) improve, better
putslustig droll, comic[al]
puts|**medel** polish, cleaning agent **-ning 1** plastering **2** cleaning; polishing; trimming **3** polishing; improvement, betterment **-trasa** polishing rag (cloth)
putt *s2, golf.* putt **putta** shove; ~ *till ngn* give s.b. a shove, (*ofrivilligt*) knock into s.b.; *golf.* putt
puttefnask *s2* whippersnapper, brat, shrimp
puttra (*koka*) simmer, bubble [gently]; (*grumsa*) grumble
pygmé *s3* pygmy

pyjamas [-'ja:-] *s2, s9* pyjamas (*pl*); *AE.* pajamas (*pl*); *en* ~ a pair of pyjamas

pynt *s7* (*grannlåt*) finery; (*julgrans- etc.*) decorations, adornments (*pl*) **pynta** (*göra fint*) titivate things up; (*smycka*) decorate; (*klä fin*) smarten up; ~ *sig* dress o.s. up, make o.s. smart; ~*d och fin* smartened up

pyra *v2* smoulder

pyramjd *s3* pyramid; (*biljard-*) pyramids (*pl*); *stympad* ~ truncated pyramid **-al** *a1* (*ofantlig*) huge (*succé* success) **-formig** [-å-] *a1* pyramidal

pyre *s6, ett litet* ~ a tiny mite

Pyrenéerna *pl* the Pyrenees **pyreneisk** [-'ne:-] *a5* Pyrenean; *P~a halvön* the Iberian Peninsula

pyroman *s3* pyromaniac; incendiary; fire raiser, *vard.* firebug

pyrrusseger Pyrrhic victory

pys *s2* little boy, youngster, brat

pysa *v3* give off steam; (*väsa*) hiss

pyss|el ['pyss-] *s7* pottering **-la** busy o.s. (*med* about); *gå och* ~ *i trädgården* potter about in the garden; ~ *m.* look after, make comfortable

pyssling 1 pixie, manikin **2** (*femmänning*) *de är* ~*ar* they are fourth cousins

Pytagoras [-'ta:-] Pythagoras; ~ *sats* the theorem of Pythagoras

pyton ['py:tån] **1** *r* python **2** *adv, vard., det luktar* ~ there is a ghastly (horrible) smell; *jag mår* ~ I feel awful **-orm** python

pyts *s2* bucket **pytsa** swill, drench **pytsspruta** bucket fire-extinguisher

pytt [*jo*] ~*!* bah!, nooh!, nothing of the sort!

pyttipanna [-ˣpanna] *s1, ung.* bubble and squeak; *bildl.* hotchpotch

på I *prep* **A** *rumsbet.* **1** *allm.* on; ~ *balkongen* on the balcony; ~ *bordet* (*huvudet*) on the table (head); *ärter* ~ *burk* tinned peas; ~ *golvet* on the floor; *hun har fått det* ~ *hjärnan* he has got it on the brain; ~ *jorden* on the earth; ~ *kartan* on the map; *stå* ~ *knä* be on one's knees, be kneeling; ~ *land* on land; ~ *ort och ställe* on the spot; *stå* ~ *post* be on guard; *ligga* ~ *rygg* lie on one's back; *klia sig* ~ *ryggen* scratch one's back; ~ *sid. 9* on page 9 (*jfr 3*); ~ *andra sidan gatan* on the other side of the street; *inte ha någonting* ~ *sig* have nothing on; *vad hade hon* ~ *sig?* what did she wear?; *hade hon några pengar* ~ *sig?* did she have any money on (about) her?; ~ *sjön* on the lake, (~ *havet*) at sea; ~ *slagfältet* on the battlefield (*jfr 2*); *göra sig illa* ~ *en spik* hurt o.s. on a nail; ~ *svarta tavlan* on the blackboard (*jfr 2*); *gå* ~ *tå* walk on one's toes; ~ *en liten ö* on a small island; ~ *Björkö* on (at) Björkö (*jfr 2*); *behålla hatten* ~ keep one's hat on; *en kaka med grädde* ~ a cake with cream on [top] **2** (*vid gata, gård, torg, fält, land i motsats t. stad, större ö m.m.*) in; ~ *bilden* (*tavlan*) in the picture (*jfr 1*); *utan ett öre* ~ *fickan* without a penny in one's pocket; ~ *fältet* (*åkern*) in the field (*jfr 1*); ~ *gatan* in (*AE.* on) the street; ~ *High Street* in the High Street (*jfr 3*); ~ *gården* in the yard (garden, court); ~ *himlen* in the sky; ~ *Irland* in Ireland (*jfr 1*); *hon arbetar* ~ *kontor* she works in (at) an office; ~ *landet* in the country; ~ *den här platsen* in this place; ~ *sitt rum* in one's room; *ligga* ~ *sjukhus* be in hospital; *ha hål* ~ *strumpan* have a hole in

one's stocking; *kaffe* ~ *sängen* coffee in bed; ~ *torget* in the [market] square (*jfr 3*); ~ *vinden* in the attic **3** (*vid hotell, restaurang, teater, möte, tillställning m.m.*) at; ~ *banken* at (in) the bank; ~ *bio* (*teater, konsert*) at the cinema (theatre, a concert); ~ *200 m djup* (*höjd*) at a depth (height) of 200 metres; *vara* ~ *fest* (*sammanträde*) be at a party (meeting); ~ *High Street 19* at 19 High Street (*jfr 2*); *bo* ~ *hotell* stay at a hotel; ~ *Hötorget* at Hötorget (*jfr 2*); *äta middag* ~ *restaurang* dine at a restaurant; *nederst* (*överst*) ~ *sidan* at the bottom (top) of the page; *slå upp böckerna* ~ *sid. 9!* open your books at page 9! (*jfr 1*); ~ *slottet* at the palace **4** (*vid sysselsättning*) for, on; *vara* ~ *besök* be on a visit; *vara ute* ~ *jakt* be out hunting; *vara ute* ~ *promenad* be out for a walk **5** (~ *en sträcka av*) for; *vi såg inte en människa* ~ *flera mil* we didn't see a soul (anybody) for several miles **6** (*uttr. riktning, rörelse*) on, on to onto; into; to; *at; falla* ~ *golvet* fall on to the floor; *gå* ~ *besök till ngn* visit s.b.; *gå* ~ *styltor* walk on stilts; *kliva upp* ~ *en pall* get on a stool; *lägga ngt* ~ *bordet* put s.th. on the table; *gå upp* ~ *vinden* go up into the attic; *kasta ngt* ~ *elden* throw s.th. into the fire; *lägga ett brev* ~ *lådan* drop a letter into the box; *resa ut* ~ *landet* go out into the country; *rusa ut* ~ *gatan* rush out into the street; *stiga upp* ~ *tåget* get into (on to) the train; *bli bjuden* ~ *bröllop* be invited to a wedding; *gå* ~ *banken* (*posten*) go to the bank (post office); *gå* ~ *bio* (*teater, konsert*) go to the cinema (theatre, a concert); *lyssna* ~ listen to; *kasta ngt* ~ *ngn* throw s.th. at s.b.; *knacka* ~ *dörren* knock at the door; *ringa* ~ *klockan* ring the bell; *trycka* ~ *knappen* press the button **7** (*per*) in; *tretton* ~ *dussinet* thirteen to the dozen; *de fick en krona* ~ *man* they had one krona per man; *det går 100 pence* ~ *ett pund* there are a hundred pence in a pound; *en* ~ *tusen* one in a thousand **8** (*vid transportmedel*) by; *han kom* ~ *motorcykel* he came by motorcycle; *skicka* ~ *posten* send by post **B** *tidsbet.* **1** (*tidpunkt*) at; on; in; ~ *samma dag* [on] the same day; ~ *utsatt dag* on the appointed day; ~ *min födelsedag* on my birthday; ~ *samma gång* at the same time; ~ *kvällen den 1 maj* on the evening of the 1st of May; ~ *lördag* on Saturday; ~ *morgonen* (*kvällen, dagen*) in the morning (evening, day[time]); ~ *natten* at (in the) night; ~ *1700-talet* in the 18th century; ~ *olika tider* at different times; ~ *utsatt tid* at the appointed time; ~ *våren* (*hösten*) in [the] spring (autumn) **2** (*under*) on, during; ~ *sin fritid* in one's leisure time; *hon arbetar* ~ *jullovet* she is working during her Christmas holiday; ~ *vägen hit* on the way here **3** (*inom*) in; *det gör jag* ~ *en timme* it will take me [no more than] an hour to do it; *jag kommer* ~ *ögonblicket* I'll be with you in a moment **4** (~ *en tid av*) for; *jag har inte sett dig* ~ *evigheter* I haven't seen you for ages; *resa bort* ~ *en månad* go away for a month; *vi hyrde våningen* ~ *ett år* we rented the flat for a year; *jag har inte varit hemma* ~ *tio år* I haven't been home for ten years **5** (*efter*) after; *brev* ~ *brev* letter after (upon) letter; *den ena dagen följde* ~ *den andra* one day followed the other; *gång* ~ *gång* time after time, over and over again; *kaffe* ~ *maten* coffee after dinner **C** (*friare*) **1** (*i prep.attr.*) of; *namnet ~ boken* the name of the book; *kaptenen ~ fartyget* the captain of the ship; *slutet ~ historien* the end of the story; *färgen ~ huset* the colour of the house; *priset ~ mjöl* the price of flour; *en familj ~ fyra personer* a family of four [persons]; *ett bevis ~ uppskattning* a proof of appreciation; *den regnigaste tiden ~ året* the rainiest time of the year; *en pojke ~ tre år* a boy of three **2** (*med subst.*) *~ allvar* in earnest; *förlora ~ bytet* lose by the exchange; *~ engelska* in English; *läsa ~ sin examen* read for one's degree; *~ egen risk* at one's own risk; *rakt ~ sak* straight to the point; *~ skämt* for a joke; *~ sätt och vis* in a way; *komma ~ tal* come (crop) up; *~ vers* (*prosa*) in poetry (prose); *det stämmer ~ öret* it tallies to the öre **II** *adv, ~ med kläderna!* on with your clothes!; *kör ~!* drive on!; *spring ~ bara!* just keep running! **III** *~ det att* [in order] that; *~ det att inte* lest

på|annons *radio.* introductory announcement **-bjuda** order; command (*tystnad* silence); impose (*skatter* taxes; *straff* a penalty) **-brå** *s6* inheritance, stock; *ha gott* (*dåligt*) *~* come of good (bad) stock **-bud** decree, edict **-budsmärke** mandatory (compulsory) sign **-byggnad** superstructure, addition, enlargement **-börda** [-ö:-] charge (*ngn ngt* s.b with s.th.) **-börja** begin, start, commence; *för varje ~d timme* for each hour or part of hour **-drag** *tekn.* starter; *bildl.* mobilization of effort; *ha fullt ~* (*bildl.*) be working at full speed; *värmen stod på fullt ~* the heating was full on; *polisen har fullt ~* the police are out in full force **-drivare** instigator, prompter **-fallande** *a4* (*slående*) striking, remarkable **-fartssträcka** acceleration lane, slip road **-flugen** *a3* (*påträngande*) obtrusive; (*framfusig*) forward **-frestande** (*mödosam*) arduous, taxing; (*besvärlig*) trying **-frestning** strain, stress **-fyllning** filling-up, refilling, replenishment; *vill du ha ~?* would you like some more?

påfågel *s2* peacock **-öga** peacock butterfly **på|följande** following, next; *~ dag* [the] next (on the following) day **-följd** consequence; *jur.* sanction, punishment awarded; *vid ~ av* on pain of; *vid laga ~* under penalty of law **-gå** be going on; (*fortsätta*) continue, be in progress; *~ för fullt* be in full progress; *medan programmet -gick som bäst* right in the middle of the programme **-gående** *a4* in progress; *under ~ förhandlingar* while negotiations are (were) going on; *under* [*nu*] *~ krig* during the present war; *under ~ krig* (*i krigstid*) in time of war; *den ~ högkonjunkturen* the current (present) boom **-hitt** *s7* (*-fund*) idea, invention, device; (*knep*) trick; *AE.* gimmick; (*lögn*) fabrication **-hittig** *a1* ingenious **-hittighet** ingenuity **-hopp** *bildl.* attack **-hälsning** visit, call; *få ~ av tjuvar* be visited by burglars **-häng** *s7, pers.* hanger-on, encumbrance **påk** *s2* cudgel; *rör på ~arna!* get moving!; stir your stumps!

på|kalla (*tillkalla*) summon; (*kräva*) demand, call for; attract (*uppmärksamhet* attention); *av behovet ~d* essential, necessary **-klädd** dressed **-kläderska** *teat.* dresser **-kommande** occurring; *hastigt ~ illamående* a sudden indisposition **-kostad** [-ås-] *a5* expensive, lavish **-kostande**

[-ås-] *a4* (*mödosam*) hard; (*prövande*) trying **-känning** stress, strain **-körd** [-çö:-] *a5* run into, knocked down

påla pile; *absol.* drive piles **på|laga** *s1* tax, duty, imposition **-landsvind** onshore wind

påle *s2* pole, stake, post; *byggn.* pile; *en ~ i köttet* a thorn in the flesh

pålitlig [-i:t-] *a1* reliable, trustworthy **-het** reliability, trustworthiness

pålkran pile-driver

pålle *s2* gee-gee

pål|ning [ˣpå:l-] piling, pile-driving **-stek** *sjö.* bowline [knot]

på|lägg *s7* **1** (*på smörgås*) meat (cheese *etc.*) for sandwiches; (*som kan bredas*) sandwich spread **2** *hand.* extra charge (cost), increase **-läggskalv** **1** *lantbr.* stock calf **2** *bildl.* up-and-coming man

påmin|na *-de -t, v3* remind (*ngn om ngt* s.b. of s.th.); *hon -ner* [*mig*] *om sin mor* she reminds me of her mother; *det -ner mig* [*om*] *att jag måste* that reminds me, I must; *hungern började göra sig -d* hunger began to make itself felt; *~ sig* remember, recollect **-nelse** reminder (*om* of); (*anmärkning*) remark

på|nyttföda [ˣpå:-, -ˣnytt:-] regenerate; *-nyttfödd* regenerate[d], reborn **-passad** *a5* watched **-passlig** *a1* (*vaken*) alert, watchful; (*uppmärksam*) attentive **-passlighet** alertness *etc.* **-peka** point out (*för* to); *det bör ~s att* it should be observed that; *jag ber att få ~* I should like to point out **-pekande** *s6* reminder; observation **-pälsad** *a5* (*väl* well) wrapped up **-ringning** call, ring **-räkna** count [up]on; expect

pås|e *s2* bag ([*med*] *skorpor* of rusks); *ha -ar under ögonen* have pouches (bags) under the (one's) eyes; *ha rent mjöl i ~n* have nothing to hide; *det har varit i säck innan det kom i ~* that's cribbed from s.b. else

påseende *s6* inspection, examination; *vid första ~t* at the first glance, at first sight; *vid närmare ~* on closer inspection; *till ~* for inspection, on approval

påsig *a1* baggy; *~a kinder* drooping cheeks

påsk *s2* Easter (*äv. ~en*); (*judisk ~*) Passover; *annandag ~* Easter Monday; *glad ~!* Happy Easter!; *i ~* at Easter; *i ~as* last Easter; *när infaller ~en i år?* on what date does Easter Sunday come this year? **-afton** Holy Saturday, Easter Eve **-alamm** *~et* the paschal lamb **-dag** Easter Sunday (*äv. ~en*) **-helg** *~en* Easter

påskina *end. i uttr.:* *låta ~* (*antyda*) intimate, hint, (*låta märka*) pretend

påsk|käring *ung.* Easter witch **-lilja** daffodil, Lent lily **-lov** Easter vacation (holidays *pl*)

påskrift (*underskrift*) signature; (*utanskrift*) address; (*inskrift*) inscription, notation

påskris twigs decorated with coloured feathers

påskriven *a5* signed; *få -skrivet* get a reprimand (scolding)

påskveckan (*veckan före påskdagen*) Holy Week

påskynda hasten (*avfärden* the departure); quicken (*sina steg* one's steps); speed up, urge on (*arbetet* the work); hurry on (*studierna* one's studies; expedite (*saken* the matter)

påskägg Easter egg

påslag increase, rise

påslakan quilt cover (bag)

påspädning increase

pås|sjuka [the] mumps (*pl*) **-te** tea made with a tea bag

på|stigande *a4 o. s6*, ~ [*passagerare*] passenger boarding a train (*etc.*); *tåget stannar endast för* ~ the train stops only to take up passengers **-stridig** *a1* headstrong, stubborn **-struken** *a3* (*rusig*) tipsy, merry

påstå (*yttra*) declare, say, state; (~ *bestämt*) assert, maintain; (*göra gällande*) allege; *det ~s att* it is said that; ~ *motsatsen* assert the contrary; *jag vågar* ~ *att* I venture to say that; *det kan jag inte* ~ I can't say that; *ni vill väl inte* ~ *att* you don't surely mean to say that; *han ~r sig vara sjuk* he says he is ill; *han påstod sig bestämt ha sett* he insisted that he had seen; *den ~dda förlusten* the alleged loss **-ende** *s6* statement, assertion; (*förklaring*) declaration

påstötning [-ö:-] reminder; *trots upprepade ~ar* despite repeated reminders

påta poke [about] (*i jorden* in the soil)

på|taglig [-a:-] *a1* obvious, manifest; palpable; tangible **-tala** comment [up]on, criticize **-tryckargrupp** pressure group **-tryckning** pressure; *utöva ~ar på* bring pressure to bear [up]on **-trängande** *a4* (*trängande*) urgent (*behov* need[s *pl*]); (*påflugen*) obtrusive, pushing **-tvinga** ~ *ngn ngt* force s.th. [up]on s h **-tår** second cup [of coffee *etc.*] **-tänkt** *a4* contemplated, intended, considered

påve *s2* pope; *tvista om ~ns skägg* argue about trivialities, split hairs **-döme** *s6* papacy

påver ['på:-] *a2* poor; (*om resultat o.d. äv.*) meagre

påverk|a influence, affect; *låta sig ~s av* be influenced by; *~d av starka drycker* under the influence of strong drink **-an** influence, effect; *röna* ~ *av* be influenced by **-bar** *a1, lätt* ~ easily influenced, impressionable

påvestol *~en* the Holy See, the Papal Chair

påvis|a (*påpeka*) point out, indicate; (*bevisa*) prove, demonstrate **-bar** [-i:-] *a1* (*bevisbar*) demonstrable; (*påtaglig*) palpable, noticeable

påvlig [ˣpå:v-] *a1* papal

påök|a increase; *få* [*5 pund*] *-ökt* get a [five pound] rise (*på lönen* in salary) **-ning** increase

päls *s2* (*på djur*) fur, coat; (*plagg*) fur coat; *få* [*ordentligt*] *på ~en* (*få stryk*) get a [thorough] hiding, (*få ovett*) get a [good] telling-off; *ge ngn på ~en* (*klå upp*) give s.b. a good hiding, (*läxa upp*) give s.b. a good slating

päls|a ~ *på* wrap up **-affär** fur shop, furrier's [shop] **-djur** furred animal **-fodrad** [-ɔ:-] *a5* furlined **-jacka** fur jacket **-jägare** trapper **-kappa** fur coat **-krage** fur collar **-mössa** fur cap **-varor** *pl* furs; furriery (*sg*) **-änger** *s2* carpet beetle (*AE.* bug)

pär *s3* peer; *utnämna ngn till* ~ create s.b. a peer, raise s.b. to the peerage

pärl|a [ˣpä:r-] **I** *s1* pearl; (*glas- etc.*; *svett-*) bead; (*klenod*) treasure, gem; (*sup*) drop; *äkta* (*oäkta, odlade*) *-or* real (artificial, cultured) pearls; *kasta -or för svin* cast pearls before swine; *en* ~ *bland kvinnor* a pearl among women **II** *v1* sparkle, bubble; *svetten ~de på hans panna* perspiration beaded his forehead; *~nde vin* sparkling wine **-band** string of pearls (beads) **-broderi** beadwork; (*med äkta -or*) pearl embroidery

pärlemoknapp [ˣpä:r-] pearl button **pärlemor** *s9* mother-of-pearl

pärl|fiskare pearl fisher **-garn** pearl cotton **-grå** pearl grey **-halsband** pearl necklace **-hyacint** grape hyacinth **-höna** guinea hen **-mussla** pearl mussle (oyster) **-socker** pearl sugar **-vit** pearl[y] white

pärm *s2* (*bok-*) cover; (*samlings-*) file, folder; *från* ~ *till* ~ from cover to cover

päron [-ån] *s7* pear **-blom** pear-blossom **-formig** [-å-] *a1* pear-shaped **-träd** pear tree

pärs *s3, en svår* ~ a severe test, a trying ordeal

pöbel ['pö:-] *s2* mob, riffraff, rabble **-aktig** *a1* mobbish, vulgar **-hop** *en* ~ a mob

1 pöl *s2* (*vatten-*) pool, puddle

2 pöl *s2* (*kudde*) bolster

pölsa *s1, kokk.* hashed lights (*pl*), tripe

pös|a *v3* swell; (*om deg*) rise; ~ *över* brim (swell) over; ~ *av stolthet* be puffed up (swell) with pride **-ig** *a1* (*om kudde e.d.*) puffed; *kokk.* spongy; (*om deg*) rising; (*skrytsam*) puffed-up **-munk** *kokk.* puffed fritter, doughnut

Q

quisling [ˣkviss-] quisling; traitor

R

rabalder [-'ball-] *s7* fuss, hullaballoo; (*uppståndelse*) commotion, stir; *det blev ett väldigt* ~ there was a tremendous commotion

rabarber [-'barr-] *s9* rhubarb

1 rabatt *s3* (*blomster-*) flowerbed; (*kant-*) [flower] border

2 rabatt *s3, hand.* discount; (*avdrag*) deduction; (*nedsättning*) reduction; *lämna* ~ allow a discount (deduction); *3% ~ på priset* 3% discount off (on) the price; *med 3% ~ vid kontant betalning* at 3% cash discount; *sälja med ~* sell at a discount

rabatt|era allow a discount (deduction); reduce **-kort** season ticket **-kupong** discount ticket; *AE. äv.* trade stamp

rabbin *s3* rabbi

rabbla rattle off; *~ upp* rattle (reel) off

rabies ['ra:-] *r* rabies; hydrophobia

racer ['rä:-, 'rejs-] *s2, s9* racer **-bil** racer, racing car **-båt** speedboat, racer **-förare** racing driver

racka *~ ner på (skälla ut)* fall foul of; *(kritisera)* run down

rackar|e *(skurk)* scoundrel, wretch; *(kanalje)* rascal; *(lurifax)* rogue; leva *~* kick up a row **-tyg** mischief; *(starkare)* devilry; *hitta på ~* be up to some mischief, *på rent ~* out of pure mischief **-unge** mischievous [young] imp, young rascal

racket ['rakk-] *s2* racket; *(bordtennis-)* bat

rad *s3* **1** row; line; file; string *(pärlor* of pearls); series *(missöden* of misfortunes); *fyra i ~* four in a row; *fyra gånger i ~* four times running (on end); *under en ~ av år* for a number of years **2** *teat. o.d.* circle; *AE.* balcony; *första (andra) ~en* the dress (upper) circle, *AE.* the first (second) balcony; *översta ~en* the gallery, *vard.* the gods **3** *(skriven, tryckt ~)* line; *läsa mellan ~erna* read between the lines; *skriv ett par ~er!* drop me a few lines (a line)!; *~ för ~* line by line; *få betalt per ~* get paid by the line; *ny ~ (anvisning)* new paragraph

rada place in rows (a row); *~ upp* expose, display; *(uppräkna)* enumerate

radar ['ra:-] *s9* radar **-kontroll** radar control **-skärm** radarscope, radar screen

rad|avstånd *(i skrift el. tryck)* spacing, line space; *dubbelt ~* double spacing **-band** rosary; [string of] beads *(pl)*

radera **1** *(skrapa bort)* erase, rub *(med kniv:* scratch) out; *~ i böckerna* cook the books; *~ ut (utplåna)* wipe (blot) out **2** *(konst)* etch

radhus terrace *(AE.* row) house

radialdäck radial (radial-ply) tyre

radi|an *s3* radian **-ator** [-ˣa:tår] *s3* radiator

radi|e ['ra:-] *s5* radius *(pl* radii, *äv.* radiuses) **-ell** *a1* radial

radikal I *a1* radical; *(genomgripande äv.)* thoroughgoing, sweeping **II** *s3, polit.* radical; *kem.* radical

radio ['ra:-] *s5, pl vanl. radioapparater* radio, wireless; *(-apparat)* radio (wireless) set (receiver); *i ~* on the radio (wireless, air); *lyssna på ~* listen in (to the radio) **-affär** radio shop

radioaktiv [*äv.* 'ra:-] radioactive; *~t avfall (nedfall)* radioactive waste (fallout); *~ strålning* atomic (nuclear) radiation; *~t sönderfall* radioactive decay, disintegration **-itet** radioactivity

radio|amatör radio amateur **-apparat** radio (wireless) set (receiver) **-bil** *(polis-)* radio patrol car; *(på tivoli)* bumper car, Dodgem *(varumärke)* **-bolag** broadcasting company (corporation); *Brittiska ~et* the British Broadcasting Corporation *(förk.* BBC) **-licens** radio (wireless) licence **-nämnd** *~en* [the Swedish] broadcasting commission **-styrd** [-y:-] *a5* radio-controlled, radioguided **-sändning** broadcast, radio transmis-

sion **-telegrafera** wireless, radio **-telegrafist** radio operator **-våg** radio wave

radium ['ra:-] *s8* radium

radon [-'då:n] *s4, s3, kem.* radon

rad|skrivare line printer **-vis** in rows

raffel ['raff-] *s7 (rafflande innehåll)* thrills *(pl)*

raffin|aderi refinery **-emang** *s7* refinement; elegance, sofistication **-era** refine **-erad** [-'ne:-] *a5, bildl.* refined; *(utsökt)* exquisite, consummate

rafflande *a4* thrilling, exciting

rafsa *~ ihop* rake (scrape) together, *(brev. o.d.)* scribble off

ragata [-ˣga:-] *s1* vixen, shrew

ragg *s2* goat's hair; *(friare)* shag; *resa ~* bristle [up], get one's back up

ragga pick up casual partners **raggarbil** neckmobile, cruisemobile; *(trimmad)* hot rod **raggare** hot-rod teenager (driver)

ragg|ig *a1* shaggy; *(om hår, skägg äv.)* rough, coarse **-munk** *kokk.* potato pancake **-socka** thick sock, skiing-sock

ragla stagger, reel

raglan ['ragg-] *s3, best. form o. pl äv. raglan* raglan [coat]

ragnarök [ˣraŋna-] *r el. n* twilight of the gods

ragu *s3* ragout; *~ på ... (äv.)* stewed ...

raja [ˣrajja] *s1* raja[h]

rak *a1* **1** straight *(linje* line; *rygg* back); *(upprätt)* erect, upright; *gå ~ [i ryggen]* walk erect; *gå ~a vägen hem* go straight home; *stå ~* stand straight; *bildl.* straight[forward] **2** *sport., ~a hopp* plain high-diving; *en ~ vänster* a straight left; *ta tre ~a set* win three straight sets **3** *~ ordföljd* normal word order; *~a motsatsen* exactly the reverse; *på ~ arm* at arm's length, *bildl.* offhand, straight off; *det enda ~a (vard.)* the only right thing

1 raka I *s1* rake; *(för vatten)* squeegee **II** *v1* rake

2 raka *v1 (rusa)* dash, dart, rush *(iväg* off); *~ i höjden* shoot up

3 raka *v1 (barbera)* shave *(äv. ~ sig); låta ~ sig* get shaved (a shave); *~s eller klippas?* a shave or a haircut?

rak|apparat safety razor; *(elektrisk)* electric shaver (razor) **-blad** razor blade **-borste** shaving brush

raket *s3* rocket; *(robot)* [guided] missile; *han for iväg som en ~* he was off like a shot (lightning) **-bas** rocket (missile) base **-driven** *a5* rocketpropelled, rocket-powered **-gevär** rocket launcher, bazooka **-motor** rocket engine (motor)

rak|hyvel safety razor **-kniv** razor **-kräm** shaving cream

raklång *(ligga* lie) full length; *falla ~ på marken* fall flat on [to] the ground

rakna [ˣra:k-] straighten, become (get) straight; *(om hår)* go out of (lose its) curl

rakning [ˣra:k-] shaving; *en ~* a shave

rakryggad *a5* straight-backed; *bildl.* upright, uncompromising

raksalong barber's [shop], barber shop

raksträcka straight, stretch

rakt [-a:-] *adv* **1** straight, direct; *gå ~ fram* walk straight on; *~ upp och ner* straight up and down; *~ österut* due east; *ljuga ngn ~ i ansiktet* tell s.b.

a lie straight to his face; *det bär ~ åt skogen* it is going straight to the dogs; *i ~ nedstigande led* in a direct line; *gå ~ på sak* come straight to the point; *som går ~ på sak* straightforward **2** (*absolut*) absolutely; (*precis*) just; (*riktigt*) downright; *sälja för ~ ingenting* sell for next to nothing; *det gör ~ ingenting* it does not matter in the least; *till ~ ingen nytta* of absolutely no (of no earthly) use

rak|tvål shaving soap **-vatten** shaving water; (*efter -ning*) aftershave lotion

ralj|ant [-'jaŋt, -'jant] *al* bantering; (*spefull*) teasing **-era** banter; *~ med ngn* chaff (tease) s.b.

rallare navvy

rally ['ralli] *s6* rally

1 ram *s2* (*tavel-, cykel- etc.*) frame (*äv. boktr.*); *bildl.* framework, setting; (*omfattning*) scope, limits (*pl*); *inom glas och ~* framed; *inom ~en för* within the limits (scope, framework) of; *falla utom ~en för* be outside the scope of

2 ram *s2* (*björntass*) paw; *suga på ~arna* (*bildl.*) live on one's hump

3 ram *superl. -aste, oftast i best. form, på rena ~a allvaret* in dead[ly] earnest; *på rena ~a bondlandet* in the country pure and simple; *rena ~a sanningen* the plain (naked) truth

rama *~ in* frame

ramaskri outcry; *höja ett ~* raise an outcry (*mot* against)

ramavtal general (basic) agreement; *uppgöra ~ för* draw up the general framework for

ramla (*falla omkull*) fall (tumble) down; *av hästen fall off* the horse; *~ nedför trappan* fall down the stairs; *illusionerna ~de* my illusions were shattered

ramma ram; *bildl. äv.* strike

ramp *s3* **1** *teat.* footlights (*pl*) **2** (*uppfartsväg*) ramp, slope **3** *se avskjutningsramp* **-feber** stage fright **-ljus** footlights (*pl*); *bildl.*, *stå i ~et* be (appear) in the limelight

ramponera damage, batter

rams|a *s1* string; (*osammanhängande*) rigmarole; (*rimmad*) doggerel; *svära långa -or* swear like a trooper

ramverk framework, framing

rand *-en ränder* **1** (*kant o.d.*) edge, verge; (*bryn*) fringe; (*brädd*) brim; *bildl.* verge, brink; *vid gravens ~* on the brink of the grave **2** (*på tyg*) stripe; (*strimma*) streak **randa** (*förse med ränder*) stripe, streak

randanmärkning marginal note; (*friare*) comment; *förse med ~ar* annotate in the margin

randas *dep* dawn; *när dagen ~* at daybreak; *svåra tider ~* hard times are in the offing

rand|ig *al* striped; (*om fläsk*) streaky, *det har sina ~a skäl* there's a very good reason for it **-ning** striping; stripes (*pl*)

randsydd *a5* welt (*sko* shoe)

rang *s3* rank; (*social äv.*) standing, status; *företräde i ~* precedence; *ha högre ~ än* take precedence of; *ha samma ~ som* rank with; *stå över (under) ngn i ~* rank above (below) s.b.; *ambassadörs ~* ambassadorial rank; *en första ~ens* a first-rate, first-class; *en vetenskapsman av ~* an eminent scientist; *göra ngn ~en stridig* compete with s.b. for precedence, challenge a p.'s position

ranger|a [raŋ'ʃe:ra] **1** range, rank **2** *järnv.* shunt,

marshal **-bangård** shunting (marshalling) yard

ranglig *al* (*gänglig*) lanky; (*ostadig*) rickety, ramshackle

rang|ordna rank **-ordning** order of precedence, ranking order; *i sträng ~* in strict [order of] precedence **-skala** *se -ordning*; *den sociala ~n äv.* the social ladder

1 rank *al* (*smärt*) slim; tall and slender

2 rank *al* (*om båt*) crank[y]

1 ranka *i uttr.: rida ~* ride a cockhorse

2 ranka *s1*, *bot.* runner, creeper; *bildl.* clinging vine

3 ranka *vl* (*rangordna*) rank

rankig *al*, *se 2 rank*; (*skraltig*) rickety (*trilla* surrey)

rankinglista, rankningslista ranking list

rannsak|a *jur.* try; (*förhöra*) examine, hear; (*pröva*) search, ransack (*sitt minne* one's memory); *~d och dömd* tried and found guilty; *~ hjärtan och njurar* search one's hearts **-ning** [-a:k-] *jur.* trial; (*förhör*) examination, hearing; (*prövning*) searching, ransacking; *utan dom och ~* without either judicial trial or sentence; *hålla ~ med* conduct the trial (hearing) of **-ningsdomare** judge conducting the trial **-ningsfängelse** remand prison

ranson *s3* ration; *ta ut sin ~* draw one's ration[s *pl*] **-era** ration; (*utportionera*) portion out **-ering** [-'ne:-] rationing; *~[en] av matvaror* (*äv.*) food rationing; *upphäva [en]* deration **-eringskort** ration card

rapa, rapning [-a:-] belch

1 rapp *s7* (*slag*) blow; (*med piska o.d.*) lash

2 rapp I *s7*, *i ~et* in a moment, at once, in the twinkling of an eye **II** *al* quick, swift, prompt; (*i fingrarna*) nimble; *~ i munnen* ready-tongued

1 rappa *~ till ngn* slap s.b.

2 rappa *~ på, ~ sig* be quick, get a move on

3 rappa (*kalkslå*) plaster, roughcast

rapp|höna, -höns partridge

rappning plastering; *konkr.* plaster

rapport [-å-] *s3* report; account; *avlägga ~ om* report on, give a report on (of) **-era** report, make a report of **-karl** *mil.* orderly **-ör** reporter; informant; (*angivare*) informer

raps *s3* rape, colza

rapsod|i *s3* rhapsody **-isk** [-'sɔ:-] *a5* rhapsodic[al]

rapsolja rapeseed (colza) oil

rar *al* **1** (*sällsynt*) rare, uncommon **2** (*älskvärd*) nice, kind, sweet **-ing** darling, honey **-itet** *s3* rarity; *konkr.* rare specimen; curiosity, curio

1 ras *s3* (*människo-*) race; (*djur-*) breed, stock

2 ras *s7* **1** (*skred*) [earth] slip, slide; (*jord-*) landslide; (*av byggnad*) collapse **2** (*vild lek*) romp, romping, frolic[king]

rasa 1 (*falla ner*) give way; fall down; collapse; (*om tak o.d.*) fall in; (*om jord o.d.*) slide **2** (*stoja*) romp, rampage, frolic; (*om hav, storm o. bildl.*) rage; (*vara ursinnig*) fume, rave; *ungdomen ~r* youth is having (must have) its fling; *stormen har ~t ut* the gale has spent its fury

rasande I *a4* raging (*storm* gale; *lidelser* passions); (*ursinnig*) furious (*på* with; *över* at); *AE. äv.* mad (*på* at; *över* about); *bli ~* get into a rage (passion); *i (med) ~ fart* at a furious (breakneck)

R

pace, at lightning speed **II** *adv* (*väldigt*) awfully (*stilig* smart); ~ *hungrig* ravenously (furiously) hungry

ras|blandning miscegenation; mixture of races (*om djur:* breeds) **-diskriminering** racial discrimination, colour bar **-djur** (*häst*) thoroughbred; (*katt, hund etc.*) pedigree cat (dog) *etc.*

rasera demolish, dismantle; raze, pull down

raseri rage, fury; frenzy; *gripas av* ~ be seized with frenzy; *råka i* ~ fly into a rage **-anfall** fit of rage; *få ett* ~ fly into a rage

ras|fördom racial prejudice **-hat** racial hatred **-hygien** *s3, ej pl* eugenics (*pl, behandlas som sg*) **-häst** thoroughbred **-ism** racism **-ist** racist **-istisk** [-'siss-] *a5* racistic

1 rask *s7* refuse, thrash; *hela* ~*et* the whole lot

2 rask *a1* **1** quick, speedy, rapid, swift; (*flink*) nimble; (*fortfärdig*) prompt, expeditious; (*hurtig*) brisk; (*käck*) brave; *i* ~ *takt* at a rapid (brisk) pace (rate); *i* ~ *följd* in rapid succession **2** (*frisk*) well, healthy; ~ *och kry* hale and hearty

raska ~ *sig,* ~ *på* hurry up, make haste; ~ *på ngn* hurry s.b. on

raskt *adv* quickly *etc.*; *det måste gå* ~ it must be done quickly; *handla* ~ take prompt action

1 rasp *s2* (*verktyg*) rasp, grater

2 rasp *s7* (*skrap*) rasp[ing sound]; (*pennas*) scratching

raspa rasp, grate; *pennan* ~*r* the pen scratches

rasren purebred; thoroughbred; pedigree

rassel ['rass-] *s7* clatter; (*av vapen*) rattle, clank; (*prassel*) rustle; *med.* rale **rassla** clatter; rattle, clank; (*prassla*) rustle

rast *s3* (*vila*) rest, repose; (*uppehåll*) pause, rest; *mil.* halt; *skol.* break, recess; *utan* ~ *eller ro* without a pause (breather), nonstop **rasta 1** (*ta rast*) rest, have a break; *mil.* halt **2** (*motionera*) take out for exercise

raster ['rass-] *s7, boktr.* screen; (*TV-*) raster; *förse med* ~ screen

rast|lös restless; agitated, fidgety **-löshet** restlessness; agitation, fidgetiness **-plats** halting place; (*vid bilväg*) lay-by, pull-up

rata (*försmå*) despise; (*förkasta*) reject

ratificera ratify

rationaliser|a [-tʃɔ-] rationalize; improve efficiency **-ing** rationalization; efficiency improvement

ration|ell *a1* rational **-ellt** *adv* rationally; ~ *utformad* scientifically outlined (designed)

ratt *s2* (*bil-*) [steering] wheel; *tekn.* hand wheel; (*radio-*) knob **ratta** *vard.* drive

ratt|fylleri drunken driving **-fyllerist** drunken driver **-lås** steeringwheel lock **-onykterhet** drunken driving **-stång** steering column **-växel** steering-column gear change

ravin *s3* ravine

razzia ['rattsia, 'rassia] *s1* raid; roundup; *göra* ~ raid, round up

reagera react (*för* to; *mot* against; *på* on); ~ *alkaliskt* give an alkaline reaction; *hur* ~*r han inför* …? what is his reaction to …?

reaktion [-k'ʃɔ:n] reaction; response

reaktions|driven *a5* jet-propelled **-förmåga** reactivity **-motor** jet engine **-tid** reaction time

reaktionär [-kʃ-] **I** *s3* reactionary **II** *a1* reactionary

reaktor [-ˣaktår] *s3* reactor **-härd** *s3* reactor core

real *a1* real, actual; (*saklig*) factual **-examen** *ung.* intermediate school-leaving examination; *BE. motsv.* General Certificate of Education, ordinary level (*förk.* G.C.E., O level) **-genus** common gender **-inkomst** real income

realisation 1 *hand.* sale **2** (*förverkligande*) realization; (*förvandling i reda pengar äv.*) conversion

realisations|vara cut-price article **-vinst** capital gain

realiser|a 1 *hand.* sell off (out), clear stock[s] **2** (*förverkliga*) realize; (*tillgångar äv.*) convert into cash **-bar** *a1* (*utförbar*) practicable, feasible **2** (*säljbar*) salable, realizable

real|ism realism **-ist** realist **-istisk** [-'iss-] *a5* realistic; (*'nykter'*) matter-of-fact **-itet** *s3* reality; *i* ~*en* in reality, practically speaking

real|kapital real capital **-linje** *skol.* science (modern) side **-lön** real wages (*pl*) **-politik** practical politics (*pl*) **-skola** *ung.* secondary modern school **-tid** *data.* real time **-värde** real (actual) value; (*mynts*) intrinsic value

rea|motor jet engine **-plan** jet plane

rebell *s3* rebel, insurgent **-isk** *a5* rebellious, insurgent

rebus ['re:-] *s2* picture puzzle, rebus

recens|ent reviewer, critic **-era** review **-ion** [-n'ʃɔ:n] review

recentior [-ˣsentsiår, -'sent-] *s3* [*pl* -'å:-] *univ.* freshman

recept *s7, med.* [doctor's] prescription (*på* for); *kokk., tekn., bildl.* recipe (*på* for); *expediera ett* ~ make up a prescription; *skriva ut* ~ *på ngt* (*äv.*) prescribe s.th.; *endast mot* ~ on doctor's prescription only

recept|belagd *a5* subject to prescription; ~*a läkemedel* drugs sold on prescription only **-fri** sold without a doctor's prescription

reception [-p'ʃɔ:n] reception **-ist** receptionist

receptur dispensary

recession recession

recett *s3* box-office returns (*pl*) **-föreställning** benefit performance

recidiv *s7* relapse, return, recurrence; *få* ~ have a relapse

reciprok [-å:-] *a1* reciprocal

recit|ation recitation; reading **-ativ** *s7* recitative **-era** recite

1 reda *s1* **1** (*ordning*) order; *ordning och* ~ order and method; *det är* [*ingen*] ~ *med honom* he is [not] to be counted upon; *bringa* (*få*) ~ *i* bring (get) into order; *hålla* ~ (*ordning*) *på* keep in [good] order (*jfr äv.* 2) **2** *få* ~ *på* (*få veta*), get to know, find out, (*finna*) find; *göra* ~ *för* account for; *ha* ~ *på* know [about], be aware of; *ha väl* ~ *på sig* be well informed; *hålla* ~ (*rätt*) *på* keep count of (*jfr äv.* 1); *ta* ~ *på* (*skaffa kännedom om*) find out, (*söka rätt på*) find (*åt ngn* for s.b.)

2 reda *oböjl. a, i* ~ *pengar* in cash, in ready money

3 red|a *v2* **1** (*be-*) make, prepare (*ett bo* a nest; *ett läger* a bed); (~ *ut*) comb (*ull* wool); (*klargöra*) clear up, sort out (*sina intryck* one's impressions) **2** (*av-*) thicken (*en soppa* a soup) **3** *rfl* (*om sak*)

det -er sig nog things will come out all right; (om pers.) get on, manage; ~ sig själv help o.s.; han -er sig nog he will manage all right **4** ~ upp settle, fix, (svårighet) clear up; ~ ut (ngt tilltrasslat) unravel, (klargöra) explain

redaktion [-k'ʃɔ:n] **1** (utgivande) editing; (utgivarskap) editorship; (avfattning) wording; under ~ av edited by **2** (personal) editorial staff; (lokal) editorial office (department) -**ell** al editorial

redaktions|chef editor-in-chief, managing editor -**kommitté** editorial committee -**sekreterare** ung. assistant editor-in-chief

redaktör editor

redan (som bestämning t. predikatsverbet) already; (i övriga fall) as early as, even, (just, själva) very; är du hemma ~? are you home already?; ~ på 1600-talet as early (long ago, far back) as the 17th century; ~ då even then, as early as that; ~ förut even before this; ~ efter tre gånger after only three times, ~ i dag this very day; ~ samma dag [on] the very same day; ~ länge [for] a long time (ever so long); ~ som barn while still (even as) a child; ~ tanken på the mere thought of

redare shipowner

redbar [ˣre:d-] al (rättrådig) honest, upright; (samvetsgrann) conscientious -**het** honesty, uprightness; conscientiousness

1 redd s3 road[stead]; ligga på ~en lie (be) in the roads

£ redd a3 thick|ened] (soppa soup)

rede s6 nest

rederi shipping company, shipowners (pl); carrier

redig al **1** (ej trasslig) orderly; (om handstil) clear, legible; (lätt begriplig) intelligible, lucid; (vid full sans) in one's right senses; ett ~t huvud a clear intellect **2** en ~ portion a substantial helping; en ~ karl a reliable chap, a good sort, en ~ förkylning a severe cold

rediger|a [-'ʃe:-] edit; draft, formulate -**ing** editing

redighet clarity, lucidity

redlös 1 sjö. disabled **2** (drucken) blind (helplessly) drunk

redning [ˣre:d-] kokk. thickening (äv. konkr.)

redo oböjl. a ready, prepared; var ~! be prepared! -**göra** ~ för a) (redovisa) account for, report on b) (beskriva) describe, give an account of; ~ närmare för give details (a detailed description) of; i korthet ~ för outline, give a brief outline (summary) of -**görelse** [-j-] account (för of), report (för of, on)

redovis|a bokf. record; ~ för account for, give an account of; bolaget ~r vinst the company shows (reports) a profit -**ning** account; (räkenskapsbesked) statement of accounts; brista i ~ fail to render an account -**ningsskyldig** accountable, required to render accounts

redskap [ˣre:d-] s7, koll. s9 instrument (äv. bildl.); (verktyg) tool, implement (äv. bildl.); (utrustning) equipment, tackle; gymn. apparatus

reducer|a reduce; cut (bring) down -**ing** reduction

reduktion [-k'ʃɔ:n] reduction

reell [re'ell] al **1** (verklig) real, actual; (påtaglig) tangible **2** se rejäl

referat s7 account, report; (sammandrag) summary

referendum [-ˣrenn-] s8 referendum (pl äv. referenda)

referens s3 reference; lämna ~er give references; svar med ~er reply stating references -**bibliotek** reference library -**grupp** reference group -**ram** frame of reference

refer|ent reporter -**era** (ge referat av) report, give an account of; ~ till refer to; ~nde till Ert brev with reference to (referring to) your letter

reflekt|era 1 (återspegla) reflect, throw back **2** (tänka) reflect, cogitate (över upon); ~ på (anbud, förslag) consider, entertain, (en vara) be open (in the market) for, be buyer of; ~ på en plats think of applying for a post -**or** [-ˣflektår] s3 reflector

reflex s3 reflex band luminous tape

reflexion [-ek'ʃɔ:n] **1** fys. reflection, reflecting; (av ljud) reverberation **2** bildl. reflection, meditation; (slutsats) deduction; (uttalad) comment

reflexiv ['reff-, 're:-] al reflexive

reflexrörelse reflex movement (action)

reform [-'fårm] s3 reform; införa ~er introduce reforms -**ation** reformation; ~en the Reformation -**ator** [-ˣa:tår] s3 reformer

reformera reform **reformert** [-'märt] a4, den ~a kyrkan the Reformed Church; en ni medlem of the Reformed Church, Presbyterian, Calvinist; de ~a the Reformed

reform|fientlig anti-progressive -**ism** reformism -**vänlig** favourable to reform

refräng s3 refrain, chorus; falla in i ~en join in the chorus; tänka på ~en (vard.) think about leaving

refug s3 refuge, traffic island

refusera refuse, reject

regatta [-ˣgatta] sl regatta

1 regel [ˣre:-] s2 (för dörr) bolt; skjuta för ~n bolt the door

2 reg|el ['re:-] s3 (norm etc.) rule, regulation; -ler och anvisningar rules and regulations; ingen ~ utan undantag no rule without an exception; uppställa -ler för draw up rules for; enligt -lerna according to rule (the rules, the book), by the book; mot -lerna against the rules; i (som) ~ as a rule, usually; göra det till en ~ make it a rule -**bunden** a3 regular; ~ puls normal pulse -**bundenhet** regularity -**rätt** a4 regular; (korrekt) correct; (sannskyldig) regular, proper -**vidrig** contrary to the rule[s]

regemente [-je'mente, -g-] s6 **1** mil. regiment **2** (regering) government, rule; föra ett strängt ~ rule with severity

regements|chef regimental commander -**officer** field officer

regenerera regenerate

regent [-j-] ruler, sovereign; (ställföreträdare) regent -**längd** table of monarchs (rulers)

reger|a [-j-] **1** (styra) govern; (härska) rule; (vara kung) reign; medan han ~de (äv.) during his reign **2** (behärska) rule, govern; ~s av sina lidelser be dominated by one's passions -**ing** (regeringstid) rule, reign; (-ande) rule, government;

(*verkställande myndighet*) government; *AE. vanl.* administration; *tillträda ~en* (*om kung*) accede to the throne, (*om myndighet*) take office; *bilda ~* form a government; *den sittande ~en* the government in power

regerings|beslut government decision **-bänken** the government (*Storbritannien* treasury) bench **-chef** head of the (a) government; prime minister **-form 1** (*statsskick*) form of government **2** (*grundlag*) constitution; *1809 års ~* the 1809 Constitution Act **-förslag** government proposal (proposition) **-kris** cabinet crisis **-ledamot** minister of state, cabinet minister **-organ** government organ **-parti** government party **-råd** justice of the supreme administrative court; *Storbritannien* Lord Justice **-rätt** *~en* the [Swedish] supreme administrative court **-ställning** *vara i ~* be in power (office) **-tid** (*regents*) reign; (*regerings*) period of office

regi [-'ʃi:] *s3* management; *teat.* stage management; *film.* direction; (*iscensättning*) production; *i egen ~* under private management; *i statlig ~* under government auspices **-anvisning** *~ar* acting (stage) directions

regim [-'ʃi:m] *s3* management, administration, regime; *ny ~* (*hotell- e.d.*) new management

region *s3* region; district, area **-al** *a1* regional

regissera [reʃi-] produce; (*film*) direct **regissör** producer; (*film., radio. o. AE.*) director

register [-'jiss-] *s7* **1** register, roll, record; (*ord-, sak-*) index **2** (*orgel-*) [organ] stop; (*tonomfång*) range **-kort** index card **-ton** *sjö.* register ton

registr|ator [-ˣra:tår] *s3* registrar, recorder, registry clerk **-era** register, record **-ering** registration

registrerings|avgift registration fee **-nummer** registration number **-skylt** (*på bil*) numberplate, *AE.* license plate

regla [ˣre:g-] bolt

reglage [-'la:ʃ] *s7* control, lever

reglement|e [-'mente] *s6* regulations, rules (*pl*); *~t föreskriver* the regulations prescribe **-era** regulate

reglements|enlig [-e:nl-] *a1* according to regulations **-vidrig** contrary to regulations

regler|a regulate; (*justera*) adjust; (*arbetstid, skuld etc.*) settle; *~d befordringsgång* statutory system of promotion **-bar** [-e:r] *a1* adjustable **-ing 1** regulation; adjustment; settlement **2** *med.* menstruation

regn [reŋn] *s7* rain; *bildl. äv.* shower, hail; *ett stritt ~* a heavy rain, a downpour; *i ~ och rusk* in chilly wet weather; *efter ~ kommer solsken* (*bildl.*) every cloud has a silver lining; *det ser ut att bli ~* it looks like rain

regn|a [ˣreŋna] rain; *bildl. äv.* shower, hail; *det ~r* it is raining; *det ~r in* it is raining in (*genom fönstret* at (through) the window); *det ~r småsten* it is raining cats and dogs; *låtsas som det ~r* look as if nothing were (was) the matter **-blandad** *~ snö* rain mingled with snow **-båge** rainbow **-bågshinna** iris **-droppe** raindrop **-fattig** with little rain, dry **-ig** *a1* rainy; wet **-kappa** raincoat, mackintosh, waterproof **-moln** rain cloud **-mätare** rain gauge, pluviometer **-skog** rainforest **-skur** shower [of rain] **-stänk** *pl* spots

of rain; *det kom bara några ~* there were only a few spots **-tid** rainy season; *~en* (*äv.*) the rains (*pl*) **-vatten** rainwater **-väder** rainy weather; *vara ute i -vädret* be out in the rain

regress (*återgång*) retrogradation **-rätt** right of recourse

reguladetrj *s3* rule of three

regul|ator [-ˣa:tår] *s3* regulator **-jär** *a1* regular

regummera retread, *AE.* recap; (*slitbana*) topcap

rehabiliter|a rehabilitate **-ing** rehabilitation

reinkarnation [re-in-] reincarnation

rejäl *a1* (*pålitlig*) honest, reliable; (*ordentlig, bastant*) proper, jolly good; *ett ~t mål mat* a good square meal

rek *s7* registered post

rekapituler|a recapitulate **-ing** recapitulation, summing-up

reklam *s3* advertising; (*publicitet*) publicity; *konkr.* advertisement; *braskande ~* loud (showy) advertising; *göra ~ för* advertise, *vard.* boom, puff; *göra ~ för sig själv* blow one's own trumpet **-affisch** advertising poster (bill)

reklama|tion (*återfordran*) reclaim; (*klagomål*) complaint, claim; *post.* inquiry [about a missing letter (parcel)] **-tionsnämnd** *allmänna ~en* [the Swedish National] board for consumer complaints

reklam|avdelning publicity (advertising) department **-broschyr** publicity (advertising) leaflet **-byrå** advertising agency **-chef** advertising manager

1 reklamera (*klaga*) complain of; *post.* inquire for (about); *~ en leverans* reject (complain of) a delivery

2 reklamera (*göra reklam för*) advertise, *vard.* boom, puff

reklam|film advertising film, commercial **-kampanj** advertising (publicity) campaign **-man** publicity (advertising) expert **-material** promotion material **-skylt** advertising sign **-tecknare** commercial artist **-text** [advertising] copy **-tryck** advertising matter

rekognos[c]er|a [-kåŋnå-] reconnoitre; scout; *~ terrängen* (*bildl.*) see how the land lies **-ing** reconnaissance, reconnoitre

rekommend|ation [-å-] **1** recommendation **2** *post.* registration **-era 1** recommend (*ngn* (*ngt*) *för ngn* s.b. (s.th.) to s.b.); *~ ngn på det varmaste* heartily recommend s.b.; *som kan ~s* recommendable; *~ sig* take one's leave **2** *post.* register; *~s* (*påskrift på brev*) registered (*förk.* reg[d].); *i* (*som*) *~t brev* by registered post

rekonstru|era [-å-] reconstruct **-ktion** [-k'-ʃo:n] reconstruction

rekord [-'kå:rd] *s7* record; *inneha ett ~* hold a record; *slå ~* [*et*] break the record; *sätta ~* set up a record **-artad** [-a:r-] *a5* unparalleled, unprecedented; record (*hastighet speed*) **-fart** record speed **-försök** attempt at the record **-hållare** record holder **-tid** *ny ~* new record time; *göra ngt på ~* do s.th. in record time

rekreation recreation; relaxation

rekreera [-e'e:-] refresh; *~ sig* refresh o.s., rest, recuperate

rekryt *s3* recruit; *göra ~en* (*vard.*) do first training period as a conscript **-era** recruit, enlist **-ering** [-'te:-] recruiting, recruitment **-utbildning** training of recruits

rektang|el [-'taŋ-] s2 rectangle **-ulär** [-ŋg-] al rectangular

rektor [ˣrekktår, 'rekk-] s3 headmaster, principal; (kvinnlig) headmistress; (vid univ.) vice-chancellor, AE. president; (vid fackhögskola) principal, rector, warden **rektorat** s7 headmastership etc. **rektorsexpedition** ~en the headmaster's (etc.) office

rekvirera 1 (beställa) order; kan ~s genom obtainable through **2** mil. requisition

rekvisi|ta [-ˣsi:-] pl, äv. s9 (förnödenheter) requisites; teat. o.d. properties **-tion 1** (beställning) order **2** mil. requisition

rekyl s3 recoil, kick

relatera relate, give an account of

1 relation (berättelse) narration; i hans ~ in his account (version)

2 relation 1 (förbindelse) relation, connection; (förhållande) relationship; sätta (ställa) ngt i ~ till relate s.th. to; stå i ~ till be related to **2** ~er (inflytelserika förbindelser) connections; skaffa sig fina ~er get influential connections, climb the social ladder; sakna ~er (äv.) have no friends at court

relativ ['re:-, 'rell-, -'ti:v] **I** al relative (äv. språkv.); comparative (lugn quiet); allting är ~t everything is relative **II** s7, s4 relative **-itetsteori** theory of relativity **-sats** relative clause **relegera** expel; univ. äv. send down, (för kortare tid) rusticate

relev|ans [-'ans, -'aŋs] relevance **-ant** [-'ant, -'aŋt] relevant

relief [reli'eff, -j-] s3 relief (äv. bildl.); ge ~ åt bring out in relief; i ~ in relief

religion [-li'(j)o:n, -'gio:n] s3 religion; (friare) faith, belief; (läroämne äv.) divinity

religions|frihet religious freedom **-förföljelse** religious persecution **-historia** religious studies (pl), comparative religion, history of religion[s] **-krig** religious war **-kunskap** religious education **-utövning** religious worship (practices); fri ~ freedom of worship **-vetenskap** religious science; se äv. -historia

religi|ositet [-i(j)o-, -ligio-] religiousness, piety **-ös** [-i'jö:s, -gi'ö:s] al religious; sacred (bruk custom)

relik s3 relic **-skrin** reliquary, shrine

relikt s3, s4 relict

reling gunwale, gunnel, rail; manna ~ man the rail; fritt vid ~ (hand.) ex ship

relä s4 relay **reläa** relay, pipe **relästation** relay (repeating) station

rem [remm] s2 strap; (smal) thong; (driv-) belt; ligga som ~mar efter marken go flat out

remb[o]urs [raŋ'burs] s3 documentary credit; AE. letter of credit, commercial credit

remj s3, schack. draw; det blev ~ the game was drawn; uppnå ~ achieve a draw

remiss s3, abstr. commitment [for consideration]; konkr. [committee] report; (läkar-) doctor's letter of introduction, (t. sjukhus) admission note; vara (utsända) på ~ be circulated (circulate) for comment **remissa** [-ˣmissa] s1 re-

---

mittance **remissdebatt** debate on the estimates (i Storbritannien Address)

remittera 1 hand. remit **2** (hänskjuta) commit (refer) for a pronouncement **3** med. refer, send

remsa s1 strip, tape; (pappers-) slip; (tyg) shred

remskiva [belt] pulley

remuladsås remoulade [sauce]

1 ren s2 (dikes-) ditch-bank; (åker-) headland; (landsvägs-) verge

2 ren s2 (djur) reindeer (pl reindeer[s])

3 ren al (ej smutsig) clean; (prydlig) tidy; bildl. pure; (idel) pure, sheer, mere; (oblandad, äkta) pure, unadulterated; (klar) clear; ~t samvete a clear conscience; göra ~t clean (i köket in the kitchen); göra ~t hus (bildl.) make a clean sweep [of everything]; ~a galenskapen sheer madness; av en ~ händelse by pure (sheer) accident; av ~ nyfikenhet out of sheer curiosity; ~t nonsens sheer nonsense; ~ choklad plain chocolate; ~a sanningen plain truth; säga sin mening på ~ svenska speak one's mind in plain Swedish; ett ~t hjärta a pure heart; ~t spel fair play; ~ infinitiv the simple infinitive; en ~ förlust a dead (total) loss; ~ vinst net (clear) profit, net proceeds; ~t netto net without discount, no discount

rena 1 clean; purify; (socker) refine **2** bildl. purify; cleanse, purge **renare** filter

rendera [ren'de:-, raŋ-] (inbringa) bring in, yield; (ådraga) bring down upon (ngn s.b.)

rengör|a clean **-ing** [-j-] cleaning, (industriar äv.) house-cleaning, cleanup **-ingskräm** cleansing cream **-ingsmedel** detergent, cleaner, cleaning-agent

renhet [ˣre:n-] cleanness etc. (jfr ren); purity (äv. bildl.); hög ~ (kem.) high purity

ren|hjord reindeer herd **-hud** reindeer skin (hide)

ren|hållning cleaning; (sophämtning) refuse collection [and disposal]; (gatu-) scavenging, street-sweeping, street-cleaning **-hållningsverk** sanitary (scavenging) department **-hårig** bildl. honest, fair **-ing** cleaning, cleansing; (kem. o.d.) purification **-ingsverk** purifying (sewage-treatment) plant **-levnad** chastity, continence **-levnadsman** continent man; ascetic **-lig** [ˣre:n-] al cleanly **-lighet** [ˣre:n-] cleanliness **-lärig** al orthodox **-odla** isolate, cultivate in isolation **-odlad** [-o:-] a5, bildl. absolute, downright (egoism egotism)

renons [-'nåŋs, -'nåns] **I** s3 void **II** oböjligt a, vara ~ i spader be without (have no) spades; vara fullständigt ~ på be absolutely devoid of, have no ... whatever

renover|a renovate; AE. äv. revamp; (byggnad, tavla o.d.) restore; (våning o.d.) do up, repair **-ing** renovation; restoration; repair

renrakad a5 **1** se slätrakad **2** (barskrapad) cleaned out, broke

rens s7 trimmings (pl) **rensa 1** (rengöra) clean; (bär, grönsaker) pick over; (fisk) clean, gut; (fågel) draw; (ogräs) weed; (magen) purge; (tömma) evacuate; ~ ogräs weed **2** (befria) clear (havet från ubåtar the sea of submarines); åskan (samtalet) ~de luften the thunderstorm (conversation) cleared the air; ~ bort clear away; remove

R

ren|skrift *konkr.* fair (clean) copy **-skriva** make a fair (clean) copy of, write (*på maskin:* type) out

renskötsel reindeer breeding (husbandry)

rensning cleaning *etc.* (*jfr rensa*)

renstek joint of reindeer; (*maträtt*) roast reindeer

rent [re:-] *adv* **1** *eg.* cleanly *etc.* **2** *sjunga* ~ sing (keep) in tune; *skriva* ~ *åt ngn* do a p.'s fair-copying [for him *etc.*]; *tala* ~ talk properly **3** ~ *omöjlig* utterly (absolutely) impossible; ~ *praktiska detaljer* purely practical details; ~ *av* simply, absolutely, downright; *jag tror* ~ *av* I really believe; ~ *ut* plainly, straight [out]; ~ *ut sagt* to put it plainly, not to mince matters; *jag sade honom* ~ *ut* I told him frankly (in so many words)

rentvå *bildl.* clear, exonerate; ~ *sig* clear o.s. (*från misstanke* of suspicion)

renässans [-'saŋs, -'sans] *s3,* ~*en* the Renaissance (Renascence); *uppleva en* ~ experience renaissance

reorganisera reorganize

rep *s7* rope; (*smalt*) cord; *hoppa* ~ skip; *tala inte om* ~ *i hängd mans hus* name not a rope in the house of him that was hanged, avoid painful subjects

1 repa I *s1* scratch, tear **II** *v1* scratch, tear; ~ *eld på en tändsticka* strike a match; ~ *upp* unravel, (*stickning*) undo [one's knitting]; ~ *upp sig* get unravelled

2 repa *v1,* ~ *gräs* pluck handfuls of grass; ~ *vinbär* string currants; ~ *löv* strip leaves

3 repa *v1,* ~ *mod* take heart; ~ *sig* recover, improve, get better

repar|abel [-'ra:-] *a2* (*-erbar*) repairable; (*möjlig att gottgöra*) reparable **-ation** repair[ing]; *vara under* ~ be under repair, be being repaired

reparations|arbete repairs (*pl*), repair work **-verkstad** repair shop, (*bil- vanl.*) garage

repar|atör repair man; (*bil-*) mechanic **-era** repair; *AE. äv.* fix; (*kläder o.d.*) mend; *våningen skall* ~*s* the flat is to be done up; *kan ej* ~*s* (*äv.*) is past repair

repellera repel

repertoar *s3* repertoire, repertory

repetera repeat; *teat., mus.* rehearse; *skol.* revise

repetition repetition; *teat., mus.* rehearsal; *skol.* revision

repetitions|kurs, -övning refresher course

repig *a1* scratched, full of scratches

replik *s3* **1** (*genmäle*) rejoinder, retort, repartee; *teat.* line, speech; *vara snabb i* ~*en* have a quick tongue **2** *konst.* replica **-era** reply, retort **-skifte** exchange (bandying) of words

report|age [-år'ta:ʃ] *s7* (*nyhetsanskaffning*) reporting; (*referat o.d.*) report[age] **-er** [-'på:r-] *s2* reporter; (*radio-*) [radio] commentator

representant representative (*för* of); deputy; (*delegat*) delegate; (*handelsresande*) traveller **-huset** the House of Representatives **-skap** *s7* representation; (*representantsamling*) representative assembly

represent|ation representation **-ativ** *a1* representative (*för* of) **-era 1** (*företräda*) represent, act for **2** (*utöva värdskap*) entertain

repressalier [-'sa:-] *pl* reprisals; *utöva* ~ *mot* retaliate (make reprisal) on, take reprisals against

reprimand [-'mand, -'maŋd] *s3* reprimand

repris *s3* **1** *mus.* repeat; *teat.* revival; (*av film e.d.*) rerun, second presentation; *radio., TV.* repeat; (*TV i slowmotion*) action (instant) replay **2** (*omgång*) turn, bout **-era** repeat; revive; rerun

reproducera reproduce

reproduk|tion [-k'ʃo:n] reproduction (*äv. konkr.*) **-tiv** *a1* reproductive

repstege rope ladder

reptil *s3* reptile

republik *s3* republic **-an** *s3* republican **-ansk** [-a:-] *a5* republican

repövning military refresher course

1 res|a *v3* (*höja*) raise (*invändningar* objections); erect (*en gravsten* a gravestone); set up (*en stege* a ladder; *krav* claims); ~ *ett tält* pitch a tent; *taket är -t* the rafters are in place; ~ *talan* (*jur.*) lodge a complaint; ~ *sig* rise, (*stiga upp äv.*) get up; ~ *sig på bakbenen* rear [on its (*etc.*) hind legs]; ~ *sig över omgivningen* rise above its environment; *håret -te sig på mitt huvud* my hair stood on end; ~ *sig ur sin förnedring* raise o.s. from degradation

2 resa *s1, jur., första* ~*n* first offence, *tredje* ~*n stöld* third conviction for theft

3 res|a I *s1* journey (*äv. bildl.*); (*sjö-*) voyage; (*över-*) crossing, passage; (*kortare*) trip; (*rund-*) tour; (*-ande*) travel; *lycklig* ~*!* pleasant journey!; *enkel* ~ one-way trip (journey); *fri* ~ free passage; *vad kostar en enkel* ~*?* what is the single fare?; *jag har långa -or till arbetet* I have a long journey to work; *vara [ute] på* ~ be [out] travelling; *bege sig ut på* ~ start (set out) on a journey; *på* ~*n hit såg jag* coming (on my way) here I saw **II** *v3* travel, go (*med tåg* by train; *till lands* by land); (*av-*) leave, depart (*till* for); (*om handelsresande*) travel, *vard.* be on the road; *han har -t mycket* he has travelled a great deal; ~ *andra klass* travel second class; ~ *bort* go away; *han -te från London i går* he left London yesterday; ~ *för en firma* (*i affärer*) travel for a firm (on business); ~ *hem* go home; *han har -t härifrån* he has left [here] (gone away from here); ~ *igenom* pass through; ~ *in till staden* go up to town; ~ *omkring* travel round (about); ~ *ut på landet* go [out] into the country

resande I *a4* travelling; (*kring*) touring, itinerant; *ett* ~ *teatersällskap* a touring company; *vara på* ~ *fot* be travelling (on the move) **II** *s9* travelling salesman, [commercial] traveller; (*passagerare*) passenger; ~ *i tyger* traveller in fabrics; *rum för* ~ lodgings (*pl*)

res|dag day of travel; (*avrese-*) day of departure **-damm** *tvätta* ~*et av sig* wash off the dust of one's journey

rese *s2* giant

rese|berättelse account of a journey; travel book **-byrå** travel agency (bureau) **-check** traveller's cheque

reseffekter *pl* luggage (*sg*); *AE.* baggage (*sg*); personal effects

rese|förbud injunction against leaving the jurisdiction; *åläggas* ~ be forbidden to travel **-försäkring** travel insurance **-handbok** guide[-

book] **-ledare** [tour] conductor, guide **-när** s3 traveller; (*passagerare*) passenger

resęrv s3 reserve; *pers.* extra hand (man); *mil.* reserve; *sport.* reserve, substitute; *i* ~ in reserve (store); *dolda* ~*er* hidden reserves (assets); *överföras till* ~*en* (*mil.*) be put on the reserved list

reserv|ant dissentient **-ąt** s7 reserve; (*natur-*) national park; (*djur-*) game reserve; (*fågel-*) bird sanctuary; (*infödings-*) reservation **-ation** reservation; (*tillbakadragenhet*) reserve; *ta ngt med en viss* ~ accept s.th. with some reservation; *med* ~ *för förändringar* subject to alteration

reserv|del spare part **-däck** spare tyre

reserv|era 1 reserve; set (put) aside; (*rum e.d.*) reserve, make reservations for, book [in advance] **2** ~ *sig* make a reservation (*mot* to); (*protestera*) protest (*mot* against); *vi* ~*r oss för förseningar* we make reservation for delays **-erad** [-'ve:-] *a5* (*beställd*) reserved, booked; (*förbehållsam*) reserved, guarded **-hjul** spare wheel **-nyckel** spare key

reservoąr s3 reservoir; cistern, tank **-penna** fountain pen

reserv|officer officer of (in) the reserve **-tank** reserve tank **-utgång** emergency exit, fire escape

rese|räkning travelling-expenses account **-skildring** travel book; (*föredrag e.d.*) travelogue **-stipendium** travel[ling] scholarship (grant) **-valuta** travel (tourist) allowance

resfeber (*längtan att resa*) longing to travel; *ha* ~ have the jitters before a journey

res|gods luggage; *AE.* baggage **-förvaring**, **-inlämning** cloakroom, left-luggage office; *AE.* checkroom

residęns s7 residence **-stad** seat of provincial government; *i Storbritannien* county town

residera reside

resigner|a [-iŋn-, -inj-] resign o.s. (*inför* to) **-ad** [-'ne:-] *a5* resigned; *med en* ~ *min* with an air of resignation

resist|ans [-'ans, -'aŋs] s3, *elektr.* resistance **-ęns** s3 resistance **-ęnt** *a1* resistant

res|kamrat fellow traveller; (*-sällskap*) travelling companion **-kassa** cash for a journey; travelling funds (*pl*)

reskontra [-'kånn-, ˣress-] s1 personal ledger; (*kund-*) accounts receivable ledger; (*leverantörs-*) accounts payable ledger

reslig [ˣre:s-] *a1* tall

reslust wanderlust

resning [ˣre:s-] **1** (*uppresande*) raising, erection **2** (*höjd, ställning*) build, imposing proportions (*pl*); (*gestalt*) stature; *en man av andlig* ~ a man of great moral stature **3** (*uppror*) rising, rebellion, revolt **4** *jur.* review, new trial; *ansöka om* ~ *i målet* bring a bill of review, lodge a petition for a new hearing

resolu|t *a1* resolute; prompt **-tion** resolution; (*beslut äv.*) decision; *antaga en* ~ pass (adopt) a resolution; *kunglig* ~ royal ordinance, *i Storbritannien* order in council

reson *r* reason; *ta* ~ be reasonable, listen to reason, come round **-abel** [-'na:-] *a2* (*om pers.*) amenable; (*om pris, argument etc.*) reasonable

resonans [-'naŋs, -'ans] s3 resonance **-botten**

sounding board, soundboard

reson|emąng s7, s4 (*diskussion*) discussion; (*samtal*) talk; (*sätt att -era*) reasoning **-era** (*jfr resonemang*) discuss; talk over; reason; ~ *bort* explain (argue) away **-lig** [-'sɔ:n-] *a1* reasonable; sensible

respass *bildl., få* ~ get sacked, be dismissed; *ge ngn* ~ give s.b. the sack, dismiss s.b.

respękt s3 respect; (*högaktning*) esteem; (*fruktan*) awe; *förlora* ~*en för* lose one's respect for; *ha* ~ *med sig* command respect; *sätta sig i* ~ *hos* make o.s. respected by; *visa* ~ *för* show consideration (respect) for; *med all* ~ *för* with all (due) deference to **-abel** [-'ta:-] *a2* respectable; (*oantastlig*) irreproachable **-era** respect, have respect for; (*åtlyda äv.*) adhere to **-full** respectful **-ingivande** *a4* that inspires respect

respektive [-'ti:-, 'ress-] **I** *oböjligt a* respective **II** *adv* respectively; *de kostar 2* ~ *3 pund* they cost 2 and 3 pounds respectively

respektlös disrespectful

respirator [-ˣa:tår] s3 respirator

respįt s3 respite; *en månads* ~ a month's grace

resplan itinerary, travelling plan

respondent [-å-] respondent, defendant

respons [-'åns] s3 response

ressällskap *abstr.* company on a journey; *konkr.* travelling companions (*pl*), (*turistgrupp*) conducted party; *få* ~ *med ...* have the company of ... on the (one's) journey

rest s3 **1** rest, remainder; *AE. äv.* balance; (*kvarleva*) remnant (*äv. tyg-*); *mat.* remainder; *hand.* balance, remainder; ~*er* (*kvarlevor*) remains, (*matrester äv.*) leftovers, leavings; ~*en* the rest (remainder), what is left, (*de andra*) the others; *för* ~*en* (*för övrigt*) for the rest, (*dessutom*) besides, moreover, (*i själva verket*) indeed, in fact **2** *vara på* ~ *med skatterna* be in arrears with taxes; *få* ~ *på en del av ämnet* (*i tentamen*) have to sit part of an examination again

restaurang [-au'raŋ, -tu'raŋ] restaurant; (*hotellmatsal*) dining room **-branschen** catering trade (business) **-chef** restaurant manager **-vagn** dining (restaurant) car, diner

restaurer|a restore **-ing** restoration

rester|a remain, be left; (*vara på rest med*) be in arrears (*med hyran* with the rent) **-ande** *a4* remaining, leftover; outstanding (*skulder* debts); ~ *belopp* balance, outstanding amount, remainder; ~ *skatter* arrears of taxes; ~ *skulder* (*äv.*) arrears

restid travelling (running) time

restlös entire, absolute; unquestioning (*hängivenhet* devotion)

restrik|tion [-k'ʃɔ:n] restriction; *införa* (*upphäva*) ~*er* introduce (lift) restrictions **-tįv** *a1* restrictive

restrött travel-weary

restskatt back tax, tax arrears (*pl*)

resultant *fys.* resultant

resultąt s7 result; (*verkan*) effect; (*följd*) consequence; (*utgång*) issue; (*behållning*) proceeds (*pl*); *ge till* ~ result in; *utan* ~, *se resultatlös* **-lös** fruitless; *blev* ~ was without result (in vain, of no avail) **-räkning** profit and loss account

resultera result (*i* in); *det* ~*de i att* the result was that

resumé *s3* résumé, summary, précis; *jur.* brief

resurs *s3* resource; ~*er* (*äv.*) means, assets; *utnyttja sina* ~*er* make full use of (exploit) one's assets (resources)

res|väg route [of travel], travelling distance **-väska** suitcase; (*liten*) *AE. vanl.* grip

resår *s3* (*spiralfjäder*) spring; (*gummiband*) elastic **-band** elastic **-stickning** ribbed knitting, ribbing

reta 1 (*framkalla retning*) irritate (*nerverna* the nerves); (*stimulera*) stimulate, whet (*aptiten* the appetite); (*egga*) excite (*ngns nyfikenhet* a p.'s curiosity); ~ *ngns begär* rouse a p.'s desire (passion) **2** (*förarga*) provoke, annoy, vex; (~*s med*) tease; ~ *upp sig* work o.s. up (*på* at); ~ *sig* get angry (*på, över* at) **retas** *dep* tease, chaff (*med ngn* s.b.; *för ngt* about s.th.)

ret|full irritating; (*-sam*) provoking, annoying **-hosta** hacking cough

retina ['re:-] *s1* retina

retirera retire, retreat; (*rygga tillbaka*) recoil

ret|lig [ˣre:t-] *a1* (*lättretad*) irritable, fretful; (*snarstucken*) touchy; (*vresig*) irascible **-lighet** irritability; touchiness; irascibility **-ning** irritation; stimulation; (*känsel-, nerv- etc.*) stimulus, impulse

retor|ik [-ɔ'ri:k] *s3* rhetoric **-isk** [-'tɔ:-] *a5* rhetorical

retroaktiv [-'ti:v, 're:-, 'retrɔ-] *a1* retroactive

reträtt *s3* retreat; (*tillflykt*) refuge; *slå till* ~ beat a retreat; *ta till* ~[*en*] retreat; *ha* ~*en klar* keep a line of retreat open, *bildl.* have a loophole ready; *på* ~ in retreat, retreating **-plats** *bildl.* a job for one's (*etc*) retirement

ret|sam [ˣre:t-] *a1* irritating, annoying, vexatious; (*förarglig*) tiresome **-sticka** (*en riktig* a regular) tease

retur return; ~*er* (*-sändningar*) returned goods, returns; *sända varor i* ~ return goods, send goods back; *första klass tur och* ~ *London* first class return London; *vad kostar tur och* ~ *till ...?* what is the return fare to ...?; *vara på* ~ be abating (on the wane) **-biljett** return (*AE.* round-trip) ticket **-glas** returnable bottle **-match** return match (game) **-nera** return, send back **-papper** waste paper **-porto** return (reply) postage **-rätt** right of (to) return; *med* ~ on sale or return

retusch *s3* retouch[ing]; *ge ngt en lätt* ~ (*bildl.*) touch s.th. up a little **-era** retouch, touch up

reumat|iker [reu'ma:-, rev-] rheumatic **-isk** *a5* rheumatic **-ism** rheumatism

1 rev *s2* (*met-*) fishing line

2 rev *s7* (*sand-*) sandbank, spit; (*klipp-*) reef

3 rev *s7, sjö.* reef

1 reva *v1, sjö.* reef, shorten; *gå för* ~*de segel* go under reefed sails

2 reva *s1* (*rispa*) tear, rent, rip; (*skråma*) wound

3 reva *s1, bot.* runner

revalver|a revaluate **-ing** revaluation

revansch [-'vanʃ, -'vaŋʃ] *s3* revenge; *ta* ~ take one's revenge, revenge o.s. **-lysten** eager for revenge; implacable, vengeful

rev|ben rib **-bensspjäll** *slaktar.* square rib[s *pl*]; *kokk.* ribs (*pl*) of pork

revelj *s3* reveille; *blåsa* ~ sound (beat) the reveille; ~*en går* the reveille is sounding

revers *s3* **1** (*skuldebrev*) note [of hand], promissory note; IOU (*förk. av* I owe you) **2** (*på mynt*) reverse **-lån** promissory note loan

revetera roughcast, lath-and-plaster

revidera (*bearbeta*) revise, review; (*räkenskaper*) audit; ~*d upplaga* revised edition

revir *s7* forest district; (*djurs*) territory

revision revision; (*av räkenskaper*) audit **-ism** revisionism

revisions|berättelse auditor's report **-firma** firm of auditors; *auktoriserad* ~ firm of chartered accountants

revisor [-ˣvi:sår] *s3* auditor, accountant; *auktoriserad* ~ authorized public accountant, *i Storbritannien* chartered accountant

revolt [-'vålt] *s3* revolt, insurrection **-era** revolt

revolution revolution **-era** revolutionize **-erande** [-'ne:-] revolutionary; (*epokgörande*) epochmaking

revolutionär I *s3* revolutionary **II** *a1* revolutionary

revolver [-'våll-] *s2* revolver **-man** gunman, *AE. sl.* gunslinger

revorm *med.* ringworm

revy *s3, mil. o. bildl.* review; *teat.* revue, show; *passera* ~ march (file) past **-artist** show artiste

revär *s3* stripe

Rhen [re:n] *r* the Rhine

rhen|sk [re:nsk] *a5* Rhine, Rhenish **-vin** Rhine wine, hock

rhesus|apa [ˣre:-] rhesus monkey **-faktor** rhesus (*förk.* Rh) factor

Rhodos ['rå:dås] *n* Rhodes

ribb|a *s1* lath, batten; *sport.* [cross]bar **-ad** *a5* ribbed (*strumpa* stocking) **-stol** wall bars (*pl*)

ricinolja [-ˣsi:n-] castor oil

rid|a *red -it* ride (*barbacka* bareback); *han -er bra* (*äv.*) he is a good rider (horseman); ~ *i galopp* (*skritt, trav*) gallop (pace, trot); ~ *på ngns rygg* (*äv.*) be carried piggyback (pickaback); ~ *in en häst* break a horse in; ~ *ut stormen* (*bildl.*) weather the storm; ~ *för ankaret* ride at anchor; ~ *på ord* split hairs, quibble **-ande** *a4* riding; on horseback; ~ *polis* mounted police, *AE. äv.* (*i lantdistrikt*) ranger **-byxor** *pl* [riding] breeches, jodhpurs

riddarborg feudal castle

riddar|e knight; *bli* ~ become (be made) a knight; *vandrande* ~ knight errant; ~*n av den sorgliga skepnaden* the knight of the sorrowful countenance; *en damernas* ~ un chevalier des dames; *fattiga* ~ (*kokk.*) bread fritters **-hus** *R~et* the House of the Nobility **-orden** order of knighthood (chivalry), knightly order

ridder|lig *a1* chivalrous; *litt.* chivalric; (*chevaleresk*) gallant, courteous **-lighet** chivalry; gallantry **-skap** *s7, abstr.* chivalry, knighthood; *konkr.* Knighthood, (*under medeltiden*) Knights of the Realm; ~*t och adeln* the Nobility

rid|dräkt riding dress; (*dams*) riding habit **-hus** riding school **-häst** saddle horse, saddler **-lärare** riding master **-ning** riding **-skola** riding school **-sport** riding, equestrian sport **-spö** [horse] whip; (*kort*) [riding] crop **-stövel** riding

boot -tur ride

ridå *s3* curtain **-fall** *vid ~et* at the fall of the curtain **-slutare** curtain shutter

rigg *s2* rig[ging]; *löpande ~* running rigging; *stående ~* standing rigging

rigga rig [out]; *(t.ex. metspö)* rig up; *~ upp sig (vard.)* rig o.s. out

rigorös *a1* rigorous

rik *a1* **1** *(förmögen)* rich, wealthy; *de ~a* the rich; *bli ~* get (become) rich; *den ~e mannen* (*bibl.*) Dives **2** *(ymnig)* rich *(på* in); *(fruktbar)* fertile; *(-lig)* abundant, ample, plentiful; *~ på minnen* full of memories; *~t urval* wide range, varied assortment; *ett ~t förråd av* a plentiful (an abundant) store (stock) of; *ett ~t liv* a full (vivid) life; *bli en erfarenhet ~are* learn by experience, be that much wiser; *i ~t mått* amply, abundantly

rike *s6* *(stat)* state, realm; *(kungadöme)* kingdom; *(kejsardöme)* empire; *bildl.* kingdom, realm, sphere; *det tusenåriga ~t* [ställ.] [hundraåriga] *n edlje ~t* the Third Reich; *tillkomme ditt ~* (*bibl.*) Thy kingdom come

rike|dom *s2* **1** *(förmögenhet)* wealth; riches *(pl)* **2** *bildl.* richness *(på* in); *(riklighet)* wealth, abundance *(på* of) **-mansbarn** *pl* children of rich parents

rik|haltig *a1* rich, plentiful, abundant **-lig** [ˣriːk-] *a1* abundant *(skörd* crop); ample, plentiful; *få ~ användning för* have plenty of opportunity of using; *det har fallit ~t med snö* snow has fallen in abundance; *i ~ mangd* in abundance, in profusion

rikoschett *s3* ricochet; *(-erande projektil)* ricochetting bullet *(etc.)* **-era** ricochet

riks|angelägenhet [ˣrikks-] national affair **-arkiv** *~et* [the Swedish] national archives *(pl)*; *(i Storbritannien)* Public Record Office **-bank** central (national) bank; *R~en (Sveriges ~)* [the] Bank of Sweden **-bekant** known all over the country; *(ökänd)* notorious **-dag** [ˣriks-] *s2, R~en* the Swedish Parliament, the Riksdag; *(i Storbritannien)* Parliament; *lagtima ~* ordinary parliamentary session

riksdags|beslut Riksdag (parliamentary) resolution; Act of Parliament **-debatt** Riksdag (parliamentary) debate **-hus** Riksdag (Parliament) Building; *(i Storbritannien)* Houses of Parliament; *AE.* Capitol **-ledamot, -man** member of parliament (the Riksdag); *(i Storbritannien)* member of parliament *(förk.* M.P.); *AE.* Congressman, *fem.* Congresswoman **-mandat** seat in parliament (the Riksdag), *(i Storbritannien)* seat in Parliament) **-ordning** Parliament (Riksdag) Act **-parti** Riksdag (parliamentary) party **-val** general (parliamentary) election

riks|daler [riks'da:-] *s9, s2* rix-dollar **-förening** national federation (association, union) **-föreståndare** regent **-försäkringsverket** the [Swedish] National Social Insurance Board **-gräns** international boundary, frontier of a country **-gäldskontoret** [-jä-] the [Swedish] National Debt Office

riksha [ˈrikkˌʃa] *s1* rickshaw, jinri[c]k[i]sha

riks|idrottsförbund *Sveriges R~* [the[Swedish] Sports Confederation **-kansler** [ˣrikks-] chancellor **-likare** national standard **-marskalk**

marshal of the realm; *i Storbritannien* Lord High Steward **-museum** national museum (gallery) **-möte** parliamentary session, session of the Riksdag **-omfattande** nationwide **-plan** *på ~et* at a national level **-polischef** national police commissioner **-regalier** *pl* regalia **-revisionsverket** [the Swedish] national audit bureau **-rätt** court of impeachment; *(BE. motsv.)* House of Lords; *(AE. motsv.)* Senate **-rös[e]** frontier cairn **-samtal** trunk call; *AE.* long-distance call **-skatteverket** [the Swedish] national tax board **-språk** standard language **-svenska** *(språk)* standard Swedish **-teater** *ung.* national touring theatre **-telefon** trunk *(AE.* toll) exchange **-vapen** national coat of arms **-viktig** of national importance; *(allmännare)* vitally important, momentous **-väg** national highway **-åklagare** prosecutor-general; *i Storbritannien* director of public prosecutions; *AE.* attorney general **Upple** oru

rikta 1 *(vända åt visst håll)* direct *(mot* towards); aim *(ett slag mot* a blow at); *(skjutvapen)* aim, level, point *(mot* at); *(framställa)* address *(en anmärkning till* a remark to); *~ en anklagelse mot* bring a charge (make an accusation) against; *~ en fråga till* put a question to; *~ misstankar mot* direct suspicion on; *~ några ord till* say a few words to; *~ uppmärksamheten på* draw attention to; *~ sig till a)* *(om pers.)* address [o.s. to], *b)* *(om bok e.d.)* be intended for; *~ sig mot (om tal e.d.)* be directed at **2** *(räta)* straighten; *(bräda, hjul e.d.)* true up

rik|tig *a1* *(rätt)* right; *(korrekt)* correct; *(verklig)* real; *(äkta)* true; *(regelrätt)* proper, regular; *det ~a* the right (proper) thing; *det var ett ~t nöje att* it was a real pleasure to; *ett ~t kräk* a poor wretch; *en ~ snobb* a regular snob; *han är inte ~* he is not right in his head **-tighet** rightness; correctness; *(noggrannhet)* accuracy; *(tillbörlighet)* propriety; *det åger sin ~ att* it is quite true (a fact) that; *avskriftens ~ intygas* we (I) certify this to be a true copy **-tigt** *adv* right[ly]; correctly; *(som sig bör)* properly; *(verkligen)* really; *(ganska)* quite; *(mycket)* very; *mycket ~* quite right, sure enough; *~ bra* really (very, quite) well, really (very) good; *jag mår ~ bra nu* I feel really well now; *pjäsen var ~ bra* the play was very good; *det anses inte ~ fint att* it is considered not quite the thing to; *jag mår inte ~ bra* I am not feeling quite well; *jag förstår inte ~ vad du säger* I don't quite understand what you say; *jag litar inte ~ på dem* I don't quite trust them; *han blev också ganska ~ förkyld* and sure enough he caught a cold

rikt|linje guideline; policies *(pl)*; *uppdraga ~er för (bildl.)* lay down the general outline (guiding principles) for; *ge ~ (äv.)* outline **-märke** target **-ning 1** *(inriktande)* directing, pointing; aiming; *(uträtande)* straightening **2** *(kurs, håll)* direction, course; *bildl.* direction, *(tendens)* tendency, trend, line; *(rörelse)* movement; *i ~ mot* in the direction of; *i vardera ~en* in each (either) direction, each way; *i vilken ~ gick hans uttalande?* what line did he take in his remarks; *ge samtalet en annan ~ (äv.)* lead the conversation into another track **-nummer** *tel.* exchange code, code

R

number **-pris** standard [retail] price, recommended retail price **-punkt** objective, aim (*för* of); *mil.* aiming point

rim *s7* [rimm] rhyme; *utan* ~ *och reson* without rhyme or reason

rimfrost [ˣrimm-] hoarfrost, white frost

rim|lig *a1* (*skälig*) reasonable; (*sannolik*) likely, probable; (*måttlig*) moderate; *hålla kostnader inom* ~*a gränser* keep costs within reason (reasonable bounds); *det är inte mer än* ~*t att* it is only reasonable that **-lighet** reasonableness *etc.*; *vad i all* ~*s namn?* what in the name of common sense? **-ligtvis** reasonably

rimma rhyme (*på* with; *med* to, with); *absol. äv.* make rhymes; *kan du* ~ *på tänka?* can you supply a rhyme to think?; *ha lätt för att* ~ find rhyming easy; *det* ~*r illa med* (*bildl.*) it doesn't tally (fit in) with

ring *s2* **1** ring; (*däck*) tyre, *AE.* tire **2** (*krets*) circle, ring; *meteor.* halo, (*kring solen äv.*) corona; *biol.* collar **3** (*i boxning*) boxing ring; ~*ar* (*gymn.*) rings **4** *skol.* form in the upper secondary school

1 ring|a *v2* ring; *det -er i telefonen* the telephone is ringing; ~ *av* ring off; ~ *på dörren* ring (press) the [door] bell; ~ *på betjäningen* ring for room service; ~ *till ngn* give s.b. a ring, call s.b. up, phone s.b.; ~ *ett samtal* make a phone call; *det -er och susar för mina öron* there is a ringing in my ears

2 ringa *v1* **1** *jakt., lantbr.* ring **2** (*måltavla*) draw rings on; *se äv. inringa* **3** (*klänning e.d.*) ~ *ur* cut low [at the neck]

3 ringa *l oböjl. a* **1** small, little; (*obetydlig*) insignificant (*roll* part); slight (*ansträngning* effort); *ett* ~ *bevis på* small proof (token) of; ~ *efterfrågan* little (weak) demand; ~ *tröst* poor consolation; *på* ~ *avstånd* at a short distance; *till* ~ *del* to a small extent; *ytterst* ~ infinitesimal **2** (*låg, enkel*) humble, lowly; *av* ~ *börd* of humble origin; *min* ~ *person* my humble self (person) **II** *adv* little

ringakt|a (*ngt*) make light of; (*ngn*) look down upon; (*förakta*) despise **-ning** disregard; (*förakt*) contempt, disdain; *visa* ~ *för ngt* hold s.th. in contempt

1 ringare *s9* bell-ringer

2 ringare I *a, komp. t. ringa* smaller *etc.*; (*underlägsen*) inferior (*än* to) **II** *adv* less

ringast I *a, superl. t. ringa* least *etc.*; *utan* ~*e* *anledning* without the slightest provocation; *inte den* ~*e aning* not the slightest idea **II** *adv* least; *inte det* ~*e* not [in] the least, not at all

ring|blomma pot marigold; (*torkad*) calendula **-dans** round dance; *dansa* ~ dance in a ring **-domare** *sport.* referee **-finger** ring finger **-formig** [-å-] *a1* ring-shaped, annular **-förlovad** officially engaged, betrothed

ringhet smallness, insignificance; (*låghet, enkelhet*) humbleness, lowliness

ringhörna *sport.* corner of a [boxing] ring

ringklocka bell

ringla curl; coil; (*om väg e.d.*) wind, meander; ~ *ihop sig* (*om orm*) coil itself up; ~ *sig* coil, wind, (*om lockar*) curl; *kön* ~*r sig* the queue winds

ring|lek ring (round) game **-mur** encircling wall;

town wall **-märka** ring, *AE.* band

rink *s2* rink

rinn|a *rann runnit* run; (*flyta*) flow, stream; (*droppa*) drip, trickle; (*om ljus*) gutter; (*läcka*) leak; *hennes tårar rann* her tears were flowing; *det kom mina ögon att* ~ it made my eyes water; *sinnet rann på mig* I lost my temper; ~ *av* drain off; ~ *till* (*äv. bildl.*) begin to flow; ~ *upp* (*om flod*) rise, have its source; *saken rann ut i sanden* it came to nothing; ~ *ut* run out; ~ *över* flow over; *det kom bägaren att* ~ *över* that was the last straw **-ande** *a4* running

ripa *s1* grouse; (*fjäll-*) ptarmigan; (*dal-*) willow grouse

1 ris *s7* (*sädesslag*) rice

2 ris *s7* **1** (*kvistar*) twigs (*pl*); (*buskvegetation*) brushwood **2** (*straffredskap*) rod, birch, birch rod; (*straff äv.*) birching; *få smaka* ~*et* have a taste of the birch (rod); *ge ngn* ~ whip (birch) s.b.; *binda* ~ *åt egen rygg* make a rod for one's own back

ris|a 1 (*ärter e.d.*) stick **2** (*ge -bastu*) birch; (*klandra*) blame, criticize **-bastu** birching

ris|fält paddy [(rice) field] **-gryn** (*ett* ~) grain of rice; *koll.* rice (*sg*) **-grynsgröt** [boiled] rice pudding

rishög 1 *eg.* heap of twigs **2** *vard.* (*bil*) jalop[p]y

risig *a1* **1** (*om träd*) with dry twigs; (*-bevuxen*) scrubby **2** *vard.* (*om ting*) rotten, of low quality; (*om pers.*) in bad shape

risk *s3* risk (*för* of); *det är ingen* ~ *att … (att jag …)* there is no risk in (+ *ing-form*) (of my + *ing-form*); *löpa* ~*[en] att* run the risk of (+ *ing-form*); *med* ~ *att bli* at the risk of being; *på egen* ~ at one's own risk; *ta* ~*er* take risks (chances); *utan* ~ safely **-abel** [-'a:bel] *a2* risky, dangerous, hazardous **-era** risk, run the risk of; hazard, (*äventyra*) jeopardize **-fri** safe **-fylld** hazardous, perilous, dangerous **-tillägg** danger money **-villig** ~*t kapital* risk (venture) capital **-zon** danger zone; *i* ~*en* (*bridge.*) vulnerable

risodling *abstr.* rice cultivation; *konkr.* rice plantation, paddy [(rice) field]

rispa I *s1* scratch; (*i tyg*) rent, rip **II** *v1* scratch; ~ *upp* rip up; ~ *sig* scratch o.s., (*om tyg*) fray, get frayed

1 rista *v1* (*inskära*) cut, carve (*i* on); *bildl.* engrave, inscribe

2 rist|a *v3* (*skaka*) shake (*på huvudet* one's head); *det -er i armen* [*på mig*] I have shooting pains in my arm

rit *s3* rite

rit|a draw (*efter* from); (*göra -ning t.*) design (*ett hus* a house; *ett mönster* a pattern); ~ *av* make a drawing (sketch) of, (*kopiera*) copy **-are** draughtsman, designer **-bestick** set of drawing instruments **-bord, -bräde** drawing board **-ning** [ˣri:t-] **1** *abstr.* drawing, sketching **2** *konkr.* drawing, sketch, blueprint; (*t. byggnad e.d. äv.*) design

rits *s2, s3* scribed line **ritsa** mark [off], scribe

ritt *s3* ride, riding tour

ritu|al *s3, s4* ritual **-ell** *a1* ritualistic (*dans* dance); ritual (*ändamål* purposes)

riv *s7, bildl.* struggle, demand (*efter* for)

riv|a *rev -it* **1** (*klösa*) scratch; (*ihjäl-*) kill, tear to pieces; ~ *hål på* tear a hole in; ~ *sönder* tear to pieces, (*klädesplagg*) tear to rags (tatters); ~ *ner* (*stöta till*) knock down; ~ *upp* (*gata e.d.*) pull (take) up; ~ *upp ett sår* tear open a wound; ~ *ut* tear out; ~ *åt sig* grab; ~ *sig* (*klia sig*) scratch o.s., (*rispa sig*) get o.s. scratched **2** *kokk.* grate **3** (*rasera*) pull (*AE.* tear) down, demolish; *AE. äv.* wreck; (*kolmila*) rake out **4** (*rota*) rummage (poke) about (*bland in*) **5** (*svida i halsen*) rasp **6** *sport.*, ~ [*ribban*] knock the bar off

rival *s3* rival (*om* for; *till ngn* of s.b.); (*konkurrent*) competitor (*t. en plats* for a situation) **-isera** compete (*med ngn* with s.b.; *om* for); ~ *med varandra* be rivals (*om att* in + *ing-* form) **-iserande** [-'se:-] *a4* rival[ling] **-itet** rivalry (*om* for)

rivande *a4, bildl.* tearing (*fart* pace); (*om pers.*) go-ahead, pushing

rivas *revs rivits, dep* (*om katt e.d.*) scratch

Rivieran [-ˣä:ran] *r, best. f.* the Riviera

rivig *a1, vard.* go-ahead, pushing **rivjärn** grater; *bildl.* shrew **rivning** [ˣ ---] (*av byggnad e.d.*) demolition, pulling down **rivningshus** house to be demolished (pulled down) **rivstart** (*av motorfordon*) flying start; *han startade med en ~* he tore off

1 ro *s9* **1** (*frid*) peace; (*ostördhet*) tranquillity; (*stillhet*) quiet[ness]; *få ~* have (be left in) peace; *aldrig få ngn ~ för* get no peace from; *inte få ngn levande ~* have no peace (rest); *han har ingen ~ i kroppen* he is so restless; *i godan ~, i lugn och ~* in peace and quiet; *ta det med ~* take things (*lit.*) easy; *det får jag med ~* that doesn't worry me; *slå sig till ~* (*slå sig ner*) make o.s. comfortable, (*dra sig tillbaka*) retire, (*bosätta sig*) settle down, (*låta sig nöja*) be satisfied (*med* with) **2** *för ~ skull* for fun; *inte för ~ skull* not for nothing

2 ro *v4* row; pull; (*med vrickåra*) scull; ~ *ut och fiska* go out fishing [in a rowing boat]; ~ *hit med ...! (vard.*) hand over ...!, out with ...!; ~ *iland med ngt* bring home the bacon, succeed in doing s.th.; ~ *upp sig* (*vard.*) better o.s.

roa amuse; (*underhålla*) entertain; *vara ~d av* be interested in (*politik* politics), be fond of, enjoy (*musik* music); *inte vara ~d av* not care about (for); ~ *sig* amuse o.s. (*med* with), (*ha roligt*) enjoy o.s., have a good time

robot ['råbbåt] *s2* robot; (*-vapen*) [guided] missile; *målsökande* ~ homing missile **-vapen** [guided-]missile weapon; *koll.* missilery

robust *a1* robust

1 rock [-å-] *s2* coat; (*kavaj*) jacket; (*över-*) overcoat; (*skydds-*) overall; *för kort i ~en* be too short, not pass muster

2 rock [-å-] *s2 mus.* rock, rock-and-roll, rock-'n'-roll

1 rocka [-å-] *s1* ray

2 rocka (*dansa*) rock, rock-and-roll, rock-'n'-roll

rockad *s3, schack.* castling **-era** castle

rockhängare coat hanger

rockmusik rock [music]

rockvaktmästare cloakroom attendant

rodd *s3* rowing **-are** rower, sculler; oarsman; (*t. yrket*) boatsman **-båt** rowing boat; *AE.* rowboat; *sport.* crew racing boat **-sport** rowing

rodel ['rå:-] *s2* toboggan, bobsleigh

roder ['ro:-] *s7* rudder; (*ratt, rorkult*) helm (*äv.*

---

bildl.); *flyg.* control surface; *lyda* ~ obey (answer) the helm; *lägga om -ret* shift the helm; *sitta vid -ret* be at the helm **-blad** rudder blade

rodna [ˣrå:d-] (*om sak*) turn red, redden; (*om pers.*) blush (*av* for; *över* at) **rodnad** *s3* (*röd färg*) redness; flush; (*hos pers.*) blush

rododendron [rådå'dendrån] *-ronen -ron, pl äv. -rer* rhododendron

roffa [ˣråffa] rob; ~ *åt sig* grab, lay hands on

rofylld peaceful; (*stilla*) serene **-givande** [-j-] *a4* soothing

rojalist *s3* royalist

rokoko [råkå'kå:] *s9* rococo **-möbel** rococo furniture

rolig *a1* (*roande*) amusing; (*underhållande*) entertaining, interesting; (*trevlig*) nice, jolly; (*lustig*) funny; ~*a historier* funny stories; *det var ~t att höra* I am glad (pleased) to hear; *det var ~t att du kunde komma* I'm so glad you could come; *så ~t!* how nice! what fun! **het** *sign* --- *el.* make (crack) jokes **-hetsminister** joker, wag

roligt *adv* funnily *etc.*; *ha* ~ have a nice time, have fun, enjoy o.s.; *ha* ~ *åt* laugh at, (*på ngns bekostnad*) make fun of

1 roll [-å-] *s3* part (*äv. bildl.*); character; (*om sak*) role; *spela Romeos* ~ play the part of Romeo; *spela en viktig* ~ (*bildl.*) play an important part (role); *det spelar ingen* ~ it doesn't matter, it makes no difference; *det spelar mycket liten* ~ it matters very little; *han har spelat ut sin* ~ he in played out, he has had his day; *falla ur ~en* (*bildl.*) let one's mask slip; *leva sig in i ~en* lose o.s. in one's part; *det blev ombytta ~er* the tables were turned

2 roll *s2, flyg.* roll

1 rolla *flyg.* roll

2 rolla (*måla*) roll on

roller ['råll-] *s2* roller

rollfördelning [role] casting **-lista** (*hopskr. rollista*) cast **-spel** role-playing

rolös restless

Rom [råmm] *n* Rome

1 rom [råmm] *s9* (*fisk-*) spawn, [hard] roe; *lägga* ~ spawn; *leka ~men av sig* (*bildl.*) sow one's wild oats

2 rom [råmm] *s9* (*dryck*) rum

roman *s3* novel **-författare** novelist, novel writer

romani ['råmm-, 'rɔmm-, 'rå:-] *s9* Rom[m]any

romans [-'mans, -'maŋs] *s3* romance (*äv. mus.*)

romansk [-a:-] *a5* (*om språk, kultur*) Romance, Romanic; (*om konst*) Romanesque, *i Storbritannien* Norman; (*om folk*) Latin

romantik *s3* romance; (*kulturriktning*) Romanticism **-iker** [-'mann-] romantic; Romanticist **-isera** romanticize **-isk** [-'mann-] *a5* romantic

romare Roman **-riket** the Roman Empire

romb [-å-] *s3* rhomb[us] **-isk** ['råmm-] *a5* rhombic[al]

romersk ['rɔmm-] *a5* Roman; ~ *rätt* Roman Law; ~*a ringar* (*gymn.*) [hand] rings **--katolsk** Roman Catholic

romkorn roe corn **-stinn** [hard] roed

rond [rånd, råŋd] *s3* round; (*vakts äv.*) beat; *gå ~en* go the rounds, (*om läkare*) do the round **-ell** *s3* (*trafik-*) [traffic] roundabout; *AE.* rotary, traffic circle

rop *s7* **1** call, cry (*av* of; *på* for); (*högt*) shout (*av* of, for; *på* for); (*gällt*) yell; (-*ande*) calling, clamour; *ett förtvivlans* ~ a cry of despair **2** (*vissa djurs*) call, cry **3** (*auktions-*) bid **4** *i* ~*et* fashionable, in vogue, popular **ropa** call (*äv. om djur*); (*högljutt*) call out, cry, shout; *som man* ~*r i skogen får man svar* as the question so the answer; ~ *på a*) (*ngn*) call, *b*) (*ngt*) call for (*hjälp* help), cry out (*på hämnd* for vengeance), *c*) (*på auktion*) bid on; ~ *in a*) (*skådespelare*) call before the curtain, *b*) (*på auktion*) buy [at an (the) auction]; ~ *upp* call over (out) (*namnen* the names)

ror|gängare [ˣroː·rjäŋ-] steersman; helmsman (*äv. bildl.*) **-kult** *s2* tiller

1 ros *s1, bot.* rose; *ingen* ~ *utan törnen* no rose without a thorn; *ingen dans på* ~*or* not all beer and skittles; *med* ~*or på kinderna* with rosy cheeks

2 ros *s3, med.* erysipelas

3 ros *s7* (*lovord*) praise; ~ *och ris* praise and blame

1 rosa [ˣroː-] *v1* praise, sing the praises of; *den* ~*r inte marknaden precis* it's not exactly a dazzling success

2 rosa [ˣråː-] **I** *n el. r* rose[-colour] **II** *oböjl. a* rose-coloured, rosy

rosen|buske rose bush **-kindad** [-ç-] *a5* rosy-cheeked **-knopp** rosebud **-krans** rose wreath; (*radband*) rosary **-olja** oil of roses **-rasande** raging, furious **-röd** rosy, rosy red; *se allt i -rött* see everything through rose-coloured spectacles

rosett *s3* bow; rosette; (*fluga*) bow [tie], butterfly

rosévin rosé

rosig *a1* rosy

rosmarin [-·riːn, ˣroː·s-] *s3* rosemary

ross|la [ˣråss-] rattle; *det* ~*r i bröstet på honom* there is a rattle in his chest, he has a wheezy chest **-lig** *a1* rhonch[i]al, wheezing **-ling** rattle, wheeze

1 rost [-å-] *s3* **1** (*på järn*) rust; *angripen av* ~ corroded by rust; *knacka* ~ chip the rust off **2** *bot.* rust; mildew, blight

2 rost [-å-] *s2* (*galler*) grate, grid

1 rosta [ˣråss-] (*bli rostig*) rust, get rusty, oxidize; ~ *fast* rust in; *gammal kärlek* ~*r aldrig* an old love is hard to forget

2 rosta [ˣråss-] **1** *kokk.* roast (*kaffe* coffee); toast (*bröd* bread); ~*t bröd med smör* buttered toast; ~*t vete* puffed wheat **2** *tekn.* roast

rostbeständig rustproof, rust-resisting

rostbiff roast beef

rosteri roasting house (factory), roastery

rost|fläck (*på järn*) spot of rust; (*på tyg*) spot of iron-mould; (*på säd o.d.*) speck of rust **-fri** stainless (*stål* steel); ~ *diskbänk* stainless steel sink **-ig** *a1* rusty, corroded

1 rostning [-å-] (*järns*) rusting

2 rostning [-å-] *kokk.* roasting; toasting

rost|röd rust-red **-skydd** rust proofing **-skyddsmedel** anticorrosive agent

rot *-en rötter* root (*på, till* of); *språkv. äv.* base, radix; (*liten*) rootlet, radicle; ~*en till allt ont* the root of all evil; *dra* ~*en ur* (*mat.*) extract the square root of; ~*en och upphovet till* the root and origin of; *gå till* ~*en med* get to the root (bottom)

of; *ha sin* ~ *i* (*bildl.*) have its origin in; *skog på* ~ standing forest (timber); *rycka upp med* ~*en* pull up by the roots, *bildl.* root up, uproot; *slå* ~ strike (take) root (*äv. bildl.*)

1 rota (*böka*) poke about; ~ *fram* dig up; ~ *i* rout about in, poke into

2 rota root; ~ *sig* strike (take) root; *djupt* ~*d* deeply rooted, deep-rooted

rotation rotation; revolution **rotationsaxel** axis of rotation

rot|blöta *s1* soak[er], drench[er] **-borste** scrubbing brush

rotel *s2* (*i ämbetsverk*) department, division; *jur.* section

roter|a rotate; revolve **-ande** *a4* rotating (*hjul* wheel); revolving, rota[to]ry (*rörelse* movement; *motor* engine)

rot|fast [firmly] rooted; *bildl. äv.* securely established **-frukt** root; ~*er* (*äv.*) root crops **-fyllning** root filling **-lös** rootless **-löshet** rootlessness **-mos** mashed turnips and potatoes (*pl*) **-märke** *mat.* radical sign

rotor [ˣroː·tår] *s3* rotor, armature

rot|saker *pl* roots **-stock** rhizome, rootstock

rotting [ˣrått-] rattan, cane

rottråd root fibre

rotunda [-ˣtunn-] *s1* rotunda

rotvälska [ˣroː·t-] *s1* double Dutch, lingo; *prata* ~ (*äv.*) talk gibberish

rouge [roːʃ] *s4, s3* rouge

roulett [roˈlett] *s3* roulette; *spela* [*på*] ~ play roulette; *vinna på* ~ win at roulette

rov *s7* (*om djur: byte*) prey; *gå på* ~ be on the prowl; *leva av* ~ live [up]on prey **2** (*om människor: röveri*) robbing, robbery; (*byte*) booty, spoil[s *pl*]; *bildl.* prey; *bli ett* ~ *för* fall a prey (victim) to; *vara ute på* ~ be out plundering; *icke akta för* ~ *att* (*bibl.*) not deem it robbery, (*friare*) think nothing of (+ *ing-form*)

rova *s1* **1** (*rotfrukt*) turnip **2** (*klocka*) turnip; *sätta en* ~ fall on one's behind

rov|djur beast of prey **-drift** ruthless exploitation, overexploitation **-fågel** bird of prey **-girig** rapacious; predatory **-jakt** *bedriva* ~ exhaust the stock of game

rubank [ˈruː-] *s2, snick.* trying plane

rubb *i uttr.:* ~ *och stubb* lock, stock and barrel, the whole lot

rubba **1** (*flytta på*) dislodge, move **2** *bildl.* (*störa*) disturb, upset; (*ändra*) alter; (*bringa att vackla*) shake; *han låter inte* ~ *sig* there is no moving him; ~ *inte mina cirklar!* don't upset my calculations! **rubbad** *a5* (*sinnes-*) deranged; crazy

rubbning **1** dislodging, moving **2** disturbance; alteration, change; (*nervös*) derangement; *mentala* ~*ar* mental disorders

rubel [ˈruː-] *s9, om myntstycken s3* r[o]uble

rubin *s3* ruby **-röd** ruby red

rubricer|a **1** (*förse med rubrik*) give a heading to, headline **2** (*beteckna*) classify, characterize **-ing** **1** heading **2** classification, characterization

rubrik *s3* heading, title; (*tidnings-*) headline, caption

rucka (*rubba*) move; (*klocka*) regulate, adjust; ~ *på ngns vanor* change a p.'s habits

1 ruckel [ˈrukk-] *s7* (*kyffe*) ramshackle house,

hovel
2 ruckel ['rukk-] *s7* (*svirande*) revelry, debauchery
rucklig *a1* (*fallfärdig*) ramshackle, tumble-down
rudimęnt *s7* rudiment **-är** *a1* rudimentary
rudis ['ru:-] *oböjl. a, vard.* ignorant
1 ruff *s2, sjö.* deckhouse, cabin
2 ruff *s9, s7 sport.* rough play
3 ruff *s2, golf.* rough
ruffa play a rough game, foul
ruffad *a5, sjö., vara* ~ have a cabin
1 ruffig *a1, sport.* rough
2 ruffig *a1* (*sjaskig*) shabby, seedy-looking; dilapidated
rufs *s7* tousle **rufsa** ~ *till* ruffle, tousle **rufsig** *a1* tousled; *vara* ~ *i håret* (*äv.*) have untidy hair
rugby ['ruggbi, -y] *s9* rugby [football]; *vard.* rugger; *AE. ung.* football
rugga 1 (*ylle e.d.*) tease[l]; ~ *upp* buff, nap **2** (*om fåglar*) moult
rugga *u2* (*vuss* *o.d.*) clump; (*tuva*) tuft
ruggig *a1* **1** (*uppruggad*) teaselled **2** (*fransig*) raw; *bok med* ~*t snitt* a raw-edged book **3** (*uppburrad*) ruffled (*sparv* sparrow) **4** (*sjaskig*) shabby, frowzy, frowsy; (*gråkall*) bleak, raw; (*kuslig*) gruesome
rujn *s3* ruin; *bildl. äv.* wreck; *det blev hans* ~ it brought about his ruin; *på* ~*ens brant* on the verge of ruin
ruiner|a ruin (*äv. bildl.*), bring to ruin (bankruptcy); *bli* ~*d* be ruined, go bankrupt, *vard. ibl.* broke; ~ *sig* ruin o.s., go bankrupt **-ande** *a4* ruinous
ruljangsen [-'jaŋ-] *best. form, vard., skötu* [*hela*] ~ run the [whole] show (business)
1 rull|a *s1, mil.* roll, list, register; *införa i -orna* (*äv.*) enrol; *avföra ur -orna* remove from (strike off) the list, *mil. äv.* disenrol
2 rulla *v1* **1** (*förflytta*) roll, (*linda äv.*) reel, wind; (*på hjul*) wheel; (*rep*) coil; ~ *tummarna* twirl one's thumbs **2** (*förflyttas*) roll (*äv. om fartyg, dimma, åska*); *låta pengarna* ~ make the money fly; ~ *med ögonen* roll one's eyes **3** (*med betonad partikel*) ~ *av* unroll, unwind, uncoil; ~ *ihop* roll up, make a roll of; ~ *ihop sig* roll up, (*om orm o.d. äv.*) coil; ~ *upp* roll up, wind (coil) [up], (*gardin*) pull up, *bildl.* unfold **4** *rfl* roll [over]; ~ *sig i stoftet* cringe, grovel
rullager (*särskr.* rull-lager) roller bearing
rull|ande *a4* rolling (*material* stock); ~ *klinik* mobile clinic; ~ *planering* ongoing planning; ~ *reform* continuous reform **-band** rolling hoop **-bräde** skateboard **-bälte** inertia-reel seat-belt, inertia safety belt
rull|e *s2* roll; (*film-, pappers-*) reel; (*rep-*) coil; (*spole*) bobbin; (*dikterings-*) cylinder **-gardin** [roller] blind; (*fartyg* rolling; *sjö. äv.* roll; *sätta i* ~ start rolling **-skridsko** roller skate **-stol** wheelchair, invalid chair **-trappa** escalator; moving staircase
rulta I *s1* podgy woman; (*flicka*) roly-poly, dumpling **II** *v1* waddle, joggle
1 rum [rumm] *s7* **1** (*bonings-*) room; ~ *åt gatan* (*gården*) front (back) room; *beställa* ~ *på ett hotell* reserve a room at a hotel; *ett* ~ *och kök* one room and [a] kitchen **2** (*utrymme*) room; (*plats*)

place; *hur många får* ~ *i soffan?* how many is there room for on the sofa?; *den får inte* ~ *här* there is no room for it here; *i främsta* ~*met* in the first place; *komma i första* ~*met* come first; *lämna* ~ *för* leave room for (*äv. bildl.*); *lämna* (*bereda*) ~ *åt* make room for; *ta stort* ~ be bulky, take up a lot of room; *äga* ~ take place; (*om möte o.d.*) be held **3** (*rymd*) space; *tid*[*en*] *och* ~[*met*] time and space; *lufttomt* ~ vacuum **4** *sjö.* (*last-*) hold
2 rum [rumm] *a1, i* ~ *sjö* in open water (the open sea)
rumba *s1* rumba
rumla go on a spree, revel
rump|a *s1* buttocks (*pl*), posterior, behind; *vard.* backside, rump **-huggen** *a3* tail-docked; *bildl.* truncated, with an abrupt end
rums|arrest *mil.* open arrest **-beställning** booking of rooms (a room); (*på skylt*) receptionist **-förmedling** room agency **-kamrat** room-mate; *vara* ~*er* share a room **-ren** (*om hund e.d.*) house-trained (house-broken) **-temperatur** room temperature
rumstera rummage about (round)
rumän *s3* Ro[u]manian **Rumänien** [-'mä:-] *n* Ro[u]mania
rumän|sk *a5* Ro[u]manian **-ska 1** (*kvinna*) Ro[u]manian woman **2** (*språk*) Ro[u]manian
runa *s1* **1** (*skrivtecken*) rune; *rista -or* carve runes **2** (*minnes-*) obituary
rund I *s3* circle, ring, *poet.* round **II** *a1* round; (*cirkel-*) circular; (*klot-*) spherical; (*cylindrisk*) cylindrical; (*fyllig*) plump, chubby; *en* ~ *summa* a round (lump) sum, *i runt tal* in round figures, roughly
runda I *s1* round; *gå en* ~ go for a stroll **II** *v1* **1** round (*av* off) **2** *sjö.* double
rund|abordskonferens round-table conference **-båge** round arch **-bågsstil** Romanesque (*Storbritannien* Norman) style
rund|el *s2, trädg.* round [flower]bed; (*rund plats*) circus; (*vindling*) circle **-fråga** inquiry, questionnaire **-hänt** *a1* generous, liberal **-kullig** *a1,* ~ *hatt* bowler [hat] **-lagd** *a5* plump, rotund **-lig** *a1* ample; (*-hänt*) generous, liberal; *en* ~ *summa* a good round sum; *en* ~ *tid* a long[ish] time **-målning** panorama (*äv. bildl.*) **-ning** (*-ande*) rounding; (*-het*) roundness, curvature; (*utbuktning*) bulge, swell **-nätt** small and plump **-radio** broadcasting **-resa** tour, round trip **-skrivelse** circular letter, circular **-smörja** grease **-tur** sightseeing tour (trip) **-vandring** tour; *göra en* ~ *i* make a tour of
rungande *a4* resounding; *ett* ~ *hurra* a ringing cheer; *ett* ~ *skratt* a roar of laughter
runka 1 (*gunga*) rock, wag; (*skaka*) shake (*på huvudet* one's head) **2** *vard.* jerk off, masturbate
run|olog runologist **-skrift** runic characters (*pl*); (*inskription*) runic inscription **-sten** runestone, runic stone
runt I *adv* round; ~ *om*[*kring*] round about; *det går* ~ *för mig* my head is in a whirl; *lova* ~ *och hålla tunt* promise a lot, fulfil ne'er a jot **II** *prep* round (*hörnet* the corner); ~ *om* around, all round; *resa jorden* ~ travel round the world; ~ *hela jorden* the world over; *året* ~ all the year

R

round
rupie ['ru:-] *s5* rupee
rus *s7* intoxication (*äv. bildl.*); *bildl.* ecstasy, transport; *ett lätt* ~ a slight intoxication; *sova ~et av sig* sleep o.s. sober; *ta sig ett* ~ get drunk; *under ~ets inverkan* under the influence of drink
rusa 1 (*störta fram*) rush, dash; (*flänga*) tear; ~ *fram* rush up (*framåt:* forwards); ~ *iväg* rush (dash, dart) off; ~ *i fördärvet* plunge into ruin; ~ *på dörren* rush for the door; ~ *på ngn* rush (fly) at s.b.; ~ *upp från* spring (jump) up from; *blodet ~de upp i ansiktet på honom* the blood rushed to his face; ~ *upp ur sängen* spring (dash) out of bed **2** (*om motor, ånga*) race; ~ *en motor* race (rev up, gun) an engine
rusch *s3* rush; drive **-ig** *a1* energetic; go-ahead
rusdryck intoxicating liquor, intoxicant
rush [ruʃ] *s3, sport.* rush
rusig *a1* (*berusad*) drunk; intoxicated (*av vin* with wine; *av lycka* with happiness)
rusk *s7* wet (bad) weather; *i regn och* ~ in rain and storm
1 ruska *v1, det regnar och ~r* it's wet and windy
2 ruska *s1* tuft; (*träd-*) bunch of twigs
3 ruska *v1* (*skaka*) shake; ~ *ngn omilt* give s.b. a good shaking; ~ *liv i* shake into life, (*ngn*) rouse; ~ *på huvudet* shake one's head; ~ *om ngn* give s.b. a shaking
ruskig *a1* (*om väder*) nasty, unpleasant; (*om pers.: sluskig*) disreputable, shady; (*om t.ex. kvarter*) squalid; (*otäck*) horrid; *känna sig litet* ~ feel a little out of sorts (seedy)
ruskighet (*vädrets*) nastiness *etc.*; (*otäckhet*) gruesomeness; *~er* gruesome things, horrors
ruskigt *adv, vard. äv.* terribly, awfully
rus|ning [ˣru:s-] rush (*efter* for); (*av motor*) racing, overspeeding **-ningstid** rush hour[s *pl*], peak period
russin *s7* raisin
rusta 1 arm (*till krig* for war); (*utrusta*) equip **2** (*göra i ordning*) prepare, make preparations (*för, till* for); ~ *upp* (*reparera*) do up, repair **3** *rfl* (*göra sig färdig*) get ready, make preparations (*till* for); (*väpna sig*) arm o.s. **rustad** *a5* (*ut-*) equipped; (*beväpnad*) armed
rustik *a1* rustic; (*bondaktig*) countrified; (*grov*) boorish
rustning 1 (*krigsförberedelse*) armament **2** *konkr.* armour, coat of mail; *fullständig* ~ (*äv.*) panoply **rustningsindustri** armament industry
ruta I *s1* square; (*i mönster*) check; (*fönster-*) [window]pane; (*TV-*) screen **II** *v1* (*göra rutig*) check; *~t papper* cross-ruled (squared) paper
1 ruter ['ru:-] *s9, kortsp., koll.* diamonds (*pl*); *jfr* hjärter
2 ruter ['ru:-] *r, det är* ~ *i henne* she has got pluck; *det är ingen* ~ *i honom* he has no go in him
rutig *a1* check[ed]; chequered
rut|in *s3* routine; (*färdighet*) professional experience, practical knowledge; *~er* (*äv.*) procedures **-arbete** routine work **-erad** [-'ne:-] *a5* experienced, practised, skilled **-kontroll** routine checkup **-mässig** *a1* routine **-mässigt** *adv* by routine; *neds.* mechanically
rut|mönster check (*snedvinkligt:* diamond) pattern **-papper** cross-ruled paper

rutsch|a [ˣruttʃa] slide; (*slira*) skid **-bana** chute, slide; (*vatten-*) water chute
rutt *s3* route
rutten *a3* rotten (*äv. bildl.*); putrid; (*om tänder*) decayed; (*moraliskt äv.*) corrupt, depraved **rutt-na** become (get) rotten, rot; (*om virke äv.*) decay; (*om kött äv.*) decompose
ruva sit [on eggs], brood; ~ *på* (*bildl.*) brood on; ~ *över* jealously safeguard (*sina skatter* one's treasures)
1 rya [ˣry:a] *v1* shout
2 rya [ˣry:a] *s1* long-pile rug, hooked rug
ryck *s7* **1** (*knyck*) jerk, tug, pull **2** (*sprittning*) start; (*nervöst*) twitch, spasm; *vakna med ett* ~ wake up with a start; *snabba* ~ fast going, good going **3** *bildl.* (*anfall*) fit, flicker; (*nyck*) whim, freak **4** (*i tyngdlyftning*) snatch
ryck|a *v3* **I 1** (*dra*) pull, jerk; (*hastigt*) snatch; (*våldsamt*) wrench; (*slita*) tear; ~ *ngn i armen* pull s.b. by the arm **2** (*lin, hampa*) pull **3** (*ruska, dra hit o. dit*) pull, tug, jerk; ~ *i dörren* pull at the door; ~ *i klocksträngen* pull the bell[cord]; ~ *på axlarna* shrug one's shoulders (*åt* at); *det -te i mungiporna på henne* the corners of her mouth twitched **4** *mil.* march, move (*mot fienden* against the enemy; *mot målet* towards the objective); ~ *närmare* approach; ~ *ngn in på livet* press s.b. hard; ~ *till ngns undsättning* rush to a p.'s rescue **II** (*med betonad partikel*) **1** *han -tes bort vid unga år* he was snatched away in early life **2** ~ *fram* (*mil. o.d.*) push forward, advance **3** ~ *in* a) *boktr.* inset, b) (*om trupper*) march into, c) (*om värnpliktig*) join up; ~ *in i en stad* march into (enter) a town; ~ *in i ngns ställe* take a p.'s place **4** ~ *loss* wrench (jerk) loose **5** *hon -tes med av hans berättelse* she was carried along by his story; ~ *med sig* carry away **6** ~ *till* give a start, start; ~ *till sig* snatch **7** ~ *upp* a) (*ogräs*) pull up, b) (*dörr o.d.*) pull open; ~ *upp sig* pull o.s. together **8** ~ *ut* a) pull out, (*tand*) extract, b) *mil.* (*om trupp*) move out, break camp, (*om värnpliktig*) be furloughed home (released), (*om brandkår o.d.*) turn out
rycken ['rykk-] *i uttr.: stå* ~ stand it, hold one's own; *stå* ~ *för* stand up to
ryck|ig *a1* jerky; spasmodic; disjointed **-ning** pull, jerk; (*nervös*) twitch, spasm; *nervösa ~ar* (*äv.*) a nervous tic (*sg*) **-vis** by jerks, by fits and starts; (*då o. då*) intermittently
rygg *s2* back; *falla ngn i ~en* attack s.b. from the rear; *gå bakom ~en på ngn* (*bildl.*) go behind a p.'s back; *ha ~en fri* have a line of retreat open; *hålla ngn om ~en* (*bildl.*) support s.b., back s.b. up; *skjuta* ~ (*om katt*) arch its back; *stå med ~en mot* stand with one's back to; *tala illa om ngn på hans* ~ speak ill of s.b. behind his back; *vända ngn ~en* (*bildl.*) turn one's back on s.b.; *så snart man vänder ~en till* as soon as one's back is turned
rygg|a 1 (*om häst*) back; (*om pers.*) step (*häftigt start*) back; (*dra sig tillbaka*) withdraw (*från* from); (*frukta för*) shrink, recoil (*inför* at, before) **2** *ridk.* back (*en häst* a horse) **-fena** dorsal fin **-kota** vertebra **-läge** *intaga* ~ lie down on one's back **-märg** spinal cord **-rad** spine, spinal

column; *bildl.* backbone **-radsdjur** vertebrate **-radslös** invertebrate; *bildl.* without backbone, spineless **-sim** backstroke **-skott** lumbago **-stöd** *eg.* support for the back; *(på stol e.d.)* back; *bildl.* backing, support **-säck** rucksack, backpack

ryk|a *imperf. rök, äv. v3* **1** smoke; reek; *(pyra)* smoulder; *(ånga)* steam; *(om damm)* fly about; *det -er in* the chimney is smoking; *rågen -er* the rye is smoking; *slåss så det -er om det* fight so the feathers fly **2** *där rök hans sista slantar* there goes the last of his money; ~ *ihop* fly at each other, *(slåss)* come to blows; ~ *på (anfalla)* assault, *(med fråga e.d.)* attack **-ande** *a4* smoking *etc.*; ~ *varm mat* piping hot food; *i* ~ *fart* at a tearing pace

rykt *s3 (av häst)* dressing; grooming; *språkets* ~ *och ans* the cultivation and improvement of the language **rykta** dress; groom, curry

rykt|as *opers. dep, det* ~ *att* it is rumoured (there is a rumour) that **-bar** *a1* famous, renowned; *neds.* notorious; -- *person (av.)* celebrity **-barhet** fame, renown; *neds.* notoriety; *pers.* celebrity

ryktborste grooming-brush

rykte *s6* **1** *(kringlöpande nyhet)* rumour; report; *(hörsägen)* hearsay; *(skvaller)* gossip; *det går ett* ~ *att* there is a rumour that; *lösa* ~*n* vague rumours **2** *(ryktbarhet)* fame, renown; *(allmänt omdöme om ngn)* reputation, name, repute; *bättre än sitt* ~ better than one's reputation; *upprätthålla sitt goda namn ṏɨ* uphold one's fair name and fame; *åtnjuta det bästa* ~ be in the highest repute; *ha dåligt* ~ *[om sig>* have a bad reputation; *ha* ~ *om sig att vara* be reputed to be, have the reputation of being

ryktes|flora crop of rumours **-smidare** scandalmonger **-spridning** spreading of rumours **-vis** *(som ett rykte)* by [way of] rumour; *(genom hörsägen)* by hearsay

rymd *s3* **1** *(volym)* volume, capacity **2** *(världs-space; bildl.* region, sphere; *tomma* ~*en* vacancy, vacuity; *yttre* ~*en* outer space; *tavlan har* ~ the picture gives a feeling of space **-dräkt** spacesuit **-farare** spaceman *(fem.* spacewoman), astronaut **-farkost** spacecraft **-forskning** space research **-färd** space trip (flight) **-färja** space shuttle **-geometri** stereometry; solid geometry **-kapsel** space capsule **-medicin** space medicine **-mått** cubic measure **-promenad** spacewalk **-raket** space rocket **-skepp** spaceship **-sond** space probe **-station** space station (platform) **-ålder** the Space Age

rymlig *a1 (stor)* spacious, roomy; *(som rymmer mycket)* capacious; ~*t samvete* accommodating conscience

rymling fugitive, runaway; *mil.* deserter

rymma *v2* **1** *(innehålla)* contain, hold; *(ha plats för)* take, have room for, accommodate **2** *(fly)* run away; *(om fånge)* escape; *(om kvinna:* ~ *från hemmet)* elope; ~ *fältet* quit the field

rymmar|e *se rymling;* ~ *och fasttagare (lek)* cops and robbers **-färd, -stråt** *vara på* ~ be on the run

rymmas *v2, dep, det ryms mycket i den här lådan* this box holds a great deal; *det ryms mycket på en* *sida* there is room for a great deal on one page; *det ryms många i rummet* the room holds many people

rymning escape, flight; *mil.* desertion

rynka I *s1 (i huden)* wrinkle; *(på kläder)* crease, *sömn.* gather **II** *v1* **1** *sömn.* gather, fold; ~ *pannan* knit one's brows; ~ *ögonbrynen* frown; ~ *på näsan* wrinkle one's nose, *bildl.* turn up one's nose *(åt* at) **2** *rfl* wrinkle, get wrinkled; *(om tyg)* crumple, crease **rynkig** *a1* wrinkled, furrowed

rys|a *v3, imperf. äv. rös* shiver, shake *(av köld* with cold); shudder *(av fasa* with terror); *det -er i mig när* I shudder when **-are** thriller

rysch *s7* r[o]uche, frill

rysk *a1* Russian

rysk|a *s1* **1** *(språk)* Russian **2** *(kvinna)* Russian woman **-språkig** *a1 (-talande)* Russian-speaking; *(på ryska)* in Russian

ryslig *[ˣry:s-] a1* terrible, dreadful; *vard.* awful **-het** ~*er* horrors, *(begångna)* atrocities

rysligt *adv* terribly *etc.; vard.* awfully *(snällt av dig* nice of you)

rysning *[ˣry:s-]* shiver; shudder

ryss *s2* Russian

ryssja [ryʃa] *s1* fyke (hoop) net

Ryssland ['ryss-] *n* Russia

ryt|a *röt rutit* roar *(åt* at); *(om pers. äv.)* shout, bawl *(åt* at) **-ande** *s6* roar[ing]

rytm *s3* rhythm **-isk** ['rytt-] *a5* rhythmic[al]

ryttar|e rider, horseman; *(i kortsystem)* tab signal **-inna** horsewoman, woman rider

ryttla hover

RÅ [ärrå] *förk. för* riksåklagare

1 rå *s5, sjö.* yard

2 rå *s5, s4 (gränslinje)* boundary, borderline

3 rå *s6, s5, myt.* sprite, fairy

4 rå *a1* **1** *(okokt)* raw *(fisk* fish); fresh *(frukt* fruit) **2** *(obearbetad)* crude *(malm* ore); *(ogarvad)* raw **3** *(om klimat)* raw, damp and chilly **4** *(primitiv)* primitive; *(grov)* coarse; *(simpel)* vulgar; *(ohövlig)* rude; *(brutal)* brutal; *den* ~*a styrkan* brute force; *en* ~ *sälle* a ruffian; *ett* ~*tt överfall* a brutal assault

5 rå *v4 (jfr råda)* **1** *(orka)* manage, have the strength (power) to; *(vara starkare, längre)* be the stronger (taller); *jag* ~*r inte med det* I cannot manage it, it is too much for me; *människan spår, men Gud* ~*r* man proposes, God disposes; ~ *sig själv* be one's own master, have one's time to o.s. **2** *(med betonad partikel) jag* ~*r inte för att* it is not my fault that; *jag* ~*r inte för det* I cannot help it; *du* ~*r själv för att* it is your own fault that; ~ *med* manage [to carry (lift etc.)]; ~ *om* be the owner of, possess; ~ *på* be stronger than, get the better of, be able to beat

råbandsknop reef (square, flat) knot

rå|barkad *a5, bildl.* coarse, rough-mannered **-biff** scraped raw beef

råbock roebuck

råd *s7, i bet. 2 o. 5 äv. r* **1** *(tillrådan)* advice; *(högtidligare)* counsel; *ett [gott]* ~ a piece of [good] advice, *AE. äv.* a pointer; ~ *och anvisningar för* hints and directions for; *be ngn om* ~ *[ett]* ~ ask s.b. for advice; *bistå ngn med* ~ *o. dåd* give s.b. advice and assistance; *fråga ngn till* ~*s* ask a p.'s advice, consult s.b.; *få många goda* ~

R

receive a lot of good advice; *följa* (*lyda*) *ngns* ~ follow (take) a p.'s advice; *ge goda* ~ give good advice; *den* ~ *lyder är vis* he who listens to counsel is wise **2** (*utväg*) means (*sg o. pl*), expedient, way; *finna på* ~ find a way out; *veta* ~ *för* know a remedy for; *det blir väl ngn* ~ s.th. is sure to turn up, we shall manage somehow; *det blir ingen annan* ~ *än att* there is no other alternative than to; *nu vet jag* [*mig*] *ingen levandes* ~ now I am at my wits end (completely at a loss) **3** (*församling*) council **4** (*person*) councillor **5** (*tillgång*) means (*sg o. pl*); *ha god* ~ *till ngt* have ample means for s.th., be able to afford s.th.; *jag har inte* ~ *att* (*till det*) I haven't got the money to (for it), I cannot afford to (it); *efter* ~ *och lägenhet* according to one's means

råd|a *v2* **1** (*ge råd*) advise, give advice, counsel; *om jag får* ~ *dig* if you take my advice; *jag skulle* ~ *dig att låta bli* I should advise you not to do it; *jag -er dig att inte* I warn you not to **2** ~ *bot för* (*på*) find a remedy (cure) for **3** (*härska*) rule; *om jag finge* ~ if I had my way; *han vill alltid* ~ he always wants to be master; ~ *över* have control of **4** (*förhärska*) prevail, be prevalent; be, reign; *tystnad -er överallt* (*äv.*) silence reigns everywhere; *det -er inget tvivel* there is no doubt; *det -er ett gott förhållande mellan dem* they are on good terms [with each other] **-ande** *a4* prevailing; current (*priser* prices); *under* ~ *förhållanden* in the circumstances, under present conditions

rådbråka 1 *hist.* break on the wheel **2** *bildl.* (*ett språk*) mangle, murder; *på* ~*d engelska* in broken English; ~ *franska* speak broken French; *känna sig alldeles* ~*d* be aching in every joint, be stiff all over

råd|fråga consult; seek advice from; ~ *advokat* take counsel's opinion **-frågning** [-:å-] consultation; inquiry **-givande** advisory, consulting, consultative **-givare** adviser; *jur.* counsel; (*dipl. e.d.*) counsellor **-givning** [-ji:-] guidance, counselling; advisory service **-göra** ~ *med* confer with; ~ *med ngn om ngt* (*äv.*) discuss s.th. with s.b. **-hus** council hall (*AE.* city) hall

rådig *a1* (*fyndig*) resourceful; resolute (*handling* act) **-het** resourcefulness; resolution, presence of mind

rådjur roe [deer] **rådjursstek** [joint of] venison

råd|lig [ˣrå:d-] *a1* (*klok*) wise; (*till-*) advisable; *inte* ~ (*äv.*) inadvisable **-lös** perplexed, at a loss; *bättre brödlös än* ~ better breadless than headless **-löshet** perplexity; irresolution **-man** [borough] magistrate, alderman; (*vid tingsrätt*) judge of a district court; (*vid länsrätt*) judge of a county administrative court **-rum** respite; (*betänketid*) time for reflection (consideration) **-slå** take counsel (*med varandra* together), consult (*med ngn* with s.b.) **-vill** *a1* (*villrådig*) irresolute; (*-lös*) perplexed, at a loss

råg *s2* rye

råga I *s1* (*se råge*); *till* ~ *på allt* to crown everything; *till* ~ *på eländet* to make matters worse **II** *v1* heap, pile (*faten* the dishes); (*fylla t. brädden*) fill up [to the brim]; ~*d full*, brimful; *en* ~*d sked* a heaped spoonful; *nu är måttet* ~*t* this is the last straw

råge *s2* full (good) measure

råg|mjöl rye flour **-sikt** sifted rye flour

rågummi crude rubber

rågång boundary [line], (*i skog äv.*) boundary clearing; *bildl.* demarcation line

råhet rawness; *bildl.* coarseness; (*brutalitet*) brutality

råk *s2* (*is-*) crack, rift

räka *v1* **1** (*träffa rätt*) hit (*målet* the mark) **2** (*möta*) meet; encounter, come across (*äv.* ~ *på*) **3** (*händelsevis komma att*) happen (*göra* to do) **4** ~ *i bakhåll* fall into an ambush; ~ *i fara* get into danger, *bildl.* be endangered; ~ *i gräl* fall out, start quarrelling; ~ *i händerna på* fall into the hands of; ~ *i olycka* come to grief; ~ *i raseri* fly into a rage; ~ *i slagsmål* come to blows; ~ *på avvägar* go astray; ~ *ur gängorna* (*bildl.*) get out of gear, be upset **5** (*med betonad partikel*) ~ *fast* get caught; ~ *in i* get into, (*bli invecklad i*) be involved in; ~ *illa ut* get into trouble; ~ *på* come across; ~ *illa ut för* fall into the hands of (*en bedragare* an imposter), get caught in (*oväder a* storm), meet with (*en olycka* an accident)

råkall raw and chilly, bleak

råkas *dep* meet

rå|kost raw vegetables and fruit **-kurr** *vard.* punch-up, brawl

råma moo; *bildl.* bellow

råmaterial raw material

råmärke boundary mark; ~*n* (*bildl.*) bounds, limits; *inom lagens* ~*n* within the pale of the law

1 rån *s7* (*bakverk*) wafer

2 rån *s7* (*brott*) robbery; (*överfall*) mugging

rån|a rob **-are** robber; mugger **-kupp** [daring] robbery **-mord** murder with robbery

rå|olja crude oil **-ris** brown rice **-riven** *a5* grated raw

råsegel square sail

rå|siden raw silk, shantung **-skinn** [-ʃ-] *s7, bildl.* tough, brute **-socker** raw (unrefined) sugar **-sop** *s2, vard.* swipe; *ge ngn en* ~ swing out wildly at **-steka** (*grönsaker*) fry [without previously boiling]; *-stekt potatis* fried potatoes

rått|a *s1* rat; (*mus*) mouse (*pl* mice) **-bo** mouse (rat's) nest; *bildl.* rat-infested hovel **-fälla** mousetrap, rattrap **-gift** ratpoison **-hål** mouse (rat) hole **-svans** rat's tail; (*hårfläta*) pigtail

rå|vara raw material **-varutillgång** supply of raw materials

räck *s7, gymn.* [horizontal] bar

räck|a I *s1* row, line, range; (*serie*) series, succession **II** *v3* **1** (*över-*) hand, pass; ~ *ngn handen* give s.b. one's hand; ~ *en hjälpande hand* extend a helping hand; ~ *varandra handen* shake hands; *vill du* ~ *mig brödet?* would you pass me the bread, please? **2** (*nå*) reach; (*gå ända t.*) extend, stretch; (*fortgå*) last, go on (*i evighet* for ever); *jag -er honom till axeln* I reach (come up) to his shoulder; *kön -te ut på gatan* the queue stretched out to the street; *jag -er inte dit* it is beyond my reach; *dra så långt vägen -er* go to blazes **3** (*förslå*) be enough (sufficient), suffice; *oljan -er en vecka* there is enough oil for one week; *det -er inte långt* that won't go far; *det -er* (*äv.*) that will do **4** (*med betonad partikel*) ~ *till* be enough (sufficient), suffice; *få pengarna att* ~ *till* (*äv.*) make both ends meet; *tiden -er aldrig till för mig*

I can never find enough time; *inte* ~ *till* (*äv.*) fall short; ~ *upp* put (stretch) up, (*nå upp*) reach up; ~ *upp handen* raise (put up) one's hand; ~ *ut handen* (*i trafiken*) make a hand signal; ~ *ut tungan* put out one's tongue (*åt at*)

räcke *s6* rail[ing], barrier; (*trapp-*) ba[n]nisters (*pl*)

räck|håll reach; *inom* (*utom*) ~ *för ngn* within (beyond) a p.'s reach **-vidd** *eg.* reach; (*skjutvapens e.d.*) range; *bildl. äv.* scope, extent

räd *s3* raid (*mot* on); (*bomb- äv.*) blitz

räd|as *-des -its, dep* fear, dread (*varken fan el. trollen* neither the devil nor his dam)

rädd *a1, n sg obest. form undviks* afraid (*för* of); (*skrämd*) frightened, scared, alarmed; (~ *av sig*) timid, timorous; (*bekymrad*) anxious (*för* about); *mycket* ~ very much afraid; *vara* ~ *för* be afraid (frightened) of, (*sitt liv e.d.*) be in fear of; *vara* ~ *om* be careful with, take care of; *var* ~ *om dig!* take care!

rädda save; (*befria ur fara*) rescue, deliver (*från att* from + *ing-form*; *ur* out of); *R~a barnens riksförbund* Swedish Save the Children Federation; *den stod inte att* ~ there was no saving (rescuing) it, it was beyond saving; ~ *ngt undan glömskan* rescue s.th. from oblivion; ~ *undan ngt* save (salvage) s.th.; ~*nde ängel* angel of mercy **-are** rescuer, (*ur nöd*) deliverer

räddhåg|ad *a5,* **-sen** *a5* fearful, timid, timorous

räddning rescue; (*ur trångmål*) deliverance; (*frälsning*) salvation *fath. anv*

räddnings|arbete rescue work **-löst** [-ö:-] *adv,* ~ *förlorad* irretrievably lost **-kryssare** rescue cruiser **-manskap** rescue party **-planka** last resort **-stege** fire escape

rädisa [ˣrädd-, ˣrä:-] *s1* radish

rädsla [ˣrädd-, ˣrä:-] *s1* fear, dread (*för* of)

räffla l *s1* groove, (*ränna*) channel; (*i eldvapen*) rifle **ll** *v1* groove, channel; (*eldvapen*) rifle; ~*d kant* (*på mynt*) milled edge

räfsa l *s1* rake **ll** *v1* rake

räfst *s3* inquisition; (*bestraffning*) chastisement; *hålla skarp* ~ *med* call rigorously to account **- och rättarting** *hålla* ~ *med* take severely to task, call to account

räka *s1* shrimp; (*djuphavs-*) prawn

räkel *s2, lång* ~ lanky fellow

räkenskap *s3* account; ~*er* accounts, books, records; *avfordra ngn* ~ *för* call s.b. to account for; *avlägga* ~ *för ngn* render (give) an account to s.b. of; ~*ens dag* the day of reckoning; *avsluta* (*göra upp*) ~*erna* close (settle) the accounts **räkenskapsår** financial year

räkna [ˣrä:k-] **1** (*hop-, upp-*) count; (*göra uträkningar*) do sums (arithmetic); (*be-*) calculate, reckon; *lära sig läsa, skriva och* ~ learn reading, writing and arithmetic; ~ *till tio* count up to ten; ~ *ett tal* do a sum; ~ *i huvudet* do mental arithmetic; ~ *med bråk* do fractions; ~ *fel* miscalculate, *bildl.* be mistaken; *det* ~*s inte* that doesn't count; *hans dagar är* ~*de* his days are numbered; ~ *tvätt* count the laundry; *högt* (*lågt*) ~*t* at a high (low) estimate, at the most (least); *i pengar* ~*t* in terms of money; *i procent* ~*t* on a percentage basis; *förändring i procent* ~*t* percentage change; *noga* ~*t* to be exact; ~ *med* count (reckon)

[up]on, (*ta med i beräkningen*) reckon with, allow for; ~ *på ngn* count (rely) on s.b. **2** (*hänföra t.*) count (*till* among); (*anse*) regard, consider, look upon; ~ *det som en ära att* count (consider) it an honour to; ~ *ngn ngt till godo* (*last*) put s.th. down to a p.'s credit (discredit) **3** (*uppgå till*) number; *hären* ~*de 30 000 man* the army numbered 30 000 men **4** (*med betonad partikel*) ~ *av* deduct, subtract; ~ *efter* count over; ~ *efter vad det blir* see what it makes; ~ *ihop* add (sum) up; ~ *ned* (*ange återstående tid*) count down; ~ *upp* (*pengar*) count out, (*nämna i ordning*) enumerate; ~ *ut* (*ett tal*) work out, (*fundera ut*) think (figure) out **räknare** calculator

räkne|bok arithmetic book **-fel** mistake in calculation, arithmetical error **-maskin** calculating machine, calculator **-ord** numeral **-sticka** slide rule **-sätt** method of calculation; *de fyra* ~*en* the four rules of arithmetic **-verk** counter, counting mechanism

räkning [ˣrä:k-] **1** (*hop-*) counting; (*ut-*) calculation; (*upp-*) enumeration; (*skolämne*) arithmetic; *duktig i* ~ good at figures (arithmetic); *hålla* ~ *på* keep count of; *tappa* ~*en* lose count (*på* of); *gå ner för* ~ (*boxn.*) take the count **2** (*konto*) account (*hos* with); (*nota*) bill, *AE.* check; (*faktura*) invoice; ~ *på* bill (invoice) for; *kvitterad* ~ receipted invoice (bill); *löpande* ~ current account; *specificerad* ~ itemized account; *för ngns* ~ on a p.'s account (behalf); *köp i fast* ~ outright purchase; *köpa i fast* ~ buy firm (outright); *skriva ut en* ~ make out a bill (invoice); *sätt upp det på min* ~*!* put it down to my account!; *ta på* ~ take on account (credit) **3** *göra upp* ~*en utan värden* reckon without one's host; *göra upp* ~*en med livet* settle one's account with life; *hålla ngn* ~ *för ngt* put s.th. down to a p.'s credit; *ta med i* (*lämna ur*) ~*en* take into (leave out of) account; *ett streck i* ~*en för* a disappointment to; *det får stå för din* ~ that is your responsibility; *vara ur* ~*en* be out of the running

räksallad shrimp sallad

räls *s2, s3* rail **-buss** railcar

rämna l *s1* (*spricka*) fissure, crevice; (*i tyg*) rent, slit; (*i moln*) break, rent **ll** *v1* crack; (*om tyg*) rend, tear

ränker *pl* intrigues, machinations, plots; *smida* ~ intrigue, plot

1 ränna *s1* (*fåra*) groove, furrow; (*segel-, is-*) channel; (*flottnings-*) flume; (*transport-*) chute

2 ränna *v2* **1** (*springa*) run; ~ *iväg* run away, dash off; ~ *med skvaller* run about gossiping; ~ *i höjden* shoot up fast **2** (*stöta*) run, thrust (*kniven i ngn* one's knife into); ~ *huvudet i väggen* (*bildl.*) run one's head against the wall

rännande *s6* running; *det har varit ett förfärligt* ~ *här idag* people have been running in and out all day

rännil rill, rivulet

rännsnara running noose

rännsten gutter, gully

ränsel *s2* knapsack, kitbag

1 ränta *s1* (*inälvor*) offal

2 ränt|a l *s1* interest; (*räntesats*) rate [of interest]; ~ *på* ~ compound interest; *bunden* (*fast, rörlig*) ~ restricted (fixed, flexible) rate of interest; *upp-*

lupen ~ accrued interest; *hög (låg)* ~ high (low) interest (rate); *årlig* ~ annual interest; *ge 4 %* ~ give (yield) 4 %; *löpa med 4 %* ~ carry 4 % interest; *räkna ut* ~*n* compute the interest; *leva på -or* live on the interest on one's capital; *låna (låna ut) mot* ~ borrow on (lend at) interest; *ge betalt för ngt med* ~ *(bildl.)* pay back s.th. with interest **II** *v1, rfl, se förränta sig*

räntab|el [-'ta:-] *a2* profitable; remunerative, lucrative **-ilitet** earning power (capacity); remunerativeness

ränte|beräkning calculation (computation) of interest **-fot** rate of interest, interest rate **-fri** free of interest **-förlust** loss of interest **-kostnader** *pl* interest costs (charges) **-termin** date of payment of interest

rät *a1* straight *(linje* line); right *(vinkel* angle); *bilda* ~ *vinkel med* form a right angle with, be at right angles to; ~ *maska* knit [stitch]

räta I *s1* right side, face **II** *v1* straighten *(äv.* ~ *på);* ~ *på ryggen* straighten one's back

rätlinjig *a1* rectilinear, straight-lined; *bildl.* straightforward

rätoromanska [-'ma:n-] *s9 (språk)* Rhaetian, Rhaeto-Romanic

rätsida right side, face; *(på mynt o.d.)* obverse; *inte få ngn* ~ *på ngt* not be able to get a proper hold (make head or tail) of s.th.

1 rätt *s3 (mat-)* dish; *(del av måltid)* course; *en middag med tre* ~*er* a three-course dinner; *dagens* ~ today's special

2 rätt I *s3* **1** *(-ighet)* right *(till* to, of); *(-visa)* justice; ~ *till ersättning* right to compensation; ~ *till fiske* right to fish; *lag och* ~ law and justice; *få* ~ prove (be) right, *(inför domstol)* win the case; *ge ngn* ~ admit that s.b. is right; *ge ngn* ~ *till* entitle (authorize) s.b. to; *du ger mig nog* ~ *i att* I think that you will agree that; *göra* ~ *för sig* do one's full share, *(ekonomiskt)* pay one's way; *du gör* ~ *i att* you are right in (+ *ing-form); ha* ~ be right, *(ha* ~*en på sin sida)* be in the right; *det har du* ~ *i* you are right there; *ha* ~ *till att* have a (the) right to, be entitled to; *komma till sin* ~ *(bildl.)* do o.s. justice, show to advantage; *med* ~ *eller orätt* rightly or wrongly; *med full* ~ with perfect justice (good reason); *ta ut sin* ~ claim one's due; *vara i sin fulla* ~ be quite within one's rights **2** *få* ~ *på* find **3** *(rättsvetenskap)* law; *romersk* ~ Roman law **4** *(domstol)* court [of justice]; *inför högre* ~ before a superior court; *inställa sig inför* ~*en* appear before the court; *sittande* ~ court [in session]; *inför sittande* ~ in open court **II** *a1* **1** *(riktig)* right; *(korrekt äv.)* correct; *(vederbörlig)* proper; *(sann)* true; *det* ~*a* what is right, *(vid visst tillfälle)* the right thing; *det enda* ~*a* the only right thing; ~*a ordet* the right (appropriate) word; ~*e ägaren* the rightful owner; *den* ~*e (i fråga om kärlek)* Mr. Right; *du är just den* ~*e att (iron.)* you are just the right one (person) to; *det var* ~*!* that's right!; *det är* ~ *åt dig!* it serves you right!; *det är inte mer än* ~ *och billigt* it is only fair; *komma på* ~ *bog (bildl.)* get on the right tack; *i ordets* ~*a bemärkelse* in the proper sense of the word; *i* ~*an tid* at the right moment; *ett ord i* ~*an tid* a word in season **2** *sticka avigt och* ~ knit purl and plain **III** *adv* **1** *(riktigt)* a) *(före ver-*

bet) rightly, *b) (efter verbet vanl.)* right; ~ *gissat* rightly guessed; *gissa* ~ guess right; *om jag minns* ~ if I remember right[ly]; *går klockan* ~*?* is the clock right?; *förstå mig* ~*!* don't misunderstand me!; *när man tänker* ~ *på saken* when you come to think of it; *eller* ~*are sagt* or rather **2** ~ *och slätt* förneka simply deny; ~ *och slätt en bedragare* a swindler pure and simple **3** *(ganska)* pretty; quite, rather; *vard.* jolly; *jag tycker* ~ *bra om (äv.)* I quite like; ~ *många* a good number of, quite a lot **4** ~ *som det var* all at once (of a sudden) **IV** *adv (t. rät)* straight; right; ~ *fram* straight on (ahead); ~ *upp i ansiktet* straight to one's face; ~ *upp och ner* straight up and down

rätt|a I *oböjl. s, i vissa uttr.* **1** *dra ngn inför* ~ bring s.b. before the court; *ställa (stämma) ngn inför* ~ bring s.b. to trail, arraign s.b.; *stå inför* ~ be brought before the court; *gå till* ~ *med ngn för ngt* rebuke s.b. for s.th. **2** *finna sig till* ~ accommodate (adapt) o.s. *(med* to), *(trivas)* feel at home; *hjälpa ngn till* ~ set (put) s.b. right, lend s.b. a hand; *komma till* ~ be found, turn up; *komma till* ~ *med* manage, handle, *(pers. äv.)* bring round; *tala ngn till* ~ talk s.b. into being sensible, get s.b. to see reason **3** *med* ~ rightly, justly; *det som med* ~ *tillkommer mig* what right[ful]ly accrues to me; *och det med* ~ and right[ful]ly so **II** *v1* **1** *(räta upp)* straighten *(på ryggen* one's back); *(ordna till)* adjust, put straight **2** *(korrigera)* correct *(fel* mistakes); ~ *till (äv.)* set right; ~ *en skrivning* mark a paper **3** *(avpassa)* adjust, accommodate *(efter* to); ~ *sig efter a) (om pers.)* obey *(befallningar* orders), comply with, follow *(ngns önskningar* a p.'s wishes), accommodate (adapt) o.s. to *(omständigheterna* circumstances), conform to, observe *(reglerna* the rules), *b) (om sak)* agree with, follow; *det är ingenting att* ~ *sig efter* it is nothing to go by; *veta vad man har att* ~ *sig efter* know what one has to go by; *det -er och packer eder efter!* those are the orders you have to obey

rättegång *s2* action; legal proceedings *(pl);* [law]suit; *(rannsakning)* trial; *(rättsfall)* case; *anställa* ~ *mot* take legal proceedings (bring an action) against; *förlora en* ~ fail in a suit, lose a case; *ha fri* ~ be entitled to the services of a solicitor and a counsel free of charge

rättegångs|balk code of procedure, rules of court **-biträde** counsel **-förhandlingar** *pl* court procedings **-handlingar** *pl* documents of a case; court records **-kostnader** *pl* court (legal) costs, legal expenses **-protokoll** minutes *(pl)* of [court] proceedings **-sal** courtroom

rätteligen by rights, rightly **rättelse** correction, amendment, adjustment; ~*r (som rubrik)* errata, corrigenda **rättesnöre** *bildl.* guiding principle, guide; *ta ngt till* ~ take s.th. as a guide

rättfram *a1* straightforward; *(ärlig)* upright; *(frispråkig)* outspoken

rättfärd|ig *a1* righteous, just; *sova den* ~*es sömn* sleep the sleep of the just **-iga** *(urskulda)* excuse *(ngns handlingssätt* a p.'s conduct); *(fritaga)* exculpate, vindicate *(ngn från s.b.* from); *(berättiga)* justify; ~ *sig* justify (vindicate) o.s. *(inför* to) **-ighet** righteousness; justness, justice; *uppfylla all[an]* ~ fulfil all righteousness

rättighet right; privilege; *ha* ~ *till* have a (the) right to, be entitled to; *beröva ngn medborgerliga* ~*er* deprive s.b. of civil rights; *ha fullständiga* ~*er* (*om restaurang*) be fully licensed

rättmätig *a1* (*laglig*) rightful, lawful; (*befogad*) legitimate (*harm* indignation); *det* ~*a i* the legitimacy of; ~ *ägare* rightful (lawful) owner

rättning *mil.* alignment, dressing; ~ *höger!* right dress!

rättrogen (*särskr. rätt-trogen*) faithful; (*renlärig*) orthodox; *en* ~ *kristen* a true believer

rättrådig honest, upright; (*rättvis*) just

rätts|begrepp concept (idea) of justice; *stridande mot alla* ~ contrary to all ideas of right and justice **-fall** legal case **-fråga** legal question **-haverist** litigious, dogmatic person **-hjälp** legal aid

rättsinnig *a1* honest, upright

rättskipning [-ʃi:-] administration of justice

rättskriv|ning orthography; (*skolämne*) spelling; *ha* ~ do dictation **-ningsregler** pl realʊ ful rp*llig

rätts|känsla sense of justice **-lig** *a1* (*laglig*) legal; (*domstols-*) judicial; (*juridisk*) juridical; *på* ~ *väg* by legal means; *medföra* ~ *påföljd* involve legal consequences; *vidtaga* ~*a åtgärder* institute judicial proceedings **-läkare** medicolegal practitioner **-lös** without legal rights (protection) **-medicin** forensic medicine, medical jurisprudence **-medicinsk** medicolegal **-ordning** legal system **-röta** *ung.* corrupt legal practice **-sak** *case* lawsuit **-samhälle** law-governed society **-stat** constitutional state **-stridig** unlawful, illegal, contrary to law **-säkerhet** legal security; law and order

rättstavning [correct] spelling; orthography

rätts|uppfattning conception of justice **-vetenskap** jurisprudence, legal science **-väsen** judicial system, judiciary

rättvis *a1* just (*dom* sentence; *sak* cause; *mot* to[wards]); (*opartisk*) impartial (*domare* judge); (*skälig*) fair; *det är inte mer än* ~*t* it is only fair; *hur mycket är en* ~ *klocka?* what is the right time? **-rättvisa** *s1* justice; (*opartiskhet*) impartiality; (*skälighet*) fairness; (*lag*) law; *för* ~*ns skull* for the sake of justice; *i* ~*ns namn* (*bildl.*) in all fairness; *låta* ~*n ha sin gång* let justice take its course; *skipa* ~ do justice; *göra* [*full*] ~ *åt* do ... [full] justice, do [full] justice to; *överlämna i* ~*ns händer* deliver into the hands of the law **rättvisande** *a4* (*om klocka o.d.*) correct; *sjö.* true (*bäring* bearing) **rättvisekrav** demand for justice

rättänkande (*särskr. rätt-tänkande*) right-minded, fair-minded

rätvinklig *a1* right-angled

räv *s2* fox; *ha en* ~ *bakom örat* always have some trick up one's sleeve; *han är en riktig* ~ he is a sly customer; *surt, sa* ~*en om rönnbären* sour grapes, said the fox; *svälta* ~ (*kortsp.*) beggar-my-neighbour **-gryt** fox earth (den) **-jakt** fox-hunting; (*en* ~) fox hunt **-sax** fox trap **-skinn** fox skin **-spel** *eg.* fox-and-geese; *bildl.* jobbery, deep game; *politiskt* ~ (*äv.*) political intrigue

röd *a1* red; (*hög-*) scarlet, crimson; ~*a hanen* the fire fiend; ~*a hund* (*sjukdom*) German measles,

rubella; *den* ~*a tråden* the main thread, theme; *bli* ~ *i ansiktet* go red in the face; *det var som ett rött skynke* it was like a red rag to a bull; *i dag* ~ *i morgon död* here today, gone tomorrow; *inte ett rött öre* not a bean (brass farthing); *köra mot rött ljus* jump the lights; *se rött* see red; *R*~*a halvmånen* the Red Crescent; *R*~*a havet* the Red Sea; *R*~*a korset* the Red Cross

röd|aktig *a1* reddish **-beta** beetroot; *AE.* red beet **-blommig** *bildl.* rosy (*kind* cheek) **-brokig** ~ *svensk boskap* Swedish red-and-white cattle **-brun** reddish brown **-brusig** *a1* red-faced **-flammig** ~ *hy* blotchy complexion **-färg** red paint; red ochre **-glödga** make red-hot **-gråten** *a5* (*om pers*) red-eyed; -*gråtna ögon* eyes red with weeping **-hårig** redhaired; (*om pers.*) red-headed **-kantad** *a5* red-bordered ~*e ögon* red-rimmed eyes **-kindad** *a5* red-cheeked, rosy-cheeked **-klöver** red clover **-kål** red cabbage **-luva** *R*~*n Little Red Riding Hood* **-lätt** ruddy **-lök** red onion **-mosig** red bloated **-näst** [-ä:-] red-nosed **-penna** red pencil **-räv** red fox **-skinn** redskin; American (Red) Indian **-spotta** *s1* plaice **-sprängd** *a1* bloodshot (*ögon* eyes) **-vin** red wine; (*Bordeaux*) claret; (*Bourgogne*) burgundy **-ögd** red-eyed

1 röja [ˣröjja] *v2* **1** (*förråda*) betray; (*yppa*) reveal, disclose; ~ *sig* betray o.s., give o.s. away **2** (*ådagalägga*) display, show

2 röja [ˣröjja] *v2* (*bryta, odla upp*) clear (*mark* land), (*gallra*) thin, ~ *vag för* clear a path for, *bildl. äv.* pave the way for; ~ *undan* clear away, remove; ~ *upp* tidy up; ~ *ngn ur vägen* make away with o.b.

röjdykare frogman

röjning clearance; *konkr.* clearing **röjningsarbete** clearance work

rök *s2* smoke; (*ånga*) steam; (*i sht illaluktande*) fume[s *pl*]; *gå upp i* ~ go up (*bildl. äv.* end) in smoke; *ingen* ~ *utan eld* no smoke without fire; *vi har inte sett* ~*en av honom* we have not seen a trace of him

rök|a *v3* **1** (*om tobak*) smoke; *generar det dig om jag* -*er?* do you mind my smoking? ~ *cigaretter* smoke cigarettes; ~ *in en pipa* break in a pipe **2** (*om matvaror*) smoke[-cure]; (*sill äv.*) bloat **3** (*mot ohyra, smitta*) fumigate; ~ *ut* smoke out

rök|are smoker; *icke* ~ (*ej -kupé*) nonsmoker **-avvänjning** antidotal treatment for smokers **-bomb** smoke bomb **-dykare** smoke-helmeted fireman

rökelse incense **-kar** censer, thurible

rök|eri smokehouse, curing house **-fri** free from smoke; smokeless (*bränsle* fuel) **-fång** [fume] hood, smoke bonnet **-förbud** ban on smoking **-förgiftad** *a5* poisoned by smoke, asphyxiated **-gas** flue gas; fumes (*pl*) **-gång** *s2* [smoke] flue **-hosta** smoker's cough (hack)

rök|ig *a1* smoky **-kupé** smoking compartment, smoker; (*anslag*) for smokers **-lukt** smell of smoke

rök|ning [-ö:-] smoking; (*desinfektion*) fumigation; ~ *förbjuden* no smoking; ~ *tillåten* smoking, for smokers **-paus** smoking break **-ridå** smoke screen **-ring** smoke ring **-rum** smoking (smoke) room **-smak** *få* ~ get a smoky taste

R

-sugen dying for a smoke
rökt [-ö:-] *a4* smoked; (*om träslag*) fumed (*ek* oak); ~ *sill* (*ung.*) bloater, kippered herring; ~ *sidfläsk* bacon
rön *s7* (*erfarenhet*) experience, (*pl äv.* findings); (*iakttagelse*) observation **röna** *v3* meet with (*förståelse* understanding); experience (*motgång* a setback); ~ *livlig efterfrågan* be in great demand
rönn *s2* [European] mountain ash, rowan **-bär** rowanberry
röntga X-ray, take an X-ray
röntgen ['rönt-] *r* roentgen **-apparat** X-ray machine (apparatus) **-behandling** X-ray treatment, radiotherapy **-bild** X-ray picture, radiograph **-fotografering** X-ray photography, radiography **-läkare, -olog** radiologist, roentgenologist **-strålning** emission of X-rays, X-ray emission **-undersökning** X-ray (radiograph) examination
rör *s7* **1** *tekn.* tube; *koll.* tubing; (*lednings-*) pipe, *koll.* piping; *elektron.* valve; *AE.* tube **2** *bot.* reed; (*bambu-, socker-*) cane; *spanskt* ~ Spanish reed **3** *se rörskridsko*
rör|a l *s1* mess; mishmash; (*virrvarr*) confusion, muddle; *en enda* ~ a fine (regular) mess **ll** *v2* **1** (*sätta i -else, rubba*) move, stir (*i gröten* the porridge; *en lem* a limb); *inte* ~ *ett finger* not lift (stir) a finger; ~ *på sig* move, (*motionera*) get some exercise; *rör på benen!* hurry up!, get going! **2** (*be-*) touch; *se men inte* ~*!* look but don't touch [anything]!; *allt han rör vid tjänar han pengar på* he makes money out of everything he touches **3** (*framkalla -else hos*) move (*till tårar* to tears) **4** (*angå*) concern, affect; *den här saken rör dig inte* this is none of your business; *det rör mig inte i ryggen* it doesn't affect me (I don't care) in the least **5** (*med betonad partikel*) ~ *i* stir in, stir into; ~ *ihop* (*kokk. o.d.*) stir (mix) together; *han -de ihop alltsammans* (*bildl.*) he got it all muddled up; ~ *om i brasan* poke (rake, stir) up the fire; ~ *upp damm* raise (stir up) dust; ~ *upp himmel och jord* move heaven and earth; ~ *ut med vatten* thin down (dilute) with water **6** *rfl* move; stir; *inte* ~ *sig ur fläcken* not stir (budge) from the spot; ~ *sig med grace* carry o.s. gracefully; *inte en fläkt -de sig* not a breath of wind was stirring; *det -de sig om stora summor* it was a question of large sums, a lot of money was involved; *ha mycket pengar att* ~ *sig med* have a lot of money at one's disposal; *vad rör det sig om?* what is it all about?
rörande l *a4* touching, moving, pathetic **ll** *prep* concerning, regarding, as regards, as (in regard) to
rörd [-ö:-] *a5* moved (*äv. bildl.*); *kokk.* stirred; (*be-, vid-*) touched; *rört smör* creamed butter; *djupt* ~ deeply moved (touched)
rörelse 1 (*ändring av läge el. ställning*) movement; (*åtbörd äv.*) gesture, motion (*med handen* of the hand); (*motion*) exercise; (*oro, liv*) commotion, bustle, agitation; (*gång*) motion; *mycket folk var i* ~ a lot of people were on the move (were about); *sätta en maskin i* ~ set a machine in motion (moving), start a machine; *sätta sig i* ~ begin to move; *sätta fantasin i* ~ stimulate (ex-

cite) the imagination; *starka krafter är i* ~ *för att* (*bildl.*) strong forces are at work to **2** (*affärs-*) business, firm; (*verksamhet*) activity **3** (*strömning, folk-*) movement **4** (*själs-*) emotion **-energi** motive (kinetic) energy **-frihet** freedom of movement, liberty of action **-hindrad** disabled **-kapital** working capital
rörformig [-å-] *al* tubular
rörig *al* muddled, confused
rörledning piping, conduit; (*större*) pipeline
rörlig [ˣrö:r-] *al* **1** (*om sak*) movable; moving; (*lätt-*) mobile; ~*a delar* movable (*i maskin:* moving) parts; ~*a kostnader* variable costs; ~*t kapital* working capital **2** (*om pers.*) (*snabb*) agile, brisk; (*livlig*) alert; (*verksam*) active; ~*t intellekt* versatile intellect; *vara på* ~ *fot* be moving about, be on the move; *föra ett* ~*t liv* lead an active life **-het 1** mobility; (*räntas e.d.*) flexibility; ~ *på arbetsmarknaden* mobility of labour **2** agility, briskness; alertness; activity
rör|mokare plumber **-post** pneumatic dispatch (tube system) **-socker** cane sugar **-tång** pipe wrench
rösa mark [with boundary-stones] **röse** *s6* cairn, mound of stones
röst *s3* **1** (*stämma*) voice; *ha* (*sakna*) ~ have a good (have no) voice; *med hög* (*låg*) ~ in a loud (low) voice; *känna igen ngn på* ~*en* recognize s.b. by his (*etc.*) voice; ~*- och talvård* voice and speech care **2** (*vid -ning*) vote; *avge sin* ~ cast one's vote (*för* for); *ge sin* ~ *åt* give one's vote to; *nedlägga sin* ~ abstain from voting
rösta vote (*för, på* for); ~ *blankt* hand in a blank voting paper; ~ *ja* (*nej*) vote for (against); ~ *öppet* (*slutet*) vote by yes and no (by ballot); ~ *om ngt* put s.th. to the vote; ~ *på högern* vote Conservative
röst|ande *a4* voting; *de* ~ the voters **-berättigad** entitled to vote **-etal** number of votes; *vid lika* ~ if the votes are equal **-fiske** *polit.* angling for votes **-kort** poll card **-läge** pitch [of the voice] **-längd** electoral register **-ning** voting, vote; (*sluten*) ballot[ing] **-resurser** *pl* vocal powers **-räkning** counting of votes **-rätt** right to vote; franchise; suffrage; *allmän* (*kvinnlig*) ~ universal (woman's, women's) suffrage; *fråntaga ngn* ~*en* disfranchise s.b., deprive s.b. of the right to vote **-rättsålder** voting age **-sedel** ballot (voting) paper **-siffra** number of votes, poll **-styrka 1** strength (power) of the (one's) voice **2** *polit.* voting strength
röt|a l *s1* **1** rot, decay; putrefaction **2** *vard.* luck **ll** *v1, v3* **1** (*skadas av* ~) rot **2** (*lin, hampa*) ret **-månad** ~*en* the dog days (*pl*) **-månadshistoria** silly-season story **-skada** decay damage **-slam** sludge
rött *s, best. form det röda* red; *se* ~ see red; *jfr röd*
rötägg *bildl.* bad egg, failure
röva rob (*ngt från ngn* s.b. of s.th.); ~ *bort* abduct
rövar|e robber; *leva* ~ (*leva vilt*) lead a dissolute life, (*fara vilt fram*) play havoc, raise hell; *leva* ~ *med ngn* lead s.b. a dance **-historia** cock-and-bull story **-pris** daylight robbery; *betala ett* ~ pay through the nose; *få ngt för* ~ get s.th. dirt cheap
röveri robbery, plundering

S

sabbat ['sabb-] *s3* Sabbath; *fira* ~ observe (keep) the Sabbath **sabbatsår** sabbatical [year]
sabel ['sa:-] *s2* sabre **-hugg** sabre cut **-skrammel** clank of swords; *bildl.* sabre rattling
sabla [ˣsa:-] **I** *v1*, ~ *ner* (*bildl.*) slash, tear to pieces **II** *oböjligt a* cursed, blasted
sabot|age [-'ta:ʃ] *s7* (*göra* commit) sabotage **-era** sabotage **-ör** saboteur
Sachsen ['saksen] *n* Saxony **sachsisk** ['saksisk] *a5* Saxon
sacka ~ *efter* lag behind, straggle
sackarin *s4* saccharine
sadel ['ɪɑ:] *u2* **1** *ɑɑɑɑlċ, ɒn ĸɑɕɪɑɑ ūp* ~*n* be unseated; *sitta säkert i* ~*n* sit one's horse well, *bildl.* sit firmly in the saddle; *stiga i* ~*n* mount one's horse; *utan* ~ bareback **2** *slaktar. o. kokk.* saddle **3** (*på fiol*) nut **-gjord** saddle-girth, bellyband **-makare** saddler, harness-maker **-plats** (*på kapplöpningsbana*) paddock
sadist sadist **-isk** [-'diss-] *a5* sadistic
sadla [ˣsa:d-] saddle, put the saddle on; ~ *av* unsaddle; ~ *om* (*byta åsikt*) change one's opinion, (*byta yrke*) change one's profession
SAF [ˣessa:eff] *förk. för Svenska Arbetsgivareföreningen* the Swedish Employers' Confederation
safari [-'fa:-] *s3* safari
saffran *s3, s4* saffron
safir *s3* sapphire
saft *s3,* juice; (*kokad med socker*) [fruit] syrup; (*växt-*) sap; (*kött-*) gravy; *bildl.* pith
saft|a make fruit syrup (*etc.*) out of; ~ *sig* make sap, run to juice **-ig** *a1* juicy (*äv. bildl.*); (*om ort*) succulent; (*om kött*) juicy; *bildl.* highly flavoured, spicy; ~*a eder* juicy oaths **-press** juice squeezer
sag|a *s1* fairy tale (story); (*nordisk*) saga; *berätta -or* tell fairy stories (*äv. bildl.*); *dess* ~ *är all* it is finished and done with, that's the end of it
sag|d *a5* said; *det är för mycket -t* that is saying too much; *det är inte -t* it is not so certain; *bra -t!* well put!; *nog -t* suffice it to say, *-t och gjort* no sooner said than done; *som -t var* as I said [before]
sagesman informant, spokesman, authority
sago|bok storybook, fairy-tale book **-djur** fabulous animal
sagogryn *koll.* pearl sago (*sg*)
sago|land wonderland, fairyland **-lik** fabulous; *en* ~ *tur* [a] fantastic [piece of] luck **-prins** fairy (fairytale) prince
Sahara ['sa:hara] *n* the Sahara
sak *s3* **1** *konkr.* thing; (*föremål äv.*) object, article; ~*er* (*tillhörigheter*) belongings; *in sällsynt* ~ (*äv.*) a curiosity **2** *abstr. o. bildl.* thing; (*angelägenhet*) matter, affair, subject; (*uppgift*) task; (*omständighet*) circumstance; (*rättegångs-*) case; (*äv. friare*); ~*en i fråga* the matter in question; ~*en är den att* the fact is that; *det är en* ~ *för sig* that is another ~ (matter); *det är en annan* ~

that is quite a different matter; *det är hela* ~*en* there is nothing more to it, that's all there is to it; *det är min* ~ it is my business; *det är inte min* ~ *att* it is not for me to; *det är* ~ *samma* it makes no difference, it doesn't matter; *för den goda* ~*ens skull* for the good of the cause; *göra* ~ *av ngt* (*jur.*) take s.th. to court; *hålla sig till* ~*en* keep (stick) to the point; *som hör till* ~*en* pertinent; *som inte hör till* ~*en* irrelevant; *i* ~ essentially; *ha rätt i* ~ be right in the main; *kunna sin* ~ know one's job; *det är inte så farligt med den* ~*en* that is nothing to worry about, it is not so bad after all; *säker på sin* ~ sure of one's point; *söka* ~ *med ngn* try to pick a quarrel with s.b.; *till* ~*en!* to the point!; *han tog* ~*en kallt* he took it calmly, it left him cold
saka *kortsp.* discard, throw away
sak|fel factual error **-fråga** point at issue **-förhållande** fact, state of affairs **-granska** check facts
sakkun|nig expert; competent; *en* ~ an expert (a specialist) (*på* in); *från* ~*t håll* in expert (authoritative) circles; *tillkalla* ~*a* call in experts **-skap** expert knowledge; ~*en* (*de -kunniga*) the experts, competent advisers (*pl*)
saklig [-a:-] *a1* (*t. saken hörande*) to the point, pertinent; (*grundad på fakta*) founded on facts; (*objektiv*) objective, unbias[s]ed; (*nykter*) matter-of-fact **-het** pertinence; objectivity
saklöst [-ö:-] (*ostraffat*) with impunity; (*utan skada*) easily, safely
sakna [ˣsa:k-] **1** (*inte äga*) lack; (*vara utan*) be devoid of (*mänskliga känslor* human feelings); *he without* (*mat food*), ~ *humor* have no sense of humour; ~ *all grund* be totally groundless; ~ *ord* be at a loss for words; *det torde inte* ~ *intresse* it will not be without interest **2** (*märka frånvaron el. förlust av*) miss, not find, (*starkare*) feel the loss of; ~*r du ngt?* do you miss anything?, (*hur du förlorat ngt?*) have you lost anything? **saknad** [ˣsa:k-] **I** *a5* missed; (*borta*) missing **II** *s3* **1** (*brist*) lack, want (*på* of); (*frånvaro*) absence (*av* of); *i* ~ *av* in want of, lacking **2** (*sorg, längtan*) regret; *känna* ~ *efter* miss; ~*en efter henne är stor* her loss is deeply felt
sakna|s [ˣsa:k-] *dep* (*fattas*) be lacking; (*böra finnas*) be wanting; (*vara borta*) be missing; *tio personer -das* ten persons were missing (reported lost)
sakrament *s7* sacrament **-al** *a1* sacramental
sakregister subject (analytical) index
sakristia *s1* sacristy, vestry
sakskäl practical reason, positive argument
sakta **I** *adv* (*långsamt*) slowly; (*tyst*) low; (*dämpat*) softly, gently; ~ *men säkert* slow but sure; ~ *i backarna!* gently!, take it easy!, gently does it!; *klockan går för* ~ the clock is slow; ~*!* (*sjö.*) easy ahead! **II** *a1* (*långsam*) slow; (*tyst, svag*) low (*mumlande* murmur), soft (*musik* music), gentle (*bris* breeze); *vid* ~ *eld* over a slow fire **III** *v1* (*minska farten* [*hos*]) slacken; (*dämpa*) muffle, hush; ~ *farten* (*äv.*) slow down; ~ *sig* (*minska*) decrease, abate; *klockan* ~*r sig* the clock is losing [time]
saktmod meekness **-ig** meek; *saliga äro de* ~*a* blessed are the meek

sakuppgift fact
sal *s2* hall; *(på sjukhus)* ward; *allmän* ~ public ward
sala *vard.* club together *(till* for*)*
salami [-'la:-] *s3* salami
saldera strike a balance, balance [up]
saldo ['sall-] *s6* balance; *ingående (utgående)* ~ balance brought (carried) forward; ~ *mig till godo* balance in my favour
salicylsyra [-ˣsy:l-] salicylic acid
salig *a1* **1** *(frälst, säll)* blessed **2** *(om avliden)* late; ~ *kungen* the late [lamented] king; *i* ~ *åminnelse* of blessed memory; *var och en blir* ~ *på sin fason* everybody is happy in his own way **-en** ~ *avsomnad* dead and gone to glory **-görande** [-j-] *a4* saving; *den allena* ~ *(vard.)* the one and only **-het** blessedness; *(stor lycka)* bliss, felicity
saljv *s3* saliva **-avsöndring** salivary secretion
sallad [ˣsall-, 'sall-] *s3, bot.* lettuce; *(maträtt)* salad **salladshuvud** lettuce
salmonella [-ˣnella] *s1* salmonella
Salomo Solomon; ~*s Höga Visa* the Song of Solomon **salomonisk** [-'mɔ:-] *a5* Solomonic, Solomonian
salong [-'låŋ] *s3* saloon; *(i hem)* drawing room, parlour; *(teater- etc.)* auditorium; ~*en (publiken)* the audience
salongsberusad *a5* tipsy, merry **-gevär** smallbore rifle **-lejon** society lion
salpeter *s2* saltpetre; nitre; *(kali-)* potassium nitrate **-syra** nitric acid
salt I *s4* salt; *attiskt* ~ Attic salt (wit) **II** *a1* salt, salty; ~ *fläsk* salt[ed] pork
salta ~ *[på]* salt, sprinkle with salt; ~*d* salted, pickled; *en* ~*d räkning* a stiff bill; ~ *in* salt, brine **-gurka** pickled gherkin **-halt** salinity, salt content **-kar** saltcellar **-lake** brine, pickle; *lägga i* ~ pickle **-lösning** saline solution **-ning** salting; pickling
saltomortal *s3 (göra en* turn a*)* somersault
saltsjö salt lake **-ströare** salt shaker **-syra** hydrochloric acid **-vatten** salt water, brine **-vattensfisk** saltwater fish, sea fish
salu *s, endast i uttr.: till* ~ for (on) sale **-föra** *se -bjuda; (torgföra)* market, deal in **-hall** market hall **-stånd** booth, stand, stall
salut *s3* salute **-era** salute
salutorg market[place]
1 salva *s1 (gevärs- etc.)* volley; salvo
2 salva *s1* ointment, salve
salvelsefull unctuous; *vard.* soapy
salvia ['sall-] *s1, bot.* sage
samarbeta [ˣsamm-] collaborate; *(samverka)* cooperate **-arbete** collaboration; cooperation
samarbetsman collaborator **-villig** cooperative
samarit *s3* Samaritan; *(sjukvådare)* first-aid man; *den barmhärtiga* ~*en* the good Samaritan **-kurs** first-aid course
samba *s1* samba
samband [ˣsamm-] connection; *ställa (sätta) ngt i* ~ *med* connect (relate, associate) s.th. with **-bandsofficer** liaison officer **-beskattning** joint taxation (assessment)
sambo [ˣsamm-] *s5, vard. (som jämställs med make/maka)* common law husband (wife)

same ['sa:-] *s5* Lapp, Laplander **-slöjd** Lapp handicrafts
samexistens [ˣsamm-] coexistence
samfund [ˣsamm-] *s7* association; *(lärt)* [learned] society, academy; *(religiöst)* denomination, communion **-fälld** *a5* **1** *(gemensam)* joint, common; *(enhällig)* unanimous **2** *jur.* joint *(egendom* property*)* **-fällighet** *abstr.* relationship; *konkr.* association, society **-färdsel** *s9* communication[s *pl*], intercourse; *(trafik)* traffic **-färdsmedel** means of communication; *(transportmedel)* means of transport **-förstånd** concert, concord; *(enighet)* unity; *(hemligt* secret*)* understanding; *(i brottslig bemärkelse)* collusion; *komma till [ett]* ~ come to an understanding **-gående** fusion, cooperation
samhälle [ˣsamm-] *s6* **1** society; community; ~*t* society, the community **2** *(kommun, by, tätort)* municipality, village, urban district **3** *biol.* colony **-lig** *a1* social; *(medborgerlig)* civil, civic *(rättigheter* rights*)*
samhällsarbete community work **-bevarande** *a4* conservative **-debatt** public debate on problems of modern society **-ekonomi** national economy **-ekonomisk** economic **-fara** social danger, danger to society **-farlig** dangerous to society **-form** social structure (system); *(statsform)* polity **-grupp** social group **-intresse** public interest **-klass** class [of society] **-kontrakt** social contract (compact) **-kunskap** civics *(pl, behandlas som sg)* **-nytta** commonweal **-nyttig** of service to society; *ett* ~*t företag* a public utility undertaking **-omstörtande** subversive **-orienterande** ~ *ämnen (förk. SO-ämnen)* social subjects **-planering** national planning; planning of society **-skick** social order (conditions *pl*) **-ställning** social position (status) **-tillvänd** socially aware **-vetare** sociologist, social scientist; student of sociology (social sciences) **-vetenskap** social science **-vård** social welfare
samhörande [ˣsamm-] *a4*, **-ig** *a1* associated; *(inbördes förenade)* mutually connected, interlinked; *(om frågor o.d.)* pertinent, kindred **-ighet** solidarity; *(frändskap)* affinity, kinship
samisk ['sa:-] *a5* Lapp, Lappish **samiska** *s1 (språk)* Lappish
samklang accord, harmony; *i* ~ *med* in harmony with **-kväm** *s7* social [gathering]
samla **1** collect *(frimärken* stamps; *pengar* money*)*; gather *(fakta* facts; *snäckor* seashells*)*; *(så småningom)* amass *(en förmögenhet* a fortune*)*; *(lagra)* store up; *(för-)* assemble, bring together; ~ *på hög* accumulate, hoard up; ~ *på sig* accumulate *(arbete* work; *en massa skräp* a lot of rubbish*)*; ~ *sina krafter* get up one's strength *(till* for*)*; ~ *sina tankar* collect one's thoughts, *vard.* pull o.s. together **2** *rfl* collect (gather) [together]; gather *(kring* round*)*; *(hopas)* accumulate; *bildl.* collect o.s., *vard.* pull o.s. together **samlad** *a5* collected; *ge en* ~ *bild av* give a concise picture of; ~ *skoldag* integrated schoolday; *hålla tankarna* ~ keep one's thoughts composed; *i* ~ *trupp* in a body; ~*e skrifter* complete works
samlag [ˣsamm-] *s7* sexual intercourse; *med.* coitus, coition

samlar|e collector **-värde** value to the collector
samlas *dep* **1** (*om pers.*) collect, gather, come together; (*skockas*) congregate **2** *allm.* gather [together]
sam|lastning [ˣsamm-] groupage traffic; collective consignment **-levnad** *fredlig* ~ peaceful coexistens
samlevnads|problem *pl* problems in personal relations **-frågor** personal relationship matters
samling 1 *abstr.* collection, gathering, meeting; *mil. äv.* rallying; *inre* ~ composure **2** *konkr.* collection; (*av pers.*) meeting, crowd
samlings|lins convex lens **-lokal** assembly (community) hall **-plats** meeting place **-regering** coalition government
samliv [ˣsamm-] life together, cohabitation; *det äktenskapliga* ~*et* married life
samma [the] same (*som* as); (*liknande*) similar (*som* to); *på* ~ *gång* at the same time, (*samtidigt*) simultaneously; *på* ~ *sätt* (*äv.*) similarly; *redan* ~ *dag* that very day; *det är en och* ~ *sak* it comes to the same thing **-ledes** likewise, in the same manner (way)
sammalen [ˣsamm-] *a5* (*om mjöl*) coarse
samman ['samm-, *i sms.* ˣsamm-] together; *jfr ihop, tillsammans* **-binda** join, connect **-biten** *a5, se* ~ *ut* look resolute, have a dogged expression; ~ *beslutsamhet* dogged determination **-blanda** *se blanda* [*ihop*]; (*förväxla*) confuse **-blandning** *bildl.* confusion **-bo** cohabit, live together [as husband and wife] **-boende I** *a4* cohabiting **II** *s6, ung.* common law husband (wife) **-brott** collapse, breakdown **-drabbning** *mil.* encounter, engagement; *bildl.* conflict, clash **-drag** summary, condensation, synopsis, precis; *redogörelse i* ~ abridged (concise) report **-draga 1** (*samla*) assemble; *mil.* rally, concentrate **2** (*hopdraga*) contract; *fack.* constrict; ~*nde medel* astringent **3** (*förkorta*) abridge **4** *rfl* contract; *som kan* ~ *sig* contractible **-dragning 1** concentration (*av trupper* of troops) **2** contraction (*av muskler* of muscles) **3** (*förkortning*) abridgement **-falla** (*vara samtidig*) coincide (*med* with); ~*nde* coincident, congruent; **-fallna kinder** shrunken cheeks **-fatta** sum up, summarize **-fattning** summary, summing up, recapitulation **-fattningsvis** to sum up **-foga** join [together]; *bildl.* unite, combine **-föra** bring together; (*förena*) combine, unite **-gadda** *rfl* conspire, plot (*mot* against)
samman|hang *s7* (*förbindelse*) connection, relation; (*följdriktighet*) coherence; (*i text*) context; *det har ett bra inre* ~ it is well integrated; *brist på* ~ incoherence; *fatta* ~*et* grasp the connection; *i ett* ~ without interruption; *ryckt ur* ~*et* detached from the context; *tala utan* ~ talk incoherently, ramble; *utan* ~ *med* independent of **-hållning** (*enighet*) unity, concord, harmony **-hänga** (*ha sambamd med*) be connected (united) (*med* with); *jfr hänga* [*ihop*] **-hängande** *a4* connected, coherent (*tal* speech); (*utan avbrott*) continuous **-kalla** call together; summon, convene (*ett möte* a meeting); ~ *parlamentet* convoke Parliament **-kallande 1** *s6* calling together *etc.* **2** *s9* (*person*) convener, convenor **-komst** [-å-] *s3* gathering, meeting, conference; (*av två pers.*) in-

terview **-lagd** *a5* total; *våra* ~*a inkomster* our combined income[s]; *-lagt 50 pund* a total of 50 pounds, 50 pounds in all; *utgifterna uppgår -lagt till* the expenses total **-packa, -pressa** compress **-räkna** add (sum) up **-räkning** addition, summing up; (*av röster*) count, counting
samman|satt *a4* compound (*ord* word); (*av olika delar, äv. tekn.*) composite (*tal* number); (*invecklad*) complicated (*natur* nature); ~ *av* composed (made up) of; *vara* ~ *av* (*äv.*) consist of **-slagning** [-a:g-] (*förening*) unification, union; (*fusion*) merger, amalgamation, fusion (*av bolag* of companies) **-sluta** *-slöt -slutit, rfl, bildl.* join (*i* in), unite **-slutning** [-u:-] (*förening*) association, alliance, union; (*koalition*) coalition **-slå** (*hopslå*) nail up (together); *bildl.* turn into one, unite **-smälta 1** (*hop-*) fuse, melt together; *bildl.* amalgamate, merge **2** (*förenas, förminskas*) melt down; *bildl. äv.* coalesce; (*om färger*) blend, run together **-smältning** fusion, melting (*etc.*); (*av färger*) blending; *bildl.* coalescence, amalgamation **-stråla** converge; *vard.* meet **-ställa** put (place) together; make up (*en tablå* a schedule); compile (*en diktsamling* a collection of poems) **-ställning** placing together *etc.*; (*förteckning*) list, specification; (*uppställning*) statement **-stötning** [-ö:-] collision; (*konflikt*) conflict; *mil.* encounter **-svuren** *-svurne -svurna, mest i pl* conspirator, plotter **-svärja** *rfl* conspire (*mot against*) **-svärjning** conspiracy, plot **-sätta** (*hopsätta*) join, put together, compound; (*av flera delar*) compose (*en matsedel* a menu) **-sättning** putting together, joining, composition; (*blandning*) mixture; (*struktur*) structure; (*konstitution*) constitution; *språkv.* compound
samman|träda meet, assemble **-träde** *s6* [committee] meeting, conference; (*session*) session; *han sitter i* ~ he is at a meeting (in conference); *extra* ~ [a] called session **-träffa** meet; (*om omständighet*) coincide, concur **-träffande** *s6* (*möte*) meeting; *bildl.* concurrence, *ett egendomligt* ~ a curious coincidence **-vuxen** grown together, consolidated; *bot.* accrete
sammelsurium [-'su:-] *s4* conglomeration, jumble, omnium-gatherum
sammet *s2* velvet
sammets|band velvet ribbon **-len** as soft as velvet, velvety
samordn|a [ˣsamm] coordinate; ~*de satser* co-ordinate clauses **-ing** coordination
sam|råd consultation, conference; *efter* ~ *med* having consulted; *i* ~ *med* in consultation with **-råda** consult, confer **-röre** *s6* collaboration
sams *oböjligt a, bli* ~ be reconciled, make it up; *bli* ~ *om ngt* agree upon s.th.; *vara* ~ be friends; *vara* ~ *med ngn* be on good terms with s.b. **sam-sas** *dep* agree (*med* with); get on well together; ~ *om utrymmet* share the space
sam|skola coeducational (*vard.* co-ed) school **-spel** teamwork, ensemble [playing]; *bildl.* interplay, combination (*av färger* of colours) **-spelt** [-e:-] *a1, vara* ~*a* play well together; *bildl.* be in accord **-språk** conversation, talk; (*förtroligt*) chat **-språka** converse, talk; *vard.* have a chat **-stämmig** *a1* in accord; unanimous **-stämmighet** accord, concordance; (*enighet*)

S

unanimity

samt I *konj* and [also], [together] with **II** *adv*, ~ *och synnerligen* each and all, all and sundry; *jämnt och* ~ always, constantly, (*oupphörligt*) incessantly

sam|tal [×samm-] conversation, talk; (*småprat*) chat; (*lärt*) discourse; (*överläggning*) conference; (*telefon-*) call; ~ *mellan fyra ögon* tête-a-tête, private interview; *bryta* ~*et* (*tel.*) interrupt the call; ~ *pågår* (*tel.*) call in progress **-tala** converse (*om* about), talk (*om* about, of); (*småprata*) chat; (*överlägga*) confer

samtals|avgift *tel.* call charge **-form** *i* ~ in dialogue form **-räknare** [-ä:-] *tel.* telephone-call meter **-terapi** conversation therapy **-ton** *i* ~ in conversational tone **-ämne** topic (subject) of conversation; *det allmänna* ~*et i staden* the talk of the town

samtaxering joint taxation

sam|tid [×samm-] ~*en* the age in which we (*etc.*) live, our (*etc.*) age (time) **-tida** *oböjligt a* contemporary **-tidig** contemporaneous; (*sammanfallande*) coincident; (*inträffande -tidigt*) simultaneous **-tidighet** simultaneousness, comtemporaneousness **-tidigt** *adv* at the same time (*med mig* as I; *som* as)

samtliga ['samt-] *pl a* all; the whole body of (*lärare* teachers); ~ *skulder* the total debts

samtyck|a [×samm-] agree, give one's consent (*till* [*att*] to; *nicka* ~*nde* nod assent; *den som tiger han* -*er* silence gives consent

samtycke consent, assent; (*tillåtelse*) permission, leave; *ge sitt* ~, *se samtycka*; *med hans* ~ by his leave

samuraj *s3* samurai (*pl* samurai)

sam|varo *s9* being (time) together; *tack för angenäm* ~*!* I have enjoyed your company very much! **-verka** cooperate, work (act) together; *bildl.* concur, conspire (*till att* to) **-verkan** cooperation, united action; concurrence

samvete [×samm-] *s6* conscience; *dåligt* ~ a bad conscience; ~*t slog honom* his conscience pricked him; *inte ha* ~ *att göra ngt* not have the conscience to do s.th.; *på heder och* ~*!* on my honour!; *det tar jag på mitt* ~ I shall answer for that

samvets|betänkligheter *pl* scruples **-fråga** delicate (indiscreet) question **-förebråelse** remorse; self-reproach; *göra sig* ~*r* reproach o.s. **-grann** conscientious; (*skrupulös*) scrupulous; (*minutiös*) meticulous **-kval** *pl* pangs of conscience **-lös** unscrupulous, unprincipled; (*om pers. äv.*) remorseless **-öm** overscrupulous; *en* ~ (*om värnpliktsvägrare*) a conscientious objector

samvälde [×samm-] *Brittiska* ~*t* the British Commonwealth [of Nations]

samåka car pool

sanatorium *s4* sanatorium; *AE. äv.* sanitarium

sand *s3* sand; *byggd på lösan* ~ built upon the sand; *rinna ut i* ~*en* (*bildl.*) come to nothing

sanda sand

sandal *s3* sandal; *klädd i* ~*er* sandalled **-ett** high-heeled sandal

sand|bank sandbank **-blästra** sandblast **-gång** gravel walk **-hög** heap (mound) of sand

sand|ig *al* sandy **-jord** sandy soil **-kaka** (*av*

sand) sand pie; (*bakverk*) sand cake **-korn** grain of sand **-låda** (*för barn*) sandpit, sandbox **-papper** sandpaper; *ett* ~ a piece of sandpaper **-pappra** sandpaper **-slott** sand castle **-strand** sandy beach (shore) **-tag**, **-täkt** sandpit

sandwich [×sändvitʃ, ×sand-] *ung.* canapé **-man** sandwich man

sandöken sand desert

saner|a (*göra sund*) make healthy; *mil.* degas; (*slumkvarter o.d.*) clear; (*finanser o.d.*) refinance; (*företag*) reorganize, reconstruct **-ing** sanitation; degassing; slum clearance; refinancing; reorganization, reconstruction

sanforisera sanforize

sang *s9, kortsp.* no trumps

sanitär *al* sanitary

sank I *oböjligt s, borra i* ~ sink, scuttle **II** *al* swampy, waterlogged **-mark** marsh

sankt *mask. äv. -e, fem. -a* saint; *S~e Per* St. Peter **-bernhardshund** St. Bernard [dog]

sanktion [-k'ʃoːn] sanction; (*bifall äv.*) assent, approbation **-era** sanction, approve of

sanktpaulia [-'pau-] *s1* African violet, saintpaulia

sann *al* true (*mot* to); (*sanningsenlig*) truthful; (*verklig*) real; (*uppriktig*) sincere; (*äkta*) genuine; *en* ~ *kristen* a true Christian; *där sa du ett sant ord!* you are right there!; *inte sant?, se* [*eller*] *hur*; *det var så sant!* by the way!, that reminds me!; *så sant mig Gud hjälpe!* so help me God!; *det är så sant som det är sagt* quite true, how true **-ann|a** ~ *mina ord!* mark my words! **-dröm** *ha* ~*mar* have dreams that come true

sann|erligen indeed, really; truly; ~ *tror jag inte att de* I do believe they; *det var* ~ *inte för tidigt* it was certainly not too soon **-färdig** truthful, veracious

sanning truth; (*-färdighet*) veracity; *tala* ~ speak the truth; *hålla sig till* ~*en* stick to the truth; *den osminkade* ~*en* plain (naked) truth; *säga ngn obehagliga* ~*ar* tell s.b. a few home truths; ~*en att säga* to tell the truth; *säga som* ~*en är* tell (speak) the truth; *komma* ~*en närmare* be nearer the truth; *i* ~ in truth, truly; *det är dagsens* ~ it is God's truth

sannings|enlig [-e:-] *al* truthful, veracious **-försäkran** statutory declaration **-halt** veracity **-serum** truth drug (serum) **-sökare** seeker after truth **-vittne** witness to the truth

sannolik *al* probable, likely; *AE. äv.* apt; (*plausibel*) plausible (*version* version); *det mest* ~*a är* the most probable thing is; *det är* ~*t att de gör det* they are likely to do so **-het** probability, likelihood (*för att* that); (*rimlighet*) plausibility; *med all* ~ in all probability **-hetslära** probability theory

sann|saga true story **-skyldig** true, veritable **-spådd** *a5, bli* (*vara*) ~ be proved a true prophet

sans [sanns] *s3, ejfr medvetande, besinning* **sansa** *rfl* calm down **sansad** *a5* sober; (*modererad*) moderate; (*klok*) sensible, prudent; *lugn och* ~ calm and collected **sanslös** senseless, unconscious

sant *adv* truly, sincerely; *tala* ~ tell (speak) the truth

sard|ell *s3* sardelle, anchovy **-in** *s3* sardine

sardinare [-ˣdi:-] Sardinian **Sardinien** [-'di:-] *n* Sardinia **sardinsk** [-'di:nsk] *a5* Sardinian

sarg [-j] *s3, s2* border, edging; (*ram*) frame; (*på farkost*) coaming; (*ishockey*) boards (*pl*)

sarga [-ja] lacerate; *bildl.* harrow

sari *s3* sari

Sargassohavet [-ˣgassɔ-] the Sargasso Sea

sarkas|m *s3* sarcasm; *konkr.* sarcastic remark **-tisk** *a5* sarcastic[al]

sarkofag *s3* sarcophagus (*pl äv.* sarcophagi)

sarong [-'råŋ] *s3* sarong

satan *r* Satan; *ett ~s oväsen* the devil (deuce) of a row **-isk** [-'ta:-] *a5* satanic[al]

sate *s2* devil; *stackars ~* poor devil

satellit *s3* satellite **-bana** orbit of a satellite **-stat** satellite state **-sändning** satellite transmission **--TV** satellite TV

satir *s3* satire (*över* upon) **-iker** satirist **-isera** satirize **-isk** *a5* satiric[al]

satisfiera satisfy

satkär[r]ing [ˣsɑ:t-] bitch virago

i sats *s3* **1** *mat., log.* proposition; (*tes*) thesis, theme; *språkv.* clause, sentence **2** *mus.* movement

2 sats *s3* **1** (*dosis*) dose; *kokk.* batch **2** (*uppsättning*) set **3** *boktr.* type; *stående ~* standing type

3 sats *s3, sport. o.d.* run; take off; *ta ~* take a run, run up

satsa (*i spel*) stake, wager, gamble; *~ på fel häst* back the wrong horse **2** (*investera*) invest **3** *jul* (*inrikta sig på*) go in for, concentrate on

satsbord *koll.* nest of tables

sats|byggnad sentence structure **-del** part of [a] sentence; *ta ut ~ar* analyse a sentence **-fogning** [-ɔ:-] complex sentence **-förkortning** contracted sentence **-lära** syntax **-lösning** parsing

satsning (*i spel*) staking; (*investering*) investment; (*inriktning*) concentration

satsuma [-'su:-] *s1 bot.* satsuma

satt *a1* stocky, thickset

sat|tyg [ˣsa:t-] *s7* devilry **-unge** imp; brat

Saturnus [-'turr-] *r* Saturn

satäng *s3, s4* satin; (*foder*) satinet

saudi|arab Saudi **-arabisk** Saudi [Arabian]

Saudi-Arabien [ˣsau-] *n* Saudi Arabia

sauna ['sau-] *s1* sauna

sav *s3* sap (*äv. bildl.*); *~en stiger* the sap is rising

savann *s3* savanna

1 sax [sakks] *s2* scissors (*pl*); (*plåt-, ull- etc.*) shears (*pl*); (*fälla*) trap; *en ~* (*två ~ar*) a pair (two pairs) of scissors (*etc.*); *den här ~en* these scissors (*pl*), this pair of scissors

2 sax *s2, vard.* saxophone, sax

saxa (*korsa*) cross; (*klippa*) cut (*ur en tidning* out of a paper); *sport.* scissor; (*skidor*) herringbone

sax|are *s9* Saxon **-isk** [ˣsaks-] *a5* Saxon

saxofon [-'få:n] *s3* saxophone **-ist** saxophonist

saxsprint split pin, cotter [pin]

scarf [ska:(r)f] *s2, pl äv. scarves* scarf

scen [se:n] *s3* scene; (*skådebana*) stage; *gå in vid ~en* go on the stage **-anvisning** stage direction **-arbetare** stagehand

scen|ario [-'na:-] *s6, pl äv. -arier* scenario **-eri** scenery **-ingång** stage door **-isk** ['se:-] *a5* scenic, theatrical **-konst** dramatic (scenic) art

-ograf *s3* set designer **-skola** drama school **-vana** stage experience

sch be quiet!, shush!

schablon *s3, i måleri etc.* stencil; *gjut.* template; (*modell*) model, pattern; *bildl.* cliché **-mässig** *a1* stereotyped

schabrak *s7* housing

schack I 1 *s7* (*spel*) chess; *spela* (*ta ett parti*) *~* play (have a game of) chess **2** *s2, s7* (*hot mot kungen i schack*) check; *hålla i ~* keep in check **II** *interj, ~!* check!; *~ och matt!* checkmate!

schack|a check **-bräde** chessboard **-drag** move [in chess]; *ett slugt ~* (*äv. bildl.*) a clever (sly) move

schackel ['ʃakk-] *s2* shackle

schack|matt *a4* checkmate; *bildl.* worn out, exhausted **-ningsperiod** *sport.* temporary failure of strength **-parti** game of chess **-pjäs** chessman, chess piece

schackra (*driva småhandel*) peddle, hawk (*i äv. i 6 b. bildl.*) chaffer, haggle (*med* with); traffic (*med* in); (*om ngt*) bargain

schack|ruta square of a chessboard **-spel** *abstr.* chess; *konkr.* chessboard and [set of] men **-spelare** chessplayer

schah [ʃa:] *s3* shah

schakal *s3* jackal

1 schakt *s7* (*gruv-*) shaft, pit

2 schakt *s4, s3* ([*jord*]*skärning*) excavation, cutting

schakt|a excavate; *bort* (*undan*) cut away, remove **-maskin** excavator **-ning** excavation

schalottenlök [-ˣlått-] shallot, scallion

schampo *s6, s9* shampoo **-nera** shampoo **-neringsmedel** shampoo

scharlakans|feber [-ˣla:-, ʃa:r-, ʃarr-] scarlet fever; *fack.* scarlatina **-röd** scarlet

schatter|a shade, shadow [out]; shade (tone) off **-ing** shading, gradation [of colours]; *konkr.* shade

schatull *s7* casket

schavott [-'vått] *s3* scaffold; (*skampåle*) pillory **-era** stand in the pillory; *låta ngn ~ i pressen* pillory s.b. in the press

schejk *s3* sheik[h]

schellack ['ʃell-] shellac

schema ['ʃe:-, ˣʃe:-] *s6* (*timplan*) timetable, *AE.* [time] schedule; (*uppgjord plan*) schedule, plan; (*över arbetsförlopp*) process chart; (*formulär*) form, *AE.* blank; *filos.* scheme, outline; *göra upp ett ~* draw up a timetable (*etc.*); *utanför ~t* extracurricular **-lagd** *a5* timetabled, scheduled **-tisera** schematize; (*skissera*) sketch, outline **-tisk** [-'ma:-] *a5* schematic; diagrammatic; *~ teckning* skeleton sketch (drawing)

schimpans *s3* chimpanzee

schism *s3* schism

schizo|fren [skitså'fre:n] *a1* schizophrenic **-freni** *s3* schizophrenia

schlager ['ʃla:-] *s2, s9* hit song **-musik** popular music

Schwarzwald ['ʃvarts-] *n* the Black Forest

Schweiz [ʃvejts] *n* Switzerland **schweizare** [ˣʃvejts-] Swiss

schweizer|franc [ˣʃvejts-] Swiss franc **-ost** Swiss cheese

S

schweiz|isk ['ʃvejts-] *a5* Swiss, Helvetian **-iska** *s1* Swiss woman

schvung *s2* go, pep; verve

schäfer ['ʃä:-] *s2*, **-hund** Alsatian; *AE*. German shepherd [dog]

scout [skaut] *s3* scout; (*flick-*) [girl] guide, girl scout; (*pojk-*) boy scout **-kår** scout troop **-ledare** scoutmaster **-läger** scout camp **-rörelsen** the Scout movement

screentryck [silk-]screen printing

se *såg* sett **1** see; (*titta*) look; (*bli varse*) perceive, catch sight of; (*urskilja*) distinguish; (*betrakta*) look at, regard; *AE*. *sl*. dig; (*möta, träffa*) meet, see; *vi ses i morgon* see you tomorrow; *vi ses* see you later; ~ *bra* (*illa*) see well (badly), have good (bad) eyesight; ~ *en skymt av* catch a glimpse of; *jag tål inte* ~ *henne* I cannot stand the sight of her; *vi får väl* ~ we shall see; *få* ~*!* let me see!; *som jag* ~*r det* as I see it; *väl* (*illa*) ~*dd* popular (unpopular); *låt* ~ *att det blir gjort!* see [to it] that it is done!; ... ~*r du* ..., you see (know); ~ *där* (*här, hit*)*!* look there (here)!; ~ *så!* now then!; ~ *så där* [*ja*]*!* well I never!, (*gillande*) that's it (the way)!; ~ *gäster hos sig* have guests; ~ *ngn på en bit mat* have s.b. to dinner (a meal) **2** (*med prep.- uttr.*) *härav* ~*r man att* from this it may be concluded that; ~ *efter a*) (*ngt bortgående*) gaze after, *b*) (*leta*) look for; ~ *in i framtiden* look into the future; ~ *på* look at, (*noggrant*) watch, observe; *inte* ~ *på besväret* not mind the trouble; ~ *på slantarna* take care of the pence; *man* ~*r på henne att* you can see by her looks that; ~ *åt ett annat håll* look away; ~ *ngn över axeln* look down upon s.b. **3** (*med betonad partikel*) ~ *tiden an* wait and see, bide one's time; ~ *efter a*) (*ta reda på*) [look and] see, *b*) (*passa*) look after, take care of (*barnen* the children); ~ *efter i* look in, (*lexikon e.d.*) look up in; ~ *igenom* (*granska*) look through (over); ~ *ner på* look down upon; ~ *på* look on; ~*r man på!* just look!, why [did you ever]!; ~ *till att* see [to it] that; ~ *till att du inte* be careful not to, mind you don't; *jag har inte* ~*tt till dem* I have seen nothing of them; ~ *upp!* look sharp!; ~ *upp för* look out for, mind; ~ *upp med ...!* be on your guard against ...!; ~ *upp till* look up to, respect; ~ *ut a*) look out (*genom fönstret* of the window), *b*) (*förefalla*) look, seem; *han* ~*r bra ut* he is good-looking; *det* ~*r bra ut* it looks fine; *det* ~*r så ut* it looks like it; *det* ~*r bara så ut* it only appears so; *hur* ~*r det ut?* what does it look like?; *så du* ~*r ut!* what a fright you look!; *det* ~*r ut att bli snö* it looks like snow; ~ *över* look over, inspect, go through **4** *rfl,* ~ *sig för* be careful, look out; ~ *sig om a*) (*tillbaka*) look back, *b*) (*omkring*) look round, *c*) (*i världen*) see the world; ~ *sig om efter* (*söka*) look out for

seans [-'ans, -'aŋs] *s3* seance

sebra [ˣse:-] *s1* zebra

sed *s3* custom; ~*er* (*moral*) morals, habits; ~*er och bruk* manners and customs; *som* ~*en är* *bland* as is customary with; *ta* ~*en dit man kommer* when in Rome do as the Romans do

1 sedan [ˣse:-, 'se:-] *förk. sen* [senn] **I** *adv* **1** (*därpå*) then; (*efteråt*) afterwards; (*senare*) later **2** (*tillbaka*) *det är länge* ~ it is a long time ago;

för tio år ~ ten years ago **3** *vard., än sen då?* what of it?, so what?; *kom sen och säg att* don't dare to say that; *och så billig sen!* and so cheap too! **II** *prep* (*från, efter*) since; ~ *dess* since then; ~ *många år tillbaka* for many years **III** *konj* since (*jag såg honom* I saw him); (*efter det att*) after (*han gått* he had gone); ~ *han gjort det gick han* when he had done that he left; *först* ~ *de gått* not until after they had left

2 sedan [-'daŋ, -'dann] *s3* sedan

sede|betyg conduct mark; *få sänkt* ~ get lower marks for good conduct **-fördärv** corruption; immorality

sed|el ['se:-] *s2* (*betalningsmedel*) bank note; *AE*. bill; *i -lar* in notes (paper money; *AE*. bills)

sedel|bunt bundle of bank notes **-förfalskare** forger of bank notes **-tryckeri** note-printing works

sedelär|a moral philosophy; ethics (*pl, behandlas som sg*) **-ande** *a4* moral; ~ *berättelse* story with a moral

sedesam *a1* modest, decent; (*tillgjort*) prudish

sedeslös immoral, unprincipled

sedig *a1* gentle (*häst* horse)

sediment *s7* sediment **-era** (*sjunka*) settle

sedlig [ˣse:d-] *a1* (*moralisk*) moral; (*etisk*) ethical; *föra ett* ~*t liv* lead a virtuous life; *i* ~*t hänseende* morally, from a moral point of view **-het** morality; decency

sedlighets|brott sexual offence, indecent assault **-sårande** indecent, offensive

sed|vana custom, practice **-vanerätt** customary law **-vanlig** customary, usual **-vänja** *s1* custom; practice

seeda ['si:da] *sport.* seed

seende *a4* seeing *etc.*; (*mots. blind*) sighted

seg *a1* tough (*äv. bildl.*); (*om kött äv.*) leathery; (*trögflytande*) viscous; (*limaktig*) gluey, sticky; *bildl.* tenacious; ~*t motstånd* tough (stubborn) resistance

sega *rfl,* ~ *sig upp* struggle up

segel ['se:-] *s7* sail; *hissa* (*stryka*) ~ set (strike) sail; *segla för fulla* ~ go with all sails set; *sätta till alla* ~ crowd on sail **-bar** *a1* navigable, sailable **-båt** sailing boat, *AE*. sailboat **-duk** sailcloth, canvas **-fartyg** sailing ship (vessel) **-flygning** gliding, soaring, sailplaning **-flygplan** sailplane, soaring-plane; (*glid-*) glider **-garn** [sailmaker's] twine, packthread **-kanot** sailing canoe **-makare** sailmaker **-sport** yachting **-sällskap** yacht[ing] club

seger ['se:-] *s2* victory (*över* over; *vid of*, at); (*erövring*) conquest; *sport.* win; *avgå med* ~*n* come off victorious; *en lätt* ~ an easy conquest, *sport.* a walkover; *vinna* ~ win a victory **-rik** victorious, triumphant **-tåg** triumphal progress (march) **-vilja** determination to win **-viss** sure (certain) of victory **-yra** flush of victory

seghet [ˣse:g-] toughness *etc.*; tenacity

segl|a [ˣse:g-] sail; make sail (*till* for); ~ *i kvav* founder, go down; ~ *i motvind* sail against the wind; ~ *omkull* capsize; ~ *på* run into, collide with; ~ *på grund* run aground; ~ *på havet* sail the sea **-are** (*fartyg*) sailing vessel; *pers.* sailor; (*kapp-*) yachtsman **-ation** sailing, navigation **-ats** *s3* sailing trip (tour); (*överfart*) crossing,

voyage
segl|ing sailing; *sport.* äv. yachting **-ingsbe-**
skrivning sailing directions
seglivad *a5* tough; hard to kill; *vard.* die-hard; *en*
~ *fördom* a deep-rooted prejudice
segment *s7* segment **-era** segment
segna [×seŋŋa] ~ [*ner*] sink down, collapse
segr|a [×se:g-] win; be victorious; *bildl.* prevail; (*i*
omröstning) be carried; ~ *över, se besegra* **-ande**
a4 victorious, winning; *gå* ~ *ur striden* emerge
victorious from the battle **-are** victor, conqueror;
(*i tävling*) winner
segreg|ation segregation **-era** segregate
segsliten tough; *en* ~ *fråga* a vexed question; *en*
~ *tvist* a lengthy dispute
seismo|graf *s3* seismograph **-log** seismologist
-logisk [-'lå:-] *a5* seismologic[al]
sejdel [×sejj-] *s2* (*av glas*) beer mug, glass; (*av sil-*
ver, tenn etc.) tankard
sekatör *s3* pruning shears, secateurs (*pl*); *en* ~ a
pair of pruning shears (*etc.*)
sekel ['se:-] *s7* ... ... **-gammal** centuries
öld; (*hundraårig*) centenary **-skifte** *vid* ~*t* at the
turn of the century
sekond [-'kånd] *s3* **1** *sjö.* second-in-command,
mate **2** *boxn.* second
sekret *s7* secretion
sekret|ariat *s7* secretariat **-erare** secretary (*hos*
to)
sekretess (*under* in) secrecy **-belägga** classify
[as secret]
sekretär *s3* writing desk ... ...
... ...
sek|tion [-k'ʃo:n] **1** *geom.* section **2** (*avdelning*)
section **3** *med.* resection **-tor** [år] *s3* ...
sekund *s3* ... ... *jag kommer på* ~*en!* just a se-
cond!
sekunda [-×kunn-] *oböjl. a* second-rate; (*om vir-*
ke) seconds; ~ *växel* (*hand.*) second of exchange
sekund|ant second **-era** second
sekund|meter metre per second **-visare** second
hand
sekundär *al* secondary
sekvens *s3, mus.* sequence
sel|a ~ [*på*] harness; ~ *av* unharness **-don** har-
ness
sele harness; (*barn-*) reins (*pl*); *en* ~ (*barn-*) a
pair of reins; *ligga i* ~*n* (*bildl.*) be in harness
selekt|ion [-k'ʃo:n] selection **-iv** *al* selective
-ivitet selectivity
selen *s3, s4, kem.* selenium
selleri [-'ri:, 'sell-] *s4, s3* celery
semafor [-'få:r] *s3* semaphore **-era** semaphore
semester [-'mess-] *s2* holiday[s *pl*]; *AE.* vaca-
tion; *ha* ~ be on holiday, have one's holiday[s *pl*]
-by holiday (vacation) settlement (camp, vil-
lage) **-dag** day of one's (*etc.*) holiday **-ersätt-**
ning holiday (*etc.*) compensation **-firare** holi-
day-maker; *AE.* vacationist, vacationer **-lön**
holiday pay (*etc.*) **-resa** holiday trip **-vikarie**
holiday relief (substitute)
semestra [-'mess-] *se* [*ha*] *semester*; ~ *vid havet*
spend one's holiday by the sea
semi|final [-'na:l, ×se:-] semifinal **-kolon**
[-'kɔ:-, 'se:-] semicolon
seminarium [-'na:-] *s4* (*lärar-*) teacher's training

college; (*präst-*) [theological] seminary; *univ.*
seminar
semit *s3* Semite **-isk** [-'mi:-] *a5* Semitic
semla *s1* cream bun eaten during Lent
sen [se:n] *al* **1** late; *det börjar bli* ~*t* it is getting
late; *vara* ~ be late; *vid denna* ~*a timme* at this
late (advanced) hour **2** (*långsam*) slow; tardy;
han är aldrig ~ *att hjälpa* he is always ready to
help; ~ *till vrede* slow to anger
sena *s1* tendon, sinew
senap *s3* mustard **senapsgas** mustard gas
senare I *a, komp. t.* **2** *sen* **1** later; (*kommande*)
future; (*följande*) subsequent; (*motsats förra*)
latter; *de*[*n*] ~ the latter; *det blir en* ~ *fråga* that
will be considered later; *på* ~ *tid* of later years,
(*nyligen*) recently; *vid en* ~ *tidpunkt* at a future
date **2** (*långsammare*) slower; (*senfärdigare*) tar-
dier **II** *adv, komp. t. sedan* later [on] (*på dagen* in
the day); *förr eller* ~ sooner or later; *inte* ~ *än*
not later than, by **-lägga** *postpone*[ ] ... ...
... ... **I** *u, superl. t.* **2** *sen* latest; (*sist förfluten*)
last; (*nyligen inträffad*) recent; *i* ~*e laget* at the
last moment; *på* ~*e tid*[*en*] lately **II** *adv, superl. t.*
sedan **1** (*i tid*) latest; (*i följd*) last; *jag såg honom*
~ *i går* (*i lördags*) I saw him only yesterday (last
Saturday); *tack för* ~! I enjoyed my stay (the
evening I spent) with you very much! **2** (*ej senare*
än) at the latest; ~ *på lördag* by Saturday at the
latest; ~ *den 1:a maj* by May 1, on May 1 at the
latest
senat senate **senator** [-'nu:tår] *s3* senator
sendrag cramp
senfärdig slow, tardy
senig *al* sinewy; (*om kött*) tough, stringy; (*om*
pers.) wiry
senil *al* senile **-itet** senility
senior I ['se:niår] *oböjligt a* senior, elder **II** ['se:-,
sport. -'å:r] *s3* senior member; *sport.* senior
sen|komling [-å-] latecomer **-kommen** [-å-] *a5*
(*alltför sen*) tardy, belated
sensation sensation **-ell** *al* sensational, thrilling
sensations|lysten *vara* ~ be a sensation hunter
(out after a thrill) **-press** yellow (sensational)
press
sensibel [-'si:-] *a2* sensitive
sensmoral [sens-, saŋ(s)-] *s3*, ~*en är the moral*
is
sensträckning strain of a tendon
sensuell *al* sensual, sensuous
sent [-e:-] *adv* late; *bittida och* ~ early and late;
bättre ~ *än aldrig* better late than never; *komma*
för ~ be late (*till skolan* for school); *som* ~ *skall*
glömmas that will not be forgotten in a hurry; ~
omsider at long last; *till* ~ *på natten* till far into
the night
sentida of today, of our days
sentimental [sent-] *al* sentimental; (*gråtmild*)
maudlin **-itet** sentimentality
separat I *a4* separate; (*fristående*) detached **II**
adv separately; ~ *sänder vi* we are sending you
under separate cover
separ|ation separation **-ator** [-×ra:tår] *s3* separ-
ator **-era** separate
september [-'temm-] *r* September
septiktank septic tank
serafimerorden [-×fi:-] the Order of the Ser-

S

aphim

serb [-ä-] *s3* Serb[ian] **Serbien** ['särr-] *n* Serbia

serbisk ['särr-] *a5* Serbian

serbokroatisk [-'krɔɑ:-] *a5* Serbo-Croatian

serenạd *s3* serenade; *hålla* ~ *[för]* serenade

sergeant [-r'ʃant] *s3* sergeant; staff sergeant; *AE.* sergeant first class; (*vid flottan*) chief petty officer; (*vid flygvapnet*) flight sergeant, *AE.* master sergeant

serie ['se:-] *s5* **1** scries; (*följd*) succession; (*om värdepapper*) issue; (*skämt-*) comic strip, cartoons (*pl*), *AE. vard.* funny; *i* ~ (*äv.*) serially **2** *sport.* division **3** *mat.* series, progression **-figur** character in a comic strip **-koppla** *elektr.* connect in series **-krock** multiple collision; *vard.* pile-up **-match** league match **-nummer** serial number **-tidning** comic [paper]; funny paper **-tillverkning** series (long-line) production

seriọs *a1* serious

serpentịn *s3* serpentine; (*pappersremsa*) streamer **-väg** serpentine road

serum ['se:-] *s8* serum

serv|a [ˣsörva] *sport.* serve; *vard.* service (*en bil* a car); (*hjälpa*) serve, back up **-boll** *s2* service **-linje** service line

serve [sörv] *s2, sport.* service, serv **-ruta** service court

server|a serve; (*passa upp vid bordet*) wait at table; ~ *ngn ngt* help s.b. to s.th.; *middagen är* ~*d!* dinner is served (ready)! **-ing 1** *abstr.* service; *sköta* ~*en vid bordet* do the waiting **2** *konkr.*, *se matservering*

serverings|bord service table **-rum** pantry

servẹtt *s3* napkin, serviette; *bryta* ~*er* fold napkins; *ta emot ngn med varma* ~*er* (*bildl.*) give s.b. a warm reception **-ring** napkin ring

service ['sö:r-, 'sörv-] *s9* service **-hus** block of service flats; *AE.* apartment hotel **-man** (*reklamman*) agency representative; (*på -station*) petrol-station attendant **-verkstad** car service station **-yrke** service occupation

servịs *s3* **1** (*mat-*) service, set **2** *mil.* gun crew

servi|tris waitress; (*på fartyg*) stewardess **-tör** waiter; (*på fartyg*) steward

servo|broms servo[-assisted] brake **-motor** servomotor **-styrning** power steering, servo control

ses *sågs setts, dep* see each other, meet; *vi* ~*!* I'll be seeing you!

1 sesam ['se:-] *s3, bot.* sesame

2 sesam ['se:-] *n*, ~ *öppna dig!* open sesame!

session [se'ʃɔ:n] *parl.* session, sitting; (*domstols-*) session, court; (*sammanträde*) meeting; *avsluta* ~*en* (*vid domstol*) close the court

sesạ now then!; (*gillande*) that's it!; (*tröstande*) come, come!

set [sett] *s7, sport. o. allm.* set **-boll** set point

setter *s2* setter

sevärd worth seeing, notable **-het** sight; (*byggnad e.d. äv.*) monument

1 sex [seks] *räkn* six; (*för sms. jfr fem-*)

2 sex *s7* sex

sexa [ˣseksa] *s1* (*siffra*) six

sexfilm sex film (movie), blue movie

sex|hundratalet the seventh century **-hörning** [-ö:-] hexagon

sex|ig *a1* sexy **-liv** sex life

sexsiffrig *a1* of six figures; *ett* ~*t tal* a six-figure number

sextant sextant

sex|tio [ˣseks-, 'seks-, *vard.* ˣseksti, 'seksti] sixty **-tionde** sixtieth **-tioåring** sexagenarian

sex|ton [ˣsekstån] sixteen **-tonde** sixteenth

sexual|brott [-ˣa:l-] sex[ual] crime **-drift** sexual instinct (urge) **-förbrytare** sex criminal, sexual offender **-itet** sexuality **-liv** sex[ual] life **-rådgivning** advisory service on sexual matters **-upplysning** information on sexual matters

sexuẹll *a1* sexual

sfinx [-iŋks] *s3* sphinx

sfär *s3* sphere; *bildl. äv.* province **-isk** ['sfä-] *a5* spheric[al]; ~ *triangel* (*mat.*) circular triangle

sherry ['ʃärri, -y] *s9* sherry

shiamuslim [ˣʃi:a-] *s3*, **shiit** [ʃi:t] *s3* Shiit, Shi-ah

shilling ['ʃill-] *s9* shilling (*förk.* s[h].); *det gick 20* ~ *på ett pund* there were 20 shillings to the pound

shingla [ˣʃiŋla] shingle

shoppa [ˣʃappa] go shopping

shopping|center shopping centre **-vagn** shopping trolley **-väska** shopping bag

show [ʃåo, ʃåvv] *s3* show

shunt [ʃunt] *s2, elektr.* shunt, bypass **-ledning** shunt lead **-ventil** shunt valve

1 si *interj* look!; (*högtidligare*) behold!

2 si *adv*, ~ *och så* only so-so; *det gick* ~ *och så* it wasn't up to much

sia prophesy (*om* of)

siamẹs *s3* Siamese **-isk** [-'me:-] *a5* Siamese

siar|e seer, prophet **-gåva** second sight

Sibirien [-'bi:-] *n* Siberia **sibirisk** [-'bi:-] *a5* Siberian

sibylla [-ˣbylla] *s1* sibyl

sicili|an *s3*, **-anare** [-ˣa:na-] *s9* Sicilian **-ạnsk** [-a:-] *a5* Sicilian

Sicilien [-'si:-] Sicily

sicksack zigzag; *gå i* ~ zigzag **-linje** zigzag [line]

sid|a *s1* **1** side; (*mil., byggn.; djurs*) flank; (*bok-*) page; *geom.* (*yta*) face; ~ *upp och* ~ *ner* page after page; ~ *vid* ~ side by side; *anfalla från* ~*n* attack in (on) the flank; *sedd från* ~*n* seen sideface; *med händerna i* ~*n* with arms akimbo; *på båda* ~*or* (*äv.*) on either side (*av* of); *åt* ~*n* to the [one] side, (*gå step*) aside **2** *bildl.* side, part; (*synpunkt*) aspect, point of view; *visa sig från sin fördelaktigaste* ~ show o.s. at one's best; *från hans* ~ on (for) his part; *från regeringens* ~ from (on the part of) the Government; *se saken från den ljusa* ~*n* look on the bright side of things; *det har sina* ~*or att* there are drawbacks to; *hon har sina goda* ~*or* she has her good points; *problemet har två* ~*or* there are two sides to the problem; *stå på ngns* ~ side (take sides) with s.b.; *han står på vår* ~ he is on our side; *när han sätter den* ~*n till* when he makes up his mind to; *vid* ~*n av* (*bildl.*) beside, next to, (*jämte*) along with; *å ena (andra)* ~*n* on one (the other) hand; *vi å vår* ~ we for (on) our part, as far as we are concerned; *är inte hans starka* ~ is not his strong point **-byte** change of ends

siden *s7* silk **-band** silk ribbon **-glänsande** satiny, silky **-klänning** silk dress **-tyg** silk [mater-

ial (cloth, fabric)]
sid|fläsk bacon **-hänvisning** page reference **-led** *i* ~ lateral[ly], sideways
sido|apparat extension [phone] **-blick** sidelong glance; *utan* ~ *på* (*bildl.*) without a thought for **-byggnad** annex, wing **-dörr** side door **-gata** side street, bystreet **-gren** side branch; (*av släkt*) collateral branch **-linje** (*parallell-*) sideline; *järnv.* junction line, branch; (*släktled*) collateral line (branch); *fotb.* touchline; *barn på* ~*n* natural children **-spår** sidetrack (*äv. bildl.*); *järnv.* siding **-vinkel** adjacent angle
sid|roder *flyg.* rudder **-siffra** page number **-steppa** *vard.* sidestep **-vagn** (*på motorcykel*) sidecar **-vind** crosswind; *landa i* ~ (*flyg.*) make a crosswind landing
Sierra Leone [-å-] *n* Sierra Leone
sierska seeress, prophetess
siesta [-ˣess-] *s1* siesta, [after dinner] nap
siffer|beteckning number **-granskning** checking of accounts **-mässig** *a1* numeral, numerical **-tinne** *····· ·····* acutt forecasting
siffr|a *s1* figure; *konkr. äv.* numeral; (*entalssiffra äv.*) digit; (*tal*) number; *romerska -or* Roman numerals; *skriva med -or* write in figures
sifon [-ˈfåːn] *s3* siphon; soda fountain (siphon)
sig [sejj, *äv.* siːg] oneself; himself, herself, itself, themselves; *han anser* (*säger*) ~ *vara frisk* he thinks (says) he is well; *tvätta* ~ *om händerna* wash one's hands; *man skall inte låta* ~ *luras* don't let yourself be deceived (led up the garden path); *det låter* ~ *inte göra[s]* it can't be done; *vara häftig av* ~ be hot-tempered by nature; *det är en sak för* ~ that's another story; *var för* ~ one by one; *i och för* ~ in itself; *det får med* ~ ... it involves ... (*brings* ... in its train); *ha ögonen med* ~ keep one's eyes open; *han tog med* ~ *sin bror* he took his brother [along] with him; *ha pengar på* ~ have some money on one; *inte veta till* ~ *av glädje* be overjoyed; *han är inte längre* ~ *själv* he is no longer himself; *av* ~ *själv[t]* by itself (*etc.*); *för* ~ *själv by o.s.* (itself *etc.*); *behålla ngt för* ~ *själv* (*för egen räkning*) keep s.th. for o.s., (*hemlighålla*) keep s.th. to o.s.
sigill [-ˈjill] *s7* seal; *sätta sitt* ~ *under* (*på*) affix one's seal to, seal **-ring** signet (seal) ring
signal [sɪŋˈnaːl] *s3* signal; *ge* ~ make a signal, (*i bil*) sound the horn; *ge* ~ *till* give the signal for **-anordning** signalling device **-bok** code of signals, signal book
signalement *s7* description
signal|era signal; (*med signalhorn äv.*) sound the horn **-flagga** signal flag **-horn** [signal] horn; [car] horn, hooter **-ist** *mil.* signaller, signalman **-spaning** signal (communication) intelligence **-tjänst** communications (*pl*)
signatur [sɪŋn-] signature; (*författares äv.*) pen name **-melodi** signature tune, *AE.* theme song
signera [sɪŋn-, sinj-] sign; initial, mark
signetring [sɪŋˣneːt-] signet ring
signifik|ant [-ˈant, -ˈaŋt] *a1* significant **-atjv** [*äv.* ˈsɪŋni-] *a1* significative, significant
1 sikt *s2* (*redskap*) sieve
2 sikt *s3* **1** visibility; view; *dålig* (*ingen*) ~ poor (zero) visibility **2** *hand.* sight, presentation **3** (*tidrymd*) term, run; *på* ~ in the long run; *on the*

long term
1 sikta (*sålla*) sift, pass through a sieve; (*mjöl*) bolt
2 sikta 1 (*med vapen*) take aim, aim (*på, mot* at) (*äv. bildl.*); point (*på, mot* at); ~ *högt* (*bildl.*) aim high **2** *sjö.* sight
sikt|e *s6* **1** (*på gevär o.d.*) sight **2** (*synhåll*) sight, view; (*mål*) aim; *få ngt i* ~ get s.th. in sight, *sjö.* sight s.th.; *i* ~ in sight, *bildl.* in prospect (view); *land i* ~*!* land ahoy; *med* ~ *på* with a view to; *ur* ~ out of sight; *förlora ngt ur* ~ lose sight of s.th. **-punkt** point of aim (sight) **-skåra** [sighting] notch
sil *s2* **1** strainer, sieve **2** *sl.* fix, hit, shot
sil|a 1 (*filtrera*) strain, sieve, filter; ~ *ifrån* strain off; ~ *mygg och svälja kameler* strain at a gnat and swallow a camel **2** (*sippra*) trickle; (*om ljus*) filter **-duk** straining cloth, screen
silhuett [siluˈett] *s3* silhouette
silikon [-ˈkåːn] *s3, s4* silicone **silikon** [ˈlihu] *sJ* silikon *s3, s4* silikon
silke *s6* silk; *av* ~ (*äv.*) silken; *mjuk som* ~ silky **silkes|fjäril** silk[worm] moth **-len** as soft as silk; silken (*röst voice*) **-mask** silkworm **-papper** tissue paper **-snöre** silk cord; *ge ngn* ~*t* politely dismiss s.b. **-strumpa** silk stocking **-tråd** silk thread, (*från kokong*) silk filament **-vante** använda -*vantar* (*bildl.*) use kid gloves
sill *s2* herring; *inlagd* ~ pickled herring; *salt* ~ salt[ed] herring; *som packade* ~*ar* packed together like sardines **-mjölke** *s2* milksop
sllo [ˈsɪː-] *s5, s3* silo
silver [ˈsill-] *s7* silver; *förgyllt* ~ silver-gilt **-bröllop** silver wedding **-gran** *silver fir* **-halt** silver content, fineness **-medalj** silver medal **-mynt** silver coin; *i* ~ in silver **-räv** silver fox **-sak** silver article; ~*er* (*koll.*) silverware (*sg*) **-smed** silversmith **-stämpel** hallmark **-te** hot water with sugar [and cream] **-vit** silvery
sim|bassäng [ˣsimm-] swimming pool **-blåsa** (*hos fisk*) sound, air (swim) bladder **-byxor** *pl* swimming trunks **-dyna** swimming float **-fot** *zool.* webbed foot; **-fötter** (*för dykare*) [diving] flippers **-fågel** web-footed bird, swimmer **-hall** indoor swimming bath **-hopp** dive **-hud** web; *med* ~ *mellan tårna* with webbed feet **-kunnig** [ˣsimm-] able to swim **-lärare** swimming instructor
simm|a *v1 el. sam summit* swim; *bildl. äv.* be bathed (*i* in); (*flyta*) float [on the water]; ~ *bra* be a good swimmer **-are, -erska** swimmer
simmig *a1* well thickened (*sås* sauce); treacly (*punsch* punch); hazy (*blick* look)
simning swimming
simpel [ˈsimm-] *a2* **1** (*enkel*) simple; plain (*arbetskläder* working clothes); common (*soldat* soldier); (*lätt*) easy **2** (*tarvlig*) common, vulgar; (*föraktlig*) low, base; (*om kläder*) mean, shabby **simpelt** *adv* **1** *helt* ~ simply **2** (*tarvligt*) low, mean[ly], shabbily; *det var* ~ *gjort* it was a mean (shabby) thing to do
simsalabim [-ˈbimm] *interj* hocus pocus
sim|skola [ˣsimm-] swimming school **-sätt** (*fritt* free) style **-tag** stroke **-tur** swim **-tävling** swimming competition
simul|ant malingerer **-ator** [-ˣlaːtår] *s3* simu-

lator **-era** simulate; (*om soldat*) malinger
simultan *a1* simultaneous **-tolka** interpret
[speech] simultaneously
1 sin [sinn] (*sitt, sina*) *pron* one's; *fören.* his, her,
its, their; *självst.* his, hers, its, theirs; ~ *nästa*
one's neighbour; *i sitt och ~ familjs intresse* in his
own interest and that of his family; *de ~a* his
(*etc.*) relations (people), his (*etc.*) own family; *bli*
~ *egen* be[come] one's own master (boss); *det
kan göra sitt till* that can help matters; *ha sitt på
det torra* not stand to lose anything; *kärleken sö-
ker inte sitt* (*bibl.*) love seeketh not its own; *vad i
all ~ dar* what on earth; *i ~om tid* in due [course
of] time; *på ~ tid* formerly; *på ~a ställen* in
places; *hålla på sitt* watch one's own interest; *gå
var och en till sitt* all go back home
2 sin [si:n] *s, i uttr.: stå* (*vara*) *i* ~ be dry
sina dry; *brunnen har ~t* the well has dried up;
ett aldrig ~nde ordflöde a never-ceasing flow of
words
sinekur [-'ku:r, ˣsi:-] *s3* sinecure
singales [siŋa-] *s3* Sin[g]halese **-isk** *a5*
Sin[g]halese
1 singel ['siŋ-] *s9* (*grus*) shingle
2 singel ['siŋ-] *s2* **1** *sport.* singles (*pl*) **2** *kortsp.*
singleton
singel|olycka accident involving one vehicle
only **-skiva** single
singla 1 (*kasta*) toss [up]; ~ *slant om* toss for **2**
(*dala*) float
singular|is [ˣsiŋgu-, 'siŋu-] *-en -er* (*stå i* be in
the) singular
1 sinka *v1* (*fördröja*) delay; (*söla*) waste time
2 sinka I *s1* (*metallkrampa*) rivet; (*hörntapp*)
dovetail **II** *v1* (*porslin*) rivet; (*bräder*) dovetail
sinkadus *s3* **1** (*örfil*) biff **2** (*slump*) toss-up,
chance; *en ren* ~ a pure toss-up
sinnad *a5* (*andligt* spiritually) minded; (*vänskap-
ligt* amiably) inclined
sinne *s6* **1** *fysiol.* sense; *de fem ~na* the five
senses; *ha ett sjätte* ~ have a sixth sense; *med alla
~n på helspänn* with all one's wits about one;
från sina ~n out of one's senses (mind); *vid sina
~nś fulla bruk* in one's right mind, in full posses-
sion of one's senses **2** (*-lag*) mind, temper, na-
ture; (*väsen, hjärta*) soul, heart; (*håg*) taste, in-
clination, turn; *ett häftigt* ~ a hasty temper; *ha ett
vaket* ~ *för* be alert (open) to; *~t rann på honom*
he lost his temper (flew into a passion); *en man
efter mitt* ~ a man to my mind (taste); *han har fått
i sitt* ~ *att* he has got it into his head to; *ha* ~ *för
humor* have a sense of humour; *ha* ~ *för språk*
have a talent for languages; *ha i ~t* contemplate;
ha ont i ~*t* have evil intentions; *i mitt stilla* ~ in
my own mind, inwardly; *sätta sig i* ~*t att göra ngt*
set one's mind [up]on doing s.th.; *till* ~*s* in mind;
sorgsen till ~*s* in low spirits; *det gick honom djupt
till* ~*s* he felt it deeply **-bild** symbol, emblem
-lag *s7* temperament, disposition; *vänligt* ~
friendly disposition
sinnes|frid peace of mind **-frånvaro** absence of
mind **-förvirrad** *a5* distracted **-förvirring**
mental aberration; *under tillfällig* ~ while of un-
sound mind **-intryck** sensation, impression
-lugn tranquillity (calmness) of mind **-närvaro**
presence of mind **-organ** sense organ **-rubb-**

ning mental disorder, derangement **-rörelse**
emotion; mental excitement **-sjuk** mentally ill,
insane; *en* ~ a mentally ill person **-sjukdom**
mental disease; insanity **-sjukhus** mental hos-
pital; (*förr*) lunatic asylum **-slö** mentally defi-
cient (retarded) **-stämning** frame of mind
-svag feeble-minded **-tillstånd** mental condi-
tion (state) **-undersökning** mental examina-
tion
sinnevärlden the material (external) world
sinn|lig *a1* (*som rör sinnena*) pertaining to the
sense **2** (*köttslig*) sensual; *en* ~ *människa* a sen-
sualist **-lighet** sensuality **-rik** ingenious (*påhitt*
device) **-rikhet** ingenuity
sinsemellan [-ˣmell-] between (*om sak:* among)
themselves
sinus ['si:-] *r* **1** *mat.* sine **2** *anat.* sinus **-kurva**
sine curve, sinusoid
sion|ism Zionism **-ist** Zionist
sippa *s1, bot.* anemone, windflower
sippra trickle, drop, percolate; ~ *fram* ooze out;
~ *ut* (*bildl.*) transpire, leak out
sira decorate, ornament, deck
sirap *s3* **1** treacle, golden syrup; *AE.* molasses **2**
med. syrup; *AE.* sirup
sirat ornament, decoration **-lig** *a1* (*ceremoniös*)
ceremonious
siren *s3* (*myt. o. signalapparat*) siren
sirlig [ˣsi:r-] *a1* graceful, elegant; (*om pers.*) ce-
remonious, formal; (*fin*) dignified
sist I *adv* last; *till* ~ (*som det ~a*) at last, (*slutlig-
en*) finally, in the end; *spara det bästa till* ~ save
the best until last (till the end); *allra* ~ last of all;
först och ~ from first to last; *först som* ~ just as
well now as later; *näst* ~ the last but one; ~ *men
inte minst* last but not least; *den* ~ *anlände* the
last arrival (comer); *han blev* ~ *färdig* he was the
last to get ready; ~ *i boken* at the end of the
book; *stå* ~ *på listan* be the last on the list **II** *konj.*
~ *jag såg honom var han* the last time I saw him
he was
sist|a -e, *superl. a* last; (*senaste*) latest; (*slutlig*) fi-
nal; *den* ~ *juni* [on] the last of June; ~ *anmäl-
ningsdag* closing date for entries; ~ *gången* (*sid-
an*) the last time (page); ~ *modet* the latest fash-
ion; ~ *skriket* all the rage (go); ~ *smörjelsen* the
extreme unction; ~ *vagnen* (*järnv.*) tail (rear)
wagon; *hans* ~ *vilja* his [last] will [and testa-
ment]; *den -e* (*av två*) the latter; *han var den -e
som kom* he was the last to arrive; *de två ~ måna-
derna* the last two months; *lägga* ~ *handen vid*
put the finishing touch to; *utandas sin* ~ *suck*
breathe one's last; *för* ~ *gången* (*för all tid*) for
ever (good); *i* ~ *instans* (*jur.*) in the court of high-
est instance, *bildl.* in the last resort; *in i det* ~ to
the very last; *på* ~ *tiden* lately, of late; *sjunga på
~ versen* draw to its close; *till* ~ *man* to a man
sist|liden *a5* last **-nämnda** *a, best. form* [the]
last-mentioned, last-named; (*av två*) the latter
-one [-å-] *s, i uttr.: på* ~ lately
sits *s2* **1** (*stol-, stjärt o.d.; ridk.*) seat; *ha bra* ~
(*ridk.*) have a good seat **2** *kortsp.* lie, lay; *dra om
~en* draw for partners; *bildl., en svår* ~ a tricky
situation, a sensitive position
sitt|a *satt suttit* **1** (*om levande varelse*) sit; (*på
-plats äv.*) be seated; (*motsats stå, ligga*) be sit-

ting; (*om fågel*) perch; (*befinna sig*) be (*i fängelse* in prison); (*om regering*) be in office; ~ *bekvämt* be comfortably seated; *sitt [ner]!* sit down, please!; ~ *för en målare* sit as a model; ~ *och prata* sit talking; ~ *still* sit still, (*friare äv.*) keep quiet; ~ *trångt* be jammed, *ekon.* be in a tight place; *få* ~ *a*) get (obtain) a seat, *b*) (*ej bli uppbjuden*) sit out, be a wallflower; *inte* ~ *i sjön* not be stranded; ~ *inom lås och bom* be under lock and key; ~ *med goda inkomster* have a large income; ~ *vid makten* be in power; *nu -er vi där vackert!* we are in for it now!, now we are in the soup! **2** (*om sak*) be [placed]; (*hänga*) hang; (*om kläder*) sit, fit; *kjolen -er bra* the skirt is a good fit (fits well); ~ *på sned* be (*hänga:* hang) askew; *mitt onda -er i* my trouble (the pain) is in; *inte veta hur korten -er* not know how the cards lie **3** (*med betonad partikel*) ~ *av* dismount, alight; ~ *emellan* (*få obehag*) have trouble, (*bli lidande*) be the sufferer (loser); ~ *fast, se 2 fast 3*; ~ *hemma* stay at home; *en färg som -er i a fast an? i mi ̱̱̱̱̱̱̱̱̱ -er i i the smell* clings; *nyckeln -er i* the key is in the lock; *ovanan -er i* I (*etc.*) can't free myself of the [bad] habit; ~ *inne a* (*inomhus*) keep in[doors], *b*) (*i fängelse*) be in prison, do time; *bekännelsen satt långt inne* the confession was hard to get: ~ *inne med upplysningar* be in possession of information; ~ *kvar a*) remain sitting (seated), *b*) (*stanna*) remain, stay, *c*) (*efter skolan*) stay (be kept) in [after school]; *låt kappan* ~ *på!* keep your coat on!; *locket -er på* the lid is on; ~ *sönder wear out* by *sitting on*; *jag -er inte så till att* I am not in a position to, from where I am sitting I can't; ~ *illa till* (*bildl.*) be in a bad spot; ~ *upp a*) (*på häst*) mount, get on, *b*) (*råla upp sig*) sit up; ~ *uppe och vänta på* wait up for; ~ *åt* (*om plagg*) be tight; *det -er hårt åt* (*bildl.*) it's tough; ~ *över a*) (*duns e.d.; i spel*) sit out, *b*) (*arbeta över*) work overtime

sitt|ande *a4* seated; sitting (*ställning* posture); (*om regering*) in office, present; (*om domstol*) in session; *inför* ~ *rätt* in open court **-brunn** cockpit **-ning** sitting **-pinne** perch **-plats** seat **-platsbiljett** seat reservation (ticket) **-strejk** sit-down strike; shop-floor protest **-vagn** *järnv.* day-carriage; (*barnvagn*) pushchair, *AE.* stroller

situation situation; *sätta sig in i ngns* ~ put o.s. in a p.'s place; *vara* ~*en vuxen* be equal to the occasion

situerad [-u'e:-] *a5, väl* (*illa*) ~ well (badly) off

SJ [ˣessji:] *förk. för* Statens Järnvägar the Swedish State Railways

sjabbig [ʃ-] *a1* shabby

sjabbla [ʃ-] *vard.* muff it

sjal [ʃ-] *s2* shawl **-ett** *s3* kerchief; head scarf

sjappa [ʃ-] bolt, scram

sjas [ʃ-] scat!, be off!; ~ *katta* shoo! **sjasa** shoo away

sjaskig [ʃ-] *a1* slovenly; mucky; shabby

sjok [ʃ-] *s7* lump, chunk

sju [ʃu:] seven; (*för sms. jfr fem-*) **sjua** *s1* seven

sjuarmad *a5* seven-branched (*ljusstake* candlestick)

sjud|a [ʃ-] *sjöd -it* simmer; seethe (*äv. bildl.*); ~ *av vrede* seethe with anger; ~*nde liv* seething life

sju|dundrande [-ˣdunn-] *a4* terrific **-falt** seven-

fold; seven times (*värre* worse) **-jäkla** [-ˣjä:k-] *a4, ett* ~ *liv* a hell of a life

sjuk [ʃ-] *a1* **1** (*predikativt*) ill; (*attr. o. illamående*) sick; (*dålig*) indisposed, unwell; *den* ~*e* the sick person, (*på sjukhus*) the patient; *de* ~*a* the sick; *bli* ~ get (fall, be taken) ill; *mitt* ~*a knä* my bad knee; *svårt* ~ seriously ill; *ligga* ~ *i mässling* be down with the measles; *äta sig* ~ eat o.s. sick; ~ *av* (*i*) suffering from, *bildl.* sick with; *jag blir* ~ *bara jag tänker på det* the mere thought of it makes me sick **2** *bildl., saken är* ~ it's a shady business; *ett* ~*t samvete* a guilty conscience; *han ber för sin* ~*a mor* that's one for her and two for himself; ~ *efter* (*på*) eager (*vard.* dying) for

sjuk|a [ʃ-] *s1, se sjukdom*; *engelska* ~*n* rickets; *spanska* ~*n* the Spanish flu; *det är hela* ~*n* that's the whole trouble **-anmäla** ~ *ngn* (*sig*) report s.b. (report) sick (ill) **-anmäld** reported sick (ill) **-avdrag** deduction for sickness **-besök** visiting the sick; (*läkares*) visit to a patient; *lägg visit* **-bädd** sickbed; *vid* ~*en* at the bedside **-dom** [-domm] *s2* illness, ill-health; (*speciell o. bildl.*) disease; (*ont*) complaint, disorder; *ärftlig* ~ hereditary disease **-ersättning** sickness benefit (allowance) **-försäkring** health insurance **-gymnast** physiotherapist **-hem** nursing home

sjukhus hospital **-vård** hospital treatment (care)

sjuk|intyg medical (doctor's) certificate **-journal** case record; (*för en patient*) case sheet **-kassa** (*allmän* regional) health insurance office **-ledig** *vard.* be on sick leave **-lig** [-u:-] *a1* infirm, weak in health; sickly; *bildl.* morbid (*misstänksamhet* suspiciousness) **-lighet** [-u:-] infirmity, ill-health; morbidity **ling** [-u:-] sick person, patient; invalid **-lön** sick pay

sjuk|na [-u:-] fall (be taken) ill (*i* with); sicken **-pension** disablement pension **-sal** [hospital] ward **-skriva** ~ *ngn* put s.b. on the sick list; ~ *sig* report sick (ill); *-skriven* sick-listed, reported sick **-skötare** [male] nurse **-sköterska** nurse; (*examinerad*) trained (staff, *AE.* graduate) nurse

sjuksköterske|elev student nurse **-skola** nurses' training school **-utbildning** nursing training

sjuk|stuga cottage hospital **-transport** conveyance of patients **-vård** medical care (attendance), nursing; care of the sick; *fri* ~ free medical attention (treatment)

sjukvårds|artiklar *pl* sanitary (medical) articles **-biträde** assistant nurse, [hospital] orderly **-ersättning** medical expenses allowance **-kunnig** trained in nursing the sick

sjunde [ʃ-] *a1* seventh; *i* ~ *himlen* in [the] seventh heaven **-dagsadventist** Seventh-Day Adventist **-del** seventh [part], one seventh

sjunga [ʃ-] *sjöng sjungit* sing; (*om fågel äv.*) warble; ~ *falskt* sing out of tune; ~ *rent* sing in tune; ~ *ngns lov* sing a p.'s praises; ~ *på sista versen* be on one's last legs, draw to its close; ~ *in* (*på grammofon*) record; ~ *ut* sing out, *bildl.* speak out, speak one's mind

sjunk|a [ʃ-] *sjönk -it* sink; (*om fartyg äv.*) founder, go down; (*falla*) drop, fall (*t. botten* to the bottom); (*minska*) decrease (*i antal* in numbers); (*i värde*) depreciate, decline, sink, fall; *febern -er* the fever is abating; *kaffet står och -er* the

S

coffee is settling; *priserna -er* prices are falling (declining), prices show a downward tendency; *solen -er* the sun is setting; *termometern -er* the temperature is falling; *önska att man kunde ~ genom jorden* wish one could sink through the floor; *känna modet ~* lose courage (heart); *~ i ngns aktning* go down in a p.'s estimation; *~ i glömska* sink into oblivion; *~ i vanmakt* faint away; *~ ihop* (*bildl.*) break down, collapse; *~ ner på en stol* sink down on to a chair; *~ till marken* drop to the ground; *~ till ngns fötter* fall at a p.'s feet; *~ undan* sink, subside; *han är djupt -en* he has sunk very low

sjunkbomb depth charge (bomb)

sju|sovare [-å-] **1** *zool.* dormouse **2** *pers.* lie-abed, sluggard **-särdeles** [-ˣsä:r-] *vard.* terrific **-tillhållarlås** mortise (mortice) lock

sjut|tio [ˣʃuttio, ʼʃutt-, *vard.* ˣʃutti, ʼʃutti] seventy **-tionde** [ˣʃuttiå-] seventieth **-tioåring** septuagenarian

sjutton [ˣʃuttån] seventeen; *aj som ~!* by Jove!, Good Lord!; *det var dyrt som ~* it cost a packet; *full i ~* full of mischief; *för ~ gubbar* for goodness sake; *nej för ~!* Good Lord, no!; *ge ~ i att* (*låta bli*) stop, leave off, (*strunta i*) not bother; *ge sig ~ på att* bet your life that; *det vore väl ~ om* it would be a wonder if **-de** seventeenth **-hundratalet** the eighteenth century

sjå [ʃ-] *s7, vard.* big (tough) job **-are** docker long-shoreman, stevedore

sjåp [ʃ-] *s7* [silly] goose, ninny **sjåpa** *rfl* be silly, act the ninny **sjåpig** *a1* silly, foolish; *vard.* namby-pamby

själ [ʃ-] *s2* **1** *filos., psykol., rel.-hist.* soul; (*ande*) spirit; *~ens behov* spiritual needs **2** (*sinne*) soul, mind; *det skar mig in i ~en* it cut me to the heart (quick); *få ro i sin ~* get peace of mind; *i ~ och hjärta* at heart, in one's heart of hearts; *med liv och ~* body and soul; *två ~ar och en tanke* two minds with but a single thought; *~arnas sympati* spiritual affinity; *min ~ tror jag inte* upon my soul if it's not **3** *pers.* soul; *vara ~en i ngt* be [the life and] soul of s.th.; *där fanns inte en ~* there wasn't a soul; *en glad ~* a jolly fellow; *varenda ~* (*vard.*) every man jack

själa|glad overjoyed, delighted **-mässa** requiem **-ringning** [death] knell, passing (death) bell **-vandring** transmigration [of souls] **-vård** cure of souls, spiritual charge of a parish

själfull soulful (*ansikte* face); (*anderik*) animated (*föredrag* lecture)

Själland [ʼʃäll-] *n* Zealand

själlös soulless; spiritless; (*livlös*) inanimate

själs|dödande soul-destroying, deadly **-frånvarande** absent-minded **-frände** kindred spirit; *vara ~r* (*äv.*) sympathize **-förmögenhet** faculty, mental ability **-lig** [-ä:-] *a1* mental; (*andlig*) spiritual **-liv** intellectual (spiritual) life **-strid** mental struggle

själv [ʃ-] **1** myself, yourself, himself, herself, itself, oneself; *pl* ourselves, yourselves, themselves; *det har jag gjort ~* I did it myself; *han har ~ skrivit ...* he has written ... himself; *~ är bästa dräng* if you want a thing done well, do it yourself; *bli sig ~ igen* be oneself again; *komma ~* come personally (in person); *om jag får säga det*

~ if I may say so myself; tack ~! thank you!; *vara sig ~ nog* be self-sufficient; *det kan du vara ~!* (*vard.*) so are you!; *av sig ~* of oneself, spontaneously, (*frivilligt*) voluntarily; *för sig ~* (*avsides*) aside; *tala för sig ~* talk to oneself; *i sig ~* in itself; *hon heter A. i sig ~* her maiden name is A.; *på sig ~ känner man andra* one judges others by o.s. **2** *hon är blygsamheten ~* she is modesty itself; *~e* (*~aste*) *kungen* the king himself (in person); *på ~a födelsedagen* on the very birthday; *~a verket* as a matter of fact; *han gör ~a grovarbetet* he does the real heavy (ground) work

själv|aktning self-respect **-antändning** spontaneous ignition, self-ignition **-bedrägeri** self-deception, self-delusion **-befruktning** self-fertilization; *bot.* self-pollination **-behärskning** self-control, self-restraint **-bekännelse** confession **-belåten** self-satisfied; complacent **-bestämmanderätt** right of self-determination, autonomy **-betjäning** self-service **-betjäningsbutik** self-service store **-bevarelsedrift** instinct of self-preservation **-biografi** autobiography **-biografisk** autobiographical **-deklaration** income tax return (*AE.* report) **-disciplin** self-discipline **-dö** die out of itself; *ett ~tt djur* an animal that has died from natural causes **-fallen** *a3* obvious, apparent **-förebråelse** self-reproach **-försvar** (*till* in) self-defence **-försörjande** *a4* self-supporting **-förtroende** self-confidence, self-reliance **-förverkligande** self-realization **-förvållad** *a5* self-inflicted

själv|gjord self-made **-god** self-righteous **-hjälp** self-help; *hjälp till ~* assistance supplementary to one's own efforts **-hushåll** *ha ~* do one's own housekeeping **-häftande** *a4* [self-]adhesive

självisk [ʼʃäll-] *a5* selfish, egoistic[al] **-het** [ʼʃäll-] selfishness, egoism

själv|klar obvious; *det är ~t* it is a matter of course, it goes without saying **-kostnad** prime (production) cost **-kostnadspris** cost price; *till ~* at cost [price] **-kritik** self-criticism **-kritisk** self-critical **-kännedom** self-knowledge **-känsla** self-esteem **-lockig** naturally curly **-lysande** luminous (*färg* paint) **-länsande** *a4* self-bailing **-lärd** self-taught; *en ~* an autodidact

själv|mant [-a:-] *adv* of one's own accord, voluntarily **-medveten** self-assured **-mord** (*begå* commit) suicide **-mordskandidat** would-be suicide **-mål** *sport., göra ~* shoot the ball (*etc.*) into one's own goal **-porträtt** self-portrait **-påtagen** *a5* self-assumed **-risk** *försäkr.* excess, [deductible] franchise

själv|servering self-service [restaurant], cafeteria **-skriven** *a3, han är ~ som ordförande* he is just the man for chairman; *han är ~ till platsen* he is sure to get the post **-spelande** *~ piano* pianola (*varumärke*), *AE.* player piano **-start** self-starter **-studium** self-instruction, self-tuition, private study **-styre[lse]** self-government, autonomy; *lokal ~* local [self-]government **-ständig** *a1* independent; self-governed **-ständighet** independence **-säker** self-confident, self-assured **-tillräcklig** self-satisfied; self-sufficient **-tvätt** self-service laundry, Launderette (*varumärke*), *AE.* Laundromat (*varumärke*) **-uppfyllande** *a4* self-fulfilling **-uppoffrande**

self-sacrificing **-upptagen** self-centred **-utlö-sare** *foto*. self-timer **-utnämnd** *a5* self-styled **-utplånande** *a4* self-effacing **-vald** (*-utnämnd*) self-elected; (*frivillig*) self-chosen **-verkande** automatic, self-acting **-ändamål** end in itself **-övervinnelse** self-mastery; *det kostade mig verklig ~ att* it was hard to bring myself to

sjätte [ʃ-] sixth **-del** sixth [part]

sjö [ʃöː] *s2* **1** (*in-*) lake; (*hav*) sea; *gå i ~n* (*dränka sig*) drown o.s.; *~n går upp* the ice breaks up; *~n ligger* the lake is coated with ice; *på öppna ~n* on the open sea; *sätta en båt i ~n* put out a boat; *till ~ss* at sea; *gå till ~ss* (*om pers.*) become a sailor, go to sea, (*om fartyg*) put [out] to sea; *till lands och ~ss* on land and seå; *ute till ~ss* in the open sea; *kasta pengarna i ~n* throw money away; *kasta yxan i ~n* throw up the sponge; *regnet bildade ~ar på gatorna* the rain lay in great pools in the streets **2** (*-gång; stört-*) sea, wave; *hög ~* high (heavy) sea; *få en ~ över sig* ship a sea; *tåla ~n* stand the sea, be a good sailor

sjö|befäl ship's officers (*pl*) **-befälsskola** school of nautical studies **-bod** boathouse **-borre** [-å-] *s2, zool.* sea urchin **-bris** sea breeze **-buss 1** *bildl.* sea dog, salt **2** (*farkost*) ferryboat **-duglig** seaworthy **-farare** seafarer **-fart** (*skeppsfart*) navigation; (*sjöhandel*) shipping [business, trade]; *handel och ~* commerce (trade) and shipping **-fartsmuseum** maritime (nautical) museum **-fartsverket** the Swedish national administration of shipping and navigation **-flygplan** seaplane, hydroplane **-folk** *pl* (*-män*) seamen **-fågel** aquatic bird, sea bird (fowl) **-förklaring** [captain's] protest; *avge ~* enter (make) a protest **-gräs** seaweed **-gång** roll[ing], [heavy, high] sea **-häst** sea horse **-jungfru** mermaid **-kapten** [sea] captain, master mariner **-kort** [nautical, marine] chart **-lag** maritime law **-ledes** by water (sea) **-lejon** sea lion **-man** sailor, seaman; mariner

sjömansblus sailor's blouse **sjömanskap** *s7* seamanship

sjömans|kostym sailor suit **-präst** seamen's chaplain **-uttryck** nautical expression **-visa** sailor's song, shanty

sjö|mil nautical mile **-märke** navigation mark, seamark; buoy beacon **-nöd** distress **-odjur** sea monster **-officer** naval officer **-rapport** weather forecast for sea areas **-räddning** sea rescue; (*organisation*) lifeboat service (institution), *AE.* coastguard **-räddningsfartyg** rescue launch; lifeboat **-rätt** maritime law; (*domstol*) maritime court **-rövare** pirate **-scout** sea scout **-sidan från ~** from the sea[ward side]; *åt ~* towards the sea **-sjuk** seasick **-sjuka** seasickness **-skum 1** *eg.* sea foam **2** *miner.* meerschaum **-slag** naval battle, action at sea; *bildl.* wet party **-stad** seaport [town] **-stjärna** starfish **-stridskrafter** *pl* naval forces **-säker** seaworthy **-sätta** launch **-sättning** launch[ing] **-term** nautical term **-tomt** beach lot, lakeside site **-tunga** *zool.* [European] sole **-väg** sea route, seaway; *ta ~en* go by sea **-värdig** seaworthy

s.k. *förk. för så kallad* so-called

skabb *s3* [the] itch; scabies; (*hos djur*) mange **-ig** *a1* scabious, scabby; *neds.* mangy

skad|a I *s1* injury (*på* to); *med. äv.* insult; (*förödelse*) damage; (*motsats nytta*) harm, mischief; (*förlust*) loss; ('*synd*') pity; *anställa ~* cause (do) damage; *avhjälpa en ~* repair an injury; *av ~n blir man vis* once bitten, twice shy; *bli vis av ~n* learn by painful experience; *det är ingen ~ skedd* there is no harm done; *det är ngn ~ på maskinen* s.th. has gone wrong (there is s.th. the matter) with the machine; *det är ~ att* it is a pity that; *det var ~!* what a pity!; *erhålla lätta (svåra) -or* be slightly (seriously) injured (hurt); *ta ~ suffer* (*av* from), (*om sak*) be damaged (*av* by); *ta ~n igen* make up for it; *tillfoga ... ~* inflict damage on ... **II** *v1, pers.* hurt, injure; (*såra*) wound; (*sak*) damage; *abstr.* damage, injure (*ngns rykte* a p.'s reputation); *det ~r inte att försöka* there is no harm in trying; *det skulle inte ~ om* it would do no harm if; *~ sig* be (get) hurt, hurt o.s.; *~ sig i handen* hurt one's hand

skade|anmälan notification of damage **-djur** noxious animal; *koll.* vermin (*pl*) **-ersättning** compensation [for damage], indemnification; indemnity **-glad** spiteful, malicious **-glädje** malicious pleasure, malice **-görelse** [-j-] damage

skadeslös *hålla ngn ~* indemnify s.b. **skade-stånd** *s7* damages (*pl*); *begära ~* claim damages

skadlig [ˣska:d-] *a1* injurious, harmful (*för* to); noxious, unwholesome (*mat* food); (*menlig*) detrimental (*för* to); *ha ~ inverkan på* have a detrimental effect on

skaffa 1 (*an-*) got, procure (*åt* for), (*ngnu*) find (*arbete* work), furnish (*bevis* proofs); (*förse med*) provide with; (*skicka efter*) send for; (*~ hit*) bring; *~ barn till världen* bring children into the world; *~ ngn bekymmer* cause s.b. anxiety; *~ kunder* attract customers; *~ sig fiender* make enemies; *jag skall ~ pengarna åt dig* I'll find (raise) the money for you; *~ ur världen* do away with; *~ fram* produce; *~ undan* remove, get out of the way **2** (*göra*) do; *jag vill inte ha med honom att ~* I don't want to have anything to do with him **3** *sjö.* (*äta*) eat **4** *rfl* procure (*etc.*) [for] o.s.; (*köpa*) buy o.s., acquire (*nya kläder* new clothes); make (*vänner* friends); obtain (*upplysningar* information), attain (*kunskaper* knowledge); (*ådraga sig*) contract (*en förkylning* a cold; *skulder* debts); (*förse sig med*) furnish (provide) o.s. with; (*finna*) find (*tillfälle* an opportunity)

skafferi larder, pantry

ska[f]föttes [ˣska:-, ˣskaff-] *ligga ~* lie head to foot

skaft *s7* **1** (*handtag*) handle (*på verktyg o.d. äv.*) shaft (*på stövel, strumpa*) leg; *sätta ~ på* furnish with a handle, fix handle to **2** *bot.* stalk, stem **3** *bildl., ha huvudet på ~* have one's head screwed on the right way; *med ögonen på ~* with one's eyes starting (popping) out of one's head

Skagen [ˈska:-] *n* the Skaw

Skagerack [ˈska:-] *n* the Skagerrak

skaka 1 (*försätta i skakning*) shake; (*friare o. bildl.*) agitate (*sinnena* the senses), convulse; *~ hand med* shake hands with; *berättelsen ~de hen-ne djupt* she was deeply shaken by the story; *~ ngt ur ärmen* (*bildl.*) do s.th. offhand (straight off) **2** (*häftigt röras*) shake (*av* with); (*darra*) shiver (*av köld* with cold); *fys.* vibrate ; (*vagga*

S

rock; (*om åkdon*) jog, bump (*fram* along); *samhället ~de i sina grundvalar* society was shaken to its [very] foundations; *~ av skratt* shake (rock) with laughter; *~ på huvudet* shake one's head **3** (*med betonad partikel*) *~ av* [*sig*] shake off; *~ om* shake up, stir **skakande** *a4* shaking; (*upp-*) harrowing (*skildring* description)

skak|el ['skakk-, 'ska:-] *s2* shaft; *hoppa över -larna* (*bildl.*) kick over the traces, run riot

skak|is ['ska:-] *oböjligt a, vard.*, *känna sig ~* feel shaky (jittery) **-ning** [-a:-] shake (*på* of); shaking; (*darrning*) trembling; *~ar i motorn* vibrations in the engine

skal *s7* (*hårt ~*) shell; (*skorpa äv.*) crust; (*apelsin-, äppel- etc.*) peel; (*banan-, druv-, potatis-*) skin; (*gurk-, melon-*) rind; (*på ris*) husk; (*avskalat*) peelings, parings (*pl*); *sluta sig inom sitt ~* retire into one's shell

1 skala *v1* [un]shell; (*apelsin, potatis*) peel; (*äpple*) pare; *~ av* peel (*etc.*) off

2 skala *s1, mat., mus.* scale; (*på radio*) dial; *i stor* (*liten*) *~* on a large (small) scale; *en karta i ~ 1:50 000* a map on the scale of 1:50 000; *ordnad efter fallande ~* arranged on a descending scale

skalbagge beetle; *AE. äv.* bug; *fack.* coleopteran, coleopteron

skald *s3* poet **-ekonst** poetry, poesy **-inna** poetess

skaldjur shellfish, crustacean

skalenlig [-e:n-] *a1* made to scale

1 skalk *s2* (*brödkant*) crust; (*ostkant*) rind

2 skalk *s2* (*skälm*) rogue, wag; *ha en ~ i ögat* have a twinkle in one's eye

1 skall *pres. av 1 skola*

2 skall *s7* (*hund-*) bark; (*ljud*) clang, ring, ringing; *ge ~* bark

skalla 1 (*genljuda*) clang, ring; (*eka*) resound; *ett ~nde skratt* a peal of laughter **2** *sport.* head

skalle *s2* skull; *anat.* cranium; *tekn.* head; *vard.* pate; noddle; *dansk ~* butt with the head

skallerorm rattlesnake

skall|gång *s2* chase, search; *gå ~ efter* search for, organize a search for **-gångskedja** searchers (*pl*); *jakt.* beaters (*pl*)

skallig *a1* bald **-het** baldness

skallra I *s1* rattle **II** *v1* rattle; (*klappra*) clatter; (*om tänder*) chatter

skallskada skull injury

skalm *s2* **1** (*skakel*) shaft **2** *~ar* (*på glasögon*) bows, (*på sax*) scissor-blades

skalp *s3* scalp

skalpell *s3* scalpel

skalpera scalp, take s.b.'s scalp

skalv *s7* quake; (*jord-*) earthquake

skam [skamm] *s2* **1** (*blygsel*) shame; (*ngt -ligt*) dishonour; (*skändlighet*) infamy; *~ till sägandes* to my (*etc.*) shame; *fy ~!* shame on you!; *det var inte fy ~* that was not bad at all; *för ~s skull* for very shame; *bita huvudet av ~men* be past (lost to) shame; *nu går ~[men] på torra land* that's the last straw **2** (*vanära*) shame; disgrace (*för* for, to); *~ den som ...!* shame on him that ...!; *det är ingen ~* there is no disgrace (*att förlora* in losing); *komma på ~* be frustrated; *få stå där med ~men* be put to shame **-fila 1** *möblerna var ~de* the furniture was the worse for wear; *med ~t ryk-

te with a tarnished reputation **2** *sjö.* chafe **-fläck** stain, taint; *vara en ~ för* be a disgrace to **-grepp** eg. grabbing of the opponent's genitals; *bildl.* hit below the belt **-känsla** sense of shame **-lig** *a1* shameful, disgraceful; (*vanhedrande*) dishonourable; *det är verkligen ~t att* it is really disgraceful that **-lös** shameless; (*fräck*) impudent **-påle** pillory; *stå vid ~n* (*bildl.*) be publicly disgraced **-sen** *a3* ashamed (*över* of) *AE. vard.* mean **-vrå** *stå i ~n* stand in the corner

skandal *s3* scandal; *ställa till ~* cause a scandal; *vard.* kick up a row **-artad** [-a:r-] *a5* scandalous **skandal|isera** disgrace **-omsusad** *a5, ung.* scandal-prone **-tidning** scandal sheet

skandalös *a1* scandalous

skandinav *s3* Scandinavian **Skandinavien** [-'na:-] *n* Scandinavia

skandinav|isk [-'na:-] *a5* Scandinavian **-ism** Scandinavianism

skank *s2, s1, vard.* shank, leg

skans *s2* **1** *mil.* redoubt; (*kastell*) fortlet; *siste man på ~en* (*bildl.*) the last survivor, the last one out **2** *sjö.* forecastle, fo'c's'le

skap|a create, make; (*alstra*) produce; (*framkalla*) cause, give rise to, engender; *~ förutsättningar för* pave the way for; *~ sig en förmögenhet* make a fortune; *du är som ~d för uppgiften* you are just the man (*etc.*) for the job; *~ om sig* transform o.s. (*till* into) **-ande I** *a4* creative (*konstnär* artist); constructive (*sinne* mind); *inte ett ~ grand* not a mortal thing **II** *s6* creation, creating *etc.*

skapar|e creator **-glädje** creative joy **-kraft** creative force

skapelse creation; *~n* (*världen*) creation; *~ns krona* the crown of creation **-berättelse** creation narrative (myth)

skap|lig [-a:-] *a1* passable, tolerable, not too bad **-ligt** [-a:-] *adv*, *~* (*nog*) tolerably well, well enough

skar|a *s1* crowd, multitude; *mil.* troop, band (*soldater* of soldiers); *en ~ arbetare* a team (gang) of workmen; *en brokig ~* a motley crowd; *en utvald ~* a select group; *samla sig i -or kring* flock round

skarabé *s3* scarab

skare *s2* crust [on the snow]; *~n bär* the snow surface is hard enough to bear

skarp I *a1* (*om kniv, spets, vinkel, sluttning o.d.*) sharp; (*om egg, rakkniv, blåst o.d.*) keen; (*besk*) strong (*smak* taste); *~t angrepp* sharp attack; *~a hugg* (*äv. bildl.*) hard blows; *en ~ intelligens* a keen intelligence, *pers.* a man of keen intelligence; *~a konturer* distinct (clear-cut) outlines (limits); *~ kritik* sharp criticism; *~ köld* piercing cold; *~t ljus* glaring light; *~ ammunition* live ammunition; *en ~ tunga* a sharp tongue **II** *s2, hugga i på ~en* set to work with a will; *ta itu med ngn på ~en* take s.b. really in hand; *säga till på ~en* give s.b. a ticking-off

skarp|ladda load with live cartridges **-sinne** acumen, penetration, ingenuity; (*klarsyn*) perspicacity **-sinnig** *a1* keen, acute; (*klarsynt*) perspicacious, shrewd **-skuren** *a5, -skurna drag* clear-cut features **-slipa** sharpen, whet; *~d* (*äv.*) sharp-edged **-synt** [-y:-] *a1* sharp-sighted

skarv *s2* (*fog*) joint; (*söm*) seam; (*-bit*) lengthening-piece; *bildl.* interval

skarv|a 1 (*hopfoga*) join; *tekn.* joint, splice; (*förlänga*) lengthen; ~ *till* add, *sömn.* let in **2** (*ljuga*) stretch a point, embroider the truth **-sladd** *elektr.* extension flex (cord)

skat|a *s1* magpie **-bo** magpie's nest

skatt *s3* **1** (*klenod*) treasure (*äv. bildl.*) **2** (*t. staten*) tax; (*t. kommun*) local taxes, *i Storbritannien* [town] rate, *AE.* city (municipal) taxes; (*på vissa varor*) duty; ~*er* (*allm.*) [rates and] taxes; *direkt* ~ direct tax; *indirekt* ~ indirect tax

skatta 1 (*betala skatt*) pay taxes (*etc.*); *han ~r för 30 000 om året* he is assessed at 30 000 a year **2** (*plundra*) plunder, rifle; ~ *en bikupa på honung* take honey from a beehive **3** (*upp-*) estimate, value; *min högt ~de vän* my highly esteemed friend **4** (*betala tribut*) pay tribute to; ~ *åt förgängelsen* pay the debt to nature, go the way of all flesh **5** ~ *sig lycklig* count o.s. fortunate (lucky)

skatte|avdrag tax deduction (allowance) **-betalare** taxpayer **-börda** tax burden **-flykt** tax evasion **-fri** tax-free; (*om vara*) duty-free, free of duty **-fusk** tax evasion **-fuskare** tax dodger **-höjning** increase in taxation **-inkomst** revenue from taxation **-krona** tax rate; *i Storbritannien ung.* rate pound **-kvitto** (*för fordon*) motor tax disc **-lagstiftning** fiscal (tax) legislation **-lättnad** tax relief **-myndighet** tax[ation] authority **-paradis** tax haven **-planering** tax avoidance **-pliktig** (*om pers.*) liable to pay tax (taxes); (*om vara etc.*) taxable; ~ *inkomst* taxable (assessable) income **-sats** tax rate **-smitare** tax dodger **-sänkning** tax reduction (relief) **-tabell** table of tax rates **-verk** tax department (division); *i Storbritannien ung.* Board of Inland Revenue, *AE. ung.* Inland Revenue Service **-återbäring** tax refund

skatt|gömma [treasure] cache **-kammarväxel** treasury bill **-mas** tax collector **-ning** *fack.* approximation, estimate **-sedel** income-tax demand note; *AE.* tax-bill **-skyldig** liable to pay tax[es] **-sökare** treasure hunter

skava *v2* chafe (*äv.* ~ *på*); scrape; gall (*hål på skinnet* one's skin); ~ *hål på* rub a hole in

skavank [-'vaŋk] *s3* flaw, fault; (*krämpa*) ailment

skavsår sore

ske [ʃe:] *v4* happen, occur; (*verkställas*) be done; ~ *Guds vilja!* God's will be done!; *skall ~!* [all] right!; *ingen skada ~dd* no harm done; *allt som händer och ~r* all that is going on; *vad stort ~r det ~r tyst* noble deeds are done in silence

sked [ʃ-] *s2* spoon; *en* ~ ... (*som mått*) a spoonful of ...; *ta ~en i vacker hand* make the best of it **-drag** spoon[bait]

skede [ʃ-] *s6* phase, period; stage

skedvis by the spoonful

skeende [ʃ-] *s6* course of events

skela [ʃ-] squint (*på vänster öga* in the left eye)

skelett *s7* skeleton; *bildl. äv.* framework

skel|ning [ˣʃe:l-] squint **-ögd** *a1* squint-eyed, squinting;; *vara* ~ (*äv.*) have a squint

1 sken [ʃ-] *s7* **1** (*ljus*) light; (*starkt äv.*) glare **2** (*falskt yttre*) appearance[s *pl*], semblance, guise; *~et bedrar* appearances are deceptive; *han har ~et emot sig* appearances are against him; *hålla ~et uppe* keep up appearances; *ge sig ~ av att*

vara make a show of being; *under ~ av vänskap* under the semblance (cloak) of friendship

2 sken [ʃ-] *n* (*vilt lopp*) bolting; *falla i ~* bolt

1 skena [ʃ-] *v1* bolt, run away; *en ~nde häst* a runaway horse

2 skena [ʃ-] *s1* bar, band; (*järnvägs-*) rail; *med.* splint

sken|anfall [ʃ-] feigned attack; *mil. äv.* diversion **-bar** *a1* apparent, seeming **-barligen** [-a:-] obviously **-bart** [-a:-] *adv* apparently, seemingly

skenben [ʃ-] *anat.* shinbone, tibia

sken|bild [ʃ-] phantom, distorted picture **-död I** *a1* apparently dead **II** *s2* apparent death **-frukt** pseudocarp, false fruit **-helig** hypocritical, canting **-manöver** diversion, feint

skepnad [ˣʃe:p-] *s3* **1** (*gestalt*) figure; shape, guise **2** (*spöke*) phantom

skepp [ʃ-] *s7* **1** (*fartyg*) ship; vessel, craft; *bränna sina* ~ (*bildl.*) burn one's boats **2** *arkit.* nave; (*sido-*) aisle **3** *boktr.* galley **skenna** ship

skepparbrev master's certificate

skeppar|e master; skipper **-historia** sailor's yarn **-krans** Newgate fringe (frill)

skeppning shipping, shipment

skepps|brott shipwreck; *lida* ~ be shipwrecked **-bruten** shipwrecked; *bildl.* derelict **-handlare** ship chandler, marine-store dealer **-klarerare** shipping agent, shipbroker **-klocka** ship's bell, watch bell **-last** cargo, shipload **-mask** shipworm **-mäklare** shipbroker **-papper** *pl* ship's papers (documents) **-redare** shipowner **-varv** shipyard, shipbuilding yard

skep|sis ['skepp-] *s2*, **-ticism** scepticism **-tiker** ['skepp-] sceptic **-tisk** ['skepp-] *a5* sceptic[al]

sketch [sketʃ] *s3* sketch

skev [ʃ-] *a1* warped; *bildl.* wry; distorted (*uppfattning om* notion of) **skeva 1** (*vara skev*) warp; (*vinda*) squint **2** (*ställa snett*) slope, slant; *flyg.* bank; ~ *en åra* feather an oar

skevningsroder aileron

skevt [-e:-] *adv* askew

skick [ʃ-] *s7* **1** (*tillstånd*) condition, state; *i befintligt* ~ with all faults, in condition as presented; *i färdigt* ~ in a finished state; *i gott* ~ in good condition (repair, order); *i oförändrat* ~ unchanged, unaltered; *i oskadat* ~ (*hand.*) intact, in good condition; *försätta ur stridbart* ~ put out of action **2** *sätta ngt i* ~ *igen* put s.th. in order again **3** *se bruk 2, sed* **4** (*uppträdande*) manners (*pl*), behaviour; *är det* ~ *och fason det?* do you call that good form?

skicka 1 (*sända*) send (*efter* for; *med* by; *till* to); dispatch; remit (*pengar* money); ~ *polisen på ngn* set the police on [to] s.b.; *vill du* ~ *mig brödet?* will you pass me the bread, please?; ~ *bort* send away, dismiss; ~ *i förväg* send on before (ahead); ~ *hit* send here, send to me (us); ~ *med* send [... with him (*etc.*)], (*bifoga*) enclose; ~ *omkring* circulate, (*cirkulär*) circularize; ~ *tillbaka* send back, return; ~ *vidare* send on (forward) **2** *rfl* (*uppföra sig*) behave [o.s.]

skickad *a5* (*lämpad*) fitted, qualified (*för* for)

skickelse 1 (*bestämmelse*) decree, ordinance; *ödets* ~ [the decree of] Fate, destiny; *genom en försynens* ~ by an act of providence, providentially **2** (*skepnad*) apparition

S

skicklig *a1* skilful, clever; good (*i* at); (*duglig*) able, capable; (*händig*) dexterous; *en ~ arbetare* an able (a capable) workman **-het** skill, skilfulness, cleverness; ability, capability; dexterity

1 skida [ʃ-] *s1* **1** *bot.* siliqua **2** (*slida*) sheath, scabbard; *sticka svärdet i ~n* sheathe one's sword

2 skid|a [ʃ-] *s1* (*snö-*) ski; *åka -or* ski, go skiing **skid|backe** ski slope **-bindning** ski binding (strap) **-byxor** ski[ing] trousers **-dräkt** ski (skiing) suit **-före** *bra ~* good skiing surface **-lift** ski lift **-lärare** ski instructor **-löpare** skier **-pjäxa** ski[ing] boot **-skytte** biathlon **-sport** skiing **-spår** ski track **-stav** ski stick (pole) **-terräng** skiing country **-tävling** skiing competition, ski race **-utrustning** skiing equipment (outfit) **-valla** ski wax **-åkare** skier **-åkning** skiing

skiffer [ˈʃiff-] *s2* slate; schist; (*ler-*) shale; (*som vara*) slating; *täcka med ~* slate

skift [ʃ-] *s7* (*arbetsomgång*) shift; turn; (*arbetslag*) shift, gang; *i ~* in shifts

skift|a 1 (*fördela*) divide (*arv* an inheritance); *~ boet* distribute the estate **2** (*utbyta*) exchange (*hugg* blows); (*byta*) change; *~ gestalt* shift form; *~ ord med bandy* (exchange) words with **3** (*förändra sig*) shift, change; (*omväxla* [*med varandra*]) alternate; *~ i grönt* be shot (tinged) with green **-ande** *a4* changing, varied; eventful (*liv* life); *med ~ innehåll* with a varied content **-arbete** shift work

skifte *s6* **1** (*fördelning*) distribution, division (*av arv* of an inheritance) **2** (*jorddelning*) parcelling-[-out]; (*jordområde*) parcel, field **3** (*växling*) vicissitude; (*ombyte*) change, turn; *i livets alla ~n* in the ups and downs of life

skiftesrik eventful, chequered

skift|ning 1 (*förändring*) change; (*nyans*) nuance, shade, tinge; *inte en ~ i hans ansiktsuttryck* not the slightest change in his expression; *med en ~ i grönt* with a tinge of green **-nyckel** adjustable spanner; *AE.* [monkey] wrench

skikt [ʃ-] *s7* layer; (*tunt*) film; *geol.* stratum (*pl* strata); *bildl.* layer, stratum **skikta** stratify

skild [ʃ-] *a1* **1** (*olika*) separate; different, divers; *vitt ~a intressen* widely differing interests; *gå ~a vägar* (*bildl.*) go separate ways **2** (*från-*) divorced

skildr|a [ʃ-] describe, depict; (*förlopp*) relate **-ing** description; relation, account

skilja *v2* **1** (*från-*) separate, part (*från* from); (*hugga av*) sever (*huvudet från bålen* the head from the body); (*sortera*) sort out (*renar* reindeer); *~ agnarna från vetet* sift the wheat from the chaff; *~ ngn från ett ämbete* dismiss s.b. from his office **2** (*åt-*) divide; (*ngt sammanhörande*) disunite, disconnect; *pers. äv.* separate, part; divorce (*äkta makar* married people) **3** *~ mellan* (*på*) distinguish between; *~ mellan höger och vänster* know the difference between right and left; *jag kan inte ~ dem från varandra* I cannot tell them apart **4** *rfl* part (*från* with); *~ sig* divorce (*från sin make* one's husband); *~ sig från mängden* stand out in a crowd; *~ sig med heder från sin uppgift* acquit o.s. creditably of one's task

skiljaktig *a1* different; *~ mening* divergent opinion **-het** difference; disparity (*i åsikter* of opinions)

skiljas *v2, dep* part (*från* from, with); (*om äkta makar*) divorce, be divorced; *här skils våra vägar* this is where our ways part

skilje|dom *s2* arbitration; award **-domsförfarande** arbitral (arbitration) procedure **-domstol** court of arbitration; *Internationella ~en i Haag* Permanent Court of Arbitration, the Hague Tribunal **-mur** partition [wall]; barrier (*äv. bildl.*) **-mynt** change, [small] coin **-nämnd** arbitration board **-tecken** *språkv.* punctuation mark **-väg** crossroad; *vid ~en* at the crossroads (*pl*)

skillingtryck [ʃ-] chapbook

skillnad [ʃ-] *s3* difference (*i* in; *på* between); (*avvikelse*) distinction, divergence; *det är det som gör ~en* that's what makes all the difference; *göra ~ på* make a distinction between, treat ... differently; *till ~ från* in contrast to, unlike

skilsmässa [ʃ-] *s1* **1** (*äktenskapsskillnad*) divorce; *ta ut ~* sue (apply) for a divorce **2** (*uppbrott*) separation; parting (*från* with); *kyrkans ~ från staten* the disestablishment of the Church

skilsmässo|ansökan petition for divorce **-barn** child of divorced parents

skim|mer [ˈʃimm-] *s7* shimmer, gleam; (*glans*) lustre; *sprida ett löjets ~ över* throw an air of ridicule over **-ra** shimmer, gleam

skin|a *sken -it* shine; (*stråla*) beam; *solen -er* the sun is shining; *~ av välmåga* glow with wellbeing; *~ igenom* show through; *han sken upp* he brightened up; *han är ett klart ~nde ljus* he is a shining light

skingr|a [ʃ-] disperse; scatter; (*förjaga*) dispel; *~ ngns bekymmer* banish (drive away) a p.'s cares; *~ tankarna* divert one's mind (thoughts); *~ ngns tvivel* dispel a p.'s doubts **-as** *dep* disperse, be dispersed (scattered); *folkmassan ~des* the crowd dispersed

skinka [ʃ-] *s1* **1** (*rimmad*) ham; (*färsk*) pork; *bräckt ~* fried ham; *kokt ~* ham **2** (*kroppsdel*) buttock

skinn [ʃ-] *s7* **1** (*hud*) skin; (*päls*) fur, pelt; (*fäll*) fell; (*läder*) leather; *hudar och ~* hides and skins; *kylan biter i ~et* the cold is biting (piercing); *inte sälja ~et förrän björnen är skjuten* don't count your chickens before they are hatched; *Gyllene ~et* the Golden Fleece; *ha ~ på näsan* (*bildl.*) have a will (mind) of one's own; *hålla sig i ~et* (*bildl.*) control o.s., keep within bounds, behave o.s.; *vara bara ~ och ben* be nothing but skin and bone **2** (*på mjölk e.d.*) film, skin

skinn|a *bildl.* skin, fleece (*ngn på* s.b. of) **-fodrad** [-ɔ:-] *a5* lined with leather **-jacka** leather jacket **-knutte** *s2* rocker, leather jacket **-krage** fur collar **-mössa** leather cap **-soffa** leather-covered sofa **-torr** skinny, dry as a bone

skipa [ʃ-] *~ rättvisa* do justice; *~ lag och rätt* administer justice

skippa (*slopa*) skip

skir [ʃ-] *a1* **1** (*florstunn*) gossamer; *bildl.* ethereal **2** (*klar*) clear (*honung* honey)

skira melt (*smör* butter)

skiss *s3* sketch, outline (*till* of) **-era** sketch [out], draw up outline

skit [ʃ-] *s2, vard.* shit **skit|a** [ʃ-] *sket -it, vard.* shit; *det skall du ~ i* (*bildl.*) that's none of your

bloody business; *det -er jag i* to hell with it
skit|ig [ʃ-] *a1, vard.* dirty **-snack** *sl.* crap, bull-
shit
skiv|a [ʃ-] **I** *s1* **1** plate, slab; *(rund)* disc, disk;
(bords- etc.) top; *(tunt lager)* flake, lamina **2**
(grammofon-) record; *(skuren ~)* slice; *spela in
en ~* cut a record, make a gramophone recording
3 *(fest)* party **4** *klara ~n (bildl.)* manage it (the
job), bring it off **II** *v1* slice, cut in slices **-broms**
disc brake **-formig** [-å-] *a1* disc-shaped **-minne**
data. disk memory **-pratare** disc jockey **-sam-
lare** discophil[e] **-spelare** record-player
-stång disc bar **-tallrik** *(på grammofon)* turn-
table
skjort|a [ˣʃɔːr-, ˣʃorr-] *s1* shirt **-blus** shirt
blouse **-ärm** shirtsleeve; *gå i ~arna* be in one's
shirtsleeves; *kavla upp ~arna* roll up one's shirt-
sleeves
skjul [ʃuːl] *s7* shed, hovel
skjut|a [ˣʃuː-] *sköt -it* **I 1** *(med -vapen)* shoot;
(avlossa) fire *(ett skott* a shot); *~ bra* shoot well,
be a good shot; *~ skarpt* shoot with live cart-
ridges; *~ efter* shoot at; *~ till måls* practise tar-
get-shooting; *~ över målet* overshoot the mark;
~ på (uppskjuta) put off, postpone; *hennes ögon
sköt blixtar* her eyes flashed **2** *(förflytta)* push,
shove, move *(undan* away); *(i bollspel)* shoot *(i
mål* a goal); *~ en båt i sjön* launch a boat **3** *~
knopp* bud; *~ skott* sprout; *~ som svampar ur
jorden* spring up like mushrooms; *~ i höjden a)
(växa)* shoot up, grow tall, *b) (om priser)* soar
|up| **II** *(med betonad partikel)* **1** *~ fram* push
(move) forward, *(om föremål)* project, stand
out, *(ila)* dash (dart) forward **2** *~ för* push to
(shoot) *(en regel* a bolt) **3** *~ ifrån* push (shove)
off; *~ ifrån sig* push (shove) away, *bildl.* shift off
4 *~ igen* shut, close **5** *~ ihjäl* shoot dead **6** *~ in
sig (med -vapen)* find the range **7** *~ ner* push
down, lower, *(döda)* shoot down, *(flygplan)*
shoot (bring) down **8** *~ på* push **9** *~ till a) se ~
igen,* b) *(bidraga med)* contribute **10** *~ upp a)
(om växter)* shoot up, *bildl.* put off, postpone, *b)
(raket)* launch **11** *~ ut* push (shove) out, *(båt)*
launch, *(om föremål)* project, protrude
skjut|bana [ˣʃuː-t-] shooting range; *mil.* rifle
range **-dörr** sliding door **-fönster** sash (sliding)
window **-galen** trigger-happy **-järn** gun **-järns-
journalistik** hard-hitting journalism, rapid-fire
interviewing **-mått** vernier calliper **-ning** shoot-
ing, firing; *mil.* fire
skjuts [ʃuss, ʃuts] *s2* **1** *(-ning)* conveyance; *få ~*
get a lift; *ge ngn ~* give s.b. a lift **2** *(förspänt åk-
don)* [horse and] carriage **skjutsa** drive, take
skjutvapen firearm
sko I *s5* shoe; *(grövre)* boot; *det är där ~n kläm-
mer (bildl.)* that is where the shoe pinches **II** *v4* **1**
(häst) shoe **2** *(med beslag)* mount; *(kanta)* line **3**
rfl line one's pocket *(på ngns bekostnad* at a p.'s
expense) **-affär** shoe shop **-block** shoetree
-borste shoebrush
skock [å-] *s2* crowd, herd **skocka** *rfl* crowd
(cluster) [together], gather together; *(om djur
äv.)* flock [together]
sko|dd *a5* shod; *(kantad)* lined **-fabrik** shoe
factory
skog *s2* wood[s *pl*]; *(större)* forest; *plantera ~ af-*

forest; *~ på rot* standing forest (timber); *fälla ~*
cut (fell) timber (trees); *det går åt ~en* it is all go-
ing wrong (to pieces); *i ~ och mark* in woods and
fields, *(friare)* in the countryside, out in the coun-
try; *dra åt ~en!* go to blazes!, *(starkare)* go to
hell!; *inte se ~en för bara träd* not see the wood
for the trees **-ig** *a1* wooded, woody **-rik** well-
wooded, well-forested, rich in forests (woods)
skogs|arbetare wood[s]man, lumberjack **-av-
verkning** felling; *AE.* logging, lumbering
-brand forest fire; *fara för ~* danger of forest
fire **-bruk** forestry, silviculture **-bryn** edge of a
(the) wood **-dunge** grove; *(mindre)* copse **-få-
gel** forest bird; *koll.* grouse, black game **-hug-
gare** woodcutter; *AE.* lumberman, lumberjack
-högskola college of forestry **-industri** forest
industry **-rå** wood-spirit **-trakt** woodland, lum-
berland, wooded region **-vård** forestry, silvicul-
ture
skogvaktare forester, gamekeeper, forest
keeper; *AE.* [forest] ranger
skohorn shoehorn
skoj [skåjj] *s7* **1** *(skämt)* joke, jest; *(fuffens)*
frolic, lark; *göra ngt för ~s skull* do s.th. for the
fun of it; *på ~* for fun; *göra ~ av ngn* make fun
of (poke fun at) s.b. **2** *(bedrägeri)* fraud, swindle,
racket
skoj|a [ˣskåjja] **1** *(skämta)* joke, jest, lark; *~
med ngn* pull a p.'s leg **2** *(bedraga)* swindle, cheat
-are 1 *(skämtare)* joker, jester; *(kanalje)* scamp
2 *(bedragare)* cheat, fraud, *AE.* racketeer **-frisk**
mischievous, full of fun **-ig** *a1* funny; *jfr lustig*
skokräm shoe polish (cream)
1 skola *skulle -t, pres. skall* **I** *inf. skola; sup. sko-
lat; han sade sig ~ bli glad om* he said that he
would be glad if; *de lär ~ resa i morgon* they are
said to be leaving tomorrow; *han lär ~ komma* it
is thought that he will come; *han hade ~t (bort)
inställa sig inför rätta i går* he should have ap-
peared in court yesterday **II** *pres. skall, vard. ska;
imperf. skulle* **1** *(ren framtid) pres.* shall(*1:a
pers.*), will (*2:a o. 3:e pers.*) *imperf., äv. konditio-
nalis* should resp. would; *vad skall det bli av hen-
ne?* what will become of her?; *du skall få dina
pengar tillbaka* you will get your money back; *jag
skall aldrig glömma honom* I shall never forget
him; *han och jag skall gå och bada* he and I are
going swimming; *jag skall gärna hjälpa dig* I shall
be pleased to help you; *han skall resa nästa vecka*
he will leave (is leaving) next week; *det går nog
bra skall du se* that will be all right, you'll see; *
som vi snart skall få se* as we shall soon see; *vi
skall träffas i morgon* we shall meet tomorrow; *
jag var säker på att jag inte skulle glömma det* I
was sure I should not forget it; *jag skulle gärna
hjälpa dig om jag kunde* I should be pleased to
help you if I could; *jag skulle ha hunnit om jag
hade givit mig av genast* I should have been in
time if I had started at once; *vad skulle hända om
vi blev upptäckta?* what would happen if we were
found out?; *han trodde inte att jag skulle lyckas*
he didn't think I should succeed; *skulle han kän-
na igen henne nu om han såg henne?* would he re-
cognize her now if he saw her?; *i ditt ställe skulle
jag ha stannat hemma* in your place I should have
stayed at home; *det skulle jag inte tro* I shouldn't

S

think so; *jag frågade om han skulle vara närvarande* I asked if he would be present; *de visste att de alltid skulle vara välkomna* they knew they would always be welcome; *skulle du vilja ha en kopp kaffe?* would you like a cup of coffee?; *jag skulle vilja visa dig* I should (would) like to show you **2** *(om ngt nära förestående el. avsett) pres. am (etc.)* going to; am *(etc.)* + *ing-form; imperf. was (etc.)* going to, was *(etc.)* + *ing-form; vi skall börja snart* we are going to start (are starting) soon; *jag skall gå och bada i eftermiddag* I am going swimming (to swim) this afternoon; *just som tåget skulle gå* just as the train was going to leave (was leaving); *han skulle just resa när jag kom* he was about to leave when I arrived; *hon sade att hon skulle resa till Paris* she said she was going to Paris; *vi skulle just sätta oss till bords* we were just going to sit down to dinner (lunch *etc.*) **3** *(egen vilja)* will *resp.* would; *(annans vilja)* shall *resp.* should; *(efter tell, want m.fl.) inf.-konstr.*; *jag skulle hellre dö än* I would rather die than; *vi skall väl fara, eller hur?* we will go, won't we?; *jag skulle ge vad som helst för att få se* I would give anything to see; *jag skall göra det åt dig* I will do it for you; *jag lovade ju att jag skulle göra det* I did promise that I would do it; *vad skall du med alla pennorna till?* what do you want with all those pens?; *jag skall ta med mig några skivor* I will bring some records; *jag skulle önska jag var död!* I would I were dead!; *du skall få så många du vill* you shall have as many as you want; *vad skall det här förestålla?* what is this supposed to be?; *skall vi gå på bio?* what about going (shall we go) to the cinema?; *vad vill du att jag skall göra?* what do you want me to do?; *de vill att vi skall komma* they want us to come; *de bad oss att vi skulle komma* they asked us to come; *du skall rätta dig efter vad jag säger* you are to do as I tell you; *det skall han få sota för* he shall smart (pay) for that; *du skall icke stjäla (bibl.)* thou shalt not steal; *han frågar om han skall ta sin bror med* he asks if he shall (should) bring his brother; *jag skulle inte få tala om det för dig* I was not supposed to tell you; *vad skall det tjäna till?* what is the use of that?; *jag vet inte vad jag skall tro* I don't know what to think; *jag lovar att det inte skall upprepas* I promise that it shall not happen again; *han gör det för att det skall så vara* he does it because that's how it is supposed to be; *skall det vara så skall det vara* one may as well do the thing properly or not at all; *skall jag öppna fönstret?* shall I open the window? **4** *(förutbestämt) pres. am (etc.)* to; *imperf. was (etc.)* to; *han skulle bli borta i många år* he was to be away for many years; *planet skall komma kl. 6* the plane is due at 6; *när skall jag vara tillbaka?* when am I to be back?; *de skulle aldrig återse varandra* they were never to see each other again **5** *(pres. bör, imperf. borde)* should, ought to; *(måste)* must, have *(imperf. had)* [got] to; *du skulle gå på den utställningen* you should go to that exhibition; *du skulle ha sett honom* you should have seen him; *jag vet inte vad jag skall ta mig till* I don't know what to do; *du skall inte tala illa om honom* you should not speak ill of him; *jag skulle ha varit försiktigare* I should (ought to) have been more careful; *vi*

skall alla dö we must all die; *jag skall gå nu (jfr II 1, 2 o. 3)* I must go now; *du skall inte hålla boken för nära ögonen* you must not hold the book too close to your eyes; *att ni alltid skall gräla!* why must you always quarrel!; *naturligtvis skulle det hända just mig* of course it would happen to me of all people; *han skall då alltid klaga* he is always complaining, he must always complain; *det skall vara en läkare som skall kunna se det* it needs a doctor to (only a doctor can) see that **6** *(sägs, lär) pres. am (etc.)* said to; *imperf. was (etc.)* said to; *skulle det verkligen förhålla sig så?* I wonder if that is really the case?; *det skall vara ett bra märke* it is said to be a good make; *han skall vara mycket rik* he is supposed to be very rich; *det sägs att han skall vara rik* they say he is rich **7** *(retoriskt)* should; *varför skulle någon frukta honom?* why should anybody be afraid of him?; *vem skulle han träffa på om inte sin egen syster* whom should he meet but his own sister?; *hur skall jag kunna veta det?* how should I know? **8** *(i vissa bisatser)* should; *att det skulle gå därhän!* that it should have come to this!; *om vi skulle missa tåget får vi ta taxi* if we should (were to) miss the train we must take a taxi; *om han skall kunna räddas måste något göras snart* if he is to be saved something must be done soon; *de gick närmare så att de skulle se bättre* they went closer so that they should see better; *om vi skulle ta en promenad?* what (how) about going for a walk?; *det är synd att det skall vara så kallt* it is a pity that it should be so cold; *jag är ledsen att det skall vara nödvändigt* I am sorry that this should be necessary; *hon gick tyst så att hon inte skulle väcka honom* she walked quietly so that she should (might) not wake him **9** *(annan konstr.) vad skall det betyda?* what is the meaning of that?; *vi väntade på att någon skulle komma* we were waiting for s.b. to come; *det är för kallt för att någon skall kunna gå ut* it is too cold for anyone to go out; *det var för dåligt väder för att tävlingen skulle kunna äga rum* the weather was too bad for the race to take place; *vad skall jag med det till?* what am I to do with that?; *det skall du säga som aldrig har försökt!* that's easy for you to say who have never tried!; *jag längtar efter att dagen skall ta slut* I am longing for the day to come to an end; *han skall naturligtvis tränga sig före!* of course, he would push in front!; *du skulle bara våga!* just you dare! **10** *(med betonad partikel) jag skall av här* I'm getting *(t. konduktör:* I want to get) off here; *jag skall bort (hem, ut)* I'm going out (home, out); *jag skall in på posten* I'm going to call in at the post office; *jag skall iväg nu* I must be off (be going) now; *det skall mycket till för att hon skall ändra på sig* it takes a lot to make her change; *det skall så litet till för att glädja henne* it takes so little to make her happy

2 skol|a I *s1* school; *~n (undervisningen)* school, *(-byggnaden)* the school; *gå i ~n* go to school; *vara i ~n* be in (at) school; *sluta ~n* leave school; *när ~n slutar (för dagen)* when school is over for the day, *(för terminen)* when school breaks up; *bilda ~* found a school; *den högre ~n (ridk.)* haute école; *ta sin mats ur ~n* back out **II** *v1* **1** school, teach, train **2** *(omplantera)* transplant

skol|ad *a5* trained, educated; cultivated (*röst* voice) **-arbete** schoolwork **-avslutning** breaking-up; *AE.* commencement **-bespisning** school meal service **-bok** schoolbook, textbook **-bänk** desk; *sitta på ~en* (*bildl.*) be at school **-exempel** object lesson, typical example **-fartyg** training ship **-flicka** schoolgirl **-fröken** schoolmistress **-gång** *s2* school attendance, schooling **-gård** playground, school yard **-inspektör** schools inspector

skolk [-å-] *s7* truancy, nonattendance **skolka** shirk; *skol.* play truant (*vard.* hookey)

skol|kamrat schoolfellow, schoolmate; (*vän*) schoolfriend; *vi var ~er* we were at school together **-klass** [school] class **-kurator** *BE.* educational welfare officer, *AE.* attendance officer **-kök** (*ämne*) domestic science; (*lokal*) school kitchen **-ljus** shining light at school **-lov** [-å:v] *s7* holiday[s *pl*] **-mogen** ready to start school **-mognadsprov** test of readiness for school attendance **-måltid** school dinner (meal) **-ning** [-I I -] ıraınıng, schooling, education **-plikt** compulsory school attendance **-pojke** schoolboy **-radio** school radio; broadcasting for schools **-resa** school trip; (*kortare*) outing **-sal** classroom **-sjuk** *var* ~ feign illness to avoid going to school **-skepp** training ship **-skjuts** school transport **-styrelse** local education board **-television** school television **-tid** (*tid på dagen*) schoolhours (*pl*); (*period då man går i -an*) schooldays (*pl*) **-underbyggnad** [educational] grounding, [previous] schooling **-ungdom** school children (*pl*) **-vaktmästare** school caretaker, *AE.* school custodian **-väska** schoolbag; satchel **-år** school year; (*-tid*) schooldays (*pl*)

skomakare shoemaker; shoe-repairer

skona spare; *~ ögonen* save one's eyes; *~ sin hälsa* take care of one's health; *~ sig* spare o.s.

skonare *s9*, **skonert** [-'närt, 'sko:-] *s3, pl äv. -ar* ['sko:-] *sjö.* schooner

skoning (*doppsko*) ferrule; (*fåll*) false hem

skon|ingslös unsparing; merciless **-sam** *al* (*mild*) lenient; (*överseende*) indulgent; (*fördragsam*) forebearing

skonummer size in shoes

skopa *s1* scoop, dipper; *sjö.* bailer; (*på grävmaskin e.d.*) bucket, ladle; *en ~ ovett* a good telling-off

skoputsare bootblack, shoeblack; *AE.* shoeshine [boy]

skorpa [-å-] *s1* **1** (*hårdnad yta*) crust; (*sår-*) scab **2** (*bakverk*) rusk

skorpion [-å-'ɔ:n] *s3* scorpion

skorp|mjöl, -smulor *pl* golden breadcrumbs

skorr|a [-å-] **1** (*rulla på r-et*) speak with a burr, burr **2** (*låta illa*) grate, jar **-ande** *a4* burred (*r r*) **-ning 1** burr **2** jarring sound

skorsten [ˣskårr-] *s2* chimney; (*på fartyg, lok*) funnel; (*fabriks-*) smokestack

skorstens|eld chimney fire **-fejare** chimney sweep (sweeper) **-mur** chimney breast **-pipa** chimneypot

1 skorv [-å-] *s2* (*gammalt fartyg*) old tub

2 skorv [-å-] *s2, med., bot.* scurf

skorvig *al* scurfy

sko|skav *s7, ej pl* chafed feet (*pl*) **-snöre** shoe-

lace, shoestring **-spänne** shoe buckle

skot *s7, sjö.* sheet **skota** sheet (*hem* home)

skoter ['sko:-] *s2* [motor] scooter

skotsk [-å-] *al* Scotch; (*i Skottl.*) Scottish, Scots; *S~a högländerna* the [Scottish] Highlands **skotska** *s1* **1** (*språk*) Scotch, Scottish; (*i Skottl.*) Scots **2** (*kvinna*) Scotchwoman, Scotswoman

skott [-å-] *s7* **1** (*gevärs- etc.; sport.*) shot; (*laddning*) charge; *ett ~ föll* a shot was fired; *jag kommer som ett ~* I'll come like a shot **2** *bot.* shoot, sprout; *skjuta ~* sprout **3** *sjö.* bulkhead; *vattentätt ~* watertight bulkhead

skotta [-å-] shovel (*snö* away the snow); *~ igen* fill in (*en grav* a grave)

skottavla (*särskr. skott-tavla*) target; *vara ~ för* (*bildl.*) be the butt of

skottdag [-å-] leap day, intercalary day

skott|e [-å-] *s2* **1** Scotchman; (*i Skottl.*) Scot, Scotsman; *-arna* (*koll.*) the Scotch (Scots) **2** (*hund*) Deerhound (*i ill.*)

skott|fält field of fire **-glugg** loophole; (*för kanon*) embrasure; *komma i ~en* (*bildl.*) come under fire **-hål** bullet hole **-håll** range; *inom* (*utom*) ~ within (out of) range (*för* of) **-kärra** wheelbarrow

Skottland ['skått-] *n* Scotland

skott|linje line of fire **-lossning** firing, discharge **-pengar** *pl* bounty (*sg*) **-rädd** gun-shy **-skada** (*på sak*) damage caused by gunshot; *jfr -sår* **-spole** shuttle **-sår** gunshot wound **-säker** bulletproof **-år** leap year

skovel ['skåvv-, 'skå:-] *s2* **1** (*redskap*) shovel, scoop **2** (*på vattenhjul, mudderverk etc.*) bucket; (*på ångturbin*) blade **skovla** shovel

skraj [-ajj] *al, vard., vara ~* have the wind up, be in a [blue] funk (*för* about), *AE.* have the jitters

skral *al* **1** (*underhaltig*) poor, inferior; (*krasslig*) poorly, seedy; *AE. vard.* mean **2** *sjö., vinden är ~* the wind is slight (scant)

skram|la I *s1* rattle **II** *v1* **1** rattle, clatter **2** *vard.* club together (*till* for) **-lig** *al* rattly **-mel** ['skramm-] *s7* (*-lande*) rattling etc.; (*ett ~*) rattle, clatter, clank

skranglig *al* **1** (*gänglig*) lank; (*om pers. äv.*) loose-limbed **2** (*ranglig*) rickety (*stege* ladder)

skrank *s7* barrier, railing; (*domstols-*) bar

skrank|a *s1* barrier; *-or* (*bildl.*) limits, restraints, bounds; *sociala -or* social barriers

skrap|a I *s1* **1** (*redskap*) scraper, rake **2** (*skråma*) scratch **3** (*tillrättavisning*) scolding; *få en ordentlig* ~ get a good rating **II** *v1* scrape; (*om katt, penna*) scratch; *~ med fötterna* scrape one's feet; (*om häst e.d.*) paw [the ground]; *~ ihop pengar* scrape together money; *~ sig på knät* graze [the skin off] one's knee **-ning** [-a:-] **1** scraping *etc.*; (*en ~*) scrape **2** *med.* curettage

skratt *s7* laughter; (*ett ~*) laugh; *brista i ~* burst out laughing; *vara full av* (*i*) ~ be bursting (ready to burst) with laughter; *få sig ett gott* ~ have a good laugh; *ett gott ~ förlänger livet* mirth prolongeth life and causeth health **skratta** laugh (*åt* at); *det är ingenting att* ~ *åt* it is no laughing matter; *~ ngn rakt upp i ansiktet* laugh in a p.'s face; *~r bäst som ~r sist* he laughs best who laughs longest; *~ till* give a laugh; *~ ut a*) (*förlöjliga*)

S

laugh at, turn to ridicule, *b*) (~ *ordentligt*) have a good laugh; ~ *sig fördärvad åt* split one's sides laughing at

skratt|are laugher; *få -arna på sin sida* have the laugh on one's side **-grop** dimple **-mås** black-headed gull **-retande** *a4* laughable, droll; *(löjlig)* ridiculous **-salva** burst (roar) of laughter

skred *s7* [land]slide, [land]slip

skrev *s7* crotch, crutch

1 skreva *s1* crevice, cleft

2 skreva *v1,* ~ *med benen* straddle

skri *s6* **1** scream, yell, shriek; *(rop)* cry **2** *(djur-)* shriek; *(ugglas)* hoot **skria** scream *etc.*; cry out **skriande** *a4* crying *(nöd* need); flagrant *(orättvisa* injustice); glaring *(missbruk* abuse)

skribent writer, author

skrid|a *skred -it (röra sig framåt)* advance [slowly], proceed; *(med stora steg)* stride; *(glida)* glide; *arbetet -er framåt* the work advances; ~ *till huvudförhandling (jur.)* open the hearing; ~ *till verket* set (go) to work

skridsko ['skrissko] *s5* skate; *åka ~r* skate, go skating **-bana** skating-rink **-prinsessa** girl figure skater **-segel** skating sail, handsail **-tävling** skating competition **-åkare** skater

1 skrift *s3* **1** *(skrivande)* writing; *(skrivtecken)* [written] characters *(pl)*; *(handstil)* handwriting; *i tal och* ~ verbally and in writing **2** *(-alster)* paper; *(broschyr)* booklet; *(tryckalster)* publication; *samlade ~er* collected works; *den heliga* ~ the Scriptures *(pl)*, Holy Scripture (Writ)

2 skrift *s3* **1** *(förberedelse t. nattvardsgång)* shriving **2** *se bikt*

skrift|expert handwriting expert **-lig** *a1* written; ~ *bekräftelse (äv.)* confirmation in writing **-ligt** *adv* in writing; *(genom brev)* by letter; *ha* ~ *på ngt* have s.th. in black and white **-lärd** versed in the Scriptures; *bibl.* scribe **-språk** written language

skrik *s7* cry *(på hjälp* for help); *av förtjusning* of delight); *(gällt)* scream, shriek, yell; *(rop)* shout; *(oväsen)* clamour *(äv. bildl.)*; *bildl. äv.* outcry; *sista ~et* all the rage, the latest craze

skrik|a I *s1* jay; *mager som en* ~ [as] thin as a rake **II** *skrek -it* cry out *(på hjälp* for help); shout, scream *(åt* at); *(om småbarn)* howl, squeal; ~ *i himlens höjd* shout to high heaven; ~ *till* cry out; ~ *sig hes* shout o.s. hoarse **-hals** screamer; *(om barn)* crybaby **-ig** *a1* screaming *etc.*; *(bjärt)* glaring *(färg* colour); *(om röst)* shrill

skrin *s7* box, case, casket; *(för bröd)* bin

skrinda *s1* haycart, haywagon

skrinlägga *(inställa)* relinquish; *(uppskjuta)* postpone, shelve

skripta *s1* continuity girl

skritt *s3, i* ~ at a walking pace **skritta** walk

skriv|a *skrev -it* **I** write; *(författa äv.)* compose; *(stava)* spell; *hur -er man ...?* How do you spell ...?; *han -er på en roman* he is writing a novel; ~ *sitt namn* sign one's name; ~ *i en tidning* write for (be a contributor to) a paper; ~ *på maskin* type; ~ *rent* make a fair copy of, copy out; *i* ~ *nde stund* at the time of writing; ~ *firman på sin hustru* settle one's firm on one's wife; *får* ~*s på hans sjukdom* must be ascribed to his illness; *han är -en i Stockholm* he is registered in Stockholm; ~

ngn ngt på näsan tax s.b. with s.th.; ~ *ngn ngt till godo* put s.th. down to a p.'s credit **II** *(med betonad partikel)* **1** ~ *av a)* *(kopiera)* copy, *b) se av-skriva* **2** ~ *in* enter; ~ *in sig (på hotell)* register, *AE.* check in; *(i klubb o.d.)* enrol[l] o.s. **3** ~ *om* rewrite **4** ~ *på a)* *(lista)* put down one's name [on], *b)* *(växel o.d.)* stand surety **5** ~ *under* sign [one's name], *bildl.* subscribe *(på ngt* to s.th.) **6** ~ *upp* write (note, put) down, *bokför.* write up; ~ *upp ngns namn* take down a p.'s name; ~ *upp på ngns konto* charge to a p.'s account **7** ~ *ut a)* *(renskriva)* copy out, *b)* *(utfärda)* make (write) out *(en räkning* a bill), draw up *(ett kontrakt* a contract), *c)* *(skatter, trupper)* levy, *d)* (~ *t. slut)* fill up, *e)* *(läkemedel)* prescribe, *f)* *(från sjukhus)* discharge

skriv|arbete writing, desk work **-are** writer; scribe; *data.* printer **-bok** *skol.* exercise book; *(för välskrivning)* copybook **-bord** desk; writing table **-bordsprodukt** drawing-board product **-byrå** typewriting bureau (agency) **-else** *(brev)* letter; *jur.* writ; *polit.* address **-eri** writing; *neds.* scribbling **-fel** error (mistake) in writing; typing error; clerical error **-klåda** itch to write **-kramp** writer's cramp **-kunnig** able to write **-maskin** typewriter; *skriva på* ~ type **-ning** [-i:v-] writing; *skol.* written examination; *rätta ~ar* mark papers, correct exercises **-papper** writing paper **-stil** *(tryckstil)* cursive script **-tecken** [written] character; graphical sign **-underlägg** writing (blotting, desk) pad

skrock [-å-] *s7* superstition

skrocka [-å-] cluck; *(om pers.)* chuckle

skrockfull superstitious

skrot *s7* scrap; *(järn-)* scrap [iron]; *de är av samma* ~ *och korn* they are birds of a feather

1 skrota *sjö., vinden ~r* [*sig*] the wind is veering

2 skrota *(förvandla t. skrot)* scrap, reject; *(fartyg e.d.)* break up; *gå och* ~ *(vard.)* moon about

skrot|bil junk heap **-handlare** scrap [iron] merchant, junk dealer **-hög** scrapheap **-upplag** scrap yard **-värde** scrap value

skrov [-å:-] *s7* **1** *(kropp)* body; *(djurskelett)* carcass; *få litet mat i ~et* get some food inside one **2** *sjö.* hull

skrovlig [ˣskrå:v-, ˣskråvv-] *a1* rough; *(om klippa)* rugged; *(hes)* hoarse, raucous

skrovmål [-å:v-] *få sig ett* ~ have a square meal

skrubb *s2* *(utrymme)* closet, cubbyhole, boxroom

skrubb|a *(skura)* scrub; *(skrapa)* rub **-sår** graze, abrasion

skrud *s2* attire, garb **skruda** deck, dress

skrump|en *a3* shrunk[en], wrinkled **-na** shrivel, shrink

skrup|elfri [ˣskru:p-. ˣskrupp-] unscrupulous **-ler** *pl* scruples

skrutt *vard.* **1** *s2* *(person)* good-for-nothing **2** *n* *(sak)* rubbish **3** *du ser ut som en* ~ you look awful **-ig** *a1, vard.* wretched, miserable

skruv *s2* screw; *(på fiol)* [turning] peg; *dra åt (lossa på) en* ~ tighten (slacken) a screw; *högergängad* ~ right-hand screw; *ha en* ~ *lös* have a screw loose; *det tog* ~ *(bildl.)* that did it (went home)

skruv|a screw; ~ [*på*] *sig* fidget, squirm; ~ *av (loss)* unscrew; ~ *fast* screw up (on), fasten; ~ *i* screw in (on); ~ *ner* lower, turn down (*gasen* the gas); ~ *till* screw up (down); ~ *upp* screw up, (*öppna*) unscrew, open, (*gasen*) turn up, (*priser*) push (force) up **-boll** *sport*. spin ball **-is** pack ice **-mejsel** screwdriver **-nyckel** spanner, *AE*. wrench **-stycke, -städ** vice; *AE*. vise **-tving** screw clamp

skrymm|a *v2* take up [a great deal of] space; be bulky **-ande** *a4* bulky, voluminous

skrymsle *s6* corner, nook

skryt *s7* boast[ing], brag[ging], swaggering; *tomt* ~ [an] empty (idle) boast; *säga ngt på* ~ say s.th. just to show off **skryta** *skröt skrutit* boast, brag (*med, över* of); ~ *med* (*äv.*) show off **skrytsam** *a1* boastful, bragging

skrå *s6* [trade] guild; livery company; (*friare*) fraternity, corporation **-anda** guild spirit; *neds.* cliquishness

skrål *s7* bawl[ing], bellow **skråla** bawl, bellow; make a noise

skråma *s1* scratch, cut; superficial wound

skråväsen guild system

skräck *s3* terror (*för* of, to); (*fasa*) horror; (*skrämsel*) fright, dread; (*plötslig*) scare, panic; *sätta* ~ *i* fill (strike) ... with terror, terrify **-exempel** hair-raising example **-figur** fright, bugbear **-film** horror film, bloodcurdler all **-fylld** horror-filled **-injagande** *a4* horrifying, terrifying **-propaganda** atrocity (terror) propaganda **-regemente** reign of terror, terrorism **-slagen** panic-stricken, horror-struck **-stämning** atmosphere of terror **-välde** terrorism **-ödla** dinosaur

skräda *v2* (*malm*) pick, separate; (*mjöl*) bolt; *inte* ~ *orden* not mince matters (one's words)

skräddar|e tailor **-mästare** master tailor **-sydd** *a5* bespoke, tailor-made, tailored; *AE*. custommade; *bildl.* tailor-made, custom-made, custombuilt

skrädderi (*yrke*) tailoring [business]; *konkr.* tailor's shop, *AE*. tailor shop

skräll *s2* crack, bang; (*åsk-*) clap of thunder; *bildl.* crash, sensation **skrälla** *v2* **1** crack *etc.* **2** score a surprise win, win against all odds **skrällande** *a4* cracking *etc.*; ~ *hosta* hacking cough; ~ *högtalare* blaring loudspeaker

skrälle *s6, ett gammalt* ~ (*om piano*) a cracked old piano, (*om pers.*) a decrepit old body; *ett* ~ *till vagn* a rickety old car

skräm|ma *v2* frighten; (*plötsligt*) scare, startle; *bli -d* be frightened (scared); *låta* ~ *sig* be intimidated; ~ *upp* frighten, terrify, (*fågel*) beat up; ~ *livet ur ngn* scare the life out of s.b.; *ge en* ~*nde bild av* give a terrifying picture of **-sel** ['skrämm-] *s9* fright, scare **-skott** warning shot; *bildl.* empty menace

skrän *s7* yell, howl **skräna** yell, howl; (*gorma*) bluster **skränig** *a1* vociferous, noisy

skräp *s7* rubbish, trash; junk; (*avskräde*) litter; *prata* ~ talk nonsense; *det är bara* ~ *med honom* he is in a bad way

skräp|a *ligga och* ~ lie about and make the room (*etc.*) [look] untidy; ~ *ner* litter, *absol.* make a litter **-hög** heap of rubbish **-ig** *a1* untidy, littered

skräv|el ['skrä-, 'skrävv-] *s7* bragging; *vard.* bounce **-la** [ˣskrä:v-, ˣskrävv-] brag, bluster

-lare [ˣskrä:v-, ˣskrävv-] braggart, blusterer

skröna *s1* tall tale

skröplig [ˣskrö:p-, ˣskröpp-] *a1* frail, fragile; (*orkeslös*) decrepit **-het** frailty, fragility; decrepitude

skubba 1 (*gnugga*) rub, chafe **2** (*springa*) be off, clear out

skudda ~ *stoftet av sina fötter* shake the dust off one's feet

skugg|a 1 *s1* (*motsats ljus*) shade; (*av ngt*) shadow (*äv. bildl.*); *-or och dagrar* light and shade; *ställa i* ~*n* (*bildl.*) put in the shade; *en* ~ *av sitt forna jag* a mere shadow of one's former self **II** *v1* **1** shade **2** (*följa o. bevaka*) shadow; *vard.* tail **-bild** (*silhuett*) silhouette; *bildl.* phantom, shadow **-boxning** shadow-boxing **-ig** *a1* shady, shadowy **-kabinett** *i Storbritannien* shadow cabinet **-ning** shading; *konkr.* shade, shadow; (*övervakning*) shadowing **-sida** shady (*bildl. äv.* dark, seamy) side

skuld *s3* **1** (*penning-*) debt; *ha stora* ~*er* be heavily in debt; *infria sina* ~*er* meet one's liabilities; *stå i* ~ *hos* be indebted to; *sätta sig i* ~, *se skuldsätta; resterande* ~*er* arrears; *tillgångar och* ~*er* assets and liabilities **2** (*förvållande*) fault, blame; (*synd*) guilt; *vems är* ~*en?* whose fault is it?, who is to blame?; *jag bär största* ~*en för detta* I am most to blame in this matter; *fritaga ngn från* ~ exculpate s.b.; *kasta* ~*en på ngn* lay (put) the blame for s.th. on s.b.; *ta hela* ~*en på sig* take the blame for; *vara utan* ~ not be responsible (to blame) for; *vara utan* ~ not be responsible (to blame) for; *förlåt oss våra* ~*er* (*bibl.*) forgive us our trespasses **-belastad** burdened with debt; guilty (*samvete* conscience) **-börda** burden of debt; guilt

skulderblad shoulder blade; *anat.* scapula

skuld|fri free from debt; (*om egendom*) unencumbered; (*oskyldig*) guiltless, innocent **-känsla** sense of guilt **-medveten** guilty (*min* look)

skuldr|a *s1* shoulder; *vara bred över* -*orna* be broad-shouldered

skuld|satt *a4* in debt, indebted; (*om egendom*) encumbered **-sedel** instrument of debt, [promissory] note, note of hand, I.O.U. (= I owe you) **-sätta** (*egendom*) encumber; ~ *sig* run into debt, incur (contract) debts

skull *i uttr.: för din* ~ for your sake; *gör det för min* ~ (*äv.*) do it to please me; *för vädrets* ~ (*t. följd av*) because (on account) of the weather; *för Guds* ~! for God's sake!; *för en gångs* ~ for once; *för skams* (*syns*) ~ for the sake of appearances, for form's sake; *för skojs* ~ for fun; *för säkerhets* ~ for safety['s sake]

skulp|tera sculpture; carve in stone (*etc.*); *vard.* sculp **-tris** sculptress **-tur** sculpture **-tural** *a1* sculptural **-tör** sculptor

1 skum [skumm] *a1* dusky, dim, misty; (*beslöjad*) veiled (*blick* look); (*ljusskygg*) shady (*individ* individual)

2 skum [skumm] *s7* foam; (*fradga*) froth, spume; (*lödder*) lather; (*på kokande vätska*) scum; *vispa till* ~ beat (whip) to a froth

skum|bad foam bath **-bildning** frothing **-gummi** foam rubber

skum|ma 1 (*bilda skum*) foam, spume, froth; (*om vin*) sparkle; (*om öl*) foam, froth; (*om läske-*

dryck e.d.) fizz; ~ *av ilska* foam with rage **2** (*avskilja skum*) skim; ~ *grädden av mjölken* skim the cream off the milk; ~ *en tidning* skim through a paper **-mjölk** skim[med] milk

skumpig *a1* bumpy (*väg* road)

skumplast foam plastic

skumrask *s7* dusk [of the evening] **-affär** shady business (transaction) **-figur** suspicious individual

skumsläckare foam extinguisher

skunk *s2* [striped] skunk

skur *s2* shower; (*regn- äv.*) downpour, drencher; *spridda ~ar* scattered showers

skur|a scour, scrub; (*polera*) polish, burnish (*mässing* brass) **-borste** scrubbing brush **-hink** bucket, pail

skurk *s2* scoundrel, villain; (*skojare*) rascal, blackguard **-aktig** *a1* villainous, scoundrelly **-streck** evil deed; dirty trick

skur|pulver scouring powder **-trasa** scouring cloth

skuta *s1* small cargo boat; *vard.* boat, old ship

skutt *s7* leap, bound **skutta** leap, *etc., jfr hoppa*

skval|a stream (*äv. bildl.*); pour, spout **-ande** *s6* pouring

skvaller ['skvall-] *s7* gossip; (*lösa rykten*) towntalk; (*förtal*) slander; *skolsl.* sneaking **-aktig** *a1* gossipy; (*förtalande*) slanderous **-bytta** *s1* gossip, gossipmonger, telltale; *skolsl.* sneak **-käring** [old] gossip, scandalmonger

skvallra gossip, tattle; *skolsl.* sneak; ~ *för mamma* tell mother; ~ *på ngn* report s.b.; ~ *ur skolan* tell tales out of school; *hans min ~de om his* looks betrayed

skvalmusik nonstop popular music [on the radio]; (*bakgrundsmusik*) muzak (*varumärke*)

skvalp *s7* splash[ing], lap[ing] **skvalpa** (*om vågor*) lap, ripple; (*skvimpa*) splash to and fro; (*spilla*) spill

1 skvatt *n, inte ett* ~ not a thing (scrap)

2 skvatt *adv,* ~ *galen* clean crazy, mad as a hatter

skvimpa ~ [*över*] slop over

skvätt *s2* drop, splash (*mjölk* of milk); *gråta en* ~ shed a few tears **skvätta** *v3* splash, spill; (*småregna*) drizzle

1 sky [ʃy:] *s2* (*moln*) cloud; (*himmel*) sky, heaven; *lätta ~ar* light clouds; *stå som fallen från ~n* (*~arna*) be struck all of a heap; *skrika i högan* (*himmelens*) ~ cry blue murder; *höja till ~arna* praise to the skies

2 sky [ʃy:] *s3* (*köttsaft*) gravy, meat juice; *AE.* pan gravy

3 sky [ʃy:] *v4* shun, avoid; (*frukta*) dread; *inte* ~ *ngn möda* spare no pains; *inte* ~ *några kostnader* spare no expense; ~ *som pesten* shun like the plague; *bränt barn ~r elden* once bitten, twice shy

skydd [ʃ-] *s7* protection (*mot* against, from); (*försvar*) defence; (*av växel*) protection, honour; (*mera konkr.*) shelter; (*tillflykt*) refuge; *i* ~ *av* under cover of (*mörkret* darkness); *söka* ~ *a*) (*mot*) take (seek) shelter (*mot vinden from the wind); b*) (*hos*) seek protection, take refuge (*hos* with); *till* ~ *för* for the protection of **skydda** protect; (*försvara*) preserve, defend (*mot* against, from); (*värna*) shield; (*trygga*) safeguard; (*mera konkr.*) cover, shelter; *~d från insyn* screened off from people's view; *lagligen ~d* protected by law; *~d verkstad* sheltered workshop

skydds|anordning safety device (contrivance) **-dräkt** protective suit **-handskar** protective gloves **-helgon** patron [saint] **-hjälm** hard hat, crash (protective) helmet **-kläder** protective clothing **-konsulent** chief probation [and parole] officer **-ling** ward, protegé **-lös** defenceless **-mask** *s3* respirator **-medel** protective agent; *med.* prophylactic **-nät** safety net **-ombud** safety controller (representative) **-område** *mil.* restricted area **-rum** [air-raid] shelter; *mil. äv.* dugout **-tillsyn** probation **-ympning** vaccination **-åtgärd** protective measure, preventive **-ängel** guardian angel

skyfall cloudburst

skyffel ['ʃyff-, ˣʃyff-] *s2* shovel; (*sop-*) dustpan

skyffla [ˣʃyff-] shovel; ~ *ogräs* hoe weeds; ~ *snö* shovel (clear) snow

skygg [ʃ-] *a1* shy (*för* of); (*blyg*) timid; (*rädd*) frightened; (*tillbakadragen*) reserved; (*ängslig*) timorous; (*om häst*) skittish

skygg|a start, take fright (*för* at); (*om häst*) shy (*för* at); ~ *för* (*vara rädd för*) shy of, shrink from **-het** shyness *etc.*; timidity, fear; reserve **-lappar** blinkers, *AE.* blinders

skyhög towering, colossal; sky-high

skyl [ʃ-] *s2* shock, stook

1 skyla [ʃ-] *v2* (*hölja*) cover; hide (*sitt ansikte* one's face); ~ *över* cover [up], *bildl.* veil, hide

2 skyla [ʃ-] *v1* (*säd*) shock, stook

skyldig [ʃ-] *a1* **1** (*betalnings-*) in debt; *vara* ~ *ngn ngt* owe s.b. s.th.; *vad är jag* ~? what do I owe [you]?, (*vid uppgörelse*) how much am I to pay?; *vara ngn tack* ~ be indebted to s.b.; *inte bli ngn svaret* ~ have a reply ready **2** (*som bär skulden t. ngt*) guilty (*till* of); *jur.* convicted, found guilty (*till* of); *den ~e* the culprit (offender); *erkänna sig* ~ plead guilty; *förklara ngn* ~ find s.b. guilty, convict s.b.; *göra sig* ~ *till* commit, be guilty of (*ett brott* a crime) **3** (*pliktig*) bound, obliged; *vara* ~ *att* have to; *han är inte* ~ *att* (*äv.*) he is under no obligation to **-het** duty, obligation (*mot* towards); *ikläda sig ~er* assume liabilities; *rättigheter och ~er* rights and obligations

skyldra [ʃ-] ~ *gevär* present arms

skylla [ʃ-] *v2,* ~ *ngt på ngn* blame s.b. for s.th.; ~ *på otur* plead bad luck; *du får* ~ *dig själv* you only have yourself to blame; ~ *ifrån sig* put (lay) the blame on s.b. else

skylt [ʃ-] *s2* sign[board]; (*reklam-*) advertisement board, poster

skylt|a display [one's goods]; ~ *med* put on show, display, *bildl.* show off; display; ~ *om* redress a shop window **-docka** dummy, lay figure **-fönster** shop window; *AE.* show (store) window **-låda** showcase **-ning** (*-ande*) displaying, window-dressing; *konkr.* window-display **-ställ** display stand (rack)

skymf [ʃ-] *s3* insult, affront, offence; (*kränkning*) outrage

skymf|a insult, affront, offend; (*kränka*) outrage **-lig** *a1* ignominious (*död* death); outrageous (*behandling* treatment) **-ord** insulting (abusive) word; *koll.* abusive language (*sg*), insults (*pl*)

skym|ma [ʃ-] *v2* **1** (*fördunkla*) stand in the way (light) of; (*dölja*) conceal, hide; *du -mer mig* you are [standing] in my light; *hennes blick -des av tårar* her eyes were dimmed (blinded) by tears **2** (*mörkna*) *det -mer* it is getting dark (dusk); *det -de för ögonen på henne* her eyes grew dim **-ning** twilight, dusk, nightfall; *hålla* (*kura*) ~ sit in the twilight

skymt [ʃ-] *s2* glimpse; (*aning*) idea, suspicion; (*spår*) trace; *fånga* (*se*) *en* ~ *av* catch a glimpse of; *en* ~ *av hopp* a gleam of hope; *utan ~en av bevis* without a trace of evidence; *inte en* ~ *av intresse* not the slightest interest; *inte en* ~ *av tvekan* not a trace of hesitation **skymta 1** (*se en skymt av*) catch a glimpse of **2** (*skönjas*) be dimly seen (visible); ~ *fram* peep out; *sjön ~r* [*fram*] *mellan träden* the lake glitters through the trees; *solen ~r fram* the sun peeps out [from behind the clouds]; ~ *förbi* be seen flitting past

skymundan [ʃ-, -ˈunn-] *n, i* ~ in the background (shade); *hålla sig i* ~ keep o.s. out of the way

skynd|a [ʃ-] hurry, hasten (*t. ngns hjälp* to a p.'s rescue); ~ *långsamt!* hasten slowly!; more haste, less speed!; ~ *ngn till mötes* hasten to meet s.b.; ~ *på* hurry up (on); ~ *på med* hurry on with; ~ *sig* hurry [up] **-sam** *a1* speedy; prompt (*hjälp* help); (*rask*) quick, hurried (*steg* steps) **-samhet** speed[incss], promptness *etc.*

skynke [ʃ-] *s6* cover[ing], cloth; ... *är för honom ett rött* ~ for him ... is like a red rag to a bull

uliyoltrápa skyscraper

skytt [ʃ-] *s2* shot, marksman; *S~en* Sagittarius, the Archer

ekytte [ʃ-] *s6* shooting **-grav** trench

skyttel [ʃ-] *s2* shuttle **-trafik** shuttle service

skåda behold, see; (*varsebli*) perceive; ~ *dagens ljus* see the light of day

skåde|bana *s1* stage; scene **-bröd** showbread **-plats** *bildl.* scene [of action] **-spel** spectacle, sight; *teat.* play, drama **-spelare** actor; *bli* ~ go on the stage **-spelerska** actress **-spelsförfattare** playwright, dramatist

skål *s2* **1** (*kärl*) bowl; (*spilkum*) basin **2** (*välgångs-*) toast; *dricka ngns* ~ drink [to] a p.'s health; *utbringa en* ~ *för ngn* propose a toast to s.b.; ~! here's to you!, cheers! **skåla 1** ~ *för* propose a toast to; ~ *med* drink to (*varandra* one another) **2** (*urholka*) scoop (gouge) [out]

skålformig [-å-] *a1* cup-shaped, bowl-shaped

skäll|a (*med hett vatten*) scald **-het** scalding (boiling, *vard.* piping) hot

skåp *s7* cupboard; *AE. äv.* closet; (*med lådor*) cabinet; (*i omklädningsrum*) locker; *bestämma var ~et skall stå* wear the breeches **-bil** [delivery] van, *AE.* panel truck **-mat** (*rester*) remnants (*pl*); *bildl.* stale stuff **-supa** drink in private (on the sly)

skåra *s1* score; (*inskärning*) notch; (*spår*) groove, slot; (*spår*) cut

skägg [ʃ-] *s7* **1** beard; *ha* ~ have (wear) a beard; *låta ~et växa* grow a beard; *tala ur ~et* speak out; *tvista om påvens* ~ split hairs **2** *biol.* barb; (*på mussla*) beard **-botten** *mörk* ~ a blue chin

skägg|ig *a1* bearded; (*orakad*) unshaved **-lös** beardless **-stubb** bristles (*pl*); (*eftermiddags-*)

skägg) five-o'clock shadow **-växt** [growth of] beard[s *pl*]; *han har kraftig* ~ his beard grows fast

skäl [ʃ-] *s7* reason (*till* of, for); (*orsak*) cause, ground; (*bevekelsegrund*) motive; (*argument*) argument (*för och emot* for and against); *så mycket större* ~ *att* so much more the reason to; *vägande* ~ weighty arguments; *av principiella* ~ on ground of principle; *göra* ~ *för sig* give satisfaction; *ha allt* ~ *att* have every reason to; *det har sina* [*randiga*] ~ there are very good reasons for it; *med* [*fullt*] ~ *kan man säga* one is [fully] justified in saying; *det vore* ~ *att* it would be well to; *det vore* ~ *i att du försökte* you would do well to (you had better) try; *väga ~en för och emot* weigh the pros and cons

skä|lig *a1* reasonable, fair; *finna ~t* find it proper **-ligen** (*tämligen*) pretty (*enkel* simple); (*rimligtvis*) reasonably, fairly

1 skälla [ʃ-] *v2* bark; (*om räv*) yelp, cry; (*vara ovettig*) scream, bellow; ~ *ngn för bracka* call s.b. a Philistine; ~ *på* (*bildl.*) abuse, scold; ~ *ut* blow up, tell off

2 skälla [ʃ-] *s1* bell; *nu blev det annat ljud i ~n* then things took on a new note

skällsord word of abuse; *pl koll.* foul language (*sg*), invectives

skälm [ʃ-] *s2* rogue; (*lymmel*) rascal; (*-unge*) monkey, trot; (*spjuver*) wag; *en inpiskad* ~ an arch rogue; *med* ~ *en i ögat* with a roguish twinkle **-aktig** *a1* roguish; mischievous; ~ *blick* arch look

skälv|a [ʃ-] *v2* shake, quake; (*darra*) tremble, quiver (*av* with) **-ande** *a4* shaking *etc.*; tremulous **-ning** shaking *etc.*; (*en ~*) tremor; (*rysning*) thrill

skämd [ʃ-] *a5* (*om kött*) tainted; (*om frukt*) rotten; (*om luft, ägg*) bad

skämm|a *v2* (*fördärva*) spoil; (*vanpryda*) mar; *för mycket och för litet skämmer allt* too much and too little spoils everything; ~ *bort* spoil; ~ *ut* dishonour, put to shame; ~ *ut sig* disgrace o.s. **-as** *v2, dep* be ashamed; *det är inget att* ~ *för* that is nothing to be ashamed of; *boken skäms inte för sig* the book does itself credit; ~ *ögonen ur sig* die of shame; *fy skäms!* shame on you!

skämt [ʃ-] *s7* joke, jest; *dåligt* ~ bad (poor) joke; *grovt* ~ coarse joke; *förstå* ~ understand (be able to see) a joke; *säga ngt på* ~ say s.th. in fun; ~ *åsido!* joking apart!

skämt|a joke, jest; ~ *med* make fun of, poke fun at **-are** joker, jester, wag **-historia** funny story **-lynne** humour **-sam** *a1* jocular; (*humoristisk*) humourous; (*rolig*) funny, comical, droll; *ta ngt från den ~ma sidan* take s.th. as a joke **-tecknare** comic artist, cartoonist **-teckning** cartoon

skänd|a (*fördärva*) defile, pollute; desecrate (*gravar* graves) **-lig** *a1* infamous (*handling* deed); (*neslig*) nefarious, atrocious (*brott* crime)

1 skänk [ʃ-] *s2* (*skåp*) sideboard, buffet; cupboard

2 skänk [ʃ-] *s3* (*gåva*) gift, present; *till ~s* as a gift **skänka** *v3* **1** give (*äv. bildl.*); present (*ngn ngt* s.b. with s.th.); ~ *bort* give away **2** ~ *i* [*glasen*] fill the glasses

skänkel [ʃ-] *s2* shank, leg (*äv. tekn.*)

1 skär [ʃ-] *a1* (*ren*) pure, clean; (*obefläckad*) im-

maculate; [*ren och*] ~ *lögn* a downright lie
2 skär [ʃ-] *a1* (*ljusröd*) pink, light red
3 skär [ʃ-] *s7* (*ö*) skerry, rocky islet
4 skär [ʃ-] *s7* **1** (*egg*) [cutting] edge **2** (*skåra*) notch **3** (*med skridsko*) stride
1 skära [ʃ-] *s1* **1** sickle **2** (*mån-*) crescent
2 skära [ʃ-] *skar skurit* **1** cut (*äv. bildl.*); (*kött*) carve; ~ (*korsa*) varandra intersect, (*om gator*) cross; ~ *halsen av sig* cut one's throat; ~ *i bitar* cut up [... to pieces]; ~ *i remsor* shred; ~ *i skivor* slice; ~ *i trä* carve; *fartyget skär* [*genom*] *vågorna* the ship cleaves the waves; ~ *tänder*[*na*] gnash (grind) one's teeth; ~ *alla över en kam* treat all alike; ~ *guld med täljknivar* coin money; ~ *pipor i vassen* have a big income and little to do for it; *det skär i öronen* it jars (grates) upon my ears **2** (*med betonad partikel*) ~ *av* (*bort*) cut off; ~ *för* carve; ~ *ihop* (*tekn.*) seize; ~ *in* incise; ~ *in i* cut into; ~ *till* cut out; ~ *upp* cut up, (*öppna*) cut open; ~ *ut* carve **3** *rfl* cut o.s.; *kokk.* curdle; ~ *sig i tummen* cut one's thumb; *det skar sig mellan dem* they clashed with one another
skär|ande *a4* cutting *etc.*; (*om ljud*) piercing, shrill **-bräde** cutting (chopping) board; (*för bröd*) breadboard **-bönor** French beans
skärgård [ˣʃäːr-, 'ʃäːr-] archipelago, fringe of skerries; *i* ~*en* in the archipelago (skerries) [off Stockholm *etc.*]
skärm [ʃ-] *s2* screen; *tekn.* shield; (*på huvudbonad*) peak **skärma** ~ [*av*] screen, shield; ~ *för* screen off
skärmaskin cutting machine; (*för matvaror*) slicer
skärm|bild mass radiograph, fluoroscopic image **-bilda** *v1* mass-radiograph
skärmmössa peaked cap
skärmytsling skirmish
skär|ning [ˣʃäːr-] cutting **-ningspunkt** [point of] intersection
skärp [ʃ-] *s7* belt; (*broderat o. uniforms-*) sash
skärpa [ʃ-] **I** *s1* sharpness, keenness *etc.* (*jfr skarp*); *foto., TV* definition; (*klarhet*) exactness, stringency; (*i ton*) acerbity; *det är* ~ *i luften* there's a nip in the air **II** *v3* sharpen (*äv. bildl.*); *bildl. äv.* strengthen, quicken; (*öka*) increase, heighten; *konflikten har skärpts* the conflict has deepened (been aggravated); ~ *kontrollen* increase (tighten) the control; ~ *sina sinnen* sharpen one's senses; ~ *straffet* increase (raise) the penalty; ~ *tonen* sharpen one's (*etc.*) tone; ~ *uppmärksamheten* be more vigilant; ~ *sig* sharpen up; *nu får du* ~ *dig* pull yourself together now
skärpedjup *foto.* depth of field (definition)
skärpning sharpening *etc.*; aggravation
skärpt *a1, vard.* sharp, smart, bright
skärra ~ *upp* frighten, worry; ~ *inte upp dig* don't get excited **skärrad** *a5, vard.* in a state, all of a dither
skärseld [ˣʃäːrs-] purgatory; *bildl.* ordeal
skärskåd|a [ʃ-] view, examine; scrutinize; scan **-ande** *s6* viewing, examination; *ta i* ~ inspect, examine
skärsår cut, gash
skärtorsdag [ʃ-] Maundy (Holy) Thursday
skärva [ʃ-] *s1* (*kruk- o.d.*) sherd, shard; (*glas-*,

granat- o.d.) splinter; (*friare*) fragment, bit
sköld [ʃ-] *s2* shield; (*vapen- äv.*) [e]scutcheon; *zool.* scutellum; (*på sköldpadda*) shell; *bildl.* shelter **-körtel** thyroid gland **-padda** (*land-*) tortoise; (*vatten-*) turtle
skölj|a [ʃ-] *v2* rinse; (*spola*) wash; *vågorna* -*er stranden* the waves wash the shore; ~*s överbord* be washed overboard; ~ *av* rinse off; ~ *bort* wash away; ~ *sig i munnen* rinse one's mouth **-ning** rinsing *etc.*; (*en* ~) rinse, wash; *med.* douche
1 skön [ʃ-] *n* discretion; *efter eget* ~ at one's own discretion
2 skön [ʃ-] *a1* beautiful; fair; (*angenäm*) nice; (*behaglig*) comfortable; *den* ~*a* the fair lady (one); *ha sinne för det* ~*a* have a sense of beauty; ~*t!* that's fine!; *en* ~ *historia* (*iron.*) a pretty story
skönhet [-öː-] beauty (*äv. konkr.*); *konkr. äv.* belle
skönhets|drottning beauty queen **-fel, -fläck** flaw **-medel** cosmetic, beauty preparation **-salong** beauty salon (parlour); *AE.* beauty shop (parlor) **-sömn** *vard.* beauty sleep **-tävling** beauty contest (competition) **-värde** aesthetic value
skönj|a [ʃ-] *v2* discern; *inte* ~ *ngn ljusning* see no signs of improvement **-bar** *a1* discernible; (*synlig*) visible; (*tydlig*) perceptible
skön|litteratur [ʃ-] fiction, belles-lettres **-litterär** literary; ~*t arbete* work of fiction **-målning** *bildl.* idealization, gilding **-skrift** calligraphy
sköns|mässig [ˣʃöːns-] *a1* discretionary, optional **-taxering** discretionary (arbitrary) [tax] assessment
skör [ʃ-] *a1* brittle (*nagel* nail); (*spröd*) fragile, frail; *tyget är* ~*t* the cloth tears easily
skörd [ʃöːrd] *s2* harvest (*äv. bildl.*); (*gröda*) crop; *av årets* ~ of this year's growth; *en rik* ~ *av erfarenheter* a rich store of experience **skörda** harvest; reap (*äv. bildl.*); (*bär*) pick; *som man sår får man* ~ as you sow, so shall you reap
skörde|fest harvest festival (home) **-maskin** harvester, harvesting machine **-tid** harvest time **-tröska** *s1* combine [harvester]
skörhet [ˣʃöːr-] brittleness; fragility, frailty
skört [ʃ-] *s7* tail, flap
skörta ~ *upp a*) (*bedraga*) fleece, overcharge, *b*) (*fästa upp*) tuck up
sköt|a [ʃ-] *v3* **1** (*vårda*) nurse, tend (*sjuka* sick people); (*om läkare*) attend [to]; ~ *sin hälsa* look after one's health; ~ *om* take care of, attend to, nurse; ~ *om ett sår* dress a wound; *sköt om dig väl!* take good care of yourself! **2** (*förestå*) manage; run (*en affär* a shop); (*ombesörja*) attend (see) to; (*se efter*) look after, take care of; ~ *sitt arbete* do one's work; ~ *hushållet* do the housekeeping; ~ *kassan* (*räkenskaperna*) keep the cash ([the] accounts); ~ *korrespondensen* handle the correspondence; ~ *sina kort* (*äv. bildl.*) play one's cards well; *inte kunna* ~ *pengar* not be able to handle money; ~ *sina plikter* discharge one's duties; *den saken -er jag* I'll attend to that; *sköt du ditt!* mind your own business! **3** *rfl* (*uppföra sig*) conduct o.s. (*bra* well); (~ *om sig*) look after o.s.; *han har måst* ~ *sig själv* he has had to man-

age by himself **-are** tender, keeper **-bord** nursing table

skötebarn *bildl.* darling, favourite

sköterska [ʃ-] nurse

sköterske|elev pupil nurse, probationer **-utbildning** training of nurses

skötsam [ˣʃö:t-] *a1* well-behaved; orderly; (*plikttrogen*) conscientious

skötsel ['ʃött-] *s9* care, tending (*av* of); (*tillsyn*) attention, attendance; (*av maskin*) operation, running; (*förvaltning*) management; (*odling*) cultivation; *kräva* ~ need (require) attendance (care) **-anvisning** operating instructions (*pl*)

skövl|a [ˣʃö:v-, ˣʃövv-] devastate; (*ödelägga*) ravage; wreck (*ngns lycka* a p.'s happiness); (*skog*) damage by reckless cutting **-ing** devastation; ravage

slabb|a splash about **-göra** mucky job **-ig** *al* sloppy, splashy

slacka slacken

1 sladd *s2* **1** (*tågända*) [rope's] end **2** (*ledning*) [tråd) flex|ible cord]; *AE.* cord **3** *bildl.*, *komma på* ~*en* bring up the rear; *komma med på* ~*en* slip in with the rest

2 sladd *s2* (*med fordon*) skid

sladda lurch, skid, slip sideways

sladder ['sladd-] *s7* chatting, babbling; gossip

sladdlampa portable worklamp

sladdr|a chatter, babble; gossip **-ig** *a1* (*slapp*) flabby, limp; (*om tyg*) flimsy

slafs *s7* sloppiness **slafsa** ~ *i sig* lap up, gobble up

1 slag *s7* (*art, sort*) kind, sort; (*typ*) type; *fack.* species; (*kategori*) category, class; *alla* ~*s* all kinds of; *böcker av alla* [de] ~ all sorts (kinds) of books, books of every description; *allt* ~*s* every kind of; *han är något* ~*s direktör* he is a manager of some sort (some kind of manager); *i sitt* ~ of its kind, in its way; *vad för* ~? what?

2 slag *s7* **1** (*smäll*) blow (*äv. bildl.*), stroke, hit; (*lätt*) pat, dab; (*rapp*) lash, cut; (*knytnävs-; knackning*) knock; *ge ngn ett* ~ deal s.b. a blow; *ett* ~ *för örat* (*bildl.*) a knockout blow; *ett* ~ *i luften* (*äv. bildl.*) a shot in the dark; *hugg och* ~ biffs and blows; ~ *i* ~ in rapid succession; *göra* ~ *i saken* clinch the matter; *i* (*med*) *ett* ~ all at once, straight off; *slå ett* ~ *för* strike a blow for **2** (*rytmiskt* ~) beat; *koll.* beating; (*hjärtats äv.*) throbbing; (*puls- äv.*) throb; (*pendel-*) oscillation **3** (*klock-*) stroke; *på* ~*et sex* at six o'clock sharp, on the stroke of six; *komma på* ~*et* arrive on the dot **4** (*-anfall*) [apoplectic] stroke; *få* ~ have a stroke; *jag höll på att få* ~ (*vard.*) I nearly had a fit; *skrämma* ~ *på ngn* frighten s.b. out of his wits **5** (*fält-*) battle (*vid of*) **6** (*varv*) turn, round; (*kolv-*) stroke; (*tag*) moment, while; *ett* ~ *trodde jag* at one time I thought **7** *sjö.* tack; *göra ett* ~ tack, beat **8** (*fågeldrill*) warbling **9** (*på plagg*) facing; (*rock- äv.*) lapel; (*på ärm*) cuff; (*byx-*) turn-up, *AE.* cuff

slaganfall apoplectic stroke

slag|en *a5* struck (*av förvåning* with surprise); (*besegrad*) defeated, beaten, *AE. äv.* beat; *en* ~ *man* a broken man **-fält** battlefield battleground **-färdig** *eg.* ready for battle (fight); *bildl.* quick at repartee, quick-witted **-färdighet** *eg.* readiness for battle; *bildl.* ready wit, quickness at re-partee

slagg *s3, s4* slag, cinder[s *pl*], clinkers (*pl*), dross, scoria

slagga (*avlägsna slagg*) take off the slag; (*bilda slagg*) form slag

slagg|bildning slag formation; scorification **-hög** slag heap

slag|instrument percussion instrument **-kraft** striking power (*äv. bildl.*); effectiveness **-kraftig** effective **-nummer** hit **-ord** catchword, slogan **-påse** punching bag; *bildl.* whipping boy **-regn** downpour, pelting rain **-ruta** *s1* divining (dowsing) rod **-sida** *sjö.* list; *bildl.* preponderance; *få* ~ heel over; *ha* ~ have a list **-skepp** battleship **-skugga** projected shadow

slags|kämpe [ˣslakks-] fighter; rowdy **-mål** *s7* fight; *råka i* ~ come to blows; *ställa till* ~ start a fight

slag|stift *mil.* striker; firing pin **-trä** (*i bollspel*) bat **-tålig** knock resistant **-verk 1** (*i ur*) striking mechanism **2** *mus.* percussion instruments (*pl*) **-växling** exchange of blows

slak *a1* slack (*lina* rope), loose; (*kraftlös*) limp; ~ *i benen* wobbly at the knees **-na** [ˣsla:k-] slacken, flag

slakt *s3, s7* slaughter[ing]

slakt|a slaughter; (*döda*) kill; (*människor*) massacre; *bildl.*, ~ *en bil* strip down a car **-are** butcher **-avfall** offals (*pl*) **-bänk** slaughterer's block; *leda till* ~*en* (*bildl.*) be led to the slaughter **-eri, -hus** slaughterhouse **-offer** sacrifice, victim

slalom ['sla:låm] *s3* slalom; *åka* ~ do slalom skiing **-backe** slalom slope **-skida** slalom ski **-tävling** slalom

1 slam [slamm] *s2, kortsp.* slam

2 slam [slamm] *s4* mud, ooze; slime

slamma (*rena*) wash, purify; (*kalkstryka*) limewash; ~*d krita* precipitated chalk, whiting; ~ *igen* get filled with mud

slammer ['slamm-] *s7* rattle, clatter; (*vapen- etc.*) jangle

slam|mig *a1* muddy, slimy **-ning** elutriation; desludging

slampa *s1* slut, slattern, hussy

slamra ~ [*med*] rattle, clatter

slamsa I 1 *s1* (*av kött*) scrap **2** (*kvinna*) *se slampa* **II v1 1** (*slarva*) scamp **2** (*sladdra*) babble, chatter

slana *s1* pole

1 slang *s2* tube (*äv. inner-*), hose

2 slang *s3* (*språk*) slang

3 slang *i uttr.*: *slå sig i* ~ *med* strike up an acquaintance with

slang|båge catapult; *AE.* slingshot **-klämma** hose clip (clamp) **-koppling** hose coupling (coupler) **-lös** ~*a däck* tubeless tyres

slangord slang word

slank *a1* slender, slim

slant *s2* coin; (*koppar-*) copper; *för hela* ~*en* (*bildl.*) for all one is worth; *ha en sparad* ~ have some money saved; *en vacker* ~ a nice sum; *slagen till* ~ fit for nothing; *vända på* ~*en* (*bildl.*) be economical, look at every penny

slapp *a1* slack, loose; (*sladdrig*) flaccid; (*kraftlös*) soft, limp; (*matt*) languid; (*löslig*) lax (*moral* morals *pl*) **slappa** *vard.* laze around **slapphet** slackness *etc.*; flaccidity; laxity; lack of energy

slappna ~ [*av*] slack, slacken, relax

slarv *s7* carelessness, negligence; (*oreda*) disorder

slarv|a I *s1* careless (negligent, slovenly) woman (girl) **II** *v1* be careless; ~ *med* scamp, (*klädsel o.d.*) neglect; ~ *bort* lose; ~ *ifrån sig* do by halves **-er** ['slarr-] careless fellow; *en liten* ~ a slapdash boy **-fel** careless mistake **-ig** *a1* careless, negligent; (*hafsig*) slovenly; (*osnygg*) untidy **-sylta 1** *kokk.* minced meat **2** *bildl.* mincemeat

slashas [ˣsla:s-] *s2* ragamuffin, good-for-nothing

slask *s7* **1** (*-ande*) splashing; (*-väder*) slushy weather **2** (*väglag*) slush **3** *se slaskvatten* **4** *se slasktratt*

slask|a 1 splash about; ~ *ner* splash **2** *det ~r* it is slushy weather **-hink** slop pail **-spalt** light column **-tratt** [kitchen] sink **-vatten** slops (*pl*), dishwater

1 slav *s3* (*folk*) Slav

2 slav *s2* (*träl*) slave (*äv. bildl.*); *vara ~ under* be a slave to (the slave under)

slav|a slave; (*friare*) drudge **-arbete** slave labour **-drivare** slave-driver **-eri** bondage, slavery **-göra** slavery; *bildl.* drudgery **-handel** slave trade; *vit* ~ white-slave traffic **-inna** [female] slave

1 slavisk ['sla:-] *a5* (*t. 1 slav*) Slav[ic], Slavonic; ~*a språk* Slav[on]ic languages

2 slavisk ['sla:-] *a5* (*t. 2 slav*) slavish; *bildl. äv.* servile

slav|piska slave-driver's whip; *ha* ~*n över sig* (*bildl.*) be slave-driven **-skepp** slave ship

slejf *s3, s2* strap

slem [slemm] *s7* slime; *fack.* mucus; (*vid hosta*) phlegm **-hinna** mucous membrane **-lösande** *a4* expectorant **-mig** *a1* slimy; *fack.* mucous; (*klibbig*) viscous

slentrian *s3* routine; *fastna i* ~ get into a rut **-mässig** *a1* routine; *undersökningen var* ~ the investigation was a matter of routine

slev *s2* ladle; *få en släng av* ~*en* (*bildl.*) come in for one's share **sleva** ~ *i sig* shovel into one's mouth

slick *s2* lick **slicka** lick; ~ *i sig* lap [up]; ~ *på* lick; ~ *sig om munnen* lick one's lips; ~*t hår* sleek hair

slicke|pinne *s2* lollipop **-pott** [-å-] *s2* **1** (*pekfinger*) forefinger **2** (*hushållsskrapa*) dough-scraper

slid|a *s1* sheath (*äv. bot.*); *anat.* vagina **-kniv** sheath knife

slimmad *a5*, ~ *skjorta* slim-fit shirt

slinga *s1* coil, loop; *sjö.* sling; (*ornament*) arabesque; (*blad-*) creeper; (*rök-*) wisp

slinger|bult *s2* **1** (*undanflykt*) dodge, prevarication **2** *pers.* dodger **-växt** creeper, trailing plant

slingr|a 1 (*linda*) wind, twine; (*sno*) twist **2** (*om fartyg*) roll **3** *rfl* wind [in and out]; (*sno sig*) twist, twine; (*om flod äv.*) meander; (*om orm*) wriggle; (*om växt*) trail, creep; *bildl.* dodge, hedge; ~ *sig om varandra* (*äv.*) intertwine; ~ *sig från ngt* (*bildl.*) wriggle out of s.th.; ~ *sig undan* (*bildl.*) get out of **-ande** *a4* winding; (*om flod, väg äv.*) meandering, serpentine **-ig** *a1* sinuous, tortuous,

winding **-ing** wind; twine, wriggle; *sjö.* roll

1 slinka *s1* wench, hussy

2 slinka *slank slunkit* **1** (*smyga*) slink (*i väg, undan* away, off); ~ *om hörnet* slip round the corner; ~ *igenom* (*förbi*) slip through (past); ~ *in* (*äv.*) steal (sneak) in **2** (*hänga lös*) dangle, hang loose

slint *s, i uttr.: slå* ~ come to nothing, fail

slinta *slant sluntit* slip; *jag slant med foten* my foot slipped; *glaset slant ur handen på mig* the glass slipped out of my hand

slip *s2* slipway; *ta upp ett fartyg på* ~ take up a vessel on to the slips

slipa (*skärpa*) grind, whet, sharpen; (*glätta*) grind; (*polera*) polish; (*glas e.d.*) cut

slipad *a5, bildl.* smart; cunning

slip|are grinder; cutter **-duk** abrasive cloth

sliper ['sli:-] *s2* (*railway*) sleeper; *AE.* [railroad] crosstie, tie

slip|eri grindery **-maskin** grinding machine **-ning** [-i:p-] grinding *etc.*, *jfr slipa*

slipp|a *slapp sluppit* **1** (*undgå*) escape [from]; (*besparas*) be spared [from]; (*inte behöva*) not need [to] (have to); (*undgå*) avoid; *du -er [göra det]* you needn't [do it]; *du -er inte [ifrån det]* you cannot get out of it; *kan jag få* ~? can I be excused (let off)?; *låt mig ~ se det!* I don't want to see it!; *jag ser helst att jag -er* I would rather be excused (rather not); ~ *besvär* save (be spared) trouble; *han slapp göra det* he did not have to do it; *för att* ~ *straff* to avoid punishment **2** (*med betonad partikel*) ~ *ifrån* get away [from], escape; ~ *in* be admitted (let in); ~ *lös* break loose, (*bli släppt*) be set free; *elden slapp lös* a fire broke out; ~ *undan* escape, *absol.* get out of it; ~ *undan med blotta förskräckelsen* get off with a fright; ~ *upp i sömmen* come apart at the seams; *det slapp ur mig* it escaped me; ~ *ut* get (be let) out, (*sippra ut*) leak out

slipprig *a1* slippery; (*oanständig*) indecent, obscene

slips *s2* tie

slip|skiva grinding wheel **-sten** grindstone

slir|a slip, slide; (*om fordon*) skid; (*om hjul*) spin **-ig** *a1* slippery **-ning** [-i:r-] sliding, slide; (*fordons*) skidding; (*kopplings*) slipping

sliskig *a1* sickly sweet; *bildl.* oily

slit *s7* toil, drudgery

slita *slet slitit* **1** (*nöta*) wear (*hål på* a hole in); *den håller att* ~ *på* it stands a great deal of wear; *slit den med hälsan!* you're welcome to it!; ~ *ut* wear out; ~ *ut sig* wear o.s. out with [over]work **2** (*knoga*) toil, drudge; ~ *och släpa* toil and moil; ~ *ont* have a rough time of it **3** (*rycka*) pull (*i* at); tear (*av* off; *sönder* to pieces); ~ *sitt hår* tear one's hair **4** *rfl* get loose, (*om båt*) break adrift (loose) **slitage** [-'ta:ʃ] *s7* wear [and tear]

slit|as *slets slitits, dep,* ~ *mellan hopp och fruktan* be torn between hope and dread **-bana** (*på däck*) [tyre] tread **-en** *a3* worn [out]; (*lugg-*) threadbare, shabby, shiny; *bildl.* hackneyed (*fras* phrase) empty **-ning** [-i:t-] wear; *bildl.* discord, friction

slits *s2* slit; (*på kläder*) vent

slit|sam [-i:-] *a1* strenuous, hard; *ha det ~t* have a hard time [of it] **-stark** hardwearing, durable, lasting **-styrka** durability, wearing qualities

-varg *han är en* ~ he is hard on his clothes
slockn|a [-å-] go out; lie down; (*somna*) drop off; ~*d vulkan* extinct volcano; ~*d blick* dull (lifeless) look **-ande** *a4* expiring; dying down
slogan ['sloʊ:-, 'slå:-] *s3, äv. best. f. slogan, pl slogan* slogan, catch phrase
slok|a slouch, droop; ~ *med svansen* drag one's tail **-hatt** slouch hat **-örad** *a5* lop-eared; *bildl.* crestfallen
slopa (*avskaffa*) abolish, reject; ~ *tanken på* abandon (give up) the thought of
slott [-å-] *s7* palace; (*befäst*) castle; (*herresäte*) manor [house], hall
slotts|fogde warden of a castle **-fru** chatelaine **-herre** lord of a (the) castle (manor) **-park** castle (palace) park
slovak *s3* Slovak **-isk** *a5* Slovak
slo|ven *s3* Slovene **-vensk** [-e:-] *a5* Slovenian, Slovene
sluddr|a slur one's words; (*om drucken*) talk thick **-ig** *a1* slurred; thick
slug *a1* shrewd; (*listig*) cunning, sly, wily; (*finurlig*) resourceful
slugg|a *vard.* slog, *AE.* slug **-er** ['slugg-] *s2, vard.* slogger, *AE.* slugger
slughuvud *ett* ~ a sly dog
sluka *v1, imperf. äv. slök* swallow (*äv. bildl.*); devour (*böcker* books); ~ *maten* gobble up (bolt) one's food
slum [slumm] *s3* slum **-kvarter** slum[s *pl*], slum district
slummer ['slumm-] *s9* slumber; (*lur*) doze, nap
slump *s2* **1** (*tillfällighet*) chance; luck, hazard; *av en* ~ by chance, accidentally; *en ren* ~ a mere chance (toss-up); ~*en gjorde att jag* it so happened that I; ~*en gynnade oss* fortune favoured us **2** (*återstod*) remnant
slump|a 1 ~ [*bort*] sell off (at bargain prices); *vard.* dirt cheap) **2** *det* ~*de sig så att* it so happened that **-artad** [-a:r-] *a5*, **-mässig** *a1* haphazard, chance, random **-vis** *adv* (*på en slump*) at random (haphazard)
slumr|a slumber, be half-asleep; (*ta en lur*) doze, nap; ~ *in* doze off [to sleep] **-ande** *a4* slumbering; *bildl.* dormant, undeveloped
slumsyster woman Salvationist working in slums
slunga I *s1* sling **II** *v1* sling; (*honung*) extract; (*friare*) fling, hurl; ~ *ngt i ansiktet på ngn* throw s.th. in a p.'s face
slup *s2* (*skeppsbåt*) launch, pinnace; (*enmastad*) sloop
slurk *s2* drink; swig; a few drops
slusk *s2* shabby[-looking] fellow; (*lymmel*) ruffian **-ig** *a1* shabby
sluss *s2* lock; (*dammlucka*) sluice; (*luft-*) airlock
sluss|a (*gå igenom sluss*) pass through a lock; (*låta gå genom sluss*) take through a lock **-avgift** lock dues (*pl*), lockage **-ning** lockage, passing [a ship] through a lock **-port** lock gate
slut I *s7* end; (*avslutning*) ending, termination, close, finish; (*utgång*) result; *när* ~*et är gott är allting gott* all's well that ends well; ~*et blev art han* the end of it (result) was that he; ~*et på visan blev* the end of the story was; *få ett* ~ come to an end; *få* ~ *på* get to the end of, see the end of;

göra ~ *med ngn* break it off with s.b.; *göra* ~ *på a*) (*göra av med*) use up, consume, *b*) (*stoppa*) put an end to; *i* (*vid*) ~*et* at the end; *känna* ~*et nalkas* feel that the end is near; *dagen lider mot sitt* ~ the day is drawing to a close; *läsa* ~ *en bok* finish reading a book; *till* ~ at last, finally; *ända till* ~*et* (*vard.*) to the bitter end; *från början till* ~ from beginning to end; *låt mig tala till* ~ let me finish what I was saying **II** *oböjligt predik. a* at an end, [all] done (over), finished; *det måste bli* ~ *på* there must be an end to (*ofoget* this mischief); *är* ~ *a*) (*i tid*) is at an end, is over *b*) (*om vara o.d.*) is used up, (*slutsåld*) sold out, *c*) (*om krafter, tålamod e.d.*) is exhausted; *kaffet är* ~ there is no more coffee; *jag är alldeles* ~ I am dead beat; *det är* ~ *mellan oss* it is all over between us; *ta* ~, *se sluta II 2*; ... *har tagit* ~ (*hand.*) we are [sold] out of ..., there is no more ...; *bensinen håller på att ta* ~ we are getting (running) short of petrol; *aldrig qicken to* ~ (*äv.*) **I I I I** endless (interminable)
slut|a I *slöt -it* **1** (*till-*) close, shut; ~ *leden* close the ranks; ~ *ngn i sin famn* lock s.b. in one's arms; ~ *en cirkel kring* form a circle round; ~ *ögonen för* (*bildl.*) shut one's eyes to; ~ *till* shut, close; ~ *upp* gather, assemble **2** (*göra upp*) conclude (*fred* peace); ~ *avtal* make (conclude, come to) an agreement **3** (*dra -sats*) conclude (*av* from) **II** *v1, imperf. äv. slöt* **1** (*av-*) end, bring to an end; (*säga t. slut*) conclude; (*göra färdig*) finish; ~ *skolan* leave school **2** (*upphöra, ta slut*) end (*med* with; *på konsonant* in a consonant); come to (be at) an end, stop, cease; *AE. äv.* quit; (~ *sin anställning*) leave, quit, ~ *gråta* stop crying; *han* ~*de läsa på sidan* ... he left off reading on page ...; ~ *röka* give up (stop) smoking; ~ *där man börjat* come full circle; *det kommer att* ~ *illa* it will end badly; *hon har* ~*t hos oss* she has left us; *hans liv* ~*de i fattigdom* he ended up in poverty; ~ *i en spets* end in a point; *han* ~*de med några uppskattande ord* he wound up (concluded) with a few appreciative words; ~ *upp* stop (*med ngt doing s.th.*) **III** *slöt -it, rfl* **1** (*stänga sig*) shut, close; ~ *sig inom sig själv* retire into one's shell **2** ~ *sig till ngn* (*ngt*) join s.b. (s.th.); ~ *sig tillsammans* (*om pers.*) unite **3** ~ *sig till ngt* (*komma fram t.*) conclude (infer) s.th.
slut|are *foto.* shutter **-behandla** conclude (*ett mål* a case); *saken är* ~*d* the matter is settled **-betalning** final payment (settlement) **-betyg** final (leaving) certificate
slut|en *a3* **1** (*till-*) closed; (*förseglad*) sealed (*försändelse* package); ~ *omröstning* secret ballot, ballot vote; [*tätt*] *-na led* serried ranks; *ett -et sällskap* a private company; ~ *vokal* close vowel; ~ *vård* inpatient care, institutional care; ~*t TV-system* closed-circuit television **2** (*inbunden*) reserved; *vard.* buttoned-up **-föra** bring to an end, conclude **-förvaring** *kärntekn.* landfill[ing], deposition, controlled tipping **-giltig** definitive, final
slut|kläm closing remark, final comment; (*sammanfattning*) summing-up **-körd** *a5, vard.* exhausted, deadbeat **-ledning** conclusion, deduction, inference; (*i logiken*) syllogism **-lig** [-u:-] *a1* final, ultimate; ~ *skatt* final tax **-ligen** [-u:-] fi-

S

nally; (*till sist*) in the end, ultimately, eventually; (*omsider*) at last **-lön** terminal (severance) pay **-replik** closing rejoinder; (*i pjäs*) closing lines **-resultat** final result **-sats** conclusion, inference; *dra sina ~er* draw one's conclusions **-signal** *sport.* final whistle **-skede** final stage (phase) **-spel** *sport.* finals; (*i schack*) endgame **-spurt** final spurt; finish **-station** terminus; *AE.* terminal **-stycke** (*på eldvapen*) bolt **-såld** sold out, out of stock; (*om bok*) out of print

slutt|a decline, slope [downwards]; descent; ~ *brant* slope abruptly **-ande** *a4* inclined (plan plane); sloping (*axlar* shoulders); slanting (*tak* roof); *komma på det ~ planet* (*bildl.*) be on the downgrade **-ning** slope, descent

slutvinjett (*i bok e.d.*) tailpiece; *bildl.* concluding remark, (*höjdpunkt*) peak, culmination

slyna *s1* hussy, minx

slyngel *s2* young rascal; scamp **-åldern, -åren** the awkward age

1 slå *s2* crossbar, slat, rail

2 slå *slog slagit* **I 1** (~ *till, äv. bildl.*) strike (*ett slag* a blow; *ngn med häpnad* s.b. with amazement); hit; smite, knock; (*flera slag; besegra*) beat (*ngn gul o. blå* s.b. black and blue; *på trumma* the drum; *fienden* the enemy); (*om hjärta, puls*) beat, throb; (*om segel*) flap; *han slog henne* he beat (hit, struck) her; *samvetet slog mig* my conscience smote me; *det slog mig att* it struck me that; ~ *en bonde* (*schack.*) take a pawn; ~ *broar* throw bridges (*över* across); ~ *kana* slide, go sliding; *fönstret står och ~r* the window keeps banging [to and fro]; *gäddan ~r* the pike is splashing about; *klockan ~r* the clock strikes; *en vara som ~r* a product that catches on; ~ *fel nummer* dial the wrong number; ~ *för en flicka* court (*AE. äv.* date) a girl; ~ *i dörrarna* bang the doors; ~ *en spik i väggen* knock (drive) a nail into the wall; *regnet ~r mot fönstret* the rain is beating against the window; *vågorna ~r mot stranden* the waves are beating on the shore; ~ *armarna om* put (throw) one's arms round; ~ *papper om* wrap up in paper; ~ *ett snöre om* tie up with string; ~ *en knut* make a knot; ~ *en ring omkring* form a circle round; ~ *på stort* lay it on, do the thing in style; ~ *ngn till marken* knock s.b. down **2** (*meja*) mow, cut (*hö* hay) **3** (*hälla*) pour (*i, upp* out) **4** (*om fåglar*) warble **II** (*med betonad partikel*) **1** ~ *an a*) (*en sträng*) touch, strike, *b*) (*en ton*) strike up; ~ *an på* catch on with, captivate (*åhörarna* the audience); ~ *av a*) knock off, *b*) (*koppla ifrån*) switch off, *c*) (*hälla av*) pour off **2** ~ *av på priset* reduce (knock down) the price; ~ *av sig* get flat, lose strength **3** ~ *bort* throw away, (*tankar e.d.*) chase away, drive (shake) off; ~ *bort tanken på …* dismiss the thought of … from one's mind; ~ *bort med ett skämt* pass off with a joke **4** ~ *emellan* (*boktr.*) lead [out], space out **5** ~ *i a*) (*spik*) knock (drive) in, *b*) (*hälla i*) pour out (in); ~ *i ngn ngt* drum s.th. into a p.'s head, (*lura*) talk s.b. into believing s.th. **6** ~ *igen a*) (*smälla igen*) slam, bang (*dörren* the door), (*stänga*) shut (*locket* the lid), close, shut down (*butiken* the shop), (*stängas*) shut [with a bang], *b*) (~ *tillbaka*) hit (strike) back **7** ~ *igenom a*) (*tränga igenom*) penetrate, soak through, *b*)

(*lyckas*) succeed, make a name for o.s. **8** ~ *ihjäl* (*äv. tiden*) kill **9** ~ *ihop a*) (*händerna e.d.*) clap, (*smälla ihop*) clash together, *b*) (*fälla ihop*) fold [up], (*slå igen*) shut, *c*) (*förena*) put together, unite, combine **10** ~ *in a*) (*krossa*) smash, break, (*dörr*) force, *b*) (*paket e.d.*) wrap up (*i* in), *c*) (*besannas*) come true; ~ *in på en annan väg* turn into (take) another road, *bildl.* branch off, take another course **11** ~ *ner a*) (*t. marken*) knock down, *b*) (*driva ner*) beat (hammer) down (*en stolpe* a pole), *c*) (*fälla ner*) let down, (*ögonen*) lower, (*krage e.d.*) turn down, *d*) (*om åskan*) strike, *e*) (*om rovfågel o. bildl.*) swoop down, pounce; *röken ~r ner* the smoke is driving down[wards]; *nyheten slog ner som en bomb* the news broke like a bomb **12** ~ *om* (*bildl. o. om väder*) change **13** ~ *omkull* throw (knock) over (down) **14** ~ *runt* somersault, overturn, (*festa*) go on the spree; ~ *sönder* break [to pieces] **15** ~ *till a*) strike, (*ngn äv.*) hit, *b*) (*inkoppla*) switch on, turn on, *c*) (*om relä e.d.*) pull up **16** ~ *tillbaka* hit (beat, strike) back, beat off (*ett anfall* an attack) **17** ~ *upp a*) (*öppna*) open, (*dörr e.d.*) throw (fling) open, (*ord i ordbok e.d.*) look up, *b*) (*fästa upp*) stick up, (*affisch e.d.*) post up, *c*) (*fälla upp*) turn up (*kragen* the collar), pitch (*ett tält* a tent, *d*) (*förlovning*) break off, *e*) (*om läppar*) flare up; ~ *upp sidan 5* turn to (open at) page 5; ~ *upp i artikel på första sidan* splash an article over the front page; *hon har slagit upp med honom* she has broken it off with him **18** ~ *ut a*) knock (beat) out, (*fönster*) smash, *b*) (*breda ut*) open (*vingarna* its (*etc.*) wings), *c*) (*om träd, växt*) burst into leaf, come out, (*om knopp*) open, *d*) (*hälla ut*) pour out, (*spilla*) spill [out], *e*) (*fördela*) spread over (*kostnaderna* the costs); *lågorna slog ut från taket* the flames burst through the roof; *försöket slog väl ut* the experiment turned out well; *många kommer att ~s ut i konkurrensen* many will go under in the competition **19** ~ *över* (*gå t. överdrift*) overdo it; *vågorna slog över båten* the waves washed over the boat **III** *rfl* **1** (*göra sig illa*) hurt o.s.; ~ *sig fördärvad* smash o.s. up **2** ~ *sig för sitt bröst* beat one's breast; ~ *sig för pannan* strike one's forehead; *du kan ~ dig i backen på att han kommer* you bet he will come **3** (*bli krokig*) warp, cast **4** (*i prep. uttryck*) ~ *sig fram* (*bildl.*) make (fight) one's way [in the world]; ~ *sig ihop* (*för att köpa*) club together; ~ *sig ihop med* (*äv.*) join [forces with]; ~ *sig lös, se lös*; ~ *sig ner* sit down, (*bosätta sig*) settle [down]; ~ *sig på* (*ägna sig åt*) go into (*affärer* business); *sjukdomen slog sig på lungorna* the disease went to (affected) the lungs

slående *a4* striking (*likhet* resemblance)

slån *s9, s7* blackthorn, sloe **-bär** sloe

slåss *slogs slagits, dep* fight (*om* about; *med ngn* [with] s.b.)

slåtter ['slått-] *s2* haymaking **-maskin** mower

1 släcka *v3, sjö.,* ~ [*på*] slacken, ease [off]

2 släcka *v3* (*få att slockna*) extinguish, put out; (*elektr. ljus*) switch off; put out; (*gaslåga*) turn out; (*kalk; törst*) slake

släckningsmanskap fire-fighting squad, fire-fighters (*pl*)

släd|e *s2* sleigh; sledge; *åka ~* sleigh, go sleigh-riding **-färd** sleigh ride

slägg|**a** *s1* sledge[hammer]; *sport.* hammer; *kasta* ~ (*sport.*) throw the hammer **-kastare** hammer-thrower **-kastning** throwing the hammer

släkt I *s3* (*ätt*) family; (*-ingar*) relations, relatives (*pl*); *det ligger i* ~*en* it runs in the family; ~ *och vänner* friends and relations; *tjocka* ~*en* (*vard.*) near relations **II** *oböjligt pred. a* related (*med* to), of the same family (*med* as); *jag är* ~ *med honom* I am a relative of his; ~ *till* ~*en* related to one's relations; *vara nära* ~ be closely related; ~ *på långt håll* distantly related **-drag** family trait (characteristic)

släkt|**e** *s6* (*-led*) generation; (*ätt, ras*) race; *biol.* genus; *det manliga* ~*t* the male species **-forskning** genealogy **-ing** relative, relation (*till mig* of mine) **-klenod** [family] heirloom **-namn** family name, surname; *biol.* generic name **-skap** *s3, s4* relationship; *bildl.* affinity, kinship

1 slända *s1* (*redskap*) distaff

2 slända *s1, zool.* dragonfly; neuropter[an]

släng *s2* **1** (*häftig rörelse*) toss, jerk (*med huvudet* of the head) **2** (*snirkel*) flourish **3** (*slag*) lash, cut **4** (*lindrigt anfall*) touch (*av influensa* of the flu); dash (*av galenskap* of madness) **slänga** *v2* **1** (*kasta*) toss, jerk, fling; dash; ~ *av sig rocken* throw off one's coat; ~ *i sig maten* gulp down the food; ~ *på sig kläderna* throw one's clothes on **2** (*dingla*) dangle (*hit o. dit* to and fro); (*svänga*) swing; ~ *i dörrarna* slam the doors; ~ *med armarna* wave one's arms about

slängd *a1* (*skicklig*) clever, good (*i* at)

släng|**ig** *a1* (*ledlös*) loose-limbed; (*om handstil*) careless **-kyss** *kasta en* ~ *till ngn* blow s.b. a kiss

slänt *s3* slope

släntra saunter, stroll

släp *s7* **1** (*på klädesplagg*) train **2** (*-vagn*) trailer; *ha* (*ta*) *på* ~ have (take) in tow **3** (*slit*) toil, drudgery; *slit och* ~ toil and moil

släpa *v1* **1** (*dra efter sig*) drag, trail, (*bogsera*) tow, tug; ~ *fötterna efter sig* drag one's feet; ~ *med sig* drag about with one; ~ *sig fram* drag o.s. along, *bildl.* drag [on] **2** (*hänga ner*) drag, trail (*i golvet* on the floor) **3** (*slita*) toil, drudge **II** *s1* sled, sledge

släp|**ig** *a1* trailing, shuffling (*gång* gait); drawling (*röst* voice) **-lift** ski tow

släpp|**a** *v3* **1** (*låta falla*) let go; (*tappa*) drop, let slip **2** (*frige, lösa*) release, let loose; (*överge*) give up (*tanken på* the thought of); ~ *taget* release one's hold, let go **3** (*lossna*) come loose; leave hold **4** (*med betonad partikel*) ~ *efter* release one's hold, *bildl.* get lax; ~ *efter på disciplinen* relax the discipline; ~ *fram* (*förbi*) let pass; ~ *ifrån sig* let go, part with, (*avstå från*) give up; ~ *in* let in, admit; ~ *lös* release, let loose; ~ *ner* (*sänka*; *lägga ner*) let down; ~ *på vatten* turn the water on; ~ *till pengar* contribute (furnish) money; ~ *ut* let out (*äv. sömn.*), (*fånge*) release **-hänt** *a1* butterfingered; *bildl.* indulgent, easy-going (*mot ngn* towards, with)

släp|**tåg** *ha i* ~ (*bildl.*) have in tow, bring in one's (its) wake **-vagn** trailer

slät *a1* **1** smooth; (*jämn*) even, level; (*om mark äv.*) flat; ~*t hår* smooth (sleek) hair **2** (*enkel*) plain; (*-struken*) mediocre; (*usel*) poor; *göra en*

~ *figur* cut a poor figure

släta ~ (*till*) smooth [down]; (*platta till*) flatten; ~ *ut* smooth out [the creases in]; ~ *över* (*bildl.*) smooth over

slät|**hårig** straight-haired; (*om hund*) smooth-haired **-kamma** comb smooth; ~*d* (*äv.*) sleek-haired **-löpning** flat-race **-prick** *sjö.* spar buoy, marker **-struken** *a3, bildl.* mediocre, indifferent

1 slätt *adv* **1** smoothly; *ligga* ~ be smooth **2** *rätt och* ~ [quite] simply; *stå sig* ~ cut a poor figure, come off badly

2 slätt *s3* plain; (*hög-*) plateau

slö *a1* blunt, dull (*äv. bildl.*); (*dåsig*) inert; (*loj*) indolent, listless **slöa** idle; *sitta och* ~ sit idle, be dawdling; ~ *till* get slack; (*dåsa till*) get drowsy **slödder** ['slödd-] *s7* mob, rabble **slö**|**fock** [-å-] *s2* dullard, mope **-het** bluntness *etc.*; indolence, lethargy

slöja [×slöjja] *s1* veil

slöjd *s3* handicraft; (*skolämne*) handicraft (woodwork, carpentry; needlework) instruction **slöjda** do woodwork (*etc.*) **slöjdlärare** craft teacher

slör *s2, sjö.* free (large) wind **slöra** sail (go) large

slösa 1 (*använda t. övermått*) squander, be wasteful (lavish) (*med* with) **2** (*ödsla*) waste (*pengar* money), spend [lavishly], squander; (*beröm, omsorg o.d.*) lavish; ~ *bort* waste, squander **slösaktig** *a1* lavish (*med* with), wasteful (*med* with, of), extravagant **-het** lavishness *etc.*; extravagance **slös**|**ande** *a4, jfr -aktig*; ~ *prakt* lavish splendour **-are** spendthrift, squanderer **-eri** wastefulness, extravagance; waste (*med tiden* of time)

smack *n, inte ett* ~ not a bit

smacka smack; ~ *med tungan* click one's tongue; ~ *åt* (*häst*) gee up

smak *s3* taste (*av* of; *för* for) (*äv. bildl.*); (*arom*) flavour (*av vanilj* of vanilla); - *en är olika* tastes differ; *om tycke och* ~ *skall man inte diskutera* there is no accounting for tastes; *falla ngn i* ~*en* please s.b., strike a p.'s fancy; *få* ~ *för* take a liking to, get a taste for; *jag har förlorat* ~*en* I have lost my sense of taste; *ha god* (*säker*) ~ have an unerring taste; *en person med god* ~ a person of [good] taste; *äta med god* ~ eat with gusto (a relish); *i min* ~ to my taste; *den är inte i min* ~ (*äv.*) I don't fancy it; *sätta* ~ *på* give a flavour to, season; *ta* ~ *av ngt* take on the taste of s.th.

smak|**a 1** (*av-, eg. o. bildl.*) taste, have a taste of (*äv. få* ~, ~ *på*); (*erfara*) experience; ~ *av, se av-smaka*; [*få*] ~ *riset* get a taste of the rod; *han* ~*r aldrig starkt* he never touches strong drink **2** (*ha viss smak*) taste, have a taste (*tomat* of tomato); ~ *gott* (*illa*) taste nice (bad), have a nice (bad) taste; *hur* ~*r det? a*) what does it taste like?, *b*) (*tycker du om det?*) is it to your taste?; *nu skall det* ~ *med te* tea will be welcome; ~ *på* taste; *låta sig ngt väl* ~ eat s.th. heartily, help o.s. liberally to; *det kostar mer än det* ~*r* it costs more than it is worth; ~*r det så kostar det* you won't get something for nothing; *han* ~*r knappt på maten* he hardly touched the food **-bit** bit to taste; (*prov*) sample **-full** tasteful; (*elegant*) stylish, elegant

smak|**lig** [-a:-] *a1* (*aptitlig*) appetizing; (*läcker*) delicate, dainty; tasty **-lök** *anat.* taste bud **-lös** tasteless (*äv. bildl.*); *eg. äv.* flat, insipid; *bildl. äv.* in bad taste **-löshet** tastelessness *etc.*; insipidity; *bildl.* bad taste **-prov** sample **-råd** advice (*pers.*: adviser) in matters of taste **-sak** matter of taste **-sinne** [sense of] taste **-sätta** flavour, season **-ämne** flavouring

smal *al* (*motsats bred, vid*) narrow; (*motsats tjock*) thin; (*om pers. äv.*) lean; (*slank*) slender; *vara ~ om midjan* have a slender waist; *det är en ~ sak* (*bildl.*) it is a small matter (a trifle) **-ben** lower shin **-film** substandard (8 (16) mm) film **-filmskamera** cine (*AE.* movie) camera

smal|na [-a:l-] narrow [off, down]; (*magra, bli tunnare*) grow thinner; (*t. en spets*) taper **-spårig** *al* narrow-gauge; *bildl.* narrow-minded

smaragd *s3* emerald

smart [-a:-] *al* smart

smash smash **smasha** smash

smaska slurp

smaskig *al, vard.* delicious, yummy

smatt|er ['smatt-] *s7* clatter; patter, rattle; (*av (om) trumpet*) blare **-ra** clatter; patter, rattle; (*av (om) trumpet*) blare

smed *s3* [black]smith **smedja** [-e:-] *s1* smithy; forge

smek *s7* caressing; (*kel*) fondling; (*ömhetsbetygelser*) caresses (*pl*)

smek|a *v3* caress; (*kela med*) fondle; (*klappa*) pat **-ande** *a4* caressing; gentle, soft (*toner* tones)

smek|as *v3, dep* caress [each other] **-månad** honeymoon **-namn** pet name **-ning** [-e:-] caress, endearment **-sam** [-e:-] *al* caressing, fondling

smet *s3* (*sörja*) sludge; *kokk.* paste, [cake] mixture; (*pannkaks-*) batter **smeta** daub, smear (*på* on); *~ fast* stick; *~ av sig* make smears, (*om färg*) come off; *~ ner* [be]smear, bedaub; *~ ner sig* make a mess of o.s. **smetig** *al* smeary, sticky

smick|er ['smikk-] *s7* flattery; (*inställsamt*) blandishment; (*grovt*) blarney; *vard.* soft soap **-ra** flatter, cajole; *~ sig med* flatter o.s. upon (*att ha gjort ngt* having done s.th.), plume o.s. on (*att vara* being) **-rande** *a4* flattering; *föga ~* hardly flattering **-rare** flatterer

smid|a *v2* forge (*äv. bildl.*); hammer; *bildl.* devise, concoct (*planer* schemes); *~ ihop* forge together, weld; *~ medan järnet är varmt* strike while the iron is hot **-bar** [-i:-] *al* forgeable, malleable; *~t järn* malleable (wrought) iron

smidd *a5* forged; wrought, hammered **smide** *s6* forging; *~n* hardware (*sg*), iron goods, forgings **smidesjärn** forging steel (iron), wrought iron

smidig *al* (*böjlig*) ductile, flexible; pliable, supple (*äv. bildl.*); (*vig*) lithe; *~a tyger* soft materials **-het** flexibility; suppleness

smil *s7* smile; (*hångrin*) grin; (*självbelåtet*) smirk **smil|a** smile; grin; smirk **-band** *dra på ~et* smile [faintly] (*åt* at) **-fink** sycophant, toady **-grop** dimple

smink *s4* make-up; (*rött*) rouge; *teat. äv.* grease paint **sminka** make up, paint; paint o.s.; *teat.* make up

smink|loge [-lå:ʃ] *s5* dressing room **-ning** making up; (*en ~*) make-up **-ör** make-up man

smisk *s7* smack[ing] **smiska** smack

1 smita *smet smitit* make off, run away; *vard.* hook it; (*från bilolycka*) hit and run; *~ från betalningen* dodge payment

2 smita *smet smitit, ~ åt* (*om plagg*) be tight

smitt|a I *s1* infection, contagion (*äv. bildl.*); *överföra ~* transmit infection **II** *v1, ~ [ner]* infect (*äv. bildl.*); *bli ~d* catch the infection (*av ngn* from s.b.; *han ~de henne* (*äv.*) she caught it from him; *exemplet ~r* the example is infectious **-ande** *a4* catching, infectious; *~ skratt* infectious laughter **-bärare** [disease] carrier **-härd** focus (source) of infection **-koppor** *pl* smallpox (*sg*) **-källa** source of infection **-sam** *al* catching; infectious; contagious (*äv. bildl.*) **-ämne** infectious matter, contagion

smock|a [-å-] **I** *s1* biff **II** *v1, ~ till* ngn sock s.b. **-full** crammed full (*med* of), chock-full

smoking ['små:-] dinner jacket; *AE.* tuxedo; *vara klädd i ~* (*äv.*) wear a black tie **-skjorta** evening (*vard.* boiled) shirt

smolk [-å-] *s7* mote; some dirt (*i ögat* in one's eye); *det har kommit ~ i mjölken* (*bildl.*) there is a fly in the ointment

smor|d [-o:-] *a5* greased; oiled; *Herrans ~* the Lord's anointed; *det går som -t* it goes like clockwork

smuggl|a smuggle **-are** smuggler; (*sprit-*) bootlegger

smul|a I *s1* **1** (*bröd- etc.*) crumb; *-or* (*äv.*) scraps; *små -or är också bröd* better half a loaf than no bread **2** *bildl.* particle, fragment, atom; *en ~* a bit (trifle, little); *den ~ franska han kan* the little French he knows **II** *v1, ~* [*sönder*] crumble; *~ sig* crumble **-ig** *al* crumbly, full of crumbs

smultron [-ån] *s7* wild strawberry

smussel ['smuss-] *s7, ej pl* underhand practices (*pl*); *vard.* hanky-panky **smussla** practice underhand tricks, cheat, swindle; *~ in* smuggle (slip) in; *~ till ngn ngt* slip s.b. s.th.; *~ undan* smuggle out of the way

smuts *s3* dirt, filth (*äv. bildl.*); (*gat- etc.*) mud, soil; *dra* (*släpa*) *i ~en* drag through the mire

smuts|a *~ [ner]* make dirty, soil; (*smeta ner*) muck up; (*fläcka*) stain; *~ ner sig* get dirty; *~ ner sig om händerna* get one's hands dirty **-fläck** blotch, smudge **-gris** (*om barn*) dirty [little] grub **smuts|ig** *al* dirty; filthy; (*äv. bildl.*); *bildl. äv.* foul; (*om gator etc.*) muddy; *bli ~* get dirty; *vara ~ om händerna* have grubby hands **-kasta** *bildl.* throw mud at; defame **-kastning** mud-throwing; defamation **-kläder** *pl* dirty linen (*sg*) **-säck** dirty-clothes bag

smutta *~ [på]* sip

smycka adorn, ornament; (*dekorera*) decorate **smycke** *s6* piece of jewellery, trinket; *bildl.* ornament; *~n* jewellery (*sg*) **smyckeskrin** jewel box (case)

smyg 1 *s2, se* fönstersmyg **2** *i uttr.: i ~* stealthily, furtively, on the sly

smyga *smög smugit* **1** (*smussla*) *~* [*in*] slip (*ngt i handen på ngn* s.th. into a p.'s hand) **2** (*oförmärkt glida*) sneak (*som en indian* like an Indian); *gå och ~* [go] sneak[ing] about; *komma ~nde* come sneaking **3** *rfl* steal, sneak (*bort* away); *~ sig intill ngn* snuggle up to s.b.; *~ sig på ngn* steal up to s.b.

smyg|ande *a4* sneaking; lurking *(misstanke* suspicion); insidious *(sjukdom* illness; *gift* poison) **-röka** smoke on the sly **-supa** drink on the sly **-väg** secret path; *~ar (bildl.)* underhand means **små** *smått smärre; i stället för felande former används liten (jfr liten)* little; small; *bildl. äv.* petty; *~ barn* little (small) children; *~* little ones; *letters; de ~ (barnen)* the little ones; *stora och ~* great and small, *(om pers. äv.)* old and young **-aktig** *a1* petty, mean; *AE. äv.* picayune **-aktighet** pettiness, meanness **-barn** little children; infants **-bildskamera** miniature camera, minicamera **-bröd** *koll.* biscuits *(pl); AE.* cookies *(pl)* **-båtar** *pl* small boats **-franska** French roll **-fågel** small bird[s] **-gräla** bicker **-krafs** odds and ends *(pl)* **-kryp** insect; *vard.* bug **-le** smile *(mot at)* **-leende I** *a4* smiling **II** *s6* smile **småningom** [-åm] [så] *~ (efter hand)* gradually, little by little, *(med tiden)* by and by **små|pengar** *pl* small change *(sg)* **-plock** *koll.* odds and ends *(pl)* **-prat** chat, small talk **-prata** chat **-regna** drizzle **-rolig** [quietly] amusing, droll **-rutig** small-checked **små|sak** trifle, small (little) thing; *hänga upp sig på ~er* worry about little (unimportant) things; *det är inte ~er* it is no light matter **-skola** junior school **-skratta** chuckle **-skuren** *a3* fine[ly] cut; *bildl. se småaktig* **-slug** shrewd, artful **-snål** cheeseparing **-sparare** small saver **-springa** half run, trot **-stad** small town; *(landsorts-)* country (provincial) town **-sur** sulky **-svära** swear under one's breath **-timmarna** *pl* the small hours; *fram på ~* in the small hours of the morning **-tokig** scatty **-trevlig** cosy; *(om pers.)* pleasant

smått I *a, jfr små* little, small; *~ och gott* a little of everything; *ha det ~* be badly off; *ha ~ om* be short of; *hacka ngt ~* chop s.th. small **II** *adv* a little; slightly, somewhat *(förälskad in love)* **III** *s, i vissa uttr.: vänta ~* expect a baby; *i ~* in little [things], in a small way, on a small scale; *i stort som ~* in great as in little things **-ing** baby, youngster, kid **små|varmt** *best. form det -varma, koll.* hot snack **-vilt** *koll.* small game **-växt** *a4 (om pers.)* short [of stature]; *(om djur)* small; *(om växt)* low **smäcka** *vard.* **1** *(slå)* slam, hit **2** *(ljuga)* lie, brag **smäcker** ['smäkk-] *a2* slender **smäd|a** abuse; *(ärekränka)* defame; *~ Gud* blaspheme **-else** abuse; defamation; *~r* invectives **smäktande** *a4 (trånande)* languishing; *(ljuv)* melting **smälek** *s2* disgrace, ignominy; *lida ~* suffer (be put to) shame **smäll 1** *s7, få ~* get a spanking (smacking) **2** *s2 (knall, skräll)* bang, crack; *dörren slog igen med en ~* the door shut with a bang (slammed to) **3** *s2 (slag)* smack, slap; *(med piska)* lash **smäll|a** *v2, imperf. i intransitiv betydelse äv. small* **1** *(slå)* slap; *(ge ngn smäll)* spank, smack **2** *(frambringa en smäll)* crack; *~ i dörrarna* bang (slam) the doors; *~ med piskan* crack the whip; *nu -er det!* off it goes!; *~ igen* shut [...] with a bang, *([om] dörr)* bang, slam **-are** cracker **-kyss** smack **smält|a I** *s1, tekn.* [s]melt **II** *v3* **1** *(göra flytande)*

melt; *(metall äv.)* smelt, fuse; *(mat o.d.; bildl.)* digest; *bildl. äv.* put up with, swallow *(förtreten* one's annoyance); *smält smör* drawn butter **2** *(övergå t. flytande form)* melt *(äv. bildl.); (om is, snö äv.)* thaw; *(lösa sig)* dissolve; *(vekna)* soften; *~ ihop* fuse *(äv. bildl.); (minskas)* twindle [down]; *-er i munnen* melts in the mouth; *~ ner* [s]melt down; *~ samman* fuse *(äv. bildl.); ~ samman med (äv.)* merge into **-ande** *a4* melting (toner tones); *bildl. äv.* liquid **-degel** crucible, melting pot **-punkt** melting (fusing) point **-säkring** [safety] fuse **-vatten** melted snow (ice) **smärgel** [ˣsmärjel, 'smärr-] *s9* emery **-duk** emery cloth **-skiva** emery wheel **smärgla** [-j-] emery, grind (polish) with emery **smärre** *komp. t. små* smaller; minor *(fel* faults) **smärt** *a1* slender, slim **smärt|a I** *s1* pain; *(häftig, kort)* pang, twinge [of pain]; *(pina)* agony, torment; *(lidande)* suffering; *(sorg, bedrövelse)* grief, affliction, distress; *känna ~ (ieel* be in) pain, *(själsligt)* be grieved (pained) *(över at); med ~ hör jag att* I am grieved to hear that **II** *v1* pain; *(själsligt äv.)* grieve *(djupt* deeply) **-fri** painless; *(smidig)* smooth **-gräns** pain threshold **smärt|lindring** pain relief **-sam** *a1* painful; *(själsligt äv.)* sad, grievous, distressing; *ytterst ~ma plågor (äv.)* extreme pain *(sg)* **-stillande** *a4* pain-relieving, analgesic; *(lugnande)* sedative; *~ medel* analgesic, anodyne, sedative **smör** *s7* butter; *(vegets.)* ~ på spread with butter, spread butter on, butter; *gå åt som ~ i solsken* sell like hot cakes; *inte för allt ~ i Småland* not for all the tea in China, *se ut som om man sålt ~et och tappat pengarna* look as though one has made a fortune and lost it; *komma [sig] upp i ~et* be in clover, be in high favour **smöra** *v1* butter **smör|blomma** buttercup **-deg** puff paste **smörgås** [ˣsmörr-] *s2* [piece (slice) of] bread and butter; *(med pålägg)* open sandwich; *kasta ~ (lek)* play ducks and drakes **-bord** smorgasbord; hors d'oeuvres *(pl)* **smörj** *s7* thrashing, licking **smörj|a I** *s1* **1** (-*medel*) grease, lubricant **2** *(skräp)* rubbish, trash; *prata ~* talk nonsense (rubbish) **II** *smorde smort* **1** grease, lubricate; *(med olja)* oil; *(med salva)* salve; *(kung e.d.)* anoint; *(bestryka)* smear; *~ in a)* *(ett ämne)* rub in *b) (ngn, ngt) dets. som smörja* **2** *~ ngn (smickra)* butter s.b. up, *(muta)* grease (oil) a p.'s palm **smörjelse 1** (*-ning*) anointing **2** *(salva)* ointment; *(helig olja)* chrism; *sista ~n* the extreme unction **smörj|fett** [lubricating] grease (fat) **-grop** greasing pit **-hall** greasing bay **-hål** lubricating (oil) hole **-ig** *a1 (smutsig)* greasy, smeary **-kanna** oilcan, lubricating can **-kopp** oilcup, lubricating cup **-medel** *tekn.* lubricant **-ning** greasing *etc.*; lubrication **-olja** lubricating oil **smör|klick** pat of butter **-kniv** butter knife **-papper** greaseproof paper **snabb** *a1* rapid, swift *(rörelse* motion); speedy; fast *(löpare* runner); prompt, quick *(svar* reply); *~ i vändningarna* nimble, alert, agile; *~t tillfrisknande* speedy recovery **snabb|a** *~ på* hurry up **-fotad** *a5* fleet-footed,

S

swift-footed **-gående** *a4* fast, high-speed **-het** swiftness *etc.*; rapidity; speed **-kaffe** instant coffee **-telefon** intercom [telephone] **-tänkt** *a1* quick-witted, ready-witted

snabel ['sna:-] *s2* trunk

snack|a chatter, chat **-salig** *vard.* garrulous

snagg *s3* crew cut **snagga** crop **snaggad** *a5* cropped

snappa snatch, snap (*efter* at); ~ *bort* snatch away; ~ *upp* snatch (pick) up; ~ *upp några ord* catch a few words

snaps *s2* schnap[p]s **-visa** drinking song

snar *a1* speedy (*bättring* recovery); quick (*t. vrede* to anger); *inom en* ~ *framtid* in the immediate (near) future

snar|a I *s1* snare; (*fälla*) trap; (*fågel-*) springe; (*ränn-*) noose; *lägga ut -or för* set (lay) traps for; *fastna i ~n* fall into the trap (*äv. bildl.*) **II** *v1* snare

snar|are *adv* **1** (*hellre*) rather; ~ *kort än lång* short rather than long; *det är* ~ *så att ...* the fact is that ... if anything; *jag tror* ~ *att* I am more inclined to think that **2** (*snabbare*) sooner **-ast** *adv* **1** ~ [*möjligt*] as soon as possible, at one's earliest convenience, without delay **2** (*egentligen*) if anything

snark|a snore **-ning** snore; ~*ar* (*äv.*) snoring (*sg*)

snarlik rather like; ~ *i form* much of the same shape; *en* ~ *historia* an analogous (similar) story

snart [-a:-] *adv* soon; (*inom kort*) shortly, before long; *alltför* ~ only too soon; ~ *sagt* well-nigh, not far off; *så* ~ [*som*] as soon as, directly; *så* ~ *som möjligt, se snarast 1*

snask *s7* sweets (*pl*); *AE.* candy **snaska 1** eat sweets; ~ *i sig* munch **2** ~ *ner* make a mess on (of); ~ *ner sig* mess o.s. up **snaskig** *a1* messy, dirty

snatta pilfer, pinch, filch

snatter ['snatt-] *s7* quack[ing]; gabble (*äv. bildl.*); *bildl. äv.* jabber

snatteri petty theft, *jur.* petit (petty) larceny; (*butiks-*) shoplifting

snattra (*om fågel*) quack; gabble (*äv. bildl.*); *bildl. äv.* jabber

snava stumble, trip (*på* over)

sned I *a1* (*om linje, vinkel e.d.*) oblique; (*lutande*) slanting, sloping, inclined; (*skev*) askew, warped; (*krokig*) crooked (*rygg* back); *kasta ~a blickar på* look askance at **II** *s i uttr.: sitta* (*hänga*) *på* ~ be (hang) askew (on one side, awry); *gå på* ~ (*bildl.*) go [all] wrong (awry); *komma på* ~ (*bildl.*) go astray; *lägga huvudet på* ~ put one's head on one side

snedda I (*gå snett* [*över*]) edge; ~ *förbi* pass by; ~ *över gatan* slant across (cross) the street **2** (*avskära på -en*) slant, slope; *tekn.* bevel

snedden *s best. form i uttr.: på* ~ obliquely, diagonally; *klippa ett tyg på* ~ cut a piece of cloth on the cross (bias)

sned|gången *a5* (*om sko*) worn down on one side **-het** [-e:d-] obliqueness, obliquity; (*krokighet*) crookedness **-skuren** *a5* cut obliquely (*om tyg:* [on the] bias) **-språng** sideleap; *bildl.* slip, lapse, escapade **-streck** slanting line, oblique [stroke], solidus, *vard.* slash **-vriden** distorted (*äv. bildl.*), warped **-ögd** *a1* slanteyed

snegla [×sne:-, ×snegg-] ogle; ~ *på* ogle, look

askance at, (*lömskt*) leer at

snett *adv* obliquely; awry, askew; *bo* ~ *emot* live nearly opposite; *gå* ~ *över gatan* cross the street diagonally; *gå* ~ *på skorna* wear one's shoes down on one side; *hänga* ~ hang awry (crooked); *se* ~ *på ngn* look askance at s.b.

snibb *s2* corner, point; (*spets äv.*) tip; *se äv. blöjsnibb* **-ig** *a1* pointed

snickar|e (*möbel-*) joiner, cabinet-maker; (*byggnads-*) carpenter **-verkstad** joiner's (carpenter's) workshop

snickeri 1 (*snickrande*) joinery, carpentry **2** *se snickarverkstad* **3** (*snickararbete*) piece of carpentry [work]

snickra do joinery (carpentry) work, do woodwork; ~ *en möbel* make a piece of furniture

snid|a carve [in wood] **-are** woodcarver **-eri** carving; *konkr. äv.* carved work

sniffa sniff (*äv. om missbruk*)

snigel *s2* slug; (*med hus*) snail **-fart** *med* ~ at a snail's pace

snigla [-i:-] ~ *sig fram* creep along (forward)

sniken *a3* avaricious, greedy (*efter, på* of) **-het** greed[iness]

snille *s6* genius; *han är ett* ~ he is a man of genius **-blixt** brain wave, flash of genius

snillrik *a1* brilliant (*uppfinnare* inventor); (*om pers. äv.*) of genius

snipa *s1* (*båt*) gig

snirk|el *s2, byggn.* volute; (*släng*) flourish **-lad** *a5* (*krystad*) ornate

snits *s2* chic, style; *sätta* ~ *på ngt* give s.th. style

snitsel *s2* **1** (*pappersremsa*) paper strip **2** (*av sockerbetor*) beet slices (*pl*)

snitsig *a1* elegant, chic

snitsla mark path with paper strips

snitt *s7* **1** (*skärning*) cut, section; *kir.* incision; *gyllene ~et* (*mat.*) the golden section **2** (*preparat*) section cutting **3** (*tvär-*) section **4** (*trä-*) [wood]cut **5** (*på kläder*) cut, pattern **6** (*bok-*) edge **-blomma** cut flower **-yta** cut, section (*etc.*) surface

sno *v4* **1** (*hopvrida*) twist; (*tvinna*) twine; (*vira*) twirl (*tummarna* one's thumbs); (*linda*) turn, wind; ~ *ett rep om* wind a rope round **2** (*springa*) scamper, run; ~ *runt på klacken* turn on the heel; ~ *om hörnet* dash round the corner **3** *rfl* twist, get twisted (*hoptrasslad:* entangled); (*skynda sig*) hurry [up] **4** *vard.* steal, lift

snobb [-å-] *s2* snob; (*kläd-*) dandy, fop

snobb|a ~ [*med*] show off, swank about **-eri** snobbery, dandyism **-ig** *a1* (*sprättaktig*) snobbish, *vard.* stuck up; (*överdrivet elegant*) foppish

snodd *s3, s2, konkr.* string, cord; (*t. garnering*) lace

snofsig [-å-] *a1, vard.* dapper, spiffing

snok *s2* grass snake

snoka spy, pry; poke, ferret; *gå och* ~ go prying about, *vard.* snoop; ~ *efter* hunt for; ~ *i* poke [one's nose] into; ~ *igenom* rummage; ~ *reda på* hunt up, ferret out

snopen *a3* baffled, crestfallen; *se* ~ *ut* (*äv.*) look blank (foolish); *han blev ngt* [*till*] ~ he was struck all of a heap

snopp [-å-] *s2* **1** (*ljus-*) snuff, trim; (*bär-*) tail **2** *vard., barnspr.* (*penis*) willy

snoppa (*ljus*) snuff; (*bär e.d.*) top and tail; (*cigarr*) cut; ~ *av ngn* (*bildl.*) snub s.b., take s.b. down a peg or two

snor *s7, vard.* snot **snora** snivel **snorig** *al* snivelling, snotty

snorkel [-å-] *s2* snorkel

snorkig [-å-] *al* snooty

snor|unge, -valp *vard.* snotty kid, whelp

snubbla stumble [and fall]

snudd *s2* light touch; ~ *på skandal* little short of a scandal; ~ *på seger* on the verge of victory **snudda** ~ *vid* graze, brush against, *AE.* sideswipe, *bildl.* touch [up]on

snugga *s1* (*pipa*) cutty [pipe]

snurr *s7* (*-ande*) whirl, rotation; *rena ~en* (*galenskapen*) sheer madness **snurra I** *s1* (*leksak*) top **II** *v1* **1** (*rotera*) whirl, spin; ~ *runt* go round and round, rotate; *det ~r runt i huvudet på mig* my head is spinning **2** (*låta rotera*) spin, whirl

snurrig *al* dizzy; (*virrig*) confused, muddled

snus *s4* snuff; *en pris ~* a pinch of snuff

snus|a 1 (*använda snus*) take snuff **2** (*lukta*) sniff (*på* at); (*under sömnen*) breathe heavily **-dosa** snuffbox

snusen ['snu:-] *s best. form, vard., vara på ~* be tipsy

snusförnuft knowingness **-ig** would-be-wise; (*om barn*) precocious; *en ~ person* a wiseacre, a know-all

snusk *s7* dirt[iness]; uncleanness, squalor; obscenity

snusk|a ~ *ner* mess up, soil **-hummer** *vard.* [old] lecher, dirty old man

snusk|ig *al* dirty, squalid; filthy, smutty (*historia story*) **-pelle** *s2* dirty [little] pig

snus|malen *a5, -malet kaffe* finely ground (pulverized) coffee **-näsduk** bandan[n]a **-torr** [as] dry as dust (*äv. bildl.*); *vard.* bone-dry

snut *s2, vard.* **1** (*trut*) snout **2** (*polis*) cop[per]; *~en* the fuzz, *AE.* the heat

snuv|a *s1* head cold; *få ~* catch (get) a cold **-ig** *al, vara ~* have a cold in the head

snyft|a sob (*fram* out); ~ *till* give a sob **-ning** sob

snygg *al* tidy; (*ren*) clean; (*vacker, om man*) handsome; (*vacker, om kvinna*) pretty; *iron. äv.* fine, pretty; *det var en ~ historia!* that's a pretty story! **snygga** ~ *upp* make tidy, tidy up; ~ *till sig* make o.s. presentable **snyggt** *adv* tidily; (*prydligt*) neatly; ~ *klädd* nicely (well) dressed

snylt|a be a parasite (sponge) (*på* on) **-gäst** parasite, sponger

snyt|a *snöt snutit* **1** wipe a p.'s nose; (*ljus*) snuff; *det är inte snutet ur näsan* it's not just a case of pressing a button; ~ *sig* blow one's nose **2** (*snatta*) pinch, snatch; (*lura*) cheat **-ing** punch on the nose

snål *al* **1** stingy; (*knusslig*) parsimonious, mean, cheeseparing **2** (*bitande*) cutting (*blåst* wind)

snåla be stingy *etc.*, pinch and screw; ~ *in på ngt* save on s.th.

snål|blåst bitter wind **-het** [-å-:] stinginess *etc.*; *~en bedrar visheten* penny wise pound foolish **-jåp** *s2* miser, skinflint **-skjuts** *åka* ~ get a lift, *bildl.* take advantage [of]

snår *s7* thicket; brush **-ig** *al* brushy **-skog** brushwood, undergrowth

snäck|a *s1* **1** *zool.* gast[e]ropod; (*trädgårds-*) helix; (*-skal*) shell; *anat.* cochlea **2** *tekn.* worm

snäll *al* good; (*av naturen*) good-natured; (*vänlig*) kind, nice (*mot* to); *~a du!* my dear!; *vara ~* a) (*om barn*) be good, b) (*om vuxen*) be kind; *var ~ och stäng dörren* please shut the door; *har barnen varit ~a?* have the children behaved themselves? **-het** goodness *etc.*

snälltåg express [train], fast train

snärj *s7* (*jäkt*) hectic time **snärja** *v2* [en]snare, entangle (*i* in) (*äv. bildl.*); *bildl. äv.* catch; ~ *in sig i* get entangled in **snärjig** *al, eg.* tangled; (*jäktig*) hectic; (*jobbig*) laborious

snärt *s2* **1** (*på piska*) lash, thong **2** (*slag*) lash **3** (*stickord*) gibe, taunt **snärta I** *v1,* ~ *[till]* lash; (*pika*) gibe at, make a crack at **II** *s1, se* flicksnärta **snärtig** *al* cutting (*svar* reply)

snäs|a I *v3* speak harshly to, snap at **II** *s1* snub, snubbing, rating, rebuff **-ig** *al* snappish, brusque

snäv *al* **1** (*trång*) narrow; (*om plagg*) tight, close **2** (*ovänlig*) stiff, cold; curt (*svar* answer)

snö *s3* snow; *tala inte om den ~ som föll i fjol* let bygones be bygones; *det som göms i ~ kommer upp i tö* there is no secret time will not reveal

snö|a snow; *det ~r* it is snowing; *vägen har ~t igen* the road is blocked (covered) with snow **-blind** snow-blind **-boll** snowball **-driva** snowdrift **-droppe** *bot.* snowdrop **-flinga** snowflake **-gubbe** snowman **-hinder** snow obstruction **-ig** *al* snowy **-kedja** tyre chain, non-skid chain **-klädd** snowclad **-man** abominable snowman, yeti

snöplig [-ö:-] *al* ignominious, inglorious; *få ett ~t slut* come to a sad (sorry) end

snöra *v2* lace [up]; ~ *fast* fasten [with a lace]; ~ *till* lace up (*ett par skor* a pair of shoes); ~ *på sig* put on (*skridskorna* the skates); ~ *upp* unlace; ~ *åt* draw together, (*hårdare*) tighten; ~ *sig* lace o.s. up

snöre *s6* string, cord; (*segelgarn*) twine; (*prydnads-*) braid

snöripa willow grouse

snörpa *v3* purse (*ihop* up); ~ *på* (*med*) *munnen* purse (screw up) one's mouth

snörvl|a snuffle, speak through one's (the) nose **-ing** snuffling; (*en ~*) snuffle

snö|skoter snowmobile, snow scooter **-skottning** [-å-] snow clearing **-slask** sleet; slush **-slunga** snow thrower **-storm** snowstorm; blizzard **-täckt** *a4* snow-covered **-vit** snowy, snowwhite; *S~* Snow White

so *best. form* son, *som pl används* suggor sow

soaré *s3* soiree, evening entertainment; *musikalisk* ~ musical evening

sobel ['så:-] *s2* sable **-päls** sable coat

sober ['så:-] *a2* sober; subdued

social *al* social **-arbetare** social (welfare) worker **-assistent** social welfare officer **-bidrag** social (*AE.* public) assistance; supplementary benefit **-byrå** welfare office **-demokrat** social democrat **-demokrati** social democracy **-demokratisk** social democratic; *Sveriges ~a socialdemokratiska arbetareparti* [the] Swedish social democratic party **-departement** ~*et* [the] ministry for health and social affairs, *BE. ung.* the ministry of pensions and national insurance, *AE. ung.*

S

the department of health, education and welfare **-försäkring** national (social) insurance **-grupp** social group; ~ *1* [the] upper class; ~ *2* [the] middle class; ~ *3* [the] working (lower) class **-hjälp** [public] assistance allowance; *få* ~ receive public assistance, be on welfare (relief) **-högskola** school of social studies

social|isera socialize; nationalize **-ism** socialism (*äv. ~en*) **-ist** socialist **-istisk** [-'liss-] *a5* social-ist[ic] **-lagstiftning** social (*AE.* security) legislation **-minister** minister of health and social affairs **-politik** social [welfare] policy; social politics (*pl, behandlas som sg*) **-styrelse** ~*n* [the Swedish] national board of health and welfare **-vård** social welfare (assistance)

societet *s3* society

socio|log sociologist **-logi** *s3* sociology **-logisk** [-'lå:-] *a5* sociological

socka [ˣsåkka] *s1* sock

sockel ['såkk-] *s2* (*byggn.*; *postament*) base, plinth; (*fattning*) holder, mounting; (*lamp-*) socket

socken ['sokk-] *socknen socknar* parish

socker ['såkk-] *s7* sugar **-beta** sugar beet **-bit** lump of sugar **-dricka** *ung.* lemonade **-fri** sugar-free **-kaka** sponge cake **-kulör** caramel **-lönn** sugar maple **-lösning** sugar solution **-rör** sugar cane **-sjuk** diabetic **-sjuka** diabetes **-skål** sugar basin **-ströare** sugar sifter (castor) **-vatten** sugared water **-ärtor** sugar peas

sockra [ˣsåkk-] sweeten [with sugar], sugar; ~ *på* put sugar in (on); ~ *sig* sugar, crystallize

soda *s9* soda **-vatten** soda water

soff|a [-å-] *s1* sofa; (*liten*) settee; (*trädgårds-*) seat **-bord** coffee table **-grupp** three-piece suite **-liggare** idler; (*vid val*) abstainer **-lock** sofa seat (top); *ligga på* ~*et* take it easy, idle

sofistikerad [-'ke:-] *a5* sophisticated

soja [ˣsåjja] *s1* soya; soy **-böna** soya bean; *AE.* soybean

sol *s2* sun **sola** expose to the sun; ~ *sig* sun o.s., sunbathe, *bildl.* bask

solarium [-'la:-] *s4* solarium

solarplexus [-ˣla:r-, 'so:-] *s2* solar plexus

sol|bada sunbathe, take a sun bath **-batteri** solar battery **-blekt** [-e:-] *a4* sun-bleached **-blind** sun-blind, blinded by the sun **-bränd** *a5* sunburnt, tanned **-bränna** *s1* sunburn, tan **-cell** solar cell

sold [-å-] *s3, mil.* pay

soldat soldier; *bli* ~ enlist, join the army; *den okände* ~*ens grav* the tomb of the Unknown Soldier

sol|dräkt sunsuit **-eksem** sun rash **-energi** solar energy

solenn *a1* solemn

sol|fjäder fan **-fläck** sunspot **-fångare** solar collector **-förmörkelse** eclipse of the sun, solar eclipse **-glasögon** sunglasses

solid *a1* solid; *ekon. äv.* sound, well-established, respectable; ~*a kunskaper* [a] thorough (sound) knowledge

solidar|isera *rfl* identify o.s. (*med* with) **-isk** [-'da:-] *a5* loyal, solidary; joint; ~ *med* loyal to; *förklara sig* ~ *med* declare one's solidarity with **-itet** solidarity

solidi|tet solidity; (*ekonomisk*) solvency, soundness; (*persons*) respectability **-tetsupplysning** credit[worthiness] report

solig *a1* sunny (*äv. bildl.*)

solist soloist, solo performer

solk [-å-] *s7* soil **solka** [-å-] ~ *ner* soil

solkatt reflection of the sun

solkig [-å-] *a1* soiled

sol|klar clear and sunny; *bildl.* as clear as noonday (daylight) **-korona** solar corona, corona of the sun **-ljus** l *s7* sunlight ll *a5, se -klar* **-nedgång** sunset, sundown; *i* ~*en* at sunset

solo ['so:-] l *s6* solo (*pl äv.* soli) ll *oböjl. a o. adv* solo

sololja suntan oil (lotion)

solonummer solo

sol|ros sunflower **-rosolja** sunflower seed oil **-sida** *på* (*åt*) ~*n* on the sunny side **-sken** sunshine; *det är* ~ the sun is shining **-skensdag** sunny day **-skenshumör** sunny mood **-skydd** (*i bil*) sun shield (screen) **-skärm** sunshade **-sting** (*få have*) sunstroke **-stråle** sunbeam **-system** solar system **-tak** awning; (*på bil*) sliding roof (top) **-torka** dry [...] in the sun; ~*d* sun-dried **-uppgång** sunrise; *AE. äv.* sunup; *i* ~*en* at sunrise **-uppvärmning** solar heating **-ur** sundial **-varg** *han är en riktig* ~ he's as happy as a sandboy

solv|ens [-å-] *s3* solvency; reliability **-ent** *a1* solvent; reliable

sol|vind solar wind **-värme** heat of the sun; *fack.* solar heat **-år** solar year

som [såmm] l *pron* (*om pers.*) who (*som obj. o. efter prep äv.* whom); (*om djur el. sak*) which; (*i nödvändig rel. sats om djur, sak o. ibl. pers., äv.*) that; (*efter such o. vanl. the same*) as; *pojken* ~ *kommer här* the boy who comes here; *den* ~ *lever får se* he who lives will see; *den* ~ *köper en bil måste* anyone who buys (anyone buying) a car must; *det är en dam* ~ *söker dig* there is a lady [who wants] to see you; *han frågade vem det var* ~ *kom* he asked who came (had come); *vem är det* ~ *du pratar med?* who is that you are talking to?; *det är ngn* ~ *gråter* s.b. is crying; *huset* ~ *de bor i* the house where (in which) they live; *han brukade berätta sagor, något* ~ he used to tell stories, which; *allt* (*mycket, litet*) ~ all (much, little) that; *det är saker* ~ *vi sällan talar om* these are things [that] we seldom speak of; *den största konstnär* ~ *någonsin levat* the greatest artist that ever lived; *mannen och hästen* ~ *gick förbi* the man and the horse that passed; *vem* ~ *än kommer* whoever comes; *vad* ~ *än händer* whatever happens; *det var på den tiden* ~ it was at the time when; *de var de sista* ~ *kom* they were the last to arrive; *så dum jag var* ~ *sålde den!* what a fool I was to sell it!; *jag kom samma dag* ~ *han reste* I arrived on the [same] day [as] he left; *det är samme man* ~ *vi såg i går* that is the same man [that, whom] we saw yesterday; *hon var en sådan skönhet* ~ *man sällan ser* she had the kind of beauty one seldom sees ll *konj* **1** *såväl ...* ~ as well ... as; *unga* ~ *gamla* young and old alike **2** (*såsom, i egenskap av*) as; (*såsom, i likhet med*) like; *redan* ~ *pojke* even as a boy; *L* ~ *i London* L as in London; *säg* ~ *det är* tell me (him *etc.*) exactly how things stand; *kom ~ du är* come as you are, don't dress up, don't bother to change; *~ vanligt* as usual; *han är lika lång ~ jag* he is as tall as I am; *~ tur var* as luck would have it, luckily; *~ läkare måste han* as (being) a doctor he must; *~ sagt* as I (*etc.*) said before; *gör ~ du vill* do as you like; *gör ~ jag* do as I do, do like me; *vara ~ en mor för ngn* be [like] a mother to s.b.; *vara ~ förbytt* be changed beyond recognition; *om jag vore ~ du* if I were you; *det är bara ~ du tror* that's only your idea **3** *han lever ~ om var dag var den sista* he lives as though each day was his last; *det verkar ~ om* it seems as if (though) **4** (*när*) when; *just* (*bäst*) *~* [just] as, at the very moment [when]; *rätt ~ det var* all of a sudden, all at once **5** (*eftersom*) as, since; *~ han är sjuk kan han inte komma* as (since) he is ill he cannot come **III** *adv,* *när jag ~ bäst höll på med att* while I was in the midst of (+ *ing-form*); *du kan väl titta in ~ hastigast* you can surely pop in for just a moment; *när solen står ~ högst* when the sun is at its height; *vi skulle resa ~ på måndag* we were to leave on Monday **IV** *interj, ~ vi skrattade!* how we laughed!

somlig [ˣsåmm-] some; *~a* (*om pers.*) some [people]; *~a andra* some other people; *~t* some things (*pl*); *i ~t* in some parts (respects)

sommar [ˣsåmm-] *s2* summer; *i ~* this (next) summer; *i somras* last summer; *om ~en* (*somrarna*) in the summer; *på ~en 1968* in the summer of 1968, on svula gor ingen ~ one swallow does not make a summer **-dag** summer['s] day **-gäst** summer visitor **-lov** summer vacation (holidays) (*pl*), long vacation **-sjuka** summer diarrhoea **-solstånd** summer solstice **-stuga, -ställe** weekend cottage, summer cottage (villa); *vårt ~* (*äv.*) the place where we spend our summers **-tid** summertime; (*framflyttning av klockan*) daylight-saving time

somna [-å-] *~* [*in*] fall asleep, go to sleep; *vard.* drop off; *~ från lampan* go to sleep and leave the light on; *~ om* go to sleep again; *~ vid ratten* fall asleep when driving; *min fot har ~t* my foot has gone to sleep

son [så:n] *-en söner* son (*till of*)

sona expiate; make amends for

sonat sonata

sond [sånd, sånd] *s3, kir.* probe, sound; *rymd.* probe **-era** probe, sound; *~ terrängen* reconnoitre, see how the land lies **-matning** nasogastric feeding

son|dotter granddaughter; *~s barn* great-grandchild **-hustru** daughter-in-law **-lig** *a1* filial (*vördnad* piety)

sonor [-'nå:r] *a1* sonorous

son|son grandson **-sonsson** great-grandson

sop|a sweep (*gatan* the street); *~ rent* sweep [...] clean (*från* of); *~ upp* sweep up; *~ rent för egen dörr* put one's own house in order; *~ igen spåren efter* (*bildl.*) cover up one's tracks after **-backe** refuse tip **-bil** refuse [collection] lorry, dustcart; *AE.* garbage truck **-borste** brush, broom **-hink** refuse bucket **-hög** rubbish heap **-kvast** broom **-kärl** dustbin **-nedkast** refuse (*AE.* garbage) chute **-or** *pl* sweepings; (*avfall*) refuse, waste, *AE.* garbage (*sg*)

sopp|a [-å-] *s1* soup; (*kött-*) broth; *koka ~ på en spik* (*bildl.*) make s.th. from nothing **-skål** [soup] tureen **-slev** soup ladle **-tallrik** soup plate

sopran *s3* soprano; (*-stämma äv.*) treble

sop|skyffel dustpan **-säck** refuse sack **-tipp** refuse (*AE.* garbage) dump **-tunna** dustbin; *AE.* garbage (trash) can **-åkare** dustman

sordin *s3, mus.* sordino; *lägga ~ på* (*bildl.*) put a damper on

sorg [sårj] *s3* **1** sorrow (*över* at, for, over); grief (*över* for, of, at); distress; (*bedrövelse*) affliction; (*bekymmer*) trouble, care; *med ~ i själen* with sorrow in one's heart; *den dagen den ~en* cross your bridges when you come to them; *efter sju ~er och åtta bedrövelser* after much trial and tribulation **2** (*efter avliden*) mourning; *bära ~* be in (wear) mourning (*efter* for); *djup ~* full (deep) mourning; *beklaga ~en* express one's sympathy; *få ~* have a bereavement, lose a relative **-band** mourning (crape) band **-dräkt** mourning

sorge|barn problem child; black sheep **-bud** sad news, news of a death **-musik** funeral music **-tåg** funeral procession

sorg|flor mourning crape **-fri** carefree, free from care **-fällig** *al* careful; conscientious, solicitous **-kant** black edge (border); *kuvert med ~* black-edged envelope **-klädd** [dressed] in mourning **-kläder** *pl* mourning [attire] (*sg*)

sorglig [ˣsårj-] *al* sad; (*bedrövlig*) deplorable; (*syn slight*); (*ömklig*) pitiful; *~t men sant* sad but true; *en ~ historia* a sad (deplorable, tragic) story **sorgligt** *adv* sadly; *~ nog* unfortunately

sorg|lustig tragicomic **-lös 1** *se sorgfri* **2** (*obetänksam*) careless; (*lättsinnig*) happy-go-lucky, improvident; (*tanklös*) unthinking, heedless **-marsch** funeral march

sorgsen [ˣsårj-] *a3* sad; (*bedrövad*) grieved (*över* at); (*nedslagen*) depressed; (*betryckt*) melancholy, gloomy **-het** sadness *etc.*; melancholy, gloom

sork [-å-] *s2* vole; (*förr*) fieldmouse

sorl [-å:-] *s7* (*vattenbrus*) ripple; (*bäcks äv.*) murmur, purl; (*av röster*) murmur, hum; *det gick ett ~ av bifall genom publiken* a murmur of approval went through the house (theatre, hall *etc.*)

sorla [-å:-] ripple, purl; murmur, hum

sort [-å-] *s3* sort, kind; species, description; (*märke*) brand, mark; *mat.* denomination; *den ~ens människor* people of that kind (sort), that sort of people; *av bästa ~* first-rate

sorter|a 1 (*dela upp*) [as]sort; classify, grade; (*efter storlek*) size **2** *~ under* belong to, (*ämbetsverk*) come under the supervision of **-ad** [-'te:-] *a5* (*välförsedd*) well-stocked (*i* in); *vara ~ i* (*äv.*) have a large assortment of **-ing** [-'te:-] (*-erande*) [as]sorting, assortment; (*sortiment*) selection; *första ~* first[s *pl*]

sorti *s3* exit

sortiment *s7* (*varulager*) assortment, range; product mix; (*uppsättning*) set; *fullständigt ~ av* full line of, complete range of

sot *s7* **1** soot; (*i motor*) carbon **2** (*på säd*) brand, blight

1 sota (*umgälla*) *~ för* smart (suffer) for

2 sota 1 (*befria från sot*) sweep (*en skorsten* a

chimney); decarbonize (*en motor* a motor) **2** (*svärta*) ~ [*ner*] soot, cover with soot; ~ *ner sig* get o.s. sooty **3** (~ *ifrån sig*) soot, give off soot
sotar|e chimney sweep[er] **-mästare** master sweep
sot|eld chimney fire **-fläck** smudge, smut
sot|ig *a1* **1** sooty; (*om skorsten*) full of soot; (*fläckig*) smudgy, smutty **2** (*om säd*) smutty, blighted **-ning** [-ɔ:-] (*av skorsten*) chimneysweeping; (*av motor*) decarbonization
souvenir [sɔve-] *s3* souvenir, keepsake
sov|a [-å:-] *sov -it* sleep; (*ligga o.* ~) be asleep; *lägga sig att* ~ go to sleep (bed); ~ *gott* sleep soundly, be fast asleep, (*som vana*) sleep well; *sov gott!* sleep well!; *har du -it gott i natt?* did you have a good night?; ~ *oroligt* have a troubled sleep; *mitt ben -er* my leg has gone to sleep; ~ *på saken* sleep on it; ~ *ut* have enough sleep **-ande** *a4* sleeping; *bildl.* dormant; *en* ~ a sleeper
sovjet [-å-] *s3* soviet; *högsta* ~ Supreme Soviet **-isk** *a5* Soviet, of the Soviet Union **-republik** Soviet Republic
Sovjetunionen the Soviet Union
sovplats sleeping-place; (*på tåg, båt*) berth
sovra [-å:-] pick over; sift, winnow; (*malm e.d.*) dress
sov|rum bedroom **-stad** dormitory suburb; *AE.* bedroom suburb (town) **-säck** sleeping bag **-vagn** sleeping car, sleeper
spack|el ['spakk-] *s7* putty [knife] **-la** putty
spad *s7, sg best. form vard.* spat liquid; (*kött-*) broth; (*grönsaks- äv.*) water; *trilla i spat* (*vard.*) fall into the water
spade *s2* spade
spader ['spa:-] *s9, kortsp., koll.* spades (*pl*); *en* ~ a spade; ~ *kung* the king of spades; *dra en* ~ (*vard.*) have a game of cards
spadtag cut (dig) with a spade; *ta det första* ~*et* throw up the first sod; *inte ta ett* ~ (*vard.*) not lift a finger
spagat *s3, gå ner i* ~ do the splits
spagetti [-'getti] *s9* spaghetti
1 spak *s2* lever; bar; *flyg.* control stick
2 spak *a1* manageable, tractable; docile; *bli* ~ relent, soften
spaljé *s3* espalier, trelliswork, latticework
spalt *s3* column; *figurera i* ~*erna* appear in the papers **spalta 1** (*dela i -er*) put into columns **2** (*klyva*) split, cleave
span|a watch, look out (*efter* for); scout; *mil.* reconnoitre, observe; ~ *efter* (*äv.*) search (be on the lookout) for; ~ *upp* spy out; ~ *ut över* gaze out over (*vidderna* the expanses); ~*nde blickar* searching looks **-are** scout; *flyg.* observer
spaniel ['spanjel] *s2* spaniel
Spanien ['spannjen] *n* Spain
spaning search; *mil.* reconnaissance **spanings-uppbåd** search party
spanjor *s3* Spaniard **-ska** [-ˣjɔ:r-] Spanish woman
spankulera stroll, saunter
1 spann *s7, byggn.* span
2 spann *s2, s7, pl äv. spänner* (*hink*) pail, bucket
3 spann *s9* (*mått*) span
4 spann *s7* (*av dragdjur*) team [of horses *etc.*]; *köra* (*med*) *i* ~ drive a team of [horses *etc.*]

spannmål *s3* grain, corn; (*brödsäd*) cereal[s *pl*]
spannmåls|handel corn (grain) trade (business) **-skörd** (*av spannm*) corn (grain) crop
spansk *a1* Spanish; ~*a sjukan* the Spanish flu; ~ *peppar* red pepper **spanska** *s1* (*språk*) Spanish
spant *s7, sjö.* frame, rib
spar|a save (*pengar* money; *sina krafter* one's strength; *tid* time; *arbete* work); spare (*hästarna* the horses); (*för framtiden*) reserve (*till* of); (*uppskjuta*) put off; ~ *på* save, economize, use sparingly; ~ *in* save; *den som spar han har* waste not want not; *snål spar och fan tar* ever spare, ever bare; *inte* ~ *på beröm* be lavish in praise; *det är inget att* ~ *på* it is not worth saving (keeping); ~ *sig* spare o.s., husband one's strength; *du kunde ha* ~*t dig den mödan* you could have spared yourself the trouble **-ande** *s6* saving; thrift; *det privata* ~*t* private saving[s *pl*]; *frivilligt* ~ voluntary saving **-are** saver; depositor
spar|bank *s3* savings bank **-banksbok** savings[-bank] book **-bössa** money-box
spark *s2* **1** kick; *få* ~*en* (*avsked*) get the sack, be fired (sacked) **2** kick-sledge **sparka** kick; ~ *av sig skorna* kick off one's shoes; ~ *av sig täcket* kick off one's bedclothes; ~ *bakut* (*om häst*) kick [out behind]; ~ *fram* (*bildl.*) thrust forward; ~ *ngn* [*snett*] *uppåt* (*vard.*) kick s.b. upstairs; ~ *till* give a kick; ~ *ut ngn* kick s.b. out
sparkapital savings (*pl*), saved capital
spark|as *dep* kick **-byxor** *pl* rompers **-cykel** scooter **-dräkt** rompers (*pl*) **-stötting** kicksledge
sparlåga low heat; *ställa på* ~ put on a low heat, simmer gently
sparra *sport.* spar
sparris ['sparr-] *s2* asparagus **-knoppar** asparagus tips **-kål** broccoli
sparsam [ˣspa:r-] *a1* (*ekonomisk*) economical (*med* with, in); thrifty; sparing (*på* (*med*) *beröm* of one's praise); (*enkel*) frugal; (*gles*) sparse, scanty; (*sällsynt*) rare (*förekomst* occurrence) **-het** economy; thrift; (*sparsam förekomst*) scantiness
sparsamt *adv* economically *etc.*; *förekomma* ~*t* occur rarely, be scarce
spart|an *s3* Spartan **-ansk** [-a:-] *a5* Spartan
sparv *s2* sparrow **-hök** sparrowhawk
spasm *s3* spasm; convulsion, cramp
spatel *s2* spatula
spatiös [-tsiˈö:s] *a1* spacious; roomy
spatsera walk; strut
spe *n* (*narr*) derision, ridicule; (*hån*) sneer[s *pl*], gibe[s *pl*]
speaker ['spi:ker] *s2* (*utropare*) compere; *AE. äv.* emcee; (*hallåman*) announcer
specerj|affär *s3* grocer's [shop], grocery [store] **-cerier** [-'ri:-] *pl* groceries
special|arbete *skol.* special project **-byggd** *a5* specially built, *AE.* custom-made **-fall** special case **-isera** *rfl* specialize (*på* in) **-ist** specialist (*på* in); expert (*på* on) **-itet** *s3* special[i]ty **-klass** *skol.* remedial class **-kunskaper** *pl* specialist knowledge **-lärare** remedial teacher
speciell *a1* special, particular; (*konstig*) odd, peculiar
specificera specify, itemize, detail, particularize

specifik [-'fi:k] *a1* specific (*vikt* gravity, weight) **-ation** specification, detailed description

speditionsfirma forwarding (shipping) agency

spe|full (*hånfull*) mocking, derisive; (*gäcksam*) quizzical; (*om pers.*) given to mockery **-fågel** wag, tease

spegel *s2* mirror, looking glass; *se sig i* ~*en* look into the mirror; *själens* ~ the mirror of the soul; *sjön ligger som en* ~ the lake is as smooth as glass **-bild** reflected image, reflection; *bildl.* image **-blank** glassy (*yta* surface); like a mirror; (*om sjö*) [as] smooth as glass **-glas** mirror (plate) glass **-reflexkamera** reflex camera **-skrift** reversed (mirror) script **-vänd** *a5* reversed

spegl|a [ˣspe:g-] reflect, mirror; ~ *sig* (*avspegla sig*) be reflected (*i vattnet* in the water), (*om pers.*) look at o.s. in the mirror **-ing** reflection

speglosa gibe, scoff

spej|a [ˣspejja] spy (*efter* about (round) for); *mil.* scout **-are** spy; *mil.* [reconnaissance] scout

spektak|el [-'ta:-] *s7* **1** (*oväsen*) row; (*skandal*) scandal; (*förtret*) mischief, trouble; *ställa till* ~ make a scene; *ett sånt* ~*!* what a nuisance! **2** (*åtlöje*) ridicule; *göra* ~ *av ngn* make a fool of s.b. **-ulär** *a1* spectacular

spektrum ['spekk-] *s8* spectrum (*pl* spectra); [*dis*]*kontinuerligt* ~ [dis]continuous spectrum

spekul|ant 1 (*reflektant*) prospective (would-be) buyer; *hugade* ~*er* prospective buyers; *vara* ~ *på* be [a] prospective buyer of **2** (*börs-*) operator, speculator **-ation** speculation, venture; (*hårsav.*) operation, på ~ on speculation **-ativ** [-'ti:v, 'spekk-] speculative **-era 1** speculate (*på* on; *i buisse* (*hausse*) for a decline (rise)) **2** (*tänka*) ponder, think (*på*, *över* about)

1 spel *s7* (*vinsch*) winch, windlass; (*gruv-*) winder; (*-rum*) clearance, play

2 spel *s7* **1** (*-ande*) play[ing]; (*musikaliskt -sätt*) execution; *teat.* acting; (*lek*; *idrott*) game (*äv. bildl.*); ~ *om pengar* playing for money; ~*et är förlorat* the game is up; *dra sig ur* ~*et* quit [the game]; *övernaturliga makter driver sitt* ~ supernatural powers are abroad; *förlora* (*vinna*) *på* ~ lose (win) at play (by gambling); *det är en kvinna med i* ~*et* there is a woman in the case; *ha ett finger med i* ~*et* have a finger in the pie; *otur i* ~ *i kärlek* unlucky at cards, lucky in love; *rent* ~ fair play; *spela ett högt* ~ play for high stakes, *bildl.* play a high game; *stå på* ~ be at stake; *sätta på* ~ put at stake, stake; *ta hem* ~*et* win; *tillfällighheternas* ~ pure chance **2** (*parningslek*) courtship **3** *kortsp.* trick

spela 1 play (*fiol* the violin; *ett spel* a game; *om pengar* for money); (*musikstycke äv.*) execute, perform; *gå och* ~ *piano för* take piano lessons from; ~ *falskt* play out of tune, *kortsp.* cheat [at cards]; ~ *hasard* gamble; ~ *sina kort väl* play one's cards well; ~ *ngn i händerna* play into a p.'s hands **2** *teat.* act, play; ~ *herre* play the gentleman; ~ *sjuk* pretend to be ill; ~ *teater* (*låtsas*) make pretence **3** (*med betonad partikel*) ~ *av ngn ngt* win s.th. off s.b.; ~ *bort* gamble away; ~ *in a*) (*inöva*) rehearse, *b*) (*på grammofonskiva e.d.*) make a recording, record; *det är många faktorer som* ~*r in* many factors come into play; ~ *upp till dans* strike up; ~ *ut ett kort* play a card;

~ *ut ngn mot ngn* play s.b. off against s.b.; *han har* ~*t ut sin roll* he is played out (finished); ~ *över a*) (*öva*) practise, *b*) (*överdriva*) overdo it, overact

spelande *a4* playing; sparkling (*ögon* eyes); *de* ~ the players, *mus.* the musicians, *teat.* the actors

spel|arbyte (*fotboll*) exchange of player for reserve; (*ishockey*) change of players **-are** player; (*hasard-*) gambler **-automat** gambling (slot) machine, fruit machine **-bar** *a1, teat., mus.* performable; *sport.* (*om spelare*) unmarked **-bord** card (gambling) table **-djävulen** *gripas av* ~ be gambling-mad **-dosa** music[al] box

spelevink [-'viŋk] *s2* irresponsible youngster

spel|film feature (full-length) film **-hall** amusement arcade **-kort** playing card **-man** musician; (*fiolspelare*) fiddler **-ning** engagement, *vard.* gig **-regel** rule of the game **-rum** *bildl.* scope, margin, freedom to act; *lämna fritt* ~ give free scope **-sätt** *mus.* [way of] execution; *sport.* style of play **-tid** (*för film*) screen (running) time; (*för grammofonskiva*) playing time **-öppning** *schack. o. bildl.* gambit; *sport.* opening [of the game]

spenat spinach

spender|a spend [... liberally], bestow (*på* upon) **-sam** [-'de:r-] *a1* generous, liberal

spene *s2* teat, nipple

spenslig *a1* [of] slender [build]; slim

sperma [ˣspärr-] *s9, s7* sperm **spermie** ['spärr-] *s5* spermatozoon (*pl* spermatozoa)

1 spets *s2* **1** (*udd*) point (*äv. bildl.*); (*på finger, tunga o.d.*) tip; (*berg-*) peak, top; *geom.* apex; *bildl. äv.* head; *bjuda ngn* ~*en* stand up to s.b., defy s.b.; *driva ngt till sin* ~ carry s.th. to extremes; *gå i* ~*en* walk at the head, lead the way, *bildl. äv.* be the prime mover (*för* of); *stå i* ~*en för* be at the head of, head; *samhällets* ~*ar* the leaders of society (a nation) **2** (*betyg*) with distinction

2 spets *s2, text.* lace; (*sydd*) needlepoint

3 spets *s2* (*hund*) spitz; Pomeranian

spets|a 1 (*göra -ig*) point; sharpen (*en blyertspenna* a pencil); ~ *öronen* prick up one's ears **2** (*genomborra*) pierce; (*på nål*) pin, nail; (*på spjut etc.*) spear *etc.* **3** (*en dryck*) lace, *vard.* spike

Spetsbergen Spitsbergen

spets|byxor *pl* [riding-]breeches **-bågsstil** pointed (Gothic) style **-fundig** *a1* subtle; hairsplitting **-fundighet** subtlety; ~*er* (*äv.*) sophistry, quibbling (*sg*) **-glas** tapering dramglass

spetsig *a1* pointed (*äv. bildl.*); (*avsmalnande*) tapering; pointed (*skägg* beard); *bildl. äv.* cutting, sarcastic; ~ *vinkel* acute angle

spets|krage lace collar **-krås** lace frill **-näst** [-ä:-] *a4* sharp-nosed **-vinklig** *a1* acute-angled

spett *s7* crowbar; pinch bar; (*stek-*) spit

spetälska *s9* leprosy

spex *s7* students' farce; (*friare*) farce **spexa** *ung.* rollick **spexig** *a1* farcial; comical

spigg *s2* stickleback

1 spik *adv*, ~ *nykter* [as] sober as a judge

2 spik *s2* nail; *slå huvudet på* ~*en* hit the nail on the head; *den* ~*en drar* (*bildl.*) that strikes home

spik|a nail; spike; (*med nubb*) tack; *bildl.* peg,

fix; ~ *fast* fasten with nails, nail (*ngt vid* s.th. on to); ~ *igen* nail down; ~ *upp* nail [... up], placard **-matta** bed of nails **-piano** tinny [old] piano **-rak** [as] straight as an arrow (a poker) **-sko** *sport.* track shoe

spill *s7* wastage, waste; *radioaktivt* ~ radioactive fallout

spill|a *v2* **1** (*hälla ut*) spill, drop; ~ *på sig* spill (drop) s.th. on one's clothes; ~ *ut* spill [out], shed; *spill inte!* don't spill it! **2** (*för-*) waste, lose; *-d möda* labour thrown away, (*friare*) waste of energy; *-da människoliv* lost lives; *det var många -da människoliv* the loss of life was very great **-ning 1** (*avfall*) refuse **2** droppings (*pl*); (*gödsel*) dung

spillo *oböjligt s, ge ... till* ~ give ... up [as lost], abandon; *gå till* ~ get (be) lost, go to waste **spillolja** waste oil

spillr|a *s1* (*flisa*) splinter; *-or* (*bildl.*) remaining fragments, scattered remnants, wreckage (*sg*); *falla* (*gå*) *i -or* fly (break) into splinters, fall to pieces; *slå i -or* break into fragments, *bildl.* shatter

spill|tid lost (waste[d]) time **-vatten** waste water; overflow; (*avloppsvatten*) sewage

spilta *s1* stall; (*för obunden häst*) loose box

1 spindel *s2, tekn.* spindle

2 spindel *s2, zool.* spider

spindelbult steering pivot pin, kingpin, swivel pin

spindel|nät, -väv cobweb[s *pl*]; (*tunnare*) gossamer

spinn *r, flyg.* spin; *råka i* ~ get into a spin

spinna *spann spunnit* **1** spin; twist (*tobak* tobacco); (*rotera*) spin, twirl **2** (*om katt*) purr

spinnaker ['spinn-, ˣspinn-] *s2* spinnaker

spinneri spinning (cotton) mill

spinn|rock spinning wheel **-rulle** *fisk.* casting reel **-spö** spinning (casting) rod

spion *s3* spy **-age** [-ˈnaːʃ] *s7* espionage, spying **-era** spy (*på* [up]on)

1 spira *v1,* ~ [*upp*] sprout, germinate; *~nde kärlek* budding love

2 spira *s1* (*torn-*) spire; (*trä-*) spar (*äv. sjö.*); (*stång*) pole; (*värdighetstecken*) sceptre

spiral *s3* **1** spiral, helix; (*vindling*) whorl; *gå i* ~ turn spirally **2** (*livmoderinlägg*) coil, intra-uterine device (*förk.* I.U.D.) **-fjäder** coil spring; (*plan*) spiral spring **-formig** [-å-] *al* spiral, helical

spirit|ism spiritism **-ist** spiritist

spiritu|alitet *s3* wit, esprit **-ell** *al* brilliant; witty

1 spis *s2* (*eldstad*) fireplace; (*köks-*) stove, range; *öppen* ~ [open] fireplace; *stå vid ~en* stand over the stove, be cooking

2 spis *s3* (*föda*) food (*äv. bildl.*); *bildl. äv.* nourishment

spis|a 1 eat **2** *vard.* listen intently (*jazz* to jazz); dig **-bröd** crispbread **-krok** poker

spjut *s7* spear; (*kort*) dart; *sport.* javelin; *kasta* ~ (*sport.*) throw the javelin **-kastare** *sport.* javelin-thrower **-kastning** *sport.* javelin-throwing **-spets** spearhead, spearpoint (*etc.*)

spjuver ['spjuː-] *s2* rogue **-aktig** *al* roguish

spjäla I *s1* lath; (*i jalusi*) rib, slat **II** *v1* splint; *med. äv.* put in splints

spjälk|a split **-ning** splitting; (*atom-*) fission

spjäll *s7* damper, register; (*på motor*) throttle; *öppna ~et* open the damper (*etc.*)

spjäl|staket pale fence **-säng** cot with bars **-verk** trelliswork, latticework

spjärn [-äː-] *n, ta* ~ brace one's feet (*mot* against) **spjärna** ~ *emot* kick against, resist

splits *s2, sjö.* splice **splitsa** splice

1 splitter ['splitt-] *adv,* ~ *ny* brand-new

2 splitter ['splitt-] *s7, koll.* (*flisor*) splinters (*pl*); (*granat- etc.*) splinter

splitterfri *~tt glas* safety glass

splittr|a I *s1* splinter, shiver **II** *v1* splinter, break into splinters; *bildl.* divide [up]; *känna sig ~d* feel at sixes and sevens; ~ *sig* (*bildl.*) divide (split) one's energy **-ing** *bildl.* split, division; (*söndring*) disruption

1 spola (*skölja*) flush, rinse, wash; *vågorna ~de över däcket* the waves washed the deck; ~ *av a*) wash down (*en bil* a car), *b*) rinse, swill (*disken* the dishes); ~ *bort* wash away; ~ *gatorna* sprinkle (water) the streets; ~ [*på toaletten*] flush the toilet; ~ *en skridskobana* flood a skating rink

2 spola (*garn*) spool, reel, wind [up]; (*film*) reel

spolarvätska washer fluid

spol|e *s2* **1** (*garn-; på* [*sy*]*maskin*) bobbin; (*för film*) spool; *elektr.* coil, spiral **-formig** [-år-] *al* spool-shaped

spoliera spoil, wreck

spoling *vard.* stripling; whippersnapper

1 spolning [-oː-] (*t. 1 spola*) flushing *etc.*

2 spolning [-oː-] (*t. 2 spola*) reeling, winding

sponsor ['spånsår] *s3* sponsor, backer

sponta [-å-] groove, tongue, rebate; *~de bräder* match[ed] boards; *~d och notad* tongued and grooved

spontan [-å-] *al* spontaneous **-ism** abstract expressionism **-itet** spontaneity

spor *s3* spore

sporadisk [-ˈraː-] *a5* sporadic; isolated

sporra [-å-] spur (*hästen* one's horse); *bildl. äv.* incite (*ngn till att* s.b. into + *ing*-form), stimulate

sporr|e *s2* spur (*äv. bildl.*); (*på hund äv.*) dewclaw; *bildl. äv.* incentive, stimulus; *vinna sina -ar* (*bildl.*) win one's spurs **-sträck** *i* ~ at full gallop (speed)

1 sport [-å-] *s3* sport[s *pl*]; games (*pl*)

sport|a go in for sports (games) **-affär** sports shop (outfitter) **-bil** sports car **-dykare** skindiver, free diver **-fiskare** angler **-flygare** private pilot **-journalist** sports writer

sportig [-å-] *al* sporty; keen on sport[s]

sportler ['spårt-] *pl* perquisites

sport|lov winter sports holidays (*pl*) **-sida** (*i tidning*) sports page

sports|lig [-å-] sporting (*chans* chance) **-man** sportsman **-mannaanda** sportsmanship

sportstuga weekend cottage, log-cabin

spotsk [-å-] *al* contemptuous, scornful

spott [-å-] *s3, s7* **1** (*saliv*) spittle, saliva **2** (*hån*) scorn

spott|a [-å-] spit; ~ *i nävarna och ta nya tag* spit in one's hands and have another go [at it] **-kopp** spittoon; *AE.* cuspidor **-körtel** salivary gland

sprak|a sparkle, emit sparks **-ande I** *a4* sparkling; crackling (*ljud* sound); ~ *kvickhet* sparkling wit **ll** *s6* sparkling

sprallig *a1* frisky, lively

spratt *s7* trick; hoax; *spela ngn ett* ~ play a trick on s.b., trick (hoax) s.b.

sprattel ['spratt-] *s7* flounder, struggle **-gubbe** jumping jack

sprattla flounder, struggle; (*om fisk*) frisk (flap) about; (*med benen*) kick about

sprej *s3*, **spreja** *v1* spray **sprejflaska** spray bottle; atomizer

spret|a sprawl **-ig** *a1* sprawling, straggling

spri *s6, sjö.* sprit

sprick|a I *s1* crack, fissure; (*större*) crevice; (*hud-*) chap; *bildl.* breach, schism, rift **ll** *sprack spruckit* **1** crack; (*brista*) break, burst; (*rämna*) split; ~ *av ilska* burst with rage; *äta tills man är färdig att* ~ eat till one is ready to burst; *spruckna läppar* chapped lips; ~ *ut* (*om knopp*) open, (*om löv*) come out **2** (*bli kuggad*) fail, be ploughed **-färdig** ready to burst; (*om knopp*) ready to open **-ig** *a1* cracked; chapped

sprid|a *v2, imperf. äv. spred* spread; distribute (*reklam* advertisements); circulate (*ett rykte* a report); (*utströ*) scatter; ~ *en doft av* give off a smell of; ~ *glädje* bring joy; ~ *ljus över* shed light on; ~ *ut* (*semestrar, arbetstid*) stagger; ~ *sig* spread, (*skingras*) be scattered, scatter, be dispersed, disperse, (*utbreda sig*) extend; *en rodnad spred sig över hennes ansikte* a blush suffused her face; *ryktet spred sig* the rumour got abroad **-are** spreader, sprayer; (*vatten-*) sprinkler

sprid|d *a5* spread, scattered; dispersed; *en allmänt* ~ *uppfattning* a widespread view (conception); ~*a fall* isolated cases; *några* ~*a hus* a few scattered houses; *i* ~ *ordning* in scattered (*mil.* extended) order; *på* ~*a ställen* here and there **-ning** [-i:d-] spreading *etc.*; spread (*av en växt* of a plant; *av tidning*) circulation, distribution; *boken har vunnit stor* ~ (*äv.*) the book has become very popular

spring *s7* (*-ande*) running; *det är ett* ~ *dagen i ända* people are coming and going all day

1 springa *s1* chink, fissure; slot, slit

2 springa *sprang sprungit* **1** run (*hit o. dit* to and fro); (*fly*) make off; (*hoppa*) spring, jump (*i sadeln* into the saddle); *vi måste* ~ *allt vad vi orkade* we had to run for it; ~ *sin väg* run away, make off, *vard.* skedaddle; ~ *ärenden* run errands; ~ *efter flickor* run after girls; ~ *efter hjälp* run for help; ~ *hos läkare* keep running to the doctor; ~ *i affärer* go shopping; ~ *i höjden* (*om pris*) soar; ~ *på dörren* make for the door; ~ *på bio* keep going to the cinema **2** (*brista*) burst; (*om säkring e.d.*) blow; ~ *i dagen* come to light, (*om källa*) spring forth; ~ *i luften* [be] blow[n] up, explode **3** (*med betonad partikel*) ~ *av* (*brista*) burst; ~ *fram* rush out, (*om sak*) stand out, project; ~ *ifatt* overtake, catch up; ~ *ifrån* run away from, desert; ~ *om* pass [... running] run past; ~ *omkring* run around; ~ *omkull* run down; ~ *upp a*) (*rinna upp*) spring up, *b*) (*om dörr*) fly open

spring|ande *a4* running; *den* ~ *punkten* the crucial point **-are** (*häst*) courser, steed; (*i schack*) knight **-flod** spring tide

sprinkler ['sprin-] *s9, pl äv. -s* sprinkler

sprint *s2* split pin, peg

sprinter ['sprinn-] *s2* sprinter **-lopp** sprint[race]

sprit *s3* spirits (*pl*); alcohol; liquor; *denaturerad* ~ methylated spirits; *ren* ~ pure alcohol **-drycker** *pl* spirits, alcoholic liquors (beverages) **-fabrik** [alcohol] distillery **-kök** spirit stove **-rättigheter** *pl, ha* ~ be fully licensed

sprits *s2* forcing (piping) bag **spritsa** pipe

spritt *adv*, ~ *galen* stark (raving) mad; ~ *naken* stark-naked

spritt|a *spratt spruttit*, ~ [*till*] give a start, start, jump (*av förskräckelse* with fright); *det -er i benen* I want to dance so much I can't keep still **-ande** *a4*, ~ *glad* ready to jump for joy; *en* ~ *melodi* a lively tune **-ning** start, jump

sprucken *a5* cracked (*tallrik* plate; *röst* voice)

sprudl|a [-u:-] bubble, gush **-ande** *a4* bubbling over (*av* with); sparkling (*kvickhet* wit); ~ *fantasi* exuberant imagination; ~ *humör* high spirits (*pl*)

sprund *s7* (*i plagg*) slit, opening; (*på laggkärl*) bung[hole]

sprut|a *s1* spray[er], squirt; (*finfördelande*) atomizer; (*brand-*) fire engine; (*injektions-*) syringe; *få en* ~ get an injection, have a shot **ll** *v1* spray, squirt; (*spola*) wash, flush; ~ *eld* spit (*om vulkan* emit) fire; *hennes ögon* ~*de eld* her eyes flashed fire; ~ *vatten på* throw water on, hose; ~ *in* (*med.*) inject; ~ *ut* eject, spout, throw out **-ning** [-u:-] spraying, squirting; (*med brandspruta*) playing the hose[s]

språk *s7* language; idiom, tongue; (*tal*) speech; *manner of speaking*, style; *föra ett bildat* ~ speak in an educated manner; *lärare i* ~ teacher of languages; *skriva ett ledigt* ~ have an easy (natural) style of writing; *inte vilja ut med* ~*et* beat about the bush; *slå sig i* ~ *med* enter into conversation with **språka** talk, speak (*om* about); (*förtroligt*) chat **språkas** *dep*, ~ *vid* talk to each other; ~ *vid om* (*äv.*) discuss

språk|bruk usage; *gällande* ~ current usage **-forskare** linguist **-kunnig** skilled in languages; *en* ~ *person* a good linguist **-känsla** feeling for language **-laboratorium** language laboratory

språk|lig [-å:-] *a1* linguistic (*studier* studies); philological (*problem* problem); *i* ~*t avseende* from a linguistic point of view **-lära** grammar **-nämnd** *Svenska* ~*en* [the] Swedish language committee **-rör** *bildl.* spokesman (*fem.* spokeswoman), mouthpiece **-sam** [-å:-] *a1* talkative; (*prat-*) loquacious; (*meddel-*) communicative **-vetare** linguist; student of languages **-vetenskap** linguistics (*pl, behandlas som sg*) **-vård** preservation of language and usage [in a language]

språng *s7* leap, spring; (*skutt*) bound, skip; *ta ett* ~ take a leap, make a jump; *i fullt* ~ at full speed; *på* ~ on the run; *ta* ~*et ut i det okända* take a leap in the dark **-bräda** springboard (*äv. bildl.*) **-marsch** *i* ~ [at] double quick [time], *mil.* at a run **-vis** by leaps (*etc.*)

språcka *v3* crack; break; ~ *skallen* fracture one's skull

spräcklig *a1* speckled; mottled

spräng|a *v2* burst; (*med -ämne*) blast, blow up, explode; (*skingra*) scatter, *mil.* put to the rout; ~ *banken* break the bank; ~ *en häst* break a horse's

S

wind; *det -er i örat* my (his *etc.*) ear is throbbing; ~ *fram* gallop along (forward)

spräng|as *v2, dep* burst, break **-deg** explosive paste **-kraft** explosive force **-laddning** blasting (explosive) charge; (*i robot o.d.*) warhead **-ning** bursting *etc.*; explosion; (*skingring*) dispersion **-skiss** exploded view **-skott** blast **-sten** blast stone, broken rock **-verkan** explosive (blast) effect **-ämne** explosive

sprätt *s2* **1** dandy, fop, *AE.* dude **2** *sätta ~ på a*) (*ngn*) ginger up, *b*) (*pengar*) throw around

1 sprätta *v1, v3* (*skära upp*) rip [open] (*en söm a* seam), unpick (*en klänning a dress*); ~ *upp* rip up; ~ *ur* rip out (*en knapp a button*)

2 sprätta *v3, bet. 1 äv. v1* **1** (*snobba*) show off, swank **2** (*om höns*) scratch **3** (*sprida*) scatter **4** (*stänka*) spatter; (*om penna*) spurt

sprättig *a1* smart[ly dressed], dandified, foppish

spröd *a1* brittle; short; (*klen*) fragile **-het** [-ö:-] brittleness; shortness; fragility

spröjs *s2* bar

spröt *s7* **1** (*paraply-*) rib **2** *zool.* antenna, feeler

spurt *s3, sport.* spurt **spurta** *sport.* spurt

spy *v4* vomit (*äv. rök* smoke); (*om kanon*) belch out **spyor** [ˣspy:ɔr] *s, pl* vomit

spydig *a1* malicious, sarcastic, ironic[al] **-het** malice, sarcasm; *AE. äv.* wisecrack

spyfluga blowfly, bluebottle; *bildl.* caustic person

spå *v4, absol.* tell fortunes (*i kort* by the cards); ~ *ngn* tell s.b. his (*etc.*) fortune; *jfr äv. förutsäga*; ~ *i händer* practise palmistry, read hands; *jag ~dde rätt* my prediction came true; *människan ~r och Gud rår* man proposes, God disposes **-dom** *s2* prophecy; prediction; soothsaying **-kvinna** [female] fortune-teller; sibyl **-man** fortune-teller; soothsayer

spån *s7, s1* (*trä-, metall-*) chip; (*hyvel-*) shaving; *koll.* chips, shavings (*pl*); *dum som ett ~* as stupid as they come **-[fiber]platta** chipboard, fibreboard

spång *s2, pl äv.* spänger footbridge, plank

spår *s7* **1** (*märke*) mark (*efter* of); (*fot-*) [foot]step (*äv. bildl.*), footprint; (*djur-*) track, trail; *bildl. äv.* trace, vestige; *inte det minsta ~ av tvivel* not the faintest doubt; *inte ett ~ intresserad* not a bit interested; *följa i ~en* be fast on the heels of, *bildl.* follow in the footsteps of; *förlora ~et* lose the track (*om jakthund:* scent); *komma på ~en* get on the track of, *bildl. äv.* find out; *sopa igen ~en efter sig* obliterate one's tracks; *sätta djupa ~* (*bildl.*) make a profound impression; *vara inne på rätt ~* be on the right track **2** (*skenor*) rails (*pl*); *järnv.* track; *vagnen hoppade ur ~et* the carriage (wagon) ran off the track (left the rails)

spår|a **1** (*söka spår av*) track, trace (*äv. bildl.*); *jakt. äv.* scent; ~ *upp* track down, (*friare o. bildl.*) hunt out, discover **2** (*gå upp ett* [*skid*]*spår*) make a track **3** ~ *ur a*) (*järnv.*) run off the rails, derail, *b*) (*om pers.*) go astray, *c*) (*om diskussion*) sidetrack, get off the track **-bunden** trackbound **-hund** sleuthhound; bloodhound (*äv. bildl.*) **-ljus** tracer **-löst** [-ö:-] *adv* leaving no trace, without leaving any tracks; *den är ~ försvunnen* it has vanished into thin air **-sinne** scent; nose **-vagn** tram[car]; *AE.* streetcar, trol-

ley [car]

spårvagnsförare tram driver; *AE.* motorman

spår|vidd [track] gauge **-väg** tramway **-vägslinje** tramline; *AE.* streetcar line **-ämne** trace[r] element

späck *s7* lard; (*val-*) blubber

späck|a lard; *bildl.* interlard; *en ~d plånbok a* bulging (fat) wallet **-huggare** *zool.* killer [whale], grampus

späd *a1* (*mycket ung*) tender (*grönska* verdure; *ålder* age); (*spenslig*) slender (*växt* growth); *bot. äv.* young (*löv* leaves); *från sin ~aste barndom* from one's earliest infancy; ~ *röst* feeble (weak) voice

späda *v2,* ~ [*ut*] dilute, thin down; ~ *på* ([*ut*]*-öka*) add, mix in

späd|barn infant, baby **-barnsvård** infant welfare **-gris** sucking pig

späka *v3* mortify (*sitt kött* one's flesh); (*friare*) castigate; ~ *sig* mortify o.s.

spän|d *a1* (*jfr spänna*) tight (*rep* rope); stretched; (*styv*) taut; *bildl.* tense, highly strung (*nerver* nerves), intense, intent; (*om båge*) drawn; *-t förhållande* strained relations (*pl*) (*till* with); *högt ~a förväntningar* eager expectations; *lyssna med ~ uppmärksamhet* listen with strained (tense) attention; *jag är ~ på hur det skall gå* I am eager to see how things go

spänn *s, sätta ngt i ~* put s.th. in a press; *sitta på ~* be on tenterhooks

spänna *v2* **1** (*sträcka*) stretch (*snören* strings); strain (*musklerna* one's muscles); tighten (*ett rep* a rope); ~ *en fjäder* tighten a spring; ~ *hanen på en bössa* cock a gun; ~ *en båge* draw (bend) a bow; ~ *bågen för högt* (*bildl.*) aim too high; ~ *sina krafter till det yttersta* muster up all one's strength, *bildl.* strain every nerve; ~ *ögonen i fasten* (rivet) one's eyes on; ~ *öronen* prick up one's ears **2** (*med spänne*) clasp, buckle; (*med rem*) strap **3** (*om kläder*) be tight, pull **4** *rfl* strain (brace) o.s. **5** (*med betonad partikel*) ~ *av a*) unstrap, unfasten, undo, *b*) *vard.* relax, lean back; ~ *av sig skridskorna* take off one's skates; ~ *fast* fasten, buckle (strap) on (*vid* to); ~ *för* (*ifrån*) (*absol.*) harness (unharness) the horse[s]; ~ *på sig* put on (*skridskorna* one's skates), strap on (*ryggsäcken* one's knapsack); ~ *upp* undo, unfasten, (*rem*) unstrap, (*paraply*) put up; ~ *ut* stretch, (*magen*) distend, (*bröstet*) expand; ~ *åt* tighten

spännande *a4, bildl.* exciting, thrilling; *en ~ bok* (*äv.*) a thriller

spänne *s6* buckle, clasp, clip

spänning tension; *tekn. äv.* strain, stress; *elektr.* voltage; *bildl.* tension, excitement, stress, strain; *livsfarlig ~* (*på anslag*) live wire; *hållas i ~* be kept on tenterhooks; *vänta med ~* wait excitedly (eagerly)

spänningsförande *a4, elektr.* live, under tension

spännvidd span; *stat.* range; *bildl.* scope

spänst *s3* vigour, elasticity; *bildl.* buoyancy

spänstig *a1* elastic, springy; (*kraftig*) vigorous; *bildl.* buoyant; *gå med ~a steg* walk with a springy gait **-het** elasticity, spring[iness]; vigour; *bildl.* buoyancy

spänt *adv* (*jfr* spänd), *iakttaga ngn* ~ observe s.b. intently
1 spärr *s2, tekn.* catch, stop, barrier; *järnv.* gate, barrier; (*hinder*) block, obstacle; (*väg-*) roadblock; *skol.* restricted intake
2 spärr *s2,* (*i bowling*) spare
1 spärra 1 (*ut-*) spread out, stretch open; ~ *upp* ögonen open one's eyes wide **2** *boktr.* space out; ~*d stil* spaced-out type (letters *pl*)
2 spärra 1 (*avstänga*) bar; block [up]; obstruct (*vägen för ngn* a p.'s passage); blockade, close (*en hamn* a port) **2** *hand.* block (*ett konto* an account); ~ *en check* stop [payment of] a cheque
spärr|ballong barrage balloon; *vard.* blimp **-eld** barrage [fire] **-ning 1** barring *etc.*; obstruction; blockade **2** (*av konto e.d.*) blocking, freezing **-vakt** *järnv.* ticket collector
spätta *s1, zool.* plaice
spö *s6* **1** (*kvist*) twig; (*käpp*) switch; (*ridpiska*) whip; (*met-*) rod; *regnet står som* ~*n i backen* it's pouring rain, hard. It is raining cats and dogs **2** *slita* ~ be publicly flogged (whipped) **spöa** flog, whip
spök|a (*visa sig som -e*) haunt a place, walk the earth; *det* ~*r i huset* the house is haunted; *gå uppe och* ~ *om nätterna* be up and about at night; ~ *ut sig* make a fright of o.s. **-aktig** *a1* ghostlike; (*hemsk*) weird, uncanny
spök|e *s6* ghost, spectre; *vard.* spook; *bildl.* scarecrow, *se* ~*n på ljusa dagen* be haunted by imaginary terrors **-eri** ~*r* ghostly disturbances **-historia** ghost story **-lik** ghostlike, ghostly; (*kuslig*) uncanny, weird; *ett* ~*t sken* a ghostly light **-skrivare** ghostwriter **-slott** haunted castle **-timme** witching hour
spöregna pour, pelt
spörsmål *s7* question, matter, problem; *ett intrikat* ~ an intricate problem
spöstraff whipping, flogging
stab *s3* staff; *tjänstgöra på* ~ be on the staff
stabil *a1* stable; *en* ~ *firma* a sound firm; ~*a priser* stable prices **-isator** [-ˣsa:tår] *s3, sjö.* stabilizer; (*flygplans-, ubåts-*) tailplane **-isera** stabilize; *förhållandena har* ~*t sig* conditions have stabilized (become more settled) **-isering** [-ˈse:-] stabilization **-itet** stability
stabs|chef chief of staff **-officer** staff officer
stack *s2* stack, rick; (*myr-*) ant hill (heap); *dra sitt strå till* ~*en* do one's share (*vard.* bit)
stackare [poor] wretch; (*ynkrygg*) coward, funk; *en* ~ *till* ... a wretch of a ...; *en fattig* ~ a beggar; *den* ~*n!* poor thing (devil)!; *en svag* ~ a weakling, a pitiable creature; *var och en är herre över sin* ~ everybody is s.b.'s master **stackars** *oböjligt a* poor (*kråke* wretch); ~ *du* (*dig*)! poor you!; ~ *liten!* poor little thing!
stackato [-ˈka:-] *s6 o. adv, mus.* staccato
stackmoln cumulus
1 stad *s3* (*på väv*) selvage, selvedge; *AE.* selvage
2 stad *r* (*ställe*) stead; abode; *var och en i sin* ~ each in his own place
3 stad *-en städer, best. form vard.* stan (*samhälle*) town; (*större o. katedral-*) city; ~*en Paris* the city of Paris; *den eviga* ~*en* the Eternal City; *land och* ~ town and country; *han har blivit en visa för hela stan* he is the talk of the town; *bo i* ~*en* live

in [the] town; *gå ut på stan* go into town; *lämna* ~*en* leave town; *resa till* ~*en* go up to town; *springa stan runt efter* rush round town for; *över hela* ~*en* all over the town
stadd *a5,* ~ *i fara* in [the midst of] danger; *vara* ~ *i upplösning* be disintegrating; ~ *på resa* on the move; ~ *vid kassa* in funds
stadfästa confirm (*en dom* a sentence); establish (*en lag* a law); legalize, sanction (*en förordning* a decree); ratify (*ett fördrag* a treaty)
stadga I *s1, i bet. 2 äv.* s5 **1** (*stadighet*) consistency; steadiness, firmness (*äv. bildl.*) **2** (*förordning*) regulation, statute; *föreningens* ~*r* the charter (*sg*) (rules) of the association **II** *v1* **1** (*ge fasthet*) consolidate, steady **2** (*föreskriva*) direct, prescribe, enact; (*bestämma*) decree **3** *rfl* consolidate, become firm[er] (steadier); (*om vädret*) become settled; (*om pers.*) settle down
stadg|ad *a5* steady, staid; *en* ~ *herre* a staid (reliable) man; *komma till en äldre ordnad at n mature* age; *ha -at rykte för att vara* have a well-established reputation of being
stadig *a1* steady; (*fast*) firm; (*stabil*) stable; (*grov o. stark*) square built, sturdy; (*tjock*) stout; (*kraftig*) substantial (*mat* food), thick (*gröt* porridge); *bildl.* (*varaktig*) permanent (*kund* customer); ~ *blick* firm look; ~ *hand* steady (firm) hand; *ett* ~*t mål mat* (*äv.*) a square meal; *ha* ~*t arbete* have a steady job (regular work) **stadigt** *adv* steadily *etc.*; *sitta* ~ (*om sak*) be firmly fixed; *stå* ~ stand steady (firm) **stadigvarande** *a4* permanent (*anställning* employment); constant; ~ *inkomst* steady income
stadion [ˈsta:djån] *n* stadium
stadium [ˈsta:djum] *s4* stage; (*skede*) phase; *befinna sig på ett förberedande* ~ be at a preparatory (an initial) stage
stads|befolkning urban (town) population **-bibliotek** public (town, city) library **-bo** town dweller; (*borgare*) citizen; ~*r* townspeople **-bud** [town] messenger; (*bärare*) porter **-del** quarter of a city (town), district **-fullmäktig** city (town) councillor; ~*e* city (town) council (*sg*) **-gas** town (coal) gas **-hus** town (city) hall **-kärna** [the old] city centre **-liv** town (city) life **-plan** town plan **-planering** town (city) planning **-teater** municipal theatre **-vapen** city arms (*pl*)
stafett *s3* **1** (*kurir*) courier **2** *se* **-pinne**; *springa* ~ run in a relay race **-löpning** relay race **-pinne** [relay-race] baton
staffage [-ˈfa:ʃ] *s4* figures (*pl*) in a landscape **-figur** *eg.* foreground figure; *bara en* ~ (*bildl.*) just an ornament
staffli *s4, s6* easel
stag *s7, sjö.* stay; *gå över* ~ go about **staga** *sjö.* stay (tack) ship; *allm.* stay
stagn|ation [-ŋn-] stagnation; (*stopp*) stoppage, standstill **-era** stagnate
stagvända tack, go about
1 staka *rfl* stumble, hesitate; ~ *sig på läxan* stumble over one's lessons
2 staka 1 punt, pole ([*fram*] *en båt* a boat [along]) **2** mark (*en väg* a road); ~ *ut* se utstaka
stake *s2* pole, stake; (*ljus-*) candlestick
staket *s7* fence, railing[s *pl*], paling
1 stall *s7* (*på fiol*) bridge

S

2 stall 1 (*för hästar*) stable; *AE. äv.* barn; (*uppsättning hästar*) stud **2** (*lok- etc.*) depot, garage

stall|a stable **-dräng** stableman, groom

stam [stamm] *s2* **1** (*träd-*) stem, trunk (*äv. bildl.*); *språkv.* stem, radical **2** (*i checkbok o.d.*) counterfoil, stub **3** (*släkt*[*e*]) family, lineage; (*folk-*) tribe; *en man av gamla ~men* a man of the old stock **-aktie** ordinary (*AE.* common) share; *~r* (*koll.*) stock (*sg*), equities; *utdelning på ~r* ordinary dividend **-anställd** *a o. s* regular **-bana** main line [railway]; *norra ~n* the main northern line **-bok** (*över djur*) pedigree book; (*över hästar*) studbook; (*över nötkreatur*) herd-book **-fader** [first] ancestor; progenitor **-gäst** regular [frequenter] (*på en restaurang* of a restaurant), habitué **-kund** regular customer

stamm|a (*tala hackigt*) stutter; (*svårare*) stammer; *~ fram* stammer out **-are** stutterer, stammerer

stammoder [first] ancestress

stamning stuttering, stammering

stamort place of origin

stamp 1 *s7, se stampning* **2** *s2, tekn.* (*hål-*) punch; (*stämpel*) stamp

1 stampa 1 stamp (*i golvet* [on] the floor); (*om häst*) paw the ground; *stå och ~ på samma fläck* (*bildl.*) be still on the same old spot, be getting nowhere; *~ takten* beat time with one's feet; *~ av sig snön* stamp the snow off one's shoes; *~ till jorden* trample down the earth **2** *sjö.* pitch, heave and set **3** stamp, punch (*hål i* a hole in); (*kläde*) mill, full

2 stampa *vard.,* *~ på* (*pantsätta*) hock, pop

stamp|maskin stamp, stamping machine **-ning** stamping; pawing; *tekn.* punching, pounding

stam|tavla genealogical table; pedigree (*äv. om djur*) **-träd** genealogical (family) tree

standar *s7* standard

standard ['stann-] *s3* standard **-avvikelse** *stat.* standard deviation (error) **-brev** form letter **-format** standard size **-höjning** rise in the standard of living; *en allmän ~* a general rise in the living standard **-isera** standardize **-isering** [-'se:-] standardization **-mått** standard size; (*likare*) standard measure[ment] **-prov** *skol.* standardized achievement test **-sänkning** lowering of one's standard [of living] **-utförande** standard design

standert ['stann-] *s2, sjö.* [broad] pennant

stank *s3* stench, stink

stanna 1 (*upphöra att röra sig*) stop, stand still; (*av-*) come to a standstill; (*upphöra äv.*) cease; *hjärtat har ~t* the (his *etc.*) heart has stopped (ceased to beat); *klockan ~de* the (my *etc.*) watch stopped; *~ i växten* stop growing; *~ på halva vägen* stop halfway; *han lät det ~ vid hotelser* he went no further than threats; *reformerna ~de på papperet* the reforms never got past the paper stage; *det ~de därvid* it stopped at that **2** (*om vätska*) cease to run; (*stelna*) coagulate; *kokk.* set **3** (*dröja kvar*) stay [on], stop; (*slutgiltigt förbli*) remain; *~ hemma* stay [at] home; *~ hos ngn* stay with s.b.; *~ kvar* stay [on]; remain; *~ till middagen* stay for dinner; *~ över natten* stay the night (*hos* with); *låt det ~ oss emellan!*

this is between you and me! **4** (*hejda*) stop; (*fordon äv.*) bring to a standstill; (*maskin*) stop

stannfågel sedentary (nonmigratory) bird

stanniol [-'jo:l, -'jå:l] *s3* tinfoil

stans *s2* punch

stans|a ~ [*ut*] punch **-operatris** puncher, punching-machine operator

stapel *s2* **1** (*trave*) pile, stack **2** *skeppsb.* stocks (*pl*); *gå* (*löpa*) *av ~n* leave the stocks, be launched, *bildl.* take place, come off **3** (*på bokstav*) stem; *nedåtgående* (*uppåtgående*) *~* downstroke (upstroke) **-avlöpning** launch, launching **-bar** *a1, ~a stolar* nesting (stacking) chairs **-bädd** stocks (*pl*), slip, slipway **-diagram** histogram, bar graph **-vara** staple [commodity]

stapla [ˣsta:-] *~* [*upp*] pile [up], heap up, stack

stappl|a (*gå ostadigt*) totter; (*vackla*) stagger; *~ sig fram* stumble along; *~ sig igenom läxan* stumble through one's lesson **-ande** *a4* tottering; staggering; *de första ~ stegen* the first stumbling steps

stare *s2* starling

stark *a1* strong; (*kraftfull*) powerful (*maskin* engine); (*om maskin äv.*) high-powered; (*hållbar*) solid, durable; (*fast*) firm (*karaktär* character); (*utpräglad*) pronounced, mighty; (*intensiv*) intense; *~ blåst* high wind; *~a drycker* strong drinks; *~ efterfrågan på* great (strong) demand for; *~ fart* great speed; *~ färg* strong colour; *~t gift* virulent poison; *~t inflytande* powerful influence; *~ kyla* bitter (intense) cold; *~a misstankar* grave (strong) suspicions; *~ motvilja* pronounced aversion; *~a skäl* strong reasons; *~a verb* strong verbs; *är inte min ~a sida* is not my strong point; *en sex man ~ deputation* a deputation of six men; *med den ~ares rätt* with the right of might **-sprit** spirits (*pl*); *AE.* hard liquor **-ström** high-tension current

starkt *adv* strongly *etc.*; *~ kryddad* highly seasoned; *lukta ~ av* smell strongly of; *jag misstänker ~ att* I very much suspect that; *det var väl ~* that's a bit thick (much)

stark|varor *pl* spirits **-vin** dessert wine **-öl** strong beer

starr *s2* (*sjukdom*) [*grå*] *~* cataract; *grön ~* glaucoma

start [-a(:)-] *s3* start; *AE. vard.* kickoff; *flyg.* takeoff; (*av företag*) starting, launching

start|a [-a(:)-] start; *AE. vard.* kick off; *flyg.* take off; (*företag*) start, launch; *~ en affär* open a business **-anordning** starter **-avgift** entry fee **-bana** *flyg.* runway; tarmac (*varumärke*) **-block** starting block

start|er ['sta:r-] *s2, sport.* starter **-förbud** *flyg., det råder ~* all planes are grounded **-grop** starting hole; *ligga i ~arna* (*äv. bildl.*) be waiting for the starting signal **-kablar** jump leads, *AE.* jumper cables **-klar** ready to start **-knapp** starter button **-kontakt** starter **-linje** starting line **-motor** starting motor **-nyckel** ignition key **-pedal** starting pedal; (*på motorcyckel*) kickstarter **-pistol** starting pistol **-platta** (*för robot e.d.*) launch[ing] pad **-raket** booster, launching vehicle **-signal** starting signal **-skott** *sport.* starting shot; *~et gick* the pistol went off **-snöre** starting strap **-vev** starting handle, crank

stass *s3* finery
1 stat *s3* (*samhälle*; *rike*) state; ~*en* the State;
Förenta ~*erna* the United States [of America];
~*ens finanser* Government finance (*sg*); *S*~*ens
Järnvägar* the Swedish State Railways; ~*ens
tjänst* public (government) service; *i* ~*ens tjänst*
in the service of the State; ~*ens verk* Govern-
ment (civil service) departments; *på* ~*ens be-
kostnad* at public expense
2 stat *s3* **1** (*tjänstemannakår*) staff; (*förteckning*)
list of persons belonging to the establishment **2**
föra [*stor*] ~ live in [grand] style; *dra in på* ~*en*
cut down expenses
3 stat *s3* **1** (*avlöningsanordning*) establishment;
officer på ~ permanent officer **2** (*budget*)
estimates (*pl*), budget
statera walk on, be a super (extra)
statik *s3, ej pl* statics (*pl, behandlas som sg*)
station [-(t)'ʃoːn] station; *ta in en* ~ (*radio.*) tune
in a station **-era** station
stationsimperativ alakttommaster **-vagn** (*bil*)
estate car; *AE.* station wagon
stationär [-tʃoˈnäːr] *al* stationary
statisk ['staː-] *a5* static; ~ *elektricitet* static elec-
tricity
statist *teat.* walker-on, supernumerary, *vard.* su-
per; *film.* extra
statistik *s3, ej pl* statistics (*pl, behandlas som sg*)
-iker [-'tiss-] statistician **-isk** [-'tiss-] *a5*
statistic[al]; *S*~*a centralbyrån* Statistics Sweden;
~*a uppgifter* statistical data (*sg*), statistics; ~ *års-
bok* statistical yearbook
stativ *s7* stand, rack; (*stöd*) support; (*trebent*) tri-
pod
statlig ['staːt-] *al* state (*egendom* property); gov-
ernment (*verk* office); national (*inkomstskatt* in-
come tax); public (*institution* institution), ~*t in-
gripande* government (state) intervention; *i* ~
regi under government auspices, run by the State
statsangelägenhet affair of state **-anslag**
government (state, public) grant (subsidy) **-an-
ställd** *a5* employed in government service; *en* ~
a government (state) employee **-besök** state
(official) visit **-budget** national budget **-chef**
head of a (the) state **-egendom** state (national,
public) property; *göra till* ~ nationalize **-fient-
lig** subversive (*verksamhet* activity) **-finansier**
pl public (government) finances **-finansierad**
a5 state-financed **-form** form of government,
polity **-fängelse** state prison **-förbund** associ-
ation (union, [con]federation) of states **-författ-
ning** constitution **-förvaltning** public (state)
administration **-gräns** state boundary, frontier
statshemlighet state secret **-inkomster** *pl*
public (national) revenue (*sg*) **-kassa** treasury,
exchequer **-konst** statesmanship, statecraft;
diplomacy **-kontrollerad** *a5* state (gov-
ernment) controlled **-kunskap** political science
-kupp coup d'état **-kyrka** established (national,
state) church; *engelska* ~*n* the Church of Eng-
land, the Anglican Church; *svenska* ~*n* the Lu-
theran State Church of Sweden; *avskaffa* ~*n* dis-
establish the Church **-lös** stateless **-makt** state
authority, power of the state; ~*er* (*äv.*) govern-
ment authorities; *den fjärde* ~*en* (*pressen*) the
fourth estate **-man** statesman; (*politiker*)

politician **-minister** prime minister, premier;
ställföreträdande ~ deputy prime minister **-obli-
gation** government bond; ~*er* (*äv.*) govern-
ment securities, consols **-polis** national (state)
police
statsråd 1 *pers.* [cabinet] minister, councillor of
state; *Storbritannien äv.* secretary of state; *kon-
sultativt* ~ minister without portfolio **2** (*ministär*)
council of state cabinet **3** (*sammanträde*) cabinet
council (meeting); *konungen i* ~*et* the king in
council **-rådsberedning** ~*en* [the] cabinet of-
fice **-rätt** constitutional law **-sekreterare**
under-secretary of state **-skatt** national (state)
tax **-skick** constitution **-skuld** national debt
-tjänsteman civil servant, government em-
ployee **-understöd** government subsidy, state
aid **-utgifter** *pl* state (government) expenditure
(*sg*) **-vetare** *vard.* political scientist, expert in
(student of) political science **-vetenskap**
political science **-välvning** [politinal] mma lation
statuera ~ *ett exempel* make an example
status ['staː-, ˣstaː-] *s2, s7* (*ställning*) status; (*af-
färsföretags*) standing; ~ *quo* status quo; *rättslig*
~ legal status **-symbol** status symbol
staty *s3* statue **-ett** *s3* statuette
stav *s2* staff; *sport.* pole; (*skid-*) ski stick (pole);
(*i tunna*) stave; *bryta* ~*en över ngn* (*bildl.*) con-
demn s.b. [outright]
stava spell; *hur* ~*s …?* how do you spell …?; ~
och lägga ihop put two and two together; ~ *sig
igenom* spell one's way through
stavelse syllable **-fel** spelling mistake; orto-
graphical error
stavhopp pole vault; (*-hoppning*) pole-vaulting;
hoppa ~ pole-vault **-are** pole-vaulter
stavning [-aː-] spelling; (*rättskrivning*) ortogra-
phy
stearin *s4, s3* stearin[e], candle-grease **-ljus**
candle
steg *s7* **1** step (*äv. bildl.*); (*gång äv.*) gait, pace;
små ~ short steps; *ta stora* ~ take great (long)
strides; *gå framåt med stora* ~ (*bildl.*) advance
with rapid strides; ~ *för* ~ step by step, *bildl. äv.*
gradually; *hålla jämna* ~ keep pace (*med* with);
med långsamma ~ at a slow pace; *med spänstiga*
~ with a springy gait; *följa på några* ~*s avstånd*
follow a few paces behind; *styra* (*ställa*) *sina* ~ *till*
direct one's steps to; *ta första* ~*et till försoning*
make the first move towards conciliation; *ta* ~*et
fullt ut* (*bildl.*) go the whole way (*vard.* hog); *vid-
taga sina mått och* ~ take measures **2** *tekn.* stage
stega **1** ~ [*upp*] step out, pace **2** ~ *i väg* stride
out (along)
stege *s2* ladder
steglängd pace
1 stegra [-eː-] *rfl* rear; *bildl.* rebel; object
2 stegra [-eː-] raise, increase; (*förstärka*)
intensify, heighten
stegring rise, increase; intensification, heighten-
ing
stegvis step by step, by steps; (*gradvis äv.*)
gradually, by stages (degrees)
stek *s2* kokk. roast meat, joint [of roast
meat]; *ösa en* ~ baste a joint **steka** *v3* **1** roast
(*kött* meat); (*kastanjer* chestnuts); (*i stekpanna*)
fry; (*i ugn* roast (*potatis* potatoes); (*halstra*)

broil **2** *bildl., solen steker* the sun is broiling; ~ *sig i solen* broil (bake) in the sun **stekande** *a4* broiling, roasting (*hett* hot; *sol* sun) **stekas** *v3* roast, be roast, broil, be broiling

stek|fat meat dish **-fett** frying fat **-fläsk** sliced pork **-het** broiling, roasting **-hus** steakhouse **-panna** frying pan, *AE.* fry-pan **-spade** slice, spatula **-spett** spit **-sås** [pan] gravy

stekt [-e:-] *a4* roast (*kött* meat); fried (*potatis* potatoes; *ägg* eggs); baked (*äpplen* apples); *för mycket* (*litet*) ~ overdone (underdone); *lagom* ~ well done

stel *a1* stiff (*äv. bildl.*); (*styv*) rigid (*äv. bildl.*); (*av köld*) numb; *bildl.* formal, reserved (*sätt* manners *pl*); ~ *av fasa* paralysed (frozen) with horror; *vara* ~ *i ryggen* have a stiff back; *en* ~ *middag* a very formal dinner **-bent** [-be:-] *a1* stifflegged; *bildl.* stiff, formal **-frusen** (*om pers.*) stiff with cold, frozen stiff; (*om kött, mark e.d.*) [hard]frozen **-het** stiffness *etc.*; rigidity; *bildl. äv.* formality, constraint **-kramp** tetanus, *vard.* lockjaw

stelna [-e:-] get (grow) stiff; stiffen; (*övergå i fast form*) solidify; (*om vätska*) congeal, coagulate, (*om blod äv.*) clot; *kokk.* set; ~*de metaforer* frozen metaphors; ~ *till is* be congealed into ice; *man* ~*r till med åren* one stiffens up as one gets older; *han* ~*de till när han fick se oss* he froze when he caught sight of us

sten *s2* stone (*äv. i frukt o. med.*); *AE. äv.* rock; (*liten*) pebble; (*stor äv.*) boulder, rock; *bryta* ~ quarry stone; *en* ~ *har fallit från mitt bröst* that's a load off my mind; *hugga i* ~ (*bildl.*) bark up the wrong tree; *kasta* ~ *på* throw stones at; *lägga* ~ *på börda* increase the burden; *inte lämna* ~ *på* ~ not leave one stone upon another; *det kunde röra en* ~ *till tårar* it is enough to melt a heart of stone **sten|a** stone (*till döds* to death) **-bock 1** *zool.* ibex; steinbok **2** *astr., S*~*en* Capricorn **-brott** quarry

stencil *s3* stencil; *skriva en* ~ cut a stencil **-era** stencil

sten|dammlunga silicosis **-död** stone dead; *vard.* [as] dead as a doornail **-döv** stone deaf, [as] deaf as a post **-frukt** stone fruit; *fack.* drupe **-gods** stoneware **-huggare** stonemason **-hård** [as] hard as stone (flint); (*bildl.*) adamant

sten|ig *a1* stony; rocky (*bergsluttning* hillside); (*mödosam*) hard **-kaka** *vard.* 78 [record] **-kast** (*avståndsmått*) stone's throw **-kol** [pit] coal, mineral (hard) coal

sten|kolstjära coal tar **-kross** stone crusher **-lägga** pave **-läggning** *abstr.* paving; *konkr.* pavement

steno|graf *s3* shorthand writer, stenographer; ~ *och maskinskriverska* shorthand typist **-grafera** take down in shorthand; *absol.* write shorthand **-grafi** *s3* stenography, shorthand **-grafisk** [-'gra:-] stenographic, shorthand, in shorthand

stenogram [-'gramm] *s7* stenograph, shorthand notes; *skriva ut ett* ~ transcribe shorthand notes **sten|parti** rock garden, rockery **-rik** *bildl.* rolling in money **-rös[e]** mound (heap) of stones **-skott** flying stone [hitting a motorcar] **-sättare** paver **-sättning** *arkeol.* circle (row) of stones, cromlech **-åldern** the Stone Age; *yngre*

(*äldre*) ~ the neolithic (palaeolithic) period **-öken** stony (rocky) desert; (*bildl. om stad*) wilderness of bricks and mortar

stepp|a tap-dance **-dansör** tap-dancer

stereo ['ste:-] *s5* stereo, stereophonic sound **-anläggning** stereo [equipment] **-fonisk** [-'få:-] *a5* stereophonic **-metri** *s3* stereometry **-skop** [-'skå:p] *s7* stereoscope **-skopisk** [-'skå:-] *a5* stereoscopic **-typ I** *a5* stereotyped, set (*leende* smile) **II** *s3* stereotype, cliché

steril *a1* sterile; (*ofruktbar*) barren (*mark* ground) **-isera** sterilize **-isering** [-'se:-] sterilization **-itet** sterility; barrenness

sterling ['stö:r-, 'stä:r-] *pund* ~ pound sterling **-blocket** the sterling area (bloc)

stetoskop [-'skå:p] *s7* stethoscope

stia [ˣsti:a] *s1* [pig]sty, *AE.* pigpen

stick I *s7* **1** stick[ing]; (*nål-*) prick; (*med vapen*) stab, thrust; (*insekt-*) sting, bite **2** *lämna ngn i* ~*et* leave s.b. in the lurch **3** (*gravyr*) engraving, print **4** *kortsp.* trick **II** *adv,* ~ *i stäv* (*sjö.*) dead ahead, *bildl.* directly contrary (*mot* to)

stick|a I *s1* **1** (*flisa*) splinter, split; (*pinne*) stick; *få en* ~ *i fingret* run a splinter into one's finger; *mager som en* ~ [as] thin as a rake **2** (*strump-*) [knitting] needle **II** *stack stuckit* **1** (*med nål e.d.*) prick, stick; (*med kniv e.d.*) stab; (*slakta*) stick; (*om insekt*) sting, bite; (*stoppa*) put (*handen i fickan* one's hand into one's pocket), (*häftigare*) thrust; *bildl.* stay; ~ *kniven i stab* [... with a knife]; ~ *eld på* set fire to, set on fire; ~ *hål på* prick (make) a hole in, puncture; ~ *en nål igenom* run a pin through; ~ *in huvudet* i pop one's head into; *hans ord stack mig i själen* his words cut me to the heart **2** (*gravera*) engrave **3** (*med -or*) knit; (*på symaskin*) stitch; (*vaddera*) quilt **4** *det -er i bröstet* I have a pain in my chest; *lukten -er i näsan* the smell makes my nose itch; *ljuset stack mig i ögonen* the light dazzled me; ~ *till sjöss* put out (*om pers.* run off) to sea; *kom så -er vi!* (*vard.*) come on, let's go (get out of here)!; ~ *sin väg* clear out, hit the road **5** *rfl* prick o.s.; *jag stack mig i fingret* I pricked my finger **6** (*med betonad partikel*) ~ *av* (*kontrastera*) contrast (*mot, från* to); ~ *emellan med* fit in; ~ *fram a*) stretch (stick) out (*nosen* its (*etc.*) nose) *b*) (*skjuta fram*) project, protrude; *månen -er fram* the moon is peeping out; ~ *ner* (*ihjäl*) stab [to death]; *det stack till i foten* I had a sudden twinge in my foot; *det stack till i honom* (*bildl.*) he felt a pang; ~ *upp a*) stick up (*huvudet* one's head), *b*) (*framträda*) stick up (out), (*träda i dagen*) crop up, *c*) *vard.* be cheeky; ~ *ut* stick out; ~ *ut ögonen på ngn* put out a p.'s eyes; ~ *över a*) *kortsp.* take, *absol.* take it, *b*) (*kila över*) pop over

stickande *a4* shooting (*smärta* pain); pungent (*lukt* smell); piercing (*blickar* looks); ~ *smak* pungent (biting) taste

stickas *stacks stuckits, dep* prick, sting (*jfr sticka II 1*)

stick|garn knitting yarn (wool) **-ig** *a1* prickly **-kontakt** (*-propp*) plug; (*vägguttag*) point, wall socket

stickling cutting, slip

stick|maskin knitting machine **-ning 1** knitting (*äv. konkr.*) **2** (*-ande känsla*) pricking [sensation]

-ord 1 (*gliring*) sarcasm, taunt **2** (*uppslagsord*) entry, headword **3** *teat.* cue **-prov** sample (spot) test; *ta ett* ~ take a sample **-provsundersökning** random sampling **-spår** *järnv.* dead-end siding (track)

1 stift *s7* **1** (*att fästa med*) pin, brad, tack; (*rit-*) drawing pencil, crayon; (*penn-*) pencil lead; (*grammofon-*) needle **2** *bot.* style

2 stift *s7, kyrkl.* diocese

stift|a (*in-*) found; establish (*en fond* a fund); institute (*regler* rules); form (*ett förbund* an alliance); ~ *bekantskap med ngn* make a p.'s acquaintance; ~ *fred* conclude (make) peace; ~ *lagar* institute laws, legislate **-ande** *s6* founding *etc.*; foundation; establishment **-are** founder; originator **-else** foundation; institution, establishment

stiftpenna propelling (automatic) pencil

stiftsstad cathedral city, diocesan capital

stifttand pivot (pin) tooth

stig *s2* path; *bildl. äv.* track

stig|a *m'g,* å **1** (*kliva*) step (*fram* forward); walk (*in i rummet* into the room); *jag kan inte* ~ *på foten* I can't put my weight on my foot; ~ *i land* go ashore; ~ *miste* make a false step; ~ *närmare* step nearer **2** (*höja sig*) rise; (*om pris äv.*) increase, go up, (*från säljarsynpunkt*) advance, improve; *flyg.* climb, ascend; (*öka*) rise, increase; *aktierna -er* shares are going up; *barometern -er* the barometer is rising; *febern -er* his (*etc.*) temperature is going up; ~ *i ngns aktning* rise in a p.'s esteem; ~ *i pris* advance (rise) in price; ~ *i rang* acquire a higher rank, advance; ~ *i värde* rise in value; *tårarna steg henne i ögonen* tears rose to her eyes; ~ *till a*) (*nå*) rise to, attain, *b*) (*belöpa sig t.*) amount to; ~ *ur sängen* get out of bed; *framgången steg honom åt huvudet* success went to his head **3** (*med betonad partikel*) ~ *av* get off, (*häst*) dismount, (*tåg*) get off; ~ *fram* step forward, approach; ~ *in* step (walk) in; *stig in!* please come in!, (*som svar på knackning*) come in!; ~ *ner* descend; ~ *på* (*absol.*) come in; ~ *på tåget* get on the train, take the train (*vid* at); ~ *upp* rise, *vard.* get up; ~ *upp från bordet* (*äv.*) leave the table; *stig upp!* get up!; *en misstanke steg upp inom henne* a suspicion arose within her; ~ *upp på* mount, ascend; ~ *ur* get (step) out (*en vagn* of a carriage); ~ *ur sängen* get out of bed; ~ *ut* step out; ~ *över* step over (across)

stigande *a4* rising; (*ökande äv.*) increasing, growing; (*om pris*) rising, advancing; ~ *konjunkturer* rising tendency; ~ *kurva* upward curve; *efter en* ~ *skala* on an ascending scale, progressively; *vara i* ~ be on the rise

stigbygel stirrup; (*i örat*) stirrup-bone; *fack.* stapes (*pl*)

stigning [-i:g-] rising, rise, ascent; (*ökning*) increase; (*i terräng*) incline, slope; *flyg.* climb

stil *s2* **1** (*hand-*) hand[writing] **2** (*konstnärlig* ~, *stilart*; *bildl.*) style; touch, manner; *det är* ~ *på honom* he has style; *det är hennes vanliga* ~ it is her usual way; *hålla* ~*en* observe good form; *i* ~ *med* in keeping with; *ngt i den* ~*en* s.th. in that line; *i stor* ~ on a large scale **3** *skol.* [written] exercise **4** (*trycktyp*) type; *spärrad* ~ spaced-out

letters (*pl*) **5** (*tideräkning*) style **-art** style **-bildande** style-forming **-brytning** *ung.* clash of styles **-drag** characteristic of a style

stilett *s3* stiletto

stil|full stylish, tasteful, in good style **-ig** *a1* stylish, elegant, chic, *vard.* smart; *det var* ~*t gjort av henne* it was a fine thing of her to do

stil|isera 1 (*förenkla*) stylize, conventionalize **2** (*formulera*) word, compose **-ist** stylist; *en god* ~ a master of style **-istisk** [- 'liss-] *a5* stylistic; *i* ~*t avseende* as regards style **-känsla** feeling for style, artistic sense (taste)

stilla I *oböjligt a o. adv* (*utan rörelse, äv. bildl.*) still; (*lugn*) calm; (*svag*) soft (*bris* breeze); (*tyst*) quiet; *S*~ *havet* the Pacific [Ocean]; ~ *vatten* calm (unruffled) waters; *S*~*a veckan* Holy Week; *tyst och* ~ quiet and tranquil; *föra ett* ~ *liv* lead a quiet life; *det gick ett* ~ *sus genom salen* a gentle murmur went through the room (hall); *ligga* (*sitta, stå, vara*) ~ lie (sit, stand, be) still; *vi uträttar jort mycket* ~ we lead a too sedentary life; *smedjan stod* ~ the forge was at a standstill; *stå* (*var*) ~! keep still (quiet)!; *luften står* ~ the air is not stirring; *det står alldeles* ~ *för mig* just can't remember, it's gone completely out of my head; *tiga* ~ be silent **II** *v1* (*dämpa*) appease; (*lugna*) quiet; (*lindra*) soothe, alleviate (*smärtan* the pain); ~ *sin hunger* appease one's hunger; ~ *sin nyfikenhet* satisfy one's curiosity; ~ *sin törst* slake (quench) one's thirst

stilla|havskusten the Pacific Coast **-sittande I** *a4* sedentary (*arbete* work) **II** *s6* sedentary life **-stående I** *a4* stationary (*luft* air); stagnant (*vatten* water); (*utan utveckling*) unprogressive **II** *s6* standstill; stagnation **-tigande** *a4* silent; in silence; ~ *finna sig i ngt* accept s.th. in silence

stillbild still

stilleben ['still-, -'le:-] *s7* still life (*pl* still lifes)

stille|stånd *s7* **1** *mil.* armistice, truce **2** (*vid industri o.d.*) standstill **-ståndsavtal** truce

stillhet calm, quiet; stillness, tranquillity; *begravningen sker i* ~ the funeral will be strictly private; *i all* ~ quite quietly, in silence; *leva i* ~ lead a quiet life **stillna** quieten down; (*mojna*) abate, drop **stillsam** *a1* quiet, tranquil; *vara* ~ *av sig* be of a quiet disposition

stil|lös without style, in bad style **-möbler** *pl* period furniture **-prov** (*handstils-*) specimen of a p.'s handwriting; *boktr.* type specimen

stiltje [ˣstiltje] *s9* calm; lull

stim [stimm] *s7* **1** (*fisk-*) shoal; (*av småfisk*) fry **2** (*stoj*) noise, din

stimma 1 (*om fisk*) shoal **2** (*stoja*) be noisy, make a noise

stimul|ans [-'lans, -'laŋs] *s3* stimulation (*till* of); stimulus; (*medel*) stimulant **-antia** [-'lantsia] *pl* stimulants, stimuli **-era** stimulate; ~*nde medel* stimulant **-ering** [-'le:-] stimulation

sting *s7* (*stick*) prick, sting (*äv. bildl.*); *bildl. äv.* pang (*av svartsjuka* of jealousy); (*kraft*) bite, go; *det är inget* ~ *i det här* there is no punch in this

stinga *stack stungit* sting; *jfr sticka*

stingslig *a1* touchy, irritable

stinka stank (*sup. saknas*) stink; ~ *av ngt* smell strongly of s.th., *vard.* stink of s.th.

stinn *a1* (*uppblåst*) inflated; (*utspänd*) distended;

S

(*av mat*) full [up]; *en ~ penningpung* a bulging (fat) purse

stins *s2* stationmaster

stint *se ~ på ngn* look hard at s.b.; *se ngn ~ i ögonen* look s.b. straight in the eye

stipend|iat holder of a scholarship **-ienämnd** scholarship committee **-ium** [-'penn-] *s4* scholarship; (*bidrag*) grant, award

stipul|ation stipulation **-era** stipulate; state

stirr|a stare, gaze (*på* at); *~ som förhäxad på* stare as one bewitched at; *~ sig blind på* (*bildl.*) have eyes for nothing else but **-ande** *a4* staring; *~ blick* (*äv.*) fixed look **-ig** *a1* scatterbrained; nervous

stjäla [ʃ-] *stal stulit* steal (*äv. bildl.*); *~ sig till att göra ngt* do s.th. by stealth; *~ sig till en stunds vila* snatch a short rest

stjälk [ʃ-] *s2* stalk; stem

stjälp|a [ʃ-] *v3* **1** (*välta*) overturn; tip; upset (*äv. bildl.*); *~ av* (*ut*) tip out; *~ i sig* gulp down; *~ upp* turn out **2** (*falla över ända*) [be] upset, turn (topple, tip) over **-ning** tipping, upsetting

stjärn|a [ˣʃä:r-] *s1* star **-baneret** the Star-Spangled Banner, the Stars and Stripes **-beströdd** *a5* starred, starry **-bild** constellation **-fall 1** (*-skott*) [swarm of] shooting star[s *pl*] **2** (*ordensregn*) shower of decorations **-formig** [-å-] *a1* star-shaped; *fack.* stellar, stelliform **-himmel** starry sky **-karta** star chart **-kikare** [astronomic] telescope **-klar** starlit (*natt* night); starry (*himmel* sky); *det är ~t* the stars are out (shining) **-skott 1** *se -fall 1* **2** (*underhållare*) shooting star **-smäll** *vard.*, *ge ngn en ~* make s.b. see stars, knock s.b. into the middle of next week **-system** stellar (star) system

stjärt [ʃ-] *s2* tail (*äv. tekn.*); (*på pers.*) behind, bottom **-fena** tail (caudal) fin **-fjäder** tail feather

sto *s6* mare; (*ungt*) filly

stock [-å-] *s2* **1** (*stam*) log; *sova som en ~* sleep like a log; *över ~ och sten* up hill and down dale, across country; *sitta i ~en* be (sit) in the stocks **2** (*på gevär*) stock **3** *tryck från ~ar* (*boktr.*) block printing

stocka [-å-] *rfl* clog; stagnate (*äv. om trafik*); *orden ~r sig i halsen* the words stick in my throat

stockeld log fire

stockholmare [-å-å-] inhabitant of Stockholm, Stockholmer

stock|hus log house **-konservativ** *en ~* a die-hard conservative

stockning [-å-] (*avbrott*) stoppage; (*försening*) delay; (*blod-*) [blood] stasis; (*trafik-*) traffic jam, block, congestion; *bildl.* deadlock

stod *s3* (*bildl-*) statue

stoff [-å-] *s7, om tyger o.d. s4* stuff (*till* for) (*äv. bildl.*); material[s *pl*]; (*ämne*) [subject] matter

stofil *s3* odd fish; *gammal ~* (*äv.*) old fogey

stoft [-å-] *s7* dust; (*puder*) powder; (*jordiska kvarlevor*) ashes, remains (*pl*); *kräla i ~et för* crawl in the dust before **-hydda** mortal clay

sto|iker ['stå:iker] stoic **-isk** ['stå:-] *a5* stoic[al]

stoj [ståjj] *s7* noise, din **stoja** make a noise, be noisy; (*om barn äv.*) romp **stojig** *a1* noisy, boisterous; romping

stol *s2* chair; (*utan ryggstöd*) stool; *sticka under ~*

---

med hold back, conceal; *sätta sig mellan två ~ar* (*bildl.*) fall between two stools

stola [ˣstå:-] *s1* stole

stolgång *s2* **1** (*ändtarmsmynning*) anus **2** (*avföring*) stools (*pl*), motion

stolle [-å-] *s2* fool, silly person

stollift chair lift

stollig *a1* cracked, crazy

stolpe [-å-] *s2* post; pole; (*stötta*) prop, stanchion; (*i virkning*) treble; (*minnesanteckning*) brief note, jotting

stolpiller suppository

stols|ben chair leg, leg of a chair **-karm** arm of a chair **-rygg** back of a chair **-sits** [chair] seat

stolt [-å-] *a1* proud (*över* of); (*högdragen*) haughty; *med en ~ gest* with a proud gesture; *vara ~ över* (*äv.*) pride o.s. on, take pride in **-het** pride (*över* in); (*högdragenhet*) arrogance; *berättigad ~* legitimate pride; *sårad ~* (*äv.*) pique, *sätta sin ~ i* take pride in **-sera** *absol.* swagger; (*gå o. ~*) swagger about; (*om häst*) prance; *~ med* parade

stomme *s2* frame[work], shell; skeleton (*äv. bildl.*)

stop *s7* **1** (*kärl*) stoup, pot **2** (*rymdmått*) quart

1 stopp [-å-] **I** *s7* (*stockning*) stoppage (*i röret* in the pipe); (*stillastående*) stop, standstill (*äv. bildl.*); *sätta ~ för* put an end (a stop) to; *säg ~!* (*vid påfyllning*) say when! **II** *interj* stop!

2 stopp [-å-] *s2* **1** (*på strumpa e.d.*) darn **2** (*pip-*) fill

1 stoppa [-å-] **1** (*hejda*) stop, bring to a standstill; stem (*blodflödet* the flow of blood) **2** (*stanna*) stop, come to a standstill **3** (*förslå*) suffice, be enough **4** (*orka*) stand the strain; *han ~r nog inte länge till* he can't stand the strain much longer

2 stoppa [-å-] **1** (*laga hål*) darn (*strumpor* socks) **2** (*fylla*) fill (*pipan* one's pipe); stuff (*korv* sausages; *med tagel* with horsehair); upholster (*möbler* furniture); (*proppa*) cram; *~ fickorna fulla med* fill one's pockets with **3** (*sticka in*) put (*ngt i fickan* s.th. into one's pocket); tuck **4** (*med betonad partikel*) *i ngn ngt* stuff s.b. with s.th.; *~ i sig* put away; *~ ner* put (tuck) down; *~ om ett barn* tuck a child up [in bed]; *~ om en madrass* re-stuff a mattress; *~ på sig* put into one's pocket, pocket; *~ undan* stow away

stopp|boll *sport.* drop shot **-förbud** (*på skylt*) No waiting; *~ gäller* waiting is prohibited **-gräns** stopping limit **-knapp** stop button **-plikt** (*hopskr. stopplikt*) obligation to stop **-ljus** stoplight

stopp|ning [-å-] (*jfr 2 stoppa*) darning; filling; stuffing *etc.* **-nål** darning needle

stopp|signal halt signal, red light **-skruv** set (stop) screw **-skylt** stop sign **-ur** stopwatch

stor *-t större störst* **1** (*i sht om ngt konkr.*) large (*hus* house; *förmögenhet* fortune); (*i sht i kroppslig bet.*) big (*näsa* nose), (*starkare*) huge; (*reslig*) tall; (*i sht om ngt abstr.*) great (*skillnad* difference); *bildl. äv.* grand; *Alexander den ~e* Alexander the Great; *Karl den ~e* Charlemagne; *dubbelt så ~ som* double the size of, twice as large (*etc.*) as; *lika ~ som* the same size as, as large (*etc.*) as; *hur ~ är han?* how big is he?; *en ~ beundrare av* a great admirer of; *~ bokstav* capital [letter]; ~ efterfrågan great (large, heavy) demand; ett ~t antal a great (large) number (barn of children); hon är ~a flicka nu she is a big girl now; den ~a hopen the crowd; han är ~a karlen nu he is quite a man now; en ~ man a great man; vara ~ i maten be a big eater; ett ~t nöje a great pleasure; ~a ord big words; bruka ~a ord talk big; du ~e tid! good heavens!; i ~a drag in broad outline; i det ~a hela on the whole, by and large; till ~ del largely, to a great extent **2** (fullvuxen) grown-up, adult; de ~a grown-up people; när jag blir ~ when I grow up

storartad [-a:r-] a5 grand; magnificent, splendid; på ett storartat sätt (äv.) magnificently, splendidly

stor|asyster big sister **-belåten** highly satisfied **-blommig 1** bot. large-flowered **2** (om mönster) with a large floral pattern

Storbritannien n Great Britain

stor|cirkel great circle **-dia** s1, s6 overhead transparency **-drift** large-scale production (jordbr. farming) llⁱⁿˡ great (noble) achievement **-ebror** big brother **-familj** extended family **-favorit** main favourite **-finans** high finance **-främmande** distinguished guest[s pl] **-förbrukare** bulk (big) consumer **-företag** large (large-scale) enterprise (company) **-hertig** grand duke **-het** [-o:-] **1** abstr. greatness; fack. magnitude **2** mat. quantity **3** (om pers.) great man (personage); (berömdhet) celebrity; en okänd ~ an unknown celebrity (quantity)

storhets|tid (lands) era of greatness **-vansinne** megalomania, illusions (pl) of grandeur

stork [-å-] s2 stork

storkapital big capital

storkna [-å-] choke, suffocate

stor|konflikt major conflict **-kornig** coarse-grained **-kors** (av orden) grand cross (förk. G.C.) **-kök** catering [service] **-lek** s2 size; dimensions (pl); (omfång) extent, width, vastness; (rymd) volume; fack. magnitude; av betydande ~ of large dimensions; i ~ in size (etc.); i naturlig ~ life-size; stora ~ar (av plagg e.d. äv.) outsizes; upplagans ~ number of copies printed **-leksordning** magnitude, order; size; av ~en in the region of (500 pund 500 pounds), of the order of (5% 5%); av första ~en of the first order (magnitude); i ~ in order of size **-ligen** [-o:-] greatly; highly; very much

storm [-å-] s2 **1** (vind) storm (äv. bildl.); gale; (oväder) tempest; det blåser upp till ~ a storm is brewing; ~ i ett vattenglas a storm in a teacup; lugn i ~en! calm down now!; rida ut ~en (bildl.) ride out the storm **2** mil. ~ med ~ (äv. bildl.) take by storm; gå till ~s mot make an assault upon **3** se stormhatt 1 **storma** [-å-] **1** (blåsa) storm; det ~r storm is raging, it is stormy, a gale is blowing **2** bildl. (rasa) storm, rage; (rusa) rush; ~ fram rush forward **3** mil. assault, force, storm

stor|makt great power **-maktspolitik** [great-]-power politics (pl) **-man** great man; magnate; (berömdhet) celebrity

stormande [-å-] a4 **1** eg., se stormig **2** bildl. thunderous (applåder applause); tremendous, enormous (succé success); göra ~ succé (om skådespelare äv.) bring down the house

stor|marknad hypermarket, out-of-town super-

store **-maskig** a1 wide-meshed, coarse-meshed **-mast** mainmast

storm|by heavy squall **-centrum** storm centre **-flod** flood [caused by a storm] **-förtjust** absolutely delighted **-gräla** quarrel furiously (med with); ~ på ngn storm at s.b. **-hatt 1** (hög hatt) top (high) hat **2** bot. monkshood **-ig** a1, eg. o. bildl. stormy; tempestuous (känslor emotions); bildl. äv. tumultuous (uppträde scene); ~t hav rough sea **-lykta** hurricane lamp, storm lantern **-ning** mil. assault, storming **-rik** immensely rich **-segel** storm sail **-steg** med ~ by leaps and bounds **-styrka** gale force **-varning** gale warning **-vind** gale [of wind]

stor|mästare grandmaster **-möte** general meeting **-ordig** [-o:rd-] a1 grandiloquent; (skrytsam) boastful **-pamp** vard. big noise (shot), bigwig, VIP **-rengöring** spring-cleaning **-rökare** heavy smoker **-segel** mainsail **-sint** a1 magnanimous, generous **-sinthet** magnanimity, generosity **-skojare** big swindler **-slagen** a3 magnificent, grand **-slagenhet** magnificence, grandeur **-slalom** giant slalom **-slam** kortsp. grand slam **-slägga** ta till ~n (bildl.) go at s.th. with hammer and tongs **-stad** big town, city; metropolis **-stadsbo** inhabitant of a big town (etc.), city dweller **-stilad** a5 grand, fine

Stor-Stockholm Greater Stockholm

stor|strejk general strike **-säljare** best seller

stort [-o:-] **I** adv largely etc.; inte ~ mer än not much more than, uel hjälper inte ~ it won't help much; tänka ~ think nobly **II** a, i ~ on a large scale; i ~ sett on the whole; slå på ~ make a splash, do the thing big

stor|ting Storting, Norwegian Parliament **-tjuta** howl **-tvätt** big wash **-tå** big (great) toe **-vilt** big game **-vuxen** [-å-] tall [of stature] **-ögd** a1 large-eyed **-ögt** adv, titta ~ på gaze round-eyed at

straff s7 punishment (för for); jur. penalty, avtjäna sitt ~ serve one's penalty; milt ~ light (mild) punishment; strängt ~ severe sentence; lagens strängaste ~ the maximum penalty; ta sitt ~ take one's punishment; till ~ för as (for) [a] punishment for **straffa** punish (för for); (näpsa) reprove; ~s med böter eller fängelse carries a penalty of fines or imprisonment; synden ~r sig själv sin carries its own punishment **straffad** a5 convicted; jur. convicted; tidigare ~ previously convicted

straff|arbete penal servitude; livstids ~ penal servitude for life; ett års ~ one year's hard labour **-bar** a1 punishable; (brottslig) criminal; (friare) condemnable **-eftergift** remission [of penalty] **-exercis** punishment drill **-fri** (hopskr. straffri) exempt from punishment **-friförklara** (hopskr. straffriförklara) discharge without penalty, exempt from punishment **-fånge** (hopskr. straffånge) convict **-föreläggande** (hopskr. strafföreläggande) ung. order [of summary punishment] **-kast** sport. penalty [throw] **-koloni** penal settlement **-lag** criminal (penal) code (law) **-lindring** reduction [of penalty] **-område** sport. penalty area **-predikan** hellfire sermon; (friare) severe lecture **-register** criminal (police) records (pl) **-ränta** penal interest, interest on arrears **-rätt** jur. penal (criminal) law **-slag**

S

sport. penalty [shot] **-spark** *sport.* penalty [kick]
stram *a1* (*spänd*) tight, strained; *bildl.* stiff
(*uppträdande* bearing); (*reserverad*) distant; *en*
~ *livsföring* an austere way of life; *en* ~ *kreditpolitik* a stiff (restrictive) credit policy **strama**
(*sträckas*) be tight, pull; ~ *åt* tighten, stiffen
stramalj *s3* canvas [for needlework]
stramhet [-a:-] tightness *etc.*; *bildl.* stiffness
stramt [-a:-] *adv* tightly *etc.*; *sitta* ~ be (fit)
tight; *hälsa* ~ give a stiff greeting
strand *-en stränder* shore; (*havs- äv.*) seashore;
(*sand-*) beach; (*flod-*) bank
strand|a run ashore, be stranded; strand (*äv.*
bildl.); *bildl. äv.* fail, break down **-fynd** flotsam,
jetsam **-hugg** *göra* ~ (*om sjörövare*) raid a
coast, (*om seglare*) go ashore **-ning** stranding
etc.; *bildl. äv.* failure **-promenad** (*väg*) promenade, *AE.* boardwalk **-rätt** right to use the
beach; (*rätt att bärga vrakgods*) salvage right
-satt *a4, bildl.* stranded, at a loss (*på* for) **-skata** oystercatcher **-sätta** *bildl.* fail, leave in the
lurch **-tomt** beach lot, lakeside site
strapats *s3* hardship **-rik** adventurous
strass *s3* paste, strass; rhinestones (*pl*)
stra|teg *s3* strategist **-tegi** *s3* strategy **-tegisk**
[-'te:-] *a5* strategic[al]
stratosfär stratosphere
strax I *adv* **1** (*om tid*) directly, immediately; (*med
ens*) at once; (*om ett ögonblick*) in a moment;
[*jag*] *kommer* ~*!* just a moment (minute)!; *klockan är* ~ *12* it is close on twelve o'clock; ~ *efter*
just (immediately) after **2** (*om rum*) just (*utanför*
outside); ~ *bredvid* close by; *följa* ~ *efter* follow
close on **II** *konj,* ~ *jag såg dig* directly (the moment) I saw you
streber ['stre:-] *s2* pusher, climber, thruster; *AE.*
vard. go-getter
streck *s7* **1** (*penndrag*) stroke; (*linje*) line;
(*grad-*) mark; (*kompass-*) point; *munnen smalnade till ett* ~ his (*etc.*) mouth became a thin line; *vi
stryker ett* ~ *över det* (*bildl.*) let's forget it; *ett* ~
i räkningen a disappointment; *hålla* ~ (*bildl.*)
hold good, be true; *artikel under* ~*et* feature article **2** *polit.* qualification **3** (*kläd-*) cord, line **4**
(*spratt*) trick; *ett dumt* ~ a stupid trick
streck|a mark with lines; (*skugga*) hatch; ~ *för*
check (tick) off; ~ *under* underline; ~*d linje*
broken line **-ning** (*i ritning e.d.*) streaking;
(*skuggning*) hatching **-teckning** line drawing
strejk *s3* strike; *gå i* ~ go (come out) on strike;
vild ~ wildcat strike
strejk|a strike, go (come out) on strike **-ande** *a4*
striking; *de* ~ those (the workers *etc.*) on strike,
the strikers; ~ *hamnarbetare* dock strikers **-brytare** strikebreaker, non-striker; *neds.* blackleg,
AE. scab **-hot** strike threat **-kassa** strike fund
-rätt right to strike **-vakt** picket **-varsel** strike
notice, notice of a strike; *utfärda* ~ serve notice
of strike
stress *s3* stress **stressa 1** put under pressure **2**
vard., han ~*de iväg till jobbet* he dashed off to
work; *han* ~*de som en galning för att hinna i tid*
he rushed off his feet to make it on time **stressad** *a5* under stress (tension); overstrained
stressande *a4* stressful **stressfaktor** stress
factor

streta strive, struggle (*med* with; *mot* against); ~
emot resist, struggle against (*äv. bildl.*); ~ *uppför*
backen struggle up the hill
1 strid *a1* rapid, violent (*ström* current); torrential (*regn* rain); *gråta* ~*a tårar* weep bitterly
2 strid *s3* struggle (*för* for; *mot* against; *om*
about); (*kamp, äv. mil.*) fight, combat, battle;
(*dispyt*) dispute, altercation; *inre* ~ inward
struggle; *livets* ~ the struggle (battle) of life; *en*
~ *på liv och död* a life and death struggle; *öppen*
~ open war; *en* ~ *om ord* a dispute about mere
words; *det står* ~ *om honom* he is the subject of
controversy; *i* ~*ens hetta* in the heat of the
struggle (*bildl. äv.* debate); *stupa i* ~ be killed in
action; *i* ~ *med* (*mot*) in opposition to, in contravention of; *inlåta sig i* ~ *med* get mixed up in a
fight with; *råka i* ~ *med* get into conflict with; *stå
i* ~ *mot* be at variance with; *göra klar*[*t*] *till* ~ prepare for action; *gå segrande ur* ~*en* emerge victorious from the battle; *ge sig utan* ~ give up
without a fight
strid|a *stred -it, v2* **1** fight (*om* for); battle (*för*
for); (*friare*) struggle, strive (*för* for); (*tvista*)
contend (*om* about) **2** (*stå i motsats* [*till*]) be contrary (opposed, in opposition) to; *det -er mot lagen* it is contrary to (against) the law **-ande** *a4*
1 *mil.* combatant, fighting; (*friare*) contending,
opposing; *de* ~ the fighters, *mil.* the combatants
2 (*oförenlig*) adverse, opposed (*mot* to), contrary (*mot* to), incompatible (*mot* with) **-bar** *a1*
fighting (*skick* trim); (*stridslysten*) battling (*sinne*
spirit
stridig *a1* **1** *se* stridslysten **2** (*omstridd*) disputable, disputed; *göra ngn rangen* ~ contend for
precedence with s.b., *bildl.* run s.b. close **3** (*motstridig*) contradictory; conflicting; ~*a känslor*
conflicting feelings **-het** **1** (*motsättning*) opposition, antagonism **2** (*tvist*) dissension, dispute
strids|beredskap readiness for action **-duglig**
in fighting trim; fit for fight **-fråga** controversial
question (issue), point at issue **-gas** war gas
-handling act of war[fare] **-humör** fighting
mood **-krafter** *pl* military [armed] forces **-kämpe** warrior, combatant **-laddning** warhead
-ledning supreme command **-lycka** fortune[s
pl] of war **-lysten** eager for battle; (*friare*) aggressive, quarrelsome; argumentative **-medel**
weapon **-rop** war (battle) cry **-skrift** [polemical]
pamphlet **-spets** warhead **-tupp** gamecock,
fighting cock **-vagn** tank, armoured car **-vimmel** confusion of battle; *mitt i -vimlet* in the thick
of the battle **-yxa** battle-axe; (*indians*) tomahawk; *gräva ner* ~*n* bury the hatchet (*äv. bildl.*)
-åtgärd 1 *mil.* action **2** (*på arbetsmarknaden*)
industrial action **-äpple** apple of discord, bone
of contention **-övning** tactical exercise, manoeuvre
strig|el *s2* strop **-la** [-i:-] strop
strike [strajk] *s2* (*bowling*) strike
strikt *a1* strict; (*sträng*) severe; ~ *klädd* soberly
dressed
stril *s2* spray nozzle **strila** spray; (*spruta*)
sprinkle; ~ *in* filter in; ~ *ner* come down steadily
strimla I *s1* strip, shred **II** *v1* cut in strips, shred
strimm|a *s1* streak; (*rand*) stripe; (*i marmor*)
vein; *bildl.* gleam **-ig** *a1* streaked, striped

string|ens [-ŋ'gens] *s3* stringency; cogency **-ent** *a1* stringent; logical

strip|a I *s1* wisp of hair **II** *v1* strip **-ig** *a1* lank, straggling (*hår* hair)

strippa *vard.* **I** *v1* strip **II** *s1* stripper

strof [-å:-] *s3* stanza

strong [-å-] *a1* (*fin*) fine; (*stram*) strict

strontium ['stråntsium] *s8* strontium

stropp [-å-] *s2* **1** strap, strop; *sjö. äv.* sling; (*på skor*) loop **2** *pers.* snooty devil **-ig** *a1* snooty, stuck-up

strosa stroll around; mooch about

struken *a5, en* ~ *tesked* a level teaspoonful (*salt* of salt)

struktur structure; *bildl. äv.* texture **-ell** *a1* structural **-era** structure **-formel** structural formula **-omvandling** structural change (transformation) **-rationalisering** structural rationalization

struma *s1* struma, goitre

strump|a *s1* stocking· (*kort*) sock; *ur* (*koll.*) hose (*sg*) **-byxor** *pl* [stretch] tights

strumpe|band suspender; (*ringformigt o. AE.*) garter **-bandshållare** suspender (*AE.* garter) belt **-bandsorden** the Order of the Garter

strumpläst *i* ~*en* in one's stockinged feet

strunt *s3, s4* rubbish, trash; *det vore väl* ~ *om* it would be the limit if; *å* ~*!* bosh!, poppycock!; ~ *i det!* never mind!; *prata* ~ talk nonsense (rubbish)

strunt|a ~ *i* not care a bit about (a fig for) **-förnäm** would be refined **-prat** nonsense, rubbish; *AE.* boloney **-sak** trifle **-summa** trifle, trifling sum

strup|e *s2* throat; (*svalg*) gorge, (*luft-*) windpipe; *anat.* trachea; (*mat-*) gullet; *få ngt i galen* ~ have s.th. go down the wrong way; *ha kniven på* ~*n* have no alternative, be at bay **-grepp** stranglehold **-huvud** larynx

strut *s2* cornet, cone

struts *s2* ostrich **-fjäder** ostrich feather

stryk *s7* (*ge ngn* give s.b.) a beating (whipping); (*i slagsmål*) a thrashing; *få* ~ be beaten (*äv. bildl.*); *ett kok* ~ a good thrashing; *han tigger* ~ (*bildl.*) he is asking for a thrashing; *ful som* ~ ugly as sin

stryk|a *strök strukit* **1** (*med handen e.d.*) stroke; (*släta*) smooth **2** (*med -järn*) iron **3** (*be-, med färg e.d.*) paint, coat; ~ *salva på ett sår* smear ointment on a wound; ~ *smör på brödet* spread [a piece of] bread with butter **4** (*bryna*) whet **5** ~ *eld på en tändsticka* strike a match **6** (*utesluta*) cut out, delete (*ngt i en text* s.th. from a text); (~ *över*) cross (strike) out; *stryk det icke tillämpliga!* cross out what does not apply!; ~ *ngn ur medlemsförteckningen* strike s.b. off the list of members; ~ *ett streck över* draw a line through, *bildl. se streck 1* **7** *sjö.* strike (*flagg* one's colours; *segel* sail) **8** (*ströva*) roam, ramble (*omkring* about); *flygplanet strök över taken* the aeroplane swept over the roofs **9** ~ *askan av en cigarr* knock the ash off a cigar; ~ *handsken av handen* strip the glove off the hand; ~ *håret ur pannan* brush one's hair from one's forehead; ~ *på foten* give in (för to) **10** *rfl* rub (*mot* against); ~ *sig om munnen* wipe one's mouth (*med* with); ~ *sig över*

---

håret pass one's hand over one's hair **11** (*med betonad partikel*) ~ *bort* sweep off (away); ~ *fram* pass; ~ *för* mark, check off; ~ *förbi* sweep past; ~ *in* rub in (*salvan* the ointment); ~ *med a*) (*gå åt*) go [too], (*om pengar*) be spent, *b*) (*dö*) die, perish; ~ *omkring* rove [about], (*om rovdjur*) prowl about; ~ *omkring på gatorna* wander about the streets; ~ *på* spread, lay on; ~ *tillbaka* stroke back; ~ *under* underline, *bildl.* emphasize, stress; ~ *ut* (*utplåna*) strike out, (*utradera*) scratch out, erase, (*torka bort*) rub out; ~ *över* (*med färg*) give another coat of paint

stryk|ande *a4*, ~ *aptit* ravenous appetite; *ha* ~ *åtgång* (*hand.*) have a rapid sale **-bräda** ironing board **-fri** noniron **-järn** [flat]iron

stryknin *s4, s3* strychnine

stryk|ning [-y:-] **1** (*smekning*) stroke, stroking; (*gnidning*) rubbing **2** (*med -järn*) ironing **3** (*med färg e.d.*) painting, coating **4** (*uteslutning*) deletion, cancellation **5** *geol. strike· course*

strykpojke *bildl.* whipping boy, scapegoat **-rädd** afraid of getting thrashed

stryktips results pool

stryktålig tough, durable

stryp|a *v3, imperf. äv. ströp* strangle; throttle (*äv. bildl. o. tekn.*); (*friare o. tekn.*) choke **-ning** [-y:-] strangling *etc.*; strangulation; *bildl. äv.* constriction

strå *s6* straw (*äv. koll.*); (*hår-*) hair; (*gräs-*) blade; *ett* ~ *vassare* a cut above; *dra det kortaste* ~*et* get the worst of it, come off worst; *dra sitt* ~ *till stacken* do one's part (bit); *inte lägga två* ~*n i kors* not lift a finger

stråk *s7* (*samfärdsled*) passage, course; thoroughfare

stråk|e *s2* bow **-ensemble** string ensemble **-instrument** string[ed] (bow) instrument

strål|a beam, be radiant (*av glädje* with joy); (*skina*) shine (*äv. bildl.*); (*sprida -ar*) radiate, emit rays **-ande** *a4* beaming, radiant; brilliant (*solsken* sunshine); (*lysande*) brilliant (*äv. bildl.*); ~ *glad* radiantly happy; ~ *ögon* sparkling eyes **-behandling** radiation treatment, radiotherapy **-ben** *anat.* radius **-dos** radiation dose

strål|e *s2* **1** ray, beam; *bildl.* gleam (*av hopp* of hope) **2** (*vätske-*) jet, spray; (*fin*) squirt **3** *bot.* radius **-glans** radiance (*äv. bildl.*); (*friare*) brilliance **-kastare** searchlight; (*på bil*) headlight; (*för fasadbelysning*) floodlight; *teat.* spotlight **-kastarljus** searchlight; *teat.* spotlight; (*fasadbelysning*) floodlight **-ning** [-å:-] beaming *etc.*; (*ut-*) radiation; (*be-*) irradiation

strålnings|mätare *kärnfys.* radiation meter, radiac dosimeter **-olycka** radiation accident **-risk** [ionizing] radiation risk **-skydd** protection against radiation **-värme** radiant heat

strålsjuka radiation sickness

sträck 1 *n, utan pl, i* [*ett*] ~ at a stretch, on end; *vara borta månader i* ~ be away for months on end; *läsa fem timmar i* ~ read for five hours without stopping; *sova hela natten i ett* ~ sleep all night through **2** *s7* (*flyttfågels-*) flight (track) of migratory birds

sträck|a *s1* stretch; (*väg-*) length, distance, way; (*järnvägs-*) section, run **II** *v3* **1** (*räcka ut; tänja; spänna*) stretch (*händerna mot* one's hand to (towards); *på benen* one's legs; *en lina* a rope); (*ut-*) extend; (*för-*) strain (*en sena* a tendon); ~ *på sig* straighten (pull) o.s. up, stretch **2** ~ *kölen till ett fartyg* lay [down] the keel of a vessel **3** ~ *vapen* lay down one's arms, surrender **4** (*om fåglar*) migrate **5** *rfl a*) (*ha utsträckning*) stretch, extend, *b*) (~ *ut kroppen*) stretch o.s., *c*) (*räcka*) stretch [out], reach; ~ *sig längs kusten* run along the coast; *längre än till 10 pund -er jag mig inte* I will go no farther than £ 10; ~ *sig över 10 år* extend over a period of ten years; ~ *ut sig på sängen* stretch out on the bed **6** (*med betonad partikel*) ~ *fram handen* hold out one's hand; ~ *upp sig a*) *se sträcka* [*på sig*], *b*) (*klä sig fin*) dress up; ~ *ut* a) extend, stretch out, *b*) (*förlänga*) prolong (*äv. bildl.*), *c*) (*gå fort*) stride (step) out; ~ *ut huvudet genom fönstret* put one's head out of the window; *låta hästen* ~ *ut* give one's horse its head **-bänk** rack; *ligga på* ~*en* be on the rack; *hålla ngn på* ~*en* (*bildl.*) keep s.b. on tenterhooks **-läsa** read without stopping **-ning** (*-ande*) stretching *etc.*; (*ut-*) extension; (*riktning*) direction; (*för-*) strain **1 sträng** *a1* severe (*kyla* cold); (*ytterst noggrann*) strict (*disciplin* discipline), rigorous (*rättvisa* justice), rigid (*uppsikt* supervision); (*allvarlig*) stern (*min* look), austere (*uppsyn* countenance); ~*t arbete* exacting work; *hålla* ~ *diet* be on a strict diet; *vara* ~ *mot* be severe (*mot barn:* strict) with **2 sträng** *s2* (*mus.*; *båg-*) string (*äv. bildl.*); *bildl. äv.* chord; *ha flera* ~*ar på sin lyra* (*båge*) (*bildl.*) have more than one string to one's bow

stränghet severity; strictness, rigour

stränginstrument stringed instrument

strängt *adv* **1** severely *etc.*; *arbeta* ~ work hard; ~ *förbjudet* strictly forbidden (prohibited); ~ *hållen* (*om barn*) strictly brought up; ~ *konfidentiellt* strictly confidential; ~ *upptagen* fully occupied, pressed for time **2** (*noga*) *hålla* ~ *på* observe rigorously; ~ *taget* strictly speaking

sträv *a1* rough; (*i smak o. bildl.*) harsh; (*barsk*) stern, gruff; ~ *smak* (*äv.*) acerbity; *under den* ~*a ytan* (*bildl.*) under the rough (rugged) surface

1 sträva *s1*, *byggn.* strut, shore; (*sned*) brace

2 sträva *v1* strive; (*knoga*) toil; ~ *att* endeavour to; ~ *efter* strive for; ~ *mot himlen* (*om torn e.d.*) soar aloft; ~ *med* work hard at, struggle with; ~ *till* aspire to; ~ *uppåt* strive upwards, *bildl.* aim high

strävan *best. form* strävan, *pl* -den striving, aspiration; (*ansträngning*) effort; (*möda*) labour, toiling; (*bemödande*) endeavour; *misslyckas i sin* ~ fail in one's efforts; *hela min* ~ *går ut på att* it is my greatest ambition to

sträv|het [-ä:-] roughness, harshness *etc.* (*jfr sträv.*); (*i smak*) acerbity, asperity **-hårig** rough-haired; (*om hund*) wire-haired

strävsam [-ä:-] *a1* **1** (*arbetsam*) assiduous, industrious, hard-working **2** (*mödosam*) laborious, strenuous; *föra ett* ~*t liv* lead a strenuous life

strö I *s7* litter **II** *v4* strew; sprinkle (*socker på* sugar on; *över* over); ~ *... omkring sig* scatter [... about]; ~ *pengar omkring sig* splash money around; ~ *rosor för ngn* (*bildl.*) flatter s.b.

ströare castor, dredger

ströbröd breadcrumbs

strödd *a5*, ~*a anmärkningar* casual remarks; ~*a anteckningar* odd notes

strög *s7* main street, boulevard

strökund odd (stray) customer

ström [-ömm] *s2* **1** (*flod*) stream; river (*äv. bildl.*); (*flöde*) flood (*av tårar* of tears), flow (*av ord* of words); (*häftig*) torrent (*äv. bildl.*); *en* ~ *av folk* a stream of people; *en* ~ *av blod* a stream of blood; *gästerna kom i en jämn* ~ the guests arrived in a steady stream; *vinet flöt i* ~*mar* wine flowed freely **2** (*i luft, vatten*; *äv. elektr.*) current; *bildl. äv.* tide; *följa med* ~*men* (*äv. bildl.*) follow the tide, drift with the current; *gå mot* ~*men* go against the current (*friare o. bildl.:* tide); *stark* ~ (*i vatten*) rapid current; *sluta* ~*men* switch on the current, close the circuit **-avbrott** power failure; (*avstängning*) power cut **-brytare** switch; (*för motor e.d. äv.*) circuit breaker **-fåra** stream (*äv. bildl.*); (*flodbädd*) bed **-förande** *a4* live, charged; *vara* ~ be alive **-förbrukning** power (current) consumption **-fördelare** (*i bil*) distributor **-försörjning** power (current) supply **-kantring** *bildl.* turn of the tide (*äv. om tidvatten*), changeover **-krets** circuit **-linjeformad** [-å-] *a5* streamlined **-lös** *elektr.* dead

strömma stream, flow; (*om regn, tårar*) [come] pour[ing]; (*häftigt*) gush, rush; *den välvilja som* ~*de emot mig* the goodwill that met me; ~ *fram* pour out; ~ *in* rush in, [come] pour[ing] in; *folk* ~*de till* people came flocking; ~ *ut* stream (*etc.*) out, (*om gas e.d.*) escape; *folk* ~*de ut ur teatern* people came pouring out of the theatre; ~ *över* overflow

strömming Baltic herring

ström|ning current, flow, stream; *bildl.* current, tide **-riktning** direction of current **-skena** conductor rail **-styrka** *elektr.* current [intensity], amperage **-stöt** current rush, impulse **-virvel** whirl[pool], eddy

strösocker granulated (castor) sugar

ströv|a stroll, ramble; wander; (~ *hit o. dit*) stray; ~ *omkring* range, rove; ~*nde renar* stray reindeer **-område** rambling area **-tåg** ramble, excursion; *pl äv.* wanderings; *bildl.* excursion

stubb *s2* (*av säd e.d.*) stubble; (*skägg-*) bristles (*pl*)

stubba crop (*håret* the hair); dock (*svansen på en hund* a dog's tail)

stubb|e *s2* stump, stub **-ig** *a1* stubbed, stubb[l]y **stubin** *s3*, **-tråd** fuse

stucken *a5*, *bildl.* nettled, offended

student [university, college] student, undergraduate; *ta* ~*en* qualify for entrance to a university **-betyg** higher school certificate; *Storbritannien* General Certificate of Education at Advanced level (A level) **-examen** higher school examination; *Storbritannien* [examination for the] General Certificate of Education at Advanced level (*förk.* G.C.E. at A level) **-hem** students' hostel; *AE.* dorm[itory] **-ikos** [-'kå:s] *a1* student-like; carefree, high-spirited **-kamrat** fellow student **-kår** students' union **-liv** university (college) life **-mössa** student's cap **-ska** girl student; undergraduate; *AE. vard. äv.* co-ed

studer|a study (*språk* languages; *till läkare* to be a doctor); ~ *medicin* (*äv.*) be a student of medicine; ~ *juridik* study (read) law; *låta sina barn* ~

let one's children go to college (the university); ~ *vid universitetet* study (be) at the university, go to college; *en ~d karl* a scholar, a man with a university education **-ande l** *s9* student (*vid* at); (*vid univ. o. högskola*) undergraduate; (*skolelev*) pupil; *ekonomie* ~ student of economics; *juris* ~ law student, student of law; *medicine* ~ medical student; *odontologie* ~ dental surgery student; *teknologie* ~ student of engineering (technology); *teologie* ~ divinity student, student of theology (divinity) **ll** *a4, den ~ ungdomen* schoolboys and schoolgirls, [the] young people at college (the university)

studie ['stu:-] *s5* study (*över, av* of); (*konstnärs äv.*) sketch (*av* of); (*litterär*) essay (*över* on) **-begåvning** aptitude for studies; *han är en ~* he is a gifted student **-besök** educational (study) visit **-cirkel** adult education class, study circle **-dag** teachers' seminar **-lån** study loan **-medel** study support **-plan** plan of studies, curriculum; (*för visst ämne*) syllabus **-rektor** ung. director of studies **-resa** study trip **-rådgivare** educational adviser **-skuld** study debt, debt incurred for higher education **-syfte** *i* ~ for purposes of study

studio ['stu:-] *s5* studio

studi|um ['stu:-] *s4* study; *bli föremål för ett ingående* ~ be the subject of close study; *bedriva -er* study; *lärda -er* advanced studies; *musikaliska -er* the study (*sg*) of music; *vetenskapliga -er* scientific research

studs [stuts] *s2* rebound, bounce **studsa** rebound, bounce (*mot väggen* off the wall); (*om kula*) ricochet; *bildl.* start, be taken aback **studsare** sporting rifle

studsmatta trampoline

stuga *s1* cottage; (*vardagsrum*) living room

stuk|a *v1* **1** (*kroppsdel*) sprain **2** (*deformera*) batter, knock out of shape; *bildl.* browbeat, crush, humiliate **3** *tekn.* upset, jump **-ning** [-u:-] **1** spraining; *en* ~ a sprain **2** battering *etc.*; browbeating, humiliation **3** upsetting

stum [stumm] *a1* **1** dumb; (*mållös*) mute (*beundran* admiration); (*som inte uttalas*) silent, mute; ~ *av förvåning* dumb with astonishment; *bli* ~ be struck dumb (*av* with) **2** (*ej fjädrande*) rigid **-film** silent film

stump *s2* stump, end; *sjunga en* ~ sing a tune

stund *s3* while; (*ögonblick*) moment, instant, minute; (*eg. timme*) hour; *en god* ~ quite a while; *det dröjde en* ~ *innan* it was some little time before; *en liten* ~ a few minutes, a short while; *han har sina ljusa ~er* he has his bright moments; *när ~en är kommen* when one's hour has come; *min sista* ~ my last hour; *från första ~[en]* from the [very] first moment; *för en ~ sedan* a [little] while (few minutes) ago; *i denna* ~ [at] this [very] moment; *ännu i denna* ~ *vet jag inte* I don't know to this [very] moment; *i farans* ~ in the hour of danger; *i samma* ~ at the same moment (*som* when); *i sista ~[en]* at the [very] last moment, just in time; *om en liten* ~ in a little while, presently; *på lediga ~er* in one's spare (leisure) moments; *adjö på en ~!* so long!

stund|a approach, be at hand **-ande** *a4* (*nästkommande*) next; (*in-*) coming

stup *s7* precipice, steep

stupa 1 (*falla omkull*) fall; *hästen ~de under honom* his horse went down under him; ~ *i säng* tumble into bed; ~ *på en uppgift* (*bildl.*) fail in a task; *jag var nära att* ~ *av trötthet* I was ready to drop [with fatigue], was tired to death **2** (*i strid*) fall, die, be killed; *de ~de* (*subst.*) the killed (fallen) **3** (*brant sänka sig*) descend abruptly, incline sharply **4** (*luta*) tip (*en balja* a tub)

stuprör drainpipe

stursk *a1* (*uppstudsig*) insolent, impudent; (*fräck*) brazen; (*högfärdig*) stuck-up; *vara* ~ (*äv.*) give o.s. airs, show off

stuss *s2* seat; *vard.* bottom, behind

stuteri stud [farm]

stuv *s2* remnant [of cloth]; *~ar* (*äv.*) oddments

1 stuva *kokk.* cook in white sauce; *~d potatis* potatoes in white sauce

2 stuva (*inlasta*) stow; (*kol, säd äv.*) trim; ~ *om* shift, rearrange; ~ *undan* stow away

stuvare stevedore, longshoreman

1 stuvning [-u:-] (*kött-*) stew; (*vit sås*) white sauce

2 stuvning [-u:-] (*inlastning*) stowage, stowing

stybb *s3, s4* coal dust; *sport.* cinders (*pl*)

styck *oböjligt s* piece; *per* ~ each, a piece; *1 krona* [*per*] ~ 1 krona each (a piece); *kostnad per* ~ piece cost, cost each; *pris per* ~ price each

stycka 1 *slaktar.* cut up **2** (*uppdela*) divide up; (~ *sönder*) cut into pieces; ~ *till tomter* parcel out in plots

stycke *s6* **1** (*bit, del*) piece (*bröd* of bread); (*avsnitt*) part; (*lösryckt*) fragment; *ett* ~ *land* a piece of land; *hestå av ett enda* ~ consist of one single piece; *jag har hunnit ett bra* ~ I have made considerable progress (*på* with); *i ett* ~ all [in] one piece, all of a piece; *slå i ~n* smash, knock to pieces **2** (*avdelning*) part, section (*av en bok* of a book); (*ställe*) passage; (*i skrift*) paragraph; (*musik-*) piece [of music]; (*teater-*) play; *tredje ~i* nedifrån third paragraph from below; *sjunga ett* ~ sing a song; *valda ~n* selected pieces (passages) **3** (*hänseende*) respect, regard; *i många ~n* in many respects **4** (*exemplar*) piece; specimen, *vi var tio ~n* we were ten, there were ten of us; *kan jag få tio ~n* may I have ten; *ett par ~n* a couple of; *en tjugo, trettio ~n* twenty, thirty or so **5** (*väg*) way; (*sträcka*) distance; *det är bara ett litet* ~ *dit* it is only a short distance, it is not far from here; *ett gott* ~ *in på nästa år* well on into next year **6** (*neds. om kvinna*) elakt ~ nasty piece of work; *lättfärdigt* ~ trollop **-gods** (*t. sjöss*) general (mixed) cargo; (*t. lands*) part loads; *järnv.* part-load traffic, parcels (*pl*) **-vis** (*per styck*) by the piece; (*en efter en*) piece by piece, piecemeal

styck|mästare *slaktar.* butcher **-ning 1** cutting up **2** dividing up; partition; (*sönderdelning*) dismemberment

stygg *a1* bad, wicked; (*om barn*) naughty; (*otäck*) nasty, ugly **-else** abomination **-ing** naughty (nasty) thing

stygn [-ŋn] *s7* stitch; *sy med långa* ~ tack

stylt|a *s1* stilt; *gå på* ~*-or* walk on stilts

stymp|a maim, mutilate; (*friare o. bildl.*) mangle; (*förvanska text e.d.*) mutilate; *geom.*

S

truncate; ~*d kon* (*äv.*) frustum of a cone **-ning** maiming *etc.*, mutilation; truncation

styr *r*, *hålla ~ på*, *hålla i ~* keep in order (in check); *hålla sig i ~* keep a hold on o.s., restrain o.s.; *över ~*, *se* överstyr

styr|**a** *v2* **1** (*föra*) steer (*ett fartyg* a ship; *en bil* a car), (*fartyg äv.*) navigate; (*stå vid rodret*) be at the helm; ~ *i hamn* bring into port **2** (*rikta*) direct (*sina steg* one's steps); (*leda*) guide; (*behärska*) control, dominate; ~ *sina begär* control one's desires; ~ *sin tunga* curb one's tongue; ~ *sig* control (master) o.s.; ~ *allt till det bästa* arrange things for the best, see things through **3** (*bestämma över*) govern, rule (*landet* the country); ~ *och ställa i huset* manage the house; ~ *och ställa som man vill* have a free hand, *vard.* be cock of the roost **4** *språkv.* govern (*genitiv* the genitive) **5** (*med betonad partikel*) ~ *om* (*bildl.*) see to (about); ~ *om att* see to it that; *det skall jag ~ om* I will see to it that; ~ *till*, *se* ställa [*till*]; ~ *till sig* get [o.s.] into a mess; *vad du har -t till dig!* what a fright you look!; ~ *ut från land* stand off shore; ~ *ut till sjöss* make for the open sea; ~ *ut sig* dress up

styr|**ande** *a4* governing (*myndighet* body); *de ~* those in power, *vard.* the powers that be **-bar** *a1* steerable, dirigible **-bord** ['sty:r-] *s*, *böjligt endast i genitiv*, *sjö.* starboard; *för ~s halsar* on the starboard tack **-bordslanterna** starboard light

styre *s6* **1** (*fartygs*) helm; (*-stång*) handlebar[s *pl*] **2** rule; *sitta vid ~t* be in power (at the helm)

styrelse 1 *abstr.* government; administration, regime **2** *konkr.* (*bolags-*) board [of directors]; (*förenings-*) council, committee; *sitta i ~n* be on the board **-berättelse** annual report, report of the board **-ledamot** director, member of the board (council, committee); *han är ~ i* he is on the board [of directors] of **-ordförande** chairman of the board (committee) **-sammanträde** board (committee) meeting

styr|**esman** governor; (*föreståndare*) director **-fart** *sjö.* steerage-way **-hytt** pilot house, wheelhouse

styrk|**a I** *s1* **1** strength (*hos*, *i* of); (*kropps- äv.*) vigour; (*kraft*) power; force; (*intensitet*) intensity; *den råa ~n* brute force; *med hela sin ~* with all one's strength; *har aldrig varit min ~* has never been my strong point; *pröva sin ~ på* try one's strength on; *vinna ~* gain strength, (*om sak*) gain [in] force **2** (*krigs-*, *arbetar-*) force; (*numerär*) number[s *pl*]; *väpnad ~* armed force **II** *v3* **1** (*stärka*) strengthen, confirm; (*ge ~*) fortify; *-t av mat och dryck* fortified with food and drink **2** (*bevisa*) prove, give proof of; (*med vittne*) attest, verify; (*bekräfta*) confirm; *-t avskrift* attested copy

styrke|**förhållande** *ett ojämnt ~* uneven odds **-tår** bracer, pick-me-up

styr|**man** ['sty:r-] mate; *förste ~* first mate (officer) **-ning** [-y:-] steering; (*manövrering*) operation control; (*ledning*) management **-organ** *flyg.* controls (*pl*); *data.* control unit **-sel** ['styrr-] *s9* (*stadga*) firmness; *bildl.* stability **-spak** steering lever; *flyg.* control column **-stång** (*på cykel*) handlebar

styv *a1* **1** (*stel*) stiff (*i lederna* in the joints);

(*spänd*) tight, rigid (*fjäder* spring); ~ *bris* stiff breeze; *visa sig på ~a linan* (*bildl.*) show off; ~ *i korken* (*vard.*) cocky, snooty **2** *en ~ timme* a good hour; *ett ~t arbete* (*tungt*) a stiff (tough, hard) job **3** (*skicklig*) clever (*i* in, at), good (*i* at); *capital* (*simmare* swimmer); ~ *i engelska* good at English

styv|**barn** stepchild **-bror** stepbrother **-dotter** stepdaughter **-far** stepfather **-förälder** stepparent

styvhet [-y:-] stiffness *etc.*

styv|**moderlig** stepmotherly; (*friare*) grudging, unfair (*behandling* treatment) **-mor** stepmother **-morsviol** wild pansy, heartsease, *AE.* Johnny-jump-up

styv|**na** [-y:-] stiffen, become (get, grow) stiff **-nackad** *a5*, *bildl.* obstinate

styv|**son** stepson **-syskon** stepbrothers and stepsisters **-syster** stepsister

styvt [-y:-] *adv* **1** stiffly *etc.*; *hålla ~ på* a) (*ngt*) insist [up]on, b) (*ngn*) set great store by, think a lot of **2** (*duktigt*) *det var ~ gjort!* well done!

stå *stod stått* I **1** *eg.* stand [up]; *han har redan lärt sig ~* he has already learnt to stand; *han stod hela tiden* he stood (was standing [up]) the whole time; *det ~r en stol där* there is a chair [standing] there; *få ~* (*inte sitta*) have to stand; *låta ngn ~* (*inte sitta*) let s.b. stand [up]; ~ *ostadigt* wobble, (*om sak äv.*) be shaky (rickety); ~ *stilla* keep still, not move; *tornet ~r ännu* the tower is still standing; *kom som du går och ~r!* come just as you are! ~ *och vänta* stand (be) waiting; ~ *inte där och se dum ut!* don't stand there looking foolish! **2** (*vara*) be, stand; (*vara placerad*) be placed; (*ha sin plats*) be kept; (*äga bestånd*) remain, last, exist; (*vara skrivet*) be written; *grinden ~r öppen* the gate is open; *maten ~r och kallnar* the food is getting cold; *hans liv stod inte att rädda* his life couldn't be saved; *låta ngt ~* (*inte flytta*) leave, (*inte röra*) leave alone, (*om ord e.d.*) keep; *han ~r som ägare till* he is the owner of; ~ *ensam i livet* be alone in the world; *det ~r dig fritt att* you are free (at liberty) to; ~ *som objekt till* function (act) as the object of; *det kommer att ~ dig dyrt* you'll pay for this; *nu ~r vi där vackert!* now we are in a fix!; ~ *som ett levande frågetecken* look the picture of bewilderment; *hur ~r det?* (*sport.*) what is the score?; *det ~r 6--4* the score (it) is six four; *var skall tallrikarna ~?* where do the plates go?; *så länge världen ~r* as long as the world remains (lasts); *det ~r i Bibeln* it says in the Bible, the Bible says; *vad ~r det i tidningen?* what's in the paper?; *det ~r Brown på dörren* there is Brown on the door; *orten ~r inte på kartan* the place is not marked on the map; *läsa vad som ~r om* read what is written about; *var ~r den dikten?* where is that poem to be found? **3** (*inte vara i gång*) *klockan ~r* the clock has stopped; *klockan har ~tt sedan i morse* the clock has not been going since this morning; *maskinerna ~r stilla* the engines are (stand) idle; *hur länge ~r tåget här?* how long will the train stop (wait) here?; *affärerna* (*fabriken*) ~*r stilla* business (the factory) is at a standstill; *mitt förstånd ~r stilla* I just can't think [any more] **4** (*äga rum*) take place; (*om slag*) be fought; *när skall bröllopet ~?* when is the wedding to be?; *bröllopet stod i dagarna tre* the wedding went on for three days; *slaget vid Brännkyrka stod år 1518* the battle of Brännkyrka was fought in 1518 **5** ~ *sitt kast* take the consequences; ~ *risken* run the risk, chance it **II** *rfl* **1** *(hålla sig)* keep; *mjölken ~r sig inte till i morgon* the milk won't keep until tomorrow; *målningen har ~tt sig bra* the paint has worn well; *det vackra vädret ~r sig* the fine weather will last **2** *(klara sig)* manage; ~ *sig bra i konkurrensen* hold one's own in competition; *vi ~r oss på några smörgåsar* a few sandwiches will keep us going; *vi ~r oss till middagen* we can do (manage) until dinner **III** *(med obetonad prep)* **1** *det är ingenting att* ~ *efter (eftertrakta)* that is not worth while; ~ *efter ngns liv* seek a p.'s life **2** ~ *för a) (ansvara för)* be responsible (answer) for, *b) (sköta)* be in charge of, *c) (innebära)* represent, stand for; ~ *för betalningen* pay; ~ *för dörren (bildl.)* be approaching (imminent); ~ *för följderna* take the consequences; ~ *för vad man säger* stand by what one has said; *det yttrandet får* ~ *för honom* if he has said so, he'll have to stand by it **3** ~ *i affär* work in a shop; ~ *i blom* be in bloom; ~ *i förbindelse med* be in touch with; ~ *i genitiv* be in the genitive; ~ *i ljuset för ngn* stand in a p.'s light; ~ *i tur* be next; ~ *i vatten till fotknölarna* be up to one's ankles in water; ~ *i vägen för ngn* be in a p.'s way; *aktierna ~r i 100 kronor* the shares are quoted at 100 kronor; *ha mycket att ~ i* have many things to attend to **4** *företaget ~r och faller med honom* the venture (business) stands or falls with him **5** *valet ~ r mellan* the choice lies between **6** *klänningen ~r vackert mot hennes hår* the dress goes well with her hair; *uppgift ~r mot uppgift* one statement contradicts the other **7** ~ *på benen* stand on one's legs, (~ *upp)* stand [up]; ~ *på egna ben* stand on one's own feet; *det får* ~ *på framtiden* we must let the matter rest for the time being; ~ *på näsan* fall on one's face; ~ *på sin rätt* stand on one's rights; *barometern ~r på regn* the barometer is pointing to rain; *termometern ~r på noll* the thermometer is at zero **8** *hoppet ~r till* my (etc.) hope is in; ~ *till förfogande* be available (at disposal); ~ *till svars* be held responsible for; *vattnet ~r mig till knäna* the water comes up to my knees **9** ~ *under förmyndare* be under guardianship, have a guardian **10** *det ~r mig upp i halsen* I'm fed up to the teeth with it **11** ~ *vid sitt ord* stand by (stick to) one's word **IV** *(med betonad partikel)* **1** ~ *bakom (stödja)* be behind, support, *(ekonomiskt)* sponsor **2** ~ *bi a)* *(räcka till)* last, hold out, *b) (stödja)* support **3** ~ *efter a) (komma efter)* come after, follow, *b) (bli förbigången)* be passed over *(för ngn* by s.b.); *låta ngt* ~ *efter för ngt annat* let s.th. be neglected in favour of s.th. else **4** ~ *emot, se motstå* **5** ~ *fast* be firm; ~ *fast vid* stand by **6** ~ *framme (framtagen e.d.)* be out (ready), *(t. påseende)* be displayed, *(skräpa)* be [left] about **7** ~ *för (skymma)* stand in front of; *det ~r för mig att* I have an idea that **8** ~ *i (knoga)* work hard, keep at it; *arbeta och* ~ *i* be busy working **9** *jag lät pengarna* ~ *inne på banken* I left the money on deposit **10** ~ *kvar (förbli stående)* remain standing, *(stanna)* remain, stay **11** ~ *på (vara påkopp-*

lad) be on; *det stod inte länge på förrän* it was not long before; *vinden stod på hela dagen* the wind blew all day; *fartyget ~r hårt på* the ship is fast aground; ~ *på sig (hävda sig)* hold one's own, *(inte ge vika)* be firm; ~ *på dig!* don't give in!; *vad ~r på?* what's going on? **12** *hur ~r det till?* how are you?; *hur ~r det till hemma?* how is your family?; *det ~r illa till med henne* she is in a bad way; *så ~r det till [med den saken]* that is how matters stand; *det här ~r inte rätt till* there is something the matter with this; *de åt så det stod härliga till* they were eating like anything **13** *han fick alltid* ~ *tillbaka för sin bror* he was always pushed into the background by his brother **14** ~ *upp, se uppstå* **15** ~ *ut a) (skjuta ut)* stand out, project, protrude, *b) (härda ut)* stand (put up with) it; ~ *ut med* stand, bear, put up with **16** ~ *över a) (i rang)* be above [in rank], *(vara överlägsen)* be superior *(ngn* to s.b.), *b) (hålla efter)* stand above, *c) (vänta)* wait *(till till), d) (i spel)* pass [one's turn], miss a turn

stående I *a4* standing; *(stilla-)* stationary *(bil* car); *bli* ~ *a) (bli kvar)* remain standing, *b) (stanna)* stop, come to a standstill; ~ *armé (skämt)* standing army (joke); *en* ~ *rätt på matsedeln* a standing dish on the menu; *ett* ~ *uttryck* a stock phrase; *de närmast* ~ those immediately around him (etc.); *på* ~ *fot* offhand **II** *s6* standing position; ~*t blev tröttsamt* having to stand was tiring **stähej** [-'hejj] *s7* hullabaloo, fuss

stål *s7* steel **-borsto** wire brush **-fjäder** steel spring **-hjälm** steel helmet **-konstruktion** steel structure **-lina** steel rope (wire, cable) **-plåt** steel plate, sheet steel **-rör** steel tube **-sätta** *bildl.* steel, brace; ~ *sig* brace (harden) o.s. **-tråd** [steel] wire **-trådsnät** wire netting **-ull** steel wool (shavings *pl)* **-verk** steelworks *(sg o. pl)*

stånd *s7, i bet. 6 -et ständer* **1** *(skick)* state, condition; *(gott* ~) repair, keeping; *få till* ~ bring about; *komma till* ~ come (be brought) about, be realized; *sätta i* ~ *a) (ngt)* put in order, *b) (ngn)* put in a position, enable; *sätta ngn ur* ~ make s.b. incapable *(att tala* of speaking), make s.b. unfit *(att arbeta* for work); *sätta ngt ur* ~ damage s.th., put s.th. out of order; *vara i* ~ *till* be able *(att arbeta* to work), be capable *(att arbeta* of working); *vara ur* ~ *att* be unable to **2** *(ställning)* stand; *hålla* ~ hold one's ground, hold out; *hålla* ~ *mot* resist **3** *(salubod)* stall, booth **4** *(planta)* stand **5** *(levnadsställning)* station, status; *ogift* ~ unmarried state; *äkta ~et* the married state; *inträda i det äkta ~et* enter into matrimony **6** *(samhällsklass)* rank, class; *(andligt spiritual)* estate; *gifta sig under sitt* ~ marry beneath one['s station]; *de fyra ~en* the four Estates **7** *vard. (erektion)* hard-on

ståndaktig *a1* steadfast, stable; *vara* ~ *(äv.)* stand firm, persevere **-het** steadfastness, stability; perseverance

ståndare *e1 (stöd)* standard, upright **2** *bot.* stamen *(pl äv.* stamina*)* **-mjöl** pollen

ståndpunkt standpoint, position; *bildl.* point of view; *välja* ~ take up a position (an attitude); *ändra* ~ take up another position (attitude), revise one's opinion; *stå på en hög* ~ be at a very high level; *på sakernas nuvarande* ~ in the present state of things, as matters stand now **-rätt** *mil.* martial law

ståndsmässig *a1* consistent with one's station [in life]

stång *-en stänger* **1** (*tjock*) pole, staff; (*tunnare*) bar, rod; (*stift*) stick; *hålla ngn* ~*en* (*bildl.*) hold one's own against s.b.; *flagga på halv* ~ fly the flag [at] half-mast **2** *sjö.* pole, spar **3** (*i betsel*) bar

stånga butt; (*spetsa på hornen*) toss [on the horns] **stångas** *dep* butt; (*stånga varandra*) butt each other

stänk|a *v1* puff and blow; (*stöna*) groan **-ande** *a4* puffing and blowing; groaning

ståplats standing room

ståt *s3* splendour, grandeur; *med stor* ~ with great pomp, in great style **ståta** parade; ~ *med* make a great display of, show off

ståthållare governor

ståtlig [-å:-] *a1* (*praktfull*) magnificent, grand; (*imponerande*) impressive (*byggnad* edifice); stately (*hållning* bearing); *en* ~ *karl* a fine-looking fellow

städ *s7* anvil (*äv. anat.*)

städa (*göra rent*) clean, *AE. vard.* fix up (*en våning* a flat); (*ställa i ordning*) put things straight (*på skrivbordet* on the desk); (*ha storstädning i*) clean out; ~ *efter* tidy up after; ~ *efter sig* leave things tidy; ~ *undan* put away (out of the way); ~ *åt ngn* clean for s.b. **städad** *a5* tidy; (*proper*) decent, proper; (*om pers. äv.*) well-behaved

städ|are cleaner **-bolag** cleaning company (agency) **-erska** charwoman, cleaning-woman; (*kontors-*) cleaner **-hjälp** charwoman, daily help **-ning** [-ä:-] cleaning; tidying [up] *etc.*; charring **-rock** overall; *AE.* smock **-skrubb, -skåp** broom cupboard

ställ *s7* **1** (*stöd*) rack, stand **2** (*omgång*) set

ställ|a *v2* **1** (*placera*) put; place; set; (~ *upprätt*) place (set) upright, stand **2** (*sätta på visst sätt*) set right; (*inställa*) adjust, regulate (*instrument* instruments), set (*klockan på två* the clock at two) **3** (*rikta*) direct (*sina steg* one's steps); (*adressera*) address; ~ *anspråk på* make demands on; ~ *en fråga till* put a question to; ~ *problem under debatt* bring problems up for discussion; ~ *ngt på framtiden* let s.th. rest for the time being **4** (*lämna*) give (*borgen* security) **5** (*med prep uttryck*) ~ *i ordning* put in order (to rights); ~ *i skuggan* put in the shade, *bildl. äv.* obscure, overshadow; ~ *ngn inför rätta* commit s.b. for trail; ~*s inför frågan om* be faced with the question whether; ~ *ngn mot väggen* (*bildl.*) drive s.b. into a corner; ~ *stora förväntningar på* have great expectations of; ~ *ngn till ansvar för* hold s.b. responsible for; ~ *ngt till rätta* put (set) s.th. right **II** (*med betonad partikel*) **1** ~ *bort* put aside (down) **2** ~ *fram* put forward (*äv. klocka*); ~ *fram stolar åt* place chairs for **3** ~ *ifrån sig, se* ~ *bort* **4** ~ *in radion* tune in (*på en annan station* another station; *på program 3* to the third program); ~ *in i ett skåp* put into a cupboard; ~ *in sig på att* make up one's mind to **5** ~ *om a*) [re]adjust (*sin klocka* one's watch), *b*) (*ordna*) see about (to), arrange **6** ~ *till* arrange (*kalas* a party); ~ *till en scen* make a scene; *vad har han*

nu -t till? what has he been up to now?; *så ni har -t till!* what a mess you have made [of it (things)]!

7 ~ *tillbaka* put back, replace (*i skåpet* in the cupboard) **8** ~ *undan* put away **9** ~ *upp a*) (*ställa högre*) put up, (*resa*) raise (*en stege mot väggen* a ladder against the wall), *b*) (*ordna*) arrange (*i en lång rad* in a long file), *mil.* draw up, *c*) (*deltaga*) take part, join in, (*låta deltaga*) put up; ~ *upp sig* form up, get into position; ~ *upp sig på linje* line up **10** ~ *ut* put out; ~ *ut på en mässa* exhibit goods at a fair; ~ *ut en växel på* make out (draw) a draft (bill) on **III** *rfl* **1** (*placera sig*) place (station) o.s. (*i vägen för ngn* in a p.'s way); stand (*framför* in front of; *på tå* on tiptoe; *på en stol* on a chair); ~ *sig i rad* line up; ~ *sig in hos ngn* curry favour with s.b.; ~ *sig på ngns sida* side (take sides) with s.b. **2** (*bete sig*) behave (conduct) o.s.; (*låtsas*) feign (*sjuk* illness); ~ *sig avvaktande* take up a wait-and-see attitude; *inte veta hur man skall* ~ *sig* not know what attitude to take; *det -er sig dyrt* it is (will be) expensive; *hur -er du dig till ...?* what is your attitude towards ...?

ställbar *a1* adjustable

ställ|d *a5* **1** placed *etc.*; *ha det gott -t* be well off; *en växel* ~ *på* a bill (draft) payable to **2** (*svarslös*) nonplussed; at a loss

ställe *s6* **1** (*plats, rum*) place; ('*fläck*') spot; (*i skrift*) passage; *på* ~*t a*) eg. in (at) the place, *b*) (*genast*) on the spot, there and then; *på* ~*t marsch!* mark time!; *på* ~*t vila!* stand at ease!; *på annat* ~ in (at) another place, somewhere else; *på ngt* ~ somewhere; *på ort och* ~ on the spot; *på rätt* ~ in the right place; *lägga ngt på rätt* ~ put s.th. in its proper place; *på vissa* (*sina*) ~*n* in some places, here and there **2** *i* ~*t* instead [of it], (*i dess* ~) in place of it (that); *i* ~*t för* instead of (*att komma* coming); *sätta ngt i* ~*t för* substitute s.th. for, replace s.th. with; *om jag vore i ditt* ~ if I were you; *upptaga ngn i barns* ~ adopt s.b.; *vara ngn i mors ställe* be a mother to s.b.

ställföreträd|ande *a4* acting, deputy, assistant; ~ *lidande* vicarious suffering **-are** deputy, proxy, substitute; *vara* ~ *för* deputize

ställning **1** (*sätt att stå etc.*) position (*äv. mil.*); (*läge*) situation; (*inställning*) attitude; (*social position*) status, standing; (*samlags-*) position; *sport.* core; *ekonomisk* ~ financial position; *liggande* ~ lying (recumbent) position; *statsrättslig* ~ [constitutional] status; *underordnad* ~ subordinate position; *i ledande* ~ in a key (leading) position; *ta* ~ *till* decide on, consider, make a decision on **2** *konkr.* stand; (*byggnads-*) scaffold[ing]; (*stomme*) frame

ställnings|krig positional war[fare] **-tagande** *s6* attitude (*till* to); decision; *vårt* ~ our standpoint

ställverk *järnv.* signal box (cabin); *elektr.* bridge signal cabin

stämband [ˣstämm-] vocal cord

stäm|d *a5* (*vänligt* favourably) disposed (inclined) (*mot* towards); *avogt* ~ *mot* prejudiced against **-gaffel** tuning fork

stämjärn [ˣstämm-] [wood] chisel

1 stämm|a *I sl* **1** (*röst*) voice; *mus.* part; *första* ~*n* the first (leading, principal) part **2** (*rösträtt*) vote; *ha säte och* ~ *i* have a seat and a vote in **II** *v2*

1 *mus.* tune; pitch (*högre* higher); ~ *högre* (*äv.*) sharp; ~ *lägre* (*äv.*) deepen; ~ *upp en sång* strike up a song **2** *bildl.*, *det -er* [*sinnet*] *till eftertanke* it gives you s.th. to think about; *jfr äv.* **stämd 3** (*passa ihop*, *överens-*) agree, accord, tally; *AE.* *äv.* check; ~ *med originalet* be in accordance with the original; *kassan -er* the cash account balances; *räkenskaperna -er inte* there are discrepancies in the accounts; *räkningen -er* the account is correct; *det -er!* quite right!, that's it!; ~ *av* (*bokför.*) tick off, balance; ~ *överens* agree, accord

2 stämma *v2* (*hejda*) stem, check; ~ *blod* sta[u]nch blood; *det är bättre att* ~ *i bäcken än i ån* it is better to nip it in the bud

3 stämma I *s1* (*sammankomst*) meeting, assembly **II** *v2* **1** *jur.* bring an action against, sue; ~ *ngn som vittne* summon s.b. as a witness **2** ~ *möte med ngn* arrange to meet s.b.

1 stämning 1 *mus.* pitch, key, tune; *hålla* ~*en* keep in tune **2** (*sinnestillstånd*) mood, temper; *en festlig* ~ a festive atmosphere; ~*en var hög* (*tryckt*) spirits (*pl*) ran high (were depressed); ~*en bland folket* (*äv.*) public sentiment; *upprörd* ~ agitation, excitement; *komma* (*vara*) *i* ~ get (be) in the right mood

2 stämning *jur.* writ, [writ of] summons; *delge ngn en* ~ serve a writ (summons) on s.b.; *ta ut* ~ *mot* cause a summons to be issued against, sue

stämningsfull full of feeling; moving; solemn

stämpel *s2* **1** (*verktyg*) stamp, punch; (*mynt-*) die **2** (*avtryck*) stamp (*äv. bildl.*); (*på frimärke*) postmark, cancel; (*guld-*, *silver-*) hallmark (*äv. bildl.*); (*på varor e.d.*) brand, mark **-avgift** stamp duty (tax) **-dyna** stamp pad **-färg** stamp (stamping, marking) ink **-klocka** time clock

1 stämpla (*med stämpel*) stamp; mark, impress (*äv. bildl.*); (*guld, silver*) hallmark; (*post-*) postmark, cancel; (*skog*) blaze; (*med brännjärn*) brand (*äv. bildl.*)

2 stämpla (*konspirera*) plot, conspire

1 stämpling (*t. 1 stämpla*) stamping *etc.*

2 stämpling (*t. 2 stämpla*) ~*ar* conspiracy, plotting (*sg*), machinations

ständig *al* permanent (*sekreterare* secretary); constant (*oro* worry); perpetual; ~ *ledamot* life-member; ~*t utskott* standing committee

stäng|a *v2* shut (*dörren* the door); close; (*med lås*) lock; (*med regel*) bolt; (*med bom*) bar; (*hindra*) bar, obstruct (*utsikten* the view); *vi -er kl. 5* we close at five; ~ *butiken* shut up shop; ~ *dörren efter sig* shut the door behind one; ~ *sin dörr för* close one's door to; *dörren -er sig själv* the door shuts by (of) itself; ~ *en fabrik* shut down (close) a factory; ~ *av*, *se avstänga*; ~ *igen om sig* shut (lock) o.s. in; ~ *in sig* shut o.s. up; ~ *sig inne på sitt rum* keep (lock o.s. up in) one's room; ~ *till* close, shut [up], lock [up]; ~ *ute* keep (shut) out (*ljuset* the light); ~ *ngn ute* shut s.b. out

stängel *s2* stalk, stem; (*bladlös*) scape

stäng|ning shutting, closing *etc.* **-ningsdags, -ningstid** closing time

stängsel ['stän-] *s7* fence; (*räcke*) rail[ing]; enclosure; *bildl.* bar, barrier

stänk *s7* (*vatten-*) sprinkle, sprinkling, drop;

(*smuts-*) splash; (*av vattenskum o.d.*) spray; *bildl.* touch, tinge (*av saknad* of regret); *få några* *grå* ~ *i håret* get a powdering of grey in one's hair

stänk|a *v3* sprinkle (*vatten på* water on; *tvätt* clothes); splash, sp[l]atter; (*småregna*) spit, sprinkle; (*dugga*) drizzle; ~ *ner* splash all over (*med* with); *regnet började* ~ it began to spit **-ning** sprinkle, sprinkling, splash[ing] **-skydd** (*på bil*) mudflap, splash guard **-skärm** (*på fordon*) mudguard, wing; *AE.* fender

stäpp *s3* steppe

stärbhus estate [of a deceased person]

stärk|a *v3* **1** (*göra stark[are]*) strengthen (*karaktären* the character); fortify (*ngn i hans tro* s.b. in his belief); (*i sht fysiskt*) invigorate; (*bekräfta*) confirm (*misstanken* the suspicion); ~ *sig med mat och dryck* take some refreshment[s] **2** (*styv-*) starch **-ande** *a4* strengthening *etc.*; ~ *medel* tonic, restorative **-else** starch **-skjorta** starched shirt; (*frack-*) dress shirt

stäv *s2* stem

stäva *v1*, *sjö.* head (*norrut* [to the] north)

stävja [-ä:-] check, put a stop to; (*tygla*) restrain; ~ *ngns iver* damp a p.'s ardour

stöd *s7*, *tekn.* support (*för ryggen* for one's back); prop, stay, foot; *bildl.* support; aid (*för minnet* for the memory); (*om pers.*) support[er]; *ekonomiskt* ~ economic aid (assistance); ~ *för ett påstående* support of a statement; *få* ~ *av* (*i tvist*) be backed up by; *ge* [*sitt*] ~ *åt* support; *med* ~ *av* with the support of; *som* ~ *för* (*bildl.*) in confirmation (as a proof) of; *ta* ~, *se stödja* [*sig*]

stöddig *al* heavily built; substantial; *vard.* stuckup

stödförband [emergency] splint

stödja [-ö:-] *stödde stött* support; (*stötta*) prop [up]; (*friare o. bildl.*) sustain; (*luta*) rest (*huvudet i handen* one's head in one's hand); (*grunda*) found, base (*sina uttalanden på* one's statements on); *inte kunna* ~ *på foten* not be able to stand on one's foot; ~ *sig* support o.s., (*luta sig*) lean, rest (*mot* against; *på* on); ~ *sig på* (*bildl.*) base one's opinion upon

stöd|jevävnad *anat.* connective tissue **-undervisning** remedial instruction

stök *s7* (*städning*) cleaning; (*före helg o.d.*) preparation **stöka** clean up; potter; *gå ut och* ~ potter about; ~ *till* make a mess **stökig** *al* untidy, messy

stöld *s3* stealing; (*en* ~) theft; *jur.* larceny; *föröva en* ~ steal; *grov* ~ grand larceny **-försäkring** theft insurance; (*inbrotts-*) burglary insurance **-gods** stolen goods (*pl*) **-säker** thief-proof

stön *s7* groan **stöna** groan; (*svagare*) moan

stöp *s7*, *gå i* ~*et* come to nothing

stöp|a *v3* cast, mould; ~ *bly* (*äv.*) melt lead; ~ *ljus* dip candles; *stöpt i samma form* (*bildl.*) cast in the same mould **-slev** *vara i* ~*en* (*bildl.*) be in the melting pot

1 stör *s2*, *zool.* sturgeon

2 stör *s2* pole, stake

stör|a *v2* disturb (*ngn i hans arbete* s.b. at his work); (*göra intrång på*) interfere with (*ngn i hans arbete* a p.'s work); (*oroa*) trouble; harass (*fienden* the enemy); (*avbryta*) interrupt; *förlåt att jag stör* excuse me for disturbing you; *jag hop-*

pas att jag inte stör I hope I am not disturbing you; *inte så det stör* (*vard.*) not so that you'd notice; ~ *en radioutsändning* jam a broadcast **-ande** *a4* disturbing; ~ *uppträdande* disorderly conduct **-ning** [-ö:-] disturbance; *radio. äv.* jamming, interference; (*-ande buller*) noise; (*själslig*) mental disorder; *atmosfäriska ~ar* atmospherics **större** ['större] *komp. t. stor* larger, bigger *etc., jfr stor*; major; (*ganska stor*) large, considerable, fair-sized; *bli ~* (*öka*) increase, (*växa*) grow, (*om barn*) grow up; ~ *delen* the greater part, the majority; *desto ~ anledning att* all the more reason for (+ *ing- form*); *närmast ~ storlek* one size larger; *vara ~ än* (*i antal*) greater in number; *en ~ order* a large order

störst *superl. t. stor* largest, biggest *etc., jfr stor*; (*ytterst stor*) utmost, maximum; *~a bredd* (*på fartyg*) overall width; *~a delen* the greatest part, (*huvuddelen*) the main (major) part, (*flertalet*) the greater number, most (*av dem* of them); *med ~a möjliga aktsamhet* with the greatest care, with all possible care; *till ~a delen* for the most part, mostly, (*huvudsakligen*) principally, mainly **störta 1** (*bringa att falla, äv. bildl.*) precipitate, throw (*ngn nedför trappan* s.b. down the stairs); (*stjälpa*) tip; (*avsätta*) overthrow (*en diktator* a dictator); ~ *ngn i fördärvet* bring about (cause) a p.'s ruin, ruin s.b. **2** (*falla*) fall (tumble) [down] (*ner i* into); (*med flygplan*) crash; (*om häst*) fall; ~ *omkull* fall (tumble) down; ~ *samman* collapse, (*om byggnad*) fall in, *bildl.* break down; ~ *till marken* drop to the ground **3** (*rusa*) rush, dash, dart (*fram* forward); ~ *upp* spring to one's feet **4** *rfl* precipitate (throw) o.s. (*i* into); rush, dash; ~ *sig på huvudet i vattnet* plunge headlong into the water; ~ *sig över* fall upon (*ngn* s.b.), pitch into (*maten* the food)

stört|flod torrent (*äv. bildl.*) **-hjälm** crash helmet **-lopp** (*på skidor*) downhill race **-regna** pour down; *vard.* rain cats and dogs **-sjö** heavy sea; *få en ~ över sig* ship a heavy sea; *en ~ av ovett* a torrent of abuse **-skur** heavy shower; *vard.* drencher; *bildl., se -sjö*

stöt *s2* thrust (*äv. bildl.*); *fäktn. äv.* pass; (*slag*) hit; blow; (*knuff*) push, shove; (*dunk*) knock, bump (*i huvudet* on the head); (*av vapen; biljard-*) stroke; (*sammanstötning*) shock (*äv. elektr.*); *aktas för ~ar* (*på kolli*) handle with care, fragile; *ta emot första ~en* take the first impact **stöt|a** *v3* **I 1** ('*köra*') thrust; hit, blow *etc.*; ~ *foten mot en sten* hit one's foot against a stone; ~ *huvudet i taket* bang one's head on the ceiling; ~ *kniven i bröstet på ngn* stab s.b. in the chest; ~ *käppen i golvet* strike one's stick on the floor **2** (*krossa*) pound; (*i mortel äv.*) pestle **3** (*förarga*) offend, give offence to, (*starkare*) shock, (*såra*) hurt; *det -er ögat* it is an eyesore; *det -er örat* it jars upon my ear; ~ *och blöta en fråga* thrash over a problem **4** (*om åkdon*) bump, jolt; (*om skjutvapen*) kick; *fäktn.* thrust, make a pass **5** (*gränsa*) border (*till* [up]on); (*blåsa*) blow (*i trumpet* the trumpet); ~ *i blått* incline to blue, have a tinge of blue in it; ~ *på motstånd* meet with resistance; *det -er på bedrägeri* it verges (borders) on fraud **6** (*med betonad partikel*) ~ *bort* push away, *bildl.* repel; ~ *emot* knock

(*bump*) against; ~ *fram* (*ljud*) emit, jerk out, utter; ~ *ifrån sig* push back (away), (*ngn*) repel; ~ *ihop a*) knock (bump) together, (*med en skräll*) clash [together], (*kollidera*) collide, *b*) (*råkas*) run into; ~ *ihop med a*) (*kollidera*) collide with, run into, *b*) (*träffa*) run across each other; ~ *omkull* upset, knock over; ~ *på a*) *sjö.* strike, *b*) (*råka*) come across *c*) (*påminna*) jog a p.'s memory (*om ngt* about s.th.); ~ *till a*) (*knuffa till*) push, bump, *b*) (*ansluta sig till*) join, *c*) (*tillkomma*) come on; ~ *ut a*) (*en båt från land*) push (shove) off, *b*) (*utesluta*) expel **II** *rfl*, ~ *sig på knäet* hurt (bruise) one's knee; ~ *sig med ngn* fall out with s.b., offend s.b.

stöt|ande *a4* (*anstötlig*) offensive, shocking; (*obehaglig*) objectionable **-dämpare** shock absorber **-esten** *bildl.* stumbling block **-fångare** bumper, fender; *A.E.* (*på lokomotiv*) cowcatcher **-säker** shockproof

stött *a4* **1** (*skadad*) hurt, damaged; (*om frukt*) bruised **2** (*förolämpad*) offended (*på ngn* with s.b.; *över* at, about); *bli ~* take offence **stötta I** *s1* prop, support, stay; (*gruv-*) pit prop; *sjö.* stanchion, pillar **II** *v1* prop [up]; *bildl.* support, bear up **stöttepelare** *eg.* prop, support; *bildl.* mainstay; *samhällets ~* the pillars of society

stöt|vis by jerks; (*om vind*) in gusts; (*sporadiskt*) intermittently **-våg** shock wave **stövare** harrier **stövel** ['stövv-, 'stö:-] *s2* high boot **-krage, -skaft** bootleg **subba** *s1, vard., neds.* cow, good-for-nothing **subjekt** *s7* subject **-iv** ['subb-, -'ti:v] *a1* subjective **subkultur** subculture **subsidier** [-'si:-] *pl* subsidies **sub|stans** *s3* substance; (*ämne*) agent; *ytaktiv ~* surfactant **-stantiell** [-tsi'ell] *a1* substantial **-stantiv** *s7* noun, substantive **-stantivera** convert into a noun **-stantivisk** *a5* substantival (*användning* use); substantive (*sats* clause) **-til** *a1* subtle; fine-drawn **-trahera** subtract (*från* from) **-traktion** [-k'ʃo:n] subtraction **-tropisk** [-'trå:-] *a5* subtropical **-vention** [-n'ʃo:n] subvention **-ventionera** subsidize

succé [suk'se:, syk-] *s3* success; *göra ~* be (score) a success, *teat. äv.* bring down the house **succession** [sukse'ʃo:n] [right of] succession **successionsordning** order of succession **successiv** [-'si:v, 'suks-] *a1* successive; gradual **successivt** [-i:-] *adv* gradually, by gradual stages

suck *s2* sigh (*av lättnad* of relief); *~arnas bro* the Bridge of Sighs; *dra en djup ~* heave a deep sigh; *utandas sin sista ~* breathe one's last **sucka** sigh (*av* with; *efter* for; *över* for, at) **Sudan** *n* the Sudan

sudd 1 *s7* (*klotter*) scribbling; (*med bläck o.d.*) smudge **2** *s2* (*tuss*) pad, wad **sudda 1** (*plumpa*) blot; (*smutsa*) soil, smear **2** ~ *bort* (*ut*) erase, efface, rub out, (*från svarta tavlan*) wipe off; ~ *ner* blur, smudge, blot; ~ *över* blot out **3** (*festa*) go on the spree **suddgummi** eraser, rubber **suddig** *a1* blurred, blotched; (*otydlig*) fuzzy; (*om skrift*) indistinct; *foto.* fogged **suffix** *s7* suffix

sufflé *s3* soufflé
sufflera prompt
sufflett *s3* hood; *hopfällbar* ~ (*på bil*) folding top
sufflör *teat.* prompter **-lucka** prompt box
sufflös prompter
sug 1 *s7* (*-ning*) suck, draw **2** *s2* (*-anordning*) suction apparatus **3** *i uttr.: tappa* ~*en* (*ge upp*) lose heart, give up **suga** *sög sugit* suck (*honung* honey; *på tummen* one's thumb); (*om pump*) draw, fetch; *bildl.* drink in, imbibe; ~ *musten ur ngn* take the life out of s.b.; *det suger i magen på mig* my stomach is crying out for food; *sjön suger* the sea air takes it out of one; ~ *på ramarna* live on one's hump; ~ *i sig* suck up, absorb; ~ *ut* suck out, *bildl.* bleed, fleece; ~ *ut jorden* impoverish the soil; ~ *sig fast* adhere (*vid* to)
sug|ande *a4*, *en* ~ *känsla i magen* a sinking feeling; *en* ~ *uppförsbacke* a gruelling climb; ~ *blickar* come-hither looks **-en** *a3* peckish; *vara* ~ *på* be longing for
sugga *s1* sow
suggerera suggest **suggestion** [-'ʃɔ:n] suggestion **suggestiv** *a1* suggestive
sug|hävert siphon **-kopp** suction cup **-ning** [-u:-] sucking *etc.*, suction **-rör** (*för dryck*) straw; *tekn.* suction pipe; *zool.* sucker **-skål** suction cup (disc)
sukta ~ *efter ngt* sigh in vain for s.th.
sula *s1* sole (*äv. tekn.*) **ll** *v1* sole
sulfa *s1* sulpha; *AE. äv.* sulfa **sulfat** *s7*, *s4* sulphate; *AE. äv.* sulfate **sulfit** *s7*, *s3* sulphite; *AE.* sulfite
sulky *s3* sulky; (*barnvagn*) pushchair, stroller
sultan *s3* sultan **-at** *s7* sultanate
summa *s1* sum; (*belopp äv.*) amount; (*slut-*) [sum] total; *en stor* ~ a large sum [of money]; *rund* ~ round (lump) sum; ~ *summarum* all told, altogether, in all; ~ *tillgångar* total assets; *en nätt* ~ a tidy sum, a pretty penny **-risk** [-'ma:-] *a5* summary; (*kortfattad*) succinct, brief; ~ *översikt* summary
summer ['summ-] *s2* buzzer
summer|a sum (add) up **-ing** summation; *bildl.* summing-up, summary
summerton buzzer signal (tone)
sump *s2* **1** (*kaffe-*) grounds (*pl*) **2** (*-mark*) fen, marsh **3** (*fisk-*) corf, fish chest; (*i båt*) well **sumpa** *vard.* (*missa*) muff, miss
sump|gas marsh gas **-ig** *a1* (*sank*) swampy, marshy **-mark** *s3* fen[land], marsh, marshland, swamp
1 sund *s7* sound, strait[s *pl*]; *ett smalt* ~ (*äv.*) a narrow passage (channel)
2 sund *a1* sound (*äv. bildl.*); (*hälsosam*) healthy; *en* ~ *själ i en* ~ *kropp* a sound mind in a sound body; *sunt förnuft* common sense
sundhet soundness; health
sunnan l *adv* from the south **ll** *r* south wind
sunnit *s3* Sunnite
sup *s2* dram; (*brännvin*) schnap[p]s
sup|a *söp -it* drink; (*starkare*) booze; *han -er* he is a heavy drinker, he is heavy on the booze; ~ *ngn full* make s.b. drunk (tipsy); ~ *sig full* get drunk (tipsy); ~ *in* (*bildl.*) inhale, imbibe; ~ *upp sina pengar* drink away one's money; ~ *ur drink up*

-ande *s6* drinking; boozing
sup|é *s3* supper **-era** have supper
super|fosfat superphosphate **-lativ l** *s3* superlative **ll** *a1* superlative **-makt** superpower **-tanker** supertanker
supinum [-ˣpi:-] *s4*, *best. form äv.* supinum [the] supine, (*motsv. i eng.*) past (perfect) participle
suppleant [-'ant, -'aŋ] deputy, substitute; (*i styrelse äv.*) deputy member
supplement *s7* supplement **-vinkel** supplementary angle
supra|ledare [ˣsu:-] superconductor **-ledning** superconductivity
suput *s3*, *s2* tippler, boozer
sur *a1* **1** sour; (*syrlig*) acid, sharp; *kem.* acid, acetous; *bildl.* sour, surly; *en* ~ *min* look sour (surly); *göra livet* ~*t för ngn* lead s.b. a dog's life; *det kommer* ~*t efter* one will have to pay for it afterwards; *bita i det* ~*a äpplet* swallow the bitter pill; ~*t sa räven om rönnbäsen* "sour grapes", said the fox **2** (*fuktig*) wet, damp; ~ *pipa* foul pipe; ~ *ved* green wood; ~*a ögon* bleary eyes
1 sura *sitta och* ~ sulk
2 sura *s1*, *relig.* sura[h]
surdeg leaven
surf|a [ˣsurfa, sörfa] surf, go surfing **-ing** ['surr-, 'sörr-] surf-riding **-ingbräda** surfboard
sur|het [ˣsu:r-] sourness *etc.*; acidity **-kart** green fruit; *bildl.* sourpuss **-kål** *kokk.* sauerkraut **-mjölk** sour milk **-mulen** *a3* sullen, surly **-na** [-ˣr-] sour, turn (*gå ut*) sour **-puppa** *s1* sourpuss; grouch
surr *s7* hum[ming]; (*av röster äv.*) buzz[ing]; (*av maskin*) whir[ring]
1 surra hum; buzz; whir
2 surra *sjö.*, ~ [*fast*] frap, lash, make fast
surrealism surrealism **-tisk** *a5* surrealist[ic]
surrogat *s7* substitute; makeshift
sursöt bittersweet **surt** [-u:-] *adv* sourly; *smaka* ~ taste sour, have a sour taste; ~ *förvärvade pengar* hard-earned money (*sg*) **surögd** *a1* bleary-eyed
sus *s7* **1** (*vindens etc.*) sough[ing]; sigh[ing]; (*friare*) murmur[ing]; *det gick ett* ~ *genom publiken* a murmur went through the audience **2** *leva i* ~ *och dus* lead a wild life, go the pace **susa 1** (*vind*) sough; sigh; *det* ~*r i öronen på mig* my ears are buzzing **2** (*ila*) whizz, swish; ~ *förbi* sweep (*om bil:* flash) past
susen ['su:-] *best. form vard., i uttr.: göra* ~ do the trick
suspekt *a1* suspect
suspen|dera suspend **-sion** suspension
suspensoar *s3* jockstrap, athletic supporter, suspensory [bandage]
sutenör pimp, ponce
suterrängvåning [-ˣräŋ-] basement
sutur suture
suverän l *s3* sovereign **ll** *a1* sovereign (*stat* state); (*överlägsen*) supreme; superb (*tennisspelare* tennis player); *med* ~*t förakt* with supreme contempt **-itet** sovereignty; supremacy
svabb *s2* swab **svabba** swab
svacka *s1* depression, hollow
svada *s1* volubility, torrent of words; *ha en förfärlig* ~ have the gift of the gab

S

svag *a1, allm.* weak (*förstånd* intellect; *kaffe* coffee; *skäl* argument; *syn* sight; *verb* verb); feeble (*försök* attempt; (*kraftlös*) powerless; (*klen*) delicate (*till hälsan* in health); (*om ljud, färg*) faint; (*om ljus*) weak, poor; (*lätt*) light (*cigarr* cigar); (*skral*) poor (*hälsa* health; *ursäkt* excuse); (*sakta*) soft (*bris* breeze); *ha en ~ aning om* have a faint idea of; *ett ~t hopp* a slight (faint) hope; *det ~a könet* the weaker sex; *köttet är ~t* the flesh is weak; *den ~a punkten* the weak point; *i ett ~t ögonblick* in a moment of weakness; *bli ~* weaken; *vara ~ för* have a weakness for, be fond of, (*ngn äv.*) have a soft spot for **-dricka** small beer **-het** weakness *etc.*; (*ålderdoms-*) infirmity; (*svag* sida) foible; (*böjelse*) weakness **-hetstecken** sign of weakness **-ström** light (low-power) current

svagt [-a:-] *adv* weakly *etc.*; (*klent*) poorly (*upplyst* illuminated)

svaj [svajj] *s7* **1** *ligga på ~* (*sjö.*) swing at anchor; *med mössan på ~* with one's cap at a jaunty angle **2** *radio.* wobbling, fading; (*om skivspelare*) wow and flutter **svaja 1** *sjö.* swing **2** (*vaja*) float **svajig** *a1* **1** swinging (*gång* gait) **2** (*flott*) stylish

sval *a1* cool (*äv. bildl.*)

svala *s1* swallow; *en ~ gör ingen sommar* one swallow does not make a summer

svalg [svalj] *s7* **1** *anat.* throat; *fack.* pharynx **2** (*avgrund*) abyss, gulf

svalk|a I *s1* coolness, freshness **II** *v1* cool; (*uppfriska*) refresh; *~ sig* cool [o.s.] off, cool down, refresh o.s. **-ande** *a4* cooling, refreshing

svall *s7* surge; (*våg- äv.*) surging of [the] waves; (*dyning*) swell; *bildl.* flush, flow **svalla** surge; swell; (*sjuda*) seethe; *diskussionens vågor ~de* the discussion became heated; *känslorna ~de* feelings ran high; *~ över* overflow **svallning** surging; swelling; *hans blod råkade i ~* his blood began to boil **svallvåg** surge; (*efter fartyg*) wash

svalna [-a:l-] *~* [*av*] get cool, cool down (*äv. bildl.*)

svam|la ramble [on]; (*utbreda sig*) discourse (*om* upon) **-lig** *a1* rambling; (*oredig*) vaporous (*artikel* article) **-mel** ['svamm-] *s7* rant, verbiage; (*nonsens*) drivel

svamp *s2* **1** *bot.* fungus (*pl* fungi); (*ätbar*) mushroom; (*ej ätbar*) toadstool; *med.* fungoid growth; *plocka ~* go mushrooming **2** (*tvätt-*) sponge; *tvätta med ~* (*äv.*) sponge; *dricka som en ~* drink like a fish **-dödande** *~ medel* fungicide **-förgiftning** fungus poisoning **-karta** mushroom (fungi) chart **-kännare** mycologist, expert on fungi

svan *s2, s1* swan **-dun** swan's-down

svang *s, i uttr.: vara* (*komma*) *i ~* be (get) abroad

svanhopp *sport.* swallow dive, *AE.* swan dive

svank *s2, s7* hollow **svanka** be sway-backed

svankrygg sway-back **-ig** *a1* sway-backed

svans *s2* tail; *astr.* trail (*äv. bildl.*); *bildl.* following, train

svans|a *~ för* (*bildl.*) cringe to, fawn on **-kota** caudal vertebra **-lös** tailless

svar *s7* answer (*på* to); reply; (*motåtgärd*) reply, counter; (*reaktion*) response; *jur.* rejoinder; *~ betalt* reply paid (*förk.* R.P.); *jakande ~* (*äv.*) acceptance; *nekande ~* (*äv.*) refusal; *~ med löne-* anspråk replies stating salary expected; *bli ~et skyldig* not answer (reply); *inte bli ~et skyldig* have a reply ready; *få ~ på en fråga* get an answer to a question; *ge ngn ~ på tal* answer back, give s.b. tit for tat; *om ~ anhålles* an answer is requested, (*på bjudningskort*) R.S.V.P.; *som ~ på Ert brev* in reply to your letter; *stå till ~s för* be held responsible for

svara answer; reply (*på* to); (*skriftligen äv.*) write back; (*reagera*) respond; *rätt ~t!* that's right!; *~ näsvist* give an impudent reply; *han ~de ingenting* he made no reply (*på* to); *~ för* (*ansvara för*) answer (be responsible) for, account for; *jag ~r för att* I'll see to it that; *~ i telefonen* answer the telephone; *~ mot* correspond (answer) to, meet, match; *vad ~de du på det?* what did you reply (say) to that?; *~ på en fråga* (*ett brev*) answer a question (letter); *jag ~de ja på hans fråga* I answered yes to his question

svarande *s9, jur.* defendant **-sidan** the defending party, the defence

svaromål *s7, jur.* [defendant's] plea, defence; *ingå i ~* reply to a charge

svars|kupong reply coupon **-lös** at a loss for a reply; *bli ~* be nonplussed; *göra ~* reduce to silence; *inte vara ~* have an answer ready **-signal** *tel.* reply signal

svart I *a1* black (*äv. bildl.*); (*dyster*) dark; *S~a havet* the Black Sea; *~e Petter* (*kortsp.*) old maid; *~a börsen* the black market; *familjens ~a får* the black sheep of the family; *~ hål* black hole; *~a Maja* black Maria; *~a tavlan* the blackboard; *bli ~ get* (grow) black, blacken; *stå på ~a listan* be on the black list **II** *s, best. form det svarta* black (*äv. schack.*); *de ~a* the blacks; *få ~ på vitt på* ngt get s.th. in black and white; *klä sig i ~* dress in black; *måla i ~* paint in black colours; *se allting i ~* look on the dark side of things

svartabörsaffär black market transaction

svart|broder Black Friar, Dominican **-fot** (*indian*) Blackfoot; (*strejkbrytare*) blackleg, scab **-konst** (*magi*) black magic (art), necromancy **-krut** black powder **-lista** blacklist **-muskig** *a1* swarthy **-måla** paint in black colours **-målning** *bildl.* blackening **-na** blacken, get (grow, turn, go) black; *det ~de för ögonen på mig* everything went black for me **-peppar** black pepper **-rost** (*på säd*) black rust **-sjuk** jealous (*på* of) **-sjuka** jealousy **-vit** black and white, monochrome (*film* film)

svarv *s2* [turning] lathe **svarva** turn [in a lathe] **svarvare** turner, lathe operator

svass|a *~* [*omkring*] strut about **-ande** *a4* (*om gång*) strutting; grandiloquent, highfalutin[g], hifalutin

svavel ['sva:-] *s7* sulphur; *AE.* sulfur **-haltig** *a1* sulphurous, sulphuric **-syra** sulphuric acid **-väte** hydrogen sulphide

svear *pl* Swedes

Svea rike the land of Sweden

1 sveda *s1* smart[ing pain]; *~ och värk* physical suffering

2 sved|a *v2* singe; (*om frost*) nip; (*om solen*) parch; *lukta -d* smell burnt

svedja [-e:-] burn woodland

svedjebruk burn-beating

svek s7 treachery, perfidy; (*bakslughet*) deceit, guile; *jur.* fraud

svek|full treacherous, perfidious; deceitful, guileful; fraudulent **-lös** guileless, single-hearted

sven|dom s2 chastity **-sexa** stag party

svensk I al Swedish; ~a kronor Swedish kronor (*förk.* SEK); *en* ~ *mil* a Swedish mile, 10 kilometres **II** s2 Swede **svenska** sl **1** (*språk*) Swedish **2** (*kvinna*) Swedish woman

svensk|amerikan Swedish-American **-amerikansk** Swedish-American **-engelsk** Anglo-Swedish; Swedish-English (*ordbok* dictionary) **-född** Swedish born, Swedish by birth **-het** Swedishness **-lärare** Swedish teacher, teacher of Swedish **-språkig** al **1** (*-talande*) Swedish-speaking **2** (*avfattad på svenska*) in Swedish, Swedish **-talande** Swedish-speaking

svep s7 sweep; *i ett* ~ at one go

svep|a v3 **1** (*vira*) (*äv.* ~ *in*) wrap [up] (*i* in); (*lik*) shroud, lay out; ~ *om*[*kring*] *sig* wrap around one, wrap o.s. up in **2** *sjömil.* sweep for (*minor* minor) **3** (*hastigt uttckä el. åta*) knock back **4** (*blåsa hårt*) sweep (*fram* along) **-ande** a4 sweeping (*argument* argument) **-ning** [-e:-] **1** (*min-*) sweeping **2** (*av lik*) shrouding; *konkr.* shroud **-skäl** pretext, subterfuge; prevarication; *komma med* ~ make excuses

Sverige ['svärje] n Sweden

svets s2, *abstr.* welding; *konkr.* weld **-a** weld **-aggregat** welding set **-are** welder **-loppa** welding spark **-ning** welding

svett s3 perspiration; *vard.* sweat, *ui belu su* ~*ën* lackar work till one is dripping with perspiration; *i sitt anletes* ~ in the sweat of one's brow **-as** *dep* perspire; *vard.* sweat (*äv. bildl.*); *jag* ~ *om fötterna* my feet are sweaty **-drivande** a4 ~ [*medel*] sudorific, sudatory **-droppe** drop of perspiration **-ig** al perspiring, *vard.* sweaty; bli ~ perspire **-ning** sweat[ing], perspiration; *komma i* ~ start sweating **-pärla** bead of perspiration **-rem** sweatband

svid|a *sved* -it smart; (*friare*) ache; *såret -er* (*äv.*) the wound is very painful; *det -er i ögonen* [*på mig*] my eyes smart; *röken -er i ögonen* the smoke makes my eyes smart; *det -er i halsen* [*på mig*] my throat feels sore, I have a sore throat; *det -er i själen på mig att se* it breaks my heart to see; *det -er men det -er gott* it hurts but you feel better for it **-ande** a4 smarting; *med* ~ *hjärta* with an aching heart

svika *svek -it* **1** (*överge*) fail, desert; (*i kärlek*) jilt, *vard.* chuck; ~ *en vän i nödens stund* leave a friend in the lurch; ~ *sitt löfte* break one's promise, go back on one's word; ~ *sin plikt* fail in one's duty **2** (*svikta, tryta*) fail, fall short; *krafterna svek mig* my strength gave out; *minnet* (*modet*) *-er mig* my memory (courage) fails me; *rösten svek honom* his voice failed him

svikt s2 **1** (*spänst*) spring[iness], elasticity; (*böjlighet*) flexibility; *ha* ~ (*äv.*) be springy (flexible) **2** (*trampolin*) springboard; diving board

svikta **1** (*ge svikt*) be resilient; (*gunga*) shake, rock **2** (*böja sig*) bend (*under* beneath); (*ge efter*) give way, sag **3** *bildl.* flinch, give way, waver

svikt|ande a4, *med aldrig* ~ with never-failing (unflinching) **-hopp** (*i simning*) springboard div-

ing; *gymn.* jumping on the spot

svim|färdig ready to drop **-ma** ~ [*av*] faint [away], swoon, fall into a swoon, *vard.* pass out; ~ *av trötthet* faint with fatigue **-ning** fainting, swoon; (*medvetslöshet*) unconsciousness **-ningsanfall** fainting-fit

svin s7 pig; *koll. o. bildl.* swine; *bildl. äv.* hog

svin|a ~ *ner* make a dirty mess (*sig* of o.s.) **-aktig** al piggish, swinish; *bildl. äv.* mean; (*oanständig*) indecent, filthy (*historia* story); beastly (*tur* luck)

svindel s9 **1** (*yrsel*) giddiness, dizziness; *med.* vertigo; *få* ~ turn giddy (dizzy) **2** (*svindleri*) swindle, humbug, trickery

svindl|a 1 *det* ~*r för ögonen* my head is swimming; *tanken* ~*r* the mind reels **2** (*bedriva -eri*) swindle, cheat **-ande** a4 giddying, dizzying; giddy, dizzy (*höjd* height); *i* ~ *fart* at a breakneck pace; ~ *summor* prodigious sums [of money] **-are** swindler, crook, cheat, humbug

sving a6, sport. swing **svinga** swing; brandish (*svärdet* the sword); ~ *sig* swing o.s.; ~ *sig ner* swing down; ~ *sig upp a*) (*i sadeln*) vault (swing o.s. up) [into the saddle), b) (*om fågel*) take wing, soar, c) *bildl.* rise [in the world]

svin|kall beastly cold **-kött** pork **-läder** pigskin

svinn s7 waste, wastage; loss

svinna *svann svunnit* (*om tid*) pass; *svunna tider* days gone by

svin|päls *bildl.* swine, dirty beggar **-stia** pigsty, pigpen; *bildl.* sty

svira be on the spree

svit s3 **1** (*följe*) suite **2** (*rad*) succession, series; (*av rum*) suite; *kortsp.* sequence **3** (*påföljd*) aftereffect; *med.* sequela (*pl* sequelae)

svordom s2 oath; (*förbannelse*) curse; ~*ar* swearing, bad language (*sg*)

svull|en a3 swollen (*kind* cheek); puffed **-na** ~ [*upp*] become swollen, swell **-nad** s3 swelling

svulst s3 **1** (*tumör*) tumour, tumefaction **2** *bildl.* bombast, pomposity, turgidity **-ig** al bombastic; inflated, turgid

svulten a5 famished

svunnen a5 bygone, past (*tid* time)

svuren a5 sworn

svåger ['svå:-] s2 brother-in-law

svål s2 (svin-) rind; *se äv.* huvudsvål

svångrem belt; *dra åt* ~*men* (*bildl.*) tighten one's belt

svår al **1** (*besvärlig*) difficult (*för* for); (*mödosam*) hard (*uppgift* task; *för* for; *mot* on); (*invecklad*) complicated (*problem* problem); ~ *examen* stiff examination; *ett* ~*t slag* a hard blow; *en* ~ *tid* hard times (*pl*); ~ *uppgift* (*äv.*) difficult problem, arduous task; ~ *överresa* rough crossing; *ha* ~*t för att* find it difficult to; *ha* ~*t för ngt* find s.th. difficult; *ha* ~*t för att fatta* be slow on the uptake; *ha mycket* ~*t för att* have great difficulty in (+ *ing-form*); *ha det* ~*t a*) suffer greatly, *b*) (*ekonomiskt*) be badly off, *c*) (*slita ont*) have a rough time of it; *jag har* ~*t för att tro att* I find it hard to believe that; *det är* ~*t att* it is hard (difficult) to **2** (*allvarlig*) grave, serious, severe (*sjukdom* illness); *ett* ~*t fall a*) eg. a serious fall, *b*) *bildl.* a grave (difficult) case; *i* ~*are fall* in [more] serious cases; ~*t fel a*) (*hos sak*) serious drawback, *b*) (*hos pers.*) serious fault, *c*) (*misstag*) grave error; ~ *frestelse* sore (heavy) temptation; ~ *förbrytelse* serious offence (*jur.* crime); *han har ~t hjärtfel* he has a serious heart condition; ~ *hosta* bad cough; ~ *kyla* severe cold; ~*a lidanden* severe (great) suffering (*sg*); ~ *olycka* great misfortune, (*enstaka olyckshändelse*) serious accident; *ha ~a plågor* be in great pain; ~ *sjö*[*gång*] rough sea **3** *vara* ~ *på ngt* be overfond of s.th.; *du är för* ~*!* you are the limit!, you are too bad!

svår|artad [-a:r-] *a5* malignant (*sjukdom* illness) **-flirtad, -flörtad** *a5, eg.* unapproachable; *bildl.* hard to convince **-framkomlig** ~ *väg* difficult (rough) road **-hanterlig** difficult to manage (handle); (*friare, om pers.*) intractable, (*om sak*) awkward

svår|ighet difficulty; (*möda*) hardship; (*besvär*) trouble; (*olägenhet*) inconvenience; (*hinder*) obstacle; *göra* ~*er* make difficulties; *det möter inga* ~*er* that's not difficult, *vard.* that's all plain sailing; *däri ligger* ~*en* that's the trouble; *i* ~*er* in trouble; *utan* ~ without any difficulty **-ligen** [-å:-] hardly, scarcely **-löslig** *kem.* sparingly soluble **-löst** [-ö:-] *a4* difficult to solve; (*om gåta*) hard, intricate **-mod** melancholy; (*nedslagehet*) low spirits (*pl*); (*dysterhet*) gloom, spleen **-modig** melancholy, sad; gloomy

svår|t [-å:-] *adv* seriously (*sjuk* ill); badly (*sårad* wounded) **-tillgänglig** difficult of access (to get at); (*om pers. äv.*) distant, reserved

svägerska sister-in-law

svälja *v2, el. svalde svalt* swallow (*äv. bildl.*); *bildl. äv.* pocket; ~ *förtreten* swallow one's annoyance; ~ *ner* swallow; ~ *orden* swallow one's words

sväll|a *v2* swell (*höja sig*) rise; (*utvidga sig*) expand (*äv. bildl.*); *seglen -er* the sails are swelling (filling); ~ *upp* swell up (out), become swollen; ~ *ut* swell [out], (*bukta ut*) bulge out

svält *s3* starvation; (*hungersnöd*) famine; *dö av* ~ die of starvation

svält|a 1 *svalt svultit* starve; (*starkare*) famish; ~ *ihjäl* starve to death **2** *v3* (*imperf. äv. svalt*) (*låta hungra*) starve; ~ *sig* starve o.s.; ~ *ut* starve out **-född** [half] starving, underfed **-gräns** *leva på* ~*en* live on the hunger line **-kost** starvation diet **-lön** starvation wages (*pl*)

svämma ~ *över* [rise and] overflow [its banks]

sväng *s2* (*rörelse*) round; (*krök*) bend, turn; (*av flod, väg e.d.*) curve, wind[ing]; *ta ut* ~*en* take the corner wide; *ta sig en* ~ (*dansa*) shake a leg; *vägen gör en* ~ the road bends (turns); *vara med i* ~*en* be in the swing

sväng|a *v2* **1** (*sätta i rörelse*) swing (*armarna* one's arms); (*vifta med*) wave; (*vapen*) brandish; (*vända*) turn (*bilen* the car) **2** (*hastigt röra sig*) swing (*fram o. tillbaka* to and fro); (*pendla*) oscillate (*äv. bildl.*); (*svaja*) sway; (*om sträng*) vibrate; (*kring en tapp*) swing, pivot; (*rotera*) turn, rotate; (*göra en sväng*) turn; ~ *av* turn off; ~ *in på* turn into; ~ *med armarna* swing one's arms; ~ *om a*) turn round, (*om vind*) veer round, *bildl.* shift, change, *b*) (*i dans*) have a dance; ~ *om på klacken* turn on one's heels; ~ *om hörnet* turn the corner; ~ *till* (*hastigt laga till*) knock up; *bilen -de upp på gården* the car swung up into the

courtyard **3** *rfl* (*kretsa*) circle, rotate; (*göra undanflykter*) prevaricate; ~ *sig med* flaunt (*latin* Latin) **-bar** *al* revolving, pivoting **-bro** swing (pivot, swivel) bridge

sväng|d *a5* (*böjd*) bent, curved **-dörr** swing[ing] door; revolving door **-hjul** flywheel; (*i ur*) balance wheel

sväng|ig *al* swinging **-ning** (*gungning*) swing; (*fram o. tillbaka*) oscillation, vibration; (*rotation*) wheeling, rotation

svängningsradie turning radius

svängrum space to move, elbowroom (*äv. bildl.*)

svära *svor svurit* **1** (*använda svordomar*) swear (*över* at); (*förbanna*) curse **2** (*gå ed*) swear (*på, att* that; *vid* by); (*avge löfte äv.*) vow; ~ *och heligt* make a solemn vow; ~ *falskt* perjure o.s., commit perjury; *jag kan* ~ *på att* I'll swear to that; *det kan jag inte* ~ *på* (*vard.*) I won't swear to it that; ~ *sig fri* swear one's way out **3** ~ *mot* clash with (*äv. om färg*)

svärd [-ä:-] *s7* sword **-fisk** swordfish

svärdotter daughter-in-law

svärds|lilja iris **-slukare** sword swallower

svär|far father-in-law **-förälder** parent-in-law

svärm *s2* swarm (*av* of); (*flock*) flock

svärm|a 1 (*om bin*) swarm, cluster; (*om mygg e.d.*) flutter about **2** ~ *i månskenet* spoon in the moonlight; ~ *för* fancy, (*starkare*) be mad about, (*för pers. äv.*) be crazy about **-are 1** (*drömmare*) dreamer; fantast **2** (*fjäril*) sphinx (hawk) moth **-eri 1** enthusiasm (*för* for); *religiöst* ~ fanaticism, religiosity **2** (*förälskelse*) infatuation; (*om pers.*) sweetheart **-isk** ['svärr-] *a5* dreamy; romantic, fanciful

svär|mor mother-in-law **-son** son-in-law

svärta I *s1* **1** (*färg*) blackness; (*ämne*) blacking **2** *zool.* scoter **II** *v1* blacken; ~ *ner* blacken, *bildl. äv.* defame; *handskarna* ~*r av sig* the colour comes off the gloves

sväv|a 1 (*glida*) float, be suspended; (*om fågel*) soar; (*kretsa*) hover (*äv. bildl.*); (*hänga fritt*) hang; (*dansa fram*) flit (glide) along; ~ *genom luften* sail through the air; ~ *omkring* soar **2** ~ *i fara* be in danger; ~ *i okunnighet om* be in [a state of] ignorance about; ~ *mellan liv och död* hover between life and death; ~ *på målet* falter in one's speech **-ande** *a4* floating *etc.*; *bildl.* vague, uncertain **-are, -farkost** hovercraft

sy *v4* sew (*för hand* by hand; *på maskin* on the machine); (*tillverka*) make; *absol.* do needlework; *kir.* sew up, suture; *låta* ~ *ngt* have s.th. made; ~ *fast* (*i*) sew on; ~ *ihop* sew up; ~ *in* (*minska*) take in; ~ *om* remake **-behör** *s7* sewing materials (*pl*), haberdashery; *AE. äv.* notions (*pl*) **-behörsaffär** haberdasher's [shop], haberdashery

syd *s9, adv o. oböjligt* a south

Sydafrika *n* South Africa **sydafrikansk** South African **Sydamerika** *n* South America **sydamerikansk** South American **Sydeuropa** *n* Southern Europe **sydeuropeisk** South European

syd|gående *a4* southbound **-kust** south[ern] coast **-lig** [-y:-] *al* southern (*länder* countries); south[erly] (*vind* wind); ~*are* further south; ~ *bredd* south latitude **-ländsk** *a5* southern, of the South **-länning** southerner **-ost I** *s2* (~*lig vind*) southeast wind; southeaster; (*väderstreck*) southeast (*förk.* SE) **II** *adv* southeast

Sydostasien Southeast Asia

syd|ostlig [-ˣosst-] *a1* southeast[ern] **-pol** ~*en* the South Pole **-polsexpedition** Antarctic expedition **-sluttning** southfacing slope **-staterna** the Southern States; the South (*sg*) **-vart** southwards **-väst I** *s2* (~*lig vind*) southwest wind; southwester; (*hatt*) sou'wester **II** *adv* southwest **-västlig** [-ˣvässt-] *a1* southwest[ern]

syfilis ['sy:-] *s2* syphilis

syfta aim (*på* at); (*häntyda*) allude (*på* to), hint (*på* at); ~ *högt* aim high; ~ *på* (*avse*) have in view (mind); ~ *till* (*eftersträva*) aim at; ~ *tillbaka på* refer [back] to

syft|e *s6* aim, purpose, end, object [in view]; *vad är* ~*t med* ...? what is the object (purpose) of ...?; *i* ~ *att lära känna* with a view to getting to know; *i detta* ~ to this (that) end (purpose); *i vilket* ~? to what end?; *med* ~ *på* with regard to ▪**linje** right line ▪**ning** aiming etc., it.th. alignment

sy|förening sewing circle; *i Storbritannien äv.* Dorcas society **-junta** sewing guild

syl *s2* awl; *inte få en* ~ *i vädret* (*vard.*) not get a word in edgeways

syll *s2*, *järnv.* sleeper, *AE.* crosstie, tie; *byggn.* [ground] sill

sylt *s3* jam, preserve **sylta I** *s1* **1** *kokk.* brawn **2** (*krog*) third-rate eating house **II** *v1* preserve, make jam [of]; ~ *in sig* (*vard.*) get [o s] into a mess; ~ *in sig i* (*med*) (*vard.*) get mixed up in (with)

sylt|burk jam pot (jar); (*med sylt*) pot (jar) of jam **-lök** pearl onion; (*-ad lök*) pickled onions (*pl*)

sylvass [as] sharp as an awl; ~*a blickar* piercing looks

symaskin sewing machine

symbios [-'å:s] *s3* symbiosis

symbol [-'bå:l] *s3* symbol; (*om pers. äv.*) figurehead **-isera** [-'se:-] symbolize **-isk** *a5* symbolic[al]; (*bildlig*) figurative; ~ *betalning* token payment

symfoni *s3* symphony **-orkester** symphony orchestra

symmetr|i *s3* symmetry; *brist på* ~ lack of symmetry, asymmetry **-isk** [-'me:-] *a5* symmetric[al]

sympat|i *s3* sympathy (*för* for; *med* with); *gripas av* ~ *för ngn* take a liking to s.b.; *hysa* ~ *för* sympathize with; ~*er och antipatier* likes and dislikes; ~*erna var på hennes sida* she got all the sympathy **-isera** sympathize (*med* with) **-isk** [-'pa:-] *a5* nice, likeable; *äv.* sympathetic; attractive (*utseende* looks *pl*); ~*a nervsystemet* the sympathetic nervous system **-isör** sympathizer

sym[p]tom [-'tå:m] *s7* symptom (*på* of)

syn *s3* **1** (*-sinne*) [eye]sight; (*-förmåga*) vision; ~ *och hörsel* sight and hearing; *få* ~ *på* catch sight of; *förlora* ~*en* lose one's [eye]sight; *förvända* ~*en på ngn* throw dust in a p.'s eyes; *ha god* (*dålig*) ~ have good (poor, weak) eyesight; *komma till* ~*es* appear **2** (*åsikt*) view, opinion, outlook; *hans* ~ *på* his view of; *ha en ljus* ~ *på* take a bright view of **3** *bära* ~ *för sägen* look like it; *för* ~*s skull* for the look of the thing; *till* ~*es* ap

parently, seemingly, to all appearances **4** (*ansikte*) face; *bli lång i* ~*en* pull a long face; *ljuga ngn mitt i* ~*en* lie in a p.'s face **5** (*anblick*) sight; *en härlig* ~ a grand spectacle; *en* ~ *för gudar* a sight for the gods **6** (*dröm-*) vision; *ha* ~*er* have visions; *se i* ~ *e* (*se orätt*) be mistaken **7** (*besiktning*) inspection, survey

syna inspect, survey; examine; ~ *ngt i sömmarna* (*bildl.*) look thoroughly into s.th.

synagoga *s1* synagogue

syn|as *v3*, *dep* **1** (*ses*) be seen; (*vara -lig*) be visible (*för* to); (*visa sig*) appear (*för* to); *-s inte härifrån* cannot be seen from here; *det -s inte* it doesn't show; *fläcken -tes tydligt på* the spot could be seen clearly on; *det -tes på honom att* you could tell by looking at him that; *som -es* (*äv. bildl.*) as is evident, as you can see; *vilja* ~ want to make a show; *vilja* ~ *vara förmer än* want to appear superior to; ~ *till* appear, be seen; *ingen människa -tes till* not a soul was to be seen **?** (*tyckas*) appear, seem (*för ngn* to s.b.); *det -tes mig som om* it looked to me as if; *vägen -tes henne lång* it seemed a long way to her **-bar** *a1* visible; (*märkbar*) apparent; (*uppenbar*) obvious, evident

synd *s3* **1** sin; ~*en straffar sig själv* sin carries its own punishment; *förlåt oss våra* ~*er* (*bibl.*) forgive us our trespasses; *begå en* ~ commit a sin; *bekänna sin* ~ confess one's guilt; *för mina* ~*er skull* (*vard.*) for my sins; *hata ngn som* ~*en* hate eib, like noison; *det är ingen* ~ *att* there is no harm (sin) in dancing **2** (*skada*) pity; *så* ~*!* what a pity (shame)!; *det är* ~ *och skam att* it is really too bad that; *det är* ~ *att du inte kan komma* what a pity you can't come; *det är* ~ *om honom* one can't help feeling sorry for him; *det är* ~ *på så rara ärter* (*vard.*) what a waste!; *det vore* ~ *att påstå att* you can't really say that; *tycka* ~ *om* pity, feel sorry for

synda sin, commit a sin (*mot* against); (*bryta mot*) trespass (*mot* against) **-bekännelse** confession of sin[s] **-bock** scapegoat; *vard.* whipping boy **-fall** ~*et* the Fall [of man] **-flod** flood, deluge; ~*en* the Flood; *före* (*efter*) ~*en* antediluvian (postdiluvian) **-pengar** (*orätt vunna*) ill-gotten gains; (*om pris*) exorbitant price (*sg*)

synd|are sinner **-erska** sinner, sinful woman **-fri** free from sin, sinless **-full** full of sin; sinful (*liv* life) **-ig** *a1* sinful; *det vore* ~*t att* it would be a sin to

syndikal|ism syndicalism **-ist** *s3* syndicalist

syndikat *s7* syndicate; combine; trust

syndrom [-'å:m] *s7* syndrome

syn|fel visual defect **-fält** field (range) of vision (sight) **-håll** *inom* (*utom*) ~ within (out of) sight (view) **-intryck** visual impression

synkop [-'kå:p] *s3* syncope **-era** syncopate

synkron [-'krå:n] *a1* synchronous **-isera** synchronize; ~*d växellåda* synchromesh gearbox

syn|lig [ˣsy:n-] *a1* visible (*för* to); (*iögonfallande*) conspicuous; (*märkbar*) discernible; *bli* ~ become visible, (*komma i sikte*) come in sight, sjö. heave in sight; ~*t bevis* physical evidence **-minne** visual memory

synner|het *r*, *i* ~ [more] particularly (especially); *i all* ~ in particular; *i* ~ *som* (*äv.*) all the more

[so] as **-lig** al particular; (påfallande) pronounced, marked **-ligen** particular; extraordinarily; ~ lämpad för eminently suited for; ~ tacksam extremely grateful; samt och ~ (allesamman) all and sundry

synnerv optic (visual) nerve

synod [-'nå:d, -'nɔ:d] s3 synod

synonym I al synonymous **II** s3, s7 synonym

synops [-å-] s3 synopsis

syn|punkt bildl. point of view, viewpoint; från medicinsk ~ from a medical point of view; från en annan ~ from a different angle **-sinne** [faculty of] vision, [eye]sight; med ~t (äv.) visually **-skadad** with defective vision **-skärpa** visual acuity **-sätt** outlook, approach

syn|tax s3 syntax **-tes** s3 synthesis **-tetisk** [-'te:-] a5 synthetic[al]

syn|villa optical illusion **-vinkel** visual (optic) angle; bildl. angle of approach

synål [sewing] needle

syokonsulent [ˣsy:ɔ-] ung. careers master (mistress, adviser)

syra I s1 **1** kem. acid; frätande ~ corrosive acid **2** (syrlig smak) acidity, sourness; äpplenas friska ~ the fresh tang of the apples **3** bot. dock, sorrel **II** v1 acidify, sour **-fast** acid-proof, acid-resisting

syre s6 oxygen **-brist** lack of oxygen **-fattig** deficient in oxygen

syren s3 lilac, syringa

syretillförsel oxygen supply (feed)

syrgas oxygen **-apparat** oxygen apparatus **-behållare** oxygen cylinder (container)

Syrien ['sy:-] n Syria

syrlig [ˣsy:r-] al acid (äv. bildl.), sourish, somewhat sour; göra ~ acidify **-het** [sub]acidity, sourness; bildl. acidity

syrsa s1 cricket

sysilke sewing silke

syskon [-ån] s7 brother[s] and sister[s]; fack. sibling[s] **-barn 1** (kusin) vi är ~ we are [first] cousins **2** (pojke) nephew, (flicka) niece

syskrin workbox

syssel|satt a4 occupied (med with; med att in + ing-form); (upptagen) engaged (med in, with; med att in + ing-form); (strängt upptagen) busy (med with; med att + ing-form); (anställd) employed (vid on; med in) **-sätta** occupy; engage; keep busy; hur många arbetare -er fabriken? how many workers does the factory employ?; ~ sig med occupy (busy) o.s. with; vad skall vi ~ barnen med? what shall we occupy the children with? **-sättning** (-ande) occupying; (göromål) occupation, employment; konkr. äv. work, something to do; full ~ full employment; utan ~ idle, with nothing to do, (arbetslös) out of work, unemployed

syssl|a I s1 **1** (sysselsättning) occupation etc.; (göromål äv.) work, business, task; husliga -or household (domestic) duties, AE. äv. chore; sköta sina -or do one's work; tillfälliga -or odd jobs **2** (tjänst) office, employment; sköta sin ~ discharge one's duties **II** v1 busy o.s., be busy (med with); (göra) do; (plocka) potter (med over); (yrkesmässigt ägna sig åt) do [for a living]

syssling second cousin

sysslolös idle; (arbetslös) unemployed, out of work; (overksam) inactive; gå ~ go idle, do nothing **-het** idleness, inactivity; unemployment

system s7 system; (friare) method, plan; periodiska ~et the periodic table; enligt ett ~ on (according to) a system; sätta i ~, se systematisera **-atik** s3, ej pl systematics (pl, behandlas som sg), systematism; (klassificering) classification

systematiser|a systematize, reduce to a system **-ing** systematizing; (med pl) systematization

system|atisk [-'ma:-] a5 systematic[al]; methodical **-butik** [state-controlled] liquor shop

system|erare [-ˣme:-], **-man** computer programmer

syster s2 sister; (sjuk-) nurse **-dotter** niece **-skap** sisterhood **-son** nephew

sytråd sewing cotton (thread)

1 så s2 tub, bucket

2 så I adv **1** (på ~ sätt) so, (starkare) thus; (i ~ hög grad) so, such; (vid jämförelse) as, (nekande) so; (hur) how; den ~ kallade the so-called; ~ att säga so to speak; si och ~ [rather] so-so; än si än ~ now this way now that; han säger än si än ~ he says one thing now and s.th. else later; hur ~? how then?, how do you mean?; det förhåller sig ~ att the fact is that; ~ går det när that is what happens when; ~ får man inte göra you must not do that; ~ skall man inte göra that is not the way to do it; ~ sade han those were his words; det ser inte ~ ut it doesn't look like it; skrik inte ~! don't shout like that!; ~ slutade hans liv that's how his life ended; han var listigare än ~ he was more cunning than that; även om ~ skulle vara even if that was so; ~ är det that's how it is; är det inte ~? isn't that right?; det är ~ att the thing is that; det är nu en gång ~ att it so happens that; tack ~ mycket! thank you so much!; ~ dum är han inte he is not that stupid; det var ~ dåligt väder att it was such bad weather that; med ~ hög röst in such a loud voice; det är inte ~ lätt it is not so easy; hon blev ~ rädd att she was so frightened that; du skrämde mig ~ you frightened me so; inte ~ stor som not so big as; han skakade ~ stor han var he was shaking all over; ~ snällt av dig! how nice of you!; ~ stor du har blivit! how tall you have grown!; ~ du säger! whatever are you saying? **2** (i vissa uttryck) ~ här (där) like this (that); ~ där en 25 år round about 25 years, (om pers.) somewhere about 25; ~ där en tio pund a matter of ten pounds; ~ här kan det inte fortsätta it (things) can't go on like this; rätt ~ quite; för ~ vitt provided (han kommer that he comes) **3** ~? (verkligen) really?; ~ [där] ja! (lugnande) there you are!; se ~, upp med hakan! come now, cheer up! **4** (sedan) then; först hon ~ han first she then he **5** (konjunktionellt) then, and; kom ~ får du se come here and you will see; om du säger det ~ är det ~ if you say so, then it is so; vill du ~ kommer jag if you wish I shall come; vänta ~ kommer jag wait here and I shall come; men ~ är jag också but then I am **II** pron, i ~ fall in that (such a) case, if so; i ~ måtto to that (such an) extent (att that); på ~ sätt in that way

3 så v4 sow (äv. bildl.); (besä äv.) seed

sådan [ˣså:-, vard. sånn] such; like this (that); en ~ a) (fören.) such a[n], b) (självst.) one of those; en ~ som han a man like him; ~ där (här) like that (this); ~ *är han* that is how he is; ~*t* (*självst.*) such a thing; *allt* ~*t* everything of the kind; *ngt* ~*t* such a thing, s.th. of the kind; ~*t händer* these things will happen; *det är* ~*t som händer varje dag* these are things that (such things as) happen every day; ~*t är livet* such is life; *en* ~ *vacker hatt!* what a beautiful hat!; ~*a påhitt!* what ideas!

sådd *s3* sowing; (*utsådd säd*) seed

såg *s2* saw; (*sågverk*) sawmill

såg|a saw (*av* off); ~ *till* saw; ~ *sönder* saw up **-blad** sawblade **-bock** sawhorse **-klinga** (*cirkel-*) circular sawblade **-spån** sawdust **-tandad** *a5* sawtoothed; *fack.* serrate[d] **-verk** sawmill; *AE.* lumber mill

såld *a5* sold; *gör du det är du* ~ (*vard.*) if you do that you are done for

således 1 (*följaktligen*) consequently, accordingly **2** (*på det sättet*) thus

såll *s7* sieve, sifter, strainer; (*grovt*) riddle **sålla** sift, sieve; riddle; *bildl.* sift, screen

sålunda thus; in this way (manner)

sång *s3* song; (*sjungande*) singing (*äv. som skolämne*) (*kyrko-*) hymn; (*munkars*) chant, chanting; (*dikt*) poem; (*avdelning av dikt*) canto **-are 1** *pers.* singer; (*i kör äv.*) chorister; (*t. yrket*) professional singer; (*jazz- o.d.*) vocalist **2** *zool.* warbler **-bar** *a1* singable, melodious **-bok** song book **-erska** [female] singer *etc., jfr sångare* **-lektion** singing lesson **-röst** singing voice **-svan** whooper [swan]

såningsmaskin sowing machine; (*rad-*) [sowing] drill

säp|a I *s1* soft soap **II** *v1*, ~ [*in*] soap **-bubbla** soap bubble; *blåsa -bubblor* blow bubbles **-hal** slippery; *vägen var* ~ the road was like a skating rink **-vatten** suds (*pl*), soapy water

sår *s7* wound (*äv. bildl.*); (*bränn-*) burn; (*skär-*) cut; (*var-*) sore (*äv. bildl.*); *ett gapande* ~ a gash, a deep cut **såra** wound (*äv. bildl.*); *bildl. äv.* hurt **sårad** *a5* wounded (*äv. bildl.*); (*skadad*) injured; *djupt* - deeply hurt; ~ *fåfänga* pique; *känna sig* ~ feel hurt (offended) **sårande** *a4* (*kränkande*) insulting, offensive

sår|bar [-å:-] *a1* vulnerable; *bildl. äv.* susceptible; *vard.* touchy **-barhet** vulnerability *etc.*; touchiness **-ig** *a1* covered with sores; (*inflammerad*) ulcered **-salva** ointment [for wounds] **-skorpa** scab, crust

sås *s3* sauce; (*kött-*) gravy, juice **såsa 1** (*tobak*) sauce **2** (*söla*) dawdle, loiter

såsom ['så:såm] **1** (*liksom; i egenskap av*) as; ~ *den äldste i sällskapet* as the eldest present [at the gathering] **2** (*t. exempel*) for instance; such as

sås|sked sauce ladle, gravy spoon **-skål** gravy dish, sauce boat

så|tillvida [-ˣvi:-] ~ *som* [*in*] so far as, inasmuch as **-vida** [-ˣvi:-] provided (*inget oförutsett inträffar* [that] nothing unforeseen happens); ~ *annat ej överenskommits mellan parterna* unless the parties have agreed otherwise **-vjtt** as (so) far as (*jag vet* I know) **-väl** ~ *stora som små* big as well as small, both big and small

säck *s2* sack; (*mindre*) bag; *en* ~ *potatis* a sack of potatoes; *köpa grisen i* ~*en* buy a pig in a poke; *i* ~ *och aska* in sackcloth and ashes; *svart som i en* ~ [*as*] black as ink; *det har varit i* ~ *innan det*

kom i påse he (*etc.*) has picked that up from somewhere (someone) else; *bädda* ~ make an apple-pie bed **säcka** (*hänga som en säck*) be baggy; ~ *ihop* (*bildl.*) collapse

säck|ig *a1* baggy **-löpning** sack race **-pipa** bagpipe[s *pl*] **-pip[s]blåsare** piper, bagpiper **-väv** sacking, sackcloth

säd *s3* **1** ([*frön av*] *sädesslag*) corn; *i sht AE.* grain; (*utsäde*) seed; (*gröda*) crop[s *pl*] **2** (*sperma*) sperm, semen; seed (*äv. bildl.*)

sädes|avgång ejaculation **-cell** sperm [cell] **-fält** cornfield **-korn** grain of corn **-slag** [kind (variety) of] corn (grain), cereal **-ärla** wagtail **-vätska** seminal fluid

säg|a [*vard.* ˣsäjja] *sade* (*vard. sa*) *sagt* **I** say (*ett ord* a word; *nej* no); (*berätta*; ~ *till, åt*) tell; ~ *ja* [*till* ...] (*äv.*) answer [...] in the affirmative, (*förslag*) agree to ...; ~ *nej* [*till* ...] (*äv.*) answer [...] in the negative; *gör som jag* -*er* do as I say (tell you); *vem har sagt det?* who said so?, who told you?; -*er du det?* you don't say?, really?; *det* -*er du bara!* you're only saying that!; *så att* ~ so to speak; *om jag så får* ~ if I may say so; *om låt oss* ~ *en vecka* in [let us] say a week; ~ *vad man vill* men say what you will, but; *inte låta* ~ *sig* sagt två gånger* not need to be told twice; *sagt och gjort* no sooner said than done; *ha mycket att* ~ (*bildl.*) have a great deal to say; *det vill* ~ that is [to say]; *förstå vad det vill* ~ *att* know what it is [like] to; *vad vill detta* ~*?* what is the meaning of this?; *han slog näven i bordet så det* ... *ning he* banged his fist down on the table; *det må jag* [*då*] ~*!, jag* -*er då det!* I must say!, well, I never!; *vad* -*er du!* you don't say [so]!, well, I never!; *vad var det jag sa!* well, I told you so!, what did I tell you?; *det* -*s att han är rik, han* -*s vara rik* he is said to be rich; *jag har hört* ~*s* I have heard [it said], I have been told **II** (*med betonad partikel*) **1** ~ *efter* repeat **2** ~ *emot* contradict **3** ~ *ifrån* speak one's mind; *säg ifrån när du är trött* let me (*etc.*) know when you are tired; ~ *ifrån på skarpen* put one's foot down **4** ~ *om* say over again, repeat; *det* -*er jag ingenting om* I am not surprised [to hear that], (*det har jag inget emot*) I have nothing against (no objection to) that **5** ~ *till ngn* tell s.b.; *gå utan att* ~ *till* go without leaving word; *säg till när du är färdig* let me (*etc.*) know when you are ready; ~ *till om ngt* order s.th. **6** ~ *upp en hyresgäst* give a tenant notice [to quit]; ~ *upp sin lägenhet* give notice [of removal]; ~ *upp ngn* give s.b. notice, *vard.* sack s.b.; ~ *upp sig* (*sin plats*) give notice; ~ *upp ett kontrakt* revoke (cancel) an agreement; ~ *upp bekantskapen med* break off relations with **7** ~ *åt ngn* tell s.b. (*att han skall komma* to come) **III** *rfl,* ~ *sig vara* pretend to be (*glad* happy); *han* -*er sig vara sjuk* he says he is ill; *det* -*er sig* [*av sig*] *själv*[*t*] it goes without saying

sägen ['sä:-] *sägnen* [-ŋn-] *sägner* [-ŋn-] legend **-omspunnen** legendary

säk|er ['sä:-] *a2* (*viss*) sure (*om, på* of, about), certain (*på* of); positive (*på* about); (*som ej medför fara*) safe (*förvar* custody), secure; (*pålitlig*) safe, trustworthy, reliable; (*garanterad*) assured (*ställning* position); ~ *blick* [*a*] sure eye; -*ra bevis* positive proofs; *gå en* ~ *död till mötes* [go to] meet certain death; *är det alldeles ~t?* is it really true?; *så mycket är ~t att* this much is certain that; *vara ~ på sin sak (vara viss)* be certain [that] one is right, be quite sure; *kan jag vara ~ på det?* can I be sure of that?; *är du ~ på det?* are you sure (certain) [about] that?; *jag är nästan ~ på att vinna* I am almost certain to win; *du kan vara ~ på att* you may rest assured that; *lova ~t att du gör det* be sure to do it; *det blir ~t regn* it is sure to rain; *vara ~ på handen* have a steady (sure) hand; *vara ~ i engelska* be good at English; *det är -rast att du* to make quite sure you had better; *-ra papper* good securities; *gå ~ för* be safe from, be above; *ingen går ~* no one is safe (immune); *sitta ~t i sadeln, se sadel;* *ta det -ra före det osäkra* better be safe than sorry; *vara på den -ra sidan* be on the safe side; *från ~ källa* from a reliable source (a trustworthy informant); *~ smak* infallible taste; *ett ~t uppträdande* assured manners *(pl)*

säkerhet 1 certainty; safety, security; *(själv-)* confidence, assurance; reliability; *för ~s skull* for safety's sake; *den allmänna ~en* public safety; *i ~* in safety, safe; *sätta sig i ~* get out of harm's way; *med [all] ~* certainly; *med ~ komma att* be sure (certain) to; *veta med ~ (äv.)* know for certain **2** *(borgen; garanti)* security; *ställa ~* give (provide, furnish) security; *~ i fast egendom* real security

säkerhets|anordning safety device (appliance) **-avstånd** safe distance **-bestämmelser** *pl* security (safety) regulations **-bälte** safety (seat) belt; *ta på sig ~t, vard.* belt up **-kedja** door (safety) chain **-lina** safety harness **-lås** safety lock **-marginal** safety margin, clearance **-nål** safety pin **-polis** security police **-risk** security risk **-rådet** the Security Council **-skäl** reasons of security **-tjänst** *(mot spionage etc.)* counterintelligence, security service **-tänd-sticka** safety match **-ventil** safety valve **-åtgärd** precautionary measure, precaution; *vidtaga ~er* take precautions

säker|ligen certainly, no doubt, undoubtedly **-ställa** ensure, guarantee; *(ekonomiskt äv.)* provide with sufficient funds; *~ sig* protect (cover) o.s. *(för* against)

säkert ['sä:-] *adv (med visshet)* certainly, to be sure, no doubt; *AE. äv.* sure; *(stadigt)* securely, firmly; *(pålitligt)* steadily; *du känner dem ~* I am sure you know them; *det vet jag [alldeles] ~* I know that for certain (sure); *jag vet inte ~ om* I am not quite sure (certain) whether

säkr|a [-ä:-] **1** *(skydda)* safeguard, secure; *(ekonomiskt)* secure, guarantee **2** *(vapen)* put (set) at safety (half-cock); *(göra fast)* fasten, secure **-ing** *elektr.* fuse; *(trög)* delayed-action fuse; *(på vapen)* safety catch; *en ~ har gått* a fuse has blown

säl *s2* seal

sälg [-j] *s2* sallow **-pipa** willow pipe

sälj|a *sålde sålt* sell; *(marknadsföra)* market; *(handla med)* trade in; *~ ngt för 5 pund* sell s.th. for 5 pounds; *~ i parti* sell wholesale; *~ i minut* retail; *~ ngt i fast räkning* receive a firm order for s.th.; *~ slut* clear; *~ ut* sell out **-are** seller; *jur. äv.* vendor; *~ns marknad* seller's market **-bar** *a1* saleable, marketable; *inte ~* unsaleable **-främ-**

-jande *a4, ~ åtgärder* sales promotion *(sg)* **-kurs** selling rate (price); *sälj- och köpkurs* ask and bid price

säll *a1* blissful; *(salig)* blessed; *de ~a jaktmarkerna* the happy hunting grounds

sälla *~ sig till* join, associate [o.s.] with

sällan seldom, rarely; *~ eller aldrig* hardly ever; *~ förekommande* [of] rare [occurrence]; *högst ~* very seldom, *vard.* once in a blue moon; *inte så ~* pretty frequently, quite often

sälle *s2* fellow; *en oförvägen ~* a daredevil; *en rå ~* a brute

sällhet felicity, bliss

sällsam *a1* strange; singular

sällskap *s7* **1** *(samling pers.)* party; company; *slutet (blandat) ~* private (mixed) party (company) **2** *(samfund)* society; *(församling)* assembly; *(förening äv.)* association, club **3** *(följeslagare; samvaro)* company; *får vi ~?* *(på vägen)* are you going my way?; *för ~s skull* for company; *göra ~ med ngn* go with s.b.; *gör du ~ med oss?* are you coming with us?; *hålla ngn ~* keep s.b. company; *råka i dåligt ~* get into bad company; *resa i ~ med ngn* travel together with s.b.

sällskap|a *~ med* associate with **-lig** [-a:-] *a1* social; *(som trivs i sällskap)* sociable *(läggning* disposition)

sällskaps|hund pet dog **-liv** social life, society; *deltaga i ~et* move in society; *debutera i ~et* come out **-människa** sociable person **-resa** conducted tour **-rum** drawing room; *(på hotell e.d.)* lounge, assembly room **-sjuk** longing for company **-spel** party (parlour) game

Sällskapsöarna *pl* the Society Islands

sällsynt [-y:-] *a1* rare, uncommon; unusual; *en ~ gäst* an infrequent (a rare) visitor; *en ~ varm dag* an exceptionally hot day **-het** rarity; *det hör till ~erna* it is a rare thing (is unusual); *det är ingen ~* it is by no means a rare thing

sälskinn sealskin

sälta *s1* saltness, salinity; *mista sin ~ (äv.)* get (become) insipid

sälunge seal calf

sämja *s1* concord, amity, harmony

sämre ['sämm-] **I** *a, komp. t. dålig (vid jämförelse)* worse; *(underlägsen)* inferior *(kvalitet* quality; *än* to), poorer; *(utan eg. jämförelse)* bad, poor; *bli ~ (äv. om sjuk)* get (grow) worse; *han är inte ~ för det* he is none the worse for that **II** *adv, komp. t. illa* worse; badly, poorly

sämskskinn chamois [leather]; wash-leather

sämst *a o. adv, superl. t. dålig, illa* worst; *han är ~ i klassen* he is the worst in (at the bottom of) the class; *tycka ~ om* dislike most

sänd|a *v2* **1** send; *hand. äv.* dispatch, transmit; *(pengar)* remit; *~ med posten* post, mail; *~ vidare* forward, send (pass) on **2** *radio.* transmit, broadcast; *TV* televise, telecast **-are** *radio.* transmitter

sändebud 1 envoy; *(minister)* minister; *(ambassadör)* ambassador **2** messenger, emissary

sänder ['sänn-] *i uttr.: i ~* at a time; *en i ~ (äv.)* one by one; *litet i ~* little by little; *en sak i ~* one thing at a time

sändning 1 sending; *(varu-)* consignment; *(med fartyg)* shipment **2** *radio.* transmission, broadcast **sändningstid** *radio.* air (transmission) time; *på bästa* ~ (*i TV*) during peak viewing hours

säng *s2* **1** bed; (*själva möbeln äv.*) bedstead; *i* ~*en* in bed; *hålla sig i* ~*en* stay in bed; *skicka i* ~ send to bed; *stiga ur* ~*en* get out of bed; *ta ngn på* ~*en* catch s.b. in bed, *bildl.* catch s.b. napping; *dricka kaffe på* ~*en* have coffee in bed; *ligga till* ~*s* be in bed; *lägga till* ~*s* put to bed **2** (*trädgårds-*) bed **-dags** *det är* ~ it is time to go to bed; *vid* ~ at bedtime **-fösare** nightcap **-gående** *s6, vid* ~*t* at bedtime, on retiring **-himmel** canopy **-kammare** bedroom **-kant** edge of a (the) bed; *vid* ~*en* at the bedside **-kläder** bedclothes; bedding (*sg*) **-lampa** bedside lamp **-liggande** [lying] in bed; (*sjuk*) confined to [one's] bed; (*sedan länge*) bedridden; *bli* ~ (*lägga sig sjuk*) take to one's bed **-linne** bed-linen **-plats** sleeping accommodation; bed **-värmare** warming pan; hot-water bottle **-vätare** bed-wetter

sänk|a I *s1* (*fördjupning*) hollow, depression [in the ground], (*dal*) valley **2** *med., se sänkningsreaktion* II *v3* **1** (*få att sjunka*) sink; (*borra fartyg i sank*) scuttle; (*i vätska*) submerge **2** (*göra lägre, dämpa*) lower (*priset* the price; *sina anspråk* one's pretentions; *rösten* one's voice); ~ *blicken* drop one's eyes; ~ *fanan* dip the flag; ~ *priserna* (*äv.*) reduce the prices; ~ *vattennivån i en sjö* lower (sink) the level of a lake; ~ *skatterna* cut (lower, reduce) taxes **3** *rfl descend;* (*om sak*) sink, droop; (*om mark*) incline, slope; (*om pers.*) lower (demean) o.e.; *sig till* ... condescend to; *skymningen -er sig* twilight is falling; *solen -er sig i havet* the sun is sinking into the sea **-bar** *al* folding down; *höj och* ~ vertically adjustable

sänk|e *s6* (*på metrev*) sinker, lead; (*smides-*) die, swage **-ning 1** sinking *etc.*; (*av pris*) reduction, lowering **2** (*fördjupning*) declivity, downward slope **-ningsreaktion** sedimentation rate (reaction)

Säpo (*fork. för säkerhetspolisen*) the [Swedish] security police

sär|a ~ [*på*] separate, part **-art** specific nature (type) **-behandla** (*missgynna*) discriminate against, disfavour; (*gynna*) favour **-deles** extraordinarily, exceedingly **-drag** characteristic; (*egenhet*) peculiarity **-egen** *a3* peculiar, singular **-fall** special case **-klass** *i* ~ a class of its own **-ling** individualist; eccentric, character **-präglad** [-ä:g-] *a5* striking, peculiar, individual, distinctive **-skild** *a5* (*bestämd, viss*) special, particular; (*avskild*) separate; (*egen*) individual, peculiar; *vid* ~*a tillfällen* on special (*olika:* several) occasions; *ingenting -skilt* nothing special (in particular); *i detta* ~*a fall* in this specific case; *måste anges -skilt* must be specified separately **-skilja** separate, keep separate; (*åt-*) distinguish; (*ur-*) discern **-skilt** [-ʃ-] *adv* [e]specially *etc.*; (*för sig*) apart; *var och en* ~ each one separately; ~ *som* [e]specially as (since) **-skola 1** school for handicapped children **2** (*motsats samskola*) school for boys (girls) only **-ställning** *intaga en* ~ hold a unique (an exceptional) position **-tryck** offprint, separate impression; ~ *ur* reprinted from **säsong** [-'såŋ] *s3* season; *mitt i* ~*en* in mid-season **-arbetare** seasonal worker **-arbetslöshet** sea-

sonal unemployment **-betonad** seasonal **-biljett** season ticket

säte *s6* (*sits*) seat; (*huvudkvarter*) headquarters (*pl*); (*residens*) residence; (*bakdel*) seat, *vard.* behind; *ha sitt* ~ reside; *skillnad till säng och* ~ (*jur.*) separation from bed and board, judicial separation; *ha* ~ *och stämma* have a seat and vote

1 sätt *s7* way, manner; fashion; (*tillvägagångs-*) method; (*umgänges-*) manners (*pl*); *ha ett vinnande* ~ have winning manners; *vad är det för ett* ~? don't you know any better?, what do you think you are doing?; *på* ~ *och vis* in a way, in certain respects; *på allt* ~ in every way; *på annat* ~ in another (a different) way; *på bästa* ~ in the best [possible] way; *på det* ~*et* in this way (manner); *på ett eller annat* ~ somehow [or other], in some way; *på mer än ett* ~ in more ways than one; *inte på minsta* ~ not by any means, in no way; *det är på samma* ~ *med* it is the same [thing] with; *på sitt ... in sitt* (*lit.:*) way, *på så* ~ in that way, (*som svar*) I see

2 sätt *s7* (*uppsättning*) set

sätta *satte satt* I **1** (*placera*) place, put; (*i sittande ställning*) seat (*ett barn på en stol* a child on a chair); ~ *barn till världen* bring children into the world; ~ *en fläck på* make a mark (stain) on; ~ *frukt* form fruit; *inte* ~ *sin fot på en plats vidare* not set foot in a place any more; ~ *färg på* colour, *bildl. äv.* lend (give) colour to; ~ *händerna för öronen* put one's hands over one's ears; *klock-an på sex* set one's watch at six; ~ *komma* (*punkt*) put a comma (full stop); ~ *ngn främst* put s.b. first; ~ *ngn högt* esteem s.b. highly, *think highly* of s.b.; ~ *värde på* value **2** (*plantera*) plant, set **3** *boktr.* compose, set [up] **4** *komma* ~*ndes* come dashing (running) II (*med betonad partikel*) **1** ~ *av a*) *av ngn någonstans* put s.b. down somewhere, *b*) (*rusa iväg*) dash off (away), *c*) (*pengar*) set apart, earmark **2** ~ *bort* put aside **3** ~ *efter* (*förfölja*) set off after; run after **4** ~ *fast a*) (*fästa*) fix (*på* to), *b*) (*ange*) report **5** ~ *fram* put (set) out, (*stolar*) draw up; ~ *fram en stol åt* bring [up] a chair for **6** ~ *för* put up (*fönsterluckor* shutters) **7** ~ *i a*) put in, *b*) (*införa*) install, *c*) (*installera*) install; ~ *i ngn ngt* (*in-billa*) put s.th. into a p.'s head; ~ *i sig mat* (*vard.*) stow away food **8** ~ *ihop* put together, *bildl.* (*utarbeta*) draw up, compose (*ett telegram* a telegram), (*ljuga*) invent, make up **9** ~ *in a*) put ... in, put in ..., (*brev e.d.*) file, *b*) (*börja*) set in, begin; ~ *in pengar i* (*bank*) deposit money in, put (place) money into, (*företag*) invest money in; ~ *ngn in i ngt* initiate s.b. into s.th. **10** ~ *ner* put down, (*plantera*) plant, set; reduce, depress **11** ~ *om* reset, replace, (*omplantera*) replant, *boktr.* reset, (*växel*) renew, prolong **12** ~ *på sig* put on (*kläder* clothes), take on (*en viktig min* consequential airs) **13** ~ *till alla klutar* clap on all sail; ~ *till livet* lose (sacrifice) one's life **14** ~ *undan* put by (aside) **15** ~ *upp a*) put up (*ett staket* a fence), put ... up (*på en hylla* on a shelf), *b*) (*grunda*) found, set up (*en affär* a business), *c*) (*skriftligt avfatta*) draw up (*ett kontrakt* a contract); ~ *upp ett anslag* stick up a bill; ~ *upp en armé* raise an army; ~ *upp gardiner* hang curtains; ~ *upp håret* put up one's hair; ~ *upp ngn mot ngn* prejudice s.b. against s.b.; ~ *upp en teaterpjäs* stage a play; *sätt upp det på mig* put it down to my account **16** ~ *ut a*) put out, (*ett barn*) expose, *b*) (*skriva ut*) put down (*datum* the date) **17** ~ *åt ngn* (*bildl.*) clamp down on s.b. **18** ~ *över* (*forsla över*) put across; ~ *över ett hinder* leap (jump) over a fence **III** *rfl* **1** *eg.* seat o.s.; ~ *sig* [*ner*] sit down (*i soffan* on the sofa); ~ *sig bekvämt* (*äv.*) find a comfortable seat; *han gick och satte sig vid* he went and sat down by; *gå och sätt er!* go and sit down! **2** (*placera sig*) place o.s.; put o.s. (*i spetsen för* at the head of); *det onda har satt sig i ryggen* the pain has settled in my (*etc.*) back; ~ *sig fast* stick; ~ *sig emot* oppose, rise (rebel) against; ~ *sig i respekt* make o.s. respected, ~ *sig in i* familiarize o.s. with, get acquainted with, get into (*ett ämne* a subject); ~ *sig upp i sängen* sit up in bed; ~ *sig över* (*bildl.*) disregard, ignore, not mind **3** (*sjunka* [*ihop*]) settle; *huset har satt sig* the house has settled **4** (*om vätska*) settle; (*om grums e.d.*) settle to the bottom

sätt|**are** compositor, typesetter **-eri** composing room **-maskin** *boktr.* composing (typesetting) machine, composer, typesetter **-ning 1** setting; (*plantering*) planting **2** *boktr.* composing, [type]setting **3** (*hopsjunkning*) sinking, settling **4** *mus.* setting, arrangement **-potatis** seed potatoe

säv *s3* rush

sävlig [ˣsä:v-] *a1* slow, leisurely; *vara* ~ (*äv.*) be a slowcoach, *AE.* slowpoke

söder [ˈsö:-] **I** *s9* south; ~*n* the South **II** *adv* south; ~ *ifrån* from the south; ~ *ut* to the south

Söder|**havet** the South Pacific **-havsöarna** *pl* the South Sea Islands

söder|**sol** *med* ~ facing south **-över** [ˈsö:-] in the south, southwards

södra [ˣsö:d-] *a, best. form* southern; ~ *halvklotet* the southern hemisphere; *S*~ *ishavet* the Antarctic Ocean

sök|**a** *v3* **1** seek (*lyckan* one's fortune); (*forska, spana*) search (*efter* for); (*leta efter*) look for (*nyckeln* the key), be on the lookout for (*arbete* work); (*försöka träffa*) call on, want ([have] come) to see; ~ *ngns blick* (*äv.*) try to catch a p.'s eye; ~ *bot för* seek a remedy (cure) for; ~ *efter* search (look) for; *han -te efter ord* he was at a loss for words; ~ *i fickorna* search (rummage) in one's pockets; ~ *kontakt med* try to [establish] contact [with]; ~ *lugn och ro* try to find (be in search of) peace and quiet; ~ *läkare* go to (consult) a doctor; ~ *sanningen* seek [the] truth; *kärleken -er icke sitt* (*bibl.*) love seeketh not its own; *vem -er ni?* whom do you want to see?; *en dam har -t er* a lady has called on (*per telefon:* rung, called) you **2** (*för-*) try; ~ *vinna ngt* try (seek) to win s.th. **3** (*an- om*) apply for (*plats* a post); try (*compete* for) (*ett stipendium* a scholarship) **4** (*lag-*) sue for (*skilsmässa* a divorce) **5** (*trötta*) try; *luften -er* the air is very relaxing **6** *rfl*, ~ *sig bort* try to get away; ~ *sig till* seek; ~ *sig till storstäderna* move to the cities; ~ *sig en annan plats* try to find another post **7** (*med betonad partikel*) ~ *fram* hunt out; ~ *igenom* search (look) through; ~ *upp a*) seek out, *b*) (*be-*) go to see; ~ *ut* (*välja*) choose, pick out

sök|**ande I 1** *s6* search; pursuit **2** *s9, pers.* applicant, candidate (*t. en plats* for a post); (*rätts-*) claimant, plaintiff; *anmäla sig som* ~ send (give) in one's name as a candidate **II** *a4* searching (*blick* look); *en* ~ *själ* a seeker, an enquirer **-are 1** *foto.* [view]finder **2** (*-ljus*) [adjustable] spotlight

1 söla (*vara långsam*) loiter, lag [behind]; (*dröja*) delay, tarry; ~ *på vägen hem* loiter on the way home

2 söla (*smutsa*) soil (*äv.* ~ *ner*)

sölig *a1* (*långsam*) loitering, tardy, laggard

sölja *s1* buckle, clasp

sölkorv *vard.* slowcoach, dawdler; loiterer; *AE.* slowpoke

1 söm [sömm] *s7, koll. äv. s9* (*hästsko-*) horse nail

2 söm [sömm] *s2* seam; *med., anat.* suture; *gå upp i* ~*men* come apart at the seam; *syna ngt i* ~*marna* scrutinize s.th.

sömlös seamless

sömmerska seamstress; (*kläd-*) dressmaker

sömn *s3* sleep; *falla i* ~ go to sleep, fall asleep; *gnugga* ~*en ur ögonen* rub the sleep out of one's eyes; *gå* (*tala*) *i* ~*en* walk (talk) in one's sleep; *ha god* ~ sleep well, be a sound sleeper; *i* ~*en* in one's sleep; *gråta sig till* ~*s* cry o.s. to sleep

sömnad *s3* sewing, needlework

sömn|**drucken** heavy with sleep **-gångare** sleepwalker, somnambulist

sömn|**ig** *a1* sleepy; (*dåsig*) drowsy; ~*t väder* lethargic weather **-ighet** sleepiness *etc.* **-lös** sleepless; *ha en* ~ *natt* have a sleepless night **-löshet** sleeplessness; *med.* insomnia; *lida av* ~ be unable to sleep, suffer from insomnia **-medel** sleeping drug, soporific; hypnotic **-tablett** sleeping tablet **-tuta** *s1* great sleeper; sleepyhead

sömsmån seam allowance

söndag [ˈsönn-] *s2* Sunday; *sön- och helgdagar* Sundays and public holidays

söndags|**barn** Sunday child; *han är ett* ~ (*äv.*) he was born under a lucky star **-bilaga** Sunday supplement **-kläder** *pl* Sunday clothes; *vard.* Sunday best **-seglare** Sunday sailor **-skola** Sunday school

sönder [ˈsönn-] **I** *pred. a* broken; (*-riven*) torn; (*i bitar*) [all] in pieces **II** *adv* (*isär*) asunder; (*i flera delar*) to pieces, (*mera planmässigt*) into pieces; (*itu*) in two; *gå* ~ get broken, break, smash [in two]; *krama* ~ squeeze to bits; *slå* ~ break, (*krossa äv.*) smash (*ett fönster* a window); *slå ngn* ~ *och samman* beat s.b. up **-bränd** *a5* burnt up (through); badly burnt **-dela** break up (*stycka*) disjoint, dismember; *kem.* decompose **-fall** disintegration, decomposition **-falla** fall to pieces; *bildl. o. fys.* disintegrate; (*kunna indelas*) be divisible (*i* into); *kem.* decompose (*i* into) **-körd** (*om väg*) rutted **-läst** tattered **-riven** *a5* torn to pieces **-slagen** broken; *han var* ~ *i ansiktet* his face was badly knocked about **-slitande** *a4* tearing apart; *bildl.* shattering (*sorg* sorrow); excruciating (*smärta* pain) **-trasad** *a5* tattered [and torn], in rags

söndr|**a** (*dela*) divide; (*avskilja*) sever, separate; (*göra oense*) disunite; ~ *och härska* divide and rule; ~ *sig i två grupper* divide (split up) into two groups **-ing** (*splittring*) division; (*oenighet*) discord, dissension, disagreement; (*schism*) schism

1 sörja *s1* sludge; (*smuts*) mud

2 sörj|a *v2* **1** (*i sitt sinne*) grieve (*över* at, for, over), feel grief (*över* at); *det är ingenting att ~ över* that is nothing to worry about **2** (*en avliden*) mourn; (*bära sorgdräkt efter*) be in mourning for; *~ förlusten av ngn* (*äv.*) grieve for (feel grief at) the loss of s.b. **3** *~ för* (*ombesörja*) attend to, see to (about); (*ha omsorg om*) provide (make provisions) for (*sina barns framtid* the future of one's children); *det är väl -t för henne* she is well provided for

sörjig *al* sludgy, slushy

sörpla drink noisily; *~ i sig* lap up

söt *al* **1** (*i smaken*) sweet (*äv. bildl.*); (*om vatten, mjölk*) fresh; *~ doft* sweet scent **2** (*vacker*) pretty, lovely; (*intagande*) charming, attractive; *AE. äv.* cute; *~a du!* my dear!

söt|a sweeten **-aktig** *al* sweetish, sickly sweet **-ebrödsdagar** *pl* halcyon days

söt|me [˟ːˠˑ] *sɪ* sweetness **-mandel** sweet almond **-ningsmedel** sweetening [agent], sweetener **-nos** *s2* darling, poppet; *AE.* honey, cutie **-potatis** batata; *koll.* batatas, sweet potatoes (*pl*) **-saker** *pl* sweets, sweetmeats; *AE.* candy; *vara förtjust i ~* (*äv.*) have a sweet tooth **-sur** sour-sweet (*äv. bildl.*)

sött *adv* sweetly, in a sweet manner; *smaka ~* have a sweet taste; *sova ~* sleep peacefully

sötvatten freshwater

söv|a *v2* **1** (*få att sova*) put to sleep, (*invagga i sömns*) lull [to sleep]; (*göra sömnig*) make sleepy (drowsy); *bildl.* silence (*samvetet* one's conscience) **2** (*vid operation* an[a]esthetize; (*med kloroform äv.*) chloroform **-ande** *a4* soporific (*medel* drug); *~ mummel* drowsy murmur

---

T

---

ta *tog tagit* **I** take; (*~ fast*) catch, capture, seize; (*tillägna sig*) appropriate; (*~ med sig hit*) bring; (*~ sig*) have (*lektioner* lessons; *en cigarr* a cigar); (*göra*) make, do; *~ hand om* take charge of; *~ ngn i armen* take (seize) s.b. by the arm; *han vet hur han skall ~ henne* he knows just how to take her; *~ ledigt* take time off; *~ ngt för givet* (*på allvar*) take s.th. for granted (in earnest); *han tog det som ett skämt* he took it as a joke; *~ tid* take time; *~ fast tjuven* catch the thief; *han tog varenda boll* he caught every ball; *~ betalt* be paid; *~ bra betalt* know how to charge (make people pay); *vad ~r ni för ... ?* how much do you charge for ...?; *det tog honom hårt* it affected him deeply (hit him hard); *man ~r honom inte där man sätter*

honom he has a will of his own; *vem ~r du mig för?* who do you think I am?; *~ fasta på* bear in mind, keep hold of; *skall vi ~ och öppna fönstret?* shall we open the window?; *kniven ~r inte* the knife does not bite; *var tog skottet?* where did it hit (go)?; *~ galoscher* put on rubbers; *var skall vi ~ pengarna ifrån?* where are we to find the money (get the money from)?; *~ det inte så noga* don't be too particular (fussy) about it; *~ pris* win a prize; *han ~r priset* (*bildl.*) he takes the cake; *~ tåget* take the train; *det ~r på krafterna* it tells on (the one's) strength; *han tog åt mössan* he touched his cap **II** (*med betonad partikel*) **1** *~ av a*) take off (... off), *b*) (*vika av*) turn off; *~ av* [*sig*] *kappan* take off one's coat **2** *~ bort* take away (... away), remove **3** *~ efter* imitate; copy **4** *~ emot a*) (*mot-*) receive, (*folk äv.*) see (*gäster* guests), (*an-*) accept (*erbjudandet* the offer), take in (*tvätt* laundry), take up (*avgifter* fees), *b*) (*avvärja*) parry (*stöten* the blow), *c*) (*vara i vägen*) he in the way, (för realaucc, u) (vara motbjudande) be repugnant; *~ emot sig med händerna* put out one's hands to break one's fall; *~r doktorn emot?* can I see the doctor? **5** *~ fram* take out (... out) (*ur* of), produce (*biljetten* one's ticket) **6** *~ för sig av* help o.s. to **7** *~ hem a*) *kortsp.* take, get (*ett stick* a trick), *b*) *sjö.* reef (*seglen* the sails); *~ hem på* shorten (*skotet* the sheet) **8** *~ i* (*med händerna*) pull away, (*hjälpa till*) lend a hand, (*anstränga sig*) go at it [vigorously]; *det tog i att blåsa* the wind got up; *vad du ir i! you do go* the whole hog, don't you? **9** *~ ifrån* take away [from], (*ngn ngt äv.*) deprive s.b. of s.th. **10** *~ igen* take back; (*förlorad tid äv.*) make up for; *~ igen sig* (*vila sig*) take a rest, (*repa sig*) recover, come round **11** *~ in a*) take in, (*bära in*) carry (bring) in, (*importera*) import, (*radiostation*) tune in to, *c*) (*förtjäna*) profit by, *d*) (*beställa*) order, *e*) (*läcka, bli överspolad*) ship (*vatten* water), *f*) (*ngn i en förening*) admit, *g*) (*slå sig ner*) put up (*hos ngn* at a p.'s house; *på hotell* at a hotel) **12** *~ itu med* (*ngt*) set about [working at], set to work at, (*ngn*) take in hand **13** *~ med* (*föra med sig*) bring; *~ med ngt i räkningen* take s.th. into account **14** *~ ner* take (fetch, bring) down, (*segel*) take in **15** *~ om* take (read, sing, go through) again, *mus., teat., film äv.* repeat **16** *~ på* [*sig*] *a*) (*klädesplagg o.d.*) put on, *b*) (*ansvar*) take upon o.s., (*för mycket arbete e.d.*) undertake, *c*) (*viktig min*) assume **17** *~ till a*) take to (*vintermössan* one's winter cap), *b*) (*beräkna*) set up, charge (*för högt pris* a too high price), *c*) (*börja*) start, set about (*att + inf. el. ing-form*), *d*) (*överdriva*) overdo it, exaggerate; *~ mod till sig* pluck up courage **18** *~ tillbaka* take (carry, bring) back, (*ansökan, yttrande*) withdraw, (*löfte*) retract **19** *~ undan* take away, (*för att gömma*) put out of the way **20** *~ upp* (*jfr upp-*) *a*) take (carry, bring) up, (*från marken, passagerare*) pick up, *b*) (*öppna*) open, (*en knut*) undo, *c*) (*lån e.d.*) take up, *d*) (*order, skatter*) collect, *e*) *bildl.* bring up (*ett problem* a problem), (*en sång äv.*) strike up; *~ upp sig, se repa sig, förkovra sig* **21** *~ ur* take out [of], (*tömma äv.*) empty, (*fågel*) draw, (*fisk*) gut, (*fläck*) remove **22** *~ ut a*) take (carry, bring) out, *b*) (*från bank*) withdraw, draw, c) (lösa) make out (en rebus a rebus), solve (ett problem a problem); ~ ut en melodi på piano pick out a tune on the piano; ~ ut satsdelar analyse [a sentence]; ~ ut stegen stride out **23** ~ vid (börja, fortsätta) step in, follow on, (om sak) begin, start; ~ [illa] vid sig be upset (put out) (för about) **24** ~ åt sig a) (smuts e.d.) attract, b) (tillskriva sig) take (äran för the credit for), c) (känna sig träffad) feel guilty; vad ~r det åt dig? what is the matter with you? **25** ~ över take over **III** rfl **1** take, have (ett bad a bath), (servera sig äv.) help o.s. to (en kopp te a cup of tea); ~ sig för pannan put one's hand to one's forehead **2** (växa till) grow (come) on, (om eld) begin to burn; (bli bättre) improve **3** (med betonad partikel) ~ a take up; ~ sig fram a) (bana sig väg) [manage to] get, (hitta) find one's way, b) (ekonomiskt) make one's way, get on; ~ sig för ngt (att + inf.) set about s.th. (+ ing-form); inte veta vad man skall ~ sig till not know what to do; vad ~r du dig till? what are you up to?; ~ sig ut (eg. bet.) find (make) one's way out (ur of); ~ sig bra ut look well, show to great advantage

tabbe s2 blunder, bloomer; AE. boner

tabell s3 table (över of)

tablett s3 **1** (läkemedel) tablet; (hals- etc.) lozenge **2** (tallriksunderlägg) table mat

tablå s3 tableau (pl tableaux), schedule; teat. tableau

tabu [-'bu:, 'ta:-] **I** s6 taboo; belägga med ~ taboo **II** oböjligt a taboo

tabul|ator [-ˣla:tår] s3 tabulator [key] **-era** tabulate

taburett s3 **1** tabo[u]ret; stool **2** (statsrådsämbete) ministerial office, seat in the Cabinet

tack s7, s9 thanks (pl); ja ~! yes, please!; nej ~! no, thank you (thanks)!; ~ så mycket! many thanks!, thank you very much!; ~ ska du ha! thanks awfully!; ~ för att du kom thank you for coming; ~ för lånet! thank you [for the loan]!; ~ för senast! thank you for a lovely (nice) evening (party etc.)!; hjärtligt ~ för …! most hearty thanks for …!; det är ~en för …! that's all the thanks you get for …!; ~ och lov! thank heavens!; vara ngn ~ skyldig owe s.b. thanks; ~ vare thanks (owing) to

1 tacka v1 thank (ngn för s.b. for); ~ ja (och ta emot) accept with many thanks; ~ nej [till …] decline … with thanks; jo jag ~r [jag]! well, I say!, well, well!; ~ för det! of course!; det är ingenting att ~ för! don't mention it!; ~ vet jag … give me … any day; ha ngn att ~ för ngt owe s.th. to s.b.

2 tacka s1 (fårhona) ewe

3 tacka s1 (järn-, bly-) pig; (guld-, silver-, stål-) ingot

tackbrev letter of thanks

tackel ['takk-] s7 tackle [block]; ~ och tåg the rigging

tackkort thank-you card

tackl|a s1 sjö. rig **2** sport. tackle **3** ~ av (magra) grow (get) thin, fall away **-ing 1** sjö. rig[ging] **2** sport. tackle

tacknämlig [-ä:-] a1 (värd tack) praiseworthy; (gagnelig) worthwhile, profitable, rewarding

tacksam a1 grateful (för for; mot to); (mot försynen o.d.) thankful (för, över for); (uppskattande) appreciative (för of); (förbunden) obliged; (givande) rewarding, worthwhile (uppgift task); jag vore er mycket ~ om I should be very much obliged to you if **-het** gratitude; thankfulness

tacksamhetsskuld debt of gratitude; stå i ~ till be indebted to (ngn för s.b. for) **tacksamt** adv gratefully etc.; vi emotser ~ Ert snara svar we should appreciate your early reply; vi erkänner ~ mottagandet av we acknowledge, with thanks, [the] receipt of; ~ avböja regretfully decline

tacktal speech of thanks

1 tafatt s3 (lek) tag

2 tafatt [ˣta:-] a1 awkward; clumsy

tafs s2 **1** (på metrev) trace, leader, AE. snell **2** få på ~en get it hot; ge ngn på ~en give s.b. it hot

tafsa fiddle, tamper; ~ på ngn paw s.b.

tag s7 (grepp) grip, grasp (omkring round); hold (i, om of); sport. tackle; fatta (gripa, hugga) ~ i grasp (seize, catch) [hold of]; få ~ i (på) get hold of, (komma över) come across, pick up; släppa ~et leave hold of, let go, (ge upp) give in (up); ta ett stadigt ~ i take firm hold of **2** (sim-, år-) stroke; simma med långa ~ swim with long strokes; ta ett ~ med sopborsten have a go with the broom; ha ~enne have the knack [of the thing]; komma (vara) i ~en get started, be at it **3** (gång, liten stund) little while; kom hit ett ~! come here a second[, will you]!; en i ~et one at a time; i första ~et at the first try (vard. go); jag ger mig inte i första ~et I don't give up at the first try

tagel ['ta:-] s7 horsehair

tag|en a5 taken etc.; bli [djupt] ~ av be deeply affected by; han såg mycket ~ ut he looked deeply moved (trött: very tired); strängt -et strictly speaking; över huvud -et on the whole

tagg s2 prickle; (törn-) thorn; naturv. spine; (på -tråd) barb **-ig** a1 prickly; thorny; spiny **-tråd** barbed wire, barbwire

tagla [ˣta:-] sjö. serve

tagning [-a:-] film. take

Taiwan n Taiwan

tajma vard. time

tajt a1, vard. tight

tak s7 (ytter-) roof; (inner-) ceiling (äv. bildl.); (på bil etc.) top; bildl. roof, shelter, cover, (övre gräns) ceiling; brutet ~ mansard (curb) roof; här är det högt (lågt) i ~ this room has a lofty (low) ceiling; i ~et on the ceiling; grödan är under ~ the harvest is housed; ha ~ över huvudet have a roof over one's head; vara utan ~ över huvudet (äv.) have no shelter; ingen fara på ~et no harm done, all's well **-belysning** ceiling lighting; ceiling fitting **-dropp** (från yttertak) eaves drop; (från innertak) dropping from the ceiling **-lampa** ceiling lamp **-lucka** roof hatch **-målning** ceiling painting; ~ar (äv.) painted ceilings **-papp** roofing-felt **-räcke** (på bil) roof rack

takt s3 **1** (finkänslighet) tact, delicacy; (urskillning) discretion **2** (av musikstycke) bar; (versfot) foot **3** (tempo) time; mus. äv. measure; (friare) pace, rate; (vid rodd) stroke; ange ~en set the time (vid rodd: the pace); gå i ~ keep in step; hålla ~en keep time; hålla ~en med keep pace with; i ~ med musiken in time to the music;

komma ur ~*en* get out of time (step, the pace); *slå* ~*en* beat time; *stampa* ~*en* beat time with one's foot; *öka* ~*en* increase the speed (pace); *nu skall ni få se på andra* ~*er* this is where we get a move on **4** (*motors*) stroke

taktegel roofing tile

taktfull tactful; discreet

takt|ik *s3* tactics (*pl, behandlas som sg*) **-isk** ['takk-] *a4* tactical

takt|känsla 1 *mus.* sense of rhythm **2** (*-fullhet*) sense of tact, tactfulness **-lös** tactless, indiscreet **-pinne** baton

takås roof ridge

1 tal *s7, mat.* number; (*räkne-*) sum; *hela* ~ integers, whole numbers; *ensiffriga* ~ digits; *fyrsiffriga* ~ numbers of four digits, four-figure numbers; *i runt* ~ in round figures (numbers)

2 tal *s7* (*förmåga* (*sätt*) *att tala, språk*) speech; (*prat*) talk[ing]; (*sam-*) conversation; (*anförande*) speech, address; ~*ets gåva* the gift of speech; *hålla* ~ make a speech; *i* ~ *och skrift* verbally and in writing; *falla ngn i* ~*et* interrupt s.b., cut s.b. short; *det blev aldrig* ~ *om* there was never any question of; *det kan inte bli* ~ *om* there can be no talk (question) of; *föra på* ~ bring up [for discussion]; *komma på* ~ come (crop) up; *det är på* ~ *att* there is a talk of (+ ing-form); *på* ~ *om* speaking of

tala speak (*med to; om* about, of; *på* in); (*prata, konversera*) talk (*i telefon* on the telephone; *i sömnen* in one's sleep; *i näsan* through one's nose), ~ *är silver, tiga är guld* speech is silver, silence is golden; ~ *förstånd med* talk sense to; *får jag* ~ *ett par ord med dig?* can I have a word with you?; ~ *rent* (*om barn*) speak properly; *allvarligt* ~*t* seriously speaking; ~ *för* (*t. förmån för*) speak for (in favour of), (*tyda på*) indicate, point towards; ~ *för sig själv* (*utan åhörare*) talk to o.s., (*i egen sak*) speak for o.s.; *de* ~*de i munnen på varandra* they were all talking at the same time; ~ *om* speak (talk) about (of); ~ *illa om* speak disparagingly about; *det är ingenting att* ~ *om!* (*avböjande*) don't mention it!; *för att inte* ~ *om* to say nothing of, not to mention; *låta* ~ *sig* give rise to a lot of talk; ~ *om* (*berätta*) tell; ~ *inte om det för ngn!* don't tell anybody!; ~ *sig hes* talk o.s. hoarse; ~ *sig varm* *för* warm up to one's subject; ~ *till ngn* speak to (address) s.b.; ~ *ur skägget* speak up; ~ *ut a*) (*så det hörs*) speak up (out), *b*) (~ *rent ut*) speak one's mind; *vi har* ~*t ut med varandra* we have had it out [with one another]; ~ *vid ngn att han* tell (ask, arrange with) s.b. to (+ *inf.*)

talan *r* suit; (*kärandes*) claim; (*svarandes*) plea; *föra ngns* ~ plead a p.'s cause, (*friare*) be a p.'s spokesman; *nedlägga sin* ~ withdraw one's suit; *han har ingen* ~ (*bildl.*) he has no voice in the matter

talande *a4* speaking etc.; (*uttrycksfull*) expressive; (*menande*) significant (*blickar* looks); (*om siffror*) telling; *den* ~ the speaker

talang talent, gift, aptitude; *pers.* talented (gifted) person **-full** talented, gifted **-scout** talent scout, star spotter

talar|e speaker; (*väl-*) orator; *föregående* ~ the previous speaker; *han är ingen* ~ he's not much

of a speaker **-stol** platform, rostrum

tal|as *dep, höra* ~ *om* hear of; *jag har hört* ~ *om honom* I have heard of him; *vi får* ~ *vid om saken* we must have a talk about it (talk the matter over) **-bok** talking book **-esman** spokesman (*för* of); *göra sig till* ~ *för* voice the feelings of **-esätt** (*stående* current) phrase, mode of expression **-fel** speech defect **-för** *a5* talkative, loquacious **-förmåga** faculty (power) of speech; *mista* ~*n* lose one's speech

talg [-j] *s3* tallow; (*njur-*) suet **-oxe** great tit

talhytt call (telephone) box

talj|a *s1*, **-block** tackle [blocks *pl*]

talk *s3* talc[um] **talka** talc

talkör chorus; choral speech

tall *s2* (*träd*) [common] pine, pine tree, Scots (Scotch) pine (fir); (*trä*) pinewood, redwood

tallrik *s2* plate; *djup* ~ soup plate; *flat* ~ ordinary [dinner] plate; *en* ~ *gröt* a plate of porridge

tallris pine twigs (*pl*)

tall|lös innumerable, countless **-man** speaker; *parl.* Speaker of Parliament (*i Sverige äv.* the Riksdag)

talong [-'lån] *s3* counterfoil; *AE.* stub; *kortsp.* talon

tal|organ organ of speech; (*röst*) voice **-pedagog** speech therapist

talrik numerous; ~*a* (*äv.*) numbers of

tal|s [-a:-] *i uttr.: komma till* ~ *med* get to speak to, talk to **-språk** spoken (colloquial) language; *engelskt språk* (*vit.*) English **-teknik** elocution, speech training

taltrast song thrush

tam *a1* tame; (*om djur*) domestic[ated] **-boskap** domestic cattle (*pl*)

tambur hall; (*kapprum*) cloakroom

tambur|in *s3* tambourin

tamburmajor drum major; *vard. se följande*

tamp *s2* [rope's] end

tampas *dep* tussle

tampong [-'pån] *s3* tampon

tand *-en tänder* tooth (*pl teeth*); (*vilddjurs*) fang; *tekn.* tooth, cog; ~ *för* ~ a tooth for a tooth; *tidens* ~ the ravages (*pl*) of time; *få tänder* be teething, cut one's teeth; *försedd med tänder* toothed; *ha ont i tänderna* have toothache; *hålla* ~ *för tunga* (*bildl.*) keep one's own councel; *visa tänderna* show one's (*om hund:* bare its) teeth (*mot at*)

tand|a tooth; indent **-ben** toothbone **-borste** toothbrush **-borstglas** tooth glass **-brygga** dental bridge

tandemcykel tandem cycle

tand|hals neck of a tooth **-hygienist** dental hygienist **-krona** crown of a tooth **-kräm** toothpaste **-kött** gum; *fack.* gingiva; ~*et* the gums (*pl*) **-läkare** dentist, dental surgeon **-lös** toothless **-ning** *konkr.* toothing; (*såg-*) serration; (*kuggar*) teeth cogs (*pl*) **-petare** toothpick **-skydd** (*i boxning*) gumshield; mouthpiece; *sport.* chin protector **-sköterska** dental nurse **-sten** tartar; scale **-ställning** brace[s *pl*] **-tekniker** dental technician (mechanic) **-tråd** dental floss **-vård** dental care (service) **-värk** toothache **-ömsning** second dentition

tangent [-nj-, *i sht tekn. o. geom.* -ŋg-] **1** *mus.*, *tekn.* key **2** *geom.* tangent **-bord** (*i skrivmaskin*) keyboard

Tanger [taŋ'ʃe:] *n* Tangier

tanger|a [-ŋg-, -nj-] **1** (*gränsa t.*) touch upon, border on **2** *geom.* be a tangent to, touch **3** *sport.* equal **-ingspunkt** tangential point; *bildl.* point of contact

tango ['taŋgɔ] *s5* tango

tank 1 *s2* (*behållare*) tank, container **2** *s2* (*stridsvagn*) tank **tanka** fill up, refuel **tankbil** petrol (*AE.* gas[oline]) truck; *Storbritannien äv.* tank (tanker) lorry

tank|e *s2* thought (*på* of); (*idé*) idea (*om, på* of); (*åsikt*) opinion (*om* about); (*avsikt*) intention; (*plan*) plan (*på* for); *blotta ~en på* the mere thought of; *var har du dina -ar?* what are you thinking about?; *ha -arna med sig* have one's wits about one; *ha en låg ~ om* have a poor opinion of; *ha ~ på att göra ngt* have got the idea of doing s.th.; *jag har aldrig haft en ~ ditåt* such a thought has never occurred to me; *i ~ att* with the idea (intention) of (+ *ing-form*); *försänkt i -ar* lost in thought; *jag hade ngt annat i -arna* I was thinking of s.th. else; *det leder* [*osökt*] *~n till* it makes one think of; *med ~ på* bearing ... in mind; *få ngn på andra -ar* make s.b. change his mind; *komma på bättre -ar* think better of it; *utbyta -ar om* exchange ideas about

tanke|arbete brain work **-experiment** intellectual experiment **-frihet** freedom of thought **-gång** *s2* train of thought **-läsare** thought-reader, mind-reader **-ställare** warning, food for thought; *få sig en ~* get s.th. to think about **-utbyte** exchange of thoughts (ideas, opinions) **-väckande** *a4* thought-provoking

tankfartyg tanker

tank|full thoughtful, contemplative **-lös** thoughtless, unreflecting; (*om pers. äv.*) scatter-brained **-löshet** thoughtlessness *etc.*; *en ~* a thoughtless act **-spridd** *a5* absent-minded **-streck** dash

tant *s3* aunt; (*smeksamt*) auntie; *~ Andersson* Mrs. Andersson **-ig** *a1* old-maidish; frumpy

Tanzanja [-(t)sa-] *n* Tanzania

tapet *s3* wallpaper; (*vävd*) tapestry; *sätta upp ~er* hang (put up) wallpaper; *vara på ~en* (*bildl.*) be on the tapis **-klister** paperhanger's paste **tapetser|a** [hang] paper, decorate; *~ om* repaper **-are** [-ˣse:-] upholsterer

tapp *s2* **1** (*i tunna e.d.*) tap, faucet; (*i badkar, båt e.d.*) plug **2** (*t. hopfästning*) peg; (*trä-*) tenon; (*axel*) journal; (*sväng-*) pivot, trunnion **3** (*syncell*) cone **4** (*hö-*) wisp; (*ull-*) flock; (*moln-*) wisp

1 tappa (*vätska*) tap (*äv. med.*); (*av-, ~ upp*) draw [off]; *~ på buteljer* draw [... off]; pour (tap) into bottles; *~ blod av* bleed, draw blood from; *~ i vatten i badkaret* run water into the bath; *~ ur vattnet ur* let the water out of

2 tappa (*släppa*) drop, let fall; (*förlora*) lose (*äv. ~ bort*); *~ i golvet* drop (*etc.*) on (to) the floor; *~ huvudet* (*bildl.*) lose one's head; *~ bort sig* get lost, lose o.s.; *~ bort varandra* lose (get separated from) each other

tapper ['tapp-] *a2* brave; courageous; (*ridderligt ~*) gallant **-het** bravery, valour; courage

tapp|kran drain cock **-ning** (*av vätska*) drawing,

---

tapping; *vin av en god ~* a vintage wine; *i annan ~* (*bildl.*) formulated differently, in a different form

tappt *i uttr.: ge ~* give in

tapto ['tapp-] *s6* tattoo; *blåsa ~* beat (sound) the tattoo; *AE.* taps (*pl*)

tar|a *s1* tare **-era** tare

tariff *s3* tariff; schedule (list) [of rates]

tarm *s2* intestine; *~arna* (*äv.*) the bowels (entrails, *vard.* guts)

tars *s3* tarsus (*pl* tarsi)

tarvlig *a1* (*enkel*) frugal (*måltid* meal); (*smaklös*) cheap (*klänning* dress); (*om pers. o. smak*) vulgar, common; (*lumpen*) shabby (*uppförande* behaviour) **-het** frugality; cheapness; vulgarity *etc.*; *~er* vulgarities

tas *togs tagits, dep, vard., hon är inte god att ~ med* she is a difficult person (child)

tass *s2* paw; *bort med ~arna!* hands off!; *räcka vacker ~* put out a paw nicely; *skaka ~ med* shake hands with **tassa** patter, pad

tassla tittle-tattle

tatuer|a tattoo **-ing** tattooing

tautologi tautology

taverna [-ˣvärr-] *s1* tavern

tavla [-ˣta:v-] *s1* **1** *konst.* picture (*äv. bildl.*) **2** (*platta*) table; (*anslags-*) board; *svarta ~n* the blackboard **3** *vard., vilken ~!* what a slip-up (*AE.* boner)!

tax *s2* dachshund

1 taxa *v1, flyg.* taxi

2 taxa *s1* (*pris*) rate, charge; (*för personbefordran e.d.*) fare; (*telefon-*) fee; (*förteckning*) list of rates, tariff; *enhetlig ~* standard (flat) rate; *full ~* full rate

taxameter [-'me:-] *s2* taximeter, fare meter

taxer|a assess [... for taxes] (*till* at), tax; (*uppskatta*) rate; (*värdera*) estimate, value; *~d inkomst* assessed income; *han ~r för 5 000 pund om året* he is assessed at 5,000 pounds a year **-ing** [tax] assessment; *för hög ~* over-valuation; *~ till kommunal* (*statlig*) *inkomstskatt* assessment for local (national) income tax

taxerings|nämnd assessment board (committee) **-värde** rat[e]able value; *AE.* tax assessment [value]

taxi ['taksi] *s9* taxi [cab], cab **-båt** taxi boat **-chaufför** taxi driver, cab driver, cabman **-station** taxi (cab) rank; *AE.* taxi (cab) stand

tbc [tebe'se:] *best. form tbc-n* T.B., t.b.

T-benstek T-bone steak

Tchad *n* Chad

TCO [tese'o:] (*förk. för Tjänstemännens Centralorganisation*) *se under tjänsteman*

1 te *s4* tea; *koka* (*dricka*) *~* make (have) tea

2 te *v4, rfl* appear

teak [ti:k] *s3* teak

teater [-e'a:-] *s2* theatre; *absurd ~* theatre of the absurd; *spela ~* act, *bildl.* play-act; *gå* (*vara*) *på ~n* go to (be at) the theatre; *gå in vid ~n* go on the stage **-besökare** theatre-goer **-chef, -direktör** theatre manager **-föreställning** theatrical performance **-kikare** opera glasses (*pl*) **-kritiker** dramatic critic **-viskning** stage whisper

te|blad tea leaf **-burk** tea caddy **-buske** tea

plant
tecken ['tekk-] *s7* sign (*på, till* of); (*känne-*) mark (*på* of); (*symboliskt figur*) symbol (*äv. kem.*); *mat.* sign; (*skriv-*) character, sign; (*signal*) signal (*till* for); *det är ett gott ~* it is a good sign; *göra ~ åt ngn* make signs (a sign) to s.b.; *i enighetens ~* in a spirit of unity; *på givet ~* at a given sign (signal); *till ~ på* as a token (mark) of; *visa alla ~ till att* show every sign of (+ *ing-form*); *inte ett ~ till rädsla* not a vestige (trace) of fear **-ruta** (*t.ex. på miniräknare*) display **-språk** sign language

teckn|a 1 (*ge tecken*) sign (make signs, a sign) (*till, åt* to) **2** (*skriva*) sign; (*genom namnteckning utlova*) put one's name down for; ~ *aktier* subscribe for (to) shares; ~ *firman* sign for a company; ~ *kontrakt* make (enter) into a contract **3** (*rita*) draw (*efter from; för* for); (*skildra äv.*) delineate, depict; ~ *av* sketch [off]; ~*d film* [animated] cartoon; ~*d serie* comic strip; *djuret är vackert ~t* the animal is beautifully marked **4** *rfl* (*an- sig*) put one's name down (*för for*) (*m sig*) be depicted (*i ngns ansikte* on a p.'s face); ~ *sig för en försäkring* take out an insurance; ~ *sig till minnes* commit to memory **-are 1** drawer, artist; (*illustratör*) illustrator **2** (*aktie-*) [share] subscriber **-ing 1** drawing; *konkr. äv.* sketch; (*i ord*) description **2** *zool.* markings, lines (*pl*) **3** *hand.* subscription (*av aktier* to shares)

teckningslista subscription list

tedags *vid* ~ at tea time

teddybjörn teddy bear

tefat *caucer; flygande* ~ flying saucer

tegel ['te:-] *s7* [building] brick; *koll.* bricks (*pl*); (*tak-*) tile, *koll.* tiles (*pl*); *eldfast* ~ firebrick **-bruk** brickworks, brickyard, brick kiln **-mur** brick wall **-panna** [roofing] tile; pantile **-sten** brick **-tak** tile[d] roof

tehuv tea cosy

tejp *s3* tape

tek|a *sport.* face off **-ning** *sport.* face-off

te|kaka teacake **-kanna** teapot **-kittel** kettle

tekn|ik *s3* **1** (*ingenjörsvetenskap*) technics (*pl*); engineering, technology; ~*ens framsteg* technological advances **2** (*tillvägagångssätt*) technique **-iker** ['tekk-] technician, engineer **-isk** ['tekk-] *a5* technical; technological; ~ *högskola* institute of technology; ~*t missöde* technical hitch; ~*t museum* museum of science and technology

tekno|log technologist, technological student **-logi** *s3* technology **-logisk** [-'lå:-] *a5* technological

tekopp teacup; (*som mått*) teacupful [of]

telefon [-'få:n] *s3* telephone; *vard.* phone; *det ringer i ~en* the telephone is ringing; *det är ~ till dig* you are wanted on the telephone; *svara i ~* answer the telephone; *tala i ~* talk (speak) on the telephone; *per ~* by (on the, over the) telephone **-automat** slot telephone; *AE.* pay [tele]phone **-avlyssning** wire-tapping **-era** telephone (*efter* for; *till* to); *vard.* phone, *AE.* call (*till ngn* s.b.) **-hytt** call (telephone) box; *AE.* telephone booth **telefon|ist** telephone operator **-katalog** telephone directory (*AE.* book) **-lur** receiver **-nummer** telephone number; *hemligt* ~ unlisted telephone number **-räkning** telephone bill **-samtal** telephone conversation; (*påringning*) tele-

phone call; *åberopande vårt* ~ referring to our telephone conversation **-station** telephone exchange (call office; *AE.* office) **-stolpe** telephone pole **-svarare** telephone answering machine; *pers.* answering-service operator **-tid** telephone hours (*pl*) **-väckning** alarm call **-växel** telephone exchange

telefoto wirephoto, telephoto

telegraf *s3* telegraph **-era** wire, telegraph; (*utom Europa äv.*) cable **-isk** [-'gra:-] *a5* telegraphic **-ist** telegraph operator; *sjö.* radio officer **-station** telegraph office

telegram [-'gramm] *s7* telegram; *vard.* wire; (*utom Europa*) cable[gram]; ~ *med betalt svar* reply-paid telegram **-byrå** news (press) agency; *Tidningarnas* ~ [the] Swedish central news agency

tele|kommunikation telecommunication[s *pl*] **-objektiv** telephoto lens **-pati** *s3* telepathy **-printer** [-'prinn-] *s2* teleprinter, *AE.* teletype writer

teleskop [-'skå:p] *s7* telescope **-isk** [-'skå:-] *a5* telescopic

tele|station telephone and telegraph office **-teknik** telecommunication [engineering] **-verket** [the Swedish] telecommunications administration **-visera** televise, telecast **-vision** television (*förk.* TV); *vard.* telly (*Storbritannien*), video (*AE.*); *intern* ~ closed-circuit television; *komma i* ~ appear on television, be on TV; *se på* ~ watch television (the TV); *sända per* ~, *se* -visera

televisions|apparat television (TV) [set] **-kamera** television camera **-ruta** viewing screen

telex ['te:-] *s2* telex; *AE.* teletype (*varumärke*) **telexa** [ˣte:-] telex, teletype

telfer ['tell-] *s2* [electric] hoist (telpher)

telning [ˣte:l-] (*skott*) sapling; (*avkomma*) offspring; (*unge*) kid

tema [ˣte:-, 'te:-] *s6* **1** (*ämne*) theme (*äv. mus.*) **2** (*skolstil*) composition; (*översättning*) translation **3** *språkv.*, *säga* ~ *på ett verb* give the principle parts of a verb

temp *s2*, *vard.*, *ta* ~*en* take one's temperature **tempel** ['temm-] *s7* temple

temperament *s7* temperament

temperaments|full temperamental **-sak** *en* ~ a matter of temperament

temperatur temperature; *absolut* ~ thermodynamic (absolute) temperature

temperer|a 1 (*värma*) temper, warm, take the chill off **2** *mus.* temper **-ad** *a5* (*om vin e.d.*) tempered; (*om klimat e.d.*) temperate

tempo ['temm-] *s6* **1** (*hastighet*) pace, speed; *mus.* tempo (*pl* tempi); *forcera* ~*t* force the pace, speed up **2** (*handgrepp*) operation **-arbete** serial production **-rär** *a1* temporary

tempus ['temm-] *n* tense

tend|ens *s3* tendency; (*utvecklingsriktning*) trend **-entiös** [-n(t)si'ö:s] *a1* tendentious; (*friare*) bias[s]ed **-era** tend (*mot* towards; *till* *att* to)

Teneriffa [-ˣriffa] *n* Tenerife

tenn *s4* tin; *engelskt* ~ pewter **-bägare** pewter tankard

tennis ['tenn-] *s2* tennis **-arm** tennis elbow (arm)

tennsoldat tin soldier

tenor *s3* tenor **-stämma** tenor voice
tensid *s3* surfactant, surface-active agent
tentakel [-'takk-] *s3* tentacle, feeler
tent|amen *r, -amen -amina* examination; *muntlig* ~ oral examination, viva [voce]
tentamens|läsa revise, read (study) for an examination **-period** examination period
tentera 1 (*prövas*) be examined (*för* by; *i* in) **2** (*pröva*) examine; *absol.* conduct an examination
teodling tea growing; *konkr.* tea plantation
teo|log theologian **-logi** *s3* theology; (*som studieämne äv.*) divinity; ~*e doktor* doctor of theology (divinity); ~*e studerande* theology student, student of theology (divinity) **-logisk** [-'lå:-] *a5* theological; ~ *fakultet* (*äv.*) faculty of theology
teore|tiker [-'re:-] theoretician, theorist **-tisera** theorize (*om, över* about) **-tisk** [-'re:-] *a5* theoretic[al]
teori *s3* theory
tepåse tea bag
terapi *s3* therapy
term [tärm] *s3* term
termik [-'mi:k] *s3* thermal[s *pl*]
termin [-'mi:n] *s3* **1** (*del av läsår*) term; *AE.* semester **2** (*tidpunkt*) stated (fixed) time, term; (*förfallotid*) time of maturity, due date; (*betalnings-*) day (time) of payment; *betalning i* ~*er* payment by instalment
terminal [-'na:l] **I** *s3* terminal **II** *a1* terminal
terminologi *s3* terminology
termins|avgift term fee **-betyg** term report
termit [-'mi:t] *s3* termite, white ant
termo|dynamik [×tärr-, -'i:k] thermodynamics (*pl, behandlas som sg*) **-meter** [-'me:-] *s2* thermometer; ~*n visar 5 grader* the thermometer stands at 5 degrees; ~*n faller* the temperature is falling
termos ['tärr-] *s2,* **-flaska** thermos [flask] (*varumärke*) **-kanna** vacuum jug
termostat *s3* thermostat
terpentin *s3, s4* turpentine
terrarium [-'ra:-] *s4* vivarium; terrarium
terrass *s3* terrace
terrier ['tärr-] terrier
territorial|gräns [-×a:l-] limit of territorial waters **-vatten** territorial waters (*pl*)
territorium [-'to:-] *s4* territory
terror ['tärrår] *s9* terror **-dåd** terrorist act **-isera** terrorize **-ism** terrorism **-ist** terrorist
terräng *s3* terrain; ground, country; land; *kuperad* ~ hilly country; *förlora* ~ lose ground **-bil** cross-country vehicle, *AE.* all-terrain vehicle (*förk.* ATV), jeep **-gående** *a4* cross-country (*fordon* vehicle) **-löpning** cross-country running (run; *vid tävling:* racing, race)
terylen [-'le:n] *s3, s4* terylene (*urspr. varumärke*); *AE. äv.* dacron (*varumärke*)
tes *s3* thesis (*pl* theses)
te|sil tea strainer **-sked** teaspoon; (*som mått*) teaspoonful [of]
test *s7, s9* (*prov*) test; *data.* check **testa** test
testament|e [-'menn-] *s6* **1** *jur.* [last] will [and testament]; *upprätta sitt* ~ make (draw up) one's will; *inbördes* ~ [con]joint will **2** *bibl., Gamla* (*Nya*) ~*et* the Old (New) Testament **-era** ~ *ngt till ngn* bequeath s.th. to s.b., leave s.b. s.th.

test|bild test pattern, test card; *AE. äv.* resolution chart **-cykel** ergometer bicycle
testikel [-'tikk-] *s2* testicle, testis (*pl* testes)
te|vagn tea trolley **-vatten** water for the tea; *sätta på* ~ put the kettle on; *-vattnet kokar* the kettle is boiling
t.ex. e.g., for example; say
text *s3* text; (*bibelställe äv.*) passage; (*motsats musik*) words (*pl*); (*sammanhang*) context; *sätta* ~ *till musik* put the words to music; *gå vidare i* ~*en* (*bildl.*) go on; *lägga ut* ~*en* (*bildl.*) embroider things
text|a 1 (*skriva*) use (write in) block letters **2** (*uttala tydligt*) articulate **-författare** author of a text; (*t. film*) scriptwriter; (*t. opera*) librettist; (*reklam-*) copywriter
textil *a1* textile **-ier** *pl* textiles, textile goods **-industri** textile industry **-konstnär[inna]** textile stylist, pattern designer
text-TV teletext
t.f. [×teeff] (*förk. för tillförordnad*) acting (*rektor* headmaster) **t.h.** (*förk. för till höger*) to the right
Thailand *n* Thailand
Themsen ['temm-] *r* the [River] Thames **-mynningen** the Thames Estuary
thinner ['tinn-] *s9* thinner
thriller ['trill-, *äv. eng. uttal*] *s9* thriller
Tibet *n* Tibet
ticka *v1* tick
tid *s3* **1** time (*och rum* and space); (*-punkt äv.*) hour, moment; (*period*) period, space; (*tidsålder*) day[s *pl*], time[s *pl*]; *beställa* ~ make an appointment (*hos* with); *bestämma* [en] ~ set a day (date) (*för* for); *en* ~ *brukade jag* at one time I used to; *en* ~*s vila* a period of rest; *när jag får* ~ when I get time (an opportunity) (*med, till* for; *att* to); *har du* ~ *ett ögonblick?* can you spare a moment?; *allt har sin* ~ there's a time for everything; *kommer* ~ *kommer råd* don't cross your bridges until you get to them; *medan* ~ *är* while there is yet time; *ta* ~ (*sport.*) time; *ta god* ~ *på sig* take one's time; *det är god* ~ there is plenty of time (*med (till) det* for that); *det är hög* ~ *att* it is high time to; ~*en är knapp* time is short; *den* ~*en den sorgen* worry about that when the time comes; ~*en för avresan* the time (hour, date) for departure; ~*en går* time passes; ~*ens gång* the course of time; ~*ens tand* the ravages of time; *ha* ~*en för sig* have the future before one; *hela* ~*en* all the time; *nya* ~*en* the new age; *se* ~*en an* bide one's time, wait and see; *öppet alla* ~*er på dygnet* open day and night; *alla* ~*ers största målare* the greatest painter ever; *alla* ~*ers chans* the chance of a lifetime; *det var alla* ~*ers!* that was simply marvellous!; *andra* ~*er andra seder* manners change with the times; *det var andra* ~*er då* times were different then; *gamla* ~*er* ancient times, the old days; *långa* ~*er kunde han* for long periods he could **2** (*med föregående prep.*) *efter en* (ngn) ~ after a time (while), (*om särskilt fall*) some time afterwards; *efter en månads* ~ after [the lapse of] a (one) month, in a month's time; ~ *efter annan* from time to time; *vara efter sin* ~ be behind the times; *enligt den* ~*ens sed* in accordance with the custom of those times; *från vår* ~ from (of) our times; *för en* ~ for some time; *för*

en ~ *av sex månader* for a period of six months; *nu för* ~*en* nowadays; *före sin* ~ ahead of one's time; *i* ~ in time *(för, till* for; *för att* for + *ing-form)*; *i* ~ *och evighet* for all time; *i* ~ *och otid* at any time (all times); *i god* ~ in good time; *i rätt (rättan)* ~ at the right (in [due]) time; *i sinom* ~ in due course; *i tre års* ~ for [a period of] two years; *i vår* ~ in our times (age); *förr i* ~*en* in former times, formerly; *i alla* ~*er (hittills)* from time immemorial; *med* ~*en* in [course of] time, as time goes on; *på Cromwells* ~ in Cromwell's day[s *pl*]; *springa på* ~ *(sport.)* run against time; *på bestämd* ~ at the appointed time; *på min* ~ in my time (day); *på senare* ~ in recent times; *på senaste (sista)* ~*en* latterly, recently; *fara bort på en* ~ go away for a time; *det är på* ~*en att vi* it is about time we; *under* ~*en* in the meantime, meanwhile; *under* ~*en 1–10 maj* during the period 1–10 May; *under den närmaste* ~*en* during the next few days (weeks); *under en längre* ~ for a long (any great length of) time; *gå ur* ~ *be removed; vid* ~*en för* at the time of; *vid den* ~*en* at (by) that time; *vid den här* ~*en* by now (this time); *vid den här* ~*en på dagen* at (by) this time of the day; *vid en* ~ *som denna* at a time like this; *vid sjutiden* at about seven [o'clock]; *över* ~*en* beyond (past) the proper time **3** ~*s nog* early enough

tidevarv period, age, epoch

tidig *a1* early

tidigare I *a, komp. t. tidig* earlier; *(föregående äv.)* previous, former, prior **II** *adv* earlier; at an earlier hour, sooner; *(förut)* previously, formerly **-lägga** advance; ~ *ett sammanträde* hold a meeting earlier

tidigast *a, superl. t. tidig o. adv* earliest; *allra* ~ at the very earliest **tidigt** *adv* early; *för* ~ too early *(för* for; *för att* to), *(i förtid)* prematurely *(född* born); *det blev* ~ *höst* autumn was early; ~ *på dagen (morgonen)* early in the day (morning); ~ *på våren (äv.)* in early spring; *vara* ~ *uppe* be up early; *vara för* ~ *ute (bildl.)* be premature

tid|lön time rate (wages); *(daglön)* day[work] rate; *ha* ~ be paid by the hour **-lös** timeless

tidning [-i:d-] newspaper; paper; *daglig* ~ daily [paper]; *det står i* ~*en* it's in the paper

tidnings|artikel newspaper article **-försäljare** newsagent, newsvendor; *AE.* newsdealer **-man** newspaperman, *fem.* newspaperwoman **-redaktion** newspaper office **-urklipp** press cutting; *AE.* clipping; *bok för* ~ scrapbook, press-cutting book **-utgivare** newspaper publisher

tid|punkt point [of time]; time; *vid* ~*en för* at the time of **-rymd** period, space of time

tids|anda ~*n* the spirit of the age **-begränsning** time limit **-besparing** time saved **-beställning** appointment **-bestämma** date; *-bestämt straff* fixed term [of imprisonment] **-brist** lack of time **-enhet** unit of time **-enlig** [-e:-] *a1* in keeping with the times; up-to-date **-frist** time limit, deadline; *(anstånd)* respite **-fråga** *en* ~ a matter of time **-följd** *i* ~ in chronological order **-fördriv** *s7, till* ~ as a pastime **-gräns** time limit **-inställd** timed; ~ *bomb* time bomb **-inställning** *foto.* shutter setting

tidskrift periodical [publication], publication;

journal, review; *(lättare)* magazine

tids|läge situation at the time; *nuvarande* ~ the present juncture **-nöd** lack of time **-plan** timetable, time schedule **-signal** time signal **-studie** time [and motion] study **-vinst** time-saving; *med stor* ~ with a great gain of time **-ålder** age **-ödande** *a4* time-consuming, time-wasting

tid|tabell timetable; *AE. äv.* schedule **-tagarur** stopwatch; timer **-vatten** tide; tidal water **-vis** *(då o. då)* at times; *(med mellanrum)* intermittently, periodically

tig|a *teg tegat (äv. -it)* be (remain) silent *(med* about); ~ *med ngt (äv.)* keep s.th. to o.s.; ~ *som muren* keep silent; ~ *ihjäl* hush up; *tig!* shut up!; *han fick så han teg* it silenced him; *den som -er samtycker* silence gives consent

tiger ['ti:-] *s2* tiger **-språng** tiger's leap *(äv. bildl.)*

tigg|a *v2* beg *(av* of; *om* for); *AE. sl.* panhandle; *gå omkring och* ~ go begging; ~ *och be bön and beg,* ~ *ihop* collect by begging; ~ *sig fram* beg one's way along; ~ *sig till ngt av ngn* coax s.th. out of s.b.; ~ *stryk (vard.)* ask for a thrashing **-arbrev** begging letter **-are** beggar; *AE. sl.* panhandler; *(yrkesmässig äv.)* mendicant **-eri** begging

tigrerad [-'re:-] *a5* tigrine

tik *s2* bitch

tilja *s1 (planka)* board; *beträda* ~*n* go on the stage; *gå över* ~*n (om skådespel)* be performed

till I *prep* **1** *rumtebr. (äv. fråga)* a) *allm.* to; *(in* ~) into; *(mot)* towards; *vägen* ~ *handelsboden* the road to the shop; ~ *vänster* to the left; *ända* ~ *stationen* as far as the station; *ha gäster* ~ *middagen* have guests to dinner; *ha fisk* ~ *middag* have fish for dinner; *dricka öl* ~ *maten* have beer with one's food, *b) (ankomst)* at *(vid orter)*, in *(vid länder, stora städer)*; *ankomsten* ~ *Arlanda (Stockholm)* the arrival at Arlanda (in Stockholm); *han anlände* ~ *stationen (Sicilien)* he arrived at the station (in Sicily); *vid deras ankomst* ~ *staden* on their arrival in the city (at the town); *komma* ~ *ett resultat* arrive at a result, *c) (avresa)* for; *bussen (tåget)* ~ *A.* the bus (train) for A.; *vid vår avresa* ~ *London* on our departure for London; *lösa biljett* ~ *A.* buy a ticket for A. **2** *tidsbet. (som svar på 'hur länge')* till, until; *(ända* ~) [up] to; *(vid tidpunkt)* at; *(ej senare än)* by; *(avsett för viss tid)* for; *jag väntade* ~ *klockan sex* I waited till six o'clock; *jag väntade från klockan fem* ~ *klockan sex* I waited from five o'clock to (till) six o'clock; ~ *långt in på natten* till far on into the night; *vi träffas* ~ *påsk* we will meet at Easter; ~ *dess* by then; *ända* ~ *dess* up to that time; *du måste vara hemma* ~ *klockan sex* you must be home by six; *natten* ~ *lördagen* Friday night; *vi har ingen mat* ~ *i morgon* we have no food for tomorrow; *jag reser hem* ~ *jul* I am going home for Christmas; *köpa en ny hatt* ~ *våren* buy a new hat for the spring; *sammanträdet är bestämt* ~ *i morgon* the meeting is fixed for tomorrow; *jag har tre läxor* ~ *i morgon* I have three lessons for tomorrow **3** *(dativförhållande)* to; *(avsedd för)* for; *jag sade det* ~ *dig* I said it to you; *skriva* ~ *ngn* write to s.b.; *sjunga* ~ *gitarr* sing to [the accompaniment of] the guitar; *det finns post* ~ *dig*

T

there are some letters for you; *fyra biljetter ~ söndag* four tickets for Sunday; *hans kärlek ~ pengar* his love of money; *av kärlek ~ nästan* out of love for one's neighbour; *vår tillit ~ honom* our confidence (trust) in him **4** (*genitivförhållande*) of; to; *hon är dotter ~ en general* she is a (the) daughter of a general; *dörren ~ huset* the door of the house; *författaren ~ pjäsen* the author of the play; *en källa ~* (*bildl.*) a source of; *mor ~ två barn* the mother of two children; *nyckeln ~ garaget* the key to the garage; *en vän ~ mig* (*min syster*) a friend of mine (my sister's); *ägaren ~ bilen* the owner of the car **5** (*efter verb*) *se verbet* **6** (*uttr. ändamålet*) for; (*såsom*) as, by way of; *köpa gardiner ~ köket* buy curtains for the kitchen; *sakna pengar ~* lack money for; *~ metspö använde han* he used ... as a fishing rod; *ge ngn ngt ~ julklapp* give s.b. s.th. as a Christmas present; *ha ngn ~ vän* have s.b. as a friend **7** (*uttr. verkan, resultat*) to; *~ min fasa* to my horror; *vara ~ hinder för* be a hindrance to; *~ skada för* to the detriment of **8** (*uttr. förändring*) into; *omvandlingen ~* the transformation (change) into; *översättning ~ svenska* translation into Swedish; *en förändring ~ det bättre* a change for the better **9** (*vid pris o.d.*) at; (*vid måttsuppgift*) of; *jordgubbar ~ 15 kronor litern* strawberries at 15 kronor per litre; *~ en längd av sex meter* of a length of 6 metres **10** (*i fråga om*) in; (*genom*) by; *~ antalet* (*utseendet*) in number (looks); *~ det yttre* in external appearance; *läkare ~ yrket* doctor by profession **11** (*i egenskap av*) of; *det var en baddare ~ gädda!* that pike is a real whopper!; *ett nöt ~ karl* a fool of a man; *ett ruckel ~ hus* a ramshackle old house; *en slyngel ~ son* a rascal of a son **12** (*före inf.*) *~ att börja med* to begin with; *ett gevär ~ att skjuta med* a gun for shooting (to shoot with); *han är inte karl ~ att* he's not the man to **13** *~ och med* up to [and including], *A.E.* through; *~ och med söndag* (*äv.*) inclusive of Sunday, *A.E.* through Sunday; *jfr II 4* **14** *svag ~ måttlig vind* light to moderate winds; *det var 20 ~ 30 personer där* there were 20 or (to) 30 persons there; *1 ~ 2 tabletter* one to two tablets **II** *adv* **1** (*ytterligare*) more; *en gång ~* once more; *det kommer tre ~* three more are coming; *ta en kaka ~!* have another biscuit!; *lika mycket ~* as much again; *det gör varken ~ eller från* it makes no difference **2** (*på instrumenttavla o.d.*) on **3** (*tillhörande*) to it; *ett paraply med fodral ~* an umbrella with a case to it; *en radio med batteri ~* a radio and battery [to it] **4** *~ och med even* (*jfr I 13*); *~ och från* (*då o. då*) off and on; *hon går ~ och från* (*om städhjälp*) she comes in; *åt skolan ~* towards the school; *vi skulle just ~ att börja* we were just about to start (on the point of starting) **III** *konj, ~ dess* [*att*] till, until

tillaga (*särskr. till-laga*) make (*soppa* soup; *te* tea); (*steka*) cook; (*göra i ordning*) get ready, prepare; (*tillblanda*) mix

tillbaka [-'ba:-] back; (*bakåt*) backwards; *sedan fem år ~* for the last (past) five years; *sedan ngn tid ~* for some time [past] **-blick** retrospect; (*i film, bok*) flashback **-dragen** *bildl.* retiring, unobtrusive, reserved **-gång** (*nedgång*) retrogression, decline, setback (*i* of) **-satt** *a4, känna sig*

till|be[dja] worship; (*friare*) adore **-behör** *s7, pl* accessories, fittings, appliances; (*reservdelar*) spare parts **-blivelse** coming into being; (*begynnelse*) origin, birth **-bringa** spend, pass (*med att* in + *ing-form*) **-bringare** jug; *AE.* pitcher **-bucklad** *a5* dented **-bud** (*olycks-*) narrow escape **-byggnad** extension, addition **-börlig** [-ö:-] *a1* due; proper (*aktning* respect); (*lämplig*) fitting, appropriate **-dela** allot (assign, give) [to]; award (*ngn ett pris* s.b. a prize, a prize to s.b.); confer, bestow (*ngn en utmärkelse* a distinction [up]on s.b.); (*vid ransonering*) allocate; *~ ngn ett slag* deal s.b. a blow **-delning** allotment, assignment, allocation; award; conferment, bestowal; *konkr.* allowance, ration **-dess** *konj. ~* [*att*] till, until

till|dra[ga] *rfl* **1** (*draga åt sig*) attract (*uppmärksamhet* attention) **2** (*hända*) happen, occur **-dragande** *a4* attractive **-dragelse** occurrence; (*viktig*) event **-erkänna** *~ ngn ngt* award (grant) s.b. s.th.; *modern -erkändes vårdnaden om barnet* the mother was granted the custody of the child; *~ ngt en viss vikt* ascribe (attach) a certain importance to s.th. **-falla** go (fall) to; accrue to **-fartsväg** approach, access road **-flykt** refuge (*mot, undan* from); *ta sin ~ till a*) (*en pers.*) take refuge with, go to for refuge, *b*) (*stad, land etc.*) take refuge in, *c*) *bildl.* resort (have recourse) to, take refuge in **-flyktsort** place of refuge (*undan* from) **-flöde** (*flods etc.*) feeder stream, affluent; *bildl.* inflow, influx **-foga 1** (*-lägga*) add (affix, append) (*till* to) **2** (*förorsaka*) inflict (*ngn skada* harm on s.b.), cause (*ngn en förlust* s.b. a loss); *~ ngn ett nederlag* (*äv.*) defeat s.b.

tillfredsställ|a [ˣtill-] satisfy, give satisfaction to, content (*göra t. lags äv.*) please; (*begäran*) gratify (*hunger e.d.*) appease; *~ ngns anspråk* fulfil a p.'s expectations; *-d* satisfied, content (*med* with) **-ande** *a4* satisfactory (*för* to); (*glädjande*) gratifying (*för* to) **-else** satisfaction (*över, med* at)

till|friskna recover (*efter, från* from); *absol. äv.* get well (*vard.* get better) again **-fråga** ask; (*rådfråga*) consult (*om* as to, about); *han ~ges om sina åsikter* he was asked his opinion **-fångataga** [-ˣfåŋa-] capture; *bli -fångatagen* be taken prisoner

tillfälle *s6* (*tidpunkt*) occasion; (*lägligt*) opportunity; (*möjlighet*) chance, possibility; *~t gör tjuven* opportunity makes the thief; *begagna ~t* take the opportunity; *bereda ngn ~ att* provide s.b. with an opportunity to (of + *ing-form*); *det finns ~n då* there are times when; *få* (*ha*) *~ att* find (get) an opportunity of (+ *ing-* form) (to); *så snart ~ ges* when an opportunity occurs (arises); *för ~t* (*för närvarande*) at present, just now, (*för ögonblicket*) for the time being; *inte vara i ~ att* be unable (in no position) to, not be in a position to; *vid ~* when opportunity occurs, when convenient; *vi ber Er meddela oss det vid ~* please let us know it at your convenience; *vid detta ~* on this occasion; *vid första* [*bästa*] *~* at the first opportunity, at your earliest convenience;

vid lämpligt ~ at a suitable (convenient) opportunity; *låta ~t gå sig ur händerna* let the opportunity slip, miss the opportunity
tillfällig a1 (*då o. då förekommande*) occasional; (*av en händelse*) accidental, casual, incidental; (*kortvarig, provisorisk*) temporary; ~*t arbete* casual work; ~*a arbeten* odd jobs; *inkomst av ~ förvärvsverksamhet* income from incidental sources; ~*t utskott* select committee **-het** accidental occurrence (circumstance); (*slump äv.*) chance; (*sammanträffande*) coincidence; *av en* [*ren*] ~ by pure chance
tillfälligt adv temporarily, for the time being **-vis** accidentally, by accident; (*oförutsett*) incidentally; (*av en slump*) by chance; (*helt apropå*) casually
tillför|a bring (*ngn ngt* s.th. to s.b.), supply, furnish (*ngn ngt* s.b. with s.th.; *-d effekt* (*fys.*) [power] input
till|förlitlig [-i:t-] a1 reliable, trustworthy; authentic; *ur ~ källa* (*äv.*) on good authority **-förordna** appoint temporarily; ~*d* acting (*professor* professor), [appointed] pro tempore **-försel** s9 supply, delivery, provision (*av of*); ~ *av nytt kapital* provision of fresh capital **-försikt** s3 confidence (*till* in) **-försäkra** secure, ensure (*ngn ngt* s.b. s.th.); ~ *sig ngt* secure (make sure of) s.th. **-given** [-j-] a3 attached; affectionate; (*om make, hund*) devoted; *vara ngn mycket ~* be very devoted (attached) to s.b.; *Din -givne* (*i brev*) Yours sincerely (*t. nära vän: affectionately*) **-givenhet** [ ] attachment, devotion, devotedness (*för* to); (*kärlek*) affection (*för* for) **-gjord** affected; (*konstlad*) artificial
tillgodo|göra *rfl* utilize; avail o.s. of; *bildl.* profit by (*undervisningen* the education) **-havande** s6 balance in one's favour, balance due to one; (*i bank*) [credit] balance (*hos* with), holdings, assets (*pl*); *ha ett ~ hos* have a balance in one's favour with; *vårt ~ hos er* the amount you owe us, our account against you **-kvitto** credit note (*AE.* slip) **-räkna** *rfl*, ~ *sig ngt* (*kreditera sig*) put s.th. to one's credit, (*rabatt*) allow o.s. s.th., *bildl.* take the credit for s.th. **-se** pay due attention to; satisfy, meet (*krav* demands); supply, provide for (*ngns behov* a p.'s needs)
till|grepp (*ur kassa e.d.*) misappropriation (*ur* from); (*stöld*) theft **-gripa 1** take unlawfully, seize upon; (*stjäla*) thieve; (*försnilla*) misappropriate **2** *bildl.* resort (have recourse) to **-gå 1** (*försiggå*) *det brukar ~ så att* what usually happens is that, the normal procedure is that; *spelet ~r så* så that the rules of the game are that **2** *finnas att ~* be obtainable, be to be had (*hos* from); *ha ngn (ngt) att ~* have s.b. (s.th.) at hand **-gång** s2 **1** (*förfogande*) access (*t. telefon* to telephone); *jag har ~ till bil i dag* I have the use of a car today **2** (*värdefull* ~) asset; (*bildl. om pers.*) asset; ~*ar* means, assets, resources; ~*ar och skulder* assets and liabilities; *leva över sina ~ar* live beyond one's means; *fasta (rörliga)* ~*ar* fixed (current) assets; *han är en stor ~ för företaget* he is a great asset to the company **3** (*förråd*) supply (*på* of); ~ *och efterfrågan* supply and demand; ~ *på arbetskraft* supply of labour, labour supply **-gäng-lig** [-jäŋ-] a1 **1** (*som man kan nå*) accessible (*för*

till); (*som finns att -gå*) available (*för* for, to), obtainable; (*öppen*) open (*för* to); *med alla ~a medel* by every available means; *parken är ~ för besökare* the park is open to visitors **2** (*om pers.*) easy to approach, approachable; (*vänlig*) affable
tillhandahålla [-ˣhann-] (*saluföra*) sell; ~ *ngn ngt* supply (furnish, provide) s.b. with s.th.; ~*s* (*äv.*) be on sale
till|handla *rfl* buy o.s. (*av ngn* off, from s.b.) **-hygge** weapon **-håll** haunt (*för* of); *ha sitt ~ hos ngn* have one's quarters with s.b. **-hålla** ~ *ngn att* urge s.b. to; ~ *ngn att inte* tell s.b. not to
tillhör|a 1 belong to; (*vara medlem av äv.*) be a member of; (*räknas t.*) be among (one of); *jag tillhör inte dem som* I am not one of those who; ~ *en förnäm släkt* (*äv.*) come of a distinguished family **2** *se tillkomma* **-ande** a4 belonging to; appurtenant; *en maskin med ~ delar* a machine complete with fittings **-ig** a1, *en mig ~* a[n] ... belonging to me **-ighet** possession; [private] property; *mina ~er* (*äv.*) my belongings; *politisk* ~ political affiliation
tillintet|gjord [-ˣinn-] (*nedbruten*) crushed (*av sorg* with sorrow) **-göra** (*nedgöra*) annihilate; (*besegra*) defeat completely; (*krossa*) crush (*äv. bildl.*); (*förhoppningar*) shatter; (*planer*) frustrate; ~*nde blickar* withering looks
tillit confidence, trust, faith (*till* in); reliance (*till* on); *sätta sin ~ till* put one's confidence in **tillitsfull** confident; confiding, trustful
till|kalla summon, call; *hjälp* summon assistance; ~ *läkare* send for a doctor **-knyckla** (*skrynkla*) crumple [up]; (*hatt e.d.*) batter [about] **-knäppt** a1 buttoned-up; (*om pers.*) reserved **-komma 1** (*komma som tillägg*) *se komma* [*till*]; *dessutom -kommer* (*äv.*) in addition there is **2** (*uppstå*) *se komma* [*till*] **3** (*vara ngns rättighet*) be (a p.'s) due; (*åligga*) be incumbent [up]on; *det -kommer inte mig att* it is not for me to **4** *-komme ditt rike!* Thy Kingdom come! **-kommande** a4 (*framtida*) future, coming, ~ to come; *hennes ~* (*som subst.*) her husband-to-be (future husband) **-komst** [-å-] s3 coming into being (existence); (*uppkomst*) origin, rise **-krånglad** a5 (*-trasslad*) entangled; (*invecklad*) complicated **-kämpa** *rfl* obtain (gain) after a struggle; ~*d* hard-won
tillkännagiv|a [-ˣçänn-] notify, announce, make known (*för* to); (*röja*) disclose; *härmed -es att* notice is hereby given that **-ande** s6 notification, announcement, declaration; (*anslag äv.*) notice
till|måle s6 word of abuse, epithet; *grova* ~*n* (*äv.*) invectives **-mäta 1** (*uppmäta*) measure out to, allot **2** (*tillräkna*) attach to; ~ *ngt betydelse* attach importance to s.th.; ~ *sig äran* take the credit
tillmötesgå [-ˣmö:-] (*ngn*) oblige, meet; (*begäran, önskan*) comply with **-ende I** a4 obliging (*sätt* manners), courteous; (*om pers.*) accommodating (*mot* to[wards]) **II** s6 obligingness, courtesy, compliance; *tack för Ert* ~ thank you for your kind assistance
tillnamn surname, family name
tillopp (*särsk. till-lopp*) (*tillflöde*) influx, inflow; (*av ånga*) induction, inlet; (*av människor*) rush, run

tillplatta flatten, compress; *känna sig ~d (bildl.)* feel crushed (sat on)

till|ra roll; trickle **-reda** prepare, get ready **-rop** call, shout; *glada ~* joyous acclamations **-ryggalägga** [-ˣrygg-] cover

tillråd|a advise, recommend, suggest **-an** *r, på ngns ~* on the (by) advice of s.b. **-lig** *a1* advisable

tillräck|lig *a1* sufficient, enough *(för, åt* for); *vi har ~t med* we have ... enough; *mer än ~t* more than enough, enough and to spare **-ligt** *adv* sufficiently, enough; *~ många* a sufficient number of; *~ ofta* often enough, sufficiently often

tillräknelig [-ä:-] *a5* accountable (responsible) [for one's actions]

tillrätta|lagd [-ˣrätta-] *a5, ~ [för]* arranged (adjusted) to suit **-lägga** correct, make clear **-visa** reprove, censure; *(starkare)* reprimand, rebuke **-visning** reproof, censure; reprimand, rebuke

tills I *konj (t. dess att)* till, until **II** *prep (t. ngn tidpunkt)* up to; *~ för två år sedan* until two years ago; *~ vidare* until further notice; *~ på lördag* till (until) Saturday

till|sagd *a5* told; *han är ~* he has been told; *är det -sagt? (i butik)* are you being attended to [, Sir (Madam)]? **-sammans** together *(med* with); *(sammanlagt)* in all, altogether; *(gemensamt)* jointly; *alla ~* all together; *äta middag ~ med* dine with; *det blir 50 pund ~* it will be 50 pounds in all; *~ har vi 50 pund* we have 50 pounds between *(om fler än två:* amongst) us **-sats 1** (*-sättning*) adding, addition **2** *(ngt -satt)* added ingredient; *(liten ~)* dash; *bildl.* admixture, addition **-se** *(ha -syn över)* look after, superintend; *(sörja för)* see [to it] *(att ngt blir gjort* that s.th. is done) **-skansa** *rfl* appropriate for o.s.; *~ sig makten* usurp power **-skjuta** contribute, pay in *(kapital* capital) **-skott** *s7* contribution; *(utökning)* addition, increase **-skriva 1** *(skriva t.)* write to **2** *(-räkna) ~ ngn ngt* ascribe (attribute) s.th. to s.b., *(-erkänna äv.)* credit s.b. with s.th.; *~ sig, se tillräkna [sig]*

tillskär|a cut out **-are** cutter

till|slag *(tennis etc.)* hit; *(fotboll)* kick **-sluta** close, shut *(för* to) *(äv. bildl.)* **-slutning** [-u:-] **1** (*-slutande*) closing [up] *etc.* **2** *(an-) mötet hölls under stor ~* the meeting was very well attended **-spetsa** *eg.* sharpen, point; *bildl.* bring to a head; *läget har ~ts* the situation has become critical **-spillogiva** *(låta gå förlorat)* allow to run to waste; *en -spillogiven dag* a wasted day **-strömning** streaming in; *(om vätska)* inflow; *(-skott utifrån)* influx; *(publik-)* stream, rush **-stymmelse** *inte en ~ till* not a trace of; *utan varje ~ till* without any semblance of **-styrka** recommend, support, be in favour of **-styrkan** *r* recommendation **-stå** *(medge)* admit; *(bekänna)* confess *(för* to; *att* that)

1 tillstånd *s7 (tillåtelse)* permission, leave; *(av myndighet äv.)* sanction; *(-sbevis)* permit, licence; *få ~ att* receive (be granted) permission to; *ha ~ att (äv.)* have been authorized (licenced) to; *med benäget ~ av* by kind permission of

2 tillstånd *s7 (beskaffenhet; skick)* state, condition; *(sinnes-)* state [of mind]; *fast (flytande) ~* solid (liquid) form; *i dåligt ~* in bad condition

(repair); i naturligt ~ in the natural state; *miner.* native; *i berusat ~* in a state of intoxication; *i medtaget ~* in an exhausted condition

till|ståndsbevis permit, licence; *AE.* license, certificate **-ställa** (*-sända*) send (forward) to; *(överlämna)* hand [over] to **-ställning 1** entertainment, *(fest)* party *(för* for, in honour of); *en lyckad ~* a successful party **2** *det var just en skön ~ (iron.)* that's a nice business **-stöta** *(inträffa, tillkomma)* occur, happen; *(om sjukdom)* set in **tillsvidare** [-'vi:-] *se vidare II 6* **-anställning** nontenured appointment

tillsyn *s3, ha ~ över* supervise, superintend, be in charge of; *utan ~ (äv.)* unattended **-ingsman** supervisor *(över* of)

tillsynslärare deputy head teacher

till|sägelse *(befallning)* order *(om* for); *(uppmaning)* summons; *(begäran)* demand *(om* for); *(tillrättavisning)* admonition, reprimand; *få ~ [om] att* receive orders (be told) to; *utan ~* without being told **-sätta 1** *(utnämna)* appoint, nominate; *~ en tjänst* nominate (appoint) s.b. to a post, fill a vacancy; *~ en kommitté* set up a committee **2** *(-lägga)* add on *(till* to) **3** *(blanda i)* add *(till* to)

till|tag *(företag)* venture; *(försök)* attempt; *(påhitt)* trick; *ett sådant ~! (äv.)* what a thing to do! **-taga** increase, grow **-tagande I** *a4* increasing *etc.* **II** *s6* increase, growth; *vara i ~* be on the increase **-tagen** *a5, knappt ~* on the small side, *(om mat e.d.)* scanty in quantity, *(om lön)* meagre; *väl ~* a good (fair) size **-tagsen** [-taks-] *a3* enterprising, go-ahead; *(djärv)* bold, daring

till|tal address; *används i ~* is used as a form of address; *svara på ~* answer when [one is] spoken to **-tala 1** *(tala t.)* address, speak to; *(ngn på gatan)* accost; *den ~de* the person addressed (spoken to) **2** *(behaga)* attract, please; *(i sht om sak)* appeal to; *det ~r mig mycket (äv.)* I like it very much **-talande** *a4* attractive, pleasing *(för* to); acceptable *(förslag* proposal)

tilltals|namn Christian name normally used; *~et understruket (på formulär e.d.)* underline the name used **-ord** word (form) of address

till|trasslad *a4* entangled; *~e affärer* muddled finances **-tro I** *s9* credit, credence; confidence *(till* in); *sätta ~ till a) (ngn)* place confidence in, *b) (ngt)* give credit (credence) to; *vinna ~* gain credence *(hos* with) **II** *v4, ~ ngn ngt* believe s.b. capable of s.th., give s.b. credit for s.th. **-träda** *(befattning)* enter upon [the duties of]; *(ta i besittning)* take over *(en egendom* a property); *~ arv* come into [possession of] an inheritance; *~ sin tjänst* take up one's duties (an appointment) **-träde** *s6* **1** (*-trädande*) entry *(av* into possession of); entrance *(av ämbete* upon office) **2** *(inträde)* entrance, admission; *(tillstånd att inträda)* admittance; *luftens ~* the access of the air; *bereda ~ för* give access to; *fritt ~* admission (entrance) free; *~ förbjudet* no admittance; *ha ~ till* have admission to; *barn äga ej ~* children [are] not admitted; *obehöriga äga ej ~* no admittance except on business **-trädesdag** day of taking possession; *(installationsdag)* inauguration day **-tugg** *s7* snack **-tvinga** *rfl* obtain (secure) by force **-tyga** *illa ~ ngt (ngn)* use (handle) s.th. (s.b.)

roughly, *vard.* manhandle s.th. (s.b.); *han var illa ~d* he had been badly knocked about **-tänkt** *a4 (påtänkt)* contemplated, proposed; *(planerad)* projected, intended **-valsämne** optional *(AE.* elective) subject **-vand** *a5* addicted *(vid* to)

tillvarataga [-ˣva:-] take charge of; *(bevaka)* look after; *(skydda)* protect, safeguard; *(utnyttja)* utilize *(tiden* time), take advantage of; *~ sina intressen* look after (protect) one's interests

tillvaro *s9* existence; life; *kampen för ~n* struggle for existence

tillverk|a manufacture, make, produce **-are** manufacturer *etc.* **-ning** *(-ande)* manufacture, make, production; *(det som -ats)* manufacture, make, product; *(-ningsmängd)* output, production; *ha ngt under ~* have s.th. in production

till|vägagångssätt course (line) of action, procedure **-växt** *s3* growth; *(ökning)* increase; *vara stadd i ~* be increasing (growing, on the increase)

tillåt|a *(särskr. till-låta)* **1** allow, permit; *(samtycka t.)* consent to; *(om sak)* admit (allow) of; *(finna sig i)* suffer; *tillåt mig fråga om ni* allow me to (let me) ask if you; *-er ni att jag röker?* do you mind my smoking?; *om ni -er* if you will allow me; *om vädret -er* weather permitting; *min ekonomi -er inte det* my finances won't allow it **2** *rfl (unna sig)* allow (permit) o.s.; *(ta sig friheten)* take the liberty to (of) + *ing-form* **-else** permission, leave; *(av myndighet e.d.)* licence, authorisation, *bu om att ask [for]* permission to; *få ~ att* be allowed (permitted) to, get (be given) permission to; *med er ~* with your permission **-en** *a5* allowed, permitted; *(laglig)* lawful; *är det -et att ...?* may I ...?; *det är inte -et att röka här* smoking is not allowed here; *högsta -na hastighet* the maximum speed allowed, the speed limit; *vara ~ (jakt.)* be in season **-lig** [-å:-] *a1* allowable, permissible

tillägg *(sarskr. till-lägg) s7* addition; *(t. dokument äv.)* rider, additional paragraph; *(t. bok)* supplement, appendix; *(t. manuskript)* insertion; *(t. brev)* postscript; *(t. testamente)* codicil; *(löne-)* rise, bonus; *(anmärkning)* addendum *(pl* addenda); *rättelser och ~* corrections and additions, corrigenda and addenda; *procentuellt ~* [a] percentage addition; *dock med det ~et att* it being understood, however, that; *utan ~* without any addition **tillägga** add *(till* to)

tilläggs|pensionering *allmän ~ (förk. ATP)* national supplementary pensions scheme **-plats** *sjö.* berth, landing (mooring) place

tillägna 1 *(dedicera)* dedicate *(ngn en bok* a book to s.b.) **2** *rfl (tillskansa sig)* appropriate, seize [upon], lay hands on; *(förvärva)* acquire *(kunskaper* knowledge); *(tillgodogöra sig)* assimilate, profit by; *orättmätigt ~ sig ngt* appropriate s.th. unlawfully

tillämp|a *(särskr. till-lämpa)* apply *(på* to); *(metod e.d.)* practise; *kunna ~s på (äv.)* be applicable to; *~ ngt i praktiken* put s.th. into practice; *~d forskning* applied research **-bar** *al* applicable **-lig** *a1* applicable *(på* to); *stryk det ej ~a* strike out words not applicable; *i ~a delar* wherever applicable (relevant) **-ning** application *(på*

to); *äga ~ på* be applicable to

till|ökning *(-ökande)* increasing, enlargement *(av, i* of); *konkr.* increase *(av* of); increment *(på lön* in one's salary); *vänta ~ [i familjen]* be expecting an addition to the family **-önska** wish **-önskan** wish; *med ~ om* best wishes for

tima [ˣtajma] *vard.* time, coordinate

timer ['tajj-] *s9* time switch

tim|förtjänst hourly earnings *(pl)* **-glas** hourglass, sandglass

timid *a1, n sg obest. form undviks* timid

timing ['tajj-] timing, coordination

timjan *s9* thyme

tim|lig *a1* temporal; *det ~a* things temporal; *lämna det ~a* depart this life **-lärare** *ung.* part-time teacher **-lön** hourly wage[s *pl*], payment by the hour; *få ~* be paid by the hour

timma *s2,* **timme** *s2* hour; *(lektion)* lesson; *en ~s resa* an hour's journey; *varannan ~* every other hour; *åtta timmars arbetsdag* an eight-hour day; *efter en ~* an hour later; *i ~n* an hour; *i flera timmar* for [several] hours; *om en ~* in an hour; *per ~* per (by the) hour

timmer ['timm-] *s7* timber; *AE.* lumber **-flotta-re** log driver **-flotte** log raft **-huggare** woodcutter, logger; *AE.* lumberjack **-man** carpenter **-ränna** flume **-stock** log; *dra ~ar (snarka)* be driving one's hogs to market

timotej [-'tejj] *s3* timothy [grass], *AE.* herd's grass

timra build with logs, construct out of timber; *absol.* do carpentry; *~d stuga* timbered cottage

tim|tals [-a:-] for hours together, for hours and hours **-visare** hour (small) hand

tina *v1, ~* [*upp*] thaw (*äv. bildl.*), melt; *(bildl. om pers.)* become less reserved (more sociable)

tindra twinkle; *(starkare)* sparkle, scintillate; *med ~nde ögon* starry-eyed

1 ting *s7 (sak)* thing; *(ärende äv.)* matter; *(föremål)* object; *saker och ~* [a lot of] things

2 ting *s7 (domstolssammanträde)* district-court sessions *(pl)*, crown courts *(pl)*; *Engl. förr* assizes, quarter sessions *(pl)*; *hist.* thing; *sitta ~* be on duty at a district court

tinga *(beställa)* order [in advance], bespeak; *(ngn)* retain, engage; *(göra avtal om)* bargain for

tings|hus courthouse, law courts *(pl)* **-meriterad** *a5, ~ jurist (ung.)* jurist with district-court practice **-rätt** district (city) court; court of first instance **-sal** sessions hall

tinn|e *s2* pinnacle; *bildl.* summit; *torn och -ar* towers and pinnacles; *försedd med -ar* pinnacled

tinning temple

tio [ˣti:o, *vard.* ˣti:e] ten; *(för sms. jfr fem-)*; *~-i-topp* top ten **-dubbel** tenfold **-kamp** *sport.* decathlon **-kampare** *sport.* decathlete

tion|de [-å-] **I** *räkn.* tenth **II** *s9, s7* tithes *(pl)*; *ge ~* pay [one's] tithes **-[de]del** tenth **-[de]dels** [-de:ls] *oböjligt a, en ~ sekund* one (a) tenth of a second

tio|pundssedel ten-pound note; *vard.* tenner **-tal** ten; *ett ~ (ung. tio)* about (some) ten; *i jämna ~* in multiples of ten; *under ett ~ år* for ten years [or so]; *på ~et (1910-talet)* in the nineteen-tens **-tiden** *vid ~* [at] about ten [o'clock] **-tu-**

sental *i* ~ in tens of thousands **-årig** *a1* ten-year-old **-åring** ten-year-old boy (*etc.*), boy (*etc.*) of ten **-årsdag** tenth anniversary (*av* of)
1 tipp *s2* (*spets*) tip (*av* of)
2 tipp *s2* (*avstjälpningsplats*) tip, dump; (*på lastfordon*) tipping device; *lastbil med* ~ tipper truck (lorry), *AE.* dump (tip) truck
1 tippa (*stjälpa ur*) tip, dump
2 tippa (*förutsäga*) spot; *sport.* play the pools
1 tippning (*avstjälpning*) tipping, dumping; ~ *förbjuden!* no tipping allowed!
2 tippning *sport.* playing the pools
tips *s7* **1** (*vink*) tip[-off], hint; *ge ngn ett* ~ give s.b. a tip **2** (*fotbolls-*) football pools; *vinna på* ~ win on the pools
tips|a tip **-kupong** [football-]pools coupon **-rad** line on a pools coupon
tisdag ['ti:s-] *s2* Tuesday; (*jfr fredag*)
tiss|el ['tiss-] *s7*, ~ *och tassel* tittle-tattle **-la** ~ *och tassla* tittle-tattle
tistel *s2, bot.* thistle
titan 1 *s3, myt.* Titan **2** *s3, s4, kem.* titanium
titel ['tit-] *s2* **1** (*bok- etc.*) title (*på* of); *med* ~*n entitled* **2** (*persons*) title; (*benämning*) designation, denomination; *lägga bort titlarna* drop the Mr. (*etc.*) title **-sida** title page **-sjuka** mania for titles
1 titt *adv,* ~ *och tätt* frequently, repeatedly, over and over again
2 titt *s2* **1** (*blick*) look; (*hastig*) glance; (*i smyg*) peep; *ta sig en* ~ *på* have a look at **2** (*kort besök*) call (*hos* on; *på* at); *tack för* ~*en!* kind of you to look me up!
titta 1 look (*på* at); (*hastigt*) glance (*på* at); (*kika*) peep (*på* at); ~ *efter* gaze after, (*söka*) look for; ~ *i* have a look at (in); ~ *för djupt i glaset* be too fond of the bottle; ~ *sig i spegeln* look (have a look) at o.s. in the mirror; ~ *ngn djupt in i ögonen* look deep into a p.'s eyes; ~ *på* (*äv.*) have a look at; *vi skall ut och* ~ *på möbler* we are going to the shops to look at furniture; ~ *på TV* watch TV; *jag vill inte* ~ *åt honom* I can't bear the sight of him; *titt ut!* boo!, *AE.* peekaboo! **2** (*med betonad partikel*) ~ *efter* (*undersöka*) [look and] see; ~ *fram* peep out (forth); *vill du* ~ *hit ett ögonblick* will you come over here for a minute; ~ *in a*) look in (*genom fönstret* at the window), *b*) (*hälsa på* look (drop) in (*till* to see); ~ *in hos ngn* look s.b. up; ~ *in i* look into; ~ *ner* lower one's eyes; ~ *på* look on, watch; ~ *upp* look up, raise one's eyes; ~ *ut genom fönstret* look out of the window; ~ *ut ngn* stare s.b. out of the room
titt|are 1 (*TV-*) viewer **2** (*voyeur*) Peeping Tom, voyeur **-hål** peephole
titulera style, call; ~ *ngn* (*äv.*) address s.b. as
tivoli ['ti:-] *s6* amusement park; *AE. äv.* carnival
tja [ça:] well!
tjafs [ç-] *s7* tommyrot **tjafsa** talk a lot of tommyrot
tjall|a [ç-] squeal **-are** informer, squealer
tjat [ç-] *s7* nagging **tjata** nag **tjatig** *a1* nagging; (*långtråkig*) tedious
tjattra [ˣçatt-] *v1* jabber, chatter
tjeck [çekk] *s3* Czech **-isk** ['çekk-] *a5* Czech; *T~a republiken* the Czech Republic
Tjeckoslovakien [-'va:-] *n* Czechoslovakia
tjej [çejj] *s3* (*flicka*) girl, bird; (*kvinna*) woman

tjock [çåkk] *a1* thick; (*om pers.*) stout, fat; (*tät*) dense, thick; ~ *grädde* thick cream; *det var* ~*t med folk på gatan* the street was packed with people
tjock|a [ˣçåkka] *s1* fog **-flytande** viscous, viscid, heavy, thick **-hudad** *a5* thick-skinned (*äv. bildl.*) **-is** ['çåkk-] *s2, vard.* fatty, fatso **-lek** *s2* thickness; (*dimension*) gauge; *med en* ~ *av 1 meter* 1 metre thick
tjock|na [ˣçåkk-] thicken; ~ *till* get (become) thicker **-skallig** thickheaded (*äv. bildl.*) **-tarm** large intestine, *fack.* colon
tjog [çå:g] *s7* score; *ett* ~ *ägg* (*vanl.*) twenty eggs; *fem* ~ five score of
tjudra [ˣçu:-] tether (*fast vid* up to)
tjugo [ˣçug:o, vard. -ge] (*för sms . jfr. fem-*) twenty **-en** [-'enn, -'e:n] twenty-one **-ett 1** *räkn* twenty-one **2** *kortsp.* blackjack, vingt-et-un, pontoon **-femårsjubileum** twenty-fifth anniversary **-första** twenty-first
tjugon|de [ˣçu:gån-] twentieth **-[de]dag** ~*en* (~ *jul*) Hilarymas [Day] **-[de]del** twentieth
tjugotal *ett* ~ about (some) twenty; *på* ~*et* (*1920-talet*) in the [nineteen] twenties
tjur [çu:r] *s2* bull
tjura [ˣçu:-] sulk, be in a sulk
tjurfäkt|are bullfighter **-ning** bullfighting; *en* ~ a bullfight
tjur|ig [ˣçu:-] *a1* sulky **-skallig** *a1* stubborn, pigheaded
tjus|a [ˣçu:-] enchant, charm; (*friare*) fascinate **-arlock** kiss (*AE.* spit) curl **-ig** *a1* captivating, charming **-ning** [-u:-] charm, enchantment; fascination; *fartens* ~ the fascination of speed
tjut [çu:t] *s7* howling; (*ett* ~) howl **tjuta** *tjöt tjutit* howl; (*skrika*) shriek, yell; (*om mistlur*) hoot; *stormen tjuter kring knutarna* the storm is howling round the house
tjuv [çu:v] *s2* thief; *ta fast* ~*en!* stop thief!; *som en* ~ *om natten* like a thief in the night **-aktig** *a1* thievish **-fiskare** fish poacher **-hålla** keep back [for later] **-knep** *bildl.* sharp practice; dirty trick **-koppla** (*bil*) bypass the ignition switch **-larm** burglar alarm **-lyssna** eavesdrop **-nyp** *ge ngn ett* ~ pinch s.b. on the sly, *bildl.* give s.b. a sly dig **-pojke** young rascal **-skytt** poacher **-stanna** (*om motor*) stall **-start** *sport.* false start; *vard.* jumping (beating) the gun **-starta** *sport.* jump (beat) the gun **-streck** dirty trick **-titta** ~ *i* take a look into on the sly **-tjockt** *jag mår* ~ I feel lousy **-åka** steal a ride
tjäder ['çä:-] *s2* capercaillie; *koll. äv.* woodgrouse
tjäl|e [ˣçä:-] *s2* ground (soil) frost; *när* ~*n går ur jorden* when the frost in the ground breaks up **-skada** frost damage
tjäna [ˣçä:-] **1** (*förtjäna*) earn (*pengar* money); gain (*på affären* by the bargain); ~ *ihop* save up; ~ *in sin pension* earn one's pension **2** (*vara anställd*) serve (*hos* in a p.'s house; *som* as a[n]); ~ *staten* serve the State; ~ *hos ngn* (*äv.*) be in a p.'s service (employ); ~ *upp sig* work one's way up; ~ *ut* (*om soldat*) serve one's time; *den har* ~*t ut* it has seen its best days **3** (*användas*) serve, do duty (*som* as); ~ *ngn till efterrättelse* serve as an example to s.b.; *det* ~*r ingenting till att* there is no use (point) in (+ *ing-form*); *vad* ~*r det till?*

what is the use (good) of that?

tjän|ande [ˣçä:-] *a4* serving (*till* as); ~ *andar* ministering spirits **-are** servant; (*betjänt*) manservant; *en kyrkans* ~ a minister of the Church; *en statens* ~ a public servant; ~*!* hello!, (*vid avsked*) bye-bye! **-lig** [-ä:-] *a1* serviceable (*till* for); (*passande*) suitable (*till* for); (*ändamålsenlig*) expedient (*till* for); *vid* ~ *väderlek* when the weather is suitable

tjänst [ç-] *s3* **1** (*anställning*) service; (*befattning*) appointment, place, situation; (*högre*) office, post; (*prästerlig*) charge, ministry; *i* ~ on duty, in service; *i* ~*en* on official business, (*å ämbetets vägnar*) ex officio, officially; *i statens* ~ in the service of the State; *vara i ngns* ~ be employed by s.b., be in a p.'s service; *lämna sin* ~ resign one's appointment; *söka* ~ apply for a situation (job); *ta* ~ (*om tjänare*) go into service (*hos ngn* in a p.'s house), (*allmännare*) take a job (situation) (*som* as); *utom* ~*en* off duty **2** (*hjälp*) service (*mot* to); *be ngn om en* ~ ask a favour of s.b., *göra ngn en* ~ do s.b. a service (good turn); *gör mig den* ~*en att* oblige me by (+ ing-form); *göra ngn den sista* ~*en* pay one's last respects to s.b.; *varmed kan jag stå till* ~*?* what can I do for you?; *till er* ~*!* at your service (command)! **3** (*nytta*) service; *göra* ~ do service (duty), (*fungera*) work

tjänste|bil official (company) car **-fel** breach of duty **-folk** [domestic] servants (*pl*) **-förrättande** *a4* acting; in charge **-man** employee, clerk; (*högre*) official, officer, (*statl-*) civil servant; *vard.* white-collar worker; *Tjänstemännens centralorganisation* (*förk.* TCO) [the Swedish] central organization of salaried employees **-pension** occupational pension **-resa** official journey, journey on official business; (*i privat tjänst*) business trip (journey) **-rum** office **-ställning** *mil.* official standing **-tid** **1** (*anställningstid*) period of service **2** (*kontorstid*) office hours **-vikt** (*bils*) kerb weight plus driver's weight **-ärende** official matter

tjänstgör|a serve (*som* as; *på, vid* at); (*om pers. äv.*) act (*som* as); (*vara i tjänst*) be on duty, (*vid hovet o.d.*) be in attendance (waiting) (*hos* on) **-ande** *a4* on duty, in charge, (*vid hovet*) in attendance **-ing** service; duty; work; attendance; *ha* ~ be on duty

tjänst|ledig *vara* ~ be on leave (off duty); ~ *för sjukdom* on sick leave; *ta* ~*t* take leave of absence **-ledighet** leave [of absence]; (*för sjukdom*) sick leave **-villig** obliging, helpful, eager to help

tjär|a [ˣçä:-] **I** *s1* tar **II** *v1* tar; ~*t tak* tarred roof **-ig** *a1* tarry

tjärn [çä:rn] *s2, s7* tarn

tjärpapp tarred [roofing] felt

toa [ˣto:a] *s9, vard.*, *BE.* loo, *AE.* john

toalett *s3* **1** (*WC*) toilet, lavatory; (*offentlig*) public convenience, *AE.* washroom, rest room; (*på restaurang o.d.*) cloakroom, men's (ladies') toilet; *gå på* ~*en* go to the toilet **2** (*klädsel*) toilet, dress; *stor* ~ full dress; *göra* ~ make one's toilet; *göra* ~ *till middagen* dress for dinner **-artiklar** toilet requisites **-bord** dressing (toilet) table; *AE. äv.* dresser **-papper** toilet paper (tis-

sue)

tobak [ˈtobb-, ˈto:b-] *s3* tobacco; *ta sig en pipa* ~ have a pipe **-ist** tobacconist

tobaks|affär tobacconist's [shop], tobacco shop **-rökning** tobacco smoking; ~ *förbjuden* no smoking **-varor** *pl* tobacco [products]

toffel [ˈtåff-] *s1* slipper; *stå under* ~*n* be henpecked, be tied to s.b.'s apron strings **-hjälte** henpecked husband

tofs [-å-] *s2* tuft, bunch; (*på fågel äv.*) crest; (*på möbler, mössa*) tassel

toft [-å-] *s3* thwart

Togo *n* Togo

tok 1 *s2, pers.* fool; (*obetänksam pers.*) duffer **2** *oböjligt i uttr.:* *gå* (*vara*) *på* ~ go (be) wrong; *jag har fått på* ~ *för mycket* I have been given far too much

toka *s1* fool of a woman (girl); *en liten* ~ a silly little thing

tok|eri folly, nonsense; ~*er* (*upptåg*) foolish pranks **-ig** [ˈto:-] *a1* mad (*av* with); *efter* after; *i, på* on); (*oförståndig*) silly, foolish; (*löjlig*) ridiculous; (*-rolig*) comic, droll; (*mycket förtjust*) crazy (*i* about); *det låter inte så* ~*t* that doesn't sound too bad; *det är så man kan bli* ~ it's enough to drive one round the bend **-stolle** madcap; crazy guy

toler|abel [-ˈaː-] *a2* tolerable **-ans** [-ˈrans, -ˈraŋs] *s3* tolerance (*mot towards*) **-ant** [-ˈrant, -ˈraŋt] *a1* tolerant, forbearing (*mot towards*); (*friare*) broadminded **-era** tolerate, put up with

tolfte [-å-] twelfth **-del** twelfth

1 tolk [-å-] *s2* (*verktyg*) gauge; *AE.* gage

2 tolk [-å-] *s2* (*översättare o.d.*) interpreter; *göra sig till* ~ *för* (*bildl.*) voice, (*åsikt*) advocate

1 tolka [ˣtåll-] *sport.* go skijoring

2 tolka [ˣtåll-] (*översätta muntligt*) interpret; (*dikt*) translate, interpret; (*handskrift*) decipher; (*återge*) render; (*uttrycka känslor*) express, give expression to; ~ *på engelska* interpret into English; *hur skall jag* ~ *detta?* what am I to understand by this?

tolk|ning interpretation (*av* of); (*av handskrift*) decipherment; (*av dikt*) translation; (*muntlig*) interpretation; *felaktig* ~ misinterpretation; *fri* ~ free rendering **-ningsfråga** question of interpretation, matter of opinion

tolv [-å-] twelve (*för sms. jfr fem-*); *klockan* ~ *på dagen* (*natten*) at noon (midnight)

tolv|a [-å-] *s1* twelve **-hundratalet** *på* ~ in the thirteenth century **-tiden** *vid* ~ at about twelve

t.o.m. *förk. för* till och med, *se till I 13 o. II 4*

tom [tomm] *a1* empty, void (*på* of) (*äv. bildl.*); (*ej upptagen*) vacant; (*naken*) bare; (*oskriven*) blank; (*öde o.* ~) deserted; ~*t prat* empty words; ~*t skryt* vain boasting; *känna sig* ~ *i huvudet* feel void of all thought (unable to think); *känna sig* ~ *i magen* feel empty inside; *det känns* ~*t efter dig* it feels so empty without you

tomat tomato

tom|glas *koll.* empty bottles (*pl*) **-gång** idling, idle running; *gå på* ~ idle, tick over **-het** emptiness, bareness (*etc.*); vacancy; *bildl.* void **-hänt** *a1* empty-handed **-rum** empty space; (*lucka*) gap; (*på blankett o.d.*) blank; *fys.* vacuum; *bildl.* void, blank; *han har lämnat ett stort* ~ *efter sig* he

has left a void (great blank) behind him
tomt [-å-] *s3 (obebyggd)* [building] site, lot; *(kring villa e.d.)* garden, grounds *(pl)*; *lediga ~er* vacant sites

tomte [-å-] *s2* brownie; goblin **-bloss** sparkler

1 ton [tånn] *s7 (viktenhet = 1 000 kg)* metric ton; *(Storbritannien, ca 1 016 kg)* long ton; *(AE., ca 907 kg)* short ton

2 ton [tɔ:n] *s3 (mus.; färg-; bildl.)* tone; *(röst äv.)* tone of voice; *(på -skala)* note; *(-höjd)* pitch; *(mus. o. friare)* key[note], tune; *(umgänges-)* tone, manners *(pl)*; *~ernas rike* the realm of music; *ange ~en a) mus.* give (strike) the note, *b) bildl.* give (set) the tone; *i befallande ~* in a tone of command; *hålla ~* keep in tune; *hålla ut ~en* hold the note; *stämma ner ~en (bildl.)* temper one's tone; tone down; *ta sig ~* put on (assume) a lofty air *(mot ngn towards s.b.)*; *träffa den rätta ~en* strike the right note; *takt och ~* good manners; *det hör till god ~* it is good form

ton|a *(ljuda)* sound; *(ge färgton åt)* tone *(äv. foto.)*; *~ bort a) (förtona)* die away, *b) (få att upphöra, avlägsna)* fade out **-ande** *a4* sounding; *fonet.* voiced *(ljud sound)* **-art** *mus.* key; *berömma ngn i alla ~er* sing a p.'s praises in every possible way **-band** recording tape **-fall** intonation; accent

tonfisk tunny [fish], tuna
ton|givande *i ~ kretsar* in leading quarters **-höjd** pitch **-ing** toning, tinting **-läge** *mus.* pitch; *(rösts omfång)* range, compass **-lös** *(om röst)* toneless; *(om ljud)* flat, dull

tonnage [tå'na:ʃ] *s4* tonnage
tonsill [tån'sill] *s3* tonsil
ton|steg interval **-styrka** intensity of sound
tonsur [tån'su:r] tonsure
ton|sättare composer **-sättning** [musical] composition **-vikt** *språkv.* stress; accent; *bildl.* emphasis; *lägga ~ på a) eg.* stress, put stress on, *b) bildl.* emphasize, lay stress on
tonår|en [ˣtånn-] *pl, i ~* in one's teens **-ing** teenager

1 topp [-å-] *interj* done!, agreed!, a bargain!
2 topp [-å-] **l** *s2* top; *(bergs- äv.)* summit; *(väg-)* crest; *(friare)* peak, pinnacle; *från ~ till tå* from top to toe; *i ~en* at the top *(av* of); *med flaggan i ~* with the flag flying; *hissa flaggan i ~* run up the flag; *vara på ~en av sin förmåga* be at the height of one's powers **ll** *adv, bli ~ tunnor rasande* boil over with rage, blow one's top
topp|a l *(-hugga)* pollard; *(växt)* **top 2** *(stå överst på)* top, head **-befattning** top-level position (post) **-form** *vara i ~* be in top form **-ig** *al* conical **-klass** top class **-konferens** summit conference (meeting) **-kraft** first-rate capacity **-lanterna** masthead light, top light **-lock** cylinder head **-möte** summit meeting **-rida** bully **-ventil** overhead valve

Tor *myt.* Thor
torde 1 *(i uppmaning)* will, *(artigare)* will please; *ni ~ observera* you will please *(anmodas:* are requested to) observe; *ni ~ erinra er* you will remember **2** *(uttr. förmodan)* probably; *det ~ dröja innan* it will probably be a long time before; *man ~ kunna påstå att* it may (can; might, could) probably be asserted that; *ni ~ ha rätt* I dare say

you are right
torft|ig [-å-] *al (fattig)* poor; *(enkel)* plain; *(knapp)* scanty, meagre; *~a kunskaper* scanty knowledge *(sg)* **-igt** *adv* poorly *etc.*

torg [tårj] *s7 (öppen plats)* square; *(salu-)* market, marketplace; *Röda ~et* the Red Square; *gå på ~et* go to the market, *(för att handla)* go marketing **-handel** market trade, marketing **-skräck** agoraphobia **-ständ** market stall

tork [-å-] *s2* drier, dryer **2** *oböjligt i uttr.: hänga på ~* hang [out] to dry; *hänga ut tvätten till ~* hang the washing out to dry

tork|a [-å-] **l** *s1* drought, dry weather; *svår ~* severe drought **ll** *v1* **1** *(göra torr)* dry, get dry; *~ tvätt* dry the washing **2** *(~ av)* wipe [dry], dry; *~ disken* dry the dishes; *~ fötterna* wipe one's feet; *~ sina tårar* wipe away (dry) one's tears **3** *(bli torr)* dry, get dry; *(vissna äv.)* dry up **4** *(med betonad partikel)* *~ bort a) (av-)* wipe off (up), *b) (~ ut)* get dried up, *(om vätska)* dry up; *~ fast* dry and get stuck; *~ ihop* dry up; *~ in* dry in, *bildl. äv.* come to nothing; *~ upp a) (av-)* wipe (mop) up, *b) (bli torr)* dry up, get dry; *~ ut* dry up, run dry **5** *rfl* dry (wipe) o.s. *(med, på* with, on); *~ sig om händerna* dry one's hands; *~ dig om munnen!* wipe your mouth! **-arblad** *(på bil)* [windscreen] wiper blade **-huv** hood hairdryer (hairdrier) **-ning** drying; *(av-)* wiping [off], mopping [up] **-skåp** drying cabinet (cupboard) **-streck** clothesline **-ställ[ning]** drying rack; *(för disk)* plate rack **-tumlare** tumbler [drier], tumble drier

1 torn [-ɔ:-] *s2, bot.* spine, thorn
2 torn [-ɔ:-] *s7* **1** tower; *(litet ~)* turret; *(spetsigt)* steeple; *(klock-)* belfry **2** *(schackpjäs)* rook, castle

torna *~ upp sig* pile itself (themselves) up, *bildl.* tower aloft

tornister [-'niss-] *s2* **1** *(proviantväska)* canvas field bag **2** *(foderpåse)* nosebag
torn|seglare, -svala [common] swift
torp [-å-] *s7* crofter's holding; *(sommarstuga)* cottage

torped [-å-] *s3* torpedo; *målsökande ~* homing torpedo; *skjuta av en ~* launch a torpedo **-båt** torpedo boat **-era** torpedo *(äv. bildl.)*

torr [-å-] *al* dry; *(torkad)* dried; *(uttorkad)* parched, arid *(jord* ground); *(om klimat)* torrid; *bildl.* bald *(siffror* figures), *(tråkig)* dry, dull; *jag känner mig ~ i halsen* my throat feels dry; *han är inte ~ bakom öronen* he is [still] wet behind the ears; *på ~a land* on dry land; *ha sitt på det ~a* be comfortably off **-boll** *vard.* stick-in-the-mud, sobersides **-destillera** carbonize, burn without flame **-docka** *sjö.* dry dock **-het** dryness; parchedness; aridity **-hosta l** *s1* dry cough **ll** *v1* have a dry cough **-klosett** earth closet **-lägga 1** drain; *(mosse, sjö)* reclaim **2** *(införa spritförbud)* make dry **-skaffning** cold food; *mil.* haversack ration **-skodd** *a5* dryshod

torsdag ['tɔ:rs-] *s2* Thursday; *(jfr fredag)*
1 torsk [-å-] *s2, med.* thrush
2 torsk [-å-] *s2, zool.* cod[fish]
torskleverolja cod-liver oil
torso ['tårr-] *-n torser, s3* torso
tortera torture **tortyr** *s3* torture; *utsättas för ~*

be tortured (put to the torture)
torv [-å-] *s3* peat; *ta upp* ~ dig [out] peat[s]
torv|a [-å-] *s1* (*gräs-*) [piece of] turf; (*jordbit*) plot [of ground]; *kärleken till den egna* ~*n* love of one's own little acre **-mull** peat mould **-strö** peat litter
tota ~ *ihop* (*till*) put together [some sort of] (*ett brev* a letter), get together (*en middag* a dinner)
total *a1* total; entire, complete; ~*t krig* total war (warfare) **-förbud** total prohibition **-haverera** become a total loss; ~*d bil* a completely smashed up car
total|isator [-ˣsa:tår] *s3* totalizator; *vard.* tote; *spela på* ~ bet with the totalizator **-itär** *a1* totalitarian **-kvadda** *vard.* wreck, smash up, *AE. sl.* total
totem ['tå:-] *s9*, *s7* **-påle** totem [pole]
toto *barnspr.* (*häst*) gee-gee
tov|a *I s1* twisted (tangled) knot (bunch) **II** *v1*, ~ [*ihop*] *sig* become tangled **-ig** *a1* tangled, matted
toxin *s4*, *s3* toxin
trad *s3* [shipping, (sea)] route
tradition tradition **-ell** *a1* traditional
trafik *s3* **1** traffic; (*drift*) service; *genomgående* ~ through traffic; *gå i* [*regelbunden*] ~ *mellan* ply between; *visa hänsyn i* ~*en* show courtesy on the road; *sätta in en buss i* ~ put a bus into service; *vårdslöshet i* ~ careless driving; *ej i* ~ (*på skylt*) depot only **2** (*hantering*) traffic, trade; ~*en med narkotika* the traffic in narcotics **-abel** [-'ka:-] *a2* trafficable **-ant** user, customer; (*landsvägs-*) road-user; (*fotgängare*) pedestrian **-delare** traffic pillar (island) **-döden** the traffic toll
trafik|era (*färdas på*) use, frequent, travel by; (*ombesörja trafik på*) operate, work, ply on; *livligt* ~*d* heavily trafficked, busy; ~ *en linje* operate a route **-försäkring** traffic insurance **-hinder** traffic obstacle; hold-up in [the] traffic **-kort** heavy vehicle licence **-ledare** *flyg.* control officer **-ljus** traffic light[s] **-olycka** traffic (road, street) accident **-skylt** traffic sign, signpost **-stockning** traffic jam, congestion of the traffic **-säkerhetsverk** ~*et* [the Swedish] national road safety office **-vakt** traffic warden
tragedi [-ʃe'di:] *s3* tragedy
traggla (*käxa*) go on (*om* about); (*knoga*) plod on (*med* with)
tragik [-g-] *s3* tragedy; ~*en i* the tragedy of **-isk** ['tra:-] *a5* tragic[al]
trakass|era pester, badger; persecute **-eri** pestering, badgering; persecution
trakt *s3* (*område*) district, parts (*pl*); region; *här i* ~*en* in this neighbourhood, hereabout[s], round about here
traktamente [-'menn-] *s6* allowance [for expenses], subsistence allowance
traktat 1 (*fördrag*) treaty; *ingå en* ~ make a treaty **2** (*småskrift*) tract
traktera 1 (*bjuda*) treat (*ngn med* s.b. to); (*underhålla*) regale (*ngn med* s.b. with); *inte vara vidare* ~*d av* not be flattered (particularly pleased) by **2** (*spela*) play; (*blåsa*) blow
traktor [-år] *s3* tractor; (*band-*) caterpillar [tractor]
1 trall *s2*, *s7* (*golv-*) duckboard; *sjö.* grating
2 trall *s2* (*låt*) melody, tune; *den gamla* ~*en*

(*bildl.*) the same old routine
1 tralla *v1*, ~ [*på*] warble, troll
2 tralla *s1* (*transport-*) truck; (*dressin*) trolley
tramp *s7* tramping, tramp
trampa I *s1* (*på cykel o.d.*) pedal; (*på maskin*) treadle **II** *v1* tramp, tread; (*cykel, symaskin etc.*) treadle, pedal; (*tungt*) tramp; (*orgel*) blow the bellows of; ~ *i klaveret* drop a brick, put one's foot in it; ~ *ngt i smutsen* (*bildl.*) trample s.th. in the dirt; ~ *ihjäl* trample to death; ~ *ner a*) (*jord*) tread down, *b*) (*gräs*) trample down, *c*) (*skor*) tread down at the heels; ~ *ngn på tårna* tread on a p.'s toes; ~ *sönder* tread (trample) to pieces; ~ *ur* (*koppling*) declutch; ~ *ut barnskorna* grow up; ~ *vatten* tread water
tramp|bil (*för barn*) pedal car **-dyna** pad, matrix
trampfart tramping, tramp trade; *gå i* ~ run in the tramp trade
trampmina *mil.* antipersonnel mine
trampolin *s3* [high-diving] springboard; (*vid simhopp äv.*) diving board, high-board
trams *s7*, *vard.* nonsense, drivel, rubbish **tramsa** act (play) the fool, fool around **tramsig** *a1* daft; *nu är du* ~ you are being silly
tran *s3*, *s4* train (whale) oil
trana *s1* crane
trans *s3* trance; *vara i* ~ be in a trance
trans|aktion transaction **-atlantisk** [-'lann-] transatlantic
transfer ['trans-] *s9* transfer **-era** transfer
transform|ator [-ˣa:tår] *s3* transformer **-era** transform
transfusion [blood] transfusion
transistor [-ˣsistår] *s3* transistor
transit ['trans-, -'si:t] *s3* transit **-era** pass (convey) in transit, transit **-hall** transit lounge (hall)
transitiv ['traın-] *a1* transitive
trans|mission transmission; *tekn. äv.* countershaft transmission **-parang** transparency **-plantat** *s7* transplant, organ (tissue) transplanted **-plantation** transplantation, [skin] grafting **-plantera** transplant, graft **-ponera** transpose
transport [-å-] *s3* **1** (*forsling*) transport[ation], conveyance; (*fraktavgift*) cost of transport; *under* ~*en* in transit; *fördyra* ~*en* increase the cost of transport **2** (*överlåtelse av check etc.*) transfer; *bokför.* carried forward (*utgående saldo*), brought forward (*ingående saldo*) **3** (*förflyttning*) transfer, removal; *söka* ~ apply for transfer (*etc.*) **-abel** [-'a:bel] *a2* transportable **-arbetare** transport worker **-band** conveyor belt **-era** (*jfr transport*) **1** transport, carry, convey **2** (*överlåta*) transfer (*på* to); *bokför.* carry (bring) forward **3** (*förflytta*) transfer, remove **-försäkring** transport (transportation) insurance **-medel** means of transport (conveyance) **-ör** *tekn.* conveyor
transsibirisk [-'bi:-] trans-Siberian
transvestit *s3* transvestite
trapets 1 *s7*, *s4*, *mat.* trapezium; *AE.* trapezoid **2** *s3*, *gymn.* trapeze
trapp|a I *s1* (*utomhus*) stairs (*pl*), flight of stairs; (*farstu-*) doorstep[s *pl*]; (*inomhus*) stairs (*pl*), staircase, stairway, flight [of stairs]; *en* ~ *upp* on the first (*AE.* second) floor, (*i tvåvåningshus*) upstairs; ~ *upp och* ~ *ner* up and down stairs; *i* ~*n* on the stairs; *nedför* (*uppför*) ~*n* down (up) the

stairs, downstairs (upstairs) **II** v1, ~ av reduce; ~ ned reduce; ~ upp escalate, step up **-avsats** (inomhus) landing; (utomhus) platform **-hus** stairwell **-ljus** staircase light **-räcke** [staircase] banisters (pl) **-steg** step, stair; bildl. äv. stage **-stege** stepladder **-uppgång** staircase; stairs (pl)

tras|a I s1 **1** [piece of] rag; shred; falla (slita) i -or go to (tear [in]to) rags; utan en ~ på kroppen without a rag of clothing on one's body; våt som en ~ wringing wet; känna sig som en ~ feel washed out **2** se damm-, skur- **II** v1, ~ sönder tear [in]to rags (shreds, äv. bildl.) **-docka** rag doll **-grann** (om pers.) tawdry, shoddy; (om sak) gaudy **-ig** al ragged, tattered; (om kläder äv.) torn; (i kanten) frayed; (sönderbruten) broken; (i olag) out of order; ~a nerver frayed nerves

traska trudge; trot (i väg off; omkring [a]round)

trasmatta rag (rug) [mat]

trassel ['trass-] s7 **1** (oreda) tangle; bildl. äv. muddle, confusion; (besvärligheter) trouble; bother (sg), complications (pl); ställa till ~ make trouble (för ngn for s.b.), vard. kick up a fuss **2** (textilavfall) cotton waste, waste wool **-sudd** piece of cotton waste

trassl|a (krångla) make a fuss, be troublesome; ~ ihop get into a tangle, entangle; ~ in sig a) get itself (o.s.) entangled (i in), b) (bildl. om pers.) entangle o.s., get o.s. involved (i in); ~ med betalningen be irregular about paying; ~ till a) se ~ ihop, b) bildl. muddle; ~ till sina affärer get one's finances into a muddle; ~ [till] sig get entangled; ~ sig fram a) make one's way along with difficulty, b) bildl. muddle along; ~ sig ifrån wriggle out of **-ig** al tangled, entangled; (friare) muddled; ~a affärer shaky finances

trast s2 thrush

tratt s2 funnel; (matar- etc.; stormvarningssignal) hopper

tratta v1, ~ i ngn ngt (äv. bildl.) stuff s.b. with s.th.; ~ ngt i öronen på ngn din s.th. into a p.'s ears; ~ ngn full med lögner stuff s.b. with a lot of lies

trattformig [-å-] al funnel-shaped, funnelled

trav s4, s3 trot; rida i ~ ride at a trot; sätta av i ~ start trotting; hjälpa ngn på ~en (bildl.) put s.b. on the right track, give s.b. a start
1 trava (lägga i trave) pile, stack (virke wood)
2 trava trot; ~ på trot along

travbana trotting course (track)

trave s2 pile, stack (böcker of books; ved of wood)

travers [-'värs] s3 **1** (lyftkransanordning) overhead [travelling] crane; (tvärbalk) cross member **2** mil. traverse

travestera v1, **travestj** s3 travesty, spoof

trav|häst trotter, trotting horse **-kusk** sulky driver **-sport** trotting

tre three; (för sms. jfr fem-); ~ och ~ (~ i taget) three at a time; ett par ~ stycken two or three; alla ~ böckerna all three books; vi gjorde det alla ~ all [the] three of us did it; i ~ exemplar in triplicate, in three copies; alla goda ting är ~ all good things are three in number

tre|a s1 three; (lägenhet) three-room flat, flat with two bedrooms; ~n[s växel] [the] third [gear]; han

kom ~ he came in third (as number three); han blev ~ he was number three **-bent** [-e:-] a4 three-legged **-dimensionell** al three-dimensional, three-D

tredje [ˣtre:d-] third; ~ graden (jur.) third degree; ~ klass third class; ~ man a) (jur.) third party, b) kortsp. [the] third hand; ~ riket the Third Reich; ~ världen the Third World; ~ statsmakten the Press **-dag** ~ jul the day after Boxing Day **-del** third; en ~s a third of; två ~ar two thirds

tredska s1 refractoriness, defiance; jur. obstinacy, contumacy **tredskas** dep be refractory

tredubb|el treble, threefold, triple; det -la priset treble (three times) the price **-la** treble, triple

treenig triune **-het** triunity, trinity; ~en the Trinity

trefaldig al threefold, treble, triple **-het** [ˣtre:-, -'fall-] kyrkl. [the] Trinity **-hetssöndag** ~en Trinity Sunday

tre|falt threefold, trebly; thrice (lycklig blessed) **-fasström** three-phase current **-fjärdedelstakt** [-ˣfjä:r-] three-four [time], AE. threequarter time **-glasfönster** triple glazing (koll.) **-hjuling** [-j-] three-wheeler; (cykel) tricycle; (bil) tricar **-hundratalet** the fourth century **-hundraårsjubileum** tercentenary, tercentennial **-kantig** triangular; ~ hatt cocked (threecornered) hat **-klöver** bot. three-leaf clover; bildl. trio **-kvart** på ~ at an angle

trekvarts i ~ timme for three quarters of an hour **-lång** three-quarter length **-strumpa** knee hose (sock)

treledare three-wire, triple wire

trenchcoat ['tren(t)ʃkåt] s2 trench coat

trend s3 trend, fashion **-ig** al trendy

tre|rumslägenhet three-room[ed] flat; twobedroom flat **-siffrig** al three-figure; three-digit **-steg** sport. triple jump, hop, step and jump **-stjärnig** [-jä:-] al three-star (konjak brandy) **-takt** mus. three-four time, AE. three-quarter time **-tal** (antal av tre) triad; kortsp., ~ i ess three aces; ~et [the number] three **-tiden** vid ~ [at] about three [o'clock]

tretti|o [ˣtretti(ɔ), 'tretti(ɔ)] thirty; klockan tre och ~ at three thirty **-onde** [-å-] thirtieth **-on[de]del** thirtieth[part]

trettio|tal ett ~ some (about) thirty; på ~et (1930-talet) in the thirties **-årig** al thirty-yearold; ~a kriget the Thirty Years' War

tretton [-ån] thirteen **-dagen** Twelfth Day, Epiphany **-dagsafton** Twelfth Night **-de** thirteenth **-hundratalet** på ~ in the fourteenth century **-årig** al thirteen-year-old

trev|a grope [about] (efter for); ~ efter ord fumble for words; ~ i mörkret go groping about (bildl. be groping in the dark; ~ sig fram grope one's way along **-ande** a4 groping, fumbling; bildl. äv. tentative **-are** feeler

trev|lig [ˣtre:v-] al pleasant, agreeable; (mera vard.) nice; AE. äv. cute; (rolig) enjoyable; (om lägenhet o.d.) comfortable; (sällskaplig) sociable; ~ resa! a pleasant journey!, bon voyage!; vi hade mycket ~t we had a very nice time, we enjoyed ourselves very much; vi har haft mycket ~t we have had a wonderful time; det var ~t att [*få*] *höra* I am glad to hear that; *det var just ~t!* (*iron.*) what a pretty kettle of fish! **-nad** *s3* comfort, comfortable feeling; *sprida ~ omkring sig* create a cheerful atmosphere

tre|våningshus three-storeyed house **-årig** *a1* three-year[s']; (*om barn o. djur*) three-year-old **-åring** child of three [years of age]; (*om häst*) three-year-old

triangel [-'aŋ-] *s2* triangle **-drama** eternal-triangle drama **-formig** [-å-] *a1* triangular

tribun *s3* (*plattform*) platform, tribune

tribunal *s3, s4* tribunal

tribut *s3* tribute

1 trick *s7, s2, kortsp.* trick [over book]

2 trick *s7* (*knep*) trick, dodge; (*reklam- etc.*) gimmick

tricksa use tricks; *~ med bollen* dribble

trigonometri *s3* trigonometry

trikå *s3* **1** (*tyg*) tricot, stockinet[te] **2** *~er* tights; *hudfärgade ~er* fleshings **-varor** *pl* knitwear (*sg*), knitted (*hosiery*) goods

trilla I *s1* (*vagn*) surrey **II** *v1* **1** (*rulla*) roll; *~ piller* make pills **2** (*ramla*) drop, fall, tumble; (*om tårar*) trickle; *~ omkull* tumble over; *~ av pinn* (*vard.*) kick the bucket

trilling triplet

tril|sk *a1* (*motsträvig*) contrary; (*egensinnig*) wilful; (*omedgörlig*) intractable; (*tjurig*) mulish, pig-headed **-ska** *s1* contrariness *etc.* **-skas** *dep* be contrary (*etc.*)

trim [trimm] *s9, s7* trim; *vara i ~* (*sport o. vard.*) be in good trim **-ma** *sjö.* trim (*äv. pälsen på hund*); (*justera motor o.d.*) trim, adapt

trind *a1* (*rund*) round[-shaped], roundish; (*fyllig*) plump, *vard.* tubby, chubby

trio ['tri:ɔ] *s5* trio

1 tripp *s3, s2* (*resa*) [short] trip (*äv. narkotikurus*); *göra* (*ta sig*) *en ~* go for (take) a trip

2 tripp *i uttr.: ~ trapp trull* a) (*spel*) noughts and crosses, tick-tack-toe, b) *bildl.* one, two, three [going down in height]

tripp|a (*gå på tå*) trip along; (*knarka*) trip **-ande** *a4* tripping; *~ steg* mincing steps **-mätare** trip meter

triss|a I *s1* [small] wheel, trundle, disc; (*i block e.d.*) pulley; (*sporr-*) rowel; *dra på -or!* (*vard.*) go to blazes! **II** *v1, ~ upp priserna* push up the prices

trist *a1* (*långtråkig*) tiresome, tedious; (*dyster*) gloomy, dismal; (*sorgsen*) sad, melancholy; (*föga uppbygglig*) depressing, dreary **-ess** tiresomeness *etc.*; melancholy

triumf *s3* triumph **-era** triumph; (*jubla*) exult **-erande** [-'fe:-] *a4* triumphant, exultant; *~ leende* triumphant smile

triv|as *v2, dep* get on well, be happy; (*frodas*) thrive; (*blomstra*) flourish, prosper; *han -s i England* he likes being (likes it) in England; *~ med* like, (*ngn äv.*) get on [well] with

trivial *a1* trivial; commonplace

trivsam [-i:-] *a1* pleasant, comfortable, cosy, snug; (*om pers.*) easy to get on with, congenial **-het** cosiness, hominess; congeniality

trivsel ['tri:v-] *s9* (*välbefinnande*) wellbeing, comfort[ableness]; (*trevnad*) ease, cosiness

tro I *s9* **1** belief (*på* in); (*tillit, tilltro*) faith, trust (*till, på* in); *~, hopp och kärlek* faith, hope, love;

den kristna ~n the Christian faith; *i den ~n att* believing (thinking) that; *leva i den ~n att* believe that; *i den fasta ~n att* convinced that; *i god ~* in good faith, bona fide; *sätta ~ till* trust, believe, (*ngn äv.*) put confidence in **2** *svära ngn ~ och lydnad* swear allegiance to s.b.; *uppsäga ngn ~ och lydnad* withdraw one's allegiance from s.b.; *på ~ och loven* on one's honour; *skänka ngn sin ~* give s.b. one's plighted word **II** *v4* **1** believe, trust; (*förmoda*) think, suppose, *AE. o. vard.* guess, reckon; (*föreställa sig*) imagine, fancy; *ja, jag ~r det* yes, I believe so; *jag skulle ~ det* I should think so; *~ det den som vill!* believe that if you like!; *du kan aldrig ~ hur* you can't possibly imagine how; *~ mig, ... take my word for it, ...; believe me, ...; ..., må du ~! ...,* I can tell you!; *det ~r du bara!* that's only your imagination (an idea of yours)!; *det var det jag ~dde!* [that's] just what I thought!; *det ~r jag det!* I should jolly well think so!; *~ ngn om gott* *o.l.* *will of s.b., ~ ngt om ngn* believe s.th. of s.b.; *~ ngn på hans ord* take a p.'s word for it; *~ ngn vara* believe s.b. to be; *~ på* believe in (*äv. relig.*), (*hålla för sann*) believe **2** *rfl* think (believe) o.s. (*säker safe*); *~ sig vara* think that one is, consider (believe) o.s. to be; *~ sig kunna* believe o.s. (that one is) capable of (+ *ing-form*) (able to)

tro|ende *a4* believing; *en ~* a believer; *de ~* (*äv.*) the faithful **-fast** true, constant (*vän* friend); loyal (*vänskap* friendship); faithful (*kärlek* love); (*av sig*) true-hearted, trusty

trofé *s3* trophy

trogen *a3* faithful (*intill döden* unto death; *mot* to); true (*sina ideal* to one's ideals); *sin vana ~* true to habit

trohet faithfulness; fidelity; loyalty

trohets|brott breach of faith **-löfte** vow of fidelity

trohjärtad [-j-] *a5* true-hearted; (*ärlig*) frank; (*förtroendefull*) confiding

Troja [ˣtråjja] *n* Troy **troj|an** [-å-] *s3,* **-ansk** [-a:-] *a3* Trojan

trojka [ˣträjj-] *s1* troika

trolig *a1* probable, likely; *AE. äv.* apt; (*trovärdig*) credible, plausible; *det är ~t att han* he will probably (is likely to); *det är föga ~t* it is hardly likely; *hålla* [*det*] *för ~t att* think it likely that; *söka göra ngt ~t* try to make s.th. plausible **-en, -tvis** very (most) likely, probably; *han kommer ~ inte* he is not likely to come

troll [-å-] *s7* troll; (*elakt*) hobgoblin; *när man talar om ~en står de i farstun* talk of the devil and he'll appear; *ditt lilla ~!* you little witch

troll|a (*utöva -dom*) conjure; (*om -konstnär*) perform conjuring tricks; *~ bort* spirit (conjure) away; *~ fram* conjure forth (up) **-bunden** spellbound **-dom** [-dɔmm] *s2* witchcraft, sorcery; (*magi*) magic; *bruka ~* use magic, practise witchcraft **-eri** magic, enchantment **-formel** magic formula; charm, spell; (*besvärjelse*) incantation **-karl** magician, wizard; sorcerer **-konst** *~er* (*häxas*) magic (*sg*); (*-konstnärs*) conjuring (jugglery) trick; *göra ~er* perform conjuring tricks **-konstnär** conjurer **-kraft** magic power **-kunnig** skilled in magic **-packa** *s1* witch, sorceress **-slag** *som genom ett ~* as if by [a stroke of] magic

-slända dragonfly **-spö, -stav** magic wand

trolsk [-å-] *a1* magic[al]; *(tjusande)* bewitching; *(hemsk)* weird

trolös faithless, unfaithful, disloyal *(mot* to); *(förrädisk)* treacherous, perfidious *(mot* to, towards) **-het** faithlessness; breach of faith; ~ *mot huvudman* breach of trust committed by an agent on his principal

tromb [-å-] *s3 (skydrag)* tornado

trombon [tråm'bå:n] *s3* trombone **-ist** trombonist

tron *s3* throne; *avsäga sig ~en* abdicate; *bestiga ~en* ascend (accede to) the throne; *störta ngn från ~en* dethrone s.b.

tron|a be enthroned *(på* on) **-arvinge** heir to the throne **-följare** successor to the throne **-följd** succession [to the throne] **-följdsordning** act of succession; *Storbritannien* act of settlement **-sal** throne room, room of state **-tal** speech from the throne

trop|ik *s3* tropic; *~erna* the Tropics, the torrid (tropic) zone *(sg)* **-isk** ['trå:-] *a5* tropic[al]

tropp [-å-] *s2* troop; *(infanteri-)* section; *gymn.* squad **troppa** [-å-] **1** *mil.* troop *(fanan* the colour) **2** ~ *av* move off

tros|artikel article of faith; *(friare)* doctrine **-bekännelse** confession (declaration) of [one's] faith; *(lära)* creed; *augsburgska ~n* the Augsburg Confession **-frihet** religious liberty

troskyldig true-hearted; frank *(blick* look)

trosor *pl* briefs, panties

1 tross [-å-] *s2, sjö.* hawser; rope

2 tross [-å-] *s2, mil.* baggage [train]; supply vans *(pl)*

trossamfund religious community

trossbotten *byggn.* double floor[ing]; *sjömil.* lower deck; *(manskapslogement)* crew's quarter

trosviss full of implicit faith

trotjänar|e, -inna *[gammal]* ~ faithful old servant

trots [-å-] **I** *s7* defiance *(mot* of); *(motsträvighet)* obstinacy *(mot* to[wards]), scorn *(mot* of); *visa ~ mot ngn* bid defiance to (defy) s.b.; *i ~ av* in spite of; *på ~* in (out of) defiance; *alla ansträngningar till ~* in spite of all efforts **II** *prep* in spite of; notwithstanding, despite

trots|a defy; *(bjuda ... trots)* bid defiance to; *(utmana)* brave, scorn, stand up to; *det ~r all beskrivning* it is beyond description **-ig** *a1* defiant *(mot* to, towards); *(uppstudsig)* refractory *(mot* towards); *(hånfull)* scornful, insolent **-ålder** *~n* the obstinate age

trottoar *s3* pavement; *AE.* sidewalk **-kant** kerb; *AE.* curb

trovärdig credible; *(tillförlitlig)* reliable, trustworthy; *från ~t håll* from a reliable quarter **-het** credibility; reliability, trustworthiness

trubadur troubadour

trubba ~ *[av, till]* blunt, make blunt

trubbel ['trubb-] *s7, vard.* trouble

trubbig *a1* blunt; *(avtrubbad)* blunted; *(ej spetsig)* pointless; *(om vinkel)* obtuse

truck *s2* truck; *(med lyftanordning)* lift truck

truga ~ *ngn att* press s.b. to, urge (importune, solicit) s.b. to; ~ *i (på) ngn ngt* press s.th. [up]on s.b.; ~ *sig på ngn* force o.s. [up]on s.b.; ~ *i sig*

maten force o.s. to eat

trum|broms drum (expanding) brake **-eld** drumfire

trumf *s7, s2* trump; *spader är* ~ spades are trumps; *sitta med alla* ~ *på hand* have all the trumps; *spela ut sin sista* ~ play one's last trump *(bildl.* card)

trumfa trump, play trumps; ~ *i ngn ngt* drum (pound) s.th. into a p.'s head; ~ *igenom* force through, *AE. vard.* railroad; ~ *över ngn* out trump s.b.

trum|hinna eardrum, tympanic membrane **-ma** **I** *s1* **1** *mus.* drum; *slå på* ~ beat the drum *(för* for) **2** *tekn.* drum, cylinder, barrel **II** *v1* drum; *(om regn äv.)* beat; ~ *ihop (bildl.)* drum (beat) up; ~ *på piano* strum on the piano

trumpen *a3* sulky, sullen; morose

trumpet *s3* trumpet; *blåsa [i]* ~ play (sound) the trumpet

trumpet|a trumpet *(ut* forth) **-are** [-ˣpe:-] trumpeter; *mil. äv.* bugler

trum|pinne drumstick **-skinn** drumhead **-slagare** drummer **-virvel** drum roll

trupp *s3* troop; *(-styrka)* contingent; *(-enhet)* unit, detachment; *(idrotts-)* team; *(teater-)* troupe, company; *~er (mil.)* troops, forces **-rörelse** military movement **-slag** branch of service, arm

trust *s3* trust

1 trut *s2, zool.* gull

2 trut *s2, vard. (mun)* kisser; *hålla ~en* shut up; *vara stor i ~en* blow one's own trumpet

truta ~ *med munnen* pout [one's lips]

tryck *s7* **1** *(fys. o. friare)* pressure *(på* on); weight *(över bröstet* on one's chest); *bildl.* constraint, strain; *språkv.* stress; *utöva* ~ exert pressure, *(friare)* put pressure *(på* on); *det ekonomiska ~et* the financial strain **2** *(av bok e.d.)* print; *(av-)* impression; *komma ut i* ~ appear (come out) in print; *ge ut i* ~ print, publish

tryck|a *v3* **1** *(fys. o. friare)* press *(mot* against, to); *(klämma)* squeeze; *(tynga [på])* lie heavy on, oppress; *tryck!* *(på dörr)* push!; *tryck på knappen!* press the button!; ~ *ngns hand* shake a p.'s hand; ~ *ngn till sitt bröst* press (clasp) s.b. to one's breast; ~ *en kyss på* imprint a kiss on **2** *(med betonad partikel)* ~ *av* a) *(ta avtryck av)* impress, b) *(kopiera)* copy [off], c) *(avskjuta)* fire, *absol.* pull the trigger; ~ *fast* press on; ~ *ihop* press (squeeze) together; ~ *in (ut)* press (force) in (out); ~ *sig intill* press up against; ~ *ner* down, *(friare o. bildl.)* depress; ~ *upp* press up, force open **3** *(om villebråd)* squat; *ligga o.* ~ *(om pers.)* lie low **4** *boktr. o.d.* print; *(med stämpel)* stamp; ~ *en bok i 2 000 exemplar* print 2,000 copies of a book; ~ *om* reprint; *-es (på korrektur)* ready for press **-ande** *a4* pressing *etc.*; *(friare o. bildl.)* oppressive; *(om väder)* sultry, close; *(tung)* heavy; *värmen känns* ~ the heat is oppressive **-are** printer; *(dans)* BE. *sl.* smooch **-bokstav** *(textad)* block letter **-dräkt** pressure suit **-eri** printing works (house); *(motsats sätteri)* press room; *skicka till ~et* send to the printer[s] **-fel** printer's error, misprint **-frihet** freedom (liberty) of the press

tryckfrihetsförordning press law

tryck|färg printing (printer's) ink **-kabin** *flyg.* pressure cabin **-kammare** pressure chamber **-knapp 1** (*strömbrytare*) push button **2** (*för knäppning*) press stud; *AE.* snap fastener **-kokare** pressure cooker **-luft** compressed air **-luftsdriven** *a5* pneumatic, air-operated

tryck|ning 1 (*av böcker o.d.*) printing; *godkännes till* ~ ready for press; *lämna till* ~ hand in to be printed; *under* ~ in the press; *boken är under* ~ (*äv.*) the book is being printed **2** pressing *etc.*; pressure; (*med fingret*) press **-press** printing press **-punkt 1** *fysiol.* pressure spot **2** *elektr.* pressure (feeding) point **-sak** ~*er* printed matter (paper) **-stil** [printing] type

tryck|t 1 pressed *etc.* **2** *boktr.* printed (*hos* by); ~*a kretsar* (*radio.*) printed circuits **3** (*nedstämd*) oppressed, dejected **-våg** blast wave

trygg *al* safe, secure (*för* from); (*om pers.*) confident; (*orädd*) dauntless, assured

trygg|a make safe, secure (*för, emot* from); *safeguard;* ~ *framtiden provide for the future,* ~*jet den* guarantee the peace; ~*d ålderdom* a carefree (secure) old age **-het** safety, security **-hetsavtal** job security agreement **-hetskänsla** feeling (sense) of security

tryggt *adv* safely *etc.*, with safety; ~ *påstå* confidently declare

tryne *s6* snout; *ett fult* ~ (*vard.*) an ugly mug

tryta *tröt trutit* (*fattas*) be lacking; (*ta slut*) run short, be deficient; *förråden börjar* ~ supplies are getting low (running short); *krafterna börjar his (etc.) strength is beginning to ebb; tålamodet tröt mig* my patience gave out

träckla tack; ~ *fast ngt* tack s.th. on (*på, vid* to) **tråd** *s2* thread; (*bomulls-*) *cotton;* (*metall-*) wire; (*glöd-*) filament; (*fiber*) fibre; *den röda* ~*en* (*i berättelse o.d.*) the main theme; *går som en röd* ~ *genom* runs all through, is the governing idea of; *få ngn på* ~*en* (*tel.*) get s.b. on the line; *hålla i* ~*arna* (*bildl.*) hold the reins; *hans liv hängde på en* ~ his life hung by a thread; *tappa* ~*en* (*bildl.*) lose the thread **-buss** trolley bus **-fin** threadlike, finespun **-ig** *al* fibrous, filamentous; (*om kött e.d.*) stringy **-lös** wireless (*telegrafi* telegraphy) **-rulle** (*med tråd*) reel of cotton, *AE.* spool of thread; (*för tråd*) cotton spool **-sliten** threadbare

tråg *s7* trough; (*mindre djupt*) tray

tråk|a (*driva med*) tease, (*starkare*) pester; ~ *ihjäl* (*ut*) bore to death **-ig** *al* (*lång-*) boring, tedious; (*om pers. äv.*) dull; (*ointressant*) uninteresting; (*besvärlig*) tiresome; (*oangenäm*) unpleasant, disagreeable; *en* ~ *historia* a nasty affair; *en* ~ *människa* (*äv.*) a bore; *så* ~*t!* (*så synd*) what a pity!, (*det gör mig ont*) oh, I'm sorry!; *det var verkligen* ~*t!* that was too bad!; *det var* ~*t för dig!* how tiresome for you!; *det vore* ~*t om* I (we) should be [very] sorry if **-ighet** (*utan pl*) tediousness *etc.*; (*med pl*) trouble, annoyance **-igt** *adv* tediously *etc.*; ~ *nog* unfortunately, I am sorry to say; *ha* ~*t* be bored, have a tedious time of it **-måns** *s2* bore

trål *s2*, **tråla** *v1* trawl **trålare** trawler

trån|a pine, languish (*efter* for) **-ad** *s3* pining, languishing (*efter* for)

trång *-t trängre trängst* narrow (*i halsen* in (at) the

neck; *över ryggen* across the back); (*åtsittande*) tight; (*om bostad e.d.*) cramped; *det är* ~*t i* there is very little space in, (*det är fullt med folk*) ... is very crowded; *det är* ~*t om saligheten* there's not much room to move **-bodd** *al* overcrowded; *vara* ~ be cramped for space, live in overcrowded conditions **-mål** distress; (*penningknipa*) embarrassment, straits (*pl*); *råka i* ~ get into straits (*vard.* a tight corner) **-synt** [-y:-] *al* narrow; *vara* ~ have a narrow outlook

trångt *adv, bo* ~ live in [over]crowded conditions; *sitta* ~ *a*) sit close together, *bildl.* be hard up, be in a tight corner, *b*) (*om plagg*) fit too tight

trä *s6* wood; *av* ~ (*äv.*) wooden; *ta i* ~! touch wood! **-aktig** *al* woodlike; *bildl.* woody, wooden **-ben** wooden leg **-blåsinstrument** woodwind instrument **-bock 1** (*bock av trä*) wooden trestle **2** *pers.* dry stick

träck *s3* excrement[s *pl*]; (*djur-*) dung

träd *s7* tree; *växer inte på* ~ (*bildl.*) don't grow on trees; *inte se skogen för bara* ~ not see the wood for the trees

1 träda *v2* (*gå, komma*) step, tread; ~ *i förbindelse med* enter into a relationship with; ~ *i kraft* come into force, take effect; ~ *i likvidation* go into liquidation; ~ *emellan* step between, *absol. äv.* intervene; ~ *fram* come (step) forward; ~ *tillbaka* retire, withdraw (*för* in favour of); ~ *ut* step (walk) out

2 träda *v2* (~ *på*) thread (*på* on to); (*halsband äv.*) *string;* (*fönrr*) *pass, slip;* ~ *en handske på handen* draw a glove on to the hand; ~ *på en nål* thread a needle; ~ *en nål* (*ett band*) *igenom ngt* run a needle (ribbon) through s th.; ~ *pärlor på ett band* thread pearls on [to] a string, string pearls; ~ *upp* thread (*på* on [to])

3 träda *s1* (*trädesåker*) fallow [field], lay-land; *ligga i* ~ lie fallow

träd|gräns timber (tree) line **-gård** ['träggå:rd, ×trägg-] *s2* garden; *AE. äv.* yard; *anlägga en* ~ lay out a garden; *botanisk* (*zoologisk*) ~ botanical (zoological) gardens (*pl*)

trädgårds|arbete gardening, garden work **-arkitekt** landscape gardener (architect) **-land** garden plot **-mästare** gardener

träd|stam tree trunk **-topp** tree top

träff *s2* **1** (*skott som -ar*) hit; *få in en* ~ score a hit **2** (*möte*) rendezvous; *AE.* date; (*för fler än två*) meeting, get-together

träff|a 1 (*vid kast, skott e.d.*) hit; strike; ~ *målet* (*sitt mål*) hit the target; *när ljudet* ~*r örat* when the sound strikes the ear; *inte* ~ *målet* (*äv.*) miss the mark **2** (*möta*) meet; see; *jag skall* ~ *dem i morgon* I shall see them tomorrow; ~ *ngn hemma* find s.b. at home; ~*s herr A.?* is Mr. A. in (at home)?, (*i telefon*) can I speak to Mr. A.?, is Mr. A. available?; *doktorn* ~*s mellan 8 och 9* the doctor is at home to callers between 8 and 9; ~ *på* [happen to] come across (come [up]on, meet with) **3** (*drabba*) hit, strike; ~*s av solsting* get sunstroke **4** (*riktigt återge*) hit off; catch; ~ (*gissa*) rätt hit on the right answer; ~ *den rätta tonen* (*äv. bildl.*) strike the right note **5** (*vidtaga*) make (*anstalter* arrangements); ~ *ett val* make a choice **-ad** *a5* hit; *känna sig* ~ (*bildl.*) feel guilty **-ande** *a4* to the point; pertinent (*anmärkning* remark);

(*välfunnen*) apposite, appropriate **-as** *dep* meet; *vi skall ~ i morgon* we shall meet (be seeing each other) tomorrow

träff|punkt point of impact **-säker** sure in aim; *bildl.* sure (*omdöme* judgment); apposite (*yttrande* remark); *en ~ skytt* a good marksman, a dead shot **-säkerhet** precision (accuracy) of aim; (*i omdöme*) rightness (sureness) of judgment

träfiberplatta fibreboard

trägen *a3* assiduous, persevering; *~ vinner* persevere and never fear

trä|haltig *a1* woody; *~t papper* paper containing wood fibres **-hus** wooden (timber) house; *A E. äv.* frame house **-häst** wooden horse **-ig** *a1* woody; (*om grönsak o.d.*) tough, stringy; *bildl.* wooden **-industri** timber industry **-karl** *kortsp.* dummy **-kol** charcoal

träl *s2* thrall; serf; *bildl.* slave, bondsman **träla** toil [like a slave], slave (*med* at)

trämassa wood pulp

trän|a train (*i* in; *till* for); (*öva sig*) practise; *börja ~* go into training **-ad** *a5* trained; (*erfaren*) experienced, practised **-are** trainer; coach

träng *s3* train; *Storbritannien* army service corps; *A E.* maintenance and supply troops (*pl*)

träng|a *v2* I **1** (*vara trång*) be (feel) tight **2** (*driva, pressa*) drive, force, push, press; *fienden -er oss från alla håll* the enemy presses in upon us on every side; *han -de mig efter omkörningen* he cut me up after he overtook me **3** (*bana sig väg*) force one's (its) way (*österut* east[wards]); *inte ett ljud -de över hans läppar* not a sound escaped his lips II (*med betonad partikel*) **1** *~ av* force off **2** *~ fram* penetrate, force one's (its) way (*till* to) **3** *~ igenom* penetrate, (*om vatten*) come through; *uttrycket har -t igenom i skriftspråket* the expression has found its way into the written language **4** *~ ihop* (*ngt*) compress, (*människor*) crowd (pack) together; *~ ihop sig* crowd together **5** *~ in … [i]* press (force) … in[to]; *~ in i* (*bildl.*) penetrate into; *kulan -de djupt in i* the bullet penetrated deep into **6** *~ ner* force one's (its) way down (*i* into), (*i sht bildl.*) penetrate (*i* into; *till* to) **7** *~ på* push (press) on **8** *~ undan* force (push) out of its (his *etc.*) place (out of the way) **9** *~ ut a)* (*ngn*) force (push) out, (*ngt*) displace, *b*) (*strömma ut*) force one's (its) way out, (*om rök, vätska o.d.*) issue [forth]; *ögonen -de ut ur sina hålor* his (*etc.*) eyes were starting out of their sockets III *rfl, ~ sig fram a*) eg. push one's way forward, *b*) *bildl.* push o.s. forward; *~ sig in* intrude (*i* upon); *~ sig på* force (thrust) o.s. upon (*ngn* s.b.), *absol.* intrude, obtrude ; *minnena -er sig på mig* memories come thronging in upon my mind

träng|ande *a4* (*tvingande*) pressing; (*angelägen*) urgent; *vid ~ behov* in an (a case of) emergency **-as** *v2, dep* push, jostle one another; (*skockas*) crowd [together]; *man behövde inte ~* there was no crowding

träng|re ['trän̯re] I *a, komp. t. trång* narrower; more limited; (*om plagg äv.*) tighter; *i den ~ familjekretsen* in the immediate family; *inom en ~ krets* [with]in a [strictly] limited circle II *adv* more narrowly; (*tätare*) closer [together] **-sel** ['trän̯-] *s9* crowding; (*folk-*) crush (throng) [of people];

salen var fylld till ~ the hall was thronged (packed, overcrowded) (*av* with); *det råder ~ på lärarbanan* the teaching profession is overcrowded

träning training; (*av ngn äv.*) coaching; (*övning*) practice; *ligga* (*lägga sig*) *i ~* be in (go into) training (*för* for)

tränings|overall tracksuit **-värk** *ha ~* be stiff [after training]

trä|panel wood panel[ling], wainscoting **-plugg** wooden plug (pin)

träsk *s7* marsh, swamp, fen; *bildl.* sink **träskalle** *bildl.* blockhead, num[b]skull

träskmark marshy (fenny) ground

trä|sko wooden shoe; (*med -botten*) clog **-skruv** (*av trä*) wooden screw; (*av metall*) wood screw **-slöjd** woodwork, carpentry, joinery **-smak** *vard., jag har ~* I've got a sore bottom **-snidare** woodcarver, wood engraver **-snitt** woodcut **-sprit** wood alcohol (spirit)

träta I *s1* quarrel; *häftig ~* fierce row II *v3* quarrel; (*svagare*) bicker (*om* about)

trä|tjära wood tar **-toffel** clog **-ull** wood wool, excelsior **-varor** *pl* timber (*sg*), wood products; (*bearbetade*) wooden goods **-virke** timber, wood, (*i byggnad*) woodwork; *A E.* lumber **-vit** *en ~ bokhylla* a whitewood bookcase

trög *a1* slow (*i* at; *i att* at + ing-form); (*om pers. äv.*) inactive, inert, languid; (*senfärdig*) tardy (*i att* in + ing-form); (*slö*) dull (*äv. om affärer*); *fys.* inert; (*i rörelse*) sluggish; *låset är ~t* the lock is stiff; *ha ~ mage* be constipated **-flytande** viscous, viscid; (*om vattendrag*) slow-flowing, sluggish **-het** slowness *etc.*; inactivity, inertia

trög|t [-ö:-] *adv* slowly *etc.*; *affärerna går ~* business is dull; *motorn går ~* the engine is sluggish; *det går ~* (*om arbete o.d.*) it's hard-going **-tänkt** *a1* slow-witted, slow-thinking, slow on the uptake

tröja [ˣtröjja] *s1* sweater, jersey; (*under-*) vest, singlet, *A E.* undershirt

tröska I *v1* thresh; *~ igenom* (*bildl.*) plough through II *s1* **1** *se tröskverk* **2** (*skörde-*) combine *~harvester]*

tröskel *s2* threshold (*till* of); (*dörr- äv.*) doorstep

tröskverk thresher, threshing machine

tröst *s3* consolation; solace; (*svagare*) comfort; *en klen ~* a poor consolation; *det är en ~ i olyckan* that is some consolation; *hennes ålders ~* a comfort in her old age; *skänka ~* afford consolation; *söka* [*sin*] *~ i* seek solace in

tröst|a console; solace; comfort; *Gud -e mig!* God have mercy upon me! *; ~ sig* console o.s. (*över* for); *hon ville inte låta ~ sig* she was inconsolable **-erik** full of consolation, consoling **-lös** (*som inte låter -a sig*) disconsolate; (*hopplös*) hopeless, desperate **-napp** dummy, comforter; *A E.* pacifier

trött *a1* tired (*av* with; *efter* after, as a result of; *på* of); (*uttröttad*) weary, fatigued; *jag är ~ på* (*äv.*) I am sick of; *jag är ~ i benen* my legs are tired (*av att* with, from + ing-form); *dansa sig ~* dance till one is tired [out]

trött|a tire; weary, fatigue; *det ~r att stå* standing makes you tired (is tiring); *~ ut ngn* tire s.b. out **-ande** *a4* tiring **-as** *dep* get tired (*etc.*) (*av* by)

-het tiredness; weariness, fatigue **-hetskänsla** sense of fatigue **-na** tire, get tired, weary, get weary (*på* of; *på att* of + *ing-form*) **-sam** *a1* tiring, fatiguing

tsar [(t)sa:r] *s3* tsar, czar **-inna** tsarina, czarina

T-tröja T-shirt, tee-shirt

tu two; *ett ~ tre* all of a sudden; *de unga ~* the young couple; *det är inte ~ tal om den saken* there is no question about that; *på ~ man hand* in private

tub *s3* **1** tube **2** (*kikare*) telescope

tuba *s1* tuba **-blåsare** tuba player

tubba *~ ngn till* induce s.b. to

tuberkulos [-'lå:s] *s3* tuberculosis (*i* of) (*förk.* T.B.)

tubformig [-å-] *a1* tubular

tudela divide into two [parts]; *geom.* bisect

tuff *a1* vard. (*hård*) tough (*kille* guy); (*snygg*) smart (*jacka* jacket) **-ing** tough guy

tuff-tufftåg barnspr. puff-puff, *AE.* choo-choo **tugg|a** I *s1* bite, chew II *v1* chew, (*mat äv.*) masticate; *hästen ~r på betslet* the horse is champing at the bit; *~ om* chew [over] again, *bildl.* repeat, keep harping on (*samma sak* the same string) **-gummi** (*hopskr.* tuggummi) chewing gum **-ning** chewing; mastication **-tobak** chewing tobacco

tukta 1 (*aga, äv. friare*) chastise, (*bestraffa*) punish **2** (*forma*) [hammer] dress (*sten* stone); prune (*träd* trees)

tull *s2* **1** (*avgift*) [customs] duty (*på* on); hög *är ~en på ...?* what is the duty on ...?; *betala 2 pund i ~* pay two pounds [in] duty **2** (*-verk, -hus*) customs, Customs (*pl*); *~en* (*-personalen*) the customs officers (*pl*); *gå genom ~en* go through customs **3** (*stads-*) tollgate; (*infart t. stad*) entrance to a town

tull|a 1 (*betala tull*) pay [customs] duty (*för* on) **2** (*snatta*) *~ på* (*av*) pinch some of **-behandla** clear through the Customs, clear [in]; *~de varor* goods examined and cleared **-bestämmelser** customs regulations **-bevakning** customs supervision; *konkr.* preventive service **-deklaration** customs declaration **-fri** duty-free, free of duty **-mur** tariff wall (barrier) **-myndighet[er]** customs authorities **-pliktig** dutiable, liable to duty **-station** customs station **-taxa** customs tariff **-tjänsteman** customs officer (*högre:* official) **-verk** customs [and excise] department **-visitation** customs examination

tulpan *s3* tulip

tum [tumm] *s9* inch; *en kung i varje ~* every inch a king; *jag viker inte en ~* I won't budge (give an inch)

tuml|a 1 (*falla*) tumble, fall (*över ända* over); *~ om* romp around; *~ om med varandra* have a tussle [together] **2** *~ en häst* caracole a horse **-are 1** (*delfin*) [common] porpoise **2** (*bägare*) tumbler

tumma 1 *~* [*på*] finger; *det ~r vi på!* let's shake upon it! **2** *~ på* (*jämka på*) compromise with (*hederskänslan* one's sense of honour), stretch (*en regel* stretch a point) **3** (*uppmäta i tum*) gauge

tumm|e *s2* thumb; *bita sig i ~n* (*bildl.*) get the wrong sow by the ear; *ha ~ med ngn* be chummy with s.b.; *hålla ~n på ögat på ngn* keep a tight hand on s.b.; *hålla -arna för ngn* keep one's fingers crossed for s.b.; *rulla -arna* twiddle one's thumbs; *-en upp!* thumbs up!

tummeliten [-'li:-] *r* Tom Thumb

tummelplats battlefield, battleground (*för* for)

tum|metott [-'tått, *×*tumme-] *s2* thumb **-regel** rule of thumb **-skruv** thumbscrew; *sätta ~ar på ngn* (*bildl.*) put the thumbscrews on s.b., squeeze s.b. **-stock** folding rule

tumult *s7* tumult; commotion; (*oväsen*) uproar; (*upplopp*) disturbance, riot

tumvante [woollen] mitten

tumör tumour

tundra *s1* tundra

tung *-t tyngre tyngst* heavy; weighty; (*betungande*) cumbersome, burdensome; (*svår*) hard, grievous; *bildl.* ponderous, cumbrous (*stil* style); *~ industri* (*luft*) heavy industry (air); *med ~t hjärta* with a heavy heart; *jag känner mig ~ i huvudet* my head is heavy; *göra livet ~t för ngn* make life a burden to s.b.; *det känns ~t att* it feels hard to

tunga *s1* **1** tongue; (*på våg äv.*) needle, pointer; (*i musikinstrument*) reed; (*på flagga*) tail; *en elak* (*rapp*) *~* a malicious (ready) tongue; *vara ~n på vågen* tip the scale; *ha ett ord på ~n* have a word on the tip of one's tongue; *hålla tand för ~* keep one's own counsel; *hålla ~n rätt i mun* mind one's p's and q's; *mind one's step*; *räcka ut ~n åt ngn* poke one's tongue out at **2** (*fisk*) sole

tungarbeta|d *a5* that is heavy to work; *ett -t kök* an inconvenient kitchen

tunghäfta tongue-tie, *hon lider inte av ~* (*vard.*) her tongue is well oiled

tung|metall heavy metal **-rodd** *a5, eg.* that is heavy to row; *bildl.* heavy, unwieldy; (*om arbete*) [heavy and] time-consuming

tung|sinne melancholy **-sint** *a1* melancholy, gloomy

tungsövd [-ö:-] *a5, vara ~* be a heavy sleeper

tungt *adv* heavily; *gå ~ a*) (*om pers.*) have a heavy tread, *b*) (*om maskin e.d.*) run heavily (heavy); *~ vatten* heavy water; *~ väte* heavy hydrogen, deuterium; *~ vägande skäl* weighty reasons; *hans åsikt väger ~* his opinion carries a lot of weight

tungvikt heavyweight **-are** heavyweight [boxer, wrestler]

tunik [-'ni:k, -'nikk] *s3* tunic **tunika** ['tu:-] *s1* tunic

Tunisien [-'ni:-] *n* Tunisia

tunn *a1* thin; (*om tyg äv.*) flimsy; (*om rock o.d. äv.*) light; (*om tråd*) fine; (*om dryck*) weak, watery

1 tunna *v1, ~ av* (*smalna*) get (grow) thin (thinner), (*glesna*) thin

2 tunna *s1* barrel; cask; *hoppa i galen ~* (*bildl.*) jump in the wrong box

tunnbindare cooper, hooper

tunnbröd ung. thin unleavened bread

tunnel *s2* tunnel; (*gång- äv.*) subway, *AE.* underpass **-bana** underground railway; *Storbritannien äv.* tube, underground; *AE. äv.* subway **-banestation** underground (tube; *AE.* subway) station

T

tunn|flytande *a4* thin (*vätska* liquid) **-hudad** *a5* that has a thin skin; *bildl.* thin-skinned **-hårig** thin on [the] top **-klädd** lightly clad **-skalig** *al* thin-shelled (*etc.*, *jfr skal*) **-sliten** threadbare **-sådd** *al* thinly sown; *bildl.* few and far between **-tarm** small intestine

tunt *adv* thinly; (*glest*) sparsely

tupé *s3* toupee **tupera** backcomb, tease

tupp *s2* cock; rooster; *en ~ i halsen* a frog in one's throat

tupp|a *vard., ~ av* pass out, black out **-fäktning** cockfighting **-kam** crest, cockscomb **-kyckling** cockerel; *bildl.* coxcomb, cocky young devil **-lur** catnap; *ta sig en ~* (*äv.*) have forty winks

1 tur *s3* (*lycka; lyckträff*) luck; *ha ~* have luck, be lucky; *ha ~ med sig* (*medföra ~*) bring luck; *ha ~ hos damerna* have a way with the ladies; *ha ~en att* have the [good] luck (be lucky enough) to; *~ i oturen* (*ung.*) a blessing in disguise; *mer ~ än skicklighet* more good luck than good management; *det var ~ att* it was (is) lucky that, how fortunate that

2 tur *s3* **1** (*resa*) tour; (*kortare äv.*) round; trip; (*bil- äv.*) drive; (*cykel- äv.*) ride; (*promenad äv.*) walk, stroll; *~ och retur*[*-resa*] return journey, *AE.* round trip; *reguljära ~er* regular service (*sg*) (*flyg.* flights; *sjö.* sailings); *göra en ~* take (go for) a trip **2** (*i dans*) figure **3** (*följd, ordning*) turn; *i ~ och ordning* in turn, by turns; *nu är det min ~* now it's my turn; *stå närmast i ~* be next (on the list)

tur|a *v1*, **-as** *v1 dep, ~ om att* take [it in] turns to; *~ om med ngn* take turns with s.b.

turban *s3* turban

turbin *s3* turbine **-driven** turbine-powered, turbine-driven

turbul|ens *s3* turbulence **-ent** *al* turbulent

turism tourism

turist tourist; sightseer **-attraktion** tourist attraction, sight **-buss** touring (sightseeing) coach **-byrå** travel (tourist) agency (bureau) **-information** tourist information **-klass** tourist class **-valuta** tourist (travel) allowance

turk *s2* **1** Turk **2** *vard.* Turkish bath **-cypriot** Turkish Cypriot

Turkiet [-'ki:-] *n* Turkey

turk|isk ['turr-] *a5* Turkish; Turkey (*matta* carpet) **-iska** *s1* **1** (*språk*) Turkish **2** (*kvinna*) Turkish woman

turkos [-'kå:s, -'kɔ:s] *s3* turquoise

turn|é *s3* tour; *göra en ~* tour, make a tour **-era** **1** (*vara på turné*) tour **2** (*formulera*) turn, put; *väl ~d* well-turned **-ering** [-'ne:-] tournament

tur- och returbiljett return (*AE.* round-trip) ticket

tursam [ˣtu:r-] *al* lucky, fortunate

tusan *r, för ~!* hang it!; *det var ~!* well, I'll be blowed!; *av bara ~* like blazes (the very deuce); *en ~ till karl* a devil of a fellow

tusch *s3, s4* (*färg*) Indian ink

tusen ['tu:-] thousand; *T~ och en natt* The Arabian Nights; *~ sinom ~* thousands and (upon) thousands; *~ tack!* a thousand thanks!, *vard.* thanks awfully; *inte en på ~* not one in a thousand; *flera ~* several thousand[s of]; *jag ber ~ gånger om ursäkt!* [I beg] a thousand pardons!

-de I *s6* thousand **II** (*ordningstal*) thousandth **-[de]del** thousandth [part] **-foting** myriapod; centipede, millepede **-hövdad** *a5* many-headed **-konstnär** jack of all trades, handyman **-kronorssedel, -lapp** thousand-kronor note **-sköna** [-ʃ-] *s1, bot.* [common] daisy **-tal 1** *ett ~* some (about a) thousand **2** *på ~et* in the eleventh century **-tals** [-a:] thousands [of]; *in thousands* **-årig** *al* a thousand years old; *det ~a riket* the millennium **-årsjubileum** millennial celebration

tuss *s2* wad

tussa *~ hunden på ngn* set the dog on to s.b.; *~ ihop* set at each other, (*friare*) set by the ears

tussilago [-'la:-] *s5, s9, bot.* coltsfoot

tut I *s7* toot[ing] **II** *interj* toot!

1 tuta *s1* (*finger-*) fingerstall

2 tuta *v1* toot[le] (*i en lur* [on] a horn); (*med signalhorn*) hoot; *~ ngt i öronen på ngn* (*bildl.*) din s.th. into a p.'s ears

tutning [-u:-] tooting; hooting

tuv|a *s1* tussock, tuft; (*gräs- äv.*) tuft [of grass]; *liten ~ välter ofta stort lass* little strokes fell great oaks **-ig** *al* tufty

t.v. *förk. f. a*) *till vänster* to the left, *b*) *tills vidare, se vidare II 6*

TV [ˣte:ve:] *s2* (*jfr television*) TV; *Engl. vard.* telly; *AE. vard.* video **TV-apparat** TV [set]

tweed [tvi:d] *s3* tweed

tve|eggad *a5* two-edged; *bildl. äv.* double-edged **-hågsen** *a5* in two minds

tveka hesitate (*om* about, as to); be uncertain (doubtful) (*om hur man skall* [about] how to)

tvekamp duel; (*envig*) single combat

tvek|an *r* hesitation; uncertainty, indecision; *med* (*utan*) *~* with some (without [any]) hesitation **-ande** *a4* hesitating *etc.*; hesitant **-lös** unhesitating **-sam** [-e:] *al* uncertain, doubtful (*om* about, as to; *om huruvida* whether); (*obeslutsam*) irresolute; *känna sig ~* (*äv.*) feel dubious **-samhet** hesitation, hesitance; doubt[fulness]

tve|stjärt [common European] earwig **-tydig** *al* ambiguous; double-barrelled; equivocal; (*oanständig*) indecent; (*tvivelaktig*) dubious **-tydighet** ambiguousness; ambiguity; indecency

tvi *interj* ugh!; pshaw!

tvilling twin **-bror** twin brother **-syskon** *de är ~ they are twins* **-syster** twin sister

tving *s2, tekn.* clamp, cramp

tvinga *tvang tvungit* **1** *v1* force (*ngn till ngt* s.b. to do s.th.); compel (*till att* to); (*friare äv.*) constrain; (*svagare*) oblige; *~ fram* extort (*en bekännelse* a confession); *~ i ngn ngt* force s.b. to eat (drink) s.th.; *~ i sig ngt* force down s.th.; *~ på ngn ngt* force s.th. on s.b.; *~ till sig ngt* obtain s.th. by force **2** *rfl* force o.s. (*till att* to); constrain o.s.; *~ sig fram* force one's way forward; *~ sig på ngn* force o.s. on s.b.

tvingande *a4* imperative (*skäl* reasons); (*trängande*) urgent; (*oemotståndlig*) irresistible; *~ omständigheter* circumstances over which I (*etc.*) have no control; *utan ~ skäl* without urgent (very good) reasons

tvinna twine; twist; (*silke*) throw

tvist *s3* strife, quarrel; (*ordstrid*) dispute, controversy; *ligga i ~ med* be at strife (controversy) with; *slita* ~*en* decide the dispute **tvista** dispute, quarrel (*om* about)

tviste|fråga question (point) at issue, matter (point) in dispute **-frö** seed of dissension, bone of contention

tvivel ['tvi:-] *s7* doubt; (*betänkligheter*) misgivings (*pl*); *det är* (*råder*) *intet* ~ om there is no doubt about; *utan* ~ without any doubt, no doubt, doubtless; *utan allt* ~ beyond all doubt, beyond [all] question **-aktig** *a1* doubtful; dubious, questionable (*ära* honour); *det är* ~*t om* it is doubtful whether

tvivelsmål doubt[s *pl*]; *draga ngt i* ~ call s.th. in question; *sväva i* ~ *om* have doubts [in one's mind] about

tvivl|a [-i:-] ~ *på* doubt, be doubtful about, (*misstro*) mistrust, have no faith in, (*ifrågasätta*) call in question **-ande** *a4* incredulous; sceptical; *ställa sig* ~ *till* doubt, feel dubious about

TV-|kamera TV camera **-mottagare** TV set **program** TV programme **-ruta** TV screen **-sändning** TV transmission (broadcast) **-titta-re** viewer

tvungen *a3* **1** (*tvingad*) forced; enforced; *vara* ~ *att* be forced (compelled) to, have to, (*i sht av inre tvång*) be obliged to; *vara så illa* ~ have no other choice, jolly well have to; *vara nödd och* ~ be compelled to **2** *det är en* ~ *sak* it (that) is a matter of necessity **3** (*tillgjord*) forced, constrained (*leende* smile)

två *räkn* two; ~ *och* ~ two and two; *en* ~ *tre stycken* two or three [of them]; *det skall vi bli* ~ *om!* I can put the lid on that!; *kl. halv* ~ at half past one; *jag tar båda* ~ I'll take both [of them]

tva|a *s1* two; (*i spel*) *äv.* deuce; (*lägenhet*) two-room flat, one-bedroom flat; *hon kom* ~ she came [in] second; ~*n a*) *skol.* the second class, *b*) (*bilväxel*) [the] second [gear] **-bent** [-e:-] *a4* two-legged **-bladig** *a1* (*om växt*) two-leaved; (*om propeller, kniv e.d.*) two bladed **-cylindrig** *a1* twin-cylinder (*motor* engine) **-dela** halve, split; ~*d* two-piece (*baddräkt* bathing suit), in two parts **-dimensionell** *a1* two-dimensional **-faldig** *a1* twofold; double **-familjshus** two-family house; *A.E.* duplex house **-fas** two-phase **-hjuling** [-j-] two-wheeler **-hundratalet** *på* ~ in the third century

tvål *s2* soap; *en* ~ a bar (cake) of soap

tvål|a ~ *in* soap; lather; ~ *till ngn* crush s.b., deal s.b. a heavy blow **-ask** soap case **-fager** sleek **-ig** *a1* soapy **-kopp** soap dish **-opera** *A.E.* soap opera

två|mans for two [men, persons], two-person **-motorig** *a1* twin-engine[d]

tvång *s7* compulsion, coercion, constraint; (*våld*) force; *jur.* duress; *psykol.* compulsion; *det är inte ngt* ~ it is not absolutely necessary; *handla under* ~ act under compulsion (constraint); *rättsstridigt* ~ duress

tvångs|arbete forced (compulsory) labour **-föreställning** obsession **-förflyttning** compulsory transfer **-läge** *vara i* ~ be in an emergency situation **-mässig** *a1* compulsive **-tanke** obsession **-tröja** straitjacket (*äv. bildl.*) **-åtgärd** *vidtaga* ~*er* use coercive measures

två|procentig *a1* two-percent **-rumslägenhet**

two-room[ed] flat, one-bedroom flat **-siffrig** *a1* two-figure **-sitsig** *a1* two-seat[ed]; ~*t flygplan* two-seater **-stavig** *a1* two-syllable[d], dis[s]yllabic **-stämmig** *a1* for two voices, in two parts **-taktsmotor** two-stroke (*A.E.* two-cycle) engine **-tiden** *vid* ~ at [about] two [o'clock] **-våningshus** two-storey[ed] house **-årig** *a1* two-year-old; (*om växt*) biennial **-åring** child of two **-årsåldern** the age of two **-äggstvilling** fraternal twin

tvär I *s, i uttr.: då* ~*en* across, crosswise; *sätta sig på* ~*en a*) (*om sak*) get stuck crossways, *b*) (*bildl. om pers.*) turn obstinate (awkward) **II** *a1* (*plötslig*) sudden; (*abrupt*) abrupt; (*brant*) steep; (*motsträvig*) refractory; (*vresig*) sullen, blunt, brusque; *göra en* ~ *krök* make a sharp turn; *ett* ~*t avbrott a*) *eg.* a sudden break (interruption), *b*) (*skarp kontrast*) a sharp contrast (*mot* to); *ta ett* ~*t slut* come to a sudden end

tvär|a cross, go across **-bromsa** slam on the brakes, brake suddenly **-gata** cross-street; *ta nästa* ~ *till höger!* take the next turning to the right! **-gående** *a4* transverse **-huggen** *a5* squared; *bildl.* abrupt **-randig** cross-striped, banded

tvärs across; ~ [*för*] (*sjö.*) abeam of; *akter* (*för*) *om* ~ abaft (before) the beam; *härs och* ~, *se härs*; ~ *igenom* right (straight) through; ~ *över* straight (right) across; *bo* ~ *över gatan* live just across the street; *gå* ~ *över gatan* cross the street

tvär|släa crossbar, crosspiece **-snitt** cross section **-stanna** stop dead, come to a dead stop **-stopp** dead stop (halt) **-streck** cross-line; cross stroke (*äv. mus.*) **-säker** absolutely sure, positive; cocksure

tvärt *adv* squarely (*avskuren* cut); (*plötsligt*) abruptly; (*genast*) at once, directly; *svara* ~ reply straight off; *käppen gick* ~ *av* the stick broke right in two; *bryta ngt* ~ *av* break s.th. right off; *svara* ~ *nej* refuse flatly **-om** on the contrary; (*svagare*) on the other hand; *och* (*eller*) ~ and (or) contrariwise (vice versa); *alldeles* ~ just the reverse; *det förhåller sig alldeles* ~ it is just the other way round; *snarare* ~ rather the reverse

tvärvetenskaplig interdisciplinary, multidisciplinary

tvätt *s2* wash[ing]; (*kläder t.* ~) laundry; *kemisk* ~ dry-cleaning, (*-inrättning*) dry-cleaners; ~ *och strykning* washing and ironing; *är på* ~ is in the wash (*-inrättningen:* at the laundry); *gå bort i* ~*en* wash out; *skicka bort* ~*en* send the washing to the laundry

tvätt|a wash; (*rengöra*) clean (*fönsterna* the windows); ~ *kemiskt* dry-clean; ~ *åt ngn* do a p.'s washing; ~ *bort* wash away; *jag måste* ~ *upp litet kläder* I must wash out a few clothes; ~ *sig* wash [o.s.], have a wash, *A.E.* wash up; ~ *sig om händerna* wash one's hands **-anvisningar** *pl* washing instructions **-balja** washtub **-bar** *a1* washable **-bräde** washboard **-fat** washbasin; *A.E. äv.* washbowl **-inrättning** laundry; *kemisk* ~ dry-cleaning establishment **-kläder** *pl* laundry, washing (*sg*), dirty linen **-korg** clothes basket **-lapp** [face] flannel (cloth); *A.E.* washcloth, washrag **-maskin** washing machine **-medel** washing detergent (agent, powder), detergent

T

-pulver washing powder **-rum** washroom, lavatory **-stuga** (*rum*) laundry **-ställ** washstand, (*väggfast*) washbasin **-svamp** [bath] sponge **-säck** laundry bag **-äkta** washable, washproof; (*om färg*) fast; *bildl.* authentic; (*inbiten*) out-and-out

TV-övervakning [closed-circuit] TV monitoring

1 ty *konj* for; because

2 ty *v4, rfl,* ~ *sig till* turn to

tyck|a *v3* **1** think (*om* about; *att* that); (*anse äv.*) be of the opinion (*att* that); *det -er jag* (*äv.*) that's what I think; *säg vad du -er!* tell us your opinion!; *han säger vad han -er* (*sin mening*) he says what he thinks; *jag -er nog att* I really (do) think; *vad -er du om …?* what do you think of …?; *han -er att han är någonting* he thinks a great deal of himself; *som du -er!* as you please!; *du -er väl inte illa vara att jag* I hope you don't mind my (+ *ing*-form); ~ *sig höra* think (imagine, fancy) that one hears; ~ *sig vara* think that one is, imagine o.s. to be **2** ~ *om* like (*starkare*: be fond of) (*att läsa* reading); *jag -er rätt bra om* I quite like; *jag -er mycket om* I like very much; *jag -er illa om* (*äv.*) I dislike; *jag -er mer om … än …* I like … better than …, I prefer … to …

tyck|as *v3, dep* seem; *det kan* ~ *så* it may seem so; *det -s mig som om* it seems to me as if; *vad -s? what do you think (say)?*

tycke *s6* **1** (*åsikt*) opinion; *i mitt* ~ to my way of thinking, in my opinion **2** (*böjelse*) inclination, fancy (*för* for); (*smak*) liking; *fatta* ~ *för* take a liking (fancy) to; *om* ~ *och smak skall man inte tvista* (*ung.*) that's a matter of taste; *efter mitt* ~ according to my taste **3** (*likhet*) likeness, resemblance; *han har* ~ *av sin far* he bears a resemblance to his father

tyd|a *v2* **1** (*tolka*) interpret; (*ut-*) decipher, solve; (*förklara*) explain; ~ *allt till det bästa* put the best construction on everything; *hur skall man* ~ (*uppfatta*) *detta?* how should one take this? **2** ~ *på* indicate (*att* that; *gott omdöme* good judgement), point to, suggest; *allt -er på att han* everything points to his (+ *ing-form*)

tyd|bar [-y:-] *a1* interpretable **-lig** [-y:-] *a1* (*lätt att se*) plain, clear, sharp; (*markerad*) marked, pronounced; (*distinkt*) distinct; (*påtaglig*) obvious, apparent, evident; ~*a bevis på* distinct proofs of; ~ *bild* sharp picture; ~ *handstil* legible (fair) hand; *i* ~*a ordalag* in plain terms; *det är* ~*t att* it is obvious (evident) that; *ha ett* ~*t minne av* have a distinct remembrance of; *talar sitt* ~*a språk* speaks for itself; *undergå en* ~ *förbättring* improve noticeably **-ligen** [-y:-] evidently, obviously, apparently **-lighet** [-y:-] plainness *etc.*; *med all önskvärd* ~ leaving no room for doubt **-ligt** [-y:-] *adv* (*skriva, tala etc.*) plainly, distinctly; (*uttrycka sig*) clearly; *vilket* ~ *framgår av* as is plain from

tyfon [-'få:n] *s3* typhoon

tyfus ['ty:-] *s2* (*fläckfeber*) typhus [fever]

1 tyg *s7, s4* (*vävnad*) material (*till* for); cloth, stuff; *i sht hand.* fabric; ~*er* textiles

2 tyg *i uttr.: allt vad* ~*en håller* (*med all kraft*) for all one is worth, (*i full fart*) at top speed **2** *s7, mil.* ordnance

tyg|el *s2* rein; bridle; *bildl. äv.* check; *ge hästen lösa -lar* give the horse a free rein; *ge sin fantasi fria* (*lösa*) *-lar* give [a free] rein to one's imagination; *med lösa -lar* with slack reins **-ellös** *bildl.* (*otyglad*) unbridled; (*om liv, pers.*) dissolute, licentious; (*om levnadssätt äv.*) loose, wild **-la** [ˣty:g-] rein [in]; *bildl.* bridle; (*betvinga*) restrain, check; ~ *sig* restrain o.s.

tyg|sko cloth shoe **-stycke** piece of cloth; (*rulle äv.*) roll of cloth

tyll *s3, s4* tulle; net

tyna languish, pine, fade (*bort* away)

tyng|a *v2* **1** (*vara tung*) weigh (*på* [up]on); (*kännas tung*) be (feel) heavy (*på* to); (*trycka*) press (*på* [up]on **2** (*plåga*) weigh down; *det -er mitt sinne* it preys on me (on my mind) **3** (*belasta*) weight (*med* with); burden, load (*minnet med* one's memory with) **-ande** *a4* heavy; weighty; *bildl. äv.* burdensome

tyngd I *a5* weighed down (*av sorg* by grief) **II** *s3* weight (*äv. konkr.*); load; *fys.* gravity; *en* ~ *har fallit från mitt bröst* a weight (load) has dropped off my mind; *ge* ~ *åt ett argument* give weight to an argument **-kraft** ~*en* [the force of] gravity (gravitation) **-lagen** the law of gravitation **-lyftare** weightlifter **-lyftning** weightlifting **-lös** weightless **-löshet** weightlessness **-punkt** centre of gravity; *bildl.* main (crucial, central) point (*i* in)

tyngre ['tyŋ-] **I** *a, komp. t. tung.* heavier *etc.* (*jfr tung*); ~ *fordon* (*pl*) heavy-duty vehicles **II** *adv* more heavily **tyngst I** *a, superl. t. tung* heaviest *etc.* (*jfr tung*) **II** *adv* most heavily

typ *s3* **1** *boktr.* type; *fet* (*halvfet*) ~ boldface[d] (semibold) type **2** (*sort*) type; model; *han är* ~*en för en lärare* he's a typical teacher; *han är inte min* ~ he's not my type **-exempel** typical example, case in point **-fall** typical case **-isk** ['ty:-] *a5* typical, representative (*för* of)

typo|graf *s3* typographer **-grafi** *s3* typography **-grafisk** [-'gra:-] *a5* typographical

typsnitt [type]face

tyrann *s3* tyrant **-i** *s4* tyranny **-isera** tyrannize over; (*friare*) domineer over **-isk** *a5* tyrannical; (*friare äv.*) domineering

Tyrolen [-'rå:-] the Tyrol (Tirol)

tysk I *a1* German; *T~a Riket* the German Empire, (*1918--45*) the Reich **II** *s2* German **tyska** *s1* **1** (*språk*) German **2** (*kvinna*) German woman

Tyskland ['tysk-] *n* Germany

tyst I *a1* silent; still; (*lugn*) quiet; (*ljudlös*) noiseless; (*outtalad*) tacit, mute; ~ *förbehåll* mental reservation; *hålla sig* ~ keep quiet (silent); *han är inte* ~ *ett ögonblick* he can't keep silent (quiet) for a moment; *var* ~*! be quiet!, silence!; i det* ~*a* on the quiet, in a quiet way **II** *adv* silently; quietly, in silence; *håll* ~*!* keep quiet!; *hålla* ~ *med ngt* keep s.th. quiet; *det skall vi tala* ~ *om* (*vard.*) the less said about that, the better

tysta silence; ~ *munnen på ngn* stop a p.'s mouth, make s.b. hold his tongue; ~ *ner a*) (*ngn*) [reduce … to] silence, *b*) (*ngt, bildl.*) suppress, hush up; *låt maten* ~ *mun* (*munnen*) don't talk while you're eating

tyst|gående *a4* noiseless, silent[-running] **-het** silence; quietness; (*hemlighet*) secrecy; *i* [*all*] ~ in secrecy, secretly, privately; *i största* ~ in the utmost secrecy **-hetslöfte** pledge (promise) of secrecy **-låten** a3 taciturn; silent; (förtegen) reticent; (hemlighetsfull) secretive

tyst|na become silent; (om ljud äv.) cease, stop **-nad** s3 silence; djup (obrottslig) ~ profound (strict) silence; bringa ngn till ~ reduce s.b. to silence, silence s.b.; förbigå ngt med ~ pass s.th. over in silence; under ~ in silence; ålägga ngn ~ enjoin silence [up]on s.b. **-nadsplikt** obligation to observe silence; (läkares äv.) professional secrecy; bryta sin ~ commit a breach of professional secrecy

tyvärr unfortunately; (som interj äv.) alas!; jag kan ~ inte komma I am sorry [to say] I can't come; ~ måste vi meddela att we regret to inform you that; ~ inte I am afraid not

tå s5 toe; gå på ~ walk on one's toes (on tiptoe); skorna är trånga i ~rna my (etc.) shoes pinch at the toes; stå på ~ för ngn (bildl.) be at a p.'s beck and call; trampa ngn på ~rna (äv. bildl.) tread on a p.'s toes

1 tåg s7 (rep) rope

2 tåg s7 **1** (marsch) march[ing]; mil. äv. expedition; (fest- o.d.) procession **2** (järnvägs-) train; ~et går kl. 2 the train leaves at two o'clock; byta ~ change trains; när kommer ~et? when will the train be in (is the train due)?; med ~[et] by train; på ~et on the train; ~ till London train[s pl] for London; ta ~et till take the (go by) train to

1 tåga s1 (fiber) filament, thread; bildl. nerve, sinew; det är i honom In is tough

2 tåga v1 march; walk in procession; ~ mot fienden march against the enemy; ~ fram march along

tåg|biljett railway ticket **-färja** train ferry **-klarerare** [train] dispatcher **-konduktör** [train] guard; AE. conductor **-luffa** travel on an interrail card **-ordning** marching order; bildl. slow bureaucratic procedure, red tape **-tidtabell** railway timetable (AE. schedule) **-trafik** train service, railway traffic

tågvirke cordage; ropes (pl)

tå|hätta toecap **-hävning** [-ä:-] heel-raising

tål|a v2 bear, endure; (stå ut med) stand; (lida) suffer, put up with; han tål inte att ngn avbryter honom he can't stand anyone['s] interrupting him; jag tål henne inte I can't stand (bear) her; han tål inte skämt he can't take a joke; jag tål inte jordgubbar strawberries upset (don't agree with) me; han har fått vad han tål a) (av sprit e.d.) he has had as much as he can stand, b) (av stryk e.d.) he has had all he can bear; det tål att tänka på it is worth consideration; illa -d av in bad favour with; bör inte ~s should not be tolerated

tålamod s7 patience; ha ~ have patience, be patient; ha ~ med be patient with, bear with; förlora ~ lose [one's] patience; mitt ~ är slut my patience is exhausted; sätta ngns ~ på [hårt] prov try a p.'s patience [severely] **tålamodsprövande** a4 trying [to one's patience]

tålig a1 patient **-het** patience

tålmodig patient; (långmodig) long-suffering

tåls [-å:-] i uttr.: ge sig till ~ have patience, be patient

1 tång s3 (växt) seaweed; (blås-) rockweed

2 tång -en tänger (verktyg) tongs (pl); pliers, pin-

cers, nippers (pl); kir. forceps; en ~ (två tänger) a pair (two pairs) of tongs (etc.); den vill jag inte ta i med ~ I wouldn't touch it with a bargepole

tår s2 **1** tear; brista i (fälla) ~ar burst into (shed) tears; jag fick ~ar i ögonen tears came into my eyes **2** (skvätt) drop; ta sig en ~ på tand have a drop [of brandy (etc.)] **-as** dep fill with tears; (av blåst o.d.) water **-drypande** a4 maudlin, sentimental **-dränkt** a4 tearful **-fylld** filled with tears; (om blick, röst) tearful **-gas** tear gas

tårt|a [ˣtå:r-] s1 cake, gâteau; (mördegs-, smördegs- äv.) tart; ~ på ~ the same thing twice over **-papper** cake doily

tåt s2 piece (bit) of string (grövre: cord)

täck a1 pretty; det ~a könet the fair sex

täck|a v3 cover (med with); eg. bet. äv. coat; trädg. äv. cover over (up); (skydda) protect (äv. växel); ~ sina behov supply (cover) one's needs; ~ en förlust meet (cover) a loss; -t bil closed car **-ande** s6 covering etc.; till ~ av kostnaderna to cover (defray) costs

täckdike covered drain

täck|e s6 cover[ing], coating; (säng-) [bed] quilt, AE. äv. comforter; (skynke) cloth; spela under ~t med (bildl.) be in collusion with **-else** cover[-ing]; dra ett ~ över draw a veil over; låta ~t falla unveil, bildl. reveal, disclose **-färg** finishing (top) coat

täck|jacka quilted jacket **-mantel** under vänskapens ~ under the cloak (guise, veil) of friendship, under cover of friendship **-namn** assumed name **-ning** covering etc.; hand. cover (för en check for a cheque); (skydd) protection; check utan ~ uncovered cheque; till ~ av in cover of, covering; till ~ av vår faktura in payment of our invoice

tälj|a v2 ([till]skära) carve, whittle, cut **-kniv** (slid-) sheath knife; (fäll-) jackknife **-sten** soapstone, soaprock

tält s7 tent **tälta 1** (slå upp tält) pitch one's tent **2** (bo i tält) tent; camp (be camping) [out] **tält|duk** canvas **-pinne** tent peg **-stol** camp stool **täm|ja** v2, -de -t -d tame; domesticate; bildl. curb, harness

tämligen tolerably; fairly; (vanl. gillande) pretty; (vanl. ogillande) rather; ~ bra pretty well, [fairly] tolerable, well enough; det är ~ likgiltigt it makes little difference; det blev ~ sent it was rather (pretty) late

tänd|a v2 **1** (få att brinna) light (äv. bildl.); (elektr. ljus) turn (switch) on; tekn. ignite, fire; bildl. äv. kindle; ~ [belysningen] light up; ~ [eld] på set fire to, set ... on fire; ~ i spisen make a fire; stå som -a ljus stand like statues; hoppet -es på nytt the spark of hope revived **2** (fatta eld) ignite, catch fire; light (lätt readily); (om motor) spark, fire; bildl., vard., ~ på ngn (ngt) get turned on by s.b. (s.th.); hon -e på honom he turned her on

tänd|ande a4 lighting etc.; den ~ gnistan the igniting spark **-are** (cigarett- o.d.) lighter **-gnista** ignition spark **-hatt** detonator, percussion (blasting) cap **-ning** lighting etc.; tekn. ignition; hög ~ advanced spark; justera ~en adjust the ignition timing **-ningslås** ignition lock **-[nings]nyckel** ignition key **-sats** (i tändmedel) detonating composition, fuse body; (*på tändsticka*) head **-sticka** match; *tända en* ~ strike a match **-sticksask** (*tom*) matchbox; (*med tändstickor i*) box of matches **-stift** (*i motor*) sparking (*AE.* spark) plug; (*i vapen*) firing pin **-stiftskabel** ignition wire

tänj|a *v2* stretch; ~ *ut* stretch, *bildl.* draw out, prolong; ~ *ut sig* stretch; ~ *på en princip* stretch a principle **-bar** *a1* stretchable; *tekn.* tensile, tensible; (*elastisk*) elastic

tänk|a *v3* **1** think (*högt* aloud; *på* of, about; *väl om ngn* well of s.b.); (*fundera äv.*) meditate; (*förmoda*) suppose; (*föreställa sig*) imagine; ~ *olika om* hold divergent opinions about; ~ *själv* think for o.s.; ~ *för sig själv* think to o.s.; *säga vad man -er* (*äv.*) speak one's mind; *tänk först och tala sedan!* look before you leap!; *tänk om jag skulle ...!* supposing (what if) I should ...!; *tänk ...! a*) (*som utrop*) to think (*att jag är färdig* [that] I am ready), *b*) (*betänk*) think ...!, *c*) (*tänk efter*) reflect ...!; *ja* (*nej*) *tänk!* [oh], I say!; *det var det jag -te!* just as I thought!; *den är dyr kan jag ~ it* is expensive, I shouldn't wonder; ~ *på att* think of, reflect upon (+ *ing-form*); *ha mycket att ~ på* have a great deal to think about; *jag kom att ~ på att* the thought occurred to me that; *det vore ngt att ~ på* that's [a thing] quite worth considering; *när jag -er rätt på saken* when I come to think of it; *det är inte att ~ på* there's no thinking of that, that is out of the question; *jag skall ~ på saken* I will think it (the matter) over **2** (*med betonad partikel*) ~ *efter* think, reflect, consider; *tänk noga efter!* think [it over] carefully!; *när man -er efter* (*äv.*) when one comes to think of it; ~ *igenom* think ... out; ~ *ut* think out, (*plan e.d.*) devise; ~ *över* think over, consider **3** (*ämna*) intend (mean, be going; *AE. äv.* aim) to; (*anse*) consider; *vad -er du om det?* what do you think (is your opinion) of that? **4** *rfl* (*föreställa sig*) imagine, fancy; (*ämna* [*begiva*] *sig*) think of going [to]; *jag har -t mig att* my idea is that, I have thought that; *kan du ~ dig vad som ...?* can you imagine what ...?; *det kunde jag just ~ mig!* I might have known that (as much)!; *kan man ~ sig!* well, I never!; *det låter ~ sig* that's very possible; ~ *sig för* think a (the) matter over; *du bör ~ dig för två gånger* you should think twice; ~ *sig in i* imagine ... to o.s.; *vart har du -t dig?* where have you thought of going [to]?

tänk|ande I *s6* thinking *etc.*; (*begrundan*) meditation, reflection **II** *a4* thinking, reflective; *en ~ människa* a thoughtful (reflecting) person **-are** thinker; *filos.* speculator **-bar** *a1* conceivable, thinkable; (*friare*) imaginable; *bästa ~a* the best possible; *i högsta ~a grad* to the highest degree imaginable; *den enda ~a* the only conceivable

tänke|språk adage, proverb **-sätt** way of thinking; (*friare*) turn of mind, way of looking at things

tänk|t *a4* thought *etc.*; (*ej verklig*) imagined (*situation* situation); imaginary (*linje* line); *det var inte så dumt ~* [av dig]*!* that was not such a bad idea [of yours]! **-värd** *a1* worth considering (taking into consideration); (*minnesvärd*) memorable

täpp|a I *s1* (*land*) garden plot (patch); *vara herre*

på ~n rule (be cock of the) roost **II** *v3*, ~ [*för, igen, till*] stop up, obstruct; *jag är -t i näsan* my nose feels stopped (stuffed) up; ~ *munnen på ngn* (*bildl.*) shut a p.'s mouth; *-t* stopped-up, choked-up

tär|a *v2* consume; ~ *på* waste [... away], reduce [... in bulk], (*förbruka*) use up; ~ *på reserverna* draw on the reserves; *sorgen tär på henne* sorrow is preying [up]on her **-ande** *a4* consuming; wasting (*sjukdom* illness); wearing (*bekymmer* anxiety)

tärd [-ä:-] *a1* worn, wasted (*av* by); *se ~ ut* (*äv.*) look haggard; ~ *av bekymmer* (*äv.*) careworn

1 tärna [×tä:r-] *s1* (*brud-*) bridesmaid; *poet.* maid[en]

2 tärna [×tä:r-] *s1* (*fågel*) tern, sea swallow

tärning [×tä:r-] **1** die (*pl* dice); *falska ~ar* loaded (weighted) dice; *~en är kastad* (*bildl.*) the die is cast **2** *geom.* cube **tärningsspel** game of dice; dice-playing

1 tät *s3* head; *gå i ~en för* walk (*friare*: place o.s.) at the head of

2 tät *a1* **1** (*motsats gles*) close; (*svårgenomtränglig o.d.*) thick, dense; (*kompakt*) compact, massive; (*utan springor e.d.*) tight **2** (*som ofta förekommer*) frequent (*besök* visits), repeated **3** (*rik*) well-to-do

täta *v1* tighten, make tight; (*stoppa till*) stop [up] (*en läcka* a leak); (*hermetiskt*) seal; *sjö.* caulk; *tekn.* pack

täthet [-ä:-] **1** (*vävs e.d.*) closeness; (*skogs e.d.*) density, denseness; (*ogenomtränglighet*) impenetrability; *fys.* density **2** frequency

tät|na [-ä:-] become (get, grow) dense (compact); (*om rök e.d.*) thicken **-ning** [-ä:-] tightening; (*packning*) packing

tätningslist (*för fönster e.d.*) weather strip, strip seal; (*mot drag äv.*) draught-excluder

tätort [densely] built-up area, densely populated area

tätt *adv* **1** closely; densely; *hålla ~* be watertight, *bildl.* keep quiet (close); *locket sluter ~* the lid fits tight; *husen ligger ~* the houses stand close together; ~ *åsittande* tight[-fitting], skintight; ~ *efter* close behind; ~ *intill a*) *adv* close to, *b*) *prep* close up to **2** frequently, repeatedly; *breven dugg-ade ~* the letters came thick and fast

tätt|skriven *a3* closely written **-slutande** *a4* tight[-fitting]

tävla [×tä:v-] compete (*med* with; *om* for); *han har slutat ~* he doesn't enter competitions any more; *de ~de med varandra om priset* they competed for the prize; *skall vi ~ om vem som kommer först?* shall we race to see who comes first?; *de ~de om att säga henne artigheter* they vied with each other in paying her compliments; *det här märket kan ~ med* this brand can stand comparison with; ~ *om makten* strive (struggle) for [the] power **tävlan** *r, som pl används* tävlingar competition (*i* in; *om* for); rivalry, emulation; *ädel ~* honourable rivalry; *delta utom ~* take part without competing for a prize **tävlande I** *s6* competing *etc.* **II** *a4* competing *etc.*; (*en ~*) competitor, (*löpare*) runner, (*i bridge e.d.*) tournament player **tävling** competition; contest; *AE. äv.* bee; *sport. äv.* (*löpning*) race, (*match*) match

tävlings|bana tournament ground; (*löpar-*) racetrack; (*kapplöpnings-*) racecourse **-bil** racing car, racer **-förare** racing driver **-regler** *pl* rules of (for) the competition (game)

tö *s6* thaw **töa** thaw; ~ *bort* thaw [away]; ~ *upp* thaw (*äv. bildl.*)

töck|en ['tökk-] *s7* haze, mist; *höljd i* ~ shrouded (veiled) in mist, misty, hazy **-nig** *a1* hazy, misty

töj|a [*ˣ*töjja] *v2* stretch; ~ *ut* stretch out, extend; ~ *sig* stretch **-bar** *a1* stretchable; extensible

tölp *s2* boor; (*drummel*) lout **-aktig** *a1*, **-ig** *a1* boorish, loutish

töm [tömm] *s2* rein

töm|ma *v2* **1** (*göra tom*) empty [out] (*i* into; *på* on [to]); (*dricka ur äv.*) drain; (*brevlåda*) clear; ~ *lidandets kalk* drain the cup of suffering; *salen -des hastigt* the hall emptied (was cleared [of people]) quickly **2** (*hälla*) pour [out] (*på flaskor* into bottles) **-ning** emptying [out] *etc.*; (*av brevlåda*) collection; (*tarmens*) evacuation; (*tanning*) pouring [out]

tönt *s2, sl.* jerk, dope **-ig** *a1* awkward, clumsy

tör|as *tordes* torts (*vard. äv. inf.: tordas, sup.: tordats*) *dep* dare; *hon -s inte för sin mor* she doesn't dare because of her mother; *jag -s inte* säga I'm afraid to say, (*friare*) I can't tell exactly; *om jag -s fråga* if I may ask; *jag -s lova mitt liv på det* I'd stake my life on it

törn [-ö:-] *s2* **1** (*stöt*) blow, bump; *bildl.* shock; *ta* ~ (*sjö.*) bear off **2** *sjö.* (*arbetsskift*) watch; *ha* ~ *have the watch*

törna ~ *emot* strike, bump into, *absol.* strike, make a bump; ~ *emot ngn* come into collision with s.b.; ~ *in* (*sjö*) turn in

törnbeströdd *a5, bildl.* thorny

törne *s6* **1** (*buske*) thorn bush; (*vildros*) wild rose **2** (*tagg*) thorn; *ingen ros utan ~n* no rose without a thorn

törn|ig *a1* thorny (*äv. bildl.*) **-ros** rose (*jfr törne 1*)

Törnrosa [-*ˣ*ro:-] the Sleeping Beauty

törn|rosasömn *bildl.* slumber, trance; sleep of the ages **-snär** thorn-brake, briery thicket

törst *s3* thirst; (*längtan*) longing (*efter* for); *dö av* ~ die of thirst **törsta** thirst (*efter* for); ~ *efter hämnd* thirst for vengeance; ~ *ihjäl* die of thirst **törstig** *a1* thirsty

tös *s3* girl, lass[ie]

töväder thaw; *det är* ~ a thaw has set in

U

ubåt submarine; (*tysk*) U-boat
U.D. [*ˣ*u:de:] *förk. för utrikesdepartementet*
udd *s2* (*skarp spets*) [sharp] point; (*på gaffel o.d.*)

---

prong; (*flik av tyg e.d.*) point, jag, (*rundad*) scallop; *bildl.* point, pungency; *satirens* ~ the sting of satire; *bryta ~en av* (*bildl.*) turn the edge of; *med* ~ *mot* (*bildl.*) directed against

udda *oböjligt a* **1** (*om tal*) odd, uneven; *låta* ~ *vara jämnt* let s.th. pass **2** (*omaka*) odd; ~ *varor* (*äv.*) oddments

udd|e *s2* cape; point; (*hög*) promontory **-ig** *a1* pointed; (*rundad*) scalloped **-lös** pointless (*äv. bildl.*)

ufo ['u:fo] *s6* UFO (*förk. för unidentified flying object*)

Uganda *n* Uganda

uggl|a *s1* owl; *det är -or i mossen* there is mischief brewing, something is up

ugn [uŋn] *s2* furnace; (*bak-*) oven; (*bränn-, tork-*) kiln

ugns|bakad *a5* baked, roasted **-eldfast** ovenproof, heat-resisting

u-hjäln aid to developing countries

Ukraina [-*ˣ*krajj-] *n* [the] Ukraine

ukulele [-*ˣ*le:-] *s5* ukulele

u-land developing country

ull *s3* wool; (*kamel-, get- äv.*) hair; *av* ~ of wool, woollen; *ny* ~ virgin wool; *han är inte av den ~en* he is not that sort (kind of man) **-garn** wool[en yarn]; (*kamgarn*) worsted yarn **-ig** *a1* woolly, fleecy; ~*a moln* fleecy clouds **-strumpa** *se yllestrumpa*; *gå på i -strumporna* go straight ahead

ulster ['uls-] *s2* ulster

ultimatum [-*ˣ*ma.-] *s0* ultimatum, *ställa* ~ present an ultimatum

ultra|kortvåg ultrashort wave **-ljud** ultrasonic (supersonic) sound **-marin I** *a1* ultramarine **II** *s3* ultramarine **-rapid** *a1, n sg obest.* form undviks slow-motion; *i* ~ in slow-motion **-violett** ultraviolet

umbärande *s6* privation, hardship; deprivation

umgås *umgicks umgåtts, dep* **1** (*vara tillsammans*) associate, keep company; (*besöka*) be a frequent (regular) visitor (*hos* at a p.'s house); *de* ~ *mycket med varandra* they see a great deal of each other; ~ *i de högre kretsarna* move in exalted circles; *ha lätt att* ~ *med folk* (*äv.*) be a good mixer; *de* ~ *inte* they have nothing to do with one another **2** ~ *med planer på att* have plans to (+ *inf*), contemplate (+ *ing-form*) **3** (*handskas*) ~ *med* handle

umgänge [-jäŋe] *s6* (*samvaro*) intercourse; (*pers. man umgås med*) company, society; *ha stort* ~ have a large circle of friends; *sexuellt* ~ sexual intercourse

umgänges|krets [circle of] friends and acquaintances **-liv** social life **-rätt** right of parental access

undan I *adv* **1** (*bort*) away; (*ur vägen*) out of the way (*för* of); (*åt sidan*) aside (*för ngn* for s.b.); *komma* ~ get off, escape; *lägga* ~ put away **2** (*fort*) fast, rapidly; *det gick* ~ *i backen* we (*etc.*) whizzed down the hill; *det går* ~ *med arbetet* work is getting on fine **3** ~ *för* ~ little by little, one by one **II** *prep* (*bort från*) from; *fly* ~ *förföljarna* run away from the persecutors; *söka skydd* ~ *regnet* take shelter from the rain

undan|be[dja] [-e:-] **-bad -bett**, *rfl* decline, not seek (*återval* re-election); *jag -ber mig* kindly spare me **-bedjas** [-e:-] *-bads -betts, dep, rökning -bedes* please refrain from smoking; *blommor -bedes* no flowers by request **-dra[ga]** withdraw (*ngn ngt* s.th. from s.b.); (*beröva*) deprive (*ngn ngt* s.b. of s.th.); ~ *sig* shirk, elude, evade (*ansvar* responsibility; *straff* punishment); *put -drar sig mitt bedömande* it is beyond my power to judge **-flykt** evasion; subterfuge; prevarication, excuse; *komma med ~er* make excuses, prevaricate excuses **-glidande** *a4, bildl.* evasive **-gömd** [-j-] *a5* concealed, hidden away; (*om plats*) secluded, out-of-the-way **-hålla** withhold (*ngn ngt* s.th. from s.b.), keep back; ~ *sanningen* conceal the truth **-röja** remove; (*upphäva*) set aside **-skymd** [-ʃ-] *a5* hidden, concealed; remote (*vrå* corner) **-stökad** *a5* finished and done with

undan|ta *se undantaga* **-tag** *s7* exception (*från* from, to); ~*et bekräftar regeln* the exception proves the rule; *ingen regel utan ~* [there is] no rule without an exception; *med ~ av* (*för*) with the exception of, except for, ... excepted; *utan ~* without [an, any] exception; *sätta på undantag* set aside **-taga** exempt from, except; (*göra -tag*) make an exception for; *ingen -tagen* none excepted, exclusive of none

undantags|fall exception[al case]; *i ~, se -vis* **-lös** without exception **-tillstånd** (*proklamera* proclaim) a state of emergency **-vis** in exceptional cases, by way of (as an) exception

1 under ['unn-] *s7* wonder, marvel; (*friare*) miracle; ~ *över alla ~!* wonder of wonders!; *naturens ~* the wonders of Nature; *teknikens ~* the marvels of science (technology); *göra ~* work (do) wonders; *som genom ett ~* as if by a miracle

2 under ['unn-] **I** *prep* **1** (*om rum*) under; underneath; (*på lägre nivå*) below, beneath; *långt ~* far below; *sätta sitt namn ~ ngt* put one's name to (sign) s.th.; ~ *ytan* below the surface **2** (*om tid*) during (*natten* the night); in the course of (*samtalets gång* the conversation); (*om, på*) in (*våren* the spring); (*som svar på 'hur länge'*) for (*tre veckor* three weeks); ~ *hans regering* during (in) his reign; ~ *hela veckan* throughout the week, all the week **3** *bildl.* under (*drottning Viktoria* Queen Victoria; *befäl av* command of); below (*inköpspris* cost price); beneath (*min värdighet* me) **4** ~ *det* [*att*] while (*han talade* he was talking) **II** *adv* underneath; beneath; (*nedanför*) under; *skriva ~* sign

under|arm forearm **-avdelning** subdivision (*äv. mil.*), subsection, branch; *naturv.* subgroup **-bar** *a1* wonderful, marvellous; (*övernaturlig*) miraculous **-barn** infant prodigy **-befäl** *s7* noncommissioned officer (*koll.* officers *pl*); *AE.* enlisted man **-bemannad** *a5* undermanned, short-handed **-ben** shank, lower part of the leg **-betyg** *få ~* fail (*i* in), be marked below standard **-blåsa** *bildl.* fan, add fuel to **-bygga** support, substantiate **-byxor** *pl* pants; *AE.* underpants; (*korta*) trunks, (*dam-*) knickers, (*trosor*) panties **-del** lower (under) part, bottom **-drift** understatement **-dånig** *a1* humble, (*krypande*) obsequious; ~*st* Your Majesty's most obedient servant (subject) **-exponera** *foto.* underexpose

underfund *komma ~ med* find out, get hold of,

(*inse*) realize, (*upptäcka*) discover, get to know **under|förstå** understand tacitly; ~*dd* implied, implicit; *det var ~tt dem emellan* it was understood (a tacit understanding) between them; ~*tt* (*nämligen*) that is to say **-given** submissive; resigned (*sitt öde* to one's fate) **-gräva** undermine (*äv. bildl.*) **-gå** undergo, go through; ~ *förändringar* change; ~ *examen* be examined **-gång** *s2* **1** (*ruin*) ruin, destruction; (*skeppsbrott*) wreck, loss; *gå sin ~ till mötes* be heading for disaster; *dömd till ~* doomed [to destruction] **2** (*passage*) subway; *AE.* underpass **-görande** [-j-] *a4* miraculous; wonder-working **underhand** privately

underhandl|a negotiate (*med* with; *om* for, about); confer (*om* on); ~ *om* (*äv.*) discuss, negotiate **-ing** negotiation; *mil. äv.* parley; *ligga i ~ar med* be negotiating with

under|huggare underling; sidekick **-huset** the House of Commons (*AE.* Representatives)

underhåll *s7* **1** (*vidmakthållande*) maintenance, upkeep (*av* of) **2** (*understöd*) allowance; support; (*t. frånskild hustru*) alimony

underhåll|a 1 maintain, support; (*byggnad e.d.*) keep in repair; (*kunskaper*) keep up; *väl -en* well-kept, in good repair **2** (*roa*) entertain, amuse; divert; ~ *sig med* talk (converse) with **-ande** *a4* entertaining *etc.* **-are** entertainer **-ning** entertainment, amusement; diversion

underhålls|bidrag alimony **-fri** requiring no maintenance

under|ifrån from below (underneath) **-jorden** the lower (nether) regions (*pl*); Hades **-jordisk** subterranean; underground (*äv. bildl.*); *myt.* infernal; ~ *järnväg* underground, *AE.* subway; ~*a atomprov* underground nuclear tests **-kant** lower edge (side); *i ~* (*bildl.*) [rather] on the small (low) side

underkast|a (*låta -gå*) subject (submit) to; ~ *ngn ett förhör* put s.b. through an interrogation; *bli ~d kritik* be subjected to criticism; *det är tvivel ~t* it is open to doubt **2** *rfl* (*kapitulera*) surrender; (*finna sig i*) submit [to], resign [o.s. to] **-else** (*kapitulation*) surrender; (*lydnad*) submission (*under* to)

under|kjol underskirt **-klass** lower class; ~*en* the lower classes (*pl*) **-kläder** *pl* underwear, underclothing (*sg*); underclothes, undergarments; *vard.* undies **-klänning** slip, petticoat **-kropp** lower part of the body **-kuva** subdue, subjugate; (*besegra*) conquer **-käke** lower jaw **-känna** disallow, not approve; *skol.* fail, reject; *bli -känd* (*skol.*) fail, *vard.* plough, *AE.* flunk

under|lag *s7* (*grundval*) foundation, basis (*äv. tekn.*); (*stöd*) support; *byggn.* bed[ding] **-leverantör** subcontractor

underlig *a1* strange, curious, odd, queer (*kurre* chap); ~ *till mods* queer; *det är inte ~t om* it is not to be wondered at if; *det ~a var* the funny thing about it was **-het** strangeness *etc.*; oddity; *hans ~er* his peculiarities

under|liv lower abdomen; (*kvinnliga könsorgan*) female organs of reproduction **-lydande I** *a4* dependent, subject **II** *s9* subordinate

underlåt|a (*låta bli*) omit; (*försumma*) neglect, fail; *han -lät att* he failed to; *jag kan inte ~ att säga*

I cannot help saying **-enhet** omission; negligence

under|läge weak position; *vara i ~* be at a disadvantage, *(friare)* fall short, get the worst of it **-lägg** *s7* underlay, pad, mat **-lägsen** *a3* inferior *(ngn* to s.b.); *jag är ~ henne (äv.)* I am her inferior **-lätta** facilitate, make easy (easier); *det kommer att ~ saken* it will simplify matters

under|medvetande subconsciousness **-medveten** subconscious; *det -medvetna* the subconscious [mind] **-mening** hidden meaning **-minera** undermine; sap **-målig** *a1 (otillräcklig)* deficient; *(dålig)* inferior, poor **-närd** [-ä:-] *a5* underfed, undernourished **-näring** undernourishment, malnutrition **-officer** noncommissioned officer **-ordna** subordinate *(under* to) **-ordnad** *a5* subordinate; inferior, minor; *(en ~)* subordinate; *av ~ betydelse* of minor importance, incidental; *~ sats* subordinate clause **-pris** losing price; *sälja till ~* sell at a loss **-rede** [hase] frame; *(på bil)* chassis *(pl* chassis) **-redsbehandla** underseal, undercoat **-representerad** underrepresented

underrätt|a inform, notify, tell *(ngn om* s.b. of); *hand.* advise, give notice; *göra sig ~d om* inquire (make inquiries) about; *hålla sig ~d om* keep o.s. informed about (as to); *~ mig* let me know; *väl ~d* well informed **-else** information; intelligence; *(nyhet)* news; *(på förhand)* notice; *en ~* a piece of information *(etc.)*; *närmare ~r* further information *(sg)*, particulars, inhämta ~r *hos ngn om ngt* procure information from s.b. about s.th. **-elsetjänst** secret service, intelligence [service]

under|sida underside, bottom (underneath) side **-skatta** underrate, underestimate **-skott** deficit *(på* of); *(förlust)* loss **-skrida** be below, fall short of; *~ ett pris* sell below a price **-skrift** signature; *(-skrivande)* signing; *förse med sin ~* put one's signature to, sign; *utan ~ (äv.)* unsigned **underst** ['unn-] *adv* at the [very] bottom *(i* of) **understa** ['unn-] *superl. a* undermost; lowermost, lowest; *~ lådan* the bottom drawer **under|stiga** be (fall) below (short of); *(om pris)* not come up to **-stryka** underline; *(betona)* emphasize **-stå** *rfl* presume, dare, make so bold as **-ställa** submit to; refer to; *-ställd* subordinate[d] to, placed under **-stöd** support; aid, assistance; *(penning-)* benefit; *periodiskt ~* periodical allowance **-stödja** support, assist, aid; *(ekonomiskt äv.)* subsidize, sponsor; *(förslag)* second **-sätsig** *a1* stocky, thickset

undersök|a examine; *(sakförhållande e.d.)* investigate, look (inquire) into **-ning** examination; investigation, inquiry; *vid närmare ~* on closer examination (investigation)

undersöknings|domare examining magistrate; *(vid dödsfall)* coroner **-kommission** commission of inquiry

underteckn|a undersign, put one's name to; *~d (om brevskrivare)* I, the undersigned; *mellan ~de* between the undersigned **-are** signer; signatory

under|ton undertone **-trycka** suppress; *(kuva)* oppress, subjugate; *(hålla tillbaka)* repress, restrain **-tröja** vest; *AE.* undershirt **-utvecklad** *a5* underdeveloped; *~e länder, se utvecklings-*

land

undervattens|båt submarine; *(tysk)* U-boat **-sten** sunken rock

undervegetation underbrush, undergrowth

underverk miracle; *världens sju ~* the seven wonders of the world; *uträtta ~* do (work) wonders

undervis|a teach, instruct **-ning** teaching, instruction; training, education; *högre ~* higher education, advanced instruction; *privat ~* private tuition; *programmerad ~* programmed instruction

undervisnings|maskin teaching machine **-material** teaching materials *(pl)*

under|värdera underrate, underestimate **-årig** *a1* underage, minor

undfall|a escape; *uttrycket undföll mig* the expression slipped out; *låta sig ~ ngt* let s.th. slip out **-ande** *a4* compliant; submissive **-enhet** compliancy, compliance; submissiveness

und|gå escape; *ingen ~r sitt öde* there is no escaping one's fate; *jag kunde inte ~ att höra* I couldn't help hearing; *den kan inte ~ att göra intryck* it is bound to make an impression **-komma** escape; get away; *~ sina förföljare* escape from one's pursuers

undra wonder *(över* at); *det ~r jag inte på* I don't wonder (am not surprised) [at that]; *~ på att...!* no wonder ...! **undran** *r* wonder

undre ['unn-] *a, komp. t. 2 under* [the] lower; bottom, *~ världen* the underworld

undsätt|a relieve *(äv. mil.)*; *(friare)* succour **-ning** relief; succour; *komma till ngns ~* come to a p.'s rescue (succour)

undulat budgerigar; *vard.* budgie

und|vara *sup -varit,* övriga former saknas do without, dispense with; *inte kunna ~ (äv.)* not be able to spare **-vika** avoid *(att:* -ing-form); keep away from, shun; *(med list)* evade, dodge; *som inte kan ~s* unavoidable **-vikande I** *s6* avoidance; *till ~ av* in order to avoid **II** *a4* evasive *(svar* reply) **III** *adv,* *svara ~* give an evasive answer

ung *-t* yngre yngst young *(för sina år* for one's years); *de ~a* the young, young people; *vid ~a år* early in life, at an early age; *som ~ var han* as a young man he was; *bli ~ på nytt* regain one's youth; *ha ett ~t sinne* be young at heart **-dom** *s2* **1** *abstr.* youth; *i ~en, i sin ~* in one's youth **2** *(ung människa)* young person (man, girl), adolescent; *~ar* young people; *nationens ~ar* young people; *nationens ~* the youth of the nation **-domlig** *a1* youthful; juvenile

ungdoms|brottslighet juvenile delinquency **-fängelse** reformatory [school] **-gård** youth centre **-kärlek** youthful passion **-ledare** youth leader **-tid** youth **-vän** *en ~* a friend of one's youth **-år** *pl* early years

ung|e *s2 (av djur) se fågel-, katt- etc.*; young; *(barn-)* kid, baby; *-ar* young [ones]; *få -ar* bring forth young; *som föder levande -ar* viviparous; *våra barn och andras -ar* our children and others' brats; *din otäcka ~* you awful child

ungefär [unj-, unj-] *adv;* about; something like; approximately; *~ detsamma* pretty much the same; *~ 100 (äv.)* 100 or so, say 100; *~ här* somewhere about here; *för ~ fem år sedan* some five years

U

ago; *på ett* ~ approximately, roughly **-lig** *a1* approximate, rough (*beräkning* estimate)

Ungern ['uŋ-] *n* Hungary

ung|ersk ['uŋ-] *a5* Hungarian **-erska** *s1* **1** (*språk*) Hungarian **2** (*kvinna*) Hungarian woman

ung|flicksaktig *a1* girlish **-karl** bachelor **-mö** maid[en]; *gammal* ~ old maid, spinster

ungrare [ˣuŋ-] Hungarian

uniform [-å-] *s3* uniform; full dress; *mil. äv.* regimentals (*pl*); *i* ~ (*äv.*) uniformed

unik *a1* unique

union *s3* union **unionsflagga** union flag; ~*n* (*Storbritannien*) Union Jack

unison *a1* unison; ~ *sång* (*äv.*) community singing

universal *a1* universal **-arvinge** residuary (sole) heir **-medel** panacea, cure-all

universell *a1* universal

universitet *s7* university; *ligga vid* ~ be at a university

universitets|adjunkt *ung.* junior lecturer **-bibliotek** university library **-examen** university degree **-filial** affiliated university, branch campus **-lektor** senior [university] lecturer, reader; *AE. äv.* assistant professor **-rektor** rector; *Storbritannien ung.* vice chancellor; *AE. ung.* president **-studerande** university student, undergraduate

universum [-ˣvärr-] *s8* universe

unken *a3* musty; (*om lukt, smak äv.*) stale

unna ~ *ngn ngt* not [be]grudge s.b. s.th.; *det är honom väl unt* he is very welcome to it; ~ *sig ngt* allow o.s. s.th.; *han* ~*r sig ingen ro* (*äv.*) he gives himself no rest

uns *s7* ounce (*förk.* oz.); *inte ett* ~ (*friare*) not a scrap

u.p.a. [u:pe:'a:] (*förk. för utan personligt ansvar*) Ltd., Limited; without personal liability

upp up; (*-åt äv.*) upward[s]; (*ut*) out; *knyta* (*låsa*) ~ untie (unlock); *gata* ~ *och gata ner* up one street down and another; *hit* ~ up here; *denna sida* ~*!* this side up!; *det är* ~ *till dig* (*vard.*) it's up to you; ~ *med huvudet!* (*bildl.*) keep your chin up; ~ *med händerna!* hands up!, stick'em up!; ~ *ur* out of; *gå* ~ (*ur vattnet*) get out of the water; *hälla* ~ pour out; *vända* ~ *och ner på* turn upside down; *äta* ~ eat up **-arbeta** (*jord*) cultivate; (*firma e.d.*) work up, develop

uppass|are waiter; *mil.* officer's [bat]man **-erska** waitress; (*på båt*) stewardess **-ning** waiting; attendance

upp|backa back up, support **-backning** backing up, backup, support **-bjuda** muster, summon (*alla sina krafter* all one's strength); exert (*energi* energy) **-blanda** mix [up], intermix; (*vätska*) dilute **-blomstring** prosperity, rise, development **-blossande** *a4* blazing (flaring) up; ~ *vrede* (*äv.*) flash of anger **-blåsbar** [-å-] *a1* inflatable; pneumatic **-blåst** [-å-] *a1* inflated; puffed up; *bildl. vard.* stuck-up **-bragt** *a4* indignant, irritated; (*starkare*) exasperated **-bringa 1** (*fartyg*) capture, seize **2** (*skaffa*) procure, obtain, raise **-brott** breaking-up; (*avresa*) departure, departing; *mil.* decampment; *göra* ~ *a*) (*från bjudning*) break up [the party], take leave, *b*) *mil.* break [up the] camp **-buren** *a5*, vara mycket ~ be

thought highly (*firad*: made much) of

uppbygg|a 1 *eg. bet.*, *se bygga upp* **2** *bildl.* edify **-else** edification **-lig** *a1* edifying **-nadsarbete** reconstruction

upp|båd *s7, mil.* summons to arms, calling out; (*friare*) levy; *ett stort* ~ a large force **-båda** summon to arms, call out; (*trupper äv.*) levy; (*friare*) mobilize (*hjälp* help) **-bära 1** (*erhålla*) receive, collect; ~ *skatt* collect taxes **2** (*vara föremål för*) suffer; come in for (*klander* criticism) **3** (*stödja*) support **-börd** [-ö:-] *s3* collection [of taxes]; *förrätta* ~ collect taxes, take up the collection **-datera** update **-dela** divide [up] **-delning** division, dividing [up]

uppdrag commission; mission; (*uppgift*) task, *AE.* assignment; *hand.* order; *enligt* ~ by order (direction); *med* ~ *att* with orders (instructions) to; *på* ~ *av* at the request of, as instructed by, (*mer officiellt*) by order of; *få i* ~ *att göra ngt* be instructed (commissioned) to do s.th., be charged with doing s.th.; *ge ngn i* ~ *att* commission (instruct) s.b. to; *skiljas från ett* ~ be removed from office; *utföra ett* ~ *åt ngn* execute a commission for s.b.

uppdraga 1 *se dra* [*upp*]; (*uppfostra*) bring up; (*växter*) grow, rear **2** (*rita upp*) draw, trace; ~ *en jämförelse* draw a comparison (*mellan* between); ~ *gränserna för* delimit, *bildl. äv.* lay down the scope of **3** ~ *åt ngn att* instruct (order, commission) s.b. to

upp|dragsgivare principal; (*arbetsgivare*) employer; (*kund*) customer, client **-driva** (*öka*) raise, increase; (*skaffa*) procure, obtain; *högt -drivna förväntningar* high expectations

uppe 1 (*mots. nere*) up (*äv. uppstigen*); (*i övre våningen*) upstairs; *vara tidigt* ~ be up early, (*som vana*) be an early riser (*vard.* bird); ~ *i landet* up country; *högt* ~ *på himlen* high in the sky **2** *vard.* (*öppen*) open **3** *vara* ~ *i tentamen* take (have) an [oral] exam

uppe|håll *s7* **1** (*avbrott*) interruption, break; (*paus*) pause, interval; (*tågs*) stop; *göra ett* ~ (*i tal o.d.*) make a pause, break off, (*allm. o. om tåg*) stop; *utan* ~ without stopping (a stop), incessantly **2** (*vistelse*) sojourn; (*kortare*) stay, stop; *göra* ~ *i* (*under resa*) stop over at **-hålla 1** (*hindra*) detain, delay, keep [... back] **2** (*vidmakthålla*) keep up (*skenet* appearances); support (*livet* life); maintain (*en stor familj* a large family) **3** (*tjänst*) discharge the duties of **4** *rfl* (*vistas*) stay, live, reside; (*livnära sig*) support o.s. (*med musiklektioner* by giving music lessons); *bildl.* dwell (*vid småsaker* [up]on details) **-hållsort** [place of] residence; (*tillfällig*) place of sojourn, whereabouts; *jur.* domicile **-tillstånd** residence permit **-väder** dry (fair) weather

uppehälle *s6* subsistence, sustenance; *fritt* ~ free board and lodging; *förtjäna sitt* ~ earn one's living; *sörja för ngns* ~ support s.b.

uppen|bar *a1* obvious, evident; distinct, apparent; *när förseelsen blir* ~ when the offence comes to light **-bara 1** (*avslöja*) reveal, disclose **2** *rfl* reveal o.s. (*för* to) (*äv. relig.*); (*visa sig*) appear

uppenbarelse revelation (*om* of); *konkr.* apparition, vision **Uppenbarelseboken** the

Revelation of St. John the Divine, [the Book of] Revelation[s], Apocalypse

upp|fart ascent; (*väg*) approach, ramp; *under ~en* while driving up, on the way up **-fatta** apprehend; grasp; (*förstå*) comprehend, understand; (*tolka*) interpret; *jag kunde inte ~ vad han sa* I couldn't catch what he said; *~ ngt såsom* take s.th. as **-fattning** apprehension; comprehension, understanding; (*föreställning*) idea, conception; *bilda sig en ~ om* form an opinion (idea) of

uppfinn|a invent; devise, contrive **-are** inventor **-ing** invention; (*nyhet äv.*) innovation

uppfinnings|förmåga [power of] invention, inventiveness **-rik** inventive; (*fyndig äv.*) ingenious

uppflugen *a5* perched

uppfostr|a bring up; *AE. äv.* raise; (*bilda*) educate; (*uppöva äv.*) train; *illa ~d* badly brought up **-an** upbringing; education; training **-are** educator; tutor

upp|friskande *a4* refreshing **-fylla 1** (*fullgöra*) fulfil; (*plikt äv.*) perform, carry out; (*ngns önskningar äv.*) meet, comply with; *få sin önskan -fylld* have one's wish **2** (*fylla*) bildl. fill; *~ jorden* (*bibl.*) replenish the earth; *-fylld av* filled with, full of **-fyllelse** accomplishment; (*av profetia*) fulfilment; *gå i ~* be fulfilled (accomplished), come true **-fånga** catch; (*signaler*) pick up; (*hindrande*) intercept **-föda** bring up; nourish; (*djur*) breed, rear; *AE. äv. raise* **-födare** brooder **-er** **-födning** [-ö:-] breeding **-följning** follow-up, following-up

uppför [ˈupp-] **I** *adv* uphill; *vägen bär ~* it is uphill **II** *prep* up (*backen* the hill); *gå ~ trappan* (*äv.*) go upstairs

uppför|a 1 (*bygga*) build; raise, erect (*ett monument* a monument) **2** (*anteckna*) put down, enter **3** (*teaterstycke*) give, perform, present; (*musikstycke*) perform **4** *rfl* behave [o.s.], conduct o.s., carry o.s.; *~ sig väl* (*illa*) behave [well] (badly), (*som vana*) have good (bad) manners **uppförande** *s6* (*byggande*) building *etc.*; erection, construction; *är under ~* is being built, is under construction **2** (*av teater- o. musikstycke*) performance **3** (*beteende*) behaviour, conduct; *dåligt ~* (*äv.*) misbehaviour **-betyg** conduct marks

uppförsbacke ascent, rise

upp|ge 1 (*meddela*) state; give (*namn o. adress* name and address); (*säga*) say; (*rapportera*) report; *~ sig vara* state (say) that one is; *~ namnet på* name, give the name of; *~ ett pris* quote a price; *enligt vad han själv -gav* (*äv.*) in his own statement **2** (*överge, avstå från*) give up, abandon; *~ andan* expire, breathe one's last **3** (*utstöta*) give (*ett skrik* a cry)

uppgift [-j-] *s3* **1** (*meddelande*) statement (*om* of); (*upplysning*) information (*om* on); (*lista*) list, specification (*om* of); (*officiell*) report (*på* on); *närmare ~er* (*äv.*) further particulars; *enligt ~* from information received, according to reports; *kompletterande ~er* supplementary data (*details*) (*om* on); *med ~ om* stating; *statiska ~er* returns, statistics **2** (*åliggande*) task, charge; (*kall*) mission, object (*i livet* in life); *förelägga*

ngn en ~ set s.b. a task; *det är hans ~ att* it is his duty (business) to **3** (*i examen o.d.*) [examination *etc.*] question; *matematisk ~* [mathematical] problem; *skriftlig ~* [written] exercise

upp|giva *se* **uppge** **-given** (*tillintetgjord*) overcome (*av trötthet* with fatigue); exhausted (*av sorg* with grief) **-gjord** settled, arranged; *~ på förhand* prearranged **-gå 1** (*belöpa sig*) amount (*till* to); *i genomsnitt ~ till* average **2** (*sammansmälta*) *~ i* be merged (*om firma e.d. äv.* incorporated) in **-gång** *s2* **1** (*väg*) way up; (*trapp-*) stairs (*pl*), staircase **2** (*himlakropps*) rise **3** (*ökning*) rise, increase; upswing, upturn **-görelse** [-j-] **1** (*avtal*) agreement; (*överenskommelse äv.*) arrangement, settlement; (*affär*) transaction; *~ i godo* amicable settlement, settlement out of court; *träffa en ~* make an agreement, come to terms **2** (*dispyt*) dispute, showdown

upphets|a excite; inflame; *bli ~d* get excited **-ande** *a4* exciting; inflammatory (*tal* speech) **-ning** excitement

upp|hetta heat, make hot; *~ för mycket* overheat **-hettning** heating **-hitta** find

upphov *s7* origin; source; (*orsak*) cause; (*början äv.*) beginning, origination; *ge ~ till* give rise (birth) to; *ha sitt ~ i* (*äv.*) originate from; *vara ~ till* be the cause of

upphovs|man author, originator (*till* of) **-rätt** copyright

upp|hällning 1 pouring out **2** *vara på ~en* be on the downline (wane), (*om förråd*) be running short **-hängning** suspension; mounting **-häva 1** (*återkalla*) revoke, withdraw; (*förklara ogiltig*) annul, declare invalid (void); (*kontrakt*) cancel; (*neutralisera*) neutralize **2** (*avbryta*) raise (*belägringen* the siege) **3** (*utstöta*) raise (*ett skri* a cry); *~ sin röst* lift one's voice, begin to speak

upp|höja raise (*äv. mat.*); elevate; (*berömma*) extol; *~ i kvadrat* square, raise to second power **-höjd** *a5* bildl. elevated, exalted; *med ~höjt lugn* with supreme composure **2** (*om arbete, bokstäver*) raised **-höjning** konkr. elevation (*i marken* of the ground), rise; (*kulle*) eminence

upphör|a cease, stop (*med att göra ngt* doing s.th.); (*sluta*) end, come to an end; *~ med* (*äv.*) discontinue, (*en vana*) give up; *firman har -t* the firm has closed down **-ande** *s6* ceasing *etc.*; cessation; (*avbrott äv.*) interruption; (*tillfälligt*) suspension

uppifrån I *adv* from above; *~ och ner* from top to bottom **II** *prep* [down] from

uppiggande (*särskr.* upp-piggande) **I** *a4* stimulating, bracing (*verkan* effect); *något ~* a pickme-up **II** *adv*, *verka ~* have a reviving (bracing) effect

upp|jagad *a5* [over]excited; heated (*fantasi* imagination); overstrained (*nerver* nerves) **-kalla 1** (*benämna*) call, name; *~d efter* called (named) after **2** (*be* [*ngn*] *att komma upp*) call up **3** (*mana*) call [up]on **-kastning** vomiting; med. emesis; *få ~ar* vomit **-knäppt** *a4* unbuttoned (*äv. bildl.*)

upp|komling [-å-] upstart, parvenu (*fem.* parvenue) **-komma** (*uppstå*) arise (*av* from), originate (*ur* in); (*börja*) begin; (*plötsligt*) start up; *de -komna skadorna* the damage (*sg*) incurred

-komst [-å-] s3 (*tillblivelse*) origin, beginning; appearance; *fack*. genesis; *ha sin ~ i* have its origin in, originate in **-krupen** a5, *sitta ~* be curled up (*i soffan* on the sofa) **-käftig** [-ç-] a1 cheeky, saucy **-köp** (*-köpande*) buying [in], purchasing; (*ett ~*) purchase; *göra ~* do one's purchasing (*vard.* shopping) **-köpare** buyer, purchaser **-körd** [-çö:-] a5 **1** (*däst*) bloated **2** (*lurad*) fleeced

upp|laddning charge, charging (*äv. bildl.*); *bildl. äv.* build-up; *eg. äv.* electrification **-lag** s7 store, stock, supply **-laga** s1 edition; (*tidnings-äv.*) circulation; *bildl.* version; *förkortad ~* abbreviated (abridged) edition; *~ns storlek* number of copies printed, print **-lagd** a5 **1** (*om vara, fartyg*) laid up; *stort -lagt projekt* large-scale project **2** (*hågad*) inclined, disposed; *känna sig ~ för att* be in a mood for, feel like (+ *ing-form*) **-lag-ring** storing, storage **-land** s7 surrounding area; (*innanför kusten*) hinterland

upp|leva (*erfara*) experience, meet with (*besvikelser* disappointments); (*leva tills ngt inträffar*) live to (*år 2000* the year 2000), [live to] see; (*bevittna*) witness; *han har -levt mycket* he has been through a lot (had an eventful life) **-levelse** (*erfarenhet*) experience; (*händelse*) event; *detta blev en ~ för mig* it was quite an experience for me **-liva** (*förnya*) renew (*bekantskapen med* the acquaintance with); (*pigga upp*) cheer [up], exhilarate; *~ minnet* refresh (brush up) one's memory; *~ gamla minnen* revive old memories

upp|lopp 1 (*tumult*) riot, tumult **2** *sport.* finish **-luckra** loosen, break up; *bildl. äv.* relax (*bestämmelserna* the regulations, *moralen* morals) **-lupen** a5, *~ ränta* accrued interest, interest due **-lyfta** lift up; *högt.* elevate; *med -lyft huvud* head high **-lyftande** a4 elevating; sublime

upplys|a 1 (*göra ljus*) light [up], illuminate **2** (*underrätta*) inform (*ngn om* s.b. of), tell (*ngn om* s.b.); enlighten (*ngn i en fråga* s.b. on a point) **-ande** a4 informative, illustrative (*exempel* example); (*förklarande*) explanatory (*anmärkningar* remarks); (*lärorik*) instructive **-ning 1** (*belysning*) lighting, illumination **2** (*underrättelse*) information (*om* about, of, on); (*förklaring*) explanation; (*kredit-*) credit[worthiness] report; *en ~ a* piece of information; *~ar* information (*sg*); *närmare ~ar* further particulars (details) **3** ([*bibringande av*] *kunskaper*) enlightenment, elucidation; (*kultur*) civilization, culture; *~en* (*hist.*) the [Age of] Enlightenment **upplysnings|tiden** the Age of Enlightenment **-vis** by way of information; for your information **upp|lyst** [-y:-] a1 **1** *eg.* illuminated, lighted (lit) up **2** *bildl.* enlightened **-låning** borrowing [transaction[s *pl*]] **-låta** open (*för trafik* to traffic), make available (*för* to); *~ ett rum åt ngn* put a room at a p.'s disposal, grant s.b. the use of a room **-låtelse** grant, giving up; *~ av nyttjanderätt* grant of enjoyment **-läggning 1** *sömn.* shortening, taking up **2** (*planering*) planning, arrangement; (*disposition*) disposition; (*av konto o.d.*) drawing up; (*av håret*) coiffure **3** (*magasinering*) storage, storing; (*av fartyg*) laying up **4** (*på fat etc.*) arrangement **-läsare** reader, reciter **upplös|a 1** (*knyta upp*) se lösa [*upp*] **2** (*komma*

[*ngt*] *att upphöra*) dissolve, wind up (*ett företag* a company); (*skingra*) dissolve, dismiss; (*möte*) break up; (*trupper*) disband **3** (*sönderdela*) dissolve, disintegrate; *mat.* solve **4** (*bringa oreda i*) disorganize; *-löst i tårar* dissolved in tears **5** *rfl* dissolve, be dissolved (*i* into); (*sönderfalla*) decompose **-bar** a1 dissoluble **-ning** dissolution, winding up (*etc.*); (*samhälls-*) disintegration; (*dramas*) unravelling, denouement **-ningstill-stånd** state of dissolution (decomposition); *vara i ~* (*bildl.*) be on the point of collapse

upp|mana exhort; (*hövligt*) request, invite, (*enträget*) urge, incite; *besökare ~s att* visitors are recommended (requested) to **-maning** exhortation; request; summons, call; *på ~ av* at the request of, on the recommendation of **-marsch** marching-up / *mil.* deployment, drawing-up **-mjuka** make soft, soften; (*göra smidig*) limber up; (*moderera*) modify, moderate **-mjukning** [-u:-] *sport.* limbering-up

uppmuntr|a (*jfr muntra* [*upp*]); (*inge förhoppningar e.d.*) encourage; (*gynna*) favour, promote; (*uppmana*) exhort **-an** *best. form -an, pl -ingar* encouragement; favouring, patronage **-ande** a4 encouraging; *föga ~* anything but encouraging, discouraging

uppmärk|sam a1 attentive (*äv. förekommande*) (*på, mot* to); (*aktgivande*) watchful, observant (*på* of); *göra ngn ~ på* draw (call) a p.'s attention to **-samhet** attention; (*som egenskap*) attentiveness; (*aktgivande*) watchfulness, observation; *rikta ngns ~ på* call a p.'s attention to; *undgå ngns ~* escape a p.'s attention; *visa ngn ~* pay attention to s.b.; *väcka ~* attract attention; *ägna ~ åt* give (pay) attention to **-samma** notice, observe; pay attention to; *bli ~d* attract attention; *en mycket ~d bok* a book that has created a stir **-samt** *adv* attentively; (*starkare*) intently

upp|mäta measure [out] **-nosig** a1 impertinent, saucy, pert **-nå** reach, attain; arrive at; (*ernå*) obtain; (*vinna*) gain; *vid ~dd pensionsålder* at pensionable age **-näsa** snub (turned-up) nose **-näst** [-ä:-] a4 snub-nosed

uppochnedvänd [-ˣne:d-] [turned] upside down; inverted, reversed; *bildl.* topsy-turvy **upp|odla** cultivate **-offra** sacrifice (*allt everything*; *sig* o.s.) **-offrande** [-å-] a4 self-sacrificing **-offring** [-å-] sacrifice; *det har kostat henne stora ~ar* she has sacrificed a great deal **-reklamera** boost, puff **-rensa** clean (clear) out; *mil.* mop up **-rensning** cleaning out; *mil.* mopping-up

upprep|a repeat; (*säga om o. om igen*) reiterate; (*förnya*) renew; *~de gånger* repeatedly, again and again **-ning** [-e:-] repetition; reiteration; renewal; recurrence

uppretad a5 irritated; exasperated (*folkhop* mob); enraged (*tjur* bull)

upprik|tig a1 sincere; (*ärlig*) honest; (*öppen*) frank, candid; *~ vän* true friend; *säga ngn sin ~a mening* tell (give) s.b. one's honest opinion **-tig-het** sincerity; frankness, candour; honesty **-tigt** *adv* sincerely *etc.*; *~ sagt* candidly [speaking]; *säg mig ~ ...!* tell me honestly ...!

upp|rinnelse origin, source **-rivande** a4 harrowing, shocking **-riven** a5, *bildl.* (*nervös*) worked up; *~ av sorg* broken by sorrow **-rop** (*av* *namn*) roll call, call-over; (*vädjan*) appeal; (*på auktion*) announcement

uppror *s7* insurrection, rebellion; *mil.* mutiny; (*mindre*) revolt, uprising; (*oro*) agitation; *göra ~* rise in rebellion, revolt; *hans känslor råkade i ~* he flared up **-isk** *a5* rebellious; seditious, insubordinate

upprorsmakare instigator of rebellion; (*vid myteri*) ringleader; (*svagare*) troublemaker

upp|rusta rearm **-rustning** *mil.* rearmament; (*renovering*) restoration, reparation **-ryckning** *bildl.* rousing, shaking-up; *ge ngn en ~* give s.b. a shaking-up **-rymd** *a1* exhilarated, elated **-räkna** enumerate **-räkning** enumeration; (*höjning*) adjustment upwards

upprätt *a4 o. adv* upright, erect; (*helt ~ äv.*) perpendicular

upprätt|a 1 (*grunda*) found, establish, set up (*en skola* a school); create (*en befattning* a post); *~ förbindelser med etablish relations with* **?** (*avfatta*) make, draw up (*ett testamente* a will) **3** (*rehabilitera*) rehabilitate; restore (*ngns rykte* a p.'s reputation); retrieve (*sin ära* one's honour) **-else** reparation, redress; rehabilitation; *få ~* obtain redress; *ge ngn ~* make amends to s.b. (*för ngt* for s.th.) **-hålla** (*vidmakthålla*) maintain, keep up, uphold (*disciplin* discipline); (*sköta*) hold (*en tjänst* a post); (*hålla i gång*) keep going

upp|röjning clearance, clearing **-röra** *bildl.* stir [up], irritate, disturb, upset **-rörande** *a4* agitating *etc.*; (*starkare*) shocking **-rörd** [-ö:-] *a1* indignant, excited; upset; *bli ~ över* be upset about **-rördhet** indignation, irritation; excitement

upp|sagd *a5* (*om hyresgäst, personal*) under notice; (*om fördrag e.d.*) denounced; *bli ~* get notice; *vara ~* be under notice of dismissal **-samla** gather [up], collect

uppsats *s3* **1** (*i bok e.d.*) essay, paper (*om* on); (*i tidning*) article (*om* on); (*skol-*) composition **2** (*uppsättning, sats*) set

uppsatt *a4* **1** (*om pers.*) exalted, distinguished; *en högt ~ person* a person of high station **2** *boktr.* in type

uppseende attention; (*starkare*) sensation; scandal; *väcka ~* attract attention (*genom* by) **-väckande** *a4* sensational; startling

upp|segling *vara under ~* (*bildl.*) be brewing **-sikt** control, superintendence, supervision; *ha ~ över* have charge of, supervise, superintend; *stå under ~* be under supervision (superintendence) **-sjö** *en ~ på* (*bildl.*) an abundance (a wealth) of **-skakad** *a5* upset, shaken, shocked **-skakande** *a4* upsetting, shocking **-skatta** (*värdera*) estimate (*efter* by; *till* at), value; (*sätta värde på äv.*) appreciate (*duglighet* ability); *~d till 1 000 pund* valued at 1,000 pounds; *~t pris* estimated price; *kan inte ~s nog högt* cannot be too highly prized **-skattning** estimation, valuation; appreciation **-skattningsvis** approximately, roughly, about **-skjuta 1** (*i tiden*) put off, postpone; (*sammanträde*) adjourn; *parl.* prorogue **2** (*raket*) launch **-skjutning** launch

upp|skov *s7* postponement (*med* of); delay; (*anstånd*) respite (*med* for); *begära ~* apply for a term of respite; *bevilja ~* grant a respite (prolon-

gation); *utan ~* without delay, immediately, promptly **-skrivning** (*av valuta*) revaluation **-skruvad** *a5* **1** *~e priser* exorbitant prices **2** wrought-up, worked-up **-skrämd** *a5* startled, frightened **-skuren** *a5* (*om bok*) with the pages cut; *~ korv* sliced sausage; *-skuret* slices of cold meat **-skärrad** [-ʃ-] *a5* overexcited

uppslag *s7* **1** (*idé*) idea, project, impulse; *nya ~* fresh suggestions, new ideas; *ge ~ till* give rise to, start, begin **2** (*på kläder*) lapel; (*rock-*) lapel; (*ärm-*) cuff; (*på byxor*) turn-up, *AE.* cuff **3** (*i bok*) opening; (*i tidning*) [double-page] spread

uppslags|bok encyclopaedia; reference book **-ord** [main] entry, headword **-rik** full of suggestions, ingenious **-verk** work of reference, reference work

upp|slitande *a4, bildl.* heart-rending **-sluka** devour; *bildl.* engulf, absorb; *ett allt ~nde intresse* an all-absorbing interest **-sluppen** *a3* **1** (*i söm*) [ripped] open **?** *bildl.* exhilarated, in high spirits, jolly **-sluppenhet** exhilaration, high spirits (*pl*) **-slutning** [-u:-] *mil.* forming (*t. höger* to the right); (*tillströmning*) rallying, assembly **-snabba** speed up **-snappa** snatch (pick) up; *~ ett ord* catch a word; *~ ett brev* intercept a letter

upp|spelt [-e:-] *a1* exhilarated, jolly, gay **-spärrad** *a5* wide open; (*om näsborror*) distended **-stigning** (*jfr stiga* [*upp*]) rise, rising; (*på berg*) ascent; (*på tron*) ascension (*på* to); *flyg.* takeoff, ascent **-stoppad** [-å-] *a5* (*om djur*) stuffed **-sträckning** *bildl.* rating, telling-off, reprimand; *AE. vard.* calling down **-sträckt** *a4* (*finklädd*) dressed up **-studsig** *a1* refractory, insubordinate **-styltad** *a5* stilted, affected; (*svulstig*) bombastic

upp|stå 1 (*-komma*) arise; come up; (*börja*) start **2** (*resa sig*) rise (*från de döda* from the dead) **-stående** *a4* stand-up (*krage* collar) **-ståndelse 1** *bildl.* commotion, excitement **2** (*från de döda*) resurrection (*jfr ställa* [*upp*]); *~ fordringar* make stipulations; *~ regler* lay down (establish) rules; *~ som villkor* state as a condition, make it a condition (*att* that) **-ställning** arrangement; *mil.* formation (*på linje* in line), parade; (*i rad*) alignment; (*lista o.d.*) list, specification; *~! fall in!*, attention!; *~ i tabellform* tabular statement **-stötning** [-ö:-] belch; *med.* eructation **-sving** *s7* upswing, rise, upsurge; *hand. äv.* boom **-svullen** *a5*, **-svälld** *a5* swollen **-syn 1** (*min*) look[s *pl*], countenance **2** *se uppsikt* **-syningsman** overseer, supervisor; inspector

uppsåt *s7* intent, intention; *i ~ att* with the intention of (*skada* damaging); *med ont ~* with malicious intent; *utan ~* unintentionally, *jur.* without premeditation; *utan ont ~* without malice

uppsäg|a *se säga* [*upp*]; *~ ngn tro och lydnad* withdraw one's allegiance from s.b. **-else, -ning** [-ä:-] notice; (*av kontrakt*) notice of termination, cancellation; (*av lån*) recalling; (*av fördrag e.d.*) withdrawal; (*av personal*) notice of dismissal (to quit), warning; *med 6 månaders ~* at 6 months' notice **-ningstid** [period of] notice

upp|sättning 1 (*-sättande*) putting up (*etc.*, *jfr sätta* [*upp*]) **2** *konkr.* set, collection; *tekn.* equipment, installation; *teat. o. film.* production, *konkr.* [stage-]setting; *full ~ av* full set of **-söka** (*leta* *reda på*) seek (hunt) out; (*besöka*) go to see, call on **upp|ta[ga]** 1 *se ta* [*upp*] 2 (*antaga*) take up; take (*ngn som delägare* s.b. into partnership; *som ett skämt* as a joke); (*mottaga*) receive; (*i förening*) admit; *~s till behandling* come (be brought) up for discussion; *målet skall ~s på nytt* (jur.) the case is to be resumed (to come on again) 3 (*ta i anspråk*) take up (*tid* time; *utrymme* room); engage (*alla ens tanker* all one's thoughts) **-tagen** *a5* 1 *eg.* taken up (*etc.*) 2 (*sysselsatt*) occupied, busy; (*om pers.*) engaged, busy; *jag är ~ i morgon eftermiddag* I am (shall be) engaged tomorrow afternoon 3 (*om sittplats*) occupied, taken, reserved; (*om telefonnummer*) engaged, AE. busy; *platsen (befattningen) är redan ~* the post has already been filled (is no longer vacant) 4 (*på räkning e.d.*) listed **-tagning** (*grammofon-, radio-*) recording; (*film-*) filming, taking, shooting **upp|takt** *mus.* anacrusis; *bildl.* beginning, prelude, preamble **-teckna** take down, make a note of; (*folkvisor e.d.*) record, chronicle **-till** at the top **-trampa** tread, beat [out]; *~d stig* beaten track **-trappa** escalate **-trappning** escalation **-träda** 1 (*framträda*) appear (*offentligt* in public); (*om skådespelare äv.*) perform, give performances (a performance); *~ som talare* speak; *~ som vittne* give evidence 2 (*-föra sig*) behave [o.s.]; (*ingripa*) act (*med bestämdhet* resolutely); *~ med fasthet* display firmness **-trädande** I *s6* (*framträdande*) appearance; (*beteende*) behaviour, conduct II *a4, de ~* (*artisterna*) the performers (actors) **-träde** *s6* scene, scandal; *ställa till ett ~* make a scene **-tåg** prank; practical joke; *ha dumma ~ för sig* be up to some silly lark **-tågsmakare** practical joker, wag **upp|täcka** discover; (*avslöja*) detect, find out; (*uppspåra*) track down; *då -tes det att (äv.)* it then turned out that **-täckare** discoverer, finder; detector **-täckt** *s3* discovery; (*avslöjande*) revelation; *undgå ~ (äv.)* elude detection **upptäckts|färd** expedition **-resande** explorer **upp|tända** light; *bildl.* kindle, inflame, excite; *-tänd av iver* glowing with zeal; *~ av raseri* enraged **-tänklig** *a1* conceivable, imaginable; *på alla ~a sätt (äv.)* in every possible way **-vaknande** [-va:k-] *s6* awakening **uppvakt|a** (*hylla*) congratulate, honour; (*göra* [*ngn*] *sin kur*) court, AE. *vard. äv.* date; (*besöka*) call on; (*tjänstgöra hos kunglig pers.*) attend **-ande** *a4* attentive (*kavaljer* admirer); *de ~* (*gratulanterna*) the congratulators; *~ kammarherre* chamberlain-in-waiting **-ning** 1 (*-ande*) attendance; waiting upon; (*hövlighetsvisit*) [complimentary, congratulatory] call; *göra ngn sin ~* pay one's respects to s.b. 2 (*följe*) attendants (*pl*), gentlemen-in-waiting, ladies-in-waiting (*pl*); *tillhöra ngns ~* belong to a p.'s suite, be in attendance on **uppvigl|a** [-i:-] stir up [to rebellion (revolt)] **-are** [-i:-] agitator, instigator of rebellion (*etc.*) **-ing** [-i:-] agitation; instigation **upp|visa** (*framvisa*) show, exhibit, display; (*förete*) present, produce (*en biljett* a ticket); (*blotta*) show up (*felaktigheter* errors) **-visande** *s6* showing *etc.*; *vid ~t* on presentation (*av* of); *mot ~ av*

upon production of **-visning** show; *mil.* exhibition, review **-vuxen** grown up; *han är ~ i* he has grown up in **-väga** *bildl.* [counter]balance, weigh against; compensate for, neutralize **-värdera** upgrade **-värma** warm (heat) [up]; *-värmd mat* warmed-up food **-värmning** heating; *sport.* warm-up **-växande** *a4* growing [up]; *det ~ släktet* the rising (coming) generation **-växt** growth; *jfr äv. följ.* **-växttid** adolescence, youth; *under ~en* while growing upp **uppåt** ['upp-] I *adv* upward[s]; *stiga ~ (äv.)* ascend II *prep* up to[wards]; *~ landet* (*floden*) up country (the river) III *oböjligt a* (*glad*) in high spirits **-gående** I *a4* ascending; rising; upward (*tendens* tendency) II *s6* ascension; *hand.* rise, hausse; *vara i ~* be on the upgrade, (*om pris e.d.*) be rising **uppöver** ['upp-, -'ö:ver] *prep* over; *~ öronen* head over heels (*förälskad* in love) **1 ur** *i uttr.: i ~ och skur* in all weathers, (*friare*) through thick and thin **2 ur** I *prep* out of, from (*minnet* memory); (*inifrån*) from within; (*~ funktion* unserviceable II *adv* out **3 ur** *s7* watch; (*större*) clock; *fröken Ur* speaking clock, (*i Storbritannien äv.*) TIM **Uralbergen** [u×ra:l-] *pl* the Urals, the Ural Mountains **uran** *s4, s3* uranium **urarta** degenerate; (*friare*) turn (*till* into); *~d* degenerate[d], depraved **urbanisering** [-'se:-] urbanization **ur|befolkning** original population; *~en (äv.)* the aborigines (*pl*) **-berg** primary (primitive) rock[s *pl*] **-fader** first father, progenitor **-fånig** idiotic **-gammal** extremely old; (*forn*) ancient; *en ~ rättighet* a time-honoured privilege **-gröpning** hollow **-holka** hollow [out]; (*gräva ut*) excavate, dig out; *tekn.* scoop [out]; *~d (äv.)* hollow, concave **urin** *s3* urine **-blåsa** [urinary] bladder **urin[ne]vånare** original inhabitant, aboriginal; *pl äv.* aborigines **urin|oar** *s3* urinal **-prov** specimen of urine **-rör** urethra **ur|klipp** [press] cutting; AE. clipping **-klippsbok** scrapbook, press-cutting book **urkund** *s3* [original] document; record **urladdning** discharge; *bildl.* explosion, outburst **urmakare** watchmaker; clockmaker **ur|minnes** *oböjligt a* immemorial (*hävd* usage); *från ~ tider* from times immemorial (time out of mind) **-moder** first mother, progenitor **-modig** *a1* out-of-date, antiquated, outmoded **urna** ['×u:r-] urn **urring|a** *v1* cut out; (*i halsen*) cut low; *~d (om plagg*) low-necked, (*om pers.*) wearing a low-necked dress **-ning** *abstr.* cutting out; *konkr.* decolletage, neckline, low neck **ursinn|e** fury, frenzy; rage **-ig** *a1* furious (*på* with; *över* at); *bli ~ (äv.)* fly into a rage (passion) **ur|skilja** discern, make out **-skillning** discernment; discrimination; judgement, discretion; *med ~ (äv.)* discriminately; *utan ~* indiscriminately **urskog** primeval (virgin) forest; AE. backwoods (*pl*); jungle

urskuld|**a** exculpate; excuse (*sig* o.s.) **-ande I** *a4* apologetic (*min* air) **II** *s6* excuse, exculpation

ursprung *s7* origin; (*friare*) source, root; (*härkomst*) extraction; *leda sitt ~ från* derive one's (its) origin from, be derived from; *till sitt ~* in (by) origin; *av engelskt ~* of English extraction **-lig** *a1* original; primitive; (*okonstlad*) natural, simple **-ligen** originally; primarily

ursprungs|**beteckning** mark (indication) of origin **-bevis** certificate of origin

urspår[n]ing derailment

ursäkt *s3* excuse (*för* for); apology; (*förevändning*) pretext; *anföra som ~* plead ..., give ... as a pretext; *be om ~* apologize, make apologies; *be ngn om ~* beg a p.'s pardon, apologize to s.b.; *framföra sina ~er* make one's excuses (apologies)

ursäkt|**a** excuse, pardon; *~!* excuse me!, I beg your pardon! [I'm] sorry!; *~ att jag stör er* (+ *ing*-form); *~ sig* excuse o.s. (*med att* on the grounds that) **-lig** *a1* excusable, pardonable

urtag recess, notch; *elektr.* socket, *AE.* outlet

urtavla dial; clock face

ur|**tiden** prehistoric times (*pl*) **-tråkig** extremely dull **-typ** prototype; archetype

Uruguay *n* Uruguay

ur|**uppförande** first (original) performance **-usel** extremely bad; *vard.* abysmal

ur|**val** *s7* choice; selection; *hand. äv.* assortment; (*stickprov*) sample, *naturligt ~* natural selection, *representativt* (*slumpmässigt*) *~* representative (probability) sample; *rikt ~* large (rich) assortment (selection); *... i ~* (*som boktitel*) selections from ... **-vattna** soak; *~d* (*bildl.*) watered down, insipid

urverk works (*pl*) of a clock (watch); *som ett ~* (*äv. bildl.*) like clockwork

urvuxen outgrown

USA [ˣuːessaː, -ˈaː] the U.S.[A.] (*sg*)

usch ugh!

usel [ˈuː-] *a2* wretched, miserable; *vard.* abysmal; (*om pers. äv.*) worthless; (*avskyvärd*) execrable; (*moraliskt*) vile, base; (*dålig*) poor, bad (*hälsa* health; *föda* food) **uselt** *adv* wretchedly *etc.*; *ha det ~* (*ekonomiskt*) be very badly off

usling [ˣuːs-] wretch; (*starkare*) villain; (*stackare*) wretch

U-sväng (*i trafik*) U-turn

ut *adv; år ~ och år in* year in year out; *nyheten kom ~* (*äv.*) the news got abroad; *stanna månaden ~* stay the month out; *~!* get out!, out with you!; *~ och in* in and out; *vända ~ och in på* turn inside out; *inte veta varken ~ eller in* not know which way to turn, be at one's wits end; *det kommer på ett ~* it makes no difference, it is all one; *gå ~* (*i skogen* the woods); *han ville inte ~ med det* he wouldn't come out with it; *jag måste ~ med mycket pengar* I must pay out a lot of money; *~ på* (*gatan* the street), out on (*isen* the ice); *~ ur* out of

ut|**ackordera** board out, *vard.* farm out **-agerad** *a5, saken är ~* the matter is settled

utan I *prep* without, with no (*pengar* money); *~ arbete* out of work; *bli ~* (*absol.*) have to go (do) without, get nothing; *inte bli ~* have one's share;

~ vidare without further notice (ado), *vard.* just like that; *prov ~ värde* sample of no value; *det är inte ~* (*vard.*) it is not out of the question; *det är inte ~ att han har* it cannot be denied that he has; *~ dem hade jag* but (were it not) for them I would have; *~ att* without (*kunna* being able to); *~ att ngn märker ngt* without anybody's noticing anything **II** *konj* but; *icke blott ~ även* not only ... but [also]; *~ därför* [and] so **III** *adv* outside; *känna ngt ~ och innan* know s.th. inside out

utand|**as** *dep* breathe out; exhale, expire; *~ sin sista suck* breathe one's last [breath] **-ning** expiration, exhalation; *in- och ~* inhalation and expiration

utanför I *adv* outside **II** *prep* outside; in front of, before; *sjö.* off (*Godahoppsudden* the Cape of Good Hope); *en som står ~* an outsider

utanordna *~ ett belopp* order a sum of money to be paid [out]

utanpå I *prep* outside, on the outside of; *gå ~* (*vard.*) beat, surpass **II** *adv* outside

utan|**skrift** address [on the cover]; *det syns på ~en att han är lärare* you can see by his appearance that he is a teacher **-till** by heart **-verk** *mil.* outwork, outer work; *bildl.* façade

ut|**arbeta** work out; (*förslag e.d. äv.*) draw (make) up; (*sammanställa*) compile; (*omsorgsfullt*) elaborate; (*karta, katalog e.d.*) prepare **-arbetad** *a5* **1** worked out (*etc.*) **2** (*-sliten*) overworked, worn-out **-arma** impoverish, reduce to poverty, (*starkare*) pauperize, *~ jorden* impoverish the soil; *~d* (*äv.*) destitute **-bedja** *rfl* solicit, ask for, request **-betala** pay [out, down], disburse **-betalning** payment, disbursement; *göra en ~* make (effect) a payment

utbild|**a** train; (*undervisa*) instruct; (*uppfostra*) educate; *mil. äv.* drill; (*utveckla*) develop; *~ sig till läkare* study to become a doctor; *~ sig till sångare* train o.s. to become a singer **-ning** training *etc.*; (*undervisning*) instruction; (*uppfostran*) education; *få sin ~ vid* (*äv.*) be educated (trained) at; *språklig ~* linguistic schooling

utbildnings|**bidrag** study grant; (*för doktorander*) postgraduate grant **-departement** ministry of education; (*i Sverige*) ministry of education and cultural affairs **-linje** study programme **-minister** minister of education; (*i Sverige*) minister of education and cultural affairs **-tid** period of training; apprenticeship

ut|**bjuda** offer [for sale], put up for sale **-blick** view; perspective **-blommad** *a5* faded **-blottad** destitute (*på* of); *i -blottat tillstånd* in a state of destitution **-breda** spread [out]; expand; (*ngt hopvikt*) unfold; *~ sig* spread (itself), extend; *~ sig över ett ämne* expiate upon a subject **-bredd** *a5* [widely] spread, widespread; prevalent (*åsikt* opinion); *med ~a armar* with open arms **-bredning** [-eː-] **1** (*-ande*) spreading *etc.* **2** spread, extension, distribution; (*av sjukdom, bruk*) prevalence **-bringa** propose (*en skål* a toast); *~ ett leve för* cheer for **-brista 1** (*-ropa*) exclaim **2** *se brista 1*

ut|**brott** (*-brytande*) breaking out; (*av sinnesrörelse*) outburst (*av vrede* of rage), fit (*av dåligt humör* of temper); (*vulkan-*) eruption; (*krigs-*) outbreak; *komma till ~* break out **-bryta 1** (*ta* *bort*) break out; *mat.* remove; ~ *ur samman-hanget* detach from the context **2** (*om krig, farsot e.d.*) break out **-brytning** breaking out; break-out; (*från fängelse*) escape **-bränd** *a5* burnt out **-buad** (*från scenen*) booed off the stage; *hon blev* ~ she was booed, she got the bird **-bud** of-fer [for sale]; (*tillgång*) supply **-buktad** *a5* bent outwards **-buktning** bulge; protuberance **-byggd** *a5* built out; (*om fönster äv.*) projecting; *-byggt fönster* (*äv.*) bow window **-byggnad** *abstr.* extension, enlargement; *konkr.* annexe, addition

ut|byta [ex]change (*mot* for); (*ömsesidigt*) inter-change; ~ *erfarenheter* (*äv.*) compare notes; ~ *meddelanden* communicate [with each other] **-bytbar** [-y:-] *a1* replaceable; (*ömsesidigt*) inter-changeable **-byte** exchange; (*ömsesidigt*) inter-change; (*behållning*) gain, profit; *i* ~ in exchange (*mot* for); *få ngt i* ~ *mot* (*äv.*) get s.th. instead of; *lämna ngt i* ~ (*vid köp*) trade in s.th. (*mot* for); *ha* ~ *av ngt* derive benefit from s.th., profit by s.th. **-checka** [-çe-] check out

ut|data *data.* output [data] **-debitera** impose (*skatt* taxes) **-dela** distribute; deal (portion, hand) out; deliver (*post* mail); ~ *order om* give orders for; ~ *slag* deal out (administer) blows **-delning** distribution; dealing out *etc.*; (*av post*) delivery; (*på aktie*) dividend; *extra* ~ bonus, ex-tra dividend; *ge 10% i* ~ yield a dividend of 10%; *~en fastställdes till* a dividend of ... was declared **-dikning** drainage [by ditches] **-drag** extract, excerpt (*ur* from) **-dragbar** [-a:-] *a1* extensible **-dragen** *a5* drawn out; (*i tid*) lengthy, long [drawn-out]

ut|driva drive out (*ur* from); (*fack. o. friare*) ex-pel; (*onda andar*) exorcise **-dunsta 1** (*avgå i gasform*) evaporate **2** (*avsöndra*) transpire, per-spire; (*om sak*) exhale (*fuktighet* moisture) **-dunstning** transpiration, perspiration; evapo-ration **-död** extinct; (*-rotad*) exterminated; (*friare*) deserted (*stad* town) **-döende l** *a4* dying, ex-piring **ll** *s6* dying out; extinction; *är stadd i* ~ is dying out **-döma 1** (*genom dom*) impose (*ett straff* a penalty); adjudge (*ett belopp* an amount) **2** (*kassera*) reject; condemn (*ett fartyg* a vessel); *-dömda bostäder* condemned houses, houses de-clared unfit for habitation

ute 1 *rumsbet.* out; (*i det fria äv.*) outdoors, out-of-doors; (*utanför*) outside; *där* ~ out there; *vara* ~ *och* be out (+ *ing-form*); *fåren går* ~ *hela året* the sheep are in the open pasture the whole year round; *äta* ~ (*på restaurang*) dine out, (*i det fria*) dine out-of-doors **2** (*slut*) up; *allt hopp är* ~ all hope is gone, there is no hope; *tiden är* ~ [the] time is up; *det är* ~ *med honom* it is all up with him, he is quite done for **3** (*utsatt*) *de har varit* ~ *för en olycka* they met with an accident; *jag har aldrig varit* ~ *för ngt sådant* I have never experi-enced anything like that; *vara illa* ~ be in a spot **4** (*omodern*) out

ute|bli[va] (*ej inträffa*) not (fail to) come off, not occur (happen); (*ej infinna sig*) stay away, not turn up (appear, come); ~ *inför rätta* fail to ap-pear in court **-bruk** *för* ~ for outdoor use **-dass** *vard.* outside privy, *AE.* outhouse
utefter ['u:t-, -'eff-] [all] along

ute|gångsförbud curfew [order] **-liggare** va-grant, homeless person **-liv 1** (*på restauranger e.d.*) *idka* ~ go out a lot **2** (*friluftsliv*) outdoor life **-lämna** leave out, omit; (*hoppa över*) pass over

utensilier [-'si:-] *pl* (*tillbehör*) accessories; (*red-skap o.d.*) utensils, appliances

ute|servering open-air restaurant (cafeteria *etc.*) **-sluta** *-slöt -slutit* exclude (*ur* from); (*ur förening*) expel; *fack.* eliminate; *det -sluter inte att jag* this does not prevent my (+ *ing- form*); *det är absolut -slutet* it is absolutely out of the ques-tion **-slutande l** *a4* exclusive, sole **ll** *adv* exclus-ively, solely **lll** *s6* exclusion; expulsion (*ur* from); elimination; *med* ~ *av* with the exclusion (excep-tion) of **-spelare** (*anfallsspelare*) forward, (*försvarsspelare*) defender; *alla -spelarna* all the players except the goalkeeper **-stående** *a4* **1** ~ *gröda* standing (growing) crops (*pl*) **2** (*som ej in-betalats*) outstanding; ~ *fordringar* accounts re-ceivable, outstanding claims **-stänga** shut (lock) out; keep out; (*hindra*) debar; (*-sluta*) exclude; *bli -stängd* be shut (locked) out

utexaminera examine for the final degree; *AE. äv.* graduate; *~d* certified, graduate; *bli ~d* pass one's final examination; *~d sjuksköterska* trained (registered, *AE.* graduate) nurse; *han är ~d från* he is a graduate of

ut|fall 1 *fäkt.* lunge; *mil.* sally, sortie; *bildl.* (*at-tack*) attack; *göra ett* ~ (*mil.*) make a sally, *fäkt.* make a lunge, *bildl.* launch an attack (*mot* against) **2** (*resultat*) result, outturn **3** (*bortfall*) disappearance, dropping out (*av en vokal* of a vowel) **4** (*radioaktivt*) fallout **-falla 1** *se falla ut* **2** (*om lott*) give (*med 100 pund* £100); ~ *med vinst* (*om lott*) be a winning ticket; ~ *till belåten-het* give satisfaction; *skörden har -fallit bra* the harvest has been good; *utslaget -föll gynnsamt för oss* the verdict went in our favour

ut|fart 1 (*färd ut*) departure (*ur* from) **2** (*väg ut*) way out, exit; (*från stan*) main road [out of the town] **-fattig** miserably poor; (*utblottad*) desti-tute; (*utan pengar*) penniless **-flugen** *a5, är* ~ is (has) flown; *barnen är -flugna* the children have all left home **-flykt** excursion, outing; trip; (*i det gröna*) picnic; *göra en* ~ make an excursion, take a trip (*till* to) **-flyttning** moving out, removal **-flöde** outflow, discharge, escape; *bildl.* emana-tion **-fodra** keep, feed (*med on*)

ut|forma (*gestalta*) give final shape to, model; (*-arbeta*) work out; (*text e.d.*) draw up, formu-late; ~ *en annons* design (lay out) an advertise-ment **-formning** [-å-] shaping *etc.*; working out *etc.* **-forska** find out, investigate, search into; *geogr.* explore **-frusen** *han är* ~ he has been frozen out, he has been sent to Coventry **-fråga** question, interrogate; (*korsförhöra*) cross-exam-ine **-frågning** [-å:-] questioning, interrogation; cross-examination; (*av expert inför utskott o.d., äv.*) hearing **-fyllnad** (*-fyllande*) filling up (in); *konkr.* filling; *bildl.* padding **-fällbar** folding out, collapsible **-färd** excursion (*jfr utflykt*)

ut|färda (*-ställa*) make out, draw up; issue (*fullmakt* power of attorney); (*påbjuda*) order, impose; ~ *lagar* enact legislation; *stormvarning har ~ts för* a gale warning has been issued for;

~ *en kommuniké* issue (publish) a communiqué **-fästa** offer (*en belöning* a reward); promise; ~ *sig* promise, engage (*att* to) **-fästelse** promise, pledge **-för** ['u:t-] **I** *prep* down **II** *adv* down, downwards; *det bär* (*sluttar*) ~ it slopes downhill; *gå* ~ descend; *det går* ~ *med dem* (*bildl.*) they are going downhill

utför|a 1 *se föra* [*ut*] *o.* exportera **2** (*uträtta*) carry out, perform, effect, execute; (*göra*) do; ~ *en plan* realize (carry out) a plan; *ett väl -t arbete* a good piece of work **3** *hand.* carry out (*en post* an item); ~ *en summa* place (put) a sum to account **-ande** *s6* **1** *eg.* taking out *etc.*; (*export*) exportation **2** (*uträttande*) carrying out, performance, execution; (*utformning*) design, model **3** (*framföringssätt*) style; (*talares*) delivery **4** *hand.* carrying out **-bar** *a1* practicable, feasible; realizable, executable **-lig** [-ö:-] *a1* detailed; (*uttömmande*) exhaustive **-ligt** *adv* in detail, fully, exhaustively

utförsbacke downhill

utförsel *s9* export[ation]

utförsåkning (*på skidor*) downhill [skiing]

utförsäljning clearance (closing-down) sale

ut|gallring sorting out; (*av skog*) thinning [out]; *bildl.* elimination **-ge 1** *se ge* [*ut*] **2** *rfl*, ~ *sig för att vara* give o.s. out (pretend) to be **-gift** *s3* expense; ~*er* (*äv.*) expenditure (*sg*); *inkomster och* ~*er* income and expenditure; *stora* ~*er* heavy expenses (expenditure); *få inkomster och* ~*er att gå ihop* make [both] ends meet

utgiva *se utge*

utgiv|are 1 (*av skrift*) publisher **2** (*utfärdare*) drawer (*av en växel* of a bill) **-en** published **-ning** (*av bok*) publication; *under* ~ in course of publication

ut|gjuta pour out (*äv. bildl.*); shed (*tårar* tears); ~ *sig* pour out one's feelings, (*i tal*) dilate (*över* on); ~ *sig över* (*äv.*) pour o.s. out about; ~ *sin vrede över* vent one's anger upon **-gjutelse** [-j-] pouring out; shedding; *bildl.* effusion **-gjutning** *med.* extravasation, suffusion **-grävning** excavation

ut|gå 1 *se gå* [*ut*] **2** (*komma*) come, issue, proceed, (*från* from); *bildl.* start (*från* from); *förslaget -gick från honom* the proposal came from him **3** ~ *från* (*förutsätta*) suppose, assume, take it, (*ta som ämne för utläggning*) start out from **4** (*betalas*) be paid (payable); *arvode* ~*r med* the fee payable (to be paid) is **5** (*utelämnas*) *denna post* ~*r* this item is to be deleted (left out, expunged) (*ur* from) **6** (*gå t. ända*) come to an end, expire **7** ~ *som segrare* come off a victor (victorious) **-gående I** *a4* outgoing; *sjö. äv.* outwardbound; ~ *balans* balance carried forward **II** *s6* going out; (*utgång*) departure; (*på* ~ (*sjö.*) outward bound **-gång 1** (*väg ut*) exit; way out **2** (*slut*) end, termination; (*av tidsfrist*) expiration; *vid* ~*en av 1968* by the end of 1968 **3** (*resultat*) result, outcome, issue; *få dödlig* ~ prove fatal **4** *kortsp.* game; *få* (*göra*) ~ score game **-gången** *a5, han är* ~ he has gone out; (*slutsåld*) sold out, no longer in stock; (*om bok*) out of print

utgångs|hastighet initial velocity **-läge** initial position, starting point **-punkt** starting point, point of departure; (*friare äv.*) basis (*för* of)

ut|gåva edition **-göra** (*bilda*) constitute, form, make; (*tillsammans* ~) compose, make up; (*belöpa sig t.*) amount to, be, total; *hyran -gör 900 kronor i månaden* the rent is 900 kronor a month; ~*s av* (*vanl.*) consist (be composed) of **-hungra** starve into surrender; ~*d* famished, starving **-hus** outhouse **-hyrning** [-y:-] letting [out], renting, hiring [out]; *till* ~ for hire; *se äv. hyra*

uthållig *a1* with staying power; persevering, persistent; tough **-het** (*fysisk*) staying power, stamina, perseverance, persistence **-hetsprov** endurance test

uthärd|a endure, stand, bear **-lig** *a1* endurable, bearable

utifrån I *prep* from [out in] (*gatan* the street); from [out of] (*skogen* the woods) **II** *adv* from outside; (*från utlandet*) from abroad

ut|jämna level (*äv. bildl.*), even, (*-släta*) smooth [out]; (*göra lika*) equalize; *hand.* [counter]balance; ~ *ett konto* settle an account **-jämning** levelling *etc.*; equalization; *fys. o. bildl.* compensation; *till* ~ *av* (*hand.*) in settlement of; ~ *av motsättningar* the straightening out of differences **-kant** (*av skog e.d.*) border; *i stadens* ~*er* in the outskirts of the town **-kast 1** *bildl.* draft (*till* of); sketch; (*t. tavla e.d.*) design; *göra ett* ~ *till* (*äv.*) trace (... in outline), design **2** (*i bollspel*) throw-out **-kastare 1** *tekn.* ejector **2** (*ordningsvakt*) chucker-out; *AE.* bouncer

ut|kik [-çi:k] *s2* **1** lookout station, watch tower; *hålla* ~ *be on the lookout* (*efter* for), watch **2** (*-kiksplats på fartyg*) lookout, crow's nest; *pers.* lookout [man] **-kikstorn** lookout [tower] **-klara** enter (clear) outwards **-klassa** outclass **-klädd** dressed up (*till as a*) **-kommendera** order out **-komst** [-å-] *s3* living, livelihood **-konkurrera** oust, outstrip; *bli* ~*d* be outclassed (crowded out) **-kristallisera** crystallize (*sig* o.s.) **-kräva** claim, require; ~ *hämnd* take vengeance (*på* on); ~ *skadestånd* demand damages **-kvittera** receipt [and receive]; (*pengar*) cash; ~ *en försändelse* give a receipt for a consignment **-kyld** [-çy:-] *a5* chilled down; *rummet är -kylt* (*äv.*) the room has got quite cold **-kämpa** fight [out]; *strider* ~*des* battles were fought **-körare** delivery man **-körd** [-çö:-] *a5* **1** (*-jagad*) turned out [of doors] **2** (*-tröttad*) worn out

utlandet *best. form, från* (*i, till*) ~*et* abroad; *i* ~*et* (*äv.*) in foreign countries **utlandssvensk** overseas (expatriate) Swede

ut|led[sen] thoroughly (utterly) tired; *vard.* bored to death (*på* of), fed up (*på* with) **-lokalisera** relocate [outside capital] **-lopp** outflow; outlet (*äv. bildl.*); *ge* ~ *åt* give vent to

ut|lysa give notice of, publish; ~ *ett möte* convene (call) a meeting; ~ *nyval* appeal to the country; ~ *stejk* call a strike; ~ *en tävlan* announce a competition **-låna** lend; *AE.* loan; ~ *mot ränta* lend at interest; *boken är* ~*d* the book is out on loan **-låning** lending; *affärsbankernas* ~ the advances of the commercial banks **-låta** *rfl* express o.s. (*om, över* [up]on); (*yttra äv.*) state, say **-låtande** *s6* [stated] opinion, report, statement [of opinion]; verdict; (*från högre myndighet*) rescript; *avge ett* ~ deliver (give) an opinion (*om* on, about), present a report (verdict) (*om* on) **-lägg** *s7* outlay; expense[s *pl*], disbursement; *kontanta* ~ out-of-pocket expenses **-läggning** laying [out]; (*förklaring*) interpretation, comments (*pl*); ~ *av kablar* cable-laying **-lämna** give (hand) out; issue (*biljetter* tickets); (*överlämna*) give up, surrender; (*brottsling t. främmande land*) extradite; *känna sig ~d* (*bildl.*) feel deserted **-lämning** giving out, distribution, issue; (*av post*) delivery; (*av brottsling*) extradition

ut|ländsk *a5* foreign **-ländska** *s1* foreign woman (lady) **-länning** foreigner **-läsa** (*sluta sig t.*) gather, understand (*av from*) **-löpa 1** (*om fartyg*) put to sea, leave port **2** (*gå t. ända*) come to an end, expire; *kontraktet -löper den* the contract expires on **-löpare 1** *bot.* runner **2** (*från bergskedja*) spur; *bildl.* offshoot **-lösa 1** redeem; (*delägare*) buy out; (*pant*) get out of pawn **2** (*frigöra*) release; (*igångsätta*) start, trigger [off] **3** (*framkalla*) bring about, produce, create **-lösning 1** redeeming *etc.*; redemption **2** release; starting *etc.* **3** orgasm **-lösningsmekanism** release

utman|a challenge; (*trotsa*) defy; ~ *ngn på duell* (*äv.*) call s.b. out **-ande** *a4* challenging; defying, defiant; (*om upptrådande*) provocative, (*i sht kvinnas*) enticing **-are** challenger **-ing** challenge (*äv. bildl.*)

utmanövrera outmanoeuvre

utmatt|ad *a5* exhausted; *vard.* knocked up **-ning** exhaustion

ut|med ['ut-, -'me:d] [all] along; ~ *varandra* alongside each other, side by side **-mejsla** chisel [out] **-mynna** (*om vattendrag*) discharge (*i* into); (*om gata o.d.*) open out (*i* into); ~ *i* (*bildl.*) end [up] with, result in **-måla** *bildl.* paint, depict **-märglad** [-j-] *a5* emaciate[d], haggard

utmärk|a (*sätta märke vid*) mark [out]; (*beteckna*) denote; (*angiva*) indicate; (*karakterisera*) characterize, distinguish; (*hedra*) honour; ~ *med rött* indicate (mark) in red; ~ *sig* distinguish o.s. (*äv. iron.*) (*genom* by) **-ande** *a4* characteristic (*för* of); ~ *egenskap* characteristic, distinguishing quality; *det mest ~ draget i* (*äv.*) the outstanding feature of **-else** distinction; honour

utmärkt I *a4* excellent, superb; *vard.* capital, splendid, first-rate, fine **II** *adv* excellently *etc.*; ~ *god* (*äv.*) excellent, delicious, exquisite; *må ~* feel fine (first-rate)

utmät|a *jur.* levy a distress (execution); *absol.* distrain **-ning** distraint, distress; *göra ~ hos ngn* distrain upon s.b., levy execution on a p.'s property

utmönstr|a (*kassera*) reject, discard **-ing** rejection, discarding

utnyttj|a utilize, exploit, use; (*t. egen fördel*) take advantage of; ~ *situationen* make the most of the situation; *väl ~d tid* time well spent **-ande** *s6* utilization, exploitation

ut|nämna appoint (*ngn t. överste* s.b. [a] colonel), nominate, make **-nämning** appointment, nomination **-nötning** wearing out **-nött** worn out; *bildl.* hackneyed, well-worn

utom [ˣu:tåm] **1** (*med undantag av*) except, save; with the exception of; *alla ~ jag* all except me; *ingen ~ jag* no one but me; *vara allt ~* be any-

thing but, be far from; ~ *att* except that, besides that; ~ *att det är för dyrt är det också* besides being too expensive it is also; ~ *när* except when **2** (*utanför*) outside (*dörren* the door); out of (*fara* danger); beyond (*allt tvivel* all doubt); *inom och ~ landet* at home and abroad **3** *vara ~ sig* be beside o.s. (*av* with), (*starkare*) go frantic, be transported (*av* with) **-bordsmotor** outboard motor

utomhus outdoors, out-of-doors **-bruk** outdoor use

utom|lands abroad **-ordentlig** extraordinary; (*förträfflig*) excellent; *av ~ betydelse* of extreme importance **-stående** *a4, en* ~ an outsider, the uninitiated **-äktenskaplig** extramarital; ~*a barn* illegitimate children

utopi *s3* utopia; utopian scheme

ut|organ *data.* output device **-peka** point out; ~ *ngn som* indicate (designate) s.b. as **-plåna** obliterate, efface, wipe out (*minnet av* the memory of); (*förinta*) annihilate **-portionera** portion out, distribute

utpress|a 1 *eg.* press (squeeze) out **2** ~ *pengar av* extort money from, blackmail **-are** blackmailer; *AE. äv.* racketeer **-ning** blackmail; extortion; *AE. äv.* racket

ut|prickning marking; *sjö.* beaconage, [system of] buoyage **-prova** test [out], try out; (*kläder*) try on **-provning** test; (*av kläder*) trying on **-präglad** [-ä:-] *a5* pronounced, marked, decided **-pumpad** *a5, bildl.* done up, fagged out **-rangera** discard, scrap

utred|a 1 (*bringa ordning i*) disentangle; clear up; (*lösa*) solve; (*undersöka*) investigate, inquire into; (*grundligt*) analyse **2** *jur.* (*avveckla*) wind up; (*konkurs*) liquidate **-ning 1** disentanglement; (*undersökning*) investigation, inquest; analysis; *vara under* ~ be under consideration; *för vidare* ~ for further consideration; *offentliga ~ar* official reports **2** *jur.* winding up; liquidation

utredningsman investigator, examiner; (*i bo*) executor, administrator; (*i konkurs*) liquidator

ut|rensning *bildl.* purge, cleanup **-riggare** outrigger

utrikes I *oböjligt a* foreign; *på ~ ort* abroad; ~ *resa* journey abroad **II** *adv* abroad; *resa* ~ go abroad **-departement** *-et* [the] ministry for foreign affairs, *Storbritannien* Foreign Office, *AE.* the State Department **-korrespondent** foreign correspondent **-minister** minister for foreign affairs, foreign minister (*Storbritannien* secretary), *AE.* secretary of state **-politik** foreign politics (*pl*) (policy) **-politisk** relating to foreign politics (*etc.*); *det ~a läget* the political situation abroad

ut|rop 1 exclamation; *ge till ett* ~ *av förvåning* give a cry of (cry out with) surprise **2** (*på auktion*) cry **-ropa 1** (*ropa högt*) exclaim; ejaculate **2** (*offentligt förkunna*) proclaim (*ngn t. kung* s.b. king) **3** (*på auktion*) cry; (*på gatan*) hawk **-ropstecken** exclamation mark **-rota** eradicate, kill off, root out; (*fullständigt*) extirpate; (*ett folk*) exterminate **-rotning** [-o:-] eradication, killing off *etc.*; extirpation; extermination; (*av folkgrupp*) genocide

ut|rusta equip; (*med vapen äv.*) arm; (*fartyg*

o.d.) fit out; (*förse*) furnish, supply, provide; *rikt ~d* (*bildl.*) richly endowed; *vara klent ~d å huvudets vägnar* be weak in the head **-rustning** equipment, outfit; *mil. äv.* kit; *maskinell ~* machinery, mechanical equipment **-ryckning 1** tearing (pulling) out (*jfr rycka ut*) **2** (*uttåg*) march[ing] out; (*brandkårs etc.*) turnout; *mil.* decampment, departure; (*hemförlovning*) discharge from active service **-ryckningsfordon** rescue vehicle **-rymma** (*bostad e.d.*) vacate, clear out of; *mil.* evacuate; (*överge*) abandon; *~ rättssalen* clear the court **-rymme** *s6* space, room (*äv. bildl.*); *bildl. äv.* scope; *ge ~ för* provide [space, room] for; *kräva mycket ~* take up room, (*om sak äv.*) be bulky; *ett hus med många ~n* a house with plenty of storage space

utrymmes|besparande *a4* space-saving **-krävande** requiring much space; bulky **-skäl** *i uttr.: av ~* from considerations of space

ut|rymning (*av flyttning*) removal; (*av lägenhet*) quitting; *mil.* evacuation, abandonment **-räkna** (*beräkna*) calculate; work out (*kostnaden* the cost) **-räkning** calculation, working out; *det är ingen ~* [*med det*] it is no good (not worth while) **-rätta** do (*en hel del* a great deal); *~ ett uppdrag* carry out (perform) a commission; *~ ett ärende* go on (do) an errand; *få ngt ~t* get s.th. done **-röna** ascertain, find out; (*konstatera*) establish

utsag|a *s1* statement; saying; (*vittnesbörd*) evidence, testimony; *enligt hans ~o* according to him (what he says)

ut|satt *a4* **1** *se sätta* [*ut*] *o. utsätta* **2** (*fastställd*) appointed, fixed, *på ~ tid* at the appointed time, at the time fixed **3** (*blottställd*) exposed (*läge* position; *för* to); *~ för kritik* subject[ed] to criticism; *~ för fara* in danger; *~ för förkylningar* liable to catch colds **-se** choose, select; *~ ngn till ordförande* appoint s.b. chairman

utseende *s6* (*yttre*) appearance, look; (*persons*) looks (*pl*); *av ~t att döma* to judge by appearances, from the look of him (*etc.*); *ha ett underligt ~* have an odd look; *känna ngn till ~t* know s.b. by sight

ut|sida outside; exterior; (*fasad*) façade, front **-sikt** *s3* **1** *eg.* view; outlook; *ha ~ över* look (open) on to, overlook; *med ~ åt norr* facing north **2** *bildl.* prospect; chance, outlook; *ha alla ~er att* have every chance of; *ställa ngt i ~* hold out the prospect of s.th.

utsikts|lös hopeless **-torn** outlook tower

ut|sira decorate, deck out; (*smycka*) adorn **-sirad** *a5* ornamented; ornamental (*bokstav* letter) **-sjasad** [-ʃ-] fagged out, dog-tired **-skjutande** *a4* projecting; (*fram-*) protruding; salient (*hörn* angle)

1 utskott [-å-] *s7* (*dålig vara*) rejections, throwouts (*pl*)

2 utskott [-å-] *s7* **1** (*kommitté*) committee **2** (*utväxt*) outgrowth

utskotts|varor *pl* defective (damaged) goods; rejects **-virke** defective [sawn] goods (*pl*); *AE.* defective lumber

ut|skrattad *a5* laughed to scorn **-skrift** clean (fair) copy; transcription **-skrivning 1** writing out [in full]; (*ren-*) transcription, copying; (*av*

kontrakt e.d.) drawing up, making out **2** (*av skatter*) levy, imposition **3** *mil.* conscription, enlistment **4** (*från sjukhus*) discharge **-skällning** rating; *vard.* blowing up; *AE. vard. äv.* calling down **-skämd** disgraced

ut|slag 1 (*beslut*) decision; *jur.* (*i civilmål*) judgement; (*skiljedom*) award; (*i brottmål*) sentence; (*jurys*) verdict; *fälla ~* pronounce (give a) verdict; *hans ord fällde ~et* his words decided the matter **2** *med.* rash, eruption; *få ~* break out into a rash **3** (*på våg e.d.*) turn of the scales, deviation; *mätaren gör ~* the meter is registering **4** (*resultat*) result, decision; (*uttryck*) manifestation; (*yttring*) outcrop; *ett ~ av dåligt humör* a manifestation of bad temper **-slagen** *a5* (*om blomma*) in blossom; (*om träd*) in leaf; (*om hår*) brushed out; (*utspilld*) spilt; *sport.* eliminated **-slagning** [-a:-] *sport.* elimination; (*i boxning*) knockout

utslags|givande *a4* decisive; *det blev ~ för mig* that decided me **-röst** casting vote **-tävlan** elimination (*sport.* knockout) competition (match)

ut|sliten worn-out; *vard.* jaded, worn-out; (*om uttryck o.d.*) hackneyed, stale; *~ fras* (*äv.*) cliché **-slockna** go out; (*om ätt*) die out; *~d* (*äv.*) extinct **-slunga** hurl (fling) out; throw out; *~ hotelser* threaten **-släpp** *s7* discharge (*av olja* of oil) **-smycka** adorn, decorate; deck out; (*försköna*) embellish (*en berättelse* a story) **-smyckning** adornment, ornamentation; embellishment; *konkr. äv. ornament* **-spark** *sport. goal kick* **-spekulerad** *a5* studied; artful, cunning

ut|spel *kortsp.* lead; *bildl.* move, initiative **-spelas** *dep* take place; *scenen ~ i* the scene is laid in **-spinna** *rfl* (*om samtal*) be carried on **-spisa** cater; feed **-spisning** catering; feeding **-sprida** spread out; (*friare*) spread (*ett rykte* a rumour); (*utströ äv.*) scatter about **-späda** dilute, thin [out] **-spänd** spread [out], stretched; (*av luft*) inflated **-spärra 1** spread out, stretch open **2** (*från utbildning*) deny admission, exclude **-spökad** *a5* rigged out, guyed-up

ut|staka stake (set, mark, peg) out; *bildl.* lay down; (*föreskriva*) determine, prescribe **-stakad** *a5* marked out; fixed **-stråla** (*utgå som strålar*) [ir]radiate, emit, send forth (*ljus* light); *~ värme* radiate (emit) heat; *~ godhet* radiate goodness **-strålning** [ir]radiation, emission, emanation

ut|sträcka stretch [out], extend; *~ sig* extend **-sträckning 1** (*-ande*) extension; (*i tid*) prolongation **2** (*vidd*) extent; extensiveness; (*dimension*) dimensions (*pl*); *i stor ~* to a great (large) extent; *i största möjliga ~* to the fullest possible extent; *i viss ~* to a certain degree (extent); *använda i stor ~* make extensive use of, use extensively **-sträckt** *a4* outstretched; extended; *ligga ~* lie full length (*framstupa* prostrate) **-studerad** *a5* (*raffinerad*) studied, artful; (*inpiskad*) thoroughpaced **-styra** fit out; (*pynta*) dress up, array; *så -styrd du är!* what a fright you look! **-styrsel** *s2* (*utrustning*) outfit; (*bruds*) trousseau; (*t.ex. boks*) get-up; (*förpackning*) package; (*tillbehör*) fittings (*pl*) **-stå** suffer, endure; (*genomlida*) go through **-stående** *a4* protruding, projecting; salient (*hörn* angle); *~ öron* protruding ears; ~ *kindknotor* (*äv.*) high (prominent) cheekbones

utställa 1 *se* ställa [*ut*] **2** (*t. beskådande*) show; (*på -ning*) exhibit, expose, display **3** (*utfärda*) draw, make out, issue (*en växel* a bill) **-are 1** (*av varor*) exhibitor **2** (*av värdehandling*) drawer, issuer **-ning** exhibition, show; display; (*av tavlor äv.*) gallery

utställningslokal showrooms (*pl*); (*med försäljning*) salesroom

ut|stöta (*utesluta*) expel, eject (*ur* from); (*ljud*) utter, emit; (*rökmoln*) puff out; (*om vulkan*) belch out (*lava* lava); (*ur kyrkan*) excommunicate; *vara -stött ur samhället* be a social outcast **-suga** (*jord*) impoverish **-sugare** *pers.* extortioner, bloodsucker **-sugning** sucking out; (*evakuering*) evacuation; (*av jord*) impoverishment; *bildl.* extortion

ut|svulten starved, famished **-svängd** *a5* curved (bent) outwards **-svävande** *a4* dissipated, dissolute, disorderly **-svävningar** [-ä:-] *pl* dissipation (*sg*), excesses; extravagances **-såld** sold out; *-sålt* (*teat.*) all tickets sold, house full, *AE.* full house **-säde** *s6* [planting] seed, grain **-sända 1** send out; (*utgiva*) publish, issue; *vår -sände medarbetare* our special correspondent **2** (*alstra*) send out, emit (*värme* heat) **3** (*i radio*) transmit, broadcast **-sändning 1** sending out; publication, issue **2** emission **3** transmission, broadcasting

ut|sätta 1 (*blottställa*) expose, subject (*för* to) **2** (*fastställa*) appoint, fix (*dagen för* the day for) **3** *rfl* expose o.s., lay o.s. open (*för* to); *det vill jag inte ~ mig för* (*äv.*) I don't want to run that risk **-sökt 1** *a1* exquisite, choice, select **II** *adv* exquisitely; ~ *fin* (*äv.*) very choice **-söndra** secrete, excrete **-söndring** secretion, excretion **-sövd** [-ö:-] *a5* thoroughly rested

uttag 1 *elektr.* socket; *AE.* outlet **2** (*av pengar*) withdrawal; *varorna skall levereras för ~ efter köparens behov* the goods are to be delivered at (on) call

utta[ga] (*jfr ta* [*ut*]) take out; ~ *i förskott* draw in advance

uttag|are (*av pengar*) drawer **-ning** (*av pengar*) withdrawal; *sport.* selection **-ningstävling** trial [game]; trials (*pl*)

ut|tal pronunciation; (*artikulering*) articulation; *ha ett bra engelskt ~* have a good English accent **-tala 1** (*frambringa*) pronounce; (*tydligt*) articulate **2** (*uttrycka*) express (*en önskan* a wish) **3** *rfl* speak (*om* of, about); pronounce (*för* for; *mot* against); ~ *sig om* (*äv.*) comment (express an opinion) on **-talande** *s6* pronouncement, statement; *göra ett ~* make a statement

uttals|beteckning phonetic notation **-lära** phonetics (*pl, behandlas som sg*)

utter ['utt-] *s2* otter

ut|tittad *a5* stared at **-tjatad** [-ç-] *a5* (*om ämne*) hackneyed; *vara ~* be fed up **-tjänad** [-ç-] *a5* who (which) has served his (*etc.*) time; *en ~ soldat* a veteran **-torkad** [-å-] *a5* dried up (out)

uttryck expression; (*talesätt äv.*) phrase; (*tecken*) mark, token (*för* of); *stående ~* set (stock) phrase; *tekniskt ~* technical term; *ålderdomligt ~* (*äv.*) archaism; *ge ~ åt* give expression (vent)

to; *ta sig ~ i* find expression in, show itself in; *välja sina ~* choose (pick) one's expressions

uttryck|a express (*en förhoppning* a hope; *en önskan* a wish); *som han -te det* as he put it; ~ *sig* express o.s.; *om jag så får ~ mig* if I may be permitted to say so **-lig** *a1* express, explicit, definite; ~ *befallning* express (strict) order **-ligen** expressly, explicitly; strictly

uttrycks|full expressive; (*om blick, ord*) significant, eloquent **-lös** expressionless; vacant, blank (*min* look) **-sätt** way of expressing o.s., manner of speaking; style

ut|tråkad *a5* bored [to death] **-träda** *se* träda [*ut*]; *bildl.* retire, withdraw (*ur* from); ~ *ur* (*äv.*) leave, resign one's membership of (in) **-träde** *s6* retirement, withdrawal; *anmäla sitt ~ ur* (*förening*) announce one's resignation from **-tröttad** *a5* tired out, weary; (*utmattad*) exhausted

ut|tåg (marching) out, departure; *i sht bibl.* exodus; *israeliternas ~ ur Egypten* the Exodus **-tömma** empty; *bildl.* exhaust (*sina tillgångar* one's resources); *hans krafter är -tömda* he is exhausted, he has no strength left; *han har -tömt ämnet* he has exhausted the subject **-tömmande** *a4* exhaustive, comprehensive; *behandla ~* treat exhaustively, exhaust

ut|ur ['u:t-, -'u:r] out of **-vakad** *a5* tired out through lack of sleep **-vald** chosen; selected (*verk* works); select (*grupp* group); picked (*trupper* troops); (*utsökt*) choice **-vandra** emigrate **-vandrare** emigrant **-vandring** emigration; (*friare*) migration

utveckla 1 *se* veckla [*ut*] **2** (*utbilda; klargöra*) develop (*sina anlag* one's talents; *två hästkrafter* two horsepower; *en plan* a plan); (*lägga i dagen*) show, display (*energi* energy); *fys.* generate (*värme* heat); ~ *sina synpunkter* (*äv.*) expound one's views; *det är ~nde att resa* travelling broadens the mind; *tidigt ~d* (*om barn*) advanced for his (her) age **3** *rfl* develop (*till* into; *från* out of); (*om blomma, fallskärm o. bildl.*) unfold ; ~ *sig till* (*äv.*) grow into, become

utveckling development; progress; growth; (*i sht fack.*) evolution; *vara stadd i ~* be developing; ~*en går i riktning mot* the trend is towards **utvecklings|bar** *a1* capable of development (progress) **-land** developing country **-lära** doctrine (theory) of evolution; evolutionism **-störd** [-ö:-] *a5* [mentally] retarded **-störning** retardation

utverka obtain, bring about, procure, secure **utvidg|a 1** (*utsträcka*) expand (*ett välde* an empire); (*göra bredare*) widen, broaden; (*göra längre*) extend; (*förstora*) enlarge; *fys.* expand, dilate **2** *rfl* widen, broaden; *fys.* expand, dilate; (*friare*) extend, expand **-ning** expansion; extension; dilation

utvikning [-i:-] *bildl.* deviation; digression (*från ämnet* from the subject)

ut|vilad *a5* thoroughly rested **-vinna** extract, win **-visa 1** (*visa bort*) send out; (*förvisa*) banish; (*ur landet*) expel, deport; *sport.* order off **2** (*i ndicate, show; (*bevisa*) prove; *det får framtiden ~* time will show **-visning** sending out; banishment; expulsion, deportation; (*ishockey.*) penalty; (*fotboll.*) ordering off

utvisningsbås penalty box
ut|väg 1 *bildl.* expedient, resource, way out; means; *finna en* ~ find some expedient; *jag ser ingen annan* ~ I see no other way out (alternative) **-vändig** *al* outward, external **-värdera** evaluate **-värtes I** *oböjligt a* external, outward; *för* ~ *bruk* for external use **II** *adv se* -vändigt **-växla** exchange; interchange **-växling 1** (*utbyte*) exchange; interchange **2** *tekn.* gear[ing]; *ha liten* (*stor*) ~ be low-geared (high-geared) **-växt** outgrowth; protuberance; *bildl.* excrescence, growth

utåt ['u:t-] **I** *prep* out into (towards); *fönstret vetter* ~ *gatan* the window looks out onto the street **II** *adv* outward[s]; *gå* ~ *med fötterna* walk with one's toes turned out **-riktad** *a5* turned outwards, out-turned; *bildl.* extrovert, outgoing

utöka increase; extend, expand; enlarge; *~d upplaga* enlarged edition

utöva (*bedriva*) carry on (*ett hantverk a trade*); practise (*ett yrke* a profession); (*verkställa*) exercise (*kontroll* control; *rättvisa* justice); exert (*tryck* pressure); ~ *befäl* hold (exercise) command; ~ *hämnd* take vengeance (*mot* upon); ~ *inflytande på* exercise (exert) influence on, influence; ~ *kritik* criticize; ~ *värdskapet* act as host **utövare** practiser, practician

utöver [-'ö:-, 'u:t-] *prep* [over and] above, beyond; *gå* ~ exceed

uv *s2* [great] horned owl

uvertyr *se* ouvertyr

V

vaccin [vak'si:n] *s4, s9* vaccine **-ation** vaccination

vacker ['vakk-] *a2* **1** beautiful; (*i sht om man*) handsome; (*förtjusande*) lovely; (*söt*) pretty; (*storslagen*) fine; (*tilltalande*) nice; (*fager*) fair; ~ *som en dag* [as] fair as a day in June; *~t väder* beautiful (lovely) weather; *vackra lovord* high praise (*sg*); *en* ~ *dag* (*bildl.*) one fine day **2** (*ansenlig*) handsome (*summa* sum); *det är ~t så!* [it is] pretty good at that!, fair enough! **3** *iron.* fine, pretty

vackert *adv* **1** beautifully *etc.*; *huset ligger* ~ the house is beautifully situated; *det var* ~ *gjort av dig* it was a fine thing of you to do; *det där låter* ~ that sounds well; *~!* (*vard.*) well done!, marvellous! **2** *iron.* nicely, prettily; *jo* ~! I should think so!, not likely!; *som det så* ~ *heter* as they so prettily put it **3** *det låter du* ~ *bli!* you will just not do so!; *du stannar* ~ *hemma!* you just stop at home; *sitt* ~*!* (*t. hund*) beg!

vackl|a totter; (*ragla*) stagger; *bildl.* falter,

waver, vacillate; *bruket ~r* the usage varies; *han ~de fram* he staggered along; ~ *hit och dit* (*äv.*) sway to and fro **-ande** *a4* tottering *etc.*; (*om hälsa*) uncertain, failing; *hans hälsa börjar bli* ~ his health is beginning to give way

1 vad *s3, s1* (*på ben*) calf (*pl* calves) [of the leg]

2 vad *s7* (*avtal*) bet (*om en summa* of a sum; *om resultatet* on the result); *slå* ~ bet, make a bet; *det kan jag slå* ~ *om* I['ll] bet you; *jag slår* ~ *om ett pund* I['ll] bet you one pound

3 vad I *pron* **1** *interr.* what; ~*?* [I beg your] pardon?, *vard.* what?; *vet du* ~*!* I'll tell you what!; *nej,* ~ *säger du!* really!, well, I never!; ~ *nytt?* any news?; ~ *för en* what; ~ *för* [*en*] *bok* what book; ~ *för slag?* what?; ~ *är det för slags bok?* what kind of a book is that?; ~ *gråter du för?* why are you crying?, what are you crying for?; ~ *har du för anledning att* what reason have you for (+ *ing-form*); *jag vet inte* ~ *jag skall göra* I don't know what to do; ~ *är det?* what is the matter?; ~ *är det för dag i dag?* what day is it today? **2** *rel.* (*det som*) what; ~ *mig beträffar* as far as I am concerned; ~ *som är viktigt är att* the important thing is that; ~ *som helst* anything [whatever]; ~ *som än händer* whatever happens; ~ *värre är* what is [even] worse; *inte* ~ *jag vet* (*vard.*) not as far as I know **II** *adv* how (*du är snäll!* kind you are!)

vada wade (*över* across); ~ *över en flod* (*äv.*) ford a river; *han ~r i pengar* he's wallowing in money

vadben splint bone, fibula

vadd *s2* wad[ding]; (*bomulls-*) cotton wool; *AE.* absorbent cotton; (*fönster-*) padding **-era** wad, pad; (*täcke, morgonrock etc.*) quilt **-ering** [-'de:-] wadding, padding; (*med stickningar*) quilting

vadhållning betting, wagering

vadställe ford[able place]

vag *al* vague; indistinct, undefined, hazy

vagel ['va:-] *s2* (*i ögat*) sty[e] (*pl äv.* sties)

vagg|a I *s1* cradle; *från -an till graven* from the cradle to the grave **II** *v1* rock (*i sömn* to sleep); (*svänga, vicka*) swing; (*gå ~nde*) waddle; *~nde gång* rocking (waddling) gait **-visa** lullaby

vagn [vaŋn] *s2* **1** carriage; *AE.* car (*äv. järnv. person-*); (*större, gala-*) coach; (*last-, gods-*) wag[g]on, *AE.* car; (*kärra*) cart; *häst och* ~ a horse and carriage; (*direkt*) *genomgående* ~ (*järnv.*) through carriage **2** *fackl.* (*på kran*) trolley **vagnslast** cartload, carriage load; *järnv.* wag[g]onload, truckload

vaja [ˣvajja] *v1* float, fly; (*fladdra*) flutter, stream

vajer ['vajj-] *s2* cable, wire

vak *s2* (*is-*) hole in the ice, ice hole

vaka I *s1* vigil, watch; (*lik-*) wake **II** *v1* **1** (*hålla vakt*) watch (*hos ngn* by a p.'s bedside); keep watch; (*hålla sig vaken*) stay up; ~ *över ngn* watch (keep watch) over s.b. **2** *sjö.* (*om båt*) ride

vak|ans [-'kans, -'kaŋs] *s3* vacancy **-ant** *a4* vacant, unoccupied

vaken *a3* (*ej sovande*) *predik.* awake; *attr.* waking; (*uppmärksam*) observing, noticing (*barn* child); (*pigg*) wide-awake, brisk; (*mottaglig*) open (*blick* eye), alert (*sinne* mind); *i vaket tillstånd* when awake **-het** wakefulness; *bildl.* alertness

vakna [ˣvaːk-] wake [up], awake; *bildl. äv.* awaken; ~ *till besinning* come to one's senses; ~ *till medvetande* become conscious (*om* of); ~ *på fel sida* get out of bed on the wrong side

vaksam [ˣvaːk-] *a1* watchful (*blick* eye); vigilant; on the alert **-het** watchfulness; vigilance

vakt *s3* **1** (*-hållning*) watch (*äv. sjö.*); *mil.* guard, duty; *gå på* ~ mount guard, go on duty; *ha* ~*en* be on duty; *hålla* ~ keep watch, be on guard (duty); *slå* ~ *om* (*bildl.*) stand up for (*friheten* liberty), keep an eye on; *vara på sin* ~ be on one's guard (on the alert); *inte vara på sin* ~ be off one's guard **2** *pers.* guard, watchman; *mil.* sentry; (*-manskap*) [men (*pl*) on] guard, *sjö.* watch; *avlösa* ~*en* relieve the guard **vakta 1** (*bevaka*) guard; watch over, look after (*barn* children); ~ *får* tend (herd) sheep; ~ *på* watch **2** (*hålla vakt*) keep guard (watch) **3** *rfl, se akta 2*

vakt|havande *a4* on duty; *sjö. äv.* of the watch **-hund** watchdog **-mästare 1** (*vid ämbetsverk*) messenger; (*på museum*) attendant; (*skol-*) porter; *univ.* beadle; (*dörr-*) doorkeeper; (*plats-anvisare*) usher; (*uppsyningsman*) caretaker **2** (*kypare*) waiter **-ombyte** changing of (relieving) the guard; ~[*t*] *sker kl.* the guard is relieved at

vakuum [ˈvaːkum] *s8* vacuum **-förpackning** vacuum pack **-torkad** [-å-] *a5* vacuum-dried (*potatis* potatoes)

1 val *s2, zool.* whale; ~*ar* (*koll.*) cetaceans

2 val *s7* **1** (*väljande*) choice; (*ur-*) selection; *efter eget* ~ at one's own option, according to choice; *fritt* ~ option, free choice; *göra ett bra* ~ (*äv.*) choose well; *göra sitt* ~ make one's choice; *jag hade inget annat* ~ I had no alternative; *vara i* ~*et och kvalet* be in two minds (*om man skall gå el. inte* whether to go or not) **2** (*offentlig förrättning*) election; *allmänna* ~ general election (*sg*); *förrätta* ~ hold an election; *gå till* ~ go to the polls; *tillsatt genom* ~ elected, elective

val|affisch election poster **-arbetare** electioneer **-bar** *a1* eligible (*till* for); *ej* ~ ineligible

valborgsmässoafton [-bårjs-] Walpurgis night

vald [-aː-] *a5* chosen, selected; *några väl* ~*a ord* a few well-chosen words; ~*a skrifter* selected works

wales|are [ˣɔejls-] Welshman **-isk** [ˈɔejls-] Welsh **-iska** [ˈɔejl-] *s1* **1** (*språk*) Welsh **2** (*kvinna*) Welshwoman

val|fri optional; discretionary; ~*tt ämne* (*skol.*) optional subject, *AE.* elective **-frihet** [right of] option, freedom of choice **-fusk** electoral rigging

valfångare whaler; (*fartyg äv.*) whaling ship

valhänt [-aː-] *a4* numb[ed]; *bildl.* awkward, clumsy (*försök* attempt), lame (*ursäkt* excuse); *vara* ~ (*eg.*) have numb hands **-het** numbness in the (one's) hands; *bildl.* clumsiness *etc.*

valk *s2* **1** (*förhårdnad*) callus, callosity **2** (*hår-*) pad; (*fett-*) roll of fat

valkampanj election campaign

valkig *a1* callous; horny

valkrets constituency

1 vall *s2* (*upphöjning*) bank, embankment; (*strand-*) dike, dyke; *mil.* rampart

2 vall *s2* (*slåtter-*) ley, temporary pasture; (*betes-*) pasture [ground (land)]; *driva i* ~ turn out to grass; *gå i* ~ be grazing

1 valla *v1* tend (*boskap* cattle); (*vakta*) watch, guard; (*brottsling*) take to the scene of the crime

2 valla I *s1* (*skid-*) ski wax **II** *v* wax

vallfartsort resort of pilgrims, shrine; *bildl.* Mecca

vallfärda go on a pilgrimage

vallgrav moat, foss[e]

vallhund shepherd's dog; (*ras*) sheepdog, collie

vallmo *s5* poppy

vallokal polling station (place); poll[*s pl*]

val|löfte electoral promise **-möte** election meeting

valnöt walnut

valp *s2* pup[py]; (*pojk-*) cub

valp|a whelp **-aktig** *a1* puppyish

valprogram election program[me]; platform

valpsjuka canine distemper

valross [ˣvaːlråss] *s2* walrus; morse

valrörelse electioneering, election campaign

1 vals *s2* (*cylinder*) roll[er]; cylinder (*äv. skrivma-skins-*)

2 vals *s3* (*dans*) waltz

1 valsa *v1* (*dansa*) waltz

2 valsa *v1* (*låta passera genom valsar*) roll; (*plåt äv.*) laminate, sheet; ~*t järn* rolled (sheet) iron; ~*t stål* rolled (laminated) steel

valsedel ballot [paper], voting paper

valspråk motto, device

val|sätt electoral system; *proportionellt* ~ proportional representation **-tal** election address (speech)

valthorn French horn

valurna ballot box

valuta [-ˣluː-] *s1* (*myntslag*) currency; *inhemsk* ~ domestic currency; *utländsk* ~ foreign exchange (currency); ~ *bekommen* value received; *få* ~ *för* get.good value for; *få* ~ *för sina pengar* (*äv.*) get one's money's worth **-kurs** rate of exchange **-reserv** foreign exchange reserve[*s pl*]

valv *s7* vault (*äv. bank-*); arch; *skeppsb.* counter

valör value; (*på sedlar o.d.*) denomination

vamp *s2, s3*, **vampa** vamp

vampyr *s3* vampire

van *a5* (*övad*) practised, experienced; (*skicklig*) skilled; *han är gammal och* ~ he's an old hand [at]; *vara* (*bli*) ~ *vid* be (get) used (accustomed) to (*att* + *ing-form*); *bara man blir litet* ~ (*äv.*) once you get into the knack of it; *med* ~ *hand* with a deft (skilled) hand

van|a *s1* (*sed, bruk*) custom; (*persons*) habit; (*er-farenhet*) experience (*vid* of); (*övning*) practice; ~*ns makt* the force of habit; *ha dyrbara* -*or* have expensive habits; *av gammal* ~ by force of habit, from [mere] habit; *sin* ~ *trogen* as is one's wont; *bli en* ~ become a habit (*hos ngn* with s.b.); *ha* ~*n inne att* be used to; *ha för* ~ *att* be in the habit of (+ *ing-form*)

vandal *s3* vandal **-isera** vandalize

vandel [ˈvann-] *s2* conduct, behaviour, mode of life; *föra en hederlig* ~ lead an honourable life

vandr|a walk (*äv. bildl.*); ramble, hike; (*ströva*) wander, stroll, rove, roam (*omkring* about); (*om djur, folk*) migrate **-ande** *a4* wandering; (*kring-*)

itinerant, ambulatory; travelling (*gesäll* journeyman); (*flyttande*) migratory; *den* ~ *juden* the Wandering Jew; ~ *blad* (*zool.*) leaf insect; ~ *njure* floating kidney; ~ *pinne* (*zool.*) stick insect, *AE.* walking stick

vandrar|e wanderer **-hem** youth hostel

vandring wandering; (*kortare*) walk[ing tour]; (*genom livet*) way; (*folk-, djur-*) migration **vandringspris** challenge prize

vane|bildande *a4* habit-forming; addictive **-djur** creature of habit **-drinkare** habitual drinker **-mässig** *a1* habitual, routine **-sak** matter of habit **-tänkande** *s6* thinking in grooves

van|föreställning misconception, wrong idea, false notion **-hedra** dishonour, disgrace; be a disgrace to **-helga** profane, desecrate

vanilj *s3* vanilla

vanka [*gå och*] ~ saunter (wander) (*omkring* about)

vankelmod irresolution, indecision; hesitation; (*ombytlighet*) inconstancy **-ig** irresolute, inconstant; vacillating

vanlig [ˣvɑːn-] *a1* **1** (*som sker efter vanan*) usual (*hos* with); habitual (*sysselsättning* occupation); (*bruklig*) customary; *det är det* ~*a* that's the usual thing; *på* ~ *tid* at the usual time; *på sin* ~*a plats* in its (*etc.*) usual place; *som* ~*t* as usual; *bättre än* ~*t* better than usual **2** (*ofta förekommande*) common (*blomma* flower; *fel* mistake; *namn* name); frequent (*missuppfattning* misconception); (*allman*) general (*uppfattning* belief); (*alldaglig, vardags-*) ordinary (*mat* food; *folk* people); *mindre* ~ less (not very) common; ~*t bråk* simple (vulgar, common) fraction; *vi* ~*a dödliga* we ordinary mortals; *den gamla* ~*a historien* the same old story; ~*a människor* (äv.) the common run of people; *den* ~*a åsikten* bland the opinion generally held by; *i* ~*a fall* as a rule, ordinarily, in ordinary cases; *i ordets* ~*a bemärkelse* in the ordinary sense of the word; *på* ~*t sätt* in the ordinary (usual) manner (way) **vanligen** usually, generally; as a rule **vanlighet** usualness, frequency; *efter* ~*en* as usual; *mot* ~*en* contrary to the (his *etc.*) usual practice; *det hör inte till* ~*erna att* it is not very common that

van|lottad [-å-] *a5* badly off (*i fråga om* as regards) **-makt 1** (*medvetslöshet*) unconsciousness; *falla i* ~ have a fainting-fit, faint, swoon **2** *bildl.* impotence; powerlessness **-mäktig 1** unconscious, fainting **2** impotent; powerless, vain

van|pryda disfigure, spoil the look of **-rykte** disrepute, bad repute; discredit

vansinn|e insanity; mental disease; (*galenskap*) madness; *driva ngn till* ~ drive s.b. mad (crazy); *det vore rena* ~*t* it would be insane (sheer madness) **-ig** *a1* insane; (*tokig*) crazy; (*galen*) mad; *bli* ~ go mad; *det är så man kan bli* ~ it is enough to drive one mad **-igt** *adv* insanely; crazily; madly; (*förstärkande*) awfully, terribly; ~ *roligt* awfully funny; ~ *förälskad* madly in love

vanskapt [-a:-] *a4* deformed, misshapen

vansklig *a1* (*osäker*) hazardous, risky (*företag* enterprise); (*tvivelaktig*) doubtful; (*brydsam*) delicate (*uppgift* task); (*svår*) awkward

van|sköta mismanage, neglect; *trädgården är* ~*skött* the garden is not looked after properly; ~

sig be neglectful; ~ *sin hälsa* neglect one's health **-skötsel** mismanagement; negligence; *av* ~ for (from) want of proper care **-släktas** *dep* degenerate **-styre** misrule **-ställa** disfigure, deform; (*friare*) spoil [the look[s] of], (*förvrida*) distort

vant *s7, s4, sjö.* shroud

vant|e *s2* (*finger-*) woollen (cotton) glove; (*tum-*) mitt[en]; *lägga -arna på* (*bildl.*) lay hands [up]on; *slå -arna i bordet* (*bildl.*) put the shutters up

van|tolka misinterpret; misconstrue **-trivas** *dep* feel ill at ease (uncomfortable); not feel at home; get on [very] badly (*med ngn* with s.b.); (*om djur, växter*) not thrive; *jag -trivs med mitt arbete* I am not at all happy in my work **-trivsel** discomfort, unhappiness; (*djurs, växters*) inability to thrive **-tro** false belief; disbelief **-vett** insanity; mania; *det vore rena* ~*et att* it would be sheer madness to **-vettig** *a1* mad; absurd, wild **-vård** neglect, negligence, mismanagement **-vördig** disrespectful (*mot* to); (*mot ngt heligt*) irreverent (*mot* to) **-vördnad** disrespect; irreverence **-ära I** *s1* dishonour, disgrace; (*skam*) shame, ignominy; *dra* ~ *över* bring shame (disgrace) upon **II** *v1* dishonour, disgrace

vapen [ˈvɑː-] *s7* **1** weapon; *koll.* arms (*pl*); *bära* (*föra*) ~ carry arms; *gripa till* ~ take up arms; *med* ~ *i hand* weapon in hand; *nedlägga vapnen* lay down [one's] arms, surrender; *slå ngn med hans egna* ~ beat s.b. at his own game **2** *her.* (*-märke*) arms (*pl*), coat of arms **-broder** brother-in-arms **-bärare** weapon-carrier **-dragare** *hist.* armour-bearer; *bildl.* supporter **-fri** ~ *tjänst* unarmed national (military) service **-för** *a5* fit for military service **-handlare** arms dealer **-licens** licence for carrying arms, firearms (*AE.* gun) licence **-makt** (*med* by) force of arms **-rock** tunic **-skrammel** *bildl.* show of arms **-sköld** coat of arms, escutcheon, blazon **-slag** service branch, arm **-stillestånd** armistice; truce **-tjänst** military service **-vägrare** [-ä:-] conscientious objector; *vard.* conchie, draft resister (*AE.* dodger)

1 var *s7* (*kudd-*) case, slip

2 var *s7* (*i sår*) pus; *få* ~ *i ögonen* get infected eyes

3 var (~*t*) *pron a*) (*som adj.*) (*varenda*) every, (*varje särskild*) each; *b*) (*som subst.*) *se envar*; ~ *dag* every day; ~ *gång* every (each) time; ~ *fjärde* every fourth (*timme* hour), every four (*timme* hours); ~ *och en a*) (*som subst.*) every man (person), everybody, everyone, (~ *och en särskilt*) each [one] (*av* of), *b*) (*som adj.*) each, every; *de gick* ~ *och en till sig* each [of them] went home, they went each to his (*etc.*) own house; ~*s och ens ensak* everybody's own business; *det tycker vi nog litet* ~ pretty well every one of us thinks so; ~ *för sig* each individually, separately; *de har* ~ *sin bok* each [of them] has his book, they have a book each; *göra ngt* ~ *sin gång* do s.th. by (in) turns; *på* ~ *sin sida om* on either side of; *de gick åt* ~ *sitt håll* they went their separate ways, they all went off in different directions

4 var *adv* where; (*-än, -helst äv.*) wherever; *här och* ~ here and there; ~ *som helst* anywhere; ~ *någonstans* where[abouts]; ~ *i all världen* wherever, where on earth

1 vara *v1, rfl, med.* suppurate, fester

2 vara *oböjligt s, ta ~ på (ta reda på)* take care of, *(använda väl)* make good use of *(tiden* one's time); *ta väl ~ på dig!* take good care of yourself!; *ta sig till ~* be careful, mind what one is doing; *ta sig till ~ för* be on one's guard against

3 var|a *s1 (artikel)* article, product; *-or (äv.)* goods, merchandise, *(i sms. vanl.)* ware *(sg)*; *-or och tjänster* goods and services; *explosiva -or* explosives; *korta -or* haberdashery; *tala för en ~ (äv. bildl.)* speak (argue) in favour of s.th.

4 vara *v1 (räcka)* last *(två timmar* [for] two hours); *(fortfara)* go on, continue; *så länge det ~r* as long as it lasts

5 vara *var varit, pres. är* **I** *huvudv* **1** *allm.* be; *(existera äv.)* exist; *(äga rum äv.)* take place; *(utgöra äv.)* make; *att ~ eller icke ~* to be or not to be; *~ från Sverige (om pers.)* be from Sweden, *(om sak)* come from Sweden; *~ vid posten* be working at the Post Office; *~ av den åsikten att* be of the opinion that; *vad anser du ~ bäst?* what do you think is best?; *för att ~ så liten är han* considering he is so small he is; *såsom ~nde den äldste* being the oldest; *vi är fyra* there are four of us; *jag är för lång, är jag inte?* I'm too tall, aren't I (am I not)?; *om så är* if that be the case, if so; *det lilla som är* what (the) little there is; *snäll som jag är skall jag* as I am nice I will; *vad är att göra?* what is to be done?; *vad är den här knappen till?* what is this button [meant] for?; *hon är och handlar* she is out shopping; *när är premiären?* when is the opening night?; *båten är av plast* the boat is [made] of plastic; *tre och tre är sex* three and three are (is, make[s]) six; *det är att frukta att* it is to be feared that; *det är farliga saker* these are dangerous things; *det är ingenting för mig* that is not at all in my line; *det är inte mycket med den längre* it is not up to much any longer; *det är och förblir en gåta* it remains a mystery; *det är som det är* things are as they are; *det här är mina handskar* these gloves are mine; *hur är det att bo i London?* what's it like (how do you like) living in London?; *som det nu är* as things are (matters stand) now; *goddag, det är Lily (i telefon)* hello, [this is] Lily speaking, hello, Lily here; *är det herr A.? (vid tilltal)* are you Mr. A.?, *(i telefon)* is that Mr. A. speaking?; *vad är det nu då?* what is it (what is the matter) now?; *vad är det med TV:n?* what has happened to the TV; *de var två* there were two of them *(om lotten* to share the lottery ticket; *om arbetet* on the job); *jag var där en kvart* I stayed there for a quarter of an hour; *jag var och hälsade på dem* I went to see them; *de var och mötte honom* they were there to meet him; *om jag var (vore) rik* if I was (were) rich; *det var bra att du kunde komma* it's a good thing you could come; *det var det som var felet* that's what was wrong; *det var snällt av dig att komma* it's (it was) very kind of you to come; *var inte pjoskig!* don't make [such] a fuss!; *hur trevligt det än hade varit* however nice it would have been; *har du varit på teatern (Macbeth)?* have you been to the theatre (to see "Macbeth")?; *jag vore tacksam om ni* I should be grateful if you; *det vore roligt* that would be fun **2** *(annan konstr.) deras sätt att ~* their manners; *hur därmed än må ~* be that as it may; *vi kan ~ sju i båten* there is room for

seven of us (we can sit seven) in the boat; *vad får det lov att ~? (i butik)* what can I do for you?, *(t. gäst)* what can I offer you; *för att ~ utlänning är han* for a foreigner he is; *får det ~ en kopp kaffe?* would you like a cup of coffee; *det får ~ för mig* I would rather not, *(jag orkar inte)* I can't be bothered; *det får ~ som det är* we'll leave it at that (as it is); *det får ~ till en annan gång* it will have to wait until another time; *den dag som i dag är* this very day; *det är bara att komma* just come; *hur vore det om vi skulle gå och bada?* what about going swimming?; *under veckan som varit* during the last week **II** *hjälpv* **1** *allm.* be; *jag är född 1931* I was born in 1931; *boken är tryckt i New York* the book was printed in New York **2** *de är bortresta* they are (have gone) away; *jag är ditbjuden i morgon* I have been invited there to-morrow; *han är utgången* he has gone out, he is out **III** *(med betonad partikel)* **1** *~ av (avbruten)* be [broken] off; *~ av med ngt (ha förlorat)* have lost, *(ha sluppit ifrån)* have got (be) rid of **2** *~ borta a)* eg. be away, *b) (försvunnen)* be missing, *c) (död)* be gone, *d) bildl.* be lost **3** *~ efter a) (förfölja)* be after, *b) (ej ha hunnit med)* be behind *(i skolan* at school); *han var långt efter oss* he was far behind us; *~ efter sin tid* be behind the times, *AE.* be a back number; *~ efter med betalningen* be in arrears with payment **4** *~ emot* be against **5** *~ för (gilla)* be in favour of; *fönsterluckorna var för* the shutters were closed (to) **6** *~ före a) (ha hunnit före)* be ahead *(sin tid* of the times), *b) jur.* be on, before the court, *c) (dryftas)* be up [for discussion], *(behandlas)* be dealt with **7** *~ ifrån sig* be beside o.s. **8** *~ kvar a) (inte ha gått)* remain, stay [on], *b) (återstå)* remain, be left [over] **9** *~ med a) (deltaga)* take part, *(närvara)* be present *(på, vid* at), *b) (vara medräknad)* be included; *är osten med? (har vi med)* have we got the cheese?; *får jag ~ med?* may I join you (join in)?; *han var inte med planet* he wasn't on the plane; *är du med? (förstår du)* do you follow me?; *~ med sin tid* keep up with the times, be up to date; *hur är det med henne?* how is she?; *vad är det med henne?* what is the matter with her?; *~ med i (på) (deltaga i)* take part in, *(bevista)* attend; *~ med om (bevittna)* see, witness, *(uppleva)* experience, *(genomgå)* go through, *(råka ut för)* meet with, *(deltaga i)* take part in; *~ med om att (medverka)* do one's share towards (+ *ing-form*), *(hjälpa till)* help to (+ *inf.*); *hon är med på allt som är tokigt* she is in on anything crazy (mad) **10** *~ om sig* look after one's own interests, be on the make **11** *~ på a) (~ påsatt)* be on, *b) (röra vid)* be at; *~ på ngn (ligga efter)* be on at s.b., *(slå ner på)* be down on s.b. **12** *~ till* exist; *den är till för det* that's what it is there for; *~ till sig* be beside o.s. **13** *~ ur, knappen är ur* the button has come off; *nyckeln är ur* the key is not in the lock **14** *~ över a) (förbi)* be over (past), *b) (kvar)* left, [left] over; *snart är fienden över oss* the enemy will be over us any minute

varaktig *a1* lasting *(lycka* happiness); *(hållbar)* durable; *(beständig)* permanent *(adress* address); *~a konsumtionsvaror* consumer durables **-het** *(i tid)* duration; *(hållbarhet)* durability;

(*beständighet*) permanency; *av kort* ~ (*äv.*) short-lived, brief

varande I *a4* being; (*existerande*) existing; *den i bruk* ~ the ... in use **II** *s6* being; (*tillvaro*) existence

var|andra [-'and-, vard. -'rann] (*om två vanl.*) each other; (*om flera vanl.*) one another; *bredvid* ~ (*äv.*) side by side; *efter* ~ one after the other (another); *två dagar efter* ~ two days running, two days in succession; *tätt efter* ~ close upon each other; *byta frimärken med* ~ exchange stamps; *de rusade om* ~ they rushed round one another; *två på* ~ *följande* two successive **-annan** [-ˣannan] **1** every other (second); ~ *dag* (*äv.*) every two days; ~ *vecka* (*äv.*) every two weeks, fortnightly; ~ *gång* (*äv.*) alternately **2** *om vartannat* indiscriminately **-av** ['va:r-] (*av vilken*) from which (what); ~ *följer att* and hence (so) it follows that; ~ *100 pund är* £100 of which is

vardag [ˈva.r-] s2 weekday (är i vid äv. ärī.) working day, *i sht AE.* workday; *om* (*på*) *~arna, till ~s* on weekdays **-lig** [ˣva:r-] *a1* everyday; (*alldaglig*) commonplace **-lighet** [ˣva:r-] triviality

vardags|bestyr *pl* daily duties **-bruk** *till* ~ for everyday use (*om kläder:* wear) **-klädd** dressed in everyday clothes **-kläder** *pl* everyday clothes **-kväll** weekday evening **-lag** *i uttr.: i* ~ in everyday life, on weekdays **-mat** everyday (ordinary) food (fare) **-rum** living (sitting) room, lounge, parlour

vardera ['va:r-] each; *på* ~ *sidan* on either side, *i vartdera fallet* in both cases, in each case

varefter [-'eff-] after which; (*om tid äv.*) whereupon

varelse being; creature

varenda [-ˣenn-] every; ~ *en* every [single] one

vare sig ~ ... *eller inte* whether ... or not; ~ *du vill eller inte* whether you want to or not; *han kom inte* ~ *i går eller i dag* he did not come either yesterday or today

vareviga [-ˣe:-] every single (*dag* day)

varför ['varr-, 'va:r-] **1** (*av vilket skäl*) why; for what reason, on what account; *vard.* what for; ~ *det?* why?; ~ *inte?* why not? **2** (*och därför*) so, and therefore; wherefore **3** (*för vilken*) for which; *orsaken* ~ *jag slutade* the reason [why] I left

varg [-j] *s2* wolf; *hungrig som en* ~ ravenous; *äta som en* ~ eat voraciously; ~ *i veum* outlaw **-avinter** bitter winter **-skinnspäls** wolfskin fur[coat] **-unge** wolf cub; (*scout*) Cub [Scout], (*förr*) Wolf Cub

varhelst wherever

vari ['va:ri, -'i:] in which (what), wherein

vari|abel [-'a:bel] **I** *a2* variable, changeable **II** *s3* variable **-ant** variant; (*i textutgåva e.d.*) variant reading; *biol.* variety **-ation** variation **-era 1** (*skifta*) vary; (*inom vissa gränser*) range (*mellan ... och* from ... to); (*vara ostadig*) fluctuate **2** (*förändra*) vary

varieté *s3* **1** (*-föreställning*) variety [show], music-hall performance; *AE.* *äv.* vaudeville [show], burlesque **2** (*lokal*) variety theatre, music hall

varifrån ['va:r-] *adv* **1** *interr.* where ... from, from where; ~ *kommer han?* where does he

come from? **2** *rel.* from which; (*från vilken plats*) from where; *vi kom till A.,* ~ *vi fortsatte till* we arrived at A., from where we continued to

varig *a1* purulent; festering

varigenom ['va:r-] *adv* (*jfr genom*) **1** *interr.* in what way; (*genom vilka medel*) by what means **2** *rel.* through which, by means of which; (*beteckande orsak*) whereby

varje (*jfr 3 var*) every; (~ *särskild*) each; (*vilken ... som helst*) any; *litet av* ~ a little of everything; *i* ~ *fall* in any case, at any rate; *i* ~ *särskilt fall* in each [specific] case; *till* ~ *pris* at all costs, at any price

varken neither (... *eller* ... nor); *han* ~ *ville eller kunde* he neither could nor would; ~ *bättre eller sämre än* no better nor worse than; ~ *det ena eller det andra* (*fågel eller fisk*) neither fish, flesh nor fowl

varlig [ˣva:r-] *a1* gentle, soft; *jfr varsam*

varm *al* warm (*rock* coat; *färg* colour; *deltagande* sympathy); (*het*) hot (*bad* bath; *mat* food, *vatten* water); *bildl.* *äv.* hearty, cordial (*mottagande* reception), ardent (*beundrare* admirer), fervent; *~t hjärta* warm heart; ~ *korv* hot dog; *~a källor* hot springs; *fem grader* ~*t* five degrees above zero (freezing point); *bli* ~ get warm (hot), (*om maskin*) warm up; *jag blev* ~ *om hjärtat* my heart warmed; *bli* ~ *i kläderna* (*bildl.*) [begin to] find one's feet; *ge ngt med* ~ *hand* give s.th. gladly (readily, of one's own free will); *gå* ~ (*om maskin*) run hot, get overheated; *tala sig* ~ *för en sak* warm up to a subject; *vara* ~ *om händerna* have warm hands **-bad** hot bath **-blod** (*häst*) blood horse **-blodig** (*om djur*) warm-blooded; (*om pers.*) hot-blooded

varmed ['va:r-] *adv* **1** *interr.* with (by) what; ~ *kan jag stå till tjänst?* what can I do for you? **2** *rel.* with (by) which

varm|front *meteor.* warm front **-garage** heated garage **-hjärtad** [-j-] *a5* warm-hearted **-köra** (*motor*) warm up, run hot **-luft** hot air **-luftsrinda** hot-air curtain **-rätt** hot dish **-vatten** hot water **-vattenberedare** [electric] water heater; boiler, geyser **-vattenkran** hot[-water] tap

varn|a [ˣva:r-] warn (*för ngt* of s.th.; *för ngn* against s.b.; *för att* not to); (*mana t. försiktighet äv.*) caution (*för att* against + ing-form); *ett ~nde exempel* a warning (lesson) **-ing** warning; (*varningsord äv.*) caution; (*vink*) hint; (*förmaning*) premonition; ~ *för* beware of; *ett ~ens ord* a word of warning (caution)

varnings|lampa warning light **-ljus** hazard warning light (flasher) **-märke** warning sign; (*trafik-*) danger sign **-triangel** warning triangle

varom ['va:råm] *adv, rel.* about (of) which; *interr.* about (of) what; ~ *mera nedan* about which more is said (written) below **II** *konj,* ~ *icke* and if not

1 varp *s2* (*i väv*) warp [wires *pl*]; (*handgjord*) chain; *sätta upp en* ~ build up a warp; ~ *och inslag* warp and weft (*AE.* filling)

2 varp *s7* **1** *se notvarp* **2** *sjö.* warp, kedge

1 varpa *väv.* **I** *s1* warping machine **II** *v1* warp

2 varpa *s1* (*sten*) stone disc

varpå ['va:r-] *adv, rel.* on which; *interr.* on what; (*om tid äv.*) whereupon, and so, after which; ~

beror misstaget? what is the reason for the mistake?, what is the mistake due to?

1 vars (*rel. pron, genitiv av vilken*) whose, of whom (which); *för ~ skull* for whose sake, for the sake of whom (which)

2 vars *interj, ja* (*jo*) *~* (*någorlunda*) not too bad; *nej, ~* not really

var|sam [ˣva:r-] *a1* wary, cautious; (*aktsam*) careful **-samhet** care; caution **-samt** *adv* warily *etc.*; *behandlas ~* handle with care

varsel ['varr-] *s7* **1** (*förvarning*) premonitory sign, presage, foreboding **2** (*vid arbetstvist o.d.*) notice, warning; *utfärda ~ om strejk* give notice of a strike; *med kort ~* at short notice

varsko [ˣva:r-] *v4* warn (*ngn om* s.b. of); give notice (*om flyttning* to quit); *polisen är ~dd* the police have been notified

varsla 1 (*vara förebud*) forebode, augur, portend; *~ om* (*äv.*) be ominous of; *det ~r illa* that is no good omen, that augurs no good **2** (*varsko*) give notice (*om* of); *~ om strejk, se varsel 2*

varstans ['va:r-] *lite ~* here, there and everywhere

Warszawa [varˣsa:va] *n* Warsaw

1 vart *r, inte komma ngn ~* get nowhere, make no progress; *jag kommer ingen ~ med honom* I can do nothing with him

2 vart *adv* where; *vard.* where to; *~ som helst* anywhere; *jag vet inte ~ jag skall ta vägen* I don't know where to go; *~ vill du komma* (*bildl.*) what are you driving at?

vartefter [-'eft-, 'vart-] (*efter hand som*) [according] as; (*så småningom*) little by little

vartill ['va:r-] *adv, rel.* to (for) which; *interr.* for what [purpose]; *~ nyttar det?* what is the good (use) of that?

vartåt [-'å:t, 'vart-] where; in what direction; *nu ser jag ~ det lutar* (*bildl.*) now I see which way things are going

varu|belåning loan on goods; *konkr.* pawnbroking business **-beteckning** description of goods **-bud** delivery boy (messenger) **-deklaration** merchandise description; informative label **-hus** department store **-huskedja** multiple retail organization; *AE.* chain store organization

varulv werewolf

varu|märke trademark **-prov** sample **-skatt** purchase (*AE.* sales) tax; *allmän ~* general purchase (*etc.*) tax

1 varv *s7* (*skepps-*) shipyard, shipbuilding yard; (*flottans*) [naval] dockyard; *på ~et* in the shipyard

2 varv *s7* **1** (*omgång*) turn; (*hjul-*) revolution; *sport.* round, lap, (*vid stickning o.d.*) row; *linda ngt tre ~ runt* wind s.th. three times round **2** (*lager*) layer; *gå ner i ~* (*bildl.*) unwind

varva 1 (*lägga i varv*) put in layers **2** *sport.* lap

varvräknare revolution counter, tachometer

varvsindustri shipbuilding industry

vas *s3* vase

vasaloppet the Vasa ski race, the Vasa run

vaselin *s4, s3* petrolatum, mineral jelly; vaseline (*varumärke*)

vask *s2* (*avlopp*) sink

vaska wash; (*guld äv.*) pan; (*bergsvetenskap äv.*) buddle

1 vass *s2* [common] reed; *koll.* reeds (*pl*); *i ~en* among (on) the reeds

2 vass *a1* sharp (*kniv* knife); keen (*egg* edge) (*äv. bildl.*); sharp-edged (*verktyg* tool); (*stickande*) piercing; (*sarkastisk*) caustic (*ton* tone); *~a blickar* keen (piercing) looks; *~ penna* pointed (*bildl. äv.* caustic) pen; *en ~ tunga* a sharp (biting) tongue; *ett strå ~are* [*än*] (*vard.*) a cut above

vassla I *s1* whey **II** *v1, rfl* turn (go, get) wheyey

vassrugge clump of reeds

Vatikanen [-'ka:-] *r, best. form* the Vatican

watt [v-] *s9* watt

vatten ['vatt-] *s7* **1** water; *hårt* (*mjukt*) *~* hard (soft) water; *rinnande ~* running water; *per första öppet ~* per first open water (*förk.* f.o.w.); *leda in ~* lay on water: *lägga* (*sätta*) *i ~* put in water; *ta in ~* (*om båt*) make (take in) water, water; *på* (*i*) *svenska ~* on Swedish waters; *under ~* under water, submerged; *simma under vattnet* swim below the surface; *sätta under ~* flood, submerge **2** *fiska i grumligt ~* fish in troubled waters; *få ~ på sin kvarn* get grist to one's mill; *det är som att hälla ~ på en gås* it's like pouring water on a duck's back; *kunna ngt som ett rinnande ~* know s.th. off pat; *känna sig som fisken i vattnet* feel thoroughly at home; *ta sig ~ över huvudet* (*bildl.*) take on more than one can manage, bite off more than one can chew; *i de lugnaste vattnen går de största fiskarna* still waters run deep **3** *med.* water (*i knäet* on the knee); *~ i lungsäcken* wet pleurisy **4** *kasta ~* (*urinera*) make (pass) water

vatten|avvisande water-repellent **-brist** water shortage **-bryn** *i ~et* at the surface of the water, (*vid stranden*) at the water's edge **-buren** *a5* waterborne **-delare** watershed, divide **-drag** watercourse **-droppe** drop of water **-fall** waterfall; falls, rapids (*pl*), cataract; *bygga ut ett ~* harness a waterfall **-fast** waterproof; water-resistant **-fri** free from water; *kem.* anhydrous, dehydrated **-färg** watercolour **-förorening** water pollution **-glas 1** drinking-glass; *en storm i ett ~* a storm in a teacup **2** *kem.* water glass **-grav** (*sport.*) water jump; (*vallgrav*) moat **-kamma** wet comb **-kanna** (*för vattning*) watering can; (*för tvättvatten*) water jug **-kanon** water cannon **-klosett** water closet (*förk.* W.C.); *AE. äv.* bathroom **-kraft** water power **-kraftverk** hydroelectric power station (plant) **-kran** water tap; *AE.* faucet **-kyld** [-çy:ld] *a5* water-cooled (*motor* engine)

vatten|ledning water main, [water] conduit; (*-ledningssystem*) system of water mains; *det finns ~* there is water laid on (*i huset* to the house) **-ledningsvatten** tap water **-linje** water line **-lås** waterseal, clean-out trap, drain trap **-löslig** soluble in water **-melon** watermelon **-mätare** (*för flöde*) water meter; (*för innehåll*) water gauge **-pass** spirit (bubble) level **-pistol** water pistol (*AE.* gun), squirt **-planing** aquaplaning **-polo** water polo **-post** [fire] hydrant **-pump** water pump **-pöl** pool of water, puddle **-reningsverk** water-purifying plant, sewage disposal plant **-reservoar** water reservoir (tank) **-samling** pool of water; (*pöl*) puddle **-sjuk** boggy, waterlogged **-skadeförsäkring** water damage insurance **-skida** water-ski; *åka*

-skidor water-ski **-slang** hose **-spegel** mirror (surface) of the water **-stånd** water (sea) level; högsta ~ high-water level **-stämpel** watermark **-torn** water tower; standpipe **-tunna** water cask; (*för regnvatten*) water butt **-tät** (*om tyg e.d.*) waterproof; (*om fartyg, kärl*) watertight **-verk** waterworks (*sg o. pl*); water service **-växt** aquatic plant, hydrophyte **-yta** surface of water **-ånga** steam; water vapour

wattimme (*särskr. watt-timme*) watt-hour

vattkoppor *pl* chickenpox (*sg*), *med.* varicella

vatt|na water (*äv. djur*); (*be-*) sprinkle, irrigate; ~ *ur* soak (*sill herring*) **-as** *dep, det* ~ *i munnen på mig* it makes my mouth water (*när jag tänker på* to think of) **-ig** *a1* watery; *bildl.* insipid

vax *s4* wax **vaxa** wax

vax|artad [-a:r-] *a5* waxy **-docka** wax doll **-duk** oilcloth, American cloth **-kabinett** waxworks (*sg o. pl*) **-kaka** honeycomb

WC [˟ve:se:] *s6 W.C.*, (*toilet, lavatory*)

VD [˟ve:de:] *förk. för verkställande direktör, se under verkställande*

ve I oböjligt *s* woe; *ditt väl och* ~ your welfare (wellbeing); *svära* ~ *och förbannelse över* call down curses on **II** *interj,* ~ *dig!* woe betide ([be] to) you!; ~ *mig!* woe is me!; *o,* ~*!* alas!; ~ *och fasa!* alackaday!

veck *s7* fold; (*sytt äv.*) pleat, plait; (*invikning*) tuck; (*skrynkla; press-*) crease; (*i ansiktet*) *wrinkle, lalda;* fold; *lägga* ~ put in pleats (*på* on); *lägga sig i* ~ form pleats; *lägga pannan i* ~ pucker (knit) one's brow

1 vecka *vl* pleat, put pleats in; ~ *sig* fold, crease, (*om papper*) crumple

2 vecka *s1* week; [*i*] *förra* ~*n* last week; ~ *för* ~ week by week; *en gång i* ~*n* once a week, (*utkommande etc.*) weekly; *om en* ~ in a week['s time]; *i dag om en* ~ a week today, this day week; *på fredag i nästa* ~ on the Friday of next week

veckig *a1* creased; (*skrynklig*) crumpled, crinkled

veckla wrap (*in i* up in); ~ *ihop* fold up; ~ *upp* (*ut*) unfold, (*flagga*) unfurl (*äv.* ~ *ut sig*)

vecko|avlöning weekly wage[s *pl*] (pay, salary) **-dag** day of the week **-pengar** *pl* [weekly] pocket money (allowance) (*sg*) **-press** weekly press; ~*en* the weeklies (*pl*) **-slut** weekend **-tidning** weekly [paper, magazine]

ved *s3* wood; (*bränsle äv.*) firewood **-artad** [-a:r-] *a5* woody, ligneous **-bod** woodshed

vederbör|ande I *a4* the proper, the ... in question; ~ *myndighet* the proper (competent) authority, the authority concerned **II** *s9* the party concerned (in question); *pl* the parties concerned, those concerned; *höga* ~ the authorities (*pl*), the person (people) in authority **-lig** (*-ig*) *a1* due, proper; appropriate; *i* ~ *ordning* in due course; *med* ~*t tillstånd* with the necessary authorization, (*friare*) with due permission; *på* ~*t avstånd* (*äv.*) at a discreet distance; *ta* ~ *hänsyn till* pay due regard (attention) to **-ligen** [-ö:-] duly, properly; in due course

veder|gällning [-j-] retribution (*äv. relig.*); reprisal; (*lön*) requital, recompense; (*hämnd*) retaliation; ~*ens stund* day of retribution; *torde mot* ~ *återlämnas* reward offered for the return

of **-häftig 1** (*pålitlig*) reliable, trustworthy (*person* person); authentic, sure (*uppgift* statement) **2** *hand.* solvent; *icke* ~ insolvent **-häftighet 1** reliability, trustworthiness; authenticity **2** solvency **-kvickande** *a4* refreshing; recreative; restorative **-kvickelse** refreshment; recreation; comfort

veder|lag *s7* compensation; remuneration, recompense **-lägga** confute; refute (*ngn* s.b.); contradict, deny (*ett påstående* a statement); *som inte kan* ~*s* (*äv.*) irrefutable **-möda** hardship; travail **-tagen** *a5* established (*bruk* custom); conventional (*uppfattning* idea); accepted **-värdig** repulsive, repugnant; (*avskyvärd*) disgusting **-värdighet** repulsiveness; (*motgång*) vexation, contrariety; ~*er* (*äv.*) horrors

ved|kap circular saw **-lår** firewood bin **-spis** wood stove **-trave** woodpile, wood stack **-trä** log, piece of wood, [split] billet

vegetabil|ier [-'bi;-] *pl* vegetables; crops **-isk** *a5* vegetable (*föda* food)

vegetar|ian *s3* vegetarian **-isk** [-'ta:-] *a4* vegetarian (*kost* food)

vegetation vegetation

vek *a1* (*som lätt böjs*) pliant, pliable; (*svag*) weak; (*mjuk*) soft; (*känslig*) gentle, tender; ~*a livet* the waist; *ett* ~*t hjärta* a soft (tender) heart; *bli* ~ soften, grow soft; *bli* ~ *om hjärtat* feel one's heart soften

veke *s2* wick

vek|het [˟ve:k] *pliuncy, weakness;* softness; tenderness **-lig** [˟ve:k-] *a1* soft; effeminate; (*svag*) weak[ly]; *föra ett* ~*t liv* lead a very easy life **-ling** weakling, *vard.* milksop **-na** grow soft (tender), soften; (*ge vika*) relent

vel|a *vdle* dither **-ig** *a1* irresolute, in two minds

wellpapp [˟vell-] corrugated cardboard

velour[s] [-'lɔ:r] *s3* velour[s]

weltervikt [˟vell-], **-are** welterweight

vem [vemm] *pron* **1** *interr.* who (*som obj.* who[m]; *efter prep* whom); (*vilkendera*) which [of them]; ~ *av dem ...?* which of them ...?; ~ *där?* who is there?; ~ *som* who; ~*s är felet?* whose fault is it?; ~ *får jag lov att hälsa ifrån?* what name shall I say? **2** *rel.*, ~ *som helst* anybody, anyone; *det kan* ~ *som helst se* anybody can see that; ~ *det vara må* whoever it may be

vemod *s7* [pensive] melancholy, [tender] sadness **-ig** *a1* melancholy, sad [at heart]; blue

ven *s3, anat.* vein

Venedig [-'ne:-] *n* Venice

venerisk [-'ne:-] *a5* venereal (*sjukdom* disease)

ventil *s3* **1** (*i rörledning e.d.*) valve **2** (*för luftväxling*) ventilator, vent[hole], air regulator **3** (*i fartygssida e.d.*) porthole; *AE.* air port **4** *mus.* valve **-ation** ventilation

ventilations|ruta quarterlight, *AE.* wing **-system** ventilation system

ventil|era **1** ventilate; air **2** (*dryfta*) discuss, debate, ventilate **-gummi** valve rubber **-hatt** valve (dust) cap

veranda [-˟rann-] *s1* veranda[h]; *AE. äv.* porch

verb *s7* verb **verbal** *a1* verbal **verbform** verbal form

verifi|era verify **-kation** (*-ering*) verification; (*intyg, kvitto äv.*) voucher

verk *s7* **1** (*arbete*) work; (*litt. o. konst. äv.*) production; (*gärning äv.*) deed; *samlade* ~ collected works; *ett ögonblicks* ~ the work of an instant; *gripa sig* ~*et an, gå* (*skrida*) *till* ~*et* set (go) to work; *sätta kronan på* ~*et* crown (put the seal on) the work; *sätta i* ~*et* carry out, put ... into practice, (*förverkliga*) realize; *i själva* ~*et* as a matter of fact, actually **2** (*ämbets-*) office, [civil service] department; *stadens* ~ municipal authorities; *statens* ~ government (civil service) departments **3** (*fabrik*) works **4** (*fästnings-, ur-*) works (*pl*); (*mekanism*) mechanism, apparatus
verka 1 (*ha* ~*n*) work; act; *medicinen* ~*de inte* the medicin had no effect (did not work); *vi får se hur det* ~*r* we shall see how it works (what effect it has); ~ *lugnande* have a soothing effect **2** (*arbeta*) work; ~ *för* work for (in behalf of), devote o.s. to, interest o.s. in **3** (*förefalla*) seem, appear; *han* ~*r sympatisk* he makes an agreeable impression [upon one]; *hon* ~*r äldre än hon är* she strikes one as being older than she is
verkan *r, som pl används verkningar* (*resultat*) effect, result; (*in- äv.*) action; (*verkningskraft*) effectiveness; (*medicins*) efficacy; *orsak och* ~ cause and effect; *fördröjd* ~ retarded action; *förtaga* ~ *av* take away the effect[s] of, neutralize; *göra* ~ take effect, be effective; *inte göra* ~ be of no effect; *ha åsyftad* ~ have the desired effect; *till den* ~ *det hava kan* in the hope it may work
verkande *a4* active; (*arbetande*) working; *kraftigt* ~ powerful, very effective; *långsamt* ~ slow[-acting]
verklig *a1* real; (*sann*) true (*vän* friend); (*äkta*) genuine, veritable; (*faktisk*) actual (*inkomst* income); *det* ~*a förhållandet* the actual situation, the [real] facts (*pl*), the truth of the matter; *i* ~*a livet* in real life **-en** really; actually, indeed; ~? indeed?, really?, you don't say [so]?; *jag hoppas* ~ *att* I do hope that; *jag vet* ~ *inte* I really don't know **-het** reality (*äv.* ~*en*); fact; (*sanning*) truth; *bli* ~ materialize, come true; *i* ~*en* in reality, in real life, (*i själva verket*) as a matter of fact; *se ngn i* ~*en* see s.b. in the flesh
verklighets|flykt escapism **-trogen** realistic, true to [real] life; (*om porträtt*) lifelike
verkmästare [industrial] supervisor, [factory] overseer, foreman
verknings|full effective **-grad** [degree of] efficiency, effectiveness; *ha hög* ~ be highly efficient **-lös** ineffective
verksam *a1* **1** (*effektiv*) effective (*medicin* medicine) **2** (*arbetsam*) industrious, busy; (*aktiv*) active; (*driftig*) energetic; *ta* ~ *del i* take an active part in; *vara* ~ *som* work as **-het** activity; (*rörelse, handling*) action; (*arbete*) work; (*handelse.d.*) business, operations (*pl*); *oamerikansk* ~ un-American activities (*pl*); *inställa* ~*en* cease one's activities, stop work; *sätta i* ~ set working; *träda i* ~ come into action (operation), start work; *vara i* ~ be at work, (*om sak*) be in operation (action)
verksamhets|berättelse annual report **-fält** field of action; (*persons*) sphere of activity; *hand.* line [of business] **-år** *hand.* financial year
verksläkare staff medical officer
verkstad ['värk-] *-en verkstäder* workshop; [re-

pair, machine] shop; (*bil-*) garage; *mekanisk* ~ engineering plant (workshop); *skyddad* ~ sheltered workshop
verkstads|arbetare engineering worker, mechanic **-chef** works (*AE.* plant) manager **-golv** shop floor
verkställ|a carry out (into effect), perform; (*t.ex. dom*) execute; ~ *betalningar* make (effect) payments **-ande** *a4* executive (*makt* power); ~ *direktör* managing director, general manager, *AE.* president; *vice* ~ *direktör* deputy managing director (general manager), *AE.* [executive] vice president; ~ *utskott* executive committee **-ighet** execution; effect; *gå i* ~ be put into effect, be carried out
verktyg tool, instrument (*äv. bildl.*); *eg. äv.* implement
verktygs|låda tool box **-skåp** tool cupboard (locker)
vernissage [-'sa:ʃ] *s5* opening of an exhibition; private view
vers *s3, s2* verse (*äv. i Bibeln*); (*strof*) stanza, strophe; (*dikt*) poem; *sjunga på sista* ~*en* be on one's (its) last legs; *skriva* ~ write poetry (poems)
versal *s3, boktr.* capital [letter]; cap
verserad [-'se:-] *a5* well-mannered
versfot metrical foot
version [-'ʃo:n] version
versmått metre
vertikal vertical
vessla *s1* **1** weasel; ferret **2** (*fordon*) snow cat[erpillar]
vet|a *visste -at* **1** know; be aware of; *det är inte gott att* ~ one never knows (can tell); *du vet väl att* I suppose you know (are aware of the fact) that; *inte* ~ *vad man vill* not know one's own mind; *vad vet jag?* how should I know?; *vet du vad, ...!* tell you what, ...!; ~ *sin plats* know one's place; *vet skäms!* be ashamed of yourself!; *det -e fåglarna!* goodness knows!; *så mycket du vet det!* and now you know!; *så vitt jag vet* as far as (for all) I know; *inte så vitt jag vet* not that I know of; ~ *att* know how to (*uppföra sig* behave); *få* ~ get to know, hear, learn (*av* from), be told (*av* by); *jag fick* ~ *det av honom själv* I had it from his own lips; *hur fick du* ~ *det?* how did you get to know that (of it)?; *man kan aldrig* ~ you never know (can tell); *låta ngn* [*få*] ~ let s.b. know; *det måtte väl jag* ~! I ought to know! **2** (*med betonad partikel*) ~ *av* know of; *han vill inte* ~ *av* a) (*ngn*) he won't have anything to do with, b) (*ngt*) he won't hear of; *innan man vet ordet av* before you can say Jack Robinson; ~ *med sig* be conscious (aware) (*att man är* of being, that one is); ~ *om* know [of, about]; *inte* ~ *om* (*äv.*) be ignorant of; *inte* ~ *till sig* not know what to do; ~ *varken ut eller in* not know which way to turn **3** *rfl, inte* ~ *sig ha sett* not know that one has seen; *hon visste sig ingen levande[s] råd* she was at her wits' end
vetande I *a4, mindre* ~ not quite right in the head, feeble-minded **II** *s6* knowledge; (*kunskaper äv.*) learning; *mot bättre* ~ against one's better judgement; *tro och* ~ faith and knowledge
vete *s6* wheat; *rostat* ~ puffed wheat **-bröd** white bread **-grodd** wheat germ **-mjöl** wheat flour

vetenskap *s3* science; (*-sgren*) branch of science (scholarship); *de humanistiska ~erna* the humanities (arts); *det är en hel ~* (*mycket invecklat*) it's an art in itself **-lig** [-a:-] *a1* scientific; (*lärd*) scholarly **-lighet** [-a:-] scholarliness; scientific character **-ligt** [-a:-] *adv* scientifically; *bevisa ~* prove scientifically

vetenskaps|akademi academy of science[s] **-man** scientist; (*humanist*) scholar

veteran *s3* veteran **-bil** veteran car

veterinär *s3* veterinary surgeon, *AE.* veterinarian; *vard.* vet **-besiktning** veterinary inspection

veter|ligen, -ligt as far as is known; *mig ~* as far as I know, to my knowledge

vetgirig eager to learn (know), craving for knowledge, inquiring, inquisitive **-het** thirst for knowledge; inquiring mind; inquisitiveness

veto *s6* veto; *inlägga sitt ~* interpose one's veto; *inlägga sitt ~ mot veto*, *put one's* 𝑟𝑎𝑡𝑡 *in* **rätt** [right of] veto

vetskap [ˣveːt-] *s3* knowledge; *få ~ om* get to know, learn about; *utan min ~* (*äv.*) unknown to me

vett *s7* [good] sense; wit; *med ~ och vilja* knowingly, wittingly; *ha ~ att* have the good sense to; *vara från ~et* be out of one's senses

vett|a *-e -at*, *~ mot* (*åt*) face (*norr* the north)

vette *s2* stool pidgeon, decoy

vutt|lg *a1 ~ smhlos* (*omdömesgill*) judicious **-lös** senseless **-skrämd** *a5* frightened (scared) out of one's senses (wits) **-villing** madman

vev *s2* crank, handle

vev|a I *s1*, *i samma ~* just at that (the same) moment **II** *v1*, *~* [*på*] turn [the crank (handle) [of]]; grind (*på ett positiv* an organ); *~ på* grind away **-axel** crankshaft **-hus** crankcase **-stake** connecting rod **-tapp** crankpin

v.g.v. *fork. för var god vänd*, *se vända 1*

whisky [ˈviss-] *s3* whisky; (*skotsk*) Scotch [whisky]; (*AE.*) rye, bourbon

vi we; *~ andra* (*äv.*) the rest of us; *~ själva* we ourselves; *~ bröder* my brother[s] and I, we brothers

via via, by way of; through **viadukt** *s3* viaduct

vibr|afon [-ˈfåːn] *s3* vibraphone **-ation** vibration **-ator** [-ˣbraːtår] *s3* vibrator **-era** vibrate

vice *oböjligt a* **1** vice[-]; deputy (*talman* speaker) **2** *~ versa* vice versa, the other way round **-korpral** (*vid armén*) lance corporal, *AE.* private 1st class; (*vid flyget*) aircraftman 1st class, *AE.* airman 2nd class **-värd** proprietor's (landlord's) agent, caretaker; *AE.* superintendent

vichyvatten soda water

1 vicka rock, sway; *bordet ~r* the table wobbles; *~ på foten* wag one's foot; *sitta och ~ på stolen* sit and swing on (sit balancing) one's chair; *~ omkull* tip (tilt) over, upset; *~ till* tip up, (*om båt äv.*) give a lurch

2 vicka *vard. för vikariera* sub[stitute] (*för* for)

1 vid *prep* **1** *rumsbet.*, *allm.* at; (*bredvid*, *invid*; *med hjälp av*) by; (*geogr. läge*) on; (*i närheten av*) near; (*vid gata*, *torg*; *anställd vid*) in; (*i prep. attr.*) of; (*efter fästa*, *binda e.d.*) to; *sitta ~ ett bord* sit at (*bredvid* by) a table; *röka ~ bordet* smoke at table; *sitta och prata ~ en kopp te* have a chat over a cup of tea; *bilen stannade ~ grinden*

the car stopped at the gate; *klimatet ~ kusten* the climate at the coast; *sätta ett kryss ~ ett namn* put a cross against a name; *sitta ~ ratten* be at the wheel; *tåget stannar inte ~ den stationen* the train does not stop at that station; *studera ~ universitetet* study (be) at the university; *sitta ~ brasan* sit by the fire; *steka ~ sakta eld* fry over a slow fire; *leda ngn ~ handen* lead s.b. by the hand; *vi bor ~ kusten* we live by (near) the coast; *sida ~ sida* side by side; *~ min sida* by (at) my side; *skuldra ~ skuldra* shoulder to shoulder; *stolen står ~ väggen* the chair stands by (*intill* against) the wall; *~ gränsen* on the border; *staden ligger ~ havet* the town is [situated] on the sea; *~ horisonten* on the horizon; *en gata ~ torget* a street near (off) the square; *huset ligger ~ torget* the house is in the square; *anställd ~* employed in (at); *tjänstgöra ~ flottan* serve in the Navy; *vara (gå in) ~ teatern* be (go) on the stage; *slaget ~ Waterloo* the battle of Waterloo; *binda* [*fast*] *ngt ~* tie s.th. [on] to; *fäst ~* (*äv. bildl.*) attached to 𝐚 𝑑𝑎. bet., *allm.* at; (*omedelbart efter*) on; (*omkring*) about; *~ den här tiden på året* at this time of the year; *~ den här tiden i morgon* at this time tomorrow; *~ jultiden* at Christmas; *~ tiden för* at the time of; *~ midnatt* at (*omkring* about) midnight; *~ nymåne* at new moon; *~ sin död var han* at the time of his death (when he died) he was; *~ fyrtio års ålder* at the age of forty; *~ första ögonkastet* at first sight; *~ min ankomst till* on my arrival in; *~ ett illfälle* on one occasion; *~ sextiden* about six o'clock; *~ användningen av* when using; *~ halka* when it is slippery; *~ kaffet talade vi om* when we were having coffee we talked about; *~ sjukdom* in case of illness **3** *oegentlig bet.*; *~ behov* when necessary, if required; *~ fara* in case of danger; *~ Gud!* by God!; *~ allt vad heligt är* by everything that is sacred; *~ gott mod* in good heart; *~ namn Z.* called (named) Z., by the name of Z.; *hålla ~ makt* maintain, keep up; *hålla fast ~* stick to; *stå ~ vad man sagt* stand by (keep to) what one has said; *van ~* used (accustomed) to; *vara ~ liv* be alive **II** *adv* **1** *sitta ~* [*sitt arbete*] stick to one's work **2** *~ pass 15 personer* about 15 people, 15 persons or so

2 vid *a1* wide; (*-sträckt*) vast, extensive; broad (*dal* valley); (*om klädesplagg*) loose[ly fitting]; *i ~a kretsar* (*äv.*) widely; *det öppnar ~a perspektiv* it opens up wide vistas; *på ~a havet* on the open sea; *i ~a världen* in the wide world

vida *adv* **1** (*långt*) *~* [*omkring*] [far and] wide; *~ berömd* renowned **2** (*mycket*) far (*bättre* better)

vidare *a*, *komp. t. 2 vid* **I 1** (*med större vidd*) wider *etc.* (*jfr 2 vid*); *bli* (*göra*) *~* (*äv.*) widen **2** (*ytterligare*) further (*underrättelser* particulars); more; *ni får ~ besked* (*äv.*) you will hear more **II** *adv* **1** (*komp. t. vida 1, 2 vitt*) wider, more widely; (*längre*) farther, further (*t.ex. gå*, *föra*, *låsa ~*) on; (*i tid*) longer, more; *~!* go on!; *den behövs inte ~* it is no longer needed; *innan vi går ~* before we go any further; *läsa ~* read on, continue to read; *och så ~* and so on (forth) **2** (*ytterligare*) further, more; *~ meddelas att* it is further stated that; *jag har inget ~ att tillägga* I have nothing to add; *jag kommer inte ~ att ... I won't ... any more; *vi talar inte ~ om det!* don't let us talk any more about that! **3** (*dessutom*) further[more], also; *se ~ sidan 5* see also page 5 **4** (*igen*) again; *låt det inte hända ~* don't let it happen again **5** (*särskilt*) *inte ~* not particularly (very); *det är inget ~ att bo här* it's not very pleasant living here; *vi hade inte* (*inget*) *~ roligt* it wasn't much fun, we did not enjoy ourselves very much **6** *tills ~* until further notice, for the present; *utan ~* without further notice (any more ado), *vard.* just like that

vidare|befordra forward, send on; (*upplysning-ar o.d. äv.*) pass on **-befordran** forwarding; *för ~ till* to be forwarded to **-utbildning** further (advanced) training (education) **-utveckling** further development

vidbränd *a5, är ~* has got burnt

vidbrättad *a5* wide-brimmed

vidd *s3* **1** (*omfång*) width; *fack.* amplitude; (*kläders etc.*) fullness, looseness **2** *bildl.* (*utsträckning*) extent; (*omfattning*) scope; *i hela sin ~* to (in) its whole extent; *~en av hans kunskaper* the scope of his knowledge **3** (*-sträckt yta*) expanse; plain

vide *s6* willow; (*korg-*) osier

video ['vi:-] *s5* **1** *tekn.* video **2** *se -bandspelare* **-band** video tape **-bandspelare** video [cassette] recorder

vidfilm wide-screen film; *i ~* on wide screen

vidga (*äv. rfl*) widen (*äv. bildl.*); expand, enlarge; (*spänna ut*) dilate; *~ sina vyer* broaden one's mind

vid|gå own (*att man är* being), confess **-hålla** maintain; keep (adhere, *vard.* stick) to; insist on **-häftning** adherence, adhesion **-hängande** *a4* attached, fastened (tied) on; *~ adresslapp* tag, tie-on label

vidimera attest, *~s* signed in the presence of, witnessed

vidja [ˣvi:d-] *s1* osier switch, wicker

vid|kommande *s6, för mitt ~* as far as I am concerned **-kännas** *v2, dep* **1** (*erkänna*) own, admit, acknowledge **2** (*lida*) suffer, bear, endure (*en förlust* a loss); *~ kostnaderna* bear the costs

vidlyftig *a1* **1** (*omfattande*) extensive; (*omständlig*) wordy (*berättelse* narrative); *~a resor* extensive travels **2** (*tvivelaktig*) questionable (*affär* transaction); (*utsvävande*) fast (*herre* liver); *ett ~t fruntimmer* a woman of easy virtue **-het 1** extensiveness *etc.* **2** (*i seder*) dissipation; (*-a äventyr*) escapades (*pl*)

vidmakthåll|a maintain, keep up, preserve **-ande** *s6* maintenance, upholding, preservation

vidrig [ˣvi:d-] *a1* **1** (*motbjudande*) repulsive, disgusting; (*förhatlig*) odious; (*otäck*) horrid **2** (*ogynnsam*) contrary; adverse (*omständigheter* circumstances) **-het 1** repulsiveness *etc.* **2** contrariness; adversity

vidrigt *adv* repulsively *etc.*; *lukta ~* have a terrible smell; *smaka ~* taste abominable

vidräkning settlement of accounts; *vard.* showdown; *en skarp ~ med* a sharp attack on

vidskepelse [-ʃ-] superstition

vidskeplig [-ʃe:-] *a1* superstitious **-het** superstitiousness, superstition

vidsträckt *a1* extensive, wide; vast (*område* area); expansive (*utsikt* view); *~a befogenheter*

extensive powers; *göra ~a resor* (*äv.*) travel extensively; *i ~ bemärkelse* in a wide (broad) sense

vid|syn broad outlook (views *pl*) **-synt** [-y:-] *a1* broad-minded **-ta[ga]** **1** (*företaga*) take (*åtgärder* steps); make (*anstalter* arrangements) **2** (*fortsätta*) come; (*börja*) begin; *efter lunchen -tog* after the lunch followed **-tala** arrange with; *jag har ~t honom om saken* I have spoken to him about it

vidunder monster; (*enastående företeelse*) prodigy **-lig** [ˣvi:d-, -'unn-] monstrous; (*orimlig*) preposterous

vid|vinkelobjektiv *foto.* wide-angle lens **-öppen** wide-open

Wien [vi:n] *n* Vienna

wienerbröd Danish pastry

Vietnam *n* Vietnam, Viet Nam

vift *s3, ute på ~* out on the spree

vifta *I s1* whisk **II** *v1* wave (*farväl åt ngn* s.b. farewell); *~ bort* whisk away (*flugor* flies); *~ med* wave; brandish; *~ på svansen* wag its tail **-ning** waving, wave; wag

vig *a1* agile, supple, lithe

vig|a *v2* **1** (*helga; in-*) consecrate; (*präst*) ordain; (*ägna*) dedicate, devote (*sitt liv åt* one's life to); *~ ngn till biskop* consecrate s.b. bishop; *~ ngn till den sista vilan* commit s.b. to his (*etc.*) last resting place; *-d jord* consecrated ground **2** (*förena genom vigsel*) marry; *~s* get married (*vid* to)

vigga *vard.* touch

vighet [ˣvi:g-] agility, suppleness, litheness

vigsel ['vi:g-, 'vikk-] *s2* marriage [ceremony], wedding; *borgerlig ~* civil marriage; *kyrklig ~* church (religious) marriage; *förrätta ~* officiate at a marriage **-attest, -bevis** marriage certificate (lines *pl*) **-formulär** marriage formula **-ring** wedding ring

vigvatten holy water

vigör vigour; fettle; *vid full ~* in full vigour (capital form)

vik *s2* bay; (*mindre*) creek; (*havs-*) gulf; *ha en vän i ~en* (*vard.*) have a friend at court

vik|a vek *-it el. -t* **1** fold; (*~ dubbel äv.*) double; (*fåll*) turn in; *får ej ~s* do not bend **2** (*gå undan*) yield, give in (*för* to); (*flytta sig*) budge; *mil.* retreat; *bildl.* waver, flinch; *~ för övermakten* yield to [superior] numbers; *inte ~ en tum* not move an inch; *han vek inte från hennes sida* he did not budge from her side; *~ om hörnet* turn [round] the corner; *~ åt sidan* turn aside; *vik hädan!* get thee behind me! **3** *ge ~* give way (in) (*för* to), (*böja sig*) yield (*för* to), (*falla ihop*) collapse; *inte ge ~* (*äv.*) hold one's own, keep firm **4** *vard.* (*reservera*) set aside; *platsen är -t för honom* the post is earmarked for him **5** *rfl* double up; (*böja sig*) bend; *benen vek sig under mig* my legs gave way under me; *gå och ~ sig* (*vard.*) turn in **6** (*med betonad partikel*) *~ av* turn off; *~ ihop* fold up; *~ in* fold in, *sömn.* turn in; *~ in på* turn into (*en gata* a street); *~ ner* turn down; *~ tillbaka a*) fold back, *b*) (*dra sig undan*) fall back, (*om pers.*) retire; *~ undan a*) fold back, *b*) (*gå åt sidan*) give way, stand aside, (*för slag e.d.*) dodge; *~ upp a*) turn up, (*ärmar äv.*) tuck up, *b*) (*veckla upp*) unfold; *~ ut* unfold

vikande *a4, aldrig* ~ never yielding, (*ständig*) incessant

vikariat *s7* deputyship; temporary post **vikarie** [-'ka:-] *s5* deputy; (*för lärare*) substitute; (*för läkare, präst*) locum [tenens]

vikarier|a ~ *för ngn* deputize for s.b., act as a p.'s substitute **-ande** *a4* deputy; acting (*professor* professor)

vikdörr folding door

viking Viking

vikinga|skepp Viking ship **-tiden** the Viking

vikt [vɪkt̩ *ʊ̃*] **1** weight (*äv. konkr.*); *fys.* gravity; *efter* ~ by weight; *i lös* in bulk; *specifik* ~ specific gravity; *förlora i* ~ lose weight, *hålla* ~*en* be full weight; watch one's weight (diet); *inte hålla* ~*en* be (fall) short in weight **2** (*betydelse*) importance; weight; *lägga* ~ *vid* lay stress on; *av största* ~ of the utmost importance; [*inte*] *vara av* ~ be of [no] consequence (importance) **-enhet** unit of weight

viktig *a1* **1** (*betydelsefull*) important, of importance; (*allvarlig*) serious (*problem* problem); (*angelägen*) urgent (*sak* matter); *ytterst* ~ vital[ly important], of utmost importance; *det* ~*aste* the main (most important) thing, the essential point **2** (*högfärdig*) self-important, stuck-up; *göra sig* ~ put on airs **-petter** *s?* stuck-up fellow

vikt|klass *sport.* class, weight **-lös** weightless **-löshet** weightlessness

viktoriansk [-a:-] *a5* Victorian

viktsystem system of weights

vila *s1* rest (*äv. om maskin e.d.*); (*ro äv.*) repose; *en stunds* ~ a little rest; *i* ~ at rest; *söka* ~ seek repose; *den sista (eviga)* ~*n* the final rest **II** *v1* rest (*mot* against, on); repose; *absol. äv.* be at rest; (*vara stödd äv.*) lean (*mot* on); *arbetet* ~*r* work is at a standstill; *här* ~*r* here lies; ~ *i frid!* sleep in peace!; *saken får* ~ *tills vidare* the matter must rest there [for the present]; *avgörandet* ~*r hos honom* the decision rests with him; ~ *sig* rest [o.s.], take a rest; ~ *på* rest on, (*vara grundad på*) be based (founded) on; ~ *på hanen* have one's finger on the trigger; ~ *på årorna* rest on one's oars; *det* ~*r en förbannelse över a*) (*ngn*) a curse has fallen on, *b*) (*ngt*) there is a curse upon; ~ *ut* have a good rest

vild *a1* **1** wild; (*ociviliserad, otämjd*) savage (*stammar* tribes); (*ouppodlad, ödslig*) uncultivated; (*förvildad*) feral; ~*a djur* wild (savage) animals; *V~a Västern* the Wild West **2** *bildl.* wild; (*otyglad äv.*) unruly (*pojke* boy); (*rasande*) furious (*fart* pace); ~*a fantasier* wild ideas; ~ *flykt* headlong flight; ~ *förtvivlan* wild despair; *föra ett vilt liv* lead a wild (dissipated) life; *vilt raseri* frenzied rage; *bli* ~ go mad (frantic) (*av glädje* with joy); *vara* ~ (*utom sig*) be beside o.s., be mad (*av* with); *vara* ~ *i* (*på, efter*) be mad for; *vara* ~ *på att* be wild to **-basare** scapegrace **-djur** wild beast; *bildl. äv.* brute

vild|e *s2* savage; *AE. polit.* maverick **-fågel** wildfowl **-gås** wild goose **-havre** wild oats (*pl*); *så sin* ~ sow one's wild oats **-hjärna** madcap **-katt** wildcat **-mark** wilderness; wilds (*pl*) **-sint** *a1* fierce, savage, ferocious **-svin** [wild] boar **-vin** Virginia creeper, *AE.* American ivy, woodbine

-vuxen that runs wild, wild

vilja I *s1* will; (*önskan*) wish, desire; (*avsikt*) intention; *med bästa* ~ *i världen* with the best will in the world; *av egen fri* ~ of one's own accord (free will); *med litet god* ~ with a little good will; *ngns sista* ~ a p.'s last will [and testament]; *driva sin* ~ *igenom* work one's will; *få sin* ~ *igenom* get (have) one's (own) way, have one's will; *med eller mot sin* ~ whether one will (likes it) or not; *göra ngt med* ~ do s.th. on purpose (deliberately, purposely) **II** *ville velat* **1** will; (*vara villig [att] äv.*) be willing [to]; (*åstunda, önska*) want, wish, desire; (*ha lust [till]*) like, please; (*ämna*) intend, mean; (*stå i begrepp att*) be about (going) to; ~ *ngns bästa* desire a p.'s good; ~ *ngn väl* wish s.b. well; ~ *är ett och kunna ett annat* to be willing is one thing, to be able another; *det ena du vill, det andra du skall inte* I would I cannot and what I would not I must; *det är det jag vill* that is what I want; *du kan om du vill* you can if you want to; *jag både vill och inte vill* (*äv.*) I am in two minds, *som du vill!* [just] as you like!; *låta ngn göra som han vill* let s.b. have his own way (mind); *det vill jag verkligen hoppas* I should hope so; *det vill tyckas som om* it would seem as though; *slumpen ville att vi* [as] chance would have it, we; *vad vill du ha?* what do you want?, (*om mat e.d.*) what will you have?; *vad vill du att jag skall göra?* what do you want me to do?; *vad vill du mig?* what do you want of me?; *jag vill gärna* I should like to (*gå dit* go there), I shall be glad to (*komma e.g.*); *hjälpa dig* help you); *motorn vill gärna stanna* the engine is apt to stop; *jag skulle* ~ I should like to; *jag skulle* ~ *ha* I should like [to have]; *nej, det vill jag inte* no, I won't; *han vill inte att hon skall a*) (*tillåter inte*) he won't have her (+ *ing-form*), *b*) (*tycker inte om*) he does not like her (+ *ing-form*), *c*) (*önskar inte*) he does not want her to (+ *inf.*); *jag vill inte gärna* I would rather not, I prefer not to; *härmed vill jag inte ha sagt* by this I don't mean; *du vill väl inte säga att ...?* you surely don't mean to say that ...?; *jag ville inte* I did not want to, (*vägrade*) I would not **2** (*med betonad partikel*) *inte* ~ *fram med a*) (*pengar*) not want to fork out, *b*) (*sanningen etc.*) not want to come out with; ~ *hem* want to go home; *det vill till mycket pengar* it takes (requires) a lot of money; *det vill till att kunna arbeta om* it takes a lot of work if; ~ *åt* (*ngn*) want to get at s.b., (*ngt*) want to get hold of s.th. **3** *rfl, om det vill sig väl* (*illa*) if all goes well (if things go wrong); *det vill sig inte för mig* nothing is going right for me; *det ville sig så väl att vi* (*äv.*) as [good] luck would have it, we

vilje|ansträngning effort of will **-kraft** willpower **-lös** without a will of one's own, weak-minded; (*apatisk*) apathetic **-stark** strong-willed; (*beslutsam*) resolute, determined **-yttring** manifestation of the (one's) will

vilk|en 1 *rel. a*) *självst.* (*om pers.*) who, (*om sak*) which, (*i inskränkande satser äv.*) that, *b*) *fören.* which; *-a alla* all of whom, (*om saker*) all of which; *de -as namn* those whose names; *den stad i* ~ *jag bor* (*äv.*) the town where I live; *gör -et du vill* do as (what) you like; *om hon kommer, -et är föga troligt* if she comes, which is not very likely **2** *interr. a*) (*vid urval*) which, *b*) (*i obegräns-*

bet.) (*fören. om pers. o. saker, självst. om saker*) what, (*självst. om pers.*) who, (*vid urval*) which of them; ~ *bok skall jag köpa?* (~ *av dessa*) which (~ *av alla*: what) book shall I buy?; *-a är dina skäl?* what are your reasons?; *åt -et håll skall vi gå?* which way shall we go?; ~ *härlig dag!* what a lovely day!; *-a vackra blommor!* what beautiful flowers! **3** *indef.*, ~ *som helst* anyone, anybody; *får jag ta* ~ *som helst* [*av de här två*]? may I take either [of these two]?; ~ *som helst som* whoever, whichever; ~ ... *än* whichever, whatever, (*om pers.*) whoever

villa *s1* house; (*större*) villa; (*enplans-*) bungalow; (*stuga*) cottage **-område** residential district (neighbourhood) **-ägare** houseowner

villebråd *s7* game; (*jagat el. dödat*) quarry

villervalla *s1* (*förvirring*) confusion; (*oreda*) muddle, jumble; *allmän* ~ general confusion

villfarelse delusion; mistake; *sväva i den* ~*n att* be under the delusion that; *ta ngn ur hans* ~*r* enlighten s.b., open a p.'s eyes

villig *a1* willing; ready, prepared; *vara* ~ (*äv.*) agree (*att komma* to come) **-het** willingness; readiness

villkor [-å:r] *s7* **1** condition; *pl* (*i kontrakt, fördrag e.d.*) terms; (*bestämmelser*) stipulation, (*förbehåll*) provision, reserve; *på goda* ~ on favourable (fair) terms; *på inga* ~ on no condition; *på* ~ *att* on [the] condition that, provided [that]; *på överenskomna* ~ on the terms agreed upon; *ställa som* ~ make ... a condition; *ställa som* ~ *att* make it a condition that; *uppställa som* ~ state as a condition; *våra* ~ *är följande* our terms are as follows **2** (*levnads-*) *pl* condition (*sg*), circumstances; *leva i* (*under*) *svåra* ~ be badly off, live in reduced circumstances **-lig** [-å:-] *al* conditional; ~ *dom* suspended (qualified, conditional) sentence; *få* ~ *dom* (*äv.*) be put on probation; ~ *frigivning* conditional release

villo|spår *komma* (*vara*) *på* ~ get (be) on the wrong track; *föra ngn på* ~ (*äv.*) throw s.b. off the scent **-väg** false path, wrong way; *föra ngn på* ~*ar* lead s.b. astray

villrådig irresolute (*om* as to); *vara* ~ (*äv.*) be in two minds (*om huruvida* as to whether)

vilo|dag day of rest **-läge** rest[ing] position, *i* ~ at rest

vilsam [ˣvi:l-] *al* restful

vilse *adv o. oböjligt* a astray; *gå* ~ go astray, lose one's way (o.s.), (*i skogen*) get lost [in the woods]; *föra ngn* ~ lead s.b. astray, *bildl. äv.* mislead s.b. **-leda** lead astray, mislead; (*leda på fel spår*) throw off the scent, lead by the nose **-ledande** *a4* misleading, deceptive; ~ *framställning* (*äv.*) misrepresentation

vilsen lost; confused

vilstol (*fåtölj*) easy chair, armchair; (*fällstol*) folding (reclining) chair

vilt I *adv* wildly *etc.*, *jfr vild*; *växa* ~ grow wild; ~ *främmande* perfectly (quite) strange; *en* ~ *främmande människa* an absolute (perfect, complete) stranger **II** *s7* game **-vård** wildlife conservation, game protection

vimla swarm, be crowded, teem (*av* with); abound (*av* in); *det* ~*r av folk på stranden* the beach is swarming with people; *det* ~*r av fisk i*

sjön the lake is teeming with fish

vimmel [ˈvimm-] *s7* crowd, throng **-kantig** *al* giddy, dizzy; (*förvirrad*) bewildered; *den gjorde mig* ~ (*äv.*) it made my head swim

vimpel *s2* streamer; *sjö. o. mil.* pennant

vimsig *al* scatterbrained, featherbrained

vin *s4* (*-ranka*) vine; (*dryck*) wine; ~ *av årets skörd* this year's vintage; *där* ~*et går in går vettet ut* when the wine is in the wit is out; *skörda* ~*et* gather in the vintage

vin|a *ven -it* whine, whistle; sough; *kulorna ven* the bullets whistled (whizzed); *vinden -er* the wind is howling; *i* ~*nde fart* at a headlong (rattling) pace

vin|bär (*svart*) blackcurrant; (*rött*) redcurrant **-bärsbuske** currant bush

1 vind *s2* (*blåst*) wind; *väder och* ~ wind and weather; *god* (*nordlig*) ~ fair (north[erly]) wind; *svag* ~ light breeze; *växlande* ~*ar* variable (*sjö.* baffling) winds; *vad blåser det för* ~ *i dag?* what is the wind today?, *bildl.* (*eftersom du kommer*) what wind has blown you in here?; *med* ~*ens hastighet* with lightning speed, like the wind; *borta med* ~*en* gone with the wind; ~*en har vänt sig* the wind has shifted (veered); *få* ~ *i seglen* catch the wind, *bildl.* get a good start; *gå upp i* ~ sail near the wind; *driva* ~ *för våg* be adrift, be drifting [at the mercy of the winds]; *låta ngt gå* ~ *för våg* let s.th. take care of itself; *lämna sina barn* ~ *för våg* leave one's children to fend for themselves; *skingras för alla* ~*ar* be scattered to the winds

2 vind *s2* (*i byggnad*) attic, garret; loft; *på* ~*en* in the attic (*etc.*)

3 vind *al* (*skev*) warped; askew; (*sned o.* ~) twisted

1 vinda I *s1* (*nyst-*) winder, reel **II** *v1,* ~ [*upp*] wind [up]; (*ankare*) hoist, heave [up]

2 vinda *v1* (*skela*) squint, have a squint, be cross-eyed

vind|driven 1 weather-driven; *bildl.* rootless **2** (*om väderkvarn*) wind-driven **-flöjel** weathercock, [weather] vane **-fång 1** (*förstuga*) [small] entry, porch **2** (*yta*) surface exposed to the wind; *ha stort* ~ catch a great deal of wind **-kraftverk** wind power station (plant)

vindling whorl; *fack. äv.* convolution (*i hjärnan* of the brain); ~*ar* (*i flod, väg e.d.*) windings

vind|mätare anemometer, wind gauge **-pinad** *a5* windswept; (*om träd o.d.*) windblown **-ruta** windscreen; *AE.* windshield **-rutespolare** windscreen washer **-rutetorkare** windscreen (*AE.* windshield) wiper

vindruva grape

vind|skydd windshield, windbreak **-stilla I** *oböjligt a* calm, becalmed **II** *s1* calm

vindsvåning attic [storey]

vind|tygsjacka windcheater, windjammer, *AE.* windbreaker (*varumärke*) **-tät** windproof

vindögd *al* squint-eyed

ving|bredd wingspread; *flyg.* [wing]span **-bruten** broken-winged (*äv. bildl.*)

ving|e *s2* wing (*äv. bot.*); (*på fläkt*) blade; *flaxa med* ~*arna* flap (flutter) the wings; *flyga högre än* ~*arna bär* fly too high; *få luft under* ~*arna* (*bildl.*) get started, get going; *pröva* ~*arna* (*bildl.*) try paddling one's own canoe; *ta ngn under sina -ars skugga* (*bildl.*) take s.b. under one's wing **-klaff** *flyg.* wing flap

vingla (*gå ostadigt*) stagger; (*stå ostadigt*) wobble, sway [to and fro]

vinglas wineglass

vinglig *a1* (*som rör sig ostadigt*) staggering (*gång gait*); (*som står ostadigt*) wobbly (*stol* chair)

ving|lös wingless **-penna** wing quill, pinion **-slag** wing-beat

vingård vineyard

vinjett *s3* vignette, [printer's] flower; (*slut-*) tailpiece

vink *s2* **1** wave; (*med huvudet*) beck; *lyda ngns minsta ~* obey a p.'s every sign, be at a p.'s beck and call; *vid minsta ~ från* at a nod from **2** (*liten tydan*) hint; *en tydlig ~* a broad hint; *en fin ~* (*äv.*) a gentle reminder; *ge ngn en ~* give (drop) s.b. a hint; *förstå ~en* take the hint

vinka 1 (*med handen*) wave (*åt* at; *farväl* farewell); (*göra tecken*) beckon (*åt* to; *ngn till sig* s.b. to come up [to one]); *~ avvärjande* make a deprecating gesture; *~ åt ngn att* (*äv.*) sign to s.b. to **2** *vi har inte mycket tid att ~ på* we have not much time to spare

vinkel *s2* **1** *mat.* angle; (*på rör*) knee, elbow; (*verktyg*) try square; *död ~* dead angle; *spetsig* (*trubbig*) *~* acute (obtuse) angle; *i ~* at an angle; *i rät ~ mot* at right angles to; *i 60° ~ at an angle* of 60 degrees; *bilda ~ mot* form an angle with **2** (*vrå*) nook; (*hörn*) corner; *i alla vinklar och vrår* in every nook and corner **-ben** side (leg) of an angle **-hake** set square, triangle; *boktr.* composing stick **-järn** angle iron (bar) **-mått** square rule, joint hook **-rät** perpendicular, at right angles (*mot* to); *gå ~t mot varanda* be at right angles to each other

vinkl|a angle, slant; weight; bias **-ing** angle, slant; weighting; bias

vinn|a *vann vunnit* **1** (*segra* [*i*]; *erhålla vinst*) win (*ett krig* a war; *pris* a prize; *en process* a suit; *på lotteri* in a lottery); *~ i bridge* (*på tips*) win at bridge (the pools); *~ i ärlig strid* win a fair fight; *~ på poäng* win by points; *~ över ngn* (*äv.*) beat s.b. **2** (*skaffa sig*) gain; (*förvärva*) acquire; (*uppnå*) attain, obtain; *~ avsättning för* find a [ready] market for; *~* [*ngns*] *bifall* meet with [a p.'s] approval; *~ erkännande* gain (receive) recognition; *~ gehör* obtain a hearing; *~ ngns hjärta* win a p.'s heart; *~ insteg* gain (obtain) a footing; *~ inträde* obtain admission; *~ laga kraft* gain legal force, become legal[ly binding]; *~ ngn för sin sak* get s.b. on one's side, win s.b. for one's cause; *~ spridning* become popular; *~ sitt syfte* gain (attain) one's end; *~ terräng* (*tid*) gain ground (time) **3** (*förändras t. sin fördel*) gain (*vid jämförelse* by comparison); (*[för]tjäna*) profit (*på affären* by the transaction); *du -er ingenting på att* you'll gain nothing by (+ *ing-form*); *hon -er i längden* (*vid närmare bekantskap*) she improves on closer acquaintance, she grows on you; *~ på bytet* profit by (win on) the bargain (change); *rummet kommer att ~ på ommöbleringen* the room will improve with refurnishing **4** *~ på ngn* (*knappa in*) gain [ground] on s.b., *trägen -er* perseverance carries the day

vinn|ande *a4* winning; (*tilltalande äv.*) attractive **-are** winner **-ing** gain; profit; *snöd ~* sordid gain, filthy lucre

vinningslysten covetous, mercenary, greedy

vinnlägga *rfl, ~ sig om* take pains (*att skriva fint* to write well; *ett gott uppförande* to behave well); strive after

vin|odling wine-growing; viticulture **-ranka** [grape]vine

vinsch *s2, s3* winch; hoist **vinscha** hoist

vinst *s3* gain; *i sht hand.* profit[s *pl*]; (*behållning*) proceeds (*pl*), return; (*i lotteri*) prize; (*på spel*) winnings (*pl*); *~ och förlust* profit and loss; *på ~ och förlust* (*bildl.*) at random (a venture), on speculation; *del i ~* share in profits; *högsta ~en* the first prize; *ren ~* net (clear) profit; *ta in 10 pund i ren ~* make a clear profit of £10; *ge ~* yield a profit, *löna sig* pay well; *gå med ~* (*om företag*) be a paying concern, *sälja med ~* sell at a profit; *uttalla med ~* (*om lott*) be a winning ticket **-delning** profit-sharing **-givande** profitable, remunerative, lucrative **-lista** [lottery] prize list, lottery list **-sida** *på ~n* on the credit side

vint|er ['vinn-] *s2* winter; *i ~* this winter; *mitt i ~n* in the middle of [the] winter, in midwinter; *i -ras* last winter; *om* (*på*) *~n* (*-rarna*) in winter

vinter|badare winter bather **-bostad** winter residens **-dag** winter['s] day **-dvala** winter (hibernal) sleep; *ligga i ~* hibernate **-däck** snow tyre **-gatan** the Milky Way, *the* Galaxy **-grön** evergreen **-idrott** winter sports (*pl*) **-kappa** winter coat **-kläder** *pl* winter clothes (clothing *sg*) **-körning** (*bil-*) winter motoring **-olympiad** Olympic Winter Games **-rock** winter coat, greatcoat **-solstånd** winter solstice **-sport** *s3* winter sports (*pl*) **-tid I** *s3* wintertime, winter season **II** *adv* in [the] winter

vintrig *a1* wint[e]ry, winterly, winter-like

vinthund greyhound

vin|äger [-'nä:-] *s2*, **-ättika** wine vinegar

viol *s3* violet

viol|blå violet-blue **-ett** *a1* violet; (*rödaktig äv.*) purple; (*blålila äv.*) mauve

violin *s3* violin **-ist** violinist; *förste ~* first violin (violinist)

violoncell [-lån'sell, -lån'sell] *s3* [violon]cello

VIP [vipp] *s2* VIP (*initialord för very important person*)

vipp *s2, vard., vara på ~en att* be on the point of (+ *ing-form*); *det var på ~en att han föll* he was within an ace of falling; *kola ~en* (*sl.*) kick the bucket

1 vippa *s1* **1** puff; *jfr damm-, puder-* **2** *bot.* panicle

2 vippa *v1* tilt (tip) [up]; (*röra sig upp o. ner*) rock, bob up and down; *~ på stjärten* wag[gle] one's tail

vira *v1* wind (*med* [round] with; *om*[*kring*] round); (*veckla*) wrap; (*krans*) weave; *~ in* wrap up (*i* in); *~ av* unwind

viril *a1* virile

virka crochet

virke *s6* wood, timber; *AE.* lumber; *färskt ~* green wood; *hyvlat ~* planed wood; *ohyvlat ~* rough sawn timber; *kvistfritt ~* clean timber; *han är av hårdare ~ än sin bror* he's of a tougher fibre

V

than his brother
virknål crochet hook
virrig *a1* (*om pers.*) muddleheaded, scatterbrained; (*om sak*) muddled, confused (*svar reply*); (*osammanhängande*) disconnected (*tal speech*)
virrvarr *s7* confusion, muddle; *vard.* mess; *ett ~ av* a confused (tangled) heap of
virtuos I *s3* virtuoso; master II *a1* masterly **-itet** virtuosity
virus ['vi:-] *s7, best. form äv. virus* virus **-sjukdom** virus disease
virvel *s2* **1** whirl (*äv. bildl.*); turbulence; (*ström-*) whirlpool, (*mindre*) eddy; *fack. o. bildl.* vortex (*pl* vortexes, vortices); (*hår-*) vertex (*pl* vertexes, vertices); *en ~ av nöjen* a whirl of pleasures; *dansens virvlar* the whirls of the dance **2** (*trum-*) roll; *slå en ~* beat a roll **-storm** cyclone **-vind** whirlwind
virvla whirl; (*om vatten*) eddy; *~ runt* whirl round; *~ upp* whirl up
1 vis *s7* (*sätt*) manner, way; *på det ~et* in that way, (*i utrop*) oh, that's how it is!, I see!; *på sätt och ~* in a way; *på intet ~* in no way; *på sitt ~ är hon snäll* she is quite nice in her own way
2 vis *a1* wise; *en ~* [*man*] (*äv.*) a sage; *Greklands sju ~e* the seven sages; *de ~es sten* the philosophers' stone; *de tre ~e männen* the three wise men, the three Magi; *av skadan blir man ~* experience is the father of wisdom; *once bit, twice shy*
1 vis|a *s1* song; ballad; *Höga ~n* the Song of Songs (Solomon); *ord och inga -or* plain words (speaking); *hon är en ~ i hela stan* she is the talk of the town; *alltid samma ~* always the same old story; *slutet på ~n blev att* the end of the story was that
2 visa *v1* **1** show (*vänlighet* kindness; *hur man skall* how to); (*peka*) point (*på* out, to); (*ut-*) indicate, show (*tiden* the time); (*förete*) present, show (*ett glatt ansikte* a happy face), produce (*biljetten* one's ticket); (*ådagalägga*) exhibit, display (*skicklighet* skill); (*be-*) prove, show; *erfarenheten ~r att* experience proves (tells us) that; *utställningen ~s kl.* the exhibition may be seen (visited) at; *~ ngn en artighet* show courtesy to s.b.; *~ med exempel* demonstrate by example; *~ ngn på dörren* show s.b. the door, turn s.b. out; *~ tänderna* (*bildl.*) show fight; *gå före och ~ vägen* lead the way; *~ ngn vägen till* show s.b. the way to, direct s.b. to; *klockan ~r på 8* the clock says 8; *termometern ~r på 20* the thermometer says 20 **2** (*med betonad partikel*) *~ bort* dismiss (*äv. bildl.*), send away; *~ fram* show, (*ta fram*) produce (*biljetten* one's ticket); *~ tillbaka* turn back, *bildl.* reject; *~ upp* show [up], *bildl.* exhibit, produce; *~ ut* send out **3** *rfl* show o.s. (itself); (*framträda*) appear (*av* from; *för* to; *offentligt* in public); (*bli sedd*) be seen; (*dyka upp*) turn up; *det kommer snart att ~ sig* (*bli uppenbart*) it will soon be seen; *åter ~ sig* reappear; *~ sig från sin bästa sida* show one's best side; *~ sig för pengar* go round in a show; *~ sig vara* turn out (prove) [to be]; *~ sig vänlig* be kind, show kindness (*mot* to)
visare (*på ur*) hand; (*på instrument*) pointer, indicator, needle
visbok song book, book of ballads
vischan *s, best. form, vard.* the back of beyond; *AE.* the sticks (*pl*); *det är ~ at* the back of beyond, *AE.* out in the sticks
visdom *s2* wisdom; (*klokhet äv.*) prudence
visdoms|ord word of wisdom, maxim **-tand** wisdom tooth
vise *s2* queen [bee]
viser|a visa (*ett pass* a passport) **-ing** visa[ing]
vishet [ˣvi:s-] wisdom
vision vision **-är** *a1 o. s3* visionary
visir *s7* (*på hjälm*) visor; *fälla upp ~et* raise the visor; *med öppet ~* (*bildl.*) straightforwardly
visit *s3* call; visit; *avlägga ~ hos ngn* pay s.b. a visit, call on s.b.; *fransysk ~* flying call **-ation** inspection, examination; (*kropps-*) search; *jur.* revision **-era** inspect; (*tull-*) examine; (*jur. o. friare*) search **-ering** [-'te:-] examination; search **-kort** [visiting] card
1 viska I *s1* whisk; (*borste äv.*) wisp II *v1* sponge (*ett eldvapen* a firearm)
2 viska *v1* whisper (*ngt t. ngn* s.th. to s.b.; *~ ngt i ngns öra* whisper s.th. in a p.'s ear
viskning whisper
viskositet viscosity
visning [ˣvi:s-] show[ing]; demonstration; (*förete äv.*) exhibition; *~ varje timme* hourly tours
visp *s2* whisk; (*grädd-, ägg-*) beater
visp|a whip (*grädde* cream); (*ägg e.d.*) beat [up] **-grädde** double cream; whipping cream; whipped cream
viss *a1* **1** (*säker*) sure, certain (*om, på* about, of); (*tvärsäker*) positive (*på* of); *det är sant och ~t* it is true [enough]; *döden är ~* death is certain **2** (*odefinierbar*) certain (*skäl* reasons); (*bestämd äv.*) given, fixed (*tid* time); *en ~* some (*tvekan* hesitation), a certain degree of (*skicklighet* skill); *en ~ herr A.* a certain Mr. A.; *hon har ngt ~t* she has a certain s.th.; *på ~a håll* in certain (some) quarters; *till ~ grad* to (in) a certain degree; *ställd till ~ person* made out to a certain name, personal
visselpipa whistle
vissen *a3* faded, wilted (*äv. bildl.*); dry, dead; *vard.* (*dålig*) off colour, rotten, (*krasslig*) under the weather
viss|erligen it is true (*är den dyr* that it is expensive), certainly; *~ ... men* it is true [that] (certainly) ... but **-het** certainty; (*tillförsikt*) assurance; *med ~* (*äv.*) for certain; *få ~ om* find out [for certain]; *skaffa sig ~ om* ascertain, make sure about
vissl|a I *s1* whistle II *v1* whistle; *~ på* whistle for, (*hund*) whistle to; *~ ut ngn* hiss s.b. [off the stage], *vard.* give s.b. the bird **-ing** (*-ande*) whistling; (*en ~*) whistle; (*kulas*) whizz, whistle
vissna fade; wither, wilt; die down; *~ bort* (*om pers.*) fade away
visst *adv* **1** (*säkerligen*) certainly; to be sure; (*naturligtvis*) by all means; *det kan jag ~* of course I can; *~ skall du göra det* [you should do so] by all means; *det tror jag ~ det* I most certainly think so; *helt ~* [most] certainly; *~ inte* not at all, by no means; *ja ~!* [yes] certainly!, of course!, yes, indeed!, *AE. äv.* sure!; *ja ~ ja!* yes, of course,

that's true! **2** (*nog*) probably, no doubt; *han har ~ rest* he has left, I think; *du tror ~* you seem to believe (think); *vi har ~ träffats förr* I'm sure we must have met before

vissångare ballad singer

vist|as *dep* stay; be; (*bo*) live; *hur länge har ni -ats här?* how long have you been [staying] here? **-else** stay; (*boende*) residence

visu|alisera visualize **-ell** *a1* visual

visum *s8* visa (*pl* visas) **-tvång** compulsory visa *system*

vit *a1* *Wilte; de ~a* white people, the whites; *~a frun* the White *Lady; ~ slavhandel* white-slave traffic; *~a varor* white goods, linen drapery (*sg*); *sjön går ~* the sea is white with foam

vit|a *s1* white [of an egg] **-aktig** *a1* whitish

vital *a1* vital, of vital importance; (*livskraftig*) vigorous; (*mycket viktig äv.*) momentous **-itet** vitality; vigour

vitamin *s4* vitamin; *fettlösliga* (*vattenlösliga*) *~er* fat-soluble (watersoluble) vitamins **-behov** vitamin requirement[s *pl*] **-brist** vitamin deficiency; avitaminosis **-isera** vitaminize **-rik** rich in vitamins

vite *s6* penalty, fine; *vid ~* under penalty of a fine; *vid ~ av 10 pund* under [a] penalty of a £10 fine; *tillträde vid ~ förbjudet* trespassers will be prosecuted

vit|fläckig white-spotted **-glödga** bring to a white heat **-het** whiteness **-hårig** white-haired, hoary **-klöver** white clover **-kål** white cabbage **-lök** garlic **-mossa** peat moss

vit|na [-i:-] whiten, grow (*hastigt:* turn) white **-peppar** white pepper **-randig** striped [with] white

Vitryssland Byelorussia, White Russia

vits *s2* (*ordlek*) pun; (*kvickhet*) joke, jest, witticism; *inte förstå ~en med ngt* not see the point of s.th.

vitsa (*vitsar*) pun, crack jokes, joke **-ig** *a1* full of puns (*etc.*); witty

vitsippa wood anemone, windflower

1 vitt *best. form det vita* white; *klädd i ~* [dressed] in white; *göra svart till ~* swear black is white

2 vitt *adv* **1** (*vida*) widely (*skild* separated); wide, far (*åtskilda* apart); *~ och brett, ~ omkring* far and wide; *orda ~ och brett om* talk at great length on; *~ utbredd* widespread; *vara ~ skild från* (*bildl. äv.*) differ greatly from **2** *så ~ jag vet* as far as I know; *så ~ möjligt* as far as possible; *för så ~* (*ifall*) provided, if

vitt|bekant widely known, famous; (*ökänd*) notorious **-berest** *vara ~* have travelled a great deal, be a travelled person **-berömd** renowned, farfamed, illustrious

vitter ['vitt-] *a2* literary; *en ~ man* (*äv.*) a man of letters **-het** literature, belles-lettres (*pl, behandlas som sg*) **-hetsakademi** academy of literature (*etc.*)

vitt|förgrenad *a5* with many ramifications, widely ramified **-gående** *a4* far-reaching (*följder* consequences); extensive (*reformer* reforms)

vittja examine [and empty] (*nät* nets); *~ ngns fickor* (*vard.*) pick a p.'s pockets

vittn|a (*inför domstol*) witness; give evidence (*om* of); (*intyga*) testify (*om* to), (*skriftligt*) cer-

---

tify; *~ om* (*bära -esbörd om*) bear witness to, (*visa äv.*) show

vittne *s6* witness (*till* of); *ha ~n på* have witnesses to; *i ~ns närvaro* before witnesses; *inkalla ngn som ~* call s.b. as a witness; *vara ~ till* be [a] witness to, witness

vittnes|bås witness box; *AE.* witness stand **-börd** [-ö:-] *s7* testimony; *jur.* evidence; *bära ~* testify; *bära falskt ~* bear false witness **-mål** evidence; (*skriftligt*) deposition; *avlägga ~* give evidence

vittomfattande far-reaching, extensive; comprehensive (*studier* studies)

vittra weather, decompose

vittring *jakt.* scent; *få upp ~* pick up the scent; *känna ~ efter* (*äv. bildl.*) catch the scent

vitöga *white* of the eye; *se döden i ~t* face death [bravely]

vokal I *s3* vowel **II** *a1* vocal **-ist** vocalist

volang *s3* flounce, frill

volfram ['våll-] *s3, s4* tungsten, wolfram

volleyboll ['vålli-] volleyball

volontär [vållån'tä:r] *s3* (*på kontor*) voluntary worker, unsalaried clerk; *mil.* volunteer

1 volt [-å-] *s3* **1** (*luftsprång*) somersault; *slå en ~* turn a somersault **2** (*på ridbana*) volt

2 volt [-å-] *s9, elektr.* volt

volym *s3* volume **-kontroll** volume control

vore (*imperf. konj. av* **5** *vara*) were; (*skulle vara*) should be (*1 pers.*), would be (*2 o. 3 pers.*); *det ~ trevligt* it would be nice

votering voting, vote; *begära ~* demand a division (*om* on), *vid ~ on* a *vote*

vov|ve *s2 vard. o. barnspr.* doggy, doggie **-vov** *interj* bow-wow

vrak *s7* wreck (*äv. bildl.*); *bli ~* get wrecked

vraka reject

vrakgods wreckage, stranded goods; (*flytande*) flotsam; (*kastat över bord*) jetsam

vrakpris bargain price, cut rate; *för ~* dirt-cheap

1 vred *s7* handle; (*runt äv.*) knob

2 vred *a1, n sg obest. form undviks* wrathful, irate; very angry; (*starkare*) furious (*på ngn* with s.b.)

vrede *s9* wrath; (*ursinne*) fury, rage; (*ilska*) anger; *koka av ~* foam with rage; *låta sin ~ gå ut över* vent one's anger on; *snar till ~* quick to anger

vredesmod *i uttr.: i ~* in anger

vresig *a1* cross, sullen, surly

vrick|a 1 (*vrida fram o. åter*) wriggle **2** (*båt*) scull **3** (*stuka*) sprain; *~ foten* sprain one's ankle **-ad** *a5, vard.* (*tokig*) nuts, cracked **-ning 1** wriggling; (*en ~*) wriggle **2** sculling **3** spraining; (*en ~*) sprain; (*ur led*) dislocation

vrid|a *vred -it* **1** (*vända*) turn (*på huvudet* one's head); (*hårt*) wring (*nacken av en tupp* a cock's neck; *sina händer* one's hands) (*sno*) twist, wind; (*häftigt*) wrench; (*slita*) wrest; *~ och vända på ett problem* turn a problem over; *~ tvätt* wring [out] washing; *~ ur led* put out of joint, dislocate **2** (*med betonad partikel*) *~ av* twist (wrench) off, (*kontakt*) switch off; *~ fram klockan* put the clock (one's watch) forward; *~ loss* wrench (wrest) loose; *~ om* turn (*nyckeln* the key); *~ på* (*gasen*) turn on, (*strömmen*) switch on; *~ run* turn round, revolve; ~ *sönder* break [by twisting]; ~ *till* (*kran e.d.*) turn off; ~ *tillbaka klockan* put the clock (one's watch) back; ~ *upp* (*klocka*) wind up; ~ *ur* (*tvätt*) wring out **3** *rfl* turn, revolve (*runt en axel* round an axle); (*sno sig*) twist, wind; writhe (*av smärta* with pain); wriggle (*som en mask* like a worm)

vrid|bar [-i:-] *a1* revolving, rotating, turnable **-en** *a5* twisted; (*för-*) distorted, warped; *bildl.* (*rubbad*) cracked, unhinged **-moment** torque, torsional moment **-ning** [-i:d-] turning *etc.*; (*en* ~) turn *etc.* **-ningsrörelse** rotary movement

vrist *s3* instep; (*ankel*) ankle; *anat.* tarsus; *smäckra* ~*er* slim ankles

vrå *s5* (*hörn*) corner, nook; (*undangömt ställe*) recess, cranny; *i en undangömd* ~ *av världen* in an out-of-the-way spot

vrål *s7* roar[ing], howl[ing], bellow[ing]

vrål|a roar, howl, bellow **-åk** *vard.* flashy high-powered car

vräng *a1* **1** (*ogin*) disobliging, perverse, contrary; *vara* ~ *mot ngn* (*vard.*) make things difficult for s.b. **2** (*orätt*) wrong; ~ *dom* miscarriage of justice, wrong verdict **-bild** distorted picture, caricature **-strupe** *få ngt i* ~*n* have s.th. go down the wrong way

vräk|a *v3* **1** heave; (*kasta*) toss; (*huller om buller*) tumble; ~ *bort* toss (throw) away; ~ *i sig maten* gobble down the food; ~ *omkull* throw over; ~ *ur sig* (*bildl.*) spit out (*skällsord* invectives); ~ *ut* heave (*etc.*) out, (*pengar*) throw to the winds **2** (*avhysa*) evict, eject **3** *sjön* ~*er* the sea is heaving; *regnet* ~*er ner* it's pouring [rain]; *snön* ~*er ner* the snow is falling in masses **4** *rfl* (*kasta sig*) throw (fling) o.s. down (*i* in); *bildl. vard.* play the swell; ~ *sig i en fåtölj* lounge about in an armchair; ~ *sig i lyx* roll in luxury

vräkig *a1* ostentatious, extravagant; *vard.* flashy

vräkning [-ä:-] (*avhysning*) eviction, ejection

vränga *v2* **1** (*vända ut o. in på*) turn inside out **2** (*för-*) twist (*lag* the law)

vulgär *a1* vulgar, common

vulkan *s3* volcano

vulkanisera vulcanize

vulkan|isk [-'ka:-] *a5* volcanic **-utbrott** volcanic eruption

vunn|en *a5* gained *etc.*, *se vinna*; *därmed är föga -et* there is little [to be] gained by that; *därmed är ändå ngt -et* that's something anyway

vurm *s2* mania, craze, passion (*för* for) **vurma** have a craze (passion) (*för* for)

vurpa I *s1* (*kullkörning*) fall; (*kullerbytta*) somersault **II** *v1* overturn, make a somersault

vuxen *a3* **1** (*full-*) grown-up (*barn* children), adult; *barn och vuxna* children and grown-ups (adults) **2** *vara situationen* ~ be equal to the occasion; *vara* ~ *sin uppgift* be equal (up) to one's task **-undervisning, -utbildning** adult education

vy *s3* view; (*utsikt äv.*) sight **-kort** picture postcard

vyss hushaby!

vyss[j]a [ˣvyssa, ˣvyʃa] lull (*i sömn, till sömns* to sleep)

våd *s3* (*kjol-*) gore; (*tapet-*) length

våda *s1* **1** *jur.*, *av* ~ by misadventure (accident) **2**

(*fara*) risk, danger **-skott** accidental shot

våd|eld accidental fire **-lig** [-å:-] *a1* **1** *se farlig* **2** *vard.* (*förfärlig*) awful

våffla *s1* waffle

1 våg *s2* (*för vägning*) balance; (*butiks-, hushållse.d.*) scales (*pl*); *V*~*en* (*astr.*) Libra, the Scales

2 våg *s1* (*bölja, ljud-, ljus- etc.*) wave (*äv. bildl.*); (*dyning*) roller; (*störtsjö*) breaker; *poet.* billow; *gå i* ~*or* surge; (*friare äv.*) go in waves, undulate; ~*orna går höga* the sea is running high; *diskussionens* ~*or gick höga* it was a very heated discussion

våga 1 (*tordas*) dare [to]; venture; (*djärvas*) make so bold as to; ~ *försöket* try the experiment; ~ *en gissning* hazard a guess; *friskt* ~*t är hälften vunnet* boldly ventured is half won; *du skulle bara* ~*!* you dare!; ~*r jag besvära er att ...?* may (might) I trouble you to ...?; *jag* ~*r påstå att* I venture to say that **2** (*äventyra*) risk, jeopardize (*sitt liv* one's life); (*sätta på spel*) stake (*sitt huvud på* one's life on); *jag* ~*r hundra mot ett att* I'll stake a hundred to one that **3** *rfl* venture; ~ *sig dit* (*fram*) venture [to go] there (to appear); ~ *sig på a*) (*ngt*) dare to tackle, *b*) (*ngn*) venture to approach (attack); ~ *sig ut i kylan* brave (venture out in) the cold; ~ *sig ut på djupet* dare to go into deep water **vågad** *a5* (*djärv*) daring, bold; (*riskfylld*) risky, hazardous; (*frivol*) risqué, *vard.* near the bone; *det är litet vågat att* it's a bit risky to

vågbrytare breakwater, pier, jetty

våghals daredevil, madcap **-ig** *a1* foolhardy, reckless, rash

våg|ig *a1* wavy; waving, undulating **-linje** waveline; wavy (sinuous) line **-längd** wavelength

våg|mästarroll *polit.*, *spela en* ~ hold the balance of power **-rät** horizontal, level; ~*a ord* (*i korsord*) clues across

vågrörelse undulatory (wave) motion, undula

vågskål scale (pan) [of a balance]; *lägga i* ~*en* put in (on) the scale; *väga tungt i* ~*en* (*bildl.*) be weighty, carry weight

våg|spel, -stycke bold venture, daring (risky) enterprise

våld *s7* **1** (*makt, välde*) power; (*besittning*) possession; *få* (*ha*) *i sitt* ~ get (have) in one's power; *råka i ngns* ~ fall into a p.'s power; *ge sig i ngns* ~ deliver o.s. into a p.'s hands; *dra för fan i* ~*!* go to hell (the devil)! **2** (*maktmedel, tvång*) force; (*över-*) violence; (*våldsdåd*) outrage, assault (*mot* upon); *bildl.* violation (*mot den personliga friheten* of personal liberty); *med* ~ by force, forcibly; *med milt* ~ with gentle compulsion; *yttre* ~ violence; *begå* ~ resort to violence; *begå nesligt* ~ *mot, se våldtaga*; *bruka* ~ *mot* use force (violence) against; *bruka större* ~ *än nöden kräver* employ more force than the situation demands; *göra* ~ *på* violate; *göra* ~ *på sig* restrain o.s.; *öppna med* ~ force open **-föra** ~ [*sig på*] violate **-gästa** ~ [*hos*] abuse a p.'s hospitality, descend on s.b. [for a meal] **-sam** *a1* violent; (*om pers. äv.*) vehement; (*ursinnig*) furious; (*larmande*) tumultuous (*oväsen* noise); ~ *död* violent death; *göra* ~*t motstånd mot* violently resist **-samhet** violence; vehemence; fury; ~*er* (*äv.*) excesses **-taga** violate, rape; *jur.* assault **-täkt** *s3* rape;

jur. indecent assault

våll|a (*förorsaka*) cause, be the cause of; bring about; (*åsamka*) give (*ngn besvär* s.b. trouble); ~ *ngn smärta* (*äv.*) make s.b. suffer **-ande I** *s6, för* ~ *av annans död* for causing another person's death, for manslaughter **II** *a4, vara* ~ *till* be the cause of

vålm *s2* haycock **vålma** cock

vålnad [ˣvå:l-] *s3* ghost, phantom, apparition; *Skottl.* wraith

vånda *s1* agony; throes (*pl*) **våndas** *dep* suffer (be till, rgnny; ~ *inför ngt* dread s.th.; ~ *över ngt* go through agonies över s.th.

våning **1** (*lägenhet*) flat; *AE.* apartment; *en* ~ *på tre rum och kök* a three-room[ed] flat with a kitchen **2** (*etage*) stor[e]y, floor; *övre* ~*en* the upper (top) floor; *ett tre* ~*ar högt hus* a three-storey[ed] house; *på första* ~*en* (*botten-*) on the ground (*AE.* first) floor; *på andra* ~*en* (*en trappa upp*) on the first (*AE.* second) floor

vånings|plan floor **-säng** bunk bed

1 vår *pron*; *fören.* our; *självst.* ours; *de* ~*a* our people, (*i* a *trupper*) our men; *allas* ~ *vän* the friend of all of us, our mutual friend; *vi skall göra* ~*t* (~*t bästa*) we shall do our part (our utmost)

2 vår *s3* spring; *poet.* springtime; *i livet* ~ in the prime of life; *i* ~*as* this spring; *i* ~*as* last spring; *om* (*på*) ~*en* (~*arna*) in spring

våras *dep, det* ~ spring is on its way

vård [-å:-] *s2* (*omvårdnad*) care (*om* of); (*tillsyn äv.*) charge, custody; (*sjuk- äv.*) nursing; *få god* ~ *be* well cared for (looked after); *ha* ~ *om* have charge (the care) of; *den som har* ~ *om* the man (*etc.*) in (who takes) charge of; *lämna ngt i ngns* ~ leave s.th. in a p.'s charge

vård|a 1 take care of, look after; (*sjuka*) nurse; (*ansa*) tend; (*bevara*) preserve (*minnet av* the memory of); *han* ~*s på sjukhus* he is [being treated] in hospital **2** *rfl,* ~ *sig om* take care of, cherish, cultivate **-ad** *a5* careful; (*om klädsel, hår*) well-groomed; (*väl-*) well-kept; (*prydlig*) neat (*handstil* handwriting); *-at språk* correct language; *använd ett -at språk!* mind how you speak!; *ett -at yttre* well-groomed appearance

vårdag spring day **-jämning** vernal equinox

vård|are caretaker; (*sjuk-*) male nurse, attendant; (*djur-*) keeper; (*bevarare*) preserver **-arinna** nurse; *jfr vårdare* **-hem** nursing home **-nad** *s3* guardianship; *ha* ~*en om* have the custody of **-nadsbidrag** child maintenance allowance **-nadshavare** guardian, custodian; *jur.* next friend

vårdslös [ˣvå:rds-, ˣvårs-] careless (*i* in; *med* with); negligent (*i* in; *med* of); (*försumlig äv.*) neglectful (*med sitt utseende* of one's appearance); (*slarvig*) slovenly (*klädsel* dress) **-het** carelessness, negligence, neglect; *grov* ~ gross negligence; ~ *i trafiken* careless driving

vårdtecken token

vårflod spring flood

vårfrudagen Lady (Annunciation) Day

vår|känsla *ha -känslor* have the spring feeling **-lig** [-å:-] *a1* vernal, of spring, spring **-lik** spring-like **-regn** spring rain **-sol** spring (vernal) sun **-städning** spring-cleaning **-sådd** spring sowing

vårta [ˣvå:r-] *s1* wart

vår|termin spring term **-trötthet** spring fever **-vinter** late winter

våt *a1* wet (*av* with); (*fuktig*) moist, damp; (*flytande*) liquid, fluid; *bli* (*vara*) ~ *om fötterna* get (have) wet feet; *hålla ihop i* ~*t och torrt* stick together through thick and thin **-dräkt** wet suit **-mark** wetland **-stark** ~*t papper* wet-strength paper **-värmande** *a4,* ~ *omslag* fomentation

väck [*puts*] ~ gone, lost, vanished

väcka *v3* **1** (*göra vaken*) wake [up]; rouse [from sleep]; (*på beställning*) call; *bildl.* awaken (*äv. relig.*), [a]rouse (*till* to; *ur* from, out of); ~ *ngn till besinning* call s.b. to his (her) senses; ~ *till liv* bring back to life, bildl. *äv.* arouse, revive **2** (*framkalla*) awaken (*medlidande* compassion), cause (*förvåning* astonishment); arouse (*nyfikenhet* curiosity; *misstankar* suspicion (*sg*)); *sympati* sympathy, (*upp- äv.*) raise (*förhoppningar* hopes); excite (*avund* envy; *beundran* admiration), call up (*gamla minnen* old memories), call forth (*gillande* approbation), provoke (*vrede* anger); (*ge upphov t.*) create, cause (*oro* alarm); ~ *intresse* awaken (arouse) an interest; ~ *tanken på* ngt evoke the idea of s.th., suggest s.th.; ~ *uppmärksamhet* attract attention **3** (*framställa*) bring up, raise (*en fråga* a question); ~ *förslag om* propose, suggest

väckarklocka alarm clock

väckelse [*religiös*] revival **-möte** revivalist meeting

väckning awakening; (*per telefon*) alarm call; *får jag be om* ~ *kl. 6* I should like to be called at 6

väckt *a4* woken, awakened *etc.*; *relig.* saved

väd|er [ˈvä:-] *s7* **1** weather; *-rets* maker the clerk (*sg*) of the weather; *ett sådant* ~! what weather!, *i alla* ~ in all weathers, bildl. *äv.* in rain and shine; *det är fult* (*vackert*) ~ it is dirty (nice) weather, *det ser ut att bli vackert* ~ the weather looks promising; *det vackra -ret fortsätter* it is keeping fine; *vad är det för* ~? what is the weather like?; *om -ret tillåter* weather permitting **2** (*luft, vind*) air, wind; ~ *och vind* wind and weather; *hårt* ~ stormy weather; *prata i -ret* talk rubbish through one's hat; *släppa* ~ break wind; *gå till* ~*s* rise [in the air], sjö. go [up] aloft

väder|beständig weatherproof, weather-resistant **-biten** *a5* weather-beaten **-korn** scent; *gott* ~ [a] keen scent, [a] sharp nose; *hunden har fått* ~ *på* the dog has picked up the scent of (has scented) **-kvarn** windmill **-lek** weather

väderlekstjänst weather service (bureau); meteorological office

väder|prognos weather forecast **-rapport** weather report (forecast) **-streck** quarter; point of the compass; *i vilket* ~? in what quarter?; *de fyra* ~*en* the four cardinal points

vädja [ˣvä:d-] ~ *till* appeal to (*äv. jur.*) **vädjan** *r* appeal **vädjande** *a4* appealing (*blick* look)

vädra [ˣvä:d-] **1** (*lufta*) air; ~ *kläder* (*äv.*) give the clothes an airing **2** (*få vittring av*) scent (*äv. bildl.*); sniff

väg *s2* **1** *konkr.* road; (*mer abstr. o. bildl.*) way; (*bana*) path, course; (*färd-*) journey, drive, ride, walk; (*sträcka*) distance; (*rutt*) route; (*levnadsbana*) career; ~*en till* the road to; *allmän* (*enskild*) ~ public (private) road; *den bre* (*smala*) ~*en* (*bildl.*) the broad (narrow) path; *förbjuden* ~*!* no thoroughfare!; *halva* ~*en* halfway; *raka* ~*en* the straight course; *gå raka* ~*en hem* go straight home; *fyra timmars* ~ four hours' journey (drive, walk); *bryta nya* ~*ar* (*bildl.*) break new ground; *det är lång* ~ *till* it is a long way to; *vilken* ~ *gick de?* which way did they go (road did they take)?; *gå* ~*en fram* [be] walk[ing] along the road; *gå all världens* ~ go the way of all flesh; *gå sin* ~ go away, vard. be off; *gå din* ~*!* go away!, make yourself scarce!; *gå sin egen* ~ go one's own way; *om du har* ~*arna hitåt* if you happen to be [coming] this way; *resa sin* ~ go away, leave; *ta* ~*en* take the road (*genom* through; *över, förbi* by); *vart skall du ta* ~*en?* where are you going (off to)?; *inte veta vart man skall ta* ~*en* not know where to go; *vart har min hatt tagit* ~*en?* what has become of my hat?; *gå före och visa* ~*en* lead the way **2** (*föregånget av prep*) *i* ~ off; *gå* (*komma*) *i* ~*en för ngn* be (get) in a p.'s way; *ge sig i* ~ be off (*till* for); *ngt i den* ~*en* s.th. like that (of that sort); *lägga hinder i* ~*en för ngn* put obstacles in a p.'s way; *längs* ~*en* along the road[side]; *på* ~*en* on the way (*dit* there); *på diplomatisk* ~ through diplomatic channels, diplomatically; *på laglig* ~ by legal means, legally; *inte på långa* ~*ar* (*bildl.*) not by a long way (chalk); *ett gott stycke på* ~ well on the way; *följa ngn ett stycke på* ~ accompany s.b. part of the way; *vara på* ~ *till* be on one's way to; *vara på* ~ *att* be on the point of (+ *ing- form*); *vara på god* ~ *att* be well on the way to; *gå till* ~*a* proceed, go about it; *under* ~*en* on the (one's) road (way), en route; *ur* ~*en* out of the way; *ur* ~*en!* get out of the way!, stand aside!; *gå ur* ~*en för ngn* get out of a p.'s way; *det vore inte ur* ~*en om* (*att*) it wouldn't be a bad idea to; *vid* ~*en* near (by the side of) the road, by the roadside

väg|a *v2* weigh (*äv. bildl.*); *hur mycket -er du?* how much do you weigh?; *hon -er hälften så mycket som jag* she is half my weight; *det -er jämnt* the scales are even; *det står och -er mellan* (*bildl.*) the decision lies (*vard.* it is a toss-up) between; ~ *skälen för och emot* weigh the pros and cons; *sitta och* ~ *på stolen* sit balancing [on] one's chair; *det är väl -t* it is good weight; *hans ord -er tungt* his words carry great weight; ~ *upp a*) eg. weigh out, *b*) (~ *mer än*) poise up, *c*) (*upp-, bildl.*) [counter]balance **-ande** *a4* weighty; [*tungt*] ~ *skäl* weighty reasons

väg|arbete roadwork; (*på skylt*) Road Up!, Men at Work!, Road under Repair! **-bana** roadway; *slirig* ~ slippery roadway (road surface)

vägbar [-ä:-] *a1* ponderable

väg|beläggning road surface (metalling) **-farande I** *a4* travelling; *poet.* wayfaring **II** *s9* traveller; (*trafikant*) road user **-förbindelse** road communication; *det finns* ~ *till* there is a road going to

vägg *s2* wall; (*tunn skilje-*) partition; *bo* ~ *i* ~ *med* live next door to; ~*arna har öron* walls have ears; *köra huvudet i* ~*en* (*bildl.*) run one's head against a wall; *ställa ngn mot* ~*en* (*bildl.*) drive s.b. into a corner, press s.b. hard; *uppåt* ~*arna* (*bildl.*) all wrong, wide of the mark; *det är som att tala till en* ~ it's like talking to a brick wall

-bonad wall hanging, tapestry **-fast** fixed to the wall; ~*a inredningar* fixtures; ~ *skåp* wall cabinet (cupboard) **-lus** bedbug **-uttag** point, wall socket

väg|kant roadside **-karta** road map **-korsning** [road] crossing, crossroads **-lag** *s7* state of the road; *halt* ~ slippery road **-leda** guide; direct; *några* ~*nde ord* a few [introductory] directions **-ledning** guidance; *till* ~ *för* for the guidance of; *tjäna som* ~ serve as a guide **-märke** road sign **-mätare** mileometer; *AE.* odometer

vägnar [ˣvägnar] *pl*, [*p*]*å ngns* ~ on behalf of s.b.; *å tjänstens* (*ämbetets*) ~ by (in) virtue of one's office, ex officio; *rikt utrustad å huvudets* ~ well equipped with brains, very clever, brainy

väg|nät road network **-port** [road] underpass, road arch

vägr|a [ˣvä:g-] refuse; (*om häst äv.*) balk, jib; ~ *att mottaga* refuse [to accept], decline **-an** *r* refusal; declining

väg|ren verge, shoulder **-skrapa** road grader (scraper) **-skylt** road (traffic) sign **-skäl** fork [in a road]; *vid* ~*et* at the crossroads **-spärr** road block; *mil.* barricade **-sträcka** stretch [of a road], road section; (*avstånd*) distance **-trafikförordning** highway code, road (*AE.* highway) traffic act; *överträdelse av* ~*en* (*vanl.*) motoring offence **-vett** road sense **-visare 1** *pers.* guide **2** (*bok*) guide, guidebook, directory **3** (*skylt*) direction post (sign), signpost **-övergång** viaduct, flyover, overpass

väj|a [ˣväjja] *v2* make way (*för* for); give way, yield (*för* to); *sjö.* veer, give way; ~ *för* (*undvika*) avoid; *inte* ~ *för ngt* (*bildl.*) not mind anything, stick at nothing **-ningsplikt** *sjö.* obligation to veer (give way)

väktare custodian, watchman, guard[ian]; *ordningens* ~ the guardians of law and order

väl I *n* welfare, wellbeing; *det allmännas* ~ the common weal; *vårt* ~ *och ve beror på* our happiness is dependent upon **II** *bättre bäst, adv* **1** *beton.* [vä:l] **a**) (*bra, gott*) well; ~ *förfaren* experienced; *allt* ~*!* all's well!; *så* ~*!* what a good thing!; *befinna sig* ~ be well; *det går aldrig* ~*!* it can't turn out well!; *om allt går* ~ if nothing goes wrong; *hålla sig* ~ *med ngn* keep in with s.b.; *ligga* ~ *till* be in a favourable position; *låta sig* ~ *smaka* enjoy one's food; *stå* ~ *hos ngn* be on the right side of s.b.; *ta* ~ *upp* receive favourably; *tala* ~ *om* speak well of; *veta mycket* ~ *att* be perfectly (fully) aware that; *det var för* ~ *att* it was a blessing that, **b**) (*alltför*) rather [too], over; (*över*) over, rather more [...] than; ~ *mycket* rather too much; ~ *stor* rather (almost too) big; *gott och* ~ well over (*1 timme* one hour); *länge och* ~ for ages, no end of a time, **c**) (*omsider, en gång*) once; *det hade inte* ~ *börjat förrän* no sooner had it begun than; *när hon* ~ *hade somnat var hon* once asleep she was, **d**) *inte henne men* ~ *hennes syster* not her but her sister **2** *obetonat* [väll] **a**) (*uttryckande förmodan el. förhoppning*) surely; (*förmodar jag*) I suppose; (*hoppas jag*) I hope; *du kommer* ~*?* I hope you will come!; *du är* ~ *inte sjuk* you are surely not ill?, you are not ill, are you?; *han får* ~ *vänta* he will have to wait; *jag gör* ~ *det då* I suppose I had better do that then; *det kan* ~ *hända* that's possible; *det kan mycket* ~ *tänkas att hon* there is every possibility of her (+ *ing*-form); *det var* ~ *det jag trodde* that's just what I thought; *de är* ~ *framme nu* they must be there by now; *det är* ~ *inte möjligt* it can't be possible; *det hade* ~ *varit bättre att …* wouldn't it have been better to …?; *du vet* ~ *att* I suppose you know; you must know, **b**) (*som fyllnadsord i frågor*) *vem kunde* ~ *ha trott det?* who would have believed such a thing?; *vad är* ~ *lycka?* what is happiness [after all]? **3** *så* ~ *som* as well *as* **!!!** *interj*, *ja* ~*!* of course!; *nå* ~*!* well then!

väl|artad [-a:r-] *a5* well-behaved **-avlönad** well-paid **-befinnande** wellbeing **-behag** pleasure; complacency **-behållen** safe [and sound]; (*om sak*) in good condition; *komma fram* ~ arrive safely **-behövlig** badly (much) needed **-bekant** well-known **-betänkt** well-advised, judicious; *mindre* ~ ill-advised, injudicious **-bärgad** well-to-do; wealthy

väld|e *s6* **1** (*rike*) state, empire **2** (*makt*) domination, power; *bringa ett folk under sitt* ~ bring a people under one's domination (sway), subject a people **-ig** *a1* **1** (*stor*) huge, enormous; (*vidsträckt*) immense, vast **2** (*mäktig*) mighty

väl|funnen *a5* apt (*uttryck* phrase) **-fylld** well-filled **-fägnad** food and drink; good cheer **-färd** [-ä:-] *s3* welfare; wellbeing **-färdssamhället** welfare state **-försedd** *a5* well-stocked, well-supplied **-förtjänt** well-earned; well-deserved; *få sitt* ~*a straff* get the punishment one deserves; *det var* ~*!* that served you (*etc*.) right! **-gjord** well-made **-grundad** well-founded; good (*anledning* reason) **-gång** prosperity, success; *lycka och* ~*!* all good wishes for the future! **-gångsskål** toast; *dricka en* ~ *för ngn* drink [to] a p.'s health **-gärning** kind (charitable) deed; (*om sak*) blessing, boon; *det var då en* ~ *att* it was a real blessing (boon) that

välgör|ande [-j-] *a4* (*nyttig*) beneficial (*solsken* sunshine); (*hälsosam*) salutary (*sömn* sleep); refreshing; (*ändamål* charitable purposes; *vara* ~ *för ngn* (*äv*.) be good for s.b., do s.b. [a lot of] good **-are** benefactor **-enhet** charity **-erska** benefactress

väl|hållen well-kept **-informerad** [-å-] *a5* well-informed (*kretsar* circles)

välja *valde valt* **1** (*ut-*) choose (*bland* from, out of; *mellan* between; *till* as); (*noga*) select, pick (*sina ord* one's words), pick out (*äv*. ~ *ut*); *få* ~ be allowed to choose, have one's choice; *låta ngn* ~ give s.b. the choice; *inte ha mycket att* ~ *på* not have much choice; ~ *bort* (*skolämne*) drop **2** (*genom röstning*) elect (*ngn t. president* s.b. president); (*t. eng. parl*.) return; ~ *in ngn* elect s.b. [as] a member (*i* of); ~ *in ngn i styrelse* elect s.b. to a board; ~ *om* relect

väljar|e voter, elector **-kår** electorate

välklädd well-dressed

välkom|men [-å-] *a5* welcome; ~*!* I am (*etc*.) glad to see you!; *hälsa ngn* ~ welcome s.b. **-na** welcome

välkänd well-known

välla *v2* **1** gush (well, spring) (*fram* forth, up; *fram ur* from); ~ *upp* ooze **2** *tekn*. weld

vällevnad good (luxurious) living, [life of] luxury

välling gruel

väl|ljudande [-j-] *a4* euphonious; harmonious, melodious; (*om instrument*) with a beautiful tone; (*om toner*) sweet **-luktande** *a4* sweet-smelling, sweet-scented; aromatic; fragrant **-lust** voluptuousness; sensual pleasure **-menande** *a4* well-meaning, well-intentioned **-mening** good intention; *i bästa* ~ with the best of intentions **-ment** [-e:-] *a4* well-meant **-måjende** *a4* thriving; (*blomstrande*) flourishing, prosperous; (*-bärgad*) well-to-do; *se* ~ *ut* look prosperous (thriving) **-måga** *s1* wellbeing, good health; *i högönsklig* ~ in the best of health **-renommerad** [-å-] *a5* well-reputed, well-established **-riktad** *a5* well-aimed, well-directed **-sedd** *a5* acceptable; welcome (*gäst* guest)

välsign|a [-iŋŋa] *v1* bless **-ad** *a5* blessed; (*besvärlig, vard. äv*.) confounded; *i -at tillstånd* in the family way **-else** blessing; (*bön*) benediction; ~ *med sig* bring a blessing [in its (*etc*.) train]; *det är ingen* ~ *med* no good will come of

väl|sinnad *a5* well-disposed **-sittande** *a4* well-fitting **-skapad** *a5* well-shaped; (*-formad* äv.) shapely; *ett -skapt gossebarn* a bonny boy **-skriven** *a5* well-written (*bok* book) **-skött** [-ʃ-] *a4* well-managed (*affär* business); well-kept (*trädgård* garden); well-tended (*händer* hands); well looked after (*baby* baby) **-smakande** *a4* appetizing; (*läcker*) delicious, (*svagare*) palatable **-sorterad** (*med god sortering*) well-stocked, well-assorted; *vara* ~ have a wide range (large assortment) *of goods* **-stånd** prosperity; wealth

vält *s2* roller; *jordbr. äv.* packer

1 välta *l s1* (*timmer*-) log pile **ll** *v1* roll

2 välta *v3* **1** (*stjälpa*) upset (*äv*. ~ *omkull*) **2** (*ramla omkull*) fall over; (*köra omkull*) turn over, (*om bil*) overturn

vältalig *a1* eloquent **-het** eloquence

vältra 1 (*flytta*) roll [… over], trundle; ~ *skulden på ngn* throw the blame on s.b.; ~ *bort* (*åt sidan*) roll away **2** *rfl*, ~ *sig i gräset* roll over in the grass; ~ *sig i smutsen* wallow in the mud; ~ *sig i pengar* roll in money

väl|tränad *a5* fit **-uppfostrad** *a5* well-bred, well-mannered; *deras barn är* ~*e* their children are well brought up **-utrustad** well-equipped, well-appointed

välva *v2* **1** (*förse med valv*) vault, arch **2** *rfl* form a vault (an arch), vault **3** ~ *stora planer* revolve great plans

välvil|ja benevolence; good will, kindness; *hysa* ~ *mot* be well-disposed towards; *visa ngn* ~ show s.b. kindness; *mottogs med* ~ was favourably received **-lig** benevolent; kind[ly]

väl|vårdad well-kept; (*om pers*.) groomed **-växt** *a4* shapely, well-formed

1 vän [vä:n] *a1* fair; lovely, graceful

2 vän [vänn] *s3* friend; *vard*. pal, chum; *min lilla* ~ (*i tilltal*) my dear [child]; *en* ~ *till mig* a friend of mine, one of my friends; ~ *av ordning* a lover of law and order; *släkt och* ~*ner* friends and relations; *goda* ~*ner* close friends; *ha en* ~ *i ngn* (*ngn till* ~) have a friend in s.b., have a p.'s friendship; *bli* (*vara*) ~ *med* make (be) friends with; *jag ä*

V

mycket god ~ *med honom* he is one of my greatest friends; *inte vara ngn* ~ *av* (*äv.*) not be fond of, dislike

vänd|a *v2* **1** (*ge* (*intaga*) *annat läge*) turn; (*rikta äv.*) direct; *sjö.* go about; ~ *en bil* turn a car [round]; ~ *hö* turn over hay; ~ *ngn ryggen* turn one's back upon s.b.; ~ *stegen hemåt* direct one's steps homewards; *var god vänd!* please turn over (p.t.o.), *AE. äv.* over; *vänd mot öster* facing the east; *med ansiktet vänt mot* facing; ~ *allt till det bästa* make the best of it; ~ *ngt till sin fördel* turn s.th. to one's advantage; ~ *om* (*tillbaka*) turn [back]; ~ *på* turn [over]; ~ *på huvudet* turn one's head; ~ *på sig* turn round; ~ *på slanten* look twice at one's money; *vrida och* ~ *på* turn and twist; ~ *upp och ner* (*ut och in*) *på* turn upside down (inside out); ~ *åter* return **2** *rfl* turn (*omkring* about, round); (*om vind*) shift, veer; (*förändras*) change; ~ *sig kring en axel* (*äv.*) revolve on an axle; ~ *sig i sängen* (*äv.*) turn over in bed; *bladet har vänt sig* the tables are turned; *inte veta vart man skall* ~ *sig* not know which way to turn; *hans lycka -e sig* his luck changed; ~ *sig ifrån* turn away from; ~ *sig mot* turn towards (*fientligt:* against, upon); ~ *sig om* turn round; ~ *sig till ngn a*) *eg. bet.* turn to[wards] s.b., *b*) (*med fråga e.d.*) address s.b., *c*) (*för att få ngt*) apply (appeal) to s.b. (*för att få* for), see s.b. (*för att få* about)

vänd|bar *a1* turnable; (*omkastbar*) reversible (*kappa* coat) **-kors** turnstile **-krets** tropic[al circle]; *Kräftans* (*Stenbockens*) ~ the tropic of Cancer (Capricorn) **-ning 1** (*-ande*) turning etc. **2** ([*in*]*riktning*) turn; (*förändring*) change (*t. det bättre* for the better); (*uttryckssätt*) turn [of phrase], term; *ta en annan* ~ take a new turn; *ta en allvarlig* ~ take a serious turn; *vara kvick i* ~*arna* be alert (nimble); *vara långsam i* ~*arna* be slow on one's feet, *vard.* be a slowcoach (*AE.* slowpoke) **-punkt** turning point (*äv. bildl.*); *bildl. äv.* crisis; *utgöra en* ~ mark a turning point **-radie** turning radius

vän|fast constant in friendship, [loyally] attached to one's friends **-inna** girlfriend, ladyfriend

vänja *vande vant* **1** accustom (*vid* to), familiarize (*vid* with); (*härda*) inure, harden (*vid* to); ~*s vid att* be trained to the habit of (+ *ing-form*); ~ *ngn av med att* get s.b. out of [the habit of] (+ *ing-form*); ~ *ngn av med en ovana* cure s.b. of a bad habit **2** *rfl* accustom o.s. (*vid* to); (*bli van*) get accustomed (used) (*vid* to); ~ *sig av med att* get out (rid o.s.) of the habit of (+ *ing-form*)

vänkrets circle of friends

vän|lig *a1* kind (*mot* to); (*välvillig äv.*) kindly; (*-skaplig*) friendly; ~*t ansikte* (*leende, råd*) friendly face (smile, piece of advice); *så* ~*t av er!* how kind of you!; *ett* ~*t mottagande* a kind reception, a friendly welcome **-ligen** kindly **-lighet** kindness; kindliness; friendliness; *i all* ~ in a friendly way, as a friend

vänort sister community; adopted town (city)

vänskap *s3* friendship (*för, till* for); *fatta* ~ *för* get friendly with; *hysa* ~ *för* have a friendly feeling towards (for); *för gammal* ~*s skull* for old times' (friendship's) sake **-lig** [-a:-] *a1* friendly; *leva på* ~ *fot med* be on friendly terms with **-lig-**

het [-a:-] friendliness, amicability; *i all* ~, *se under vänlighet*

vänskaps|band tie (bond) of friendship; *knyta* ~ *med* form a friendship with **-match** friendly [match]

vänslas *dep* bill and coo, spoon; (*om hund*) fawn

vänster ['vänn-] **I** *a, best. form vänstra* (*jfr höger*) **II 1** *oböjligt s, till* ~ to the left (*om* of) **2** *s9, polit.*, ~*n* the Left **-hänt** *a4* left-handed **-inner** *sport.* inside left **-parti** left-wing party; ~*et kommunisterna* (*vpk*) left party communists **-sväng** left turn **-trafik** left-hand traffic **-vridning** *polit.* veering (swing) to the left; leftism **-ytter** *sport.* outside left

vänsäll popular; *vara* ~ have many friends

vänta 1 (*motse, förvänta* [*sig*]) expect (*besked an* answer; *att ngn skall komma* s.b. to come; *av* from); (*förestå*) await, be in store for; *det är att* ~ it is to be expected; *det var inte annat att* ~ what else could you expect?; *som man kunde ha* ~*t sig* as might have been expected; *han* ~*s hit i dag* he is expected to arrive here today; *döden* ~*r oss alla* death awaits us all; *du vet inte vad som* ~*r dig* you don't know what is in store for you; ~ *ut ngn* wait for s.b. to go (come) **2** (*avvakta, bida*) wait (*på* for; *på att ngn skall* for s.b. to; *och se* and see); ~ *lite!* wait a bit!; ~ *länge* wait a long time; *få* ~ have to wait; *gå och* ~ wait [and wait]; *låta ngn* ~ keep s.b. waiting; *låta* ~ *på sig a*) (*om pers.*) keep people (*etc.*) waiting, be late, *b*) (*om svar e.d.*) be long in coming; ~ *med* (*uppskjuta*) put off, (*sitt omdöme e.d.*) postpone, reserve; ~ *inte med middagen* don't wait dinner **3** *rfl* expect (*mycket av* a lot from; *ett kyligt mottagande* a cool reception); *det hade jag inte* ~*t mig av dig* I didn't expect that from you

väntan *r* wait, waiting; (*för-*) expectation; (*spänd* ~) suspense; *i* ~ *på* while waiting for, awaiting, pending

vänte|lista waiting list **-tid** time of waiting, wait, waiting period; *under* ~*en kan vi* while we wait we are waiting we can

vänthall waiting room

väntjänst *göra ngn en* ~ do s.b. a good turn

vänt|rum, -sal waiting room

1 värd [-ä:-] *s2* höst; *se äv. hyres-, värdshus-*; *fungera som* ~ act as host, do the honours

2 vär|d [-ä:-] *a5* **1** worth (*besväret* the trouble; *att läsa*[*s*] reading); (*värdig, förtjänt av*) worthy (*all uppmuntran* of every encouragement; *beröm* of praise; *inte vara mycket* ~ (*bildl.*) be good for nothing; *arbetaren är* ~ *sin lön* the labourer is worthy of his hire; ~ *priset* worth the price, good value; *det är -t att lägga märke till* it is worth noting; *det är inte mödan -t* it is not worth while; *det är fara -t att* it is to be feared that; *det är inte -t att du gör det* you had better not do it **2** (*aktningsvärd*) esteemed; *Er* ~*a skrivelse* your esteemed letter

värde [ˣvär:-] *s6* value; (*inre* ~) worth; *det bokförda* ~*t* the book value; *stora* ~*n* (*summor*) large sums, (*föremål*) valuable property; *pengar eller pengars* ~ money or its equivalent; *av noll och intet* ~ null and void, of no value whatsoever; *av ringa* ~ of small value; *till ett* ~ *av* to a (the) value of; *prov utan* ~ sample of no value;

ha stort ~ be of great value; *sjunka (stiga) i* ~ fall (rise) in value; *sätta* ~ *på* attach value to, lay (put, set) store by, (*uppskatta*) appreciate; *uppskatta ngt till sitt fulla* ~ appreciate s.th. fully **-beständig** of stable value; ~ *pension* with constant purchasing power; ~*a tillgångar* real-value assets **-full** valuable (*för* to); *det skulle vara mycket* ~*t om* it would be very useful (helpful) if **-försändelse** registered (insured) postal matter (*brev*: letter; *paket*: parcel) **-lös** worthless; of *nn* value, valueless **-minskning** depreciation, decrease *(fall)* in value **-mässig** *a1* in terms of value; *den* ~*a stegringen* the rise in value **-mäta-re** standard of value **-papper** valuable document; security; bond; *koll. (aktier)* stock (*ng*); *belåning av* ~ loans on (pledging of) securities; hypothecation

värder|a 1 (*bestämma värdet av*) value, estimate (*till* at); (*på uppdrag*) appraise; (*om myndighet*) assess; ~ *för högt* (*äv.*) overestimate **2** (*uppskatta*) value, appreciate; (*högakta*) esteem, *i* u*timate; vår* ~*de medarbetare* our esteemed colleague **-ing** *valuation; estimation, estimate; appraisement; assessment;* ~*ar* (*allm.*) set of values **värderingsman** valuer; (*för skada*) claims assessor

värde|sak article (object) of value; ~*er* valuables **-stegring** rise in value, appreciation

värdig [ˣväːr-] *a1* worthy (*efterträdare* successor); (*aktningsvärd*) dignified; (*passande för*) fitting, seemly (*ngn* for s.b); *på ett* ~*t sätt* in a dignified manner, with dignity **-het** dignity; (*som egenskap*) worthiness; (*ämbetsställning*) position; (*rang*) rank; *hålla på sin* ~ stand on one's dignity; *anse det under sin* ~ *att* consider it beneath one (one's dignity) to

värdinna hostess; lady of the house

värdshus [ˣväːrdsː-, ˣväːrs-] inn; tavern; (*restaurang*) restaurant **-värd** innkeeper, landlord

värdskap [ˣväːrdː-] *s7* duties (*pl*) of [a] host (*etc.*); *utöva* ~*et* do the honours, act as host

1 värja *v2* defend (*sitt liv* one's life; *sig* o.s.); *man kan inte* ~ *sig från misstanken att* one cannot help suspecting that

2 värja *s1* sword; (*stick-*) rapier

värk *s2* ache, pain[s *pl*]; ~*ar* labour pains; *reumatisk* ~ rheumatic pains

värk|a *v3* ache; *det -er i armen* my arm aches; *det -er i hela kroppen* (*äv.*) I ache all over; ~ *ut* work out **-bruten** crippled with rheumatism

värld [väːrd] *s2* world; (*jord*) earth; *gamla (nya)* ~*en* the Old (New) World; *en man av* ~ a man of the world; *undre* ~*en* the underworld; *hur i all* ~*en?* how on earth?; *hela* ~*en* the whole world, (*alla människor*) all the world, everybody; *från hela* ~*en* from all over the world; *det är väl inte hela* ~*en!* it doesn't matter all that much!; *hur lever* ~*en med dig?* (*vard.*) how's the world treating you?; *inte se mycket ut för* ~*en* not look much; *slå sig fram i* ~*en* make one's way in the world; *för allt i* ~*en!* for goodness' sake!; *inte för allt i* ~*en* not for [all] the world; *förr i* ~*en* formerly, in former days; *så går det till här i* ~*en* that's the way of the world; *se sig om i* ~*en* see the world; *komma till* ~*en* come into the world; *bringa ur* ~*en* settle [once and for all]

världs|alltet the universe; *fack.* cosmos **-be-römd** world-famous **-bild** idea (conception) of the world **-del** part of the world, continent **-för-bättrare** reformer **-handel** world (international) trade **-hav** ocean **-historia** world history; *-historien* the history of the world **-klass** *i* ~ of international caliber **-krig** world war; *första (andra)* ~*et* (*äv.*) World War I (II); *utlösa ett* ~ unleash a world war

världslig [ˣväːrds-] *a1* worldly (*ting* matter); (*av denna värld*) mundane, of the world; (*motsats helig*) profane; (*motsats kyrklig*) secular; ~ *makt* temporal power; ~*a ting* (*äv.*) temporal affairs; ~*a nöjen* worldly pleasures

världs|litteratur world literature **-makt** world power **-marknad** world market **-medborgare** citizen of the world; cosmopolitan **-mästare** world champion **-mästerskap** world championship **-omfattande** worldwide; global **-ord-ning** world order; *den nuvarande* ~*en (äv.)* the present order of things in the world **-press** world press **-rekord** world record **-rykte** world[wide] fame (renown) **-rymden** *best. form* outer space **-utställning** world fair **-åskådning** ideology; [general] view of life

värma *v2* warm; (*hetta*) heat; ~ *upp* warm (heat) up

värme *øa, fackl. s7* warmth; (*hetta*) heat (*äv. fys.*); *bildl. äv. lätt* ardour; *hålla* ~*n* keep warm; *stark* ~ great (intense) heat; *i 60°* ~ at 60° above zero **-anläggning** heating plant, [central] heating **-behandla** treat with heat **-be-ständig** heat-resistant **-bölja** heat wave **-dyna** [electric] heating pad **-element** (*radiator*) radiator; (*elektriskt*) electric heater **-enhet** thermal (heat) unit **-filt** electric blanket **-flaska** hot-water bottle **-förlust** heat loss, loss of heat **-isole-ring** thermal insulation **-kraftverk** thermal power station **-källa** source of heat **-lampa** infrared lamp **-ledare** heat conductor; *dålig* ~ bad (poor) conductor of heat **-ledning** central heating; *fys.* heat (thermal) conduction **-led-ningselement** radiator **-panna** heating boiler, central heater **-platta** hotplate **-pump** heat pump **-skåp** (*i kök*) warming cupboard; (*i laboratorium*) incubator **-sköld** heat shield **-slag** *med.* heatstroke **-slinga** heating coil **-strålning** thermal (heat) radiation **-verk** heating plant **-värde** calorific value **-växlare** heat exchanger

värn [-äː-] *s7* defence, safeguard; protection; (*skytte-*) fire trench **värna** ~ [*om*] defend, safeguard; protect **värnlös** defenceless; ~*a barn* (*vanl.*) orphans

värnplikt *allmän* ~ compulsory military service, Storbritannien [compulsory] national service; *AE.* universal military training; *fullgöra sin* ~ do one's military service **-ig** liable for (to) military service; *en* ~ a conscript (*AE.* draftee); ~ *officer* conscript officer

värnplikts|tjänstgöring national service training **-vägran** refusal to do military service **-ålder** call-up (*AE.* draft) age

värp|a *v3* lay [eggs] **-höna** laying hen

värre [ˣvärre] **I** *a, komp. t. ond* worse (*jfr illa o. ond*); *bli* ~ *och* ~ get worse and worse, go from bad to worse; *det var ~ det!* that's too bad!; *och vad ~ är* and what's worse **ll** *adv, komp. t. illa* worse; *(allvarligare)* more seriously *(sjuk* ill); *dess ~* unfortunately; *så mycket ~* so much the worse; *vi hade roligt ~* we had no end of fun; *hon var fin ~* she was dressed [up] to the nines

värst l *a, superl. t. ond* worst *(jfr illa o. ond)*; *släkten är ~* preserve me (us) from relatives!; *frukta det ~a* fear the worst; *det ~a återstår* the worst is yet to come; *det ~a är att* the worst of it is that; *det var ~ (det ~a)!* well, I never!; *det var det ~a jag har hört!* I never heard the like!; *du skall då alltid vara ~* you always have to go one better; *i ~a fall* at worst, if the worst comes to the worst; *mitt under ~a* in the midst of [the], at the height of; *när ... var som ~ when ...* was at its worst (height) **ll** *adv, superl. t. illa* [the] most; *när jag var som ~ sjuk* when I was at my worst; *inte så ~* not very *(bra* good); *jag är inte så ~ glad åt det* it doesn't make me any too happy

värv|a a secure *(kunder* customers; *röster* votes); *mil.* enlist; *~ röster (äv.)* canvass [for votes], electioneer; *låta ~ sig (mil.)* enlist; *~ trupper* raise (levy) troops **-ning** enlistment; *ta ~* enlist [in the army]

väsa *v3* hiss; *~ fram* hiss [out]

väsen ['vä:-] **1** *-det -den el. väsen (äv. väsende* [ˣvä:-] *s6) (varelse)* being; *det högsta ~det* the Supreme Being; *inte ett levande ~* not a living soul **2** *böjs enl. 1 (sätt att vara)* being, nature, person, character; *(innersta natur)* essence; *till sitt ~* of disposition **3** *-det, pl väsen (buller)* noise; *(ståhej)* fuss, ado; *mycket ~ för ingenting* much ado about nothing; *göra mycket ~* make a great fuss *(av ngn* o.s.b.; *av ngt* about s.th.); *göra ~ av sig* make o.s. felt [in the world]; *hon gör inte mycket ~ av sig (äv.)* she is not very pushing

väsentlig [-'senn-] *al* essential; principle, main; *(betydelsefull)* important; *(avsevärd)* considerable; *det ~a* the essentials *(pl); det ~a i* the essential part of; *en högst ~ skillnad* a very important difference; *mindre ~ (äv.)* not so important; *i ~ grad* essentially, to a considerable extent; *i allt ~t* in [all] essentials, essentially **-en** essentially; principally, mainly; *(i väsentlig grad)* substantially **-het** essential thing; *~er* vital points, essentials

väsk|a *s1* bag; *(hand-)* handbag; *(res-)* suitcase, valise **-ryckare** bag-snatcher

väsnas [ˣvä:s-] *dep* be noisy, make a noise

väsning [ˣvä:s-] hissing; *en ~* a hiss

vässa sharpen; whet

1 väst *s2 (plagg)* waistcoat; *(AE. o. dam-)* vest

2 väst *s9 o. adv (väderstreck)* west, West

Västafrika West Africa

västan l *adv, ~ [ifrån]* from the west **ll** *r, se följ.* **-vind** west wind; *~en (poet.)* Zephyrus

Väst|asien Western Asia **-australien** Western Australia

väster ['väss-] **l** *s9* **1** *(väderstreck)* the west; *(jfr norr)* **2** *~n* the West (Occident); *Vilda V~n* the Wild West **ll** *adv* west **-ländsk** *a5* western, occidental **-ut** westward[s]

Västeuropa Western Europe **västeuropeisk** West European

väst|front *~en* the Western front **-götaklimax** [ˣvästjö:-, ˣväjö:-] anticlimax

Västindien the West Indies *(pl)* **västindisk** West Indian

väst|kust west coast **-lig** *al* west[erly] *(vind* wind); western *(landskap* provinces); *den ~a världen* the Western World, the West; *vinden är ~* the wind is [from the] west; *~ast* westernmost, most westerly (western) **-makterna** the Western Powers

västra *a, best. form* [the] western; *i ~ Sverige (äv.)* in the west of Sweden

Västtyskland West Germany; *(officiellt)* the Federal Republic of Germany

väst|vart ['väst-] westward[s] **-världen** the Western world

väta l *s1* wet; moisture, damp[ness]; *aktas för ~* to be kept dry, keep dry **ll** *v3, ~ [ner]* wet; *~ ner sig* get [o.s.] wet; *~ i sängen* wet the bed

väte *s6* hydrogen **-atom** hydrogen atom **-bomb** hydrogen bomb, H-bomb

vätgas hydrogen gas

vätmedel wetting agent

vätsk|a l *s1* liquid, fluid; *vid sunda -or* in good form **ll** *v1, ~ [sig]* run, discharge fluid **-balans** fluid balance

väv *s2 (tyg)* fabric; *(varp)* web; *sätta upp en ~* loom a web

väv|a *v2* weave **-are** weaver

väv|d [-ä:-] *a5* woven **-eri** weaving mill **-erska** woman weaver **-nad** [-ä:-] *s3* [woven] fabric; *biol. o. bildl.* tissue; *~er (äv.)* textiles; *en ~ av lögner* a tissue of lies **-stol** loom; *(hand-)* hand loom; *(maskin-)* power loom

växa *v3* **1** grow *(t. ngt* into s.th.); *(öka)* increase *(i antal* in numbers); *~ i styrka* increase in strength; *~ sig grov* grow strong); *låta skägget ~* grow a beard; *~ ngn över huvudet a)* eg. bet. outgrow s.b., *b) bildl.* get beyond a p.'s control **2** *(med betonad partikel) ~ bort* disappear with time; *~ fast vid* grow [on] to; *~ fram* grow (come) up *(ur* out of), *(utvecklas)* develop; *~ ifatt ngn* catch s.b. up in height (size); *~ ifrån* outgrow *(ngn* s.b.), grow out of *(en vana* a habit); *~ igen (om stig e.d.)* become grassed, *(om dike e.d.)* fill up [with grass]; *~ ihop* grow together; *~ in i a)* eg. bet. grow into, *b)* bildl. grow familiar with; *~ om* outgrow; *~ till sig* improve in looks; *~ upp* grow up; *~ upp till kvinna* grow into womanhood; *~ ur* grow out of, outgrow; *~ ut* grow out, *(bli utvuxen)* attain its *(etc.)* full growth; *~ över* overgrow

växande *a4* growing, increasing; *~ gröda (äv.)* standing crops *(pl); ~ skog* standing forest

1 väx|el ['väks-] *s2, bank.* bill [of exchange] *(förk.* B/E); *(tratta)* draft; *egen (främmande) ~* bill payable (receivable); *förfallen ~* bill due; *prima (sekunda) ~* first (second) of exchange; *acceptera en ~* accept a bill; *dra en ~ för ett belopp på ngn på sex månader* draw [for] an amount on s.b. at six months; *dra -lar på framtiden (bildl.)* count too much on the future; *inlösa en ~* discharge (honour) a bill; *omsätta (utställa) en ~* renew (draw) a bill

2 väx|el ['väks-] *s2* **1** *(-pengar)* [small] change; *inte ha ngn ~ på sig* have no change [about one]

2 *tekn.* gear; *järnv.* points (*pl*), *AE.* switch[es *pl*]; *fyra -lar framåt* (*på bil*) four forward gears; *lägga om* ~*n* (*järnv.*) reverse the points; *passera en* ~ (*om tåg*) take a point **3** (*telefon-*) [telephone] exchange; (*-bord*) switchboard; *sitta i* ~*n* be a switchboard operator

växel|bord switchboard **-kontor** exchange office **-kurs** rate [of exchange], exchange rate **-låda** gearbox; *AE.* transmission [case] **-peng- ar** *pl* [small] change (*sg*) **-spak** (*i bil*) gear lever, *AE.* gearshift **-spel** interplay, interaction **-ström** *alternating* current (*förk.* A.C.) **-telefonist** switchboard operator **-varm** ~*a djur* cold-blooded animals **-verkan** reciprocal action, interaction **-vis** alternately; *in* (*o.*) turns

växla 1 (*pengar*) change; (*utbyta*) exchange (*ring- ar* rings); *kan du* ~ *5 kronor åt mig?* (*äv.*) can you give me change for 5 kronor?; ~ *en sedel* break a note (*i* into); ~ *ett par ord med* have a word with; *vi har aldrig* ~*t ett ont ord* we have never had words; ~ *fel* give the wrong change; ~ *in* (*pengar*) change, cash **2** (*tåg e.d.*) shunt, switch; (*i bil*) *change* (shift) gear, *AE.* shift the gears **3** (*skifta*) vary, change, (~ *om*) alternate; (*om pri- ser*) fluctuate

växlande *a4* varying, changing; variable (*vindar* winds); ~ *framgång* varying success; ~ *öden* (*äv.*) vicissitudes

växl|ing 1 (*-ande*) changing *etc.* **2** (*skiftning*) change; variation, fluctuation; (*inbördes*) alternation; (*regelbunden*) rotation; *årstidernas* ~*ar* the rotations of the seasons; *ödets* ~*ar* the vicissitudes of fortune **3** (*av tåg*) shunting, switching; (*av bil*) gear changing (shifting) **-ingsrik** full of changes (*etc.*)

växt I *a4* (*väl* well) grown **II** *s3* **1** (*tillväxt*) growth; *hämma i* ~*en* check the growth of; *stanna i* ~*en* stop growing **2** (*kroppsbyggnad*) shape, figure, build; *av ståtlig* ~ of a fine stature; *liten* (*stor*) *till* ~*en* short (tall) of stature **3** (*planta*) plant; (*ört*) herb; (*utväxt*) growth, tumour; *samla* ~*er* collect wild flowers **-fett** vegetable fat **-färg** vegetable dye **-förädling** plant breeding (improvement) **-gift** vegetable poison; (*bekämpningsmedel*) herbicide, weedkiller **-hus** greenhouse; (*uppvärmt*) hothouse **-huseffekt** greenhouse effect **-lighet** vegetation **-liv** plant life; vegetation, flora **-lära** botany **-riket** the plant (vegetable) kingdom **-skyddsmedel** plant protectant **-släkte** plant family **-värk** growing pains (*pl*) **-värld** flora; *jfr äv.* *-riket* **-ätande** *a4* herbivorous

vörd|a [ˣvö:r-] revere, venerate; (*högakta*) respect **-nad** *s3* reverence, veneration; *sonlig* ~ filial piety; *betyga ngn sin* ~ pay one's respects to s.b.; *hysa* ~ *för* revere, venerate, respect; *inviga* ~ (*äv.*) command respect

vördnads|bjudande venerable; (*friare äv.*) imposing, grand **-full** reverent[ial], respectful (*mot* of) **-värd** venerable

vörd|sam *a1* respectful **-samt** *adv* respectfully; deferentially; (*i brevslut*) Yours respectfully

vört *s3* wort

x-a [ˣeksa] ~ [*över*] 'x' out
x-axel [ˣeks-] x-axis
X-krok [ˣeks-] picture hook
x-kromosom X-chromosome
xylofon [ksylɔ'få:n] *s3* xylophone

yankee [ˈjɛŋki] *s5* [*pl* -kier] Yankee; *vard.* Yank
y-axel y-axis
Y-kromosom Y-chromosome
yla howl
ylle *s6* wool; *av* ~ [made] of wool, woollen **-filt** woollen blanket; (*material*) wool felt **-fodrad** [-ɔ:-] *a5* wool-lined, flannel-lined **-halsduk** woollen scarf **-kläder** *pl* woollen clothing (*sg*) **-strumpa** woollen stocking (*kort:* sock) **-tröja** jersey, sweater; (*undertröja*) woollen vest **-tyg** woollen material (cloth)
ymnig *a1* abundant, plentiful; heavy (*regn* rain) **-het** abundance, profusion
ymnigt *adv* abundantly *etc.*; (*blöda* bleed) profusely; *förekomma* ~ abound, be plentiful
ymp *s2* graft; bud
ymp|a 1 *med.* inoculate **2** *trädg.* graft **-kvist** graft, scion **-ning 1** *med.* inoculation **2** *trädg.* grafting **-vax** grafting wax
yngel [ˈyŋel] *s7, koll.* brood; (*fisk-, grod-*) fry; (*i romkorn*) spawn (*äv. bildl. neds.*); *ett* ~ one of the brood (*etc.*) **yngla** [ˣyŋla] breed; spawn; ~ *av sig* (*eg. o. friare*) multiply
yngling youth, young man; (*skol-*) [school]boy
yngre [ˈyŋ-] *a, komp. t. ung* **1** younger (*än* than); (*i tjänsten*) junior; (*senare*) later, more recent; *han är 3 år* ~ *än jag* (*äv.*) he is my junior by 3 years; *av* ~ *datum* of a more recent (later) date; *se* ~ *ut än man är* (*äv.*) not look one's years; *den* ~ *herr A.* Mr. A. Junior; *Dumas den* ~ Dumas the younger; *Pitt den* ~ the younger Pitt; *de* ~ the juniors, the younger people **2** (*ganska ung*) young[ish]; fairly young (*herre* gentleman)
yngst *a, superl. t. ung* (*jfr yngre*) youngest; latest, most recent; *den* ~*e i* the youngest [member] of; *den* ~*e i tjänsten* the most recently appointed member of the staff
ynk|edom [-dɔmm] *s2, det var rena* ~*en* it was a poor show (pitiable affair (performance)) **-lig** *a1*

pitiable, miserable **-rygg** funk; milksop
ynnest ['ynn-] *s2* (*visa ngn en* do s.b. a) favour
-bevis [mark (token) of] favour
yppa 1 reveal, disclose (*för* to); ~ *en hemlighet för ngn* (*äv.*) let s.b. into a secret **2** *rfl* (*uppstå*) arise, crop up; (*erbjuda sig*) offer, present itself, turn up
ypperlig *al* excellent, splendid; superb; (*av hög kvalitet*) superior, first-class **ypperst** *superl. a* best, finest, most outstanding; choicest (*kvalitet* quality); noblest, greatest (*man* man)
yppig *al* **1** (*om växtlighet e.d.*) luxuriant; lush (*gräs* grass); (*om figur*) full, buxom; ~ *barm* ample bosom **2** (*luxuös*) luxurious, sumptuous **-het 1** luxuriance; lushness *etc.* **2** luxuriousness, sumptuousness
yr *al* (*i huvudet*) dizzy, giddy; (*ostyrig*) giddy, harum-scarum; *bli* ~ turn (go) dizzy (*etc.*); ~ *av glädje* giddy with joy; ~ *i mössan* flustered, flurried, all in a fluster (flurry); *som* ~*a höns* like giddy geese
yra I *s1* **1** *se snöyra* **2** (*under sjukdom*) delirium; (*vild* ~) frenzy; *i stridens* ~ in the frenzy of the fray **II** *v1* **1** (*tala i yrsel*) be delirious; ~ *om ngt* rave about s.th. **2** (*virvla*) whirl; *snön yr* the snow is whirling (driving) about; *skummet yr om stäven* the spray is swirling round the stem; *dammet yr i luften* there are clouds of dust in the air; ~ *igen* (*om väg*) get blocked with snow; ~ *omkring* go whirling about
yrhätta madcap, tomboy
yrk|a (*begära*) demand; ~ *ansvar på ngn* demand a p.'s conviction, prefer a charge against s.b.; ~ *bifall* (*parl.*) move that the motion be agreed to; ~ *bifall till* support; ~ *på* demand, claim (*ersättning* compensation), apply for (*uppskov* a postponement); (*ihärdigt*) insist [up]on (*att ngn gör ngt* a p.'s doing s.th.) **-ande** *s6* **1** (*utan pl*) demanding *etc.* **2** (*med pl*) demand; claim (*på ersättning* for compensation); parl. motion; *på* ~ *av* at the instance of
yrke *s6* profession; (*sysselsättning*) occupation; (*hantering*) trade; (*kall*) vocation; *lärare till* ~*t a* teacher by profession; *fria* ~*n* [liberal] professions; *han har till* ~ *att undervisa* teaching is his profession
yrkes|arbetande *a4* working in a profession (*etc.*); *de* ~ the working population **-arbete** profession, skilled work **-erfarenhet** professional experience **-fiskare** fisherman by trade **-grupp** occupational group **-hemlighet** trade (business) secret **-inspektion** ~*en* the [Swedish] labour inspectorate **-kunnig** skilled, trained **-kvinna** professional woman **-liv** working (professional) life **-lärare** vocational teacher **-man** craftsman, skilled worker **-mässig** *al* professional **-orientering** vocational guidance **-register** trade register, (*i tel.katalog*) classified telephone directory, *AE.* yellow pages **-sjukdom** occupational disease **-skada** industrial injury **-skicklig** skilled **-skola** vocational (trade) school **-stolthet** professional pride **-titel** professional title **-trafik** commercial traffic **-utbildad** *a5* skilled, trained **-utbildning** vocational training **-val** choice of career (vocation, occupation, profession)

yrsel ['yrr-] *s2* dizziness, giddiness; (*omtöckning*) delirium; *ligga i* ~ be delirious; *jag greps av* ~ (*äv.*) my head began to swim
yr|vaken drowsy [with sleep], startled out of [one's] sleep **-väder** snowstorm, blizzard
ysta (*en ost*) make; (*mjölk*) make into cheese; ~ *sig* curdle, coagulate
yster ['yss-] *a2* frisky, lively, boisterous; *en* ~ *häst* a frisky (spirited) horse; *en* ~ *lek* a romping game
ystning cheese-making; (*löpning*) curdling [process]
yt|a *s1* surface; *geom. äv.* face; *på* ~*n* on the (its *etc.*) surface; *endast se till* ~*n* take a superficial view of things, take s.th. at its face value **2** (*areal*) area **-aktiv** surface-active **-behandla** finish **-behandling** finish[ing], surface treatment **-beklädnad** facing **-enhet** unit [of] area **-lager** surface layer (coating)
ytlig [ˣy:t-] *al* superficial (*äv. bildl.*); skin-deep (*sår* wound); (*grund*) shallow; (*flyktig*) cursory; *en* ~ *kännedom om* (*äv.*) a smattering of **-het** superficiality
yt|läge *sjö.* surface position **-mått** square measure **-spänning** surface tension
ytter ['ytt-] *s2, sport.* outside forward **-bana** *sport.* outside track **-dörr** outer (front) door **-fil** outside lane **-kant** outer edge, fringe, verge **-kläder** *pl* outdoor clothes **-kurva** outer curve
ytterlig *al* extreme; (*fullständig*) utter; (*överdriven*) excessive **-are I** *komp. a* further; additional; (*mera*) more **II** *adv* (*vidare*) further; (*ännu mera*) still more; ~ *ett exemplar* another (one more) copy; ~ *några dagar* a few days more; *har förbättrats* ~ has been further improved **-het** extreme; (*-hetsåtgärd*) extremity; ~*erna berör varandra* extremes meet; *gå till* ~*er* go to extremes; *till* ~ *oartig* extremely (exceedingly) impolite
ytterlighets|fall extreme case **-parti** extremist party
ytter|ligt *adv* extremely; exceedingly, excessively **-mera** oböjligt *a, till* ~ *visso* what is more **-mått** outer dimension; external measurements (*pl*) **-ring** tyre, tire **-rock** overcoat, greatcoat **-sida** outer side, exterior, outside **-skärgård** outer isles
ytterst ['ytt-] *superl. adv* **1** (*längst ut*) farthest out (off), outermost **2** (*synnerligen*) extremely, exceedingly, most **3** (*i sista hand*) ultimately, finally
yttersta *best. superl. a* **1** (*längst ut belägen*) outermost, remotest; (*friare*) utmost; *bildl.* extreme; *den* ~ *gränsen* the utmost limit; ~ *vänstern* the extreme left **2** (*störst, högst*) utmost; extreme; *göra sitt* ~ do one's utmost, make every effort; *i* ~ *nöd* in direst necessity; *i* ~ *okunnighet* in utter ignorance; *till det* ~ to the utmost (limit), (*kämpa* fight) to the bitter end, (*pressa* press) to the last ounce, (*i* (*till*) *högsta grad*) to an extreme pitch **3** (*sist*) last; ~ *domen* the last judgment; *på* ~ *dagen* on the last day; *göra ett* ~ *försök* make one last (a final) attempt; *ligga på sitt* ~ be in extremis (at the point of death)
ytter|tak roof **-trappa** *s1* steps (*pl*), flight of steps **-vägg** outer (outside) wall **-världen** the outer (outside) world **-öra** external ear
yttra I (*uttala*) utter, say; (*ge uttryck åt*) express;

~ *några ord* utter (speak) a few words **II** *rfl* **1** (*ta t. orda*) speak (*vid ett sammanträde* at a meeting); (*uttala sig*) express an (one's) opinion (*om about, on*) **2** (*visa sig*) manifest itself; *sjukdomen ~r sig i* the symptoms of the disease are

yttrande *s6* **1** (*utan pl*) uttering **2** (*med pl*) utterance; (*anmärkning*) remark, observation, statement [of opinion]; *avge sitt ~* submit one's comments **-frihet** freedom of speech (expression)

yttre ['ytt-] **I** *komp. a* (*längre ut belägen*) outer (*hamn* harbour; *skärgård* archipelago); (*utvändig*) external, exterior (*diameter* diameter; *mått* measurement); *bildl.* external (*fiender* enemies; *förhållanden* relations), outward (*skönhet* beauty); extrinsic (*förmåden* advantages); (*utrikes*) foreign (*mission* missions); *Y~ Mongoliet* Outer Mongolia; *~ orsak* external cause; *~ rymden* outer space; *~ skada* external (outer) damage; *i ~ måtto* (*vanl.*) outwardly, externally **II** *n* exterior, outside; [external] appearance; *till det ~* externally, outwardly

yttring manifestation, mark (*av* of)

yt|vatten surface water **-vidd** area

yvig *al* bushy (*svans* tail; *skägg beard*); thick (*hår* hair); *-a fraser* high-flown phrases

yx|a I *s1* axe; *kasta ~n i sjön* (*bildl.*) throw up (in) the sponge **II** *v1*, *~ till* rough-hew **-hugg** cut (blow) with (of) an (the) axe **-skaft** axe handle (helve); *goddag ~!* neither rhyme nor reason!

Z

Zaïre *n* Zaïre **Zambia** *n* Zambia
zenit ['se:-] *oböjligt s* [the] zenith
zigenar|e gypsy, gipsy **-musik** gypsy music **-språk** gypsy language, Rom[m]any
zigenerska [siˣje:-] gypsy woman (girl) **zigensk** [si'je:nsk] *a5* gypsy
Zimbabwe *n* Zimbabwe
zink [s-] *s3* zinc **-plåt** zinc plate (sheet) **-salva** zinc ointment **-vitt** *s9* zinc (Chinese) white
zodiaken *s, best. form* the zodiac
zon [soːn] *s3* zone **-gräns** zonal boundary **-indelning** zone division **-tariff** zone tariff, zonal rate
zoo|log [såå'låːg] zoologist **-logi** *s3* zoology **-logisk** [-'låː-] *a5* zoological; *~ trädgård* zoological gardens (*pl*), *vard.* zoo
zooma [ˣsoː-] *foto.* zoom
zulu ['suːlu] *s3* Zulu **-kaffer** Zulu-Kaffir **-språket** Zulu
Zürich ['syːriç] *n* Zürich, Zurich

Å

å *s2* [small] river; stream; *AE. äv.* creek; *gå över ~n efter vatten* give o.s. unnecessary trouble, put o.s. to unnecessary inconvenience

åberop|a 1 (*anföra*) adduce (*som exempel* as an example); (*hänvisa t.*) refer to, quote, cite; (*t. försvar*) plead; *~ som ursäkt* allege as an excuse; *~nde vårt brev* referring to our letter **2** *rfl, se 1* **-ande** *s6, under ~ av a*) on the plea (*att* that), *b*) referring to (*vårt brev* our letter)

åbäka *rfl* make ridiculous gestures; (*göra sig till*) show off **åbäke** *s6* huge and clumsy creature (*om sak:* thing); monster, monstrosity, *ett ~ till karl* a great lump of a fellow **åbäkig** *al* unwieldy, hulky, shapeless

åder ['åː-] *s1* vein (*äv. bildl.*); (*puls-*) artery; *geol.* vein, lode; (*i trä*) vein, grain; (*käll-*) spring **-brock, -bråck** varicose veins (*pl*), *fack.* varix (*pl* varices) **-förkalkad** *a5* suffering from arteriosclerosis; *hon börjar bli ~* (*äv.*) she is getting senile **-förkalkning** arteriosclerosis, *vard.* hardening of the arteries **-låta** bleed (*äv. bildl.*); *bildl. äv.* drain

ådra [ˣåː-] *s1, se åder* **II** *v1* vein; (*sten, trä o d, äv.*) grain, streak

ådraga 1 (*förorsaka*) cause (*ngn obehag* s.b. inconvenience); bring down upon **2** *rfl* bring down upon o.s.; contract (*sjukdom* an illness); catch (*förkylning* a cold); (*utsätta sig för*) incur (*kritik* criticism); *~ sig uppmärksamhet* attract attention

ådr|ig [ˣåː-] *al* veined, veiny; (*om trä, sten e.d.*) grained, streaked; *bot.* venous **-ing** veining; *konkr. äv.* veinage, grain, streak; *bot.* venation

ådöma sentence (*ngn ngt* s.b. to s.th.); inflict (*ngn straff* a penalty upon s.b.); *~ ngn böter* impose a fine on (fine) s.b.

å|hej heave-ho! **-hoj** [åˈhåjj] *skepp ~!* ship ahoy

åhöra listen to, hear

åhörar|e hearer, listener; *koll.* audience **-dag** *skol.* parents' day **-läktare** [public] gallery

åja ['åː-] (*tämligen*) fairly **åjo** ['åː-] (*jo då*) oh yes; (*tämligen*) fairly

åk *s7* **1** *vard.* (*bil*) car **2** *sport.* run

åk|a *v3* **1** *eg. bet.* ride (*baklänges* backwards; *karusell* on the merry-go-round); (*färdas*) go ([*med*] *tåg etc.* by train *etc.*); (*köra*) drive ([*i en*] *bil* a car); *absol.* go by car (*etc.*); *~ cykel* ride a bicycle (*vard.* bike); *~ framlänges* sit facing the engine; *~ första klass* travel (go) first class; *~ gratis* travel free; *~ hiss* take the lift; *~ efter häst* drive behind a horse; *~ kana* slide; *~ kälke* toboggan; *~ skidor* ski; *~ skridskor* skate; *får jag ~ med dig?* can you give me a lift? **2** (*glida*) slide, glide, slip; *skjortan -er jämt upp* my (*etc.*) shirt keeps riding up; *vasen -te i golvet* the vase fell on the floor **3** (*med betonad partikel*) *~ av* slip off; *~ bort* go away; *~ efter* (*hämta*) fetch [by car *etc.*]; *~ fast* get (be) caught by the police; *~ förbi* pass, drive past; ~ *in a*) eg. drive in, *b*) *vard.* (*i fängelse*) land in jail; [*få*] ~ *med* get a lift; ~ *om* overtake, pass; ~ *omkull a*) fall (*på cykel* from one's bicycle; *på vägen* on the road), *b*) (*ngn, ngt*) run down; ~ *ut a*) eg. go for a drive, *b*) *vard.* (*kastas ut*) be turned (kicked) out

åkalla invoke, call upon

åkarbrasa *ta sig* (*slå*) *en* ~ slap o.s. to keep warm

åkare haulage contractor, carrier

åkdon vehicle

åker ['å:-] *s2* (*-fält*) [tilled] field; (*-jord*) arable [land]; ~ *och äng* arable and pasture land; *ute på* ~*n* out in the field[s *pl*] **-areal** area under cultivation, arable acreage

åkeri haulage contractor[s], haul[i]er; *AE.* trucker

åker|jord arable (tilled) land, cultivated field **-lapp** patch of cultivated ground **-senap** charlock, wild mustard **-sork** field vole

åklaga [×å:-] prosecute

åklagar|e prosecutor; *Skottl.* procurator fiscal; *allmän* ~ public prosecutor, *AE.* district attorney **-myndighet** public prosecution authority **-sidan** the prosecution

åkomma [×å:kå-] *s1* complaint; affection

åk|sjuka travel sickness **-tur** ride, drive; *göra* (*ta*) *en* ~ go for a ride (drive)

ål *s2* (*fisk*) eel; *hal som en* ~ [as] slippery as an eel **åla** crawl

ålder ['åll-] *s2* age; *av* ~ traditionally, of old; *böjd av* ~ bent with age; *personer av alla åldrar* persons of all ages; *efter* ~ according to age (*i tjänsten*: seniority); *liten för sin* ~ small for one's age; *ha* ~*n inne* be old enough (*för* for; *för att* to); *hon är i min* ~ she is [about] my age; *i sin bästa* ~ in the prime of life; *vid 35 års* ~ at the age of thirty-five; *vid hög* ~ at an advanced (a great) age; *mogen* ~ maturity

ålderdom [-dåmm] *s2* old age **-lig** *a1* ancient (*sed* custom); (*gammaldags*) old-fashioned; (*föråldrad*) archaic; ~*t uttryck* archaic expression **-ligt** *adv*, ~ *klädd* dressed in old-fashioned clothes

ålderdoms|hem home for the aged, old people's home **-krämpor** infirmities of old age **-svag** decrepit, senile

ålderman alderman; (*i skrå*) [guild]master

ålders|betyg birth certificate **-fördelning** age structure **-grupp** age group **-gräns** age limit **-klass** age class **-pension** retirement pension; (*folkpension*) old age pension **-president** president by seniority; (*i underhuset*) Father of the House [of Commons] **-skillnad** difference of (in) age **-streck** *falla för* ~*et* reach retiral age **-tecken** sign of age

ålderstigen *a5* old, aged; advanced in years

ålderstillägg seniority increment

åldr|ad *a5* aged **-ande** *a4 o. s6* ag[e]ing **-as** *dep* grow old[er], age **-ig** *a1* old; aged **-ing** old man (woman *etc.*); ~*ar* old people **-ingsvård** care of the aged

åligg|a be incumbent [up]on, rest [up]on (with); *det -er honom att* (*äv.*) it is his duty to; *det -er köparen att* the buyer shall **-ande** *s6* duty; obligation; (*uppgift*) task; *sköta sina* ~*n* discharge one's duties

ål|ning [×å:l-] *mil.* crawling **-skinn** eel skin

ålägga enjoin (*ngn att göra ngt* s.b. to do s.th.; *ngn ngt* s.th. on s.b.); order, command; (*tilldela*) impose (*ngn en uppgift* a task on s.b.); ~ *sig ngt* impose s.th. on o.s.

åminnelse commemoration; *till* ~ *av* in commemoration of

ånej ['å:-] (*nej då*) oh no!; (*inte vidare*) not very

ång|a I *s1* (*vatten-*) steam; (*dunst*) vapour (*äv. fys.*); *bilda* ~ make steam; *få upp* ~*n* (*äv. bildl.*) get up steam; *hålla* ~*n uppe* (*äv. bildl.*) keep up steam; *släppa ut* ~ let off steam **II** *v1* steam (*av* with); *det* ~*r från lokomotivet* the engine is steaming; ~ *bort* steam off; *tåget* ~*de de in på* the train steamed into **-are** steamer, steamship (*förk.* S/S, S.S.); *med* ~*n X* by the X, by S.S. X **-bildning** steam generation; vaporization

ångbåtstrafik steamship service (traffic)

ång|central steam power station **-driven** *a5* (*om maskin*) steam-operated, steam-driven; (*om båt*) steam-propelled

ånger ['åŋer] *s9* repentance (*över* for, of); remorse, compunction; (*ledsnad*) regret (*över* at, for) **-full** repentant (*över* of); remorseful (*över* at); regretful **-köpt** [-çö:pt] *a4, se -full*; *vara* ~ *över ngt* regret it (what one has done) **-vecka** cooling-off week

ångest ['åŋ-] *s2* agony; anguish; *i dödlig* ~ in deadly (mortal) fear (*för* of) **-full** filled with agony; anguished

ång|koka steam **-kraftverk** steam power station (plant) **-lok**, **-maskin** steam-engine **-panna** [steam-]boiler

ångra regret; feel sorry for (*att man gjort* doing); repent [of] (*sina synder* one's sins); ~ *sig* regret, be sorry, repent; *det skall du inte behöva* ~ you will not have cause to regret it

ång|strykjärn steam iron **-tryck** boiler (steam, vapour) pressure **-turbin** steam turbine **-vissla** steam whistle **-vält** steamroller

ånyo [å×ny:ɔ] anew, afresh, [once] again

år *s7* year; ~ *1960 a*) *adv* in [the year] 1960, *b*) *s* the year 1960; *nådens* ~ *1960* the year of grace 1960; *1960* ~*s modell* the 1960 model; *1808* ~*s krig* the war of 1808; ~ *för* ~ year by year; ~ *ut och* ~ *in* year in and year out; *Gott Nytt År!* [A] Happy New Year!; ~*ts skörd* this year's harvest; *två* ~*s fängelse* two years' imprisonment; *ett halvt* ~ six months; *ett och ett halvt* ~ eighteen months; *hela* ~*et* the whole year, all the year round; *under hela* ~*et* throughout the year, all through the year; *bära sina* ~ *med heder* carry one's years well, wear well; *när fyller du* ~? when is your birthday?; *ha* ~*en inne* be of the age; *med* ~*en* with time; *om ett* ~ in a year['s time]; *per* ~ a year, yearly, annually, per annum; *på* ~ *och dag* for years [and years]; *vi är vänner sedan många* ~ *tillbaka* we have been friends for many years; *till* ~*en* [*kommen*] advanced in years; *under senare* ~ in recent years; *under de senaste* ~*en* during the last few years

åra *s1* oar; (*mindre*) scull; (*paddel-*) paddle

åratal *i uttr.: i* (*under*) ~ for years [and years]

årblad oar blade

årder ['å:r-] *s4, s3* wooden plough

år|gång *s2* **1** (*av tidskrifter e.d.*) [annual] volume;

en ~ (*äv.*) a year's issue; *gamla* ~*ar* back-volumes, old files **2** (*av vin*) vintage **3** (*åldersklass*) *de yngre* ~*arna* the younger age groups; *min* ~ people of my year **-hundrade** century

årklyka rowlock; *AE.* oarlock

årlig [ˣå:r-] *a1* annual, yearly **-en** annually, yearly; ~ *återkommande* annual; *det inträffar* ~ it happens every year

års [å:rs] *adv, så här* ~ at this time of [the] year **-avgift** annual charge (fee); (*i förening e.d.*) annual subscription (*AE.* dues *pl*) **-avslutning** breaking-up; *AE.* commencement **-berättelse** annual report **-bok** yearbook, annual **-dag** anniversary **-gammal** one-year-old; *ett* ~*t barn* a one-year-old child; *ett* ~*t djur* (*äv.*) a yearling **-inkomst** annual (yearly) income **-klass** age class (group); *stat.* generation **-kort** season ticket [for a year] **-kull** age group; (*av elever*) batch; *efterkrigstidens stora* ~*ar* the large number of children born after the war, *äv.* the high birth rate of the postwar period **-kurs** form; *AE.* grade; (*läroplan*) curriculum **-lång** yearlong; *lasting one* year (many years) **-lön** annual salary; *ha 30 000 i* ~ *have* an annual income of 30,000 **-möte** annual meeting **-redogörelse** annual report **-ring** annual ring **-skifte** turn of the year **-tid** season, time of the year

årtag stroke of the oar [*o pl*]

år|tal date, year **-tionde** decade

årtull rowlock; *AE.* oarlock

årtusende millennium (*pl äv.* millennia); *ett* ~ (*vanl.*) a thousand years; *i* ~*n* for thousands of years

ås *s2* ridge

åse (*se på*) watch; (*bevittna*) witness

åsido [åˣsi:dɔ] aside, on one side; *lämna ngt* ~ (*äv.*) leave s.th. out of consideration; *skämt* ~ joking apart **-sätta** (*ej bry sig om*) disregard, set aside; (*försumma*) neglect, ignore; *känna sig -satt* feel slighted **-sättande** *s6* disregard, setting aside; neglect; *med* ~ *av alla hänsyn* having no consideration

åsikt *s3* opinion, view (*om* of, on, about); ~*erna är delade* opinions differ (are divided); *egna* ~*er* views of one's own; *enligt min* ~ in my opinion; *ha* (*hysa*) *en* ~ have (hold) an opinion; *vara av den* ~ *en att* be of the opinion that, hold the view that; *vad är din* ~ *i saken?* what is your view of (on) the matter?, what do you think about it

åsikts|brytning difference of opinion **-frihet** freedom of opinion **-förtryck** suppression of free opinion **-utbyte** exchange of views

åsk|a I *s1* thunder; (*-väder*) thunderstorm; ~*n går* it is thundering, there is thunder; ~*n slog ner i X.* X. was struck by lightning; *det är* ~ *i luften* there is thunder in the air; *vara rädd för* ~*n* be afraid of thunder **II** *v1, det* ~*r* it is thundering **-by** thundershower **-front** thundery front **-knall** thunderclap **-ledare** lightning conductor (rod) **-moln** thundercloud **-nedslag** stroke of lightning **-regn** thundery rain **-väder** thunderstorm

åskådar|e spectator; onlooker, looker-on; (*mera tillfällig*) bystander; -*na* (*på teater e.d.*) the audience, (*vid idrottstävling*) the crowd; *bli* ~ *till ngt* witness s.th. **-läktare** [grand]stand; (*utan tak*) bleachers (*pl*)

åskådlig [-å:d-] *a1* (*klar*) clear, lucid; (*tydlig*) perspicuous; *ett* ~*t exempel* an object lesson; *en* ~ *skildring* (*äv.*) a graphic description **-göra** make clear, visualize; illustrate (*med* by) **-het** clearness, clarity; perspicuity

åskådning [-å:d-] (*uppfattning*) opinions, views (*pl*); outlook; *vilken är hans politiska* ~? what is his political position?, where does he stand politically? **åskådningsmateriel** audiovisual materials in education: *som* ~ (*friare*) as an illustration

åsna [ˣå:s-] *s1* donkey; *bildl. o. bibl.* ass; *envis som en* ~ [as] stubborn as a mule

åsne|aktig *a1* asslike, asinine **-drivare** donkey driver **-hingst** he-ass, jackass **-skri** bray[ing] of donkeys (a donkey)

åstad off; *bege sig* ~ go away (off), set out; *gå* ~ *och* go [off] and

åstadkomma [ˣå:-] (*få t. stånd*) bring about, effect (*en förändring* a change); (*förorsaka*) cause, make (*stor skada* great damage); (*frambringa*) produce; (*göra*) do; (*prestera*) achieve; ~ *ett gott arbete* do it well, (*friare*) do a good job of work; ~ *förvirring* cause confusion; ~ *underverk* work wonders

åstund|a desire, long for; (*åtrå*) covet **-an** *r* desire, longing

åsyfta (*ha t. mål*) aim at, have in view; (*avse, mena*) intend, mean (*med* by); *ha* ~*d verkan* have the desired effect

åsyn sight; *blotta* ~*en av honom* the mere (*very*) sight of him; *t ullas* ~ in public, in full view of everybody; *i broderns* ~ before his (her) brother, under the very eyes of his (her) brother, *försvinna ur ngns* ~ be lost to (pass out of) a p.'s sight (view); *vid* ~*en av* at the sight of **åsyna** *oböjligt a,* ~ *vittne* eyewitness (*till* of)

åsätta ~ *en prislapp på ngt* put (fix) a price ticket on [to] s.th.; ~ *ett pris på en vara* put a price on an article; *det åsatta priset* the price marked

åt I *prep* (*se äv. under resp. verb*) **1** *rumsbet.* to; ([*i riktning*] *mot*) towards, in the direction of; ~ *vänster* (*norr*) to the left (north); *gå* ~ *sidan* step aside; *jag har ngt* ~ *magen* there is s.th. the matter with my stomach; *han tog sig* ~ *hjärtat* he put his hand to his heart **2** *glad* ~ happy about; *nicka* (*skratta*) ~ nod (laugh) at; *vad går det* ~ *dig?* what is the matter with you?; *göra ngt* ~ *saken* do s.th. about it; *hon tog* ~ *sig* she took it personally **3** (*uttr. dativförh.*) to; (*för ngn[s räkning]*) for; *ge ngt* ~ *ngn* give s.th. to s.b., give s.b. s.th.; *köpa ngt* ~ *ngn* buy s.th. for s.b., buy s.b. s.th.; *jag skall laga rocken* ~ *dig* I'll mend your coat [for you]; *säga ngt* ~ *ngn* say s.th. to s.b., tell s.b. s.th. **4** *fyra* ~ *gången* four at a time **II** *adv* (*se äv. under resp. verb*) tight; *sitta* ~ be (fit) tight

åtag|a *rfl* undertake, take upon o.s.; ~ *sig ansvaret för* assume (take) the responsibility for; ~ *sig ngt* take s.th. on, take a matter in hand **-ande** *s6* undertaking; (*förpliktelse äv.*) obligation, commitment, engagement

åtal *s7* (*av allm. åklagare*) prosecution; (*av enskild*) [legal] action; *allmänt* ~ public prosecution; *enskilt* ~ private action; *väcka* ~ *mot ngn för ngt* take proceedings against s.b. for s.th., (*om målsägare äv.*) bring an action against (sue)

Å

s.b. for s.th. **åtala** (*om allm. åklagare*) prosecute; (*om enskild*) bring an action against; *bli ~d för* be prosecuted for; *den ~de* (*vanl.*) the defendant; *frikänna en ~d* acquit an accused **åtalbar** *al* actionable, indictable

åtals|eftergift nolle prosequi; *bevilja ~* refuse to prosecute a case, withdraw a charge; *han beviljades ~* the charge brought against him was withdrawn, his case was dropped **-punkt** count [of an indictment]

åtanke remembrance; *ha i ~* remember, bear in mind; *komma i ~* be remembered (thought of)

åtbörd [-ö:-] *s3* gesture, motion; *göra ~er* gesticulate

åtel *s2* carrion

åter ['å:-] **1** (*ånyo*) again, once more; *nej och ~ nej!* no, a thousand times no!, no, and no again!; *tusen och ~ tusen* thousands upon thousands; *affären öppnas ~* the shop reopens (will be reopened) **2** (*tillbaka*) back [again]; *fram och ~* there and back, (*av o. an*) to and fro **3** (*däremot*) again, on the other hand **-anpassa** readjust **-anpassning** readjustment **-anskaffa** replace **-anskaffning** replacement **-anställa** re-engage, re-employ; *AE.* rehire **-använda** recycle **-användning** recycling **-berätta** (*i ord -ge*) relate; (*berätta i andra hand*) retell **-besök** (*hos läkare e.d.*) next visit (appointment); *göra ett ~* make another visit **-betala** pay back, repay; (*lån e.d. äv.*) refund **-betalning** repayment, reimbursement, refund **-betalningsskyldighet** obligation to repay (refund) **-blick** retrospect (*på* of); (*i film e.d.*) flashback (*på* to); *göra (kasta) en ~ på* look back upon **-bud** (*t. inbjudan*) excuse; (*avbeställning*) cancellation, annulment; *ge* (*skicka*) *~* a) (*att man inte kommer*) send word [to say] that one cannot come, send an excuse, (*t. tävling*) drop out, b) (*att ngt inställs*) cancel a party (dinner *etc.*), (*att ngt återkallas*) send a cancellation; *ge ~ till doktorn* cancel one's appointment with the doctor; *vi har fått några ~* a few people [sent word that they] could not come **-bäring** refund; bonus; (*i detaljhandel o. försäkr.*) dividend **-börda** [-ö:-] *v1* restore; *~ ngn t. hemlandet* repatriate s.b. **-erövra** recapture, win back

åter|fall relapse (*i* into) **-falla 1** (*i brott etc.*) relapse (*i, till* into) **2** (*falla tillbaka*) recoil (*på* upon) **-fallsförbrytare** recidivist, backslider **-finna** find again; (*-få*) recover; *adresser -finns på s. 50* for addresses see p. 50; *citatet -finns på s. 50* the quotation is to be found on p. 50 **-finnande** *s6, han var vid ~t* when he was found again, he was **-fordra** demand back, reclaim; (*lån*) call in **-få** get back; recover, regain (*medvetandet* consciousness) **-föra** bring back; *~ ngt till* (*bildl.*) trace s.th. back to **-förena** reunite, bring together again; *~ sig med* rejoin **-förening** reunion; *Tysklands ~* the reunification of Germany **-försäkra** reinsure; *~ sig* (*bildl.*) take measures (*mot* against) **-försäkring** reinsurance **-försälja** resell; (*i minut*) retail **-försäljare** retail dealer, retailer; *pris för ~* trade price; *sälja till ~* sell to the trade **-försäljning** resale, reselling

åter|ge 1 (*ge tillbaka*) give back, return; *~ ngn*

friheten give s.b. his freedom **2** (*tolka*) render; (*framställa äv.*) reproduce, represent; *~ i ord* express in words; *~ i tryck* reproduce in print; *~ på engelska* render in[to] English **-givning** [-ji:v-] *s2* rendering; reproduction, representation; (*ljud-*) reproduction **-gå 1** (*gå tillbaka*) go back, return; *~ till arbetet* go back to work **2** (*om köp*) be cancelled; *låta ett köp ~* cancel a purchase **-gång 1** (*-vändande*) return (*t. arbetet* to work) **2** *jur.* (*av egendom*) reversion; (*av köp*) cancellation, annulment; *~ av äktenskap* annulment (nullity) of marriage **3** *bildl.* retrogression **-gälda** (*-betala*) repay; (*vedergälla äv.*) return, reciprocate; *~ ont med gott* return good for evil

återhåll|a restrain, keep back (*ett leende* a smile), suppress; (*hejda*) check; *verka ~nde* have a curbing effect; *med -en andedräkt* with bated breath **-sam** *al* (*måttfull*) moderate, temperate; (*behärskad*) restrained **-samhet** moderation, temperance; restraint

åter|hämta fetch back; *bildl.* recover, regain (*sina krafter* one's strength); *~ sig* recover **-hämtning** recovery **-igen** ['å:-] again; (*däremot*) on the other hand **-införa** reintroduce **-insätta** reinstate, reinstall **-inträda** re-enter; *~ i tjänst* resume one's duties **-inträde** re-entry, re-entrance (*i* into); resumption (*i* of) **-kalla 1** (*ropa tillbaka*) call back; recall **2** (*ta tillbaka*) cancel (*en beställning* an order); revoke (*en befallning* an order); withdraw (*en ansökan* an application) **3** *bildl.*, *~ ngn till livet* (*verkligheten*) bring s.b. back to life (reality); *~ ngt i minnet* recall s.th., call s.th. to mind **-kallelse 1** recall **2** cancellation; revocation; withdrawal **-kasta** (*ljus*) reflect; (*ljud*) reverberate, re-echo; *ljudet ~des av bergväggen* the sound was thrown back from the cliff **-klang** reverberation; echo (*äv. bildl.*) **-klinga** echo, resound, reverberate (*av* with) **-knyta** (*på nytt uppta*) re-establish (*förbindelser* connections), renew (*vänskap* friendship); *~ till vad man tidigare sagt* refer (go back) to what one said earlier **-komma** come back, return; *bildl.* return, revert, recur; *ett sådant tillfälle -kommer aldrig* an opportunity like this will never turn up (come) again; *vi ber att få ~ längre fram* you will be hearing from us (we will write to you) again later on **-kommande** *a4* recurrent; *ofta ~* frequent; *~ till vårt brev av* further (with reference) to our letter of **-komst** [-å-] *s3* return **-koppling** radio. feedback [coupling] **-kräva** reclaim **-köp** repurchase **-köpa** repurchase, buy back **-köpsrätt** right of repurchase (redemption); *försäljning med ~* sale with option of repurchase

åter|lämna return, give (hand) back **-remittera** refer back, return for reconsideration, recommit **-resa** journey back; *på ~n* on one's (the) way back **-se** see (*träffa: meet*) again; *~ varandra* (*äv.*) meet again **-seende** meeting [again]; *på ~!* see you again (later)!, *vard.* be seeing you!; *~ts glädje* the joy of reunion **-sken** reflection **-spegla** reflect, mirror **-spegling** reflection **-stod** rest, remainder; *ekon.* balance; (*lämning*) remnant, remains (*pl*) **-studsa** rebound; (*om ljud*) be reflected; (*om kula*) ricochet **-stå** remain; (*vara kvar*) be left [over]; *det ~r ännu fem lådor* there are still five cases left; *det ~r att se it* remains to be seen; *det värsta* ~*r ännu* the worst is yet to come, (*att göra*) the worst still remains to be done; *det* ~*r mig inget annat än att* I have no choice but to **-stående** *a4* remaining; ~ *delen av året* the rest (remaining part) of the year; *hans* ~ *liv* the rest of his life **-ställa 1** (*försätta i sitt förra tillstånd*) restore; ~ *ngt i dess forna skick* restore s.th. to its former state; ~ *jämvikten* restore equilibrium; ~ *ordningen* restore order **2** (*-lämna j i tmrn*, restore, give back **-ställande** *s6* restoration, *return* **-ställare** *en* ~ a hair of the dog [that bit one last night], a pick-me-up **-ställd** *a5*, *han är fullt* ~ *efter sin sjukdom* he has quite recovered from his illness **-salla** send back, return **-ta[ga] 1** take back; (*-erövra*) recapture; (*-vinna*) recover **2** (*-gå t.*) resume **3** (*åter ta t. orda*) resume **4** (*-kalla*) withdraw, cancel (*en beställning* an order); retract (*ett löfte* a promise) **-tåg** retreat; *anträda* ~*et* start retreating; *befinna sig på* ~ be in (on the) retreat

återuppbygga rebuild, reconstruct **-liva** revive; (*drunknad*) resuscitate; (*bekantskap*) renew; ~ *gamla minnen* revive old memories **-livningsförsök** [-li:v-] attempt (*effort*) at resuscitation **-rätta** (*på nytt upprätta*) re-establish, restore; (*ge -rättelse åt*) rehabilitate **-rättelse** rehabilitation **-stå** rise again, arise anew; (*friare*) be revived **-ta[ga]** resume, take up again; ~ *arbetet* resume [one's] work; ~ *ngt till behandling* reconsider s.th. **-täcka** rediscover

återutsändning *radio.* retransmission, rebroadcast **-val** re-election; *undanbe sig* ~ decline re-election **-verka** react, retroact, have repercussions (*på* on) **-verkan, -verkning** repercussion, retroaction, repercussion **-vinna** win back; (*-få*) regain, recover (*fattningen* one's composure); (*-använda*) recycle **-vinning** recycling **-väg** way back; *på* ~ *en kom vi* on our way back we came **-välja** re-elect **-vända** return, turn (go, come) back; revert (*till ett ämne* to a subject) **-vändo** (*i uttr.: det finns ingen* ~ there is no turning back; *utan* ~ (*oåterkallelig*) irrevocable **-vändsgata, -vändsgränd** blind alley, cul-de-sac; *bildl. äv.* impasse, dead end **-växt** regrowth, fresh growth; *bildl.* rising (coming) generation; *sörja för* ~*en* (*bildl.*) ensure the continuance (continued growth)

åtfölja accompany; (*som uppvaktning*) attend; (*följa efter*) follow **-följande** *a4* accompanying etc.; (*bifogad*) enclosed; *med ty* ~ with the ensuing **-gång** (*förbrukning*) consumption; (*avsättning*) sale; *ha stor* ~ sell well; *ha strykande* ~ have a rapid sale **-gången** *a5*, *illa* ~ roughly treated (handled), badly knocked about **-gärd** [-jä:-] *s3* measure; (*mått o. steg*) step, move; *föranledde ingen* ~ could not be considered; *lämna utan* ~ not be able to consider; *vidtaga* ~*er* take measures (action) **-gärda** [-jä:r-] *vi måste* ~ we must do s.th. about **-görande** [-j-] *s6* action; *det skedde utan A:s* ~ A. had nothing to do with it, it was none of A.'s doing **-hutning** [-u:-] reprimand, rating **-hävor** *pl* manners; behaviour (*sg*); *utan* ~ without a lot of fuss **-komlig** [-å-] *a1* within reach (*för* of); *lätt* ~ easily accessible, within easy reach

åtkomst [-å-] *s3* possession, acquisition **-hand-**

ling title deed (document) **-tid** *data.* access time

åtlyda obey; (*föreskrift e.d.*) observe; *bli -lydd* be obeyed **-lydnad** obedience **-löje** ridicule; (*föremål för löje*) laughing stock; *göra sig till ett* ~ make a laughing stock (fool) of o.s., make o.s. ridiculous; *göra ngn till ett* ~ make s.b. a laughing stock, hold s.b. up to ridicule

åtminstone [-*x*minstå-] at least; (*minst äv.*) at the least; (*i varje fall*) at any rate

åtnjuta enjoy (*aktning* esteem); ~ *aktning* (*äv.*) be held in esteem **-ande** *s6* enjoyment; *komma i* ~ *av* come into possession of, get the benefit of

åtrå [*x*å:-] **I** *s9* desire (*efter* for); (*sinnlig äv.*) lust (*efter* for) **II** *v4* desire; (*trakta efter*) covet **-värd** *a1* desirable

åtsittande *a4* tight[-fitting], snug[-fitting] **-skild** separat[a d]; *bildl. äv.* distinct; *ligga* ~*a* lie apart **-skilja** separate, part; (*skilja från varandra*) distinguish [between] **-skillig** [ʃ-] *a1, fören.* a great (good) deal of; *självst.* a great (good) deal; ~*a* (*flera*) several, (*många*) quite a number of, a great (good) many, (*olika*) various; *det finns* ~*a som tror det* there are many who think so **-skilligt** [-ʃ-] *adv* a good deal, considerably, not a little; ~ *mer än 100 personer* well over a hundred people **-skillnad** *göra* ~ make a distinction (*mellan* between); *utan* ~ without distinction, indifferently **-skils** [-ʃ-] apart, asunder **-smitande** *a4* tight[-fitting] **-stramning** [-a:-] *eg.* contraction; (*ekonomisk*) tightening[*-np*]; (*kredit- etc.*) squeeze, restraint; (*på börsen*) stiftening

åtta I *räkn* eight; ~ *dagar* (*vanl.*) a week; ~ *dagar i dag* this day week **II** *s1* eight **-hundratalet** the ninth century **-hörning** [-ö:-] octagon **-sidig** *a1* eight-sided, octahedral **-timmarsdag** eight-hour [working] day

åttio [*x*åtti(o), *'*åtti(o)] eighty **-nde** [-å-] eightieth **-n[de]del** eightieth [part] **-tal** *ett* ~ some eighty (*personer* persons); *på* ~*et* in the eighties **-åttikantig** *a1* octagonal **-onde** [-å-] eighth; *var* ~ *dag* every (once a) week **-on[de]del** eighth [part]; *fem* ~*ar* five eighths

åverkan damage, injury; *göra* ~ *på* do damage to, damage; *utsätta för* ~ tamper with

åvila rest with ([up]on), lie upon

Ä

äckel ['äkk-] *s7* **1** nausea, sick feeling; *bildl.* disgust; *känna* ~ *inför ngt* feel sick at s.th.; *jag känner* ~ *vid blotta tanken* the mere thought [of it] makes me feel sick **2** (*äcklig person*) repulsive chap **äckla** nauseate, sicken; *bildl.* disgust; *det* ~*r mig* it sickens me **äcklas** *dep* be disgusted (*vid* by, at) **äcklig** *a1* nauseating; (*friare*) sickening; (*motbjudande*) repulsive

ädel ['ä:-] *a2* noble; (*om metall, stenar*) precious; (*av* ~ *ras*) thoroughbred; (*högsint*) noble-minded, magnanimous; *av* ~ *börd* of noble birth; *kroppens ädlare delar* the vital parts [of the body]; ~*t vilt* big game; ~*t vin* fine vintage **-gas** inert (rare) gas **-metall** precious metal **-mod** noble-mindedness, generosity; magnanimity **-modig** noble-minded, generous; magnanimous **-ost** blue cheese **-sten** precious stone; (*arbetad*) gem, jewel **-trä** (*lövträ*) hardwood

äga l a l *s1* **1** *i sg end. i uttr.: ha i sin -o* possess; *komma i ngns -o* come into a p.'s hands; *vara i ngns -o* be in a p.'s possession; *vara i privat -o* be private property; *övergå i privat -o* pass into private ownership **2** *pl -or* grounds; property (*sg*) **ll** *v2* **1** (*rå om*) own, be the owner of; (*besitta*) possess; (*ha*) have; *allt vad jag -er och har* all I possess, all my worldly possessions; *han -er en förmögenhet* he is worth a fortune; ~ *giltighet* be valid; *det -er sin riktighet* it is true (a fact); ~ *rum* take place; ~ *rätt att* have a (the) right to **2** ~ *att a*) (*ha rättighet*) have a (the) right to, be entitled to, *b*) (*vara skyldig att*) have (be required) to

ägande|rätt right of possession; ownership, proprietorship (*till* of); (*upphovsrätt*) copyright; *jur.* title (*till* to); ~*en har övergått till* the right of possession has passed to **-rättsbevis** document of title

ägar|e owner, proprietor; *övergå till ny* ~ come under new ownership **-inna** owner, proprietress

ägg *s7* egg; *biol.* ovum (*pl* ova); *det är som Columbi* ~ (*ung.*) it's as plain as a pikestaff; *där har vi* ~*et* (*bildl.*) there is the crux of the matter **-cell** ovum (*pl* ova) **-formig** [-å-] *a1* egg-shaped; *fack.* oviform **-gula** (*hopskr. äggula*) yolk; *en* ~ (*vanl.*) the yolk of an egg **-kläckningsmaskin** [chicken, poultry] incubator **-kopp** egg cup **-ledare** *anat.* Fallopian tube; *zool.* oviduct **-lossning** ovulation **-röra** scrambled eggs (*pl*) **-sjuk** *gå omkring som en* ~ *höna* be wanting to get s.th. off one's chest **-skal** eggshell **-sked** egg spoon **-stanning** baked egg **-stock** ovary **-stocksinflammation** ovaritis **-toddy** eggnog **-vita 1** (*vitan i ägg*) egg white, white of [an] egg; *en* ~ (*vanl.*) the white of an egg **2** (*ämne*) albumin; (*i ägg*) albumen, white of egg **3** (*sjukdom*) albuminuria, Bright's disease **-viteämne** protein; (*enkelt*) albumin

ägna [ˣäŋna] **l** devote; *högt.* dedicate (*sitt liv åt* one's life to); (*skänka*) bestow (*omsorg åt* care on); ~ *intresse åt* take an interest in; ~ *en tanke åt ... give ... a thought; ~ *sin tid åt* devote one's time to; ~ *ngt sin uppmärksamhet* give one's attention to s.th. **ll** *opers., som det* ~*r och anstår* as befits (becomes) **lll** *rfl* **1** ~ *sig åt* devote o.s. to (*att göra ngt* doing s.th.), *högt.* dedicate o.s. to, (*utöva*) follow (*ett yrke* a trade), pursue (*ett kall* a calling), (*slå sig på*) go in for, take up (*affärer* business) **2** (*lämpa sig*) ~ *sig för* be suited (adapted) for (to), (*om sak äv.*) lend itself to **ägnad** [ˣäŋnad] *a5* suited, fitted; *inte* ~ *att inge förtroende* not calculated (likely) to inspire confidence; ~ *att väcka farhågor* likely to cause alarm

ägodelar *pl* property (*sg*), belongings, possessions; *jordiska* ~ worldly goods

äh oh!, ah!; (*avvisande äv.*) pooh!

äkta l *a1* (*oböjligt a*) **1** genuine, real; (*autentisk*) authentic; (*om konstverk*) original; (*om färg*) fast; (*uppriktig*) sincere; (*sann*) true (*konstnär* artist); ~ *pärlor* real (genuine) pearls; ~ *silver* sterling (pure, real) silver **2** ~ *barn* legitimate child; ~ *hälft* (*vard.*) better half; ~ *maka* (*make*) [wedded (lawful)] wife (husband); ~ *par* married couple, husband and wife **ll** *s, i uttr.: ta ngn till* ~, *se följ.* **lll** *v1* wed, espouse

äktenskap *s7* marriage; *jur. äv.* wedlock, matrimony; *efter fem års* ~ after five years of married life; *barn i* (*utom*) ~*et* child born in (out of) wedlock; *ingå* ~ *med* marry; *ingå nytt* ~ marry again, remarry; *leva i ett lyckligt* ~ have a happy married life; *till* ~ *ledig* unmarried, on the marriage market **-lig** *a1* matrimonial; conjugal, marital; married (*samliv* life); ~ *börd* legitimate birth; ~*a rättigheter* marital rights

äktenskaps|brott adultery **-brytare** adulterer **-bryterska** adulteress **-byrå** matrimonial agency **-förord** marriage settlement (*articles pl*) **-hinder** impediment to marriage **-löfte** promise of marriage; *brutet* ~ breach of promise **-mäklare** matrimonial agent, *vard.* matchmaker **-rådgivning** marriage guidance **-skillnad** divorce, dissolution of marriage **-tycke** *de har* ~ they are so well matched

äkt|het (*jfr äkta l 1*) genuineness, reality; authenticity; originality; sincerity; (*färg-*) fastness; *bevisa* ~*en av* authenticate **-hetsbevis** proof of authenticity

äldre ['äll-] *a, komp. t. gammal* older (*än* than); (*om släktskapsförh.*) elder; (*i tjänst*) senior (*än* to); (*tidigare*) earlier; (*ganska gammal*) elderly; ~ *järnåldern* the early Iron Age; ~ *människor* old (elderly) people; ~ *årgång* (*av tidskrift e.d.*) old (back) volume; *av* ~ *datum* of an earlier date; *i* ~ *tider* in older (more ancient) times; *de som är* ~ *än jag* my elders (seniors), those older than myself; *herr A. den* ~ Mr. A. Senior; *Dumas den* ~ Dumas the elder; *Pitt den* ~ the elder Pitt **-omsorg** old-age care

äldst [*vard. älst*] *a, superl. t. gammal* oldest; (*om släktskapsförh.*) eldest; (*av två äv.*) older (elder); (*i tjänst*) senior; (*tidigast*) earliest; *de* ~*a* (*i församling e.d.*) the Elders; *den* ~*e* (*i kår e.d.*) the doyen

älg [älj] *s2* elk; *AE.* moose **-jakt** (*jagande*) elk-hunting; (*jaktparti*) elk-hunt; *vara på* ~ be out elk-hunting **-stek** roast elk

älsk|a love; (*tycka mycket om*) like, be [very] fond of **-ad** *a5* beloved; (*predik. äv.*) loved; ~*e Tom!* Tom darling!, (*i brev*) my dear Tom; *min* ~*e* my beloved (darling) **-ande** *a4* loving (*par* couple); *de* ~ the lovers **-are** lover; *förste* ~ (*teat.*) juvenile lead; *inte vara ngn* ~ *av* not be fond of **-arinna** mistress

älsklig *a1* charming, sweet, lovable **älskling** darling; (*i tilltal äv.*) love; *AE.* honey; (*käresta*) sweetheart **älsklingsrätt** favourite dish

älskogskrank *a1* lovesick

älskvärd amiable, kind **-het** amiability, kindness

älta knead (*deg* dough); work (*smör* butter); *bildl.* go over again and again; ~ *samma sak* go harping on the same string

älv *s2* river

älv|a *s1* fairy, elf (*pl* elves); *poet.* fay **-[a]drottning** fairy queen; *~en* (*äv.*) Queen Mab **-[a]kung** fairy king **-dans** fairy dance **-lik** fairylike

älvmynning mouth of a (the) river, river mouth

ämbar *s7* pail, bucket

ämbete *s6* office; *bekläda* (*inneha*) *ett ~* hold an office; *i kraft av sitt ~,* [*p*]*å ~ts vägnar* by (in) virtue of one's office, in one's official capacity, ex officio

ämbets|ansvar official responsibility **-brott** malpractice, misconduct [in office] **-ed** oath of office; *avlägga ~en* be sworn in **-examen** *filosofisk ~* Master of Arts (*förk.* M./..), Bachelor of Education (*förk.* B.Ed.); *avlägga filosofisk* pass (take) one's Master's degree **-man** official, public (Government) officer; (*i statens tjänst äv.*) civil servant

ämbetsmanna|bana official (civil service) career **-kår** body of civil servants; officials (*pl*), official class **-välde** bureaucracy

ämbets|rum office **-tid** period of office; *under sin ~* while in office **-verk** government office, civil service department

ämna intend (mean, plan, AE. aim) *un jag ~de just* I was just going to; *~ sig hem* (*ut*) intend to go home (out); *vart ~r du dig?* where are you going (you off to)?

ämne *s6* **1** (*material*) material; (*för bearbetning*) blank; (*arbetsstycke*) workpiece; *han har ~ i sig till en stor konstnär* he has the makings of a great artist **2** (*materia*) matter, substance, stuff; *fasta ~n* solids; *flytande ~n* liquids; *enkla ~n* elements; *sammansatta ~n* compounds; *organiskt ~* organic matter **3** (*tema, samtals-, skol- etc.*) subject; matter; theme; (*samtals- äv.*) topic; *frivilligt ~* (*skol.*) optional (AE. elective) subject; *obligatoriskt ~* (*skol.*) compulsory subject; *~t för romanen* the subject for the novel; *litteraturen i ~t* the literature on this subject; *byta ~* change the subject; *hålla sig till ~t* keep to the subject (point); *komma till ~t* come to the point; *~ till betraktelse* food for thought

ämnes|grupp group of subjects, subject group **-kombination** combination of subjects **-konferens** *skol.* staff meeting of teachers of the same subject **-lärare** teacher of a special subject **-namn** material noun **-område** subject field **-omsättning** metabolism; *fel på ~en* metabolic disturbance **-val** choice of subject

än [änn] **I** *adv* **1** *se* ännu **2** *hur gärna jag ~ ville* however much I should like to; *när* (*var*) *jag ~* whenever (wherever) I, no matter when (where) I; *om ~ aldrig så litet* however small [it may be], no matter how small; *vad som ~ må hända* whatever happens; *vem han ~ må vara* whoever he may be **3** *~ ... ~ now ..., now, sometimes ...,* sometimes; *~ si ~ så* now this way, now that; *~ huttra, ~ svettas* shiver and sweat by turns **4** *~ sen då?* well, what of it?, *vard.* so what? **II** *konj* **1** (*i jämförelser*) than; *mindre ~* smaller than; *inte mindre ~* no less than; *ingen mindre ~* no less a person than **2** *ingen annan ~* no other than (*kungen* the king), no one but; *inget annat ~* nothing else but; *han är allt annat ~ dum* he is

anything but stupid

1 ända I *s5* **1** (*äv. ände*) end; (*yttersta del äv.*) extremity; (*spetsig*) tip; *nedre* (*övre*) *~n av* the bottom (top) of; *världens ~* the ends (*pl*) of the world; *allting har en ~* there is an end to everything; *det är ingen ~ på* there is no end to; *ta en ~ med förskräckelse* come to a sad end; *börja i galen ~* start at the wrong end; *stå på ~* stand on end, (*om hår äv.*) bristle; *gå till ~* come to an end, expire; *falla över ~* tumble (topple) over **2** *vard.* (*stuss*) behind, bottom, posterior, rear; *en spark i ~n* a kick on the behind (in the pants); *sätta sig på ~n* (*ramla*) fall on one's behind **3** (*stump*) bit, piece; *sjö.* [bit of] rope **4** *dagen i ~* all day long **5** (*syfte*) *till den ~n* to that end **II** *v1* end

2 ända *adv* right (*till* to; *hit* here); (*hela vägen*) all the way (*hem* home)· *~ fram till* right up to; *~ från början* right from the beginning; *~ från 1500-talet* ever since the sixteenth century; *~ från Indien* all the way from India; *~ in i minsta detalj* down to the very last detail; *~ in i det sista* down (up) to the very end; *~ till slutet* to the very end; *~ till påsk* right up to Easter; *~ till midnatt* [all the time] till (until) midnight; *~ till kyrkan* as far as (all the way to) the church; *~ till nu* until (till], [right] up to) now, (*t. våra dagar*) down to the present time

ändamål *s7* purpose, *and.* (*syfte äv.*) object; (*avsikt*) aim; *~et med* the purpose of; *~et helgar medlen* the end justifies the means; *för detta ~* for this purpose, to this end; *det fyller sitt ~* it is suited to (serves) its purpose; *ha ngt till ~* have s.th. as an end; *välgörande ~* charitable (charity, welfare) purposes **ändamålsenlig** [-e:] *a1* [well] adapted (suited) to its purpose, suitable; (*lämplig*) appropriate; (*praktisk*) practical; *vara mycket ~* be very much to the purpose

ändas *dep* end, terminate (*på* in, with)

änd|else ending **-hållplats** bus (tram) terminus **-lig** *a1* finite **-lös** endless; (*som aldrig tar slut äv.*) interminable; *mat.* infinite

ändock yet, still, nevertheless, for all that

ändpunkt terminal point, end

ändr|a *1* alter; (*byta*) change, shift; (*rätta*) correct; (*förbättra*) amend; (*modifiera*) modify; (*revidera*) revise; *~ en klänning* alter a dress; *~ mening* change one's opinion (mind) (*om* about); *inte ~ en min* (*vanl.*) not move a muscle; *det ~r inte mitt beslut* it does not alter my decision; *det ~r ingenting i sak* it makes no difference in substance; *domen ~des till böter* the sentence was commuted to a fine; *paragraf 6 skall ~s* paragraph 6 shall be amended; *obs ~d tid!* note the alteration of time!; *~ om* alter; *~ om ngt till* change (transform) s.th. into; *~ på* alter, change **2** *rfl* alter, change; (*rätta sig*) correct o.s.; (*fatta annat beslut*) change one's mind; (*byta åsikt äv.*) change one's opinion **-ing** alteration (*äv. av klädesplagg*); change; correction; amendment; *tekn. e.d.* modification; *en ~ till det bättre* a change for the better; *en obetydlig ~* a slight modification **-ingsförslag** proposed alteration (amendment)

änd|station terminus (*pl äv.* termini), terminal [station] **-tarm** rectum **-tarmsöppning** anus,

Ä

anal orifice

ändå [ˣänn-, -'då:] **1** (likväl) yet, still; (icke desto mindre) nevertheless; (i alla fall) all the same; det är ~ något it's something, anyway; om han ~ kunde komma! if only (I do wish) he could come! **2** (ännu) still, even (mer more)

äng s2 meadow; poet. mead

ängel s2 angel; det gick en ~ genom rummet there was a sudden hush in the room; han kom som en räddande ~ he came like an angel to the rescue

ängla|lik angelic[al]; hon har ett ~t tålamod she has the patience of an angel (of Job) **-skara** angelic host **-vakt** guardian angel

ängsblomma meadow flower

ängsl|a alarm, cause alarm, make anxious **-an** r anxiety; (oro) alarm, uneasiness; (starkare) apprehension, fright **-as** dep be (feel) anxious (för, över about); (oroa sig) worry (för about) **-ig** a1 **1** (rädd) anxious, uneasy (för about); ~ av sig timid, timorous; var inte ~! don't worry (be afraid)!; jag är ~ för att ngt kan ha hänt I am afraid (fear) s.th. may have happened **2** (ytterst noggrann) scrupulous; med ~ noggrannhet with [over]scrupulousness

ängsmark meadow land

änka s1 widow; (änkenåd) dowager; vara ~ efter be [the] widow of; hon blev tidigt ~ she was early left a widow

änke|drottning queen dowager; (regerande monarks mor) queen mother **-fru** widow; ~ A. Mrs. A.[, widow of the late Mr. A.] **-man** widower **-nåd** s3 dowager **-pension** widow's pension **-stöt** knock on the funny (AE. crazy) bone

änkling widower

ännu [ˣännu, -'nu:] **1** (fortfarande) still; (om ngt som ej inträffat) yet; (hittills) as yet, so far; har de kommit ~? have they come yet?; inte ~ not yet; medan det ~ är tid while there is still time, while the going is good; det har ~ aldrig hänt it has never happened so far; det dröjer ~ länge innan it will be a long time before; ~ så länge so far, up to now, (för närvarande) for the present; ~ när han var 80 even at the age of eighty; ~ så sent som i går only (as recently as, as late as) yesterday **2** (ytterligare) more; ~ en one more, yet (still) another; ~ en gång once more, (återigen) again; det tar ~ en stund it will take a while yet **3** (vid komp.) still, even (bättre better)

änterhake sjö. grapnel, grappling iron (hook)

äntligen at last; (omsider äv.) at length

äntra board (ett fartyg a ship); (klättra) climb (uppför en lina up a rope)

äppel|blom koll. apple-blossom[s pl] **-kaka** apple cake **-kart** green apple[s pl] **-mos** mashed apples (pl), apple sauce **-skrott** [-å-] s2 apple-core **-träd** apple tree **-vin** cider

äpple s6 apple; ~t faller inte långt från trädet he (she) is a chip of the old block; like father, like son

är pres. av vara

ära I s1 honour; (heder) credit; (berömmelse) glory, reknown; ~ vare Gud! Glory be to God!; ~ns fält military exploits (pl), field of glory; en ~ns knöl a downright swine; det är en stor ~ för oss att it is a great honour for us to; få ~n för get the credit for; får jag den ~n att may I have the

honour of (+ ing-form); ge ngn ~n för give s.b. the credit for, credit s.b. with; det gick hans ~ för när that wounded (piqued) his pride; göra ngn den ~n att do s.b. the honour (favour) of (+ ing-form); ha ~n att have the honour of (+ ing-form); har den ~n [att gratulera!] congratulations!, (på födelsedag) many happy returns [of the day]!, happy birthday!; sätta en (sin) ~ i att make a point of (+ ing-form); vinna ~ gain honour (credit); bortom all ~ och redlighet miles from anywhere (civilization); ... i all ~ with all deference (respect) to ...; göra ngt med den ~n do s.th. with credit; på min ~! upon my honour!; dagen till ~ in honour of the day; till ngns ~ in a p.'s honour; till Guds ~ for the glory of God **II** v1 honour; (vörda) respect, revere, venerate; ~s den som ~s bör honour where (to whom) honour is due **ärad** a5 honoured; (om kund e.d.) esteemed; Ert ~e [brev] your letter, åld. your favour (esteemed letter)

ärbar [ˣä:r-] a1 decent, modest

äre|girig ambitious; aspiring **-girighet** ambition[s pl]; aspiration[s pl] **-kränka** defame **-kränkande** a4 defamatory; (i skrift) libellous **-kränkning** defamation; (skriftlig) libel

ärende s6 **1** (uträttning) errand; (uppdrag) commission; (besked) message; framföra sitt ~ state one's errand, give one's message; får jag fråga vad ert ~ är? what brings you here, if I may ask?; gå ~n go [on] errands, be an errand boy (girl) (åt for); gå ngns ~n (bildl.) run a p.'s errands; göra sig ett ~ till find an excuse for going to; boken har ett ~ the book has a message; ha ett ~ i (till) stan have business in town; ha ett ~ till ngn have to see s.b. about; i lovliga ~n on lawful business (errands); med oförrättat ~ without having achieved one's object **2** (angelägenhet) matter; löpande ~n [the] usual routine, current matters; utrikes ~n foreign affairs; handlägga ett ~ deal with (handle) a matter

äre|port triumphal arch **-rörig** a1 slanderous, defamatory, calumnious **-varv** sport. lap of honour **-vördig** venerable

ärftlig a1 hereditary (anlag disposition); (om titel e.d.) inheritable; det är ~t (vanl.) it runs in the family **-het** heredity; (sjukdoms e.d.) hereditariness **-hetsforskning** genetics (pl, behandlas som sg), genetic research

ärftligt adv hereditarily; by inheritance; vara ~ belastad have a hereditary taint

ärg [-j] s3 verdigris; patina **ärga** [-j-] (bli -ig, ~ sig) become coated with verdigris; ~ av sig give off verdigris **ärggrön** verdigris green **ärgig** a1 verdigrised; konst. patinated

ärke|biskop archbishop **-biskopsdöme** s6 archdiocese, archbishopric, archbishop's diocese **-bov** arch-villain, unmitigated scoundrel **-fiende** archenemy **-hertig** archduke **-nöt** nitwit, utter fool **-reaktionär** archreactionary; en ~ (äv.) a die-hard **-ängel** archangel

ärla [ˣä:r-] s1 wagtail

ärlig [ˣä:r-] a1 honest; (hederlig) honourable (avsikt intention); (rättfram) straightforward; (uppriktig) sincere; vard. straight, on the level; ~t spel fair play; om jag skall vara helt ~ to be quite honest, honestly; säga sin ~a mening give one's honest opinion **-en** honestly *etc.*; *det har du ~ förtjänat* you have fairly earned it, that is no more than your due; *~ förtjäna sitt uppehälle* make an honest living **-het** honesty, straightforwardness; *~ varar längst* honesty is the best policy; *i ~ens namn måste jag* to be quite honest I must

ärligt *adv, se -en*; *~ talat* to be quite honest with you

ärm *s2* sleeve **-hål** armhole **-hållare** armband; *AE.* arm (sleeve) garter **-lös** sleeveless

äro|full glorious; honourable (*återtåg* retreat) **-rik** (*-full*) glorious; (*som förvärvat stor ära*) illustriöus (*lysigare* warrior)

ärr *s7* scar; *fack.* cicatrice **ärra** *rfl*, **ärras** *dep* scar; *fack.* cicatrize

ärr|bildning scar formation; *fack.* cicatrization **-ig** *a1* scarred; (*kopp-*) pockmarked

ärt *s3*, **ärta** *s1* pea

ärt|balja, -skida pea pod; (*tom*) pea shell **-soppa** pea soup **-växt** leguminous plant

ärva *v2* [*få*] ~ inherit (*av, efter* from); ~ *ngn* be a p.'s heir; ~ *en tron* succeed to a throne; *jag har fått ~* I have come into money **ärvd** *a5* inherited; (*medfödd*) hereditary **ärvdabalk** laws (*pl*) of inheritance, inheritance code

äsch ah!, oh!; (*besviket*) dash it!; ~, *det gör ingenting!* oh, never mind!, oh, it doesn't matter!

äskande *s6* demand, claim, request

äsping (*orm*) [young female] viper

äss *s7* ace

ässja [ˣäʃa] *s1* forge

ät|a *åt -it* **1** eat; (*frukost etc.*) have; *har du -it ännu?* have you had [your] dinner (*etc.*) yet?; *vi sitter och -er* we are at (are having [our]) dinner (*etc.*); ~ *frukost* have breakfast; ~ *middag* have dinner, dine; ~ *gott* get good food; *tycka om att* ~ *gott* be fond of good food; ~ *litet* (*mycket*) be a poor (big) eater; ~ *på ngt* eat (munch) s.th.; ~ *ngn ur huset* eat s.b. out of house and home **2** *rfl*, ~ *sig mätt* have enough to eat; ~ *sig sjuk* eat o.s. sick; ~ (*nöta*) *sig igenom* wear its way through; ~ *sig in i* (*om djur*) eat into **3** (*med betonad partikel*) ~ *upp* eat [up], consume; *jag har -it upp* I have finished [my food]; *det skall du få ~ upp!* (*bildl.*) you'll have that back [with interest]!; ~ *upp sig* put on weight, fatten [up]; ~ *ut ngn* (*bildl.*) eat s.b. out

ät|bar [ˣä:t-] *a1* eatable (*mat* food) **-lig** [ˣä:t-] *a1* edible (*svamp* mushroom)

ätt *s3* family; (*furstlig*) dynasty; *den siste av sin ~* the last of his (*etc.*) line; *~en utslocknade år* the family died out in **ättestupa** *s1, ung.* [suicidal] precipice

ättika *s1* vinegar; *kem.* acetum; *lägga i* ~ pickle **ättiksgurka** pickled cucumber, gherkin

ättik|sprit vinegar essence **-syra** acetic acid

ättling descendant, offspring

även also, ... too; (*likaledes*) ... as well; (*till och med*) even (*om* if, though); *icke blott ... utan ~* not only ... but also

äventyr *s7* **1** adventure; (*missöde*) misadventure **2** (*vågstycke*) hazardous venture (enterprise) **3** *jur.*, *vid ~ att* at the risk of; *vid ~ av* böter on pain (under penalty) of fines (a fine) **4** *till ~s* perchance, peradventure

äventyr|a risk, hazard, jeopardize; imperil, endanger **-are** adventurer **-erska** adventuress **-lig** [-y:-] *a1* adventurous; (*riskabel*) venturesome, risky, hazardous **-lighet** [-y:-] adventurousness *etc.*

äventyrs|lust love of adventure **-lysten** adventure-loving, fond of adventure **-roman** adventure story, story of adventure; romance

ö *s2* island; (*i vissa geogr. namn*) isle; *bo på en ~* live on (*om stor ö:* in) an island

1 öde *s6* fate; (*bestämmelse*) destiny; *~t* Fate; Destiny; *~n* destinies, (*levnads-*) fortunes [of *skiftande ~n* changing fortunes, vicissitudes [of fortune]; *ett sorgligt ~* a tragic fate; *~ts skickelse* the decree of fate, *Fatas efter många ~n och äventyr* after many adventures; *hans ~ är beseglat* his fate is sealed; *dela ngns ~* share a p.'s fate (lot); *finna sig i sitt ~* submit (resign o.s.) to one's fate; *förena sina ~n med ngn* cast in one's lot with s.b.

2 öde *oböjligt a* desert, waste; (*övergiven*) deserted; (*enslig*) lonely; (*ödslig*) desolate; (*obebodd*) uninhabited; *ligga ~ a*) (*folktom*) be deserted, *b*) (*om åkerjord*) lie waste

öde|gård deserted (derelict) farm **-kyrka** abandoned church **-lägga** lay waste; (*skövla*) ravage, devastate; (*förstöra*) ruin, destroy **-läggelse** (*-läggning*) laying waste; (*om resultatet*) devastation, ruin, destruction **-mark** waste, desert; (*vildmark*) wilderness; (*obygd*) wilds (*pl*), *AE.* backwoods (*pl*)

ödes|bestämd fated **-diger** (*skickelsediger*) fateful; (*avgörande äv.*) decisive; (*olycksbringande*) fatal, disastrous, ill-fated **-gudinnor** *pl* Fates **-mättad** fateful, fatal

ödla [ˣö:d-] *s1* lizard; (*vatten-*) newt, eft

ödmjuk [ˣö:d-] *a1* humble; (*undergiven*) submissive **-het** humility, humbleness; submission; *i all ~* in all humility

ödsla [ˣö:d-, ˣödd-] ~ [*med*] be wasteful with (of); ~ *bort* waste, squander

ödslig [ˣö:d-, ˣödd-] *a1* desolate, deserted; (*dyster*) dreary

öga *-at -on* **1** eye; ~ *för* ~ an eye for an eye; *stå* ~ *mot* ~ stand face to face with; *anstränga -onen* strain one's eyes; *falla i -onen* catch (strike) the eye; *få ett blått* ~ get a black eye; *få upp -onen för* have one's eyes opened to; *göra stora -on* open one's eyes wide, stare; *ha -onen med sig* keep one's eyes open, be observant; *inte ha -on för ngn annan än* have eyes for nobody but; *ha ett gott* ~ *till* have one's eyes on; *jag har ljuset i -onen* the light is in my eyes; *ha ngt för -onen* keep s.th.

before one['s sight]; *ha svaga -on* have a poor eyesight; *hålla ett ~ på* keep an eye on; *i mina (folks) -on* in my (people's) eyes (opinion); *inför allas -on* in sight (before the eyes) of everybody; *finna nåd inför ngns -on* find favour with s.b.; *kasta ett ~ på* have a look at, glance at; *med blotta ~t* with the naked eye; *mellan fyra -on* in private, privately; *samtal mellan fyra -on* private talk, tête-à-tête; *mitt för -onen på* before the very eyes of, in full view of; *det var nära ~t* that was a narrow escape (close shave); *jag ser dåligt på vänstra (högra) ~t* the sight is poor in my left (right) eye; *se ngn rakt i -onen* look s.b. straight in the face; *skämmas -onen ur sig* be thoroughly ashamed of o.s.; *slå ner -onen* cast down one's eyes; *så långt ~t når* as far as the eye can reach **2** *(på tärning)* pip **3** *(på potatis)* eye

ögla [ˣö:g-, ˣögg-] *s1* loop, eye; *göra en ~ på* loop

ögna [ˣöŋna] *~ i* have a glance (look) at, glance at; *~ igenom* glance through, scan

ögonblick *s7* moment; instant; *ett ~!* one moment, please!, just a moment (minute)!; *ett ~s verk* the work of a moment (an instant); *ett obevakat ~* an unguarded moment; *har du tid ett ~?* can you spare [me] a moment?; *det tror jag inte ett ~* I don't believe that for a moment; *för ~et* at the moment, at present, just now; *i nästa ~* [the] next moment; *i samma ~ jag såg det* the moment I saw it; *om ett ~* in a moment (an instant); *på ett ~* in a moment (an instant), in the twinkling of an eye **-lig** *a1* instantaneous; immediate, instant **-ligen** instantly, immediately; *(genast)* at once

ögonblicksbild snapshot

ögon|bryn eyebrow; *höja (rynka) ~en* raise (knit) one's eyebrows **-frans** eyelash **-glob** eyeball **-håla** eye socket, *fack.* orbit **-hår** eyelash **-kast** glance; *vid första ~et* at first sight, at the first glance **-lock** eyelid **-mått** *ha gott ~* have a sure eye; *efter ~* by [the] eye **-märke** sighting (aiming) point **-skugga** eye shadow **-sten** *bildl., ngns ~* the apple of a p.'s eye **-tjänare** timeserver, fawner **-vita** the white of the eye **-vittne** eyewitness **-vrå** corner of the (one's) eye

ök *s7* *(lastdjur)* beast of burden; *(dragdjur)* beast of draught; *(häst)* jade

öka 1 *(göra större)* increase *(med* by); *(ut-, till-)* add to; *(utvidga)* enlarge; *(förhöja)* enhance *(värdet av* the value of); *~ farten (äv.)* speed up, accelerate; *~ kapitalet med 1 miljon* add 1 million to the capital; *~ kraftigt* increase rapidly, undergo a rapid growth; *~ priset på* raise (increase, put up) the price of; *~ till det dubbla (tredubbla)* double (treble); *~ på* increase; *~ ut a) (dryga ut)* eke out, *b) (utvidga)* enlarge *(lokalerna* the premises), increase *(sitt vetande* one's knowledge) **2** *(tilltaga)* increase; *(om vind äv.)* rise; *~ i vikt* put on weight

ökad *a5* increased etc.; *(ytterligare)* added; additional *(utgifter* expenditure *sg); ge ~ glans åt* lend additional lustre to

öken ['ö:-, 'ök-] *s2* desert; *bibl.* wilderness; *öknens skepp (kamelen)* the ship of the desert

öknamn nickname; *ge [ett] ~* nickname

ökning [ˣö:k-] increase *(i* of); addition; enlarge-

ment; enhancement; *~ av farten* acceleration of [the] speed

ökänd [ˣö:çänd] notorious

öl *s7* beer; *ljust ~* light beer, pale ale; *mörkt ~* dark beer, stout **-burk** beer can **-butelj, -flaska** bottle of beer; *(tom)* beer bottle **-glas** beer glass; *(glas öl)* glass of beer **-sinne** *ha gott (dåligt) ~* carry one's liquor well (badly) **-öppnare** bottle (beer-can) opener

öm [ömm] *a1* **1** *(ömtålig)* tender, sore *(fötter* feet); *en ~ punkt (bildl.)* a tender spot, a sore point; *vara ~ i hela kroppen* be (feel) sore (aching) all over **2** *(kärleksfull)* tender, loving, fond; *~ omtanke* solicitude; *hysa ~ma känslor för ngn* have tender feelings for s.b. **-het 1** *(smärta)* tenderness, soreness **2** *(kärleksfullhet)* tenderness, [tender] affection, love **-hjärtad** [-j-] *a5* tenderhearted

ömk|a commiserate, pity; *~ sig över ngt* complain about s.th.; *~ sig över ngn* feel sorry for (pity) s.b. **-ansvärd** [-ä:-] *a1* pitiable; *(stackars)* poor, wretched **-lig** *a1* pitiful, miserable; deplorable, lamentable; *en ~ min* a piteous air; *en ~ syn* a pitiful (sad) sight; *ett ~t tillstånd* a piteous state

ömm|a 1 *(vara öm)* be tender (sore); *~ för tryck* ache at pressure **2** *(hysa medkänsla)* feel [compassion] *(för* for), sympathize *(för* with) **-ande** *a4* **1** *se* öm **2** *(ömkansvärd)* distressing *(omständigheter* circumstances); *i ~ fall* in deserving cases

ömsa change; *~ skinn (om orm äv.)* cast (slough) its skin

ömse oböjligt *a*, *på ~ håll (sidor)* on both sides (each side) **-sidig** *a1* mutual, reciprocal; *~a anklagelser* cross accusations; *~t beroende* interdependence; *~t försäkringsbolag* mutual insurance company; *kontraktet gäller med 6 månaders ~ uppsägning* the contract is subject to 6 months' notice by either party; *till ~ belåtenhet* to our mutual satisfaction

ömsint *a4* tender[hearted] **-het** tenderness of heart

ömsom [ˣömmsåm] *~ ... ~ ...* sometimes ..., sometimes ..., and ... alternately

ömtålig *a1* **1** *(som lätt skadas)* damageable, easily damaged; *(om matvara)* perishable; *(om tyg)* flimsy; *(bräcklig)* frail, fragile **2** *(om hälsa)* delicate; *(känslig)* sensitive; *(mottaglig)* susceptible *(för* to) **3** *(lättsårad)* touchy; *(grannlaga)* delicate *(fråga* question)

önsk|a 1 wish; *(åstunda)* desire; *(vilja ha)* want; *jag ~r att han ville komma* I [do] wish he would come; *vad ~s?* *(i butik)* what can I do for you[, Madam (Sir)]?; *om så ~s* if desired, if you wish; *stryk det som ej ~s* delete as required; *lämna mycket övrigt att ~* leave a great deal to be desired; *~de upplysningar* information desired; *icke ~d* unwanted, undesirable **2** *rfl* wish for, desire; *~ sig ngt i julklapp* want (wish for) s.th. for Christmas; *~ sig bort* wish o.s. (wish one were) far away; *~ sig tillbaka* till wish one were back in **-an** *r, som pl används pl av* önskning wish, desire; *enligt ~* as desired, according to your (his etc.) wishes; *uttrycka en ~ att* express a wish to; *med ~ om* with best wishes for

önske|dröm [cherished] dream; pipe dream

-lista want list; (*t. jul e.d.*) list of presents one would like **-mål** wish, desire; object desired, desideratum (*pl* desiderata); *ett länge närt* ~ a longfelt want **-tänkande** *s6* wishful thinking

önsk|ning *se önskan* **-värd** [-ä:-] *a1* desirable, to be desired; *icke* ~ undesirable **-värdhet** [-ä:-] desirability, desirableness

öpp|en *a3* open; aboveboard; (*uppriktig*) frank, candid; (*mottaglig*) susceptible (*för* to); ~ *båt* (*äv.*) undecked boat; ~ *eld* open fire; *-et förvar* (*i bank*) safe custody; *-et köp* purchase on approval; *på -et köp* on a sale-or-return basis; ~ *spis* fireplace; *frågan får stå* ~ the matter must be left open; *platsen står* ~ *för hans räkning* the post is reserved for him, *vid* ~ *hålla -et* keep open; *för* ~ *ridå* with the curtain up, *blatt i* public; *i* ~ *räkning* in open account; *i* ~ *sjö* on the open sea; *på -na fältet* in the open field; *vid (per) första* (*sista*) *et vatten* at (per) first (last) open water (*förk.* f.o.w. *resp.* l.o.w.)

öppen|het openness; frankness, candour; sincerity; susceptibility **-hjärtig** [-j-] *a1* open-hearted, frank, unreserved

öppet *adv* openly *etc.*; ~ *och ärligt* squarely and fairly; *förklara* ~ declare freely; *ligga* ~ have an exposed situation **-hållande** *s6* business (service, opening and closing) hours (*pl*)

öppn|a 1 open; (*låsa upp*) unlock; ~ *för ngn* open the door for s.b., let s b. in; ~ *affär* open (start) a shop (business); *affären* ~*r* (*s*) *kl. 9* the shop opens at nine [o'clock]; ~ *kredit* open a credit; ~ *vägen för* (*bildl.*) pave the way for; ~ *ngns ögon för* open a p.'s eyes to; *vi såg dörren* ~*s* we saw the door open[ing]; ~*!* open up!; ~*s här* open here; ~*s för trafik i mars* will be open to traffic in March; *dörren* ~*s utåt* the door opens outwards **2** *rfl* open; (*vidga sig*) open out **-ing 1** opening (*äv. i schack*); (*hål*) aperture, hole; (*mynning*) orifice; (*springa*) chink; (*för mynt*) slot; (*i mur e.d.*) gap, break; (*glänta*) glade, clearing **2** (*avföring*) motion, defecation

ör|a *-at -on* **1** ear (*äv. bildl.*); *dra -onen åt sig* become wary, take alarm; *gå in genom ena* ~*t och ut genom det andra* go in at one ear and out at the other; *ha* ~ *för musik* have an ear for music; *få det hett om -onen* be in for it, get into hot water; *höra dåligt* (*vara döv*) *på ena* ~*t* hear badly with (be deaf in) one ear; *mycket skall man höra innan -onen faller av!* I've never heard such a thing!, well, I never!, what next!; *han ville inte höra på det* ~*t* (*bildl.*) he wouldn't listen at all; *vara idel* ~ be all ears; *klia sig bakom* ~*t* scratch one's head; *det har kommit till mina -on* it has come to my ears; *som ett slag för* ~*t* like a [shattering] blow; *det susar* (*ringer*) *i -onen* my ears are buzzing (singing); *tala för döva -on* talk to deaf ears; *inte vara torr bakom -onen* be very green; *små grytor har också -on* little pitchers have long ears; *upp över -onen förälskad* head over heels in love **2** (*handtag*) handle; (*på tillbringare*) ear

öre *s6* öre; *inte ha ett* ~ not have [got] a penny, be penniless; *inte ett rött* ~ not a bean; *inte värd ett rött* (*ruttet*) ~ not worth a brass farthing; *inte för fem* ~ not a bit; *räkna ut priset på* ~*t* work out the price to the last penny; *jag kan inte säga på* ~*t vad det kostar* I cannot tell you the exact price;

till sista ~*t* to the last farthing

Öresund *n* the Sound

ör|fil [ˣö:r-] *s2* box on the ear **-hänge** (*smycke*) earring; (*långt*) eardrop; (*schlager*) hit

öring salmon trout

örlogs|fartyg warship, man-of-war (*pl* men-of-war) **-flagg[a]** naval (man-of-war) flag **-hamn** naval port **-kapten** lieutenant commander **-man** man-of-war

örn [ö:rn] *s2* eagle **-blick** eagle eye

örngott [-å-] *s7* pillowcase, pillowslip

örnnäsa aquiline nose

öron|bedövande *a4* deafening **-läkare** ear specialist, aurist, otologist; *öron-, näs- och halsläkare* ear, nose and throat specialist, otorhinolaryngologist, *vard.* E.N.T. specialist **-mussla** [ear] concha; (*hörpropp*) earphone **-märkning** earmarking **-propp** (*vaxpropp*) plug of wax; (*mot ljud*) earplug **-skydd** ear muff, ear muff

ör|snibb ear lobe, lobe of the ear **-språng** earache; *med.* otalgia

ört *s3* herb, plant; ~*er* (*äv.*) herbaceous plants

ös|a *v3* **1** scoop; (*sleva*) ladle (*upp* out); (*hälla*) pour; ~ *en båt* bale (bail) a boat; ~ *en stek* baste a joint; ~ *presenter över ngn* shower s.b. with gifts; ~ *på ngn arbete* overburden s.b. with work; ~ *ur sig otidigheter över* shower abuse on; ~ *ut pengar* throw one's money around, waste (squander) one's money **2** *det* (*regnet*) *-er ner* it is pouring down, *vard.* it is raining cats and dogs **-kar** bailer, dipper **-regn** pouring rain, downpour **-regna** pour

öst *r* east; *jfr nord* **östan** *r*, **-vind** *s2* east[erly] wind

östasiatisk East Asiatic **Östasien** Eastern Asia

östblocket the Eastern bloc

öster ['öss-] **I** *oböjligt s n, s9* the east; *Ö~n* the East (Orient) **II** *adv* [to the] east (*om nf*)

Österlandet *n* the East (Orient)

öster|ländsk *a5* oriental, eastern **-länning** Oriental

österrikare Austrian **Österrike** *n* Austria **österrikisk** *a5* Austrian

Östersjön the Baltic [Sea]

Östeuropa Eastern Europe **östeuropeisk** East European

östlig *a1* easterly; east[ern]; *jfr nordlig* **östra** *best. a* the east; the eastern; *jfr norra*

östrogen [-'je:n] *s7, med.* [o]estrogen

öst|stat eastern state, East European state **-tysk** East German

Östtyskland East Germany; (*officiellt*) the German Democratic Republic, the GDR

öva 1 (*träna*) train (*ngn i ngt* s.b. in s.th.; *ngn i att* s.b. to); *mil.* drill, exercise; ~ *in* practise, (*roll e.d.*) rehearse; ~ *upp* train, exercise, (*utveckla*) develop; ~ *upp sig i engelska* brush up one's English **2** (*ut-*) exercise (*inflytande* influence); ~ *kritik* [*mot*] criticize; ~ *rättvisa* do justice; ~ *våld* use (make use of) violence **3** *rfl* practise; ~ *sig i att* practise (+ *ing-form*); ~ *sig i pianospelning* (*skjutning*) practise on the piano (with the rifle); ~ *sig i tålamod* learn to be patient

övad *a5* practised; trained; (*erfaren*) experienced; (*skicklig*) skilled

Ö

över ['ö:-] **I** prep **1** over; (*högre än, ovanför*) above; (*tvärs-*) across; (*i tidsangivelse*) past, *AE*. *äv.* after; *bron* ~ *floden* the bridge across the river; *gå* ~ *gatan* walk across the street, *vanl*. cross the street; *bo* ~ *gården* live across the [court]yard; *500 meter* ~ *havet* 500 metres above sea level; ~ *hela kroppen* all over the body; ~ *hela landet* throughout (all over) the country; ~ *hela linjen* all along the line; ~ *hela vintern* throughout (all through) the winter; *tak* ~ *huvudet* a roof over one's head; *högt* ~ *våra huvuden* high above our heads; *bred* ~ *höfterna* broad across the hips; *höjd* ~ *alla misstankar* above (beyond) suspicion; *plötsligt var stormen* ~ *oss* suddenly the storm came upon us; *leva* ~ *sina tillgångar* live beyond one's means; *klockan är* [*fem*] ~ *sex* it is [five] past (*AE. äv.* after) six; ~ *veckoslutet* over the weekend; *det är inte så* ~ *sig* (*inget vidare*) it's not all that good **2** (*via*) via, by [way of] **3** (*mer än*) over, more than, above; ~ *hälften* over (more than) half; *dra* [*tio minuter*] ~ *tiden* run over the time [by ten minutes] **4** (*uttr. makt, -höghet o.d.*) over; (*i fråga om rang*) above; *löjtnant är* ~ *sergeant* a lieutenant ranks (is) above a sergeant; *makt* ~ *power* over; *överlägsenhet* ~ *supremacy to* **5** (*uttr. genitivförh.*) of; (*om, angående*) [up]on; *essä* ~ essay on; *karta* ~ map of; *föreläsa* ~ lecture on **6** (*med anledning av*) at; of; *glad* (*förvånad*) ~ glad (surprised) at; *lycklig* ~ happy about; *rörd* ~ touched by; *undra* ~ wonder at **II** *adv* **1** over; above; across; *jfr över I*; *resa* ~ *till Finland* go over to Finland; *gå* ~ *till grannen* walk round (pop over) to the neighbour's; *arbeta* ~ work overtime; *50 pund och* ~ *på det* 50 pounds and more **2** (*kvar*) left, [left] over; *det som blir* ~ what is left, the remainder; *det blev pengar* ~ I have (he has etc.) some money left **3** (*slut*) over, at an end; (*förbi äv.*) past; *nu är sommaren* ~ summer is over now; *smärtan har gått* ~ the pain has passed

överallt ['ö:-, -'allt] everywhere; *AE. vard.* every place; ~ *där* wherever; *han är smutsig* ~ he is dirty all over

över|ambitiös overambitious **-anstränga 1** overstrain, overexert (*hjärtat* one's heart); ~ *ekonomin* overstrain the economy **2** *rfl* overstrain o.s.; (*arbeta för mycket*) overstrain o.s.; (*arbeta för mycket*) work too hard **-arbeta 1** (*bearbeta för mycket*) overelaborate **2** (*omarbeta*) revise **-arm** upper arm; *anat.* brachium (*pl* brachia) **-balans** *ta* ~*en* lose one's balance, overbalance, topple over **-balansera** ~*d budget* budget that shows a surplus **-befolkad** [-å-] *a5* overpopulated **-befäl** *abstr.* supreme command (*över* of); *konkr. koll.* [commissioned] officers (*pl*) **-befälhavare** commander in chief, supreme commander; ~*n* [the] supreme commander of the armed forces **-belasta** overload (*äv. elektr.*); *bildl.* overstrain, overtax **-belastning** overloading; *bildl.* overtaxing **-beskydda** overprotect **-bett** overbite **-betyg** honours (*pl*), mark above the pass standard **-bevisa** convict (*ngn om* s.b. of); (*-tyga*) convince (*ngn om* s.b. of) **-blick** survey, general view (*över* of); *ta en* ~ *över* (*äv.*) survey **-blicka** survey; *bildl.* take in (*situationen* the situation); *följder som inte kan* ~*s* consequences that cannot

be foreseen **-bliven** *a5* remaining, left over; *komma på -blivna kartan* remain on the shelf **-bord** [-ɔ-] *falla* (*spolas*) ~ fall (be washed) overboard; *man* ~*!* man overboard!; *kasta* ~ (*äv.*) jettison **-brygga** *v1* bridge [over]; ~ *motsättningar* reconcile differences

över|del top (*äv. av plagg*), upper part **-domare** (*i tennis*) referee **-dos, -dosera** overdose **-drag** cover[ing]; (*på möbel*) cover; (*på kudde*) [pillow]case; (*av fernissa e.d.*) coat[ing]; (*tids-*) running over the time **-drift** exaggeration; (*i tal äv.*) overstatement; (*ytterlighet*) excess; *gå till* ~ go too far, go to extremes, (*om pers. äv.*) carry things too far; *man kan utan* ~ *säga att* it is no exaggeration to say that

överdriv|a exaggerate, overstate; overact, overdo (*en roll* a part); (*gå för långt*) overdo it; *-driver du inte nu?* aren't you piling it on a bit? **-en** *a5* exaggerated; excessive, exorbitant; *-drivet bruk av* excessive use of; *-drivet nit* overzealousness; *hon är så -driven* she overdoes it

över|dåd (*slösaktighet*) extravagance; (*lyx*) luxury; (*dumdristighet*) foolhardiness, rashness **-dådig** *a1* (*slösaktig*) extravagant; (*lyxig*) luxurious, sumptuous **2** (*utmärkt*) excellent, superb, first-rate **3** (*dumdristig*) foolhardy, rash **-dängare** past master (*i* in, at); *vara en* ~ *i* (*äv.*) be terrifically good at; *han är en* ~ *i skjutning* he is a crack shot

överens *vara* ~ be agreed (*om* on; *om att* that); *komma* ~ *om* agree (come to an agreement, *AE. äv.* get together) on (about); *komma* ~ *om att träffas* agree to meet, arrange a meeting; *komma bra* ~ *med ngn* get on well with s.b.; *de kommer bra* (*dåligt*) ~ they get on (don't get on) well [together] **-komma** [ˣö:-, -ˣens-] agree (*om* on, about); (*göra upp*) arrange, settle; *den -komna tiden* the time agreed [up]on (fixed); *som -kommet* as agreed **-kommelse** [-å-] agreement; arrangement; *enligt* ~ by (according to) agreement, as agreed [upon]; *gällande* ~*r* existing (current) agreements; *träffa en* ~ make (come to) an agreement, come to terms; *tyst* ~ tacit understanding, gentlemen's agreement **-stämma** [ˣö:-, -ˣens-] agree, be in accordance, accord; (*passa ihop äv.*) correspond, tally; *inte* ~ (*äv.*) disagree **-stämmelse** agreement; accord[ance]; conformity; (*motvarighet*) correspondence; *bristande* ~ incongruity, discrepancy; *i* ~ *med* (*enligt*) in accordance (conformity) with, according to; *bringa* (*stå*) *i* ~ *med* bring into (be in) agreement (line) with

över|exponera overexpose **-fall, -falla** assault, attack; (*från bakhåll*) ambush **-fart** crossing; (*-resa äv.*) voyage, passage **-flöd** *s7* (*ymnighet*) abundance, profusion, plenty (*av, på* of); (*materiellt*) affluence; (*övermått*) superfluity, superabundance; (*på arbetskraft, information*) redundance; (*lyx*) luxury; *ha* ~ *på, ha ... i* ~ have an abundance of, have ... in plenty, have plenty of; *finnas i* ~ be abundant **-flöda** abound (*av, på* in, with); ~*nde* abundant, profuse **-flödig** *a1* superfluous (*onödig äv.*) unnecessary; *känna sig* ~ feel unwanted (in the way) **-full** overfull, too full; (*om lokal e.d.*) overcrowded, crammed; ~ *sysselsättning* overfull employment, overemployment **-furir** (*vid armén*) sergeant, *AE*. staff sergeant; (*vid marinen*) petty officer, *AE*. petty officer 1. class; (*vid flyget*) sergeant, *AE*. technical sergeant **-föra 1** *se föra* [*över*] **2** (*-flytta*) transfer, transmit; *bokför.* carry over (forward); ~ *blod* transfuse blood; ~ *smitta* transmit infection (contagion); *i -förd bemärkelse* in a figurative (transferred) sense **3** (*-sätta*) translate, turn (*till* into) **-föring** transfer[ence] (*äv. tekn.*); conveyance, transport[ation] (*av trupper* of troops); (*av blod*) transfusion; (*av smitta*) transmission (*äv. radio.*); ~ *av pengar* transfer of money **-förmyndare** chief guardian

över|ge, -giva abandon; desert; (*lämna äv.*) ไปน [*(ge upp äv.*)] give up; ~ *ett fartyg* abandon a ship; ~ *en plan* about don (*give up*) a plan **-given** [-j-] *a5* abandoned *etc.*; *ensam* ock forlorn **-glänsa** outshine, eclipse **-grepp** (*inkräktande*) encroachment (*mot* on); (*-våld*) outrage; ~ (*pl*) excesses (*mot* against) **-gripande** *a4* overarching

över|gå 1 *eg., se gå* [*över*] **2** (*-träffa*) [sur]pass (*ngns förväntningar* a p.'s expectations) **3** (*-stiga*) exceed, be beyond (above); *det ~r mitt förstånd* it is above my comprehension (beyond me) **4** (*drubba*) overtake, befall **5** (*-flyttas*) change hands, be transferred; *från gör som ~r i varandra* colours that merge (melt) into each other; *sömn maren -gick i höst* summer turned into autumn; ~ *till annat parti* go over to another party; ~ *till dagordningen* proceed (pass) to the business of the day; ~ *till katolicismen* embrace (be converted to) Catholicism, become a Catholic; ~ *till professionalism* turn professional; ~ *till annan verksamhet* pass on to other activities; *äganderätten har -gått till* the title has been transferred to **-gående** *a4* passing; (*kortvarig äv.*) transient, transitory, of short duration; *av ~ natur* of a temporary (transitory) nature **-gång** *s2* **1** *abstr.* crossing (*över* of); (*omställning*) changeover; (*utveckling*) transition; (*mellantillstånd*) intermediate stage; (*omvändelse*) conversion; ~ *förbjuden!* do not cross! **2** (*-gångsställe*) (*vid järnväg e.d.*) crossing; (*fotgängar-, se övergångsställe*) **3** *se övergångsbiljett*; *ta* ~ *till tunnelbana* change to the underground

övergångs|ställe (*för fotgängare*) [pedestrian, zebra] crossing, *AE*. crosswalk **-summa** transfer fee **-ålder** (*klimakterium*) change of life, climacteric [age, period]; (*pubertet*) [years (*pl*) of] puberty

över|halning [-a:-] **1** (*fartygs slingring*) lurch; *göra en* ~ (*äv. bildl.*) lurch **2** (*utskällning*) *ge ngn en* ~ give s.b. a good rating **-hand** *få* (*ta*) ~ *get* the upper hand (*över* of), prevail (*över* over), (*om tankar, växter e.d.*) be[come] rampant; *hungern tog ~en* hunger got the better of them (*us etc.*) **-handsknop** ~ *i åtta* figure eight knot **-het** ~*en* the authorities, the powers that be (*pl*) **-hetsperson** person in authority; (*ämbetsman*) public officer **-hetta** overheat, superheat **-hettning** overheating, superheating **-hopa** ~ *ngn med ngt* heap (shower) s.th. upon s.b., heap (shower) s.b. with; ~*d med arbete* overburdened with work; ~*d med skulder* loaded with debts, *vard.* up to one's neck in debt **-hoppad** [-å-] *a5,*

bli ~ (*om text e.d.*) be omitted (left out), (*om pers.*) be passed over **-hud** epidermis **-hus** *parl.* upper house (chamber); ~*et* the House of Lords (*Storbritannien*), the Senate (*AE.*)

överhuvud [ˣö:-] *s7, s6* head; (*ledare*) chief **över huvud** [-ˣhu:-] *adv* (*i jakande sats*) on the whole; (*i nekande, frågande, villkorlig sats*) at all; *det är* ~ [*taget*] *svårt att* on the whole it is difficult to; *han vet* ~ *taget ingenting* he knows nothing at all

över|hängande *a4* (*nära förestående, hotande*) impending; (*om fara äv.*) imminent; (*brådskande*) urgent; *det är ingen* ~ *fara* there is no immediate danger *ila rfl* be rash (hasty), act rashly; (*förgå sig*) lose one's head **-ilad** *a5* rash, hasty; *gör ingenting -ilat!* don't do anything rash! **-inseende** supervision **-jordisk** (*himmelsk*) unearthly, celestial; (*eterisk*) ethereal, divine (*skönhet* beauty)

över|kant upper edge (side); *i* ~ (*bildl.*) rather on the large (big, long *etc.*) side, too large (*etc.*) if anything **-kast** (*säng-*) bedspread, counterpane **-klaga** appeal against, lodge (enter) an appeal against; *beslutet kan ej ~s* the decision is final **-klass** upper class; ~*en* the upper classes (*pl*) **-komlig** [-å-] *a1* surmountable (*hinder* obstacle); *till ~t pris* at a reasonable (moderate) price **-kropp** upper part of the body; *med naken* ~ stripped to the waist **-kucku** *s2, vard.* top dog **-käke** upper jaw; *anat.* maxilla **-känslig** hypersensitive, oversensitive; (*allergisk*) allergic (*för* to) **-körd** [-j-; rd] *a5, bli* ~ be (get) run over (knocked down)

över|lagd *a5* (*noga* well) considered; (*uppsåtlig*) premeditated; *-lagt mord* premeditated (wilful) murder, criminal homicide **-lappa** overlap **-lastad** *a5* **1** (*berusad*) intoxicated, the worse for liquor **2** (*alltför utsmyckad*) overburdened with ornaments **-leva** survive; ~ *ngn* (*äv.*) outlive s.b.; ~ *sig själv* (*om sak*) outlive its day, become out of date; *det kommer han aldrig att* ~ he will never get over it, it will be the death of him **-levande** *a4* surviving; *de* ~ the survivors (*från* of) **-levnad** survival **-lista** outwit; *han ~de mig* (*äv.*) he was too sharp for me **-ljudshastighet** supersonic speed

överlopps [-å-] *i uttr.: till* ~ to spare **-energi** surplus energy

över|lupen *a5* **1** (*-vuxen*) overgrown (*med, av* with) **2** (*-hopad*) overburdened (*med arbete* with work); (*hemsökt*) overrun (*av besökare* with visitors); deluged (*av förfrågningar* with inquiries) **-lycklig** overjoyed **-låta 1** (*avhända sig*) transfer, make over (*ngt t. ngn* s.th. to s.b.); *jur. äv.* convey, assign; *biljetten får ej ~s* the ticket is not transferable **2** (*hänskjuta*) leave (*ngt i ngns hand* s.th. in a p.'s hands); *jag -låter åt dig* I leave it to you (*till* to) **-låtelse** transfer; *jur. äv.* conveyance, assignment **-läge** *bildl.* advantage, superior position **-lägga** confer, deliberate (*om* on, about); ~ *om* (*äv.*) discuss **-läggning** deliberation; (*övervägande äv.*) consideration; (*diskussion äv.*) discussion **-lägsen** *a3* superior (*ngn* to s.b.); (*storartad*) excellent; (*högdragen*) supercilious; *han är mig* ~ (*äv.*) he is my superior; ~ *seger* signal (easy) victory **-lägsenhet** superiority (*över*

Ö

to); (*högdragenhet*) superciliousness **-läkare** consultant; chief (senior, head) physician (*kirurg* surgeon)

överlämn|a 1 deliver [up, over]; (*framlämna*) hand over; (*skänka*) present, give; (*anförtro*) entrust, leave; (*uppge*) surrender (*ett fort* a fort); ~ *ett meddelande* deliver a message; ~ *blommor till ngn* present flowers to s.b., present s.b. with flowers; ~ *i ngns vård* leave in a p.'s care, entrust to s.b.; *jag ~r åt dig att* I leave it to you to; ~*d åt sig själv* left to o.s. **2** *rfl* surrender (*åt fienden* to the enemy); ~ *sig åt sorgen* surrender [o.s.] (give way) to grief **-ande** *s6* delivery, handing over; presentation; surrender

över|läpp upper lip **-löpare** deserter; *polit.* defector, renegade **-makt** (*i styrka*) superior force; (*i antal*) superior numbers (*pl*); *ha* ~*en* be superior in numbers (*över* over); *kämpa mot* ~*en* fight against odds; *vika för* ~*en* yield to superior force (numbers) **-man** superior; *finna sin* ~ meet (find) one's match; *ej ha sin* ~ have no superior; *vara ngns* ~ (*äv.*) be more than a match for s.b. **-manna** overpower **-mod** (*förmätenhet*) presumption, overweening confidence (pride); (*våghalsighet*) recklessness; *ungdomligt* ~ youthful recklessness **-modig** (*förmäten*) presumptuous, overweening; (*våghalsig*) reckless **-morgon** *i* ~ the day after tomorrow **-mått** *bildl.* excess; (*-flöd äv.*) exuberance; *ett* ~ *av* an excess of; *till* ~ to excess **-mäktig** superior (*fiende* enemy); *sorgen blev mig* ~ I was overcome by grief; *smärtan blev honom* ~ the pain became too much for him **-människa** superman **-mänsklig** superhuman **-natta** stay the night, stay overnight; (*på hotell e.d. äv.*) spend the night **-nattning** ~ *i Hamburg* stop overnight in Hamburg **-naturlig** supernatural **-ord** *pl* (*skryt*) boasting (*sg*); (*överdrift*) exaggeration (*sg*); *det är inga* ~ that is no exaggeration **-ordnad** [-å:-] *a5* superior; ~ *sats* principle clause; ~ *ställning* responsible position; *han är min* ~*e* he is above me, he is my chief; *mina närmaste* ~*e* my immediate superiors **-pris** excessive price; *betala* ~ *för ngt* be overcharged for s.th.; *sälja ngt till* ~ overcharge for s.th.; sell s.th. at too high a price

överrask|a surprise; (*överrumpla äv.*) take by surprise; (*obehagligt*) startle; ~ *ngn med att stjäla* catch (surprise) s.b. in the act of stealing; ~ *ngn med en present* surprise s.b. with a gift, give s.b. a gift as a surprise; *glatt* ~*d* pleasantly surprised; ~*d över* surprised at; ~*d av regnet* caught in the rain **-ning** surprise; *glad* ~ pleasant surprise; *det kom som en* ~ *för mig* (*äv.*) it took me by surprise; *till min stora* ~ (*äv.*) much to my surprise

över|rock overcoat; (*vinter-*) greatcoat **-rumpla** surprise, take unawares; *låta sig* ~*s* let o.s. be caught napping, be off one's guard **-rösta 1** (*ropa högre än*) shout (cry) louder than; *larmet* ~*de dem* the din drowned their voices; *han* ~*de ... he* made himself (his voice) heard above ... **2** (*i omröstning*) outvote

övers ['ö:-] *i uttr.: ha tid till* ~ have spare time; *har du en tia till* ~? have you [got] ten kronor to spare?; *inte ha mycket* (*ngt*) *till* ~ *för* have no time for, not think much of

över|se ~ *med ngt* overlook s.th.; ~ *med ngn* ex-

cuse a p.'s behaviour **-seende I** *a4* indulgent (*mot* towards) **II** *s6* indulgence; *ha* ~ *med* be indulgent towards, make allowance[s] for; *jag ber om* ~ *med* I hope you will overlook **-sida** top [side], upper side **-sikt** *s3* survey (*över, av* of); (*sammanfattning*) summary, synopsis (*över, av* of) **-siktskarta** key map **-sittare** bully; *spela* ~ play the bully; *spela* ~ *mot ngn* bully (browbeat) s.b. **-skatta** overrate, overestimate **-skattning** overrating, overestimation **-skjutande** [-ʃ-] *a4* **1** additional (*dag* day); surplus, excess (*belopp* amount); ~ *skatt* surplus tax **2** (*framskjutande*) projecting (*klippa* rock) **-skott** surplus; excess; (*nettoförtjänst äv.*) profit **-skrida** cross (*gränsen* the frontier); *bildl.* exceed, overstep (*sina befogenheter* one's authority); ~ *sitt konto* overdraw one's account; ~ *sina tillgångar* exceed one's means **-skrift** heading; title **-skugga** overshadow (*äv. bildl.*); *det allt* ~*nde problemet* the all-pervading problem **-skådlig** [-å:-] *a1* (*klar, redig*) clear, lucid; (*-siktlig*) perspicuous; *inom en* ~ *framtid* in the foreseeable future

över|slag 1 (*förhandsberäkning*) [rough] estimate (calculation) (*över* of); *göra ett* ~ *över* (*äv.*) estimate, calculate ... [roughly] **2** (*volt*) somersault **3** *elektr.* flashover **-spela** overact **-spelad** *det är -spelat nu* it's not relevant any longer, it's a thing of the past now **-spänd** (*hypernervös*) overstrung, highly strung, *AE.* highstrung; (*svärmisk*) romantic **-spänning** *elektr.* overvoltage

överst ['ö:-] *adv* uppermost, on top; ~ *på sidan* at the top of the page; *stå* ~ *på listan* head the list **översta** *best. superl. a*, [*den*] ~ the top (*lådan* drawer); (*av två*) the upper; *den allra* ~ the topmost (*grenen* branch)

överste ['ö:-] *s2* (*vid armén*) colonel; (*vid flyget*) group captain, *AE.* colonel; ~ *av 1. graden* (*vid armén*) brigadier, *AE.* brigadier general; (*vid flyget*) air commodore, *AE.* brigadier general **-löjtnant** [-ˣlöjt-] (*vid armén*) lieutenant colonel; (*vid flyget*) wing commander, *AE.* lieutenant colonel **-präst** high priest

överstig|a *bildl.* exceed, be beyond (above); *ett pris ej* ~*nde* a price not exceeding; *det -er mina krafter* it is beyond my powers, it is too much for me

över|strykning crossing-out, deletion **-stycke** top [piece, part]; (*dörr-*) lintel **-stånden** *a5, vara* ~ be over (surmounted); *nu är det värsta -ståndet* the worst is over now; *ett -ståndet stadium* a thing of the past; *en* ~ *operation* a completed operation; *-ståndna faror* surmounted dangers **-svallande** *a4* overflowing (*vänlighet* kindness); (*om pers.*) effusive, gushing; ~ *glädje* exuberant joy, rapture, excess of joy **-svämma** (*strömma ut över*) flood, inundate (*äv. bildl.*); *stora områden är* ~*de* large areas are flooded; ~ *marknaden* flood (glut) the market **-svämning** flood; (*-svämmande*) flooding, inundation **-syn** inspection, overhaul; *ge motorn en* ~ give the engine an overhaul, overhaul the engine **-sålla** strew, cover; ~*d med blommor* (*äv.*) starred with flowers **-säng** upper bed

översätt|a translate (*från* from; *till* into); (*åter-*

ge) render; ~ *till engelska* (*äv.*) turn into English **-are** translator **-ning** translation (*till* into); (*version*) version; (*återgivning*) rendering; *trogen* ~ true (faithful) translation; *i* ~ *av* translated by **över|ta** *se* **översätta -tag** *bildl.* advantage (*över* over); *få* ~*et över* get the better of; *ha* ~*et* (*äv.*) have the best of it **-taga** take over; ~ *ansvaret* take [over] the responsibility; ~ *ledningen av* take charge of, assume the management of; ~ *makten* come into power, take over (control) **-tala** persuade; *vard.* get round; (*förmå äv.*) induce; ~ *ngn att* persuade s.b. to (*komma* come), coax s.b. into (*komma* coming); *låta* ~ *sig att* [let o.s.] be talked into, be persuaded into (*komma* coming) **-talig** *al* supernumerary **-talning** [-a:-] persuasion; *efter många* ~*ar* after much persuasion **-teckna** oversubscribe (*ett lån a* loan) **-tid** overtime; *arbeta på* ~ work overtime **-tidsarbete** overtime [work] **-tidsersättning** overtime pay[ment] (compensation) **-ton** overtone (*äv. bildl.*) **-tramp** *sport.* failure; *göra* ~ overstep the mark (*äv. bildl.*) **-tro** (*vidskepelse*) superstition; (*blind tro*) blind faith (*på* in) **-trumfa** *bildl.* go one better than, outdo **-tryck 1** *fys.* overpressure; (*över atmosfärtrycket*) pressure exceeding atmospheric pressure **2** (*påtryck*) overprint **-träda** transgress; (*förbud*) infringe, break; (*kränka*) violate **-trädelse** transgression; infringement, breach; violation; trespass; ~ *beivras* trespassers will be prosecuted **-träffa** surpass, exceed; (*besegra*) outdo, *vard.* beat; ~ *ngn i ngt* be better than s.b. in (at) s.th.; ~ *sig själv* surpass (excel) o.s. **-tydlig** overexplicit **övertyg|a** convince (*om* of; *om att* that); *du kan vara* ~*d om att* you may rest assured that; ~ *sig om ngt* make sure of (*ascertain*) s.th. **-ande** *a4* convincing; (*i ord äv.*) persuasive; (*bindande äv.*) cogent, conclusive **-else** conviction; (*tro*) belief; *i den fasta* ~*n att* in the firm conviction that, being firmly convinced that; *handla mot sin* ~ act against one's convictions **över|tänkt** *a4, ett väl* ~ *svar* a well-considered answer **-uppseende, -uppsikt** superintendence, supervision **-vaka** superintend, supervise; ~ (*följa*) *att* see [to it] that **-vakare** supervisor; (*av villkorligt dömd*) probation officer **-vakning** [-a:-] supervision, superintendence; (*av villkorligt dömd*) probation; *stå under* ~ be on probation **-vattensläge** surface position **-vikt 1** *eg.* overweight, excess (surplus) weight; (*bagage- äv.*) excess luggage (*AE.* baggage); *betala* ~ pay [an] excess luggage charge **2** *bildl.* predominance, preponderance, advantage; *få* (*ha*) ~*en* (*äv.*) predominate, preponderate **-viktig** *al* overweight, too heavy **-vinna** overcome; (*besegra äv.*) vanquish, conquer, defeat; ~ *en fiende* overcome an enemy; ~ *sina betänkligheter* overcome one's scruples; ~ *sig själv* get the better of o.s. **-vintra** pass the winter, winter; (*ligga i ide*) hibernate **-vuxen** overgrown; ~ *med ogräs* (*äv.*) overrun with weeds **-våld** outrage; *jur.* assault **-våning** upper floor (storey)
1 överväg|a (*noga genomtänka*) reflect [up]on, ponder over; (*betänka*) consider; (*överlägga med sig själv*) deliberate; (*planera*) contemplate, plan; *i väl* -*da ordalag* in well-considered words;

när man -er vad considering what; *jag skall* ~ *saken* I will consider the matter (think the matter over); *ett väl -t beslut* a well-considered decision **2 överväg|a** (*väga mer än*) outweigh; (*överstiga i antal*) be in majority; *fördelarna -er olägenheterna* the advantages outweigh the disadvantages **1 övervägande** *s6* consideration; deliberation; *ta ngt i* (*under*) ~ take s.th. into consideration; *efter moget* ~ after careful consideration; *vid närmare* ~ on [further] consideration, on second thoughts **2 övervägande I** *a4* predominant, preponderating; *den* ~ *delen* the greater part, the majority; *frågan är med* ~ *ja besvarad* the great majority is in favour, the ayes have it; *till* ~ *del* mainly, chiefly **II** *adv* (*t. största delen*) mainly, chiefly; ~ *vackert väder* mainly fair **över|väldiga** overpower, overwhelm (*äv. bildl.*); ~*d av trötthet* overcome by fatigue **-väldigande** *a4* overpowering, overwhelming; *en* ~ *majoritet* an overwhelming (a crushing) majority **-vältra** ~ *ansvaret på* shift the responsibility on **-värdera** overestimate, overrate, overvalue **-växel** (*i bil*) overdrive **-årig** *al* (*över viss ålder*) overage, above the prescribed age; (*över pensionsålder*) superannuated **-ösa** ~ *ngn med ngt* shower (heap) s.th. upon s.b.
övning [ˣö:v-] **1** (*övande*) practice; (*träning*) training; ~ *ger färdighet* practice makes perfect; *sakna* ~ *i* have no (be out of) practice in (*att teckna* drawing) **2** (*utövning*) exercise; ~*ar* (*äv.*) practice (*sg*); *andliga* (*gymnastiska*) ~*ar* religious (physical) exercises
övnings|bil driving-school car; learner's car **-exempel** exercise; *mat. o.d.* problem **-fält** *mil.* training (drill) ground **-häfte** exercise book, notebook **-körning** practice driving **-uppgift** exercise
övre [ˈö:v-] *komp. a* upper; (*översta äv.*) top
övrig [ˣö:v-] *al* (*återstående*) remaining; (*annan*) other; *det* ~*a* the rest (remainder); *de* ~*a* the others, the rest (*sg*); *lämna mycket* ~*t att önska* leave a great deal to be desired; *det* ~*a Sverige* the rest of Sweden; *för* ~*t a*) (*annars*) otherwise, in other respects, for (as to) the rest, b) (*dessutom*) besides, moreover, c) (*i förbigående sagt*) by the way, incidentally

Ö